SHOGAKUKAN DICIONÁRIO DA LÍNGUA PORTUGUESA

プログレッシブ ポルトガル語辞典

編集委員
市之瀬 敦　トイダ・エレナ　林田雅至　吉野朋子

小学館

まえがき

　ポルトガル語は日本人が初めて出会った西洋語である．今の我々にとってはポルトガル語は英語やフランス語はもちろん，スペイン語やイタリア語よりもなじみの薄い西洋語だが，我々の祖先はそれらよりも先にポルトガル語を知ったのだった．いわゆる大航海時代にポルトガル人は未知の海を航海し，喜望峰を回ってアジアにたどりついた．彼らが日本に上陸したのは16世紀の半ばである．日本人はポルトガル人から彼らの言葉や文化を取り入れた．その痕跡が今でも残っている．我々が日々食べる「パン」はポルトガル語のpãoから来ている．「たばこ」（tabaco）と「合羽」（capa）もポルトガル語が語源だ．

　本書は，このように日本とゆかりの深いポルトガル語の学習辞典である．特に初学者と中級者を念頭に置いた．

　ところで，日本人がポルトガル語と遭遇したころと21世紀の現在とでは，ポルトガル語の世界に大きな違いがある．それは，ブラジルの台頭である．ブラジルはポルトガルの旧植民地で，ポルトガル語が公用語である．ブラジルの人口が約2億人，ポルトガルの人口が約1000万人で，ブラジルの方が圧倒的に人口が多い．また，ブラジルには多くの日系人が住み，日本とのつながりも深い．

　ポルトガルのポルトガル語は「ヨーロッパポルトガル語」（português europeu），ブラジルのポルトガル語は「ブラジルポルトガル語」（português brasileiro）とそれぞれ呼ばれている．ヨーロッパポルトガル語とブラジルポルトガル語はともにポルトガル語であるが，両者の間には綴り，発音，語彙，文法などにおいて違いがある．

　本書は，話者が多くまた日本との関係が深いブラジルポルトガル語を中心としたが，ヨーロッパポルトガル語にも目を配った．

　本書の特長は以下のとおりである．
・綴りには新正書法を採用した．
・学習の目安となるように見出し語にその重要度に応じて*をつけた．最重要語の3つ星語は大きな文字で表示した．
・見出し語の発音を発音記号で表示した．星印つきの重要語にはカナ発音もつけた．
・名詞と形容詞の不規則な複数形を表示した．
・重要動詞には活用表を添付した．
・文法や文化に関するコラムを掲載した
・動詞などの基本的な構文を指示した．
・ポルトガル語での表現能力を高めるために，日本語・ポルトガル語小辞典を巻末に載せた．
・ブラジル人イラストレーターによるイラストを多数収録した．

　使いやすくわかりやすい学習ポルトガル語辞典を目指したつもりであるが，その評価は読者の判断に委ねるほかはない．ご助言，ご叱咤をいただければ幸いである．

2015年10月

編集委員

凡　例

1 正書法
- 1990年に署名された「ポルトガル語正書法協定」(Acordo Ortográfico da Língua Portuguesa)に基づく新正書法を採用した．
- ブラジルとポルトガルで綴りが異なる場合，ポルトガルの綴りを空見出しとした．例文中ではブラジルの綴りを用いた．

2 見出し語
- 一般語，固有名詞，略語，主要不規則動詞の変化形などを収録し，アルファベット順に配列した．綴り字が同じ場合，小文字で始まる語を大文字で始まる語の前に配置した．
- 見出し語数は約2万2千である．
- 同一綴りの語で，語源の異なる語及び語源が同じでも語義が著しく異なる語は別見出しにたて，それぞれ右肩に番号をつけて区別した．
- 見出し語が性によって語尾変化する場合は，その変化する部分を示した．
- 同一見出し語内における品詞の転換はダッシュ(–)で示し，準見出し語として掲出した．その際，親見出し語と同じ形を取る場合はダッシュのみとし，綴り字は省略した．
- 名詞と形容詞の複数形を [ ] の中に表示した．ただし，単に語尾にsをつけるだけの語と単複同形の語に複数形の表示はしていない．
- 見出し語のうち，最重要と思われる1000語に3つ星を，その次に重要と思われる1000語に2つ星を，その次の1000語に1つ星をそれぞれつけた．

3 発音
- ブラジルでの発音を見出し語の直後の // に入れ，国際音標文字で示した．ただしヨーロッパポルトガル語の見出し語に関してはポルトガルでの発音を示した．
- 不規則動詞変化形には発音をつけず，略語についてはアルファベット読みでない場合に限って発音を表示した．
- 星印のついた重要語は発音をカナでも表記した．太字のカナはアクセントの位置を示している．
- 女性形の発音はカンマの後に示した．
- 同一語で複数の発音がある場合は (;) で示した．また省略可能の場合は ( ) を用いた．

4 動詞の活用形
巻末に揚げた動詞活用表と対応した番号を発音欄の直後に示した．ただし規則動詞に関しては省いた．

5 品詞
品詞の表示は略語表に示す日本語の略語を用い，原則として発音欄の直後に示した．同一語で2つ以上の品詞がある場合はダッシュ (–) を持って区切りとしてあるが，形容詞と名詞あるいは名詞と形容詞で語義として意味が理解できる場合は品詞を併記した．

6 語義
- 語義の配列順は，一般的な語義から特殊な語義とした．語義分類は **1**, **2**, **3**…，❶, ❷, ❸…の順位とし，一般的には❶, ❷, ❸…を用いた．
- 星つきの見出し語の重要語義は太字で示した．
- 語義の補足説明は ( ) で示し，語の置換には [ ] を用いた．

7 用例
用例は語義のあとに ▶ を付して示した．

8 成句
成句はアルファベット順で並べた．諺などでは，必要に応じて (→) で直訳を示し，その直後に慣用的な表現を示した．

9 日本語・ポルトガル語小辞典

- ポルトガル語での基本的表現能力をつけることを目的として編集した.
- 見出し語は約 8000 語である.
- 原則として形容詞と名詞は男性単数形で, 動詞は不定詞で示した.
- 同義の句例は「;」で, 同義の文例は「|」でそれぞれ区切った.

略 語 表

品詞ラベル

- 名　名詞
- 男　男性名詞
- 女　女性名詞
- 複　複数形
- 男複　男性名詞複数形
- 女複　女性名詞複数形
- 代　代名詞
- 代 《人称》　人称代名詞
- 代 《指示》　指示代名詞
- 代 《所有》　所有代名詞
- 代 《不定》　不定代名詞
- 代 《疑問》　疑問代名詞
- 代 《関係》　関係代名詞
- 形　形容詞
- 形 《不定》　不定形容詞
- 形 《数》　数形容詞
- 形 《疑問》　疑問形容詞
- 形 《関係》　関係形容詞
- 他　他動詞
- 自　自動詞
- 再　再帰動詞
- 前　前置詞
- 接　接続詞
- 間　間投詞
- 活用　動詞活用形
- 《不変》　名詞と形容詞において, 男性形と女性形が同じで, かつ単数形と複数形が同じであることを示す
- 《単複同形》　単数形と複数形が同じであることを示す

位相に関するラベル

- 話　話し言葉
- 俗　俗語
- 卑　卑語
- B　ブラジル語法
- P　ポルトガル語法
- 諺　諺, 格言などを示す

記号類

- (　)　省略または追加可能な語句, 訳語の補足説明, 例示
- (＋)　動詞などと結びつく前置詞を示す
- 《　》　文法ラベル, 語義ラベル, 語形ラベル 各品詞の用法の表示, 外来語ラベル
- [　]　直前の語句と置き換え可能の部分
- 「　」　会話表現など
- 『　』　文学作品など
- (→)　諺, 成句の直訳, 原義
- 〖　〗　専門語ラベル
- (↔)　反意語
- (＝)　類義語
- ▶　用例の開始
- 注　簡単な注記
- ＝　類義の用例, 異綴りの同義語
- |　日本語・ポルトガル語小辞典で同義の文例の区切り
- －　品詞の転換, 会話文での話し手の変更を示す
- ⇒　動詞活用形の不定詞形を示す
- ＊　見出し語の左肩について, 重要語を示す

ブラジルポルトガル語の発音

単母音

/a/	casa /'kaza/ 家	data /'data/ 日付
/e/	dedo /'dedu/ 指	igreja /i'greja/ 教会
/ɛ/	neve /'nɛvi/ 雪	janela /ʒa'nɛla/ 窓
/i/	livro /'livru/ 本	camisa /ka'miza/ シャツ
/o/	amor /a'mox/ 愛	hoje /'oʒi/ 今日
/ɔ/	loja /'lɔʒa/ 店	bola /'bɔla/ ボール
/u/	azul /a'zuw/ 青	cruz /'krus/ 十字架

二重母音

/aj/	caixa /'kajʃa/ 箱	pai /'paj/ 父親
/ej/	lei /'lej/ 法律	areia /a'reja/ 砂
/ɛj/	ideia /i'dɛja/ 考え	geleia /ʒe'lɛja/ ジャム
/oj/	coisa /'kojza/ 物	boi /'boj/ 雄牛
/ɔj/	herói /e'rɔj/ 英雄	joia /'ʒɔja/ 宝石
/uj/	gratuito /gra'tujtu/ 無料の	
/aw/	aula /'awla/ 授業	causa /'kawza/ 原因
/ew/	eu /'ew/ 私	deus /'dews/ 神
/ɛw/	mel /'mɛw/ 蜜	papel /pa'pɛw/ 紙
/iw/	mil /'miw/ 千	Brasil /bra'ziw/ ブラジル

鼻母音

/ẽ/	anjo /'ẽʒu/ 天使	banco /'bẽku/ 銀行
/ẽ/	dente /'dẽtʃi/ 歯	tempo /'tẽpu/ 時間
/ĩ/	cinco /'sĩku/ 5	cinza /'sĩza/ 灰
/õ/	conta /'kõta/ 計算	honra /'õxa/ 名誉
/ũ/	um /ũ/ 1	mundo /'mũdu/ 世界

二重鼻母音

/ẽw̃/	pão /'pẽw̃/ パン	cartão /kax'tẽw̃/ カード
/ẽj̃/	mãe /'mẽj̃/ 母	mamãe /ma'mẽj̃/ ママ
/ẽj̃/	trem /'trẽj̃/ 列車	viagem /vi'aʒẽj̃/ 旅行
/õj̃/	aviões /avi'õj̃s/ 飛行機	
/ũj̃/	muito /'mũj̃tu/ 多くの	

子音

/p/	paz /'pas/ 平和	peixe /'pejʃi/ 魚
/b/	boca /'boka/ 口	beijo /'bejʒu/ キス
/t/	ator /a'tox/ 俳優	pintura /pĩ'tura/ 絵画
/d/	dedo /'dedu/ 指	cidade /si'dadʒi/ 都市
/f/	fato /'fatu/ 事実	efeito /e'fejtu/ 結果
/v/	vento /'vẽtu/ 風	chuva /'ʃuva/ 雨
/m/	mar /'max/ 海	começo /ko'mesu/ 始まり
/n/	neve /'nɛvi/ 雪	senado /se'nadu/ 上院
/k/	carne /'kaxni/ 肉	corda /'kɔxda/ ロープ
/g/	gato /'gatu/ 猫	agosto /a'gostu/ 8月
/kw/	quando /'kwandu/ いつ	
/gw/	água /'agwa/ 水	igual /i'gwaw/ 等しい
/s/	sal /'saw/ 塩	sol /'sɔw/ 太陽
/z/	azul /a'zuw/ 青	casal /ka'zaw/ 夫婦
/ʃ/	chave /'ʃavi/ 鍵	cheiro /'ʃeiru/ 匂い
/ʒ/	gelo /'ʒelu/ 氷	ajuda /a'ʒuda/ 助け
/ʎ/	olho /o'ʎu/ 目	mulher /mu'ʎɛx/ 女性
/ɲ/	unho /'ũɲu/ 爪	manhã /ma'ɲẽ/ 朝
/r/	ouro /'oru/ 黄金	braço /'brasu/ 腕
/x/	rocha /'xɔʃa/ 岩	arroz /a'xos/ 米

綴りの読み方

a	/a/	arma /'axma/ 武器
á	/a/	água /'agwa/ 水
à	/a/	à /a/（前置詞 a と定冠詞 a の縮約形）
ã	/ẽ/	lã /'lẽ/ 羊毛
am	/ẽw̃/	samba /'sẽba/ サンバ
	/ẽw̃/	falam /'falẽw̃/ falar（話す）の直説法現在三人称複数
âm	/ẽ/	lâmpada /'lẽpada/ ランプ
an	/ẽ/	dança /'dẽsa/ ダンス
ân	/ẽ/	distância /dʒis'tẽsia/ 距離
ão	/ẽw̃/	Japão /ʒa'pẽw̃/ 日本
b	/b/	beber /be'bex/ 飲む
c	/s/	centro /'sẽtru/ 中心
		medicina /medʒi'sĩna/ 医学
	/k/	caso /'kazu/ 場合
		suco /'suku/ ジュース
		óculos /'ɔkulus/ 眼鏡
		ficção /fik'sẽw̃/ 虚構
ç	/s/	calça /'kawsa/ ズボン
ch	/ʃ/	chá /'ʃa/ 茶
d	/d/	dúzia /'duzia/ ダース
-de	/dʒi/	cidade /si'dadʒi/ 都市
di	/dʒi/	dinheiro /dʒi'ɲejru/ お金
		mundial /mũdʒi'aw/ 世界の
e	/e/	apelido /ape'lidu/ あだ名
	/ɛ/	janela /ʒa'nɛla/ 窓
	/i/	telefone /tele'foni/ 電話
é	/ɛ/	café /ka'fɛ/ コーヒー
ê	/e/	bebê /be'be/ 赤ん坊
em	/ẽ/	embaixada /ẽbaj'ʃada/ 大使館
	/ẽj̃/	ontem /'õtẽj̃/ 昨日
ém	/ẽj̃/	alguém /aw'gẽj̃/ 誰か
êm	/ẽj̃/	vêm /'vẽj̃/ vir（来る）の直説法現在三人称複数
en	/ẽ/	doença /do'ẽsa/ 病気
		entrada /ĩ'trada/ 入り口
ên	/ẽ/	ciência /si'ẽsia/ 科学
f	/f/	faca /'faka/ ナイフ
g	/g/	gado /'gadu/ 家畜
		gota /'gota/ 滴
		agulha /a'guʎa/ 針
	/ʒ/	geral /ʒe'raw/ 一般の
		lógica /'lɔʒika/ 論理
gu	/g/	guia /'gia/ ガイド
		guerra /'gɛxa/ 戦争
	/gw/	igual /i'gwaw/ 等しい
h	無音	hotel /o'tɛw/ ホテル
i	/i/	ilha /'iʎa/ 島
	/j/	leite /'lejtʃi/ 牛乳
		proibido /proj'bidu/ 禁じられた
í	/i/	país /pa'is/ 国
im	/ĩ/	fim /'fĩ/ 終わり

iv

ím	/ĩ/	ímpar /ˈĩpaʁ/ 奇数
in	/ĩ/	domingo /doˈmĩgu/ 日曜日
ín	/ĩ/	íntimo /ˈĩtʃimu/ 親密な
j	/ʒ/	loja /ˈlɔʒa/ 店
		projeto /proˈʒetu/ 計画
k	/k/	karaokê /karaoˈke/ カラオケ
l	/l/	lista /ˈlista/ リスト
	/w/	global /gloˈbaw/ 世界的な
		papel /paˈpɛw/ 紙
		difícil /dʒiˈfisiw/ 難しい
		lençol /lẽˈsɔw/ シーツ
		cultura /kuwˈtura/ 文化
lh	/ʎ/	conselho /kõˈseʎu/ 助言
m	/m/	mapa /ˈmapa/ 地図
n	/n/	noite /ˈnojtʃi/ 夜
nh	/ɲ/	conhecimento /koɲesiˈmẽtu/ 知識
o	/o/	cor /ˈkoʁ/ 色
	/ɔ/	bota /ˈbɔta/ ブーツ
	/u/	estudo /isˈtudu/ 学習
ó	/ɔ/	cópia /ˈkɔpia/ コピー
ô	/o/	avô /aˈvo/ 祖父
õe	/õj̃/	ações /aˈsõj̃s/ 複行動
om	/õ/	ombro /ˈõbru/ 肩
on	/õ/	onda /ˈõda/ 波
ou	/o/	ouro /ˈoru/ 黄金
p	/p/	palavra /paˈlavra/ 言葉
qu	/k/	equipe /eˈkipi/ チーム
	/kw/	quantidade /kwẽtʃiˈdadʒi/ 量
r	/r/	euro /ˈewru/ ユーロ
		letra /ˈletra/ 文字
	/x/	concerto /kõˈsextu/ コンサート
		lugar /luˈgax/ 場所
		raça /ˈxasa/ 人種
		Israel /izxaˈew/ イスラエル
rr	/x/	ferro /ˈfɛxu/ 鉄
s	/s/	saia /ˈsaja/ スカート
	/z/	decisão /desiˈzẽw̃/ 決定
		mesmo /ˈmezmu/ 同じ
sc	/s/	descer /deˈsex/ 降りる
ss	/s/	pessoa /peˈsoa/ 人
te	/tʃi/	estudante /istuˈdẽtʃi/ 学生
		futebol /futʃiˈbɔw/ サッカー
ti	/tʃi/	tipo /ˈtʃipu/ タイプ
		garantia /garẽˈtʃia/ 保証
u	/u/	fruta /ˈfruta/ 果物
ú	/u/	açúcar /aˈsukax/ 砂糖
ui	/uj/	fortuito /foxˈtujtu/ 偶然の
	/ũj̃/	muito /ˈmũj̃tu/ 多くの
v	/v/	lavar /laˈvax/ 洗う
w	/w/	watt /ˈwɔtʃi/ ワット
x	/s/	contexto /kõˈtestu/ 文脈
	/z/	exame /eˈzẽmi/ 試験
	/ʃ/	caixa /ˈkajʃa/ 箱
	/ks/	fluxo /ˈfluksu/ 流れ
z	/z/	amizade /amiˈzadʒi/ 友情
	/s/	luz /ˈlus/ 光

アクセント

①アクセント記号のある音節はアクセントを担う。
açúcar /aˈsukax/ 砂糖

alô /aˈlo/ もしもし
católico /kaˈtɔliku/ カトリックの

②次の綴りで終わる語は最後から2番めの音節にアクセントがある。

a, as, am, ans　e, es, em, ens　o, os, om, ons

bebida /beˈbida/ 飲み物
costas /ˈkostas/ 複背中
combate /kõˈbatʃi/ 戦闘
bagagem /baˈgaʒẽj̃/ 手荷物
almoço /awˈmosu/ 昼食
cosmos /ˈkɔzmus/ 宇宙

③上記以外の文字 (i, u, l, r, z) で終わる語は最後の音節にアクセントがある。

amor /aˈmox/ 愛
animal /aniˈmaw/ 動物
menu /meˈnu/ メニュー
arroz /aˈxos/ 米

母音添加

bd, bj, bs, dm, gn, mn, ft, pn, ps, pt, tm, tn などの子音が連続すると、特に改まった口調の場合を除いてその間に /i/ が挿入される。

absoluto /abisoˈlutu/ 絶対的な
admitir /adimiˈtʃix/ 認める
pneumático /pinewˈmatʃiku/ タイヤ
dignidade /dʒiginiˈdadʒi/ 尊厳

/j/ の添加

語末の s や z の前に /j/ が挿入されることがある。
pés /ˈpɛ(j)s/ 複足
luz /ˈlu(j)s/ 光

語末の r

通常の会話では、動詞の語末の r は発音されず、母音がやや長くなるのが普通である。
falar /faˈla/ 話す
本書では動詞の語末の r を省略せずに表記した。

音節末の r

語末の r も含めて、音節末の r を /r/ で発音する話者も存在する。
carne /ˈkarni/ 肉
mar /ˈmar/ 海

アクセントのある母音の鼻音化

アクセントのある母音の後に /m/, /n/, /ɲ/ が続くと、その母音が鼻音化する。
cama /ˈkẽma/ ベッド
americano /ameriˈkẽnu/ アメリカの
banho /ˈbẽɲu/ 入浴

ヨーロッパポルトガル語の発音

ヨーロッパポルトガル語に特徴的な音の表記には次の発音記号を用いた。
/ə/ cerimónia /səriˈmɔniə/ 儀式
/ɐ/ equipa /eˈkipɐ/ チーム
/ɐj/ vólei /ˈvɔlɐj/ バレーボール
/ð/ epidémico /epiˈðemiku/ 伝染性の
/ʀ/ rutura /ʀuˈturɐ/ 切断、断絶

執筆者・協力者

執筆
今里和枝／上田寿美／岸和田マリレーネ明子／鳥居玲奈／
中川ソニア／牧野真也／三浦マリエ／山元一晃

校閲・発音　黒沢直俊

協力
石澤美也子／菊池隆之助／岸和田仁／城島千利世／鳥越慎太郎／中川香織／西雅代／
濱口晶子／松井一哲／宮入亮／柳睦雄／Marcelo de Alcantara ／ Julio Cesar Caruso ／
Lúcio de Sousa ／ Eunice Tomomi Suenaga ／ Margarete Mitico Takehara ／
Tiago Trentinella／トゥピニキーン・エンターテイメント株式会社

イラスト　Marcos Garuti
ブックデザイン　堀渕伸治◎tee graphics
見返し地図　小学館クリエイティブ

参考文献

Academia Brasileira de Letras Dicionário Escolar da língua portuguesa, Companhia Editora Nacional, 2008
Collins Portuguese Dicionary & Grammar, HarperCollins, 2013
Dicionário Aurélio da língua portuguesa, 5ª edição, Editora Positiva, 2010
Dicionário de locuções e expressões da língua portuguesa, Lexikon Editora Digital, 2011
Dicionário Houaiss da língua portuguesa, 1ª edição, Editora Objetiva, 2009
Dicionário Oxford Escolar para estudantes brasileiros de inglês, 2ª edição, Oxford Unversity Press, 2007
Dicionário Prático de Regência Verbal, 8ª edição, Editora Ática, 2008
Dicionário Verbo Língua Portuguesa, 2ª edição, Editorial Verbo, 2008
A Frequency Dictionary of Portuguese, Routledge, 2007
Grande Dicionário Sacconi da língua portuguesa, Editora nova geração, 2010
Langenscheidt Taschenwörterbuch Portugiesisch, Langenscheidt, 2011
Larousse Dicionário Míni português-francês francês-português, Larousse, 2007
Larousse Dicionnaire français-portuguais portuguais-français, Larousse, 2008
Longman Dicionário Escolar inglês-português português-inglês, 2ª edição, Longman, 2008
Michaelis Dicionário Escolar Língua Portuguesa, 3ª edição, Editora Melhoramentos, 2008
míni Aurélio o Dicionário da língua portuguesa, 8ª edição Editora Positiva, 2010
Mínidicionário Houaiss da língua portuguesa, 4ª edição, Editora Objetiva, 2010
The Routledge Portuguese Bilingual Dicionary, Routledge, 2011
現代ポルトガル語辞典3訂版, 白水社, 2014
日本語 ブラジル・ポルトガル語辞典, 三省堂, 2010
西和中辞典第2版, 小学館, 2007
プログレッシブ仏和辞典第2版, 小学館, 2008
プログレッシブスペイン語辞典第2版, 小学館, 2000
現代ブラジル事典, 新評論, 2005

A a

a¹ /a/ 男 ポルトガル語アルファベットの第1字.
de A a Z 最初から最後まで.
não dizer a nem b 何も言わない，黙る.
por a mais b 理詰めで.

a² /ア/ 定冠詞 女性単数形 ▶a bandeira do Brasil ブラジル国旗.

a³ /ア/ 前 (a＋定冠詞は次のように縮約される：a ＋ o → ao, a ＋ a → à, a ＋ os → aos, a ＋ as → às)

1《名詞，代名詞を伴って》

❶《目的地，到達点》…に，まで▶ir ao cinema 映画に行く / ir à escola 学校に行く / Fomos a São Paulo. 私たちはサンパウロに行った / Vamos ao café? 喫茶店に行きましょうか / chegar à conclusão 結論に達する.

❷《方向》…へ，…に▶Ela se dirigiu a mim. 彼女は私の方に来た / atirar-se ao mar 海に飛び込む.

❸《位置，地点》…に，…で▶à direita 右に / à esquerda 左に / ao longe 遠くに / ao meu lado 私のそばに / sentar-se à mesa 食卓につく / estar à sombra 日陰にいる / A cidade de Itu está localizada a 100 km de São Paulo. イトゥー市はサンパウロから100キロのところにある / Moro a 10 minutos do trabalho. 私は職場から10分のところに住んでいる.

❹《時点，年齢》…に，…のときに▶Hoje eu acordei às sete horas. 今日私は7時に起きた / às sextas 毎週金曜日に / aos vinte anos 二十歳のときに / à tarde 午後に / à noite 夜に / hoje à noite 今晩 / Nasci a três de maio. 私は5月3日に生まれた.

❺《対象》…に対して，…に，…へ▶dar algo a alguém 人に物をあげる / enviar um e-mail a um amigo 友人にメールを送る / falar aos eleitores 有権者に話をする / obedecer à consciência 良心に従う / o desrespeito à lei 法を守らないこと / resistente ao calor 耐熱性がある.

❻《範囲，到達点》…まで▶de segunda a sexta 月曜から金曜まで / das oito ao meio-dia 8時から正午まで / ir de São Paulo ao Rio de Janeiro サンパウロからリオデジャネイロまで行く.

❼《方法，手段，様式》…で，…のやり方で▶ir a pé 歩いて行く / lavar à mão 手洗いする / escrever a lápis 鉛筆で書く / pintura a óleo 油絵 / fogão a gás ガスレンジ / funcionar à pilha 電池で動く / Faça à sua maneira. 自分の好きなようにやりなさい.

❽《直接目的語を示す》…を▶amar a Deus 神を愛す (注 Deus が目的語のときには常に a が必要) / Judas traiu a Cristo. ユダはキリストを裏切った / amar-se um ao outro 互いに愛し合う /《直接目的語を強調・明確にして》O professor queria chamar só a ela. 先生は彼女だけを呼びたいと思っていた / Ele não te odeia; ele odeia a mim. 彼は君を憎んでいない．彼は私を憎んでいるのだ.

❾《分離，離脱》…から▶fugir ao calor 暑さから逃れる.

❿《割合，速度，値段》…につき，…で▶Vencemos por 3 a 1. 私たちは3対1で勝った / comprar a quilo キロ単位で買う / uma solução a 5% 5パーセントの溶液 / ingressos a R$10 10レアルの入場券 / três vezes ao dia 1日3度.

⓫《原因，理由》…のために▶morrer à fome 餓死する.

⓬《同じ語を前後に繰り返して》▶um a um 一つ一つ / dia a dia その日その日で / pouco a pouco 少しずつ.

2《不定詞を伴って》

❶《対象》…すること▶começar a gostar de alguém 人を好きになる / recusar-se a falar 話すことを拒む.

❷《名詞など＋a＋不定詞》…すべき▶problemas a resolver 解決するべき問題 / Tenho muitas coisas a fazer. 私はするべきことがたくさんある / Não tenho nada a fazer. 私はするべきことがない.

❸《動詞＋a＋不定詞》…するために (注 動詞は correr, descer, subir, entrar など) ▶A moça correu a falar com o pai. 少女は走って父親と話しに行った.

❹《ao＋不定詞》…するときに，…したときに▶Eu fico feliz ao ouvir o canto dos pássaros. 私は小鳥の鳴き声を聞くと幸せになる / os erros mais comuns ao falar em público 人前で話すときにもっともしがちな間違い.

❺《a＋不定詞》もし…なら，…すると▶a julgar por... …から判断すると.

❻《estar a＋不定詞》P …しているところだ▶Estou a trabalhar. 私は仕事中だ.

à＋形容詞 女性形 …風に [の] ▶bife à milanesa ミラノ風ビフテキ.

a⁴ /ア/ 代《人称》《直接目的格代名詞3人称女性単数形》(注 鼻母音で終わる動詞活用形の後では na となる．例：amam＋a→amam-na, dão＋a→dão-na. また不定詞，-r, -s, -z で終わる動詞活用形，副詞 eis, 間接目的格代名詞の vos と nos の後で la となる．例：amar＋a→amá-la, conhecer＋a→conhecê-la, proibir＋a→proibi-la, amamos＋a→amamo-la, traz＋a→trá-la, eis＋a→ei-la, nos＋a→no-la, vos＋a→vo-la)

❶ 彼女を▶É minha amiga e eu a conheço bem. 彼女は私の友人で私は彼女をよく知っている.

❷（女性に対して）あなたを▶Muito prazer em conhecê-la. 初めまして.

❸（女性名詞単数形を受けて）それを.

— 代《人称》《指示》《女性単数形》《限定句 [節] を伴い，前出の名詞を受けて》それ▶A primeira im-

á

pressão é a que fica. 第一印象は後まで残る印象である / A principal função da moeda é a de servir como meio de troca. 貨幣の主要な機能は交換の手段になる機能である.

á /a/ [複] ás または aa] 男 文字aの名称.

num á 一瞬で.

à /a/ ❶ 前置詞aと女性単数形定冠詞aの縮合形. ❷ 前置詞aと指示代名詞女性単数形aとの縮合形.

aba /'aba/ 女 ❶ (衣服の) 裾 ▶ aba de uma jaqueta 上着の裾.
❷ (帽子の) つば ▶ chapéu de aba larga 広いつばの帽子.
❸ (テーブルの) たれ板.
❹ (ある場所の) 周辺; (山の) 麓, (川の) 岸 ▶ aba de uma montanha 山の麓 / abas de Lisboa リスボンの周辺.
❺ (ウェブブラウザーの) タブ.

abacate /aba'katʃi/ 男 アボカド (果実と木).

abacaxi /abaka'ʃi/ 男 B ❶ パイナップル ▶ suco de abacaxi パイナップルジュース.
❷ 問題, 困ったこと, 面倒なこと ▶ resolver um abacaxi 問題を解決する.

descascar um abacaxi B 困 問題を解決する.

abade /a'badʒi/ 男 修道院長.

abadia /aba'dʒia/ 女 修道院.

abafado, da /aba'fadu, da/ 形 ❶ 蒸し暑い ▶ Está muito abafado. とても蒸し暑い.
❷ 息苦しい, 窒息するような ▶ sala abafada 息の詰まるような部屋.
❸ (音が) 抑制された ▶ voz abafada か細い声.
❹ 隠された, 隠蔽(いんぺい)された ▶ corrupção abafada 隠蔽された汚職.
❺ B 困 多忙な ▶ Estou abafado. 私はとても忙しい.

abafador /abafa'dox/ [複 abafadores] 男 (楽器の) 消音器, 弱音器.

abafamento /abafa'mẽtu/ 男 窒息, 息苦しいこと.

abafar /aba'fax/ 他 ❶ (音や火を) 消す ▶ abafar o som 音を消す / abafar o fogo 火を消す.
❷ もみ消す, 隠す, 隠蔽(いんぺい)する ▶ abafar o escândalo スキャンダルをもみ消す.

⁝abaixar /abaj'ʃax/ アバイシャーフ 他 ❶ 低くする, 下ろす ▶ abaixar a cabeça うなだれる / abaixar os olhos 目を伏せる.
❷ 下に向ける, 下げる ▶ abaixar a janela 窓を下げる.
❸ (程度を) 下げる ▶ abaixar o volume 音量を下げる / abaixar o tom トーンを下げる / abaixar o preço 値段を下げる.
— 自 屈服する, 卑しくなる, 身をかがめる.
— **abaixar-se** 再 身をかがめる, しゃがむ.

⁝abaixo /a'bajʃu/ アバイショ 副 下に, 下へ, 下で (↔ acima) ▶ abaixo mencionado 下記の / abaixo e acima 上下に / Veja o exemplo abaixo. 下の例を参照のこと / Ele mora um andar abaixo. 彼は下の階に住んでいる / A posição de afixação de cartazes é mais abaixo. ポスターを張る場所はもっと下だ.

— 間 …を倒せ, 打倒せよ ▶ Abaixo a ditadura! 独裁体制を倒せ.

abaixo de... …の下に [の], …以下に [の] ▶ três graus abaixo de zero 零下3度 / abaixo da média 平均以下で.

deitar abaixo 倒す ▶ Vamos deitar abaixo esta árvore. この木を倒そう.

ir [**vir**] **abaixo** 倒れる, 崩れる ▶ Minha antiga casa já foi abaixo. 私の旧家はもう崩壊してしまった.

ir por água abaixo 途中で頓挫(とんざ)する ▶ O plano foi por água abaixo. その計画は頓挫した.

pôr abaixo ① (建物を) 取り壊す. ② (政府を) 倒す.

abaixo-assinado /a,bajʃuasi'nadu/ [複 abaixo-assinados] 男 請願書.

abajur /aba'ʒux/ [複 abajures] 男 電気スタンドなどの笠, 電気スタンド.

abalada /aba'lada/ 女 走ること, 逃げること ▶ Os bandidos fugiram numa abalada, nem sequer olharam para trás. 犯罪者たちは後ろを振り返りもせず, 一目散に逃げた.

de abalada 急いで ▶ Estou de abalada para conseguir chegar ao evento a tempo! イベントの時間に間に合うように急いでいるんだ.

abalançar /abalã'sax/ ⑬ 他 (はかりで) 量る; 見積もる.
— **abalançar-se** 再 あえて…する, …に挑む [+ a].

abalar /aba'lax/ 他 ❶ 揺らす, 振動させる ▶ Um forte terremoto abalou o Japão em 2011. 強い地震が2011年に日本を揺らした.
❷ 揺らがす, 震撼させる ▶ abalar as relações entre os dois países 両国間の関係を揺るがす.
❸ 感動させる, …の心を揺さぶる, …の心を動かす ▶ O sermão do padre abalou os ouvintes. 神父の説教が聴衆を感動させた / abalar os corações das fãs ファンの心を揺さぶる.
— 自 去る, 立ち去る, 逃げる.
— **abalar-se** 再 ❶ …に動揺する ▶ Eu me abalei muito com esta cena. 私はこのシーンに大変動揺した.
❷ くじける ▶ Apesar da derrota, o time não se abalou. 敗北にもかかわらず, チームはくじけなかった.

abalo /a'balu/ 男 ❶ 揺れ, 振動 ▶ abalo sísmico 地震.
❷ (気持ちの) 動揺, ショック ▶ abalo nervoso 心理的なショック.

abalroamento /abawxoa'mẽtu/ 男 (交通機関の) 衝突.

abalroar /abawxo'ax/ 他 …と衝突する, …にぶつかる ▶ O navio abalroou um iceberg. その船は氷山に衝突した.
— 自 …と衝突する, ぶつかる [+ com].
— **abalroar-se** 再 衝突する, ぶつかる.

abanar /aba'nax/ 他 ❶ あおぐ.
❷ 揺らす, 振る ▶ abanar o rabo 尾を振る / abanar uma bandeira 旗を振る / abanar a cabeça 首を横に振る.

— [自] 手を振る.
— **abanar-se** [再] 自分をあおぐ.
abanar moscas 無為に時を過ごす.
abancar /abẽ'kax/ ㉙ [他] ❶ …を席につかせる ▶ O professor abancou os alunos. 先生は生徒を席につかせた / Abancou os convidados em torno da mesa de jantar. 彼は招待客を食卓の周りに座らせた.
❷ …に椅子を置く ▶ Abancou a entrada do edifício. ビルの入り口にベンチを置いた.
— [自] ❶ …に座る, 席につく ▶ abancar à mesa テーブルにつく. ❷ …に定住する, とどまる.
— **abancar-se** [再] 座る.
abandalhar /abẽda'ʎax/ [他] 品位を下げる, 卑しくする.
— **abandalhar-se** [再] 品性が下がる.
abandonado, da /abẽdo'nadu, da/ [形] ❶ 見捨てられた, 見放された ▶ cachorro abandonado 捨て犬. ❷ もう使われていない ▶ casa abandonada 廃屋.
⋆**abandonar** /abẽdo'nax アバンドナーフ/ [他] ❶ **捨てる, 見捨てる**, 放棄する ▶ abandonar um cachorro 犬を捨てる / abandonar uma criança 子供を捨てる / abandonar um ideal 理想を捨てる / abandonar os estudos 学業を放棄する / abandonar a esposa e os filhos 妻子を見捨てる / abandonar a pátria 故国を捨てる / A sorte a abandonou. 彼女は運に見放された / abandonar o carro no mato 森に車を乗り捨てる / abandonar o jogo 試合を放棄する.
❷ …を**ほったらかしにする, 気にかけない**, …にかまわない ▶ abandonar as terras 土地をほったらかしにする.
— **abandonar-se** [再] ❶ …に身をゆだねる [+ a] ▶ Quero me abandonar à sorte. 私は運に身を任せたい / abandonar-se ao desgosto 不快感をあらわにする.
❷ だらしない格好をする, 身なりをかまわない ▶ Com muitas preocupações, ela foi pouco a pouco se abandonando. 心配事が多いせいで, 彼女は身なりをかまわなくなっていった.
abandono /abẽ'dõnu/ [男] ❶ 放棄, 放置 ; 捨てること ▶ abandono de crianças 児童遺棄 / abandono de emprego 職務放棄.
❷ 軽視, 無視 ▶ abandono de serviço 職務怠慢.
❸ 諦めること ▶ abandono de um projeto 計画の断念.
❹ 落ち着いていること, くつろいでいること ▶ atitude de abandono くつろいだ姿勢 / um momento de abandono くつろぎのひととき.
ao abandono 見捨てられた, 放置された ▶ deixar algo ao abandono …をほったらかしにする.
abano /a'bẽnu/ [男] 扇子, うちわ.
abarcar /abax'kax/ ㉙ [他] ❶ 抱える ; 抱く ▶ Abarquei minhas coisas. 私のものを全部抱えた.
❷ 含む ▶ A península Ibérica abarca a Espanha e Portugal. イベリア半島はスペインとポルトガルを含む.
abarrotado, da /abaxo'tadu, da/ [形] …でいっぱいの [+ de] ▶ O auditório estava abarrotado de gente. 講堂は満員だった.
abarrotar /abaxo'tax/ [他] …を…でいっぱいにする [+ de].
— **abarrotar-se** [再] ❶ …を食べすぎる [+ de] ▶ abarrotar-se de comida 食べすぎる. ❷ …でいっぱいになっている [+ de].
a abarrotar 思う存分.
abastado, da /abas'tadu, da/ [形] ❶ 裕福な ▶ uma família abastada 裕福な一家. ❷ 豊富な.
abastança /abas'tẽsa/ [女] ❶ 豊富 ▶ abastança de água 豊富な水. ❷ 富, 裕福 ▶ viver na abastança 裕福に暮らす.
abastecedor, dora /abastese'dox, 'dora/ [[複] abastecedores, doras] [形] [名] 供給する (人).
abastecer /abaste'sex/ ⑮ [他] ❶ …に…を供給する, 支給する [+ de] ▶ abastecer a população de água potável 住民に飲料水を供給する.
❷ 燃料を給油する ▶ abastecer o carro 車にガソリンを入れる.
— [自] ガソリンを給油する ▶ parar no posto para abastecer スタンドに立ち寄ってガソリンを入れる.
— **abastecer-se** [再] …の供給を受ける [+ de] ▶ abastecer-se de água 水の供給を受ける.
abastecimento /abastesi'mẽtu/ [男] 供給, 供給すること ▶ abastecimento de combustível 燃料の供給.
abate /aba'tʃi/ [男] ❶ と畜. ❷ 値引き, 値下げ. ❸ 木の伐採.
⋆**abater** /aba'tex アバテーフ/ [他] ❶ **倒す, 落とす** ▶ abater uma árvore 木を切り倒す / abater um edifício 建物を取り壊す / abater um avião 飛行機を撃ち落す / abater o adversário (競技などの) 相手を打ち負かす.
❷ と畜する, 殺す ▶ abater um boi 牛をと畜する / abater alguém a tiro …を撃ち殺す.
❸ 落胆させる, 衰弱させる ▶ A morte do avô o abateu imensamente. 祖父の死は彼をひどく落胆させた / Não se deixe abater por isso. こんなことでくじけないでください / A gripe a abateu muito. インフルエンザは彼女を非常に衰弱させた.
❹ (値段を) 下げる ▶ abater o preço 値段を下げる.
— [自] 倒れる, 落ちる ▶ Com a tempestade, algumas casas abateram. その嵐で何軒かの家が倒壊した / O telhado abateu no terremoto. その地震の間に屋根が崩れ落ちた.
— **abater-se** [再] (自然災害などが) …に襲いかかる [+ sobre] ▶ Um temporal se abateu sobre a nossa cidade. 大嵐が私たちの町を襲った.
abatido, da /aba'tʃidu, da/ [形] ❶ 落ちた, 突き落とされた ▶ helicóptero abatido 撃墜されたヘリコプター.
❷ 倒れた, 崩れた ▶ árvore abatida 倒木.
❸ がっかりした, 意気消沈した ▶ Estou abatido. 私は気が沈んでいる.
❹ と畜された ; 殺された ▶ soldado abatido 殺された兵士.
abatimento /abatʃi'mẽtu/ [男] ❶ と畜.
❷ 値引き, 割引 ▶ fazer [dar] um abatimento 値引きする.

abaular

❸ 元気のないこと, 意気消沈.
abaular /abaw'lax/ 他 曲げる, しならせる.
— **abaular-se** 再 曲がる, しなる, 反る.
abc /abe'se/ 男 アルファベット；基本.
não conhecer o abc 基礎を理解していない.
abdicação /abidʒika'sẽw/ [複 abdicações] 女 ❶ 退位, 譲位, 辞任 ▶ abdicação do rei 王の退位. ❷ 放棄.
abdicar /abidʒi'kax/ ⓺ 自 ❶ …の地位を退く；退位する, 辞任する [+ de] ▶ abdicar do trono 王位を退く.
❷ …を放棄する [+ de] ▶ abdicar de um direito 権利を放棄する.
abdome /abi'dɔmi/ 男 = abdômen
abdómen /ɐb'dɔmen/ 男 P = abdômen
abdômen /abi'dõmen/ [複 abdômenes または abdomens] 男 B 腹部.
abdominal /abidomi'naw/ [複 abdominais] 形 腹部の ▶ músculos abdominais 腹筋.
— **abdominais** 男複 腹筋, 腹筋運動 ▶ fazer abdominais 腹筋運動をする.
á-bê-cê /'abese/ [複 á-bê-cês] 男 ❶ ABC, アルファベット. ❷ 初歩, 基礎, いろは ▶ á-bê-cê da profissão 仕事の基本.
abecedário /abese'dariu/ 男 アルファベット ▶ abecedário maiúsculo 大文字のアルファベット / abecedário minúsculo 小文字のアルファベット.
abeirar /abej'rax/ 他 ❶ …に近づく. ❷ …を…に近づける [+ a/de].
— **abeirar-se** 再 …に近づく [+ a/de] ▶ Ela abeirou-se do amigo e perguntou-lhe algo. 彼女は友人に近寄り, そして何かを尋ねた.
abelha /a'beʎa/ 女 ミツバチ ▶ uma picada de abelha ミツバチの一刺し.
abelha-mestra /aˌbeʎa'mɛstra/ [複 abelhas-mestras] 女 女王バチ.
abelhudo, da /abe'ʎudu, da/ 形 名 おせっかいな (人), 詮索好きな (人).
abençoar /abẽso'ax/ 他 祝福する, 加護する ▶ abençoar o casal 夫婦を祝福する / terra abençoada 祝福された土地.
aberração /abexa'sẽw/ [複 aberrações] 女 ❶ 非常識, 錯乱；逸脱 ▶ Isso é uma aberração! それはばかげている / aberração sexual 性的逸脱.
❷ 奇形, 異常 ▶ aberração da natureza 奇形 / aberração dos sentidos 錯覚.
❸【光学】収差.
aberrante /abeˈxẽtʃi/ 形《男女同形》❶ 通常ではない. ❷ 異常な, 常軌を逸した ▶ ideia aberrante ばかげた考え.
aberta[1] /a'bɛxta/ 女 ❶ 穴；裂け目；溝.
❷ (雨や霧の) 晴れ間.
❸ B (森や草原などの中の) 木々や草のない場所.
abertamente /aˌbɛxta'mẽtʃi/ 副 率直に, かくさずに；公然と, あからさまに ▶ falar abertamente 隠さずに話す.

‡**aberto, ta**[2] /a'bɛxtu, ta/ アベフト, タ/ 形 (abrir の過去分詞) ❶ 開いた, 開放された (↔ fechado) ▶ A porta está aberta. ドアは開いている / Esta loja está aberta 24 horas. この店は24時間営業している / A loja fica aberta até as 20 horas. その店は午後8時まで開いている / deixar a torneira aberta 蛇口を開けっぱなしにする / Seu zíper está aberto. あなたの前が開いている / O local é aberto ao público. その場所は一般に公開されている / de olhos bem abertos 目を大きく開けて.
❷ 晴れた ▶ céu aberto 晴天 / O céu está aberto. 空が晴れている.
❸ 寛大な, 柔軟な ▶ Ela é uma pessoa de mentalidade aberta. 彼女は柔軟な考えの持ち主だ.
❹【音声】開音の ▶ sílaba aberta 開音節.
em aberto 進行中の ▶ O processo está em aberto. その事案は進行中だ.

‡**abertura** /abex'tura/ アベフトゥーラ/ 女 ❶ 開くこと, 開けること ▶ abertura do portão 門を開けること / de abertura fácil 開けやすい.
❷ 開店, 開設, 開会 ▶ abertura de um restaurante レストランの開店 / abertura dos Jogos Olímpicos オリンピックの開会 / cerimônia de abertura 開会式.
❸ 穴, 隙間, 割れ目, 裂け目 ▶ abertura no muro 塀の穴.
❹ (時期や期間の) 初め, 最初 ▶ abertura do ano letivo 学年の初め.
❺【音楽】序曲.
❻ (コンパスなどの) 開き ▶ abertura de 90° 90度の開き.
❼ 精神の幅広さ, 率直さ, 偏見のなさ ▶ abertura de espírito 度量の広さ.
❽ 開放政策, 交渉の開始；…に対して門戸を開けること [+ a] ▶ abertura ao investimento estrangeiro 外国からの投資を受け入れること.
abestalhado, da /abesta'ʎadu, da/ 形 愚かな ▶ O menino não tinha noção das coisas, era um abestalhado. 少年は物事を知らない, 愚かな子だった.
abeto /a'betu/ 男【植物】モミ.
abismado, da /abiz'madu, da/ 形 驚いた, あきれた ▶ ficar abismado 驚く / Estou abismado com isso. 私はこのことに驚いている.
abismal /abiz'maw/ [複 abismais] 形《男女同形》❶ 深淵の, 深海の. ❷ 非常に大きな ▶ diferença abismal かなりの違い.
abismar /abiz'max/ 他 ❶ 深淵(ふち)に沈める.
❷ …に沈める [+ em].
❸ 驚かす ▶ Eu fiquei abismado com a resposta dele. 私は彼からの返事に驚いた.
— **abismar-se** 再 …に落ちる, 陥る, 沈む [+ em] ▶ O avião abismou-se no mar. 飛行機は海に沈んだ.
abismo /a'bizmu/ 男 ❶ 深淵(ふち), 深海.
❷ 断絶, 大きな隔たり ▶ o abismo entre ricos e pobres 富裕層と貧困層の格差.
❸ 奈落の底；破滅.
à beira do abismo 破滅の危機に瀕した；絶望の淵に立った.
abissal /abi'saw/ 形 ❶ 深淵(ふち)の, 深海の. ❷ 非常に大きな ▶ diferença abissal 相当な違い.
abjeção /abiʒe'sẽw/ [複 abjeções] 女 下劣さ, 卑

しさ.

abjeto, ta /abi'ʒɛtu, ta/ 形 下劣な, 卑劣な, 下品な.

ABL 《略語》Academia Brasileira de Letras ブラジル文学アカデミー.

ablação /abla'sẽw/ 囡 [複 ablações] 囡 (手術による) 除去, 切除.

abnegação /abinega'sẽw/ [複 abnegações] 囡 自己犠牲, 献身.

abnegado, da /abine'gadu, da/ 形 自己を犠牲にした, 献身した, 私利私欲のない.

abóbada /a'bɔbada/ 囡 ボールト, 丸天井, ドーム.
abóbada celeste 空.

abóbora /a'bɔbora/ 囡 カボチャ ▶ doce de abóbora カボチャの砂糖煮.
— 形《不変》カボチャ色の.
— 男 カボチャ色.

abobrinha /abo'briɲa/ 囡 〖野菜〗ズッキーニ.

abocanhar /aboka'ɲax/ 他 ❶ 口にくわえる；平らげる ▶ Ele abocanhou o bolo em dois segundos. 彼はあっという間にケーキを一つ平らげた.
❷ 噛みつく, 噛み切る ▶ O tigre abocanhava a presa. そのトラは獲物を食いちぎっていた.
❸ 回 強引に手に入れる, 獲得する ▶ O Brasil quer abocanhar a Copa do Mundo de Futebol. ブラジルはサッカーのワールドカップ制覇をもくろんでいる / Ele abocanhou o primeiro lugar facilmente. 彼はやすやすと１位を獲得した.
❹ 悪口を言う, 中傷する ▶ Por inveja, ela abocanha até o melhor amigo. 嫉妬のため彼女は無二の親友まで中傷する.
❺（外国語が）下手である ▶ Ele apenas abocanha francês. 彼はたどたどしいフランス語しか話せない.
— 自 晴れ間が広がる.

abolição /aboli'sẽw/ [複 abolições] 囡 廃止, 撤廃 ▶ abolição da escravatura 奴隷制の廃止.

abolir /abo'lix/ ⑫ 他 廃止する, 撤廃する, (習慣などを) やめる ▶ abolir a pena de morte 死刑を廃止する / abolir o costume たばこをやめる.

abominação /abomina'sẽw/ [複 abominações] 囡 嫌悪, ぞっとするもの ▶ Isso é uma abominação. それは嫌悪すべきことだ.

abominar /abomi'nax/ 他 嫌悪する, 憎悪する ▶ abominar o pecado 罪を憎む.

abominável /abomi'navew/ [複 abomináveis] 形《男女同形》憎むべき, いとわしい ▶ crime abominável 憎むべき犯罪 / o abominável homem das neves 雪男.

abonar /abo'nax/ 他 ❶ 保証する, …の保証人になる ▶ abonar a credibilidade 信頼性を保証する.
❷（金を）前貸しする. ❸（言葉や表現などの）正しさを証明する, 文証する, (表現を) 裏付ける.
— **abonar-se** 再 ❶ …を誇りに思う, 自慢する [+ com] ▶ Ele se abona de sua mansão. 彼は自分の豪邸を誇りに思っている.
❷ 身分を証明する；…を後ろ盾にする [+ com] ▶ Ele se abona com o político. 彼はその政治家を後ろ盾にしている.

abono /a'bõnu/ 男 ❶ 保証. ❷ 保釈金. ❸ 手当 ▶ abono de família 家族手当.

em abono da verdade 本当のことを言えば.
em abono de... …を証拠として.

abordagem /abox'daʒẽj/ 囡 ❶ 問題への接近, アプローチ ▶ abordagem científica 科学的アプローチ / uma nova abordagem dessa questão この問題への新しいアプローチ. ❷ (船同士の) 接近, 衝突, 攻撃.

*****abordar** /abox'dax/ アボルダーフ/ 他 ❶ (問題や研究に) 取りかかる, 取り組む, アプローチする ▶ abordar um problema complicado 複雑な問題に取りかかる.
❷ (人に) 近づいて話しかける ▶ abordar um desconhecido 見知らぬ人に話しかける.
❸ (場所の端や縁に) 近づく ▶ abordar um grande buraco 大きな穴に近づく.
❹ (船が) …に接岸する；(他船に) 横付けする；(攻撃や襲撃を目的として船が) 衝突する.

aborígine /abo'riʒini/ 名《男女同形》先住民.
— 形 先住の.

*****aborrecer** /aboxe'sex/ アボヘセーフ/ ⑮ 他 ❶ うんざりさせる ▶ O barulho excessivo da festa aborreceu os vizinhos. パーティーのとてつもない騒音が近所の人をうんざりさせた.
❷ いらいらさせる. ❸ 退屈させる.
— **aborrecer-se** 再 ❶ …にうんざりする [+ com].
❷ …にいらいらする [+ com] ▶ O jogador não se aborreceu com as vaias dos torcedores. 選手はファンのやじにいらいらすることはなかった.
❸ …に退屈する [+ com].

aborrecido, da /aboxe'sidu, da/ 形 ❶ …にうんざりした, いらいらした [+ por/de/com] ▶ Ela estava aborrecida de estar aqui. 彼女はここにいることにうんざりしていた / Estou aborrecido com você. 私は君に腹を立てている. ❷ 退屈な ▶ um lugar aborrecido 退屈な場所.

aborrecimento /aboxesi'mẽtu/ 男 ❶ 退屈, 倦怠.
❷ 不機嫌, いらいら ▶ O trânsito caótico causou aborrecimento aos motoristas. 交通の混乱はドライバーのいらいらの原因になった.
❸ 問題, 困ったこと, 悩みの種.

abortar /abox'tax/ 自 ❶ 流産する, 中絶する.
❷ 破綻する, 挫折する.
— 他 ❶ (子供を) 中絶する ▶ Ela abortou a criança. 彼女は子供を中絶した.
❷ 中断する ▶ Ela abortou o plano. 彼女はその企てを途中でやめた.

abortivo, va /abox'tʃivu, va/ 形 流産の, 流産させる ▶ pílula abortiva 妊娠中絶薬.
— **abortivo** 男 堕胎薬.

aborto /a'boxtu/ 男 ❶ 流産, 中絶, 堕胎 ▶ fazer um aborto 妊娠中絶する / aborto natural 流産 / ter um aborto 流産する. ❷ 流産した胎児. ❸ 失敗(作). ❹ 出来損ない.
aborto da natureza ① 驚異の現象. ② 天才.
aborto de um talento ① 挫折. ② 奇形.

abotoadura /abotoa'dura/ 囡 カフスボタン.

abotoar /aboto'ax/ 他 ❶ …のボタンをかける ▶ abotoar a jaqueta ジャケットのボタンをかける.

A

❷ (芽やつぼみを) 出させる ▶ O clima abotoou as plantas. 気候のおかげでその植物の芽が出た.
— [自] ❶ (芽やつぼみが) 出る.
❷ [B] [俗] 死ぬ.
— **abotoar-se** [再] ❶ 自分の服のボタンをかける.
❷ つぼみをつける, 芽が出る.

abr. 《略語》 abril 4月.

***abraçar** /abra'sax アブラサーフ/ ⑬ [他] ❶ **抱擁する, 抱き締める** ▶ abraçar um amigo 友達を抱擁する.
❷ **取り囲む, 取り巻く** ▶ As muralhas abraçam a cidade. その城壁は町を取り囲んでいる.
❸ …**を見渡す** ▶ Daqui podemos abraçar a aldeia toda. ここから私たちは村全体が見渡せる.
❹ (党派や意見などを) **支持する, 採用する**, 信奉する (職業を) 選ぶ ▶ abraçar uma opinião ある意見を受け入れる / abraçar uma causa 大義に賛同する.
— **abraçar-se** [再] ❶ 抱き合う, 抱擁し合う.
❷ …にしがみつく, 抱きつく [+ a] ▶ abraçar-se ao braço de alguém …の腕にしがみつく.

***abraço** /a'brasu アブラーソ/ [男] **抱擁**, 抱き締めること ▶ dar um abraço em alguém …を抱擁する / Me dá um abraço. 私を抱きしめて.
abraço de tamanduá [B] 裏切り, 不誠実さ.
correr pro abraço 〖サッカー〗ゴールを決めた選手が仲間のもとに戻って抱き合う.
Um abraço 《手紙》 愛を込めて ([注] 手紙の本文の後, 差出人名の前に用いる).

abrandar /abrẽ'dax/ [他] ❶ 柔らかくする ▶ abrandar o coração de alguém …の心を和らげる.
❷ 緩和する, 弱める ▶ abrandar a dor 痛みを和らげる / abrandar o passo 歩みを緩める.
— [自] ❶ 柔らかくなる.
❷ 緩和される, 弱まる ▶ O vento abrandou. 風が弱まった.
— **abrandar-se** [再] ❶ 柔らかくなる. ❷ 弱まる, 緩和される.

abrangente /abrẽ'ʒẽtʃi/ [形] 《男女同形》 包括的な, 広範囲にわたる ▶ estudo abrangente 包括的研究.

***abranger** /abrẽ'ʒex アブランジェーフ/ ㊽ [他] ❶ **含む, 包含する** ▶ Esse guia abrange informações úteis. そのガイドブックには有益な情報が含まれている.
❷ …**に関わる, 影響する**, 及ぶ ▶ Esta lei abrange todos os contribuintes. この法は全納税者に関わる.
❸ **理解する**, わかる ▶ abranger o significado de uma palavra ある語の意味を理解する.
❹ **抱きかかえる** ▶ abranger o tronco de uma árvore com os braços 腕で木の幹を抱きかかえる.
❺ (空間を) **覆う, 占める**, …に行き渡る, 広がる ▶ A névoa abrangia toda a aldeia. 靄(もや)が村全体を覆っていた.
❻ 見渡す ▶ Daqui, a vista abrange toda a vila. ここからは町全体が見渡せる.

abrasado, da /abra'zadu, da/ [形] 真っ赤に焼けた, 熱く燃えた.

abrasador, dora /abraza'dox, 'dora/ [複 abrasadores, doras] [形] 燃える, 焼けつくような ▶ um dia abrasador うだるように暑い日 / paixão abrasadora 燃える情熱.

abrasão /abra'zɐ̃w̃/ [複 abrasões] [女] ❶ 摩耗(まもう). ❷ 浸食.

abrasar /abra'zax/ [他] ❶ 燃やす, 真っ赤にする.
❷ 燃え立たせる ▶ O ódio abrasava a população. 憎しみが民衆の心に火をつけていた.
— [自] 非常に熱くなる.
— **abrasar-se** [再] 燃える, 燃え立つ, 真っ赤になる.

abrasileirado, da /abrazilej'radu, da/ [形] ブラジル風の, ブラジル化した ; ブラジル固有の.

abrasivo, va /abra'zivu, va/ [形] 研磨の.
— **abrasivo** [男] 研磨材.

abre-alas /ˌabri'alas/ [男] [B] 《単複同形》 カーニバルのパレードでサンバチームの先頭を行く山車や人々.

abre-latas /ˌabrə'latɐʃ/ [男] [P] 《単複同形》 缶切り.

abreugrafia /abrewgra'fia/ [女] 胸部レントゲン写真.

abreviação /abrevia'sɐ̃w̃/ [複 abreviações] [女] 短縮, 省略, 要約 ; 略語.

abreviar /abrevi'ax/ [他] ❶ 短くする, 短縮する ▶ A doença abreviou a sua vida. 病気が彼の命を縮めた / Ele abreviou o discurso. 彼は演説を早く切り上げた.
❷ 要約する ▶ abreviar um texto テキストを要約する ▶ Você abreviou o livro em duas páginas. あなたはその本を2ページに要約した.
❸ 略語にする ▶ abreviar o nome do mês 月の名前を略語にする / Música Popular Brasileira é abreviada para MPB. ブラジルのポピュラー音楽はMPBと略される.

abreviatura /abrevia'tura/ [女] (語句の) 省略形, 略記, 略語.

abridor /abri'dox/ [複 abridores] [男] [B] 開ける道具 ▶ abridor de garrafas 栓抜き / abridor de latas 缶切り.

abrigar /abri'gax/ ⑪ [他] ❶ (風雨や危険から) 保護する, 守る [+ de] ▶ O teto abriga as pessoas da chuva. 屋根は人々を雨から守る.
❷ かくまう ▶ Os soldados abrigaram as crianças no refúgio. 兵士は子供たちを避難所にかくまった.
— **abrigar-se** [再] 自分を守る, 避難する ▶ O menino se abrigou no refúgio. 少年は避難所に避難した / abrigar-se da chuva 雨宿りする.

***abrigo** /a'brigu アブリーゴ/ [男] ❶ (悪天候や危険から の) **避難場所** ▶ procurar abrigo numa casa ある家に避難場所を求める / abrigo nuclear 核シェルター / abrigo antiaéreo 防空壕.
❷ (風雨をしのぐ) 簡素な建物, 雨宿りの場所 ; (バスの屋根付き) 停留所, (列車の) ホームの待合室.
❸ (難民や亡命者の) **保護, 受け入れ**, 保護施設 ▶ dar abrigo aos refugiados 難民たちを保護する.
❹ 防寒服, カッパ.
ao abrigo de... ① …から逃れて, 身を守って ▶ ao abrigo da chuva 雨から逃れて. ② …に従って ▶ ao abrigo da lei 法に従って.
porto de abrigo 避難港.

A

★★★**abril** /a'briw アブリゥ/ [男] ❶ **4月** ►primeiro de abril エイプリルフール / em abril 4月に / em abril do ano passado 去年の4月に / em abril deste ano 今年の4月に / em abril do ano que vem 来年の4月に / todo ano em abril 毎年4月に / o 25 de abril 1974年4月25日にポルトガルで発生した革命の記念日 / no dia 4 de abril 4月4日に / em [a] 10 de abril 4月10日に / no início de abril 4月初めに / no meio de abril 4月半ばに / no final de abril 4月末に.
❷ 春, 青春 (期).

> [コラム] **4月に起きた革命**
>
> ポルトガルで「革命」(revolução) と言えばやはり1974年の「4月25日革命」(Revolução do 25 de abril) のこと. 同日, クーデターを起こした兵士たちの銃口に赤いカーネーションが挿されていたことから,「カーネーション革命」(Revolução dos cravos) とも呼ばれる. その日までポルトガルは新国家 (Estado Novo) という独裁的な体制下に置かれていたが, アフリカにおける植民地戦争の正当性に疑問を抱き, また待遇面でも不満を持った若手将校たちが蜂起し自由を求める国民の支持を得て, ポルトガルは民主国家を目指すことになった. 革命から40年以上が過ぎ, その記憶も薄れてきたが, 4月25日は「自由の日」(Dia da Liberdade) と呼ばれ国民の祝日である. 同日は政府首脳の演説, 市民のデモ行進など様々な行事が行われる.

abrilhantar /abriʎẽ'tax/ [他] ❶ 光らせる, 輝かせる ►As estrelas abrilhantam o céu. 星が空を光り輝かせる.
❷ 華やかにする ►A música abrilhanta a festa. 音楽はパーティーを華やかにする.
— **abrilhantar-se** [再] 光る, 輝く ; 華やかになる ►Ela abrilhantou-se com um vestido novo. 彼女は新品のワンピースを着て光り輝いた.

★★★**abrir** /ab'rix アブリーフ/ (〔過去分詞〕 aberto) [他] ❶ **開く, 開ける** (←→ fechar) ►abrir a janela 窓を開ける / abrir os olhos 目を開ける / Abra bem a boca. 口を大きく開けて / abrir um livro 本を開ける / abrir uma garrafa 瓶の栓を抜く / abrir um guarda-chuva 傘を開く / abrir as cortinas カーテンを開ける / abrir o zíper ファスナーを開ける / abrir um arquivo ファイルを開く / abrir novos horizontes 新しい地平を開く / abrir o apetite 食欲をそそる.
❷ (ガス栓や蛇口を) 開ける ; (電灯や電気を) つける, ともす ►abrir a torneira 蛇口を開ける.
❸ (トンネルを) **掘る**, (穴を) 開ける ►abrir um túnel トンネルを掘る / abrir um buraco 穴を開ける.
❹ **開設する**, 設立する, 開く, 始める ►abrir uma loja 店を開く / abrir uma escola 学校を開く / abrir uma conta corrente 口座を開く.
❺ 広げる ►abrir as asas 翼を広げる / abrir os braços 両腕を広げる.
❻ 〖スポーツ〗(相手チームに対して) …点の差をつける [+ sobre] ►abrir três pontos sobre o adversário 相手に対して3点の差をつける.
❼ 〖情報〗(ファイルやプログラムを) 開く, 起動する ►abrir um arquivo ファイルを開く / abrir um programa プログラムを起動する.
— [自] ❶ **開く** ►A que horas abrem as lojas? 店は何時に開きますか / Seu zíper abriu. ズボンの前が開いています.
❷ **開ける** ►Abra! 開けろ.
❸ (信号が) 青になる ►O sinal abriu. 信号が青になった.
❹ (花が) 開く, 開花する.
❺ (天気が) よくなる, 回復する ►O céu abriu. 天気が回復した.
— **abrir-se** [再] ❶ **開く** ►A porta se abriu. ドアが開いた.
❷ (…に) 心を開く [+ com] ►Ele não se abre com ninguém. 彼は誰にも心を開かない.

ab-rogação /abixoga'sẽw̃/ [[複]ab-rogações] [女] (法律などの) 廃止.

ab-rogar /abixo'gax/ ⑪ [他] (法律などを) 廃止する.

abruptamente /aˌbixupita'mẽtʃi/ [副] ❶ 突然, いきなり. ❷ ぶしつけに, ぶっきらぼうに.

abrupto, ta /abi'xupitu, ta/ ❶ 切り立った, 急勾配の. ❷ 突然の. ❸ 失礼な, ぶしつけな.

abrutalhado /abruta'ʎadu, da/ [形] 残忍な, 粗野な.

abscesso /abi'sɛsu/ [男] 〖医学〗 膿瘍(のうよう).

absenteísmo /abisẽte'izmu/ [男] ❶ (不当な) 欠勤, サボり癖 ►absenteísmo escolar 学校をサボること, 怠学. ❷ 不在地主制. ❸ [B] 投票棄権.

abside /abi'sidʒi/ [女] 〖建築〗(教会の) 後陣.

absinto /abi'sĩtu/ [男] ❶ 〖植物〗 ニガヨモギ.
❷ アブサン (ニガヨモギで香りをつけた酒).

★★**absolutamente** /abisoˌluta'mẽtʃi アビソルータメンチ/ [副] ❶ **絶対に, 完全に, まったく** ►Isso é absolutamente falso. それは絶対に間違いだ / Você está absolutamente certa. まったく君の言うとおりだ / estar absolutamente de acordo com... …に完全に同意している.
❷ (《否定文で》) 絶対に… (ない), まったく… (ない), 全然… (ない) ►Isso não é absolutamente verdade. それはまったく真実ではない / Eu não fiz absolutamente nada. 私は絶対に何もしなかった.
❸ (《返答文で》)(同意を強調して) 全面的に, 完全に, まったく ► — Você concorda? — Absolutamente! 「あなたは同意しますか」「全面的に」.
❹ [B] (《返答文で》)(不同意を強調して) いいえ全然 ► — Você está cansado? — Absolutamente! 「あなたは疲れていますか」「いいえ全然」.

absolutismo /abisolu'tʃizmu/ [男] 絶対主義 ►absolutismo de grupo 集団の盲信.

absolutista /abisolu'tʃista/ [形] 絶対主義の.
— [名] 絶対主義者.

★★★**absoluto, ta** /abiso'lutu, ta アビソルート, タ/ [形] ❶ **絶対的な, 絶対の, 完全な**, まったくの (←→relativo) ►confiança absoluta 絶対的な信頼 / verdade absoluta 絶対の真理 / maioria absoluta 絶対多数 [過半数] / A nossa liberdade não é absoluta. 我々の自由は完

absolver

全ではない / mentira absoluta 真っ赤な嘘 / o Ser Absoluto 絶対的存在, 神 / ter certeza absoluta 全面的に確信している.
❷ (政治権力において)絶対的な, 専制的な, 独裁的な▶monarquia absoluta 絶対君主制.
❸ (物質が)混じり気がない▶álcool absoluto 無水アルコール.
❹ 独立の, 無条件の, 絶対の▶construção absoluta『文法』独立［絶対］構文.
❺『哲学』絶対(者)の.
  em absoluto ① 絶対に, 完全に▶concordar em absoluto com... …に完全に同意する. ②《否定文で》絶対に…(ない), まったく…(ない), 全然…(ない)▶Isso não é verdade em absoluto. それは全然本当ではない. ③《返答で》いいえ, 全然.

absolver /abisow'vex/ 他 ❶『法律』無罪とする▶absolver o réu 被告人を無罪とする. ❷『カトリック』…に罪の許しを与える▶absolver o pecador 罪人を許す.
❸ …の…を許す［+ de］▶absolver alguém de um crime …の罪を許す.

absolvição /abisowvi'sẽw/ ［複 absolvições］ 女 ❶『法律』無罪の宣告, 無罪放免▶absolvição sumária 略式放免. ❷『カトリック』罪の赦し, 赦免.

absorção /abisox'sẽw/「複 absorções］ 女 ❶ 吸収, 吸着. ❷ 熱中, 没頭.

absorto, ta /abi'soxtu, ta/ 形 ❶ 吸収された. …に熱中した, 没頭した［+ em］▶absorto no trabalho 仕事に没頭して.

absorvente /abisox'vẽtʃi/ 形《男女同形》 ❶ 吸収する, 吸収性の▶tecido absorvente 吸水性のある生地.
❷ 非常に面白い, 心を奪う▶trabalho absorvente 夢中になれる仕事.
— 男 吸収材▶absorvente higiênico 生理用ナプキン.

*__absorver__ /abisox'vex/ アビソフヴェーフ/ 他 ❶ 吸収する, 吸い込む▶absorver a água 水を吸収する.
❷ (企業を)吸収合併する▶absorver um banco 銀行を吸収合併する.
❸ (時間や金銭を)使い果たさせる, 消費させる▶Esse projeto absorveu tempo e dinheiro. その計画で時間と金が使い果たされた.
❹ 理解する, 吸収する▶absorver a explicação do professor 教師の説明を飲み込む.
❺ 没頭させる, 夢中にさせる▶O trabalho o absorve. 彼は仕事に没頭している.
❻ 独占する, 自分のものにする▶absorver todo o lucro 利益をひとり占めにする.
— **absorver-se** 再 ❶ 吸収される.
❷ …に没頭する, 夢中になる［+ em］▶absorver-se no estudo 研究に没頭する / absorver-se no trabalho 仕事に心血を注ぐ.

abstémio, mia /ɐbʃ'tɛmiu, miɐ/ 形 Ⓟ = abstêmio.

abstêmio, mia /abis'tẽmiu, mia/ 形 Ⓑ 酒を飲まない▶Eu sou abstêmio. 私は酒を飲まない.
— 名 酒を飲まない人.

abstenção /abistẽ'sẽw/ ［複 abstenções］ 女 ❶ (投票の)棄権▶abstenção eleitoral 投票棄権.
❷ 慎むこと▶abstenção de carne 肉断ち / abstenção de álcool 禁酒.

abstencionista /abistẽsio'nista/ 形 名 投票しない(人).

abster /abis'tex/ 他 (abster alguém de + 不定詞) …が…することを妨げる, 禁じる▶Ele me absteve de entrar na loja. 彼は私が店に入るのを妨げた.
— **abster-se** 再 ❶《abster-se de + 不定詞》…することをやめる, 拒否する▶abster-se de votar 投票を棄権する / abster-se de emitir opinião 意見の表明を拒否する.
❷《abster-se de + algo》…を差し控える▶abster-se de álcool アルコールを断つ.

abstinência /abistʃi'nẽsia/ 女 節制, 禁欲▶a abstinência das drogas 薬物を断つこと / abstinência sexual 純潔運動, 性的行為を慎むこと.

abstração /abistra'sẽw/ ［複 abstrações］ 女 ❶ 抽象, 抽象化, 抽象的概念▶A verdade é uma abstração filosófica. 真理とは哲学的抽象概念である. ❷ 抽象芸術作品. ❸ 捨象▶fazer abstração de... …を考慮に入れない. ❹ 放心.

abstrair /abistra'ix/ 他 ❶ 分離する, 抜き出す.
❷ 抽象する, 捨象する. ❸ 遠ざける, 離す▶abstrair a atenção do assunto 注意を問題からそらす.
— 自 ❶ …を考えない, 捨象する［+ de］. ❷ …から遠ざかる［+ de］.
— **abstrair-se** 再 ❶ …にふける［+ em］.
❷ …から離れる, 遠ざかる［+ de］▶abstrair-se de más companhias 悪友を避ける.

abstrato, ta /abis'tratu, ta/ 形 ❶ 抽象的な(↔ concreto)▶ideia abstrata 抽象的概念 / nome abstrato 抽象名詞.
❷『美術』抽象主義の▶pintura abstrata 抽象絵画.
❸ 観念的な, 理論的な▶ciência abstrata 理論科学.
❹ 難解な.
❺ ぼんやりした, 放心した.

*__absurdo, da__ /abi'suxdu, da/ アビスフド, ダ/ 形 ❶ ばかげた, 不条理な, 不合理な, 非常識な▶uma ideia absurda ばかげた考え / Essa decisão é absurda. その決定は不条理だ. ❷《É absurdo que + 接続法》…であることはばかげている, 不条理である▶É absurdo que ela pense assim. 彼女がそう考えるのはばかげている.
— **absurdo** 男 ばかげたこと, 不条理, 不合理▶É um absurdo o que estão fazendo. 彼らがしていることはばかげている / dizer absurdos ばかげたことを言う / a filosofia do absurdo 不条理の哲学 / Que absurdo! 何とばかげたことだ / cobrar um absurdo 目の玉の飛び出るような額を請求する.
  provar por absurdo 背謬［背理］法で証明する.
  redução ao absurdo 帰謬法, 背理法.

abundância /abũ'dẽsia/ 女 ❶ 豊富, 大量▶abundância de petróleo 石油が豊富なこと. ❷ 裕福▶viver na abundância 裕福な暮らしをする.
  em abundância 豊富に.

*__abundante__ /abũ'dẽtʃi/ アブンダンチ/ 形《男女同

形）❶ 豊富な, 多量の, 多数の ▶água abundante 豊富な水.
❷ …に富んだ [+ em] ▶uma região abundante em recursos 資源の豊富な地方.
❸ 表現の豊かな ▶escritor abundante 表現の豊かな作家.

abundantemente /abũˌdẽtʃi'mẽtʃi/ 副 豊富に, ふんだんに; 裕福に ▶Choveu abundantemente. 雨がたくさん降った / viver abundantemente 裕福に暮らす.

abundar /abũ'dax/ 自 ❶ …がたくさんある ▶As soluções abundam. 解決法はいくらでもある.
❷ …に富む [+ em] ▶Este rio abunda em peixes. この川には魚がたくさんいる.

abusar /abu'zax/ 自《abusar de》❶ …につけ込む ▶abusar da boa vontade de alguém …の善意につけ込む / abusar da confiança de alguém …の信頼につけこむ / abusar da boa vontade de alguém …の好意に甘える.
❷ (女性を) 陵辱する.
❸ 濫用する, 飲みすぎる, 食べすぎる ▶abusar de drogas 薬物を濫用する / abusar de poder 権力を濫用する / abusar de álcool 酒を飲みすぎる / abusar de açúcar 砂糖を取りすぎる / abusar de metáforas 比喩を使いすぎる.
❹ 搾取する ▶abusar dos trabalhadores 労働者を搾取する.

abusivamente /abuˌziva'mẽtʃi/ 副 ❶ 間違って, 不適切に, 不当に. ❷ 過度に ▶beber abusivamente 過度に飲酒する.

abusivo, va /abu'zivu, va/ 形 不適切な, 不当な, 非合法な ▶preços abusivos 法外な値段 / uso abusivo da palavra 言葉の誤用 / uso abusivo de drogas 薬物の濫用.

*__abuso__ /a'buzu/ アブーゾ/ 男 ❶ 濫用, 悪用; 乱用 ▶abuso de autoridade 職権濫用 / abuso de poder 越権 (行為) / abuso de direito 権利の濫用 / abuso de medicamentos 薬の乱用 / abuso de tabaco タバコの吸いすぎ / abuso de álcool アルコールの飲みすぎ.
❷ 虐待 ▶abuso sexual 性的虐待.

abuso de confiança ①(業務上の)背任. ②(一般的に)信頼の悪用, 背信.

abutre /a'butri/ 男 ❶〖鳥〗ハゲワシ, ハゲタカ. ❷ 冷血な人, 血も涙もない人, 強欲な人.

a/c《略語》aos cuidados de… …気付け, …方.
a.C.《略語》antes de Cristo 紀元前.
AC《略語》Estado de Acre アクレ州.

acabado, da /akaˈbadu, da/ 形 ❶ 完成した, 完了した ▶produto acabado 完成品 / não acabado 未完の.
❷ 完璧な ▶exemplo acabado 模範.
❸ 終わった ▶Está tudo acabado entre nós. 私たちの間はもう終わりだ / acabado e enterrado 終わった, 過去のことである.
❹ 年老いた, 衰弱した, 疲労した ▶Ele está muito acabado. 彼はとても年を取ったように見える.

acabamento /akaba'mẽtu/ 男 ❶ 完成, 完了, 終わり, 終了.
❷ 仕上げ.

*__acabar__ /aka'bax/ アカバーフ/ 他 ❶ 終える, 完了する, 完成させる (↔começar) ▶acabar a tarefa 作業を終える / acabar um livro 本を読み [書き] 終える.
❷ 終わらせる, 廃止する ▶acabar o namoro 恋を終わらせる.
❸《acabar + 現在分詞 = acabar por + 不定詞》最後に…する, ついに…する ▶Acabei cedendo. 私はついに譲歩した.
— 自 ❶ 終わる ▶A guerra acabou. 戦争は終わった / Tudo que é bom acaba logo. よいことはすぐ終わってしまう / Eu ainda não acabei. 私はまだ終わっていない.
❷ なくなる, 尽きる ▶Quando acaba o dinheiro, acaba o amor. 金が尽きると愛も尽きる / O tempo acabou. 時間切れだ / Acabou o café. コーヒーが切れた / Acabou a luz. 停電になった / Acabou a água. 断水した / Minhas forças acabaram. 私は力が尽きた.
❸ …に接する, …に通じる [+ em] ▶A rua acaba na praia. その通りは砂浜に通じている.

— **acabar-se** 再 ❶ 終わる.
❷ 消耗する, 尽き果てる, なくなる ▶Acabou-se o vinho. ワインがなくなった.

a acabar B 話 ものすごく.
acabar bem よい結果に終わる ▶A história acabou bem. その話はよい結果に終わった.
acabar com… ①…をやめる ▶Acabe com o barulho. 音を出すのをやめなさい. ②…を使い切る, …を食べ尽くす. ③…に害を与える, …をだめにする ▶O cigarro acaba com a saúde. タバコは健康に害を及ぼす. ④…を終わらせる, …をなくす ▶acabar com a guerra 戦争を終わらせる / acabar com o racismo 人種差別をなくす. ⑤…を殺す ▶acabar com as formigas アリを殺す. ⑥…と別れる ▶acabar com o namorado ボーイフレンドと別れる.
acabar de 不定詞 ①…することを終える ▶acabar de comer 食べ終える. ②…したばかりである ▶Eu acabo de chegar justamente agora. 私はちょうど今着いたところです.
acabar em algo ①…で終わる. ②…のうちに終わる ▶acabar em tragédia 悲劇的な結末を迎える.
acabar mal 悪い結果に終わる ▶O filme acabou mal. 映画は最悪の結末で終わった.
quando acaba 更に, しまいには.
um nunca acabar いつまでたっても終わらないもの, いつまでたってもなくならないもの.

acabrunhado, da /akabru'nadu, da/ 形 ❶ 衰弱した, 元気のない. ❷ 打ちひしがれた. ❸ 辱められた.

acácia /a'kasia/ 女〖植物〗アカシア.

*__academia__ /akade'mia/ アカデミーア/ 女 ❶ アカデミー, 学士院, 協会 ▶Academia Brasileira de Letras ブラジル文学アカデミー / Academia das Ciências de Lisboa リスボン科学アカデミー.
❷ 学校, 学院 ▶academia de música 音楽学校 / academia de belas-artes 美術学校 / academia militar 士官学校 / academia de polícia 警察学校.

académico, ca

❸ スポーツクラブ, スポーツジム, フィットネスクラブ ▶academia de ginástica スポーツジム / academia de judô 柔道の道場.

académico, ca /ɐkɐˈdɛmiku, kɐ/ 形 P = acadêmico

acadêmico, ca /akaˈdẽmiku, ka/ 形 B ❶ 大学の, 高等教育の, アカデミーの ▶ano acadêmico 学年度 / grau acadêmico 大学の学位 / habilitações acadêmicas 大学でとる資格 / vida acadêmica 大学生活 / liberdade acadêmica 学問の自由. ❷ 学理的な, 理論的な；机上の空論の. ❸（芸術作品が）型にはまった, 月並みな.
— 名 ❶ アカデミー会員. ❷ 大学教師.

açafrão /asaˈfrẽw/ 男 サフラン；サフラン粉 ▶arroz com açafrão サフランライス.

açaí /asaˈi/ 男 B 【植物】アサイー（アマゾン産のヤシ科の植物；またはその果実, ジュース）.

acalentar /akalẽˈtax/ 他 ❶（子守歌で）寝かしつける. ❷ 落ち着かせる. ❸（考えなどを）温める, 抱く ▶O jovem acalenta o sonho de ser advogado. 若者は弁護士になるという夢を持ち続けている.

acalmar /akawˈmax/ 他 落ち着かせる, 穏やかにする ▶acalmar os ânimos 人々の気を静める.
— **acalmar-se** 再 穏やかになる, 落ち着く ▶Acalme-se! 落ち着きなさい, 月並みな.

acalmia /akawˈmia/ 女 ❶ 風雨の小やみ, 風のなぎ. ❷ 一時的沈静, 小康状態.

acalorado, da /akaloˈradu, da/ 形 ❶ 温められた, 熱せられた. ❷ 生き生きとした, 活発な, 白熱した ▶discussão acalorada 活発な議論.

acamado, da /akaˈmadu, da/ 形 ❶ 床についた, 病床についた ▶estar acamado 病床に伏している. ❷ 層をなした, 何層にもなった.

acamar /akaˈmax/ 他 ❶ ベッドにつかせる. ❷ 層状にする, 重ねる.
— 自 病床につく.
— **acamar-se** 再 病床につく.

açambarcar /asẽbaxˈkax/ 他 買い占める, 独占する.

acampamento /akẽpaˈmẽtu/ 男 ❶ 野営, キャンプ. ❷ 野営場, キャンプ場. ❸ 野営隊, キャンプ隊.
levantar acampamento 立ち去る.

acampar /akẽˈpax/ 自 野営する, キャンプする ▶ir acampar キャンプに行く.

acanhado, da /akaˈɲadu, da/ 形 ❶（広さや幅が）狭い. ❷ 内気な, 小心者の.

acanhamento /akaɲaˈmẽtu/ 男 ❶ 狭いこと, 狭さ, 窮屈. ❷ 内気, 小心.

acanhar /akaˈɲax/ 他 ❶ 恥ずかしく思わせる. ❷ 狭くする, 窮屈にする. ❸ 妨げる, 抑える.
— **acanhar-se** 再 ❶ 恥ずかしく思う, 臆病になる ▶Ele não se acanhava diante das mulheres. 彼は女性の前でも物おじしなかった. ❷ 狭くなる, 窮屈になる.

‡ação /aˈsẽw/ アサォン / 複 ações 女 ❶ 行為, 行動；活動 ▶ação política 政治行為 / ação militar 軍事行動 / ação de resgate 救助活動 / homem de ação 行動的な人 / filme de ação アクション映画 / fazer uma boa ação 善行をする / fora de ação 行動できない.
❷ 効果, 作用 ▶ação e reação 作用と反作用 / ação química 化学作用 / ação de um medicamento 薬の効能.
❸ 出来事, 事件 ▶local da ação 事件現場.
❹【映画】演技, アクション ▶Ação!（撮影開始時に）本番スタート.
❺ 筋, 筋の運び ▶ação da peça 戯曲の筋 / A ação se desenvolve em Roma. 舞台はローマ.
❻【言語】動作 ▶verbo de ação 動作動詞.
❼【法律】訴訟（= ação judicial）▶interpor uma ação contra alguém …に対して訴訟を起こす / ação civil 民事訴訟 / ação trabalhista 労働訴訟 / ação coletiva 集団訴訟.
❽ 株, 株式, 株券 ▶ação ordinária 普通株式 / ação preferencial 優先株式 / ação nominativa 記名式株券 / ação ao portador 無記名式株券.

ação de graças 神への感謝の祈り ▶Dia de Ação de Graças 感謝祭.
ação entre amigos 困窮している友人のために行われる慈善くじ.
entrar em ação 活動を始める.
ficar sem ação 身動きができなくなる.
pôr ... em ação 開始させる, 実行する.

acarajé /akaraˈʒe/ 男 B 黒目豆の粉を練ってデンデヤシの油で揚げたものに, 干しエビやタマネギ等の具を挟んだ食べ物.

acariciar /akariziˈax/ 他 ❶ 愛撫する, 撫でる；軽く触れる ▶acariciar um cachorro 犬を撫でる. ❷（自尊心などを）くすぐる ▶acariciar o ego 自尊心をくすぐる.
— **acariciar-se** 再 自分を愛撫する, 自慰する.

acarinhar /akariˈɲax/ 他 ❶ …に愛情を注ぐ. ❷ 愛撫する, なでる.

ácaro /ˈakaru/ 男【動物】ダニ, コナダニ.

acarretar /akaxeˈtax/ 他 …の原因となる, …を引き起こす.

acasalamento /akazalaˈmẽtu/ 男 ❶ つがいになること. ❷ 交尾.

acasalar /akazaˈlax/ 他 ❶ … と対にする [+ com]. ❷ 交尾させる.
— 自 交尾する.
— **acasalar-se** 再 交尾する.

‡acaso /aˈkazu/ アカーソ / 男 偶然, 予期せぬ出来事, 運 ▶Esta descoberta foi um acaso. この発見は偶然だった. / acaso feliz 幸運.
— 副 偶然に；おそらく, たぶん；もしかしたら.
ao acaso ① あてもなく ▶Ele andava pela cidade ao acaso todo o dia. 彼はあてもなく一日中町を歩いていた. ② 行き当たりばったりに；考えもなしに ▶responder ao acaso いい加減に答える / escolher ao acaso 無作為に選ぶ.
por acaso ① 偶然に ▶A penicilina foi descoberta por acaso. ペニシリンは偶然発見された. ② ひょっとして, もしかしたら ▶Você sabe, por acaso, o que aconteceu com a família no desastre? ひょっとしてあなたは災害でその家族に何が起こ

acastanhado, da /akasta'ɲadu, da/ 形 茶色がかかった, (髪の毛が)栗色の.
— **acastanhado** 男 栗色.

acatamento /akata'mẽtu/ 男 遵守, 尊重.

acatar /aka'tax/ 他 …を遵守する, …に従う ▶ acatar a lei 法を遵守する / acatar a decisão 決定に従う.

acautelar /akawte'lax/ 他 ❶ 保護する, 守る ▶ acautelar o patrimônio cultural 文化遺産を守る. ❷ 用心させる, 警戒させる.
— **acautelar-se** 再 用心する, 警戒する.

acebolado, da /asebo'ladu, da/ 形 タマネギで味をつけた, タマネギを添えた ▶ bife acebolado オニオンソテーを添えたステーキ.

aceder /ase'dex/ 自 ❶ …を受け入れる, 承諾する [+ a] ▶ Ele acedeu ao convite da amiga. 彼は友人の招待を受け入れた.
❷ …にアクセスする, 参入する [+ a] ▶ aceder à internet インターネットにアクセスする / aceder ao mercado de trabalho 労働市場に参入する.

acéfalo, la /a'sɛfalu, la/ 形 ❶ 頭のない. ❷ 愚かな. ❸ リーダーのない.

aceitação /asejta'sẽw̃/ [複 aceitações] 女 ❶ 受け入れ, 受容 ▶ aceitação na sociedade 社会に受け入れられること / aceitação de uma teoria 理論の受容. ❷ 好評 ▶ Este produto tem boa aceitação. この商品は好評だ.

⁑aceitar /asej'tax/ アセイターフ/《過去分詞 aceitado/aceito B, aceite P》他 ❶ 受け入れる, 受理する, 承諾する ▶ aceitar uma oferta 申し出を受け入れる / aceitar um desafio 挑戦を受ける / Eu aceito seu convite com todo o prazer. 私は喜んであなたの招待を受けます / Aceita um café? コーヒーはいかがですか / Vocês aceitam cartão de crédito? クレジットカードは使えますか.
❷ (考えや意見などを) 認める, よいと評価する ▶ Ele aceitou como verdadeira a explicação. 彼はその説明を真実として受け入れた / O professor aceitou os argumentos do aluno. 先生はその生徒の主張を認めた.
❸《aceitar +不定詞》…することを引きうける ▶ Eu aceitei fazer isso. 私はそうすることを引きうけた.
— **aceitar-se** 再 受け入れられる ▶ Aceitam-se cartões de crédito. クレジットカードをお使いいただけます / Não se aceita cheque de viagem. トラベラーズチェックは受け付けねます.

aceitável /asej'tavew/ [複 aceitáveis] 形《男女同形》❶ 受け入れることのできる ▶ uma proposta aceitável 受け入れることが可能な提案 / preço aceitável 手頃な値段 / Não é aceitável que haja fome neste país. この国に飢餓があることは受け入れがたい / Não é aceitável conversar em voz alta durante a aula. 授業中に大声で話すことは許されない.
❷ まずまずの, 我慢できる.

aceite /a'sejtʃi/ 男 手形引受.

aceito, ta /a'sejtu, ta/ 形 (aceitar の過去分詞) 受け入れられた ▶ opinião aceita 広く認められている意見 / ser bem [mal] aceito 受けがよい [悪い], 評価が高い [低い].

aceleração /aselera'sẽw̃/ [複 acelerações] 女 ❶ 加速, 加速度. ❷ 促進 ▶ aceleração da globalização グローバル化の加速.

aceleradamente /asele,rada'mẽtʃi/ 副 急速に, 急ピッチで.

acelerado, da /asele'radu, da/ 形 急速な, 急ピッチの ▶ em ritmo acelerado 早いペースで.
em acelerado 急速に.

acelerador, dora /aselera'dox, 'dora/ [複 aceleradores, doras] 形 加速する.
— **acelerador** 男 アクセル, 加速器, 加速装置, アクセラレーター.

acelerar /asele'rax/ 他 速める, 加速する ; 促進する ▶ acelerar o passo 歩調を速める / acelerar o metabolismo 代謝を促進する.
— 自 (自動車が) 加速する, スピードを上げる.
— **acelerar-se** 再 加速する, スピードを上げる.

acém /a'sẽj/ [複 acéns] 男 牛肉の部位で腰肉の部分.

acenar /ase'nax/ 自 ❶ …で合図する [+ com] ▶ acenar com a mão 手を振る.
❷ …に合図する [+ a].
— 他 (手を) 振る ▶ Ela acenou a mão para nós. 彼女は私たちに手を振った.

⁂acender /asẽ'dex/ アセンデーフ/《過去分詞 acendido/aceso》他 ❶ …に火をつける (↔ apagar) ▶ acender uma vela ろうそくに火をつける / acender um fósforo マッチを擦る.
❷ …のスイッチを入れる ▶ acender a luz 電灯のスイッチを入れる.
❸ (感情を) かき立てる, 燃え上がらせる, あおる ▶ acender a curiosidade de alguém …の興味をかき立てる.
— 自 ❶ 火がつく. ❷ 光る.
— **acender-se** 再 ❶ 火がつく (↔ apagar-se) ▶ Acende-se o lume. 火がつく. ❷ 光がつく.
❸ スイッチが入る ▶ A lâmpada não se acende. 電灯がつかない.

aceno /a'sẽnu/ 男 ❶ (頭や手などでする) 合図. ❷ 呼ぶこと, 呼びかけ.

acento /a'sẽtu/ 男 ❶ アクセント ▶ O acento é na primeira sílaba. アクセントは第一音節にある.
❷ アクセント記号 ▶ acento agudo アクセント・アグード (´) / acento grave アクセント・グラーヴェ (`) / acento circunflexo アクセント・シルクンフレクス (^).
❸ なまり ▶ acento regional お国なまり.

acentuação /asẽtua'sẽw̃/ [複 acentuações] 女 ❶ アクセント記号をつけること. ❷ アクセントを置くこと ; 強調.

acentuadamente /asẽtu,ada'mẽtʃi/ 副 際立って, 明確に ▶ Os preços dos alimentos caíram acentuadamente. 食料の価格が際立って下落した.

acentuado, da /asẽtu'adu, da/ 形 ❶ アクセントのある, アクセント記号のある ▶ sílaba acentuada アクセントのある音節. ❷ 際立った, はっきりした ▶ tendência acentuada 顕著な傾向.

⁑acentuar /asẽtu'ax/ アセントゥアーフ/ 他 ❶ …にアクセントを与える, 強勢を与える ▶ acentuar a sílaba

acepção

final 語末音節にアクセントを与える. ❷ …にアクセント記号をつける ▶acentuar uma palavra ある語にアクセント記号をつける. ❸ 強調する；力説する ▶acentuar a importância da educação 教育の重要性を強調する. ❹ 強める ▶A noite acentua a solidão. 夜は孤独を強める.
— **acentuar-se** 再 ❶ 強調される；力説される. ❷ 強まる.

acepção /asepi'sẽw/ [複 acepções] 囡 意味, 語義 ▶na acepção da palavra 文字通り.
acepção de pessoas ひいき.

acepipe /ase'pipi/ 男 オードブル, 珍味, おいしいもの.

acerbo, ba /a'sexbu, ba/ 形 ❶ 酸っぱい, 苦い. ❷ 辛辣な ▶críticas acerbas 辛辣な批判.

*****acerca** /a'sexka/ アセフカ 副 (次の成句で)
acerca de... …について(の), …に関して(の) ▶Falei acerca da situação econômica do Brasil. 私はブラジルの経済状況について話した.

acercar /asex'kax/ 29 他 ❶ …に近づける [+ de] ▶acercar as mãos do forno オーブンに手を近づける. ❷ 取り囲む ▶Os policiais acercaram o ladrão. 警察官は泥棒を取り囲んだ.
— **acercar-se** 再 ❶ …に近づく [+ de] ▶Ele se acercou da menina. 彼は女の子に近づいた. ❷ …を取り囲む [+ de].

acertado, da /asex'tadu, da/ 形 ❶ 正しい, 適切な ▶tomar uma decisão acertada 正しい決定をする / resposta acertada 正しい答え / medida acertada 適切な措置. ❷ 賢明な ▶escolha acertada 賢明な選択. ❸ 取り決めた ▶prazo acertado 取り決めた期限.

*****acertar** /asex'tax/ アセフターフ 他 ❶ (時計などを)合わせる ▶acertar o relógio 時計を合わせる / acertar a hora 時間を合わせる / acertar o passo 歩調をそろえる. ❷ 探し出す, 見つける ▶acertar o caminho 道を見つける. ❸ …に正解する ▶acertar todas as perguntas すべての問いに正解する.
— 自 ❶ (的に) 当たる, 命中する；(くじに) 当たる [+ em] ▶acertar no alvo 的に命中する / acertar na loteria 宝くじに当たる / Parabéns, você acertou! おめでとう, 当たりました. ❷ …を言い当てる [+ em/com] ▶acertar na resposta 答えを当てる.
acertar as contas com alguém …とあいこになる, 引き分ける.
acertar na mosca 要点をつく, 図星を言う.
não acertar uma 何ひとつうまくいかない, 全然だめである.

acerto /a'sextu/ 男 ❶ 調整 ▶acerto de contas 清算, 仕返し. ❷ 適正, 適合 ▶acerto na escolha 正しい選択.

acervo /a'sexvu/ 男 ❶ 堆積, 山積み ▶um acervo de livros 本の山. ❷ 資産, 所蔵品, 蔵書 ▶acervo cultural 文化遺産.

aceso, sa /a'sezu, za/ (acender の過去分詞)
❶ 火のついた, 明かりのついた ▶Não deixe a luz acesa. 明かりをつけたままにしてはいけない / A luz está acesa. 明かりがついている / As velas estão acesas. ろうそくの火がついている / um cigarro aceso 火のついたタバコ. ❷ 生き生きとした, 熱狂的な.
— **aceso** 男 最高潮, 絶頂 ▶manter aceso 絶好調を維持する.

acessar /ase'sax/ 他 …にアクセスする ▶acessar a Internet インターネットにアクセスする.

acessibilidade /asesibili'dadʒi/ 囡 ❶ アクセスできること, 利用できること ▶acessibilidade à educação 教育が受けられること / acessibilidade dos serviços sociais 社会福祉サービスの利用しやすさ. ❷ (値段が) 手頃なこと ▶acessibilidade do preço 値段が手頃なこと. ❸ (人が) 気さくなこと ▶Ela é uma pessoa de boa acessibilidade. 彼女はとても親しみやすい人だ.

acessível /ase'sivew/ [複 acessíveis] 形 《男女同形》 ❶ 行きやすい, 近づきやすい, 接近できる ▶um lugar acessível 行きやすい場所 / Se você estudar, aquela universidade vai ficar acessível. あなたは勉強すればあの大学に行けるだろう. ❷ 手が届く, 手ごろな ▶preço acessível 手ごろな価格. ❸ 理解しやすい ▶Esta informação é acessível a todos. この情報は誰にでもわかる. ❹ 気さくな, 親しみやすい ▶uma pessoa acessível 気さくな人.

*****acesso** /a'sesu/ アセーソ 男 ❶ 近づくこと, 入ること；接近, 到達；通路, 入り口 ▶Acesso proibido a pessoas não autorizadas. 許可なき者は通行禁止 / estrada de acesso 進入路 / O único acesso ao parque é o portão. 公園の唯一の入口は門扉である. ❷ (地位などへの) 到達；(知識などの) 獲得 ▶acesso ao ensino superior 高等教育を受けること. ❸ (人や作品などへの) 接触, 近づき, 取っ付き ▶pessoa de difícil acesso 近づきにくい人物 / pessoa de fácil acesso 気さくな人物. ❹ 《acesso de...》(病気の) 発作, (感情の) 高まり, 激発 ▶acesso de tosse 咳の発作 / acesso de fúria 怒りの爆発, 憤激 / acesso de riso 爆笑. ❺ 〖情報〗アクセス ▶acesso à internet インターネットへのアクセス.
dar acesso a +場所 (通路が) …に通じる ▶A estrada dá acesso ao túnel. 道路はトンネルへ繋がる.
ter acesso a ... ① (場所) に入れる, 近づける；…を入手できる, 自由に扱える. ② (人に) 近づける, 面会できる.

acessório, ria /ase'sɔriu, ria/ 形 付随的な, 副次的な ▶despesas acessórias 付随的出費.
— **acessório** 男 付属品, アクセサリー ▶acessórios de automóvel カーアクセサリー.

acetato /ase'tatu/ 男 〖化学〗アセテート.

acha /'aʃa/ 囡 まき.

achado, da /a'ʃadu, da/ 形 見つけられた；発見された.
— **achado** 男 ❶ 発見した物, 発見 ▶a seção de

achados e perdidos 遺失物取扱所 / achado arqueológico 考古学的発見.
❷ [B] [話] 幸運, 偶然.
❸ [話] 掘り出し物, お買い得品, 優れもの ▶ser um achado 掘り出し物 [優れもの] である.
achado do vento ① 持ち主不明の落とし物. ② ふいに思い浮かぶ想念.
não se dar por achado 知らないふりをする.

achaque /a'ʃaki/ [男] 体調が悪いこと, 不調.

***achar** /a'ʃax アシャーフ/ [他] ❶ **見つける, 見出す** ▶ Não acho a chave do carro. 自動車の鍵が見当たらない / achar uma resposta 答えを見つける / achar o que dizer 言うべきことを見出す / achar um namorado ボーイフレンドを見つける / 《目的語なしで》Achei! 見つけた.
❷ **思う** ▶ O que você acha? あなたはどう思いますか / O que você acha dessa ideia? このアイディアをどう思いますか / O que é que você acha disso? そのことについてどう思いますか / O que você acha de viajarmos juntos? 一緒に旅行しませんか / Isso é o que você acha. それは君が思っていることだね.
❸ 《achar que ＋[直説法]》…と思う, という意見である ▶ Acho que você está certo. 私はあなたの言っていることは正しいと思う / Acho que sim. 私はそう思う / Acho que não. 私はそうではないと思う.
❹ 《não achar que ＋[接続法]》…とは思わない ▶ Não acho que ele concorde com isso. 彼がそれに賛成するとは思わない.
❺ 《achar ＋直接目的語＋補語》…を…と思う, みなす, 判断する ▶ Acho o livro interessante. 私はその本を面白いと思う / Ele achou o resultado insatisfatório. 彼は結果を不十分だとみなした / Acho impossível chegar a tempo. 私は間に合わないと思う / Faça como achar melhor. あなたの思いどおりにしてください / achar bom ＋[不定詞] …することはいいことだと思う. .
❻ 《achar ＋補語＋ que ＋[接続法]》…が…であると思う ▶ Acho bom que você estude mais. 私は君がもっと勉強したほうがいいと思う / achar natural que ＋[接続法] …を当然と思う.
— **achar-se** [再] ❶ (ある場所や状態に) **いる, ある** ▶achar-se bem 健康である, 満足している / achar-se mal 体調を崩している, 不満である.
❷ 自分が…であると思う ▶achar-se inteligente 自分は頭がいいと思う / Ele se acha um gênio. 彼は自分を天才と思っている.
achar por bem ＋[不定詞] …することを好む, よしとする ▶ Ele achou por bem avisar à polícia. 彼は警察に知らせたほうがよいと思った.
achar ruim... …を好まない, 嫌う.
achar ruim ＋[不定詞] …したくない.
achar ruim que ＋[接続法] …であってほしくない.

> **[語法]「思う」を表す achar, crer, acreditar**
>
> achar, crer, acreditar ともに「思う」と訳される場合があるが, 意味の違いがある. achar は, 話者の心に感じる印象や主観的な見解, 確信のない事柄を述べる場合に用いられ, はっきりとした断定を避ける場合に用いられる.
> crer, acreditar はともに「信じる」という意味を持つ動詞であり, 確信をもって「思う」場合に用いられる. crer よりも acreditar のほうが確信の度合いが高い.

achatamento /aʃata'mẽtu/ [男] 平らにすること, 頭打ち ▶achatamento salarial 賃金の伸びを物価上昇以下に抑える政策.

achatar /aʃa'tax/ [他] ❶ 平らにする, つぶす, ぺたんこにする. ❷ 辱める.
— **achatar-se** [再] ❶ 平らになる, つぶれる. ❷ 恥ずかしく思う.

achega /a'ʃega/ [女] ❶ 補足, 追加. ❷ 援助, 協力 ; 補助金 ; 副収入. ❸ 《achegas》(知識や研究などへの) 貢献.

achegar /aʃe'gax/ ⑪ [他] ❶ …を…に近づける [＋a]. ❷ 一緒にする, 集める.
— **achegar-se** [再] …に近づく [＋a].

acicatar /asika'tax/ [他] ❶ (馬に) 拍車をかける. ❷ 刺激する, あおる.

acidentado, da /asidẽ'tadu, da/ [形] ❶ (土地が) 起伏のある ▶terreno acidentado 起伏のある土地. ❷ 事故に遭った. ❸ 波瀾に富んだ.
— [名] 事故に遭った人.

acidental /asidẽ'taw/ [[複] acidentais] [形] 《男女同形》 ❶ 偶然の, 思いがけない ▶encontro acidental 偶然の出会い / erro acidental たまたまの間違い. ❷ 事故による ▶morte acidental 事故死. ❸ 付随的な, 非本質的な.

acidentalmente /asidẽˌtaw'mẽtʃi/ [副] ❶ 偶然に, たまたま. ❷ 事故によって.

***acidente** /asi'dẽtʃi アスィデンチ/ [男] ❶ **事故, 災害, 災難** ▶sofrer [ter] um acidente 事故にあう / causar um acidente 事故を起こす / prevenir [evitar] os acidentes 事故を防止する / acidente de trânsito [tráfego] 交通事故 / acidente aéreo 航空事故 / acidente de carro 自動車事故 / local do acidente 事故現場 / morte de [por] acidente 事故死 / acidente de trabalho 労働災害, 業務上の事故.
❷ **偶然の出来事** ▶um feliz acidente 嬉しい偶然の出来事 / por acidente 偶然に.
❸ 付随的な [二次的な] もの, 肝心ではないこと.
❹ 凹凸(おうとつ), 起伏 ▶acidente de terreno 地面の起伏 / acidentes geográficos 地形, 地理的特徴.
❺ [話] てんかんの発作.
❻ 〖音楽〗(♯, ♭などの) 臨時記号.
❼ 〖哲学〗偶有性.
❽ 〖言語〗語尾変化.
❾ 〖医学〗偶発症状 ; 副症状発作 ▶acidente vascular cerebral 脳卒中.

acidez /asi'des/ [女] ❶ 酸味. ❷ 〖化学〗酸性度.

***ácido, da** /'asidu, da アースィド, ダ/ [形] ❶ **酸性の** ▶chuva ácida 酸性雨.
❷ **酸っぱい**, 酸味のある ▶frutas ácidas 酸っぱい果物.
❸ 辛辣な ▶crítica ácida 辛辣な批判.
— **ácido** [男] 〖化学〗酸 ▶ácido láctico 乳酸.

acima

‡acima /a'sīma アスィマ/ 副 上に, 上へ, 上で (↔ abaixo) ▶morar acima 上に住む / no andar acima 上の階に / ladeira acima 上り坂 / o exemplo acima 上の例 / como dito acima 上で述べたように / mais acima もっと上に.
acima de... …の上に, 上で▶Ele mora dois andares acima de nós. 彼は私たちの２階上に住んでいる / temperatura acima de 30°C 30度を超える気温.
acima de tudo 何よりもまず.

acinte /a'sītʃi/ 男 嫌がらせ, 意地悪.
por acinte わざと.
com acinte 挑発的に.

acionado, da /asio'nadu, da/ 形 起動した.
— 名 《法律》被告.
— **acionado** 男 身振り.

acionar /asio'nax/ 他 ❶ 作動させる ▶acionar o alarme 警報を作動させる.
❷《法律》…を訴える.

acionista /asio'nista/ 名 形《男女同形》株主 (の) ▶assembleia geral de acionistas 株主総会.

acirrado, da /asi'xadu, da/ 形 ❶ (怒って) いらいらした, 激昂した. ❷ 激しくなった▶disputa acirrada 激しいけんか.

acirrar /asi'xax/ 他 けしかける, 激昂させる▶O discurso do político acirrou a multidão. その政治家のスピーチが人々をけしかけた.
❷ いらだたせる.
— **acirrar-se** いらだつ▶Ele acirra-se facilmente. 彼はいらだちやすい.

aclamação /aklama'sēw/ [複 aclamações] 女 歓呼, 喝采.
por aclamação (投票せずに) 満場一致で.

aclamar /akla'max/ 他 ❶ …を歓呼して迎える, …に歓声を上げる, 喝采する▶A multidão aclamou o vencedor. 群衆は勝者を歓呼して迎えた / um filme aclamado pela crítica 批評家たちからの喝采を浴びた映画.
❷ (歓声や拍手で) 承認する, 選ぶ▶A assembleia vai aclamar o novo primeiro-ministro. 議会は新しい首相を指名する予定だ.
— **aclamar-se** 再 …と自称する, 宣言する▶D. Pedro aclamou-se Imperador do Brasil. ドン・ペドロは自らブラジル皇帝となった.

aclarar /akla'rax/ 他 ❶ 明るくする▶aclarar o cabelo 髪を明るく染める.
❷ 明確にする, 明瞭にする.
— 自 明るくなる.
— **aclarar-se** 再 ❶ 明るくなる▶O céu se aclarou. 空が明るくなる. ❷ 明確になる.

aclimatar /aklima'tax/ 他 ❶ (気候や風土に) 順応させる [+ a]. ❷ …に適応させる, 慣れさせる [+ a].
— **aclimatar-se** 再 ❶ …に順応する [+ a].
❷ …に適応する, 慣れる [+ a].

aclive /a'klivi/ 男 坂, 斜面, 上り坂.

acne /'akini/ 女 にきび.

*****aço** /'asu アース/ 男 鋼鉄 ▶aço inoxidável ステンレス鋼 / faca de aço 鋼鉄のナイフ.
de aço ① 鋼鉄のような, 強固な ▶músculos de aço 強靭な筋肉. ② 非情な▶coração de aço 冷酷な心.
no aço 激怒して.

acocorar-se /akoko'raxsi/ 再 ❶ しゃがむ, かがむ. ❷ 辱められる, 屈服を受ける.

acoitar /akoj'tax/ 他 保護する, かくまう▶Acoitei meu amigo dos inimigos. 私は友達を敵から守った.
— **acoitar-se** 再 保護される, 身を隠す.

açoitar /asoj'tax/ 他 ❶ …をむちで打つ. ❷ …に打撃を与える, 損害を与える.
— **açoitar-se** 再 自らをむちで打つ.

açoite /a'sojtʃi/ 男 ❶ むち. ❷ むちで打つこと.
de açoite 突然.
para acolá もう少し先に.

acolá /ako'la/ 副 あそこに, あそこで ; 向こうに, 向こうで (注 ali や além のほうが一般的であり, 現代語ではあまり用いられない) ▶Sente-se acolá. あちらに座ってください.
cá e [ou] acolá ここかしこに.

acolchoado, da /akowʃo'adu, da/ 形 キルティングした, 詰め物をした▶tecido acolchoado キルティングした生地.
— **acolchoado** 男 キルティングした布 ; 薄い掛布団.

acolchoar /akowʃo'ax/ 他 キルティングする, 詰め物をする.

acolhedor, dora /akoʎe'dox, 'dora/ 名 歓迎する人.
— 形 もてなしの, 愛想のよい▶sorriso acolhedor 歓迎のほほえみ.

*****acolher** /akoʎ'ex アコリェーフ/ 他 迎える, 受け入れる, 宿泊させる▶acolher refugiados 難民を受け入れる / acolher o outro 他者を受け入れる / acolher de braços abertos 両手を広げて歓迎する.

acolhida /ako'ʎida/ 女 ❶ もてなし, 歓迎. ❷ 避難所, 保護, 泊めること.

acolhimento /akoʎi'mētu/ 男 ❶ 受け入れ, 歓迎▶acolhimento de pacientes 患者の受け入れ / bom acolhimento 暖かい歓迎.
❷ 避難所, 保護, 泊めること▶oferecer um acolhimento 宿泊所を提供する.

acolitar /akoli'tax/ 他 ❶ …に付き従う. ❷《カトリック》(ミサの) 侍者を務める.

acólito /a'kolitu/ 男 ❶ 手下, 取り巻き. ❷《カトリック》侍祭, 侍者.

acometer /akome'tex/ 他 ❶ 攻撃する, 襲撃する ▶acometer o adversário 敵を襲う.
❷ ののしる, 侮辱する▶Os alunos acometeram o professor com palavras ofensivas. 生徒は先生を無礼な言葉でののしった.
❸ …と衝突する, 突進する.
❹ (病気などが突然) 襲う▶O câncer acometeu o presidente. 大統領はがんにかかった.
— 自 …を攻撃する, 襲撃する [+ contra].
— **acometer-se** 再 攻撃しあう.

acomodação /akomoda'sēw/ [複 acomodações] 女 ❶ 宿泊, 宿. ❷ 順応, 適応. ❸ 片付け, 整理.

acomodado, da /akomo'dadu, da/ 形 ❶ 宿泊

した ▶ficar acomodado 宿泊する.
❷ bem acomodado 快適な，居心地がよい.
❸ mal acomodado 居心地が悪い.

acomodar /akomo'dax/ [他] ❶ 宿泊させる，泊める ▶Ele acomodou as visitas no quarto de hóspedes. 彼は訪問客を客間に泊めた.
❷ しまう，片付ける ▶acomodar os copos na prateleira コップを棚にしまう.
❸ (場所に) 収容できる ▶O carro acomoda seis pessoas. その車は6人乗りだ.
❹ …に順応させる [+ a/com]，…に合わせる [+ a] ▶acomodar a teoria aos fatos 理論を事実に合わせる.
— **acomodar-se** [再] ❶ くつろぐ ▶acomodar-se no sofá ソファーに座ってくつろぐ. ❷ 順応する ▶acomodar-se com as circunstâncias 状況に順応する. ❸ あきらめる.

acompanhamento /akõpaɲa'mẽtu/ [男] ❶ 同行，付随；随行団；葬列.
❷ 〖音楽〗伴奏 ▶com acompanhamento de piano ピアノの伴奏つき / sem acompanhamento 無伴奏の.
❸ (料理の) 付け合わせ.

acompanhante /akõpa'ɲẽtʃi/ [名] ❶ 同行者，エスコート. ❷ 介護者. ❸ 伴奏者.
— [形]《男女同形》❶ 同行する，同伴する. ❷ 介護する.

*****acompanhar** /akõpa'ɲax アコンパニャーフ/ [他] ❶ **…と一緒に行く，…に同行する** ▶Fomos acompanhar o casal ao aeroporto. 私たちは空港まで夫妻を送って行った / Eu te acompanho até a porta. 玄関まで見送るよ.
❷ **付き添う** ▶acompanhar os doentes 病人に付き添う.
❸ 見守る ▶Os pais sempre acompanham os filhos. 両親はいつも子供を見守っている.
❹ …について行く，追う ▶acompanhar a moda 流行を追う / acompanhar as notícias ニュースを追う.
❺ …と一体である，…についてくる ▶As legendas acompanham as imagens. キャプションは図版と一体である.
❻ …と組み合わせる [+ com] ▶acompanhar o bife com batatas fritas ビーフステーキにフライドポテトの付け合わせをする / acompanhar as palavras com os gestos 言葉を身振りと組み合わせる.
❼ **伴奏する** ▶A pianista acompanhou o cantor. ピアニストが歌手の伴奏をした.
— **acompanhar-se** [再] ❶ …に取り巻かれる，囲まれる；伴われる [+ de].
❷ みずから伴奏する ▶Ela acompanhava-se ao piano cantando. 彼女はピアノで弾き語りをしていた.

aconchegante /akõʃe'gẽtʃi/ [形]《男女同形》心地よい，快い ▶lugar aconchegante 居心地のよい場所.

aconchegar /akõʃe'gax/ ⑪ [他] ❶ …に近づける [+ a] ▶aconchegar o rosto à tela 画面に顔を近づける. ❷ 快適な場所に置く.
— **aconchegar-se** [再] ❶ …に近づく [+ a].
❷ 快適な姿勢になる.

aconchego /akõʃe'gu/ [男] ❶ 安楽，快適. ❷ 保護.

acondicionar /akõdʒisio'nax/ [他] ❶ 条件づける. ❷ 保存する，保管する. ❸ 包装する.

aconselhamento /akõseʎa'mẽtu/ [男] 忠告，助言，アドバイス，カウンセリング.

****aconselhar** /akõse'ʎax アコンセリャーフ/ [他] ❶ **…に忠告する，助言する** ▶aconselhar um amigo 友人にアドバイスする.
❷ 《aconselhar alguém a +[不定詞]》…に…するように忠告する，勧める ▶O médico aconselhou-o a abster-se de bebidas alcoólicas. 医者は彼に飲酒を控えるように勧めた.
— **aconselhar-se** [再] ❶ **…に忠告を求める，…と相談する** [+ com] ▶aconselhar-se com um advogado 弁護士と相談する / Nós nos aconselhamos com ele a respeito disso. 私たちはそのことについて彼と相談した.
❷ …について忠告を求める [+ sobre/em] ▶aconselhar-se sobre o divórcio 離婚について忠告を求める.

aconselhável /akõse'ʎavew/ [[複] aconselháveis] [形]《男女同形》勧めてよい，望ましい，賢明な ▶É aconselhável estudar todos os dias. 毎日勉強することが望ましい / não aconselhável a pessoas sensíveis 敏感な人には勧められない.

*****acontecer** /akõte'sex アコンテセーフ/ ⑰《三人称》[自] ❶ **起こる，生じる** ▶Aconteceu um acidente. 事故が起きた / Coisas estranhas estão acontecendo. 奇妙なことが起きている / O que é que aconteceu? 何が起きたのですか / São coisas que acontecem. よくあることだ / Nada aconteceu. 何も起きなかった / Isso acontece com todo o mundo. それは誰にでもあることだ / O que aconteceu com você? あなたに何があったのですか / Isso não vai mais acontecer. このようなことは二度と起こしません.
❷ **行われる** ▶A primeira reunião aconteceu no dia 20 de abril. 第1回目の会議は4月20日に行われた.
aconteça o que acontecer 何があっても ▶Não vou desistir, aconteça o que acontecer. 何があっても私はあきらめない.
acontece que +[直説法] 実は…である.
como se nada tivesse acontecido 何もなかったかのように.
não vá acontecer que +[接続法] …するといけないので.

***acontecimento** /akõtesi'mẽtu アコンテスィメント/ [男] ❶ **出来事，事件** ▶acontecimento histórico 歴史的出来事 / acontecimento da semana 今週の一大事件. ❷ 行事.

acoplamento /akopla'mẽtu/ [男] ❶ 結合，連結，接続. ❷ (宇宙船の) ドッキング.

acoplar /ako'plax/ [他] ❶ …に接続する，結びつける [+ a] ▶acoplar o módulo à espaçonave 宇宙船にモジュールを接続する. ❷ 連動させる，関連づける.
— **acoplar-se** [再] ❶ 結びつく，結合する. ❷ 連

acordado, da

動する, 関連する. ❸ 組になる, ペアになる. ❹ 交尾する, 結婚する.

acordado, da /akox'dadu, da/ 形 ❶ 目が覚めた ▶Estou bem acordado. 私はすっかり目が覚めた / Ela foi acordada pelo barulho da rua. 彼女は通りの騒音で目が覚めた.
❷ (眠らずに) 起きている ▶Eu fiquei acordado até tarde. 私は遅くまで起きていた / Fico acordado até a meia-noite mais ou menos. 私は夜の12時ごろまで起きている.
❸ 決められた, 合意に達した ▶O contrato foi acordado. 契約は合意に達した.

acórdão /a'kɔxdẽw/ [複 acórdãos] 男『法律』判決.

:acordar /akox'dax/ アコフダーフ/ 他 ❶ 起こす ▶Minha mãe sempre me acorda às 6 horas. 母は私をいつも6時に起こしてくれる / O barulho da rua acorda ela. 通りの騒音で彼女は目が覚めた.
❷ 同意する, 合意 ▶Os membros acordaram as medidas. メンバーは対策について同意した.
— 自 ❶ 起きる, 起床する ▶O menino não gosta de acordar cedo. 男の子は早く起きるのが嫌いだ / acordar tarde 遅く起きる / Acorde! 起きなさい.

acorde /a'kɔxdʒi/ 男 和音.

acordeão /akoxdʒi'ẽw/ 男 アコーデオン ▶tocar acordeão アコーデオンを弾く.

acordeonista /akoxdʒio'nista/ 名 アコーデオン奏者.

:acordo /a'koxdu/ アコフド/ 男 ❶ (意見などの) 一致, 合意 ▶chegar a um acordo 合意に達する.
❷ (人からの) 賛同, 賛成, 同意 ▶A proposta vai ter o acordo dos presentes na reunião. 提案は会議出席者の賛成を得るだろう.
❸ 協定, 取り決め ▶estabelecer um acordo 協定を結ぶ / acordo de cavalheiros 紳士協定 / acordo de paz 和平協定.
❹『音楽』和音.
dar acordo de si 平常心に戻る, 我に返る.
de acordo はい, オーケー, わかった.
de acordo com... ① …に従って, に即して. ② …によると, によれば ▶de acordo com a previsão do tempo, amanhã vai fazer tempo bom. 天気予報では明日は晴れだ.
de comum acordo 全員一致で.
estar de acordo (com...) (…と) 同意見である ▶Estamos de acordo. 私たちは同意見だ / Estou de acordo com você. 私は君と同感だ.
não dar acordo de si ① 意識を集中する. ② 意識を失う.
pôr de acordo 合意させる, 調和させる, 一致させる.
pôr-se de acordo 理解し合う, 和解する ▶Eles puseram-se de acordo um com o outro. 彼ら二人は互いに理解し合った.

Açores /a'soris/ 男複『地名』ilhas dos Açores アソーレス [アゾレス] 諸島 (大西洋にあるポルトガル領の群島).

açoriano, na /asori'ẽnu, na/ 形 名 アソーレス諸島の (人).

acorrer /ako'xex/ 自 …を助けに行く ▶Os dois acorreram o menino atropelado. 二人はひかれた男の子を助けに行った.
— 自 ❶ …を助けに行く [+ a]. ❷ …に急ぎに行く [+ a].

acossar /ako'sax/ 他 ❶ 追跡する, 追う, 追いかけ回す. ❷ 苦しませる, 悩ます.

acostamento /akosta'mẽtu/ 男 B 道路の路肩.

acostar /akos'tax/ 他 ❶ (船などを) 接岸させる.
❷ (車を路肩に) 止める.
— 自 ❶ (船が) …に接岸する [+ a]. ❷ 近づく.
— **acostar-se** 再 ❶ 近づく. ❷ (寝るために) 横になる.

acostumado, da /akostu'madu, da/ 形 習慣の; …に慣れた [+ a/com] ▶Estou acostumado com a comida japonesa. 私は日本食に慣れている.

acostumar /akostu'max/ 他 …に慣れさせる, …の習慣をつけさせる [+ a] ▶acostumar os filhos ao clima deste país 子供たちをこの国の気候に慣れさせる.
— **acostumar-se** 再 …に慣れる [+ a] ▶Já me acostumei ao frio. 私はもう寒さに慣れた.

acotovelar /akotove'lax/ 他 ❶ ひじで突く. ❷ ぶつかる. ❸ 隣り合う; すれ違う.
— **acotovelar-se** 再 ひじで突きあう, 押し合いへし合いする.

açougue /a'sogi/ 男 B 精肉店.

açougueiro /aso'gejru/ 男 ❶ 精肉店の店主, 精肉店の従業員. ❷ 戯 下手な外科医.

acovardar /akovax'dax/ 他 おじけづかせる, ひるませる, 怖がらせる ▶O poderoso exército acovardou o inimigo. 屈強な軍隊は敵をおじけづかせた.
— **acovardar-se** 再 おじけづく, 臆病になる ▶Ela não se acovarda diante do fracasso. 彼女は失敗にひるまない.

acre /'akri/ 男 (面積の単位) エーカー.
— 形 (男女同形) ❶ 苦い, 渋い. ❷ (匂いが) 鼻を突く, つんとする.

Acre /'akri/ 男『地名』(ブラジル北部の) アクレ州.

acreditado, da /akredʒi'tadu, da/ 形 信用のおける; 信任された.

:acreditar /akredʒi'tax/ アクレヂターフ/ 他 ❶ (acreditar que +直説法) …だと思う, 信じる ▶Eu acredito que é possível. 私はそれが可能だと思う / Eu acredito que sim. 私はそう思う / Eu acredito que não. 私はそうではないと思う.
❷《não acreditar +接続法》…だとは思わない, …ではないと思う ▶Eu não acredito que seja possível. 私はそれが可能だとは思わない.
❸ (自国の外交使節に) 信任状を与える, 信任する.
— 自 ❶ 信じる ▶Não acredito! 信じられない.
❷ …を信じる [+ em] ▶Eu acredito em você. 私は君を信じている / Eu não acredito no que você disse. 私は君が言っていることを信じない / Eu não sei em que acreditar. 私は何を信じたらいいのかわからない / Não acredito no que estou vendo. 私は自分の目が信じられない / acreditar na palavra de... …の言葉を信じる.

❸ (…の存在や価値を) 信じる [+ em] ▶acreditar em Deus 神を信じる / acreditar em milagres 奇跡を信じる / acreditar em fantasmas 幽霊の存在を信じる / acreditar em Papai Noel サンタクロースを信じている / acreditar na vitória 勝利を信じる.
❹ …を信頼する, 信用する [+ em] ▶Eu acredito em você. 私は君を信頼している / acreditar em si mesmo 自分自身を信頼する.
— **acreditar-se** 再 ❶ 自分を…だと思う ▶acreditar-se superior aos outros 自分は他人より優れていると思う. ❷ 信頼を得る.
acredite se quiser 信じられないかもしれないが.
estar quase acreditando que + 直説法 おむね…だと信用している.

‡**acrescentar** /akresẽ'tax/ アクレセンターフ/ 他 ❶ …に加える, 付け足す [+ a] ▶acrescentar sal à água 水に塩を加える / acrescentar alguém a um grupo …をグループに加える.
❷ 増やす, 増す, 大きくする ▶acrescentar os bens 財産を増やす.
❸ 言い足す, 付け加える ▶Não tenho nada a acrescentar. 私は付け加えることはありません / Ele acrescentou que ele próprio não sabia nada. 彼は自分自身は何も知らなかったと言い足した.

acrescer /akre'sex/ 他 ❶ 増加させる, 増大させる. ❷ 付け加える.
— 自 ❶ 増加する, 増大する. ❷ …に付け加わる [+ a].

acréscimo /a'krɛsimu/ 男 増加, 増大 ▶acréscimo de peso 体重の増加 / acréscimo de temperatura 気温の上昇.

acriano, na /akri'ẽnu, na/ 形 名 アクレ州の (人).

acrílico, ca /a'kriliku, ka/ 形 アクリルの.
— **acrílico** 男 アクリル樹脂.

acrimónia /ɐkri'mɔniɐ/ 女 P = acrimônia

acrimônia /akri'mõnia/ 女 B ❶ 苦み, 渋み, 酸味. ❷ 手厳しさ, 辛辣(しんらつ)さ.

acrítico, ca /a'kritʃiku, ka/ 形 無批判な ▶público acrítico 無批判な大衆.

acrobacia /akroba'sia/ 女 軽業, アクロバット ▶acrobacia aérea アクロバット飛行.

acrobata /akro'bata/ 名 軽業師, 曲芸師.

acrobático, ca /akro'batʃiku, ka/ 形 曲芸の, 軽業の, アクロバットの.

acrópole /a'krɔpoli/ 女 (古代ギリシャの) アクロポリス.

acuar /aku'ax/ 自 ❶ (動物が) 姿勢を低くする ▶O animal acuou antes de saltar sobre a presa. その動物は獲物に跳びかかる前に姿勢を低くした / O tigre acuou sob o chicote do domador. そのトラは調教師のむちに従って後ろ足で座った / Perante o fogo, os cavalos acuaram. 火を前にして馬たちは立ちすくんだ.
❷ 後退する, あきらめる ▶Ele é uma pessoa determinada, nunca acua. 彼は意志が強い人だ. 決してあきらめない.
— 他 ❶ 追いつめる ▶O gato acuou o rato. 猫はねずみを追いつめた.

❷ 困惑させる, 当惑させる ▶Demasiados presentes acuaram-na. 度を超した贈り物が彼女を困らせた / Os elogios exagerados acuaram-na. 大げさな賛辞が彼女を当惑させた.
— **acuar-se** 再 追いつめられる, 八方ふさがりになる ▶Perante as perguntas e as provas apresentadas, receoso, acuou-se. 疑問や証拠を突きつけられて, 彼は怖気づき, 追いつめられて反論できなかった.

‡**açúcar** /a'sukax/ アスーカフ/ [複 açúcares] 男
❶ 砂糖 ▶açúcar branco 白砂糖 / açúcar mascavo 黒砂糖 / açúcar amarelo 三温糖 / açúcar em cubos 角砂糖 / açúcar em pó 粉砂糖 / açúcar cristal グラニュー糖 / açúcar refinado 精白糖 / sem açúcar 無糖の / com açúcar 砂糖入りの / Os brasileiros adoram o cafezinho com muito açúcar. ブラジル人は砂糖がたくさん入ったエスプレッソが大好きである / o Pão de Açúcar ポン・デ・アスーカル (リオデジャネイロの観光名所).
❷ サトウキビ (= cana-de-açúcar).
❸ 糖 ▶açúcar de uva ブドウ糖 / açúcar de leite 乳糖.

açucareiro, ra /asuka'rejru, ra/ 形 砂糖の, 製糖の ▶indústria açucareira 製糖業.
— **açucareiro** 男 砂糖入れ.

açucena /asu'sẽna/ 女 [植物] 百合.

açude /a'sudʒi/ 男 ❶ ダム. ❷ 川をせき止めてできた人工湖.

*__acudir__ /aku'dʒix/ アクヂーフ/ ⑥⑤

直説法現在	acudo	acudimos
	acodes	acudis
	acode	acodem

他 助ける, 助けに駆けつける ▶acudir os fracos 弱者を助ける / Deus nos acuda! 神様, 我々をお助けください.
— 自 ❶ …に応じる [+ a] ▶Os bombeiros acudiram ao chamado. 消防士たちは呼び出しに駆け付けた.
❷ …に答える [+ a] ▶O professor acudia a todas as perguntas. 先生はあらゆる質問に答えていた.
❸ …に介入する [+ a] ▶A mãe acudiu à briga dos filhos. 母親は子供のけんかを止めた.
❹ …と呼ばれて返事する [+ por] ▶Esta cadela acode pelo nome de Bela. この犬はベラと呼ばれる.
❺ …の要望に応じる ▶Os pais sempre acodem o filho dele. 両親はいつも息子の要望に応じる.
❻ …に反応する [+ a] ▶O computador não acudiu aos comandos. コンピューターはコマンドに反応しなかった.
❼ (急いで) …へ向かう [+ a] ▶Os fiéis acudiram à igreja para rezar. 信者は祈るために教会へ向かった.
❽ 現れる ▶As lágrimas acudiram sem querer. 思わず涙がこぼれた.
❾ 起こる, 思い出される ▶Não me acudiu o

acuidade

nome daquela pessoa. あの人の名前が思い出せなかった.
— **acudir-se** 再 …に助けを求める [+ de] ▶ Sem dinheiro, acudiu-se da família. 文無しとなり, 彼は家族に助けを求めた.

acuidade /akuj'dadʒi/ 囡 ❶ 鋭いこと, 鋭さ. ❷ (感覚の) 鋭さ, 鋭敏さ ▶ acuidade auditiva 聴力 / acuidade visual 視力 / acuidade mental 頭脳の鋭敏さ.

açular /asu'lax/ 他 ❶ (犬を) けしかける ▶ açular um cachorro contra alguém …に対して犬をけしかける. ❷ 駆り立てる, かき立てる, あおる.

aculturação /akuwtura'sẽw/ 囡 [複 aculturações] 文化変容, 異文化接触による変化, 文化適合, 文化の習得.

acumulação /akumula'sẽw/ 囡 [複 acumulações] ❶ 積む [積もる] こと, 蓄積 ▶ acumulação de capitais 資本の蓄積. ❷【地質】堆積作用. ❸ 兼職, 兼務.

acumulado, da /akumu'ladu, da/ 形 ❶ 積み重なった; 蓄積した ▶ capital acumulado 蓄積した資本 / raiva acumulada 積もり積もった怒り. ❷ 兼職の ▶ cargos acumulados 兼職.
— **acumulado** 男 貯え.

acumulador, dora /akumula'dox, 'dora/ [複 acumuladores, doras] 形 蓄積する.
— **acumulador** 男 蓄電池; アキュムレーター.

★**acumular** /akumu'lax/ アクムラーフ 他 蓄積する, 積み上げる ▶ acumular informações 情報を蓄積する / acumular dívidas 負債を増やす / acumular riquezas 富を蓄積する / acumular experiência 経験を積む.
— **acumular-se** 再 積み上がる, 蓄積する ▶ O lixo acumulava-se nas ruas. 通りにはごみが山積していた.

acúmulo /a'kumulu/ 男 積むこと, 蓄積 ▶ acúmulo de gordura 脂肪の蓄積.

acupuntura /akupũ'tura/ 囡 鍼(り)療法 ▶ fazer acupuntura 鍼療法を受ける.

acusação /akuza'sẽw/ [複 acusações] 囡 ❶ 非難, 糾弾 ▶ fazer uma acusação contra... …を非難する.
❷【法律】起訴, 告発.
❸【法律】検察当局.

acusado, da /aku'zadu, da/ 形 ❶ 目立った, 際だった.
❷ …のかどで起訴された, 告発された [+ de] ▶ Ele foi acusado de roubo. 彼は盗みのかどで起訴された / Os problemas acusados eram graves. 告発された問題は重大だ.
❸ 非難された.
— 图 被告人.
— **acusado** 男 B かくれんぼ.

acusador, dora /akuza'dox, 'dora/ [複 acusadores, doras] 图 告訴人, 訴追者, 原告 ▶ acusador público 検察官.
— 形 告発する, 起訴する, 非難する ▶ um olhar acusador 非難するような目.

★**acusar** /aku'zax/ アクザーフ 他 (…のかどで) 告発する, 非難する, とがめる, 訴える [+ de] ▶ O professor me acusou de plágio. その教授は私を剽窃(ひょう)したと非難した / Minha ex-namorada me acusou de agressão. 私の元ガールフレンドが私を暴行で訴えた.

acusar recebimento 受領を通知する.

acusatório, ria /akuza'tɔriu, ria/ 形 起訴の; 非難の ▶ sistema acusatório 起訴の仕組み / um olhar acusatório なじるような目つき.

acústica[1] /a'kustʃika/ 囡 ❶ 音響学. ❷ 音響効果, 音の響き ▶ local com uma boa acústica 音響のよい場所.

acústico, ca[2] /a'kustʃiku, ka/ 形 聴覚の, 音響の ▶ guitarra acústica アコースティックギター.

adaga /a'daga/ 囡 短剣.

adágio /a'daʒiu/ 男 ❶ ことわざ, 格言. ❷【音楽】アダージョ.

adaptabilidade /adapitabili'dadʒi/ 囡 順応性, 適応性.

adaptação /adapita'sẽw/ [複 adaptações] 囡 ❶ 適応, 順応 ▶ adaptação ao clima 気候への適応. ❷ 翻案, 脚色 ▶ adaptação de um romance 小説の翻案.

adaptador, dora /adapita'dox, 'dora/ [複 adaptadores, doras] 形 翻案する, 適合させる.
— **adaptador** 男 アダプター.

★**adaptar** /adapi'tax/ アダプターフ 他 ❶ (…に) 適合 [順応] させる [+ a] ▶ adaptar as aulas ao nível etário dos alunos 授業を生徒の年齢レベルに合わせる / Os professores esforçaram-se a sério para adaptar as crianças à escola. 教師らは子供たちを学校に慣れさせることに真剣に尽力した.
❷ …に翻案 [脚色] する [+ a] ▶ adaptar um romance ao cinema 小説を映画に翻案する.
— **adaptar-se** 再 …に適合 [順応] する, 慣れる [+ a] ▶ adaptar-se às mudanças 変化に順応する / adaptar-se ao último modelo de computador 最新モデルのコンピューターに慣れる.

adaptável /adapi'tavew/ [複 adaptáveis] 形 《男女同形》適合させうる, 適応性のある; 取り付けられる.

adega /a'dega/ 囡 ❶ ワインなどの地下貯蔵庫; 貯蔵された飲み物. ❷ adega cooperativa P ワイン協同組合.

adelgaçar /adewga'sax/ ⑬ 他 ❶ 細くする, 狭くする, 薄くする, とがらせる.
❷ やせさせる.
— 自 細くなる, 狭くなる; 薄くなる.
— **adelgaçar-se** 再 ❶ 細くなる, 狭くなる; 薄くなる.
❷ やせる.

ademais /ade'majs/ 副 さらに, その上, おまけに ▶ Ele chegou atrasado. Ademais não tinha o material. 彼は遅刻して来た. その上, 教材を持っていなかった.

ademais de... …のほかに, 以上に.

ademanes /ade'mẽnis/ 男複 手振り, 身振り.

adensar /adẽ'sax/ 他 (濃度を) 濃くする; 凝縮する; (密度を) 高くする.
— 自 (濃度が) 濃くなる; 凝縮する; (密度が) 高く

なる.
— **adensar-se** [再] (濃度が) 濃くなる；凝縮する；(密度が) 高くなる.
adentro /a'dẽtru/ [副] 中で, 内側へ ▶entrar pela casa adentro 家の中に駆け込む.
adepto, ta /a'dɛpitu, ta/ [名] ❶ (学問, 学説, 宗教などの) 信奉者, 支持者 ▶adeptos do socialismo 社会主義の信奉者.
❷ [P] (スポーツの) ファン, サポーター ▶adeptos do futebol サッカーファン.
adequadamente /adeˌkwada'mẽtʃi/ [副] 適切に.
*adequado, da /ade'kwadu, da アデクァード, ダ/ [形] (…に) **適切な, ふさわしい** ▶usar a preposição adequada à regência do verbo 動詞支配に適切な前置詞を使用する / Qual é o momento adequado para falar sobre drogas com os filhos? 子供たちと薬物について話すのに適当なタイミングはいつでしょうか.
adequar /adeku'ax/ ① [他] …に適合させる, 合わせる [+ a] ▶adequar o número de trabalhadores à produção 従業員の数を生産量に合わせる.
— **adequar-se** [再] …に適合する, 合う [+ a].
adereçar /adere'sax/ ⑬ [他] 飾る.
— **adereçar-se** [再] 身を飾る.
adereço /ade'resu/ [男] ❶ 装飾品. ❷ (芝居, 映画などの) 小道具. ❸《通例 adereços》宝石, アクセサリー.
aderência /ade'rẽsia/ [女] ❶ 粘着, 付着.
❷ 支持, 信奉 ▶Houve uma grande aderência ao novo partido. その新しい党はとても人気があった / O discurso teve muita aderência. そのスピーチはとても受けがよかった.
❸〖自動車〗(タイヤの) つかみ, 走行安定性.
aderente /ade'rẽtʃi/ [形]《男女同形》粘着する, 付着する.
— [名] 支持者, 信奉者, 追従者.
adergar /adex'gax/ ⑪ [自] = adregar
aderir /ade'rix/ (61) [自] ❶ (…に) 粘着する, くっつく [+ a] ▶É de supor que a roupa molhada adira ao corpo. ぬれた服は体につくと想像される.
❷ (思想, 学説, 行動などに) 従う, 同調する, 支持する；参加する ▶aderir às teses do movimento ecologista エコロジー運動の主張に同調する / aderir a uma greve geral ゼネストを支持する / aderir a uma campanha キャンペーンに参加する.
❸〖国際法〗(条約・協定) に同意 [承認] する, 加盟する [+ a] ▶aderir à União Europeia 欧州連合に加盟する.
— **aderir-se** [再] (…に) くっつく, 繋がる [+ a].
adesão /ade'zɐ̃w̃/ [[複] adesões] [女] ❶ 粘着, くっつくこと.
❷ 賛同, 支持 ▶adesão de todos os membros すべての会員の賛同.
❸ 加入, 入会 ▶adesão à União Europeia 欧州連合への加盟.
adesivo, va /ade'zivu, va/ [形] 粘着性の ▶fita adesiva 粘着テープ.
— **adesivo** [男] 粘着テープ, セロハンテープ；ばんそうこう.

adestrador, dora /adestra'dox, 'dora/ [[複] adestradores, doras] [名] ❶ 調教師, 訓練士 ▶adestrador de cavalos 馬の調教師. ❷ コーチ, トレーナー.
adestramento /adestra'mẽtu/ [男] 調教, 訓練.
adestrar /ades'trax/ [他] 訓練する, 調教する.
— **adestrar-se** [再] 訓練を受ける.
*adeus /a'dews アデゥス/ [間] **さようなら** ▶Adeus, até logo. さようなら, また会いましょう.
— [男] 告別の言葉, 身ぶり, 別れ ▶um beijo de adeus さようならのキス / adeus eterno 永遠の別れ / dizer adeus さようならを言う / dizer adeus ao mundo この世を去る.
dar adeus ① さようならと手を振る. ② さようならを言う.
adiamento /adʒia'mẽtu/ [男] 延期, 先送り ▶o adiamento do prazo 締め切りの延期.
adiantado, da /adʒiɐ̃'tadu, da/ [形] ❶ 前もった, 先に進んだ ▶pagamento adiantado 前払い / Ela é um ano mais adiantada do que eu. 彼女は私の1年上級だ.
❷ 時間の過ぎた, 時間が進んだ ▶relógio adiantado 進んだ時計.
❸ 進歩した ▶aluno adiantado 優秀な生徒 / O projeto está bem adiantado. 計画はとてもはかどっている / países adiantados 先進国 / adiantado em anos 高齢の.
— **adiantado** [副] 早く, 前もって ▶chegar adiantado 早く着く / pagar adiantado 前払いする.
adiantamento /adʒiẽta'mẽtu/ [男] ❶ 前払い, 前金 ▶pedir um adiantamento 前払いを求める.
❷ 前進, 進展, 進捗(しんちょく) ▶adiantamento do trabalho 工事の進捗.
❸ 先に進んでいること.
*adiantar /adʒiẽ'tax アヂアンターフ/ [他] ❶ **前へ動かす** ▶adiantar um bispo na jogada do xadrez チェスでビショップを前へ進める.
❷ (時計を) 進める ▶adiantar o relógio uma hora 時計を1時間進める.
❸ 進行する, 進める ▶adiantar o trabalho 作業を進める.
❹ 急がせる, 早める ▶adiantar o jantar 夕食を早める.
❺ 前もって言う ▶adiantar que + [直説法] あらかじめ…と言う.
❻ 前払いする ▶adiantar dinheiro お金を前払いする.
— [自] ❶ **役立つ**, 価値がある ▶Os conselhos não adiantavam nada. 助言は何の役にも立たなかった / Não adianta chorar. 泣いても仕方がない.
❷ (時計が) 進む ▶O seu relógio de pulso sempre adianta uns dois ou três minutos. あなたの腕時計はいつもおよそ2, 3分進んでいる.
— **adiantar-se** [再] ❶ 前に進む. ❷ (時計が) 進む. ❸ …の先を行っている, …より進んでいる [+ a].
*adiante /adʒi'ẽtʃi アヂアンチ/ [副] ❶ **先頭に, 前に** ▶ir adiante 前進する / dar um passo adiante 一歩前に進む / Ali adiante o trânsito está impedi-

[A]

adiar

do. この先は通行止めだ.
❷ 後で, 後ほどに ▶ Tudo se resolve adiante. 全ては後で解決する.
— 圃 (うながして) さあ, 続けて.
adiante de... …の前に.
ir adiante com... …を継続する, 続行する.
levar adiante 追求する, 推進する ▶ levar adiante um projeto 計画を進める.
mais adiante もっと先に, もっと後で ▶ Entrarei em detalhes mais adiante. 細部には後ほど入ることにする.
para adiante 前に, 前方に.
passar adiante ① 追い越す. ② 譲渡する.
seguir adiante 続ける, 進む ▶ Seguir adiante sempre é o melhor caminho! ずっと進むことが最善の道だ.
adiar /adʒi'ax/ 佪 延期する, 先送りする ▶ adiar o casamento 結婚を延期する / adiar a gravidez 妊娠を先送りする.
adição /adʒi'sẽw/ [複 adições] 囡 ❶ 加えること, 付加, 添加 ; 加えられたもの, 付加物 ▶ adição de vitamina C ビタミン C の添加.
❷ 足し算, 加算 ▶ sinal de adição 加算記号.
adicional /adʒisio'naw/ [複 adicionais] 形《男女同形》追加の, 補足の ▶ informação adicional 追加情報 / cláusula adicional 付帯条項.
— 男 特別手当 ▶ adicional de férias 休暇手当.
adicionalmente /adʒisio,naw'mẽtʃi/ 副 その上, さらに加えて.
adicionar /adʒisio'nax/ 佪 …に加える [+ a] ▶ adicionar sal 塩を加える / adicionar amigos (ソーシャルネットワークで) 友達を追加する.
— 囲 足し算する.
adido, da /a'dʒidu, da/ 名 ❶ 大使 [公使] 館員 ▶ adido cultural 文化参事官.
❷ 補佐官, 補佐役.
adiposo, sa /adʒi'pozu, ɔza/ 形 ❶ 脂肪の多い, 脂肪質の ▶ tecido adiposo 脂肪組織. ❷ 肥満の.
aditamento /adʒita'mẽtu/ 男 追加 ; (文書などの) 補足.
aditar /adʒi'tax/ 佪 …に追加する, 加える [+ a] ▶ Aditei algumas palavras ao texto. 私は文章に何語か付け加えた.
— **aditar-se** 再 …と結合する, …に加わる [+ a] ▶ Ele se aditou ao grupo. 彼はそのグループに加わった.
aditivo, va /adʒi'tʃivu, va/ 形 付加的な, 添加の.
— **aditivo** 男 添加物 ▶ aditivo alimentar 食品添加物 / sem aditivos 無添加の.
adivinha /adʒi'viɲa/ 囡 ❶ なぞなぞ. ❷ 女占い師.
adivinhação /adʒiviɲa'sẽw/ [複 adivinhações] 囡 ❶ 占い, 予言. ❷ 察知, 推測. ❸ なぞなぞ.
*__adivinhar__ /adʒivi'ɲax/ アヂヴィニャーフ/ 佪 ❶ 推測する, 言い当てる ▶ adivinhar o pensamento dos outros 他人の考えを読む / Adivinha quem eu sou. 私が誰か当てて.
❷ 占い, 予言する ▶ adivinhar o futuro 未来を占

adivinho, nha /adʒi'viɲu, ɲa/ 名 占い師, 予言者 ▶ Não sou adivinho! 私は占い師ではない, 先のことはわからない.
adjacente /adʒa'sẽtʃi/ 形《男女同形》…に隣接した, 近隣の [+ a] ▶ Eu comprei a casa adjacente à escola. 私は学校に隣接した家を買った.
— **adjacente** 男複 隣接地 ▶ Ela comprou a fábrica e seus adjacentes. 彼女は工場とその隣接地を購入した.
adjetivar /adʒetʃi'vax/ 佪 ❶ …と形容する, 評する [+ de] ▶ Ela adjetivou o livro de excelente. 彼女はその本を優れていると評した. ❷ 形容詞化する.
— 囲 形容詞を使う.
— **adjetivar-se** 再 自らを…と形容する [+ de].
adjetivo, va /adʒe'tʃivu, va/ 形 形容詞の.
— **adjetivo** 男 《文法》形容詞 ▶ adjetivo possessivo 所有形容詞.
adjudicação /adʒudʒika'sẽw/ [複 adjudicações] 囡 入札, 競売.
adjudicar /adʒudʒi'kax/ 佪 ❶ (判決によって) 与える ▶ O juiz adjudicou o imóvel penhorado ao credor. 裁判官は抵当物件を債権者に引き渡す判決を下した.
❷ (入札や競売で) …を落札させる ▶ O governo adjudicou a uma empresa estrangeira a execução da obra. 政府は工事を海外の企業に落札させた.
adjunto, ta /a'dʒũtu, ta/ 形 ❶ 隣接 [近接] した ▶ uma casa adjunta a outra 隣接家.
❷ 補助の ▶ professor adjunto 准教授 / treinador adjunto 補助訓練者.
— 名 補助者, 補佐.
— **adjunto** 男 《文法》付加語, 付属語.
*__administração__ /adʒiministra'sẽw/ アヂミニストラサォン/ [複 administrações] 囡 ❶ 管理, 運営, 経営 ▶ administração de bens imóveis 不動産管理 / administração de empresas 企業経営, 経営学.
❷ 統治, 行政 ▶ administração central 中央官庁 / administração local 地方行政 / a administração Obama オバマ政権 / administração pública 行政 / administração municipal 市政 / administração militar 軍政.
❸《集合的》管理者側, 経営陣 ▶ conselho de administração 取締役会.
administrador, dora /adʒiministra'dox, 'dora/ [複 administradores, doras] 名 管理者, 経営者, 行政官 ▶ administrador de redes ネットワーク管理者 / administrador de empresas 企業経営者.
administrar /adʒiminis'trax/ 佪 ❶ 管理する, 経営する, 運営する ▶ administrar uma empresa 会社を経営する / administrar ensino 教える / administrar justiça 法を適用する, 法的権力を行使する. ❷ (薬を) 投与する.
*__administrativo, va__ /adʒiministra'tʃivu, va アヂミニストラチーヴォ, ヴァ/ 形 行政の, 管理の ▶ direito administrativo 行政法 / serviços administrativos 行政諸機関.

― 名 公務員.

admiração /adʒimira'sẽw/ [複 admirações] 女 ❶ 感嘆, 賞賛, 感服 ▶Tenho muita admiração pelo trabalho deles. 私は彼らの業績をとても敬服している / digno de admiração 称賛に値する.
❷ 見とれること, 魅了 ▶observar o quadro com admiração 絵画にうっとりする.
❸ 驚き, 驚異, あきれること ▶para minha admiração 私の驚いたことに / causar admiração 驚かせる.

admirado, da /adʒimi'radu, da/ 形 ❶ 賞賛される ▶É um ator admirado pelo público. 彼は大衆が賞賛する俳優だ.
❷ …に驚いた, あきれた [+ com] ▶Estou admirado com sua beleza. 私はその美しさに驚いている / ficar admirado com… …に驚く.

admirador, dora /adʒimira'dox, 'dora/ [複 admiradores, doras] 名 賞賛者, ファン.
― 形 賞賛する.

★**admirar** /adʒi'mirax/ アヂミラーフ/ 他 ❶ 見とれる, 見入る ▶admirar a paisagem 景色に見入る.
❷ 感嘆する, 感心する, 尊敬する ▶Eu admiro a coragem dele. 私は彼の勇気に感服する.
― 自 (…にとって) 驚くべきことである, あきれるべきことである [+ a].
― **admirar-se** …に驚く, あきれる [+ de] ▶Eles não se admiraram do atraso da chegada. 彼らは到着の遅れに驚かなかった.

★**admirável** /adʒimi'ravew/ アヂミラーヴェゥ/ [複 admiráveis] 形 見事な, 尊敬に値する, すばらしい ▶Ele é uma pessoa admirável. 彼はすばらしい人物である / admirável mundo novo すばらしい新世界 (技術の発達した社会を皮肉る表現. オルダス・ハクスリーの小説のタイトルより).

admiravelmente /adʒimi,ravew'mẽtʃi/ 副 すばらしく, 見事に.

admissão /adʒimi'sẽw/ [複 admissões] 女 ❶ 入場, 入会 ▶A admissão é grátis. 入場は無料 / Reservado o direito de admissão. (他の客の迷惑になる場合は) 来談をお断りすることがあります / prazo de admissão 受付の期限. ❷ 入学 ▶exames de admissão 入学試験.

admissível /adʒimi'sivew/ [複 admissíveis] 形 《男女同形》 容認される, 許容される.

★**admitir** /adʒimi'tʃix/ アヂミチーフ/ 他 ❶ …に入ることを許可する, …を受け入れる, …の入学を認める ▶admitir um empregado novo 新従業員を採用する.
❷ 許容する, 容認する ▶O regulamento não admite exceções. 規則は例外を認めない / A situação não admite mais atrasos. 状況は更なる遅れを許さない / Não admito que cheguem atrasados. 私は遅刻は認めない.
❸ (真実として) 認める ▶admitir o uso de drogas 薬物の使用を認める / Admito que o erro foi meu. 私は自分の間違いだったことを認める.
❹ 《admitir que +接続法》 …と仮定する ▶Admitamos que ele não tenha agido de má-fé. 彼は背信から行動なかったと仮定しよう.

admoestação /adʒimoesta'sẽw/ [複 admoestações] 女 警告, 注意, 忠告.

admoestar /adʒimoes'tax/ 他 論(さと)す, 忠告する ▶Ele me admoestou a obedecer a lei. 彼は私に法律を守るよう忠告した.

adobe /a'dobi/ 男 日干しれんが.

adoçante /ado'sẽtʃi/ 男 甘味料.

adoção /ado'sẽw/ [複 adoções] 女 ❶ 選択, 採用 ▶adoção de novas técnicas 新技術の採用 / adoção de uma lei 法律の採択 / pátria de adoção 帰化した国, 第二の祖国.
❷ 養子縁組 ▶a adoção de uma criança 子供を養子にすること.

adoçar /ado'sax/ [⑬] 他 甘くする, 加糖する ▶adoçar o café コーヒーを甘くする.
adoçar a boca 懐柔する.
adoçar a pílula 苦い薬を甘くする.

adocicado, da /adosi'kadu, da/ 形 ❶ ほのかに甘い. ❷ (言葉などが) 甘い. ❸ 甘やかされた

adoecer /adoe'sex/ ⑮ 他 病気にする ▶O excesso de trabalho o adoeceu. 仕事のしすぎで彼は病気になった.
― 自 病気になる ▶Ele adoeceu após ser demitido. 彼は解雇されてから病気になった / adoecer de câncer がんを患う.

adoentado, da /adoẽ'tadu, da/ 形 病気気味な, 病弱な.

adoidado, da /adoj'dadu, da/ 形 無分別な, 半ばやけの, 無茶苦茶な.
― **adoidado** 副 とても, 非常に, 尋常でなく, 大量に ▶beber adoidado 無茶な飲み方をする.

adolescência /adole'sẽsia/ 女 青年期, 思春期 ▶problemas da adolescência 思春期の問題 / gravidez na adolescência 十代の妊娠.

★**adolescente** /adole'sẽtʃi/ アドレセンチ/ 形 《男女同形》 思春期の, 十代の ▶Eu tenho filhos adolescentes. 私は十代の子供がいる.
― 名 青少年, ティーンエージャー ▶Os adolescentes são diferentes dos adultos. ティーンエージャーは大人と違う / livros para adolescentes 十代のための本.

adoração /adora'sẽw/ [複 adorações] 女 ❶ 崇拝, 礼拝 ▶Adoração dos Magos (イエス生誕のときの) 東方三博士の礼拝. ❷ 熱愛, 愛好.

adorador, dora /adora'dox, 'dora/ [複 adoradores, doras] 名 崇拝者, 熱愛者.
― 形 崇拝する, 熱愛する.

★**adorar** /ado'rax/ アドラーフ/ 他 ❶ 愛する ▶A mãe adora os filhos. 母は子を愛する.
❷ 熱愛する ▶O José adora a Ana. ジョゼはアナを熱愛している.
❸ 自 大好きである, 大好物である ▶Todo mundo adora café. 誰しもコーヒーは大好物だ / adorar passear 散歩が大好きである / Eu adoro que os amigos me visitem. 友人たちが訪問してくれるのを私はすごく気に入っている.
❹ 崇拝する, 崇める ▶adorar a Virgem Maria 聖母マリアを崇拝する.
― **adorar-se** 相互 ❶ 互いを愛する ▶A mãe e os filhos se adoram. 母と子は互いを愛している.
❷ 互いに熱愛している ▶O José e a Ana se adoram. ジョゼとアナは互いに熱愛している.

A

adorável /ado'ravew/ [[複] adoráveis] [形] ❶ とてもかわいい, 素敵な ▶ bebê adorável かわいい赤ん坊. ❷ 崇拝すべき.

adormecer /adoxme'sex/ ⑮ [自] ❶ 眠る, 寝入る ▶ Acabei por adormecer. 私はとうとう寝入ってしまった / adormecer no Senhor 主のもとで眠りにつく, 死ぬ. ❷ 感覚を失う, 麻痺する ▶ Minha mão adormeceu. 手がしびれた / Meu pé adormeceu. 足がしびれた.

— [他] ❶ 眠らせる, 寝付かせる. ❷ 感覚をなくさせる, 麻痺させる.

adormecimento /adoxmesi'mẽtu/ [男] ❶ 眠気 ; まどろみ. ❷ 麻痺, しびれ.

adornar /adox'nax/ [他] 飾る ▶ adornar a mesa 食卓を飾る.

— **adornar-se** [再] 身を飾る.

adorno /a'doxnu/ [男] 飾り, 装飾(品) ▶ adorno de linguagem 文飾.

*__adotar__ /ado'tax アドターフ/ [他] ❶ **養子にする** ▶ adotar uma criança estrangeira 外国の子供を養子にする.

❷ (動物の) 養い親になる ▶ adotar um cachorro 犬の里親になる.

❸ **選択する, 採用する**, 取り入れる ▶ adotar uma abordagem estratégica 戦略的アプローチを採用する / adotar um estilo de vida saudável 健康によい生活様式を取り入れる / adotar uma atitude diferente 違った態度を取る.

adotivo, va /ado'tʃivu, va/ [形] ❶ 養子関係の ▶ filho adotivo 養子 / pais adotivos 養父母.

❷ 選び取った ▶ pátria adotiva 帰化した国, 第二の故郷.

*__adquirir__ /adʒiki'rix アヂキリーフ/ [他] ❶ **購入する** ▶ adquirir uma casa 家を買う / adquirir ações de estrada de ferro 鉄道株を購入する.

❷ **獲得する, 習得する** ▶ adquirir fama 名声を得る / adquirir experiência profissional 職業経験を積む / adquirir um hábito 習慣を身につける / As palavras vão adquirindo novos sentidos. 語は少しずつ新しい意味を獲得する.

❸ (病気などに) かかる ▶ adquirir uma doença contagiosa 伝染病にかかる.

adrede /a'dredʒi/ [副] ❶ 意図的に, 故意に. ❷ 前もって.

adregar /adre'gax/ ⑪ [自] ❶ 偶然起こる, 都合良く起こる ▶ Quando adregava, encontrei com João. たまたま, ジョアンに会った.

❷ 《adrega que + [直説法]》 たまたま…する ▶ Adregou que o meu amigo veio. たまたま友達が来た.

adrenalina /adrena'lĩna/ [女] アドレナリン ▶ adrenalina pura 非常に興奮させるもの.

adro /'adru/ [男] 教会の前庭, 中庭.

adstringir /adʒistrĩ'ʒix/ ② [他] ❶ 圧迫する, 締め付ける ▶ adstringir o nó 結び目をきつくする.

❷ 《adstringir... a + [不定詞]》 …するように強いる, 圧力をかける ▶ Ele adstringiu os filhos a obedecer às suas ordens. 彼は息子たちを命令に従わせた.

— **adstringir-se** [再] …に制限される, とどめられる [+ a].

aduana /adu'ɐ̃na/ [女] 税関 ; 関税.

aduaneiro, ra /adua'nejru, ra/ [形] 税関の ▶ direitos aduaneiros 関税 / procedimentos aduaneiros 通関手続き.

— [名] 税関係官.

adubar /adu'bax/ [他] (土地を) 肥やす, 肥料を与える.

adubo /a'dubu/ [男] ❶ 肥料 ▶ adubo orgânico 有機肥料 / adubo químico 化学肥料 / adubo verde 緑肥. ❷ 調味料.

adulação /adula'sɐ̃w̃/ [[複] adulações] [女] へつらい, お世辞.

adulador, dora /adula'dox, 'dora/ [[複] aduladores, doras] [形] お世辞の, へつらいの.

— [名] おべっか使い.

adular /adu'lax/ [他] へつらう, お世辞を言う.

adulteração /aduwtera'sɐ̃w̃/ [[複] adulterações] [女] 混ぜものをすること, 密造 ; 偽造 ▶ adulteração do vinho ワインの密造 / a adulteração de um documento 書類の偽造.

adulterador, dora /aduwtera'dox, 'dora/ [[複] adulteradores, doras] [形] [名] 偽造する(人), 密造する(人).

adulterar /aduwte'rax/ [他] ❶ 混ぜものをする ; 偽造する ▶ adulterar documentos 書類を偽造する.

❷ 変質させる.

— [自] 不倫する.

— **adulterar-se** [再] 変質する.

adultério /aduw'tɛriu/ [男] 姦通, 不倫 ▶ cometer adultério 不倫する.

adúltero, ra /a'duwteru, ra/ [形] 不倫の, 姦通の, 不義の.

— [名] 姦通者, 不倫する人.

*__adulto, ta__ /a'duwtu, ta アドゥゥト, タ/ [形] ❶ **成人の** ▶ pessoa adulta 成人 / idade adulta 成人期.

❷ **大人の** ▶ ideias adultas 大人の考え.

❸ (動植物が) 成長した, 成熟した ▶ animal adulto 成獣.

❹ (制度などが) 成長した, 成熟した ▶ democracia adulta 成熟した民主主義.

— [名] **大人**, 成年者 ▶ um filme para adultos 成人映画.

adunco, ca /a'dũku, ka/ [形] かぎ形に曲がった ▶ nariz adunco かぎ鼻.

aduzir /adu'zix/ ⑭ [他] (証拠や理由を) 提示する ▶ O advogado aduziu as novas provas. 弁護士は新しい証拠を提示した.

adventício, cia /adʒivẽ'tʃisio, sia/ [形] ❶ 外国から来た, 外来の. ❷ 偶然に起きた. ❸ 〖生物〗偶生的な, 不定の.

— [名] よそ者.

advento /adʒi'vẽtu/ [男] ❶ 出現, 到来 ▶ o advento da fotografia digital デジタル写真の到来. ❷ 《Advento》 待降節.

adverbial/adʒivexbi'aw/ [[複] adverbiais] [形] 《男女同形》 副詞の.

advérbio /adʒi'vɛxbiu/ [男] 〖文法〗副詞 ▶ advérbio de lugar 場所の副詞 / advérbio de tempo 時の副詞.

*__adversário, ria__ /adʒivex'sariu, ria アヂヴェフサ

ーリオ, リア/ [形] **反対 [敵対] する** ▶ time adversário 相手チーム / partido adversário 反対政党.
— [名] 反対 [敵対] 者 ▶ adversários do liberalismo 自由主義の反対者.
— **adversário** [男] 相手チーム.

adversidade /adʒivexsi'dadʒi/ [女] 逆境, 不運 ▶ Vê-se na adversidade o que vale a amizade. [諺] 友情の価値は逆境にあるときにわかる.

adverso, sa /adʒi'vɛxsu, sa/ [形] ❶ 敵対する, 反対の ▶ opiniões adversas 反対意見.
❷ 不利な ▶ circunstâncias adversas 不利な状況.

advertência /adʒivex'tẽsia/ [女] ❶ 警告, 注意, 通告 ▶ receber uma advertência 警告を受ける / fazer uma advertência a alguém …に警告する.
❷ 序文, 端書き ▶ advertência ao leitor 読者へ.

advertir /adʒivex'tʃix/ ⑥① [他] ❶《advertir alguém de [sobre]》…について用心させる, 警告する. ❷《advertir alguém para que ＋[接続法]》…するように警告する. ❸ 叱責する, 叱る.

advir /adʒi'vix/ ⑰《[過去分詞] advindo》[自] ❶ …に起こる [＋ a] ▶ A sorte adveio ao meu filho. 好運が私の息子に訪れた.
❷ …から生じる [＋ de] ▶ A tempestade advém do ar úmido e instável. 嵐は不安定な湿った空気により生じる.

advocacia /adʒivoka'sia/ [女] 弁護士業, 弁護.
advocacia administrativa 不正地位利用.

advogado, da /adʒivo'gadu, da アヂヴォガード, ダ/ [名] **弁護士** ▶ Ela é advogada. 彼女は弁護士だ / consultar um advogado 弁護士と相談する / advogado de defesa 被告側弁護士 / advogado de acusação 検　事 / advogado de porta de xadrez はやらない弁護士 / Ordem dos Advogados 弁護士会.
advogado do diabo ① あえて異論を唱える人, 何でも反対する人. ②〘カトリック〙列聖調査審問検事.

advogar /adʒivo'gax/ ⑪ [他] ❶〘法律〙弁護する ▶ advogar a causa de alguém (法廷で) …の弁護をする.
❷ (主義や原理などを) 擁護する ▶ advogar a igualdade de oportunidades 機会均等を擁護する.
— [自] ❶ 弁護人をする.
❷ …のために弁護 [擁護] する, 働く [＋por] ▶ advogar pelos direitos humanos 人権擁護を訴える.

aéreo, rea /a'ɛriu, ria アエーリオ, リア/ [形] ❶ **空中の** ▶ cabo aéreo 空中ケーブル / fotografia aérea 空中写真.
❷ **航空の, 航空機による** ▶ companhia aérea 航空会社 / transporte aéreo 空輸 / correio aéreo 航空便 / base aérea 空軍基地 / linhas aéreas 航空路 / ataque aéreo 空襲 / acidente aéreo 航空事故 / por via aérea 空路で, 航空便で.
❸〘生物〙気中性の, 気性の ▶ planta aérea 気中植物.
❹ 空気の, 大気の ▶ correntes aéreas 大気の流れ.
❺ 不注意の, ぼんやりしている ▶ ser muito aéreo 非常に不注意である / estar aéreo ぼんやりしている.

aeróbica[1] /ae'rɔbika/ [女]〘スポーツ〙エアロビクス ▶ fazer aeróbica エアロビクスをする.

aeróbico, ca[2] /ae'rɔbiku, ka/ [形] 有酸素運動の, エアロビクスの ▶ ginástica aeróbica 有酸素運動.

aeroclube /aero'klubi/ [男] パイロット学校；飛行クラブ.

aerodinâmico, ca /aerodʒi'nẽmiku, ka/ [形] 航空力学の, 空気力学の.
— **aerodinâmica** [女] 航空力学, 空気力学.

aeródromo /ae'rɔdromu/ [男] 飛行場.

aeroespacial /aeroespasi'aw/ [[複] aeroespaciais] [形]《男女同形》航空宇宙の.

aeromoça /aero'mosa/ [女] [B] 女性客室乗務員.

aeronauta /aero'nawta/ [名] (航空機や飛行船の) 操縦士, 乗員.

aeronáutica[1] /aero'nawtʃika/ [女] ❶ 航空学 [術]. ❷ 空軍.

aeronáutico, ca[2] /aero'nawtʃiku, ka/ [形] 航空の, 航空学 [術] の.

aeronave /aero'navi/ [女] 航空機 ▶ aeronave espacial 宇宙船.

aeroporto /aero'poxtu アエロポフト/ [男] **空港** ▶ aeroporto internacional 国際線空港 / aeroporto doméstico 国内線空港 / ir ao aeroporto 空港に行く / Preciso buscar os meus amigos no aeroporto. 私は空港に友人を迎えに行く必要がある / Onde eu posso pegar um ônibus para o aeroporto? 空港行きのバスはどこで乗れますか / Quanto tempo leva até o aeroporto? 空港まで時間はどれくらいかかりますか.

aerossol /aero'sɔw/ [男] エアゾール；噴霧器, スプレー.

afã /a'fẽ/ [男] ❶ 辛い仕事 ▶ Cansei-me deste afã penoso. 私はこの辛い仕事に疲れた. ❷ 勤勉さ, 熱心さ. ❸ 急ぎ, 急ぐこと.

afabilidade /afabili'dadʒi/ [女] 愛想のよさ；優しさ.

afagar /afa'gax/ ⑪ [他] ❶ なでる, 愛撫する ▶ afagar um gato 猫をなでる.
❷ (自尊心を) くすぐる ▶ afagar o ego 自尊心をくすぐる.
— **afagar-se** [再] なであう, 愛撫しあう ▶ Os namorados afagavam-se sem se cansar. 恋人たちは倦(う)むことなく愛撫しあった.

afago /a'fagu/ [男] 撫でること, 愛撫.

afamado, da /afa'madu, da/ [形] 有名な, 著名な.

afanar /afa'nax/ [自] 熱心に働く.
— [他] [B] [話] 盗む, 奪う.
— **afanar-se** [再] 熱心に働く.

afasia /afa'zia/ [女]〘医学〙失語症.

afastado, da /afas'tadu, da/ [形] ❶ …から遠くの, 離れた [＋ de] ▶ parente afastado 遠縁 / uma área afastada do centro 中心から遠く離れた地域 / com os braços afastados do corpo 両腕を体から離して.
❷ 互いに離れた ▶ com os pés ligeiramente afastados 両足を少し開いて.
❸ 疎遠な ▶ Eles são afastados. 彼らは疎遠になっている.

afastamento /afasta'mẽtu/ [男] ❶ 遠ざける [遠

afastar

ざかる]こと.
❷ 更迭 ▶afastamento dos dois ministros 二人の大臣の更迭.
❸ 離別, 不在 ▶sofrer com o afastamento dos filhos 息子たちとの離別に苦しむ.

afastar /afas'tax アファスタープ/ 他 ❶ 遠ざける, 疎遠にする (←→aproximar) ▶O trabalho afastou-o dos amigos. 仕事は彼を友人から遠ざけた.
❷ わきにおく, 引き離す ▶afastar a mesa da cama テーブルをベッドから引き離す.
❸ 興味を失わせる ▶O que foi que o afastou da religião? 何が彼を宗教への興味を失わせたか.
❹ 解任する, 失職させる ▶Afastaram-no da presidência do clube. 彼をクラブの会長職から解任した.
❺ 引き離す ▶Ela conseguiu afastar os filhos das más companhias. 彼女は子供を悪い仲間から引き離した.
❻ 外れる, そらせる ▶afastar os pais da questão principal 両親を主要な問題からそらせる.
❼ 取り除く ▶afastar ideias tristes do pensamento 思考から悲しい考え方を取り除く.
❽ わきにおく, 取り払う ▶afastar preconceitos 先入観を取り払う.
❾ 避ける, 妨げる ▶afastar o perigo 危険を避ける.
— **afastar-se** 再 ❶ 離れる ▶Afastou-se da parede. 壁から離れた.
❷ 遠ざかる, 疎遠になる ▶Depois do divórcio, afastou-se dos filhos. 離婚後, 子供と疎遠になった.
❸ 興味[関心]を失う ▶afastar-se da política 政治への関心を失う.
❹ 離れる ▶Os filhos afastaram-se das más companhias. 子供たちは悪い仲間から離れた.
❺ それる, 外れる ▶Não se afaste do assunto! その件からそれないでください.
❻ 異なる, 相違する ▶Os dois pontos de vista afastam-se um do outro. 2つの観点は相互に異なっている.

afável /a'favew/ [複 afáveis] 形《男女同形》愛想のよい, 優しい.

afazer /afa'zex/ ㉘ 他 …に慣れさせる, 適応させる [+ a] ▶afazer o corpo à água fria 冷水に身体を慣れさせる.
— **afazer-se** 再 …に慣れる, 適応する [+ a] ▶O aluno logo se afez à escola. その生徒はすぐに学校に慣れた.

afazeres /afa'zeris/ 男複 仕事, 用事 ▶afazeres domésticos 家事.

afeção /afe'sẽw/ 女 = afecção

afecção /afek'sẽw/ [複 afecções] 女 病気, 疾患 ▶afecção crônica 慢性病.

afeição /afej'sẽw/ [複 afeições] 愛情, 友情 ▶afeição pelos filhos 子供への愛情 / sentir afeição por alguém …に愛情を感じる.

afeiçoado, da /afejso'adu, da/ 形 …に愛情を感じた, 愛着を持った, [+ a] ▶Fiquei afeiçoado a uma amiga. 私は女友達が好きになった.

— 名 友人, 友達.

afeiçoar /afejso'ax/ 他 ❶ …に愛情[友情]を感じさせる [+ a] ▶Ela afeiçoava os colega. 彼女は同級生[同僚]に好かれていた.
❷ 好きにならせる.
— **afeiçoar-se** 再 …に愛情を感じる, 愛着をもつ [+ a] ▶Ela se afeiçoou a ele. 彼女は彼に愛着を感じた.

afeito, ta /a'fejtu, ta/ 形 …に慣れた, 適応した [+ a].

afeminado, da /afemi'nadu, da/ 形《男性が》女性のような, 女々しい, 同性愛の.

aferir /afe'rix/ 他 ❶ 評価する, 見積もる ▶aferir a qualidade de vida 生活の質を評価する. ❷ 量る, 測定する ▶aferir a pressão arterial 血圧を測定する.

aferrar /afe'xax/ 他 固定する, 押さえつける.
— **aferrar-se** 再 ❶ …にしがみつく [+ a].
❷ …に固執する ▶aferrar-se a uma ideia 考えに固執する.

aferrolhar /afexo'ʎax/ 他 ❶ …にかんぬきをかける. ❷ 閉じ込める, 監禁する.
❸ 厳重に保管する.

afetação /afeta'sẽw/ [複 afetações] 女 わざとらしさ, 気取り, 見せかけ.

afetado, da /afe'tadu, da/ 形 ❶ 気取った, わざとらしい ▶comportamento afetado わざとらしい態度.
❷ 悪影響を及ぼされる ▶o país mais afetado pelo aquecimento global 地球温暖化の影響を最も受ける国.
❸ 病気にかかった ▶pulmão afetado むしばまれた肺.
❹ B 医 結核にかかった.

afetar /afe'tax/ 他 ❶ …のふりをする.
❷ …に悪影響を及ぼす, 損害を与える ▶O estresse pode afetar a saúde. ストレスは健康に影響を及ぼす可能性がある.
❸ 心を動かす, 悲しませる.
❹ 関わる, 関係がある.
— **afetar-se** 再 気取る.

afetividade /afetʃivi'dadʒi/ 女 感受性；感じやすさ；やさしさ.

afetivo, va /afe'tʃivu, va/ 形 ❶ 愛情の, 感情的な ▶vida afetiva 愛情ある生活 / reação afetiva 感情的な反応 / carência afetiva 感情の欠如. ❷ 愛情あふれる, 心のこもった, 優しい ▶pessoa afetiva 優しい人物.

afeto[1] /a'fetu/ 男 愛情, 愛着, 好感 ▶sentir afeto por… …に親愛の情を抱く.

afeto[2], **ta** /a'fetu, ta/ 形 ❶ …が好きな [+ a].
❷ …に委ねられた [+ a].

afetuosamente /afetuɔza'mẽtʃi/ 副 愛情をこめて.

afetuosidade /afetuozi'dadʒi/ 女 愛情, 優しさ, 好意.

afetuoso, sa /afetu'ozu, 'ɔza/ 形 愛情のこもった, 優しい ▶Suas palavras eram afetuosas. 彼の言葉には愛情がこもっていた / cachorro afetuoso 人なつこい犬.

afiação /afia'sēw/ [複 afiações] 囡 鋭くすること, 研ぐこと.

afiado, da /afi'adu, da/ 形 ❶ 鋭い, とがった ▶ faca afiada 鋭いナイフ / lápis afiado とがった鉛筆 / afiado como uma navalha 剃刀のように鋭い.
❷ (考えなどが) 鋭い ▶ olhar afiado 慧眼(⦆).
❸ B 口 準備のできた ▶ Estou afiado para a prova. 私は試験の準備ができている.

afiançar /afiē'sax/ ⑬ 他 ❶ 保証する, …の保証人になる ▶ afiançar um empréstimo 借金の保証人になる. ❷ 断言する.
— **afiançar-se** 再 保証人になる.

afiar /afi'ax/ 他 ❶ (包丁や刃を) 鋭くする, 研ぐ ▶ afiar uma faca 刃物を研ぐ / afiar as garras (猫が) 爪を研ぐ.
❷ (矢の先端などを) 鋭くする；とがらせる ▶ afiar um lápis 鉛筆を削る.
❸ 洗練させる, 磨く ▶ afiar a inteligência 知性を磨く.
— **afiar-se** 再 洗練される, 磨かれる.
afiar com… …を攻撃する.

aficionado, da /afisio'nadu, da/ 形 …を愛好する, …が好きな ▶ Ele é aficionado de cinema. 彼は映画好きだ.
— 图 愛好家, ファン ▶ aficionado de música 音楽愛好家.

afigurar /afigu'rax/ 他 ❶ …に似ている ▶ A montanha afigura um cachorro. その山は形が犬に似ている.
❷ …を…だと想像する ▶ Eu afigurava-o mais alto. 私は彼がもっと背が高いと想像していた.
— **afigurar-se** 再 自分を…だと想像する.

afilado, da /afi'ladu, da/ 形 細い, ほっそりした ▶ dedos afilados ほっそりした指.

afilar[1] /afi'lax/ 他 ❶ (糸や繊維を) ほぐす. ❷ 細長くする, とがらせる, 鋭くする.
— **afilar-se** 再 ❶ 細長くなる. ❷ とがる, 鋭くなる.

afilar[2] /afi'lax/ 他 ❶ 興奮させる, 行動を起こさせる, 挑発する. ❷ (犬を) けしかける.

afilhado, da /afi'ʎadu, da/ 图 ❶ (代父母の) 名付け子. ❷ 被保護者, 目をかけられてる人, 秘蔵っ子.

afiliação /afilia'sēw/ [複 afiliações] 囡 加入, 入会.

afiliado, da /afili'adu, da/ 形 入会 [加盟] した ▶ países afiliados à ONU 国連加盟国.
— 图 入会 [加盟] した人.

afiliar /afili'ax/ 他 …に加盟させる, 加わらせる [+ a] ▶ Afiliei a empresa à associação. 私は会社をその協会に加盟させた.
— **afiliar-se** 再 …に加盟する, 加わる [+ a] ▶ afiliar-se a um grupo ある団体に加わる.

afim /afi/ [複 afins] 形 ❶ 同類の, 類似の, 似たような ▶ assuntos afins 類似した問題. ❷ 姻戚関係のある.
— 图 姻戚関係のある人.

afinado, da /afi'nadu, da/ 形 ❶ 細い. ❷ 調律された ▶ piano afinado 調律済みのピアノ / cantar afinado 正しい音程で歌う / estar afinado 音程が正しい / voz afinada 音程の正しい歌声. ❸ 精錬された. ❹ 改善した, 完成した. ❺ 協調した；調整された, 安定した.

afinal /afi'naw/ 副 ❶ ついに, ようやく, やっと.
❷ 結局, 要するに ▶ Afinal, o que você quer dizer? 結局あなたは何が言いたいのですか.

afinal de contas ① ついに, とうとう, やっと. ② 最後に. ③ 要するに, 結局.

afinar /afi'nax/ 他 ❶ 細くする, いっそう細くする.
❷ (楽器や声の) 音を合わせる；調律する ▶ afinar o violão ギターを調律する.
❸ (金属を) 精錬する.
❹ 改善する, 完成度を高める ▶ afinar o estilo do texto 文章の文体を良くする.
❺ 協調させる；調整する, 安定させる ▶ Ele afinou o seu discurso pelas ideias da maioria do povo. 彼は講演の内容を国民の大半の考えに合わせた.
— **afinar-se** 再 ❶ やせる, 細くなる.
❷ 改善される, 完成する.
❸ 協調する；調整される, 安定する.

afinco /a'fiku/ 男 忍耐, 辛抱 ▶ trabalhar com afinco 一生懸命に働く.

afinidade /afini'dadʒi/ 囡 ❶ 類似性, 共通性, 親近性 ▶ ter afinidade com alguém …と共通点がある / Eles têm uma boa afinidade. 彼らは相性がいい.
❷ 姻戚関係 ▶ parente por afinidade 姻族.
❸《化学》親和力.

***afirmação** /afixma'sēw/ [複 afirmações] 囡 断言, 主張, 肯定 ▶ afirmação sem fundamento 根拠のない主張 / advérbio de afirmação 肯定の副詞.

afirmar /afix'max/ 他 断言する；肯定する ▶ Afirmo que sim. 絶対そうだ / Afirmo que não. 絶対にそうではない.

afirmativa[1] /afixma'tʃiva/ 囡 肯定, 賛成.

afirmativamente /afixma,tʃiva'mētʃi/ 副 肯定的に, 積極的に ▶ responder afirmativamente その通りと答える.

afirmativo, va[2] /afixma'tʃivu, va/ 形 賛成の, 肯定的な (↔ negativo) ▶ resposta afirmativa はいという返事 / gesto afirmativo 肯定を表すしぐさ / em caso afirmativo そうである場合は.
— **afirmativa** 囡 肯定, 肯定的な返事.

afivelar /afive'lax/ 他 (留め金で) 留める ▶ afivelar o cinto de segurança 安全ベルトを締める.

afixação /afiksa'sēw/ [複 afixações] 囡 ポスターを貼ること, 掲示 ▶ É proibida a afixação de cartazes. 「張り紙禁止」.

afixar /afik'sax/ 他 ❶ 貼る, 掲示する ▶ afixar cartazes ポスターを貼る. ❷ 固定する.

aflição /afli'sēw/ [複 aflições] 囡 苦痛；悲しみ；苦しみ, 苦悩 ▶ A sua maior aflição era o dinheiro. 彼のいちばんの心配はお金だった / não aumentar a aflição do aflito 苦しんでいる人をさらに苦しめることをしない.

afligir /afli'ʒix/ ② 《過去分詞 afligido/aflito》他 苦

A

しめる, 悩ませる ▶ A incerteza afligiu-o. 先行きの不安が彼を苦しめた.

— **afligir-se** [再] 苦悩する ▶ Ele afligiu-se com o acidente. 彼はその事故について心配した.

aflitivo, va /afli'tʃivu, va/ [形] 苦痛を与える, 痛ましい, 悲惨な ▶ O país passa por uma situação econômica aflitiva. その国は経済的に苦しい状況にある.

aflito, ta /a'flitu, ta/ [形] 苦しめられた, 悩まされた.
— [名] 苦しんでいる人 ▶ consolar os aflitos 苦しんでいる人を慰める.

aflorar /aflo'rax/ [自] 表面に出る, 現れる ▶ O talento aflorou. 才能が現れた.
— [他] ❶ …に軽く触れる. ❷ 現す, 見せる.

afluência /aflu'ẽsia/ [女] ❶ 人や物の流れ, 流入 ▶ uma grande afluência de turistas estrangeiros 外国人観光客がどっと押し寄せること. ❷ (川の) 合流 (点).

afluente /aflu'ẽtʃi/ [男] (より大きな川や湖に流れ込む) 支流, 分流.
— [形] 《男女同形》豊かな, 豊富な ▶ sociedade afluente 豊かな社会.

afluir /aflu'ix/ ⑦ [自] ❶ 流れ込む, 注ぐ, 合流する ▶ As águas do rio afluem para o mar. 川の水が海に注ぐ.
❷ 殺到する, おしかける ▶ Os turistas afluem de todos os lados. 観光客があちこちからやって来る / Os pensamentos afluem na sua cabeça. 彼の頭に考えが湧いてくる.

afluxo /a'fluksu/ [男] 流入, 押し寄せること ▶ afluxo de sangue 血の流入 / afluxo de turistas 観光客が押し寄せること.

afobação /afoba'sɐ̃w̃/ [[複] afobações] [女] 急ぐこと, 混乱, とりみだすこと, 疲労 ▶ A afobação impediu a vitória do time. 焦りがチームの勝利を妨げた.

afobado, da /afo'badu, da/ [形] ❶ 急いだ ▶ estar afobado 急いでいる.
❷ 焦った, やきもきした, 気が気でない ▶ O time estava afobado. そのチームは焦っていた.

afobar /afo'bax/ [他] ❶ 急がせる, 急かす ▶ O pai afobou os filhos. 父は子供たちを急がせた. ❷ 疲れさせる.
— **afobar-se** [再] ❶ 急ぐ, あわてる ▶ Não precisa se afobar. あわてる必要はない. ❷ 心配する ▶ Não se afobe. 心配しないで.

afofar /afo'fax/ [他] 柔らかくする, ふわふわにする ▶ afofar o travesseiro 枕をふかふかにする.
— [自] 柔らかくなる, ふわふわになる.
— **afofar-se** [再] 柔らかくなる, ふわふわになる.

afogadilho /afoga'dʒiʎu/ [男] 急ぎ.
de afogadilho 急いで.

afogado, da /afo'gadu, da/ [形] ❶ 溺れた ▶ morrer afogado 溺死する.
❷ 窒息した, 押し殺した ▶ grito afogado 押し殺した叫び声.
— [名] 溺死者.

afogador /afoga'dox/ [[複] afogadores] [男] [B] 〖自動車〗チョーク.

afogamento /afoga'mẽtu/ [男] ❶ 溺れること, 溺死. ❷ 窒息.

afogar /afo'gax/ ⑪ [他] 溺れさせる, 溺死させる.
— [自] (エンジンが) オーバーフローでかからなくなる.
— **afogar-se** [再] ❶ 溺れる, 溺死する. ❷ …にひたる, …漬けになる, …三昧になる [+ em].

afoito, ta /a'fojtu, ta/ [形] 勇敢な, 大胆な.

afonia /afo'nia/ [女] 〖医学〗失声症, 無声症.

afónico, ca /ɐ'fɔniku, kɐ/ [形] [P] = afônico

afônico, ca /a'fõniku, ka/ [形] [B] ❶ 失声症の. ❷ 声が出ない ▶ estar afônico 声が出ない / ficar afônico 声が出なくなる.

afora /a'fɔra/ [副] ❶ 外へ ▶ Ele saiu porta afora. 彼は屋外に出た /.
❷ (時間・空間的に) 先へ続く, 全体にわたって ▶ Ele se dedicou à educação pela vida afora. 彼は生涯にわたって教育に献身した / pela noite afora 一晩中 / Andou pela estrada afora. 私はその道をずっと歩いた.
— [前] …以外は, …のほかに, …を除いて ▶ Afora dois alunos, todos fizeram a lição de casa. 二人の生徒を除いて, 全員が宿題をした.
... e por aí afora …などなど.

aforismo /afo'rizmu/ [男] アフォリズム, 警句, 格言.

afortunado, da /afoxtu'nadu, da/ [形] 幸運な, 幸せな.

afresco /a'fresku/ [男] フレスコ画.

África /'afrika/ [女] 《地名》アフリカ ▶ na África アフリカで / história da África アフリカの歴史 / África do Sul 南アフリカ.

☆**africano, na** /afri'kẽnu, na アフリカーノ, ナ/ [形] **アフリカの, アフリカ人の** ▶ continente africano アフリカ大陸 / música africana アフリカ音楽.
— [名] アフリカ人 ▶ os africanos no Brasil ブラジルにおけるアフリカ人.

afro-brasileiro, ra /ˌafrubrazi'lejru, ra/ [形] アフリカ系ブラジル人の, アフロブラジルの ▶ música afro-brasileira ブラジルのアフリカ系音楽.
— [名] アフリカ系ブラジル人.

afrodisíaco, ca /afrodʒi'siaku, ka/ [形] 性欲を起こさせる, 催淫剤の.
— **afrodisíaco** [男] 催淫剤.

afronta /a'frõta/ [女] 侮辱, 無礼な言動 ▶ fazer uma afronta 侮辱する / engolir uma afronta 侮辱に耐えしのぶ.

afrontado, da /afrõ'tadu, da/ [形] ❶ 侮辱された. ❷ [話] 食べすぎた.

afrontar /afrõ'tax/ [他] ❶ 侮辱する.
❷ 立ち向かう ▶ Ele estava disposto a afrontar seus adversários. 彼は競争相手に立ち向かおうとしていた.
❸ 対決させる ; 向かい合わせにする.
— **afrontar-se** [再] 対決する.

afrontoso, sa /afrõ'tozu, 'tɔza/ [形] ❶ 恥辱的な, 汚辱の ▶ uma morte afrontosa 恥辱的な死.
❷ 息が詰まる.
❸ 疲れる.

afrouxar /afro'ʃax/ [他] ❶ 緩める ▶ afrouxar o cinto ベルトを緩める / afrouxar a gravata ネクタイを緩める.

❷ 緩くする, 緩和する, 和らげる ▶ afrouxar as regras 規則を緩める / afrouxar a dor 痛みを和らげる.
❸ 広くする, 離す ▶ afrouxar o passo 歩幅を広くする.
― 自 緩くなる, 緩む.
― **afrouxar-se** 再 緩くなる, 緩む.
afta /'afita/ 女 【医学】アフタ性口内炎.
aftoso, sa /afi'tosa, 'tɔza/ 形 アフタ性の.
― **aftosa** 女 口蹄疫, アフタ熱 (= febre aftosa).
afugentar /afugẽ'tax/ 他 ❶ 逃がす, 追い払う ▶ afugentar o rato ネズミを追い払う.
❷ 消滅させる, 消す; 見えなくする ▶ afugentar as dúvidas 疑問を解消する.
afundamento /afũda'mẽtu/ 男 沈没, 崩壊 ▶ afundamento do Titanic タイタニック号の沈没.
afundar /afũ'dax/ 他 沈める, 沈没させる ▶ Um iceberg afundou o navio. 1つの氷山がその船を沈没させた.
― 自 ❶ 沈む, 沈没する.
❷ 崩壊する, 崩れる ▶ A ponte afundou. 橋が落ちた.
❸ 破産する, つぶれる.
agá /a'ga/ 男 文字 h の名称.
agachar-se /aga'ʃaxsi/ 再 ❶ かがむ, うずくまる ▶ Agachei-me por causa da dor. 私は痛みで身をかがめた. ❷ 屈服する, 服従する.
agarrado, da /aga'xadu, da/ 形 ❶ …につかまった, しがみついた [+a/em/com] ▶ Ele estava agarrado em um pedaço de telhado no mar. 彼は海で屋根のかけらにしがみついていた.
❷ (関係が) 近い, べったりの ▶ Eles estão agarrados uns aos outros. 彼らはお互いに関係が近い / agarrado à saia 母親べったりの.
❸ …に執着した [+a] ▶ agarrado a suas ideias 自分の考えに執着した.
❹ けちな.
― **agarrado** 男 国 B 狭い道.
*****agarrar** /aga'xax/ アガハーフ/ 他 ❶ つかむ, 持っている ▶ agarrar a bola ボールをつかむ / agarrar uma oportunidade チャンスをつかむ / Ele me agarrou pelo braço. 彼は私の腕をつかんだ.
❷ 捕まえる ▶ O polícia agarrou o ladrão. 警官は泥棒を捕まえた / Agarra, que é ladrão! 泥棒だ, 捕まえろ.
― **agarrar-se** 再 ❶ …につかまる, しがみつく [+a] ▶ agarrar-se a uma corda ロープにつかまる. ❷ いちゃつく.
agasalhado, da /agaza'ʎadu, da/ 形 服を着こんだ, 暖かい服を着た ▶ Eu estou bem agasalhado. 私はしっかり着こんでいる.
agasalhar /agaza'ʎax/ 他 ❶ …に上着を着せる, (上着を着せて) 暖かくする ▶ agasalhar o bebê 赤ん坊に暖かい服を着せる.
❷ 宿泊させる, もてなす, 歓待する.
❸ 守る, 保護する.
❹ 心に抱く ▶ Cada um agasalha seu sonho. ひとりひとりが夢を持っている.
❺ 含む, 収容する.

― **agasalhar-se** 再 ❶ 上着を着る, (上着を着て) 暖かくなる. ❷ 宿泊する ▶ Agasalhei-me na casa de um amigo. ある友人の家に泊まった. ❸ 守られる.
agasalho /aga'zaʎu/ 男 ❶ コート, セーター, 上着.
❷ 宿泊所, 保護, 泊めること ▶ Ele não conseguia achar um agasalho seguro. 彼は安全な宿泊場所を見つけられずにいた.
❸ 歓迎, 歓待.
ágata /'agata/ 女 【鉱物】めのう.
***agência** /a'ʒẽsia アジェンスィア/ 女 ❶ 代理業, 代理店, 取次店 ▶ agência de viagens [turismo] 旅行代理店 / agência de publicidade 広告代理店 / agência de notícias 通信社 / agência funerária 葬儀社 / agência imobiliária 不動産会社 / agência de câmbio 両替所.
❷ 支店, 支部 ▶ agência bancária 銀行支店 / agência dos correios 郵便局.
❸ (公的) 機関 ▶ Agência Internacional de Energia Atômica 国際原子力機関.
agenciar /aʒẽsi'ax/ 他 ❶ …の業務を代行する ▶ agenciar uma empresa 会社の業務を代行する.
❷ 求める, 要求する ▶ agenciar um empréstimo 借金を求める.
agenda /a'ʒẽda/ 女 ❶ (日記体裁の) 手帳, メモ帳, スケジュール帳 ▶ agenda de bolso ポケット手帳 / agenda de secretária 秘書メモ帳 / agenda de endereços 住所録.
❷ 日程, 予定 ▶ Esta semana tenho uma agenda muito pesada. 今週私は日程が非常にきつい.
agendar /aʒẽ'dax/ 他 ❶ …を手帳に書き込む. ❷ …の予定を立てる ▶ agendar uma reunião 会議の予定を立てる.
***agente** /a'ʒẽtʃi アジェンチ/ 名 ❶ 代理人 ▶ agente de um jogador de futebol サッカー選手の代理人.
❷ 代理業者 ▶ agente de seguros 保険代理業者 / agente de viagens 旅行代理業者.
❸ 官公吏 ▶ agentes diplomáticos 外交官.
❹ 警官 (= agente de polícia).
❺ 諜報員, 工作員, スパイ ▶ agente secreto 秘密工作員 / agente duplo 二重スパイ.
― 男 ❶ 作用物; 薬剤 ▶ agentes poluentes 汚染物質 / agente aditivo 添加物, 添加剤.
❷ 犯罪行為の主体 ▶ agente do crime 犯罪者.
❸ 【文法】動作主 ▶ agente da passiva 受動態の動作主.
agigantado, da /aʒigẽ'tadu, da/ 形 巨大な, 巨人の, 巨大化した.
agigantar /aʒigẽ'tax/ 他 ❶ 大きくする, 巨大にする. ❷ 大げさにする.
― **agigantar-se** 再 巨大になる.
ágil /'aʒiw/ [複 ágeis] 形 《男女同形》敏捷(びんしょう)な, すばしこい, 機敏な ▶ animal ágil 敏捷な動物 / espírito ágil 鋭敏な頭脳.
agilidade /aʒili'dadʒi/ 女 敏捷(びんしょう)さ, すばしこさ, 機敏さ ▶ agilidade de pensamento 頭の回転の速さ.
agilizar /aʒili'zax/ 他 速くする, 迅速化する ▶ agilizar o processo 進行を速める.

agir

— **agilizar-se** 再 速くなる.
⋆agir /a'ʒix アジーフ/ ②

直説法現在	ajo	agimos
	ages	agis
	age	agem

接続法現在	aja	ajamos
	ajas	ajais
	aja	ajam

自 **❶** 行動する, ふるまう ▶Não basta pensar, é preciso agir. 考えるだけでは不十分だ, 行動しなければならない / agir por impulso 衝動的に行動する / agir bem 行儀がよい / agir mal 行儀が悪い / agir com a cabeça 思慮深く行動する / agir na sombra こっそりと行動する, 暗躍する.
❷ 作用する, 反応する ▶medicamentos que agem sobre o sistema nervoso central 中枢神経系に作用する薬剤.

agitação /aʒita'sẽw/ [複 agitações] 女 **❶** 振ること, 揺れ. **❷** 不安, 動揺. **❸** 騒乱, 騒擾(ソウジョウ).

agitado, da /aʒi'tadu, da/ 形 荒れた, 乱れた ▶mar agitado 荒れた海 / vida agitada 落ち着かない生活 / sono agitado 不眠.

agitador, dora /aʒita'dox, 'dora/ [複 agitadores, doras] 形 扇動的な.
— 名 扇動者, アジテーター.
— **agitador** 男 攪拌機.

⋆agitar /aʒi'tax アジターフ/ 他 **❶** 振る, 振り動かす ▶agitar o braço 腕を振る / agitar uma bandeira 旗を振る / Agitar antes de usar. 使用前に振ること.
❷ 扇動する, あおる ▶agitar o povo 民衆を扇動する.
— **agitar-se** 再 揺れ動く, 動く.

aglomeração /aglomera'sẽw/ [複 aglomerações] 女 集中, 固まり; 群衆 ▶aglomeração urbana 都市の人口集中 / aglomeração de pessoas 人混み.

aglomerado, da /aglome'radu, da/ 形 塊になった, 寄り集まった.
— **aglomerado** 男 **❶** 寄せ集め, 集積 ▶aglomerado estelar 星団 / aglomerado urbano 都市の人口集中. **❷** 合板.

aglomerar /aglome'rax/ 他 **❶** 寄せ集める ▶A chuva aglomerou as folhas secas. 雨は落葉を寄せ集めた. **❷** 塊にする. **❸** 結集させる.
— **aglomerar-se** 再 **❶** 寄り集まる. **❷** 結集する.

aglutinação /agluti'na'sẽw/ [複 aglutinações] 女 **❶** 接着, 接合. **❷**『言語』膠着(コウチャク).

aglutinante /aglutʃi'nētʃi/ 形『男女同形』**❶** 接着させる. **❷**『言語』膠着(コウチャク)型の ▶língua aglutinante 膠着語.
— 男 接着剤.

aglutinar /aglutʃi'nax/ 他 **❶** 接着させる, 接合させる. **❷** 一体化する, 結集する ▶aglutinar forças 総力を結集する. **❸**『言語』膠着(コウチャク)させる.

— **aglutinar-se** 再 接合する.

agnosticismo /aginostʃi'sizmu/ 男『哲学』不可知論.

agnóstico, ca /agi'nɔstʃiku, ka/ 形 不可知論の, 不可知論者の.
— 名 不可知論者.

ago.《略語》agosto 8月.

agoirar /agoj'rax/ 他 = agourar

agoiro /a'gojru/ 男 = agouro

agonia /ago'nia/ 女 **❶** 断末魔 (の苦しみ), 末期状態 ▶estar em agonia いまわの際にある.
❷ 苦悩, 苦悶.
❸ 吐き気, むかつき.
❹ 圓 圃 迷い, ためらい.

agoniado, da /agoni'adu, da/ 形 **❶** 瀕死の, 死の間際の. **❷** 苦悶している. **❸** 気分が悪い.

agoniar /agoni'ax/ 他 **❶** 気分を悪くさせる, 不快にさせる ▶O longo período sem vitórias agoniava a torcida. 長い間勝利から遠ざかっていることにファンは不満だった.
❷ 不安にさせる, 心配させる ▶O silêncio do lugar me agoniava. その場所の静けさが私を不安にさせていた.
— **agoniar-se** 再 **❶** 気分が悪くなる. **❷** 心配する.

agonizante /agoni'zētʃi/ 形『男女同形』瀕死の, 臨終の.
— 名 臨終の人, 死にかけている人.

agonizar /agoni'zax/ 自 死に瀕する, 終末を迎える.
— 他 苦しめる.

⋆agora /a'gɔra アゴーラ/ 副 **❶** 今, この時 ▶O que você está fazendo agora? 今何をしていますか / Agora é a estação ideal para visitar esta redondeza. 今はこのあたりを観光するに絶好の季節です / É agora ou nunca. 今しかない / Agora não. 今はだめだ / Se não agora, quando? 今でなければいつだ / até agora 今まで / por agora 今のところは, ひとまず, とりあえず / a partir de agora = de agora em diante 今から / só agora 今になって, やっと.
❷ 現在, 現代 ▶Agora há mais liberdade de expressão. 現在はより多くの表現の自由がある.
❸ ついさっき, たった今 ▶Ele foi embora agora há pouco. 彼はついさっき帰ったところだ.
❹ さて, さあ, 今度は ▶E agora, o que será que devo fazer? さて, どうしたらいいだろうか / Agora olhem para mim. では私の方を見てください / Agora é a minha vez. 今度は私の番です / sábado agora 今度の土曜日.
— 接 しかしながら, しかし ▶Falar é fácil, agora fazer é difícil. 言うはやさしいが, 行動を起こすのは難しい.

Agora é que são elas. ここが難しいところだ.

agora mesmo ① たった今, 今さっき ▶Ele acabou de sair agora mesmo. 彼はちょうどいま出かけたところだ. ② 今すぐに, すぐ後に ▶começar agora mesmo すぐに始める / Vou agora mesmo. 今行きます.

agora que +直説法 …であるから, …である以上.

de agora 現代の, 今の ▶os jovens de agora 現代の若者.

E agora, José? さてどうする.

agorafobia /agorafo'bia/ 囡〖精神医学〗広場恐怖症.

agorinha /ago'riɲa/ 副 Ⓑ たった今 ▶Cheguei agorinha do trabalho. 私はたった今仕事から帰ってきたところだ / agorinha mesmo たった今.

:agosto /a'gostu/ アゴスト/男 **8月** ▶em agosto 8月に / no mês de agosto 8月に / no dia 12 de agosto 8月12日に / no início de agosto 8月の初めに / em meados de agosto 8月の中頃に / no fim de agosto 8月の末に.

agourar /ago'rax/ 他 ❶ …を占う, 予言する ▶Eu agouro um bom futuro para a você. あなたにはきっとすばらしい未来が訪れるでしょう / Ele gosta de agourar os outros. 彼は他人を占うのが好きである.
❷ …の前兆である ▶Aquele ataque agoura guerra. あの攻撃は戦争の悪い前兆だ.
— 自 占う, 予言する ▶A feiticeira agourou. 魔女が予言をした / O profeta agourou. その予言者が占った.
— **agourar-se** 再 予測される ▶Felizmente, agourou-se outra alternativa. 幸い, 別の選択肢が予測された.

agouro /a'goru/ 男 前兆, 兆し ; 悪い兆し ▶ ser de bom agouro 吉兆である / ser de mau agouro 不吉である / ave de mau agouro 不吉な鳥 ; 縁起の悪い人, いつも悪い知らせをもたらす人.

agraciar /agrasi'ax/ 他 ❶ …に恩赦を与える. ❷ 《agraciar alguém com ...》…の称号を与える.

agradabilíssimo, ma /agradabi'lisimu, ma/ 形 agradável の絶対最上級.

*****agradar** /agra'dax/ アグラダーフ/ 自 …を喜ばす, 満足させる, …の気に入る[+ a] ▶Faço tudo para agradar aos clientes. 私は顧客に気に入ってもらうためには何でもします / uma pessoa difícil de agradar 気難しい人.
— **agradar-se** 再 …を喜ぶ, …が気に入る[+ de].

:agradável /agra'davew/ アグラダーヴェウ/ 複 agradáveis/ 形 《男女同形》 ❶ 心地よい, 気持ちよい ▶lugar agradável 心地よい場所 / ambiente agradável 快適な環境.
❷ 五感に快適な ▶sabor agradável 美味 / cheiro agradável 芳香 / seda agradável ao toque 肌に心地よい絹.
❸ 穏やかな, 温和な ▶clima agradável 穏やかな気候 / temperatura agradável しのぎやすい気温.
❹ 快感[満足感]をもたらす ▶passar um dia bem agradável 喜びあふれる一日を過ごす / agradável conversa 満足感に満ちた会話.
❺ 愛想のよい, 礼儀正しい ▶Acho-a uma mulher muito agradável. 彼女はすごく愛想のよい女性だと思う / tentar ser agradável com todos 万人に礼儀正しくあろうとする.
— 男 歓喜, 満足を与えるもの[こと].

agradavelmente /agra,davew'metʃi/ 副 快適

に, 愉快に.

:agradecer /agrade'sex/ アグラデセーフ/ ⑮ 他 ❶ 《agradecer algo a alguém》…を…に感謝する ▶Agradeço muito a sua ajuda. お手伝いいただきどうもありがとう / Agradeço-lhe o presente de Natal. クリスマスの贈物に感謝します.
— 自 ❶ お礼を言う, 感謝する ▶Eu agradeço. お礼申し上げます / Não tem que agradecer. 礼には及びません / Eu agradeceria se você pudesse me ajudar. 手伝っていただけたらありがたい.
❷ 《agradecer a alguém por algo》…に…を感謝する ▶Agradeço aos meus professores pelo apoio que me deram. 私は先生方にこれまでいただいたご支援について感謝しております.

agradecido, da /agrade'sidu, da/ 形 感謝した, ありがたく思った ▶Estou muito agradecido pelo seu apoio. 私はあなたの援助に感謝している / Estou muito agradecido ao senhor. あなたには深く感謝いたします.

agradecimento /agradesi'metu/ 男 ❶ 感謝 ▶ carta de agradecimento 礼状 / mensagem de agradecimento 感謝のメッセージ / fazer um agradecimento お礼をする.
❷ 《agradecimentos》感謝の言葉 ▶Os meus agradecimentos! どうもありがとう.

em agradecimento お礼に, お礼として ▶Não sei o que dizer em agradecimento. 何とお礼を言えばいいのかわかりません.

agrado /a'gradu/ 男 ❶ 満足 ▶Recebi a oferta com agrado. 私は喜んで申し出を受け入れた.
❷ 好み, 気に入ること ▶coisas de meu agrado 私の気に入っているもの / se for do seu agrado よろしければ.
❸ 褒美, チップ, 贈り物.
❹ かわいがること, 愛撫 ▶fazer um agrado かわいがる.

agrário, ria /a'grariu, ria/ 形 農地の, 農業の ▶ política agrária 農政 / reforma agrária 農地改革.

agravamento /agrava'metu/ 男 悪化 ▶agravamento dos problemas ambientais 環境問題の悪化.

agravante /agra'vetʃi/ 囡 加重情状.
— 名 告人, 不服申立人.
— 形 ❶ 悪化させる, 深刻にする. ❷〖法律〗加重の ▶circunstância agravante 加重状況.

agravar /agra'vax/ 他 ❶ 悪化させる ▶agravar a situação 状況を悪化させる.
❷ 重くする ▶agravar a pena 刑を重くする.
❸ 激化させる ▶Intervenções externas agravaram o conflito. 外部干渉は紛争を激化させた.
❹ 傷つける, 苦しめる.
— 自〖法律〗抗告する, 不服を申し立てる.
— **agravar-se** 再 ❶ 悪化する ▶O estado do doente tende a agravar-se. 病人の状態は悪化の傾向にある.
❷ 激化する ▶Por causa das intervenções externas, o conflito se agravou. 外部干渉のために紛争は激化した.

agravo /a'gravu/ 男 ❶ 侮辱, 中傷.

A

❷ 損害，被害.
❸ 病気の悪化.
❹ 抗告，不服申し立て.

agredir /agre'dʒix/ ③

直説法現在	agrido agrides agride	agredimos agredis agridem
接続法現在	agrida agridas agrida	agridamos agridais agridam

[他] ❶ 攻撃する，襲う.
❷ 侮辱する ▶ Ele não tinha necessidade de me agredir. 彼は私を侮辱する必要はなかった.
❸ …に損害を与える ▶ A luz intensa agride a vista. 強烈な光は視覚に悪い / A poluição agride a natureza. 公害は自然に損害を与える.
❹ …を尊重しない，…に反対する ▶ discurso para agredir a ala mais conservadora do partido situacionista 与党の最保守派に反対する演説.

— **agredir-se** [再] ❶ 互いに攻撃し合う ▶ No meio da confusão, as pessoas agrediram-se umas às outras. 混乱のさなか，人々は互いに傷つけあった.
❷ 侮辱しあう，傷つけあう ▶ Os dois passaram a reunião se agredindo. 二人は会議で互いに侮辱した.

agregação /agrega'sẽw̃/ [複 agregações] [女] 集合，集団，付加，加入.

agregar /agre'gax/ ⑪ [他] ❶ 集める，まとめる ▶ Ele agregou muitos livros durante vinte anos. 彼は20年の間にたくさんの本を集めた / É valioso agregar amigos durante a vida. 人生において友人を増やすことは有益である.
❷ 加入させる ▶ Nós o agregamos ao nosso projeto. 私たちは自分たちのプロジェクトに彼を引き入れた.

— **agregar-se** [再] 集まる.

agremiação /agremia'sẽw̃/ [複 agremiações] [女] 集合，組合，団体 ▶ agremiação esportiva スポーツ団体.

agremiar /agremi'ax/ [他] 集める ▶ Eles agremiaram os melhores textos numa publicação. 彼らは最も優れた文章を集めて一冊の本にまとめた.

— **agremiar-se** [再] ❶ 集まる ▶ Os estudantes agremiaram-se para lutar contra as reformas. 学生たちは改革に反して戦うために集まった.
❷ 加わる ▶ Ele agremiou-se nesta associação. 彼はその団体に加わった.

agressão /agre'sẽw̃/ [複 agressões] [女] ❶ 侵略，侵犯 ▶ guerra de agressão 侵略戦争 / ato de agressão 侵略行為 / pacto de não agressão 不可侵条約 / agressão estrangeira 外国による侵略.
❷ 攻撃，暴行 ▶ ser vítima de agressão 暴行の犠牲者である / agressão a mulheres 女性に対する暴行 / agressão verbal 言葉の暴力 / agressão física 暴力行為 / agressão sexual 性的暴力 / O ruído urbano é uma agressão à saúde. 都会の騒音は健康を害する / Os detergentes são uma agressão ao meio ambiente. 洗剤は環境によくない.

agressivamente /agreˌsiva'mẽtʃi/ [副] 攻撃的に，積極的に.

agressividade /agresivi'dadʒi/ [女] ❶ 攻撃性，侵略性；闘争性. ❷ 積極性.

agressivo, va /agre'sivu, va/ [形] ❶ 攻撃的な ▶ palavra agressiva 攻撃的な言葉.
❷ 意欲的な，積極的な ▶ empresário agressivo 積極的な企業家.

agressor, sora /agre'sox, 'sora/ [複 agressores, soras] [名] 攻撃者，侵略者.
— [形] 攻撃する，侵略する ▶ país agressor 侵略国.

agreste /a'grɛstʃi/ [形] 《男女同形》 ❶ 田舎の，ひなびた. ❷ 険しい，荒れた. ❸ 野生の. ❹ 粗野な，無骨な.
— [男] [B] アグレスチ（北東部の沿岸部熱帯季節林地帯と内陸部乾燥地帯の間に位置する中間漸移地帯）.
agreste acatingado アグレスチとカアチンガの中間帯.

agrião /agri'ẽw̃/ [複 agriões] [男] 〖植物〗クレソン.

*__agrícola__ /a'grikola アグリーコラ/ [形] 《男女同形》 農業の ▶ propriedade agrícola 農地 / produtos agrícolas 農産物 / produção agrícola 農業生産 / alfaias agrícolas 農具 / país agrícola 農業国 / trabalhador agrícola 農業労働者.
— [名] 農民.

agricultável /agrikuw'tavew/ [複 agricultáveis] [形] 耕作に適した.

agricultor, tora /agrikuw'tox, 'tora/ [複 agricultores, toras] [名] 農民，農業生産者.
— [形] 農業を行う.

**agricultura /agrikuw'tura アグリクゥトゥーラ/ [女] 農業 ▶ agricultura orgânica 有機農業 / agricultura de subsistência 伝統農法による自給自足農業 / agricultura intensiva 集約農業.

agridoce /agri'dosi/ [形] 《男女同形》 ❶ ほろ苦い.
❷ 甘酸っぱい ▶ molho agridoce 甘酸っぱいソース.

agroindústria /agroĩ'dustria/ [女] 農産物加工業.

agroindustrial /agroĩdustri'aw/ [形] 農産物加工業の.

agronegócio /agrone'gɔsiu/ [男] アグリビジネス，農業関連産業.

agronomia /agrono'mia/ [女] 農学，作物学.

agronómico, ca /ɐgru'nɔmiku, kɐ/ [形] [P] = agronômico

agronômico, ca /agro'nõmiku, ka/ [形] [B] 農学の，作物学の.

agrónomo, ma /ɐ'grɔnumu, mɐ/ [名] [P] = agrônomo

agrônomo, ma /a'grõnomu, ma/ [名] [B] 農学者.

agropecuária /agropeku'aria/ [女] 農牧畜業，（畜産と作物栽培の）混合農業.

agropecuário, ria /agropeku'ariu, ria/ [形] 農牧の，農業と牧畜の.

agrotóxico /agro'tɔksiku/ [男] 農薬，殺虫剤.

agroturismo /agrotu'rizmu/ [男] アグリツーリズ

ム.

agrupamento /agrupa'mẽtu/ 男 ❶ 結合, 結集. ❷ グループ, 会合, 団体.

agrupar /agru'pax/ 他 ❶ 集める, …をグループにする ▶A seleção nacional agrupa muitos atletas. 代表チームは多くの選手を集める.
❷（基準に従って）収集する ▶agrupar revistas 雑誌を集める.
— **agrupar-se** 再 ❶ 集まる ▶No recreio, as crianças agrupam-se. リクレーションで子供たちが集合する.
❷ グループを作る.

água /'agwa/ アーグヮ/ 女 ❶ 水, 飲料水 ▶beber água 水を飲む / um copo de água コップ1杯の水 / água quente 湯 / água fria 冷水 / água doce 淡 、真、水 / água salgada 塩 水 / água potável 飲料水 / água mineral ミネラルウォーター / água corrente 水道水 / água da torneira 水道の水 / água gasosa 炭酸水 / água oxigenada 過酸化水素水 / água destilada 蒸留水 / água tônica トニックウォーター / jato de água 噴水.
❷ 海［川, 湖］の水；《águas》海洋, 海域 ▶águas territoriais 領 海 / águas continentais 陸 水 / águas profundas 深海.
❸ 雨, 雨 水 ▶águas pluviais 雨 水 / águas de março（夏の終わりの）三月に降る雨.
❹（加工された特殊な）液, 香水 ▶água de cheiro 香水 / água de rosas バラ水.
❺（つば, 汗, 涙などの）分泌液；《águas》羊水 ▶olhos rasos de água 涙であふれた瞳.
❻ 果汁, 水気 ▶água de coco ココナッツウォーター.
❼（宝石の）透明度, 純度, 光沢.
❽《águas》温 泉, 鉱 泉 ▶estação de águas termais 温泉.

água abaixo 下流へ.
água acima [arriba] 上流へ.
água choca つまらないもの.
água com açúcar 甘く感傷的なもの.
água de barrela ① 汚水. ② ひじょうに薄いコーヒー.
água e sal きわめて厳格な粗食.
água morna 優柔不断な人.
água que passou debaixo da ponte 過ぎ去ったこと.
águas passadas 過去のこと.
águas servidas 排水.
águas turvas 混乱.
apanhar água com peneira ざるで水をすくう, 無駄なことをする.
até debaixo d'água たとえ火の中水の中でも.
banhar-se em águas de rosas 幸福感に浸る.
bom como água とてもよい.
carregar água em peneira ざるで水をすくう, 無駄なことをする.
com água na boca よだれが出そうで.
como água 浜の真砂のように, 星の数ほど.
como água e fogo 水と油のように.

dar água na boca よだれを出させる ▶de dar água na boca よだれの出そうな.
dar água pela barba 慣 困難に直面する, 重荷となる.
debaixo de água ① 水面下へ. ② 豪雨に打たれて.
deitar água na fervura 慣 興奮を冷ます, 落ち着かせる.
de primeira água 優れた, 第一級の.
É mais fácil que beber água. とても簡単だ.
enfiar água no espeto 努力する, 精進する.
fazer água ① 浸水する. ② 破綻する.
fazer crescer água na boca 慣 食欲をそそる.
ferver em pouca água 慣 激昂しやすい, すぐに怒る.
ficar em águas de bacalhau 慣 無 効 に な る, 失敗する.
Foi aquela água. 簡単であった.
ir nas águas de... …と同調する, …に追従する, …を後追いする.
ir por água abaixo 水泡に帰する, 水の泡になる.
jogar água fria 落ち着かせる.
jogar água na fervura 興奮を冷ます, 落ち着かせる.
lançar água no mar 無駄なことをする.
levar água ao seu moinho 慣 我田引水する, 自分の都合のいいようにする.
meter água 慣 無分別の言動をする.
mudar da água para o vinho 劇的に改善される.
na água 酔っ払った.
nas águas 雨季に.
pôr água na fervura 興奮を冷ます, 落ち着かせる.
sacudir a água do capote 慣 責 任 回 避する, 責任逃れを行う.
sem dizer água vai 何も言わず, 何も告げずに, 突然に.
ser aquela água 水泡に帰する, 台無しになる, 混乱する.
ser claro como água たやすく理解する, 明白である.
sujar a água que bebe 恩をあだで返す.
tirar água de pedra 不可能（または非常に困難）なことをしようとする, 無駄な努力をする.
tirar água do joelho 排尿する.
trazer água no bico 慣 下心がある.
verter água(s) 排尿する.

aguaceiro /agwa'sejru/ 男 急な土砂降り, スコール ▶aguaceiro branco 突風.

água-de-colônia /ˌagwɐdɘku'loniɐ/ 女 P ＝água-de-colônia

água-de-colônia /ˌagwadʒiko'lõnia/ [複] águas-de-colônia 女 B オーデコロン.

aguado, da /a'gwadu, da/ 形 ❶ 水で薄めた ▶café aguado 薄いコーヒー.
❷ 水っぽい, 水分の多い ▶sopa aguada 実の少ないスープ.
❸ 水で濡れた, 水浸しの.

água–forte

❹ Ⓑ 🈩 よだれの出た ▶ Ao ver a comida a menina ficou aguada. 食べ物を見て, その女の子はよだれが出た.
❺ (計画などが) 台無しの, 駄目になった.
❻ Ⓑ 🈩 酔った.

água-forte /ˈagwaˈfɔxtʃi/ [複 águas-fortes] 囡 エッチング.

água-marinha /ˌagwamaˈrĩɲa/ [複 águas-marinhas] 囡 【鉱物】アクアマリン.

aguar /aˈgwax/ ④ 他 ❶ 濡らす; (植物に) 水をやる ▶ aguar as plantas 植物に水をやる.
❷ …に水を加える, 水で割る ▶ aguar o café コーヒーにお湯を入れる.
❸ (喜びや楽しみを) 台無しにする ▶ Não quer aguar o prazer. 喜びを台無しにしたくない.
— 自 よだれを出す ▶ O menino aguou ao ver o banquete. ごちそうを見ると男の子はよだれが出た.
— **aguar-se** 再 🈩 よだれを出す.

‡**aguardar** /agwaxˈdax/ 他 待つ ▶ aguardar uma resposta 返事を待つ.
— 自 …を待つ [+ por] ▶ aguardar pelo momento oportuno 好機を待つ.

aguardente /agwaxˈdẽtʃi/ 男 蒸留酒, 焼酎 ▶ aguardente de cana-de-açúcar サトウキビ焼酎, カシャーサ / aguardente de cabeça 蒸留して最初にできる火酒.

aguarrás /agwaˈxas/ 囡 テレビン油.

água-viva /ˌagwaˈviva/ [複 águas-vivas] 囡 【動物】クラゲ.

aguçado, da /aguˈsadu, da/ 形 鋭い, 鋭敏な ▶ olfato aguçado 鋭い嗅覚 / espírito aguçado 鋭敏な精神.

aguçar /aguˈsax/ ⑬ 他 ❶ 鋭くする, とがらせる ▶ aguçar o lápis 鉛筆を削る.
❷ 研ぐ.
❸ かき立てる ▶ aguçar a curiosidade 好奇心をかき立てる / aguçar o apetite 食欲をそそる.
❹ (感覚を) 鋭くする ▶ aguçar o ouvido 聴覚を鋭くする.
— 自 鋭くなる, とがる.

agudamente /aˌgudaˈmẽtʃi/ 副 鋭く, 辛辣に.

agudeza /aguˈdeza/ 囡 ❶ 鋭いこと, 鋭利.
❷ 明敏さ, 鋭敏さ; 機知 ▶ agudeza de espírito 精神の明敏さ.

‡**agudo, da** /aˈgudu, da/ アグード, ダ/ 形 ❶ (先端の) とがった ▶ ângulo agudo 鋭角.
❷ 鋭く響く, 甲高い ▶ voz aguda 甲高い声.
❸ (苦痛が) 激しい ▶ dor aguda 激痛.
❹ 【医学】急性の ▶ doença aguda 急性疾患.
❺ 洞察力のある, 鋭敏な ▶ inteligência aguda 鋭敏な知性.
❻ 【言語】最終音節にアクセントのある, 鋭音の ▶ acento agudo 揚音符, 鋭アクセント (´).

*__aguentar__ /agwẽˈtax/ アグエンターフ/ 他 ❶ 耐える, 我慢する ▶ aguentar o peso 重みに耐える / aguentar a dor 痛みに耐える / Não aguento este frio! この寒さには耐えられない / Não os aguento. 彼らには我慢がならない.
❷ 支える ▶ Estes pilares aguentavam a ponte. これらの橋梁が橋を支えていた.
— 自 ❶ 耐える, 我慢する ▶ Não aguentei. 私は我慢できなかった / aguentar calado 黙って耐える / Não aguento mais! もう我慢ならない / aguentar firme 踏ん張る. ❷ 持つ, 持ちこたえる.

aguerrido, da /ageˈxidu, da/ 形 ❶ 戦い慣れた ▶ exército aguerrido 百戦錬磨の部隊.
❷ 暴力的な, 好戦的な ▶ tribo aguerrida 好戦的な部族.
❸ 勇敢な, 勇ましい.

águia /ˈagia/ 囡 ❶ 【鳥類】ワシ. ❷ 偉人, 傑人.
águia de papo amarelo 抜け目のない人.

aguilhão /agiˈʎẽw̃/ [複 aguilhões] 男 ❶ とがった先端. ❷ (昆虫などの) 針. ❸ 刺激. ❹ (牛追いの) 突き棒.

*__agulha__ /aˈguʎa/ アグーリャ/ 囡 ❶ (種々の) 針 ▶ enfiar a linha na agulha 針に糸を通す / agulha de coser 縫い針 / agulha de tricô 編み針 / agulha magnética 磁針 / agulha de injeção 注射針 / agulha de máquina de costura ミシン針 / trabalho de agulha 針仕事 / buraco da agulha 針の穴.
❷ 【鉄道】転轍(てっ)機, ポイント.
procurar uma agulha num palheiro 見つけにくいものを探す, 無駄骨を折る.

ah /'a/ 間 ❶ (感嘆, 驚嘆) ああ, おお ▶ Ah! Que belo lago! ああ, 何と美しい湖だろう / Ah! Que lindo! ああ, 何ときれいなんだろう.
❷ (悲しみ) ああ ▶ Ah! Que tristeza! ああ, 何と悲しいことか.

ai /'aj/ 間 ❶ ああ痛い.
❷ (悲しみ) ああ ▶ Ai, que dó! Meu cachorrinho morreu! ああ, 何てことだ. 僕の子犬が死んだ.
❸ (驚き) おや ▶ Ai, que susto você me deu! ああ驚いた.
❹ (喜び) よし ▶ Ai, que bom que você veio! あ, 君が来てくれて良かった.
— 男 苦痛, 安堵, 悲しみの叫び声.
ai de... かわいそうな…, 哀れな… ▶ Ai de nós. かわいそうな私たち.
dar ais 悲しむ.
estar [andar] aos ais 悲しむ, 悲嘆する ▶ Ele está sempre aos ais. 彼はいつも悲しみに暮れている.
num ai 一瞬で.

‡**aí** /aˈi/ アイ/ 副 ❶ (聞き手に近い場所を指して) そこ, そこに, そこで ▶ Espera aí. そこで待ってて / esse livro aí そこの本 / O que é isso aí? それは何ですか.
❷ (既出の場所を指して) そこ, そこに, そこで ▶ O menino gosta muito da escola, porque aí tem muitos amigos. 男の子は学校が大好きだ. 友達がそこにたくさんいるからだ.
❸ (漠然と) どこか, そのあたりに ▶ andar aí その辺をぶらぶらする.
❹ そのとき, そのときに ▶ Conheci-a há três anos e desde aí somos amigos. 私は3年前に彼女と知り合い, 私たちはその時から友達である.
❺ (ある条件を受けて) そのときは ▶ Se eles vierem, aí me avise. もし彼らが来るなら, そのときは私に知らせてください.

ajantarado, da

❻ (既出の事柄を指して) その点に, その点で (= lá) ▶Aí está a dificuldade. そこが難しい.
❼ (数詞の前で) 約…, およそ … ▶Será que ele tem aí uns trinta anos? 彼は30歳ぐらいだろうか. —⦅間⦆いいぞ, やった▶Aí, goleiro! キーパーいいぞ.
Aí é que são elas. そこからが難しい.
aí por... …頃に；…のあたりに (= ali por) ▶aí pelas cinco horas 5時頃に / aí pelo Rio de Janeiro リオデジャネイロのあたりに.
Aí tem coisa! 何かあるな, 何か怪しい, どうもおかしい.
E aí? それでどうなったのですか.
É aí que +直説法 そこは [そのとき] だ.
É por aí. そのようなものだ▶Não é por aí. そのようなものではない.
... e por aí afora (同種の事物の列挙を省略して) …など, 等々▶Gosto de livros, cinema, teatro e por aí afora. 私は本や映画, 演劇などが好きだ.
... e por aí vai …など, うんぬん.
ficar por aí 切り上げる, これ以上発展しない.
não estar nem aí どうでもいいと思っている, 気にしない▶Não estou nem aí. 私にはどうでもいい, 私は気にしない.

「Não estou nem aí!」

por aí ① (漠然と場所や時点を指して) そこらへんに, そこらへんで；その頃に；そのくらいで▶Eles acabaram de almoçar e saíram por aí. 彼らは昼食を終え, どこかに出かけたようだ. ② 約, およそ▶dez mil por aí 約1万.
por aí além いたるところで.

⦅語法⦆「そこ」を表す aí, ali と lá の使い分け

aí「そこ」は, 話し相手または話者に近い場所を表わす.
　Fique aí que já volto. すぐ戻るのでそこにいて.
ali と lá は話者と聞き手が占める空間から離れた場所を指示する. その意味で, どちらも「そこ」だが, ali はけっして遠く離れておらず, どこのことかはっきりと指し示すことができる場所を意味する.
　O Pedro está ali, naquele parque. ペドロならあそこの公園にいるよ.
一方 lá は曖昧な領域を指し示す.
　Está a chover lá fora. 外では雨が降っている.
上の文で ali は使えない. また, lá にはすでに話題になったことを示す機能がある.
　Eu vou lá. 私はそこに行く.
上の文ではその場所がどこかは言及済みである.

---

aidético, ca /aj'dɛtʃiku, ka/ ⦅名⦆⦅形⦆ エイズ患者(の).

‡**ainda** /a'ĩda/ アインダ/ ⦅副⦆ ❶ まだ, いまだに (↔ já) ▶Ela ainda gosta dele. 彼女は彼のことがまだ好きだ / Ainda é cedo para desistir. 諦めるのはまだ早い / Ele ainda está em casa? 彼はまだ家にいるのですか / Ainda não acabei o trabalho. 私はまだ仕事を終えていない / Ainda não. まだ.
❷ いつか, いつの日か▶Essa seleção ainda será campeã. この代表チームはいつか優勝する / Esse dia ainda chegará. この日はいつか来る.
❸ …のうちに, …じゅうに▶Você tem que entregar esse documento ainda hoje. 君は今日のうちにその書類を提出しなければならない.
❹⦅ainda +過去の語句⦆ つい…に▶Ainda ontem os vi. 私はつい昨日彼らに会ったばかりだ.
❺ その上, さらに, また▶Eu não desisti. Pelo contrário, esforcei-me mais ainda. 私は諦めなかった. それどころか, さらに努力した.
❻⦅ainda +比較級⦆ 一層…, さらに▶A temperatura máxima nesta segunda-feira será de 33°C. A terça-feira será ainda mais quente. 今週の月曜日の最高気温は33度で, 火曜日はさらに暑くなる.
ainda agora たった今；ついさっきまで▶Eles chegaram ainda agora. 彼らはたった今着いたばかりだ / Elas ainda agora estavam aqui. 彼女たちはついさっきまでここにいた.
ainda assim それなのに, それにもかかわらず.
ainda bem 幸いにして.
ainda bem que +直説法 幸いなことに…である, …てよかった▶Ainda bem que você arranjou emprego! 君の仕事が見つかってよかった.
ainda em cima その上.
ainda mais その上.
ainda mal 残念ながら.
ainda por cima その上さらに, おまけに.
ainda quando +接続法 …であるにもかかわらず, …であるとしても.
ainda que +接続法 …であるにもかかわらず, …であるとしても▶Ainda que seja muito rico, ele não se sente feliz. 彼は非常に裕福であるが, 自分が幸せだとは感じていない.
ainda que mal lhe [te] lhe pergunte ぶしつけな質問ですが.
melhor ainda さらによい▶Um é bom, dois é melhor ainda. 一人でもよいが, 二人ならさらによい.
pior ainda さらに悪い.

aipim /aj'pĩ/ [⦅複⦆ aipins] ⦅男⦆⦅植物⦆ キャッサバ.
aipo /'ajpu/ ⦅男⦆⦅植物⦆ セロリ.
airoso, sa /aj'rozu, 'rɔza/ ⦅形⦆ ❶ 優しい, 繊細な. ❷ 優美な, 立派な▶corpo airoso 優れた容姿. ❸ 品位のある, 上品な▶gesto airoso 品位のあるふるまい.
ajantarado, da /aʒẽta'radu, da/ ⦅形⦆ ⒷＢ 夕食を兼ねた▶almoço ajantarado 夕食をかねた遅い昼食.
— **ajantarado** ⦅男⦆ ⒷＢ 夕食を兼ねた遅い昼食.

ajeitar /aʒej'tax/ [他] ❶ 整える，整頓する ▶ ajeitar o cabelo 髪を整える / ajeitar o quarto 部屋を片付ける．
❷ 成し遂げる，何とか獲得する ▶ Ele ajeitou um emprego. 彼は何とか仕事を得た．
— **ajeitar-se** [再] ❶ 順応する，合う ▶ A política não se ajeitava à situação. その政策は状況に合っていなかった．
❷ (人と) うまくやる［+ com］▶ ajeitar-se com os vizinhos 近所に人とうまく付き合う．

ajoelhar /aʒoe'ʎax/ [他] ❶ ひざまずかせる ▶ Ele ajoelhou os filhos. 彼は子供たちをひざまずかせた．
❷ 従わせる ▶ O rei ajoelhava as multidões. 王様は国民を従わせていた．
— [自] ❶ ひざまずく．❷ 服従する．
— **ajoelhar-se** [再] ❶ ひざまずく．❷ 服従する．
Ajoelhou, tem que rezar. 乗りかかった船だ．

★★★**ajuda** /a'ʒuda アジューダ/ [女] ❶ **助け，助力，援助** ▶ Obrigado pela sua ajuda. 助けてくれてありがとう / Preciso da sua ajuda. あなたの助けが必要だ / Necessito de ajuda. 私は助けが必要だ / dar ajuda a alguém …を助ける / pedir ajuda a alguém …に助けを求める / sem ajuda de ninguém 誰の手も借りないで．
❷ 支援 ▶ a ajuda concedida pelo Japão aos países asiáticos 日本からアジア諸国へ供与された支援 / ajuda humanitária 人道的支援 / ajuda financeira 経済支援．
❸〘情報〙**ヘルプ** ▶ clicar em ajuda ヘルプをクリックする / ajuda em contexto コンテクストヘルプ．
com a ajuda de... …の助けを借りて．

ajudante /aʒu'dẽtʃi/ [名] 助手，手伝い．
— [男]〘軍事〙副官．
— [形]《男女同形》助ける，手伝う．

★★★**ajudar** /aʒu'dax アジュダーフ/ [他] ❶ **助ける，支援する** ▶ Posso ajudar? お手伝いしましょうか / Quer que eu te ajude? 手伝おうか．
❷《ajudar alguém a + [不定詞]》…が…するのを手伝う ▶ Ele ajudou-me a limpar o quarto. 彼は部屋の掃除を手伝ってくれた．
❸ **援助する，救う** ▶ ajudar os pobres 貧しい人を援助する．
— **ajudar-se** [再] ❶ 自分を助ける ▶ Ajuda-te que o céu te ajudará. [諺] 天は自らを助くるものを助く．❷ 助け合う ▶ ajudar-se mutuamente お互いに助け合う．

ajuizado, da /aʒuj'zadu, da/ [形] ❶ 分別のある，思慮深い．❷ 裁判中の，係争中の．

ajuizar /aʒuj'zax/ [他] ❶ 判断する，評価する ▶ ajuizar os prejuízos do terremoto 地震の被害を見積もる．
❷ 裁判にかける．
❸ 分別をつけさせる．
— **ajuizar-se** [再] 分別がつく．

ajustagem /aʒus'taʒẽj/ [[複] ajustagens] [男] 調節，調整．

★**ajustar** /aʒus'tax アジュスターフ/ [他] ❶ **調整する，調節する** ▶ ajustar o volume do microfone マイクの音量を調節する / ajustar o relógio 時計を合わせる．
❷ (服を) 直す ▶ ajustar um vestido 服を直す．
❸ 適合させる．
❹ (価格や条件を) **取り決める**，取り結ぶ ▶ ajustar o preço 価格を (調整の上で) 決定する．
— **ajustar-se** [再] …に適応する，慣れる［+ a］▶ ajustar-se à nova situação 新しい状況に適応する．

ajustável /aʒus'tavew/ [[複] ajustáveis] [形]《男女同形》調整［調節］のできる．

ajuste /a'ʒustʃi/ [男] ❶ 調整 ▶ o ajuste do freio ブレーキの調整．
❷ 協定，合意．
não estar pelos ajustes 関わりたくない．

AL《略語》Estado de Alagoas アラゴアス州．

ala /'ala/ [女] ❶ 列 ▶ avenida com duas alas 2 車線の通り．
❷ 党派，派閥 ▶ ala esquerda 左派 / ala direita 右派．
❸ (サッカーなどの) 攻撃サイド，サイドプレーヤー ▶ Este time prefere jogar pelas alas. このチームはサイド攻撃を好む．
❹ [B] カーニバルのサンバチームのグループ ▶ ala das baianas バーイア地方の衣装を身に着けた年配女性の踊り子隊．
❺〘建築〙翼部．
❻〘軍事〙側面部隊．
abrir alas 道を空ける．
— [名] ウィングの選手 ▶ ala direita 右サイドアタッカー．

ala das baianas

Alá /a'la/ [男]〘イスラム教〙アラー．

alabastro /ala'bastru/ [男]〘鉱物〙雪花石膏(せっこう)，アラバスター．

alado, da /a'ladu, da/ [形] ❶ 翼のある ▶ cavalo alado 翼のある馬．❷ 軽やかな．❸ 優美な．

alagação /alaga'sẽw̃/ [[複] alagações] [女] ❶ 浸水，水没．❷ [B] アマゾン川の定期的な洪水．

alagadiço, ça /alaga'dʒisu, sa/ [形] 沼地の．
— **alagadiço** [男] 沼地，湿地．

alagado, da /ala'gadu, da/ [形] 浸水した，水浸しになった ▶ Vários pontos da cidade ficaram alagados. 街のいくつかの地点が浸水した．

alagamento /alaga'mẽtu/ [男] 洪水，浸水，水没．

alagar /ala'gax/ ⑪ [他] 水浸しにする，濡らす ▶ A chuva alagava a cidade. 雨で街が水浸しになっていた．
— **alagar-se** [再] 水浸しになる，濡れる．

alagoano, na /alago'ẽnu, na/ [形] [名] アルゴアス州の (人)．

Alagoas /ala'goas/《地名》(ブラジル北東部の) アラゴアス州．

alcançar

alambique /alẽ'biki/ 男 蒸留器.
alameda /ala'meda/ 女 ポプラ並木 (道), 並木道.
álamo /'alamu/ 男【植物】ポプラ.
alar /a'lax/ 他 ❶ 飛翔(ﾋｼｮｳ)させる. ❷ 上げる, 高くする ▶alar a estante até o segundo andar 書棚を2階まで上げる.
— **alar-se** 再 飛び上がる, 舞い上がる, 上がる.
alaranjado, da /alarẽ'ʒadu, da/ 形 オレンジ色の; オレンジの形 [味] の.
— **alaranjado** 男 オレンジ色.
alarde /a'laxdʒi/ 男 ❶ 誇示すること, 見せびらかすこと ▶Ele faz alarde de sua riqueza. 彼は自分の富を自慢している. ❷ 誇張, 虚栄.
alardear /alaxdʒi'ax/ 他 ❶ 誇示する, みせびらかす ▶alardear riquezas 富を誇示する.
— 自 誇る, 自慢する, おごり高ぶる.
— **alardear-se** 再 (alardear-se de) …を自慢する, 誇りに思う ▶Ele alardeia-se de sua inteligência. 彼は頭がよいことを誇りに思っている / Ele alardeava-se de ser honesto. 彼は正直者であることを誇りに思っていた.
alargamento /alaxga'mẽtu/ 男 拡張, 拡大, 伸長, 延長 ▶alargamento da estrada 道路拡張 / alargamento da reunião 会議の延長 / o alargamento da União Europeia 欧州連合の拡大 / o alargamento do prazo 締め切りの延長.
alargar /alax'gax/ 他 ❶ 幅を広げる ▶alargar a rua 通りを拡張する.
❷ 拡大する, 拡張する ▶alargar os horizontes 視野を広める.
❸ 延長する ▶alargar o prazo 期限を延長する.
— 自 (衣服が) のびる.
— **alargar-se** 再 ❶ 広くなる, 広がる, 拡張する. ❷ 長くなる.
alarido /ala'ridu/ 男 ❶ 叫び声, 騒ぎ. ❷ 悲鳴, 怒号.
alarmante /alax'mẽtʃi/ 形 (男女同形) 警戒すべき, 危険な [憂慮すべき] 状態の ▶situação alarmante 危険な状態.
alarmar /alax'max/ 他 警戒させる; おびえさせる ▶O acidente nuclear alarmou a cidade. 原発事故は市民をおびえさせた.
— **alarmar-se** 再 警戒する; おびえる ▶O presidente alarmou-se com a má notícia. 大統領はその悪い知らせに不安になった.
alarme /a'laxmi/ 男 ❶ 警報 (装置) ▶sistema de alarme 警報装置 / alarme de incêndio 火災報知器 / falso alarme 虚偽の警報.
❷ 不安, おびえ ▶Não há razão para alarme. 不安を感じるにはおよばない.
alarmista /alax'mista/ 形名 人騒がせな (人), 故意に不安をあおる (人).
alarve /a'laxvi/ 形 (男女同形) 名 ❶ 愚かな (人), 粗野な (人).
❷ 大食いの (人).
alastramento /alastra'mẽtu/ 男 拡大, 広がり.
alastrar /alas'trax/ 他 ❶ まき散らす, 広める, 拡散させる ▶alastrar um boato うわさを広める.
❷ 流布する, 周知する.
❸ (病気などが) 拡散する, 広める ▶O vento alastrou a gripe. その風がインフルエンザを拡散した.
— 自 広がる, 拡散する.
— **alastrar-se** 再 ❶ 広がる, 拡散する ▶O incêndio se alastrou rapidamente. その火事は即座に延焼した.
❷ 流布される, 周知される.
❸ (病気などが) 拡散する, 広まる.
alaúde /ala'udʒi/ 男【楽器】リュート.
alavanca /ala'vẽka/ 女 ❶ レバー, てこ ▶alavanca de velocidade シフト [変速] レバー / alavanca de câmbio シフトレバー. ❷ (行動の) 手段; 原動力.
alazão, zã /ala'zẽw, 'zẽ/ (複 alazãos または alazões, zãs) 形名 栗毛の (馬).
alba /'awba/ 女 あけぼの, 曙光(ｼｮｺｳ).
albatroz /awba'trɔs/ 男 (複 albatrozes)【鳥】アホウドリ.
albergar /awbex'gax/ 他 ❶ 泊める ▶albergar amigos em sua casa 自宅に友人たちを泊める.
❷ 住まわせる.
❸ (心の中に) 宿らせる ▶albergar esperança 希望を宿す.
— **albergar-se** 再 泊まる ▶albergar-se num hotel ホテルに泊まる.
albergue /aw'bɛxgi/ 男 ❶ 宿, 宿屋 ▶albergue da juventude ユースホステル.
❷ 収容所, 避難所 ▶albergue noturno 簡易宿泊所.
albino, na /aw'binu, na/ 形名 先天性色素欠乏症の (人, 個体).
albornoz /awbox'nɔs/ 男 (複 albornozes) ❶ アラブ人の頭巾付き外套. ❷ ガウン.
álbum /'awbũ/ 男 (複 álbuns) ❶ アルバム ▶álbum de fotografias 写真アルバム / álbum de selos 切手帳.
❷ 切り抜き保存帳 ▶álbum de recortes スクラップブック.
❸ (レコードやCDの) アルバム ▶o primeiro álbum do grupo そのグループのファーストアルバム.
alça /'awsa/ 女 ❶ 取っ手, 柄. ❷ (服の) 肩ひも ▶um vestido de alça 肩ひも付きのドレス / sem alça 肩ひもなしの.
alça de mira (銃の) 照尺 ▶estar na alça de mira de... …に注目されている, …に狙われている.
alcácer /aw'kasex/ (複 alcáceres) 男 城塞; 豪邸.
alcachofra /awka'ʃofra/ 女【植物】チョウセンアザミ, アーティチョーク.
alçada /aw'sada/ 女 ❶ 司法権, 裁判権. ❷ 管轄 ▶Isso não é da minha alçada. それは私の管轄外だ, 私には関係ない.
alcaguete /awka'gwetʃi/ 男 名 話 ❶ (警察の) スパイ. ❷ 密告者.
álcali /'awkali/ 男【化学】アルカリ.
alcalino, na /awka'linu, na/ 形【化学】アルカリ性の.
:**alcançar** /awkẽ'sax/ ｱｯｶﾝｻｰﾌ / 他 ❶ (手を伸ばして) …にふれる, 手が届く ▶Não consigo alcançar você. 君に手が届かない.
❷ …に到達する, 達する ▶alcançar a meta ゴール

A

に達する / A inflação alcançou níveis muito altos. インフレーションはかなり高い水準に達した / até onde a vista alcança 見渡す限り，目の届く限り / até onde a memória alcança 覚えている限りでは.

❸ …に追いつく ▶O ciclista alcançou o líder da corrida. その自転車走者はレースの首位に追いついた.

❹ 達成する ▶alcançar os objetivos 目標を達成する.

❺ 獲得する，得る ▶Ela alcançou o primeiro prêmio. 彼女は一等賞を獲得した / alcançar uma grande vitória 大勝利する.

alcançável /awkɐ̃'savew/ [[複] alcançáveis] [形]《男女同形》到達できる.

alcance /aw'kɐ̃si/ [男] ❶ 射程，届く距離 ▶míssil de longo alcance 長距離ミサイル / míssil de médio alcance 中距離ミサイル / míssil de curto alcance 短距離ミサイル.

❷ 影響力，効力；重要性，重大さ.

❸ 理解の及ぶ範囲，知的水準.

ao alcance de... …の届く範囲内に；理解できる ▶ao alcance das mãos 手の届く範囲内に / ao alcance da voz 声の届く範囲に / Farei tudo que estiver ao meu alcance. 私は自分にできることは何でもしよう / a matemática ao alcance de todos 誰にでもわかる数学 / Participar como atleta numa competição esportiva não está ao alcance de todos. 選手としてスポーツ大会に参加することは誰にでもできることではない.

de grande alcance ① 長距離まで届く. ② 広範囲（大規模）な影響を及ぼす ▶uma política de grande alcance 広範囲に影響を及ぼす政策.

fora de alcance de... …の手の届かないところに；理解を越えて ▶manter fora do alcance das crianças 子供の手の届かないところに保管する / Ela está fora do meu alcance. 彼女は私には高根の花だ.

alcandorar-se /awkɐ̃do'raxsi/ [再] ❶（鳥が）止まり木に止まる ▶O pássaro alcandorou-se. その小鳥は止まり木に止まった.

❷ 高いところにある，高いところに上がる ▶O hotel alcandora-se na montanha. そのホテルは山の高いところにある.

❸ …に卓越する [+ em] ▶Ele alcandorou-se na operação da máquina. 彼はその機械の操作に卓越していた.

alcaparra /awka'paxa/ [女]〖植物〗ケッパー.

alçar /aw'sax/ ⑬ [他] ❶ 高くする，上げる ▶alçar os braços 両腕を上げる.

❷（建造物や銅像を）建てる ▶alçar uma torre 塔を建てる.

— **alçar-se** [再] ❶ 高くなる，立ち上がる ▶Ele se alçou para poder ver melhor a banda. 彼はバンドがよく見えるように立ち上がった.

❷ 昇進する，高い地位を得る ▶Ele alçou-se à presidência da empresa. 彼はその会社の社長にまで上り詰めた.

alcateia /awka'tɛja/ [女] ❶ 狼の群れ. ❷ 犯人グループ.

de alcateia 待って，待機して.

alcatra /aw'katra/ [女]（牛の）ランプ，尻の肉.

alcatrão /awka'trɐ̃w̃/ [男] タール.

★**álcool** /'awkoow アゥコオゥ/ [男] ❶ アルコール ▶álcool etílico エチルアルコール / álcool metílico メチルアルコール.

❷ アルコール飲料 ▶beber álcool 酒を飲む / sem álcool アルコールを含まない / com pouco de álcool 低アルコールの / consumo excessivo de álcool アルコールの飲みすぎ.

alcoólatra /awko'ɔlatra/ [形] [名] アルコール依存症の（人）.

alcoólico, ca /awko'ɔliku, ka/ [形] ❶ アルコール性の，アルコールを含む ▶bebida alcoólica アルコール飲料 / não alcoólico ノンアルコールの.

❷ アルコール依存症の ▶dependente alcoólico アルコール依存症患者.

— [名] アルコール依存症患者 ▶Alcoólicos Anônimos アルコール依存症患者の支援団体.

alcoolismo /awkoo'lizmu/ [男] アルコール依存症.

alcoolizado, da /awkooli'zadu, da/ [形] ❶ アルコールの入った. ❷ 酒に酔った.

Alcorão /awko'rɐ̃w̃/ [男]〖イスラム教〗コーラン.

alcova /aw'kova/ [女] 寝室，閨房(けいぼう).

alcunha /aw'kũɲa/ [女] あだ名，通称，通り名.

aldeão, ã /awde'ɐ̃w̃, 'ɐ̃/ [[複] aldeãos または aldeães, ãs] [形] 村の，田舎の.

— [名] 村人，田舎の人.

★★★**aldeia** /aw'deja アゥデイア/ [女] ❶ 村，村落 ▶viver numa aldeia 村に住む / os habitantes da aldeia 村の住民たち / aldeia global グローバルヴィレッジ.

❷ 村民 ▶Toda a aldeia participou da festa. 村民全員が祭りに参加した.

aldraba /aw'draba/ [女] ❶ ドアノッカー. ❷（戸の）かんぬき.

aleatoriamente /alea,tɔria'mẽtʃi/ [副] 無作為に.

aleatório, ria /alea'tɔriu, ria/ [形] 無作為の，ランダムな；〖音楽〗偶然性の ▶escolha aleatória 無作為の選択 / números aleatórios 乱数 / música aleatória 偶然性の音楽.

alecrim /ale'krĩ/ [[複] alecrins] [男]〖植物〗ローズマリー.

alegação /alega'sɐ̃w̃/ [[複] alegações] [女] 申し立て，主張，陳述；弁解.

alegadamente /ale,gada'mẽtʃi/ [副] おそらくは ▶Ele é, alegadamente, o responsável pelo fracasso. おそらくは彼が失敗の責任者である.

alegado, da /ale'gadu, da/ [形] 申し立てられた，主張された ▶alegado autor do crime 犯人とされる人物.

★**alegar** /ale'gax アレガーフ/ ⑪ [他]（根拠として，または正当化のために）…を言い立てる；持ち出す；口実にする ▶alegar razões 理由を並べる / Alegaram que no dia do crime estavam no estrangeiro. 犯行の当日は外国にいたと彼らは言い張った.

alegoria /alego'ria/ [女] 寓意(ぐう)，アレゴリー.

alegórico, ca /ale'gɔriku, ka/ [形] 寓意(ぐう)的な.

alegrar /ale'grax/ [他] ❶ 楽しませる，陽気にする，

喜ばせる ▶A sua visita me alegrou muito. あなたが訪問してくれてとてもうれしかった.

❷ 美しくする, 彩る ▶As flores alegram o quarto. 花が部屋を明るくしている.

— **alegrar-se** 再 …で楽しくなる, 陽気になる, 喜ぶ [+ com/de] ▶Alegrei-me com seu sucesso. あなたの成功に私はうれしくなった.

alegre /a'lɛgri/ アレーグリ/ 形 《男女同形》❶ 陽気な, 明るい, 元気な, 楽しい ▶uma pessoa alegre 陽気な人 / Hoje eu acordei alegre. 今日私は元気に目を覚ました / uma festa alegre にぎやかなお祭り / uma história alegre 明るい話 / num ambiente alegre 楽しい雰囲気で.

❷ (色彩などが) 明るい ▶cores alegres 明るい色.

❸ ほろ酔いの.

alegremente /a,lɛgri'mẽtʃi/ 副 陽気に, 快活に.

alegria /ale'gria/ アレグリーア/ 安 ❶ 喜び, 満足 ▶As pessoas estão cheias de alegria. 人々は喜びにあふれている / para minha grande alegria とてもうれしいことには / a alegria de viver 生きる喜び / gritar de alegria 歓声を上げる / pulsar de alegria 欣喜雀躍する / chorar de alegria うれし泣きする.

❷ 喜びの源泉 ▶O futebol é a minha alegria. サッカーは私の喜びだ.

na alegria e na tristeza 喜びのときも, 悲しみのときも (結婚式の文句).

aleia /a'leja/ 安 並木道, 通り.

aleijado, da /alej'ʒadu, da/ 障害のある.
— 名 障害者.

aleijão /alej'ʒẽw̃/ [複 aleijões] 男 ❶ 身体障害.
❷ 傷, 瑕疵(か).

aleijar /alej'ʒax/ 他 ❶ (身体や精神に) 損傷を与える ▶O acidente aleijou seus braços. 事故で彼は腕をけがした.

❷ 台無しにする, 悪化させる ▶O tradutor aleijou a obra. 翻訳者が作品を台無しにした.
— 自 (身体的・精神的に) 障害を持つ, けがをする.

— **aleijar-se** 再 (身体的・精神的に) 障害を持つ, けがをする ▶Ele se aleijou na guerra. 彼は戦争で障害を負った.

aleitamento /alejta'mẽtu/ 男 授乳 ▶aleitamento materno 母乳で育てること.

aleitar /alej'tax/ 他 …に乳を与える, 授乳する.

aleluia /ale'luja/ 間 ハレルヤ 「主をほめたたえよ」の意.
— 安 ハレルヤ聖歌.

além /a'lẽj̃/ 副 ❶ 向こうに, 向こうで (注 ali よりも遠くの場所を指す) ▶Víamos, além, um rio sereno. 向こうに穏やかな川が見えていた / aquele castelo além 向こうにあるあの城.

❷ 先に, 前に, 前方で ▶dar um passo além 一歩先に進む / ir mais além さらに先を行く.
— 男 あの世, 彼岸 ▶acreditar no além あの世を信じる.

além de... ① …の向こうに, 反対側に ▶além deste rio この川の向こうに / além da estrada 道路の向かい側に / além da ponte 橋を渡ったところに.
② …以外に, …の他に ▶Além da língua inglesa, ele também fala a francesa. 彼は英語の他にフランス語も話す. ③ …だけでなく ▶Viver é difícil e, além de difícil, muito perigoso. 生きることは困難で, そして困難であるだけではなく非常に危険である. ④ …を越えて ▶além da minha capacidade 私の能力を超えて / além da imaginação 想像を超えて / além da medida 十二分に.

além de +不定詞 …する他に, …するのに加えて ▶Além de ser rico em cálcio, esse tipo de queijo traz benefícios para a pele, cabelos e até para o intestino. この種のチーズは, カルシウムに富んでいるだけでなく, 肌, 髪, そして腸にまでよい効果がある.

além de que +直説法 …の他に, …に加えて.

além de quê さらに, …に加えて.

além de queda, coice 踏んだり蹴ったり.

além de tudo その上, とりわけ.

além disso その上, それに加えて ▶Estava frio e, além disso, chovia. 寒かったし, その上雨が降っていた.

além do mais その上, それに加えて.

para além de... …を越えて, …の向こうに ▶para além dessa data この日付を越えて / Com Marx para além de Marx. マルクスとともにマルクスを越えて.

Alemanha /ale'mẽɲa/ 安 《国名》ドイツ ▶a República Federal da Alemanha ドイツ連邦共和国 / viver na Alemanha ドイツで暮らす.

alemão, mã /ale'mẽw̃, 'mẽ/ アレマォン, マン/ [複 alemães, mãs] 形 ドイツの, ドイツ人の, ドイツ語の ▶um carro alemão ドイツ車 / a gramática alemã ドイツ語文法.
— 名 ドイツ人.
— **alemão** 男 ドイツ語 ▶falar alemão ドイツ語を話す.

além-mar /a,lẽj̃'max/ 副 海外に [へ].
— 男 [複 além-mares] 海外領土.

alentar /alẽ'tax/ 他 ❶ 元気にする ; 励ます ▶As palavras dele me alentaram. 彼の言葉が私を励ました.

❷ 養う, 強くする ▶O adubo alenta a planta. 肥料は植物に栄養を与える.
— 自 呼吸をする, 一息つく ▶O animal alentava com dificuldade. その動物は苦しそうに息をしていた.
— **alentar-se** 再 元気になる ; 勇気づけられる.

alentejano, na /alẽte'ʒẽnu, na/ 形 (ポルトガルの) アレンテージョ地方 Alentejo の ▶sopa alentejana アレンテージョ風スープ.
— 名 アレンテージョの人.

alento /a'lẽtu/ 男 ❶ 息, 呼吸 ▶perder o alento 息を切らす / dar o último alento 息を引き取る.

❷ 元気, 勇気 ; 活力, 栄養 ▶trazer alento 息を吹き返させる / dar alento 元気を与える, 鼓舞する / palavra de alento 励ましの言葉, 元気が出る言葉.

alergia /alex'ʒia/ 安 ❶ アレルギー ▶alergia alimentar 食物アレルギー / alergia ao pólen 花粉アレルギー / ter alergia a leite 牛乳アレルギーがある.

❷ 嫌悪 ▶alergia ao trabalho 仕事嫌い.

alérgico, ca /a'lɛxʒiku, ka/ 形 ❶ アレルギーの, アレルギー症の ▶Sou alérgico a pólen. 私は花粉アレルギーだ. ❷ …が大嫌いな [+ a].

alerta

alerta /a'lɛxta/ 男 警告, 注意報 ▶ dar o alerta 警報を発する / em estado de alerta 警戒態勢に入った.
— 形《男女同形》(…に) 警戒した [+ para] ▶ estar alerta 警戒した.
— 副 危ない, 気をつけろ.

alertar /alex'tax/ 他 ❶ …に通報する ▶ alertar a polícia 警察に通報する.
❷ …に警告する, 注意を喚起する ▶ alertar alguém sobre algo …に…について警告する.
— **alertar-se** 再 警戒する.

alfa /'awfa/ 男 アルファ (ギリシャ語アルファベットの第1字) ▶ o alfa e o ômega アルファとオメガ, 初めと終わり / o alfa 基本原理.

alfabético, ca /awfa'bɛtʃiku, ka/ 形 アルファベット (順) の ▶ ordem alfabética アルファベット順 / índice alfabético アルファベット順の索引.

alfabetização /awfabetʃiza'sēw/ 女 識字教育, 読み書き教育 ▶ alfabetização de adultos 大人の識字教育 / campanha de alfabetização 識字教育運動.

alfabetizado, da /awfabetʃi'zadu, da/ 形 名 読み書きができる (人).

alfabetizar /awfabetʃi'zax/ 他 …に読み書きを教える.

*****alfabeto** /awfa'bɛtu/ アゥファベット 男 **アルファベット, 字母** ▶ alfabeto latino ラテン文字 / alfabeto grego ギリシア文字 / alfabeto fonético 音声字母 / alfabeto braille 点字.

alface /aw'fasi/ 女《植物》レタス.

alfacinha /alfe'siɲa/ 名 話 P リスボンの住民, リスボン生まれの人.
— 形《男女同形》P 話 リスボンの.

alfaia /aw'faja/ 女 ❶ 室内装飾品, 家具. ❷ 装飾品, 宝石.

alfaiate /awfaj'atʃi/ 男 紳士服仕立て師.

alfândega /aw'fēdega/ 女 ❶ 税関 ▶ passar pela alfândega 税関を通る / direitos de alfândega 関税 / alfândega marítima 港の税関 / alfândega seca 陸地にある税関. ❷ 関税.

alfandegário, ria /awfēde'gariu, ria/ 形 税関の, 関税の ▶ taxas alfandegárias 関税.

alfanumérico, ca /awfanu'meriku, ka/ 形 アルファベットと数字の.

alfazema /awfa'zēma/ 女《植物》ラベンダー.

alferes /aw'fɛris/ 男《単複同形》少尉.

alfinetada /awfine'tada/ 女 ❶ ピンでとめること, 刺すこと.
❷ 刺すような痛み. ❸ 辛辣な批判.

alfinetar /awfine'tax/ 他 ❶ …をピンでとめる; …にピンを刺す; …をピンで刺す ▶ Alfinetei meu dedo. 私は指をピンで刺した.
❷ 刺すような痛みを与える ▶ Uma dor alfinetou sua cabeça. 彼の頭に刺すような痛みが走った.
❸ 辛辣に批判する.

alfinete /awfi'netʃi/ 男 ピン ▶ alfinete de segurança 安全ピン / alfinete de cabelo ヘアピン / alfinete de gravata ネクタイピン.

alga /'awga/ 女《植物》海草, 藻.

*****algarismo** /awga'rizmu/ アゥガリズモ 男 **数字** ▶ algarismo arábico アラビア数字 / algarismo romano ローマ数字 / em algarismo arábico アラビア数字で / um número com seis algarismos 6 桁の数字.

Algarve /aw'gaxvi/ 男《地名》o Algarve アルガルベ地方 (ポルトガル本土の最南端の地方).

algarvio, via /awgax'viu, via/ 形 名 (ポルトガルの) アルガルベ地方 Algarve の (人).

algazarra /awga'zaxa/ 女 喧噪, 騒々しい声.

álgebra /'awʒebra/ 女《数学》代数学.

algébrico, ca /aw'ʒebriku, ka/ 形 代数学の.

algemar /awʒe'max/ 他 …に手錠をかける; 束縛する.

algemas /awʒ'ēmas/ 女複 ❶ 手錠. ❷ 圧制, 圧迫, 束縛.
romper as algemas 脱獄する, 自由の身になる.

algibeira /awʒi'bejra/ 女 ポケット, ポシェット.
andar de [com as] mãos nas algibeiras 無職 [無一文] である.
pôr de sua algibeira 自腹を切る, 自分のポケットマネーから払う.

*****algo** /'awgu/ アゥゴ 代《不定》❶ **何か, ある物, あること** (注 話し言葉では alguma coisa のほうが一般的) ▶ Eu quero fazer algo. 私は何かをしたい / Você sabe algo sobre isso? このことについて何か知っていますか / Você tem algo para dizer? 言いたいことがありますか / Algo mais? 他に何かありますか.
❷《algo (de) + 男性単数形形容詞》何か…なもの ▶ fazer algo de diferente 何か別のことをする / fazer algo bom 何かいいことをする / Aconteceu algo (de) estranho. 奇妙なことが起こった.
— 副 やや, 幾分, 少し ▶ Fiquei algo desiludida com o resultado. 私はその結果にやや幻滅した.
ou algo assim あるいはそういうもの.

*****algodão** /awgo'dẽw/ アゥゴダォン / [複 algodões] 男 ❶ **綿, 木綿; 綿花** ▶ camisa de algodão 綿シャツ / fio de algodão 綿糸 / plantação de algodão 綿花農園.
❷ 脱脂綿 (= algodão hidrófilo) ▶ bolinha de algodão コットンボール.

algodão-doce /awgo,dẽw'dosi/ [複 algodões-doces] 男 B 綿菓子.

algodoeiro, ra /awgodo'ejru, ra/ 形 綿の, 木綿の ▶ indústria algodoeira 綿工業.
— **algodoeiro** 男《植物》ワタ ▶ cultura do algodoeiro ワタの栽培.

algoritmo /awgo'ritʃimu/ 男《数学》アルゴリズム.

algoz /aw'gos/ [複 algozes] 男 ❶ 死刑執行人. ❷ 残虐な人.

*****alguém** /aw'gẽj/ アゥゲィン 代《不定》❶ **誰か, ある人** (= alguma pessoa) ▶ Alguém se dirigiu a mim. 誰かが私に話しかけてきた / Alguém veio aqui? 誰かここに来ましたか / Como conversar com alguém que você acaba de conhecer? 知り合ったばかりの人とどう会話するか.
❷《alguém + 男性単数形形容詞》誰か…な人 ▶ alguém simpático 好感の持てる人.
❸ ひとかどの人物 ▶ Ele quis ser alguém. 彼はひと

かどの人物になりたいと思った.

alguidar /awguj'dax/ [[複] alguidares] [男] 洗面器, たらい.

★★★**algum, guma** /aw'gũ, 'gũma アゥグン, グマ/ [[複] alguns, algumas] [形]《不定》❶《algum ＋単数可算名詞》**何か, 何らかの, 誰か, いずれかの** ▶Você tem alguma pergunta? あなたは何か質問がありますか / Se precisar de alguma coisa, avise-me. 何か必要ならば知らせてください / Mais alguma coisa? 他に何かありますか, 以上でよろしいですか / alguma pessoa 誰か / alguma outra pessoa 誰かほかの人 / Já o vi em algum lugar. 私はどこかで彼を見たことがある / de algum modo 何らかの方法 [形] で, ともかく / algum dia (将来の) いつか / Quero vê-lo algum dia. 私はいつか彼に会いたい / algum tempo depois しばらくしてから / alguma vez ある時; かつて / Você já foi ao Rio alguma vez? あなたはこれまでにリオに行ったことがありますか.

❷《alguns ＋複数可算名詞》**いくつかの, 何人かの** ▶alguns carros 何台かの車 / Algumas pessoas pensam assim. そのように考える人たちもいる / Já fui a esse restaurante algumas vezes. 私は何度かそのレストランに行ったことがある.

❸《algum ＋単数不可算名詞》(数量・程度を表して) **いくらかの, 多少の; かなりの** ▶Tenho algum dinheiro 私はいくらかお金を持っている.

❹《名詞＋ algum》(否定の語とともに) **一つも…ない, まったく…ない** (＝nenhum) ▶sem dúvida alguma 何の疑いもなく / Não tenho dinheiro algum. 私はまったく金を持っていない / Agora não há perigo algum. 今はまったく危険はない / Pessoa alguma aceitaria tal proposta. 誰もそのような提案を受け入れないだろう / de modo algum 決して…ない.

— [代]《不定》❶ **何か** (一つ) ▶Entre tantos livros, deve haver algum que me ajude. 沢山の本の中には, 私に役立つものが何かあるはずだ / Estou procurando um livro sobre a história do Brasil. Você conhece algum? 私はブラジルの歴史についての本を探しています. あなたはどれか 1 冊知っていますか / Essas bolsas estão em promoção. Gostou de alguma? それらのバッグはセール品です. あなたはどれか一つ気に入りましたか.

❷《複数形で》**いくつかの物, 何人かの人** ▶Não vieram todos os alunos, mas apenas alguns. 全員の生徒が来たわけではなく, ただ数人が来ただけだった / Alguns de vocês têm que ir. あなたたちのうちの何人かが行かなければならない.

— **algum** [男] [俗] いくらかの金.

— **alguma** [女] [俗] 良からぬこと ▶Parece que ela já fez alguma. 彼女は何か変なことをしたようだ.

algures /aw'guris/ [副] どこかで, ある場所で ▶Ele está algures na África do Sul. 彼は南アフリカのどこかにいる.

alhear /aʎe'ax/ ⑩ [他] ❶ 手放す, 譲る, 譲渡する ▶Ele alheou seu carro. 彼は自分の車を手放した.

❷ …から遠ざける, そらす, 引き離す [＋ de] ▶A paixão a alheou da realidade. 情熱が彼女を現実から引き離した.

— **alhear-se** [再] ❶ …から遠ざかる, 離れる [＋ de] ▶alhear-se da realidade 現実から離れる.

❷ 没頭する, 熱中する ▶Alheei-me no romance. 私はその小説に没頭した.

★**alheio, ia** /a'ʎeju, ja アリェイオ, イア/ [形] ❶ **他人の**, 人の, よその ▶falar da vida alheia 他人の私生活について話す / intrometer-se em assuntos alheios 人のことに首を突っ込む / respeitar os direitos alheios 他人の権利を尊重する.

❷ **外国の** ▶em terra alheia 異国の地で.

❸ 無関係の, 関心のない ▶Eu fui alheio a esses fatos. 私はこれらの事実には無関心だった.

— **alheio** [男] **他人の物** ▶amigo do alheio 泥棒.

alho /'aʎu/ [男] ❶ にんにく ▶temperar um bife com sal e alho 塩とにんにくでビーフステーキに味付けをする / uma cabeça de alho ニンニク 1 つ / um dente de alho ニンニクひとかけら.

❷ [話] 抜け目のない人.

misturar alhos com bugalhos ミソもクソも一緒にする.

alho-poró /ˌaʎupo'rɔ/ [[複] alhos-porós] [男]〖植物〗リーキ, ポロネギ.

★★★**ali** /a'li アリ/ [副] ❶ **あそこ, そこ** ([注] 話し手と聞き手の両者から離れた場所を指し示す. 比較的近い場所を指し, それよりも遠い場合は além や lá [B] が用いられる) ▶Ele está ali. 彼はあそこにいる / Ali tem alguém. あそこに誰かいる / É ali que mora o perigo. 危険があるのはそこである / aquela árvore ali あの木 / ali dentro 中に / ali fora 外に / O que é aquilo ali? あそこにあるのは何ですか.

❷ **その時** ▶Até ali eu nunca tinha falado com ela. そのときまで私は彼女と話したことがなかった.

❸ **その点に** ▶Ali havia algo de errado. その点に何か間違いがあった.

ali por... …頃に; …のあたりに ▶ali pelo meio-dia 正午ごろに / ali por Braga ブラガのあたりに.

até ali ① その時まで, そこまで. ② それ以上はないほど.

para ali あそこに.

por ali あっちのほうに.

aliado, da /ali'adu, da/ [形] 同盟した, 連合した ▶O Japão e os Estados Unidos da América são aliados. 日本とアメリカは同盟国だ / nações aliadas 同盟国.

— [名] ❶ 同盟者, 同盟国 ▶os aliados na Segunda Guerra Mundial 第 2 次世界大戦の連合国. ❷ 縁戚, 姻族.

★**aliança** /ali'ɐ̃sa アリアンサ/ [女] ❶ **同盟** ▶aliança militar 軍事同盟 / aliança eleitoral 選挙協定 / a Santa Aliança 神聖同盟 / formar uma aliança com... …と同盟を結ぶ. ❷ 結婚指輪 (＝ aliança de casamento) ▶Ele perdeu a aliança. 彼は結婚指輪をなくした.

aliar /ali'ax/ [他] ❶ …をうまく合わせる, 調和させる ▶aliar beleza e funcionalidade 美と機能性を調和させる. ❷ 同盟させる, 連合させる.

— **aliar-se** [再] ❶ 結びつく. ❷ 同盟する ▶O partido social-democrata aliou-se com o partido socialista. 社会民主党は社会党と同盟した / aliar-se contra... …に対抗して同盟する.

aliás

aliás /ali'as アリアース/ 副 ❶ その上, さらに ▶A professora é boa pessoa, aliás, muito inteligente. 先生はよい人で, その上非常に知的だ. ❷ むしろ ▶Ele é um bom jogador, aliás, um grande jogador. 彼はよい選手, いやむしろ偉大な選手である. ❸ しかしながら ▶Escrever um dicionário é um trabalho duro, sem, aliás, deixar de ser interessante. 辞書作りは厳しい仕事であるが, 興味深い仕事である. ❹ そうでなければ ▶Sempre desconfiou dele, aliás seria muito tolo se não o fizesse. 彼には不信の念をいつも抱いていたが, もしそうではなかったらばかみたいだっただろう. ❺ …ではなくて ▶Estamos em março, aliás, em abril. 今は3月だ, いや4月だ. ❻ ちなみに, そういえば ▶O que é, para que serve e o que faz um ministério da cultura? Aliás, o que é cultura? 文化大臣とは何だろう, 何の役に立って, 何をしているのだろう. そもそも文化とは何だろう.

álibi /'alibi/ 男 アリバイ, 不在証明; 口実, 言い訳 ▶ter um álibi アリバイがある.

alicate /ali'katʃi/ 男 ペンチ, ニッパー, やっとこ, カッター ▶alicate de unhas 爪切り.

alicerçar /alisex'sax/ ⑬ 他 ❶ (建物などの) 基礎を作る ▶alicerçar um edifício ビルの基礎を作る. ❷ …の基礎固めをする ▶alicerçar uma opinião 意見を固める. ❸ …を…に基づかせる [+ em] ▶alicerçar a política na opinião do presidente 政策を大統領の意見に基づかせる. ❹ 固める, 強固にする.
— **alicerçar-se** 再 …に基づく [+ em].

alicerce /ali'sexsi/ 男 ❶ (建物などの) 基礎, 土台 ▶lançar os alicerces 土台を築く. ❷ (理論などの) 基礎, 土台.

aliciamento /alisia'mẽtu/ 男 誘惑, 勧誘, 募集 ▶aliciamento de trabalhadores 労働者の勧誘.

aliciante /alisi'ẽtʃi/ 形 《男女同形》 誘惑するような, 魅惑的な, そそのかすような ▶É aliciante jogar na Europa. ヨーロッパでプレーすることは魅力的だ.
— 男 誘惑するもの, 誘因.

aliciar /alisi'ax/ 他 ❶ 誘惑する, そそのかす, 誘い込む ▶Os traficantes aliciaram menores. その密売人は未成年を誘惑した. ❷ 買収する ▶aliciar prefeitos 市長を買収する.

alienação /aliena'sẽw/ [複 alienações] 女 ❶ (財産や権利の) 譲渡 ▶alienação de bens 財産の譲渡 / alienação de controle 経営権譲渡 / alienação fiduciária 財産処分権. ❷ alienação mental 【医学】 精神障害. ❸【哲学】 疎外. ❹ 政治や社会問題に対する無関心.

alienado, da /alie'nadu, da/ 形 ❶ 譲渡された. ❷ 疎外された. ❸ 精神を病んだ. ❹ 政治や社会問題に無関心な.
— 名 ❶ 精神を病んだ人. ❷ 政治や社会問題に無関心な人.

alienante /alie'nẽtʃi/ 名 譲渡人.

alienar /alie'nax/ 他 ❶ …を譲渡する ▶alienar bens 財産を譲渡する. ❷ 疎遠にする, 疎外する; 離反させる ▶alienar o homem de si mesmo 人間を自分自身から疎外する / Os computadores alienam os jovens da realidade. コンピューターは若者を現実から疎外している / Os conflitos alienaram os amigos. 争いが仲間同士を離反させた. ❸ 錯乱させる ▶O desespero alienou seu juízo. 絶望が彼の判断力を狂わせた / O medo aliena as pessoas. 恐怖は人を何も考えられなくする.
— **alienar-se** 再 ❶ 疎外される, 疎遠になる ▶O estudante alienou-se dos estudos. その学生は勉強熱心でなくなった / Ela alienou-se do grupo. 彼女はグループを離れていった. ❷ 精神を病む.

alienável /alie'navew/ [複 alienáveis] 形 譲渡可能な.

alienígena /alie'niʒena/ 名 形 《男女同形》 ❶ 外国 (の), 外国人 (の). ❷ 宇宙人 (の), エイリアン (の).

aligeirar /aliʒej'rax/ 他 ❶ 速くする, 急がせる ▶Nós aligeiramos o passo. 私たちは歩調を速めた. ❷ 軽減する, (痛みなどを) 和らげる ▶O remédio aligeirou a dor. 薬が痛みを和らげた. ❸ 軽くする.
— **aligeirar-se** 再 ❶ 速くなる, 急ぐ ▶Todos se aligeiraram no dia do prazo. 期限の日は, 皆が急いで仕事をした. ❷ 軽減される, 和らぐ ▶A dor se aligeirou. 痛みが和らいだ.

alijar /ali'ʒax/ 他 ❶ (貨物を減らして) 軽くする ▶alijar um caminhão トラックを軽くする. ❷ …から解放される ▶alijar obrigações 義務から解放される.
— **alijar-se** 再 …から解放される, 離れる [+ de] ▶alijar-se das responsabilidades 責任から解放される.

alimentação /alimẽta'sẽw/ [複 alimentações] 女 ❶ 食べ物, 食料; 栄養補給 ▶alimentação saudável 体によい食べ物 / alimentação equilibrada バランスの取れた食事 / praça de alimentação フードコート. ❷ 給電, 補給 ▶alimentação de papel 給紙.

*****alimentar**[1] /alimẽ'tax/ アリメンターフ/ 他 ❶ …に食事を与える ▶É preciso alimentar o bebê. 赤ん坊に食事を与える必要がある / alimentar os cavalos 馬に餌をやる. ❷ 養う ▶Sou capaz de alimentar a minha família. 私は自分の家族を養うことができる. ❸ …を維持する, 助長する ▶alimentar o fogo 火種を絶やさないようにする / Deixe de alimentar discussões como essa. そうした議論をあおるのはやめなさい.
— 自 栄養がある.
— **alimentar-se** 再 ❶ 食事を取る, 栄養を取る ▶Você se alimenta bem? あなたはちゃんと栄養を取っていますか / Você não se alimenta direito. あなたは栄養をきちんと取れていない. ❷ …を主食とする [+ de].

alimentar[2] /alimẽ'tax/ [複 alimentares] 形 ❶

食料の, 食品の ▶ produtos alimentares 食料品 / cadeia alimentar 食物連鎖 / indústrias alimentares 食品産業 / banco alimentar フードバンク / segurança alimentar 食の安全 / pensão alimentar 養育費 / regime alimentar 食餌療法 / higiene alimentar 食品衛生. ❷ 食事の ▶ hábitos alimentares 食習慣.

alimentício, cia /alimẽ'tʃisio, sia/ 形 ❶ 食品の ▶ gêneros alimentícios 食料品 / setor alimentício 食品産業 / pensão alimentícia 扶養手当. ❷ 栄養の, 栄養のある ▶ valor alimentício 栄養価.

☆**alimento** /ali'mẽtu/ アリメント/ 男 ❶ **食べ物, 食品, 栄養物** ▶ alimentos orgânicos 有機食品 / alimentos naturais 自然食品 / alimentos de base 主食 / alimento do espírito 心の糧.
❷ pensão de alimentos 養育費.

alindar /ali'dax/ 他 美しくする, きれいにする ▶ alindar o rosto 化粧をする.
— 自 美しくなる, きれいになる.
— **alindar-se** 再 美しくなる, きれいになる.

alínea /a'linia/ 女 改行, 段落, パラグラフ.

alinhado, da /ali'ɲadu, da/ 形 ❶ 一列に並んだ, 揃った ▶ crianças alinhadas 一列に並んだ子供たち / alinhado à direita 右ぞろえの.
❷ 着飾った, おしゃれな ▶ ser alinhado おしゃれである / estar alinhado おしゃれしている.
❸ 品行方正な, 行儀のよい.
não alinhado 《国際政治》非同盟の.
ser alinhado 身なりの整っている, 着こなしのよい, 品行方正である.

alinhamento /aliɲa'mẽtu/ 男 ❶ 列, 列に並べる[並ぶ]こと. ❷ (通り, 運河などの)向き.

alinhar /ali'ɲax/ 他 ❶ 一列に並べる ▶ O professor alinhou os alunos. 教師は生徒たちを一列に並ばせた.
❷ (行の長さを)そろえる ▶ alinhar à direita 右ぞろえする / alinhar à esquerda 左ぞろえする.
❸ (身なりを)整える.
— 自 一列に並ぶ ▶ Os soldados alinharam. 兵士たちは一列に並んだ / Os soldados alinham todos os dias. 兵士たちは毎日整列する.
— **alinhar-se** 再 ❶ 着飾る, おしゃれをする.
❷ 一列に並ぶ.
❸ …と態度をとる, …に同調する ▶ Eles gostam de alinhar-se com os liberais. 彼らはリベラル派と同じ態度を取ることを好む.

alinhavar /aliɲa'vax/ 他 ❶ 仮縫いする, 仕付ける. ❷ 概略をまとめる, 輪郭を描く ▶ alinhavar um discurso 講演の概略をまとめる.

alinhavo /ali'ɲavu/ 男 ❶ 仮縫い, 仕付け. ❷ 輪郭, 素描.

alíquota /a'likwota/ 女 ❶ 《数学》約数. ❷ 税率 (= alíquota de tributo).

alisar /ali'zax/ 他 ❶ 平らにする, なめらかにする; しわを取る; (髪を)真っ直ぐにする ▶ alisar o terreno 地面を平らにする / alisar cabelo (縮れた)髪を真っ直ぐにする.
❷ (優しく)撫でる, 触れる.
— 自 なめらかになる.
— **alisar-se** 再 平らになる, しわがなくなる.

alistamento /alista'mẽtu/ 男 登録 ▶ alistamento militar 軍籍登録.

alistar /alis'tax/ 他 ❶ リストにする, 一覧表にする. ❷ (兵を)徴募する. ❸ 登録する.
— **alistar-se** 再 ❶ 兵役につく ▶ alistar-se no exército 軍隊に入る. ❷ …に加入する [+ em].

aliteração /alitera'sẽw/ [複 aliterações] 女 頭韻法.

aliviado, da /alivi'adu, da/ 形 ほっとした, 安心した ▶ estar aliviado ほっとしている / ficar aliviado ほっとする / respirar aliviado ほっと息をつく.

*****aliviar** /alivi'ax/ 他 ❶ (重さを)軽くする ▶ aliviar o barco 船荷を軽くする.
❷ (負担や苦痛を)軽減する, 和らげる ▶ aliviar a carga psicológica 心理的負担を軽減する / aliviar a dor 痛みを和らげる / aliviar o trânsito 交通渋滞を緩和する.
— 自 ❶ 和らぐ, 鎮まる.
❷ (天気が)回復する ▶ O tempo estava aliviando. 天気がよくなりつつあった.
— **aliviar-se** 再 ❶ 気が楽になる, ほっとする.
❷ …から解放される [+ de].
❸ 用便する.

alívio /a'liviu/ 男 ❶ 軽くすること, 軽減, 緩和 ▶ alívio da dor 痛みの緩和.
❷ ほっとすること, 安堵 ▶ Senti um grande alívio. 私は大いにほっとした / Que alívio! ああほっとした / soltar um suspiro de alívio 安堵のため息をつく.
alívio cômico 幕間狂言.

☆**alma** /'awma/ アウマ/ 女 ❶ **霊魂, 魂** ▶ a imortalidade da alma 霊魂の不滅 / Rezemos pela alma das vítimas. 犠牲者たちの霊に祈りましょう.
❷ **精神, 心** ▶ Ler faz bem à alma. 読書は心をはぐくむ / Ele disse tudo o que lhe ia na alma. 彼は心に去来するすべてを語った / estado de alma 心持ち, 気分, 精神状態 / a alma do povo japonês 日本民族の心 / com alma 心をこめて.
❸ **人物, 人** ▶ O professor é uma alma nobre. 教授は高貴な, 優れた人物である / alma aflita 苦悩多き人物 / Ele é uma boa alma. 彼はよい人だ.
❹ **根本, 本質** ▶ O segredo é a alma do negócio. 秘密がビジネスの要諦である.
❺ **中心人物, 原動力** ▶ Ele é a alma da empresa. 彼は会社の柱だ / alma da festa ムードメーカー.
❻ **住民** ▶ cidade de cinquenta mil almas 人口5万人の都市.
abrir a alma 心を開く, 感情をさらけだす.
alma danada 悪人, 意地悪な人.
alma do outro mundo 幽霊.
alma gêmea 伴侶, 心の友.
alma nova 新たな活気.
alma penada 亡霊, 幽霊.
botar a alma no inferno 大罪を犯す.
botar a alma pela boca 息を切らす.
cortar a alma 心を打つ, 胸を打つ.
criar alma nova 元気を回復する.
dar a alma a Deus 神のもとに行く.
de alma e coração 全身全霊で.
de corpo e alma 身も心も.
de alma lavada 晴れ晴れした気分で.

[A]

lavar a alma 苦しみから解放される.
meter a alma de alguém no inferno [話] …を怒らせる, 絶望させる.
não salvar nem a alma 凄惨な死を遂げる.
regalar a alma 満足する, 心が満たされる.
render a alma 死ぬ.
render a alma a Deus 神のもとに行く, 死ぬ.
Salvou-se uma alma. 怠け者が働いて(悪人が善行をして), その魂が救われた.
ser de cortar a alma 泣かせる, 感動させる.
vender a alma ao diabo 悪魔に魂を売る.

almanaque /awma'naki/ [男] 暦, 年鑑 ▶ almanaque astronômico 天文年鑑.
cultura de almanaque 皮相な知識, うすっぺらな教養.

almejar /awme'ʒax/ [他] 熱望する ▶ almejar a felicidade 幸せを願う.
— [自] …を熱望する, こいねがう [+ por].

almirante /awmi'rẽtʃi/ [男] 提督, (艦隊の) 司令官, 海軍大将.

☆**almoçar** /awmo'sax アゥモサーフ/ ⑬ [自] **昼食を取る** ▶ Você já almoçou? 君はもう昼食を取りましたか.
— [他] 昼食に…を食べる ▶ almoçar um peixe e uma salada 昼食に魚とサラダを食べる.
almoçar, jantar e cear 食べることばかり考える.

☆**almoço** /aw'mosu アゥモーソ/ [男] **昼食** ▶ um almoço de luxo ぜいたくな昼食 / almoço de trabalho ビジネスランチ / na hora do almoço 昼食の時間に / almoço ajantarado 夕食を兼ねた遅い昼食 / almoço comercial [B] 安価な昼定食, サービスランチ / comer peixe no almoço 昼食に魚を食べる.

almofada /awmo'fada/ [女] ❶ クッション. ❷ (扉や家具の) 羽目板. ❸ スタンプ台, 朱肉.

almofadinha /awmofa'dʒĩɲa/ [女] 針さし.
— [男] 派手に着飾った男性.

almofariz /awmofa'ris/ [[複] almofarizes] [男] 乳鉢, すり鉢.

almôndega /aw'mõdega/ [女] 肉団子.

almoxarifado /awmoʃari'fadu/ [男] 倉庫.

almoxarife /awmo'ʃarifi/ [男] 倉庫管理人.

★**alô** /a'lo アロ/ [間] (主に [B]) ❶ 《呼びかけ》**やあ, おや** ▶ Alô, João, como está? やあジョアン, 元気かい.
❷ 《あいさつ》**こんにちは** ▶ Alô, amigos telespectadores. テレビをご覧の皆様, こんにちは.
❸ 《電話》**もしもし** ▶ Alô. Embaixada do Japão, boa tarde. もしもし, 日本大使館です. こんにちは.
dar um alô 軽くあいさつする ▶ Ele só me deu um alô e se foi. 彼はあいさつ代りにちょっと手を挙げただけですぐ行ってしまった.

alocação /aloka'sẽw̃/ [[複] alocações] [女] ❶ 割り当て, 配分 ▶ A alocação do tempo para o estudo é importante. 勉強に充てる時間の配分は重要だ / alocação de memória 〖情報〗メモリーの割り当て.
❷ 設置 ▶ a alocação do equipamento no pátio 構内への機器の設置.

alocar /alo'kax/ ㉙ [他] ❶ 配置する, 割り当てる, 配分する ▶ alocar recursos humanos 人的資源を割り当てる. ❷ 〖情報〗(メモリーを) 割り当てる ▶ alocar memória メモリーを割り当てる.

alocução /aloku'sẽw̃/ [[複] alocuções] [女] (短い) 演説, 談話; 訓示.

aloirado, da /aloj'radu, da/ [形] = alourado

alojamento /aloʒa'mẽtu/ [男] ❶ 学生寮, 合宿所. ❷ (ホームレスなどの) 宿泊施設. ❸ 兵舎.

alojar /alo'ʒax/ [他] 宿泊させる ▶ O dono da casa alojou a visita. 家主は家に訪問客を泊めた.
— [自] 宿泊する.
— **alojar-se** [再] ❶ 宿泊する, 野営する ▶ Alojaram-se num hotel. 彼らはホテルに宿泊した.
❷ とどまる ▶ A bala alojou-se no corpo dele. 弾丸は彼の身体の中にとどまった.

alongamento /alõga'mẽtu/ [男] ❶ 長くすること, 伸ばすこと, 延長すること ▶ o alongamento do prazo 期限の延長.
❷ ストレッチ体操 ▶ fazer um alongamento ストレッチ体操をする / alongamento muscular 筋肉ストレッチ.

alongar /alõ'gax/ ⑪ [他] ❶ 伸ばす, 長くする ▶ alongar os muros 壁を延長する / alongar os braços 両腕を伸ばす / alongar os músculos 筋肉を伸ばす.
❷ (時間を) 延長する ▶ Fomos obrigados a alongar o prazo. 我々は期限延長を余儀なくされた.
— **alongar-se** [再] ❶ 長くなる, 伸びる. ❷ 長々と話す.

alourado, da /alo'radu, da/ [形] ❶ 金髪の. ❷ 〖料理〗キツネ色の.

alpaca /aw'paka/ [女] 〖動物〗アルパカ (の毛織物).

alpendre /aw'pẽdri/ [男] ポーチ, 張り出し玄関.

alpinismo /awpi'nizmu/ [男] 登山, 山登り ▶ fazer alpinismo 山登りをする.

alpinista /awpi'nista/ [名] 登山家, アルピニスト.
— [形] 登山の.

alpino, na /aw'pĩnu, na/ [形] ❶ アルプス山脈の. ❷ 高山の, 登山の.

alq. 《略語》alqueire

alquebrar /awke'brax/ [他] ❶ (腰などを) 曲げる ▶ A doença alquebrou sua espinha. 彼は病気で背中が曲がった.
❷ 衰弱させる ▶ O excesso de trabalho o alquebrou. 仕事のしすぎで彼は身体をこわした.
— [自] ❶ (腰などが) 曲がる. ❷ 衰弱する.
— **alquebrar-se** [再] 衰弱する ▶ Ele se alquebrou de estresse. 彼はストレスで衰弱した.

alqueire /aw'kejri/ [男] アルケイレ (面積の単位; 4.84ヘクタール; サンパウロでは2.42ヘクタール).

alquimia /awki'mia/ [女] 錬金術.

alquimista /awki'mista/ [名] 錬金術師.

alta[1] /'awta/ [女] ❶ 上昇, 増加 ▶ a alta de preços 物価上昇 / A Bolsa fechou em alta hoje. 株式市場は今日高値でひけた.
❷ 上流社会 ▶ gente da alta 上流社会の人々.
❸ 退院 ▶ alta hospitalar 退院 / ter alta 退院する / dar alta a alguém …を退院させる / receber alta 退院を許可される.

alta-fidelidade /ˌawtafideli'dadʒi/ [[複] altas-fidelidades] [女] ❶ (オーディオ機器の) 高忠実度, ハイファイ. ❷ ハイファイオーディオ機器.

altamente /ˌawtaˈmẽtʃi/ [副] 高度に, 非常に ▶ altamente recomendável 強く勧められる / altamente desenvolvido 高度に発達した.

altar /awˈtar/ [複 altares] [男] 祭壇, 供物台.
 levar alguém ao altar …と結婚する.
 subir ao altar ① 祭壇に近づく. ② 結婚する.

altar-mor /awˌtaxˈmɔx/ [複 altares-mores] [男] 主祭壇.

alta-roda /ˌawtaˈxɔda/ [複 altas-rodas] [女] 上流社会, 上層階級.

alta-tensão /ˌawtatẽˈsɐ̃w̃/ [複 altas-tensões] [女] 高電圧.

altear /awteˈax/ ⑩ [他] 高くする, 高く上げる ▶ altear o preço 価格を上げる.
 — [自] ❶ 高くなる, 高く上がる ▶ O preço alteou. 価格が上がった. ❷ かさが増す, 体積が増える ▶ A água, quando congelada, alteia. 水は凍ると体積が増す.
 — **altear-se** [再] ❶ 高くなる, 高く上がる ▶ As montanhas se alteiam diante da praia. 浜辺のすぐ近くに山がそびえている.
 ❷ (高い地位に) つく [+ a] ▶ Ele se alteou a ministro. 彼は大臣にまでのぼりつめた.

alteração /awteraˈsɐ̃w̃/ [複 alterações] [女] ❶ 変更 ▶ fazer alterações em... …に変更を加える / pequenas alterações 小幅な変更 / grandes alterações 大幅な変更.
 ❷ 変化 ▶ alteração dos preços 物価の変動.
 ❸ 悪化, 劣化, 変質 ▶ alteração das cores 変色.

alterado, da /awteˈradu, da/ [形] 不機嫌な, いらだった ▶ estar alterado いらだっている / ficar alterado いらだつ.

⋆**alterar** /awteˈrax アゥテラーフ/ [他] ❶ **変える, 変化させる** ▶ alterar o plano de viagem 旅行計画を変更する / alterar o texto テキストを書き換える.
 ❷ **変質させる, 劣化させる**, 腐らせる ▶ alterar a verdade 真実をねじ曲げる / O calor alterou os alimentos. 暑さが食糧を腐らせた.
 ❸ **あわてさせる** ▶ Essa informação alterou-o. その情報を聞いて彼はあわてた.
 — **alterar-se** [再] ❶ 変化する, 変わる ▶ Nada se alterou. 何も変わっていない. ❷ 怒る.

altercação /awtexkaˈsɐ̃w̃/ [複 altercações] [女] 議論, 口論.

altercar /awtexˈkax/ ㉙ [自] 言い争う, 口論する ▶ Ele altercou com a esposa. 彼は妻と口論した.

alternadamente /awtexˌnadaˈmẽtʃi/ [副] 交互に, 代わる代わる.

alternado, da /awtexˈnadu, da/ [形] ❶ 交互の ; 互い違いの ▶ em dias alternados 1日おきに. ❷ 〖電気〗交流の ▶ corrente alternada 交流.

alternador, dora /awtexnaˈdox, ˈdora/ [複 alternadores, doras] [形] 変化させる.
 — **alternador** [男] 交流発電機.

alternância /awtexˈnɐ̃sia/ [女] ❶ 交互, 輪番 ▶ em alternância 交互に / alternância de gerações 〖生物〗世代交代. ❷ 〖農業〗輪作.

alternar /awtexˈnax/ [他] 交互に行う ▶ uma vida que alterna altos e baixos 浮き沈みを繰り返す人生.
 — [自] 交互にする, 交代する ▶ alternar entre aplicativos アプリを交互に使う.

⋆**alternativa** /awtexnaˈtʃiva アゥテフナチーヴァ/ [女] **二者択一, 選択肢** ▶ Não há alternativa. 選択の余地はない / Não tenho alternativa. 他にしようがない / única alternativa 唯一の選択肢 / A alternativa correta é D. 正しい選択肢は D だ.
 em alternativa 交互に.

alternativamente /awtexnaˌtʃivaˈmẽtʃi/ [副] あるいはまた, 代わりに.

alternativo, va /awtexnaˈtʃivu, va/ [形] ❶ 選択式の ▶ Os exames continham cinco questões alternativas. 試験には5問の選択式設問があった.
 ❷ 代替の, 別の ▶ medidas alternativas 代替手段 / medicina alternativa 代替医療 / energia alternativa 代替エネルギー / plano alternativo 代替案 / caminho alternativo 別の方法 / solução alternativa 別の解決法.

alteroso, sa /awteˈrozu, ˈrɔza/ [形] ❶ とても高い. ❷ 崇高な. ❸ 尊大な.

alteza /awˈteza/ [女] ❶ 《Alteza》殿下, 陛下 ▶ Alteza imperial 皇帝陛下 / Alteza real 国王陛下.
 ❷ 気高さ, 上品さ.

altista /awˈtʃista/ [名] ❶ アルト歌手. ❷ (株や相場の見通しについて) 強気筋.
 — [形] 《男女同形》(相場が) 上向きの, 強気の ▶ tendência altista 上昇トレンド.

altitude /awtʃiˈtudʒi/ [女] 高さ, 高度, 海抜 ▶ A altitude deste lugar é de 345 metros. この場所の海抜は345メートルである / a 3.000 metros de altitude 高度3000メートルで / ganhar altitude 高度を上げる / perder altitude 高度を下げる.

altivez /awtʃiˈves/ [複 altivezes] [女] ❶ 横柄さ, 尊大さ. ❷ 気高さ.

altivo, va /awˈtʃivu, va/ [形] ❶ 横柄な, 尊大な. ❷ 高貴な, 気高い. ❸ 高い, そびえ立つ.

⋆⋆⋆**alto, ta**[2] /ˈawtu, ta アゥト, タ/ [形] (絶対最上級は altíssimo または supremo) ❶ **高い, 長身の** (⟷ baixo) ▶ um muro alto 高い壁 / uma mulher alta 長身の女性 / um prédio alto de trinta andares 31階建ての建物.
 ❷ **高いところにある** ▶ nuvem alta 高い雲 / tetos altos 高い天井.
 ❸ **深い** ▶ Há aqui um poço alto. ここに深い井戸がある.
 ❹ (音や圧力が) 高い, 強い ▶ som alto 高音 / pressão alta 高圧 / alta tensão (電気の) 高圧.
 ❺ (程度や価値が) 高い ▶ febre alta 高熱 / juros altos 高金利 / preços altos 高価格.
 ❻ 高級な, 高質の ▶ alta qualidade 高品質.
 ❼ 最上位にある ▶ classificação alta 最上位のランク.
 ❽ (社会階層の) 最上位の ▶ as classes altas 上流階層 / alta sociedade 上流階級.
 ❾ (社会的に) 重要な地位を占める, 権威ある, 影響力のある ▶ os altos quadros de uma empresa 企業の上層部 [執行部] / as altas instâncias do governo 政府の上級幹部 / altas individualidades 影響力のある人物, 権威筋.
 ❿ 重要な ▶ o momento alto da festa パーティー

A

の最高潮の瞬間 / os pontos altos de uma carreira キャリアの頂点.
⓫ 酔っ払った.
— **alto** [男] ❶ 高さ ▶ porta com três metros de alto 高さ3メートルの扉.
❷ 頂点, 頂 ▶ o alto do Monte Fuji 富士山の頂き / alto da cabeça 頭頂部.
❸ 高み, 高所 ▶ A casa ficava num alto. 家は高所にあった / no alto do morro 丘の頂上に.
❹ 隆起, 突起物 ▶ Ele ficou com um alto na testa por causa da batida da cabeça na porta. 彼は扉に頭をぶつけたために額にコブができた.
— **alto** [副] ❶ 高く ▶ voar alto 高く飛ぶ / erguer bem alto a bandeira 高々と旗を掲げる.
❷ 大声で, 大音量で ▶ falar alto 大声で話す.
altos e baixos 浮き沈み, 盛衰.
ao alto 垂直に.
do alto 上から ▶ ver as coisas do alto 大所高所から物事を見る.
de alto a baixo 上から下まで.
jogar tudo para o alto 何もかもうっちゃる.
pensar alto 独り言を言う.
por alto 大雑把に.
— **alto** [間] ❶ 止まれ, ストップ ▶ Alto lá! 止まれ.
❷ やめなさい, やめてくれ ▶ Alto! Isso não é bem assim! おっと, それはそういうことではない / Alto lá, que eu não gosto dessas brincadeiras! やめなさい, 私はそんな冗談は好きではない.

alto-astral /ˌawtuas'traw/ [[複] alto-astrais] [形] 《男女同形》 [B] [話] ❶ いつも上機嫌な, いつも明るい.
❷ 楽しい, 優しい ▶ Meu amigo é muito alto-astral. 私の友人はとても優しい.
— [名] 明るい人, 元気な人.

alto-comissário /ˌawtukomi'sariu/ [[複] altos-comissários] [男] 高等弁務官.

alto-falante /ˌawtufa'lẽtʃi/ [[複] alto-falantes] [男] スピーカー.

alto-mar /ˌawtu'max/ [[複] altos-mares] [男] 沖, 外海 ▶ em alto-mar 外海で.

altruísmo /awtru'izmu/ [男] 愛他主義, 利他主義.

altruísta /awtru'ista/ [名] 愛他主義者, 利他主義者.

altruístico, ca /awtru'istʃiku, ka/ [形] 愛他的な, 利他主義的な.

***altura** /aw'tura アゥトゥーラ/ [女] ❶ **高さ**, **高度**, 高いところ, **身長** ▶ um prédio com dez metros de altura 高さ10メートルの建物 / Tenho 1,70 m de altura. 私の身長は1メートル70センチだ / Esse prédio tem uma altura de 100 metros. そのビルは高さが100メートルある / Qual é sua altura? あなたの身長はどれくらいですか / cair de uma altura de três metros 3メートルの高さから転落する / ganhar altura 高度を上げる, 上昇する / perder altura 降下する / um quadrado de trinta centímetros de largura por vinte centímetros de altura 横30センチ, 縦20センチの四角形.
❷ **時点**, **時期** ▶ nesta altura 現時点で / por esta altura 今ごろ / nessa altura その頃に / a certa altura ある時点で / em qualquer altura どの時点でも.
cair das alturas 失望する.
em que altura どれくらいの高さに ; どの辺に, どのあたりに.
estar à altura de... ① …までの高さがある. ② …にふさわしい, 匹敵する. ③ …に対応する能力がある ▶ estar à altura da situação 任務を果たせる.
estar nas alturas ① 裕福な生活をする. ② 有頂天になる.
na altura de... …の近くに, そばに.
pôr nas alturas 祭り上げる, 崇める.
responder à altura 質問に対し相応に答える.

alucinação /alusina'sẽw̃/ [[複] alucinações] [女] ❶ 〘医学〙 幻覚 ▶ alucinação auditiva 幻聴 / alucinação visual 幻視 / ter alucinações 幻覚がある. ❷ 眩惑, 錯覚.

alucinado, da /alusi'nadu, da/ [形] ❶ 取り乱した, 狂乱状態の ▶ ficar alucinado 狂乱状態になる.
❷ 怒った, いらいらした ▶ estar alucinado com... …にいらいらしている / deixar alguém alucinado …をいらつかせる.
❸ …に夢中になった ▶ ser alucinado por... …に夢中になっている.
— [名] 幻覚を起こした人.

alucinante /alusi'nẽtʃi/ [形] 《男女同形》 幻覚 [眩惑] 的な ; めくるめくような ▶ velocidade alucinante 目が回るような速さ / calor alucinante めまいがするような暑さ.

alucinar /alusi'nax/ [他] ❶ いらいらさせる. ❷ 眩惑する, 魅惑する ▶ A simpatia do professor alucinou os alunos. その教師の魅力は生徒たちをとりこにした.
— [自] 幻覚を起こす ▶ O doente alucina. その患者は幻覚症状がある.
— **alucinar-se** [再] ❶ 錯乱する. ❷ 狂おしいほど恋する.

aludir /alu'dʒix/ [自] …についてほのめかす, …に言及する [+ a] ▶ O primeiro-ministro aludiu à dissolução do parlamento. 首相は議会解散をほのめかした.

*__alugar__ /alu'gax アルガーフ/ ⑪ [他] ❶ **…に賃貸する** [+ a] ▶ Alugamos bicicletas a turistas. 私たちは観光客に自転車を貸す / uma casa para alugar 貸家.
❷ **…から賃借する** [+ de] ▶ alugar um carro レンタカーを借りる / alugar um DVD DVDを借りる / Vivemos numa casa que alugamos de uma imobiliária. 私たちは不動産会社から借りた家に住んでいる.
— **alugar-se** [再] 賃貸される ▶ Aluga-se.「貸家」/ Aluga-se quarto.「貸間あり」.

aluguel /alu'gɛw/ [[複] aluguéis] [男] [B] 賃貸, 賃借 ▶ carro de aluguel レンタカー / aluguel de carros カーレンタル / casa de aluguel 賃貸住宅. ❷ 賃貸料, 家賃 ▶ pagar o aluguel 家賃を払う.

aluguer /ɐlu'gɛr/ [男] [P] = aluguel

aluir /alu'ix/ ⑦ [他] ❶ 不安定にする, 揺らす.
❷ 害する, 台無しにする ▶ aluir o crédito 信頼を失う.
❸ 倒壊させる, 崩壊させる ▶ O tufão aluiu as árvores. 台風が木を倒した.

— 自❶倒壊する, 崩壊する. ❷ 他動く, ずれる▶Com a chuva, aluiu a rocha. 雨のためにその岩が動いた.
— **aluir-se** 再 倒壊する, 崩壊する.
alumiar /alumi'ax/ 他 ❶ 明るくする, 照らす▶O lustre alumia a sala. シャンデリアが居間を明るくする.
❷ 光をもらう, 明かりをつける▶Alumiei a lâmpada. 私は電灯の電源を入れた.
— 自 明るくなる▶A vela alumiava. ろうそくが点っていた.
— **alumiar-se** 再 明るくなる▶O quarto alumiou-se. 部屋が明るくなった.
alumínio /alu'mīniu/ 男 アルミニウム▶panela de alumínio アルミの鍋 / papel alumínio アルミホイル.

☆**aluno, na** /a'lūnu, na/ アルーノ, ナ/ 名 ❶ 生徒, 学生▶uma escola com 500 alunos 生徒500人の学校 / antigos alunos 卒業生 / um aluno da sexta série 6年生 / o melhor aluno da classe クラスの最優等生.
❷ 弟子▶Fui aluno de um famoso pintor. 私は有名画家の弟子だった.
alusão /alu'zẽw̃/ [複 alusões] 女 ❶ ほのめかし, 暗示; 言及▶fazer alusão a algo …に暗に言及する. ❷《修辞》引喩(いんゆ).
alusivo, va /alu'zivu, va/ 形 …を暗示する, …に言及する [+ a].
aluvião /aluvi'ẽw̃/ [複 aluviões] 男 ❶ 氾濫, 洪水. ❷《um aluvião de》大量の…▶um aluvião de comentários たくさんの意見. ❸ 沖積土, 沖積層.
alva /'awva/ 女 ❶ 夜明け, あけぼの▶estrela d'alva 明けの明星, 金星. ❷《カトリック》アルバ (司祭がミサの時に着る白い長衣). ❸ 白目.
alvará /awva'ra/ 男 免許状, 許可証▶alvará de construção 建築許可証 / alvará de soltura 釈放命令書.
alvejar /awve'ʒax/ 他 ❶ 白くする, より白くする▶alvejar a roupa branca 白い服を漂白する.
❷ 的に当てる, 命中させる, 的中させる▶alvejar a caça 獲物を射る.
— 自 白くなる.
alvenaria /awvena'ria/ 女 石造り, れんが造り▶casa de alvenaria 石 [れんが] 造りの家.
alveolar /awveo'lax/ [複 alveolares] 形《男女同形》❶《解剖》肺胞の; 歯槽の. ❷《音声》歯茎音の.
— 女 歯茎音.
alvéolo /aw'vɛolu/ 男 ❶《解剖》歯槽▶alvéolos dentários 歯槽. ❷《解剖》肺胞▶alvéolos pulmonares 肺胞. ❸ (ハチの巣の) 巣室.
alvitre /aw'vitri/ 男 提案, 提言, 助言▶bom alvitre よい助言, 適切な提案.
☆**alvo** /'awvu/ アウヴォ/ ❶ 白色.
❷ 白目.
❸ 標的, 的▶acertar no alvo 的に当てる / apontar ao alvo 的を狙う / errar o alvo 的を外す.
❹ 対象▶Fui alvo de críticas. 私は批判の対象になった / alvo fácil 狙いやすい的 / alvo de riso 笑い

の的.
alvo, va /'awvu, va/ 形 ❶ 白い. ❷ 無垢な.
alvorada /awvo'rada/ 女 ❶ 夜明け▶A alvorada me despertou. 夜明けに目覚めた.
❷ 夜明けの鳥の鳴き声.
❸ 軍隊の起床のラッパ.
❹ (運動会や祭りなどの日であることを告げる) 花火など.
❺ 始まり, 誕生.
alvorecer /awvore'ser/ ⑰ 自 ❶《三人称》夜が明ける▶Ao me levantar, o dia alvoreceu. ちょうど起きた時に夜が明けた.
❷ 現れる, 出現する▶As novas ideias alvoreceram. 新しい考えが思い浮かんだ.
— 男 一日の始まり, 夜明け.
alvoroçar /awvoro'sax/ ⑬ 他 ❶ 歓喜させる, 熱狂させる▶A vitória alvoroçou os jogadores. 選手たちは勝利に歓喜した.
❷ 動揺させる, 驚かせる▶O acidente alvoroçou toda a família. その事故は家族全員を動揺させた.
❸ 反乱を起こさせる.
— **alvoroçar-se** 再 ❶ 歓喜する, 大喜びする.
❷ 動揺する, 驚く. ❸ 反乱を起こす.
alvoroço /awvo'rosu/ 男 騒ぎ, 騒音, 騒動▶causar o maior alvoroço 大騒ぎになる.
alvura /aw'vura/ 女 ❶ 白さ. ❷ 清純さ, 清らかさ.
a.m.《略語》ante meridiem 午前.
AM《略語》Estado do Amazonas アマゾナス州.
ama /'ēma/ 女 ❶ 乳母, 子守. ❷ 家政婦.
amabilidade /amabili'dadʒi/ 女 ❶ 親切, 優しさ▶Ela é a amabilidade em pessoa. 彼女は親切そのものだ. ❷ 親切な行い [言葉].
amabilíssimo, ma /amabi'lisimu, ma/ 形 amável の絶対最上級.
amaciante /amasi'ẽtʃi/ 男 柔軟仕上げ剤 (= amaciante de roupas).
amaciar /amasi'ax/ 他 ❶ 柔らかくする▶amaciar o couro 革を柔らかくする.
❷ なめらかにする▶amaciar o cabelo 髪の毛をなめらかにする.
❸ 優しくする, 落ち着かせる▶O contato com as crianças amacia o homem severo. 子供たちと接するとその厳しい男は優しくなる.
❹ (車を) ウォームアップする, (エンジンを) 低速で動かす.
— 自 (車が) ウォームアップする, (エンジンが) 低速で動く▶O motor amaciou bem. エンジンがうまく動いた.
— **amaciar-se** 再 優しくなる, 落ち着く▶Meu chefe se amaciou depois do seu casamento. 私の上司は結婚後優しくなった.
ama de leite /ˌamadʒi'lejtʃi/ [複 amas de leite] 女 乳母.
amado, da /a'madu, da/ 形 愛されている▶minha terra amada わが愛する国.
— 名 愛されている人.
amador, dora /ama'dox, 'dora/ [複 amadores, doras] 名 ❶ 愛好家▶os amadores do rock ロック音楽の愛好家たち.
❷ アマチュア▶competição de futebol para ama-

amadorismo

dores サッカーのアマチュアの大会. ❸《侮辱的》素人 ▶obra de amador 素人作品.
— 形 素人の, アマチュアの, 素人っぽい ▶um ator amador 素人の俳優.

amadorismo /amado'rizmu/ 男 ❶ アマチュア精神, アマチュアの資格. ❷ 素人くささ, 素人っぽさ.

amadurecer /amadure'sex/ ⑮ 他 ❶（果物などを）完熟させる ▶O sol amadurece as peras. 太陽が梨を熟させる.
❷（人などを）円熟させる ▶A longa experiência nesta área amadureceu-o. この分野における長年の経験が彼を円熟させた.
❸（考えなどを）練る, 熟考する ▶amadurecer uma ideia 考えを練る.
— 自 完熟する, 円熟する.
— **amadurecer-se** 再 完熟する.

amadurecimento /amaduresi'mẽtu/ 男 熟すこと; 成熟; 円熟.

âmago /'amagu/ 男 ❶ 中心部分, 中心地 ▶no âmago da cidade 街の中心地で.
❷ 核心, 重要な部分 ▶o âmago do problema その問題の核心 / ir ao âmago da questão 問題の核心にふれる.
❸ 魂, 心の奥.

amainar /amaj'nax/ 他 ❶（風や波を）弱める, 穏やかにする ▶amainar a onda 波を静める.
❷（感情を）鎮める, 和らげる, 落ち着かせる ▶amainar a raiva 怒りを静める.
— 自 ❶（風や波が）弱まる, 穏やかになる ▶O vento amainou. 風が弱まった. ❷（感情が）鎮まる, 和らぐ, 落ち着く.
— **amainar-se** 再 鎮まる, 和らぐ, 落ち着く ▶A confusão amainou-se. 混乱が収まった.

amaldiçoar /amawdʒiso'ax/ 他 ❶ ののしる, 悪く言う ▶Ele amaldiçoava o seu professor. 彼は先生の悪口を言っていた.
❷ 呪う ▶amaldiçoar a Deus 神を呪う.

amálgama /a'mawgama/ 女 ❶ 【化学】アマルガム. ❷ 混合（物）, 結合（物）.

amalgamar /amawga'max/ 他 ❶ 【化学】アマルガムにする. ❷ 混合する, 結合させる.
— **amalgamar-se** 再 … と混ざり合う[+ com].

amamentação /amamẽta'sẽw̃/ [複 amamentações] 女 母乳で育てること.

amamentar /amamẽ'tax/ 他 … に授乳する ▶amamentar uma criança 子供に授乳する.
— 自 授乳する.

⁂amanhã /ama'ɲẽ/ アマニャン 副 ❶ 明日に ▶Amanhã passarei por aqui. 明日ここに寄るよ / Até amanhã! また明日 / Amanhã é domingo. 明日は日曜だ / Amanhã é outro dia. 明日は明日の風が吹く / amanhã de manhã 明日の朝 / amanhã à tarde 明日の午後 / amanhã à noite 明日の晩 / Não deixes para amanhã o que podes fazer hoje. 今日できることを明日に延ばすな.
❷ 近い将来, やがて.
— 男 明日, 近い将来 ▶o dia de amanhã 明日 / o jornal de amanhã 明日の新聞 / depois de amanhã 明後日 / os jovens de amanhã 明日の若者たち / pensar no amanhã 先のことを考える. **como se não houvesse amanhã** あたかも明日という日がないように, 今日が最後の日であるように. **de hoje para amanhã** 一晩で.

amanhar /ama'nax/ 他 ❶ 耕す ▶amanhar o campo 畑を耕す.
❷ 準備する, 整える ▶amanhar as malas 荷造りをする.
❸ 葡 装飾する, 飾る ▶amanhar o vestido com o enfeite 装飾品で服を飾る.
— **amanhar-se** 再 葡 着飾る.

⁎amanhecer /amaɲe'sex/ アマニェセーフ ⑰ 自 ❶《非人称》夜が明ける ▶No verão amanhece cedo. 夏は夜の明けるのが早い. ❷ 夜明けを迎える ▶amanhecer em Paris パリで夜明けを迎える.
— 男 [複 amanheceres] ❶ 夜明け ▶até o amanhecer 夜明けまで / ao amanhecer 夜明けとともに / antes do amanhecer 夜明け前に.
❷ 始まり ▶o amanhecer da civilização 文明の夜明け.

amansar /amẽ'sax/ 他 ❶ 飼い慣らす, 従順にする ▶amansar uma fera 猛獣を飼い慣らす. ❷ 穏やかにする, 落ち着かせる ▶amansar a dor 痛みを和らげる.
— 自 飼い慣らされる, 従順になる.
— **amansar-se** 再 ❶ 飼い慣らされる, 従順になる ▶O cavalo amansou-se. 馬が飼い慣らされた. ❷ 穏やかになる, 落ち着く.

amante /a'mẽtʃi/ 名 恋人, 愛人.
❷ 愛好家 ▶os amantes do futebol サッカーの愛好者たち.
— 形《男女同形》…を愛好する [+ de] ▶pessoas amantes da natureza 自然を愛する人たち.

amanteigado, da /amẽtej'gadu, da/ 形 ❶ バターを塗った, バター入りの ▶biscoitos amanteigados バタークッキー. ❷ 柔らかい, 柔和な ▶coração amanteigado 柔和な心.
— **amanteigado** 男 バタークッキー.

Amapá /ama'pa/ 男 【地名】（ブラジル北部の）アマパ州.

amapaense /amapa'ẽsi/ 形《男女同形》名 アマパ州の（人）.

⁂amar /a'max/ アマーフ 他 ❶ 愛する; 恋する; 大切に思う（↔ odiar）▶amar a pátria 祖国を愛する / amar a paz 平和を愛する / Eu te amo. 君を愛している / Ela é a minha paixão. あなたが好きだ / Ela ama o marido dele. 彼女は夫を愛している / Ela não te ama. 彼女は君を愛していない / amar a Deus 神を愛する（注 慣習的に Deus の前に前置詞 a が使用される）.
❷ 愛好する ▶Ele ama futebol. 彼はサッカーが大好きだ / Eu amo o Brasil! 私はブラジルが大好きだ / — Você gostou do filme? — Amei!「あなたはその映画が気に入りましたか」「とても気に入りました」.
❸《amar + 不定詞》…することが好きである ▶Amo viajar. 私は旅行が好きだ.
❹ …と性行為をする.
— 自 ❶ 愛する, 恋する ▶Eu amo. 私は恋をしている / a arte de amar 恋愛術. ❷ 性行為をする.
— **amar-se** 再 ❶ 愛し合う ▶Eles se amam

muito. 彼らはとても愛し合っている. ❷ 自分を愛する.

amarelado, da /amare'ladu, da/ [形] ❶ 黄色っぽい ▶olhos amarelados 黄色い目. ❷ (顔色が) 青白い.
— **amarelado** [男] 薄い黄色.

amarelar /amare'lax/ [他] 黄色くする ▶O tempo amarelou as folhas do caderno. 時はノートの紙を黄色く変色させた.
— [自] ❶ 黄色くなる.
❷ 色あせる, 青白くなる ▶O soldado amarelou diante do comandante. 兵士は指揮官の前で青ざめた.
❸ [B] ひるむ, 怖じ気づく, びびる.
— **amarelar-se** [再] 黄色くなる.

amarelecer /amarele'sex/ ⑮ [他] 黄色くする, 色あせさせる.
— **amarelecer-se** [再] 黄色くなる, 色あせる ▶ O livro amareleceu-se. 本が色あせた.

amarelento, ta /amare'lẽtu, ta/ [形] ❶ 黄色がかかった. ❷ 青白い. ❸ [B] 黄熱病にかかった.

amarelinha /amare'lĩɲa/ [女] [B] 石けり遊び.

⁑**amarelo, la** /ama'rɛlu, la アマレーロ, ラ/ [形] ❶ **黄色い** ▶flores amarelas 黄色い花 / Ela estava de amarelo. 彼女は黄色い服を着ていた.
❷ 血色の悪い ▶O menino está amarelo. 少年は顔色が悪い.
❸ 自発的でない, 不自然な ▶riso amarelo 作り笑い / rir amarelo 苦笑いする, 苦笑する.
— **amarelo** [男] ❶ 黄色. ❷ 《amarelos》 真鍮製品, 銅製品.

amargamente /aˌmaxga'mẽtʃi/ [副] ひどく, つらく ▶chorar amargamente 大泣きする.

amargar /amax'gax/ ⑪ [他] ❶ 苦くする, 酸っぱくする ▶Amargou a salada com vinagre. 酢でサラダを酸っぱくした.
❷ …を苦しくする, …につらい思いをさせる.
❸ 悲しむ ▶amargar a morte do pai 父の死を悲しむ.
— [自] 苦い味がする, 酸っぱい味がする.
— **amargar-se** [再] 苦痛を感じる, 悲しむ.
de amargar 耐えがたい, 解決しがたい, 気難しい ▶Essa é de amargar! 胸糞が悪い, 耐えられない.

*__amargo, ga__ /a'maxgu, ga アマフゴ, ガ/ [形] ❶ **苦い** ▶café amargo 苦いコーヒー / tomar um remédio amargo 苦い薬を飲む / ter [passar por] uma experiência amarga 苦い経験をする.
❷ 辛い, 悲痛な ▶sentimento amargo 辛い気持ち.
❸ 手厳しい, 無情な, 辛辣(しんらつ)な ▶palavras amargas 厳しい言葉.
❹ [話] 酸っぱい.
— **amargo** [男] 苦味 ▶ter amargos de boca 不快な感情を持つ.

amargor /amax'gox/ [[複] amargores] [男] ❶ 苦み. ❷ 苦悩, 苦痛.

amargura /amax'gura/ [女] ❶ 苦み. ❷ 苦しみ, 苦痛.

amargurar /amaxgu'rax/ [他] ❶ 苦しめる, 苦痛を感じさせる ▶A doença o amargura. 病気が彼を苦しめる. ❷ 苦痛にする, 困難にする.
— **amargurar-se** [再] 苦しむ, 苦痛に感じる.

amarrar /ama'xax/ [他] ❶ …につなぎとめる, 結びつける [+ a] ▶amarrar o cavalo à árvore 木に馬をつなぎ止める / amarrar a corda 縄を結ぶ.
❷ [B] …と恋愛関係で結ばれる ▶Ele acabou por amarrar uma moça. 彼は結局ある若い女性と結ばれた.
❸ (義務感によって約束などが) 縛りつける ▶A promessa amarrava-o. 約束が彼を縛りつけていた.
❹ (荷物などを) ひもで縛る ▶amarrar um embrulho 小包をひもで縛る / amarrar o sapato 靴のひもを結ぶ.
❺ …に従わせる ; 依拠する [+ a] ▶amarrar a alteração da lei à decisão do presidente 法律の改正を大統領の決定に従わせる.
❻ 邪魔をする ▶amarrar o negócio 商売の邪魔をする.
— **amarrar-se** [再] ❶ …につながれる, 結びつけられる ; しがみつく [+ a] ▶amarrar-se à árvore 木にしがみつく.
❷ …が大好きである ; …を恋する [+ em] ▶Ela se amarra em cinema. 彼女は映画が大好きである.
❸ …に執着する [+ a] ▶amarrar-se à política その政策に執着する.

amarrotado, da /amaxo'tadu, da/ [形] ❶ しわくちゃになった ▶papel amarrotado くしゃくしゃになった紙. ❷ 意気消沈した. ❸ 打ち負かされた.

amarrotar /amaxo'tax/ [他] ❶ しわだらけにする ; しわくちゃにする ▶amarrotar o papel 紙をしわくちゃにする.
❷ (顔を) 殴りつける ▶Ele amarrotou a cara do amigo. 彼は友人の顔を殴りつけた.
— **amarrotar-se** [再] しわだらけになる ▶A camisa se amarrota facilmente. そのシャツはしわになりやすい.

ama-seca /ˌama'seka/ [[複] amas-secas] [女] 子守, シッター.

amassar /ama'sax/ [他] ❶ こねる, 生地にする ▶ amassar pão パンをこねる.
❷ つぶす, 踏みつける ▶amassar uma lata 缶をつぶす / amassar batatas ジャガイモをつぶす / amassar o carro 車をへこませる.
❸ [話] 殴る, ぶつ ▶amassar-lhe o rosto (彼の) 顔面を殴る.
❹ …にしわをよらせる ▶amassar o papel 紙をくしゃくしゃにして丸める.
— [自] ❶ つぶれる, へこむ. ❷ しわになる ▶O tecido não amassa. その布地はしわがよらない.
— **amassar-se** [再] ❶ つぶれる, へこむ. ❷ しわだらけになる.

*__amável__ /a'mavew アマーヴェゥ/ [[複] amáveis] [形] 《男女同形》 ❶ **愛すべき** ▶A Joana é uma pessoa amável. ジョアナは愛すべき人だ.
❷ **優しい, 親切な** ▶Todo mundo foi muito amável comigo. みんなは私にとても親切にしてくれた / É muito amável de sua parte. ご親切にありがとうございます / É muito amável em me convidar para a festa. パーティーにご招待いただきありがとう

ございます.
amavelmente /a,mavew'mẽtʃi/ 副 親切に, やさしく.

amazona /ama'zōna/ 囡 ❶ 女戦士；女傑. ❷ 女性騎手.

Amazonas /ama'zōnas/ 男 ❶ rio Amazonas アマゾン川. ❷ Estado do Amazonas (ブラジル北部の) アマゾナス州.

amazonense /amazo'nēsi/ 形《男女同形》名 アマゾナス州の(人).

Amazônia /ama'zōnia/ 囡 Ⓑ a Amazônia アマゾン熱帯雨林.

amazônico, ca /ɐmɐ'zɔniku, kɐ/ 形 Ⓟ = amazônico

amazônico, ca /ama'zōniku, ka/ 形 ❶ 男勝りの. ❷ アマゾン川の, アマゾン川流域の.

âmbar /'ēbax/ 男 [複 âmbares] 男 ❶ 琥珀(こはく). ❷ 竜涎香(りゅうぜんこう).
— 形《男女同形》琥珀色の.

***ambição** /ēbi'sēw ãンビソァン/ [複 ambições] 囡 ❶ 大志, 野心 ▶ ter ambição 野心を抱く / ambição política 政治的野心 / Ele estava cheio de ambição. 彼は野心に満ちていた / falta de ambição 野心の欠如.
❷ 切望, 熱望 ▶ A sua única ambição era ser feliz. 彼女が唯一強く望むことは幸せになることだった.

ambicionar /ēbisio'nax/ 他 …に野心を抱く, …を熱望する ▶ ambicionar o poder 権力に野心を抱く.

ambicioso, sa /ēbisi'ozu, 'ɔza/ 形 大志を抱いた, 野心的な, 野心のある ▶ um projeto ambicioso 野心的な計画 / um homem ambicioso 野心を抱いた男.
— 名 野心家, 出世主義者.

ambidestro, tra /ēbi'destru, tra/ 形 名 両手が利く(人).

ambiência /ēbi'ēsia/ 囡 ❶ 環境. ❷ 雰囲気.

ambiental /ēbiē'taw/ [複 ambientais] 形《男女同形》環境の ▶ poluição ambiental 環境汚染 / preservação ambiental 環境保護 / problemas ambientais 環境問題 / política ambiental 環境政策 / impactos ambientais 環境への影響.

ambientalismo /ēbiēta'lizmu/ 男 環境保護運動.

ambientalista /ēbiēta'lista/ 名 環境保護主義者.
— 形《男女同形》環境保護の ▶ organização ambientalista 環境保護団体.

ambientalmente /ēbiē,taw'mẽtʃi/ 副 環境に対して, 環境にとって ▶ ambientalmente sustentável 環境にとって持続可能な.

ambientar /ēbiē'tax/ 他 ❶ …の場面を…に設定する. ❷ 環境に慣れさせる.
— **ambientar-se** 再 (環境に) 慣れる [+ em] ▶ A criança se ambienta em qualquer escola. その子供はどんな学校でも簡単に慣れる.

***ambiente** /ēbi'ētʃi/ ãンビエンチ 形《男女同形》周囲の, 周辺の ▶ música ambiente バックグラウンドミュージック.
❷ 環境の ▶ temperatura ambiente 常温, 室温 / meio ambiente 環境 / Ministério do Meio Ambiente 環境省.
— 男 ❶ 環境, 雰囲気 ▶ ambiente social 社会環境 / ambiente doméstico 家庭環境 / O ambiente não é bom para estudar. 勉強するには環境が悪い / O ambiente do local onde trabalho é muito bom. 私の職場はとても雰囲気がよい.
❷《情報》環境.

ambiguamente /ē,bigwa'mẽtʃi/ 副 曖昧に.

ambiguidade /ēbigwi'dadʒi/ 囡 曖昧さ, 不明確さ；両義性, 多義性.

ambíguo, gua /ē'bigwu, gwa/ 形 曖昧な, 不明確な ▶ resposta ambígua 曖昧な返事 / pessoa ambígua 煮え切らない人 / sentimentos ambíguos 複雑な感情.

âmbito /'ēbitu/ 男 ❶ 周囲, 境界内, 構内. ❷ 領域, 範囲, 分野 ▶ no âmbito da educação 教育の分野で / no âmbito militar 軍事の領域で.
de âmbito nacional 全国規模の.

ambivalência /ēbiva'lēsia/ 囡 ❶《心理》アンビバレンス, 同一の対象に対して相反する態度や感情が同時に存在すること. ❷ 両面価値, 両義性.

ambivalente /ēbiva'lẽtʃi/ 形《男女同形》❶ 相反する感情を持つ, 両義性の, 両義的な. ❷ 両面性を持つ, 両義的な.

***ambos, bas** /'ēbus, bas アンボス, バス/ 形 (ambos + 定冠詞 / 所有形容詞) 両方の…, 両者の… ▶ ambos os braços 両腕 / Ambas as partes têm razão. 双方に道理がある / Tenho filhos de ambos os sexos. 私は男の子と女の子の子供がいる / imprimir em ambos os lados do papel 紙の両側に印刷する / em ambos os casos 両方の場合で.
— 代 両方, 両者 ▶ Gosto de ambos. 私は両方が好きだ / Não há muita diferença entre ambos. 両者の間に大きな違いはない / Ambos gostamos de viajar. 私たち二人とも旅行が好きだ / Ambos têm trinta anos. 彼らは二人とも30歳だ / Ambas têm a mesma idade. 彼女たち二人は同じ年だ / Há muita diferença entre ambos. 両者の間には大きな違いがある.
ambos de [dos] dois 二つとも両方で (注 話し言葉で使われる冗語表現).

ambrosia /ēbro'zia/ 囡 ❶《ギリシャ神話》神々の飲み物. ❷ 卵, 牛乳, 砂糖, バニラで作った菓子.

ambulância /ēbu'lēsia/ 囡 ❶ 救急車 ▶ chamar uma ambulância 救急車を呼ぶ. ❷ 野戦病院.

ambulante /ēbu'lẽtʃi/ 形《男女同形》❶ 歩く ▶ cadáver ambulante 生けるしかばね. ❷ 移動の, 巡回の ▶ biblioteca ambulante 巡回図書館 / vendedor ambulante 行商人.
— 名 (路上やビーチ, バス車内などでの) 移動販売人.

ambulatório, ria /ēbula'tɔriu, ria/ 形 歩行の, 歩行可能な, 通院の ▶ tratamento ambulatório 通院治療.
— **ambulatório** 男 外来専門の病院.

ameaça /ame'asa/ 囡 ❶ 脅し, 脅迫, 威嚇 ▶ receber uma ameaça de morte 殺すと脅される / carta de ameaça 脅迫状.
❷ 脅威 ▶ ameaça de guerra 戦争の脅威 / ameaça nuclear 核の脅威.

❸ (悪い) 兆し ▶ameaça de temporal 大嵐の兆候.

ameaçado, da /amea'sadu, da/ [形] ❶ 脅しを受けた. ❷ 絶滅寸前の ▶espécies ameaçadas 絶滅危惧種. ❸ 危険な状態にある ▶O Pantanal está ameaçado. パンタナル (ブラジル・マットグロッソ州の大湿地帯) は危機的状況にある.

ameaçador, dora /ameasa'dox, 'dora/ [[複] ameaçadores, doras] [形] ❶ 脅迫的な, 威嚇的な ▶olhar ameaçador 脅すような目つき. ❷ (空模様が) 今にもくずれそうな ▶tempo ameaçador 険悪な空模様.

— [名] 脅迫者.

ameaçar /amea'sax アメアサーフ/ ⑬ [他] ❶ **脅す, 脅迫する** ▶ameaçar de morte a ex-mulher 元妻を殺すと言って脅す / ameaçar com uma faca ナイフで脅す.

❷ **脅かす**, 危険にさらす ▶A poluição ameaça a saúde. 公害が健康を脅かしている.

❸ 《ameaçar＋[不定詞]》 …**する恐れがある** ▶A muralha ameaça ruir. 城壁が崩れ落ちそうだ.

— [自] ❶ 脅す, 脅迫する. ❷ 差し迫っている ▶Ameaçam novas crises. 新たな危機が起こりそうである.

amealhar /amea'ʎax/ [他] (お金を) 少しずつためる, 節約する ▶amealhar R$1 milhão 百万レアルためる.

— [自] お金をためる, 節約する.

ameba /a'mɛba/ [女] アメーバ.

amedrontar /amedrõ'tax/ [他] おびえさせる, 怖がらせる ▶Ninguém me amedronta. 私は誰も怖くない.

— **amedrontar-se** [再] おびえる, 怖がる.

amêijoa /a'mejʒoa/ [女] アサリ類.

ameixa /a'mejʃa/ [女] 〖果実〗 スモモ ▶ameixa seca 干しスモモ.

amém /a'mẽj̃/ [間] アーメン (キリスト教で祈りの終わりに唱える語).

— [男] [[複] améns] [話] 同意, 承諾.

dizer amém a [para] tudo 何にでも同意する.

num amém 一瞬で.

amêndoa /a'mẽdoa/ [女] ❶ アーモンド ▶amêndoas torradas 炒ったアーモンド / óleo de amêndoa アーモンドオイル.

❷ アーモンド菓子.

❸ 《amêndoas》 復活祭のプレゼントとして贈られるアーモンド菓子.

amendoado, da /amẽdo'adu, da/ [形] ❶ アーモンド (入り) の ▶bolo amendoado アーモンドケーキ. ❷ アーモンドの形をした ▶olhos amendoados アーモンド型の切れ長の目.

amendoeira /amẽdo'ejra/ [女] 〖植物〗 アーモンドの木.

amendoim /amẽdo'ĩ/ [[複] amendoins] [男] ピーナッツ ▶um saco de amendoim 1袋のピーナッツ / amendoim torrado 炒ったピーナッツ / manteiga de amendoim ピーナッツバター.

amenidade /ameni'dadʒi/ [女] ❶ 心地よさ, 快適さ ▶amenidade do clima 気候の快適さ.

❷ 《amenidades》 当たり障りのない話.

amenizar /ameni'zax/ [他] 穏やかにする, 和らげる ▶amenizar os enjoos da gravidez つわりを和らげる.

— **amenizar-se** [再] 穏やかになる, 和らぐ, 楽になる ▶A dor no estômago se amenizou. 胃の痛みが和らいだ.

ameno, na /a'mẽnu, na/ [形] ❶ 快適な, 穏やかな ▶um inverno ameno 穏やかな冬.

❷ 楽しい ▶conversa amena 楽しい会話.

❸ 優しい, 愛想のよい.

América /a'mɛrika/ [女] 《地名》 アメリカ ▶na América アメリカで / América do Norte [Sul] 北米 / América do Sul 南米 / as Américas 南北アメリカ / América Latina ラテンアメリカ / América Central 中米 / os Estados Unidos da América アメリカ合衆国.

americanização /amerikaniza'sẽw̃/ [[複] americanizações] [女] アメリカ化.

americanizar /amerikani'zax/ [他] …をアメリカ化する, アメリカ風にする.

— **americanizar-se** [再] アメリカ化する, アメリカ風になる.

americano, na /ameri'kẽnu, na アメリカーノ, ナ/ [形] ❶ **アメリカ (大陸) の** ▶continente americano アメリカ大陸.

❷ **米国の**, アメリカ合衆国の ▶música americana 米国の音楽 / governo americano 米国政府 / à americana アメリカ風の [に].

— [名] ❶ アメリカ大陸の人 ▶os americanos do norte 北米人.

❷ 米国人 ▶Meu marido é americano. 私の夫はアメリカ人だ.

amesquinhar /ameski'ɲax/ [他] …の価値を低く評価する, みくびる.

— **amesquinhar-se** [再] ❶ 価値が下がる. ❷ 卑下する, へりくだる.

ametista /ame'tʃista/ [女] 〖鉱物〗 紫水晶, アメジスト.

amianto /ami'ẽtu/ [男] 〖鉱物〗 アスベスト.

amicíssimo, ma /ami'sisimu, ma/ [形] amigo の絶対最上級.

amido /a'midu/ [男] でんぷん ▶amido de milho コーンスターチ.

amigar-se /ami'gaxsi/ ⑪ [再] (結婚せず) パートナーになる, 同棲する ▶Os dois amigaram-se apesar da opinião dos pais. 両親の意見にもかかわらず, 二人はパートナーになった.

amigável /ami'gavew/ [[複] amigáveis] [形] 《男女同形》 ❶ 友好的な, 友達としての ▶relações amigáveis entre dois países 二国間の友好的な関係 / um conselho amigável 友人としての忠告. ❷ 協議による ▶separação amigável 協議離婚.

amigavelmente /amiˌgavew'mẽtʃi/ [副] ❶ 友好的に. ❷ 示談で, 協議で ▶resolver amigavelmente 示談で解決する.

amigo, ga /a'migu, ga アミーゴ, ガ/ [名] ❶ **友人 ; 仲間** ▶um amigo meu 私の友人の一人 / amigo de infância 幼なじみ / meu melhor amigo 私の一番の友人 / amigo íntimo 親友 / velho amigo 旧友 / Fiz muitos amigos

amigo da onça

no Brasil. 私はブラジルでたくさんの友達ができた / Eu vou ao teatro com meus amigos esta noite. 今夜私は友人たちと劇場へ行く / Caro amigo Paulo (手紙の書き出しで) 親愛なる友, パウロへ.
❷ 愛好家；愛護者 ▶ amigo da leitura 読書が好きな人 / amigos dos animais 動物愛護者.
❸ 愛人, 恋人.
❹ 図 君, あなた.
❺《知らない人への呼びかけ》▶ Ô amigo, sabe dizer-me onde fica o correio? すみませんが, 郵便局がどこにあるか教えてくれますか.
amigo de seus amigos 友のなかの友.
amigo de todo o mundo 八方美人.
amigo do alheio 泥棒.
amigo do coração 親友.
amigo do peito 心友.
melhor amigo do homem 犬.
— 形 ❶ 親しい, 好意的な, 仲のよい ▶ Fomos muito amigos. 私たちはとても仲が良かった / Sou muito amiga dela. 私は彼女ととても仲がいい.
❷ 友情 [愛情] のこもった ▶ palavra amiga 愛情のこもった言葉.
❸ 友好国の, 同盟国の, 味方の ▶ um país amigo 友好国.
❹ 都合のいい ▶ ocasião amiga ちょうどいい機会.
❺ …を好む [+ de] ▶ um rapaz muito amigo de trabalhar 働くのが大好きな若者.
amigo da onça /a,migu'dɐ'õsa/ [複 amigos da onça] 男 B 偽りの友人, 不実な友人.
aminoácido /amino'asidu/ 男 『化学』アミノ酸.
amistoso, sa /amis'tozu, 'tɔza/ 形 友好的な, 友達の ▶ jogo amistoso B 親善試合.
amiudar /amiu'dax/ 59 他 ❶ (動作を) 頻繁にする ▶ amiudar as idas à cidade その街に頻繁に行く.
❷ 小さくする ▶ amiudar os passos 歩幅を短くする.
❸ 詳細に調べる ▶ amiudar o caso 事件を詳細に調べる.
— 自 頻繁に起こる, 繰り返し起こる.
— **amiudar-se** 再 ❶ 頻繁に起こる, 繰り返し起こる ▶ Os roubos se amiudam nesta época. この時期には盗難が頻発する.
❷ 小さくなる, 減少する.
amiúde /ami'udʒi/ 副 何度でも, 頻繁に.
✱**amizade** /ami'zadʒi/ アミザーヂ 女 ❶ 友情, 親交 ▶ fazer amizade com alguém …と友達になる / uma prova de amizade 友情の証し.
❷ ((amizades)) 友人 ▶ Ele é uma das minhas amizades. 彼は私の友人の一人だ / fazer amizades 友人を作る.
❸ 好み, 親愛, 愛着 ▶ sentir amizade por alguém …が好きである.
❹ 友好 (関係) ▶ tratado de amizade 友好条約 / a amizade entre o Brasil e o Japão ブラジルと日本の友好.
❺ (呼びかけ) ねえ, 君 ▶ Nossa amizade. ねえ.
amizade colorida B 男女のその場限りの付き合い, 火遊び.
em amizade 親睦的に.
amnésia /am'nɛzia/ 女 『医学』健忘症, 記憶喪失.
amnistia /ɐmniʃ'tiɐ/ 女 P = anistia
amo /'ɐmu/ 男 家の主人, 領主.
amolação /amola'sẽw̃/ [複 amolações] 女 ❶ 研ぐこと, 研磨. ❷ 厄介, うんざりさせること.
amolador, dora /amola'dox, 'dora/ [複 amoladores, doras] 形 ❶ 研ぐ, 鋭くする. ❷ うんざりさせるような.
— **amolador** 男 研磨機, 研ぎ機；研ぎ師.
amolar /amo'lax/ 他 ❶ (ナイフなどを) 研ぐ, 鋭くする ▶ amolar uma espada 刀を研ぐ.
❷ B 図 うるさがらせる, 困らせる ▶ O acontecimento amolou-o bastante. その出来事が彼を困らせた / Não me amola. 邪魔をしないで.
— 自 うんざりさせる ▶ O discurso estava amolando. その講演はうんざりさせるようなものだった.
— **amolar-se** 再 B 図 うんざりする.
Não amola! うんざりさせてくれるな.
Vá amolar outro. 私のことは放っておいてくれ.
amoldar /amow'dax/ 他 ❶ 鋳造する, 型に入れて作る, かたどる ▶ amoldar o gesso 石膏(こう)をかたどる.
❷ …に合わせる, 適合させる [+ a] ▶ amoldar a lei às situações atuais 法律を現状に合わせる.
❸ …に調和させる, 慣れさせる [+ a].
— **amoldar-se** 再 ❶ かたどられる, 型にあう ▶ O barro se amolda bem. その粘土はかたどりやすい.
❷ …に合う, 適合する [+ a] ▶ A ideia se amolda à situação. その考えは状況に合っている.
❸ …に調和する, 慣れる [+ a].
amolecer /amole'sex/ 15 他 ❶ 柔軟にする, 柔らかくする ▶ O calor amolece o chocolate. 熱でチョコレートが柔らかくなる.
❷ 優しくする, (感情などを) 和らげる ▶ amolecer o coração 気持ちを和ませる / Hoje mamãe está amolecida. Antes era muito rígida. 今日ママは穏やかだ. それまでは頑固だった.
❸ 図 (要求などを) 放棄する.
— 自 柔らかくなる.
— **amolecer-se** 再 ❶ 柔らかくなる, 柔軟になる ▶ O couro se amolece na solução. 革をその溶液に入れると柔らかくなる.
❷ 優しくなる, (感情などが) 和む.
amolecimento /amolesi'mẽtu/ 男 ❶ 柔らかくなること, 弱くなること. ❸ amolecimento cerebral 『医学』脳軟化症.
amolgar /amow'gax/ 11 他 ❶ 押しつぶす, ぐちゃぐちゃにする, ぺちゃんこにする ▶ amolgar uma caixa de papel 紙の箱をつぶす.
❷ …を…に強いる, 強制する [+ a].
— **amolgar-se** 再 ❶ つぶれる, ぺちゃんこになる. ❷ 従う, 屈服する.
amónia /ɐ'mɔniɐ/ 女 P = amônia
amônia /a'monia/ 女 アンモニア水.
amoníaco /amo'niaku/ 男 アンモニア.
amónio /ɐ'mɔniu/ 男 P = amônio
amônio /a'moniu/ 男 『化学』アンモニウム.
amontoar /amõto'ax/ 他 ❶ 積み重ねる, 積む ▶ amontoar livros 本を積み上げる.

amparar

❷ 寄せ集める ▶ amontoar roupas sujas 汚れた服を寄せ集める.
— 自 山のようになる, 積み重なる.
— **amontoar-se** 再 ❶ 集まる, 集積する. ❷ 山のようになる, 山積みになる.

***amor** /a'mɔx/ アモーフ / [複 amores] 男 ❶ 愛, 愛情 ▶ amor fraterno 兄弟愛 / amor à pátria 愛国心 / amor ao próximo 隣人愛 / amor conjugal 夫婦愛.
❷ 恋, 恋愛 ▶ primeiro amor 初恋 / amor à primeira vista 一目惚れ / amor livre 自由恋愛 / amor platônico プラトニックラブ / amor carnal [físico] 肉体的愛 / fazer amor com alguém …と性的関係を持つ / O amor é cego. 恋は盲目 / bilhete de amor ラブレター, 恋文.
❸ 愛好, 情熱 ▶ amor ao trabalho 仕事に対する情熱 / amor pelo futebol サッカーに対する情熱.
❹ 愛しい人, 恋人, 愛人 ▶ Ele é o amor da minha vida. 彼は私の生涯の恋人だ.
❺ 善良な人 ▶ Ela é um amor. 彼女は本当にいい人だ / Ele é um amor comigo. 彼は私に対してとても親切だ.
❻ 《um amor de…》愛らしい [かわいい] …, 大変好感のもてる… ▶ um amor de criança かわいい子供.
de mil amores 喜んで, 快く.
mais amor e menos confiança 愛してるが関係は結べない.
morrer de amores por… …に狂おしいほどに恋をする, …を大変好む, 愛好する.
pelo amor de… …のために, …によって.
pelo amor de Deus お願いだから, 後生だから ▶ Não conte para ninguém pelo amor de Deus. お願いだから誰にも言わないで.
por amor a… …のことを考えて, …のためを思って ▶ Fiz muitos sacrifícios por amor à família. 私は家族のために多くの犠牲を払った.
por amor à arte 無償で ▶ trabalhar por amor à arte 無償で働く.
ter amor à vida [pele] 話 慎重である, 用心深い.

amora /a'mɔra/ 女 ❶ 【植物】クワ. ❷ クワの実 ▶ amora silvestre ブラックベリー / sorvete de amora ブラックベリーアイスクリーム.

amoral /amo'raw/ [複 amorais] 形 《男女同形》道徳とは無関係な.
— 名 道徳観念のない人.

amora-preta /a,mɔra'preta/ [複 amoras-pretas] 女 【果実】ブラックベリー.

amordaçar /amoxda'sax/ [13] 他 ❶ …に猿ぐつわをする ▶ O ladrão amordaçou o dono da casa. 泥棒は家の主人に猿ぐつわをした.
❷ …の言論の自由を奪う, 黙らせる ▶ amordaçar a editora その出版社から言論の自由を奪う.

amoreira /amo'rejra/ 女 【植物】クワ.

amorfo, fa /a'mɔxfu, fa/ 形 ❶ 無定型の. ❷ 【化学】非結晶の. ❸ 無気力な.

amornar /amox'nax/ 他 温める ▶ Eu amornei a sopa. 私はスープを温めた.
— 自 ❶ 温まる. ❷ 情熱がなくなる, 勢いがなくなる

▶ A dança amornou no meio. その踊りは途中で勢いを失ってしまった.
— **amornar-se** 再 温まる.

amoroso, sa /amo'rozu, 'rɔza/ 形 ❶ 愛の, 恋の ▶ vida amorosa 恋愛生活 / caso amoroso 情事 / relações amorosas 恋愛関係 / problemas amorosos 恋愛問題.
❷ 愛情深い, 優しい ▶ mãe amorosa 愛情深い母親.

amor-perfeito /a,moxpex'fejtu/ [複 amores-perfeitos] 男 【植物】パンジー.

amor-próprio /a,mox'prɔpriu/ [複 amores-próprios] 男 自尊心, うぬぼれ, プライド.

amortecedor, dora /amoxtese'dox, 'dora/ [複 amortecedores, doras] 形 弱める, 和らげる.
— **amortecedor** 男 【機械】緩衝装置, ショックアブソーバー, ダンパー, 消音器.

amortecer /amoxte'sex/ [15] 他 ❶ 麻痺させる, しびれさせる ▶ A posição amorteceu-lhe o braço. その姿勢のせいで (彼の) 腕がしびれた.
❷ 弱める, 和らげる, 衰弱させる ▶ amortecer o choque 衝撃を和らげる / amortecer a luz 明かりを暗くする.
— 自 ❶ 麻痺する, しびれる. ❷ 弱まる, 和らぐ.
— **amortecer-se** 再 ❶ 麻痺する.
❷ (力や光が) 弱まる, 和らぐ, 衰弱する ▶ O amor se amorteceu. 愛が弱まった.

amortecido, da /amoxte'sidu, da/ 形 ❶ 瀕死の, 死んだような. ❷ 和らいだ, 弱くなった ▶ luz amortecida ぼんやりした明かり / olhar amortecido 輝きのない目.

amortização /amoxtʃiza'sẽw/ [複 amortizações] 女 完済, 償却; 減価償却 ▶ amortização de empréstimos 借金の返済.

amortizar /amoxtʃi'zax/ 他 ❶ 完済する, 償還する ▶ amortizar o empréstimo 借入金を完済する.
❷ 減価償却する.

*****amostra** /a'mɔstra/ アモストラ / 女 見本, サンプル, 標本 ▶ amostra grátis 無料見本 / amostra de sangue 血液サンプル / uma amostra de uma população 人口のサンプル.

amostragem /amos'traʒẽj/ [複 amostragens] 女 ❶ 標本, 標本抽出, サンプリング ▶ estudo feito por amostragem サンプリングによる調査. ❷ 展示, 陳列.

amotinar /amotʃi'nax/ 他 騒ぎを起こさせる, 暴動を起こさせる ▶ A corrupção amotinou o povo contra o presidente. 汚職によって, 大統領に対する民衆の反乱が起こった.
— **amotinar-se** 再 騒ぎを起こす, 暴動を起こす ▶ Os trabalhadores da empresa se amotinaram. その会社の従業員が騒動を起こした.

amovível /amo'vivew/ [複 amovíveis] 形 取り外すことのできる, 一時的な.

amparar /ẽpa'rax/ 他 ❶ 支える, もたれかけさせる ▶ O moço amparou o homem. 若い男性がその男性を支えた.
❷ 守る, 保護する ▶ A sombra ampara as pessoas do sol. その日陰が人々を太陽から守る.
❸ 養う, 扶養する ▶ amparar os pais idosos 年配

A

の両親を養う.
— **amparar-se** [再] ❶ 支えられる, …にもたれる [+ contra] ▶amparar-se contra o muro 壁にもたれかかる.
❷ 身を守る, 身を保護する ▶amparar-se do frio 寒さから身を守る.
amparo /ẽ'paru/ [男] ❶ 支える人, 守る人, 支え▶o amparo da família 一家の大黒柱. ❷ 支援, 支持. ❸ 保護, 救出.
ampere /ẽ'pɛri/ [男]〖電気〗アンペア.
amperímetro /ẽpe'rĩmetru/ [男] アンペア計, 電流計.
amplamente /ˌẽpla'mẽtʃi/ [副] 広く, 十分に ▶ amplamente usado 広く使われている.
amplexo /ẽ'plɛksu/ [男] 抱擁.
ampliação /ẽplia'sẽw̃/ [[複]ampliações] [女] ❶ 広げること, 拡大 ▶obras de ampliação da rede do metrô 地下鉄網の拡張工事.
❷ 増大, 強化.
❸ (写真の) 引き伸ばし.
*__ampliar__ /ẽpli'ax アンプリアーフ/ [他] ❶ **拡大する** ▶ ampliar uma fotografia 写真を拡大する.
❷ 広める ▶Ele viajou e ampliou os seus conhecimentos. 彼は旅をして自分の知識を広めた.
❸ 拡張する ▶ampliar a estrada 道路を拡張する / ampliar a memória メモリーを拡張する.
— **ampliar-se** [再] 広がる, 増える ▶Ampliou-se o número de clientes. 顧客の数が増えた.
amplidão /ẽpli'dẽw̃/ [[複]amplidões] [女] ❶ 広さ, 広大さ. ❷ 虚空.
amplificação /ẽplifika'sẽw̃/ [[複]amplificações] [女] 拡大,〖電気〗増幅.
amplificador, dora /ẽplifika'dox, 'dora/ [[複]amplificadores, doras] [形] 拡大する.
— **amplificador** [男] 増幅器, アンプ.
amplificar /ẽplifi'kax/ ㉙ [他] 拡大する ;〖電気〗増幅する ▶amplificar a voz 声を拡大する.
— **amplificar-se** [再] 拡大する, 大きくなる, 増大する ▶O protesto ameaça se amplificar para outros países. 抗議行動は他国にまで拡大する恐れがある.
amplitude /ẽpli'tudʒi/ [女] 広さ, 大きさ, 範囲 ▶a amplitude do problema 問題の大きさ.
__amplo, pla__ /'ẽplu, pla アンプロ, プラ/ [形] ❶ **広い, 広範な, 幅広い ▶um quarto amplo 広い部屋 / ampla pesquisa 幅広い調査 / em sentido amplo 広い意味で.
❷ ゆったりとした ▶roupas amplas ゆったりとした服.
❸ 莫大な, 豊富な ▶amplos conhecimentos 豊富な知識 / uma ampla variedade de produtos 豊富な種類の製品.
ampola /ẽ'pola/ [女] ❶ (注射液の) アンプル. ❷ 水ぶくれ, まめ.
amputação /ẽputa'sẽw̃/ [[複]amputações] [女] ❶ (手術などによる) 切断, 切除. ❷ 削減, 削除.
amputar /ẽpu'tax/ [他] ❶ (手術などで) 切断する ▶ amputar a perna do paciente 患者の足を切断する. ❷ 削除する.
amuado, da /amu'adu, da/ [形] 不機嫌な ▶Fiquei amuado com a reprovação no vestibular. 入学試験で不合格になり, 私は機嫌が悪い.
amuar /amu'ax/ [他] うんざりさせる, 機嫌を悪くする ▶Ele sempre amua os amigos. 彼はいつも友達をうんざりさせる.
— [自] うんざりする, 機嫌が悪くなる.
— **amuar-se** [再] …にうんざりする [+com] ; 機嫌が悪くなる ▶amuar-se com o filho 息子にうんざりする.
amuleto /amu'letu/ [男] お守り.
amuo /a'muu/ [男] 不機嫌, 不機嫌な様子 ▶O amuo do presidente era evidente. 大統領の不機嫌は明らかだった.
anacrónico, ca /ɐnɐ'krɔniku, kɐ/ [形] [P] = anacrônico
anacrônico, ca /ana'krõniku, ka/ [形] [B] 時代錯誤の, 時代遅れの ▶ideias anacrônicas 時代遅れの考え.
anacronismo /anakro'nizmu/ [男] 時代錯誤, アナクロニズム.
anagrama /ana'grẽma/ [男] アナグラム (綴り字の位置を変えて新しい語句を作ること ; Roma から Amor ができる).
anágua /a'nagwa/ [女] ペチコート.
anais /a'najs/ [男複] ❶ 年代記, 年譜 ; 歴史 ▶ficar nos anais da história 歴史に残る. ❷ 年報.
anal /a'naw/ [[複] anais] [形]《男女同形》肛門の.
analfabetismo /anawfabe'tʃizmu/ [男] 読み書きができないこと, 非識字.
analfabeto, ta /anawfa'bɛtu, ta/ [形] [名] 読み書きのできない (人) ▶analfabeto de pai e mãe まったく読み書きのできない人 / analfabeto funcional 何とか読み書きはできるが文章の理解はできない人.
analgesia /anawʒe'zia/ [女]〖医学〗無痛覚症.
analgésico, ca /anaw'ʒɛziku, ka/ [形]〖医学〗無痛覚の ;〖薬学〗鎮痛の.
— **analgésico** [男] 鎮痛剤.
*__analisar__ /anali'zax アナリザーフ/ [他] **分析する**, 解析する, 詳しく調べる ▶analisar a situação 状況を分析する / analisar o texto テキストを分析する / analisar o caso 事件を詳しく調べる / analisar o sangue 血液検査をする / analisar a água 水質検査する.
__análise__ /a'nalizi アナーリズィ/ [女] ❶ **分析, 調査 ▶ análise da situação atual 現状の分析 / análise de dados データ分析 / análise de mercado 市場分析 / análise quantitativa 定量分析 / análise gramatical 文法的分析.
❷〖医学〗**検査**, 成分分析 ▶análise de sangue 血液検査 / análise clínica 臨床検査.
❸ 批評分析 ▶análise do jogo 試合解説.
❹〖数学〗解析.
❺ 精神分析 ▶fazer análise 精神分析を受ける.
em última análise 要するに, 結局のところ.
analista /ana'lista/ [名] ❶ 分析家, アナリスト ▶ analista de sistemas システムアナリスト. ❷ 精神分析医.
analítico, ca /ana'litʃiku, ka/ [形] 分析の, 分析的な ▶filosofia analítica 分析哲学.
analogamente /anaˌloga'mẽtʃi/ [副] 類推的に ;

同様に；アナログ的に．

analogia /analo'ʒia/ 囡 ❶ 類似 (性) ▶analogia entre os líderes de empresas e os líderes do esporte 企業のリーダーとスポーツのリーダーの間の類似. ❷ 類推 ▶raciocínio por analogia 類推思考 / por analogia 類推 で / por analogia com... …から類推して．

analógico, ca /ana'lɔʒiku, ka/ 形 ❶ 類推の ▶raciocínio analógico 類推的思考. ❷ 類似の. ❸ アナログの ▶relógio analógico アナログ時計．

análogo, ga /a'nalogu, ga/ 形 …に類似した [+ a} ▶em caso análogo そのような場合には / trabalho análogo à escravidão 奴隷制に類似した労働．

ananás /ana'nas/ [複 ananáses] 男 パイナップル．

anão, anã /a'nẽw, a'nɐ̃/ [複 anões, anãs] 形 矮小な ▶planeta anão 矮惑星．
— 名 こびと，小人症の人 ▶Branca de Neve e os Sete Anões 白雪姫と七人のこびと / anão de jardim (庭に置く) こびとの像．
— **anã** 囡 矮星 ▶anã branca 白色矮星．

anarquia /anax'kia/ 囡 ❶ 無政府状態 ▶Hoje o país está uma anarquia. 今日の国は無政府状態である. ❷ 無秩序，乱脈．

anárquico, ca /a'naxkiku, ka/ 形 ❶ 無政府状態の ▶um estado anárquico 無政府状態. ❷ 無秩序の，乱脈な．

anarquismo /anax'kizmu/ 男 無政府主義，アナーキズム．

anarquista /anax'kista/ 名 無政府主義者，アナーキスト．
— 形 [男女同形] 無政府主義の，アナーキズムの．

anarquizar /anaxki'zax/ 他 ❶ 無政府状態にする；…に混乱をもたらす．
❷ 愚弄する．
❸ 酷評する．
— 自 ❶ …を愚弄する [+ com]. ❷ …を酷評する [+ com].
— **anarquizar-se** 再 無政府状態に陥る．

anátema /a'natema/ 男 ❶ (教会からの) 破門 ▶proferir um anátema contra alguém …を破門する．
❷ 呪詛；非難 ▶lançar um anátema sobre alguém …に呪いをかける，非難する．
— 形 [男女同形] 名 ❶ 破門された (人). ❷ 排斥された (人).

anatomia /anato'mia/ 囡 ❶ 解剖 (学) ▶anatomia patológica 病理解剖学 / fazer a anatomia de um cadáver 遺体を解剖する / anatomia humana 人体解剖学．
❷ (動植物の) 構造，組織．
❸ 体つき，体型，スタイル．
❹ 綿密な分析．

anatómico, ca /ɐnɐ'tɔmiku, kɐ/ 形 P = anatômico

anatômico, ca /ana'tõmiku, ka/ 形 B ❶ 解剖 (学) の ▶estudos anatômicos 解剖学的研究. ❷ 人間工学上の ▶colchão anatômico 人間工学に基づいたマットレス．

anca /'ɐ̃ka/ 囡 臀部，尻.

fender a anca pelo meio とても太っている．

ancestral /ɐ̃ses'traw/ [複 ancestrais] 形 [男女同形] ❶ 先祖の，先祖伝来の ▶costumes ancestrais 古来の習俗. ❷ 遠い昔の ▶em tempos ancestrais 遠い昔に．
— **ancestrais** 男複 先祖，祖先．

anchova /ɐ̃'ʃova/ 囡 【魚】アンチョーバ，マスに似たニシン目の魚．

ancião, ã /ɐ̃si'ɐ̃w, 'ɐ̃/ [複 anciãos, anciães または anciões, anciãs] 形 とても古い；高齢の ▶vinhos anciões 年代物のワイン．
— 名 お年寄り．

ancinho /ɐ̃'siɲu/ 男 熊手．

âncora /'ɐ̃kora/ 囡 ❶ (船の) いかり ▶lançar âncora いかりを下ろす，寄港する / levantar âncora いかりを上げる．
❷ (ショッピングセンターなどの) キーテナント．
❸ 支え，保護．
— 名 (ニュース番組の) アンカー，ニュースキャスター．

ancoradouro /ɐ̃kora'doru/ 男 停泊地，投錨地．

ancorar /ɐ̃ko'rax/ 他 ❶ 投錨して (船を) 停泊させる ▶ancorar o navio 投錨して船を停泊させる．
❷ …に基づかせる [+ em] ▶Ancorou seu trabalho na teoria do físico. 研究をその物理学者の理論に基づかせた．
❸ …のアンカー [ニュースキャスター] を務める ▶ancorar um noticiário ニュース番組のアンカーを務める．
— 自 ❶ いかりを下ろす ▶O navio ancorou ao largo. その船は沖合いにいかりを下ろした．
❷ …に基づく [+ em].
— **ancorar-se** 再 … に 基 づ く [+ em] ▶A ideia se ancora na Bíblia. その考えは聖書に基づく．

andador, dora /ɐ̃da'dox, 'dora/ [複 andadores, doras] 形 よく歩く (人)，速く歩く (人).
— **andador** 男 歩行器．

andaime /ɐ̃'dajmi/ 男 (建築現場の) 足場．

andamento /ɐ̃da'mẽtu/ 男 ❶ 歩くこと．
❷ 進行，進展，進捗 (しんちょく) 状況 ▶o andamento das obras 工事の進捗状況．
❸ 【音楽】速度，テンポ．
dar andamento a algo …を活動させる，実行に移す．
estar em andamento 進行中である ▶As negociações com a empresa estão em andamento. その会社との交渉は進行中である．

andante /ɐ̃'dɐ̃tʃi/ 形 [男女同形] ❶ 放浪する，冒険する ▶cavaleiro andante 遍歴の騎士，冒険家．
❷ 進行中の，現在の；時間が早く過ぎる ▶semana andante 今週．
— 名 通行人，歩行者．
— 男 【音楽】アンダンテ．

:andar /ɐ̃'dax/ アンダーフ / 自 ❶ 歩く，歩行する ▶Minha filha vai andando para a escola. 私の娘は歩いて学校に行く / O bebê começou a andar. その赤ん坊は歩けるようになった．
❷ 動く，移動する；運行する ▶andar de trem 列車に乗る / andar de avião 飛行機で行く / andar

andarilho, lha

de bicicleta 自転車に乗る / andar a cavalo 馬に乗る / andar a pé 徒歩で行く / andar a 60km/h 時速60キロで走行する / andar à toa [a esmo] あてもなく歩き回る.

❸ (命令の表現で) 急ぐ ▶ Anda! 急げ / Ande com isso. 早くしなさい.

❹ (機械が) 作動する ▶ Esta máquina não anda. この機械は動かない.

❺ 進む, 進展する, 進捗(しんちょく)する, はかどる ▶ Como andam as coisas? 調子はどうですか / O projeto está andando bem. プロジェクトは順調に進んでいる / A fila não anda. 行列が前に進まない / O negócio está andando muito lentamente. 交渉は遅々として進まない.

❻ いる ▶ Ele anda por aí. 彼はそのあたりにいる.

❼ 《andar + 雌語》…の状態にある ▶ andar doente 病気である / andar ocupado 忙しい / andar armado 武器を持っている, 武装してる / andar deprimido 落ち込んでいる / Eu ando à procura de alguém. 私は人を探している / Ando preocupado e não posso dormir. 私は心配で眠れない.

❽ (時間が) 経過する ▶ Andaram três horas. 3時間が経過した.

❾ 振る舞う ▶ Os alunos desta escola andam muito bem [mal]. この学校の生徒たちはとても行儀がよい [悪い].

❿ 通う ▶ Ele já anda na universidade. 彼はもう大学に通っている.

⓫ 《andar + 現在分詞 / a + 不定詞》…している ▶ Ele anda falando mal do seu chefe. 彼は上司の悪口ばかり言っている.

— 他 …を歩き回る, 旅行する ▶ Ele andou a Europa. 彼はヨーロッパを歩き回った.

andar com... …と付き合う, 性的関係がある ▶ Ele anda com uma menina carioca. 彼はリオ出身の女の子と付き合っている.

andar por... …の ① …を歩き回る, 旅行する ▶ Eles andaram por toda a Europa. 彼らはヨーロッパ中を旅した / andar pela cidade sem destino あてもなく街をさまよう. ② 《andar por + 数詞》約…である, ほぼ…に達する ▶ A despesa já anda por um milhão de reais. 出費はすでに100万レアル近くになっている / andar por uns vinte anos 二十歳くらいである.

A quantas anda(m)? 調子はどうですか.

pôr a andar 追い出す, 追い払う.

— 男 〖複 andares〗 ❶ 歩き方, (馬の) 足並み ▶ O andar daquela moça era muito elegante. その女性の歩き方はとても優雅だった / O andar mais rápido do que o galope. 馬の足並みで最も速いものはギャロップ (駆け足) である.

❷ 経過 ▶ com o andar dos tempos 時の経過とともに.

❸ (地階を除く) 階 ▶ Minha firma fica no segundo andar deste prédio. 私の会社はこのビルの3階にある / o andar térreo 1階 / o primeiro andar 2階 / o segundo andar 3階 / subir ao primeiro andar 2階に上がる / um edifício de nove andares 10階建てのビル / Em que andar você mora? あなたは何階に住んでいますか / no andar de baixo 下の階に / no andar de cima 上の階に.

❹ 層, 〖地学〗地層.

andarilho, lha /ẽdaˈriʎu, ʎa/ 形 とても歩く, 健脚の.
— よく歩く人, 健脚家.

Andes /ˈẽdʒis/ 男複 os Andes アンデス山脈.

andino, na /ẽˈdʒinu, na/ 形 名 アンデス山脈の (住民).

andor /ẽˈdox/ [複 andores] 男 祭礼に聖人像を載せて運ぶみこし.

andorinha /ẽdoˈriɲa/ 女 ❶ ツバメ ▶ Uma andorinha não faz a verão. 諺 ツバメ一羽が来ただけでは夏にならない, 早合点は禁物だ. ❷ 回 引っ越し用のバン [トラック].

andrógino, na /ẽˈdrɔʒinu, na/ 形 ❶ 両性具有の. ❷ 〖植物〗雌雄同花序の.

andropausa /ẽdroˈpawza/ 女 男性の更年期.

anedota /aneˈdɔta/ 女 小話, 逸話, 挿話 ▶ contar uma anedota 小話をする.

*****anel** /aˈnɛw/ [複 anéis] 男 ❶ 指輪 ▶ anel de casamento 結婚指輪 / anel de noivado 婚約指輪 / Vão-se os anéis, ficam os dedos. 諺 (指輪がなくなっても指は残る→) 富よりも健康が大事.

❷ 輪, 輪状のもの ▶ anéis olímpicos オリンピックの五輪 / os anéis de Saturno 土星の環 / anel rodoviário 環状道路.

❸ (髪の) カール, 巻き毛.

❹ (ミミズなどの環形動物の) 環節, 体環.

dar os anéis para salvar os dedos 小の虫を殺して大の虫を助ける.

anelar[1] /aneˈlax/ 他 巻き毛にする, カールする.
— **anelar-se** 再 巻き毛になる.

anelar[2] /aneˈlax/ [複 anelares] 形 《男女同形》輪のような; 指輪をはめる ▶ dedo anelar 薬指.

anemia /aneˈmia/ 女 ❶ 〖医学〗貧血 (症) ▶ ter anemia 貧血である. ❷ 衰退, 不振 ▶ em anemia econômica 経済不振に陥っている.

anêmico, ca /aˈnɛmiku, kɐ/ 形 P = anêmico

anêmico, ca /aˈnemiku, ka/ 形 ❶ 貧血 (症) の. ❷ 活力のない, 不振な.
— 名 貧血の人.

anestesia /anesteˈzia/ 女 〖医学〗麻酔 (法) ▶ anestesia geral 全身麻酔 / anestesia local 局部麻酔.

anestesiar /anesteziˈax/ 他 …に麻酔をかける.

anestésico, ca /anesˈtɛziku, ka/ 形 麻酔の.
— **anestésico** 男 麻酔薬.

anestesista /anesteˈzista/ 名 麻酔医.

anexação /anekˈsasẽw/ [複 anexações] 女 併合, 併合 ▶ anexação da Áustria pela Alemanha nazista ナチスドイツによるオーストリア併合.

anexar /anekˈsax/ 他 ❶ 添える, 付加する, 添付する. ❷ (領土を) 併合する ▶ A Alemanha anexou a Áustria em 1938. ドイツはオーストリアを1938年に併合した.
— **anexar-se** 再 添えられる; 併合される.

anexo, xa /aˈnɛksu, ksa/ 形 ❶ …に付属した [+ a] ▶ os prédios anexos à escola 学校に付属した建物. ❷ 添付した ▶ documento anexo 添付書類 / Segue anexo meu currículo. 履歴書を同封いたし

— anexo 男 ❶ 付属建物. ❷ 添付書類, 付録 ▶ abrir o anexo 添付書類を開く.

anfetamina /ẽfeta'mīna/ 女 アンフェタミン.

anfíbio, bia /ẽ'fibiu, bia/ 形 ❶ 水陸両生の, 両生類の. ❷ 水陸両用の.
— anfíbio 男 ❶ 両生動物. ❷《anfíbios》両生類.

anfiteatro /ẽfite'atru/ 男 ❶（半円型の）階段教室. ❷ 古代ローマの円形闘技場.

anfitrião, ã /ẽfitri'ẽw, 'ẽ/ ［複 anfitriões, ãs］（女 anfitrioa もある）名（接待の）主人役.

ânfora /'ẽfora/ 女 アンフォーラ（古代ギリシャ・ローマの両取っ手つきの壺）.

angariar /ẽgari'ax/ 他 ❶ 集める ▶ angariar fundos 資金を集める / angariar votos 票集めをする. ❷ 手に入れる, 獲得する ▶ angariar grande popularidade 大人気を博する.

angelical /ẽʒeli'kaw/ ［複 angelicais］形《男女同形》天使の, 天使のような ▶ pureza angelical 天使の清らかさ / rosto angelical 天使のような顔.

angélico, ca /ẽ'ʒɛliku, ka/ 形 = angelical

angina /ẽ'ʒina/ 女【医学】アンギナ ▶ angina de peito 狭心症.

anglicano, na /ẽgli'kẽnu, na/ 形 英国国教会の. — 名 英国国教会の信者.

anglicismo /ẽgli'sizmu/ 男 英語的な語彙［語法］.

anglo-saxão, xã /ẽglusak'sẽw, 'sẽ/ ［複 anglo-saxões, xãs］形 アングロサクソンの；古英語の.
— 名 アングロサクソン人.
— anglo-saxão 男 古英語.

Angola /ẽ'gɔla/ 女《国名》アンゴラ（アフリカ南西部にある共和国；旧ポルトガル植民地）.

angolano, na /ẽgo'lẽnu, na/ 形 名 アンゴラの（人）.

angolense /ẽgo'lẽsi/ 形《男女同形》名 アンゴラの（人）.

angu /ẽ'gu/ 男 トウモロコシの粉と水を混ぜて煮込んだもの.
angu de caroço 厄介事.
Debaixo desse angu tem caroço. 何かがある, 何かが潜んでいる.
pegar angu 食事しに行く.

angular /ẽgu'lax/ ［複 angulares］形《男女同形》角の, 角張った；角度の.

*****ângulo** /'ẽgulu/ アングロ 男 ❶【数学】角（度）▶ medir o ângulo 角度を測る / num ângulo de 45°45度の角度で / ângulo agudo 鋭角 / ângulo reto 直角 / ângulo obtuso 鈍角.
❷（建物などの）角, 隅.
❸（物事を見る）角度, 方向 ▶ ângulo visual [de visão] 視角.
❹（状況や問題の）見方, 観点 ▶ visto por esse ângulo その観点では, そうした見方をするなら / de vários ângulos さまざまな角度から / ver as coisas por outro ângulo 別の観点から物事を見る.
de qualquer ângulo どこから見ても.
por qualquer ângulo あらゆる角度［視点］から

でも.

anguloso, sa /ẽgu'lozu, 'lɔza/ 形 ❶ 角のある, 角ばった. ❷ 骨ばった ▶ rosto anguloso 骨ばった顔.

angústia /ẽ'gustʃia/ 女 ❶（危険などへの）不安, 心配 ▶ angústia de morte 死の不安 / uma noite de angústia 不安な一夜 / angústia existencial 実存的不安. ❷ 苦悩, 苦痛 ▶ um grito de angústia 苦痛の叫び.

angustiado, da /ẽgustʃi'adu, da/ 形 悩んでいる, 不安を抱えた.

angustiante /ẽgustʃi'ẽtʃi/ 形《男女同形》苦悩させる, 苦しませる, 悩ませる ▶ dias angustiantes 苦しい日々.

angustiar /ẽgustʃi'ax/ 他 苦しめる, 不安にさせる ▶ O futuro sempre angustia os homens. 未来はいつも人を不安にさせる.
— angustiar-se 再 苦悩する, 悩む, 不安になる ▶ angustiar-se com as próprias culpas 自らの罪に苦悩する.

anho /'ẽɲu/ 男 小羊.

anidrido /ani'dridu/ 男【化学】無水物.

anil /a'niw/《単複同形》男 ❶【植物】アイ. ❷ 藍色.
— 形《男女同形》藍色の.

animação /anima'sẽw/ ［複 animações］女 ❶ 動画, アニメーション ▶ filme de animação アニメ映画. ❷ 活気, 生気；にぎわい ▶ a animação da festa お祭りのにぎわい / falar com animação 熱心に話す.

animado, da /ani'madu, da/ 形 ❶ 生命のある ▶ um ser animado 生物.
❷ 活気のある, にぎわっている ▶ uma cidade animada 活気のある街 / uma festa animada 盛り上がっているパーティー.
❸ アニメの ▶ desenhos animados アニメ映画.
estar animado com algo …を楽しみにしている ▶ Estamos muito animados com o jogo contra o Flamengo. 私たちはフラメンゴとの試合をとても楽しみにしている.
estar animado para ＋不定詞 …することを楽しみにしている ▶ Estou animado para ver esse filme. 私はこの映画を見ることを楽しみにしている.

animador, dora /anima'dox, 'dora/ ［複 animadores, animadoras］形 ❶ 推進する, リードする, 勇気づける.
— 名 ❶ 推進者, リーダー. ❷ 司会者, 進行役. ❸ アニメ制作者.

*****animal** /ani'maw/ アニマゥ ［複 animais］男 ❶ 動物 ▶ animal de estimação ペット / animal doméstico 家畜 / animal selvagem 野生動物 / animal racional 理性的動物（人間のこと）/ animal irracional 禽獣 / animal de tiro 運搬用の家畜 / tratar como animal 動物のように扱う, 酷い扱いをする.
❷《軽蔑》愚かな人, 乱暴な人, 無礼な人；残虐な人, 凶悪な人, 心無い人 ▶ animal sem rabo 品のない人, 愚かな人.
— 形《男女同形》❶ 動物（性）の, 動物的な；本能的な ▶ proteína animal 動物性蛋白質 / gordura

animalesco, ca

animal 動物性油脂 / instinto animal 動物的本能 / comportamento animal 本能的な行動.
❷ 肉体的な, 肉欲の ▶ prazer animal 肉体的な喜び.

animalesco, ca /anima'lesku, ka/ 形 動物の, 動物のような ▶ instinto animalesco 動物的本能 / comportamento animalesco 動物のようなふるまい.

animalidade /animali'dadʒi/ 女 動物性, 獣性.

*__animar__ /ani'max/ アニマーフ 他 ❶ 元気づける, 勇気づける, 活気づける ▶ Os pais animam os filhos nas horas ruins. 両親は子供たちが落ち込んだとき元気づける.
❷《animar alguém + a + 不定詞》…するよう励ます.
❸ にぎやかにする, 盛り上げる ▶ animar a rua 通りをにぎやかにする / animar a conversa 会話を盛り上げる.

— **animar-se** 再 ❶ 元気になる ▶ Ele se animou com a visita dos amigos. 友人たちの訪問で彼は元気になった / Vamos, anime-se! ほら, 元気を出して.
❷ にぎやかになる, 盛り上がる.
❸《animar-se a + 不定詞》勇気を出して…する, …する意欲がでる ▶ Ele se animou a estudar no estrangeiro. 彼は留学に意欲的になった.

anímico, ca /a'nĩmiku, ka/ 形 霊魂の, 心霊的な ▶ estado anímico 心的状態 / força anímica 霊的力.

*__ânimo__ /'ẽnimu/ アニモ 男 ❶ 気力, 意欲 ▶ perder o ânimo 気力を失う, 意気消沈する / dar ânimo 励ます / Não tenho ânimo de sair. 私は外出する気になれない / sem ânimo para + 不定詞 …する気にならない.
❷ 心の状態, 気分, 機嫌 ▶ Como está o ânimo dele? 彼の機嫌はどうだろうか.
— 間 がんばれ.
acirrar os ânimos 奮い立たせる.
ganhar ânimo 活気づく, 恐怖に打ち勝つ.

animosidade /animozi'dadʒi/ 女 敵意, 憎しみ, 恨み.

animoso, sa /ani'mozu, 'mɔza/ 形 勇敢な, 勇気ある.

aninhar /ani'ɲax/ 他 ❶ …を巣に入れる ▶ O pardal aninha os filhotes. スズメがひな鳥を巣に宿らせる. ❷ 隠し, しまう ▶ Os bandidos aninharam as pistolas. 強盗はピストルを隠した.
— 自 巣を作る.

— **aninhar-se** 再 ❶ 巣に入る ▶ A águia aninhou-se. ワシが巣に入った. ❷ 身を置く.

aniquilação /anikila'sẽw̃/ [複 aniquilações] 女 全滅, 絶滅.

aniquilamento /anikila'mẽtu/ 男 = aniquilação.

aniquilar /aniki'lax/ 他 ❶ 全滅させる, 破壊する ▶ aniquilar o acampamento do inimigo 敵の野営地を全滅させる.
❷ 取り消す, 無効にする ▶ aniquilar a ordem jurídica 司法命令を無効にする.
❸ 憔悴させる, 意気消沈させる ▶ A doença aniquilou-o. その病気が彼を憔悴させた.

anis /a'nis/ 女 ❶ 〔植物〕アニス. ❷ アニス酒.

anistia /anis'tʃia/ 女 B 大赦, 特赦 ▶ conceder anistia 大赦を与える / anistia fiscal 納税義務違反に対する恩赦 / Anistia Internacional アムネスティーインターナショナル.

aniversariante /anivexsari'ẽtʃi/ 男 女 誕生日を迎えた (人).

‡**aniversário** /anivex'sariu/ アニヴェフサーリオ 男 ❶ 誕生日 ▶ festejar o aniversário 誕生日を祝う / Feliz aniversário! 誕生日おめでとう / Hoje é o aniversário dele. 今日は彼の誕生日だ / Quando é seu aniversário? 誕生日はいつですか / presente de aniversário 誕生日のプレゼント / bolo de aniversário バースデーケーキ / festa de aniversário 誕生日パーティー.
❷ 誕生日のパーティー ▶ convidar para o aniversário 誕生日のパーティーに招待する.
❸ 記念日 ▶ Sete de setembro é o aniversário da Independência do Brasil. 9月7日はブラジルの独立記念日だ / aniversário de casamento 結婚記念日.
de aniversário 誕生日に ▶ presentes que ganhei de aniversário 誕生日にもらったプレゼント.

*__anjo__ /'ẽʒu/ アンジョ 男 ❶ 天使 ▶ anjo da guarda 守護天使 / anjo caído 堕天使 / anjo das trevas 悪魔.
❷ とても親切な人 ▶ Ela é um anjo! 彼女は (天使のように) 親切な人だ.
discutir sobre o sexo dos anjos 無意味な議論を繰り広げる.
Que os anjos digam amém. その通りになりますように.

‡**ano** /'ẽnu/ アーノ 男 ❶ 年 ▶ Morei três anos em São Paulo. 私は3年サンパウロで暮らした / este ano 今年 / no ano passado 去年 / no ano passado 去年に / o ano que vem = o próximo ano 来年 / há dois anos 一昨年, 2年前から / há cinco anos 5年前に / há anos 何年も前に, ずっと前から / todos os anos = todo ano B 毎年 / ano a ano 年々, 一年一年と / de ano em ano 毎年 / o ano todo 1年中 / duas vezes por ano 1年に2回 / dentro de três anos 3年以内に / anos a fio 何年も, 長年 / ano sim, ano não 1年おきに / a cada quatro anos 4年に1度 / Ano vai, ano vem. 年々歳々 / Entra ano, sai ano. 年は過ぎゆく / anos dourados 黄金時代 / ano bissexto 閏(うるう)年 / ano sabático 安息の年, サバティカルイヤー / ano civil 暦年 / ano novo 新年 / o dia de Ano Novo 元日 / Feliz Ano Novo! 新年おめでとう / Em que ano você nasceu? 何年生まれですか / no ano 2010 2010年に.
❷ 年度 ▶ No Japão, o ano escolar começa em abril. 日本では学校年度は4月に始まる / ano letivo 学校年度 / ano fiscal 会計年度 / ano comercial 営業年度.
❸ 学年 ▶ Estou no segundo ano da universidade. 私は大学2年生だ / Em que ano você está? 何年生ですか / passar de ano 進級する / repetir o ano 落第する.
❹《anos》誕生日 ▶ dia de [dos] anos 誕生日 / fa-

zer anos 誕生日を迎える / fazer trinta anos 30 歳の誕生日を迎える.

❺ 《anos》年齢, … 歳 ▶ — Quantos anos você tem? — Tenho trinta anos.「あなたは何歳ですか」「30歳です」/ um menino de quatro anos 4 歳の男の子 / aos trinta anos de idade 30 歳 / Quantos anos você dá para ele? 彼は何歳だと思いますか.

❻ 《anos…》…年代 ▶ Eu gosto muito da música dos anos oitenta. 私は80年代の音楽が好きだ.

nem em um milhão de anos 決して…ない.

ano-bom /ˌẽnu'bõ/ [複 anos-bons] 男 新年, 元旦.

anódino, na /a'nɔdʒinu, na/ 形 ❶ 鎮痛の.

❷ 効き目のない ▶ medicamentos anódinos 効き目のない薬.

❸ 取るに足らない, どうということのない.

— **anódino** 男 鎮痛剤, 鎮静剤.

*****anoitecer** /anojte'sex/ アノィテセーフ/ ⑰ 自《非人称》《日が》暮れる ▶ No inverno, anoitece cedo. 冬は早く日が暮れる / Já anoiteceu! もう日が暮れた / Ei, está começando a anoitecer! ほら, 日が暮れてきたよ.

— 男 [複] anoiteceres] 日暮れ ▶ O anoitecer é um pouco triste. 日暮れは少し悲しい / ao anoitecer 日暮れ時に / antes do anoitecer 暗くなる前に / depois do anoitecer 暗くなった後に.

ano-luz /ˌẽnu'lus/ [複 anos-luz] 男《天文》光年.

anomalia /anoma'lia/ 女 変則, 異常 ▶ anomalia genética 遺伝子疾患.

anómalo, la /ɐ'nɔmɐlu, lɐ/ 形 P = anômalo.

anômalo, la /a'nõmalu, la/ 形 変則的な, 異常な ▶ verbo anômalo 不規則動詞.

anonimamente /aˌnonima'mẽtʃi/ 副 匿名で, 名前を隠して.

anonimato /anoni'matu/ 男 匿名(性) ▶ manter o anonimato 匿名を保つ.

anónimo, ma /ɐ'nɔnimu, mɐ/ 形 P = anônimo.

anônimo, ma /a'nõnimu, ma/ 形 B ❶ 匿名の ▶ carta anônima 匿名の手紙. ❷ 氏名不詳の ▶ poeta anônimo 無名詩人, 不詳詩人. ❸ sociedade anônima 株式会社.

— 名 匿名者.

anoraque /ano'raki/ 男 パーカー.

anorexia /anorek'sia/ 女 食欲不振, 拒食症 ▶ anorexia nervosa 神経性無食欲症.

anoréxico, ca /ano'rɛksiku, ka/ 形 食欲のない, 無食欲症の.

— 名 無食欲症の人.

*****anormal** /anox'maw/ アノルマゥ/ [複 anormais] 形《男女同形》❶ 異常な ▶ O tempo está anormal no mundo todo. 世界中で気象が異常だ / comportamento anormal 異常行動.

❷ 例外的な, 並外れた ▶ Sua rapidez em calcular é anormal. 彼の計算の速さは並外れている.

anormalidade /anoxmali'dadʒi/ 女 異常, 異常事態.

anormalmente /anox,maw'mẽtʃi/ 副 異常に; めったにないほど, 非常に ▶ nível anormalmente elevado 異常に高いレベル.

anotação /anota'sẽw/ [複 anotações] 女 ❶ メモ ▶ fazer a anotação de [sobre] algo …をメモする / caderno de anotações メモ帳. ❷ 注記, コメント.

anotar /ano'tax/ 他 ❶ …を書き留める, メモする ▶ anotar um telefone 電話番号をメモする. ❷ …に注釈をつける. ❸ 評する.

anseio /ɐ̃'seju/ 男 熱望, 渇望 ▶ anseio de independência 自由への熱望.

ânsia /'ɐ̃sia/ 女 ❶ 気分の悪いこと; 吐き気 ▶ causar [dar] ânsia a alguém …に吐き気を催させる / ter ânsia de vômito 吐き気がする.

❷ 不安, 心配; 苦悩 ▶ Ficou em ânsias até saber que estava segura. 彼女は自分が安全だと知るまでは不安だった.

❸ 熱望, 渇望 ▶ a ânsia de vencer 勝利の意志 / ânsia por liberdade 自由への熱望.

ansiado, da /ɐ̃si'adu, da/ 形 ❶ 気分の悪い ▶ Ele fica ansiado com a viagem de navio. 彼は船に乗ると気分が悪くなる. ❷ 不安に思った;《不安で》落ち着きのない ▶ Estou ansiado com a prova. 私は試験を不安に思っている.

ansiar /ɐ̃si'ax/ 他 ❶《ansiar + 不定詞》…することを切望する, 渇望する ▶ Ele ansiava casar logo. 彼はすぐに結婚したいと思っていた.

❷ 不安にさせる ▶ A possibilidade de morte ansiava-o. 死の可能性が彼を不安にさせていた.

❸ 気分を悪くする; 不快に感じさせる.

— 自 ❶ …を渇望する [+ por] ▶ ansiar por uma vida melhor よりよい生活を渇望する.

❷《ansiar por + 不定詞》…することを望む, 渇望する ▶ O menino ansiava por se tornar rico. その男の子は金持ちになりたがっていた.

❸ 気分が悪くなる, 不安に感じる ▶ Após tomar o remédio, ansiei. 薬を飲んだ後, 私は気分が悪くなった.

— **ansiar-se** 再 気分が悪くなる, 不安に思う.

ansiedade /ɐ̃sie'dadʒi/ 女 ❶ 苦悩, 不安, 心配 ▶ viver na ansiedade 不安を抱えながら暮らす / controlar a ansiedade 不安を抑える / pessoas com ansiedade 不安を抱えている人たち.

❷ 熱望, 切望.

*****ansioso, sa** /ɐ̃si'ozu, 'ɔza/ アンシィオーゾ, ザ/ 形 ❶ 不安げな ▶ Seu olhar estava ansioso. 彼の視線は不安げだった.

❷《estar ansioso por algo》…を楽しみにしてる ▶ Estamos ansiosos pela sua chegada. 私たちはあなたの到着を心待ちにしている.

❸《estar ansioso em + 不定詞》…することを熱望する ▶ Ela estava ansiosa em reencontrá-lo. 彼女は彼と再会することが待ち遠しかった.

antagónico, ca /ɐ̃ta'ɡɔniku, kɐ/ 形 P = antagônico.

antagônico, ca /ɐ̃ta'ɡoniku, ka/ 形 B 敵対する, 対立する ▶ perspectivas antagônicas 対立する見解.

antagonismo /ɐ̃taɡo'nizmu/ 男 敵対関係, 反目, 対立 ▶ antagonismo ideológico イデオロギー上の対立.

antagonista

antagonista /ẽtago'nista/ 图 敵対者, 反対者.
— 形 敵対する, 対立する.

antanho /ẽ'tɐɲu/ 副 去年；以前, 昔 ▶ um costume de antanho 昔の流行.

antártico, ca /ẽ'taxtʃiku, ka/ 形 南極 (地方) の ▶ continente antártico 南極大陸.

ante /'ẽtʃi/ 前 ❶ …の前で, …の前に ▶ Ela envergonhou-se ante a presença dos amigos. 彼女は友人たちの前ではにかんだ.
❷ …を前にして, …をかんがみて ▶ Ante o receio de falhar, resolveu desistir. 彼は失敗するのが怖くて思いとどまることにした / O governo cai ante a falta de apoio. 支持がなければ政権は倒れる.

antebraço /ẽtʃi'brasu/ 男 前腕 (ひじから手首までの部分).

antecâmara /ẽte'kẽmara/ 女 ❶ 次の間, 控えの間. ❷ 待合室.

antecedência /ẽtese'dẽsia/ 女 (時や順序における) 先 行 ▶ com antecedência 前 も っ て / com uma semana de antecedência 1週間先に.

antecedente /ẽtese'dẽtʃi/ 形《男女同形》先行する, 前の ▶ no dia antecedente 前日に.
— 男 ❶ 先例, 前例. ❷《文法》先行詞. ❸《antecedentes》前歴, 来歴；既往症 ▶ ter antecedentes criminais 前科がある / bons antecedentes 無犯罪証明書.

anteceder /ẽtese'dex/ 他 ❶ …に先行する, …の前に起こる ▶ As ameaças antecederam o ataque. 攻撃の前に威嚇があった / O relâmpago antecede o trovão. 稲妻が雷鳴より先に起こる.
❷ 前倒しする ▶ anteceder o pagamento 支払いを前倒しする.
— 自 …に先行して起こる, 先立つ [+ a].
— **anteceder-se** 再 …に先行する [+ a].

antecessor, sora /ẽtese'sox, 'sora/ 图 前任者, 先任者.
— 形 前任の, 先任の.

antecipação /ẽtesipa'sẽw/ 女《antecipações》女 ❶ 先取り, 先に行うこと ▶ antecipação do pagamento 前 払 い / antecipação do casamento 結婚を早めること / por antecipação 前もって.
❷ 予想, 予期 ▶ antecipação dos resultados 結果の予想.
❸ 前払い.

antecipadamente /ẽtesi,pada'mẽtʃi/ 副 前もって, あらかじめ ▶ pagar antecipadamente 前払いする.

antecipado, da /ẽtesi'padu, da/ 形 早期の, 前もって行われた ▶ pagamento antecipado 前払い.

*****antecipar** /ẽtesi'pax/ 他 ❶ 前倒しにする, 繰り上げる ▶ antecipar a partida 出発を早める. ❷ 予期する, 予想する ▶ antecipar o futuro 未来を予想する.
— **antecipar-se** 再 予定より早くなる ▶ Ele se antecipou e chegou hoje. 彼は予定を早めて今日着いた.

antegozar /ẽtego'zax/ 他 楽しみにする.

antemão /ẽtʃi'mẽw/《次の成句で》
de antemão 前もって, 事前に ▶ saber de antemão 事前に知る.

antena /ẽ'tẽna/ 女 ❶ アンテナ ▶ antena de televisão テレビアンテナ / antena parabólica パラボラアンテナ / montar uma antena アンテナを立てる / antena direcional 指向性アンテナ / tempo de antena 放送時間. ❷ 触角.
estar de antenas ligadas 常にアンテナを張りらせている.
ter antenas アンテナを張っている.

antenado, da /ẽte'nadu, da/ 形 圏 世間のことをよく知っている, 世事に詳しい.

*****anteontem** /ẽtʃi'ōtẽj/ アンチオンテン/ 副 おととい, 一昨日 ▶ Os torcedores da seleção chegaram à cidade anteontem. 代表チームのサポーターたちは一昨日町にやってきた / anteontem à noite 一昨日の夜.

anteparo /ẽte'paru/ 男 防御する物, 遮蔽(しゃへい)物；防御, 保護 ▶ anteparo para chuva 雨を防ぐもの.

antepassado, da /ẽtepa'sadu, da/ 形 すでに起きた, 過去の ▶ fatos antepassados 過去の事実.
— 图 先祖, 祖先.

antepor /ẽte'pox/ ⑭《過去分詞 anteposto》他 ❶ …の…の前に置く [+ a] ▶ antepor o verbo ao sujeito 主語の前に動詞を置く.
❷ …より好む, 重要とみなす [+ a] ▶ Anteponho os interesses do país aos meus próprios. 私は自分の利益よりも国益を重要視する.
— **antepor-se** 再 …の前に置かれる [+ a].

anteprojeto /ẽtepro'ʒetu/ 男 草案 ▶ anteprojeto de lei 法案.

*****anterior** /ẽteri'ox/ アンテリオーフ/《複 anteriores》形《男女同形》❶《時間》(…より) 前 の [に][+ a] (↔ posterior) ▶ na semana anterior 先週に / com relação ao ano anterior 前 年 比 で / Veja na tabela na página anterior. 前のページの表を見てください / Eles chegaram no dia anterior ao jogo. 彼らは試合の前日に到着した.
❷《空間》前の, 前方の ▶ a parte anterior da loja 店の前方部分.
❸ かつての, 元の ▶ o presidente anterior 元大統領 / minha escola anterior 私の前の学校.

anteriormente /ẽteri,ox'mẽtʃi/ 副 …より以前に, 先 に [+ a] ▶ como eu disse anteriormente 私が前に言ったように / anteriormente à compra 購入の前に.

*****antes** /'ẽtʃis/ アンチス/ 副 ❶ 以前に ▶ Ela já morou no Rio antes. 彼女はかつてリオに住んだことがある / A situação está como antes, sem mudanças. 情勢は以前と変わりがない / Antes ele dizia o contrário. 彼は以前は逆のことを言っていた.
❷ その前に (↔ depois) ▶ A partida é às nove. Temos que chegar antes. 出発は9時だ. 私たちはその前に到着しなければならない.
❸《名詞 + antes》その…前に ▶ alguns dias antes その数日前に.
❹《場所》手前で, 手前に, その前で.
❺《antes... (do que...)》…よりはむしろ… ▶ Antes tarde do que nunca. 遅くなっても何もしないより

はましだ / Quero antes viver (do) que morrer. 私は死ぬよりもむしろ生きていたい.
antes assim そのほうがましだ.
antes de... ①《時間的に》…の前に ▶lavar as mãos antes das refeições 食事の前に手を洗う / Eu cheguei antes dela. 私は彼女よりも先に着いた. ②《空間的に》…の手前に ▶Pare o carro antes da esquina. 角の手前で車を止めてください.
antes de +[不定詞] …する前に ▶Pense bem antes de responder. 答える前によく考えなさい.
antes de Cristo 西暦紀元前 (略語 a.C.).
antes de mais nada 何よりもまず, 直ちに.
antes de ontem 一昨日.
antes de tudo 何よりもまず ▶a segurança antes de tudo 安全第一.
antes do tempo 時期尚早に ▶estar velho antes do tempo 年の割に老けて見える.
antes que +[接続法] …前に ▶Vamos embora antes que escureça. 暗くなる前に帰ろう.
em antes 以前に.
em antes de... …の以前に.
ou antes というよりも, むしろ, より正確に言うと.

antessala /ẽte'sala/ [女] 次の間, 控えの間；待合室.

antever /ẽte'vex/ ⑥⑨《[過去分詞] antevisto》[他] ❶ 前もって見る；見越す, 予想する ▶antever o futuro 将来を予想する / antever o perigo 危険を予見する.
❷ 予言する ▶O profeta anteviu a tragédia. その予言者は悲劇を予言した.

antevéspera /ẽte'vɛspera/ [女] 前々日.

antevisão /ẽtevi'zẽw̃/ [[複] antevisões] [女] 予見, 予想.

antiaborto /ẽtʃia'boxtu/《不変》[形] [名] 妊娠中絶に反対する (人) ▶manifestação antiaborto 妊娠中絶反対デモ.

antiácido, da /ẽtʃi'asidu, da/ [形] 制酸の.
— **antiácido** [男] 制酸剤.

antiaderente /ẽtʃiade'rẽtʃi/ [形]《男女同形》焦げ付かない ▶frigideira antiaderente 焦げ付かないフライパン.

antiaéreo, rea /ẽtʃia'ɛriu, ria/ [形] 対空の, 防空の.

antiamericano, na /ẽtʃiameri'kẽnu, na/ [形] [名] 反米の (人).

antibiótico, ca /ẽtʃibi'ɔtʃiku, ka/ [形] 抗生物質の.
— **antibiótico** [男] 抗生物質.

anticiclone /ẽtʃisi'klõni/ [男] 高気圧 (圏).

anticlímax /ẽtʃi'klĩmaks/ [男]《単複同形》❶ 期待はずれ, 肩すかし, 拍子抜け.
❷〖修辞〗漸降法.

anticoagulante /ẽtʃikoagu'lẽtʃi/ [形]《男女同形》〖医学〗抗凝固 [凝血] 性の.
— [男] 抗凝血 [凝固] 剤.

anticomunista /ẽtʃikomu'nista/ [形] 反共主義の.
— [名] 反共主義者.

anticoncepcional /ẽtʃikõsepisio'naw/ [[複] anticoncepcionais] [形]《男女同形》避妊の ▶método anticoncepcional 避妊法 / pílula anticoncepcional 避妊薬.
— [男] 避妊具, 避妊薬.

anticongelante /ẽtʃikõʒe'lẽtʃi/ [形]《男女同形》凍結防止の.
— [男] 凍結防止剤, 不凍液.

anticonstitucional /ẽtʃikõstʃitusio'naw/ [[複] anticonstitucionais] [形] 違憲の, 憲法違反の.

anticorpo /ẽtʃi'koxpu/ [男]〖医学〗抗体.

anticristo /ẽtʃi'kristu/ [男] 反キリスト.

antidemocrático, ca /ẽtʃidemo'kratʃiku, ka/ [形] 非民主主義的な, 反民主主義的な.

antidepressivo, va /ẽtʃidepre'sivu, va/ [形] 抗うつの.
— **antidepressivo** [男] 抗うつ剤.

antiderrapante /ẽtʃidexa'pẽtʃi/ [形]《男女同形》(タイヤが) 滑り止めのついた.

antídoto /ẽ'tʃidotu/ [男] ❶ 解毒剤 ▶antídoto contra veneno de cobra コブラ毒の解毒剤. ❷ 防止法.

antidroga /ẽtʃi'drɔga/ [形]《不変》麻薬対策の.

antiético, ca /ẽtʃi'ɛtʃiku, ka/ [形] 非倫理的な, 反倫理的な.

antigamente /ẽ,tʃiga'mẽtʃi/ [副] **昔は, かつては,** 以前は ▶Antigamente, a borracha era extraída das seringueiras da Amazônia. 昔ゴムはアマゾンのゴムの木から採取されていた / Antigamente, este bairro era mais animado. 以前はこの地区はもっとにぎやかだった.

antígeno /ẽ'tʃiʒenu/ [男]〖医学〗抗原.

antiglobalização /ẽtʃiglobaliza'sẽw̃/ [女] 反グローバリゼイション.

***antigo, ga** /ẽ'tʃigu, ga アンチーゴ, ガ/ [形] ❶ **古い, 昔の** ▶filmes antigos 古い映画 / um bairro antigo 旧市街 / épocas antigas 昔の時代 / música antiga 古楽.
❷ **旧 …, 元 …** ▶o antigo campeão do mundo de futebol サッカーの元優勝国 / o antigo presidente dos Estados Unidos 元アメリカ大統領.
❸ **古参の, 古手の** ▶Eu sou mais antigo que Antônio no cargo. その職において私はアントニオより先輩である.
❹ 古代の ▶Grécia e Roma antigas 古代ギリシャ・ローマ.
❺ アンティークの；時代遅れの ▶móveis antigos アンティークの家具.
à antiga 昔風に.

antiguidade /ẽtʃig(w)i'dadʒi/ [女] ❶ 古さ. ❷ 年功, 古参であること ▶promoção por ordem de antiguidade 年功序列. ❸《Antiguidade》古代 ▶Antiguidade clássica 古典古代. ❹《antiguidades》古代遺跡.

anti-herói /,ẽtʃie'rɔi/ [[複] anti-heróis] [男] アンチヒーロー.

anti-higiénico, ca /,ẽtiʒi'ɛniku, kɐ/ [[複] anti-higiénicos] [形] [P] = anti-higiênico

anti-higiênico, ca /,ẽtʃiʒi'ẽniku, ka/ [[複] anti-higiênicos] [形] [B] 非衛生的な.

anti-histamínico, ca /,ẽtʃista'mĩniku, ka/ [[複] anti-higiênicos] [形] 抗ヒスタミンの.

anti-horário, ria

— **anti-histamínico** 男 抗ヒスタミン剤.

anti-horário, ria /ɐ̃tʃio'rariu, ria/ [複 anti-horários] 形 時計回りと反対方向の ▶ no sentido anti-horário 時計回りと反対方向に.

antimatéria /ɐ̃tʃima'tɛria/ 女《物理》反物質.

antimíssil /ɐ̃tʃi'misiw/ [複 antimísseis] 形《男女同形》ミサイル迎撃の.
— 男 迎撃ミサイル.

antimónio /ɐ̃ti'mɔniu/ 男 P = antimônio

antimônio /ɐ̃tʃi'mõniu/ 男 B《化学》アンチモン.

antinatural /ɐ̃tʃinatu'raw/ [複 antinaturais] 形 反自然な, 不自然な.

antinomia /ɐ̃tʃino'mia/ 女 ❶ 矛盾. ❷《哲学》二律背反.

antipatia /ɐ̃tʃipa'tʃia/ 女 反感, 嫌悪, 毛嫌い ▶ ter antipatia por... …を嫌う, 毛嫌いする.

*__antipático, ca__ /ɐ̃tʃi'patʃiku, ka/ 形 感じの悪い, 反感を抱かせる, 嫌な.

antipatizar /ɐ̃tʃipatʃi'zax/ 自 …に反感を抱く, …を嫌悪する [+ com] ▶ Ele antipatiza comigo. 彼は私に反感を抱いている.

antipatriótico, ca /ɐ̃tʃipatri'ɔtʃiku, ka/ 形 非愛国的な.

antipessoal /ɐ̃tʃipeso'aw/ [複 antipessoais] 形《男女同形》対人の ▶ mina terrestre antipessoal 対人地雷.

antípoda /ɐ̃'tʃipoda/ 形《男女同形》正反対の.
— 男 ❶ 反対のもの[人]. ❷《antípodas》地球の反対側の住民.
estar nos antípodas de... …とは正反対である, かけ離れている.

antiquado, da /ɐ̃tʃi'kwadu, da/ 形 古びた, 古くさい, 旧式の ▶ leis antiquadas 古びた法律 / ideias antiquadas 古くさい考え.

antiquário /ɐ̃tʃi'kwariu/ 男 骨董品収集家, 骨董商; 骨董店.

antiquíssimo, ma /ɐ̃tʃi'k(w)isimu, ma/ 形 antigo の絶対最上級.

antirracista /ɐ̃tʃixa'sista/ 形 名 人種差別に反対する(人) ▶ educação antirracista 反人種差別教育.

antirrugas /ɐ̃tʃi'xugas/ 形《不変》しわ防止の, しわ取りの.

antissemita /ɐ̃tʃise'mita/ 形《男女同形》名 反ユダヤ主義の(人).

antissemitismo /ɐ̃tʃisemi'tʃizmu/ 男 反ユダヤ主義.

antisséptico, ca /ɐ̃tʃi'sɛptʃiku, ka/ 形 防腐の, 消毒の, 殺菌の.
— **antisséptico** 男 防腐剤, 消毒薬, 殺菌剤.

antissocial /ɐ̃tʃisosi'aw/ [複 antissociais] 形《男女同形》❶ 反社会的な ▶ comportamento antissocial 反社会的行動. ❷ 非社交的な, 社会性のない.

antiterrorista /ɐ̃tʃitexo'rista/ 形《男女同形》対テロの, テロ対策の.

antítese /ɐ̃'tʃitezi/ 女 ❶ 正反対の物[人]. ❷《哲学》アンチテーゼ, 反定立. ❸《修辞》対照[対句]法.

antitético, ca /ɐ̃tʃi'tɛtʃiku, ka/ 形 ❶ 正反対の, 対照的な. ❷《修辞》対照[対句]法の. ❸《哲学》アンチテーゼの.

antivírus /ɐ̃tʃi'virus/《不変》男《情報》ウイルス対策ソフトウエア.
— 男 ウイルス対策の.

antolhos /ɐ̃'tɔʎus/ 男複《動物の》目隠し, 目びさし.

antologia /ɐ̃tolo'ʒia/ 女 選集, 詞華集, アンソロジー.

antológico, ca /ɐ̃to'lɔʒiku, ka/ 形 ❶ 詞華集の. ❷ すばらしい.

antónimo, ma /ɐ̃'tɔnimu, ma/ 形 P = antônimo

antônimo, ma /ɐ̃'tõnimu, ma/ 形 B 反意(語)の.
— **antônimo** 男 反意語.

antro /'ɐ̃tru/ 男 ❶《深くて暗い》洞窟, 洞穴. ❷ 穴蔵, 隠れ家. アジト.

antropocêntrico, ca /ɐ̃tropo'sẽtriku, ka/ 形 人間中心の.

antropofagia /ɐ̃tropofa'ʒia/ 女 食人の風習.

antropófago, ga /ɐ̃tro'pɔfagu, ga/ 形 人食いの.
— 名 人食い, 食人者.

antropologia /ɐ̃tropolo'ʒia/ 女 人類学 ▶ antropologia cultural 文化人類学.

antropológico, ca /ɐ̃tropo'lɔʒiku, ka/ 形 人類学の.

antropologista /ɐ̃tropolo'ʒista/ 名 = antropólogo

antropólogo, ga /ɐ̃tro'pɔlogu, ga/ 名 人類学者.

antropometria /ɐ̃tropome'tria/ 女 人体測定(法).

‡**anual** /anu'aw/ アヌアゥ /[複 anuais] 形《男女同形》❶ 年に1度の ▶ reunião anual 年に1度の集まり / relatório anual 年次報告 / Geralmente, as festas são anuais. 祭りは大体年年に一度開催される.
❷ 1年間の ▶ renda anual 年収 / contrato anual 年間契約.
❸《植物》一年生の ▶ planta anual 一年生の植物.

anualmente /anu,aw'mẽtʃi/ 副 毎年, 年々 ▶ um documento publicado anualmente 毎年発行される資料.

anuário /anu'ariu/ 男 年鑑, 年報.

anuência /anu'ẽsia/ 女 承諾, 同意.

anuidade /anuj'dadʒi/ 女 ❶ 年間の費用 ▶ anuidade escolar 年間授業料. ❷ 年間返済額, 年賦金.

anuir /anu'ix/ ⑦ 自 …に同意する; …を承認する, 許可する [+ a] ▶ Ele anuiu à minha proposta. 彼は私の提案に同意した.

anulação /anula'sẽw/ [複 anulações] 女 ❶ 取り消し, 解約, キャンセル ▶ anulação do casamento 結婚の解消. ❷ 敵の無力化.

anular /anu'lax/ 他 ❶ 取り消す, 無効にする, キャンセルする ▶ anular o casamento 結婚を解消する / anular o voto 投票を無効にする.
❷ 無力化する, 打ち負かす.

— **anular-se** [再] ❶ 無効になる. ❷ 影が薄くなる.

anular[2] /anu'lax/ [[複] anulares] [形]《男女同形》環状の, リング状の.
— [男] 薬指 (= dedo anular).

anunciação /anũsia'sẽw̃/ [[複] anunciações] [女] ❶ 通知, 告知. ❷《Anunciação》〖カトリック〗受胎告知.

★★★**anunciar** /anũsi'ax アヌンスィアーフ/ [他] ❶ **告知する, 告げる** ▶ Ele anunciou seu casamento aos amigos. 彼は友人たちに結婚を告げた.
❷ **公表する** ▶ O governo anunciou novas medidas de austeridade. 政府は新たな緊縮財政策を発表した.
❸ **広告する**, 宣伝する ▶ Uma empresa japonesa anunciou seu novo produto na TV e nos jornais. ある日本企業がテレビと新聞で新製品を広告した.
❹ **予告する**, 前触れとなる ▶ A baixa temperatura de hoje anuncia a chegada do outono. 今日の低温は秋の訪れを予告する.

★**anúncio** /a'nũsiu アヌンスィオ/ [男] ❶ **告知, 通知** ▶ O anúncio foi dado há uma semana. 告知は一週間前になされた.
❷ **広告** ▶ Vamos pôr este anúncio no jornal. この広告を新聞に載せましょう / anúncio luminoso ネオンサイン / anúncio classificado 三行広告.
❸ **前兆** ▶ anúncio de uma guerra 戦争の前兆.

ânus /'ẽnus/ [男]《単複同形》肛門.

anverso /ẽ'vɛxsu/ [男] (硬貨やメダルの) 表, 表側 ▶ o anverso e o reverso 表と裏.

anzol /ẽ'zɔw/ [[複] anzóis] [男] 釣り針 ▶ cair no anzol 釣り針にかかる.

ao /aw/ (会話では / ɔ / と発音されることがある) 前置詞 a と定冠詞・指示代名詞 o の縮合形.

aonde /a'õdʒi/ [副]《疑問》どこへ, どこに (= a + onde) ▶ Aonde você vai? どこに行くのですか.
aonde quer que + [接続法] どこに…しても ▶ aonde quer que você vá どこに行っても.
— [間] [B] まさか.

aorta /a'ɔxta/ [女]〖解剖〗大動脈.

aos /aws/ (会話では / ɔs / と発音されることがある) 前置詞 a と定冠詞・指示代名詞 os の縮合形.

AP《略語》Estado do Amapá アマパー州.

apadrinhar /apadri'ɲax/ [他] ❶ (…の) 名付け親になる, 代父 [母] になる ▶ apadrinhar uma criança 子供の名付け親になる.
❷ 支援する, 援助する, 支持する ▶ apadrinhar um projeto 事業を支持する.
❸ (意見などを) 支持する, (犯罪者などを) かくまう ▶ apadrinhar o criminoso その犯罪者をかくまう.

apagado, da /apa'gadu, da/ [形] ❶ 消えた, 消滅した ▶ A luz estava apagada. 明かりは消えていた.
❷ 輝きのない ▶ olhar apagado どんよりした目.
❸ ぼんやりした ▶ uma figura apagada ぼんやりした姿.
❹ [B] [話] 死んだ, 殺された.

apagão /apa'gẽw̃/ [[複] apagões] [男] 停電.

★**apagar** /apa'gax アパガーフ/ ⑪ [他] ❶ **…の火を消す** (↔ acender) ▶ apagar um cigarro タバコの火を消す / apagar um incêndio 火事を消す.
❷ **…のスイッチを切る** ▶ apagar a luz 電灯のスイッチを切る.
❸ **消す**, 消去する ▶ apagar as letras 文字を消す / apagar uma memória 記憶を消す / apagar algo da mente …を忘れ去る.
❹〖情報〗削除する ▶ apagar um arquivo ファイルを削除する.
— [自] ❶ (火が) 消える. ❷ うとうとする. ❸ 気絶する.
— **apagar-se** [再] ❶ (火が) 消える ▶ Apaga-se o lume. 火が消える. ❷ 死ぬ.

apaixonadamente /apajʃoˌnada'mẽtʃi/ [副] 情熱的に, 熱烈に ▶ amar apaixonadamente 熱愛する.

★**apaixonado, da** /apajʃo'nadu, da アパイショナード, ダ/ [名] ❶ **恋している人** ▶ Tudo é uma maravilha para um apaixonado. 恋する人には全てがすばらしく思える.
❷ 熱烈な愛好者 ▶ Ele é um apaixonado pela música. 彼は音楽が大好きだ.
— [形] ❶ **恋している** ▶ um casal apaixonado 熱愛中のカップル / Estou apaixonado por você. 僕は君に恋している.
❷ 情熱的な, 大好きな ▶ palavras apaixonadas 情熱的な言葉 / Sou apaixonado por futebol. 私はサッカーが三度の飯より好きだ.

apaixonante /apajʃo'nẽtʃi/ [形]《男女同形》非常におもしろい, 熱中させる ▶ filme apaixonante 息をつく暇もない映画.

apaixonar /apajʃo'nax/ [他] 熱中させる, 夢中にさせる ▶ Sua beleza o apaixonou. 彼女の美しさが彼を熱中させた.
— **apaixonar-se** [再] …に熱中する, 夢中になる ; 恋をする [+ por] ▶ Apaixonei-me por ela. 私は彼女に惹かれた.

apalpadela /apawpa'dɛla/ [女] そっと手で触れること.
às apalpadelas 手探りで ▶ andar às apalpadelas 手探りで歩く.

apalpar /apaw'pax/ [他] ❶ (手で) 触る, 触れる ▶ apalpar o pulso 脈を測る.
❷ 触診する ▶ apalpar os seios 乳房を触診する.
❸ [B] [俗] (痴漢目的で) 触れる ▶ apalpar uma moça no trem 電車で若い女性に痴漢をする.
— **apalpar-se** [再] 自分の身体に触れる.

apanágio /apa'naʒiu/ [男] 特性, 特質 ▶ A linguagem é apanágio da espécie humana. 言葉は人類の特質だ.

apanha /a'pẽɲa/ [女] 拾い集めること ; 収穫 (物) ; 捕獲, 乱獲 ▶ apanha do café コーヒーの収穫.

apanhado, da /apa'ɲadu, da/ [形] かき集められた, 収穫された.
— **apanhado** [男] 要約, 概要 ▶ fazer um apanhado 要約する.

★★★**apanhar** /apa'ɲax アパニャーフ/ [他] ❶ **つかむ** ▶ apanhar uma bola ボールをつかむ.
❷ **取ってくる, 持ってくる** ▶ Pode apanhar o suco na geladeira? 冷蔵庫のジュースを持ってきてくれま

apaniguado, da

すか.
❸ 拾う ▶ apanhar o lenço ハンカチを拾う.
❹ 捕まえる, 捕獲する ▶ O rapaz corajoso apanhou o ladrão. 勇敢な青年は泥棒を捕まえた / Foram apanhados em flagrante. 彼らは現行犯で捕まった / apanhar peixes 魚を捕まえる.
❺ (病気に) かかる ▶ apanhar um resfriado 風邪をひく / Apanhei uma gripe na viagem. 私は旅行でインフルエンザにかかった.
❻ (乗り物に) 乗る ▶ apanhar o táxi タクシーに乗る / apanhar o trem 列車に乗る.
❼ 摘む, もぐ ▶ apanhar flores 花を摘む / Já apanhamos os caquis do jardim. 庭の柿はもう取った.
❽ 迎えに行く ▶ Vou apanhar você na estação. 駅まで君を迎えに行くよ.
❾ (日光や雨などに) あたる, 浴びる ▶ apanhar sol 日光を浴びる / apanhar chuva 雨にふられる.
— 自 ❶ 殴られる, 暴行にあう ▶ Meu irmão apanhou feio. 兄はひどい暴行をうけた.
❷ (試合に) 負ける ▶ O time dele apanhou de 4 a 0. 彼のチームは4対0で負けた.

apaniguado, da /apani'gwadu, da/ 形 名 ❶ 守られた (人), 庇護された (人) ; お気に入りの (人) ▶ Ele é um dos funcionários apaniguados do chefe. 彼は上司のお気に入りの社員の一人だ.
❷ 味方の (人).

apara /a'para/ 女 切った後のくず ▶ aparas de madeira 木くず / aparas de papel 紙の断裁くず.

aparador /apara'dox/ [複 aparadores] 男 サイドボード.

aparafusar /aparafu'zax/ 他 ❶ …を (ボルトやねじで) 固定する, (ボルトやねじを) 締める ▶ aparafusar as tampas 蓋を (ねじなどで) 固定する.
❷ 固定する, きつくする.
— 自 自 熟考する, 考える.

apara–lápis /a,para'lapis/ 男 (単複同形) 鉛筆削り.

aparar /apa'rax/ 他 ❶ (髪など) を切る, 刈る, 刈りそろえる ▶ aparar o cabelo 髪を刈る, 髪を刈ってもらう / aparar as unhas 爪を切る / aparar a barba ひげを切りそろえる / aparar a grama 芝を刈る.
❷ とがらせる ▶ aparar um lápis 鉛筆を削る.
❸ (落下物を) 受けとめる.

aparato /apa'ratu/ 男 ❶ 誇示すること, 見せびらかすこと ; 豪勢, 華美 ▶ aparato da riqueza 富を見せびらかすこと.
❷ (祭りや式典の) 準備, 設備 ▶ aparato para o evento イベントの設営.
❸ 器具, 装置, 装備 ▶ aparato militar 軍事機器.
❹ aparato crítico〖文献学〗校訂本で異本などの考証資料を示した注記, 脚注.

aparatoso, sa /apara'tozu, 'tɔza/ 形 豪華な, 派手な ; 人目をひく ▶ aparatoso acidente 大事故.

‡**aparecer** /apare'sex/ アパレセーフ ⑮ 自 ❶ 現れる ; 起こる (↔ desaparecer) ▶ Ao longe, apareceu um barco. 遠くに船が現れた / Hoje apareceu um novo problema. 今日新しい問題が起こった.
❷ 立ち寄る ▶ Quando tiver tempo, apareça no meu escritório あなたに時間があれば, 私のオフィスに立ち寄ってください / Aparece em casa. うちにおいでよ.
❸ (テレビや映画などに) 出演する ▶ Ele vai aparecer nesse filme. 彼はその映画に出演する.
❹ 発行される ▶ Este jornal aparece mensalmente. この新聞は毎月発行される.
❺ 目立つ, 注目される ▶ Ele gosta muito de aparecer. 彼は非常に目立ちたがりだ / querer aparecer 目立とうとする, 注目を浴びようとする.
Seja bem aparecido. ようこそ.

aparecimento /aparesi'mẽtu/ 男 出現, 現れること ; 起源 ▶ aparecimento do homem ヒトの出現.

aparelhagem /apare'ʎaʒẽj/ [複 aparelhagens] 女 (機械等の) 設備一式 ▶ aparelhagem de som オーディオ機器, 音響機器.

aparelhar /apare'ʎax/ 他 ❶ …の設備を整える, 準備する ▶ aparelhar o hospital 病院の設備を整える.
❷ …に…を備える [+ com].
❸ 装飾をする, 着飾らせる ▶ Aparelhou a criança para a festa パーティーのために子供を着飾らせた.
— **aparelhar-se** 再 準備する, 備える.

‡**aparelho** /apa'reʎu/ アパレーリョ 男 ❶ 装置, 機器 ; 道具一式 ▶ aparelho de televisão テレビ受信装置 / aparelho de rádio ラジオ受信装置 / aparelho eletrodoméstico 家庭電化製品 / aparelho de som Ⓑ オーディオセット / aparelho de pesca 釣り道具一式 / aparelho auditivo 補聴器 / aparelho de barbear ひげ剃り / aparelho sanitário 浴室, 洗面室, トイレの各アイテム.
❷ (歯列などの) 矯正器具.
❸ (総称的に身体の) 器官 ▶ aparelho digestivo 消化器官 / aparelho fonador 音声器官.
❹ (政治などの) 機構, 機関 ▶ aparelho de Estado 国家機構 / aparelho policial 警察機構.

***aparência** /apa'rẽsia/ アパレンシア 女 見かけ, 外見, 外観 ▶ As aparências enganam. 人は見かけによらない / Ela está com a aparência boa hoje. 彼女は今日いい表情をしている / ter boa aparência 容姿がいい / em aparência 見かけは, 外見は / salvar as aparências 世間体をつくろう / manter as aparências 体面を保つ.

aparentado, da /aparẽ'tadu, da/ 形 親戚関係にある ▶ doador não aparentado 近縁関係にない臓器提供者.
❷ 親戚に有力者のいる.

aparentar /aparẽ'tax/ 他 ❶ 親戚にする ▶ O casamento da filha aparentou-os com aquela família famosa. 娘の結婚を通じて, 彼らはあの有名な一族と姻戚関係になった.
❷ …に…見える ▶ Ele aparentava uns sessenta anos. 彼は60歳くらいに見えた / Ele aparenta ter mais de trinta anos. 彼は30歳以上に見える / aparentar nervosismo 神経質になっているように見える / Ela aparentava estar um pouco cansada. 彼女は少し疲れているように見えた.
— **aparentar-se** 再 …と親戚になる [+ com]

▶O jovem pobre aparentou-se com uma família rica. その貧乏な若者は, 裕福な家族と親戚関係になった.

aparente /apa'rẽtʃi/ [形]《男女同形》❶ 目に見える, 明白な ▶sem motivo aparente はっきりした理由なしに.
❷ 見せかけの, 表面的な ▶felicidade aparente 見せかけの幸福.
❸ 見かけ上の ▶movimento aparente das estrelas 星の見かけ上の運動.

*__aparentemente__ /apa,rẽtʃi'mẽtʃi アパレンチメンチ/ [副] **一見, 見たところ** ▶Aparentemente, o serviço está bem feito. 仕事は一見よくできている.

aparição /apari'sẽw̃/ [[複] aparições] [女] ❶ 姿を現すこと, 出現 ▶fazer uma breve aparição ちょっと顔を出す / aparição na TV テレビ出演 / aparição do anjo 天使の出現. ❷ 幻.

__apartamento__ /apaxta'mẽtu アパフタメント/ [男] ❶ **マンション, アパート ([注] 建物全体ではなく, その一区画を指す) ▶alugar um apartamento マンションの一室を借りる [貸す] / apartamento conjugado ワンルームマンション / um prédio de apartamentos マンションの建物.
❷ **離すこと, 離れ(てい)ること.**

apartar /apax'tax/ [他] ❶ (…から) 離す, 遠ざける ; 取り除く [＋de] ▶apartar os gomos do fruto 実から芽を摘む.
❷ (…から) 分ける, 分類する [＋de] ; …の境になる ▶A estrada apartava as duas cidades. その街道が２つの町を分けていた.
❸ (けんかをしている人を) 引き離す ▶apartar uma briga けんかをやめさせる.
— **apartar-se** [再] ❶ (…から) 離れる, 遠ざかる [＋de].
❷ 分かれる, 離婚する ; ▶Os recém-casados já se apartaram. その新婚の夫婦はもう離婚した.

aparte /a'paxtʃi/ [男]〖演劇〗傍白, わきぜりふ.

apart-hotel /apaxto'tɛw/ [[複] apart-hotéis] [男] アパート式ホテル.

apascentar /apasẽ'tax/ [他] ❶ (家畜を) 牧草地に連れていく, 放牧する ▶apascentar as vacas 牛を放牧する.
❷ 教える, 教え導く ▶apascentar os fiéis 信者を教え導く.
❸ (目などを) …で楽しませる [＋com] ▶Apascentava os olhos com paisagens amenas. 心地よい景色で目を楽しませた.
— **apascentar-se** [再] 楽しむ.

apatetado, da /apate'tadu, da/ [形] ぼうっとなった, 目がくらんだ.

apatia /apa'tʃia/ [女] 無感動, 無関心 ; 無気力.

apático, ca /a'patʃiku, ka/ [形] 無関心な, 無気力な ▶apático a tudo 何に対しても無関心な.

apátrida /a'patrida/ [形]《男女同形》[名] 無国籍の(人).

apavorado, da /apavo'radu, da/ [形] おびえた, おそれおののいた.

apavorante /apavo'rẽtʃi/ [形]《男女同形》恐ろしい ▶histórias apavorantes 怖い話.

apavorar /apavo'rax/ [他] おびえさせる, 怖がらせる ▶apavorar uma criança 子供をおびえさせる.
— **apavorar-se** [再] …におびえる, …を怖がる [＋com] ▶O menino apavorou-se com o relâmpago. その男の子は稲妻を怖がった.

apaziguador, dora /apazigwa'dox, 'dora/ [[複] apaziguadores, doras] [形] 鎮める, 落ち着かせる ▶palavras apaziguadoras 心を落ち着かせる言葉.
— [名] 調停者, なだめる人 ▶apaziguador dos conflitos 争いの調停者.

apaziguamento /apazigwa'mẽtu/ [男] 鎮静, 和らぎ ▶política de apaziguamento 宥和(ゆう)政策.

apaziguar /apazi'gwax/ ⑧ [他] 平和にする, 落ち着かせる, なだめる ; 和解させる ▶apaziguar o conflito 紛争を鎮める.
— **apaziguar-se** [再] 平和になる, 落ち着く ; 和解する ▶O conflito apaziguou-se. 抗争が落ち着いた.

apear /ape'ax/ ⑩ [他] ❶ (乗り物や馬から) 降ろす [＋de] ▶Apeou-a do cavalo com delicadeza. 彼女を優しく馬から下ろした.
❷ (地位から) 降ろす [＋de] ▶Apearam-no da presidência. 彼は大統領の職から引きずり下ろされた.
❸ 崩す, 取り壊す ▶apear uma parede 壁を取り壊す.
— [自] …から降りる [＋de].
— **apear-se** [再] ❶ (乗り物や馬から) 降りる [＋de].
❷ (地位などから) 降りる [＋de] ▶O presidente se apeou do cargo. 社長はその職から降りた.

apedrejamento /apedreʒa'mẽtu/ [男] 投石 ▶morte por apedrejamento 石打ちの刑.

apedrejar /apedre'ʒax/ [他] ❶ …に石を投げる ▶apedrejar uma janela 窓に石を投げる.
❷ 侮辱する, ののしる ▶Apedrejou o inimigo com palavras ofensivas. 敵に罵詈雑言を浴びせた. ❸ …を石打ちの刑に処す.
— [自] 侮辱する, ののしる.

apegado, da /ape'gadu, da/ [形] …になついた, 愛着がある, 執着する [＋a] ▶Ele é muito apegado a sua família. 彼は家族をとても大事にする.

apegar /ape'gax/ ⑪ [他] ❶ (…に) 慣れさせる, 適合させる [＋a] ▶O ambiente apegava-o ao trabalho. 環境が良かったために彼はその仕事になじんでいた. ❷ 感染させる, うつす.
— [自] 伝染する ▶A gripe apegava a todos ao redor. 周りにいた人みんなに風邪がうつった.
— **apegar-se** [再] ❶ …になつく, 好きになる [＋a].
❷ …にくっつく, しがみつく [＋a].
❸ …にすがる, 頼る [＋a].

apego /a'pegu/ [男] 愛情, 愛着 ; 執着, 固執 ▶apego ao filho 息子への愛情 / apego à mãe 母親への愛着 / ter apego a ... …に執着する.

apelação /apela'sẽw̃/ [[複] apelações] [女] ❶〖法律〗上訴, 控訴.
❷ [話] 情に訴えること ▶Em uma campanha eleitoral, usar imagens de crianças famintas é uma

apelação. 選挙運動でお腹を空かせた子供の画像を使うのは情に訴える手法だ.
sem apelação ① 控訴を認めない. ② 決定的な.

apelar /ape'lax/ [自] ❶ …に上訴［控訴］する［+para］▶apelar para o Supremo Tribunal Federal 連邦最高裁判所に上訴する.
❷ …に助けを求める, 保護を求める［+para］▶Como não tinha dinheiro, apelei para os amigos. お金を持っていなかったので, 友達に助けを求めた.
❸ [B]（手段に）訴える［+ para］▶apelar para a violência 暴力に訴える.

apelativo, va /apela'tʃivu, va/ [形] ❶ 情に訴える ▶histórias apelativas ほろりとする話.
❷〖文法〗普通名詞の.
— **apelativo** [男]〖文法〗普通名詞.

apelidar /apeli'dax/ [他] [B] …というあだ名をつける［+ de］▶Nós o apelidamos de Alex. 私たちは彼をアレックスというあだ名で呼んでいる.
— **apelidar-se** [再] [B] …というあだ名で呼ばれる［+ de］▶Ela apelida-se de Cindy. 彼女はシンディーというあだ名で呼ばれている.

*__apelido__ /ape'lidu アペリード/ [男] ❶ [B] **通称名, あだ名**▶O apelido dele é comilão. 彼のあだ名は食いしん坊だ. ❷ [P] 姓, 名字.

*__apelo__ /a'pelu アペロ/ [男] ❶ **呼びかけ, 訴え**, アピール, 要請 ▶O apelo à solidariedade foi ouvido. 団結への訴えは聞き届けられた / apelo à consciência 良心への訴え / fazer um apelo ao governo federal 連邦政府に要請する.
❷ **上訴, 控訴** ▶O réu fez um último apelo ao Supremo Tribunal Federal. 被告人は連邦最高裁判所に最後の控訴をした.
sem apelo ①〖法律〗控訴を認めない. ② 決定的な, 決定的に.

***__apenas__ /a'pẽnas アペーナス/ [副] ❶ **…だけ, ただ…, 単に…** ▶Apenas vocês podem decidir. 君たちだけが決定できる / Ele veio aqui apenas para se despedir de mim. 彼はただ私に別れを言うためにここに来た / Comi apenas uma maçã. 私はリンゴを１つだけ食べた / Este é apenas um dos problemas. これは問題の１つにすぎない / Ele é apenas uma criança. 彼はまだ子供だ.
❷《書き言葉》**かろうじて…** ▶voz apenas audível かろうじて聴き取れる音.
— [接]《書き言葉》…**するとすぐに**（[注] 事実を表すときは直説法, 仮定的な事柄を表すときは接続法が用いられる）▶Apenas chegou, ele começou a trabalhar. 彼は着くとすぐに仕事を始めた / As férias apenas começarem, a cidade ficará deserta. 休暇が始まったら, すぐに街には人がいなくなるだろう.

apêndice /a'pẽdʒisi/ [男] ❶ 付録, 補遺. ❷〖解剖〗虫垂.

apendicite /apẽdʒi'sitʃi/ [女]〖医学〗虫垂炎.

apensar /apẽ'sax/ [他] …を…に添付する, 付加する［+ a］.

apenso, sa /a'pẽsu, sa/ [形] 添えられた.
— **apenso** [男] 付録, 添付物.

apequenar /apeke'nax/ [他] ❶ 小さくする▶Esta lente apequena os objetos. このレンズで見ると物体が小さく見える.
❷ 低く見積もる, 矮小化する▶apequenar os valores 価値を低く見積もる.
— **apequenar-se** [再] ❶ 小さくなる. ❷ 卑下する.

*__aperceber__ /apexse'bex アペフセベーフ/ [他] **準備する**▶O delegado mandou aperceber a tropa para invadir a favela. 警察署長は, スラム街に突入するべく軍隊の配置を指示した.
— **aperceber-se** [再] ❶ …に気がつく［+ de］▶aperceber-se da realidade 現実に気がつく.
❷ 準備する▶Os soldados aperceberam-se para a difícil missão. 兵士たちは困難な任務に備えて準備した.

aperfeiçoamento /apexfejsoa'mẽtu/ [男] 完成すること, 仕上げ；改良, 改善▶o aperfeiçoamento do inglês 英語力に磨きをかけること.

aperfeiçoar /apexfejso'ax/ [他] 完全にする, 仕上げる, 改良する▶Devo aperfeiçoar meu inglês. 私は自分の英語に磨きをかけなければいけない / A equipe tentou aperfeiçoar ainda mais o produto. チームは製品を一層改良しようとした.
— **aperfeiçoar-se** [再] 完成される, 改善される.

aperitivo, va /aperi'tʃivu, va/ [形] 食欲増進の.
— **aperitivo** [男] ❶ 食前酒▶tomar um aperitivo 食前酒を飲む. ❷ 前菜.

aperrear /apexe'ax/ ⑩ [他] いらだたせる, 迷惑に感じさせる▶Os colegas o aperreavam com o apelido. 同級生たちが, そのあだ名で彼を呼んでいらだたせていた.
— **aperrear-se** [再] いらだつ, 迷惑に感じる▶Ele sempre se aperreia. 彼はすぐにいらだつ.

*__apertado, da__ /apex'tadu, da アペフタード, ダ/ [形] ❶ **狭い, 窮屈な**▶O quarto é apertado, mas confortável. 部屋は狭いが, 快適だ / Este sapato já está apertado para ele. この靴は彼にはもう窮屈だ / dar um abraço apertado ぎゅっと抱きしめる.
❷（経済的に）**逼迫(ひっぱく)した, 苦しい**▶O orçamento da casa está apertado. 家計が苦しい.
❸（時間が）少ない ▶O tempo já está apertado para continuar o debate. ディベートを続けるには時間が少ない / estar com o tempo apertado 時間が少ない.
estar apertado ① 尿意［便意］を催す. ② 経済的に苦しい.
ficar apertado ① 尿意［便意］を催す. ② 他人から圧力を受ける. ③ 経済的に困難な状況になる. ④ 多くの仕事に縛られる.
passar apertado ① ぎりぎり進級する. ② 狭い所を通る. ③ 苦境に陥る.

__apertar__ /apex'tax アペフターフ/ [他] ❶ **締める, 締め付ける▶apertar o cinto ベルトを締める / apertar o parafuso ねじを締める.
❷（服を）**詰める**, 細くする▶apertar a barriga ウエストを詰める.
❸（ボタンなどを）**押す**；（ベルを）**鳴らす**▶apertar o botão ボタンを押す / apertar uma tecla キーを押す / apertar a campainha ベルを鳴らす.
❹（手を）握る▶apertar a mão de... …と握手する.

❺ (引き金を) 引く ▶ apertar o gatilho 引き金を引く.
❻ 厳しく取り調べる, 絞り上げる.
❼ (胸を) 締め付ける ▶ apertar o coração 胸を締め付ける.
❽ 速める, 速くする ▶ apertar o passo 足を速める.
❾ 強める, 強化する ▶ apertar a vigilância 警戒を強化する.
— [自] ❶ (衣服が) きつい ▶ O peso aumenta e as calças apertam. 体重が増えてズボンがきつい.
❷ (程度が) 激しくなる, 強くなる ▶ A chuva apertou. 雨が激しくなった / A dor apertou. 痛みが強くなった.
— **apertar-se** [再] ❶ 押し合いへし合いする, 押し寄せる.
❷ (経済的に) 困窮する, 懐具合が苦しくなる.

aperto /a'pextu/ [男] ❶ 締めつけ, 握りしめ ▶ aperto de mão 握 手 / Nós nos cumprimentamos com um aperto de mãos. 私たちは握手した / Eu o cumprimentei com um aperto de mãos. 私は彼と握手した / aperto no coração 胸が傷むこと / um aperto na garganta のどを詰まらせること.
❷ 押し合い, 混雑.
❸ (一時的な) 困難, 苦境 ▶ passar por um aperto 困難な時期を過ごす.
dar um aperto ① しつこく要求する, 圧力をかける. ② 強く抱きしめる.
estar em aperto 経済的に苦労する.
levar um aperto 脅迫される.

⁑**apesar** /ape'zar アペザール/ 《次の成句で》
apesar de... …**にもかかわらず** ▶ apesar das dificuldades 困難にもかかわらず.
apesar de que +[接続法] …にもかかわらず, ではあるけれども ▶ O filho saiu de casa, apesar de que fizesse mau tempo. 天気が悪かったものの息子は外出した.
apesar de tudo それでもなお, やはり.
apesar de +[不定詞] …にもかかわらず ▶ Os EUA, apesar de serem um país rico, têm muita desigualdade social. アメリカは豊かな国であるにもかかわらず, 社会格差が激しい.
apesar disso しかしながら.

*__apetecer__ /apete'sex アペテセーフ/ ⑮ [他] ❶ …**の食欲をそそる** ▶ Esta comida me apetece bastante. この料理はとてもおいしそうに見える. ❷ …の興味を引き起こす ▶ Este quadro não me apetece nem um pouco. この絵には少しも興味がわかない.

apetecível /apete'sivew/ [[複] apetecíveis] [形] 《男女同形》 食欲をそそる ▶ comida apetecível 食欲をそそる食べ物.

apetência /ape'tẽsia/ [女] 食欲.

*__apetite__ /ape'tʃitʃi アペチーチ/ [男] ❶ **食欲** ▶ Bom apetite! (食事を始める人に) 召し上がれ / Geralmente no verão, perde-se o apetite. 大体夏は食欲がなくなる / ter bom apetite 食欲旺盛である / Hoje não tenho apetite. 今日は食欲がない / Este prato me abre o apetite. この料理は食欲をそそる / perder o apetite 食欲をなくす / tirar o apetite 食欲をそぐ.
❷ **欲望** ▶ apetite sexual 性欲.

apetitoso, sa /apetʃi'tozu, 'tɔza/ [形] ❶ 食欲をそそる, おいしそうな ; おいしい ▶ prato apetitoso おいしい料理. ❷ 欲望をそそる.

apetrecho /ape'treʃu/ [男] 道具, 用具 ▶ apetrechos de pesca 釣り道具.

ápice /'apisi/ [男] ❶ 頂上, 先端 ▶ ápice de uma pirâmide ピラミッドの頂上.
❷ 絶頂 ▶ atingir o ápice da perfeição 完璧の極致に達する.
❸ 瞬間 ▶ num ápice 一瞬のうちに / por um ápice 間一髪で, 危うく.

apicultor, tora /apikuw'tox, 'tora/ [[複] apicultores, toras] [名] 養蜂家.

apicultura /apikuw'tura/ [女] 養蜂.

apiedar /apie'dax/ [他] 同情させる ▶ A história dela apiedou-o. 彼女の話を聞いて彼は同情した.
— **apiedar-se** [再] …に同情する [+ de] ▶ Apiedei-me deles. 私は彼らに同情した.

apimentado, da /apimẽ'tadu, da/ [形] ❶ こしょうで味付けをした, 辛い ▶ sopa apimentada こしょうのスープ.
❷ 刺激的な, 扇情的な.
❸ 辛辣な, 意地の悪い ▶ piada apimentada きついジョーク.

apimentar /apimẽ'tax/ [他] ❶ こしょうで味付けする, 辛くする ▶ apimentar a carne 肉をこしょうで味付けする.
❷ (言葉などを) 辛辣(しんらつ)にする, 意地悪くする ▶ apimentar história 物語を辛辣にする.
❸ (恋愛などを) 刺激する ▶ apimentar o casamento 結婚生活に刺激を与える.

apinhado, da /api'ɲadu, da/ [形] …でいっぱいになった, 立錐の余地もない [+ de] ▶ A sala estava apinhada de gente. 部屋は人でいっぱいだった.

apitar /api'tax/ [自] ❶ 警笛を鳴らす, 笛で合図する ▶ O trem apitou. 列車は警笛を鳴らした.
❷ [B] 口を挟む, 口出しをする.
— [他] [B] (試合の) 審判をする ▶ O juiz apitou aquele jogo. その審判があの試合の審判をした.

apito /a'pitu/ [男] 汽笛, 警笛, ホイッスル ; 長く鋭い音 ▶ soprar um apito 警笛を鳴らす, ホイッスルを吹く / apito de trem 汽笛 / apito final 試合終了の笛.
engolir o apito 〚サッカー〛(審判が) ファウルを吹かない, 力量不足である.
ganhar no apito 誤審で勝ちを得る.
perder no apito 誤審で敗れる.

aplacar /apla'kax/ ㉙ [他] 穏やかにする, (力などを) 弱める, 軽減する ▶ A explicação não aplacou a fúria dos manifestantes. その説明を聞いてもデモ参加者の怒りは鎮まらなかった.
— [自] 穏やかになる, 静まる, 弱まる, 軽減される ▶ O vento aplacou. 風が静まった.
— **aplacar-se** [再] 穏やかになる, 静まる, 弱まる, 軽減される ▶ Seu ódio se aplacou. 彼の怒りが収まった.

aplainar /aplaj'nax/ [他] ❶ …をかんなで削る ▶ aplainar a madeira 木をかんなで削る. ❷ 平らにする, 平坦にする ▶ aplainar um terreno 土地を平らにする.

A

aplanar /apla'nax/ [他] ❶ …を平らにする，ならす▶aplanar um terreno 地面を平らにする．❷ (問題を) 除去する▶aplanar as dificuldades 困難を克服する．
— **aplanar-se** [再] 平らになる．

aplaudir /aplaw'dʒix/ [他] ❶ …に拍手喝采する▶aplaudir o espetáculo ショーに拍手する．❷ 賛同する aplaudir a decisão その決定に賛同する．
— [自] 拍手する▶aplaudir de pé スタンディングオベーションする．

aplauso /a'plawzu/ [男] ❶ 拍手喝采，賞賛▶receber aplausos 拍手を受ける / Um aplauso para elas! 彼女たちに拍手を．❷ 賛同，支持．

aplicabilidade /aplikabili'dadʒi/ [女] 適用［応用］できること，当てはまること．

⁑**aplicação** /aplika'sɐ̃w̃ アプリカサォン/ [複 aplicações] [女] ❶ **適用，応用，実施**▶aplicação da lei 法の適用 / aplicação de um princípio 原理の応用 / aplicação de uma pena 刑の適用．
❷ **熱心，勤勉，専心**▶trabalhar com aplicação 熱心に働く．
❸ 貼り付け，取り付け，塗布▶aplicação de tinta ペンキの塗布．
❹ 投資▶aplicação de capitais 資本投資．
❺ 装飾▶com aplicação de pérolas 真珠の飾りのついた．
❻〘情報〙アプリケーションプログラム．

aplicado, da /apli'kadu, da/ [形] ❶ 勤勉な▶estudante aplicado 勉強熱心な学生．❷ 応用の▶matemática aplicada 応用数学．

⁂**aplicar** /apli'kax アプリカーフ/ ㉙ [他] ❶ **貼る，塗る**▶aplicar creme no rosto 顔にクリームを塗る．
❷ **適用する，応用する**▶aplicar uma teoria 理論を応用する / aplicar uma regra 規則を適用する．
❸ 投資する▶aplicar dinheiro em ações お金を株に投資する．
❹ 科す，課す▶aplicar uma multa 罰金を科す / aplicar uma sanção 制裁を科す / O professor aplicou uma prova. 先生は試験をした．
❺ (感覚を) 集中させる▶aplicar o ouvido 傾聴する．
❻ (薬など) を投与する；(手当など) を施す▶aplicar uma injeção 注射する．
— **aplicar-se** [再] ❶ …に熱心に取り組む，専念する［+ em/a］▶aplicar-se nos estudos 勉学に励む．❷ 適用される．

aplicativo /aplika'tʃivu/ [男] [B]〘情報〙アプリ，アプリケーション．

aplicável /apli'kavew/ [複 aplicáveis] [形]《男女同形》適用［応用］できる，当てはめられる▶um método aplicável a todas as ciências すべての学問に適用できる方法．

aplique /a'pliki/ [男] ❶ アップリケ．❷ [B] つけ毛．

apocalipse /apoka'lipisi/ [男] ❶《Apocalipse》ヨハネの黙示録；黙示．❷ 終末的状況；大惨事．

apocalíptico, ca /apoka'lipitʃiku, ka/ [形] ❶ 黙示の，黙示録の．❷ 破局的な，大惨事の．

apócrifo, fa /a'pɔkrifu, fa/ [形] ❶ 聖書外典の．❷ 贋作(がんさく)の．

apodar /apo'dax/ [他] ❶ からかう，あざける▶Ele sempre apoda os amigos. 彼はいつも友達をからかう．
❷ …というあだ名を付ける［+ de］．
❸ (悪い意味で) …とみなす，呼ばわりする［+ de］．

apoderar-se /apode'raxsi/ [再] …を奪う，占領する，侵略する［+ de］．

apodrecer /apodre'sex/ ⑮ [他] ❶ 腐らせる，腐敗させる▶A água apodreceu a madeira. 水が材木を腐らせた．
❷ 堕落させる，駄目にする▶A má companhia apodreceu os costumes dele. 悪い仲間が彼の素行を悪くした．
— [自] 腐る，腐敗する．
— **apodrecer-se** [再] 腐る，腐敗する．

apodrecimento /apodresi'mẽtu/ [男] 腐敗．

apogeu /apo'ʒew/ [男] ❶ 頂点，絶頂▶atingir o apogeu 頂点に達する / no apogeu da glória 栄光の絶頂期に．❷〘天文〙遠地点．

apoiado, da /apoi'adu, da/ [形] ❶ 支持された，支えられた▶candidato apoiado pelo prefeito 市長に支持された候補者．
❷ …に基づいた，裏付けられた［+ em］▶opinião apoiada em dados científicos 科学的データに基づいた意見．
❸ …にもたれかかった▶apoiado contra a parede 壁にもたれかかった．

⁂**apoiar** /apoi'ax アポィアーフ/ [他] ❶ **支える，支持する**▶Os amigos me apoiaram nos momentos difíceis. 友人たちが私を苦しい時に支えてくれた / apoiar um candidato 候補者を支持する．
❷ **…にもたせかける，寄りかからせる**［+ em］▶apoiar os cotovelos na mesa テーブルにひじを付く / Ela apoiou a cabeça no meu ombro. 彼女は頭を私の肩にもたせかけた．
— **apoiar-se** [再] ❶ **もたれかかる**▶apoiar-se à parede かべにもたれかかる．
❷ **…に基づく**［+ em］▶apoiar-se na experiência 経験［実験］に基づく．

⁑**apoio** /a'poju アポィオ/ [男] ❶ **支え，支えるもの**▶apoios para os braços ひじかけ / ponto de apoio 支点．
❷ **支持，支援**，援助▶Eu preciso do seu apoio. 私はあなたの支持が必要です / apoio financeiro 財政支援 / apoio do governo federal 連邦政府による支援 / dar um apoio moral 精神的に支える．

apólice /a'pɔlisi/ [女] ❶ 保険証券 (= apólice de seguro)．❷ 株券；債券．

apolítico, ca /apo'litʃiku, ka/ [形] [名] 政治色のない (人) ノンポリの (人)．

apologético, ca /apolo'ʒɛtʃiku, ka/ [形] ❶ (キリスト教) 護教の．❷ 弁明の，賞賛の．

apologia /apolo'ʒia/ [女] 擁護，弁明；賞賛▶*Apologia de Sócrates*『ソクラテスの弁明』．

apologista /apolo'ʒista/ [名] 擁護者，弁護者；賞賛者▶Não sou apologista da teorias de conspiração. 私は陰謀説擁護論者ではない．

apontador, dora /apõta'dox, 'dora/ [複 apontadores, doras] [名] ❶ 研ぎ師．❷ 出勤簿係．

❸《演劇の》プロンプター.
— **apontador** 男 B 鉛筆削り.
apontamento /apõta'mētu/ 男《apontamentos》メモ, 覚え書き ▶ tomar apontamentos メモを取る.

‡apontar /apõ'tax/ アポンターフ/ 他 ❶ (鉛筆を) 削る ▶ apontar um lápis 鉛筆を削る.
❷ 指し示す, 指差す, 示す ▶ O policial apontou a direção do local. 警察官はその場所の方向を示した / Não se deve apontar as pessoas com o dedo. 人を指で指してはいけない / O rapaz apontou no mapa o local da igreja. 青年は教会の場所を地図で示した.
❸ 指摘する ▶ O técnico logo apontou o problema. 技師はすぐに問題を指摘した.
❹ 向ける ▶ apontar o dedo para 指さす / O detetive apontou a arma para o fugitivo. 刑事は逃亡者に銃を向けた.

apoplético, ca /apo'pletʃiku, ka/ 形 卒中の ▶ ataque apoplético 卒中の発作.
apoplexia /apople(k)s'ia/ 女『医学』卒中, 出血, 溢血(いっけつ).
apoquentar /apokẽ'tax/ 他 (つまらないことで) わずらわせる, いらだたせる [+com] ▶ Apoquentava-o a ideia. その考えが彼を煩わせていた.
— **apoquentar-se** 再 …に悩まされる, いらだつ [+com].
apor /a'pox/ ⑭《過去分詞 aposto》他 ❶ …に一緒におく, 併存させる ; 書く [+em] ▶ apor o endereço no envelope 封筒に住所を書く.
❷ …に付け加える, 書き加える [+a] ▶ O professor universitário apôs o comentário à petição. その大学教授は意見書にコメントをした.
❸ (署名や捺印を) 添える ▶ O presidente apôs a assinatura à nova lei. 大統領は新しい法律に署名した.
aporrinhar /apoxi'ɲax/ 他 苦しめる, 悩ませる, いらだたせる ▶ O congestionamento aporrinhou muita gente. その渋滞により多くの人が被害を受けた.
aportar /apox'tax/ 他 …に入港させる [+em] ▶ aportar um navio em Santos サントスに船を入港させる.
— 自 ❶ …に入港する [+em] ▶ O navio aportou no porto. その船は港に入港した.
❷ …に到達する [+a/em] ▶ Os imigrantes portugueses aportaram à cidade 100 anos atrás. ポルトガル移民が100年前にその街に到達した.
aportuguesado, da /apoxtuge'zadu, da/ 形 ポルトガル (語) 風になった.
‡após /a'pos/ アポース/ 前 ❶《時間》…の後で ▶ dormir após o almoço 昼食後に眠る / chá após as refeições 食後のお茶 / após aquele dia あの日の後に / dia após dia 来る日も来る日も / ano após ano 来る年も来る年も / logo após... …の直後に / um após outro 次々に.
❷《空間》…の後に, の後ろで ▶ Foram-se embora um após o outro. 一人また一人と次々に去って行った.

— 副 後で ▶ Falaremos após. 後で話をしよう.
após de... …の後で.
aposentado, da /apozẽ'tadu, da/ 名 形 ❶ 定年退職者 (の) ▶ Estou aposentado. 私は退職者だ. ❷ 年金受給者 (の).
aposentadoria /apozẽtado'ria/ 女 ❶ 定年退職. ❷ 年金.
aposentar /apozẽ'tax/ 他 ❶ 定年退職させる, …に年金を給付する ▶ A empresa aposentou cinco funcionários. その会社は5人の従業員を退職させた. ❷ (設備などを) 引退させる, 廃棄する ▶ A empresa aposentou os navios. その会社はその船を退役させた.
— **aposentar-se** 再 定年退職する, 年金を受給する ▶ Ele se aposentou na semana passada. 彼は先週定年退職した.
aposento /apo'zẽtu/ 男 寝室.
após-guerra /a,poz'gexa/ [複 após-guerras] 男 戦後 ▶ Alemanha do após-guerra 戦後のドイツ / no após-guerra 戦後に.
aposição /apozi'sẽw/ [複 aposições] 女 ❶ 並置, 並列. ❷『文法』同格.
apossar /apo'sax/ 他 (…に) 譲渡する, 所有させる [+em] ▶ O presidente apossou-o no cargo. 社長は彼をその役職に任命した.
— **apossar-se** 再 ❶ …を所有する [+de] ▶ Ele apossou-se da herança paterna. 彼は親の遺産を相続した.
❷ (感情などが) …を支配する [+de] ▶ A melancolia apossou-se dele. 彼は悲しみにくれた.
aposta /a'pɔsta/ 女 ❶ 賭け ▶ fazer uma aposta 賭ける / ganhar uma aposta 賭けに勝つ. ❷ 賭け金.
apostado, da /apos'tadu, da/ 形 賭けられた ▶ dinheiro apostado 掛け金.
apostador, dora /aposta'dox, 'dora/ [複 apostadores, ras] 形 名 賭をする (人).
*apostar /apos'tax/ アポスターフ/ 他 ❶ …を賭ける ▶ apostar muito dinheiro 大金を賭ける.
❷《apostar que + 直説法》きっと…だと思う ▶ Aposto que ela volta. 彼女はきっと帰ってくる / Aposto que sim. きっとそうだと思う / Aposto que não. 絶対そうでないと思う.
— 自 …に賭ける [+em] ▶ apostar num cavalo ある馬に賭ける.
a posteriori /aposteri'ori/ 副 帰納的に, 後天的に.
apostila /apos'tʃila/ 女 ❶ 注, 注記. ❷ B 講義ノート.
apostolado /aposto'ladu/ 男 ❶ 使徒の職務 ; 布教 ; 伝道. ❷ 使徒団, 十二使徒.
apostólico, ca /aposto'liku, ka/ 形 ❶ 使徒の. ❷ ローマ教皇の.
apóstolo /a'pɔstulu/ 男 ❶ (キリストの) 使徒 ▶ os Atos dos Apóstolos 使徒行伝.
❷ (キリスト教の) 布教者, 伝道者.
❸ (主義や思想の) 唱道者, 主導者.
apóstrofe /a'pɔstrofi/ 女 ❶『修辞』頓呼(とんこ)法. ❷『言語』呼びかけ. ❸ 乱暴な呼びかけ, ぶしつけな言葉.

apóstrofo

apóstrofo /a'pɔstrofu/ 囡 省略記号, アポストロフィ (').

apoteose /apote'ɔzi/ 囡 ❶ 神格化, 崇拝. ❷ フィナーレ, 大詰め.

aprazer /apra'zex/ ⑤ 囲《主語は三人称》…を喜ばせる, 楽しませる [+ a/em] ▶A paisagem apraz à vista. その景色は目を楽しませる.
— **aprazer-se** 再 …を喜ぶ, 楽しむ [+ em] ▶O menino aprazia-se em ficar diante da televisão. その男の子はテレビをみて楽しんでいた.

aprazível /apra'zivew/ [覆 aprazíveis] 形《男女同形》❶ 楽しい.
❷ 快適な, 心地のよい ▶tarde aprazível 快適な午後.

apreciação /apresia'sẽw/ [覆 apreciações] 囡 ❶ 評価, 鑑定, 測定 ▶apreciação dos alunos 生徒の評価.
❷ 判断, 意見.
❸ 尊敬, 敬意.
❹ 鑑賞, 味わうこと ▶apreciação da obra de arte 芸術作品の鑑賞.
❺ (株や通貨の)値上がり ▶apreciação do dólar ドルの値上がり.

apreciado, da /apresi'adu, da/ 形 ❶ 人気のある ▶um prato especialmente apreciado no Brasil ブラジルで特に人気のある料理. ❷ 評価される.

apreciador, dora /apresia'dox, 'dora/ [覆 apreciadores, ras] 名 ❶ 愛好者 ▶Eu sou apreciadora de música clássica. 私はクラシック音楽が好きだ. ❷ 評価する人, 鑑定人.

☆**apreciar** /apresi'ax/ アプレスィアーフ/ 他 ❶ 評価する, 判断する ▶apreciar uma proposta 提案を評価する / apreciar os benefícios 利点を評価する / Aprecio muito a cultura japonesa. 私は日本文化を高く評価している.
❷ 鑑賞する, 賞味する ▶apreciar a paisagem 景色を眺める / apreciar uma obra de arte 美術品を鑑賞する / apreciar a música 音楽を楽しむ / apreciar um bom vinho おいしいワインを味わう.

apreciável /apresi'avew/ [覆 apreciáveis] 形《男女同形》❶ かなりの, 目立った ▶uma quantidade apreciável de água かなりの量の水. ❷ 価値のある, 評価できる.

apreço /a'presu/ 男 ❶ 評価.
❷ 敬意, 尊重.
em apreço 争点となっている, 問題になっている.

apreender /aprië'dex/ 他 ❶ 押収する, 差し押さえる ▶A polícia apreendeu 10 kg de maconha. 警察は10キロの大麻を押収した.
❷ 理解する, 把握する ▶O aluno apreendeu o conteúdo da aula. その生徒は授業の内容を理解した.

apreensão /aprië'sẽw/ [覆 apreensões] 囡 ❶ 押収, 差し押さえ ▶apreensão de drogas 麻薬の押収.
❷ 理解 ▶O sentido deste texto é de fácil apreensão. この文章の意味は理解しやすい.
❸ 不安, 心配 ▶apreensão diante do futuro 将来の不安.

apreensivo, va /aprië'sivu, va/ 形 気がかりな, 不安な ▶Ficamos apreensivos quanto à situação. 私たちはその状況に不安を感じた.

apregoar /aprego'ax/ 他 ❶ 大声で告げる ▶Os torcedores apregoavam a vitória do time. サポーターはチームの優勝を大声で叫んでいた.
❷ 吹聴する ▶Ele apregoava os próprios feitos. 彼は自分の功績を言いふらしていた.
❸ 喧伝する.

☆**aprender** /aprẽ'dex/ アプレンデーフ/ 他 ❶ 学ぶ, 習う, 覚える ▶aprender inglês 英語を学ぶ / Aprendi muito. 私は多くを学んだ / aprender a lição 課題を覚える.
❷ (aprender que +直説法) …であることを悟る, 学ぶ ▶Aprendi que se aprende errando. 人は間違いながら学ぶことを私は学んだ.
— 自 ❶ 学ぶ, 覚える ▶aprender com os erros 間違いから学ぶ. ❷ (aprender a +不定詞) …することを習う, …できるようになる ▶aprender a ler e escrever 読み書きを習う / aprender a amar 愛することを学ぶ.

aprendiz /aprẽ'dʒis/ [覆 aprendizes] 男 ❶ 見習い, 弟子 ▶aprendiz de barbeiro 床屋の見習い. aprendiz de feiticeiro 魔法使いの弟子.
❷ 初学者, 素人.

aprendizado /aprẽdʒi'zadu/ 男 ❶ 学習, 習得 ▶aprendizado de uma língua estrangeira 外国語の習得. ❷ 学習期間, 見習い期間.

aprendizagem /aprẽdʒi'zaʒẽj/ [覆 aprendizagens] 囡 = aprendizado

☆**apresentação** /aprezẽta'sẽw/ アプレゼンタサォン/ [覆 apresentações] 囡 ❶ 提示, 提出; 授与 ▶apresentação da carteira de identidade 身分証明書の提示 / apresentação de provas 証拠の提出.
❷ 授与 ▶apresentação dos prêmios 賞の授与.
❸ 紹介 ▶fazer as apresentações 紹介する / carta de apresentação 紹介状 / apresentação de si mesmo 自己紹介.
❹ 外観, 体裁, 印象 ▶ter boa apresentação 容姿がよい.
❺ 演技, 公演, 演奏 ▶Fiquei admirada com a apresentação desse pianista. 私はそのピアニストの演奏に感嘆した.
❻ 発表, 展示, 披露 ▶a apresentação da nova coleção 新作コレクションの発表 / apresentação oral 口頭発表, プレゼン.

apresentador, dora /aprezẽta'dox, 'dora/ 名 (テレビ番組やイベントなどの)司会者, キャスター ▶apresentador do noticiário ニュース番組のキャスター.

☆**apresentar** /aprezẽ'tax/ アプレゼンターフ/ 他 ❶ …を…に紹介する, 引き合わせる [+ a] ▶Ela apresentou o namorado à família. 彼女は恋人を家族に紹介した / Quero te apresentar um amigo. 君に友達を一人紹介したい.
❷ 提示する, 見せる, 示す; 提出する ▶apresentar o bilhete ao cobrador 検札係に切符を提示する / Apresente a carteira de estudante, por favor. 学生証を見せてください / apresentar desculpas 陳

謝の意を示す / apresentar provas ao tribunal 裁判所に証拠を提出する / Apresentar armas! 捧げ銃 / apresentar uma queixa 苦情を言う.
❸ 展示する；上映する，上演する；放送する，放映する ▶ apresentar um filme 映画を上映する / apresentar um programa (de televisão) テレビ番組を放送する.
❹ 呈する，見せる，示す；含む ▶ apresentar um sintoma de ataque cardíaco 心臓発作の兆候を呈する / apresentar altos riscos 高いリスクを含む.
— **apresentar-se** 再 ❶ …に自己紹介する [+ a] ▶ Apresento-me. 自己紹介いたします / Queria me apresentar aos seus pais. あなたのご両親に自己紹介したいのですが.
❷ …に応募する，志願する，立候補する [+ a].
❸ 姿を現す；起こる，生じる ▶ apresentar-se no tribunal 裁判所に出廷する / apresentar-se à polícia 警察に出頭する / Apresentou-se uma oportunidade. 好機が訪れた.

apresentável /aprezẽ'tavew/ [複 apresentáveis] 形 人に見せられる，見苦しくない，体裁のいい.

apressadamente /apre,sada'mētʃi/ 副 急いで，慌てて.

apressado, da /apre'sadu, da/ 形 ❶ 急いでいる；せっかちな，せわしい ▶ Estou apressado. 私は急いでいる / Ele é uma pessoa apressada mas trabalha bem. 彼はせっかちな人だが，よく働く.
❷ (物事が) 間に合わせの，やっつけの ▶ conclusão apressada 急いで出した結論 / decisão apressada 性急な決定.

apressar /apre'sax/ 他 ❶ せかす，急がせる ▶ O chefe do departamento sempre apressa os funcionários. その部長はいつも従業員をせかす.
❷ (歩調などを) 速くする，速める，加速させる ▶ Os soldados apressaram o passo. 兵士たちは歩を速めた.
— **apressar-se** 再 急ぐ，慌てる ▶ O aluno apressou-se para não chegar atrasado. その生徒は遅刻しないように急いだ.

aprestar /apres'tax/ 他 ❶ 完成させる.
❷ 準備する ▶ aprestar o salão para a conferência 会議のために会場を準備する.
— **aprestar-se** 再 …の準備をする [+ para] ▶ Ele aprestou-se para viajar. 彼は旅行の準備をした.

aprimorado, da /aprimo'radu, da/ 形 洗練された，完全な ▶ estilo aprimorado 洗練されたスタイル.

aprimorar /aprimo'rax/ 他 完璧にする，磨きをかける ▶ aprimorar a técnica テクニックに磨きをかける / aprimorar o desempenho 性能をよくする.
— **aprimorar-se** 再 完全になる.

a priori /apri'ɔri/ (《ラテン語》) 演繹的に，先験的に.

aprisionamento /apriziona'mētu/ 男 投獄，収監.

aprisionar /aprizio'nax/ 他 刑務所に入れる，収監する.

aprofundamento /aprofūda'mētu/ 男 ❶ 深くすること. ❷ (問題などの) 掘り下げ，徹底検討；(知識などを) 深く極めること ▶ aprofundamento do problema 問題の徹底検討.

aprofundar /aprofũ'dax/ 他 ❶ 深くする，深める ▶ aprofundar o poço 井戸を深くする / aprofundar a amizade entre o Japão e o Brasil 日本とブラジルの親善を深める.
❷ 探究する，精査する ▶ aprofundar o conhecimento 知識を深める.
— 自 (気持ちなどが) …に深く浸透する [+ em] ▶ O ódio aprofundou nas vítimas. 被害者は怒りにかられた.
— **aprofundar-se** 再 ❶ 深くなる，深まる ▶ Aprofundaram-se dois sulcos na fronte. 額に2本のしわが刻まれた.
❷ …に深く浸透する，深く入る [+ em] ▶ Os soldados aprofundaram-se no mato. 兵士たちは，森の奥深くに入って行った.
❸ …に深入りする，…を究める，深く考える [+ em] ▶ Newton aprofundou-se em seus estudos. ニュートンは研究に没頭した.

aprontar /aprõ'tax/ 他 ❶ 準備する，用意する ▶ aprontar a mala 荷物を用意する.
❷ (服を) 着させる，着飾る ▶ Aprontei a filha para levá-la à creche. 保育園に連れていくため，私は娘に服を着させた.
❸ 装備する ▶ aprontar uma armada 艦隊を装備する.
❹ B 話 (悪いことを) 企てる，仕組む；(結果として悪いことを) 引き起こす ▶ aprontar um escândalo スキャンダルを巻き起こす.
— 自 B 話 悪さをする，仕組む；(結果として) 悪いことを引き起こす.
— **aprontar-se** 再 準備される，用意される ▶ aprontar-se para o ataque 攻撃に備える.

aprontar uma (失敗やいたずらを) しでかす.

apropriação /apropria'sẽw/ [複 apropriações] 女 ❶ 占有；私物化 ▶ apropriação da língua 言語の獲得 / apropriação de bens públicos 公的財産の私物化 / apropriação indébita 横領.
❷ 適合.

apropriadamente /apropri,ada'mētʃi/ 副 適切に，ふさわしく.

apropriado, da /apropri'adu, da/ 形 適切な，ふさわしい ▶ uma pessoa apropriada para esta função その職務にふさわしい人 / no momento apropriado しかるべき時に.

apropriar /apropri'ax/ 他 ❶ 自分のものにする ▶ apropriar a terra 土地を占有する.
❷ …に適切にする，適合させる [+ a] ▶ Ele apropriou o tom de voz à música. 彼は声のトーンをその音楽に合わせた.
— **apropriar-se** 再 ❶ …を自分のものにする [+ de] ▶ O filho apropriou-se dos bens da família. その息子は家族の財産を自分のものにした.
❷ …に合う，ふさわしい [+ a] ▶ A música apropriou-se ao ambiente. その音楽は雰囲気にあっていた.

aprovação /aprova'sẽw/ [複 aprovações] 女 ❶ 是認，同意.
❷ 許可，認可，承認 ▶ a aprovação do projeto

計画の認可 / a aprovação dos pais 両親の許可.
❸ 合格▶a aprovação do candidato 受験者の合格.

aprovado, da /apro'vadu, da/ 形 ❶ 承認された, 可決された, 認可された▶O pedido de férias foi aprovado pelo chefe. 休暇願いが上司に承認された.
❷ 合格した▶candidatos aprovados 合格した受験者 / Ela foi aprovada no vestibular. 彼女は入学試験に合格した.
— 名 合格者.

‡aprovar /apro'vax/ アプロヴァーフ/ 他 ❶ 承認する, 認可する▶aprovar um plano 計画を承認する / Essa lei foi aprovada ontem. その法令は昨日可決された / Seu pedido de transferência foi aprovado. あなたの転勤願いは許可された.
❷ 同意する, 賛成する▶aprovar o comportamento de alguém …の行動に賛成する.
❸ (試験に) 合格させる▶aprovar um candidato 受験生を合格させる / ser aprovado 合格する / O aluno foi aprovado porque se esforçou muito. 生徒が合格したのはとても努力したからだ.
— 自 合格する.

aproveitamento /aprovejta'mẽtu/ 男 ❶ 活用, 利用▶o aproveitamento do tempo ocioso 暇な時間の活用. ❷ 上達, 向上▶ter aproveitamento nos estudos 勉強が進む.

‡aproveitar /aprovej'tax/ アプロヴェイターフ/ 他 ❶ 利用する, 活用する▶aproveitar uma oportunidade 好機を利用する / aproveitar o tempo livre 空いた時間を活用する / aproveitar os recursos naturais 自然資源を活用する.
❷ 楽しむ, 享受する▶aproveitar a vida 人生を楽しむ.
— 自 …に利益をもたらす [+ a] ▶A quem aproveita o crime? その犯罪は誰に利益をもたらすのか.
— **aproveitar-se** 再 …を利用する, …につけ込む [+ de] ▶aproveitar-se da bondade de alguém 人の善意につけ込む.

aproveitável /aprovej'tavew/ [複 aproveitáveis] 形《男女同形》使える, 利用できる, 役に立つ▶Há algo aproveitável em Marx? マルクスに役に立つことはあるか.

aprovisionamento /aproviziona'mẽtu/ 男 ❶ 供給, 調達. ❷ 備蓄, 蓄え.

aprovisionar /aprovizio'nax/ 他 …に…を供給する, 補給する [+ com].
— **aprovisionar-se** 再 … を供給する [+ com].

aproximação /aprosima'sẽw/ [複 aproximações] 女 ❶ 接近すること.
❷ (時期的に) 近いこと.
❸ 近似値, 概算▶calcular por aproximação 概算する.
❹ (宝くじの) 前後賞.

aproximadamente /aprosi,mada'mẽtʃi/ 副 ❶ 約, およそ▶Vi-a há aproximadamente uma semana. 私は1週間ぐらい前に彼女に会った.
❷ ほぼ, ほとんど▶A resposta está aproximadamente certa. その答えはほぼ正しい.

aproximado, da /aprosi'madu, da/ ❶ 近似の, おおよその▶um cálculo aproximado おおよその計算. ❷ 似た, 類似の▶resultados aproximados 類似した結果.

‡aproximar /aprosi'max/ アプロスィマーフ/ 他 …を…に近づける [+ de/a] (↔ afastar) ▶O funcionário aproximou o detector de metais do homem. 職員は金属探知機を男性に近づけた.
— **aproximar-se** 再 ❶ 近づく, 近寄る▶A hora da decisão se aproxima. 決断の時が近づいている.
❷ …に近づく, 近寄る [+ de] ▶aproximar-se um do outro 互いに近寄る.

aprumado, da /apru'madu, da/ 形 ❶ 垂直の, 直立した.
❷ 実直な. ❸ 身なりのよい.
❹ (家計や健康などが) 好転した.

aprumo /a'prumu/ 男 ❶ 垂直, 直立. ❷ 尊大, 高慢. ❸ 華美, おしゃれ. ❹ B (家計や健康などの) 好転.

aptidão /apitʃi'dẽw/ [複 aptidões] 女 ❶ 天分, 素質, 才能▶a aptidão para o futebol サッカーの素質 / aptidão musical 音楽の天分 / ter aptidão para... …の才能がある. ❷ 適性▶prova de aptidão 適性検査.

‡apto, ta /'apitu, ta/ アピト, タ/ 形 ❶ …できる, …する能力のある [+ para] ▶apto para o trabalho 労働に適した / meios aptos para resolver estes problemas これらの問題を解決するのに適した方法 / uma pessoa apta para ocupar este cargo この任務に必要な能力のある人.
❷ …する資格のある [+ para] ▶apto para dirigir 自動車の運転免許がある.

apunhalar /apuɲa'lax/ 他 ❶ 短刀で殺す, 短刀で傷つける▶Ele apunhalou o inimigo. 彼は敵を刺した / apunhalar pelas costas 背後から刺す, 裏切る.
❷ 心に傷を負わせる▶A calúnia a apunhalou. その中傷が彼女を傷つけた.
— **apunhalar-se** 再 短刀で自殺する, 短刀で自傷する.

apuração /apura'sẽw/ [複 apurações] 女 ❶ 純化, 精製, 製錬.
❷ 改良, よいものを選ぶこと▶apuração dos recrutados 候補者の選出.
❸ 開票, 開票結果▶apuração dos votos 投票結果.
❹ 精算▶apuração dos custos 費用の精算.

‡apurar /apu'rax/ 他 ❶ 確かめる, 取り調べる▶A perícia está apurando as causas do acidente de trem. 監察官が列車事故の原因を調べている.
❷ (票数を) 数える▶Os votos foram logo apurados. 票はすぐに数えられた.
❸ 洗練する, …に磨きをかける▶Você deveria apurar seu gosto. あなたは趣味を洗練しなければならない.
❹ 見つける▶apurar a verdade 真実を見つける.
— 自 煮詰まる▶O molho está apurando. ソース

apuro /a'puru/ 男 ❶ 純化, 精製, 精錬.
❷ 洗練, 仕上げ.
❸《apuros》難しい状況, 困難 ▶estar [ver-se] em apuros 窮地にある / meter-se em apuros 窮地に陥る.

aquarela /akwa'rɛla/ 女 水彩絵の具, 水彩画.

aquário /a'kwariu/ 男 ❶ 水槽, 金魚鉢；水族館.
❷《Aquário》『天文』みずがめ座.

aquartelar /akwaxte'lax/ 他 (兵隊や軍隊を) 宿営させる；宿泊させる.
— **aquartelar-se** 再 (兵隊や軍隊が) …に宿営する；宿泊する [+ em].

aquático, ca /a'kwatʃiku, ka/ 形 水の, 水生の ▶plantas aquáticas 水生植物 / esportes aquáticos ウォータースポーツ / polo aquático 水球.

aquecedor, dora /akese'dox, 'dora/ [複 aquecedores, doras] 形 暖房の.
— **aquecedor** 男 暖房具, ヒーター ▶aquecedor a óleo オイルヒーター.

*****aquecer** /ake'sex/ アケセーフ/⑮ 他 ❶ 熱する, 暖める, 温める ▶aquecer a sopa スープを温める / aquecer a sala 部屋を暖かくする / aquecer os músculos 筋肉を暖める.
❷ 活気づける, 盛り上げる ▶Seus comentários aqueceram a discussão. あなたのコメントで議論が盛り上がった.
❸ いらだたせる ▶O contratempo o aqueceu. 思わぬ出来事で彼はいらだった.
— 自 ❶ 温まる, 暖かくなる ▶Com a corrida, os músculos aqueceram. 走っているうちに, 筋肉が暖かくなった / aquecer demais 過熱する, オーバーヒートする.
❷ 活気づく, 盛り上がる ▶A festa começou a aquecer pelas duas da manhã. パーティーは午前2時ごろに盛り上がりだした.
❸ 準備運動をする, ウォーミングアップする.
— **aquecer-se** 再 ❶ 暖まる；熱くなる, 暖かくなる ▶aquecer-se ao sol 日なたで暖をとる, 日なたぼっこをする.
❷ 盛り上がる ▶A discussão aqueceu-se. 議論が盛り上がった.
❸ (競技や本番前に) 準備運動をする, ウォーミングアップする.
não aquecer nem arrefecer 取るに足らない, どちらでもかまわない ▶Isso não me aquece nem me arrefece. それは私にとってどちらでもかまわない.

aquecimento /akesi'mẽtu/ 男 ❶ 加熱, 暖かくなること；暖房 ▶aquecimento global 地球温暖化 / aquecimento central セントラルヒーティング / aquecimento solar 太陽熱温水器.
❷ 準備運動, ウォーミングアップ ▶fazer aquecimento 準備体操をする.

aqueduto /ake'dutu/ 男 水道, 送水路；水道橋.

àquela /a'kɛla/ 前置詞 a と指示詞 aquela の縮合形.

àquelas /a'kɛlas/ 前置詞 a と指示詞 aquelas の縮合形.

*****aquele, la** /a'keli, 'kɛla/ アケーリ, ラ/[複 aqueles, aquelas] 形《指示》❶ あの, あそこの；その, そこの ▶Você vê aquela árvore? あの木が見えますか / Aqueles estudantes são brasileiros. あの学生たちはブラジル人だ.
❷ あの, 例の ▶Quando você vai me devolver aquele livro? あの本はいつ返してくれるの / Onde vocês conheceram aquela moça? 君たちは例の女の子とどこで知り合ったの / aquele Sócrates あのソクラテスのやつ.
❸《遠い過去を指して》あの ▶desde aquela época あの頃から.
❹《aquele ＋名詞＋関係代名詞》…するような ▶aquelas pessoas que não gostam de futebol サッカーが好きでない人々.
— 代《指示》❶ あれ, あの人 ▶Aquela é a minha casa. あれは私の家だ / Prefiro aquele. 私はあっちの方がいい / Aqueles são meus colegas de classe. あの人たちは私の同級生だ.
❷《aquele + 関係代名詞》…する人 ▶aqueles que me conhecem 私を知っている人たち / aqueles de quem gosto 私が好きな人々 / dicas para todos aqueles que querem ter uma vida saudável 健康な生活を送りたいすべての人のためのヒント.
❸《文章語》(2つのうちの) 前者 ([注] 「後者」は este).

àquele /a'keli/ 前置詞 a と指示詞 aquele の縮合形.

àqueles /a'keles/ 前置詞 a と指示詞 aqueles の縮合形.

aqueloutro /ake'lotru/ aquele と outro の縮合形.

aquém /a'kẽj/ 副 (境界線の) こちら側に, こちら側で (↔ além) ([注] 現代語では主に aquém de の形で用いられる).

aquém de ① …のこちら側に (↔ além de) ▶aquém daquele rio あの川のこちら側に. ② …を過ぎずに, …の前に. ③ …を超えずに, …以下に ▶ficar aquém do esperado 期待を超えない.

*****aqui** /a'ki/ アキ/ 副 ❶ ここ, ここで ▶aqui e agora 今ここで / Vem aqui. ここに来て / Espero aqui por ti. 私はここで君を待つ / aqui em Portugal ここポルトガルでは / Aqui é a Maria. (電話で) こちらはマリアです / aqui perto この近くに / até aqui ここまで, これまで / O inferno é aqui mesmo. 地獄とはまさにここだ / O que é isso aqui? これは何ですか.
❷《aqui está [estão] ＋名詞》(紹介や手渡しで) これが…です ▶Aqui está o café. これが例のカフェです / Aqui estão as suas chaves. これがあなたの鍵です.
❸ 今, 現時点 ▶Até aqui não tenho problema nenhum. ここまでのところ私には何の問題もない / de aqui por diante 今から.
❹ この時に ▶Ela disse que não e aqui começou a discussão. 彼女は違うと言い, この時に口論が始まった.

aqui e acolá あちこちに, あてもなく.
aqui e ali あちこちに, あちこちで.
aqui para [entre] nós ここだけの話だが.
por aqui ① ここを通って, こちらへ ▶Por aqui, por favor. こちらへどうぞ / Vamos por aqui. こっ

aquicultura

ちに行こう. ② このあたりに ▶Vou ficar por aqui. 私はこのあたりにいる.

語法 「ここ」を表す **aqui** と **cá**

aqui と cá は話者に近い場所, あるいは話者の周辺環境の一部を成すことを表わすが, aqui の方はより厳密に特定されるポイントを示す. 例えば, 痛む場所を特定する場合は次のように言う.
　　É aqui, no joelho. 膝のここです.
一方, cá はより広く, 漠然とした場所を指す.
　　Cá no Japão as pessoas não dizem isso.
　　ここ日本では人はそんなことを言わない.
ただし, 「局所」か「漠然」かという違いはあくまでも主観的なものであることは覚えておくべきである.

aquicultura /akikuw'tura/ 囡 水産養殖.
aquiescência /akie'sẽsia/ 囡 承諾, 同意.
aquiescer /akie'sex/ ⑮ 圓 …に同意する, …を承諾する [+ a].
aquietar /akie'tax/ 他 落ち着かせる, 鎮める ▶aquietar os ânimos 人心を鎮める.
— **aquietar-se** 再 静かになる, おとなしくする.
aquilatar /akila'tax/ 他 ❶ (金や宝石の) カラットを検定する ▶aquilatar o ouro 金を検定する.
❷ 評価する, 価値を判断する ▶Só ele pode aquilatar o companheiro. 彼だけがその仲間を評価できる.
— **aquilatar-se** 再 完全になる, 仕上がる, 改善される.

：aquilo /a'kilu/ アキーロ 代 (指示) ❶ あれ; それ ▶O que é aquilo? あれは何ですか.
❷ あのこと, 例のこと ▶Aquilo não tem nada a ver com você. あれは君には何の関係もないことだ.
❸ (軽蔑) あいつ; (親愛) あの人 ▶Aquilo é que é um bom homem! あの人こそが本当にいい人なんだ.
❹ (aquilo+関係代名詞) …すること, もの ▶Aquilo que ela me disse era mentira. 彼女が私に言ったことは嘘だった / aquilo em que tenho pensado desde há uma semana 私が1週間前から考えていること.
Aquilo é que é! すばらしい.
àquilo /a'kilu/ 前置詞 a と指示代名詞 aquilo の縮合形.
aquisição /akizi'sẽw/ [履 aquisições] 囡 ❶ 獲得, 取得, 購入 ▶aquisição de conhecimentos 知識の獲得 / aquisição de terreno 土地の取得.
❷ 獲得した物; 購入物 ▶uma boa aquisição よい買い物.
aquisitivo, va /akizi't∫ivu, va/ 形 取得の, 取得できる ▶processo aquisitivo 取得過程 / poder aquisitivo 購買力.
aquoso, sa /a'kwozu, ɔza/ 形 水の; 水を含んだ ▶solução aquosa 水溶液.

：ar /'ax/ アーフ [履 ares] 男 ❶ 空気, 大気 ▶Aqui o ar é bom. ここは空気がいい / O ar está seco. 空気が乾燥している / ar puro 澄んだ大気 / ar poluído 汚染された空気 / ar fresco 新鮮な空気 / tomar ar 外気を吸う.
❷ 空, 空中 ▶voar pelo ar 空を飛ぶ / As folhas estão dançando no ar. 葉が宙を舞っている / de pernas para o ar 足を上にあげて, 上下さかさまに.
❸ 風, 微風 ▶uma corrente de ar 気流, すきま風.
❹ 《ares》環境, 雰囲気 ▶mudar de ares 気分を変える, 転地する.
❺ 様子, 外観, 態度, 表情 ▶Ela tem um ar saudável. 彼女は健康そうに見える / um ar de superioridade 威張った態度 / um ar de mistério 謎めいた雰囲気 / ar de festa お祭りの雰囲気 / dar um ar de saúde 健康そうに見せる.
❻ 放送 (電波), 放映 ▶ir ao ar 放送される.
❼ エアコン (= ar condicionado) ▶ligar o ar エアコンをつける.

ao ar livre 戸外で, 野外で ▶O espetáculo realizou-se ao ar livre. イベントは野外で実施された.
apanhar ar 難なくすぐに理解する.
ar de família 似ている点, 共通点.
beber os ares por alguém …を溺愛する
com ar de quem não quer nada 何食わぬ顔をして.
dar ares de... …のふりをする, …のように振る舞う.
dar ares de... …と似ている ▶A filha dá ares de sua mãe. 娘は母親に似ている.
dar o ar da graça 姿を現す.
dar uns ares com... …と似ている ▶O filho dá uns ares com seu pai. 息子は父親に似ている.
dar uns ares de …と似ている.
dar-se ares 気取る, いばる, もったいぶる.
dar-se ares de... …を気取る, …ぶる.
estar fora do ar ① (放送が) 中断されている, 取りやめになる. ② 気もそぞろな, ぼんやりした.
estar no ar ① 放送されている ▶O programa já está no ar. 番組はすでに放送されている. ② (季節などの) 気配がする ▶A primavera está no ar. 春の気配が感じられる. ③ 未定である, 決まっていない ▶O projeto ainda está no ar. その企画はまだ決まっていない.
ficar no ar 周囲の言うことが理解できないでいる.
ir pelos ares 爆発する ▶O ônibus incendiou-se e foi pelos ares. バスは炎上し, 爆発した.
levar pelos ares ① 爆発させる. ② 無駄に消費する.
pegar no ar ① 即座に覚える [理解する]. ② 小耳にはさむ.
sair do ar ① 放送されなくなる. ② ぼおっとする.
saltar pelos ares 爆発する.
ter ares de... …のようである, …に似ている.
árabe /'arabi/ 形 アラブの, アラビアの, アラビア語の ▶cozinha árabe アラブ料理 / Emirados Árabes Unidos アラブ首長国連邦 / uma palavra árabe アラビア語の単語.
— 图 アラブ人.
— 男 アラビア語.
arabesco /ara'besku/ 男 アラベスク模様.
Arábia /a'rabia/ 囡 アラビア (半島).

arábico, ca /a'rabiku, ka/ 形 アラビアの, アラブ(人)の ▶ goma arábica アラビアゴム.
— **arábico** 男 アラビア語.
arado /a'radu/ 男 (農作業用の) すき, プラウ.
aragem /a'raʒẽj/ [複 aragens] 女 そよ風.
arame /a'rẽmi/ 男 鉄線, 針金 ▶ arame farpado 有刺鉄線.
aranha /a'rẽɲa/ 女 《動物》クモ ▶ Homem-Aranha スパイダーマン.
arapuca /ara'puka/ 女 ❶ (ピラミッド型の) 小鳥を捕まえるわな.
❷ (人を陥れるための) わな, だまし ▶ cair na arapuca わなにかかる.
arar /a'rax/ 他 (畑を) 耕す ▶ arar os campos 畑を耕す.
arauto /a'rawtu/ 男 ❶ 使者, 先触れ ▶ A cigarra é o arauto do verão. セミは夏が来たこと知らせてくれる.
❷ (意見などの) 提唱者, 擁護者.
arbitragem /axbi'traʒẽj/ [複 arbitragens] 女 ❶ 仲裁, 調停. ❷《スポーツ》審判 ▶ erro de arbitragem 誤審. ❸《金融》さや取引.
arbitral /axbi'traw/ [複 arbitrais] 形《男女同形》仲裁の ▶ tribunal arbitral 仲裁裁判所.
arbitramento /axbitra'mẽtu/ 男 仲裁, 裁定 (= arbitragem).
arbitrar /axbi'trax/ 他 ❶ …の審判を務める ▶ arbitrar um jogo de futebol サッカーの試合の審判をする.
❷ 決心する ▶ Ele arbitrou abandonar sua cidade natal. 彼は生まれ故郷の町を去ることを決意した.
❸ 裁定する.
❹ 仲裁する ▶ Arbitrei as discussões do casal. 私は夫婦げんかの仲裁をした.
arbitrariamente /axbi,traria'mẽtʃi/ 副 恣意(し)的に, 勝手に ▶ Ninguém será arbitrariamente preso, detido ou exilado. 何人も, ほしいままに逮捕, 拘禁, 又は追放されることはない.
arbitrariedade /axbitrarie'dadʒi/ 女 ❶ 権力の乱用, 専横; 勝手, 気まま. ❷ 恣意(し)性 ▶ arbitrariedade do signo 記号の恣意性.
arbitrário, ria /axbi'trariu, ria/ 形 ❶ 自由裁量の, 任意の. ❷ 勝手な, 専制的な, 独裁的な. ❸ 恣意(し)的な.
arbítrio /ax'bitriu/ 男 裁量 ▶ ao arbítrio de alguém …の意のままに.
livre arbítrio 自由意志 ▶ de livre arbítrio 自由意志で.
árbitro /'axbitru/ 男 ❶《スポーツ》審判, レフェリー ▶ árbitro de futebol サッカーの主審 / árbitro auxiliar 副審. ❷ 調停者, 仲裁者 ▶ servir de árbitro 調停を務める / árbitro da elegância ファッションリーダー, いつも洗練された着こなしをする人; 典雅の審判者.
arbóreo, rea /ax'bɔriu, ria/ 形 木の, 樹木の.
arborização /axboriza'sẽw/ [複 arborizações] 女 植樹.
arborizar /axbori'zax/ 他 …に木を植える, 植樹する.

arbusto /ax'bustu/ 男 低木, 灌木.
arca /'axka/ 女 (ふたつきの) 収納箱, チェスト.
arca da Aliança 契約の箱.
Arca de Noé ノアの方舟.
arcabouço /axka'bosu/ 男 ❶ 骸骨, 骨格. ❷ 胸骨. ❸ (建物などの) 骨組み ▶ arcabouço do prédio その建物の骨組み. ❹ 概要, あらまし.
arcada /ax'kada/ 女 アーケード.
arcaico, ca /ax'kajku, ka/ 形 古代の; 古風な, 古めかしい.
arcaísmo /axka'izmu/ 男 ❶ 古風, 擬古主義. ❷ 古語, 古風な表現.
arcanjo /ax'kẽʒu/ 男 大天使.
arcar /ax'kax/ 他 ❶ しならせる, 弓なりにする ▶ arcar as sobrancelhas 眉をつり上げる. ❷ アーチをつける, アーチ状にする. ❸ (腰などを) 曲げる ▶ A idade arcou o corpo. 年齢で腰が曲がる.
— 自 ❶ 弓なりになる ▶ Os ramos arcavam. 枝がしなっていた. ❷ …と取っ組み合う, 格闘する [+ com] ▶ Ele arcou com o bandido. 彼は強盗と取っ組み合った.
❸ …に立ち向かう [+ com] ▶ arcar com dificuldades 困難に立ち向かう.
❹ …の責任を負う [+ com] ▶ arcar com as consequências 結果に責任を持つ.
— **arcar-se** 再 曲がる ▶ Arcou-se o corpo com o passar dos anos. 歳をとるにつれて身体が曲がった.
arcebispo /axse'bispu/ 男《カトリック》大司教;《プロテスタント》大監督.
archote /ax'ʃɔtʃi/ 男 たいまつ.
arco /'axku/ 男 ❶ 弓 ▶ arco e flecha 弓と矢. ❷《建築》アーチ ▶ arco de triunfo 凱旋門. ❸ (弦楽器の) 弓. ❹《数学》弧.
arco-da-velha /,axkuda'vɛʎa/ [複 arcos-da-velha] 男 虹.
coisa [história] do arco-da-velha 信じられないようなこと [話].
arco-íris /,axku'iris/ 男《単複同形》虹 ▶ o fim do arco-íris 虹の根元.
ar-condicionado /axkõdʒisio'nadu/ [複 ares-condicionados] 男 冷房, エアコン.
ardência /ax'dẽsia/ 女 ❶ 激しい暑さ [熱さ], 燃えるような熱さ. ❷ 輝き, 光. ❸ 情熱. ❹ ひりひりとする痛み, 激しい辛み.
ardente /ax'dẽtʃi/ 形《男女同形》燃えている, 焼けるような, 燃えるような ▶ fogo ardente 燃えさかる火 / sol ardente 灼熱の太陽 / paixão ardente 燃える情熱.
ardentemente /ax,dẽtʃi'mẽtʃi/ 副 熱心に, 熱烈に.
***arder** /ax'dex/ 自 ❶ 燃える, 焼ける ▶ Madeira seca arde bem. 乾いた木はよく燃える.
❷ ひりひりする, 火照る, (味が) 辛い ▶ A queimadura do braço ardia muito. 腕のやけどがひどくひりひりした / A fumaça faz com que os olhos ardam. 煙で目がしみる / No meio da tarde o sol ardia. 昼下がり太陽がじりじりしていた / Este molho arde? このソースは辛いですか.
❸ 輝く, きらきらする ▶ As estrelas ardem no

céu. 星が空に輝いている / Ao longe, o mar ardia. 遠くに海が輝いていた.
❹ 熱くなる, 切望する ▶ Ele ardia em febre. 彼は高熱で火照っていた / arder por voltar à terra 故郷に帰ることを強く願う.

ardido, da /ax'dʒidu, da/ [形] ❶ 燃えた, 焦げた ; 辛い ▶ floresta ardida 焼け焦げた森 / gosto ardido 辛み. ❷ 勇敢な ▶ homem ardido 勇敢な男.

ardil /ax'dʒiw/ [[複] ardis] [男] 策略, 計略.

ardiloso, sa /axdʒi'lozu, 'lɔza/ [形] 狡猾な, ずる賢い.

ardor /ax'dox/ [[複] ardores] [男] ❶ 灼熱 ▶ ardor do sol 太陽の激しい熱さ.
❷ 熱愛, 情熱 ▶ Ele me amou com ardor. 彼は私を熱愛してくれた.
❸ 熱狂, 熱心 ▶ Meu pai trabalhava com ardor. 私の父は熱心に働いていた.

ardoroso, sa /axdo'rozu, 'rɔza/ [形] 熱心な, 熱烈な.

ardósia /ax'dɔsia/ [女] スレート, 石盤.

arduamente /ˌaxdua'mẽtʃi/ [副] 懸命に, 熱心に ▶ trabalhar arduamente 懸命に働く.

árduo, dua /'axduu, dua/ [形] ❶ 困難な, 骨の折れる ▶ trabalho árduo 骨の折れる仕事. ❷ 急勾配の, 急な.

are /'ari/ [男] (面積の単位) アール.

★★★área /'aria アーリア/ [女] ❶ **地域, 地区** ▶ área de proteção ambiental 環境保護地区 / Área de Livre Comércio das Américas 米州自由貿易地域 / Não é aconselhável morar nesta área. この地域に住むのはお勧めできない.
❷ 面積 ▶ área do triângulo 三角形の面積 / área útil 有効面積.
❸ **分野** ▶ cursos na área de saúde 医療分野の講座 / Qual é a sua área de pesquisa? あなたの研究分野は何ですか / área de ação 活動範囲, 活動分野.
❹ [B] 中庭 ; ユーティリティルーム (= área de serviço).
grande área 〖サッカー〗ペナルティーエリア.
pequena área 〖サッカー〗ゴールエリア.
limpar a área 〖サッカー〗ボールを巧みにクリアする.

areal /are'aw/ [[複] areais] [男] 砂地, 砂浜.

arear /are'ax/ ⑩ [他] ❶ …を砂で覆う ▶ O vento forte areou a pista. 強い風で床が砂に覆われた.
❷ 磨く ▶ arear as panelas 鍋を磨く / arear os dentes 歯を磨く.
— **arear-se** [再] 砂で覆われる ▶ Os meninos arearam-se na praia. 子供たちは浜辺で砂まみれになった.

★areia /a'reja アレィア/ [女] **砂** ▶ Aquela praia é famosa pela areia branca. あの砂浜は白砂で有名だ / areia lavada 川　砂 / banco de areia 砂　洲 / areia movediça 流砂.
construir na areia 砂上に楼閣を築く.
edificar sobre areia 砂上に楼閣を築く.
entrar areia em... …の邪魔をする, …に水を差す.
escrever na areia することが長続きしない, 三日坊主である.
jogar areia em... …の邪魔をする, …に水を差す.
semear em areia 無駄な努力をする.

arejado, da /are'ʒadu, da/ [形] ❶ 風通しのよい. ❷ 進取の気性に富んだ ▶ mente arejada 進取の気性に富んだ精神.

arejar /are'ʒax/ [他] ❶ …の換気をする, …に風を通す ▶ arejar o quarto 部屋の換気をする.
❷ …に風をあてる ▶ Arejei a roupa. 服に風をあてて乾かした.
❸ 新しくする, 刷新する ▶ arejar as ideias antigas 古い考えを刷新する.
— [自] 新鮮な空気を吸う ; 気晴らしをする ▶ Ela fez uma viagem para arejar. 彼女は新鮮な空気を吸うために旅に出た.
— **arejar-se** [再] ❶ 涼む ▶ Arejaram-se no terraço. 彼らはテラスで涼んだ.
❷ 新鮮な空気を吸う ; 気晴らしをする ▶ Ele saiu para arejar-se. 彼は気晴らしをするために外に出た.

arena /a'rẽna/ [女] ❶ 闘牛場 ; サーカスのリング ; ボクシングのリング. ❷ 戦いの場 ▶ a arena política 政治のリング. ❸ 古代ローマの円形闘技場.

arenga /a'rẽga/ [女] ❶ 演説, 式辞. ❷ [話] 退屈な演説, 長い話. ❸ [話] 口論, 論争.

arenoso, sa /are'nozu, 'nɔza/ [形] 砂で覆われた, 砂だらけの ▶ terreno arenoso 砂地.

arenque /a'rẽki/ [男] 〖魚〗ニシン ▶ arenque defumado ニシンの燻製.

aresta /a'rɛsta/ [女] ❶ 〖数学〗辺, 稜(りょう). ❷ 角, へり, 曲がり角. ❸ 《arestas》小さな問題点, わだかまり, しこり ▶ Falta aparar arestas neste caso. この事件には克服すべき問題が残っている.
aparar arestas わだかまりを解く.

arfar /ax'fax/ [自] ❶ あえぐ, 息を切らす. ❷ 揺れる.

argamassa /axga'masa/ [女] しっくい, モルタル.

Argentina /axgẽ'tʃĩna/ [女] 《国名》アルゼンチン ▶ na Argentina アルゼンチンで / bandeira da Argentina アルゼンチン国旗.

argentino, na /axgẽ'tʃĩnu, na/ [形] ❶ アルゼンチンの ▶ tango argentino アルゼンチンタンゴ. ❷ 銀の, 銀色の. ❸ 銀鈴を鳴らすような.
— [名] アルゼンチン人.

argila /ar'ʒila/ [女] 粘土.

argiloso, sa /arʒi'lozu, 'lɔza/ [形] 粘土を含む, 粘土質の.

argola /ax'gɔla/ [女] ❶ 金属製の輪, 輪状のもの ▶ as argolas olímpicas オリンピック五輪. ❷ [話] 指輪. ❸ 輪状のイヤリング.

arguição /axgwi'sɐ̃w̃/ [[複] arguições] [女] ❶ 叱責, 非難. ❷ 口頭試問.

arguir /axgu'ix/ ⑥ [他] ❶ 叱責する, 叱る ▶ Os pais arguiram os filhos de preguiça. 両親は息子たちを怠けていると叱った.
❷ [B] 試問する ▶ O professor arguiu o candidato. 教師は受験者に試問した.
❸ …に反論する ▶ Os suspeitos arguiram as acusações com as provas. 容疑者は証拠を提示して告発に反論した.
— [自] ❶ 論争する ▶ Ele arguiu fortemente com seu colega. 彼は同僚と激しく議論した.

❷ 試問する.

argumentação /axgumẽta'sẽw/ [複 argumentações] 囡 ❶ 論圧, 論拠. ❷ 議論, 討論.

argumentador, dora /axgumẽta'dox, 'dora/ [複 argumentadores, doras] 形 名 議論好きな(人).

argumentar /axgumẽ'tax/ 他 立証する, 論証する ▶ Argumentaram que ele não tinha disponibilidade financeira. 彼は適切な経済状況にないと立証された.
— 自 ❶ 反論する.
❷ 論証する, 結論付ける ▶ O advogado argumentou com clareza. 彼の弁護士は明瞭に論証した.

☆**argumento** /axgu'mẽtu/ アフグメント 男 ❶ 論拠, 論証 ▶ Seu argumento foi suficiente para convencer a todos. 彼の論拠は皆を説得するには十分だった.
❷ (小説などの)筋立て, プロット ▶ O argumento desta novela está muito bem estruturado. このドラマの筋立てはよく構成されている.

arguto, ta /ax'gutu, ta/ 形 洞察力のある, 鋭敏な ▶ raciocínio arguto 鋭い推論.

ária /'aria/ 囡 [音楽] アリア, 詠唱.

ariano, na /ari'ɐnu, na/ 形 名 アーリア人(の).

aridez /a'ridez/ [複 aridezes] 囡 ❶ 乾燥, 不毛. ❷ 味気なさ.

árido, da /'aridu, da/ 形 ❶ 乾燥した ▶ clima árido 乾燥した気候.
❷ 不毛の ▶ terreno árido 不毛の土地.
❸ 味気ない ▶ Uma vida sem arte é uma vida árida. 芸術のない暮らしは砂ようなぐらしだ.

Áries /'aries/ 囡 [天文] おひつじ座.

arisco, ca /a'risku, ka/ 形 ❶ 砂地の ▶ terreno arisco 砂地.
❷ 人見知りの, 非社交的な; 不愛想な, 不親切な ▶ Ele é uma pessoa arisca. 彼は人見知りだ.
❸ (動物などが)懐かない, しつけにくい ▶ cachorro arisco 懐かない犬.

aristocracia /aristokra'sia/ 囡 ❶ 貴族政治. ❷ (集合的)貴族, 上流階級. ❸ 一流の人々.

aristocrata /aristo'krata/ 名 貴族, 貴族的な人.
— 形 (男女同形) 貴族の, 貴族的な.

aristocrático, ca /aristo'kratʃiku, ka/ 形 貴族政治の, 貴族的な, 高貴な.

aritmética¹ /aritʃ'metʃika/ 囡 算数, 算術.

aritmético, ca² /aritʃ'metʃiku, ka/ 形 算数の, 算術の ▶ progressão aritmética 等差数列.

arlequim /axle'kĩ/ [複 arlequins] 男 アルレッキーノ (イタリア喜劇の道化役).

☆**arma** /'axma/ アフマ 囡 ❶ 武器, 兵器 ▶ É preciso ter licença para portar armas. 武器を持つには許可証が必要だ / arma nuclear 核兵器 / arma biológica 生物兵器 / arma de fogo 火器 / armas de destruição em massa 大量破壊兵器 / arma branca 刀剣類 / arma química 化学兵器 / arma secreta 秘密兵器 / armas leves 小型武器 / arma do crime 凶器 / tráfico de armas 武器取引 / tomar as armas 武器を取る / correr às armas 武器を取る, 戦闘準備する / depor as armas 武器を捨てる / Às armas! 武器を取れ, 戦闘準備せよ / arma de dois gumes 諸刃(もろは)の剣.
❷ 銃.
❸ (armas) 軍隊 ▶ carreira das armas 軍人生活.
❹ (armas) 紋章 ▶ armas da cidade 市の紋章.
de armas e bagagens 持ち物全部まとめて.
fugir com armas e bagagens 一切合財を持って逃げる.
pegar em armas 武器を取る, 軍人になる.

armação /axma'sɐ̃w/ [複 armações] 囡 ❶ 眼鏡の枠 ▶ óculos com armação metálica メタルフレームの眼鏡. ❷ わな.

armação dos ossos 骨格.
de muita armação e pouco jogo 口叩きの手足らず.
ter muita armação e pouco jogo 見かけ倒しである.

armada¹ /ax'mada/ 囡 ❶ 海軍 ▶ armada brasileira ブラジル海軍. ❷ 艦隊 ▶ Invencível Armada (スペインの)無敵艦隊.

armadilha /axma'dʒiʎa/ 囡 ❶ わな ▶ cair numa armadilha わなにはまる.
❷ 策略, たくらみ ▶ armadilha política 政治的な策略.

armado, da² /ax'madu, da/ 形 ❶ 武装した ▶ grupo armado 武装集団 / luta armada 武力闘争.
❷ …で武装した [+ de/com] ▶ armado de uma pistola ピストルで武装した.
❸ …に対して準備した [+ para/contra].
❹ 強化された ▶ cimento [concreto] armado 鉄筋コンクリート.
à mão armada 武装して, 武器を持って.
armado até os dentes 完全武装して.

armador, dora /axma'dox, 'dora/ [複 armadores, doras] 名 ❶ 船主. ❷ [サッカー] armador de jogo ゲームメーカー.

armadura /axma'dura/ 囡 ❶ 甲冑(かっちゅう), 鎧. ❷ 枠, 骨組み; 骨格.

Armagedão /axmaʒe'dɐ̃w/ 男 [聖書] ハルマゲドン(善の力と悪の力が最後の決戦を行うところ).

armamento /axma'mẽtu/ 男 軍備; 軍需品 ▶ redução de armamentos 軍備縮小.

★**armar** /ax'max/ アフマーフ 他 ❶ 武装させる, 武器をもたせる ▶ armar os cidadãos 市民に武装させる / armar os rebeldes 反体制派に武器を供給する.
❷ 組み立てる ▶ armar uma barraca テントを張る.
❸ 仕組む, たくらむ ▶ armar uma intriga 陰謀をたくらむ / armar uma armadilha わなを仕掛ける / armar um esquema 策略を考える.
❹ (面倒を)引き起こす, …の原因になる ▶ armar uma confusão 混乱を引き起こす / armar um escândalo スキャンダラスをおこす / armar uma briga com... とけんかする.
❺ (船を)艤装する.
❻ [スポーツ] (攻撃などを)準備する, (チームを)構成する ▶ O jogador tentou armar o ataque pela direita. その選手は右からの攻撃を試みた / armar um novo time 新しいチームを結成する.
❼ (衣類などの)ふくらみを持たせる, 形を整える, 飾りをつける ▶ armar um vestido 服にふくらみを持たせる, 形を整える.

❸ (装備や知識などを) 持たせる [＋ de] ▶Ela armou o filho de régua e compasso. 彼女は息子に定規とコンパスを持たせた / Os pais armam os filhos de princípios para viver. 両親は子供に生きるための基本を授ける.
— **armar-se** [再] ❶ 武装する, 軍備を増強する.
❷ 起る, 始まる ▶Armou-se uma tempestade. 嵐が発達した / De repente, armava-se uma grande briga. 突然, 大げんかが始まった.
— [自] ❶ (衣類などが) 体に合う ▶Esta calça não arma bem. このズボンは体に合わない.
❷ [P] (… の) ふりをする, 装う [＋ a/em] ▶Ela adora armar em milionária. 彼女は大金持ちを装うのが大好きだ.
armar-se com o sinal da cruz 十字を切って神の加護を頼む.
armar-se de coragem 勇気を奮い起こす.

armarinho /axma'rĩɲu/ [男] [B] (裁縫用品などを売る) 小間物店.

armário /ax'mariu/ [男] ❶ 戸棚, 洋服たんす, クローゼット ▶armário embutido 作り付けのクローゼット / armário de remédios 薬の棚.
❷ [B] [話] たくましい男性 ▶ser um armário 筋骨隆々としている.
sair do armário 同性愛をカミングアウトする.

***armazém** /axma'zẽȷ̃ アフマゼィン/ [[複] armazéns] [男] ❶ **倉庫, 保管庫** ▶armazém de cereais 穀物倉庫 / armazém de atacado 卸売倉庫 / armazéns gerais 営業倉庫.
❷ 雑貨店 ▶armazém de secos e molhados 食品や生活用品を売る雑貨店.
❸ [P] デパート, 百貨店

armazenagem /axmaze'naʒẽȷ̃/ [[複] armazenagens] [女] ❶ 保管, 倉庫に入れること ▶centro de armazenagem e distribuição 保管物流センター.
❷ 蓄積, データの保存 ▶armazenagem dos dados データの保存.

armazenamento /axmazena'mẽtu/ [男] ❶ 保存, 保管. ❷ 〖情報〗(データの) 保存 ▶armazenamento de dados データ保存.

armazenar /axmaze'nax/ [他] ❶ 貯蔵する, 保存する ▶armazenar alimentos 食品を保存する / O silo armazena cereais. そのサイロに穀物が貯蔵されている.
❷ (データなどを) 保存する ▶armazenar dados データを保存する.

armeiro /ax'mejru/ [男] ❶ 銃砲販売業者, 武器製造業者. ❷ 武器庫.

arminho /ax'mĩɲu/ [男] 〖動物〗アーミン, オコジョ.

armistício /axmis'tʃisiu/ [男] 休戦.

aro /'aru/ [男] ❶ 輪, 環状のもの.
❷ (自転車や自動車の) ホイール ▶aro de bicicleta 自転車のホイール.
❸ (眼鏡などの) フレーム, 窓枠 ▶aro de óculos 眼鏡のフレーム.

aroma /a'rõma/ [男] ❶ 香り, 芳香 ▶aroma de chocolate チョコレートの香り. ❷ 香料 ▶aroma de baunilha バニラ風味.

aromático, ca /aro'matʃiku, ka/ [形] ❶ (いい) 匂いのする ▶prato aromático いい匂いのする料理.
❷ 芳香性の.

aromatizar /aromatʃi'zax/ [他] …に香りをつける, 風味をつける.
— **aromatizar-se** [再] 香る, いい香りがする.

arpão /ax'pɐ̃w̃/ [[複] arpões] [男] (魚を捕まえる) 銛(もり).

arpejo /ax'peʒu/ [男] 〖音楽〗アルペッジョ.

arqueado, da /axke'adu, da/ [形] 弓なりの, アーチ形の.

arquear /axke'ax/ ⑩ [他] 弓なりに曲げる ▶arquear molas バネを曲げる.
— **arquear-se** [再] 弓なりに曲がる ▶Suas costas arquearam-se com a idade. 年齢とともに彼女の腰が曲がった.

arqueiro, ra /ax'kejru, ra/ [名] ❶ 弓の射手.
❷ [B] ゴールキーパー.

arquejante /axke'ʒẽtʃi/ [形] 《男女同形》息をきらした, 喘いだ ▶Ele estava suado e arquejante. 彼は汗をかいて息を切らしていた.

arquejar /axke'ʒax/ [自] あえぐ, 息をきらす ▶Ele arquejava após a maratona. マラソンのあと彼は息を切らしていた.

arqueologia /axkeolo'ʒia/ [女] 考古学.

arqueológico, ca /axkeo'lɔʒiku, ka/ [形] ❶ 考古学の ▶museu arqueológico 考古学博物館 / estudos arqueológicos 考古学研究. ❷ 古くさい, 古びた.

arqueólogo, ga /axke'ɔlogu, ga/ [名] 考古学者.

arquétipo /ax'kɛtʃipu/ [男] 原形, 典型, 代表例.

arquibancada /axkibẽ'kada/ [女] ❶ [B] (階段状の) 観客席, スタンド ▶arquibancada do sambódromo カーニバル会場の観客席. ❷ [B] 観衆.
ficar na arquibancada 傍観者的である.
jogar para a arquibancada 魅せるプレーに走る.

arquidiocese /axkidʒio'sɛzi/ [女] 大司教区, 大主教区.

arquipélago /axki'pɛlagu/ [男] 列島, 群島, 諸島 ▶o arquipélago japonês 日本列島.

arquitetar /axkite'tax/ [他] ❶ 設計する.
❷ 計画する, …の構想を練る ▶arquitetar um projeto 計画の構想を練る.

***arquiteto, ta** /axki'tɛtu, ta アフキテート, タ/ [名] ❶ **建築家, 建築士**, 建築技師 ▶Ela é arquiteta. 彼女は建築家だ / arquiteto naval 造船技師 / arquiteto paisagista 造園技師, 景観設計家. ❷ 計画者, 考案者 ▶arquiteto de redes ネットワーク設計者 / o Supremo Arquiteto 神.

arquitetônico, ca /axkite'tõniku, ka/ [形] 建築(学) の ▶patrimônio arquitetônico 建築遺産.

⁑**arquitetura** /axkite'tura アフキテトゥーラ/ [女] ❶ **建築**, 建築学 ▶Ela é formada em arquitetura. 彼女は建築学を修了している.
❷ 建築物 ▶arquitetura barroca バロック建築.
❸ 構成, 構造 ▶arquitetura do corpo humano 人体の構造.

arquitetural /axkitetu'raw/ [[複] arquiteturais] [形] 《男女同形》＝ arquitetônico

arquivar /axki'vax/ [他] ❶ (文書を) 保管する, 保

存する ▸arquivar os e-mails メールを保存する.
❷ (訴訟を) 取り下げる ▸arquivar um processo 訴訟を取り下げる.
❸ 記憶する ▸Ele arquiva facilmente o que aprende. 彼は学んだことをすぐに覚える.
❹ 見逃す, 看過する.

arquivista /axki'vista/ [名] 古文書保管者, 古文書学者, 公文書保存係, 書類保存者.

arquivo /ax'kivu/ [男] ❶ 文書記録, 資料, 公文書 ▸arquivo morto 死蔵された資料 / arquivo vivo 生き証人.
❷ 公文書館, 文書保存室.
❸ 〖情報〗ファイル ▸arquivo de texto テキストファイル / arquivo binário バイナリーファイル / abrir um arquivo ファイルを開く / fechar um arquivo ファイルを閉じる / nome do arquivo ファイルネーム.
❹ ファイリングキャビネット.
queimar o arquivo 口封じのために (犯罪目撃者などの) 人を殺す.

arrabalde /axa'bawdʒi/ [男] 《主に arrabaldes》 近郊, 郊外 ▸nos arrabaldes de São Paulo サンパウロ近郊で [の].

arraia /axa'ia/ [女] ❶ 〖魚〗エイ. ❷ 凧.

arraial /axa'jaw/ [[複] arraiais] [男] ❶ (一時的に使う) 場所, 土地.
❷ 小さな村, 集落.
❸ [B] (フェスタジュニーナの) 会場.

arraia-miúda /aˌxajami'uda/ [[複]arraias-miúdas] [女] 下流層, 下層民.

arraigado, da /axaj'gadu, da/ [形] …に根付いた, 定着した [+ em/a] ▸raízes arraigadas no solo 地面に根付いた根.

arraigar /axaj'gax/ ⑪ [他] ❶ …に根付かせる [+ em] ▸arraigar uma planta no solo 地面に植物を根付かせる.
❷ 定着させる, 定住させる ▸O presidente queria arraigar os imigrantes no país. 大統領は移民をその国に定住させたかった.
— **arraigar-se** [再] ❶ 根付く ▸As ervas daninhas arraigaram-se no campo. 畑に雑草が生えた.
❷ 定着する, 定住する ▸Por 10 anos ele se arraigou na cidade. 彼はその町に10年間定住していた.

arrais /a'xajs/ [男] 《単複同形》 船長, 艇長.

arrancada /axẽ'kada/ [女] ❶ 引き抜くこと. ❷ 発進, 急発進 ▸corrida de arrancada ドラッグレース. ❸ 速攻, スパート ▸dar uma arrancada スパートをかける.

⁎**arrancar** /axẽ'kax アハンカーフ/ ㉙ [他] ❶ **引き抜く, 根こそぎにする, はがす** ▸arrancar um dente 歯を抜く / arrancar as ervas daninhas 雑草を抜く / arrancar páginas 本のページを破り取る / arrancar um prego くぎを引き抜く.
❷ **奪う, 取り上げる** ▸arrancar dinheiro 金を巻き上げる / A atriz arrancava lágrimas. その女優は涙を絞らせていた / Este ator arrancou aplausos do público. この俳優は観客の喝采を浴びた / arrancar o ódio do coração 心から憎しみを取り去る / arrancar informações 情報を引き出す / arrancar a vitória 勝利をつかむ.
— [自] **走り出す, 発車する** ▸O motorista arrancou em alta velocidade. 運転手は猛スピードで発車した.
— **arrancar-se** [再] 逃げる, 逃げ出す,

arranco /a'xẽku/ [男] ❶ 突然の発進, 急な動作 ▸Dei um arranco forte para conseguir chegar na bola. 私はボールに追いつけるよう急いだ.
❷ あえぎ, (病気による) 苦しみ, 死の苦しみ.
aos arrancos ぎくしゃくと, 発作的に, (言葉に) つまりながら.
de arranco ① 不意に, 性急に. ② 断続的に.

arranha-céu /aˌxaɲa'sɛu/ [[複] arranha-céus] [男] 高層建築, 摩天楼.

arranhadura /axaɲa'dura/ [女] かすり傷, ひっかき傷.

arranhão /axa'ɲẽw̃/ [[複] arranhões] [男] ❶ かすり傷, ひっかき傷. ❷ ひっかいた跡.

arranhar /axa'ɲax/ [他] ❶ ひっかく ▸O gato arranhou o rosto dele. 猫が彼の顔をひっかいた.
❷ ちくちくする, ざらざらする ▸Esta roupa arranha minha pele. この服は肌にちくちくする.
❸ (表面に) 溝をつける, 傷をつける ▸O menino arranhou a cadeira. 男の子はイスに傷をつけた.
❹ …が少しできる ▸Ela arranha o piano. 彼はピアノが少し弾ける / arranhar o inglês 英語が少しできる.
— [自] ❶ ひっかく ▸Meu gato sempre arranha. 私の猫はいつも何かをひっかく. ❷ ざらざらする.
— **arranhar-se** [再] 自分の体をひっかく ▸Ele arranhou-se no braço. 彼は腕をひっかいた.

arranjado, da /axẽ'ʒadu, da/ [形] ❶ 片付けられた, 整理された ; 用意された ▸quarto arranjado 整理された部屋 / casamento arranjado お見合い結婚.
❷ 修理された.
❸ 編曲された ▸música arranjada 編曲された曲.

arranjador, dora /axẽʒa'dox, 'dora/ [[複] arranjadores, doras] [名] 編曲者.

⁎**arranjar** /axẽ'ʒax アハンジャーフ/ [他] ❶ **片付ける, 整理する** ▸arranjar o quarto 寝室を片付ける.
❷ **得る, 入手する** ▸arranjar um emprego 職を得る.
❸ **見つける** ▸arranjar um táxi タクシーを見つける / arranjar um namorado ボーイフレンドを見つける / arranjar uma solução 解決法を見つける / arranjar uma maneira de + [不定詞] …する方法を見つける.
❹ 編曲する.
— **arranjar-se** [再] ❶ 何とかやる ▸Eu vou me arranjar. 私は自分で何とかする.
❷ うまくいく ▸Tudo se arranjou. 万事うまくいった.

arranjo /a'xẽʒu/ [男] ❶ (美術品を) 部屋にあわせて飾ること ▸arranjo do quadro na sala 居間に絵をかざること.
❷ 整理, 整頓, アレンジ ▸arranjo do quarto 部屋の片付け.
❸ (時間やスケジュールの) 調整, 打ち合わせ ▸arranjo da reunião 会議の調整 (設定).

❹ [B] 共謀, いかさま.
❺〖音楽〗編曲.
❻《arranjos》準備, 用意 ▶arranjos para uma festa パーティーの用意.

arrasado, da /axa'zadu, da/ [形] …に打ちのめされた, 憔悴した [+ com].
ficar arrasado 打ちのめされる, 打ちひしがれる.

arrasar /axa'zax/ [他] ❶ 平らにする ▶arrasar o terreno 土地を平らにする.
❷ 破壊する, 壊滅する ▶O terremoto arrasou a região. 地震でその地域が壊滅した.
❸ 憔悴させる, 衰弱させる ▶O trabalho duro arrasou-o. その大変な仕事で彼は憔悴しきった.
— [自] ❶ ののしる, 罵言を浴びせる.
❷ [俗] 他を圧倒する, 際立つ ▶A garota arrasou na praia. その若い女性はビーチ中の注目を集めていた.
— **arrasar-se** [再] ❶ 憔悴する, 衰弱する ▶Ele se arrasou com a longa viagem. 彼は長旅に憔悴しきった.
❷ 財産を失う ▶O homem se arrasou com os maus negócios. 彼は商売がうまくいかず財産を失った.
de arrasar 圧倒的な, すばらしい.
de arrasar quarteirão 圧倒的な, すばらしい.

arrastado, da /axas'tadu, da/ [形] ❶ 這うような, 引きずった ; 引きずられた ▶passos arrastados 引きずった足取り / menina arrastada pelo maremoto 高波にのまれた女の子.
❷ はかどらない, 時間のかかる ; 間延びした ▶trabalho arrastado はかどらない仕事 / voz arrastada 間延びした声.
❸ みじめな, 哀れな ▶vida arrastada みじめな生活.
❹ (値段などが) 極めて安い ▶preço arrastado 捨て値.

arrastão /axa'stẽw̃/ [[複] arrastões] [男] ❶ (漁で) 網をひくこと. ❷ 引き網漁, 引き網. ❸ [B] [話] 公衆の面前で行われる集団強盗.
ir no arrastão ① 他人に左右される. ② だまされる.

arrasta-pé /aˌxasta'pɛ/ [[複] arrasta-pés] [男] ❶ (サンバ・フォホーなどの音楽に合わせた) ダンス, 舞踏会. ❷ (正式ではないもっぱら家族同士の) ダンスパーティー.

***arrastar** /axas'tax アハスターフ/ [他] ❶ **引っ張る, 引きずる** ▶arrastar os pés 足を引きずって歩く / arrastar a bolsa かばんを引きずる / arrastar a voz ゆっくり話す / arrastar a vida 苦しい生活を送る.
❷ **引き込む, 引きつける** ▶arrastar alguém para mal 人を悪に引き込む / A curiosidade o arrastou àquele local. 好奇心に引かれ彼はあの場所まで行った.
❸〖情報〗ドラッグする ▶arrastar um ícone アイコンをドラッグする / arrastar e soltar ドラッグ・アンド・ドロップする.
— **arrastar-se** [再] ❶ 引きずるように歩く, 這う, 這っていく ▶arrastar-se pelo chão 地面を這う.
❷ 長引く, (時間が) ゆっくり過ぎる ▶Seu processo se arrastou por anos no fórum. 彼の訴訟は裁判所で何年もかかった / O tempo se arrasta. 時間がゆっくり過ぎる / Essa semana arrastou. 今週は長かった.

arrazoar /axazo'ax/ [他] ❶ 論証する, 弁論する ▶arrazoar a defesa 弁護する.
❷ 非難する, 批判する ; 叱る ▶Os pais arrazoaram o filho que não estuda. 両親は, 勉強しない息子を叱った.
— [自] ❶ (根拠をもって) 議題を提示する [+ sobre について] ▶Ele sempre arrazoa sobre um assunto. 彼はいつもある議題を提示する.
❷ 議論する, 論ずる [+ com と] ▶Arrazoamos com os que recusaram a ideia. その考えに同意しない人たちと議論した.

arrear /axe'ax/ ⑩ [他] ❶ (馬に) 馬具をつける ▶arrear o cavalo 馬に馬具を付ける. ❷ …に飾りをつける ; …を彩る ▶As flores arreiam o jardim. 花が庭を飾っている.

arrebanhar /axeba'ɲax/ [他] ❶ (家畜を) 集める, 群れにする ▶O pastor arrebanhou as ovelhas. 羊飼いは羊を集めた.
❷ 募集する ▶Arrebanharam jovens para o exército. 軍隊に若者が集められた.
❸ 集合させる, 集める ▶O show arrebanhou mais de mil pessoas. そのライブは1000人以上の人を集めた.
— **arrebanhar-se** [再] 集まる, 集合する.

arrebatar /axeba'tax/ [他] ❶ 奪い取る, 無理やり取る ▶O ladrão arrebatou a bolsa da senhora. 強盗は女性のかばんを奪い取った.
❷ うっとりさせる, 熱狂する ▶A música a arrebata. その音楽に彼女は魅了されている.
❸ 怒らせる, 激昂させる ▶As palavras do político o arrebataram. その政治家の言葉が彼を怒らせた.
— **arrebatar-se** [再] ❶ うっとりする, 熱狂する ▶Ele se arrebatou com a paisagem. 彼は景色にうっとりした.
❷ 激怒する, 激昂する ▶Ele se arrebatou e acabou perdendo o controle de si. 彼は激昂し, 自制が効かなくなった.

arrebentação /axebẽta'sẽw̃/ [[複] arrebentações] [女] 波が砕けること, 波打ち際.

arrebentar /axebẽ'tax/ [他] ❶ 壊す, 破壊する ▶arrebentar o cadeado 南京錠を壊す. ❷ …をけがする.
— [自] ❶ 壊れる. ❷ 切れる. ❸ (波が) 砕ける.
❹ 大当たりする, 成功する, ブレークする.

arrebitado, da /axebi'tadu, da/ [形] ❶ 上に向いた, 反り返った ; 直立した ▶nariz arrebitado 上を向いた鼻. ❷ 遠慮のない, 厚かましい.

arrebitar /axebi'tax/ [他] 上に向ける, 反り返らせる ▶arrebitar as orelhas 耳を立てる / O senhor arrebitou a aba do chapéu. その男性は帽子のつばを反り返らせた.
— **arrebitar-se** [再] ❶ 直立する ▶Os alunos arrebitaram-se com a entrada do professor. 先生が入ると, 生徒たちは立ち上がった. ❷ 厚かましくなる, 遠慮をしない.

arrecadar /axeka'dax/ [他] ❶ 徴収する, 集める, 受け取る ▶arrecadar dinheiro お金を集める.

arredar /axe'dax/ 他 ❶ …から遠ざける, のける [+ de] ▶Os policiais arredaram os curiosos do local. 警官がその場所から野次馬を追い払った / não arredar pé その場を去らない.

❷ …を思いとどまらせる, やめさせる [+ de] ▶Os amigos arredaram-no do casamento. 友達が彼に結婚を思いとどまらせた.

― 自 …から遠ざかる, 離れる [+ de] ▶As pessoas arredaram do rio inundado. 人々は氾濫した川から離れた.

― **arredar-se** 再 ❶ …から遠ざかる, 離れる [+ de] ▶As pessoas começaram a arredar-se do lugar. 人々はその場所から離れはじめた.

❷ …を思いとどまる, やめる [+ de] ▶Ele arredou-se de seu modo de pensar. 彼は自分の考えをあらためた.

arredio, dia /axe'dʒiu, 'dʒia/ 形 ❶ 非社交的な, 交際嫌いな▶uma pessoa arredia 人付き合いの苦手な人. ❷ …から離れた, 遠い [+ de].

arredondado, da /axedõ'dadu, da/ 形 ❶ 丸い, 円形の, 丸みを帯びた▶forma arredondada 丸い形 / um decote arredondado 丸首. ❷ (数が) 端数のない, 切りのいい.

arredondar /axedõ'dax/ 他 ❶ 丸くする, 丸みを帯びる▶arredondar a massa 生地を丸める. ❷ 端数をなくして計算する, 概算する▶arredondar um valor 値を丸める.

― **arredondar-se** 再 丸くなる, 丸みを帯びる ▶Os contornos arredondaram-se. 輪郭が丸みを帯びた.

arredor /axe'dɔx/ [複 arredores] 形《男女同形》周りの, 周辺の, 近郊の ▶Os estudantes moram nas cidades arredores. 学生たちは近郊の町に住んでいる.

― **arredores** 男複 周辺, 郊外, 近郊 ▶Eles se esconderam nos arredores. 彼らは周辺に隠れた.

― **arredor** 周りに, 周辺に▶A neblina estava densa arredor. 辺りでは霧が深く立ちこめていた.

arrefecer /axefe'sex/ ⑮ 他 ❶ 冷たくする▶O frio arrefeceu a comida. 寒さで食べ物が冷たくなった.

❷ 元気をなくさせる, 失望させる; (熱意などを) そぐ.

― 自 ❶ 冷たくなる, 寒くなる▶Já arrefecia quando entrei em casa. 私が家に帰ったとき, すでに寒くなってきていた.

❷ 弱まる, 下がる▶A febre já arrefeceu. 熱はもう下がった.

― **arrefecer-se** 再 ❶ 冷たくなる▶O chá arrefeceu-se. お茶が冷めた.

❷ 元気をなくす; (興奮などが) 冷める▶O entusiasmo arrefeceu-se com o tempo. 興奮は時間とともに冷めた.

ar-refrigerado /,axefriʒe'radu/ [複 ares-refrigerados] 男 エアコン, 冷房.

arregaçar /axega'sax/ ⑬ 他 (袖や裾を) 上げる, まくる▶arregaçar as mangas 袖をまくる, 腕まくりをする.

arregalado, da /axega'ladu, da/ 形 (目が) 大きく開いた▶com os olhos arregalados 目を大きく開けて.

arregalar /axega'lax/ 他 arregalar os olhos 目を大きく開ける.

arreganhar /axega'ɲax/ 他 ❶ (口や目を) 大きく開ける▶Ele arreganhou os olhos. 彼は目を見開いた.

❷ (歯を) むき出す, 見せる▶arreganhar os dentes 歯をむく, 歯を見せる.

― **arreganhar-se** 再 大笑いする▶Ele arreganhou-se com a comédia. 彼はコメディーを見て大笑いをした.

arregimentar /axeʒimẽ'tax/ 他 ❶ 連隊に編成させる.

❷ 集める, 組織化する▶Arregimentaram cientistas para a pesquisa. その研究のために科学者たちが集められた.

― **arregimentar-se** 再 集結する, 団結する.

arreliar /axeli'ax/ 他 いらいらさせる▶A derrota arreliou o técnico. 負けたことに監督がいら立ちを募らせた.

― **arreliar-se** 再 いらいらする, いらだつ▶O menino arreliou-se com o contratempo. 男の子はうまくいかないことにいらいらした.

arrematar /axema'tax/ 他 ❶ 終わらせる ▶arrematar o trabalho 仕事を終わらせる.

❷ 仕上げる, 完成させる ▶arrematar a obra 作品を仕上げる.

❸ 締めくくる▶O chefe arrematou a reunião. 上司が会議を締めくくった.

❹ オークションで買う▶O milionário arrematou o quadro. 富豪がその絵を落札した.

arremate /axe'matʃi/ 男 ❶ 終わり, 締め. ❷ (服の) 仕上げ.

arremedar /axeme'dax/ 他 ❶ まねる, 模倣する, 物まねする▶Ele arremeda o estilo do autor. 彼はその作家の文体をまねる.

❷ …に似ている, …のように見える.

arremedo /axe'medu/ 男 まね, 模倣, 物まね.

arremessar /axeme'sax/ 他 投げる, 投げつける▶Os radicais arremessaram as pedras contra as janelas do prédio. 過激派たちは建物に石を投げつけた.

― **arremessar-se** 再 ❶ 飛びかかる, 襲いかかる▶O judoca arremessou-se contra o ladrão. その柔道家は強盗に飛びかかった.

❷ 身を投じる▶Arremessei-me a situações perigosas. 私は危険な状況に立ち向かった.

arremesso /axe'mesu/ 男 ❶ 投げること.
❷《バスケットボール》スロー, シュート▶arremesso livre フリースロー / arremesso lateral スローイン.
❸ 突進.
de arremesso 急激に.

arremeter /axeme'tex/ 自 ❶ …に身を投じる, 突進する [+ contra] ▶Ele arremeteu contra o adversário. 彼は敵に向かって突進していった.

❷ …に急いで行く [+ a] ▶Durante o incêndio, os clientes arremeteram para a saída. 火事の中, 客たちは出口に急いだ.

arremetida

arremetida /axeme'tʃida/ 囡 ❶ 攻撃, 襲撃. ❷ 大胆な行動. ❸ 不和, 争い.
de arremetida 突然に, 不意に.

arrendador, dora /axẽda'dox, 'dora/ [履 arrendadores, doras] 形 賃貸する ▶ empresa arrendadora 賃貸をする会社.
— 图 賃貸人.

arrendamento /axẽda'mẽtu/ 男 賃貸, 賃貸契約.

arrendar /axẽ'dax/ 他 ❶ (不動産を) …に賃貸する [+ a] ▶ Arrendaremos nossas terras a um homem. 私たちはある男性に土地を賃貸している. ❷ (不動産を) …から賃借する [+ de] ▶ Arrendei o imóvel de um bilionário. 私はある億万長者から不動産を借りた.

arrendatário, ria /axẽda'tariu, ria/ 图 賃貸人, 借家人, テナント.

arrepanhar /axepa'ɲax/ 他 ❶ ひったくる, むりやり奪う ▶ Ele arrepanhou a comida do amigo. 彼は友達から食べ物を奪い取った. ❷ 盗み, 強奪する ▶ O ladrão arrepanhou a bolsa do homem. その強盗は男性のかばんを盗んだ. ❸ 裾をまくる, まくり上げる ▶ Elas arrepanham as saias acima dos joelhos. 彼女たちは膝上までスカートをまくり上げる. ❹ しわをよす ▶ A idade arrepanhou a pele dele. 年齢で彼の皮膚はしわだらけになった.
— **arrepanhar-se** 再 しわがよる ▶ A testa dele se arrepanhou. 彼の額にしわがよった.

arrepelar /axepe'lax/ 他 (髪やひげなどを) 引っ張る, かきむしる ▶ Ele arrepelou os cabelos. 彼は髪の毛をかきむしった.
— **arrepelar-se** 再 自分の髪やひげをかきむしる.

*****arrepender-se** /axepẽ'dexsi/ 再 …を後悔する, 悔やむ [+ de] ▶ Eu me arrependo do que fiz na semana passada. 私は先週自分がしたことを後悔している / Você não vai se arrepender! 後悔はさせない, 満足すること請け合いだ.
arrepender-se da hora em que nasceu 深く後悔する, 自責の念にかられる.

arrependido, da /axepẽ'dʒidu, da/ 形 後悔した, 悔悛した, 反省した ▶ um ladrão arrependido 改心した泥棒 / Estou arrependido. 私は後悔している / Estou arrependido de ter feito isso. こんなことをしたのを私は後悔している.
— 图 悔い改めた人.

arrependimento /axepẽdʒi'mẽtu/ 男 後悔, 悔恨, 悔い改め.

arrepiado, da /axepi'adu, da/ 形 ❶ (髪などが) 逆立った ▶ cabelo arrepiado 逆立った髪の毛 / Meu cabelo estava arrepiado. 私は髪が逆立っていた. ❷ (人が) ぞっと感じた, 寒気がする ▶ Fiquei arrepiado com a notícia. 私はその知らせを聞いてぞっとした / Fiquei todo arrepiado. 私は全身に鳥肌が立った.

arrepiante /axepi'ẽtʃi/ 《男女同形》 ぞっとさせるような, 恐ろしい ▶ notícia arrepiante 恐ろしいニュース.

arrepiar /axepi'ax/ 他 ❶ (髪や毛を) 逆立てる, 乱れさせる ▶ arrepiar os pelos 毛を逆立てる. ❷ 寒気を感じさせる, ぞっとさせる.
— 自 ❶ (髪や毛が) 逆立つ ▶ O cabelo arrepiou. 髪の毛が逆立った. ❷ 身震いさせる, ぞっとさせる.
— **arrepiar-se** 再 ❶ 寒気を感じる, ぞっとする. ❷ (髪や毛が) 逆立つ.
de arrepiar 髪の毛が逆立つような, ぞっとするような.

arrepio /axe'piu/ 男 (寒さや恐怖による) 身震い, 悪寒.

arresto /a'xɛstu/ 男 《法律》差し押さえ, 押収.

arrevesado, da /axeve'zadu, da/ 形 ❶ (衣服が) 裏返しになった. ❷ わかりにくい, 難解な. ❸ 発音しにくい.

arriar /axi'ax/ 他 ❶ おろす, 下げる ▶ Arriaram a bandeira. 国旗が下ろされた. ❷ 床に置く ▶ Arriei as compras. 私は買ってきた物を床に置いた.
— 自 ❶ (疲労などのために) 倒れ込む ▶ O atleta arriou no final da maratona. その選手はマラソンの最後に倒れ込んだ. ❷ 意気消沈する, 衰弱する ▶ Arriei com o trabalho cansativo. 私は疲れる仕事に参ってしまった. ❸ (棚や枝などが重みで) たわむ, 曲がる ▶ A prancha arriou com o peso. 枝が重みでしなった. ❹ (充電池が) 放電する, 上がる ▶ Esta bateria arriou. この電池は上がってしまった.

arriba /a'xiba/ 副 上に, 前に.

arribação /axiba'sẽw/ [履 arribações] 囡 ❶ 到着, 入港. ❷ (鳥や魚の) 移動.

arribar /axi'bax/ 自 ❶ 入港する, 接岸する, 寄港する;到着する ▶ O navio arriba ao porto. 船が港に到着する. ❷ (鳥が) 移動する. ❸ …を中止する, あきらめる [+ de] ▶ Ele arribou dos estudos. 彼は勉強を続けることを断念した. ❹ 体調がよくなる;…から回復する [+ de] ▶ Ele arribou de gripe. 彼は風邪から快復した.

arrimar /axi'max/ 他 ❶ もたせかける ▶ O idoso arrima o corpo sobre a bengala. そのお年寄りは身体を杖で支えた. ❷ 支える, 支持する, 支援する ▶ Ele arrima a família. 彼が家族を養っている. ❸ 積み重ねる, 整理する ▶ Ele arrimou os livros sobre a mesa. 彼は机の上に本を積み重ねた.
— **arrimar-se** 再 ❶ 支えられる, もたれる ▶ O ferido arrima-se à parede. そのけが人は壁にもたれている. ❷ よりどころにする, 頼みにする, 基づく ▶ A opinião dele arrima-se em uma boa teoria. 彼の意見はよい理論に基づいている.

arrimo /a'xĩmu/ 男 ❶ 支え, 支持するもの. ❷ 支援, 援助 ▶ Sem arrimo, ele se esforçou muito. 支援がなかったので, 彼はとても努力をした.
arrimo de família 一家の大黒柱.

arriscado, da /axis'kadu, da/ 形 ❶ 危険な ▶ negócio arriscado 危ない商売. ❷ 勇敢な, 大胆な ▶ Ele é um homem arriscado. 彼は向こう見ずな男だ.

[A]

★**arriscar** /axis'kax アヒスカーフ/ ㉙ [他] ❶ **…を危険にさらす** ▶arriscar a vida 命の危険を冒す / arriscar a pele 危険に身をさらす.
❷ **…を賭ける, 試す** ▶arriscar a sorte 運を試す / arriscar tudo 一か八かやってみる.
— [自] 危険を冒す ▶Quem não arrisca não petisca. [諺] (危険を冒さないものは食べ物を得られない→) 虎穴に入らずんば虎児を得ず.
— **arriscar-se** [再] ❶ 危険を冒す. ❷《arriscar-se a +[不定詞]》…する危険を冒す.
arrivista /axi'vista/ [名] 出世主義者, 野心家, 成り上がり者.
— [形] 野心家の.
arroba /a'xoba/ [女] ❶ アロバ (15キログラムを表す単位). ❷ アットマーク (@).
arrochar /axo'ʃax/ [他] ❶ きつく締め付ける, 締める ▶Arrochei a bagagem. 荷物をきつく締めた. ❷ arrochar salários 賃金を抑制する.
— **arrochar-se** [再] (細く見えるように) ウエストを締め付ける.
arrocho /a'xoʃu/ [男] ❶ 梱包用のひもや綱を締める棒. ❷ 締め付けるのに使うもの. ❸ [話] 熱烈なハグ. ❹ 苦境, 厳しい状況. ❺ 警察の厳しい取締り.
arrocho salarial 賃金抑制.
dar um arrocho em alguém …に圧力をかける.
levar um arrocho 意に反することを強要される.
arrogância /axo'gẽsia/ [女] 尊大, 傲慢, 横柄 ▶Que arrogância! 何という傲慢さだろう.
arrogante /axo'gẽtʃi/ [形]《男女同形》尊大な, 傲慢な, 横柄な ▶atitude arrogante 横柄な態度.
arrogar-se /axo'gaxsi/ ⑪ [再] わがものにする, 私物化する ▶arrogar-se o poder 権力を私物化する.
arroio /a'xoju/ [男] ❶ 水流. ❷ 液体の流れ.
arrojado, da /axo'ʒadu, da/ [形] 危険な, 軽率な ; 大胆な ▶um empreendimento arrojado 大胆な企て.
— [名] 大胆な人, 勇敢な人.
arrojar /axo'ʒax/ [他] ❶ 投げつける ▶Eles arrojaram os dardos. 彼らはダーツの矢を投げた. ❷ 引きずる.
— **arrojar-se** [再] ❶ 這う, 這っていく. ❷ 身を乗り出す.
❸ …に果敢に挑戦する [+ a] ▶Ele arroja-se a empresas arriscadas. 彼は危険な事業に果敢に挑戦する.
arrojo /a'xoʒu/ [男] 勇気, 大胆.
arrolar /axo'lax/ [他] ❶ …を表にする, …のリストを作る ▶Arrolamos os produtos que compraremos 買う予定の物をリストにする.
❷ 徴募する, 募集する ▶A entidade arrolou novos voluntários. その機関は新しいボランティアを募集した.
arromba /a'xõba/ [女] ギターで奏でるにぎやかな歌.
de arromba すばらしい ▶Foi uma festa de arromba! すばらしいパーティーだった.
arrombar /axõ'bax/ [他] ❶ 突き破る, こじ開ける ▶Os assaltantes arrombaram a porta. 強盗がドアをこじ開けた.
❷ …に押し入る ▶arrombar uma casa 民家に押し入る.
arrostar /axos'tax/ [他] …に立ち向かう, 直面する ▶arrostar o perigo 危険に立ち向かう.
— [自] …に立ち向かう, 直面する [+ com].
— **arrostar-se** [再] …に直面する, 立ち向かう [+ a].
arrotar /axo'tax/ [自] げっぷをする.
— [他] ❶ …の臭いのする息をする ▶O pai arrotou o saquê. 父はお酒の臭いのするげっぷをした.
❷ …についてうぬぼれる, 自慢する ▶Ele sempre arrota a riqueza. 彼はいつも富を自慢する / arrotar importância いばる / arrotar postas de pescada 虚栄を張る / arrotar sapiência 知識をひけらかす / arrotar valentia 虚勢を張る.
arrotear /axote'ax/ ⑩ [他] ❶ 開墾する ▶arrotear o terreno 土地を開墾する.
❷ 教育する, 指導する.
arroto /a'xotu/ [男] げっぷ ▶dar um arroto げっぷする.
arroubo /a'xobu/ [男] 夢中, 激情.
num arroubo de paixão 激情に駆られて.
★**arroz** /a'xos アホース/ [[複] arrozes] [男] ❶ **米, 稲** ▶arroz integral 玄米 / um grão de arroz 米粒 / arroz de sequeiro 陸稲.
❷ **ご飯**, 米を使った料理 ▶arroz de mariscos シーフードライス [リゾット] / arroz de polvo たこの炊き込みご飯 [リゾット] / arroz de carreteiro ほぐしたビーフジャーキー, 豚肉のソーセージなどをご飯と一緒に炒めたブラジル南部の料理.
arroz de festa パーティーの常連.
arrozal /axo'zaw/ [[複] arrozais] [男] 水田, 稲作地.
arroz-doce /ˌaxoz'dosi/ [[複] arrozes-doces] [男] ライスプディング.
arruaça /a'xuasa/ [女] 街頭での騒ぎ, 騒動, 騒乱.
arruaceiro, ra /axua'sejru, ra/ [名] 暴徒.
— [形] 騒動を起こす.
arruamento /axua'mẽtu/ [男] ❶ 街路の区画整理. ❷《集合的に》区画の街路.
arruela /a'xuɛla/ [女] 座金, ワッシャー.
arruinar /axuj'nax/ [他] ❶ 破壊する, 荒廃させる ▶O terremoto arruinou muitos edifícios. 地震がたくさんの建物を破壊した.
❷ …に被害を及ぼす, 害を与える, 台無しにする ▶A geada arruinou a plantação. 作物が霜の被害を受けた / arruinar as férias 休暇を台無しにする.
❸ 貧乏にする, 破産させる ▶As dívidas do pai arruinaram a família. 父の借金で家族が貧乏になった.
❹ 没落させる, (人として) だめにする ▶O jogo arruinou a vida do filho. 賭け事が息子の人生をだめにした.
— **arruinar-se** [再] ❶ 貧乏になる, 破産する ▶Ele uma vez arruinou-se com excesso de gastos. お金の使いすぎで彼は一度貧困にあえいだことがある.
❷ 没落する, (人として) だめになる ▶Ele nunca se arruina com vícios. 彼は悪習にはまって没落するようなことはない.
arrulhar /axu'ʎax/ [自] (ハトが) クークーと鳴く.
arrulho /a'xuʎu/ [男] ❶ クークー鳴くこと ; 鳴き声.

arrumação

❷ 子守歌. ❸ 恋人たちの甘いささやき.

arrumação /axuma'sẽw/ [覆 arrumações] 囡 ❶ 整理整頓, 片付け. ❷ 職, 就職口.

arrumadeira /axuma'dejra/ 囡 圉 (ホテルなどの) 清掃係の女性.

arrumado, da /axu'madu, da/ 形 ❶ 整理整頓のできた, 片付いた ▶ um quarto arrumado 整理整頓のできた部屋. ❷ 準備ができた ▶ estar arrumado para... …の準備ができている. ❸ おしゃれな, 着飾った.

arrumador, dora /axuma'dox, 'dora/ [覆 arrumadores, doras] 名 ❶ (劇場や映画館の) 座席案内係. ❷ 駐車場の係員; (ホテルの) 駐車係.

*****arrumar** /axu'max/ アフマーフ/他 ❶ 片付ける, 整理する ▶ arrumar a casa 家を片付ける / arrumar a cama ベッドメイキングする. ❷ 準備する, 支度する ▶ arrumar a mala 旅行の準備をする. ❸ 思いつく, でっち上げる ▶ arrumar uma desculpa 口実を思いつく. ❹ 手に入れる, 入手する ▶ arrumar um emprego 職を得る. ❺ 引き起こす ▶ arrumar um problema 問題を起こす / arrumar confusão 混乱を引き起こす.

— **arrumar-se** 再 ❶ 準備する, 用意する. ❷ 盛装する, 着飾る.

arsenal /axse'naw/ [覆 arsenais] 男 ❶ 兵器工場; 兵器庫. ❷ 造船所. ❸ 大量 ▶ um arsenal de armas 多量の武器.

arsênio /er'seniu/ 男 圉 = arsênio

arsênio /ax'sẽniu/ 男 圉【化学】ヒ素.

**arte /'axtʃi/ アフチ/囡 ❶ 芸術, 美術 ▶ artes plásticas 造形美術 / artes gráficas グラフィックアート / artes cênicas 舞台芸術 / arte da palavra 弁論術, 弁舌の才 / arte pela arte 芸術のための芸術 / sétima arte 第七の芸術, 映画 / obras de arte 芸術作品. ❷ 技術, 技法 ▶ A arte do Aleijadinho é característica. アレイジャジーニョ (ブラジルの彫刻家・建築家) の技法は独特だ / arte de viver 生きる術 / arte de ganhar dinheiro 金もうけ法. ❸ 学術, 学芸 ▶ artes liberais リベラルアーツ / arte marcial 武芸.

fazer arte いたずらをする.

por artes do diabo 不幸にして, 不運にも.

artefato /axte'fatu/ 男 ❶ 製品. ❷ 装置 ▶ artefato explosivo 爆発装置.

arteiro, ra /ax'tejru, ra/ 形 いたずらな.

artelho /ax'teʎu/ 男 足首, くるぶし.

artéria /ax'teria/ 囡 ❶【解剖】動脈 ▶ artérias coronárias 冠動脈. ❷ (交通の) 幹線.

arterial /axteri'aw/ [覆 arteriais] 形【男女同形】動脈の ▶ sangue arterial 動脈血.

arteriosclerose /axterioskle'rɔzi/ 囡【医学】動脈硬化 (症).

artesanal /axteza'naw/ [覆 artesanais] 形【男女同形】職人の; 手工芸の ▶ produto artesanal 職人が作った製品 / armas artesanais 手製の武器 / de fabricação artesanal ハンドメイドの.

artesanato /axteza'natu/ 男 ❶ 職人仕事, 手仕事. ❷ 職人の工芸品, 手工芸品 ▶ feira de artesanato 工芸品市. ❸【集合的に】職人. ❹ 工芸品店.

artesão, sã /axte'zẽw, 'zẽ/ [覆 artesãos, artesãs] 名 職人, 工芸家.

artesiano, na /axtezi'ẽnu, na/ (井戸が) 掘り抜きの, アルトワ式の ▶ poço artesiano 掘り抜き井戸, 自噴井.

ártico, ca /'axtʃiku, ka/ 形 北極の ▶ o oceano Ártico 北極海.

articulação /axtʃikula'sẽw/ [覆 articulações] 囡 ❶ 関節. ❷ (はっきりした) 発音の仕方, 分節. ❸【音声学】調音 ▶ ponto de articulação 調音点.

articulado, da /axtʃiku'ladu, da/ 形 ❶ (発音が) 明瞭な. ❷ 連結した ▶ ônibus articulado 連結バス / cama articulada リクライニングベッド. ❸【解剖】関節のある. ❹ 箇条書きの. ❺ 分節された ▶ linguagem articulada 分節言語.

— **articulado** 男 ❶【法律】条項. ❷ 体節動物.

articular /axtʃiku'lax/ 他 ❶ 連結する, つなぐ ▶ articular os pensamentos 考えをつなげる. ❷ 明瞭に発音する ▶ articular as palavras 単語をはっきりと発音する. ❸ 言う, 口に出す ▶ Depois do susto, ela não articulou uma palavra. 彼女は驚きのあまり, 一言も言葉が出なかった. ❹【法律】条項にまとめる. ❺ (部分を) 整然とまとめる ▶ articular um plano 案をまとめる. ❻【音声学】調音する ▶ É fácil articular os lábios. 唇の調音は容易である. ❼ 設定する, 場を設ける, お膳立てする ▶ articular uma reunião 会議を設定する / articular um acordo 協定を結ぶ. 一自 明瞭に発音する.

— **articular-se** 再 つながる, 結びつく ▶ Ele articulou-se com os colegas para criar um grupo. 彼は新しい団体を創ろうと仲間たちと手を携えた.

— 形 [覆 articulares]【男女同形】関節の ▶ dor articular 関節痛.

articulista /axtʃiku'lista/ 名 コラムニスト; 寄稿者.

artífice /ax'tʃifisi/ 名 ❶ 職人, 工芸家. ❷ 作り手, 作者, 考案者.

*****artificial** /axtʃifisi'aw/ アフチフィスィアゥ/ [覆 artificiais] 形【男女同形】❶ 人工の, 人工的の, 人造の, 人為的な ▶ satélite artificial 人工衛星 / inteligência artificial 人工知能 / adoçante artificial 人工甘味料. ❷ 不自然な, わざとらしい ▶ sorriso artificial 作り笑い.

artificialidade /axtʃifisiali'dadʒi/ 囡 人為的なこと, 不自然さ, わざとらしさ.

artificialmente /axtʃifisi,aw'mẽtʃi/ 副 人為的に, 人工的に; わざとらしく.

ascendência

artifício /axtʃi'fisiu/ 男 ❶ 装置, 仕掛け ▶ fogo de artifício 花火.
❷ うまいやり方.
❸ 計略, 策略.

★artigo /ax'tʃigu アフチーゴ/ 男 ❶ 品物, 商品 ▶ artigos de luxo 高級品 / artigos em liquidação 特売品 / artigos de papelaria 文房具 / artigos esportivos スポーツ用品 / artigos de malha ニットウェア.
❷《新聞や雑誌の》記事 ▶ ler um artigo 記事を読む / artigo de fundo 社説, 論説 / artigo de opinião 意見記事.
❸ 論文 ▶ artigo científico 科学論文.
❹《文法》冠詞 ▶ artigo definido 定冠詞 / artigo indefinido 不定冠詞.
❺ 条項, 箇条 ▶ o artigo primeiro da constituição 憲法第1条.
artigos de fé《カトリック》信仰箇条.
em artigo de morte 死に瀕して, 死に際に.

artilharia /axtʃiʎa'ria/ 女 ❶《集合的に》大砲, 砲. ❷ 砲兵隊. ❸ 強力な論拠, 議論の武器. ❹《サッカー》攻撃陣.

artilheiro /axtʃi'ʎejru/ 男 ❶ 砲兵. ❷《サッカー》ストライカー, 得点王.

artimanha /axtʃi'mɐɲa/ 女 策略, 詐欺, 計略.

★artista /ax'tʃista アフチスタ/ 名 ❶ 芸術家, 画家 ▶ artista plástico 造型芸術家.
❷ 俳優；歌手, 演奏家；芸人, 舞踊家 ▶ artista de televisão テレビタレント / artista de cinema 映画俳優.

artisticamente /ax,tʃistʃika'metʃi/ 副 芸術的に.

★artístico, ca /ax'tʃistʃiku, ka アフチスチコ, カ/ 形 芸術の, 芸術的な, 美的な ▶ valor artístico 芸術的価値.

artrite /ax'tritʃi/ 女《医学》関節炎.

artrópode /ax'trɔpodʒi/ 男 形《男女同形》節足動物（の）.

arvorar /axvo'rax/ 他 ❶《旗などを》掲揚する ▶ Arvoraram a bandeira. 旗が掲揚された.
❷ 高く持ち上げる ▶ O vencedor arvorou o troféu. 優勝者がトロフィーを掲げた.
— **arvorar-se** 再 …を自称する, 自認する［+ a/de］▶ Ele arvora-se de defensor da liberdade de expressão. 彼は表現の自由の擁護者を自認している.

★árvore /'axvori アフヴォリ/ 女 ❶ 木, 樹木 ▶ plantar uma árvore 木を植える / subir [trepar] em uma árvore 木に登る / árvore frutífera 果樹 / árvore de Natal クリスマスツリー.
❷ 樹形図 ▶ árvore genealógica 家系図, 系統樹 / árvore de diretórios《情報》ディレクトリツリー.
❸《機械》シャフト, 軸 ▶ árvore de cames カムシャフト.
não dar em árvores 思ったほど簡単には得られない.

arvoredo /axvo'redu/ 男 木立, 林.

★as¹ /as アス/ 定冠詞《女性複数形》▶ As flores são lindas. 花は美しい.

★as² /as アス/ 代《直接目的格代名詞3人称女性複数形》
❶ 彼女たちを.
❷《複数の女性に対して》あなたたちを.
❸《女性名詞複数形を受けて》それらを ▶ As minhas ovelhas escutam a minha voz, eu as conheço e elas me seguem.《聖書》私の羊たちは私の声を聞く. 私は羊たちを知っていて, 羊たちは私についてくる.
— 代《指示》《女性複数形》《限定句［節］を伴い, 前出の名詞を受ける》❶ それら ▶ As vendas do produto X superarão as do produto Y no ano que vem. 製品Xの売り上げが製品Yのそれを来年上回るだろう.
❷《as que...》…する女性［女性名詞の物］▶ Só existem dois tipos de mulheres: as que me amam, e as que ainda não me conhecem. この世には二種類の女性しかいない. 私を愛している女性と私をまだ知らない女性だ.

ás /'as/《覆 ases》男 ❶《トランプの》エース ▶ ás de copas ハートのエース. ❷ 第一人者, エース ▶ um ás do volante 一流ドライバー.

às /as/ ❶ 前置詞 a と定冠詞 as の縮合形. ❷ 前置詞 a と指示代名詞 as の縮合形.

★asa /'aza アーザ/ 女 ❶《鳥の》翼, 羽 ▶ asas de pássaro 鳥の翼 / abrir as asas 翼を広げる.
❷《飛行機の》翼.
❸《道具の》取っ手 ▶ asas da panela 鍋の取っ手.
❹ 小鼻.
❺《スポーツ》ウイング.
❻ 腕.
abrir as asas 飛ぶ, 去る, 自立する.
aparar as asas de... …の好き勝手にさせない, …になれなれしくさせない.
arrastar a asa a alguém …に言い寄る, …を口説く.
bater (as) asas 立ち去る, 逃げる.
cortar as asas de alguém …の行動を制限する.
criar asas 姿を消す.
dar asas a... …に自由を与える, …を自由にさせる ▶ dar asas à imaginação 想像力を働かせる.
de asa caída 肩を落として ▶ estar de asa caída 落胆している / andar de asa caída 打ちひしがれている.
debaixo da asa de alguém …の庇護［保護］のもとに.
nas asas da imaginação 夢想する, ぼんやり考え込む.
nas asas do vento 速くなめらかに.
sob as asas de... …の庇護のもとで.
ter asas nos pés ①《足に羽が生えたように》速い. ② 地に足がついていない, 非常にうれしい.

asa-delta /,aza'dɛwta/《覆 asas-deltas》女 ハンググライダー；ハンググライディング ▶ voar de asa-delta ハンググライダーをする.

asbesto /az'bɛstu/ 男 アスベスト, 石綿.

ascendência /asẽ'dẽsia/ 女 ❶ 家系, 先祖, 祖先 ▶ ascendência paterna [materna] 父方［母方］の先祖 / ter ascendência japonesa 日本人の先祖

ascendente

を持つ, 日系である / uma família de ascendência italiana イタリア系の家族.
❷ 上昇.
❸ 優位, 影響力.

ascendente /asẽ'dẽtʃi/ 形《男女同形》❶ 上昇する, 上向きの ▶em sentido ascendente 上向きの方向に. ❷ 先祖の.
— 名 先祖.
— 男 影響力, 優位性.

ascender /asẽ'dex/ 自 上がる, 上昇する, 登る ▶ ascender ao poder 権力の座に登る / ascender socialmente 社会的に高い地位につく / O Luís quer ascender. ルイスは出世したがっている.
— **ascender-se** 再 上がる, 上昇する.

ascensão /asẽ'sẽw/ [複 ascensões] 女 ❶ 上昇, 登頂 ▶ascensão social 社会的な上昇 / ascensão profissional 仕事の地位が上がること / ascensão meteórica スピード出世.
❷ 《カトリック》《Ascensão》キリストの昇天; 昇天祭.
em ascensão 有望な, 頭角を現しつつある.

ascensional /asẽsio'naw/ [複 ascensionais] 形 上昇する ▶movimento ascensional 上昇運動 / força ascensional 浮力.

ascensor /asẽ'sox/ [複 ascensores] 男 エレベーター (= elevador).

ascensorista /asẽso'rista/ 女 エレベーター係.

asceta /a'seta/ 名 苦行者, 禁欲主義者.

ascético, ca /a'sɛtʃiku, ka/ 形 苦行の, 禁欲の ▶ vida ascética 禁欲生活.

asco /'asku/ 男 嫌悪感, 吐き気, 不快感 ▶dar asco em alguém …に嫌悪感を与える.

asfaltar /asfaw'tax/ 他 アスファルト舗装する.

asfalto /as'fawtu/ 男 ❶ アスファルト; アスファルト道路. ❷ (田舎と対比させて) 都会. ❸ カーニバルの行列の経路.

asfixia /asfik'sia/ 女 窒息, 呼吸困難.

asfixiado, da /asfiksi'adu, da/ 形 窒息した ▶ morrer asfixiado 窒息死する.

asfixiante /asfiksi'ẽtʃi/ 形《男女同形》窒息させる, 息が詰まる ▶calor asfixiante むっとする暑さ.

asfixiar /asfiksi'ax/ 他 ❶ 窒息させる, 窒息死させる. ❷ 抑圧する.
— 自 息苦しい, 窒息 (死) する.
— **asfixiar-se** 再 息苦しい, 窒息 (死) する.

Ásia /'azia/ 女 アジア ▶a Ásia Central 中央アジア / os países da Ásia アジアの国々 / na Ásia アジアで.

*****asiático, ca** /azi'atʃiku, ka/ アズィアチコ, カ/ 形 ❶ アジアの, アジア人の ▶países asiáticos アジアの国々.
❷ ぜいたくで豪華な ▶Ele vivia rodeado de um luxo asiático. 彼は贅を尽くした暮らしをしていた.
— 名 アジア人.

asilar /azi'lax/ 他 ❶ 保護施設に収容する, 保護する ▶Asilaram os meninos de rua. ストリートチルドレンが保護された. ❷ (亡命者などを) 保護する.
— **asilar-se** 再 避難する, 逃げ込む, 保護を求める.

asilo /a'zilu/ 男 ❶ 保護施設, 福祉施設 ▶asilo para idosos 老人ホーム. ❷ 保護 ▶pedir asilo político 政治亡命を求める.

asma /'azma/ 女《医学》喘息.

asmático, ca /az'matʃiku, ka/ 形 名 喘息の (患者).

asneira /az'nejra/ 女 ❶ 愚行, 愚かなこと ▶fazer uma asneira 愚かなことをする. ❷ みだらな言葉.

asno, na /'aznu, na/ 名 ❶ ロバ. ❷ 愚か者.
— 形 愚かな.

aspargo /as'paxgu/ 男 アスパラガス.

aspas /'aspas/ 女複 引用符 ("").
abrir aspas (話で) 脱線する, 余談に入る.
entre aspas かっこ付きの ▶uma democracia entre aspas かっこ付きの民主主義.

*****aspecto** /as'pɛktu/ アスペクト / 男 B ❶ 外観, 外見, 見た目; 様子 ▶o aspecto do edifício 建物の外観 / o aspecto de uma pessoa 人の外見 [様子] / Este bolo tem um bom aspecto. このケーキは見た目がよい.
❷ 側面, 局面, 様相; 観点 ▶aspecto econômico do problema その問題の経済的な側面 / Cada um tem bons e maus aspectos. 誰にでもいい面と悪い面がある / sob este aspecto この観点から見て / sob todos os aspectos あらゆる観点から見て.
❸《言語》アスペクト, 相.
sob o aspecto de... …の面で.

aspereza /aspe'reza/ 女 ❶ 肌触りの悪さ, ざらざらした感じ, (知覚に与える) 不快さ.
❷ 粗雑, 粗野.
❸ 不作法, 無愛想.

aspergir /asper'ʒix/ ㉑ 他 (水などを) …にかける, 振りかける ▶aspergir água benta 聖水をまく.
— **aspergir-se** 再 自分に振りかける.

áspero, ra /'asperu, ra/ 形 ❶ でこぼこした. ❷ 肌触りの悪い, (知覚に) 不快な ▶tecido áspero ごわごわした生地 / música áspera 不快な音楽. ❸ きつい, 大変な ▶tarefa áspera きつい課題. ❹ 厳しい, 厳格な.

aspersão /aspex'sẽw/ [複 aspersões] 女 ❶ 水を撒くこと, 散水 ▶irrigação por aspersão スプリンクラーによる散水灌漑. ❷《カトリック》聖水撒布.

aspersor, sora /aspex'sox, 'sora/ [複 aspersores, soras] 形 散水する.
— **aspersor** 男 スプリンクラー.

aspeto /ɐʃ'pɛtu/ 男 P (まれに B も) = aspecto

aspiração /aspira'sẽw/ [複 aspirações] 女 ❶ 吸い込み, 吸入. ❷ 熱望, 渇望; 野心, 野望 ▶aspiração à liberdade 自由への渇望 / aspiração política 政治的野心.

aspirador, dora /aspira'dox, 'dora/ 形 吸い込む, 吸引式の ▶bomba aspiradora 吸い上げポンプ.
— **aspirador** 男 吸引装置, 掃除機 ▶aspirador de pó 掃除機 / passar o aspirador 掃除機をかける.

aspirante /aspi'rẽtʃi/ 形《男女同形》❶ 吸い込みの ▶bomba aspirante 吸い上げポンプ. ❷ …を渇望する, …にあこがれる [+ a/de] ▶aspirante a escritor 作家志望者, 新進作家.
— 名 士官候補生.

aspirar /aspi'rax/ 他 ❶ 吸う, 吸引する, 吸い込む

▶aspirar o ar puro da manhã 朝の澄んだ空気を吸う. ❷…に掃除機をかける▶aspirar o chão 床に掃除機をかける.
— [自] …を切望する [+ a] ▶Ele aspira a um cargo no governo federal. 彼は連邦政府の職につきたがっている.

aspirina /aspi'rĩna/ [女] アスピリン▶tomar uma aspirina アスピリンを飲む.

asqueroso, sa /aske'rozu, 'rɔza/ [形] 吐き気を催す, 気持ちの悪い.

assacar /asa'kax/ ㉙ [他] (過ちなどを) …になすりつける, 転嫁する [+ a/contra] ▶Ele sempre assaca aos subordinados os próprios erros. 彼はいつも自分の間違いを部下になすりつける.

assadeira /asa'dejra/ [女] ロースター.

assado, da /a'sadu, da/ [形] ❶ 焼いた, あぶった, ローストした▶frango assado ローストチキン / carne assada ローストビーフ / assado na brasa グリルした. ❷ (熱や摩擦により) ただれた.
— **assado** [男] ❶ 焼き肉, 焼いた肉▶assado de carneiro マトンのロースト. ❷ 焼き肉用の肉.

assadura /asa'dura/ [女] おむつかぶれ.

assalariado, da /asalari'adu, da/ [形] 賃金を受けている, 賃金の支払いのある▶trabalho assalariado 賃労働.
— [名] 給与所得者, サラリーマン.

assaltante /asaw'tẽtʃi/ [形] 《男女同形》 襲う, 襲撃する▶grupo assaltante 襲撃団.
— [名] 襲撃者, 強盗▶assaltante de banco 銀行強盗.

assaltar /asaw'tax/ [他] 襲う, 襲撃する, 強盗に入る▶Os bandidos assaltaram o banco. その強盗は銀行を襲った.
— [自] 強盗を働く.

*__assalto__ /a'sawtu アサゥト/ [男] ❶ **強盗**, **強奪**, 略奪▶assalto a banco 銀行強盗 / assalto a casa 押し入り強盗 / Fui vítima de um assalto. 私は路上強盗にあった / fazer um assalto 強盗を働く / Houve um assalto. 強盗があった / assalto ao supermercado スーパーマーケットの略奪 / assalto a mão armada 武装強盗 / tomar de assalto 強襲して奪う.
❷ (ボクシングの) ラウンド▶no primeiro assalto 第1ラウンドで.

assanhado, da /asa'ɲadu, da/ [形] ❶ 怒った, 腹を立てた. ❷ [B] 落ち着きのない.
❸ (髪が) 乱れた▶O cabelo dele está assanhado. 彼の髪の毛が乱れている.

assanhar /asa'ɲax/ [他] ❶ 怒らせる, 腹を立たせる▶O menino assanhou o animal com uma vara. 男の子は棒を使ってその動物を怒らせた.
❷ [B] [話] 落ち着かなくさせる▶O barulho assanhou o menino. その騒音で男の子は落ち着きをなくした.
❸ (海や川などを) 荒れさせる.
— **assanhar-se** [再] ❶ 怒る, 腹を立てる▶O aluno assanhou-se contra o professor. その生徒は先生に対して腹を立てた.
❷ [B] [話] 落ち着きを失う.
❸ (海や川などが) 荒れる.
❹ 興奮する.

assar /a'sax/ [他] ❶ (肉やパンなどを) 焼く, あぶり焼きにする▶assar carne 肉を焼く / assar pão パンを焼く.
❷ …に炎症をおこす▶O tecido me assou. その布地で私はかぶれた. ❸ 熱くする, 熱する.
— [自] ❶ 焼ける▶Os frangos assaram. 鶏肉が焼けた. ❷ 暑くなる, 熱される.

assassinar /asasi'nax/ [他] ❶ 暗殺する, 殺害する▶assassinar o rei 王を暗殺する. ❷ 蹂躙する, 圧殺する. ❸ (芸術作品を) 台無しにする▶assassinar a música 曲を台無しにする.

assassinato /asasi'natu/ [男] 殺人, 暗殺, 謀殺.

assassínio /asa'sĩniu/ [男] ＝ assassinato

assassino, na /asa'sĩnu, na/ [名] 殺人者, 暗殺者▶assassino em série 連続殺人犯, シリアルキラー.
— [形] 人を殺すような▶olhos assassinos 悩殺的な目.

assaz /'asas/ [副] ❶ とても, 非常に▶A notícia a deixou assaz preocupada. その知らせで彼女はとても心配に感じるようになった.
❷ 十分に.

asseado, da /ase'adu, da/ [形] 清潔な, きれいな.

assear /ase'ax/ ⑩ [他] 清潔にする, きれいにする.
— **assear-se** [再] 自分の体を清潔にする, きれいになる.

assediar /asedʒi'ax/ [他] ❶ 包囲する▶As tropas assediaram o lugar até a rendição. 兵士たちは, 降伏するまでその場所を包囲した.
❷ 執拗につきまとう, 取り囲む▶ser assediado pelos fãs ファンにつきまとわれる.

assédio /a'sɛdʒiu/ [男] ❶ 包囲, 取り囲まれること▶o assédio dos fãs ファンに取り囲まれること.
❷ しつこくつきまとうこと, いやがらせ▶assédio de paparazzi パパラッチがつきまとうこと / assédio sexual 性的嫌がらせ, セクシャルハラスメント / assédio moral 精神的嫌がらせ, モラルハラスメント.

⁑__assegurar__ /asegu'rax アセグラーフ/ [他] ❶ **断言する**, **請け負う**, **保証する**▶O editor assegurou o sucesso da publicação. その編集者は出版の成功を請け負った / Ele me assegurou que isso não aconteceria. 彼は私にそうはならないだろうと断言した.
❷ 保証 [保障] する, 確実にする▶O Estado assegura assistência médica gratuita a todos. 国は無償医療を全国民に保障する / assegurar a vitória 勝利を確実にする.
— **assegurar-se** [再] …を確かめる, 確認する [+ de] ▶Assegurei-me de que tinha apagado as luzes e saí. 私は電気を消したことを確認して外出した.

asseio /a'seju/ [男] ❶ 清潔さ. ❷ 完璧さ▶com asseio 完璧に.

⁑__assembleia__ /asẽ'blɛja アセンブレィア/ [女] ❶ **会議**, **会合**▶assembleia geral 総会 / assembleia geral ordinária 定期総会 / assembleia geral extraordinária 臨時総会.
❷ 《集合的に》 集まった人, 参会者, 会衆.
❸ 《Assembleia》 **議会**, 議院▶Assembleia Legislativa [B] 州議会 / Assembleia Constituinte 憲

[A]

法制定議会.

assemelhar /aseme'ʎax/ [他] …に似せる [+ a] ▶Sua figura assemelha-o ao ator famoso. 容姿のために彼はその有名な俳優に似ている.

— **assemelhar-se** [再] …に似る, 似ている [+ a/com] ▶O filho se assemelha muito ao pai. 息子はとても父に似ている.

assenhorear-se /aseɲore'axsi/ ⑩ [再] …を自分のものにする [+ de] ▶assenhorear-se de terras indígenas 先住民の土地を自分のものにする.

assentamento /asẽta'mẽtu/ [男] ❶ 着席. ❷ 記帳, 記入. ❸ 定住, 居住地.

*★**assentar** /asẽ'tax アセンターフ/ [他] 《過去分詞 assentado/assente》 ❶ **座らせる** ▶assentar uma criança na cadeira 子供をいすに座らせる.

❷ **据える, 設置する** ▶assentar tijolos れんがを積む.

❸ 入植させる ▶assentar os sem-terra 土地を持たない農民を入植させる.

— [自] ❶ 座る. ❷ …に基づく [+ em].

— **assentar-se** [再] 座る.

assente /as'ẽtʃi/ [形] 《男女同形》 (assentar の過去分詞) ❶ 固定された, 据え付けられた ▶escultura assente no pedestal 台座に固定された彫刻.

❷ 基づいた ▶comunidade assente em valores comuns 共通の価値に基づいた共同体.

❸ 安定した, 確立した.

❹ 決定した, 合意した ▶ponto assente 合意点.

assentimento /asẽtʃi'mẽtu/ [男] 承認, 賛同, 同意 ▶dar seu assentimento 同意する.

assentir /asẽ'tʃix/ ⑹ [自] ❶ …を承認する [+ em/a] ▶O pai assentiu na escolha do filho. 父親は息子の選択を認めた.

❷ 合意する, 同意する ▶Ele sempre assente. 彼はいつも賛成する.

assento /as'ẽtu/ [男] ❶ 座席, 椅子, 客席 ; (椅子やソファーなどの) 座る部分 ▶assento preferencial 優先席 / assentos livres 空席 / ter assento 議席をもつ / tomar assento 着席する, 座る.

❷ もたれさせる場所.

❸ [話] 尻.

❹ 休息, 落ち着き.

❺ 思慮, 分別.

assento etéreo 天国.

de assento 落ち着いて, 慎重に.

asséptico, ca /a'sɛpitʃiku, ka/ [形] [B] 無菌の.

asserção /asex'sɐ̃w̃/ [[複] asserções] [女] 断定, 断言, 主張.

assertiva /asex'tʃiva/ [女] 断定, 断言.

assertivo, va /asex'tʃivu, va/ [形] 断定の, 断定的な.

assessor, sora /ase'sox, 'sora/ [[複] assessores, ras] [名] 補佐役, コンサルタント, 顧問 ▶assessor econômico 経済顧問 / assessor de imprensa 広報担当者.

— [形] 補佐の.

assessoramento /asesora'mẽtu/ [男] 支援, 補佐.

assessorar /aseso'rax/ [他] 補助する, 補佐する ▶Ele assessora o diretor da escola. 彼は学校の校長を補佐する.

— **assessorar-se** [再] …の補佐を求める, 助言をうける [+ de] ▶A empresa assessora-se de especialistas. その会社は専門家の助言を受けている.

assessoria /aseso'ria/ [女] 補佐, 顧問, 諮問 ▶Muitos advogados prestam assessoria jurídica a empresas. 多くの弁護士が企業の法律顧問になっている.

assestar /ases'tax/ [他] …を…に向ける, 照準を合わせる [+ para/contra] ▶Assestei a luneta para o céu. 私は望遠鏡を空に向けた.

assético, ca /ɐ'sɛtʃiku, kɐ/ [形] [P] = asséptico

asseverar /aseve'rax/ [他] ❶ はっきりと言う, 断言する [+ a] ▶Assevero ao senhor que ele está bem preparado. 私は彼が十分に準備をしていることをはっきりとあなたにお伝えします.

❷ 証明する ▶asseverar o fato 事実を証明する.

assexuado, da /aseksu'adu, da/ [形] ❶ 性器のない. ❷ 〖生物学〗 無性の ▶reprodução assexuada 無性生殖. ❸ セックスに関心がない, 淡泊な.

assiduamente /aˌsidua'mẽtʃi/ [副] 熱心に, 勤勉に, せっせと, たゆまず ▶frequentar assiduamente せっせと通う.

assiduidade /asiduj'dadʒi/ [女] 精励, 熱心, 勤勉 ▶com assiduidade 休まず, 欠かさず / assiduidade às aulas 授業に精勤すること.

assíduo, dua /a'siduu, dua/ [形] ❶ 熱心な, 不断の ▶Ele é um frequentador assíduo de cinema. 彼は熱心に映画館に通う人だ.

❷ 欠席することのない, 精勤な ▶trabalhador assíduo 欠勤することのない労働者.

*★★**assim** /a'sĩ アスィン/ [副] ❶ **このように** ▶Vamos fazer assim. こういうふうにしてみよう / Que tal fazer assim? こうしたらどうですか / É assim que a ciência avança! 科学はこのようにして進歩する / Assim está quase perfeito. これでほぼ完璧だ / Está bem assim? これでよろしいですか / Muito bem! Assim está bem. よし, それでいい.

❷ **そのように** ▶Não fale assim. そんな口を利くな / Assim não vale! それではだめだ / Assim é, se lhe parece. そう思うならそうなんだろう / Se for assim, a conversa é outra. そうなると話が別だ / Não fica assim. そのようにはいたしません.

❸ **このような, そのような** ▶A vida é assim. 人生とはそんなものだ / Nunca se viu uma coisa assim. そのようなことは見たことがなかった.

— [接] **それ故に, それで.**

assim, assim まあまあ, ぼちぼち ▶estar assim, assim (体の調子が) まあまあである.

assim como... …と同様に ▶Ela tem os olhos azuis assim como a mãe. 彼女は母親同様に青い瞳をしている / Eu gosto de livros, assim como de filmes. 私は映画と同じように本も好きである.

assim como assim いずれにせよ.

assim mesmo しかし, それでも, それにもかかわらず.

assim ou assado いずれにせよ.

assim que... …するとすぐに ▶Me ligue assim que chegar lá. 向うに着いたらすぐに私に電話してください.

assim que possível できるだけすぐに.
Assim seja!〖キリスト教〗かくあらしめたまえ, アーメン.
assim sendo 従って, そうであるから.
... é assim e pronto! …はそういうものだ ▶ Amor é assim e pronto! 愛とはそういうものだ.
e assim por diante などなど, 云々, 以下同様.
mesmo assim それでも, しかし.
por assim dizer いわば, 言ってみれば.

assimetria /asime'tria/ 囡 非対称, 不均衡.
assimétrico, ca /asi'metriku, ka/ 形 非対称の, 不均衡の.
assimilação /asimila'sẽw̃/ [複 assimilações] 囡 ❶ 同化 ▶ a assimilação dos imigrantes 移民の同化. ❷ 消化吸収 ▶ a assimilação de nutrientes 栄養物の吸収. ❸ 同一化. ❹〖音声学〗同化.
assimilar /asimi'lax/ 他 ❶ 吸収する, 同化する, 取り入れる ▶ assimilar o alimento 食べ物を吸収する / assimilar novos conhecimentos 新しい知識を取り入れる. ❷ …を…になぞらえる [+ a].
— **assimilar-se** 再 …に同化する [+ a].
assimilável /asimi'lavew/ [複 assimiláveis] 形〖男女同形〗同化できる, 吸収できる.
assinalado, da /asina'ladu, da/ 形 ❶ 指定された, 決められた ▶ assento assinalado 指定された座席. ❷ 傑出した, 目立った. ❸ 印のついた.
*__assinalar__ /asina'lax/ 他 ❶ …に印を付ける ▶ Assinale a alternativa correta. 正しい選択肢に印をつけなさい / assinalar os erros 間違いに印をつける.
❷ 示す, 指す.
— **assinalar-se** 再 ❶ 際立つ, 目立つ, 示される ▶ O menino assinala-se pela sua inteligência. その少年は頭の良さで秀でている. ❷ 姿を現す, 見える ▶ Já o sol assinalava-se no horizonte. 太陽が地平線からすでに顔を出していた.
assinante /asi'nẽtʃi/ 图 ❶ 署名者. ❷（新聞や雑誌の）予約購読者；（電話などの）加入者；申込者.
‡assinar /asi'nax/ 他 ❶ 署名する, サインする ▶ assinar um contrato 契約書に署名する / assinar um tratado 条約に調印する.
❷ …を定期購読する ▶ assinar uma revista 雑誌を定期購読する.
— 自 署名する ▶ Assine aqui, por favor. ここにサインしてください.
*__assinatura__ /asina'tura/ 囡 ❶ 署名, サイン；署名すること,（条約などの）調印 ▶ assinatura eletrônica 電子署名.
❷ 定期購読 ▶ fazer assinatura de uma revista 雑誌を定期購読する / assinatura anual 年間定期購読.
*__assistência__ /asis'tẽsia/ 囡 ❶ 援助, 救護 ▶ assistência médica 治療 / assistência financeira 経済的支援 / assistência técnica テクニカルサポート / assistência social 社会福祉 / dar assistência a alguém …の世話をする.
❷ 出席, 列席 ▶ assistência às aulas 授業への出席.
❸〖集合的〗観衆, 観客, 出席者, 入場者.
❹〖スポーツ〗アシスト ▶ número de assistência アシスト数.

assistente /asis'tẽtʃi/ 图 ❶ 助手 ▶ assistente de realização 助監督.
❷ 出席者, その場に居合わせた人, 観客, 視聴者.
❸ assistente social ソーシャルワーカー.
❹ assistente de bordo 客室乗務員.
— 形〖男女同形〗❶ 助手の, 補佐の ▶ árbitro assistente 副審 / professor assistente 助教.
❷ その場にいる ▶ o público assistente 観客, 聴衆.
❸ 支援する, 救護する.
assistido, da /asis'tʃidu, da/ 形 補助された, 支援された, 看護された ▶ reprodução medicamente assistida (RMA) 生殖補助医療技術.
*__assistir__ /asis'tʃix/ 自 ❶ …を見る, 見物する [+ a]（注 会話では a が省略されることも多い）▶ assistir ao jogo de futebol サッカーの試合を観戦する / assistir a um espetáculo ショーを見る / assistir a um vídeo ビデオを見る / assistir a um programa de televisão テレビ番組を見る.
❷ …を目撃する, …に立ち会う [+ a] ▶ assistir a um acidente 事故を目撃する.
❸ …に参加する, 出席する [+ a] ▶ assistir a uma aula 授業に出席する / assistir a uma reunião 会議に出る.
— 他 治療する, 看護する ▶ assistir um doente 患者を治療する.
assoalho /aso'aʎu/ 男 木の床.
assoar /aso'ax/ 他（鼻を）かむ ▶ assoar o nariz 鼻をかむ.
— **assoar-se** 再 鼻をかむ.
assobiar /asobi'ax/ 自 口笛を吹く.
assobiar e chupar cana 2つの異なったことを同時に行う.
assobio /aso'biu/ 男 口笛.
‡associação /asosia'sẽw̃/ アソシィアサォン/ [複 associações] 囡 ❶ 会, 団体, 協会, 組合, 結社 ▶ associação de moradores 町内会 / associação de pais e mestres 保護者と教職員による社会教育関係団体, PTA / associação de beneficência 慈善団体 / liberdade de associação 結社の自由.
❷ 組み合わせ, 配合,〖心理〗連合, 連想 ▶ associação de cores 配色 / associação de ideias 連想 / associação de palavras 言葉の連想 / livre associação 自由連想法.
associado, da /aso̱si'adu, da/ 图 ❶ 協力者, 仲間, 会員, 組合員. ❷ 社員, 株主, 出資者；共同経営者.
— 形 ❶ …に結びついた [+ a]. ❷ 連合した, 参加した；正規に準じる ▶ membro associado 準会員 / professor associado 准教授.
*__associar__ /aso̱si'ax/ 他 ❶ …を…と関連させる, 結びつける, 関係させる [+ a/com] ▶ As crianças associam a dor com as injeções. 子供は注射が痛いものだと思っている.
❷ 参加させる, 結集させる ▶ Nós estamos tentando associar professores e alunos para a melhoria da educação escolar. 学校教育の改善のために教師と学生が結集することを我々は試みている.

— **associar-se** 再 ❶ …に結集する, 参画する [+a] ▶Não se associe a esse plano. その計画には関わるな.
❷ メンバーになる ▶Eu me associei ao clube do bairro. 私は地元クラブのメンバーになった.

associativo, va /asosia'tʃivu, va/ 形 連想の, 連想による；連合の ▶memória associativa 連想記憶.

associável /asosi'avew/ [複 associáveis] 形 連合できる, 関連づけられる, 連想できる.

assolador, dora /asola'dox, 'dora/ [複 assoladores, doras] 形 破壊する, 荒廃させる.

assolar /aso'lax/ 他 ❶ 荒廃させる, 破壊する ▶A tempestade assolou a cidade. 嵐がその街を荒廃させた. ❷ 苦しめる, 苦悩させる ▶As preocupações o assolavam. 不安が彼を苦しめていた.

assomar /aso'max/ 自 ❶ …に登る [+a] ▶assomar ao cume 頂上に登る.
❷ (高いところに)現れる, 姿を見せる [+a] ▶O príncipe assomou ao terraço. 王子がテラスに現れた.

assombração /asõbra'sẽw/ [複 assombrações] 女 ❶ 理由の分からない恐怖心.
❷ 幽霊, お化け.

assombrado, da /asõ'bradu, da/ 形 ❶ 驚いた.
❷ 幽霊の出る ▶uma casa assombrada 幽霊屋敷.

assombrar /asõ'brax/ 他 ❶ 驚かせる, 怖がらせる ▶As histórias assombraram a criança. 物語でその子供は怖がった.
❷ 驚嘆させる, 感嘆させる ▶A bela paisagem os assombrou. その美しい景色が彼らを感嘆させた.
❸ 陰を作る, 日陰にする ▶As árvores assombram a avenida. 木々がその通りを日陰にしている.
— 自 驚嘆する.

— **assombrar-se** 再 ❶ 驚く, 怖がる ▶Ele assombrou-se com a violência. 暴力行為を彼は怖がった.
❷ 驚嘆する, 感嘆する ▶Assombrei-me com a capacidade dele. 彼の能力に私は驚嘆した.
❸ 暗くなる ▶A cidade assombrava-se. 街は暗くなってきていた.

assombro /a'sõbru/ 男 ❶ 驚き, 驚嘆 ▶O assombro tomou conta dos participantes do evento. イベントの参加者たちは驚嘆した.
❷ 驚くべきもの[人], すばらしいもの[人] ▶Isso é um assombro! それはすばらしい.
❸ 恐ろしい物[人], 脅威 ▶A gripe foi o assombro da época. インフルエンザはその時代の脅威だった.

assombroso, sa /asõ'brozu, 'brɔza/ 形 ❶ 驚異的な, 印象的な ▶velocidade assombrosa 驚異的なスピード. ❷ 異常な, 並外れた ▶pessoa assombrosa 並外れた人.

assomo /a'sõmu/ 男 ❶ 出現. ❷ 徴候. ❸ 怒り, いらだち.

assoviar /asovi'ax/ 他 = assobiar
assovio /aso'viu/ 男 = assobio
assuada /asu'ada/ 女 無秩序, 騒乱, 騒動.

‡**assumir** /asu'mix/ アスミーフ /他 ❶ 担う, 引き受ける ▶assumir um papel importante 重要な役割を担う / assumir responsabilidade 責任を負う / assumir um compromisso 誓約を守る / assumir um risco リスクを負う / Você deve assumir esse trabalho com confiança. あなたは自信を持ってこの仕事を引き受けるべきだ.
❷ 就任する ▶O presidente assumirá o cargo amanhã. 社長は明日就任する.
❸ 認める ▶assumir a culpa 罪を認める / O acusado assumiu que não roubara sozinho. 容疑者は一人で窃盗していないと認めた.

— **assumir-se** 再 自分の立場を受け入れる ▶Ele assumiu-se como pai. 彼は父としての立場を受け入れた.

assunção /asũ'sẽw/ [複 assunções] 女 ❶ 就任, 着任 ▶assunção ao cargo 就任.
❷ 昇進.
❸ 《Assunção》【カトリック】聖母被昇天；聖母マリア被昇天の祝日(8月15日).

assuntar /asũ'tax/ 他 ❶ B …に注目する, 観察する ▶Os fiéis assuntaram os sermões. 信者たちは説教を注意深く聞いた.
❷ B 詳細に確認する, 精査する ▶Assuntaram as causas do acidente. 事故の原因が詳細に調べられた.
— 自 B …に注目する, …を観察する [+para].
❷ B …について考える, 熟考する [+em] ▶Assuntei na vida. (私は)人生について考えた.

‡**assunto** /a'sũtu/ アスント /男 ❶ 事, 事柄 ▶Este assunto não lhe diz respeito. このことはあなたには関係のないことだ.
❷ 問題, 話題 ▶A diminuição da população é um assunto importante para o país. 人口減少はその国にとって大きな問題だ / assunto de família 家庭の問題 / assunto quente 最新の話題, 重大な問題 / É melhor não tocar nesse assunto. その問題には触れないほうがいい / mudar de assunto 話題を変える / enterrar o assunto 話題を打ち切る, 拒否する.
❸ 仕事, 用事 ▶Temos que resolver logo os assuntos pendentes. 未解決の仕事をはやく片付けなければならない.
❹ 主題 ▶O assunto desta obra foi bem escolhido para esta época. この作品のテーマはこの時代によくマッチしている.
❺ 公務, 国務 ▶Ministério de Assuntos Estrangeiros P 外務省.

assustadiço, ça /asusta'dʒisu, sa/ 形 怖がりの, 気の弱い.

assustado, da /asus'tadu, da/ 形 おびえた, 怖がった ▶um animal assustado おびえた動物 / um olhar assustado おびえた目 / ficar assustado com algo …におびえる / deixar alguém assustado …をおびえさせる, 怖がらせる.

assustador, dora /asusta'dox, 'dora/ [複 assustadores, doras] 形 驚かせるような, おびえさせる, 恐ろしい ▶o número assustador de acidentes 驚くほどの事故の数.
— 名 驚かせる人, おびえさせる人.

****assustar** /asus'tax/ アススターフ /他 ❶ 驚かす, びっくりさせる ▶Eu não quis assustá-lo. あなたを驚か

atarefado, da

すつもりはなかった / Você me assustou! びっくりさせないでくれ. ❷ おびえさせる, 怖がらせる.
— **assustar-se** 再 怖れる, おびえる ▶O senhor não tem porque se assustar. あなたは怖れる理由なんかありません / assustar-se com a própria sombra 自分の影におびえる.

asteca /as'tɛka/ 名 形 《男女同形》(メキシコの先住民) アステカ族(の).
— 男 アステカ族.

asterisco /aste'risku/ 男 アステリスク, 星印 (*).

asteroide /aste'rɔjdʒi/ 男 《天文》小惑星.
— 形 《男女同形》《天文》星状の.

astigmatismo /astʃigma'tʃizmu/ 男 《医学》乱視.

astral /as'traw/ [複 astrais] 形 《男女同形》星の ▶ mapa astral 星図.
— 男 ❶ 体調, 気分, 調子 ▶O time de futebol está com um astral excelente! そのサッカーチームは絶好調だ. ❷ 雰囲気 ▶o astral do bar バーの雰囲気 / com um astral maravilhoso すばらしい雰囲気の.

astro /'astru/ 男 ❶ 天体；星 ▶ consultar os astros 星を占う / astro de primeira grandeza 一等星 / astro do dia 太陽 / astro da noite 月 / astro errante 彗星 / astro rei 太陽.
❷ (芸能界などの) スター ▶astro do cinema 映画スター.

astrofísica[1] /astro'fizika/ 女 天体物理学.

astrofísico, ca[2] /astro'fiziku, ka/ 形 天体物理学の.
— 名 天体物理学者.

astrologia /astrolo'ʒia/ 女 占星術.

astrológico, ca /astro'lɔʒiku, ka/ 形 占星術の.

astrólogo, ga /as'trɔlogu, ga/ 名 占星術師.

astronauta /astro'nawta/ 名 宇宙飛行士.

astronave /astro'navi/ 女 P 宇宙船.

astronomia /astrono'mia/ 女 天文学.

astronômico, ca /ɐʃ'trunɔmiku, kɐ/ 形 P = astronômico

astronômico, ca /astro'nõmiku, ka/ 形 B 天文学の；天文学的な, 途方もない ▶estudos astronômicos 天文学研究 / quantidade astronômica 途方もない量.

astrônomo, ma /ɐʃ'trɔnumu, mɐ/ 名 P = astrônomo

astrônomo, ma /as'trõnomu, ma/ 名 B 天文学者.

astúcia /as'tusia/ 女 ❶ 機敏, 要領 ▶com astúcia 巧みに. ❷ 計略, 策略, 悪巧み.

astucioso, sa /astusi'ozu, 'ɔza/ 形 巧妙な, 才気のある, 抜かりのない ▶plano astucioso 妙案.

ata /'ata/ 女 議事録, 会議録.

atacadista /ataka'dʒista/ 名 卸売り業者.
— 形 《男女同形》卸売りの.

atacado, da /ata'kadu, da/ 形 ❶ 襲われた. ❷ B 不機嫌な.
— **atacado** 男 卸売り ▶ por atacado 大量に.

atacador, dora /ataka'dox, 'dora/ [複 atacadores, ras] 名 攻撃者, アタッカー.
— **atacador** 男 靴ひも ▶ apertar os atacadores 靴ひもを結ぶ.

atacante /ata'kẽtʃi/ 形 《男女同形》攻撃する, 攻撃的な ▶exército atacante 攻撃軍.
— 名 ❶ 攻撃する人. ❷ 《サッカー》フォワード.

*****atacar** /ata'kax/ アタカーフ/ 他 ❶ 暴行する, 襲う ▶O cachorro atacou meu filho. その犬が私の子供を襲った / O Paulo atacou o Carlos. パウロはカルロスに襲いかかった.
❷ 攻撃する ▶Os soldados atacaram a fortaleza. 兵士たちは要塞を攻撃した.
❸ 批判する ▶atacar o governo 政府を攻撃する.
— 自 攻撃する.
— **atacar-se** 再 攻撃し合う.
não atacar nada 何もできない.

atadura /ata'dura/ 女 包帯.

atalaia /ata'laja/ 名 見張り番.
— 女 見張り所, 物見やぐら.
estar de atalaia 見張っている, 監視してる.

atalhar /ata'ʎax/ 他 ❶ 妨害する, 阻止する.
❷ 短くする, 簡略化する ▶atalhar o caminho 近道する.
— 自 口をはさむ.

atalho /a'taʎu/ 男 ❶ 近道 ▶ pegar um atalho 近道を行く. ❷ 《情報》ショートカット.
pôr atalho 終える, 終止符を打つ.

*****ataque** /a'taki/ アターキ/ 男 ❶ 攻撃, 襲撃 ▶O ataque começou na hora marcada. 攻撃は予定時刻に開始された / ataque aéreo 空爆 / o ataque à capital 首都攻撃.
❷ 《スポーツ》攻撃, オフェンス.
❸ 発作 ▶Ele teve um ataque cardíaco no ano passado. 彼は去年心臓発作を起した / ataque de nervos 神経性の発作 / ataque de asma ぜんそくの発作 / ataque de tosse 咳こみ.
❹ 激怒, かんかんになること ▶ataque de raiva 怒りの爆発 / ataque de nervos ノイローゼ, いらだち.
dar um ataque 激怒する, かんかんになる.
ter um ataque 激怒する, かんかんになる ▶Como o menino não obedecia, a mãe teve um ataque. 子供が言うことを聞かないので, 母親の怒りが爆発した.

atar /a'tax/ 他 ❶ 縛る, 結ぶ, 縛り付ける ▶atar os cordões dos sapatos 靴ひもを結ぶ / atado à cama 病臥して / atado de pés e mãos 手足を縛られて.
❷ (関係などを) 結ぶ, 繋げる ▶Atamos uma amizade com os vizinhos. 近所の人と友情を結んだ.
❸ …に従わせる, 服従させる；束縛する [+ a].
❹ 妨げる, 抑制する ▶Conversamos atando a voz. 声を押さえて私たちは会話をした.
— **atar-se** 再 ❶ …に繋がる, 結ばれる [+ a].
❷ …に従う [+ a].
❸ 抑制される.
ao atar das feridas 機を逃して.
atar as mãos a …の手足を縛る, …を束縛する.
atar e desatar 優柔不断である, 左顧右眄(うべん)する.
não atar nem desatar 解決できない, 決断できない.

atarefado, da /atare'fadu, da/ 形 忙しい, 多忙

[A]

な ▶Estou muito atarefado. 私はとても忙しい / um dia atarefado 多忙な一日.

ataúde /ata'udʒi/ [男] 棺, ひつぎ, 棺桶.

ataviar /atavi'ax/ [他] …で飾る, 飾り立てる.

— **ataviar-se** [再] 着飾る, 盛装する.

atávico, ca /a'taviku, ka/ [形] 隔世遺伝の.

atavio /ata'viu/ [男] ❶ 盛装, おめかし. ❷《atavios》装飾品.

atavismo /ata'vizmu/ [男] 隔世遺伝, 先祖返り.

atazanar /ataza'nax/ [他] 悩ませる, 苦しめる ▶A lembrança o atazanava. その記憶が彼を苦しめていた.

***até** /a'tɛ アテ/ [前] ❶《到達点・限度》…まで ▶até aqui ここまで / Até agora, ela não me ligou. 今までのところ彼女は電話してこない / até então その時まで / ir até o [ao] parque 公園まで行く ([注] [P] では até と定冠詞付きの名詞の間に前置詞 a が必要だが, [B] では a の挿入は任意) / Até que horas você vai ficar aqui? 何時まであなたはここにいますか / A loja está aberta até as [às] 18 horas. 店は18時まで開いています / Até quando tenho que acabar esse trabalho? いつまでに私はその仕事を終えなければなりませんか / O cartão é válido até 2016. カードは2016年まで有効だ / Esse estádio comporta até cinquenta mil pessoas. そのスタジアムは5万人まで収容できる / Até certo ponto, é verdade. それはある程度まで真実だ / até em cima 頂上まで / até embaixo 底まで.

❷《別れのあいさつ》また…に会いましょう ▶Até logo! ではまた, さようなら / Até amanhã! また明日 / Até já! またすぐ後で / Até mais tarde! また後で / Até segunda! 月曜日に会いましょう.

— [副] ❶《強調》…でさえ, …までも ▶Até ela sabe disso. 彼女までもそのことについて知っている.

❷《強調》本当に ▶Essa menina até que é esperta. その少女は本当にずるがしこい.

até +[不定詞] …するまで ▶Vamos ficar aqui até a chuva parar. 雨がやむまでここにいましょう.

até que +[接続法] …するまで ▶A greve continuará até que haja uma proposta melhor. もっとよい提案があるまで, ストライキは続くだろう.

até que enfim 最後に, やっと, とうとう ▶Ele voltou até que enfim! やっと彼が戻ってきた.

atear /ate'ax/ ⑩ [他] ❶ …に火をつける, 放火する [+ em] ▶Os bandidos atearam fogo na casa. 強盗はその家に放火した.

❷ (不和や情熱を) 激しくする, かきたてる ▶A palavra dele ateou a discussão. 彼の言葉が言い合いに油を注いだ.

— [自] 激しくなる, 激化する.

— **atear-se** [再] 激しくなる, 激化する.

ateia /a'tɛia/ [形] ateu の女性形.

ateísmo /ate'izmu/ [男] 無神論.

ateliê /ateli'e/ [男] ❶ アトリエ, 工房, 仕事場 ▶ateliê de pintura 絵画アトリエ. ❷ 事務所, 会社 ▶ateliê de arquitetura 建築事務所.

atemorizar /atemori'zax/ [他] 怖がらせる, おびえさせる ▶A instabilidade econômica do país atemoriza os investidores estrangeiros. その国の経済の不安定さは海外の投資家をおびえさせている.

— **atemorizar-se** [再] 怖がる, 恐れる ▶Ele não se atemorizou com as ameaças que recebeu. 彼は自らが受けた脅迫にひるまなかった.

***atenção** /atẽ'sɐ̃w̃ アテンサォン/ [[複] atenções] [女] ❶ 注意, 注目, 関心 ▶prestar [dar] atenção a... …に注意を払う / ler com atenção 注意して読む / alvo de atenção 注目の的 / chamar a atenção de alguém …の関心を引く / falta de atenção 不注意.

❷ 精査 ▶exigir atenção 精査を要する.

❸《atenções》心遣い, 気配り ▶Obrigado pela atenção. お心遣いありがとうございます.

à atenção de alguém (手紙で) …様宛て.

Atenção! ① 気をつけて, 危ない. ② (アナウンスなどで) お知らせします. ③ (掲示で) 危険注意. ④ (号令で) 気をつけ.

chamar alguém à atenção …に注意させる, 注意を促す.

em [com] atenção a... …を考慮して, …に配慮して.

atenciosamente /atẽsiˌɔza'mẽtʃi/ [副] ❶ 丁重に, 親切に. ❷《手紙の末尾》敬具.

atencioso, sa /atẽsi'ozu, 'ɔza/ [形] ❶ 親切な, 思いやりのある ▶Ele é muito paciente e atencioso com seu avô. 彼は祖父に対してとても忍耐強く思いやりがある / É atencioso no trato com os clientes. 彼は接客においてきめ細やかだ.

❷ 注意深い ▶Ser atencioso ao dirigir evita acidentes. 運転する際に注意深くあることが事故を防ぐ / O funcionário era atencioso com seu trabalho. 従業員は自分の仕事に注意深かった.

atendente /atẽ'dẽtʃi/ [名] [B] ❶ 看護助手. ❷ 受付係.

***atender** /atẽ'dex アテンデーフ/ [他] ❶ (電話などに) 出る ▶atender o telefone 電話に出る / atender a porta ドアに出る.

❷ (客に) 応対する；付きそう, 案内する ▶Já o atenderam? ご用は承っていますか.

❸ (患者を) 診察する ▶O médico logo atendeu o paciente. 医者がすぐに患者を診た.

— [自] ❶ (電話などに) 出る [+ a] ▶Alguém pode atender ao telefone? 誰か電話に出てください / Ninguém atende. 誰も電話に出ない.

❷ …に応じる, …を聞き入れる [+ a] ▶O chefe atendeu ao pedido dos funcionários. 社長は従業員の依頼に応じた.

atendimento /atẽdʒi'mẽtu/ [男] 業務, 執務, 営業 ▶horário de atendimento 業務時間, 執務時間, 営業時間.

ateneu /ate'new/ [男] 学校, 学院.

atentado /atẽ'tadu/ [男] ❶ 襲撃, テロ攻撃 ▶um atentado terrorista テロ攻撃 / atentado a bomba 爆弾テロ / atentado contra o presidente 大統領襲撃.

❷ 違反, 法律違反, 侵害 ▶atentado contra os bons costumes 公序良俗違反 / atentado aos direitos humanos 人権侵害.

atentamente /aˌtẽta'mẽtʃi/ [副] ❶ 注意深く, 丁寧に ▶ouvir atentamente 注意して聞く. ❷ 礼儀正しく, 丁重に. ❸《手紙の末尾》敬具.

atentar¹ /atẽ'tax/ 他 ❶ 行う, 実施する ▶ Atentaram o projeto após uma longa discussão. 長い議論の末その計画が実行された. ❷ 圖 圙 悩ます, うるさがらせる ▶ Os insetos lhe atentaram a noite toda. 虫が彼を夜の間ずっと悩ませていた.
— 自 ❶ …に対して犯罪を犯す [+contra] ▶ atentar contra a vida de alguém …の命を奪う. ❷ …に背くことをする, 反することをする [+contra] ▶ atentar contra a honra de alguém 人の名誉を汚す / atentar contra a moral 道徳に反する.

atentar² /atẽ'tax/ 他 ❶ …についてよく考える ▶ Atentei muito o tópico. 私はその主題についてよく考えた. ❷ …に感覚を集中させる ▶ O cão atentou o faro às bagagens. その犬は荷物の臭いを懸命に嗅いだ.
— 自 ❶ …を注意深くみる, 観察する [+a/em] ▶ Ele atentou nas notas musicais. 彼は楽譜を注意深く見た. ❷ …についてよく考える [+a/em/para] ▶ Atentei no que aprendi. 私は学んだことについてよく考えた.

atentatório, ria /atẽta'tɔriu, ria/ 形 …を侵害する [+a/contra] ▶ ato atentatório à dignidade da justiça 司法の尊厳を損なう行為.

*****atento, ta** /a'tẽtu, ta/ アテント, タ/形 ❶ 注意深い, 集中した ▶ ouvir atento 注意して聞く / Estou atento à mudança do clima. 私は気候の変動に注意している / leitura atenta do livro 本の精読. ❷ 気をつけた ▶ estar atento a alguém …に気をつけている, 見守っている.

atenuação /atenua'sẽw/ [複 atenuações] 女 緩和, 軽減 ▶ atenuação da dor 痛みの緩和 / atenuação da pena 刑の軽減.

atenuante /atenu'ẽtʃi/ 形《男女同形》❶ 緩める, 弱める, 軽減する. ❷【法律】情状酌量できる ▶ circunstâncias atenuantes 軽減事由.
— 女【法律】軽減事由.

atenuar /atenu'ax/ 他 和らげる, 緩和する, 弱める, 軽減する ▶ atenuar a dor 痛みを緩和する / atenuar a pena 減刑する.
— **atenuar-se** 再 和らぐ, 緩む, 弱まる.

ater-se /a'texsi/ ㊲ 再 ❶ …にこだわる, とらわれる [+a] ▶ ater-se à detalhes 細部にこだわる. ❷ …にもたれる, 身を支える [+a] ▶ Eu atinhame à parede. 私は壁にもたれていた. ❸ …に従う [+a] ▶ ater-se às normas 規則に従う.

aterragem /ate'xaʒẽj/ [複 aterragens] 女 Ⓟ 着陸 ▶ aterragem de emergência 緊急着陸 / aterragem forçada 不時着. ❷ 着岸.

aterrar¹ /ate'xax/ 他 ❶ おびえさせる, 怖がらせる ▶ A ideia aterrava o menino. その考えがその男の子をおびえさせていた.
— 自 おびえる, 怖がる.
— **aterrar-se** 再 おびえる, 怖がる ▶ Ele aterrase ao viajar de avião. 彼女は飛行機で旅行すると怖に怖がる.

aterrar² /ate'xax/ 他 ❶ 土に埋める, 土で覆う ▶ Aterraram uma vala. 水路が土で埋められた. ❷ 埋め立てる ▶ aterrar o mar 海を埋め立てる.
— 自 Ⓟ 着陸する, 着地する ▶ O avião aterrou na pista. 飛行機は滑走路に着陸した.

aterrissagem /atexi'saʒẽj/ [複 aterrissagens] 女 Ⓑ 着陸 ▶ aterrissagem forçada 不時着.

aterrissar /atexi'sax/ 自 Ⓑ 着陸する.

aterro /a'texu/ 男 ❶ 埋め立て用の土砂, 盛り土. ❷ 埋め立て地 ▶ aterro sanitário ごみ埋立地.

aterrorizado, da /atexori'zadu, da/ 形 震え上がった, おののいた ▶ Eu estava aterrorizado. 私は恐怖におののいていた.

aterrorizador, dora /atexoriza'dox, 'dora/ [複 aterrorizadores, doras] 形 恐ろしい, ぞっとさせる.

aterrorizante /atexori'zẽtʃi/ 形《男女同形》恐ろしい.

aterrorizar /atexori'zax/ 他 おびえさせる, 怖がらせる ▶ A notícia aterrorizou-o. そのニュースは彼を怖がらせた.
— 自 おびえる, 怖がる.
— **aterrorizar-se** 再 おびえる, 怖がる.

atestado, da /ates'tadu, da/ 形 証明された.
— **atestado** 男 ❶ 証明書 ▶ atestado médico 診断書 / atestado de residência 住所証明書. ❷ 証拠, 証明.

atestado de burrice 愚行を重ねること.

atestar /ates'tax/ 他 証明する, 証言する, …の証拠となる ▶ A mulher atestava sua vontade de se divorciar do marido. その女性は夫と離婚する意思を証言した.
— 自 証明する, 証言する.

ateu, ateia /a'tew, a'teia/ 形名 無神論の(人).

atiçar /atʃi'sax/ ⑬ 他 ❶ (火を)あおる, 強くする ▶ atiçar o fogo 火をあおる. ❷ (感情などを)刺激する, あおる, 激しくする ▶ As palavras dele atiçaram o ódio do pai. 彼の言葉が父の怒りをあおった. ❸ …するようにあおる, かりたてる [+a/para] ▶ A multidão atiçou-os a brigar. 群衆が彼らのけんかをあおった.

atilado, da /atʃi'ladu, da/ 形 ❶ 利口な. ❷ 真面目な. ❸ 分別のある, 思慮深い.

atilho /a'tʃiʎu/ 男 ひも.

atinar /atʃi'nax/ 他 思い至る, 思い当たる, 思いつく ▶ Não conseguiram atinar a resposta. 彼らは答えが分からなかった.
— 自 ❶ …が分かる, 思いつく [+com] ▶ atinar com a solução do problema 問題の解決法を思いつく. ❷ …を思い出す [+com] ▶ Não atinava com nada. 私は何も思い出せなかった. ❸ …に向かう [+para] ▶ Nas férias atinei para o sul. 休みに私は南に向かった.

atinente /atʃi'nẽtʃi/ 形《男女同形》…に関する [+a] ▶ Li um artigo atinente à economia. 私は経済に関する記事を読んだ.

⁑atingir /atʃi'ʒix/ アチンジーフ/② 他 ❶ …に達する, 届く ▶ atingir a meta ゴールに達する / atingir a maioridade 成人に達する.

atingível

❷ 達成する, 実現する ▶atingir o objetivo 目的を達成する.
❸ 理解する, 分かる ▶Eu não atingi o que eles quiseram dizer. 私は彼らが言いたかったことを理解できなかった.
❹ …に悪影響を及ぼす ▶O temporal atingiu gravemente as culturas. 暴風雨は農作物に深刻な影響を与えた.

atingível /atʃiˈʒivew/ [複 atingíveis] 形 《男女同形》到達できる, 達成できる ▶objetivo atingível 達成可能な目的.

atípico, ca /aˈtʃipiku, ka/ 形 非定型的な, 変則的な.

atirador, dora /atʃiraˈdox, ˈdora/ [複 atiradores, doras] 形 投げる, 射撃する.
— 名 投げる人.
— **atirador** 男 射撃手 ▶atirador furtivo 狙撃兵 / atirador de elite 狙撃の名手.

‡atirar /atʃiˈrax/ アチラーフ 他 投げる ▶atirar pedras 石を投げる.
— 自 発砲する, 撃つ ▶O policial atirou contra o criminoso. 警察官は犯罪者に向かって撃った.
— **atirar-se** 再 身を投げ出す, 飛び込む ▶Ele se atirou ao mar. 彼は海に飛び込んだ / atirar-se aos pés de alguém …の前にひれ伏す.
atirar no primeiro que me aparecer na frente 誰彼構わず当り散らす.
atirar no que viu e acertar no que não viu 兎のわなに狐がかかる, うれしい誤算である.

‡atitude /atʃiˈtudʒi/ アチトゥーヂ 女 ❶ 姿勢 ▶A atitude de adoração é ajoelhar-se. 礼拝の姿勢とはひざまずくことだ.
❷ 態度 ▶Foi desagradável a atitude dela. 彼女の態度はひどかった / atitude egoísta 自己中心的な態度 / tomar uma atitude dura 厳しい態度を取る.
tomar uma atitude 行動する, 何かする, 手を打つ ▶sem tomar uma atitude 何もしないで.

ativa[1] /aˈtʃiva/ 女 ❶ 現役, 現職 ▶militar da ativa 現役の軍人 / sair da ativa 現役を退く. ❷ 〖文法〗能動態.

ativação /atʃivaˈsẽw/ [複 ativações] 女 ❶ 促進, 活発[活性]化. ❷ 作動, 起動.

ativar /atʃiˈvax/ 他 ❶ 促進する, 早める ▶ativar a circulação sanguínea 血行を促進する. ❷ 活性化する, 活気づける. ❸ 作動させる ▶ativar o alarme 警報を作動させる.
— **ativar-se** 再 活発になる.

‡atividade /atʃiviˈdadʒi/ アチヴィダーチ 女 ❶ 活動 ▶atividades econômicas 経済活動 / atividades culturais 文化活動.
❷ 運動 ▶As crianças precisam de atividades físicas. 児童は運動が必要です.
❸ 元気, 活気 ▶Os feirantes têm muita atividade desde cedo. 青空市場の人たちは早くから活気にあふれている.
em atividade 活動中の, 現役の ▶Essa fábrica está em plena atividade. その工場はフル稼働している / jogador em atividade 現役選手.

ativista /atʃiˈvista/ 名 形 《男女同形》行動家(の), 運動家(の).

‡ativo, va[2] /aˈtʃivu, va/ アチーヴォ, ヴァ/ 形 ❶ 行動的な, 活発な, 活力のある ▶Apesar da idade, ele é muito ativo. 年齢の割には彼はとても行動的だ.
❷ 積極的な ▶Este emprego exige que você seja mais ativo. この仕事はあなたにもっと積極的になることを要求する / um papel ativo 積極的な役割.
❸ 活動中の, 現役の ▶a população ativa 労働者人口.
❹ 〖文法〗能動の ▶a voz ativa 能動態.
— **ativo** 男 資産 ❶ ▶ativo circulante 流動資産 / ativo fixo [imobilizado/permanente] 固定資産 / o ativo daquela indústria é incalculável. あの会社の資産は計り知れない.

atlântico, ca /aˈtlẽtʃiku, ka/ 形 大西洋の ▶ oceano Atlântico 大西洋 / costas atlânticas 大西洋岸.

atleta /aˈtleta/ アトレータ 名 ❶ 陸上 (競技) 選手, スポーツマン.

atlético, ca /aˈtletʃiku, ka/ 形 ❶ 陸上競技 [選手] の ; 運動競技 [選手] の, スポーツの ▶campo atlético 競技場 / homem atlético スポーツマン.
❷ 筋骨たくましい ▶corpo atlético 鍛えた体.

atletismo /atleˈtʃizmu/ 男 陸上競技, 運動競技 ▶pista de atletismo 陸上トラック / provas de atletismo 陸上競技.

‡atmosfera /atʃimosˈfera/ アチモスフェーラ 女 ❶ 大気 ▶O foguete cruza facilmente a atmosfera da Terra. ロケットは地球の大気圏を簡単に突き抜ける.
❷ 空気 ▶A atmosfera do local estava ruim por causa da poluição. 汚染のせいでその場所の空気が悪かった.
❸ 雰囲気 ▶A atmosfera da sala estava pesada. その部屋の雰囲気は良くなかった / uma atmosfera feliz 楽しい雰囲気.

atmosférico, ca /atʃimosˈferiku, ka/ 形 大気の, 大気中の ▶pressão atmosférica 気圧.

‡‡ato /ˈatu/ アト 男 ❶ 行為 ▶ato violento 暴力行為 / ato sexual 性行為 / ato falho 錯誤行為 / ato de coragem 勇気ある行為 / Foi surpreendido no ato do roubo. 窃盗の途中で不意打ちにあった.
❷ 行動 ▶Seus atos heróicos ficaram gravados na história. 彼の英雄的な行為は歴史に刻まれた.
❸ 儀式, 行事 ▶O ato religioso foi maravilhoso. 宗教的な行事はすばらしかった / ato de encerramento 閉会式.
❹ 〖演劇〗幕 ▶O último ato decidiu o sucesso desta peça. 最終幕がこの作品の成功を決定した.
em ato contínuo すぐに, 直ちに.
fazer ato de presença (式や会合などに) 顔だけ出す.
no ato すぐに, 直ちに, その場で.
no mesmo ato 同時に, 同様のケースで.

à toa /aˈtoa/ 形 《不変》❶ 簡単な, 楽な, 手のかからない ▶problema a toa 大したことのない問題 / servicinho à toa 楽な仕事.
❷ 取るに足らない, つまらない, 軽度すべき ▶coisa à toa 取るに足らないこと / mulher à toa 売春婦/

pau à toa 雑木.
❸ 無用な, 無駄な ▶ Sua preocupação é à toa, está tudo bem. 君の心配は無用だ, 万事順調だ / preocupação à toa 杞憂(きゆう).

atoalhado, da /atoa'ʎadu, da/ 形 タオル生地の.
— **atoalhado** 男 タオル生地.

atolado, da /ato'ladu, da/ 形 ❶ …にはまった, 埋もれた [+ em] ▶ atolado na lama 泥にはまった.
❷《比喩的に》…で身動きが取れなくなった, …をたくさん抱えた [+ de/em] ▶ estar atolado de trabalho 仕事をたくさん抱えている / estar atolado em dívidas 借金まみれである.
atolado até o pescoço 多量の仕事を抱えて.

atolar /ato'lax/ 他 ❶ …を(泥沼やぬかるみに)はめる [+ em] ▶ Atolei os pés num lamaçal. 私は足がぬかるみにはまってしまった.
❷ 過度な仕事や義務を…に課す [+ com/de] ▶ O dono da empresa atolou os funcionários de trabalho. その会社の経営者は従業員に過度に仕事を与えた.
— 自 (泥沼やぬかるみに) はまる [+ em] ▶ Atolaram no brejo. 彼らは沼地にはまってしまった.
— **atolar-se** 再 ❶ (泥沼やぬかるみに) はまる [+ em] ▶ Eu atolei-me até os joelhos. 私は膝までぬかるみにはまってしまった.
❷ (仕事や義務を) 過度に抱え込む [+ de/com] ▶ Ele atolou-se de trabalho e adoeceu. 彼は仕事を抱え込みすぎて病気になった.
❸ (苦境に) 陥る, はまる [+ em] ▶ Eles atolaram-se num vício em drogas. 彼らは薬物中毒になった.

atoleiro /ato'lejru/ 男 ❶ 泥地, ぬかるみ. ❷ 泥沼状態, 苦境 ▶ sair do atoleiro 苦境を脱する.

atómico, ca /ɐ'tɔmiku, kɐ/ 形 P = atômico
atômico, ca /a'tomiku, ka/ 形 B 原子の, 原子力の ▶ bomba atômica 原爆 / energia atômica 原子力.

atomizador /atomiza'dox/ [複 atomizadores] 男 噴霧器, スプレー.

átomo /'atomu/ 男 ❶ 原子 ▶ átomo de carbono 炭素原子. ❷ 微少な物. ❸ 瞬時 ▶ num átomo (de tempo) 瞬時で, たちまち.

atónito, ta /ɐ'tɔnitu, tɐ/ 形 P = atônito
atônito, ta /a'tonitu, ta/ 形 B びっくりした, うろたえた ▶ Todos observavam atônitos o cenário da tragédia. みんな悲劇のシーンを驚きながらみていた / Ela ficou atônita ao saber da demissão do marido. 彼女は夫の辞任を知ってうろたえた.

✱**ator, atriz** /a'tox, a'tris/ アトーフ, アトリス/ [複 atores, atrizes] 名 俳優, 役者 ▶ Quero ser ator. 私は俳優になりたい / ator de cinema 映画俳優 / Ele fez sucesso como ator de teatro. 彼は舞台俳優として成功した / ator de novela ドラマの俳優 / ator principal 主演男優.

atordoado, da /atoxdo'adu, da/ 形 ぼうっとした, 呆然とした.

atordoar /atoxdo'ax/ 他 ❶ くらくらさせる, ぼうっとさせる ▶ O corpo sensual dela o atordoava. 彼女の肉感的な身体が彼をくらくらさせていた.
❷ …の耳をつんざく, 壟する.
— **atordoar-se** 再 くらくらする, ぼうっとする.

atormentar /atoxmẽ'tax/ 他 ❶ 痛めつける, 苦しめる, 悩ませる ▶ O choro do bebê me atormentava a noite toda. 赤ん坊の泣き声は私を一晩中悩ませた. ❷ 拷問にかける.
— **atormentar-se** 再 苦しむ, 悩む ▶ O marido atormentou-se com a morte da esposa. 夫は妻の死に苦しんだ.

atração /atra'sẽw/ʃi/ [複 atrações] 女 ❶ 引きつけること, 引力 ▶ lei da atração universal 万有引力の法則.
❷ 魅力, 興味 ▶ sentir atração por... …に引かれる / atração sexual 性的魅力.
❸ 出し物, アトラクション ▶ atrações turísticas 観光地 / parque de atrações 遊園地.

atracar /atra'kax/ 他 (船を)係岸する.
— 自 (船が) 接岸する. O navio atracou no cais. 船が桟橋に接岸した.
— **atracar-se** 再 ❶ …と取っ組み合う [+ com].
❷ …に抱き付く [+ com].

atraente /atra'ẽtʃi/ 形 《男女同形》人を引きつける, 魅力的な ▶ preço atraente 魅力的な値段.

atraiçoar /atrajso'ax/ 他 ❶ 裏切る, だます, 背く ▶ A mulher atraiçoou o marido. 妻は夫を裏切った.
❷ (内に秘めた秘密を) 表に出す, 暴露する ▶ Atraiçoei a consciência verdadeira. 私は本当の気持ちを暴露した.
— **atraiçoar-se** 再 本心を漏らす.

✱**atrair** /atra'ix/ アトライーフ/ 他 ❶ 引きつける ▶ O aroma doce atrai as abelhas. 甘い匂いは蜂をひきつける.
❷ 魅惑する ▶ Ela atrai as pessoas com um sorriso inocente. 彼女は無邪気な微笑で人を魅惑する.
❸ 引き起こす ▶ Às vezes, o sucesso atrai invejas. 時に成功は羨望を引き起こす.

★**atrapalhar** /atrapa'ʎax/ 他 妨害する, 邪魔をする ▶ A falta de espaço atrapalha os trabalhos. 場所の不足が仕事の邪魔をしている / Não quero te atrapalhar. 君の邪魔はしたくない / atrapalhar o trânsito 交通の妨げになる / O que está atrapalhando a sua produtividade? あなたの生産性の妨げになっているのは何か.
— 自 邪魔になる ▶ A distância entre nós atrapalha muito. 私たちの間の距離が邪魔になる.
— **atrapalhar-se** 再 混乱する, 当惑する, まごつく ▶ Atrapalhei-me no discurso. 私は講演中にまごついた.

✱**atrás** /a'tras/ アトラス/ 副 ❶ 後ろに, 後ろで; 裏に, 背後に (↔ à frente) ▶ Essa casa tem jardim na frente e horta atrás. その家は前に庭があり, 後ろに野菜畑がある / Sente-se atrás. 後ろに座っていなさい / Ali atrás há um jardim botânico. あそこの裏手には植物園がある.
❷《時間表現+ atrás》…前に ▶ Conheci a Maria dois anos atrás. 私は2年前にマリアと知り合った /

[A]

até pouco tempo atrás ちょっと前まで / tempos atrás 大分以前に.
❸ (文章の) **前のほうで** ▸ como (foi) dito atrás 先に述べたように.
atrás de... ① …の後ろに, …の後ろで ▸ esconder-se atrás da porta ドアの後ろに隠れる. ② …を追い求めて ▸ correr atrás de alguém …を追いかける / ir atrás de um sonho 夢を追い求める. ③ …の後に続いて ▸ entrar na sala atrás de alguém …の後に続いて部屋に入る. ④ (同じ名詞を繰り返して) 次々と ▸ fazer trabalho atrás de trabalho 次々と仕事をこなす.
ficar atrás de... …に及ばない, …の後塵を拝する.
não ficar atrás 劣らない, 引けを取らない.
um atrás de outro 次々と.

⁑**atrasado, da** /atra'zadu, da アトラザード, ダ/ [形]
❶ **遅れた** ▸ Os alunos atrasados devem apresentar os motivos. 遅れた生徒は理由を述べなければならない / Meu relógio está atrasado! 私の時計は遅れている / O voo está atrasado. フライトは遅れている / começar atrasado 遅れて始まる / Estamos uma hora atrasados. 私たちは1時間遅れている / estar atrasado com algo …が遅れている / estar com o sono atrasado 睡眠不足である.
❷ (発展や発育が) 遅れた ▸ uma região atrasada 遅れた地域.
— [名] 遅れた人 ▸ atrasado mental 間抜け, 頭が悪い人.

atrasar /atra'zax/ [他] ❶ 遅らせる, (予定を) 延期する ▸ Atrasei o ponteiro do relógio. 私は時計の針を遅らせた / Ele atrasou a viagem. 彼は旅行を延期した.
❷ 障害になる, 害する ▸ Os ativistas atrasaram a construção da usina elétrica. 活動家たちは, その発電所の建設を遅らせた.
❸ 邪魔をして遅らせる ▸ O menino atrasou os estudos de um colega. その男の子は同級生の勉強の邪魔をして遅らせた.
— [自] 遅れる ▸ O avião atrasou uma hora. 飛行機は1時間遅れた / Meu relógio está atrasando. 私の時計は遅れ気味だ.
— **atrasar-se** [再] ❶ 遅刻する, 遅れる. ❷ …が遅れる [+ em].

⁑**atraso** /a'trazu アトラーゾ/ [男] ❶ **遅れ, 遅刻**, 遅滞, 延滞 ▸ Desculpe o atraso. 遅れてごめんなさい / Houve um atraso de uma hora. 1時間の遅れがあった / com uma hora de atraso 1時間遅れて / O relógio está com cinco minutos de atraso. 時計は5分遅れている / dívidas em atraso 滞納金, 未払い金.
❷ (発達の) 遅れ ▸ atraso de crescimento 発育不全.
atraso de vida 足手まとい, 妨げ.
chegar com atraso 延着する, 遅刻する ▸ Ele chegou com atraso. 彼は遅刻した.
estar com atraso 遅れている.
tirar o atraso 遅れを取り戻す, 失った時間を埋めようとする.

atrativo, va /atra'tʃivu, va/ [形] ❶ 引きつける, 引き寄せる ▸ a força atrativa do sol 太陽の引きつける力. ❷ 魅力的な, 興味をそそる ▸ salário atrativo 魅力的な給料.
— **atrativo** [男] 魅力, 興味をそそるもの.

atravancar /atravẽ'kax/ ㉙ [他] ❶ (道を) ふさぐ ▸ Um caminhão atravancou a rua. トラックが通りをふさいだ.
❷ (物事を) 妨害する, 邪魔をする ▸ O custo atravanca a competitividade. 価格が競争力の障害となる.
❸ …を詰め込む, …でいっぱいにする [+ com] ▸ Atravancaram o espaço com muitos móveis. その空間にたくさんの家具が詰め込まれた.

⁂**através** /atra'ves アトラヴェス/ 《次の成句で》
através de ① …を横切って, を通して ▸ através do Oceano Atlântico 大西洋を渡って / através das nuvens 雲を通して. ② …を通じて, …を介して ▸ Conheci-a através do meu pai. 私は父を通して彼女と知り合いになった. ③ …の間 ▸ através dos séculos 何世紀にもわたって.

⁂**atravessar** /atrave'sax アトラヴェサーフ/ [他] ❶ **…を横切る, 横断する**, 渡る ▸ atravessar a rua 通りを横切る / atravessar o deserto 砂漠を横断する / atravessar o rio 川を渡る / atravessar a multidão 人ごみをかき分ける.
❷ **…を貫く, 貫通する** ▸ A bala atravessou-lhe o corpo. 弾丸は彼の体を貫通した / atravessar a alma de alguém …の心を動かす.
❸ …を横向きに置く, 斜めに置く ▸ atravessar o carro na rua 車を通りに横向きに [斜めに] 止める.
❹ …を経験する, 経る ▸ atravessar uma época difícil 難しい時期を経験する.
❺ (考えなどが) …をよぎる ▸ Uma ideia atravessou-me o espírito. ある考えが私の頭をよぎった.
— **atravessar-se** [再] 立ちはだかる, 邪魔をする, 行く手をさえぎる ; 話をさえぎる ▸ Uma vaca se atravessou no caminho. 牛が道をふさいだ.

atrelar /atre'lax/ [他] ❶ …につなぐ, つなげる, つなぎ止める [+ a] ▸ Meu pai atrelou o cão. 私の父は犬を鎖でつなぎ止めた.
❷ …に結びつける [+ a].

*__atrever-se__ /atre'vexsi アトレヴェーフスィ/ [再] 《atrever-se a + [不定詞]》 **思い切って…する**, …する勇気がある, おこがましくも…する ▸ Nem me atrevo a perguntar. 私はとてもではないが質問できない.

atrevido, da /atre'vidu, da/ [形] ❶ 大胆な, 勇気ある. ❷ 図々しい, 厚かましい, なれなれしい, ぶしつけな.
— [名] 大胆な人, 図々しい人.

atrevimento /atrevi'mẽtu/ [男] ❶ 大胆さ. ❷ ぶしつけさ, 図々しさ ▸ Que atrevimento! なんて図々しい.

atribuição /atribuj'sɐ̃w̃/ [[複] atribuições] [女] ❶ 帰属, 帰すること.
❷ 割り当て, 授与 ▸ atribuição orçamentária 予算の割り当て / atribuição de responsabilidades 権限の付与.
❸ 《atribuições》 権限, 職権 ▸ A polícia civil tem a atribuição de investigar crimes. 警察は犯罪を捜査する権限を持っている.

atualizar

atribuir /atribu'ix/ アトリブイーフ/ ⑦

直説法現在	atribuo	atribuímos
	atribuis	atribuís
	atribui	atribuem

過去	atribuí	atribuímos
	atribuíste	atribuístes
	atribuiu	atribuíram

半過去	atribuía	atribuíamos
	atribuías	atribuíeis
	atribuía	atribuíam

他 ❶ …を…に割り当てる, 与える ▶ atribuir prêmios 賞を与える / atribuir um nome 名前をつける / atribuir um título タイトルをつける.
❷ (失敗や功績などを) …に帰する; (作品を) …の作とみなす ▶ atribuir o fracasso escolar ao professor 学業不振を教師のせいにする.
— **atribuir-se** 再 …を我が物とする, 自分のものであると主張する.

atribuível /atribu'ivew/ [覆 atribuíveis] 形《男女同形》…に帰することができる, …を原因とする [+ a] ▶ a mortalidade atribuível ao tabagismo 喫煙に起因する死亡率.

atribulação /atribula'sẽw/ [覆 atribulações] 女 ❶ 苦境. ❷ 不安, 苦しみ.

atribular /atribu'lax/ 他 苦しめる, 悩ませる ▶ A falta de dinheiro atribulava a vida da família. お金の不足が一家の生活を苦しめていた.
— **atribular-se** 再 苦しむ, 悩む ▶ Atribulou-se com a perda do emprego. 彼は職を失い悩んだ.

atributo /atri'butu/ 男 ❶ 属性, 特性 ▶ A ferocidade é um atributo do tigre. 獰猛なのはトラの特徴だ. ❷ 象徴 ▶ A Estrela de Davi é um atributo do judaísmo. ダビデの星はユダヤの象徴である.
❸《文法》属詞.

átrio /'atriu/ 男 中庭, 広間.

atrito /a'tritu/ 男 ❶ 摩擦 ▶ coeficiente de atrito 摩擦係数. ❷ あつれき, 不和 ▶ O que ele disse gerou um atrito. 彼が言ったことがあつれきを生んだ.

atriz /a'tris/ アトリース/ [覆 atrizes] 女 女優.

atroar /atro'ax/ 他 ❶ 大音響で揺らす, 大音響で振動させる ▶ A trovoada atroou a cidade. 雷鳴が街に響き渡った. ❷ 大きい音で驚かせる.
— 自 とどろく, 大きな音を出す ▶ A explosão atroou ao longe. 爆発の音が遠くまでとどろいた.

atrocidade /atrosi'dadʒi/ 女 残虐さ, 残忍な行為 ▶ cometer atrocidades 残虐行為を働く.

atrofia /atro'fia/ 女 ❶《医学》萎縮 (症) ▶ atrofia do nervo óptico 視神経萎縮. ❷ 衰退, 退化 ▶ atrofia intelectual 知力の衰え.

atrofiado, da /atrofi'adu, da/ 形 ❶ 萎縮した ▶ músculo atrofiado 萎縮した筋肉. ❷ 衰えた.

atrofiar /atrofi'ax/ 他 萎縮させる, 衰えさせる.
— 自 萎縮する, 衰える.
— **atrofiar-se** 再 萎縮する, 衰える.

atropelamento /atropela'mẽtu/ 男 人が車にひかれること.

atropelar /atrope'lax/ 他 ❶ ひく, 踏みつける ▶ O motorista atropelou a menina. 運転手は女の子をひいた / O menino foi atropelado por um carro e perdeu as pernas. 男の子は車にひかれ, 脚を失った / morrer atropelado 車にひかれて死ぬ.
❷ (…の) 命令を無視する, 蹂躙する ▶ O ministro atropela a constituição. その大臣は憲法を無視する / atropelar a gramática 文法を無視する.
❸ おおざっぱにする, 急いでやる ▶ Ela sempre atropela o serviço. 彼女はいつも仕事をいい加減にやる.
❹ ぶつかる, 押し倒す ▶ O ônibus atropelou uma árvore na calçada. そのバスは歩道の木をなぎ倒した.
❺ (…の) つじつまを合わなくする, 一貫性を失わせる ▶ Ele atropelava os pensamentos. 彼の思考は一貫性がなくなっていた.
— **atropelar-se** 再 押し合う, 混雑する ▶ No trem lotado, os passageiros atropelaram-se. 混雑した電車で, 乗客は押し合っていた.

atropelo /atro'pelu/ 男 ❶ 混雑, 混乱. ❷ 苦悩, 不安.
aos atropelos 性急に.

atroz /a'trɔs/ [覆 atrozes] 形《男女同形》❶ 残虐な, 残忍な ▶ um crime atroz 極悪非道な犯罪. ❷ ひどい, 激しい ▶ uma dor atroz 激しい痛み.

atuação /atua'sẽw/ [覆 atuações] 女 ❶ 動き, 活躍 ▶ Pela sua atuação, ela se considera uma excelente política. その活躍により, 彼女は優秀な政治家であると考えられている.
❷ 作用, 影響, 関与 ▶ O governo quer ampliar a atuação sobre o banco central. 政府は中央銀行への関与を強めようとしている.
❸ 演技.

atual /atu'aw/ アトゥアゥ/ [覆 atuais] 形《男女同形》❶ 今の, 現在の, 現… ▶ problemas da sociedade atual 現代社会の諸問題 / a situação atual 現状 / o Brasil atual 現在のブラジル / o atual presidente do Brasil 現ブラジル大統領 / estado atual 現状.
❷ 今日的な, 現代的な意義のある ▶ um assunto atual 今日的な問題 / uma obra atual 現代性のある作品.

atualidade /atuali'dadʒi/ 女 ❶ 現在, 今 ▶ na atualidade 現在では, 今.
❷ 現代性, 話題性; 今日性 ▶ perder a atualidade 今日性を失う.
❸《atualidades》ニュース ▶ atualidades esportivas スポーツニュース.

atualização /atualiza'sẽw/ [覆 atualizações] 女 ❶ 更新, 改訂, 現代化 ▶ atualização de conhecimentos 知識を新しくすること / atualização salarial 給与の改定 / atualização de uma enciclopédia 百科事典の改訂. ❷《情報》アップデート, アップグレード.

atualizado, da /atuali'zadu, da/ 形 更新した, 最新の ▶ edição revista e atualizada 改訂新版.

atualizar /atuali'zax/ 他 ❶ 更新する, 新しくする ▶ atualizar o blogue ブログを更新する. ❷《情

atualmente

報》アップデートする, アップグレードする ▶ atualizar o programa プログラムをアップグレードする.
— **atualizar-se** 再 ❶ 更新される, 新しくなる ▶ A tecnologia se atualiza diariamente. 科学技術は日々新しくなる. ❷ 最新ニュースを得る.

＊atualmente /atu,aw'mẽtʃi/ 副 最近は, 今では, 現在のところ ▶ Atualmente, os jovens se casam tarde. 今日では, 若者の結婚は遅い / Atualmente, trabalho numa companhia aérea. 現在, 私は航空会社で働いている.

atuante /atu'ẽtʃi/ 形《男女同形》活動[活躍]している ▶ advogado atuante em São Paulo サンパウロに事務所のある弁護士.

＊**atuar** /atu'ax/ アトゥアーフ/ 自 ❶ 演じる, 演技する ▶ atuar no palco 舞台で演じる / atuar em novelas ドラマで演じる.
❷ 競技する, プレーする.
❸ 演奏する ▶ atuar ao vivo ライブ演奏する.

atum /a'tũ/ 男《魚》マグロ ▶ sanduíche de atum ツナサンドイッチ.

aturar /atu'rax/ 他 (苦しみや不快なことを) 耐える, 辛抱する, 我慢する ▶ Não conseguirei aturar a presença dele. 私は彼がいることに耐えられないだろう.

aturdido, da /atux'dʒidu, da/ 形 ❶ ぼうっとした, 呆然とした.
❷ 驚いた, びっくりした ▶ Fiquei aturdido com a notícia. 私はその知らせに驚いた.

aturdir /atux'dʒix/ 他 ❶ ぼうっとさせる, くらくらさせる.
❷ 驚かせる, びっくりさせる ▶ O resultado o aturdiu. その結果が彼を驚かせた.
— 自 ぼうっとする, くらくらする.
— **aturdir-se** 再 ぼうっとする, くらくらする ▶ Bebi até me aturdir. 私はくらくらするまでお酒を飲んだ.

audácia /aw'dasia/ 女 ❶ 大胆さ, 不敵, 勇敢さ.
❷ 厚かましさ, ずうずうしさ.

audacioso, sa /awdasi'ozu, 'ɔza/ 形 ❶ 大胆な ▶ um plano audacioso 大胆な計画. ❷ あつかましい, ずうずうしい.

audaz /aw'das/ [複 audazes] 形《男女同形》= audacioso

audição /awdʒi'sẽw/ [複 audições] 女 ❶ 聞くこと, 聴取; 尋問 ▶ audição de testemunhas 証人尋問. ❷ 聴力, 聴覚. ❸ コンサート, リサイタル ▶ audição de piano ピアノリサイタル. ❹ (俳優などの) オーディション.

＊**audiência** /awdʒi'ẽsia/ 女 ❶《集合的》聴衆, 視聴者.
❷ 視聴率 ▶ programa de maior audiência 最高視聴率の番組 / índice de audiência 視聴率 / campeão de audiência 視聴率チャンピオン.
❸ 謁見, 拝謁 ▶ conceder audiência 謁見を許す.
❹《法律》法廷, 公判, 尋問, 弁論.

áudio /'awdʒiu/ 男 オーディオ ▶ aparelhos de áudio オーディオ装置.

audiovisual /awdʒiovizu'aw/ [複 audiovisuais] 形《男女同形》視聴覚の.
— 男 視聴覚機材[設備].

auditivo, va /awdʒi'tʃivu, va/ 形 聴力の, 聴覚の, 耳の ▶ nervo auditivo 聴神経 / aparelho auditivo 補聴器.

auditor, tora /awdʒi'tox, 'tora/ [複 auditores, ras] 名 ❶ 聴取者. ❷ 会計監査役. ❸ 法務官.

auditoria /awdʒito'ria/ 女 会計監査.

auditório /awdʒi'tɔriu/ 男 ❶ 講堂, ホール. ❷ 聴衆, 観客.

audível /aw'dʒivew/ [複 audíveis] 形《男女同形》聞こえる, 聞き取れる.

auferir /awfe'rix/ 他 得る, 獲得する ▶ Tenho que auferir dinheiro para o meu sustento. 私は生計のためにお金を得なければならない.

auge /'awʒi/ 男 ❶ 絶頂, ピーク ▶ atingir o auge ピークに達する / Neste momento estava no auge do desespero. そのとき私は絶望のどん底にいた. ❷《天文》遠地点.

augurar /awgu'rax/ 他 ❶ 占う, 予言する ▶ O profeta augurou a seca. 占い師は旱魃を予言した. ❷ 前兆を示す ▶ Os conflitos econômicos auguram futuras guerras. 経済対立は将来の戦争の前兆だ. ❸ 願う ▶ A professora augurou o sucesso dos alunos. 先生は生徒たちの成功を願った.

augúrio /aw'guriu/ 男 前兆, 兆し, 兆候 ▶ um bom augúrio 吉兆 / um mau augúrio 凶兆.

＊**aula** /'awla/ アウラ/ 女 ❶ 授業, レッスン ▶ dar aula 授業をする, 教える / dar aula de português ポルトガル語を教える / Nós temos aula de geografia hoje. 私たちは今日地理の授業がある / faltar a uma aula 授業を休む / matar aula 授業をサボる / sala de aula 教室 / aulas particulares 個人授業 / aula prática 実習 / aula inaugural 開講講義 / depois das aulas 放課後に / As aulas acabam às três. 学校は3時に終わる.
❷ 教室 ▶ Há muitos estudantes nesta aula. この教室にはたくさんの学生がいる.

áulico, ca /'auliku, ka/ 形 宮廷の.
— 名 宮廷人, 廷臣.

＊**aumentar** /awmẽ'tax/ アウメンターフ/ 他 ❶ 上げる ▶ O presidente da firma aumentou o salário este mês. 社長は今月給料を上げてくれた / aumentar o volume 音量を上げる / aumentar o preço 値段を上げる.
❷ 増やす, 増加させる (↔ diminuir) ▶ O evento aumentou a procura do artigo. イベントが製品の需要を増やした.
❸ (見かけを) 拡大する.
— 自 増える, 上がる ▶ Os casos de insolação aumentam no verão. 日射病は夏に増える / O preço dos produtos importados aumentou em 20%. 輸入品の価格が2割上がった / aumentar de peso 体重が増える.

＊**aumento** /aw'mẽtu/ アウメント/ 男 ❶ 増加, 増大 ▶ aumento de temperatura 気温の上昇 / aumento populacional 人口の増大.
❷ (物価の) 値上がり, 上昇 ▶ o aumento dos preços 物価上昇.
❸ 賃上げ, 昇給 ▶ pedir um aumento 賃上げを要求する.
❹ 拡張, 拡大 ▶ lentes de aumento 拡大レンズ /

aumento dos poderes 権力の拡大 / **aumento das estradas** 道路の拡張.

aura /'awra/ 囡 ❶ オーラ. ❷ そよ風. ❸ (病気の発作の) 前兆 ▶ **aura epiléptica** てんかんの前兆.
　aura popular 高い評判, 名声.
　aura vital 呼吸.

áureo, rea /'awriu, ria/ 囲 ❶ 金の, 金製の, 金色の. ❷ 全盛の ▶ **tempos áureos** 黄金時代.

auréola /aw'reola/ 囡 ❶ (聖像などの) 後光, 後輪. ❷ 栄光, 名誉. ❸ 評判, 名声.

aureolar /awreo'lax/ 他 … を後光 [後輪] で飾る; 栄光で包む.
　— aureolar-se 再 後光 [栄光] で包まれる.

aurícula /aw'rikula/ 囡 〖解剖〗(心臓の) 心耳; (耳の) 耳殻, 耳翼.

auricular /awriku'lax/ [複 **auriculares**] 囲 《男女同形》❶ 耳の, 聴覚の. ❷ 耳状の, 耳形の.

aurora /aw'rɔra/ 囡 ❶ 夜明け, あけぼの ▶ **ao romper da aurora** 夜が明けると. ❷ オーロラ ▶ **aurora polar** 極光 / **aurora austral** 南極光 / **aurora boreal** 北極光. ❸ 始まり, 初期 ▶ **a aurora da civilização** 文明の始まり.

auscultação /awskuwta'sēw̃/ [複 **auscultações**] 囡〖医学〗聴診.

auscultador, dora /awskuwta'dox, 'dora/ [複 **auscultadores, doras**] 囲 ❶ 聴診する (人).
　— auscultador 男 ❶ 聴診器. ❷ 受話器.

auscultar /awskuw'tax/ 他 ❶〖医学〗聴診する. ❷ 調べる, 調査する ▶ **auscultar a opinião pública** 世論調査を行う.

‡**ausência** /aw'zẽsia/ アウゼンスィア 囡 ❶ 不足, 欠乏, 欠如 ▶ **na ausência de provas** 証拠がない限り / **a ausência de afeto** 愛情不足, 愛情の欠如.
　❷ 不在, 欠勤, 不在, 留守 ▶ **na minha ausência** 私の留守中に.
　brilhar pela ausência いないことでかえって目立つ.

ausentar-se /awzẽ'taxsi/ 再 ❶ …からいなくなる, …を離れる [+ de] ▶ **ausentar-se do país** 国を離れる / **ausentar-se da sala** 部屋から出ていく / **Ausentou-se de suas atividades laborais.** 彼は仕事を休んだ / **ausentar-se da escola** 学校を休む.
　❷ …を留守にする [+ de] ▶ **Pedro ausentou-se da aula.** ペドロは授業を欠席した.

‡**ausente** /aw'zẽtʃi/ アウゼンチ 囲《男女同形》❶ 不在の, 留守の (↔ **presente**) ▶ **Ela está ausente.** 彼女は欠席している.
　❷ …に欠席 [欠勤] した, …を留守にした [+ de] ▶ **Meu pai está ausente do país.** 父は国外にいる.
　❸ 遠く離れた ▶ **a pátria ausente** 遠く離れた祖国.
　❹ …が欠如した [+ de] ▶ **O humor está ausente do seu discurso.** 彼のスピーチにはユーモアが欠けている.
　❺ 放心状態の ▶ **um olhar ausente** 放心状態のまなざし.
　— 名 ❶ 不在者, 欠席 [欠勤] 者 ▶ **os ausentes da reunião** 会議の欠席者. ❷〖法律〗失踪者. ❸ 死者.

auspiciar /awspisi'ax/ 他 予言する, 占う ▶ **Ela auspiciou uma vida feliz ao casal.** 彼女はそのカップルに幸せな人生を予言した.

auspício /aws'pisiu/ 男《**auspícios**》❶ 前兆, 前触れ, 予感 ▶ **bons auspícios** 吉兆. ❷ 後援.
　sob os auspícios de …の援助 [庇護] の下で ▶ **sob os auspícios do Ministério da Educação** 教育省の後援で.

auspicioso, sa /awspisi'ozu, 'ɔza/ 囲 幸先のよい, 有望な.

austeridade /awsteri'dadʒi/ 囡 ❶ (財政の) 緊縮, 引き締め ▶ **política de austeridade** 緊縮政策. ❷ 厳しさ, 厳格さ.

austero, ra /aws'teru, ra/ 囲 ❶ 質素な, 禁欲的な, 控えめな ▶ **vida austera** 質素な生活. ❷ 厳しい, 厳格な ▶ **disciplina austera** 厳格な規律.

austral /aws'traw/ [複 **austrais**] 囲 南の, 南半球の.

Austrália /aws'tralia/ 囡《国名》オーストラリア.

australiano, na /awstrali'ẽnu, na/ 囲 オーストラリア (人) の.
　— 名 オーストラリア人.

Áustria /'awstria/ 囡《国名》オーストリア.

austríaco, ca /aws'triaku, ka/ 囲 オーストリア (人) の.
　— 名 オーストリア人.

autarquia /awtax'kia/ 囡 ❶ 独立公共機関. ❷ 絶対主権, 専制政治.

autárquico, ca /aw'tarkiku, ka/ 囲 Ⓟ 地方の, 地方自治体の ▶ **eleições autárquicas** 地方選挙 / **gestão autárquica** 地方行政.

autenticado, da /awtẽtʃi'kadu, da/ 囲 認証された ▶ **cópia autenticada** 認証されたコピー.

autenticamente /aw,tẽtʃika'mẽtʃi/ 副 真に, 本当に.

autenticar /awtẽtʃi'kax/ 他 (本物であること) を証明する, 認証する ▶ **É preciso autenticar o documento para que tenha validade.** その書類は認証しないと有効にならない.

autenticidade /awtẽtʃisi'dadʒi/ 囡 ❶ 本物であること, 真正さ. ❷ 信憑性, 信頼性.

‡**autêntico, ca** /aw'tẽtʃiku, ka/ アウテンチコ, カ/ 囲 ❶ 真正の, 本物の (↔ **falso**) ▶ **um Picasso autêntico** 本物のピカソの作品 / **O que vou contar é autêntico.** 私がこれから話すことは本当のことだ.
　❷ 正直な, 誠実な ▶ **Ela é uma pessoa muito autêntica.** 彼女はとても誠実な人だ.
　❸ 完全な ▶ **um autêntico idiota** 救いようのない愚か者.

autismo /aw'tʃizmu/ 男〖医学〗自閉症.

autista /aw'tʃista/ 囲 名 自閉症の (人).

auto /'awtu/ 男 ❶ 公的な式典, 儀式. ❷ 議書, 記録. ❸ 自動車 ▶ **auto de praça** タクシー. ❹《**autos**》公判記録.

autoadesivo, va /awtoade'zivu, va/ 囲 接着式の, 糊付きの.
　— autoadesivo 男 糊付きシール, ステッカー.

autoafirmação /awtoafixma'sẽw̃/ [複 **autoafirmações**] 囡 自己肯定.

autobiografia

autobiografia /awtobiogra'fia/ 囡 自叙伝, 自伝.

autobiográfico, ca /awtobio'grafiku, ka/ 形 自伝的の.

autobronzeador, dora /awtobrõzea'dox, 'dora/ [複 autobronzeadores, doras] セルフタンニングの.
— **autobronzeador** 男 セルフタンニングローション.

autocarro /awto'kaʀu/ 男 P バス ▶ ir de autocarro バスで行く / autocarro de turismo 観光バス / na paragem do autocarro バス停で.

autocolante /awtoko'lẽtʃi/ 男 シール, ステッカー.
— 形《男女同形》接着式の, 糊付きの.

autoconfiança /awtokõfi'ẽsa/ 囡 自信.

autocontrole /awtokõ'troli/ 男 自制, 我慢 ▶ manter o autocontrole 自制する, 我慢する.

autocracia /awtokra'sia/ 囡 独裁［専制］政治, 独裁制.

autocrata /awto'krata/ 名 専制君主, 独裁者.

autocrático, ca /awto'kratʃiku, ka/ 形 専制的な, 独裁的の.

autocrítica /awto'kritʃika/ 囡 自己批判.

autóctone /aw'tɔktoni/ 形《男女同形》土着の, 先住の, 先住民の.
— 名 先住民.

auto de fé /awtudʒi'fɛ/ [複 autos de fé] 男 ❶ 異端審問. ❷ 焼却;（特に）焚書（坑）. ❸ (異端者に対する) 火刑.

autodefesa /awtode'feza/ 囡 自衛, 自己防衛, 正当防衛.

autodestruição /awtodestruj'sẽw/ [複 autodestruções] 囡 自己破壊.

autodeterminação /awtodetexmina'sẽw/ [複 autodeterminações] 囡 ❶ 自主的決定. ❷ 民族自決 ▶ direito de autodeterminação 民族自決権.

autodidata /awtodʒi'data/ 名 独習者, 独学者.
— 形 独習の, 独学の.

autodisciplina /awtodʒisi'plina/ 囡 自己訓練, 自己鍛錬.

autodomínio /awtodo'miniu/ 男 自制.

autódromo /aw'tɔdromu/ 男 レース用サーキット, 自動車レース場.

autoescola /awtoes'kɔla/ 囡 自動車教習所, 自動車学校.

‡autoestrada /awtoes'trada/ アウトエストラーダ/ 囡 高速道路 ▶ pegar a autoestrada 高速道路で行く / É preciso tomar muito cuidado quando dirigir na autoestrada. 高速道路で運転するときは十分に注意する必要がある.

autogestão /awtoʒe'stẽw/ [複 autogestões] 囡 自主管理.

autografar /awtogra'fax/ 他 …に自署する, サインする.

autógrafo, fa /aw'tɔgrafu, fa/ 形 自筆の.
— **autógrafo** 男 ❶ (有名人の) サイン ▶ Pode me dar seu autógrafo? サインをいただけますか. ❷ 自筆原稿.

automação /awtoma'sẽw/ [複 automações] 囡 オートメーション, 自動制御.

automaticamente /awto,matʃika'mẽtʃi/ 副 自動的に.

automático, ca /awto'matʃiku, ka/ 形 ❶ 自動 (式) の ▶ carro automático オマ車. ❷ 無意識の, 反射的な ▶ reação automática 無意識の反応.

automatismo /awtoma'tʃizmu/ 男 ❶ 自動作用. ❷ 無意識的行為.

automatização /awtomatʃiza'sẽw/ [複 automatizações] 囡 自動化, オートメーション化.

automatizar /awtomatʃi'zax/ 他 ❶ 自動化する, オートメーション化する ▶ automatizar processos repetitivos 反復的工程を自動化する. ❷ (体の動きなどを) 自動的に行うようにする.
— **automatizar-se** 自 自動化する.

autômato /aw'tɔmɐtu/ 男 P = autômato

autômato /aw'tomɐtu/ 男 B ❶ 自動人形, 自動機械, ロボット. ❷ 他人の意のまま動く人.

automedicar-se /awtomedʒi'kaxsi/ 再 (医者にかからず) 自分の判断で薬剤を服用する ▶ Automedicar-se é prejudicial à saúde. 自己流で薬を飲むことは健康に害がある.

automobilismo /awtomobi'lizmu/ 男 ❶ 自動車運転. ❷ モータースポーツ.

automobilista /awtomobi'lista/ 名 自動車レーサー.

automobilístico, ca /awtomobi'listʃiku, ka/ 形 自動車レースの ▶ indústria automobilística 自動車産業 / esporte automobilístico 自動車レース.

‡automóvel /awto'mɔvew/ アウトモーヴェウ/ [複 automóveis] 男 自動車 ▶ a exportação de automóveis 自動車の輸出 / A produção de automóveis está diminuindo. 車の生産が減少している / salão do automóvel モーターショー / automóvel de praça タクシー.
— 形《男女同形》自動［推進］の, 自動車の.

autonomamente /aw,tonoma'mẽtʃi/ 副 ❶ 自律的に. ❷ 独立して.

autonomia /awtono'mia/ 囡 ❶ 自治, 自治制. ❷ 自主, 自立, 独立 ▶ autonomia pessoal 個人の自立. ❸ 走行［航続］距離. ❹ 電池の持続時間.

autónomo, ma /aw'tɔnumu, mɐ/ 形 P = autônomo

‡autônomo, ma /aw'tonomu, ma アウトーノモ, マ/ 形 B ❶ 自治の, 自治権のある, 自治州の ▶ Região Autônoma do Tibete チベット自治区. ❷ 自営の ▶ trabalhador autônomo 自営業者.

autopeça /awto'pesa/ 囡 自動車部品 (店).

autópsia /aw'tɔpisia/ 囡《法律》検死, 死体解剖.

‡autor, tora /aw'tox, 'tora アウトーフ, トーラ/ 名 ❶ 著者, 作者 ▶ Quem é o autor deste romance? この小説の著者は誰ですか. ❷ 犯人, 張本人 ▶ autores do crime 犯人たち. ❸ 発見者, 考案者 ▶ autor do projeto プロジェクトの考案者. ❹ 作曲者.

autor dos seus dias 親.

autor intelectual 黒幕, 首謀者.
autoral /awto'raw/ [複 autorais] 形《男女同形》著者の, 作者の▶direitos autorais 著作権.
☆**autoridade** /awtori'dadʒi/ アウトリダーヂ/ 女 ❶ 権力, 権限；権威▶autoridade de Estado 国家権力 / exercer a autoridade 権力を行使する / abuso de autoridade 職権乱用 / ter autoridade sobre... ...に権威が及ぶ[睨みがきく].
❷ 当局, 権力機関；官庁；警察 (= autoridade policial) ▶autoridade governamental 政府当局 / autoridade judicial 司法当局 / autoridade militar 軍当局 / autoridade alfandegária 税関当局 / alta autoridade 管轄官庁 / as autoridades brasileiras ブラジル当局.
❸ 当局者, 当局の役人▶autoridade civil 文官 / autoridade militar 武官.
❹ (権威的な) 能力, 知識；権威者, 大家▶Você não tem autoridade para falar deste assunto. 君にはこの件について語る資格はない / Ele é uma autoridade em direito penal 彼は刑法の権威だ. **revestir-se de autoridade** 権力を振りかざす.
autoritariamente /awtori,taria'mẽtʃi/ 副 独裁的に, 専制的に.
autoritário, ria /awtori'tariu, ria/ 形 ❶ 権威主義的な, ワンマンな, 威張った▶chefe autoritário ワンマンな指導者. ❷ 独裁の, 専制の▶regime autoritário 独裁体制.
autoritarismo /awtorita'rizmu/ 男 権威主義, 専横, 横暴.
autorização /awtoriza'sẽw/ [複 autorizações] 女 ❶ 許可, 認可▶dar autorização 許可を与える / pedir autorização 許可を求める. ❷ 許可証.
autorizado, da /awtori'zadu, da/ 形 ❶ 公認の, 認可された▶biografia autorizada 公認版伝記. ❷ 権威のある▶palavra autorizada 権威のある言葉 / opinião autorizada 権威筋の意見. ❸ 公式の▶fonte autorizada 公式筋.
☆**autorizar** /awtori'zax/ アウトリザーフ/ 他 ❶ 許可する, 承認する, 同意する▶O governo não vai autorizar a construção de mais edifícios. 政府はさらなるビルの建設を許可しないだろう / autorizar alguém a +不定詞 ...が...するのを許可する.
❷ 正当化する▶Isso não autoriza que você não vá à escola. それは君が学校に行かない理由にはならない.
autorretrato /awtoxe'tratu/ 男 自画像.
autosserviço /awtosex'visu/ 男 セルフサービス(の店).
autossuficiente /awtosufisi'ẽtʃi/ 形《男女同形》❶ 自立した. ❷ 自給できる▶O país é autossuficiente em petróleo. その国は石油を自給できる.
autossugestão /awtosuʒes'tẽw/ [複 autossugestões] 女 自己暗示.
autuar /awtu'ax/ 他 ...の調書を作成する.
auxiliar[1] /awsili'ax/ [複 auxiliares] 形《男女同形》補助の, 補佐の▶verbo auxiliar 助動詞 / árbitro auxiliar 副審.
— 名 補助者, 助手▶auxiliar de enfermagem 看護助手.
— 男 助動詞.
☆**auxiliar**[2] /awsili'ax/ アウスィリアーフ/ 他 支援する, 助ける, 援助する▶Ele me auxiliou a realizar o sonho. 彼は夢の実現のために私を支援してくれた / auxiliar alguém em algo ...が...をするのを助ける.
— **auxiliar-se** 再 助け合う▶Eu e ele nos auxiliamos mutuamente. 私と彼は互いに助け合っている.
auxílio /aw'siliu/ 男 ❶ 助け, 手助け▶respirar com o auxílio de aparelhos 機械を使って呼吸をする / com o auxílio de alguém ...の助けを借りて.
❷ 救援, 支援▶prestar auxílio 救援する / pedir auxílio 支援を求める / auxílio financeiro 経済的支援.
❸ 圏 施し.
avacalhar /avaka'ʎax/ 他 ❶ 物笑いにする, からかう▶Os alunos avacalharam o professor. 生徒たちは先生をからかった.
❷ (仕事などを) ぞんざいに行う▶O funcionário sempre avacalha o trabalho. その従業員は仕事をいつもぞんざいに行う.
— **avacalhar-se** 再 笑いものになる.
aval /a'vaw/ [複 avais] 男 ❶ 手形保証, 保証, 裏書. ❷ 支持, 賛同, 承認▶com o aval de... ...の承認のもとで.
aval em branco 被保証人名のない保証書.
aval pleno 被保証人名のある保証書.
avalancha /ava'lẽʃa/ 女 = avalanche
avalanche /ava'lẽʃi/ 女 ❶ 雪崩. ❷ 殺到, 押し寄せること▶uma avalanche de ideias アイディアがわき出ること.
avaliação /avalia'sẽw/ [複 avaliações] 女 ❶ (価値などの) 評価, 査定, 分析▶avaliação educacional 教育評価 / avaliação de carros usados 中古車の査定 / avaliação química 化学分析. ❷ 評価額.
avaliador, dora /avalia'dox, 'dora/ [複 avaliadores, doras] 形 評価する▶instituição avaliadora 評価機関.
— 名 評価する人, 鑑定人.
☆**avaliar** /avali'ax/ アヴァリアーフ/ 他 ❶ ...を...と査定する, 評価する [+ em] ▶Avaliaram o quadro em 15.000 euros. その絵は1万5千ユーロと評価された / Em quanto é que você avalia essa propriedade? その不動産をいくらと査定しますか.
❷ (価値について) ...を評価する▶Muitos críticos avaliaram negativamente o filme. 多くの批評家がその映画を否定的に評価した.
❸ ...を見積もる▶avaliar os riscos リスクを見積もる / avaliar a distância 距離を見積もる.
❹ ...を推し量る, 想像する▶avaliar a tristeza de alguém 人の悲しみを推し量る.
a avaliar por ...を信頼すると, 信用すると▶A avaliar pelas críticas, a peça é boa. 批評によると, その芝居はすばらしいとのことである.
avalista /ava'lista/ 名 (手形の) 保証人.
avalizar /avali'zax/ 他 ❶ ...の保証人になる, 保証する. ❷ 支持する, 賛同する.

avançado, da /avẽ'sadu, da/ 形 ❶ 前進した, 先頭の ▶O grupo avançado mostrou o caminho. 先頭のグループが道を示した / país avançado 先進国.

❷ 上級の ▶curso avançado de português ポルトガル語上級講座.

❸ 成長した, 発達した ▶Ele é um menino muito avançado para sua idade. 彼は年齢の割に成長している男の子だ.

❹ 時間が進んだ ▶idade avançada 高年齢 / avançado em anos 年老いた.

❺ 現代的な, 最新の, 革新的な ▶tecnologia avançada 最新の技術.

❻ 奇妙な, とっぴな.

❼ 飛び出た, 突き出た ▶varanda avançada 突きだしたベランダ.

— **avançado** 男 P 《サッカー》フォワード.

‡avançar /avẽ'sax アヴァンサーフ/ ⑬ 自 ❶ 進む, 前進する (↔ recuar) ▶Avança e não fiques parado! 前に進んで立ち止まるな / As tropas avançaram para dentro da cidade. 軍隊は市内に向かって進んだ / avançar para a final 決勝に進む.

❷ 襲いかかる, 襲撃する ▶Os soldados avançaram contra o inimigo. 兵士たちは敵に襲いかかった.

❸ （時が）進む, 経つ, （季節が）深まる ▶à medida que a idade avança 年齢が進むにつれ / O outono ia avançando. 秋が深まっていった.

❹ 進歩する, 進展する ▶A ciência avança a cada dia. 科学は日々進歩する / avançar em reformas estruturais 構造改革を進める.

❺ （病気や症状が）進行する, 進む ▶antes que a doença avance 病気が進行する前に.

— 他 前に進める, 前進させる ▶avançar a luta dos trabalhadores 労働者の戦いを前進させる.

avanço /a'vẽsu/ 男 前進, 進展, 進行, 進歩 ▶os avanços da ciência 科学の進歩 / fazer um avanço 進歩する.

avantajado, da /avẽta'ʒadu, da/ 形 ❶ 優れた, 傑出した ▶uma obra avantajada 優れた作品.

❷ 大柄な ▶um homem avantajado 大柄な男の人.

avantajar /avẽta'ʒax/ 他 ❶ …を…に対して優位に置く [+ a] ▶O domínio de inglês avantajava-o aos outros candidatos. 英語が堪能なので彼は他の応募者より有利だった.

❷ …をしのぐ.

❸ より優れたものにする, 改善する ▶Avantajou o plano para ampliar o negócio. 事業を拡大するための計画をさらによいものにした.

❹ 高く評価する, よいとみなす ▶O político sempre avantaja sua atuação política. その政治家はいつも自分の政策での活躍を高く評価する.

— **avantajar-se** 再 ❶ 傑出する, 優位である ▶O menino avantaja-se por sua capacidade física. その男の子は運動能力が傑出している.

❷ 成長する, 改善される ▶Ele se avantajou muito nos estudos. 彼は勉学において大いに進歩した.

avante /a'vẽtʃi/ 副 前へ, 前の方に ▶ir avante 進歩する, 前進する.

— 間 進め.

avante de... …の先に. …より進んで.

avarento, ta /ava'rẽtu, ta/ 形 名 けちな（人）.

avareza /ava'reza/ 女 けち, 強欲, 貪欲 （ﾄﾞﾝ）.

avaria /ava'ria/ 女 ❶ （積み荷などの）損傷, 損害.

❷ 故障.

avariado, da /avari'adu, da/ 形 損害［損傷］を受けた, 痛んだ, 故障した ▶carros avariados 壊れた車.

avariar /avari'ax/ 他 壊し, …に損傷を与える.

— 自 壊れる, 故障する ▶O carro avariou. 車が故障した.

— **avariar-se** 再 故障する.

avaro, ra /a'varu, ra/ 形 ❶ けちな, 貪欲な. ❷ …を出し惜しみする [+ em] ▶O governador é avaro em entrevistas. 知事はなかなか会見をしない.

— 名 けちな人；欲張り, 貪欲な人.

avassalar /avasa'lax/ 他 ❶ 家来にする, 隷属させる, 支配する ▶O senhor feudal avassalava todo o vale. その封建領主はその谷全体を支配下に置いていた. ❷ 破壊する, 荒らす.

*ave /'avi アーヴィ/ 女 ❶ 鳥 ▶ave de arribação 渡り鳥, 流れ者 / ave de rapina 猛禽.

❷ 《aves》鳥類.

ave de mau agouro ① 縁起の悪い鳥. ② 悪い知らせを運ぶ者.

ave de São João 鷲.

ave rara 珍しい人（物）.

aveia /a'veja/ 女 《植物》エンバク, カラスムギ.

avelã /ave'lẽ/ 女 ハシバミの実, ヘーゼルナッツ.

aveludado, da /avelu'dadu, da/ 形 ビロードのような, 柔らかな, 滑らかな, すべすべな ▶céu aveludado （うろこ雲の広がった）ビロードのような空.

ave-maria,/avima'ria/ 《複 ave-marias》女 《カトリック》アベマリアの祈り, 天使祝詞.

às ave-marias 夕暮れに.

avenca /a'vẽka/ 女 《植物》アジアンタム.

‡avenida /ave'nida アヴェニーダ/ 女 大通り；並木道 ▶Avenida da Liberdade リベルダーデ大通り（リスボン中心部にある） / na avenida 通りで.

abrir uma avenida em... …に攻め入る, 切り込む.

fazer a avenida あてもなく歩く, 散歩する.

avental /avẽ'taw/ 《複 aventais》男 エプロン.

aventar /avẽ'tax/ 他 ❶ 風に当てる, あおぐ ▶Aventaram o cereal para que fosse separado. その穀物を仕分けるために風を当てた.

❷ 予感する, 予測する ▶Ela aventou a possibilidade de ele estar envolvido no acidente. 彼女は彼が事故に巻き込まれている可能性を予感した.

❸ 提案する, 提起する ▶aventar uma hipótese 仮説を提起する.

‡aventura /avẽ'tura アヴェントゥーラ/ 女 ❶ 思いがけない出来事, 椿事 ▶vida cheia de aventuras 思いがけない出来事に満ちた人生.

❷ 冒険 ▶filme de aventura 冒険映画.

❸ （軽蔑）向う見ずな行動, 危険な行動 ▶meter-se

em aventuras 向う見ずな行動に身を投じる.
❹ 色事, 情事, アバンチュール▶aventuras amorosas 恋愛沙汰.
à aventura 成り行き任せに, 行き当たりばったりに▶partir à aventura 成り行き任せに出発する.
aventurar /avẽtu'rax/ 他 ❶ …を危険にさらす▶aventurar a vida 命を危険にさらす.
❷ …を…に賭ける [+ a/em] ▶Aventurou seu patrimônio nos jogos. 彼の資産を賭け事に使った.
— **aventurar-se** 再 ❶ 冒険する, 危険を冒す▶aventurar-se pela Amazônia. アマゾン熱帯雨林に足を踏み入れる.
❷《aventurar-se a +不定詞》大胆にも…する▶Aventurei-me a perguntar. 私は思い切って質問した.
aventureiro, ra /avẽtu'rejru, ra/ 形 冒険好きの, ▶espírito aventureiro 冒険心.
— 名 冒険家, 山師.
averbar /avex'bax/ 他 ❶ 書き留める, 記録する▶Ele averbou as confissões do criminoso. 彼は犯罪者の自白を書き留めた.
❷ 公的な書類の欄外に書く▶Poderia averbar sua assinatura no formulário? 記入用紙の欄外に署名して頂けますか.
averiguação /averigwa'sẽw̃/ [複 averiguações] 女 調査, 取り調べ.
averiguar /averigu'ax/ ⑧ 他 ❶ 調査する, 捜査する▶averiguar o caso 事件を捜査する.
❷ 確認する▶Averiguaram que a epidemia se espalhava pelo país. 伝染病が国中ではやっていることが確認された.
avermelhado, da /avexme'ʎadu, da/ 形 赤みを帯びた▶sol avermelhado 赤い太陽.
avermelhar /avexme'ʎax/ 他 赤くする, (肌などを) 紅潮させる▶A tinta avermelhou a água. 塗料が水を赤く染めた.
— **avermelhar-se** 再 赤くなる▶Seu rosto se avermelhou ao ver a menina. 女の子を見ると彼の顔が赤くなった.
aversão /avex'sẽw̃/ [複 aversões] 女 嫌悪, 反発, 反感▶ter aversão a [por]... …を嫌う, 嫌悪する / aversão ao risco リスク回避.
avessas /a'vɛsas/ 女複 正反対, 逆.
à**s avessas** ① 逆に, 逆向きに, ② 上下逆さまに.
avesso, sa /a'vesu, sa/ 形 ❶ …に反対の, 対立した [+ a] ▶Ele é avesso ao hábito de fumar. 彼は喫煙習慣には反対である.
❷ …が好きではない, …が嫌いである [+ a] ▶Ele é avesso à filosofia. 彼は哲学が好きではない.
— **avesso** 男 ❶ 裏, 裏側▶avesso da medalha メダルの裏側.
❷ 逆, 反対▶ser o avesso de... …とは正反対だ.
❸ 欠点.
pelo avesso 裏返しに▶estar pelo avesso 裏返しになっている.
sem avesso nem direito 裏表のない.
virar pelo avesso 裏返す, 隅々まで調べる.
avestruz /aves'trus/ 女 [複 avestruzes]〖鳥〗ダチョウ.

aviação /avia'sẽw̃/ [複 aviações] 女 ❶ 航空, 飛行; 航空機産業▶companhia de aviação 航空会社 / aviação civil 民間航空 / acidente de aviação 航空事故 / campo de aviação 飛行場. ❷ 航空機隊▶aviação de caça 戦闘機隊.
aviador, dora /avia'dox, 'dora/ [複 aviadores, doras] 名 飛行士; 操縦士, パイロット.
**avião /avi'ẽw̃/ アヴィアォン [複 aviões] 男 ❶ 飛行機▶pegar [tomar] o avião 飛行機に乗る / avião para São Paulo サンパウロ行きの飛行機 / ir de avião 飛行機で行く / viajar de avião 飛行機で旅行する / por avião 航空便で / avião de passageiros 旅客機 / avião de carga 貨物機 / avião a jato ジェット機 / avião de caça 戦闘機 / avião comercial 民間航空機 / avião leve 軽飛行機.
❷ B 話 美女.
❸ B 俗 麻薬の密売人.
fazer avião 仲介をする.
aviar /avi'ax/ 他 ❶ 実行する, 完了させる▶Eles aviaram o processo com pressa. 彼らは処理を急いで行った.
❷ 調剤する, 調合する▶aviar uma receita 処方箋に従って調剤する.
❸ 送る, 派遣する▶Aviei uma encomenda. 私は荷物を送った.
— 自 急ぐ.
— **aviar-se** 再 急ぐ.
aviário, ria /avi'ariu, ria/ 形 鳥の▶gripe aviária 鳥インフルエンザ.
— **aviário** 男 養鶏場, 小鳥店.
avicultor, tora /avikuw'tox, 'tora/ [複 avicultores, toras] 名 形 家禽飼育家 (の), 養鶏家 (の).
avicultura /avikuw'tura/ 女 家禽飼育, 養鶏.
avidamente /avida'mẽtʃi/ 副 熱心に, むさぼるように▶ler avidamente むさぼりように読む.
avidez /avi'des/ [複 avidezes] 女 貪欲〖ﾄﾞﾝ〗; 渇望, 切望▶com avidez むさぼるように, がつがつと.
ávido, da /'avidu, da/ 形 ❶ …を切望する, …に飢えた [+ de/por] ▶ávido de riquezas e de poder 富と権力に飢えた / ávido de conhecimento 知識欲が旺盛な. ❷ 熱心な▶um leitor ávido 大読書家.
aviltar /aviw'tax/ 他 ❶ 堕落させる, 卑しくする▶O poder dele o aviltou. 彼は権力のために堕落した.
❷ 屈辱を受けさせる, 辱める. ❸ …の価格を下げる.
— **aviltar-se** 再 堕落する.
avinagrado, da /avina'gradu, da/ 形 ❶ 酢で味をつけた▶salada avinagrada ビネガーサラダ.
❷ 酸っぱくなった▶vinho avinagrado 酸っぱくなったワイン.
avinagrar /avina'grax/ 他 …に酢で味をつける.
— 自 酸っぱくなる, 酸になる.
— **avinagrar-se** 再 酸っぱくなる.
avios /a'vius/ 男複 道具一式▶avios de pesca 釣り道具一式.
avir-se /a'vixsi/ ⑰ 再 …と和合する, 理解し合う [+ com] ▶Eles avieram-se depois de conversarem. 彼らは話し合った後で和解した / Ela teve

avisado, da

que avir-se com o marido. 彼女は夫と互いに理解し合わなければならなかった.

avisado, da /avi'zadu, da/ 形 ❶ 知らせを受けた ▶ O paciente foi avisado dos riscos envolvidos na cirurgia. 患者は手術におけるリスクを知らされた.
❷ 慎重な, 思慮深い, 用心深い ▶ Ele é uma pessoa inteligente e avisada. 彼は賢く, 思慮深い人だ.

‡avisar /avi'zax/ アヴィザーフ/ 他 ❶ …に知らせる, 通知する ▶ Avise-me assim que ele chegar. 彼が来たらすぐ知らせてください / Avisei-os que chegaria no dia seguinte. 私は彼らに翌日に着くと知らせた.
❷ …に警告する, 注意する ▶ A mãe avisou o filho de que aquela pessoa não é boa companhia. 母親はあの人はよい仲間ではないと息子に警告した / Eu bem que avisei. だから言ったでしょ.
❸《avisar alguém para +不定詞》…に…するように警告する, 注意する ▶ O garçom avisou-o para não fumar. ウェーターは彼にタバコを吸わないように注意した.
— 自《avisar a alguém para +不定詞》…に…するように忠告する ▶ Avisei ao Pedro para ter cuidado com a saúde. 私はペドロに健康に注意するように忠告した.
sem avisar 何も言わずに, 黙って.

aviso /a'vizu/ 男 ❶ 告示, 通知, 指示 ▶ aviso ao público お知らせ / aviso prévio 解雇予告 / aviso da recepção 受取書 / até novo aviso 追って通知があるまで.
❷ 注意, 警告 ▶ sem aviso 予告なしに, 前触れなしに.
estar de aviso ① 用心深い, 警戒している. ② 今にも解雇通知されそうな.
salvo aviso em contrário 特に訂正の通知がない限り.

avistar /avis'tax/ 他 (遠くに) 見かける, 見える ▶ Avistou-a ao entrar na loja. 彼女がその店に入っていくのを見かけた.
— **avistar-se** 再 …と偶然出会う [+ com] ▶ Avistei-me com um velho amigo. 私は旧友に偶然出会った.

avivar /avi'vax/ 他 ❶ 生き生きとさせる, 鮮明にする ▶ A música avivou a memória dele. その音楽が彼の記憶を鮮明にした.
❷ 強くする, 強固にする ▶ O vento avivou a chama. 風が炎を強くした.
— **avivar-se** 再 生き生きする, 鮮明になる, 強くなる.

avizinhar /avizi'ɲax/ 他 ❶ …を…に近づける [+ de] ▶ Avizinhei a lâmpada da mesa de jantar. 私はランプを食卓の近くに寄せた.
❷ …に接する, 隣接する ▶ A prefeitura avizinha a catedral. 市役所はカテドラルに隣接している.
— **avizinhar-se** 再 …に近づく [+ de] ▶ Ele se avizinhou do animal feroz. 彼はその凶暴な動物に近づいた.

avo /'avu/ 男 (11以上の基数について) …分の1 ▶ um doze avos 12分の1.

‡avó /a'vɔ/ アヴォ/ 女 祖母 ▶ Minha avó tem setenta anos. 私の祖母は70歳だ.

‡avô /a'vo/ アヴォ/ [複 avós] 男 ❶ 祖父 ▶ avô paterno 父方の祖父 / avô materno 母方の祖父 / avô torto 義父 [義母] の父.
❷《avós》祖父母 ▶ Meus avós moram no interior. 祖父母は田舎に住んでいる.
❸《avós》祖先, 先祖 ▶ os nossos avós われわれの祖先.
mais velho que meu avô 非常に年老いた.

avoado, da /avo'adu, da/ 形 うっかり者の, 粗忽な ▶ Estou tão avoado que me esqueci de pegar as crianças na escola. 子供を学校から連れ帰るのを忘れるほど私はうっかり者だ / Andava muito avoada, nem prestava atenção nas aulas. 彼女はあまりにもぼんやりして, 授業もうの空だった.

avocar /avo'kax/ 他 ❶ 呼び寄せる, 呼び止める, 勧誘する.
❷ (訴訟を上級裁判所へ) 移送する ▶ avocar uma causa 訴訟を差し戻す / O relator quer avocar os processos. その担当判事は訴訟を他の裁判所へ送致しようとしている.
❸《avocar para si》自分のものにする ▶ O juiz avocou para si a decisão final. その裁判官は最終判決を自ら下した.
— **avocar-se** 再 …を自分のせいにする ▶ Avocou-se compromissos que não pôde cumprir. 彼は約束が果たせなかったのを自分のせいにした.

avolumar /avolu'max/ 他 増やす, 増加させる ▶ O aquecimento global avoluma os oceanos. 地球温暖化によって海のかさが増す.
— 自 かさばる, 場所を取る.
— **avolumar-se** 再 かさばる.

à vontade /avõ'tadʒi/ [複 à vontades] 男 自由奔放.

avulso, sa /a'vuwsu, sa/ 形 ばらの, ばらばらになった ▶ venda avulsa ばら売り / papéis avulsos ばらの紙 / trabalhador avulso 非正規労働者.
— **avulso** 男 チラシ.

avultar /avuw'tax/ 他 増大する, 増やす ▶ A empresa avultará sua produção. その会社は生産を上げる予定だ.
— 自 ❶ 突出する, 目立つ ▶ O edifício avulta. そのビルは目立つ. ❷ (金額が) …に達する [+ a].
❸ 増大する, 増える.
— **avultar-se** 再 増大する.

axadrezado, da /aʃadre'zadu, da/ 形 碁盤状の, 市松模様の ▶ bandeira axadrezada 市松模様が描かれた旗.

axé /a'ʃɛ/ 男 アシェ (バイーア生まれのポピュラー音楽).

axial /aksi'aw/ [複 axiais] 形《男女同形》軸の, 軸に沿った, 軸になる ▶ simetria axial 軸対称.

axila /ak'sila/ 女 わきの下.

axioma /a(k)si'oma/ 女 ❶ 公理; 自明の理. ❷ 格言, 金言.

axiomático, ca /a(k)sio'matʃiku, ka/ 形 公理の; 自明の.

azado, da /a'zadu, da/ 形 都合のよい, タイミングのよい ▶ momento azado 都合のよい時.

azáfama /a'zafama/ 囡 急ぐこと ▶ Ela subiu as escadas numa azáfama. 彼女は急いで階段をのぼった.

*__azar__ /a'zax/ アザーフ/ 男 **❶** 不運, 不幸 ▶ Tenho muito azar na vida. 私は不運な人生を送っている / Que azar! ついてないな / dar azar 不運をもたらす / estar com azar = ter azar 運が悪い / por azar 残念なことに.
❷ 偶然, 運 ▶ jogos de azar 賭博.
— 間 Ⓑ (ジェスチャーを伴い) 何て運が悪いんだ, 残念だ.

azarado, da /aza'radu, da/ 形 運の悪い.
— 名 運の悪い人.

azarar /aza'rax/ 他 **❶** …に不幸をもたらす. **❷** Ⓑ 俚 ナンパする, 言い寄る.

azarento, ta /aza'rẽtu, ta/ 形 **❶** 運の悪い ▶ Ele é um homem azarento. 彼は運の悪い男だ. **❷** Ⓑ 不運をもたらす.

azedar /aze'dax/ 他 **❶** 酸っぱくする, 腐敗させる ▶ O calor azeda os alimentos. 暑さが食品を腐敗させる.
❷ 苦しめる, 怒らせる.
❸ (関係やプライドを) 傷つける ▶ Esse assunto azeda as relações entre eles. その話題は彼らの関係を壊す.
— 自 **❶** 酸っぱくなる, 腐敗する ▶ O leite azedou. 牛乳が酸っぱくなった.
❷ 苦しむ, 怒る ▶ Ela azedou quando viu o namorado com outra. 彼女は恋人が別の女性といるところを見て怒った.

*__azedo, da__ /a'zedu, da/ アゼード, ダ/ **❶** 酸っぱい, (腐敗して) 酸っぱくなった ▶ laranja azeda 酸っぱいオレンジ / sabor azedo 酸味 / Este leite está azedo. この牛乳は酸っぱい.
❷ 不愉快な, 感じの悪い ▶ uma pessoa azeda 感じの悪い人.
— **azedo** 男 酸味.

azedume /aze'dumi/ 男 **❶** 酸味, 酸っぱい味. **❷** 不機嫌, いらいら.

azeitar /azej'tax/ 他 …に油を差す.

‡__azeite__ /a'zejtʃi/ アゼィテ/ 男 **❶** オリーブ油 ▶ temperar a salada com azeite e vinagre サラダにオリーブ油とビネガーで味付けをする / azeite virgem バージンオリーブ油. **❷** 油 ▶ azeite de peixe 魚油 / azeite de cozinha クッキングオイル.
beber azeite ずる賢い.
estar com os azeites 慣 機嫌が悪い.

azeitona /azej'tõna/ 囡 オリーブの実 ▶ pasta de azeitona オリーブペースト / azeitonas recheadas 詰め物をしたオリーブ / azeitonas sem caroço 種を抜いたオリーブ.
— 男 オリーブ色.
— 形 《男女同形》オリーブ色の.

azenha /a'zẽɲa/ 囡 水車.

azeviche /aze'viʃi/ 男 **❶** 〖鉱物〗ジェット炭. **❷** 漆黒.

azevinho /aze'viɲu/ 男 〖植物〗セイヨウヒイラギ.

azia /a'zia/ 囡 胸焼け ▶ estar com azia 胸やけがする.

aziago, ga /azi'agu, ga/ 形 不吉な, 不運な ▶ dia aziago ついていない日, 厄日.

ázimo, ma /'azimu, ma/ 形 パン種の入っていない, 無酵母の ▶ pão ázimo 種なしのパン.

azimute /azi'mutʃi/ 男 方位, 方位角.

azo /'azu/ 男 動機, 理由, 機会.

azorrague /azo'xagi/ 男 むち, 罰.

azougue /a'zogi/ 男 **❶** 水銀.
❷ 精力家.

azucrinar /azukri'nax/ 他 悩ませる, 困らせる ▶ Os mosquitos azucrinavam os turistas. 蚊が旅行者たちを悩ませていた.
— 自 悩ませる, 困らせる ▶ Aquele barulho só azucrinava. あの騒音は迷惑なだけだった.
— **azucrinar-se** 再 悩む, 困る, うんざりする ▶ O político se azucrinou com as perguntas dos jornalistas. 政治家はジャーナリストからの質問にうんざりした.

‡__azul__ /a'zuw/ アズゥ/ [覆 azuis] 形《男女同形》青い, 青色の ▶ Por que o mar é azul? なぜ海は青いのか / caneta azul 青のボールペン / olhos azuis 青い目 / céu azul sem nuvens 雲ひとつない青空.
— 男 **❶** 青, ブルー, 青色 ▶ tingir algo de azul …を青で染める / azul de cobalto コバルトブルー / azul do céu 空色.
❷ 青色染料, 青色顔料, 青色塗料.
tudo azul 万事良好.

azulado, da /azu'ladu, da/ 形 青みがかかった, 青みを帯びた ▶ lábios azulados 青くなった唇.
— **azulado** 男 青みがかかった色.

azulão /azu'lẽw/ [覆 azulões] 男 **❶** 〖鳥〗ヒノデクロフウキンチョウ.
❷ 濃い青.

azular /azu'lax/ 他 青くする.
— 自 **❶** 青くなる. **❷** Ⓑ 逃げる, ずらかる.
— **azular-se** 再 青くなる.

azulejar /azule'ʒax/ 他 …にタイルを張る ▶ azulejar a parede 壁にタイルを張る.

azulejo /azu'leʒu/ 男 彩色タイル, アズレージョ ▶ uma parede de azulejos タイルを張った壁.

コラム 絵のように美しいタイル「アズレージョ」

アズレージョ (azulejo) は, タイル一般と, 釉薬をかけて焼いた装飾タイルを意味するポルトガル語である. 青い絵や文様が描かれており, ポルトガルの各地で見かけることができる. またブラジルでも用いられている. アズレージョは15世紀にムーア人からスペインを経由してポルトガルにもたらされた. 当初アズレージョは宗教的な理由から, 幾何学文様を主体としたが, のちに世界中のポルトガル語文化圏で, カトリックの宗教図像の表現媒体として飛躍的に独自の発展を遂げた. 1998年リスボン万博で, 地下鉄構内などを装飾する「洒落た遊び感覚」満載の現代的アズレージョ作品群は世界中で話題になった.

---

azul-marinho /a,zuwma'riɲu/ 形《不変》マリンブルーの.
— 男 [覆 azuis-marinhos] マリンブルー.

B b

b /'be/ 男 ポルトガル語アルファベットの第2字.
BA 《略語》Estado da Bahia バイーア州.
baba /'baba/ 女 ❶ よだれ.
❷ 粘液, ねばねば ▶ baba de caracol カタツムリの粘液 / a baba do quiabo オクラのねばねば.
❸ 俗 大金 ▶ custar uma baba 値段が高い.
❹ 楽勝の試合, 簡単に勝てる相手.
chorar baba e ranho 泣き崩れる.
babá /ba'ba/ 女 ベビーシッター, 子守の女性 ▶ babá eletrônica ベビーモニター
babaca /ba'baka/ 女 卑 女性性器.
— 形《男女同形》名 ばかな (人).
baba de moça /ˌbabadʒi'mɔsa/ [複 babas de moça] 女 ココナッツミルクで作ったカスタードクリーム.
babado, da /ba'badu, da/ 形 ❶ よだれを垂らした, よだれで汚れた.
❷ 話 …に恋している, …にぞっこんである [+ por] ▶ Eu estou babado por ela. 私は彼女にほれこんでいる.
— **babado** 男 ❶ 俗 (洋服やスカート等の) ひだ飾り.
❷ 俗 問題, 悩み ▶ Qual é o babado? 何が起こったの.
❸ 俗 うわさ, 陰口.
babador /baba'dox/ [複 babadores] 男 よだれかけ.
babar /ba'bax/ 他 ❶ …をよだれで濡らす. ❷ (つばや泡等を) 吐き出す.
— 自 ❶ よだれを垂らす. ❷ よだれを垂らさんばかりに喜ぶ [+ de] ▶ A menina está babando de alegria. 少女はうれしくてたまらない.
— **babar-se** 再 …を非常に好む [+ por/com] ▶ babar-se por doces 甘いものが大好きである.
babar na gravata 愚かに見せる.
ficar babado por …にぼれてしまう.
babel /ba'bɛw/ [複 babéis] 女 ❶ 外国語が交錯する場所 [状況] ▶ Nova Iorque é uma verdadeira babel. ニューヨークは様々な言語が入り乱れる街だ.
❷ 騒々しい話し声 [場所, 光景]. ❸ 混乱, 無秩序.
Torre de Babel バベルの塔.
babilônico, ca /bɐbi'lõniku, kɐ/ 形 = babilônico
babilônico, ca /babi'lõnika, ka/ 形 ❶ バビロニア (Babilônia) の. ❷ 巨大な, 壮大な.
babujar /babu'ʒax/ 他 ❶ …をよだれで汚す ▶ babujar o rosto 顔をよだれで汚す.
❷ …で汚す [+ de/com].
❸ …にこびへつらう, こびる.
— 自 よだれで汚れる, …で汚れる [+ de/com].
— **babujar-se** 再 よだれで汚れる; …で汚れる [+ de/com].
bacalhau /baka'ʎaw/ 男 ❶ 《魚》タラ, 塩漬けの干しダラ ▶ bacalhau seco 干しダラ.
❷ 古 奴隷を打つために用いていた革製のむち.
❸ 話 非常にやせた人.
❹ 俗 手, 握手 ▶ dar um bacalhau a alguém …と握手をする.
bacalhoada /bakaʎo'ada/ 女 干しダラの煮込み料理.
bacamarte /baka'maxtʃi/ 男 ラッパ銃.
bacana /ba'kɐna/ 形《男女同形》名 話 すばらしい, かっこいい, 素敵な, いけてる ▶ Mas que carro bacana você tem! 君は何て素敵な車を持っているんだ / Bacana! Espero você aqui no fim de semana. 最高だ. 君が週末ここにいられるといいな.
— 名 セレブな人, かっこいい人.
bacanal /baka'naw/ [複 bacanais] 形 酒神バッカス Baco の.
— **bacanal** 女 ❶ らんちき騒ぎ, どんちゃん騒ぎ.
❷ 乱交パーティー.
bacante /ba'kɐtʃi/ 女 バッカス神の巫女(ぶす); 放縦な女.
bacharel /baʃa'rɛw/ [複 bacharéis] 男 ❶ 学士 ▶ bacharel em economia 経済学士 / grau de bacharel 学士号. ❷ 法学士. ❸ おしゃべりな男性.
bacharelado /baʃare'ladu/ 男 学士号; 学士課程.
bacharelar /baʃare'lax/ 他 …に…の学士号を授与する [+ em].
— 自 おしゃべりをする.
— **bacharelar-se** 再 …の学士号を得る [+ em] ▶ Ele bacharelou-se em direito. 彼は法学の学士号を取得した.
bacharelato /baʃare'latu/ 男 = bacharelado
bacia /ba'sia/ 女 ❶ たらい, 洗面器; 便器.
❷ 骨盤.
❸ くぼ地, 盆地, 海盆.
❹ (河川や内海の) 流域 ▶ Bacia Amazônica アマゾン川流域.
bacilo /ba'silu/ 男 バチルス, 桿菌.
bacio /ba'siu/ 男 しびん, おまる.
baço /ba'su, sa/ 形 ❶ 光沢のない, 輝きのない ▶ espelho baço 曇った鏡.
❷ (肌が) 小麦色の ▶ pele baça 小麦色の肌.
— **baço** 男 脾臓(ひぞう).
bacon /'beikõ/ 男《英語》ベーコン.
bácoro, ra /'bakoru, ra/ 名 子豚.
bactéria /bak'tɛria/ 女 バクテリア, 細菌.
bacteriano, na /bakteri'ɐnu, na/ 形 バクテリアの, 細菌による.
bacteriologia /bakteriolo'ʒia/ 女 細菌学.
bacteriológico, ca /bakterio'lɔʒiku, ka/ 形 細菌学の, 細菌の ▶ arma bacteriológica 細菌兵器.
báculo /'bakulu/ 男 ❶ 司教の杖. ❷ 杖. ❸ 支え, 援助.

badalação /badala'sẽw/ 囡 街に出ること, 外出, 社交.
badalada[1] /bada'lada/ 囡 鐘を打つこと, 鐘の音 ▶ O templo tocou 108 badaladas do sino. 寺が百八回鐘を鳴らした.
badalado, da[2] /bada'ladu, da/ 形 有名な, 話題の ▶ um jogador badalado 有名な選手 / um restaurante badalado 話題のレストラン.
badalar /bada'lax/ 自 ❶（鐘が）鳴る. ❷ うわさする, 陰口を言う.
❸ B（社交場で）自己顕示する.
— 他 ❶（鐘などを）鳴らす.
❷（時を）打つ, 告げる ▶ O relógio badalou dez horas. 時計が10時を打った.
❸ 大々的に報じる, 誇大に宣伝する ▶ badalar um filme 映画の誇大宣伝をする.
❹ …にこびへつらう, ごまをする ▶ Ele vive badalando o chefe. 彼はいつも上司にごまをすっている.
— **badalar-se** 再 B 囡 自己宣伝する,（社交場で）自己顕示する.
badalo /ba'dalu/ 男 ❶ 鐘の舌.
❷ B 男性性器.
❸ P 囡 舌.
comer o badalo しゃべりすぎる.
badejo /ba'deʒu/ 男 ハタ科の海魚.
baderna /ba'dexna/ 囡 騒動, 騒ぎ, 混乱；乱闘 ▶ Jovens se reuniram e causaram baderna. 若者が集合し, 大騒ぎを起こした.
badulaque /badu'laki/ 囡 ❶ 安物の装身具. ❷《**badulaques**》がらくた, つまらないもの.
baeta /ba'eta/ 囡 フェルトに似た緑の生地.
bafafá /bafa'fa/ 男 B 騒ぎ, 騒動, 混乱 ▶ A declaração dela gerou um bafafá. 彼女の発言は大騒ぎを起こした.
bafejar /bafe'ʒax/ 他 ❶ …に息を吹いて暖める ▶ Bafejei as mãos por causa do frio. 寒かったので私は手に息を吹きかけて温めた.
❷ 心に抱く ▶ bafejar sonhos inalcançáveis 手に届かない夢を抱く.
❸ 刺激［鼓舞］する, 駆り立てる.
❹ 助ける ▶ O soldado foi bafejado pela sorte. 兵士は幸運に助けられた.
❺ 微風で揺らす.
— 自 ❶ 息を吐く. ❷（微風が）吹く.
bafejo /ba'feʒu/ 男 ❶ 一息,（吐き出す）息. ❷ 恩恵, 助け ▶ bafejo da sorte 幸運の助け. ❸ そよ風.
bafio /ba'fiu/ 男 かび臭さ, かび臭いにおい.
bafo /'bafu/ 男 ❶ 吐く息.
❷ 臭い息, 口臭 ▶ bafo de cigarro たばこ臭い息 / bafo de onça 臭い息.
❸ 生暖かい南風 ▶ No verão, o bafo quente invade a casa. 夏には, 生暖かい南風が家に入ってくる.
❹ 恩恵, 保護.
❺ B ほら, 自慢話 ▶ bafo de boca うそ, ほら.
bafômetro /ba'fõmetru/ 男 B 囡 アルコール検知器.
baforada /bafo'rada/ 囡 ❶ たばこをふかすこと ▶ soltar baforadas 煙を吐き出す.
❷ 臭い息 ▶ baforada de vinho 酒臭い息.

❸ ため息, 長大息.
❹ 発作 ▶ baforada de ira 怒りの発作.
baga /'baga/ 囡 ❶【植物】液果, 漿果. ❷ しずく ▶ bagas de suor 汗のしずく. ❸ B【植物】トウゴマの種.
bagaceira /baga'sejra/ 囡 ❶ ブドウやサトウキビなどの搾りかす；その貯蔵場所. ❷ ブドウの搾りかすでできた蒸留酒. ❸ つまらないもの；下層民, 貧民.
bagaço /ba'gasu/ 男 ❶ 搾りかす ▶ bagaço da laranja オレンジの搾りかす.
❷ 囡 役に立たない残り物.
❸ P ブドウの搾りかすでできた焼酎, 蒸留酒.
❹ B 祭り；踊り.
❺《軽蔑》老娼婦.
❻ B（ゲーム中に）捨てられたカード.
estar um bagaço ぼろぼろになっている.
no bagaço ぼろぼろになって.
bagageiro, ra /baga'ʒejru, ra/ 名 手荷物を運ぶ人, ポーター.
— 形 手荷物を運ぶ.
— **bagageiro** 男【自動車】屋根のラック.
*****bagagem** /ba'gaʒẽj/ /[複] **bagagens**/ 囡 ❶ 手荷物 ▶ preparar a bagagem（旅行の）荷造りをする / depósito de bagagens 手荷物預かり所 / bagagem de mão 手荷物 / excesso de bagagem 重量超過手荷物料金.
❷ 職務上の経験, 知識 ▶ advogado com grande bagagem 経験豊富な弁護士.
❸（芸術家や学者の）作品群, 業績 ▶ 10 anos de bagagem artística 10年間の芸術作品群 / pesquisador com grande bagagem acadêmica 研究業績豊富な研究者 / bagagem literária ある作家の著作物.
chegar na bagagem 最後にゴールする, ビリになる.
bagatela /baga'tɛla/ 囡 ❶ わずかな金額 ▶ comprar por uma bagatela ただ同然の値段で買う /《反語的に》a bagatela de um bilhão de dólares 100万ドルもの金. ❷ つまらないこと, 些細なこと.
bago /'bagu/ 男 ❶ 果実や穀類の粒 ▶ um bago de uva 一粒のブドウ.
❷ 囡 ミル・レイス札［硬貨］；お金 ▶ ter muito bago お金をたくさん持っている.
❸《俗 bagos》卿 睾丸.
baguete /ba'gɛtʃi/ 囡 バゲット, フランスパン.
bagunça /ba'gũsa/ 囡 散らかった状態, めちゃくちゃ ▶ Que bagunça! 何て散らかりようだ / fazer bagunça 散らかす, 騒ぐ / ser uma bagunça 散らかっている.
bagunçado, da /bagũ'sado, da/ 形 散らかった ▶ um quarto bagunçado 散らかった部屋.
bagunçar /bagũ'sax/ 他 …を散らかす ▶ Quem bagunçou o meu quarto? 僕の部屋を散らかしたのは誰だ.
bagunceiro, ra /bagũ'sejru, ra/ 形 ❶ 散らかった, 乱雑な. ❷ 問題を起こす.
— 名 問題を起こす人.
Bahia /ba'ia/ 囡《地名》(ブラジル北東部の) バイーア州.
baia /'baja/ 囡 B バスの乗車区域.

baía

baía /ba'ia/ 女 湾 ▶a Baía de Guanabara グワナバラ湾.

baiano, na /baj'ẽnu, na/ 形 名 バイーア州の(人).

baila /'bajla/ 女《次の成句で》
estar na baila 常に影響力のある,注目される.
trazer à baila 話題［議題］として取り上げる.
vir à baila 話題に上る.

bailado, da /baj'ladu, da/ 形 踊りを伴った.
— **bailado** 男 バレエ；踊り,舞.

bailar /baj'lax/ 自 ❶ 踊る,舞う. ❷ 揺れる,震動する ▶As folhas bailam ao vento. 葉が風に揺れて舞う.
— 他 踊る ▶bailar tango タンゴを踊る.

bailarino, na /bajla'rinu, na/ 名 舞踏家,ダンサー,バレエダンサー,バレリーナ.

baile /'bajli/ 男 ❶ ダンスパーティー,舞踏会,ダンス ▶dar um baile ダンスパーティーを開く / baile à fantasia 仮装舞踏会 / baile de máscaras 仮面舞踏会 / baile de gala 舞踏会 / baile de formatura 卒業舞踏会 / baile de carnaval カーニバルのダンス.
❷ バレエ ▶corpo de baile バレエ団.
dar um baile めざましい活躍をする.
dar um baile em alguém ① …を注意する,叱責する. ② …に圧勝する ▶Meu time deu um baile no seu. 私のチームはあなたのチームに圧勝した.

bainha /ba'iɲa/ 女 ❶ (刀剣の) さや.
❷ (豆類の) さや ▶bainha de fava ソラマメのさや.
❸ 縁縫い ▶fazer a bainha da calça ズボンの折り返しを縫う.
meter a espada na bainha 刀をさやに収める,断念する.
não caber nas bainhas 自信満々である,慢心している.

baioneta /bajo'neta/ 女 銃剣.

bairrismo /baj'xizmu/ 男 郷土愛,地元びいき.

bairrista /baj'xista/ 形《男女同形》名 ❶ 地域に住む［通う］(人).
❷ 地元びいきの(人).
❸ 日 地元第一主義の(人).

*__bairro__ /'bajxu バイホ/ 男 (都市の) 区,地区 ▶bairro residencial 住宅地区 / bairro de Copacabana コパカバーナ地区 / Moro num bairro legal. 私は素敵な街に住んでいる / bairro japonês 日本人街 / bairro operário 労働者街.
do bairro 近所の ▶a padaria do bairro 近所のパン屋.

baita /'bajta/ 形《男女同形》日 語 ❶ 巨大な ▶um baita sonho 壮大な夢.
❷ 成長した,大きくなった ▶tornar-se um baita rapaz 青年に成長する.
❸ 優れた,名… ▶É uma baita atriz. 彼女は名女優だ / um baita jogador 名選手.

baixa /'bajʃa/ 女 ❶ 下落,低下,減少 ▶baixa de temperatura 気温の低下 / baixa do dólar ドルの下落 / Houve baixa do milho. トウモロコシの価格が下がった / As ações estão em baixa. 株価が下落している / baixa nas taxas de juros 利率の低下.

❷ くぼ地,低地.
❸ 免除,解除 ▶baixa do serviço militar 兵役の免除.
❹ (戦争で) 死傷者.
dar baixa 退役する,除隊する.
dar baixa de [em] ① …を取り消す. ② …の在庫からの取り出しを記録する.
jogar na baixa 株の下落を見越して投機する.

baixada /baj'ʃada/ 女 日 山に囲まれた平地.

baixa-mar /bajʃa'max/ ［複 baixa-mares］ 女 干潮,引き潮.

*__baixar__ /baj'ʃax バィシャーフ/ 他 ❶ …を下げる,下ろす,低くする ▶baixar a cabeça 頭を下げる；従う / baixar a persiana ブラインドを下ろす / baixar a tarifa 料金を下げる / baixar a cortina 幕を下ろす / baixar os olhos 目を伏せる / baixar a mão em… …を平手で打つ / baixar à sepultura 埋葬する.
❷《情報》ダウンロードする ▶baixar um arquivo da internet ファイルをインターネットからダウンロードする.
❸ (命令などを) 発する,公布する ▶baixar uma ordem 命令を出す.
— 自 ❶ 下がる,低くなる ▶O nível da água baixou. 水位が下がった / A febre baixou. 熱が下がった / O preço do petróleo baixou. 石油の価格が下がった / A maré está baixando. 潮が引いている.
❷ 姿を現す,顔を見せる.
❸ baixar ao hospital 入院する.
— **baixar-se** 再 ❶ 身をかがめる. ❷ へりくだる.

baixaria /bajʃa'ria/ 女 不作法,行儀の悪いこと；下品 ▶Que baixaria! 何と行儀の悪いのでしょう.

baixela /baj'ʃɛla/ 女 銀食器の一式 ▶baixela de prata 銀食器.

baixeza /baj'ʃeza/ 女 ❶ 卑劣さ,恥ずべき行為 ▶cometer uma baixeza 卑劣な行為を行う. ❷ 卑しさ.

baixio /baj'ʃiu/ 男 砂州(す),浅瀬.

baixista /baj'ʃista/ 形《男女同形》(相場が安くなると見る) 弱気筋の.
— 名 ❶ 弱気筋の人. ❷ ベースギタリスト.

*__baixo, xa__ /'bajʃu, ʃa バィシュ, シャ/ 形 ❶ 低い,背が低い；下方の (↔ alto)
▶prédio baixo 低い建物 / Ela é muito baixa. 彼女はとても背が低い / As nuvens estão baixas. 雲が低く垂れこめている / de cabeça baixa うなだれて / uma cerca baixa 低い柵.
❷ (数値や程度が) 低い ▶a baixo preço 低価格で / de baixa qualidade 低品質の / em voz baixa 小声で / de baixa caloria 低カロリーの / classe baixa 下層階級.
❸ 浅い ▶poço baixo 浅い井戸.
❹ 後期の ▶Baixa Idade Média 中世後期.
❺ 下劣な,下品な ▶pessoa baixa 下劣な人.
— **baixo** 男 ❶ 低地,窪地.
❷ 砂州(す).
❸《音楽》バス,低音部；バス歌手；ベース(ギター)
▶baixo profundo 重低音；低音で歌うことができ

balcão

る歌手 / tocar baixo ベースを弾く.
— **baixo** 副 ❶ 低く ▶voar baixo 低く飛ぶ. ❷ 小声で▶falar baixo 小声で話す.
de baixo 下の, 下の階の ▶na gaveta de baixo 下の引き出しに / o apartamento de baixo 下の階のアパート.
para baixo 下に, 下の方に ▶da cintura para baixo 腰から下に.
passar baixo 生活に苦労する.
por baixo de... …の下に▶Quem está por baixo da máscara? 仮面の下にいるのは誰か.
sair de baixo 逃げる, 逃れる.
baixo-astral /,bajˈfuasˈtraw/ [複 baixo-astrais] 形〖男女同形〗❶ 語 (人や場所が) 落ち込んだ, 元気がない, 陰気な (↔ alto-astral).
— 男 落ち込み, 意気消沈 ▶Ela está de baixo-astral desde que terminou com o namoro. 恋 が終わって以来, 彼女は落ち込んでいる.
baixo-relevo /,bajʃureˈlevu/ [複 baixos-relevos] 男〖美術〗浅浮き彫り.
baixote /bajˈʃɔtʃi/ 形名 背の低い (人).
bajulador, dora /baʒulaˈdox, ˈdora/ [複 bajuladores, doras] 形名 こびへつらう (人).
bajular /baʒuˈlax/ 他 …にへつらう, …の機嫌をとる, 諂(へつら)う.
***bala** /ˈbala/ バーラ/ 女 ❶ 銃弾 ▶bala de chumbo 鉛の弾 / bala perdida 流れ弾 / bala de festim 空弾 / colete à prova de bala 防弾チョッキ.
❷ B キャンディー, あめ▶bala de goma グミ.
como uma bala 鉄砲玉のように.
estar cuspindo bala ① 酔っ払っている. ② 頭から湯気を立てている.
estar uma bala 激怒している.
ficar uma bala 激怒する.
mandar bala ① 取りかかる. ② 発砲する.
tirar bala de criança 赤子の手をひねるようなものである, 容易である.
balada /baˈlada/ 女 ❶ バラード. ❷ 語 夜遊び▶ir para a balada 夜遊びに出かける.
balaio /baˈlaju/ 男 わらやつるで編んだかご.
balaio de gatos ① 騒動が起こった場所. ② 混乱, 騒動.
balança /baˈlẽsa/ 女 ❶ 天秤, はかり ▶balança de banheiro 体重計 / balança de cozinha キッチンスケール.
❷ 正義の標章.
❸ 釣り合い, 均衡.
❹ 比較, 差額 ▶balança comercial 貿易収支.
❺ 〖天文〗(Balança) てんびん座.
colocar [pôr] na balança 天秤にかける.
pesar na balança ① 天秤にかける, 熟考する. ② 影響する.
balançar /balẽˈsax/ ⑬ 他 ❶ 揺り動かす, 揺する, 揺らす;(ブランコを)こぐ▶Ela balançava o filho até ele adormecer. 彼女は息子が寝入るまで揺すっていた.
❷ 動揺させ, 衝撃を与える.
❸ 平均を保たせる, 平衡を保たせる.
— 自 ❶ 揺れる, 横揺れする▶Este barco balança muito. この船は揺れがひどい.

❷ 迷う, ためらう ▶Diante a oferta, ele balançou. 申し出を前にして彼は躊躇した.
— **balançar-se** 再 揺れる;ためらう▶Ele balançou-se entre duas propostas. 彼は2つの提案の間でためらった.
Balança mas não cai. 揺れるが倒れない, 倒れそうで倒れない.
estar balançando 今にも解雇されそうである.
balancete /balẽˈsetʃi/ 男 ❶ 貸借対照表. ❷ 評価.
***balanço** /baˈlẽsu/ バランソ/ 男 ❶ 揺れ, 振動 ▶balanço sensual 官能的な体の揺れ / cadeira de balanço ロッキングチェア.
❷ 会計収支 ▶balanço das empresas públicas 公営企業の収支 / folha de balanço バランスシート / balanço de pagamentos 国際収支 / balanço consolidado 連結貸借対照表.
❸ 分析, 精査 ▶balanço do ano 1 年間の分析 / fazer um balanço de... …を総括する.
❹ ブランコ ▶brincar no balanço ブランコに乗る.
balanço do poder 勢力の均衡.
dar o balanço ① 下げいこをする. ② 清算する. ③ 総括する.
fechado para balanço ① (棚卸しのため) 臨時休業した. ② 新しい友人 [恋人] を断っている.
balangandã /balẽgẽˈdẽ/ 男 B 装飾品.
balão /baˈlẽw/ [複 balões] 男 ❶ 気球 ▶balão dirigível 飛行船 / andar de balão 気球に乗る / viagem de balão 気球旅行.
❷ 球形フラスコ.
❸ 風船;アルコールテスト用の風船.
❹ (大型の) ボール.
❺ ボンベ▶balão de oxigênio 酸素ボンベ.
❻ (漫画の) 吹き出し.
❼ (袋小路にある) 折り返し地点▶balão de retorno U ターン地点 / fazer um balão U ターンする.
❽ 事実無根の大げさなニュース.
arrebentar a boca do balão 全力で挑む, 見事な成果を挙げる.
balão de ensaio ① 風向き測定気球. ② (世論の反応を知るための) さぐり, 観測気球.
de baldão 混乱して, あわてふためいて.
balar /baˈlax/ 自 (羊が) メーメー鳴く.
balaustrada /balawsˈtrada/ 女〖建築〗手すり, 欄干.
balaústre /balaˈustri/ 男〖建築〗バラスター, 手すり子 (欄干や手すりを支える小柱).
balbuciar /bawbusiˈax/ 他 たどたどしくしゃべる, もぐもぐ言う.
— 自 たどたどしく話す.
balbucio /bawbuˈsiu/ 男 ❶ 口ごもり, たどたどしい言い方. ❷ 幼児の片言.
balbúrdia /bawˈbuxdʒia/ 女 騒ぎ, 混雑, 混乱;騒々しい声▶Muitas pessoas vieram e foi uma balbúrdia. 大勢の人が来て, 騒然となった.
balcão /bawˈkẽw/ [複 balcões] 男 ❶ カウンター, 受付, 窓口;売り台▶balcão de informações 案内窓口 / balcão de reservas 予約カウンター / empregada de balcão 女性販売員.
❷ (酒場の) カウンター.

❸ バルコニー，露台.
❹（劇場の）張り出し席，階上席 ▶ balcão nobre 2階バルコニー席 / balcão simples 3階バルコニー席.

balconista /bawko'nista/ [名] [B] 店員.

balda /'bawda/ [女] ❶（悪い）癖 ▶ Tinha a balda de reclamar sem parar. 彼にはとめどなく文句を言い続ける悪い癖があった. ❷〖トランプ〗捨て札.

baldado, da /baw'dadu, da/ [形] 失敗した，無駄な，無益な ▶ O trabalho foi desgastante e baldado. 作業は無駄骨と無益に終わった.

balde /'bawdʒi/ [男] バケツ.
chutar o balde あきらめる，気力が失せる，（計画等を）放棄する.
jogar um balde de água fria em... …に冷や水を浴びせる.

baldeação /bawdea'sẽw̃/ [複 baldeações] [女]（交通機関の）乗り換え ▶ fazer baldeação 乗り換える / Preciso fazer uma baldeação até Tóquio. 東京まで1回乗り換えが必要だ.

baldear /bawdʒi'ax/ [他] ❶ バケツで水をくむ；バケツで水をかける. ❷（乗客や貨物を）乗り換えさせる，積み替える.

baldio, dia /baw'dʒiu, 'dʒia/ [形] 耕されていない，活用されていない ▶ Eles jogam futebol num terreno baldio. 彼らは空き地でサッカーをする.
— **baldio** [男] 空き地，荒地.

balé /ba'lɛ/ [男] バレエ，バレエ団 ▶ balé clássico クラシックバレエ / balé moderno モダンバレエ / fazer balé バレエをする.

balear /bale'ax/ ⑩ [他]（銃などで人を）撃つ，傷を与える，殺害する ▶ O ladrão foi baleado nas costas. 強盗犯は背中を撃たれた.

baleeira /bale'ejra/ [男] 捕鯨船.

baleia /ba'leja/ [女] ❶ クジラ. ❷《軽蔑》太った人.

baleiro, ra /ba'lejru, ra/ [名] あめ売り，あめ作りの職人.

balido /ba'lidu/ [男] 羊のメーメー鳴く声.

balir /ba'lix/ [自]（羊が）メーメー鳴く.

balística[1] /ba'listʃika/ [女] 弾道学.

balístico, ca[2] /ba'listʃiku, ka/ [形] 弾道（学）の ▶ míssil balístico 弾道ミサイル.

baliza /ba'liza/ [女] ❶ 境界標識，境界線 ▶ O terreno estava marcado por balizas. 土地は標識で区切られていた
❷ サッカーゴール；（競走の）ゴール.
❸ 航路で目印となる浮標，ブイ.
❹ バトントワラー.
fazer a baliza 車列のすいているところに駐車する.

balizar /bali'zax/ [他] ❶ …に標識を設置する，…の境界を定める ▶ balizar o terreno 土地の境界を定める.
❷ …を制限する ▶ balizar as ações 行動を制限する.

balneário, ria /bawne'ariu, ria/ [形] 湯治の，海水浴の ▶ hotel balneário 湯治のできるホテル.
— **balneário** [男] ❶ [P]（スポーツ施設の）更衣室. ❷ 湯治場，海水浴場，海浜リゾート地.

balofo, fa /ba'lofu, fa/ [形] ❶ とても肥った ▶ Ela é uma criança balofa. 彼女はとても肥った子供だ.
❷ ふかふかの，ふわふわの，かさばった ▶ colchão balofo ふかふかのマットレス.

baloiçar /baloj'sax/ [他] [自] ＝ balouçar

balouçar /balo'sax/ ⑬ [他] 揺れ動かす，ぶらぶらさせる.
— [自] 揺れ動く，ぶらぶらする ▶ balouçar ao vento 風に揺れる.
— **balouçar-se** [再] 揺れ動く，ぶらぶらする.

balsa /'bawsa/ [女] ❶ バルサ（材）. ❷ いかだ；渡し船，フェリー ▶ balsa salva-vidas 救命ゴムボート.

balsâmico, ca /baw'sẽmiku, ka/ [形] ❶ バルサムの，バルサムを含む ▶ vinagre balsâmico バルサミコ酢. ❷ 芳香性の；鎮痛の.

bálsamo /'bawsamu/ [男] ❶ バルサム（芳香性樹脂）. ❷ 鎮痛剤. ❸ 芳香. ❹（心の痛手を）癒すもの，慰め.

baluarte /balu'axtʃi/ [男] ❶ 稜堡（りょうほ），防塁，砦. ❷《比喩的に》砦，安全な場所.

balzaquiana /bawzaki'ẽna/ [女] 30歳前後の女性（フランスの作家バルザック Balzac が『三十女』という小説を書いたことから）.

bamba /'bẽba/ [形]《男女同形》…が得意な，名人の [+ em].

bambear /bẽbe'ax/ ⑩ [他] 緩める ▶ O peso dos livros bambeou a estante. 本の重みが書棚をたゆませた.
— [自] ふらつく，ひるむ ▶ Os adversários bambeiam diante da seleção brasileira de futebol. 対戦相手は，サッカーブラジル代表チームを前にしてひるんでいる.

bambo, ba /'bẽbu, ba/ [形] ❶ 緩い，たるんだ，がたがたする ▶ corda bamba たるんだロープ / dente bambo グラグラする歯 / A mesa está bamba. テーブルががたがたする / ficar de perna bamba 足ががくがくする.
❷ 疲れた ▶ Maria saiu bamba da aula de dança. マリアは疲れてダンス教室を出た.

bambolê /bẽbo'le/ [男] フラフープ.

bambu /bẽ'bu/ [男] 竹 ▶ uma cadeira de bambu 竹製の椅子.

banal /ba'naw/ [複 banais] [形]《男女同形》平凡な，ありふれた，ありきたりの ▶ um crime banal よくある犯罪 / por motivo banal 些細な理由で.

banalidade /banali'dadʒi/ [女] 平凡なこと，陳腐なこと，よくあること.

banalização /banaliza'sẽw̃/ [複 banalizações] [女] 一般化，大衆化，日常茶判事になること ▶ a banalização da violência 暴力が日常茶飯事になること.

banalizar /banali'zax/ [他] 陳腐化させる，一般化させる ▶ banalizar a violência 暴力を日常化する.
— **banalizar-se** [再] 陳腐化する，一般化する ▶ A corrupção se banalizou no nosso país. 汚職は私たちの国では日常茶飯事になった.

banana /ba'nẽna/ [女] ❶ バナナ ▶ cacho de bananas バナナの房 / casca de banana バナナの皮 / república das bananas バナナ共和国（政情不安定な中南米の小国を指す蔑称）.
❷ ウエストポーチ.
❸ [卑] ペニス.

❹ [卑] 左手を右ひじの内側に置いて右腕を上方に勢いよく上げる，挑発のしぐさ.
— [形]《男女同形》[名] [話] 弱虫の（人）.
a preço de banana 激安の.
Uma banana! とんでもない，そんなことない.

bananada /bana'nada/ [女] ❶ 大量のバナナ. ❷ バナナの砂糖菓子.

bananeira /bana'nejra/ [女] バナナの木.
plantar bananeira 逆立ちする.

banca /'bẽka/ [女] ❶ [B]（新聞や雑誌の）販売店，新聞スタンド（= banca de jornal）.
❷ 物売り台，陳列台 ▶ banca de feira 市場の陳列台.
❸ 審査委員会 ▶ A banca examinadora aprovou o candidato. 審査委員会は候補者を合格させた.
❹ 弁護士事務所.
❺ 作業台 ▶ banca de carpinteiro 大工の作業台.
❻（賭博の）胴元，胴元の金.
abafar a banca ① 第一位である，傑出する. ② 盛装する. ③ 胴元の資金をありったけ勝ち取る. ④ 大成功する.
botar banca 偉そうな態度を取る，威張る.
montar banca 力で自分を認めさせる.
pôr banca 威張る.
quebrar a banca 胴元を破産させる.

bancada /bẽ'kada/ [女] ❶ 長腰掛け，ベンチ.
❷（旋盤工，大工などが使用する）作業台.
❸ [B]（州の上院議員，下院議員や政党の）議員一行.

bancar /bẽ'kax/ ㉙ [他] ❶ [話] …の費用を払う ▶ O chefe bancou a viagem. 旅費の支払いは上司持ちだった.
❷ …のように見せかける，…のふりをする ▶ Ele bancou o santo. 彼は善人を装った / bancar o palhaço 道化役を演じる / bancar o difícil 虚勢を張る，気のないそぶりをする.
❸《bancar que ＋[直説法]》…であるふりをする ▶ O rapaz bancou que conhecia todo mundo. 青年は全員を知っているふりをした.

bancário, ria /bẽ'kariu, ria/ [形] 銀行の，金融の ▶ conta bancária 銀行口座 / feriado bancário 銀行休業日.
— [名] 銀行員.

bancarrota /bẽka'xota/ [女] ❶ 破産，倒産 ▶ ir à bancarrota 倒産する. ❷ 破綻，破滅.

***banco** /'bẽku バンコ/ [男] ❶ **銀行，…銀行，…バンク** ▶ o Banco do Brasil ブラジル銀行 / banco central 中央銀行 / banco de depósito 預金銀行 / banco de dados データバンク / banco de olhos アイバンク / banco de sangue 血液銀行 / banco alimentar フードバンク / banco de horas フレックスタイム制.
❷（自動車の）**座席** ▶ no banco da frente 前部座席に / no banco de trás 後部座席に.
❸ **ベンチ，長椅子** ▶ banco de jardim 公園のベンチ / banco de reservas 補欠選手が座るベンチ.
❹ 腰掛け ▶ banco de cozinha 台所用腰掛け / banco de réus 被告席.
❺（海の）浅瀬 ▶ banco de areia 砂州 / banco de corais サンゴ礁.
❻（水面の）魚群 ▶ banco de peixe 水面に現れた魚群.
sentar no banco ベンチに座る，控え選手にまわる.

banda /'bẽda バンダ/ [女] ❶ **楽団，バンド** ▶ banda militar 軍楽隊 / banda de rock ロックバンド / banda marcial マーチングバンド / banda de música 楽団；取り巻き.
❷ **側，側面** ▶ a outra banda do rio Tejo テージョ川の向こう側 / a banda direita de um barco 船の右側面［右舷側］/ banda de fora 外側，外部.
❸《主に bandas》**辺り，辺** ▶ por estas bandas この辺りでは.
❹ 一団，一味 ▶ banda de ladrões 泥棒の一味.
❺ テープ，リボン ▶ banda de papel 紙テープ / banda desenhada 漫画 / banda magnética 磁気テープ / banda sonora サウンドトラック / bandas sonoras（減速用の路面の）スピードバンプ / banda de pneu タイヤのトレッド面.
❻（周波数などの）帯域，幅 ▶ banda de frequência 周波数帯 / banda larga〖情報〗ブロードバンド.
à banda 片方に傾けて ▶ usar o chapéu à banda 帽子を傾けて被る.
banda podre（組織や社会等の）腐った部分.
de banda 斜めになって ▶ andar de banda 体を斜めにして歩く / olhar de banda 横目で見る.
mandar alguém à outra [àquela] banda [話] ① …を追い払う. ② …を侮辱する.
pegar da banda podre 貧乏くじを引く.
pôr de banda 見捨てる，無視する，（ひとまず）横におく.
sair de banda こっそり逃げる，人に気付かれぬように抜け出す.

bandarilha /bẽda'riʎa/ [女] 闘牛士が使う飾り投げやり.

bandear-se /bẽde'axsi/ ⑩ [他] ❶ 政治的立場を変える，転向する ▶ Ele se bandeou para outro partido. 彼は他党に移った.
❷ 移籍する ▶ O jogador bandeou para o time adversário. その選手は敵チームに移った.

***bandeira** /bẽ'dejra バンデイラ/ [女] ❶ **旗** ▶ bandeira portuguesa ポルトガル国旗 / bandeira nacional 国旗 / hastear [içar] a bandeira 旗を掲揚する / arriar a bandeira 旗を降ろす，降参する / bandeira vermelha 赤旗 / bandeira branca 白旗 / bandeira a meio pau 半旗.
❷ 理念，理想，旗印 ▶ Fizeram da liberdade a sua bandeira. 彼らは自由を旗印とした.
acenar com a bandeira branca 白旗を振る.
bandeira de conveniência 便宜船籍.
bandeira dois（タクシーの）割増料金.
dar bandeira [話] 隠すべきことを明らかにする.
enrolar a bandeira ① 諦める. ② 性行為を中断する.
estar de bandeira a meio-pau ① 酒に酔っている. ② 元気がない，調子が悪い.
levantar a bandeira ① 擁護する. ② 旗揚げをする，決起する.
levar uma bandeira きつく断られる.
não ter bandeira ① 好き勝手にふるまう. ② 他

bandeirada

rir a bandeiras despregadas 〖語〗 大笑いする.

bandeirada /bɐ̃dej'rada/ 〖女〗 タクシーの基本料金.

bandeirante /bɐ̃dej'rɐ̃tʃi/ 〖女〗〖B〗 ガールスカウトの一員.
— 〖名〗 ❶ 奥地探検隊員. ❷ サンパウロ州の人.
— 〖形〗《男女同形》❶ ガールスカウトの. ❷ 奥地探検隊員の. ❸ サンパウロ州の.

bandeirinha /bɐ̃dej'riɲa/ 〖男〗〖B〗 《サッカー》線審.
— 〖名〗 小旗.

bandeirola /bɐ̃dej'rɔla/ 〖女〗 小旗.

bandeja /bɐ̃'deʒa/ 〖女〗 盆, トレイ.
dar de bandeja 〖語〗 ① …を簡単に与える ▶Nada no mundo é dado de bandeja. この世には楽には手に入るものなどない. ② ゴールを決めやすいパスを出す.
receber de bandeja ① 《サッカー》最高のパスを受ける. ② お膳立てを受ける, よい物を努力なくもらい受ける.

bandido, da /bɐ̃'dʒidu, da/ 〖名〗 ❶ 無法者, 盗賊 ; 悪党, 強盗. ❷ 悪人.
jogar de bandido 逆らう.
trabalhar de bandido 謀反を起こす.

banditismo /bɐ̃dʒi'tʃizmu/ 〖男〗 強盗 (行為) ; 《集合的に》犯罪 (行為).

bando /'bɐ̃du/ 〖男〗 ❶ 鳥類の群れ ▶um bando de pardais スズメの群れ.
❷ 人の一団, 一隊 ▶um bando de crianças 子供の集団.
❸ 犯罪者の一味 ▶um bando de malfeitores 悪漢一味 / bando armado 武装ギャング.
em bando グループで, 群れで.

bandô /bɐ̃'do/ 〖男〗 カーテンのレール隠し.

bandoleiro, ra /bɐ̃do'lejru, ra/ 〖名〗 山賊, 追いはぎ, 盗賊.

bandolim /bɐ̃do'lĩ/ [複 bandolins] 〖男〗 バンドリン (マンドリンに似た楽器).

bandulho /bɐ̃'duʎu/ 〖男〗〖語〗 腹 ▶encher o bandulho たらふく食べる.

bangaló /bɐ̃ga'lɔ/ 〖男〗〖P〗 = bangalô

bangalô /bɐ̃ga'lo/ 〖男〗〖B〗 バンガロー.

bangue–bangue /ˌbɐ̃gi'bɐ̃gi/ [複 bangue-bangues] 〖男〗〖B〗 ❶ 射撃, 銃撃 ▶filme de bangue-bangue 西部劇映画. ❷ 西部劇映画.

banguela /bɐ̃'gela/ 〖形〗《男女同形》〖名〗 前歯のない (人), 前歯の抜けた (人).
na banguela ① ニュートラルギアに入った. ② 下坂を走る.

banha /'bɐɲa/ 〖女〗 ❶ 獣脂, ラード ▶banha de porco 豚の脂. ❷ ぜい肉.
criar banha 脂肪がつく.
ficar na banha 金に困る.
passar banha em alguém …にべっかを使う, ごまをする.

banhado, da /ba'ɲadu, da/ 〖形〗 ❶ …に濡れた, …に浸った [+ de] ▶banhado de suor 汗びっしょりになって.
❷ …でメッキした [+ a] ▶banhado a ouro 金メッキした / banhado a prata 銀メッキした.

banhar /ba'ɲax/ 〖他〗 ❶ 入浴させる, 風呂に入れる.
❷ …で濡らす [+ de/em] ▶banhar as mãos no sangue de... …を殺す.
❸ 《川が》…を流れる ▶O rio Sena banha Paris. セーヌ川はパリを流れる.
❹ …を…でメッキする [+ em].
— 〖自〗 …に潜る [+ em].
— **banhar-se** 〖再〗 水浴びする, 入浴する.

banheira /ba'ɲejra/ 〖女〗 浴槽, 湯船.

*****banheiro** /ba'ɲejru/ バニェイロ 〖男〗 ❶ トイレ ▶Posso usar o seu banheiro? トイレを借りてもいいですか / Onde fica o banheiro, por favor? トイレはどこですか / Ele foi ao banheiro. 彼はトイレに行った.
❷ 浴室 ▶O banheiro fica ao fundo do corredor. 浴室は廊下の突き当たりにある.

banhista /ba'ɲista/ 〖名〗 (海水浴場やプールの) 海水浴客, 水泳客.

‡**banho** /'bɐɲu/ バーニョ 〖男〗 ❶ 入浴, 水浴, 風呂 ; シャワー ; …浴 ▶tomar banho 入浴する, シャワーを浴びる / banho quente 熱いシャワー / banho frio 冷たいシャワー / preparar o banho 入浴の準備をする / banho de chuveiro シャワー浴 / banho turco トルコ風呂 / banho de espuma 泡風呂 / banho de assento 座浴 / banho de cheiro アロマ浴 / tomar banho de sol 日光浴をする / tomar banho de mar 海水浴をする / banhos de sangue 虐殺 / calções de banho 水泳パンツ / banho de loja 買い物三昧 / dar um banho de algo em alguém …に…を浴びせかける / levar um banho de algo …を浴びせかけられる.
❷ (banhos) 温泉場 ▶ir a banhos 温泉地に逗留する.
❸ 〖語〗 雨に降られること ▶Como não tinha chapéu de chuva, levou um grande banho. 傘を持っていなかったので, ずぶ濡れになった.
❹ 長期的・集中的接触 ▶banho de cultura 文化接触 / banho de civilização 文明に浴すること / banho de multidão 大衆との接触.
❺ 大差の勝利 ▶banho de bola (サッカーでの) 圧勝, 総なめ.
banho de gato カラスの行水.
banho de poeira 転倒, ほこりまみれ.
casa de banho 〖P〗 バスルーム, トイレ ▶Onde fica a casa de banho? トイレはどこですか / casa de banho para homens 男性用トイレ / casa de banho para senhoras 女性用トイレ.
dar um banho ① 圧勝する. ② 洗ってあげる, 風呂に入れる.
tomar banho de loja たくさん買い物をする.
Vá tomar banho! ほっといてくれ.

banho-maria /ˌbaɲuma'ria/ [複 banhos-maria] 〖男〗 湯煎, 湯煎なべ.
aquecer em banho-maria ① 湯煎する. ② 遅らせる.
em banho-maria ゆっくりと, 遅れて.
levar em banho-maria ゆっくりと運ぶ.

banido, da /ba'nidu, da/ 〖形〗〖名〗 追放された (人), 追い払われた (人).

banimento /bani'mẽtu/ [男] 追放.
banir /ba'nix/ [他] 追放する, 排除する ▶ banir o álcool dos estádios アルコールをスタジアムから追放する.
banjo /'bẽʒu/ [男] バンジョー.
banqueiro, ra /bẽ'kejru, ra/ [名] ❶ 銀行家. ❷ (賭博の) 胴元. ❸ 金持ち, 資本家.
banqueta /bẽ'keta/ [女] ❶ 小さい腰掛, スツール. ❷ 小さなテーブル.
banquete /bẽ'ketʃi/ [男] 宴会, 祝宴 ▶ dar um banquete 祝宴を開く.
banqueteiro, ra /bẽke'tejru, ra/ [名] 仕出し業者.
baque /'baki/ [男] ❶ 落下音, 衝突音 ▶ Ouvi um baque. 私は物が落ちる音を聞いた.
❷ 落下, 転倒.
❸ 逆境, 不運.
baquear /bake'ax/ ⑩ [自] ❶ 急に倒れる, 崩壊する ▶ Cansado, ele acabou baqueando. 彼は疲れから倒れてしまった
❷ 倒産する ▶ A empresa baqueou com a crise econômica. 経済危機のせいで会社はつぶれた.
❸ 落胆する, 消沈する.
baqueta /ba'keta/ [女] (太鼓の) ばち.
bar /'bax/ [[複] bares] [男] ❶ カウンター席, 酒場, バー, スナックバー ▶ no bar バーで / o bar do hotel ホテルのバー / bar com música ao vivo 生演奏のあるバー / bar de saladas サラダバー.
❷ 酒瓶を陳列保管する戸棚.
baralhar /bara'ʎax/ [他] (トランプを) シャッフルする, 切り混ぜる ▶ baralhar as cartas カードを切る.
— **baralhar-se** [再] 混ざる, 混乱する.
baralho /ba'raʎu/ [男]〚トランプ〛カードの一組 ▶ um baralho de cartas カード1組.
barão, baronesa /ba'rẽw̃, baro'neza/ [[複] barões, baronesas] [名] ❶ 男爵, 男爵夫人. ❷ 財界の実力者 ; …王 ▶ barão do café コーヒー王.
barata[1] /ba'rata/ [女] ゴキブリ.
barata de igreja 熱心に教会に通う信者.
barata descascada 顔面蒼白な人.
barata tonta 狼狽した人, 混乱した人.
entregue às baratas ① ゴキブリがうようよいる. ② 放置された, 荒れ果てた.
baratear /barate'ax/⑩ [他] 安い値段で売る ▶ Compras coletivas barateiam os produtos. 共同購入によって商品が安く買える.
— [自] 値下がりする.
— **baratear-se** [再] 安くなる, 値下がりする.
barateiro, ra /bara'tejru, ra/ [形] 安売りの ▶ loja barateira 安売り店.
***barato, ta**[2] /ba'ratu, ta バラート, タ/ [形] ❶ **安い, 安価な, 安上がりの** (↔ caro) ▶ um prato barato 安い料理 / um restaurante barato 低料金のレストラン.
❷ 安っぽい, ありふれた ▶ piada barata 陳腐な冗談 / psicologia barata 安手の心理学.
— **barato** [副] **安く**, 安価で ▶ comprar barato 安く買う / custar barato 値段が安い / comer barato 安く食事をする / cobrar barato por algo …に安い料金を請求する..
— **barato** [男] [B] [話] 《ser um barato》すばらしい, 最高である ▶ Casar é um barato. 結婚は素敵だ / O show foi um barato. コンサートは最高だった.
cortar o barato (計画や楽しみを) 台無しにする.
dar de barato 二つ返事をする.
deixar barato 放っておく, 目をつぶる.
*__barba__ /'baxba バフバ/ [女] **ひげ**, あごひげ ▶ fazer a barba ひげを剃る / deixar crescer a barba ひげを伸ばす / barba rija 硬いひげ / barba rala 薄いひげ / navalha de barba ひげそり / barbas de bode ヤギひげ.
barba a barba 面と向かって, 直面して.
empenhar as barbas 名誉をかける.
fazer barba, cabelo e bigode ① (サッカー) 同じ相手に3連勝する, 3つの異なるカテゴリーで優勝する. ② 3つ以上のコンペなどで成功をおさめる.
já ter barbas すでに過去のものである ▶ Essa anedota já tem barbas. その笑い話はもう古い.
nas barbas de... …の面前で, ものともせずに ▶ Roubaram o carro nas barbas do dono. 持ち主の面前で車が盗まれた.
pôr as barbas de molho [話] 用心する, 予防する.
barbada /bax'bada/ [女] [B] ❶ 馬の下あご. ❷ 本命馬. ❸ 簡単なこと, 楽勝.
barbado, da /bax'badu, da/ [形] ひげを生やした.
— **barbado** [男] ❶ ひげを生やした男. ❷ 大人の男.
barbante /bax'bẽtʃi/ [男] [B] ひも.
barbaridade /baxbari'dadʒi/ [女] ❶ 野蛮, 残虐, 非道. ❷ ばかげたこと ▶ Não diga barbaridades! ばかげたことを言うな.
— [間]《驚き》たまげた, あきれた, ひどい ▶ Que calor horrível! Barbaridade, tchê! 恐ろしい暑さだ, たまらないね.
barbárie /bax'bari/ [女] 野蛮, 未開, 残忍 ▶ ato de barbárie 残虐行為.
barbarismo /baxba'rizmu/ [男] ❶ 野蛮, 未開. ❷ 野蛮な行為. ❸ 正しくない語法.
bárbaro, ra /'baxbaru, ra/ [形] ❶ 野蛮な, 粗野な, 残忍な ▶ um crime bárbaro 残忍な犯罪. ❷ 激しい, ひどい ▶ Fazia um frio bárbaro. とても寒かった.
❸ すばらしい ▶ Você passou no vestibular? Que bárbaro! 君は入学試験に受かったのか. すごいな.
❹ 未開の, 蛮族の ▶ povo bárbaro 未開民族.
— [名] 蛮族, 野蛮人.
barbatana /baxba'tẽna/ [女] (魚の) ひれ ▶ barbatana dorsal 背びれ.
barbeador /baxbea'dox/ [[複] barbeadores] [男] ひげそり, かみそり ▶ barbeador elétrico 電気かみそり.
barbear /baxbe'ax/ ⑩ [他] (他人の) ひげを剃る ▶ máquina de barbear 電気カミソリ.
— **barbear-se** [再] (自分の) ひげを剃る ▶ Eu me barbeio todos os dias. 私は毎日ひげを剃る.
barbearia /baxbea'ria/ [女] 理髪店, 理容店.
barbeiragem /baxbej'raʒẽj/ [[複] barbeiragens] [女] 下手な運転, 危険運転 ▶ fazer uma barbeiragem 危険運転をする / Uma barbeiragem

cometida pelo motorista causou o acidente. ドライバーの危険運転が事故の原因だった.

barbeiro, ra /bax'bejru, ra/ 形 名 運転の下手な(人).
— **barbeiro** 男 ❶ 理容師. ❷ 理容室, 床屋. ❸ (シャーガス病を媒介する) サシガメ.

barbicha /bax'biʃa/ 女 ヤギひげ.

barbudo /bax'budu/ 形 男 ひげの濃い(男).

barca /'baxka/ 女 フラットボート, 荷船, 連絡船, フェリーボート.
barca de São Pedro カトリック教会.

barcaça /bax'kasa/ 女 大型のはしけ ▶ barcaça de desembarque 上陸用舟艇.

★barco /'baxku/ 男 ❶ ボート, 小舟 ▶ barco a motor モーターボート / barco a remos 手漕ぎボート.
❷ (一般に) 船 ▶ barco de pesca 漁船 / barco de recreio 遊覧船 / barco a vela 帆船 / andar de barco 舟で行く.
abandonar o barco 離脱する.
aguentar o barco 持ちこたえる, 助ける, 支える.
ancorar o barco 止まる, 諦める.
comandar o barco 主導権を握る.
deixar o barco correr 成り行き任せにする.
estar no mesmo barco 同じ船に乗り合わせる, 同じ状況にある.
segurar o barco 困難に負けないよう立ち向かう.
tocar o barco para a frente くじけることなく人生を歩み続ける.

bardo /'baxdu/ 男 (古代ケルト族の) 吟遊詩人; 詩人.

barganha /bax'gẽɲa/ 女 ❶ 物々交換. ❷ 裏取引.

barganhar /baxga'ɲax/ 他 …を物々交換する, 交易する ▶ Barganhei meu carro. 車を物々交換した.

bário /bariu/ 男 [化学] バリウム.

barítono /ba'ritonu/ 男 [音楽] バリトン, バリトン歌手.

barnabé /baxna'bɛ/ 名 話 小役人, 木っ端役人.

barométrico, ca /baro'metriku, ka/ 形 気圧の.

barómetro /bɐ'rɔmətru/ 男 P = barômetro

barômetro /ba'rõmetru/ 男 B ❶ 気圧計. ❷ (世論などの) 動向を示す指標, 徴候.

baronesa /baro'neza/ 女 女男爵, 男爵夫人.

barqueiro, ra /bax'kejru, ra/ 名 船頭.

★barra /'baxa/ 女 ❶ 棒 ▶ barra de ferro 鉄の棒 / barra de ouro 金塊 / uma barra de chocolate チョコレートバー / uma barra de sabão 石鹸1個.
❷ 横棒, 横線 ▶ código de barras バーコード.
❸ (バレエの練習用の) バー, (スポーツ用の) 棒, バー ▶ barra fixa (体操用) 鉄棒 / barras assimétricas 段違い平行棒 / barras paralelas 平行棒.
❹ [情報] バー ▶ barra de ferramentas ツールバー / barra de menus メニューバー / barra de rolagem スクロールバー / barra de tarefas タスクバー / barra de direção ハンドルバー.
❺ (裁判官と傍聴人を隔てる) 柵; 証人席, 弁護人席; 法廷.
❻ 斜線, スラッシュ (= barra inclinada) ▶ barra invertida バックスラッシュ.
❼ 《uma barra》難しいこと ▶ ser uma barra 難しい.
aguentar a barra ① 持ちこたえる. ② 約束を守る.
barra da saia 女性の影響下にある人.
barra do dia 夜明け.
barra suja 信頼できない人.
forçar a barra 無理強いする.
levar à barra do tribunal 訴訟を起こす.
limpar a barra ① すべての懸案を解決する. ② 和解する. ③ 制限を解除する.
sujar a barra 窮地に陥る (陥れる), 気まずくなる.

barraca /ba'xaka/ 女 ❶ テント ▶ montar uma barraca テントを張る / desmontar uma barraca テントをたたむ.
❷ (浜辺の) 日よけ ▶ barraca de praia 海水浴場の日よけ.
❸ 定期市のテント.

barraco /ba'xaku/ 男 (スラム街の) 粗末な家.
armar um barraco 大騒ぎを起こす, 修羅場を演じる.

barragem /ba'xaʒẽj/ [複 barragens] 女 ❶ ダム ▶ barragem hidrelétrica 水力ダム / barragem de acumulação 貯水ダム. ❷ (魚捕獲の) やな. ❸ 障害(物), 妨害.

barra-limpa /baxa'lĩpa/ [複 barra-limpas] 形 信頼できる, 感じのいい.

barranco /ba'xẽku/ 男 ❶ くぼみ, 穴. ❷ (川岸の) 高くて険しい土手. ❸ 障害, 困難.

barra-pesada /baxape'zada/ [複 barras-pesadas] 名 危険人物, 要注意人物.
— 形 《男女同形》❶ 危険な, 危ない ▶ um bairro barra-pesada 危険区域. ❷ 大変な, 厄介な.

barraqueiro, ra /baxa'kejru, ra/ 名 屋台店の店主.

barrar /ba'xax/ 他 ❶ 妨げる, 防止する ▶ A escola barrou a matrícula por falta de pagamento. 支払い不足で学校は登録を阻止した.
❷ …の入場を拒む ▶ Barraram o rapaz na porta da festa. パーティーの入り口で青年は入場を拒否された.

★barreira /ba'xejra/ バヘィラ / 女 ❶ 柵, 障壁, 障害 ▶ montar uma barreira 障壁を作る / a barreira da língua 言葉の壁 / barreiras sociais e culturais 社会的文化的障壁 / barreira do som 音速の壁 / barreiras alfandegárias 関税障壁 / barreiras não tarifárias 非関税障壁.
❷ 地滑り.
❸ 検問所.
❹ [陸上] ハードル ▶ os 110 metros com barreiras 110メートルハードル.
❺ [サッカー] ディフェンスの壁.

barrento, ta /ba'xẽtu, ta/ 形 粘土を含んだ, 粘土色の.

barrete /ba'xetʃi/ 男 ❶ 縁なし帽子. ❷ ビレッタ (聖職者がかぶる四角形の帽子).

enfiar o barrete a alguém …のデマをうわさする.
barrica /ba'xika/ [女] 小さな樽.
barricada /ba'xikada/ [女] バリケード.
⋆**barriga** /ba'xiga バヒーガ/ [女] ❶ **腹, 腹部** ▶dormir de barriga para baixo うつ伏せに眠る / Estou com dor de barriga. 私はお腹が痛い / trazer um filho na barriga お腹に子を宿す / estar com uma barriga de seis meses 妊娠6か月である / estar de barriga [話] 妊娠している, お腹が大きい.
❷ [話] (下腹の) ふくらみ ▶barriga de cerveja ビール腹.
❸ 動物の腹部 ▶a barriga da pescada ニベの腹.
❹ ふくらみ, ふくらんだ部分 ▶barriga da perna ふくらはぎ.
❺ (新聞の) 誤報.
chorar de barriga cheia 理由もなく嘆く.
comer barriga ① (新聞などの校正で) 間違いを見逃す. ② (トランプゲームで) よいカードを出す機会を逃す.
de barriga para cima 手足を伸ばして, 気を休めて.
empurrar com a barriga ① (出来事や役割に) 関心を示さない. ② (しばしば好ましくない理由で) 解決を先送りする.
falar de barriga cheia ① すでに解決している事柄について得意気に指図する. ② 恵まれた状況にいるのに不満を漏らす.
tirar a barriga da miséria 空腹後満腹になるまで食べる, (ずっと飢えていた状態から) 満腹になる, 存分に堪能する.
barrigudo, da /baxi'gudu, da/ [形] 太鼓腹の, 腹が出た ▶estar barrigudo 腹が出ている / ficar barrigudo 腹が出る.
barril /ba'xiw/ [[複] barris] [男] ❶ 樽. ❷ (原油の容量単位) バレル.
barril de chope 生ビールの樽 ; ずんぐりした人.
barril de pólvora 火薬庫, 一触即発の事態.
barro /ba'xu/ [男] 粘土, 陶土 ▶escultura de barro 粘土の彫刻 / prato de barro 陶器の皿.
do mesmo barro 同じような, よく似た.
barroco, ca /ba'xoku, ka/ [形] ❶ バロック様式の ▶a música barroca バロック音楽. ❷ 装飾過多の, ごてごてした. ❸ いびつな ▶pérola barroca いびつな真珠.
— **barroco** [男] ❶ バロック様式. ❷ いびつな真珠.
barulheira /baru'ʎejra/ [女] 騒音, うるささ, やかましさ ▶Que barulheira toda é essa? この騒音は一体何だ / fazer uma barulheira 騒ぐ.
barulhento, ta /baru'ʎẽtu, ta/ [形] ❶ やかましい, 騒々しい ▶caminhão barulhento うるさいトラック / Os jovens gostam de música barulhenta. 若者は騒々しい音楽を好む.
❷ 騒動を起こす ▶Uns rapazes barulhentos acabaram com a festa. 騒がしい青年のせいでパーティーが台無しになった.
⋆**barulho** /ba'ruʎu バルーリョ/ [男] ❶ **音, 物音, 騒音, 雑音** ▶o barulho da rua 通りの音 / fazer barulho 音をたてる / Havia muito barulho na sala. 部屋はうるさかった / Muito barulho por nada. 大山鳴動してねずみ一匹, 空騒ぎ / sem barulho 音をたてずに, 静かに / estar com um barulho 音を立てている.
❷ **騒動**, 暴動, けんか ▶Houve barulho na praça. 広場で騒動があった.
comprar barulho けんかや論争に加わる.
do barulho すばらしい.
basal /ba'zaw/ [[複] basais] [形] 《男女同形》 基本の, 基礎の ▶metabolismo basal 基礎代謝.
basalto /ba'zawtu/ [男] 玄武岩.
basco, ca /'basku, ka/ [形] バスク地方の, バスク語の ▶o País Basco バスク.
— [名] バスク人.
— **basco** [男] バスク語.
⋆⋆⋆**base** /'bazi バーズィ/ [女] ❶ **基地** ▶base militar 軍事基地 / base aérea 空軍基地 / base naval 海軍基地 / base de lançamento 宇宙ロケット発射基地 / base espacial 宇宙基地.
❷ **基礎, 土台** ▶a base de um edifício 建物の基礎 / a base de um pilar 柱の土台 / a educação como base da sociedade 社会の土台としての教育 / base monetária マネタリーベース.
❸ 基礎知識 ▶ter falta de bases em matemática 数学の基礎知識に欠ける.
❹ **下部** ▶a base de uma montanha 山のふもと / base de copo コップ置き.
❺ ファンデーション, 下地 ▶base de maquiagem 化粧のファンデーション.
❻ 主成分 ▶a base de um perfume 香料の主成分.
❼ base de dados データベース.
❽ 支持基盤 ▶as bases do partido 党の支持基盤.
à base de... ① …に基づいて. ② …を主要素とする ▶uma alimentação à base de legumes 野菜を主とした食生活.
com base em... ① …に基づいて. ② …を主要素とする.
de base 基本的な, 基礎的な ▶vocabulário de base 基礎語彙.
na base de... ① …に基づいて. ② …を主要素とする.
sem base 根拠がない.
tremer nas bases 恐れおののく.
baseado, da /baze'adu, da/ [形] …に基づく [+ em] ▶um filme baseado em fatos 事実に基づく映画 / crescimento baseado em consumo 消費に支えられた成長.
— **baseado** [男] [B] [俗] 大麻タバコ.
⋆**basear** /baze'ax バゼアーフ/ ⑩ [他] ❶ **…の基礎となる.** ❷ **…を…に基づかせる** [+ em] ▶Ela baseou o romance em uma história verídica. 彼女はその小説を実話に基づいて書いた.
— **basear-se** [再] …に基づく, …を根拠とする [+ em] ▶O filme se baseia num episódio real. その映画は実際にあった挿話に基づいている.
basicamente /ˌbazika'mẽtʃi/ [副] 基本的に, 基本的には.
⋆⋆**básico, ca** /'baziku, ka バズィコ, カ/ [形] ❶ **基礎の** ▶português básico 基礎ポルトガル語 / ensino

básico 基礎教育.
❷ 根本的な, 本質的な ▶ questões básicas 根本的な問題.
❸ 基本的な, 簡素な ▶ regra básica 基本的ルール / competências básicas 基本的能力 / estrutura básica 基本構造 / um vestido básico 簡素なドレス.
— **básico** 男 基本, 基礎, 必要不可欠なもの, (生活) 必需品.

basilar /bazi'lax/ [複 basilares] 形 《男女同形》
❶ 基礎の, 土台の. ❷ 基本的な, 基礎的な.

basílica /ba'zilika/ 女 《キリスト教》大聖堂, 大寺院.

basquete /bas'kɛtʃi/ 男 略 バスケットボール ▶ jogar basquete バスケットボールをする.

basquetebol /baskɛtʃi'bɔw/ 男 バスケットボール ▶ jogar basquetebol バスケットボールをする / equipe de basquetebol バスケットボールチーム.

basquetebolista /baskɛtʃibo'lista/ 名 バスケットボール選手.

basta /'basta/ 男 中止, 終わり ▶ dar um basta 終わらせる / Ela deu um basta no namoro. 彼女は付き合いに終止符を打った.
— 間 (…は) もうたくさんだ, もう止めて [+ de] ▶ Não quero ouvir mais nada! Basta! もうこれ以上聞きたくない, もうたくさんだ / Basta de mentiras! うそはもうたくさんだ.
até dizer basta とても, いやになるほど.

‡**bastante** /bas'tẽtʃi/ バスタンチ/ 形《男女同形》
❶ 十分な, 足りる ▶ Eu tenho bastante dinheiro. 私は十分なお金を持っている / mais do que bastante 十分すぎるほどに.
❷ (bastante + 名詞) たくさんの, 多くの ▶ beber bastante água 大量の水を飲む / ler bastantes livros 多くの本を読む / bastante vezes 何度も何度も.
— 副 十分に, かなり, 非常に ▶ dormir bastante 十分に眠る / comer bastante 十分に食べる / chegar bastante cedo かなり早く到着する / ser bastante inteligente 非常に頭がよい.

bastão /bas'tẽw/ [複 bastões] 男 ❶ 杖, ステッキ; (スキーの) ストック. ❷ 棒, 警棒. ❸ (野球の) バット.
empunhar o bastão 軍を指揮する.
passar o bastão バトンを渡す, バトンタッチする.

‡**bastar** /bas'tax/ バスターフ/ 自 ❶ 十分である ▶ Basta uma palavra. 一言で十分だ / Basta clicar. クリックするだけでいい / Não basta dizer "Eu te amo". 「愛している」と言うだけでは十分だ.
❷ 《Basta que + 接続法》…するだけでよい.
❷ 《basta de…》…は終わりだ, たくさんだ ▶ Basta de briga. ケンカは止めてくれ / Basta de reclamar. 愚痴をこぼすのはよしてくれ.
— **bastar-se** 再 《bastar-se a si próprio》自立する, 自足する.
quanto baste (薬の処方で) 必要なだけ, 充分な量で.

bastardo, da /bas'taxdu, da/ 名 非嫡出子, 庶子, 私生児.
— 形 非嫡出の, 私生の ▶ O rei teve muitos filhos bastardos. 王はたくさんの隠し子がいた.

bastião /bastʃi'ẽw/ [複 bastiães, bastiões] 男 稜堡(ﾘｮｳﾎ); 要塞, 砦.

bastidor /bastʃi'dox/ [複 bastidores] 男 ❶ 刺しゅう枠. ❷ 舞台脇の装飾.
❸ 《bastidores》舞台裏; 内幕 ▶ os bastidores da política 政界の内幕.
atrás dos bastidores 舞台裏で.
conhecer os bastidores 舞台裏に通じている.
nos bastidores 秘かに ▶ Tudo foi planejado nos bastidores. すべて秘かに計画された.
recolher-se aos bastidores 舞台裏に引っ込む, 隠遁する, 引退する.

basto, ta /'bastu, ta/ 形 たくさんの, 豊富な, 十分な ▶ cabelos bastos 豊富な髪.

bata /'bata/ 女 (女性用の) 長めでゆったりしたブラウス.

‡**batalha** /ba'taʎa/ バターリャ/ 女 ❶ 戦闘, 戦い ▶ ganhar uma batalha 戦いに勝利する / perder uma batalha 戦いに敗れる / travar uma batalha 交戦する / campo de batalha 戦場 / batalha terrestre 陸戦 / batalha campal 野戦 / batalha naval 海戦 / batalha de gigantes 巨人同士の戦い.
❷ 奮闘, 奮戦 ▶ A minha vida é uma batalha sem fim. 私の人生は苦闘の連続だ.

batalhador, dora /bataʎa'dox, 'dora/ [複 batalhadores, doras] 名 戦士, 闘士.
— 形 戦う.

batalhão /bata'ʎẽw/ [複 batalhões] 男 ❶《軍事》大隊.
❷ 大群 ▶ um batalhão de turistas 大勢の旅行客 / batalhão de pobres 貧しい人々, 群衆.

batalhar /bata'ʎax/ 自 ❶ 奮闘する, 努力する ▶ batalhar para sobreviver 生き延びるために闘う.
❷ 戦う, 闘争する ▶ batalhar pela paz 平和のために闘う / batalhar contra as injustiças 不正と闘う.
❸ 他 …のために努力する, がんばる [+ por] ▶ batalhar por um emprego 就職のために奔走する.

‡**batata** /ba'tata/ バタータ/ 女 ❶ ジャガイモ ▶ batatas fritas フライドポテト; ポテトチップ. ❷ (一般的な) イモ. ❸ 俗 だんご鼻.
batata da perna ふくらはぎ.
batata quente 厄介な問題.
É batata! もちろんだ.
ir plantar batatas 人のことを構わない, 放っておく ▶ Vai plantar batatas! ほっといてくれ, あっちに行け.
mandar plantar batatas 追い払う, 厄介払いをする.
na batata 確かに.
ser batata 必ずそうなる, (予測等が) 命中する, (的を) 外れない.
Sua batata está assando! (良からぬ結末に) 気をつけて.

batata-baroa /ba,tataba'roa/ [複 batatas-baroas] 女 バタタバロア (黄色くて甘い食用の芋).

batata-doce /ba,tata'dɔsi/ [複 batatas-doces] 女 サツマイモ.

bate-boca /,batʃi'bɔka/ [複 bate-bocas] 男 B

口論, 激station.

bate-bola /ˌbatʃiˈbɔla/ [複 bate-bolas] 男 草サッカー.

batedeira /bateˈdejra/ 女 ❶ 泡立て器, かくはん器. ❷ 国 動悸 ▶ Ele sentiu uma batedeira forte no coração. 彼は激しい心臓の動悸を感じた.

batedor /bateˈdox/ [複 batedores] 男 ❶ 偵察, 斥候. ❷ 【スポーツ】バッター. ❸ 泡立て器, かくはん器. ❹ batedor de carteira すり.

bátega /ˈbatega/ 女 豪雨, 土砂降りの雨 ▶ Caiu uma grande bátega de água. 多量の雨が降った.

batel /baˈtɛw/ [複 batéis] 男 小さな船.

batelada /bateˈlada/ 女 ❶ 船一隻の船荷. ❷《uma batelada de》たくさんの… ▶ uma batelada de exames たくさんの検査.

batente /baˈtẽtʃi/ 男 ❶ 国 生業, 生計を立てるための仕事 ▶ pegar o [no] batente 働く, 仕事に行く. ❷ 【建築】サッシ.

bate-papo /ˌbatʃiˈpapu/ [複 bate-papos] 男 国 おしゃべり, 雑談 ▶ ter um bate-papo com alguém …とおしゃべりする / ficar de bate-papo com alguém …とおしゃべりを続ける / bate-papo virtual インターネットチャット.

★bater /baˈtex/ パテーフ/ 他 ❶ 打つ, たたく ▶ bater o ferro 鉄を打つ / bater os tapetes じゅうたんをはたく / bater palmas 手をたたく, 拍手する.
❷ (ドアなどを) 強く閉める ▶ bater a porta ドアをバタンと閉める.
❸ (記録を) 破る, 更新する ▶ bater o recorde 記録を破る.
❹ 攪拌(かくはん)する, 混ぜる, こねる ▶ bater ovos 卵を溶く.
❺ 打ち破る, …に勝利する ▶ bater o adversário 敵に勝つ.
❻ (写真を) 撮る ▶ bater uma foto 写真を撮る.
❼ タイプする ▶ bater uma carta 手紙をタイプする.
❽ 捜索する, 調べまわる ▶ A polícia bateu todo o bairro. 警察は地区一帯を捜索した.
❾ 拍子をとる ▶ bater o andamento de uma sinfonia 交響曲のリズムをとる.
❿ (歯などを) がたがたさせる, 小刻みに震わせる ▶ bater os dentes 歯を鳴らす.
⓫ 国 俗 ぬすむ, 奪う ▶ bater carteira 財布を奪う.
⓬ 国 俗 ガツガツ食う.
⓭ 国 【サッカー】蹴る ▶ bater uma falta フリーキックを蹴る / bater um escanteio コーナーキックを蹴る.
⓮ (時計が) … 時を打つ ▶ O relógio da sala bateu a meia-noite. 居間の時計が夜中の12時を打った.

— 自 ❶ 鼓動する, 脈打つ ▶ O coração começou a bater depressa. 心臓の鼓動が早くなった.
❷ (時計や鐘などが) 鳴る.
❸ …を軽くたたく, ノックする, (ボタンなどを) 押す [a[em]] ▶ bater à [na] porta ドアをノックする / Bata antes de entrar. ノックしてから入室してください.
❹ …をぶつ, 殴る [+ em] ▶ bater nos filhos 子供を打つ.
❺ …を強く閉める [+ com] ▶ bater com a porta ドアを強く閉める.
❻ …にぶつかる, あたる [+ em/contra] ▶ O carro bateu contra o poste. その車は柱にぶつかった / O sol batia na janela. 日差しが窓にあたっていた.
❼ …をぶつける [+ com] ▶ Bati com a cabeça na porta. 私はドアに頭をぶつけた.

— **bater-se** 再 戦う ▶ bater-se com o inimigo 敵と戦う / bater-se pela democracia 民主主義のために戦う.

Bateu, levou. 暴力を振るえば暴力で返される.
ir bater em... …に達する.
não bater bem 国 頭がおかしい.
não bater certo 国 頭がおかしい.

bateria /bateˈria/ 女 ❶ バッテリー, 電池.
❷ 【軍事】(艦船の) 砲台, 砲列.
❸ ドラムセット ▶ tocar bateria ドラムをたたく.
❹ (サンバチームの) 打楽器隊 ▶ bateria de escola de samba サンバチームの打楽器隊.
❺ 一連の試験, 検査, 審査 ▶ Ele passou por uma bateria de exames médicos. 彼は一連の検査を受けた.

com a bateria arriada 意気阻喪して.
romper as baterias ① 敵対(戦争)行為を開始する. ② 冷静さを失う.

baterista /bateˈrista/ 名 ドラマー, 打楽器奏者.

batida¹ /baˈtʃida/ 女 ❶ (手や武器で) 打つこと, 一撃 ▶ batida de martelo ハンマー打ち.
❷ 国 警察による手入れ ▶ Houve uma batida policial no bar. バーに警察の手入れが入った.
❸ 脈拍, 鼓動 ▶ batida do coração 心臓の鼓動.
❹ 衝突, 激突 ▶ batida de carro 車の衝突.
❺ 国 レモンと砂糖 (または蜂蜜) を入れた火酒 ▶ batida de morango イチゴと火酒のカクテル.

de batida 急いで, 慌てて.

batido, da² /baˈtʃidu, da/ 形 (bater の 過 去 分詞) ❶ 着古した ▶ roupa batida 古着.
❷ 陳腐な, ありふれた, 平凡な ▶ um tema batido 使い古されたテーマ.
❸ 負けた, 打ち負かされた ▶ O recorde mundial de velocidade foi batido nesta pista. スピードの世界記録はこのトラックで破られた.
❹ 踏み固められた ▶ caminho batido 踏み鳴らされた道.
❺ 泡立てられた, 攪拌された ▶ creme batido ホイップクリーム.

muito batido 何度も繰り返される ▶ um assunto muito batido 議論の尽きない話題.
passar batido 機会を逃す, 見落とす.

batimento /batʃiˈmẽtu/ 男 ❶ 鼓動, 動悸, 脈拍, 興奮, ときめき, ドキドキ ▶ batimento cardíaco irregular 不整脈.
❷ 羽ばたき ▶ O batimento de asas do beija-flor é rápido. ハチドリのはばたきは速い. ❸ 衝突, 激突.

batismal /batʃizˈmaw/ [複 batismais] 形 洗礼の ▶ água batismal 洗礼水 / receber as águas batismais 洗礼を受ける.

batismo /baˈtʃizmu/ 男 ❶ 洗礼 (式) ▶ batismo

dos filhos 子供の洗礼 / receber o batismo 洗礼を受ける.
❷ 命名式 ▶O batismo da ilha aconteceu ontem. 島の命名式は昨日行われた.
❸ 祝別式 ▶batismo do navio 船の祝別式.
batismo de fogo 初めて経験する試練 ▶O time enfrentou seu batismo de fogo. チームは初試練を向かえた.
batismo de imersão 浸水洗礼.
batismo de sangue 血の洗礼.

batista /ba'tʃista/ [名] ❶ バプテスト派信徒. ❷ 洗礼を授ける人 ▶João Batista 洗礼者ヨハネ.
— [形] ❶ バプテスト派の. ❷ 洗礼を授ける.

batizado, da /batʃi'zadu, da/ [形] [名] 洗礼を受けた(人).
— **batizado** [男] 洗礼式.

batizar /batʃi'zax/ [他] ❶ …を洗礼する, …に洗礼を施す ▶O bebê foi batizado na igreja. 赤子は教会で洗礼を受けた.
❷ …に名をつける, …を命名する, …にあだ名をつける ▶Batizaram o parque com o nome do escritor. 作家の名前が公園につけられた.
❸ …を水で薄める, 水を混ぜる ▶Batizar a gasolina cria problemas para o motor. ガソリンに水を混ぜるとエンジンにトラブルが起きる.

batom /ba'tõ/ [[複] batons] [男] 口紅 ▶usar batom 口紅を塗る.

batota /ba'tɔta/ [女] ❶ [話] いかさま賭博 ▶Eu fui vítima de batota. 私はいかさま賭博の被害に遭った.
❷ 賭博場.

batucada /batu'kada/ [女]〖音楽〗バトゥカーダ (打楽器のみのサンバ音楽；または打楽器のみの演奏).

batucar /batu'kax/ ㉙ [他] [B] (打楽器を) リズミカルに打つ ▶O grupo batucou um samba. バンドはサンバのリズムで打楽器を打った.
— [自] …をたたいてリズムを取る [+ em] ▶batucar na mesa テーブルをたたいてリズムを取る.

batuque /ba'tuki/ [男]〖音楽〗バトゥーキ (アフリカ起源の, 打楽器で演奏されるブラジル音楽).

batuta /ba'tuta/ [女]〖音楽〗指揮棒 ▶ter a batuta na mão 指揮棒を握る, 指揮する.
sob a batuta de... …指揮の下で, 指導の下で ▶O time jogou sob a batuta do técnico inglês. チームはイギリス人監督の指揮の下プレイした.

baú /ba'u/ [男] ❶ 大型のトランク, ふたつきの大箱, 長持. ❷ [話] 金持ち.
do fundo do baú トランクの底から, 過去の出来事から ▶Tirei estas fotos do fundo do baú. 私はこの写真を掘り起こした.
golpe do baú お金目当ての結婚 ▶Ela conseguiu dar o golpe do baú. 彼女はお金目当ての結婚に成功した.

baunilha /baw'niʎa/ [女]〖植物〗バニラ, バニラエッセンス ▶sorvete de baunilha バニラアイスクリーム.

bazar /ba'zax/ [男] ❶ 雑貨店. ❷ バザー ▶bazar beneficente 慈善バザー.

bazófia /bazɔ'fia/ [女] うぬぼれ, 見栄, 虚栄心, 自慢話 ▶O discurso dele foi mera bazófia. 彼のスピーチは虚飾にすぎなかった.

bazofiar /bazofi'ax/ [他] ❶ …を自慢する, 誇示する ▶Ele bazofiava a fama que tinha. 彼は有名であることを自慢していた.
— [自] 自慢する.
— **bazofiar-se** [再] 誇示する [+ de] ▶Bazofiou-se de ser conquistador. 色男であることを誇示した.

bazuca /ba'zuka/ [女] バズーカ砲.

bê /'be/ [男] 文字 b の名称.

beabá /bea'ba/ [男] = bê-á-bá

bê-á-bá /ˌbea'ba/ [[複] bê-á-bás] [男] ❶ アルファベット. ❷ 初歩, 基本 ▶o bê-a-bá da cozinha 料理の基本.
estar ainda no bê-á-bá まだ初心者である.
não saber o bê-á-bá 文字が読めない, 無知である.

beatitude /beatʃi'tudʒi/ [女] ❶〖カトリック〗至福. ❷ 完全な幸福, 満悦.

beato, ta /be'atu, ta/ [形] [名] ❶ 列福された(人).
❷ 信心深い(人).

*__bêbado, da__ /'bebadu, da ベバド, ダ/ [形] **酔っぱらった** ▶Ele está bêbado. 彼は酔っぱらっている / ficar bêbado 酔っぱらう / bêbado como um gambá 泥酔した / estar bêbado de sono 夢うつつ状態である.
— [名] 酔っぱらい ▶Ele é um bêbado. 彼は酔っぱらいだ.

bebé /be'bɛ/ [男] [P] = bebê

bebê /be'be ベベ/ [男] [B] ❶ **赤ん坊** ▶um bebê de quatro meses 生後4か月の赤ん坊 / bebê de proveta 試験管ベビー, 体外受精児 / bebê chorão 泣き虫. ❷ 動物の赤子.

bebedeira /bebe'dejra/ [女] 痛飲, 酔い, 泥酔状態 ▶tomar uma bebedeira 痛飲する / Depois da bebedeira, vem a ressaca. 酔ったあとは二日酔いの番だ.
cozer a bebedeira 寝て酔いを醒ます.

bêbedo, da /'bebedu, da/ [形] [名] = bêbado

bebedor, dora /bebe'dox, 'dora/ [[複] bebedores, doras] [名] ❶ 酒を飲む人 ▶bebedor social 付き合い程度に酒を飲む人.
❷ …を好んで飲む人 [+ de] ▶bebedor de cerveja ビールを飲む人 / bebedor de sangue 冷酷な人.
— [形] 酒を飲む, 酒飲みの.

bebedouro /bebe'doru/ [男] 冷水器, 給水器, 水飲み器.

***__beber__ /be'bex ベベーフ/ [他] ❶ **飲む** ▶beber café コーヒーを飲む / beber uma garrafa de cerveja ビール一瓶を飲む / beber tudo 飲み干す.
❷ (液体を) 吸収する.
❸ (燃料を) 消費する ▶Este carro bebe muita gasolina. この車はガソリンをよく食う.
❹ …を飲み代に使う.
❺ [話] 傾聴する ▶beber as palavras do mestre 師の言葉を傾聴する.
— [自] ❶ **飲酒する** ▶Ele não fuma nem bebe. 彼はタバコも酒もやらない / Se for dirigir, não beba. 乗るなら飲むな / beber da garrafa ラッパ飲みする / beber de uma vez 一気に飲む.
❷ …に乾杯する [+ a] ▶beber à saúde de al-

guém …の健康を祝して乾杯する.

> [語法]「飲む」の意味の beber と tomar
>
> beber と tomar は両方とも「飲む」という意味で用いられるが, 両者には若干の違いがある.「何か飲む」という意味では beber と tomar ともに使われる.
> Você quer beber [tomar] alguma coisa? あなたは何か飲みますか.
> 冷たい飲み物やアルコール類を飲む場合も beber と tomar の両方が使われる.
> beber [tomar] suco ジュースを飲む.
> beber [tomar] cerveja ビールを飲む.
> しかし, スープや温かい飲み物あるいは薬を飲む場合には tomar が用いられる.
> tomar chá quente 暖かいお茶を飲む.
> tomar café コーヒーを飲む.
> tomar remédio 薬を飲む.

bebes /'bɛbis/ [男複] 飲み物 ▶ comes e bebes 食べ物と飲み物.

☆**bebida**[1] /be'bida ベビーダ/ [女] ❶ **飲み物, 飲料** ▶ bebida gelada 冷たい飲み物 / bebida alcoólica アルコール飲料 / bebida não alcoólica ノンアルコール飲料 / bebida gasosa 炭酸飲料 / tomar uma bebida 飲み物を飲む.
❷ アルコール飲料 ▶ bebida generosa 酒精強化ワイン.
❸ **飲酒** ▶ deixar a bebida 酒を断つ.

bebido, da[2] /be'bidu, da/ [形] 飲まれた, 飲んだ.

beca /'bɛka/ [女] (教授や卒業生が着用する) ガウン, 式服.

beça /'bɛsa/ 《次の成句で》
à beça ① 大量に, 豊富に, 多数に ▶ coisa à beça たくさんのこと / Ele comprou à beça. 彼は大量に買い物をした. ②《動詞, 形容詞, 副詞の後で》[話] とても, 非常に ▶ Esse filme é bom à beça. その映画は非常に面白い.

beco /'beku/ [男] 路地, 細道, 小道.
beco sem saída 袋小路, 行詰まり ▶ Ele está num beco sem saída. 彼は袋道に入ってしまった.

bedelho /be'deʎu/ [男] ❶ (戸や門の) かんぬき. ❷ (トランプの) 弱い切り札. ❸ 若僧, 生意気な少年, 小僧.
meter o bedelho em... …に首を突っ込む, 口を出す ▶ Ele mete o bedelho em tudo. 彼は何にでも首を突っ込む.

bege /'bɛʒi/ [男] 《単複同形》 ベージュ色.
— [形] 《不変》 ベージュ色の ▶ de cor bege ベージュ色の.

begónia /bə'gɔniɐ/ [女] [P] = begônia

begônia /be'gõnia/ [女] [B] 〘植物〙 ベゴニア.

beiço /'bejsu/ [男] ❶ 唇 ▶ morder os beiços 唇をかむ. ❷ 突出した縁.
andar de beiço caído 恋をしている.
de beiço [B] 無料で, ただで.
de beiço caído por... …に恋に落ちる ▶ Ele está de beiço caído por você. 彼はあなたにゾッコンだ.
fazer beiço すねる, むっつりする ▶ Não adianta fazer beicinho. すねても無駄だ.
ficar de beiço caído 驚く, 感嘆する
lamber os beiços 満足する, 満足気にする.
Não é para os seus beiços. 手が届かない, 達成できない.
no beiço 対話で, 対話によって得る.
passar o beiço ① 言葉巧みに話す. ② 借金を踏み倒す.
trazer pelo beiço 支配する, 虜にする.

beiçudo, da /bej'sudu, da/ [形] [名] 唇が厚い (人).

beija-flor /ˌbejʒa'flox/ [複 beija-flores] [男] 〘鳥〙 ハチドリ.

beija-mão /ˌbejʒa'mẽw̃/ [複 beija-mãos] [男] (貴婦人などの手にする) 接吻.

*__beijar__ /bej'ʒax ベィジャーフ/ [他] ❶ **…にキスする, 口づけする** ▶ beijar as filhas 娘たちに口づけをする / beijar alguém na boca …の口にキスする / beijar alguém na testa …の額にキスする.
❷ …に唇で軽く触れる ▶ beijar a terra 転んで地面に顔をぶつける / beijar a terra diante de... …の前にひれ伏す.
❸ なでる ▶ A cauda do vestido beijou o chão. 衣服の裾が床をなでた.
— **beijar-se** [再] 互いにキスする ▶ A gente se beijou. 私たちはキスした.

beijinho /bej'ʒĩɲu/ [男] ❶ コンデンスミルクとココナッツでできた, 誕生日用のお菓子. ❷ 頬への軽いキス.

*__beijo__ /'bejʒu ベィジョ/ [男] ❶ **口づけ, キス** ▶ beijo na mão 手へのキス / dar um beijo em alguém …にキスする / beijo de boa noite おやすみのキス / cobrir alguém de beijos …にキスを浴びせる / Nós nos demos um beijo. 私たちはキスした / Mande um beijo para... (手紙の末尾などで) …によろしく.
❷ 軽い [柔らかい] タッチ.
beijo da morte 死の接吻.
beijo da [de] paz 平和の接吻, 和解の接吻.
beijo de desentupir pia 濃厚なキス.
beijo de Judas ユダの接吻, うわべだけの行為, 裏切り.
beijo de língua 舌をからませるキス.
beijo de moça 卵を使ったお菓子 (個別包装されている).
beijo de um anjo 安らかな死.
Um beijo e um pedaço de queijo! さよなら三角, また来て四角 (別れのあいさつ).

beijoca /bej'ʒɔka/ [女] チュッと音をたてるキス ▶ dar uma beijoca チュッとキスする.

beijocar /bejʒo'kax/ ㉙ [他] キスする.
— **beijocar-se** [再] キスし合う.

*__beira__ /'bejra ベィラ/ [女] ❶ **岸 ; 道ばた** ▶ na beira do mar 海辺で / na beira d'água 水辺で / na beira da praia 海岸で / na beira do rio 川岸で / na beira da estrada 道路脇で / a beira da rua 通りの淵.
❷ **縁, へり, 端** ▶ a beira da cama ベッドのへり.
à beira de... ① …のほとりに, …のへりに ▶ à beira de um precipício 崖っぷちで. ② の瀬戸際で, 間際で ▶ à beira da morte 瀕死の, 今際の / à beira do abismo 破滅の淵に / à beira das lágrimas

B

今にも泣き出しそうで / estar à beira da sepultura 死期が近い, 棺桶に片足を突っ込んでいる / estar à beira de um ataque de nervos ヒステリー寸前である.

beirada /bej'rada/ [女] ❶ へり, 縁, 端 ▶beirada do rio 川岸. ❷ (場所の) 周囲, 郊外, 境界 ▶beirada da cidade 町の周辺地域 / na beirada de... …のはずれの, 境の.

comer pelas beiradas 外堀を埋める.

beiral /bej'raw/ [[複] beirais] [男]〖建築〗ひさし.

beira-mar /ˌbejra'max/ [[複] beira-mares] [女] ❶ 海岸, 海辺, 浜辺. ❷ 海岸地帯.

à beira-mar 海のそばで, 海岸沿いで ▶Meu tio mora à beira-mar. 伯父は海沿いに住んでいる / um restaurante à beira-mar 海辺のレストラン.

beirar /bej'rax/ [他] ❶ …に縁をつける, …を縁どる ▶Esta rua beira o rio Nilo. この通りはナイル川に沿っている.

❷《比喩的に》…寸前である, …が間近である, 間もなく…する ▶Estou beirando a loucura. 私は頭が変になりそうだ.

❸ …が近い, ほぼ…である ▶Minha mãe está beirando os cinquenta anos 母は50歳間近だ.

beisebol /bejsi'bɔw/ [男] 野球 ▶jogar beisebol 野球をする / time de beisebol 野球チーム.

belas-artes /ˌbɛla'zaxtis/ [女複] 美術 ▶escola de belas-artes 美術学校.

belas-letras /ˌbɛlaz'letras/ [女複] 文芸, 文芸研究.

beldade /bew'dadʒi/ [女] ❶ 美. ❷ 美女.

beleléu /bele'lɛu/ [男] [B] [俗] ❶ 死. ❷ 行方不明.

ir para o beleléu 死ぬ, 失敗する.

mandar para o beleléu 殺す.

****beleza** /be'leza ベレーザ/ [女] ❶ 美, 美しさ ▶a beleza de uma pintura 絵画の美 / Que beleza! 何と美しい / a beleza da paisagem 風景の美しさ / salão de beleza 美容院 / produtos de beleza 化粧品 / concurso de beleza 美人コンテスト / beleza interior 内面の美しさ.

❷ 美男, 美女.

❸ 美しいもの, すばらしいもの ▶Tudo estava uma beleza. 何もかもすばらしかった.

cansar a beleza de... …をうんざりさせる.

em beleza 立派に, 見事に ▶Tudo acabou em beleza. すべて見事に終わった.

— [間] [俗] オッケー, いいよ.

beliche /be'liʃi/ [男] 二段ベッド.

bélico, ca /'bɛliku, ka/ [形] ❶ 戦争の ▶conflito bélico 武力衝突 / material bélico 軍需品. ❷ 好戦的な.

belicoso, sa /beli'kozu, 'kɔza/ [形] ❶ 好戦的な, 戦意高揚の ▶discurso belicoso 戦意をあおる演説. ❷ けんか好きな, 攻撃的な.

beligerância /beliʒe'rẽsia/ [女] 交戦状態, 戦争状態.

beligerante /beliʒe'rẽtʃi/ [形]《男女同形》交戦中の, 参戦している ▶países beligerantes 交戦国.

— **beligerantes** [男複] 交戦国.

beliscão /belis'kẽw̃/ [[複] beliscões] [男] つねること ▶dar um beliscão em alguém …をつねる / levar um beliscão de alguém …につねられる.

beliscar /belis'kax/ ㉙ [他] ❶ つまむ, つねる. ❷ つまみ食いする ▶Não belisque nada antes do jantar! 夕食の前につまみ食いしないで.

****belo, la** /'bɛlu, la ベーロ, ラ/ [形] ❶ 美しい ▶uma bela casa 美しい家 / uma bela paisagem 美しい風景 / um belo rosto 美しい顔 / o belo sexo 女性 / A vida é bela. 人生は麗しい.

❷ 見事な, すばらしい, 立派な ▶Mas que bela ideia! それは名案だ / um belo discurso 名演説 / um belo chute 見事なシュート / belos resultados すばらしい結果.

❸ 立派な, 気高い ▶uma bela ação 立派な行い / um belo coração 気高い感情.

❹ もうけのある ▶um belo negócio もうかるビジネス.

❺ (量が) 多い, かなりの ▶uma bela quantia 大金 / uma bela fortuna 相当な財産

❻ 有利な, 好都合な ▶uma bela ocasião 好機.

❼ ある, 不特定の ▶um belo dia ある日.

— **belo** [男] 美, 美しさ ▶o belo 美 / o culto do belo 美の崇拝.

— **bela** [女] 美女 ▶A Bela Adormecida 眠れる森の美女 / A Bela e a Fera 美女と野獣.

bel-prazer /ˌbɛwpra'zex/ [[複] bel-prazeres] [男] 自分の意志.

a (seu) bel-prazer 気ままに ▶Ela vive a bel-prazer. 彼女は気の向くままに生きている.

beltrano /bew'trẽnu/ [男] (fulano の後に続いて) 某氏, 誰それ ▶Eu conversei com fulano e beltrano. 私は誰々と話した.

belvedere /bewve'deri/ [男] 展望台.

*****bem** /'bẽj̃ ベィン/ [副] ❶ うまく, 上手に (⟷ mal) ▶Ela canta bem. 彼女は歌がうまい / Ele fala muito bem o português. 彼はポルトガル語がとてもうまい / dançar bem 上手に踊る.

❷ 順調に, 適切に, 申し分なく ▶Tudo acabou bem. 万事好都合に終わった / A experiência correu bem. 実験はうまくいった / Meu carro não está funcionando bem. 私の車は調子が悪い / Está bem assim? これでよろしいですか / responder bem 正しく答える.

❸ 十分に, よく, たいへん ▶Ele me conhece bem. 彼は私をよく知っている / dormir bem よく眠る / cheirar bem いいにおいがする / Eu não compreendo bem. 私にはよく分かりません / Está chovendo bem. 大雨になっている.

❹ とても, 非常に ▶A prova estava bem difícil. 試験はとても難しかった / Gosto do chá bem quente. 私はすごく熱いお茶が好きだ.

❺ (道徳的, 社会的に) 正しく, 立派に ▶viver bem よく生きる / agir bem きちんと行動する / comportar-se bem 行儀よくふるまう.

❻ 元気な, 心地よい ▶ — Como vai? — Bem, obrigado.「元気ですか」「元気です, ありがとう」/ Você parece bem. お元気そうですね / Aqui está-se bem. ここは居心地がよい / estar bem 健康である, 体調がよい / sentir-se bem 気分がよい / Não me sinto bem. 私は体調がよくない / sentir-se bem com os amigos 友達といてリラックスしてい

る.

❼ ちょうど, まさに ▶chegar bem na hora 時間ちょうどに到着する / Foi bem aqui que nos vimos pela primeira vez. 私たちが初めて会ったのはまさにここだ.

— 間 ❶《驚き, 賞賛》おお, ああ.
❷《ためらい》ええ, まあ, ええと ▶ Bem, eu não sei exatamente o que se passou. ええ, 私は何が起こったのか正確には知らないのです.
❸《話題の転換》さて ▶Bem, irei manifestar a minha opinião. さて, 私の意見を表明しましょう.

— 男《複 bens》❶ 善, 善行 ▶ o bem e o mal 善と悪 / fazer [praticar] o bem よい行いをする, 善行を実践する.

❷ 利益, 幸福 ▶ bem comum 公益 / A saúde é um bem precioso. 健康は貴重なものである / para o meu bem 私のために.

❸《bens》所有物, 財産, 富 ▶ administrar os bens 財産を管理する / bens de capital 資本財 / bens de consumo 消費財 / bens de produção 生産財 / bens duráveis 耐久消費財 / bens imóveis 不動産 / bens públicos 公共財.

❹ 愛する人.

— 形《不変》上流階級の, 上流階級に関する ▶ gente bem 上流階級の人々 / menino bem 上流階級の子弟.

a bem 自発的に, 自らの意思で.
a bem de... …のために ▶ a bem da comunidade 地域社会のために.
bem assim... …もまた, 同様に.
bem como... …と同様に.
Bem feito! それ見たことか ▶ O aluno não estudou nada, reprovou. Bem feito! その生徒は一切勉強せず, 落第した. それ見たことか.
Bem haja! ありがとう ▶ Ela fez-me um grande favor, bem haja! 彼女は私に恩恵を与えてくれた, ありがとう.
bem que + 直説法 確かに… ▶ Bem que ela lhe avisou do perigo. 彼女は彼に危険だって事前に言ったでしょう.
bem que + 接続法 …ではあるが, …にもかかわらず.
bem que eu gostaria de + 不定詞 …できたらいいのに, …したい.
de bem 正直な, 誠実な, 高潔な ▶ pessoa de bem 誠実な人
dizer bem de... …をほめ称える, 賞賛する ▶ A professora disse bem deste aluno e disse mal daquele aluno. 女性教師はこの生徒をほめ称えたが, あの生徒はけなした.
Está bem. いいですよ, 結構です.
estar bem ① 体の調子がいい ▶ não estar bem 体調が悪い. ② 満足している. ③ 満足な生活を送っている
estar de bem com... …と良好な関係にある ▶ Os dois amigos estavam de bem um com o outro. 二人の友人は互いに良好な関係にあった.
fazer bem a... …によい ▶ Comer legumes faz bem à saúde. 野菜を食べることは健康によい / Fez-lhe bem viajar. 旅行は彼によかった.
fazer bem em... 正しくふるまう, やるべきことをやる.

ficar bem com [de] algo …が似合う.
ficar bem em alguém …に似合う.
Muito bem! よくやった, すばらしい；いいですよ, 結構です, 分かりました.
nem bem + 直説法 …するとすぐに ▶ Nem bem chegou, foi abraçando todo mundo. 彼は着くとすぐに皆と抱擁を交わした.
por bem よい志で, 善意をもって, 自発的に ▶ Bem-vindo seja quem vier por bem. 志よく来る者は歓迎されよう.
por bem ou por mal 否応なしに.
querer bem a... …を好む, 好きである ▶ Nós, os quatro irmãos, queremos bem uns aos outros. 私たち4人兄弟は互いに好き合っている.
se bem que... …であるけれども ▶ Eles atingiram os objetivos se bem que os meios tivessem sido escassos. 資金は乏しかったが, 彼らは目的を達成した.

bem-amado, da /ˌbēja'madu, da/ [複 bem-amados, das] 形 最愛の (人), いとしい (人).

bem-apessoado, da /ˌbējapeso'adu, das/ [複 bem-apessoados, das] 形 (見た目が) 感じがよい, 容姿端麗な ▶ Ele é um homem maduro e bem-apessoado. 彼は落ち着いた, (見た目が) 感じのよい人だ.

bem-arrumado, da /ˌbējaxu'madu, da/ [複 bem-arrumados, das] 形 身なりをきちんと整えた, 身なりのよい, 着こなしのよい, 身なりのきちんとした, (外見が) 上品な.

bem-bom /ˌbēj'bō/ [複 bem-bons] 男 安楽 ▶ estar [ficar] no bem-bom 安楽に暮らす / Ela tirou férias e está agora no bem-bom. 彼女は休暇をとり, 今くつろいでいるところだ.

bem-comportado, da /ˌbējkõpox'tadu, da/ [複 bem-comportados, das] 形 行儀のよい, しつけのよい, 静かにしている ▶ As crianças estiveram bem-comportadas na escola. 子供たちは学校で行儀よく過ごしていた.

bem-disposto, ta /ˌbējdʒis'postu, 'posta/ [複 bem-dispostos, tas] 形 元気な, はつらつとした ▶ Hoje, ele está muito bem-disposto. 今日, 彼はとても元気だ.

bem-educado, da /ˌbējedu'kadu, da/ [複 bem-educados, das] 形 礼儀正しい, 育ちのよい.

bem-estar /ˌbējis'tar/ [複 bem-estares] 男 満足感, 幸福感, 充足 ▶ Sinto um bem-estar quando entro na cozinha. 台所に入ると心地よく感じる / sentimento de bem-estar 充足感 / estado de bem-estar social 社会福祉国家.

bem-feito, ta /ˌbēj'fejtu, ta/ [複 bem-feitos, tas] 形 ❶ (体が) スタイルのよい. ❷ よくできた.

bem-humorado, da /ˌbējumo'radu, da/ [複 bem-humorados, das] 形 機嫌のよい.

bem-intencionado, da /ˌbējītēsio'nadu, da/ [複 bem-intencionados, das] 形 名 善意の (人).

bem-me-quer /ˌbējmi'kex/ [複 bem-me-queres] 男《植物》デイジー.

bemol /be'mɔw/ [複 bemóis] 男《音楽》変記号,

フラット(♭).
— [形]《男女同形》変記号のついた, フラットの ▶sol bemol maior 変ト長調.

bem-querer /ˌbẽȷ̃ke'rex/ [自] …を愛する [+ a].
— [男] [[複] bem-quereres] 好意, 愛情.

bem-sucedido, da /ˌbẽȷ̃suse'dʒidu, da/ [[複] bem-sucedidos, das] [形] 成功した ▶uma pessoa bem-sucedida 成功を収めた人.

bem-vestido, da /ˌbẽȷ̃ves'tʃidu, da/ [[複] bem-vestidos, das] [形] 立派な服装をした, 身なりのよい.

⁂**bem-vindo, da** /ˌbẽȷ̃'vĩdu, da ベィンヴィンド, ダ/ [[複] bem-vindos, das] [形] **歓迎される** ▶Vocês são sempre bem-vindos nesta casa. わが家はあなた方をいつも歓迎します / Sejam bem-vindos ao Brasil! ブラジルにようこそ / Bem-vindo ao Rio de Janeiro! リオデジャネイロにようこそ / Toda ajuda é bem-vinda. いかなる援助も大歓迎だ.

bem-visto, ta /ˌbẽȷ̃'vistu, ta/ [[複] bem-vistos, tas] [形] よく思われている, 評価されている ▶ser bem-visto pelos professores 教師たちによく思われる.

bênção /'bẽsɐ̃w̃/ [[複] bênçãos] [女] ❶ 神 [天] の恵み ▶bênção dos céus 天の恵み.
❷ 祝福 ▶O padre deu a bênção ao casamento. 神父は結婚を祝福した.
❸ 祈禱.
❹ 承認, 賛成 ▶Meu pai me deu a bênção para casar. 父は私の結婚を承認した.
ser um bênção 天からの助けである.
tomar a bênção 保護を求めて手に接吻する.

bendito, ta /bẽ'dʒitu, ta/ [形] ❶ 祝福された. ❷ 幸運な, 喜ばしい, 恵まれた ▶Bendita a hora que você apareceu. 何て幸運なときにあなたが現れた.
Bendito seja Deus! 幸いなことに, ありがたいことに.
— **bendito** [男] bendito の言葉で始まる祈り.

bendizer /bẽdʒi'zex/ ㉕《[過去分詞] bendito》[他] …を称賛する, …を賛美する, 祝福する ▶bendizer o nome de Deus 神の名を賛美する.

beneficência /benefi'sẽsia/ [女] 善行, 慈善, 施し ▶instituições de beneficência 義援基金.

beneficente /benefi'sẽtʃi/ [形]《男女同形》❶ 慈善の ▶associação beneficente 慈善団体 / show beneficente 募金ショー. ❷ caixa beneficente 共済組合.

beneficiado, da /benefis'iadu, da/ [名] 恩恵を受ける人, 受益者.
— [形] 受益権がある, 恩恵を受ける ▶Ele vai ser beneficiado com a construção da ponte. 橋の建設によって彼は恩恵を受ける.

beneficiar /benefisi'ax/ [他] ❶ …に恩恵 [利益] を与える ▶A biotecnologia pode beneficiar a sociedade por meio de novos modelos de negócios e produtos inovadores. バイオテクノロジーは新しいビジネスモデルと革新的な製品を通じて社会に恩恵をもたらすことができる. ❷ 改修する, 改良する.
— **beneficiar-se** [再] …から利益を得る [+ com].

beneficiário, ria /benefisi'ariu, ria/ [名] ❶ 恩恵を受ける人, 受益者. ❷ (保険などの) 受取人.

⁂**benefício** /bene'fisiu ベネフィースィオ/ [男] ❶ **利益, 収益**, もうけ ▶benefício bruto 総収益, 粗利益 / benefício líquido 純利益.
❷ **利点, 得, 益** ▶A nova situação trouxe-lhe benefícios. 新しい状況が彼に利益をもたらした.
❸〖法律〗o benefício da dúvida 疑わしきは罰せずの原則.
em benefício de alguém …のために.
em benefício próprio 自分自身のために.

benéfico, ca /be'nɛfiku, ka/ [形] 有益な, ためになる ▶efeitos benéficos 有益な効果 / alimentos benéficos para a saúde 健康によい食品.

benemérito, ta /bene'mɛritu, ta/ [形] ❶ 称賛に値する ▶cidadão benemérito 名誉市民.
❷ 優れた, 著名な, 輝かしい ▶cientista benemérito 優れた科学者.
— [名] 称賛に値する人.

beneplácito /bene'plasitu/ [男] 承諾, 承認, 同意, 許可 ▶O ministro foi nomeado com o beneplácito do presidente. 大臣は大統領の承認を得て任命された.

benesse /be'nɛsi/ [女] (ときに [男]) ❶ 恩恵, 便益, 有利性 ▶Ela queria o trabalho pelas benesses que receberia. 彼女は受けられる恩恵のために仕事を獲得したかった. ❷ 不労所得, 収入.

benevolência /benevo'lẽsia/ [女] ❶ 善行, 慈悲 ▶O réu contou com a benevolência do júri. 被告人は陪審員の情けにすがった. ❷ 親切な行為, 愛想の良さ.

benevolente /benevo'lẽtʃi/ [形]《男女同形》慈悲深い, 情け深い, 寛大な.

benévolo, la /be'nɛvolu, la/ [形] ❶ 親切な. ❷ (人や気質が) 親切な, 温和な.

benfazejo, ja /bẽfa'zeʒu, ʒa/ [形] 健全な, 健康によい, 有益な.

benfeitor, tora /bẽfej'tox, 'tora/ [[複] benfeitores, ras] [名] 慈善家.
— [形] 親切な ▶Uma família benfeitora nos ajudou. 親切な家族が私たちを助けてくれた.

benfeitoria /bẽfejto'ria/ [女] 手直し, 修繕, 改修.

Benfica /bẽ'fika/ [男] ベンフィカ (リスボンに本拠を置く総合スポーツクラブ).

benfiquista /bẽfi'kista/ [名] ベンフィカ Benfica のサポーター.

bengala /bẽ'gala/ [女] 杖, ステッキ ▶estar de bengala 杖に頼っている, 年老いている.

benignidade /benigini'dadʒi/ [女] ❶ 親切. ❷〖医学〗良性.

benigno, gna /be'niginu, gina/ [形] ❶ 親切な, 優しい. ❷ 軽微な, 軽度の ;〖医学〗良性の ▶doença benigna 軽い病気 / tumor benigno 良性の腫瘍.

benjamim /bẽʒa'mĩ/ [[複] benjamins] [名] ❶ 末っ子, かわいがられている子供. ❷ (グループの中の) 最年少者. ❸ 二 [三] 股コンセントプラグ.

benquisto, ta /bẽ'kistu, ta/ [形] ❶ 好かれている, 尊敬されている ▶Ela é benquista pelos colegas de trabalho. 彼女は職場の同僚に好かれている.

❷ 評判がよい, 好まれている, 評価されている ▶Ele não é benquisto como técnico. 彼は監督として評判がよくない.

bentinho /bẽ'tʃiɲu/ 男 お守り.

bento, ta /'bẽtu, ta/ 形 神聖な, 聖なる ▶água benta 聖水.

— **bento** 男 ベネディクト会の修道士.

benzer /bẽ'zex/《過去分詞 bendizo/bento》他 ❶ 祝福する ▶O padre benze os fiéis. 神父は信者に祝福を与える / benzer o casamento 結婚を祝福する.

❷ (物を) 祝別する, …に聖水をかける.

❸ …を称える, 賛美する ▶Bendito seja Deus! 神は称えられよ.

❹ (神が) 加護する, …に恵みを垂れる ▶Benza Deus! 神のご加護を.

— **benzer-se** 再 十字を切る.

bequadro /be'kwadru/ 男【音楽】本位記号, ナチュラル.

beque /'bɛki/ 男【サッカー】フルバックの選手.

berçário /bex'sariu/ 男 新生児室.

berço /'bexsu/ 男 ❶ ゆりかご ▶desde o berço 生まれたときから. ❷ 発祥の地; 起源 ▶A Grécia é o berço da civilização ocidental. ギリシャは西洋文明発祥の地だ.

nascer em berço de ouro 裕福な家に生まれる.

ter berço いい生まれである.

beribéri /beri'beri/ 男【医学】脚気.

berílio /be'riliu/ 男【化学】ベリリウム.

berimbau /bi rĩ'baw/ 男 B ビリンバウ (カポイエラで使われる打弦楽器).

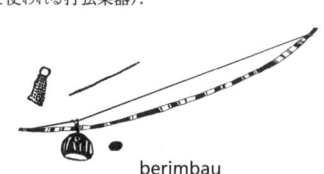

berimbau

beringela /berĩ'ʒɛla/ 女【植物】ナス ▶pasta de beringela ナスのディップ.

berlinda /bex'lĩda/ 女 四輪の箱馬車.

estar na berlinda 注目を集める, 話題になる.

pôr na berlinda 脚光 (注目) を浴びせる.

berloque /bex'lɔki/ 男 ❶ 小さな飾り. ❷ つまらないもの.

bermuda /bex'muda/ 女 バミューダショーツ ▶usar bermuda バミューダをはく.

berrante /be'xẽtʃi/ 男 B リボルバー, 銃.

— 形《男女同形》❶ 大声で叫ぶ, 泣き叫ぶ. ❷ 派手な, 人目を引く ▶cores berrantes 派手な色.

berrar /be'xax/ 自 ❶ …に怒鳴る, 大声を上げる [+com] ; …を呼ぶ, 求める [+por] ▶Não precisa berrar com ela. 彼女に怒鳴らないで / O filho berrou pelo nome do pai. 息子は父の名前を叫んだ.

❷ (羊や牛などが) 鳴く.

❸ 大声で泣く ▶O bebê berrou a noite toda. 赤ちゃんは全通し泣いた.

berreiro /be'xejru/ 男 ❶ (長く続く) 叫び声, 泣き声. ❷ (子供の) 大泣き ▶abrir um berreiro 大泣きをする / cair no berreiro 泣き喚く.

berro /'bexu/ 男 ❶ 叫び, 絶叫 ▶dar um berro 叫ぶ. ❷ (山羊, 牛, 羊の) 鳴き声. ❸ B 回転式連発拳銃, リボルバー.

no berro 叫び声をあげて, 乱暴に ▶Eles ganharam no berro. 彼らは勇ましい叫び声をあげて勝利を得た.

besouro /be'zoru/ 男 甲虫.

besta /'bɛsta/ 女 ❶ 動物, 獣, 家畜 ▶besta de carga 荷役用の動物 / besta do Apocalipse 黙示録の獣.

❷ 野蛮人, 愚かな者, 間抜け ▶Aquele político é uma besta. あの政治家は愚か者だ.

— 名 ばか者, 愚か者, 間抜け ▶Ele quis me fazer de besta. 彼は私をだまそうとした.

— 形《男女同形》❶ 生意気な. ❷ 愚かな, ばかな ▶Não seja besta. ばかなことは言うな.

❸《ficar besta com...》…に驚く.

besta quadrada 無教養な人, 無骨な人.

deixar de ser besta いいように利用されない.

fazer-se de besta 道化を演じる, わざと間違える.

meter-se a besta 無知を装う.

metido a besta うぬぼれた.

não é besta para... …に関して無知ではない.

Não é mais besta porque é um só. 無知すぎる, 愚かすぎる.

ser besta だまされる, お人好しである.

ser uma besta ばか [無知] である, お節介である.

bestar /bes'tax/ 自 ❶ ぶらつく. ❷ 時をだらだら過ごす ▶Ele gosta de ficar bestando no parque. 彼は公園でだらだらと過ごすことが好きだ. ❸ ばかなことを言う, ばかなふるまいをする.

besteira /bes'tejra/ 女 B ❶ ばかばかしいこと, 愚かなこと, ばかげたこと ▶Não fale besteira! ばかげたことを言わないで / fazer uma besteira ばかなことをする. Fiz besteira. ばかなことをしてしまった / Foi besteira minha. 私は愚かだった / Que besteira! 何と愚かなことだろう / besteira das grossas 愚劣な行為や発言 / dizer besteira ばかなことを言う, ばかを言う / Acho besteira fazer isso. 私はそんなことをするのはばかげていると思う.

Fiz besteira.

❷ くだらないこと, つまらないこと, 些細なこと ▶Ele brigou por uma besteira. 彼はつまらないことでけんかをした / deixar de besteira つまらないことで悩まない.

bestial /bes'tʃiaw/ [複 bestiais] 形《男女同形》❶ 獣のような, 動物のような ▶instinto bestial 動物的本能 / fúria bestial 激しい怒り / Os prisioneiros de guerra recebem um tratamento bestial. 戦争捕虜たちは手荒な扱いを受ける. ❷ 嫌悪を催させる ▶ O assassino tinha um aspecto bestial. 殺人者は獣のような（嫌悪を催させる）顔つきをしていた. ❸ [P] すばらしい, しゃれた ▶ Que ideia bestial! なんとすばらしい考えだろう.

bestialidade /bestʃiali'dadʒi/ [女] 獣性, 残忍さ.

bestificar /bestʃifi'kax/ ㉙ [他] ❶ 愚か者にする. ❷ 驚かす, 仰天させる.
— **bestificar-se** [再] ❶ ばかになる. ❷ 驚く.

besuntar /bezũ'tax/ [他] …を…で汚す, …に…の染みをつける [+ de/com] ▶ Ele besuntou a roupa de óleo. 彼は服を油で汚した.

beta /'bɛta/ [男] ベータ（ギリシャアルファベットの第2字）▶ versão beta ベータ版.

betão /be'tẽw̃/ [[複]betões] [男] [P] コンクリート ▶ betão armado 鉄筋コンクリート.

beterraba /bete'xaba/ [女] ❶〖植物〗赤カブ, レッドビート ▶ salada de beterraba 赤カブのサラダ / beterraba de açúcar サトウダイコン, テンサイ. ❷ ビートの根.

betoneira /beto'nejra/ [女] コンクリートミキサー.

betume /be'tũmi/ [女] 瀝青（れきせい）, ビチューメン, チャン.

bexiga /be'ʃiga/ [女] ❶〖解剖〗膀胱. ❷ ゴムの風船. ❸〖医学〗天然痘. ❹ 天然痘の痕.

bezerro, ra /be'zexu, xa/ [名] 子牛.
— **bezerro** [男] 子牛の革.
bezerro de ouro 黄金の子牛像.
chorar a morte da bezerra 取り返しがつかないことを悔やむ.
chorar como bezerro desmamado おいおい泣く.
pensar na morte da bezerra ぼんやりする, 考え事をする.

bianual /bianu'aw/ [[複] bianuais] [形]《男女同形》❶ 2年に1度の. ❷ 2年続く. ❸〖植物〗二年生の.

bibelô /bibe'lo/ [男] ❶（棚などに飾る）置物, 工芸品. ❷ つまらないもの.

bíblia /'biblia/ [女] ❶《Bíblia》聖書 ▶ a Santa Bíblia 聖書. ❷《比喩的》聖典, 権威ある書物.
papel bíblia インディアンペーパー.

bíblico, ca /'bibliku, ka/ [形] 聖書の, 聖書に関する ▶ estudo bíblico 聖書研究.

bibliófilo, la /bibli'ɔfilu, la/ [名] 愛書家, 書物収集家.

bibliografia /bibliogra'fia/ [女] ❶ 参考文献, 文献目録. ❷ 図書目録, 著作目録. ❸ 書誌, 書誌学.

bibliográfico, ca /biblio'grafiku, ka/ [形] 参考文献の ; 図書目録の ; 書誌（学）の ▶ referência bibliográfica 書誌情報 / boletim bibliográfico 新刊図書案内 / índice bibliográfico 文献索引.

⋆**biblioteca** /biblio'tɛka ビブリオテーカ/ [女] ❶ **図書館, 図書室** ▶ Vou à biblioteca hoje de tarde. 私は今日の午後図書館に行く / biblioteca nacional 国立図書館 / biblioteca digital 電子図書館. ❷ 本棚, 書架. ❸〖情報〗ライブラリー.
biblioteca viva 知識が豊富な人, 生き字引.

bibliotecário, ria /bibliote'kariu, ria/ [名] 図書館員, 司書.
— [形] 図書館の.

bica /'bika/ [女] ❶ 蛇口 ▶ água da bica 水道水 / Ele deixou a bica aberta. 彼は蛇口を開けっ放しにした. ❷ 噴水, 泉. ❸ 水路. ❹ [P] エスプレッソコーヒー.
correr em bica ふんだんに流れる.
estar na bica para +[不定詞] [話] …する寸前である ▶ O funcionário está na bica para ser demitido. その社員は解雇される寸前である.
suar em bica(s) [話] 大汗をかく.

bicama /bi'kẽma/ [女] ソファーベッド.

bicameral /bikame'raw/ [[複] bicamerais] [形]《男女同形》二院制の.

bicampeão, peã /bikẽpe'ẽw̃, pe'ẽ/ [[複]bicampeões, peãs] [名] 2回優勝を果たした人［チーム］.
— [形] 2回優勝を果たした ▶ equipe bicampeã 2度優勝したチーム.

bicar /bi'kax/ ㉙ [他] …をくちばしでつつく.
— [自] くちばしでつつく.
— **bicar-se** [再] ほろ酔いになる.

bicarbonato /bikaxbo'natu/ [男]〖化学〗重炭酸塩.

bicentenário, ria /bisẽte'nariu, ria/ [形] 2百年を経た, 2百年記念の.
— **bicentenário** [男] 2百年記念日, 2百年祭.

bíceps /'bisepis/ [男]《単複同形》〖解剖〗二頭筋.

bicha /'biʃa/ [女] ❶ [話] 回虫. ❷ 女性のしぐさをする男性の同性愛者. ❸ [P]（順番を待つ）人の列 ▶ fazer bicha 列を作る, 並ぶ. ❹ [P]（動物の）雌.

bichado, da /bi'ʃadu, da/ [形] 虫に食われた, 虫がついた ▶ laranja bichada 虫に食われたオレンジ.

bichano /bi'ʃẽnu/ [男] [B] [話] 子猫, 猫ちゃん.

bicharada /biʃa'rada/ [女] 動物たちの集まり.

bicheiro /bi'ʃejru/ [男] [B] ビッショくじ (jogo do bicho) の胴元, ビッショくじ売り.

⋆**bicho** /'biʃu ビーショ/ [男] ❶ **動物** ▶ bichos da selva ジャングルに生息する動物 / bicho de pelúcia ぬいぐるみ.
❷ **虫** ▶ Minha filha detesta bichos que voam. 私の娘は飛ぶ虫が大嫌いだ.
❸ 新入生.
❹ jogo do bicho ビッショくじ（動物の絵と数字が並んだ宝くじ）.
bicho do mato 非社交的な人.
Que bicho te mordeu? どうしてそんなに不機嫌なのですか.
Se correr o bicho pega, se ficar o bicho come. 前門に虎後門に狼.
ver que bicho dá 様子を見る.
virar um bicho 怒る.

bicho-da-seda /ˌbiʃuda'seda/ [[複] bichos-da-seda] [男] 蚕.

bicho de sete cabeças /ˌbiʃudʒisɛtʃika'besas/ [[複] bichos de sete cabeças] [男] 重大事, 大事件 ▶ fazer um bicho de sete cabeças de... …で大騒ぎする / não ser nenhum bicho de sete cabeças 大した問題ではない, たいしたことではない.

bicho-papão /ˌbiʃupa'pẽw̃/ [[複] bichos-papões] [男] (聞き分けのない子供を怖がらせるとされる) お化け, 怪物 ▶ Cuidado com o bicho-papão! お化けに気をつけなさい.

*__bicicleta__ /bisi'klɛta ビスィクレータ/ [女] ❶ **自転車** ▶ Sei andar de bicicleta. 私は自転車に乗れる / Minha amiga vai de bicicleta à escola. 私の友人は自転車で学校へ行く / ir de bicicleta para o trabalho 自転車で仕事に行く / dar um passeio de bicicleta 自転車で散歩する / bicicleta de corrida 競走用自転車 / bicicleta de montanha マウンテンバイク / bicicleta ergométrica エクササイズバイク.
❷〖サッカー〗オーバーヘッドシュート ▶ Aquele jogador marcou um gol com uma bela bicicleta. あの選手はきれいなオーバーヘッドシュートを決めた / dar uma bicicleta オーバーヘッドシュートをする.

bicicletário /bisikle'tariu/ [男] 自転車置き場.

*__bico__ /'biku ビーコ/ [男] ❶ **くちばし** ▶ O bico daquele pássaro é vermelho. あの鳥のくちばしは赤い.
❷ (人の) 口 ▶ abrir o bico 話をする / não abrir o bico 口をつぐむ, 黙っている.
❸ (靴の) 爪先 ▶ sapato de bico fino 先のとがった靴 / sapato de bico quadrado 先の四角い靴 / sapato de bico redondo さきの丸い靴.
❹ ペン先.
❺ 乳首 (= bico do seio).
❻ ガスバーナー.
❼ (やかんなどの) 口 ▶ bico da chaleira やかんの口.
❽ アルバイト ▶ Consegui um bom bico na loja de roupas. 私は洋品店でよいバイトを見つけた / fazer bicos アルバイトをする.
Bico calado! 他言は無用だ.
bico doce 甘言, 口車.
bom de bico 口がうまい, 能弁な, 口先だけの.
calar o bico 口外しない.
fazer bico 口をとがらせる.
meter o bico 口をはさむ.

bicolor /biko'lox/ [[複] bicolores [形]《男女同形》2色の.

bicudo, da /bi'kudu, da/ [形] ❶ くちばしのある.
❷ (先が) とがっている, 鋭い ▶ sapato bicudo 先がとがった靴.
❸ [俗] 大変な, 複雑な ▶ Passamos dias bicudos. 私たちは困難な日々を過ごしている.

bidé /bi'dɛ/ [男] = bidê

bidê /bi'de/ [男] ビデ.

bidimensional /bidʒimẽsio'naw/ [[複]bidimensionais] [形]《男女同形》2次元の.

bidirecional /bidʒiresio'naw/ [[複] bidirecionais] [形]《男女同形》2方向の.

biela /bi'ɛla/ [女] 連結棒, コネクティングロッド.

bienal /bie'naw/ [[複] bienais] [形]《男女同形》❶ 隔年の, 2年に1度の. ❷ 2年間続く.
— **bienal** [女] 2年に1度の行事, ビエンナーレ.

biénio /bi'ɛniu/ [男] [P] = biênio

biênio /bi'eniu/ [男] [B] 2年間.

bife /'bifi/ [男] ❶ ビーフステーキ ▶ bife ao ponto ミディアムのステーキ / bife bem-passado ウエルダンのステーキ / bife malpassado レアのステーキ / Quero o meu bife malpassado. ステーキはレアでお願いします / bife a cavalo 玉子焼きを添えたステーキ / bife com batatas fritas フライドポテトを添えたビフテキ / bife à milanesa ミラノ風のカツレツ / bife enrolado ロールビーフ.
❷ (レバーや豚肉などの) ステーキ.
❸ [B] [俗] ひげ剃りや爪きりなどによる切り傷 ▶ A manicure tirou um bife do meu dedo. ネイリストは私の指の皮を切ってしまった.

bifocal /bifo'kaw/ [[複] bifocais] [形]《男女同形》焦点が2つある ▶ óculos bifocais 遠近両用眼鏡.

bifurcação /bifuxka'sɐ̃w̃/ [[複] bifurcações] [女] 分岐, 分岐点.

bifurcar /bifux'kax/ ㉙ [他] 2つに分ける, 分岐させる
— **bifurcar-se** [再] 2つに分かれる, 分岐する.

bigamia /biga'mia/ [女] 重婚.

bígamo, ma /'bigamu, ma/ [形] 重婚の.
— [名] 重婚者.

bigode /bi'gɔdʒi/ [男] ❶ 口ひげ. ❷ bigode de gato 猫のひげ.

bigodudo, da /bigo'dudu, da/ [形] 鼻ひげをたくわえた.

bigorna /bi'gɔxna/ [女] ❶ 鉄床, 鉄敷. ❷〖解剖〗きぬた骨, 砧骨.
entre a bigorna e o martelo 挟み撃ちになる.

bijuteria /biʒute'ria/ [女] イミテーションのアクセサリー, 安物のアクセサリー.

bilateral /bilate'raw/ [[複] bilaterais] [形]《男女同形》❶ 両側の. ❷ 双方の, 2国間の, 双務な acordo bilateral 2国間協定 / contrato bilateral 双務契約.

bilha /'biʎa/ [女] (元来, 土でできた) 丸い袋状の形態を持ち, 口の狭いつぼ.

*__bilhão__ /bi'ʎɐ̃w̃ ビリャン/ [[複] bilhões] [男] **10億** ▶ um bilhão de dólares 10億ドル / três bilhões de euros 30億ユーロ.

bilhar /bi'ʎax/ [男] ❶ ビリヤード ▶ jogar bilhar ビリヤードをする / bolas de bilhar ビリヤードの玉 / bilhar francês キャロム・ビリヤード / bilhar inglês ポケットビリヤード, スヌーカー. ❷ ビリヤード台 (= mesa de bilhar). ❸ ビリヤード室.

***__bilhete__ /bi'ʎetʃi ビリェーチ/ [男] ❶ **短い手紙, メモ** ▶ deixar um bilhete メモを残す / bilhete de amor 恋文.
❷ **切符, チケット** ▶ comprar um bilhete de avião 飛行機の切符を買う / um bilhete de concerto コンサートチケット / bilhete simples = bilhete de ida 片道切符 / bilhete de volta 帰りの切符 / bilhete de ida e volta 往復切符 / bilhete eletrônico 電子チケット.
❸ (宝くじの) 券 ▶ bilhete de loteria 宝くじの券.
❹ 証書 ▶ bilhete de identidade [P] 身分証明書.
bilhete azul 解雇通知書.
bilhete branco はずれ券.
bilhete corrido 既婚者.

bilheteira /biʎe'tejra/ [女] ❶ 名刺を置くトレイ. ❷ チケット売り場. ❸ サイフ.

bilheteiro, ra /biʎe'tejru, ra/ [名] ❶ チケット売り場の販売員. ❷ 宝くじの券の販売員.

bilheteria

bilheteria /biʎete'ria/ 囡 (映画館や劇場などの) チケット売り場.
bilião /bili'ẽw/ [履 biliões] 男 = bilhão
bilíngue /bi'lĩgwi/ 形《男女同形》❶ 2 言語を話す. ❷ 2 言語で書かれた.
bilionário, ria /bilio'nariu, ria/ 名形 億万長者(の).
bilioso, sa /bili'ozu, 'ɔza/ ❶《医学》胆汁(症[色])の.
❷《医学》胆汁の多い.
❸ 俗 不機嫌な, 気難しい ▶ pessoa biliosa 気難しい人.
bílis /'bilis/ 囡《単複同形》❶ 胆汁, 胆液. ❷ 俗 不機嫌, 不愉快, かんしゃく.
bimensal /bimẽ'saw/ [履 bimensais] 形《男女同形》月 2 回の, 半月ごとの.
bimestral /bimes'traw/ [履 bimestrais] 形《男女同形》隔月の, 2 か月に 1 回の.
bimotor, toras /bimo'tox, 'tora/ [履 bimotores, ras] 形《航空》双発の.
— **bimotor** 男 双発機.
binário, ria /bi'nariu, ria/ 形 ❶ 2つの, 二項の.
❷《数学》二進法の, 二進数の ▶ números binários 二進数 / sistema binário 二進法.
❸《情報》バイナリーの ▶ código binário バイナリコード.
❹《音楽》二拍子の ▶ compasso binário 二拍子.
bingo /'bigu/ 男 ❶ ビンゴ. ❷ ビンゴホール, ビンゴ大会.
— 間 的中, 当たり ▶ Bingo! 当たり, ビンゴ.
binóculo /bi'nɔkulu/ 男 双眼鏡.
binômio /bi'nomiu/ 男 P = binômio
binômio /bi'nomiu/ 男 B《数学》2 項式.
biociência /biosi'ẽsia/ 囡 バイオサイエンス.
biocombustível /biokõbus'tʃivew/ [履 biocombustíveis] 男 バイオ燃料.
biodegradável /biodegra'davew/ [履 biodegradáveis] 形《男女同形》生分解性の.
biodiesel /biod'ʒizew/ 男 バイオディーゼル燃料.
biodigestor /biodʒiʒes'tox/ [履 biodigestores] 男 バイオガス発生装置.
biodiversidade /biodʒivexsi'dadʒi/ 囡 生物多様性.
bioenergia /bioener'ʒia/ 囡 バイオエネルギー.
bioengenharia /bioẽʒeɲa'ria/ 囡 ❶ 遺伝子工学. ❷ 生体工学.
bioetanol /bioeta'nɔw/ 男 バイオエタノール.
bioética /bio'etʃika/ 囡 生命倫理学.
biogás /bio'gas/ 男 バイオガス.
biografia /biogra'fia/ 囡 伝記, 伝記文学.
biográfico, ca /bio'grafiku, ka/ 形 伝記の, 伝記風の.
biógrafo, fa /bi'ɔgrafu, fa/ 名 伝記作家.
biologia /biolo'ʒia/ 囡 生物学.
biologicamente /bio,lɔʒika'mẽtʃi/ 副 生物学的に.
biológico, ca /bio'lɔʒiku, ka/ 形 ❶ 生物の; 生物学の, 生物学的な ▶ arma biológica 生物兵器 / mãe biológica 生みの母 / relógio biológico 体内時計.

❷ P 有機農法の ▶ produtos biológicos 有機作物 / alimentação biológica 有機食品.
biólogo, ga /bi'ɔlogu, ga/ 名 生物学者.
bioma /bi'oma/ 男 バイオーム, 生物群系.
biomassa /bio'masa/ 囡 バイオマス.
biombo /bi'õbu/ 男《日本語》屏風, ついたて, 仕切り.
biomedicina /biomedʒi'sina/ 囡 生物医学.
biônico, ca /bi'oniku, ka/ 形 B ❶ 生体工学の.
❷ 区 官選の ▶ prefeito biônico 官選市長.
biopsia /biopi'sia/ 囡 生検, 生体組織片の検査.
biópsia /bi'ɔpsia/ 囡 = biopsia
bioquímica /bio'kimika/ 囡 生化学.
bioquímico, ca /bio'kimiku, ka/ 形 生化学の.
biorritmo /bio'xitʃimu/ 男 バイオリズム.
biosfera /bios'fera/ 囡 生物圏.
biotecnologia /biotekinolo'ʒia/ 囡 生物工学, バイオテクノロジー.
bioterrorismo /biotexo'rizmu/ 男 バイオテロリズム, 生物兵器テロ.
biótopo /bi'ɔtopu/ 男 ビオトープ, 生物空間.
bipartidário, ria /bipaxtʃi'dariu, ria/ 形 二大政党制の.
bipartidarismo /bipaxtʃida'rizmu/ 男 二大政党制.
bípede /'bipedʒi/ 名 二本足の動物, 人間.
— 形《男女同形》二本足の.
bipolar /bipo'lax/ [履 bipolares] 形《男女同形》二極の ▶ transtorno bipolar 双極性障害.
bipolaridade /bipolari'dadʒi/ 囡 二極性, 双極性.
bipolarização /bipolariza'sẽw/ [履 bipolarizações] 囡 二極化.
biqueira /bi'kejra/ 囡 ❶ 雨どい ▶ A água da chuva correu na biqueira. 雨水が雨どいを流れた. ❷ 補強のため靴のつま先にあしらった金属, トゥ・キャップ.
biquíni /bi'kini/ 男 ビキニ ▶ uma garota de biquíni ビキニを着た若い女性.
birita /bi'rita/ 囡 B 区《一般的に》酒 ▶ tomar uma birita 酒を飲む.
birra /bi'xa/ 囡 ❶ 頑固さ, 強情さ.
❷ かんしゃく, 駄々 ▶ fazer birra 駄々をこねる, かんしゃくを起こす.
❸ 反感, 嫌悪 ▶ Sempre tive birra de políticos. 私はずっと政治家に対して反感を持ってきた.
　levar de birra ① 意図的に行う. ② 意図して固執する.
　tomar birra de... …を毛嫌いする, …を目の敵にする.
birrento, ta /bi'xẽtu, ta/ 形 頑固な, 強情な, 意地を張る, きかん坊の ▶ um bebê birrento かんしゃくを起こす赤ちゃん.
biruta /bi'ruta/ 囡 ❶ 吹流し, ウィンドソック.
— 名 B 俗 頭がおかしい人.
— 形《男女同形》頭がおかしい ▶ Ele está completamente biruta. 彼は完全にどうかしている.
bis /'bis/ 男《単複同形》❶ 繰り返し, アンコール ▶ pedir bis アンコールを求める. ❷ (歌詞等で) 繰り返しの表記.

bisar /biˈzax/ 他 ❶ (演劇のシーン、歌詞の一部を) アンコールする. ❷ 繰り返す ▶ Eles bisaram a conquista do ano passado. 彼らは昨年に引き続き勝利した.

bisavó /bizaˈvɔ/ 女 曾祖母.

bisavô /bizaˈvo/ 男 ❶ 曾祖父. ❷《bisavôs》曾祖父母；先祖.

bisbilhotar /bizbiʎoˈtar/ 自 ❶ 詮索する, 首を突っ込む, 出しゃばる. ❷ 他人についてくだらないことをしゃべる, うわさ話を広める.

bisbilhoteiro, ra /bizbiʎoˈtejru, ra/ 名 ❶ 詮索好きな人, 首を突っ込む人. ❷ おしゃべりな人, うわさ話を広める人, 陰口をたたく人 ▶ Minha vizinha era uma verdadeira bisbilhoteira. 私の隣人は文字通りのうわさ話が好きな人だった. — 形 詮索好きな, おしゃべりな.

bisbilhotice /bizbiʎoˈtʃisi/ 女 ❶ 詮索 ▶ A bisbilhotice das pessoas incomoda. 他人の詮索は困ったことだ. ❷ うわさ話, 陰口.

bisca /ˈbiska/ 女 ❶ 2人 [4人] 用のトランプの様々な遊び. ❷ 俗 悪名高き人, 悪党, ろくでなし ▶ Esse rapaz é uma boa bisca. その青年はろくでなしだ.

biscate /bisˈkatʃi/ 男 ❶ 俗 臨時の仕事, アルバイト, 片手間仕事 ▶ Ele vive de biscate. 彼はアルバイトで生計を立てている / fazer biscate アルバイトをする. ❷ 俗 売春婦.

biscoito /bisˈkojtu/ 男 ビスケット, クッキー, クラッカー, ショートケーキ, スコーン ▶ biscoito de chocolate チョコレートクッキー.

bisnaga /bizˈnaga/ 女 ❶ (歯磨きや絵の具の) チューブ. ❷ フランスパン, バゲット.

bisneto, ta /bizˈnetu, ta/ 名 ひ孫.

bisonho, nha /biˈzoɲu, ɲa/ 形 ❶ 未経験の, 未熟な, 経験の浅い ▶ motorista bisonho 不慣れな運転手. ❷ 内気な, 気弱な. ❸ P (顔の表情が) 悲しそうな, 暗い.

bispado /bisˈpadu/ 男『カトリック』司教区, 司教の位.

*__bispo__ /ˈbispu/ ビスポ 男 ❶『カトリック』司教 ▶ O bispo atual é muito conhecido. 現在の司教はとても有名だ. ❷『チェス』ビショップ (= bispo do xadrez).
para o bispo 無償で.
Vá se queixar ao bispo! 文句は他に言ってください.

bissemanal /bisemaˈnaw/ [複 bissemanais] 形《男女同形》週 2 度の.

bissexto, ta /biˈsestu, ta/ 形 閏(うるう)年の ▶ ano bissexto 閏年.
— **bissexto** 男 閏日.

bissexual /bisekˈsuaw/ [複 bissexuais] 形《男女同形》❶ 両性の, 雌雄同体の, 両性具有の. ❷ 両性愛の, バイセクシュアルの.
— 名 両性愛者.

bisturi /bistuˈri/ 男『医学』メス.

bitola /biˈtɔla/ 女 ❶ 規格, 測定の基準, 標準寸法 ▶ bitola do arame ワイヤーの直径, サイズ. ❷『鉄道』軌間(きかん), ゲージ ▶ bitola estreita [métrica] 狭軌 / bitola larga 広軌. ❸ 映画フィルムの規格.
medir pela sua bitola 自分の尺度で測る.
medir tudo pela mesma bitola すべてを同じ尺度で測る.
passar da bitola 度が過ぎる, 度を越す.

bivalve /biˈvawvi/ 形《男女同形》二枚貝の.
— 男 二枚貝.

bizantino, na /bizẽˈtʃinu, na/ 形 ❶ ビザンティウムの, ビザンティン帝国の. ❷ discussão bizantina 内容空疎で些末な議論.

bizarria /bizaˈxia/ 女 ❶ 奇妙, 奇抜な行動, 態度. ❷ 優雅さ, 上品, 気品. ❸ 寛大さ, 寛容さ.

bizarro, ra /biˈzaxu, xa/ 形 ❶ 国 奇妙な, 変な, 異様な, 奇抜な ▶ Que história bizarra! 何て奇妙な話だ. ❷ 上品な, 優雅な, 魅力的な. ❸ 優しい, 寛大な, (性格等) 気高い.

blá-blá-blá /ˈblablaˈbla/ 男 俗 中身のない話, 雑談 ▶ Chega de blá-blá-blá e vá direto ao assunto. 雑談は終わりにし, 本題に入ってください.

blasfemar /blasfeˈmax/ 他 冒瀆する ▶ blasfemar o nome de Deus 神の名を冒瀆する.
— 自 冒瀆する, ののしる [+ contra/de] ▶ blasfemar contra o Espírito Santo 聖霊を冒瀆する.

blasfémia /blɐsˈfɛmiɐ/ 女 P = blasfêmia

blasfêmia /blasˈfemia/ 女 ❶ 冒瀆, 瀆神, 不敬 ▶ dizer blasfêmias 冒瀆する. ❷ ののしり言葉, 罵詈雑言.

blasfemo, ma /blasˈfemu, ma/ 形 冒瀆的な, 瀆神の, 不敬な.
— 名 罰当たりなことを言う人.

blecaute /bleˈkawtʃi/ 男 停電.

blefar /bleˈfax/ 自 (ポーカーで) はったりをかける.
— 他 だます.

blefe /ˈblɛfi/ 男 はったり, こけおどし.

blindado, da /bliˈdadu, da/ 形 装甲化した, 鋼板で補強された；防弾加工された ▶ carro blindado 防弾車 / porta blindada 防犯扉 / vidro blindado 防弾ガラス.
— **blindo** 男 装甲車両.

blindagem /bliˈdaʒẽj/ [複 blindagens] 女 装甲, 遮蔽, シールド.

blindar /bliˈdax/ 他 (艦船等を) 装甲する ▶ blindar um automóvel 車両を装甲する.

blitz /ˈblits/ 女《単複同形》《ドイツ語》❶『軍事』奇襲. ❷ (警察の) 検問 ▶ blitz policial 警察の検問.

*__bloco__ /ˈbloku/ ブロコ 男 ❶ 塊 ▶ um bloco de gelo 氷の塊.
❷ (1 枚ずつはぎ取れる) 紙のつづり；メモ帳 ▶ bloco de notas メモ帳 / bloco de carta 便箋 / bloco de desenho デザイン帳.
❸ (建物の) 一群, ブロック, 棟 ▶ bloco A do conjunto residencial 団地の A 棟.
❹ カーニバルの集団 (= bloco de carnaval) ▶ Os blocos têm que estar animados no desfile. パレードで集団はにぎやかでなければならない.
❺ (政治や経済の) 連合, グループ.

❻〖放送〗(番組の) 部分 ▶ no último bloco do programa 番組の最終ブロックで.
botar o bloco na rua ① 率直な態度で行動する. ② 断固たる行動を取る. ③ 率先してやる.
em bloco ひとまとめにして.

blogue /ˈblɔgi/ [男] ブログ.

blogueiro, ra /bloˈgejru, ra/ [名] [B] ブロガー.

bloqueador, dora /blokeaˈdox, ˈdora/ [[複] bloqueadores, doras] [形] 阻止する, 遮断する, 封鎖する.
— **bloqueador** [男] bloqueador solar 日焼け止め.

bloquear /blokeˈax/ ⑩ [他] ❶ ブロックする, ロックする, 妨害する ▶ bloquear um jogador プレーヤーをブロックする.
❷ 封鎖する ▶ bloquear o aeroporto 空港を封鎖する.
❸ 遮断する ▶ Bloquearam a minha rua. うちの道路を遮断された.
❹ 中止する ; (一時) 停止する ▶ bloquear o pagamento 支払いを停止する.

bloqueio /bloˈkeju/ [男] ❶ ブロック, ロック, 閉鎖 ▶ bloqueio na estrada 道路閉鎖.
❷ 封鎖 ▶ bloqueio militar 軍事封鎖.
❸ 遮断 ▶ bloqueio de trânsito 交通遮断.
❹〖解剖〗閉塞 ▶ bloqueio da artéria 動脈閉塞.
❺ 中止すること ; (一時) 停止 ▶ bloqueio do pagamento (給料等の) 支給停止.

blusa /ˈbluza/ [女] ❶ ブラウス. ❷ セーター ▶ blusa de lã ウールのセーター.

blusão /bluˈzɐ̃w̃/ [[複] blusões] [男] ❶ ブルゾン ▶ blusão de couro 革のブルゾン. ❷ トレーナー.

boa /ˈboa/ [形] bom の女性形.
— [女]《次の表現で》
às boas 友好的に.
Essa é boa! (嫌なことに皮肉をこめて) そいつはいい.
estar numa boa うまくやっている, 順調である.
É uma boa. そいつはいい.
fazer uma boa 侮蔑をする, 嫌がらせをする.
ficar numa boa ① 立場が良くなる. ② 快適になる.
livrar-se de uma boa 事故や不快な状況から解放される.
meter-se em boa 面倒なことに巻き込まれる.
na boa 快適な状況で, 優位な状況で.
numa boa 問題なく, 問題ない.
pela boa トランプゲームで, あと１枚揃えば勝てる状態.
pela boa sete ① スヌーカーで, 最後の７番ボールをポケットに入れれば勝てる状態. ② 目標達成直前.
vir às boas (仲直りしようと) 友好的に接する.

boa-fé /ˌboaˈfɛ/ [[複] boas-fés] [女] 誠意, 善意.
à boa-fé 誠心誠意に, 確実に.
de boa-fé 善意の ▶ terceiro de boa-fé 善意の第三者.
na maior boa-fé 正直に, 善意で.

boa-noite /ˌboaˈnojtʃi/ [[複] boas-noites] [男] 今晩は, お休みなさい ▶ dar [dizer] boa-noite お休みなさいを言う.

boa-nova /ˌboaˈnɔva/ [[複] boas-novas] [女] ❶ 福音. ❷ よい知らせ.

boa-pinta /ˌboaˈpĩta/ [[複] boas-pintas] [男] [B] [話] 美男子, ハンサムな男性
— [形]《男女同形》[話] ルックスのよい, 容姿端麗な, エレガントな ▶ Aquele é um rapaz boa-pinta. 彼は美青年だ.

boa-praça /ˌboaˈprasa/ [[複] boas-praças] [名] [B] [話] 人当たりのいい人, 優しい人, 信頼の置ける人 ▶ Meu colega é boa-praça. 私の同僚は感じのよい人だ.

boas-entradas /ˌboazẽˈtradas/ [女複] 新年のあいさつ.

boas-festas /ˌboasˈfɛstas/ [女複] クリスマスと新年のあいさつ ▶ dar as boas-festas クリスマス [新年] のあいさつをする.

boas-vindas /ˌboazˈvĩdas/ [女複] 歓迎のあいさつ ▶ dar as boas-vindas 歓迎のあいさつをする.

boa-tarde /ˌboaˈtaxdʒi/ [[複] boas-tardes] [男] 午後のあいさつ ▶ dar [dizer] boa-tarde こんにちはと言う.

boate /boˈatʃi/ [女] ナイトクラブ ▶ ir a uma boate ナイトクラブに行く.

boateiro, ra /boaˈtejru, ra/ [名] うわさを広める人.
— [形] うわさを広める ▶ uma mulher boateira うわさを流す女性.

boato /boˈatu/ [男] うわさ, 風説, 風評 ▶ espalhar boatos うわさを広める / O boato correu pela cidade. うわさは町中に広まった / boato falso デマ.

boa-vida /ˌboaˈvida/ [[複] boas-vidas] [名] [話] 怠け者, ぐうたら.

bobagem /boˈbaʒẽȷ̃/ [[複] bobagens] [女] ❶ ばかげたこと, くだらないこと, たわ言 ▶ Eles só falam bobagens. 彼らはくだらないことしか言わない / Que bobagem! ばかげている / Horóscopo é bobagem. 星占いはくだらない / Deixe de bobagem. ばかなことはよせ.
❷ 些細なこと ▶ Ela fica chateada por qualquer bobagem. 彼女はちょっとしたことで落ち込んでしまう.
❸ [話] 些細な贈り物.
de bobagem 軽率に.
fazer bobagem 誤りを犯す, 失敗する.

bobeada /bobeˈada/ [女] [B] [話] 不注意, 間違い, 不手際 ▶ A bobeada do goleiro levou o time à derrota. チームはゴールキーパーの不注意によって負けた.
dar uma bobeada ① へまをする ▶ A mãe deu uma bobeada e queimou o peixe お母さんはうっかりして魚を焦がした. ② チャンスを逃す.

bobear /bobeˈax/ ⑩ [自] ❶ ばかげた [くだらない] ことを言う [する].
❷ [話] うっかりする ▶ A mulher bobeou e perdeu o trem. 女性はうっかりして電車に乗り遅れた.
❸ [話] だまされる ▶ Eles bobearam e ficaram sem dinheiro. 彼らはだまされて無一文になった.

bobice /boˈbisi/ [女] 幼稚でばかげたこと, ばかばかしさ ▶ Isso é uma tremenda bobice. それは途方もないばかげたことだ.

bobina /bo'bĩna/ 囡 ❶ 糸巻き. ❷〖電気〗ボビン, コイル. ❸ 印刷機用の連続ロール紙.

bobo, ba /'bobu, ba/ 形 ❶ ばかな, 愚かな, うぶな, 考えが甘い ▶ Não seja bobo. ばかなことを言うな / Bobo! ばかだな.
❷ 囲 うれしい, 満足した ▶ Ela ficou boba com o presente. 彼女はプレゼントをもらって喜んだ.
❸ 囲 意味のない, 価値のない, 些細な ▶ preocupação boba 大したことがない心配事.
― 名 ❶ ばか [愚かな, うぶな, 考えが甘い] 人 ▶ Ele não é bobo! 彼はばかではない.
❷ おどけ者 ▶ bobo alegre 道化師 / bobo da corte 宮廷道化師 / dia dos bobos エイプリール・フール / fazer alguém de bobo 人をばかにする.
bobo de ver 驚嘆する, 驚異に目を見張る.
estar feito bobo 驚いている, 当惑している.
deixar de ser bobo いいカモにされない.
fazer papel de bobo 道化を演じる.
fazer-se de bobo とぼける.

bobó /bo'bɔ/ 男 ゆでてつぶしたマンジョッカ芋で作った, 粘り気のある料理.

boboca /bo'bɔka/ 形《男女同形》囲 頭が悪い, ばかな, 愚かな ▶ Que garoto boboca! なんてばかな男の子だ.
― 名 囲 とても愚かな人, 大ばか者, とんま, 間抜け, ぐず.

★★**boca** /'boka ボーカ/ 囡 ❶ (人の) 口, 唇 ▶ Abra bem a boca. 口を大きく開けて / Não fale de boca cheia! 口に食べ物を入れてしゃべらない / Cala a boca! お黙りなさい / beijar na boca 唇にキスする / Boca selada, sim. 内緒にして / Quem tem boca vai a Roma. 諺 分からないことは人に聞け.

[Boca selada, sim?]

❷ 人, 養うべき人 ▶ Ele tem cinco bocas para alimentar. 彼は 5 人を養わなければならない / boca de ouro 雄弁家 / boca suja 汚い言葉 (を使う人) / boca de anjo いいことだけを言う人.
❸ (ズボンの) 裾口 ▶ boca de sino ベルボトム.
❹ (瓶の) 口.
❺ 入り口 ▶ a boca do túnel トンネルの入り口 / a boca do rio 河口 / boca do sertão 荒野の入り口 / boca do estômago みぞおち.
❻ 初め ▶ à boca da noite 宵の口に.
abrir a boca 口を開く, 話す; あくびする.
andar nas bocas do mundo 噂される, 口の端にかかる.
bater boca 口論する, 言い争う.
boca a boca 口移しの, 口づての, 口コミの ▶ respiração boca a boca 人工呼吸 / marketing boca a boca 口コミマーケティング.
boca de cena 舞台前面.
boca de fogo ① 火砲, 大砲. ② プレイボーイ.
boca de fumo 麻薬の密売所
Boca de siri! 口外無用.
boca de urna ① 投票所付近. ② 投票所付近で行われる選挙運動. ③ 出口調査.
boca livre 出入り自由の無料パーティー.
boca rica ① 濡れ手に粟の好機. ② 金歯の口.
Boca selada. 黙ってろ, 他言は無用だ.
bom de boca 従順な家畜, 特に馬.
botar a boca no mundo 叫ぶ, 非難する
cair na boca do mundo 中傷される, 悪口を言われる.
com a boca fechada 口を閉じて, だまって.
com a boca na botija 現行犯で, その場で ▶ apanhar com a boca na botija 現行犯で捕まえる.
da boca para fora 口先だけで ▶ falar da boca para fora 口先だけで言う.
de boca うわさで, 口頭で.
de boca cheia ① 自信を持って, 堂々と. ② 不当に.
de boca em boca 口コミで, 口から口へ ▶ correr de boca em boca 口から口へと伝わる.
de boca para acima 仰向きに.
de boca para baixo うつぶせに.
É só abrir a boca. 口を開くだけでよい.
estar em todas as bocas 世間で話題になっている, 有名である.
estar na boca de todos みんなに噂される.
falar mais que a boca 口数が多い, しゃべりすぎる.
fazer boca de siri 口をつぐむ.
fazer uma boca 一口つまむ, 軽食を取る, 間食をする.
fechar a boca ① 口を閉じる, 口をつぐむ, 黙る. ② 食べる量を減らす, ダイエットをする.
fechar a boca de alguém …を黙らせる.
ficar de boca aberta 驚く, 唖然とする.
meter... a boca …の悪口を言う.
não abrir a boca 黙っている.
pôr a boca no mundo 声を大にして言う, 糾弾する.
tapar a boca de... …を黙らせる.

boca de sino /'bokadʒi'sinu/ 形《不変》ベルボトムの, 裾の広い ▶ calça boca de sino ベルボトムのパンツ.

bocadinho /boka'dʒiɲu/ 男 ❶ 短い間 ▶ Ele esperou um bocadinho e foi embora. 彼は少し待ってから帰った.
❷ 少し, 一口, 少量 ▶ Coma mais um bocadinho. もう少しだけ食べてください / um bocadinho de... 少量の….

★**bocado** /bo'kadu ボカード/ 男 ❶ 一口分 ▶ Ele comeu um bocado da comida e saiu correndo. 彼は料理を一口食べて急いで出て行った.
❷《um bocado》少しの時間 ▶ Ele esperou um bocado e se foi. 彼はかなり待って行ってしまった. 彼はしばらく待って, 行ってしまった / há um bocado 少し前に.
❸《um bocado de...》たくさんの… ▶ um bocado de gente たくさんの人 / um bocado de tempo か

bocal

なりの時間.
maus bocados 困難な時期.
bocal /boˈkaw/ [複 bocais] 男 ❶ (瓶, 壺等の) 口 ▶ bocal do tanque de combustível 給油口.
❷ (楽器や電話の) マウスピース, 口金, 送話口.
boçal /boˈsaw/ [複 boçais] 形《男女同形》無礼な, 不作法な, 愚かな.
— 名 無礼な人, 愚かな人 ▶ Ela namora um boçal. 彼女は粗野な人とつきあっている.
boca-livre /ˌbokaˈlivri/ [複 bocas-livres] 女 話 誰でもただで飲食できる催し事.
bocejar /boseˈʒax/ 自 あくびをする ▶ Bocejar é contagioso. あくびはうつる.
bocejo /boˈseʒu/ 男 あくび ▶ dar um bocejo あくびをする.
*__bochecha__ /boˈʃeʃa/ ボシェーシャ/ 女 頬 ▶ As crianças estão com as bochechas vermelhas de frio. 子供たちは寒さで頬を赤くしている.
bochechar /boʃeˈʃax/ 自 うがいする.
bochecho /boˈʃeʃu/ 男 うがい, うがい薬.
bochechudo, da /boʃeˈʃudu, da/ 形 ほっぺたがふっくらとした.
— 名 ほっぺたがふっくらとした人.
bodas /ˈbodas/ 女複 結婚記念式 ▶ bodas de ouro 金婚式 / bodas de prata 銀婚式.
bode /ˈbɔdʒi/ 男 雄ヤギ ▶ bode expiatório スケープゴート, 他人の罪を負わされる人.
amarrar o bode 不機嫌になる.
cheirar a bode velho 悪臭を放つ.
dar bode 大変なことになる ▶ Deu bode na festa de ontem. 昨日の宴会で大変な事態になった / Vai dar bode. 厄介なことになる.
desamarrar o bode 機嫌を直す.
estar com o bode amarrado 不機嫌である.
estar de bode amarrado うんざりしている, いらいらしている.
bodum /boˈdũ/ 男 臭いにおい, 悪臭.
boêmia /buˈemia/ 女 P = boêmia
boêmia /boˈemia/ 女 B 自由気ままな暮らし.
boêmio, mia /buˈemio, miɐ/ 形 P = boêmio
boêmio, mia /boˈemiu, mia/ 形 自由奔放な, ボヘミアンの ▶ vida boêmia 自由奔放な暮らし / artista boêmio 自由気ままな芸術家.
— 名 放浪的芸術家, ボヘミアン.
bofes /ˈbɔfis/ 男複 ❶ (動物の) 内臓. ❷ 気質, 気性 ▶ homem de maus bofes 気性の激しい男性.
abrir os bofes 泣きわめく, 泣き喘ぐ.
custar os bofes (金銭的に) とても高い.
deitar os bofes pela boca 顎を出す, 息を切らす.
de maus bofes 意地悪の, 気難しい, 執念深い.
pôr os bofes pela boca afora 疲れる, 多忙を極める.
ter maus bofes 性格が悪い, 怒りっぽい.
bofetada /bofeˈtada/ 女 ❶ 平手打ち ▶ dar uma bofetada em... …を引っぱたく.
❷ 侮辱, 無礼な言動 ▶ Isso foi uma bofetada na cara do eleitor それは投票者にとって侮辱だった.
bofetada com luvas de pelica 皮肉っぽい仕返し, 復讐.

bofetada sem mão 言葉による皮肉.
bofetão /bofeˈtɐ̃w/ [複 bofetões] 男 激しい平手打ち ▶ dar um bofetão em alguém …を叩く / levar um bofetão 叩かれる / aos bofetões 強引に, 力ずくで.
*__boi__ /ˈboj/ ボィ/ 男 (雄) 牛 ▶ Ele começou a criar um boi. 彼は牛を飼い始めた / boi carreiro = boi de carro 輓雄牛 / boi de sela 乗用雄牛 / boi de corte 食肉雄牛 / boi de [da] guia 前列の輓牛 / boi em pé 生きている食肉雄牛 / boi frouxo 繁殖能力のなくなった雄牛.
apanhar como boi ladrão ひどく殴られる.
boi de piranha ① 川にピラニアがいるか確かめるために最初に川を渡らせる雄牛. ② 実験台.
Boi manso, aperreado, arremete. 我慢にも程がある.
boi na linha 思いがけない障害, 障害物.
comer um boi たくさん食べる.
É mais fácil um boi voar. ありえないことだ.
pegar o boi pelos chifres 決然と困難に立ち向かう.
tirar o boi da linha 障害 [困難] を取り除く.
Vá amolar o boi! 放っといてくれ.
bói /ˈbɔi/ 男 会社の使い走りの少年.
boia /ˈbɔja/ 女 ❶ ブイ, 浮標 ▶ boia luminosa 灯浮標. ❷ 浮き輪.
❸ 俗 食事, 食べ物 ▶ hora da boia 食事の時間.
ficar sem a boia ① 食べるものがなくなる. ② 保護するものがなくなる.
pegar a boia 食事しに行く.
boiada /bojˈada/ 女 牛の群れ.
boia-fria /ˌbojaˈfria/ [複 boias-frias] 名 B 季節移動農業労働者.
boião /bojˈɐ̃w/ [複 boiões] 男 (お菓子やジャム等を入れる) 広口のつぼ, ポット.
boiar /bojˈax/ 他 …を浮かす, 浮かせる.
— 自 ❶ 浮く, 浮かぶ.
❷ 俗 食べる, 食事をする.
❸ 俗 理解できない ▶ Ele sempre boia nas reuniões. 彼は会議でいつでも理解できずにいる.
boiar no assunto ちんぷんかんぷんである.
boi-bumbá /ˌbojbũˈba/ [複 bois-bumbá(s)] 男 ブラジル北東部の伝統的舞踊 (= bumba meu boi).
boicotar /bojkoˈtax/ 他 ボイコットする, 排斥する.
boicote /bojˈkɔtʃi/ 男 ボイコット, 排斥 ▶ fazer boicote a... …をボイコットする.
boina /ˈbojna/ 女 ベレー帽.
bojo /ˈboʒu/ 男 ふくらみ, 丸みのある突出 (物), 腹 ▶ bojo de navio 船腹 / bojo do sutiã ブラジャーのパッド.
ter bojo para (比喩的に) 能力がある ▶ Ela tem bojo para resolver todas as questões. 彼女はすべての問題を解決する能力がある.
bojudo, da /boˈʒudu, da/ 形 ふくらみのある, 太鼓腹の ▶ vaso bojudo 丸みのある壺.
***__bola__ /ˈbɔla/ ボーラ/ 女 ❶ ボール, 玉, 球 ▶ bola de tênis テニスボール / bola de futebol サッカーボール / bola de vôlei バレーのボール / bola de cristal 水晶球 / bola de gude ビー玉 / bola de

neve 雪玉.
❷ **泡, シャボン玉**, (ガムの) 風船 ▶ bola de sabão シャボン玉 / fazer bolas de sabão シャボン玉を吹く.
❸ サッカー.
❹ (犬の駆除用の) 毒団子.
❺ ⦅bolas⦆ 睾丸.
abaixar a bola 丸くなる, 謙虚になる, 寛容になる.
amaciar a bola 〖サッカー〗ボールを柔らかく受け止める.
baixar a bola de... …の鼻を折る.
bater bola ボールで遊ぶ, サッカーの練習をする.
boa bola ① 気の利いたジョーク. ② (サッカーで) ちょうどよいタイミングや角度で来るボール.
bola branca ① 白いボールが当たりになるゲーム. ② 承認, 幸運をもたらす物.
bola da vez ① 突き玉. ② 出来事の中心となる人や物.
bola fora ゴールを外すこと, 失敗.
bola murcha 無気力, 落ち込み.
bola na rede ゴール.
bola pra frente 前向きに次の段階に移行すること.
bola preta ① tirar a bola preta 一種の罰ゲームで, 黒いボールを取って罰を受ける. ② estar pela bola preta ビリヤードで, 勝つには黒い玉を入れるだけの状態になる.
bola rolando 現在進行中の出来事 ▶ Quero ver a bola rolando. 早く事が始まってほしい.
bola venenosa 〖サッカー〗守備が難しいトリッキーなシュート.
botar a bola pra rolar ある企画を開始する.
bom da bola 分別がある.
bom de bola ① スポーツ (特にサッカー) が上手な. ② 仕事ができる.
comer a bola 〖サッカー〗優れたプレイをする.
comer bola ① わいろを受け取る. ② (犬や猫が) 毒饅頭を食べる.
dar bola ① 相手にする, かまう. ② 買収する, 鼻薬を嗅がせる.
dar bola para... …に関心がある, 興味がある
deixar a bola rolar 成り行きに任せる.
encher a bola ① (試合などで) 能力を存分に発揮する. ② 率直に称賛する.
engolir a bola 〖球技〗すばらしいパフォーマンスを見せる.
estar com a bola 自分の順番である.
estar com a bola toda ① 人生を謳歌する. ② 権力を享受する.
isolar a bola ボールを遠くへ離す, 蹴り出す.
jogar uma bola redonda よいプレーをする, 能力の高さを見せる.
não dar bola para... …を無視する
passar a bola ① (ボールを) パスする. ② 未解決問題の責任を他に任せる.
pisar na bola 失敗する.
ruim da bola 正気の沙汰ではない, 頭がおかしい.
ruim de bola (サッカーなどが) 下手な.
ter bola de cristal 予知 (予言) 能力をもつ, 先見の明をもつ, 先読みできる.
trocar as bolas 勘違いする.

bolacha /bo'laʃa/ [女] ❶ ビスケットの一種, クッキー, クラッカー. ❷ 平手打ち. ❸ コースター.

bolada /bo'lada/ [女] ❶ ボールが当たること ▶ Ele levou uma bolada na cabeça. 彼は頭にボールが当たった. ❷ 大金 (= bolada de dinheiro).

bolar /bo'lax/ [他] [B] ❶ 計画する, 構想を立てる, 考えを思いつく ▶ bolar um plano プランを立てる. ❷ …にボールを当てる.

bolbo /'bowbu/ [男] 球根.

bolear /bole'ax/ ⑩ [他] ❶ ボールの形にする, 丸くする.
❷ ⦅ブラジル南部⦆ ボーラ (武器) を投げて動物を捕らえる.
❸ 振る ▶ bolear os quadris 腰を振る.
❹ (馬車等を) 操縦する.
— [自] 体を振る.
— **bolear-se** [再] 体を振る.

boleia /bo'lɛja/ [女] ❶ トラックの運転席. ❷ 御者台. ❸ [P] 車に乗せること, ヒッチハイク.

boletim /bole'tĩ/ [[複] boletins] [男] ❶ 公報, 公示, 会報, 社内報 ▶ boletim meteorológico 天気予報 / boletim de ocorrência (警察への) 被害届.
❷ 通信簿, 成績表 ▶ boletim escolar 学校の通信簿.

boleto /bo'letu/ [男] (銀行等の) 払い込み用紙 ▶ boleto eletrônico 電信払込用紙.

bolha /'boʎa/ [女] ❶ 泡, 気泡 ▶ bolha de sabão シャボン玉 / bolha econômica バブル経済 / bolha imobiliária 不動産バブル. ❷ (皮膚にできる) 水ぶくれ, まめ.

boliche /bo'liʃi/ [男] [B] ボウリング, ボウリング場 ▶ jogar boliche ボウリングをする / pista de boliche ボウリングのレーン.

bólide /'bɔlidʒi/ [女] ❶ 〖天文〗火球. ❷ レーシングカー.

bolina /bo'lĩna/ [女] ❶ 〖海事〗はらみ綱. ❷ (帆船の) 垂下竜骨

bolinar /boli'nax/ [他] …の体を触る, 痴漢する.
— [自] 痴漢行為をする.

bolinho /bo'lĩɲu/ [男] 団子, ボール ▶ bolinho de carne 肉団子 / bolinho de bacalhau タラのコロッケ.

Bolívia /bo'livia/ [女] ⦅国名⦆ ボリビア.

boliviano, na /bolivi'ẽnu, na/ [形] ボリビアの.
— [名] ボリビア人.
— **boliviano** [男] ボリビアーノ (ボリビアの通貨単位).

☆**bolo** /'bolu ボーロ/ [男] **ケーキ** ▶ fazer bolo ケーキを作る / bolo de aniversário バースデーケーキ / bolo de casamento ウエディングケーキ / bolo de chocolate チョコレートケーキ.
bolo de gente 人だかり, 人の集まり.
dar o bolo em alguém …との約束をすっぽかす.
levar o bolo 待ちぼうけを食う, すっぽかされる.
Vai dar bolo. 大変なことになる.

bolor /bo'lox/ [[複] bolores] [男] ❶ かび, 菌 ▶ A casa está toda cheia de bolor. 家中がかびだらけ

B

bolorento, ta

だ. ❷ かび臭い匂い ▶criar bolor かび臭くなる / ter bolor かびの臭いがする.
bolorento, ta /bolo'rẽtu, ta/ 形 かびの生えた, かび臭い ▶pão bolorento かびの生えたパン.
bolota /bɔ'lɔta/ 囡 ドングリ.
*__bolsa__ /'bowsa ボウサ/ 囡 ❶ バッグ ▶bolsa a tiracolo ショルダーバッグ / bolsas de marca ブランド物のバッグ.
❷ 奨学金 (= bolsa de estudos) ▶conseguir uma bolsa 奨学金をもらう / Meu filho recebeu uma bolsa de estudos para cursar a universidade. 息子は大学に行く奨学金をもらった.
❸ 取引所 ▶bolsa de valores 証券取引所 / corretor de bolsa 株式仲買人 / bolsa de mercadorias 商品取引所.
A bolsa ou a vida. 命が惜しければ金を出せ.
abrir a bolsa お金を差し出す, 支払いをする.
bater bolsa (街娼が) 客を待つ.
bolsa de ar エアポケット.
bolseiro, ra /bow'sejru, ra/ 囝 ❶ ハンドバッグを作る [売る] 人. ❷ 囝 奨学生.
bolsista /bow'sista/ 囝 奨学生.
*__bolso__ /'bowsu ボウソ/ 男 ポケット ▶A criança encheu o bolso de bolinhas. 子供はポケットをビー玉でいっぱいにした.
aliviar o bolso de... から金を盗む.
botar no bolso ① だます. ② 優位に立つ. ③ 盗む.
de bolso 小型の, ポケット判の ▶dicionário de bolso ポケット判辞書 / relógio de bolso 懐中時計 / guia de bolso ポケットガイド.
encher os bolsos 私腹を肥やす.
enfiar a mão no bolso 支払う.
estar com os bolsos furados 渡された金を使い切る.
mexer nos bolsos お金を払う, 無駄遣いする.
para todos os bolsos 誰にでも購入可能な.
pesar no bolso 出費がかさむ, 予算オーバーする.
pôr do bolso 自腹を切る, 自分のポケットマネーから出す.
pôr no bolso ① ポケットにしまう [入れる]. ② 猫ばばする, 着服する. ③ …に勝つ.
tirar do bolso do colete 決定的瞬間に隠していた切り札を出す.

**bom, boa /'bõ, 'boa ボン, ボア/ [複 bons, boas] 形 (比較級 melhor, 絶対最上級 ótimo と boníssimo. ótimo のほうが普通) ❶ よい, 優れた, 良質の; よくできた (↔ mau, ruim) ▶Isso é uma boa ideia. それはよい考えだ / um bom amigo よい友達 / um bom médico よい医者 / Mentir não é bom. 嘘をつくことはよくない / Está bom. 分かった, オーケー / — Estou resfriado. — Isso não é bom.「風邪をひいているんです」「それはいけませんね」.
❷ …によい, 適した, 適切な [+ para] ▶É bom para a saúde fazer exercícios moderados. 適度に運動するのは健康によい / Rir é bom para a saúde. 笑うことは健康によい / água boa para beber 飲むのによい水.
❸ 人柄 [性格] のよい, 善良な; 優しい, 親切な ▶um bom homem いい人; (皮肉で) お人好し / bom com... …に親切である.
❹ 正しい, 正確な ▶falar em bom português 正しいポルトガル語で話す / mostrar o bom caminho 正しい道を示す.
❺ 快い, 心地よい, (味や匂いが) よい, おいしい ▶tempo está bom. = Faz bom tempo. 天気がよい / cheiro bom いい匂い / um bom jantar おいしい夕食.
❻ 体調がよい, 元気な ▶Fique bom logo. 早くよくなってください / Ainda não estou bom. 私はまだよくなっていない / Meu estômago não está muito bom. 私は少し胃の具合がよくない / Oi, tá bom? 囗 やあ, 元気にしてるかい / Tudo bom? 元気ですか.
❼ …が上手 [得意] である, うまい [+ de/em] ▶Ele é bom de dança. 彼は踊りがうまい / Ela é boa no tênis. 彼女はテニスが上手だ / Ele é bom em natação. 彼は水泳が得意だ / Não sou bom em futebol. 私はサッカーが得意ではない / Ele é bom em idiomas. 彼は語学が達者だ / Ele é bom em imitar as pessoas. 彼は人のまねがうまい / Ele é notavelmente bom em português. 彼はかなりポルトガル語がうまい / Eu não sou bom para falar em público. 私は公の場所で話すのが苦手だ.
❽ 易しい, 容易な ▶um problema bom de resolver 解決しやすい問題.
❾ 《É bom + 不定詞 / É bom que + 接続法》…はよい, …するのが望ましい, 適切だ ▶É bom fazer exercício. 運動をするのはよいことだ / É bom você se apressar. 君は急いだほうがいい / Foi bom eu ter decidido demitir-me da firma. 思い切って会社を辞めてよかった / Não é bom falar mal por trás das pessoas. 人の背後で悪口を言うのはよくない / Que bom que você veio! よくいらっしゃいました / É bom que você mesmo responda a essa pergunta. 君自身がその質問に答えるとよい.
❿ (程度を強調して) かなりの… ▶uma boa parte de minha vida 私の人生のかなりの部分 / esperar um bom tempo かなりの時間待つ.
⓫ 《bom + 無冠詞名詞》よい…を, …がうまくいきますように ▶Boa viagem! よいご旅行を / Bom trabalho! お仕事がうまくいきますように / Boa sorte! 幸運を祈ります / Boa prova! 試験に受かりますように.

— **bom** 男 よいこと, よい点 ▶O bom é que é barato. よいところはそれが安いことだ / Eu te desejo tudo de bom. ご多幸をお祈りする.

— **bom** 間 ❶ よし, 分かった, それでいい ▶Muito bom! とてもよい.
❷ それで, では ▶Bom, vamos começar. では始めましょう / ❸ ええと, うーん.

Boa noite. 《夜のあいさつ》こんばんは, おやすみなさい.
Boa tarde. 《午後のあいさつ》こんにちは.
bom, bonito e barato 言うことなしの, 三拍子そろった.
Bom dia. 《午前のあいさつ》おはよう, こんにちは.
do bom (e do melhor) 最高級の.
*__bomba__ /'bõba ボンバ/ 囡 ❶ 爆弾 ▶bomba atômi-

ca 原子爆弾 / bomba inteligente スマート爆弾 / A bomba explodiu perto da base. 爆弾は基地の近くで爆発した.
❷ ポンプ ▶ A bomba de água quebrou. 水のポンプが壊れた / bomba de gasolina ガソリンポンプ / bomba de ar 空気ポンプ.
❸ 問題, 困難な事案 ▶ Ele me deixou toda a bomba. 彼はすべての問題を私に残した.
❹ 驚くべき出来事 [ニュース].
❺ エクレア ▶ bomba de chocolate チョコレートエクレア.
❻ ステロイド. ❼ 落第点.
cair como uma bomba (衝撃的なニュースや出来事が) もたらされる.
levar [**tomar**] **bomba** 落第点を取る ▶ Meu filho levou bomba em ciências. 息子は理科で赤点を取った.

bombada /bõ'bada/ [女] ❶ 一回のポンプの全稼動.
❷ 一回にポンプが注入する (放出) する液体や空気の量.

bombardeamento /bõbaxdea'mẽtu/ [男] 爆撃.

bombardear /bõbaxde'ax/ ⑩ [他] ❶ 爆撃する ▶ Bombardearam o parque da cidade. 町の公園が爆撃された.
❷ (質問や批判等で) 激しく攻める [+ com] ▶ Os estudantes bombardearam o professor com perguntas. 学生は先生を質問攻めした.

bombardeio /bõbax'deju/ [男] 砲撃, 爆撃 ▶ bombardeio aéreo 空襲, 空爆.

bombardeiro /bõbax'dejru/ [男] 爆撃機.

bomba-relógio /ˌbõbaxe'lɔʒiu/ [[複] bombas-relógio(s)] [女] 時限爆弾.

bombástico, ca /bõ'bastʃiku, ka/ [形] ❶ 驚くべき ▶ declaração bombástica 爆弾宣言. ❷ 大げさな, もったいぶった ▶ discurso bombástico 大げさな演説.

bombear /bõbe'ax/ ⑩ [他] ❶ …をポンプで注入する, 送り込む [+ para] ▶ bombear água para a caixa de água 水タンクに水を送り込む.
❷ …をポンプでくみ上げる [+ de] ▶ bombear água do rio 川から水をくみ上げる.
❸ 器官によって循環させる ▶ O coração bombeia o sangue. 心臓は血液を循環させる.
❹ [B] 試験で不合格にする.

bombeiro /bõ'bejru/ [男] 消防士.

bombilha /bõ'biʎa/ [女] [B] マテ茶を飲むための金属製の道具.

bombista /bõ'bista/ [名] 爆弾犯, 爆弾テロリスト.
— [形] 《男女同形》 爆弾の ▶ atentado bombista 爆弾テロ.

bombo /'bõbu/ [男] [B] ボンボ, 大太鼓.

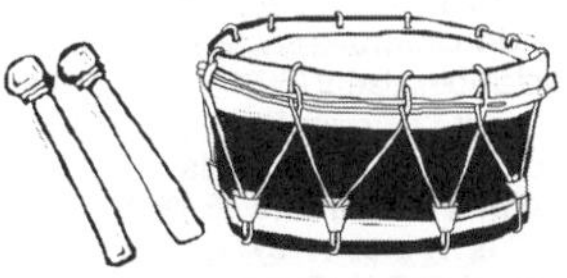
bombo

bombom /bõ'bõ/ [[複] bombons] [男] チョコレートボンボン ▶ uma caixa de bombons チョコレートの詰め合わせ箱.

bomboneria /bõbone'ria/ [女] [B] チョコレート店.

bombordo /bõ'bɔxdu/ [男] 〖船舶〗 左舷.

bom-dia /ˌbõ'dʒia/ [[複] bons-dias] [男] 朝のあいさつ, おはよう ▶ dar bom-dia おはようと言う.

bom-tom /ˌbõ'tõ/ [[複] bons-tons] [男] 上品.
ser de bom-tom 作法にかなっている ▶ É de bom-tom cumprimentar todos os convidados. すべての招待客にあいさつをするのは礼儀にかなっている.

bonachão, chona /bona'ʃẽw̃, 'ʃõna/ [[複] bonachões, chonas] [形] 思いやりのある, 親切な, 寛大な ▶ Ele era um professor bonachão. 彼は温厚な先生だった.
— [名] 優しい人, 温厚な人, お人よしな人.

bonança /bo'nẽsa/ [女] ❶ (航海に最適な) 快晴, 上天気, 穏やかな天気 ▶ Depois da tempestade vem a bonança. [諺] (嵐のあとに凪が来る→) 雨降って地固まる.
❷ 平穏, 安らぎ, 平安 ▶ passar a vida na bonança 穏やかで幸せな人生を送る.

bondade /bõ'dadʒi/ [女] ❶ 優しさ, 誠実さ, 美徳, 親切, 思いやり ▶ Ele é uma pessoa sem bondade. 彼は思いやりのない人だ.
❷ 慈悲, 寛大さ.
❸ 上品さ, 礼儀正しさ.
ter a bondade de + [不定詞] …してくださる ▶ Tenha a bondade de me acompanhar. こちらへどうぞお越しください.

bonde /'bõdʒi/ [男] [B] 路面電車 ▶ ir de bonde 路面電車で行く.
pegar o bonde andando 途中から加わる.
pegar o bonde errado ① 誤った選択をする. ② 勘違いする.
perder o bonde (da história) ① 機会を逃す. ② 話の流れを逃す.
tomar bonde errado 判断を誤る, 勘違いする.

bondinho /bõ'dʒĩɲu/ [男] ケーブルカー.

bondoso, sa /bõ'dozu, 'dɔza/ [形] ❶ 優しい, 親切な, 情け深い ▶ amigo bondoso 優しい友達 / ser bondoso com... …に対して優しい [親切である].
❷ 善意ある, 寛容な, 度量の広い.

boné /bo'nɛ/ [男] ひさしつきの帽子 ▶ boné de beisebol 野球帽.
botar boné 《北部, 北東部》 浮気をする.
pedir o boné 辞意を示す, 諦める, 退く.

boneca /bo'nɛka/ [女] ❶ 人形 ▶ brincar de boneca 人形と遊ぶ / teatro de bonecas 人形芝居 / boneca de trapos 布製の人形.
❷ 着飾った女性 [少女].
❸ [B] 成長中のトウモロコシの穂.
boneca de milho 雄しべが実についたままの, 未熟なとうもろこし.

boneco /bo'nɛku/ [男] ❶ 男の子の人形 ▶ boneco de pelúcia ぬいぐるみ / boneco de neve 雪だるま.
❷ マリオネット, 操り人形 ▶ Ele parece um boneco nas mãos do chefe. 彼は上司の手で操られる人形みたいだ. ❸ 印刷前の束見本.

[B]

bonificação /bonifika'sɐ̃w̃/ [[複] bonificações] [女] ❶ 賞与, 特別手当 ▶ Eles receberam uma bonificação no salário. 彼らは給料に特別手当が支給された.
❷ 値引き, 割引, おまけ ▶ bonificação em mercadorias サービスで付く物品.
❸ 特別配当.

boníssimo, ma /bo'nisimu, ma/ [形] bom の 絶対最上級.

bonitão, tona /boni'tɐ̃w̃, 'tõna/ [[複] bonitões, bonitonas] [形] とても美しい, かっこいい.
— **bonitão** [男] ハンサム, かっこいい男性 ▶ Há muitos bonitões nesta empresa. この会社にはハンサムが多い.

bonitinho, nha /boni'tʃĩɲu, ɲa/ [形] かわいらしい, かわいい.

★★★**bonito, ta** /bo'nitu, ta ボニート, タ/ [形] ❶ 美しい, きれいな (←→ feio) ▶ uma mulher bonita 美しい女性 / um homem bonito 美男子 / um rosto bonito きれいな顔立ち / uma casa bonita きれいな家 / Ele tem a voz bonita. 彼は声がきれいだ / Ela sempre veste uma roupa bonita. 彼女はいつもきれいな服を着ている / uma música bonita 美しい音楽 / um dia bonito 天気のよい日 / A mulher está bonita. その女性は美しく装っている / A foto está bonita. その写真はきれいに映っている.
❷ 気品ある, 高貴な ▶ um gesto bonito 立派な行い.
❸ 心地よい ▶ uma bonita noite 心地よい夜.
❹ 価値のある, 有利な ▶ fazer um negócio bonito 有利な取引.
❺《皮肉》すばらしい, すぐれた ▶ Bonito serviço! 立派な仕事じゃないか.
— **bonito** [男]〖魚〗カツオ.
— **bonito** [副] 見事に, 上手に ▶ falar bonito 上手に話す.
— **bonito** [間]《叱責, 非難》ひどいじゃないか.
fazer bonito ① 成功する, 上手に達成する. ② 注目を集める.
fazer um bonito 善い行いをする.
Muito bonito! (皮肉を込めて) すばらしい.

> [語法]「美しい」を表す **bonito, lindo, belo**
>
> 美しい人や物に関して用いられる最も一般的な形容詞は bonito である.
> uma garota bonita きれいな娘
> uma cidade bonita 美しい街.
> um bebê bonito かわいい赤ん坊.
> lindo は極上の美しさ, 芸術的完璧さを含意する. bonito よりも美しさの度合いが高い.
> um quadro lindo 美しい絵.
> beloは書き言葉的で, 調和のとれた「すばらしさ」「立派さ」を強調する時にも使われる.
> Bela Época ベルエポック.
> Belo Horizonte ベロオリゾンテ (ブラジルの都市. 原義は「美しい水平線」)
> belo pôr do sol 美しい日没.

bonomia /bono'mia/ [女] ❶ 人のよさ ▶ Aquela senhora era conhecida pela sua bonomia. あの夫人は人のよさで知られていた. ❷ 信じやすさ, 正直さ.

bónus /'bɔnuʃ/ [男] [P] = bônus

bônus /'bõnus/ [男]《単複同形》[B] ❶〖経済〗公債, 債務 ▶ bônus do governo 国家の債務. ❷ ボーナス, 賞与, 特別手当. ❸ おまけ, 割引 ▶ bônus de 15% na assinatura 新規購読で15%のおまけ. ❹ 配当金.

boquiaberto, ta /bokia'bɛxtu, ta/ [形] ❶ 口を開けた. ❷ あっけにとられた, あきれた.

boquilha /bo'kiʎa/ [女] ❶ タバコホルダー, (パイプの) 吸い口. ❷ (管楽器の) マウスピース.
fazer boquinha ① (不満で) 口をすぼめる. ② 軽食を取る.
fazer uma boquinha 軽食を取る, 間食をする.

borboleta /boxbo'leta/ [女] ❶〖昆虫〗チョウ (蝶) ▶ gravata-borboleta 蝶ネクタイ.
❷〖植物〗コチョウソウ, シザンサス.
❸〖水泳〗バタフライ.
❹ [B] 気まぐれで悪名高い人.
❺ [B] 回転式改札口, 回転ドア.
caçar borboleta〖サッカー〗(ゴールキーパーが) 高いボールを止め損なう.
correr atrás das borboletas 見果てぬ夢を追う.

borboletear /boxbolete'ax/ ⑩ [自] ひらひらと舞う.

borbotão /boxbo'tɐ̃w̃/ [[複] borbotões] [男] 噴出, 勢いよく吹き出ること ▶ borbotão de vento 突風.
aos [em] borbotões 大量に ▶ O público entrou no teatro em borbotões. 劇場に観客が押し寄せた.

borbotar /boxbo'tax/ [自] 噴出する.
— [他] 噴出させる.

borbulha /box'buʎa/ [女] ❶ 泡, 気泡. ❷〖医学〗吹き出物, にきび. ❸ つぼみ, 芽, 枝芽.

borbulhante /boxbu'ʎẽtʃi/ [形]《男女同形》泡立っている.

borbulhar /boxbu'ʎax/ [自] ❶ 沸き立つ, ブクブク泡が立つ ▶ A água está borbulhando. お湯が沸き立っている.
❷ ほとばしり出る, 勢いよく吹き出る, 湧き出る ▶ Várias ideias borbulharam na minha cabeça. 私の頭の中で様々なアイデアが湧いた.
❸ 発芽する.

borco /'boxku/ [男]《次の成句で》
dar de borco (船が) 転覆する, ひっくり返る.
de borco うつ伏せの.
ficar de borco 病気になる.

borda /'bɔxda/ [女] へり, 縁, 周縁, 端.
borda do campo 野原の境界.

bordado /box'dadu/ [男] 刺しゅう, 裁縫 ▶ bordado em ponto de cruz クロスステッチ刺しゅう / bordado de contas ou pérolas パール刺しゅう.

bordadura /boxda'dura/ [女] ❶ 刺しゅう. ❷ 縁飾り, (花壇の) 縁取り. ❸〖建築〗くり型.

bordão /box'dɐ̃w̃/ [[複] bordões] [男] ❶ 杖, ステッキ, 棒 ▶ andar apoiando-se no bordão 杖にすが

って歩く. ❷〖音楽〗(バグパイプの)ブルドン, ドローン. ❸《比喩的に》助け, サポート, 援助. ❹ しばしば繰り返される言葉, うたい文句, キャッチフレーズ▶bordão publicitário 広告のうたい文句.

bordar /box'dax/ 自 刺しゅうをする, 刺しゅうを施す. ❷ へりを縫う.
— 他 ❶ …に刺しゅうをする▶Bordou o lenço. ハンカチに刺しゅうを施した. ❷ …のへりを縫う. ❸ …を飾る. ❹ …を縁取る.

bordejar /boxde'ʒax/ 自 ❶ (帆船を)ジグザグ走行する▶O veleiro bordejava a baía. 帆船は湾でジグザグ走行していた. ❷ (目的なく)歩き回る. ❸《比喩的に》よろめく. ❹ B 俗 恋の冒険を探し求める.

bordel /box'dɛw/ [複 bordéis] 男 売春宿, 娼家.

bordo /'bɔxdu/ 男 ❶ 船上, 船内. ❷ 舷側, 船端, (船舶の)間切り.
a bordo (船や飛行機などに)乗って▶Havia 227 passageiros a bordo. 227人の乗客が乗っていた / subir a bordo de... …に乗る.
aos bordos 千鳥足で, よろよろして.
de alto bordo 第一級の, 最高級の.
virar de bordo ① (船を)旋回させる. ② 方向転換する, 引き返す.

bordoada /boxdo'ada/ 女 ❶ (棒などを用いた)一撃▶O ladrão levou uma bordoada na cabeça. 泥棒は頭に一撃をくらった.
❷《比喩的に》精神的打撃.
bordoada de cego 手当たり次第に殴りかかること.

boreal /bore'aw/ [複 boreais] 形《男女同形》北の, 北半球の.

borla /'bɔxla/ 女 ❶ 飾り房. ❷ 角帽.

bornal /box'naw/ [複 bornais] 男 ❶ (食糧等を入れる)雑のう. ❷ (馬の)飼い葉袋.

boro /'bɔru/ 男〖化学〗ホウ素.

borra /'bɔxa/ 女 ❶ (液体の底にたまる)おり, かす▶borra de café コーヒーの残りかす / borra de chá 茶殻. ❷ 廃棄羊毛, シルクのくず.

* **borracha** /bo'xaʃa/ 女 ❶ ゴム▶luvas de borracha ゴム手袋 / botas de borracha ゴム長靴. ❷ 消しゴム.
entrar na borracha 警棒で殴打される.
passar a borracha em... …を消し去る, 忘れる, 許す, 水に流す.

borracheiro /boxa'ʃejru/ 男 ❶ パンクしたタイヤの修理人, タイヤ販売業者[店]. ❷ B 天然ゴムを採取する人.

borracho, cha /bo'xaʃu, ʃa/ 形 酔っ払いの, 大酒飲みの▶Ele já estava borracho quando chegou ao bar. 彼はバーに着いたとき, すでに酔っぱらっていた.
— **borracho** 男 ❶ 酔っ払い, 飲んだくれ. ❷ (まだ飛ぶことができない)若鳩.

borrador /boxa'dox/ [複 borradores] 男 (簿 記の)仕訳帳, 記録簿.

borralho /bo'xaʎu/ 男 ❶ (薪等の)燃えさし▶A menina com frio, não saía de perto do borralho. 寒くなった少女は燃えさしから離れなかった. ❷ 熱い灰, 暖かく居心地のいい場所. ❸ 暖炉.

borrão /box'ɐ̃w/ [複 borrões] 男 ❶ (インク等の)染み, 汚点▶As folhas estavam cheias de borrões. 用紙は染みだらけだった. ❷ 下書き, 下絵, スケッチ. ❸ 俗 臆病者.

borrar /bo'xax/ 他 ❶ …に染みを付ける, …を汚す▶Ele borrou o tapete de tinta. 彼はじゅうたんをインクで汚した. ❷ 下書きをする▶borrar um quadro 下絵をする.
— 自 俗 大便を漏らす, ちびる.
— **borrar-se** 再 俗《比喩的に》恐怖に襲われる, 怖がる▶borrar-se de medo 恐怖で震え上がる.

borrasca /bo'xaska/ 女 暴風雨, しけ.

borrego /bo'xegu/ 男 1 歳未満の子羊.

borrifar /boxi'fax/ 他 噴霧する, しぶきで濡らす▶borrifar o perfume 香水を吹きかける

borrifo /bo'xifu/ 男 ❶ 水しぶき. ❷ 雨や露のしずく.

bosque /'bɔski/ 男 林, 森▶Robin dos Bosques P ロビンフッド.

bossa /'bɔsa/ 女 ❶〖解剖〗(主に頭蓋の)こぶ, 突起, 隆起▶bossa frontal 前頭隆起.
❷ (人や動物の背の)こぶ. ❸ 俗 才能, 素質. ❹ 個性, 特性.
bossa nova ① 新しい傾向, 物事の新しいやり方. ② ボサノバ (1950年代末に, リオデジャネイロでサンバとジャズが融合して生まれた音楽).

bosta /'bɔsta/ 女 ❶ 糞便, 排泄物. ❷ 粵 粗悪品.
— 間 粵 くそ▶Bosta! Esqueci meu livro. くそ, 教科書を忘れてしまった.

* **bota** /'bɔta/ ボータ 女 ブーツ, 長靴▶botas de borracha ゴム長靴 / bota de cano alto ハイヒールブーツ / o Gato de Botas 長靴を履いた猫.
bater as botas 死ぬ.
botas de sete léguas 7里靴 (1歩で7里歩けるという靴).
descalçar a bota 困難な状況を脱する.
lamber as botas de... …の靴をなめる, …にこびへつらう.
limpar as botas de... …にこびへつらう.

bota-fora /ˌbɔta'fɔra/ 男《単複同形》❶ 送別会, 壮行会, 見送り. ❷ 進水式.

botânica¹ /bo'tɐnika/ 女 植物学.

botânico, ca² /bo'tɐniku, ka/ 形 植物(学)の▶jardim botânico 植物園.
— 名 植物学者.

* **botão** /bo'tɐ̃w/ ボタォン [複 botões] 男 ❶ (衣服の)ボタン▶Ih! O botão caiu! あっ, ボタンがとれた.
❷ スイッチ, ボタン▶Aperte o botão do elevador. エレベーターのボタンを押してください / botão do volume ボリュームボタン.
❸ つぼみ▶um botão de rosa バラのつぼみ.
apertar o botão errado ボタンを掛け間違う.
botões do seio 乳首.
em botão つぼみの, 発達途中の, 若い.
falar com os (seus) botões 独り言を言う.

* **botar** /bo'tax/ ボターフ 他 ❶ 置く, 入れる▶Eu botei o pudim na geladeira. 私はプディングを冷蔵庫に入れた.
❷ 着る▶Maria botou o vestido de sempre e

bote

saiu. マリアはいつものドレスを着て出かけた.

❸ 準備する ▶ Vamos botar a mesa logo. 早くテーブルを準備しよう.

❹ 触れる ▶ Não bote a mão que a panela está quente! 熱いから鍋に手を触れないで.

❺ 預ける ▶ Meu amigo botou todo o dinheiro na poupança. 私の友人は全財産を貯金した.

— 自 卵を産む ▶ As galinhas sempre botam de manhã. 鶏は朝卵を産む.

botar algo em dia …の遅れを取り戻す.
botar defeito em algo …にけちをつける.
botar para correr 追い払う, 追い出す.
botar para fora ① 追い出す. ② 表に出す.
botar pra quebrar ① 果敢に挑む. ② 精力的に, 時には暴力的に行動する, 騒動を起こす.
botar quebrando 邪視を放つ.

bote /'bɔtʃi/ 男 ❶ ボート, 小船 ▶ bote a remo 漕ぎ船 / bote salva-vidas 救命ボート / bote de borracha ゴムボート.
❷ 刺し傷, 切り傷.
❸ 攻撃, 暴力 ▶ O lutador deu um bote no seu oponente. ファイターは対戦相手に襲いかかった.
❹ 自 (主にヘビが) 獲物に襲いかかること.
de um bote 一挙に, 一思いに.
errar o bote 悪事に失敗する.
ir no bote だまされる.

boteco /bo'tɛku/ 男 国 話 バー, 飲み屋.
botequim /botʃi'ki/ [複 botequins] 男 バー, 飲み屋.
boticário, ria /botʃi'kariu, ria/ 名 薬局の経営者; 薬剤師.
botija /bo'tʃiʒa/ 女 (狭口で, 頚の部分が短く, 取っ手が小さい) つぼ.
botijão /botʃi'ʒẽw/ [複 botijões] 男 ボンベ ▶ botijão de gás ガスボンベ.
botina /bo'tʃina/ 女 アンクルブーツ.
Bovespa /bo'vɛspa/ 《略》 Bolsa de Valores do Estado de São Paulo サンパウロ証券取引所 (2008年にブラジル商品・先物取引所と合併して BM&F Bovespa サンパウロ証券・商品・先物取引所となった).
bovino, na /bo'vinu, na/ 形 牛の.
— **bovino** 男 ウシ科の動物.
boxe /'bɔksi/ 男 ❶ ボクシング ▶ lutador de boxe ボクサー. ❷ (F1, 車庫等の) ボックス, シャワールーム. ❸《情報》(テキスト) ボックス.
boxeador, dora /boksea'dox, 'dora/ [複 boxeadores, doras] 名 ボクサー.
— 形 ボクシングの.
brabo, ba /'brabu, ba/ 形 ❶ 怒りっぽい, 気の荒い ▶ um cachorro brabo 気の荒い犬.
❷ 怒った ▶ ficar brabo 怒る.
❸ 厳格な, 厳しい ▶ Meu pai é muito brabo. 父はとても厳格だ.
❹ 強烈な, 過酷な ▶ calor brabo 酷暑 / tosse braba ひどい咳.
❺ 話 (達成や解決が) 困難な, 複雑な ▶ A situação está braba. 状況は難しい.
braçada /bra'sada/ 女 ❶ ひと抱えの量 ▶ uma braçada de livros ひと抱えの本. ❷ (水泳の) ストローク, ひとかき.
às braçadas 山のように, 大量に.
braçada de peito 平泳ぎ.
braçadeira /brasa'dejra/ 女 ❶ 腕章. ❷ 盾の取っ手. ❸ 締め具, 留め具, かすがい.
braçal /bra'saw/ [複 braçais] 形《男女同形》肉体を使う ▶ trabalhador braçal 肉体労働者.
bracarense /braka'rẽsi/ 形《男女同形》名 ポルトガル北西の都市ブラガ Braga の (人).
bracejar /brase'ʒax/ 他 腕のように左右に動かす ▶ Os galhos bracejavam. 枝が揺れていた.
— 自 腕を大げさに振る, 派手にジェスチャーする ▶ Ele bracejava para chamar a atenção. 彼は注意を引くために大きく腕を振っていた.
bracelete /brase'letʃi/ 男 腕輪, ブレスレット.

braço /'brasu/ ブラーソ/ 男 ❶ 腕, 二の腕 ▶ esticar o braço 腕を延ばす / quebrar o braço 腕を折る / cruzar os braços 腕を組む / de braços cruzados 腕組みして / pegar o braço 腕をつかむ.
❷ (いすの) ひじかけ.
❸ (弦楽器の) 棹.
❹ 木の枝 ▶ árvore de muitos braços 枝の多い木.
❺ (川の) 支流 ▶ Este rio tem três braços. この川には3本の支流がある.
a braços com... …と戦って, …に取りかかって.
abrir os braços a... …を両手を挙げて歓迎する, 歓待する.
baixar os braços 諦める ▶ Você não deve baixar os braços agora. 今諦めてはいけない.
braço a braço 至近距離で, 取っ組み合い (のけんか).
braço de mar 入り江, 湾.
braço direito 右腕, 腹心 ▶ Ele é o braço direito do primeiro-ministro. 彼は首相の右腕だ.
braço forte 右腕, 片腕.
dar o braço 手を差し伸べる.
dar o braço a torcer 屈する, 同意する.
de braço dado 腕を組んで ▶ Eu gosto de andar de braço dado com a namorada. 恋人と腕を組んで歩くのが好きだ.
de braços cruzados 手をこまねいて, 無関心で ▶ Ele estava de braços cruzados diante do perigo iminente. 迫り来る危機を前にしても彼は無関心だった.
Dou meu braço direito por... …のためなら何でもする.
entregar-se aos braços de... ① …と恋に落ちる. ② 保護されるために…に服従する.
jogar-se nos braços de... …に追従する, …を信頼する.
lançar-se nos braços de... …に屈する, …との愛に溺れる.
meter o braço em... …に腕を振り下ろす, …を殴る, …とけんかする.
não dar o braço a torcer 誤りを認めない, 考えを変えない ▶ Meu amigo não quer dar o braço a torcer. 友人は誤りを認めたがらない.
no braço 腕で.
nos braços de... …の手中にある.

nos braços de Morfeu 眠りに落ちている.
receber de braços abertos 両手を挙げて歓迎する ▶O Brasil recebeu os imigrantes japoneses de braços abertos. ブラジルは日本人移民を両手を挙げて歓迎した.
sair no braço (殴り合いの) けんかをする.
trazer debaixo dos braços 支配する, 我が物とする, いざという場合に備える.

braço de ferro /ˌbrasudʒiˈfexu/ [複 braços de ferro] [男] ❶ 腕相撲 ▶Ele é lutador de braço de ferro. 彼は腕相撲のファイターだ.
❷ (互いに譲らない) 対決, 抗争.
❸ 絶大な権力 ▶ter um braço de ferro 絶大な権力を有する.
❹ 絶大な権力者.

bradar /braˈdax/ [他] 叫ぶ, 大声で言う.
— [自] ❶ …を声を上げて要求する [+por] ▶Bradaram por melhorias na educação. 彼らは教育改善を声高に訴えた.
❷ …に対して怒りを示す, 憤りを表す [+ contra] ▶A população brada contra a injustiça social. 国民は社会的不公正に対して義憤を表している.
bradar aos céus 天に向かって訴える.

brado /ˈbradu/ [男] ❶ 叫び, うなり声, わめき. ❷ 抗議, 絶叫, 怒号, 不満の叫び ▶brado por justiça 正義を求める叫び. ❸ 呼び出し, 召喚.

Braga /ˈbraga/ 《地名》(ポルトガル北西部の都市) ブラガ ▶Sporting Clube de Braga スポルティング・ブラガ (ブラガに本拠地を置くスポーツクラブ).

braguilha /braˈgiʎa/ [女] ズボンの前 ▶com a braguilha aberta ズボンの前が開いたまま / A sua braguilha está aberta. あなたはズボンの前が開いている.

braille /ˈbrajli/ [男] 点字.
— [形] 《男女同形》 点字の ▶alfabeto braille 点字のアルファベット.

bramar /braˈmax/ [自] ❶ (シカやトラ等が) 大声で鳴く.
❷ (シカ等が) 発情期にある.
❸ 激怒する, 声を荒げる, 抗議する.
❹ …を声高に求める [+ por] ▶bramar por vingança 復讐を求めて声高に叫ぶ

bramido /braˈmidu/ [男] ❶ うなり声, ほえ声. ❷ 絶叫, 大きな叫び. ❸ とどろき ▶bramido do mar 海鳴り.

bramir /braˈmix/ [自] ❶ (ライオンなどが) うなる, ほえる. ❷ 叫ぶ, …声高に求める, 抗議する, …を要求する ▶bramir de raiva 怒って声をあげる. ❸ とどろく.

*****branco, ca** /ˈbrẽku, ka ブランコ, カ/ [形] ❶ 白い ▶pão branco 白パン / vinho branco 白ワイン / Minha mãe gosta de lírios brancos. 母は白いユリが好きだ / branco como a neve 雪のように白い.
❷ 血の気のない ▶Ele está branco. 彼は顔が真っ青だ / Ela levou tanto susto que ficou branca. 彼女は余りにも驚いて血の気がうせた / branco como cera 青白い, 蒼白な.
— [名] 白人.
— **branco** [男] ❶ 白, 白色 ▶o branco da neve 雪の白さ. ❷ 白いもの, 白い部分 ▶branco do olho 白目 / branco do ovo 卵の白身. ❸ 空白, 空所 ; 記憶の空白 ▶Deu um branco durante o discurso. 私は演説の途中でど忘れをした.
em branco ① 白紙の, 無記名の ▶uma página em branco 白紙のページ. ② 使われていない, 手つかずの.
ficar branco como a cera 顔面蒼白になる.
ficar em branco 状況が把握できない.
passar em branco 見過ごす, 忘れる, 何事もなかったようにする.
Se um diz branco, o outro diz preto. 一方が白と言えばもう一方が黒と言う, 常に意見が食い違う.

brancura /brẽˈkura/ [女] 白さ, 白いこと, 潔白 ▶brancura da neve 雪の白さ.

brandir /brẽˈdʒix/ ⑫ [他] 振りかざす, 振り回す ▶brandir a espada 剣を振りかざす.
— [自] 揺れる.

brando, da /ˈbrẽdu, da/ [形] ❶ 優しい, 穏やかな, 柔らかな ▶voz branda 穏やかな声. ❷ おとなしい, 弱腰の, 意気地のない. ❸ (気候が) 温暖な, 温和な ▶vento brando 気持ちのよい穏やかな風. ❹ 強くない ▶fogo brando 弱火.

brandura /brẽˈdura/ [女] ❶ 柔らかさ, 優しさ. ❷ 甘さ, 寛大さ ▶brandura da pena 処罰の寛大さ.

branqueador, dora /brẽkeaˈdox, ˈdora/ [複 branqueadores, doras] [形] 白くする.
— **branqueador** [男] 漂白剤.

branqueamento /brẽkeaˈmẽtu/ [男] ❶ 白くすること, 漂白 ▶branqueamento dos dentes 歯を白くすること. ❷ (資金の) 洗浄 ▶branqueamento de dinheiro [P] マネーローンダリング.

branquear /brẽkeˈax/ ⑩ [他] ❶ 白くする ▶branquear os dentes 歯を白くする. ❷ 漂白する. ❸ 白く塗る.
— [自] 白くなる ▶Os cabelos branquearam. 髪が白くなった.

branquejar /brẽkeˈʒax/ [自] 徐々に白くなる ▶O rosto do homem começou a branquejar. 男性の顔が次第に青ざめた.

brasa /ˈbraza/ [女] ❶ 燃えている石炭 ▶assar a carne na brasa 燃える石炭で肉を焼く.
❷ 赤熱 ▶ferro em brasa 赤熱した鉄 / carvão em brasa 燃え盛る石炭.
❸ 強烈な熱 ▶Meu quarto está uma brasa. 私の部屋はとても暑い.
andar sobre brasas 不安な日々を過ごす.
bater a brasa 銃を発射する.
brasa debaixo de cinza わな.
estar em brasa ① かんかんに熱くなっている. ② 激怒している.
mandar brasa [俗] 思い切って何かに取りかかる.
pisar em brasa 苦境にある.
puxar a brasa para sua sardinha 我田引水する, 自分の利益を図る.
uma brasa ① 焦っている [いらだっている] 人. ② すばらしいこと [もの, 状況].

brasão /braˈzẽw̃/ [複 brasões] [男] ❶ 紋, 紋章 ▶

braseiro

brasão da família 家紋. ❷ 名誉, 栄光.

braseiro /bra'zejru/ 男 ❶ 火鉢, コンロ. ❷ 大量に燃えている石炭.

Brasil /bra'ziw/ ブラズィゥ 男《国名》ブラジル ▶ o presidente do Brasil ブラジル大統領 / a República Federativa do Brasil ブラジル連邦共和国 / ir ao [para o] Brasil ブラジルに行く / morar no Brasil ブラジルに暮らす / viajar pelo Brasil ブラジル旅行する / chegar ao Brasil ブラジルに着く.

brasileirismo /brazilej'rizmu/ 男 ブラジルポルトガル語の用法.

brasileiro, ra /brazi'lejru, ra/ ブラズィレィロ, ラ/ 形 ブラジルの, ブラジル人の ▶ a música brasileira ブラジル音楽 / a cozinha brasileira ブラジル料理 / o português brasileiro ブラジルポルトガル語 / Tenho amigos brasileiros. 私はブラジル人の友人がいる / à brasileira ブラジル風の [に].
— 名 ブラジル人 ▶ uma brasileira de vinte anos 二十歳のブラジル人女性 / Os brasileiros gostam muito de futebol. ブラジル人はサッカーが大好きだ / Sou brasileiro. 私はブラジル人だ.

Brasília /bra'zilia/《地名》ブラジリア (ブラジルの首都).

brasilianista /brazilia'nista/ 名 ブラジル研究者, ブラジル学者.

brasilidade /brazili'dadʒi/ 囡 ❶ ブラジル人気質, ブラジル人らしさ. ❷ ブラジルびいき.

brasiliense /brazili'ẽsi/ 形《男女同形》名 ブラジリアの (人).

bravata /bra'vata/ 囡 ❶ 虚勢, はったり. ❷ 脅し.

bravio, via /bra'viu, 'via/ 形 ❶ 野生の, 野蛮な, 凶暴な, 猛烈な ▶ animal bravio 猛獣.
❷ 下品な, 無礼な, 教養のない.
❸ 荒れ狂う, 乱れている ▶ mar bravio 荒れ狂った海.

*****bravo, va** /'bravu, va/ ブラーヴォ, ヴァ/ 形 ❶ 勇気のある, 勇ましい ▶ bravos soldados 勇敢な兵士.
❷ 厳格な, 怒りっぽい, 厳しい.
❸ 怒っている ▶ ficar bravo com... …に腹を立てる.
❹ 野生の, 自生の ▶ um rato bravo 野生のネズミ / roseira e figueira bravas 野生のバラとイチジク.
❺ (海が) 荒れた ▶ O mar ficou bravo porque dois tufões iam aproximando-se do arquipélago japonês. 2つの台風が日本列島に近付きつつあったので海は大荒れになった.
— **bravo** 男 勇ましい人物, 勇者.
— **bravo** 間 すばらしい, ブラヴォー.

breca /'brɛka/ 囡 けいれん.
Com a breca! なんてことだ.
levado da breca いたずら好きな.

brecar /bre'kax/ 29 他 ❶ …にブレーキをかける.
❷ …を中断させる, …を中止 [停止] させる, …を抑える ▶ brecar a escalada da violência 暴力の激化を抑える / brecar a produção 製造を中止させる.
❸ (気持ちを) 抑える ▶ brecar a ansiedade 不安感を抑える.
— 自 急に止める ▶ O motorista brecou ao ver o gato. 猫を見て, 運転手は急停車した.

brecha /'brɛʃa/ 囡 ❶ 切り目, 裂け目, 割れ目, 隙間 ▶ uma brecha no chão 地面の裂け目.
❷ 欠落部, 空白 ▶ O advogado está procurando uma brecha na lei. 弁護士は法律の抜け穴を探している.
❸ すき, きっかけ, チャンス, 好機 ▶ Ele aproveitou a brecha para se apresentar. 彼は好機をとらえて自己紹介をした.
❹ (小) 休止, 合間 ▶ O presidente está sem brechas na agenda. 大統領はスケジュールが詰まっている.
abrir uma brecha ① 解決策を見つける. ② 弱点を見つける.
dar brecha para... …に隙間を与える.
esperar uma brecha 好機をうかがう.
estar na brecha ① 戦闘態勢が整っている. ② まさに…しようとしている. ③ 好機をうかがっている.

brega /'brɛga/ 形《男女同形》B 形 趣味の悪い, ださい.

brejeiro, ra /bre'ʒejru, ra/ 形 ❶ 湿地の. ❷ 湿地に住む. ❸ いたずらな.

brejo /'brɛʒu/ 男 湿地, 沼地.
ir para o brejo B 話 泥沼にはまる, 頓挫 (とんざ) する, 挫折する.

brenha /'brẽɲa/ 囡 ❶ 密林. ❷ 謎, 計り知れないこと.

breque /'brɛki/ 男 B ❶ ブレーキ. ❷ breque de samba ブレッキ・チ・サンバ (しゃべりによる社会風刺を交えたリズム).

breu /'brew/ 男 ピッチ, タール ▶ escuro como breu 真っ暗.

*****breve** /'brɛvi/ ブレーヴィ/ 形《男女同形》❶ 短時間の, 短い間の (↔ longo) ▶ A vida é breve. 人生は短い / um breve espaço de tempo 短い間の時間 / ter uma breve conversa com alguém と短い話をする.
❷ 手短な, 簡潔な ▶ uma breve explicação 手短な説明 / um breve relatório 簡潔な報告書.
❸《ser breve》(人が) 自分の考えを手短に述べる ▶ Vou ser breve. 手短に述べます / para ser breve 手短に述べると.
❹《音声》短い, 短音の ▶ vogal breve 短母音 / sílaba breve 短音節.
— 囡 ❶《音楽》2全音符. ❷《音声》短母音 (= vogal breve) ; 短音節 (= sílaba breve).
— 副 間もなく.
Até breve!《あいさつ》近い内にまた.
em breve 間もなく ▶ Vou chegar aí em breve. 私は間もなくそちらに着きます.

brevê /bre've/ 男 ❶ パイロット免許. ❷ 特許.

brevemente /brevi'mẽtʃi/ 副 ❶ 間もなく, すぐに ▶ Brevemente no cinema.「(映画が) 近日公開」. ❷ 簡潔に. ❸ 短い間.

breviário /brevi'ariu/ 男 ❶《カトリック》聖務日課書. ❷ (映画などの) あらすじ, 概要.

brevidade /brevi'dadʒi/ 囡 ❶ 短いこと, 短さ ▶ a brevidade da vida 人生の短さ. ❷ 簡略, 簡潔.

❸ 速さ, 迅速 ▶ com a maior brevidade possível できるだけ早く.

brida /'brida/ [女] 手綱.
a toda brida 全速力で.

★**briga** /'briga ブリーガ/ [女] ❶ **けんか, 争い** ▶ ter uma briga com alguém …とけんかする. ❷ 口論, 論争.
briga de cachorro grande 大物の対決.
briga de foice 熾烈な争い.
comprar briga けんかを買う, けんかに加わる.

brigada /bri'gada/ [女] ❶〖軍事〗旅団. ❷ (警察や軍などの) 分隊, 小隊, 班 ▶ brigada antiterrorismo 対テロ部隊. ❸ チーム, 班.

brigadeiro /briga'dejru/ [男] ❶ 旅団長. ❷ [B] コンデンスミルクとココアでできた, パーティー用のチョコレート菓子.

brigão, gona /bri'gẽw̃, 'gõna/ [複 brigões, gonas] [名] けんかっ早い人, 乱暴者.
— [形] けんかっ早い, 乱暴 ▶ Ele é muito brigão. 彼はかなりけんかっ早いやつだ.

★**brigar** /bri'gax ブリガーフ/ ⑪ [自] ❶ (…と) **けんかする** [+ com] ▶ brigar na rua 通りでけんかする / brigar com o irmão 兄弟とけんかする.
❷ …と激しく口論する, 言い争う [+ com] ▶ Por causa da herança, os três irmãos brigam uns com os outros. 遺産が原因で, 3 兄弟は互いに激しく口論する.
❸ 仲たがいする ▶ O casal brigou. 夫婦はけんかした.
❹ …を叱る [+ com] ▶ Meu marido brigou comigo. 夫が私を叱った.
❺ …をめぐって争う, …に関して口論する [+ por].

⁂**brilhante** /bri'ʎẽtʃi ブリリャンチ/ [形]《男女同形》
❶ **光輝く** ▶ uma estrela brilhante 光り輝く星.
❷ **輝かしい** ▶ Todos os pais sonham por um futuro brilhante para os filhos. どの親も子供の輝かしい未来を願う.
❸ **才能のある** ▶ Ele é um brilhante cientista. 彼は才能ある科学者だ.
❹ すばらしい ▶ O estudante foi simplesmente brilhante nas notas. その学生の成績はただすばらしかった.
— [男] ダイヤカット ▶ As mulheres, em geral, sonham em ganhar um anel de brilhante. 女性は大体ダイヤの指輪をもらうことを夢見ている.

brilhantemente /briˌʎẽtʃi'mẽtʃi/ [副] ❶ 見事に, 華々しく. ❷ 明るく, まばゆく.

brilhantina /briʎẽ'tʃĩna/ [女] ポマード, 整髪料.

brilhantismo /briʎẽ'tʃizmu/ [男] ❶ 輝き. ❷ すばらしさ, 卓抜 ▶ com brilhantismo 見事に. ❸ 豪華, 豪奢. ❹ 名声.

brilhar /bri'ʎax/ [自] ❶ 光る, 輝く, きらめく ▶ As estrelas brilham no céu. 空に星が輝く.
❷《比喩的に》すばらしい活躍をする；目立つ, 傑出する ▶ Ele brilhou como protagonista do filme. 彼は映画の主人公として目を引く活躍をみせた.
❸ (表情に) 現れる ▶ Os olhos da mulher brilhavam de raiva. 女性の目は怒りでぎらぎらしていた.

brilho /'briʎu/ [男] ❶ 明るさ, 輝き, 光明, 明度 ▶ brilho do sol 太陽の輝き / cabelos sem brilho 艶のない髪.
❷ 豪華さ, 壮麗, 壮観.
❸《比喩的に》才能, 秀抜, 傑出 ▶ o brilho de um escritor 作家の輝かしい才能.
❹ リップグロス (= brilho labial).

[B]

★**brincadeira** /brĩka'dejra ブリンカデイラ/ [女] ❶ **冗談, ふざけ** ▶ uma brincadeira de mau gosto 悪趣味な冗談 / de brincadeira 冗談に / levar algo na brincadeira …を冗談に受け取る / fora de brincadeira 冗談はさておき / sem brincadeira 本当に.
❷ **遊び** ▶ Maria gosta de brincadeira de correr. マリアは走り回る遊びが好きだ.
❸《uma brincadeira》簡単なこと, 朝飯前なこと ▶ A prova de língua é, para ela, uma brincadeira. 語学の試験は彼女にとっては簡単すぎる.
brincadeira de criança 児戯, 簡単なこと.
deixar de brincadeiras 冗談を止める, 真面目に考える.
na [por] brincadeira 悪意なく, 冗談で, 深く考えずに ▶ O pai disse aquilo na brincadeira. 父はあのことを冗談で言った.
não estar para brincadeira 冗談を受け付けない.
não ser brincadeira 遊びではない, 深刻である.
nem de brincadeira 絶対…ない；絶対いやだ, お断りだ ▶ Trabalho infantil, nem de brincadeira. 児童労働は断固に認められない.

brincalhão, lhona /brĩka'ʎẽw̃, 'ʎona/ [複 brincalhões, lhonas] [形] 冗談好きな, 面白い.
— [名] 冗談好きな人, ジョークを言う人, おどけもの.

⁂**brincar** /brĩ'kax ブリンカーフ/ ㉙ [自] ❶ **遊ぶ** ▶ crianças brincando na rua 通りで遊ぶ子供たち.
❷ …ごっこをして遊ぶ [+ de] ▶ brincar de polícia e ladrão 警官と泥棒ごっこをする / brincar de médico お医者さんごっこをする / brincar de esconder かくれんぼをする / brincar de gato e rato (猫がネズミをもてあそぶように人を) もてあそぶ / brincar de pegar 鬼ごっこをする.
❸ …と遊ぶ, …で遊ぶ [+ com] ▶ brincar com bonecas 人形と遊ぶ / O menino está brincando com o videogame. 少年はテレビゲームで遊んでいる / brincar com fogo 火遊びをする.
❹ **ふざける, 冗談を言う** ▶ Os alunos estão brincando demais na sala. 生徒たちは教室でふざけすぎている / Estou só brincando. ほんの冗談です / Você está brincando. ご冗談でしょう.
❺ …をばかにする [+ com] ▶ É melhor não brincar com eles. 彼らをばかにしないほうがいい.
❻《動詞 + brincando》いとも簡単に…する.
— [他] (カーニバルに) 参加する ▶ brincar o carnaval カーニバルに参加する.
brincando, brincando 簡単に, いともたやすく.
brincar com a morte 危険を冒す, 命を粗末にする.
brincar com pólvora 危険な遊びをする.
brincar de roda 輪になって (踊ったり歌ったりして) 遊ぶ.
brincar em serviço 仕事中に遊ぶ, 時間をつぶす.

brinco

não brincar em serviço 責務をしっかりと果たす.
não saber brincar 冗談が通じない.
nem brincando 冗談じゃない, 不愉快だ.

brinco /'brĩku/ 男 ❶ ピアス, イヤリング. ❷ よくできたもの, 整頓されたもの, 美しいもの ▶ Esta comida está um brinco. この料理は美味だ / Sua casa é um brinco. あなたの家はとてもきれいだ.

brindar /brĩ'dax/ 他 ❶ 乾杯する, 祝杯をあげる ▶ brindar o ganhador チャンピオンに乾杯する / Brindemos o ano novo! 新年に乾杯. ❷ プレゼントをあげる; …を贈る ▶ O presidente nos brindou com sua presença. 会長にご来臨賜りまして光栄です.

brinde /'brĩdʒi/ 男 ❶ 乾杯 ▶ levantar um brinde 祝杯をあげる. ❷ プレゼント, 景品 ▶ A cliente ganhou este copo de brinde. お客さんはこのコップをおまけでもらった / brinde de Natal クリスマスの贈り物.

*__brinquedo__ /brĩ'kedu/ 男 ❶ おもちゃ, 玩具 ▶ O meu filho ganhou dois brinquedos no Natal. 息子はクリスマスにおもちゃを２つもらった / loja de brinquedos おもちゃ店.
❷ 遊び.
❸ (テーマパークの) 乗り物.
Acabou-se o brinquedo. お遊びはこれまでだ.
brinquedo de criança 朝飯前.
de brinquedo おもちゃの ▶ um carro de brinquedo おもちゃの自動車.
Não é brinquedo, não! 俗 遊びではない.

brio /'briu/ 男 ❶ 自尊心, 自負, プライド ▶ A demissão mexeu com seu brio. 解雇は彼の自尊心を傷つけた.
❷ 勇気, 根性 ▶ homem de brio 骨のある人, 気概がある人, 根性がある人.
❸ 優雅, 気品.

brioso, sa /bri'ozu, 'ɔza/ 形 ❶ 自尊心がある, 誇りを持った, プライドが高い.
❷ 勇敢な, 勇気ある, 根性がある ▶ briosos soldados 勇敢な兵士.
❸ 寛大な, 心の広い.

brisa /'briza/ 女 そよ風, 微風 ▶ brisa marítima 海風.
comer brisa 食べ物に事欠く, 霞を食べて生きる.
viver de brisa 極貧である.

britânico, ca /bri'tẽniku, ka/ 形 英国 Grã-Bretanha の ▶ o inglês britânico イギリス英語 / rock britânico ブリティッシュロック.
— 名 英国人.

broa /'broa/ 女 (トウモロコシの粉でできた) 丸型のパン [ケーキ], トウモロコシパン.

broca /'brɔka/ 女 ❶ 錐, ドリル, 中ぐり盤 ▶ broca do dentista 歯科医のドリル. ❷ 穴, 割れ目. ❸ (木, 草, 植物等に) 穴を開ける昆虫.

brocar /bro'kax/ 29 他 ❶ …を突き通す, ドリルで穴を開ける, …に穴を開ける.
❷ B 開墾する.

broche /'brɔʃi/ 男 ブローチ.

brochura /bro'ʃura/ 女 ❶ 小冊子, パンフレット.
❷ 装丁, ブックバインディング.

brócolis /'brɔkolis/ 男複 ブロッコリー.
brócolos /'brɔkolos/ 男複 = brócolis

bronca /'brõka/ 女 叱ること, 叱言 ▶ O aluno levou uma bronca da professora. その男子生徒は女性教師に叱られた / dar uma bronca em alguém …を叱る.

bronco, ca /'brõku, ka/ 形 ❶ 荒削りの, 粗雑な.
❷ 粗野な, 愚かな.

bronquear /brõke'ax/ 10 自 B 語 ❶ 叱る, 説難する, 非難する ▶ A professora bronqueava por causa do barulho. 先生はざわざわしていたから叱り飛ばしていた.
❷ 文句を言う, 小言を言う [+ com] ▶ Bronqueou com o menino 少年に小言を言った.

bronquite /brõ'kitʃi/ 女 【医学】気管支炎.

bronze /'brõzi/ 男 ❶ 青銅, ブロンズ ▶ medalha de bronze 銅メダル / estátua de bronze ブロンズ像. ❷ 日焼けした肌の色. ❸ 鐘.
de bronze 非情な, 頭の固い.

bronzeado, da /brõze'adu, da/ 形 褐色の, 日焼けした, ブロンズ色の ▶ Ela tomou sol e ficou bronzeada. 彼女は日光を浴びて日焼けした.
— **bronzeado** 男 褐色, 日焼けした色.

bronzeador, dora /brõzea'dox, 'dora/ [複 bronzeadores, doras] 形 日焼け用の ▶ loção bronzeadora 日焼けローション.
— **bronzeador** 男 日焼け用オイル, サンオイル ▶ passar bronzeador サンオイルを塗る.

bronzeamento /brõzea'mẽtu/ 男 肌を焼くこと, 日焼け ▶ bronzeamento artificial セルフタンニング.

bronzear /brõze'ax/ 10 他 ブロンズ色にする, 日焼けする.
— **bronzear-se** 再 肌を焼く ▶ No verão, as meninas gostam de se bronzear. 夏になると, 若い娘は好んで肌を焼く.

brotar /bro'tax/ 自 ❶ 現れる, 出現する, 登場する ▶ Uma leva de bons atores está brotando. 優秀な俳優のグループが現れている.
— 他 ❶ 芽を出す, 出芽する, 発芽する ▶ As flores de cerejeira brotam na primavera. 桜は春に発芽する.
❷ …を創出する, 生じさせる ▶ brotar ideias アイデアを創出する.

brotinho /bro'tʃĩnu/ 男 若い女性, 十代の若者.

broto /'brotu/ 男 ❶【植物】発芽, つぼみ ▶ broto de bambu タケノコ. ❷ 十代の若者, 少年少女.

bruços /'brusos/ 男複 うつ伏せ ▶ de bruços うつ伏せに, 腹ばいに.

bruma /'bruma/ 女 ❶ 霧, 濃霧, もや, かすみ ▶ bruma seca 煙霧, もや.
❷ 不確実のもの, 謎 ▶ brumas do futuro 未来の不確実性.

brumoso, sa /bru'mozu, 'mɔza/ 形 ❶ 霧がかった, 霞の ▶ dia brumoso 霧がかかった一日.
❷ はっきりしない, 曖昧な, ぼんやりした.

brunir /bru'nix/ 他 ❶ 磨く, ぴかぴかにする. ❷ 磨きをかける, アイロンを掛ける.

bruscamente /bruska'mẽtʃi/ 副 ❶ ぶっきらぼうに, 無愛想に. ❷ 突然, 急に.

brusco, ca /'brusku, ka/ 形 ❶ 突然の, 唐突な▶mudança brusca 急な変化. ❷ ぶっきらぼうな, 無愛想な▶resposta brusca ぶっきらぼうな返事.

brusquidão /bruski'dẽw/ [複 brusquidões] 女 ぶっきらぼうさ, 無愛想さ, 素っ気なさ.

brutal /bru'taw/ [複 brutais] 形《男女同形》❶ 手荒な, 乱暴な.
❷ 残酷な, 残忍な, 野蛮な, 非人道な▶Ele teve uma morte brutal. 彼は残酷な死を迎えた / homem brutal 無情な男.
❸ 非常に強い▶calor brutal 猛烈な暑さ.
❹ とても大きい, 並大抵ではない▶sono brutal 尋常ではない眠気.

brutalidade /brutali'dadʒi/ 女 ❶ 乱暴, 粗暴, 野蛮▶com brutalidade 手荒に. ❷ 暴力, 暴行▶brutalidade policial 警官の暴行.

brutalmente /bru,taw'mẽtʃi/ 副 ❶ 乱暴に, 激しく. ❷ とても, 非常に.

brutamontes /bruta'mõtʃis/ 男《単複同形》大男.

＊**bruto, ta** /'brutu, ta ブルート, タ/ 形 ❶ **無愛想な, 不作法な**▶pessoa bruta 無作法な人物, 無愛想な人 / uma resposta bruta 乱暴な回答.
❷ **粗野な, 野蛮な**▶a força bruta 暴力.
❸ **自然のままの, 未加工の, 未精製の**▶matéria bruta 原料 / pedra bruta 原石 / diamante bruto ダイヤの原石 / petróleo bruto 原油.
❹ **非常に大きい, 非常によい, 非常に強い**▶uma bruta casa 非常に大きな屋敷 / um bruto sucesso 大成功 / um bruto terreno 広大な土地 / tomar um bruto susto とても驚く.
❺ **総体の, 総計の**▶peso bruto 総重量 / produto interno bruto 国内総生産, GDP.
— **bruto** 男 無作法な人間, 愚かな人物, 乱暴な人.
à bruta 乱暴に, 激しく▶Ele fechou a porta à bruta. 彼は乱暴にドアを閉めた.

bruxa /'bruʃa/ 女 ❶ 魔女. ❷ 卑 卑劣な女, 醜い女, 意地悪ばあさん. ❸ 布の人形. ❹ B 濃い色の蛾.
queimar as bruxas 魔女を焼く, 災いのもとを絶つ.

bruxaria /bruʃa'ria/ 女 ❶ 魔法, 魔術, 妖術. ❷ 不可思議な出来事.

bruxo /'bruʃu, ʃa/ 男 魔術師, 魔法使い.
bruxo do inferno 悪魔.

bruxulear /bruʃule'ax/ 自 点滅する, ちらつく, 揺らめく▶A chama da vela bruxuleou a noite toda. ろうそくの炎は一晩中揺らめいた.

bucal /bu'kaw/ [複 bucais] 形《男女同形》口の, 口内の▶cavidade bucal 口腔.

bucha /'buʃa/ 女 ❶ ヘチマ (タワシ).
❷ (銃の) おくり, (紙や布の) 詰め物.
❸ スリーブ, 軸ざや.
É na bucha. まさにその時.
em cima da bucha 即座に.
meter uma bucha ① うそをつく. ② 他人の邪魔をする. ③ 期待を裏切る.
na bucha 語 ただちに, 即座に▶Ela me ofendeu e eu devolvi na bucha. 彼女に侮辱されたので私は即座に言い返した.
tomar uma bucha だまされる, 欺かれる.

bucho /'buʃu/ 男 ❶《動物》胃袋.
❷ B 俗 人間の胃袋；お腹▶Ele comeu até encher o bucho. 彼はお腹がいっぱいになるまで食べた.
❸ B 卑 老いた女, 醜い女.
bucho de piaba 秘密が隠せない人.
de bucho 妊娠している.

buço /'busu/ 男 薄い口ひげ.

bucólico, ca /bu'kɔliku, ka/ 形 ❶ 牧歌の, 田園詩の；牧歌的な, 牧歌的▶paisagem bucólica 牧歌的風景. ❷ 素朴な, 純朴な.
— **bucólica** 女 牧歌, 田園詩.

Buda /'buda/ 男 仏陀▶imagem de Buda 仏像.

budismo /bu'dʒizmu/ 男 仏教.

budista /bu'dʒista/ 形《男女同形》仏教の.
— 名 仏教徒.

bueiro /bu'ejru/ 男 B 側溝, 排水溝, マンホール.

búfalo /'bufalu/ 男 水牛, バッファロー.

bufão, fona /bu'fẽw, 'fona/ [複 bufões, fonas] 形 名 ❶ おどけた (人). ❷ からいばりする (人).
— **bufão** 男 道化.

bufar /bu'fax/ 自 ❶ あえぐ, 息を切らす.
❷ (煙や水蒸気を) 出す.
❸ 激怒する, 怒鳴ってうなる；強く抗議する▶O funcionário saiu da sala bufando. 職員は頭から湯気を立てながら部屋を出た.

bufê /bu'fe/ 男 ❶ 食器棚, サイドボード. ❷ 立食テーブル, 立食料理, 立食パーティー▶bufê frio 冷たい立食料理. ❸ 軽食堂, ビュッフェ. ❹ 仕出し, ケータリング.

bufo, fa /'bufu, fa/ 形 風刺劇の, 喜劇の.
— **bufo** 男 ❶ (口や鼻から) 息を強く吹くこと. ❷ 息を吐く音. ❸ 道化師, おどけ者. ❹ P 秘密警察.

buganvília /bugẽ'vilia/ 女《植物》ブーゲンビリア.

bugiar /buʒi'ax/ 自 猿のまねをする.
Vá bugiar! あっちへ行け.

bugiganga /buʒi'gẽga/ 女 がらくた, つまらない物, 役に立たない物▶Meu quarto está cheio de bugigangas. 私の部屋はがらくただらけだ.

bujão /bu'ʒẽw/ [複 bujões] 男 ❶ B ボンベ▶bujão de gás ガスボンベ.
❷ (樽等の) 栓.

bula /'bula/ 女 ❶ (薬の成分, 効能等が書いてある) 説明書.
❷《カトリック》勅書▶bula papal 教皇勅書.

bulbo /'buwbu/ 男 ❶《植物》球根, 鱗茎(りんけい)▶bulbo de tulipa チューリップの球根.
❷《解剖》球▶bulbo ocular 眼球 / bulbo dentário 歯髄.
❸ 延髄 (= bulbo raquiano).

buldogue /buw'dɔgi/ 男 ブルドッグ.

buldózer /bul'dɔzer/ 男 P = buldôzer

buldôzer /buw'dozer/ [複 buldôzeres] 男 B ブルドーザー.

bule /'buli/ 男 コーヒーポット, ティーポット▶bule

de café コーヒーポット / **bule de chá** ティーポット.
bulevar /bule'var/ [複 bulevares] 男 (並木のある) 大通り.
bulha /'buʎa/ 囡 ❶ (大きな音に伴う) 騒音, 騒ぎ. ❷ 大きな叫び, 抗議, 騒動 ▶ **bulha dos manifestantes** デモ参加者の騒ぎ.
andar à bulha けんかする.
bulhufas /buʎufas/ [代] (不定) Ⓑ 話 まったく, 何も ▶ **Ele não entende bulhufas de matemática.** 彼は数学がまったく分からない.
bulício /bu'lisiu/ 男 ❶ (群衆などの) ざわめき ▶ **bulício do centro (da cidade)** 繁華街のざわめき. ❷ 不安.
buliçoso, sa /buli'sozu, 'sɔza/ 形 ❶ 活発に, 激しく動いている ▶ **vento buliçoso** 強く吹く風. ❷ 元気いっぱいの, 活発な, 快活な ▶ **menino buliçoso** 精力的な男の子.
bulimia /buli'mia/ 囡 過食症.
bulímico, ca /bu'līmiku, ka/ 形 過食症の.
— 名 過食症の人.
bulir /bu'lix/ 自 ❶ 動く, 揺れる. ❷ …をからかう [+ com]. ❸ …を感動させる [+ com]. ❹ …に言及する, ふれる [+ em].
— 他 …にそっと触れる, …をそっと動かす.
bumba meu boi /bũbamew'boj/ 男 ブンバ・メウ・ボイ (牛の死と蘇りをテーマとした民衆劇).

bumba meu boi

bumbum /bũ'bũ/ [複 bumbuns] 男 Ⓑ 《幼児語》 お尻.
bunda /'bũda/ 囡 Ⓑ 話 尻, ヒップ.
pé na bunda 解雇, 拒絶.
buquê /bu'ke/ 男 ❶ 花束 ▶ **um buquê de rosas** バラの花束. ❷ ワインの芳香, 熟成香.
:**buraco** /bu'raku/ ブラーコ 男 ❶ くぼみ ▶ **A cidade sempre está cheia de buracos nas ruas.** 街はいつも通りがでこぼこだ.
❷ 穴 ▶ **abrir [fazer] um buraco** 穴を開ける / **buraco da fechadura** 鍵穴 / **buraco negro** ブラックホール.
❸ 針の穴.
❹ 《トランプ》ラミー ▶ **jogar buraco** ラミーをする.
abrir um buraco para tapar outro 問題を解決しようとして新たな問題を生じさせる.
estar com um buraco no estômago 空腹を感じる.
jogar uma pessoa no buraco 人を困難に陥れる.
não dar nem para tapar o buraco do dente 不十分である, 焼け石に水である.
O buraco é mais embaixo. 根はもっと深い, 問題はもっと複雑だ.
tapar buraco ① 穴埋めする. ② 借金を返済する. ③ ピンチヒッターで入る.
tapar um buraco 埋め合わせる, 補完する ▶ **Com a falta de professores, os estagiários taparam os buracos.** 教員の不足に実習生がその穴を埋めた.
burburinho /buxbu'riɲu/ 男 (連続的な) ざわめき ▶ **O burburinho da cidade o incomodava.** 街の喧噪(½)にいらいらしていた.
burgo /'buxgu/ 男 (大都市の) 周辺中小都市.
burguês, guesa /bux'ges, 'geza/ [複 burgueses, guesas] 形 ❶ ブルジョアの, 中産階級の ▶ **classe burguesa** ブルジョア階級. ❷ 保守的な, 月並みの ▶ **gosto burguês** ブルジョア趣味.
— 名 ブルジョア, 中産階級の人 ▶ **pequeno burguês** 小市民.
burguesia /buxge'zia/ 囡 有産階級, ブルジョアジー ; 中産階級 ▶ **alta burguesia** 大資本家階級 / **pequena burguesia** 小市民階級.
buril /bu'riw/ [複 buris] 男 彫刻刀, ビュラン.
burilar /buri'lax/ 他 ❶ …を彫る, 彫刻する, …を刻む ▶ **burilar uma estátua** 像を彫刻する. ❷ (文体などを) 磨く, 洗練する ▶ **burilar o texto** 文章を練る.
burla /'buxla/ 囡 不正行為, 詐欺 ▶ **Ele foi preso por crime de burla.** 彼は詐欺罪で逮捕された.
burlão /bux'lẽw/ [複 burlões] 男 不正行為を働く人, 詐欺師.
burlar /bux'lax/ 他 だます, 詐欺にかける ▶ **burlar uma pessoa** 人をだます.
burlesco, ca /bux'lesku, ka/ 形 ❶ こっけいな, おどけた. ❷ 《文学》こっけいの, バーレスクの.
burocracia /burokra'sia/ 囡 ❶ 官僚制度, 官僚主義 ; 《集合的》官僚. ❷ お役所仕事.
burocrata /buro'krata/ 名 ❶ 官僚, 役人. ❷ 官僚主義者, 形式主義者.
burocrático, ca /buro'kratʃiku, ka/ 形 官僚的な, 官僚主義の ; お役所的な.
burrice /bu'xisi/ 囡 愚かさ, 愚行.
***burro, ra** /'buxu, xa/ ブーホ, -八 名 ❶ ロバ, ラバ ▶ **burro de carga** 荷役用のロバ / **trabalhar como um burro** あくせく働く. ❷ 愚か者, ばか者.
amarrar o burro 話 すねる ▶ **A menina amarrou o burro e não brincou mais.** 子供はすねてしまい, 遊ぶのをやめた.
dar com os burros na água 話 商売に失敗する.
pra burro 話 ① たくさんの ▶ **gente pra burro** たくさんの人. ② たくさん ▶ **Dancei pra burro.** 私はたくさん踊った. ③ 本当に ▶ **difícil pra burro** 本当に難しい.
— 形 愚かな, ばかな ▶ **Ele é muito burro.** 彼は大ばかだ.
burro como uma porta 大ばか者の.
É mais fácil um burro voar. そんなことがあるくらいならロバが空を飛ぶ.
ser burro como [que nem] uma porta 話 非常に頑固である.
:**busca** /'buska/ ブスカ 囡 ❶ (綿密な) 調査, 探究 ▶ **Ele fez uma busca nos livros.** 彼は本を調べた.

❷ 捜索 ▶ pedido de busca 捜索願 / mandado de busca 捜索令状 / mandado de busca e apreensão (na casa) 家宅捜索令状 (捜索差押許可状) / As buscas por desaparecidos continuam. 行方不明者の捜索は引き続き行われている.
❸〖情報〗検索 ▶ fazer uma busca na internet インターネットで検索にかける/ ferramenta [mecanismo] de busca 検索エンジン.
à busca de ① …を探し求めて. ② …しようとして.
dar busca 捜索する, 調べる.
em busca de... …を求めて, 探して.

buscador /buska'dox/ [[複] buscadores] [男] 検索エンジン.

busca-pé /ˌbuska'pɛ/ [[複] busca-pés] [男] ねずみ花火.

buscar /bus'kax ブスカーフ/ ㉙ [他] ❶ …を取りに行く, 取って来る ▶ ir buscar vinho ワインを取りに行く.
❷ **探し求める** ▶ Os homens foram buscar ouro na mata. 人々は密林に金を探し求めていった.
❸ **迎えに行く** ▶ A mãe tem que buscar as crianças na escola. 母親は学校に子供たちを迎えに行かなければならない / ir buscar 迎えに行く / vir buscar 迎えに来る.
❹《buscar +[不定詞]》…**しようと努める** ▶ Buscava estudar mais e mais. さらに勉強しようと努力した.
❺ 頼む, 求める ▶ Ela acaba sempre buscando a ajuda dos irmãos. 彼女はいつも最後には兄弟の援助を求めてしまう.
❻《mandar buscar》迎えに行かせる, 取りに行かせる ▶ O chefe mandou buscar o visitante no aeroporto. 上司は空港に客を迎えに行かせた.

busílis /bu'zilis/ [男]《単複同形》難点, 問題点 ▶ Esse é o busílis desta questão. そこがこの件の難点だ.

bússola /'busola/ [女] ❶ 羅針盤, コンパス. ❷ 指針.

bustiê /bustʃi'e/ [男] ビュスチェ.

busto /'bustu/ [男] ❶ 上半身. ❷ 胸像, 半身像 ▶ um busto em mármore 大理石の胸像. ❸ バスト, 乳房 ▶ Ela tem 82 cm de busto. 彼女はバスト82センチだ.

butano /bu'tẽnu/ [男]〖化学〗ブタン.

butique /bu'tʃiki/ [女] [B] ブティック, 店 ▶ butique de carnes 精肉店 / butique de acessórios アクセサリー店.

buzina /bu'zĩna/ [女] ❶ クラクション, 警笛 ▶ buzina de carro 車のクラクション / tocar a buzina クラクションを鳴らす. ❷ 吹くと大きな音を出す角, 貝殻, 管楽器.

buzinar /buzi'nax/ [自] ❶ クラクションを鳴らす. ❷ 怒る, 立腹する.
— [他] ❶ [話] しつこく言う, 何回も同じことを言う ▶ Pare de buzinar aos [nos] meus ouvidos! しつこく何回も言わないで.
❷ 怒鳴る, 大声で言う ▶ O chefe buzinava ordens aos empregados. 上司は部下に命令を大声で言っていた.
❸ (クラクションを) 鳴らす.

búzio /'buziu/ [男] ❶〖動物〗ホラガイ, 巻貝 (の貝殻) ▶ Ele viu um búzio na praia. 彼はホラガイを浜辺で見た / jogo de búzios 貝殻占い.
❷ ホラガイでできたラッパ.

C c

c /se/ 男 ポルトガル語アルファベットの第3字.
c/《略語》com …と共に.
★cá¹ /'ka k/ 副 ❶ ここ, ここに, ここで, こちらで, こちらに, こちらへ(↔ lá) ▶ Vem cá. こっちに来て / para cá こっちに, こちらに / do lado de cá こちら側に / Não sou de cá. 私はこの近所の者ではない.
❷ (de... para cá) …以来 ▶ da semana passada para cá 先週から / de lá para cá そのときから / de uns tempos para cá しばらく前から.
❸ 図《強調》私 ▶ Eu cá não como. 私は食べない.
cá entre nós ここだけの話だが.
dá cá aquela palha 些細なことで, つまらない理由で.
de cá para lá こっちからあっちへ, あちこちに.
mais pra cá do que pra lá (健康状態や仕事が) まあまあ, ぼちぼち.
cá² /'ka/ 男 文字 k の名称.
cã /'kɐ̃/ 図《主に cãs》白髪.
caatinga /kaa'tigɐ/ 図 В カーチンガ, 有刺灌木林(ブラジル北東部内陸の乾燥地帯に見られる).
cabaça /ka'basɐ/ 図《植物》ヒョウタン(の実); ヒョウタンの実で作った容器.
cabal /ka'baw/ [複 cabais] 形《男女同形》❶ 申し分のない, 完全な. ❷ 厳格な.
cabala /ka'balɐ/ 図 ❶ カバラ(中世ユダヤ教の神秘思想). ❷ 陰謀, 策謀.
cabalar /kaba'lax/ 自 ❶ 陰謀を企てる. ❷ 票を買収する.
— 他 (票を) 買収する.
cabalístico, ca /kaba'listʃiku, ka/ 形 ❶ カバラの. ❷ 神秘的な, 難解な.
cabana /ka'bɐnɐ/ 図 小屋 ▶ cabana de madeira 丸太小屋 / cabana de palha わら小屋.
cabaré /kaba're/ 男 キャバレー.
cabaz /ka'bas/ [複 cabazes] 男 取っ手のついたかご ▶ cabaz de Natal クリスマスの食べ物を入れたバスケット.

★★★cabeça /ka'besɐ/ カベーサ 図 ❶ 頭, 頭部 ▶ lavar a cabeça 頭を洗う / Cuidado com a cabeça!「頭上注意」/ Estou com dor de cabeça. 私は頭が痛い / dor de cabeça 頭痛の原因になる / abaixar a cabeça 頭を下げる / da cabeça aos pés 頭のてっぺんから足の爪先まで.
❷ 頭脳, 判断, 理性, 正気 ▶ ter boa cabeça 頭がよい / usar a cabeça 頭を使う / quebrar a cabeça 知恵を絞る / passar pela cabeça 脳裏をよぎる / perder a cabeça 理性を失う, 冷静を失う / A cabeça dele é antiga. 彼は頭が古い / Ele tem a cabeça vazia. 彼は頭が空っぽだ / cabeça dura 石頭, 頑固 / meter algo na cabeça …を頭に入れる / não estar com cabeça para... …する気にならない.
❸ 一人, 一頭 ▶ por cabeça 一人当たり, 一頭当たり / O pagamento é feito por cabeça. 支払いは人数割だ.
❹ 命, 首 ▶ pedir [querer/exigir] a cabeça de... …の死刑を要望する, 解任を要求する / pôr a cabeça de alguém a prêmio …の首に賞金を懸ける.
❺ 上部, 頭部, 先端部 ▶ a cabeça do dedo 指先 / cabeça de prego くぎの頭 / cabeça de página ページのヘッダー.
❻ 先頭, 冒頭, 最初 ▶ cabeça da lista 名簿の筆頭.
❼《植物》小塊茎, 塊根 ▶ cabeça de alho ニンニクの塊〔玉〕/ cabeça de alface レタスの1玉.
— 名 指導者, 頭目 ▶ o cabeça do grupo グループのリーダー / cabeça do casa 家長.
abrir a cabeça 頭を切り替える, 頭を新しくする.
cabeça coroada 王子, 王族.
cabeça de chave シード選手 [チーム].
coçar a cabeça 踏ん切りがつかない, 地団太を踏む.
com a cabeça no ar ぼんやりした, 上の空で.
cortar a cabeça de... …の首を切る, …を首にする.
dar na cabeça ① 思い立つ ▶ Deu-lhe na cabeça ser modelo. 彼女は突然モデルになろうと思った. ② 宝くじで一等を当てる.
de cabeça ① 暗記して, 暗算で, 記憶から ▶ saber de cabeça 暗記している / calcular de cabeça 暗算する / citar de cabeça 記憶から引用する. ② 頭から ▶ atirar-se de cabeça 頭から飛び込む.
de cabeça baixa 顔を下げて, 卑屈に.
de cabeça erguida 顔を上げて, 堂々と ▶ andar de cabeça erguida 顔を上げて歩く.
de cabeça inchada チームが負けてがっかりして.
de cabeça para baixo さかさまに ▶ Ele caiu do telhado de cabeça para baixo. 彼は屋根から真っさかさまに落ちた.
enfiar a cabeça na areia 問題を棚上げする, 目を逸らす.
enterrar a cabeça na areia 現実から目を背ける, 現実を見ようとしない.
entrar de cabeça 専念する.
esquentar a cabeça 不安になる, いらだつ.
estar sem cabeça 頭が働かない.
fazer a cabeça de... …を説得する, 考えを変えさせる.
levantar a cabeça 顔を上げる, 立ち直る, 自信を取り戻す.
perder a cabeça 平静さを失う, 取り乱す.
Onde você está com a cabeça? 一体何を考えているのか.
ruim da cabeça 頭がおかしい.
subir à cabeça 興奮させる, かっとさせる, 酔わせる.
ter a cabeça nas nuvens ぼーっとする, 夢想する.

ter a cabeça no lugar 思慮分別がある.
ter cabeça 頭がよい, 賢い.
ter cabeça para... …に向いている.
tirar da cabeça 忘れる, 考えないようにする.
tomar na cabeça 失敗する.
virar a cabeça 理性を失う.
virar a cabeça de... …に理性を失わせる.
virar de cabeça para baixo ひっくり返す, めちゃめちゃに散らかす.

cabeçada /kabe'sada/ [女] ❶ 頭突き ▶ levar uma cabeçada 頭突きを食らう.
❷〖サッカー〗ヘディング ▶ dar uma cabeçada na bola ボールにヘディングする.
dar cabeçada ① 失敗する, ばかなことをする. ② ヘディングする.

cabeçalho /kabe'saʎu/ [男] ❶ 見出し, 表題. ❷〖情報〗ヘッダー ▶ cabeçalho e rodapé ヘッダーとフッター.

cabeceamento /kabesea'mẽtu/ [男] [P]〖サッカー〗ヘディング.

cabecear /kabese'ax/ ⑩ [他] ❶ (合図や身ぶりを) 頭でする ▶ Ele cabeceou um gesto de assentimento. 彼はうなずいて賛意を示した.
❷ 頭で突く;〖サッカー〗(ボールを) ヘディングする ▶ O jogador cabeceou a bola. 選手はボールをヘディングした.
— [自] (眠くて) こっくりする ▶ Os alunos cabeceavam de sono durante a aula. 生徒たちは授業中こっくりした.

cabeceira /kabe'sejra/ [女] ❶ ベッドの頭部, ヘッドボード; 枕元 ▶ livro de cabeceira 愛読書, 枕頭の書. ❷ (テーブルの) 端の席, 上座 ▶ sentar-se à cabeceira da mesa テーブルの上座に座る. ❸ (川の) 水源, 源流.

cabeço /ka'besu/ [男] ❶ 丸い山頂. ❷ 小さな丸い山.

cabeçudo, da /kabe'sudu, da/ [形] [名] ❶ 頭の大きい (人). ❷ 頑固な (人), 強情な (人).

cabedal /kabe'daw/ [[複] cabedais] [男] ❶ 財産, 富, 資本 ▶ O Japão tem um grande cabedal de artes e cultura. 日本には芸術文化という大きな財産がある / Quem paga dívidas, faz cabedal. [諺] 借金を返せば富が増す.
❷ 学識 ▶ Aquela empresa conta com um rico cabedal tecnológico. あの会社には非常に優れた技術的知見がある.
❸ (人物・物資の) 評価 ▶ O empresário fez cabedal dos empregados. 経営者は社員の評価をした.
❹ 権力, 力, 実力 ▶ O estudo aumenta o cabedal das pessoas. 学習することで実力は上がる.
❺ [P] 皮革 ▶ sapato de cabedal 革靴 / Estes são sapatos feitos de cabedal de primeira qualidade. これらは最高品質の革でできた靴です.
❻ [P] 財布, バッグ.

cabeleira /kabe'lejra/ [女] ❶《集合的に》長い髪. ❷ かつら. ❸〖天文〗彗星の尾.

cabeleireiro, ra /kabelej'rejru, ra/ [名] 美容師, 理容師.
— **cabeleireiro** [男] 美容院 ▶ ir ao cabeleireiro 美容院に行く.

⁂**cabelo** /ka'belu カベーロ/ [男] ❶《集合的に》**頭髪** ▶ Ela tem cabelo louro. 彼女の髪はブロンドだ / ter cabelo comprido 髪が長い / ter cabelo curto 髪が短い / cabelo preto 黒髪 / cabelo branco 白髪 / cabelo castanho 茶髪 / cabelo ruivo 赤毛 / cabelo encaracolado 巻き毛 / cabelo ondulado ウェーブのかかった髪の毛 / cabelo liso ストレートヘアー / cabelo crespo 縮れ毛 / de cabelo curto 短髪の / cortar o cabelo 自分の髪を切る; 髪を切ってもらう / fazer o cabelo 髪をセットする; 髪をセットしてもらう / cabelo bom 真っ直ぐな髪 / cabelo de cupim 縮れ毛 / cabelo de fogo 赤毛 / cabelo de fuá 縮れ毛 / cabelo lambido さらさらした髪 / cabelo ruim 縮れ毛.
❷ **髪の毛** ▶ queda de cabelos 抜け毛 / É normal perder cerca de cem fios de cabelo por dia. 一日に髪の毛が約100本なくなるのは普通である.
arrancar os próprios cabelo 髪をかきむしる, 絶望する, 憤る.
de cabelo(s) em pé 身の毛がよだった, 背筋が寒くなった ▶ ficar de cabelo em pé 身の毛がよだつ.
ficar de cabelos brancos 髪が白くなる, 年老いる, 白髪が生える.
pelos cabelos ① 嫌々ながら. ② いらだった, 怒った. ③ 急いで, 早く.
ter cabelo nas ventas 性格が悪い, 怒りっぽい.
ter cabelo no coração ① 大変な勇気がある. ② やる気 [精神力] に満ちている. ③ 冷血 [冷酷] である.

cabeludo, da /kabe'ludu, da/ [形] ❶ 髪の豊かな, ふさふさした.
❷ 毛深い ▶ peito cabeludo 毛むくじゃらの胸.
❸ [B] 複雑な, 込み入った ▶ problema cabeludo 複雑な問題.
❹ 猥褻な, 卑猥な ▶ piada cabeluda きわどい冗談.

⁑**caber** /ka'bex カベーフ/ ⑨

直説法現在	caibo cabes cabe	cabemos cabeis cabem
過去	coube coubeste coube	coubemos coubestes couberam
接続法現在	caiba caibas caiba	caibamos caibais caibam

[自] ❶ **…に入り得る, 収まる** [+em] ▶ Será que esse livro cabe na minha bolsa? その本は私のバッグに入るだろうか / Cinquenta pessoas não cabem na sala. 50人はこの部屋には入らない.
❷ **…の義務 [仕事・役目] である** [+ a] ▶ Cabe a você resolver esse problema. その問題を解決することはあなたの義務だ / Cabe-me dar-lhe essa notícia. 私はそれを彼に知らせなければならない / O ônus da prova cabe a quem acusa. 立証責任は原告にある.
❸ **…のものになる** [+ a] ▶ Coube a ela o primei-

cabide

ro prêmio. 彼女は一等賞を取った / A ela cabe a maior parte da herança. 遺産のほとんどが彼女のものになる.

❹ …にふさわしい [+ a] ▶as atitudes que cabem a um professor 教員にふさわしい態度.
Isso não me cabe na cabeça. 私は信じられない.
não caber em si de... …に有頂天になっている ▶ Ela não cabe em si de alegria. 彼女は喜びに我を忘れている.

cabide /ka'bidʒi/ 男 ❶ ハンガー. ❷ コート掛け, 帽子掛け.
cabide ambulante がりがりにやせた人.
cabide de empregos ① 名前だけの肩書きを多く持つ人. ② 必要以上の人員を雇う公共団体.
cabidela /kabi'dɛla/ 女 鶏の臓物や血で煮込んだ料理).
cabimento /kabi'mẽtu/ 男 適切さ, 妥当性 ▶ter cabimento 適切である, もっともである / não ter cabimento 問題外である, 話にならない.
cabina /ka'bina/ 女 = cabine
cabine /ka'bini/ 女 ❶ 小部屋, ボックス, ブース ▶ cabine telefônica 公衆電話. ❷《航空》操縦室, コックピット. ❸ 船室, キャビン. ❹《鉄道》コンパートメント. ❺ 試着室.
cabisbaixo, xa /kabiz'bajʃu, ʃa/ 形 うつむいた, うなだれた; 意気消沈した.
cabível /ka'bivew/ [複 cabíveis] 形 適切な, 妥当な.
‡**cabo** /'kabu/ カーボ 男 ❶ 柄, 取っ手 ▶o cabo da panela 鍋の取っ手 / o cabo da faca ナイフの柄.
❷ (船舶などの) ケーブル, ロープ ▶Um dos marinheiros lançou o cabo. 船乗りの一人が船綱を投げた.
❸《電子》コード, ケーブル ▶cabo elétrico 電線 / cabo submarino 海底ケーブル / televisão a cabo ケーブルテレビ / cabo coaxial 同軸ケーブル.
❹ 伍長; 隊長; 指揮官.
❺ 岬 ▶Cabo da Boa Esperança 喜望峰.
❻ (時間や空間, 対象などの) 端, 先端, 終わり.
❼ (動物の) 尻尾, 臀部; 俗 尻, 肛門.
ao cabo 結局, 最後に.
ao cabo de... …後に, …経って ▶Ao cabo de dois anos a loja fechou. 2 年経ってその店は閉めた.
até o cabo 最後まで, すべて.
cabo do mundo 地の果て, 遠いところ.
cabo eleitoral 国 選挙参謀 (金銭や恩顧などで集票活動をする人) ▶Os cabos eleitorais distribuíram camisetas e panfletos. 選挙参謀たちは T シャツやパンフレットを配った.
dar cabo de... …をすべて消費する, …を根こそぎにする.
dar cabo do canastro de... 俗 …を殺す.
de cabo a rabo 最初から最後まで.
dobrar o cabo (da Boa Esperança) 熟年に達する.
ir às do cabo ひどく怒る.
levar a cabo 実行に移す, 実現する ▶levar a cabo um projeto ある計画を実行する.

vir a cabo 望みどおりの終末を迎える.
caboclo, cla /ka'boklo, kla/ 名 ❶ カボクロ (白人とインディオの混血). ❷ 下層の, 無知な田舎者.
— 形 カボクロの.
caboclo velho 《東北部で呼びかけに使う》友達よ.
cabo de guerra /kabudʒigɛ'xa/ [複 cabos de guerra] 男《スポーツ》綱引き.
cabotagem /kabo'taʒẽj/ 女 沿岸航海.
Cabo Verde /kabu'vexdʒi/ 男《国名》カーボベルデ (アフリカの西沖合いにある島国. ポルトガル語圏に属する).
cabo-verdiano, na /kabuvexdʒi'ẽnu, na/ 形名 カーボベルデの.
cabra /'kabra/ 女 ❶ 雌ヤギ ▶leite de cabra ヤギ乳 / queijo de cabra ヤギのチーズ.
❷ 俗 ふしだらな女, 娼婦.
❸ 怒りっぽい女, すぐにぎゃあぎゃあ騒ぐ女.
— 男 ❶ B ムラートと黒人の混血.
❷ やつ.
❸ 勇敢で丈夫な人, 用心棒; 殺し屋.
❹ 農夫.
amarrar a cabra 酔っぱらう.
cabra da peste 《ブラジル東北部》勇敢な男, 信頼できる男, 賢い男.
cabra-cega /kabra'sɛga/ [複 cabras-cegas] 女 目隠し鬼ごっこ.
cabra-macho /kabra'maʃu/ [複 cabras-machos] 男 勇敢な男.
cabrão /ka'brẽw/ [複 cabrões] 男 ❶ 雄ヤギ. ❷ 泣きわめく子供. ❸ P ならず者, ろくでなし.
cabreiro, ra /ka'brejru, ra/ 名 ヤギ飼い.
— 形 疑い深い.
cabresto /ka'brestu/ 男 (馬などにつける) 端綱(っ).
andar de cabresto (妻の) 尻に敷かれる.
de cabresto curto 自由を制限された.
trazer pelo cabresto 支配する, 抑圧する.
cabrito, ta /ka'britu, ta/ 名 ❶ 子ヤギ. ❷ 腕白な子供.
cabrocha /ka'brɔʃa/ 女 ❶ 白人と黒人の若い混血女性. ❷ カーニバルのパレードのダンサー.
caca /'kaka/ 女《幼児語》うんち.
*‡**caça** /'kasa/ カーサ 女 ❶ 狩り, 狩猟 ▶ir à caça 狩りに出かける / a caça de javali イノシシ狩り / caça às bruxas 魔女狩り / época de caça 狩猟期 / licença de caça 狩猟免許 / caça submarina 潜水漁 / cão de caça 猟犬.
❷ 猟期, 狩り場 ▶a abertura da caça 狩猟解禁 / Hoje abriu-se a temporada de caça. 本日狩猟が解禁になった.
❸ 狩猟鳥獣 ▶caça grossa 大型の獲物 / carne de caça 猟肉.
❹ 追跡, 追求, 捜査 ▶caça ao tesouro 宝探し.
❺ 油 戦闘機.
andar [ir] à caça de... …を追跡する.
espantar a caça 獲物を追い払う; 慌てて獲物を逃す.
— 男 戦闘機.
caçador, dora /kasa'dox, 'dora/ [複 caçadores, doras] 名 ❶ 猟師, 狩人 ▶caçador furtivo 密猟

者. ❷ …を追い求める人 ▶ caçador de cabeças ヘッドハンター / caçador de talentos タレントスカウト.
— 形 狩猟の, 狩りをする ▶ instinto caçador 狩猟本能 / Diana Caçadora《神話》狩りをするディアナ.

caça–minas /ˌkasa'minas/ 男《単複同形》B ❶ 掃海艇. ❷ 地雷除去機.

caça–níqueis /ˌkasa'nikejs/ 男《単複同形》スロットマシン.
— 形《不変》金もうけ第一主義の.

cação /ka'sẽw̃/ 图 cações 男 サメ, フカ.

caçapa /ka'sapa/ 囡 (スヌーカーの) ポケット.

caçar /ka'sax/ ⑬ 他 ❶ …を狩る, …の狩りをする; …を捕まえる ▶ caçar javalis イノシシ狩りをする / caçar borboletas 蝶を捕まえる.
❷ B 追跡する ▶ A polícia caçou os ladrões. 警察は泥棒たちを追跡した.
❸ 求める ▶ Foi caçar donativos. 寄付を頼んで回った.
❹ B 探し回る ▶ Caçou o livro esgotado em todos os sebos. 絶版の本を探してあらゆる古本屋を回った.
❺ B (苦労の末) 獲得する ▶ Caçou o prêmio que desejava por muitos anos. 長年望んでいた賞を獲得した.
❻ (帆の) 向きを調節する.
— 自 狩りをする, 狩猟をする ▶ ir caçar 狩りに出かける.
caçar o que fazer 暇つぶしの種を探す.

cacareco /kaka'rɛku/ 男 がらくた.

cacarejar /kakare'ʒax/ 自 ❶ (雌鳥が) コッコとなく. ❷ おしゃべりする.

cacarejo /kaka'reʒu/ 男 ❶ (雌鶏の) コッコと鳴くこと; その声. ❷ おしゃべり.

caçarola /kasa'rɔla/ 囡 両手鍋, キャセロール.

cacau /ka'kaw/ 男 ❶《植物》カカオ ▶ semente de cacau カカオ豆 / manteiga de cacau カカオバター. ❷ ココア ▶ cacau quente ココア, ホットチョコレート.

cacaueiro /kakaw'ejru/ 男《植物》カカオの木.

cacetada /kase'tada/ 囡 ❶ 棒で打つ [たたく] こと ▶ matar a cacetadas めった打ちにして殺す. ❷ 大量 ▶ uma cacetada de imagens たくさんの画像. ❸《サッカー》強烈なシュート.

cachaça /ka'ʃasa/ 囡 カシャッサ (サトウキビから作られるブラジル原産の蒸留酒; ピンガ pinga とも呼ばれる).
cachaça de cabeceira 最初に蒸留されたカシャッサ.

cachaceiro, ra /kaʃa'sejru, ra/ 图 酒飲み.
— 形 酒飲みの.

cachaço /ka'ʃasu/ 男 ❶ 首筋, うなじ. ❷ B 種豚.

cachalote /kaʃa'lɔtʃi/ 男 マッコウクジラ.

cachê /ka'ʃe/ 男 出演料, ギャラ.

cachecol /kaʃe'kɔw/ 图 cachecóis 男 襟巻き, マフラー; スカーフ.

cachimbo /ka'ʃĩbu/ 男 (タバコの) パイプ ▶ fumar cachimbo パイプをふかす / cachimbo da paz (アメリカ先住民の) 和睦のパイプ.

cacho /'kaʃu/ 男 ❶ (ブドウやバナナの) 房 ▶ um cacho de uvas 1房のブドウ. ❷ 巻き毛, カール. ❸ B 情事.
cacho de nervos 神経が高ぶっている人, ぴりぴりしている人.

cachoeira /kaʃo'ejra/ 囡 滝 ▶ tomar banho de cachoeira 滝に打たれる.

cachorra /ka'ʃoxa/ 囡 雌犬.
com a cachorra cheia 大虎状態で, 酔っ払って.
estar com a cachorra ① 酔っ払う. ② 機嫌を損ねる. ③ 熱狂する.

cachorrada /kaʃo'xada/ 囡 ❶ 犬の群れ. ❷ 恥知らずな行い.

cachorrinho, nha /kaʃo'xĩɲu, ɲa/ 图 子犬.
— **cachorrinho** 男 犬かき ▶ nadar cachorrinho 犬かきで泳ぐ.

***cachorro** /ka'ʃoxu カショーホ/ 男 ❶ 犬 ▶ Eu tenho cachorro. 私は犬を飼っている / cachorro sem dono 野良犬.
❷ ろくでなし, ひどいやつ ▶ Que cachorro! 何てやつだ / Seu cachorro! この野郎.
❸ P 子犬.
andar como cachorro que caiu do caminhão de mudança 歩き疲れてへとへとである.
chutar cachorro morto 死人にむち打つ.
estar matando cachorro a grito 困窮している.
não dar nem para um cachorro 役に立たない, 犬以下である.
soltar os cachorros けんか腰になる.
soltar os cachorros em cima de alguém ① …を侮辱する, ののしる. ② …と口論する, 激しく議論する.

cachorro–quente /ka,ʃoxu'kẽtʃi/ 图 cachorros-quentes 男 ホットドッグ.

cacique /ka'siki/ 男 ❶ ボス, 顔役. ❷ 中南米先住民の首長.

caco /'kaku/ 男 ❶ かけら, 破片 ▶ cacos de vidro ガラスの破片. ❷ 老いぼれ. ❸ アドリブのセリフ. ❹ 進んだ虫歯.
caco de gente ① 背の低い人. ② 弱々しい人, 痩せた人, 病弱な人.

caçoar /kaso'ax/ 他 からかう.
— 自 …をからかう [+ de].

cacoete /kako'etʃi/ 男 チック; 無意識の癖.

cacofonia /kakofo'nia/ 囡 耳障りな音調, 語呂の悪さ.

cacofônico, ca /kɐku'fɔniku, kɐ/ 形 P = cacofônico.

cacofônico, ca /kako'fõniku, ka/ 形 B 語呂の悪い, 耳障りな.

cacto /'kaktu/ 男 サボテン.

caçula /ka'sula/ 图 形《男女同形》 B 末っ子 (の).

***cada** /'kada カーダ/ 形《不変》 ❶《cada + 単数名詞》それぞれの, 各々の; どの…も ▶ Cada coisa tem seu tempo. それぞれのものにその時がある / Cada estado membro tem direito a um voto. 各加盟国が一票の投票権を持っている.
❷《cada + 単数名詞》毎…, 各… ▶ cada dia 毎日

cadafalso

/ cada semana 毎週 / cada mês 毎月 / cada ano 毎年.

❸《a cada ＋数詞＋複数名詞》…ごとに ▶a cada duas horas 2時間ごとに / a cada três semanas 3週間ごとに.

❹《数量表現 + cada》それぞれ ▶Os participantes recebem R$10 cada. 参加者はそれぞれ10レアル受け取る / Os cadernos custam R$3 cada. ノートは1冊3レアルする.

❺《強調して》何という（すばらしい，並外れた，ひどい）▶Você tem cada ideia. 君は何という考えを持っているんだ.

— 代《不定》それぞれ，銘々，一つ当たり ▶Quero dois de cada. 私はそれぞれを2つずつ欲しい.

cada qual 一人ひとり，みんな（= cada um） ▶Cada qual tem seu valor. みんなそれぞれにその価値がある.

cada um [uma] 一人ひとり，一つ一つ ▶cada um de nós 我々の一人ひとり.

cada uma 変なこと，おかしなこと，ばかげたこと.

cada uma que parece duas とてもありえないようなこと.

cada um dos dois 二人とも.

cadafalso /kada'fawsu/ 男 ❶ 絞首台，死刑台. ❷ 足場；ステージ.

cadarço /ka'daxsu/ 男 靴ひも ▶amarrar os cadarços 靴ひもを結ぶ.

cadastrar /kadas'trax/ 他 …を登録する.

— cadastrar-se 再 B （自分の情報を）登録する ▶cadastrar-se no site サイトに登録する.

cadastro /ka'dastru/ 男 ❶ 人口調査 ▶cadastro da população 人口調査，国勢調査.
❷ 土地台帳.
❸ 顧客情報，個人情報 ▶cadastro bancário 個人の信用格付け.
❹ ファイル，台帳，名簿 ▶cadastro eleitoral 選挙人名簿 / cadastro geral de contribuintes 法人納税台帳 / cadastro de pessoas físicas 個人納税台帳.
❺ 犯罪記録 ▶ter cadastro 前科がある / não ter cadastro 前科がない.

cadáver /ka'davex/ 男《複 cadáveres》死体，死骸 ▶cadáver ambulante 生けるしかばね.

enterrar o cadáver 借金を払う.

Só se for sobre o meu cadáver. 私の目の黒いうちはそんなことはさせない.

cadavérico, ca /kada'veriku, ka/ 形 死体の，死体のような ▶rigidez cadavérica 死後硬直.

cadê /ka'de/ 副 B 話 どこにあるか（いるか）▶Cadê o José? ジョゼーはどこにいるの / Cadê o meu guarda-chuva? 私の傘はどこ / Cadê os empregos? 職はどこにあるのか.

cadeado /kade'adu/ 男 南京錠 ▶uma porta fechada a cadeado 南京錠をかけたドア.

pôr cadeado na boca de... …の口封じをする.

‡**cadeia** /ka'deja/ カデイア 女 ❶ 鎖，チェーン；鎖状のもの；手錠.
❷ 連続，連鎖 ▶uma cadeia de acontecimentos 一連の出来事 / cadeia alimentar 食物連鎖.
❸ 刑務所 ▶Ele está na cadeia. 彼は刑務所にい

る.
❹《地理》（山や島などの）列，脈 ▶cadeia de montanhas 山脈，山島地帯.
❺《商業》（企業の）系列，チェーン ▶cadeia de hotéis ホテルチェーン / cadeia de supermercados スーパーマーケットのチェーン / cadeia de lojas チェーン店.
❻ 放送網 ▶uma cadeia de emissoras de televisão テレビ局のネットワーク / cadeia nacional 全国ネットワーク.

em cadeia 次々と，連鎖的に[な] ▶reação em cadeia 連鎖反応.

romper as cadeias 自由の身になる.

‡**cadeira** /ka'dejra/ カデイラ 女 ❶ いす ▶sentar-se numa cadeira いすに座る / cadeira de braços ひじかけいす / cadeira de rodas 車いす / cadeira de balanço 揺りいす / cadeira elétrica 電気いす.
❷（劇場やスタジアムの）席，座席.
❸（大学の）講座；（講座制の）教授職 ▶a cadeira de matemática 数学講座 / reger a cadeira de História de Portugal ポルトガル史講座の正教授を務める.
❹（アカデミーや教会の）会員の地位 ▶ter uma cadeira na Academia Brasileira de Letras ブラジル文学アカデミーの会員の地位を有する.
❺《cadeiras》腰，尻，臀部.

cadeira cativa（使用権を購入した人が使うことのできる）特等席 ▶ter cadeira cativa 常連である.

de cadeira 権威ある.

falar de cadeira 内容豊かに話す.

cadeirão /kadej'rẽw/ 男《複 cadeirões》❶ ひじかけいす. ❷ ベビーチェア ▶cadeirão infantil ベビーチェア.

cadela /ka'dɛla/ 女 ❶ 雌犬. ❷ ふしだらな女.

cadência /ka'dẽsia/ 女 ❶ 拍子，リズム，調子.
❷ 速さ，テンポ ▶com uma cadência de fabricação de dez mil unidades por mês 1月あたり10万台生産のテンポで.
❸《音楽》カデンツァ.

cadenciar /kadẽsi'ax/ 他 …にリズムをつける ▶O nadador cadencia suas braçadas. 泳者はリズムをつけて水をかく.

cadente /ka'detʃi/ 形《男女同形》❶ 落下する ▶estrela cadente 流れ星. ❷ 律動的な，リズミカルな.

caderneta /kadex'neta/ 女 ノート，メモ帳，手帳 ▶caderneta de cheques 小切手帳 / caderneta militar 軍人手帳 / caderneta de poupança 定期預金 / caderneta escolar 通知表.

‡**caderno** /ka'dexnu/ カデフノ 男 ❶ ノート，筆記帳；練習問題集 ▶caderno de espiral らせん綴じのノート / caderno de esboços スケッチブック / caderno de exercícios 練習問題集.
❷ 新聞の別刷り，欄 ▶caderno de esportes スポーツの別刷り，欄.
❸《印刷》折り丁. ❹（紙の）一帖.

cadete /ka'detʃi/ 男 士官学校生徒.

cadinho /ka'dʒiɲu/ 男 るつぼ.

caducar /kadu'kax/ 自 ❶ 衰える，衰退する.
❷ すたれる，古くなる ▶Os modismos caducam

logo. 流行はすぐにすたれるものだ.
❸ 消える, なくなる ▶Minhas esperanças estão caducando. 私の希望はなくなってきた.
❹〖法律〗無効になる, 失効する ▶O prazo de validade caduca dentro de 10 dias. 有効期間は10日間だ / O contrato caducou. 契約書は失効した.
❺ [B] (高齢者が) ぼける ▶Meu avô está caducando. 祖父はぼけてきた.

caducidade /kadusi'dadʒi/ [女] ❶ 老衰, もうろく. ❷ 失効, 期限切れ.

caduco, ca /ka'duku, ka/ [形] ❶ 落ちる, 落ちそうな. ❷ もうろくした, ぼけた. ❸ 期限の切れた, 失効した.

***café** /ka'fɛ カフェ/ [男] ❶ **コーヒー** (飲み物) ▶fazer café コーヒーを入れる / beber café コーヒーを飲む / uma xícara de café 1杯のコーヒー / pedir um café コーヒーを注文する / tomar dois cafés por dia 1日2杯コーヒーを飲む / Um café, por favor. コーヒーをお願いします / Para mim, traz um café bem forte. 私にはとても濃いコーヒーを持ってきてください / café expresso エスプレッソコーヒー / café solúvel インスタントコーヒー / café preto ブラックコーヒー / café comprido 薄いコーヒー / café pingado ミルクを少しだけ入れたコーヒー / café de mistura 混合コーヒー (多様な植物豆を混合した代替飲料).
❷ コーヒー (豆, 木, 粉) ▶plantação de café コーヒー農園 / grão de café コーヒー豆 / moer café コーヒーをひく / café em pó コーヒー粉.
❸ 喫茶店, カフェ ▶ir ao café 喫茶店に行く.
❹ [B] 朝食 (= café da manhã) ▶tomar café 朝食を取る.
café amargo 悪いニュース, 苦い経験.
café com leite ① ミルクコーヒー. ② ベージュ色. ③ サンパウロ州とミナスジェライス州が交互に大統領を選出した, 19世紀末から1930年までのブラジルの政治体制.
café pequeno ① 小さいカップに入ったコーヒー. ② 簡単なこと, 易しいこと ▶É café pequeno. 朝飯前だ. ③ 些細なこと, 取るに足りないこと.

café com leite /ka,fɛkõ'lejtʃi/ [[複] cafés com leite] [男] ミルクコーヒー色.
— [形] ミルクコーヒー色の.

***café da manhã** /ka,fɛdama'ɲẽ カフェダマニャン/ [[複] cafés da manhã] [男] [B] **朝食** ▶tomar café da manhã 朝食を取る / O que você come no café da manhã? あなたは朝食に何を食べますか.

cafeeiro, ra /kafe'ejru, ra/ [形] コーヒーの ▶a indústria cafeeira コーヒー産業.
— **cafeeiro** [男] コーヒーの木.

cafeicultor /kafejkuw'tox/ [男] コーヒー栽培者, コーヒー農家.

cafeicultura /kafejkuw'tura/ [女] コーヒー栽培.

cafeína /kafe'ĩna/ [女] カフェイン.

cafetão /kafe'tẽw̃/ [[複] cafetões] [男] ひも, 女衒(ぜげん).

cafetaria /kafeta'ria/ [女] 喫茶店, カフェー.

cafeteira /kafe'tejra/ [女] コーヒーポット, モカマシーン ▶cafeteira elétrica コーヒーメーカー.

cafezal /kafe'zaw/ [[複] cafezais] [男] コーヒー農園.

cafezinho /kafɛ'zĩɲu/ [男] エスプレッソ, デミタスコーヒー ▶Quer tomar um cafezinho? エスプレッソを飲みませんか.

cafona /ka'fõna/ [形]《男女同形》[名] ださい (人), かっこわるい (人) ▶roupa cafona ださい服.

cafonice /kafo'nisi/ [女] 趣味の悪さ, ださいこと.

cafuné /kafu'nɛ/ [男] 人の頭をなでること, 人の頭をかくこと ▶fazer cafuné em alguém …をなでる.

cágado, da /'kagadu/ [形] [俗] のろまな.
— **cágado** [男] (淡水に住む) 亀.

caganeira /kaga'nejra/ [女] [卑] 下痢.

cagar /ka'gax/ ⑪ [自] [卑] 糞をする.
estar cagando para... …を気に留めない.

caiaque /kaj'aki/ [男] カヤック.

caiar /kaj'ax/ [他] ❶ …に水石灰を塗る. ❷ 顔におしろいを塗る, 厚化粧する. ❸ 白くする.

caiba [活用] ⇒ caber

caibo [活用] ⇒ caber

cãibra /'kẽj̃bra/ [女] 筋肉のけいれん, こむら返り ▶cãibra na perna 足のけいれん / ter cãibra けいれんを起こす.

caibro /'kajbru/ [男]〖建築〗垂木.

caído, da /ka'idu, da/ [形] ❶ 落ちた, 倒れた ▶anjo caído 堕天使 / árvore caída 倒木 / presente caído do céu 天からの贈り物.
❷ 垂れた, 垂れ下がった ▶seios caídos 垂れた乳房.
❸ 気落ちした, 憔悴した.
❹ 体調が悪い, 具合が悪い.
estar caído por alguém …のことが好きである.

câimbra /'kẽj̃bra/ [女] = cãibra

caimento /kaj'mẽtu/ [男] ❶ 傾き, 傾斜. ❷ (衣服が) 体にぴったりしていること.

caio [活用] ⇒ cair

caipira /kaj'pira/ [形]《男女同形》❶ 田舎の. ❷ 無知な, 無学な. ❸ 世慣れない. ❹ [B] 6月の祭り (festa junina フェスタジュニーナ) の.
— [名] ❶ 田舎者. ❷ 無学な者.

caipirinha /kajpi'rĩɲa/ [女] カイピリーニャ (ピンガ, ライムジュース, 砂糖で作るブラジルのカクテル).

***cair** /ka'ix カイーフ/ ㊽
[自] ❶ **落ちる** ▶O avião caiu. 飛行機が墜落した / Caí da escada. 私は階段から落ちた / Todas as folhas caíram com o vento de ontem. 昨日の風で葉が全部落ちた / cair num buraco 穴に落ちる.
❷ **転ぶ, 倒れる** ▶Ele escorregou e caiu. 彼は滑って転んだ / cair na cama ベッドに倒れこむ / cair no chão 地面に倒れる.
❸ (歯や髪が) **抜ける** ▶Caiu o dente. 歯が抜けた /

cais

Ultimamente, tem-me caído muito cabelo. 最近髪の毛がよく抜ける.

❹ **下がる, 低下する** ▶A temperatura caiu de 25°C para 20°C. 気温は25度から20度に下がった / O dólar caiu diante das principais moedas. ドルは主要通貨に対して下がった.

❺ **(雨などが) 降る ; (雷などが) 落ちる ; (日が) 暮れる** ▶Está caindo uma chuvinha. 小雨が降っている / Caiu um raio. 雷が落ちた / Caiu muita neve. 大雪が降った / O dia cai. 日が暮れる / A noite caiu. 夜になった.

❻ **衰える, 弱まる ; (質が) 落ちる** ▶O vento caiu. 風が弱まった / O restaurante caiu muito. そのレストランは味がひどく落ちた.

❼ **失脚する, 陥落する ; 死ぬ** ▶O governo caiu. 政府が転覆した / cair no campo de batalha 戦場で倒れる.

❽ **(行事が)…に当たる** [+ em] ▶A formatura cai numa terça-feira. 卒業式は火曜日になる.

❾ **(電話が) 切れる** ▶A ligação caiu de repente. 通話が突然切れた.

❿ **…に落ちる, 陥る** [+ em] ▶Ele não aguentou e caiu no sono. 彼は我慢しきれずに, 眠ってしまった / O auditório caiu na gargalhada. 聴衆は爆笑した / cair na miséria 貧困に陥る / cair em apuros ピンチに陥る / cair em tentação 誘惑に負ける.

⓫ **(服が)…に似合う** [+ em] ▶Este vestido lhe cai bem. このドレスは彼女によく似合う / Esta camisa não me cai bem. このシャツは私には似合わない / cair mal 似合わない.

⓬ **(食べ物が)…の口に合う** [+ em] ▶Esta comida não me caiu bem. この料理は私の口に合わなかった.

cai não cai 今にも倒れそう[崩れそう]である.
cair abaixo 崩れ落ちる.
cair de quatro うずくまる ; 非常に驚く.
cair duro ショックを受ける.
cair em si 反省する.
cair fora 外へ出る, 逃げる, 立ち去る ▶Cai fora! うせろ, あっちへ行け.
cair para trás ① 仰向けに倒れる. ② 卒倒する, 驚く.
cair por terra 失敗する.
de cair o queixo 愕然とする.
deixar cair 落とす ▶Deixei cair minha carteira em algum lugar. 私はどこかに財布を落としてしまった.
não cair nessa だまされない.
não cair noutra これ以上だまされない, 同じ手には乗らない.
não ter onde cair morto 経済的に困っている.
Se cair, do chão não passa. 転んでも床(地面)が受け止めてくれるから大丈夫.

— 男 落ちること, 落下 ▶o cair do sol 日の入り / ao cair da tarde 夕暮れ時に / o cair das folhas 落葉.

cais /kajs/ 男 (単複同形) 波止場, 埠頭, 桟橋.

***caixa** /ˈkajʃa/ カィシャ/ 女 ❶ **箱, ケース ; 箱型のもの** ▶caixa de papelão 段ボール箱 / Coloquei os presentes numa caixa. 私は箱にプレゼントを入れた / Caixa de Pandora パンドラの箱 / caixa de correios 郵便受け / caixa do pensamento 頭 / caixa registradora 金銭登録機, レジ / caixa de música オルゴール / caixa de som スピーカー / caixa de leite 牛乳パック / caixa de ovos 卵パック / caixa de cerveja ビールケース / uma caixa de bombons チョコレート1箱 / caixa de ferramentas 道具箱.

❷ **会計課 ; [P] (会計の) 窓口, レジ** ▶caixa eletrónica [P] 現金自動預け支払い機.

❸ **金庫 ; 金融機関 ; 基金** ▶caixa econômica 貯蓄銀行 / caixa de pensões 年金基金 / Caixa Econômica 公的金融機関 / caixa dois 裏金.

❹ **現金** ▶fazer caixa 資財を売って現金収入を得る.

❺ 小太鼓.
❻ 階段の吹き抜け.

— 名 **会計を担当する人 ; (店などの) レジ係** ▶No supermercado, ele trabalha como caixa. スーパーで彼はレジ担当として働いている.

— 男 ❶ 現金出納帳. ❷ [B] (会計の) 窓口, レジ ▶caixa eletrônico [B] 現金自動預け払い機.

bater caixa ① おしゃべりする. ② 言い触らす. ③ 自慢する.
caixa das almas 慈善箱.
caixa de fósforos ① マッチ箱. ② 狭い部屋.
caixa de surpresa ① びっくり箱. ② 何を企んでいるか分からない人.
caixa postal ① 私書箱. ② 郵便ポスト. ③ 『情報』(携帯電話などの) 音声メッセージサービス.
de caixa baixa 懐が寒い, 懐が寂しい.
em caixa (資金が) 手持ちの ▶dinheiro em caixa 手持ち資金.
não ser de caixas encontradas 秘密事を好まない.

caixa-alta /ˈkajʃa'awta/ [複 caixas-altas] 女 大文字.
— 名 形 《男女同形》 [B] 話 金持ち(の).

caixa-baixa /ˈkajʃa'bajʃa/ [複 caixas-baixas] 女 小文字.

caixa-d'água /ˈkajʃa'dagwa/ [複 caixas d'água] 女 貯水槽, 貯水タンク.

caixa-forte /ˈkajʃa'fɔxtʃi/ [複 caixas-fortes] 女 (銀行などの) 金庫, 金庫室.

caixão /kajˈʃẽw/ [複 caixões] 男 ❶ 棺桶, ひつぎ ▶caixão de defunto 棺.
❷ 大きな箱.

caixa-preta /ˈkajʃa'preta/ [複 caixas-pretas] 女 [B] ブラックボックス.

caixeiro, ra /kajˈʃejru, ra/ 名 レジ係.

caixeiro-viajante /kajʃˌejruviaˈʒẽtʃi/ [複 caixeiros-viajantes] 男 行商人, 訪問販売員.

caixilho /kajˈʃiʎu/ 男 (窓などの) 枠.

caixinha /kajˈʃiɲa/ 女 ❶ 小箱. ❷ (バーやレストランなどの) チップ. ❸ 募金.
guardar na caixinha 秘密を守る.

caixote /kajˈʃɔtʃi/ 男 ❶ 小箱. ❷ 製品を運ぶための木箱. ❸ caixote de lixo ごみ箱.

cajadada /kaʒaˈdada/ 女 杖でたたくこと.

matar dois coelhos com uma cajadada 一石二鳥である.

cajado /ka'ʒadu/ 男 ❶ 羊飼いの杖. ❷ 歩行用の杖.

caju /'kaʒu/ 男【植物】カシュー▶castanha de caju カシューナッツ / suco de caju カシュージュース.

cajueiro /kaʒu'ejru/ 男 カシューツリー▶cultivo do cajueiro カシューツリーの栽培.

cal /'kaw/ [複 cais または cales] 女【化学】石灰 ▶cal virgem [viva] 生石灰 / branco como a cal 真っ白な.
de cal e areia 金城鉄壁の.

calabouço /kala'bosu/ 男 地下牢.

calada[1] /ka'lada/ 女 沈黙, 静寂 ▶na calada da noite 夜のしじまに / na calada da noite 早朝に / às caladas こっそりと, 隠れて / pele calada こそこそと, 内密に.

calado, da[2] /ka'ladu, da/ 形 名 無口な(人), 静かな(人).
— **calado** 男 ❶ 沈黙, 静寂. ❷ (船の)喫水.
calado como um túmulo 石のように黙り込んで.
comer calado 甘んじて受け入れる.
dar o calado como resposta [B] 返事をしない.
engolir calado 侮辱などに耐えしのぶ.
perder boa ocasião de ficar calado 失言する, 口が災いを招く.

calafate /kala'fatʃi/ 男 コーキング工.

calafetar /kalafe'tax/ 他 …のすき間をふさぐ, コーキングする.

calafrio /kala'friu/ 男 ❶ 悪寒, 寒気 ▶sentir [estar com] calafrios 悪寒がする
❷ 身震い, 震え ▶sentir um calafrio 震えを感じる / dar calafrios em alguém …をぞっとさせる.
de dar calafrios ぞっとするような ▶uma história de dar calafrios 身の毛もよだつような話.

calamar /kala'max/ [複 calamares] 男 [B]【動物】イカ.

calamidade /kalami'dadʒi/ 女 ❶ 災害, 災禍 ▶O terremoto foi uma calamidade que causou dezenas de mortes. その地震は多数の死者を出した大災害だった / O presidente declarou estado de calamidade pública após as chuvas. 大統領は大雨による災害非常事態を宣言した.
❷ 不幸, 災難 ▶A perda do filho foi uma calamidade para Maria. 息子をなくしたことはマリアにとって不幸な出来事だった.
❸ 区 わざわいのもと, 難点, 問題 ▶O ensino público está uma calamidade. 公教育が難点だ.
calamidade pública 緊急事態, 非常事態.

calamitoso, sa /kalami'tozu, 'tɔza/ 形 ❶ 災害の多い, 災難の多い. ❷ 悲惨な, ひどい ▶O hospital encontra-se em estado calamitoso. その病院はひどい状態にある.

calão /ka'lẽw̃/ 男 隠語, 符牒; 俗語; 専門語, 業界用語 ▶baixo calão 卑語.

‡**calar** /ka'lax/ カラーフ / 他 ❶ 黙らせる; (音を)止める ▶O professor não consegue calar os alunos. 先生は生徒たちを黙らせることができない / Cala a boca! 黙りなさい.

❷ 隠す ▶calar a dor 痛みを隠す / calar um segredo 秘密を隠す.
❸ (果物などの状態を見るために)…に最初に切り込みを入れる.
— 自 黙る ▶Quem cala consente. 沈黙は承諾の印.
— **calar-se** 再 黙る; (音が)止まる, おさまる ▶Quando ele chegou, todos se calaram. 彼が着いた時全員が話しをやめた / Calaram-se os trovões. 雷がやんだ / Cala-te, boca! (自分自身に対して)しゃべりすぎだぞ.
calar fundo 強い印象を与える ▶As palavras dele calaram fundo no público. 彼の言葉は聴衆に強い印象を与えた.

‡**calça** /'kawsa/ カウサ / 女 ズボン ▶uma calça ズボン1本 / uma calça jeans ジーンズ / usar uma calça ズボンをはく.
abaixar as calças 屈従する, 萎縮する.
apanhar alguém de calças curtas … に不意打ちを食らわす, …がしている現場を取り押さえる.
borrar as calças ① 便を失禁する. ② ひどく怖気づく.
com calças na mão 窮地にある.
encher as calças (主に子供が)粗相する, 失禁する.
ficar de calças curtas お金がなくなる.
ficar de calças na mão 窮地に陥る.
perder até as calças すべてを失う, すっからかんになる.

calçada[1] /kaw'sada/ 女 ❶ 石で舗装した車道. ❷ [B] 石で舗装した歩道.

calçado, da[2] /kaw'sadu, da/ 形 ❶ 靴を履いた. ❷ 舗装した.
— **calçado** 男 履き物.

calçamento /kawsa'mẽtu/ 男 ❶ 舗装. ❷ ズボンをはくこと.

calcanhar /kawka'ɲax/ [複 calcanhares] 男 かかと ▶calcanhar de Aquiles アキレスのかかと.
calcanhar de Judas 遠隔地, 僻地.
calcanhar do mundo 遠隔地, 僻地.
dar aos calcanhares 逃げる, 逃げ出す.
dar uma de calcanhar 〖サッカー〗ヒールキックを蹴る.
não chegar aos calcanhares de... …の足元にも及ばない.
nos calcanhares de... …のすぐ後ろに, すぐ近くに, 届くところに.

calção /kaw'sẽw̃/ [複 calções] 男 半ズボン, ショートパンツ, 短パン ▶calção de banho 水泳パンツ.

calcar /kaw'kax/ 29 他 ❶ 踏む, 踏みつける ▶calcar a terra 地面を踏み固める.
❷ …に押し付ける, 押さえる ▶Calcou o dedo na perna. 足に指を押し付けた.
❸ 踏みにじる, 辱める; 軽視する ▶Sua atitude torpe calcou a alma do amigo. 彼の恥ずべき行為は友人の心を踏みにじるものだった.
❹ 抑制する, 抑えつける ▶José aprendeu a calcar seus defeitos. ジョゼーは短所を自制することを学んだ.
❺ 透写する, トレースする ▶Calcou o desenho de

flores e bordou. 花の絵を透写して刺しゅうをした.

calçar /kaw'sax/ ⑬ [他] ❶ (靴やズボンを) はく; (手袋を) はめる ▶ calçar os sapatos 靴をはく / Que número de sapatos você calça? 靴のサイズはいくつですか / Calço 39. 私の靴のサイズは39だ / Calcei as luvas pretas. 私は黒い手袋をはめた.
❷ (靴などを) をはかせる ▶ O milionário calçou as crianças pobres da vila. その富豪は村の貧しい子供たちに履物を与えた.
❸ 舗装する ▶ calçar a rua 道路を舗装する.
❹ 平らに調整する ▶ calçar a mesa テーブルを水平にする.
❺〖サッカー〗…に足を引っかける ▶ O adversário calçou o atacante na área. 相手チームの選手はゴールエリアでフォワードに足を引っかけた.
— [自] (靴, ズボン, 手袋などが) ぴったり合う ▶ Estas luvas calçaram bem. この手袋はぴったりだった.
— **calçar-se** [再] (靴を) はく.

calcário, ria /kaw'kariu, ria/ [形] 石灰質の.
— **calcário** [男] 石灰岩.

calceiro /kaw'sejru/ [男] 靴職人.

calcificação /kawsifika'sẽw̃/ [[複] calcificações] [女] 石灰化.

calcificar /kawsifi'kax/ ㉙ [他] …を石灰化する.

calcinar /kawsi'nax/ [他] ❶ 焼いて生石灰にする. ❷ 焼く. ❸ 焼いて灰にする.
— [自] 焼ける.
— **calcinar-se** [再] 焼ける.

calcinha /kaw'sĩɲa/ [女] パンティー.

cálcio /'kawsiu/ [男]〖化学〗カルシウム.

calço /'kawsu/ [男] くさび.

calculador, dora[1] /kawkula'dox, 'dora/ [[複] calculadores, doras] [形] 計算する.
— **calculador** [男] 計算機.

calculadora[2] /kawkula'dora/ [女] 電卓 ▶ calculadora de bolso ポケット電卓.

⁑**calcular** /kawku'lax カゥクラーフ/ [他] ❶ …を**計算する** ▶ calcular a probabilidade 確率を計算する.
❷ …を…と算定する, 見積もる [+ em].
❸ 推測する, 想像する.
— [自] 計算する.

calculável /kawku'lavew/ [[複] calculáveis] [形] 計算できる, 計算可能な.

calculista /kawku'lista/ [名] ❶ 計算する人. ❷ 打算的な人.
— [形] ❶ 計算する. ❷ 打算的な.

⁑**cálculo** /'kawkulu カゥクロ/ [男] ❶ **計算** ▶ fazer cálculos 計算する / fazer o cálculo do índice de massa corporal ボディマス指数を計算する / fazer um cálculo aproximado 概算する / erro de cálculo 計算違い / cálculo mental 暗算 / cálculo diferencial 微分 / cálculo integral 積分.
❷ 予測, 目算, 思惑 ▶ pelos meus cálculos 私の計算 [予測] では.
❸〖医学〗結石 ▶ cálculo renal 腎結石 / cálculo biliar 胆石.

calda /'kawda/ [女] ❶ シロップ ▶ frutas em calda 果物のシロップ漬け. ❷ ソース ▶ calda de chocolate チョコレートソース / calda de caramelo キャラメルソース.

caldeira /kaw'dejra/ [女] ❶ ボイラー. ❷〖地学〗カルデラ.

caldeirada /kawdej'rada/ [女] 魚のシチュー.

caldeirão /kawdej'rẽw̃/ [[複] caldeirões] [男] ❶ 大鍋, 大釜. ❷〖音楽〗フェルマータ.

caldeireiro /kawdej'rejru/ [男] ボイラー製造工.

caldo /'kawdu/ [男] ❶ 煮汁, ブイヨン, コンソメ ▶ caldo de galinha 鶏ガラスープ / caldo de carne 肉汁 / caldo de peixe 魚スープ / caldo verde ジャガイモとケール葉, 塩, オリーブオイルで作るスープ.
❷ ジュース ▶ caldo de cana サトウキビのジュース.
❸ 無理やり沈めること ▶ dar um caldo em alguém …を無理やり水に飛び込ませる, 水に沈める / tomar um caldo 水に落とされる.
caldo entornado ① 混乱, 不調和. ② 失われた機会, 不満な仕事.
entornar o caldo ① (礼儀を欠いて) 状況を悪化させる. ② 交渉に失敗する.

calefação /kalefa'sẽw̃/ [[複] calefações] [女] 暖房 ▶ calefação central セントラルヒーティング.

caleidoscópio /kalejdos'kɔpiu/ [男] ❶ 万華鏡. ❷ (印象や感覚の) 千変万化.

calejado, da /kale'ʒadu, da/ [形] ❶ たこ [まめ] のある ▶ mãos calejadas まめだらけの手. ❷ 経験を積んだ.

⁑**calendário** /kalẽ'dariu カレンダーリオ/ [男] ❶ **カレンダー, 暦** ▶ calendário lunar 太陰暦 / calendário solar 太陽暦 / calendário gregoriano グレゴリオ暦 / calendário escolar 学年暦. ❷ **日程**, スケジュール ▶ O calendário de exames foi publicado ontem. 試験の日程が昨日公開された.

calendarizar /kalẽdari'zax/ [他] 予定を立てる ▶ O encontro da próxima semana estava calendarizado há meses. 来週会う約束は何か月も前から予定していた.

calendas /ka'lẽdas/ [女複] (古代ローマの暦で) 月の第一日.
para as calendas gregas いつまでたっても決して…しない (ギリシャの暦に calendas はなかったため).

calha /'kaʎa/ [女] 雨樋.

calhamaço /kaʎa'masu/ [男] [話] 分厚い本.

calhambeque /kaʎẽ'bɛki/ [男] [話] クラシックカー.

calhar /ka'ʎax/ [自] ❶ …に入る, はまる [+ em] ▶ O batente calhou na corrediça. ドア枠はレールにぴったりはまった. ❷ 時宜にかなう.
❸ 《calhar + [不定詞]》偶然…である, たまたま…という展開になる ▶ Calhou ter que me ausentar. たまたま私は留守にしなければならなかった.
se calhar [P] おそらく, たぶん.
vir a calhar ちょうどいい時に来る [起こる] ▶ O convite veio a calhar. 招待状はちょうどよい時に届いた.

calhau /ka'ʎaw/ [男] 小石.

calibração /kalibra'sẽw̃/ [[複] calibrações] [女] 目盛り定め.

calibrado, da /kali'bradu, da/ [形] [B] ほろ酔いの.

calibragem /kali'braʒẽj̃/ [女] ❶ 目盛り定め, 校正. ❷ (タイヤの) 空気圧調整 ▶ calibragem de pneus タイヤの空気圧調整.

calibrar /kali'brax/ 他 ❶ …の口径［直径］を測定する，…の口径［直径］を決定する．❷（タイヤの）空気圧を調整する．

calibre /ka'libri/ 男 ❶ 内径，口径 ▶armas de grosso calibre 大口径の兵器 / Você precisa verificar o calibre da ferramenta. あなたはその道具の大きさを確認する必要がある．
❷ ノギス，ゲージ．
❸ 重要性 ▶ Ambos engenheiros eram profissionais do mesmo calibre. 技術者は両名とも同レベルの専門家だった．

cálice /'kalisi/ 男 ❶ 〖カトリック〗聖杯．
❷ 小さなグラス ▶um cálice de vinho グラス1杯のワイン．
cálice da amargura 苦杯 ▶beber do cálice da amargura 苦難を堪え忍ぶ．

calidez /kali'des/ [複 calidezes] 女 暑さ，熱さ．

cálido, da /'kalidu, da/ 形 ❶ 暑い，熱い ▶clima cálido 暑い気候．❷ 熱烈な．

caligrafia /kaligra'fia/ 女 書道，習字；手書きの文字，筆跡 ▶uma boa caligrafia 美しい文字 / ter uma boa caligrafia 字がきれいである / Minha caligrafia é horrível. 私は字が汚い．

calista /ka'lista/ 名 足の専門医，足のたこを治療する医師．

*__**calma**__[1] /'kawma カウマ/ 女 ❶ 静けさ．
❷ 平静，冷静，落ち着き ▶fazer as coisas com calma 落ちついて物事をする / manter a calma 平静を保つ / perder a calma 平静を失う / ter calma 平静を保つ．
—— 間 落ち着け，冷静に ▶Calma, não precisa se desesperar! 落ち着け，絶望する必要はない．

calmamente /kawma'mẽtʃi/ 副 静かに，平穏に；落ち着いて，平静に．

calmante /kaw'mẽtʃi/ 男 鎮痛剤，鎮静剤．
—— 形 《男女同形》鎮静させる，鎮痛の．

calmaria /kawma'ria/ 女 ❶ 凪（ぎ），無風状態．❷ 風がなく，暑苦しい状態．❸ 平静．
calmaria antes da tempestade 嵐の前の静けさ．

calmo, ma[2] /'kawmu, ma/ 形 ❶ 静かな，穏やかな ▶com a voz calma 静かな声で / um lugar calmo 静かな場所．❷（海が）ないだ ▶O mar está calmo. 海は穏やかである．

calo /'kalu/ 男 ❶（皮膚の）たこ，魚の目．❷（木の幹などの）こぶ．
❸ 無感覚．
calo de estimação いつも身につけているもの．
calos na alma 良心の麻痺．
criar calo no coração [na paciência] 待ちくたびれる，苦労に慣れる．
pisar os calos a... …をいらだたせる，怒らせる，たきつける．
ter calo 慣れている．

calombo /ka'lõbu/ 男 こぶ．

*__**calor**__ /ka'lox カロー/ [複 calores] 男 ❶ 熱さ，暑さ，熱 (←→ frio) ▶Não suporto este calor. この暑さは耐えられない / Faz calor hoje. 今日は暑い / Faz muito calor. とても暑い / Vocês estão com calor? あなたたちは暑いですか / onda de calor 熱波 / calor do cão 酷暑 / Estou morrendo de calor. 暑くて死にそうだ．
❷ 熱気，熱意；最高潮 ▶Ele discursou com calor. 彼は熱意を込めて演説した / no calor da discussão 議論が白熱する中 / calor da paixão 恋愛の絶頂期．
❸ 温情，思いやり ▶calor humano 人間的温もり，人情．
estar no calor 発情期にある．
no calor do momento かっとしたはずみに，興奮のあまり．

calorento, ta /kalo'rẽtu, ta/ 形 ❶ 暑い．❷ 暑がりの．

caloria /kalo'ria/ 女 カロリー ▶dieta de baixa caloria 低カロリーの食事 / queimar caloria カロリーを燃焼する．

calórico, ca /ka'lɔriku, ka/ 形 カロリーの，熱の ▶gasto calórico カロリー消費量 / valor calórico カロリー価．

calorífero, ra /kalo'riferu, ra/ 形 放熱の，伝熱の．
—— **calorífero** 男 暖房具．

calorífico, ca /kalo'rifiku, ka/ 形 熱の，熱を発する ▶poder calorífico 発熱量．

calorosamente /kalo,rɔza'mẽtʃi/ 副 温かく，熱烈に．

caloroso, sa /kalo'rozu, 'rɔza/ 形 ❶ 暑い，暑苦しい ▶Fez um tempo caloroso em Bangcoc. バンコクは暑かった．
❷ 熱心な，熱烈な ▶Ele enviou palavras calorosas ao público. 彼は熱意を込めた言葉を民衆に投げかけた / Ele recebeu críticas calorosas. 彼は激しい批評を受けた．
❸ 温かい，心のこもった ▶A reação do público foi calorosa. 民衆は温かく応じた．

caloso, sa /ka'lozu, 'lɔza/ 形 たこのできた，（皮膚が）硬くなった ▶mãos calosas まめだらけの手．

calota /ka'lɔta/ 女 ❶ ホイールキャップ．❷ calota polar 〖天文〗極冠．

calote /ka'lɔtʃi/ 男 名 ❶ 未払いの金額．❷ 借金を返さないこと，お金を払わないこと ▶dar [passar] um calote nos credores 債権者に負債を返済しない．

caloteiro, ra /kalo'tejru, ra/ 形 名 お金を払わない（人）．

calourо, ra /ka'loru, ra/ 名 ❶（大学の）新入生；新人．❷ 新人（歌手）▶show de calouros 新人歌手のオーディションショー / programa de calouros オーディション番組．

calúnia /ka'lũnia/ 女 中傷，誹謗．

caluniador, dora /kalunia'dox, 'dora/ [複 caluniadores, doras] 形 中傷的な，名誉を毀損する．
—— 名 中傷者．

caluniar /kaluni'ax/ 他 誹謗中傷する，…の名誉を傷つける．

calunioso, sa /kaluni'ozu, 'ɔza/ 形 中傷的な．

calvário /kaw'variu/ 男 ❶ 〖カトリック〗十字架の道行き．❷（Calvário）カルバリオの丘（キリスト処刑の地）．❸ 苦難［受難］の連続．

calvície /kaw'visi/ 女 はげ，頭髪の薄いこと ▶calvície precoce 若はげ.

calvo, va /ˈkawvu, va/ [形] ❶ 頭のはげた ▸ um homem calvo 頭のはげた男 / ficar calvo はげる. ❷ 草木のない, 不毛の.

C

☆☆☆**cama** /ˈkẽma カーマ/ [女] ❶ **ベッド** ▸ cama de solteiro シングルベッド / cama de casal ダブルベッド / ir para a cama 床に就く, 眠る / fazer a cama ベッドメイキングする / meter-se na cama ベッドに入る / cair na cama 眠りにつく / sair da cama ベッドから出る.
❷ 寝場所, 寝床 ▸ cama de palha わらの寝床.
❸ cama elástica トランポリン.
cair de cama 病床に伏す.
cama de gato あやとり.
cama de pregos 不快感, 休息できない状況.
cama de varas ① 素朴なベッド. ② 貧農.
cama e mesa 寝食 ▸ ter cama e mesa 居候する, 寝食をあてがわれる.
cama feita 地ならし, 下地, お膳立て.
estar de cama 病床に伏している.
fazer a cama (para alguém) ① 称賛する, もてなす. ② 協力する.
fazer a cama a [de] [話] ① 人のために働く. ② 策略を巡らす.
ficar de cama 病気になる.
ir para a cama com... …と性的関係を持つ.

☆**camada** /kaˈmada カマーダ/ [女] ❶ **層 ; 段 ;** 沈殿物 ▸ camada de ozônio オゾン層 / camada geológica 地層 / bolo de duas camadas 二段になったケーキ / uma grossa camada de pó たくさん積もったほこり.
❷ (社会の) **階級, 階層** ▸ camadas sociais 社会階層.
❸ (ペンキなどの) 塗料の層, 塗装 ▸ aplicar duas camadas de tinta ペンキを２度塗りする.

camafeu /kamaˈfew/ [男] ❶ カメオ. ❷ [話] 美顔の女性.

camaleão /kamaleˈẽw̃/ [[複] camaleões] [男] 〖動物〗カメレオン.

☆☆☆**câmara** /ˈkẽmara カマラ/ [女] ❶ **小室, 部屋** ▸ câmara escura 暗室 / câmara de gás ガス室 / música de câmara 室内楽.
❷ **議会, 議院, 会議所,** 評議会, 審議会 ▸ câmara de comércio e indústria 商工会議所 / câmara de compensação 手形交換所 / Câmara Alta 上院 / Câmara Baixa 下院 / Câmara dos Deputados 連邦下院 / câmara municipal 市議会.
❸ **カメラ** ▸ câmara fotográfica 写真機 / câmara digital デジタルカメラ / câmara lenta スローモーション撮影.
❹ (銃の) 弾倉, 薬室

camarada /kamaˈrada/ [名] ❶ 仲間, 同僚, 同志 ▸ Eles são meus camaradas dos tempos de soldado. 彼らは兵士時代の仲間だ.
❷ [B] [話] 兵士.
❸ (農場の) 臨時雇い, 日雇い ; 採鉱労働者 ▸ Os camaradas araram o campo de plantação. 日雇い労働者たちは畑を耕した.
❹ [B] [話] 人, やつ ▸ Comprei este relógio daquele camarada. 私はこの時計をあいつから買った.
❺《くだけた呼びかけ》おい, お前 ▸ Vem cá, meu camarada! お前, こっち来いよ.
— [女] [B] [話] ラム酒, ピンガ.
— [形]《男女同形》❶ [B] 感じのよい, 友好的な ▸ atitude camarada 感じのよい態度.
❷ (値段が) 手頃な ▸ Ele me vendeu o carro por um preço camarada. 彼は私に手頃な値段で車を売った.
❸ 好都合な ▸ Ele recebeu uma proposta camarada. 彼は好都合な提案を受け取った.

camaradagem /kamaraˈdaʒẽj̃/ [[複] camaradagens] [女] ❶ 仲間関係, 友人関係 ▸ Formou-se uma forte camaradagem entre o grupo. グループ内で固い友人関係が築かれた.
❷ 友情, 好意, よしみ ▸ Foi camaradagem da parte dele emprestar-nos o carro. 彼は好意で私たちに車を貸してくれた.
❸ [B] 兵士 [臨時雇い・採鉱労働者] の集団 ▸ Mudou de trabalho e distanciou-se da camaradagem. 彼は転職してグループから遠ざかった.

câmara de ar /ˌkẽmaradʒiˈax/ [[複] câmaras de ar] [女] (タイヤの) チューブ.

camarão /kamaˈrẽw̃/ [[複] camarões] [男] エビ, 車エビ ▸ empada de camarão エビのパイ.

camareiro, ra /kamaˈrejru, ra/ [名] (ホテルなどの) 客室清掃員.

camarim /kamaˈrĩ/ [[複] camarins] [男] 楽屋.

camarinha /kamaˈrĩɲa/ [女] ❶ 寝室. ❷ (汗や露の) しずく ▸ camarinhas de suor 汗のしずく.

camarote /kamaˈrɔtʃi/ [男] ❶ 船室. ❷ (劇場の) 仕切り席.
assistir de camarote 傍観する, 高みの見物をする.

cambalacho /kẽbaˈlaʃu/ [男] 詐欺.

cambalear /kẽbaleˈax/ ⑩ [自] よろよろ歩く, よろめく.

cambalhota /kẽbaˈʎɔta/ [女] とんぼ返り, 宙返り ▸ dar uma cambalhota とんぼ返りをする.

cambar /kẽˈbax/ [自] ❶ 変化する, 変わる ▸ Sua sorte cambou em azar. 幸運は不幸に変わった.
❷ ふらつく, よろよろ歩く ▸ Bêbado, cambou até sua casa. 彼は酔っぱらって千鳥足で家まで帰った.
❸ 傾く ▸ A mangueira cambou para o telhado. マンゴーの木が屋根の方に傾いた.
— [他] (取引として) 交換する ; 両替する.

cambial /kẽbiˈaw/ [[複] cambiais] [形]《男女同形》為替の ▸ mercado cambial 為替市場 / variação cambial 為替変動.
— [男] 手形.

cambiante /kambiˈẽtʃi/ [形]《男女同形》❶ 玉虫色の. ❷ 変わりやすい, 気まぐれな.
— [男] ❶ 色合い, 色調, 濃淡. ❷ 微妙な違い.

cambiar /kẽbiˈax/ [他] ❶ 交換する ▸ Os políticos cambiaram elogios. 政治家たちは互いにほめあった.
❷ …を…に両替する [+ por] ▸ cambiar reais por dólares レアルをドルに両替する.
— [自] 色を変える ▸ Com a chegada da primavera, a vegetação cambiou de cor. 春の訪れとともに植物は彩りを変えた.

câmbio /'kẽbiu カンビオ/ 男 ❶ 交換 ▶ câmbio de mercadorias 商品の交換.
❷ 為替, 為替レート ▶ mercado de câmbio 為替市場 / fazer câmbio 通貨両替をする / taxa de câmbio 為替レート / câmbio oficial 公式レート / câmbio negro 闇レート / câmbio paralelo 裏レート / câmbio flutuante 変動為替相場 / câmbio livre 自由為替相場.
❸《自動車》変速 ▶ caixa de câmbio 変速機.

cambista /kẽ'bista/ 名 ❶ 両替商. ❷ Ⓑ ダフ屋.

camburão /kẽbu'rẽw/ [複 camburões] 男 警察のバン.

camélia /ka'mɛlia/ 女 〖植物〗ツバキ, ツバキの花.

camelo /ka'melu/ 男 〖動物〗フタコブラクダ.

camelô /kame'lo/ 男 露天商人.

câmera /'kẽmera/ 女 Ⓑ カメラ ▶ câmera digital デジタルカメラ / câmera de vídeo ビデオカメラ / em câmera lenta スローモーションの［で］.
— 名 写真家, カメラマン, フォトグラファー.

camião /kami'ẽw/ 男 Ⓟ トラック ▶ camião basculante ダンプカー.

caminhada /kami'ɲada/ 女 ❶ 歩くこと, 散歩, ウォーキング ▶ dar [fazer] uma caminhada 散歩する / Foi uma longa caminhada. 随分歩いた.
❷ ハイキング, トレッキング.

caminhante /kami'ɲẽtʃi/ 形 《男女同形》徒歩の.
— 名 歩く人, 歩いて旅をする人.

☆**caminhão** /kami'ɲẽw カミニャォン/ [複 caminhões] 男 Ⓑ トラック ▶ caminhão basculante ダンプカー / caminhão de mudanças 引っ越しトラック / caminhão de lixo ごみの収集車.

☆**caminhar** /kami'ɲax カミニャール/ 自 歩く ▶ Caminhar faz bem á saúde. 歩くことは健康によい / caminhar com as próprias pernas 自分自身の足で歩く / caminhar 5 km 5キロ歩く.

☆**caminho** /ka'mĩɲu カミーニョ/ 男 ❶ 道, 道路, 街道 ▶ Todos os caminhos levam a Roma. すべての道はローマに通ず / Vá direto por este caminho. この道をまっすぐ行ってください / caminho estreito 狭い道 / caminho impraticável 通行止めの道 / caminho marítimo 海路, 航路.
❷ 行程, 道筋, 道のり ▶ caminho de volta 復路, 帰り道 / ter muito caminho pela frente まだ先は長い / caminho de peregrinação 巡礼路.
❸ 方向, 行き先；行き方 ▶ Eu me perdi no caminho. 私は道に迷った / Não sei o caminho. 私は道が分からない / Poderia me ensinar o caminho para a estação? 駅へ行く道を教えていただけませんか / Perguntei o caminho ao policial. 私は警察官に道を尋ねた / ensinar o caminho a alguém …に道を教える / errar o caminho 道を間違える / seguir o seu caminho わが道を行く / estar no caminho certo 正しい道にいる / estar no caminho errado 間違った道にいる.
❹ (取るべき) 方法, 手順, (進むべき) 道, 規範 ▶ caminho a seguir 進むべき道 / caminho do sucesso 成功への道.
❺ (競技場の) トラック.

abrir caminho 道を切り開く.
a caminho 途中で.
a caminho de... …へ向かう途中で ▶ a caminho de casa 帰宅途中に.
a meio caminho 途中で, 中ほどで.
arrepiar caminho 後退する, 引き返す.
bom caminho 正しい行い, 誠実な生き方.
caminho das pedras 最短の道, 最良の方法.
chegar ao fim do caminho ① 完結する, 目的を達成する. ② 人生の最終局面に達する, 死ぬ.
cortar caminho 近道する.
de caminho ① ついでに, 途中で. ② 直ちに, すぐに.
ficar pelo caminho 頓挫(ざ)する, 中途半端になる.
ir pelo mesmo caminho 同じ道を行く, 同じ道を歩む
mau caminho 悪い行い, 不徳.
meio caminho andado 半分解決された問題.
no caminho 途中で ▶ no caminho para casa 帰宅途中で.
no meio do caminho 途中で ▶ No meio do caminho, eu encontrei um amigo. 途中, 私は友人に会った / Nós retornamos no meio do caminho. 我々は途中で引き返した.
pelo caminho 途中で.
por este caminho このようにして.
pôr-se a caminho 出発する, 旅路につく.
procurar o caminho de volta 引き返す, 戻る.
tirar ... do caminho どける, 排除する.

caminho-de-ferro /kɐ,miɲudəfɛ'rru/ [複 caminhos-de-ferro] 男 Ⓟ 鉄道.

caminhoneiro, ra /kamiɲo'nejru, ra/ 名 Ⓑ トラック運転手.

caminhonete /kamiɲo'netʃi/ 女 ライトバン, 軽トラック.

☆**camisa** /ka'miza カミーザ/ 女 ❶ シャツ, ワイシャツ ▶ camisa social ドレスシャツ / camisa esporte カジュアルシャツ / camisa polo ポロシャツ / camisa listrada ストライプのシャツ / camisa (ao) xadrez チェックのシャツ / camisa de manga(s) comprida(s) 長袖のシャツ / camisa de manga(s) curta(s) 半袖のシャツ / camisa de dormir [noite] ネグリジェ.
❷ 包むもの, 覆うもの ▶ camisa de força 拘束衣 / camisa de pagão 新生児服 / camisa de cilindro シリンダージャケット.
com a camisa do corpo 着の身着のままで.
dar [tirar] a camisa do corpo 持ち物すべてを与える；非常に寛大［寛容］である.
deixar alguém sem camisa 人を一文無しにする.
em camisa ① 上着を脱いでシャツだけで. ② 打ち解けて, くつろいで. ③ 親密に.
estar numa camisa de força (手に負えない仕事などで) がんじがらめになる.
ficar com a camisa do corpo 貧しくなる, すべてを失う.
ficar sem camisa 一文無しになる.
mudar de alguma coisa como quem mu-

da de camisa (シャツを着替えるように) 物事を次々と変える.
Onde você comprou esta camisa que está usando, tinha para homem?「そのシャツを買った店には男物がなかったのか」(男性をからかう表現).
suar a camisa 汗水流す, 一生懸命働く, 努力する.
ter só a camisa do corpo 着の身着のままである, 無一文である.
tirar a camisa 仕事 [任務] に取りかかる, 頑張り始める.
vestir a camisa (ある事柄に) のめり込む, 大儀のために尽くす.

camisa de vênus /ka,mizadʒi'vẽnus/ [複 camisas de vênus] 囡 コンドーム.

camiseiro /kami'zejru/ 男 ❶ シャツ職人, シャツ販売人. ❷ シャツをしまうタンス.

camiseta /kami'zeta/ 囡 Ⓑ Tシャツ, (下着の) シャツ.

camisinha /kami'ziɲa/ 囡 Ⓑ 話 コンドーム▶usar camisinha コンドームを使う.

camisola /kami'zɔla/ 囡 ❶ Ⓑ ネグリジェ. ❷ Ⓟ セーター.

camomila /kamo'mila/ 囡【植物】カモミール.

campa /'kẽpa/ 囡 墓石, 墓.

*****campainha** /kẽpa'iɲa/ 囡 ❶ 鈴. ❷ 呼び鈴, ベル▶tocar a campainha 呼び鈴を鳴らす. ❸ 呼び出し音, アラーム. ❹【解剖】のどびこ.
andar com uma campainha 強調して告知する.

campal /kẽ'paw/ [複 campais] 形《男女同形》野外の, 野原の▶missa campal 野外ミサ / batalha campal 野戦.

campanário /kẽpa'nariu/ 男 (教会の) 鐘楼.

*****campanha** /kẽ'pẽɲa/ カンパーニャ 囡 ❶ 運動, キャンペーン▶campanha eleitoral 選挙運動 / campanha publicitária 広告キャンペーン / campanha de promoção de vendas 販売促進キャンペーン / fazer [lançar] campanha キャンペーンを行う [繰り広げる].
❷ (軍隊の) 遠征, 軍事行動; 野戦, 野営▶campanhas napoleônicas ナポレオン遠征 / hospital de campanha 野戦病院.
❸ Ⓟ 農産物や海産物などの栽培・漁獲から加工に至るまでの一連の作業▶campanha do bacalhau 鱈の漁獲・加工 / campanha do arroz 米の栽培・収穫・脱穀・加工.
campanha gaúcha リオグランデドスル州のパンパ (草原地帯).

campaniforme /kẽpani'fɔxmi/ 形《男女同形》鐘型の.

campânula /kẽ'pẽnula/ 囡【植物】カンパニュラ.

*****campeão, ã** /kẽpe'ẽw̃, 'ẽ/ カンピオン, アン [複 campeões, peãs] 名 ❶ チャンピオン, 優勝者, 選手権保持者▶O Brasil é o campeão da Copa do Mundo de Futebol de 2002. ブラジルは2002年サッカーワールドカップの優勝国である.
❷ 一流選手, 有名な人物▶campeão de judô 一流の柔道選手 / Pavarotti foi o campeão de bilheteria na ópera. パヴァロッティはオペラのチケット売り上げのチャンピオンだった.
❸ 擁護者, 闘士▶Ele é um campeão dos direitos humanos. 彼は人権擁護者である.
campeão de audiência 最高視聴率を誇る番組.

campeonato /kẽpeo'natu/ 男 選手権 (試合) ▶o Campeonato mundial de voleibol バレーボール世界選手権.

campesino, na /kẽpe'zinu, na/ 形 田舎の, 農村の.

campestre /kẽ'pestri/ 形《男女同形》田園の, 田舎の▶vida campestre 田園生活.

camping /kẽ'pĩg/ 男 キャンプ, キャンプ場▶fazer camping キャンプをする.

campismo /kẽ'pizmu/ 男 キャンプ.

campista /kẽ'pista/ 名 キャンプする人, キャンパー.

*****campo** /'kẽpu/ カンポ 男 ❶ 畑, 田畑▶campo de trigo 小麦畑 / cultivar o campo 畑を耕す.
❷ 野原, 田園, 田舎▶viver no campo 田舎で生活する / a vida no campo 田舎暮らし / casa de campo 別荘, 山荘.
❸ 場, 場所▶campo de concentração 強制収容所 / campo de refugiados 難民キャンプ, 難民収容所 / campo de treinos 練習場 / campo de batalha 戦場 / campo minado 地雷原 / campo petrolífero 油田 / trabalho de campo フィールドワーク.
❹ 競技場, グラウンド, フィールド, ピッチ▶campo de esportes 運動場 / campo de futebol サッカー場, サッカーグラウンド / campo de tênis テニスコート / campo de golfe ゴルフ場 / entrar em campo 試合に出る / sair de campo 退場する / tirar alguém de campo …を退場させる.
❺ 分野, 領域▶campo de ação 活動分野, 範囲 / campo de manobra 活動範囲 / campo da linguística 言語学の分野.
❻【科学】界, 場, 場所, 野;【情報】フィールド▶campo elétrico 電界, 電場 / campo magnético 磁場 / campo de visão 視野, 視界.
❼ 高原▶campo cerrado セラード, 低木の茂みのある高原 / campo limpo 草原地帯 / campos gerais 高原にはさまれた草原.
abandonar o campo 戦線を離脱する.
chamar alguém a campo …に挑戦する.
deixar o campo livre 身を引く, 道を譲る.
no campo contrário《スポーツ》アウェイで, 敵陣で▶jogar no campo contrário アウェイで競技する.
pôr em campo 活動させる.
pôr-se em campo 作業を開始する.

camponês, nesa /kẽpo'nes, 'neza/ [複 camponeses, nesas] 名 農家の人, 田舎の人.
— 形 田園の, 田舎の.

campus /'kẽpus/ 男 (大学の) キャンパス.

camuflagem /kamu'flaʒẽj/ [複 camuflagens] 囡 カムフラージュ, 偽装, 迷彩, 擬態.

camuflar /kamu'flax/ 他 カムフラージュする, 偽装

する、迷彩を施す.
camundongo /kamũ'dõgu/ 圏 ハツカネズミ.
camurça /ka'muxsa/ 囡 ❶【動物】シャモア. ❷ セーム革, スエード.
cana /'kɐ̃na/ 囡 ❶【植物】茎.
❷ 釣り竿.
❸ 杖.
❹ サトウキビ (= cana-de-açúcar).
❺ 围俗 刑務所 ▶ ir em cana 刑務所に入れられる / estar em cana 刑務所にいる.
— 图 B 警察官, 兵士.
chupar cana e assobiar ao mesmo tempo 2つの異なることを同時にする, 虻蜂取らず.
Canadá /kana'da/ 圏【国名】カナダ.
cana-de-açúcar /ˌkɐ̃nadʒia'sukar/ [複 canas-de-açúcar] 囡【植物】サトウキビ.
canadense /kana'dẽsi/ 圏《男女同形》カナダの.
— 图 カナダ人.
*__canal__ /ka'naw カナゥ/ [複 canais] 圏 ❶ (テレビ) チャンネル ▶ canal de televisão テレビチャンネル / no canal 3 3チャンネルで / mudar de canal チャンネルを変える.
❷ 海峡 ▶ o Canal da Mancha イギリス海峡.
❸ 運河, 水路 ▶ o Canal do Panamá パナマ運河 / canal de irrigação 灌漑用水路.
❹ 管；雨樋 ▶ canal de ventilação 通風管.
❺ 経路；通信路 ▶ por canal diplomático 外交チャンネルを通じて / canal de distribuição 販売経路 / canal de comunicação コミュニケーション通信路.
❻【解剖】導管, 管；(歯) 根管.
canalha /ka'naʎa/ 囡《集合的に》ごろつき, 不良.
— 圏《男女同形》下卑た, さもしい.
canalizar /kanali'zax/ 囮 ❶ (川を) 運河にする, 運河 [水路] を開く；管を敷設する ▶ Os agricultores canalizaram o campo. 農民たちは田畑に水路を作った / O encanador canalizou a água das chuvas. 配管工は雨水管を敷設した.
❷ …に下水道を通す ▶ O prefeito canalizou todos os bairros da cidade. 市長は市内全域に下水道を通した.
❸ …を一定方向に向かわせる, 誘導する ▶ Marcelo canalizou suas energias para o estudo. マルセロは勉強に精力を注いだ.
canapé /kana'pɛ/ 圏 ソファ, 長いす.
canapê /kana'pe/ 圏【料理】カナッペ.
canário /ka'nariu/ 圏 ❶【鳥】カナリア. ❷ 歌の上手な人.
canastra /ka'nastra/ 囡 ❶ かご. ❷【トランプ】カナスタ ▶ canastra real (カナスタで) ジョーカーを含まない組み合わせ.
bater a canastra 死ぬ.
canastrão, trona /kanas'trɐ̃w, 'trona/ [複 canastrões, canastronas] 图 國 下手な役者, 大根役者.
canavial /kanavi'aw/ [複 canaviais] 圏 サトウキビ畑.
canavieiro, ra /kanavi'ejru, ra/ 圏 サトウキビの ▶ caminhão canavieiro サトウキビ運送用のトラック.

*__canção__ /kɐ̃'sɐ̃w カンサォン/ [複 canções] 囡 ❶ 歌, 歌謡 ▶ cantar uma canção 歌を歌う / canção de ninar 子守唄 / canção de amor ラブソング / canção de protesto プロテストソング.
❷《軽蔑》いつもの話, 繰り言 ▶ Já estou farto de ouvir a mesma canção. いつも同じ話を聞くのはもううんざりだ.
cancela /kɐ̃'sɛla/ 囡 ❶ 遮断機. ❷ ゲート.
cancelamento /kɐ̃sela'mẽtu/ 圏 取り消し, 中止 ▶ cancelamento de contrato 契約の解消 / cancelamento de voo フライトの欠航.
*__cancelar__ /kɐ̃se'lax カンセラーフ/ 囮 ❶ …を取り消す, キャンセルする ▶ cancelar uma encomenda 注文を取り消す / cancelar uma viagem 旅行をキャンセルする.
❷ …を無効にする, 破棄する ▶ cancelar um cheque 小切手を無効にする / cancelar um contrato 契約を破棄する.
❸ …を線で消す, 抹消する ▶ cancelar uma cláusula do contrato 契約の1条項を抹消する.
câncer /'kɐ̃sex/ [複 cânceres] 圏 ❶【医学】B がん ▶ câncer de mama 乳がん / câncer de pulmão 肺がん.
❷ 問題, がん ▶ um câncer na política brasileira ブラジル政治におけるがん.
❸ (Câncer)【天文】かに座；かに座の人 ▶ Eu sou (de) Câncer. 私はかに座だ.
canceriano, na /kɐ̃seri'ɐnu, na/ 圏 B かに座の (人).
cancerígeno, na /kɐ̃se'riʒenu, na/ 圏 発がん性の ▶ substância cancerígena 発がん性物質.
cancerologista /kɐ̃serolo'ʒista/ 图 腫瘍専門医, がん専門医.
canceroso, sa /kɐ̃se'rozu, 'rɔza/ 圏 がんの ▶ tecido canceroso がん組織. — 图 がん患者.
cancro /'kɐ̃kru/ 圏 P【医学】がん ▶ cancro de mama 乳がん.
candango, ga /kɐ̃'dɐ̃gu, ga/ 图 ❶ ブラジリアを建設した労働者. ❷ ブラジリアの初期の住民. ❸ ブラジリアに住む東北部出身者.
candeeiro /kɐ̃de'ejru/ 圏 ❶ P 電気スタンド, ランプ. ❷ B オイルランプ.
candeia /kɐ̃'deja/ 囡 カンテラ.
candelabro /kɐ̃de'labru/ 圏 枝付き燭台.
candente /kɐ̃'dẽtʃi/ 圏《男女同形》❶ 白熱の, 真っ赤に燃えた ▶ ferro candente 赤く焼けた鉄. ❷ 白熱した, 熱気に満ちた ▶ questão candente 激しい議論を呼んでいる問題.
cândida /'kɐ̃dʒida/ 囡 カンジダ菌.
candidatar /kɐ̃dʒida'tax/ 囮 …の候補者に立てる [+ a] ▶ O partido candidatou o jovem a vereador. 政党はその若者を市会議員候補に立てた.
— **candidatar-se** …に立候補する [+ a] ▶ Ele se candidatou a presidente do partido. 彼は党代表に立候補した / A moça candidatou-se ao cargo. その女性はその役職に自ら志願した.
*__candidato, ta__ /kɐ̃dʒi'datu, ta カンヂダート, タ/ 图 ❶ 応募者, 志願者 ▶ candidatos a uma bolsa de estudo 奨学金への応募者.

candidatura

❷ 立候補者 ▶ os cadidatos à presidência 大統領候補たち / candidato oficial 公認候補 / sério candidato 有力な候補者.
❸ 候補者 ▶ os candidatos ao Prêmio Nobel ノーベル賞の候補者たち.

*candidatura /kẽdʒida'tura カンヂダトゥーラ/ 囡
❶ 応募, 志願 ▶ candidatura a um emprego 仕事への応募.
❷ 立候補 ▶ apresentar a candidatura a... …に立候補[応募, 志願]する / candidatura oficial 官製立候補.

cândido, da /'kẽdʒidu, da/ 形 ❶ 純白の. ❷ 純真な, 無邪気な.

candomblé /kẽdõ'blɛ/ 男 B カンドンブレ (アフリカに起源を持つブラジルの民間信仰).

candura /kẽ'dura/ 囡 ❶ 純白さ. ❷ 純真さ, 無邪気さ.

caneca /ka'nɛka/ 囡 マグカップ; (ビールの) ジョッキ ▶ uma caneca de leite カップ1杯の牛乳 / uma caneca de cerveja ジョッキ1杯のビール.

caneco /ka'nɛku/ 男 細長いビールジョッキ.
entortar o caneco 飲みすぎる, 酔っぱらう.

canela /ka'nɛla/ 囡 ❶【植物】ニッケイ, シナモン ▶ canela em pau シナモンスティック / canela em pó シナモンパウダー.
❷ 向こうずね.
— 男 肉桂色.
— 形《不変》肉桂色の.
azeitar as canelas 逃げる, 撤退する.
dar nas canelas 足早に歩く, 逃げる.
espichar a canela 亡くなる.
esticar a canela 亡くなる.

canelada /kane'lada/ 囡 向こうずねを打つこと.

‡caneta /ka'neta カネータ/ 囡 ペン ▶ caneta esferográfica ボールペン / caneta de feltro フェルトペン / caneta hidrográfica 水性サインペン.

caneta-tinteiro /ka,netatĩ'tejru/ [複 canetas-tinteiro(s)] 囡 万年筆.

cânfora /'kẽfora/ 囡 樟脳.

canga /'kẽga/ 囡 カンガ (腰に巻く布).

cangaceiro /kẽga'sejru/ 男 B ブラジルの北東部の, 武装した義賊の盗賊.

cangaceiro

cangote /kẽ'gɔtʃi/ 男 首筋, うなじ.
canguru /kẽgu'ru/ 男【動物】カンガルー.
cânhamo /'kẽnamu/ 男【植物】アサ.
canhão /ka'ɲɐ̃w/ [複 canhões] 男 ❶ 大砲 ▶ canhão antiaéreo 対空砲. ❷ 醜い人.
canhestro, tra /ka'ɲɛstru, tra/ 形 ❶ 不器用な, 下手な. ❷ 内気な.

canhoto, ta /ka'ɲɔtu, ta/ 形 左利きの ▶ Sou canhota. 私は左利きだ.
— 名 左利きの人.
— canhoto 男 ❶ (小切手の) 控え. ❷ B 俗 悪魔.

canibal /kani'baw/ [複 canibais] 形《男女同形》人食いの; 共食いする.
— 名 人食い人種; 共食いする動物.

canibalismo /kaniba'lizmu/ 男 人食い; 共食い.

canícula /ka'nikula/ 囡 ❶ 暑い盛り, 盛夏, (夏の)土用. ❷《Canícula》【天文】シリウス.

canídeo, dea /ka'nidiu, dia/ 形 イヌ科の.
— canídeo 男 イヌ科.

canil /ka'niw/ [複 canis] 男 犬小屋, 犬舎.

caninha /ka'niɲa/ 囡 B カニーニャ, サトウキビ蒸留酒.

canino, na /ka'ninu, na/ 形 犬の, 犬のような ▶ fome canina 激しい空腹 / fidelidade canina 忠犬ぶり.
— canino 男 犬歯.

canivete /kani'vɛtʃi/ 男 折りたたみナイフ ▶ canivete suíço スイスアーミーナイフ.
nem que chova canivete 何があっても, 雨が降ろうと槍が降ろうと.

canja /'kẽʒa/ 囡 鶏肉と米のスープ (= canja de galinha).
dar uma canja 飛び入りで演奏する.
ser canja 簡単である, 容易である ▶ Aprender música é canja. 音楽を学ぶのは簡単だ / É canja. それは朝飯前だ.

canjica /kẽ'ʒika/ 囡 トウモロコシのかゆ.

cano /'kẽnu/ 男 ❶ 管, パイプ ▶ cano de água 水道管 / cano de descarga 排気管 / cano de esgoto 下水管. ❷ 銃身. ❸ ブーツの足の部分 ▶ bota de cano alto ニーハイブーツ.
dar o cano (約束を) すっぽかす.
entrar pelo cano うまくいかない, いらだつ.

canoa /ka'noa/ 囡 カヌー ▶ ir de canoa カヌーに乗る.
embarcar em canoa furada 泥船に乗る.
não embarcar nessa canoa その手には乗らない, だまされない.

canoagem /kano'aʒẽj/ 囡 カヌー競技, カヌーを漕ぐこと ▶ fazer [praticar] canoagem カヌー漕ぎをする.

canoeiro, ra /kano'ejru, ra/ 名 カヌーの漕ぎ手.

canoísta /kano'ista/ 名 カヌー選手.

cânone /'kẽnoni/ 男 ❶ 規範, 規準, 模範 ▶ cânones de beleza 美の規範. ❷ 目録, カタログ. ❸【音楽】カノン. ❹ 聖書正典. ❺ 教会法.

canónico, ca /kɐ'nɔniku, kɐ/ P = canônico

canônico, ca /ka'noniku, ka/ 形 B ❶ 教会法の ▶ direito canônico 教会法. ❷ 標準の, 規範的な. ❸ 時間を守る.

canonização /kanoniza'sẽw/ [複 canonizações] 囡 列聖, 列聖式.

canonizar /kanoni'zax/ 他 …を聖人の列に加える.

***cansaço** /kɐ̃'sasu/ カンサーソ/男 ❶ 疲れ, 疲労 ▶ sentir cansaço 疲れを感じる / cansaço físico 肉体的疲れ / cansaço mental 精神的な疲れ / causar cansaço a alguém 人に疲労をもたらす / estar morto de cansaço くたくたに疲れている. ❷ 飽き, 退屈 ▶ cansaço de uma vida monótona 単調な生活に飽きること.
cair de cansaço 疲労困憊する.
vencer pelo cansaço 粘り勝ちする.

cansado, da /kɐ̃'sadu, da/ カンサード, ダ/ 形 ❶ …に疲れた [+ de] ▶ Eu estou cansado. 私は疲れている / sentir-se cansado 疲労を感じる / Você parece cansada. あなたは疲れているようだ / Estou cansado de trabalhar. 私は仕事に疲れた.
❷ …に飽きた, うんざりした [+ de] ▶ Eu estou cansada de repetir a mesma coisa. 私は同じことを繰り返すのに飽きた / Estou cansado de esperar. 私は待ちくたびれた / Estou cansado da vida. 私は人生にうんざりした / Estou cansado disso tudo. 何もかもうんざりだ.
cansado de saber 何度も聞いた, 百も承知.

*cansar /kɐ̃'sax/ カンサーフ/他 ❶ …を疲れさせる ▶ cansar a vista 目を疲れさせる / A viagem o cansou muito. その旅行で彼は非常に疲れた.
❷ …をうんざりさせる, 飽き飽きさせる ▶ O zumbido dos mosquitos me cansa. 蚊の羽音は私をうんざりさせる.
— 自 ❶ 疲れる ▶ Vamos dançar até cansar! 嫌というほど踊ろう. ❷ うんざりする. ❸ 疲れさせる ▶ Trabalhar cansa muito. 仕事をするのはとても疲れる.
— **cansar-se** 再 ❶ 疲れる ▶ Ela se cansa facilmente. 彼女は疲れやすい.
❷ …にうんざりする, 飽きる [+ de] ▶ Já me cansei de você. 君にはもううんざりした / A menina se cansou de brincar de boneca. その女の子は人形で遊ぶのに飽きた.
cansar de esperar 待ちくたびれる.
cansar de lutar 諦める, 気力が失せる.

cansativo, va /kɐ̃sa'tʃivu, va/ 形 ❶ 疲れさせる, 疲れる ▶ um dia cansativo 疲れる1日 / A viagem foi cansativa. 旅行は大変だった. ❷ 退屈な ▶ um filme cansativo 退屈な映画.

canseira /kɐ̃'sejra/ 女 疲労, 苦労 ▶ dar canseira em... …に苦労をかける.

cantada /kɐ̃'tada/ 女 B 話 口説き ▶ dar uma cantada em... …を口説く / passar uma cantada 口説く, 言い寄る.

cantador, dora /kɐ̃ta'dox, 'dora/ [複 cantadores, doras] 形 歌の, 歌い手の.
— 名 B 北東部の弾き語り即興詩人.

cantante /kɐ̃'tɐ̃tʃi/ 形《男女同形》歌う, 歌うような ▶ voz cantante 歌うような声.

*cantar /kɐ̃'tax/ カンターフ/他 ❶ (歌を) 歌う ▶ cantar uma canção 歌を歌う.
❷ 誘う, 言い寄る, ナンパする ▶ Mal chegou, começou a cantar as garotas. 彼は着くや否や, 女の子たちに声をかけ始めた.
— 自 ❶ 歌う ▶ Aquele cantor canta muito bem. あの歌手はとても上手に歌う / Eu canto mal. 私は歌が下手だ.
❷ (鳥や虫が) 鳴く ▶ As cigarras cantaram bastante neste verão. この夏蝉がたくさん鳴いた.
cantar mas não entoar 和して同ぜず.
cantar vitória antes do tempo 捕らぬ狸の皮算用をする.

cântaro /'kɐ̃taru/ 男 つぼ, かめ.
chover a cântaros (雨が) 土砂降りに降る.

cantarolar /kɐ̃taro'lax/ 他 自 口ずさむ, 鼻歌を歌う.

cantata /kɐ̃'tata/ 女《音楽》カンタータ.

canteiro /kɐ̃'teiru/ 男 ❶ 花壇 (= canteiro de flores). ❷ 建設現場, 工事現場 (= canteiro de obras).

cântico /'kɐ̃tʃiku/ 男 賛歌 ▶ cântico de Natal クリスマスキャロル.

cantiga /kɐ̃'tʃiga/ 女 歌, 歌謡 ▶ cantiga de ninar 子守歌 / cantiga de roda 輪になって歌う童謡.
cantar a mesma cantiga 何度も同じことを言う.

cantil /kɐ̃'tʃiw/ [複 cantis] 男 水筒.

cantilena /kɐ̃tʃi'lẽna/ 女 ❶ 哀しい単調な歌. ❷ 繰り言, 相も変わらぬ話 ▶ É sempre a mesma cantilena. いつも同じことを言っている.

cantina /kɐ̃'tʃina/ 女 (学校や会社などの) 食堂 ▶ na cantina da escola 学校の食堂で.

*canto¹ /'kɐ̃tu/ カント/男 ❶ 歌うこと, 歌唱 ; 声楽, 歌唱法 ▶ canto coral 合唱 / canto gregoriano グレゴリオ聖歌 / aula de canto 声楽の授業.
❷ (動物の) 鳴き声, 歌 ▶ canto do rouxinol ナイチンゲールの鳴き声.
❸ (本来は歌われるための) 詩, 抒情詩, 叙事詩 ▶ cantos populares do Brasil ブラジルの大衆詩.
❹ (長詩の) 編, 巻 ▶ os dez cantos d'Os Lusíadas『ウズ・ルジアダス』の10詩章.
canto da sereia ① セイレーンの歌声. ② お世辞, へつらい, おべっか.
de canto chorado 泣き言を言いながら, 泣きついて.
o canto do cisne 白鳥の歌, 最後の名作, 絶筆.

canto² /'kɐ̃tu/ 男 ❶ 隅, 端 (↔ esquina) ; 縁 (注 canto は内側から見た「隅」を指すのに対し, esquina は外側から見た「角」を指す) ▶ num canto do quarto 部屋の隅で / os cantos da boca 口の両端 / canto de uma folha de papel 紙の縁.
❷ 片隅, 人目に付かない場所, 辺鄙な場所 ▶ em um canto da cidade 街の片隅で.
❸ P《サッカー》コーナー ; コーナーキック (pontapé de canto).
andar pelos cantos 人目を避ける.
chorar pelos cantos 一人で泣く.
em todo canto どこでも.
ir para o canto 落胆する.
olhar pelo canto do olho 横目で見る.
pôr a um canto 軽視する.
todos os cantos 至るところで ▶ todos os cantos do mundo 世界の至るところで.

cantoneira /kɐ̃to'nejra/ 女 ❶ コーナー家具. ❷

L字型の金具.

cantor, tora /kẽ'tox, 'tora カントーフ, トーラ/ [複 cantores, ras] 名 歌手, 歌い手, 歌う人 ▶cantor de ópera オペラ歌手 / Você é um bom cantor. あなたは歌が上手だ.
　cantor de banheiro ① 風呂で歌う人. ② 音痴.
cantoria /kẽto'ria/ 女 歌うこと, 歌声.
canudo /ka'nudu/ 男 ❶ ストロー, 管 ▶tomar refrigerante com canudo ストローで清涼飲料水を飲む.
　❷ カール, 巻き毛 ▶fazer canudos no cabelo 髪をカールする.
　❸ 話 卒業証書 ▶Ele conseguiu o canudo que tanto esperava! 彼は待望の卒業証書をもらった.
cão /kẽw カォン/ 男 ❶ 犬 ▶cão de guarda 番犬 / cão de caça 猟犬 / cão-guia 盲導犬 / cão policial 警察犬 / cão de raça 純血種の犬 / cão adestrado para resgates 救助犬 / Cuidado com o cão! 犬に注意 / Cão que ladra não morde. 諺 (吠える犬はかまない→) 能無し犬の高吠え.
　❷ (比喩的) 悪い奴, ろくでなし.
　❸ B 話 悪魔.
　❹ (銃の) 撃鉄.
　❺ 〖天文〗Cão Maior おおいぬ座 / Cão Menor こいぬ座.
　acordar o cão que dorme 敵をいたずらに刺激する, 寝た子を起こす.
　cão de fila ① フィラ・ブラジレイロ, ブラジリアン・ガードドック (大型の番犬). ② ビルの守衛.
　cão e gato 犬猿の仲 ▶viver como cão e gato 犬猿の仲である.
　como um cão 見捨てられて, ひどい扱いを受けて ▶viver como um cão 虐げられながら生きる.
　uma vida de cão みじめな生活 ▶levar uma vida de cão みじめな生活をする.
　um dia de cão ひどい一日.
caolho, lha /ka'oʎu, ʎa/ 形 名 ❶ 片目の(人). ❷ より目の人.
caos /'kaos/ 男 《単複同形》 ❶ 無秩序, 混乱 ▶A situação está um caos. 状況は混乱している / Esse mundo é um caos. この世は混乱そのものだ / virar um caos 混乱状態に陥る.
　❷ (天地創造以前の) 混沌.
caótico, ca /ka'ɔtʃiku, ka/ 形 混沌とした, 無秩序の, 大混乱の ▶O trânsito é caótico. 交通が混乱している.
capa /'kapa カーパ/ 女 ❶ コート, マント, ケープ ▶capa de lã ウールケープ / capa de chuva レインコート.
　❷ (本や雑誌の) 表紙 ▶capa de livro 本の表紙 / livro de capa dura ハードカバーの本 / livro de capa mole ペーパーバックの本.
　❸ (CD などの) ジャケット ▶capa de CD CDのジャケット.
　❹ (家具や器具の) カバー, 覆い ▶capa para sofá ソファ用のカバー.
　❺ うわべ, 見せかけ, 外面 ▶sob a capa de …のうわべに隠れて; …の口実のもとに.
　avaliar um livro pela sua capa 見かけで中身を判断する.
　capa de santidade 慈愛に満ちた顔.
capacete /kapa'setʃi/ 男 ヘルメット ▶usar capacete ヘルメットをかぶる / capacete azul ブルーヘルメット, 国連平和維持活動に従事する要員がかぶる青いヘルメット; 国連平和維持活動.
capacho /ka'paʃu/ 男 ❶ (玄関先の) ドアマット ▶limpar os pés no capacho ドアマットで足を拭く.
　❷ 言いなりの人.
　fazer alguém de capacho 他人を出し抜く.
　servir de capacho 言いなりになる, 踏みにじられる.
capacidade /kapasi'dadʒi カパスィダーチ/ 女 ❶ 収容能力, 容量, 容積 ▶Este teatro tem capacidade para 300 pessoas. この劇場には300人の収容能力がある / Qual é a capacidade desse recipiente? その容器の容量はどのぐらいですか / capacidade da memória 〖情報〗メモリー容量.
　❷ 能力, 才能; 資格 ▶capacidades físicas e intelectuais 肉体的能力と知的能力 / capacidade para chefiar 人を統率する才能 / capacidade de falar 話す能力 / capacidade eleitoral ativa 選挙権 / capacidade eleitoral passiva 被選挙権.
capacíssimo, ma /kapa'sisimu, ma/ 形 capaz の絶対最上級.
capacitado, da /kapasi'tadu, da/ 形 …の資格がある, …の準備ができた ▶O estagiário está capacitado para trabalhos simples. その研修生は簡単な仕事の能力を身につけている / A engenheira é capacitada para gerenciar as obras hidráulicas. その女性技術者は水力関連工事を監督する資格がある.
capacitar /kapasi'tax/ 他 …に…の能力をつけさせる [+ a/para] ▶A experiência capacitou-o a superar o problema. 経験により彼にはその問題を解決する能力がついた.
capar /ka'pax/ 他 去勢する.
capataz /kapa'tas/ [複 capatazes] 男 ❶ 工事現場監督. ❷ 農場の管理人.
capaz /ka'pas カパース/ [複 capazes] 形 《男女同形》 ❶ 有能な (↔ incapaz) ▶médico capaz 有能な医者 / Nesta classe, não há ninguém capaz como ele em matemática. このクラスには数学で彼にかなう人はいない.
　❷ 《ser capaz de + 不定詞》 …できる, …し得る, …しかねない ▶Eu sou capaz de fazer isso. 私はそうすることができる / Não fomos capazes de resolver este problema. 私たちはこの問題を解決することができなかった.
　❸ 《ser capaz de + 不定詞》 …かもしれない ▶É capaz de chover amanhã. 明日雨が降るかもしれない / Eles são capazes de não vir hoje. 彼らは今日来ないかもしれない / Sou capaz de ter-me enganado. 私は間違えたかもしれない.
　❹ 《É capaz que + 接続法》 …かもしれない ▶É capaz que ele não vá. 彼は行かないかもしれない.
　❺ …に適した, ふさわしい [+ para, de]; (法的に) …の資格がある, 権利がある [+ para] ▶capaz para o exercício do voto 投票を行う資格がある.
　capaz de tudo 何でもする, 手段を選ばない, 何をしでかすか分からない ▶Há gente capaz de tudo

para ganhar dinheiro. 金もうけのためなら何でもする人たちがいる.

capela /ka'pɛla/ [女] ❶ 礼拝堂, 小教会; 付属礼拝堂. ❷ (教会内の) 祭室, 小聖堂.

capelão /kape'lẽw̃/ [[複] capelães] [男] ❶ 礼拝堂付き司祭. ❷ (学校や軍隊などの) 施設付き司祭 ▶ capelão militar 従軍司祭.

capelo /ka'pelu/ [男] ❶ 修道士の頭巾. ❷ (博士が儀式の時にかぶる) 角帽.

capenga /ka'pẽga/ [形]《男女同形》[名] 片足の不自由な (人).

capengar /kapẽ'gax/ [自] [B] 片足を引きずるように歩く.

capeta /ka'peta/ [男] [B] ❶ 悪魔.
❷ 腕白な子供.

capilar /kapi'lax/ [[複] capilares] [形]《男女同形》
❶ 髪の, 頭髪の ▶ tônico capilar ヘアートニック.
❷ 細い管の, 毛細血管の, 毛管現象の ▶ fenômeno capilar 毛管現象.
— **capilar** [男]〖解剖〗毛細血管.

capim /ka'pĩ/ [[複] capins] [男] [B] 牧草.

capinar /kapi'nax/ [他] [自] 雑草を取る, 除草する.
capinar sentado 苦しむ, 虐待される.

★★★**capital** /kapi'taw カピタゥ/ [[複] capitais] [形]《男女同形》❶ **最高の, 本質的な, 主要な** ▶ desempenhar um papel capital 重要な役割を演じる / de importância capital 極めて重要な.
❷ **生死に関わる**, 死刑の ▶ pena capital 死刑. ❸ **大文字の** ▶ letra capital 大文字.
— [女] ❶ **首都** ▶ A capital do Brasil é Brasília. ブラジルの首都はブラジリアである.
❷ 重要拠点都市 ▶ São Paulo é a capital do comércio da América Latina. サンパウロはラテンアメリカ最大の商都である / capital da moda ファッションの中心地.
❸ 大文字.
— [男] ❶ **資本**, 資本金 ▶ o capital e o trabalho 資本と労働 / capital financeiro 金融資本 / capital próprio 自己資本 / capital social 資本金 / capital estrangeiro 外国資本 / capital de risco ベンチャーキャピタル / fuga de capital 資本流出 / mercado de capitais 資本市場 / capital de giro 運転資金 / capital integralizado 払込済み資本金.
❷ 資産, 財産 ▶ capital cultural 文化資産.
❸ (借金の) 元金 ▶ juros e capital 元利合計.

capitalismo /kapita'lizmu/ [男] 資本主義 ▶ capitalismo de estado 国家資本主義.

capitalista /kapita'lista/ [名] 資本家, 資産家.
— [形] 資本主義の, 資本の ▶ país capitalista 資本主義国.

capitalização /kapitaliza'sẽw̃/ [[複] capitalizações] [女] ❶ 資本化, 資本組み入れ. ❷ capitalização bolsista 株式時価総額.

capitalizar /kapitali'zax/ ❶ 資本化する.
❷ 資本に組み入れる.
❸ …を利用する.
— [自] 貯蓄する.

capitanear /kapitane'ax/ ⑩ [他] 指揮する, 統率する.

★★**capitão, tã** /kapi'tẽw̃, 'tẽ カピタォン, タン/ [[複] capitães, tãs] [名] ❶ **キャプテン** ▶ Eu sou o capitão do time. 私はチームのキャプテンだ. ❷〖軍事〗大尉.
capitão de indústria 大企業家.

capitel /kapi'tɛw/ [[複] capitéis] [男]〖建築〗柱頭.

capitulação /kapitula'sẽw̃/ [[複] capitulações] [女] ❶ 章分けすること ▶ Foi realizada a capitulação do tema. テーマが章分けされた.
❷ 降伏; 降伏条約.
❸ 服従.
❹ (訴訟当事者間の) 協定.
❺ 妥協, 譲歩.

capitular[1] /kapitu'lax/ [他] ❶ (協定や契約を) 結ぶ ▶ capitular um acordo 協定を結ぶ.
❷ …を章に分ける ▶ A escritora capitulou os textos. 女性作家は本文を章分けした.
❸ …を数え上げる, 列挙する ▶ O professor capitulou os alunos da classe. 教師はクラスの生徒たちを数え上げた / Capitulou os defeitos de uma pessoa. 人の欠点を列挙した
❹ …を…とみなす, 評する [＋ de] ▶ Capitulou-o de preguiçoso. 彼のことを怠け者だとみなした.
— [自] 降伏する, 譲歩する, …と妥協する ▶ A tropa capitulou na primeira investida do inimigo. その部隊は敵の第一撃で降伏した / Diante dos argumentos do filho, o pai capitulou. 息子の言い分に父は折れた

capitular[2] /kapitu'lax/ [[複] capitulares] [形] ❶ 教会参事会の. ❷ letra capitular 装飾大文字.
— [女] 装飾大文字.

★★**capítulo** /ka'pitulu カピートゥロ/ [男] ❶ (本などの) **章** ▶ o segundo capítulo ＝ o capítulo dois 第２章 / Estou no capítulo cinco. 私は第５章を読んでいる.
❷ (連続番組の) 第…話, 第…回 ▶ o último capítulo 最終回.
capítulo e parágrafo 一部始終, 細大漏らさず.
capítulo final 最終章, 締めくくり.

capixaba /kapi'ʃaba/ [形]《男女同形》[名] エスピリトサントス州の (人).

capô /ka'po/ [男]〖自動車〗ボンネット.

capoeira /kapo'ejra/ [女] カポエイラ (黒人奴隷が武術から編み出したブラジルの舞踊) ▶ fazer [praticar] capoeira カポエイラをする.

capoeira

capota /ka'pɔta/ [女] (自動車の) 幌, 屋根 ▶ carro sem capota オープンカー.

capotar /kapo'tax/ [自] ❶ (車が) 横転する, (船が) 転覆する ▶ Um caminhão capotou na curva. トラックがカーブで横転した. ❷ [B] すぐに眠りにつく.

capote /ka'pɔtʃi/ [男] ❶ コート. ❷〖トランプ〗大勝すること ▶ dar capote 大差で勝つ / levar capote

caprichar

大敗を喫する.

caprichar /kapri'ʃax/ 〔自〕 ❶ …を念入りにする, ていねいにする [+ em] ▶Maria capricha na maquiagem. マリーアは念入りに化粧をする / caprichar na caligrafia ていねいに字を書く.
❷ 努力する, 打ち込む ▶Se você caprichar, será promovido. あなたが一生懸命やれば昇進するだろう.
❸ Ⓟ …に執着する, こだわる [+ em].

capricho /ka'priʃu/ 〔男〕 ❶ 気まぐれ, 気まま ▶Minha filha é cheia de caprichos. 娘は気まぐれだ / Ele vive segundo seus caprichos. 彼は勝手気ままに生きている / Isso é capricho de gente idosa. それは年寄りの気まぐれだ / os caprichos da moda 流行の気まぐれ.
❷ (芸術作品の) 奇想, 奇抜 ▶capricho de pintor 画家の奇抜な発想.
❸ 入念, 丹精 ▶É um bordado feito com capricho. 丹精込めて作られた刺しゅうだ.
❹ 威厳, 誇り ▶Ele é um cavalheiro de capricho e honestidade. 彼は誇りと礼節のある紳士だ.

caprichoso, sa /kapri'ʃozu, 'ʃoza/ 〔形〕 ❶ 気まぐれな, 身勝手な, わがままな ▶Ela é uma criança caprichosa. 彼女は気まぐれな子供だ.
❷ 奇抜な.
❸ 凝った, こだわった, 入念な ▶Ele é caprichoso no vestir. 彼は着こなしにこだわる.
❹ 趣向を凝らした, 丹念な ▶O quadro tinha detalhes caprichosos. その絵画は細部まで趣向が凝らされていた.

capricorniano, na /kaprikoxni'ẽnu, na/ 〔形〕〔名〕やぎ座生まれの (人).

Capricórnio /kapri'kɔxniu/ 〔男〕 ❶〖天文〗やぎ座. ❷やぎ座の人.

caprino, na /ka'prinu, na/ 〔形〕ヤギの, ヤギのような.
— **caprino** 〔男〕ヤギ科.

cápsula /'kapsula/ 〔女〕 ❶〖薬学〗カプセル ▶cápsulas de vitaminas ビタミンカプセル. ❷ (宇宙船の) カプセル ▶cápsula espacial 宇宙カプセル.

captar /kapi'tax/ 〔他〕 ❶ 引きつける, …の心をとらえる ▶captar o interesse das crianças 子供の関心を引く / captar a atenção de alguém …の注意を引く / Aquela mulher captou os olhares das pessoas presentes. あの女性は居合わせた人々の視線を釘付けにした.
❷ 受信する ▶captar um sinal 信号を受信する.
❸ 把握する, 理解する ▶captar o sentido de sua mensagem そのメッセージの意味を理解する / Ele não captou o sentido da explicação do professor. 彼は教授が説明した内容を理解しなかった.
❹ 獲得する ▶captar a confiança 信頼を得る / A empresa captou todos os prêmios. その会社は各賞を総なめにした.
❺ (水を) 引く, (流れを) 変える ▶captar a água de um rio 川の水を引く / A prefeitura captou o rio para evitar inundações. 氾濫を防ぐため市役所は川の水路を変えた.

captura /kapi'tura/ 〔女〕 ❶ 逮捕, 捕獲.
❷ 差し押さえ, 押収.
❸〖情報〗captura de tela スクリーンキャプチャー.

capturar /kapitu'rax/ 〔他〕 ❶ 捕獲する, 捕まえる ▶capturar um fugitivo 逃亡者を捕まえる.
❷ 押収する ▶capturar armas 武器を押収する.
❸ (画像データなどを) 取り込む ▶capturar imagens 画像を取り込む.

capuz /ka'pus/ [覆 capuzes] 〔男〕ずきん, フード ▶casaco com capuz フード付きのコート.

caqui /ka'ki/ 〔男〕柿.

cáqui /kaki/ 〔男〕カーキ色.
—〔形〕《不変》カーキ色の ▶calças cáqui カーキ色のズボン.

★★cara /'kara カーラ/ 〔女〕 ❶ 顔 ▶virar a cara 顔を背ける / Ele estava com a cara vermelha de raiva. 彼は顔を真っ赤にして怒っていた.
❷ 顔つき, 表情 ▶cara fechada しかめ面 / cara triste 悲しい表情 / cara séria 真剣な顔 / Meu pai estava sempre de [com] cara fechada. 父はいつもしかめ面をしていた / Não faça uma cara tão zangada. そんな怖い顔をしないでください.
❸ (コインの) 表 ▶Cara ou coroa? 表か裏か.
❹ 表面, 外形 ▶Eu gosto muito da cara desta cozinha. この料理の見た目がとても好きだ.
—〔男〕〔俗〕人 ▶Quem é esse cara? そいつは誰だ / Aquele cara é um cara que não vale nada. あいつは最低なやつだ / um cara bem legal すごくいいやつ.

amarrar a cara 顔をしかめる.
bater com a cara na porta 門前払いを食らう.
cair a cara 恥じ入る, 気落ちする
cara a cara 面と向かって, 向かい合って, 真っ向から ▶discutir cara a cara 向かい合って議論する.
cara amarrada しかめっ面 ▶estar [ficar] de cara amarrada 顔をしかめる.
cara de bolacha 大きくて平べったい顔.
cara de enterro 暗い顔.
cara de fome やせこけた顔, 青白い顔.
cara de fuinha やせこけた小さい顔.
cara de lua cheia 丸い顔.
cara de palhaço 間抜け顔.
cara de pamonha 間抜け顔, 無表情な顔.
cara de poucos amigos 不愛想な顔.
cara de quem comeu e não gostou 不機嫌な顔.
cara de réu 仏頂面, 不服そうな顔.
cara de segunda-feira 不機嫌な顔.
cara de tacho 意気消沈した表情, しょんぼりした顔.
cara de um, focinho de outro うり二つ, そっくりさん.
cara deslavada 厚顔無恥.
cara lambida やんちゃ顔.
com a cara e a coragem 断固たる決意で, 清水の舞台から飛び降りる気持ちで.
com a cara no chão 恥じ入って.
com cara de doente 青白い顔で.
com cara de quem não quer nada 澄ました顔で, 涼しい顔で.
dar as caras 顔を見せる.
dar de cara com alguém …とばったり出会う ▶

Eu dei de caras com um velho amigo. 私は旧友にばったり出会った.
dar na cara de... …の顔をたたく, …の顔を殴る.
de cara すぐに, 初めから.
de cara cheia 酔って.
de cara limpa ① しらふで. ② 澄ました顔で. ③ 澄んだ心で.
descobrir a cara 素顔を見せる, 正体を現す.
É a cara de... …にそっくりの.
encher a cara 飲みすぎる, 酔っぱらう.
encher a cara de... …を殴打する.
enfiar a cara 根気よく働く.
enfiar a cara no mundo 逃げる.
enfiar a cara num buraco 穴があったら入りたい.
entrar com a cara e a coragem 敢行する.
estar com uma cara boa 元気そうである.
estar na cara 明白である.
fazer cara feia しかめ面をする.
fechar a cara ① 真剣になる. ② 怒る.
ficar a mesma cara 外観が変わらない, 表情が変わらない.
ficar com cara de pau 失望する.
ficar de cara ① 顔を合わせる, 面と向かう. ② 驚嘆する.
ir com a cara de... …が好きである, 気に入る.
jogar na cara de... …を面と向かって非難する.
julgar pela cara 見かけだけで判断する.
livrar a cara 望ましくない状況から解放される.
meter a cara ① 堂々と立ち入る. ② 努力する.
meter a cara em algo …に打ち込む.
mostrar a cara 姿を現す, 顔出しする.
mostrar boa [má] cara いい顔 [いやな顔] をする.
mudar de cara 豹変する, 意見や態度を変える.
não livrar a cara de 遠慮せずに批判や懲罰をする.
não ir com a cara de alguém …のことが気に入らない.
passar na cara 俗 …と性的関係を持つ.
quebrar a cara ① がっかりする. ② 恥をかく.
rir na cara de... …をあざ笑う, 嘲笑する.
ser cara すごい奴である.
ser a cara de alguém ① …とそっくりだ, うり二つだ. ② 全部…のものだ.
ser cara de um focinho e focinho do outro うり二つである.
ter cara de... …にそっくりである, …に似ている.
ter cara de garoto 若く見える.
ter cara para... …するのを辞さない.
ter duas caras 二面性がある, 裏表がある.
torcer a cara 嫌な顔をする, 渋面を作る, 顔をしかめる.
carabina /kara'bĩna/ 囡 カービン銃.
caracol /kara'kɔw/ [複 caracóis] 男 ❶ カタツムリ ▶ casa de caracol カタツムリの殻.
❷ 巻き毛 ▶ cabelo aos caracóis カーリーヘアー.
❸ らせん ▶ escada em caracol らせん階段.
❹《解剖》蝸牛.
andar a passo de caracol のろのろ歩く.

enrolado como um caracol ① 萎縮する. ② 混乱する.
Não vale um caracol. まったく価値がない.
☆**característica**¹ /karakte'ristʃika カラクテリスチカ/ 囡 特徴, 特色 ▶ A honestidade é a sua característica mais notável. 正直さは彼のもっとも際立つ特徴だ.
característico, ca² /karakte'ristʃiku, ka/ 形 特徴的な, 特有の ▶ voz característica 特徴のある声.
caracterização /karakteriza'sẽw/ [複 caracterizações] 囡 ❶ 性格づけ: 特徴 [特色] の描写. ❷ (役者や俳優の) メーキャップ.
☆**caracterizar** /karakteri'zax カラクテリザーフ/ 他 ❶ …の特徴を描く ▶ caracterizar um personagem 人物の特徴を描く. ❷ …の扮装をさせる [+ de].
— **caracterizar-se** 再 ❶ …のメーキャップをする [+ como].
❷ …の特徴がある, …で知られる [+ por].
❸ …に扮する [+ de].
cara de pau /karadʒi'paw/ [複 caras de pau] 囡 厚かましい人, ずうずうしい人 ▶ Que cara de pau! 何とずうずうしいやつだ.
— 形《男女同形》厚かましい, ずうずうしい.
caramanchão /karamẽ'ʃẽw/ [複 caramanchões] 男 木陰の休み場, あずまや.
caramba /ka'rẽba/ 間《感嘆・驚き・皮肉》うわ, あれれ ▶ Caramba! Que congestionamento! うわっ, ひどい渋滞だ.
pra caramba B 話 とても, 非常に ▶ Este hotel é bom pra caramba! このホテルはすごくいい / Choveu pra caramba. 猛烈な雨が降った / beber pra caramba 浴びるように飲む.
carambola /karẽ'bola/ 囡 ❶《植物》スターフルーツ. ❷《ビリヤード》赤い玉. ❸《ビリヤード》キャノン.
caramelizar /karameli'zax/ 他 (砂糖を) カラメルにする.
caramelo /kara'mɛlu/ 男 ❶ カラメル ▶ calda de caramelo カラメルソース. ❷ キャラメル, あめ ▶ caramelo de leite ミルクキャラメル.
— 形《不変》キャラメル色の.
cara-metade /karame'tadʒi/ [複 caras-metades] 囡 伴侶 ▶ minha cara-metade 私の妻.
caranguejo /karẽ'geʒu/ 男 ❶ カニ. ❷《Caranguejo》かに座.
andar como caranguejo 横歩きする.
carão /ka'rẽw/ [複 carões] 男 ❶ 大きな顔. ❷ B 叱ること, 叱責 ▶ dar [passar] um carão 叱る / levar um carão 叱られる.
carapaça /kara'pasa/ 囡 ❶ 甲羅. ❷ (精神的な) 殻.
carapinha /kara'piɲa/ 囡 縮れ毛.
caratê /kara'te/ 男《日本語》空手 ▶ fazer caratê 空手をする / aula de caratê 空手の稽古 / Sou faixa preta em caratê. 私は空手の黒帯だ.
☆**caráter** /ka'ratex カラーテフ/ [複 caracteres] 男 ❶ 性格, 人柄 ▶ ter bom caráter 性格がよい / ter mau caráter 性格が悪い.

caravana

❷ 特質, 特性, 個性 ▶ de pouco caráter 個性[特色]の乏しい / ter caráter 個性的である, 特色がある / não ter caráter 個性がない / um projeto de caráter social 社会的性格のある事業 / uma visita de caráter oficial 公式訪問.

❸ 人徳, 気骨 ▶ homem de caráter 人徳のある男性.

❹《caracteres》文字 ▶ caracteres chineses 漢字 / caracteres alfanuméricos 英数字.

a caráter ① 正装で. ② 仮装して ▶ baile a caráter 仮装ダンスパーティー.

de caráter 高潔な, 誠実な ▶ um homem de caráter 人徳のある男性.

vestir-se a caráter 正装する, 仮装する.

caravana /kara'vɐ̃na/ 囡 ❶ 隊商, キャラバン. ❷ トレーラーハウス.

caravela /kara'vela/ 囡 ❶ カラベラ船. ❷ クラゲ.

carboidrato /kaxboi'dratu/ 男《化学》炭水化物.

carbonato /kaxbo'natu/ 男《化学》炭酸塩 ▶ carbonato de cálcio 炭酸カルシウム.

carbónico, ca /kɐr'bɔniku, kɐ/ 形 P = carbônico.

carbônico, ca /kax'boniku, ka/ 形 B 炭酸の ▶ gás carbônico 炭酸ガス.

carbonizar /kaxboni'zax/ 他 ❶ 炭化させる. ❷ 黒こげにする, 焼き尽くす ▶ corpo carbonizado 黒こげになった死体.

— carbonizar-se 再 炭化する.

carbono /kax'bonu/ 男《化学》炭素 ▶ dióxido de carbono 二酸化炭素.

carburador /kaxbura'dox/ [複 carburadores] 男 (エンジンなどの) 気化室, キャブレター.

carburante /kaxbu'rētʃi/ 男 気化燃料 (ガソリン, 軽油など).

carcaça /kax'kasa/ 囡 ❶ (動物の) 骸骨. ❷ (船の) 骨組み. ❸ (軽蔑) 老体. ❹ P カルカッサ (こぶし大の丸いパン).

cárcere /'kaxseri/ 男 刑務所, 監獄, 牢獄 ▶ cárcere privado 不法監禁.

carcereiro, ra /kaxse'rejru, ra/ 名 看守, 刑務官.

carcinoma /kaxsi'nõma/ 男《医学》がん, がん腫.

cardápio /kax'dapiu/ 男 B 献立表, メニュー ▶ Posso ver o cardápio, por favor? メニューをお願いします.

cardar /kax'dax/ 他 (毛を) すく.

cardeal /kaxde'aw/ [複 cardeais] 形《男女同形》基本的な, 主要な ▶ pontos cardeais 基本方位, 東西南北.

— cardeal 男《カトリック》枢機卿.

cardíaco, ca /kax'dʒiaku, ka/ 形 心臓の, 心臓病の ▶ ataque cardíaco 心臓発作 / parada cardíaca 心停止 / doença cardíaca 心臓病 / Sou cardíaco. 私は心臓が悪い.

— 名 心臓病患者.

cardigã /kaxdʒi'gɐ̃/ 男 カーディガン.

cardinal /kaxdʒi'naw/ [複 cardinais] 形《男女同形》❶ 基本的な, 主要な. ❷ 基数の ▶ números cardinais 基数.

— cardinal 男 ❶ 基数. ❷ 基数詞.

cardiograma /kaxdʒio'grēma/ 男 心電図.

cardiologia /kaxdʒiolo'ʒia/ 囡《医学》循環器学.

cardiológico, ca /kaxdʒio'lɔʒiku, ka/ 形 心臓病学の ▶ hospital cardiológico 循環器病院.

cardiologista /kaxdʒiolo'ʒista/ 名 心臓病専門医, 心臓外科医.

cardiovascular /kaxdʒiovasku'lax/ [複 cardiovasculares] 形《男女同形》循環器系の, 心臓血管の.

cardo /'kaxdu/ 男《植物》ヤグルマギク.

cardume /kax'dũmi/ 男 ❶ 魚群 ▶ cardume de sardinhas イワシの群れ. ❷ 人だかり; 多数.

careca /ka'rɛka/ 名 はげの人.

— 囡 はげ.

— 形《男女同形》❶ はげの, 毛の抜けた ▶ ficar careca はげる / careca como um ovo つるつる頭の. ❷ (タイヤが) すり減った ▶ pneu careca すり減ったタイヤ. ❸ 植物のない, 土がむき出しの.

descobrir a careca a alguém …の弱点を暴く.

estar careca de saber B 言われなくても知っている.

carecer /kare'sex/ ⑮ 自 ❶ …を欠く, を持たない [+ de] ▶ Ele carece do talento necessário ao cargo 彼にはその役職に必要な才能がない.

❷ …を必要とする [+ de] ▶ As crianças carecem de atenção. 子供には思いやりが必要だ / Esta questão carece de melhor explicação. この問題にはもっとよい説明が必要だ.

— 他 …を必要とする ▶ Eles carecem pensar melhor sobre a questão. 彼らはその問題についてもっとよく考える必要がある.

carência /ka'rēsia/ 囡 ❶ 欠如, 不足 ▶ carência de informação 情報不足.

❷《医学》欠乏症 ▶ carência de vitaminas ビタミン欠乏症. ❸ 必要 ▶ ter carência de nutrientes 栄養が必要である.

❹ 猶予期間.

carenciado, da /karẽsi'adu, da/ 形 ❶ …が足りない; …を必要とする [+ de] ▶ A política está carenciada de líderes. 政界は指導者を必要としている.

❷ …が不足した [+ em] ▶ Esta biblioteca é carenciada em livros novos. この図書館には新しい本が不足している.

❸ 恵まれない ▶ Na infância, morei em um bairro carenciado. 私は幼いころ貧困地区に住んでいた.

carente /ka'rētʃi/ 形《男女同形》❶ 恵まれない ▶ crianças carentes 恵まれない子供たち. ❷ …に欠けている; …を必要とする [+ de] ▶ Estou carente de amor. 僕には愛が必要だ.

carestia /kares'tʃia/ 囡 ❶ 高値. ❷ 物価高 ▶ carestia da vida 生活費の高騰. ❸ 不足, 欠乏.

careta /ka'reta/ 囡 しかめっ面, 変な顔 ▶ fazer uma careta 変な顔をする.

— 形《男女同形》名 保守的な(人), 頭が固い(人); 薬物を使用していない(人).

Que careta! その格好は何だ.

*__carga__ /'kaxga カフガ/ 囡 ❶ 荷積み, 積載量, 荷重 ▶Finalizaram a carga do navio. 船の荷揚げを終えた / carga e descarga 荷の積み下ろし / carga máxima 最大積載量 / carga útil ペイロード, 最大積載量.
❷ 荷物, 積み荷 ▶Retiraram a carga do armazém. 倉庫から荷物を取り出した.
❸ 装填, 装填物; ボールペンの軸.
❹ 負担, 重荷 ▶carga horária 作業量, 仕事量.
❺【電気】carga elétrica 電荷.
❻【軍事】突撃 ▶carga cerrada 白兵戦.
arriar a carga 疲れる.
voltar à carga 再挑戦する.

__carga-d'água__ /,kaxga'dagwa/ [複 cargas-d'água] 囡 豪雨, 土砂降り.
Por que cargas-d'água...? 一体なぜ….

‡__cargo__ /'kaxgu カフゴ/ 男 職務, 地位 ▶cargo público 公職 / ocupar um cargo importante 要職につく / desempenhar um cargo 職務を果たす / o cargo de presidente da república 共和国大統領の職務 / Ela vai assumir o cargo de diretora-geral. 彼女は局長の地位につく / O ministro da educação deixou o cargo hoje. 教育大臣は本日職を離れた.
estar [ficar] a cargo de alguém …の責任である, …の担当である ▶A organização do evento está a cargo de você. イベントの取りまとめは君の責任だ.
prover um cargo 役職に任命する.

__cargueiro, ra__ /kax'gejru, ra/ 形 荷物を運ぶ.
— __cargueiro__ 男 貨物船.

__cariado, da__ /kari'adu, da/ 形 虫歯になった ▶dente cariado 虫歯.

__cariar__ /kari'ax/ 他 虫歯にする.
— 自 虫歯になる.

__Caribe__ /ka'ribi/ 男 カリブ ▶o Mar do Caribe カリブ海.

__caricato, ta__ /kari'katu, ta/ 形 こっけいな, おかしな.

__caricatura__ /karika'tura/ 囡 ❶ 風刺画, カリカチュア, 戯画 ▶fazer uma caricatura 戯画を描く. ❷ 下手なまね, 拙劣なもじり.

__caricatural__ /karikatu'raw/ [複 caricaturais] 形《男女同形》戯画化した, 風刺的な.

__caricaturista__ /karikatu'rista/ 名 風刺画家, 漫画家.
— 形《男女同形》風刺画家の, 風刺の.

__carícia__ /ka'risia/ 囡 愛撫, なでること ▶fazer carícias em alguém …を愛撫する, なでる.

*__caridade__ /kari'dadʒi カリダーヂ/ 囡 ❶ 思いやり, 慈悲, 情け ▶caridade para com o próximo 隣人に対する思いやり.
❷ 慈善, 施し ▶obra de caridade 慈善事業 / instituição de caridade 慈善団体 / fazer caridade 施しを行う / viver da caridade alheia 他人の施しで生きる.
❸【キリスト教】愛徳, カリタス.
fazer caridade com o chapéu alheio 他人のふんどしで相撲を取る.

__caridoso, sa__ /kari'dozu, 'dɔza/ 形 ❶ 思いやりのある, 親切な, 慈悲深い. ❷ 慈善の ▶ação caridosa 慈善活動.

__cárie__ /'kari/ 囡 虫歯, カリエス ▶Estou com uma cárie. 私は虫歯が1本ある / cárie dentária 虫歯.

__caril__ /ka'riw/ [複 caris] 男 カレー ▶caril de frango チキンカレー / caril de legumes 野菜カレー / arroz de caril ライスカレー.

__carimbar__ /karĩ'bax/ 他 …に印[スタンプ]を押す ▶carimbar o passaporte パスポートにスタンプを押す.

__carimbo__ /ka'rĩbu/ 男 ❶ スタンプ, 印章 ▶carimbo de borracha ゴムのスタンプ / carimbo numerador ナンバリングスタンプ / carimbo datador 日付スタンプ. ❷ 消印.

*__carinho__ /ka'riɲu カリーニョ/ 男 ❶ 優しさ, 愛情; 愛撫 ▶Faltava-lhe o carinho da família. 彼には家族の愛情が足りなかった.
❷ 配慮, 注意 ▶trabalho feito com carinho e dedicação 心を込めてした仕事.
com carinho ① 愛情を込めて. ② 注意深く. ③《手紙》愛を込めて.
ter carinho por... …が好きである.

__carinhosamente__ /kari,ɲoza'mẽtʃi/ 副 愛情を込めて.

__carinhoso, sa__ /kari'ɲozu, 'ɲɔza/ 形 ❶ 愛情深い, 愛情のこもった ▶uma mãe carinhosa 愛情深い母親 / uma carta carinhosa 愛情のこもった手紙. ❷ …に対して優しい[+ com/para] ▶A professora é carinhosa com os alunos. その女性教師は生徒たちに優しい.

__carioca__ /kari'ɔka/ 形《男女同形》名 リオデジャネイロ市の(人)▶Sou carioca. 私はリオデジャネイロ市民だ.

__carisma__ /ka'rizma/ 男 カリスマ ▶ter carisma カリスマがある.

__carismático, ca__ /kariz'matʃiku, ka/ 形 カリスマ的な, 教祖的な.

__caritativo, va__ /karita'tʃivu, va/ 形 慈悲深い, 慈愛に富んだ, 慈善の ▶associação caritativa 慈善団体.

__cariz__ /ka'ris/ 男 [複 carizes] ❶ 顔.
❷ 見かけ, 外観, 様子; 全体的な特徴 ▶A peça musical tem um cariz dramático. そのミュージカルは感動的な筋立てだ / Este é um livro com cariz cômico. この本の内容は面白い.
❸ 厖 空模様 ▶O cariz do céu era ameaçador. 空模様は今にも降りそうだった.
❹【植物】ヒメウイキョウ; キャラウェ.

__carmelita__ /kaxme'lita/ 形《男女同形》カルメル修道会の.
— 名 カルメル修道会員.

__carmesim__ /kaxme'sĩ/ [複 carmesins] 男 深紅色.

__carmim__ /kax'mĩ/ [複 carmins] 男 カーマイン, 洋紅色; 洋紅色の顔料.
— 形《不変》洋紅色の.

__carnal__ /kax'naw/ [複 carnais] 形《男女同形》❶ 肉の, 肉体の; 性愛の ▶desejo carnal 肉欲 / relações carnais 肉体関係 / conjunção carnal 性

交. ❷ 血のつながった ▶irmão carnal 実の兄弟.

carnaval /kaxna'vaw カフナヴァゥ/男 ❶ 謝肉祭，カーニバル ▶O Carnaval é um feriado móvel. カーニバルは移動式祭日だ / O que fazer no carnaval? カーニバルには何をすればよいか / Onde você vai passar o carnaval? カーニバルをどこで過ごしますか.
❷ 喜び，祝賀 ▶Ganhou o campeonato e foi um carnaval. 大会に勝って，大喜びだった.
fazer um carnaval ① 派手に祝賀する，お祭り騒ぎをする. ② 混乱を引き起こす.

carnavalesco, ca /kaxnava'lesku, ka/形 ❶ カーニバルの ▶ música carnavalesca カーニバル音楽.
❷ カーニバルに積極的に参加する
❸ カーニバル的な，グロテスクな.
― **carnavalesco** 男 ❶ カーニバル参加者. ❷ カーニバル行事の主催者.

carne /'kaxni カフニ/ 女 ❶ 食肉，肉 ▶carne de porco 豚肉 / carne de vaca 牛肉 / carne de peixe 魚肉 / carne assada ローストビーフ / carne moída ひき肉 / carne branca 白身肉 / carne vermelha 赤身肉 / carne de sol 天日干し肉 / carne verde 生肉 / carnes frias 冷肉，コールドカット.
❷ 肉，肉体 ▶A carne é fraca. 肉体は弱い / prazeres da carne 肉の喜び.
carne de minha carne ① 子や近い親戚. ② 妻.
em carne e osso 実物の，本人の，目の当たりに.
em carne viva 赤くすりむけた.
não ser carne nem peixe どっちつかずである，優柔不断である.
ser de carne e osso 生身の人間である.
ter carne debaixo do angu 話 猫をかぶっている，裏がある.

carnê /kax'ne/ 男 (分割して支払うための) 支払い伝票の綴り.

carneiro /kax'nejru/ 男 ❶ 羊，牡羊 ▶contar carneiros 羊の数を数える / carne de carneiro 羊肉.
❷ 従順な人. ❸ ((Carneiro)) おひつじ座.
ser carneiro de batalhão 従順である，人の言いなりになる，統率がとれている.

carne-seca /,kaxni'seka/ [複 carnes-secas] 女 ビーフジャーキー.

carniça /kax'nisa/ 女 ❶ 動物の腐肉. ❷ 馬跳び ▶pular carniça 馬跳びをする.

carnificina /kaxnifi'sina/ 女 虐殺.

carnívoro, ra /kax'nivoru, ra/形 ❶ 肉食の，食肉目の. ❷ 〖植物〗食虫の.
― **carnívoro** 男 ❶ 肉食動物. ❷ ((carnívoros)) 食肉類.

carnudo, da /kax'nudu, da/形 肉の多い，肉付きのよい ▶lábios carnudos 厚い唇 / fruto carnudo 果肉の多い果物.

caro, ra /'karu, ra カーロ，ラ/形 ❶ 高価な，値の張る，経費のかさむ (←→ barato) ▶produtos caros 高価な品々 / O restaurante é caro. そのレストランは高い / Tóquio é uma cidade cara. 東京は物価が高い / A vida é cara. 生活費がかさむ.
❷ 愛する，親しい，親愛なる ▶Caro amigo 親愛なる友へ / Caro Paulo, como vão as coisas? パウロ君，お元気ですか / Caro Senhor 拝啓.
― **caro** 副 ❶ 高値で，高く ▶vender caro 高く売る / comprar caro 高値で買う / sair caro 高くつく / Casar custa caro. 結婚するには金がかかる / pagar caro 大金を払う，大きな代償を払う. ❷ 大きな犠牲を払って ▶Essa vitória custou caro. この勝利は高くついた.

carochinha /karo'ʃiɲa/ 女 小さな甲虫 ▶histórias [contos] da carochinha 童話，おとぎ話.

caroço /ka'rosu/ 男 ❶ 果実の種，核 ▶caroço de laranja オレンジの種 / caroço de pêssego モモの核 / sem caroço 種なしの. ❷ 俗 お金. ❸ (小麦粉の) だま. ❹ こぶ，できもの.

carola /ka'rɔla/形 《男女同形》名 信心深い (人)，教会に熱心に通う (人).

carona /ka'rõna/ 女 ❶ 話 (鞍の) 敷き皮.
❷ 話 車に乗せること，車に乗せてもらうこと ▶Você quer uma carona? 乗りますか / dar carona a alguém …を車に乗せる.
❸ ヒッチハイク ▶viajar de carona ヒッチハイクで旅をする.
❹ ((ブラジル東北部)) 踏み倒すつもりの借金 [詐欺] ▶Mário levou uma carona. マリオはお金をだまし取られた.
― 男 〖テレビ〗(番組前後に他の商品に便乗して流す) 短いコマーシャル ▶anunciar um produto de carona 便乗して商品の宣伝をする.
― 名 話 無賃乗車する人；無料入場者，もぐり，借金を踏み倒す人.
ir de carona ① 車に乗せてもらって行く. ② ヒッチハイクで行く.
pedir uma carona a alguém ① …に車に乗せてくれるように頼む. ② …にヒッチハイクさせてくれるように頼む.
pegar carona com alguém ① …に車に乗せてもらう. ② …にヒッチハイクさせてもらう.
tomar carona 借金を踏み倒される.

carótida /ka'rɔtʃida/ 女 〖解剖〗頸動脈.

carpa /'kaxpa/ 女 〖魚〗コイ.

carpete /kax'petʃi/ 男 カーペット，じゅうたん.

carpintaria /kaxpĩta'ria/ 女 大工仕事，大工の作業場；木工作業，木工場.

carpinteiro /kaxpĩ'tejru/ 男 ❶ 大工. ❷ 指物師.

carpir /kax'pix/ 他 ❶ 嘆く ▶Carpia a morte do marido. 彼女は夫の死を嘆き悲しんでいた.
❷ (植物を) 引き抜く ▶carpir ervas daninhas 雑草を引き抜く.
❸ 話 …の除草をする ▶Paulo carpiu o mato do quintal. パウロは裏庭の除草をした.
― 自 悲しげな音を立てる ▶O vento carpia nas folhas das árvores. 風が木々の葉にあたって物悲しい音を立てていた.
― **carpir-se** 再 嘆く ▶carpir-se da morte do amigo 友人の死を嘆き悲しむ / carpir-se em prantos 涙に暮れる.

carrada /ka'xada/ 女 ❶ 車1台分の… ▶uma carrada de lenha トラック1台分の薪. ❷ 多量の…，

たくさんの….
às carradas 多量に.
ter carradas de razão まったく正しい.

carranca /ka'xẽka/ [女] ❶ しかめっ面, 不機嫌な顔. ❷ (船首の) 魔物の顔, 怪人の顔. ❸ 木彫りの民芸品.

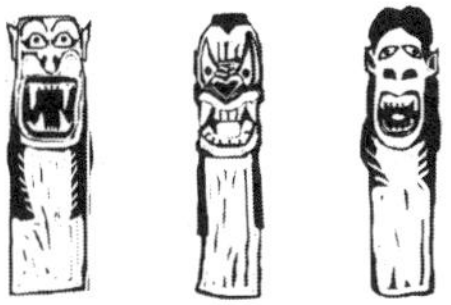

carranca

carrancudo, da /kaxẽ'kudu, da/ [形] 不機嫌な, しかめっ面をした.

carrapato /kaxa'patu/ [男] ダニ.

carrasco /ka'xasku/ [男] ❶ 死刑執行人. ❷ 血も涙もない人.

carrear /kaxe'ax/ ⑩ [他] ❶ …を車で運ぶ. ❷ もたらす, 引き起こす.

carreata /kaxe'ata/ [女] [B] 自動車を連ねたデモ [パレード].

carregador /kaxega'dox/ [[複] carregadores] [男] ❶ 充電器 ▶carregador de bateria 電池の充電器. ❷ (荷物の) ポーター, 運搬人.
carregador de piano 働き者, 頑張り屋, 努力家.

carregamento /kaxega'mẽtu/ [男] ❶ 荷物を積むこと, 積み荷. ❷〖情報〗ダウンロード.

★★**carregar** /kaxe'gax カヘガーフ/ ⑪ [他] ❶ **運ぶ, 運搬する** ▶Ele carregava uma mochila. 彼はリュックサックを担いでいた / Ele carrega uma mala na mão. 彼は手にかばんを持っている / carregar um bebê 赤ん坊を抱く / Este barco carrega mais de cem pessoas. この船は100人以上載せられる.
❷ **…に荷を積む** ▶carregar um navio 船に荷を積む / carregar o caminhão com caixas トラックに箱を積む.
❸ **充電する** ▶carregar a bateria 電池を充電する.
❹ (武器に) 装弾する ▶carregar canhões 大砲に砲弾を込める.
❺〖情報〗ロードする ▶carregar um programa プログラムをロードする.
— [自] ❶ …を誇張する, やりすぎる, 増大させる [＋em].
❷ (表情が) 曇る, 険しくなる.
— **carregar-se** [再] (表情が) 曇る, 険しくなる ; 曇天になる.

★★**carreira** /ka'xejra カヘィラ/ [女] ❶ **走ること**.
❷ **職業, 経歴**, キャリア ▶plano de carreira キャリアプラン / carreira de advogado 弁護士業 / diplomata de carreira 職業外交官 / carreira diplomática 外交官職 / dez anos de carreira 10年のキャリア.
❸ **列, 行列** ▶Eu vi uma longa carreira de formigas. 私はアリの長い列を見た / em carreira 列に並んで.
às carreiras 急いで ▶acabar o trabalho às carreiras 大急ぎで仕事を終える.
fazer carreira (職業で) 成功する, 出世する.

carreirista /kaxej'rista/ [形] [名] [B] 出世第一主義の (人).

carreiro /ka'xejru/ [男] ❶ 小道, 狭い道. ❷ アリの行列. ❸ 牛車引き.

carreta /ka'xeta/ [女] ❶ [B] セミトレーラー. ❷ 二輪の荷車.

carretel /kaxe'tɛw/ [[複] carretéis] [男] 糸巻き, リール.

carreto /ka'xetu/ [男] 運送, 運送料.

carril /ka'xiw/ [[複] carris] [男] ❶ レール. ❷ (車の) わだち.

carrilhão /kaxi'ʎẽw̃/ [男]〖音楽〗カリヨン, チャイム.

carrinho /ka'xĩɲu/ [男] ❶ ベビーカー (＝ carrinho de bebê). ❷ (買い物用などの) カート ▶carrinho de supermercado スーパーのショッピングカート.
carrinho de criança 子供が載るおもちゃの車.
carrinho de mão 手押し車.

★★★**carro** /'kaxu カーホ/ [男] ❶ **車** ▶carro de mão 手押し車 / carro alegórico (カーニバルの) 山車(だし).
❷ **自動車** ▶ir de carro 車で行く / carro de passeio 乗用車 / carro de corrida レーシングカー / carro esporte スポーツカー / carro de bombeiros 消防車 / carro funerário 霊柩車 / carro de praça タクシー / carro de combate 戦車.
❸ (列車の) 車両.
❹ (無車輪の) ボックス ▶carro do elevador エレベーターケージ.
pôr o carro na frente dos bois 本末転倒する.

carro alegórico

carro-bomba /ˌkaxu'bõba/ [[複] carros-bomba] [男] 自動車爆弾.

carroça /ka'xɔsa/ [女] 馬車, 荷車.
ser uma carroça ① 足が遅い. ② オンボロ車である.

carroceria /kaxose'ria/ [女] ❶ 自動車の車体. ❷ (トラックの) 荷台.

carro-chefe /ˌkaxu'ʃɛfi/ [[複] carros-chefe(s)] [男] ❶ (パレードの) 中心的な山車(だし). ❷ 主要な作品, 十八番.

carro-forte /ˌkaxu'fɔxtʃi/ [[複] carros-fortes] [男] 現金輸送車.

carro-patrulha /ˌkaxupa'truʎa/ [[複] carros-patrulha] [男] パトカー.

carrossel /kaxo'sɛw/ [[複] carosséis] [男] 回転木馬, メリーゴーランド.

carruagem /kaxu'aʒēj/ [圈 carruagens] 囡 四輪馬車.

carta /'kaxta カフタ/ 囡 ❶ 手紙 ▶ escrever uma carta 手紙を書く / mandar [enviar] uma carta 手紙を送る / receber uma carta 手紙を受け取る / Uma carta chegou. 1通の手紙が届いた / pôr uma carta no correio 手紙をポストに入れる / carta de amor ラブレター / carta de apresentação 紹介状 / carta de recomendação 推薦状 / carta de ameaça 脅迫状 / carta registrada 書留郵便 / carta aberta 公開質問状.
❷ トランプのカード ▶ jogar cartas トランプをする / dar as cartas カードを配る / cartas de tarô タロットカード / comprar cartas カードを引く / cortar as cartas カードを分ける / deitar as cartas (占うために) カードを並べる.
❸ 免状, 免許証 ▶ carta de motorista B = carta de condução P 運転免許証.
❹ 証書 ▶ carta de crédito〖商業〗信用状 / carta de fiança 信用保証状 / carta patente 特許状 / carta de intenção 覚書.
❺ 地図 ▶ carta geográfica 地図 / carta celeste 星図.
❻ 憲章 ▶ carta constitucional 憲法 / Cartas das Nações Unidas 国連憲章.
carta branca ① 白紙委任状. ② 絵札でないカード.
carta fora do baralho 落後者, 権威や名声を失った人.
cartas marcadas 出来レース, 談合や八百長などにより勝負や競争を始める前から結果が分かっている状態.
dar as cartas ① トランプカードを配る. ② 支配する.
jogar com uma carta a menos 用心する.
jogar uma carta カードを配る.
mostrar as cartas 手の内を見せる.
pôr as cartas na mesa 手の内を見せる.
ter as cartas na mão 切り札を持つ, 状況を操る.
ter uma carta na manga 切り札 [奥の手] を隠し持つ.

carta-bomba /ˌkaxta'bõba/ [圈 cartas-bomba(s)] 囡 郵便爆弾.

cartada /kax'tada/ 囡 ❶〖トランプ〗札を出すこと.
❷ 思い切った行動.
dar a última cartada 最後の切り札を出す.

cartão /kax'tēw カフタォン/ [圈 cartões] 男 ❶ カード ▶ cartão de crédito クレジットカード / Vocês aceitam cartão de crédito? クレジットカードは使えますか / Posso pagar com cartão de crédito? クレジットカードで支払ってもいいですか / cartão de débito デビットカード / cartão vermelho レッドカード / cartão amarelo イエローカード / cartão de embarque 搭乗券 / cartão de Natal クリスマスカード / cartão de aniversário バースデーカード / cartão de memória メモリーカード / cartão de ponto タイムカード.
❷ 名刺 (= cartão de visita).
❸ ボール紙 ▶ cartão ondulado 段ボール.

cartão-postal /kax,tēwpos'taw/ [圈 cartões-postais] 男 B 絵はがき.

cartaz /kax'tas/ [圈 cartazes] 男 ❶ ポスター, 張り紙 ▶ afixar cartazes ポスターを張る.
❷ 上映されること ▶ estar em cartaz 上映されている / entrar em cartaz 上映中 / ficar em cartaz 上映される.
❸ B 人気 ▶ Ele tem cartaz com as mulheres. 彼は女性に人気がある.
cabeça de cartaz 看板俳優 [選手], 広告塔.
fazer cartaz 成功する ▶ O atleta fez cartaz nesta temporada. その選手は今シーズン活躍した.
fazer o cartaz de... …を称賛する.

carteira /kax'tejra カフテイラ/ 囡 ❶ 財布, 札入れ ▶ Roubaram-me a carteira! 私は財布を盗まれた / bater a carteira 財布をする / batedor de carteiras すり.
❷ P 女性用ハンドバッグ.
❸ ケース; 包み.
❹ 証明書 ▶ carteira de identidade B 身分証明書 / carteira de motorista = carteira de habilitação B 運転免許証 / carteira de trabalho e previdência social 労働社会保障手帳.
❺ (学校の) 机.
❻〖経済〗ポートフォリオ, 個人や会社の保有する各種有価証券 (一覧).
carteira de câmbio 外貨両替窓口.

carteiro /kax'tejru/ 男 郵便配達人.

cartel /kax'tew/ [圈 cartéis] 男 ❶〖経済〗カルテル. ❷ cartel de drogas 麻薬密売組織.

cartilagem /kaxtʃi'laʒēj/ [圈 cartilagens] 囡〖解剖〗軟骨.

cartilha /kax'tʃiʎa/ 囡 ❶ 初級読本. ❷ 入門書, 手引き.
Isso [isto] não está na cartilha. それは邪道だ.
ler [rezar] pela mesma cartilha 同じ主義 [信念] を共有する.

cartografia /kaxtogra'fia/ 地図製作 (法).

cartográfico, ca /kaxto'grafiku, ka/ 形 地図製作の.

cartógrafo /kax'tografu/ 男 地図制作者.

cartola /kax'tɔla/ 囡 シルクハット.
— 男 B〖スポーツ〗(軽蔑) クラブのお偉方.
tirar da cartola 奥の手を出す.

cartolina /kaxto'lina/ 囡 薄いボール紙.

cartomancia /kaxtomē'sia/ 囡 トランプ占い.

cartomante /kaxto'mētʃi/ 名 トランプ占い師.

cartonagem /kaxto'naʒēj/ [圈 cartonagens] 囡 ボール紙製品, ハードカバーの本.

cartório /kax'toriu/ 男 登記所, 公証人役場.
casar no cartório 登記所に婚姻届けを出す.

cartucheira /kaxtu'ʃejra/ 囡 弾薬帯.

cartucho /kax'tuʃu/ 男 ❶ カートリッジ ▶ cartucho de tinta インキカートリッジ. ❷ 弾薬筒.
queimar os últimos cartuchos 最後の手段を行使する.

cartum /kax'tũ/ [圈 cartuns] 男 B ❶ マンガ. ❷ アニメ.

cartunista /kaxtu'nista/ 名 マンガ家.

carvalho /kaxˈvaʎu/ 男【植物】オーク(材).

carvão /kaxˈvẽw/ [複 carvões] 男 ❶ 石炭, 炭 ▶ mina de carvão 炭 鉱 / carvão mineral 石 炭 / carvão ativado 活性炭 / carvão vegetal 木炭. ❷ デッサン用木炭 ▶ desenho a carvão 木炭デッサン.

carvoeiro /kaxvoˈejru/ 男 炭売り, 炭焼き.

★★★casa /ˈkaza カーザ/ 女 ❶ 家, 住宅 ▶ Onde fica a sua casa? あなたの家はどこですか / Minha casa fica perto da estação. 私の家は駅から近い / Ela mora em uma casa bela. 彼女は美しい家に住んでいる / construir uma casa 家を建てる / sair de casa 家を出る, 親元を離れる / voltar para casa 家に帰る / ir para casa 家に帰る / ir para a casa de alguém …の 家 に 行 く / na volta para casa 帰宅途中で / Minha mãe está em casa agora. 母は家にいる / Ontem eu fiquei em casa o dia todo. 昨日私は一日中家にいた / Minha mãe está fora de casa. 母は外出中だ / trabalhar em casa 在宅勤務する / feito em casa 自家製の / Visitei um colega em sua casa. 私は友達の家を訪ねた / passar pela casa de alguém …の家に立ち寄る / Ela vive na casa de seu tio. 彼女はおじの家に同居している / Vou levá-lo de carro até sua casa. 家まで車で送ります / mudar de casa 引っ越しする / A polícia fez uma busca pela casa toda. 警察が家中を調べた / casa geminada ツインハウス / casa de campo 田舎の家 / dona de casa 主婦 / o governo da casa 家計の管理 / time da casa ホームチーム / casa e comida 宿泊と食事.
❷ 家 庭 ▶ A casa é fundamental na educação dos jovens. 家庭は青少年教育の基本である / sentir falta de casa 家が恋しい.
❸ 会社, 店, 施設, 組織 ▶ casa de saúde 病院, 療養 所 / casa editora 出 版 社 / casa bancária 銀行, 金融機関 / casa comercial 商店 / casa lotérica 宝くじ販売店 / casa de pasto 大衆食堂, 定食屋 / casa de câmbio 外貨両替ショップ / casa de chá 喫茶店 / casa noturna ナイトクラブ / casa de repouso 老 人 ホーム / casa de penhor 質屋 / a Casa Branca ホワイトハウス / Casa da Moeda 造幣局 / ter dez anos de casa 勤続10年である.
❹ 家柄, 家系 ▶ casa real 王家 / Casa de Bragança ブラガンサ王家.
❺ ボタン穴 (= casa de botão).
❻ (年齢の) …代 ▶ um homem na casa dos vinte (anos de idade) 20 代 の 男 性 / Ele está na casa dos quarenta (anos de idade). 彼は40代だ / Ele já passou da casa dos quarenta. 彼はもう40代を越えた.
❼【数 学】位, 桁 ▶ casa das centenas 百 の 位 / casa das dezenas 十の位 / casa decimal 小数部.
❽ (ゲームなどの) 升目, コマ ▶ as casas do xadrez チェスの升目 / Volte três casas. 3ます戻る / casa de partida 振り出し.
casa de mãe Joana ① 人の出入りの多い家や場所. ② 無秩序, 混乱.
casa dos enta 🅱 40歳代 ▶ entrar na casa dos enta 40代になる.
casa paterna ① 実家. ② 国家.
fazer casa 財産を作る, 蓄財する.
ficar em casa 勝ちも負けもしない.
meter-se em casa ① 隠居する. ② 引きこもって暮らす.
mexer em casa de marimbondo 禁忌に触れる.
Ó (Ô) de casa 🅱 (知らない人の家を訪れて) ごめんください.
ser de casa 親しい, 気の置けない仲だ ▶ Eles são de casa. 彼らは気の置けない仲だ.

casaca /kaˈzaka/ 女 燕尾服 ▶ Meu pai foi de casaca à festa. 父は燕尾服でパーティーに行った.
largar a casaca 亡くなる.
virar a casaca (政党, チーム, 意見などを) 変える ▶ O presidente da companhia virou a casaca. 社長は意見を翻した.
— 男 🅶 金持ち ▶ O casaca comprou um carro de último modelo. その成金は最新型の車を買った.

casacão /kazaˈkẽw/ [複 casacões] 男 コート, オーバー.

★casaco /kaˈzaku カザーコ/ 男 ❶ 上着, コート ▶ usar um casaco コートを着る. ❷ カーディガン.

★casado, da /kaˈzadu, da カザード, ダ/ 形 ❶ 既婚の, 結婚した (↔ solteiro) ▶ Ela é casada. 彼女は既婚者だ / Ele tem dois filhos casados e um filho solteiro. 彼には二人の結婚している息子と独身の息子が一人いる / Ele é casado com uma brasileira. 彼はブラジル人女性と結婚している.
❷ しっかり結びついた, 調和した.
— **casados** 男複 夫婦 ▶ ter vida de casados 夫婦同然に暮らす.

casadouro, ra /kazaˈdoru, ra/ 形 結婚適齢期の, 年頃の.

casa-forte /kazaˈfɔxtʃi/ [複 casas-fortes] 女 (銀行の) 貴重品保管室.

casa-grande /kazaˈgrẽdʒi/ [複 casas-grandes] 女 (大農場主の) 豪邸, 大邸宅.

★casal /kaˈzaw カザウ/ [複 casais] 男 ❶ つがい ▶ um casal de pardais 雀のつがい.
❷ 夫婦, カップル ▶ Eu convidei vários casais para a festa. 私は何組かの夫婦をパーティーに招待した / Eles fazem um lindo casal. 二人は似合いのカップルだ / cama de casal ダブルベッド / quarto de casal ダブルルーム.
❸ ペア ▶ Ele tem um casal de filhos. 彼には息子一人と娘一人がいる.
❹ (主に 🅿) 小集落 ▶ Esse rumor espalhou-se aos casais vizinhos. その噂は周辺の小集落に広がった.

casamenteiro, ra /kazamẽˈtejru, ra/ 形 縁結びの ▶ o santo casamenteiro 縁結びの聖人.

★★casamento /kazaˈmẽtu カザメント/ 男 ❶ 結婚, 婚姻; 結婚生活 ▶ pedir alguém em casamento …に結婚を申し込む / pedido de casamento 結婚の申し込み / vinte anos de casamento 20年間の結婚生活 / um casamento feliz 幸せな結婚生活 / casamento branco 性的関係のない結婚 / casamento aberto 互いを束縛しない結婚.

casar

❷ 結婚式 ▶ir a um casamento 結婚式に行く / casamento religioso 宗教婚 / casamento civil 民事婚.

❸ 結合, 結び付き.

***casar** /ka'zax カザーフ/ 自 ❶ 結婚する, 結婚式を挙げる ▶casar na igreja 教会で結婚する / casar no civil 登記所に婚姻届を出す.

❷ …と結婚する [+ com] ▶Eu casei com uma italiana. 私はイタリア人女性と結婚した.

❸ …と調和する [+ com] ▶O azul não casa com o tom da saia. 青はそのスカートの色調に合わない / Os temperamentos deles não casam entre si. 彼らの気質は互いに合わない.

— 他 ❶ …を…と結婚させる [+ com] ▶O pai quer casar a filha com um homem rico. 父親は娘を金持ちと結婚させたがっている

❷ …を…と調和させる [+ com] ▶casar as ideias 意見を融合させる.

— **casar-se** 再 ❶ 結婚する ▶Eles se casaram no ano passado. 彼らは去年結婚した / casar-se na igreja 教会で結婚する / casar-se no civil 登記所に婚姻届を出す.

❷ …と結婚する [+ com] ▶Eu me casei com um alemão. 私はドイツ人男性と結婚した.

❸ 調和する, 結びつく.

casar de véu e grinalda ウェディングドレスで結婚式をあげる.

casarão /kaza'rẽw/ [複 casarões] 男 豪邸.

casario /kaza'riu/ 男 家並み.

casca /'kaska/ 女 ❶ 外皮 ▶casca de laranja オレンジの皮 / casca de pão パンの皮.

❷ 殻 ▶casca do ovo 卵の殻.

❸ 外観 ▶Ela tem uma casca de timidez. 彼女はちょっと恥ずかしがり屋だ.

casca de ferida かさぶた, うるさい人.

com casca e tudo ① 全て. ② 荒っぽく.

sair da casca do ovo 大人になる.

casca-grossa /,kaska'grɔsa/ [複 cascas-grossas] [男女同形] 名 形 粗野な (人) ▶Aquele homem casca-grossa brigou com os policiais. あの悪党は警官たちとやり合った.

cascalho /kas'kaʎu/ 男 ❶ 砕石 ▶O caminho de cascalho leva à praia. 砂利道は海岸へと続いている. ❷ 鉄くず.

cascata /kas'kata/ 女 ❶ 滝. ❷ B うそ ▶Isso é cascata. それはうそだ.

cascavel /kaska'vew/ [複 cascavéis] 女 ❶ ガラガラ蛇. ❷ 言い方に棘のある女性.

casco /'kasku/ 男 ❶ 蹄. ❷ 船体. ❸ 空き瓶.

dar nos cascos 逃げる, ずらかる.

cascudo /kas'kudu/ 男 頭をたたくこと ▶dar um cascudo em alguém …の頭を叩く / levar um cascudo de alguém …に頭を叩かれる.

casebre /ka'zɛbri/ 男 粗末な家, みすぼらしい家.

caseína /kaze'ina/ 女 カゼイン.

caseiro, ra /ka'zejru, ra/ 形 ❶ 家の, 家庭的な ▶Amélia é uma mulher muito caseira. アメリアはとても家庭的な女性だ.

❷ 自家製の ▶bolo caseiro 手作りのケーキ.

❸ 飾り気のない ▶O restaurante tem um ambiente caseiro. そのレストランは気が置けない雰囲気だ.

— 名 借地人; (住み込みの) 別荘管理人 ▶O caseiro plantou verduras no sítio. 別荘管理人は (住み込みの) 農場に野菜を植えた.

caserna /ka'zexna/ 女 兵舎, 兵営.

casimira /kazi'mira/ 女 カシミア.

casmurro, ra /kaz'muxu, xa/ 形 頑固な, 強情な.

— 名 頑固な人, 強情な人.

***caso** /'kazu カーゾ/ 男 ❶ 場合, 事例, ケース ▶Nesse caso, faremos assim. その場合はこうしよう / no meu caso 私の場合は / em qualquer caso どんな場合でも / no pior dos casos 最悪の場合には / caso imprevisto 予期せざる出来事 / estudo de caso ケーススタディ, 事例研究 / Não sei nada sobre esse caso. その件に関しては私は何も知りません / Não toquei nesse caso. 私はこの件にはタッチしていない / Depende do caso. 場合による / caso a caso ケースバイケースで.

❷ (犯罪などの) 事件, 出来事 ▶caso de homicídio 殺人事件 / caso civil 民事事件 / caso criminal 刑事事件 / Esse caso está em julgamento. その事件は現在裁判中だ.

❸ 『医学』 症例, 患者 ▶caso clínico 臨床例 / casos de dengue デング熱の症例.

❹ 理由, 機会, 事由 ▶Isso é caso para se arrepender. それは後悔の理由になる / caso de força maior 不可抗力の事由.

❺ 物語, 語り, ジョーク ▶Ele me contou muitos casos. 彼はたくさんの話を聞かせてくれた.

❻ 情事, 浮気 ▶Ele manteve um caso com a secretária pessoal durante cinco anos. 彼は個人秘書と5年間にわたり情事を続けた.

❼ 問題 ▶criar caso 問題を起こす.

❽ 『文法』格 ▶caso nominativo 主格.

— 接 《caso +接続法》…の場合には, もし…ならば ▶Caso não venha, avise-me, por favor. 来られない場合は知らせてください.

caso contrário そうでなければ ▶Estuda, caso contrário, vai ser reprovado no exame. 勉強しなさい. そうでないなら, 君は試験で不合格になるよ.

caso de consciência 良心の問題.

caso de vida e morte 生死に関わる問題.

caso perdido お手上げの状況.

caso sério 深刻な問題, 厄介な問題.

Dá-se o caso de... …が起こる.

de caso pensado 計画的な, 意図的に.

em caso contrário 反対の場合は.

em caso de... …の場合は ▶em caso de emergência 緊急の場合は / em caso de acidentes 事故の場合は.

em todo (o) caso いずれにせよ, とにかく, 念のため ▶Em todo caso, vamos tentar fazer. ともかくやってみましょう / Não parece mentira, mas em todo o caso, vamos confirmar. うそとは思えないが, いずれにしても確かめよう.

estar no caso de... …と同様の状況にある.

fazer caso de... …を重視する, 考慮する ▶Não faça caso deste assunto. この件を重く見るな.

fazer pouco caso de... …を軽視する.

Não é o caso de... …の場合ではない.
não fazer caso de... …を重視しない, 気に留めない.
no caso de... …の場合は ▶No caso de incêndio, não utilize as escadas. 火事の際は階段を使用しないでください.
no caso de +[不定詞] …する場合は.
no caso em que +[接続法] …の場合は.
no melhor dos casos よくても, せいぜい.
quando for o caso そうなった場合は, その場合には.
ser um caso à parte …は別である.
vir ao caso 妥当 [適切] である.

casório /ka'sɔriu/ [男] [話] 結婚.

caspa /'kaspa/ [女] (頭の) ふけ ▶estar com caspa ふけが出る.

casquinha /kas'kĩɲa/ [女] ❶ (アイスクリームの) コーン ▶uma casquinha de sorvete アイスクリームコーン. ❷ 薄皮, 薄膜
tirar casquinha ① 利用する, つけ込む. ② 分け前にあずかる.

cassação /kasa'sɐ̃w̃/ [複 cassações] [女] 〖法 律〗(特権の) 剝奪, 破棄, 取り消し ▶cassação de direitos políticos 参政権の剝奪 / O povo pediu a cassação do governador. 民衆は知事の罷免を求めた.

cassar /ka'sax/ [他] ❶ (免許を) 無効にする, 取り消す ▶cassar a licença 許可を取り消す.
❷ …の政治的権利を奪う, 罷免する ▶O congresso cassou o deputado. 議会はその代議員を罷免した.
❸ (文書などを) 押収する, …の発行を差し止める ▶As autoridades cassaram o jornal. 当局者らは新聞の発行を差し止めた.
cassar a palavra 言論を封じる.

cassetete /kase'tɛtʃi/ [男] 警棒.

cassino /ka'sĩnu/ [男] カジノ.

casta /'kasta/ [女] ❶ カースト制, 身分制度 ▶casta dos operários 工員の階級体系 / casta dos soldados 兵士の階級制度 / Antigamente, as pessoas se casavam somente com pessoas da mesma casta. かつては同じ身分同士で結婚したものだった.
❷ (動植物の) 種族 ▶Este vinho é feito de uvas da casta Moscatel. このワインはマスカット種のブドウが原料だ.
❸ 血筋 ▶Ele pertence a uma casta de nobres. 彼は名門に生まれた.

castanha[1] /kas'tɐ̃ɲa/ [女] クリの実 ; カシューの実 (= castanha de caju) ▶castanha assada 焼きグリ / As castanhas portuguesas são deliciosas. ポルトガルのクリはおいしい.

castanha-do-pará /kasˌtaɲadupa'ra/ [複 castanhas-do-pará] [女] 〖植物〗ブラジルナッツ.

castanheiro /kasta'ɲejru/ [男] 〖植物〗クリ.

castanho, nha[2] /kas'tɐ̃ɲu, ɲa/ [形] 栗色の, 茶色の ▶cabelos castanhos 栗色の髪 / olhos castanhos 茶色の目.
— **castanho** [男] 栗色.

castanholas /kasta'ɲɔlas/ [女複] カスタネット ▶tocar castanholas カスタネットを鳴らす.

castão /kas'tɐ̃w̃/ [複 castões] [男] (ステッキの) 握り, 柄.

⁑**castelo** /kas'tɛlu カステーロ/ [男] **城, 砦, 宮殿** ▶o Castelo de São Jorge (リスボンの) サンジョルジュ城 / o Castelo de Versailles ベルサイユ宮殿 / castelo de areia 砂の城.
castelo de cartas トランプの城 ; もろいもの, 空中楼閣.
fazer castelos no ar 空中楼閣を築く ; 空想にふける.

castiçal /kastʃi'saw/ [複 castiçais] [男] ろうそく立て, 燭台.

castiço, ça /kas'tʃisu, sa/ [形] ❶ 純血種の. ❷ 純粋な, 純正語法の, 外国語を含んでいない ▶um português castiço 純粋なポルトガル語.

castidade /kastʃi'dadʒi/ [女] 純潔, 貞操 ▶cinto de castidade 貞操帯.

castigar /kastʃi'gax/ ⑪ [他] ❶ 罰する ▶O pai castigou o filho por ter mentido. うそをついたので父は息子を叱った.
❷ 酷使する, ぼろぼろにする ▶Castigou os sapatos de tanto andar. あんまり歩いたので靴をだめにした.
❸ (文章を) 推敲する ▶Paulo castigou os últimos textos. パウロは最近書いた文章を推敲した.
❹ [B] [話] 上手に弾く ▶Ele castiga um piano fantasticamente. 彼はピアノをすばらしく上手に弾く.
— [自] 秀でる ▶Ele é bom no futebol, mas também castiga no tênis. 彼はサッカーもうまいが, テニスにも秀でている.
— **castigar-se** [再] 自分を罰する.

*__castigo__ /kas'tʃigu カスチーゴ/ [男] ❶ **罰, 処罰** ▶*Crime e Castigo*『罪と罰』/ castigo corporal 体罰 / ficar de castigo (子供が罰として) 外出を禁じられる ; 放課後に学校に残される. ❷ 苦痛, 嫌なこと.

casto, ta /'kastu, ta/ [形] ❶ 禁欲する.
❷ 純真な ▶amores castos 純愛 / moça casta 無垢な娘.
❸ 貞節な, 慎み深い ▶Aquela menina veste roupas castas. あの少女の服装は慎み深い.
❹ 純潔な ▶lábios castos 初々しい唇 / mãos castas けがれのない手.

castor /kas'tox/ [複 castores] [男] 〖動物〗ビーバー.

castração /kastra'sɐ̃w̃/ [複 castrações] [女] 去勢.

castrar /kas'trax/ [他] 去勢する.

castrense /kas'trẽsi/ [形] 《男女同形》軍の, 軍隊の, 駐屯地の ▶vida castrense 軍隊生活.

casual /kazu'aw/ [複 casuais] [形] 《男女同形》❶ 偶然の ▶O encontro de João e Maria foi casual. ジョアンとマリアの出会いは偶然だった.
❷ 常連でない ▶Eles são clientes casuais da loja. 彼らは店の常連客ではない.
❸ (服が) カジュアルな ▶roupa casual カジュアルな服.
— [男] カジュアルな服 ▶casual chique カジュアルシック.

casualidade /kazuali'dadʒi/ [女] 偶然 ▶por casualidade 偶然に, たまたま.

casualmente /kazuˌaw'mẽtʃi/ [副] 偶然に, たまたま.

C

casuística[1] /kazu'istʃika/ [女]〘神学〙決疑論.
casuístico, ca[2] /kazu'istʃiku, ka/ [形] ❶ 決疑論の. ❷ 細部にこだわる.
casulo /ka'zulu/ [男] ❶〘昆虫〙まゆ ▶ casulo do bicho-da-seda 蚕のまゆ. ❷《比喩的》閉じこもる場所.
cata /'kata/ [女] ❶ 捜索, 探索 ▶ Ele foi à cata de informações sobre o caso. 彼はその件に関する情報を求めた.
❷ 採掘 ▶ Os homens estão à cata de ouro. 男たちは金を採掘している.
❸ [B] (悪いコーヒー豆の) 除去, 選別.
cataclismo /kata'klizmu/ [男] ❶ (大洪水, 地震などの) 大異変, 大災害. ❷ (社会, 個人の境遇の) 激変, 破局 ; (国家の) 動乱.
catacumbas /kata'kũbas/ [女複] (初期キリスト教徒の) 地下墳墓, カタコンベ.
catadupa /kata'dupa/ [女] ❶ 滝. ❷ 大量の流れ ▶ uma catadupa de lágrimas 滝のような涙.
em catadupa 大量に.
catalisador, dora /kataliza'dox, 'dora/ [[複] catalisadores, doras] [形] 触媒の, 触発する.
— **catalisador** [男] ❶ 触媒. ❷ (自動車の) 触媒装置.
catálise /ka'talizi/ [女] 触媒作用.
catalogação /kataloga'sɐ̃w̃/ [[複] catalogações] [女] 目録作成, 分類.
catalogar /katalo'gax/ ⑪ [他] ❶ …の目録を作る, 分類する, 類別する ▶ catalogar os livros 本の目録を作る / catalogar os documentos 書類を整理する.
❷ [話]《catalogar alguém de ＋補語》…を…とみなす ▶ Ela catalogou o amigo de mentiroso. 彼女はその友人をうそつきだとみなした.
catálogo /ka'talogu/ [男] カタログ, 目録 ▶ catálogo de livros 蔵書目録 / preço de catálogo 定価 / catálogo de compras 通販カタログ / catálogo telefônico 電話帳.
catana /ka'tɐ̃na/ [女]《日本語》刀.
catapora /kata'pɔra/ [女] [B]〘医学〙水ぼうそう ▶ Meu filho de nove anos está com catapora. 私の 9 歳になる息子は水ぼうそうにかかっている.
catapulta /kata'puwta/ [女]〘航空〙カタパルト.
catar /ka'tax/ [他] ❶ 探す, 探し求める.
❷ 採集する ▶ Catava plantas raras nas montanhas. 山を訪れて希少植物を採集した.
❸ …のシラミを取る ▶ O macaco catava piolhos dos filhotes. サルは子ザルのシラミを取ってやっていた.
❹ 選別する, より分ける ▶ A dona de casa catava o feijão. 主婦は豆をより分けていた.
❺ (感情や姿勢を) …に対して抱く [＋ a] ▶ O empregado catava fidelidade ao patrão. 使用人は主人に忠誠心を持っていた.
❻ …に何とか乗る ▶ Catou o último ônibus para São Paulo. サンパウロ行きの最終バスに何とか乗った.
❼ 殴る ▶ Os meninos cataram o bandido. 少年たちは悪漢を殴った.
ir catar lata (人を) 放っておく.
Vá catar coquinhos! 私を放っておいてくれ.
catarata /kata'rata/ [女] ❶ 滝. ❷〘医学〙白内障.
catarinense /katari'nẽsi/ [形]《男女同形》サンタカタリーナ州の (人).
catarro /ka'taxu/ [男] ❶〘医学〙カタル ▶ catarro nasal 鼻カタル. ❷ 鼻水.
catarse /ka'taxsi/ [女] ❶ 浄化作用, カタルシス. ❷ 排泄.
catártico, ca /ka'taxtʃiku, ka/ [形] カタルシス [浄化] の, カタルシスを起こさせる.
— **catártico** [男] 下剤.
catástrofe /ka'tastrofi/ [女] 破局 ; 大惨事 ; 大災害 ▶ catástrofe natural 自然災害 / catástrofe ecológica 環境災害.
catastrófico, ca /katas'trɔfiku, ka/ [形] ❶ 天変地異の, 大災害の, 破局の ▶ evento catastrófico 破局的な出来事. ❷ ひどい, 悲惨な, 最悪の ▶ cenário catastrófico 最悪のシナリオ / resultado catastrófico 惨憺たる結果.
catatau /kata'taw/ [男] ❶ 分厚い本 ▶ um catatau de mais de 800 páginas 800ページを越える分厚い本. ❷ 背の低い人.
cata-vento /ˌkata'vẽtu/ [[複] cata-ventos] [男] ❶ 風見, 風見鶏. ❷ 風車.
catecismo /kate'sizmu/ [男]〘カトリック〙公教要理, カテキズム ;〘プロテスタント〙教理問答.
cátedra /'katedra/ [女] ❶ 教授の職 [地位]. ❷ 講座 ▶ a cátedra de língua portuguesa ポルトガル語講座. ❸ (高位聖職者の) 座 ▶ Cátedra de São Pedro 教皇座.
falar de cátedra 権威を持って話す.
catedral /kate'draw/ [[複] catedrais] [女] カテドラル, 大聖堂 ▶ uma catedral de estilo gótico ゴチック様式の大聖堂.
catedrático, ca /kate'dratʃiku, ka/ [形] (教授が) 専任の, 主任の ▶ professor catedrático 主任教授, 正教授.
— [名] 大学の正教授.
⁑**categoria** /katego'ria カテゴリア/ [女] ❶ **等級, ランク** ▶ hotel de primeira categoria 一流ホテル / hotel de segunda categoria 二流ホテル / de terceira categoria 三流の / de (alta) categoria 高級な.
❷ **部門, 区分, 身分**, 階層 ▶ da mesma categoria 同じ部類の / categoria social 社会階層 / subir de categoria 出世する.
❸ **範疇, カテゴリー** ▶ categoria gramatical 文法範疇.
❹〘スポーツ〙**階級**, 等級 ▶ categoria peso leve 軽量級 / categoria peso pesado 重量級.
categoricamente /kateˌgɔrika'mẽtʃi/ [副] 断固として, 断定的に ▶ afirmar categoricamente 断言する.
categórico, ca /kate'gɔriku, ka/ [形] ❶ 断定的な, 断固とした ▶ uma recusa categórica 断固とした拒否 / A resposta foi um não categórico. 返事は「絶対お断り」だった.
❷〘哲学〙定言的な ▶ imperativo categórico 定言命法.
categorizar /kategori'zax/ [他] …を (カテゴリー

catequese /kate'kezi/ 囡〖カトリック〗カテキズム, 公教要理；〖プロテスタント〗教理問答.

catequista /kate'kista/ 名〖カトリック〗公教要理を教える人, 教理指導者.

catequizar /kateki'zax/ 他 ❶ …にキリスト教教理を教える. ❷ …に教条を植え込む, 諭(さと)す.

catinga /ka'tiga/ 囡 悪臭, 体臭.

cativante /katʃi'vẽtʃi/ 形《男女同形》心を奪う, 魅惑する ▶ sorriso cativante 魅惑的な笑顔.

cativar /katʃi'vax/ 他 ❶ 捕虜にする, 捕まえる ▶ Os bandidos cativaram os empregados da loja. 泥棒たちは店の従業員を人質にした / Os agricultores cativaram animais selvagens. 農民たちは野生動物を捕らえた.
❷ とりこにする ▶ A beleza de Rita cativava os olhares dos homens. リタの美しさは男性の視線をとりこにした.
❸（人の心を）とらえる；（好感や感嘆を）得る ▶ cativar o eleitorado 有権者の心をとらえる / cativar a simpatia 共感を得る.
— **cativar-se** 再 ❶ つかまる, とりこになる. ❷ …に魅せられる [+ de] ▶ Cativou-se do colega de classe. クラスメイトに夢中になった.

cativeiro /katʃi'vejru/ 男 ❶ 囚われの身の状態, 監禁状態, 束縛 ▶ ficar em cativeiro 監禁される / animais em cativeiro おりに入れられている動物たち.
❷ 監禁場所.

cativo, va /ka'tʃivu, va/ 形 ❶ 捕虜になった ▶ Os soldados cativos foram soltos. 捕虜兵らは解放された.
❷ 奴隷にされた.
❸ 魅惑された ▶ Tornou-se cativo dos encantos dela. 彼は彼女の魅力に惹きつけられた.
❹ 抵当に入った ▶ imóvel cativo 差し押さえ不動産.
❺ 特別に指定された, 権利が保証された ▶ Ganhou um lugar cativo no restaurante. そのレストランでの指定席を確保している / Estes produtos têm um mercado cativo no exterior. これらの商品は海外での市場が確保されている.
— 名 捕虜, 囚人 ▶ Os cativos da cadeia fugiram. 刑務所にいた囚人たちは逃げた.

catódico, ca /ka'tɔdʒiku, ka/ 形〖電気〗陰極の ▶ raios catódicos 陰極線.

cátodo /'katodu/ 男 陰極.

catolicismo /katoli'sizmu/ 男 ❶ カトリシズム, カトリックの教義. ❷《集合的》カトリック信者.

★**católico, ca** /ka'tɔliku, ka/ 形 カトリコ, カ/ 形 カトリックの ▶ a Igreja Católica カトリック教会.
— 名 カトリック信者 ▶ Sou católico. 私はカトリック信者だ / um católico romano ローマカトリック信者.

catorze /ka'tɔxzi/ 男 形《数》14（の）(= quatorze).

catraca /ka'traka/ 囡 回転式出口［改札口］

catre /'katri/ 男 折り畳みベッド.

caução /kaw'sẽw/ [複 cauções] 囡 ❶ 用心, 警戒.

❷ 保証（金）▶ Deixou um cheque como caução no hospital. 保証金として病院に小切手を渡した.
❸ 担保 ▶ Para firmar este contrato é necessário dar o imóvel em caução. この契約締結には不動産の担保が必要だ / caução legal 法定担保 / caução real 物的担保.

caucasiano, na /kawkazi'ẽnu, na/ 形 コーカサス地方の, 白色人種の.
— 名 コーカサス人；白色人種.

caucionante /kawsio'nẽtʃi/ 名 保証人.

caucionar /kawsio'nax/ 他 ❶ …を保証金として出す.
❷ 保証する ▶ caucionar um empréstimo 借入金を保証する.
❸ 保護する ▶ O abrigo caucionou muitas pessoas do terremoto. 避難所は地震から多くの人を守った.

cauda /'kawda/ 囡 ❶ 尾 ▶ O cão abanou a cauda quando viu seu dono. 飼い主を見て犬は尻尾を振った / cauda do avião 飛行機の尾翼 / cauda do cometa 彗星の尾.
❷（衣服の）長い裾 ▶ cauda do vestido de noiva ウエディングドレスの裾.

armar a cauda ①（孔雀の）羽を広げる. ② 自慢する, ひけらかす.

caudal /kaw'daw/ [複 caudais] 形 ❶ 水量の多い, 流れの急な. ❷ 尻尾の, 尾の.
— 男 急流.

caudilho /kaw'dʒiʎu/ 男 ❶ 軍出身の実力者, 頭領, 総statistics. ❷ 独裁者.

caule /'kawli/ 男〖植物〗茎, 幹.

★**causa** /'kawza/ カウザ 囡 ❶ 原因, 理由（↔ efeito）▶ causa de morte 死因 / causa e efeito 原因と結果 / Não há efeito sem causa. 諺（原因なくして結果はない→）火のないところに煙は立たない / sem causa aparente はっきりとした理由もなく / a causa do incêndio 火災の原因 / a principal causa do câncer de pulmão 肺がんの主な原因 / justa causa 正当な理由.
❷ 理念, 信念, 大義 ▶ abraçar uma causa 大義［信念］を受け入れる / lutar por uma boa causa 大義のために戦う.
❸〖法律〗訴訟（事件）▶ ganhar uma causa 訴訟に勝つ / causa criminal 刑事事件.
em causa 問題になっている ▶ os documentos em causa 問題になっている文書 / O que está em causa? 何が問題になっているのですか.
fazer causa comum com... …と一致協力する.
por causa de... …の理由で, …のせいで ▶ por causa disso その理由により, そのような訳で / O trem ficou parado por causa do acidente. 電車は事故のせいで止まった.

causador, dora /kawza'dox, 'dora/ [複 causadores, doras] 形 原因となる ▶ agente causador 要因 / bactérias causadoras de doença 病気を起こすバクテリア.
— **causador** 男 原因, 要因.

causal /kaw'zaw/ [複 causais] 形 原因の, 原因を示す ▶ relação causal 因果関係 / conjunção cau-

causalidade

sal 原因・理由の接続詞.
causalidade /kawzali'dadʒi/ 囡 因果関係, 因果性 ▶ princípio da causalidade 因果律.

☆**causar** /kaw'zax カゥザーフ/ 他 …の原因になる, …を引き起こす ▶ causar câncer がんの原因になる / causar a morte 死をもたらす / causar um problema 問題を起こす / causar um tsunami 津波を引き起こす / causar danos 損害をもたらす.

causídico /kaw'zidʒiku/ 男 弁護士.

cáustico, ca /'kawstʃiku, ka/ 形 ❶ 腐食性の, 苛性の ▶ soda cáustica 苛性ソーダ. ❷ 辛辣な, 痛烈な ▶ humor cáustico 辛辣なユーモア.
— **cáustico** 男 腐食剤, 焼灼(しょうしゃく)剤.

cautela /kaw'tɛla/ 囡 ❶ 用心, 警戒 ▶ É necessário muita cautela para fazer negócios com aquele homem. あの男との商売に際しては十分用心する必要がある. ❷ 質札 (= cautela de penhor).
por cautela 念のため.

cautelar /kawte'lax/ [複 cautelares] 形《男女同形》予防の ▶ medida cautelar 予防措置.

cautelosamente /kawte,lɔza'metʃi/ 副 注意深く, 慎重に ▶ cautelosamente otimista 慎重ながら楽観的な.

cauteloso, sa /kawte'lozu, 'lɔza/ 形 注意深い, 慎重な.

cavaco /ka'vaku/ 男 ❶ 木片. ❷ おしゃべり, 雑談.
catar cavaco よろめきながら歩く.

cavala /ka'vala/ 囡《魚》サワラ.

cavalar /kava'lax/ [複 cavalares] 形《男女同形》 ❶ 馬の. ❷ 度を越した ▶ doses cavalares de drogas 大量の薬物.

cavalaria /kavala'ria/ 囡 ❶ 馬の群れ. ❷ 騎兵隊.

cavalariça /kavala'risa/ 囡 馬小屋.

***cavaleiro** /kava'lejru カヴァレィロ/ 男 ❶ 騎手, 騎兵. ❷ 騎士, 貴紳 ▶ cavaleiro andante 遍歴の騎士 / os Quatro Cavaleiros do Apocalipse 黙示録の四騎士.

cavalete /kava'letʃi/ 男 ❶ 画架, イーゼル. ❷ (弦楽器の)こま, ブリッジ.

cavalgada /kavaw'gada/ 囡 騎馬行進, 騎馬パレード.

cavalgar /kavaw'gax/ 他 ❶ (馬などに)乗る ▶ cavalgar um cavalo 馬に乗る.
❷ またぐ, 跳び越える ▶ Os meninos cavalgaram o muro. 少年たちは塀を跳び越えた.
❸ (チャンスなどを)生かす ▶ Cavalgou a oportunidade para se tornar rico. チャンスを生かして金持ちになった.
— 自 ❶ 馬に乗る. ❷ …に馬乗りになる, またがる [+ em].

cavalheirismo /kavaʎej'rizmu/ 男 紳士らしさ, 親切さ.

cavalheiro, ra /kava'ʎejru, ra/ 形 紳士的な.
— **cavalheiro** 男 ❶ 紳士, 男性. ❷ ダンスのパートナー
cavalheiro de indústria 詐欺師.

cavalitas /kava'litas/ 囡複《次の成句で》 **às cavalitas** ▶ おんぶしてもらって, 背中に乗って, 肩車してもらって.

☆**cavalo** /ka'valu カヴァーロ/ 男 ❶ 馬, 雄馬 ▶ andar a cavalo 馬に乗る / cavalo de corrida 競走馬 / cavalo de balanço 揺り木馬.
❷《チェス》ナイト.
❸ 馬力 ▶ motor de 100 cavalos 100馬力のエンジン.
❹ B 俚 無知で乱暴な人.
❺《体操》鞍馬.
a cavalo 馬に乗って, 馬乗りになって.
cair do cavalo 期待が外れる.
cavalo de batalha ① 困難. ② 存在理由. ③ 十八番, 得意の話題. ④ 行動範囲.
cavalo de pau ① 木馬. ② (車の)パワースライド. ③ 胴体機首が滑走路に接触する飛行機事故.
cavalo de Troia トロイの木馬.
cavalo paraguaio (サッカートーナメントで)最初は強いが徐々に弱くなるチーム.
comer como um cavalo 鯨飲馬食する.
fazer um cavalo de batalha 多くの困難を想定する.
não cair de cavalo magro 経験豊富である.
tirar o cavalo da chuva 諦める, 期待を捨てる.

cavalo–marinho /ka,valuma'riɲu/ [複 cavalos-marinhos] 男 タツノオトシゴ.

cavalo–vapor /ka,valuva'pox/ [複 cavalos-vapor] 男《物理》馬力.

cavanhaque /kava'ɲaki/ 男 やぎひげ.

cavaquear /kavake'ax/ 自 おしゃべりする, 雑談する.

cavaqueira /kava'kejra/ 囡 おしゃべり, 雑談.

cavaquinho /kava'kiɲu/ 男 カバキーニョ (ウクレレに似た4弦の楽器).

cavaquinho

cavar /ka'vax/ 他 ❶ 掘る, 掘り起こす, 耕す ▶ cavar um buraco 穴を掘る / cavar um poço 井戸を掘る / cavar um túnel トンネルを掘る / cavar a terra 地面を掘る.
❷ …に穴を開ける ▶ cavar o tronco da árvore 丸太をくりぬく.
❸ …にしわを刻む ▶ O sofrimento cavou o rosto daquela senhora. あの女性の顔には苦労の跡が刻まれた.
❹ …を得ようと懸命になる ▶ cavar um emprego 職を得ようと苦労する / cavar a vida 生活の糧を求める.
— 自 ❶ …を検討する, 調査する [+ em] ▶ cavar num plano 計画を検討する.
❷ B 死に物狂いの努力をする ▶ Ele cavou para chegar onde chegou. 必死になって彼は今の地位にたどり着いた.

❸ 急いで逃げる ▶Cavou rápido ao ver a polícia. 警官を見るやさっと逃げた.
— **cavar-se** [再] (海が) 荒れる ▶As ondas do mar se cavavam de modo que pareciam nos engolir. 海の波は私たちを飲み込まんばかりに荒れていた.
cave /'kavi/ [女] 地下貯蔵庫, ワインセラー.
caveira /ka'vejra/ [女] ❶ 頭蓋骨の顔の部分, どくろ, 髑骨. ❷ やつれた顔.
caveira de burro 疫病神に憑りつかれた場所
encher a caveira [B] 酔っぱらう.
fazer a caveira de... …を中傷する, 悪く言う.
caverna /ka'vɛxna/ [女] 洞窟, 洞穴.
cavernoso, sa /kavex'nozo, 'nɔza/ [形] ❶ (音が) くぐもった ▶voz cavernosa くぐもった声. ❷ corpo cavernoso 海綿体.
caviar /kavi'ax/ [男] キャビア.
cavidade /kavi'dadʒi/ [女] ❶ 空洞, くぼみ, 穴. ❷ 〖解剖〗腔(ㇰ) ▶cavidade bucal 口腔.
cavilha /ka'viʎa/ [女] ピン, ボルト ▶cavilha de segurança 安全ピン.
cavo, va /'kavu, va/ [形] ❶ くぼんだ, 空の. ❷ (音が) こもった. ❸ veia cava 大静脈.
caxias /'kaʃias/ 《単複同形》[形] 《男女同形》[名] 几帳面な (人), 仕事に厳しい (人).
ser caxias 大変な勤勉 [努力] 家である.
caxumba /ka'ʃũba/ [女] 〖医学〗 おたふくかぜ.
CE 《略語》 Ceará セアラー州.
cê /'se/ [男] 文字 c の名称.
— [代] [話] = você
cear /se'ax/ ⑩ [他] 夜食に…を食べる.
— [自] 夜食を取る.
Ceará /sea'ra/ [男] 《地名》(ブラジル北東部の) セアラー州.
cearense /sea'rẽsi/ [形] 《男女同形》[名] ブラジルのセアラー州 o Ceará の (人).
cearense /sea'rẽsi/ [形] 《男女同形》[名] セアラー州の (人).
*__cebola__ /se'bola セボーラ/ [女] ❶ **玉ねぎ** ▶sopa de cebola オニオンスープ / cebola frita オニオンフライ. ❷ 球根.
mudar cebola 無意味な仕事をする, 時間を無駄にする.
cebolinha /sebo'lĩɲa/ [女] 小さいタマネギ, ネギ.
cê-cedilha /ˌsese'dʒiʎa/ [[複] cês-cedilhas] [男] セディーリアつきの c (ç).
__ceder__ /se'dex セデーフ/ [他] ❶ **…を…に譲る [+ a] ▶ceder o poder 権力を譲る / ceder a passagem 道を譲る. ❷ 貸す.
— [自] ❶ **…に負ける, 屈する** [+ a] ▶ceder a pressões 圧力に屈する / ceder a tentações 誘惑に屈する / ceder à evidência 証拠を前にして屈する.
❷ (重みで) **壊れる, 崩れる** [+ a] ▶ceder ao peso 重みで壊れる.
cedilha /se'dʒiʎa/ [女] セディーリャ (̧) : a, o, u の前で c が /s/ の音を表すことを示す記号.
***__cedo__ /'sedu セード/ [副] ❶ **早く** (↔ tarde) ▶Eu durmo cedo. 私は早く床に就く / chegar cedo 早く着く / morrer cedo 早死にする / casar-se cedo 早く結婚する / Cheguei muito cedo. 私はとても早く着いた / Cheguei um pouco cedo. 私は少し早く着いた / Cheguei cedo demais. 私は着くのが早すぎた / Cheguei uma hora mais cedo. 私は1時間早く着いた / Ainda é cedo para concluir. 結論を出すのはまだ早い.
❷ **朝早くに, 午前中に** ▶levantar-se cedo 早起きする / de manhã cedo 朝早くに.
❸ **すぐに, 直ちに** ▶o mais cedo possível = tão cedo quanto possível できるだけ早く.
bem cedo ① 早朝に. ② すぐに.
cedo ou tarde いつかは, 遅かれ早かれ.
mais cedo do que se pensa 思ったよりも早く, もうじき.
mais cedo ou mais tarde 遅かれ早かれ.
quanto mais cedo melhor 早ければ早いほどよい.
tão cedo すぐには (…ない) ▶Não vou desistir tão cedo. 私はすぐにはあきらめない.
cedro /'sɛdru/ [男] 〖植物〗 ヒマラヤスギ.
cédula /'sɛdula/ [女] ❶ 証明書 ▶cédula de identidade ▶身分証明書.
❷ [B] cédula eleitoral 投票用紙.
❸ 紙幣, 札 ▶uma cédula de 10 reais 10 レアル札.
❹ 証券 ▶cédula hipotecária 抵当証券 / cédula pignoratícia 質証券.
cefaleia /sefa'lɛja/ [女] 〖医学〗 頭痛.
cefálico, ca /se'faliku, ka/ [形] 頭の, 頭部の.
cegamente /ˌsega'mẽtʃi/ [副] 盲目的に ▶obedecer cegamente 盲目的に従う.
cegar /se'gax/ ⑪ [他] ❶ …を盲目にする ▶Um acidente cegou o meu tio. 私の叔父は事故で失明した.
❷ …の目をくらませる ▶A luz do sol cegou-me por um momento. 日の光が私の目を一瞬くらませた.
❸ …から分別 [理性] を奪う ▶O dinheiro cega os homens. 金は人間から分別を奪う / O ódio cegou-o. 憎しみで彼は理性を失った.
❹ 惑わす ▶A beleza daquela mulher cegou José. あの女の美しさがジョゼを惑わした.
❺ 色あせさせる ▶O tempo cegou as imagens das fotografias. 時の経過が写真を色あせさせた.
❻ …の刃を鈍くする ▶Cegou as facas para fazer com que as crianças não se cortassem. 子供たちが触ってけがをしないようナイフの切れ味を落とした.
— [自] ❶ 盲目になる. ❷ 目がくらむ.
— **cegar-se** [再] ❶ 盲目になる ▶Paulo se cegou aos cinco anos de idade. パウロは5歳で失明した.
❷ 魅了される ▶Ela se cegou mediante a beleza da natureza. 彼女は自然の美しさを前にしてうっとりとなった.
❸ 分別 [理性] を失う ▶Cegou-se diante das possibilidades de ganhar dinheiro. 金もうけができると考えて分別を失った / Maria se cegou com a fama. マリーアは名が売れて分別を失ってしまった.
*__cego, ga__ /'sɛgu, ga セーゴ, ガ/ [形] ❶ **盲目の, 目が見えない** ▶ficar cego 失明する / um homem ce-

[C]

cegonha

go de um olho 片目が見えない男の人.
❷ 盲目的な, 我を忘れるほどの；無分別な ▶confiança cega 盲信 / cego de raiva 激しい怒りで分別を失った / O amor é cego. 恋は盲目.
❸ 俗 …に気付いていない, 分かっていない ▶ Você está cego? あなたは分かっているのか.
❹ (刃等が) なまった, 切れ味が悪い ▶ lâmina cega 切れの悪い刃.
às cegas 盲目的に, やみくもに；手探りで ▶ Faltou a luz e fui até a cozinha, às cegas. 停電になったので, 私は手探りで台所まで行った.
cego como um morcego 全然目が見えない.
— 图 盲目の人 ▶ Em terra de cegos, quem tem um olho é rei. 諺 鳥なき里のコウモリ / Até um cego vê. 誰が見てもわかる.

cegonha /se'goɲa/ 图《鳥》コウノトリ ▶ esperar a visita da cegonha 赤ん坊の誕生を待つ / receber a visita da cegonha 赤ん坊が生まれる.

cegueira /se'gejra/ 图 ❶ 盲目, 目が不自由なこと ▶ cegueira noturna 夜盲症. ❷ 盲目状態, 盲目的感情, 盲愛.

ceia /'seja/ 图 夜食 ▶ a ceia de Natal クリスマスの晩餐 / a Santa Ceia = a Última Ceia = a Ceia do Senhor 最後の晩餐.

ceifa /'sejfa/ 图 刈り入れ (の時期), 収穫.

ceifar /sej'fax/ 他 ❶ 刈り入れる, 刈り取る. ❷ …の命を奪う.

cela /'sɛla/ 图 ❶ (刑務所の) 独房. ❷ (修道院の) 独居房.

celebração /selebra'sẽw/ [複 celebrações] 图
❶ 祝い, 祝賀 ▶ a celebração de Natal クリスマスのお祝い. ❷ 喝采, 賞賛. ❸ (ミサの) 司式.

*celebrar /sele'brax/ 他 ❶ 記念する, 祝う ▶ celebrar o aniversário 誕生日を祝う.
❷ 祝福する ▶ celebrar a vitória 勝利を祝う.
❸ 賞賛する, ほめたたえる ▶ celebrar os feitos do Senhor 主の業をたたえる.
❹ (条約や協定を) 締結する ▶ celebrar um acordo 協約を締結する.
❺ (ミサを) 挙げる ▶ celebrar a missa ミサを挙げる.

*célebre /'sɛlebri/ 形《男女同形》❶ 有名な, 名高い ▶ um pintor célebre 有名な画家 / tornar-se célebre 有名になる. ❷ …で有名な [+ por].

celebridade /selebri'dadʒi/ 图 ❶ 名声, 高名.
❷ 有名人.

celeiro /se'lejru/ 图 ❶ 穀倉. ❷ …のたくさんあるところ ▶ celeiro de talentos 才能の宝庫.

célere /'sɛleri/ 形《男女同形》速い, 快速の.

celeridade /seleri'dadʒi/ 图 速力, 速さ ▶ com celeridade 急いで, 速く.

celeste /se'lɛstʃi/ 形《男女同形》❶ 天の ▶ mecânica celeste 天体力学 / corpos celestes 天体 / o Celeste Império 中華帝国.
❷ 天国の, 神の；超自然の ▶ Os espíritos celestes me protegem. 天の精霊が私を守ってくれる.
❸ 完全な, 申し分のない ▶ Aquela cantora tem uma voz celeste. あの女性シンガーはすばらしい声をしている.

❹ 水色の, 空色の ▶ olhos celestes 水色の瞳 / vestido celeste 空色のワンピース.

celestial /selestʃi'aw/ [複 celestiais] 形《男女同形》天の, 天国の.

celeuma /se'lewma/ 图 ❶ 激しい議論, 激論. ❷ 騒動, 騒ぎ.

celibatário, ria /seliba'tariu, ria/ 图 独身者.
— 形 独身の.

celibato /seli'batu/ 图 独身 (生活).

celofane /selo'fɐni/ 图 セロファン.

Celsius /sewsi'us/ 形《不変》セ氏の ▶ 20 graus Celsius セ氏20度.

celta /'sewta/ 形《男女同形》ケルトの, ケルト人の, ケルト語の.
— 图 ケルト人.
— 男 ケルト語.

céltico, ca /'sɛwtʃiku, ka/ 形 ケルトの, ケルト人の, ケルト語の.

célula /'sɛlula/ 图 ❶ 細胞 ▶ célula nervosa 神経細胞.
❷ 小さな部屋, 独居房.
❸ 末端組織, 細胞 ▶ célula terrorista テロ末端組織.
❹《情報》(表計算ソフトの) セル.
❺ célula fotoelétrica 太陽電池.

*celular /selu'lax セルラーフ/ [複 celulares]《男女同形》形 ❶ セルラー方式の ▶ telefone celular B 携帯電話.
❷ 細胞の ▶ divisão celular 細胞分裂 / tecido celular 細胞組織.
❸ 拘置の, 監禁の ▶ prisão celular 独房.
❹ 多孔質の ▶ betão celular 気泡コンクリート.
— 男 B 携帯電話；携帯電話の番号.

célula-tronco /sɛlula'trõku/ [複 células-troncos] 图 幹細胞.

celulite /selu'litʃi/ 图 セルライト.

celuloide /selu'lɔjdʒi/ 图 セルロイド.

celulose /selu'lɔzi/ 图 セルロース, 繊維素.

‡**cem** /'sẽ セィン/ 形《数》《不変》❶ 100の ▶ cem folhas de papel 100枚の紙 / Ele pesa menos de cem quilos. 彼は100kg以下の体重である.
❷ 100番目の ▶ número cem ナンバー100 / Eu leio a página cem da revista. 私は雑誌の100ページ目を読む.
❸ たくさんの, 多くの ▶ cem vezes 何度も.
(a) cem por cento ① 100パーセント, 完全に ▶ A fábrica está funcionando a cem por cento. 工場は完全に稼働している. ② すっかり, まったく ▶ O atleta ainda não está cem por cento recuperado. そのアスリートはまだすっかり回復していない.
a cem por hora 大急ぎで.
— 男 100.

*cemitério /semi'tɛriu セミテーリオ/ 男 ❶ 墓地, 墓場. ❷ 廃品置き場, 廃物処理場 ▶ cemitério de automóveis 廃車置き場 / cemitério radioativo 放射性廃棄物処理場.

‡**cena** /'sena セーナ/ 图 ❶ (劇場の) 舞台；(政治や経済の) ひのき舞台 ▶ entrar em cena (舞台に) 登場する / cena internacional 国際舞台.

❷ 舞台装置, 背景, 場面 ▶A cena passa-se em Roma. 場面はローマ / mudança de cena 場面転換.
❸ (集合的に) 演劇, 舞台芸術 ▶cena cômica 喜劇 / cena trágica 悲劇 / cena lírica オペラ / cena muda 無言劇, パントマイム, 無声映画.
❹ (戯曲の) 場；(映画や劇, 小説などの) 場面, シーン ▶primeiro ato, cena dois 第1幕, 第2場 / cena de amor ラブシーン.
❺ (実生活の) 場面, 光景；場合, 情景 ▶cena do crime 犯行現場 / cena do cotidiano 日常の出来事.
estar em cena 上演中である, 話題になっている.
fazer a cena (6桁スピードくじの) 宝くじを的中させる.
fazer cena ① スキャンダルを起こす. ② 注目を集める.
fazer uma cena けんかを売る.
ir à cena 上演される.
levar à cena 上演する.
pôr em cena (演劇の) 舞台に立たせる, 登場させる. 演出する.
retirar-se de cena (舞台から) 退場する.
roubar a cena ① (演劇で) 他より目立つ. ② 抜き出る, 際立つ.
sair de cena 舞台を去る, 退場する.

cenáculo /se'nakulu/ 男 ❶ キリストが弟子と最後の晩餐をした食堂. ❷ (主義や思想で結ばれた) 小グループ, 結社.

*****cenário** /se'nariu セナーリオ/ 男 ❶ 舞台装置, セット, 背景 ▶O filme tinha um belo cenário. 映画に美しい背景がセットがあった / cenário natural 撮影現場 [ロケーション] / cenário do crime 犯行現場.
❷ 情勢, 局面, シーン ▶cenário político 政治情勢 / cenário musical 音楽情勢.

cenho /'seɲu/ 男 ❶ しかめ面, 渋い顔. ❷ 顔つき.

cênico, ca /'seniku, ke/ 形 P = cênico.
cênico, ca /'seniku, ka/ 形 B 舞台の, 劇の ▶efeitos cênicos 舞台効果.

cenografia /senogra'fia/ 女 舞台美術.

cenoura /se'nora/ 女 ニンジン ▶bolo de cenoura キャロットケーキ.

censo /'sẽsu/ 男 国勢調査 ▶censo demográfico 人口調査, 国勢調査.

censor, sora /sẽ'sox, 'sora/ [censores, soras] 形 女 検閲する (人), 批判する (人).
— **censor** 男 検閲官.

censura /sẽ'sura/ 女 ❶ 検閲 ▶Este livro foi vetado pela censura. この本は検閲で禁止された / submeter à censura 検閲する / passar pela censura 検閲を通る.
❷ 叱責 ▶A censura do professor chocou os alunos. 教師の叱責は生徒たちを驚かせた.
❸ 検閲官の職, 検閲当局 ▶A censura criticou o novo filme do famoso diretor. 検閲当局は著名な監督の新作を批判した.
❹ 批判, 非難 ▶O livro sofreu censura por parte de acadêmicos. その書籍は研究者に批判された / um olhar de censura 非難するような目 / um tom de censura 非難するような口調.

❺ [映画] 入場者年齢制限表示 ▶censura livre 一般向き.

censurar /sẽsu'rax/ 他 ❶ 検閲する ▶Censuraram o livro. その書籍は検閲された.
❷ 批判する；非難する ▶O governo censurou as manifestações. 政府はデモを批判した.
❸ (間違いを) 指摘する ▶O professor censurou pequenas falhas da redação. 教師は作文のちょっとした間違いを指摘した.
❹ 叱責する, とがめる ▶O chefe censurou-o pela desatenção. 上司は彼を不注意だとしてとがめた.

censurável /sẽsu'ravew/ [複 censuráveis] 形 (男女同形) 非難すべき, 非難に値する.

centauro /sẽ'tawru/ 男 ❶ [神話] ケンタウロス (半人半馬の怪物). ❷ 《Centauro》[天文] ケンタウルス座.

centavo /sẽ'tavu/ 男 ❶ 100分の1. ❷ (通貨の単位) センターボ；ブラジルでは100分の1レアル.
os últimos centavos 僅かな残金.

centeio /sẽ'teju/ 男 ライ麦, 黒麦 ▶pão de centeio ライ麦パン.

centelha /sẽ'teʎa/ 女 ❶ 火花, スパーク. ❷ きらめき ▶centelha de esperança 希望の光.

‡**centena** /sẽ'tẽna センテーナ/ 女 ❶ 100の位 ▶unidades, dezenas e centenas 1の位, 10の位, 100の位. ❷ 約100 ▶uma centena de pessoas 約100人 / centenas de vezes 何百回も.
às centenas ① 何百何と. ② 大量に.

centenário, ria /sẽte'nariu, ria/ 形 100歳の, 100の ▶casa centenária 築100年の家.
— 名 100歳の人, 100年を超えたもの.
— **centenário** 男 100年祭, 100周年.

centésimo, ma /sẽ'tezimu, ma/ 形 (数)(不変) ❶ 100番目の. ❷ 100分の1.
— **centésimo** 男 100分の1.

centígrado /sẽ'tʃigradu/ 男 摂氏.

centilitro /sẽtʃi'litru/ 男 センチリットル.

*****centímetro** /sẽ'tʃimetru センチメトロ/ 男 センチメートル ▶centímetro quadrado 平方センチメートル / centímetro cúbico 立方センチメートル.
centímetro por centímetro 一歩ずつ, 少しずつ, 入念に.

cêntimo /'sẽtʃimu/ 男 (通貨の単位) サンチーム (= centavo).

‡‡**cento** /'sẽtu セント/ (101から199まで cem の代わりに使用される) 形 (数)(不変) 100の ▶cento e um reais 101レアル.
— 男 ❶ 100 ▶cento e setenta e dois 172.
❷ たくさん ▶Tenho um cento de amigos. 私はたくさんの友人がいる.
cento por cento 完全に, 十分に, 全面的に.
por cento パーセント ▶10 por cento da população 人口の10パーセント.

centopeia /sẽto'peja/ 女 [生物] 多足類.

centrado, da /sẽ'tradu, da/ 形 … に集中した, …を主な対象にした [+ em] ▶A estudante está centrada na prova de matemática. その学生は数学の試験に的を絞っている / O projeto está centrado no conforto do trabalhador. プロジェクトは労働者の快適さを狙いとしている.

central

central /sẽ'traw セントラゥ/ [複 centrais] 形《男女同形》❶ 中心の ▶ O marco central da cidade de São Paulo fica na Praça da Sé. サンパウロ市の中心点はセー広場にある / bairro central 中心街 / Ásia Central 中央アジア.
❷ 中央の ▶ governo central 中央政府.
❸ 主要な ▶ figura central 主役 / ideia central 中心の思想.
— 女 ❶ 本社, 本部 ▶ central de reservas 予約センター. ❷ 発電所, 電話局 ▶ central elétrica 発電所 / central nuclear 原子力発電所 / central telefônica 電話局.

centralidade /sẽtrali'dadʒi/ 女 中心的な役割.

centralismo /sẽtra'lizmu/ 男 中央集権主義, 中央集権制度.

centralista /sẽtra'lista/ 形 名 中央集権主義の(人).

centralização /sẽtraliza'sẽw/ [複 centralizações] 女 集中化, 集中; 中央集中(化) ▶ a centralização do poder 権力の集中化.

centralizador, dora /sẽtraliza'dox, 'dora/ [複 centralizadores, ras] 形 集中(化)する, 中央に集める; 中央集権的な.
— 名 中央集権主義者.

centralizar /sẽtrali'zax/ 他 中心に集める, 集中させる; 中央集権化させる ▶ centralizar o poder 権力を集中させる.
— **centralizar-se** 再 集中する.

centrar /sẽ'trax/ 他 ❶ …を…の中心に置く [+ em].
❷ …に集中させる ▶ centrar a atenção em... 注意を…に集中させる
❸ 《サッカー》(ボールを) センタリングする.
— **centrar-se** 再 …に集中する [+ em] ▶ O encontro dos ministros se centrou na discussão do orçamento anual. 閣僚会議は年間予算に関する議論に焦点を当てた.

centrífugo, ga /sẽ'trifugu, ga/ 形 遠心性の, 遠心力による ▶ força centrífuga 遠心力.

centrípeto, ta /sẽ'tripetu, ta/ 形 求心性の ▶ força centrípeta 求心力.

centrismo /sẽt'rizmu/ 男《政治》中道主義(政治体制).

centrista /sẽ'trista/ 形《男女同形》《政治》中道派の, 中間派の.
— 名 中道派の人.

centro /'sẽtru セントロ/ 男 ❶ 中心, 中心部, 中央; 中心街, 繁華街 (= centro da cidade); 関心の的 ▶ o centro da Terra 地球の中心 / colocar uma vela no centro do bolo ケーキの真ん中にろうそくを立てる / fazer compras no centro 繁華街で買い物をする / ir ao centro 繁華街に行く / centro histórico 歴史的市街区 / centro das atenções 注目の的.
❷ 中枢, センター, 施設 ▶ centro nervoso 神経中枢 / centro comercial 商業の中心 / P ショッピングセンター / centro industrial 工業の中心, 工業地帯 / centro cultural 文化センター / centro esportivo スポーツセンター / centro médico 医療センター / centro de pesquisa 研究センター / centro de saúde 保健所.
❸《スポーツ》センター ▶ linha do centro センターライン.
❹《政治》中道派 ▶ político de centro 中道派の政治家.
centro de mesa テーブルセンター, 食卓中央の飾りもの.
ser o centro do universo 目立ちたがる.

centro-americano, na /sẽtruameri'kẽnu, na/ [複 centro-americanos, nas] 形 名 中央アメリカの(人), 中米の(人).

centroavante /sẽtroa'vẽtʃi/ 名《サッカー》センターフォワード.

centuplicar /sẽtupli'kax/ 他 …を100倍にする, 何倍にも増やす.

cêntuplo, pla /'sẽtuplu, pla/ 100倍の.
— **cêntuplo** 男 100倍.

CEP《略語》B código de endereçamento postal 郵便番号.

cepa /'sepa/ 女 ❶ ブドウの木.
❷ 根株, 切り株 ▶ Cientistas pesquisam cepas de cogumelos medicinais. 科学者は薬用キノコの根株を調べる.
❸ 家系, 家柄 ▶ cães da mesma cepa 同じ血統の犬 / Aquelas pessoas são de boa cepa. あの人たちは家柄がよい.
❹ (微生物などの) 種属, 変種, 株 ▶ uma cepa da gripe aviária 鳥インフルエンザの変種.
ser da cepa dos... の家系 [系統] である.

cera /'sera/ 女 ❶ 蜜蝋 ▶ figura de cera 蝋人形.
❷ ワックス ▶ cera depilatória 脱毛ワックス / cera quente ホットワックス / cera fria コールドワックス.
❸ 耳垢 (= cera do ouvido).
estar com cera no ouvido 耳垢が詰まっている, 耳がよく聞こえない.
fazer cera ① 仕事をしているふりをする. ② 意図的に遅延して損害を与える. ③《スポーツ》時間稼ぎをする.

cerâmica[1] /se'rẽmika/ 女 ❶ 陶磁器, セラミックス. ❷ 陶芸, 窯業.

cerâmico, ca[2] /se'rẽmiku, ka/ 形 陶磁器の, セラミックの.

ceramista /sera'mista/ 名 陶芸家, 陶工.

cerca[1] /'sexka セフカ/ 女 ❶ 垣根, 囲い, 柵 ▶ cerca viva 生け垣 / cerca de pau a pique 簡単な囲い.
❷《スポーツ》控え, ベンチ ▶ botar na cerca (選手を) ベンチを温めさせる / estar na cerca 控えに回っている, ベンチを温めている.
pular a cerca 浮気をする, 不倫する.

cerca[2] /'sexka/《次の成句で》
cerca de... ① 約…, およそ… ▶ Esperei cerca de uma hora 私は約1時間待った. ②…の近くに ▶ O exército acampou cerca do Porto. 軍隊はポルトの近くに野営した.

cercado, da /sex'kadu, da/ 形 ❶ 柵で囲った. ❷ …に囲まれた ▶ cercado de amigos 友人に囲まれた. ❸ 包囲された ▶ O prédio foi cercado pela polícia. 建物は警察に包囲された.
— **cercado** 男 柵で囲まれた土地.

cercadura /sexka'dura/ [女] ❶ 枠，縁．❷ 縁飾り．
cercanias /sex'kẽnias/ [女複] ❶ 郊外 ▶Ela morou nas cercanias de Brasília 彼女はブラジリア郊外に住んでいた．
❷ 付近，近所 ▶nas cercanias 付近に / Trabalhei nas cercanias da Praça da Sé. 私は（サンパウロの）セー広場付近で働いた．
⁑**cercar** /sex'kax セフカーフ/ ㉙ [他] ❶ **…を柵などで囲む，囲いをする** ▶cercar o terreno 土地を柵で囲む．
❷ **囲む，取り囲む**，包囲する ▶A cidade é cercada pelo mar, praias e montanhas. その街は海，浜辺と山に囲まれている．
— **cercar-se** [再] …に囲まれる［＋de］．
cerce /'sɛxsi/ [副] 根元から ▶cortar cerce 根元から切る．
cercear /sexse'ax/ ⑩ [他] ❶ 根元から切る．❷ 減らす，制限する ▶cercear a liberdade de expressão 表現の自由を制限する．
cerco /'sexku/ [男] 囲むこと，包囲 ▶fazer o cerco de... …を包囲する / levantar o cerco 包囲を解除する / apertar o cerco 包囲網を狭める / pôr cerco a... …を囲う，囲む．
cereal /sere'aw/ [[複] cereais] [男] ❶ 穀類，穀物．❷《cereais》シリアル食品．
— [形]《男女同形》穀物の．
cerebelo /sere'belu/ [男]〖解剖〗小脳．
cerebral /sere'braw/ [[複] cerebrais] [形]《男女同形》❶ 脳の，大脳の ▶hemorragia cerebral 脳出血．❷ 知的な，頭脳的な．
⁑**cérebro** /'sɛrebru セレブロ/ [男] ❶ **脳**，大脳．❷ **頭脳**，知性，知能の優れた人 ▶fuga de cérebros 頭脳流出 / cérebro eletrônico 電子頭脳．
cereja /se'reʒa/ [女] サクランボ，桜桃，チェリー ▶cereja do bolo ケーキに載ったサクランボ；彩を添えるもの．
— [男] サクランボ色．
— [形]《不変》サクランボ色の．
cerejeira /sere'ʒejra/ [女]〖植物〗サクラの木．
cerimónia /səri'mɔniɐ/ [女] [P] ＝ cerimônia
⁑**cerimônia** /seri'mõnia セリモーニア/ [女] [B] **儀式，式典**，式，祭礼 ▶cerimônia de casamento 結婚式 / cerimônia de abertura 開会式 / cerimônia de juramento 宣誓式 / mestre de cerimônia 進行役，司会 / cerimônia do chá 茶道．
fazer cerimônia かしこまる，格式張る，遠慮する．
sem cerimônia かしこまらずに，気楽に．
cerimonial /serimoni'aw/ [[複] cerimoniais] [形]《男女同形》儀式の，儀式ばった▶．
— [男] 儀典，式次第．
cerimonioso, sa /serimoni'ozu, 'ɔza/ [形] 儀式ばった，仰々しい，堅苦しい．
cerne /'sɛxni/ [男] ❶ 木の芯，髄．❷ 核心 ▶ir ao cerne da questão 問題の核心に迫る．
ceroulas /se'rolas/ [女複] ズボン下．
cerração /sexa'sẽw̃/ [[複] cerrações] [女] ❶ 濃霧．❷ 暗闇．
cerrado, da /se'xadu, da/ [形] ❶ 閉じた，閉ざされた ▶olhos cerrados 閉じた目 / porta cerrada 閉ざされた扉 / O acesso à montanha está cerrado. 山に通じる道は閉鎖されている．
❷ 密集した ▶Os exploradores entraram na mata cerrada. 開拓者は密林に足を踏み入れた．
❸（色が）濃い ▶verde cerrado 深緑．
❹（空が）曇った ▶tempo cerrado 曇り模様の天気．
❺（言葉が）分かりにくい ▶Falava um português cerrado. 分かりにくいポルトガル語で話していた．
❻ 完了した ▶negócio cerrado まとまった商談．
❼ 締め付けられた ▶Estava com os punhos cerrados de cólera. 怒りでこぶしを握り締めた．
❽ 封印された ▶testamento cerrado 封をした遺言書．
— **cerrado** [男] ❶ 囲い地 ▶quintal cerrado 囲いのある裏庭．
❷ [B] セラード（ブラジル中西部にある，草原と森林の移行地帯）．
cerrar /se'xax/ [他] ❶ 閉じる，閉める ▶cerrar os olhos 目を閉じる / cerrar a porta 扉を閉める．
❷（こぶしを）握り締める，締めつける，引き締める ▶cerrar os punhos de raiva 怒りでこぶしを握り締める
❸ ふさぐ ▶Os arbustos cerravam o acesso à fazenda. 農場へ続く道を灌木がふさいでいた．
— [自] ❶ 立ち込める ▶As nuvens cerraram o céu. 空に雲が立ち込めた．
❷ …と戦い始める［＋com］▶Os militares cerraram com os inimigos. 兵士は敵と戦い始めた．
❸（馬などが）歯が生えそろうような年齢に達する．
— **cerrar-se** [再] ❶ 閉じる；閉じこもる ▶A porta se cerrou com o vento. 風で扉が閉まった / De tristeza, ela se cerrou no seu quarto. 寂しさのあまり彼女は自室に閉じこもった．
❷ 暗くなる ▶Cerrou-se o céu. 空が暗くなった．
❸ 終了する ▶Cerrou-se o espetáculo. ショーは終わった / O ano se cerrou. 年末を迎えた．
❹ 対立する ▶Os jogadores cerraram-se. 選手たちは対立した．
cerro /se'xu/ [男] 丘．
certa[1] /'sɛxta/ [女]《次の成句で》
pela [na] certa 確かに，きっと．
jogar na certa リスクのない交渉にだけ取りかかる．
certame /sex'tẽmi/ [男] ❶ 争い．❷ 競技会，トーナメント ▶certame de futsal フットサルトーナメント．
❸ コンクール，コンテスト．
⁑**certamente** /ˌsɛxta'mẽtʃi セフタメンチ/ [副] **確かに，間違いなく**，きっと ▶O nascimento de um filho é certamente uma das etapas mais especiais da vida de uma mulher. 子供の誕生は女性の生涯において間違いなく特別な節目の1つである．
— [間] もちろん．
certeiro, ra /sex'tejru, ra/ [形] ❶（射撃が）正確な ▶O caçador matou o animal com um tiro certeiro. 猟師は正確無比な一発で獲物を仕留めた．
❷ 的確な，適切な ▶O juiz fez um pronunciamento certeiro. 裁判官は的確な最終判決を下した．
⁂**certeza** /sex'teza セフテーザ/ [女] ❶ **確実性，確かさ**，確からしさ ▶a certeza de um fato 事柄の確からしさ．

❷ 確信 ▶ falar com certeza 確信を持って話す / ter certeza (de algo) (…を) 確信している / Tem certeza? 確かですか / ter certeza de que ＋[直説法] …という確信を持っている.

certidão /sextʃi'dẽw̃/ [複 certidões] [女] 証明書 ▶ certidão de nascimento 出生証明書 / certidão de óbito 死亡証明書 / certidão negativa 無犯罪証明, 税金完納証明.

C

certificação /sextʃifika'sẽw̃/ [複 certificações] [女] 証明すること, 証明書 ▶ A certificação do contrato foi efetuada no cartório. 公証役場で契約書の公証を受けた.

certificado, da /sextʃifi'kadu, da/ [形] 証明を受けた.
— **certificado** [男] 証明書, 証書 ▶ certificado de origem 原産地証明書 / certificado de garantia 保証書 / certificado de reservista 予備役証明書.

certificar /sextʃifi'kax/ ㉙ [他] 証明する ▶ certificar o óbito 死亡を証明する.
— **certificar-se** [再] ❶ …を確かめる, 確認する [＋ de].
❷《certificar-se de que ＋[直説法]》…であることを確認する.

***certo, ta**[2] /'sɛxtu, ta セフト, タ/ [形] ❶《certo ＋名詞》**ある, いくらかの**, かなりの ▶ certo dia ある日 / certa manhã ある朝 / até certo ponto ある程度まで / Em certo sentido, isso está correto. それはある意味では正しい / de certo modo ある意味で / Ela ficou calada por um certo tempo. 彼女はしばらくの間黙っていた / um homem de certa idade 年配の男性 / certas pessoas 何人かの人.
❷ **正しい, 正確な** (←→ errado) ▶ resposta certa 正しい答 / Você está certo. あなたは正しい / Minha intuição estava certa. 勘が当たった / O relógio está certo. 時計は正確だ / Qual o dia certo para montar a árvore de Natal? クリスマスツリーは何日から飾るのが正しいのですか / preço certo 適正な価格 / fazer a coisa certa 正しいことをする.
❸ **確かな, 確実な** ▶ Uma coisa é certa. 確かなことが一つある / A vitória é certa. 勝利は確実だ.
❹《estar certo de ...》…**を確信している** ▶ Estou certo da vitória. 私は勝利を確信している.
❺《estar certo de que ＋[直説法]》…ことを確信している ▶ Estou certo de que não cometi um ato ilícito. 私は自分が違法行為をしていないことを確信している.
❻《名詞＋ certo》あらかじめ決められた ▶ no lugar certo 決まった場所で / na hora certa 決められたときに.
— **certo** [男] 確かなこと, 正しいこと.
— **certo** [副] 正確に, 確かに ▶ responder certo 正しく答える.
— **certo** [間] その通りだ ▶ Sim, certo. はい, その通りです.
ao certo 正確に.
bater certo 正しい, 正確である.
dar certo うまくいく, 適中する ▶ Vai dar certo. うまくいくよ / Não vai dar certo. うまくいくはずがない.
por certo 確かに, きっと.
ser certo e sabido 周知のことである.
ser mais do que certo 絶対に確実な ▶ Isso é mais do que certo. それは絶対確実だ.
tão certo como dois e dois são quatro 間違いない, 確かな.

*__cerveja__ /sex'veʒa セフヴェージャ/ [女] **ビール** ▶ Traga duas cervejas, por favor. ビールを2つお願いします / cerveja preta 黒ビール / cerveja sem álcool ノンアルコールビール.

cervejaria /sexveʒa'ria/ [女] ❶ ビール醸造工場. ❷ ビアホール.

cervejeiro, ra /sexve'ʒejru, ra/ [名] ビール醸造業者.

cervical /sexvi'kaw/ [複 cervicais] [形]《男女同形》〖解剖〗頸部(けいぶ)の ▶ vértebra cervical 頸椎(けいつい).

cervo /'sɛxvu/ [男] 鹿.

cesariana /sezari'ɐ̃na/ [女] 帝王切開.

césio /'sɛsiu/ [男]〖化学〗セシウム.

cessação /sesa'sẽw̃/ [複 cessações] [女] 停止, 中止 ▶ cessação de uso 利用の停止.

cessante /se'sẽtʃi/ [形]《男女同形》停止する, 中断する.

cessão /se'sẽw̃/ [複 cessões] [女] (権利の) 譲渡, (財産の) 譲与, (領土の) 割譲 ▶ cessão de direitos 権利の譲渡 / cessão de crédito 債権譲渡 / cessão de bens 財産譲与.

cessar /se'sax/ [自] ❶ やむ, 終わる ▶ Os rumores cessaram após algumas semanas. 噂は数週間で立ち消えた.
❷《cessar de ＋[不定詞]》…することをやめる ▶ cessar de trabalhar 働くのをやめる / cessar de lutar 戦いをやめる / A criança cessou de chorar. 子供は泣きやんだ.
— [他] やめる ▶ A companhia cessou a construção por falta de verba. 予算不足で会社は建設を取りやめた.
sem cessar 絶え間なく, 引っ切りなしに.

cessar-fogo /seˌsax'fogu/ [男]《単複同形》〖軍事〗停戦.

cesta /'sesta/ [女] ❶ かご, バスケット ▶ cesta de frutas フルーツバスケット / cesta de pão パンかご / cesta de lixo くずかご, ごみ入れ / cesta de Natal クリスマスバスケット.
❷ [B] cesta básica 1家族の1か月あたりの生活必需食料.
❸ cesta de moedas 通貨バスケット.
fazer cesta〖バスケットボール〗点を入れる.

cesto /'sestu/ [男] ❶ かご, バスケット ▶ cesto de lixo くずかご, ごみ入れ / cesto de roupa suja 洗濯物入れ. ❷〖バスケットボール〗バスケット, ゴール ; シュート, 得点.

cetáceo, cea /se'tasiu, sia/ [形] クジラ目の.
— **cetáceo** [男] クジラ目の動物.

ceticismo /setʃi'sizmu/ [男] 懐疑的態度, 懐疑論 ▶ com ceticismo 疑いながら.

cético, ca /'sɛtʃiku, ka/ [形] ❶ 懐疑的な, 疑い深い

▶Estou cético. 私は懐疑的だ. ❷【哲学】懐疑論の.
— 图 懐疑論者；懐疑的な人.
cetim /se'tʃĩ/ [複 cetins] 男 繻子(しゅす), サテン.
cetro /'setru/ 男 王の杖；王権 ▶empunhar o cetro 統治する, 治める.

★★★céu /'sɛu/ セウ/ 男 ❶ 空 ▶céu azul 青空 / céu encoberto 曇り空 / O céu está azul. 空が青い / O céu está aberto. 空が晴れている / O céu está nublado. 空が曇っている / O céu está cinzento. 空が灰色だ / olhar para o céu 空を見上げる / estrelas no céu 空の星.
❷ 天国, 神 ▶Pai nosso que estais no céu. 天にまします我らが父よ / ganhar o céu (善行により) 天国に行く / subir ao céu 昇天する / o céu na terra 地上の楽園 / Reino dos Céus 天の国.
❸ 天井 ▶o céu da boca 口蓋.
a céu aberto 屋外で, 露天で.
cair do céu (幸運などが) 降ってわいてくる.
cair dos céus びっくりする.
céu de brigadeiro 晴れ渡った空.
céu de rosas 雲のない澄んだ空.
dar o céu あれこれ約束する.
Do céu venha o remédio. 神が助けてくれますように.
estar no céu ① とても幸せである. ② 心地よい.
estar no sétimo céu 天にも昇る気持ちである.
ir ao céu 感嘆する, 驚嘆する.
mover céus e terra 全力を尽くす.
nem para o céu これ以上同行しません.
O céu é o limite. 制限はない, 無制限である.
revolver céus e terra 全力を尽くす, あらゆる手段を使う.
tomar o céu por testemunha 天に誓う.
um céu aberto 晴天, 幸運, 喜び, 幸せ.
cevada /se'vada/ 囡【植物】大麦.
cevar /se'vax/ 他 ❶ (家畜を) 太らせる, 肥育する ▶cevar os porcos 豚を肥育する / O fazendeiro cevava os animais todas as manhãs. 農園主は動物たちに毎朝餌をやる.
❷ 満足させる ▶A comida não era suficiente para cevar o apetite dos adolescentes. 食事は若者たちの食欲を満たすほど十分な量ではなかった / Cevava sua angústia com a bebida. 酒を飲んで苦悩を紛らわせていた / As medidas cevaram a ira dos agricultores. その方策は農民たちの怒りを鎮めた.
❸ 促す ▶O prefeito cevou a criação de postos de saúde. 市長は保健所の設置を促進した.
❹ (マテ茶を) 入れる, たてる；(マンジョッカを) 水に溶く.
— **cevar-se** 再 ❶ 栄養を取る ▶Cevou-se com frutas e cereais. 果物と穀類で栄養を摂取した.
❷ 満足する ▶Cevou-se com as palavras do pastor. 牧師の言葉に満足した.
❸ 金持ちになる ▶O político cevou-se em negócios ilícitos. その政治家は不正取引で富を得た.
CFTV《略語》circuito fechado de TV 閉鎖回路テレビ.

★chá /ʃa/ シャ/ 男 ❶ お茶；茶の木；茶の葉 ▶beber chá お茶を飲む / tomar um chá お茶をする / fazer chá お茶を入れる / uma xícara de chá 1杯のお茶 / chá de ervas ハーブティー / chá verde 緑茶 / chá preto 紅茶 / chá mate マテ茶 / um chá forte 濃いお茶 / chá de hortelã ミントティー / chá gelado アイスティー / salão de chá ティーサロン / serviço de chá ティーセット.
❷ 茶会, ティーパーティー ▶hora do chá お茶の時間 / chá das 5 午後5時の紅茶.
chá de bebê 出産を控えた女性への贈り物持ち寄りパーティー.
chá de panela 結婚前のお祝い.
tomar chá de cadeira 壁の花になる.
tomar chá de sumiço 突然姿を見せなくなる, いなくなる.
chã /ʃɛ̃/ 形 chão の女性形.
— 囡 ❶ 平原, 平地. ❷ 牛のもも肉 ▶chã de dentro 牛の内もも肉 / chã de fora 牛の外もも肉.
chácara /'ʃakara/ 囡 ❶ 農園. ❷ 別荘.
chacina /ʃa'sina/ 囡 虐殺.
chacinar /ʃasi'nax/ 他 虐殺する.
chacota /ʃa'kɔta/ 囡 あざけり, からかい ▶fazer chacota de alguém …をからかう.
chacrinha /ʃa'kriɲa/ 囡 圌 気の置けない集まり.
chafariz /ʃafa'ris/ [複 chafarizes] 男 噴水.
chaga /'ʃaga/ 囡 ❶ 傷, 傷跡 ▶as cinco chagas de Cristo キリストの5つの傷. ❷ 潰瘍.
chalé /ʃa'lɛ/ 男 シャレー (スイス風の山荘).
chaleira /ʃa'lejra/ 囡 やかん ▶pôr a chaleira no fogo やかんを火にかける / chaleira elétrica 電気ポット.

★chama /'ʃɛ̃ma/ シャーマ/ 囡 ❶ 炎, 火 ▶a chama da vela ろうそくの炎 / apagar as chamas 火を消す / chamas eternas 地獄の業火.
❷ 輝き, 光輝 ▶Ele tem um olhar sem chama. 彼の視線には輝きがない.
❸ 情熱, 熱情 ▶chamas do amor 恋の炎.
em chamas 燃えて, 炎上して.

★chamada¹ /ʃa'mada/ シャマーダ/ 囡 ❶ 出欠, 点呼 ▶fazer uma chamada 出欠を取る.
❷ 呼び出し ▶Ele recebeu uma chamada da diretoria ontem. 彼は昨日役員会の呼び出しを受けた.
❸ 電話をかけること, 電話がかかってくること ▶fazer uma chamada (telefônica) 電話をかける / receber uma chamada 電話を受ける / chamada a cobrar コレクトコール / chamada interurbana 長距離電話.
❹ (テレビの) 番組予告, 番組紹介.
❺ 叱ること ▶dar uma chamada em alguém …を叱る / receber uma chamada de alguém …に叱られる.
segunda chamada 追試, 再試験；二次募集.
chamado, da² /ʃa'madu, da/ 形 ❶ …と呼ばれる, …という名前の [+ de] ▶Édson Arantes do Nascimento é chamado de Pelé. エドソン・アランチス・ド・ナシメントはペレと呼ばれている.
❷ いわゆる ▶o chamado Rei do Pop いわゆる「ポップの王様」.
— 图 呼ばれた者 ▶os chamados para a seleção

chamamento

de futebol サッカーの代表チームに招集された者たち.
— **chamado** 男 呼ぶこと, 電話すること ▶receber um chamado urgente 緊急電話を受ける / chamado da natureza 便意.

chamamento /ʃama'mẽtu/ 男 ❶ 呼ぶこと. ❷ 招集.

★★chamar /ʃa'max/ シャマーフ/ 他 ❶ 呼ぶ ▶A mãe chamou o filho para almoçar. 母親は子供をお昼のために呼んだ.
❷ 呼び寄せる ▶Eu chamei o táxi para ir até o hotel. 私はホテルへ行くのにタクシーを呼んだ / chamar uma ambulância 救急車を呼ぶ / chamar a polícia 警察を呼ぶ / mandar chamar alguém … を呼びにやる.
❸《chamar + 直接目的語[間接目的語] + (de) + 補語》…を…と呼ぶ ▶Ele o [lhe] chamou de sábio. 彼はその人を学識のある人だと呼んだ / Ele sempre foi chamado de gênio. 彼はいつも天才と呼ばれた.
❹ 招く ▶Ele nos chamou para viajarmos juntos. 彼は一緒に旅行するために私たちを呼んだ / Meu amigo me chamou para a festa de formatura. 友人が私を卒業パーティーに招待してくれた.
❺ …に注意する ▶O professor chamou a atenção do aluno várias vezes. 先生はその生徒に何度も注意した
— 自 (電話が) 鳴る ▶O telefone está chamando! 電話が鳴っている.
— **chamar-se** 再 …という名前である ▶Eu me chamo Paulo. 私はパウロといいます / Como você se chama? 名前は何と言いますか / Como a senhora se chama? お名前は何とおっしゃいますか / Como se chama esta rua? この通りは何という名前ですか.
como é que chama 何とかいう人.
Isso não é para aqui chamado. それはこれとは関係がない.
ou eu não me chamo mais... 絶対にそうして見せる.
só não chamar de santo ひどい暴言を吐く.

chamariz /ʃama'ris/ [複 chamarizes] 男 ❶ おとりの鳥. ❷ 人を引き付けるもの.

chamativo, va /ʃama'tʃivu, va/ 形 ❶ 魅力的な. ❷ 派手な, 鮮やかな, けばけばしい.

chambre /ʃẽbri/ 男 部屋着, ガウン.

chamego /ʃa'megu/ 男 ❶ 情愛, 欲情. ❷ 愛情, 愛着.

chaminé /ʃami'nɛ/ 女《フランス語》❶ 煙突. ❷ 暖炉. ❸ ヘビースモーカー ▶É uma chaminé. ヘビースモーカーだ.
fumar como uma chaminé ヘビースモーカーである

champanha /ʃẽ'pɲa/ 男《フランス語》シャンパン ▶taça de champanha シャンパングラス.

champanhe /ʃẽ'pɲi/ 男 = champanha

★chance /ʃẽsi/ 女 機会, チャンス ▶O time tinha chance de vencer, mas não se esforçou o suficiente. チームは勝利の機会があったにもかかわらず, 十分な努力をしなかった / Esta é a última chance para você dizer a verdade. これが, 君が真実を述べる最後のチャンスだ / dar uma chance de viver / ter uma chance em mil 非常に確率が低い / não ter a menor chance de +不定詞 …するチャンスがまったくない.

chancela /ʃẽ'sela/ 女 ❶ 印章, 判. ❷ 押印, 捺印.

chancelaria /ʃẽsela'ria/ 女 ❶ 外務省. ❷ 大使館事務局.

chanceler /ʃẽse'lex/ 男 ❶ ドイツ, オーストリアの首相. ❷ 外務大臣.

chanchada /ʃẽ'ʃada/ 女 ❶ シャンシャーダ (1940年代から50年代までのブラジルの大衆娯楽映画). ❷ B級映画.

chantagear /ʃẽtaʒe'ax/ 他 ゆする, 恐喝する.

chantagem /ʃẽ'taʒẽ/ /[複 chantagens] 女 ゆすり, 恐喝 ▶fazer chantagem com alguém …をゆする, 恐喝する.

chantagista /ʃẽta'ʒista/ 名 恐喝する人, ゆする人.

chantili /ʃẽtʃi'li/ 男 ホイップクリーム.

★★chão, chã /ʃẽw, 'ʃẽ/ シャオン, シャン/ [複 chãos, chãs] 形 ❶ 平らな ▶superfície chã 平面.
❷ 穏やかな ▶mar chão 穏やかな海.
❸ 気取らない, 誠実な, 率直な ▶gente honesta e chã 正直で気取らない人.
❹ 簡素な, シンプルな ▶estilo chão シンプルなスタイル.
— **chão** 男 ❶ 地面, 土地, 地 ; 生まれ故郷 ▶chão fértil 肥沃な土地 / cair ao chão 倒れる / deitar ao [no] chão 倒す / jogar papel no chão 紙くずをポイ捨てする / Tem muito chão pela frente. 道のりは長い.
❷ 床 ▶O chão da casa brilha como um espelho. 家の床は鏡のように光っている / quarto com chão de madeira 木の床の寝室.
beijar o chão que alguém pisa …の影をも踏まない, …に大変感謝する, …を崇拝する.
botar no chão 倒す, 転倒させる, 投げ捨てる.
chão que deu uvas 利用価値のなくなったもの, 用済みのもの.
Do chão não passa. 落ちたとしても地面より下には落ちない. これ以上事態が悪くなることはない.
ir ao chão 倒れる, 落ちる.
perder o chão バランスを失う, 転倒しそうになる.
sentir o chão fugir dos pés 足元が崩れる感じがする.

chapa /ʃapa/ 女 ❶ (金属などの) 板 ▶chapas de aço 鋼板.
❷ 鉄板, 焼き網 ▶bife na chapa 牛肉の鉄板焼き / pão na chapa トースト.
❸ 〖自動車〗ナンバープレート ▶chapa fria 偽造ナンバープレート.
❹ chapa de raio X レントゲン写真.
— 名 B 俗 仲間, 友達 ▶meu chapa 友よ.
bater chapa 選挙に出馬する.
de chapa 完全に, 正確に.

chapada[1] /ʃa'pada/ 女 台地, 高原.

chapado, da[2] /ʃa'padu, da/ 形 ❶ 横たわった,

大の字になった. ❷ [話] (麻薬で) 酔った.
chapar /ʃa'pax/ [他] ❶ …に張る, 敷き詰める [＋em]. ❷ 板状に延ばす.
— **chapar-se** [再] 大の字になって倒れる.
chapelaria /ʃapela'ria/ [女] 帽子店.
chapeleira /ʃape'lejra/ [女] 帽子を入れる箱.
chapeleiro /ʃape'lejru/ [男] 帽子職人.
☆**chapéu** /ʃa'pɛu シャペゥ/ [男] ❶ **帽子** ▶ usar um chapéu 帽子をかぶる / chapéu de palha 麦わら帽子 / chapéu de feltro フェルト帽 / chapéu de abas largas つばの広い帽子 / chapéu alto シルクハット.
❷ 帽子状のもの ▶ chapéu da chaminé 煙突の笠.
❸ キノコのかさ.
❹ 〖サッカー〗ループシュート ▶ A bola fez um chapéu e entrou no gol. ボールは弧を描き, ゴールに入った.
de chapéu na mão かしこまって, 謙虚に, 困窮して.
de tirar o chapéu 脱帽ものの, すばらしい.
passar o chapéu 寄付を募る.
tirar o chapéu para alguém …に脱帽する, 感服する ▶ Todo mundo tirou o chapéu para a jogadora japonesa que ganhou o prêmio. すべての人は受賞した日本人女性選手に脱帽した.
chapéu-coco /ʃa,pɛu'koku/ [複 chapéus-coco(s)] [男] 山高帽.
chapéu de chuva /ʃa,pɛudʒi'ʃuva/ [複 chapéus de chuva] [男] 雨傘.
chapéu de sol /ʃa,pɛudʒi'sow/ [複 chapéus de sol] [男] パラソル, 日傘.
chapinhar /ʃapi'ɲax/ [他] ❶ 手で水をかけて (液体に浸した布などで) 濡らす ▶ A mãe chapinhava o bebê com uma esponja. 母親は水を掛けながらスポンジで赤ん坊の体を洗った.
❷ (水・泥などを) 手 (ものなど) でピシャピシャ打つ ▶ chapinhar a água com as mãos 手で水をピシャピシャ打つ.
— [自] ❶ …をピシャピシャ打つ [＋em] ▶ A chuva chapinhava na janela. 雨が窓に当たって音を立てていた / As crianças gostam de chapinhar nas poças de água. 子供は水たまりでピシャピシャやるのが好きだ.
❷ ぬかるみにはまる ▶ Os porcos chapinhavam na lama. 豚がぬかるみにはまっていた.
charada /ʃa'rada/ [女] 言葉当て遊び.
charco /'ʃaxku/ [男] ❶ 水たまり. ❷ 沼地, 湿地帯.
charge /'ʃaxʒi/ [女] 風刺マンガ.
chargista /ʃax'ʒista/ [名] 風刺マンガ作家.
charlatão, tona /ʃaxla'tɐ̃w̃, 'tõna/ [複 charlatões, ães] [名] 山師, ペテン師, いかさま師.
charme /'ʃaxmi/ [男] 魅力 ▶ Ela tem muito charme. 彼女はとても魅力がある.
fazer charme ① 誘惑する, 魅了する. ② 無関心を装う.
charmoso, sa /ʃax'mozu, 'mɔza/ [形] 魅力的な, 素敵な.
charneca /ʃax'nɛka/ [女] 湿地, 沼地.
charrua /ʃa'xua/ [女] 鋤.
charuto /ʃa'rutu/ [男] 葉巻.
chassi /ʃa'si/ [男] ❶ 車体, シャーシー. ❷ 枠, フレーム.
chateação /ʃatea'sɐ̃w̃/ [複 chateações] [女] 不快, 嫌なこと, 嫌なもの ▶ Que chateação! 嫌だね, まったく.
chateado, da /ʃate'tadu, da/ [形] いらいらした, 腹が立った ▶ estar chateado com... …にいらいらしている / ficar chateado com... …にいらつく / deixar alguém chateado …をいらつかせる.
chatear /ʃate'ax/ ⑩ [他] ❶ …でうんざりさせる, うるさがらせる ; 気を悪くさせる [＋com] ▶ Paulo chateia as pessoas com suas longas conversas. パウロは長話をして人々をうんざりさせる / As perguntas dos alunos chatearam o professor. 生徒たちの質問は教師をうんざりさせた / Não chateie! うるさいよ.
— [自] ❶ うるさく感じる ▶ Esta chuva chateia. この雨にはうんざりだ. ❷ [B] しゃがむ.
— **chatear-se** [再] …でうるさく感じる, いらいらする, うんざりする [＋com] ▶ chatear-se com pequenas coisas 些細なことにいらいらする / Chateei-me com os comentários dos colegas. 私は同僚の発言にいらついた.
chatice /ʃa'tʃisi/ [女] ❶ うるさがらせること ▶ Ouvi as chatices da minha vizinha. 隣人からつまらない話を聞かせられた.
❷ 退屈なこと (人) ▶ As tardes de domingo na fazenda são uma chatice. 農場で過ごす日曜の午後は退屈なものだ.
❸ 平坦.
chato, ta /'ʃatu, ta/ [形] ❶ 平らな, 平たい ▶ 平坦な土地 / nariz chato 低い鼻 / peito chato 平らな胸.
❷ [話] うるさい ; うんざりさせる, 退屈な ; いやな ▶ Sinto uma dor chata no estômago. いやな感じの胃痛がある / Este é um horário chato. 退屈な時間だ / filme chato 退屈な映画 / livro chato つまらない本 / conversa chata うんざりする会話 / Não suporto as histórias chatas do José. ジョゼの退屈な話には耐えられない.
— [名] [話] うるさい人 ▶ Não suporto esse chato. このいやなやつには我慢ならない.
— **chato** [男] ❶ [話] うんざりさせること. ❷ 〖昆虫〗[B] ケジラミ.
chato de galochas [B] [俗] しつこい人, うるさい人 ▶ Aquele homem é um chato de galochas. あいつは最悪なやつだ.
ser chato 嫌な [感じの悪い, うるさい] 人である.
chauvinismo /ʃawvi'nizmu/ [男] 盲目的愛国心, 排外主義.
chauvinista /ʃawvi'nista/ [形] 盲目的愛国心の, 排外主義の.
— [名] 盲目的愛国者, 排外主義者.
chavão /ʃa'vɐ̃w̃/ [複 chavões] [男] ❶ 大きい鍵.
❷ (菓子の) 型.
❸ 模範.
❹ 陳腐な決まり文句 ▶ O padre termina o sermão com o mesmo chavão de sempre. 神父はいつものありふれた言葉で説教を締めくくる.
❺ [話] 権威ある著者 ▶ Este autor é chavão no

campo da tecnologia. この筆者はテクノロジー分野で権威のある著者である.

★★★**chave** /'ʃavi シャーヴィ/ [女] ❶ **鍵, キー** ▶chave da porta ドアの鍵 / fechar à chave 鍵をかける / molho de chaves 鍵束 / chave de acesso アクセスキー / chave mestra マスターキー.
❷ (成功への) **足がかり**, 鍵 ▶a chave do sucesso 成功の鍵.
❸ (解決, 理解などの) **手がかり**, 糸口 ; (暗号解読の) 鍵語 ▶a chave do problema 問題の鍵 / chave pública 公開鍵.
❹ 《-chave》 **鍵になる**, 重要な ▶palavras-chave キーワード / pessoa-chave キーパーソン / indústria-chave 基幹産業.
❺ スパナ, 栓 ▶chave inglesa モンキーレンチ / chave de fenda ねじ回し, ドライバー / chave USB USB メモリー / chave Philips プラスドライバー.
❻ 中かっこ { }.
abrir com chave de ouro 幸先よいスタートを切る.
a sete chaves 厳重に保管された ▶fechar a sete chaves 万全に施錠する / guardar a sete chaves 厳重に保管する.
debaixo de chave しっかり鍵をかけて, 厳重に保管されて.
chave de abóbada 要石.
chave de braço 〖レスリング〗 アームロック.
fechar com chave de ouro 成功裏に終わる.
meter na chave 捕まえる, 投獄する.
ter a chave do cofre 金庫番を務める.

chaveiro /ʃa'vejru/ [男] ❶ キーホルダー. ❷ 鍵職人.

chave-mestra /ˌʃavi'mestra/ [[複] chaves-mestras] [女] マスターキー.

chávena /'ʃavena/ [女] カップ.

checar /ʃe'kax/ ㉙ [他] チェックする, 確認する ▶checar as informações 情報を確認する / checar se +[直説法] …かどうか確認する.

check-up /tʃe'kapi/ [[複] check-ups] [男] ❶ 健康診断 ▶fazer um check-up 健康診断を受ける. ❷ 点検, 検査.

chefatura /ʃefa'tura/ [女] chefatura de polícia 警察本部.

★★★**chefe** /'ʃɛfi シェーフィ/ [名] ❶ (組織や集団の) **長, 指導者** ▶chefe da polícia 警察長官 / chefe de [do] Estado 国家元首 / chefe de [do] governo 首相 / chefe do partido 党首 / chefe de família 家長 / chefe de orquestra オーケストラの指揮者 / chefe de cozinha シェフ, 料理長 / chefe de estação 駅長 / chefe de trem 車掌 / chefe da quadrilha ギャングの親玉.
❷ **上司** ▶Aquela senhora é a minha chefe. あの女性は私の上司だ.
❸ **責任者** ▶Ele é o chefe da missão. 彼は任務の責任者だ.

chefia /ʃe'fia/ [女] ❶ chefe の職 [地位]. ❷ chefe の管轄部署.

chefiar /ʃefi'ax/ [他] [自] 指揮する, 統率する, 率いる.

★**chegada** /ʃe'gada シェガーダ/ [女] ❶ **到着** (←→ partida) ▶A chegada do voo está atrasada. フライトの到着が遅れている / a chegada da primavera 春の到来 / ponto de chegada 到着点 / a chegada no poder 権力の座に就くこと.
❷ **ゴール** ▶A chegada da maratona está logo ali. マラソンのゴールはすぐそこだ / linha de chegada ゴールライン.
dar uma chegada 顔を出す.

chegado, da /ʃe'gadu, da/ [形] ❶ …から帰ってきた [+ de] ▶chegado da guerra 戦争から帰ってきた.
❷ …を好む [+ a].
❸ …と親しい [+ a].
❹ 血縁の近い, 近親の ▶parente chegado 近親者.
ser chegado numa garrafa 酒好きである, 酒豪である.

★★★**chegar** /ʃe'gax シェガーフ/ ⑪

直説法現在	chego chegas chega	chegamos chegais chegam
過去	cheguei chegaste chegou	chegamos chegastes chegaram

[自] ❶ **着く, 到着する** (←→ partir) ▶chegar a São Paulo サンパウロに着く / chegar ao destino 目的地に到着する / chegar em casa 自宅に着く / O trem chegou. 列車が着いた / Cheguei! ただいま / Ela ainda não chegou. 彼女はまだ着いていない / chegar a tempo 間に合うように着く / chegar cedo 早く着く / chegar tarde 遅く着く / chegar de viagem 旅行から帰ってくる.
❷ **来る** ▶Chegue aqui. ここに来なさい / Ela chegou do Norte. 彼女は北部から来た / Finalmente, chegou o verão! ついに夏が来た / Chegou o momento de mudar! 変わるべき時が来た / A época do carnaval está chegando. そろそろカーニバルの時期だ.
❸ **到達する** ▶O Flamengo chegou ao topo da classificação. フラメンゴは順位表のトップに到達した / chegar à conclusão 結論に達する / chegar ao clímax クライマックスに達する / chegar a um acordo 合意に達する / chegar ao fim 終わる / chegar ao poder 権力の座に着く / chegar a presidente 大統領になる / querer chegar a... …を目指す.
❹ **足りる, 十分である**, たくさんである ▶Só trabalhar muito não chega. よく働くだけでは足りない / Chega! うんざりだ / Chega de brincadeiras. 冗談はもうたくさんだ / Já chega! いい加減にしろ / Pra mim chega! もうたくさんだ.
❺ 動く, 移動する ▶Desculpem-me, mas poderiam chegar mais perto um do outro? 恐れ入りますが, 詰めていただけないでしょうか.
❻ 《chegar a +[不定詞]》 **…するに至る, …できる** ▶O time chegou a marcar um gol mas perdeu no final. チームは1点ゴールを決めることができたが結局は負けてしまった.

— [他] 近づける, 動かす ▶Chega a mesa para aqui, por favor. テーブルをこっちに寄せてください.
— **chegar-se** [再] …に近づく.
chegar junto 引き分ける；同時に同じことを思いつく.
ir chegando [話] 立ち去る ▶Vou chegando. そろそろ帰ります.

cheia[1] /'ʃeja/ [女] 洪水, 大水.

☆**cheio, a**[2] /'ʃejo, a シェィオ, ア/ [形] ❶ **いっぱいの, 満員の**, 満ちた (↔ vazio) ▶O teatro estava cheio. 劇場は満員だった / um dia cheio 予定が詰まった日.
❷ **…で満ちた** [+ de] ▶A piscina está cheia de folhas secas. プールは枯葉でいっぱいだった.
❸ …にうんざりした, あきあきした [+ de] ▶Estou cheio de repetir as mesmas coisas. 私は同じことを繰り返すのにうんざりしている.
❹ 満月の ▶lua cheia 満月.
❺ 太った, ふっくらした.
— **cheio** [男] 多量 ▶cheio de 多量の…, …が多い.
acertar em cheio ① (くじに) 当たる ▶Apostou na loto e acertou em cheio. ロトを買ったら, 本当に当たった. ② 図星を言う.
em cheio ① 完全に, 目いっぱいに. ② 正確に, まさしく ▶atingir em cheio 的を射る.
ficar cheio de si 自己満足する.
ser cheio da nota 金持ちである.
ser cheio de si うぬぼれている ▶Aquele rapaz é sempre cheio de si. あの青年はいつもうぬぼれている.

☆**cheirar** /ʃej'rax シェィラーフ/ [他] ❶ **…の匂いをかぐ** ▶Ela cheirou as flores 彼女は花の匂いをかいだ / cheirar o café コーヒーの香りをかぐ.
❷ …に感づく, 気付く ▶O cão cheirou a armadilha. 犬はわなをかぎつけた.
❸ 詮索する；探りを入れる ▶Ela foi cheirar o que se passava. 何が起こっているか彼女は詮索しに行った.
— [自] ❶ **匂いがする** ▶Essa flor cheira bem. その花はいい匂いがする / Esta água cheira mal. この水は嫌な匂いがする.
❷ …の匂いがする [+ a] ▶A camisa cheirava a perfume. シャツは香水の匂いがしていた.
❸ [話] …のように思える ▶Cheira-me a mentira. それは私にはうそみたいだ / Cheira-me que vai chover. 雨が降りそうだ.
❹ [話] …の気に入る, 関心を引く [+ a] ▶Isso não me cheira nada bem. それはうさんくさい / Não me cheira. 私は好きではない, 私はそう思わない.
cheirar a cueiros 青臭い.
de cheirar e guardar 貴重な, 大切に使うべき. 珍重すべき ▶É de cheirar e guardar. それはちびちびと愉しむものだ.

☆**cheiro** /'ʃejru シェィロ/ [男] **匂い, 香り** ▶Esse perfume tem um bom cheiro. この香水はいい匂いがする / ter um cheiro ruim 嫌な匂いがする / mau cheiro 悪臭 / cheiro forte 強い匂い / cheiro de rosa バラの匂い / cheiro de queimado 焦げた匂い / Que cheiro é esse? これは何の匂いだろう.

cheiroso, sa /ʃej'rozu, 'rɔza/ [形] よい香りのする ▶ser [estar] cheiroso いい匂いがする.

cheiro-verde /ˌʃejro'vexdʒi/ [複 cheiros-verdes] [男] 調味用のネギとイタリアンパセリ.

*__cheque__ /'ʃɛki シェーキ/ [男] **小切手**, 手形 ▶fazer um cheque 小切手を切る / pagar com um cheque 小切手で支払う / descontar um cheque 小切手を現金にする / talão de cheques 小切手帳 / cheque ao portador 持参人払い小切手 / cheque de viagem トラベラーズチェック / cheque em branco 白地小切手 / cheque sem fundos 不渡り小切手.

chiado /ʃi'adu/ [男] キーキー言う音, キーッという音.

chiar /ʃi'ax/ [自] ❶ (車輪などが) ギーギー音を立てる ▶Os pedais da bicicleta chiam. 自転車のペダルがギーギー音を立てる.
❷ (鳥が) チュッチュッさえずる ▶Os pardais chiam pela manhã. 朝スズメがさえずる.
❸ [話] ワーワー文句を言う ▶Os meninos chiam quando a mãe os manda estudar. 母親が勉強するよう言いつけると子供たちはワーワーと文句を言う.
❹ [話] 抗議の声を上げる ▶Os empregados chiaram ante as medidas de economia da empresa. 会社側の節約措置に対して従業員は抗議の声を上げた.
Não adianta chiar. 文句を言っても始まらない.

chibata /ʃi'bata/ [女] むち.

chicana /ʃi'kẽna/ [女] 法律上のごまかし, 詭弁.

chiclete /ʃi'klɛtʃi/ [男] チューインガム ▶mastigar chiclete ガムをかむ / chiclete de bola 風船ガム / chiclete de hortelã スペアミントガム.

chicória /ʃi'kɔria/ [女]〖植物〗チコリー；キクジシャ.

chicotada /ʃiko'tada/ [女] むちで打つこと.

chicote /ʃi'kɔtʃi/ [男] むち ▶no chicote むちをふるって.

chicotear /ʃikote'ax/ ⑩ [他] むち打つ.

chifrada /ʃi'frada/ [女] 角で突くこと.

chifrar /ʃi'frax/ [他] ❶ …を角で突く.
❷ (妻が夫に) 不貞を働く ▶chifrar o marido 夫を裏切る.

chifre /ʃi'fri/ [男] (動物の) 角.
batendo chifre 押し合いへし合いしながら.
botar [pôr] chifres em... (夫に対して) 不貞を働く.
procurar chifre em cabeça de cavalo 馬の頭に角を探す, 無意味なことをする.
ser do chifre furado ずる [悪] 賢い, ずうずうしい.
ter chifres (男が女に) 浮気される.
ver chifre em cabeça de cavalo 欲目で見る, ひいき目で見る.

chifrudo, da /ʃi'frudu, da/ [形] [名] 角のある (動物).
— **chifrudo** [男] ❶ [話] 悪魔. ❷ [卑] 妻に浮気された夫.

Chile /'ʃili/ [男]《国名》チリ.

chileno, na /ʃi'lẽnu, na/ [形] チリの.
— [名] チリ人.

chilique /ʃi'liki/ [男] ❶ 気絶 ▶ter um chilique 気絶する. ❷ かんしゃく.

chilrear /ʃiwxe'ax/ ⑩ [自] ❶ (鳥が) さえずる. ❷ お

C

chilreio

しゃべりする.
chilreio /ʃiwˈxeju/ 男 (鳥の) さえずり声.
chimarrão /ʃimaxˈẽw̃/ 男 [複 chimarrões] 男 ひょうたんで作った器で飲む砂糖なしのマテ茶.
chimpanzé /ʃipẽˈze/ 男 チンパンジー.
China /ˈʃina/ 女 《国名》中国 ▶ República Popular da China 中華人民共和国 / viver na China 中国で暮らす.
chinelo /ʃiˈnelu/ 男 スリッパ, サンダル ▶ calçar os chinelos サンダルを履く.
　amanhecer de chinelos trocados 不機嫌に目覚める.
　botar [meter, pôr] no chinelo … に 優 る, 凌ぐ.
　meter o chinelo しつけのために子供をスリッパでたたく.
‡**chinês, sa** /ʃiˈnes, ˈneza/ シネース, ザ/ [複 chineses, sas] 形 **中国の**, 中国語の, 中国人の ▶ comida chinesa 中華料理 / Há muitos produtos chineses no mercado. 市場にはたくさんの中国製品がある / Os caracteres chineses são difíceis. 漢字は難しい.
 — 名 中国人 ▶ O marido da minha amiga é chinês. 私の友人の夫は中国人だ.
 — **chinês** 男 中国語.
chio /ˈʃiu/ 男 チューチュー, キーキーいう音.
chique /ˈʃiki/ 形 《男女同形》おしゃれな, シックな ▶ uma mulher chique おしゃれな女性 / restaurante chique 高級レストラン.
chiqueiro /ʃiˈkejru/ 男 ❶ 豚小屋. ❷ 汚いところ ▶ É um verdadeiro chiqueiro! まるで豚小屋同然だ.
chispa /ˈʃispa/ 女 ❶ 火花. ❷ ひらめき, 才能.
chispada /ʃisˈpada/ 女 疾走.
chispar /ʃisˈpax/ 自 ❶ 火花を飛ばす, 火の粉を飛ばす. ❷ 激怒する. ❸ 俗 … から逃げる, 出ていく [＋ de] ▶ Chispa daqui! ここから出ていけ.
chita /ˈʃita/ 女 チータ.
choça /ˈʃɔsa/ 女 (粗末な) 小屋.
chocalhar /ʃokaˈʎax/ 他 ❶ 振り鳴らす ▶ chocalhar os cincerros カウベルを鳴らす / As crianças chocalharam as maracas na festa de aniversário. 誕生パーティーで子供たちはマラカスを振った. ❷ 振る ▶ chocalhar as chaves 鍵をがちゃがちゃと振る. ❸ (容器に入った液体を) 振る ▶ chocalhar o suco ジュースを振る.
 — 自 ❶ (鐘鈴が) 鳴る. ❷ 大笑いする ▶ Os meninos chocalharam alto ao ouvir as piadas. 子供たちは小噺を聞いて大笑いした.
chocalho /ʃoˈkaʎu/ 男 (おもちゃの) がらがら.
chocante /ʃoˈkẽtʃi/ 形 《男女同形》衝撃的な, 派手な ▶ notícia chocante ショッキングなニュース / cor chocante 派手な色.
*‌**chocar** /ʃoˈkax/ 29 自 ❶ … にぶつかる [＋ em/contra] ▶ O carro chocou no trem. 車が電車にぶつかった / Ele chocou contra a árvore. 彼は木にぶつかった. ❷ 孵化する ▶ Os ovos chocaram. 卵が孵化した. ❸ 腐る ▶ A comida chocou com a alta temperatura. 気温が高いせいで食料が腐った. ❹ 話 長い時間待つ ▶ Ele chocou na sala de espera. 彼は待合室で長いこと待った.
 — 他 ❶ … に衝撃を与える ▶ A atitude do político chocou os eleitores. 政治家がとった行動は有権者にショックを与えた / O crime chocou os moradores do bairro. その犯罪は地区の住民を震撼させた / ficar chocado ショックを受ける, 驚く. ❷ (鳥が卵を) 抱く, 孵化させる ▶ A pata está chocando os ovos. アヒルが卵を抱いている. ❸ (考えや計画を) 抱く ▶ Estou chocando um plano de fazer uma viagem ao redor do mundo. 私は世界一周旅行の計画を練っている. ❹ (病気に) 感染する ▶ Acho que estou chocando uma gripe. 私はインフルエンザにかかっていると思う. ❺ 回 怖がらせる ▶ Os atos de terrorismo chocam a população. テロ行為は民衆を怖がらせる.
 — **chocar-se** 再 ❶ … に衝突する [＋ com/contra] ▶ O trem se chocou com o automóvel. 列車が自動車に衝突した / Eles se chocaram no corredor. 彼らは廊下でぶつかった / Um caminhão chocou-se contra o muro. トラックが塀にぶつかった. ❷ … 衝撃を受ける [＋ com].
chocho, cha /ˈʃoʃu, ʃa/ 形 ❶ 水気のない ▶ castanha chocha 水分が飛んだ栗. ❷ 中身のない ▶ torta chocha 具の少ないパイ. ❸ 元気がない ▶ O menino está chocho por ter levado uma bronca do pai. 父親に叱られ, 少年は元気がない / Estou com o rosto chocho. 私は元気のない顔をしている. ❹ (卵が) 孵化しなかった ▶ ovo chocho 孵化しなかった卵. ❺ 空虚な, 無益な；間抜けな ▶ Passou por uma experiência chocha. 無駄な経験をした / desculpa chocha 間抜けな言い訳. ❻ 面白みのない, 単調な ▶ Que festa chocha! なんとまあ興ざめなパーティーだろう.
 — **chocho** 男 P 話《幼児語》キス ▶ Dê-me um chocho, filhinho! 坊や, キスして.
choco, ca /ˈʃoku, ka/ [複 /ˈʃɔ-/] 形 ❶ (卵が) 孵化中の. ❷ (卵が) 孵化しなかった ▶ ovo choco 孵化しなかった卵. ❸ 腐った ▶ comida choca 腐った食物 / leite choco 傷んだ牛乳. ❹ 味のない. ❺ (水が) よどんだ ▶ água choca よどんだ水.
 — **choco** 男 抱卵, 孵化 ▶ Durante o período de choco, as galinhas devem ser bem alimentadas. 卵をあたためている間, 雌鶏には栄養をちゃんと与えなければならない / Os ovos estão em choco. 卵が孵化中だ.
estar no [de] choco ① 病床に伏している. ② 準備期間にある. ③ (雌鶏が) 抱卵している.
ficar no choco ① 家に引きこもる. ② (雌鶏が) 抱卵している.
*‌**chocolate** /ʃokoˈlatʃi/ ショコラーチ/ 男 ❶ チョコレート ▶ chocolate amargo ビターチョコレート / cho-

colate ao leite ミルクチョコレート / chocolate preto ブラックチョコレート / chocolate branco ホワイトチョコレート / sorvete de chocolate チョコレートアイスクリーム / uma caixa de chocolates チョコレートの詰め合わせ箱.

❷ ココア▶tomar um chocolate quente 熱いココアを飲む.

chofer /ʃoˈfex/ 男 運転手 ▶ chofer de táxi タクシー運転手.

chofre /ˈʃofri/ 男 突然の衝撃.
de chofre 突然, いきなり.

chope /ˈʃopi/ 男 B 生ビール.

★**choque** /ˈʃɔki/ 男 ❶ 衝撃, ショック ▶ A notícia foi um choque muito grande. そのニュースはとても大きな衝撃だった / choque cultural カルチャーショック / estar em estado de choque ショック状態にある / ficar em estado de choque ショック状態に陥る.

❷ 電気ショック ▶ levar um choque 電気ショックを受ける.

❸ 衝突 ▶ choque de gerações 世代の衝突 / choque de civilizações 文明の衝突 / choque entre os carros 自動車衝突.

choradeira /ʃoraˈdejra/ 女 ❶ 泣くこと, 大泣き.
❷ 泣き言, 愚痴.

choramingar /ʃoramĩˈgax/ 自 ❶ めそめそ泣く ▶ A criança choraminga no colo da mãe. 母親の胸で子供がめそめそと泣きじゃくる.
❷ すすり泣く ▶ Ela choraminga por perdão. 彼女は許しを求めてすすり泣く.
— 他 泣き声で言う.

choramingas /ʃoraˈmĩgas/ 名《単複同形》めそめそする人.

chorão, rona /ʃoˈrẽw, ˈrõna/ [複 chorões, choronas] 名 泣き虫.
— 形 泣き虫の, よく泣く.
— **chorão** 男 ❶《植物》ヤナギ. ❷《魚》ナマズ.

★**chorar** /ʃoˈrax/ 自 ❶ 泣く, 涙を流す ▶ chorar de alegria うれし泣きする / chorar de dor 苦痛で涙を流す / chorar de raiva 怒りの涙を流す / chorar à toa 些細なことで泣く / chorar até não poder mais 涙が枯れるまで泣く.
❷ 値引きを求める.
— 他 ❶ …を悼む, 嘆く, 悲しむ ▶ chorar a perda de... …を悼んで泣く.
❷《涙を》流す ▶ chorar rios de lágrimas 滝のような涙を流す / chorar lágrimas de sangue 血の涙を流す.
chorar de barriga cheia ぜいたくな悩みを持つ.
comer e chorar por mais とても気に入る.
É de chorar. 泣きたい気持ちだ. 泣かせる.

chorinho /ʃoˈriɲu/ 男 ❶《音楽》ショリーニョ（軽快なショーロ）. ❷《飲み物の》お代わり ▶ Dá um chorinho desse suco, por favor. このジュースのお代わりをください.

choro /ˈʃoru/ 男 ❶ 泣くこと. ❷《音楽》ショーロ（ブラジルのポピュラー音楽）.
O choro é livre. 負け犬の遠吠えだ.

choroso, sa /ʃoˈrozu, ˈrɔza/ 形 泣いている, 嘆き悲しんでいる.

chorrilho /ʃoˈxiʎu/ 男 一連, 一続き ▶ um chorrilho de asneiras 一連の愚行.

choupana /ʃoˈpẽna/ 女 小屋.

choupo /ˈʃopu/ 男《植物》ポプラ.

chouriço /ʃoˈrisu/ 男 豚の血, 肉, 脂を香辛料で味付けしたソーセージ.

chove não molha /ʃovinẽwˈmɔʎa/ 男《単複同形》B ❶ 手詰まり状態, 膠着状態 ▶ A situação política está há meses num chove não molha. もう何か月も政局が行き詰っている.
❷ 優柔不断, 煮え切らないこと ▶ Aquele homem fica no chove não molha e nunca decide se casar. あの男は優柔不断で, 結婚に踏み切ることがない.
cheio de chove não molha 細かいことにこだわる, 好みにうるさい.

★★**chover** /ʃoˈvex/ ショヴェーフ/ 自 ❶《非人称》雨が降る ▶ Está chovendo. 雨が降っている / Começou a chover. 雨が降り始めた / Parece que vai chover. 雨が降りそうだ.
❷ 降る, 降り注ぐ.
— 他 降らせる ▶ O sorriso parece chover luz sobre as pessoas. ほほえみは人々に光を浴びせかけるようだ.
chova ou faça sol 雨が降っても晴れても.
chover a cântaros 土砂降りに降る, 大雨が降る.
chover no molhado 屋上屋を架す.
chover no roçado de... …に恵みの雨をもたらす.
nem que chovam canivetes 何があろうと, 雨が降ろうと槍が降ろうと.

chuchar /ʃuˈʃax/ 他 ❶ 吸う ▶ chuchar o dedo 指を吸う.
❷ …の乳を吸う ▶ O bebê chucha o leite com força. 赤ん坊が力いっぱい乳を吸う.
❸ P からかう ▶ Os alunos chucharam o colega. 生徒たちは同級生をからかった.
❹ 国 怒らせる ▶ chuchar o animal com uma vara 棒で動物を挑発する.
❺ B 国 投げ入れる, かける.
❻ B 国 強要する ▶ chuchar um castigo nos moleques いたずら小僧たちに罰を強要する.

chuchu /ʃuˈʃu/ 男《植物》ハヤトウリ.
❷ 国 かわいい人 ▶ Ela é um chuchu. 彼女はかわいい.
❸ B 国 お気に入り ▶ Esse menino é o meu chuchu. この男の子は私のお気に入りだ.
❹ 国《ふざけて》ラム酒.
dar mais que chuchu na cerca 腐るほどある, 掃いて捨てるほどある.
pra chuchu B 国 とても, たくさん ▶ comer pra chuchu たくさん食べる / falar pra chuchu たくさん話す / Aquele restaurante é caro pra chuchu. あのレストランはめちゃくちゃ高い.

chucrute /ʃuˈkrutʃi/ 男《料理》ザワークラウト.

chulé /ʃuˈlɛ/ 男 足の悪臭.

chumbado, da /ʃũˈbadu, da/ 形 ❶ 鉛で溶接［接合］された ▶ barra chumbada 鉛で溶接された棒.
❷《鉛などの》弾丸で傷ついた ▶ Os bandidos fo-

chumbar

ram chumbados pelos policiais. 悪者どもは警官の銃弾を受けて負傷した.
❸ 鉛色の, 暗灰色の.
❹ 重りをつけた ▶ corrente chumbada 鉛の重りをつけた鎖.
❺ 鉛で封印された ▶ carta chumbada 鉛印された手紙.
❻ 強く結びついた ▶ Ele está chumbado à polícia. 彼は政治との繋がりが強い.
❼ 唖然とした ▶ Fiquei chumbado com a notícia. 私はその知らせに唖然とした.
❽ 真面目くさった ▶ Ele é um estudante chumbado. 彼は真面目くさった学生だ.
❾ 消沈した ▶ Mário anda chumbado nestes últimos dias. 最近マリオは気落ちしている.
❿ 酒に酔った ▶ O homem chegou chumbado em casa. 男は酔っぱらって帰宅した.
⓫ 試験に失敗した ▶ Carlos foi chumbado no exame vestibular. カルロスは大学受験で落ちた.
estar chumbado ① 酔っ払う. ② 病気にかかっている.

chumbar /ʃũ'bax/ 他 ❶ 鉛などで接合する ▶ chumbar a corrente 鎖を溶接する / chumbar a moldura 型を溶接する.
❷ (散弾) 銃で撃つ ▶ O caçador chumbou o animal. 猟師は獲物を撃った / Os policiais chumbaram os assaltantes. 警官たちは強盗を撃った.
❸ …に重りをつける ▶ chumbar a rede de pesca 漁網に鉛の重りをつける.
❹ 鉛の封印をする ▶ chumbar uma carta 手紙に鉛印を押す / chumbar um testamento 遺言に鉛で封をする.
❺ 固定する ▶ chumbar a base da estátua 像の台座を固定した / chumbar um cofre 金庫を固定する.
❻ 俗 深い友情の絆を結ぶ ▶ Os meninos chumbaram uma boa amizade no acampamento. キャンプを通じて少年たちは深い友情の絆を結んだ.
❼ 俗 酔わせる ▶ Chumbaram o amigo com aguardente. 友人を焼酎を飲まされて酔っぱらった.
❽ 俗 衰弱させる ▶ Fiquei chumbado com a gripe. インフルエンザでダウンした.
❾ (試験などで) 落第させる, 不合格にする.

chumbo /'ʃũbu/ 男 ❶ 【化学】鉛.
❷ 散弾, 鉛の弾丸.
❸ おもり.
❹ 俗 重い物 ▶ estar um chumbo とても重い / Você está carregando chumbo nessa sacola! そのバッグ, めちゃくちゃ重いね.
❺ 俗 発砲, 発射, 砲火 ▶ dar chumbo 発砲する / tomar [comer] chumbo 被弾する.
❻ 鉛灰色.
Chumbo trocado não dói. 仕返しを甘んじて受ける.
levar chumbo ① 失敗する. ② 打たれる. ③ 落第する.
só não beber chumbo derretido 溶けた鉛以外は何でも飲む.

chupar /ʃu'pax/ 他 ❶ (液体を) 吸う ▶ chupar sangue 血を吸う / chupar mate マテ茶を (ストローで) 吸う / Esta esponja chupa bem a água. このスポンジはよく水を吸う.
❷ (果実の) 汁を吸う ▶ chupar uma laranja オレンジを食べる / chupar uma manga マンゴーを食べる.
❸ しゃぶる ▶ chupar chupeta おしゃぶりをしゃぶる / chupar o dedo 指をしゃぶる.
❹ 俗 酒を飲む ▶ chupar cerveja ビールを飲む.
❺ 俗 搾取する ▶ Ele chupou toda a herança da família. 彼は家の遺産を残らず搾り取った.
❻ なめる ▶ chupar um picolé 棒つきアイスをなめる / chupar uma bala あめをなめる.
❼ B まねる, 模倣する, 盗作する ▶ chupar a ideia de outra pessoa 他人のアイデアを盗む.
— 自 俗 酒を飲む ▶ chupar com os amigos no bar 友人とバールで酒を飲む.

chupeta /ʃu'peta/ 女 おしゃぶり.

churrascaria /ʃuxaska'ria/ 女 シュラスコレストラン.

churrasco /ʃu'xasku/ 男 シュラスコ (ブラジル風バーベキュー).

churrasqueira /ʃuxas'kejra/ 女 シュラスコ用コンロ.

churrasquinho /ʃuxas'kiɲu/ 男 串焼き風のシュラスコ.

chutar /ʃu'tax/ 他 ❶ 蹴る, キックする, シュートする ▶ chutar a bola ボールを蹴る / chutar as pedrinhas 小石を蹴る / O jogador chutou a bola diretamente para o gol. 選手はダイレクトにボールをシュートした.
❷ B 俗 …にヤマ勘で答える ▶ Eu chutei as respostas do exame. 試験にヤマ勘で答えた.
❸ 俗 《男性言葉》 B (食卓の上の物などを) 取って回す ▶ Chuta o sal para mim. 塩取って.
❹ 俗 捨てる.
❺ B 俗 …と縁を切る, 関係を断つ ▶ chutar o empregado 使用人を首にする / chutar um velho amigo 昔の仲間と縁を切る / Maria chutou o namorado e casou-se com outro. マリアは彼氏を振って別の男と結婚した.
— 自 ❶ ボールを蹴る, シュートする ▶ chutar no gol ゴールにシュートする.
❷ B 俗 自慢話をする ▶ chutar alto うそをつく, ホラを吹く.
chutar alto 大口をたたく.
chutar para o alto 軽視する, 断念する.

chute /'ʃutʃi/ 男 ❶ 蹴ること ▶ dar um chute em… …を蹴る. ❷ 《スポーツ》 キック, シュート ▶ chute de calcanhar B ヒールキック / chute interno B インサイドキック.
chute de letra 【サッカー】 ラボーナ.
chute no traseiro ① 屈辱. ② 突然の解雇.
no chute あてずっぽうで.

chuteira /ʃu'tejra/ 女 サッカーシューズ ▶ uma chuteira 一足のサッカーシューズ.
pendurar as chuteiras ① (サッカー選手が) 引退する. ② 定年退職する.

chuto /'ʃutu/ 男 ❶ 【サッカー】 シュート. ❷ 蹴ること. ❸ 薬物を注射すること ▶ sala de chuto 麻薬注射センター.

chuva /'ʃuva シューヴァ/ 囡 ❶ 雨 ▶ um dia de chuva 雨の日 / época de chuva 雨季 / chuva forte 強雨 / chuva fraca 弱雨 / chuva torrencial 豪雨 / chuva ácida 酸性雨 / chuva fina 霧雨 / andar na chuva 雨の中を歩く / tomar [pegar] chuva 雨に降られる / chuva de verão 夏の夕立. ❷ …の雨, 雨のように降るもの ▶ chuva de balas 弾丸の雨 / chuva de estrelas 流星雨 / chuva de pedra 雹 / chuva de granizo 雹の嵐.
ficar na chuva ① 酔う. ② 路頭に迷う.
Quem está na chuva é pra se molhar. 乗り掛かった船だ.
sujeito a chuvas e trovoadas まだひと悶着ありそうである.
chuvada /ʃu'vada/ 囡 急な土砂降り.
chuvarada /ʃuva'rada/ 囡 圕 急な土砂降り.
chuveirada /ʃuvej'rada/ 囡 シャワーを浴びること.
chuveiro /ʃu'vejru/ 男 ❶ にわか雨. ❷ シャワー, シャワー室 ▶ tomar banho de chuveiro シャワーを浴びる / ligar o chuveiro シャワーを出す / desligar o chuveiro シャワーを止める. ❸ 円形のパヴェリング ▶ Helena ganhou um chuveiro de brilhantes do marido. エレーナは夫から円形のパヴェリングをもらった. ❹ 圕《サッカー》敵陣に上げられたパス. ❺ chuveiro automático スプリンクラー設備.
ir para o chuveiro mais cedo《サッカー》退場する.
mandar para o chuveiro《サッカー》退場を命じる.
chuviscar /ʃuvis'kax/ ㉙ 圊《非人称》霧雨が降る.
chuvisco /ʃu'visku/ 男 ❶ 霧雨. ❷ 圕 卵ベースの生地を沸騰したシロップに滴状に落として固めたお菓子.
chuvoso, sa /ʃu'vozu, 'vɔza/ 厖 雨の, 雨の多い ▶ tempo chuvoso 雨天 / dia chuvoso 雨の日 / clima chuvoso 雨の多い気候.
CI《略語》囝 carteira de identidade 身分証明書.
Cia《略語》companhia 会社.
cibercafé /sibexka'fɛ/ 男 インターネットカフェ.
ciberespaço /siberes'pasu/ 男 サイバースペース, 仮想現実空間.
cibernética /sibex'nɛtʃika/ 囡 サイバネティクス, 人工頭脳研究.
cibernético, ca /sibex'nɛtʃiku, ka/ 厖 サイバネティクスの.
ciberpirata /sibexpi'rata/ 名 ハッカー.
ciborgue /si'bɔxgi/ 男 サイボーグ.
cica /'sika/ 囡 (青い果物の) 酸っぱさ, 渋さ.
cicatriz /sika'tris/ [圕 cicatrizes] 囡 傷跡 ▶ ter uma cicatriz 傷跡がある / deixar cicatrizes 傷跡を残す.
cicatrização /sikatriza'sẽw/ [圕 cicatrizações] 囡 ❶ (傷の) 癒合. ❷《比喩的》傷が癒えること.
cicatrizar /sikatri'zax/ 他 ❶ (傷を) 癒合させる, 治す ▶ cicatrizar feridas 傷を治す. ❷ (心の傷を) 癒す, (苦しみなどを) 和らげる.
— 圊 (傷が) 治る ▶ A ferida cicatrizou. 傷が治った.

— **cicatrizar-se** 圍 (傷が) 癒合する, 治る.
cicerone /sise'rõni/ 名 観光案内人, ガイド.
ciciar /sisi'ax/ 圊 ❶ ささやく, 小声で言う. ❷ 小さな音をたてる.
— 他 ささやく, 小声で言う.
cicio /si'siu/ 男 ささやき声, さやさやという音.
ciclicamente /siklika'mẽtʃi/ 圖 周期的に.
cíclico, ca /'sikliku, ka/ 厖 周期的な, 循環性の, 円環的な ▶ movimento cíclico 周期的運動.
ciclismo /si'klizmu/ 男 自転車競技；サイクリング ▶ praticar ciclismo サイクリングをする
ciclista /si'sista/ 名 自転車に乗る人；自転車競技選手.
— 厖 自転車の, 自転車競技の.
ciclo /'siklu/ 男 ❶ 周期, サイクル, 循環 ▶ O ciclo de rotação da Terra é de 24 horas. 地球の自転の周期は24時間である / no ciclo de 28 dias 28日周期で / ciclo vital ライフサイクル / ciclo econômico 景気循環 / ciclo das estações 季節の循環. ❷ 時代 ▶ o ciclo do ouro no Brasil ブラジルで黄金が産出した時代. ❸ (小説などの) 連作, シリーズ ▶ ciclo de contos urbanos de Monteiro Lobato モンテイロ・ロバトの市街をテーマにした連作.
ciclone /si'klõni/ 男 サイクロン；嵐, 暴風雨.
ciclovia /siklo'via/ 囡 自転車道.
cidadania /sidada'nia/ 囡 公民権, 市民権 ▶ cidadania brasileira ブラジル市民権.
cidadão, dã /sida'dẽw, dẽ/ スィダダォン, ダン/ [圕 cidadãos, dãs] 名 ❶ 公民, 国民 ▶ Cada cidadão tem seus direitos. 各公民には権利がある / cidadão brasileiro ブラジル国民. ❷ 圕 cidadãos paulistas サンパウロ市民 / cidadão do mundo コスモポリタン, 地球市民. ❸ 圕 人, やつ.
cidade /si'dadʒi/ スィダーヂ/ 囡 ❶ 都市, 市, 街 ▶ viver na cidade 街に住む ▶ a cidade de São Paulo サンパウロ市 / uma cidade perto da capital 首都近郊の都市 / cidade baixa 下町 / cidade turística 観光都市 / cidade universitária 大学都市 / cidade natal 故郷 / cidade histórica 歴史的都市 / cidade aberta 無防備都市 / Cidade Eterna 永遠の都 (ローマ) / Cidade Maravilhosa すばらしき都市 (リオデジャネイロのこと) / Cidade Sagrada 聖都 (エルサレムなど). ❷ 全市民 ▶ A cidade inteira pulava de alegria com a vitória do time. 街全体がチームの勝利に喜び沸いていた. ❸《a cidade》中心街 ▶ Amanhã preciso ir à cidade para procurar o presente da mamãe. 明日は母のプレゼントを買うために中心街へ行かなければならない.
cidade-estado /si,dadʒies'tadu/ [圕 cidades-estados] 囡 都市国家.
cidadela /sida'dɛla/ 囡 (街を見下ろす) 城塞, 砦.
cidra /'sidra/ 囡《果実》シトロン.
cidreira /si'drejra/ 囡《植物》ブッシュカン.
ciência /si'ẽsia/ スィエンスィア/ 囡 ❶ 科学 ▶ progresso da ciência 科学の進歩 / ciên-

cias exatas 精密科学 / ciências físicas 物理科学 / ciências naturais 自然科学 / ciências sociais 社会科学 / ciências humanas 人文科学 / ciências ocultas 神秘主義, オカルティズム.

❷ 知識 ▶ poço de ciência 博識家；物知り / ter ciência de... …を知っている / Ele tem ciência dos acontecimentos. 彼はそのことについて知っている.

❸ 技術, 技能, スキル ▶ Isso requer muita ciência. それは多くの技術を必要とする.

❹《ciências》理科 ▶ professor de ciências 理科の教師.

ciência de algibeira 耳学問, 半可通な知識.
meia ciência 表層だけ知ること.

ciente /si'ẽtʃi/ [形]《男女同形》❶ 学識のある ▶ Um diretor ciente liderava a empresa. 博学な役員がその会社を率いていた. ❷ …を知っている, 承知している, 気がついている [+ de] ▶ O pai está ciente da ausência do filho na escola. 父親は息子が学校を欠席していることを知っている.

cientificamente /siẽ,tʃifika'mẽtʃi/ [副] 科学的に.

‡**científico, ca** /siẽ'tʃifiku, ka/ スィエンチフィコ, カ/ [形] ❶ 科学的な, 学問的な ▶ evidências científicas 科学的証拠 / dados científicos 科学的データ / método científico 科学的方法 / nome científico 学名. ❷ 学術的な ▶ revista científica 学術誌 / congresso científico 学術会議.

‡**cientista** /siẽ'tʃista/ スィエンチスタ/ [名] 科学者, 学者.

cifra /'sifra/ [女] ❶ 総数 ▶ A cifra das empresas que faliram neste ano foi a mais alta nestes últimos dez anos. 今年の倒産企業数は過去10年で最多であった.

❷ 総額 ▶ a cifra das importações 輸入総額 / a cifra dos custos de construção 建設費総額.

❸ ゼロ. ❹ 数字.

❺ 暗号を解く鍵. ❻ モノグラム.

❼《音楽》和音コード記号 ▶ cifras de músicas para violão ギターの和音コード記号.

❽《cifras》簿記, 四則 ▶ João é bom em cifras. ジョアンは数字に強い.

cifrão /si'frɐ̃w/ [複 cifrões] [男] 貨幣単位を表す $の記号.

cifrar /si'frax/ [他] ❶ 数字で表す ▶ cifrar os dados データを数値化する.

❷ 暗号で伝達する; 暗号化する ▶ cifrar uma mensagem 暗号でメッセージを伝える / cifrar um texto 文章を暗号化する.

❸ …に要約する [+ em] ▶ cifrar o conteúdo da palestra 講演会の内容を要約する.

❹《音楽》数字譜で書く ▶ cifrar os acordes da música popular ポピュラー音楽のコード譜を書く.

— **cifrar-se** [再] …に要約される [+ em] ▶ Sua vida se cifra em trabalhar no banco. 銀行での仕事が彼の生活のほとんどを占めている / Seus estudos se cifram em livros. 彼の勉強は本だけだ.

cigano, na /si'gɐnu, na/ [形] ロマの, ジプシーの ▶ música cigana ジプシー音楽.

— [名] ロマ, ジプシー.

cigarra /si'gaxa/ [女]《昆虫》セミ.
cigarreira /siga'xejra/ [女] シガレットケース.

*****cigarro** /si'gaxu/ スィガーホ/ [男] 紙巻きたばこ ▶ fumar um cigarro たばこを吸う / cigarros com filtro フィルター付きたばこ / cigarros sem filtro フィルターなしのたばこ / um maço de cigarros たばこ1箱 / cigarro de palha とうもろこしの葉で巻いた自家製たばこ.

cilada /si'lada/ [女] ❶ 待ち伏せ. ❷ わな ▶ cair numa cilada わなにはまる. ❸ 裏切り.

cilindrada /sili'drada/ [女] シリンダー容量, 排気量 ▶ motos de grande cilindrada 大排気量のオートバイ.

cilindrar /sili'drax/ [他] ❶ …にローラーをかける. ❷ …を円筒形にする.

cilíndrico, ca /si'lĩdriku, ka/ [形] 円筒形の, 円柱状の.

cilindro /si'lĩdru/ [男] ❶ 円柱, 円筒. ❷ シリンダー, 気筒 ▶ motor de seis cilindros 6気筒エンジン.

cílio /'siliu/ [男] まつげ.

‡**cima** /'sima/ スィーマ/ [女] 高いところ, 上；頂, 頂上.

dar em cima de... [俗] …を口説く, に言い寄る ▶ Ele deu em cima da secretária, que não atendeu à cantada. 彼は秘書に言い寄ったが, 相手にされなかった / Ela deu em cima do pai para conseguir-lhe a viagem. 彼女は父親を口説いて, 旅行を手に入れた.

de cima 上から ▶ De cima da colina, pode-se ver o mar à volta. 丘の上から海が見渡せる.

... de cima 上の…, 上の階の… ▶ no andar de cima 上の階で / os vizinhos de cima 上の階の住人.

de cima a baixo 頭のてっぺんから足の爪先まで, 完全に.

de cima para baixo 上から下に.

em cima 上部に.

em cima de... …の上に[で] ▶ Tem um vaso em cima da mesa. テーブルの上に花瓶がある / Um helicóptero voava em cima de nossas cabeças. 私たちの頭上にヘリコプターが飛んでいた / Deu tempo para acabar em cima do final do prazo. 私はちょうど締め切りに間に合った.

estar por cima 優遇されている.

ficar por cima ① 優位な立場になる. ② 勝利する, 優位に立つ.

lá em cima ① 上に. ② 上の階に.

ler por cima 速読する, 飛ばし読みする.

na parte de cima de... …の上に.

para cima 上に ▶ Este lado para cima「天地無用」 / da cintura para cima 腰から上 / ir para cima 登る, 上がる.

para cima e para baixo ① 上下に. ② うろうろと.

partir para cima de alguém …を攻撃する.

por cima 上に.

por cima de... …の上を.

cimeira[1] /si'mejra/ [女] ❶ 頂き, 頂上. ❷ [P] サミット, 首脳会議 ▶ cimeira europeia 欧州首脳会議 /

cimeira nipo-americana 日米首脳会談. ❸ かぶとの上部, 頂飾り. ❹ ヘルメット.

cimeiro, ra² /si'mejru, ra/ 形 一番上の; 最高の, 最上の ▶ ponto cimeiro da montanha 山の頂上 / A reunião cimeira terminou com êxito. トップ会談は成功裏に終わった.

cimentar /simẽ'tax/ 他 ❶ …をセメントで固める, セメントを塗る. ❷ 強固にする.

cimento /si'mẽtu/ 男 ❶ セメント ▶ cimento armado 鉄筋コンクリート. ❷ コンクリートの床. ❸ 基礎, 土台.

cimo /'sīmu スィーモ/ 男 頂き, 頂上 ▶ O alpinista alcançou o cimo do Monte Ararat. 登山家はアララト山に登頂した / Ela chegou ao cimo da carreira diplomática. 彼女は外交官キャリアの頂点を極めた.

✱✱cinco /'sīku スィンコ/ 形 《数》《不変》❶ 5つの; cinco crianças 5人の子供. ❷ 5番目の ▶ capítulo cinco 第5章.
— 男 ❶ 5. ❷ 5日, 5点, 5号 ▶ cinco de julho 7月5日 / às cinco (horas) 5時に.

cine /'sīni/ 男 映画.

cineasta /sine'asta/ 名 映画関係者, 映画人, 映画監督.

cineclube /sine'klubi/ 男 シネクラブ, 映画研究会.

cinéfilo, la /si'nɛfilu, la/ 形 映画を愛好する.
— 名 映画愛好者, 映画ファン.

cinegrafista /sinegra'fista/ 名 映画やテレビのカメラマン.

✱cinema /si'nẽma スィネーマ/ 男 ❶ 映画, 映画産業 ▶ o cinema brasileiro ブラジル映画 / Eu gosto de cinema francês. 私はフランス映画が好きだ / fazer cinema 映画を学ぶ, 映画を作る / cinema falado トーキー映画 / cinema mudo 無声映画 / ator de cinema 映画俳優 / diretor de cinema 映画監督 / estrela de cinema 映画スター / festival de cinema 映画祭 / trabalhar no cinema 映画の仕事をする.
❷ 映画館 ▶ ir ao cinema 映画に行く.

cinemateca /sinema'tɛka/ 女 シネマテーク, フィルムライブラリー.

cinematografia /sinematogra'fia/ 女 映画技術.

cinematográfico, ca /sinemato'grafiku, ka/ 形 映画の ▶ arte cinematográfica 映画芸術 / indústria cinematográfica 映画産業.

Cingapura /sīga'pura/ 女 《国名》シンガポール.

cingapuriano, na /sīgapuri'ẽu, na/ 形 名 シンガポールの (人).

cingir /sī'ʒix/ ② 他 ❶ 取り囲む ▶ As montanhas cingem a pequena vila. 山々がその小さな村を取り囲んでいる / A polícia cingiu o edifício onde se encontram os terroristas. 警察はテロリストが立てこもる建物を取り囲んだ.
❷ (体や頭に) 巻く, (体や頭を) 包む ▶ cingir os quadris com uma faixa 帯を巻く / A noiva cingia o corpo com um lindo vestido bordado. 花嫁は刺しゅうが施された美しいウェディングドレスを身にまとっていた.

❸ (冠などを) 戴く ▶ cingir uma coroa de flores 花冠をつける.
❹ (剣などを) 身につける, 腰に下げる ▶ cingir a espada 剣を帯びる.
❺ 締めつける, 巻きつける; 抱きしめる ▶ cingir o bebê ao colo 赤ん坊を抱きしめる.
❻ とどめる, 限定する; 抑制する ▶ cingir os tópicos da reunião a temas econômicos 議題を経済問題に限定する.
— **cingir-se** 再 ❶ …にしがみつく [+ a] ▶ Ela cingiu-se a uma árvore para se proteger. 身を守ろうと彼女は木にしがみついた.
❷ …に接近する [+ a] ▶ cingir-se ao muro para se esconder 塀に寄って隠れる.
❸ …を頭に飾る [+ com] ▶ cingir-se com uma coroa de louros 月桂冠で頭を飾る.

cinicamente /ˌsinika'mẽtʃi/ 副 臆面もなく, 破廉恥に, 厚かましく, ずうずうしく.

cínico, ca /'sīniku, ka/ 形 ❶ 皮肉な, ひねくれた, 良識に逆らった ▶ sorriso cínico 皮肉な笑い. ❷ 《哲学》犬儒学派の.
— 名 ❶ 皮肉屋, すね者. ❷ 《哲学》犬儒学派の人.

cinismo /si'nizmu/ 男 ❶ シニシズム, 良識に逆らう態度, 鉄面皮. ❷ 《哲学》犬儒哲学.

✱cinquenta /sī'kwẽta スィンクエンタ/ 形 《数》《不変》❶ 50の ▶ moeda de cinquenta ienes 50円硬貨. ❷ 50番目の ▶ a página 50 50ページ.
— 男 50.

cinquentão, tona /sīkwẽ'tẽw, 'tõna/ [複 cinquentões, tonas] 形 名 50歳代の (人).

cinquentenário /sīkwẽte'nariu/ 男 50周年.

cinta /'sīta/ 女 ❶ ウエストベルト, コルセット, ガードル. ❷ 帯, ベルト. ❸ 腰の上部, 胴, ウエスト. ❹ (新聞や雑誌の) 帯封. ❺ (本の) 帯

cintilação /sītʃila'sẽw/ [複 cintilações] 女 (星や宝石などの) 輝き, きらめき.

cintilante /sītʃi'lẽtʃi/ 形 《男女同形》きらめく, 輝く, またたく ▶ estrela cintilante きらめく星.

cintilar /sītʃi'lax/ 自 (星や宝石などが) きらめく, またたく, 輝く.

✱cinto /'sītu スィント/ 男 帯, ベルト ▶ cinto de couro 革のベルト / cinto de segurança 安全ベルト / cinto de ligas ストッキング留め.
afrouxar o cinto ベルトを緩める; 出費を増やす.
apertar o cinto ベルトを締める; 出費を抑制する, 予算を削減する.

✱cintura /sī'tura スィントゥーラ/ 女 ❶ 胴, ウエスト ▶ Tenho 60 cm de cintura. 私はウエストが60センチだ / menina atraente de cintura fina e delicada ウエストのほっそりした魅力的な娘 / cintura de pilão 柳腰.
❷ (服の) ウエスト.
❸ ウエストバンド.
❹ 《医学》肢帯 ▶ cintura escapular 肩帯 / cintura pélvica 腰帯.
❺ (地理・空間上の) 帯 ▶ cintura industrial 工業地帯 / cintura verde 緑地帯 / cintura vulcânica 火山帯.

cinturão /sītu'rẽw/ [複 cinturões] 男 ❶ 幅の広いベルト. ❷ …帯 ▶ cinturão verde 緑地帯, グリ

ーンベルト / cinturão de asteroides 小惑星帯.

*__cinza__ /'sĩza スィンザ/ [女] ❶ 灰 ▶cinzas de cigarro タバコの灰 / cinzas vulcânicas 火山灰 / quarta-feira de cinzas 灰の水曜日 (四旬節の初日).
❷ 《cinzas》 遺灰, 遺骨, 遺骸.
❸ 《cinzas》 焼け跡, がれき, 灰燼 ▶reduzir a cinzas 灰燼に帰す / renascer das cinzas 灰から蘇る, 復興する.
— [男] **灰色**, グレー.
— [形] 《不変》 灰色の, グレーの ▶saia cinza グレーのスカート.
botar [pôr] cinza nos olhos de... …をだます, 目をくらませる.

cinzeiro /sĩ'zejru/ [男] 灰皿.

cinzel /sĩ'zɛw/ [[複] cinzéis] [男] のみ, たがね.

cinzelar /sĩze'lax/ [他] ❶ 彫る, 刻む ▶cinzelar a pedra 石を彫る / cinzelar a madeira 木を彫る.
❷ 彫琢する ; 推敲する ▶cinzelar um topázio トパーズを研磨する / cinzelar o poema 詩を練る / cinzelar o relatório 報告書を推敲する.

*__cinzento, ta__ /sĩ'zẽtu, ta スィンゼント, タ/ [形] ❶ **灰色の**, グレーの ▶papel cinzento 灰色の紙 / cabelo cinzento ごま塩頭 / uma zona cinzenta グレーゾーン.
❷ **曇った** ▶céu cinzento 曇り空 / um dia cinzento どんよりした日.
❸ 冴えない, 面白くない ▶uma vida cinzenta 灰色の人生.
— [男] 灰色, ねずみ色, グレー.

cio /'siu/ [男] 発情 (期), 交尾期 ▶época do cio 繁殖期 / entrar no cio 盛りがつく.

cioso, sa /si'ozu, 'ɔza/ [形] ❶ 嫉妬深い, 猜疑心の強い ▶O namorado de Joana é cioso. ジョアナの恋人は焼き餅焼きだ.
❷ …を気遣う [+ de] ▶Ele é cioso de seu trabalho. 彼は仕事への意識が細やかだ.
❸ …をうらやんだ, 妬んだ [+ de] ▶Marina é ciosa da beleza de Maria. マリーナはマリアの美貌を妬んでいる.

cipreste /si'prɛstʃi/ [男] 〖植物〗 イトスギ.

circo /'sixku/ [男] サーカス ▶ir ao circo サーカスに行く / circo ambulante 巡回サーカス / circo de cavalinhos サーカス.
armar um circo 騒動を起す.
circo lunar 月面クレーター.
ser de circo [B] 難局をくぐり抜けることができる.
ver o circo pegar fogo [B] 大事をよそに安逸にふける.

*__circuito__ /six'kujtu スィフクィト/ [男] ❶ **周縁, 圏, 一巡** ▶Faço todos os dias o circuito da escola, correndo. 私は毎日学校の周りを走って回る.
❷ 〖スポーツ〗 **サーキット** ▶Circuito de Estoril (ポルトガルの) エストリル・サーキット / Circuito de Suzuka 鈴鹿サーキット.
❸ 〖電気〗 **回線, 回路** ▶circuito interno de computador コンピューターの内部回線 / circuito integrado 集積回路 / curto circuito ショート.
circuito Elizabeth Arden エリザベス・アーデンコース (パリ, ロンドン, ニューヨーク, ローマを回るエリートブラジル外交官の出世コース)

circulação /sixkula'sẽw̃/ [[複] circulações] [女] ❶ 循環 ▶circulação sanguínea 血液の循環.
❷ 流通 ▶circulação monetária 通貨の流通.
❸ 通行 ▶circulação à direita [esquerda] 右側 [左側] 通行 / circulação proibida 通行禁止.
❹ 発行部数 ▶jornal de grande circulação 発行部数の多い新聞.
pôr em circulação 流通させる, 発行する.
sair de circulação ① 消える, 人前に姿を現さなくなる. ② (刊行物が) 廃刊になる.

circulante /sixku'lẽtʃi/ [形] 《男女同形》 循環する, 巡回する ; 流布する ; (資本が) 流通の ▶biblioteca circulante 巡回図書館.

*__circular__[1] /sixku'lax スィフクラーフ/ [[複] circulares] [形] 《男女同形》 ❶ **円形の, 円環的な** ▶movimento circular 円運動 / mesa circular 丸いテーブル.
❷ 巡回の, 循環の ▶ônibus circular 巡回バス / enviar uma carta circular 回覧状を送る.
— [女] ❶ 回覧状, 回状, 通達.
❷ 環状道路 ▶Circular regional interna de Lisboa リスボン内環状線.

circular[2] /sixku'lax/ [自] ❶ 循環する, 通る, 往来する ▶O sangue circula pelo corpo todo por vasos. 血液は血管を通って全身を循環する / Os ônibus circulam normalmente. バスは通常通り運行している.
❷ 流通する, 流布する, 広まる ▶O euro começou a circular na Europa. ユーロがヨーロッパで流通をはじめた / A notícia circulou rapidamente. そのニュースはすぐに広まった.

circulatório, ria /sixkula'tɔriu, ria/ [形] 血液循環の ▶sistema circulatório 循環系.

círculo /'sixkulu スィフクロ/ [男] ❶ **円, 丸, 輪** ▶um círculo de 5 cm de raio 半径 5 センチの円 / formar círculo 輪になる / correr em círculo 輪になって走る / círculo de relações 人間関係の輪 / círculo polar ártico 北極線 / círculo polar antártico 南極線.
❷ **グループ, 集まり** ▶É um bom círculo de professores. 教員たちのよいグループだ / Ele tem um grande círculo de amigos. 彼は顔が広い.
andar em círculos 行き詰まっている, 堂々巡りしている.
círculo de ferro 試練, 難儀.
círculo vicioso 悪循環.
círculo virtuoso 好循環.

circum-navegar /sixkũnave'gax/ ⑪ [他] 周航する, 船で一巡する.

circuncidar /sixkũsi'dax/ [他] …の包皮を切り取る, …に割礼を施す.

circuncisão /sixkũsi'zẽw̃/ [[複] circuncisões] [女] 割礼.

circundado /sixkũ'dadu/ [形] [男] 割礼を受けた (人).

circundante /sixkũ'dẽtʃi/ [形] 《男女同形》 周囲の, 取り囲む.

circundar /sixkũ'dax/ [他] ❶ 取り巻く, 取り囲む.
❷ …を…で囲む [+ de].

circunferência /sixkũfe'rẽsia/ [女] ❶ 円周 ▶a circunferência de um círculo 円の円周.

citar

❷ 周囲, 周辺.

circunflexo, xa /sixkũ'flɛksu, ksa/ 形 曲折アクセントの ▶ acento circunflexo 曲折アクセント (^).
— **circunflexo** 男 曲折アクセント.

circunlóquio /sixkũ'lɔkiu/ 男 回りくどい言い方, 遠回しな言い方.

circunscrever /sixkũskre'vex/ (過去分詞 circunscrito) 他 ❶ …を囲む, …の境界を定める. ❷ 限定する. ❸ 含む, 包含する
— **circunscrever-se** 再 …に限定される, 限られる [+ a].

circunscrição /sixkũskri'sẽw/ [複 circunscrições] 女 ❶ 制限, 限界. ❷ 区域, 地区 ▶ circunscrição eleitoral 選挙区 / circunscrição administrativa 行政区画.

circunscrito /sixkũs'kritu/ 形 ❶ 区画された ▶ terreno circunscrito 区画された土地.
❷ 局部的な ▶ tumor circunscrito 局所的ながん.
❸ 限定された, 制限された ▶ autoridade circunscrita 限定的な権限 / liberdade circunscrita 制限された自由.

circunspeção /sixkũspe'sẽw/ [複 circunspeções] 女 用心深さ, 慎重.

circunspecção /sixkũspek'sẽw/ 女 = circunspeção

circunspecto, ta /sixkũs'pɛktu, ta/ 形 = circunspeto

circunspeto, ta /sixkũs'pɛtu, ta/ 形 慎重な, 思慮深い, 用心深い.

☆**circunstância** /sixkũstẽ'sia/ スィフクンスタンスィア/ 女 情勢, 状況, 事情 ▶ Nestas circunstâncias, não podemos executar o plano. こうした状況では計画を実行できない / circunstâncias particulares 個別の事情 / circunstâncias agravantes (刑の) 加重事由 / circunstâncias atenuantes (刑の) 軽減事由.
conjunto de circunstâncias 状況.
em nenhuma circunstância いかなる場合においても…ない.

circunstancial /sixkũstẽsi'aw/ [複 circunstanciais] 形 《男女同形》 ❶ 状況による, 状況に応じた ▶ provas circunstanciais 状況証拠. ❷《文法》状況を示す ▶ complemento circunstancial 状況補語.

circunstanciar /sixkũstẽsi'ax/ 他 …の状況を詳細に述べる.

circunstante /sixkũs'tẽtʃi/ 形《男女同形》周囲の.
— **circunstantes** 男複 列席者, 見物人.

círio /'siriu/ 男 大ろうそく, 大ろうそく行列.

cirrose /si'xɔzi/ 女《医学》肝硬変 (= cirrose hepática).

cirurgia /sirux'ʒia/ 女 外科 ▶ cirurgia cardíaca 心臓外科 / cirurgia plástica 形成外科 / cirurgia estética 美容整形外科.

cirurgião, giã /siruxʒi'ẽw, ʒiẽ/ [複 cirurgiões, giãs] 男女 外科医 ▶ cirurgião dentista 歯科医.

cirúrgico, ca /si'ruxʒiku, ka/ 形 ❶ 外科の ▶ operação cirúrgica 外科手術. ❷ (攻撃などが) きわめて正確な ▶ com precisão cirúrgica きわめて正確に.

cisão /si'zẽw/ [複 cisões] 女 分割, 分裂 ▶ cisão de empresas 企業分割.

cisco /'sisku/ 男 ❶ 粉炭. ❷ 目のごみ.

cisma /'sizma/ 男 ❶ (主に教会の) 分立, 分派 ▶ Cisma do Oriente 東西教会の分裂 / cisma da igreja cristã キリスト教会の分派.
❷ (意見の) 不調和, 不一致
— 女 ❶ 思い込み; 不安 ▶ Tinha a cisma de que era perseguido. 追われていると思い込んでいた.
❷ Ela vivia a ter cismas tolas. 彼女はばかげた夢想にふけってばかりいた.
❸ B 話 気まぐれ ▶ Ela não foi à festa por pura cisma. 彼女は単に気まぐれからパーティーに行かなかった.
❹ B 話 反感, 嫌悪; 不信, 疑念 ▶ Ele tinha uma cisma de que a mulher o traía. 彼は妻に裏切られているのではという疑念を抱いていた / José tinha cisma com aquele colega de trabalho. ジョゼはあの同僚に反感を持っていた.
tirar a cisma de... …の鼻柱を折る [挫く], …の勇ましさ [の評判] を崩す.

cismado, da /siz'madu, da/ 形 B 疑っている, 警戒している ▶ O detetive está cismado com aquele homem. 刑事はあの男を疑っている.

cismar /siz'max/ 自 ❶ …について考え込む [+ em] ▶ Ele cisma em começar um novo negócio. 彼は新規事業を始めようかと思案している.
❷ 憂慮する, 不安を抱える ▶ José cisma com a educação dos filhos. ジョゼは子供たちの教育について不安を抱えている.
❸ B 疑う ▶ Quando o filho está quieto, a mãe cisma. 息子が静かだと母親はいぶかしく思う.
❹ …と気が合わない [+ com] ▶ Eu cismo com o capitalismo. 私は資本主義が性に合わない.
❺《cismar de +不定詞》…することに決める, …することにする.
— 他 ❶ しきりに考える, 思案する.
❷ B《cismar que +直説法》…と思い込む ▶ Ele cisma que as pessoas não o estimam. 彼は自分が評価されていないと思い込んでいる.

cismático, ca /siz'matʃiku, ka/ 形 ❶《カトリック》分裂する; 分派的な ▶ padre cismático 分派の神父 / clero cismático 分派聖職者団体.
❷ 夢想的な; 考え込んだ, 不安になった ▶ homem cismático 夢見がちな男性.
— 名《カトリック》分離派.

cisne /'sizni/ 男 ❶《鳥》ハクチョウ ▶ canção do cisne 白鳥の歌; 芸術家の最後の作品. ❷《Cisne》はくちょう座.

cisterna /sis'tɛxna/ 女 貯水槽, 貯水タンク.

citação /sita'sẽw/ [複 citações] 女 ❶《法律》召還令, 出頭命令. ❷ 引用, 引用文.

citadino, na /sita'dʒinu, na/ 形 都市の, 都市に住む ▶ vida citadina 都市生活.
— 名 都市生活者, 都会人.

citado, da /si'tadu, da/ 形 引用した, 前記の, 前述の.

☆**citar** /si'tax/ スィターフ/ 他 ❶ 引用する, 例に挙げる ▶

cítrico, ca

citar um artigo 記事を引用する / O político citou uma frase de Machado de Assis. 政治家はマシャード・ジ・アシスの一文を引用した / citar um exemplo 例を挙げる. ❷〖法律〗…を(裁判所に)呼び出す, 召喚する.

cítrico, ca /'sitriku, ka/ 形 ❶ 柑橘類の. ❷〖化学〗クエン酸の▶ácido cítrico クエン酸.

citrino, na /si'trinu, na/ 形 ❶ レモン色の, レモン味の.
— **citrino** 男 ❶ 柑橘系の果物. ❷ 黄水晶.

*** ciúme** /si'ũmi/ スィウーミ/ 男 ❶ 嫉妬, やきもち▶sentir ciúmes de alguém … に 嫉 妬 す る / estar com ciúmes de alguém = ter ciúmes de alguém …に嫉妬している / ficar com ciúmes de alguém … をねたむ / deixar alguém com ciúmes = fazer ciúmes a alguém …に嫉妬させる.
❷ 羨望, ねたみ.

ciumento, ta /siu'mẽtu, ta/ 形 名 ❶ 嫉妬深い(人), 焼き餅を焼いた(人)▶um namorado ciumento 嫉妬深い男の恋人. ❷ ねたむ(人).

cível /'sivew/ [複 cíveis] 形《男女同形》民事の, 民法上の▶ação cível 民事訴訟.
— 男 民事裁判権.

cívico, ca /'siviku, ka/ 形 ❶ 市の, 市民の, 公民の▶educação cívica 市 民 教 育 / deveres cívicos 市民としての義務. ❷ 愛国的な.

*** civil** /si'viw/ スィヴィゥ/ [複 civis] 形 ❶ 市民の, 公民の▶sociedade civil 市民社会 / guerra civil 内戦 / vida civil 市民生活.
❷ 民事の▶código civil 民法典 / direito civil 民法 / processo civil 民事訴訟 / tribunal civil 民事裁判所 / estado civil (戸籍上の)身分 / casamento civil (市役所に届ける)民法上の結婚.
❸ 民間の, 文民の；世俗の▶presidente civil 文民大統領 / controle civil シビリアンコントロール, 文民統制 / administração civil 民政 / polícia civil 文民警察 / engenheiro civil 土木技師 / aviação civil 民間航空.
❹ 礼儀正しい, 丁寧な▶uma pessoa civil 礼儀正しい人.
— 名 文民.

civilidade /sivili'dadʒi/ 女 礼儀正しさ, 社交性.

civilista /sivi'lista/ 名 民法学者.

*** civilização** /siviliza'sẽw/ スィヴィリザサォン/ [複 civilizações] 女 文明, 文明化, 開化▶civilização ocidental 西洋 文明 / doença da civilização 文明病 / civilização industrial 工業文明 / civilização material 物質文明.

civilizado, da /sivili'zadu, da/ 形 ❶ 文明化した, 文明の発達した▶sociedade civilizada 文明社会. ❷ 洗練された, 礼儀正しい.

civilizar /sivili'zax/ 他 ❶ 文明化する. ❷ …に行儀を教える.
— **civilizar-se** 再 文明開化する.

civilmente /si,viw'mẽtʃi/ 副 ❶ 民法上, 民事的に. ❷ 宗教の儀式によらずに.

civismo /si'vizmu/ 男 ❶ 公徳心. ❷ 愛国心.

clã /'klẽ/ 男 ❶ 一族, 一門；閥, 徒党. ❷ (スコットランドやアイルランドの)氏族.

clamar /kla'max/ 他 ❶ 叫ぶ, 大声で言う▶O povo clamava a volta do líder. 民衆は指導者の復帰を声高に叫んだ.
❷ …に哀願する, 懇願する [+ a]▶A mãe clamou a Deus que curasse seu filho. 母親は息子が治るよう神に祈った.
— 自 ❶ 叫ぶ▶Os trabalhadores clamavam diante da injustiça. 不当な取り扱いに労働者たちは叫んだ.
❷ …に対して強く抗議する [+ contra]▶Os manifestantes clamaram contra o aumento do imposto. デモ参加者は増税に強く抗議した.
❸ …を嘆願する, 訴える [+ por]▶clamar por justiça 正義を求める / clamar por perdão 許しを請う / Os presos clamavam por liberdade. 囚人たちは自由を要求した.

clamor /kla'mox/ 男 叫び, (不満や抗議などの)叫び声 ▶O governo não atende ao clamor do povo. 政府は民衆の叫びには耳を傾けない / clamor público 民衆の不満.

clamoroso, sa /klamo'rozu, 'rɔza/ 形 ❶ 騒々しい, 激しい▶Os artistas foram recebidos com aplausos clamorosos. 役者たちは万雷の拍手で迎えられた.
❷ 切々と訴える▶protesto clamoroso 痛切な抗議.
❸ 明白な, 議論の余地がない▶O jogador cometeu uma falta clamorosa. その選手は明々白々な違反を犯した.

clandestinamente /klẽdes,tʃina'mẽtʃi/ 副 密かに, こっそりと, 不法に.

clandestinidade /klẽdestʃini'dadʒi/ 女 秘密であること, 内密；非合法性▶viver na clandestinidade 地下生活を送る.

clandestino, na /klẽdes'tʃinu, na/ 形 ❶ 秘密の, 内密の▶reunião clandestina 秘密の集会. ❷ 非合法な▶imigrantes clandestinos 不法移民 / passageiro clandestino 密航者 / mercado clandestino 闇市場.
— 名 密航者, 密入国者.

claque /'klaki/ 女 (雇われて拍手喝采する)さくら.

clara /'klara/ 女 ❶ 卵の白身, 卵白. ❷ 白目. ❸ 林間の空き地.

claraboia /klara'bɔja/ 女 天窓, 明かり窓, 採光窓.

*** claramente** /,klara'mẽtʃi/ クララメンチ/ 副 ❶ 明白に, すっきりと▶Manifestei claramente minha visão. 私の見方を明白に表明した.
❷ まぎれもなく, 明らかに▶A seleção brasileira de futebol é claramente melhor que a japonesa. サッカーのブラジル代表は明らかに日本代表より優れている.

clarão /kla'rẽw/ 男 ❶ 強い光▶Ele viu o clarão do incêndio na noite escura. 彼は火事の炎が暗い夜空に明るく燃え上がるのを見た / Um meteoro provoca um clarão no céu do Brasil. 流星がブラジルの空を光らせる.
❷ ひらめき, きらめき；輝き▶clarão da espada 剣の閃光 / clarão do relâmpago 一閃の稲妻.
❸ 一瞬の心の状態▶clarão de lucidez 一瞬の正気 / clarão de entusiasmo 一瞬の熱情.

❹ 大ラッパ.
clarear /klare'ax/ ⑩ [他] ❶ 明るくする, 照らす ▶ A nova cortina clareou a sala. カーテンを新調したら部屋が明るくなった / A lua clareava o caminho. 月が道を照らしていた / clarear os dentes 歯を白くする.
❷ (森や林を) 開いて空地にする ▶ clarear o bosque para a plantação 畑を作るため森を切り開く.
❸ 明確にする, 解明する ▶ clarear as dúvidas 疑問点を解決する.
❹ (髪を) 明るい色にする ▶ clarear o cabelo 髪を明るい色にする [してもらう].
— [自] ❶ (夜が) 明ける ▶ O dia clareou. 夜が明けた. ❷ …に空地がたくさんできる ▶ A mata clareou. 森が空き地になった.
❸ 明瞭になる, 明らかになる.
clareira /kla'rejra/ [女] 林間の空き地.
clareza /kla'reza/ [女] ❶ 明るさ, 明かり ▶ a clareza do sol 太陽の明るさ.
❷ 明快さ, 明晰さ ▶ A clareza da mensagem é essencial em um discurso. 講演においてメッセージの明快さは重要である.
❸ 透明さ, 清澄さ ▶ a clareza do cristal 水晶の透明さ / a clareza da água 水の清澄さ.
❹ 明瞭さ ▶ Não posso ver as letras com clareza. 文字がはっきり見えない / cantar com clareza はっきりと歌う / explicar com clareza 明瞭に説明する.
❺〖商業〗契約証書; 証明書, 受領書.
claridade /klari'dadʒi/ [女] ❶ 明るさ, 明度 (↔ escuridão) ▶ claridade da lua 月の明るさ / claridade do dia 昼の明るさ.
❷ 明かり, 光 ▶ Havia pouca claridade na sala de estudos. 研究室にはほとんど明かりがなかった.
❸ 白さ, 白いこと ▶ a claridade da pele 肌の白さ.
clarificação /klarifika'sẽw̃/ [[複] clarificações] [女] 浄化.
clarificar /klarifi'kax/ ㉙ [他] ❶ 明らかにする, 明確にする. ❷ (液体を) 浄化する.
— **clarificar-se** [再] 明らかになる, 澄む.
clarim /kla'rĩ/ [[複] clarins] [男] ラッパ.
clarinete /klari'netʃi/ [男] クラリネット.
clarinetista /klarine'tʃista/ [名] クラリネット奏者.
clarividência /klarivi'dẽsia/ [女] ❶ 洞察力, 慧眼(けいがん), 先見の明. ❷ 予知 [透視] 能力.
clarividente /klarivi'dẽtʃi/ [形]《男女同形》❶ 洞察力のある, 慧眼(けいがん)の. ❷ 予知能力のある.
⁂**claro, ra** /'klaru, ra クラーロ, ラ/ [形] ❶ **明るい, 輝いた** (↔ escuro) ▶ um céu claro 明るい空 / manhã clara 輝いた朝 / O dia ainda está claro. まだ空が明るい.
❷ (色が) 明るい, 薄い, 淡い ▶ uma luz clara 明るい光 / uma cor clara 薄い色 / verde claro 明るい緑 / olhos claros 明るい色の瞳.
❸ **はっきりした, 鮮明な** ▶ uma imagem clara 鮮明な画像.
❹ **透明な, 澄んだ** ▶ água clara 澄んだ水 / uma voz clara 澄んだ声.
❺ (肌の色が) 白い ▶ pele clara 色白の肌.
❻ 金髪の ▶ cabelos claros 金髪.
❼ 明解な, 明白な, 疑いのない ▶ uma explicação clara 明解な説明 / Nossa posição é clara. 我々の立場ははっきりしている.
❽《É claro que + [直説法]》…は明らかである, もちろん…である ▶ É claro que o futebol exerce uma grande influência no cotidiano do brasileiro. サッカーがブラジル人の日常生活に大きな影響を及ぼしていることは明らかである / É claro que eu amo você. もちろん僕は君を愛している / Claro que sim. もちろんそうだ / Claro que não. もちろん違う.
— **claro** [副] 明確に, はっきりと ▶ falar claro はっきりと話す.
— **claro** [男] 明るいところ ▶ no claro 明るいところで.
— **claro** [間] もちろん ▶ — Você quer ser campeão? — Claro!「チャンピオンになりたいですか」「もちろん」.
às claras [話] 公衆の面前で, 公然と.
deixar... claro …をはっきりさせる ▶ Quero deixar isso claro. 私はこのことをはっきりさせたい.
Fui claro? わかりましたか, 言ったでしょう ▶ Não somos nem amigos. Fui claro? 私たちは友達ではない. わかりましたか.
passar a noite em claro 一晩中寝ないでいる.
ser claro como água 明々白々である.
claro-escuro /ˌklarues'kuru/ [[複] claro(s)-escuros] [男]〖絵画〗明暗描法, 明暗効果, 濃淡.
⁂**classe** /'klasi クラースィ/ [女] ❶ **授業, レッスン** ▶ Hoje não temos a classe de geografia. 今日は地理の授業はない.
❷ **学級, クラス**, 教室 ▶ Nós entramos na classe correndo. 僕たちは教室に駆け込んだ.
❸ **階級, 階層** ▶ classe social 社会階級 / classe alta 上流階級 / classe média 中流階級 / classe baixa 下層階級 / classe dirigente 支配者階級 / classe operária 労働者階級 / classes proletárias 無産階級.
❹ **種類, 等級** ▶ classe turística ツーリストクラス / classe econômica エコノミークラス / classe executiva ビジネスクラス / de primeira classe ファーストクラスの, 一流の, 一等の / viajar de primeira classe ファーストクラスで旅行する / de segunda classe 二流の, 二等の / classe A 最上クラス, Aクラス / a classe dos médicos 医者たち / a classe dos artistas 芸術家たち.
com classe 品位のある.
de classe 上品な, 上等な ▶ uma mulher de classe 品のある女性.
sem classe ① 無分類の. ② 下品な, 無礼な.
ter classe 品がある.
classicismo /klasi'sizmu/ [男] 古典主義; 古典趣味.
*****clássico, ca** /'klasiku, ka クラスィコ, カ/ [形] ❶ **古典の, 古典的な**, 古典主義的な ▶ obras clássicas 古典作品 / línguas clássicas 古典語 (ギリシャ語, ラテン語) / música clássica クラシック音楽.
❷ **典型的な, 型にはまった**, 伝統的な ▶ um jardim clássico desta época この時代の典型的な庭園 / exemplo clássico 典型例.

classificação

— **clássico** 男 ❶ 古典作家, 古典的作家 ▶as obras dos clássicos ギリシャ・ローマ時代の作家たちの作品 / Sosuke Natsume é um clássico da literatura japonesa. 夏目漱石は日本文学の古典だ. ❷〖サッカー〗伝統の一戦. ❸〖競馬〗クラシックレース.

classificação /klasifika'sẽw/ [複 classificações] 女 ❶ 分類, 仕分け, 区分 ▶ classificação decimal 10進法分類 / classificação dos seres vivos 生物の分類. ❷ 順位, ランク ▶ tabela de classificação ランク表 / a classificação mundial 世界ランキング. ❸ (テストの)成績, 点 ▶ boa classificação よい成績 ❹ 出場資格 ▶ a classificação para a final 決勝出場権. ❺ 形容, 呼称；修飾.

classificado, da /klasifi'kadu, da/ 形 ❶ 分類された. ❷ 決勝に進んだ. ❸ 機密扱いの ▶ documentos classificados 機密書類.
— 名 決勝に進んだ人, 競争試験に合格した人 ▶ o primeiro classificado 1位の人 / ser o primeiro classificado 1位である

— **classificados** 男複 三行広告, 案内広告.

★**classificar** /klasifi'kax クラシフィカープ/ 29 他 ❶ …で…を**分類する, 区分する** [+ por/segundo] ▶ classificar pela ordem alfabética アルファベット順に並べる / Eu classifiquei esta resposta como a melhor. 私はこの答えをベストに決めた. ❷ 等級に分ける, ランクづけにする ▶ classificar o Brasil no primeiro lugar ブラジルを首位にランク

— **classificar-se** 再 ❶ …への出場資格を得る [+ para] ▶ classificar-se para a final 決勝戦に進出する. ❷ …位になる [+em] ▶ classificar-se em segundo lugar 二位になる.

classificatório, ria /klasifika'tɔriu, ria/ 形 予選の ▶ tabela classificatória 順位表.

classificável /klasifi'kavew/ [複 classificáveis] 形《男女同形》分類可能な.

claustro /'klawstru/ 男 ❶ (修道院などの)内庭回廊. ❷ 修道院.

claustrofobia /klawstrofo'bia/ 女〖精神医学〗閉所恐怖症.

claustrofóbico, ca /klawstro'fɔbiku, ka/ 形 閉所恐怖症の.

cláusula /'klawzula/ 女 (契約書などの)条項, 箇条, 約款 ▶ cláusula adicional 追加条項.

clausura /klaw'zura/ 女 ❶ (修道院内の)禁域. ❷ 修道生活, 隠遁生活 ▶ viver em clausura 隠遁生活を送る.

clava /'klava/ 女 棍棒.

clave /'klavi/ 女〖音楽〗音部記号 ▶ clave de sol ト音記号.

clavícula /kla'vikula/ 女〖解剖〗鎖骨.

clemência /kle'mẽsia/ 女 ❶ (処刑に関しての)寛大, 慈悲 ▶ implorar clemência 慈悲を乞う. ❷ (気候の)穏やかさ, 温暖.

clemente /kle'mẽtʃi/ 形《男女同形》❶ 寛大な,

情け深い. ❷ (気候が)穏やかな, 温暖な.

clerical /kleri'kaw/ [複 clericais] 形《男女同形》聖職者の.

clérigo /'klerigu/ 男 聖職者, 司祭.

clero /'kleru/ 男〖集合的〗聖職者；聖職者階級.
  alto clero 高位聖職者.
  baixo clero ① 一般聖職者. ② 影響力の低い政治家グループ.

clicar /kli'kax/ 29 自 ❶ クリックする ▶ clicar no ícone アイコンをクリックする / clicar duas vezes ダブルクリックする. ❷ カメラのシャッターを押す.
— 他 …を写真に撮る.

clicável /kli'kavew/ [複 clicáveis] 形《男女同形》(画像などが)クリックできる.

cliché /kli'ʃe/ 男 P = clichê

clichê /kli'ʃe/ 男 B ❶ 決まり文句, 常套句. ❷ ネガ, 陰画.
  segundo clichê (新聞等の)第二版.

‡**cliente** /kli'ẽtʃi クリエンチ/ 名 ❶ (店などの)客；(弁護士への)依頼人；患者. ❷ 取引先, クライアント. ❸〖情報〗クライアント.

clientela /kliẽ'tela/ 女〖集合的〗顧客, 客筋；(弁護士の)依頼人；(医師の)患者.

clientelismo /kliẽte'lizmu/ 男 利益誘導政策, 人気取り政策.

‡**clima** /'klima クリーマ/ 男 ❶ 気候, 風土 ▶ clima úmido 湿潤な気候 / clima continental 大陸性気候 / clima frio 寒冷気候 / clima quente 温暖気候. ❷ 環境, 雰囲気；情勢, 風潮 ▶ criar um clima 雰囲気を作る / sentir o clima 雰囲気を感じる, 空気を読む / um clima de tensão 緊張した雰囲気 / um clima cordial 和やかな雰囲気 / clima político 政治風土 / O clima está quente 緊迫した空気だ. ❸ 男女が引き合うのによい雰囲気, ムード ▶ Rolou um clima entre eles. 彼らは互いに好意を感じた.
  não ter clima para... …できる雰囲気ではない.

climatério /klima'teriu/ 男 更年期, 閉経期.

climático, ca /kli'matʃiku, ka/ 形 気候の ▶ mudança climática 気候変動.

climatização /klimatʃiza'sẽw/ [複 climatizações] 女 空調, 冷房.

climatizar /klimatʃi'zax/ 他 空気調節をする.

climatologia /klimatolo'ʒia/ 女 気候学.

climatológico, ca /klimato'lɔʒiku, ka/ 形 気候学の.

clímax /'klimaks/ 男《単複同形》❶ (劇や事件などの)絶頂, 頂点, クライマックス ▶ chegar ao clímax 頂点に達する. ❷〖修辞〗漸層法.

★**clínica**¹ /'klinika クリーニカ/ 女 ❶ 診療所, クリニック ▶ clínica dentária 歯科医院 / clínica cirúrgica 手術を行う診療所. ❷ 臨床医学 ▶ clínica geral 内科.

clinicar /klini'kax/ 29 自 (医師が)開業している.

clínico, ca² /'kliniku, ka/ 形 臨床の, 臨床的な ▶ morte clínica 臨床死 / psicologia clínica 臨床心理学.
— 名 臨床医 ▶ clínico geral 内科医.

clipe /'klipi/ 男 ❶ クリップ. ❷ ビデオクリップ.

clique /'kliki/ 男 ❶〖情報〗クリック ▶ fazer clique em... …をクリックする / fazer duplo clique ダブルクリックする / com um simples clique クリックするだけで. ❷ カチャ, カチリという音.
　dar um clique (名案や考えなどが) ひらめく, と思い出す.
clitóris /kli'tɔris/ 男〖単複同形〗〖解剖〗クリトリス.
clivagem /kli'vaʒēj̃/ [複 clivagens] 女 ❶ 区別, 区分, 隔たり, 分裂 ▶ clivagem ideológica イデオロギー上の隔たり. ❷〖鉱物〗劈開である.
clonagem /klo'naʒēj̃/ [複 clonagens] 女 クローニング, クローン化.
clonar /klo'nax/ 他 …のクローンを作る ▶ clonar um celular 携帯電話のクローンを作る.
clone /'klõni/ 男 クローン.
cloreto /klo'retu/ 男〖化学〗塩化物 ▶ cloreto de sódio 塩化ナトリウム, 食塩.
cloro /'klɔru/ 男〖化学〗塩素.
clorofila /klorɔ'fila/ 女〖植物〗葉緑素.
clorofórmio /klorɔ'fɔxmiu/ 男 クロロホルム.
close /'klɔzi/ 男〖英語〗クローズアップ, 大写し.
★**clube** /'klubi/ 男 **クラブ, 同好会**, 団体 ▶ clube de futebol サッカークラブ / clube esportivo スポーツクラブ / clube de investimento 投資クラブ / clube de leitura 読書クラブ / clube de várzea 大都市郊外にあるアマチュアスポーツクラブ.
cm〖略語〗centímetro センチメートル.
coabitação /koabita'sēw̃/ [複 coabitações] 女 同居, 同棲, 共存.
coabitar /koabi'tax/ 自 ❶ 同居する, (夫婦が) 一緒に生活する ; 同棲する. ❷ 共存する.
coação /koa'sēw̃/ [複 coações] 女 ❶ 漉すこと, 濾過 ▶ coação de café コーヒーを漉すこと. ❷ 強制 ▶ O acusado confessou o crime sob coação. 被告は自白を強要された.
coadjutor, tora /koadʒu'tox, 'tora/ [複 coadjutores, toras] 形 助ける, 補佐する.
— 名 助手, 補佐.
— **coadjutor** 男〖カトリック〗助任司祭.
coadjuvante /koadʒu'vẽtʃi/ 形〖男女同形〗協力する, 補佐の ; 助演の ▶ atriz coadjuvante 助演女優 / prêmio de melhor ator coadjuvante 助演男優賞.
— 名 助演俳優 ; 共犯者.
coadjuvar /koadʒu'vax/ 他 支援する, 助ける.
— **coadjuvar-se** 再 助け合う.
coador, dora /koa'dox, 'dora/ [複 coadores, doras] 形 漉す.
— **coador** 男 漉し器, フィルター ▶ coador de papel ペーパーフィルター.
coadunar /koadu'nax/ 他 ❶ 合体させる ▶ coadunar as sugestões さまざまな提案を一つにまとめる. ❷ 調和させる, 一致させる ▶ Os participantes da reunião coadunaram os pontos de vista divergentes. 会議出席者らは異なっていた観点を同一にした.
— **coadunar-se** 再 …と一致する, 調和する [+ com] ▶ Coadunou-se ao ambiente ao qual fora colocado. 場の雰囲気に合わせた.
coagir /koa'ʒix/ ② 他 (coagir alguém a + 不定詞) …に…することを強いる ▶ Coagiram o réu a confessar. 被告は自白を強要された.
coagulação /koagula'sēw̃/ [複 coagulações] 女 凝結, 凝固 ▶ coagulação do sangue 血の凝固.
coagular /koagu'lax/ 他 凝結させる, 凝固させる ▶ coagular o leite 牛乳を凝固させる.
— 自 凝固する ▶ O sangue coagulou. 血が凝固した.
— **coagular-se** 再 凝固する.
coágulo /ko'agulu/ 男 凝固物 ▶ coágulo de sangue 血液の凝固物.
coalhada /koa'ʎada/ 女 凝乳, カード.
coalhado, da /koa'ʎadu, da/ 形 ❶ 凝固した ▶ leite coalhado 凝乳, カード. ❷ …でいっぱいの [+ de] ▶ coalhado de gente 人でいっぱいの.
coalhar /koa'ʎax/ 自 ❶ 凝固する, 固まる. ❷ …でいっぱいになる [+ de].
— 他 ❶ 凝固させる, 固まらせる. ❷ …でいっぱいにする [+ de].
— **coalhar-se** 再 ❶ 凝固する, 固まる. ❷ …でいっぱいになる [+ de].
coalizão /koali'zēw̃/ 女 [複 coalizões] (政党などの) 連立, 同盟, 提携 ▶ formar um governo de coalizão 連立内閣を組閣する.
coar /ko'ax/ 他 ❶ 漉す ▶ coar o café コーヒーを漉す.
❷ 滴らせる ▶ Quando voltei à casa, coava uma garoa persistente. 帰宅したとき, しきりに霧雨が降っていた.
❸〖冶金〗鋳型に流し込む ▶ coar o metal para dentro de um molde 型に金属を流し込む.
— 自 忍び込む, 浸透する ▶ A piedade coou no coração do rei. 情け心が王の胸に芽生えた.
— **coar-se** 再 ❶ 差し込む ▶ A luz da manhã coava-se pelas finas cortinas. 朝の光が薄いカーテン越しに差し込んでいた.
❷ 逃げる ▶ Os ladrões se coaram pela mata. 泥棒たちは森に逃げ込んだ.
coautor, tora /koaw'tox, 'tora/ [複 coautores, toras] 名 ❶ 共著者, 共作者. ❷ 共犯者.
coautoria /koawto'ria/ 女 ❶ 共作, 共著. ❷ 共犯.
coaxar /koa'ʃax/ 自 (カエルが) 鳴く.
coaxial /koaksi'aw/ [複 coaxiais]〖男女同形〗形 同軸の ▶ cabo coaxial 同軸ケーブル.
cobaia /ko'baja/ 女 ❶〖動物〗テンジクネズミ, モルモット. ❷ 実験台 ▶ servir de cobaia 実験台になる, モルモットになる.
cobalto /ko'bawtu/ 男〖化学〗コバルト.
cobarde /ku'baxdʒɐ/〖男女同形〗名 P = covarde
cobardia /kubɐr'diɐ/ 女 P = covardia
coberta /ko'bɛxta/ 女 ❶ 覆い, カバー ▶ Passou o dia lendo livros sob as cobertas. 毛布にくるまって読書をして一日を過ごした.
❷ 保護, 庇護 ▶ As vítimas do desastre pediam por coberta. 被災者たちは保護を求めた.
❸〖建築〗屋根, 屋根瓦 ▶ O vendaval levou as cobertas das casas. 暴風が家々の屋根を吹き飛ば

coberto, ta

❹【船舶】甲板.
debaixo das cobertas 布団の中に, ベッドに.

*__coberto, ta__ /ko'bextu, ta/ コベフト, タ/ 形《cobrir の過去分詞》❶ …で覆われた [+ de/com] ▶ uma montanha coberta de neve 雪で覆われた山 / coberto com um lençol シーツに覆われた.

❷ 保護された ▶ Você está coberto. 君は保護されている

❸ …の服をまとった [+ de] ▶ Ela está coberta de vestidos de estilistas famosos. 彼女は有名デザイナーの服を身にまとっている.

❹ …でいっぱいの, あふれた [+ de] ▶ A vida dele é coberta de glórias. 彼の人生は栄光に満ちている.

❺ 支払われた ▶ A despesa foi coberta pela receita dos ingressos. 出費は入場料収入で埋め合わされた.

❻ 屋内の ▶ piscina coberta 室内プール.
a coberto de... ① …を免れた. ② …プルーフの.
nem coberto de ouro 何らかの形で, 決して.
pôr a coberto 保護する, 擁護する.

__cobertor__ /kobex'tox/ 男《複 cobertores》男 毛布.
cobertor de orelha 褥(しとね)を共にする人, 恋人.
cobertor de pobre 忘憂の布.
sob os cobertores 布団の中で, 布団に入って.

__cobertura__ /kobex'tura/ 女 ❶ 覆うこと；覆うもの, 覆い；屋根, 屋根瓦；蓋；カバー；外套；ヴェール ▶ A cobertura da casa foi levada pelo tufão. 家の屋根が台風で飛ばされた.

❷ トッピング ▶ cobertura de chocolate チョコレートのトッピング.

❸ 報道, 取材 ▶ cobertura de um acidente de trânsito 交通事故の報道.

❹ 内装 ▶ A cobertura da parede era de tecido florido. 壁の内装は花柄のクロスだった.

❺ 支払い, 清算 ▶ cobertura de um negócio 取引の清算 / cobertura de uma compra 買い物の支払い.

❻ 保証金, 担保 ▶ O cheque não tinha cobertura. 手形には保証がなかった.

❼ Ⓑ【建築】ペントハウス, マンション最上階の広いテラス付きの一室 ▶ Ele comprou uma cobertura naquele edifício. 彼はあの建物の最上階の広いテラス付きのマンション一室を買った.
com a cobertura de... …の後ろ盾で.

__cobiça__ /ko'bisa/ 女 ❶ 野心, 野望 ▶ A atriz tinha uma cobiça indisfarçável. その女優は隠しようのない野心を抱いていた / cobiça de poder 権力欲 / cobiça de riquezas 財産欲.

❷ 貪欲, 強欲, 金銭欲 ▶ A cobiça o fez cometer o crime. 強欲さから彼は罪を犯した.

__cobiçar__ /kobi'sax/ 他 ❶ 渇望する ▶ Paulo cobiça um cargo administrativo. パウロは管理職になりたがっている.

❷ うらやむ, (人のものを) 欲しがる ▶ Ela cobiça o sucesso da Maria. 彼女はマリアの成功をやっかんでいる / cobiçar as coisas dos outros 他人のものを欲しがる.

__cobra__ /'kɔbra/ 女 ❶【動物】(一般的に) ヘビ ▶ cobra venenosa 毒ヘビ. ❷ 意地の悪い人 ▶ ser cobra 意地が悪い, 陰険である.

— 形《男女同形》Ⓑ …が得意な [+ em] ▶ Ele é cobra em física. 彼は物理が得意だ.
cobra criada 場数を踏んだ人.
cobra que morde o rabo 堂々巡り.
cobra que perdeu o veneno 牙を抜かれた虎.
comer cobra ① 不機嫌である. ② 激怒する.
dizer cobras e lagartos de alguém さんざん…の悪口を言う.
É cobra comendo cobra. 大一番である.
matar a cobra e mostrar o pau 自分がしたことの証拠を見せる.
mordido de cobra 怒り狂った.
sabido como cobra (蛇のように) 狡猾な, ずるい.

__cobrador, dora__ /kobra'dox, 'dora/ 名《複 cobradores, doras》(バスの) 車掌；集金係 ▶ cobrador de ônibus バスの車掌

__cobrança__ /ko'brẽsa/ 女 ❶ 集金, 取り立て ▶ cobrança eletrônica 電子料金収受.

❷《サッカー》フリーキック (= cobrança de falta) ▶ fazer uma cobrança フリーキックをする / cobrança de pênalti ペナルティーキック.

❸ 要求.

*__cobrar__ /ko'brax/ コブラー フ/ 他 ❶ 請求する, 徴収する, 取り立てる ▶ O proprietário da casa me cobra muito. 家主は多額を請求する / cobrar impostos 税金を取り立てる / cobrar a dívida 借金を取り立てる / chamada [ligação] a cobrar コレクトコール.

❷ …をねだってもらう, 催促する ▶ Eu cobrei do namorado um anel de diamante. 私は恋人からダイヤの指輪をもらった.

❸ 要求する, 求める ▶ cobrar resultados 結果を出すように求める.

❹《サッカー》cobrar uma falta フリーキックをする / cobrar um pênalti ペナルティキックをする / cobrar um escanteio コーナーキックをする.

— **cobrar-se** 再 回復する ▶ Ele conseguiu se cobrar da condição física debilitada. 彼は弱っていた体調から回復した.
a cobrar 代金引き換えの.

__cobre__ /'kɔbri/ 男 ❶ 銅 ▶ artigos em cobre 銅製品. ❷《cobres》銅貨；小銭.

**__cobrir__ /ko'brix/ コブリー フ/ ㉓《過去分詞 coberto》他 ❶ 覆う, 包む, くるむ ▶ cobrir os móveis com o pano カバーを布で覆う / A neve cobriu o jardim. 雪が庭を覆いつくした / cobrir de chocolate チョコレートでくるむ.

❷ 隠す ▶ A mãe tentou cobrir a travessura do filho. 母親は子供のいたずらを隠そうとした.

❸ まかなう ▶ O salário dele não cobre as despesas da casa. 彼の給料では家の出費をまかなえない.

❹ 報道する, 伝える, レポートする ▶ cobrir um acontecimento 事件を報道する / Minha amiga cobrirá a Copa do Mundo. 私の友人はワールドカップをレポートする.

— **cobrir-se** 再 …を着る, はおる [+ com] ▶ Estava tão frio que se cobriu com o cobertor.

余りにも寒かったので彼は毛布をまとった.
cobro /'kobru/ [男] 終わり.
pôr cobro a algo …を終わらせる
coca /'kɔka/ [女] ❶〘植物〙コカ, コカノキ. ❷ [B] [話] コカイン.
coça /'kɔsa/ [女] 強打, 殴打.
cocada /ko'kada/ [女] ココナッツの実と砂糖, ココナッツミルクを煮詰めて作ったお菓子.
comer cocada (二人きりでいたい恋人同士にとって) 邪魔者になる.
cocaína /koka'ĩna/ [女] コカイン.
coçar /ko'sax/ ⑬ [他] ❶ かく ▶coçar as costas 背中をかく / coçar a perna 足をかく. ❷ [話] 殴る ▶A multidão coçou os bandidos. 群衆は悪者たちを殴った.
— [自] かゆがらせる ▶A ferida coçava. 傷口がかゆかった.
— **coçar-se** [再] ❶ 体をかく ▶A criança não parava de se coçar. 子供たちは体をかきやめなかった.
❷ 苦労する ▶Paulo coçou-se para chegar ao posto em que está. パウロはやっとのことで今の地位までたどり着いた.
não se coçar ① 自分からお金を出さない. ② 困っている人に手を差し伸べない.
cócegas /'kɔsegas/ [女複] ❶ くすぐったさ ▶sentir cócegas くすぐったい / fazer cócegas em alguém …をくすぐる.
❷ 欲望, 誘惑 ▶Estou com cócegas de fazer compras. 私は買い物をしたくてうずうずしている.
❸ じれったさ, 我慢できないこと ▶Sinto cócegas vendo José decidir as coisas. ジョゼの決め方は見ていてじれったい.
ter cócegas na língua しゃべりたくてたまらない, 言いたくてうずうずしている.
coceira /ko'sejra/ [女] かゆみ, かゆさ ▶sentir coceira かゆみを感じる / provocar coceira かゆみの原因になる.
coche /'koʃi/ [男] ❶ 屋根付き馬車. ❷ [B] 霊柩車.
cocheira /ko'ʃejra/ [女] 馬車庫, 馬小屋.
de cocheira 機密の, 秘密の.
cocheiro /ko'ʃejru/ [男] ❶ 御者. ❷《Cocheiro》〘天文〙ぎょしゃ座.
cochichar /koʃi'ʃax/ [自] [他] ひそひそ声で話す, 小声で言う ▶cochichar um segredo 秘密を小声で言う.
cochicho /ko'ʃiʃu/ [男] ひそひそ話, 内緒話.
cochilada /koʃi'lada/ [女] 居眠り, うたた寝.
dar uma cochilada ① 居眠りする, うたた寝する. ② 油断する.
cochilar /koʃi'lax/ [自] [B] 居眠りする, (眠気で) こっくりする ▶Meu pai gosta de cochilar depois do almoço. 父は昼食後にうたた寝するのが好きだ.
cochilo /ko'ʃilu/ [男] [B] うたた寝, 居眠り.
coco /'koku/ [男] ❶ ココナッツ ▶leite de coco ココナッツミルク / sorvete de coco ココナッツアイスクリーム. ❷〘植物〙ココヤシ.
cocô /ko'ko/ [男]《幼児語》うんち ▶fazer cocô うんちする.
cócoras /'kɔkoras/ [女複] しゃがんだ状態, うずくまった状態.
de cócoras ① しゃがんで ▶Os homens conversavam de cócoras na praça. 男たちは広場にしゃがみ込んでしゃべっていた / ficar de cócoras しゃがむ. ② へりくだって.
cocoricar /kokori'kax/ ㉙ [自] (雄鶏が) 鳴く. コケコッコーと鳴く.
cocoricó /kokori'kɔ/ [男] [B] コケコッコー, 雄鶏の鳴き声.
cocuruto /koku'rutu/ [男] ❶ 頭のてっぺん, 脳天. ❷ 頂上.
codificação /kodʒifika'sɐ̃w̃/ [[複] codificações] [女] ❶ コード化, 符号化 ▶codificação de dados データの符号化. ❷ 法典化.
codificador, dora /kodʒifika'dox, 'dora/ [[複] codificadores, doras] [形] コード化する, 符号化する.
— **codificador** [男] 符号器, エンコーダー.
codificar /kodʒifi'kax/ ㉙ [他] ❶ (法律を) 成文化する, 法典に編む. ❷ コード化する, エンコードする.
☆**código** /'kɔdʒigu コヂゴ/ [男] ❶ **法典, 法規, 法律** ▶código civil 民法典 / código penal 刑法典 / código comercial 商法典 / código de trânsito 道路交通法規.
❷ **規範, 作法** ▶código de conduta 行動規範.
❸ **記号, 符号, 暗号**, コード ▶código postal 郵便番号 / código de barras バーコード / código secreto 暗号 / código de acesso アクセスコード / código ASCII アスキーコード / código malicioso 悪意あるコード.
codinome /kodʒi'nõmi/ [男] [B] コードネーム.
codorniz /kodox'nis/ [[複] codornizes] [女]〘鳥〙ウズラ.
coedição /koedʒi'sɐ̃w̃/ [[複] coedições] [女] 共同出版.
coeditar /koedʒi'tax/ [他] …を共同出版する.
coeficiente /koefisi'ẽtʃi/ [男] 係数, 率 ▶coeficiente de atrito 摩擦係数.
coelho, lha /ko'eʎu, ʎa/ [名] ウサギ ▶coelho doméstico 飼いウサギ.
Aqui há dente de coelho. 何か怪しい.
coelho na cartola 奥の手.
matar dois coelhos com uma cajadada 一石二鳥である.
tirar um coelho da cartola 奥の手を出す.
coentro /ko'ẽtru/ [男]〘植物〙コリアンダー.
coerção /koex'sɐ̃w̃/ [[複] coerções] [女] 抑圧, 抑止.
coercitivo, va /koexsi'tʃivu, va/ [形] 抑制的な, 抑圧的な.
coerência /koe'rẽsia/ [女] (論理的) 一貫性, 整合性, まとまり ▶a coerência entre o discurso e a prática 言っていることとしていることの整合性 / falta de coerência 一貫性の欠如.
coerente /koe'rẽtʃi/ [形]《男女同形》首尾一貫した, まとまりのある ▶dar uma explicação coerente 首尾一貫した説明をする / O prefeito era coerente com o plano de governo. 市長は政府の計画に賛同していた.
coesão /koe'zɐ̃w̃/ [[複] coesões] [女] ❶ 結合, つな

がり. ❷〘物理〙凝集 (力).
coeso, sa /ko'ezu, za/ 形 ❶ 結束した, まとまった ▶um grupo coeso 結束した集団. ❷ 首尾一貫した.
coevo, va /ko'ɛvu, va/ 形 同時代の.
coexistência /koezis'tẽsia/ 女 共存▶coexistência pacífica 平和共存.
coexistente /koezis'tẽtʃi/ 形《男女同形》共存する, 同時に存在する.
coexistir /koezis'tʃix/ 自 共存する▶O mal coexiste com o bem. 悪が善と共存している.
cofiar /kofi'ax/ 他 (髪やひげを) なでる.
cofre /'kɔfri/ 男 金庫▶cofres públicos 国庫, 公庫 / cofre de carga コンテナー.
cogitação /koʒita'sẽw/ [複 cogitações] 女 計画, 瞑想 ▶Morar no exterior era uma cogitação. 外国に住むは計画の一つだった.
estar fora de cogitação 問題外である▶Essa medida está fora de cogitação. その方策は論外だ.
cogitar /koʒi'tax/ 他 ❶ …に思いを巡らす, …について考えてばかりいる.
❷《cogitar + 不定詞》…することを企てる, 計画する, …しようと考える▶Cogitamos fazer uma viagem no fim do ano. 私たちは年末に旅行を計画している / Cogitei sair da empresa. 私は会社を辞めることを考えた.
— 自 ❶ …に思いを巡らす, …について深く考える [+ em/sobre] ▶O chefe prometeu cogitar em aumentar o salário dos empregados. 上司は従業員の昇給を検討すると約束した.
❷ 瞑想する, 思案する.
cognição /kogini'sẽw/ [複 cognições] 女 認識, 認知.
cognitivo, va /kogini'tʃivu, va/ 形 認識の, 認知の▶capacidades cognitivas 認知能力.
cognome /kogi'nõmi/ 男 あだ名.
cogumelo /kogu'mɛlu/ 男 キノコ▶cogumelo venenoso 毒キノコ / crescer como cogumelo 雨後の竹の子のように成長する.
coibição /kojbi'sẽw/ [複 coibições] 女 抑制, 制限.
coibir /koj'bix/ ⑰ 他 ❶ 抑制する▶coibir a violência 暴力を抑制する.
❷《coibir alguém de + 不定詞》…が…することを禁止する, 阻止する▶O médico o coibiu de beber. 医者は彼が飲酒を禁止した.
— **coibir-se** 再《coibir-se de + 不定詞》…することを自制する, 我慢する.
coice /'kojsi/ 男 (動物が後ろ足で) 蹴ること▶dar coices (後ろ足で) 蹴る.
levar um coice 恩を仇で返される.
coifa /'kojfa/ 女 換気口, 換気扇.
coima /'kojma/ 女 罰金.
Coimbra /ko'ĩbra/《地名》コインブラ (ポルトガル中部の古都).
coimbrão, brã /koĩ'brẽw, 'brẽ/ [複 coimbrões, brãs] 形 名 コインブラの (人).
coincidência /koĩsi'dẽsia/ 女 ❶ 偶然の一致, 偶然▶Que coincidência! 何という偶然でしょう /

por coincidência 偶然に. ❷ 一致▶coincidência de datas 日付の一致.
coincidente /koĩsi'dẽtʃi/ 形《男女同形》…と一致する, 符合する ; 同時に起こる [+ com].
*****coincidir** /koĩsi'dʒix/ コインスィヂーフ/ 自 …と一致する, 重なる [+ com] ▶Essa assinatura coincide com a dele. この署名は彼の署名と一致する / Caso essa data coincida com um feriado, o pagamento será efetivado no próximo dia útil. この日が休日と重なった場合は, 支払いは次の営業日に行われる.
coiro /'kojru/ 男 = couro
*****coisa** /'kojza コイザ/ 女 ❶ 物, 無生物▶O homem não é uma coisa. 人は物ではない / O que é esta coisa? この物は何ですか / coisa em si〘哲学〙物自体 / Nunca vi coisa igual. そのようなものは見たことがない.
❷ こと▶Uma coisa ficou clara. 1 つのことが明らかになった / Tenho uma coisa para te dizer. 君に言いたいことがある / Eu quero te perguntar uma coisa. 君に聞きたいことがある / Isso é a mesma coisa. それは同じことだ / Quem disse tal coisa? 誰がそんなことを言ったのですか / Uma coisa levou à outra. いろいろなことが重なった / coisa de pouca importância 取るに足らないこと, 些細なこと / Que coisa! 何 て こ と だ / São coisas que acontecem. こういうことは起こるものだ / umas coisas いくつかのこと / Grande coisa! 大したものだ, すごいことだ / Esse romance não é (lá) grande coisa. その小説は大したことはない / Arte é uma coisa. Entretenimento é outra. 芸術とエンターテイメントは別だ.
❸ 状況, 問題, 事柄▶Como vão as coisas? 調子はどうですか / Vamos deixar as coisas seguirem seu curso normal. 成り行きにまかせましょう / Vamos ver mais um pouco como ficam as coisas. もう少し様子を見よう / falar de coisas sérias 真面目なことを話す / coisas pessoais 個人的な事柄.
❹《alguma coisa》何か (= algo) ▶Aconteceu alguma coisa? 何か起きたのですか / Vou levar alguma coisa para comer. 私は何か食べるものを持って行きます / Dê-me alguma coisa para beber, por favor. 何か飲み物をください.
❺《qualquer coisa》何 で も ▶Qualquer coisa serve. 何でもいいです.
❻《coisa alguma》(否定表現の一部として) 何も…ない▶não fazer coisa alguma 何もしない.
❼《coisa nenhuma》なんでもない, 絶対に (違う).
❽《coisa outra》別のこと, ほかのこと▶Tenho outra coisa para fazer. 私はほかにことがある.
❾ 関係▶Entre eles, há qualquer coisa. 彼らの間には何か関係がある.
❿ 不思議なこと, 謎▶Aqui há uma coisa. ここに不審な点がある.
⓫《coisas》持ち物, 身の回りの物 ; 財産▶as coisas da falecida mãe 亡くなった母の財産.
⓬《coisas》仕 事, 課 題 ▶Meu chefe deu-me muitas coisas. 私は上司に多くの仕事を与えられた.
— 男 俗 悪魔.

A coisa está preta. 難しい状況だ.
Agora a coisa vai. ここからが本番だ, これでうまくいく.
Aí tem coisa! 何かあるな.
Aqui tem coisa. 怪しい, 腑に落ちない.
As coisas estão pretas. 状況は深刻だ.
Boa coisa não é. 怪しい, 本当かな.
chamar as coisas pelos nomes 物事をありのままに言う.
coisa de... 約…, およそ… ▶ coisa de um mês 約1か月.
coisa de cinema 映画のような状況, 現実離れしたこと.
coisa de criança ① 子供だまし. ② 子供のやること.
coisa de louco 驚くべき出来事.
coisa de outro mundo この世のものとは思われないような出来事.
coisa pública 公共の問題, 国家.
coisa que o valha 似たようなもの, そのようなもの.
coisas da vida ままならぬこと ▶ São coisas da vida. 人生ままならない, しょうがない.
estar vendo coisas 幻を見ている.
ser uma coisa ① とてもすばらしい ▶ O namorado dela é uma coisa. 彼女の恋人はとてもかっこいい / Esse show foi uma coisa. このショーはとてもすばらしかった. ② とてもひどい ▶ Aquele programa é uma coisa. あの番組はとてもひどい.
ou coisa que o valha そのようなもの.
uma coisa depois da outra 一つずつ順番に.
uma coisa ou outra どちらか一つ.
ver a coisa preta 危険にさらされる, 怖い目にあう.

coisíssima /koj'zisima/ 囡 《coisíssima nenhumaの形で》まったく…ない ▶ Maria não quer coisíssima nenhuma do ex-marido. マリアは別れた夫にまったく何も望んでいない.

coitado, da /koj'tadu, da/ 形 不幸な, 不運な, かわいそうな ▶ Coitada! Ela se machucou no acidente. かわいそうに, 彼女は事故でけがをした.
— 名 B 不幸な人 ▶ O coitado perdeu tudo no incêndio. あの不運な人は火事ですべて失った / o coitado do homem 気の毒な男 / a coitada da mulher 気の毒な女.
Coitado de...! …がかわいそう, かわいそうな…, 気の毒な… ▶ Coitado dele! かわいそうな彼 / Coitada da criança! かわいそうな子ども.

coito /kojtu/ 男 性交.

cola¹ /'kɔla/ 囡 ❶ 糊, 接着剤 ▶ cola de amido でんぷん糊.
❷ B ベビーベッド.
❸ B カンニング ▶ pedir cola para alguém …にカンニングさせてほしいと頼む.
andar na cola de... ① …の例に倣う. ② …を追尾する. ③ …と車間距離を取らないで運転する.
estar na cola de... …を目で追う, 追跡する.
passar cola カンニングの手助けをする.

*****colaboração** /kolabora's ẽw̃/ コラボラサォン/ [複 colaborações] 囡 ❶ 協力, 共同 ▶ Sua colaboração foi indispensável. あなたの協力が不可欠でした / fazer algo em colaboração com alguém …と協力して…する / regime de colaboração 協力体制.
❷ 共同作業 ▶ A limpeza da sala de aula é uma colaboração dos alunos. 教室の掃除は生徒たちの共同作業だ.
❸ 寄稿 (記事).

colaboracionista /kolaborasio'nista/ 形 《男女同形》 名 敵に協力する(人).

colaborador, dora /kolabora'dox, 'dora/ [複 colaboradores, doras] 名 協力者, 共著者, 寄稿者.
— 形 協力する.

*****colaborar** /kolabo'rax/ コラボラーフ/ 自 ❶ …と協力する, 力を合わせる [+ com] ▶ colaborar com a polícia 警察に協力する.
❷ …に協力する [+ em] ▶ colaborar na solução dos problemas 問題の解決に協力する.
❸ (お金を) 拠出する [+ com] ▶ colaborar com 10 reais. 10レアル拠出する.
❹ …に貢献する [+ para] ▶ O clima pode colaborar para atrair mais turistas para esta região. 気候がこの地方により多くの観光客を招くのに貢献できるだろう.
❺ …に寄稿する [+ com] ▶ colaborar com um jornal 新聞に寄稿する.

colação /kola'sẽw̃/ [複 colações] 囡 ❶ 照合, 比較 ; 校合 ▶ colação de documentos 書類の照合 / colação de textos 文章のつき合わせ.
❷ (称号などの) 授与 ▶ colação de grau 学位の授与.
❸ 間食, 軽食.
❹ 《法律》 持ち戻し (被相続人が得た贈与や遺贈を相続財産に組入れること) ▶ colação de bens 財産の持ち戻し.
trazer à colação 引用する.

colagem /ko'laʒẽj/ [複 colagens] 囡 ❶ のり付け. ❷ 《美術》 コラージュ.

colágeno /ko'laʒenu/ 男 コラーゲン.

colante /ko'lẽtʃi/ 形 《男女同形》 (服が) ぴったりした.

colapso /ko'lapisu/ 男 ❶ 《医学》虚脱 ▶ colapso cardíaco 心不全.
❷ 崩壊 ▶ colapso econômico 経済の崩壊 / colapso de energia 停電.

colar¹ /ko'lax/ [複 colares] 男 ❶ 首飾り, ネックレス ▶ colar de pérolas 真珠の首飾り / colar de pedras preciosas 宝石のネックレス.
❷ 襟, カラー.

colar² /ko'lax/ 他 ❶ 聖職に任用する.
❷ (称号を) 授与する ▶ Colou grau em março deste ano. 今年の3月に学位を受け取った.
❸ …を…に任ずる [+ em] ▶ A diretoria colou Pedro no setor de administração. 理事会はペドロを管理部門に任じた.
❹ (学位を) 受ける ▶ colar grau de médico 医学士の学位を取る.
❺ 糊付けする, 貼り付ける ▶ colar o adesivo セロハンテープを貼る / colar o vaso quebrado 割れた

colarinho

花瓶を接着剤でくっつける.

❻ 寄せる, 近づける ▶ Colou o ouvido no rádio para ouvir a notícia. ニュースを聞こうとラジオに耳を近づけた.

❼〘情報〙ペーストする.

— 自 ❶ 国 張り込む, 張り付く [+ em] ▶ Colou no Pedro para ver o que ele fazia todos os dias. 毎日何をしているのかチェックするためペドロに張り付いた.

❷ 国〘サッカー〙…をマークする [+ em] ▶ Colou no adversário para impedi-lo de marcar o gol. ゴールさせないよう相手選手をぴったりマークした.

❸ 糊付けをされる, つく ▶ O adesivo não colou. シールはつかなかった.

❹ 国 国 カンニングする ▶ José colou no exame e foi repreendido. ジョゼは試験でカンニングをして叱られた.

❺ 俗 認められる ▶ A desculpa de Manuel não colou. マヌエルの言い訳は通用しなかった.

— colar-se 再 ❶ 寄りかかる.

❷ 近づく, 寄り添う ▶ Luísa se colou na amiga para conseguir o trabalho. 仕事にありつこうとルイーザは友達に近づいた.

andar colado 追尾する.

colarinho /kola'riɲu/ 男 ❶ (ワイシャツの) カラー, 襟 ▶ colarinho da camisa シャツの襟. ❷ 国 (ジョッキの中の) ビールの泡.

colarinho-branco /kola,riɲu'brẽku/ [複 colarinhos-brancos] 男 ❶ ホワイトカラー ▶ crime de colarinho-branco ホワイトカラー犯罪.

colateral /kolate'raw/ [複 colaterais] 形《男女同形》❶ 両側の, 側面にある.

❷ 副次的な ▶ efeito colateral 副作用.

❸ 傍系 (親族) の ▶ parente colateral 傍系の親族.

colcha /'kowʃa/ 女 ベッドカバー ▶ colcha de retalhos パッチワーク, 継ぎはぎ, 寄せ集め.

colchão /kow'ʃɐ̃w/ 男 [複 colchões] マットレス ▶ colchão de molas スプリングマットレス / colchão de ar エアーマットレス.

colcheia /kow'ʃeja/ 女〘音楽〙8分音符.

colchete /kow'ʃetʃi/ 男 ❶ 鉤, フック ▶ colchete de gancho 鉤ホック / colchete de pressão スナップボタン. ❷ ブラケット, 角かっこ.

colchonete /kowʃo'netʃi/ 男 たためるマットレス.

✽coleção /kowʃe'sɐ̃w/ コレサォン/ [複 coleções] 女 ❶ 収集品, コレクション ▶ fazer coleção de …を収集する / uma coleção de selos 切手のコレクション / coleção particular [privada] 個人所蔵 / objetos de coleção 収集品.

❷ 叢書, シリーズ.

❸ (ファッションの) コレクション ▶ coleção de verão 夏のコレクション.

colecionador, dora /kolesiona'dox, 'dora/ [複 colecionadores, doras] 名 収集家, コレクター ▶ colecionador de selos 切手収集家.

colecionar /kolesio'nax/ 他 収集する, 集める ▶ colecionar selos 切手を収集する.

colecionável /kolesio'navew/ [複 colecioná-

200

veis] 形《男女同形》収集可能な, 収集に値する.

colecionismo /kolesio'nizmu/ 男 収集癖.

✽colega /ko'lega/ コレーガ/ 名 ❶ 友人, 仲間 ▶ colega de quarto ルームメート / colega de time チームメート.

❷ 同級生 ▶ colega de turma 同級生.

❸ 同僚 ▶ colega de trabalho 仕事の同僚.

colegial /koleʒi'aw/ [複 colegiais] 形《男女同形》学校の, 生徒の; 高校の ▶ curso colegial 高校.

— 名 児童, 生徒; 高校生.

✽colégio /ko'lɛʒiu/ コレージオ/ 男 ❶ 高校, 小学校, 中学校 ▶ colégio privado 私立学校 / colégio interno 寄宿学校 / colégio de padres [freiras] カトリック系の学校.

❷ (選挙区内の) 全有権者 ▶ colégio eleitoral 選挙区の有権者.

coleguismo /kole'gizmu/ 男 仲間意識, チームワーク.

coleira /ko'lejra/ 女 (動物の) 首輪.

andar de coleira larga 自立して生きる.

cólera /'kɔlera/ 女 ❶ 怒り, 憤怒 ▶ A cólera o deixou fora do controle. 怒りのあまり彼は自分が抑えられなくなった / estar em cólera 怒っている / cólera dos deuses 神々の怒り.

❷ 獰猛さ ▶ cólera dos animais selvagens 野生動物の獰猛さ.

❸ 激しさ ▶ cólera das ondas 波の激しさ / cólera dos ventos 風の激しさ.

❹〘医学〙コレラ.

colérico, ca /ko'leriku, ka/ 形 ❶ 怒りっぽい; 怒った, 激昂した ▶ O pai ficou colérico com o comportamento dos filhos. 子供たちのふるまいに父親は激高した.

❷ コレラにかかった.

— 名 コレラ患者.

colesterol /koleste'rɔw/ [複 colesteróis] 男 コレステロール.

coleta /ko'leta/ 女 ❶ 徴収 ▶ coleta de impostos 税の徴収.

❷ 税額 ▶ Registrou-se a mais alta coleta de impostos até agora nesta cidade. この町の徴収税額は過去最高となった.

❸ 募金.

❹ 国 義援金活動 ▶ Os estudantes fizeram uma coleta de donativos para as vítimas do desastre. 学生たちは被災者のための義援金活動を行った.

❺ 収集 ▶ coleta de informações 情報収集 / coleta de lixo ごみの収集.

coletânea /kole'tɐ̃nia/ 女 選集 ▶ coletânea de contos 物語集.

coletar /kole'tax/ 他 ❶ 集める, 回収する ▶ coletar fundos 資金を集める / O lixo é coletado todos os dias. ごみは毎日回収する.

❷ …に課税する, …から徴収する ▶ A prefeitura coletou impostos às indústrias. 市は企業に課税した.

❸ 集める, 採集する ▶ coletar plantas para pesquisas 調査のために植物を採集する.

colete /ko'letʃi/ 男 チョッキ, ベスト ▶ colete à prova de bala(s) 防弾チョッキ / colete salva-vidas 救命胴着 / colete ortopédico 整形外科用コルセット.

coletiva[1] /kole'tʃiva/ [女] 記者会見 ▶ dar uma coletiva 記者会見をする.

coletivamente /koˌletʃiva'mẽtʃi/ [副] 集団で, 集団的に.

coletividade /koletʃivi'dadʒi/ [女] 集合体, 集団 ; 共同体.

coletivismo /koletʃi'vizmu/ [男] 集産主義.

⁑**coletivo, va**[2] /kole'tʃivu, va コレチーヴォ, ヴァ/ [形] ❶ **集団の, 集団で行う**, 共同でやる ▶ vida coletiva 集団生活 / trabalho coletivo 共同作業 / esportes coletivos 団体競技.

❷ **集団共有の**, 集団に共通な ▶ bens coletivos 共有財産 / transporte coletivo 公共交通機関.

❸〘言語〙集合的な ▶ nome coletivo 集合名詞.

— **coletivo** [男] ❶ 紅白試合 ▶ fazer um coletivo 紅白試合をする. ❷ 公共交通, バス. ❸ 集合名詞.

coletor, tora /kole'tox, 'tora/ [[複] coletores, toras] [形] 寄せ集める, 収集する, 編纂する.

— [名] ❶ 収集する人 (物), 編者 ▶ coletor de lixo ごみの収集員 / coletor de textos 文書編纂者.

❷ 集金人, 収税人 ▶ coletor de impostos 収税人.

— **coletor** [男] 下水の幹線渠.

coletoria /koleto'ria/ [女] 税務署.

*****colheita** /ko'ʎejta コリェイタ/ [女] **収穫** ▶ tempo de colheita 収穫期 / colheita de milho トウモロコシの収穫 / A colheita será boa. 豊作になるだろう.

⁂**colher**[1] /ko'ʎɛx コリェーフ/ [女] ❶ **スプーン, さじ** ▶ colher de chá ティースプーン / colher de sobremesa デザートスプーン / colher de sopa スープスプーン / colher de pau 木のスプーン / colher de pedreiro こて.

❷ 1さじの分量 ▶ uma colher de açúcar スプーン1杯の砂糖.

dar uma colher de chá 機会を与える, 容易にする, 後押しする.

de colher 解決しやすい.

meter a colher でしゃばる, 口を出す.

*****colher**[2] /ko'ʎex コリェーフ/ [他] ❶ **摘む** ▶ colher flores 花を摘む.

❷ **集める** ▶ colher assinaturas 署名を集める.

❸ 得る, 獲得する ▶ colher informações 情報を得る.

❹ (褒美として) 受け取る ▶ Um dia, você vai colher os frutos de seus esforços. いつの日か, あなたは努力の成果を受けるだろう.

❺ 迎える, 受け入れる ▶ A cidade colhe, com agrado, os trabalhadores brasileiros. 市は喜んでブラジル人労働者を迎える.

— [自] 収穫する.

colherada /koʎe'rada/ [女] スプーン1杯, さじ1杯 ▶ uma colherada de iogurte スプーン1杯のヨーグルト.

meter a sua colherada em... …に口を出す, 干渉する.

colibri /koli'bri/ [男]〘鳥〙ハチドリ.

cólica /'kɔlika/ [女] 疝痛, 腹痛 ▶ cólica menstrual 生理痛.

colidir /koli'dʒix/ [他] …に衝突させる, ぶつける [+ com].

— [自] ❶ 衝突する, ぶつかる ▶ Os carros colidiram. 車同士が衝突した.

❷ …と衝突する, ぶつかる [+ com] ▶ O carro colidiu com o trem. 車が電車と衝突した / O vendaval fez o barco colidir com as rochas. 暴風で船は岩に衝突した.

❸ …と相反する, 矛盾する [+ com] ▶ As opiniões dele colidiram com as minhas. 彼の意見は私の意見と相容れなかった.

coligação /koliga'sẽw̃/ [[複] coligações] [女] 連合, 同盟 ; 提携.

coligar /koli'gax/ ⑪ [他] ❶ 結合させる ; 結束させる, 団結させる, 一体化する ▶ O desastre coligou várias facções em prol da reconstrução da região. 災害が起きたことで, 地域復興という名のもとにさまざまな派閥が手を結んだ / As palavras do presidente coligaram os empregados. 社長の言葉が社員を団結させた.

❷ 同盟させる ; 提携させる ▶ O mesmo objetivo coligou os dois partidos. 一つの目的が二政党を同盟させた.

— **coligar-se** [再] ❶ 結合する, 集まる ▶ Os membros da assembleia coligaram-se. 議会のメンバーは一つにまとまった.

❷ 同盟する ▶ Os democratas coligaram-se com os partidos oposicionistas. 民主党員たちは対立政党と同盟を組んだ.

coligir /koli'ʒix/ ② [他] ❶ 収集する ▶ coligir conchas 貝殻を収集する / coligir insetos 昆虫を収集する.

❷ (散らばっているものを) 集める, まとめる.

❸ 結論する, 推論する ▶ A polícia coligiu os fatos das provas existentes do crime. その犯罪について現在ある証拠から警察は事実を推論した.

colina /ko'lĩna/ [女] 丘.

colírio /ko'liriu/ [男] ❶ 洗眼剤, 目薬. ❷ 美しい人 [もの] ▶ ser um colírio (para os olhos) 目の保養になる, 目を楽しませてくれる.

colisão /koli'zẽw̃/ [[複] colisões] [女] ❶ 衝突, 激突 ▶ colisão frontal 正面衝突 / colisão entre dois trens 二両の列車の衝突. ❷ 対立, 衝突 ▶ colisão de interesses 利害の衝突.

coliseu /koli'zew/ [男] ❶ コロセウム (古代ローマの巨大円形競技場). ❷ 大劇場, 大会場.

colite /ko'litʃi/ [女]〘医学〙大腸炎, 結腸炎.

collant /ko'lẽ/ [男]《フランス語》❶ パンティーストッキング. ❷ レオタード. ❸ レギンス.

colmeia /kow'meja/ [女] ハチの巣.

colmo /'kowmu/ [男] ❶ 茎. ❷ 茅.

colo /'kɔlu/ [男] ❶ 首, 頸部. ❷〘医学〙(腔の) くびれた部分.

❸ 頸状のもの. ❹ ひざ ▶ O bebê dormia no colo da mãe. 赤ん坊は母のひざで眠っていた. ❺ (山の) 鞍部, コル ▶ colo da serra 山脈の鞍部.

andar ao colo だっこしてもらう.

andar com alguém no colo …をかわいがる,

…を守る, …を幸せにするために働く.
ao colo 腕の中に.
carregar ao colo ① 負んぶに抱っこしてあげる. ② 養う.
colo de garça 長くて美しい首.
colocar no colo おんぶに抱っこさせる.
trazer ao colo 愛護する, かいがいしく世話する, 非常にかわいがる.

colocação /koloka'sẽw̃/ [[複] colocações] [女] ❶ 配置, 置くこと.
❷ 職, 就職口 ▶Consegui uma boa colocação na empresa. 私は会社でいい仕事にありついた.
❸ 投資, 出資 ▶A colocação de capital em bolsa foi lucrativa. 株式投資は利益が多かった.
❹ 販売 ▶A colocação do sabonete no mercado foi um sucesso. その石けんの市場での売れ行きは好調だった.

*****colocar** /kolo'kax コロカーフ/ ㉙ [他] ❶ **置く, 配置する** ▶colocar os pratos na mesa お皿を食卓に並べる / Ela colocou a criança em seu colo. 彼女は子供をひざの上に載せた / colocar os cotovelos sobre a mesa 机にひじをつく / colocar a mão na testa 額に手をあてる / colocar manteiga no pão パンにバターをつける / colocar o café na xícara カップにコーヒーを注ぐ / colocar a chaleira no fogo やかんを火にかける / colocar uma palavra entre parênteses 単語をかっこに入れる / colocar um ponto final em... …に終止符を打つ / colocar o filho para dormir 子供を寝付かせる.
❷ (服などを) **着る** ▶Coloque o casaco porque está frio. 寒いからコートを着て / colocar o chapéu 帽子をかぶる / colocar as calças ズボンをはく / colocar os sapatos 靴をはく / colocar um anel 指輪をはめる / colocar os óculos 眼鏡を掛ける / colocar lentes de contato コンタクトレンズを付ける.
❸ (質問などを) 提起する ▶colocar uma pergunta 質問する / colocar uma dúvida 疑念を提起する.
❹ (状況に) 置く ▶colocar alguém numa situação difícil …を苦境に立たせる / colocar as ações à venda 株を売り出す / colocar no mercado 市場に送り出す / colocar em leilão 競売にかける / colocar na cadeia 刑務所に入れる / colocar o dinheiro na caderneta de poupança お金を定期預金に入れる.
❺ …に就職させる, 職につける [＋em] ▶Colocou os parentes em cargos de confiança. 彼は信用が必要な管理職に近親者を配置した.
— **colocar-se** [再] ❶ (位置に) つく, (立場に) 立つ ▶colocar-se no fim da fila 行列の最後部につく / colocar-se no lugar das vítimas 被害者の立場に立つ. ❷ 就職する, 職を得る.

Colômbia /ko'lõbia/ [女] 《国名》 コロンビア.

colombiano, na /kolõbi'ẽnu, na/ [形] [名] コロンビアの (人).

cólon /'kɔlõ/ [[複] cólons [B] cólones [P]] [男] 〖解剖〗 結腸.

colónia /ku'lɔniɐ/ [女] [P] ＝ colônia

***colônia** /ko'lõnia コローニア/ [女] [B] ❶ 《集合的に》 **入植者**, 移住民の集団 ▶a colônia de japoneses em São Paulo サンパウロの日本人移民社会.
❷ **移住地, 入植地**, 居留地 ▶a colônia portuguesa no Rio de Janeiro リオデジャネイロのポルトガル人居住地 / a colônia judaica em Londres ロンドンのユダヤ人街 / colônia penal 流刑地.
❸ **植民地** ▶O Brasil foi colônia de Portugal. ブラジルはポルトガルの植民地だった.
❹ (細菌の) コロニー.
❺ オーデコロン ▶pôr uma colônia オーデコロンをつける.
colônia de férias サマーキャンプ.

colonial /koloni'aw/ [[複] coloniais] [形] 《男女同形》 植民地の ▶estilo colonial コロニアル様式 / o Império Colonial Português ポルトガル植民地帝国.

colonialismo /kolonia'lizmu/ [男] 植民地主義.

colonialista /kolonia'lista/ [形] 植民地主義の ▶política colonialista 植民地政策.

colonização /koloniza'sẽw̃/ [[複] colonizações] [女] 植民地化, 植民.

colonizador, dora /koloniza'dox, 'dora/ [[複] colonizadores, doras] [形] 植民する, 植民地化する.
— [名] 植民地建設者, 開拓民.

colonizar /koloni'zax/ [他] ❶ 植民地化する ▶colonizar o Brasil ブラジルを植民地化する. ❷ 植民する.

colono /ko'lõnu/ [男] ❶ 植民者, 入植者. ❷ 農業労働者.

coloquial /koloki'aw/ [[複] coloquiais] [形] 《男女同形》 口語の, 会話体の, くだけた ▶linguagem coloquial 話し言葉.

colóquio /ko'lɔkiu/ [男] ❶ 対話, 会話. ❷ 討論会, 会議 ▶colóquio sobre participação política das mulheres 女性の政治参加に関する討論会.

coloração /kolora'sẽw̃/ [[複] colorações] [女] ❶ 着色, 彩色 ▶coloração para cabelos 髪染め.
❷ 色合い, 色調 ▶coloração do céu 空の色合い.

colorau /kolo'raw/ [男] パプリカパウダー.

***colorido, da** /kolo'ridu, da コロリード, ダ/ [形] ❶ **有色の**, 色のついた ▶papel colorido 色紙 / vidro colorido ステンドガラス. ❷ 派手な色の ▶uma camisa bem colorida 派手な色のシャツ.
— **colorido** [男] 色合い.

colorir /kolo'rix/ ⑫ [他] ❶ 彩る, 着色する ▶colorir um desenho 絵に彩色する / A prefeitura coloriu os muros da rua principal da cidade. 市は町のメインストリートの壁に色を塗った / colorir algo de verde …を緑に塗る.
❷ …に精彩を与える, 生き生きとさせる ▶As flores coloriram o ambiente. 花々がその場の雰囲気に彩りを与えた.
❸ 飾る ▶As pedrinhas coloriram a entrada da casa. 玉砂利が家の入口を飾った.
❹ 粉飾する, ごまかす ▶Ele falou colorindo a dura realidade. 彼は厳しい現実を粉飾して話した.
— **colorir-se** [再] 色づく, 赤くなる ▶As folhas das árvores começam a se colorir no mês de

novembro. 11月には木々の葉が色づき始める / Por causa da vergonha, seu rosto coloriu-se. 恥ずかしさで顔が赤らんだ.

colossal /kolo'saw/ [複 colossais] 形《男女同形》❶ 巨大な, 大規模な estátua colossal 巨大な像. ❷ すばらしい ▶ O herói tinha uma coragem colossal. その英雄は大変な勇気があった.

colosso /ko'losu/ 名 ❶ 巨像. ❷ 巨大な物；巨人, 大男.

:coluna /ko'lūna/ コルーナ/ 女 ❶(印刷物の)段, 欄, 記事, コラム ▶ coluna social ゴシップ欄.
❷ 縦列, 行.
❸ coluna vertebral《解剖》脊柱(せきちゅう) / dor na coluna (vertebral) 背中の痛み.
❹ 円柱, 柱.

colunável /kolu'navew/ [複 colunáveis] 形《男女同形》名 有名な(人), 著名な(人).

colunista /kolu'nista/ 名 コラムニスト ▶ colunista social ゴシップコラムニスト.

:::com /kũ クン; kõ コン/ 前 (com + mim → comigo, com + ti → contigo, com + si → consigo, com + nós → conosco) ❶《同伴》…とともに, 一緒に ▶ Vivo com meus pais. 私は両親と暮らしている / Eu fui ao cinema com o Enrico. 私はエンリコと映画を見に行った / Com quem você estava falando? あなたは誰と話していましたか / Não quero sair com ele. 彼とはデートしたくない / Ela se casou com um estrangeiro. 彼女は外国人と結婚した.
❷《所有・付属》…を持った, …がある, …のついた ▶ sair com um guarda-chuva 傘を持って出かける / com os olhos fechados 目を閉じて / com a barriga vazia おなかがすいて / uma casa com piscina プール付きの家 / Com dez anos, ele já jogava futebol como um profissional. 10歳にしてすでに彼はプロのようにサッカーをプレーしていた.
❸ …付きの, …入りの, …を添えた ▶ pão com manteiga バターを塗ったパン / café com leite カフェオレ / bolo com açúcar 砂糖水 / bife com batata frita フライドポテトを添えたステーキ.
❹《道具・手段・材料》…を用いて, …によって ▶ lavar as mãos com sabonete 石けんで手を洗う / cortar com uma faca ナイフで切る / A mãe fez o jantar com legumes e carnes. 母は肉と野菜で夕食を作った.
❺《estar com...》…の状態である, …を持っている (= ter) ▶ estar com fome 空腹である / estar com sono 眠い / estar com calor 暑い / estar com pressa 急いでいる / Ele está com muito dinheiro. 彼はたくさんお金を持っている.
❻ …の状態になる ▶ ficar com sono 眠くなる.
❼《相手・対象》…と, …に対して ▶ Acabei a relação com ele. 私は彼との関係を終わらせた / ser amável com alguém …に対して親切にする / Ela é muito fria com ele. 彼女は彼にとても冷たい / a partida com o Brasil ブラジルとの試合.
❽《原因・理由》…のために ▶ Com o frio ele começou a tremer. 寒さで彼は震え始めた.
❾《一致》…と同意見で ▶ Estou com você nesse assunto. その件に関しては君と同意見だ / estar com o governo 政府を支持する.
❿《同時・比例》…とともに ▶ acordar com o sol 日の出とともに起きる / A temperatura diminui com a altitude. 気温は高度に応じて下がる.
⓫《比較》…と ▶ Ela é muito parecida com a mãe. 彼女は母親ととても似ている.
⓬ …の入った ▶ uma mala com roupas 衣服の入ったスーツケース.
⓭《com + 無冠詞名詞》…を持って, …の様子で ▶ com prazer 喜んで / com cuidado 注意深く / com prudência 慎重に / com eficácia 効率的に / lutar com raiva 怒りを持って戦う.

coma /'kõma/ 男《医学》昏睡 ▶ estar em coma 昏睡状態にある / entrar em coma 昏睡状態に陥る.

comadre /ko'madri/ 女 代母, 名付け親.

comandante /komẽ'dẽtʃi/ 形《男女同形》指揮する.
— 男 ❶ 指揮官, 司令官. ❷ 船長, 艦長, 機長.

comandar /komẽ'dax/ 他 指揮する ▶ Ele comandou a operação de resgate das vítimas do terremoto. 彼は地震による被災者の救助活動を指揮した.
❷ 統治する ▶ comandar o país 国を統治する.
❸ 管理する ▶ Meu tio comanda os negócios da família. 叔父が一族のビジネスを管理している.
❹ 導く, …の長を務める ▶ Comandou a fuga dos prisioneiros. 囚人の脱獄を主導した.
❺ 動かす ▶ Este computador comanda as operações da máquina. このコンピューターは機械に操作指示を出す.
❻ …を見下ろす, そびえ立つ ▶ A montanha comanda a paisagem. その山はあたりの風景を見下ろしている.
— 自 統治する.

comandita /komẽ'dʒita/ 女 合資会社.

:comando /ko'mẽdu/ コマンド/ 男 ❶ 指揮 ▶ assumir o comando do time チームの指揮を執る / entregar o comando indicar o 指揮を譲る.
❷ 制御, 操縦 ▶ comando à distância 遠隔操作.
❸ ゲリラ部隊, コマンド.
❹《情報》コマンド, 命令.
sob o comando de... …の指揮下で.

comarca /ko'maxka/ 女 裁判所の管轄区域.

combalir /kõba'lix/ 他 弱らせる, 衰弱させる, 衰えさせる.
— **combalir-se** 衰弱する.

***combate** /kõ'batʃi/ コンバーチ/ 男 ❶ 戦い, 戦闘；闘争 ▶ combate aéreo 空中戦 / combate naval 海戦 / combate terrestre 地上戦 / combate desigual 一方的な戦い / morrer em combate 戦死する / avião de combate 戦闘機 / piloto de combate 戦闘機パイロット / carro de combate 戦車 / combate contra a inflação インフレとの戦い / combate ao incêndio 火事との戦い / fora de combate 戦闘不能な.
❷ 勝負, 試合 ▶ combate de boxe ボクシングの試合.

combate singular 決闘, (二者間の)争い. 一対一の戦い.

combatente

dar combate a... …と闘う.

combatente /kõba'tẽtʃi/ 形《男女同形》戦う, 戦闘する ▶ galo combatente 闘鶏.
— 名 戦闘員, 戦士.

*****combater** /kõba'tex/ コンバテーフ/ 自 戦う ▶ combater na guerra 戦争で戦う.
— 他 …と戦う, …に抵抗する ▶ combater a corrupção política 政治腐敗と戦う / combater o terrorismo テロと戦う.

combatividade /kõbatʃivi'dadʒi/ 女 闘争性；闘志, やる気.

combativo, va /kõba'tʃivu, va/ 形 闘争的な, 闘志あふれる ▶ espírito combativo 闘争心 / instinto combativo 闘争本能.

combinação /kõbina'sẽw/ [複 combinações] 女 ❶ 組み合わせ, 結合 ▶ combinação de cores 色の組み合わせ / combinação de ideias アイディアの組み合わせ.
❷《化学》化合, 化合物.
❸ 計画, 策略, 計略.
❹《服飾》スリップ.
❺ 取り決め, 協定.

combinado, da /kõbi'nadu, da/ 形 ❶ 結合した, 組み合わされた ▶ prato combinado ミックスプレート / As cores estão bem combinadas. 色がうまく組み合わされている.
❷ 合意した, 承認した ▶ O encontro ficou combinado. 会合が設定された / no local combinado 合意の場所で / como [conforme] combinado 合意のとおり / Está combinado! これで話は決まった.

*****combinar** /kõbi'nax/ コンビナーフ/ 他 ❶ 組み合わせる, 調和させる ▶ combinar cores 色を組み合わせる. ❷《化学》化合させる.
— 自 ❶ （…と）合う, 調和する [+ com] ▶ O preto combina com tudo. 黒は何にでも合う / Álcool e direção não combinam. アルコールと運転は調和しない, 飲んだら乗るな / Estas cores não combinam. これらの色は合わない / Os irmãos não combinam bem. その兄弟はあまり仲がよくない.
❷ …と手はずを整える [+ com].
— **combinar-se** 再 組み合わされる ▶ Talento e esforço combinam-se para formar um gênio. 才能と努力が合わさって天才が生まれる.

combinatório, ria /kõbina'toriu, ria/ 形 組み合わせの ▶ análise combinatória 組み合わせ論.
— **combinatória** 女 組み合わせ論.

comboio /kõ'boju/ 男 ❶ P 汽車, 列車, 電車 ▶ apanhar o comboio 列車に乗る / comboio expresso 急行.
❷ 輸送船団, 輸送隊. ❸ 隊列, 一団.

combustão /kõbus'tẽw/ [複 combustões] 女 ❶ 燃焼, 燃えること ▶ motor de combustão interna 内燃エンジン. ❷ 発火 ▶ combustão espontânea 自然発火.

combustível /kõbus'tʃivew/ [複 combustíveis] 形《男女同形》可燃性の, 燃えやすい ▶ gás combustível 可燃性ガス.
— 男 燃料 ▶ combustível fóssil 化石燃料 / combustível nuclear 核燃料.

‡**começar** /kome'sax/ コメサーフ/ ⑬

直説法現在	começo começas começa	começamos começais começam
過去	comecei começaste começou	começamos começastes começaram

他 始める, 開始する（↔acabar）▶ Vamos começar o trabalho logo. すぐに仕事を始めよう.
— 自 ❶ 始まる ▶ As aulas começam às 9 horas. 授業は9時に始まる.
❷《começar a +不定詞》…し始める ▶ A chuva começou a piorar de noite. 雨は夜ひどく降り始めた / O vento começou a ficar mais forte. 風が強まってきた.
❸《começar por +不定詞》…することから始める ▶ O importante é começar por revisar as lições dadas. 大事なのはすでに勉強した課題を復習することから始めることだ.
❹《começar +現在分詞》…することから始める.
para começar 最初に.

‡**começo** /ko'mesu/ コメーソ/ 男 ❶ 始まり, 開始；初め ▶ dar começo a ... …を始める / ter começo 始まる / no começo 始めのうちは / no começo de agosto 8月の初めに / no começo da noite 宵の口に / o começo do fim 終わりの始まり.
❷ 原因, 起源 ▶ A derrota foi o começo de tudo. 敗北がすべての原因だった.
de começo 最初から.
desde o começo 最初から, 当初から, もともと.
do começo ao fim 初めから終わりまで, 終始.
para começo de conversa まず第一に.

*****comédia** /ko'medʒia/ コメーチア/ 女 喜劇, 芝居 ▶ Gil Vicente escreveu muitas comédias. ジル・ビセンテはたくさんの喜劇を書いた / Ela chorou muito mas isso foi uma comédia. 彼女は泣いたがそれは芝居だった / comédia musical ミュージカル / comédia romântica 恋愛コメディー / comédia de costumes 風俗喜劇.

comediante /komedʒi'ẽtʃi/ 名 喜劇役者；コメディアン.

comedido /kome'dʒidu/ 形 節度のある, 慎み深い.

comedimento /komedʒi'mẽtu/ 男 控えめ, 節度.

comedir /kome'dʒix/ ⑫ 他 ❶（言動を）慎む ▶ Suas declarações são graves, é melhor você comedir as palavras. あなたのその発言内容は深刻だから, 言葉を慎んだ方がよい.
❷ 抑制する ▶ Ultimamente, tenho comedido os gastos. 最近私は出費を控えている.
— **comedir-se** 再 節度を守る；自制する ▶ José gasta muito, então, ele tem que se comedir para comprar uma casa. ジョゼは金遣いが荒いので, マイホーム購入のためには自制しないといけな

comestível

い/ Ele tem que se comedir quando dirige. 彼は節度を守った運転をしなければならない。

comemoração /komemora'sẽw/ [複 comemorações] 囡 ❶ 記念, 追悼 ▶monumento em comemoração à imigração japonesa 日本人移民記念碑. ❷ 記念祭.

comemorar /komemo'rax/ 他 ❶ 祝う, 祝賀する ▶comemorar o aniversário 誕生日を祝う. ❷ 記念する.

comemorativo, va /komemora'tʃivu, va/ 形 記念の ▶medalha comemorativa 記念メダル.

comenda /ko'mẽda/ 囡 勲章.

comendador, dora /komẽda'dox, 'dora/ [複 comendadores, doras] 图 勲章の叙勲者.

comensal /komẽ'saw/ [複 comensais] 图 ❶ 食事を共にする人, 会食者. ❷ 〖生物〗共生生物.

comentador, dora /komẽta'dox, 'dora/ [複 comentadores, doras] 图 解説者, 注釈者.

‡**comentar** /komẽ'tax/ コメンターフ/ 他 ❶ 注釈する, 解説する comentar um texto テキストを注解する / comentar uma obra de arte 美術作品を解説する. ❷ …について話す, 評価する ▶O pai gosta de comentar a atualidade política e econômica. 父は政治や経済の現状について話すのが好きだ / Por vezes, a realidade ultrapassa a ficção, comentou ele.「時として事実は小説よりも奇なり」と彼は評した. ❸ 批判する, 非難する ▶comentar a vida alheia 他人の生活を非難する. — 自 …について批判する, 非難する [+ sobre].

*comentário /komẽ'tariu/ コメンターリオ/ 男 注釈, 論評, 解説 ▶fazer um comentário sobre algo …について論評する, 意見を言う, 解説する / Sem comentários. ノーコメント / comentário de texto テキスト評釈. **Dispensa comentários.** 何も付け加えることはない, 自明である.

comentarista /komẽta'rista/ 图 解説者 ▶comentarista esportivo スポーツ解説者.

‡**comer** /ko'mex/ コメーフ/ 他 ❶ 食べる ▶comer um bife ビーフステーキを食べる. ❷ 腐 侵す, むしばむ ▶A umidade come o ferro. 湿気は鉄を侵食する / O sol come a cor do papel. 太陽は紙の色を褪せさせる. ❸ 呑み込む, 消失させる ▶A onda comeu as embarcações. 波は船舶を呑み込んだ. ❹ 省く. ❺ 使い果たす, 浪費する ▶comer toda a herança 全財産を使い果たす. ❻ 信じ込む ▶Ela comeu a desculpa. 彼女は弁解を信じ込んだ. ❼ 腐 (罰則や批判を) 受ける ▶comer a pena 刑罰を受ける. ❽ だます, 欺く ▶Eles comeram a fortuna dele. 彼らは彼の財産をだまし取った. ❾ 俗 (女性を) ものにすること. — 自 ❶ 食べる, 食事する ▶São horas de comer. = É hora de comer. 食事の時間だ / comer à vontade お腹いっぱい食べる / comer fora 外食する / comer bem 食欲旺盛で食べる, よいものを食べる. ❷ かゆい. ❸ もうける, 利益を得る. ❹ …を食べてみる [+ de].

— **comer-se** 再 ❶ 食事をする ▶Come-se bem por vinte reais. 20レアルでおいしい食事が食べられる / Come-se bem aqui. ここの料理はおいしい. ❷ …に取りつかれている [+de] ▶comer-se de inveja 嫉妬にさいなまれる.

— 男 食事, 食べ物, 郷土料理.

come e dorme 無駄飯食いである.
comer como um boi 大食漢である.
dar de comer 食事を与える.
estar comendo brisa 少食である.

‡**comercial** /komex'sjaw/ コメフスィアゥ/ [複 comerciais] 形 ❶ 商業の, 貿易の ▶atividade comercial 商業活動 / zona comercial 商業区域 / direito comercial 商法 / sociedade comercial 商社 / centro comercial ショッピングモール / déficit comercial 貿易赤字 / superávit comercial 貿易黒字 / e comercial アンパサンド (&). ❷ 商業主義の, 金もうけが目的の ▶filme comercial 商業映画.

— 男 コマーシャル.

comercialização /komexsjaliza'sẽw/ [複 comercializações] 囡 ❶ 商品化, 商業化. ❷ マーケティング.

comercializar /komexsjali'zax/ 他 商品化する, 販売する ▶comercializar um produto 製品を売り出す.

comercialmente /komexsi,aw'mẽtʃi/ 副 商業的に, 営利的に.

‡**comerciante** /komex'sjẽtʃi/ コメフスィアンチ/ 形 《男女同形》❶ 商業活動をする, 商売する. ❷ 金もうけ主義の. — 图 商人, 貿易商; 金もうけ主義者 ▶os pequenos e médios comerciantes 中小小売商 / comerciante da morte 死の商人.

comerciar /komex'sjax/ 自 …と取引する, 商売する [+ com]. — 他 …を取引する, 売買する, 扱う ▶Os portugueses comerciavam vinhos. ポルトガル人たちはワインの売買をしていた.

comerciário, ria /komexsi'ariu, ria/ 图 店員, 販売員.

‡**comércio** /ko'mexsiu/ コメフスィオ/ 男 ❶ 商業, 取引, 貿易 ▶fomentar o comércio e a indústria 商工業を振興する / comércio eletrônico 電子取引 / comércio exterior 外国貿易 / comércio internacional 国際貿易 / fazer comércio com o próprio corpo 体を売る. ❷ 商店 ▶O comércio abre às 10 da manhã. 店は午前10時に開く.

de fechar o comércio 絶世の.

comes /'kõmis/ 男複 食べ物 ▶comes e bebes 食べ物と飲み物.

comestível /komes'tʃivew/ [複 comestíveis] 形 《男女同形》食べられる, 食用の.

— **comestíveis** 男複 食料品, 食品.

cometa

cometa /ko'meta/ 男【天文】彗星(ホシ), ほうき星 ▶o cometa Halley ハレー彗星.

***cometer** /kome'tex/ コメテーフ/ 他 (罪や過失を)犯す ▶cometer um crime 罪を犯す / cometer um erro 間違える / cometer um pecado 宗教上の罪を犯す / cometer uma falta ファールを犯す / cometer uma baixeza 卑劣な行為をする / cometer uma gafe ヘまをする / cometer uma loucura 無分別なことをする.
— **cometer-se** 再 リスクを取る.

cometimento /kometʃi'mẽtu/ 男 ❶ (犯罪を)犯すこと, 犯行 ▶o cometimento de um crime 犯罪を犯すこと. ❷ 大胆な企て.

comezinho, nha /kome'ziɲu, ɲa/ 形 ❶ おいしい, うまい. ❷ 簡単な, 単純な ▶trabalhos comezinhos 単純な作業. ❸ 分かりやすい ▶explicação comezinha 分かりやすい説明. ❹ 自家製の；家の ▶uso comezinho 家で使うもの.

comicamente /kõmika'mẽtʃi/ 副 こっけいに, 面白おかしく.

comichão /komi'ʃẽw/ [複 comichões] 女 ❶ 痒 かゆみ ▶Ele queixava-se de comichão pelo corpo. 彼は体中にかゆみがあると訴えていた. ❷ 熱望, 強い願望 ▶Quando chegava o verão, Maria não resistia à comichão e ia à praia. マリアは夏が来ると, いても立ってもいられず, 海岸へ行ったものだった.

comício /ko'misiu/ 男 街頭集会, 屋外集会, 政治集会.

cômico, ca /'kɔmiku, kɐ/ 形 P = cômico.

cômico, ca /'kõmiku, ka/ 形 B ❶ 喜劇の ▶ator cômico 喜劇俳優 / filme cômico 喜劇映画 / seriado cômico コメディーシリーズ / programa cômico お笑い番組. ❷ こっけいな, 笑いを誘う ▶um gesto cômico こっけいな仕草.
— 名 喜劇俳優, コメディアン；喜劇作家

***comida¹** /ko'mida/ コミーダ/ 女 ❶ 食べ物, 食品 ▶comida e bebida 食べ物と飲み物 / comida para bebê ベビーフード / comida congelada 冷凍食品 / comida rápida ファストフード / comida de cachorro ドッグフード.
❷ 料理 ▶comida brasileira ブラジル料理 / comida leve 軽い料理 / comida pesada こってりした料理 / comida local 郷土料理 / comida caseira 家庭料理, 自家製料理 / comida pronta 調理済み食品 / A comida estava boa. 料理はおいしかった.
❸ 食事 ▶na hora da comida 食事の時間に.

comido, da² /ko'midu, da/ 形 (comer の過去分詞) ❶ 食べられた. ❷ (虫に) 食われた.

***comigo** /ko'migu/ コミーゴ/ 代 (前置詞 com + 代名詞 mim) ❶ 私とともに, 私に対して, 私に関して ▶Venha comigo. 私と来てください / Deus está comigo. 神は私とともにある / Eles foram muito atenciosos comigo. 彼らは私にとても親切にしてくれた / Deixa comigo. 私に任せてください / Isso não é comigo! それは私には関係ないことだ / Não precisa se preocupar comigo. 私のことなら心配は要らない / Comigo é assim. これが私の流儀だ / Quem não está comigo está contra mim. 私に賛成しない者は私に反対する者だ. ❷ 《comigo mesmo [próprio]》私自身と ▶Estou contente comigo mesmo. 私は自分自身に満足している.

comilança /komi'lẽsa/ 女 大食い, 大食.

comilão, lona /komi'lẽw, 'lõna/ [複 comilões, lonas] 形 大食いの.
— 名 大食漢.

cominar /komi'nax/ 他 ❶ (処罰すると) 威嚇する ▶O patrão cominou demissão ao empregado caso ele não obedecesse aos regulamentos. 経営者は規則に従わなければ解雇するぞと従業員を脅した. ❷ (刑罰を) 科す ▶O juiz cominou uma dura pena ao acusado. 裁判官は被告を重刑に処した.

cominho /ko'miɲu/ 男【植物】クミン.

comiseração /komizera'sẽw/ [複 comiserações] 女 同情, 憐憫(ミン).

comiserar /komize'rax/ 他 …に同情の念を抱かせる, 同情させる.
— **comiserar-se** 再 …に同情する [+ de].

***comissão** /komi'sẽw/ コミサォン/ [複 comissões] 女 ❶ 手数料, 歩合 ▶5 % de comissão 5 パーセントの手数料 / por comissão 歩合制で.
❷ 委員会 ▶a Comissão Europeia 欧州委員会 / comissão de moradores 住民委員会 / comissão permanente 常任委員会 / comissão executiva 執行委員会 / comissão parlamentar de inquérito 議会調査委員会.
❸ 委託 ▶venda à comissão 委託販売.
❹ 任務.

comissão de frente サンバチームの先導隊.

comissariado /komisari'adu/ 男 委員の職務；委員会 ▶o Alto Comissariado das Nações Unidas para os Refugiados 国際連合難民高等弁務官事務所.

comissário, ria /komi'sariu, ria/ 名 ❶ 委員, 役員 ▶alto comissário (国連の) 高等弁務官 / comissário europeu 欧州委員. ❷ comissário de polícia 警察署長. ❸ comissário de bordo 客室乗務員 / comissária de bordo 女性客室乗務員.

comissionar /komisio'nax/ 他 委託する, 委任する.

comissura /komi'sura/ 女 合わせ目, 継ぎ目 ▶comissura labial 口角.

comité /kumi'te/ 男 P = comitê.

comitê /komi'te/ 男 B 委員会 ▶o Comitê Olímpico Internacional 国際オリンピック委員会.
em comitê 内密に, 内輪で.

comitiva /komi'tʃiva/ 女《集合的》随行員, 従者.

***como** /'kõmu/ コーモ/ 接 ❶ 《比較, 様態》…のように, と同じく ▶Faça como eu. 私と同じようにしてください / como sempre = como de costume いつものように, ふだん通り / A cerimônia começou como o programado. 式は予定通り始まった / Tudo aconteceu como estava previsto. すべては予想されていたとおりに起こった / Deixe isso como está. それはそのままにしてください / Foi exatamente como eu esperava. やっぱり,思った通りだ / Em Roma, como os romanos. 郷に入っては郷に従え / Como queira! お好きなように / como se segue 次のように / branco como a neve 雪のように白い.

❷《同等比較》…と同じくらい ▶ Pedro é tão alto como Paulo. ペドロはパウロと背が同じくらいだ.

❸《類似, 例示》…のような, たとえば… ▶ uma pessoa como eu 私のような人 / países latino-americanos, como, por exemplo, o Brasil, a Argentina e o México たとえばブラジル,アルゼンチン,メキシコのようなラテンアメリカの国々.

❹《並置, 付加》…と同じように…も ▶ Ele, como eu, falhou. 彼もまた私と同じく失敗した.

❺《como + 無冠詞名詞》…として ▶ Gosto de você como amigo. 私はあなたのことは友達として好きだ / trabalhar como consultor コンサルタントとして働く / O que deseja como sobremesa? デザートは何になさいますか / Tome-a como exemplo. 彼女を見習いなさい / Não me trate como criança. 私を子供扱いしないでください / como recordação 記念として.

❻《理由》《多く主節の前に出て》…なので ▶ Como estava chovendo muito, ele ficou em casa o dia todo. 大雨が降っていたので,彼は一日中家にいた.

— 副《疑問》❶《方法, 仕方, 進展状況》どのように, どんなふうに, どう ▶ Como vai? 調子はどうですか, 元気ですか / Como vão os seus pais? ご両親はお元気ですか / Como você se chama? お名前は何と言いますか / Como você vai passar as férias de verão? 君は夏休みをどのように過ごすつもりですか / Como vai o trabalho? 仕事はどうですか / Como se escreve isso? それはどうつづりますか.

❷《間接疑問文で》Vamos ver mais um pouco como ficam as coisas. もう少し様子を見よう.

❸《como + 不定詞》どうやって…するか ▶ Não sei como fazer. どうやればいいかわかりません / Não havia como defender os atos dele. 彼の行為は弁護の余地もない.

❹《ありさま, 形状, 性質》どのような, どんなふうな ▶ Como foi a viagem? 旅行はどうでしたか / Como está o doente? その病人はどのような状態ですか / Como foi a festa? パーティーはどうでしたか / Como é ele? 彼はどんな人ですか / Como é isso? それはどのようですか.

❺《理由, 非難》どうして, なぜ ▶ Como você sabe disso? どうして君はそれを知っているの.

❻《聞き返して》えっ, 何ですって ▶ Como? 何て言ったんですか.

❼《驚き, 憤慨》えっ, 何だって ▶ Como!? Você não vai? 何だって, 君は行かないの.

❽《感嘆》何と ▶ Como sou infeliz! 私は何と不幸なんだろう / Como é difícil escolher! 選ぶことは何と難しいのだろう / Como o tempo passa depressa! 時のたつのは何と早いのだろう.

— 副《関係》どのように…するか ▶ a maneira como ele pensa 彼のものの考え方.

— 男 やりかた, 手段, ありかた ▶ o quando, o onde e o como desse acidente. その事故がいつ, どこで, どのように起こったかということ / os comos e os porquês 詳細な説明.

a como 副《値段が》いくらで ▶ A como são as bananas? バナナはいくらですか.
bem como... …と同様に.
Como assim? どういうことですか.
Como é que + 直説法 なぜ…, どうして….
Como não? なぜ…しないの.
como se + 接続法 まるで…であるかのように ▶ Ele se comporta como se fosse um bebê. 彼はまるで赤ん坊であるかのようにふるまう / como se nada tivesse acontecido 何事もなかったかのように.
fazer como se não fosse com ele 周囲を気にとめない.
seja como for いずれにせよ, ともあれ.

語法 **como** または **que** で始まる感嘆文

文全体を強調するときは, 文頭に como が置かれる.
 Como esse carro é caro! 何てその車は値段が高いのだろう.
 Como você fala bem o português! あなたは何て上手にポルトガル語を話すのだろう.

文全体ではなくて, 単語を強調するときは, 文頭に Que を用いる.
 Que caro é esse carro! 何て値段が高いんだ, その車は.
 Que paisagem linda! 何て美しい景色なんだ.
 Que bom! いいですね.
 Que calor! 何て暑さだ.

---

comoção /komo'sẽw̃/ [複 comoções] 囡 ショック, 衝撃 ; (精神的, 社会的) 動揺 ▶ O caso provocou comoção nacional. その事件は国中に衝撃を与えた / comoção cerebral 脳震盪(とう).

cômoda¹ /'komude/ 囡 P = cômoda
cômoda¹ /'kõmoda/ 囡 B 整理だんす.

comodidade /komodʒi'dadʒi/ 囡 ❶ 快適さ ▶ viver com comodidade 快適に暮らす. ❷ 便利, 好都合.

comodismo /komo'dʒizmu/ 男 利己主義, 自己中心主義.

comodista /komo'dʒista/ 形 名《男女同形》自分勝手な (人), 自己中心な (人).

cómodo, da² /'komudu, de/ 形 P = cômodo
cômodo, da² /'kõmodu, de/ 形 B ❶ 便利な, 有益な ▶ caminho cômodo 便利な道.
❷ 都合のよい ▶ emprego cômodo 都合のよい仕事 / A situação política era muito cômoda para José. 政治状況はジョゼに好都合だった.
❸ 快適な ▶ um sofá cômodo 快適なソファー.
❹ 平穏な ▶ Meu tio leva uma vida de aposentado muito cômoda. 叔父はとても穏やかな年金生活を送っている.

— **cômodo** 男 ❶ 便利さ, 快適さ, 好都合 ▶ cômodos e incômodos da vida 生活の便不便.

comovente

❷ 🇧 部屋 ▶Pedro comprou uma casa com três cômodos. ペドロは部屋が3つある家を買った.
❸ 宿泊設備 ▶Não havia nenhum cômodo disponível no hotel. ホテルには空室がなかった.
a cômodo 自由に, 望むままに.

comovente /komo'vẽtʃi/ 形《男女同形》感動的な ▶história comovente 感動的な話.

comover /komo'vex/ 他 ❶ 強く揺り動かす ▶Os ventos comoveram as árvores. 風が木々をざわめかせた.
❷ 感動させる ▶A história do menino comoveu a população. 少年の身の上話は民衆を感動させた.
— 自 感動させる ▶A bondade comove. 優しさは心を動かす.

— **comover-se** 再 ❶ 感動する [+ com] ▶ Marina se comoveu com o filme. マリーナはその映画に感動した.
❷《comover-se a +不定詞》…する決意をする ▶ Ele se comoveu a fazer uma longa viagem. 彼は長旅を決意した.

comovido, da /komo'vidu, da/ 形 (comover の過去分詞) ❶ 揺り動かされた.
❷ 感動した ▶estar [ficar] comovido 感動する / Comovidos com a tragédia, os residentes ajudaram as vítimas. 住民たちは悲劇に心を打たれ, 被害者を支援した.
❸《ser comovido a +不定詞》…する覚悟をする ▶ Ele foi comovido a tomar uma decisão. 彼は決断する覚悟をした.

compactador, dora /kõpakta'dox, 'dora/ 名 [複 compactadores, doras] 形 圧縮する.
— **compactador** 男【情報】圧縮ソフト.

compactar /kõpak'tax/ 他 ❶ ぎっしり詰める, 固める ▶compactar o solo 地面を固める. ❷【情報】圧縮する ▶compactar um arquivo ファイルを圧縮する.

compacto, ta /kõ'paktu, ta/ 形 ❶ 密度の高い, 密集した ▶multidão compacta 密集した群衆. ❷ 小型の, コンパクトサイズの ▶disco compacto コンパクトディスク.
— **compacto** 男 コンパクトディスク.

compadecer /kõpade'sex/ 自 ❶ …に同情する, 憐れむ ▶Compadecia o sofrimento do amigo. 友の苦しみに同情していた.
❷ …の同情を誘う ▶A tragédia compadeceu os moradores. その悲劇は住民の同情を誘った.
❸ 耐える ▶Ele não conseguiu compadecer as dores da perda da pessoa amada. 彼は愛する者の喪失感に耐えられなかった.
— **compadecer-se** 再 ❶ …に同情する, 憐れむ [+ de] ▶Marta se compadeceu das vítimas do terremoto. マルタは地震の被災者に同情した.
❷ …と協調する, 相いれる [+ com] ▶A bondade e o egoísmo não se compadecem. 親切心と利己主義は両立しない / As opiniões de Mário não se compadecem com as de João. マリオとジョアンの意見は相いれなかった.

compadecido, da /kõpade'sidu, da/ 形 同情的な.

compadre /kõ'padri/ 男 ❶ 代父, 名付け親 ▶ meu compadre 私の子供の代父 / Somos compadres. 彼は私の子供の名付け親だ, 私は彼女の子供の名付け親だ. ❷ 親友.

compadrio /kõpa'driu/ 男 ❶ 実父母と代父母の関係. ❷ 親しい関係.

compaixão /kõpaj'ʃẽw/ [複 compaixões] 女 同情, 憐れみ ▶ter compaixão de alguém …を憐れむ, 気の毒に思う.

companheirão, rona /kõpaɲej'rẽw, 'rõna/ 名 [複 companheirões, ronas] 🇧 信頼できる友人.

companheirismo /kõpaɲej'rizmu/ 男 仲間意識, 連帯感.

‡**companheiro, ra** /kõpa'ɲejru, ra/ コンパニェイロ, ラ/名 ❶ 同伴者, 道連れ ▶companheiro de viagem 旅の道連れ.
❷ 仲間, 同僚, 同士 ▶companheiro de brincadeiras 遊び仲間 / companheiro de classe クラスメート / companheiro de quarto ルームメート / companheiro de armas 戦友.
❸ 連れ合い, 同居者, パートナー.
❹ 伴うもの, 随伴物 ▶O sorriso é ótimo companheiro, mas o ciúme é péssimo companheiro. ほほえみは最高の連れ合いで, 嫉妬は最悪の同伴者だ.

‡**companhia** /kõpa'ɲia/ コンパニーア/女 ❶ 一緒にいること, 同席, 同行, 付き添い ▶Gostei muito da sua companhia. ご一緒できてとても楽しかった / A dona Ana precisará de companhia no dia a dia. アナさんは日常的に付き添いが必要だ.
❷ 仲間 ▶Ter companhia é importante para o ser humano. 人間にとって仲間があることは大切だ.
❸ 会社 ▶Ele trabalha numa companhia aérea. 彼は航空会社で働いている / companhia de seguros 保険会社.
❹ (劇やバレエの) 一座; 団体 ▶companhia de teatro 劇団 / companhia de balé バレエ団 / Companhia de Jesus イエズス会.
... e companhia …とその仲間たち.
em boa companhia 信頼できる人たちとともに, よい友人たちと, 仲間に恵まれて.
em companhia de... …と一緒に, …を同伴して.
fazer companhia a alguém …と一緒にいる, …の相手をする.
ser uma boa companhia よい伴侶である

‡**comparação** /kõpara'sẽw/ コンパラサォン/ [複 comparações] 女 ❶ 比較, 対照 ▶estabelecer a comparação entre A e B AとBを比較する / Não há comparação entre o que fizemos e o que vocês fizeram. 私たちがしたこととあなたたちがしたことは比較にならない.
❷ たとえ, 比喩.
❸【文法】比較.
em comparação 比較してみると, 相対的に見れば.
em comparação com... …と比較して, 比べて ▶ O resultado do exame oral foi bom, em comparação com o anterior. 前の試験と比較して, 口頭試験の結果はよかった.

sem comparação 比較にならないほど, 比類なく.
comparado, da /kõpa'radu, da/ 形 比較の, 比較した ▶ literatura comparada 比較文学.
comparador, dora /kõpara'dox, 'dora/ [複 comparadores, doras] 形 比較する ▶ site comparador de preços 価格比較サイト.
— **comparador** 男 比較測定器.

comparar /kõpa'rax/ コンパラーフ/ 他 ❶ 比べる; …と比較する, 対比する [+ com/a] ▶ comparar as duas imagens 2枚の絵を比べる / comparar a sociedade brasileira com a sociedade japonesa ブラジル社会を日本社会と比較する / Sempre comparam ela à mãe. 彼女はいつも母親と比べられる.
❷ …にたとえる, なぞらえる [+ a] ▶ comparar a vida a uma viagem 人生を旅にたとえる.
— **comparar-se** 再《多く否定文で》…に匹敵する [+ com/a] ▶ Este vinho não se compara com o que bebemos ontem. このワインは昨日私たちが飲んだものにはかなわない / O espetáculo não é nada que se compare ao anterior. この芝居は前のものとは比べものにならない.

comparativamente /kõpara,tʃiva'mētʃi/ 副 比較的に, 比較して.

comparativo, va /kõpara'tʃivu, va/ 形 ❶ 比較の, 比較的な ▶ estudo comparativo 比較研究.
❷ 《文法》比較級の.
— **comparativo** 男 《文法》比較級.

comparável /kõpa'ravew/ [複 comparáveis] 形 …に比較しうる, 匹敵する [+ a/com].

comparecer /kõpare'sex/ ⑮ 自 ❶ 現れる.
❷ …に出席する, 出頭する [+ a] ▶ comparecer à reunião 会議に出席する / comparecer às aulas 授業に出席する / comparecer em pessoa 自ら出頭する.

comparecimento /kõparesi'mētu/ 男 出席, 出頭, 出廷.

comparsa /kõ'paxsa/ 名 ❶ 端役, エキストラ. ❷ 共 共犯.

comparticipação /kõpaxtʃisipa'sēw/ [複 comparticipações] 女 ❶ 一緒に参加すること ▶ A comparticipação do presidente da companhia e da sua esposa surpreendeu os presentes na festa. 社長が夫人と一緒にパーティーに参加したため出席者は驚いた.
❷ 共有すること ▶ Este filme foi realizado com a comparticipação de dois grandes diretores. この映画は二大監督の共作によりでき上がった.

comparticipar /kõpaxtʃisi'pax/ 自 ❶ 一緒に…に参加する [+ em] ▶ José e seus amigos comparticiparam na viagem. ジョゼは友人たちと一緒にその旅行に参加した.
❷ 共有する ▶ Os dois grandes mestres comparticiparam na elaboração do livro. 二人の巨匠がこの本を共同執筆した.

compartilhar /kõpaxtʃiˈʎax/ 他 ❶ 分かち合う ▶ compartilhar os lucros 利益を分け合う / compartilhar as alegrias 喜びを分かち合う / compartilhar os lucros 利益を分配する.
❷ 《情報》共有する ▶ compartilhar dados データを共有する.
— 自 …を分かち合う [+ de] ▶ Compartilhamos dos temores dos moradores. 私たちは住民たちの不安を共有する.

compartimentar /kõpaxtʃimē'tax/ 他 区切る, 区分する.

compartimento /kõpaxtʃi'mētu/ 男 ❶ 区画, 仕切り. ❷ (列車の) コンパートメント.

compartir /kõpax'tʃix/ 他 ❶ 分かち合う, …と共にする.
❷ 分配する, 分け与える ▶ Os professores compartiram os alunos por classes. 教師たちは生徒をクラスに分けた.
❸ 仕切る, 区画する ▶ compartir a sala 部屋を仕切る / compartir o depósito 倉庫内を仕切る.

compassivo, va /kõpa'sivu, va/ 形 同情的な, 憐れみ深い.

compasso /kõ'pasu/ 男 ❶ コンパス.
❷ 《音楽》拍子 ▶ dançar no compasso do samba サンバの拍子に合わせて踊る.
❸ 周期, 一巡 ▶ compasso das estações 季節の移ろい. ❹《船舶》船の平衡.
abrir o compasso 急いで歩く.
estar em compasso de espera 期待している, 待ち望んでいる.
sair do compasso 節度を越える, 度を過ぎる.

compatibilidade /kõpatʃibili'dadʒi/ 女 互換性, 適合性.

compatibilizar /kõpatʃibili'zax/ 他 …と調和させる, 互換性を持たせる [+ com].
— **compatibilizar-se** 再 …と調和する, 互換性を持つ [+ com].

compatível /kõpa'tʃivew/ [複 compatíveis] 形 ❶ (…と) 両立できる, 相容れる [+ com] ▶ A preservação do meio ambiente é compatível com o desenvolvimento econômico. 環境保護と経済発展とは両立する.
❷ 互換性のある ▶ cartucho compatível 互換カートリッジ / Este programa é compatível com meu computador. このプログラムは私のコンピューターと互換性がある.

compatriota /kõpatri'ɔta/ 名 形《男女同形》同国人 (の), 同胞 (の).

compelir /kõpe'lix/ ⑥ 他 (compelir alguém a +不定詞) …に…することを強制する, 駆り立てる ▶ O chefe compeliu o empregado a demitir-se. その上司は従業員に退職を強要した.

compêndio /kõ'pēdʒiu/ 男 要約, 概要, 概説書 ▶ um compêndio de filosofia 哲学概論.

compenetração /kõpenetra'sēw/ [複 compenetrações] 女 確信.

compenetrado, da /kõpene'tradu, da/ 形 確信を持った ▶ O presidente está compenetrado da gravidade da inflação. 大統領はインフレーションの深刻さを確信している / O médico está compenetrado na cirurgia. その医師は手術に自信を持っている.

compenetrar /kõpene'trax/ 他 …を納得させる [+ de].
— **compenetrar-se** 再 …を納得する [+

compensação

de].
compensação /kõpẽsa'sẽw/ [複 compensações] 女 補償, 埋め合わせ；補償金, 代償.
em compensação その代わりに, 埋め合わせに.
compensado /kõpẽ'sadu/ 男 合板.
compensador, dora /kõpẽsa'dox, 'dora/ [複 compensadores, doras] 形 補償の, 補正の
— **compensador** 男 補正器.
*****compensar** コンペンサーフ/ 他 ❶ 補う, 償う ▶compensar as perdas 損失を埋め合わせる / A indenização não compensa a dor dela. 補償金では彼女の悲しみは癒されない.
❷（小切手を）現金化する ▶compensar um cheque 小切手を現金化する.
— 自 割に合う, 引き合う ▶O crime não compensa. 犯罪は割に合わない / Financeiramente, não compensa ser político. 政治家になることは、経済的には引き合わない.
compensatório, ria /kõpẽsa'toriu, ria/ 形 補償の ▶medidas compensatórias 補償措置.
:**competência** /kõpe'tẽsia コンペテンシア/ 女 ❶ 管轄, 権限 ▶a competência de um tribunal 裁判所の管轄 / Isso não é de minha competência. それは私の権限外だ.
❷ 能力 ▶competência comunicativa コミュニケーション能力 / competência linguística 言語能力 / falta de competência 能力不足.
competente /kõpe'tẽtʃi/ 形《男女同形》❶ 有能な, 能力[資格]のある ▶um funcionário muito competente とても有能な公務員 / pessoa competente 資格のある人. ❷ 権限のある, 所轄の ▶juiz competente 所轄の裁判官. ❸ 適切な, ふさわしい.
*****competição** /kõpetʃi'sẽw コンペチサォン/ [複 competições] 女 ❶ 競争 ▶estar em competição 競争中の / competição desenfreada 無制限の競争 / competição desigual 不公正な競争 / espírito de competição 競争心.
❷ 競技, 試合, 大会 ▶competição de natação 水泳大会 / competição de atletismo 陸上競技大会.
competidor, dora /kõpetʃi'dox, 'dora/ [複 competidores, doras] 名 競争相手, 競争者.
— 形 競争する, 対抗する ▶espírito competidor 競争心.
*****competir** /kõpe'tʃix コンペチーフ/ 61 自 ❶ 競う, 競争する, 張り合う ▶O Pedro e o João competem por uma mulher. ペドロとジョアンは一人の女性を巡って張り合っている / competir com alguém …と競う, 張り合う.
❷ …の責任[権利, 仕事]である[+ a] ▶Não compete a mim. それは私の責任ではない / Não compete a mim julgar. 裁くのは私のするべきことではない.
competitividade /kõpetʃitʃivi'dadʒi/ 女 競争力, 競争力 ▶a competitividade da indústria brasileira ブラジル工業の競争力.
competitivo, va /kõpetʃi'tʃivu, va/ 形 競争の；競争力のある ▶preço competitivo 競争力のある価格.

compilação /kõpila'sẽw/ [複 compilações] 女 ❶ 編纂, 収集. ❷《情報》コンパイル.
compilador, dora /kõpila'dox, 'dora/ [複 compiladores, doras] 形 編纂の, 編集の.
— 名 編者, 編集者.
— **compilador** 男《情報》コンパイラー.
compilar /kõpi'lax/ 他 ❶ 編纂(ﾍﾝｻﾝ)する, 編集する. ❷《情報》コンパイルする ▶compilar programas プログラムをコンパイルする.
complacência /kõpla'sẽsia/ 女 ❶ 愛想 ▶Olhava o filho com complacência. 息子を愛想よく見ていた.
❷ 心遣い ▶O professor tratava os alunos com complacência. その教師は生徒たちに思いやりを持って接していた.
❸ 寛容, 優しさ ▶O réu pedia pela complacência dos jurados. 被告は陪審員たちに寛大さを求めていた.
complacente /kõpla'sẽtʃi/ 形《男女同形》❶ 慇懃な, 謙譲の ▶amigo complacente 思い遣りのある友人. ❷ 好意的な, 親切な, 愛想のよい ▶palavras complacentes 好意的な言葉 / administração complacente com os empregados 従業員を大切にした経営.
compleição /kõplej'sẽw/ 女 [複 compleições] ❶ 体格, 体つき, 体質 ▶de compleição robusta がっちりした体格の. ❷ 気質.
complementar[1] /kõplemẽ'tax/ 他 補う, 補完する.
— **complementar-se** 再 補い合う.
complementar[2] /kõplemẽ'tax/ [複 complementares] 形《男女同形》補完的な, 補足する ▶cores complementares 補色 / explicações complementares 補足説明.
complementaridade /kõplemẽtari'dadʒi/ 女 補完性, 補足性.
complementarmente /kõplmẽ,tax'mẽtʃi/ 副 補足的に, 補完的に.
complemento /kõple'mẽtu/ 男 ❶ 補足, 補充；補足物 ▶complemento vitamínico ビタミンサプリメント.
❷《文法》補語 ▶complemento direto 直接補語 / complemento indireto 間接補語 / complemento circunstancial 状況補語.
❸《数学》余角.
:**completamente** /kõ,pleta'mẽtʃi コンプラテメンチ/ 副 完全に, まったく, すっかり ▶O carro ficou completamente destruído. 車は完全に破壊された / A conta da refeição está completamente paga. 食事の勘定はすべて支払い済みである / Eu me esqueci completamente do compromisso desta tarde. 私はすっかり今日の午後の約束のことを忘れていた.
*****completar** /kõple'tax コンプレターフ/ 他 ❶ 完全なものにする, 完結させる ▶completar um quebra-cabeça パズルを完成させる / completar um formulário 書類に記入する / completar os estudos 勉学を終える.
❷ いっぱいにする, 満たす ▶completar o tanque タンクをいっぱいにする.

❸ (数値が)…に達する ▶completar vinte anos (de idade) 20歳になる.

completo, ta /kõ'plɛtu, ta コンプレート, タ/ 形 ❶ 完全な, 全部そろった ▶a obra completa de Fernando Pessoa フェルナンド・ペソア全集 / nome completo フルネーム / duas horas completas 2時間丸々 / pensão completa 三食付き宿泊 / endereço completo 省略しない住所 / café da manhã completo 朝食セット / trabalho a tempo completo フルタイムの仕事. ❷ 満員の, 満席の ▶lotação completa 満席. **por completo** 完全に, すっかり.

complexado, da /kõplek'sadu, da/ 形 名 コンプレックスのある(人).

complexidade /kõpleksi'dadʒi/ 囡 複雑さ ▶a complexidade da legislação tributária 税法の複雑さ.

complexo, xa /kõ'plɛksu, ksa コンプレクソ, クサ/ 形 ❶ 複合の ▶instalação complexa 複合施設. ❷ 複雑な ▶uma situação complexa 複雑な状況 / Este problema é muito complexo. この問題はとてもややこしい.
— **complexo** 男 ❶ 複合体. ❷ コンビナート ▶complexo petroquímico 石油化学コンビナート. ❸《心理》コンプレックス, 観念複合 ▶complexo de Édipo エディプスコンプレックス / ter complexo de inferioridade 劣等感を抱く / complexo de superioridade 優越感.

complicação /kõplika'sẽw/ 囡 [複 complicações] ❶ 複雑さ, 複雑化. ❷ 面倒, 厄介. ❸ ごたまぜ, 錯綜. ❹《医学》合併症.

complicado, da /kõpli'kadu, ka コンプリカード, ダ/ 形 ❶ 複雑な, 込み入った (←→simples) ▶estrutura complicada 複雑な構造 / um problema complicado 複雑な問題. ❷ (人が)気難しい, 扱いにくい.

complicar /kõpli'kax/ 他 複雑にする, わかりにくくする, ややこしくする ▶complicar as coisas 物事を複雑にする.
— **complicar-se** 再 複雑になる, ややこしくなる.

complô /kõ'plo/ 男 陰謀.

componente /kõpo'nẽtʃi/ 男 ❶ 部品 ▶componentes eletrônicos 電子部品. ❷ 成員, メンバー ▶componentes da equipe チームのメンバー.
— 形《男女同形》構成の.

compor /kõ'pox コンポーフ/ 他《過去分詞 composto》❶ 組み立てる, 構成する ▶Nove países de língua oficial portuguesa compõem a Comunidade dos Países de Língua Portuguesa. ポルトガル語を公用語とする9か国がポルトガル語諸国共同体を構成している.
❷ 作曲する, 創作する ▶compor uma canção 歌を作曲する / compor um poema 詩を作る.
❸ 整える, 修理する, 飾る ▶Vamos compor o quarto para a festa. パーティー用に部屋を飾りましょう.
— 自 作曲する.
— **compor-se** 再 ❶ 落ち着きを取り戻す ▶Ele perdeu o controle emocional mas logo se compôs. 彼は感情を抑えられなくなったが, すぐに落ち着いた.
❷ …からなる, 構成される [+ de] ▶O Senado Federal compõe-se de representantes dos estados e do Distrito Federal, eleitos segundo o princípio majoritário. 連邦上院は, 多数代表制により選ばれた州と連邦区の州から構成される.

comporta /kõ'poxta/ 囡 水門.

comportado, da /kõpox'tadu, da/ 形 品行のよい, 行儀のよい ▶Ele é um menino comportado. 彼は行儀のよい少年だ.

comportamental /kõpoxtamẽ'taw/ [複 comportamentais] 形 行動の, 振る舞いの ▶economia comportamental 行動経済学.

comportamento /kõpoxta'mẽtu コンポフタメント/ 男 振る舞い, 行儀 ▶um comportamento exemplar 模範的な振る舞い / um comportamento agressivo 攻撃的な振る舞い.

comportar /kõpox'tax/ 他 ❶ 許す, 容認する ▶comportar exceções 例外を認める.
❷ 耐える ▶O sistema de saúde não comporta inovações. 健康保険制度は改革に耐えられない.
❸ 含む, 収容する ▶O salão comporta 300 pessoas. そのホールは300名収容できる.
❹ 必要とする, 求める ▶A viagem comporta mais gastos. 旅行でさらなる出費が必要だ.
— **comportar-se** 再 ❶ 振る舞う, 行動する ▶comportar-se bem ou mal 行儀がよい / comportar-se mal 行儀が悪い
❷ 行儀よくする ▶Comportem-se! 行儀よくしなさい.

composição /kõpozi'sẽw/ 囡 [複 composições] ❶ 構成, 調整; 組み立て ▶composição do governo 組閣.
❷ 作文; 作曲; 構図 ▶composição de uma canção 歌の作曲.
❸ 構成物, 成分 ▶composição da água 水の成分.

compositor, tora /kõpozi'tox, 'tora/ [複 compositores, ras] 名 作曲家.

composto, ta /kõ'postu, 'pasta/ 形 ❶ 複合の ▶palavra composta 複合語. ❷ …から構成された [+ de/por].
— **composto** 男《化学》化合物, 合成物 ▶composto de vitaminas ビタミン複合体.

compostura /kõpos'tura/ 囡 落ち着き, 平静 ▶perder a compostura 平静を失う.

compota /kõ'pota/ 囡 コンポート, 果物のシロップ煮 ▶compota de morango イチゴのコンポート.

compra /'kõpra コンプラ/ 囡 ❶ 買うこと, 買い物, 購入 (←→ venda) ▶a compra da casa 住宅の購入 / compra e venda 売買 / fazer compras 買い物をする / ir às compras 買い物に行く / poder de compra 購買力 / departamento de compras 購買部.
❷ 買ったもの ▶uma boa compra よい買い物 / as minhas compras 私が買ったもの.

comprador, dora /kõpra'dox, 'dora/ [複 compradores, doras] 名 買い手, 買い主.
— 形 買い手の ▶mercado comprador 買い手市

comprar

場.

comprar /kõp'rax コンプラーフ/ 他 ❶ 買う, 購入する (↔ vender) ▶comprar um carro 自動車を買う / Onde você comprou isso? それはどこで買いましたか / Comprei uma bicicleta para minha neta. 私は孫娘に自転車を買ってやった / Comprei o sapato por R$100. 私はその靴を100レアルで買った / comprar a crédito クレジットで買う / comprar à vista 現金で買う / comprar barato 安く買う.

❷ 買収する ▶comprar um juiz 裁判官を買収する.

❸ 手に入れる ▶comprar a simpatia do cliente 顧客の歓心を買う.

comprazer /kõpra'zex/ ⑤ 自 ❶ …の気に入られるようにする [+ a] ▶Ele se esforça para comprazer aos pais. 彼は両親を喜ばせようと努めている.

❷ …に応じる, 従う [+ a] ▶comprazer a uma solicitação 提案に応じる.

— **comprazer-se** 再 …に喜びを覚える [+ com/em/de] ▶comprazer-se com a beleza das flores 花の美しさに喜びを覚える / Ela se compraz em fazer serviços de caridade. 彼女は慈善活動を行うことに喜びを覚える.

compreender /kõprië'dex コンプリエンデーフ/ 他 ❶ 分かる, 理解する, 納得する ▶Eu compreendo você. 君の言うことは理解している / Eu compreendo. 分かります / Eu não compreendo. 分かりません / Você não compreende o que eu digo. 私が言っていることを君は理解していない / fazer-se compreender 理解してもらう / Será que estou me fazendo compreender? ご理解いただけているでしょうか.

❷ 含む, 包含する ▶Esta obra compreende mais de 500 páginas. この作品は500ページ以上ある.

— **compreender-se** 再 ❶ 理解される ▶Isso se compreende. それはもっともだ. ❷ 含まれる.

compreendido, da /kõprië'dʒidu, da/ (compreender の過去分詞) ❶ 含まれた. ❷ 理解された.

compreensão /kõprië'sẽw コンプリエンソォン/ [複 compreensões] 女 ❶ 理解, 理解力 ▶Minha compreensão da filosofia é muito pouca. 私の哲学の理解はきわめて少ない / compreensão auditiva 聴解.

❷ 寛大さ, 許容 ▶Ela mostrou compreensão para com meus erros. 彼女は私のミスに寛大さを見せてくれた.

compreensível /kõprië'sivew/ [複 compreensíveis] 形 理解できる, 分かりやすい ▶A explicação do professor era compreensível. 先生の説明は分かりやすかった.

compreensivo, va /kõprië'sivu, va/ 形 ❶ 理解力のある: 理解のある. ❷ 包括的な.

compressa /kõ'presa/ 女 湿布.

compressão /kõpre'sẽw/ [複 compressões] 女 ❶ 圧縮 compressão de ar 空気の圧縮 / compressão de despesas 支出の圧縮. ❷ (データの) 圧縮 ▶compressão de dados データ圧縮.

compressor, sora /kõpre'sox, 'sora/ [複 compressores, soras] 形 圧縮する.

— **compressor** 男 圧縮機, コンプレッサー.

comprido, da /kõ'pridu, da/ 形 ❶ 長い (↔ curto) ▶um rio comprido 長い川 / manga comprida 長袖 / Ela tem o cabelo comprido. 彼女は髪が長い.

❷ 高い ▶O rapaz cresceu em pouco tempo e ficou comprido. 少年は短期間に身長が伸びて, 背が高くなった.

❸ (時間的に) 長い ▶Sua apresentação foi comprida demais. あなたの発表は長すぎた / É uma história muito comprida. 話せば長い話です.

— **comprido** 男 長さ ▶ter 10 metros de comprido 長さが10メートルある.

ao comprido 縦に.

comprimento /kõpri'mẽtu コンプリメント/ 男 長さ ▶o comprimento da rua 道路の長さ / A mesa tem três metros de comprimento. テーブルの長さは3メートルだ / Qual o comprimento de um campo de futebol oficial? 公式サッカーグランドの長さはどれくらいですか / comprimento de onda《物理》波長 / salto em comprimento 走り幅跳び.

comprimido, da /kõpri'midu, da/ 形 (comprimir の過去分詞) ❶ 圧縮された ▶ar comprimido 圧縮空気. ❷ 圧迫された.

— **comprimido** 男 錠剤.

comprimir /kõpri'mix/ 他 ❶ 圧縮する ▶comprimir o ar 空気を圧縮する.

❷ …に圧力を加える, 圧迫する ▶comprimir o botão do elevador エレベータのボタンを押す.

❸ 抑制する, こらえる ▶comprimir um sentimento 感情を抑える / comprimir a tristeza 悲しみをこらえる.

❹ 締め付ける, 苦しめる ▶A dor parecia comprimir-lhe o peito. 痛みで胸が締め付けられるかのようだった.

— **comprimir-se** 再 小さくなる, 縮こまる ▶Maria se comprimia dentro do trem lotado. マリアは満員電車のなかで身を縮めていた.

comprometedor, dora /kõpromete'dox, 'dora/ [複 comprometedores, ras] 形 危険にさらす, 要注意の ▶Um vídeo comprometedor revelou meus segredos. 暴露ビデオ [恥さらしなビデオ] で私の秘密が発覚した.

comprometer /kõprome'tex/ 他 ❶《comprometer alguém a + 不定詞》…に…することを義務づける ▶A lei comprometeu os cidadãos a pagarem impostos. 法律により市民は納税を義務づけられている.

❷ …を危険にさらす, 損ねる ▶A declaração de José comprometeu o amigo dentro da empresa. ジョゼの発言は社内での友人の立場をまずくした / O fumo compromete a saúde. 喫煙は健康を害する.

❸ …を抵当に入れる, 保証する ▶Comprometeu todo o seu patrimônio no projeto. 彼は資産全てをプロジェクト実施の担保とした.

— **comprometer-se** 再 ❶《comprometer-se a +不定詞》…すると約束する▶Eu me prometi a ajudar Paulo na sua mudança. 私はパウロに引っ越しを手伝うと約束した.

❷ …と結婚の約束をする [+ com] ▶Mário se comprometeu com Maria. マリオはマリアと婚約した.

❸ …の責任を取る [+ em] ▶Ele se comprometeu na administração da empresa do pai. 彼は父親が所有する会社の経営責任を負った.

comprometido, da /kõprome'tʃidu, da/ 形 (comprometer の過去分詞) ❶ …と付き合っている [+ com] ▶estar comprometido com alguém …と付き合っている.

❷ … を確約した [+ com] ▶O governo está comprometido com a estabilidade do mercado e da economia. 政府は市場と経済の安定を確約している.

❸ 婚約した▶Maria é comprometida. マリアは婚約している.

❹ 危険にさらされた, 危うい▶futuro comprometido 危うい将来.

❺ 抵当に入った▶O patrimônio da empresa está totalmente comprometido. 会社の資産はすべて担保に入っている.

comprometimento /kõpromet∫i'mẽtu/ 男 関わり合い, 巻き添えになること; 困ったこと▶A empresa tem um forte comprometimento com os clientes. その会社は顧客と強いつながりがある.

‡**compromisso** /kõpro'misu/ コンプロミーソ/ 男 ❶ 約束, 取り決め▶Eu já tenho compromisso hoje. 今日はもう約束がある / compromisso de negócios 取引上の取り決め / compromisso de casamento 婚約 / compromisso de honra 名誉をかけた約束 / assumir um compromisso 約束を果たす / ter o compromisso de +不定詞 …する約束をしている.

❷ 責任, 義務▶Não é nada de compromisso. まったくの義務なしだ.

por compromisso 義務感から.

sem compromisso 義務のない, 自由気ままな▶um namoro sem compromisso その場限りの恋愛.

comprovação /kõprova'sẽw/ [複 comprovações] 女 証拠, 証明 ▶a comprovação de uma teoria 理論の証明.

comprovante /kõpro'vẽtʃi/ 形《男女同形》証明する.

— 男 B ❶ 領収書, レシート▶comprovante de pagamento 領収書. ❷ 証明書▶comprovante de endereço 住所証明書 / comprovante de rendimentos 所得証明書.

comprovar /kõpro'vax/ 他 ❶ 証明する, 立証する▶comprovar o crime 犯罪を立証する / Estes recibos comprovam as despesas. この領収書がかかった費用を証明する / Os exames comprovaram que o jogador teve uma contusão. その選手がけがを負ったことが検査で確認された.

❷ 明らかにする, 表明する▶A dedicação de Paulo comprovou seu amor por Helena. パウロの献身ぶりはエレナに対する愛を示すものだった.

compulsão /kõpuw'sẽw/ [複 compulsões] 女 ❶ 衝動, 衝動強迫▶compulsão de comer 食べる衝動. ❷ 強制, 無理強い.

compulsivamente /kõpuw,siva'mẽtʃi/ 副 ❶ 強迫的に. ❷ 強制的に.

compulsivo, va /kõpuw'sivu, va/ 形 ❶ 強制的な, 無理強いの. ❷【心理】強迫的な▶comportamento compulsivo 強迫行動 / comprador compulsivo 買い物をせずにはいられない人.

compulsório, ria /kõpuw'sɔriu, ria/ 形 強制的な, 義務的な.

compunção /kõpũ'sẽw/ [複 compunções] 女 良心の呵責(かしゃく), 後悔, 悔恨.

compungir /kõpũ'ʒix/ ② 他 ❶ 後悔させる▶A lembrança dos seus atos compungiu-o. 自分のした行為を思い出して彼は後悔した.

❷ 悲しませる▶O sofrimento das vítimas compungiu os moradores da cidade. 被害者たちの苦しみが町の住民を悲しませた.

computação /kõputa'sẽw/ [複 computações] 女 ❶ 計算. ❷ コンピューターによる情報処理▶computação gráfica 画像処理 / ciência da computação コンピューター科学 / computação em nuvem クラウドコンピューティング / computação gráfica コンピューターグラフィックス.

computacional /kõputasio'naw/ [複 computacionais] 形 コンピューターの, コンピューターを利用した▶linguística computacional コンピュータ一言語学.

‡**computador** /kõputa'dox/ コンプタドーフ/ [複 computadores] 男 コンピューター▶computador pessoal パソコン / ciência do computador コンピューターサイエンス / jogo de computador コンピューターゲーム / vírus de computador コンピューターウイルス / programa de computador コンピューターのプログラム.

computar /kõpu'tax/ 他 ❶ 計算する, 数える. ❷ 電気処理する, コンピューター処理する.

cômputo /'kõputu/ 男 計算, 勘定.

‡**comum** /ko'mũ/ コムン/ [複 comuns] 形《男女同形》❶ 平凡な, ありふれた▶um acontecimento comum よくあること / Era um dia comum como todos os outros. その日はいつもと変わらない一日だった.

❷ 共同の, 共通の▶vida comum 共同生活 / mercado comum 共同市場 / pontos comuns 共通点 / problema comum 共通の問題 / esforço comum 協力.

❸ …に共通する [+ a] ▶uma característica comum a todos os seres vivos すべての生物に共通する特徴.

❹ 万人に共通する, 公共の▶bem comum 公益 / interesse comum 公共の利益 / senso comum 常識 / de comum acordo 全員一致で.

— 男 大多数, 一般▶o comum dos mortais 一般大衆, 誰でもみんな / o mais comum dos mortais ただの人.

em comum 共同で, 共同の, 共通の▶um amigo em comum 共通の友人 / características em co-

comumente

mum 共通する特徴.
   fora do comum 並外れた ▶um jogador fora do comum 並外れた選手.
   ter algo em comum …を共有する ▶Temos muito em comum. 私たちは共通点がたくさんある / Não temos nada em comum. 私たちは共通点が何もない.

comumente /komu'mẽtʃi/ 副 一般に, 普通に.
comuna /ko'mũna/ ⑪ 佃《軽蔑》共産主義者.
comungar /komũ'gax/ ⑪ 他 ❶《カトリック》…に聖体を授ける ▶O padre comungou os devotos. 神父は信者たちに聖体を授けた.
   ❷《カトリック》comungar a hóstia 聖餅を受ける.
   ― 自 ❶ 聖体拝領をする.
   ❷ (考えや気持ちを) 分かち合う, …に同意する [+ com/de/em] ▶comungar das mesmas ideias 同じ考えを持つ / Ele não comunga com as ideias políticas do Roberto. 彼はロベルトと政治思想において意見が相いれない.
   ❸ (宗教・政治・文学・科学などで) 思想を同じくする団体や組織に加わる ▶Ele comunga no partido comunista. 彼は共産党に入党している.
   ❹ 利用する, 不当に使う ▶Comungou do dinheiro da família. 家族の金を不当に使った.

comunhão /komu'ɲẽw/ 女 ❶《カトリック》聖体拝領 ▶administrar a comunhão 聖体を授ける / primeira comunhão 初聖体.
   ❷ (信仰や考えの) 一致 ▶comunhão espiritual 精神的共感 / comunhão de ideais 考えの一致.
   ❸《法律》婚姻により生じる夫婦の財産共有制 ▶Eles se casaram em regime de comunhão universal. 彼らは包括的財産共有制のもと結婚した.
   ❹ 結びつき, 繋がり ▶comunhão com a natureza 自然との繋がり.

✱comunicação /komunika'sẽw/ コムニカサォン/ [複 comunicações] 女 ❶ コミュニケーション, 意思の疎通, 伝達 ▶meios de comunicação 情報伝達手段 / comunicação de massa マスメディア / problema de comunicação 意思疎通の問題.
   ❷ 通信, 電話連絡, 通話 ▶comunicação telefônica 通話.
   ❸ 報告, 発表 ▶O presidente fez uma comunicação ao país. 大統領は国民に声明を出した.
   ❹ 交通, 往来, 連絡 ▶O temporal cortou todas as comunicações com a região. 暴風雨によりその地域とのあらゆる交通手段が断たれた/ comunicação aérea 空路 / comunicação marítima 海路 / comunicação terrestre 陸路.
   ❺ メディア学.
   em comunicação (電話が) 話し中である.
   estar em comunicação com... …と連絡がある.

comunicado /komuni'kadu/ 男 公式声明, コミュニケ.
comunicador, dora /komunika'dox, 'dora/ [複 comunicadores, doras] 形 伝達力のある, 伝える, 伝わる.
   ― 名 伝える人, 伝達者.
comunicante /komuni'kẽtʃi/ 形《男女同形》連結された, 連絡し合う ▶vasos comunicantes 通底器.

✱comunicar /komuni'kax/ コムニカーフ/ ㉙ 他 伝える, 伝達する, 通知する ▶comunicar uma mensagem メッセージを伝える / comunicar um problema トラブルを知らせる.
   ― 自 ❶ 連絡する, 通信する ▶Eles comunicaram por meio de gestos. 彼らは身振りによって意思を伝えた.
   ❷ (場所が) …に通じている [+ a] ▶Este corredor comunica à varanda. この廊下はベランダに通じている
   ― **comunicar-se** 再 ❶ 広まる, 広がる.
   ❷ …と意思を疎通する [+ com] ▶comunicar-se com os outros 他者と意思疎通する.
   ❸ (…と) 連絡をとる, 連絡を取り合う ▶comunicar-se por e-mail 電子メールで連絡を取り合う / comunicar-se com alguém …と連絡を取り合う / Comunico-me mais tarde novamente. また後で連絡します.
   ❹ (場所が) …と通じる, つながっている [+ com].

comunicativo, va /komunika'tʃivu, va/ 形 ❶ 話し好きの, 打ち解けた ▶uma pessoa comunicativa 話し好きな人. ❷ 伝染の, 伝達の.

✱comunidade /komuni'dadʒi/ コムニダーチ/ 女 ❶ 共同体, コミュニティ, 地域社会 ▶comunidade brasileira ブラジル人コミュニティ / a comunidade internacional 国際社会. ❷ 共通性, 共有 ▶comunidade de bens 財産の共有 / comunidade de interesses 利害の共有.

comunismo /komu'nizmu/ 男 共産主義.
comunista /komu'nista/ 形 共産主義の, 共産主義者の ▶partido comunista 共産党.
   ― 名 共産主義者, 共産党員.

comunitário, ria /komuni'tariu, ria/ 形 共同体の ▶líder comunitário 地域のリーダー.
comutação /komuta'sẽw/ [複 comutações] 女 ❶ 交換, 転換 ▶O empregado pediu a comutação do serviço. その従業員は担当業務の転換を願い出た.
   ❷《法律》減刑 ▶O juiz atendeu ao pedido de comutação de pena do acusado. 裁判官は被告による減刑の求めに応じた.
   ❸《電気》切換, 転換 ▶unidade de comutação elétrica 転流ユニット.
comutador /komuta'dox/ [複 comutadores] 男 スイッチ.
comutar /komu'tax/ 他 ❶ …を…と交換する [+ com/por] ▶comutar mercadorias por serviços 商品を提供して役務を得る.
   ❷《法律》減刑する ▶O juiz comutou a pena ao réu. 裁判官は被告を減刑した.
   ❸ 変える ▶comutar a frequência do rádio ラジオの周波数を変える / comutar o circuito 回路を変える.
concatenar /kõkate'nax/ 他 …を鎖状につなぐ, 結びつける, 連結する.
   ― **concatenar-se** 再 結びつく.
concavidade /kõkavi'dadʒi/ 女 ❶ 凹面. ❷ くぼみ, へこみ.

côncavo, va /'kõkavu, va/ 形 へこんだ, くぼんだ, 凹状の▶espelho côncavo 凹面鏡.
— **côncavo** 男 凹面, へこみ.

‡conceber /kõse'bex コンセベーフ/ 他 ❶ 理解する, わかる▶Eu concebo muito bem o que você está dizendo. 君が言っていることはよくわかる.
❷ 考える, 思い付く▶conceber um plano 案を思いつく.
❸ 受胎する, 妊娠する▶conceber um filho 子を宿す.

concebível /kõse'bivew/ [複 concebíveis] 形《男女同形》考えられる, 想像できる.

concção /kõse'sẽw/ 女 = concepção

‡conceder /kõse'dex コンセデーフ/ 他 ❶ 与える▶conceder um prêmio 賞を与える / O diretor concedeu mais poderes ao vice. 社長は副社長にもっと権限を与えた / Poderia me conceder alguns minutos? 少し時間をいただけませんか.
❷（真実と）認める▶Ele concedeu que foi injusto. 彼は不公平だったと認めた.
— 自 …に同意する [+ a/em].

‡conceito /kõ'sejtu コンセイト/ 男 ❶ 概念, 定義▶o conceito de liberdade 自由の概念 / conceito filosófico 哲学的概念.
❷ 着想, 構想▶Devemos determinar o conceito da sinfonia de hoje. 今日シンフォニーの構想を決めなければならない.
❸ 評判▶Aquele advogado tem bom conceito. あの弁護士はよい評判をもっている.
❹ 成績の評価▶Esta turma teve o conceito B na sua maioria. このクラスの多くはB評価をもらった.
crescer no conceito 評価が上がる, 株が上がる.

conceituado, da /kõsejtu'adu, da/ 形 名声を博した, 評判のよい▶marca conceituada 名門ブランド / produto conceituado 評判のよい商品 / Ele é um médico conceituado. 彼は高名な医師だ.

conceituar /kõsejtu'ax/ 他 ❶ …を概念化する▶conceituar o tempo 時間を概念化する.
❷ …を…と評価する [+ de]▶O juiz conceituou de hediondo o crime cometido pelo jovem. 裁判官はその若者が犯した犯罪を非道なものだと評した.
❸ 見解を述べる, 評価する, 判断する▶Conceituou a descoberta como um importante passo para a medicina. その発見は医学にとって重要な一歩であると判定した / O professor conceituou bem a redação do aluno. その教師は生徒の作文を高く評価した.

concelho /kõ'seʎu/ 男 P ❶ 郡. ❷ 市, 町, 村. ❸（中世の）自治共同体.

concentração /kõsẽtra'sẽw/ [複 concentrações] 女 ❶ 集中, 集結▶concentração da população 人口の集中 / concentração de poder 権力の集中 / concentração de renda 所得の集中.
❷ 精神集中▶falta de concentração 注意散漫.
❸ 濃縮, 凝縮▶concentração de poluentes 汚染物の凝縮.
❹ campo de concentração 強制収容所.
❺《サッカー》合宿, 合宿所.

concentrado, da /kõse'tradu, da/ 形 ❶ 集結した, 集中した▶população concentrada na área urbana 都市部に集中した人口.
❷ 精神を集中した▶estar [ficar] concentrado em algo …に集中している.
❸ 濃縮した▶suco de laranja concentrado 濃縮オレンジジュース.
— **concentrado** 男 濃縮物, 濃縮飲料▶concentrado de laranja 濃縮オレンジジュース.

‡concentrar /kõse'trax コンセントラーフ/ 他 ❶ 集中する▶concentrar esforços 努力を集中する / Os estudantes concentraram toda a sua atenção na palestra. 学生たちは講演に深く集中した.
❷ 濃縮する▶suco concentrado de acerola アセロラの濃縮ジュース.
— **concentrar-se** 再 ❶ 集まる▶Os dançarinos se concentraram no palco. ダンサーたちが舞台上に集まった.
❷ …に集中する. 専心する [+ em]▶Concentre-se no que está fazendo. 自分が今していることに集中しなさい / Você deve se concentrar mais em seus estudos. あなたはもっと勉強に専念すべきだ.

concêntrico, ca /kõ'sẽtriku, ka/ 形 同心の, 中心を共有する▶círculos concêntricos 同心円.

*****concepção** /kõsepi'sẽw コンセピサォン/ [複 concepções] 女 B ❶ 着想, 構想▶a concepção de uma idéia 一つの考えを思いつくこと.
❷ 観念, 物の見方▶concepção de mundo 世界観.
❸ 意見▶na minha concepção 私の意見では.
❹ 妊娠, 受胎.

conceptual /kõsepitu'aw/ [複 conceptuais] 形 《男女同形》概念の, 観念的な▶arte conceptual コンセプチュアルアート.

concernente /kõsex'nẽtʃi/ 形《男女同形》…に関する [+ a]▶O advogado lida com temas concernentes ao direito. 弁護士は法律に関わる話題を扱う.
no concernente a... …に関しては▶Não posso dizer nada no concernente ao acidente. 私はその事故に関しては何も言えない.

concernir /kõsex'nix/ 自 […に関する [+ a]▶Esse problema não me concerne. その問題は私には関係ない.
no que concerne a... …に関する限り▶no que me concerne 私に関する限り.

concertado, da /kõsex'tadu, da/ 形 ❶ 温和な, 穏やかな▶tempo concertado 穏やかな天気 / tarde concertada のどかな午後.
❷ 究明された▶Os documentos foram concertados. その書類は精査された.
❸ 質素な; 控えめの▶Maria levava uma vida concertada. マリアは質素な生活を送った.
❹ 照合された▶Os créditos e débitos da companhia foram concertados. 会社の債務は照合された.
❺ 打ち合わせた, 計画された▶O golpe foi concertado pelos militares. クーデターは軍部によって計画された.

❻ 調和した ▶ coral de vozes concertadas 調和したコーラス.
concertar /kõsex'tax/ 他 ❶ 整える, 整頓する ▶ concertar um projeto de desenvolvimento 開発プロジェクトを整える / Os empresários concertaram um plano para melhorar a economia. 企業経営者らは経済発展に向けた計画を練った.
❷ 調和させる ▶ Os partidos concertaram suas opiniões. 各党は互いの意見をすり合わせた.
❸ 響かせる ▶ Os sinos concertam. 鐘が音を響かせる.
— 自 ❶ …を協議する, 打ち合わせる; …で合意する [+ em] ▶ Concertamos em vender a casa. 私たちは家を売ることで合意した.
❷ …と一致する, 和解する [+ com] ▶ As ideias dos estudantes não concertam com as do governo. 学生の意見は政府の見解とは一致していない.
concertista /kõsex'tʃista/ 名 コンサート演奏者; (コンチェルト)独奏者.
‡**concerto** /kõ'sextu/ コンセフト 男 ❶ コンサート, 音楽会 ▶ um concerto de rock ロックコンサート / ir ao concerto コンサートに行く / dar um concerto コンサートを開く / sala de concerto コンサートホール / Finalmente, chegou o tão esperado dia do concerto. やっと待ちに待ったコンサートの日がきた.
❷ 協奏曲, コンチェルト ▶ concerto para violino バイオリン協奏曲 / concerto grosso 合奏協奏曲.
❸ 協議 ▶ O concerto das nações foi um sucesso. 国々の協議は成功だった.
de concerto 協力して, 協同して, 一致して.
concessão /kõse'sẽw/ [複 concessões] 女 ❶ 許可, 認可 ▶ A construtora obteve a concessão para construir o prédio. 建築業者はビル建設の認可を得た.
❷ (土地や権利の) 委譲, 払い下げ ▶ A companhia recebeu concessão para explorar recursos minerais. その会社は鉱物資源の採掘権を獲得した.
❸ 譲歩 ▶ O professor não fez concessão a nenhum aluno. その教師は生徒の誰にも譲歩しなかった.
concessionária /kõsesio'naria/ 女 ディーラー ▶ concessionária de carros 自動車ディーラー.
concessivo, va /kõse'sivu, va/ 形《文法》譲歩の ▶ conjunção concessiva 譲歩の接続詞.
concha /'kõʃa/ 女 ❶ 貝殻.
❷ ひしゃく, お玉.
❸《解剖》耳甲介.
meter-se na concha 殻に閉じこもる.
sair da concha 殻から出る, 正体を現す.
conchavar /kõʃa'vax/ 他 ❶ 合わせる, 結びつける; 集める ▶ Conchavamos nossas ideias. 私たちはアイディアを寄せ合った.
❷ 打ち合わせる, 調整する; 取り決める ▶ Os amigos conchavaram a festa de aniversário de Márcia. マルシアの誕生パーティーについて友人たちは取り決めた.
❸ B 雇用契約を結ぶ ▶ Conchavou um novo administrador. 新たな管理者と雇用契約を結んだ.

❹ 共謀する, 示し合わせる ▶ Os jovens conchavaram a renúncia do presidente. 若者たちは大統領の辞任を共謀した.
conchavo /kõ'ʃavu/ 男 共謀, 結託.
de conchavo 共謀して.
concidadão, dã /kõsida'dẽw, dẽ/ [複 concidadãos, dãs] 名 同じ市の人; 同国民.
conciliábulo /kõsili'abulu/ 男 秘密の会合, 密談.
conciliação /kõsilia'sẽw/ [複 conciliações] 女 ❶ 調停, 仲裁 ▶ comitê de conciliação 調停委員会. ❷ 和解, 協調 ▶ espírito de conciliação 協調的精神.
conciliador, dora /kõsilia'dox, 'dora/ 形 融和的な, 調停を図る.
— 名 調停者, 仲裁者.
conciliar /kõsili'ax/ 他 ❶ 和解させる ▶ O juiz conciliou as partes litigantes. 裁判官は訴訟当事者双方を和解させた.
❷ 静める, 落ち着かせる ▶ conciliar os ânimos 気を和ませる / conciliar o espírito 精神を落ち着かせる.
❸ 獲得する, ひきつける ▶ conciliar amizades 友情を獲得する / Sua beleza conciliou as atenções. その美しさは注意を引いた.
❹ …と結びつける, 合わせる [+ com] ▶ Ele conciliou o talento com a profissão. 彼は才能を職業に結びつけた.
❺ 調和させる, 両立させる ▶ conciliar o trabalho e o estudo 仕事と学問を両立させる.
— **conciliar-se** 再 和解する ▶ Os adversários se conciliaram em prol do desenvolvimento da região. 地域発展という目的のため敵同士が和解した.
concílio /kõ'siliu/ 男 ❶《カトリック》宗教会議, 公会議 ▶ o Concílio Vaticano II 第2回バチカン公会議. ❷ 会議.
concisão /kõsi'zẽw/ [複 concisões] 女 簡潔, 簡明.
conciso, sa /kõ'sizu, za/ 形 簡潔な, 簡明な.
conclamar /kõkla'max/ 他 ❶ 口々に叫ぶ ▶ As massas conclamavam mais direitos sociais. 群衆はより多くの社会的権利を声高に要求していた / A televisão conclamou as pessoas a votarem. テレビは人々に投票するよう促した.
❷ 称賛する, 喝采する ▶ Os jornais conclamavam os atletas vencedores. 新聞各紙は勝利した選手たちを称賛していた.
conclave /kõ'klavi/ 男 教皇選挙会議.
concludente /kõklu'dẽtʃi/ 形《男女同形》結論を下すような, 決定的な ▶ provas concludentes 決定的な証拠.
‡**concluir** /kõklu'ix/ コンクフイーフ/ ⑦ 他 ❶ 終了させる, 完結させる ▶ Ele concluiu o trabalho há pouco tempo. 彼は少し前に仕事を終了させた.
❷ 結論を下す ▶ Não vou concluir nada sem ouvir a opinião dos alunos. 私は生徒の意見を聞かずには何の結論も出さない / concluir que … 直説法 …と結論する.

❸ (協定などを) 結ぶ ▶concluir um acordo 協定を結ぶ.
— 自 終了する, 完結する ▶Para concluir, ele deixou algumas palavras de agradecimento. 最後に, 彼は感謝の言葉を残した.

☆**conclusão** /kōklu'zẽw コンクルザォン/ [複 conclusões] 女 ❶ 完了, 終了 ▶A conclusão das obras se deu com um mês de atraso. 工事は1か月遅れて完了した. ❷ 結論, 結び ▶chegar a uma conclusão 結論に達する / tirar uma conclusão 結論を引き出す / A conclusão deste artigo deixa a desejar. この論文の結論は物足りない.
em conclusão 結果として, 結論として.

conclusivo, va /kōklu'zivu, va/ 形 最終的な, 結論的な ▶resultado conclusivo 最終的結果.

concomitância /kōkomi'tẽsia/ 女 (2つの事実, 現象の間の) 相伴 [随伴] 関係.

concomitante /kōkomi'tẽtʃi/ 形《男女同形》付随する, 同時に起こる.

concordância /kōkox'dẽsia/ 女 ❶ 一致, 調和 ▶concordância de opiniões 意見の一致. ❷《文法》一致 ▶concordância do verbo com o sujeito 動詞と主語の一致.
em concordância com... …に従って.
estar em concordância 同意する.

concordante /kōkox'dẽtʃi/ 形《男女同形》一致する, 符合する.

☆**concordar** /kōkox'dax コンコフダーフ/ 他 ❶ 一致させる ▶O líder concordou as exigências de todos. リーダーは全員の要求を一致させた.
❷ …と合わせる [+ com] ▶Ele sempre concordava sua opinião com a da diretoria. 彼はいつも自分の意見と経営陣の意見を一致させていた.
— 自 一致する, 同意見である ▶Concordamos em tudo. 我々はあらゆる点で意見が一致している.
❷ …と意見が一致する, 同意する [+ com] ▶Eu concordo com você. 私は君と意見が同じだ / Concordo com a opinião da maioria. 私は大多数の意見に同意する.
❸《concordar em +不定詞》…することで一致する.

concordata /kōkox'data/ 女 ❶《カトリック》政教条約, コンコルダード (カトリック教会の地位に関するローマ教皇と政府間の協約). ❷ 和議, 民事再生.

concórdia /kō'kɔxdʒia/ 女 融和, 和合, 和平 ▶a concórdia entre as religiões 諸宗教間の融和.

concorrência /kōkox'rẽsia/ 女 ❶ 競争 ▶concorrência no mercado 市場における競争 / fazer concorrência a... …と競争する / livre concorrência 自由競争 / concorrência desleal 不正競争. ❷ 入札 ▶concorrência pública 公開入札. ❸ (人々の) 集中, 参集者, 参列者.

concorrencial /kōkoxrẽsi'aw/ [複 concorrenciais] 形《男女同形》競争の行われている ▶mercado concorrencial 自由競争市場.

concorrente /kōkox'rẽtʃi/ 名 競争者, 競争相手.
— 形《男女同形》❶ 競争する ▶mercado concorrente 自由競争市場. ❷ (線などの) 同一点に集まる.

☆**concorrer** /kōko'xex コンコヘーフ/ 自 ❶ …に応募する, 立候補する [+ a] ▶concorrer a uma bolsa de estudo 奨学金に応募する / concorrer a um emprego 求人に応募する / concorrer à presidência 大統領選挙に立候補する.
❷ …と競争する, 争う [+ com] ▶A empresa está concorrendo com as outras grandes. その会社は, 他の大きな会社と競争している.
❸ 集まる, 参列する ▶As pessoas idosas concorreram ao teatro. お年寄りが劇場に集まった.
❹ (同じ目的や結果に向かって) 協力する, 貢献する [+ para] ▶Dois fatores concorreram para o desenvolvimento do país. 2つの要因がその国の発展に貢献した.
❺ 共存する.

concorrido, da /kōko'xidu, da/ 形 人のよく集まる, にぎやかな.

concretamente /kō,kreta'mētʃi/ 副 具体的に.

concretização /kōkretʃiza'sẽw/ [複 concretizações] 女 具体化, 実現 ▶a concretização de um sonho 夢の実現.

***concretizar** /kōkretʃi'zax コンクレチザーフ/ 他 具体化する, 具体的に表す, 実現する.
— **concretizar-se** 再 具体化される, 実現する.

☆**concreto, ta** /kõ'krɛtu, ta コンクレート, タ/ 形 ❶ 具体的な, 具象的な (↔ abstrato) ▶um fato concreto 具体的な事実.
❷ 実質的な, 実際的な ▶um perigo concreto 実質的な危険 / aplicação concreta 実際的な応用.
— **concreto** 男 コンクリート ▶concreto armado 鉄筋コンクリート / concreto aparente 打放しコンクリート / selva de concreto コンクリートジャングル, 大都会.

concubina /kōku'bina/ 女 愛人, 内縁の妻.

concubinato /kōkubi'natu/ 男 内縁関係, 同棲.

concupiscência /kōkupi'sẽsia/ 女 欲望; 色欲, 淫欲.

☆**concurso** /kõ'kuxsu コンクフソ/ 男 ❶ 選抜試験 ▶concurso para professor 教員試験 / Ele prestará o concurso para juiz no mês que vem. 彼は来月判事への選抜試験を受ける.
❷ コンクール, コンテスト ▶Aquele aluno pensa em enviar sua obra ao concurso literário. 彼は文学コンクールへ自分の作品を投稿しようと考えている / concurso de beleza 美人コンテスト / concurso Miss Brasil ミスブラジルコンテスト / concurso de televisão テレビのクイズ番組.
❸ 協力 ▶com o concurso de... …の協力を得て.
concurso de títulos 資格や学位が選考基準となる採用試験.

concussão /kōku'sẽw/ [複 concussões] 女 ❶ (激しい) 震動 ▶concussão cerebral 脳震盪(とう).
❷ (公務員による) 公金横領, 収賄.

condado /kō'dadu/ 男 伯爵の身分; 伯爵領.

condão /kō'dẽw/ [複 condões] 男 魔力 ▶O feiticeiro usa uma varinha de condão. 魔法使いは魔法の杖を使う / A música tem o condão de amansar as feras. 音楽には獰猛な動物をおとなしくさせる不思議な力がある.

conde /'kõdʒi/ 男 伯爵.

condecoração

condecoração /kõdekora'sẽw/ [覆condecorações] 囡 ❶ 叙勲. ❷ 勲章.
condecorar /kõdeko'rax/ 他 …に勲章を授ける, 叙勲する ▶O governador condecorou os bombeiros pelos atos heróicos. 知事は消防士たちの英雄的行為を称えるために勲章を授けた / O governo condecorou-o com o título de cidadão emérito. 政府は彼に名誉市民の称号を与えた.
condenação /kõdena'sẽw/ [覆 condenações] 囡 ❶ 有罪判決, 刑の宣告; 刑 ▶O juiz proferiu a condenação a três anos de prisão. 裁判官は懲役3年の刑を言い渡した / O exame de DNA foi a prova principal para a condenação do suspeito. DNA鑑定が被疑者の有罪判決の主な証拠になった / Apesar da condenação dos médicos, curou-se do câncer. 医師たちの宣告にもかかわらず, がんが治った.
❷ 非難 ▶Sua obra sofreu a condenação dos artistas da época. 彼の作品はその当時の芸術家たちの批判を受けた.
condenado, da /kõde'nadu, da/ 形 ❶ 有罪を宣告された ▶condenado à morte 死刑を宣告された / (病人が) 回復の見込みがない ▶paciente condenado 回復の見込みのない患者.
— 图 受刑者 ▶um condenado à morte 死刑囚.
como um condenado 過度に.
:condenar /kõde'nax/ コンデナール/ 他 ❶ …に有罪判決を下す ▶O juiz condenou o réu a três anos de prisão. 判事は被告に禁固3年の判決を下した.
❷ 非難する ▶Ele condenou o colega pelo fracasso da experiência. 彼は実験に失敗した同僚を非難した.
❸ (医者が患者に) 不治を宣告する.
— **condenar-se** 再 自分の罪を認める ▶Não se condene por causa disso. そんなことで自分を責めないでください.
condenatório, ria /kõdena'tɔriu, ria/ 形 有罪の ▶sentença condenatória 有罪判決.
condenável /kõde'navew/ [覆 condenáveis] 形《男女同形》罰すべき, 非難すべき ▶comportamento condenável 非難すべき行動.
condensação /kõdẽsa'sẽw/ [覆 condensações] 囡 ❶ 濃縮. ❷ (気体の) 液化, 凝結 ▶ponto de condensação 露点温度.
❸ 簡約, 要約.
condensado, da /kõdẽ'sadu, da/ 形 凝縮された, 凝結した ▶leite condensado コンデンスミルク.
— **condensado** 男 要約.
condensador, dora /kõdẽsa'dox, 'dora/ [覆 condensadores, doras/ 形 凝縮する, 濃縮する.
— **condensador** 男 コンデンサー.
condensar /kõdẽ'sax/ 他 ❶ 濃縮する, 凝縮する ▶O cozinheiro condensou o caldo com maisena. 料理人はコーンスターチでだし汁を濃縮させた / A equipe condensou esforços para ganhar a partida. チームは勝負に勝つために力を集結させた.
❷ 液化する.
❸ 要約する, 簡約する.
— **condensar-se** 再 ❶ 凝縮する ▶Quando o vapor se condensa, forma-se a água. 水蒸気が凝縮すると水になる.
❷ …に要約される [+ em] ▶A tese condensou-se em uma conclusão. 論文は一つの結論にまとめられた.
condescendência /kõdesẽ'dẽsia/ 囡 ❶ 寛大, 寛容 ▶O proprietário da empresa agiu com condescendência em relação à atitude dos empregados. 会社のオーナーは従業員たちの取った行動に対して寛大に振る舞った.
❷ 慇懃, 謙譲 ▶As pessoas devem se tratar com condescendência. 人は謙譲の心でもてなされるべきだ.
condescendente /kõdesẽ'dẽtʃi/ 形《男女同形》❶ 寛大な, 寛容な ▶Ele tinha uma visão condescendente em relação aos problemas da empresa. 彼は会社の問題に対して寛容な見方をしていた.
❷ 慇懃な ▶Ele era uma pessoa muito condescendente. 彼は慇懃な人物だった.
condescender /kõdesẽ'dex/ 自 ❶《condescender em +不定詞》…することを承諾する ▶O presidente condescendeu em falar com o povo. 大統領は民衆との話し合いに応じた / Condescendeu em aceitar o trabalho. 仕事を引き受けることを承諾した / Ela condescendeu em hospedar-se em uma pousada barata. 彼女は安宿に泊まることを了解した.
❷ (優越的地位にある人が) 寛大な態度を取る.
condessa /kõ'desa/ 囡 伯爵夫人.
:condição /kõdʒi'sẽw/ コンヂサォン/ [覆 condições] 囡 ❶ 条件, 事由 ▶As condições de contrato são boas. 契約の条件はよい / condições de trabalho 労働条件 / condição suficiente 十分条件 / condição necessária 必要条件.
❷ 状態, 状況 ▶A condição financeira da firma melhorou. 会社の財務状態は良くなった / As condições higiênicas desse país não são boas. その国の衛生状態はよくない / condição física 体調 / em boas condições よい状態の / nestas condições このような状況では.
❸ 身分, 社会階層, 地位 ▶Não se deve julgar as pessoas só pela condição social. 境遇だけで人を判断してはならない / a condição da mulher na sociedade 社会における女性の地位.
em condições de jogo 試合への準備ができている.
estar em condições de +不定詞 …することができる ▶Não estou em condições de jogar. 私は試合に出られる状態ではない.
sem condições 無条件で, 無条件の ▶rendição sem condições 無条件降伏.
sob a condição de... …という条件で.
sob condição 条件付きで.
ter condições de +不定詞 …することができる.
condicionado, da /kõdʒisio'nadu, da/ 形 ❶ 条件づけられた ▶reflexo condicionado 条件反射.
❷ 調整された ▶aparelho de ar-condicionado エアコン装置.
condicionador /kõdʒisiona'dox/ [覆 condicio-

nadores] 男 ❶ ヘアコンディショナー (= condicionador de cabelo). ❷ codicionador de ar エアコン.

condicional /kõdʒisio'naw/ [複 condicionais] 形《男女同形》❶ 条件つきの, 制約的な ▶liberdade condicional 仮釈放.

❷《文法》条件の ▶modo condicional 条件法 / oração condicional 条件節.

— 男 条件法.

estar na condicional 仮釈放中である.

condicionante /kõdʒisio'nẽtʃi/ 形《男女同形》条件づける, 決定する ▶fator condicionante 決定要因.

condicionar /kõdʒisio'nax/ 他 ❶ 規定する ▶Os recursos materiais condicionam a produção da fábrica. 原材料の量目が工場生産を左右する.

❷ 条件づける, 制約する ▶Condicionou que trabalharia somente por um bom salário. 高賃金なら働くという条件を付けた.

❸ 適応させる ▶condicionar os jogadores ao clima 選手たちを気候に適応させる.

❹ しつける, 習慣を身に付けさせる ▶O treinador condicionou o cão a obedecer seus sinais. 調教師は合図に従うよう犬をしつけた.

❺ 包装〔荷造り〕する ; しまう, 保存する ▶condicionar os alimentos 食料を保存する.

— **condicionar-se** 再 …に順応する, 慣れる [+ a] ▶Paulo teve dificuldades para se condicionar à vida da cidade. パウロは都会での生活になかなか慣れなかった / Teve que se condicionar para sobreviver. 生き抜くためには順応しなければならなかった.

condigno, na /kõ'dʒiginu, na/ 形 ❶ …にふさわしい, 合った [+ de/a] ▶salário condigno ao trabalho 仕事に見合った給料 / prêmio condigno ao talento 才能にふさわしい賞.

❷ 威厳のある, 立派な ▶uma atitude condigna 威厳のある態度.

condimentar /kõdʒimẽ'tax/ 他 ❶ 味付けする, 調味する. ❷ …におもしろみ〔味わい〕を添える.

— 形 [複 condimentares]《男女同形》調味料の ▶ervas condimentares 薬味ハーブ.

condimento /kõdʒi'mẽtu/ 男 調味料, 薬味, 香辛料.

condizente /kõdʒi'zẽtʃi/ 形《男女同形》…と調和した, 釣り合った [+ com] ▶Seus modos não são condizentes com a educação que teve. 彼の立ち居ふるまいは育ちにふさわしくない / As condições de segurança do edifício são condizentes com os regulamentos. そのビルのセキュリティは規制に沿っている.

condizer /kõdʒi'zex/ ⑳《過去分詞 condito》自 ❶ …と調和する, ぴったり合う [+ com] ▶Os móveis condizem com o estilo da casa. 家具が家の雰囲気にぴったりだ.

❷ 釣り合う ▶A entrada não condiz com o tamanho do edifício. 入口がビルの大きさと釣り合っていない.

❸ 一致する ▶Suas ideias não condizem com as minhas. あなたの考えは私とは相容れない / As atitudes não condizem com as palavras. 言行不一致だ.

condoer /kõdo'ex/ ㊱ 他 …の同情を引く, 憐れみを誘う ▶As imagens do desastre condoíam as pessoas. その惨禍の映像を見て人々は同情を寄せた.

— **condoer-se** 再 …に同情する, 不憫に思う [+ de].

condolência /kõdo'lẽsia/ 女 ❶ 同情, 慈悲, 慈しみ ▶Sua pobreza atraía a condolência de todos. 彼の貧しさは皆の同情を引いていた.

❷《condolências》弔意, 悔やみ ▶Envie minhas condolências à viúva. 夫を亡くされたその女性へ哀悼の意をお伝えください.

condomínio /kõdo'miniu/ 男 ❶ 分譲マンション, コンドミニアム ▶morar em condomínio コンドミニアムに住む.

❷ 管理費.

❸ condomínio fechado 周辺を塀で囲んだ高級住宅地, ゲーテッドコミュニティー.

condômino, na /kõ'dominu, nɐ/ 名 Ⓟ = condômino

condômino, na /kõ'dõminu, na/ 名 Ⓑ 共同所有者.

condor /kõ'dox/ [複 condores] 男《鳥》コンドル.

condução /kõdu'sẽw/ [複 conduções] 女 ❶ Ⓑ 乗り物, 交通機関, バス ▶Todos os dias, pego duas conduções para ir ao trabalho. 私は仕事へ行くために毎日2つの交通機関を使う.

❷ (車の) 運転 ▶É preciso ter aulas de condução para dirigir. 車を運転するには運転の講習を受ける必要がある / exame de condução 路上試験.

❸ 指導, 運営, 管理 ▶O diretor administra a condução dos negócios da empresa. 役員が会社の経営の指揮をとる.

❹《物理》伝導.

❺ 連れていくこと ▶O boiadeiro faz a condução do gado pelo Pantanal. 牛飼いはパンタナールで牛追いをする.

conducente /kõdu'sẽtʃi/ 形《男女同形》…に導く [+ a] ▶Elaborei um plano conducente ao sucesso da empresa. 私は会社を成功に導く計画を練り上げた / O governo adotou medidas conducentes para proteger o meio ambiente. 政府は環境保護を狙った措置をとった.

conduta /'kõduta/ 女 振るまい, 行動 ▶código de conduta 行動規範 / má conduta 不品行 / boa conduta 品行方正.

condutibilidade /kõdutʃibili'dadʒi/ 女《物理》伝導性.

conduto /kõ'dutu/ 男 導管, 管 ▶conduto auditivo externo《解剖》外耳道.

condutor, tora /kõdu'tox, 'tora/ [複 condutores, toras] 名 ❶ 運転手, ドライバー ▶condutor de ônibus バス運転手 / condutor de domingo ペーパードライバー.

— 形 導く ▶fio condutor 導きの糸.

— **condutor** 男《物理》伝導体, 導体 ▶condutor elétrico 電気伝導体.

conduzir

:conduzir /kõdu'zix/ コンドゥズィーフ/ ⑭ 他 ❶ 導く, 案内する ▶ conduzir o povo 人々を導く. ❷ 運転する, 操る ▶ conduzir um carro 自動車を運転する. ❸ 伝える, 伝導する ▶ conduzir a eletricidade 電気を伝える. ― 自 ❶ …に至る [+ a]. ❷ 運転する ▶ Não sei conduzir. 私は運転できない.
― **conduzir-se** 再 行動する, 振る舞う ▶ conduzir-se bem 正しく行動する.

cone /'kõni/ 男 円錐 (形); 円錐形のもの ▶ cone de sinalização 円錐標識, ロードコーン / Cone Sul 南アメリカ南部 (アルゼンチン, ブラジル, チリ, ウルグアイ) / cone vulcânico 火山錐.

conectar /konek'tax/ 他 …を…に接続する, 結びつける [+ a/com] ▶ conectar a impressora ao computador プリンターをコンピューターに接続する / conectar a empresa com os clientes 企業を顧客と結びつける / conectar os fatos 事実をつなぎ合わせる.
― **conectar-se** 再 …に接続する [+ a] ▶ conectar-se à internet インターネットに接続する.

cónego /'kɔnəgu/ 男 P = cônego

cônego /'kõnegu/ 男 B 《カトリック》聖堂参事会員.

conexão /kone'ksẽw/ [覆 conexões] 女 ❶ つなぐこと, 接続 ▶ conexão à internet インターネットの接続 / conexão de periféricos 周辺機器の接続 / fazer uma conexão com... …と接続する. ❷ つながり, 関連 ▶ a conexão entre os dois eventos 2つの出来事の関連. ❸ 接続便 ▶ conexão para São Paulo サンパウロの接続便.

conexo, xa /ko'nɛksu, ksa/ 形 関連した, 結合した ▶ Estes dois assuntos são conexos (entre si). この2つの問題は互いに関連し合っている / Minhas ideias são conexas com a liberdade de expressão. 私の考えは表現の自由と関連している / ações conexas a um crime 犯罪につながる行動.

confabular /kõfabu'lax/ 自 話す, しゃべる ▶ Os amigos confabulavam alegremente na varanda. 友人たちはベランダで楽しそうにおしゃべりしていた / Os rebeldes confabulavam contra o exército. 反逆者たちが軍隊に向かって話していた.
― 他 話す ▶ O paciente confabula histórias fantásticas. 患者が空想話をしていた.

confeção /kõfe'sẽw/ 女 P = confecção

confecção /kõfek'sẽw/ [覆 confecções] 女 B ❶ 製造, 作成, 生産 ▶ confecção de bolos ケーキ作り. ❷ 既製服製造(業) ▶ indústria de confecções アパレル産業 / meia confecção セミオーダーメイド.

confeccionar /kõfeksio'nax/ 他 ❶ 製造する, (服などを) 仕立てる; (料理を) 作る ▶ confeccionar um bolo ケーキを作る / confeccionar um vestido ドレスを作る. ❷ 作成する ▶ confeccionar um dicionário 辞書を作る.

confecionar /kõfɛsiu'nar/ 他 P = confeccionar

confederação /kõfedera'sẽw/ [覆 confederações] 女 連盟, 連合, 同盟, 連邦 ▶ a Confederação Brasileira de Futebol ブラジルサッカー連盟 / a Confederação Suíça スイス連邦.

confederar /kõfede'rax/ 他 連合させる.
― **confederar-se** 再 連合する.

confeitar /kõfej'tax/ 他 …に砂糖をまぶす, 糖衣をかける.

confeitaria /kõfejta'ria/ 女 菓子店.

confeiteiro, ra /kõfej'tejru, ra/ 名 菓子製造人.

confeito /kõ'fejtu/ 男 糖菓, 砂糖でくるんだお菓子.

:conferência /kõfe'rẽsia/ コンフェレンスィア/ 女 ❶ 会議; 学会 ▶ conferência internacional 国際会議; conferência de cúpula 首脳会談. ❷ 照合, 点検 ▶ conferência de textos テキストの照合. ❸ 講演 ▶ dar uma conferência 講演をする.

conferenciar /kõferẽsi'ax/ 自 ❶ 話し合う, 協議する. ❷ 講演する.

conferencista /kõferẽ'sista/ 名 講演者, 講師.

conferir /kõfe'rix/ ⑥ 他 ❶ …と照合する, 比較する [+ com]; 確かめる, 確認する ▶ conferir as despesas com os recibos 支出額を領収書と照合する / conferir as respostas do exame com o livro 教科書で試験の答え合わせをする / conferir os cálculos 計算を確認する. ❷ 付与する, 授与する ▶ conferir poder 権限を与える / conferir benefícios 恩恵を与える / O júri conferiu prêmios às melhores fantasias. 審判はもっとも優れた仮装に賞を与えた. ❸ (印象を) 与える ▶ As roupas de Francisco conferem-lhe um ar de desleixo. フランシスコの服装は彼にだらしない印象を与える.
― 自 ❶ …と合う, 一致する [+ com] ▶ A imagem do criminoso confere com as descrições das testemunhas. 犯人像は目撃者証言と一致する. ❷ 協議する.

*****confessar** /kõfe'sax/ コンフェサーフ/ 他 ❶ (犯罪や過ちなどを) 白状する, 自白する, 認める ▶ O político confessou o crime. その政治家は犯罪を認めた / Ele confessou que roubara o dinheiro. 彼はそのお金を盗んだことを白状した / Ele confessou ter assaltado. 彼は強盗を働いたことを自白した. ❷ (罪を) 告解する ▶ Ele confessou ao padre que cometera um pecado. 彼は神父に罪を犯したことを告解した. ❸ …の告解を聴く ▶ O padre confessou os cristãos. 神父は, キリスト教徒たちの告解を聴いた. ❹ 明らかにする, 表面化させる ▶ Sua face confessava a tristeza. 彼の顔から, 悲しみがにじみ出ていた.
― 自 自白する, 告解する ▶ O criminoso acabou confessando e foi preso. その犯罪者は結局自白して, 捕まった.
― **confessar-se** 再 告解 [告白] する ▶ A mulher confessou-se ao padre dos pecados. その女性は, 犯した罪について神父に告白した.

confessional /kõfesio'naw/ [複 confessionais] 形《男女同形》❶ 告解の.
　❷ 宗派の; 信仰の▶escola confessional 宗教系学校 / ensino religioso confessional 宗教教育.

confessionário /kõfesio'nariu/ 男《カトリック》告解室.

confesso, sa /kõ'fɛsu, sa/ 形 ❶ 自白した▶réu confesso 自白した被告. ❷ キリスト教に改宗した.

confessor /kõfe'sox/ [複 confessores] 男 聴罪司祭.

confete /kõ'fɛtʃi/ 男 ❶ 紙吹雪. ❷ 賞賛, 追従▶jogar confete 賞賛する, こびる.

confiabilidade /kõfiabili'dadʒi/ 女 信頼性, 確実性.

confiado, da /kõfi'adu, da/ 形 ❶ 信頼されている▶Ele é um funcionário confiado, merece um aumento. 彼は信頼されている従業員で, 昇給に値する. ❷ 厚かましい, 図々しい▶Aquele moço é muito confiado, melhor se afastar. あの人はかなり厚かましいので, 近寄らない方がよい.
　❸ 託された, 委ねられた▶O sargento cumpriu a missão que lhe foi confiada. 軍曹は託された使命を果たした.

‡**confiança** /kõfi'ẽsa/ コンフィアンサ /女 ❶ 信頼, 信用▶ter confiança em alguém …を信頼している / ter confiança em si próprio [mesmo] 自信がある / inspirar confiança em alguém …に信頼できそうに見える / ganhar a confiança de alguém …の信頼を得る / perder a confiança de alguém …の信頼をなくす / trair a confiança de alguém …の信頼を裏切る / com toda a confiança 自信を持って / abuso de confiança 背任 / digno de confiança 信頼に値する / confiança cega 盲目的な信頼 / de confiança 信用できる / de pouca confiança 信用できない / de toda confiança 全幅の信頼が置ける.
　❷ 親しみやすさ, 馴れ馴れしさ▶tratar alguém com demasiada confiança …に対して馴れ馴れしくする / dar confiança a... …と親しくする / …が馴れ馴れしい態度をとるのを許す / tomar confiança 馴れ馴れしくする.
　em confiança ① 間違いなく. ② 信頼して.

confiante /kõfi'ẽtʃi/ 形《男女同形》❶ …を信頼している [+ em] ▶O paciente continua confiante em seu tratamento. 患者は自分が受けている治療を信頼し続けている.
　❷ 自信がある▶O time entrou em campo confiante. チームは自信を持って競技場に入った / Estou 100% confiante de que serei campeão. 私はチャンピオンになる100パーセントの自信がある.

‡**confiar** /kõfi'ax/ コンフィアーフ /自 …を信頼する [+ em] ▶Confie em mim. 私を信頼してください / Não confio nele. 私は彼を信頼していない.
　— 他 ❶《confiar algo a alguém》…を…に任せる.
　❷《confiar algo a alguém》…を…に打ち明ける▶confiar um segredo a alguém 秘密を誰かに打ち明ける.
　— **confiar-se** 再 ❶ …を信頼する [+ em]. ❷ 心中を打ち明ける.

confiável /kõfi'avew/ [複 confiáveis] 形《男女同形》信頼できる, 頼りになる▶um site confiável 信頼できるサイト.

confidência /kõfi'dẽsia/ 女 打ち明け話, 秘密の話▶fazer confidência 打ち明け話をする.
　em confidência 内密に, 秘密裏に.

confidencial /kõfidẽsi'aw/ [複 confidenciais] 形《男女同形》秘密の, 内密の▶Confidencial (封筒の表に)「親展」 / informação confidencial 機密情報.

confidencialidade /kõfidẽsiali'dadʒi/ 女 機密性, 機密保持.

confidenciar /kõfidẽsi'ax/ 他 打ち明ける▶Confidenciei meus segredos ao meu melhor amigo. 私は自分の秘密を無二の親友に打ち明けた / Queria confidenciar com meu pai as minhas preocupações. 私は自分の心配事を父と忌憚なく話したかった / Confidenciei que cometi um grave erro. 私は重大な間違いを犯したと打ち明けた.

confidente /kõfi'dẽtʃi/ 名 秘密を打ち明けられる相手.
　— 形《男女同形》秘密を打ち明けられる▶amigo confidente 信頼している友人.

configuração /kõfigura'sẽw/ [複 configurações] 女 ❶ 形, 形状, 外観▶O mapa mostra a configuração do continente europeu. 地図はヨーロッパ大陸の形状を示している.
　❷ (機械や情報などの) 構成.
　❸《情報》設定, コンフィギュレーション▶configuração inicial 初期設定 / Aquele computador é muito rápido, qual a sua configuração? あのコンピューターはとても速いのですが, どんなコンフィギュレーションですか.

configurar /kõfigu'rax/ 他 ❶ 形作る, 構成する.
　❷《情報》設定する▶configurar o computador コンピューターの設定をする.
　— **configurar-se** 再 形成される.

confinamento /kõfina'mẽtu/ 男 幽閉, 監禁, 閉じこもること.

confinar /kõfi'nax/ 他 ❶ 境界を設ける, 画する▶confinar um terreno 土地の境界を画定する.
　❷ 閉じ込める▶O sequestrador confinou os reféns. 誘拐犯は人質を監禁した.
　❸ …に制約する, 限る [+ a] ▶José confina seu tempo disponível aos estudos. ジョゼは時間をもっぱら勉強に費やしている.
　— 自 …と境界を接する [+ com] ▶O Brasil confina com o Paraguai. ブラジルはパラグアイと国境を接している.
　— **confinar-se** 再 …に専念する; 孤立する [+ em] ▶Confinou-se na sua solidão. 孤独の殻に閉じこもった / O escritor se confinou no escritório para escrever o livro. 作家は執筆のために書斎にこもった.

confins /kõ'fis/ 男複 ❶ 境界, 境目. ❷ 果て, 極限▶ir até aos confins da terra 地の果てまで行く.

confirmação /kõfixma'sẽw/ [複 confirmações] 女 ❶ 確認▶a confirmação da informação 情報の確認 / fazer confirmação 確認する.

❷〚カトリック〛堅信式.

★**confirmar** /kõfix'max コンフィフマーフ/ [他] ❶ **確認する**, 事実だと認める, 立証する ▶ confirmar uma reserva 予約を確認する / Foi confirmada a teoria. その理論が証明された. ❷ **承認する**, 批准する ▶ confirmar um acordo 合意を批准する.

— **confirmar-se** [再] 確認される ▶ Confirma-se que há relação estreita entre subdesenvolvimento e corrupção. 低開発と汚職の間に密接な関係があることが証明されている.

confiscar /kõfis'kax/ ㉙ [他] …を…から没収する, 押収する [+ a] ▶ A polícia confiscou a mercadoria contrabandeada. 警察は密輸商品を押収した / Confisquei as melhores guloseimas da mesa. 私は最上級のごちそうをテーブルから確保した.

confisco /kõ'fisku/ [男] 没収, 押収, 没収物 ▶ confisco de bens 財産の没収.

confissão /kõfi'sɐ̃w̃/ [[複] confissões] [女] ❶ 告白; 自白 ▶ fazer uma confissão 告白する / confissão de culpa 罪の告白.

❷〚カトリック〛告解 ▶ ouvir a confissão 告解を聴く / ir à confissão 告解に行く.

❸ 信仰告白 ▶ confissão de fé 信仰告白.

conflagração /kõflagra'sɐ̃w̃/ [[複] conflagrações] [女] ❶ 大火災. ❷ 動乱, 戦争 ▶ conflagração social 社会的動乱 / conflagração mundial 世界大戦. ❸ 激高.

conflagrar /kõfla'grax/ [他] ❶ 焼き尽くす, 焼く. ❷ 扇動する, あおる.

— **conflagrar-se** [再] ❶ 焼き尽くされる. ❷ 激怒する.

conflitante /kõfli'tẽtʃi/ [形]《男女同形》対立する, 相反する, 矛盾する ▶ decisões conflitantes 相反する決定.

★★**conflito** /kõ'flitu コンフリート/ [男] ❶ **争い, 紛争** ▶ causar conflitos 争いを引き起こす / conflito armado 武力紛争 / conflito territorial 領土紛争.

❷ **対立** ▶ conflito de interesses 利害の対立 / conflito de gerações 世代間対立 / conflito de opiniões 意見の対立 / entrar em conflito com... …と衝突する.

❸ **葛藤** ▶ conflito ético 倫理的葛藤.

conflituoso, sa /kõflitu'ozu, 'ɔza/ [形] 紛争の, 争いの; 葛藤の, 対立している ▶ região conflituosa 紛争地域 / relação conflituosa 対立的関係.

confluência /kõflu'ẽsia/ [女] ❶ (川や道の) 合流(点). ❷ 一致 ▶ confluência de pontos de vista 見解の一致.

confluente /kõflu'ẽtʃi/ [男] 合流する川, 支流.

confluir /kõflu'ix/ ⑦ [自] 合流する, 集結する, 集中する.

conformação /kõfoxma'sɐ̃w̃/ [[複] conformações] [女] ❶ 形作ること, 造形 ▶ conformação do vidro ガラス造形 / conformação do plástico プラスチック成形.

❷ 形成 ▶ conformação do plano 立案 / conformação do corpo humano 人体の形成.

❸ 一致, 順応 ▶ conformação aos novos hábitos 新たな習慣への順応.

❹ 諦め ▶ A vida lhe ensinou a conformação. 人生から諦めることを学んだ.

❺ 形態, 形状; 組成, 構造 ▶ conformação robusta 頑丈な構造 / O produto é de conformação frágil. その製品は壊れやすい.

conformado, da /kõfox'madu, da/ [形] ❶ (甘んじて) 受け容れた, 従った ▶ Ela não está conformada com o resultado do exame. 彼女は試験の結果に納得していない.

❷ 構成された, 構造化された ▶ um prédio bem conformado 構造がしっかりした建物.

❸ 一致した ▶ planos conformados com os do governo 政府構想と一致した計画.

conformar /kõfox'max/ [他] ❶ 形作る ▶ Os ventos conformaram as rochas. 風がその岩石を形成した.

❷ …と一致させる, 調和させる [+com] ▶ conformar o ideal com a realidade 理想と現実のギャップを埋める.

❸ …を融合させる, 調停する ▶ Os alunos conformaram as opiniões. 生徒たちは意見をまとめた.

— [自] …に一致する, 適応する [+ com] ▶ O modo de viver de Maria não conforma com os avanços tecnológicos. マリアの生活様式は技術の進歩に追いついていない.

— **conformar-se** [再] …を受け入れる, …に従う, 甘んじる [+ com] ▶ Os trabalhadores não se conformaram com as condições de trabalho. 労働者たちは労働条件を受け入れていない / Maria não se conforma com a sua sorte. マリアは自分の運命に納得していない.

★★★**conforme** /kõ'fɔxmi コンフォフミ/ [接] ❶ …**ように**, …**通りに**; …**によれば** ▶ Farei conforme me disser. 私は言われたようにします / conforme ouvi dizer 私が聞いたところでは.

❷ …**につれて**, …**に応じて** ▶ Conforme subimos, a temperatura cai. 高度が上がるにしたがって気温が下がる.

— [前] ❶ …**に合わせて**, …**に従って** ▶ dançar conforme o ritmo リズムに合わせて踊る / As obras avançam conforme o planejado. 工事は予定どおり進んでいる / julgar as pessoas conforme a aparência 人を見かけで判断する / Não gosto de agir conforme outra pessoa. 私は人に合わせるのが苦手だ.

❷ …**によれば** ▶ conforme a reportagem 報道によると.

— [副] 状況によって, 場合次第で ▶ Conforme. それは場合による.

conforme for 状況によれば.

nos conformes 慣れたやり方で, 正しく従って.

ter os seus conformes 幾つか条件が (揃う必要が) ある.

conformidade /kõfoxmi'dadʒi/ [女] 一致, 合致, 適合 ▶ a conformidade da cópia com o original コピーと原本の一致.

em conformidade com... …に従って, のとおりに ▶ agir em conformidade com a lei 法に従って行動する.

na conformidade de... …に従って.

nesta conformidade こういう事情で, 規則に従

confusão

conformismo /kõfox'mizmu/ 男 体制順応主義, 慣例主義 ▶ não conformismo 非順応主義.

conformista /kõfox'mista/ 形《男女同形》名 体制順応主義の(人).

confortante /kõfox'tẽtʃi/ 形《男女同形》元気にする, 励ます ▶ Em um dia frio, uma xícara de chá é confortante. 寒い日はお茶を１杯飲むと元気が出る.

confortar /kõfox'tax/ 他 ❶ 元気にする, 力をつける ▶ A refeição confortou os soldados. 食事が兵士たちを力づけた.
❷ 励ます, 元気づける ▶ A presença dos pais confortou a estudante. 両親の存在がその生徒を元気づけた.
— **confortar-se** 再 元気になる ▶ O político confortou-se com o resultado das eleições. 政治家は選挙の結果に勇気づいた.

confortável /kõfox'tavew/《複 confortáveis】形《男女同形》快適な ▶ uma cama confortável 快適なベッド.

confortavelmente /kõfox,tavew'mẽtʃi/ 副 快適に ▶ viver confortavelmente 快適に暮らす.

conforto /kõ'foxtu/ 男 ❶ 励まし, 慰め ▶ O estudante encontrou conforto nas palavras do mestre. 学生は教師の言葉の中に励ましを見出した.
❷ 快適 ▶ Sinto falta do conforto do trem-bala japonês. 日本の新幹線の快適さが恋しい.
confortos de enforcado 手遅れ, 後の祭り.

confrade /kõ'fradʒi/ 男 ❶ 信徒. ❷ 同僚, 同業者.

confranger /kõfrẽ'ʒex/ 48 他 ❶ 締め付ける, 閉じる ; 苦しめる ▶ confranger os dedos na porta 扉に指を挟まれる / Ele confrangeu os olhos de dor. 痛みで彼は目をつぶった / Confrangeu a boca de cólera. 怒りで口を閉じた.
❷ 砕く ▶ Confrangeu o vidro da janela com golpes de martelo. 金づちで叩いて窓ガラスを割った.
— **confranger-se** 再 ❶ 締め付けられる, 閉じられる, 収縮する ▶ confranger-se de preocupação 不安で身をすくめる.
❷ …に苦悩する [+ de/com] ▶ Seu coração se confrangeu com a pobreza daquele povo. あの人々の貧しさを見て彼の胸が痛んだ.

confraria /kõfra'ria/ 女 ❶ (キリスト教精神に基づく) 兄弟会, 信徒団. ❷ 協会, 同好会.

confraternização /kõfratexniza'sẽw̃/《複 confraternizações】女 親睦, 親睦を深めること.

confraternizar /kõfratexni'zax/ 他 一つにする ; つなぐ ▶ confraternizar católicos e protestantes カトリック教徒とプロテスタント教徒を融和させる / O patrão fez uma festa para confraternizar os empregados. オーナーは従業員の親睦を図るためにパーティーを催した.
— 自 ❶ …と (観点や信条を) 同じくする [+ com] ▶ confraternizar com os sentimentos dos jovens 若者の感覚に共鳴する.
❷ …と親密に交わる, 兄弟のように接する [+ com] ▶ confraternizar com colegas de trabalho 職場の同僚と親交を深める.

confrontação /kõfrõta'sẽw̃/《複 confrontações】女 ❶ 対面 ▶ confrontação dos estudantes 学生たちの顔合わせ.
❷ 対決 ▶ A confrontação entre os manifestantes e a polícia continuou por dois dias. デモ隊と警察の対決は二日間続いた.
❸ 比較, 照合 ▶ O professor fez uma confrontação dos resultados dos exames dos alunos. 教師は生徒の試験結果を比較した.
❹《法律》照合 ▶ confrontação de depoimentos 供述の照合.
❺ (confrontações)《建築・法律》境界線 ; 建物の制限 ▶ confrontações de um terreno 土地の境界.

confrontar /kõfrõ'tax/ 他 ❶ 向かい合わせる, 対面させる ▶ confrontar as estátuas na praça 像を向き合わせて広場に建てる / confrontar o acusado com as testemunhas 被告人を証人に相対させる.
❷ 比較する, 対照する ▶ confrontar os dados demográficos de duas cidades 二都市の人口データを比較する / confrontar as ideias 意見を突き合わせる.
— 自 …と境界を接する, …に面する [+ com] ▶ O parque confronta com a estação de trem. 公園は駅に面している / Nossa fazenda confronta com um rio. 私たちの農園は川と境を接している.
— **confrontar-se** 再 ❶ 向き合う ▶ Nossas casas se confrontam. 私たちの家は向かい合っている.
❷ 立ち向かう, 争う ▶ Os jogadores se confrontaram. 選手たちは対戦した / A polícia se confrontou com os manifestantes. 警察はデモの参加者と対峙した.

confronto /kõ'frõtu/ 男 ❶ 対面 ▶ confronto entre os dois rivais ライバル二人の顔合わせ.
❷ 比較 ▶ fazer um confronto entre as propostas 提案を比較する.
❸ 利害や意見の激しい対立, 争議, 対立 ▶ confronto entre estudantes e militares 学生と軍の対立.
❹ 競争, 試合, 勝負 ▶ confronto entre as seleções de futebol サッカーのナショナルチーム同士の試合.
em confronto com... …と比較して.

confucionismo /kõfusio'nizmu/ 男 孔子の教え, 儒教.

confucionista /kõfusio'nista/ 形 孔子の, 儒教の.
— 名 儒者.

***confundir** /kõfũ'dʒix/ コンフンヂーフ/ 他 ❶ …と混同する, 取り違える [+ com] ▶ Eu o confundia com um outro homem. 私は彼のことを他の男性と取り違えていた / Eu confundia os nomes do meu primo e do meu sobrinho. 私はいとこの名前と, 甥の名前を取り違えていた.
❷ 混乱させる, 当惑させる ▶ O assaltante confundiu a polícia. その強盗は, 警察を混乱させた.
❸ 混ぜる, ごちゃごちゃにする.
— **confundir-se** 再 混乱する.

***confusão** /kõfu'zẽw̃/ コンフザォン /《複 confusões] 囡 ❶ (社会的な) 混乱, 騒ぎ, トラブル, 面倒 ▶Houve uma confusão no estádio. スタジアムでトラブルがあった / arrumar confusão 騒ぎ [問題, 面倒] を引き起こす.

❷ (心理的な) 混乱, 困惑, 当惑 ▶fazer confusão 混乱する, 当惑する / Faz-lhe confusão falar com desconhecidos. 知らない人と話すと彼は落ち着かない / confusão mental 精神錯乱.

❸ 混同, 取り違え ▶confusão de datas 日付の間違い.

❹ 不明瞭 ▶confusão de ideias 考えの曖昧さ.

dar confusão 混乱の元になる.

meter-se em confusão 厄介なことに巻き込まれる.

confuso, sa /kõ'fuzu, za/ 形 ❶ 混乱した ▶A situação é confusa. 状況は混乱としている.

❷ 曖昧な, ぼんやりした ▶imagens confusas ぼんやりした像.

❸ 当惑した ▶Fiquei confuso com tantos talheres à mesa. テーブルにあまりにたくさんのスプーン, ナイフ, フォークがあったので私はとまどった.

congelação /kõʒela'sẽw/ [複 congelações] 囡 凍結, 冷凍.

congelado, da /kõʒe'ladu, da/ 形 ❶ 冷凍の, 凍った ▶comida congelada 冷凍食品.

❷ 氷のように冷たい ▶Minhas mãos estão congeladas. 私の手は凍ったように冷たい.

❸ 《計画などが》凍結された ▶salários congelados 凍結された賃金.

— **congelado** 男 冷凍食品.

congelador /kõʒela'dox/ [複 congeladores] 男 冷凍庫, 冷凍室.

congelamento /kõʒela'mẽtu/ 男 ❶ 冷凍, 凍結. ❷ 《計画などの》凍結 ▶congelamento de salários 賃金の凍結.

congelar /kõʒe'lax/ 他 ❶ 凍らせる ▶congelar água 水を凍らせる.

❷ 冷凍する ▶congelar carne 肉を冷凍する.

❸ 凍結する ▶congelar os salários 賃金を凍結する.

— 自 凍る ▶A água congela a 0°C. 水は零度で凍る.

— **congelar-se** 再 凍る ▶Congelou-se-lhe a voz. 声がでなかった.

congeminar /kõʒemi'nax/ 他 ❶ 倍にする, 増やす. ❷ 兄弟のように仲良くさせる.

— **congeminar-se** 再 ❶ 倍になる, 増える.

❷ 兄弟のように仲良くなる.

congénere /kõ'ʒɛneri/ 形 P = congênere

congênere /kõ'ʒeneri/ 《男女同形》 形 ❶ 《動植物が》同種の, 同属の; 似通った. ❷ 《言語が》同語族の, 同語源の ▶palavras congêneres 語源が同じ言葉.

congénito, ta /kõ'ʒɛnitu, ta/ 形 P = congênito

congênito, ta /kõ'ʒenitu, ta/ 形 ❶ 生まれつきの, 先天的な ▶doença congênita 先天性の病気. ❷ …に適した [+ a].

congestão /kõʒes'tẽw/ [複 congestões] 囡 《医学》うっ血, 充血 ▶congestão cerebral 脳卒中 / congestão nasal 鼻詰まり.

congestionado, da /kõʒestʃio'nadu, da/ 形 ❶ 混雑した, 渋滞した ▶trânsito congestionado 交通渋滞.

❷ 充血した, うっ血した ▶olhos congestionados 充血した目. ❸ 《鼻が》詰まった ▶nariz congestionado 詰まった鼻.

congestionamento /kõʒestʃiona'mẽtu/ 男 ❶ うっ血, 充血. ❷ 囯 交通渋滞 ▶provocar um congestionamento 渋滞を引き起こす.

congestionar /kõʒestʃio'nax/ 他 ❶ 混雑させる, 渋滞させる ▶congestionar o trânsito 交通を渋滞させる / congestionar a rede ネットワークを混雑させる. ❷ 充血させる. ❸ 《顔などを》赤くする.

— **congestionar-se** 再 ❶ 充血する. ❷ 《顔などが》赤くなる.

conglomerado, da /kõglome'radu, da/ 形 凝集した.

— **conglomerado** 男 ❶ 《地質》礫岩(ﾚｷｶﾞﾝ). ❷ 《経済》複合企業, コングロマリット.

conglomerar /kõglome'rax/ 他 …を一塊にする, 凝集する.

— **conglomerar-se** 再 塊になる, 寄り集まる.

congratulação /kõgratula'sẽw/ [複 congratulações] 囡 ❶ 祝賀, お祝い. ❷ 《congratulações》お祝いの言葉, おめでとう.

congratular /kõgratu'lax/ 他 祝う, 祝福する ▶O prefeito congratulou os atletas pela vitória nas Olimpíadas. 市長は選手たちにオリンピックでの優勝を祝う言葉を述べた.

— **congratular-se** 再 ❶ 祝福し合う ▶Os atletas se congratularam. 選手たちは祝福し合った.

❷ …に満足する, …を喜ぶ [+ por/com/de] ▶Congratulo-me com você pelo sucesso do evento. 私はイベントの成功をあなたとともに喜ぶ.

congregação /kõgrega'sẽw/ [複 congregações] 囡 ❶ 集合, 集結, 結集. ❷ 修道会, 信心会 ▶congregação dos fiéis 教会の信徒団.

congregar /kõgre'gax/ 他 集める, 集結する.

— **congregar-se** 再 集まる, 集結する.

congressista /kõgre'sista/ 名 議員, 代議員; 会議参加者.

*****congresso** /kõ'grɛsu/ コングレーソ 男 ❶ 国会, 議会 ▶A lei foi aprovada pelo Congresso. 法案は国会で承認された.

❷ (正式な) 会議, 大会, 総会 ▶o Congresso de Linguística Aplicada 応用言語学学会.

❸ 囯 国会議事堂 (= Palácio do Congresso Nacional).

congro /'kõgru/ 男 《魚》アナゴ.

congruente /kõgru'ẽtʃi/ 形 《男女同形》 ❶ …に適合した, 一致した [+ com]. ❷ 《数学》合同の, 合同式の.

conhaque /ko'ɲaki/ 男 コニャック, ブランデー.

conhecedor, dora /koɲese'dox, 'dora/ [複 conhecedores, doras] 名 ❶ …を知っている人 [+ de]. ❷ 通(ﾂｳ), 玄人, 目利き ▶conhecedor de vinhos ワイン通.

— 形 …を知っている, …に詳しい [+ de].

★★★**conhecer** /koɲe'sex コニェセーフ/ ⑮

直説法現在	conheço conheces conhece	conhecemos conheceis conhecem
接続法現在	conheça conheças conheça	conheçamos conheçais conheçam

[他] ❶ (人を) **知っている** ▶Conheço-a muito bem. 私は彼女をとてもよく知っている / Conheço-o há muito tempo. 私は彼を随分前から知っている / conhecer alguém de vista …の顔は知っている / conhecer alguém de nome …の名前は知っている.
❷ **知り合う, 知り合いである, 面識がある** ▶Muito prazer em conhecê-lo. お会いできてうれしいです, 初めまして / Eu a conheci numa festa. 私は彼女とパーティーで知り合った.
❸ **…を体験する, 体験して知っている** ▶conhecer a fome 飢餓を経験する / Eu já conheço o Brasil. 私はブラジルに行ったことがある / Eu não conheço o Brasil. 私はブラジルに行ったことがない / Eu quero conhecer o Brasil. 私はブラジルに行きたい.
❹ 見分ける, 識別する ▶Eu a conheci pela voz. 私は彼女が声で分かった.
❺ …を持つ, …がある ▶O amor não conhece limites. 愛に限界はない.
— **conhecer-se** [再] ❶ 自分を知る ▶Conhece-te a ti mesmo. 汝自身を知れ. ❷ 互いを知っている ▶Nós nos conhecemos desde que éramos pequenos. 私たちは幼いころから知り合いだ. ❸ 互いに知り合う, 出会う ▶Nós nos conhecemos há pouco tempo. 私たちは少し前に知り合った.
dar a conhecer 知らせる, 明らかにする.

★★**conhecido, da** /koɲe'sidu, da コニェスィード, ダ/ [形] (conhecer の過去分詞) **知られた, 周知の** ; よく知られた, 有名な ▶Este é o quadro mais conhecido deste pintor. これはこの画家の最も有名な絵です / fato conhecido 周知の事実.
— [名] 知人, 知り合い ▶Ele é apenas um conhecido. 彼はただの知り合いだ.

★★★**conhecimento** /koɲesi'mẽtu コニェスィメント/ [男] ❶ **知識**, 知っていること ▶conhecimentos gerais 一般知識, 雑学 / ter algum conhecimento de... …のことを少し知っている / Não tenho nenhum conhecimento de literatura brasileira. 私はブラジル文学の知識は何もない / aprofundar os conhecimentos 知識を深める.
❷ **理解** (力), **認識**, 識別 ▶teoria do conhecimento 認識論 / perder o conhecimento 意識を失う.
❸ 証券, 証明書 ▶conhecimento de depósito 貨物預かり証, 倉庫証券.
com conhecimento de causa 事情をわきまえた上で.
dar conhecimento 通知する, 告げる.
ser do conhecimento de todos 広く知られている.
tomar conhecimento de algo …について知る.

cónico, ca /'kɔniku, kɐ/ [形] [P] = cônico

cônico, ca /'kõniku, ka/ [形] [B] 〖数学〗円錐の, 円錐形の.

conivência /koni'vẽsia/ [女] 示し合わせ, 共謀 ▶em conivência com alguém …と共謀して, ぐるになって.

conivente /koni'vẽtʃi/ [形] 《男女同形》 共謀の, ぐるになった ▶Ele foi conivente com os atos do chefe. 彼は上司の行為を黙認した.

conjectura /kõʒek'tura/ [女] 推測, 推量 ; 憶測 ▶fazer conjecturas 推測する / por conjecturas 推測で.

conjecturar /kõʒektu'rax/ [他] ❶ 推測する, 推量する ▶Só posso conjecturar o que se passa na cabeça dela. 私は彼女の頭の中で起きていることを推測することしかできない.
❷ 予想する ▶O técnico conjectura a derrota de sua equipe. 監督はチームの敗北を予測している / Os empresários conjecturam que as condições econômicas vão melhorar. 企業家たちは経済状況がよくなると予想している.
— [自] 推測する.

conjetura /kõʒɛ'tura/ [女] = conjectura

conjeturar /kõʒɛ'turar/ [他] = conjecturar

conjugação /kõʒuga'sɐ̃w̃/ [[複] conjugações] [女] ❶〖文法〗(動詞の) 活用, 人称変化 ▶conjugação dos verbos irregulares 不規則動詞の活用.
❷ 結合, 連結 ▶conjugação de esforços 力を合わせること.

conjugado, da /kõʒu'gadu, da/ [形] ❶ (動詞が) 活用した ▶forma conjugada 活用形.
❷ 結合した, 連動した, 連携した ▶apartamento conjugado ワンルームマンション.
— **conjugado** [男] ワンルームマンション.

conjugal /kõʒu'gaw/ [[複] conjugais] [形] 《男女同形》 夫婦の, 結婚の ▶amor conjugal 夫婦愛 / vida conjugal 結婚生活 / problemas conjugais 夫婦問題.

conjugar /kõʒu'gax/ ⑪ [他] ❶ (動詞を) 活用させる, 人称変化させる ▶conjugar um verbo 動詞を活用させる. ❷ 結びつける, 調和させる ▶conjugar esforços 力を合わせる.
— **conjugar-se** [再] ❶ (動詞が) 活用する. ❷ …と連携する, 連動する [+ com].

cônjuge /'kõʒuʒi/ [男] 配偶者 ▶escolha do cônjuge 配偶者の選択 / perda do cônjuge 配偶者の喪失.

conjunção /kõʒũ'sɐ̃w̃/ [[複] conjunções] [女] ❶ 結合, 連結 ▶conjunção de esforços 力を合わせること / conjunção de circunstâncias 状況のめぐり合わせ.
❷ 機会, 好機. ❸〖文法〗接続詞 ▶conjunção causal 原因を表す接続詞.

conjuntamente /kõʒũta'mẽtʃi/ [副] 共に, 一緒に.

conjuntivite /kõʒũtʃi'vitʃi/ [女] 〖医学〗結膜炎.

conjuntivo, va

conjuntivo, va /kõʒũ'tʃivu, va/ 形 ❶ 結合する ▶tecido conjuntivo 結合組織.
❷《文法》接続法の.
— **conjuntivo** 男《文法》接続法.

conjunto, ta /kõ'ʒũtu, ta コンジュント, タ/ 形 ❶ 結合した, 共同の ▶Os esforços conjuntos são a chave para o sucesso. 一丸となった努力が成功への鍵だ.
❷ 隣接した ▶O pai comprou casas conjuntas para seus filhos. 父親は隣接した家を子供たちに買った.
— **conjunto** 男 ❶ 全体, 総体 ▶O conjunto de obras de Renoir está em exposição. ルノアールの一連の作品が展示されている / noção de conjunto 全体的考え.
❷ バンド, 楽団 ▶The Beatles é um conjunto imortal. ビートルズは不滅のグループだ.
❸ 女性のスーツ, 揃い ▶conjunto de saia e casaco スカートとジャケットの揃い.
❹ conjunto residencial 団地.
❺《数学》集合.
em conjunto 共同の, 共同で ▶declaração em conjunto 共同声明.

conjuntura /kõʒũ'tura/ 女 ❶ 情勢, 局面 ▶conjuntura favorável 有利な情勢 / conjuntura adversa 不利な情勢 / conjuntura atual 現状 / conjuntura internacional 国際情勢.
❷ 経済情勢, 景気 ▶conjuntura econômica 経済情勢.

conjuntural /kõʒũtu'raw/ [複 conjunturais] 形《男女同形》景気の, 経済情勢の ▶análise conjuntural 景気動向分析.

conjurar /kõʒu'rax/ 他 ❶ 企てる, 謀る ▶Conjuravam o assassínio do político. 彼らは政治家の暗殺を企てた.
❷《conjurar alguém a + 不定詞》…するように懇願する ▶Conjurou o patrão a não demiti-lo. 彼は首にしないでくれとオーナーに懇願した.
❸ (悪霊などを) 祓う ▶conjurar o demônio 悪魔祓いをする.
❹ 食い止める, 阻止する; 遠ざける ▶conjurar a corrupção 汚職を阻止する.
— 自 …に一致して向かう, 陰謀を企てる [+ contra] ▶Os manifestantes conjuraram contra o presidente. デモ隊は大統領に対して蜂起した.
— **conjurar-se** 再 ❶ 共謀する; 蜂起する ▶Os artistas conjuraram-se contra a censura. アーティストは検閲反対行動を起こした.
❷ …に対して不平をもらす, 嘆く [+ contra] ▶Ele se conjurava contra o seu destino. 彼は行く末を嘆いていた.

conluio /kõ'luju/ 男 ❶ 共謀, 示し合せ ▶O conluio dos militares levou os manifestantes a se revoltarem. 軍人たちの共謀を知りデモ隊が蜂起した.
❷ 協定, 同盟 ▶conluio dos países árabes アラブ諸国の同盟.

connosco /kõ'noʃku/ 男 ⓟ = conosco

conosco /ko'nosku コノスコ/ (前置詞 com + 代名詞 nós) 代 B 私たちとともに, 私たちに対して, 私たちに関して ▶O Senhor está conosco. 主は私たちと共にある / entrar em contato conosco 私たちと連絡を取る / Eles foram muito amigáveis conosco. 彼らは私たちにとても友好的だった.

conotação /konota'sẽw/ [複 conotações] 女 ❶ 言外の意味, 含意. ❷《論理》内包.

conotar /kono'tax/ 他 (言葉が) …を暗示する, 含意する ▶Suas palavras conotam tristeza. 彼の言葉は悲しみを暗示している.

conquanto /kõ'kwẽtu/ 接《conquanto + 接続法》たとえ…とはいえ, …にもかかわらず ▶Conquanto pudesse fazê-lo, não concorreu à vaga. 可能だったにもかかわらず欠員募集に応募しなかった / Conquanto cansado, trabalhou até tarde da noite. 疲れていたが彼は夜遅くまで働いた.

*__conquista__ /kõ'kista コンキスタ/ 女 ❶ 征服, 獲得 ▶a conquista do mundo 世界征服. ❷ 征服した領土, 獲得物, ものにした女性.

conquistador, dora /kõkista'dox, 'dora/ [複 conquistadores, doras] 形 ❶ 征服する, 征服者の. ❷ 異性の心をつかむ.
— **conquistador** 男 ❶ 征服者. ❷ 女性の心をつかむ男.
conquistador barato 女たらし, プレイボーイ.

*__conquistar__ /kõkis'tax コンキスターフ/ 他 ❶ …を征服する ▶conquistar o mundo 世界を征服する.
❷ …を勝ち取る, 獲得する ▶conquistar um direito 権利を獲得する / conquistar o campeonato 選手権に優勝する.
❸ …を魅了する ▶conquistar o coração de uma mulher 女性の心をつかむ

consagração /kõsagra'sẽw/ [複 consagrações] 女 ❶ 神聖化.
❷ (地位の) 確立, (社会的) 是認.
❸ 奉納, 献納.

consagrado, da /kõsa'gradu, da/ 形 ❶ 聖別された; 神聖な, 神に捧げられた ▶hóstia consagrada 聖別されたパン.
❷ …に充てられた, 捧げられた [+ a].
❸ 認知された, 定着した ▶uma expressão consagrada 定着した表現.

consagrar /kõsa'grax/ 他 ❶ 神聖なものにする, 聖別する ▶consagrar a hóstia 聖体を聖別する / consagrar o vinho ワインを聖別する / O papa consagrou o casamento do rei. 法王は王の婚姻を聖別した.
❷ (社会的に) 認知する ▶A crítica consagrou o filme. 評論家はその映画を本物と認めた.
❸ 捧げる ▶Consagrou sua vida a cuidar dos mais pobres. 彼は極貧の人々の世話に一生を捧げた.
— **consagrar-se** 再 …に身を捧げる, 献身する [+ a] ▶Consagrou-se a Deus tornando-se padre. 彼は神父になって神に身を捧げた.

consanguíneo, nea /kõsẽ'gwiniu, na/ 形 血族の, 血縁の ▶matrimônio consanguíneo 同族結婚 / irmão consanguíneo 異母兄弟.
— **consanguíneo** 男 近親者, 血縁者.

*__consciência__ /kõsi'ẽsia コンシエンスィア/ 女 ❶ 良心 ▶um apelo à consciência 良心への訴え /

questão de consciência 良心の問題 / agir segundo sua consciência 良心に従って行動する / ter a consciência limpa [tranquila] 良心に恥じるところがない / ter a consciência pesada 良心がとがめる, 後ろめたさを感じる / vender a consciência 良心を売る.

❷ 意識 ▶ ter consciência de algo …を意識している / tomar consciência de algo …を意識する / perder a consciência 失神する, 意識を失う / recobrar a consciência 意識を取り戻す / consciência de si 自意識 / consciência profissional 職業意識.

com consciência 良心に従って.
comprar a consciência de... …を買収する, …に鼻薬を嗅がせる.
em consciência 本当のところ, 正直に言うと.
em sã consciência 素直に.
escutar a consciência 良心の声を聴く.
meter [pôr] a mão na consciência 手を胸にあてて反省する.

consciencioso, sa /kõsiẽsi'ozu, 'ɔza/ 形 ❶ 良心的な ▶ médico consciencioso 良心的な医者. ❷ 入念な, 丹念な ▶ pesquisa consciencioso 丹念な調査.

consciente /kõsi'ẽtʃi/ 形《男女同形》❶ …を意識した, 自覚した [+ de] ▶ Era consciente de sua beleza. 彼女は自分の美しさに気づいていた. ❷ 意識のある ▶ Estava em coma, mas agora está consciente. 彼は昏睡状態だったが, 今は意識がある. ❸ 意識的な, 意図的な ▶ Antes não ligava para política, mas agora é uma pessoa consciente. 彼は以前は政治に関心がなかったが, 今は意識が高い / O jogador deu um chute consciente para o gol. プレーヤーはゴールを狙ってシュートした.

conscientemente /kõsi,ẽtʃi'mẽtʃi/ 副 意識的に, 意識して.

conscientizar /kõsiẽtʃi'zax/ 他 …に…を意識させる, 啓発する [+ de] ▶ conscientizar o público 世の中の意識を高める.

— **conscientizar-se** 再 … を意識する [+ de].

cônscio, scia /'kõsiu, sia/ 形 意識した, 自覚した ▶ cônscio da responsabilidade 責任を自覚した.

conscrição /kõskri'sẽw/ 《複 conscrições》女 徴兵.

consecução /kõseku'sẽw/ 《複 consecuções》女 実現, 達成, 到達 ▶ consecução de um fim 目的の達成.

consecutivamente /kõseku,tʃiva'mẽtʃi/ 副 連続して, 続けざまに.

consecutivo, va /kõseku'tʃivu, va/ 形 ❶ 連続した, 相次ぐ ▶ durante três anos consecutivos 3年連続して / números consecutivos 連続した数字. ❷ …の結果の [+ a]. ❸《文法》結果の ▶ oração consecutiva 帰結節.

conseguinte /kõse'gĩtʃi/ 形《男女同形》連続的な.
por conseguinte それゆえに, したがって.

‡conseguir /kõse'gix/ コンセギーフ / ⑥⓪ 他 ❶ 達成する, 成し遂げる ▶ O time conseguiu uma grande vitória. チームは大勝利を収めた / conseguir o objetivo 目的を達成する. ❷ 獲得する, 得る, 手に入れる；見つける ▶ conseguir uma medalha メダルを獲得する / conseguir um visto ビザを取得する / conseguir um emprego 職を得る / conseguir um hotel ホテルを見つける. ❸《conseguir + 不定詞》…することができる, 成し遂げる, …に成功する；…という結果になる ▶ Consegui passar no exame. 私は試験に合格することができた / Ele conseguiu arranjar um bom emprego. 彼はいい仕事を見つけることができた / Não consegui dormir ontem. 昨日私は眠れなかった. ❹《conseguir que + 接続法》…に成功する ▶ Como você conseguiu que eles mudassem de ideia? あなたはどうやって彼らの考えを変えることができたのですか.

— 自 成功する ▶ Consegui! (何かを成し遂げて) やった.

conselheiro, ra /kõse'ʎejru, ra/ 名 ❶ 助言者, 忠告者. ❷ 顧問, 相談役 ▶ conselheiro militar 軍事顧問. ❸ カウンセラー, コンサルタント ▶ conselheiro matrimonial 結婚カウンセラー. ❹ 委員, 理事.

— 形 助言する.

‡conselho /kõ'seʎu/ 男 ❶ 助言, 忠告, アドバイス ▶ seguir um conselho 助言に従う / pedir conselho a alguém …に助言を求める. ❷ 会議 ▶ Conselho de Segurança das Nações Unidas 国連安全保障理事会 / Conselho Europeu 欧州理事会 / conselho de ministros 閣議 / conselho de guerra 軍法会議.

ser de bom conselho 助言がうまい, 適切である.

consenso /kõ'sẽsu/ 男 合意, 同意, 一致 ▶ chegar a um consenso 合意に達する / consenso nacional 国民の合意.

consensual /kõsẽsu'aw/ [複 consensuais] 形 合意による ▶ divórcio consensual 協議離婚.

consentâneo, nea /kõsẽ'tẽniu, na/ 形 ❶ …に合致した, 合った [+ com] ▶ Aquelas roupas eram consentâneas com seu estilo de vida. あの洋服はあなたの生活スタイルに合っていた / Seu salário era consentâneo com a carga de trabalho. 君の給料は仕事の責任に見合っていた. ❷ …にふさわしい, 適切な [+ a] ▶ A formalidade era consentânea à importância da cerimônia. その儀式は式典の重要性にふさわしいものだった.

consentimento /kõsẽtʃi'mẽtu/ 男 同意, 承認, 承諾 ▶ consentimento informado インフォームドコンセント / dar consentimento 承認を与える.

consentir /kõsẽ'tʃix/ ⑥⓪ 他 ❶ 許可する, 承認する ▶ Quem cala consente. 諺 沈黙は承諾のしるし. ❷《consentir que + 接続法》…することを許可する, 許す ▶ A mãe consentiu que o filho brincasse no parque. 母親は息子が公園で遊ぶのを許した. ❸《consentir em + 不定詞》…することに同意する

consequência

▶Não consinto em receber menos que o valor acordado. 取り決めた金額でなければ私は受け取らない.
— 自 ❶ …に同意する, …を許可する [+ com] ▶ O escritor consentiu com a publicação. 作家は出版に同意した.
❷ 同意する, 応じる ▶ O juiz consente ao acusado tratar-se no hospital. 裁判官は容疑者が病院で受療することを認めた.

:consequência /kõse'kwẽsia コンセクェンスィア/ 女 ❶ 結果, 帰結 ▶ causas e consequências 原因と結果 / ter graves consequências 重大な結果をもたらす / A doença é uma consequência direta da poluição. 病気は汚染の直接的な影響だ / O acúmulo de gases de efeito estufa tem como consequência o aquecimento global. 温室効果ガスの堆積は結果として地球温暖化をもたらす.
❷ (結果・影響などの)**重要性, 重大さ** ▶ É uma coisa sem consequência para mim. それは私にとってまったく重要でないことだ.
em consequência その結果, 従って.
em consequência de... …の結果として, …の結果の ▶ em consequência disso その結果として / preocupação social em consequência da crise financeira 金融危機による社会不安.
ir até às últimas consequências (問題や原因を) 可能な限り分析する.
por consequência 結果として, 従って.

consequente /kõse'kwẽtʃi/ 形《男女同形》❶ 結果の, …の結果の [+ de] ▶ O tsunami consequente do terremoto causou grande destruição. 地震による津波は甚大な被害を引き起こした / O acidente foi consequente de uma série de circunstâncias. その事故はいくつかの状況が重なった結果として起こった.
❷ 推論される ▶ conclusões consequentes 推察される結論.
❸ 首尾一貫した, まとまった ▶ Paulo é muito consequente em seus discursos. パウロの演説は非常に首尾一貫していた.

consequentemente /kõse,kwẽtʃi'mẽtʃi/ 副 その結果, 従って.

consertar /kõsex'tax/ 他 ❶ 修理する ▶ consertar um vaso 花瓶を修理する / consertar um relógio 時計を修理する.
❷ 繕う ▶ consertar um casaco 上着を繕う.
❸ 正す, 直す; 整える ▶ consertar os livros na estante 書架の本を整理する / consertar os utensílios da cozinha 台所用品分を整頓する.

conserto /kõ'sextu/ 男 ❶ 修理 ▶ Este relógio não tem conserto. この時計は修理のしようがない / O conserto da máquina será bastante caro. 機械の修理はかなり高くつくだろう.
❷ 改修 ▶ conserto de máquina 機械の改修.
❸ 訂正, 修正 ▶ Essa situação embaraçosa não tem conserto. その厄介な状況は直しようがない.

conserva /kõ'sexva/ 女 ❶ 瓶詰, 缶詰 ▶ conservas de peixes 魚の缶詰 / seção de conservas do supermercado スーパーの缶詰 [瓶詰] 売り場.
❷ 保存, 保存物 ▶ Vou fazer uma conserva de vegetais. 私は野菜の保存食を作るつもりだ.
em conserva 保存食の ▶ pêssegos em conserva 桃のコンポート / tomates em conserva トマトの瓶詰.

conservação /kõsexva'sẽw/ [複 conservações] 女 保存, 維持 ▶ conservação de alimentos 食べ物の保存 / conservação das espécies 種の保存 / lei da conservação da energia エネルギー保存の法則.

conservacionista /kõsexvasio'nista/ 形 環境保護の.
— 名 環境保護活動家.

conservador, dora /kõsexva'dox, 'dora/ 形 保守的な ▶ partido conservador 保守党 / política conservadora 保守政治.
— 名 保守的な人, 保守主義者.

conservadorismo /kõsexvado'rizmu/ 男 保守主義, 保守性.

conservante /kõsex'vẽtʃi/ 形《男女同形》保存の, 防腐の.
— 男 保存料, 防腐剤.

:conservar /kõsex'vax/ コンセフヴァーフ/ 他 ❶ 保存する ▶ conservar alimentos na geladeira 冷蔵庫で食品を保存する.
❷ 保つ, 維持する ▶ conservar a biodiversidade 生物多様性を維持する.
❸ (捨てずに) 取っておく.
— **conservar-se** 再 保存される.
estar conservado 年の割に若く見える.

conservatório /kõsexva'tɔriu/ 男 (音楽や演劇などの) 芸術学校, 音楽院.

:consideração /kõsidera'sẽw/ コンスィデラソォン/ [複 considerações] 女 ❶ 考慮, 配慮 ▶ tomar [levar] algo em consideração …を考慮に入れる / em consideração a... …を考慮 [配慮] して / falta de consideração 配慮不足 / com consideração 慎重に, よく考えて.
❷ 尊敬, 敬意 ▶ ter consideração por alguém …を尊敬する.
❸《considerações》考察, 考え ▶ considerações sobre a educação 教育に関する考察.

considerado, da /kõside'radu, da/ 形 ❶ 人望のある, 尊敬される ▶ É um advogado considerado. 彼は人望のある弁護士である.
❷ 考慮された ▶ Seu pedido foi considerado pelo conselho. あなたの要求は会議で検討された.

:considerar /kõside'rax/ コンスィデラーフ/ 他 ❶ 検討する, 考察する, 考慮に入れる ▶ considerar os prós e os contras 利点と不利な点を検討する / algumas coisas a considerar 考えるべきいくつかの事柄 / É claro que ninguém casa pensando em separação, mas é preciso considerar essa possibilidade. 結婚するときに離婚について考える人はもちろんいないが, この可能性は考慮に入れなければならない.
❷《considerar + 目的語 + 補語》…を…と見なす, 考える ▶ Considero-o um amigo. 私は彼を友人と思っている.
❸ 尊敬する, 尊重する ▶ considerar os sentimen-

tos das pessoas 人の気持ちを配慮する.
—**considerar-se** 再 自分を…と考える ▶ considerar-se melhor que os outros 自分は他人より優れていると考える.

considerável /kõside'ravew/ [覆 consideráveis] 形《男女同形》(数量や程度などが) かなりの, 相当の ▶ uma quantidade considerável de energia 相当な量のエネルギー / diferença considerável かなりの違い.

consideravelmente /kõside,ravew'mẽtʃi/ 副 かなり, 相当.

consignação /kõsigina'sẽw/ [覆 consignações] 囡 ❶ 言明, 明記 ▶ Ele fez a consignação de todos os seus bens. 彼は全財産について申し立てをした.
❷《法律》供託(金) ▶ consignação em pagamento do valor da promissória 約束手形の額面の供託金.
❸《商業》委託 (品), 委託販売 (品) ▶ venda em consignação 商品委託販売 / Ele vende artigos sob consignação. 彼は品物を委託販売している.
consignação em folha 給料差し引き.
em consignação 委託品として.

consignar /kõsigi'nax/ 他 ❶ 言明する, 述べる ; 書き留める, 記録する ▶ Durante o julgamento, ele consignou os nomes dos envolvidos. 裁判で彼は関与した人物の名前を述べた.
❷ 送る ▶ A editora consignou suas publicações àquela livraria. 出版社はあの書店に出版物を発送した.
❸ …に委託する [+ a/para] ▶ O empresário consignou todos os seus bens ao advogado. 実業家は弁護士に全財産を委託した.

*****consigo** /kõ'sigu/ コンスィーゴ/ (前置詞 com + 代名詞 si) 代 ❶ 自分とともに, 自分に対して ▶ Ele sempre leva a câmera fotográfica consigo. 彼はいつもカメラを持ち歩いている / trazer consigo 携帯する / falar consigo mesmo 自分自身と話す, 独り言を言う / reconciliar-se consigo próprio 自分自身と和解する.
❷ P (tu 以外の相手に対し) あなたと ▶ Vou consigo. 私はあなたと行く.

consistência /kõsis'tẽsia/ 囡 ❶ 固さ, 粘度 ▶ tomar consistência 固まる, 具体化する.
❷ 一貫性.
consistência de caráter 性格の一貫性, 粘り強さ.
sem consistência 根拠 [論拠] なし.

consistente /kõsis'tẽtʃi/ 形《男女同形》❶ 堅い, しっかりした.
❷ (液体などが) 濃い, 粘りのある ▶ creme consistente 濃厚なクリーム / molho consistente とろみのあるソース.
❸ 一貫した.

*****consistir** /kõsis'tʃix/ コンスィスチーフ/ 自 ❶ …から構成される, 成る [+ em] ▶ O apartamento consiste em dois quartos e uma sala. そのアパートは, 2部屋と居間で構成されている.
❷ …にある, 存する [+ em] ▶ A felicidade não consiste em bens materiais. 幸せは物質的富にあるわけではない.
❸ …に限られる [+ em].

consoada /kõso'ada/ 囡 ❶ クリスマスディナー.
❷ 断食の日の軽い夜食.

consoante /kõso'ẽtʃi/ 形《男女同形》形 ❶《言語》子音の ▶ letras consoantes 子音文字.
❷ …と共鳴する [+ com] ▶ A nova lei é consoante com a estratégia de defesa do país. 新しい法令は国家防衛戦略に一致している.
— 囡《言語》子音 ▶ vogais e consoantes 母音と子音.
— 前 …に従って ▶ Agimos consoante as instruções do gerente. 私たちはマネージャーの指示に従って行動する.
— 接 (consoante +直説法) …に従って, …どおり.

consolação /kõsola'sẽw/ [覆 consolações] 囡 慰め, 慰安 ▶ prêmio de consolação 残念賞.

consolador, dora /kõsola'dox, 'dora/ [覆 consoladores, doras] 形 慰めとなる, 元気づける.
— 名 慰める人.

consolar /kõso'lax/ 他 慰める, 元気づける ▶ Maria consolou a amiga viúva. マリアは夫を亡くした友人を慰めた / Um chocolate quente consola uma noite fria. 1杯の熱いココアが寒い夜を和らげる.
— **consolar-se** 再 自分を慰める, 心を慰める ▶ Consolou-se com o pão velho. 彼は古いパンで満たされた.

console /kõ'sɔli/ 男 (ゲーム機などの) コンソール.

consolidação /kõsolida'sẽw/ [覆 consolidações] 囡 ❶ 強固にすること, 補強, 強化 ▶ a consolidação da democracia 民主主義の強化. ❷ (企業の) 合併, 統合.

consolidar /kõsoli'dax/ 他 強固にする, 強化する ▶ consolidar a democracia 民主主義を強化する.
— 自 強固になる, 強化される.
— **consolidar-se** 再 強固になる, 強化される.

consolo /kõ'solu/ 男 慰め.

consomê /kõso'me/ 男《料理》コンソメ.

consonância /kõso'nẽsia/ 囡 ❶《音楽》協和 (音). ❷《詩》子音韻. ❸ 調和, 和合.
em consonância com... …と調和して.

consonantal /kõsonẽ'taw/ [覆 consonantais] 形《男女同形》子音の ▶ grupo consonantal 子音グループ.

consorciar /kõsoxsi'ax/ 他 ❶ …とまとめる, 結びつける [+ com]. ❷ 結婚させる.
— **consorciar-se** 再 ❶ …と結びつく [+ com]. ❷ …と結婚する [+ com].

consórcio /kõ'sɔxsiu/ 男 ❶ 団体, 協会 ; 企業連合, コンソーシアム. ❷ 結婚.

consorte /kõ'sɔxtʃi/ 名 ❶ 配偶者. ❷ (運命を共にする) 相棒, 仲間.

conspícuo, cua /kõs'pikuu, kua/ 形 ❶ 目立つ, 目につく ▶ consumo conspícuo 顕示的消費. ❷ 著名な, 傑出した.

conspiração /kõspira'sẽw/ [覆 conspirações] 囡 陰謀, 共謀 ▶ conspiração contra o rei 王に対する陰謀 / teoria da conspiração 陰謀説 / conspiração do silêncio 沈黙の共謀.

conspirador, dora /kõspira'dox, 'dora/ [[複] conspiradores, doras] [名] 陰謀者, 謀反人.

conspirar /kõspi'rax/ [自] ❶ …に対して陰謀を企てる [+ contra] ▶conspirar contra o governo 政府転覆の陰謀を企てる. ❷ (状況が) …へと一致して向かう.

conspurcar /kõspux'kax/ ㉙ [他] 汚す, けがす, 堕落させる ▶conspurcar o nome de alguém …の名前をけがす.

— **conspurcar-se** [再] けがれる, 堕落する.

constância /kõs'tẽsia/ [女] ❶ 粘り強さ, 根気. ❷ 不変, 恒常性.

*__constante__ /kõs'tẽtʃi コンスタンチ/ [形]《男女同形》❶ **不変の, 一定の** ▶temperatura constante 一定の温度. ❷ **絶え間ない**, 繰り返される ▶chuva constante 降り続く雨 / esforço constante たゆまぬ努力.

— [女]〖数学〗定数.

constantemente /kõs,tẽtʃi'mẽtʃi/ [副] 絶えず, いつも, しょっちゅう.

constar /kõs'tax コンスターフ/ [自] ❶ **…に載っている**, 記載されてる [+ em/de] ▶Meu nome consta na lista. 私の名前はリストに載っている / A palavra não consta no dicionário. その単語は辞書に載っていない.

❷ **…からなる**, …から構成されている [+ de] ▶A prova consta de vinte questões. 試験は20の問題で構成されている.

❸《Consta que +[直説法]》…らしい, …と言われている.

constatação /kõstata'sẽw̃/ [[複] constatações] [女] 確認, 証明 ▶constatação do fato 事実の確認.

constatar /kõsta'tax/ [他] 確認する, 認める ▶constatar a segurança 安全性を確認する.

— **constatar-se** [再] 確認される, 認められる.

constelação /kõstela'sẽw̃/ [[複] constelações] [女] ❶〖天文〗星座. ❷ きら星のような人たちの集まり ▶uma constelação de artistas きら星のごとき芸術家たち.

consternação /kõstexna'sẽw̃/ [[複] consternações] [女] 愕然, 悲しみ, 悲嘆 ▶Mostrei consternação no funeral de meu pai. 私は父の葬儀で悲しみを示した.

consternado, da /kõstex'nadu, da/ [形] 悲嘆に暮れた.

consternar /kõstex'nax/ [他] 悲しませる, 悲嘆にくれされる.

— **consternar-se** [再] 悲しむ ▶Consternei-me com o descaso com o patrimônio histórico da cidade. 私は市の歴史遺産が粗末に扱われているのに心を痛めた.

constipação /kõstʃipa'sẽw̃/ [[複] constipações] [女] ❶ 風邪, 感冒 ▶apanhar uma constipação 風邪を引く / Estou com uma constipação. 私は風邪をひいている / constipação nasal 鼻風邪.

❷ 便秘.

constipado, da /kõstʃi'padu, da/ [形] ❶ 風邪をひいている ▶Estou constipado. 私は風邪をひいている. ❷ 便秘の.

constipar-se /kõstʃi'paxsi/ [再] ❶ 便秘する. ❷ 風邪をひく.

constitucional /kõstʃitusio'naw/ [[複] constitucionais] [形]《男女同形》❶ 憲法の ; 合憲の ▶0monarquia constitucional 立憲君主制. ❷ 体質の, 体格の.

constitucionalidade /kõstʃitusionali'dadʒi/ [女] 合憲性.

constitucionalismo /kõstʃitusiona'lizmu/ [男] 立憲主義, 立憲政治, 立憲制 ; 護憲精神.

constitucionalista /kõstʃitusiona'lista/ [名] 立憲主義者, 護憲主義者 ; 憲法学者.

— [形] 立憲主義の, 護憲主義の.

*__constituição__ /kõstʃituj'sẽw̃ コンスチトゥイサォン/ [[複] constituições] [女] ❶ **憲法** ▶a Constituição da República Federativa do Brasil ブラジル連邦共和国憲法 / constituição escrita 成文憲法 / revisar a constituição 憲法を改正する.

❷ **構成, 構造**, 組成 ▶constituição química 化学的組成.

❸ 制定, 設立. ❹ 体質, 体格.

constituinte /kõstʃitu'ĩtʃi/ [形]《男女同形》憲法を制定する ▶assembleia constituinte 立憲議会.

— [女] 立憲議会.

constituir /kõstʃitu'ix コンスチトゥイーフ/ ⑦ [他] ❶ **形成する, 構成する**, 設立する ▶Ele constituiu uma família. 彼は所帯を持った / constituir uma nova empresa 新会社を設立する / constituir o caráter 人格を形成する / constituir um delito 犯罪を構成する / constituir o governo 内閣を構成する / O voto constitui um direito e um dever. 投票は権利であり義務でもある.

❷ **指定する, 選定する** ▶constituir um advogado 弁護士を選定する.

— **constituir-se** [再] …で構成される [+ de].

constitutivo, va /kõstʃitu'tʃivu, va/ [形] 構成する ▶elemento constitutivo 構成要素.

constrangedor, dora /kõstrẽʒe'dox, 'dora/ [[複] constrangedores, doras] [形] 当惑させる, 気まずい ▶silêncio constrangedor 気まずい沈黙.

constranger /kõstrẽ'ʒex/ ㊽ [他] ❶ 締め付ける, 圧迫する ▶As palavras do advogado constrangeram o acusado. 弁護士の言葉は被告人を圧迫した.

❷《constranger alguém a +[不定詞]》…に…することを強制する ▶Os policiais constrangeram-no a confessar. 警察官らは彼に自白を強要した.

❸ 当惑させる, 恥をかかせる ▶O comportamento do amigo constrangia-o. 友人の振る舞いに彼は恥ずかしくなった.

— **constranger-se** [再] 怖気づく ▶Não se constranja por causa desse erro. そんなミスのせいで怖気づくな / Os estudantes constrangeram-se no ônibus. 学生たちはバスのなかで身を縮めた.

constrangido, da /kõstrẽ'ʒidu, da/ [形] 不自然な, ぎこちない ▶sorriso constrangido 作り笑い.

constrangimento /kõstrẽʒi'mẽtu/ [男] ❶ 圧迫, 締め付け, 強制 ▶constrangimento moral 精神的圧迫 / constrangimento à liberdade 自由に対する締め付け.

❷ 恥, 当惑 ▶ Não sentiu qualquer constrangimento em contar sua triste história. 何ら恥を感じることなく, 我が身の悲劇を語った.
constrição /kõstri'sẽw/ [複 constrições] 囡 締めつけ, 圧迫.
construção /kõstru'sẽw コンストルソォン/ [複 construções] 囡 ❶ 建設, 建造 ▶ construção de um prédio 建物の建設 / construção da democracia 民主主義の確立 / construção da personalidade 人格形成.
❷ 建設業, 製造業 ▶ construção civil 土木事業 / construção naval 造船業.
❸ 建物, 建造物 ▶ A igreja é uma construção de granito. その教会は花崗岩の建物である.
❹ 創作, 構成 ▶ Leva tempo a construção de um romance. 小説の創作は時間がかかる.
❺ 〖文法〗 構文 ▶ Há erros de construção na frase. 文に構文の誤りがある.
construção na areia 砂上の楼閣.
em construção 建設中の ▶ A casa está em construção. 家は建設中である / um prédio em construção 建築中の建物.

construir /kõstru'ix コンストフイーフ/ ⑯

直説法現在	construo	construímos
	constró[u]is	construís
	constró[u]i	constro[u]em

他 ❶ 建設する, 建築する (↔ destruir) ▶ construir uma casa 家を建てる / construir uma ponte 橋を架ける / construir uma estrada 道路を建設する / construir um futuro melhor よりよい未来を築く.
❷ 組み立てる, 構成する ▶ construir uma teoria 理論を編み出す.
construtivo, va /kõstru'tʃivu, va/ 形 建設の, 建設的な ▶ método construtivo 建設方法 / crítica construtiva 建設的批判.
construtor, tora /kõstru'tox, 'tora/ [複 construtores, toras] 形 建設の, 製造の ▶ empresa construtora 建設会社.
— **construtor** 男 製造メーカー ▶ construtor de automóveis 自動車メーカー.
— **construtora** 囡 建設会社.
consubstanciar /kõsubistẽsi'ax/ 他 合体させる, 一体化させる.
— **consubstanciar-se** 再 合体する, 一体化する.
cônsul /'kõsuw/ [複 cônsules] 男 (囡 consulesa) 領事 ▶ cônsul honorário 名誉領事.
consulado /kõsu'ladu/ 男 ❶ 領事館. ❷ 領事の職 [任期].
consular /kõsu'lax/ [複 consulares] 形《男女同形》領事の, 領事館の.
consulesa /kõsu'leza/ 囡 女性領事.
*__consulta__ /kõ'suwta コンスウタ/ 囡 ❶ (専門家への) 相談, 諮問 ▶ consulta jurídica 法律相談 / consulta médica 医師との相談 / consulta com um advogado 弁護士との相談.

❷ 診察 (= consulta médica) ▶ marcar uma consulta 診察の予約をする / horário de consulta 診察時間 / sala de consulta 診察室.
❸ 参照 ▶ livro de consulta 参考書.
*__consultar__ /kõsuw'tax コンスゥターフ/ 他 ❶ …に相談する, 助言を求める ▶ consultar um amigo 友人に相談する / consultar um médico 医者に診てもらう / consultar um advogado 弁護士に相談する / consultar o bolso 財布と相談する / consultar o espelho 鏡を見る.
❷ (本などを) 調べる, 参照する ▶ consultar um dicionário 辞書を引く
consultivo, va /kõsuw'tʃivu, va/ 形 諮問の ▶ órgão consultivo 諮問機関.
consultor, tora /kõsuw'tox, 'tora/ [複 consultores, toras] 名 助言役, 相談役, 顧問, コンサルタント ▶ consultor administrativo 経営コンサルタント.
— 形 相談役の, コンサルタントの.
consultório /kõsuw'toriu/ 男 医院, 診療所.
consumação /kõsuma'sẽw/ [複 consumações] 囡 ❶ 完結 ▶ consumação de um projeto 一つのプロジェクトの完了.
❷ 遂行 ▶ consumação de um crime 犯罪の遂行.
❸ 〖B〗 飲食 (物) ▶ Pagou R$100 pela consumação. 飲食代に100レアルを払った.
até a consumação dos tempos 永遠に.
consumação do matrimônio 床入り.
consumação dos séculos 世の終わり.
consumação mínima ミニマムチャージ ▶ Esta casa de espetáculos cobra uma taxa de consumação mínima. このライブハウスはミニマムチャージを取る.
consumado, da /kõsu'madu, da/ 形 ❶ 完結した, 完了した ▶ fato consumado 既成事実.
❷ 有能な, 老練な, 経験豊かな ▶ um consumado cientista 有能な科学者.
consumar /kõsu'max/ 他 完結させる, 実現する ▶ consumar o crime 犯罪を完遂する / O pintor consumou sua obra-prima. 画家は自らの傑作を描き終えた.
— **consumar-se** 再 ❶ 完了する, 完成する, 成就する.
❷ …で完璧の域に達する [+ em] ▶ Ele se consumou na técnica de moldagem de metal. 彼は金型技術を完璧に身に付けた.
*__consumidor, dora__ /kõsumi'dox, 'dora コンスミドーフ, ラ/ [複 consumidores, doras] 名 消費者 ▶ os direitos do consumidor 消費者の権利 / defesa do consumidor 消費者の保護 / associação de consumidores 消費者団体 / consumidor de drogas 薬物の使用者.
— 形 消費の, 消費する ▶ países consumidores de petróleo 石油消費国 / mercado consumidor 消費市場.
*__consumir__ /kõsu'mix コンスミーフ/ ⑯ 他 ❶ 消費する ▶ consumir energia elétrica 電力を消費する.
❷ (時間が) かかる ▶ consumir bastante tempo かなりの時間がかかる.

consumismo

❸ 食べる, 飲む ▶ consumir vinho ワインを飲む / Consumir de preferência antes de... 賞味期限は…です.

❹ 破壊する.

consumismo /kõsu'mizmu/ 男 消費文明, 大量消費.

consumista /kõsu'mista/ 形《男女同形》大量消費の, 消費文明の ▶ sociedade consumista 大量消費社会.

— 名 浪費家, たくさん買い物する人.

☆**consumo** /kõ'sũmu/ コンスーモ 男 ❶ 消費 ▶ consumo de energia エネルギー消費 / bens [artigos] de consumo 消費財 / sociedade de consumo 消費社会 / veículos de baixo consumo de combustível 燃料消費の少ない自動車.

❷ (カフェなどの) 飲食物 ▶ consumo mínimo (クラブやディスコの) ミニマムチャージ.

sonho de consumo 欲しいと思っているもの.

☆☆**conta** /'kõta/ コンタ 女 ❶ 計算 ▶ fazer conta de... …を計算する / Ela é boa em fazer conta de cabeça. 彼女は暗算が得意だ / conta redonda [arredondada] 端数のない額.

❷ 会計, 勘定 ▶ A conta, por favor. お勘定をお願いします / Eu pago a conta. 勘定は私が払います / pagar a conta do hotel ホテル代を支払う / conta a pagar 未払勘定, 買掛金 / conta a receber 未収勘定, 売掛金.

A conta, por favor.

❸ 責任 ▶ Qualquer problema ficará por minha conta. どんな問題でも私の責任だ.

❹ 口座, アカウント ▶ abrir uma conta 口座を開く / conta bancária 銀行口座 / conta conjunta 共同名義預金 / número de conta 口座番号 / conta de usuário ユーザーアカウント.

❺ ビーズ ▶ colar de contas ビーズのネックレス.

❻ 料金 ▶ conta de luz 電気料金 / conta de gás ガス料金 / conta de água 水道料金 / conta de eletricidade 電気料金 / conta de telefone 電話料金.

acertar as contas 勘定を支払う, 話をつける ▶ Precisamos acertar as contas das compras. 買い物の支払いをしなくてはならない.

acertar contas com alguém …に落とし前をつける.

à conta de... …のために, せいで.

ajustar as contas ① 清算する. ② 仕返しする.

ajustar as contas com …と清算をする.

ajuste de contas 清算; 仕返し, 報復.

conta de mentiroso 数字の7.

dar conta de... …を終わらせる ▶ Será que ele pode dar conta de tanto serviço? 彼はこんなにある仕事を終わることができるのですか.

dar conta do recado 約束 [任務] を果たす

dar-se conta de... …に気がつく.

em conta 安価な ▶ ficar mais em conta 安くなる.

fazer (de) conta que + 直説法 …のふりをする ▶ Faça de conta que você não me conhece. 私のことを知らないふりをしてください.

ficar por conta de... …の負担になる, …が負担する.

lançar à conta de... …の負債として記録する.

levar em conta …を考慮に入れる ▶ Você deve levar em conta os motivos dele. あなたは彼の理由を考慮してあげなければいません.

Não é de sua conta! それはあなたには関係がない.

passar da conta 限度を越える.

pedir as contas 辞職を願い出る.

por conta ① 怒って ▶ ficar por conta 怒る. ② つけで.

por conta e risco de... …の全責任において.

por conta própria 自己責任で, 自営で, 自営で ▶ trabalhador por conta própria 自営労働者 / Eu fui estudar no exterior por conta própria. 私は自費で留学した.

por sua conta (e risco) 自己責任で.

prestar contas 報告する, 説明する.

sem conta 数え切れないほどの ▶ vezes sem conta 何度も何度も.

ser a conta 十分である.

ser da conta de... …に関わる, 関係がある ▶ Não é da conta de ninguém. それは誰にも関係のないことだ.

ter em conta …を考慮に入れる, …に配慮する.

tomar conta de... …の世話をする, 面倒をみる ▶ Minha avó sempre tomou conta dos netos. 祖母はいつも孫たちの面倒を見た / Tome conta da bagagem, por favor. 荷物の番をお願いします.

contábil /kõ'tabiw/ [複 contábeis] 形《男女同形》会計の.

contabilidade /kõtabili'dadʒi/ 女 ❶ 簿記, 会計, 経理 ▶ fazer a contabilidade 経理を担当する / contabilidade de custos 原価計算 / programa de contabilidade 会計プログラム. ❷ 経理課, 経理部.

contabilista /kõtabi'lista/ 名 会計係, 会計士.

contabilizar /kõtabili'zax/ 他 ❶ …を帳簿に記入する. ❷ …を見積もる, 計算する ▶ contabilizar os gastos 費用を見積もる.

conta–corrente /kõtako'xẽtʃi/ [複 contas-correntes] 女 当座預金口座.

contactar /kõtak'tax/ 自他 = contatar

contacto /kõ'taktu/ 男 = contato

contador, dora /kõta'dox, 'dora/ [複 contadores, doras] 名 ❶ 経理係.

❷ 会計士 ▶ contador público certificado 公認会計士.

❸ 語り手 ▶ contador de histórias 本の読み聞かせをする人 / contador de lorotas ほら吹き.

— **contador** 男 メーター, カウンター ▶ contador de água 水道メーター / contador de visitas ア

セスカウンター.

contadoria /kõtado'ria/ 囡 経理課, 会計課.

contagem /kõ'taʒēj/ [覆 contagens] 囡 ❶ 数えること, カウント ▶contagem regressiva カウントダウン.
❷ 得点, スコア ▶A contagem foi 3 a 0. スコアは3対0だった.
abrir a contagem《サッカー》(その試合で) 初得点する.

contagiante /kõtaʒi'etʃi/ 形《男女同形》伝染する, 伝染性の ▶O riso é contagiante. 笑いは伝染する.

contagiar /kõtaʒi'ax/ 他 ❶ …に移る, 伝染する ▶A minha gripe contagiou todos os colegas da escola. 私の風邪が学校の同級生全員に伝染した.
❷ 移る, 伝わる ▶Sua alegria contagia os amigos. 彼の明るさが友人たちに伝わる.
— **contagiar-se** 再 …に感染する [+ com] ▶ O médico não se contagiou com a nova doença. 医師は新しい病気に感染しなかった / Contagiou-se com a tristeza da mãe. 母親の悲しみが彼に移った.

contágio /kõ'taʒiu/ 男 ❶ 伝染, 感染. ❷ 移ること; 伝播, 感化.

contagioso, sa /kõtaʒi'ozu, 'ɔza/ 形 伝染性の, 感染する, 移る ▶doença contagiosa 伝染病 / riso contagioso もらい笑い.

conta-gotas /kõta'gotas/ 男《単複同形》スポイト.
a conta-gotas ごく少しずつ, ちびちびと.

contaminação /kõtamina'sẽw̃/ [覆 contaminações] 囡 ❶ 汚染 ▶contaminação da água 水質汚染 / contaminação bacteriana 細菌汚染.
❷ 感化, 堕落, 悪化.
❸《言語》混成, 混交.

contaminado, da /kõtami'nadu, da/ 形 汚染した, 感染した ▶água contaminada 汚染水.

contaminar /kõtami'nax/ 他 ❶ (…で) 汚染する [+ com] ▶O vírus da dengue contaminou a cidade. デング熱のウイルスが市内を汚染した / A fábrica contaminou o rio com substâncias químicas perigosas. 工場は危険な化学物質で川を汚染した.
❷ (悪いことを) 伝染させる, 悪影響を及ぼす ▶Seu pessimismo contaminou os colegas. あなたの悲観主義は同僚たちに悪影響を及ぼした / A crise na Europa contaminou a economia mundial. 欧州危機が世界経済に広がった.
❸《情報》ウイルスに感染させる ▶Os computadores estavam contaminados com um vírus. コンピューターはウイルスに感染した.
— **contaminar-se** 再 汚染される, 感染する ▶Contaminei-me ao cuidar dos pacientes. 私は患者たちの世話をして感染した.

contanto que /kõ'tẽtuki/ 接《contanto que +接続法》もし…ならば ▶Aceito o emprego, contanto que me paguem bem. もし報酬がよければ私はその仕事をやる.

conta-quilómetros /kõtɐki'lɔmətɾuʃ/ 男 P《単複同形》(自動車の) 速度計.

contar /kõ'tax/ 他 ❶ 数える ▶contar os passos 歩数を数える / contar o dinheiro お金を勘定する.
❷ 物語る, …の話をする, 言う ▶contar uma história 話をする / contar a verdade 真相を語る / contar vantagem ほらを吹く, 自慢する / Conte-me o que aconteceu. 何が起きたのか話してください / Eu não contei nada a ninguém. 私は誰にも何も言わなかった / Ele me contou que está apaixonado por outra menina. 彼は私に他の女の子が好きになったと言った / Se eu contar, ninguém vai acreditar. 人に言ってもきっと誰も信じないでしょう.
❸ 含める, 数に入れる ▶sem contar... …は別にして, …を除いて / sem contar que +直説法 …であることは別にして; その上…, さらに….
❹《contar +不定詞》…するつもりである.
— 自 ❶ …を頼りにする, 当てにする [+ com] ▶Conto com você. 私は君を頼りにしている / Conte comigo. 私に任せてください / Não se pode contar com ele. 彼は当てにならない
❷ …を持っている, …がある [+ com] ▶A cidade conta com muitos bons restaurantes. その街にはよいレストランがたくさんある / O time conta com vinte jogadores. そのチームには20人選手がいる.
❸ …に告げ口する, 言いつける [+ a] ▶contar à mamãe 母親に言いつける.
❹ 数える, 計算する ▶contar nos dedos 指で数える / contar até dez 10まで数える.
❺ 重要である ▶Minha opinião não conta. 私の意見は重要ではない.
Conta outra! 信じられない, うそでしょう.

contatar /kõta'tax/ 他 ❶ …と接触させる. ❷ …と連絡を取る, 接触する ▶Contatou o médico. 彼は医師と連絡を取った.
— 自 ❶ …と接触する. ❷ …と連絡を取る, 接触する [+ com].
— **contatar-se** 再 …と接続している [+ com] ▶Estes fios não se contatam com o computador. これらの線はコンピューターと接続していない.

contato /kõ'tatu/ 男 ❶ (物理的な) 接触, 触れること ▶contato físico 物理的な接触 / ponto de contato 接点.
❷《電気》接触, 接点; 接触子 ▶fazer contato 電気をつなぐ / cortar contato 電気を切る.
❸ 連絡, 通信 ▶o contato com o exterior 外部との connect / Estivemos em contato por e-mail. 私たちは電子メールで連絡を取り合っていた / fazer contato 連絡する / ter contato com alguém …と連絡を取る / entrar em contato com alguém …と連絡を取り始める / manter-se em contato com alguém …と連絡を保つ / perder contato com alguém …と連絡が取れなくなる / pôr alguém em contato com alguém …を接触させる / contato de agência 広告代理店の担当者.
❹ 縁故, コネ ▶Eu tenho alguns contatos no meio artístico. 私は芸術の世界に幾人かのコネクションがある.
❺ 連絡先, 連絡手段 ▶Você poderia me passar seus contatos, por favor? 私にあなたの連絡先を

contável

教えてくれますか.

contável /kõ'tavew/ [覆 contáveis] 形 数えられる, 可算の.

contêiner /kõ'tejnex/ [覆 contêineres] 男 コンテナー.

contemplação /kõtẽpla'sẽw/ [覆 contemplações] 女 ❶ 凝視, 熟視 ▶ a contemplação da paisagem 風景を見つめること. ❷ 瞑想, 黙想 ▶ em profunda contemplação 深い瞑想にふけって. ❸ 考慮 ▶ ter contemplação com... …を考慮に入れる.

*__contemplar__ /kõtẽ'plax/ コンテンプラーフ/ 他 ❶ じっと見つめる, 凝視する ▶ Todas as noites, ele contempla os astros. 彼は毎晩天体観測をしている / contemplar a paisagem 景色を眺める. ❷ 考慮に入れる; 考察する ▶ O acordo contempla as opiniões dos cidadãos. その合意には市民の意見が考慮に入れられている. ❸ …で…を報いる, …に…を報賞として与える [+ com] ▶ A universidade contemplou o estudante com o troféu. 大学はトロフィーを与えてその学生を賞した.
— 自 瞑想にふける.

contemplativo, va /kõtẽpla'tʃivu, va/ 形 瞑想的な, 観想的な ▶ vida contemplativa 観想的生活.
— 名 瞑想家, 観想家.

:**contemporâneo, nea** /kõtẽpo'rẽniu, na コンテンポラーニオ, ニア/ 形 ❶ 同時代の ▶ Ambos são contemporâneos. 両者は同時代人である. ❷ 現代の ▶ arte contemporânea 現代美術 / história contemporânea 現代史.
— 名 同時代人, 現代人 ▶ os contemporâneos de Jesus イエスの同時代人.

contemporizar /kõtẽpori'zax/ 自 …に適合する, 迎合する, 妥協する, 折り合う [+ com] ▶ O governo tentou contemporizar com os manifestantes. 政府はデモ参加者たちと折り合おうとした.

contenção /kõtẽ'sẽw/ [覆 contenções] 女 ❶ 争い, 紛争, 競争; 論争 ▶ Os atletas estiveram em uma grande contenção no torneio. 大会で選手たちは激しく競った.
❷ Ⓑ 抑制 ▶ contenção de despesas 支出抑制 / A contenção de energia é vital neste verão. 電力の使用抑制が今夏必須です.

contencioso, sa /kõtẽ'siozu, ɔza/ 形 ❶ 紛争の, 係争(中)の, 訴訟の ▶ Esta é uma questão contenciosa entre os dois países. これは二国間で係争中の問題だ. ❷ 争い好きの ▶ estudantes contenciosos 議論好きな生徒たち. ❸ 不確かな, 疑わしい ▶ solução contenciosa 疑義の残る解決.
— **contencioso** 男 訴訟課, 争議担当業.

contenda /kõ'tẽda/ 女 ❶ けんか ▶ A herança dos pais provocou uma contenda entre os irmãos. 親の遺産がもとで兄弟たちはけんかした. ❷ 紛争, 戦争 ▶ contenda entre países 国家間紛争 / contenda por fronteiras 国境を巡る戦争. ❸ 努力 ▶ Nada terás sem contenda. 骨折りせず

にあなたの手に入るものは何もない.

contender /kõtẽ'dex/ 自 ❶ …と争う, …に逆らう [+ com] ▶ Os cidadãos contenderam com o prefeito a respeito do projeto. プロジェクトに関して市民は市長と対立した.
❷ 席を争う, 競う [+ por] ▶ Muitos candidatos contenderam pela vaga na assembleia. 多くの立候補者が議席を争った.

contentamento /kõtẽta'mẽtu/ 男 満足, 充足, 喜び.

contentar /kõtẽ'tax/ 他 満足させる, 喜ばせる ▶ A professora contentou todos os estudantes com seu modo de ensinar. 先生は自身の教え方で学生たちを満足させた.
— **contentar-se** 再 ❶ …で満足する [+ com] ▶ Não me contento com o segundo lugar, quero ser o campeão. 私は2位では満足しない, 優勝したい. ❷ 《contentar-se em + 不定詞》…することで満足する.

:**contente** /kõ'tẽtʃi コンテンチ/ 形 《男女同形》 ❶ うれしい, …を喜んでいる ▶ Estou contente. 私はうれしい.
❷ 《contente em + 不定詞》…してうれしい ▶ Fico contente em ouvir isso. 私はそう聞いてうれしい.
❸ (…に) 満足する [+ com] ▶ viver contente 満足して暮らす / Estou contente com o resultado. 私は結果に満足している.

contento /kõ'tẽtu/ 男 ❶ 満足, 喜び. ❷ 中身, 内容.
a contento 望み通りに.

:**conter** /kõ'tex コンテーフ/ 他 ❶ 入る, 含む ▶ A garrafa contém água. 瓶に水が入っている / Esta água contém muito ferro. この水には多くの鉄分が含まれる.
❷ 抑える, 制止する, 制御する ▶ conter as lágrimas 涙を堪える / conter o riso 笑いをこらえる / conter a inflação インフレを抑制する / conter a rebelião 暴動を抑圧する / conter os gastos 出費を切り詰める.
— **conter-se** 再 自制する ▶ Eu não me contive e comecei a chorar. 私はこらえきれずに泣き始めた.

conterrâneo, nea /kõte'xẽniu, na/ 形 名 同国の(人), 同郷の(人).

contestação /kõtesta'sẽw/ [覆 contestações] 女 ❶ 異議申し立て, 体制批判. ❷ 反論, 異論.
sem contestação 疑いもなく, 明らかに.

contestar /kõtes'tax/ 他 ❶ 立証する ▶ O documento contestou a declaração da testemunha. その文書は証人の証言を裏付けた.
❷ 異議を唱える, 抗議する ▶ contestar o resultado da votação 投票結果に異議を唱える / Os jovens contestaram a imposições de regras. 若者たちは規則の強要に抗議した / Os agricultores contestaram o novo regulamento do governo. 農民たちは政府が打ち出した新たな規制に抗議した.
❸ 疑問視する ▶ A mídia contestou a teoria do cientista. メディアは科学者の理論に疑問を呈した.
— 自 …に抗弁する; 答える [+ a] ▶ contestar a uma carta 手紙に返信する / contestar a uma

pergunta 質問に応じる.

contestatário, ria /kõtesta'tariu, ria/ 形 既成の秩序や体制に反対する（人），反体制的な（人）．

contestável /kõtes'tavew/ [複 contestáveis] 形 異論の余地がある，疑わしい．

contéudo /kõte'udu/ コンテウード 男 **❶ 内容, 中身** ▶ o conteúdo da caixa 箱の中身 / o conteúdo do programa de televisão テレビ番組の内容．

contexto /kõ'testu/ コンテスト 男 ❶ **状況, 背景** ▶ contexto político 政治的背景, コンテキスト ▶ fora do contexto 文脈から外れて．

contextual /kõtestu'aw/ [複 contexuais] 形《男女同形》文脈上の．

contido, da /kõ'tʃidu, da/ 形 ❶ 含まれた. ❷ 抑えられた, こらえた ▶ lágrimas contidas こらえた涙.

contigo /kõ'tʃigu/ コンチーゴ《前置詞 com + 代名詞 ti》代 **君と共に, 君に対して** ▶ Preciso falar contigo. 君に話がある / contigo mesmo [próprio] 君自身と.

contiguidade /kõtʃigwi'dadʒi/ 女 続いていること, 隣接, 近接.

contíguo, gua /kõ'tʃigwu, gwa/ 形《… に》隣り合った, 隣接した [+ a] ▶ casas contíguas 隣り合った家.

continência /kõtʃi'nẽsia/ 女 ❶ 自制, 節制. ❷ 禁欲. ❸《軍事》敬礼.

continental /kõtʃinẽ'taw/ [複 continentais] 形《男女同形》大陸の, 大陸的な ▶ clima continental 大陸性気候.

continente /kõtʃi'nẽtʃi/ コンチネンチ 男 ❶ **大陸** ▶ continente americano アメリカ大陸 / Velho Continente 旧大陸 / Novo Continente 新大陸. ❷《英国に対して》ヨーロッパ大陸. ❸《海外領土に対して》ポルトガル本国.
— 形《男女同形》❶ 含有している. ❷ 禁欲している, 節制している.

contingência /kõtĩ'ʒẽsia/ 女 ❶ 偶然性, 偶発性. ❷ 偶発的事件, 不慮の出来事.

contingente /kõtĩ'ʒẽtʃi/ 形《男女同形》偶然の, 偶発的な.
— 男 ❶ 起こりうること, 偶然, 偶発. ❷ 分担額, 割当量, 数量. ❸《商業》輸出入割当量. ❹《軍事》分遣隊.

continuação /kõtinua'sẽw/ [複 continuações] 女 ❶ 継続, 続行, 連続 ▶ continuação da greve ストライキの続行. ❷ 続編 ▶ continuação de um romance 小説の続編.

continuamente /kõ,tʃinua'metʃi/ 副 継続的に, ひんぱんに, 絶えず.

continuar /kõtʃinu'ax/ コンチヌアーフ 他 **続ける** ▶ continuar o jogo 試合を続行する / Com o apoio dos pais, a filha continuou o estudo. 両親の助けで娘は勉強を続けた
— 自 ❶《continuar + 補語》**…であり続ける** ▶ Ele continua em São Paulo. 彼はまだサンパウロにいる / O tempo continua quente. 暑い日が続いている.

❷《continuar + 現在分詞》…し続ける ▶ continuar andando 歩き続ける / Continua chovendo. 雨が続いている.

❸《continuar a + 不定詞》…し続ける ▶ continuar a chorar 泣き続ける.

❹ …を続ける [+ com] ▶ continuar com o trabalho 作業を続ける.

❺《物語などが》続く ▶ Continua. (次回に) 続く / Continua na página seguinte 次のページに続く.

Continua! がんばれ.

continuar na mesma 変わらない, そのままでい

continuidade /kõtʃinuj'dadʒi/ 女 連続, 継続性 ▶ continuidade cultural 文化の継続.

solução de continuidade 中断, 断絶 ▶ sem solução de continuidade 切れ目なく, 連綿と.

contínuo, nua /kõ'tʃinuu, nua/ コンチーヌオ, ヌア/ 形 **続いている, 絶え間ない** ▶ chuva contínua 間断なく降る雨 / esforço contínuo 不断の努力 / mudanças contínuas 頻繁な変更.

❷ 途切れない ▶ linha contínua 実線.

❸ corrente contínua《電気》直流.
— 名 メッセンジャー.

de contínuo ① 連続的に. ② 直ちに, 即座に.

contista /kõ'tʃista/ 名 コント作家, 短編作家.

conto /'kõtu/ コント 男 ❶ **コント**（1つのエピソードをめぐる登場人物の少ない物語 ; romance より短い）▶ Este conto vai virar filme. このコントは映画化される. ❷ 物語 ▶ conto popular 民話 / conto de fadas = conto da carochinha おとぎ話.

cair no conto 甘い話に乗る.

conto da cascata 信用詐欺.

conto do vigário 信用詐欺.

contorção /kõtox'sẽw/ [複 contorções] 女 ❶《軽業師などが》手足をねじ曲げること. ❷ 引きつけ.

contorcer /kõtox'sex/ 他 よじる, ひねる ▶ contorcer o corpo 体をよじる.
— **contorcer-se** 再 体をねじる, 手足をよじる ▶ contorcer-se de dor 痛みに身もだえする.

contorcionista /kõtoxsio'nista/ 名《体を自在に曲げる》軽業師, 曲芸師.

contornar /kõtox'nax/ 他 ❶ **…の輪郭を描く** ▶ Contornou o mapa do Brasil com um lápis vermelho. 赤鉛筆でブラジルの地図の輪郭を描いた.

❷ …の周囲を巡る ▶ Vasco da Gama tornou-se o primeiro navegador a contornar o Cabo da Boa Esperança. バスコ・ダ・ガマは喜望峰を回る初めての航海者となった.

❸ 取り巻く ▶ Os meninos contornavam o professor. 少年たちは先生を取り囲んだ.

❹《問題などを》回避する, はぐらかす ▶ contornar a crise 危機を回避する / contornar os obstáculos 障害を避ける / Conseguimos contornar o problema. 私たちは問題を回避することに成功した.

❺ 仕上げる ▶ contornar a toalha de mesa com uma renda branca 白いレースの縁取りを付けてテーブルクロスを仕上げる.

contornável /kõtox'navew/ [複 contornáveis] 形《男女同形》回避できる, 迂回できる ▶ Tratava-se de um problema contornável. 避けられる問題であった / Os portugueses descobriram que a África era contornável pelo Cabo da Boa Esperança. ポルトガル人たちは喜望峰を通ってアフリカ大陸が迂回可能なことを発見した.

contorno /kõ'toxnu/ [男] ❶ 輪郭 ▶ contorno dos olhos 目の輪郭 / contorno da serra 山脈の輪郭.
❷ 周囲, 外周 ▶ O rio passa pelos contornos da vila. 川は村の外周に沿って流れている.
❸ 迂回, 回り道 ▶ Fizemos um contorno para evitar o congestionamento. 私たちは渋滞を避けて回り道をした.

C

***contra** /'kõtra コントラ/ [前] ❶《対立, 対抗》…**に対抗して**, …**に反して** ▶ nadar contra a corrente 流れに逆らって泳ぐ / contra o vento 向かい風で / a luta contra o crime 犯罪との戦い / contra a vontade de... …の意志に反して / A Alemanha jogou contra a Espanha. ドイツはスペインと対戦した / atentado contra a vida do rei 王の命を狙ったテロ / Sou contra a pena de morte. 私は死刑に反対だ.
❷《予防, 防護》…**に対して**, …**に備えて**, …**を防いで** ▶ uma vacina contra a AIDS エイズワクチン / seguro contra incêndios 火災保険.
❸《近接, 接触》…**に寄りかかって**, **もたれて**, 押しつけて ▶ Pressionar a cabeça contra a parede é um sinal de que algo não está bem com o cachorro. 壁に頭を押し付けるのは, 犬の具合がよくないことの印である.
❹ …**にぶつかって**, 衝突して ▶ bater contra uma árvore 木に衝突する / Eu bati a cabeça contra a parede. 私は壁に頭をぶつけた.
❺《交換》…**と引き換えに**, …に対して ▶ pagamento contra entrega 代金引換渡し.
❻《割合, 対比》…**対**…**で**, …に対して ▶ por 30 votos contra 6 30票対6票で.
❼ …に向かって ▶ fotografar contra o sol 逆光で写真を撮る.
contra tudo e contra todos 何が何でも, 万難を排して
ir contra... …に逆らう.
— [副] **反対して** ▶ Eu sou contra. 私は反対だ / votar contra 反対票を投じる / Você é a favor ou contra? あなたは賛成ですか, 反対ですか / por 268 votos a favor e 138 contra 賛成票268, 反対票138で.
— [男] ❶ 不利な点 ▶ Vamos avaliar os prós e contras. 得失を見てみよう. ❷ 反対 (意見) ▶ dar o contra 反対する / ser do contra 反対である.

contra-atacar /ˌkõtrata'kax/ ㉙ [自] [他] 反撃する, 逆襲する.

contra-ataque /ˌkõtra'taki/ [[複] contra-ataques] [男] 反撃, 逆襲, カウンターアタック.

contrabaixista /kõtrabaj'ʃista/ [名] コントラバス奏者.

contrabaixo /kõtra'bajʃu/ [男] コントラバス.

contrabalançar /kõtrabalẽ'sax/ ⑬ [他] ❶ 釣り合わせる, 均衡を取る. ❷ 補う, 埋め合わせる.

contrabandear /kõtrabẽde'ax/ ⑩ [自] [他] 密輸する.

contrabandista /kõtrabẽ'dʒista/ [名] 密輸業者, 密輸商人.

contrabando /kõtra'bẽdu/ [男] ❶ 密輸, 密輸入 ▶ fazer contrabando 密輸する. ❷ 密輸品.
de contrabando こっそりと, 隠れて, 不正に.

contrabarra /kõtra'baxa/ [女] バックスラッシュ.

contração /kõtra'sẽw̃/ [[複] contrações] [女] ❶ 収縮, 縮小, 短縮 ▶ contração muscular 筋肉収縮 / contração econômica 経済の縮小. ❷〖文法〗縮約.

contracenar /kõtrase'nax/ [自] 出演する, 演じる ▶ contracenar com... …と共演する.

contracepção /kõtrasepi'sẽw̃/ [[複] contracepções] [女] 避妊.

contraceptivo, va /kõtrasepi'tʃivu, va/ [形] 避妊の ▶ método contraceptivo 避妊法 / pílula contraceptiva 避妊薬.
— **contraceptivo** [男] 避妊具, 避妊薬.

contracheque /kõtra'ʃɛki/ [男] 給与明細.

contracultura /kõtrakuw'tura/ [女] カウンターカルチャー.

contradança /kõtra'dẽsa/ [女] ❶ コントルダンス. ❷ 頻繁な入れ替わり ▶ contradança política 政権の頻繁な交代.

***contradição** /kõtradʒi'sẽw̃ コントラヂサォン/ [[複] contradições] [女] ❶ **矛盾**, (言行などの) 不一致 ▶ cair em contradição 矛盾に陥る / estar em contradição com... …と矛盾している / princípio de contradição〖論理学〗矛盾律.
❷ **反論**, **反駁** ▶ espírito de contradição 反抗心.
sem contradição 反論 [議論] の余地もなく.

contraditar /kõtradʒi'tax/ [他] …に反論する, 異論を唱える.

contraditoriamente /kõtradʒiˌtɔria'mẽtʃi/ [副] 矛盾して.

contraditório, ria /kõtradʒi'tɔriu, ria/ [形] 矛盾する, つじつまの合わない, 相反する ▶ sentimentos contraditórios 矛盾する感情.

contradizer /kõtradʒi'zex/ ㉕ [他]《[過去分詞] contradito》❶ 反対する, 反論する ▶ O deputado contradisse seu adversário. 議員は敵対者に反論した. ❷ …と矛盾する, …と食い違う ▶ As provas contradiziam a versão da testemunha. 証拠は目撃者の説明と矛盾していた.
— **contradizer-se** [再] 矛盾したことを言う ▶ O mentiroso sempre se contradiz. うそつきはいつも矛盾したことを言う.

contraespionagem /kõtraispio'naʒẽj̃/ [[複] contraespionagens] [女] 対スパイ活動, 防諜.

contrafação /kõtrafa'sẽw̃/ [[複] contrafações] [女] 偽造 (物), 贋造 (物) ▶ contrafação de marcas ブランドの偽造.

contrafazer /kõtrafa'zex/ ㉘《[過去分詞] contrafeito》[他] ❶ 偽造する, 模造する, 贋造する. ❷ まねする, 模倣する. ❸ 隠す, 隠蔽(いんぺい)する.
— **contrafazer-se** [再] 本心を隠す.

contrafeito, ta /kõtra'fejtu, ta/ [形] ❶ 偽造の. ❷ 意に反した, 強制された, 不自然な ▶ sorriso contrafeito 作り笑い.

contrafilé /kõtrafi'lɛ/ [男] [B] 牛肉の部位でフィレ肉の下の部分.

contragosto /kõtra'gostu/ [男]《次の成句で》
a contragosto いやいや, 心ならずも.

contraído, da /kōtra'idu, da/ 形 ❶ 縮小した. ❷ (契約などが) 結ばれた. ❸ 内気な, 気弱な▶sorriso contraído 遠慮がちなほほえみ.

contraindicação /kõtraidʒika'sẽw/ [複 contraindicações] 女 【医学】禁忌 (病気の悪化を招かないために, ある療法や投薬を施すことができないこと).

contraindicado, da /kõtraidʒi'kadu, da/ 形 【医学】禁忌の, (薬や療法が特定の症状に対して) 不適切な▶tratamento contraindicado 禁忌療法.

contrair /kōtra'ix/ 68 他 ❶ 収縮させる, 緊張させる▶contrair os músculos 筋肉を収縮させる/ Contraiu os lábios de raiva. 怒って唇を真一文字に結んだ.

❷ (契約などを) 結ぶ▶contrair um contrato 契約を締結する/ contrair matrimônio 結婚する/ contrair um empréstimo 借金をする.

❸ (責任などを) 負う▶contrair compromissos políticos 政治的約束をする.

❹ (病気に) かかる▶Os alunos do primeiro ano contraíram sarampo. 一年生たちは麻疹にかかった.

❺ (習慣を) つける▶contrair um hábito 習慣をつける.

— **contrair-se** 再 収縮する, 緊張する, 引きつる▶O ferro se contrai em baixa temperatura. 鉄は低温で縮む.

contralto /kõ'trawtu/ 男 【音楽】❶ コントラルト, アルト (女声低音域).
❷ コントラルト歌手.

contraluz /kõtra'lus/ [複 contraluzes] 女 逆光 ▶em contraluz 逆光の〔で〕.

contramão /kõtra'mẽw/ [複 contramãos] 形 《男女同形》逆行の▶uma rua contramão 一方通行の道路.
— 女 ❶ 一方通行路▶entrar na contramão 一方通行路に逆方向から進入する/ andar na contramão 一方通行路を逆走する. ❷ 逆行.
ir na contramão ① 逆走する. ② 周囲と反対の立場をとる.

contramestre /kõtra'mɛstri/ 男 職工長.

contraofensiva /kõtraofẽ'siva/ 女 反攻, 反撃.

contraoferta /kõtrao'fɛxta/ 女 対案, 代案; 反対提案.

contraparente /kõtrapa'rẽtʃi/ 男 遠い親戚.

contrapartida /kõtrapax'tʃida/ 女 ❶ 相殺. ❷ 代償金, 埋め合わせ▶contrapartida financeira 補償金. ❸ 帳簿の反対記入.
em contrapartida その一方で, その代わりに▶Meu carro é mais bonito. Em contrapartida, o seu é mais veloz. 私の車の方がかっこいい. その代わり, 君の車の方が速い.

contrapesar /kõtrape'zax/ 他 ❶ (重さを) 釣り合わせる, 平衡する. ❷ 相殺する, 埋め合わせる.

contrapeso /kõtra'pezu/ 男 ❶ 釣り合い重り▶A balança precisa de contrapesos para funcionar. 天秤が機能するためには分銅が必要だ.
❷ 反対に働く力, 釣り合い▶sistema de freios e contrapesos 抑制と均衡の制度.

contraponto /kõtra'põtu/ 男 【音楽】対位法.

contrapor /kõtra'pox/ ⑭ 《過去分詞 contraposto》他 ❶ 対立させる, 対抗させる▶Ele contrapôs facilmente meus argumentos. 彼はこともなげに私に反論した. ❷ 比較する, 対比する▶É preciso contrapor vantagens e desvantagens antes de decidir. 決断する前にメリットとデメリットを比較する必要がある.
— **contrapor-se** 再 対立する▶O herói contrapõe-se ao vilão. ヒーローは悪者と対立する.

contraposição /kõtrapozi'sẽw/ [複 contraposições] 女 ❶ 対立, 対抗. ❷ 比較, 対比, 対照.
em contraposição 対照的に.

contraproducente /kõtraprodu'sẽtʃi/ 形 《男女同形》逆効果の.

contraproposta /kõtrapro'posta/ 女 逆提案, 反対提案.

contrariado, da /kõtrari'adu, da/ 形 ❶ いらだった, 怒った▶Deixou a festa contrariado com seus amigos. 彼は友達にうんざりしてパーティーから出た.
❷ 妨げられた, うまくいかない▶amor contrariado かなわぬ恋.

contrariamente /kõ,traria'mẽtʃi/ 副 …に反して, と反対に [+ a] ▶contrariamente ao que muitos pensam 多くの人が考えているのとは反対に.

*****contrariar** /kõtrari'ax/ コントラリアーフ/ 他 ❶ …に反対する, 逆らう▶contrariar os interesses de... …の利益に反する.
❷ 背く, 違反する▶contrariar as normas 規則を破る/ contrariar as ordens 命令に背く.
❸ …と矛盾する, 逆のことをする▶A alteração da lei contraria a constituição. その法律の改正は, 憲法と矛盾する.
❹ 不愉快にする▶A atitude do funcionário contraria os clientes. その従業員の態度は顧客を不愉快にする.
— 自 邪魔になる. 不愉快になる
— **contrariar-se** 再 不愉快になる▶Ele não se contraria com boatos. 彼はうわさ話に気分を害されることはない.

contrariedade /kõtrarie'dadʒi/ 女 ❶ いらだち, 不機嫌▶Meu pai demonstra contrariedade com a situação econômica. 私の父は経済状況にいらだちを示している/ Recebeu meu pedido com contrariedade. 彼はしぶしぶ私の要求を受け入れた.
❷ 障害, 妨害▶Sua infância foi cheia de contrariedades. 彼の幼少期は苦難だらけだった.
❸ 対立関係▶contrariedade de interesses 利害の対立.

*****contrário, ria** /kõ'trariu, ria コントラーリオ, リア/ 形 反対の, 逆の, 反した▶no lado contrário da rua 通りの反対側に/ em sentido contrário 反対方向に/ efeito contrário 逆効果, 反対の影響/ vento contrário 逆風/ Sou contrário ao uso da força. 私は武力行使には反対だ/ Ela tem a opinião contrária à minha. 彼女は私とは反対の意見を持っている/ o exército contrário 敵軍.

— **contrário** 男 反対, 対立, 敵▶falar o con-

Contrarreforma

trário 反対のことを言う / Ele fez o contrário do que prometera. 彼は約束していたことと反対のことをした.
ao contrário ① 反対に, 逆に. ② 反対の向きに ▶ A foto está ao contrário. 写真が逆になっている.
ao contrário de... …とは反対に ▶ ao contrário do que pensavam 彼らの思惑に反して.
do contrário そうでなければ ▶ Espero que você cumpra o prometido, do contrário, não lhe pago. あなたがお約束を果たしてくれることを望んでいます. そうでなければ, お支払いしません.
em contrário 反した, 反対の ▶ salvo prova em contrário がない限り.
pelo contrário 反対に, 逆に, それどころか ▶ Uma pergunta é difícil, a outra, pelo contrário, muito fácil. 1つの質問は難しい, もう1つは逆にとても易しい / Estúpido, ele? Pelo contrário, é bem inteligente. 彼がばかだって. それどころか, むしろかなり賢いよ / muito pelo contrário 正反対.

Contrarreforma /kõtraxe'fɔxma/ 囡 反宗教改革.

contrassenso /kõtra'sẽsu/ 男 ナンセンス, ばかげたこと ▶ Aquele discurso não fazia sentido, não era mais que um contrassenso. あの演説は何の意味もなかった, まったくナンセンスだった.

contrastante /kõtras'tẽtʃi/ 圏《男女同形》対立する, 対比させる, 際立たせる ▶ ideias contrastantes 対立する考え / personalidades contrastantes 対照的な性格 / cores contrastantes 反対色.

contrastar /kõtras'tax/ 他 …を…と対照させる [+ com].
— 自 …と対照をなす, 対照的である [+ com].

***contraste** /kõ'trastʃi/ 男 ❶ 対照, 対比 ▶ o contraste das cores 色の対照をなす. ❷（映像などの）コントラスト.

contratação /kõtrata'sẽw/ [複 contratações] 囡 契約, 雇用契約.

contratar /kõtra'tax/ 他 ❶ 契約する ▶ A escola contratou serviços de manutenção e limpeza. 学校はメンテナンスと清掃作業の業務契約を結んだ. ❷ 雇う, 雇用する ▶ A empresa contratou novos empregados. 会社は新しい社員を雇った.
— **contratar-se** 再 雇われる.

contratempo /kõtra'tẽpu/ 男 ❶ 不慮の出来事, 偶発事件 ▶ Tive alguns contratempos a caminho do trabalho. 出勤途中で予期せぬ出来事がいくつかあった. ❷《音楽》シンコペーション.
a contratempo 折あしく.

*** contrato** /kõ'tratu/ 男 契約, 契約書 ▶ contrato de trabalho 労働契約 / contrato social 定款 / contrato de franquia フランチャイズ契約 / contrato de penhor 質権設定契約 / assinar um contrato 契約書にサインする / concluir um contrato com... …と契約を結ぶ / redigir um contrato 契約書を作成する / executar um contrato 契約を履行する / romper um contrato 契約を破棄する.

contratura /kõtra'tura/ 囡 縮小 ▶ contratura muscular 筋肉縮小.

contravapor /kõtrava'pox/ [複 contravapores] 男 B 拒絶, 振られること, ひじ鉄 ▶ Recebeu um contravapor por sua insolência. 彼は無礼な言動のためひじ鉄を食らった.

contravenção /kõtravẽ'sẽw/ [複 contravenções] 囡（法律などの）違反 ▶ contravenção penal 軽犯罪.

contraventor, tora /kõtravẽ'tox, 'tora/ [複 contraventores, toras] 圏 囡 違反する（人）.

*** contribuição** /kõtribuj'sẽw/ コントリビュイサォン/ [複 contribuições] 囡 ❶ 貢献, 寄与 ▶ A contribuição para a reforma escolar foi muito valiosa. 学校の改革への貢献はとても価値のあるものだった.
❷ 寄付 ▶ Uma pequena contribuição já é suficiente. わずかな寄付でも十分だ.
❸ contribuição de melhoria 受益者負担.

contribuinte /kõtribu'ĩtʃi/ 囡 納税者.
— 圏《男女同形》納税する.

*** contribuir** /kõtribu'ix コントリブイーフ/ ⑦ 自 ❶ …に貢献する, …の原因［理由］となる [+ para] ▶ Este jogador contribuiu muito para a vitória de sua equipe. この選手はチームの勝利に大いに貢献した / Sua vinda contribuiu para o sucesso da festa. あなたが来てくれたのでパーティーは成功した / Porque o aumento das áreas florestadas pode contribuir para reduzir o efeito estufa? 植林地域を増やすとなぜ温室効果を減らすことができるのか.
❷ 税金を払う ▶ A indústria petrolífera contribui muito para os cofres do Estado. 石油産業は国家に多額の税金を納めている.
❸ …を寄付する [+ com] ▶ contribuir com dinheiro 寄金する.
❹ …に寄稿する [+ para] ▶ contribuir para um jornal 新聞に寄稿する.

contrição /kõtri'sẽw/ [複 contrições] 囡 ❶《カトリック》痛悔 ▶ ato de contrição 痛悔の祈り. ❷ 後悔.

contrito, ta /kõ'tritu, ta/ 圏 後悔した, 悔悛した.

controlador, dora /kõtrola'dox, 'dora/ [複 controladores, doras] 名 ❶ 統制者, 管制官 ▶ controlador de tráfego aéreo 航空管制官.

*** controlar** /kõtro'lax コントローラーフ/ 他 ❶ 統制する, 指図する, 指揮する, 支配する ▶ Aquele chefe gosta de controlar os funcionários. あの上司は従業員にあれこれ指図するのを好む / controlar o mercado 市場を制御する / controlar a situação 事態を掌握する / controlar o mundo 世界を支配する.
❷ 管理する ▶ Você deve controlar seus gastos. あなたは自分の経費を管理しなければならない.
— **controlar-se** 再 自制する ▶ Ele se controlou e não disse uma palavra. 彼は自制して一言も発しなかった.

controlável /kõtro'lavew/ [複 controláveis] 圏《男女同形》制御可能な, 管理［統制］可能な.

*** controle** /kõ'trɔli コントローリ/ 男 ❶ 管理, 規制, 検査 ▶ controle de qualidade 品質管理 / controle de passaporte パスポート検査 / controle de

identidade 身元確認 / controle interno 内部統制. ❷ 制御, 抑制 ▶ controle automático 自動制御 / controle remoto リモートコントロール / controle de natalidade 産児制限 / controle dos preços 物価統制 / controle parental 保護者による制限 / torre de controle 管制塔 / caracteres de controle〖情報〗制御文字 / perder o controle 自制を失う, 制御できなくなる / A situação está sob controle. 事態は掌握されている / A situação está fora de controle. 事態は掌握されていない.
❸ 検問所.

controlo /kõ'trolu/ 男 Ⓟ = controle
controvérsia /kõtro'vexsia/ 安 論争, 議論.
controverso, sa /kõtro'vexsu, sa/ 形 異論のある, 議論の的となった.
*****contudo** /kõ'tudu/ コントゥード / 接 しかし, けれども, だが ▶ Ele quer sair, contudo, deve ficar em casa. 彼は外出したがっているが家にいなければならない.
contumácia /kõtu'masia/ 安 ❶ 強情さ. ❷〖法律〗(被告人の公判廷への) 欠席, 欠席判決
contumaz /kõtu'mas/ 〔複 contumazes〕形《男女同形》❶ 強情な. ❷ (公判廷に) 欠席している.
— 名 (公判廷に) 欠席している被告人.
contundente /kõtũ'dẽtʃi/ 形《男女同形》❶ 打撃を与える ▶ arma contundente 鈍器. ❷ 説得力のある, 強力な ▶ prova contundente 決定的な証拠 / argumento contundente 説得力のある主張.
❸ 傷つける ▶ palavras contundentes 人を傷つける言葉.
contundir /kõtũ'dʒix/ 他 打撲傷を与える, (あざができるほど) 打つ, 殴る.
— **contundir-se** 再 打撲傷を負う.
contusão /kõtu'zẽw/ 〔複 contusões〕安 打撲傷.
convalescença /kõvale'sẽsa/ 安 (病後の) 回復 (期)
convalescente /kõvale'sẽtʃi/ 形《男女同形》名 回復期の (患者).
convalescer /kõvale'sex/ 自 (患者が) 回復する ▶ Após a cirurgia, convalesceu na casa de seus pais. 彼は手術のあと両親の家で回復した.
convenção /kõvẽ'sẽw/ 〔複 convenções〕安 ❶ 協定, 協約, 条約 ▶ Convenção de Viena sobre Relações Diplomáticas 外交関係に関するウィーン条約 / convenção de condomínio マンションやゲーテッドコミュニティの住民の権利や義務を定めた協約. ❷ 慣例, しきたり ▶ convenções sociais 社会慣習.
❸ 党大会, 会議.
*****convencer** /kõvẽ'sex/ コンヴェンセーフ/ 他 ❶ … を納得させる [+ de] ▶ Eu consegui convencê-lo de que deve repetir o exame. 私は, 再試験を受けなければならないと彼を説得できた.
❷《convencer alguém a +不定詞》…に…するよう説得する ▶ Eu tentei o convencer a repetir o exame. 私は彼にもう一度試験を受けるように説得を試みた.

— **convencer-se** 再《convencer-se de que +直説法》…であることを納得する ▶ Eu me convenci de que estava enganado. 自分が間違っていたと私は納得した.
*****convencido, da** /kõvẽ'sidu, da/ コンヴェンスィード, ダ/ 形 ❶ 確信した ▶ Ele está convencido de que o projeto dará certo. 彼はその計画が成功すると確信している.
❷ うぬぼれた, 高慢な ▶ Aquele aluno é convencido demais. あの生徒はうぬぼれすぎている.
convencimento /kõvẽsi'mẽtu/ 男 ❶ 説得.
❷ 確信 ▶ Suas palavras não mudam meu convencimento. 彼の言葉で私の考えは変わらない.
❸ 高慢, 傲慢 ▶ Depois de ganhar a corrida, demonstrou mais convencimento que modéstia. 競争に勝ったあと彼は謙遜よりもうぬぼれをあらわにした.
convencional /kõvẽsio'naw/ 〔複 convencionais〕形《男女同形》❶ 協定の, 協約の; 取り決められた ▶ sinais convencionais 慣用符号.
❷ 慣習上の, しきたりの.
❸ 在来型の; (兵器が) 通常の ▶ método convencional 従来の方法 / sabedoria convencional 従来の常識 / armas convencionais 通常兵器.
convencionalismo /kõvẽsiona'lizmu/ 男 慣例尊重, 前例主義.
convencionalmente /kõvẽsio,naw'mẽtʃi/ 副 ❶ 合意により, ❷ 慣習的に.
convencionar /kõvẽsio'nax/ 他 ❶ 取り決める ▶ Convencionamos as regras do jogo. 私たちはゲームのルールについて申し合わせた.
❷《convencionar em +不定詞》…することを取り決める ▶ As lojas convencionaram em proibir os clientes de fumar. 各店は客の喫煙を禁止することを申し合わせた.
— **convencionar-se** 再 …するのが一般である ▶ No Brasil, convencionou-se chamar os "Estados Unidos da América" de "Estados Unidos" apenas. ブラジルでは, 「アメリカ合衆国」を「合衆国」とだけ呼ぶのが一般的である.
conveniência /kõveni'ẽsia/ 安 ❶ 便利さ, 都合, 有利さ ▶ por conveniência própria 自分の利益のために / loja de conveniência コンビニエンスストア / casamento de conveniência 打算的結婚.
❷《conveniências》社会の慣習, しきたり ▶ respeitar as conveniências 礼儀作法を重んじる.
*****conveniente** /kõveni'ẽtʃi/ コンヴェニエンチ/ 形《男女同形》❶ 便利な ▶ Este aplicativo é muito conveniente. このアプリはとても便利だ / um lugar conveniente 便利な場所.
❷ 好都合な ▶ Acho conveniente chegar mais cedo. もっと早く着いたほうが好都合だ.
❸ 適当な, ふさわしい ▶ O apartamento é conveniente para nós. そのマンションは私たち二人には適当だ.
É conveniente +不定詞 …する方がよい.
É conveniente que +接続法 …する方がよい.
convenientemente /kõveni,ẽtʃi'mẽtʃi/ 副 便利よく, 好都合に ▶ convenientemente localizado 便利なところにある.

convênio /kõ'veniu/ 男 P = convênio
convênio /kõ'vēniu/ 男 B 協定, 協約, 取り決め ▶ convênio cultural 文化協定.
convento /kõ'vẽtu/ 男 修道院.
conventual /kõvẽtu'aw/ [複 conventuais] 形《男女同形》修道院の ▶ vida conventual 修道院生活.
convergência /kõver'ʒẽsia/ 女 ❶ (一点への) 集中, 収束, 収斂 ▶ ponto de convergência 収束点. ❷ (考えや意見の) 一致 ▶ convergência de ideias 考えの一致.
convergente /kõver'ʒẽtʃi/ 形《男女同形》一点に集中する, 収束する, 収斂(ｼｭｳﾚﾝ)する ▶ lente convergente 収斂レンズ.
convergir /kõver'ʒix/ ㉑ 自 ❶ (一点に) 集中する, 集まる; 収束する, 収斂(ｼｭｳﾚﾝ)する ▶ Os olhares convergiam para o luar. 視線が月明かりに集まっていた / As rodovias convergem para as grandes cidades. 高速道路は大都市に向かって収斂している.
❷ (共通の目的や結論に) 向かう, 至る [+ para] ▶ Na reunião, os sócios convergiram para uma conclusão. 会議で共同経営者たちは一つの結論に至った.
‡**conversa** /kõ'vexsa/ コンヴェフサ/ 女 ❶ 会話, 対話 ▶ A conversa com você foi muito agradável. 君との会話はとても心地よかった / Precisamos ter uma conversa. 私たちは話をする必要がある / mudar de conversa 話題を変える / puxar conversa com alguém …と話をしようとする / conversa de comadres 井戸端会議.
❷ 話 でまかせ, でたらめ ▶ Tudo o que ele disse foi (para) conversa. 彼の言ったことはすべてでたらめだ / É tudo conversa. それはまったくのでまかせだ.
cair na conversa 甘い話に乗る, 話術にはまる.
conversa fiada 無駄話.
conversa mole 眉唾な話, でたらめな話.
conversa para boi dormir 眉唾な話, でたらめな話.
conversa vai, conversa vem いろいろ話をした後で.
deixar de conversa 単刀直入に言う.
ir na conversa de... …に説得される, 丸め込まれる.
jogar conversa fora 無駄話をする.
levar na conversa だます.
meter conversa 話しかける.
passar uma conversa em alguém … を言い包める, 惑わす, たぶらかす.
conversação /kõvexsa'sẽw/ [複 conversações] 女 ❶ 会話 ▶ aulas de conversação (外国語) 会話の授業 / tópico de conversação 会話の話題. ❷《conversações》会談 ▶ conversações de paz 和平会談.
conversa-fiada /kõ,vexsafi'ada/ [複 conversas-fiadas] 名 口先だけの人; 話し好きな人; 自慢する人.
conversão /kõvex'sẽw/ [複 conversões] 女 ❶ 変換, 転換 ▶ conversão de unidades 単位の変換. ❷ 改宗, 回心; 転向 ▶ conversão ao catolicismo カトリックへの改宗.
❸ 両替, 兌換(ﾀﾞｶﾝ) ▶ conversão de reais em dólares レアルのドルへの両替.
‡**conversar** /kõvex'sax/ コンヴェフサーフ/ 自 ❶ …と会話する [+ com] ▶ conversar com um amigo 友人と会話する.
❷ …について会話する [+ sobre] ▶ conversar sobre futebol サッカーについて会話する.
estar conversado 話し合いがついた, 意見がまとまった.
conversibilidade /kõvexsibili'dadʒi/ 女 変換可能性, 兌換性.
conversível /kõvex'sivew/ [複 conversíveis] 形《男女同形》❶ 変えられる, 変換できる. ❷ (車の) 屋根がない, 屋根が開放できる ▶ carro conversível オープンカー.
— 男 オープンカー.
converso, sa /kõ'vexsu, sa/ 形 改宗した, 転向した.
conversor /kõvex'sox/ [複 conversores] 男 コンバーター, 変換器.
converter /kõvex'tex/ 他 ❶ …に改宗させる [+ a] ▶ Os missionários tentaram converter os índios ao catolicismo. 宣教師たちは先住民をカトリックに改宗させようとした.
❷ …に変える [+ em] ▶ converter dólares em ienes ドルを円に両替する / Converteram o prédio em uma escola. そのビルは学校に変えられた.
❸ 方向を変える, 向きを変える ▶ converter o fluxo da água 水の流れを変える
— **converter-se** 再 ❶ …に変わる [+ em] ▶ O riso converteu-se em lágrimas. 笑いは涙に変わった.
❷ …に改宗する [+ a] ▶ Ele se converteu ao islamismo. 彼はイスラム教徒に改宗した.
convertido, da /kõvex'tʃidu, da/ 形 名 改宗した (人), 転向した (人).
convés /kõ'ves/ [複 conveses] 男《船 舶》甲板, デッキ.
convexo, xa /kõ'veksu, ksa/ 形 凸状の, 凸面の (↔ côncavo) ▶ lente convexa 凸レンズ.
*****convicção** /kõvik'sẽw/ コンヴィクサォン/ [複 convicções] 女 ❶ 確信 ▶ ter a convicção de que + 直説法 …ことを確信している / falar com convicção 自信を持って話す.
❷ 信念 ▶ Tenho as minhas próprias convicções. 私は自分自身の信念がある / convicção política 政治信念.
convicto, ta /kõ'viktu, ta/ 形 ❶ (…を) 確信した [+ de]. ❷ 犯行が立証された ▶ assassino convicto 犯行が立証された殺人犯.
convidado, da /kõvi'dadu, da/ 名 招待客, 客 ▶ lista de convidados para o casamento 結 婚式の招待客名簿 / convidado de honra 主賓.
— 形 招待された ▶ professor convidado 客員教授.
‡**convidar** /kõvi'dax/ コンヴィダーフ/ 他 …を…に招待する, 招く [+ para] ▶ convidar amigos para uma festa 友人をパーティーに

招待する / Eu convidei-o para um jantar. 私は彼を夕食に招いた / Eu a convidei para ir ao cinema. 私は彼女を映画に誘った / Fui convidado para a cerimônia de casamento de um amigo. 私は友人の結婚式に招待された / Muito obrigado por ter-me convidado. お招きいただきありがとうございます.
— [自] …する気にさせる [+ a] ▶A riqueza convida ao ócio. 富は怠惰を生む / O calor convida a tomar banho. 暑さは入浴を促す.
— **convidar-se** [再] 勝手に押しかける.

convidativo, va /kõvida'tʃivo, va/ [形] 魅力的な ▶preços convidativos 魅力的な価格.

convincente /kõvĩ'sẽtʃi/ [形] 《男女同形》 説得力のある ▶prova convincente 決定的証拠.

*__convir__ /kõ'vix コンヴィーフ/ ⑰ 《[過去分詞] convindo》 [自] ❶ **…にふさわしい, 適している, …に都合がよい** [+ a] ▶Hoje não convém. 今日は都合が悪い / Quando lhe convém? いつご都合がいいですか.
❷ 《Convém + [不定詞] / Convém que + [接続法]》 **…するのがよい**, したほうがよい ▶Convém reduzir o consumo de açúcar. 砂糖の摂取は控えたほうがよい.
❸ 《convir em que + [直説法]》 …**に同意する**, 認める ▶Os alunos convieram em que estudariam mais seriamente. 生徒たちはもっと真面目に勉強することに同意した.
— [他] 《convir que + [接続法]》 同意する, 認める ▶ Convenho que você esteja certo. 私はあなたが正しいと認める.
como convém 適切に, しかるべく.

⁑**convite** /kõ'vitʃi コンヴィーチ/ [男] ❶ **招待, 招き** ▶ Muito obrigado pelo convite. ご招待どうもありがとう / aceitar um convite 招待に応じる / Ela recusou meu convite. 彼女は私の招待を断った.
❷ 招待状 ▶convite de casamento 結婚式の招待状.
a convite de... …の招待で ▶Eu estive presente na reunião a convite do organizador. 主催者の招待で私は会議に出席した.
convite ao roubo 格好の泥棒の餌食.

conviva /kõ'viva/ [名] 食事に招かれた客, 会食者.

convivência /kõvi'vẽsia/ [女] ❶ 共同生活. ❷ 付き合い, 交際 ▶convivência com vizinhos 隣人との付き合い.

conviver /kõvi'vex/ [自] ❶ …と共同生活をする [+ com] ▶Convivi com minha família por vinte anos. 私は20年間家族と共に暮らした / conviver um com o outro 一緒に暮らす.
❷ 共存する ▶Os animais convivem em harmonia na floresta. 動物たちは森の中で調和して共生する.
❸ 交際する, 付き合う ▶Convivo bem com meus colegas da escola. 私は学校の同級生たちと親しく付き合っている.
❹ …を甘受する, 堪え忍ぶ [+ com] ▶conviver com a pobreza 貧困と縁が切れない / Não consigo conviver com essa doença. 私はこの病気とは付き合いきれない.

convívio /kõ'viviu/ [男] ❶ 宴会, 集まり, パーティー. ❷ 社交生活, 付き合い.

convocação /kõvoka'sẽw̃/ [[複] convocações] [女] ❶ 招集, 召喚. ❷ 呼びかけ ▶a convocação de uma greve ストライキの呼びかけ.

⁑**convocar** /kõvo'kax コンヴォカーフ/ ㉙ [他] ❶ **呼び出す, 招集する** ▶convocar a assembleia 議会を招集する / convocar testemunhas 証人を召喚する. ❷ …の実施を訴える ▶O primeiro-ministro convocou as eleições gerais. 首相は総選挙実施を訴えた.

convocatória /kõvoka'tɔria/ [女] 招集状.

convosco /kõ'voʃku/ (前置詞 com と代名詞 vós の縮合形) [代] [P] 《vocês を受けて》 君たちと一緒に, 君たちに対して ▶Vou convosco. 私は君たちと行く / Posso contar convosco? 君たちを頼りにしてもいいですか.

convulsão /kõvuw'sẽw̃/ [[複] convulsões] [女] ❶ けいれん, 引きつけ ▶ter convulsões ひきつけを起こす. ❷ (社会的) 騒乱, 激動, 混乱 ▶convulsões sociais 社会騒乱.

convulsionar /kõvuwsio'nax/ [自] けいれんを起こす ▶Após tomar o remédio, parou de convulsionar. 彼は薬を飲んだあとけいれんがおさまった
— [他] ❶ けいれんさせる. ❷ 混乱させる, 動揺させる ▶A revolução convulsionou o cotidiano dos cidadãos. 革命は市民の日常を混乱させた.
— **convulsionar-se** [再] けいれんを起こす.

convulsivamente /kõvuwˌsiva'mẽtʃi/ [副] けいれんしたように, ひきつったように.

convulsivo, va /kõvuw'sivu, va/ [形] けいれん性の, 発作的な ▶ataque convulsivo けいれんの発作 / riso convulsivo 引きつったような笑い.

cooper /'kupex/ [男] ジョギング ▶fazer cooper ジョギングする.

*__cooperação__ /koopera'sẽw̃ コオペラサォン/ [[複] cooperações] [女] **協力, 援助** ▶cooperação econômica 経済協力 / cooperação mútua 相互協力 / cooperação internacional 国際協力 / espírito de cooperação 協調精神 / pedir mais cooperação さらなる協力を求める / trabalhar em cooperação com... …と協力して働く.

cooperar /koope'rax/ [自] 協力する ▶cooperar com a polícia 警察に協力する / cooperar para um mundo melhor よりよい世界のために協力する.

cooperativa[1] /koopera'tʃiva/ [女] 協同組合 ▶ cooperativa agrícola 農業協同組合.

cooperativo, va[2] /koopera'tʃivu, va/ [形] 協力的な, 協力の, 共同による ▶trabalho cooperativo 共同作業.

coordenação /kooxdena'sẽw̃/ [[複] coordenações] [女] ❶ 調整, 連携 ▶coordenação dos esforços 力の結集. ❷ 〖言語〗 等位.

coordenada /kooxde'nada/ [女] ❶ 《coordenadas》 座標 ▶coordenadas cartesianas デカルト座標 / coordenadas geográficas 地理座標 / coordenadas polares 極座標. ❷ 〖文法〗 等位節.

coordenador, dora /kooxdena'dox, 'dora/ [[複] coordenadores, doras] [名] 調整役, コーディネーター ▶coordenador de projetos プロジェクトコ

coordenar

—ディネーター.

— 形 調整する.

coordenar /kooxde'nax/ 他 調整する, 整理する, 連携させる ▶ coordenar as ideias 考えを整理する / Coordenava o trabalho dos empregados. 彼は従業員たちの仕事を調整していた / coordenar esforços 力を結集する / coordenar uma equipe チームを率いる.

copa /'kɔpa コーパ/ 女 ❶ 優勝杯, カップ ▶ a Copa do Mundo ワールドカップ. ❷ 食器室. ❸ 樹冠. ❹《copas》トランプのハート.

da copa e da cozinha 家族同然に親しい.

copeira /ko'pejra/ 女 メード.

cópia /'kɔpia コピア/ 女 ❶ 写し, コピー ▶ fazer uma cópia de algo …をコピーする / cópia impressa ハードコピー / cópia de segurança バックアップコピー / cópia pirata 違法コピー.

❷（印刷物の）1 部 ▶ Precisamos de mais cópias. 部数がもっと必要だ.

❸（写真の）印画, プリント ▶ fazer uma cópia da fotografia 写真を焼き増しする.

❹ 模造, 生き写し ▶ Você é a cópia do seu pai. 君はお父さんに瓜二つだ.

copiador /kopia'dox/ [複 copiadores] 男 複製機, デュプリケーター ▶ copiador de DVD DVDデュプリケーター.

copiadora /kopia'dora/ 女 コピー機.

copiar /kopi'ax/ 他 ❶ 書き写す, 複写する ▶ copiar um texto 文章を書き写す / copiar um quadro 絵を模写する. ❷【情報】コピーする ▶ copiar um ficheiro ファイルをコピーする / copiar e colar コピーアンドペーストする.

❸ 模倣する, まねる.

copidesque /kopi'dɛski/ 男《英語》原稿整理, 編集部.

— 名 原稿編集長.

copiloto /kopi'lotu/ 男 ❶ 副操縦士. ❷ 副運転手.

copiosamente /kopiɔza'metʃi/ 副 大量に ▶ chorar copiosamente 大泣きする.

copioso, sa /kopi'ozu, 'ɔza/ 形 豊富な, たくさんの, ふんだんにある ▶ chuva copiosa 大雨.

copirraite /kopi'xajtʃi/ 男《英語》著作権.

copista /ko'pista/ 名 ❶ 筆耕者, 写譜をする人. ❷ 模倣者.

copo /'kɔpu コーポ/ 男 ❶ コップ, グラス ▶ copo de papel 紙コップ / copo de vinho ワイングラス.

❷ コップ [グラス] の中身 ▶ um copo de água コップ 1 杯の水 / um copo de vinho グラス 1 杯のワイン.

❸（食事以外で飲む）アルコール飲料 ▶ Eu fui tomar um copo depois do filme. 私は映画の後お酒を飲みに行った / Vamos beber um copo. 1 杯飲みに行こう. ❹ 酒飲み ▶ O Pedro é um bom copo. ペドロは酒好きだ.

beber pelo mesmo copo 気を許しあっている, 信頼しあっている.

não beber nem desocupar o copo 袋小路である.

ser bom de copo 酒に強い.

cópula /'kɔpula/ 女 ❶ 結合, 連結. ❷【文法】連結詞. ❸ 性交, 交尾.

coque /'kɔki/ 男 ❶ 束髪, まげ ▶ fazer um coque 束髪にする / estar de coque 髪をまとめている. ❷ コークス. ❸ 頭を殴ること.

coqueiro /ko'kejru/ 男【植物】ココヤシ.

coqueluche /koke'luʃi/ 女 ❶【医学】百日ぜき ▶ Tive coqueluche quando era criança. 私は子供のころ百日ぜきにかかった. ❷ 人気, 流行, 人気者 ▶ A Bossa Nova virou uma coqueluche no Japão. ボサノバは日本で人気になった.

ser a coqueluche de... …に人気がある, 寵愛されている.

coquete /ko'kɛtʃi/ 形《男女同形》名 ❶ おしゃれな（人）. ❷ 異性の気を引こうとする（人）.

coquetel /koke'tɛw/ [複 coquetéis] 男《英語》カクテル, カクテルパーティー ▶ coquetel de frutas フルーツカクテル / coquetel Molotov 火炎瓶.

cor[1] /'kox コ[1]/ [複 cores] 女 ❶ 色 ▶ Quais são as cores de sua preferência? あなたのお気に入りの色はどれですか / De que cor é a sua camisa? あなたのシャツは何色ですか / cor quente 暖色 / cor fria 寒色 / cores vivas 鮮やかな色 / de cor clara 明るい色の / de cor escura 暗い色の / de cor lisa 沈んだ色の / de cor vermelha 赤い色の.

❷（国や団体の）シンボルカラー ▶ As cores da seleção brasileira de futebol são verde e amarelo. ブラジルのサッカーの代表チームの色は緑と黄色だ.

❸ 顔色, 肌の色 ▶ Você não está com uma cor boa. あなたは顔色がよくない / mudar de cor 顔色を変える / perder a cor 青ざめる, 顔面蒼白になる.

❹ 絵の具, 染料, 顔料.

cor local 地方色.

de cor 有色の ▶ lápis de cor 色鉛筆.

em cores カラーの ▶ imagem em cores カラー画像.

ficar sem cor 顔色が悪くなる.

cor[2] /'kɔx/《次の成句で》

de cor 暗記して ▶ saber de cor 暗記している / aprender de cor 暗記する.

de cor e salteado 完璧に暗記して.

coração /kora'sẽw コラサォン/ [複 corações] 男 ❶ 心臓 ▶ coração artificial 人工心臓 / transplante de coração 心臓移植.

❷ 中心, 中央 ▶ no coração da cidade 町の中心部に.

❸ 心, 心情, 愛情 ▶ abrir o coração 心を開く / o rapaz de bom coração 心の優しい青年 / pessoa com coração 親切な優しい人 / Ele não tem coração. 彼は薄情［冷酷］だ / de todo o coração 心から / Agradeço-lhe do fundo do coração. 私はあなたに心の底から感謝しています / no fundo de seu coração 心の底では / coração de pedra 残酷な心 / coração de ouro 優しい心, 思いやりのある心 / coração de leão 勇敢な男 / coração mole 情にもろい心, 優しい心 / coração partido 傷ついた心 / coração torcido 捻じ曲がった心 / grande coração 心の広い人, 寛大な人 / não ter coração

冷酷である / estar com coração partido 失恋状態である. ❹圄 愛する人.
com o coração apertado 胸が痛んで, 断腸の思いで.
com o coração na boca 顎を出して, ひどく疲れて.
com o coração nas mãos ① 気をもんで. ② 誠意で.
conquistar o coração de... …の心をつかむ, とらえる.
cortar o coração 心を打ち砕く.
de apertar o coração 胸が痛む, 胸がつぶれる.
de bom coração 寛大な心の.
de coração 心から, 快く, 喜んで.
de coração mole 優しい心の.
de cortar o coração 胸が張り裂けそうな.
estar com o coração em festa 喜びに満ちあふれる.
falar ao coração 心を揺さぶる, 喜びを与える.
falar com o coração nas mãos 誠意をもって話す.
falar de coração 丁寧に話す.
ferir o coração 心を痛める, 不快な思いをする.
meter no coração 尊敬や友好を受ける.
ser um coração aberto 心を開いている, 偽りがない.
ter bom coração 心が優しい.
ter o coração ao pé da boca 心の内を率直に話す.
ter o coração do tamanho do mundo 非常に心が広い, 懐が大きい, 大変寛大である.
ter o coração nas mãos (驚きや不安等で) ドキドキ [ハラハラ, ビクビク] する.
ter o coração perto da goela 何でもはっきり言う, 言わずにいられない.
ter pelos no coração 冷酷 [非情] である.

corado, da /ko'radu, da/ 形 ❶ 色のある, 着色された ▶ substância corada 有色物質. ❷ 顔色の赤い ▶ Ficou com o rosto corado de cólera. 怒りで真っ赤な顔になった. ❸ (日光で) 漂白された ▶ lençol corado 日にさらしたシーツ. ❹ こんがりと焼き色のついた ▶ perníl corado こんがり焼いた豚のもも肉.

☆**coragem** /ko'raʒēȷ̃/ コラージェィン/ [複 coragens] 囡 ❶ **勇気** ▶ É preciso ter um pouco de coragem para decidir isso. それを決めるのには少し勇気が必要だ / ter coragem 勇気がある / ter muita coragem とても勇気がある / criar [tomar] coragem 勇気を出す / perder a coragem くじける. ❷ 度胸, ずうずうしさ, 厚かましさ ▶ Ele teve a coragem de mentir sobre isso. 彼はそれについてよくも嘘がつけた. ❸ 心の広さ ▶ Ela teve coragem suficiente para admitir seus erros. 彼女は自分の間違いを認めるだけの心を持っていた.
— 間 がんばれ, 元気を出せ.

corajosamente /kora,ʒɔza'mētʃi/ 副 勇敢に, 勇ましく.

corajoso, sa /kora'ʒozu, 'ʒɔza/ 形 勇敢な, 勇気がある ▶ um soldado corajoso 勇敢な兵士 / um ato corajoso 勇気ある行為.

coral[1] /ko'raw/ [複 corais] 男 ❶ 【動物】サンゴ. ❷ サンゴ色.
— 形 《不変》サンゴ色の.

coral[2] /ko'raw/ [複 corais] 男 ❶ コーラス. ❷ 【音楽】コラール ▶ um coral de Bach バッハのコラール.
— 形 合唱の.

corante /ko'rētʃi/ 男 着色剤, 染料, 顔料.
— 形 《男女同形》着色剤の, 染色する.

corar /ko'rax/ 他 ❶ 着色する, 染める ▶ Corou o tecido com um tom vistoso. 布を明るい色に染めた. ❷ (日光にさらして) 漂白する ▶ As lavadeiras estão corando os lençóis perto do rio. 川のそばで洗濯女たちがシーツを日にさらしている. ❸ 言い繕う ▶ corar a mentira 嘘を言い繕う.
— 自 赤面する ▶ Ele cora ao ser elogiado. 称賛されると彼は赤面する / corar de vergonha 恥ずかしくて赤くなる / corar até a raiz dos cabelos 顔から火が出る思いをする.
— **corar-se** 再 ❶ 赤くなる, 赤面する ▶ Ela se corou quando foi elogiada. 褒め称えられて彼女は顔を赤らめた. ❷ 恥じる ▶ Ele corou-se da sua própria atitude. 彼は自身の行動を恥じた.

☆**corda** /'kɔxda/ コフダ/ 囡 ❶ なわ, ロープ ▶ uma corda de pular 縄跳びの縄 / pular corda 縄跳びをする. ❷ 弦 ▶ instrumentos de corda 弦楽器. ❸ 物干しひも. ❹ (時計の) ぜんまい ▶ dar corda no relógio 時計のぜんまいを巻く. ❺ cordas vocais 声帯.
com a corda no pescoço 窮地に陥って, 困窮して.
corda bamba 綱渡り, 危険を冒すこと.
dar corda a [em] ... …をしゃべらせる, うぬぼれさせる.
dar corda para se enforcar 墓穴を掘らせる.
estar com a corda toda 興奮してしゃべり続ける.
esticar muito a corda ① せきたてる, 欲張る. ② 限界まで続ける.
mandar às cordas ① 解放される, 厄介払いする. ② ノックアウト勝ちする.
puxar a corda 最終的な決断を下す, 問題を終わらせる.
roer a corda 約束を破る, 契約解除する, 事業を諦める.
tocar na corda sensível 心の琴線に触れる, 弱点を攻める.
tocar na mesma corda 同じ問題 [話題] にしつこく触れる.

cordão /kox'dēw̃/ [複 cordões] 男 ❶ ひも; 靴ひも ▶ cordão de sapato 靴ひも. ❷ コード, 電線, 配線. ❸ (首にかける) 鎖 ▶ Cordão de ouro 金の鎖. ❹ 非常線 ▶ cordão de isolamento 立ち入り禁止のロープ.

cordeiro

❺ cordão umbilical 臍帯, へその緒 / sangue do cordão umbilical 臍帯血.
abrir os cordões à bolsa 財布のひもを緩める.
apertar os cordões à bolsa 財布のひもを締める.
cordão humano 人間の鎖.
cortar o cordão (umbilical) へその緒を断ち切る, 自立する.
entrar no cordão 同調する.
ser o cordão umbilical 重要な絆である, 命綱である.

cordeiro /kox'dejru/ 男 子羊 (の肉) ▶ Cordeiro de Deus 神の子羊, イエス・キリスト / cordeiro sem mácula けがれなき子羊, イエスキリスト.
manso como um cordeiro 子羊のように柔和で.

cordel /kox'dɛw/ [複 cordéis] 男 細いひも.
literatura de cordel ブラジル北部の, 小冊子による民衆文学.

literatura de cordel

cor-de-rosa /ˌkoxdʒi'xɔza/ 男《単複同形》バラ色.
— 形《不変》バラ色の.

cordial /koxdʒi'aw/ [複 cordiais] 形《男女同形》真心のこもった, 心からの ▶ abraço cordial 心からの抱擁.
— 男 強心剤, 気付け薬.

cordialidade /koxdʒiali'dadʒi/ 女 真心, 温かい心.

cordialmente /koxdʒi,aw'metʃi/ 副 心をこめて ▶ Cordialmente《手紙》敬具.

cordilheira /koxdʒi'ʎejra/ 女 山脈, 山系 ▶ a Cordilheira dos Andes アンデス山脈.

coreano, na /kore'ɐ̃nu, na/ 形 韓国の, 朝鮮の.
— 名 韓国人, 朝鮮人.
— **coreano** 男 韓国語, 朝鮮語.

Coreia /ko'reja/ 女《国名》韓国, 朝鮮 ▶ a Coreia do Sul 韓国 / a Coreia do Norte 北朝鮮.

coreografia /koreogra'fia/ 女 振り付け, 振り付け術.

coreográfico, ca /koreo'grafiku, ka/ 形 振り付けの.

coreógrafo, fa /koreɔ'grafu, fa/ 名 振り付け師.

coreto /'koretu/ 男 野外音楽堂.
bagunçar o coreto 挑発する, 抗議する.

corisco /ko'risku/ 男 電光, 閃光, 稲光.

corista /ko'rista/ 名 合唱団員.

coriza /ko'riza/ 女《医学》鼻風邪 ▶ ter coriza 鼻水が出る.

corja /'kɔrʒa/ 女 一群, 一味 ▶ corja de ladrões 盗人の集まり.

córnea /'kɔxnia/ 女《解剖》角膜.

corneta /kox'neta/ 女《音楽》コルネット, ラッパ.

corneteiro /koxne'tejru/ 男 ラッパ手.

corno /'koxnu/ 男 ❶ 角 ▶ corno da abundância コルヌ・コピア, 豊穣の角. ❷ 触角. ❸ 妻を寝取られた男.
— 形 妻を寝取られた.
botar os cornos de fora 頭角を現す.
corno manso 妻の浮気に目をつぶる夫.
duro como corno 石のように硬い.
meter os cornos 意欲を持って課題に当たる.
pôr os cornos no marido (妻が) 夫を裏切る, 不倫する.
roer um corno 困窮する, 食べるに事欠く.

cornucópia /koxnu'kɔpia/ 女 豊穣の角.

cornudo, da /kox'nudu, da/ 形 ❶ 角の生えた, 角を持った. ❷ (夫が) 妻に浮気された.
— **cornudo** 男 妻に浮気された夫.

coro /'koru/ 男 ❶《音楽》合唱, 合唱曲 ▶ coro a capela アカペラ. ❷ 合唱団, 合唱隊, 聖歌隊 ▶ coro de meninos 少年合唱団. ❸ (教会の) 聖歌隊席, 内陣. ❹ 異口同音の言葉 ▶ coro de protestos 一斉にあがる抗議.
em coro 声をそろえて ▶ falar em coro 声をそろえて言う.
fazer coro com... …に同調する.

***coroa** /ko'roa/ コロア/ 女 ❶ 冠 ▶ A coroa do rei é feita toda de ouro puro. 王冠は全体が純金でできている / coroa de espinhos いばらの冠, 受難 / coroa de louros 月桂冠 / coroa dentária 歯冠 / coroa solar 太陽コロナ.
❷ 王権, 王国. ❸ 花輪 ▶ coroa funerária 葬儀用花輪.
❹ コインの表 ▶ Vamos decidir: cara ou coroa?! さて, 決めよう. 裏か表か.
— 名 B 語 初老の人.

coroação /koroa'sẽw/ [複 coroações] 女 ❶ 戴冠, 戴冠式. ❷ 頂上を極めること, 完成, 仕上げ.

coroar /koro'ax/ 他 ❶ …に冠をかぶせる, …を王位に就ける ▶ O prefeito coroou a miss "Flor de Cerejeira" da cidade. 市長は市の「ミス桜」に冠をかぶせた.
❷ 最後を飾る, 仕上げる ▶ Os jogadores coroaram a competição com uma espetacular vitória. 選手たちは鮮やかな優勝で試合を飾った / coroar a obra 仕事を仕上げる / coroar o evento 事業を完璧に成し遂げる.
❸ 栄冠を与える, 報いる ▶ O prêmio coroou os esforços. 努力が受賞で報われた.
❹ 満足させる ▶ A viagem coroou seu grande sonho. 旅は大いなる夢を充たすものだった.
— **coroar-se** 再 …の王冠を頂く ▶ Napoleão coroou-se imperador. ナポレオンは皇帝の地位に就いた.

corola /ko'rɔla/ 女《植物》花冠.

corolário /koro'lariu/ 男 ❶ 必然的結果, 当然の帰結. ❷《論理》《数学》系.

coronário, ria /koro'nariu, ria/ 形 冠状の ▶ ar-

téria coronária 冠動脈.
— **coronária** 囡 冠動脈.
coronel /koro'nεw/ [複 coronéis] 男 ❶ (陸軍と空軍の) 大佐. ❷ Ⓑ 地元のボス的政治家.
coronelismo /korone'lizmu/ 男 地元ボスによる政治.
coronha /ko'roɲa/ 囡 銃床.
corpete /kox'petʃi/ 男 コルセット, ボディスーツ.
★corpo /ˈkoxpu/ コフポ (複 /ˈkɔx-/) 男 ❶ 体, 身体, 肉体 ▶ lavar o corpo 体 を 洗 う / corpo humano 人 体 / loção para o corpo ボディーローション / Ele tem o corpo muito flexível. 彼は身体がとても柔軟だ / sofrer queimaduras por todo o corpo 全身にやけどを負う / Meu corpo todo tremeu. 私は全身が震えた / Eu estava com o corpo todo encharcado. 私は全身びしょ濡れだった / bem feito de corpo 体格のよい.
❷ 死体, 遺体 ▶ um corpo carbonizado 黒焦げの遺体.
❸ (頭, 手足に対して) 胴; 胴部.
❹ 集団, 団体, 機関 ▶ corpo de bombeiros 消防署 / corpo diplomático 外 交 団 / corpo consular 領事館員 / corpo discente 全学生 / corpo docente 教授陣 / corpo de balé バレエ団.
❺ 物体 ▶ corpo estranho 異物 / corpo celeste 天体. ❻ 本体, 主要部分 ▶ o corpo de uma carta 手紙の本文.
corpo a corpo 体をぶつけあって, 肉薄して ▶ lutar corpo a corpo com... …と取っ組み合いのけんかをする / combate corpo a corpo 白兵戦.
corpo são e mente sã 心身ともに健康で.
corpo sem alma 魂のない肉体, リーダー不在のグループ.
dar corpo a... …を具体化する.
dar corpo 排泄する.
de corpo e alma 身も心も, 懸命に ▶ Ele dedica-se de corpo e alma à pesquisa. 彼は研究に没頭している.
de corpo inteiro 全身大の.
fazer corpo mole 怠ける ▶ Ele sempre faz corpo mole no trabalho. 彼はいつも仕事を怠ける.
fechar o corpo 不死身の体を作るために儀式を行う.
ganhar corpo 大きくなる, 成長する.
sem corpo やせっぽちの, 細身の.
ter o corpo fechado 不死身の肉体を持つ.
tirar o corpo fora 面倒なことから逃げる.
tomar corpo 具体化する, 形をなす.
corpo a corpo /ˌkoxpuaˈkoxpu/ 男《単複同形》肉薄戦, 白兵戦.
corporação /koxporaˈsẽw/ [複 corporações] 囡 ❶ 同業者組合. ❷ 団体, 企業.
corporal /koxpoˈraw/ [複 corporais] 形《男女同形》身体の, 肉体の ▶ castigo corporal 体罰 / linguagem corporal ボディーランゲージ.
corporativismo /koxporatʃiˈvizmu/ 男 同業組合主義, 協同組合主義.
corporativo, va /koxporaˈtʃivu, va/ 形 同業組合の. 団体の.
corpóreo, rea /kox'pɔriu, ria/ 形 ❶ 身体の.

❷ 物質の, 有形の ▶ o mundo corpóreo 物質的世界 / bens corpóreos 有形財産.
corpúsculo /kox'puskulu/ 男 ❶ 微粒子. ❷〖解剖〗小体.
★correção /koxe'sẽw/ コヘサォン [複 correções] 囡 ❶ 修正, 訂正 ▶ fazer correções 訂正する / correção de erros 間違いの訂正 / correção salarial 賃金調整 / correção monetária 通貨価値修正.
❷ 校正 ▶ correção de provas ゲラの校正.
❸ 採点 ▶ A correção das provas sempre demora bastante. 採点にはいつも時間がかかる.
corre-corre /ˌkɔxi'kɔxi/ [複 corre(s)-corres] 男 駆け回ること, 大騒ぎ ▶ Na bolsa de valores é sempre esse corre-corre. 証券市場はいつもこんな混乱状態だ / Vi o corre-corre dos fãs para pedir um autógrafo ao cantor. 私は歌手のサインを求めるファンたちの大騒ぎを見た.
no maior corre-corre 急いで.
corrediço, ça /koxe'dʒisu, sa/ 形 滑る ▶ porta corrediça 引き戸.
★corredor, dora /koxe'dox, 'dora/ コヘドーフ, ドーラ [複 corredores, doras] 形 (よく) 走る ▶ cavalo corredor 競走馬.
— 名 走者, ランナー ▶ corredor de maratona マラソン走者 / Ele é o último corredor do revezamento. 彼はリレーのアンカーだ.
— **corredor** 男 ❶ 廊下 ▶ Vá pelo corredor da direita. 右の廊下を行ってください. ❷ (飛行機や劇場などの) 通路.
corredores do poder 権力の回廊.
córrego /ˈkɔxegu/ 男 小川, 陰路.
correia /ko'xeja/ 囡 ベルト, ストラップ ▶ correia transportadora コンベヤーベルト / correia dentada 歯付ベルト.
★correio /ko'xeju/ コヘィォ 男 ❶ 郵便, 郵便局 ▶ enviar pelo correio 郵便で送る / pôr no correio 投函する / O correio central fica perto de casa. 中央郵便局は自宅の近くだ.
❷ 郵便物 ▶ correio aéreo 航空郵便 / correio expresso 速達郵便 / correio eletrônico 電子メール / correio de voz ボイスメール.
❸ 郵便配達員 ▶ O correio já chegou? 郵便配達はもう来ましたか.
correlação /koxela'sẽw/ [複 correlações] 囡 相関関係, 相関 ▶ coeficiente de correlação 相関係数.
correligionário, ria /koxeliʒio'nariu, ria/ 形 名 同じ宗教を持つ (人); 同じ政党を支持する (人).
★corrente /ko'xẽtʃi/ コヘンチ 形《男女同形》❶ 流れている ▶ água corrente 流水.
❷ 普通の ▶ de uso corrente 広く使われている / opinião corrente 一般的意見.
❸ 流通している ▶ A moeda corrente no Brasil é real. ブラジルで流通している通貨はレアルだ.
❹ 現在の ▶ no mês corrente 今月に / preço corrente 時価 / conta corrente 当座預金口座.
— 囡 ❶ (水や空気の) 流れ ▶ corrente de ar すきま風, 空気の流れ / corrente sanguínea 血流.
❷ 鎖, チェーン.

correntemente

❸ ネックレス ▶ corrente de ouro 金のネックレス.
❹ 電流 (= corrente elétrica) ▶ corrente alternada 交流 / corrente contínua 直流.
andar ao corrente 最新情報に通じている.
estar ao corrente de... …に精通している.
ir contra a corrente ① 常識や経験則に逆らう. ② 困難や障害に屈しない.
pôr ao corrente 報告する, 知らせる.
nadar contra a corrente 潮流に逆らう, 無駄な努力をする.

correntemente /ko,xẽtʃi'mẽtʃi/ 副 ❶ 通常は, 一般に ▶ Hoje, esse problema é correntemente resolvido de maneira simples. 今日では, 通常そ の問題は簡単な方法で解決される.
❷ 今, 現在 ▶ Correntemente, não se usa mais máquina de escrever. 今ではもうタイプライターは使われない.
❸ 流暢に ▶ Escreve em japonês correntemente. 彼は日本語ですらすら書く.

correnteza /ko'xẽteza/ 女 水の急流.

☆correr /ko'xex コヘーフ/ 自 ❶ 走る, 駆ける ▶ Ela corre rápido. 彼女は足が速い / Corri até a estação. 私は駅まで走った / Corre atrás de... …を追いかける, 追い求める / As crianças vieram correndo. 子供たちが走ってきた / correr a toda velocidade 全速力で走る / Corro todos os dias. 私は毎日走る.
❷ 急ぐ, 急いで行く, 駆けつける ▶ Não corra tanto. そんなにスピードを出さないで, そんなに慌てないで / fazer algo correndo 何かを急いでする / ir correndo para o hospital 急いで病院に行く.
❸ 走り回る, かけずり回る, 奔走する ▶ Ontem, corri o dia inteiro. 昨日私は一日中走り回っていた.
❹ 速く動く, 進む, 流れる ▶ No Japão, os carros correm do lado esquerdo das estradas. 日本で は車は道路の左側を走る.
❺ (事態が) うまくいく, 経過する ▶ Tudo correu bem. 万事うまくいった / As negociações correram sem problemas. 交渉はすんなりいった.
❻ 広まる, 伝わる ; 流行する ▶ A notícia correu depressa. ニュースはたちまち広まった / Corre o boato de que + 直説法 …といううわさが流れている.
❼ (ある方向に) 走る, 延びる.
❽ (水が) 流れる ▶ O rio Sumida corre atravessando Tóquio. 隅田川は東京を流れている.
❾ (時が) 流れる ▶ O tempo corre. 時のたつのは早い.
— 他 ❶ 追いかける, 追い求める.
❷ (競走に) 出場する, 出走する ▶ correr a maratona マラソンに出る / correr os 100 metros 100 メートル走に出場する.
❸ …を駆け回る, 歩き回る ▶ correr o mundo 世界中を回る / correr todas as lojas de um shopping ショッピングセンターのすべての店を回る.
❹ (危険を) 冒す ▶ correr perigo 危険を冒す / correr risco リスクを冒す / correr risco de vida 生命のリスクを冒す / Viver é correr o risco de morrer. 生きるとは死ぬリスクを冒すことだ.
❺ 動かす, 走らせる ; (カーテンを) 引く ▶ correr os olhos pela página ページをさっと見る / correr as cortinas カーテンを引く.
ao correr de... …に沿って, …に向かって.
correr a toda 全速力で走る.
correr com alguém …を追い払う.
correr por fora 勝算のない勝負をする.
deixar correr 成り行きに任せる, そのままにしておく.

correspondência /koxespõ'dẽsia/ 女 ❶ 対応, 一致.
❷ 通信 ▶ curso por correspondência 通信講座 / venda por correspondência 通信販売.
❸ 《集合的》郵便物 ; 書簡集 ▶ muita correspondência 多くの郵便物.
❹ (交通手段の) 乗り継ぎ, 接続.

*****correspondente** /koxespõ'dẽtʃi コヘスポンデン チ/ 《男女同形》対応する, 相当する ▶ palavra correspondente 対応する語.
— 名 ❶ (新聞社などの) 通信員, 特派員 ▶ Ela trabalhou como correspondente de um jornal famoso. 彼女は有名な新聞社の特派員として働いた / correspondente de guerra 戦争特派員.
❷ 文通相手 ▶ Ele é meu correspondente do Brasil. 彼はブラジルからの文通相手だ.

*****corresponder** /koxespõ'dex コヘスポンデーフ/ 自 ❶ …に一致する [+ a] ▶ Isso não corresponde à realidade. それは現実と一致しない.
❷ …に応える ▶ O filho correspondeu à expectativa dos pais. 子供は両親の期待に応えた.
— **corresponder-se** 再 … と文通する [+ com].

corretagem /koxe'taʒẽj/ 女 [複 corretagens] 仲買業, 仲介業, 周旋業務 ; 仲買手数料, 周旋料, 口銭.

corretamente /ko,xeta'mẽtʃi/ 副 正しく, 正確に ▶ escrever corretamente 正しく書く / responder corretamente 適切に返事をする.

corretivo, va /koxe'tʃivu, va/ 形 矯正する ▶ lentes corretivas 矯正レンズ.
— **corretivo** 男 ❶ 修正液. ❷ コンシーラー. ❸ 罰.

*****correto, ta** /ko'xetu, ta コヘート, タ/ 形 ❶ 正しい, 間違いのない ▶ resposta correta 正答 / frase gramaticalmente correta 文法的に正しい文 / falar um português correto 正しいポルトガル語を話す / cálculo correto 正しい計算 / politicamente correto 政治的に正しい.
❷ 的確な, ふさわしい ▶ Ela tomou a decisão correta. 彼女は的確な決断をくだした.
❸ 丁寧な, 礼儀正しい ▶ O Pedro é uma pessoa correta. ペドロは礼儀正しい人だ.
— **correto** 男 《o correto》正しいこと, 正解.

corretor[1] /koxe'tox/ 男 仲買人, ブローカー, 仲介業者 ▶ corretor da bolsa 株式仲買人 / corretor de seguros 保険仲立人, 保険ブローカー / corretor de imóveis 不動産仲介業者.

corretor[2]**, tora**[1] /koxe'tox, 'tora/ [複 corretores, toras] 名 ❶ 修正者. ❷ 校正者. ❸ 採点者.
— 形 修正する.
— **corretor** 男 ❶ 修正液. ❷ コンシーラー. ❸ corretor ortográfico スペルチェッカー.

corretora[2] /koxe'tora/ 囡 仲介業者事務所, ブローカー事務所 ▶ corretora de seguros 保険代理店.

*__corrida__[1] /ko'xida/ コヒーダ/囡 ❶ 走ること.
❷ 競走, レース, 競争 ▶ corrida automobilística 自動車レース / corrida de cavalos 競馬 / corrida de touros 闘牛 / corrida de revezamento リレーレース / corrida de fundo 長距離走 / corrida armamentista 軍拡競争 / corrida contra o tempo 時間との戦い.
❸ タクシーの走行距離 ▶ Quanto ficou a corrida? メーターはいくらになりましたか / Quanto é a corrida até o aeroporto? 空港までタクシー料金はいくらですか.
de corrida 急いで.

corrido, da[2] /ko'xidu, da/ 形 ❶ 走った. ❷ 過ぎ去った ▶ tempo corrido 過ぎ去った時.
corrido de vergonha 恥ずかしい, 面目ない.

*__corrigir__ /koxi'ʒix/ コヒジーア/② 他 ❶ 訂正する, 修正する ▶ corrigir erros 間違いを直す / Corrija-me se eu estiver errado. 私が間違っていたら訂正してください. ❷ 採点する ▶ corrigir provas 答案を採点する.

corrimão /koxi'mẽw/ [複] corrimãos または corrimões] 男 手すり, 欄干.

corrimento /koxi'mẽtu/ 男 分泌物 ▶ corrimento nasal 鼻汁, 鼻水 / corrimento vaginal おりもの.

corriqueiro, ra /koxi'kejru, ra/ 形 ありふれた, 普通の ▶ um problema corriqueiro よくある問題.

corroboração /koxobora'sẽw/ [複 corroborações] 囡 確証, 裏付け.

corroborar /koxobo'rax/ 他 ❶ 補強する. ❷ (資料や証拠で)補強する, 裏付けする ▶ corroborar uma hipótese 仮説を裏付ける.

corroer /koxo'ex/ ㊱ 他 ❶ 腐食させる ▶ O ácido corrói o metal. 酸は金属を腐食させる. ❷ むしばむ, 損なう.
— **corroer-se** 再 腐食する.

corromper /koxõ'pex/ 他 ❶ 損なう, だめにする. ❷ 堕落させる, 腐敗させる ▶ O poder corrompe o homem. 権力は人を堕落させる. ❸ 賄賂を贈る, 買収する ▶ corromper políticos 政治家に賄賂を贈る.
— **corromper-se** 再 ❶ だめになる, 堕落する. ❷ 腐敗する.

corrosão /koxo'zẽw/ [複 corrosões] 囡 腐食, 浸食.

corrosivo, va /ko'xozivu, va/ 形 腐食する, 腐食性の ▶ líquido corrosivo 腐食性の液体.

*__corrupção__ /koxupi'sẽw/ コピサォン/[複 corrupções] 囡 ❶ 腐敗. ❷ 堕落 ▶ A corrupção moral resultará em fracasso. 倫理の堕落は失敗につながる. ❸ 汚職, 買収, 贈収賄.

corruptível /koxupi'tʃivew/ [複 corruptíveis] 形《男女同形》❶ 買収されやすい, 堕落しやすい. ❷ 腐りやすい, 朽ちやすい.

corrupto, ta /ko'xupitu, ta/ 形 堕落した, 賄賂の効く ▶ um político corrupto 腐敗政治家 / um juiz corrupto 買収された裁判官.

corruptor, tora /koxupi'tox, 'tora/ [複 corruptores, toras] 形 堕落させる.
— 名 ❶ 堕落させる人. ❷ 贈賄者.

corsário /kox'sariu/ 男 ❶ 私掠船, 海賊. ❷ カブリパンツ.

cortada /kox'tada/ 囡《スポーツ》スマッシュ, アタック ▶ dar uma cortada スマッシュを打つ / dar uma cortada em alguém …にきつく言い返す.

cortante /kox'tẽtʃi/ 形《男女同形》❶ 鋭利な, よく切れる ▶ objeto cortante 鋭利な物体. ❷ (風や寒さが)身を切るような ▶ vento cortante 身を切るような風. ❸ 辛辣な ▶ tom cortante 辛辣な口調.

*__cortar__ /kox'tax/ コウタープ/他 ❶ 切る, 切り分ける, 切り落とす ▶ cortar o pão パンを切る / cortar o papel 紙を切る / cortar as unhas 爪を切る / cortar uma árvore 木を切る / cortar o cabelo 髪を切る / cortar a grama 芝を刈る / Vamos cortar o bolo logo! 早くケーキを切ろうよ / Ih, cortei o dedo! あっ指を切ってしまった / cortar um galho 枝を切り落とす / cortar uma imagem 画像を切り抜く.
❷ 削減する, 減らす ▶ cortar as verbas 予算を削減する / cortar os gastos 出費を切り詰める / cortar os doces 甘いものを断つ.
❸ 裁断する ▶ cortar o tecido 生地を裁断する.
❹ 絶つ, 止める ▶ cortar a água 水道を止める / cortar a luz 電気を止める / cortar a bola ボールをカットする / cortar o telefone 電話を切る / Eles cortaram as relações de longa data. 彼らは昔からの関係を絶った.
❺ (道が)横切る, 交差する ▶ Esta rua corta a avenida principal. この通りは大通りと交差している.
— 自 切れる ▶ Esta faca corta bem. この包丁はよく切れる / Esta faca não corta. この包丁は切れない.
— **cortar-se** 再 けがをする.

*__corte__[1] /'kɔxtʃi/ コフチ/男 ❶ 切ること ▶ estar sem corte (刃物が)切れない, なまくらである.
❷ 切り傷.
❸ 削減, 節約, カット ▶ Haverá corte nas despesas da fábrica. 工場の経費がカットされる / corte drástico 大幅削減.
❹ 遮断 ▶ corte de energia [luz] 停電.
❺ 髪のカット ▶ corte de cabelo ヘアカット.
❻《服飾》裁断 ▶ corte e costura 婦人服仕立て.

corte[2] /'kɔxtʃi/ 囡 ❶ 宮廷 ▶ corte real 王宮 / homem da corte 宮廷人 / corte papal [pontifical] ローマ教皇庁.
❷《集合的に》宮廷人. ❸ 首都, 都.
❹ 裁判所 ▶ corte de apelação 控訴院 / corte marcial 軍法会議. ❺ 家畜小屋, 囲い場.
fazer a corte a alguém …のご機嫌を取る；(女性に)言い寄る.

cortejar /koxte'ʒax/ 他 ❶ …に会釈する ▶ O presidente cortejou os participantes e iniciou a reunião. 社長は出席者たちにあいさつし, 会議を始めた.
❷ 求愛する, 言い寄る ▶ Durante anos José a cortejou, mas ela continuou a recusá-lo. 何年もの

cortejo

間ジョゼが言い寄ったが, 彼女は拒否し続けた.
❸《軽蔑》…にこびる, おべっかを使う ▶cortejar os poderosos. 権力者たちにこびる.

cortejo /kox'teʒu/ 男 ❶ 会釈；敬礼 ▶Durante o evento, a rainha recebeu o cortejo dos súditos. その催しのあいだ, 女王は家来の敬礼を受けた.
❷ 随行員 ▶Todos bradaram críticas durante a passagem do cortejo do presidente. 大統領随行員の一団が通るあいだ, 誰もが大声で非難した.
❸ 行列 ▶cortejo fúnebre 葬列 / O povo foi às ruas para ver o cortejo real. 民衆は王室一行を見ようと通りに詰めかけた.
❹ 求愛, 言い寄ること ▶Joana recebeu cortejos de muitos homens presentes na festa. ジョアナはパーティーの場にいた多くの男性から求愛された.

cortês /kox'tes/ [複 corteses] 形《男女同形》❶ 宮廷の ▶ hábito cortês 宮廷のしきたり / amor cortês 宮廷愛.
❷ 洗練された, 礼儀正しい ▶Ele é um homem muito cortês. 彼はとても礼儀正しい.

cortesão, sã /koxte'zɐ̃w, 'zɐ̃/ [複 cortesões, sãs] 名 ❶ 宮廷人, 廷臣. ❷ 礼儀正しい人, 上品な人.
— 形 ❶ 宮廷の. ❷ 礼儀正しい, 上品な.
— **cortesã** 女 高級娼婦.

cortesia /koxte'zia/ 女 ❶ 慇懃さ, 礼儀 (正しさ) ▶Por cortesia, convidou-a para jantar. 礼儀上, 彼女を夕食に招待した / visita de cortesia 表敬訪問.
❷ 親切, 気遣い；優雅 ▶Ele teve a cortesia de ensinar o caminho ao turista. 彼は親切にも旅行者に道を教えてあげた.
❸ お辞儀, 敬礼 ▶Fez uma cortesia às pessoas presentes. 居合わせた人々にあいさつをした.
❹ 気配りとしてのちょっとした贈り物やサービス ▶A sobremesa é cortesia do restaurante. このデザートはレストランからのサービスです / ingresso de cortesia 無料チケット.
fazer cortesia com o chapéu alheio 他人の金で人の歓心を買う.

córtex /'koxteks/ 男《単複同形》❶《解剖》皮質 ▶ córtex cerebral 大脳皮質. ❷《植物》樹皮, 皮層.

cortiça /kox'tʃisa/ 女 コルク ▶rolha de cortiça コルクの栓.

cortiço /kox'tʃisu/ 男 ❶ ミツバチの巣箱. ❷ B 低所得者の住む集合住宅. ❸ B 貧民街.

*__cortina__ /kox'tʃina/ コフチーナ 女 ❶ カーテン, 幕 ▶ abrir as cortinas カーテンを開ける / fechar as cortinas カーテンを引く / cortina de rolo 巻き上げ式ブラインド.
❷ 仕切り, 遮蔽物 ▶cortina de ar エアカーテン / cortina de fumaça 煙幕 / cortina de ferro 鉄のカーテン.
atrás da cortina 舞台裏で.
correr a cortina 暴露する, 公表する.
correr a cortina sobre... …を隠蔽(いんぺい)する, …に幕引きをする.

cortinado /koxtʃi'nadu/ 男 カーテン装置.

coruja /ko'ruʒa/ 女《鳥》フクロウ.

mãe [pai] coruja 親ばかの母 [父].

corvina /kox'vina/ 女《魚》鳴き魚.

corvo /'koxvu/ [複 /'kox-/] 男 カラス.

cós /'kɔs/ 男《単複同形》ベルト, バンド.

cosca /'kɔska/ 女 くすぐったさ ▶fazer cosca くすぐる.

coser /ko'zex/ 他 ❶ 縫う, 縫い付ける ▶Minha tia cosia roupas para crianças. 私の叔母は子供のための洋服を縫っていた / coser um botão ボタンを縫う.
❷ 刺す ▶Coseu o bandido a facadas. 悪漢をナイフでめったやたらに刺した.
❸ …にくっつける [+ a] ▶Coseu o corpo à parede para deixar o carro passar. 塀に身を寄せて車をやり過ごした.
— 自 裁縫をする ▶Maria passava os dias cosendo. マリアは日々裁縫をしていた.
— **coser-se** 再 …にくっつく [+ a] ▶Coseu-se à parede para ouvir a conversa. 話を聞こうと壁にぴったりと寄った.

cosmética[1] /koz'mɛtʃika/ 女 ❶ 美容術. ❷ 化粧品産業.

cosmético, ca[2] /koz'mɛtʃiku, ka/ 形 ❶ 化粧の, 美容用の ▶produtos cosméticos 化粧品 / cirurgia cosmética 美容外科. ❷ うわべだけの.
— **cosméticos** 男複 化粧品.

cósmico, ca /'kɔzmiku, ka/ 形 宇宙の ▶espaço cósmico 宇宙空間.

cosmo /'kɔzmu/ 男 = cosmos

cosmogonia /kozmogo'nia/ 女 宇宙生成論.

cosmologia /kozmolo'ʒia/ 女 宇宙論.

cosmonauta /kozmo'nawta/ 名 宇宙飛行士.

cosmopolita /kozmopo'lita/ 形《男女同形》全世界的な, 国際色豊かな ▶cidade cosmopolita 国際色豊かな都市.
— 名 国際人, コスモポリタン.

cosmos /'kɔzmus/ 男《単複同形》宇宙.

‡**costa** /'kɔsta/ コスタ 女 海岸, 沿岸 ▶na costa do Brasil ブラジル沿岸で / na costa oeste 西海岸で.
dar à costa 座礁する.

costado /kos'tadu/ 男 ❶ 側面, わき. ❷ 舷側.
❸ 背中. ❹ (costados) 祖父母.
de quatro costados 生粋の ▶Sou brasileiro de quatro costados. 私は生粋のブラジル人だ.
no costado ① 心の奥底で. ② 背後に.

Costa Rica /ˌkɔsta'rika/ 女《国名》コスタリカ.

costarriquenho, nha /kostaxi'kẽnu, ɲa/ [複 costarriquenhos] 形 コスタリカの(人).

costas /'kɔstas/ 女複 ❶ 背中, 背, 背面 ▶Estou com dor nas costas. 私は背中が痛い / costas da mão 手の甲 / estar de costas 背中を向けている / ficar de costas 背を向ける / virar de costas 背を向ける / deitar de costas 仰向けになる.
❷ 背泳ぎ ▶nadar de costas 背泳ぎで泳ぐ / 100 metros de costas 100メートル背泳ぎ.
às costas 背後に.
até cair de costas 十分な, たくさん.
cair de costas 卒倒する, 驚く.
cair nas costas de... …の肩にのしかかる.

carregar nas costas 一人で背負い込む, 抱え込む.
com as costas na parede 追い詰められて, 窮地に立たされて.
dar as costas 背を向ける ▶ A moça deu-nos as costas e saiu da sala. その娘は私たちに背を向け, 部屋から出て行った
de costas 背を向けて ▶ de costas contra a parede 壁に背を向けて.
de costas um para o outro 背中合わせに.
desejar ver pelas costas いなくなってほしい, 二度と見たくない, 敬遠したい.
É só virar as costas. 表と裏がある, 信用できない.
falar pelas costas 陰口を言う.
fazer algo nas costas de alguém …の陰で…する.
guardar as costas 護衛する, ボディーガードをする.
jogar nas costas (de alguém) (…) に過大な責任を負わせる.
mostrar as costas 逃げる, 背中を見せる.
pôr as costas 重荷を負わせる.
ter às costas 責任を持つ, 負荷を背負う.
ter as costas largas 大きな背中をしている, 大きな責任 (出費) を引き受けることができる.
ter as costas quentes 強力なコネがある.

costela /kos'tɛla/ 囡 ❶ 【解剖】ろっ骨.
❷ 骨付きあばら肉 ▶ costela de carneiro 骨付き羊肉.
❸ 国 妻.
Somos todos da costela de Adão. 我々は皆アダムの子孫だ.
ter costela de... …の出である.

costeleta /koste'leta/ 囡 ❶ 骨付きのあばら肉 ▶ costeleta de porco ポークチョップ. ❷ 国 もみあげ.

costumado, da /kostu'madu, da/ 厖 いつもの, 習慣の.
— **costumado** 男 習慣.

☆**costumar** /kostu'max/ コストゥマーフ / 他 ❶ 《costumar + 不定詞》…する習慣がある, いつも…する, …する癖がある ▶ Os alunos costumam sentar-se nas últimas filas. 生徒たちはいつも後ろのほうの席に座る / Não costumo beber. 私はふだん酒を飲まない / Eu costumava nadar todas as manhãs. 私は毎朝泳いだものだった.
❷ 《costumar + 目的語 + a + 不定詞》…することに慣れさせる ▶ A mãe costumou o filho a acordar sozinho. 母親は子供に一人で起きるように慣らした.
— **costumar-se** 再 《costumar-se a + 不定詞》…することに慣れる ▶ Ele se costumou a sair cedo. 彼は早く出かけることに慣れた.

☆**costume** /kos'tumi/ 男 ❶ 習慣 ▶ Ela tem costume de tomar café sem açúcar. 彼女はコーヒーに砂糖を入れずに飲む習慣がある.
❷ 風習, 慣習 ▶ costumes brasileiros ブラジルの風習 / costumes tradicionais 伝統的風習.
bons costumes 礼儀, 正しい作法.
como de costume いつものように, 普段どおり.
... de costume 《多く比較級とともに》ふだん, いつも ▶ mais cedo do que de costume いつもより早く.
ter por costume …を習慣とする.

costumeiro, ra /kostu'mejru, ra/ 厖 慣習の ▶ direito costumeiro 慣習法.

costura /kos'tura/ 囡 ❶ 裁縫 ▶ fazer costura 裁縫する / máquina de costura ミシン. ❷ 縫い目 ▶ sem costura シームレスの. ❸ 仕立業. ❹ 傷跡.
estar a rebentar pelas costuras 混雑する, 満員になる ▶ No verão, os hotéis vão estar a rebentar pelas costuras. 夏にはホテルはあふれんばかりにいっぱいになるだろう.

costurar /kostu'rax/ 他 縫う, 縫い合わせる, 仕立てる ▶ costurar um botão ボタンを縫う / costurar roupas 服を縫う. ❷ (合意などを) 取り付ける ▶ costurar um acordo 合意を取り付ける.
— 自 ❶ 裁縫をする. ❷ 国 車の間をすり抜けて運転する.

costureiro, ra /kostu'rejru, ra/ 图 洋裁師, お針子.
— **costureiro** 男 【解剖】縫工筋.

cota /'kota/ 囡 ❶ 割り当て, 取り分. ❷ 分担額 ▶ cota de sócio 会費.

cotação /kota'sẽw̃/ [圈 cotações] 囡 相場, 時価 ▶ cotação na bolsa 株式市場の相場 / cotação do dólar ドル相場.

cotado, da /ko'tadu, da/ 厖 ❶ (公定の) 相場のついた ; (株などが) 上場された ▶ empresas cotadas em bolsa 株式上場企業.
❷ 評価の高い, お気に入りの ▶ o candidato mais cotado 本命候補.

cota-parte /ˌkota'paxtʃi/ [圈 cotas-partes] 囡 分け前, 割り当て, 負担分.

cotar /ko'tax/ 他 ❶ …に相場を付ける ▶ O governo cotou o preço do arroz. 政府は米価を決めた / A imobiliária cotou o terreno em cem mil reais. 不動産会社はその土地に10万レアルの価格を付けた.
❷ 評価する ▶ O professor cotou Mário de esforçado. 先生はマリオを努力家だと評した / A empresa cotou-o de irresponsável. 会社は彼を無責任だとした.
❸ 測量する ▶ cotar a montanha 標高を測定する.

cotejar /kote'ʒax/ 他 比べる, 比較する ▶ Cotejou os preços antes de fazer a compra. 彼は買い物をする前に値段を比較した / O contador cotejou os números atentamente. 経理係は念入りに数字をつき合わせた.

cotejo /ko'teʒu/ 男 ❶ 比較, 対照. ❷ 照合, つき合わせ.

cotidiano, na /kotʃidʒi'ẽnu, na/ 厖 日々の, 毎日の ▶ vida cotidiana 日常生活 / pão cotidiano 日々のパン / jornal cotidiano 日刊紙.
— **cotidiano** 男 日常生活, 日常.

cotização /kotʃiza'sẽw̃/ [圈 cotizações] 囡 分担金, 拠出金.

cotizar /kotʃi'zax/ 他 割り当てる.
— **cotizar-se** 再 費用を出し合う, 拠出する.

cotonete /koto'nɛtʃi/ 男 【商標】綿棒.

cotovelada /kotove'lada/ [女] ひじで突くこと, ひじ鉄砲 ▶ dar uma cotovelada em alguém …にひじ鉄砲を食らわせる / abrir caminho às cotoveladas ひじで人をかき分ける.

cotovelo /koto'velu/ [男] ❶ ひじ ▶ estar com os cotovelos na mesa テーブルにひじをつく. ❷ 曲がり角.

falar pelos cotovelos よくしゃべる.

ter dor de cotovelo 妬む, うらやむ.

cotovia /koto'via/ [女]〘鳥〙ヒバリ.

coturno /ko'tuxnu/ [男] ブーツ.

de alto coturno 地位の高い.

coube [活用] ⇒ caber

couber [活用] ⇒ caber

couraça /ko'rasa/ [女] ❶ よろい, ❷ (カメなどの) 甲羅. ❸ 装甲.

couraçado /kora'sadu/ [男] 軍艦, 戦艦.

***couro** /'koru コーロ/ [男] **皮, 皮革, 革** ▶ couro de vaca 牛革 / couro de crocodilo クロコダイル革 / sapatos de couro 革靴 / jaqueta de couro 革のジャケット / couro artificial 人工皮革 / couro cabeludo 頭皮 / couro verde 生皮.

comer o couro de... …を殴る, たたく.

dar no couro ① 現役である, 持ちこたえている. ② よいサッカー選手である.

em couro むき出しで, 皮をむかれて.

tirar o couro de... ① …の皮をはぐ, むち打つ, 無理強いする. ② ぼったくる.

couve /'kovi/ [女]〘植物〙ケール, 葉ボタン, キャベツ ▶ couve à mineira ケール炒め.

couve-de-bruxelas /ˌkovidʒibru'ʃɛlas/ [[複] couves-de-bruxelas] [女] 芽キャベツ.

couve-flor /ˌkovi'flox/ [[複] couves-flores] [女] カリフラワー.

couvert /ku'vɛx/ [男]《フランス語》テーブルチャージ, カバーチャージ.

cova /'kɔva/ [女] ❶ 穴 ▶ fazer uma cova 穴を掘る. ❷ 墓穴.

cavar a própria cova 自分の墓穴を掘る.

cova de serpente 悪の巣窟.

descer à cova 土に帰る, 死ぬ.

estar com um pé na cova 棺桶に片足を突っ込んでいる.

covarde /ko'vaxdʒi/ [形]《男女同形》[名] 臆病な(人), 卑怯な(人).

covardia /kovax'dʒia/ [女] 臆病さ, 卑怯さ.

coveiro /ko'vejru/ [男] 墓堀り人.

covil /ko'viw/ [[複] covis] [男] ❶ (動物の) 巣穴. ❷ 盗賊の根城.

covinha /ko'vĩɲa/ [女] えくぼ.

coxa /'koʃa/ [女] 大腿部, もも ▶ coxa de frango 鶏のもも肉.

em cima das coxas 急いで, ずさんに, 中途半端に.

nas coxas 急いで, 適当に, いい加減に.

coxear /koʃe'ax/ ⑩ [自] 片足を引きずって歩く.

coxia /ko'ʃia/ [女] ❶ (飛行機や列車の) 通路. ❷ (劇場の) 補助席, ストール.

correr a coxia あちこち歩く, あてもなく歩く.

coxo, xa /'koʃu, ʃa/ [形] ❶ 片足の不自由な. ❷ 不安定な, ぐらつく ▶ mesa coxa がたがたするテーブル.

— [名] 片足の不自由な人.

cozer /ko'zex/ [他] ❶ 煮る, 焼く, 料理する; 火を通す ▶ cozer batatas ジャガイモをゆでる / cozer o arroz ご飯を炊く.

❷ (陶器などを) 焼く ▶ cozer a telha 瓦を焼く.

❸ 消化する ▶ O bebê não cozeu bem o alimento. 赤ん坊は食事を消化しきれなかった.

— [自] 料理する, 料理ができる, 料理人である ▶ Ele coze todos os dias. 彼は毎日料理する / José coze bem. ジョゼは料理がうまい.

cozido, da /'kozidu, da/ [形] 煮た, 焼いた ▶ ovo cozido 固ゆで卵 / legumes cozidos ゆで野菜 / bem cozido よく焼いた, ウエルダン / mal cozido 生煮えの, 生焼けの.

— **cozido** [男] 煮込み, シチュー ▶ cozido à portuguesa ポルトガル風煮込み料理.

cozimento /kozi'mẽtu/ [男] 煮ること, 焼くこと, 調理すること ▶ tempo de cozimento 調理時間.

*****cozinha** /ko'zĩɲa コズィーニャ/ [女] ❶ **台所** ▶ comer na cozinha 台所で食事する.

❷ **料理** ▶ a cozinha brasileira ブラジル料理 / Gosto da cozinha chinesa. 私は中華料理が好きだ / livro de cozinha 料理本 / receita de cozinha 料理のレシピ.

cozinhar /kozi'ɲax/ [他] ❶ 煮る, 焼く, 料理する ▶ cozinhar ovos 卵をゆでる / Minha mãe cozinhou batatas para o almoço. お昼に母はジャガイモをゆがいた / cozinhar demais 焼きすぎる, 煮すぎる.

❷ 火を通す ▶ cozinhar a carne 肉に火を通す.

❸ (陶器などを) 焼く ▶ cozinhar cerâmicas 陶器を焼く.

❹ (陰謀などを) 企てる ▶ cozinhar uma conspiração 陰謀を企てる / cozinhar um golpe de Estado クーデターを企てる.

❺ (解決や実施を) 延ばす, 時間を稼ぐ ▶ Os jogadores cozinharam a partida nos últimos minutos. 選手たちは試合終了間際の数分間時間稼ぎをした.

— [自] ❶ 料理する ▶ Não sei cozinhar. 私は料理ができない / Meu marido cozinha admiravelmente. 夫の料理の腕前は称賛に値する / cozinhar bem 料理が上手である / cozinhar mal 料理が下手である.

❷ 料理人を務める ▶ Paulo cozinha em um restaurante japonês. パウロは日本料理屋の料理人だ.

cozinhar a fogo brando 煮え切らない.

cozinhar em água fria 煮え切らない.

cozinhar em banho-maria 煮え切らない.

cozinheiro, ra /kozi'ɲejru, ra/ [名] 料理人, コック ▶ Ela é boa cozinheira. 彼女は料理が上手だ.

cozinheiro de forno e fogão 名コック.

CPF《略語》Cadastro de Pessoas Físicas 納税者番号.

CPLP《略語》Comunidade dos Países de Língua Portuguesa ポルトガル語圏諸国共同体.

crachá /kra'ʃa/ [男] ID カード, 名札.

crânio /'krẽniu/ [男] ❶〘解剖〙頭蓋骨. ❷ とても頭

のいい人 ▶ ser um crânio 非常に頭がいい.

craque /'kraki/ 图 ❶ エース, スター ▶ craque de futebol サッカーのスター選手. ❷ 達人, 一芸に秀でた人 ▶ craque em matemática 数学の達人.
— 囲 名馬.

craque /'kraki/ 图 ❶ (株式の)暴落. ❷ 破産.

crasso, sa /'krasu, sa/ 厖 (間違いなどが) 甚だしい ▶ erro crasso 重大な間違い / crassa ignorância 大いなる無知.

cratera /kra'tera/ 囡 噴火口, クレーター.

cravar /kra'vax/ 他 ❶ (くぎなどを)打つ, (歯や爪を)食い込ませる, 立てる ▶ cravar pregos na madeira くぎを板に打つ / cravar as unhas 爪を食い込ませる / O menino cravou os dentes na fruta. その少年は果物に歯を立てた / O tigre cravou as garras na carne. そのトラは爪を肉に食い込ませた.
❷ はめ込む ▶ Ele cravou um rubi no anel. 彼は指輪にルビーをはめこんだ.
❸ 突き刺す ▶ O ladrão cravou uma faca na vítima. その強盗は被害者にナイフを突き刺した.
❹ 【スポーツ】記録を立てる ▶ O atleta cravou o recorde do mundo. その選手は世界記録を打ち立てた.
❺ 固定させる, 据える ▶ Ela cravou o quadro na sala. 彼女は居間に絵をかけた / Ela cravou o espelho no quarto. 彼女は部屋に鏡を据え付けた / cravar os olhos em... …を凝視する.
— **cravar-se** 再 ❶ つかまる, しがみつく ▶ Ele cravou-se ao amigo para não cair. 彼はころばないように友達にしがみついた.
❷ (視線が) …に釘づけになる, 注がれる [+ em] ▶ Seus olhos se cravaram no palácio. 彼の目はその宮殿に釘付けになった / Seus olhos se cravaram nos meus. 彼の視線が私の目に注がれた.

craveiro /kra'vejru/ 囲 【植物】カーネーション.

cravo /'kravu/ 囲 ❶ カーネーションの花. ❷ 【香辛料】丁字. ❸ クラブサン. ❹ 毛穴に詰まった黒い汚れ.

cré /'krɛ/ 囲 【鉱物】白亜.
Cré com cré, lé com lé. 類は友を呼ぶ.

crê 活用 ⇒ crer

creche /'krɛʃi/ 囡 託児所, 保育所.

credencial /kredẽsi'aw/ [複 credenciais] 厖《男女同形》信任の ▶ cartas credenciais 信任状.
— **credenciais** 囡複 信任状.

credenciar /kredẽsi'ax/ 他 ❶ …に信任状を与える. ❷ …の資格を与える.
— **credenciar-se** 再 … の 資 格 を 持 つ [+ para].

crediário /kredʒi'ariu/ 囲 信用販売, クレジット販売.

credibilidade /kredʒibili'dadʒi/ 囡 信頼性, 信憑性 ▶ merecer credibilidade 信じるに値する.

creditar /kredʒi'tax/ 他 ❶ 保証する ▶ O presidente o creditou para assumir a função de relações públicas. 社長は, 彼が PR 活動の任務を果たすのに太鼓判を押した.
❷ 振り込む ▶ A companhia creditou mil reais na conta de João. 会社はジョアンの口座に1000レアル振込んだ / O patrão creditou o salário dos funcionários. オーナーは従業員の給与を振込んだ.
❸ …を…の原因であるとする [+ a] ▶ Creditaram o sucesso do projeto ao talento do artista. プロジェクトの成功はアーティストの才能のおかげであるとされた.

crédito /'krɛdʒitu/ クレヂト 囲 ❶ 信用, 信頼 ▶ Ela é uma pessoa de crédito. 彼女は信用できる人だ / merecer o crédito 信用に値する / perder o crédito 信用を失う.
❷ (経済的) 信用, 信用取引, 信用販売, 貸し付け ▶ comprar a crédito クレジットで買う / cartão de crédito クレジットカード / crédito ao consumidor 消費者金融 / crédito rotativo リボルビング払い / crédito a longo prazo 長期貸し付け / crédito a curto prazo 短期貸し付け / linha de crédito 信用供与限度.
❸ 【簿記】貸方 ▶ levar a crédito 貸方に記入する / créditos de liquidação duvidosa 不良債権.
❹ (授業の) 履修単位.
❺ ポイント ▶ Tenho um crédito de vinte reais nesta livraria. 私はこの本屋で20レアル相当のポイントがある.
❻ (映画やテレビの) エンドクレジット ▶ Vamos esperar até o crédito final. エンドロールまで待ちましょう.
dar crédito a... …を信用する.

credível /kre'dʒivew/ [複 credíveis] 厖《男女同形》信じられる.

credo /'kredu/ 囲 ❶ 【キリスト教】使徒信条, クレド. ❷ 信条, 信念, 綱領.
— 間《驚き》おやまあ.
com o credo na boca 危険が差し迫って, 眉に火がついて.
credo velho 紛れもない事実.

credor, dora /kre'dox, 'dora/ [複 credores, doras] 图 債権者, 貸し手 ▶ Emprestei dinheiro a João. Agora, sou seu credor. 私はジョアンにお金を貸した. 今や私は彼の債権者だ.
— 厖 …に値する [+ a] ▶ Você é credor de minha confiança. あなたは私の信頼に値する.

credulidade /kreduli'dadʒi/ 囡 すぐ信じてしまうこと, 軽信.

crédulo, la /'kredulu, la/ 厖 图 信じやすい (人), お人好しの (人).

creem 活用 ⇒ crer

creia 活用 ⇒ crer

creio 活用 ⇒ crer

cremação /krema'sẽw/ [複 cremações] 囡 火葬.

cremar /kre'max/ 他 火葬にする.

crematório, ria /krema'toriu, ria/ 厖 火葬の ▶ forno crematório 火葬炉.
— **crematório** 囲 火葬炉

creme /'krẽmi/ 囲 ❶ クリーム ▶ creme de leite 生クリーム / creme chantili ホイップクリーム / sorvete de creme バニラアイスクリーム / morangos com creme イチゴの生クリーム添え.
❷ (化粧用) クリーム, 乳液 ▶ creme de barbear シェービングクリーム / creme hidratante モイスチャークリーム / creme de limpeza クレンジングクリーム / creme dental 練り歯磨き / passar creme no ros-

cremoso, sa

to 顔にクリームを塗る. ❸ クリームスープ ▶ creme de milho コーンクリームスープ / creme de cebola オニオンクリームスープ. ❹ （ブランデーをベースにした）甘口リキュール，クレーム. ❺ クリーム色.
❻ 粋（いき），最良の部分 ▶ Minha avó pertencia ao creme da sociedade paulistana. 私の祖母はサンパウロの最上流階級に属していた.
— 形《不変》クリーム色の ▶ uma blusa creme クリーム色のブラウス.

cremoso, sa /kre'mozu, 'mɔza/ 形 クリームの, クリームのような.

*__crença__ /'krẽsa クレンサ/ 女 ❶ 信仰 ▶ crença religiosa 信仰 / respeitar todas as crenças すべての信仰を尊重する / sem distinção de crença 信仰上の差別なく.
❷ …を信じること [+ em] ▶ a crença em Deus 神を信じること / a crença no destino 運命を信じること / Os antigos tinham crença nos fenômenos astrológicos. 昔の人は占星術現象を信じていた.
❸ 信念, 信条 ▶ crenças políticas 政治的信条.

crendice /krẽ'dʒisi/ 女 迷信.

crente /'krẽtʃi/ 形《男女同形》❶ …を信じる [+ de]. ❷ estar crente de que +直説法 …と信じている. ❸ 信仰を持つ. ❹ 信じやすい. ❺ 新興宗教の.
— 名 ❶ 信者. ❷ 图 新興宗教信者.

crepe /'krepi/ 男 ❶ ちりめん, ちぢみ, クレープ. ❷ 《料理》クレープ ▶ crepe chinês 春巻. ❸ 喪章.

crepom /kre'põ/ [複 crepons] 形《男女同形》papel crepom クレープペーパー.

crepuscular /krepusku'lax/ [複 crepusculares] 形《男女同形》薄明かりの；黄昏の，夕暮れの；明け方の.

crepúsculo /kre'puskulu/ 男 ❶（日の出前と日没後の）薄明かり；黄昏時 ▶ crepúsculo matutino 夜明け, 暁 / crepúsculo vespertino 夕暮れ. ❷ 衰退期 ▶ o crepúsculo da vida 人生の黄昏 / o crepúsculo dos deuses 神々の黄昏.

‡crer /'krex クレーフ/ ⑱

直説法現在	creio	cremos
	crês	credes
	crê	creem

接続法現在	creia	creiamos
	creias	creiais
	creia	creiam

他 ❶《crer que +直説法》…と思う ▶ Creio que você tem razão. あなたの言う通りだと思う / Creio que sim. そう思う / Creio que não. そうではないと思う.
❷《crer + 目的語 + 補語》…を…と思う ▶ Ela o crê capaz de tudo. 彼女は彼は何でもできると思っている.
❸《crer + 不定詞》…と思う ▶ Crê estar sempre certo. 自分はいつも正しいと思ってる / Creio ter respondido à sua pergunta. 私は, あなたの質問には答えたと思います.

— 自 ❶ …の存在を信じる [+ em] ▶ crer em Deus 神を信じる.
❷ …を信じる, 信頼する [+ em] ▶ Creia em mim. 私を信じてください / crer na vitória 勝利を信じる / Eu creio em mim mesmo. 私は自分自身を信じる.
❸ 信じる, 信仰を持つ ▶ Ver para crer. 百聞は一見にしかず.

— **crer-se** 再 自分を…と思う ▶ Ele se crê um gênio. 彼は自分を天才だと思っている.
É de crer que +直説法 …であると信じられる.

crescendo /kre'sẽdu/ 男《音楽》クレッシェンド.
em crescendo だんだん強く [大きく].

*__crescente__ /kre'sẽtʃi/ クレセンチ/ 形《男女同形》増加する ▶ O que preocupa o governo é a violência crescente das cidades grandes. 政府を悩ますのは大都会で増加する暴力だ.
— 男 三日月.
— 女 増水, 満潮.

‡**crescer** /kre'sex クレセーフ/ ⑮ 自 ❶ 成長する, 育つ, 成熟する ▶ O que você quer ser quando crescer? 大きくなったら, 何になりたいですか / Eu cresci em São Paulo. 私はサンパウロで育った / Geralmente, o cabelo cresce 1 cm por mês. 一般的に毛髪は1か月に1センチ伸びる / Nos últimos dois anos, ela cresceu 5 cm. この2年間で彼女は5センチも身長が伸びた / deixar crescer o cabelo 髪を伸ばす / deixar crescer a barba ひげを伸ばす / crescer em altura 背が高くなる.
❷ 増大する, 増加する ▶ O desemprego está crescendo. 失業が増えている / A economia está crescendo. 経済は成長している / A população mundial cresce aproximadamente 1,2% a cada ano. 世界人口は毎年約1.2パーセント増えている / crescer no conceito 評判が上がる.
❸（ケーキなどが）膨らむ ▶ O bolo cresceu. ケーキが膨らんだ.
❹ …に突進する [+ sobre/para].
Cresça e apareça! 10年早い.

crescido, da /kre'sidu, da/ 形 ❶ 成長した, 大きくなった. ❷ 大人になった ▶ as pessoas crescidas 大人たち / Os meus filhos já são crescidos. 私の子供たちはもう大人だ.

‡**crescimento** /kresi'mẽtu クレシメント/ 男 ❶ 発展, 発達 ▶ crescimento econômico 経済成長 / taxa de crescimento 成長率, 増加率.
❷ 成長, 発育 ▶ criança em fase de crescimento 成長期の子供 / hormônio de crescimento 成長ホルモン.
❸ 増加, 上昇 ▶ crescimento da população 人口の増加 / crescimento do nível das águas 水位の上昇.

crespo, pa /'krespu, pa/ 形 ❶（髪が）縮れた ▶ cabelos crespos 縮れた髪. ❷ ざらざらした.

cretino, na /kre'tʃinu, na/ 形 ばかな, 愚かな.
— 名 ばか者, 愚か者.

cria /'kria/ 女 ❶ 動物の子供. ❷ 赤ん坊 ▶ cria de pé 歩き始めた子 / cria de peito 乳飲み子.
dar cria 子を産む.

lamber a cria 猫かわいがりする, いとおしむ.

criação /kria'sẽw クリアソォン/ [複 criações] 囡 ❶ 創造, 創作 ▶ criação do mundo 天地創造 / criação artística 芸術創作. ❷ 創作物, 作品 ; 万物, 世界 ▶ criação do famoso artista 有名な芸術家の作品. ❸ 創設, 設立 ▶ criação de um centro esportivo スポーツセンターの設立. ❹ 養育, 教育 ▶ gasto com a criação do filho 息子の養育費 / criação rígida 厳格な教育. ❺ 飼育, 栽培 ▶ criação de gado 牧畜 (業), 畜産 / criação de milho トウモロコシの栽培. ❻ 《集合的に》家畜.
de criação 里親の, 里子の ▶ filho de criação 養子.

criado, da /kri'adu, da/ 創造された.
— 名 召使い, お手伝い.

criado-mudo /kri,adu'mudu/ [複 criados-mudos] 男 ベッドサイドテーブル.

criador, dora /kria'dox, 'dora クリアドーフ, ドーラ/ [複 criadores, doras] 名 ❶ 創造者 ▶ Ele foi o criador deste instrumento útil 彼がこの便利なツールの開発者だ / criador de caso トラブルメーカー.
❷ 飼い主; 牧場主 ▶ Ele é o maior criador de bois da região. 彼はこの地方で一番の牧場主だ / criador de gado 畜産家.
— **Criador** 男 創造主, 神.

criança /kri'ẽsa クリアンサ/ 囡 ❶ 子供 ▶ criança de peito 乳飲み子 / Eu o conheço desde criança. 私は彼を子供のころから知っている / amigos desde criança 幼友達 / criança mimada 甘やかされた子供 / Quando era criança, queria ser jogador de futebol. 子供の頃私はサッカー選手になりたかった / tratar alguém como uma criança … を子供扱いする / Eu já não sou criança. 私はもう子供じゃない.
❷ 子供っぽい人, 幼稚な人 ▶ Ele é muito criança. 彼はとても子供っぽい / Já tem dezoito anos, mas ele ainda é uma criança. もう18歳なのに彼はまだ子供だ.

criançada /kriẽ'sada/ 囡 ❶ 子供たち. ❷ 子供っぽいこと, 子供っぽい言動.

criar /kri'ax クリアーフ/ 他 ❶ 創造する ▶ Deus criou o homem à sua imagem. 神は自分にかたどって人を創造した.
❷ 創作する ▶ criar uma obra de arte 芸術作品を創作する / Ele já criou várias personagens da animação. 彼はもういくつものアニメの登場人物を作っている.
❸ 創設する, 創出する, 作り出す ▶ criar empregos 雇用を創出する / criar uma empresa 会社を興す / criar amizades 友達を作る / criar inimigos 敵を作る.
❹ 育てる ▶ criar os filhos 子供を育てる / criar ao peito 母乳で育てる / Eu fui criado em Tóquio. 私は東京で育った.
❺ 飼育する, 飼う ▶ Meu tio cria cabras no interior. 伯父は田舎でヤギを飼育している.
❻ …を生じさせる, …の原因になる ▶ criar problemas 問題を起こす / criar confusão 混乱を招く / criar raízes 根を生やす / criar um hábito 習慣をつける.
— **criar-se** 再 育つ ▶ Meus irmãos se criaram no interior. 私の兄弟は田舎で育った.

criatividade /kriatʃivi'dadʒi/ 囡 創造性, 創造力.

criativo, va /kria'tʃivu, va/ 形 創造力の豊かな, 創造的な.

criatura /kria'tura クリアトゥーラ/ 囡 ❶ 創造物, 被造物 ▶ criaturas de Deus 神の被造物. ❷ 人間 ▶ Pobre criatura! かわいそうな人だ. ❸ 弟子 ▶ criatura de um grande artista 偉大な芸術家の弟子.

crime /'krimi クリーミ/ 男 ❶ (法律に違反する) 犯罪, 罪 ▶ cometer um crime 罪を犯す / o primeiro crime 初犯 / crime organizado 組織犯罪 / crimes de guerra 戦争犯罪 / crime contra a humanidade 人道に対する罪 / crime sexual 性犯罪 / a investigação do crime 犯罪捜査 / De que crime ela foi acusada? 彼女は何の罪で告発されたのですか / O crime não compensa. 犯罪は割に合わない.
❷ 良くないこと ; 悪事 ▶ É um crime deixar estragar tanta fruta. そんなに多くの果物を腐らせるのは良くないことだ.

criminal /krimi'naw/ [複 criminais] 形 《男女同形》犯罪の, 刑法の ▶ ação criminal 犯罪行為 / tribunal criminal 刑事裁判所 / processo criminal 刑事訴訟.
— 名 犯人, 犯罪人 ▶ criminal de guerra 戦争犯罪人.

criminalidade /kriminali'dadʒi/ 囡 犯罪性, 犯罪件数.

criminalização /kriminaliza'sẽw/ [複 criminalizações] 囡 ある行為や行動を犯罪とすること, 違法化.

criminalizar /kriminali'zax/ 他 違法化 [非合法化] する, 犯罪にする ▶ criminalizar a pobreza 貧困を犯罪扱いする.

criminalmente /krimi,naw'mẽtʃi/ 副 ❶ 刑事事件として. ❷ 犯罪的に.

criminoso, sa /krimi'nozu, 'nɔza クリミノーゾ, ザ/ 形 ❶ 犯罪の, 刑事上の ▶ um ato criminoso 犯罪行為.
❷ 犯罪的な, 罪になる, 罪深い ▶ O silêncio é criminoso. 沈黙は罪だ.
— 名 犯罪者, 犯人 ▶ O criminoso foi apanhado pela polícia. 犯人は警察に捕まった / criminoso de guerra 戦争犯罪人.

crina /'krina/ 囡 (馬などのたてがみや尾の) 毛.

crioulo, la /kri'olu, la/ 名 ❶ 旧植民地生まれの白人. ❷ アメリカ大陸生まれの黒人. ❸ 黒人.
— **crioulo** 形 クレオールの, クレオール人の.
— **crioulo** 男 クレオール語 (ヨーロッパ語と旧植民地の現地語との混成語).

cripta /'kripita/ 囡 地下納骨堂 ; 洞窟.

críquete /'kriketʃi/ 男 《スポーツ》クリケット.

crisálida /kri'zalida/ 囡 《昆虫》さなぎ.

crisântemo /kri'zẽtemu/ 男 《植物》キク.

crise /'krizi クリーズィ/ 囡 ❶ **危機, 難局** ▶ crise econômica 経済危機 / crise de energia エネルギー危機 / em crise 危機に陥って, 危機的状況で. ❷ **不足, 欠乏** ▶ crise de matéria-prima 原材料の不足. ❸ (容態や感情の) 急変；発作 ▶ crise de asma ぜんそくの発作 / crise de nervos 神経性の発作, 発作的なヒステリー. ❹ 〔俗〕問題 ▶ Não há crise, tudo se resolve. 問題ない, すべてが解決される.
 entrar em crise ① 危機に陥る. ② 発作を起こす.

crisma /'krizma/ 男 聖油.
— 囡 〖カトリック〗聖式式, 堅信式 ▶ receber o sacramento da crisma 堅信の秘跡を受ける.

crismar /kriz'max/ 他 ❶ 〖カトリック〗…に堅信の秘跡を授ける. ❷ あだ名を付ける ▶ Seus amigos logo o crismaram de Lulu. 友人たちはほどなく彼にルルとあだ名を付けた.

crista /'krista/ 囡 ❶ (鶏の) とさか. ❷ 冠羽.
 abaixar [baixar] a crista 降参する, 神妙にする.
 de crista caída [baixa] 肩を落として, 意気消沈した.
 estar na crista da onda 絶頂期にある.
 levantar a crista 尊大な態度を取る.

cristal /kris'taw/ [覆 cristais] 男 ❶ **結晶** ▶ cristal líquido 液晶. ❷ 水晶 ▶ cristal de rocha 水晶. ❸ クリスタルガラス ▶ copo de cristal クリスタルグラス. ❹ (cristais) クリスタルガラス製品.

cristalino, na /krista'linu, na/ 形 ❶ 結晶の, 結晶質の ▶ rocha cristalina 結晶質の岩石. ❷ 透明な, 澄んだ ▶ águas cristalinas 透き通った水.
— **cristalino** 男 〖解剖〗水晶体.

cristalização /kristaliza'sẽw/ [覆 cristalizações] 囡 結晶化, 結晶作用.

cristalizado, da /kristali'zadu, da/ 形 ❶ 結晶化した ▶ açúcar cristalizado 精製糖. ❷ 砂糖漬けの ▶ frutas cristalizadas 果物の砂糖漬け.

cristalizar /kristali'zax/ 他 ❶ 結晶化させる. ❷ (果実などを) 砂糖漬けにする ▶ cristalizar frutas 果物を砂糖漬けにする. ❸ …に明確な形を与える, …を具体化する.
— 自 ❶ 結晶化する. ❷ 明確化する, 具体化する.
— **cristalizar-se** 再 ❶ 結晶化する. ❷ 明確化する, 具体化する.

cristandade /kristẽ'dadʒi/ 囡 《集合的》キリスト教徒；キリスト教世界.

☆**cristão, tã** /kris'tẽw, 'tẽ クリスタォン, タン/ [覆 cristãos, tãs] 形 **キリスト教の, キリスト教徒の** ▶ a religião cristã キリスト教 / um país cristão キリスト教国 / um missionário cristão キリスト教宣教師.
— 名 **キリスト教徒** ▶ Eu sou cristão. 私はキリスト教徒だ.

cristianismo /kristʃia'nizmu/ 男 キリスト教, キリスト教信仰.

cristianização /kristʃianiza'sẽw/ [覆 cristianizações] 囡 キリスト教化.

cristianizar /kristʃiani'zax/ 他 キリスト教化する, キリスト教に改宗させる.
— **cristianizar-se** 再 キリスト教化される, キリスト教徒になる.

Cristo /'kristu/ 男 ❶ キリスト ▶ antes de Cristo 紀元前 / depois de Cristo 紀元後. ❷ (cristo) キリストの十字架像.
 bancar o Cristo 人の罪を負わされる.
 fazer de alguém um cristo …を虐待する, 迫害する.
 ser o Cristo 人の罪を負わされる.

critério /kri'teriu/ 男 ❶ (判断や分類の) 基準, 尺度 ▶ critérios de seleção 選択の基準. ❷ 〖スポーツ〗予選. ❸ 判断 ▶ Deixo a seu critério. あなたの判断にお任せします.

criteriosamente /kriteri,ɔza'mẽtʃi/ 副 思慮深く ▶ A pena foi aplicada criteriosamente. ペナルティは慎重に科された / A genética só deve poder ser utilizada criteriosamente e com grande precaução. 遺伝学は慎重に, そして十分な用心をしたうえでもってのみ利用され得るべきだ.

☆**crítica**[1] /'kritʃika クリチカ/ 囡 ❶ **批評, 評論** ▶ crítica literária 文芸批評 / uma crítica favorável 好意的な批評 / O filme recebeu boas críticas. その映画は好評だった. ❷ 《集合的に》批評家, 評論家. ❸ 批判, 非難 ▶ fazer uma crítica a... …を批判する / crítica construtiva 建設的な批判 / O ato deles tornou-se alvo de críticas. 彼らの行為は非難の的となった / Ela não vai suportar críticas. 彼女は批判に耐えられないだろう.

criticamente /,kritʃika'mẽtʃi/ 副 ❶ 批判的に ▶ pensar criticamente 批判的に考える. ❷ 危機的状態に.

☆**criticar** /kritʃi'kax クリチカーフ/ 29 他 ❶ **批評する, 評論する** ▶ criticar um romance 小説を批評する. ❷ 批判する, 非難する ▶ criticar a política econômica do governo 政府の経済政策を批判する.

criticável /kritʃi'kavew/ [覆 criticáveis] 形 《男女同形》非難されるべき, 批判の余地ある.

☆**crítico, ca**[2] /'kritʃiku, ka クリチコ, カ/ 形 ❶ **批評の, 評論の, 批判的な** ▶ um estudo crítico 批判的研究 / comentários críticos 批判的意見. ❷ 危機的な, 重大な ▶ O pai encontra-se em estado crítico. 父親は危篤だ / A economia do país encontra-se numa fase crítica. 国の経済は危機的な状態だ. ❸ 〖物理〗臨界の ▶ temperatura crítica 臨界温度.
— 名 批評家, 評論家 ▶ crítico de cinema 映画評論家.

crivar /kri'vax/ 他 ❶ …をふるいに掛ける ▶ crivar areia 砂をふるいに掛ける. ❷ 《crivar alguém de...》…で穴だらけにする；…を浴びせかける, …で満たす ▶ crivar alguém de balas …を弾丸でハチの巣にする / crivar alguém de perguntas …を質問攻めにする.
— **crivar-se** 再 穴だらけになる ▶ crivar-se de balas 弾丸でハチの巣になる.

crível /'krivew/ [覆 críveis] 形 《男女同形》信じられる, 信用できる.

crivo /ˈkrivu/ [男] ❶ ふるい．こし器．❷ 刺しゅう．
ficar como um crivo 銃弾を浴びる，ハチの巣になる．
crocante /kroˈkẽtʃi/ [形]《男女同形》かりかりする，さくさくする ▶ biscoito crocante さくさくするビスケット．
croché /kroˈʃɛ/ [男] = crochê
crochê /kroˈʃe/ [男] かぎ針編み ▶ fazer crochê かぎ針で編む．
crocodilo /krokoˈdʒilu/ [男]〖動物〗クロコダイル．
cromado, da /kroˈmadu, da/ [形] クロムメッキを施した．
cromático, ca /kroˈmatʃiku, ka/ [形] ❶ 色の，色彩の．❷〖音楽〗半音（階）の ▶ escala cromática 半音階．
cromo /ˈkrõmu/ [男]〖化学〗クロム．
cromossomo /kromoˈsõmu/ [男]〖生物〗染色体 ▶ cromossomo sexual 性染色体．
crónica[1] /ˈkrɔnikɐ/ [女] [P] = crônica
crônica[1] /ˈkrõnika/ [女] [B] ❶（新聞などの）コラム，…欄；時評 ▶ crônica esportiva スポーツ欄．❷ 年代記．❸〖文学〗クロニカ（日常生活の断片を描いた小品）
crónico, ca[2] /ˈkrɔniku, kɐ/ [形] [P] = crônico
crônico, ca[2] /ˈkrõniku, ka/ [形] [B] 慢性の，長期的な ▶ dor crônica 慢性的な痛み / inflação crônica 慢性的インフレ / doença crônica 持病．
cronista /kroˈnista/ [名] ❶ コラムニスト，時評論担当者．❷ 年代記作者．❸〖文学〗クロニカ作家．
cronologia /kronoloˈʒia/ [女] 年表，年譜，年代順 ▶ cronologia da história do Brasil ブラジル史年表．
cronologicamente /kronoˌlɔʒikaˈmẽtʃi/ [副]
❶ 年代順に，日付順に．
❷ 年代的には．
cronológico, ca /kronoˈlɔʒiku, ka/ [形] 年代順の，編年体の ▶ quadro cronológico 年表 / por ordem cronológica 年代順に．
cronometrar /kronomeˈtrax/ [他] ❶（ストップウォッチで）時間を計る．❷ …の時間を正確に計測する．
cronómetro /kruˈnɔmətru/ [男] [P] = cronômetro
cronômetro /kroˈnõmetru/ [男] [B] ストップウォッチ，クロノメーター．
croquete /kroˈkɛtʃi/ [女]〖料理〗クロケット，コロッケ．
croqui /kroˈki/ [男]〖美術〗クロッキー．
crosta /ˈkrosta/ [女] ❶（パンなどの）皮 ▶ crosta de pão パンの皮．❷ 表皮；表層 ▶ crosta terrestre 地殻．❸ 傷のかさぶた．
☆**cru, crua** /ˈkru, ˈkrua クルー，クルーア/ [形] ❶ **生の** ▶ peixe cru 生魚 / carne crua 生肉．
❷ **天然のままの**，加工していない ▶ seda crua 生糸．
❸ 生々しい；ありのままの ▶ descrição crua 生々しい描写 / verdade nua e crua ありのままの真実．
❹ 未熟な，経験に乏しい ▶ Ele está muito cru para ser diretor. 彼は役員になるには経験が乏しい．
❺ どぎつい，衝撃的な ▶ as imagens cruas do acidente 事故の衝撃的な映像．
a cru 直接ありのままに．
estar cru em... …の十分な知識がない．
cruamente /kruaˈmẽtʃi/ [副] ❶ 露骨に ▶ Ela falou cruamente sobre a sua vida. 彼女はあけすけに自身の人生を語った．❷ 残酷に．
crucial /krusiˈaw/ [[複] cruciais] [形]《男女同形》❶ 決定的な，重大な ▶ momento crucial 決定的瞬間 / problema crucial 重大な問題．❷ 十字架の形の．
crucificação /krusifikaˈsɐ̃w̃/ [[複] crucificações] [女] ❶（キリストの）十字架刑，磔刑．❷ キリストの磔刑像．
crucificar /krusifiˈkax/ ㉙ [他] ❶ 十字架にかける．❷ 苦しめる．
crucifixo /krusiˈfiksu/ [男] キリストの十字架像．
crudelíssimo, ma /krudeˈlisimu, ma/ [形] cruel の絶対最上級．
★**cruel** /kruˈɛw クルエゥ/ [[複] cruéis] [形]《男女同形》
❶ **残酷な，冷酷な**，非情な ▶ destino cruel 残酷な運命 / tirano cruel 残虐な暴君．
❷ **厳しい**，苛酷な ▶ realidade cruel 厳しい現実．
crueldade /kruewˈdadʒi/ [女] ❶ 残酷さ，残虐行為 ▶ cometer crueldades 残虐行為を働く / Caçar é crueldade? 猟は残酷か．❷ 過酷 ▶ crueldade do destino 運命の過酷さ．
cruelmente /kruewˈmẽtʃi/ [副] 残酷に，むごく ▶ Um jovem foi cruelmente assassinado. 一人の若者が無残に殺された．
crueza /kruˈeza/ [女] ❶（食物が）生であること．❷ 残酷さ．
crustáceo, cea /krusˈtasiu, sia/ [形]〖動物〗甲殻類の．
— **crustáceo** [男] ❶ 甲殻類の動物．❷《crustáceos》甲殻類．
☆**cruz** /ˈkrus クルース/ [[複] cruzes] [女] ❶ **十字架**．
❷ **十字**（形），十字の印 ▶ Cruz Vermelha 赤十字 / fazer o sinal da cruz 十字を切る / Assinale com uma cruz a resposta certa. 正しい答えに十字の印をつけなさい．
❸ 苦難，重荷 ▶ carregar a sua própria cruz 自らの十字架を背負う．
em cruz 十字形に，交差して．
estar entre a cruz e a caldeirinha 板ばさみになって，どうしようもなくなって．
fazer cruzes（魔などを）追い払う，祓う．
— **cruzes** [間]（驚き・恐怖などを表して）ああ，もうだめだ．
cruzada[1] /kruˈzada/ [女] ❶ 十字軍 ▶ partir em cruzada 十字軍に出征する．❷（社会悪などに対する）運動，キャンペーン ▶ cruzada contra o analfabetismo 識字運動 / fazer uma cruzada キャンペーンを行う．
cruzado, da[2] /kruˈzadu, da/ [形] ❶ 十字の，交差した ▶ palavras cruzadas クロスワードパズル / fogo cruzado 十字砲火 / de braços cruzados 腕を組んで / de pernas cruzadas 足を組んで．❷（動植物が）交配種の，雑種の．❸（小切手が）線引きの ▶ cheque cruzado 線引小切手．
— **cruzado** [男] クルザード（ブラジルの旧通貨単位）

cruzador /kruza'dox/ [複 cruzadores] 男 巡洋艦 ▶ cruzador de batalha 巡洋戦艦.

cruzamento /kruza'mẽtu/ 男 ❶ 交差点 ▶ parar no cruzamento 交差点で止まる. ❷ 異種交配, 交雑 ▶ cruzamento de raças 種の混交. ❸〖サッカー〗クロスボール.

***cruzar** /kru'zax/ クルザーフ/ 他 ❶ 交差させる, 組む ▶ cruzar as pernas 脚を組む / cruzar os braços 腕を組む, 一休みする, さぼる; 傍観する / cruzar espadas 刀を交える.
❷ 横断する, 渡る ▶ cruzar a rua 通りを横切る / cruzar o Oceano Atlântico de navio 船で大西洋を横断する.
❸〖生物〗交配させる.
❹〖サッカー〗クロスボールを上げる ▶ cruzar a bola クロスボールを上げる.
❺ (小切手に) 線引きする ▶ cruzar um cheque 小切手に線引きする.
— 自 …とすれ違う, 会う, 出くわす [+com] ▶ Ontem cruzei com ele na estação. 昨日駅で彼に出会った.
— **cruzar-se** 再 ❶ すれ違う, 会う, 出くわす ▶ Cruzamo-nos todos os dias na faculdade. 私たちは大学で毎日すれ違う / cruzar-se com... …と出くわす.
❷ 交差する ▶ a estrada que se cruza com a ferrovia 線路と交差した道路.
cruzar os dedos 幸運を祈る.
não cruzar com... … B 話 …に嫌気がさす, …を嫌いになる.

cruzeiro /kru'zejru/ 男 ❶ 大十字架.
❷ (船などによる) 周遊旅行, 遊覧, クルーズ ▶ viagem de cruzeiro クルーズ旅行 / fazer um cruzeiro クルージングをする.
❸ 巡航 ▶ míssil de cruzeiro 巡航ミサイル / velocidade de cruzeiro 巡航速度.
❹ クルゼイロ (ブラジルの旧通貨単位).
❺ Cruzeiro do Sul 南十字星.

cu /'ku/ 男 俗 尻の穴.
cu de ferro 真面目人間, くそ真面目な人.
cu de mãe joana 銘々が勝手に振る舞うところ.
ir para o cu do judas とても遠いところに行く.

Cuba /'kuba/ 〖国名〗キューバ.

cubano, na /ku'bɐnu, na/ 形 名 キューバ (人).

cúbico, ca /'kubiku, ka/ 形 ❶ 立方体の. ❷ 立方の, 3乗の ▶ metro cúbico 立方メートル / raiz cúbica 立方根.

cubículo /ku'bikulu/ 男 (部屋の一部を仕切った) 個人用スペース, 小個室.

cubismo /ku'bizmu/ 男〖美術〗キュービズム.

cubo /'kubu/ 男 ❶ 立方体 ▶ cubo de gelo 角氷.
❷ 立方, 3乗 ▶ 4 elevado ao cubo é 64. 4の3乗は64だ.

cuca /'kuka/ 女 ❶ (Cuca) B クカ (顔は醜い老女で, 体はワニの怪物; 親の言うことを聞かない子供をさらおうとする; 子供が寝ようとしないとき, 親が「クカが来る」と言って脅かす).
❷ 頭, 考え ▶ fundir a cuca 分別を失う.
❸ バナナケーキ.

Cuca

cuco /'kuku/ 男 ❶〖鳥〗カッコウ. ❷ 鳩時計.

cucuia /ku'kuja/ 女《次の成句で》
ir para a cucuia ① 死ぬ. ② 失敗する. ③ 姿を消す.
mandar pras cucuias 厄介払いをする, 追い払う.

cueca /ku'ɛka/ 女 パンツ (男性用下着) ▶ cueca samba-canção ボクサーパンツ / cueca slip ブリーフ.

cueiro /ku'ejru/ 男 おむつ, おしめ.

cuíca /ku'ika/ 女 B クイーカ (ブラジルの楽器. 片面だけに皮が張ってあり, その皮の内側の中央に棒が垂直に取り付けてある. 棒をこすって振動させ, その振動により音が出る).

cuica

***cuidado, da** /kuj'dadu/ クイダード, ダ/ 形 ❶ 入念な, 手入れのよい ▶ obra cuidada 入念に仕上げられた作品.
❷ 熟慮した, 考慮した ▶ uma afirmação cuidada 熟慮の上での発言.
❸ 予測された ▶ consequências cuidadas 予測された結果.
❹ 意図的な ▶ uma maldade cuidada 意図的な悪意ある行為.
— **cuidado** 男 ❶ 注意, 配慮 ▶ Cuidado, frágil. こわれ物注意 / Todo o cuidado é pouco. 用心するに越したことはない / Tenha cuidado com a sua saúde. 健康に気をつけてください / Tenho o cuidado de não ingerir muito sal. 私は塩分をとりすぎないように心掛けている / Tomarei cuidado daqui em diante. これからは気をつけます / Tome cuidado para não beber em demasia. 過度の飲酒には気をつけてください / Leia este documento com cuidado. それらの書類をきちんと読んでください / Nós fizemos os preparativos com todo cuidado. 私たちは念入りに準備した.
❷ 心配, 懸念; 関心 ▶ O estado dela inspira cuidados. 彼女の状態は気がかりだ / Os filhos são os meus cuidados. 私は息子たちが心配だ.
❸ 世話, 面倒; 責任, 役目 ▶ Isso fica a seu cuidado. それはあなたの役目だ
❹《cuidados》看護 ▶ cuidados intensivos 集中治療 / cuidados médicos 医療, 診察, 治療.

cuidar /kuj'dax クィダーフ/ 自 ❶ …の面倒をみる, 世話をする [+ de] ▶ cuidar de crianças 子守をする / Ela cuida bem das crianças. 彼女は子供たちの面倒をよく見る / cuidar do doente 病人を看護する

❷ …の手入れをする, …に気を使う [+ de] ▶ cuidar do jardim 庭の手入れをする / cuidar da saúde 健康に気を使う / Ele está sempre cuidando de sua forma física. 彼は絶えず身体を鍛えている.

❸ …を準備する, 担当する [+ de] ▶ cuidar da comida 食事を準備する /

— **cuidar-se** 再 自重する, 自愛する ▶ Se cuida! お大事に.

— 気をつけて, 危ない ▶ Cuidado, pode cair! 気をつけて, 転びますよ / Ah! Cuidado! あっ, 危ない! / Cuidado com a cabeça! 頭上にご注意ください / Cuidado com o cão! 猛犬注意.

ao cuidado de... …様 方, 気 付 (略 a/c) ▶ ao cuidado do Sr. Campos カンポス様方.

cuidador, dora /kujda'dox, 'dora/ [複 cuidadores, ras] 名 介護士.

cuidadosamente /kujda,dɔza'mẽtʃi/ 副 ❶ 入念に, 丁寧に. ❷ 用心して, 注意深く, 慎重に ▶ Utilizamos sempre ingredientes cuidadosamente selecionados. 私たちは常に厳選した原料を使っています.

cuidadoso, sa /kujda'dozu, 'dɔza/ 形 注意深い, 入念な ▶ Sou cuidadoso com os meus brinquedos. 私は自分のおもちゃに細心の注意をはらっている / Mamãe sempre foi cuidadosa no trabalho. 母はいつも注意深く仕事をしていた.

cujo, ja /'kuʒu, ʒa クージョ, ジャ/ 形《関係》(所有を表す) その…が…である, その…が…する (注 cujo+名詞の形をとり, 性数変化する. 主に文章語で用いられる) ▶ um homem cujo passado é desconhecido 過去が不明な男 / um menino cuja inteligência é extraordinária 知性が並外れた少年 / uma casa cuja única fonte de energia é o sol 太陽を唯一のエネルギー源とする家.

culatra /ku'latra/ 名 銃床.
sair pela culatra (銃や砲が) 逆発する; (結果が) 裏目にでる.

culinária[1] /kuli'naria/ 名 料理術, 料理法 ▶ livro de culinária 料理本 / escola de culinária 料理学校.

culinário, ria[2] /kuli'nariu, ria/ 形 料理の ▶ técnica culinária 料理のテクニック / arte culinária 料理法.

culminação /kuwmina'sẽw/ [複 culminações] 名 ❶ 頂点に達すること. ❷《天文》子午線通過.

culminante /kuwmi'nẽtʃi/ 形《男女同形》絶頂にある ▶ ponto culminante 絶頂点.

culminar /kuwmi'nax/ 自 ❶ 頂点に達する, 全盛を極める ▶ O filme culminou com o beijo dos protagonistas. 映画は主人公たちのキスでクライマックスに達した / As revoluções culminaram em uma guerra mundial. 各地の革命運動は世界大戦に発展した.

❷《天文》(天体が) 子午線を通過する.

culote /ku'lɔtʃi/ 男 ❶ ももの贅肉. ❷ 乗馬用半ズボン, キュロット.

culpa /'kuwpa クウパ/ 女 ❶ 過失, 責任, せい; 罪, とが ▶ levar a culpa 責任をとる, 責めを負う / pôr [jogar] a culpa em alguém …を責める, …のせいにする / É minha culpa. 私のせいです, 私が悪い / Não é minha culpa. 私のせいではない, 私は悪くない. ❷ 後ろめたさ ▶ sentir culpa 後ろめたく思う.

por culpa de... …のせいで, …によって.
ter culpa de... …の責任がある ▶ Não tenho culpa de nada. 私は何も悪くない.
ter culpa no cartório 犯罪歴がある.

culpabilidade /kuwpabili'dadʒi/ 女 罪のあること; 有罪 ▶ a culpabilidade do réu 被告が有罪であること / um sentimento de culpabilidade 罪悪感.

culpado, da /kuw'padu, da クゥパード, ダ/ 形 罪のある, 有罪の, とがめるべき ▶ sentir-se culpado やましく思う, 後ろめたい.
— 名 犯人, 罪人.

culpar /kuw'pax/ 他 ❶ …に有罪を宣告する, …を罪に問う ▶ O juiz culpou-o pelo crime brutal. 裁判官は残忍な犯罪だとして彼に有罪判決を下した / A companhia culpou José pela ocorrência do acidente. 会社は事故を起こしたとしてジョゼの責任を問うた. ❷ …を…で非難する, …のせいにする [+ por] ▶ Eu errei e minha esposa não para de me culpar. 私が過ちを犯したので, 私の妻は私に対する非難をやめない / culpar o governo pela recessão 不況を政府のせいにする.

— **culpar-se** 再 罪を認める, 罪を負う ▶ Ele se culpou pelo fracasso do plano. 彼は計画の失敗について自分の非を認めた.

culpável /kuw'pavew/ [複 culpáveis] 形《男女同形》❶ 有罪の; …の罪がある [+ de] ▶ Declararam a companhia culpável do acidente aéreo. その会社は航空機事故で有罪判決を言い渡された. ❷ (過ちの) 責任がある ▶ Sua conduta negligente é culpável. 彼の不注意なふるまいは責められるべきだ.

culposo, sa /kuw'pozu, 'pɔza/ 形 過失のある, 責任のある.

cultivador, dora /kuwtʃiva'dox, 'dora/ [複 cultivadores, doras] 形 耕作する, 栽培する.
— 名 耕作者, 栽培者.

cultivar /kuwtʃi'vax/ クゥチヴァーフ/ 他 ❶ …を耕す; 栽培する ▶ cultivar a terra 土地を耕す / cultivar o arroz 米を栽培する.

❷ (才能, 情緒などを) 養う, 培う, はぐくむ ▶ cultivar uma amizade 友情をはぐくむ.

cultivo /kuw'tʃivu/ 男 ❶ 耕作, 栽培 ▶ cultivo de flores 花の栽培 / cultivo de pérolas 真珠の養殖. ❷ 育成, 養成 ▶ cultivo do espírito 精神の涵養.

culto[1] /'kuwtu クゥト/ 男 ❶ 崇拝, 礼拝 ▶ o culto da Virgem Maria 聖母マリア崇拝 / lugar de culto 礼拝の場 / culto da personalidade 個人崇拝.

❷ 信仰 ▶ liberdade de culto 信仰の自由 / culto católico カトリック信仰.

❸ カルト ▶ culto religioso 宗教カルト.

culto, ta[2] /'kuwtu, ta/ 形 教養のある ▶ uma pessoa culta 教養のある人 / linguagem culta 教養の

cultor, tora

ある言葉遣い.

cultor, tora /kuw'tox, 'tora/ [複 cultores, ras] 名 ❶ 栽培者. ❷ 信奉者.

cultuar /kuwtu'ax/ 他 信仰する, 崇める.

cultura /kuw'tura クゥトゥーラ/ 安 ❶ 文化, カルチャー ▶cultura brasileira ブラジル文化 / cultura de massa 大衆文化 / choque de culturas カルチャーショック / centro de cultura カルチャーセンター.
❷ 教養 ▶uma pessoa de grande cultura 深い教養を持った人 / sem cultura 無教養な / cultura geral 一般教養 / cultura científica 科学の教養 / cultura de almanaque 生半可な教養.
❸《心身の》修養, 錬成 ▶cultura física 体育.
❹ 耕作, 栽培 ▶cultura do tomate トマト栽培.
❺ 養殖 ▶cultura das trutas マスの養殖 / pérolas de cultura 養殖真珠.
❻ 培養 ▶cultura de tecido 組織の培養.

cultural /kuwtu'raw クゥトゥラゥ/ [複 culturais] 形《男女同形》文化の, 文化的な ▶centro cultural 文化センター / atividade cultural 文化活動 / herança cultural 文化遺産.

culturalmente /kuwtu,raw'mẽtʃi/ 副 文化的に, 文化的見地からさて.

cumbuca /kũ'buka/ 安 (ヒョウタンでできた) お椀.
apanhar alguém com a mão na cumbuca …が…している現場を取り押さえる.
meter [pôr] a mão em cumbuca ① わなにはまる, だまされる. ② 面倒なことに巻き込まれる.

cume /'kũmi/ 男 ❶《山の》頂上 ▶o cume do monte 山の頂上 ▶chegar ao cume 頂上に到達する. ❷ 絶頂, 頂点 ▶o cume da glória 栄光の絶頂.

cúmplice /'kũplisi/ 名 共犯者.
— 形《男女同形》共犯の.

cumplicidade /kũplisi'dadʒi/ 安 共犯, 共謀.

cumprimentar /kũprimẽ'tax/ 他 ❶ …にあいさつする ▶Ao chegar do trabalho, cumprimentou sua família. 彼は仕事から戻った時, 家族にあいさつした. ❷ ほめる, 称える ▶Cumprimentei o poeta pelas belas palavras. 私は美しい言葉を操るその詩人を賞賛した.
— 自 あいさつする.
— **cumprimentar-se** 再 ❶ 互いにあいさつする. ❷ 互いにほめ合う.

cumprimento /kũpri'mẽtu クンプリメント/ 男 ❶ 実行, 履行 ▶cumprimento de uma promessa 約束の実行.
❷ あいさつ ▶fazer um cumprimento a... …にあいさつする / Transmita meus cumprimentos a todos. 皆さんによろしく.

cumprir /kũ'prix クンプリーフ/ 他 ❶ 果たす, 遂行する ▶cumprir uma missão 使命を果たす / cumprir um dever義務を果たす / cumprir o papel de liderança mundial 世界のリーダーの役割を果たす / cumprir uma ordem 命令を実行する.
❷《約束などを》守る ▶cumprir uma promessa 約束を守る / cumprir o prazo 期限を守る.
❸ …に従う ▶cumprir a lei 法律に従う / cumprir as regras 規則を守る.
❹《刑罰や任期を》務める ▶cumprir cinco anos de prisão 5 年間の刑期を務める / cumprir o mandato 任期を務める.
— 自 ❶ …を果たす, 実行する [+ com] ▶cumprir com a sua obrigação 自分の義務を果たす / cumprir com o contrato 契約を履行する.
❷《Cumpre +不定詞 / Cumpre que +接続法》…する必要がある, …しなければならない ▶Cumpre aos alunos estudar. 生徒は勉強しなければならない.
— **cumprir-se** 再 実現する, 実行される ▶A profecia cumpriu-se. 預言が実現した.

cumulativamente /kumula,tʃiva'mẽtʃi/ 副 累積的に.

cumulativo, va /kumula'tʃivu, va/ 形 累積的な, 累加的な.

cúmulo /'kũmulu/ 男 ❶ 山積み, 積み重なり.
❷ 極み, 最高点 ▶cúmulo do absurdo 不条理の極み / cúmulo de azar 不運の極み / Isto é o cúmulo! もう限界だ.
❸《気象》積雲.

cunha /'kũɲa/ 安 くさび.

cunhada /ku'ɲada/ 安 義理の姉妹.

cunhado /ku'ɲadu/ 男 義理の兄弟.

cunhagem /ku'ɲaʒẽj/ [複 cunhagens] 安 貨幣鋳造.

cunhar /ku'ɲax/ 他 ❶ …に刻印を打つ. ❷《貨幣を》鋳造する. ❸《語句を》新しく作る.

cunho /'kũɲu/ 男 ❶ 刻印. ❷ 特徴.

cupão /ku'pẽw/ [複 cupões] 男 = cupom

cupê /ku'pe/ 男 B《自動車》クーペ.

Cupido /ku'pidu/ 男 キューピッド, 恋愛の神.

cupim /ku'pĩ/ [複 cupins] 男 B ❶ シロアリ. ❷ 牛の背こぶ.

cupincha /ku'pĩʃa/ 名 B 仲間, 友達.

cupom /ku'põ/ [複 cupons] 男 券, クーポン, クーポン券.

cúpula /'kupula/ 安 ❶《建築》丸屋根, ドーム. ❷ 首脳, 上層部 ▶reunião de cúpula サミット会議.

cura /'kura クーラ/ 安 ❶ 治療, 治療法, 手当 ▶descobrir a cura do câncer がんの治療法を見つける / sem cura 治療法のない. ❷ 解決法.
não ter cura ① 治療できない. ② 救いようがない, どうしようもない ▶Ela não tem cura. 彼女はどうしようもない / Isso [Isto] não tem cura. もううんざりだ.
ter cura 治療できる, 治療法がある.
— 男 司祭, 神父.

curador, dora /kura'dox, 'dora/ [複 curadores, doras] 名 ❶ 管財人, 後見人 ▶curador de menores 未成年後見人. ❷《美術館などの》学芸員, キュレーター ▶curador de arte 美術館学芸員.

curandeiro, ra /kurẽ'dejru, ra/ 名 魔術医, 民間治療師.

curar /ku'rax/ 他 ❶ 治療する ▶curar os enfermos 病人を治療する.
❷ 治癒させる ▶Este remédio cura muitas doenças. この薬は多くの病いを治癒させる.
❸ 矯正する ▶curar os vícios 悪癖を矯正する.

curto, ta

❹ (日光や火で) 乾燥させる, 燻製にする ▶ curar um queijo チーズを燻製にする.
— 自 医者をする ▶ Ele dedicou sua vida a curar. 彼は医者として生きることに人生を捧げた.
— **curar-se** 再 健康を回復する；矯正される ▶ Curou-se com muito sacrifício. 大変な犠牲を払って治癒した.

curativo, va /kura'tʃivu, va/ 形 治療効果のある, 病気に効く.
— **curativo** 男 ❶ 応急手当 ▶ fazer um curativo 応急手当をする. ❷ ばんそうこう, 包帯.

curável /ku'ravew/ [複 curáveis] 形 治療できる, 治せる.

curinga /ku'rĩga/ 男 ❶『トランプ』ジョーカー, ワイルドカード. ❷ 万能選手. ❸ 多才な人.

curiosamente /kurio̩za'metʃi/ 副 ❶ 不思議そうに. ❷ 不思議なことに, 奇妙なことに.

*__curiosidade__ /kuriozi'dadʒi クリオズィダーヂ/ 安
❶ 好奇心；詮索好き ▶ ter curiosidade em relação a... …に興味がある / Só lhe perguntei por curiosidade. 好奇心から彼女に聞いただけです / o programa que satisfaz a curiosidade das crianças 子供の好奇心を満たす番組 / Eu tenho curiosidade de saber. 私は知りたい / A curiosidade matou o gato 諺 (好奇心が猫を殺した→) 好奇心は身の毒, 好奇心もほどほどに.
❷ 《curiosidades》珍しいもの；骨董品 ▶ loja de curiosidades 骨董店.

*__curioso, sa__ /kuri'ozu, 'ɔza クリオーゾ, ザ/ 形 ❶ 好奇心の強い, 知りたがる, 詮索好きな ▶ Eu sou curioso demais. 私は好奇心が強すぎる性分だ / Eu estou curioso. 私は知りたい / Fiquei curioso. 私は知りたくなった / Fiquei curioso para conhecê-la. 私は彼女に会いたくなった.
❷ 好奇心をそそる, 奇妙な ▶ um fenômeno curioso 奇妙な現象.
— 名 ❶ 見物人, やじうま. ❷ 詮索好きな人, お節介や.
— **curioso** 男 《o curioso》奇妙なこと.

curral /ku'xaw/ [複 currais] 男 ❶ 家畜の囲い. ❷ 魚を捕る囲い. ❸ curral eleitoral 票田.

curricular /kuxiku'lax/ [複 curriculares] 形 《男女同形》❶ カリキュラムの. ❷ 履歴書の.

currículo /kux'ikulu/ 男 ❶ 履歴書. ❷ カリキュラム.

curriculum vitae /ku,xikulum'vite/ 男 履歴書.

cursar /kux'sax/ 他 ❶ 歩き回る, 巡る, たどる ▶ Ele cursou terras em busca de novos conhecimentos. 彼は新たな知識を求めてあちこちの土地を歩き回った / Os turistas cursam a região histórica do Japão. 観光客は日本の史跡を有する地域を巡る.
❷ (講義を) 受ける, 学ぶ；(学校に通う) ▶ cursar a escola de idiomas 語学学校に通う / Ele cursou medicina. 彼は医学を勉強した.
❸ (火器が) 達する, 届く ▶ O míssil cursa 10.000 km. そのミサイルの射程距離は一万キロだ.
— 自 巡る, 旅行する；航海する ▶ Mário cursou nos últimos anos de sua vida. マリオは晩年, 旅をして過ごした / As conversações entre os dois países cursaram harmoniosamente. 二国間対話は和やかに進んだ.

cursivo, va /kux'sivu, va/ 形 筆記体の ▶ letra cursiva 筆記体文字.
— **cursivo** 男 筆記体.

*__curso__ /'kuxsu クフソ/ 男 ❶ 流れ ▶ O curso do rio está mais rápido por causa da chuva. 川の流れが雨で速くなっている / curso d'água 水流, 水路.
❷ 課程, 講義, 講座, コース ▶ curso de inglês 英語講座 / curso de línguas 外国語講座 / fazer um curso 講座を取る / curso elementar 小学校課程 / curso intermediário 中高課程 / curso superior 大学課程 / curso de madureza 成人教育.
❸ 経過, 推移 ▶ o curso da história 歴史の流れ / no curso da semana 1週間の間に.
❹『経済』(貨幣の) 流通, 通用.
dar livre curso a... …を自由に働かせる.
de longo curso 遠洋の ▶ navegação de longo curso 遠洋航海.
em curso 進行中で [の] ▶ a semana em curso 今週 / o mês em curso 今月 / o ano em curso 今年.
em curso de colisão 意見が合っていない.
ter curso (通貨が) 通用している.

cursor /kux'sox/ [複 cursores] 男『情報』カーソル.

curta-metragem /,kuxtame'traʒẽj/ [複 curtas-metragens] 男 短編映画.

curtição /kuxtʃi'sẽw/ [複 curtições] 安 ❶ (皮の) なめし. ❷ 話 楽しみ, 喜び ▶ Foi uma curtição! 楽しかった.

curtir /kux'tʃix/ 他 ❶ (革を) なめす ▶ curtir o couro 牛革をなめす.
❷ 浸漬(ヒシ)する ▶ curtir pimentões e pepinos ピーマンやキュウリをピクルスにする.
❸ 耐える ▶ Eles curtiram anos de sofrimento. 彼らは苦しい年月を耐え忍んだ.
❹ (日光で) 丈夫にする, 鍛える ▶ O bom clima da montanha curtiu meu avô. 山の良好な気候のおかげで祖父の体は丈夫になった.
❺ B 俗 楽しむ ▶ curtir música 音楽を楽しむ / Vamos curtir a viagem. 旅を楽しもう / curtir a vida 人生を謳歌する / Curti muito minhas férias. 休暇はとても楽しかった.
❻ …が好きである ▶ Curto muito essa música. 私はこの曲が大好きだ.
— 自 ❶ 耐えて生きる ▶ Curtiu muitos anos de pobreza. 何年もの貧乏暮しを耐え抜いた.
❷ B 俗 薬物使用で酩酊感を体験する ▶ O rapaz curtiu a noite toda. 若者は夜通しクスリでトリップした.

*__curto, ta__ /'kuxtu, ta クフト, タ/ 形 ❶ 短い (↔ comprido) ▶ cabelo curto 短い髪, ショートヘア / camisa de manga curta 半袖のシャツ / de curta distância 短距離の / A vida é curta. 人生は短い / um discurso curto 短時間のスピーチ / férias curtas 短い休暇 / a curto prazo 短期的には / num curto espaço de tempo

短期間で / curto de palavras 簡潔な / de vistas curtas 近眼の, 近視の.
❷ **少ない, 足りない, 乏しい** ▶Meu dinheiro anda curto. 私は最近お金がない / curtos recursos 乏しい財産, 資産 / curto de entendimento 頭の回転の悪い, 間の鈍い.
— **curto** [男] 短絡, ショート.
curto e grosso 簡潔に.

curto-circuito /,kuxtusix'kujtu/ [[複] curtos-circuitos] [男]〖電気〗ショート, 短絡.

*__curva__ /'kuxva クフヴァ/ [女] **曲線, カーブ** ▶curva fechada 急カーブ / fazer uma curva カーブする / desenhar uma curva カーブを描く / curva de nível 等高線.
curvas perigosas ① 危険なカーブ. ② 曲線美.

curvado, da /kux'vadu, da/ [形] 湾曲した, 曲がった ▶tronco curvado 曲がった幹.

curvar /kux'vax/ [他] ❶ 曲げる, たわめる ▶curvar os joelhos 膝を曲げる.
❷ かがめる, 傾ける ▶curvar a fronte 頭を下げる.
— [自] 曲がる, 屈服する ▶O empresário fez curvar os competidores. その実業家は競争相手に打ち勝った.
— **curvar-se** [再] ❶ 曲がる ▶O homem curvou-se com o passar dos anos. 男は年月を経て腰が曲がった. ❷ 身をかがめる.
❸ 屈服する ; あきらめる ▶Curvou-se perante a pressão da família. 家族の反対に屈した.

curvatura /kuxva'tura/ [女] ❶ 湾曲, 反り. ❷ お辞儀.

curvo, va /'kuxvu, va/ [形] 曲がった, たわんだ ▶linha curva 曲線.

cuscuz /kus'kus/ [男]〖料理〗クスクス, 粒パスタ ▶cuscuz de tapioca タピオカのクスクス.

cusparada /kuspa'rada/ [女] 大量のつば (を吐くこと).

cuspe /'kuspi/ [男] つば, 唾液.

cuspido, da /kus'pidu, da/ [形] つばを吐かれた.
cuspido e escarrado [話] 瓜二つの ▶Ele é o pai cuspido e escarrado. 彼は父親にそっくりだ.

cuspir /kus'pix/ [自] …につばを吐く [+ em] ▶cuspir no rosto de outra pessoa 他人の顔につばをかける / cuspir na honra de alguém …の名誉をけがす.
— [他] 吐く, 噴く ▶cuspir sangue 血を吐く / cuspir fogo 火を噴く.
cuspir na cara 侮辱する, 辱める.
cuspir para o ar 自慢する, うぬぼれる.

custa /'kusta/ [女]《次の成句で》
à custa de algo ① …によって ▶à custa de muito esforço 多大な努力によって. ② …を犠牲にして.
à custa de alguém …に養われて, …の費用で ▶Ele vive à custa da mulher. 彼は妻に食べさせてもらっている.
às custas de... ① …を犠牲にして. ② …のおかげで.
à sua própria custa 自腹で.
rir à custa de... …を笑いものにする.

***__custar__ /kus'tax クスターフ/ [他] ❶ (値段が) …である, (費用が) かかる ▶Este sapato custou trinta mil ienes. この靴は3万円した / Quanto custa isto? これはいくらですか / Quanto custa? おいくらですか / Quanto custa estudar em Londres? ロンドン留学にはいくらかかりますか / custar muito dinheiro たくさん金がかかる / A democracia custa caro. 民主主義には金がかかる / custar barato 値段が安い / custar pouco ほとんど金がかからない / Sonhar não custa nada. 夢を見るのはただだ / Não custa nada tentar. やるだけやってみる.
❷ …を失わせる ▶O acidente custou a vida de duas pessoas. 事故で二人の命が失われた.
❸《Custa + [不定詞]》…することは難しい ▶Custa frear a inflação. インフレを抑制するのは難しい.
❹《Custa a alguém + [不定詞]》…にとって…することは難しい ▶Custa-me acreditar. 私には信じがたい.
❺《custar a + [不定詞]》…するのに時間がかかる, …するのが遅い ▶Ele custou a chegar. 彼は遅れて来た.
custar os olhos da cara 目が飛び出るほど高い.
custe o que custar いかなる代償を払っても, 是が非でも.

custear /kuste'ax/ ⑩ [他] …の費用を払う ▶Eu tinha que trabalhar para custear meus estudos. 私は自分の学費を払うために働かなければならなかった.

custeio /kus'teju/ [男] 支出, 出費, 費用, 営農費.

custo /'kustu クスト/ [男] **費用, 経費, コスト** ▶custo da viagem 旅行の費用 / custo de vida 生活費 / custo de produção 生産コスト / custo fixo 固定費, 固定原価 / custo variável 変動費 / custos marginais 限界費用 / custo de mão de obra 人件費.
a custo やっとのことで.
a todo o custo 何としてでも.
dar pelo custo ① 受け売りする. ② 原価で売る.

custódia /kus'tɔdʒia/ [女] ❶ 保管, 保護. ❷ 監視, 監禁, 拘束 ▶O rapaz está agora sob a custódia da polícia. 若者は今警察に身柄を拘束されている.
❸ 拘置所.

custoso, sa /kus'tozu, 'tɔza/ [形] ❶ 困難な. ❷ 高価な.

cutâneo, nea /ku'tẽniu, na/ [形] 皮膚の ▶envelhecimento cutâneo 皮膚の老化.

cutelaria /kutela'ria/ [女] ❶ 刃物店, 刃物工場, 刃物製造. ❷ 刃物類.

cutelo /ku'tɛlu/ [男] (肉用の) 包丁.

cutícula /ku'tʃikula/ [女] ❶〖植物〗表皮, 外皮. ❷〖動物〗角皮, クチクラ.

cutucar /kutu'kax/ ㉙ [他] (ひじや指で) つつく. っつく.

czar /'tsar/ [男] ロシア皇帝, ツァー.

D d

d /de/ 男 ポルトガル語アルファベットの第4字.
D. 《略語》dom, dona ▶ D. João II ジョアン2世 / D. Maria II マリア2世.
da /da/ 前置詞 de と定冠詞または指示代名詞 a の縮合形 ▶ a história da música clássica クラシック音楽の歴史.
dá 活用 ⇒ dar
dâblio /'dabliu/ 男 文字 w の名称.
dâbliu /'dabliu/ 男 = dâblio
dádiva /'dadʒiva/ 女 贈り物, 賜物 ▶ uma dádiva de Deus 神からの贈り物 / o Egito é uma dádiva do Nilo. エジプトはナイル川の賜物である.

※※dado¹, da /'dadu, da/ ダード, ダ/ 形 ❶ 与えられた, もらった ▶ A cavalo dado não se olham os dentes. 諺 (もらった馬の歯を見るものではない→) もらい物にけちをつけるな.
❷ 廉価な, とても安い ▶ Isto hoje é dado! 本日これは大安売りだ.
❸ 社交的な, 愛想のよい ▶ uma pessoa muito dada 大変に社交的な人物.
❹ 話 …の傾向のある [+ a] ▶ Eu sou dado a dores de cabeça. 私は頭痛持ちだ.
❺ 定められた, 一定の, 所与の ▶ em dado momento ある時 / numa dada situação ある一定の状況下で.
❻ ⟨dado + 名詞句⟩ …を考慮して ▶ dada a gravidade da situação 状況の重大さを考慮して.
— **dado** 男 データ, 資料, 情報 ▶ um dado importante 重要な情報 / dados pessoais 個人情報 / processamento de dados データ処理 / base de dados データベース.
dado o caso 推定では, 恐らく.
dado que + 直説法 …なので, …であるから.
dado² /'dadu/ 男 サイコロ ▶ lançar os dados サイコロを振る / Os dados estão lançados. 賽(さい)は投げられた.
dador, dora /da'dox, 'dora/ [複 dadores, ras] 名 与える人;(器官や組織の)提供者, ドナー ▶ dador de sangue 献血者.
daí /da'i/ (前置詞 de と副詞 aí の縮合形) ❶ そこ [ここ] から ▶ Sai daí! そこ[ここ]から出ろ.
❷ そのときから ▶ daí em diante = a partir daí そのときから / daí a uma hora それから1時間後に / daí a pouco その少し後に.
❸ それで, そこから ▶ daí o seu nome そこからその名前がついた.
❹ esse [essa] daí あのもの, あれ.
daí que + 接続法 それゆえ…である, その結果…である ▶ Daí que seja necessário pensarmos melhor. それゆえ私たちはもっとよく考える必要があるのだ.
E daí? それがどうかしましたか.
dalém /da'lẽj/ 前置詞 de と副詞 além の縮合形.
dalgum /daw'gũ/ 前置詞 de と不定形容詞 algum の縮合形.
dalguma(s) /daw'gũma(s)/ 前置詞 de と不定形容詞 alguma(s) の縮合形.
dalguns /daw'gũs/ 前置詞 de と不定形容詞 alguns の縮合形.
dali /'dali/ (前置詞 de と副詞 ali の縮合形) ❶ あそこ [そこ] から ▶ a cem metros dali あそこから100メートルのところで.
❷ そのときから ▶ a partir dali そのときから / dali a uma semana 1週間後に / dali a pouco 少し後に / dali em diante 今から.
dália /'dalia/ 女 【植物】ダリア.
daltónico, ca /dal'tɔniku, kɐ/ 形 P = daltônico
daltônico, ca /daw'tõniku, ka/ 形 名 先天色覚異常の(人).
daltonismo /dawto'nizmu/ 男 色覚異常.
dama /'dɐma/ 女 ❶ 貴婦人, 淑女 ▶ ser uma dama レディー [淑女] である / dama de honra 花嫁に付き添う若い女性 / dama de ferro 鉄の女 / dama de companhia 女官.
❷ (トランプやチェスの)クイーン ▶ a dama de copas ハートのクイーン.
❸ B 娼婦 ▶ Ela ganha a vida como dama da noite. 彼女は夜の女として生活している.
❹ 男性のダンスの相手を務める女性.
❺ ⟨damas⟩【ゲーム】チェッカー ▶ uma partida de damas チェッカーの試合.
damasco /da'masku/ 男 ❶【植物】アンズ. ❷ ダマスコ織り.
danação /dana'sẽw̃/ [複 danações] 女 ❶【宗教】劫罰, 地獄の責め苦. ❷ 狂犬病. ❸ いたずら.
danado, da /da'nadu, da/ 形 ❶ 呪われた ▶ alma danada 呪われた人.
❷ …に激怒した [+ com] ▶ Ela está danada com a traição do namorado. 彼女は彼氏の浮気に激怒している.
❸ B 勇敢な.
❹ B いたずらな.
❺ ⟨... danado de + 形容詞 = ... + 形容詞 + danado⟩ 非常に…な…, とても…な… ▶ comida danada de boa とてもおいしい料理 / estar com uma fome danada とても空腹である / estar com uma sede danada とても喉が渇いている / estar com uma dor danada とても痛む.
danado da vida かんかんになった.
É danado pra... …に向いている, …が上手である.
danar /da'nax/ 他 ❶ …に損害を与える.
❷ 狂犬病にかからせる.
❸ 激怒させる.
— 自 ❶ 激怒する.
❷ ⟨danar a + 不定詞⟩ …し始める ▶ danar a chorar 泣き始める.
— **danar-se** 再 害を受ける.

pra danar [B] [話] とても, 非常に ▶Ele é feio pra danar. 彼はとてつもなく不細工だ.
Que se dane... …などどうでもよい, どうにでもなってしまえ ▶Que se dane o mundo! この世界などどうにでもなってしまえ.

⁂dança /ˈdɐ̃sa ダンサ/ [女] ❶ **踊り**, **ダンス**, **舞踊** ▶dança dos índios 中南米先住民の踊り / pista de dança ダンスフロア / dança clássica クラシックダンス, クラシックバレエ / dança folclórica 民俗舞踊 / dança moderna モダンダンス / dança de salão 社交ダンス / dança do ventre ベリーダンス.
❷ 騒ぎ, 騒動.
entrar na dança 踊り始める；当事者となる ▶A polícia vai entrar na dança para combater a corrupção. 汚職をなくすために警察が立ち上がる.
meter na dança 議論に巻き込む.

dançante /dɐ̃ˈsɐ̃tʃi/ [形] 《男女同形》 踊りの, 踊る ▶bar dançante 踊れるバー.

⁂dançar /dɐ̃ˈsax ダンサーフ/ ⑬ [自] ❶ **踊る** ▶Ele gosta muito de dançar. 彼は踊ることが大好きだ / ir dançar ダンスに行く / dançar de alegria 小躍りして喜ぶ / tirar alguém para dançar …をダンスに誘う.
❷ **失敗する** ▶O aluno dançou no exame final. その生徒は期末テストで失敗した.
— [他] (踊りを) 踊る ▶Elas vão dançar samba no festival. 彼女らはフェスティバルでサンバを踊る.

dançarino, na /dɐ̃saˈrĩnu, na/ [名] ❶ ダンサー, 舞踊家. ❷ ダンスの好きな人
— [形] ダンスの, 舞踊の.

danceteria /dɐ̃seteˈria/ [女] ディスコテック, クラブ.

danificar /danifiˈkax/ ㉙ [他] 損傷させる, 損害を与える ▶O terremoto danificou muitos prédios. 地震が多くの建物に損害を与えた.
— **danificar-se** [再] 損害を被る ▶Danificaram-se muitos prédios. 多くの建物が被害を受けた.

dano /ˈdɐ̃nu/ [男] 損害, 損傷, 被害 ▶causar danos a... …に被害を及ぼす / sofrer danos 被害を被る / perdas e danos 損害賠償 / danos morais 精神的損害, 懲罰的損害賠償 / danos colaterais 付随的被害.

danoso, sa /daˈnozu, ˈnɔza/ [形] 有害な, 害がある.

dantes /ˈdɐ̃tʃis/ [副] ❶ 以前は. ❷ 昔, かつて.

dão [活用] ⇒ dar

daquela(s) /daˈkɛla(s)/ 前置詞 de と指示形容詞［代名詞］aquela(s) の縮合形.

daquele(s) /daˈkeli(s)/ 前置詞 de と指示形容詞［代名詞］aquele(s) の縮合形.

daqui /ˈdaki/ (前置詞 de と副詞 aqui の縮合形)
❶ ここ［そこ］から, ここ［ここ］の ▶Sai daqui! ここから出て行け / Eu sou daqui. 私は地元の人間だ.
❷ 今から ▶daqui a pouco もう少ししたら / daqui a uma semana 今から 1 週間後に / daqui em diante 今から, これからは.
daqui e dacolá あちこちから.
estar daqui 最高だ.
ser daqui 大変おいしい［美しい, よい］, 最高だ.

daquilo /daˈkilu/ 前置詞 de と指示代名詞 aquilo の縮合形.

⁂dar /ˈdax ダーフ/
⑲

直説法現在	dou dás dá	damos dais dão
過去	dei deste deu	demos destes deram
接続法現在	dê dês dê	demos deis deem

[他] ❶ **…に…を与える**, **贈与する**, 提供する［+ a/para］▶dar algo a alguém 人に物を与える / Ele me deu flores. 彼は私に花をくれた / dar oportunidade a ... …に機会を与える / O homem deu de aniversário ao sobrinho uma gravata. 男は誕生日の甥にネクタイをプレゼントした / dar de beber 飲み物を与える / dar de comer 食べ物を与える / dar as cartas トランプを配る.
❷ (代価を伴って) …に…を渡す, 与える, 支払う ▶Eles deram cem mil ienes por esta estatueta. 彼らはこの彫像に10万円払った / Quanto você dá à sua empregada? 君はその (女性) 使用人にいくら払ってるんだ / Eles deram-lhe uma pulseira de ouro por aquele quadro. 彼らはあの絵画と引き換えに金のブレスレッドを彼 (女) に与えた.
❸ …に (知識や情報を) **与える**, **伝える** ▶dar o exemplo 手本を示す / dar sua opinião 自分の意見を言う / dar conselhos アドバイスする / Eu dou aulas de língua japonesa a estrangeiros. 私は外国人に日本語を教えている / dar lição de casa 宿題を出す / Me dá seu telefone. あなたの電話番号を教えてください.
❹ (産物を) **生みだす**, (結果を) **生む**, もたらす ▶dar frutos 実をつける, 実を結ぶ / dar sorte 幸運をもたらす / dar prazer 喜ばせる / dar medo 怖がらせる / dar problemas 問題を起こす / Ler me dá sono. 本を読むと私は眠くなる / A fonte dá muita água. その泉は水の湧きがよい / O texto dá um livro de 300 páginas. そのテキストは300ページほどの本になるだろう / Isso dá um total de trezentos reais その合計は300レアルになる.
❺ (催しごとを) **催す**, 興行する, 行う ▶dar um concerto コンサートを開く / dar uma festa パーティーを催す / dar uma exposição 展覧会を開く.
❻ **示す**, 見せる ▶Ela deu sinais de preocupação. 彼女は心配そうな表情をした.
❼ (病気を) うつす ▶dar uma doença 病気をうつす.
❽ 《dar + 名詞》 …する ▶ / dar castigo 罰する / dar consentimento 同意する / dar um grito 悲鳴をあげる / dar garantias 保証する / dar uma palestra 演説する / dar instruções 指示する / dar li-

cença 許可する / dar ordens 命令する, 指示する / dar proteção aos fracos 弱者を保護する / dar um recado 伝言する / dar bom-dia こんにちはと言う / dar um passeio 散歩する / dar caça a... ...を追跡する

❾ 《dar... por [como] ...》 ...を...と見なす, 解釈する ▶ dar o problema como resolvido 問題を解決されたと見なす / O crítico leu o romance no original e o deu por bom. その批評家は小説の原作を読み, よいと判断した.

❿ (時間などを) 費やす, 捧げる ▶ O filho dava muitas horas ao estudo. 息子はかなりの時間を勉学に費やしていた / Dei os primeiros dias ao conhecimento da cidade. 私は最初の何日かは町を見て回った / dar a vida a outros 他人に命を捧げる.

⓫ ...時を告げる, ...時である ▶ O relógio deu onze horas. 時計が11時を打った / Já vai dar meia-noite. もうすぐ夜中の12時だ / Deram cinco horas. 5時になった / Antes de darem as três, lá estaremos. 3時になる前に我々は向こうに着くだろう.

⓬ 学 ...に出席する, (授業などを) 受ける ▶ As alunas dão aula de geografia pela manhã. 女生徒たちは午前中に地理の授業を受ける.

— 自 ❶ ...に十分である, 足りる, 可能である [+ para] ▶ O dinheiro deu para os gastos. その金は出費を賄うに十分であった / O salário não daria para as despesas. その給料では出費を賄えないだろう / Este montante não dá para comprar aquela casa. この額ではあの家は買えない.

❷ ...に面している, 向いている [+ para] ▶ A janela dá para o jardim. その窓は庭に面している.

❸ ...に適性がある, 向いている [+ para] ▶ um menino que dá para comediante コメディアンに向いている少年 / Não dou para isso. 私はそれに向いていない.

❹ ...を見つける, ...に出くわす [+ com] ▶ Dei com a solução do problema. 私はその問題の答を見つけた / Quando levantei a cabeça, dei com ele na minha frente. 顔を上げると, 目の前に彼がいた.

❺ ...に気付く, 気が付く [+ por] ▶ Quando dei por mim, estava na Rua da Glória. 我に返ったときグロリア通りに私はいた

❻ (光が) ...に当たる [+ em] ▶ O sol dava na murada da casa. その家の外壁に日が当たっていた.

❼ ...に通じる, 至る [+ em] ▶ A rua vai dar na pracinha. 通りは小さな広場に出る / Isto não vai dar em nada. こんなことをしても何にもならない / Nossos esforços não deram em nada. 我々の努力は水泡に帰した.

❽ ...にぶつかる [+ em] ▶ O navio deu no recife. その船は岩礁に衝突した.

❾ ...をぶつける [+ com] ▶ Dei com a cabeça na porta. 私はドアに頭をぶつけた.

❿ 《非人称的に》 ...と報道される ▶ Deu na televisão que vai chover. 雨になるとテレビで言っていた

⓫ (症状などが) 現れる ▶ Deu-lhe varíola. 天然痘が彼(女)に出た / Que número deu hoje na loteria? 今日のロトくじの番号は何でしたか.

⓬ ...をたたく, 打つ [+ em] ▶ Ela deu no filhinho por uma tolice. つまらないことで彼女は小さな息子をぶった.

⓭ 可能である ▶ Tentamos chegar mais cedo, mas não deu. 私たちはもっと早く着こうとしたけれどもできなかった / Se der, vou. できたら私は行きます.

⓮ 《dá para +不定詞》 ...することができる ▶ Quando dá para começar a sair com o bebê? いつ赤ん坊と外出できるようになりますか / Dá para você vir aqui? あなたはここに来ることができますか / Infelizmente não vai dar para ir amanhã. 残念ながら明日行くことはできません.

⓯ ...と一致する, 調和する [+ com] ▶ As cores não dão umas com as outras. 色が互いに合っていない.

— dar-se 再 ❶ 自分が...だと感じる ▶ Dou-me bem aqui. 私はここが居心地がよい / Dou-me mal neste clima. 私はここの気候に合わない.

❷ 《dar-se com》 ...と(うまく)付き合う ▶ Ele dá-se com todos. 彼はみんなとうまく付き合っている / Eles não são amigos, mas dão-se (um ao outro). 彼らは友人ではないが, お互いにうまくやっている.

❸ ...に専念する, 適応する [+ a] ▶ dar-se ao trabalho 仕事に専念する.

❹ ...のふりをする, 装う [+ por] ▶ O homem dava-se por grande advogado. 男は大弁護士のふりをした.

❺ 起きる, 行われる ▶ O acidente deu-se cerca das 10 horas. 事故は10時ごろに起きた.

❻ 自分を...と思わせる, 自分が...であると認める [+ por] ▶ dar-se por vencido 負けを認める.

dar de si (服などが) 伸びる.
dar (o) que pensar 考えさせる, 内省を促す.
dar que falar (悪い) 噂になる.
dar-se bem ① うまくいく, 成功する ▶ Ela se deu muito bem no projeto. 彼女はそのプロジェクトで大成功を収めた. ② 仲がよい, 気が合う ▶ Eles dão-se bem. 彼らは互いにうまくいっている / Estão casados há vinte anos e se dão excelentemente. 夫婦は結婚して20年になるが, すばらしく仲がよい / dar-se bem com os outros 他人と仲良くする.
dar-se mal ① 失敗する ▶ Ele se deu mal no empreendimento. 彼はその事業に失敗した. ② 仲が悪い ▶ As duas mulheres sempre se deram mal. 二人の女はいつも仲が悪かった.
dar uma de... ...のように振る舞う, ...を装う.
Deu no que deu. この有様だ.
estar para o que der e vier 準備万端である, 何にでも対応できる.
ir dar a... ...に到着する.
já ter dado o que tinha de dar すべて出し尽くした, もう何も残っていない, 疲れ果てた.
O que é que te deu? あなたはどうしたのですか.
para dar e vender 有り余るほどの ▶ Nosso país tem energia para dar e vender. 我々の国には有り余るエネルギーがある.

dardo

Pouco se lhe dá. かまわない, どうでもよい ▶ O homem superior é impassível por natureza: pouco se lhe dá que o elogiem ou censurem. 優れた人間は生まれつき動ずることがない. 称えられようが非難されようがどうでもいいのだ.

dardo /ˈdaxdu/ 男 ❶ ダーツ, 投げ矢 ▶ jogar dardos ダーツをする.
❷ 投げ槍 ▶ lançamento de dardo 槍投げ.
❸ 昆虫の針. ❹ 毒舌.

das /das/ 前置詞 de と定冠詞または指示代名詞 as の縮合形.

data /ˈdata/ データ/ 女 ❶ 日付, 年月日 ▶ Qual é a data de hoje? 今日は何日ですか / pôr a data em… …に日付を入れる / data de nascimento 生年月日 / data de validade 有効期限, 賞味期限 / documento sem data 日付なしの文書 / data histórica 歴史的日付.
❷ 時代, 時期 ▶ Naquela data eu não era nascido. その頃私は生まれていなかった.
até a data 現在まで, 今まで.
de longa data 昔から (の) ▶ um amigo de longa data 昔からの友人.
em data oportuna 正確に, 都合のよい, 可能な時期に.

datação /dataˈsẽw/ [複 datações] 女 ❶ 年代の特定 ▶ datação por carbono 14 炭素14による年代測定. ❷ 日付の記入.

datado, da /daˈtadu, da/ 形 ❶ …の日付の [+ de] ▶ Este documento está datado de 5 de fevereiro de 1980. この書類は1980年2月5日付である.
❷ 古い, 時代遅れの ▶ Aquela novela era muito famosa, mas hoje já está datada. あの小説はとても有名だったが, 今はもう時代遅れである.

data-limite /ˌdataliˈmitʃi/ 女 締め切り.

datar /daˈtax/ 他 ❶ 日付を記入する ▶ datar uma carta 手紙に日付を入れる. ❷ …の年代を特定する.
— 自 …にさかのぼる [+ de] ▶ Este castelo data do século XV. この城の起源は15世紀にさかのぼる.

datilografar /datʃilograˈfax/ 他 自 タイプする.

datilografia /datʃilograˈfia/ 女 タイプライティング, タイプ.

datilógrafo, fa /datʃiˈlɔgrafu, fa/ 名 タイピスト.

d.C. 《略語》 depois de Cristo 紀元後, 西暦.

DDD 《略語》 discagem direta à distância ダイヤル直接通話 ▶ código DDD 市外局番.

DDI 《略語》 discagem direta internacional 国際ダイヤル直接通話 ▶ código DDI 国別番号.

de /dʒi/ デ/ 前 (de +定冠詞は次のように縮約される : de + o → do, de + a → da, de + os → dos, de + as → das, de +不定冠詞は次のように縮約されることがある : de + um → dum, de + uma → duma, de + uns → duns, de + umas → dumas)

❶《所有, 所属, 作者》…の ▶ o carro de Paulo パウロの自動車 / De quem é esta caneta? このペンは誰のですか / Este livro é dela. この本は彼女のものだ / uma página do livro その本の1ページ / a música de Bach バッハの音楽.

❷《主格, 目的格》…の ▶ o riso das crianças 子供たちの笑い / uma foto da minha família 私の家族の写真 / o medo da morte 死に対する恐れ.

❸《数量, 価格》…の ▶ classe de quarenta estudantes 40人の学生のクラス / o valor de R$1000 千レアルの価値.

❹《手段, 道具》…で ▶ Eu vou de trem. 私は電車で行く / de avião 飛行機で / de carro 自動車で / viver de pensão 年金で暮らす.

❺《材料, 材質》…の ▶ mesa de madeira 木製のテーブル / vestido de lã ウールのドレス / jaqueta de couro 革のジャケット.

❻《特徴, 性質》…の, …を持った ▶ uma menina de cabelo loiro 金髪の少女 / um homem de óculos 眼鏡をかけた男性 / uma pessoa de talento 才能のある人 / uma mulher de trinta anos 30歳の女性 / um livro de grande interesse とても興味深い本.

❼《種類, 用途》…の, …用の ▶ sala de aula 教室.

❽《内容, 中身》…の, …の入った ▶ um copo de leite コップ1杯の牛乳 / um maço de cigarro 1箱のタバコ.

❾《主題》…について ▶ Ele gosta de falar de política. 彼は政治について話すのが好きだ / um livro de história 歴史の本 / um filme de terror ホラー映画 / professor de português ポルトガル語の教師.

❿《同格》…の, という ▶ a cidade de São Paulo サンパウロ市 / a noção de liberdade 自由の概念 / provas de que eles são inocentes 彼らが無実であるという証拠.

⓫ …のうちで, …の中で ▶ um dos meus amigos 私の友人の一人 / o rei dos reis 王の中の王.

⓬《最上級》…のうちで, …の中で ▶ o melhor aluno da turma クラスで一番の生徒 / Ele é o mais estudioso da classe. 彼はクラスで一番勉強熱心だ.

⓭《比較級》《do que…》…よりも ▶ Ele é mais alto do que eu. 彼は私より背が高い.

⓮《起点, 離脱, 起源》…から, からの, …出身の, …産の ▶ Eu sou do Japão. 私は日本から来ました / De onde você é? ご出身はどちらですか / sair de casa 家を出る, 出かける / café do Brasil ブラジル産コーヒー.

⓯《時間》…から ▶ De há dez dias para cá, nada mudou. 10日前から今日まで何も変わっていない.

⓰《時間, 期間》…に, …の間に ▶ Eu fui lá de manhã. 朝私はあそこに行った / de dia 昼間に / de noite 夜に / de tarde 午後に / da manhã 午前中に.

⓱《原因, 理由》…による, …のため ▶ Ele ficou doente de cansaço. 彼は疲労で病気になった / morrer de fome 餓死する.

⓲《様態》…によって, のようで ▶ de um trago 一息で / estar de pé 立っている / estar de férias 休暇中である.

⓳《受身表現で》…によって ▶ A terra cobre-se de neve. 地面は雪で覆われる.

⓴《部分を表して》…の少し ▶ comer de tudo 何でもまんべんなく食べる.

de... a... …から…まで ▶ de Paris a Londres パリからロンドンまで / das 8 às 9 horas da manhã 午前8時から9時まで.

de... em... …ごとに, おきに ▶ de três em três metros 3メートルごとに / de meia em meia hora 30分おきに.

dê[1] /'de/ 男 文字 d の名称.

dê[2] 活用 ⇒ dar

deambulação /deẽbula'sẽw/ [複 deambulações] 女 ぶらぶら歩くこと, そぞろ歩き.

deambular /deẽbu'lax/ 自 散歩する, ぶらぶら歩く.

debaixo /de'bajʃu/ デバイショ 副 下に, 下で, 下位の.

debaixo de... ① …の下に, 下で (↔ em cima de) ▶ Ele ficou debaixo da árvore que caiu. 彼は倒れた木の下敷きになった / O gato escondeu-se debaixo da cama. その猫はベッドの下に隠れた / andar debaixo de chuva 雨の中を歩く / Eu levava o livro debaixo do braço. 私は本を脇に抱えていた. ② …のもとに ▶ debaixo das ordens de alguém …の命令のもとに.

debalde /de'bawdʒi/ 副 無駄に, かいなく ▶ Toda minha espera foi debalde. 私の期待はすべて無駄に終わった.

debandada /debẽ'dada/ 女 敗走, 壊走, 四散すること ▶ pôr em debandada 敗走させる, 壊走させる.

debandar /debẽ'dax/ 他 敗走させる, 四散させる.
— 自 敗走する, 四散する.
— **debandar-se** 再 敗走する, 四散する.

debate /de'batʃi/ デバーチ 男 討論, 議論, 論争, 口論 ▶ fazer um debate 議論する, 討論する / debate parlamentar 国会討論 / estar em debate 議論されている.

debater /deba'tex/ 他 討論する, 議論する ▶ debater um assunto ある問題を議論する.
— 自 議論する.
— **debater-se** 再 もがく ▶ Os peixes debatiam-se na rede do pescador. 魚は漁師がかけた網の中でもがいていた.

debelar /debe'lax/ 他 ❶ 克服する, 鎮圧する ▶ debelar a crise 危機を克服する / debelar um incêndio 火事を鎮火する. ❷ 撲滅する ▶ debelar a corrupção 汚職を撲滅する. ❸ 治す ▶ debelar uma doença 病気を治す.

debicar /debi'kax/ 他 試食する, 少し食べる ▶ Ela debicou o sanduíche. 彼女はサンドイッチにちょっと手をつけた.
— 自 …をからかう [+ de] ▶ Ele debica dos amigos sem maldade. 彼は悪気なく友達をからかう.

débil /'dɛbiw/ [複 débeis] 形《男女同形》❶ 虚弱な ▶ criança débil 虚弱な子供. ❷ 薄弱な ▶ vontade de débil 弱い意志. ❸ かすかな, 微弱な ▶ luz débil かすかな光. ❹ 脆弱な ▶ estrutura débil 脆弱な構造. ❺ 知的障害の.
— 名 知的障害者 (= débil mental).

debilidade /debili'dadʒi/ 女 ❶ 弱さ, もろさ ▶ a debilidade do dólar ドルの弱さ, ドル安. ❷ 虚弱, 衰弱. ❸ debilidade mental 知的障害.

debilitante /debili'tẽtʃi/ 形《男女同形》衰弱させる ▶ uma doença debilitante 体を衰弱させる病気.

debilitar /debili'tax/ 他 弱くする, 衰弱させる ▶ A doença debilita o corpo. その病気は体を衰弱させる.
— **debilitar-se** 再 衰弱する ▶ O político debilitou-se depois do debate. 政治家は討議のあと元気を失った.

debique /de'biki/ 男 からかい, 冷やかし ▶ Fiquei irritado com seu debique. 私は彼の冷やかしに腹を立てた.

debitar /debi'tax/ 他 借り方に記入する ▶ O empregado debitou o almoço à empresa. その社員は会社に昼食代のつけを回した.
— **debitar-se** 再 負債ができる ▶ Debitou-se em muitos milhares de dólares. 何百万ドルもの負債ができた.

débito /'dɛbitu/ 男 ❶《商業》借方 ▶ débito e crédito 借り方と貸し方 / levar a débito 借り方に記入する / cartão de débito デビットカード. ❷ 負債, 借金.

debochado, da /debo'ʃadu, da/ 形 ❶ ふしだらな. ❷ 遊び好きの. ❸ あざ笑うような ▶ Ela contou a história em tom debochado. 彼女はあざけるような口調でその話をした.

debochar /debo'ʃax/ 他 ❶ 堕落させる. ❷ 🇧 からかう.
— 自 …をからかう [+ de] ▶ Ela debochou do namorado da amiga. 彼女は友達の彼氏をからかった.

deboche /de'bɔʃi/ 男 ❶ 放蕩, 放縦. ❷ 🇧 からかい.

debruar /debru'ax/ 他 ❶《服飾》へりを付ける, 縁を縫う. ❷ 縁取る. ❸ 飾る.

debruçar /debru'sax/ ⑬ 他 ❶ うつぶせにする. ❷ 前に傾ける, かしげる.
— **debruçar-se** 再 ❶ うつぶせになる ▶ Ela debruçou-se sobre a cama. 彼女はベッドにうつぶせになった. ❷ 身をかがめる ▶ debruçar-se na janela 窓から身を乗り出す.

debrum /de'brũ/ [複 debruns] 男《服飾》縁, へり, 縁飾り.

debulha /de'buʎa/ 女 脱穀 ▶ a debulha do trigo 小麦の脱穀.

debulhador, dora /debuʎa'dox, 'dora/ 形 脱穀する.
— **debulhador** 男 脱穀機.

debulhar /debu'ʎax/ 他 ❶ 脱穀する. ❷ 皮を取る.
— **debulhar-se** 再 ❶ 落果する. ❷ 崩れる ▶ Ela debulhou-se em lágrimas. 彼女は泣き崩れた.

debutante /debu'tẽtʃi/ 名 初心者, 新人.
— 女 社交界にデビューする女性.
— 形《男女同形》駆け出しの, 新人の.

debutar

debutar /debu'tax/ 自 ❶ デビューする. ❷ 社交界にデビューする.

☆década /'dɛkada デーカダ/ 囡 **10年間** ▶Eu nasci na década de 50. 私は50年代に生まれた / O regime militar durou duas décadas. 軍事体制は20年間続いた / na década passada 過去10年間に.

decadência /deka'dẽsia/ 囡 ❶ 衰退, 衰え ▶a decadência do Império Romano ローマ帝国の衰退 / entrar em decadência 衰退する. ❷ 退廃 ▶decadência moral 道徳的退廃.

decadente /deka'dẽtʃi/ 形《男女同形》衰退した ; 退廃的な.

decair /deka'ix/ 58 自 ❶ 衰える, 弱まる ▶Sua saúde decaiu rapidamente. 彼の健康状態は急速に悪化した.
❷ 下がる, 減少する ▶Suas notas na escola decaem a cada ano. 彼の学校の成績は年々下がっている / A produção industrial decaiu no semestre passado. 前期の工業生産は減少した.
❸ 衰退する ▶A aristocracia decaía já no século XIX. 貴族政治は19世紀にすでに衰退していた.
❹ 傾く ▶O muro decaiu depois do furacão. ハリケーンのあと壁が傾いた.

decalcar /dekaw'kax/ 29 他 ❶ …を透写する, トレースする. ❷ 模倣する, まねする.

decalitro /deka'litru/ 男 デカリットル (=10リットル).

decálogo /de'kalogu/ 男 (モーセの) 十戒.

decalque /de'kawki/ 男 ❶ 透写, トレース ▶fazer um decalque de algo …をトレースする.
❷ (裏に糊のついた) シール.
❸ コピー, まね.

decano /de'kɐnu/ 男 最年長者.

decantação /dekẽta'sẽw/ [複 decantações] 囡 上澄みを移し取ること.

decantar /dekẽ'tax/ 他 ❶ 上澄みを移し取る, 浄化する ▶Aquela máquina decanta as impurezas da água. あの機器は水を浄化する. ❷ 歌い上げる, 称賛する ▶O poeta decanta as belezas da vida. 詩人は人生の美しさを歌い上げる.
— **decantar-se** 再 注ぐ ▶O óleo decanta-se no fundo do tanque. 油がタンクの底に流れ込む.

decapitação /dekapita'sẽw/ [複 decapitações] 囡 打ち首, 斬首.

decapitar /dekapi'tax/ 他 首を切る, 打ち首にする.

decatlo /de'katlu/ 男《スポーツ》十種競技, デカスロン.

decência /de'sẽsia/ 囡 品位, 節度, 慎ましさ.

decénio /dǝ'sɛniu/ 男 [ﾎﾟ] = decênio

decênio /de'sẽniu/ 男 B 10年間 ▶Eu estudei português por um decênio. 私はポルトガル語を10年間勉強した.

decente /de'sẽtʃi/ 形《男女同形》❶ 礼儀正しい, 品のよい ▶Ela casou-se com um homem decente. 彼女は品のある男性と結婚した.
❷ 適切な, 適当な.
❸ 清潔な, きちんとした ▶O hotel não tinha 4 estrelas, mas era decente. そのホテルは四つ星ではなかったけれども清潔だった.

decentemente /de,sẽtʃi'mẽtʃi/ 副 礼儀正しく ; まずまず, 人並みに ▶viver decentemente 人並みの生活をする.

decepar /dese'pax/ 他 ❶ 切断する, …の頭を切る. ❷ 中断する ▶O ruído da sirene decepou a conversa. サイレンの音が話を中断した.
decepar um texto 文章に大幅な手直しを加える.

decepção /desepi'sẽw/ [複 decepções] 囡 B 失望, 落胆, 期待はずれ ▶ter uma decepção 失望する / O show foi uma decepção. そのショーは期待はずれだった / Que decepção! がっかり.

decepcionado, da /desepisio'nadu, da/ 形 失望した, がっかりした ▶Eu fiquei decepcionado com o resultado. 私は結果に失望した.

decepcionante /desepisio'nẽtʃi/ 形《男女同形》失望させる, がっかりさせる ▶resultado decepcionante 残念な結果.

decepcionar /desepisio'nax/ 他 失望させる, がっかりさせる, 幻滅させる ▶A derrota do atleta decepcionou a torcida. 選手の敗北はファンをがっかりさせた.
— 自 がっかりさせる ▶O filme decepcionou. その映画にはがっかりした.
— **decepcionar-se** 再 失望する, がっかりする ▶Decepcionei-me com as minhas notas. 私は自分の成績に落胆した.

decerto /de'sextu/ 副 確かに, もちろん ▶Aquilo foi decerto um grande erro. あれは確かに大きな間違いでした.

decibel /desi'bɛw/ [複 decibéis] 男《物理》デシベル.

decididamente /desi,dʒida'mẽtʃi/ 副 決然として, 断固として ; 間違いなく, 明らかに ▶responder decididamente きっぱり答える / O empresário investiu decididamente na modernização da fábrica. 経営者は決然として工場の近代化に投資した / Decididamente, o azul está na moda. 間違いなく青色がはやっている.

decidido, da /desi'dʒidu, da/ 形 ❶ 決まった, 決定された ▶A data está decidida. 日付は決まっている.
❷《estar decido a +不定詞》…する決定をしている ▶Eu estou decidido a estudar no Brasil. 私はブラジルに留学する決心をしている.
❸ 決然とした ▶uma mulher decidida 毅然とした女性.
decidido e encerrado 決着のついた, 決定済みの.

☆decidir /desi'dʒix デシヂーフ/ 他 ❶ **決定する, 決める** ▶decidir a data do casamento 結婚式の日取りを決める.
❷《decidir +不定詞》…することに決める ▶Nós decidimos partir logo para a praia. 私たちは海へすぐ出かけることに決めた.
— 自 ❶ …を選ぶ [+ por] ▶A assembleia decidiu pela paralisação. 集会は仕事を中止することに決めた.
❷《decidir por +不定詞》…することに決める ▶Acabou decidindo por votar contra. 反対投票

をすることに決めてしまった.
— **decidir-se** [再] ❶ 決心する ▶ Decida-se! 決心したまえ.
❷《decidir-se por...》…を選ぶ, …に決める.
decifração /desifra'sẽw̃/ [複 decifrações] [女] 解読, 判読 ▶ a decifração do genoma ゲノムの解読.
decifrar /desi'frax/ [他] ❶ 解読する, 判読する. ❷ (意図, 感情を) 見抜く ▶ É difícil decifrar os sentimentos do outro. 他人の気持ちを見抜くのは難しい.
decifrável /desi'fravew/ [複 decifráveis] [形]《男女同形》解読できる.
decilitro /desi'litru/ [男] デシリットル.
decimal /desi'maw/ [複 decimais] [形]《男女同形》❶ 十進法の ▶ sistema decimal 十進法. ❷ 小数の ▶ número decimal 小数 / vírgula decimal 小数点.
— [女] 小数.
⁑**décimo, ma** /'dɛsimu, ma デースィモ, マ/ [形] ❶ **10番目の** ▶ décimo primeiro 11番目の / décimo segundo 12番目の / décimo terceiro 13番目の / décimo quarto 14番目の / décimo quinto 15番目の / décimo sexto 16番目の / décimo sétimo 17番目の / décimo oitavo 18番目の / décimo nono 19番目の / Dezembro é o décimo segundo mês do ano. 12月は12番目の月である.
❷ 10分の1の.
— **décimo** [男] **10分の1**.
⁑**decisão** /desi'zẽw̃ デスィザォン/ [複 decisões] [女] ❶ **決定** ▶ tomar uma decisão 決心をする / Ele tomou a decisão de estudar fora do país de origem. 彼は留学する決断をした.
❷ **判決, 裁決** ▶ acatar a decisão do tribunal 裁判所の判決を遵守する / A decisão do árbitro foi contestada. 審判の判定は否認された.
❸ 解決, 判断 ▶ uma decisão precipitada 性急な判断 / uma decisão acertada 的確な解決, 順当な決議.
decisivamente /desiˌziva'mẽtʃi/ [副] 決定的に, 断固として ▶ Os embaixadores atuaram decisivamente contra a guerra. 大使たちは断固として戦争に反対する行動を取った.
*__decisivo, va__ /desi'zivu, va デスィズィーヴォ, ヴァ/ [形] ❶ (議論や論争などを) **決着させる, 最終的な** ▶ resposta decisiva 最終回答 / Isso é decisivo para mim. それは私にとって決定的なことだ.
❷ **断固とした**, 決心が固い ▶ atitude decisiva 断固とした態度.
❸ 物事が) **明白な**, 疑う余地のない ▶ argumento decisivo 疑う余地のない議論.
decisório, ria /desi'sɔriu, ria/ [形] 決定する ▶ processo decisório 決定過程.
declamação /deklama'sẽw̃/ [複 declamações] [女] 朗読, 朗唱.
declamar /dekla'max/ [他] 朗読する, 朗唱する ▶ declamar um poema 詩を朗読する.
— [自] 朗読する.
*__declaração__ /deklara'sẽw̃ デクララサォン/ [複 declarações] [女] ❶ **表明, 公表, 宣言, 布告**, (税関等での) **申告** ▶ fazer uma declaração 宣言 [表明] する / declaração de guerra 宣戦布告 / Declaração Universal dos Direitos Humanos [do Homem] 世界人権宣言 / declaração de falência 破産宣告 / declaração de imposto de renda 所得税申告.
❷《通常 declarações》供述 ▶ prestar declarações 証言する.
❸ 目録, 証書, 申告書 ▶ declaração de bens 財産目録, 財産申告.
❹ 愛の告白 (= declaração de amor).
declarado, da /dekla'radu, da/ [形] 明白な, 公然の ▶ inimigo declarado 公然の敵.
declarante /dekla'rẽtʃi/ [名] 証人, 供述者.
⁑**declarar** /dekla'rax デクララーフ/ [他] ❶ **表明する, 宣言する** ▶ declarar o resultado 結果を発表する / declarar o seu amor 愛を告白する / declarar guerra 宣戦布告する.
❷ **申告する** ▶ — Tem algo a declarar? — Não tenho nada a declarar.「何か申告するものはありますか」「申告するものはありません」/ declarar o rendimento ao fisco 所得を税務署に申告する.
❸ …を…であると宣言する, 宣告する ▶ Eu vos declaro marido e mulher. あなた方が夫婦になったことを宣言します / O juiz declarou-a culpada. 裁判官は彼女に有罪を宣告した.
— **declarar-se** [再] ❶ 自分は…だと表明する ▶ declarar-se contra o aborto 妊娠中絶反対を表明する / declarar-se inocente 無罪を主張する
❷ 愛を告白する ▶ Como se declarar a quem ama? 好きな人にどう愛を告白すればいいか.
❸ (突然) 発生する.
declarativo, va /deklara'tʃivu, va/ [形] ❶ 明確にする, 明示する. ❷〖文法〗frase declarativa 平叙文.
declinação /deklina'sẽw̃/ [複 declinações] [女] ❶ 傾き, 傾斜. ❷ 衰退, 衰微, 斜陽. ❸〖文法〗(名詞や形容詞, 代名詞などの) 語形変化.
declinar /dekli'nax/ [自] ❶ 衰える. ❷ 傾く, 傾斜する; (太陽が) 沈む.
❸ 外れる, 逸脱する. ❹〖文法〗語形変化する, 格変化する.
— [他] ❶ 断る, 却下する, 拒否する ▶ declinar o convite 招待を断る. ❷〖文法〗語形変化させる, 格変化させる.
— **declinar-se** [再] 語形変化する, 格変化する.
declínio /de'klĩniu/ [男] ❶ 衰え, 退潮, 下り坂 ▶ o declínio do Império Otomano オスマントルコ帝国の衰退. ❷ 日の傾き, (月日や人生などの) 終わり ▶ o declínio da vida 人生の黄昏, 晩年.
declive /de'klivi/ [男] 坂, 斜面, 傾斜, 勾配.
— [形]《男女同形》傾いた.
decodificação /dekodʒifika'sẽw̃/ [複 decodificações] [女] デコーディング, 復号化.
decodificador /dekodʒifika'dox/ [複 decodificadores] [男] 復号器, デコーダー.
decodificar /dekodʒifi'kax/ ㉙ [他] (符号などを) 解読する, 復号する, デコードする.
decolagem /deko'laʒẽj̃/ [複 decolagens] [女] [B] 離陸, テイクオフ ▶ decolagem econômica 経済の

[D]

テイクオフ.
decolar /deko'lax/ [自] 離陸する.
decompor /dekõ'pox/ ㊹《[過去分詞] decomposto》[他] ❶ 分解する ▶decompor um número em fatores primos 数を素因数に分解する. ❷ 腐敗させる, 変質させる.
— **decompor-se** [再] ❶ 分解される. ❷ 腐敗する, 変質する.

D

decomposição /dekõpozi'sɐ̃w̃/ [[複] decomposições] [女] ❶ 分解 ▶decomposição química 化学分解. ❷ 腐敗, 変質 ▶corpo em decomposição 腐乱死体.
decoração /dekora'sɐ̃w̃/ [[複] decorações] [女] ❶ 装飾, 飾り付け, 室内装飾 ▶decoração de interiores 室内装飾 / decoração de montras ショーウインドーのディスプレイ. ❷ 装飾品 ▶decoração de Natal クリスマスの飾り.
decorador, dora /dekora'dox, 'dora/ [[複] decoradores, doras] [形] 装飾する.
— [名] 装飾家 ; インテリアデザイナー.
***decorar** /deko'rax/ [他] ❶ **飾る, 装飾する** ▶decorar a casa com flores 家を花で飾る / decorar montras ショーウインドーのディスプレイを飾る.
❷ 暗記する ▶decorar um poema 詩を暗記する.
decorativo, va /dekora'tʃivu, va/ [形] 装飾の, 装飾的な ▶artes decorativas 装飾芸術.
decoro /de'koru/ [男] ❶ 礼儀, 作法 ▶pessoa sem decoro 礼儀知らずの人 / falta de decoro 礼節を欠くこと.
❷ 名誉, 威厳 ▶decoro parlamentar 議員倫理.
decoroso, sa /deko'rozu, 'rɔza/ [形] ❶ 礼儀正しい, 端正な.
❷ 名誉ある, 品格のある ▶Ela mostrou uma conduta decorosa. 彼女は名誉ある行動を見せた.
decorrência /deko'xẽsia/ [女] 結果 ▶em decorrência de... …の結果として.
decorrente /deko'xẽtʃi/ [形]《男女同形》…の結果の [+ de] ▶danos decorrentes do terremoto 地震から生じた被害.
****decorrer** /deko'xex デコヘーフ/ [自] ❶ (時間が) **経過する** ▶Desde então, já decorreram dois anos. その時からすでに2年が経過した.
❷ **行われる, 起こる** ▶A cerimônia decorreu sem incidentes. 式はつつがなく行われた.
❸ …から生じる [+ de].
— [男] 時の経過 ▶com o decorrer do tempo 時の経過とともに / no decorrer da história 歴史の中で / no decorrer do dia 昼の間に / no decorrer dos anos 80 80年代に.
decotado, da /deko'tadu, da/ [形] 襟ぐりの深い ▶Ela usa roupa decotada. 彼女は胸元が大きく開いた服を着る.
decote /de'kɔtʃi/ [男] 襟ぐり ▶decote em V V ネック / decote redondo 丸首.
decrépito, ta /de'krɛpitu, ta/ [形] 老いた, 老衰した, 老化した.
decrepitude /dekrepi'tudʒi/ [女] 老衰, 老化, 老朽.
decrescente /dekre'sẽtʃi/ [形]《男女同形》減少していく, 低下していく ▶por ordem decrescente 大きい順に, 降順に / contagem decrescente 秒読み, カウントダウン.
decrescer /dekre'sex/ ⑮ [自] ❶ 減る, 減少する ▶A dívida decresceu no ano passado. 昨年負債が減少した.
❷ 弱まる, 衰える ▶A influência do idioma francês decresceu no século XX. 20世紀にフランス語の影響力が弱まった.
decréscimo /de'krɛsimu/ [男] 減少 ▶o decréscimo da população 人口の減少.
decretar /dekre'tax/ [他] 発令する, 布告する, 宣告する ▶decretar o estado de emergência 非常事態宣言を布告する / decretar a falência 破産宣告する.
decreto /de'krɛtu/ [男] 法令, 指令, 命令 ▶decreto executivo 行政命令 / decreto presidencial 大統領令 / decreto de falência 破産宣告.
nem por (um) decreto 絶対に…ない ▶Não salto de paraquedas nem por decreto! パラシュートで飛び降りるのは絶対に嫌だ.
decreto-lei /deˌkrɛtu'lej/ [[複] decretos-lei(s)] [男] 大統領令, 政令 (法律に準ずる効力がある).
decurso /de'kuxsu/ [男] ❶ (時の) 経過, 推移 ▶Com o decurso dos meses, ia se preparando para a maratona. 数か月を経て, マラソンの準備が進んでいた.
❷ 期間 ▶O decurso de seu reinado foi bastante curto. 彼の統治期間はかなり短かった.
no decurso de... …の間に, うちに ▶no decurso de três anos 3年の間に.
dedal /de'daw/ [[複] dedais] [男] (裁縫の) 指ぬき.
dedão /de'dɐ̃w̃/ [[複] dedões] ❶ (足の) 親指. ❷ (手の) 親指.
dedetização /dedetʃiza'sɐ̃w̃/ [[複] dedetizações] [女] 殺虫剤の散布.
dedetizar /dedetʃi'zax/ [他] …に殺虫剤を散布する.
dedicação /dedʒika'sɐ̃w̃/ [[複] dedicações] [女] ❶ 献身, 専心 ▶a dedicação a um ideal ある理想への献身 / a dedicação aos estudos 勉学に専念すること / com dedicação 献身的に / em dedicação exclusiva 常勤の, 正規の. ❷ 忠誠, 愛情.
dedicado, da /dedʒi'kadu, da/ [形] 献身的な ▶amigo dedicado 献身的な友人 / filho dedicado 孝行息子.
*****dedicar** /dedʒi'kax デヂカーフ/ ㉙ [他] ❶ …**に捧げる, 献呈する** ; 奉納する ▶dedicar um livro a alguém 本を人に献じる.
❷ (時間や努力を) …**に充てる, 振り向ける** [+ a] ▶Ele dedicou a vida ao trabalho. 彼は仕事に人生を捧げた / Ela dedica o tempo livre à leitura. 彼女は暇な時間を読書に充てる.
— **dedicar-se** [再] …**に専念する** ; …に熱中する ; …に従事する [+ a] ▶dedicar-se ao estudo 勉強に専念する / Ele dedicou-se a trabalhar como arquiteto. 彼は建築家として仕事に専念した.
dedicatória /dedʒika'tɔria/ [女] 献辞, 献呈の辞.
dedilhar /dedʒi'ʎax/ [他] つま弾く.
*****dedo** /'dedu デード/ [男] ❶ (手足の) **指** ▶contar pelos dedos 指を折って数える / dedo

anular 薬指 / dedo indicador 人差し指 / dedo médio 中指 / dedo mínimo [mindinho] 小指 / dedo polegar 親指 / ponta do dedo 指先 / ponta dos dedos 指の先 / Cortei meu dedo. 私は指を切った / É descortês apontar as pessoas com o dedo. 人を指差すのは失礼だ.
❷ 指1本分の厚み ▶ dois dedos de uísque 指2本分のウィスキー.
❸ 技, 手 ▶ dedo do mestre 師匠の手 / dedo de Deus 神の手.
❹ [話] 適性, 巧妙さ ▶ ter dedo para o negócio 商売に向いている.
a dedo 細心の注意を払って ▶ escolher a dedo 選りすぐる.
cheio de dedos ① こんがらがった. ② 細かいことにこだわる.
contar-se pelos dedos 十指に満たない, 僅かである.
cruzar os dedos (人差し指に中指を交差させて) 願いがかなうことを祈る ; 願う, 祈る.
de dedo em riste 指を立てて.
dois dedos de... …少しの, 少々の ▶ dois dedos de testa 多少の知性 / dois dedos de prosa 短い会話.
de lamber os dedos 指までなめたくなるくらいおいしい.
Meu dedo mindinho me contou. (私の小指が教えてくれた→) あるところから聞いた.
meter o dedo 干渉する, 首を突っ込む.
meter os dedos 干渉する.
não levantar um dedo 指一本動かさない, 何もしない.
não mover um dedo sequer 他人に協力しない.
passar os cinco dedos 盗む, かすめ取る.
poder contar nos dedos (de uma das mãos) (片手の) 指で数えられる.
pôr o dedo na ferida 痛いところをつく.

dedução /dedu'sẽw̃/ [複 deduções] [女] ❶ 推論, 推測, 推定 ▶ por dedução 推定で. ❷《論理》演繹法. ❸ 控除 ▶ dedução fiscal 税控除.

dedurar /dedu'rax/ [他] 告げ口する, 密告する.

dedutível /dedu'tʃivew/ [複 dedutíveis] [形]《男女同形》控除可能な.

deduzir /dedu'zix/ ⑭ [他] ❶ 推論する, 演繹する ▶ Através de observações, os cientistas deduziram que o universo está em expansão. 観測の結果, 宇宙は膨張しつつあると科学者たちは推論した. ❷ 差し引く, 控除する.

deem [活用] ⇒ dar

defasado, da /defa'zadu, da/ [形] ❶ 位相がずれた. ❷ 時代遅れの.

defasagem /defa'zaʒẽj̃/ [複 defasagens] [女] 位相のずれ, 食い違い, 遅れていること.

defecar /defe'kax/ ㉙ [自] 排便する.
— [他] 純化する, 不純物を取り除く.

defectivo, va /defek'tʃivu, va/ [形] [B] ❶ 不完全な, 不備な, 欠点のある. ❷〖文法〗(動詞の活用が) 欠如の, 不完全な ▶ verbo defectivo 欠如動詞.

***defeito** /de'fejtu デフェイト/ [男] ❶ **欠点, 短所** ▶ Todos nós temos defeitos. 我々はみんな欠点がある / defeito radical 根本的な弱点 [欠陥].
❷ **欠陥, 故障** ▶ um defeito de fabricação 製造上の欠陥 / defeito na fala 発話障害 / Parece que essa máquina está com defeito. その機械は故障しているみたいだ.
para ninguém botar [pôr] defeito 非の打ちどころがない, とてもよい.
pôr defeito em tudo 何にでもけちをつける.

defeituoso, sa /defejtu'ozu, 'ɔza/ [形] 欠陥のある, 欠点のある ▶ produto defeituoso 欠陥品.

*****defender** /defẽ'dex デフェンデーフ/ [他] ❶ …を…から守る, 防衛する [+ contra/de] ▶ defender o gol ゴールを守る / Ele tentou defender a namorada até o fim. 彼は最後まで恋人を守ろうとした / defender o país contra inimigos 国を敵から防衛する.
❷ **支持する, 擁護する**, 弁護する ▶ O advogado defendeu o acusado. 弁護士は被告人を弁護した.
— **defender-se** [再] ❶ 身を守る, 防御する ▶ O menino usou o chapéu para se defender do sol forte. 強い陽ざしから身を守るため少年は帽子をかぶった.
❷ 自分を弁護する.

defensável /defẽ'savew/ [複 defensáveis] [形]《男女同形》防衛できる, 守れる.

defensiva[1] /defẽ'siva/ [女] 守勢, 防衛態勢 (↔ ofensiva) ▶ estar [ficar] na defensiva 守勢にまわる.

defensivo, va[2] /defẽ'sivu, va/ [形] 守備の, 防御の, 防備の ▶ guerra defensiva 自衛戦争.
— **defensivo** [男] 守る物 ▶ defensivo agrícola 農薬.

defensor, sora /defẽ'sox, 'sora/ [複 defensores, ras] [形] ❶ 守る, 防御の. ❷ 弁護する.
— [名] ❶ 守護者, 擁護者 ▶ defensor da liberdade 自由の擁護者. ❷ 弁護人 ▶ defensor público 国選弁護人.

deferência /defe'rẽsia/ [女] 敬服, 敬意 ▶ tratar alguém com deferência …を丁重にもてなす.

deferente /defe'rẽtʃi/ [形]《男女同形》❶ 敬意を表する, うやうやしい. ❷〖解剖〗canal deferente 輸精管.

deferimento /deferi'mẽtu/ [男] 許可, 承諾, 同意.

deferir /defe'rix/ ㉛ [他] ❶ 許可する, 聞き入れる ▶ deferir o pedido 依頼を聞き入れる. ❷ 与える ▶ deferir o prêmio 賞を授与する.

****defesa**[1] /de'feza デフェーザ/ [女] ❶ **防御, 防衛 ; 擁護**, 保護 ▶ A melhor defesa é o ataque. 最善の防御は攻撃である / legítima defesa 正当防衛 / a defesa do meio ambiente 環境保護 / a defesa do consumidor 消費者保護 / defesa civil 市民防災局.
❷ (武力による) **防衛** ▶ defesa nacional 国防 / defesa antiaérea 対空防衛 / Ministério da Defesa 国防省.
❸〖スポーツ〗**守備**, ディフェンス.
❹〖スポーツ〗セービング.
❺〖法律〗**弁護**, 弁護側 ▶ advogado de defesa 被

defeso, sa

告弁護人.
❻〖法律〗(被告の)異議, 抗弁.
❼(大学の上級学位(博士)審査などの)口頭試問.
❽〖動物〗牙 ► as defesas do elefante 象の牙.
em legítima defesa 正当防衛で ► O réu disparou a arma em legítima defesa. 被告は正当防衛で発砲した.
em defesa de... …を支援して, 支持して ► uma manifestação em defesa da paz 平和を擁護するデモ.
jogar à defesa ①〖サッカー〗専守防衛でプレーする. ②細心の注意を払い, 言動を慎む.
— 名 P〖サッカー〗ディフェンダー.

defeso, sa[2] /de'fezu, za/ 形 禁止された.
— **defeso** 男 禁漁期, 禁猟期.

défice /'dɛfisi/ 男 = déficit

deficiência /defisi'ẽsia/ 女 ❶ 欠陥, 不備 ► a deficiência do ensino 教育の欠陥.
❷ 不足, 不十分, 不完全 ► deficiência de vitamina C ビタミンCの不足 / deficiência imunológica 免疫不全.
❸ 障害, ハンディキャップ ► deficiência auditiva 聴覚障害 / deficiência intelectual 知的障害.

deficiente /defisi'ẽtʃi/ 形《男女同形》❶ 不完全な, 欠点のある. ❷ 不十分な, 足りない ► alimentação deficiente em vitaminas ビタミンが不足した食品. ❸ 障害のある, ハンディキャップのある ► pessoa deficiente 障害のある人.
— 名 障害を持った人 ► deficiente físico 身体障害者 / deficiente mental 知的障害者 / deficiente auditivo 聴覚障害者.

déficit /'dɛfisitʃi/ 男《単複同形》❶ 赤字 ► déficit orçamental 予算の赤字 / cobrir o déficit 赤字を埋める. ❷ 不足 ► déficit de mão de obra 労働力不足.

deficitário, ria /defisi'tariu, ria/ 形 ❶ 赤字の ► país deficitário 赤字国.
❷ 不足した.

definhar /defi'ɲax/ 他 やつれさせる, 衰弱させる.
— 自 やつれる, 衰弱する; しおれる ► Ele definhou com a doença. 彼は病気でやつれた.
— **definhar-se** 再 やつれる, 衰弱する.

:**definição** /defini'sẽw/ デフィニサォン/ [複 definições] 女 ❶ 定義, 語義 ► a definição de uma palavra 言葉の定義 / dar uma definição 定義する / por definição 定義上.
❷ 精細度, 鮮明度 ► televisão de alta definição 高精細度テレビ放送.

definido, da /defi'nidu, da/ 形 ❶ 定義された; 明確な ► um conceito bem definido 明確に定義された概念 / ter uma opinião definida はっきりした意見を持っている. ❷〖文法〗限定された ► artigo definido 定冠詞.

:**definir** /defi'nix デフィニーフ/ 他 ❶ 定義する, 規定する ► definir um termo 用語を定義する / definir a área de impressão 印刷範囲を設定する.
❷ 明確にする, 決定する ► definir o problema 問題を明確にする / definir a política 政策を決定する.

— **definir-se** 再 ❶ 決心する ► O congresso definiu-se contra a reforma. 議会は改革に反対することを決めた.
❷ 自分を定義する.

definitivamente /definitʃiva'mẽtʃi/ 副 ❶ きっぱりと, 決定的に ► Definitivamente, deixei de fumar. 私はきっぱりと禁煙した.
❷ 最終的に ► Apagou os arquivos definitivamente. 最終的に彼はファイルを消去した.
❸ 間違いなく, 絶対に ► A educação infantil é importante, definitivamente. 幼少期の教育は間違いなく重要だ.

*__definitivo, va__ /defini'tʃivu, va デフィニチーヴォ, ヴァ/ 形 決定的な, 最終的な ► provas definitivas 決定的証拠 / resultados definitivos 最終的な結果.
em definitivo 最終的な.

deflação /defla'sẽw/ [複 deflações] 女〖経済〗デフレーション.

deflagração /deflagra'sẽw/ [複 deflagrações] 女 ❶〖化学〗突燃, 爆燃. ❷ 勃発, 突発 ► deflagração da guerra 戦争の勃発.

deflagrar /defla'grax/ 自 ❶〖化学〗突燃する, 爆燃する. ❷ 勃発する, 突発する.
— 他 突燃させる.

deformação /defoxma'sẽw/ [複 deformações] 女 ❶ 変形, ゆがみ, ひずみ. ❷ deformação profissional 職業上の習癖.

deformar /defox'max/ 他 ❶ 変形させる, ゆがめる ► deformar uma imagem 画像を変形させる. ❷ (事実などを)ゆがめる, 歪曲する.
— **deformar-se** 再 変形する, ゆがむ.

deformidade /defoxmi'dadʒi/ 女 ❶ ゆがみ, 変形. ❷ 奇形. ❸〖比喩的〗ひずみ, ゆがみ.

defraudação /defrawda'sẽw/ [複 defraudações] 女 不正, ごまかし, 詐欺.

defraudar /defraw'dax/ 他 ❶ だまし取る, 横領する ► defraudar dinheiro público 公金を横領する.
❷ 不正行為を行う, ごまかす ► Ele foi preso por defraudar a lei. 彼は法の網をくぐって不正行為をしたので逮捕された.

defrontar /defrõ'tax/ 自 ❶ …と向き合っている, …の向かい側にある [+ com] ► O prédio defronta com a praça. その建物は公園の向かい側にある.
❷ …に直面する [+ com] ► Ele defrontou com a morte. 彼は死に直面した.
— 他 ❶ …に立ち向かう. ❷ …を…と対比させる [+ com].
— **defrontar-se** 再 ❶ 互いに向かい合う. ❷ 対面する.

defronte /de'frõtʃi/ 副 向かって, 向かいに.
defronte a [de] ... ① …の前で, …に向かって. ② …と比べて.

defumação /defuma'sẽw/ [複 defumações] 女 燻製, いぶすこと.

defumado, da /defu'madu, da/ 形 燻製の, いぶした ► peixe defumado 魚の燻製.

defumar /defu'max/ 他 燻製にする, いぶす.

defunto, ta /de'fũtu, ta/ 形 亡くなった, 死亡した ► minha defunta mãe 私の亡き母.

deixar

— 图 死者, 故人.
defunto sem choro 身寄りがない人, 見捨てられた人.
de levantar defunto 死人も起き上がるほどの, 刺激的な.
feder a defunto 死相が見える.
O defunto era maior. 故人の方が大きかったね (ぶかぶかな服を着ている人に言う).

degelar /deʒe'lax/ 他 ❶ 溶かす, 解凍する. ❷ …の緊張を解く, 打ち解けさせる
— 自 (氷が) 溶ける ▶ As geleiras degelam devido ao efeito estufa. 温暖化が原因で氷河が溶ける.
— **degelar-se** 再 溶ける.

degelo /de'ʒelu/ 男 ❶ 解凍, 解氷, 雪解け. ❷ 緊張緩和, 関係改善.

degeneração /deʒenera'sẽw/ [複 degenerações] 女 ❶ 堕落, 退廃 ▶ a degeneração da moral 道徳の退廃. ❷ 〖生物〗退化. ❸ 悪化. ❹ 変質, 変性.

degenerar /deʒene'rax/ 自 ❶ 退化する. ❷ …に変質する, 悪化する [+ em].
— 他 ❶ 変質させる, 悪くする. ❷ 堕落させる ▶ As drogas alucinógenas degeneram as pessoas. 覚せい剤は人を堕落させる.
— **degenerar-se** 再 退化する.

degenerescência /deʒenere'sẽsia/ 女 ❶ 退化. ❷ 退廃, 堕落. ❸ 〖医学〗変質.

deglutição /deglutʃi'sẽw/ [複 deglutições] 女 飲み下すこと, 飲み込むこと.

deglutir /deglu'tʃix/ 他 自 飲み下す, 飲み込む.

degolar /dego'lax/ 他 …を打ち首にする, 斬首する.

degradação /degrada'sẽw/ [複 degradações] 女 ❶ 悪化, 低下 ▶ degradação ambiental 環境の悪化. ❷ 堕落, 退廃 ▶ degradação moral 道徳の退廃. ❸ (階級や地位などの) 剥奪, 降格.

degradar /degra'dax/ 他 ❶ 地位を剥奪する, 降格させる. ❷ 堕落させる, 品格を落とす.
— **degradar-se** 再 堕落する.

degrau /de'graw/ 男 ❶ (階段の) 段, ステップ. ❷ 段階, 階級 ▶ subir nos degraus da fama スターの階段を上る.
por degraus 段階的に, 徐々に.
servir de degrau 人の踏み台になる.

degustação /degusta'sẽw/ [複 degustações] 女 試飲, 試食 ▶ degustação de vinhos ワインの試飲.

degustar /degus'tax/ 他 味見する, 試食する, 試飲する.

dei 活用 ⇒ dar

deitada[1] /dej'tada/ 女 B 圃 寝ること ▶ dar uma deitada 眠る.

deitado, da[2] /dej'tadu, da/ 形 横たわった, 横になった ▶ deitado no sofá ソファーに横になった / ver televisão deitado 寝ころがってテレビを見る / ficar deitado em algo …の上に横になる. ❷ 床についた ▶ estar deitado 眠っている.

★**deitar** /dej'tax/ ディタープ/ 自 ❶ 横たわる, 横になる ▶ deitar de bruços うつ伏せになる / deitar de costas 仰向けになる / deitar de lado 横向きに寝る. ❷ 床に就く, 就寝する ▶ deitar cedo 早く就寝する.
— 他 …を…に寝かせる [+ em] ▶ deitar as crianças na cama 子供たちをベッドに寝かせる.
— **deitar-se** 再 ❶ 横たわる, 横になる ▶ deitar-se na cama ベッドに横になる / deitar-se no sofá ソファーに体を横たえる / deitar-se de bruços うつ伏せになる / deitar-se de lado 横向きに寝る / Deite-se de costas, por favor. 仰向けになってください.
❷ 床に就く, 就寝する ▶ deitar-se cedo 早く就寝する.
deitar abaixo 倒す, 破壊する.
deitar a perder 失敗する, 滅ぼす.
deitar e rolar ① 好き勝手をする. ②（対戦相手を）総なめにする.
deitar fala とりとめなく話す, だらだら話す.
deitar fora 捨てる, 無駄にする.
deitar por terra 地に落ちる.

deixa /dej'ʃa/ 女 ❶ 〖演劇〗きっかけのセリフ, キュー. ❷ 契機, きっかけ.
pegar (na) uma deixa リレー歌（弾き語り）で, 直前の文と韻を踏みながら語り始める.

★★**deixar** /dej'ʃax/ ディシャープ/ 他 ❶ 置いておく, 残しておく, 残す; 譲る ▶ Deixei os óculos em cima da mesa. 私は眼鏡をテーブルの上に置いておいた / Gostaria de deixar algum recado? 何か伝言はありますか / Esse jogador deixou resultados magníficos. その選手は立派な成績を残した / deixar herança 財産を残す.
❷ 置き忘れる;…を忘れる ▶ Alguém deixou o livro na sala. 誰かが本を教室に忘れた / Deixe esse problema por um instante. 少しの間その問題は忘れなさい.
❸ 任せる;預ける ▶ Deixa (isso) comigo. 私に任せてください / Deixo isso a sua imaginação. 私はそれをあなたのご想像にお任せします / Deixamos a filha na creche. 私たちは娘を保育園に預ける / Deixo tudo por sua conta. 私はあなたに一任します.
❹（乗物から）降ろす ▶ Pode me deixar naquela esquina? あの角で降ろしてくれますか.
❺ 放棄する, 捨てる, 断念する, やめる ▶ Ele deixou o futebol. 彼はサッカーをやめた / Ele deixou o emprego. 彼は仕事をやめた / Ela deixou seus estudos. 彼女は勉学を断念した.
❻ 省く, 省略する ▶ Vou deixar os detalhes. 詳細は省略します / Vamos deixar as cerimônias de lado. 堅苦しいことは抜きにしましょう.
❼ 去る, 出る, 出発する ▶ deixar o prédio 建物から出る / deixar a sala 広間から出る / Ele deixou o Japão há dez anos. 彼は10年前に日本を去った.
❽ 中断する ▶ Vamos deixar o trabalho para almoçar. 仕事を中断して昼食にしましょう.
❾《deixar + 目的語 + 補語》…を…のままにしておく;…の状態にする ▶ deixar a lâmpada acesa 電灯を点けっぱなしにする / Deixe a porta aberta. ドアを開けたままにしておいてください / Deixe-me em paz. 私に構わないでください / Deixe a tarde de amanhã livre, por favor. 明日の午後を空けてお

dela

てください / A notícia deixou-a triste. その知らせで彼女は悲しくなった / Deixe isso como está. それはそのままにしてください / Ele sempre deixa tudo preparado. 彼はいつも手回しがいい / Eu deixei reservado um quarto nesse hotel. 私はそのホテルに部屋を取っておいた.

❿ 《deixar + 目的語 + 不定詞》…に…させる, …することを許す ▶ Com licença, deixe-me passar. すみません, 通してください / Deixe-me explicar. 私に説明させてください / Deixe-me apresentar-me. 自己紹介させてください / Deixe-me pensar um pouco. ちょっと考えさせてください / Deixe-me dizer uma palavra. 一言わせてください / deixar o cabelo crescer 髪の毛をのばす / deixar cair 落とす / deixar escapar o segredo 秘密を漏らす / Deixe-me ver. 見せてください ; ええと, そうですね.

⓫ 《deixar que + 接続法》…させる, …することを許す ▶ Ele deixou que eu viajasse para o Brasil. 彼は私がブラジルへ旅行に行くことを許してくれた.

⓬ 延期する [+ para] ▶ Vamos deixar a reunião para outro dia. 別の日に会議を延期しましょう.

⓭ 寄付する ▶ Deixei dinheiro para essa entidade. 私はその団体にお金を寄付した.

⓮ (利益を) 生み出す ▶ As ações deixaram uma boa quantia. 株でかなりの金額をもうけた.

─ 自 ❶《deixar de + 不定詞》…することをやめる ▶ O meu computador deixou de funcionar. 私のコンピューターが動かなくなった / Deixei de fumar há uns 10 anos. 私は約10年前に禁煙した.

❷ 《deixar de + 名詞》…をやめる ▶ Deixa de brincadeira. ふざけるのはやめなさい.

─ deixar-se 再 ❶《deixar-se + 不定詞》…されるがままになる ; される ▶ Deixei-me enganar. 私はだまされた.

❷《deixar-se de + 名詞》…をやめる ▶ Deixem-se de conversas おしゃべりはやめなさい.

deixar a desejar 期待外れとなる.
deixar andar [correr] 話 放っておく.
deixar claro que + 直説法 …であることを明確にする, 表明する ▶ Quero deixar claro que não somos contra essa opinião. 私たちがその意見に反対ではないことを私ははっきりと言いたいのです.
deixar estar 放っておく, そのままにする ▶ Deixe estar, que eu faço tudo. そのままにしておいて, 私が全部やるから.
deixar ficar 残す ▶ O menino deixou ficar a comida toda no prato. 男の子は皿に食べ物を全部残した.
deixar para depois 後にする, 今度にする.
Deixa pra lá. 話 気にしないで.
não deixar de + 不定詞 必ず…する ▶ Não deixe de telefonar. 必ず電話してください.
não poder deixar de + 不定詞 …せざるをえない, …しないわけにはいかない ▶ Não pude deixar de rir. 私は笑わずにはいられなかった / Não posso deixar de ter pena dessas crianças. その子供たちがかわいそうに思えてならない / Não posso deixar de ver este filme. この映画は見逃せない.

dela /'dɛla/ (前置詞 de と代名詞 ela の縮合形) ❶ 彼女の ▶ a família dela 彼女の家族 / um amigo dela 彼女の友達のひとり / Meu coração é dela. 私の心は彼女のものだ. ❷ それの. ❸《o(s) [a(s)] + dela》彼女のそれ.

delação /dela'sẽw/ [複 delações] 女 密告, たれ込み.

delas /'dɛlas/ (前置詞 de と代名詞 elas の縮合形) ❶ 彼女たちの ▶ uma tia delas 彼女たちのおば / As fotos são delas. 写真は彼女たちのものだ. ❷ それらの. ❸《o(s) [a(s)] + delas》彼女たちのそれ.

delatar /dela'tax/ 他 ❶ 告発する. ❷ 密告する. ❸ 示す.
─ **delatar-se** 再 自首する.

delator, tora /dela'tox, 'tora/ [複 delatores, ras] 名 告発者, 密告人.

dele /'deli/ (前置詞 de と代名詞 ele の縮合形) ❶ 彼の ▶ o nome dele 彼の名前 / um primo dele 彼のいとこ / um amigo dele 彼の友達の一人 / Esse carro é dele. この車は彼のものだ. ❷ その. ❸《o(s) [a(s)] + dele》彼のそれ.
estar na dele ① 彼の意見に同調する. ② 自身の意見を曲げない. ③ 状況に順応する.

delegação /delega'sẽw/ [複 delegações] 女 ❶ (権限などの) 委任, 委譲 ▶ a delegação de poderes 権限委譲. ❷ 代表団, 派遣団 ▶ a delegação brasileira ブラジル代表団 / a delegação da União Europeia no Brasil 駐ブラジル欧州連合代表部.

delegacia /delega'sia/ 女 ❶ B delegacia (de polícia) 警察署. ❷ 代表者の地位 [職務].

delegado, da /dele'gadu, da/ 名 ❶ 代表者 ▶ delegado brasileiro ブラジル代表. ❷ delegado de polícia B 警察署長.

delegar /dele'gax/ 他 ❶ (権限を) 委任する, 委託する ▶ delegar poder de decisão 決定権を委任する.
❷ …を (代表として) 派遣する ▶ delegar um representante 代表を派遣する.

deleitar /delej'tax/ 他 楽しませる, 喜ばせる ▶ O cantor deleitava a plateia com sua voz. 歌手は歌声で観衆を楽しませていた.
─ **deleitar-se** 再 …を楽しむ, 喜ぶ [+ com] ▶ Deleitei-me com o manjar de mamãe. 私は母のおいしい料理を楽しんだ.

deleite /de'lejtʃi/ 男 喜び, 楽しみ.

deles /'dɛlis/ (前置詞 de と代名詞 eles の縮合形) ❶ 彼らの ▶ a casa deles 彼らの家 / O futuro é deles. 未来は彼らのものだ. ❷ それらの. ❸《o(s) [a(s)] + deles》彼らのそれ.

deletar /dele'tax/ 他 B 《情報》 削除する, 消去する ▶ deletar um arquivo ファイルを削除する.

deletério, ria /dele'tɛriu, ria/ 形 健康に悪い, 有害な, 有毒な.

delgado, da /dew'gadu, da/ 形 ❶ 薄い, 細い ▶ uma cintura delgada 細いウエスト / intestino delgado 小腸. ❷ やせた.

deliberação /delibera'sẽw/ [複 deliberações] 女 ❶ 審議, 討議 ▶ deliberação da assembleia 議会の審議. ❷ 熟考, 考慮. ❸ 決定.

deliberadamente /delibe,rada'mẽtʃi/ 副 故意

に，わざと.

deliberar /delibe'rax/ [他] ❶ 決める，決定する.
❷《deliberar +[不定詞]》…することに決める.
— [自] …について審議する［+ sobre］▶deliberar sobre o orçamento anual 年間予算について審議する.
— **deliberar-se** [再]《deliberar-se +[不定詞]》…することに決める.

deliberativo, va /delibera'tʃivu, va/ [形] 審議する▶conselho deliberativo 審議機関.

delicadamente /deliˌkada'mẽtʃi/ [副] ❶ 丁重に，気を遣って▶recusar delicadamente 丁重に断る. ❷ そっと，慎重に.
❸ 優しく▶Ele cantou delicadamente uma canção. 彼は甘美に歌った.

delicadeza /delika'deza/ [女] ❶ 繊細さ▶Eu amo a delicadeza das flores de cerejeira. 私は桜の花の繊細さが大好きだ.
❷ 柔らかさ.
❸ か弱さ，虚弱さ▶a delicadeza da pele 肌の敏感さ.
❹ 優しさ.
❺ (しぐさの) 慎重さ，ていねいさ▶com delicadeza 注意して，そっと.
❻ 心遣い，思いやり，デリカシー▶falta de delicadeza デリカシーの欠如，鈍感.

*__delicado, da__ /deli'kadu, da デリカード，ダ/ [形] ❶ **繊細な，きゃしゃな，柔らかい**▶pele delicada 繊細な［敏感な，柔らかい］肌 / cintura delicada きゃしゃなウエスト.
❷ もろい▶louça delicada 壊れやすい陶磁器.
❸ 優美な▶um gesto delicado 優美なしぐさ.
❹ 微妙な；難しい▶uma situação delicada 微妙な状況.
❺ 礼儀正しい；親切な▶uma pessoa delicada 礼儀正しい人.

delícia /de'lisia/ [女] ❶ 喜び，歓喜▶as delícias do amor 愛の喜び. ❷ 美味なもの▶Este bolo é uma delícia. このケーキはおいしい.
fazer as delícias de alguém …を楽しませる.
nadar em delícias 喜びに浸る.

deliciar /delisi'ax/ [他] …を喜ばせる，楽しませる▶O cantor deliciou o público com a sua música. 歌手はその音楽で聴衆を大いに魅了した.
— **deliciar-se** [再] …を楽しむ［+ com］▶Eles se deliciaram com diversos tipos de queijos. 彼らは様々な種類のチーズを楽しんだ.

*__delicioso, sa__ /delisi'ozu, 'ɔza デリスィオーゾ，ザ/ [形] ❶ **おいしい**▶A comida estava deliciosa. 食事はおいしかった.
❷ **快適な**；素敵な，すばらしい▶um lugar delicioso 快適な場所 / Essa música é deliciosa. その音楽はすばらしい.
❸ 楽しい，こっけいな▶dito delicioso こっけいな言い方.

delimitação /delimita'sɐ̃w̃/ ［[複] delimitações］ [女] 境界画定，範囲の限定；境界▶delimitação das fronteiras 国境の画定.

delimitar /delimi'tax/ [他] ❶ …の境界を定める，…を区切る▶delimitar as fronteiras 国境を定める. ❷ …の範囲を限定する，限界を定める▶delimitar o objeto 目的を限定する.

delineador /delinea'dox/ ［[複] delineadores］ [男] アイライナー.

delinear /deline'ax/ ⑩ [他] ❶ …の輪郭を描く，…の境界を明示する. ❷ 計画を立てる▶delinear um plano 計画を立てる.

delinquência /delĩ'kwẽsia/ [女] 犯罪，非行▶delinquência juvenil 青少年犯罪.

delinquente /delĩ'kwẽtʃi/ [名] 犯罪者，違反者；非行少年，非行少女▶delinquente juvenil 少年犯罪者.
— [形]《男女同形》罪を犯した，非行の.

delirante /deli'rẽtʃi/ [形]《男女同形》❶ 錯乱した，うわごとを言う▶ideia delirante 妄想.
❷ 興奮した，熱狂した▶público delirante 熱狂した観衆.
❸ [話] とんでもない，途方もない.
❹ すばらしい.

delirar /deli'rax/ [自] ❶ うわごとを言う，錯乱する. ❷ ばかげたことを言う，たわごとを言う. ❸ 熱狂する▶delirar de alegria 大喜びする / O público delirou. 観客は大いに沸いた.

delírio /de'liriu/ [男] ❶ うわごと▶estar em delírio うわごとを言っている. ❷ 熱狂▶entrar em delírio 熱狂する. ❸ delírios de grandeza 誇大妄想.

delito /de'litu/ [男] 犯罪，違反▶cometer um delito 犯罪を犯す / delito penal 刑法犯 / apanhar em flagrante delito 現行犯で逮捕する.

delituoso, sa /delitu'ozu, 'ɔza/ [形] 犯罪の▶ato delituoso 犯罪行動.

delonga /de'lõga/ [女] 遅滞，遅れること▶sem delongas 遅滞なく / sem mais delongas これ以上遅れることなく.

delta /'dɛwta/ [男] ❶ デルタ（Δ，δ）：ギリシャ語アルファベットの第４字. ❷〖地理〗三角州，デルタ.

demagogia /demago'ʒia/ [女] ❶ 扇動，デマ. ❷ 衆愚政治.

demagógico, ca /dema'gɔʒiku, ka/ [形] 扇動的な，デマの；衆愚政治の.

demagogo, ga /dema'gogu, ga/ [名] 民衆扇動家，扇動政治家，デマゴーグ.
— [形] 扇動的な，扇動家の.

***__demais__ /dʒi'majs ヂマィス/ [副] ❶《... demais》**あまりにも…，…すぎる**▶O preço está alto demais. 値段が高すぎる / Esta roupa é pequena demais para mim. この服は私には小さすぎる / É tarde demais. 遅すぎる / Comi demais. 私は食べすぎた / Este suéter está um pouco grande demais. このセーターは少し大きすぎる / Há gente demais. 人が多すぎる / Álcool demais faz mal à saúde. 過度のアルコールは健康を害する / Isto é bom demais para ser verdade. 話がうますぎる.
❷ **非常に，とても**，きわめて，はなはだ▶Eles se amam demais. 彼らは非常に深く愛し合っている / Viver é bom demais. 生きることはとてもいいことだ.
❸ **その上，さらに** ([注] além disso のほうが一般的)▶Ela gosta muito de música e, demais, canta

D

demanda

muito bem. 彼女は音楽が大好きで、その上とても歌がうまい.
— 形 《不定》《定冠詞 + demais ...》 その他の… ▶ ele e as demais pessoas 彼とその他の人たち.
— 代 《不定》《os demais》他の人たち, 他のもの ▶ ajudar os demais 他人を助ける.
bom demais とてもよい.
demais a mais その上, さらに.
demais da conta 過度に.
É demais! もうたくさんだ.
Isso [isto] já é demais! もうたくさんだ, もう我慢できない.
por demais あまりも, 過度に.
ser demais すばらしい ▶ O festival foi demais. フェスティバルはすばらしかった.

***demanda** /de'mɐ̃da/ デマンダ/ 女 ❶ 求めること [もの], 探究 ▶ em demanda de... …を求めて.
❷ 《法律》訴訟, 告訴; 請求, 督促 ▶ ganhar a demanda 訴訟に勝つ / estar em demanda 訴訟中[裁判] 中である.
❸ 主張, 申し立て; 論争, 口論 ▶ a demanda com ele 彼との論争.
❹ 《経済》需要 ▶ a lei da oferta e da demanda 需要と供給の法則 / A demanda de automóveis ainda está em crescimento. 自動車の需要はまだまだ増える.

demandar /demɐ̃'dax/ 他 ❶ 要求する, 必要とする ▶ O projeto demanda muito dinheiro. そのプロジェクトは多くのお金がかかる.
❷ 訴訟を起こす.

demão /de'mɐ̃w/ [複 demãos] 女 (塗料の) 1 回分の塗り.
dar a última demão em... …の仕上げをする ▶ O pintor deu a última demão na parede. ペンキ屋さんは壁に最後の仕上げをした.

demarcação /demaxka'sẽw/ [複 demarcações] 女 ❶ 境界の画定, 境界線 ▶ linha de demarcação 境界線. ❷ 区別, 区分 ▶ a demarcação do certo e do errado 善と悪の区別.

demarcar /demax'kax/ 29 他 ❶ 境界を画定する ▶ demarcar o espaço スペースの境界を定める. ❷ 区別する, 区分する.

demasia /de'mazia/ 女 余分, 余剰 ▶ Ela fala em demasia. 彼女は必要以上にしゃべる.

demasiadamente /demazi,ada'mẽtʃi/ 副 過度に, 余りにも.

:**demasiado, da** /demazi'adu, da/ デマズィアード, ダ/ 形 限度を超えている, 過度の ▶ demasiadas vezes 何度も何度も / demasiado trabalho 過度の労働 / demasiado coisas あまりにも多くのこと.
— **demasiado** 副 過度に ▶ comer demasiado 食べすぎる / O filme é demasiado longo. その映画は長すぎる.
por demasiado 過剰に, 過度に, 多すぎる.

demência /de'mẽsia/ 女 ❶ 《医学》認知症 ▶ demência senil 老人性認知症. ❷ 常軌を逸した言動.

demente /de'mẽtʃi/ 形 《男女同形》❶ 認知症の, 心神喪失の. ❷ 常軌を逸した.

demérito, ta /de'mɛritu, ta/ 男 デメリット, マイナス面, 短所.

demissão /demi'sẽw/ [複 demissões] 女 ❶ 辞職 ▶ apresentar a demissão 辞表を提出する / pedir a demissão 辞職を願い出る.
❷ 罷免, 解雇 ▶ dar demissão 解雇する / demissão por justa causa 正当な理由による解雇 / demissão sem justa causa 不当解雇.

demissionário, ria /demisio'nariu, ria/ 形 辞職を申し出た.

***demitir** /demi'tʃix/ デミチーフ/ 他 ❶ 解雇する, 免職する ▶ demitir trabalhadores 労働者を解雇する / Ele foi demitido do cargo. 彼は免職された.
❷ 解散する ▶ demitir a tropa 部隊を解散する.
❸ …から遠ざける [+ de] ▶ Ela tentou demitir de si o ódio. 彼女は自分から憎しみの感情を遠ざけようとした.
❹ 手放す, 放棄する ▶ Eles devem demitir armas. 彼らは兵器を手放すべきだ.
— **demitir-se** 再 ❶ 辞職する, 辞任する ▶ Ele demitiu-se por motivos pessoais. 彼は一身上の都合で辞職した.
❷ 免れる ▶ O chefe quer demitir-se de qualquer responsabilidade. 上司はどんな責任からも免れたがっている.

demo /'dẽmu/ 男 悪魔 (= demônio).

:**democracia** /demokra'sia/ デモクラスィーア/ 女 ❶ 民主主義, 民主政治 ▶ democracia direta 直接民主制 / democracia representativa 代表民主制 / democracia parlamentar 議会制民主主義 / democracia participativa 参加民主主義.
❷ 民主主義国家 ▶ as democracias europeias ヨーロッパ民主主義国家.

democrata /demo'krata/ 形 《男女同形》民主主義の; 民主党員の ▶ partido democrata 民主党.
— 名 民主主義者, 民主党員.

democraticamente /demo,kratʃika'mẽtʃi/ 副 民主的に.

***democrático, ca** /demo'kratʃiku, ka/ デモクラーチコ, カ/ 形 ❶ 民主主義の, 民主的な ▶ O Brasil é um país democrático. ブラジルは民主主義国家である / regime democrático 民主制. ❷ 民衆の, 大衆の.

democratização /demokratʃiza'sẽw/ 女 民主化, 民主主義化, 大衆化.

democratizar /demokratʃi'zax/ 他 ❶ 民主化する. ❷ 大衆化する.
— **democratizar-se** 再 民主化される, 大衆化される.

demodê /demo'de/ 形 《フランス語》《不変》流行遅れの, 時代遅れの.

demografia /demogra'fia/ 女 人口統計学, 人口研究.

demográfico, ca /demo'grafiku, ka/ 形 人口統計の, 人口の ▶ estudo demográfico 人口研究 / explosão demográfica 人口爆発.

demolição /demoli'sẽw/ [複 demolições] 女 取り壊し, 破壊, 解体.

demolir /demo'lix/ 12 他 取り壊す, 解体する.

demoníaco, ca /demo'niaku, ka/ 形 悪魔の, 悪魔のような ▶ possessão demoníaca 悪魔つき.

demónio /də'mɔniu/ [男] [P] = demônio
⋆**demônio** /de'mõniu デモニオ/ [男] [B] ❶ **悪魔**, 鬼 ; 堕天使 ▶ possuído pelo demônio 悪魔に憑りつかれて.
❷ 悪意のある人 ; 醜い人.
❸ 落ち着きのない子供 ; いたずらっ子 ▶ Os demônios quebraram o vidro com a bola. うるさい子供たちがボールでガラスを割った.
Com mil demônios! (怒りやいらだちを表して) 畜生.
como o demônio 非常に.
Com os demônios! (驚きや不快感を表して) これはたまげた, 畜生.
como um demônio 猛烈に, 必死に.
demônio familiar 一家の厄介者.
⋆**demonstração** /demõstra'sɐ̃w̃ デモンストラサォン/ [[複] demonstrações] [女] ❶ **証明**, **論証**, 証拠 ▶ Esse fato é a demonstração da sua inocência. その事実は彼の無実の証拠である.
❷ **表出**, **表明** ▶ demonstração de afeto 愛情の証, 愛情の表現.
❸ **実演**, デモンストレーション ▶ fazer uma demonstração 実演する.
❹ 〖経済〗 計算書, 報告書 ▶ demonstração financeira 財務諸表 / demonstração de contas 会計 (決算) 報告 (書) / demonstração de lucros e perdas 損益決算書.
⁑**demonstrar** /demõs'trax デモンストラーフ/ [他] ❶ **証明する**, 立証する, 明らかにする ▶ demonstrar um teorema 定理を証明する / Eu vou demonstrar que minha opinião é correta. 私の意見が正しいことを証明してみせよう.
❷ **示す** ▶ O Flamengo demonstrou interesse por este jogador. フラメンゴがこの選手に興味を示した / demonstrar seus sentimentos 自分の感情を表に出す.
como queríamos demonstrar 証明終わり.
demonstrativo, va /demõstra'tʃivu, va/ [形] ❶ 証明する, 論証する. ❷ 〖文法〗 指示の ▶ pronome demonstrativo 指示代名詞.
demonstrável /demõs'travew/ [[複]demonstráveis] [形] 《男女同形》 証明しうる, 示すことができる.
demora /de'mɔra/ [女] 遅れ, 遅延 ▶ Desculpe a demora. 遅くなってすみません / sem demora 遅滞なく, すぐに.
demoradamente /demo,rada'mẽtʃi/ [副] ❶ 長い間. ❷ ゆっくり.
demorado, da /demo'radu, da/ [形] 時間のかかる, 遅い ▶ um processo demorado 時間のかかる過程.
⁑**demorar** /demo'rax デモラーフ/ [他] ❶ **遅らせる**, **時間をかけさせる** ▶ O mau tempo demorou a chegada do avião. 悪天候のせいで飛行機の到着が遅れた.
❷ 延長する ▶ O professor demorou a aula. 先生は授業を延長した.
— [自] **時間がかかる**, **手間取る**, 遅れる ▶ Você pode dormir mais porque o café da manhã ainda demora. 朝食にはまだ時間がかかるのでもっと寝ていてもいいですよ / Ele está demorando. 彼はぐずぐずしている / Não vou demorar. 時間はかからない / Demorei uma hora para chegar aqui. 私はここに着くのに1時間かかった / Quanto tempo vai demorar isso? それにどれくらい時間がかかりますか / Demorei a dormir. 私は寝付くまで時間がかかった.
— **demorar-se** [再] (予定より) 長居する ▶ Ele se demorou no sofá. 彼は長いことソファーに座っていた.
demover /demo'vex/ [他] ❶ 移動させる. ❷ …を断念させる [+ e] ▶ É necessário demovê-lo dessa ideia. 彼にそのような考えを断念させる必要がある.
— **demover-se** [再] …を断念する, あきらめる [+ de].
dendê /dẽ'de/ [男] 〖植物〗 デンデヤシの実 ; パームオイル.
denegar /dene'gax/ ⑪ [他] ❶ 否定する, 否認する.
❷ 拒絶する, 拒否する.
— **denegar-se** [再] 《denegar-se a + [不定詞]》 …することを拒否する.
denegrir /dene'grix/ ③ [他] ❶ 黒くする. ❷ 中傷する, (名誉などを) けがす.
dengoso, sa /dẽ'gozu, 'gɔza/ [形] ❶ 気取った, 上品ぶった.
❷ 女々しい ▶ Ele tem um jeitinho dengoso de falar. 彼のしゃべり方は女々しい.
❸ 泣き虫の ▶ ser dengoso 泣き虫である.
dengue /'dẽgi/ [女] 〖医学〗 デング熱 ▶ dengue hemorrágica 出血性デング熱.
denodado, da /deno'dadu, da/ [形] 大胆な, 勇敢な ; 激しい, 猛烈な.
denodo /de'nodu/ [男] 勇気, 勇敢, 大胆.
denominação /denomina'sɐ̃w̃/ [[複]denominações] [女] 命名, 名称 ▶ denominação de origem 原産地表示.
denominador, dora /denomina'dox, 'dora/ [[複] denominadores, doras] [形] [名] 命名する (人).
—**denominador** [男] 〖数学〗 分母 ▶ denominador comum 公分母, 共通項 ; 共通点.
denominar /denomi'nax/ [他] 名づける, 命名する, 呼ぶ ▶ O poeta denominou seu poema *Memórias*. 詩人は自分の詩を『思い出』と名づけた.
— **denominar-se** [再] ❶ …と呼ばれる, …という名前である ▶ O fruto da parreira denomina-se uva. ぶどうの木の実は uva と呼ばれる.
❷ …と自称する ▶ Embora nunca tenha ido à universidade, denomina-se doutor. 彼は今までに大学へ行ったことはなかったが, 学士と自称している.
denotação /denota'sɐ̃w̃/ [[複] denotações] [女] ❶ 〖言語〗 (明示的な) 意味. ❷ 〖論理〗 外延. ❸ 指示, 表示.
denotar /deno'tax/ [他] 示す, 表す ; 意味する.
densamente /,dẽsa'mẽtʃi/ [副] 密集して ▶ um país densamente povoado 人口の密集した国.
densidade /dẽsi'dadʒi/ [女] ❶ 密度, 濃さ, 濃度 ▶ densidade demográfica [populacional] 人口密度. ❷ 〖物理〗 密度, 比重.
denso, sa /'dẽsu, sa/ [形] ❶ 濃い, 濃密な, 密集し

dentada

た ▶O sangue é mais denso que a água. 血は水よりも濃い / nuvens densas 厚い雲 / floresta densa 深い森. ❷ 暗い, 色が濃い ▶uma cor densa 濃い色.

dentada[1] /dẽ'tada/ 囡 かむこと, 咬み傷, 歯形.

dentado, da[2] /dẽ'tadu, da/ 形 歯のある；ぎざぎざの ▶roda dentada 歯車.

dentadura /dẽta'dura/ 囡 ❶《集合的に》歯, 歯並び. ❷ 入れ歯.

dental /dẽ'taw/ [複 dentais] 形《男女同形》❶ 歯の ▶creme dental 練り歯磨き / fio dental デンタルフロス. ❷『音声』歯音の.

dentário, ria /dẽ'tariu, ria/ 形 歯の ▶implante dentário インプラント / higiene dentária 口腔衛生.

‡**dente** /'dẽtʃi デンチ/ 男 ❶ 歯；牙 ▶escovar os dentes 歯を磨く / escova de dentes 歯ブラシ / pasta de dente 歯磨き粉 / dor de dente 歯痛 / tirar um dente 歯を抜く / dente de leite 乳歯 / dente do siso 親知らず / dente canino 犬歯.

❷ (山の) 尖峰.

❸『植物』刻み, 鋸歯；(ニンニクなどの) 1 片 ▶um dente de alho ニンニクの1片.

afiar os dentes 中傷する, 悪口を言う.

aguçar os dentes 舌なめずりする.

bater os dentes 〘諺〙(寒さや恐怖で) 歯をがたがた言わせる.

dar ao dente 〘諺〙食べる.

dar com a língua nos dentes うっかり秘密を漏らす.

dente de coelho ① 障害, 困難. ② うさんくさいもの, 怪しい.

dente em galinha ありえないもの.

dente por dente 歯には歯を

entre dentes 口ごもって ▶falar entre dentes 口ごもって言う.

mostrar os dentes 牙をむく, 敵意を示す.

rir dos dentes de fora 作り笑いする.

dente-de-leão /ˌdẽtʃidʒile'ẽw/ [複 dentes-de-leão] 男『植物』タンポポ.

dentição /dẽtʃi'sẽw/ [複 dentições] 囡 ❶ 歯の発生, 生歯(ʰ). ❷《集合的》歯 ▶primeira dentição 乳歯 / dentição permanente 永久歯 / terceira dentição 入れ歯.

dentifrício /dẽtʃi'frisiu/ 男 練り歯磨き.

dentista /dẽ'tʃista/ 名 歯科医 ▶ir ao dentista 歯医者に行く.

dentre /'dẽtri/ 前置詞 de と前置詞 entre の縮合形.

‡‡**dentro** /'dẽtru デントロ/ 副 中に, 内部に [で] ▶bolsa com muitos livros dentro 本がたくさん入ったバッグ / aqui dentro この中に, 家の中に / aí dentro その中に / mais para dentro もっと中に.

dar uma dentro 的中する.

de dentro 中から, 内側から ▶A porta estava fechada a chave do lado de dentro. ドアは内側から鍵が掛かっていた.

dentro de... ① …の中に [で, を] ▶Não havia nada dentro da caixa. 箱の中には何もなかった / procurar dentro do bolso ポケットの中を探る / dentro do prazo 期限内に / dentro do possível 可能な限り / dentro dos limites 範囲内で. ②《時間》…以内に ▶Volto dentro de uma hora. 1 時間以内に戻ります / Farei uma visita dentro de poucos dias. 近日中にうかがいます / Dentro de pouco tempo serão duas horas. まもなく2時に.

dentro em breve [pouco] 間もなく, もうすぐ.

estar [ficar] por dentro de algo …について知っている ▶Ele está bem por dentro dessas coisas 彼はそういうことにとても詳しい.

para dentro 中に, 内側に ▶ir para dentro 中に入る.

por dentro 内側で [に] ▶Esta porta não abre por dentro. このドアは内側には開かない.

por dentro e por fora 完璧に, 深く ▶conhecer alguém por dentro e por fora …を知り尽くしている.

dentuço, ça /dẽ'tusu, sa/ 形 出っ歯の ▶ser dentuço 出っ歯である.

denúncia /de'nũsia/ 囡 ❶ 告発, 暴露 ▶denúncia de corrupção 汚職の告発.

❷ 密告, 通告 ▶fazer uma denúncia à polícia 警察に通報する. ❸ (契約などの) 破棄, 解除.

abrir denúncia 密告する, 告発する.

denúncia vazia 賃貸契約解除権.

*denunciar /denũsi'ax デヌンスィアーフ/ 他 ❶ 告発する, 通報する ▶denunciar um crime 犯罪を告発する / denunciar uma irregularidade 不正を通報する.

❷ 示す, 表す.

❸『法律』破棄する ▶denunciar um tratado 条約を破棄する.

— **denunciar-se** 再 ❶ 自首する ▶denunciar-se à polícia 警察に自首する. ❷ 表れる, 明らかになる.

deontologia /deõtolo'ʒia/ 囡 職業倫理.

deparar /depa'rax/ 他 …に不意に出会う, …を偶然見つける.

— 自 …と偶然出会う, …を見つける [+ com].

— **deparar-se** 再 …と偶然出会う, …を見つける [+ com] ▶Deparei-me com um grupo de japoneses em plena Ipanema. イパネマビーチのど真ん中で私は日本人の集団に偶然出会った.

departamental /depaxtamẽ'taw/ [複 departamentais] 形《男女同形》部門の, 区分の.

‡**departamento** /depaxta'mẽtu デパフタメント/ 男 ❶ (企業, 官庁の) 課 ▶departamento de recursos humanos 人事課 / departamento de pesquisa e desenvolvimento 研究開発課 / departamento de vendas 販売課 / departamento de contabilidade 経理課 / departamento de administração 総務課 / departamento de controle de qualidade 品質管理課.

❷ (大学の) 学科 ▶departamento de estudos latino-americanos ラテンアメリカ研究学科.

❸ (行政組織の) 省 ▶Departamento de Estado (米国の) 国務省.

❹ loja de departamentos デパート, 百貨店.

depauperar /depawpe'rax/ 他 ❶ 貧しくする, 貧乏にする▶. ❷ 疲弊させる, 弱体化する.
— **depauperar-se** 再 ❶ 貧しくなる. ❷ 弱体化する.

depenar /depe'nax/ 他 ❶ (鳥の) 羽をむしる. ❷ (髪や髭を) かきむしる. ❸ 俗 …から金を巻き上げる, 無一文にする▶O consumismo dela depenou o marido. 彼女の浪費癖が夫を無一文にした.

dependência /depẽ'dẽsia/ 女 ❶ 依存, 頼ること▶dependência financeira 経済的に依存すること / viver na dependência de alguém …に依存して暮らす.
❷ 依存症▶dependência de drogas 薬物依存 / dependência física 身体的依存.
❸《dependências》付属建物▶dependências de empregada メイド部屋.

dependente /depẽ'dẽtʃi/ 形《男女同形》❶ …に依存した, 従属した [+ de] ▶O bebê é totalmente dependente dos pais. 赤ん坊は何から何まで両親に依存する.
❷ (薬物) 依存の▶dependente de drogas 薬物依存症の.
— 名 ❶ 扶養家族. ❷ (薬物) 依存者▶um dependente de drogas 薬物依存者.

✱depender /depẽ'dex/ 自 ❶ …による, …次第である [+ de] ▶A solução dependerá da palavra do presidente. 解決は社長の言葉次第だ / Depende do tempo. 天気次第だ / Depende. それは事情次第だ, 場合による.
❷ …に依存する [+ de] ▶A maioria dos estudantes depende da ajuda financeira dos pais. 多くの学生は親の金銭的援助に依存している.

depilação /depila'sẽw/ [複 depilações] 女 脱毛, 除毛▶fazer depilação 脱毛する / depilação definitiva 永久脱毛 / depilação com cera ワックス脱毛.

depilador, dora /depila'dox, 'dora/ [複 depiladores, doras] 形 脱毛の.
— 名 脱毛施術者.
— **depiladora** 女 脱毛器.

depilar /depi'lax/ 他 脱毛する▶depilar as virilhas ビキニラインを脱毛する.
— **depilar-se** 再 自分で脱毛する.

depilatório, ria /depila'tɔriu, ria/ 形 脱毛の▶creme depilatório 脱毛クリーム.
— **depilatório** 男 脱毛剤.

deplorar /deplo'rax/ 他 ❶ …を嘆き悲しむ, 悼む▶Os parentes deploravam a morte da anciã. 親類縁者は老女の死を嘆き悲しんでいた.
❷ 残念に思う, 悔やむ, 後悔する▶Deploro sua arrogância! 君の尊大さは残念至極だ.

deplorável /deplo'ravew/ [複 deploráveis] 形《男女同形》痛ましい, 哀れな, 嘆かわしい.

depoente /depo'ẽtʃi/ 名 証人.

depoimento /depoj'mẽtu/ 男 ❶【法律】供述, 証言▶prestar depoimento 証言する / falso depoimento 偽証. ❷ 教訓▶depoimento da história 歴史の教訓.

✱✱✱depois /dʒi'pojs/ デポイス 副 ❶ (時間・順序・空間的に) 後で, 次に (← antes) ▶ dois dias depois 2日後に / A gente se fala depois. 後で話そう / Jantaram e depois foram ao cinema. 晩御飯を食べて, それから映画に行った / pouco [logo] depois 直後に, 程なく / muito depois ずっと後になって, その後しばらくして.
❷ さらに▶Ele viaja muito, porque gosta e, depois, tem dinheiro. 彼はよく旅行する, 好きだし金があるからだ.
ao depois 後で.
depois da queda, coice 泣き面に蜂, 傷口に塩を塗る.
depois de... …の後で▶depois do almoço 昼食後に / depois disso その後に.
depois de amanhã 明後日.
depois de Cristo 西暦.
depois de +不定詞 …した後で▶depois de estudar 勉強した後で.
depois que... …後で▶Depois que a esposa morreu, ele nunca mais se casou. 妻が亡くなった後, 彼は再婚することはなかった.
E depois? それがどうしましたか.
um depois do outro 次々に, 相次いで.

depor /de'pox/ (過去分詞 deposto) 他 ❶ わきへ置く, 捨てる▶depor armas 武装を解除する, 武器を捨てる.
❷【法律】供述する, 証言する.
❸ 廃位させる, …の任を解く [+de] ▶O presidente depôs o ministro do cargo. 大統領はその大臣を解任した.

deportação /depoxta'sẽw/ [複 deportações] 女 国外追放, 流刑.

deportar /depox'tax/ 他 …を流刑に処する, 国外追放する.

depositante /depozi'tẽtʃi/ 名 預金者.

depositar /depozi'tax/ 他 預ける, 託する▶Depositei o dinheiro no banco. 私はお金を銀行に預けた / depositar confiança em... …に信頼を置く.
— **depositar-se** 再 (かすなどが) 沈殿する, たまる.

depositário, ria /depozi'tariu, ria/ 名 ❶ 受託者▶depositário judicial 法定受託者 / depositário publico 公定受託者 / depositário infiel 不誠実な受託者. ❷ (秘密などを) 託された人.

✱depósito /de'pɔsitu/ デポズィト 男 ❶ 預金; 保証金, 供託金▶fazer um depósito 預金する / depósito bancário 銀行預金 / depósito a prazo 定期預金 / depósito à vista 普通預金 / depósito judicial 裁判所供託金.
❷ 保管所, 倉庫▶depósito de gêneros alimenticios 食糧貯蔵庫 / depósito de armas 武器庫 / depósito de lixo ごみ捨て場 / depósito de bagagem 手荷物一時預かり所.
❸ 沈殿物, おり▶depósito na garrafa 瓶のおり.
❹ タンク, 槽▶depósito de água 水槽.

depravação /deprava'sẽw/ [複 depravações] 女 ❶ 堕落, 退廃▶a depravação da humanidade 人類の堕落.

depravado, da /depra'vadu, da/ 形 ❶ 堕落し

depravar

た, 退廃した. ❷倒錯した.
depravar /depra'vax/ 他 悪くする, 堕落させる.
— **depravar-se** 再 堕落する.
depreciação /depresia'sẽw/ [複 depreciações] 女 (価値や価格の) 低下, 下落, 下落, 減価償却 ▶ a depreciação do dólar ドルの下落.
depreciar /depresi'ax/ 他 (価値や価格を) 下げる.
— **depreciar-se** 再 (価値や価格が) 下がる.
depreciativo, va /depresia'tʃivu, va/ 形 軽蔑的な.
depredação /depreda'sẽw/ [複 depredações] 女 ❶ 強奪, 掠奪. ❷ 公金横領.
depredar /depre'dax/ 他 ❶ 強奪する, 掠奪する. ❷ 破壊する, 荒らす.
depreender /deprič'dex/ 他 ❶ 理解する. ❷ 推測する ▶ Não sabemos o que aconteceu, mas depreendo que algo de grave ocorreu a bordo. 私たちは何が起きたか知らないが, 船内で何か重大なことが起きたと私は推測している.

depressa /dʒi'prɛsa/ チプレッサ 副 急いで, すぐに, 速く (↔ devagar) ▶ comer depressa 早食いする / Vou voltar depressa. すぐに戻ってきます / o mais depressa possível できるだけ早く / Venha depressa. 早く来てください / depressa demais 急いで, 慌てて / Depressa! 早くして, 急いで.
mais que depressa 今すぐに.

depressão /depre'sẽw/ [複 depressões] 女 ❶ 〖医学〗うつ病; 意気消沈, ふさぎ込み ▶ depressão nervosa 神経衰弱 / depressão bipolar 双極性障害, 躁うつ病 / estar com depressão うつである / entrar em depressão うつになる. ❷〖経済〗不況, 不景気 ▶ depressão econômica 経済不況. ❸ 沈下, 低下 ▶ a depressão do terreno 地盤の沈下. ❹〖気象〗低気圧. ❺〖地理〗低地, くぼ地.
depressivo, va /depre'sivu, va/ 形 ❶〖医学〗抑うつの ▶ estado depressivo 抑うつ状態. ❷ 意気消沈させる, 気のめいるような.
deprimente /depri'mẽtʃi/ 形 (男女同形) 気のめいるような ▶ clima deprimente いやな天気.
deprimido, da /depri'midu, da/ 形 うつの, 意気消沈した ▶ estar deprimido うつである / ficar deprimido うつになる.
deprimir /depri'mix/ 他 ❶ 意気消沈させる, 打ちのめす ▶ A morte dos pais deprimiu os filhos. 両親の死は子供たちを打ちのめした.
❷ (経済などを) 衰退させる, 不況にする ▶ A crise financeira deprime a economia mundial. 金融危機は世界経済を不況にする. ❸ 低下させる, 押し下げる ▶ Os medicamentos deprimem a pressão sanguínea. 薬が血圧を下げる.
— **deprimir-se** 再 ❶ 低下する, へこむ, くぼむ.
❷ 気がめいる, うちひしがれている. ❸〖医学〗うつ病になる.
depuração /depura'sẽw/ [複 depurações] 女 ❶ 浄化, 純化. ❷〖情報〗バグ取り.
depurar /depu'rax/ 他 ❶ 浄化する, 純化する ▶ depurar a água 水を浄化する. ❷ 伯〖情報〗(プログラムの) バグを取る.
— **depurar-se** 再 浄化される, 純化される.

*__deputado, da__ /depu'tadu, da/ デプタード, ダ/ 名 代議士, 国会議員 ▶ deputado federal 連邦議員 [下院議員] / deputado estadual 州議会議員.
deputar /depu'tax/ 他 ❶ …を…に委任する [+ em]. ❷ …を代表として派遣する.
deque /'dɛki/ 男〖船舶〗デッキ, 甲板; テラス.
der 活用 ⇒ dar
dera 活用 ⇒ dar
deriva /de'riva/ 女 ❶〖海事〗漂流, 風に流されること ▶ deriva continental 大陸移動説. ❷〖航空〗偏流, 横滑り.
ir à deriva 漂流する, さまよう.
derivado, da /deri'vadu, da/ 形 派生した, 派生による ▶ produtos derivados 副産物, 二次製品 / produtos derivados do petróleo 石油由来の製品.
— **derivado** 男 ❶ 副産物, 二次的産物. ❷ 派生語. ❸ 金融派生商品, デリバティブ.

*__derivar__ /deri'vax/ デリヴァーフ/ 自 ❶ (…から) 生じる, 由来する [+ de] ▶ Muitos produtos derivam do petróleo. 石油からできる製品はたくさんある / O seu sucesso deriva de muito esforço. 彼の成功は多くの努力の賜物である.
❷〖言語〗…から派生する [+ de] ▶ uma palavra que deriva do latim ラテン語から派生した単語.
dermatite /dexma'tʃitʃi/ 女〖医学〗皮膚炎.
dermatologia /dexmatolo'ʒia/ 女 皮膚医学, 皮膚医学.
dermatologista /dexmatolo'ʒista/ 名 皮膚科医, 皮膚病学者.
derme /'dɛxmi/ 女〖解剖〗真皮.
derradeiro, ra /dexa'dejru, ra/ 形 最後の ▶ derradeira hora 終わりの時.
por derradeiro 最後に, 最終的に, 遂に.
derramar /dexa'max/ 他 ❶ (液体を) こぼす ▶ derramar suco ジュースをこぼす / Não adianta chorar sobre o leite derramado. 覆水盆に返らず.
❷ 注ぐ ▶ derramar água 水を注ぐ / derramar água fria 冷水を浴びせる.
❸ (血や涙を) 流す ▶ derramar sangue 血を流す / derramar lágrimas 涙を流す.
derrame /de'xẽmi/ 男 ❶ こぼれること, 流出 ▶ derrame de sangue 出血 / derrame de petróleo 石油の流出. ❷〖医学〗内出血 ▶ derrame cerebral 脳出血.
derrapagem /dexa'paʒẽj/ [複 derrapagens] 女 (車輪の) 横滑り, スリップ.
derrapar /dexa'pax/ 自 (車が) スリップする, 横滑りする.
derrear /dexe'ax/ 他 ❶ (背や腰を) 曲げさせる ▶ O fardo derreou as costas do velho. 荷物の重みで老人の背中が曲がった. ❷ 疲れさせる.
— **derrear-se** 再 ❶ 曲がる. ❷ 疲れる.
derredor /dexe'dox/ 副 周りに, 周囲に.
em derredor 周囲に.
em derredor de... …の周囲に.
derreter /dexe'tex/ 他 ❶ 溶かす ▶ derreter chocolate チョコレートを溶かす.

❷ 消費する, 使い果たす ▶ derreter dinheiro 金を湯水のように使う.
— 自 溶ける ▶ O sorvete derreteu. アイスクリームが溶けた.
— **derreter-se** 再 ❶ 溶ける. ❷ 感動する ▶ Ela se derreteu com as belas palavras do namorado. 彼女は彼の美しい言葉に感動した / derreter-se em lágrimas 泣き崩れる.

derretido, da /dexe'tʃidu, da/ 形 ❶ 溶けた ▶ queijo derretido 溶けたチーズ. ❷ 感動した. ❸ 好きになった.

derretimento /dexetʃi'mẽtu/ 男 溶けること, 溶解.

derribar /dexi'bax/ 他 = derrubar

derrocada /dexo'kada/ 女 取り壊し, 崩壊, 廃墟.

‡**derrota** /de'xɔta/ デホータ 女 敗戦, 敗北, 負け ▶ sofrer uma derrota 敗北を喫する / A equipe sofreu a primeira derrota desta época. チームは今季最初の敗北を喫した.

derrotar /dexo'tax/ 他 ❶ (相手を) 破る, …に勝つ ▶ A seleção brasileira de futebol derrotou o adversário por 5 a 0. サッカーのブラジル代表は相手チームを5対0で破った.
❷ 疲れさせる.
❸ …の意欲をそぐ, ひるませる.

‡**derrubar** /dexu'bax/ デフバーフ 他 ❶ 倒す, ひっくり返す ▶ Ele derrubou o vaso por desatenção. 彼は不注意から花瓶を倒してしまった.
❷ (木を) 切り倒す ▶ derrubar uma árvore 木を伐採する.
❸ 壊す ▶ derrubar um prédio antigo 古いビルを壊す.
❹ 打倒する, (その地位から) …を引きずり下ろす ▶ Vamos derrubar o ditador! 独裁者を打倒しよう! / derrubar o governo 政府を転覆させる / derrubar um político 政治家を辞職させる.
❺ B (荷物を) 降ろす.

derruir /dexu'ix/ 他 ❶ 壊す, 崩す ▶ Nós vamos derruir aquele prédio. 私たちはあの建物を壊す予定だ. ❷ 廃止する, 無効にする.
— **derruir-se** 再 崩れる.

desabafar /dezaba'fax/ 自 ❶ (呼吸を) 楽にさせる.
❷ (感情などを) さらけ出す, ぶちまける ▶ Ela desabafou todas as queixas reprimidas 彼女はだまっていたすべての不平をぶちまけた.
— 自 (胸の内を) 打ち明ける.
— **desabafar-se** 再 (胸の内を) 打ち明ける.

desabafo /deza'bafu/ 男 ❶ 心の内を吐き出すこと. ❷ 気が晴れること.

desabalado, da /dezaba'ladu, da/ 形 ❶ 過度の, 法外な. ❷ 慌てた ▶ corrida desabalada 慌てて走ること.

desabamento /dezaba'mẽtu/ 男 ❶ (建物の) 倒壊. ❷ 崩落.

desabar /deza'bax/ 自 崩れる, 倒れる ▶ Muitas casas desabaram com o terremoto. 地震でたくさんの家が倒壊した / O mundo desabou. 世界が崩壊した.

desabilitar /dezabili'tax/ 他 (機能を) 無効にする, 使えなくする.
— 自 無効になる, 使えなくなる.
— **desabilitar-se** 再 無効になる, 使えなくなる.

desabitado, da /dezabi'tadu, da/ 形 人の住んでいない, 無人の ▶ ilha desabitada 無人島.

desabotoar /dezaboto'ax/ 他 ボタンを外す.

desabrigado, da /dezabri'gadu, da/ 形 ❶ ホームレスの, 家のない. ❷ おおいのない, 吹きさらしの.
— 名 ホームレスの人.

desabrochar /dezabro'ʃax/ 他 開かせる, 開く ▶ A menina desabrochou um sorriso. 少女はにっこり微笑んだ / desabrochar um segredo 謎を解く.
— 自 ❶ 開く ▶ desabrochar em sorrisos 顔をほころばせる, 微笑む. ❷ 開花する ▶ As cerejeiras desabrocharam. 桜が咲いた.

desabusar /dezabu'zax/ 他 …の迷いを解く, …の目を覚まさせる ▶ A experiência da vida desabusou seu coração. 経験は彼の心の迷いを解いた.
— **desabusar-se** 再 迷いから覚める, 幻滅する.

desacatar /dezaka'tax/ 他 ❶ …に礼を失する ▶ O soldado desacatou a ordem do capitão. 兵士は軍指揮官に対して礼を失した. ❷ 冒瀆する.
❸ B 驚嘆させる.

desacato /deza'katu/ 男 ❶ 無礼. ❷ 法廷侮辱罪. ❸ B 驚嘆, 感心させる人.

desaceleração /dezaselera'sẽw/ [複 desacelerações] 女 減速.

desacelerar /dezasele'rax/ 他 …のスピードを落とす, 減速させる.
— 自 減速する.

desacerto /deza'sextu/ 男 ❶ 誤り, 間違い. ❷ 愚行.

desacomodar /dezakomo'dax/ 他 ❶ 立ち退かせる.
❷ 散らかす ▶ A criança desacomodou os brinquedos da caixa. 子供は箱の中にあるおもちゃを散らかした.
❸ 失業させる.

desacompanhado, da /dezakõpa'ɲadu, da/ 形 ❶ 孤独な, 孤立した.
❷ 付き添いなしの ▶ menor desacompanhado 保護者の付き添いのない未成年者 / viajar desacompanhado 一人で旅行する.

desaconselhar /dezakõse'ʎax/ 他 …に…をやめるように忠告する, しないように勧める ▶ O médico desaconselhou ao paciente o consumo de gordura. 医師は患者に脂肪を取らないよう勧めた.

desaconselhável /dezakõseʎ'avew/ [複 desaconselháveis] 形《男女同形》勧められない.

desacordado, da /dezakox'dadu, da/ 形 意識のない, 気絶した ▶ ficar desacordado 意識がない, 気絶している.

desacordar /dezakox'dax/ 他 ❶ 不調和にする ▶ Este quadro desacorda a decoração do ambiente. この絵画は部屋のインテリアに合っていない.

❷ 気絶させる.
— [自] 調和を乱す.
— **desacordar-se** [再] ❶ 調和が乱れる. ❷ 気絶する.

desacordo /deza'koxdu/ [男] ❶ 不賛成, 対立；不和, 確執. ❷ 不調和, 不一致, 相反.
em desacordo 一致していない, 矛盾している.

desacostumado, da /dezakostu'madu, da/ [形] …に慣れていない, 経験がない ▶ estar desacostumado com... …に慣れていない / estar desacostumado de +[不定詞] …することに慣れていない.

desacreditado, da /dezakredʒi'tadu, da/ [形] 評判の悪い, 信用のない.

desacreditar /dezakredʒi'tax/ [他] ❶ …の信用を失わせる. ❷ 信用しない ▶ Todos desacreditaram aquela explicação. 皆あの説明を信用しなかった.
— **desacreditar-se** [再] 信用を失う.

desafetação /dezafeta'sɐ̃w̃/ [[複] desafetações] [女] 気取らないこと, 自然なこと.

desafeto, ta /deza'fɛtu, ta/ [形] …に反対する, 敵対する [+ a].
— **desafeto** [男] ❶ 愛情のないこと. ❷ [B] 敵, 対戦相手.

desafiador, dora /dezafia'dox, 'dora/ [[複] desafiadores, doras] [形] 挑戦的な ▶ olhar desafiador 挑むような目つき.
— [名] 挑戦者.

desafiar /dezafi'ax/ [他] ❶ 挑戦する, 挑む ▶ Ele desafiou o inimigo. 彼は敵に挑んだ / desafiar a sorte 運命に挑む / desafiar os perigos 危険を冒す, 挑む / O crime desafiava a nossa inteligência. その犯罪は我々の知力を試していた / desafiar a sorte 危険を冒す, 挑む.
❷ 直面する ▶ Eles desafiaram o terror da morte. 彼らは死の恐怖に直面した.
❸ 《desafiar alguém a +[不定詞]》 …に…するように挑発する ▶ Você me desafiou a subir a montanha. 君は私をその山に登る気にさせた / Ela foi desafiada a escrever um livro. 彼女は本を一冊書く気にさせられた.
❹ 逆らう ▶ Ela desafiou a autoridade. 彼女は当局に立ち向かった.

desafinado, da /dezafi'nadu, da/ [形] 調子はずれの, 音が合っていない ▶ um piano desafinado 調子はずれのピアノ / estar desafinado 音が合っていない.

desafinar /dezafi'nax/ [他] ❶ 音程をを狂わせる. ❷ 混乱させる.
— [自] ❶ 音程を外す, 音程がずれている ▶ Aquele cantor sempre desafina durante o show. あの歌手はコンサート中にいつも音程を外す. ❷ …と調和しない, 合わない [+ com].
— **desafinar-se** [再] 調子が外れる.

⁑**desafio** /deza'fiu デザフィーオ/ [男] ❶ **決闘の申し込み, 挑戦** ▶ aceitar um desafio 挑戦に応じる.
❷ [P] (スポーツの) 大会, 試合.
❸ **チャレンジ, 挑戦**, 課題 ▶ Nosso novo desafio começa agora. 私たちの新しい挑戦は今始まる.
cantar ao desafio 即興で歌声を競う.

desafivelar /dezafive'lax/ [他] …の留め金を外す ▶ Ele desafivelou o cinto apressadamente. 彼は急いでベルトの留め金を外した.

desafogar /dezafo'gax/ ⑪ [他] ❶ 解放する. ❷ 軽くする.
— [自] 気を晴らす ▶ Eu desafoguei em lágrimas após o ocorrido. その出来事の後, 私は泣いて気を晴らした.
— **desafogar-se** [再] 気を晴らす.

desafogo /deza'fogu/ [男] ❶ (苦痛などの) 緩和, 軽減. ❷ 経済的余裕 ▶ Quero viver com desafogo. ゆとりのある暮らしを送りたい.

desaforo /deza'foru/ [男] 横柄さ, 厚かまさ, 図々しさ ▶ Que desaforo! 何と厚かましい.
não levar desaforo para casa やられただけやり返す.

desafrontar /dezafrõ'tax/ [他] ❶ …の仕返しをする.
❷ …を…から守る [+ de] ▶ Ele desafrontou o amigo das calúnias e injúrias. 彼は友達を誹謗中傷から守った.
❸ …の…を軽減する [+ de] ▶ O remédio vai desafrontá-lo da dor. その薬は彼の痛みを軽減させるでしょう.
— **desafrontar-se** [再] ❶ 仕返しする. ❷ …を軽減される [+ de],

desagradar /dezagra'dax/ [自] …の気に入らない, …を不愉快にする [+ a] ▶ A peça desagradou aos críticos. その劇は評論家たちに不評だった.
— **desagradar-se** [再] …を不快に思う, 気に入らない [+ de].

*__desagradável__ /dezagra'davew デザグラダーヴェゥ/ [[複] desagradáveis] [形] **不快な, 嫌な**, 不愉快な ▶ um som desagradável 不快な音 / um cheiro desagradável 嫌な匂い / uma atitude desagradável 不愉快な態度.

desagrado /deza'gradu/ [男] 不興, 不愉快 ▶ incorrer no desagrado de... …の不興を買う.

desagravar /dezagra'vax/ [他] ❶ 軽減する, 緩和する ▶ O arrependimento do criminoso não desagravou sua culpa. 犯罪者が反省しても罪は軽減されなかった / Os remédios ajudaram a desagravar a dor do paciente. 薬が患者の痛みの緩和を助けた.
❷ 償う ▶ desagravar a honra 名誉を回復する.

desagravo /deza'gravu/ [男] 償い, 埋め合わせ.

desagregação /dezagrega'sɐ̃w̃/ [[複] desagregações] [女] 分解, 分裂, 崩壊 ▶ desagregação familiar 家族の崩壊.

desagregar /dezagre'gax/ ⑪ [他] ❶ 分解する, 分裂させる, 崩壊させる. ❷ …を…から引き離す [+ de].
— **desagregar-se** [再] 崩壊する.

desaguar /dezagu'ax/ ④ [他] …から排水する.
— [自] ❶ (川が) …に注ぐ [+ em] ▶ O Rio Amazonas deságua no mar. アマゾン川は海に注ぐ. ❷ [B] 小便する.
— **desaguar-se** [再] …に注ぐ.

desaire /de'zajri/ [男] ❶ 洗練されていないこと, あか抜けないこと ▶ Ele sofreu um desaire no trajar. 彼は服装があか抜けないことを悩んだ / O seu estilo

é um desaire. 彼の格好は洗練されていない.
❷ 不面目, 不体裁 ▶A equipe sofreu um desaire. そのチームは一敗を喫した / Depois do desaire da equipe, a vitória será difícil. チームがその敗戦の後で優勝するのは難しい / O seu comportamento foi um desaire. あなたのふるまいは無作法なものだった.

desajeitado, da /dezaʒej'tadu, da/ [形] 不器用な.

desajustar /dezaʒus'tax/ [他] ❶ 分ける, 引き離す. ❷ …の調子を狂わせる, 乱す ▶A tragédia desajustou toda a família. 悲劇が家族を狂わせた.
— **desajustar-se** [再] ❶ 破約する. ❷ 仲たがいする.

desalentar /dazalẽ'tax/ [他] がっかりさせる, 元気をなくさせる ▶A morte do marido a desalentou. 夫の死後彼女はふさぎ込んでしまった.
— [自] 落胆する, 元気をなくす.
— **desalentar-se** [再] 落胆する, 元気をなくす.

desalento /deza'lẽtu/ [男] 落胆, 意気消沈.

desalinhar /dezali'ɲax/ [他] ❶ …の列を乱す. ❷ 乱す ▶A ventania desalinhou os cabelos dela. 強風で彼女の髪が乱れた.
— **desalinhar-se** [再] 列を乱す.

desalinho /deza'lĩɲu/ [男] 乱雑, 不整理 ▶cabelos em desalinho 乱れた髪 / roupas em desalinho 乱雑に置かれた服.

desalmado, da /dezaw'madu, da/ [形] 冷酷な, 血も涙もない.

desalojar /dezalo'ʒax/ [他] 立ち退かせる, 追い出す ▶Ele desalojou os moradores do prédio. 彼は建物の住人たちを立ち退かせた.
— [自] (席や地位から) 立ち退く, 去る.
— **desalojar-se** [再] 立ち退く, 去る.

desamarrar /dezama'xax/ [他] ❶ ほどく, 解く ▶desamarrar o cadarço 靴のひもをほどく.
❷ 《desamarrar alguém de algo》 …を思いとどまらせる [+ de] ▶É difícil desamarrá-lo da ideia de vingança. 彼に復讐の念を思いとどまらせるのは難しい.
— [自] ほどける.
— **desamarrar-se** [再] ❶ 解かれる, ほどける. ❷ 錨を上げる. ❸ …を思いとどまる [+ de].

desamassar /dezama'sax/ [他] 平にする, しわを伸ばす.

desamor /deza'mox/ [[複] desamores] [男] ❶ 愛情がないこと, 無愛想. ❷ 嫌悪, 毛嫌い, 軽蔑.

desamparado, da /desẽpa'radu, da/ [形] 見捨てられた, 放置された ; 保護のない ▶criança desamparada 捨て子.

desamparar /dezẽpa'rax/ [他] ❶ 見捨てる, 保護しなくなる ▶desamparar os filhos 子供たちを見捨てる. ❷ 支えなくなる ▶A coluna se partiu e desamparou o teto. 柱が折れて天井を支えきれなくなった.
— **desamparar-se** [再] より所を失う, 道に迷う.

desamparo /dezẽ'paru/ [男] ❶ 頼るもののないこと, 孤立無援状態. ❷ 放棄, 放置.
ao desamparo 見放された, 身寄りのない.

desancar /dezẽ'kax/ ㉙ [他] ❶ …の腰 [尻] を叩く. ❷ 酷評する, ぼろくそに言う ▶O chefe desancou o trabalho dos subordinados. 上司は部下たちの仕事ぶりを酷評した.

desandar /dezẽ'dax/ [他] ❶ 後戻りさせる, 後退させる.
❷ 放つ ▶Ela desandou uma sonora gargalhada. 彼女は爆笑した.
— [自] ❶ 悪くなる ▶A carreira dele desandou. 彼のキャリアは失敗に陥っていた.
❷ 衰える, 衰退する.
❸ …に結果する [+ em].
❹ [B] 下痢をする.

desanimado, da /dezani'madu, da/ [形] ❶ 意気消沈した, 落ち込んだ. ❷ 活気のない, 盛り上がらない ▶festa desanimada 盛り上がらない祭り.

desanimar /dezani'max/ [他] …の元気を失わせる, がっかりさせる ▶A derrota do time desanimou a torcida. チームの敗退がサポーターをがっかりさせた.
— [自] 《desanimar de + [不定詞]》 …する気力を失う, …することを断念する ▶Por causa da neve, eles desanimaram de escalar a montanha. 雪のせいで彼らは登山を断念した.
— **desanimar-se** [再] 元気を失う, がっかりする ▶Não se desanime. 元気を出せ.

desânimo /de'zẽnimu/ [男] 落胆, 意気消沈.

desanuviar /dezanuvi'ax/ [他] ❶ …から雲を追い払う ▶O vento desanuvia o pico da montanha. 風で山の山頂から雲が消える.
❷ (…の気持ちを) 静める ▶Quero alguém que desanuvie meu coração. 私の心を安心させる人がほしい.
— **desanuviar-se** [再] ❶ 雲が切れる. ❷ 気が静まる, 安心する.

desaparafusar /dezaparafu'zax/ [他] …のねじを緩める, 外す.
— [自] (ねじが) 緩む ▶Com a vibração, o suporte desaparafusou. 振動で台のねじが緩んだ.
— **desaparafusar-se** [再] (ねじが) 緩む.

⁂**desaparecer** /dezapare'sex デザパレセーフ/ ⑮ [自] ❶ **見えなくなる, 消える, なくなる** (←→ aparecer) ▶O sol desapareceu. 太陽が見えなくなった / desaparecer do mapa 地図から消える.
❷ **いなくなる, 姿を消す** ▶Meu cachorro desapareceu. 私の犬がいなくなった.
❸ **消滅する** ▶O tumor desapareceu. 腫瘍が消滅した.
❹ 亡くなる, 死滅する.

desaparecido, da /dezapare'sidu, da/ [形] 行方不明の, 見えなくなった, 消失した.
— [名] 行方不明者.

desaparecimento /dezaparesi'mẽtu/ [男] ❶ 消滅, 消失, 絶滅 ▶o desaparecimento dos dinossauros 恐竜の絶滅. ❷ 死去.

desaparição /dezapari'sẽw̃/ [[複] desaparições] [女] = desaparecimento

desapegar /dezape'gax/ ⑪ [他] ❶ はがす ▶Os alunos desapegaram os cartazes da parede 生徒たちは壁のポスターをはがした. ❷ 遠ざける.

— **desapegar-se** [再] ❶ はがれる. ❷ (心が) 離れる ▶ Ela desapegou-se da vida luxuosa. 彼女はぜいたくな生活から身を引いた.

desapego /deza'pegu/ [男] ❶ 愛着のないこと. ❷ 冷淡, 無関心.

desapercebido, da /dezapexse'bidu, da/ [形] ❶ 気付かれてない ▶ passar desapercebido 気付かれない.
❷ 油断した, 不用心な.

desapertar /dezapex'tax/ [他] 緩める ▶ desapertar o cinto ベルトを緩める.
— **desapertar-se** [再] ❶ 緩む.
❷ 解放される ▶ É duro desapertar-se dos braços da mãe. 母親の支配から解放されるのは難しい.
❸ [B] こっそり逃げ出す.

desapontado, da /dezapõ'tadu, da/ [形] 失望した, がっかりした ▶ ficar desapontado com algo …に失望している.

desapontamento /dezapõta'mẽtu/ [男] 失望, 期待はずれ, がっかり ▶ sentimento de desapontamento 失望感.

desapontar /dezapõ'tax/ [他] 失望させる, がっかりさせる ▶ As notas baixas desapontaram o aluno. その生徒は悪い成績にがっかりした.
— **desapontar-se** [再] …に失望する, がっかりする [+ com] ▶ Desapontei-me com a sujeira do hotel. 私はホテルの汚さにがっかりした.

desaprender /dezaprẽ'dex/ [他] [自] (学んだことを) 忘れる ▶ desaprender para aprender 学ぶために忘れる.

desapropriação /dezapropria'sɐ̃w̃/ [[複] desapropriações] [女] 接収, 収用.

desapropriar /dezapropri'ax/ [他] 収用する, 接収する.
— **desapropriar-se** [再] …を奪われる, 接収される [+ de].

desaprovação /dezaprova'sɐ̃w̃/ [[複] desaprovações] [女] 不承認, 反対 ; 非難.

desaprovar /dezapro'vax/ [他] 反対する, 是としない, 非難する ▶ Os cidadãos desaprovam o novo prefeito. 市民は新市長を否認する / O pai desaprovou a desobediência do filho. 父は息子の反抗を認めなかった.

desaquecimento /dezakesi'mẽtu/ [男] 冷やすこと, 冷却.

desarmamento /dezaxma'mẽtu/ [男] 武装解除 ; 軍備縮小.

desarmar /dezax'max/ [他] ❶ …を武装解除する ▶ Os policiais desarmaram os ladrões. 警官たちは泥棒たちから凶器を押収した.
❷ …に安全装置をかける.
❸ (人を) 寛容にする ▶ O sorriso da moça desarmou o rapaz. 娘の笑顔を見て彼は緊張が解けた.
— [自] 軍備を縮小する.
— **desarmar-se** [再] ❶ 軍備を縮小する. ❷ 怒りを静める, 気持ちが和らぐ.

desarmonia /dezaxmo'nia/ [女] ❶ 不調和, 不協和. ❷ 不和 ▶ desarmonia na família 家庭内の不和. ❸ 〖音楽〗不協和音.

desarraigar /dezaxaj'gax/ ⑪ [他] ❶ …を根こそぎにする ▶ Os homens desarraigaram a árvore do jardim. 男たちは庭の木を根っこから抜いた.
❷ 追い出す ▶ Ninguém conseguiu desarraigá-lo daquele lugar. あの場所から彼を追い出すことができる人は誰もいなかった.
❸ 根絶する.

desarranjar /dezaxẽ'ʒax/ [他] ❶ 散らかす ▶ As crianças desarranjaram os livros da estante. 子供たちは本棚にある本を散らかした. ❷ …の調子を狂わす.
— **desarranjar-se** [再] ❶ …と不和になる [+ com]. ❷ [B] 下痢をする ▶ Ele exagerou na feijoada e se desarranjou. 彼はフェージョアーダを食べすぎて下痢をした.

desarranjo /deza'xẽʒu/ [男] ❶ 散らかり.
❷ 障害.
❸ 故障, 不調 ▶ o desarranjo estomacal 胃の不調 / o desarranjo intestinal 下痢 / desarranjo de cabeça 気の動転, 狂気.

desarrumado, da /dezaxu'madu, da/ [形] ❶ 散らかった, まとまりのない ▶ O cabelo dela está sempre desarrumado. 彼女の髪はいつもぼさぼさだ.
❷ 失業した ▶ Com a recessão econômica, muita gente ficou desarrumada. 不況でたくさんの人が失業した.

desarrumar /dezaxu'max/ [他] ❶ 乱す, 散らかす ▶ As crianças desarrumavam o quarto enquanto a mãe limpava a cozinha. 母親が台所を掃除している間, 子供たちは部屋を散らかしていた.
❷ 失業させる.

desarticulação /dezaxtʃikula'sɐ̃w̃/ [[複]desarticulações] [女] 脱臼(だっきゅう).

desarticulado, da /dezaxtʃiku'ladu, da/ [形] 関節の外れた, 脱臼した, ばらばらになった.

desarticular /dezaxtʃiku'lax/ [他] ❶ 関節を外す, 脱臼(だっきゅう)する. ❷ ばらばらにする, 解散させる, 解体する.
— **desarticular-se** [再] 脱臼する.

desassociar /dezasosi'ax/ [他] ❶ 分裂させる, 分離する, 引き離す. ❷ (結社を) 解散させる.
— **desassociar-se** [再] ❶ 解散する. ❷ …から離脱する, …とたもとを分かつ [+ de].

desassossegar /dezasose'gax/ ⑪ [他] …に不安を与える, 不安にさせる, 心配させる ▶ A traição da namorada o desassossegava 彼女の浮気が彼を不安にさせていた.
— **desassossegar-se** [再] 不安になる.

desassossego /dezaso'segu/ [男] 不安, 心配, 気がかり.

desastrado, da /dezas'tradu, da/ [形] 不器用な.

***desastre** /de'zastri デザストリ/ [男] ❶ **事故** ▶ morrer no desastre de automóvel 自動車事故で死ぬ / desastre de avião 墜落事故 / desastre de trem 列車事故.
❷ **災害**, **大惨事**, 災難 ▶ desastre natural 天災 / desastre ecológico 生態学的大惨事 / desastre financeiro 財政破綻.
❸ ひどい結果, 大失敗 ▶ um desastre total 完全な失敗.

desastroso, sa /dezas'trozu, 'trɔza/ [形] 壊滅的な, ひどい ▶os efeitos desastrosos do aquecimento global 地球温暖化の破滅的結果.

desatar /deza'tax/ [他] ❶ 解く, ほどく ▶Ela desatou o laço do presente. 彼女はプレゼントのリボンをほどいた.
❷ 解決する ▶desatar o nó do trânsito 交通問題を解決する.
— [自]《desatar + a + [不定詞]》突然…し始める ▶Todos desataram a rir. 突然, みんな笑い始めた.
— **desatar-se** [再] ほどける.

desatarraxar /dezataxa'ʃax/ [他] …のねじを外す.

desatenção /dezatẽ'sɐ̃w̃/ [[複] desatenções] [女] ❶ 不注意, 無関心 ▶Os erros são oriundos da desatenção. 失敗は不注意から生まれるものだ.
❷ …に対する無礼, 不作法 [+para/com] ▶A desatenção dos jovens com o velhinho o deixou irritado. 老人に対する若者の失礼な態度が彼を怒らせた.

desatender /dezatẽ'dex/ [他] …を軽視する, 軽んじる, 注意を払わない ▶Os garotos desatendiam as recomendações maternas. 少年たちは母親の注意を軽視していた.
— [自] …に注意を向けない [+ a].

desatento, ta /deza'tẽtu, ta/ [形] 不注意な, ぼんやりした ▶um aluno desatento ぼんやりした生徒.

desatino /deza'tʃĩnu/ [男] ❶ 無分別な行動, 狂気 ❷ 見当はずれ, へま.

desativar /dezatʃi'vax/ [他] ❶ …の活動を停止する. ❷ (爆発物を) 処理する ▶desativar uma bomba 爆弾の信管を抜く.

desatracar /dezatra'kax/ ㉙ [他] ❶ (船を) 出港させる ▶É hora de desatracar o navio. 船を出港させる時間だ. ❷ 引き離す.
— [自] (船が) 出港する.
— **desatracar-se** [再] 解放される.

desatravancar /dezatravẽ'kax/ ㉙ [他] ❶ …から障害物を除去する ▶O guarda pediu para os pedestres desatravancassem o caminho. 警察官は通行人たちに道を開けるように言った.
❷ 簡単にする.

desatualizado, da /dezatuali'zadu, da/ [形] 旧式の, 古い ▶uma versão desatualizada 古いバージョン.

desautorizar /dezawtori'zax/ [他] ❶ …の権威を落とさせる. ❷ 却下する, 許可しない.
— **desautorizar-se** [再] 権威を失う.

desavença /deza'vẽsa/ [女] 不和, 仲違い.

desavergonhado, da /dezavexgo'ɲadu, da/ [形] 恥知らずの, 図々しい.

desavir /deza'vix/ ⑰《[過去分詞] desavindo》[他] 仲違いさせる ▶A partilha da herança desaveio os irmãos. 遺産相続が兄弟たちを仲違いさせた.
— **desavir-se** [再] …と考えが合わない [+ com] ▶Desavieram-se com as condições do contrato. 彼らは契約の条件と折り合わなかった.

desavisado, da /dezavi'zadu, da/ [形] [名] 不注意な (人), 軽率な (人).

desbancar /dezbẽ'kax/ ㉙ [他] …に打ち勝つ, …に優る ▶desbancar os adversários 敵を破る.

desbaratar /dezbara'tax/ [他] ❶ 浪費する ▶Aquele homem desbaratou a sua fortuna em [com] mulheres. あの男は財産を女性たちにつぎこんだ. ❷ 破壊する. ❸ 敗北させる ▶A polícia desbaratou a máfia do tráfico de drogas. 警察は麻薬組織を敗北させた.
— **desbaratar-se** [再] ❶ 損なわれる. ❷ 解体する. ❸ 破産する.

desbastar /dezbas'tax/ [他] ❶ まばらにする, 間引きする.
❷ 磨く, 洗練する ▶Ela tentou desbastar o namorado ensinando-lhe as regras de etiqueta. 彼女は彼氏にマナーを教えてあか抜けさせようとした.

desbloquear /dezbloke'ax/ ⑩ [他] …の封鎖を解除する.

desbocado, da /dezbo'kadu, da/ [形] 口汚い, 言葉遣いの下品な.

desbotado, da /dezbo'tadu, da/ [形] 色あせた, 色落ちした ▶jeans desbotados 色落ちジーンズ.

desbotar /dezbo'tax/ [他] ❶ 変色させる, 退色させる.
❷ 輝きを失わせる ▶O sofrimento desbotou o rosto dela. 苦労が彼女の顔の輝きを失わせた.
❸ 衰えさせる.
— [自] ❶ 色あせる, 退色する. ❷ 輝きを失う.
— **desbotar-se** [再] ❶ 変色する, 退色する.
❷ 消滅する.

desbravar /dezbra'vax/ [他] ❶ (動物を) 飼いならす. ❷ 探検する ▶Quero desbravar a floresta amazônica. 私はアマゾンのジャングルを探検したい.
❸ 開墾する.

desbunde /dez'bũdʒi/ [男] [B] ❶ 感嘆. ❷ すごい人, 物 ▶O show do cantor foi um desbunde. その歌手のコンサートはすばらしいものだった.

desburocratização /dezburokratʃiza'sɐ̃w̃/ [[複] desburocratizações] [女] 脱官僚化.

desburocratizar /dezburokratʃi'zax/ [他] 脱官僚化する.

descabelar /deskabe'lax/ [他] ❶ …の髪を引きぬく. ❷ …の髪を乱す.
— **descabelar-se** [再] ❶ 脱毛する, 自分の髪を抜く. ❷ (髪を乱して) 狂乱する ▶A mãe se descabelou ao saber da morte do filho. 母親は息子の死を知って狂乱した.

descabido, da /deska'bidu, da/ [形] 不適当な, ふさわしくない ▶A sua queixa é descabida. あなたのクレームは理不尽だ.

descafeinado, da /deskafej'nadu, da/ [形] カフェイン抜きの ▶café descafeinado カフェイン抜きのコーヒー.
— **descafeinado** [男] カフェイン抜きのコーヒー.

descair /deska'ix/ [58] [他] 垂れ下げる, 降ろす.
— [自] ❶ 徐々に傾く ▶O sol descaía no horizonte. 太陽は地平線に徐々に沈んでいった.
❷ 曲がる.
❸ 衰弱する, やせる ▶descair de fome 飢えて衰弱する

descalçar /deskaw'sax/ ⑬ [他] ❶ (靴や手袋などを) 脱ぐ ▶descalçar os sapatos 靴を脱ぐ / descalçar as luvas 手袋を脱ぐ. ❷ (道の) 敷石をはがす.

[D]

— **descalçar-se** [再] 靴を脱ぐ.
descalço, ça /des'kawsu, sa/ [形] はだしの ▶com os pés descalços はだしで / andar descalço はだしで歩く.
descambar /deskẽ'bax/ [自] ❶ 倒れる, 落ちる ▶O temporal descambou sobre a cidade. 町にいきなり嵐が襲った.
❷ (日が) 傾く, 沈む.
❸ 失言する, 場違いな発言をする.
❹ …に悪化する, 陥る [+ para/em] ▶A conversa descambou para o xingamento. 会話がヒートアップしてあげくの果てにののしりあいになった / descambar no ridículo 笑いものになる.
❺ (進行方向が) それる.
— [他] 落とす, 降ろす.
descampado /deskẽ'padu/ [形] 無人の ▶área descampada 無人地帯.
— **descampado** [男] 平原, 広野.
descansado /deskẽ'sadu/ [形] ❶ 安心している ▶Fique descansado. 安心してください.
❷ 休んでいる, 気楽な ▶vida descansada のんびりした暮らし.
❸ 遅い, のろい.
★★★**descansar** /deskẽ'sax デスカンサーフ/ [他] ❶ **休ませる** ▶descansar o cérebro 脳を休ませる / descansar os olhos 目を休ませる.
❷ **落ち着かせる, 安心させる** ▶A nova informação me descansou imensamente. 新しい情報が私を大いに落ち着かせてくれた.
— [自] ❶ **休む, 休憩する**, 休息を取る ▶Eu preciso descansar um pouco. 私は少し休憩を取る必要がある.
❷ 眠る ▶Minha esposa está no quarto descansando. 妻は部屋で眠っている.
❸ 亡くなる ▶descansar no Senhor 主の元に眠る.
Descansar! 休め (軍隊での命令).
★**descanso** /des'kẽsu デスカンソ/ [男] ❶ **休息, 休憩** ▶Eu preciso de um descanso. 私は休息が必要だ / dar descanso a... …を休ませる / dia de descanso 休日 / lugar de descanso 休息所.
❷ **平静, 平安**, 安らぎ ▶Nem depois de aposentados tivemos descanso. 退職してからも安らぐことはなかった.
❸ **睡眠** ▶O descanso faz recuperar as forças. 睡眠は力を回復する / eterno descanso 永眠, 逝去 / descanso de tela〖情報〗スリープモード.
❹ テーブルマット.
❺ (機器などの) 支え部分 ▶Tirou o auscultador do descanso e fez a ligação telefônica. 電話機から受話器を取って, 電話をかけた.
sem descanso 絶え間なく, 休みなく ▶trabalhar sem descanso 絶え間なく働く.
descaracterizar /deskarakteri'zax/ [他] ❶ …の個性を失わせる ▶As construções futuristas descaracterizaram a cidade histórica. 奇抜な建物が歴史ある町の個性を失わせた. ❷〖演劇〗化粧を落とす.
— **descaracterizar-se** [再] ❶ 個性をなくす.
❷ (役者が自分の) 化粧を落とす.
descaradamente /deska,rada'mẽtʃi/ [副] あつかましく, ずうずうしく ▶mentir descaradamente 恥ずかしげもなく嘘をつく.
descarado, da /deska'radu, da/ [形] 厚かましい, 図々しい.
descaramento /deskara'mẽtu/ [男] 厚かましさ, 恥知らずなこと ▶Ela teve o descaramento de roubar o namorado da amiga. 彼女は恥知らずにも友人の恋人を横取りした.
descarga /des'kaxga/ [女] ❶ 荷揚げ, 荷降ろし ▶área de carga e descarga 積荷場. ❷ 放電. ❸ トイレの水を流すこと ▶dar a descarga トイレの水を流す. ❹ 発砲, 射撃. ❺ 放出 ▶descarga de adrenalina アドレナリンの放出.
descargo /des'kaxgu/ [男] ❶ 義務の履行. ❷ 軽減, 緩和 ▶Por descargo de consciência, vou visitá-lo no hospital. 良心がとがめないように彼の見舞いに行く.
descarnar /deskax'nax/ [他] ❶ 肉から骨を離す.
❷ 皮をはぐ.
❸ やせ細らせる ▶O câncer avançou rapidamente e a descarnou. がんの進行が早くて彼女は急にすっかりやせてしまった.
— **descarnar-se** [再] 肉を落とす, やせ細る.
descaroçar /deskaro'sax/ ⑬ [他] ❶ …の種を取り除く ▶descaroçar azeitonas オリーブの種を取り除く.
❷ 詳細に話す ▶Para os amigos, ele descaroçou o que havia-lhe acontecido. 彼は友人たちに自分の身に起きたことを詳しく話した.
descarregado, da /deskaxe'gadu, da/ [形] (電池が) 切れた ▶A bateria está descarregada. 電池が切れた.
descarregamento /deskaxega'mẽtu/ [男] 荷下ろし.
descarregar /deskaxe'gax/ ⑪ [他] ❶ 荷物を降ろす ▶descarregar a carga do navio 船から荷物を降ろす.
❷ (銃器から) 弾丸を抜く.
❸ 放電させる ▶descarregar a bateria 電池を放電させる.
❹ (感情を) ぶちまける ▶O marido descarregava na esposa toda a sua ira. 夫は妻に怒りをすべてぶちまけていた / descarregar a cólera sobre alguém …に八つ当たりする.
❺ …のせいにする, 帰する [+ em].
❻〖情報〗ダウンロードする.
— [自] ❶ 荷物を降ろす. ❷ 放電する ▶As duas baterias descarregaram. 両方の電池が切れた.
— **descarregar-se** [再] ❶ …を免れる [+ de].
❷ 楽になる ▶Ele sempre se descarregava durante a missa. ミサの最中に彼は自分の気持ちを落ち着かせていた.
descarrilamento /deskaxila'mẽtu/ [男] 脱線.
descarrilar /deskaxi'lax/ [他] 脱線させる.
— [自] 脱線する ▶Um trem descarrilou. 列車が脱線した.
descartar /deskax'tax/ [他] ❶〖トランプ〗(不要な札を) 捨てる. ❷ 捨てる, 除外する.
— **descartar-se** [再] ❶ …を取り除く, 捨てる [+ de]. ❷〖トランプ〗(不要な札を) 捨てる [+

de].
descartável /deskax'tavew/ [[複] descartáveis] [形]《男女同形》使い捨ての ▶ copo descartável 使い捨てのコップ.
descascador /deskaska'dox/ [[複] descascadores] [男] 皮むき器, ピーラー.
descascar /deskas'kax/ ㉙ [他] ❶ …の皮をむく ▶ descascar uma laranja オレンジの皮をむく. ❷ …の殻をむく, 殻を取る. ❸ [B] [話] けなす, 悪口を言う ; 叱る.
— [自] (皮が) むける.
descaso /des'kazu/ [男] ❶ 軽視, 重視しないこと ▶ descaso com o consumidor 消費者軽視. ❷ 気にしないこと, 構わないこと.
descendência /desẽ'dẽsia/ [女] ❶ 家系, 血統 ▶ Sou de descendência japonesa. 私は日本人の血を引いている. ❷《集合的》子孫.
***descendente** /desẽ'dẽtʃi デセンデンチ/ [形]《男女同形》❶ …**出身の** [+ de] ▶ Sou descendente de italiano. 私はイタリア人の血を引いている.
❷ **下降の** ▶ movimento descendente 下降運動 / em sentido descendente 下方向の / por ordem descendente 降順に.
— [名] 子孫, 末裔.
descender /desẽ'dex/ [自] ❶ …の出である [+ de] ▶ Ela descendia de uma família nobre. 彼女は高貴な家柄の出であった. ❷ …に由来する [+ de] ▶ O idioma português descende do latim. ポルトガル語はラテン語に由来する. ❸ 降りてくる ▶ Uma forte luz descendeu do céu. 天から一筋の強い光が差した.
descentralização /desẽtraliza'sẽw̃/ [[複] descentralizações] [女] 地方分権化, 分散化.
descentralizar /desẽtrali'zax/ [他] (行政権や機能を) 分散させる, 地方分権にする.
*****descer** /de'sex デセーフ/ ⑮ [自] ❶ **降りる** (←→ subir) ▶ Ele já vai descer do andar superior. 彼はすぐ上の階から降りてきます / descer do carro 車を降りる / descer do ônibus バスを降りる / descer da bicicleta 自転車を降りる.
❷ **下る** ▶ Amanhã, ele vai descer a Santos de ônibus. 明日彼はサントスにバスで下る.
❸ 退任する ▶ Ele desceu do cargo de diretor. 彼は理事の職から退任した.
— [他] ❶ **降ろす** ▶ descer a bagagem 荷物を降ろす.
❷ **下げる** ▶ Tem que descer a bainha da saia um pouco mais. もう少しスカートの裾を下げないといけない.
❸ …**を降りる** ▶ descer a ladeira 坂を降りる.
descerrar /dese'xax/ [他] ❶ 開ける, 開く. ❷ 暴露する ▶ Antes de morrer, ele descerrou o segredo. 彼は死ぬ前に秘密を明かした.
descida /de'sida/ [女] ❶ 降りること, 下降, 降下 ▶ subida e descida 上昇と下降.
❷ 下り坂, 傾斜 ▶ uma descida acentuada 急な坂 / uma descida suave ゆるやかな坂.
❸ 低下, 下落 ▶ descida dos preços 物価の下落.
desclassificação /desklasifika'sẽw̃/ [[複] desclassificações] [女] ❶〖スポーツ〗失格. ❷ 格下げ.
desclassificar /desklasifi'kax/ ㉙ [他] ❶ 失格させる, 不合格にする. ❷ …の信用を失わせる. ❸ 格下げする.
descoberta /desko'bɛxta/ [女] ❶ 発見 ▶ descoberta da radioatividade 放射能の発見 / viagem de descoberta 発見の旅 / fazer uma descoberta 発見をする / Que descoberta!《反語》そのどこが新しいのですか. ❷ 発見物 ▶ descoberta arqueológica 考古学上の発見,
partir à descoberta de... …を探しに出かける.
descoberto, ta /desko'bɛxtu, ta/ [形] (descobrir の過去分詞) ❶ むき出しの, 帽子をかぶっていない ▶ com a cabeça descoberta 帽子をかぶらないで. ❷ 明らかな. ❸ 発見された.
— **descoberto** [男] [B] 金鉱地.
a descoberto ① 覆いなしに, 率直に. ②〖商業〗無担保で ▶ saque a descoberto 当座貸越 / sacar a descoberto 保証 (残高) なしに引き出す.
pôr a descoberto 暴く, 暴露する, 公にする.
descobridor, dora /deskobri'dox, 'dora/ [[複] descobridores, ras] [名] 発見者, 探検家.
— [形] 発見する.
descobrimento /deskobri'mẽtu/ [男] ❶ 発見 ▶ o descobrimento da América アメリカの発見. ❷《Descobrimentos》ヨーロッパ人による, 15世紀から17世紀中頃までのアジア・アフリカ・アメリカ大陸への進出. ❸ 発明.
*****descobrir** /desko'brix デスコブリーフ/ ㉓《[過去分詞] descoberto》[他] ❶ **発見する**, 見つけ出す ▶ descobrir uma ilha 島を発見する / descobrir a cura 治療法を見つける / Descobri que estou grávida. 私は自分が妊娠していることを知った.
❷ …**の覆いを取る**, …を露出する.
❸ …**をさらけ出す**, 知らせる, 明かす ▶ descobrir o segredo 秘密を暴く.
— **descobrir-se** [再] ❶ 自分をさらけ出す.
❷ 服を脱ぐ, 帽子を脱ぐ.
descolagem /desko'laʒẽj̃/ [[複] descolagens] [女] ❶ (のり付けしたものを) はがすこと. ❷ 離陸.
descolar /desko'lax/ [他] ❶ (のり付けしたものを) はがす.
❷ [B] [俗] 手に入れる, 得る, 獲得する ▶ descolar um emprego 職を得る / descolar uma nota 金を手に入れる.
— [自] はがれる, 取れる.
— **descolar-se** [再] はがれる, 取れる.
descolonização /deskoloniza'sẽw̃/ [[複] descolonizações] [女] 脱植民地化.
descoloração /deskolora'sẽw̃/ [[複] descolorações] [女] 変色, 退色.
descolorante /deskolo'rẽtʃi/ [形]《男女同形》漂白する, 脱色する ▶ creme descolorante 脱色クリーム.
— [男] 漂白剤, 脱色剤.
descolorir /deskolo'rix/ ⑫ [他] 退色させる, 色あせさせる.
— [自] 退色する, 色あせる.
— **descolorir-se** [再] 退色する, 色あせる.
descompactar /deskõpak'tax/ [他] (圧縮したファイルを) 解凍する.

[D]

descompor /deskõ'pox/ ㊹《過去分詞 descomposto》他 ❶ 乱す ▶ O choro do bebê decompôs a atmosfera romântica do lugar. 赤ん坊の泣き声がその場のロマンティックな雰囲気を乱した.
❷ 形を崩す, 変える.
❸ 侮辱する.
❹ 叱責する ▶ O patrão decompôs o funcionário sem motivo. 上司は従業員を意味なく強く叱った.
— **descompor-se** 再 ❶ 乱れる. ❷ 変質する, 腐敗する.

descompostura /deskõpos'tura/ 女 ❶ 乱雑, 混乱. ❷ 叱責, 叱ること ▶ O professor passou uma descompostura no aluno indisciplinado. 先生は行儀の悪い生徒を叱りつけた.

descompressão /deskõpre'sẽw/ [複 descompressões] 女 減圧, 除圧 ▶ doença de descompressão 減圧症.

desconcentração /deskõsẽtra'sẽw/ [複 desconcentrações] 女 分権化, 分散化 ▶ desconcentração industrial 産業の分散化.

desconcentrar /deskõsẽ'trax/ 他 分散化する.

desconcertado, da /deskõsex'tadu, da/ 形 当惑した, 面食らった, まごついた.

desconcertante /deskõsex'tẽtʃi/ 形《男女同形》面食らわせる, まごつかせる.

desconcertar /deskõsex'tax/ 他 …の調子を狂わせる ▶ O gol logo no início da partida desconcertou o time adversário. 試合開始直後のゴールは相手チームの調子を狂わせた.
❷ 当惑させる, 困惑させる.
— **desconcertar-se** 再 ❶ 戸惑う ▶ Ele se desconcertou com a agressividade. 彼は攻撃されて戸惑った. ❷ 調子が狂う.

desconexão /deskonek'sẽw/ [複 desconexões] 女 連絡の切り離し；関係の断絶；(接続の) 切断 ▶ desconexão automática 自動切断.

desconexo, xa /desko'nɛksu, ksa/ 形 つながりのない, 脈絡のない ▶ pensamentos desconexos とりとめのない考え / frases desconexas 脈絡のない文.

desconfiado, da /deskõfi'adu, da/ 形 信用しない, 疑った ▶ ser desconfiado 疑い深い / estar desconfiado 疑っている / ficar desconfiado 疑う.
— 名 疑い深い人.

desconfiança /deskõfi'ẽsa/ 女 不信, 疑念, 疑惑.

*__desconfiar__ /deskõfi'ax/ デスコンフィアーフ/ 自 …に不信を抱く, …に疑念を抱く, …を信用しない, 疑う [+ de] ▶ Todo mundo desconfia das promessas eleitorais. みんな選挙公約を疑っている / Ela desconfia do marido. 彼女は夫を疑っている / A gente não desconfiou de nada. 人々は何も疑っていない
— 他 …ではないかと疑う, 思う ▶ Desconfio que foi sempre assim. ずっとこうだったのではないかと私は思う.

desconforme /deskõ'fɔxmi/ 形《男女同形》❶ 一致しない, 合致しない. ❷ 巨大な.

desconfortável /deskõfox'tavew/ [複 desconfortáveis] 形《男女同形》快適ではない, 不快な ▶ uma cadeira desconfortável 座りごこちのよくないいす / uma situação desconfortável 気まずい状況.

desconforto /deskõ'foxtu/ 男 ❶ 不便, 不自由 ▶ o desconforto da viagem 旅の不便.
❷ 落胆.
❸ 不快感, 違和感 ▶ desconforto gástrico 胃の不快感.

descongelamento /deskõʒela'mẽtu/ 男 ❶ 解凍. ❷ 凍結解除.

descongelar /deskõʒe'lax/ 他 ❶ 解凍する. ❷ …の凍結を解除する.
— 自 (氷が) 溶ける.
— **descongelar-se** 再 溶ける.

descongestionante /deskõʒestʃio'nẽtʃi/ 形 詰まりを解消する.
— 男 descongestionante nasal 鼻詰まり薬.

descongestionar /deskõʒestʃio'nax/ 他 (混雑や充血などを) 緩和する, 軽減する ▶ descongestionar o nariz 鼻詰まりを解消する / descongestionar o tráfego 交通渋滞を緩和する.
— **descongestionar-se** 再 緩和される.

desconhecer /deskoɲe'sex/ ⑲ 他 ❶ 知らない ▶ Era um homem que desconhecia o amor. 愛を知らなかった男だった.
❷ …と気が付かない.
— **desconhecer-se** 再 自分と分らない, 見える ▶ Ela se desconheceu quando viu sua imagem no espelho. 彼女は自分の姿を鏡で見た時見違えた.

*__desconhecido, da__ /deskoɲe'sidu, da/ デスコニェスィード, ダ/ 形 ❶ 未知の, 会ったことのない ▶ um país desconhecido 未知の国 / gente desconhecida 見知らぬ人たち.
❷ 身元不明の, 無名の, 不明の ▶ soldado desconhecido 無名戦士 / A causa ainda é desconhecida. 原因はまだ不明である.
— 名 無名の人 ▶ ilustre desconhecido どこの馬の骨とも分からない人.
— **desconhecido** 男 未知のもの ▶ Temos medo de enfrentar o desconhecido. 私たちは未知のものに直面することを恐れる.

desconhecimento /deskoɲesi'mẽtu/ 男 知らないこと, 無知, 不案内なこと.

desconsideração /deskõsidera'sẽw/ [複 desconsiderações] 女 ❶ 軽視, 無視. ❷ 無遠慮, 無礼.

desconsiderar /deskõside'rax/ 他 無視する, 考慮に入れない, 軽視する ▶ Aquele poeta desconsidera a literatura popular. あの詩人は大衆文学を軽視している / O juiz desconsiderou meu pedido. 裁判官は私の請求を考慮に入れなかった.

desconsolado, da /deskõso'ladu, da/ 形 悲嘆に暮れた, 失意の.

desconsolar /deskõso'lax/ 他 深く悲しませる.
— **desconsolar-se** 再 深く悲しむ.

desconsolo /deskõ'solu/ 男 心痛, 悲しみ, 悲嘆.

desconstrução /deskõstru'sẽw/ [複 desconstruções] 女《哲学》脱構築,

descontaminação /deskõtamina'sẽw/ [複] descontaminações] 囡 汚染除去, 除染 ▶ descontaminação do solo 土壌の除染.

descontar /deskõ'tax/ 他 ❶ 差し引く.
❷ 値引きする, 値下げする ▶ descontar 20% 20パーセント値引きする.
❸ 真に受けない, 割り引く ▶ Ouça o que ele diz, mas desconte os exageros. 彼の話は誇張を割り引いて聞きなさい.
❹〖商業〗(手形を) 割引する.
❺ (小切手を) 現金化する ▶ descontar o cheque 小切手を現金に換える.
❻ …の仕返しをする.

descontentamento /deskõtẽta'mẽtu/ 男 不平, 不満.

descontentar /deskõtẽ'tax/ 他 不快にさせる, 不満を抱かせる ▶ As medidas do governo descontentaram o povo. 政府の対策は国民に不満を抱かせた.
— **descontentar-se** 再 …に不愉快な思いをする [+ de/com] ▶ Os espectadores se descontentaram com a peça. 観客はその舞台を観て不愉快な思いをした.

descontente /deskõ'tẽtʃi/ 形《男女同形》不満な ▶ A moça estava com um ar descontente. その娘は不満そうな顔をしていた.
— 名 反抗者, 不満分子.

descontinuar /deskõtʃinu'ax/ 他 自 中断する, 中止する.

descontinuidade /deskõtʃinuj'dadʒi/ 囡 不連続, 断絶, 中断.

descontínuo, nua /deskõ'tʃinuu, nua/ 形 途切れた, 不連続の.

*****desconto** /des'kõtu/ デスコント 男 割引き, 値引き, 控除 ▶ dar [fazer] um desconto 値引きする / dar um desconto de 5% 5パーセントの値引きをする / desconto em folha 給料天引き.

descontração /deskõtra'sẽw/ [複] descontrações] 囡 ❶ 弛緩, 緩めること ▶ a descontração dos músculos 筋肉の弛緩. ❷ のんびりすること ▶ momento de descontração のんびりした時間.

descontraído, da /deskõtra'idu, da/ 形 くつろいだ, 弛緩した ▶ O músculo está descontraído. 筋肉がほぐれている / ambiente descontraído くつろいだ雰囲気.

descontrair /deskõtra'ix/ 58 弛緩させる, 緩める, くつろがせる ▶ A massagem ajuda a descontrair os músculos. マッサージは筋肉をほぐすのに役立つ / Ele contou uma piada para descontrair o ambiente. 彼は雰囲気を和らげるために小話をした.
— **descontrair-se** 再 弛緩する, くつろぐ.

descontrolado, da /deskõtro'ladu, da/ 形 制御を失った, ブレーキの利かない ▶ A inflação está descontrolada. インフレは制御が利かない.

descontrolar /deskõtro'lax/ 他 ❶ 自制心をなくさせる ▶ O medo descontrolou os passageiros. 恐怖が乗客に理性を失わせた.
❷ 制御不能にする ▶ A chuva descontrolou o carro. 雨で車を制御できなくなった.

— **descontrolar-se** 再 ❶ 自制心をなくす, 取り乱す ▶ Ele costuma descontrolar-se. 彼はしばしば自分を制御できなくなる. ❷ 制御不能になる.

descontrole /deskõ'troli/ 男 制御が利かないこと, 混乱.

desconversar /deskõvex'sax/ 自 B 話題を変える.

descorar /desko'rax/ 他 退色させる, 色あせさせる.
— 自 青ざめる, 色を失う.
— **descorar-se** 再 青ざめる, 色を失う.

descortês /deskox'tes/ [複 descorteses] 形《男女同形》無礼な, 礼儀を知らない.

descortesia /deskoxte'zia/ 囡 無礼, 礼儀知らず, 不作法.

descortinar /deskoxtʃi'nax/ 他 ❶ (カーテンを開けて) 見せる.
❷ 垣間見る.
❸ 発見する, 気づく ▶ Há mistérios que nunca poderemos descortinar. 決して暴くことができない謎があります.
— **descortinar-se** 再 見える, 明かされる.

descoser /desko'zex/ 他 ❶ …の縫い目をほどく.
❷ 暴露する ▶ Ela gosta de descoser a vida alheia. 彼女は他人の私生活を暴露することが好きだ.
— **descoser-se** 再 (縫い目が) ほどける.
não se descoser de alguém いつも…と一緒にいる.

descosturar /deskostu'rax/ 他 B …の縫い目をほどく.
— **descosturar-se** 再 (縫い目が) ほどける.

descrédito /des'krɛdʒitu/ 男 信用の失墜; 不評 ▶ cair em descrédito 威信を失う.

descrença /des'krẽsa/ 囡 ❶ 無信仰, 不信心. ❷ 不信, 懐疑.

descrente /des'krẽtʃi/ 形《男女同形》無信仰の; 疑い深い.
— 名 無信仰の人; 疑い深い人.

*****descrever** /deskre'vex/ デスクレヴェーフ/ 《過去分詞 descrito》他 ❶ 描写する, 記述する, 記す ▶ descrever a paisagem 風景を描写する / descrever o acidente 事故の模様を記述する / descrever seus sentimentos 自分の気持ちを説明する.
❷ (曲線や軌道を) 描く ▶ descrever um círculo 円を描く / descrever uma curva カーブを描く.

descrição /deskri'sẽw/ [複 descrições] 囡 描写, 記述. ▶ fazer uma descrição de... …を描写する / sem descrição 筆舌に尽くしがたい.

descriminação /deskrimina'sẽw/ [複 descriminações] 囡 無罪にすること.

descriminar /deskrimi'nax/ 他 …を無罪にする.

descritivo, va /deskri'tʃivu, va/ 形 記述的な, 描写的な ▶ gramática descritiva 記述文法 / um texto descritivo 描写文.

descrito, ta /des'kritu, ta/ 形 (descrever の過去分詞) 描写された.

descuidado, da /deskuj'dadu, da/ 形 ❶ 不注意な. ❷ 無頓着な, 気に掛けない ▶ descuidado com a aparência 身なりに無頓着な.

descuidar /deskuj'dax/ 他 構わない, なおざりにする

descuido 288

— 自 …を怠る, 忘れる [+ de].
— **descuidar-se** 再 注意を払わない, 油断する ▶O policial se descuidou e o ladrão acabou fugindo. 警官が油断している隙に泥棒は逃げてしまった.

descuido /des'kujdu/ 男 ❶ 不注意, 油断 ▶Um descuido pode ser fatal. 一瞬の不注意が致命的になることがある / por descuido 不注意で.
❷ 投げやり ▶cair em descuido なおざりにする, 手を抜く.
❸ 古 思いがけず生まれた子.

desculpa /des'kuwpa/ デスクゥパ/ 女 ❶ 赦し, 勘弁 ▶pedir desculpas 赦しを乞う / Peço desculpas ao senhor. あなたに赦しを乞いたい.
❷ 言い訳, 口実 ▶arranjar uma desculpa 口実を設ける / O estudante apresentou sua desculpa. その生徒は言い訳をした / Eu não tenho uma desculpa. 私に弁解の余地はない / Isso não tem desculpa. このことに弁解の余地はない / Não me venha com desculpas. 私に言い訳を言わないで.
desculpa de mau pagador 見え透いた言い訳.
Mil desculpas. 大変申し訳ございません.

desculpar /deskuw'pax/ デスクゥパーフ/ 他 赦す ▶desculpar as faltas alheias 他人の過失を赦す / Não te desculpo, João. ジョアン, あなたを赦さない.
— **desculpar-se** 再 ❶ 言い訳する, 弁解する ▶Ele desculpou-se pelo atraso. 彼は遅刻の言い訳をした.
❷ 謝罪する, わびる ▶desculpar-se com alguém …に謝罪する / Não sei como me desculpar. 何とおわびをしたらよいかわかりません.
Desculpe. すみません, 失礼ですが ▶Desculpe, onde fica o correio? すみません, 郵便局はどこですか / Desculpe-me, mas qual é o seu nome? 失礼ですがお名前は / Desculpe-me pelo atraso. 遅刻してすみません / Desculpe-me, mas poderiam chegar mais perto um do outro? 恐れ入りますが, 詰めていただけないでしょうか / Desculpe-me por tê-lo feito esperar. お待たせいたしました / Desculpe te interromper. お話し中すみません.
Desculpe o mau jeito. 口を挟んですみませんが, 出すぎたまねをしてすみませんが.
Desculpe a má palavra! お言葉ですが, 出すぎたことを言うようですが.

descurar /desku'rax/ 他 気にしない, 注意を払わない.
— 自 …を気にしない [+ de].

desde /'dezdʒi/ デズヂ/ 前 ❶ 《時間の起点》…から ▶Moro em São Paulo desde 2007. 私はサンパウロに2007年から住んでいる / Eles dão-se bem desde crianças. 彼らは子供の頃から仲良しである / Desde o começo, achei estranho. 私は初めからおかしいと思っていた / desde agora 今から, これから / Desde então, nunca mais o encontrei. 彼とはそれきり会っていない / Desde quando dói? いつから痛みますか / Ele é meu amigo desde antigamente. 彼は私の古くからの友人だ,
❷ 《空間の起点》…から ▶desde o Brasil até Portugal ブラジルからポルトガルまで.
❸ 《範囲》…から ▶desde a criação do mundo 天地創造以来.
desde... até [a]... …から…まで ▶desde o princípio até o fim 最初から最後まで.
desde já 今から, これから, すぐ.
desde logo これから, したがって.
desde que +直説法 …してから, して以来 ▶Estive muito ocupado desde que vim ao Brasil. 私はブラジルに来てからずっと忙しかった.
desde que +接続法 …という条件で, …という場合に.
desde que (eu) me entendo por gente 物心がついたときから.
desde sempre ずっと以前から.

desdém /dez'dẽj/ [複 desdéns] 男 軽蔑, さげすみ ▶com desdém 見下したように / olhar de desdém 軽蔑のまなざし.
ao desdém ぞんざいに.

desdenhar /dezde'ɲax/ 他 ❶ 軽蔑する, あなどる. ❷ からかう, 皮肉る.
— 自 …を見くびる [+ de] ▶Ele sempre desdenhava dos mais fracos. 彼はいつも自分より弱い人間を見くびっていた.

desdentado, da /dezdẽ'tadu, da/ 形 歯のない, 歯が抜けた.

desdizer /dezdʒi'zex/ ㉕《過去分詞 desdito》他 ❶ (言動を) 否定する. ❷ 取り消す, 撤回する.
— 自 …と矛盾する, 一致しない [+ de] ▶A última declaração desdiz da anterior. その発言は先ほどの発言と矛盾しています.
— **desdizer-se** 再 前言を翻す ▶O homem não deve se desdizer. 男に二言はない.

desdobramento /dezdobra'mẽtu/ 男 ❶ (たたんだ物を) 広げること, 伸ばすこと, 展開. ❷ 分離, 分裂; 分割.

desdobrar /dezdo'brax/ 他 ❶ 広げる, 展開させる ▶desdobrar o lençol 畳んだシーツを広げる. ❷ 倍増する. ❸ 分割する.
— **desdobrar-se** 再 ❶ 開く, 広がる.
❷ 最善の努力をする ▶Se quiser vencer, vai ter que se desdobrar. 勝ちたいのなら, あなたはできるだけの努力をしなければならない.

desejado, da /deze'ʒadu, da/ 形 念願の, 望み通りの ▶o emprego desejado あこがれの仕事.

desejar /deze'ʒax/ デゼジャーフ/ 他 ❶ 望む, 願望する ▶desejar a paz 平和を望む / O que deseja? 何がいいですか / O que deseja de mim? 私にどうしろと言うのか / O que mais eu poderia desejar? これ以上は望むべくもない.
❷ 《desejar + 不定詞》…したい ▶O que deseja fazer? 何がしたいですか.
❸ 《desejar + 接続法》…であることを望む ▶Desejo que o Brasil ganhe. 私はブラジルが勝つことを望む.
❹ 《desejar algo a alguém》…に…を祈る ▶Eu lhe desejo boa sorte. ご幸運をお祈りします / Desejo a todos um Feliz Natal. みんなにメリークリスマスを言います.

❺ (性的に) 求める ▶ Eu te desejo. 君が欲しい.
— [自] **欲望を持つ** ▶ Desejar não é pecado. 欲望を持つことは罪ではない.
deixar a desejar 意に満たない, 満足できない.
não deixar nada a desejar 申し分ない.
não ter nada a desejar 幸せである, 満たされている.

desejável /deze'ʒavew/ [[複] desejáveis] [形]《男女同形》❶ 望ましい, 好ましい, 好都合な ▶ É desejável que +[接続法] …であることが望ましい. ❷ 性的魅力のある ▶ uma mulher desejável 性的魅力のある女性.

☆**desejo** /de'zeʒu デゼージョ/ [男] ❶ **願い, 願望** ▶ fazer um desejo 願いをかける / satisfazer um desejo 望みを叶える / desejo de liberdade 自由への願望 / Tenho desejo de trabalhar com vocês. 私にはあなた方と働きたいと思っている.
❷ **欲望** ▶ desejo de poder 権力欲 / desejo sexual 性欲 / desejo ardente 渇望 / arder em desejos 渇望する.
Seus desejos são ordens para mim. 何なりとお申し付けください.

desejoso, sa /deze'ʒozu, 'ʒɔza/ [形]《desejoso de +[不定詞]》…したいと思う ▶ um homem desejoso de trabalhar 働く意欲のある男性.

desembalar /dezẽba'lax/ [他] 包みをほどく.

desembaraçado, da /dezẽbara'sadu, da/ [形] ❶ ほどけた ▶ A corda foi desembaraçada. ロープがほどけた. ❷ 機敏な ▶ Ele chegou em primeiro porque é desembaraçado. 彼はきびきび行動するので真っ先に到着した.

desembaraçar /dezẽbara'sax/ ⑬ [他] (もつれを) ほどく ▶ desembaraçar o cabelo 髪をすく.
— **desembaraçar-se** [再] ❶ 自信がつく, 物怖じしなくなる.
❷ …を片付ける, 捨てる, 厄介払いにする [+ de] ▶ Ela desembaraçou-se dos braços do namorado. 彼女は恋人の腕を払いのけた.

desembaraço /dezẽba'rasu/ [男] ❶ 迅速 ▶ agir com desembaraço 迅速に行動する.
❷ 厄介払い.
❸ 勇気.

desembarcar /dezẽbax'kax/ ㉙ [他] (船や飛行機から) 降ろす, 上陸させる, 陸揚げする ▶ A transportadora desembarca a carga no porto. 運送会社は港で荷物を陸揚げする.
— [自] 降りる, 上陸する ▶ Vamos desembarcar na próxima parada. 次の停留所で降りましょう.

desembargador /dezẽbaxga'dox/ [[複] desembargadores] [男]〖法律〗控訴院判事, 州高等裁判所判事.

desembarque /dezẽ'baxki/ [男] ❶ 下船, 上陸; (飛行機などから) 降りること ▶ Desembarque (空港の表示)「到着」/ setor de desembarque 到着ロビー. ❷ (荷物の) 陸揚げ, 荷揚げ.

desembocadura /dezẽboka'dura/ [女] 河口.

desembocar /dezẽbo'kax/ ㉙ [自] ❶ …に通じる, 出る [+ em] ▶ Esta rua desemboca na Avenida Paulista. この通りはパウリスタ大通りに出る. ❷ (川が) …に注ぐ [+ em] ▶ O rio desemboca no mar. 川は海に注ぐ.

desembolsar /dezẽbow'sax/ [他] 支払う, 支出する ▶ desembolsar muito dinheiro 大金を払う / desembolsar milhões 何百万も使う.

desembolso /dezẽ'bowsu/ [男] 支払い; 支出, 出費.

desembrulhar /dezẽbru'ʎax/ [他] ❶ …の包みを解く ▶ desembrulhar o presente プレゼントの包みを開ける / A criança desembrulhou o chocolate. その子はチョコレートを包みから取り出した.
❷ 明らかにする, 解決する.
— **desembrulhar-se** [再] ❶ 明らかになる ▶ Ao falar, desembrulham-se os problemas. 口に出して話すと問題が明らかになる.
❷ …から解放される [+ de] ▶ Ele desembrulhou-se daquele assunto. 彼はあの問題から解放された.

desembuchar /dezẽbu'ʃax/ [他] ❶ 告白する, ぶちまける ▶ Vamos! Desembuche de uma vez. ほら, 早く全部話しなさい. ❷ 吐き出させる.
— **desembuchar-se** [再] 心情を吐露する.

desempatar /dezẽpa'tax/ [他] ❶ (賛否同数時に) 裁決する ▶ O seu voto desempatou a eleição. あなたの一票が選挙の結果を大きく左右した.
❷ 決める ▶ para desempatar o jogo 試合の流れを決める.
— [自] 均衡状態を破る.
desempatar dinheiro 金を回す.

desempate /dezẽ'patʃi/ [男] (賛否同数時の) 裁決, 決選投票 ▶ jogo de desempate 優勝決定戦.

☆**desempenhar** /dezẽpe'ɲax デゼンペニャーフ/ [他] ❶ (義務などを) **果たす, 履行する**; 行う ▶ desempenhar uma missão 使命を果たす / desempenhar uma função 任務を行う.
❷ **演じる** ▶ desempenhar um papel importante 重要な役割を演じる.
— [自] 演じる ▶ Aquela atriz desempenhou muito bem. あの女優は大変上手に演じた.

desempenho /dezẽ'pẽɲu/ [男] ❶ (義務の) 遂行, 履行.
❷ (質草の) 請け出し.
❸〖演劇〗演技 ▶ O desempenho da atriz emocionou a plateia. 女優の演技は観客を感動の渦に沸かせた.
❹ (機械の) 性能 ▶ motor de alto desempenho 高性能エンジン.

desemperrar /dezẽpe'xax/ [他] ❶ なめらかにする ▶ desemperrar a gaveta 引き出しの出し入れをしやすくする.
❷ 従順にする, 素直にする ▶ Ao falar com carinho, a mãe desemperrou o menino birrento. 母親が優しい言葉をかけると, へそ曲がりな子供が素直になった.
— [自] ❶ 譲歩する. ❷ 素直になる. ❸ なめらかになる.

***desempregado, da** /dezẽpre'gadu, da デゼンプレガード, ダ/ [名] **失業者**, 失職者 ▶ O número de desempregados tem aumentado muito mundialmente nos últimos três anos. 失業者数がこの3年間世界的に増加している.

— [形] **失業中の**，失業した ▶ Estou desempregado. 私は失業している.

desempregar /dezẽpre'gax/ ⑪ [他] 解雇する，免職する.

*__desemprego__ /dezẽ'pregu デゼンプレーゴ/ [男] **失職，失業** ▶ estar no desemprego 失業中である / desemprego estrutural 構造的失業 / desemprego disfarçado 偽装失業 / subsídio de desemprego 失業手当て / taxa de desemprego 失業率 / crescimento do desemprego 失業の増加.

desencadear /dezẽkade'ax/ ⑩ [他] ❶ …の鎖を解く. ❷ 解き放す. ❸ 引き起こす，かき立てる ▶ desencadear uma guerra 戦争を引き起こす.

— **desencadear-se** [再] ❶ 解き放たれる，自由になる. ❷ 突発する，荒れ狂う.

desencaixar /dezẽkaj'ʃax/ [他] ❶ (はめ込んだ物を) 取りだす. ❷ 解雇する ▶ O chefe desencaixou vários funcionários de suas funções. 上司は大勢の従業員をポストから外した.

— **desencaixar-se** [再] ばらばらになる.

desencalhar /dezẽka'ʎax/ [他] (座礁した船を) 離礁させる.

— [自] ❶ 離礁する. ❷ [B] 婚期を過ぎて結婚する.

desencaminhar /dezẽkami'ɲax/ [他] ❶ 道に迷わせる. ❷ 道に外れた行為をさせる ▶ As drogas desencaminham os jovens. 麻薬は若者たちを正道から踏み外させる.

— **desencaminhar-se** [再] ❶ 道に迷う. ❷ 堕落する.

desencantamento /dezẽkẽta'mẽtu/ [男] ❶ 魔法が解けること. ❷ 幻滅，失望.

desencantar /dezẽkẽ'tax/ [他] ❶ 魔法を解く ▶ Com um beijo, o príncipe desencantou a bela adormecida. 王子はキスで眠れる美女の魔法を解いた.

❷ 幻滅させる. ❸ (失くした物を) 発見する ▶ desencantar um tesouro 宝を見つける.

— **desencantar-se** [再] ❶ 迷いから覚める. ❷ 幻滅する.

desencanto /dezẽ'kẽtu/ [男] ❶ 魔法が解けること. ❷ 幻滅，失望.

desencardir /dezẽkax'dʒix/ [他] ❶ …の垢を落とす. ❷ 洗う，洗濯する，シミを落とす ▶ Use alvejante para desencardir roupas brancas 白い服のシミを落とすために漂白剤を使いなさい.

desencargo /dezẽ'kaxgu/ [男] ❶ (義務や責任の) 解除，楽になること ▶ por desencargo de consciência 念のために.

❷〘法律〙(職務や義務の) 実行，履行.

desencarregar /dezẽkaxe'gax/ ⑪ [他] ❶ 良心の重荷を降ろす.

❷ …から免じる，解除する [+ de] ▶ O pai desencarregou o filho de sucedê-lo na empresa. 父親は息子に会社の後を継ぐ責任から解放した.

desencontrar-se /dezẽkõ'traxsi/ [再] ❶ …と行き違いになる [+ de/com] ▶ Ela se desencontrou dos amigos durante o desfile das escolas de samba. サンバチームのパレードのときに彼女は友人たちと行き違いになった.

❷ …と相反する，異なる [+ com].

desencontro /dezẽ'kõtru/ [男] 行き違い，すれ違い.

desencorajar /dezẽkora'ʒax/ [他] (計画や意志を) くじく，思いとどまらせる ▶ A crise econômica desencoraja novos investimentos. 経済危機は新たな投資の機運を失わせる / Meu chefe desencorajou-me a pedir-lhe um aumento. 私の上司は昇給を要求しようとする私の意気をくじいた.

— **desencorajar-se** [再] 思いとどまる.

desencostar /dezẽkos'tax/ [他] 支えを取り除く，引き離す ▶ Desencoste o ombro da parede. 壁から肩を離してください.

— **desencostar-se** [再] 支えから離れる，まっすぐになる.

desenferrujar /dezẽfexu'ʒax/ [他] …の錆びを落とす.

desenferrujar a língua 久しぶりにたくさん話す.

desenferrujar as pernas 久しぶりに体を動かす.

desenformar /dezẽfox'max/ [他] 型から外す ▶ desenformar o bolo ケーキを型から外す.

desenfreado, da /dezẽfre'adu, da/ [形] 抑えの効かない，奔放な ▶ desejo desenfreado 抑えられない欲望 / ambição desenfreada とどまることを知らない野望.

desenfrear /dezẽfre'ax/ ⑩ [他] ❶ (馬の) くつわを外す. ❷ 解放する，自由にする.

— **desenfrear-se** [再] ❶ (馬が) 暴れる. ❷ 暴走する，かっと怒り出す ▶ O marido traído se desenfreou e matou a esposa. 浮気された夫はかっとなって妻を殺害した.

desenganado, da /dezẽga'nadu, da/ [形] ❶ 迷いから目が覚めた，幻滅した. ❷ (患者が) さじを投げられた ▶ Aquele paciente foi desenganado pelos médicos. あの患者は医師たちからさじを投げられた.

desenganar /dezẽga'nax/ [他] ❶ …を迷いから覚めさせる，覚醒させる. ❷ (医者が患者に対して) さじを投げる.

desengano /dezẽ'gẽnu/ [男] ❶ 幻滅，失望. ❷ 迷いから覚めること，覚醒.

desengonçado, da /dezẽgõ'sadu, da/ [形] 不格好な，ぶざまな.

*__desenhar__ /deze'ɲax デゼニャーフ/ [他] ❶ **デッサンする，素描する**；(図形を) 描く ▶ desenhar uma flor 花を描く / desenhar uma curva 曲線を描く.

❷ 立案する，計画する；デザインする ▶ desenhar uma estratégia 戦略を立案する / desenhar roupas 服をデザインする.

❸ 強調する，際立たせる ▶ A roupa apertada desenha as formas do corpo. ぴったりした服は体の線を強調する.

— [自] デッサンする，デザイナーをする.

— **desenhar-se** [再] 姿を現す，浮かび出る，はっきりしてくる ▶ Há duas décadas que se desenha a recessão econômica. 20年にわたって，景気後退が少しずつはっきりしてきている.

desenhista /deze'ɲista/ [名] デザイナー ▶ desenhista de moda ファッションデザイナー.

⁑__desenho__ /de'zẽɲu デゼーニョ/ [男] ❶ **素描，デッサン**；絵画，図画 ▶ fazer um desenho 絵を描く / desenho à mão livre 手書きの絵 / desenho animado アニメ. ❷ デザイン ▶desenho gráfico グラフィックデザイン / desenho de moda ファッションデザイン / desenho industrial 工業デザイン. ❸ 模様, 図案.

desenlace /deze'lasi/ 男 ❶ 結びを解くこと. ❷ 大団円, 結末 ▶o triste desenlace de uma história de amor ある恋の物語の悲しい結末. ❸ 解決.

desenrolar /dezeʁo'lax/ 他 ❶ (巻いたものを)広げる, ほどく ▶O professor desenrolou o enorme mapa-múndi. 先生は巨大な世界地図を広げた / desenrolar o fio 糸をほどく. ❷ 展開する, 説明する, 詳述する ▶Desenrolamos uma conversa séria sobre o castigo físico nas escolas. 学校での体罰について私たちは真剣に話し合った.
— **desenrolar-se** 再 繰り広げられる, 展開する.

desentender /dezẽtẽ'dex/ 他 ❶ 理解できない, わからない. ❷ わからない振りをする.
— **desentender-se** 再 仲違いする.

desentendido, da /dezẽtẽ'dʒidu, da/ 形 理解しない ▶fazer-se de desentendido わからないふりをする, 知らんぷりをする.

desentendimento /dezẽtẽdʒi'mẽtu/ 男 ❶ 無理解. ❷ 不和, けんか.

desenterrar /dezẽte'xax/ 他 ❶ 発掘する, 地中から掘り出す. ❷ 発見する, 探り出す ▶O jornalista desenterrou um escândalo do passado para derrubar o político. 記者は政治家を辞任させるため過去のスキャンダルを探り出した. ❸ 記憶によみがえらせる.

desentranhar /dezẽtra'ɲax/ 他 ❶ 胎内から取り出す. ❷ …のはらわたを取り出す. ❸ 掘り出す ▶desentranhar minérios da terra 地中から鉱石を取り出す.
— **desentranhar-se** 再 ❶ 意中を打ち明ける. ❷ 自己を犠牲にする ▶Os heróis se desentranham pelos fracos e oprimidos. 勇者たちは弱者のために自己を犠牲にする.

desentupir /dezẽtu'pix/ 他 …の詰まりを取る ▶desentupir um vaso sanitário 便器の詰まりを取る.

desenvolto, ta /dezẽ'vowtu, ta/ 形 ❶ 機敏な, 素早い. ❷ 気ままな. ❸ 恥知らずな, 不正直な.

desenvoltura /dezẽvow'tura/ 女 ❶ 敏活. ❷ 気まま. ❸ 恥知らず.

***desenvolver** /dezẽvow'vex/ デゼンヴォウヴェーフ/ 他 ❶ 発達させる, 発展させる ▶desenvolver a musculatura 筋肉を発達させる / desenvolver a economia 経済を発展させる / desenvolver a inteligência 知能を伸ばす. ❷ 成長させる ▶desenvolver o corpo 体を成長させる. ❸ (思考やテーマを)展開する, 詳説する ▶desenvolver uma ideia 思考を展開する.
— **desenvolver-se** 再 ❶ 発展する ▶Todo o projeto se desenvolve de uma pequena ideia. すべてのプロジェクトは小さなアイデアから発展する. ❷ 成長する ▶O bebê está se desenvolvendo rapidamente. 赤ちゃんは急速に成長している.

desenvolvido, da /dezẽvow'vidu, da/ 形 ❶ 成長した, 成熟した. ❷ 発達した, 発展した ▶países desenvolvidos 先進諸国.

***desenvolvimento** /dezẽvowvi'mẽtu/ デゼンヴォウヴィメント/ 男 ❶ 成長, 発育 ▶desenvolvimento de uma planta 植物の成長 / desenvolvimento de um feto 胎児の発育. ❷ 発達, 発展 ▶desenvolvimento da ciência 科学の発達 / desenvolvimento da informática 情報技術の発達 / país em desenvolvimento 発展途上国. ❸ (地域や製品の)開発 ▶desenvolvimento sustentável 持続可能な開発 / desenvolvimento de produtos 製品開発. ❹ (論説などの)展開, 敷衍(ふえん) ▶desenvolvimento de uma ideia inovadora 革新的アイディアの展開. ❺ (状況の)展開.

desequilibrado, da /dezekili'bradu, da/ 形 不均衡な, 釣り合いの悪い, バランスの悪い ▶dieta desequilibrada バランスの取れていない食事.
— 名 心のバランスを崩した人.

desequilibrar /dezekili'brax/ 他 ❶ …の釣り合いを失わせる, …の均衡を崩す. ❷ 心のバランスを乱す.
— **desequilibrar-se** 再 ❶ バランスを失う, 均衡が崩れる. ❷ 心のバランスを崩す.

desequilíbrio /dezeki'libriu/ 男 ❶ 不均衡, アンバランス ▶desequilíbrio entre a oferta e a procura 需要と供給のアンバランス / estar em desequilíbrio 不均衡な状態にある. ❷ 心のバランスが乱れていること.

deserção /dezex'sẽw/ [複 deserções] 女 ❶ (軍隊からの)脱走, 逃亡. ❷ 辞めること, 脱退, 脱会.

desertar /dezex'tax/ 他 (場所や地位を)放棄する.
— 自 …から脱走する, 逃亡する [+ de] ▶desertar do exército 軍隊から脱走する.

desértico, ca /de'zɛxtʃiku, ka/ 形 ❶ 砂漠の, 砂漠のような. ❷ 人気のない, 寂れた.

desertificação /dezextʃifika'sẽw/ [複 desertificações] 女 砂漠化.

desertificar /dezextʃifi'kax/ 他 …を砂漠化する.

***deserto, ta** /de'zɛxtu, ta/ デゼフト, タ/ 形 ❶ 無人の ▶ilha deserta 無人島. ❷ 寂しい, 人けのない ▶ruas desertas 寂しい通り / praia deserta 人けのない海浜. ❸ 空の, 空っぽの ▶a casa deserta 空っぽの家.
— **deserto** 男 ❶ 砂漠 ▶o Deserto do Saara サハラ砂漠. ❷ 人けのない場所, 地域.
pregar no deserto 空しく説法する.

desertor, tora /dezex'tox, tora/ [複 desertores, toras] 名 ❶ 脱走兵, 逃亡兵. ❷ 脱退者, 離脱者, 転向者.

desesperadamente /dezespe,rada'mẽtʃi/ 副

desesperado, da

必死に, 絶望的に, どうしても.

*__desesperado, da__ /dezespe'radu, da デゼスペラード, ダ/ 形 ❶ 絶望的な ▶ Estou desesperado. 私は絶望している / estado desesperado 絶望的な状態.
❷ 必死の ▶ esforço desesperado 必死の努力 / guerra desesperada 死にもの狂いの戦争.
❸ 激怒した ▶ ficar desesperado 激怒する.
— 名 絶望した者.
__como um desesperado__ 狂ったように.

__desesperador, dora__ /dezespera'dox, 'dora/ [複 desesperadores, doras] 形 絶望させる, 絶望的な ▶ situação desesperadora 絶望的な状況.

__desesperança__ /dezespe'rɐ̃sa/ 女 絶望, 希望がないこと.

__desesperar__ /dezespe'rax/ 他 ❶ 絶望させる. ❷ 怒らせる.
— 自 …に絶望する [+ de].
— __desesperar-se__ 再 ❶ 絶望する. ❷ 怒る ▶ Os torcedores se desesperaram com a confusão no estádio. 観衆はスタジアムの混乱に激怒した.

*__desespero__ /dezes'peru デゼスペーロ/ 男 絶望, 悲嘆, 絶望感 ▶ entrar em desespero 絶望する / com desespero やけになって / para meu desespero 絶望的なことに.
__em desespero de causa__ 窮余の一策として.

__desestabilização__ /dezestabiliza'sẽw/ [複 desestabilizações] 女 不安定化.

__desestabilizar__ /dezestabili'zax/ 他 不安定にする.
— __desestabilizar-se__ 再 不安定になる.

__desestimular__ /dezestʃimu'lax/ 他 意欲をなくさせる, 減退させる ▶ desestimular o consumo 消費を減退させる.
— __desestimular-se__ 再 意欲をなくす.

__desfaçatez__ /desfasa'tes/ [複 desfaçatezes] 女 厚顔無恥, 恥知らず.

__desfalcar__ /desfaw'kax/ 他 ❶ 差し引く.
❷ 横領する, 使い込む ▶ desfalcar os cofres da empresa 会社の金を横領する.
❸ 減らす, 減退させる ▶ O craque se machucou e desfalcou o time. エースがけがをしてチームの力を減退させた.

__desfalecer__ /desfale'sex/ 他 ❶ 衰えさせる, 弱らせる. ❷ 落胆させる.
— 自 ❶ 気を失う, 失神する ▶ Ela desfaleceu ao ver o acidente. 彼女は事故を目のあたりにして失神した. ❷ 衰弱する, 弱まる.
— __desfalecer-se__ 再 ❶ 気力を失う. ❷ 減少する.

__desfalque__ /des'fawki/ 男 ❶ 横領, 着服. ❷ 着服した金額. ❸ 減少.

__desfavor__ /desfa'vox/ [複 desfavores] 男 ❶ 不利. ❷ 敵意.
__a desfavor__ 反対して.
__em desfavor de...__ …に反対して.

__desfavorável__ /desfavo'ravew/ [複 desfavoráveis] 形 (男女同形) 不利な, 不都合な; 非好意的な ▶ decisão desfavorável 不利な決定 / um ambiente desfavorável à sobrevivência dos microrganismos 微生物の生存に不都合な環境.

__desfavoravelmente__ /desfavo,ravew'mẽtʃi/ 副 不利に ▶ julgar desfavoravelmente 不利な判決を下す.

__desfavorecer__ /desfavore'sex/ 他 ❶ 不都合にする, 不利にする ▶ A nova lei desfavorece os trabalhadores estrangeiros. 新しい法律は外国人労働者を不利にする. ❷ 軽視する.

*__desfazer__ /desfa'zex デスファゼーフ/ 他 《過去分詞 desfeito》 ❶ 解く, ほどく, 解体する ▶ desfazer um nó 結び目を解く / desfazer um laço 結びひもをほどく / desfazer uma costura 縫い目を解く / desfazer o pacote 小包を開ける / desfazer uma mala スーツケースの中身を出す.
❷ (整えたものを) 乱す, 崩す ▶ desfazer a cama ベッドのシーツをはぐ; 寝具を乱す
❸ (契約などを) 解消する ▶ desfazer um contrato 契約を解消する.
❹ 晴らす, 消散させる ▶ desfazer um mal-entendido 誤解を解く / desfazer uma dúvida 疑問を解決する
— 自 …を軽視する, 低く評価する [+ de] ▶ desfazer do trabalho dos outros 他人の仕事を軽視する.
— __desfazer-se__ 再 ❶ ほどける, 解ける ▶ O laço desfez-se. 結び目が解けた.
❷ ばらばらになる, 解体する; 消える ▶ O sonho desfez-se. 夢は消えた
❸ …を処分する, 手放す [+ de] ▶ desfazer-se de bens 財産を処分する.
❹ 激しく…する [+ em] ▶ desfazer-se em elogios 褒めちぎる / desfazer-se em lágrimas 泣き崩れる.

__desfechar__ /desfe'ʃax/ 他 ❶ 開ける.
❷ (銃を) 発射する ▶ O policial desfechou três tiros no ar. 警官は空に向かって3発銃を打った.
❸ 打撃を加える ▶ Ele desfechou um golpe de caratê. 彼は空手の一撃を食らわせた.
— 自 激しく…する [+ em] ▶ A criança desfechou em pranto. 子供は泣き崩れた.
— __desfechar-se__ 再 (銃が) 発射される.

__desfecho__ /des'feʃu/ 男 ❶ (物語や映画の) 終末, 結末. ❷ 結果 ▶ o desfecho da eleição 選挙の結果.

__desfeita__[1] /des'fejta/ 女 侮辱 ▶ fazer uma desfeita a alguém …を侮辱する.

__desfeito, ta__[2] /des'fejtu, ta/ 形 ❶ 変形した.
❷ 壊れた, 崩壊した ▶ Cresce o número de famílias desfeitas pelo divórcio. 離婚によって崩壊した家族が増加中である / um casamento desfeito 破綻した結婚.
❸ 無効になった.
❹ 消えた, ついえた ▶ um sonho desfeito 消えた夢.

__desferir__ /desfe'rix/ 他 ❶ (帆を) 張る.
❷ (打撃を) くらわす ▶ O lutador desferiu um golpe certeiro no adversário. レスラーは相手に決定的な打撃をくらわした.
❸ 【音楽】(弦を) 鳴り響かせる ▶ Desferiu o violino com maestria. バイオリンを見事に演奏した.

— [自] ❶ 出港する. ❷ 音を発する.
desfiar /desfi'ax/ [他] ❶ (布地の) 糸をほぐす.
❷ 詳述する ▶O vovô começou a desfiar suas lembranças do pós-guerra. 祖父は戦後の思い出を詳しく話し始めた.
❸ …の糸を抜く.
— **desfiar-se** [再] ほぐれる, ほどける ▶A meia se desfiou. 靴下が伝線した.
desfiguração /desfigura'sẽw̃/ [複 desfigurações] [女] ゆがめること, 歪曲.
desfigurar /desfigu'rax/ [他] ❶ …の形を変える, 醜くする.
❷ 歪曲する, ねじ曲げる ▶desfigurar a verdade 真実を歪曲する.
— **desfigurar-se** [再] 表情を変える.
desfiladeiro /desfila'dejru/ [男] 山間の狭い道.
desfilar /desfi'lax/ [自] ❶ 列になって進む, 行進する, パレードする ▶desfilar na avenida 通りをパレードする.
❷ モデルを務める ▶As modelos desfilam na passarela. モデルたちがランウェイに次々と現れる / desfilar para uma marca de roupas 洋服ブランドのモデルを務める.
— [他] 見せびらかす ▶Ele gosta de desfilar a linda namorada. 彼は美人の恋人を見せびらかすことが好きだ.
desfile /des'fili/ [男] ❶ 行進, パレード ▶desfile das escolas de samba サンバチームの行進 / desfile militar 軍事パレード / abrir o desfile パレードの先頭を行く.
❷ ファッションショー (= desfile de moda).
desflorar /desflo'rax/ [他] ❶ (花を) 摘む. ❷ …の処女を散らす.
desflorestamento /desfloresta'mẽtu/ [男] 森林伐採, 森林破壊.
desfocado, da /desfo'kadu, da/ [形] 焦点のずれた, 焦点の合っていない.
desfocar /desfo'kax/ [29] [他] ❶ …の焦点を外す. ❷ ぼかす.
desfolhar /desfo'ʎax/ [他] …の葉を取る, 花びらをむしる.
— **desfolhar-se** [再] (葉 [花びら] が) 落ちる.
desforra /des'fɔxa/ [女] 仕返し, 報復, 復讐 ; 〖スポーツ〗雪辱戦 ▶tirar (a) desforra 仕返しをする, 復讐する / O time foi à desforra e venceu na partida final. そのチームは決勝戦で首尾よく雪辱を果たした.
desforrar /desfo'xax/ [他] ❶ …の裏地を取る.
❷ 仕返しする, 報復する.
❸ (損害を) 取り返す ▶A empresa não conseguiu desforrar os prejuízos. 会社は損害を取り返すことができなかった.
— **desforrar-se** [再] ❶ …に仕返しする, 復讐する [+ de] ▶Ele se desforrou dos meninos que o maltrataram. 彼は自分をいじめた少年たちに復讐した. ❷ 損害を取り返す.
desfraldar /desfraw'dax/ [他] …を風になびかす ▶desfraldar uma bandeira 旗をなびかす.
— **desfraldar-se** [再] なびく, はためく.
desfrutar /desfru'tax/ [他] ❶ 享受する ▶desfrutar a liberdade 自由を享受する.
❷ からかう.
— [自] …を享受する, 楽しむ [+ de] ▶Aquele cantor desfruta de grande popularidade. あの歌手は絶大な人気を誇っている.
desfrute /des'frutʃi/ [男] ❶ 享受. ❷ からかい.
dar-se ao desfrute からかわれる.
desgarrar /dezga'xax/ [他] ❶ (船の) 針路をそらせる. ❷ 堕落させる.
— **desgarrar-se** [再] …からそれる, はぐれる [+ de] ▶A ovelha se desgarrou do rebanho. 羊は群れからはぐれた.
desgastante /dezgas'tẽtʃi/ [形] 《男女同形》 ❶ 疲れさせる, ひどく辛い ▶um trabalho desgastante 疲れる仕事 / O calor é desgastante. 暑さは体力を奪う.
❷ 退屈な ▶O seu discurso foi desgastante. 彼のスピーチは退屈だった.
desgastar /dezgas'tax/ [他] ❶ すり減らす, 摩耗(まう)させる ▶A rotina sem graça está desgastando o nosso casamento. つまらない日常が私たちの結婚生活をむしばんでいる. ❷ [話] 消化する.
— **desgastar-se** [再] すり減る, 摩耗する.
desgaste /dez'gastʃi/ [男] ❶ 浸食, 風化, 腐食.
❷ 摩滅, すり切れ ▶desgaste dos pneus タイヤの摩滅 / desgaste natural 通常消耗.
desgostar /dezgos'tax/ [他] …に不快感を与える, …をうんざりさせる.
— [自] …を好まない [+ de] ▶Não desgosto de peixe, mas prefiro carne. 魚は嫌いではないが肉の方が好きだ
— **desgostar-se** [再] …にうんざりする, むっとする [+ de/com] ▶Ele se desgostou da vida de professor. 彼は教師生活にうんざりした / Ela se desgostou com a brincadeira dos amigos. 彼女は友人たちの冗談にむっとした.
***desgosto** /dez'gostu デズゴスト/ [男] ❶ **悲しみ, 苦悩** ▶desgosto de amor 愛の苦悩 / dar desgosto a alguém …を悲しませる, 苦しませる.
❷ **不快, 不愉快** ▶Ele é o desgosto da família. 彼は家族の厄介ものだ / Sente desgosto por tudo. 何もかも不愉快に思う / Ela se casou a desgosto do pai. 父は嫌がっていたが彼女は結婚をした.
desgostoso, sa /dezgos'tozu, 'tɔza/ [形] ❶ …にうんざりした [+ de] ▶Nós estamos desgostosos da vida. 私たちは人生にうんざりしている.
❷ 悲しい, 痛ましい.
❸ (味が) まずい.
desgovernar /dezgovex'nax/ [他] …の操縦を誤る, …の経営を誤る.
— [自] (船が) 操縦不能となる.
— **desgovernar-se** [再] 操縦不能になる ▶O helicóptero se desgovernou e caiu. ヘリは操縦不能となり墜落した.
desgoverno /dezgo'vexnu/ [男] ❶ 悪政.
❷ 浪費, 不節制.
❸ [B] 無秩序 ▶O desgoverno impera nas favelas. 無政府状態がスラム街を支配している
***desgraça** /dez'grasa デズグラーサ/ [女] ❶ **不興, 失寵** ▶cair em desgraça 不興を買う.

❷ **不運, 不幸** ▸ rir da desgraça dos outros 他人の不幸を笑う.
❸ 災害, 惨事.
❹ 貧困, 困窮 ▸ deixar os filhos na desgraça 子供を困窮に放置する.
❺ 救いようのない人, 困った人 ▸ Ela é uma desgraça na aula de inglês. 彼女は英語の授業でどうしようもない学生である.
Desgraça pouca é bobagem! こんなのへっちゃらだ, たいしたことはない.

D

desgraçadamente /dezgraˌsada'mẽtʃi/ [副] 不運にも, 運悪く.

desgraçado, da /dezgra'sadu, da/ [形] ❶ 不運な, 不幸な ▸ uma vida desgraçada 不幸な人生.
❷ 貧しい, 惨めな.
— [名] ❶ 不運[不幸]な人. ❷ 卑劣な人.

desgraçar /dezgra'sax/ ⑬ [他] ❶ …を不幸にする ▸ O acidente desgraçou a vida dele. その事故が彼の人生を不幸にした.
❷ [卑] …の処女を奪う.
— **desgraçar-se** [再] 不幸になる ▸ Ele se desgraçou por causa de mulheres, bebida e jogatina. 賭け事, 酒, 女のせいで彼は不幸になった.
para desgraçar 過剰に, 非常に.

desgraceira /dezgra'sejra/ [女] [B] 不運続き, 災難続き.

desgrudar /dezgru'dax/ [他] ❶ はがす. ❷ 引き離す ▸ não desgrudar os olhos da TV テレビにくぎ付けになる.
— [自] …から離れる [+ de] ▸ Não quero desgrudar de você. 君から離れたくない / não desgrudar de... …といつも一緒にいる.
— **desgrudar-se** [再] …から離れる [+ de] ▸ não desgrudar-se de... …といつも一緒にいる.

desiderato /dezide'ratu/ [男] 欲しいもの, 願い.

desidratação /dezidrata'sɐ̃w̃/ [[複] desidratações] [女] 脱水;〖医学〗脱水症 ▸ desidratação infantil 乳幼児の脱水症..

desidratar /dezidra'tax/ [他] 脱水する, 乾燥させる ▸ desidratar alimentos 食品を乾燥させる.
— **desidratar-se** [再] 脱水状態になる, 乾燥する.

design /di'zajn/ [男] デザイン ▸ design gráfico グラフィックデザイン / design de interiores インテリアデザイン / design de moda ファッションデザイン.

designação /dezigina'sɐ̃w̃/ [[複] designações] [女] ❶ 指名, 任命. ❷ 指示, 表示. ❸ 名称, 呼称.

designadamente /dezigiˌnada'mẽtʃi/ [副] 特に, とりわけ.

***designar** /dezigi'nax デズィギナーフ/ [他] ❶ **指名する, 任命する** ▸ O treinador designou o Ronaldo para capitão da equipe. 監督はロナウドを主将に任命した.
❷ **指定する** ▸ Vamos designar o local de encontro. 会う場所を決めよう.
❸ 象徴である ▸ O nó pode designar a amizade. 結び目は友情を象徴できる.
— **designar-se** [再] 命名される, 呼ばれる ▸ Esta praça passou a designar-se D. Pedro I. この広場はペドロ一世広場と呼ばれるようになった.

desígnio /de'ziginiu/ [男] 意図, 目的;計画 ▸ o desígnio de Deus 神の意図.

desigual /dezi'gwaw/ [[複] desiguais] [形]《男女同形》❶ 等しくない, 不平等な ▸ tratamento desigual 不平等な扱い / casamento desigual 不釣り合いな結婚 / combate desigual 一方的な戦い.
❷ 不規則な, むらのある, 平らでない.
❸ 変わりやすい, 移り気な.
❹ 不公平な, 格差の大きい ▸ O Brasil é um país desigual. ブラジルは格差の大きい国だ / sociedade desigual 不平等社会.

desigualdade /dezigwaw'dadʒi/ [女] ❶ 不平等, 不均衡, 格差 ▸ desigualdade social 社会的不平等. ❷ 起伏. ❸ (天気や気分の) 変わりやすさ, むら気. ❹〖数学〗不等 (式).

desigualmente /deziˌgwaw'mẽtʃi/ [副] 不平等に, 不揃いに, まちまちに ▸ tratar desigualmente 不平等に扱う.

desiludido, da /dezilu'dʒidu, da/ [形] 幻滅した ▸ Não estou desiludido com a democracia. 私は民主主義に幻滅していない.

desiludir /dezilu'dʒix/ [他] (迷いや夢から) 覚めさせる, 幻滅させる, 失望させる ▸ A realidade os desiludiu. 現実が彼らを幻滅させた.
— **desiludir-se** [再] 迷いから覚める, 幻滅する, 失望する.

desilusão /dezilu'zɐ̃w̃/ [[複] desilusões] [女] 幻滅, 失望 ▸ sofrer uma desilusão 幻滅する / desilusão amorosa 失恋

desimpedido, da /dezĩpe'dʒidu, da/ [形] 障害のない, 自由な.

desimpedir /dezĩpe'dʒix/ ㊶ [他] ❶ …の障害を解消する ▸ Não foi possível desimpedir o tráfego. 交通渋滞を解消することは不可能だった. ❷ 容易にする.

desinchar /dezĩ'ʃax/ [他] …の腫れを引かせる ▸ Ela aplicou uma compressa fria para desinchar os olhos. 目の腫れを引かせるために彼女は冷湿布を貼った.
— [自] (腫れが) 引く.
— **desinchar-se** [再] ❶ (腫れが) 引く.
❷ 慢心を失う ▸ Depois da gafe, ela se desinchou. 皆の前で恥をかいて彼女は甘んじて屈辱を受けた.

desincumbir-se /dezĩkũ'bixsi/ [再] ❶ …から免れる, 解放される [+ de] ▸ Quis me desincumbir da minha obrigação. 私は自分の任務から解放されたかった. ❷ …を果たす [+ de].

desinfeção /dəzĩfɛ'sɐ̃w̃/ [女] [P] = desinfecção

desinfecção /dezĩfek'sɐ̃w̃/ [[複] desinfecções] [女] [B] 消毒, 殺菌.

desinfetante /dezĩfe'tẽtʃi/ [形]《男女同形》消毒の, 殺菌の.
— [男] 消毒剤, 殺菌剤.

desinfetar /dezĩfe'tax/ [他] 消毒する, 殺菌する.
— [自] 立ち去る ▸ Desinfeta! あっちに行け / Desinfete daí! そこをどけ, うせろ.

desinflamar /dezĩfla'max/ [他] …の炎症を鎮める.
— **desinflamar-se** [再] (炎症が) 鎮まる.

desinformação /dezĩfoxma'sẽw/ [圈desinformações] 囡 偽情報.

desinibido, da /dezini'bidu, da/ 形 開放的な, 開けっぴろげな.

desinibir /dezini'bix/ 他 束縛を解く, 解放する▶O saquê desinibiu os convidados. 日本酒は招待客をリラックスさせた.

— **desinibir-se** 再 ごく自然にふるまう▶Os atores se desinibiam aos poucos. 俳優たちは少しずつ自然にふるまうようになっていった.

desintegração /dezĩtegra'sẽw/ [圈desintegrações] 囡 分解, 分裂, 崩壊▶desintegração da União Soviética ソ連の崩壊.

desintegrar /dezĩte'grax/ 他 ❶ 分解させる, 崩壊させる. ❷ …から取り外す [+ de].

— **desintegrar-se** 再 分解する, 崩壊する.

desinteressado, da /dezĩtere'sadu, da/ 形 ❶ 無関心な, 関心のない. ❷ 私心のない, 無欲な; 公平な▶ajuda desinteressada 私心のない支援.

desinteressante /dezĩtere'sẽtʃi/ 形《男女同形》面白くない, つまらない.

desinteressar /dezĩtere'sax/ 他 …に関心をなくさせる.

— **desinteressar-se** 再 …への関心をなくす [+ de].

desinteresse /dezĩte'resi/ 男 ❶ 無関心▶desinteresse pela política 政治に対する無関心. ❷ 無私, 私心のないこと.

desintoxicação /dezĩtoksika'sẽw/ [圈desintoxicações] 囡 解毒, 毒消し; 中毒の治療.

desintoxicar /dezĩtoksi'kax/ 他 ❶ 解毒する. ❷ …の中毒を治療する.

desinvestimento /dezĩvestʃi'mẽtu/ 男 投資の引き揚げ.

desistência /dezis'tẽsia/ 囡 断念, 放棄.

*****desistir** /dezis'tʃix/ デジスチーフ/ 自 ❶ 諦める, 断念する▶Não desista. 諦めるな.
❷ …を諦める, 断念する, 放棄する [+ de] ▶desistir da luta 戦いを諦める / Não vou desistir de você. 僕は君のことを諦めない.
❸《desistir + 不定詞》…することを諦める, 断念する▶desistir de fumar 禁煙する / Não desistimos de lutar. 我々は戦いをあきらめない.
❹ (競技を) 棄権する [+ de] ▶A equipe japonesa desistiu da corrida. 日本チームは競走を棄権した.

desjejum /dezʒe'ʒũ/ [圈desjejuns] 男 朝食▶tomar o desjejum 朝食を取る.

deslanchar /dezlẽ'ʃax/ 自 ❶ 人気が出る, ブレークする. ❷ (事業が) 軌道に乗る.

deslavado, da /dezla'vadu, da/ 形 ❶ 色あせた. ❷ 厚かましい, 厚顔無恥な▶mentira deslavada 真っ赤なうそ. ❸ 味気ない.

desleal /dezle'aw/ [圈desleais] 形《男女同形》❶ 不実な, 不誠実な. ❷ 不公正な▶concorrência desleal 不公正競争.

deslealdade /dezleaw'dadʒi/ 囡 不誠実, 不実, 裏切り.

desleixado, da /dezlej'ʃadu, da/ 形 ❶ だらしない, 無頓着な▶aparência desleixada だらしない身なり. ❷ いい加減な, 適当な.

desleixar /dezlej'ʃax/ 他 …をおろそかにする, 構わない▶desleixar a aparência 身だしなみに構わない.

— **desleixar-se** 再 …をおろそかにする, …を怠る [+ em] ▶Ele está se desleixando nos estudos. 彼は勉強を怠っている.

desleixo /dezlej'ʃu/ 男 無頓着. 構わないこと▶desleixo no vestir 身なりに構わないこと.

*****desligado, da** /dezli'gadu, da/ 形 ❶ (スイッチが) 切れた▶deixar o celular desligado 携帯電話を切っておく / A luz foi desligada. 電気が消された.
❷ (頭が) ぼんやりした▶Ando meio desligado. 私は頭が少しぼんやりしている / estar desligado 上の空である, 周りの出来事に気がない.

‡desligar /dezli'gax/ 他 ❶ (つながっているものを) 解く, 離す (↔ ligar).
❷ (…のスイッチを) 切る, 消す▶desligar a televisão テレビのスイッチを消す.
❸ (電話を) 切る▶desligar o telefone 電話を切る / Não desligue, por favor. 電話を切らずにお待ちください.
❹ …のプラグを抜く.
❺ 解雇する.

— **desligar-se** 再 ❶ (スイッチが) 切れる.
❷ …と別れる, 訣別する, …から離れる [+ de] ▶Ela se desligou dos amigos de infância. 彼女は幼なじみたちとの関係を切った.
❸ (会社を) 辞める▶desligar-se da empresa 会社を辞める.

deslindar /dezlĩ'dax/ 他 ❶ …の境界を定める▶deslindar um terreno 土地の境界を定める.
❷ (問題を) 解く, 明らかにする▶O detetive deslindou o mistério rapidamente. 探偵はあっという間に謎を解明した.
❸ …から区別する [+ de] ▶deslindar o sonho da realidade 夢と現実を区別する.

deslizamento /dezliza'mẽtu/ 男 地滑り▶deslizamento de terra 地滑り.

deslizante /dezli'zẽtʃi/ 形《男女同形》滑る, スライド式の▶arquivo deslizante スライド式キャビネット.

deslizar /dezli'zax/ 自 ❶ 滑る, 滑るように流れる▶As águas do riacho deslizavam placidamente. 小川の水はゆっくりと流れていた / deslizar no gelo 氷の上を滑る / deslizar numa onda 波に乗る.
❷ 間違いを犯す▶Ele deslizou muitas vezes na vida, mas conseguiu se corrigir. 彼は人生で何度も過ちを犯したが更生することができた.

— **deslizar-se** 再 滑る, 遠ざかる.

deslize /dez'lizi/ 男 ❶ 滑ること. ❷ 過ち▶cometer um deslize 過ちを犯す.

deslocação /dezloka'sẽw/ [圈deslocações] 囡 ❶ 移動. ❷ 引っ越し. ❸ 脱臼.

deslocado, da /dezlo'kadu, da/ 形 ❶ 移動した. ❷ 脱臼した▶ombro deslocado 脱臼した肩.
❸ 的外れな▶comentário deslocado 的外れな論

評. ❹ 場違いな ▶ sentir-se deslocado 場違いに感じる.
deslocamento /dezloka'mẽtu/ [男] ❶ 移動. ❷ 異動. ❸ 脱臼.
*__deslocar__ /dezlo'kax デズロカーフ/ ㉙ [他] ❶ **脱臼させる** ▶ O jogador deslocou um braço. 選手は腕を脱臼した.
❷ **移動させる** ▶ É preciso deslocar a mesa para dar mais espaço. もっとスペースを作るためにテーブルを移動する必要がある.
— **deslocar-se** [再] 移動する ▶ A comitiva do Flamengo se deslocou a São Paulo. フラメンゴのチーム一行はサンパウロに移動した.
deslumbrado, da /dezlũ'bradu, da/ [形] 目がくらんだ, 感嘆した ▶ Ela ficou deslumbrada com a decoração luxuosa da sala. 彼女は部屋の豪華なインテリアに目がくらんだ
— [名] [B] [話] 目を奪われやすい人.
deslumbramento /dezlũbra'mẽtu/ [男] ❶ 目がくらむこと, まぶしいこと. ❷ 眩惑, 感嘆.
deslumbrante /dezlũ'brẽtʃi/ [形]《男女同形》❶ まぶしい. ❷ まばゆい, 目もくらむような ▶ beleza deslumbrante 目もくらむような美しさ.
deslumbrar /dezlũ'brax/ [他] ❶ …の目をくらませる. ❷ 眩惑する, 驚嘆させる ▶ O carnaval carioca deslumbra os turistas. リオのカーニバルは観光客を感嘆させる.
— [自] ❶ 魅力的である, 人目を奪う ▶ É uma obra de arte que deslumbra. 人目を奪う芸術作品だ.
❷ 目を欺く.
— **deslumbrar-se** [再] …に目がくらむ [+ com].
desmaiado, da /dezmaj'adu, da/ [形] ❶ (色が) さえない, 生気のない.
❷ 気を失った, 失神した ▶ Ele ficou desmaiado por alguns minutos. 彼は数分間気を失っていた.
❸ かすかな ▶ Ouvi um lamento desmaiado. 私はかすかなうめき声を聞いた.
desmaiar /dezmaj'ax/ [自] ❶ 気を失う, 失神する ▶ Ela desmaiou de medo. 彼女は恐怖のあまり気を失った. ❷ 色あせる.
— [他] ❶ 色を失わせる. ❷ 消し去る.
desmaio /dez'maju/ [男] ❶ 失神, 気絶 ▶ sofrer [ter] um desmaio 気を失う. ❷ 退色.
desmamar /dezma'max/ [他] 乳離れさせる.
— [自] 乳離れする.
— **desmamar-se** [再] 乳離れする.
desmancha-prazeres /dez,mẽʃapra'zeris/ [名]《単複同形》興をそぐ人.
desmanchar /dezmẽ'ʃax/ [他] ❶ 壊す, 崩す ▶ desmanchar o cabelo 髪を乱す / desmanchar a cara 顔をほころばせる.
❷ (恋愛関係を) 解消する ▶ desmanchar o namoro 恋人と別れる.
— [自] 溶ける ▶ desmanchar na boca 口の中でとろける.
— **desmanchar-se** [再] ❶ 壊れる, 崩れる ▶ Com as lágrimas a maquiagem se desmanchou. 涙で化粧が崩れた.
❷ 節度を越える.
desmando /dez'mẽdu/ [男] ❶ 不服従. ❷ 濫用 ▶ desmando do poder público 公権力の濫用.
desmantelamento /dez'mẽtʃila'mẽtu/ [男] 取り壊すこと, 解体 ▶ o desmantelamento do bloco soviético ソ連圏の解体.
desmantelar /dezmẽte'lax/ [他] 取り壊す, 解体する, 分解する ▶ desmantelar a quadrilha ギャングを解体する.
— **desmantelar-se** [再] 取り壊される, 解体される.
desmarcar /dezmax'kax/ ㉙ [他] ❶ …から印 [マーク] をとる. ❷ 取り消す, キャンセルする.
— **desmarcar-se** [再]〖スポーツ〗…のマークをかわす [+ de].
desmascarar /dezmaska'rax/ [他] ❶ …の仮面を取る. ❷ …の正体を暴く, 暴露する.
— **desmascarar-se** [再] 仮面を脱ぐ, 正体を現す.
desmatamento /dezmata'mẽtu/ [男] [B] 森林破壊, 森林伐採.
desmatar /dezma'tax/ [他] …の森林を伐採する, 破壊する.
desmazelar-se /dezmaze'laxsi/ [再] 不注意になる, 投げやりになる.
desmedido, da /dezme'dʒidu, da/ [形] 過度の, 並外れた ▶ orgulho desmedido 並外れたプライド.
desmembramento /dezmẽbra'mẽtu/ [男] ❶ 手足分断. ❷ 分割 ▶ desmembramento de imóvel 不動産の分割.
desmembrar /dezmẽ'brax/ [他] ❶ …を八つ裂きにする. ❷ 分割する.
— **desmembrar-se** [再] 分割される.
desmentido, da /dezmẽ'tʃidu, da/ [形] 否定された.
— **desmentido** [男] 否定, 否認, 反論, 反証.
desmentir /dezmẽ'tʃix/ ㊶ [他] ❶ 否定する, 打ち消す ▶ O promotor desmentiu a declaração do réu. 検察官は被告の発言を否定した.
❷ …と矛盾する ▶ As atitudes dele desmentem suas palavras. 彼のやっていることと言っていることが矛盾している.
— **desmentir-se** [再] 互いに矛盾する.
desmerecer /dezmere'sex/ ⑮ [他] ❶ …に値しない ▶ Ele desmerecia a confiança dos superiores. 彼は上司たちの信頼を得るに値しなかった.
❷ けなす, ばかにする ▶ Ele desmerece o trabalho dos colegas. 彼は同僚の仕事をばかにする.
— [自] 価値 [資格] を失う.
desmesurado, da /dezmezu'radu, da/ [形] 並外れた, 桁外れの.
desmilitarização /dezmilitariza'sẽw̃/ [女] 非軍事化, 非武装化.
desmilitarizar /dezmilitari'zax/ [他] 非武装化する, 非軍事化する.
desmistificação /dezmistʃifika'sẽw̃/ [[複] desmistificações] [女] 脱神秘化.
desmistificar /dezmistʃifi'kax/ ㉙ [他] 脱神秘化する, 神秘性をはぎ取る.
desmitificar /dezmitʃifi'kax/ ㉙ [他] 脱神話化する, 神話性を否定する.

desmobilização /dezmobiliza'sẽw̃/ [複 desmobilizações] [女] 動員解除，復員.

desmobilizar /dezmobili'zax/ [他] 動員解除する，復員させる.

desmontagem /dezmõ'taʒẽj̃/ [複 desmontagens] [女] 分解，解体 ▶montagem e desmontagem de móveis 家具の組み立てと分解.

desmontar /dezmõ'tax/ [他] ❶ (馬から) 降ろす.
❷ 取り外す.
❸ 分解する，ばらばらにする，解体する ▶Vamos desmontar a árvore de Natal. クリスマスツリーの飾りを取って片付けましょう / A polícia desmontou uma quadrilha de sequestradores. 警察は誘拐組織を解体した.
— [自] …から降りる，落馬する [+ de]
— **desmontar-se** [再] …から降りる，落馬する [+ de].

desmontável /dezmõ'tavew/ [複 desmontáveis] [形] 組み立て式の ▶berço desmontável 組み立て式のゆりかご.

desmoralização /dezmoraliza'sẽw̃/ [複 desmoralizações] [女] ❶ 士気喪失；落胆，失望. ❷ 風紀壊乱.

desmoralizante /dezmorali'zẽtʃi/ [形] 《男女同形》士気を喪失させる.

desmoralizar /dezmorali'zax/ [他] ❶ 退廃させる ▶desmoralizar a polícia 警察を腐敗させる.
❷ …の士気を喪失させる，戦意をくじく ▶desmoralizar os militares 兵士の士気を喪失させる.
❸ …の名誉を損なう.

desmoronamento /dezmorona'mẽtu/ [男] 崩壊，倒壊 ▶desmoronamento de terra 土砂崩れ.

desmoronar /dezmoro'nax/ [他] 崩壊させる，破壊する ▶A crise econômica mundial desmoronou seus planos. 世界金融危機が彼の計画をめちゃくちゃにした.
— **desmoronar-se** [再] 崩れる，崩壊する.

desmotivação /dezmotʃiva'sẽw̃/ [複 desmotivações] [女] 意欲喪失.

desmotivado, da /dezmotʃi'vadu, da/ [形] ❶ 意欲がない，❷ 根拠がない.

desmotivar /dezmotʃi'vax/ [他] …の意欲を失わせる，やる気をなくさせる.
— **desmotivar-se** [再] 意欲を失う，やる気をなくす.

desnacionalização /deznasionaliza'sẽw̃/ [複 desnacionalizações] [女] ❶ 〖経済〗民営化. ❷ 国籍剝奪.

desnatado, da /dezna'tadu, da/ [形] 乳脂肪分を取り除いた ▶leite desnatado スキムミルク，脱脂粉乳.

desnaturado, da /deznatu'radu, da/ [形] ❶ 変質 [変性] した ▶álcool desnaturado 変性アルコール. ❷ 自然に反した，人の道に反した ▶pai desnaturado ひどい父親.

desnecessariamente /deznese,saria'mẽtʃi/ [副] 不必要に，むだに.

desnecessário, ria /deznese'sariu, ria/ [形] 不必要な，無用な ▶O apêndice é desnecessário, mas útil. 盲腸は不必要だが，役に立っている.

desnível /dez'nivew/ [複 desníveis] [男] ❶ 高低差，段差. ❷ 格差，違い ▶desnível social 社会格差.

desnivelado, da /deznive'ladu, da/ [形] 起伏のある，高低差 [段差] のある ▶terreno desnivelado 起伏のある土地.

desnivelamento /deznivela'mẽtu/ [男] 高低差，段差.

desnivelar /deznive'lax/ [他] ❶ (地面などに) 高低差をつける ▶O terremoto desnivelou a rodovia. 地震で路面に段差が生じた.
❷ …に格差をつける.

desnorteado, da /deznoxte'adu, da/ [形] ❶ 困惑した，戸惑った. ❷ 道に迷った，方角がわからなくなった.

desnortear /deznoxte'ax/ ⑩ [他] ❶ …に方角を見失わせる ▶A neve desnorteou os alpinistas. 雪で登山家たちは方角がわからなくなった.
❷ 途方に暮れさせる.
— [自] 途方に暮れる.
— **desnortear-se** [再] ❶ 方角を見失う. ❷ 途方に暮れる.

desnudar /deznu'dax/ [他] ❶ 裸にする，衣服を脱がす；身ぐるみはぐ. ❷ (おおいを) はぎ取る. ❸ あらわにする，さらけ出す.
— **desnudar-se** [再] 裸になる，衣服を脱ぐ.

desnutrição /deznutri'sẽw̃/ [複 desnutrições] [女] 栄養失調.

desnutrido, da /deznu'tridu, da/ [形] [名] 栄養失調の (人)，やせこけた (人).

desobedecer /dezobede'sex/ ⑮ [自] …に背く，逆らう，違反する [+ a] ▶Ele nunca desobedece ao pai. 決して父親の言うことに逆らわない / Ele desobedeceu a uma lei de trânsito. 彼は交通違反した.
— [他] [B] 従わない，背く ▶desobedecer leis 法律に違反する / desobedecer ordens 命令に従わない.

desobediência /dezobedʒi'ẽsia/ [女] 不服従，反抗 ▶desobediência civil 市民的不服従.

desobediente /dezobedʒi'ẽtʃi/ [形] 《男女同形》反抗的な，不従順な ▶uma criança desobediente 聞き分けのない子供.

desobrigar /dezobri'gax/ ⑪ [他] …に…を免除する [+ de].
— **desobrigar-se** [再] ❶ …を果たす [+ de].
❷ …から免除される [+ de] ▶Ele se desobrigou das suas dívidas. 彼は借金から解放された.
❸ 〖宗教〗復活祭聖体を拝領する，告解する ▶Os devotos iam à igreja para se desobrigar. 信者たちは告解するため教会に足を運んでいた.

desobstruir /dezobistru'ix/ ⑦ [他] (道を) 開通させる，…から詰まっている物を除去する ▶É preciso desobstruir o caminho para a passagem da ambulância. 救急車が通れるように道を空ける必要がある.

desocupação /dezokupa'sẽw̃/ [複 desocupações] [女] ❶ 撤去，立ち退き；(軍の) 撤退. ❷ 失業；暇，余暇.

desocupado, da /dezoku'padu, da/ [形] ❶ 仕事のない，暇な，自由な ▶Estou desocupado. 私は

D

暇だ. ❷ 空いている, 使える ▶O banheiro está desocupado. トイレは空いている / um lugar desocupado 空席 / Desculpe, mas este lugar está desocupado? すみません, この席は空いていますか.

desocupar /dezoku'pax/ 他 ❶ (家などを)空ける, 退居する ▶O senhorio pediu para desocupar a casa. 大家はその家を空けるように言った.
❷ 解放する.
❸ 解雇する.
— **desocupar-se** 再 …から解放される, 自由になる [+ de] ▶Quero me desocupar de tarefas trabalhosas. 私は面倒な作業から解放されたい.

desodorante /dezodo'rẽtʃi/ 形《男女同形》脱臭の, 消臭の.
— 男 脱臭剤, 消臭剤.

desodorizante /dezodori'zẽtʃi/ 形「動」= desodorante

desolação /dezola'sẽw/ [複 desolações] 女 ❶ 荒廃, 壊滅. ❷ 悲嘆, 嘆き.

desolado, da /dezo'ladu, da/ 形 ❶ 荒涼とした, 荒廃した. ❷ 嘆き悲しむ, 悲嘆に暮れた.

desolar /dezo'lax/ 他 ❶ 嘆かせる, 悲嘆に暮れさせる. ❷ 荒廃させる, 壊滅させる.
— **desolar-se** 再 荒廃する.

desonestidade /dezonestʃi'dadʒi/ 女 不正直, 不誠実.

desonesto, ta /dezo'nɛstu, ta/ 形 不正直な, 不誠実な.

desonra /de'zõxa/ 女 不名誉, 恥辱.

desonrar /dezõ'xax/ 他 …の名誉を傷つける, けがす ▶desonrar a família 家名をけがす / desonrar uma mulher 女性を辱める.
— **desonrar-se** 再 名誉を失う.

desonroso, sa /dezõ'xozu, 'xɔza/ 形 不名誉な, 恥ずべき ▶comportamento desonroso 恥ずべき振る舞い.

desopilar /dezopi'lax/ 他 ❶《医学》通じをつける. ❷ …を愉快にする, 笑わせる.

desoras /de'zɔras/ 女複《次の成句で》
a [por] desoras 夜遅くに, まずい時に ▶A visita chegou a desoras. 訪問客はとんでもない時間に来た.

*__desordem__ /de'zɔxdẽj/ デゾフディン/ [複 desordens] 女 **無秩序, 混乱** ▶Havia grande desordem nas ruas da capital. 首都のいたるところで混乱が見られた / A manifestação dos estudantes criou desordem nas ruas da capital. デモが首都内に混乱を生み出した / A casa estava em desordem. その家は散らかっていた / pôr em desordem 散らかす / desordem de pensamento 思考の混乱 / desordem administrativa 行政の混乱.

desordenado, da /dezoxde'nadu, da/ 形 ❶ 無秩序な, 散らかった, 雑然とした ▶o crescimento desordenado das cidades 都市の無秩序な発展.
❷ だらしのない, 自制心のない ▶uma vida desordenada 乱れた生活.

desordenar /dezoxde'nax/ 他 乱す, 乱雑にする ▶A manifestação dos estudantes desordenou o trânsito. 学生によるデモで交通が乱れた.

— **desordenar-se** 再 ❶ 散らかる, 乱雑になる. ❷ 混乱に陥る ▶Os serviços de saúde se desordenaram por causa da greve dos funcionários. 職員のストライキのため, 医療業務が混乱した.

desorganização /dezoxganiza'sẽw/ [複 desorganizações] 女 ❶ (組織などの)解体. ❷ 崩壊, 混乱.

desorganizado, da /dezoxgani'zadu, da/ 形 混乱した, 散らかった, 整理整頓されていない.

desorganizar /dezoxgani'zax/ 他 ❶ (組織や秩序を)乱す, 混乱させる. ❷ 解体する.
— **desorganizar-se** 再 混乱する.

desorientação /dezoriẽta'sẽw/ [複 desorientações] 女 方角を見失うこと, 当惑.

desorientado, da /dezoriẽ'tadu, da/ 形 ❶ 方向を見失った, 道に迷った. ❷ 混乱した, まごついた.

desorientar /dezoriẽ'tax/ 他 ❶ …を道に迷わせる, …に方角を見失わせる. ❷ まごつかせる, 混乱させる.
— **desorientar-se** 再 ❶ 方向を見失う, 道に迷う. ❷ 混乱する, 戸惑う.

desossar /dezo'sax/ 他 …の骨を取る.

desovar /dezo'vax/ 自 ❶ (魚などが)産卵する. ❷ 俗 出産する.

despachado, da /despa'ʃadu, da/ 形 ❶ 処理された, 決裁済みの. ❷ 発送された.
❸ 勇敢な, 厚かましい ▶Ela era despachada e não media as palavras. 彼女はおしゃべりで厚かましかった.

despachante /despa'ʃẽtʃi/ 名 役所関連の書類手続き代行業者, 通関業者.

despachar /despa'ʃax/ 他 ❶ 発送する ▶despachar os produtos 製品を発送する.
❷ 処理する, 決裁する ▶O advogado despachou um requerimento 弁護士は申請を決裁した.
❸ 任命する.
— **despachar-se** 再 迅速に処理する.

despachar para o outro mundo あの世に送る, 殺す ▶Ele despachou o pobre homem para o outro mundo. 彼はその哀れな男をあの世へ送ってしまった.

despacho /des'paʃu/ 男 ❶ 処理, 決裁.
❷ 辞令, 外交文書.
❸ (公職の)任命.
❹ 通関手続き.
fazer um despacho 奉納する, お供え物をする.

despedaçar /despeda'sax/ 他 ❶ 割る, 砕く.
❷ 苦しめる, 深く傷付ける ▶despedaçar o coração 心を苦しめる.
— **despedaçar-se** 再 割れる, 粉々になる, ばらばらになる ▶O vaso de cristal se despedaçou no chão. クリスタルの花瓶は床の上で細かく割れてしまった.

despedida /despe'dʒida/ 女 ❶ 別れ ▶Vamos fazer uma festa de despedida 送別会をやりましょう / abraço de despedida 別れの抱擁 / despedida de solteiro 独身最後のパーティー. ❷ 終末, 終り.
por despedida 最後に, 結論として, とうとう.

*__despedir__ /despe'dʒix/ デスペヂーフ/ 他 ❶ 退去さ

せる ▶ O juiz despediu o réu. 判事は被告を退去させた.
❷ **解雇する** ▶ A fábrica despediu muitos trabalhadores. 工場はたくさんの労働者を解雇した.
— **despedir-se** [再] ❶ …に別れを告げる [+de] ▶ Ele se despediu de nós. 彼は私たちに別れを告げた / Saí sem me despedir. 彼は私にさよならも言わずに出て行った.
❷ 辞職する, 退職する ▶ Muitos empregados se despediram da companhia. たくさんの従業員が会社を辞めた.

despegar /despe'gax/ ⑪ [他] ❶ はがす, 遠ざける. ❷ 疎遠にする.
— **despegar-se** [再] ❶ はがれる. ❷ 疎遠になる ▶ Ele se despegou de seus ideais 彼は自分の理想から遠ざかった.

despeitado /despej'tadu/ [形] くやしがる, 憤慨した ▶ Ela levou um fora do namorado e está despeitada. 彼女は彼氏に振られてくやしい思いをしている.

despeito /des'pejtu/ [男] くやしさ, 恨み.
a [em] despeito de... …にもかかわらず ▶ a despeito das dificuldades 困難にもかかわらず.

despejar /despe'ʒax/ [他] ❶ 立ち退かせる, 退居させる ▶ despejar os moradores. 住人たちを立ち退かせる.
❷ 空にする. ❸ こぼす, 流す ▶ Ela despejou um balde de água na calçada. 彼女は歩道にバケツの水を流した.

despejo /des'peʒu/ [男] ❶ 空けること. ❷ 明け渡し, 立ち退き, 強制立ち退き ▶ Os moradores receberam a ordem de despejo. 住人たちは立ち退き命令を受け取った.

despencar /despẽ'kax/ ㉙ [他] (バナナの房を茎から) 切り離す.
— [自] ❶ (高所から) 落ちる ; 下落する ▶ Os preços das ações despencaram. 株が下落した.
❷ 《despencar a +[不定詞]》 …し始める ▶ O menino despencou a correr ladeira abaixo. 少年は坂を全速力で駆け出した.

despender /despẽ'dex/ [他] ❶ (金を) 費やす, 使う ▶ Aquele homem despendeu todos os seus bens em jogos de azar. あの男は賭け事ですべての財産を使い果たした. ❷ (時間や力を) 費やす, 使う ▶ Precisamos despender esforços para resolver o problema. 問題を解決するために力を尽くす必要がある.
— [自] 支出する.

despenhadeiro /despeɲa'dejru/ [男] 断崖, 絶壁.

despensa /des'pẽsa/ [女] (台所に隣接した) 食料貯蔵庫.

despenteado, da /despẽte'adu, da/ [形] (髪が) ぼさぼさの, くしゃくしゃの ▶ cabelo despenteado ぼさぼさの髪.

despentear /despẽte'ax/ ⑩ [他] (髪の毛を) くしゃくしゃにする, 乱す.

despercebido, da /despexse'bidu, da/ [形] 気づかれない, 注意を引かない ▶ passar despercebido 気づかれない, 注目されない.

desperdiçar /despexdʒi'sax/ ⑬ [他] 浪費する, 無駄にする ▶ desperdiçar dinheiro お金を浪費する / Não quero desperdiçar o meu tempo. 私は自分の時間を無駄にしたくない / desperdiçar uma oportunidade 機会を無駄にする.

desperdício /despex'dʒisiu/ [男] ❶ 浪費, 無駄遣い ▶ um desperdício de tempo 時間の無駄 / um desperdício de dinheiro お金の無駄. ❷ 《desperdícios》 糸くず.

despersonalização /despexsonaliza'sɐ̃w̃/ [女] ❶ 没個性化, 匿名化. ❷ 〖医学〗 離人症.

despersonalizar /despexsonali'zax/ [他] …の個性を失わせる, 没個性化する.
— **depersonalizar-se** [再] 個性を失う.

despersuadir /despexsua'dʒix/ [他] ❶ 《despersuadir alguém de algo》 …に (考えなどを) 変えさせる, 思いとどまらせる ▶ Temos que despersuadi-la desse plano. 私たちは彼女にこの計画を諦めさせなければならない.
❷ 《despersuadir alguém de +[不定詞]》 …に…することを断念させる.

despertador /despexta'dox/ [[複] despertadores] [男] 目覚まし時計 ▶ O despertador tocou. 目覚まし時計が鳴った.

*__despertar__ /despex'tax デスペフターフ/ [他] ❶ **…の目を覚まさせる, 起こす** ▶ O telefone o despertou. 電話で彼は目が覚めた.
❷ **かき立てる**, 呼び覚ます ▶ O bom desempenho do jogador despertou o interesse de muitos clubes. 選手の活躍でたくさんのクラブが興味を示した / despertar suspeitas 疑念を抱かせる.
— **despertar-se** [再] **目が覚める** ▶ Eu me despertei muito cedo hoje de manhã. 私は今朝とても早く目覚めた.
— [男] 目覚め ▶ ter um amargo despertar 現実の厳しさを悟る.

desperto, ta /des'pɛxtu, ta/ [形] 目覚めた, 目を覚ました ▶ Estou desperto. 私は目を覚ましている.

⁑**despesa** /des'peza デスペーザ/ [女] ❶ **出費** ▶ conter as despesas 出費を抑える.
❷ **費用** ▶ A despesa da viagem ficou acima do previsto. 旅費が予想を上回った / talhar as despesas 勘定を割る, 割り勘にする.

despido, da /des'pidu, da/ [形] ❶ 全裸の, 衣服を脱いだ ▶ Ela entrou na sala totalmente despida. 彼女は全裸で部屋に入った.
❷ …のない [+de] ▶ Eles são despidos de qualquer preconceito. 彼らはいかなる偏見もない.

despir /des'pix/ ㊶ [他] ❶ …を裸にする, 脱がす ▶ A babá despiu a criança para banhá-la. ベビーシッターは子供を入浴させるために服を脱がせた.
❷ (木の) 葉を取る.
❸ 放棄する.
despir o homem velho 自分の悪いところを改める, 生まれ変わる,
— **despir-se** [再] ❶ 服を脱ぐ, 裸になる.
❷ …を放棄する [+de] ▶ Ele se despiu do orgulho e pediu desculpas. 彼はプライドを捨てて謝罪した.

despistar /despis'tax/ [他] (追跡や尾行を) まく ▶

desplante

despistar o detetive 探偵をまく / A atriz tentou despistar os paparazzi. 女優はパパラッチの目をくらませようとした.

desplante /des'plẽtʃi/ 男 ❶ 大胆さ, ずうずうしさ, 厚かましさ ▶ter o desplante de +不定詞 厚かましくも…する. ❷〖フェンシング〗斜の構え.

despojado, da /despo'ʒadu, da/ 形 ❶ …を奪われた, …を失った [+ de]. ❷ 私心のない, 野心のない. ❸ 飾り気のない, 簡素な.

despojamento /despoʒa'mẽtu/ 男 ❶ 戦利品, 略奪品. ❷ 簡素さ. 質素.

despojar /despo'ʒax/ 他 奪う, 略奪する ▶Os piratas despojaram o navio. 海賊たちはその船を略奪した.
— **despojar-se** 再 衣服を脱ぐ, 裸になる ▶Despojei-me de todos os meu bens. 私は財産を捨て一文無しになった.

despojo /des'poʒu/ 男 ❶ 戦利品, 略奪品. ❷ despojos mortais 遺体, なきがら.

despoluição /despoluj'sẽw/ 女 汚染の除去.

despoluir /despolu'ix/ 他 …の汚染を除去する.

despontar /despõ'tax/ 他 …の先をつぶす ▶O uso prolongado despontou a faca. 長く使い込んだナイフの刃先がすり減った.
— 自 現れる, 姿を見せる ▶A primeira estrela despontou no céu. 空に一番星が現れた.

desportista /dəʃpur'tiʃtɐ/ 名 スポーツ選手.
— 形〖男女同形〗スポーツ選手の ▶espírito desportivo スポーツマン精神.

desportivo, va /dəʃpur'tivu, vɐ/ 形 ❶ スポーツの ▶clube desportivo スポーツクラブ / jornal desportivo スポーツ新聞. ❷ スポーツ精神に則った ▶atitude desportiva スポーツ精神に則った態度. ❸ シンプルな, インフォーマルな ▶roupa desportiva ラフな服装.

desporto /dəʃ'portu/ 男 P スポーツ ▶clube de desportos スポーツクラブ.

desposar /despo'zax/ 他 結婚させる.
— **desposar-se** 再 …と結婚する [+ com].

déspota /'despota/ 名 専制君主, 独裁者; 暴君.
— 形 専制的な, 横暴な.

despótico, ca /des'pɔtiku, ka/ 形 ❶ 専制的な, 独裁的な ▶o governo despótico 独裁政権. ❷ 横暴な.

despotismo /despo'tʃizmu/ 男 ❶ 専制政治, 独裁政治 ▶despotismo esclarecido 啓蒙専制主義. ❷ 横暴, 暴虐.

despovoado, da /despovo'adu, da/ 形 人の住んでいない, 無人の.

despovoar /despovo'ax/ 他 …の人口を減らす, 人口をなくす.
— **despovoar-se** 再 (人が) 減る, いなくなる.

desprazer /despra'zex/ ⑤ 自 …の気に入らない, …を不快にする [+ com] ▶Os maus modos dele desprazem a todos. 彼の横柄な態度は皆を不快にする.
— 男 [複 desprazeres] 不愉快, 不機嫌.

despregar /despre'gax/ 他 ❶ (くぎを) 抜く ▶Despreguei as tachinhas do quadro de avisos. 私は掲示板から画びょうをはずした.
❷ …から…を引き離す, そらす [+ de] ▶O rapaz não despregou o olho da moça bonita. 青年は美少女から目を離さなかった.
❸ …のしわを伸ばす.

desprender /desprẽ'dex/ 他 ❶ ほどく, 解放する ▶Desprendi a coleira do cachorro. 犬の首輪をはずした. ❷ 放つ, 発する ▶O pássaro desprendeu seu canto. 鳥が鳴いた.
— **desprender-se** 再 離す, 解放される.
desprender a voz 声を上げる.
desprender as asas 羽を伸ばす, 立ち去る.

desprendido, da /desprẽ'dʒidu, da/ 形 無私の.

despreocupação /despreokupa'sẽw/ [複 despreocupações] 女 安心, 気楽.

despreocupado, da /despreoku'padu, da/ 形 心配のない, 気楽な, 屈託のない ▶Estou despreocupado. 私は安心している / Fique despreocupado. 心配は無用だ / um tom despreocupado 屈託のない口調.

despreocupar /despreoku'pax/ 他 …の不安を解消する.
— **despreocupar-se** 再 …を心配しない, 気にしない [+ de] ▶Quero me despreocupar de questões financeiras. 金銭的な心配をしたくない.

despreparado, da /desprepa'radu, da/ 形 用意のできていない ▶inexperiente e despreparado 経験もなく用意もできていない.

desprestigiar /desprestʃiʒi'ax/ 他 …の権威を失墜させる, 評判を落とす.
— **desprestigiar-se** 再 権威を失墜する, 評判を落とす.

desprestígio /despres'tʃiʒiu/ 男 権威の失墜, 不評.

despretensioso, sa /despretẽsi'ozu, 'ɔza/ 形 謙虚な, うぬぼれない, 高ぶらない.

desprevenido, da /despreve'nidu, da/ 形 ❶ 準備なしで, 準備不足の ▶Ela chegou desprevenida, sem saber de nada. 彼女は何も知らないまま, 用意なしに到着した / pegar alguém desprevenido …に不意打ちを食わせる.
❷ 〖話〗お金のない ▶estar desprevenido 金の持ち合わせがない.

desprezar /despre'zax/ 他 ❶ 見くびる, 軽蔑する.
❷ 軽視する ▶desprezar a morte 死をものともしない.
❸ 断る ▶desprezar a ajuda 支援を断る.
❹ 考慮しない, 計算に入れない ▶Calcule desprezando os centavos. 端数を切り捨てて計算しなさい.

desprezível /despre'zivew/ [複 desprezíveis] 形〖男女同形〗軽蔑に値する, 見下げた.

desprezo /des'prezu/ 男 軽蔑, 軽視 ▶ter desprezo por …を軽蔑している / dar-se ao desprezo 軽蔑される.
votar ao desprezo 気に留めない, 顧みない.

desproporção /despropox'sẽw/ [複 desproporções] 女 不均衡, アンバランス.

desproporcional /despropoxsio'naw/ [複 desproporcionais] 形《男女同形》不釣り合いな, 不相応な; 不均等な.

despropositado, da /despropozi'tadu, da/ 形 ❶ 不適切な▶um comentário despropositado 不適切な発言. ❷ 軽率な.

despropósito /despro'pozitu/ 男 ❶ ばかげたこと, 不適切なこと. ❷ 🄑 大量▶um despropósito de... たくさんの….

desproteção /desprote'sẽw/ [複 desproteções] 女 無防備, 保護されていないこと.

desproteger /desprote'ʒex/ 他 ❶ 無防備状態にする, 保護しない. ❷『情報』…のプロテクトを外す▶desproteger um arquivo ファイルのプロテクトを外す.
— **desproteger-se** 再 無防備になる.

desprotegido, da /desprote'ʒidu, da/ 形 無防備な; 見捨てられた▶computador desprotegido 無防備なコンピューター / crianças desprotegidas 孤児.

desprover /despro'vex/ ⑲ 他 …に必需品を与えない, …から…を奪う [+ de].

desprovido, da /despro'vidu, da/ 形 …を欠いた, …のない [+ de] ▶desprovido de inteligência 知性を欠いた / desprovido de preconceitos 偏見のない.

desqualificação /deskwalifika'sẽw/ [複 desqualificações] 女 失格, 資格喪失.

desqualificar /deskwalifi'kax/ 他 失格させる, 資格を剥奪する.
— **desqualificar-se** 再 失格する, 資格を失う.

desquitar /deski'tax/ 他『法律』(夫婦を) 別居させる.
— **desquitar-se** 再 (夫婦が) 別居する.

desquite /des'kitʃi/ 男 夫婦別居 ▶ desquite amigável 合意による裁判上の別居.

desregulamentação /dezxegulamẽta'sẽw/ [複 desregulamentações] 女 規制緩和 ▶ a desregulamentação da economia 経済の規制緩和.

desregular /dezxegu'lax/ 他 ❶ 規制緩和する. ❷ …を不規則にする, 乱す ▶ desregular a menstruação 生理を不順にする.

desrespeitar /dezxespej'tax/ 他 ❶ …を軽んじる, 蔑ろにする ▶ desrespeitar os direitos humanos 人権を蔑ろにする. ❷ (法を) 守らない, 破る ▶ desrespeitar a constituição 憲法に違反する.

desrespeito /dezxes'pejtu/ 男 蔑ろにすること, 尊重しないこと ▶ desrespeito aos direitos humanos 人権を尊重しないこと.

desrespeitoso, sa /dezxespej'tozu, 'tɔza/ 形 失礼な, 無礼な.

dessa /'desa/ 前置詞 de と指示形容詞 [代名詞] essa の縮合形.

dessas /'desas/ 前置詞 de と指示形容詞 [代名詞] essas の縮合形.

desse /'desi/ 前置詞 de と指示形容詞 [代名詞] esse の縮合形.

desse 活用 ⇒ dar

dessecação /deseka'sẽw/ [複 dessecações] 女 乾燥.

desses /'desis/ 前置詞 de と指示形容詞 [代名詞] esses の縮合形.

desta /'desta/ 前置詞 de と指示形容詞 [代名詞] esta の縮合形.

destacamento /destaka'mẽtu/ 男『軍事』派遣隊, 分遣隊.

*__destacar__ /desta'kax/ デスタカーフ/ 他 ❶ 際立たせる, 目立たせる, 強調する ▶ Este escritor destaca mais o lado negativo da sociedade. この作家は社会の悪い面の方を強調する.
❷ 引き離す, 取り外す.
❸ (兵力を) 分遣する ▶ destacar um pelotão 分隊を派遣する.
— **destacar-se** 再 ❶ 際立つ, 目立つ, 傑出する ▶ Este político se destaca pela eloquência. この政治家は雄弁さで際立っている / O Pedro se destacou na competição. ペドロは大会で精彩を放った.
❷ 離れる, 分離する ▶ Algumas pessoas se destacaram da fila depois da longa espera. 長時間待った後, 何人かの人たちが列を離れた.

destacável /desta'kavew/ [複 destacáveis] 形《男女同形》取りはずせる.
— 男 折り込みページ.

destampar /destẽ'pax/ 他 …のふたを取る ▶ destampar a panela 鍋のふたを取る.
— 自《destampar a + 不定詞》急に…し始める ▶ Ela destampou a chorar. 彼女は急に泣き始めた.

*__destaque__ /des'taki/ デスターキ/ 男 ❶ 目立つ人 [もの], ハイライト ▶ os destaques do jogo 今日の試合で活躍した選手たち / destaques da semana 今週のハイライト / destaque do time チームのスター選手.
❷ 見出し ▶ ser destaque na imprensa 新聞の見出しを飾る.
dar destaque a algo …を強調する, 目立たせる.
de destaque 傑出した ▶ jogador de destaque 傑出した選手.
em destaque ① 強調された. ② 注目を浴びている. ③ 見出しを飾る.
pôr em destaque 目立たせる ▶ Minha obra foi posta em destaque na exposição. 私の作品が展示会で目立った.

destas /'destas/ 前置詞 de と指示形容詞 [代名詞] estas の縮合形.

deste /'destʃi/ 前置詞 de と指示形容詞 [代名詞] este の縮合形.

destemido, da /deste'midu, da/ 形 大胆な, 恐れを知らない.

destemor /deste'mox/ 男 勇気, 大胆, 恐れを知らないこと.

destemperar /destẽpe'rax/ 他 ❶ (鋼を) 焼き戻しする. ❷ 水で薄める ▶ A cozinheira pôs mais água para destemperar a feijoada. 料理人はフェイジョアーダに水を継ぎ足した. ❸ 乱す, 狂わせる.
— 自 ❶ 焼きが戻る. ❷ 無分別な事をする ▶ O homem bebeu demais e destemperou. 男は飲みすぎて無分別な事をした.
— **destemperar-se** 再 ❶ 焼きが戻る. ❷ 調子が狂う ▶ Com a falta de uso, o piano se des-

temperou. ピアノは長い間使われていなかったので音が外れていた.

destempero /destẽ'peru/ [男] 不適切な行為, 問題行動.

desterrar /deste'xax/ [他] ❶ 国外に追放する ▶O ditador desterrou os oposicionistas. 独裁者は反対者たちを国外に追放した. ❷ 追い払う.
— **desterrar-se** [再] 亡命する.

desterro /des'texu/ [男] ❶ 国外追放, 流刑 ; 亡命. ❷ 追放先, 流刑地. ❸ 孤独, 孤立.

destes /'destʃis/ 前置詞 de と指示形容詞[代名詞] estes の縮合形.

destilação /destʃila'sɐ̃w̃/ [[複] destilações] [女] 蒸留 ; 蒸留所.

destilar /destʃi'lax/ [他] ❶ 蒸留する. ❷ 滴らせる, にじみ出させる ▶destilar ódio 憎しみにあらわにする / destilar veneno 毒舌を吐く.

destilaria /destʃila'ria/ [女] 蒸留所.

destinação /destʃina'sɐ̃w̃/ [[複] destinações] [女] ❶ 行き先, 目的地 ▶destinação final de resíduos ごみの最終的行き先. ❷ 用途 ▶a destinação do lucro 利潤の用途.

*__destinar__ /destʃi'nax デスチナーフ/ [他] ❶ **割り当てる, 向ける** ▶destinar 2% do orçamento para cultura 予算の2%を文化に割り当てる.
❷ …を運命づける, 前もって決める ▶Deus destina o futuro do ser humano. 神が人類の未来を決める.
❸ …の進路を決める ▶Os pais destinaram o filho à medicina. 両親は息子を医者にするように決めた / O pai quis destinar o futuro do filho. 父親は息子の将来を決めようとした
— **destinar-se** [再] …に割り当てられる, 向けられる [+ a] ▶Este dinheiro se destina ao aluguel da casa. この金は家賃に充てられる / As placas destinam-se a ordenar o trânsito. 標識は交通規制のためにある.

destinatário, ria /destʃina'tariu, ria/ [名] (手紙や荷物などの) 受取人, 名宛人.

⁑**destino** /des'tʃinu デスチーノ/ [男] ❶ **運命, 宿命** ▶Às vezes, o destino é cruel. 時に, 運命は残酷である / acreditar em destino 運命を信じる.
❷ **未来, 将来** ▶Ninguém sabe o seu próprio destino. 誰も自らの将来を知らない.
❸ **行先, 目的地** ▶O destino deste trem é Tóquio. この列車は東京行きである.
❹ 目的, 用途, 使途 ▶Qual o destino desse dinheiro? このお金の用途は何ですか.
com destino a... …行きの ▶o avião com destino a Brasília ブラジリア行きの飛行機.
sem destino あてもなく.

destituição /destʃituj'sɐ̃w̃/ [[複] destituições] [女] 解任, 免職, 罷免.

destituir /destʃitu'ix/ ⑦ [他] ❶ 罷免する, 解任する ▶A diretoria destituiu o presidente da empresa. 取締役会は会社の社長を解任した.
❷ …を奪う, 剝奪する [+ de] ▶Destituíram-no de seu carro mais valioso. 彼は一番高価な車を奪われた.
— **destituir-se** [再] ❶ …を放棄する [+ de] ▶O padre destituiu-se de seus bens. 神父は自分の財産を放棄した. ❷ 解任される ▶Ele se destituiu da presidência do sindicato. 彼は組合のトップから下ろされた.

destrancar /destrɐ̃'kax/ ㉙ [他] …のかんぬきを外す, 開ける.

destravar /destra'vax/ [他] 解放する, 自由にする ▶destravar a língua しゃべらせる, 話をさせる.

destreza /des'treza/ [女] ❶ 器用さ, 巧みさ, ❷ 能力, 適性. ❸ 賢明, 抜け目のなさ.

destrinchar /destrĩ'ʃax/ [他] ❶ …のもつれを解く. ❷ 分析する. ❸ [B] 解決する.

destro, tra /'destru, tra/ [形] ❶ 右利きの (←→ canhoto) ▶Sou destro. 私は右利きだ. ❷ 右側の. ❸ 器用な.

destroçar /destro'sax/ ⑬ [他] ❶ 粉々にする.
❷ 壊す, 破壊する ▶O tufão destroçou o vilarejo. 台風は村を破壊した.
❸ 浪費する ▶Os filhos destroçaram a herança que o pai deixou. 息子たちは父が遺した財産を湯水のように使い果たした.

destroço /des'trosu/ [男] ❶ 破壊. ❷ 《destroços》残骸, がれき.

destronar /destro'nax/ [他] ❶ 廃位する, (権力の座から) 追う ▶destronar um rei 王を廃位する. ❷ の座を奪う, …に取って代わる ▶A televisão destronou o rádio. テレビがラジオに取って代わった.

destruição /destruj'sɐ̃w̃/ [[複] destruições] [女] ❶ 破壊, 破損 ▶a destruição da natureza 自然破壊. ❷ 滅亡, 壊滅 ▶a destruição do Império Inca インカ帝国の滅亡.

destruidor, dora /destruj'dox, 'dora/ [[複] destruidores, doras] [形] 破壊的な, 破壊する.
— [名] 破壊する人.

⁑**destruir** /destru'ix デストゥルイーフ/ ⑯ [他] ❶ **破壊する** (←→ construir) ▶A guerra destruiu a cidade por completo. 戦争は町を完全に破壊した.
❷ 壊す ▶Você acabou destruindo o seu próprio sonho. あなたは自らの夢を壊してしまった.

destrutivo, va /destru'tʃivu, va/ [形] 破壊的な, 破壊する ▶poder destrutivo 破壊力.

desumanidade /dezumani'dadʒi/ [女] ❶ 非人間性. ❷ 残虐行為.

desumanização /dezumaniza'sɐ̃w̃/ [[複] desumanizações] [女] 非人間化 ▶a desumanização do trabalho 労働の非人間化.

desumano, na /dezu'mɐ̃nu, na/ [形] 非人間的な, 冷酷な, 残酷な ▶um tratamento desumano 非人間的な扱い.

desunião /dezuni'ɐ̃w̃/ [[複] desuniões] [女] ❶ 分離, 分裂. ❷ 不和 ▶desunião familiar 家庭内の不和.

desunir /dezu'nix/ [他] ❶ (…から) 引き離す, 分裂させる [+ de] ▶Os cristãos creem que Jesus desuniu o homem do pecado. キリスト教の信者たちはキリストが人間を罪から引き離してくれると信じている.
❷ 不和にする, 反目させる ▶A ganância desuniu os sócios. 利益が共同経営者たちを仲たがいさせた.
— **desunir-se** [再] 分裂する, 別れる ▶Os cônju-

detalhe

ges se desuniram recentemente. その夫婦は最近別れた.

desusado, da /dezu'zadu, da/ 形 使われていない, 廃れた, 昔の.

desuso /de'zuzu/ 男 不使用, 廃止 ▶ cair em desuso 廃れる.

desvairado, da /dezvaj'radu, da/ 形 名 正気を失った (人), 錯乱した (人).

desvairar /dezvaj'rax/ 他 ❶ 狂乱させる. ❷ 逆上させる ▶ Os comentários dela o desvairaram. 彼女の一言が彼を逆上させた.
— 自 狂乱する.
— **desvairar-se** 再 ❶ さまよう. ❷ 戸惑う.

desvalorização /dezvaloriza'sẽw/ [複 desvalorizações] 女 ❶ 平価切り下げ ▶ a desvalorização do real レアルの切り下げ. ❷ 価値を失うこと.

desvalorizar /dezvalori'zax/ 他 ❶ (…の価値を) 切り下げる ▶ desvalorizar o real レアルを切り下げる.
❷ …の価値を減じる.
❸ …を軽く見る, 軽視する.
— 自 (価値が) 下がる ▶ O real desvalorizou 3% frente ao dólar. レアルはドルに対して3パーセント安くなった.
— **desvalorizar-se** 再 ❶ (価値が) 下がる ▶ O real se desvalorizou frente ao dólar. レアルはドルに対して安くなった.
❷ 自分を低く評価する.

desvanecer /dezvane'sex/ ⑮ 他 ❶ 散らす; (心配や疑念を) 追い払う ▶ O vento desvaneceu as nuvens de chuva. 風は雨雲を追いやった. ❷ 慢心させる.
— **desvanecer-se** 再 ❶ 消え失せる. ❷ 慢心する.

desvanecido, da /dezvane'sidu, da/ 形 ❶ 消えた, 色あせた. ❷ うぬぼれた. ❸ B 過度の, 行きすぎた.

desvantagem /dezvã'taʒẽj/ [複 desvantagens] 女 不利, デメリット ▶ as vantagens e desvantagens de ser solteiro 独身でいることのメリットとデメリット / ter desvantagens デメリットがいくつかある / Estamos com uma desvantagem de três pontos. 我々は3点負けている.
estar em desvantagem 不利な状況にある ▶ estar em desvantagem numérica 数で劣っている.

desvantajoso, sa /dezvẽta'ʒozu, 'ʒoza/ 形 不利な ▶ condições desvantajosas 不利な条件.

desvelar /dezve'lax/ 他 ❶ 眠らせない, 目覚めたままにする.
❷ あらわにする.
❸ 暴く.
— 自 徹夜する ▶ Ela desvelou noites e noites sobre os livros para passar no exame. 試験に受かるため彼女は何日も徹夜で勉強した.
— **desvelar-se** 再 ❶ 熱心である, 精を出す. ❷ 現れる, 明らかになる.

desvelo /dez'velu/ 男 ❶ 用心 ▶ Mamãe tinha desvelo em manter a casa limpa. 母は熱心な程きれい好きだった.
❷ 献身 [慈愛] の対象 ▶ A filha era o desvelo daquela mulher. その娘は彼女の大切な宝だった.

desvencilhar /dezvẽsi'ʎax/ 他 ❶ …の綱を放す ▶ Não consegui desvencilhar o novelo de lã. 私は毛糸だまをほぐすことができなかった.
❷ 解放する.
— **desvencilhar-se** 再 解放される.

desvendar /dezvẽ'dax/ 他 ❶ …の目隠しを取る ▶ desvendar os olhos 目隠しを取る. ❷ 解明する, 明らかにする ▶ desvendar um mistério 謎を解明する.

desventura /dezvẽ'tura/ 女 不運, 不幸.

*__desviar__ /dezvi'ax デズヴィアーフ/ 他 ❶ そらす, 逸脱させる, 避ける ▶ desviar a atenção de... …の注意をそらす / desviar os olhos de... …から目をそらす / desviar o carro 車をよける.
❷ 横領する, 不正に使用する ▶ Ele desviou o dinheiro da companhia. 彼は会社の金を横領した.
— **desviar-se** 再 ❶ …を避ける [+ de] ▶ desviar-se da barreira 障害物を避ける
❷ …からそれる, 外れる [+ de] ▶ desviar-se do tema テーマから外れる.
❸ (車が) よける ▶ O carro desviou-se. 車がよけた.

desvincular /dezvĩku'lax/ …から解放する, 自由にする [+ de].
— **desvincular-se** 再 ▶ …から解放される, 自由になる [+ de].

desvio /dez'viu/ 男 ❶ 方向がそれること.
❷ 迂回, 遠回り ▶ fazer um desvio 遠回りする.
❸ 紛失.
❹ 盗み, 着服 ▶ Houve um caso de desvio de dinheiro na empresa. 会社で着服騒ぎがあった.
❺ 誤り ▶ desvio de cálculo 計算ミス.
❻ 偏差 くぎり desvio de padrão『統計』標準偏差.
estar no desvio ① 解雇されている. ② 怠ける.
no desvio B 失業した ▶ Ele vive no desvio. 彼は定職につかずに暮らしている.

desvirar /dezvi'rax/ 他 (ひっくり返ったものを) 元に戻す.

desvirtuar /dezvixtu'ax/ 他 ❶ 名声を下げる, 価値を損ねる. ❷ 曲解する ▶ O jornalista desvirtuou as declarações do político. 記者は政治家の発言を悪意にとった.
— **desvirtuar-se** 再 本来の意味を失う.

detalhadamente /detaʎada'mẽtʃi/ 副 詳しく, 詳細に ▶ explicar detalhadamente 詳しく説明する.

detalhado, da /deta'ʎadu, da/ 形 詳しい, 詳細な ▶ explicação detalhada 詳しい説明.

detalhar /deta'ʎax/ 他 詳しく説明する ▶ O chefe detalhou como preparar uma boa sopa. シェフはおいしいスープの作り方を詳しく説明した.

‡**detalhe** /de'taʎi デターリィ/ 男 ❶ 詳細 ▶ Não se atenha a detalhes. 細かいことにとらわれるな / Para mais detalhes, favor consultar a prefeitura. 詳しくは市役所にお問い合わせください.
❷ 細部, ディテール ▶ Observe bem os detalhes desta construção histórica. この歴史的建築物の細部をよく観察ください.
em detalhes 詳しく, 詳細に.

detalhista

entrar em detalhes 詳細にわたる.

detalhista /deta'ʎista/ 形《男女同形》名 細部にこだわる（人）, 几帳面な（人）, 凝り性の（人）.

deteção /dətə'sẽw/ [複 deteções] 女 P =detecção

detecção /detek'sẽw/ [複 detecções] 女 B 探知, 検知, 検出 ▶ detecção de álcool アルコールの検出 / a detecção precoce do câncer がんの早期発見 / detecção de incêndio 火災察知.

detectar /detek'tax/ 他 B 検知する, 検出する, 感知する ▶ detectar álcool アルコールを検出する.

detectável /detek'tavew/ [複 detectáveis] 形《男女同形》B 検知可能な.

detector /detek'tox/ [複 detectores] 男 検知器, 探知機 ▶ detector de incêndios 火災報知器 / detector de mentiras 嘘発見器 / detector de metais 金属探知機.

detenção /detẽ'sẽw/ [複 detenções] 女 ❶ 拘留, 留置. ❷ 押収.

detento, ta /de'tẽtu, ta/ 名 拘留者, 受刑者.

detentor, tora /detẽ'tox, 'tora/ [複 detentores, toras] 名 所有者, 保持者 ▶ detentor do título タイトル保持者.
— 形 …を所有する, 保有する [+ de] ▶ uma empresa detentora de grandes marcas 有名ブランドを持つ会社.

‡**deter** /de'tex/ デテーフ/ ㊲ 他 ❶ 止める, くい止める ▶ deter a propagação do vírus ウイルスの蔓延をくい止める.
❷ 抑える ▶ Ela não pôde deter os gritos de alegria. 彼女は歓喜の叫びを抑えることができなかった.
❸ 持つ, 所持する ▶ Ele detém o título de doutor. 彼は博士の称号を持っている.
❹ 逮捕する.
— **deter-se** 再 止まる, 停止する ▶ A mulher deteve-se antes de falar a verdade. 女性は事実を話す前に一呼吸置いた.

detergente /detex'ʒẽtʃi/ 男 洗剤 ▶ detergente em pó 粉末洗剤 / detergente líquido 液体洗剤.

deterioração /deteriora'sẽw/ [複 deteriorações] 女 ❶ 悪化 ▶ a deterioração das condições de trabalho 労働条件の悪化. ❷ 腐敗 ▶ a deterioração dos alimentos 食物の腐敗.

deteriorar /deterio'rax/ 他 損なう, 悪化させる ▶ deteriorar a saúde 健康を損ねる.
— **deteriorar-se** 再 悪化する, 傷む.

determinação /detexmina'sẽw/ [複 determinações] 女 ❶ 決定, 確定.
❷ 決心, 決断, 毅然とした態度 ▶ com determinação 毅然と.
❸ 特定, 識別.
❹ 命令.

determinado, da /detexmi'nadu, da/ 形 ❶《名詞の前》特定の, ある ▶ determinadas pessoas ある人たち / em determinado momento ある時に / em determinados dias ある日に.
❷ あらかじめ決められた ▶ na hora determinada 決められた時刻に / contrato por prazo determinado 期限付きの契約.
❸ 意志の固い, 決然とした.

determinante /detexmi'nẽtʃi/ 形《男女同形》決定する, 決定的な ▶ fator determinante 決定的要因.
— **determinante** 男 ❶ 原因, 理由. ❷《文法》限定詞.

‡**determinar** /detexmi'nax/ デテフミナーフ/ ❶ 特定する, 突き止める ▶ determinar a causa do acidente 事故の原因を突き止める.
❷ 決定する, 決める ▶ determinar o preço 値段を決める.
❸ 命令する, 命じる ▶ O juiz determinou que os sindicatos suspendessem a greve. 裁判官は労働組合がストライキを止めるように命じた.
— **determinar-se** 再 ❶ 決心する.
❷《determinar-se a +不定詞》…する決心をする ▶ determinar-se a parar de fumar タバコを止める決心をする.

determinável /detexmi'navew/ [複 determináveis] 形《男女同形》決定されうる.

determinismo /detexmi'nizmu/ 男 決定論.

determinista /detexmi'nista/ 形《男女同形》《哲学》決定論的な.
— 名 決定論者.

‡**detestar** /detes'tax/ 他 嫌う, 憎む ▶ detestar matemática 数学が嫌いである / Detesto dirigir. 私は運転が嫌いだ / Detesto quando você atrasa. 私はあなたが遅刻するのが気に入らない.
— **detestar-se** 再 ❶ 自己嫌悪する ▶ Eu me detesto. 私は自分が嫌いだ. ❷ 憎み合う ▶ Eles se detestam. 彼らは憎み合っている.

detestável /detes'tavew/ [複 detestáveis] 形《男女同形》嫌悪すべき, 忌まわしい, 嫌な.

detetive /dete'tʃivi/ 男 刑事, 探偵 ▶ detetive particular 私立探偵.

detidamente /de,tʃida'mẽtʃi/ 副 注意深く, 念入りに.

detido, da /de'tʃidu, da/ 形 ❶ 拘留された. ❷ 足止めされた, 差し止められた.
— 名 受刑者, 留置人.

detonador, dora /detona'dox, 'dora/ [複 detonadores, doras] 形 爆発を起こす.
— **detonador** 男 起爆装置.

detonar /deto'nax/ 他 ❶ 爆発させる ▶ detonar uma bomba 爆弾を爆発させる. ❷《銃を》撃つ.
❸ …を引き起こす.
— 自 ❶ 爆発する. ❷ 射撃する.

detração /detra'sẽw/ [複 detrações] 女 誹謗, 悪口.

Detran /de'trẽ/《略語》B Departamento Estadual de Trânsito 州交通局.

detrás /de'tras/ 副 ❶《場所》後ろに.
❷ 続いて, 次いで.
detrás de... …の後に, …の後ろに ▶ A minha casa fica detrás da igreja. 私の家は教会の裏にある.
por detrás ① 後ろから. ② 陰で ▶ Maria falou mal de Pedro por detrás. 陰でマリアはペドロの悪口を言った.

detrator, tora /detra'tox, 'tora/ [複 detratores, toras] [形] [名] 誹謗する（人），悪口を言う（人）.

detrimento /detri'mẽtu/ [男] 損害，損失.

em detrimento de... …を犠牲にして.

detrito /de'tritu/ [男] 岩屑(がんせつ)，くず，残骸，がらくた.

deturpar /detux'pax/ [他] ゆがめる，歪曲する ▶ Este relatório deturpa os fatos. この報告は事実を歪曲している.

deu [活用] ⇒ dar

⁑**deus** /'dews デゥス/ [[複] deuses] [男] ❶《Deus》(一神教の) **神** ▶ o Deus dos cristãos キリスト教徒の神 / acreditar em Deus 神を信じる / amar a Deus 神を愛する ([注] Deus が他動詞の目的語になる場合前置詞 a がつくのが普通) / servir a Deus 神に仕える / ficar com Deus 神とともにある.

❷ (多神教の) 神 ▶ deus da guerra 戦の神 / os deuses da mitologia grega ギリシャ神話の神々.

❸ 神のような存在 ▶ o deus do futebol サッカーの神様.

a Deus e à ventura 運任せで，成り行きで.

Deus e o mundo みんな，誰でも.

Deus é testemunha. 神がご存じだ.

Deus me livre! そんなことになりませんように，まっぴらだ.

Deus me perdoe, mas... こう言ってはなんだが.

É Deus no céu e ... na terra. 神の次に偉いのは…だ.

graças a Deus ありがたいことに，おかげさまで.

Meu Deus! 何てことだ.

pelo amor de Deus 後生だから，お願いだから.

queira Deus ＋[接続法] どうか…でありますように.

Santo Deus! おお，神様.

Se Deus quiser! うまくいけば，多分.

Só Deus sabe. 神のみぞ知る.

Vá com Deus! どうぞお達者で.

deusa /'dewza/ [女] 女神 ▶ deusa do amor 愛の女神.

deus-dará /ˌdewzda'ra/ [男]《次の成句で》

ao deus-dará 運まかせで ▶ Eles resolveram deixar tudo ao deus-dará. 彼らはすべてを運に任せることにした.

deus nos acuda /ˌdewznuza'kuda/ [男]《単 複同形》大騒ぎ，騒動.

⁑**devagar** /deva'gax デヴァガーフ/ [副] **急がずに，ゆっくりと** (←→ depressa) ▶ comer devagar ゆっくり食べる / Por favor, fale mais devagar. もっとゆっくり話してください / Devagar se vai ao longe. [諺] 急がば回れ.

— [間] ゆっくり，急がないで.

devagarinho /devaga'rĩɲu/ [副] ごくゆっくりと.

devanear /devane'ax/ ⑩ [他] 空想する，夢想する.

— [自] ❶ 空想する，夢想する ▶ Pedro passa o tempo devaneando. ペドロはいつも空想にふけっている.
❷ うわごとを言う.

devaneio /deva'neju/ [男] 夢想，空想.

devassa /de'vasa/ [女] ❶ 調査. ❷ 取り調べ.

devassar /deva'sax/ [他] ❶ …を覗き見する.
❷ 探る ▶ A mulher ciumenta sempre devassava os pertences do marido. やきもち焼きの妻はいつも夫の持ち物を探っていた.
❸ 取り調べる.

devassidão /devasi'dẽw̃/ [[複] devassidões] [女] 放蕩，放縦.

devasso, sa /de'vasu, sa/ [形] 放縦な，放蕩三昧の.

— [名] 放蕩者.

devastação /devasta'sẽw̃/ [[複] devastações] [女] 破壊，荒廃 ▶ a devastação das florestas 森林の破壊.

devastador, dora /devasta'dox, 'dora/ [[複] devastadores] [形] 荒らす，荒廃させる；破壊的な ▶ terremoto devastador 破壊的地震 / efeitos devastadores 破壊的影響.

— [名] 破壊者.

devastar /devas'tax/ [他] 荒廃させる，破壊する ▶ A guerra devastou o país. 戦争がその国を荒廃させた.

devedor, dora /deve'dox, 'dora/ [[複] devedores, doras] [名] 債務者，借り手.

— [形] 負債のある ▶ país devedor 債務国.

⁑**dever** /de'vex デヴェーフ/ [他] [1]《助動詞的に》《dever ＋[不定詞]》

❶《義務，必要》…**しなければならない** ▶ Devo estudar mais. 私はもっと勉強しなければならない / Você não deve sair agora. 今は外出してはいけない / Você devia ter me avisado! 言ってくれたらよかったのに / 《直説法過去未来形で》Você deveria esforçar-se mais. あなたはもっと努力するべきだ / Eu deveria ter estudado a língua portuguesa um pouco mais. もう少しポルトガル語を勉強しておけばよかった / Eu não deveria ter dito aquilo. 私はあのようなことを言うべきではなかった.

❷《可能性，推定》…**に違いない，…のはずである** ▶ Deve ser assim. そうに違いない / Você deve estar cansado. お疲れでしょう / Ela deve ter uns trinta anos. 彼女は30歳ぐらいに違いない / Amanhã deve chover. 明日はきっと雨だ / Não deve ser muito difícil. それほど難しいはずがない / Cedo ou tarde a verdade deverá ser esclarecida. 遅かれ早かれ真実が明らかになるだろう.

[2]《dever algo a alguém》…を…に負っている.

❶ …から (金品を) **借りている** ▶ Devo muito dinheiro aos amigos. 私は友人にずいぶんと借金がある.

❷ …に…**の恩恵を受けている** ▶ Devo a meus pais muitos sucessos da vida. 人生の成功の多くを両親に負っている.

— [自]《dever de ＋[不定詞]》…に違いない，…らしい ▶ Ele devia de estar distraído. 彼はぼんやりしていたのだろう.

— **dever-se** [再] …**のせいである** [＋ a] ▶ A atual crise financeira se deve à má política do governo. 現在の財政危機は政府の悪政のせいである.

como deve ser しかるべき，きちんとした.

— [男] [[複] deveres] ❶ 義務 ▶ cumprir o seu dever 自分の義務を果たす / O dever me chama. (残念だが) 仕事に戻らなければ / dever de consciência 道徳意識，道義心，良心. ❷ 宿題 (＝ dever

deveras

de casa) ▶fazer o dever de casa 宿題をする / O professor passa dever de casa para o aluno. 教師が生徒に宿題を出す.

> **語法** 義務と断定・推定の表現 dever, ter que, haver de
>
> dever, ter que, haver de はそれぞれ「…すべきである」という義務や「…にちがいない, …らしい」という断定・推定を表す.
>
> Às oito horas vocês devem descer para o jantar. 8時に君たちは夕食に降りて来なければいけない.
> Mário deve chegar atrasado hoje à noite. 今夜マリオは遅れてくるだろう.
> As crianças têm que beber leite. 子供たちは牛乳を飲むべきだ.
> Ele tem que estar cansado depois do trabalho. 仕事の後で彼は疲れているはずだ.
> Hei de vencer esse jogo. 私はこの試合に勝たなければいけない.
>
> 義務を表す表現としては ter que の方が dever より意味が強く,「必ず…しなければならない」という意味になる.
> haver de はポルトガルでは今でも用いられるが, ブラジルでは書き言葉的表現である.

deveras /de'veras/ 副 とても, 本当に ▶Maria tem sofrido deveras. マリアは本当に苦しんでいる.

devidamente /de,vida'mẽtʃi/ 副 ふさわしく, しかるべく, 適切に ▶A mercadoria foi devidamente encaminhada. 商品はきちんと発送された / devidamente punido しかるべく処罰を受けた.

*devido, da /de'vidu, da/ デヴィード, ダ/ 形 (dever の過去分詞) ❶ 支払うべき, 返すべき.
❷ ふさわしい, 必要な ▶com o devido cuidado 十分注意して / devido processo legal 法に基づく適正手続, デュー・プロセス / da maneira devida 適切に / não prestar a devida atenção 必要な注意を払わない.
devido a... …のために ▶O povo começou a poupar mais devido à crise econômica. 経済危機のせいで国民はより節約するようになった.
no devido tempo しかるべき時に, 都合のよい時に.
— **devido** 男 借金, 負債.

devoção /devo'sẽw/ [複 devoções] 女 ❶ 献身 ▶ devoção à pátria 祖国への献身.
❷ 敬虔, 崇拝, 信心, 信仰 ▶devoção à Virgem Maria 聖母マリアへの信仰.
❸ 熱意, 専念, 傾倒 ▶devoção à música 音楽への傾倒.

devolução /devolu'sẽw/ [複 devoluções] 女 返品, 払い戻し ▶devolução de mercadoria 商品の返品 / Não aceitamos devoluções. 返品には応じられません / devolução de impostos 税の還付.

***devolver /devow'vex/ デヴォゥヴェーフ/ 他 ❶ 返す, 返却する, 返済する ▶Devolverei o seu livro na semana que vem. 私は来週あなたの本を返す / Amanhã lhe devolvo o dinheiro que você me emprestou. 私は貸してもらったお金を明日あなたに返す.
❷ 言い返す, 反論する ▶Ela devolveu em dobro a crítica que recebeu. 彼女は受けた批判を倍にして返した.

devorador, dora /devora'dox, 'dora/ [複 voradores, doras] 形 がつがつした, むさぼり食う ▶ fome devoradora 猛烈な空腹 / fogo devorador 業火.
— 名 むさぼり食う人.

devorar /devo'rax/ 他 ❶ むさぼる, がつがつ食べる ▶devorar a comida 食べ物をむさぼる / devorar um livro 本をむさぼり読む.
❷ 使い果たす, 蕩尽する.
❸ 破壊し尽くす ▶Um incêndio devorou completamente a igreja. 火事がその教会を焼き尽くした.

devotar /devo'tax/ 他 ❶ 奉納する.
❷ 捧げる, 献ずる ▶Devoto muitas horas ao estudo. 私は勉強に何時間もつぎこむ / Devotei minha vida a cuidar dos mais pobres. 私は貧しい人々の世話に人生を捧げた.
— **devotar-se** 再 …に献身する [+a] ▶Devotou-se inteiramente ao trabalho. 彼は仕事にすべてを捧げた.

devoto, ta /de'votu, ta/ 形 ❶ 信心深い, 敬虔な ▶um católico devoto 敬虔なカトリック信者. ❷ 献身的な, 忠実な ▶um filho devoto 献身的な息子.
— 名 信心家.

***dez /'des/ デス/ 形《数》《不変》❶ 10の ▶dez homens 10人の男. ❷ 10番目の ▶às dez horas 10時に.
— 男 10.
comer por dez 大食いである.
dar de dez em... …に圧勝する.
de dez a um ① まったく正しい. ② とてもよい.
estar entre as dez e as onze ほろ酔い加減である.

dez. 《略語》dezembro 12月.

dezanove /dəzɐ'nɔvə/ 形 男 P = dezenove
dezasseis /dəzɐ'sɐjʃ/ 形 男 P = dezesseis
dezassete /dəzɐ'sɛtə/ 形 男 P = dezessete

**dezembro /de'zẽbɾu/ 男 12月 ▶em dezembro 12月に.

*dezena /de'zɛna/ デゼーナ/ 女 《uma dezena de...》10の…, 約10の… ▶uma dezena de pessoas 約10人 / dezenas de dias 何十日.

**dezenove /deze'nɔvi/ デゼノーヴィ/ 形《数》《不変》B ❶ 19の ▶uma classe com dezenove estudantes 19人の学生のクラス / Andei dezenove quilômetros. 私は19キロ歩いた.
❷ 19番目の ▶Leia a página dezenove. 19ページを読みなさい / século XIX 19世紀 / dia 19 de março 3月19日.
— 男 19.

**dezesseis /deze'sejs/ デゼセィス/ 形《数》❶ 16の ▶Tenho dezesseis anos. 私は16歳だ. ❷ 16番目の.
— 男 16.

dezessete
/deze'sɛtʃi デゼセーチ/ 形《数》❶ 17の. ❷ 17番目の.
— 男 17.

dezoito
/de'zojtu デゾイト/ 形《数》❶ 18 の. ❷ 18番目の.
— 男 18.

DF《略語》B Distrito Federal 連邦 (特別) 区.

dia
/'dʒia ヂーア/ 男 ❶ 1日, 日 ▶ há três dias 3 日前に, 3 日前から / em dois dias 2 日で / dez dias de férias 10 日間 の 休暇 / Roma não foi feita em um dia. ローマは 1 日にしてならず / Quantos dias você vai ficar aqui? ここには何日 滞在しますか.

❷《時点, 日付としての》日 ▶ Que dia é hoje? 今日は何曜日ですか / todo dia = todos os dias 毎日 / cada dia = todo o dia 日 々 / dia sim dia não = em dias alternados 一日おきに / de dois em dois dias 2 日に 1 度 / de três em três dias 3 日に 1 度 / dia após dia 毎日, 来る日も来る日も / dia a dia 日 々 / Escovo os dentes três vezes ao dia. 私は 1 日に 3 回歯を磨く / Meu aniversário é no dia três de maio. 私の誕生日は 5 月 3 日です / o dia inteiro 一 日 中 / Ontem eu fiquei em casa o dia todo. 昨日家で一日中家にいた / naquele dia その日に / no dia seguinte 翌日に / no dia anterior 前 日 に / dia da semana 平 日 / outro dia 先 日 / Outro dia, vi um filme interessante. 先日私は面白い映画を見た / Quero ir ao Brasil algum dia. 私はいつかブラジルへ行きたい / certo dia ある日, いつか / Até um dia. またいつか会いましょう / Dia dos Namorados 恋人の日 (6月12日) / dia livre 休日 / dia útil 平日, 労働日.

❸ 昼間, 日中, 日の光 (↔ noite) ▶ O dia ficou longo. 日が長くなった / O dia ficou curto. 日が短くなった / Vamos embora enquanto é dia. 明るいうちに帰ろう / dia e noite 昼夜, 昼も夜も / durante o dia 昼間に / em pleno dia 真昼間に / trocar o dia pela noite 昼と夜を逆転する.

❹《ある天候の》日 ▶ Os dias chuvosos são depressivos. 雨の日は憂鬱だ.

❺《dias》時代, 生涯 ▶ em nossos dias 現代では, 今日(ﾋﾞ)では / Meus dias estão contados. 私はこの先が長くない / estar com os dias contados 余命が幾ばくもない.

claro como o dia 火を見るよりも明らかな.
com dia 昼間に.
como o dia e a noite 昼と夜のように.
de dia 昼間に, 日中に ▶ Esse escritor dorme de dia e escreve seus romances de noite. その作家は昼は寝て夜小説を書く.
de um dia para o outro 一朝一夕に, 突然.
dia D デイ.
do dia para a noite 一朝一夕に, いつの間にか, 突然.
estar contando os dias 指折り数えて待っている.
estar em dia 時流に明るい.
estar por dias (数日内に) 迫っている.
ganhar o dia 有意義な一日を過ごす.
Haveis de ver esse dia. ① その日が来るのを覚悟しなさい. ② その日を楽しみに待ちなさい.
Hoje não é o meu dia. 今日は調子がよくない.
mais dia, menos dia 早晩, 遅かれ早かれ.
Nem todo dia é dia santo. いいことばかりあるわけではない.
num dia desses そのうちいつか.
o dia de amanhã 将来.
pôr em dia 更新する, アップデートする.
pôr-se em dia 最新の情報を集める, 現在の状況を知る.
qualquer dia desses いつの日か, いずれ.
Tenha um bom dia! 行ってらっしゃい.
ter seu dia 願いのかなう日がある.
um dia destes ① つい最近. ② そのうちに. ③ いつか.
ver o dia 生まれる, 生を受ける.

dia a dia
/ˌdʒia'dʒia/ [複 dia(s) a dias] 男 日々の暮らし.

diabetes
/dʒia'bɛtʃis/ 男 女《単複同形》糖尿病.

diabético, ca
/dʒia'bɛtʃiku, ka/ 形 糖尿病の, 糖尿病にかかった.
— 名 糖尿病患者.

diabo
/dʒi'abu ヂアーボ/ 男 ❶ 悪魔, 悪霊, サタン ▶ possuído pelo diabo 悪魔に取り憑かれた / diabo de saias スカートを履いた悪魔, 魔性の女 / Ele é o diabo em pessoa. 彼は悪魔の化身だ.

❷ 男, やつ ▶ pobre diabo かわいそうなやつ.

— 間 ❶ うわーっ, 畜生 (驚き, 感嘆, 憤慨など).

❷《疑問詞の後で》一体全体 ▶ Que diabo é isso? これは一体何だ / calor dos diabos ひどい暑さ.

como o diabo gosta すばらしい, 最高の.
Com os diabos! 何てことだ.
diabo em figura de gente 腕白小僧, やんちゃ坊主.
enquanto o diabo esfrega o olho 一瞬にして.
estar com o diabo no corpo 手に負えない状態である.
fazer o diabo 大成功を収める.
fazer o diabo a quatro 羽目を外す.
frio dos diabos ひどい寒さ.
levar o diabo 姿を消す, 死ぬ.
levar-se do diabo 怒り狂う.
mandar (alguém) para o diabo 厄介払いする.
mandar ao diabo 厄介払いする.
O diabo anda à solta. (悪魔が徘徊している→) 異変が続いている.
O diabo que carregue. 悪魔にさらわれてしまえ.
pintar o diabo いたずらをする, 大騒ぎをする.
Que diabo! こん畜生め (憤りを表す) ▶ Que diabo! Por que é que você fez essas coisas? こら, 何でそんなことをしたんだ.
ser o diabo em figura de gente 人の形をした悪魔だ, 非常に落ち着きがない, 大変ないたずら好きである.
ter o diabo no corpo 手に負えない状態である.
Vá para o diabo! あっちへ行け, うせろ.

diabólico, ca
/dʒia'bɔliku, ka/ 形 悪魔の, 魔性

の ▶tentação diabólica 悪魔の誘惑 / uma ideia diabólica 悪魔的な考え.

diabrete /dʒia'bretʃi/ 男 ❶ 小悪魔. ❷ いたずらっ子.

diabrura /dʒia'brura/ 女 ❶ 悪魔の仕業. ❷ いたずら ▶As diabruras dos filhos a deixavam em apuros. 子供たちのいたずらは彼女を困らせていた.

diacho /dʒi'aʃu/ 男 悪魔.
— 間 うわーっ, おやおや, まあ, 畜生 (驚き, 感嘆, 憤慨など) ▶Diacho! O plano foi em vão. 畜生め, 計画が台無しだ.

diácono /dʒi'akonu/ 男【カトリック】助祭；【プロテスタント】執事.

diacrítico, ca /dʒia'kritʃiku, ka/ 形 sinais diacríticos 区別記号, 補助記号.

diacrónico, ca /diɐ'krɔniku, kɐ/ 形 P = diacrônico

diacrônico, ca /dʒia'kroniku, ka/ 形 B【言語】通時的な.

diadema /dʒia'dema/ 男 王冠, 宝冠, ティアラ.

diáfano, na /dʒi'afanu, na/ 形 半透明の, 透いた, 澄んだ.

diafragma /dʒia'fragima/ 男 ❶【解剖】横隔膜. ❷ (避妊用) ペッサリー. ❸ (カメラの) 絞り.

diagnosticar /dʒiaginostʃi'kax/ 29 他 診断する ▶O médico diagnosticou uma grave doença. 医師は重篤な病気と診断を下した / O governo quer diagnosticar a situação atual da Amazônia. 政府はアマゾン熱帯雨林の現状を分析しようとしている.

***diagnóstico** /dʒiagi'nɔstʃiku チアギノスチコ/ 男 診断 ▶fazer um diagnóstico 診断する / diagnóstico da hepatite A A型肝炎の診断 / erro de diagnóstico 誤診.

diagonal /dʒiago'naw/ [複 diagonais] 形《男女同形》❶ 対角線の. ❷ 斜めの.
— 女 対角線.
em diagonal 斜めに.

diagrama /dʒia'grema/ 男 図, 図表, 図式, 図形 ▶diagrama de fluxo フローチャート / diagrama de barras 棒グラフ.

diagramador, dora /dʒiagrama'dox, 'dora/ [複 diagramadores, doras] 名 デザイナー.

diagramar /dʒiagra'max/ 他 (出版物の紙面を) レイアウトする.

dialética /dʒia'lɛtʃika/ 女【哲学】弁証法.

dialético, ca /dʒia'lɛtʃiku, ka/ 形 弁証法的な ▶materialismo dialético 弁証法的唯物論.

dialeto /dʒia'lɛtu/ 男 方言 ▶falar o dialeto local 地元の方言を話す.

dialogar /dʒialo'gax/ 11 自 対話する, 話し合う ▶dialogar com os filhos 子供たちと対話する.
— 他 …を会話体で書く.

***diálogo** /dʒi'alogu チアロゴ/ 男 ❶ 対話, 問答, 討論 ▶os diálogos de Platão プラトンの対話篇 / Há sempre diálogo entre os alunos e professores nesta aula. この授業では生徒と教師の話し合いが常にある.
❷ 会話 ▶Os alunos têm que apresentar um diálogo usando a matéria dada. 生徒は与えられた課題を使って会話を発表しなければならない.

diamante /dʒia'mẽtʃi/ 男 ダイヤモンド ▶um anel de diamante ダイヤモンドの指輪 / diamante bruto ダイヤの原石.

diametralmente /dʒiame,traw'mẽtʃi/ 副 正反対に ▶opiniões diametralmente opostas 正反対の意見.

diâmetro /dʒi'ẽmetru/ 男 直径 ▶Esta mesa tem 1 metro de diâmetro. このテーブルは直径が1メートルある.

‡**diante** /dʒi'ẽtʃi チアンチ/ 副 前方に, 前に ▶de agora em diante 今から / de janeiro em diante 1月から / ir por diante 前に進む, 前進する.
diante de... ①《空間》…の前に ▶Estendeu-se uma maravilhosa paisagem diante de nossos olhos. すばらしい景色が眼前に開けた. ②…を前にして, …に直面して ▶Estamos diante de um problema grave. 私たちは深刻な問題に直面している.

dianteira[1] /dʒiẽ'tejra/ 女 ❶ 先頭, 先端 ▶a dianteira do carro 車の前部.
❷ リード ▶ir na dianteira 先頭を行く / estar na dianteira リードしている / tomar a dianteira リードを奪う, 首位に立つ / ganhar a dianteira 先んじる, 牽引する.
dar a dianteira 先を譲る.
estar à dianteira de... …のトップを行く.
levar dianteira 前進する.

dianteiro, ra[2] /dʒiẽ'tejru, ra/ 形 前にある, 前の (↔ traseiro) ▶rodas dianteiras (自動車の) 前輪 / pneus dianteiros 前輪のタイヤ.

diapasão /dʒiapa'zẽw/ [複 diapasões] 男 音叉.

diária[1] /dʒi'aria/ 女 ❶ 日当.
❷ 出張手当.
❸ (ホテルの) 1日の宿泊料 ▶Quanto é a diária, por favor? 一泊いくらですか.

diariamente /dʒi,aria'mẽtʃi/ 副 毎日 ▶caminhar diariamente 毎日歩く.

‡**diário, ria**[2] /dʒi'ariu, ria チアーリオ, リア/ 形 毎日の, 日々の, 日常の ▶a vida diária 日々の生活 / O exercício diário é muito importante. 日々の運動がとても大切である.
— **diário** 男 ❶ 日記 ▶escrever um diário 日記をつける.
❷ 日誌 ▶O diário da classe está em cima da mesa. 学級日誌は机の上にある.

diarista /dʒia'rista/ 女 日雇いのメード.

diarreia /dʒia'xeja/ 女 下痢.

diáspora /dʒi'aspora/ 男 ❶ ディアスポラ (バビロン捕囚後のユダヤ人の離散). ❷ 民族の離散, 四散.

diástole /dʒi'astoli/ 女 (心臓の) 拡張.

dica /'dʒika/ 女 B 助言, 秘訣, こつ ▶dar uma dica 助言する / 10 dicas para dormir bem 安眠するための10の裏技.

dicção /dʒik'sẽw/ [複 dicções] 女 発声法, 話し方, 滑舌.

‡‡**dicionário** /dʒisio'nariu チスィオナーリオ/ 男 辞書, 辞典 ▶procurar uma palavra no dicionário 辞書で言葉を探す / consultar um dicionário 辞書を引く / dicionário português-japonês ポルトガル語・日本語辞典 / di-

dicionário da língua portuguesa ポルトガル語辞典 / **dicionário de filosofia** 哲学辞典 / **dicionário de provérbios** 諺辞典 / **dicionário bilíngue** 二か国語辞典 / **dicionário etimológico** 語源辞典 / **dicionário eletrônico** 電子辞書.

dicionário vivo 生き字引.

dicotomia /dʒikoto'mia/ 囡 ❶ 二分, 二項対立. ❷『論理』二分法.

didata /dʒi'data/ 囝 ❶ 教育者, 教師. ❷ 学習書の著者.

didático, ca /dʒi'datʃiku, ka/ 形 教育的な, 教育の ▶ **material didático** 教材.

— **didática** 囡 教授法, 教育法.

diesel /'dʒizew/ 男 ディーゼル ▶ **motor a diesel** ディーゼルエンジン / **óleo diesel** 軽油.

dieta /dʒi'eta/ 囡 ❶ 食餌療法.
❷ ダイエット, 節食 ▶ **fazer dieta** ダイエットする / **estar de dieta** ダイエット中である / **dieta zero** ゼロカロリーダイエット.
❸ 習慣的な食事 ▶ **dieta rica em proteínas** タンパク質の豊富な食事 / **dieta balanceada** バランスのとれた食事 / **dieta japonesa** 日本人の食事 / **dieta macrobiótica** 自然食.
❹ 国会.

dietético, ca /dʒie'tɛtʃiku, ka/ 形 食餌療法の.

— **dietética** 囡 食餌療法学, 栄養学.

dietista /dʒie'tʃista/ 囝 食餌療法士.

difamação /dʒifama'sẽw/ [複 **difamações**] 囡 中傷, 誹謗, 名誉毀損.

difamador, dora /dʒifama'dox, 'dora/ [複 **difamadores**] 形 名誉毀損の.

— 名 中傷者, 名誉毀損者, 誹謗者.

difamar /dʒifa'max/ 他 …を中傷する, …の名誉を毀損する.
— 自 …を中傷する [+ **de**].

— **difamar-se** 再 名誉を失う.

difamatório, ria /dʒifama'tɔriu, ria/ 形 中傷する, 名誉毀損の, 誹謗する.

‡**diferença** /dʒife'rẽsa/ チフェレンサ 囡 ❶ 違い, 差異, 相違 ▶ **Qual é a diferença entre o homem e a mulher?** 男女の違いは何か / **diferença de idade** 年齢差 / **diferença de altura** 身長の差 / **diferença de opinião** 意見の違い / **uma diferença de dois anos** 2歳の違い / **Que diferença faz?** どこが違うのですか / **Não faz diferença.** 違いはない.
❷ 区別 ▶ **Ele não faz diferença entre a criança e o adulto.** 彼は子供と大人を区別しない.
❸ 変化 ▶ **diferença de clima** 気候の変化.
❹ 差, 差額 ▶ **A diferença é de 100 ienes.** 差額は100円だ.

à diferença de... …とは異なって.

fazer a diferença 重要である, 重きをなす, 違いをもたらす.

fazer diferença ① 要因となる, 本質的である. ② 値下げを容認する.

fazer diferença entre... …を区別する, 差別する.

diferençar /dʒiferẽ'sax/ ⑬ 他 ❶ 区別する ▶ **Temos que diferençar as cédulas falsas das verdadeiras.** 私たちは偽造紙幣と本物の紙幣とを区別しなければならない. ❷ 見分ける, 識別する ▶ **Como sou míope, sem os óculos, não diferenço bem as letras.** 私は近視なので眼鏡がないと何と書いてあるかわからない.

— **diferençar-se** 再 異なる ▶ **Aquele pintor se diferençava dos outros artistas.** あの画家は他の芸術家たちとは違っていた.

diferenciação /dʒiferẽsia'sẽw/ [複 **diferenciações**] 囡 ❶ 区別, 識別 ▶ **fazer a diferenciação entre adjetivo e advérbio** 形容詞と副詞を区別する.
❷『生物』分化 ▶ **diferenciação celular** 細胞分化.
❸『数学』微分.
❹ (製品の) 差別化 ▶ **diferenciação do produto** 製品差別化.

diferenciar /dʒiferẽsi'ax/ 他 ❶ 区別する. ❷ 見分ける, 識別する. ❸『数学』微分する.

— **diferenciar-se** 再 異なる, 違う ▶ **Como se diferenciam os seres vivos e não vivos?** 生物と無生物はどう異なるのか.

‡**diferente** /dʒife'rẽtʃi/ チフェレンチ 形《男女同形》❶ (…と) 異なる, 違う [+ **de**] ▶ **O artista geralmente tem um jeito diferente de ver o mundo.** 一般的に芸術家は人とは違った世界観を持っている / **viver de maneira diferente** 生き方を変える / **A aula da professora estava um pouco diferente hoje.** 先生の授業は今日少し違っていた / **Esta cor é totalmente diferente daquela que encomendei.** この色は私が注文したのとはまったく異なっている / **É diferente do que eu imaginava.** 私の想像とは違っている.
❷《**diferentes**》様々な ▶ **Todos têm diferentes modos de pensar.** 皆様々な考え方をする.

— 副 違った方法で ▶ **pensar diferente** 考え方を変える.

diferentemente /dʒife,rẽtʃi'mẽtʃi/ 副 ❶ 異なった方法で ▶ **pensar e agir diferentemente** 思考と行動の方法を変える. ❷ …とは異なって [+ **de**].

diferido, da /dʒife'ridu, da/ 形 延期された.

diferimento /dʒiferi'mẽtu/ 男 延期, 延滞, 先送り ▶ **diferimento do imposto** 税金の滞納.

diferir /dʒife'rix/ ⑥ 他 延期する, 延ばす ▶ **Teve que diferir a viagem.** 彼は旅行を延期しなければならなかった.

— 自 …と異なる, 相違する [+ **de**] ▶ **Minha opinião difere da sua.** 私の意見はあなたと違う.

‡**difícil** /dʒi'fisiw/ チフィースィゥ [複 **difíceis**] 形《男女同形》《絶対最上級 **dificílimo**》❶ 難しい, 困難な；苦難しい, 面倒な (↔ **fácil**) ▶ **É uma pergunta difícil.** それは難しい質問だ / **tempos difíceis** 苦難の時期 / **Ela é uma aluna difícil.** 彼女は難しい生徒だ / **mais difícil do que parece** 思ったよりも難しい, 骨が折れる.
❷《**difícil de** +不定詞》…しにくい, …するのが難しい ▶ **O português é difícil de dominar.** ポルトガル語はマスターするのが難しい / **Ela é uma pessoa difícil de contentar.** 彼女は気難しい人だ.
❸《**É difícil** +不定詞》…することは難しい ▶ É difí-

cil fazer alguém feliz. 人を幸福にすることは難しい.
❹《É difícil que +[接続法]》…はありそうもない ▶ É difícil que isso aconteça. それは起こりそうもない.
— [男]《o difícil》難しいこと ▶ O difícil é ser fácil. 難しいのは簡単であることだ.
— [副] 難しく ▶ falar difícil 難しく話す.
bancar o difícil 負けず嫌いである.
fazer-se de difícil 負けず嫌いである, 他人の意見を受け入れない.

dificílimo, ma /dʒifi'silimu, ma/ [形] difícil の絶対最上級.

dificilmente /dʒifiˌsiw'mẽtʃi/ [副] ❶ かろうじて, やっと ▶ respirar dificilmente やっと息をする. ❷《否定的に》なかなか (しにくい) ; まず (できない) ▶ Dificilmente um casamento será bem-sucedido sem amor. 愛情なしに結婚生活がうまくいくことはまずない.

***dificuldade** /dʒifikuw'dadʒi チフィクゥダーヂ/ [女] **難しさ, 困難** (⟷facilidade) ▶ andar com dificuldade 歩くのが困難である / sem dificuldade 簡単に, 易々と / vencer dificuldades 困難を克服する / dificuldade de aprendizagem 学習障害 / Tenho dificuldade de dizer não. 私はなかなか嫌と言えない / empresas em dificuldade 難局にある企業.

dificultar /dʒifikuw'tax/ [他] 難しくする, 困難にする, 妨げる ▶ O mau tempo dificultou a corrida. 悪天候がレースを難しくした.
— **dificultar-se** [再] 難しくなる.

dificultoso, sa /dʒifikuw'tozu, 'tɔza/ [形] 困難な, 厄介な, 骨の折れる.

difteria /dʒifite'ria/ [女]〖医学〗ジフテリア.

difundir /dʒifũ'dʒix/ [他] ❶ 拡散する, 放散する. ❷ 広める, 流布させる, 普及させる ▶ difundir a educação 教育を広める. ❸ 放送する ▶ difundir notícias ニュースを放送する.
— **difundir-se** [再] 広まる, 普及する.

difusão /dʒifu'zɐ̃w̃/ [[複] difusões] [女] ❶ 拡散, 散乱 ▶ a difusão da luz 光の拡散. ❷ 伝播(ぱ), 流布, 普及 ▶ a difusão do conhecimento 知識の普及. ❸ 放送.

difuso, sa /dʒi'fuzu, za/ [形] ❶ 拡散した, 四方に広がった ▶ luz difusa 散光, 散乱光.
❷ 冗漫な, 冗長な.
❸ ぼんやりした ▶ uma imagem difusa ぼんやりした画像.

difusor, sora /dʒifu'zox, 'zora/ [[複] difusores, soras] [形] 広める, 普及させる, 流布させる.
— [名] 普及者, 伝播者.
— **difusor** [男] 拡散器 ▶ difusor de aroma 芳香拡散器.

diga [活用] ⇒ dizer

digerir /dʒiʒe'rix/ ㊶ [他] ❶ 消化する ▶ digerir os alimentos 食べ物を消化する. ❷ 会得する, 飲み込む.
— [自] 消化する.

digestão /dʒiʒes'tɐ̃w̃/ [[複] digestões] [女] ❶ 消化 ▶ fazer a digestão 消化する / alimentos de fácil digestão 消化しやすい食べ物 / facilitar a digestão 消化を助ける. ❷ 会得, 吸収.

digestivo, va /dʒiʒes'tʃivu, va/ [形] ❶ 消化の, 消化を助ける ▶ aparelho digestivo 消化器 / chá digestivo 消化を助ける茶. ❷ わかりやすい, 取っつきやすい.
— **digestivo** [男] 消化剤, 消化を助ける飲み物 (ブランデーなど).

digitação /dʒiʒita'sɐ̃w̃/ [[複] digitações] [女] キーボード入力, タイプ ▶ erro de digitação 誤植.

digital /dʒiʒi'taw/ [[複] digitais] [形]《男女同形》❶ 指の ▶ impressão digital 指紋. ❷ デジタルの ▶ relógio digital デジタル時計.
— [女]〖植物〗ジギタリス.

digitalização /dʒiʒitaliza'sɐ̃w̃/ [[複] digitalizações] [女] デジタル化.

digitalizado, da /dʒiʒitali'zadu, da/ [形] デジタル化された ▶ imagem digitalizada デジタル化された画像.

digitalizar /dʒiʒitali'zax/ [他] デジタル化する ▶ digitalizar uma imagem 画像をデジタル化する.

digitar /dʒiʒi'tax/ [他] [自] (キーボードで) 入力する, タイプする ▶ digitar com um dedo 1本指でタイプする / Digite abaixo o que você vê na imagem. 画像の文字を下に入力してください.

dígito /'dʒiʒitu/ [男] ❶ (0から9の) アラビア数字, 桁 ▶ senha de quatro dígitos 4桁の暗証番号 / dígito de verificação 検査数字, チェックディジット.
❷〖情報〗ディジット ▶ dígito binário 2進数字, ビット.
❸ 指.

dignamente /ˌdʒigina'mẽtʃi/ [副] 品位をもって, 尊厳をもって ▶ viver dignamente 品位のある暮らしをする / morrer dignamente 尊厳ある死を迎える.

dignar-se /dʒigi'naxsi/ [再]《dignar-se + (de) [不定詞]》…して下さる ▶ Ela não se dignou de olhar-me nos olhos. 彼女は私の目を見てくれなかった.

*__dignidade__ /dʒigini'dadʒi ヂギニダーヂ/ [女] ❶ **尊敬, 品位**, 誇り ▶ dignidade humana 人間の尊厳 / com dignidade 威厳をもって. ❷ 高位, 要職 ▶ dignidade de reitor 学長という要職.

dignificar /dʒiginifi'kax/ ㉙ [他] 威厳を与える ▶ O trabalho dignifica o homem. 労働は人に尊厳を与える.
— **dignificar-se** [再] 威厳が備わる, 貫禄がつく ▶ O homem se dignifica com o trabalho. 人間は労働によって自らに尊厳を与える.

dignitário, ria /dʒigini'tariu, ria/ [名] 地位の高い人, 高官.

*__digno, gna__ /'dʒiginu, na ヂギノ, ナ/ [形] ❶ **威厳のある, 尊敬に値する** ▶ Ele é uma pessoa digna. 彼は威厳のある人だ.
❷ **…に値する**, ふさわしい [+de] ▶ uma obra digna de louvores 称賛に値する作品 / digno de confiança 信頼に値する / digno de menção 言及する価値がある / uma peça digna de muitos prêmios たくさんの賞にふさわしい芝居.

digo 活用 ⇒ dizer
digressão /dʒigre'sẽw/ [複 digressões] 女 ❶ 旅行 ▶ fazer uma digressão 旅行する. ❷ (話や文章の) 脱線, 余談.
dilação /dʒila'sẽw/ [複 dilações] 女 延期, 遅滞, 遅延 ▶ sem dilação 遅滞なく.
dilaceração /dʒilasera'sẽw/ [複 dilacerações] 女 引き裂くこと.
dilacerante /dʒilase'rẽtʃi/ 形《男女同形》切り裂くような ▶ dor dilacerante 身を切り裂くような痛み.
dilacerar /dʒilase'rax/ 他 引き裂く, 引きちぎる.
— **dilacerar-se** 再 引き裂かれる.
dilapidação /dʒilapida'sẽw/ [複 dilapidações] 女 浪費, 乱費 ▶ dilapidação de patrimônio 財産の浪費.
dilapidar /dʒilapi'dax/ 他 浪費する, 乱費する.
dilatação /dʒilata'sẽw/ [複 dilatações] 女 ❶ 膨張, 拡張, 拡大 ▶ dilatação gástrica 胃拡張. ❷ 延期 ▶ dilatação de prazo 締め切りの延期.
dilatar /dʒila'tax/ 他 ❶ 広げる, 拡張する, 膨張させる ▶ dilatar as veias 血管を広げる. ❷ 延期する, 延長する ▶ O prazo foi dilatado. 締め切りが延長された.
— **dilatar-se** 再 ❶ 広がる, 拡大する；膨張する ▶ Por que a água, ao ser congelada, dilata-se? 水は凍るとなぜ膨張するのか. ❷ 長引く, 遅れる.
dilema /dʒi'lema/ 男 ジレンマ, 板挟み ▶ estar num dilema 板挟みになっている.
diletante /dʒile'tẽtʃi/ 名 形 ジレッタント (の), 好事家 (の).
diletantismo /dʒiletẽ'tʃizmu/ 男 (素人の) 芸術趣味.
dileto, ta /dʒi'lεtu, ta/ 形 お気に入りの ▶ discípulo dileto お気に入りの弟子 / amigo dileto 仲のいい友達.
diligência /dʒili'ʒεsia/ 女 ❶ 勤勉, 精励, 熱心 ▶ diligência no trabalho 仕事への熱意 / fazer diligências 努力する.
❷ 急ぎ, 機敏, 迅速 ▶ com diligência 急いで.
diligenciar /dʒiliʒẽsi'ax/ 自《diligenciar + 不定詞》…するよう努力する.
diligente /dʒili'ʒẽtʃi/ 形《男女同形》❶ 勤勉な, 熱心な. ❷ 素早い, 機敏な, 迅速な.
diluente /dʒilu'ẽtʃi/ 形《男女同形》薄める.
— 男 溶剤.
diluição /dʒiluj'sẽw/ [複 diluições] 女 希釈, 稀薄化；溶解 ▶ diluição de soluções 溶液の希釈.
diluir /dʒilu'ix/ 他 ❶ 希釈する, 薄める, 溶かす ▶ diluir o verniz ニスを薄める. ❷ 弱める, 和らげる.
— **diluir-se** 再 ❶ 薄まる, 溶ける. ❷ 弱まる, 和らぐ.
dilúvio /dʒi'luviu/ 男 ❶ (Dilúvio) ノアの大洪水. ❷ 洪水, 豪雨.
antes do dilúvio 大昔に.
★**dimensão** /dʒimẽ'sẽw/ チメンサォン [複 dimensões] 女 ❶ 寸法；大きさ, 広さ；規模, 範囲 ▶ as dimensões de um quarto 部屋の広さ / Ainda se desconhece a dimensão da catástrofe. 災害の規模はまだ分かっていない.
❷《数学》《物理》次元 ▶ a quarta dimensão 四次元 / televisão de três dimensões 立体テレビ.
dimensionar /dʒimẽsio'nax/ 他 測定する, 計測する.
diminuição /dʒiminuj'sẽw/ [複 diminuições] 女 ❶ 減少, 低下, 軽減 ▶ diminuição de velocidade 減速 / diminuição da produção de saliva 唾液分泌の低下. ❷ 引き算.
★**diminuir** /dʒiminu'ix/ ヂミヌイーフ ⑦ 他 ❶ 減らす, 下げる, 減少させる (⟷ aumentar) ▶ diminuir o preço 値段を下げる / diminuir a velocidade 減速する.
❷ 弱める, 和らげる, 緩和する ▶ diminuir a dor 痛みを緩和する.
❸ 短くする ▶ diminuir a vida 寿命を縮める.
❹ 値引く, 差し引く ▶ diminuir 10 euros do valor das compras 買物の値段から10ユーロを値引く / diminuir 15 de 25 25から15を引く.
— 自 ❶ 減少する ▶ O desemprego já diminuiu bastante. 失業はすでにかなり減少した / diminuir de peso 体重が減る.
❷ 衰える ▶ A chuva diminuiu. 雨が弱まった.
— **diminuir-se** 再 卑下する.
diminutivo, va /dʒiminu'tʃivu, va/ 形 ❶《文法》縮小の ▶ sufixo diminutivo 縮小辞.
— **diminutivo** 男 縮小辞.
diminuto, ta /dʒimi'nutu, ta/ 形 ❶ 小さい, 微小の. ❷ 微量の, 少ない ▶ quantidade diminuta 微量.
dinâmica¹ /dʒi'nẽmika/ 女 力学, 動力学 ▶ dinâmica de grupo 集団力学.
dinâmico, ca² /dʒi'nẽmiku, ka/ 形 ❶ 活動的な, 精力的な ▶ um jovem dinâmico 精力的な若者 / mercado dinâmico 活発な市場. ❷ 動的な, 力の, 力学の ▶ eletricidade dinâmica 動電力.
dinamismo /dʒina'mizmu/ 男 活力, 力強さ ▶ o dinamismo do mercado 市場の活力.
dinamite /dʒina'mitʃi/ 女 ダイナマイト.
dinamização /dʒinamiza'sẽw/ [複 dinamizações] 女 活性化 ▶ dinamização da economia 経済の活性化.
dinamizar /dʒinami'zax/ 他 活性化する, 活気を与える.
dínamo /'dʒinamu/ 男 ダイナモ, 発電機.
dinastia /dʒinas'tʃia/ 女 ❶ 王朝, 王家 ▶ a dinastia Bourbon ブルボン朝. ❷ 名家, 名門.
dinheirão /dʒiɲej'rẽw/ 男 大金.
★**dinheiro** /dʒi'ɲejru/ 男 ❶ お金, 通貨 ▶ Tenho dinheiro. 私はお金を持っている / Ele tem muito dinheiro. 彼はお金をたくさん持っている / Não tenho muito dinheiro. 私はお金をあまり持っていない / Estou sem dinheiro. 私は一文無しだ / Custa muito dinheiro. お金がとてもかかる / ganhar dinheiro 金を稼ぐ / economizar dinheiro 金を貯める / gastar dinheiro 金を使う / emprestar dinheiro a... … に 金を貸す / dinheiro fácil あぶく銭 / dinheiro de bolso ポケットマネー, 小遣い / problemas de dinheiro 金の問

dinossauro 312

題 / soma de dinheiro 金額 / dinheiro eletrônico 電子マネー / dinheiro corrente 通貨 / dinheiro de plástico クレジットカード / dinheiro trocado お釣り / O dinheiro fala mais alto. 金が物を言う.

> Custa muito dinheiro.

a dinheiro 現金で.
andar [estar] mal de dinheiro 金欠である.
atirar dinheiro à rua 金を浪費する.
atirar dinheiro pela janela fora 金を浪費する.
com dinheiro contado 懐が寒い.
dar dinheiro 金になる, もうかる.
derreter dinheiro 金を浪費する.
dinheiro miúdo 細かいお金.
dinheiro na mão 現金.
dinheiro sujo 汚れた金.
dinheiro vivo 現金.
em dinheiro 現金で ▶ pagar em dinheiro 現金で払う.
fazer dinheiro ① 大もうけをする. ② 税金をごまかす.
jogar dinheiro fora 散財する.
jogar dinheiro pela janela 金を浪費する.
nadar em dinheiro とても豊かである.
não ver a cor do dinheiro 利子を払わせることができない, 給料が払われない.
ter dinheiro para queimar 湯水のようにお金が使える, 大金持ちである.
trocar dinheiro お釣りを払う.
ver a cor do dinheiro 貸した金の戻ってくるめどがつく.

dinossauro /dʒino'sawru/ 男 ❶ 恐竜. ❷ 時代遅れの人.
diocesano, na /dʒiose'zenu, na/ 形〖カトリック〗教区の, 司教(管)区の.
diocese /dʒio'sɛzi/ 女〖カトリック〗教区, 司教(管)区.
díodo /'dʒiodu/ 男 ダイオード ▶ díodo emissor de luz 発光ダイオード, LED.
dióxido /dʒi'ɔksidu/ 男〖化学〗二酸化物 ▶ dióxido de carbono 二酸化炭素.
*__diploma__ /dʒi'plõma/ チプローマ/ 男 (学位や資格の) 免状, 免許, 卒業[修了]証書, 賞状 ▶ um diploma de ensino superior 大学卒業免状.
tirar diploma 卒業[修了]する.
tirar diploma de burro 愚かさを証明する, 愚かなことをする.
diplomacia /dʒiploma'sia/ 女 ❶ 外交, 外交官の職; 外交団 ▶ a diplomacia brasileira ブラジル外交. ❷ 外交手腕, 駆け引き ▶ agir com diplomacia 如才なく立ち回る.

diplomado, da /dʒiplo'madu, da/ 形 免状を持った, 資格のある ▶ enfermeira diplomada 正看護師.
— 名 ❶ 有資格者, 資格取得者. ❷ 大学卒業者.
diplomata /dʒiplo'mata/ 名 ❶ 外交官. ❷ 交渉に巧みな人, 駆け引きのうまい人.
*__diplomático, ca__ /dʒiplo'matʃiku, ka/ チプロマチコ, カ/ 形 ❶ **外交的な**, 外交上の ▶ corpo diplomático 外交団.
❷ 交渉能力に長けた, 社交術に長けた ▶ Ele é tão diplomático que consegue sempre evitar crises na vida. 彼はとても交渉能力に長けているのでいつでも人生の危機を避けることができる.
dique /'dʒiki/ 男 ❶ 堤防, 防波堤. ❷〖船舶〗ドック ▶ dique seco 乾ドック.
*__direção__ /dʒire'sẽw/ チレサォン/ [複 direções] 女 ❶ **方向** ▶ Não se preocupe, pois a direção deve estar certa. 心配するな, 方向は正しいはずだ / O templo é por esta direção? お寺はこの方向ですか / nessa direção この方向に / naquela direção あの方向に / na direção contrária 反対方向に / em que direção どの方向に.
❷ (車の)**運転** ▶ aulas de direção 自動車教習 / estar na direção 運転している, ハンドルを握っている / segurar a direção ハンドルを握る / direção defensiva 安全運転 / direção hidráulica パワーステアリング.
❸ 経営, 運営 ▶ O crescimento de uma empresa depende de uma boa direção. 会社の発展はよい経営にかかっている.
❹ 理事会, 執行部 ▶ A direção não concordou com a reforma. 執行部は改革に同意しなかった.
❺ 映画を監督すること ▶ direção de um filme 映画の監督.
em direção a... …に向かって.
perder a direção 方向性を失う.
sem direção 方向なく, 方針なく.
direcional /dʒiresio'naw/ [複 direcionais] 形 (男女同形) 方向の, 指向性の ▶ antena direcional 指向性アンテナ.
direcionar /dʒiresio'nax/ 他 …を…に向ける [+ para].
direi 活用 ⇒ dizer
*__direita__¹ /dʒi'rejta/ チレイタ/ 女 ❶ **右, 右側** (↔ esquerda) ▶ escrever da esquerda para a direita 左から右に書く.
❷ 右手 ▶ escrever com a direita 右手で書く.
❸ (政治的, 思想的な) 右派, 右翼, 保守派 ▶ a direita europeia 欧州右翼 / Sou de direita. 私は右派だ / um partido de direita 右翼政党.
à direita 右(側)に ▶ Vire à direita. 右に曲がってください / Pegue a segunda rua à direita. 2番目の通りを右側に曲がってください.
à direita de... …の右(側)に.
à direita e à esquerda あちこちに.
às direitas 右側に, 正しく.
direitinho /dʒirej'tʃiɲu/ 副 B まさに, 正しく, きっちりと ▶ Tome o remédio direitinho, por favor. 薬をちゃんと飲んでください.
direitista /dʒirej'tʃista/ 形 名 右翼の(人).

direito¹ /dʒi'rejtu チレイト/ 男 ❶ 権利 ▶direitos humanos 人権 / direito adquirido 既得権 / direito natural 自然権 / direito autoral 著作権 / direito de voto 投票権 / direito de veto 拒否権 / direito de voz 発言権 / direitos civis 公民［市民］権 / o direito à vida 生存権 / o direito à educação 教育を受ける権利.
❷ 法律, 法▶direito administrativo 行政法 / direito comercial 商法 / direito criminal [penal] 刑法 / direito tributário 税法 / direito internacional 国際法 / direito consuetudinário 慣習法 / Estado de direito 法治国家.
❸ 法学▶fazer direito 法学を学ぶ / formar-se em direito 法学部を卒業する / faculdade de direito 法学部.
❹《direitos》税, 料金▶direitos aduaneiros [alfandegários] 関税 / pagar direitos 税を払う / direitos autorais 印税.
❺（織物や生地の）表, 表側▶o direito e o avesso 表地と裏地.
dar direito a... …を受ける権利を与える.
direito de arena スポーツ選手の肖像権.
por direito 正当な権利によって［として］.
quem de direito 決定権のある人, しかるべき筋.
ter direito a... …を享受する［行う］権利を有する▶ter direito à pensão 年金を受給できる.
ter o direito de +不定詞 …する権利を持つ▶Você não tem o direito de me tratar assim. あなたには私をこのように扱う権利はない.

direito², ta² /dʒi'rejtu, ta チレイト, タ/ 形 ❶ 右の, 右側の（↔ esquerdo）▶mão direita 右手 / perna direita 右脚 / canto direito 右の隅.
❷ まっすぐな, 垂直の▶cabelo direito まっすぐな髪.
❸ 正直な▶uma pessoa direita 正直な人.
❹ 正しい▶caminho direito 正道.
— **direito** 副 ❶ まっすぐに▶sentar-se direito 背筋を伸ばして座る.
❷ 正しく.
❸ 圏 よく（= bem）▶Não o conheço direito. 私は彼をよく知らない.

diretamente /dʒi,reta'mẽtʃi チレタメンチ/ 副 直接, 真っすぐに, そのまま▶Vou daqui diretamente para o hospital. 私はここから直接病院へ行きます / Isso não tem nada a ver diretamente comigo. それは私に直接関係ありません.

diretivo, va /dʒire'tʃivu, va/ 形 指導する, 指導的な.
— **diretiva** 女 指示, 指令, 指針▶uma diretiva da União Europeia 欧州連合の指令.

direto, ta /dʒi'retu, ta チレート, タ/ 形 ❶ 直線的な, 直通の▶Qual é o caminho mais direto? 一番の近道はどれですか / voo direto 直行飛行便.
❷ 直接の▶eleição direta 直接選挙 / impostos diretos 直接税 / venda direta 直販 / doenças transmitidas por contato direto 直接の接触でうつる病気.
❸ 単刀直入な, 率直な▶linguagem direta 単刀直入な言い方.
❹《文法》直接の▶objeto direto 直接目的語 / discurso direto 直接話法.
— **direto** 男《ボクシング》ストレートパンチ.
— **direto** 副 ❶ 直接に, 寄り道せずに▶Eu vou direto para o escritório. 私は直接事務所へ行く / Vá direto por este caminho. この道をまっすぐ行ってください.
❷ 切れ目なしに, 続けて▶Ele está direto em São Paulo desde essa época. 彼はそのときからずっとサンパウロにいる.
❸ 始終, しょっちゅう.
ir direto ao assunto 単刀直入に言う, ずばり言う.
ir direto ao ponto 要点に触れる.

diretor, tora /dʒire'tox, 'tora チレトーフ, トーラ/ 名 ❶ 長; 会社等の重役▶diretor da escola 校長 / diretor regional 地方長官 / diretor presidente / 取締役社長 / diretor vice-presidente 取締役副社長 / diretor superintendente 専務取締役 / diretor gerente 常務取締役 / diretor financeiro 財務担当取締役 / diretor de empresa 会社重役.
❷ 映画監督; 演出家; 指揮者; 編集長▶diretor de cinema 映画監督 / diretor de orquestra オーケストラ指揮者 / diretor de jornal 新聞の編集長 / diretor artístico アートディレクター / diretor espiritual 精神的指導者.

diretoria /dʒireto'ria/ 女 ❶ 取締役会, 理事会, 役員会. ❷ 理事室, 役員室. ❸ 理事職, 役員職.

diretório /dʒire'tɔriu/ 男 ❶《情報》ディレクトリー. ❷ 理事会, 評議会▶diretório acadêmico 学生評議会.

diretriz /dʒire'tris/ [複 diretrizes] 女 ❶ 指針, 指令, 方針▶traçar diretrizes 方針を示す. ❷《数学》準線.

dirigente /dʒiri'ʒẽtʃi/ 名 指導者, リーダー▶dirigente sindical 組合指導者 / dirigente esportivo スポーツ指導者.
— 形《男女同形》指導的な, 支配的な▶classe dirigente 支配階級.

dirigir /dʒiri'ʒix チリジーフ/ ② 他 ❶ 統治する, 指揮する, 運営する▶dirigir um país 一国を統治する / dirigir uma equipe チームを指揮する / dirigir uma orquestra オーケストラを指揮する / dirigir uma empresa 会社を経営する / dirigir um filme 映画の監督をする.
❷ 運転する▶dirigir um carro 車を運転する.
❸ 導く▶A professora dirigiu os alunos à sala. 教師は生徒たちを教室まで導いた.
❹（注意や視線を）向ける▶Dirijam a atenção para a frente! 前方に注意してください / dirigir a palavra 話しかける / dirigir os olhos para... 視線を…の方に向ける.
— 自 車を運転する.
— **dirigir-se** 再 ❶ …に向けられる, …を対象とする▶Este manual escolar se dirige a alunos de primeiro ano. この教科書は1年生を対象とする.
❷ …に話しかける, 手紙を書く［+ a］.
❸ …に向かう, 赴く, 行く［+ a/para］.

dirigível /dʒiri'ʒivew/ [[複] dirigíveis] [形]《男女同形》操縦可能な.
— [男] 飛行船.

dirimir /dʒiri'mix/ [他] ❶ 取り消す, 無効にする.
❷ 終わらせる, 解決する ▶ A declaração do presidente dirimiu a controvérsia. 大統領の声明が論争にけりをつけた.

discagem /dʒis'kaʒẽj̃/ [[複] discagens] [女] [B] 電話をかけること ▶ discagem direta internacional 国際ダイヤル通話 / discagem direta a distância 長距離電話.

discar /dʒis'kax/ ㉙ [他] 電話番号を押す, 回す ▶ Desculpe, disquei o número errado. すみません, 番号を間違えました / Você discou errado. 番号違いです.

discente /dʒi'sẽtʃi/ [形]《男女同形》学生の ▶ corpo discente《集合的》全校生, 全学生.

discernimento /dʒisexni'mẽtu/ [男] ❶ 見分け, 識別 ▶ o discernimento entre o certo e o errado 正しいことと間違っていることの区別. ❷ 分別, 識見 ▶ agir com discernimento 分別を持って行動する.

discernir /dʒisex'nix/ ㊶ [他] 見分ける, 識別する ▶ discernir o bem do mal 善を悪から見分ける.
— [自] 見分ける ▶ discernir entre o certo e o errado 確かなことと間違ったことを区別する.

*__disciplina__ /dʒisi'plĩna ヂスィプリーナ/ [女] ❶ (行動の) **規律**; しつけ; 訓練, 教育 ▶ manter a disciplina 規律を保つ / falta de disciplina しつけの欠如.
❷ (教育の) **科目**, **教科** ▶ A disciplina de que gosto mais é matemática. 私が一番好きな科目は数学だ.

disciplinado, da /dʒisipli'nadu, da/ [形] 規律正しい, 訓練された ▶ alunos disciplinados 行儀のよい生徒たち.

disciplinar[1] /dʒisipli'nax/ [他] ❶ しつける, 規律に服させる ▶ disciplinar os filhos 子供たちをしつける. ❷ 罰を与える.
— **disciplinar-se** [再] ❶ 規律に服する. ❷ 自らをむち打つ.

disciplinar[2] /dʒisipli'nax/ [[複] disciplinares] [形]《男女同形》規律の, 懲戒の ▶ medidas disciplinares 懲戒処分.

discípulo /dʒi'sipulu/ [男] 弟子, 門弟 ▶ discípulos de Jesus イエスの弟子たち.

*__disco__ /'dʒisku ヂスコ/ [男] ❶〘情報〙**ディスク** ▶ disco compacto コンパクトディスク / disco rígido ハードディスク.
❷ レコード (盤) ▶ Ele gravou um disco. 彼はレコードを録音した.
❸ **円盤** (状のもの) ▶ lançamento de discos〘スポーツ〙円盤投げ / disco voador 空飛ぶ円盤.
engolir um disco よくしゃべる.
mudar o disco レコードを変える, ディスクを変える, 話題を変える.
virar o disco レコードを裏返す, 話題を変える.

discografia /dʒiskogra'fia/ [女] 全録音リスト, ディスコグラフィー.

discordância /dʒiskox'dẽsia/ [女] ❶ 不調和, 不一致 ▶ estar em discordância com... …と一致しない / discordância entre os especialistas 専門家の間の相違.
❷ 不和, 仲違い ▶ Não há discordância entre nós. 私たちの間に大きな違いはない.
❸〘音楽〙不協和音.

discordante /dʒiskox'dẽtʃi/ [形]《男女同形》❶ 一致しない, 折り合わない ▶ opiniões discordantes 相反する意見. ❷〘音楽〙不協和の, 耳障りな ▶ sons discordantes 不協和音.

discordar /dʒiskox'dax/ [自] ❶ …と意見を異にする, 一致しない [+ de] ▶ Discordei do chefe na questão salarial. 私は給料の問題で上司と意見が合わなかった.
❷ 調子が合わない ▶ O violino e o piano discordavam. バイオリンとピアノの調子が合っていなかった / As luzes roxas discordavam do resto da decoração. 紫の照明が他の装飾と合っていなかった.

discórdia /dʒis'kɔxdʒia/ [女] 不和, 反目, 軋轢(あつれき) ▶ semear a discórdia 反目の種をまく / pomo da discórdia 争いの種.

discorrer /dʒisko'xex/ [自] ❶ 走り回る.
❷ さまよう.
❸ 語る, 演説する ▶ O ministro discorreu sobre o assunto durante duas horas. 大臣はその問題について 2 時間語った.
❹ 時間が経過する ▶ O tempo discorria devagar naquela ilha. あの島では時間がゆっくりと流れていた.
— [他] ❶ 歩きまわる.
❷ 語る.
❸ 検討する.

discoteca /dʒisko'tɛka/ [女] ❶ ディスコテック, ディスコ. ❷ 音楽図書館. ❸ CD ショップ.

discrepância /dʒiskre'pẽsia/ [女] 差異, 相違 ▶ Há uma discrepância entre essas duas informações. これらの 2 つの情報の間には相違がある / discrepância de opiniões 意見の相違 / sem discrepância 満場一致で.

discrepante /dʒiskre'pẽtʃi/ [形]《男女同形》一致しない, 食い違う ▶ opiniões discrepantes 異なった意見.

discrepar /dʒiskre'pax/ [自] ❶ 異なる, 矛盾する ▶ Eles são gêmeos, mas suas personalidades discrepam. 彼らは双子だが性格は異なる.
❷ 意見が合わない.

discretamente /dʒis,kreta'mẽtʃi/ [副] ❶ 控えめに, 目立たないように ▶ A Maria saiu da festa discretamente. マリアはこっそりパーティーから抜け出した.
❷ 地味に ▶ vestir-se discretamente 地味な服を着る.

*__discreto, ta__ /dʒis'krɛtu, ta ヂスクレート, タ/ [形] ❶ **控えめな**, **分別のある** ▶ uma pessoa discreta 控えめな人. ❷ **まずまずの**, ほどほどの ▶ Agora ele tem uma vida discreta. 彼は今そこそこの人生を送っている.

discrição /dʒiskri'sɐ̃w̃/ [[複] discrições] [女] ❶ 慎み, 控えめなこと ▶ Ela fala com discrição. 彼女は控えめに話す.
❷ 分別, 思慮深さ ▶ O seu comportamento é de

disparidade

uma discrição irrepreensível. あなたの振る舞いは申し分なく節度あるものだ.

❸ 秘密を守ること, 口の堅さ ▶O meu amigo é de uma discrição absoluta. その友人は断じて秘密などを他言しないたちだ.

à discrição 好きなだけ ▶comer à discrição 好きなだけ食べる.

discricionário, ria /dʒiskrisio'nariu, ria/ 形 自由裁量の, 恣意(ʃ)的な ▶poder discricionário 自由裁量権, 絶大な力.

discriminação /dʒiskrimina'sẽw/ [複 discriminações] 女 ❶ 差別, 差別待遇 ▶discriminação racial 人種差別 / discriminação sexual 性差別 / discriminação social 社会的差別 / discriminação positiva 積極的差別 / discriminação contra homossexuais 同性愛者に対する差別.

❷ 識別, 区別 ▶sem discriminação de idade 年齢に関わりなく.

discriminado, da /dʒiskrimi'nadu, da/ 形 差別された ▶minorias discriminadas 被差別少数民族.

discriminar /dʒiskrimi'nax/ 他 ❶ 差別する ▶discriminar as mulheres 女性を差別する. ❷ 識別する, 区別する.
— 自 差別する.

discriminatório, ria /dʒiskrimina'tɔriu, ria/ 形 差別的な ▶tratamento discriminatório 差別的な待遇.

discursar /dʒiskux'sax/ 自 ❶ 演説する ▶Aquele político discursa brilhantemente. あの政治家はすばらしい演説をする. ❷ 語る, 話す ▶discursar sobre o amor 愛について語る.

☆**discurso** /dʒis'kuxsu/ チスクフソ/ 男 ❶ 演説, 講演 ▶fazer um discurso 演説する / discurso eleitoral 選挙演説.

❷ 貶 説教 ▶Estou farta destes discursos! 私はこういうお説教にうんざりだ.

❸ 貶 無駄話 ▶Deixe-se de discursos. 無駄話はやめなさい.

❹〖言語〗談話, ディスコース ▶análise do discurso 談話分析.

❺〖言語〗話法 ▶discurso direto [indireto] 直接［間接］話法.

☆**discussão** /dʒisku'sẽw/ チスクサォン/ [複 discussões] 女 ❶ 議論, 討議 ▶participar de uma discussão 議論に参加する.

❷ 論争, 口論 ; けんか ▶assunto que gera discussão 論争を引き起こす問題.

sem discussão 間違いなく, 疑いもなく.

Da discussão sai [nasce] a luz. 諺(議論から光が生じる→) 三人寄れば文殊の知恵.

☆**discutir** /dʒisku'tʃix/ チスクチーフ/ 自 ❶ 論じる, 議論する ▶Eles discutiram sobre a situação do país. 彼らは国の状況について議論した / Isso não vale a pena discutir. それは論外だ.

❷ 言い争う, 口論する ▶Ele discutiu com a namorada. 彼は恋人とけんかした.

— 他 ❶ …を議論する, 討議する ▶Os alunos discutiram esse assunto com os professores. 生徒たちは先生たちとその問題を議論した.

❷ …に異議を唱える, 反対する ▶discutir o mérito da proposta 提案の重要性を疑問視する.

— **discutir-se** 再 議論される ▶Não se discute. 議論の余地がない, 明白である.

discutível /dʒisku'tʃivew/ [複 discutíveis] 形《男女同形》❶ 議論 [疑問] の余地がある, 問題がある ; 疑わしい. ❷ いかがわしい, あまりよくない ▶de gosto discutível 趣味のよくない.

disenteria /dʒizẽte'ria/ 女〖医学〗赤痢.

disfarçar /dʒisfax'sax/ ⑬ 他 ❶ 偽装する, 変える ▶disfarçar a voz 声色を使う.

❷ 隠す, 隠蔽(ﾍ)する ▶disfarçar uma cicatriz 傷跡を隠す.

❸ (感情を) 抑える, 隠す ▶disfarçar a emoção 感情を隠す.

— 自 自然に振る舞う.

— **disfarçar-se** 再 …に変装する [+ de] ▶disfarçar-se de mulher 女装する.

disfarce /dʒis'faxsi/ 男 変装, 仮装.

disforme /dʒis'fɔxmi/ 形《男女同形》❶ 不格好な, 均衡の取れていない. ❷ 醜い, 醜悪な.

disfunção /dʒisfũ'sẽw/ [複 disfunções] 女 (臓器の) 機能不全, 不調 ▶disfunção erétil 勃起不全.

disjuntor /dʒizʒũ'tox/ [複 disjuntores] 男〖電気〗遮断機, ブレーカー.

dislexia /dʒizlek'sia/ 女〖医学〗失読症, 識字障害.

disléxico, ca /dʒis'lɛksiku, ka/ 形 女 失読症の (患者).

díspar /'dʒispax/ [複 díspares] 形《男女同形》異なった, 違った ▶resultados díspares まちまちな結果.

disparada /dʒispa'rada/ 女 ❶ 家畜の逃亡. ❷ 突進.

em disparada 猛スピードで, 全速力で.

☆**disparar** /dʒispa'rax/ チスパラーフ/ 他 ❶ (銃を) 撃つ ▶disparar um tiro 一発発砲する.

❷ 遠くに投げる, (矢などを) 遠くに飛ばす ▶disparar uma flecha 矢を放つ.

— 自 ❶ 発砲する ▶Os assaltantes dispararam duas vezes na vítima. 襲撃犯は, 被害者に2度発砲した / Não disparem. 撃つな.

❷ (装置などが) 働く, 作動する ▶Quando o ladrão mexeu no carro, disparou o alarme. 泥棒が車に触れたとき, アラームが鳴り響いた.

❸ 走り出す, 逃げ出す ; 急いで行く ▶Os cavalos dispararam. 馬が走り出した.

❹ (価格などが) 急に上がる, (売上が) 急に伸びる ▶As vendas de carros dispararam. 車の売り上げが急激に伸びた.

disparatar /dʒispara'tax/ 他 罵倒する ▶A torcida começou a disparatar o jogador. サポーターたちは選手を罵倒し始めた.

disparate /dʒispa'ratʃi/ 男 ❶ ばかげたこと ▶Não diga disparates! ナンセンスなことを言うな. ❷ 貶 大量 ▶um disparate de... たくさんの….

disparidade /dʒispari'dadʒi/ 女 ❶ 不等, 不同. ❷ 相違, 不一致 ▶disparidade de salários 賃金格差 / a disparidade entre os sexos 男女間の格差.

disparo

disparo /dʒisˈparu/ 男 発射, 発砲；銃声.

dispêndio /dʒisˈpẽdʒiu/ 男 無駄遣い, 浪費 ▶dispêndio de energia エネルギーの浪費.

dispendioso, sa /dʒispẽdʒiˈozu, ˈɔza/ 形 高価な, 高い, 費用のかかる.

dispensa /dʒisˈpẽsa/ 女 ❶ 免除 ▶dispensa do serviço militar 兵役免除. ❷ 解雇.

*__dispensar__ /dʒispẽˈsax/ チスペンサーフ/ 他 ❶ …を必要としない ▶Esta máquina dispensa o uso de energia elétrica. この機械は電力を必要としない.
❷ 拒絶する；手放す ▶O prefeito dispensou o carro oficial. 市長は公用車を手放した.
❸ 解雇する ▶O empregador dispensou o funcionário que tinha cometido um crime. その雇用主は犯罪を犯した社員を解雇した.
❹ …から罷免する [+ de] ▶Ele foi dispensado do cargo. 彼は免職された.
❺ ⟨dispensar alguém de algo⟩ …に…を免除する ▶Ele é dispensado do pagamento do imposto. 彼は税金の支払いを免除されている.

dispensário /dʒispẽˈsariu/ 男 無料診療所.

dispensável /dʒispẽˈsavew/ [複 dispensáveis] 形⟨男女同形⟩免除できる；なくてもよい, 不必要な.

dispepsia /dʒispepiˈsia/ 女《医学》消化不良.

dispersão /dʒispexˈzẽw/ [複 dispersões] 女 ❶ 分散, 散乱. ❷ 敗走, 壊走.

dispersar /dʒispexˈsax/ 他 ❶ 分散させる, 散らす；解散させる, 追い払う ▶dispersar os manifestantes デモ参加者を解散させる.
❷ 気を散らせる ▶dispersar a atenção 注意をそらせる.
— 自 分散する, 解散する.
— **dispersar-se** 再 ❶ 分散する, 散る, 解散する. ❷ 気が散る, 注意散漫になる.

disperso, sa /dʒisˈpexsu, sa/ 形 散らばった, 分散した ▶folhas dispersas 散らばった葉 / uma família dispersa 離散した家族.

displicência /dʒispliˈsẽsia/ 女 B ❶ 怠慢, 不注意. ❷ だらしなさ, 無頓着.

dispneia /dʒispiˈneja/ 女《医学》呼吸困難.

disponibilidade /dʒisponibiliˈdadʒi/ 女 ❶ 自由に使用できること, 空いていること, 使用権, 処分権 ▶a disponibilidade de internet インターネットが使えること / a disponibilidade de sala 部屋が空いていること.
❷ 自由時間 ▶Não tenho disponibilidade para viajar. 私は旅行に出かける暇がない.
❸ (公務員の) 休職, 待命 ▶em disponibilidade 待命中の.
❹《商業》流動性；《disponibilidades》手持ち資金.

disponibilizar /dʒisponibiliˈzax/ 他 …を自由に使えるようにする ▶O governo disponibilizou mais recursos. 政府はより多くの予算を割り当てた.
— **disponibilizar-se** 再 自由に使えるようになる ▶Ela disponibilizou-se para ajudar. 彼女は支援を買って出た.

*__disponível__ /dʒispoˈnivew/ チスポニーヴェゥ/ [複 disponíveis] 形⟨男女同形⟩ ❶ 自由に処分 [使用] できる, 空いている ▶Não tenho muito dinheiro disponível. 私は自由に使えるお金があまりない / um quarto disponível 空き部屋.
❷ 手の空いた, 仕事のない, 暇な ▶Não estou disponível agora. 私は今手がふさがっている / tempo disponível 自由時間.

*__dispor__ /dʒisˈpox/ チスポーフ/ ㊹⟨過去分詞 disposto⟩ 他 並べる, 配置する ▶dispor os arquivos em ordem alfabética 書類をアルファベット順に並べる.
— 自 ❶ …を持っている, …を自由に使える [+ de] ▶dispor de tempo livre 自由な時間がある / dispor de fundos 自由に使える資金がある.
— **dispor-se** 再 ❶ ⟨dispor-se a +不定詞⟩ …する用意がある ▶Ele sempre se dispõe a lutar pelos mais fracos. 彼はいつも弱者のために闘う用意がある / O presidente se dispôs a conversar com os funcionários. 社長は社員と対話をする姿勢を示した.
❷ …のための準備をする [+ para] ▶dispor-se para o que der e vier 何があっても慌てない, 準備はできている.
Disponha! いつでもどうぞ ▶Se precisar, disponha! 必要とあらば, いつでもどうぞ / — Muito obrigado. — Disponha. 「どうもありがとう」「いつでもどうぞ」
— 男 裁量, 従属.
ao dispor de... ① …に利用可能な. ② …の命令に従う, …に協力する用意がある.
estar ao dispor de... 用意ができている, 用命に備えている.
ficar ao dispor de... ① …に従事する. ② …に予約される, 占有される.
O homem põe e Deus dispõe. ⟨諺⟩ 事を計るは人, 事をなすは天.

*__disposição__ /dʒispoziˈsẽw/ チスポズィサォン/ [複 disposições] 女 ❶ 配列, 配置, レイアウト ▶a disposição das cadeiras いすの配列.
❷ 気分, 気持ち ▶estar com disposição para +不定詞 …したい気分である / estar sem disposição para +不定詞 …する気になれない / disposição de espírito 精神状態.
❸ 自由に使える [処分できる] こと ▶Estou sempre à sua disposição. 何かあったらいつでも言ってください.

dispositivo /dʒispoziˈtʃivu/ 男 装置, 仕掛け ▶dispositivo de segurança 安全装置 / dispositivo intrauterino 子宮内避妊器具.

*__disposto, ta__ /dʒisˈpostu, ˈposta/ チスポスト, タ/ 形 ❶ 並べられた, 整頓された ▶Os livros estão dispostos em ordem alfabética. 本はアルファベット順に並べられている.
❷ 準備のできた, 用意ができた ▶Tudo está disposto para a festa. パーティーの準備はすべてできている.
❸ ⟨estar disposto a +不定詞⟩ …する用意ができている, 積極的に…するつもりである ▶Nossos funcionários estão dispostos a atender suas necessidades. 私たちの従業員は積極的にお客様のニーズに

お応えする用意ができています.
❹ 元気な, 体調のよい ▶acordar disposto 元気に目覚める.

*__disputa__ /dʒis'puta チスプータ/ [女] ❶ **口論, 言い争い, 争い.** ❷ 競争.

disputado, da /dʒispu'tadu, da/ [形] ❶ 接戦の ▶jogo disputado 接戦の試合. ❷ 引っ張りだこの, 人気の高い.

disputar /dʒispu'tax チスプターフ/ [他] ❶ **…を得るために争う, 競う** ▶disputar uma vaga 欠員をめぐって競う / disputar a presidência 大統領選を戦う.
❷ (裁判などで) 争う ▶O homem disputou a herança na justiça com seus parentes. その男性は親戚と相続権を巡って裁判で争った.
❸ (試合に) 参加する, (試合に) 挑む ▶O time disputou o jogo com o rival. そのチームは, ライバルとの戦いに挑んだ.
— [自] ❶ **討論する, 議論する** ▶Eu nunca disputo com ela sobre a política. 私は, 決して彼女と政治について議論することはない.
❷ …と試合する, 戦う [+ com/contra] ▶Meu time favorito disputa contra um dos rivais. 私のお気に入りのチームが, ライバルの1つと試合をする.

dissabor /dʒisa'box/ [[複] dissabores] [男] ❶ 悲しみ.
❷ 面倒, 厄介, 困ったこと ▶ter dissabores 困っている.
❸ 無味乾燥.

disse [活用] ⇒ dizer

dissecação /dʒiseka'sẽw̃/ [[複] dissecações] [女] 解剖; 細かい分析.

dissecar /dʒise'kax/ ㉙ [他] 解剖する; 細かく分析する.

disseminação /dʒisemina'sẽw̃/ [[複] disseminações] [女] 散布, 流布, 普及 ▶disseminação de sementes 種子の散布 / disseminação do conhecimento 知識の普及.

disseminar /dʒisemi'nax/ [他] 散布する, 広める, 普及させる.
— **disseminar-se** [再] 広がる, 散らばる.

dissensão /dʒisẽ'sẽw̃/ [[複] dissensões] [女] ❶ 相違, 不一致. ❷ 対立, 不和.

disser [活用] ⇒ dizer

dissera [活用] ⇒ dizer

dissertação /dʒisexta'sẽw̃/ [[複] dissertações] [女] ❶ 講演, 口頭発表.
❷ 論文 ▶dissertação de mestrado 修士論文.

dissertar /dʒisex'tax/ [自] 論ずる, 論述する ▶No parlamento, o político dissertou sobre problemas ambientais. 国会でその政治家が環境問題について意見陳述した / A questão da prova pedia para dissertar sobre a Independência do Brasil. 試験問題はブラジルの独立について論述するよう求めていた.

dissidência /dʒisi'dẽsia/ [女] ❶ (意見などの) 相違, 不一致. ❷ 分離運動, 反体制運動. ❸ 分離派, 異端派, 反体制派.

dissidente /dʒisi'dẽtʃi/ [形] 《男女同形》 [名] 反体制の (人), 反主流派の (人) ▶um dissidente chinês 中国の反体制運動家 / dissidente político 反対派政治家.

dissídio /dʒi'sidʒiu/ [男] ❶ 相違, 不一致. ❷ 労働争訟.
dissídio coletivo 組合単位の労働争訟.

dissimulação /dʒisimula'sẽw̃/ [[複] dissimulações] [女] ❶ 偽ること, ふりをすること.
❷ 隠すこと, 隠し立て.

dissimular /dʒisimu'lax/ [他] ❶ 隠す, 隠蔽(いんぺい)する ▶dissimular a verdade 真実を隠す. ❷ 振りをする, 装う.
— **dissimular-se** [再] 隠れる.

dissipação /dʒisipa'sẽw̃/ [[複] dissipações] [女] ❶ 消散, 雲消 ▶dissipação de energia エネルギーの散逸. ❷ 乱費, 浪費.

dissipar /dʒisi'pax/ [他] ❶ …を散らす, 消散させる ▶O vento dissipou as nuvens. 風が雲を吹き散らした / dissipar dúvidas 疑念を晴らす. ❷ 一掃する, ❸ 浪費する, 乱費する.
— **dissipar-se** [再] 消散する.

disso /'dʒisu/ 前置詞 de と指示代名詞 isso の縮合形 ▶falar disso e daquilo あれこれ話す.

dissociação /dʒisosia'sẽw̃/ [[複] dissociações] [女] 分離, 解離.

dissociar /dʒisosi'ax/ [他] 分離する, 切り離す.
— **dissociar-se** [再] …から切り離される [+ de].

dissolução /dʒisolu'sẽw̃/ [[複] dissoluções] [女] ❶ 溶解 (液). ❷ 解体, 解消, (議会の) 解散 ▶dissolução de um casamento 結婚の解消 / dissolução do parlamento 議会の解散.

dissolver /dʒisow'vex/ [他] ❶ 溶かす, 溶解する ▶A água dissolve o açúcar. 水は砂糖を溶かす. ❷ 解消する; (議会を) 解散する ▶dissolver um casamento 結婚を解消する / dissolver o parlamento 議会を解散する / dissolver a manifestação デモを解散させる.
— **dissolver-se** [再] ❶ 溶ける, 溶解する. ❷ 消滅する.

dissonância /dʒiso'nẽsia/ [女] 不協和音, 耳障りな音.

dissonante /dʒiso'nẽtʃi/ [形] 《男女同形》 ❶ 不協和な, 耳障りな ▶acorde dissonante 不協和音. ❷ 調和を欠いた.

dissuadir /dʒisua'dʒix/ [他] …に…を断念させる, 思いとどまらせる ▶A polícia dissuadiu os manifestantes de continuar a passeata. 警察はデモ参加者たちに行進を続けることを断念させた.
— **dissuadir-se** [再] …を断念する, 思いとどまる [+ de] ▶Dissuadiu-se de largar a faculdade. 彼は大学を退学するのを思いとどまった.

dissuasão /dʒisua'zẽw̃/ [[複] dissuasões] [女] ❶ 断念させること, 抑制. ❷ 抑止 (力) ▶força de dissuasão (核兵器による) 抑止力.

dissuasivo, va /dʒisua'zivu, va/ [形] 抑止の, 抑止力の ▶efeito dissuasivo 抑止効果.

***__distância__ /dʒis'tẽsia チスタンスィア/ [女] ❶ **距離** ▶uma longa distância 長い距離 / manter as distâncias 距離を保つ / A distân-

distanciado, da

cia entre Paris e Londres é de 340 km. パリとロンドン間の距離は340キロである / O estádio fica a uma distância de 3 km daqui. スタジアムはここから3キロのところにある / A que distância fica...? …はどれくらいの距離のところにありますか / Qual é a distância entre a Terra e a lua? 地球と月の間の距離はどれくらいありますか.

❷ 離別 ▶ A distância era muito dolorosa para ambos. 離別は双方にとって大変痛ましいものであった.

a [à] distância 離れた, 遠くの ▶ ensino a distância 遠隔教育 / controle a distância 遠隔操作.

a muita distância de... …から遠く離れたところで.

a pouca distância de... …からそう遠くないところで.

a meia distância 遠からず近からずのところで.

engolir distâncias 近道を行く.

guardar distância 距離を保つ.

querer distância de... …から距離を置く.

tomar distância de... …から距離を置く.

distanciado, da /dʒistẽs'iadu, da/ 形 距離を置いた, 離れた.

distanciamento /dʒistẽsia'mẽtu/ 男 ❶ 隔てること, 距離を置くこと. ❷ 疎遠, よそよそしいこと.

distanciar /dʒistẽsi'ax/ 他 ❶ 遠ざける, 遠くへ離す ▶ Precisamos distanciar o microfone da caixa de som. 私たちはマイクをスピーカーから遠くに離す必要があった.

❷ 疎遠にする ▶ Os preconceitos distanciam as pessoas daquele país. 偏見が人々をその国と疎遠にしている.

❸ (競技で) 引き離す, 大差をつける ▶ O campeão logo se distanciou dos demais nadadores. 優勝した選手は早々に他の泳者たちを引き離した.

— distanciar-se 再 ❶ (…から) 離れる, 遠ざかる [+ de] ▶ O político se distanciou de seu partido. その政治家は所属する政党から距離を置いた.

❷《スポーツ》引き離す, リードする ▶ distanciar-se do pelotão 先頭に躍り出る.

＊distante /dʒis'tẽtʃi/ 形 (男女同形) ❶ (距離的に) 離れた, 遠くの ▶ em um lugar distante 遠い場所で / um país distante 遠い国.

❷ (時間的に) 遠い, 昔の ▶ passado distante 遠い過去.

❸ よそよそしい, ひややかな, 冷淡な ▶ olhar distante 冷たい視線.

distar /dʒis'tax/ 自 ❶ 離れている ▶ Minha cidade natal dista alguns quilômetros daqui. 私の生まれ故郷はここから数キロ離れている / Melhor dormir, porque ainda distamos muito. 寝ていた方がいいよ, まだかなり遠いからね.

❷ …とかけ離れている [+ de] ▶ Minhas proficiência em português ainda dista do ideal. 私のポルトガル語の実力はまだ理想からほど遠い / Os estilos dos artistas distam significativamente. アーティストたちのスタイルは明白に異なっている.

distender /dʒistẽ'dex/ 他 ❶ 緩める, ほぐす, 緩和する ▶ distender um músculo 筋肉をほぐす. ❷ 膨らませる.

— distender-se 再 緩む; 膨らむ.

distensão /dʒistẽ'sẽw̃/ [複 distensões] 女 ❶ 膨張, 拡張, 腫れ.

❷ (筋肉などの) 引きつり.

＊distinção /dʒistʃi'sẽw̃/ チスチンサォン/ [複 distinções] 女 ❶ 区別, 差別 ▶ distinção entre o bem e o mal 善悪の区別 / fazer distinção entre homens e mulheres 男女を区別する / sem fazer distinção 区別せずに / sem distinção de raça, sexo, língua ou religião 人種, 性別, 言語あるいは宗教による差別なしに.

❷ 栄誉, 卓越 ▶ uma pessoa que merece distinção 栄誉に値する人 / O filho dela formou-se com distinção na universidade. 彼女の息子は優秀な成績で大学を卒業した.

❸ 気品, 品位 ▶ portar-se com distinção 上品に振る舞う / pessoa de distinção 気品のある人.

＊distinguir /dʒistʃi'gix チスチンギーフ/ ⑳

直説法現在	distingo	distinguimos
	distingues	distinguis
	distingue	distinguem

他 ❶ (…から) 区別する [+ de] ▶ distinguir o bem e o mal 善と悪を区別する / distinguir o certo do errado 善し悪しを見分ける.

❷ 見分ける, 聞き分ける ▶ distinguir os sons 音を聞き分ける / distinguir as cores 色を区別する.

— distinguir-se 再 ❶ …で区別される, 異なっている [+ por].

❷ …で際立っている, ぬきんでている [+ por].

distintamente /dʒis,tʃita'mẽtʃi/ 副 明瞭に, はっきりと.

distintivo, va /dʒistʃi'tʃivu, va/ 形 区別する, 特徴的な, 弁別的な ▶ característica distintiva 特徴.

— distintivo 男 標識, 象徴.

＊distinto, ta /dʒis'tʃitu, ta/ チスチント, タ/ 形 ❶ と異なる [+ de].

❷ 明瞭な ▶ som distinto 明瞭な音.

❸ 卓越した ▶ o distinto professor 卓越した教授.

disto /'dʒistu/ 前置詞 de と指示代名詞 isto の縮合形.

distorção /dʒistox'sẽw̃/ [複 distorções] 女 ゆがめること, ゆがみ, ねじれ, ひずみ ▶ distorção da realidade 現実をゆがめること.

distorcer /dʒistox'sex/ ⑮ 他 ❶ ゆがめる, よじる, ひずませる ▶ distorcer uma imagem 画像をひずませる. ❷ 歪曲する ▶ distorcer a verdade 真実を曲げる.

distração /dʒistra'sẽw̃/ [複 distrações] 女 ❶ 気晴らし, 息抜き; 楽しみ, 娯楽 ▶ para distração 楽しみで. ❷ 注意散漫, 不注意 ▶ por distração うっかりして / Foi distração minha. 私がうっかりしていました.

distraído, da /dʒistra'idu, da/ 形 ぼんやりとした, 上の空の ▶ um motorista distraído 不注意なドライバー / ser distraído (いつも) ぼんやりしている / estar distraído うっかりする, 注意を払わない /

Desculpe, estava distraído. すみません, うっかりしていました.

distrair /dʒistra'ix/ [58] [他] ❶ 気をそらせる ▸ As garotas de biquíni distraíram a atenção dele. ビキニ姿のギャルが彼の気をそらせた. ❷ 楽しませる.
— **distrair-se** [再] ❶ うっかりする. ❷ 楽しむ, 気晴らしする ▸ Vou ao cinema para me distrair. 気分転換のために映画館へ行きます / distrair-se + [現在分詞] …して楽しむ.

⁑**distribuição** /dʒistribuj'sẽw̃ ヂストリブィサォン/ [[複] distribuições] [女] ❶ **分配, 配給**, 割り当て ▸ distribuição de filmes 映画の配給 / distribuição de água 給水 / distribuição de prêmios 賞の授与 / distribuição de riquezas 富の配分.
❷ (商品の) **流通**, 配達 ▸ custo de distribuição 流通コスト / distribuição de correspondência 郵便の配達.
❸ 配置, 配列 ▸ a distribuição dos móveis 家具の配置.

distribuidor, dora /dʒistribuj'dox, 'dora/ [[複] distribuidores, dores] [形] 配給する.
— **distribuidor** [男] 配給業者 ▸ distribuidor de filmes 映画配給会社.

⁑**distribuir** /dʒistribu'ix ヂストリブイーフ/ [7] [他] ❶ **分配する, 配分する** ▸ distribuir as cartas トランプのカードを配る / distribuir os prêmios 賞を授与する
❷ **配達する**, 配布する, 供給する ▸ distribuir um filme 映画を配給する / distribuir panfletos パンフレットを配る / distribuir água 水を供給する / distribuir sorrisos 笑顔を振りまく.
❸ **配置する**, 配列する ▸ distribuir os móveis 家具を配置する
— **distribuir-se** [再] 分配される, 配置される.

distributivo, va /dʒistribu'tʃivu, va/ [形] 配給の, 配分の, 分配の ▸ justiça distributiva 配分的正義.

⁑**distrito** /dʒis'tritu ヂストリート/ [男] ❶ (行政上の) **地区, 区域** ▸ Distrito Federal [B] ブラジリア連邦直轄区 / distrito policial 警察管轄区. ❷ 警察署. ❸ [P] 県 ▸ Distrito de Bragança ブラガンサ県.

distúrbio /dʒis'tuxbiu/ [男] ❶ 騒ぎ, 騒動.
❷ 《distúrbios》 暴動.
❸ 障害 ▸ distúrbio respiratório 呼吸障害 / distúrbio de sono 睡眠障害.

ditado, da /dʒi'tadu, da/ [形] ❶ 口述された. ❷ 定められた, 強いられた.
— **ditado** [男] ❶ 書き取り ▸ fazer um ditado 書き取りをする. ❷ 諺.

ditador /dʒita'dox/ [[複] ditadores] [男] 独裁者；独裁的な人, 横暴な人.

ditadura /dʒita'dura/ [女] ❶ 独裁, 独裁政権 ▸ ditadura militar 軍部独裁 / ditadura do proletariado プロレタリア独裁.
❷ 専横, 暴虐.

ditame /dʒi'tẽmi/ [男] ❶ (良心などの) 命ずるところ, 指示 ▸ os ditames da consciência 良心の声.
❷ 命令, 規則 ▸ seguir os ditames da lei 法の定めに従う.

ditar /dʒi'tax/ [他] ❶ 書き取らせる, 口述する ▸ ditar uma carta 手紙を書き取らせる.
❷ 指示する, 命ずる ▸ ditar a moda ファッションをリードする. ❸ …を定める ▸ ditar as regras 規則を定める / ditar as leis 法律を課す.

ditatorial /dʒitatori'aw/ [[複] ditatoriais] [形] 《男女同形》 ❶ 独裁的な ▸ regime ditatorial 独裁政権. ❷ 尊大な, 横暴な.

dito, ta /'dʒitu, ta/ [形] (dizer の過去分詞) ❶ 前述の, 言われた ▸ Quis mandar o rapaz para a universidade, mas o dito rapaz não queria estudar. 青年を大学に行かせたかったがその彼は勉強したくなかった.
❷ 同上の.
— **dito** [男] ❶ 言葉, 表現. ❷ 格言 ▸ dito popular 諺, 言い習わし. ❸ 告げ口, 陰口. ❹ 言われたこと.
dar o dito por não dito 発言 [約束] をなかったことにする.
dito e feito たちどころに.
propriamente dito 厳密な意味での.
Tenho dito. この件はこれまで, 以上これまで, これで終了.

dito-cujo /ˌdʒitu'kuʒu/ [男] [B] 誰か, 何がし ▸ Quem é o dito-cujo? そいつは誰だ.

ditongo /dʒi'tõgu/ [男] 〘音声〙 二重母音.

ditoso, sa /dʒi'tozu, 'tɔza/ [形] 幸運な.

diurético, ca /dʒiu'rɛtʃiku, ka/ [形] 〘医学〙 利尿の.
— **diurético** [男] 利尿剤.

diurno, na /dʒi'uxnu, na/ [形] ❶ 昼間の, 日中の ▸ voo diurno 昼間のフライト. ❷ 1日の ▸ movimento diurno 日周運動.

diva /'dʒiva/ [女] ❶ 女神. ❷ 歌姫, 花形女性歌手. ❸ 美女.

divã /dʒi'vẽ/ [男] (背もたれ, 腕のない) 長いす, カウチ.

divagação /dʒivaga'sẽw̃/ [[複] divagações] [女] ❶ 徘徊, 放浪. ❷ (話の) 逸脱, 脱線, 余談.

divagar /dʒiva'gax/ [11] [自] ❶ さまよう, 放浪する, 徘徊する. ❷ (話が) 本筋からそれる, 脱線する. ❸ 夢想する.

divergência /dʒivex'ʒẽsia/ [女] ❶ 分岐, 分散. ❷ (意見などの) 食い違い, 相違.

divergente /dʒivex'ʒẽtʃi/ [形] 《男女同形》 ❶ 分岐する, 分散する ▸ linhas divergentes 分岐線. ❷ 相違する, 不一致の ▸ opiniões divergentes まちまちな意見.

divergir /dʒivex'ʒix/ [21] [自] ❶ 分岐する, 分かれる ▸ Em certo momento, os caminhos vão divergir. いつの時か道が分かれるだろう / Embora seja japonês, sua alimentação diverge da tradição nipônica. 彼は日本人ではあるが, その食生活は日本の伝統からはかけ離れている.
❷ (意見などが) 分かれる, 対立する ▸ Minha opinião e a do professor divergem. 私と先生の意見は対立している.

diversamente /dʒiˌvɛxsa'mẽtʃi/ [副] 異なって

diversão /dʒivex'sẽw̃/ [[複] diversões] [女] 楽しみ, 娯楽 ▸ parque de diversão 遊園地 / por diversão 楽しみで.

diversidade /dʒivexsi'dadʒi/ 囡 多様性, 相違, 差異 ▶preservar a diversidade das espécies 種の多様性を保存する.

diversificação /dʒivexsifika'sẽw/ [覆 diversificações] 囡 多様化, 多角化.

diversificar /dʒivexsifi'kax/ ⑳ 他 多様化する, 多角化する ▶diversificar investimentos 投資を多様化する.

diverso, sa /dʒi'vɛxsu, sa チヴェフソ, サ/ 形 ❶ …と異なる, 相違した [+de] ▶pensar de modo diverso 異なった方法で考える.

❷ 多様性のある ▶um meio ambiente diverso 多様性のある環境.

❸《diversos》いくつかの, 多くの, 様々な ▶diversas vezes 何度か, 何度も / diversos aspectos do mundo 世界の様々な側面.

divertido, da /dʒivex'tʃidu, da/ 形 ❶ 楽しい, 気晴らしになる ▶Estudar português é divertido. ポルトガル語を勉強することは楽しい / ter uma noite divertida 楽しい夜を過ごす / um filme divertido 面白い映画 / A festa foi muito divertida. パーティーはとても楽しかった.

❷ こっけいな, 面白い ▶histórias divertidas こっけいな話.

divertimento /dʒivextʃi'mẽtu/ 男 ❶ 娯楽, 楽しみ, 気晴らし. ❷『音楽』嬉遊曲.

*__divertir__ /dʒivex'tʃix チヴェフチーフ/ ⑥ 他 ❶ 楽しませる, 笑わせる ▶O livro me diverte muito. その本は私をとても楽しませてくれる.

❷ …の気をそらせる ▶O teatro o divertiu das preocupações. その演劇は彼の心配ごとから気を紛らわせてくれた.

❸ …の気を変えさせる [+ de] ▶Tentei divertir minha filha de fazer a viagem. 私は, 旅行に行こうとする娘の気を変えさせようとした.

— **divertir-se** 再 ❶ 楽しむ ▶Eu me diverti muito na festa. 私はパーティーでとても楽しんだ / Divirtam-se! 楽しんでいらっしゃい.

❷ …で楽しむ [+ com].

❸《divertir-se +現在分詞》…して楽しむ.

__dívida__ /'dʒivida チヴィダ/ 囡 借金, 負債, 債務 ▶ter dívidas 借金がある / contrair dívidas 借金する / pagar a dívida 借金を払う / dívida de gratidão 義理, 恩義 / dívida pública 公的債務 / dívida externa 対外債務

estar em dívida com … …に対して借金がある, 借りがある.

dividendo /dʒivi'dẽdu/ 男 ❶『数学』被除数. ❷『商業』配当 ▶dividendo intermediário 中間配当.

*__dividir__ /dʒivi'dʒix チヴィヂーフ/ 他 ❶ 分ける, 分割する, 分配する ▶dividir a herança 遺産を分ける / dividir a responsabilidade 責任を分担する / dividir as despesas 費用を折半する / dividir os lucros 利益を分配する / dividir o bolo em quatro partes ケーキを4つに分ける / dividir o território 領土を分割する.

❷『数学』…を割る, 割り算する ▶dividir 8 por 2 8を2で割る.

❸ 共同で使う, 共有する ▶dividir um apartamento アパートで共同生活する.

— **dividir-se** 再 …に分かれる, 分離する [+em] ▶dividir-se em três grupos 3つのグループに分かれる.

dividir algo meio a meio …を折半する, 半分ずつにする.

divinamente /dʒi,vina'mẽtʃi/ 副 すばらしく, 完璧に ▶cantar divinamente 見事に歌う.

divindade /dʒivĩ'dadʒi/ 囡 ❶ 神性, 神格 ▶a divindade de Cristo キリストの神性. ❷ 神 ▶divindades gregas ギリシャの神々.

*__divino, na__ /dʒi'vinu, na チヴィーノ, ナ/ 形 ❶ 神の, 神聖な, 神のような ▶castigo divino 天罰 / a Divina Providência 神の摂理 / inspiração divina 霊感.

❷ すばらしい, 見事な.

— **divino** 男 ❶ 神性. ❷ Ⓑ 聖霊.

divisa /dʒi'viza/ 囡 ❶ 標語, モットー. ❷ 記章, 紋章, 袖章. ❸《divisas》外貨, 通貨 ▶divisas estrangeiras 外貨. ❹ 境界 ▶fazer divisa com ... …に接する.

__divisão__ /dʒivi'zẽw チヴィザォン/ [覆 divisões] 囡 ❶ 分割, 分配 ▶a divisão de poderes 三権分立 / divisão do trabalho 分業 / divisão de bens 財産分割 / divisão celular 細胞分裂.

❷ 区分, 区切り; 分けられた部分 ▶divisão administrativa 行政区画.

❸ 対立, 分裂; (意見などの) 不一致 ▶divisão de opiniões 意見の相違.

❹『数学』割り算, 除法 ▶fazer a divisão 割り算をする / sinal de divisão 除法記号 (÷).

❺『軍事』師団.

❻ 分野, 部門 ▶chefe de divisão 局長.

❼『スポーツ』部, クラス, 級 ▶a primeira divisão da liga 1部リーグ / um time da primeira divisão 1部チーム / a primeira divisão inglesa イングランドプレミアリーグ.

divisar /dʒivi'zax/ 他 ❶ 遠方に見る ▶Eles divisaram o Monte Fuji pela janela do trem. 彼らは電車の窓から富士山を遠くに見た.

❷ 発見する, 見つける.

❸ 区画する ▶divisar uma fazenda 牧場の境界線を引く.

divisível /dʒivi'zivew/ [覆 divisíveis] 形《男 女同形》❶ 分割できる. ❷『数学』割り切れる.

divisor, sora /dʒivi'zox, 'zora/ [覆 divisores, soras] 形 分割する.

— **divisor** 男 ❶『数学』除数, 約数 ▶divisor comum 公約数. ❷ 分割するもの ▶divisor de águas 分水界, 分岐点.

divisória[1] /dʒivi'zɔria/ 囡 境界線.

divisório, ria[2] /dʒivi'zɔriu, ria/ 形 分ける, 分割する ▶parede divisória 境界壁.

divo /'dʒivu/ 男 ❶ 神; 神格化された男性. ❷ スター男性歌手.

divorciado, da /dʒivoxsi'adu, da/ 形 名 離婚した (人) ▶Sou divorciado. 私は離婚している.

divorciar /dʒivoxsi'ax/ 他 ❶ 離婚させる. ❷ 分

離する，引き離す.

— divorciar-se [再] ❶ 離婚する ▶Eles se divorciaram. 彼らは離婚した / Ela se divorciou do marido. 彼女は夫と離婚した.

❷ 離れる.

divórcio /dʒi'vɔxsiu/ [男] 離婚 ▶pedir o divórcio 離婚を求める.

divulgação /dʒivuwga'sẽw̃/ [[複] divulgações] [女] ❶ 普及，伝播，流布 ▶divulgação de conhecimentos 知識の普及.

❷ (秘密の) 暴露，漏洩 ▶divulgação de segredos 秘密の漏洩.

***divulgar** /dʒivuw'gax チヴゥガーフ/ ⑪ [他] ❶ **広める，普及させる** ▶divulgar notícias ニュースを広める / divulgar um produto 製品を普及させる.

❷ (秘密などを) **暴露する**，漏らす ▶divulgar um segredo 秘密を漏らす.

diz [活用] ⇒ dizer

*****dizer** /dʒi'zex チゼーフ/ ㉕

現在分詞 dizendo	過去分詞 dito	
直説法現在	digo dizes diz	dizemos dizeis dizem
過去	disse disseste disse	dissemos dissestes disseram
未来	direi dirás dirá	diremos direis dirão
接続法現在	diga digas diga	digamos digais digam

[他] ❶ **言う**，伝える，語る ▶dizer a verdade 真実を言う / dizer mentiras 嘘を言う / Ele disse: "Não sei." 彼は「分からない」と言った / Você fala muito, mas diz muito pouco. 君はよく話すがほとんど何も言っていないね / O que você disse? あなたは何と言いましたか / dizer que sim はいと言う / dizer que não いいえと言う / Eu não disse nada. 私は何も言わなかった / Isso é fácil de dizer. それは言うのは簡単だ / Isso não diz muito. それではよく分からない / não ter o que dizer 言うべきことがない，意見を持たない / Pedro disse muitos episódios de sua viagem. ペドロは旅のエピソードを数多く語った.

❷《dizer que + [直説法]》…**と言う**，伝える ▶Ela me disse que ia chegar tarde. 彼女は私に帰りが遅くなると言った / Dizem que o dinheiro não faz as pessoas felizes. お金は人を幸福にしないと言われる.

❸《dizer a alguém que + [接続法]》…**に…するように言う，命じる**，忠告する ▶Eu disse à Paula que não repetisse o mesmo erro. 同じ誤りを繰り返さないようにパウラに言った

❹ 意味を持つ，興味をかき立てる ▶Este acontecimento diz-lhe alguma coisa? この出来事は何か面白いところがありますか.

— [自] ❶ …と調和する [+ com] ▶O vermelho diz bem com o branco. 赤は白とよく合う.

❷ 言う ▶Eu disse para você ficar quieto. 私はあなたに静かにするように言ったのだ / Diga a ele para chegar às oito. 彼に8時に来るように言ってください.

— dizer-se [再] 言われる ▶Como se diz "casa" em francês? フランス語で「家」は何と言いますか / Isso não é coisa que se diga! そんなことを言うものではない.

— [男] [[複] dizeres] ❶ 言葉，表現，発言 ▶o dizer do povo 民衆の言葉. ❷ 意味，意見 ▶o dizer da máxima その格言の言わんとするところ.

a bem dizer 本当のところ，正確に言うと.

até dizer chega [basta] たくさん ▶Ali havia comida até dizer chega. 食べ物はありあまるほどあった.

digam o que quiserem 人が何と言おうと.

Digamos... たとえば，言ってみれば，つまり ▶O orçamento é, digamos, a estratégia transcrita em números. 予算とは，言うなれば，数字で表された戦略である.

disse me disse うわさ.

diz que diz うわさ.

dizer bem de... …をよく言う，ほめる.

dizer e fazer 言行を一致させる.

dizer mal de... …を悪く言う，けなす.

dizer poucas e boas 遠慮のない意見を言う，歯に衣着せず言う.

Não (me) diga! まさか.

não saber o que diz 自分の言っていることが分かっていない.

no dizer de... …によると.

por assim dizer いわば，まるで.

Quem diria! これは驚きだ.

quer dizer つまり ▶Ele não está aqui, quer dizer, fugiu da responsabilidade. 彼はここにいない，つまり責任から逃げたんだ.

querer dizer 意味する ▶O que quer dizer isso? それはどういう意味ですか / Só porque é rico não quer dizer que seja feliz. 彼が金持ちだからといっても幸福であるとは限らない.

dízima /'dʒizima/ [女] ❶〖歴史〗十分の一税. ❷ dízima periódica 循環小数.

dizimar /dʒizi'max/ [他] …を大量に殺す；破壊する.

dízimo, ma /'dʒizimu, ma/ [形] 10分の1の.

— dízimo [男] 十分の一税.

do /du/ 前置詞 de と定冠詞・指示代名詞 o の縮合形 ▶A capital do Brasil é Brasília. ブラジルの首都はブラジリアだ.

dó /'dɔ/ [男] ❶ 同情，憐れみ ▶ficar com dó de alguém = ter dó de alguém …に同情する，…を気の毒に思う / sem dó nem piedade 情け容赦なく / dar dó 残念である.

❷〖音楽〗ハ音，ド ▶dó maior ハ長調.

doação

... de dar dó かわいそうな，かわいそうなぐらい．
dó de alma 胸の痛み．
Tenha dó! ① いい加減にして，ふざけないで．② あり得ない，冗談でしょう．

doação /doa'sēw/ [複 doações] 囡 ❶ 贈与，提供 ▶ doação de bens 遺産の寄付 / doação de sangue 献血 / doação de órgãos 臓器提供. ❷ 贈与物.

doador, dora /doa'dox, 'dora/ [複 doadores, doras] 图 寄贈者, 提供者 ▶ doador de órgãos 臓器提供者 / doador de sangue 献血者 / doador universal 万能供血者.

doar /do'ax/ 他 ❶ 贈与する，与える．❷ 献げる ▶ Madre Teresa doou sua vida aos menos favorecidos. マザー・テレサは恵まれない人たちに人生を献げた．

dobra /'dɔbra/ 囡 折り目，ひだ．

dobradiça¹ /dobra'dʒisa/ 囡 蝶つがい．

dobradiço, ça² /dobra'dʒisu, sa/ 形 折りたたみの，折り畳める．

dobradinha /dobra'dʒiɲa/ 囡 ❶ ドブラジーニャ (牛の胃袋とうずら豆の煮込み). ❷ 組，ペア ▶ Foi escolhido em dobradinha com o irmão. 私は兄と一緒に選出された．

dobrado, da /do'bradu, da/ 形 ❶ 二重の ▶ Com as horas extras ganhei salário dobrado. 私は残業手当で倍の給料をもらった / vê dobrado ダブルの V (W のこと). ❷ 折り重ねた. ❸ B 屈強な.
— **dobrado** 男 ❶ 軍隊行進曲. ❷ 起伏のある土地.

*****dobrar** /do'brax/ ドブラーフ/ 他 ❶ 折る，曲げる，折り畳む ▶ dobrar um papel 紙を折る / dobrar o joelho 膝を曲げる．
❷ 2倍にする，2重にする ▶ dobrar as vendas 売り上げを2倍にする．
❸ …を曲がる ▶ dobrar a esquina 角を曲がる．
— 自 ❶ (鐘が) 鳴る．
❷ 2倍になる ▶ Os preços dobraram. 物価は2倍になった．
— **dobrar-se** 再 身をかがめる．

dobro /'dobru/ 男 (o dobro) 2倍 ▶ pagar o dobro 2倍払う / valer o dobro 2倍の価値がある / o dobro de nada 無の二倍，まったくのゼロ．

doca /'dɔka/ 囡 ❶ 埠頭．❷ ドック．

doçaria /dosa'ria/ 囡 たくさんの菓子, 菓子店．

☆☆doce /'dosi/ ドースィ/ 形《男女同形》❶ 甘い ▶ O pudim ficou muito doce. プリンはとても甘くなった / vinho doce 甘口のワイン.
❷ やさしい ▶ Ela tem um modo doce de falar. 彼女はやさしい話し方をする．
— 男 甘いもの，菓子，キャンディー ▶ Os doces brasileiros têm muito açúcar. ブラジルの菓子は砂糖がたくさん入っている / doce de leite カラメル化したコンデンスミルク．
Acabou-se o que era doce. 甘い汁はもうなくなった．
dar os doces ① パーティーをする．② 結婚する．
doce de coco かわいらしい人．
Dou-lhe um doce se... もし…なら，ほめてあげよう．

doce-de-coco /,dosidʒi'koku/ [複 doces-de-coco] 男 ❶ ココナッツの実で作った甘いお菓子．❷ 御しやすい人．

doceiro, ra /do'sejru, ra/ 图 ❶ 菓子職人, 菓子販売人. ❷ 菓子好きな人.

docemente /,dose'mētʃi/ 副 甘く，優しく．

docência /do'sēsia/ 囡 教職，教育．

docente /do'sētʃi/
— 形《男女同形》教える，教員の ▶ corpo docente 教員スタッフ．

dócil /'dɔsiw/ [複 dóceis] 形《男女同形》従順な，素直な ▶ cachorro dócil 従順な犬．

docilidade /dosili'dadʒi/ 囡 従順，素直さ．

documentação /dokumēta'sēw/ [複 documentações] 囡 ❶ 文献調査，考証. ❷《集合的》参考資料．❸ 文書化．

documentar /dokumē'tax/ 他 証拠書類で立証する，資料で裏付ける ▶ Ele documentou através de fotos as mudanças ocorridas na cidade onde vive. 彼は自分が住んでいる街に起きた変化を写真から考証した．
— **documentar-se** 再 資料集めをする．

documentário, ria /dokumē'tariu, ria/ 形 記録に基づく ▶ filme documentário ドキュメンタリー映画．
— **documentário** 男 ドキュメンタリー，記録映画．

☆documento /doku'mētu/ ドクメント/ 男 ❶ 書類, 文書, 証明書 ▶ documento público 公文書 / documento particular 私文書 / documento original 原本 / documento falso 偽造文書．
❷ 資料；文献，記録文書 ▶ documentos históricos 史料．
❸《documentos》身分証明書．
❹《情報》ドキュメント．

doçura /do'sura/ 囡 ❶ 甘さ ▶ doçura do mel ハチミツの甘さ．❷ 優しさ，親切さ．❸ 心地よさ ▶ a doçura da vida 人生の楽しさ．

dodói /do'dɔj/ 男 B 病気，傷，痛み．
— 形《男女同形》病気の ▶ Papai está dodói. 父ちゃんは病気だ．

☆☆doença /do'ēsa/ ドエンサ/ 囡 ❶ 病気, 疾患 ▶ A doença da minha mãe é grave. 母の病気は重い / doença contagiosa 伝染病 / doença crônica 持病, 慢性疾患 / doença do coração 心臓病 / contrair uma doença 病気にかかる / morrer de doença 病死する / recuperar-se de uma doença 病気から回復する．
❷ 病癖, 悪癖 ▶ O jogo era sua doença. 賭け事は彼の病癖だった．
❸ B 大変な事，辛い事 ▶ Ter de trabalhar de noite, para mim, é uma doença. 夜に働かなければならないことは，私にとって辛いことだ．

☆☆doente /do'ētʃi/ ドエンチ/ 形《男女同形》❶ 病気の (↔ saudável) ▶ estar doente 病気である / ficar doente 病気になる / cair doente 病気になる / ser doente do fígado 肝臓が悪い / As cerejeiras estão doentes. 桜の木は病気にかかっている．

❷ [B] …に**熱狂的な**, 夢中な [+ por] ▶um jovem doente por futebol サッカーに熱狂的な若者.
❸ 病んだ ▶uma sociedade doente 病んだ社会.
— [名] ❶ 病人, 患者 ▶doente com câncer がん患者 / doente terminal 終末期の患者 / doente imaginário 自分が病気だと思い込んでいる人.
❷ [B] 熱狂的ファン [愛好家].

doentio, tia /doẽ'tʃiu, 'tʃia/ [形] ❶ 病弱な, 病気になりやすい. ❷ 健康に悪い ▶ambiente doentio 健康に悪い環境. ❸ 病的な.

***doer** /do'ex ドエーフ/ ㊱

直説法現在	dói	doem

[自] ❶ **痛む** ▶Meu estômago está doendo. 私は胃が痛い / Minha cabeça está doendo. 私は頭が痛い / Meu corpo todo dói. 私は全身が痛む / Meu dente dói quando bebo algo gelado. 私はよく冷えた飲み物を飲むと歯が痛む.
❷ (心が) 痛む, 辛い思いをする ▶Meu coração doeu ao ver o documentário. そのドキュメンタリー映画を見て心が痛んだ / Dói ver os outros chorarem. 人が泣いているのを見るのは辛い.
de doer 極度の, ひどい ▶frio de doer ひどい寒さ / chique de doer とてもおしゃれな.
Essa é de doer! 胸糞が悪い, 耐えられない.

dogma /'dɔgima/ [男] 教義, 教理, 教条 ▶os dogmas católicos カトリックの教義.

dogmático, ca /dogi'matʃiku, ka/ [形] ❶ 教義上の, 教理に関する. ❷ 独断的な, 教条的な, 押しつけがましい.
— **dogmática** [女] 教義学.

dogmatismo /dogima'tʃizmu/ [男] 教条主義, 独断的態度.

doido, da /'dojdu, da/ [形] ❶ 気のふれた.
❷ 《estar doido para +[不定詞]》…したくてたまらない.
❸ 《ser doido por...》…が大好きである ▶Ela é doida por chocolate. 彼女はチョコレートが大好きだ.
— [名] 精神を病んだ人.

*****dois, duas** /'dojs, 'duas ドィス, ドゥアス/ [形] 《数》 ❶ **2つの**, 二人の ▶Eu tenho dois irmãos. 私には二人の兄弟がいる / as duas mãos 両手.
❷ **2番目の** ▶o dia dois de fevereiro 2月2日.
— **dois** [男] ❶ 2 ▶Dois e dois são quatro. 2＋2は4.
❷ 2つ, 2個, 二人 ▶dividir em dois 2つに分ける / nós dois 私たち二人.
dois a dois 二つ [二人] 一組で, 対で.
dois ou três 2, 3の, 少しの.
os dois 両方 ▶Gosto dos dois. 私は両方好きだ.
Não há duas sem três. 2度あることは3度ある.
nenhum dos dois 両方とも…ない.

dois-pontos /ˌdojs'põtus/ [男] 《単複同形》 コロン (:).
Dois-pontos, travessão. ここが肝心だ, よく聞け.

****dólar** /'dɔlax ドーラフ/ [[複] dólares] [男] **ドル** ▶o dólar americano 米ドル / o dólar forte ドル高 / o dólar fraco ドル安.

doleiro, ra /do'lejru, ra/ [名] [B] 闇ドル売買業者.

dolo /'dɔlu/ [男] ❶ 詐欺, ごまかし, ペテン. ❷ 悪意, 犯意, 故意 ▶dolo eventual 未必の故意.

dolorido, da /dolo'ridu, da/ [形] ❶ 痛む ▶braço dolorido 痛む腕. ❷ 痛々しい, 悲しんでいる.

doloroso, sa /dolo'rozu, 'rɔza/ [形] ❶ 痛い, 苦しみを伴う ▶ombro doloroso 肩こり. ❷ (精神的に) 苦しい, つらい, 痛ましい ▶separação dolorosa つらい別れ.

doloso, sa /do'lozu, 'lɔza/ [形] ❶ 詐欺の, ペテンの. 不正な. ❷ 故意の ▶homicídio doloso 故意による殺人.

***dom** /'dõ ドン/ [[複] dons] [男] ❶ **贈り物**.
❷ **天賦の才** ▶dom da palavra 弁才 / dom das línguas 外国語を操る能力 / ter o dom de... …の才能がある.
❸ 王侯貴族に対する敬称.

domador, dora /doma'dox, 'dora/ [[複] domadores, ras] [形] 動物を飼い慣らす.
— [名] 調教師 ▶domador de cavalos 馬の調教師.

domar /do'max/ [他] ❶ 飼い慣らす, 調教する ▶domar um leão ライオンを調教する.
❷ 服従させる, 手なづける.
❸ (感情を) 抑制する ▶domar a ansiedade 不安を抑える.
— **domar-se** [再] 自制する.

domesticação /domestʃika'sɐ̃w̃/ [[複] domesticações] [女] 飼い慣らし, 家畜化.

domesticar /domestʃi'kax/ ㉙ [他] 飼い慣らす, 調教する, 手なずける ▶domesticar animais 動物を飼い慣らす.

****doméstico, ca** /do'mɛstʃiku, ka ドメスチコ, カ/ [形] ❶ **家庭の**, 家の ▶tarefas domésticas 家事 / economia doméstica 家計 / violência doméstica 家庭内暴力 / vida doméstica 家庭生活.
❷ (動物などが) **飼い慣らされた**, 人に慣れた ▶animal doméstico 家畜.
❸ **国内の**, 国産の ▶voo doméstico 国内便.
— **doméstica** [女] お手伝い, メード.

domiciliar[1] /domisili'ax/ [[複] domiciliares] [形] 《男女同形》 住居の ▶visita domiciliar 家宅捜索 / atendimento domiciliar 在宅介護.

domiciliar[2] /domisili'ax/ [他] 居住させる, 住まわせる, 定住させる.
— **domiciliar-se** [再] 居住する, 定住する.

domicílio /domi'siliu/ [男] 住所, 住居 ▶domicílio legal 法定住所, 本籍 / mudança de domicílio 転居 / Entregamos em domicílio. 宅配いたします / entrega em domicílio 宅配 / trabalho em domicílio 在宅勤務.

dominação /domina'sɐ̃w̃/ [[複] dominações] [女] 支配, 統治 ▶dominação inglesa イギリスによる統治.

dominador, dora /domina'dox, 'dora/ [[複] dominadores, doras] [名] 支配者, 統治者.
— [形] ❶ 支配的な, 優勢な. ❷ 威圧的な, 威張る ▶uma mulher dominadora 居丈高な女.

D

dominância

dominância /domi'nẽsia/ 囡 優勢, 遺伝の優位性.

dominante /domi'nẽtʃi/ 厖《男女同形》❶ 支配する, 統治する ▶classe dominante 支配階級. ❷ 支配的な, 主要な, 優勢な ▶tendência dominante 支配的な傾向.
— 囡《音楽》属音, ドミナント.

✱dominar /domi'nax/ ドミナーフ/ 他 ❶ 支配する, 左右する ▶dominar o mundo 世界を支配する / dominar o futuro 未来を支配する / dominar a partida 試合を支配する / dominar o marido 夫を尻に敷く.

❷ 熟達する, 精通する, マスターする, 意のままに操る ▶dominar os pontos essenciais 要点を把握する / Não domino bem o português. 私はポルトガル語が得意ではない / Não domino bem o assunto. 私はその問題に詳しくない.

❸ 抑える, 抑制する, 制圧する, ▶dominar as emoções 感情を抑える / dominar a situação 事態を掌握する.

❹ 見渡す, 見下ろす ▶O Cristo Redentor domina o Rio. コルコバードのキリスト像がリオを見下ろしている.
— 圁 支配する; 支配的である, 優勢である.
— **dominar-se** 再 自制する ▶Eu não pude dominar-me. 私はみずからを抑えられなかった.

✱domingo /do'mĩgu/ ドミンゴ/ 男 日曜日 ▶Jogo futebol com meus amigos todos os domingos. 私は毎週日曜日に友人とサッカーをする / este domingo 今週の日曜日 / próximo domingo 来週の日曜日 / domingo passado 先週の日曜日.

domingo de Páscoa 復活の主日.
domingo de Ramos 枝の主日, 棕櫚の主日.
Dominica /domi'nika/ 囡《国名》ドミニカ国.
dominical /domini'kaw/ [圑 **dominicais**] 厖《男女同形》❶ 日曜日の ▶escola dominical 日曜学校. ❷ 主の.
dominicano, na /domini'kẽnu, na/ 厖 ❶ ドミニカ共和国の ▶a República Dominicana ドミニカ共和国. ❷ ドミニコ会の.
— 名 ❶ ドミニカ共和国人. ❷ ドミニコ会修道者.

✱domínio /do'mĩniu/ 男 ❶ 支配, 統治 ▶sob o domínio de... …に支配された / domínio da bola ボールの支配.

❷ 領土, 領地, 所有地 ▶o domínio do Império Romano ローマ帝国の領土 / domínio público 公共物, 公共地, パブリックドメイン.

❸ 熟知, 修得 ▶domínio do português ポルトガル語の習得 / ter domínio da língua inglesa 英語が自由に使える.

❹ 分野, 領域 ▶o domínio da informática 情報技術の分野 / domínio econômico 経済分野.

❺《情報》ドメイン ▶nome de domínio ドメインネーム.

cair em domínio público《知的財産権が》消滅する.
ser do domínio público 万人の知るところである.

dominó /domi'nɔ/ 男 ドミノゲーム, ドミノ牌(::) ▶ jogar dominó ドミノをする / teoria do dominó ドミノ理論.

domo /'dõmu/ 男 ドーム, 丸屋根.

✱dona /'dõna ドーナ/ 囡 ❶ 女主人 ▶a dona do cachorro 犬の女性飼い主.
❷ 家主, 大家.
❸《女性の敬称》…さん ▶dona Maria マリアさん(架空の女性の名).
dona de casa 主婦.
dona encrenca けんかっ早い女性.
donatário, ria /dona'tariu, ria/ 名 受贈者.
donativo /dona'tʃivu/ 男 寄付, 寄付金.
donde /'dõdʒi/《前置詞 de と疑問副詞 onde の縮合形》❶ どこから ▶Donde surgiu esse cachorro? その犬はどこから現れたの / Donde você vem? あなたはどちらの出身ですか.
❷ どうして ▶Donde aquela beleza? どうしてあんなに美しいのか.
❸《前文を受けて》それで, そこから.
dondoca /dõ'dɔka/ 囡 图 お嬢様, お姫様.
doninha /do'nĩɲa/ 囡《動物》イタチ.

✱dono /'dõnu ドーノ/ 男 ❶ 主人 ▶dono da casa 戸主 / Cada um é dono da sua vida. 各人はそれぞれの人生の主人.
❷ 所有者 ▶ser dono de uma casa 家の所有者である / um cão sem dono 飼主のいない犬.
❸ 家主, 大家.
dono da bola 状況の掌握ができている人.
dono da verdade 自分は絶対正しいと思い込んでいる人.
dono de seu nariz 自立している人.
único dono ワンオーナー(中古品の元所有者が一人だけであること).

donzela /dõ'zela/ 囡 乙女; (中世の) お姫様.
dopado, da /do'padu, da/ 厖 ❶ 麻薬を使用した ▶estar dopado 麻薬を使用している. ❷ ドーピング剤を使用した, 興奮剤を与えられた.
dopagem /do'paʒẽj/ [圑 **dopagens**] 囡 ドーピング.
dopar /do'pax/ 他 ❶ …にドーピング剤を与える, 興奮剤を与える. ❷ …に麻薬を使用させる.
— **dopar-se** 再 ドーピング剤を使用する.

✱dor /'dox ドーフ/ 囡 ❶ 痛み ▶dor de cabeça 頭痛 / Estou com dor de cabeça. 私は頭が痛い / dor de dente 歯痛 / dor de garganta 喉の痛み / dor de ouvido 耳の痛み / dor nas costas 腰痛 / sentir dor 痛みを感じる / suportar a dor 痛みをこらえる / dor aguda 鋭い痛み, 刺し込む痛み / dor crônica 慢性的な痛み.
❷ 悩み, 苦悩 ▶a dor da alma 心痛.
❸《dores》出産時の苦しみ, 陣痛.
dar dores de cabeça a alguém …の頭痛の種になる.
dor de corno 焼き餅, 嫉妬.
enganar a dor その場しのぎのために苦痛を装う.
tomar as dores de alguém …の肩をもつ.
doravante /dora'vẽtʃi/ 副 今後は, これからは ▶Doravante estudarei com mais afinco. これからはもっと一生懸命勉強します.
dormência /dox'mẽsia/ 囡 ❶ 睡眠状態. ❷ 麻

痺, しびれ.

dormente /dox'mẽtʃi/ [形]《男女同形》❶ 眠っている. ❷ 麻痺した, しびれた, 無感覚の ▶ Estou com a perna dormente. 私は足がしびれた. ❸ 静止した, よどんだ ▶ águas dormentes よどんだ水.

dormida /dox'mida/ [女] ❶ 睡眠, 眠り ▶ dar uma dormida 眠る. ❷ 宿泊. ❸ 動物のねぐら.

dormideira /doxmi'dejra/ [女] 眠気.

dorminhoco, ca /doxmi'ɲoku, ka/ [形] [名] よく眠る(人).

★★dormir /dox'mix/ ドフミーフ/ ㉓

直説法現在	durmo	dormimos
	dormes	dormis
	dorme	dormem
接続法現在	durma	durmamos
	durmas	durmais
	durma	durmam

[自] ❶ 眠る ▶ Meu pai ainda está dormindo. 父はまだ寝ている / Não dormi bem ontem à noite. 昨夜はよく眠れなかった / Dormi bem. よく寝た / Durmo sete horas todos os dias. 私は毎日 7 時間眠る / Durma bem. よくお眠りなさい / dormir como um bebê ぐっすり眠る, 熟睡する / dormir como uma pedra 泥のように眠る.
❷ 寝つく ▶ Muito dificilmente eu durmo cedo à noite. 夜早い時間に寝つくのはとても難しい.
❸ 泊まる ▶ Eu dormi num hotel ontem à noite. 昨夜はホテル泊まりだった.
❹ …と寝る, 性的関係を持つ [+ com] ▶ dormir com uma mulher 女と寝る.
❺ うっかりする, 気を抜く ▶ Quando sofreu o gol, o goleiro estava dormindo. ゴールを喫したとき, キーパーは気を抜いていた.
— [他] 眠る ▶ dormir o sono ぐっすり眠る / dormir o último sono 永眠する / dormir o sono da inocência すやすや眠る / dormir a sono solto ぐっすり眠る.

dormir e acordar com alguém …といつも一緒にいる.
dormir no ponto ぼんやりする, 機会を逃す.
dormir sobre... …について一晩寝て考える, 決断を引き延ばす.
dormir sobre louros 成功にあぐらをかく.
Durma-se com um barulho desses. なぜこんなことになるの, 信じられない.

dormitório /doxmi'tɔriu/ [男] ❶ 寮. ❷ [B] 寝室.

dorsal /dox'saw/ [形 dorsais] [形]《男女同形》背中の, 背部の ▶ espinha dorsal 脊椎(ᵗᵘᶦ).

dorso /'doxsu/ [男] ❶ 背, 背中, 背部. ❷ 裏, 裏面 ▶ dorso da mão 手の甲 / dorso do pé 足の甲. ❸ 本の背.

dos /dus/ 前置詞 de と定冠詞・指示代名詞 os の縮合形.

dosagem /do'zaʒẽj/ [複 dosagens] [女] ❶ 分量の決定. ❷ 調合, 配合 ▶ a dosagem do medicamento 薬の調合.

dosar /do'zax/ [他] ❶ (薬を)調合する ▶ dosar o remédio 薬を調合する.
❷ 各成分の分量を決める, 配合する.

★dose /'dɔzi/ ドーズィ/ [女] ❶ (薬の1回の)服用量, 一服. ❷《化学》含有量. ❸ 酒を一度に飲む量 ▶ tomar uma dose de vodca ウオッカを1口ぐいとあける.

dose cavalar de... 大量の….
em dose homeopática ごく微量で.
ser dose うんざりする.
ser dose para elefante [leão] 大変な作業である.

dossel /do'sɛw/ [複 dosséis] [男] (ベッドの)天蓋.

dossiê /dosi'e/ [男] ❶ 関係資料, 一件書類; 問題, テーマ. ❷ 特集記事.

dotação /dota'sẽw/ [複 dotações] [女] ❶ 寄付, 寄贈品. ❷ 歳費, 予算.

dotar /do'tax/ [他] ❶ …に…を持参金として与える [+ com] ▶ Dotei minha filha com todo meu patrimônio. 私は財産すべてを娘の嫁資にした. ❷ …に…を与える, 恵む [+ com] ▶ Os deuses dotaram Hércules com uma força descomunal. 神々はヘラクレスに途方もない力を与えた. ❸ …に…を寄付する, 寄贈する [+ de] ▶ Meu pai dotou a biblioteca de uma grande sala de leitura. 私の父は図書館に立派な読書室を寄付した.
❹ …に…を備え付ける [+ com] ▶ Dotei a fábrica com máquinas da melhor qualidade. 私は最高品質の機械を工場に備え付けた.
— **dotar-se** [再] …を備える [+ de] ▶ O país dotou-se de novas leis antiterroristas. 国は新しい対テロリスト法を制定した.

dote /'dɔtʃi/ [男] ❶ 持参金, 婚資. ❷《dotes》素質, 才能 ▶ dotes musicais 音楽の才能.

dou [活用] ⇒ dar

dourado, da /do'radu, da/ [形] ❶ 金色の ▶ cabelos dourados 金髪 / sandálias douradas 金色のサンダル. ❷ 金メッキの. ❸ (食べ物が)キツネ色の.
só enxergar os dourados 物事のよい面だけを見る.

dourar /do'rax/ [他] ❶ 金めっきにする, 金箔を張る.
❷ 金色にする ▶ O sol poente dourava a superfície da lagoa. 夕陽が湖面を金色に染めていた.
❸ 輝かせる.
❹ 幸せにする.
❺ ごまかす, 糊塗する ▶ O populismo doura a incompetência administrativa. 大衆迎合は行政の無能さを糊塗する.
— **dourar-se** [再] 輝く.

douto, ta /'dotu, ta/ [形] 博学な, 博識な.

★★doutor, tora /do'tox, 'tora/ [複 doutores, toras] [名] ❶ 医者 ▶ Chame logo o doutor, pois ele piorou. 彼が悪化したので, すぐに医師を呼んでください.
❷ 博士 ▶ Ela é doutora em linguísitica. 彼女は言語学博士である.
❸ 博学の人.
❹ 高等教育を受けた人に対する敬称, …様.

doutorado, da /doto'radu, da/ [形] 博士号を持った.

— **doutorado** [男] [B] 博士号, 博士課程.
doutoral /doto'raw/ [[複] doutorais] [形]《男女同形》❶ 博士の ▶ tese doutoral 博士論文. ❷ 学者ぶった, 衒学(げんがく)的な.
doutoramento /doturɐ'mẽtu/ [男] [P] 博士号, 博士課程.
doutra(s) /'dotra(s)/ 前置詞 de と不定形容詞 [代名詞] outra(s) の縮合形.

★**doutrina** /do'trĩna ドトゥリーナ/ [女] ❶ **教義**, 教典 ▶ a doutrina cristã キリスト教の教義 / a doutrina da trindade 三位一体の教義.
❷ **学説**, 主義 ▶ doutrina econômica 経済学説 / doutrina oficial 公式見解 / a Doutrina Monroe〖歴史〗モンロードクトリン.
doutro(s) /'dotro(s)/ 前置詞 de と不定形容詞 [代名詞] outro(s) の縮合形.
★★★**doze** /'dozi ドーズィ/ [形]《数》❶ 12の. ❷ 12番目の.
— [男] 12.
Dr. 《略語》doutor 博士, 先生, 様.
Dra. 《略語》doutora 女性博士, 先生, 様.
dragão /dra'gɐ̃w̃/ [[複] dragões] [男] 竜, ドラゴン.
dragar /dra'gax/ ⑪ [他] 浚渫(しゅんせつ)する.
drágea /'draʒia/ [女] 糖衣錠.
★**drama** /'drẽma ドラーマ/ [男] ❶ **戯曲**, **演劇** ▶ um drama de Shakespeare シェークスピアの戯曲 / escola de drama 演劇学校 / drama histórico 史劇.
❷ **ドラマ** ▶ drama de televisão テレビドラマ / drama familiar ホームドラマ.
❸ 劇的な出来事 [状況] ; **悲劇**, **惨劇** ▶ drama sangrento 血なまぐさい惨劇.
fazer drama 大騒ぎする.
dramalhão /drama'ʎɐ̃w̃/ [[複] dramalhões] [男] メロドラマ, 通俗な芝居.
dramaticamente /draˌmatʃika'mẽtʃi/ [副] 劇的に.
★**dramático, ca** /dra'matʃiku, ka ドラマチコ, カ/ [形] ❶ **演劇の**, **戯曲の** ▶ arte dramática 演劇.
❷ **劇的な**, 感動的な, 悲劇的な ▶ cena dramática 感動的な場面.
dramatização /dramatʃiza'sɐ̃w̃/ [[複] dramatizações] [女] ❶ 芝居化, 脚本化. ❷ 誇大視, 深刻に考えること.
dramatizar /dramatʃi'zax/ [他] ❶ 芝居にする, 戯曲化する. ❷ 誇大視する, 深刻に考える ▶ dramatizar a situação 状況を大げさに騒ぎ立てる
dramaturgia /dramatux'ʒia/ [女] 作劇法, ドラマツルギー.
dramaturgo, ga /drama'tuxgu, ga/ [名] 劇作家.
drapeado, da /drape'adu, da/ [形] (服が) ひだの入った.
drasticamente /ˌdrastʃika'mẽtʃi/ [副] 思い切って, 徹底的に, 抜本的に.
drástico, ca /'drastʃiku, ka/ [形] 思い切った, 徹底的な ▶ tomar medidas drásticas 抜本的な対策を取る.
drenagem /dre'naʒẽj̃/ [[複] drenagens] [女] ❶ 排水. ❷〖医学〗排液.
drenar /dre'nax/ [他] ❶ …の排水をする. ❷〖医学〗排液する.
dreno /'drẽnu/ [男] ❶ 排水管. ❷〖医学〗排液管, ドレーン.
driblar /dri'blax/ [他] ❶ …をドリブルでかわす ▶ O atacante driblou o goleiro e fez o gol. フォワードはドリブルでキーパーをかわしてゴールを決めた. ❷ かわす ▶ O político driblou os jornalistas e foi para casa. 政治家は記者たちをかわして家へ帰った / Estou pronto para driblar as dificuldades da vida. 私は人生の困難を乗り越える準備ができている.
— [自] ドリブルする.
drible /'dribli/ [男]〖サッカー〗ドリブル.
drinque /'drĩki/ [男] 飲み物, ドリンク.
★**droga** /'drɔga ドローガ/ [女] ❶ **麻薬**, **薬物**, **ドラッグ** ▶ droga leve ソフトドラッグ / droga pesada ハードドラッグ / luta contra as drogas ドラッグとの戦い / campanha contra as drogas ドラッグ撲滅キャンペーン / tráfico de drogas 薬物取引.
❷ 無価値なもの, くず, がらくた ▶ Esse filme é uma droga! この映画はくそだ.
— [間] ちくしょう, くそっ.
dar em droga 失敗する.
drogado, da /dro'gadu, da/ [形] [名] 薬物を使用している (人).
drogar /dro'gax/ ⑪ [他] …に薬物を与える.
— **drogar-se** [再] 薬物を使用する.
drogaria /droga'ria/ [女] ① 薬局. ② [P] 荒物屋, 雑貨屋.
dual /du'aw/ [[複] duais] [形]《男女同形》2つの, 2部分からなる, 二重の, 二元的な.
dualidade /duali'dadʒi/ [女] 二重性, 二元性, 二面性.
dualismo /dua'lizmu/ [男] ❶ 二元論. ❷ 二重性, 二元性.
duas /'duas/ [女] dois の女性形.
Das [de] duas, uma. 二つに一つ, 二つのうちのどちらか.
duas-peças /ˌduas'pɛsas/ [男]《単複同形》ツーピースの服.
dúbio, bia /'dubiu, bia/ [形] ❶ 曖昧な, はっきりしない ▶ palavras dúbias 曖昧な言葉. ❷ 疑わしい, 怪しい, うさんくさい ▶ intenções dúbias 怪しい意図.
dublado, da /dub'ladu, da/ [形] (映画が) 吹き替えの ▶ um filme dublado 吹き替え映画.
dublagem /du'blaʒẽj̃/ [[複] dublagens] [女] [B] (セリフの) 吹き替え.
dublar /du'blax/ [他] [B] …の吹き替えをする.
dublê /du'ble/ [名] 代役, スタントマン.
ducado /du'kadu/ [男] ❶ 公爵領, 公国, ❷ 公爵の身分.
ducentésimo, ma /dusẽ'tɛzimu, ma/ [形] 200分の1の, 200番目の.
— **ducentésimo** [男] 200分の1.
ducha /'duʃa/ [女] [B] ❶ シャワー ▶ tomar uma ducha シャワーを浴びる / ducha de água fria 冷水.
❷ 洗車.
ducha escocesa ① 温冷シャワー. ② あざなえる

duche /'duʃə/ 囡 P = ducha 縄.
dúctil /'duktʃiw/ [複 dúcteis] 形《男女同形》❶ (金属などが) 引き延ばせる, 延性のある ▶ metal dúctil 延性に富む金属. ❷ 柔軟性のある, 従順な.
ducto /'duktu/ 男 導管, ダクト.
duelar /due'lax/ 自 決闘する.
duelo /du'elu/ 男 決闘 ▶ bater-se em duelo 決闘する / duelo de morte 命を懸けた決闘.
duende /du'ēdʒi/ 男 妖精, こびと.
dueto /du'etu/ 男《音楽》二重唱, 二重奏, デュエット.
dum /'dũ/ 前置詞 de と不定冠詞 um の縮合形.
duma(s) /'dũma(s)/ 前置詞 de と不定冠詞 uma(s) の縮合形.
duna /'dũna/ 囡 砂丘.
duns /'dũs/ 前置詞 de と不定冠詞 uns の縮合形.
duo /'duu/ 男《音楽》二重唱[奏] 曲.
duodécimo, ma /duo'desimu, ma/ 形 12番目の, 12分の1の.
— **duodécimo** 男 12分の1の.
duodeno /duo'dēnu/ 男《解剖》十二指腸.
dupla[1] /'dupla/ 囡 二人組, コンビ, ペア ▶ uma dupla de músicos 音楽家のコンビ / dupla masculina 男子ダブルス / dupla feminina 女子ダブルス / dupla mista 混合ダブルス / bela dupla 好一対, 気の合った二人組み.
duplamente /,dupla'mētʃi/ 副 二重に, 二回.
dúplex /'dupleks/ 形《不変》❶ 二重の, 2倍の, 複式の. ❷ 二階建ての. ❸ 二重通信方式の.
— 男《単複同形》メゾネット型アパート (= apartamento dúplex).
duplicação /duplika'sēw/ [複 duplicações] 囡 ❶ 複写, 複製. ❷ 倍加, 倍増.
duplicar /dupli'kax/ 他 ❶ …を正副2通作る, 複写する, 写しを作る. ❷ 2倍にする, 倍増する; 増大する ▶ duplicar a produção 生産を倍増する.
— 自 2倍になる.
duplicata /dupli'kata/ 囡 ❶ 写し, コピー. ❷《商業》手形.
em duplicata ① (正副) 2部で. ② 二倍で.
dúplice /'duplisi/ 形《男女同形》❶ 二重の. ❷ 二心ある, 二枚舌の.
duplicidade /duplisi'dadʒi/ 囡 ❶ 二重性, 二面性. ❷ 裏表のあること, 二枚舌.
durma 活用 ⇒ dormir
durmo 活用 ⇒ dormir
*****duplo, pla***[2] /'duplu, pla ドゥプロ, プラ/ 形 **二倍の, 二重の** ▶ CD duplo 2枚組のCD / dupla sentido 二重の意味 / dupla nacionalidade 二重国籍 / vida dupla 二重生活
— 男 **duplo 二倍, 二重**.
duque /'duki/ 男 ❶ 公爵. ❷ トランプの2の札; ドミノなどの2の目.
duquesa /du'keza/ 囡 公爵夫人.
durabilidade /durabili'dadʒi/ 囡 耐久性, 耐久力, 永続性.
*****duração** /dura'sēw ドゥラサォン/ [複 durações] 囡 ❶ **持続時間, 継続時間** ▶ duração do trabalho 労働時間 / a duração de um contrato 契約の期間 / a duração de um filme 映画の上映時間 / curso de longa duração 長期講座 / curso de curta duração 短期講座 / um documentário com uma hora de duração 1時間のドキュメンタリー / ter um mês de duração 1か月続く.
❷ (製品の) 寿命 ▶ pilhas de longa duração 長寿命電池.
duradouro, ra /dura'doru, ra/ 形 耐久性のある, 長持ちする, 長続きする ▶ casamento duradouro 長続きする結婚生活 / paz duradoura 恒久平和.
duramente /,dura'mētʃi/ 副 ❶ 一生懸命に. ❷ 厳しく. ❸ 激しく.
*****durante** /du'rētʃi ドゥランチ/ 前 ❶ **…の間ずっと, …を通じて** ▶ Durante o dia, o sol é forte. 日中は日差しがきつい / durante toda a manhã 午前中ずっと / Eu morei durante muitos anos em São Paulo. 私は何年もの間サンパウロに住んでいた.
❷ …の間に ▶ Eu tenho a intenção de ir a Macau durante as férias de verão. 私は夏休み中にマカオへ行くつもりだ.
durão, rona /du'rēw, 'rōna/ [複 durões, ronas] 形 B 話 たくましい (人), 強靭な (人).
*****durar** /du'rax ドゥラーフ/ 自 ❶ **続く, 継続する, 持続する** ▶ A guerra durou três anos. 戦争は3年続いた / um produto que dura muito 長持ちする製品 / A paz durou pouco. 平和は長続きしなかった.
❷ 生きる, 生存する ▶ enquanto eu durar 私が生きている限り.
durável /du'ravew/ [複 duráveis] 形《男女同形》長続きする, 長持ちする ▶ bens duráveis 耐久消費財
durex /du'rɛks/ 男《単複同形》《商標》B fita durex セロハンテープ.
dureza /du'reza/ 囡 ❶ 硬さ, 硬度 ▶ dureza do diamante ダイヤモンドの硬度 / dureza da água 水の硬度.
❷ 厳しさ, 苛酷さ ▶ dureza do trabalho 労働の苛酷さ / dureza da vida 生活の厳しさ.
❸ 厳格 ▶ com dureza 厳格に, 厳しく.
❹ むごさ, 残酷さ ▶ dureza da guerra 戦争のむごさ.
❺ B 窮乏, 貧困.
*****duro, ra** /'duru, ra ドゥーロ, ラ/ 形 ❶ **硬い, 固い, 堅い** (↔ mole) ▶ metal duro 硬い金属 / madeira dura 堅い木 / rochas duras 硬い岩石 / carne dura 堅い肉 / cama dura 堅いベッド / Este pão está duro. このパンは固くなっている / A expressão facial dele estava dura. 彼は表情が硬かった / Meus dedos estão duros de frio. 寒さで指がかじかんでいる.
❷ 辛い, 骨の折れる ▶ um duro inverno 厳しい冬 / trabalho duro きつい仕事 / A vida é dura. 人生は辛い / É duro acordar cedo. 朝早く起きるのは辛い.
❸ 難しい, 困難な ▶ duro de ouvido 難聴の.
❹ 手厳しい, 厳格な ▶ lei dura 厳しい法律 / Ela é muito dura com os filhos. 彼女は子供たちに非常に厳しい.

dúvida

❺ 無情な, 非情な ▶um coração duro 冷淡な心 / uma expressão dura 非情な表現.
❻ 強硬派の, タカ派の ▶a ala dura do partido 党のタカ派.
❼ お金のない ▶Estou duro. 私はお金を持っていない.
— 名 ❶ 勇者. ❷ 強硬派, タカ派.
— **duro** 副 一生懸命に ▶trabalhar duro 一生懸命に働く.
dar duro 汗水流す, 身を粉にする.
duro de roer 受け入れがたい.
no duro 疑いなく.

dúvida /'duvida ドゥヴィダ/ 女 ❶ 疑問, 質問, 疑い ▶tirar dúvidas 疑問に答える / tirar as suas dúvidas com alguém …に質問する / Tenho muitas dúvidas. 私はたくさん疑問がある / Alguma dúvida? 何か質問はありますか / em caso de dúvida 疑わしい場合は / sem dúvida 確かに, 間違いなく; もちろん / Não há dúvida (de) que +直説法 疑いなく…である.
❷ ためらい, 迷い ▶Depois de alguns dias de dúvidas, ela confessou a verdade. 何日か迷った後, 彼女は真実を告白した / estar [ficar] em dúvida 迷っている / ter dúvidas em... …にためらいをもつ.
❸ 障壁, 障害 ▶Ele hesitava em assinar o contrato. Sua dúvida era o salário. 彼は契約書に署名することをためらった. 障害は給与であった.
fora de dúvida 疑問の余地のない ▶Está fora de dúvida que ele é uma pessoa bem-educada. 疑問の余地なく彼は育ちのよい人物だ.
levantar uma dúvida 疑問を呈する.
pôr... em dúvida …を疑う.

duvidar /duvi'dax ドゥヴィダーフ/ 自 …を疑う, 信じない [+ de] ▶duvidar da palavra dele 彼の言葉を疑う / Duvido! そうではないと思う.
— 他 ((duvidar que +接続法)) …であることを疑う, …とは思わない ▶Duvido que seja verdade. 私はそれが本当だとは思わない.
Duvido até com os pés. まったく信用できない.

duvidoso, sa /duvi'dozu, 'dɔza/ 形 ❶ 疑わしい ▶resultado duvidoso 疑わしい結果.
❷ 怪しげな ▶de gosto duvidoso 悪趣味な.
❸ 不確かな ▶produtos de origem duvidosa 製造元の不確かな製品.

duzentos, tas /du'zẽtus, tas ドゥゼントス, タス/ 形 《数》 ❶ 200の. ❷ 200番目の.
— 男 200.

dúzia /'duzia ドゥーズィア/ 女 ダース ▶uma dúzia de ovos 1ダースの卵 / duas dúzias de ovos 2ダースの卵.
às dúzias ダースで, 大量に.
meia dúzia ① 半ダース. ② 少量.

E e

e[1] /ɛ/ 男 ポルトガル語アルファベットの第5字.

e[2] /i イ/ 接 ❶《並列》…と…，そして (↔ ou) ▶eu e você 私とあなた / um lápis e uma borracha 鉛筆1本と消しゴム1個 / Tenho um irmão e uma irmã. 私は弟と妹がいる / uma camiseta azul e vermelha 青と赤のTシャツ / eu, você, ele e ela 私，あなた，彼と彼女. ❷《時間の経過》そして，それから▶Chegou atrasado e entrou correndo na sala de aula. 彼は遅刻し，教室に走り込んだ. ❸《対立》それなのに▶Estudei muito e não fui muito bem na prova. 私はとても勉強したのに，試験の出来はあまりよくなかった. ❹《数詞とともに》▶trezentos e sessenta e cinco 365 / São duas e dez. 2時10分だ. ❺ …ので▶Veio muita gente e faltou comida. 大勢来たので料理が足りなかった. ❻《命令の後で》そうすれば▶Procura e acharás. 探せば見つかるだろう. ❼《話題の転換》ところで▶E você? あなたはどうですか / E a bagagem? 荷物はどうしますか. ❽《強意の反復》▶Há erros e erros. 間違いにもいろいろある / passar dias e dias chorando 来る日も来る日も泣いて過ごす / Não e não! まったく違う / E a nada e nada! 絶対嫌だ，だめだ.

é[1] /ɛ/ 男 文字eの名称.
é[2] 活用 ⇒ ser
E 《略記》❶ esquerda 左. ❷ este 東.
ébano /'ɛbanu/ 男 《植物》黒檀.
ébrio, ria /'ɛbriu, ria/ 形 ❶ 酔った，酩酊した. ❷ 陶酔した▶ébrio de amor 愛に酔いしれた.
— 名 酔っぱらい.
ebulição /ebuli'sẽw/〔複 ebulições〕女 ❶ 沸騰▶entrar em ebulição 沸騰する / ponto de ebulição 沸点. ❷ 熱狂，狂乱.
echarpe /e'ʃaxpi/ 女 スカーフ.
eclesiástico, ca /eklezi'astʃiku, ka/ 形 聖職者の，教会の.
— **eclesiástico** 男 聖職者，司祭.
eclético, ca /ek'lɛtʃiku, ka/ 形 折衷主義の.
ecletismo /ekle'tʃizmu/ 男 折衷主義，折衷方法.
eclipsar /eklipi'sax/ 他 ❶《天文》(天体が他の天体を)食す，光を遮る. ❷ …の影を薄くさせる，見劣りさせる，しのぐ.
— **eclipsar-se** 再 ❶《天文》食になる. ❷ 姿を消す，消える；影が薄くなる.
eclipse /e'klipisi/ 男 ❶《天文》食▶eclipse lunar [da Lua] 月食 / eclipse solar [do Sol] 日食 / eclipse parcial 部分食 / eclipse total 皆既食 / eclipse anular 金環食. ❷ 衰退，かげり.
eclodir /eklo'dʒix/ 自 ❶ 現れる，出現する. ❷ 勃発する，起きる. ❸ 開花する. ❹《卵が》かえる.
eclosão /eklo'zẽw/〔複 eclosões〕女 ❶ 出現，登場，勃興. ❷ 孵化. ❸ 開花.

eclusa /e'kluza/ 女 水門，堰.
eco /'ɛku/ 男 ❶ こだま，反響；残響音▶fazer eco こだまする. ❷《比喩的》反響，影響▶encontrar eco 反響がある.
ecoar /eko'ax/ 自 こだまする，反響する.
— 他 反響させる.
ecografia /ekogra'fia/ 女《医学》超音波診断，エコグラフィー.
ecologia /ekolo'ʒia/ 女 ❶ エコロジー，生態学. ❷ 生態環境，環境.
ecologicamente /eko,loʒika'mẽtʃi/ 副 生態学的に；生態学的見地からすると▶ecologicamente correto 環境に優しい.
ecológico, ca /eko'lɔʒiku, ka/ 形 ❶ 生態学の，生態系の▶desastre ecológico 生態系破壊による被害. ❷ 環境に優しい，環境保護の▶produtos ecológicos 環境に優しい製品 / agricultura ecológica 環境に優しい農業. ❸ 環境保護運動の▶movimento ecológico 環境保護運動.
ecologista /ekolo'ʒista/ 形《男女同形》環境保護の▶grupo ecologista 環境保護団体.
— 名 環境保護運動家，エコロジスト.

economia /ekono'mia エコノーミーア/ 女 ❶ 経済；経済学▶economia capitalista 資本主義経済 / economia livre 自由経済 / economia doméstica 家計 / economia japonesa 日本経済 / economia mundial 世界経済 / economia de mercado 市場経済 / Estudo economia. 私は経済学を勉強している. ❷ 貯蓄；節約，倹約▶fazer economia 貯金する，倹約する / economia de tempo 時間の節約 / fazer economia de energia エネルギーを節約する. ❸《economias》《貯蓄した》お金，貯金▶Gastei todas as minhas economias. 私は貯金をすべて使ってしまった.
economicamente /eko,nomika'mẽtʃi/ 副 経済的に；経済上▶população economicamente ativa 経済活動人口.
económico, ca /iku'nɔmiku, kɐ/ 形 P = econômico

econômico, ca /eko'nõmiku, ka エコノミコ, カ/ 形 B ❶ 経済の，経済学の▶ciência econômica 経済学 / crise econômica 経済危機 / crescimento econômico 経済成長 / política econômica 経済政策 / recessão econômica 景気後退 / recuperação econômica 景気回復 / disparidade econômica 経済格差. ❷ 経済的な，安上がりの▶carro econômico 経済的な自動車 / classe econômica エコノミークラス.
economista /ekono'mista/ 名 経済学者，経済専門家，エコノミスト.
economizar /ekonomi'zax/ 他 ❶《お金を》貯め

る▶economizar dinheiro お金を貯める. ❷ 節約する, 惜しむ▶economizar energia エネルギーを節約する / economizar tempo 時間を節約する / não economizar elogios 称賛を惜しまない.
— [自] 貯金する, 節約する.

ecossistema /ekosis'tẽma/ [男] 生態系.

ecoturismo /ekotu'rizmu/ [男] エコツーリズム.

ecuménico, ca /iku'mɛniku, kɐ/ [形] [P] = ecumênico

ecumênico, ca /eku'mẽniku, ka/ [形] [B] ❶ 全世界の, 全キリスト教会の▶concílio ecumênico 公会議. ❷ 世界教会運動の▶movimento ecumênico 世界教会運動.

ecumenismo /ekume'nizmu/ [男] (キリスト教の) 世界教会運動.

eczema /ek'zẽma/ [男]〘医学〙湿疹.

ed. 《略語》edição 版.

edema /e'dẽma/ [男]〘医学〙浮腫, 水腫.

éden /'ɛdẽ/ [男] ❶ 《Éden》〘聖書〙エデンの園. ❷ 楽園, 楽土.

edição /edʒi'sɐ̃w̃ エヂサォン/ [[複] edições] [女] ❶ **刊行, 発行, 出版**▶edição de autor 自費出版.
❷ **版**▶a primeira edição 初版 / edição revista 改訂版 / edição atualizada 更新版 / última edição 最終版 / edição de bolso ポケット版 / edição limitada 限定版 / edição especial 特別版 / edição de luxo 豪華版 / edição da manhã (新聞の) 朝刊 / edição da noite 夕刊.
❸ **第…回**▶a sétima edição do festival de música 音楽祭の第7回目.
❹〘放送〙1日に複数回放送される番組の1回分.

edificação /edʒifika'sɐ̃w̃/ [[複] edificações] [女] ❶ 建築, 建設, 建造▶a edificação de um mundo melhor よりよい世界の建設.
❷ 建築物▶edificação multifamiliar 集合住宅.
❸ 教化, 啓発.

edificante /edʒifi'kẽtʃi/ [形] 《男女同形》教化的な, 模範的な, 善導する, ためになる▶um exemplo edificante 有益なお手本.

edificar /edʒifi'kax/ ㉙ [他] ❶ 建築する, 建てる ; 築き上げる▶Precisamos edificar novos prédios. 私たちは新しいビルを建てなければならない.
❷ 設立する▶O cientista edifica uma nova teoria. 科学者は新しい理論を打ち立てる.
❸ 教化する, 感化する, 啓発する▶O trabalho voluntário o edificou. ボランティアの仕事は彼を教化した.
— **edificar-se** [再] 啓発される.

edifício /edʒi'fisiu エヂフィスィオ/ [男] ❶ **建築物 ; 建物**, ビルディング▶Eu moro num edifício de vinte andares. 私は21階建てのビルに住んでいる.
❷ **システム, 体系**▶o edifício político de um partido 党の政治システム.

edil /e'dʒiw/ [[複] edis] [男] 市議会員.

edital /edʒi'taw/ [[複] editais] [男] 公告, 公示.

editar /edʒi'tax/ [他] ❶ 出版する▶editar um livro 本を出版する. ❷ 編集する▶editar um filme 映画を編集する.

edito /e'dʒitu/ [男] 勅令, 法令.

édito /'ɛdʒitu/ [男] 公示, 布告.

editor, tora[1] /edʒi'tox, 'tora/ [[複] editores, toras] [名] 編集者, 編者, 発行者▶editor de esportes スポーツ編集者.
— **editor** [男]〘情報〙エディター▶editor de texto テキストエディター.
editor responsável ① 発行責任者. ② [俗] 愛人の子を身ごもった女性の夫.

editora[2] /edʒi'tora/ [女] 出版社.

editoração /edʒitora'sɐ̃w̃/ [[複] editorações] [女] 編集, 出版▶editoração eletrônica デスクトップパブリッシング.

editoria /edʒito'ria/ [女] 編集部▶editoria de esportes スポーツ編集部.

editorial /edʒitori'aw/ [[複] editoriais] [形] 《男女同形》出版の▶mundo editorial 出版界 / atividade editorial 出版事業.
— [男] 社説, 論説.

editorialista /edʒitoria'lista/ [名] 論説委員.

edredão /edrə'dɐ̃w̃/ [[複] edredões] [男] [P] = edredom

edredom /edre'dõ/ [[複] edredons] [男] [B] (羽毛の) 掛け布団.

educação /eduka'sɐ̃w̃ エドゥカサォン/ [[複] educações] [女] ❶ **教育, 養成**, 訓練▶educação escolar 学校教育 / educação física 体育 / educação primária 初等教育 / educação secundária 中等教育 / educação superior 高等教育 / educação profissional 職業教育 / educação sexual 性教育 / educação a distância 遠隔教育.
❷ **しつけ, 礼儀**▶uma educação severa 厳しいしつけ / falta de educação 不作法 / Que falta de educação! 何て行儀が悪いのでしょう / É falta de educação falar com a sua boca cheia. 口に食べ物を入れたまま話をするのは行儀がよくない / uma pessoa sem educação 礼儀を知らない人.

educacional /edukasio'naw/ [[複] educacionais] [形] 《男女同形》教育の, 教育に関する▶sistema educacional 教育制度.

educado, da /edu'kadu, da/ [形] 礼儀正しい, 行儀がいい, しつけがよい▶um homem muito educado 礼儀正しい男性.

educador, dora /eduka'dox, 'dora/ [[複] educadores, doras] [名] 教育者, 教師, 保育士.
— [形] 教育の.

educandário /edukɐ̃'dariu/ [男] 学校, 学園.

educar /edu'kax/ ㉙ [他] ❶ 教育する, 育成する▶educar os alunos 生徒を教育する.
❷ (動物を) 調教する, 訓練する▶educar um cachorro 犬を調教する.
❸ (子供を) しつける, 育てる▶educar os filhos 子供をしつける.
❹ (体の機能を) 鍛える▶educar a memória 記憶力を鍛える.
— **educar-se** [再] 教育を受ける.

educativo, va /eduka'tʃivu, va/ [形] 教育的な, 教育に役立つ▶jogos educativos 教育ゲーム.

efe /'ɛfi/ [男] 文字 f の名称.
com todos os efes e erres 細大漏らさず, 余す

eis

ところなく.

efeito /e'fejtu エフェイト/ 男 ❶ 結果 (↔ causa) ▶relação entre causa e efeito 因果関係.
❷ 効果 ▶Seu conselho surtiu efeito. あなたの忠告は奏功した / efeito estufa 温室効果 / efeitos especiais 特殊効果 / efeito colateral 副作用 / ficar sem efeito 無効になる.
❸ 手形, 証券 ▶efeito a pagar 支払手形 / efeito a receber 受取手形.
❹〖スポーツ〗(ボールの) スピン, ひねり.
com efeito 実際に, 実際は.
fazer efeito (薬が)効く.
levar a efeito …を実現する, 実行する.
para todos os efeitos いずれにせよ.

efemeridade /efemeri'dadʒi/ 女 はかなさ.

efemérides /efe'meridis/ 女 同日記録 (過去の同月同日に起きた事件や事実を記した表または新聞の欄).

efêmero, ra /i'femeru, rɐ/ 形 Ⓟ = efêmero

efêmero, ra /e'femeru, ra/ 形 Ⓑ つかの間の, はかない.
— **efêmero** 男〖昆虫〗カゲロウ.

efeminado, da /efemi'nadu, da/ 形 女性的な, 女のような, 軟弱な.
— **efeminado** 男 女性的な男.

efervescência /efexve'sẽsia/ 女 ❶ 泡立ち, 沸騰. ❷ 熱狂, 興奮 ; 騒乱 ▶efervescência popular 民衆の騒擾(そうじょう).

efervescente /efexve'sẽtʃi/ 形《男女同形》❶ 泡立つ, 発泡性の ▶comprimido efervescente 発泡性の錠剤. ❷ 興奮した, 激しやすい.

efetivamente /efe,tʃiva'mẽtʃi/ 副 実際に, 実のところ, 本当に, 確かに ▶Efetivamente, ele é um excelente funcionário. 実際に彼は優秀な職員だ.

efetivar /efetʃi'vax/ 他 ❶ 実行する ▶efetivar um plano 計画を実行する.
❷ (従業員を) 本採用にする ▶O dono da loja efetivou dois funcionários temporários. 店の主人は二人の臨時従業員を本採用にした.

*****efetivo, va** /efe'tʃivu, va エフェチーヴォ, ヴァ/ 形 ❶ 効果のある ; 実効の, 実質的な, 事実上の ▶controle efetivo 事実上の支配.
❷ 常勤の ▶professor efetivo 常勤教員.
— 名 常勤職員.
— **efetivo** 男 ❶ (軍の) 兵力. ❷〖商業〗当座資産.

*****efetuar** /efetu'ax エフェトゥアーフ/ 他 実行する, 行う, 成し遂げる ▶efetuar uma tarefa 作業を行う / efetuar um pagamento 支払いを行う / efetuar uma reforma 改革を実施する.
— **efetuar-se** 再 実行される, 行われる.

eficácia /efi'kasia/ 女 効力, 効き目, 有効性.

*****eficaz** /efi'kas エフィカース/ [🄿 eficazes] 形《男女同形》❶ 効果のある, 効果的な ▶prevenção eficaz contra a gripe インフルエンザに対する効果的予防.
❷ 有能な ▶Ele é um funcionário eficaz. 彼は有能な職員だ.

eficazmente /e,fikaz'mẽtʃi/ 副 有効に, 効果的に.

eficiência /efisi'ẽsia/ 女 ❶ 効能, 効力, 実力 ▶demonstrar eficiência 実力を発揮する. ❷ 効率, 能率 ▶eficiência econômica 経済効率.

eficiente /efisi'ẽtʃi/ 形《男女同形》❶ 能率的な, 効率的な ▶um método eficiente 効率的な方法.
❷ 有能な.

eficientemente /efisi,ẽtʃi'mẽtʃi/ 副 能率的に, 効率的に.

efígie /e'fiʒi/ 女 (硬貨やメダルなどの) 肖像 ; (彫刻や絵画などの) 人物像.

efusão /efu'zɐ̃w̃/ [🄿 efusões] 女 ❶ (液体の) 流出, 噴出 ▶efusão de sangue 出血, 流血. ❷ (感情の) 発露, ほとばしり.

efusivamente /efu,ziva'mẽtʃi/ 副 熱烈に, 熱狂的に.

égide /'ɛʒidʒi/ 女 ❶ 盾. ❷ 保護, 庇護, 後援 ▶sob a égide de... …の保護[後援]で.

ego /'ɛgu/ 男 自我, エゴ ▶ego inflado 肥大した自我 / massagear o ego 自尊心をくすぐる

egocêntrico, ca /ego'sẽtriku, ka/ 形 名 自己中心的な(人), わがままな(人).

egocentrismo /egosẽ'trizmu/ 男 自己中心主義, わがまま.

egoísmo /ego'izmu/ 男 エゴイズム, 利己主義.

egoísta /ego'ista/ 形 利己的な, わがままな, 身勝手な.
— 名 エゴイスト, 利己主義者.

égua /'ɛgwa/ 女 ❶ 雌馬 ▶égua madrinha 先導馬. ❷ 売春婦.

eh /'e/ 間 Ⓑ (励まし) さあ, ほら ;《家畜を促す》そら, はいどう.

ei /ej/ 間《呼びかけ》おーい, おい ▶Ei, volte aqui. おーい, こっちに戻ってこい / Ei! Pare com isso que eu não gosto! おい, 僕が嫌なことはやめろ.

eia /'eja/ 間 ❶《励まし》さあ, それ ▶Eia! Coragem! さあ, 頑張れ.
❷ 🄿《驚き》おやまあ, あら.

ei-la(s) /'ejla(s)/ 副/名詞 eis と代名詞 a(s) の縮合形.

ei-lo(s) /'ejlo(s)/ 副/名詞 eis と代名詞 o(s) の縮合形.

eira /'ejra/ 女 ❶ 脱穀場, 乾燥場 ; 塩の集積場. ❷ Ⓑ 製糖工場のサトウキビ置き場.
não ter eira nem beira 洗うがごとき赤貧である.
sem eira nem beira 困窮している, 無一文の.

eis /'ejs/ 副 ❶ ここに…がいる[ある] ▶Eis aí o meu filho. ここに私の息子がいる / Ei-lo. ここに彼がいる (注 後に代名詞 o(s), a(s) が続くと ei-lo(s), ei-la(s) となる).
❷ これが…だ ▶Ser ou não ser, eis a questão. 生きるべきか, 死ぬべきか, それが問題だ / Eis aquilo que você quis. これがあなたの求めていたものだ / Eis tudo. それだけのことだ.
eis ali あそこに.
eis aqui ここに.
eis por que +直説法 それで…, だから….
eis que +直説法 突然… ▶Eis que ele apareceu. 突然彼が現れた.
eis senão quando 突然, 思いがけず ▶Eis senão quando, ele aproximou-se de mim. 突然

eito

彼が私に近づいてきた.

eito /'ejtu/ 男 ❶ 連続. ❷ Ⓑ 奴隷の働く畑, 耕作地.
a eito 立て続けに, 連続して ▶Eles trabalharam a eito. 彼らは立て続けに働いた.
tirar de eito Ⓑ 負かす, 勝つ.

eivado, da /ej'vadu, da/ 形 ❶ 汚れた, しみのついた. ❷ 汚染された, 堕落した.

*****eixo** /'ejʃu/ エィショ 男 ❶ 軸, 中心線. ❷ 車軸, 心棒. ❸ os países do Eixo 枢軸国.
entrar nos eixos 教化する, 徳化する.
estar [andar] fora dos eixos 調子が外れる.
pôr nos eixos 整える.
sair dos eixos 度を越す, 羽目を外す.

ejaculação /eʒakula'sẽw/ [複 ejaculações] 女 射出作用, 射精 ▶ejaculação precoce 早漏.

ejacular /eʒaku'lax/ 自 他 射精する, 射出する ▶ejacular precocemente 早漏する.

ejeção /eʒe'sẽw/ [複 ejeções] 女 排出, 放出 ▶ejeção de massa coronal〖天文〗コロナ質量放出.

ejetar /eʒe'tax/ 他 排出する, 放出する.

*****ela** /'ɛla/ エラ 代〖人称〗(3人称女性形単数)(em + ela と de + ela はそれぞれ nela と dela になる) ❶《主語》彼女は ▶Ela é brasileira. 彼女はブラジル人だ/ ela mesma 彼女自身/ Ela mesma. (電話を受けて女性が) 私です/ Ela também. 彼女もそうです/ Nem ela. 彼女もそうではありません/ Ela não. 彼女はそうではない.
❷《属詞》▶É ela. 彼女だ/ É ela que eu amo. 私が愛しているのは彼女だ/ — Gostaria de falar com a Ana. — É ela mesma.「アナさんとお話ししたいのですが」「私です」.
❸《前置詞の後で》▶Falei com ela. 私は彼女と話をした/ Eu só penso nela. 私は彼女のことだけを思っている.
❹《que, como, quanto の後で》▶Eu sou melhor do que ela. 私のほうが彼女よりよい/ Eu quero ser como ela. 私は彼女のようになりたい/ Paulo é tão estudioso quanto ela. パウロは彼女と同じくらい勉強熱心だ.
❺《女性名詞を受けて》それは.
❻ Ⓑ 話 彼女を, それを ▶Eu conheço ela. 私は彼女を知っている.

elã /e'lã/ 男〖フランス語〗❶ はずみ, 勢い. ❷ 熱情, 高揚. ❸ 霊感, ひらめき.

elaboração /elabora'sẽw/ [複 elaborações] 女 ❶ 念入りに作り上げること ▶Ela fez a elaboração do plano. 彼女はその計画を練り上げた/ A elaboração da refeição foi minuciosa. 食事の準備は念入りに行われた.
❷ 加工, 作成 ▶a elaboração da teoria 理論の構築/ a elaboração do livro 本の制作.

*****elaborar** /elabo'rax/ エラボラーフ/ 他 ❶ …を入念に作り上げる, 練り上げる ▶elaborar um projeto 計画を練る/ elaborar um relatório 報告書を作成する/ elaborar um questionário アンケートを作る.

*****elas** /'ɛlas/ エラス 代〖人称〗(3人称女性形複数)(em + elas と de + elas はそれぞれ nelas と delas になる) ❶《主語》彼女たちは ▶Elas são brasileiras. 彼女たちはブラジル人だ/ elas mesmas 彼女たち自身/ Elas não. 彼女たちはそうではない.
❷《属詞》▶São elas. 彼女たちだ/ São elas as responsáveis. 責任があるのは彼女たちだ.
❸《前置詞の後で》▶Falei com elas. 私は彼女たちと話をした.
❹《que, como, quanto の後で》▶Eu sou melhor do que elas. 私のほうが彼女たちよりよい/ Eu sou como elas. 私は彼女たちと同じだ/ Paulo é tão estudioso quanto elas. パウロは彼女たちと同じくらい勉強熱心だ.
❺《女性名詞複数形を受けて》それらは.
❻ Ⓑ 話 彼女たちを, それらを ▶Eu conheço elas. 私は彼女たちを知っている.
Aí é que são elas. そこが厄介なのだ.
Elas por elas. 目には目を, 歯には歯を.

elasticidade /elastʃisi'dadʒi/ 女 ❶ 弾力性, 弾性. ❷《身体などの》しなやかさ, 柔軟性.

elástico, ca /e'lastʃiku, ka/ 形 ❶ ゴム製の, 弾力性のある ▶corda elástica ゴムひも. ❷ 伸縮性のある. ❸ 柔軟な.
— **elástico** 男 ゴムひも, 輪ゴム.

ele /'ɛli/ 男 文字 l の名称.

*****ele** /'eli/ エリ 代〖人称〗(3人称男性形単数)(em + ele と de + ele はそれぞれ nele と dele になる) ❶《主語》彼は ▶Ele é brasileiro. 彼はブラジル人だ/ ele mesmo 彼自身/ Ele mesmo. (電話を受けて男性が) 私です/ Ele também. 彼もそうです/ Nem ele. 彼もそうではありません.
❷《属詞》▶É ele. 彼だ/ É ele que eu amo. 私が愛しているのは彼だ/ — Gostaria de falar com o José. — É ele mesmo.「ジョゼさんとお話ししたいのですが」「私です」.
❸《前置詞の後で》▶Falei com ele. 私は彼と話をした.
❹《que, como, quanto の後で》▶Eu sou melhor do que ele. 私のほうが彼よりよい/ Eu quero ser como ele. 私は彼のようになりたい/ Ana é tão estudiosa quanto ele. アナは彼と同じくらい勉強熱心だ.
❺《男性名詞単数形を受けて》それは.
❻ Ⓑ 話 彼を, それを ▶Eu conheço ele. 私は彼を知っている.

elefante /ele'fãtʃi/ 男〖動物〗ゾウ.
elefante branco 無用の長物.
sutil como um elefante《反語》象のように繊細な.

elegância /ele'gẽsia/ 女 ❶ 優雅さ, 上品, 洗練 ▶andar com elegância 優美に歩く/ escrever com elegância 格調の高い文章を書く. ❷ 手際のよさ, 巧妙さ.

*****elegante** /ele'gẽtʃi/ エレガンチ/ 形《男女同形》❶《外見や所作が》優雅な, 上品な, 洗練された ▶uma mulher elegante 優雅な女性/ andar elegante 優雅に歩く.
❷《表現, 理論などが》的確な, 明解な, 見事な ▶solução elegante para o problema 問題の的確な解決.

elegantemente /ele,gẽtʃi'mẽtʃi/ 副 上品に, 優美に ▶vestir-se elegantemente おしゃれに着こなす.

eleger /ele'ʒex エレジェーフ/ ㊽《[過去分詞] elegido/eleito》[他] ❶ 選挙によって選ぶ, **選挙する**；…を…に選ぶ ▶eleger o presidente da república 共和国大統領を選ぶ / Elegeram-me representante da classe. 私はクラスの代表に選ばれた.
❷ 選択する.
elegia /ele'ʒia/ [女] 悲歌, 哀歌, 挽歌, エレジー.
elegibilidade /eleʒibili'dadʒi/ [女] 被選挙権, 被選挙資格.
elegível /ele'ʒivew/ [[複] elegíveis] [形]《男女同形》被選挙権［資格］のある.
eleição /elej'sẽw̃ エレイサォン/ [[複] eleições] [女] ❶ **選挙** ▶eleição presidencial 大統領選挙 / eleições parlamentares 議会選挙 / eleição geral 総選挙 / eleição direta 直接選挙 / eleição indireta 間接選挙 / ganhar uma eleição 選挙に勝つ / perder uma eleição 選挙に負ける / os resultados da eleição 選挙結果.
❷ 選択.
de eleição 自分で選んだ, 気に入りの.
eleito, ta /e'lejtu, ta/ [形] (eleger の過去分詞) ❶ (選挙によって) **選ばれた** ▶Ele foi eleito para primeiro-ministro. 彼は首相に選ばれた / o presidente eleito 次期大統領.
❷ 選ばれた, えり抜かれた ▶o povo eleito 選民.
— [名] 当選者, 選ばれた人, 選民, エリート.
eleitor, tora /elej'tox, 'tora/ [[複] eleitores, toras] [名] 選挙人, 有権者.
eleitor de cabresto 不正選挙人.
eleitorado /elejto'radu/ [男]《集合的》有権者, 選挙民.
conhecer o seu eleitorado 部下や同僚などを知り尽くしている.
eleitoral /elejto'raw/ [[複] eleitorais] [形]《男女同形》選挙の ▶campanha eleitoral 選挙戦 / programa eleitoral 選挙綱領.
elementar /elemẽ'tax/ [[複] elementares] [形]《男女同形》❶ 基本的な, 基礎的な ▶noções elementares 基礎的知識 / princípios elementares 基本原理. ❷ 初歩の ▶gramática elementar 初級文法 / É elementar. 簡単なことだ.
❸ 元素の, 根本の ▶partícula elementar 素粒子.
Elementar, (meu) caro Watson. 初歩的なことだよ, ワトソン君 (シャーロック・ホームズの口癖).
elemento /ele'mẽtu エレメント/ [男] ❶ **要素, 要因**, 成分, 部品 ▶os elementos de um todo 全体の要素 / elementos constitutivos 構成要素.
❷ 構成員, メンバー ▶um grupo com sete elementos 7人のメンバーからなるグループ.
❸ 生活環境, 社会環境 ▶A água é o elemento dos peixes. 水は魚の生活環境である / No campo eu me sinto no meu elemento. 田舎こそ私の生活拠点だ.
❹〖化学〗**元素** ▶elementos químicos 化学元素.
❺《elementos》自然力, 風雨 ▶a fúria dos elementos 自然の猛威.
❻《elementos》基本, 初歩 ▶os elementos da geometria 幾何学の基本.
estar no seu elemento 水を得た魚のようである, 所を得ている.
mau elemento 行いの悪い人, 信用のできない人.
elenco /e'lẽku/ [男] ❶ 配役, キャスト. ❷ リスト, 一覧.
eles /'elis エリス/ [代]《人称》《3人称男性形複数》(em + eles と de + eles はそれぞれ neles と deles になる) ❶《主語》**彼らは** ▶Eles são brasileiros. 彼らはブラジル人だ / eles mesmos 彼ら自身 / Eles não. 彼らはそうではない.
❷《属詞》▶São eles. 彼らだ / São eles os responsáveis. 責任があるのは彼らだ.
❸《前置詞の後で》▶Falei com eles. 私は彼らと話をした.
❹《que, como, quanto の後で》▶Eu sou melhor do que eles. 私のほうが彼らよりよい / Eu sou como eles. 私は彼らと同じだ / Ana é tão estudiosa quanto eles. アナは彼らと同じくらい勉強熱心だ.
❺《男性名詞複数形を受けて》それらは.
❻ [B] [話] 彼らを, それらを ▶Eu conheço eles. 私は彼らを知っている.
eletivo, va /ele'tʃivu, va/ [形] ❶ 選挙による, 選挙に基づく ▶cargo eletivo 選挙で選ばれる役職. ❷ 選択性の ▶afinidade eletiva 親和力.
eletricamente /eˌlɛtrika'mẽtʃi/ [副] 電気で, 電気によって, 電気的に.
eletricidade /eletrisi'dadʒi エレトリスィダーヂ/ [女] **電気, 電力** ▶ligar a eletricidade 電気を入れる / desligar a eletricidade 電気を切る / pagar a conta de eletricidade 電気料金を支払う / fatura de eletricidade 電気料金の請求書 / funcionar a eletricidade 電気で動く / cortar a eletricidade 電気を止める / eletricidade estática 静電気.
eletricista /eletri'sista/ [名] 電気工, 電気技術者.
— [形]《男女同形》電気工事の.
elétrico, ca /e'lɛtriku, ka エレトリコ, カ/ [形] ❶ **電気の, 電気で動く** ▶energia elétrica 電力 / corrente elétrica 電流 / carro elétrico 電気自動車 / guitarra elétrica エレキギター / barbeador elétrico 電気カミソリ / aparelhos elétricos 電気製品 / central [usina] elétrica 発電所.
❷ 神経が高ぶった, 落ち着きのない ▶Os alunos estão elétricos. 生徒たちは緊張している.
❸ きらめく, 輝く ▶olhar elétrico きらめくまなざし.
❹ 急な, 素早い ▶visita elétrica 突然の訪問.
— **elétrico** [男] [P] 路面電車 ▶ir de elétrico 路面電車で行く.
eletrificação /eletrifika'sẽw̃/ [[複] eletrificações] [女] 電化.
eletrificar /eletrifi'kax/ ㉙ [他] 電化する.
eletrizante /eletri'zẽtʃi/ [形]《男女同形》❶ 帯電させる. ❷ 興奮させる, 感動させる.
eletrizar /eletri'zax/ [他] ❶ 帯電させる, 通電する.
❷ 感動させる, 興奮させる.
— **eletrizar-se** [再] 感動する, 興奮する.
Eletrobrás /eletro'bras/ エレトロブラス, ブラジル電力公社.
eletrocardiograma /eletrokaxdʒio'grẽma/ [女]〖医学〗心電図.

E

eletrocutar /eletroku'tax/ 他 感電死させる, (電気いすで) 死刑にする.

eletrodoméstico, ca /eletrodo'mɛstʃiku, ka/ 形 家電製品の.
— **eletrodoméstico** 男 家電製品.

elétron /e'lɛtrõ/ 男 [物理] 電子.

eletrônica[1] /ele'trõnika/ 女 電子工学.

eletronicamente /ele,trõnika'mẽtʃi/ 副 電子的に.

*__eletrônico, ca__[2] /ele'trõniku, ka/ エレトロニコ, カ/ 形 ❶ 電子の, 電子工学の ▶ dicionário eletrônico 電子辞書 / indústria eletrônica エレクトロニクス産業.
❷ 電子通信の, インターネットの ▶ endereço eletrônico メールアドレス / correio eletrônico 電子メール.

eletrotecnia /eletroteki'nia/ 女 電気工学.

eletrotécnico, ca /eletro'tɛkiniku, ka/ 形 名 電気工学の (専門家).

elevação /eleva'sẽw̃/ [複 elevações] 女 ❶ 上げる [上がる] こと, 上昇 ▶ Está prevista uma elevação da temperatura. 気温の上昇が予想される.
❷ 建設 ▶ elevação de um edifício 建物の建設.
❸ 昇進, 社会的に高い地位.
❹ 高さ.
❺ 高いところ, 丘.
❻ [建築] 立面図.

*__elevado, da__ /ele'vadu, da/ エレヴァード, ダ/ 形 ❶ 高い, 高度な ▶ colina elevada 高い丘 / preço elevado 高い値段 / temperatura elevada 高い気温.
❷ 高貴な, 気高い, 高尚な ▶ pensamentos elevados 高尚な思想.
❸ …乗された ▶ elevado ao quadrado [cubo] 2 乗 [3 乗] された / elevado a quarta potência 4 乗された.

*__elevador, dora__ /eleva'dox, 'dora エレヴァードフ, ドーラ/ [複 elevadores, doras] 形 持ち上げる, 高く上げる.
— **elevador** 男 エレベーター ▶ tomar o elevador エレベーターに乗る / Vamos subir de elevador. エレベーターで上がりましょう / descer de elevador エレベーターで下に行く / elevador de serviço 業務用エレベーター / elevador social 居住者・来客用エレベーター.

*__elevar__ /ele'vax エレヴァーフ/ 他 ❶ 上げる, 高める ▶ elevar os braços 両腕を上げる / elevar o nível de vida 生活水準を上げる / elevar os salários 給与を上げる / elevar a voz 声を上げる / elevar a tensão 緊張を高める.
❷ 高める, 高揚させる ▶ elevar o espírito 精神を高める.
❸ 建てる ▶ elevar uma estátua 彫像を建てる.
❹ 昇格させる, 昇進させる.
❺ [数学] 累乗する ▶ elevar 4 ao quadrado 4 を 2 乗する / elevar ao cubo 3 乗する.
— **elevar-se** 再 ❶ 上がる, 昇る, 達する. ❷ そびえる.

eliminação /elimina'sẽw̃/ [複 eliminações] 女 ❶ 除去, 排除, 排出 ▶ eliminação de substâncias nocivas 有害物質の排除. ❷ [スポーツ] 予選, 予選落ち, 失格.

*__eliminar__ /elimi'nax エリミナーフ/ 他 ❶ 除去する, 取り除く ▶ eliminar os obstáculos 障害を除去する / eliminar gordura 脂肪分を取り除く. ❷ 選抜する, ふるい落とす, 敗退させる ▶ eliminar candidatos 候補者を選抜する / eliminar o time adversário 相手チームを蹴落とす. ❸ 抹殺する.

eliminatória[1] /elimina'tɔria/ 女 (eliminatórias) [スポーツ] 予選 ▶ eliminatórias da Copa do Mundo ワールドカップの予選.

eliminatório, ria[2] /elimina'tɔriu, ria/ 形 予選の, 選抜の.

elipse /e'lipisi/ 女 ❶ 楕円, 長円. ❷ (語句や文の) 省略.

elíptico, ca /e'lipitʃiku, ka/ 形 ❶ 楕円の. ❷ 省略の, 省略された.

elite /e'litʃi/ 男 エリート ▶ a consciência de elite エリート意識 / elite intelectual 知的エリート (層).
de elite えり抜きの ▶ tropas de elite 精鋭部隊 / escola de elite エリート校.

elitismo /eli'tʃizmu/ 男 エリート優遇政策, エリート主義.

elitista /eli'tʃista/ 形 (男女同形) エリート主義の.
— 名 エリート主義者.

elixir /eli'ʃir/ 男 ❶ エリキシル剤. ❷ 霊薬, 秘薬 ▶ elixir de longa vida 不老長寿の薬.

elmo /'ɛwmu/ 男 兜.

elo /'ɛlu/ 男 ❶ (鎖の) 輪, 環 ▶ elo perdido ミッシングリンク. ❷ 絆, つながり.

elocução /eloku'sẽw̃/ [複 elocuções] 女 話し方, 話術.

elogiar /eloʒi'ax/ 他 称賛する, たたえる ▶ não se pode elogiar もてはやされなくなる.

elogio /elo'ʒiu/ 男 称賛, 賛辞 ▶ fazer um elogio a alguém …をたたえる / cobrir de elogios 誉めやす / elogio fúnebre 追悼演説, 弔辞 / elogio de corpo presente 公共の場における称賛 / rasgados elogios 過剰な賛辞.

elogioso, sa /eloʒi'ozu, 'ɔza/ 形 称賛する, ほめている.

eloquência /elo'kwẽsia/ 女 雄弁, 能弁, 雄弁術 ▶ falar com eloquência 雄弁に話す.

eloquente /elo'kwẽtʃi/ 形 (男女同形) 雄弁な, 弁舌の立つ, 説得力のある ▶ orador eloquente 雄弁な演説家 / discurso eloquente 説得力ある演説 / silêncio eloquente 雄弁な沈黙.

elucidação /elusida'sẽw̃/ [複 elucidações] 女 解明, 説明.

elucidar /elusi'dax/ 他 明らかにする, 解明する.

elucidativo, va /elusida'tʃivu, va/ 形 解明する.

*__em__ /ej エィン/ (文中では /ẽ/ または /i/) 前 (em + 定冠詞は次のように縮合する: em + o → no, em + os → nos, em + a → na, em + as → nas. また em + 不定冠詞は次のように縮合されることがある: em + um → num, em + uns → nuns, em + uma → numa, em + umas → numas)

❶ [場所] …の中に, 中で, 中へ ▶ meter muita coi-

sa no saco 袋にたくさんのものを入れる / entrar no carro 車に乗る / entrar no quarto 部屋に入る / estar na cama 床に就く.
❷《位置, 地点》…に, …で▶viver no Brasil ブラジルに住む / viver em Portugal ポルトガルに住む / viver nos Estados Unidos アメリカに住む / Meu tio mora no Rio de Janeiro. 私の叔父はリオに住んでいる / viver no campo 田舎に住む / chegar em casa 自宅に着く / na internet インターネットで / no banco 銀行に［で］/ na rua 通りで / no trabalho 仕事場で / em minha casa 私の家で / dormir no avião 機内で寝る.
❸《方向》…へ▶Vou seguir em frente 前へと進む.
❹《位置》…の上に▶O bolo está na mesa. ケーキはテーブルの上にある.
❺《専門分野, 領域》…において▶ser bom em matemática 数学が得意である / um perito em computadores コンピューターの専門家 / formar-se em economia 経済学部を卒業する / doutor em direito 法学博士.
❻《時点》…に, において▶em 2014 2014年に / em abril 4月に / no inverno 冬に / na primavera 春に / no domingo 日曜日に / no dia 5 de janeiro = em 5 de janeiro 1月5日に / no século XX 20世紀に / no Natal クリスマスに / nas férias de verão 夏休みに.
❼《期間》…かかって, …で▶Chegarei em dez minutos. 私は10分で着くだろう.
❽《状態, 様態》…の状態で▶Quando vi o acidente, fiquei em pânico. 事故を見たとき私はパニックになった / um objeto em movimento 動いている物体, 動体 / O casamento está em crise. 結婚生活は危機に瀕している / Deixe-me em paz. ほっといてくれ.
❾《変化の結果》…に, の状態に▶A turma foi dividida em cinco grupos. クラスは5つのグループに分けられた / cair em desuso 使われなくなる.
❿《手段, 方法》…で, によって▶escrever em inglês 英語で書く / pagar em euros ユーロで払う / em voz baixa 小さい声で / decidir o resultado na cara ou coroa コインの表か裏かで勝敗を決める / Vou no meu carro. 私の車で行きます.
⓫ …の前で▶Não posso ser franco em família. 私は家族の前では率直になれない.
⓬《目的》…のために▶pedir em casamento プロポーズする.
⓭《数量, 価格》…に▶Esta obra é estimada em cem mil dólares. この作品は10万ドルに見積もられている.
⓮《pensar や falar のような動詞とともに》…について, …に関して▶Penso muito em ti. 君のことをとても考えています.
⓯《現在分詞》…したらすぐに, …した後で▶Em o José chegando em casa, telefone-me. ジョゼが家に着いたらすぐ私に電話してください.

emagrecer /emagre'sex/ ⑮ 自 やせる, やせ細る ▶dez dicas para emagrecer やせるための10の裏技.
— 他 やせさせる.

emagrecimento /emagresi'mẽtu/ 男 やせること.

e-mail /i'mejw/ [複 e-mails] 男 電子メール.

コラム 電子メールの書き始めと結語

取引先や目上の人などの名前の前には Prezado をつける.
Prezado Sr. Carlos da Silva カルロス・ダ・シルバ様
Prezada Sra. Maria da Silva マリア・ダ・シルバ様
同僚や, それほど親しくない相手に対しては, Caro を使う.
Caro amigo João 親愛なる友ジョアン様
Cara amiga Maria 親愛なる友マリア様
親しい友人に対しては次のように呼びかける.
Caro Marcelo 親愛なるマルセロ
Cara Sílvia 親愛なるシルビア
Querido Alberto 親愛なるアルベルト
Oi, João やあジョアン
João ジョアン
私的なメールでは, 次のような書き出しが使われる.
Como vai? お元気ですか.
Tudo bem? 元気ですか.
Como vão as coisas? どうしてますか.
メールの結語としては, 次のような表現が一般的である.
Atenciosamente, 敬具
Cordialmente, 心を込めて
親しい相手には, 次のように書いてもよい.
Um abraço, ハグします
= Abraços

---

emanação /emana'sẽw/ [複 emanações] 女 発散, 流出; 発散物.

emanar /ema'nax/ 自 ❶ …から発散する, 放出する [+ de]. ❷ …に由来する, 起因する [+ de] ▶O poder emana do povo. 権力は国民に由来する.

emancipação /emẽsipa'sẽw/ [複 emancipações] 女 解放, 独立 ▶emancipação das mulheres 女性解放.

emancipar /emẽsi'pax/ 他 解放する, 自由にする ▶emancipar os escravos 奴隷を解放する.
— **emancipar-se** 自由になる.

emaranhado, da /emara'nadu, da/ 形 もつれた, 込み入った, 入り組んだ ▶cabelo emaranhado もじゃもじゃの髪.

emaranhar /emara'nax/ 他 もつれさせる; 混乱させる, 複雑にする ▶emaranhar os cabelos 髪をもつれさせる / Eles emaranharam um assunto simples. 彼らは単純な事柄を複雑にした.
— **emaranhar-se** もつれる, 混乱する.

emassar /ema'sax/ 他 ❶ ペースト状にする, 糊状にする. ❷ …にペースト［しっくい］を塗る ▶emassar parede 壁にしっくいを塗る.

embaçado, da /ẽba'sadu, da/ 形 ❶（鏡が）曇った. ❷（画像が）ぼんやりした.

embaçar /ẽba'sax/ ⑬ 他 ❶ 曇らせる ▶O vapor

embaciado, da

de água embaçou o espelho. 水蒸気が鏡を曇らせた.
❷ 陰らせる, 光彩を失わせる ▶A beleza de Ana embaçou a das outras concorrentes. アナの美しさにその他の候補者の存在は霞んだ.
❸ 黙らせる, 沈黙させる.
❹ だます, 欺く.
— 自 (驚いて) 黙る ▶Ao receber a infausta notícia, ele embaçou. 不幸な知らせを受け取って, 彼は黙りこんだ.
— **embaçar-se** 再 勘違いする.

embaciado, da /ēbasi'adu, da/ 形 くすんだ, 輝きを失った, 光沢を失った.

embaciar /ēbasi'ax/ 他 輝きを失わせる, くすませる, 曇らせる.
— 自 曇る, くすむ ▶O brilho deste metal embaciou. この金属の輝きは次第にくすんだ.

embainhar /ēbaj'ɲax/ 他 ❶ さやに収める ▶embainhar a espada 剣をさやに収める.
❷ 縁を縫う, かがる ▶embainhar calças ズボンの裾をかがる.

‡**embaixada** /ēbaj'ʃada/ エンバイシャーダ 女 ❶ 大使館 ▶a Embaixada do Japão em Brasília ブラジリアの日本大使館. ❷〖サッカー〗リフティング.

embaixador, dora /ēbajʃa'dox, 'dora/ [複 embaixadores, doras] 名 大使 ▶embaixador do Brasil ブラジル大使.

embaixatriz /ēbajʃa'tris/ [複 embaixatrizes] 女 大使夫人; 女性大使 (女性大使は embaixadora が一般的).

‡‡‡**embaixo** /ē'bajʃu/ エンバイショ 副 下 下に ▶assinar embaixo 書類の下にサインする / sem nada embaixo 下に何も着ないで.
embaixo de... …の下に [で] ▶O gato se escondeu embaixo da cama. その猫はベッドの下に隠れた / embaixo da água 水中で.

embalado, da /ēba'ladu, da/ 形 ❶ 包装された.
❷ (銃が) 弾丸を込めた.
❸ 加速された.
— **embalado** 副 ❶ 大急ぎで ▶Aquele carro vinha embalado. あの車が猛スピードでやって来た.

embalagem /ēba'laʒēj/ [複 embalagens] 女 ❶ 荷造り, 梱包, 包装; 包装紙 ▶embalagem de papelão 段ボール梱包 / papel de embalagem 包装紙. ❷ B 加速 ▶pegar embalagem 加速する.

embalar /ēba'lax/ 他 ❶ 揺する ▶embalar o bebê para dormir 赤ん坊を揺すって寝かしつける / canção de embalar 子守唄.
❷ 包装する, 包む, 荷造りする. ❸ 加速する.
— 自 加速する.
embalar com promessas 欺く, ほらを吹く.

embalo /ē'balu/ 男 ❶ 揺れ. ❷ 加速. ❸ 陶酔感.
entrar no embalo ① 麻薬に手を染める. ② 没頭する, 熱中する.
pegar no embalo ① 停止した車のエンジンが押しているうちに再び動き始める. ② リズムに乗る.

embalsamar /ēbawsa'max/ 他 ❶ 香りをつける.
❷ (遺体に) 防腐処理を施す.
— **embalsamar-se** 再 香る.

embananado, da /ēbana'nadu, da/ 形 B 俗 混乱した, もつれた, 当惑した, 困難に陥った, 厄介な状況になった ▶Ele gastou mais do que podia e agora está embananado. 彼は払える以上にお金を使ってしまい, 困っている / Toda vez que tenho que tomar uma decisão, fico todo embananado. 私は決断しなければいけなくなる度にすっかり混乱に陥る.
— 名 B 困った人, 厄介な人間 ▶Ele é todo embananado, sempre mete os pés pelas mãos. 彼はまったく困ったやつだ. いつも愚かなことをする.

embananamento /ēbanana'mētu/ 男 B 俗 厄介な状況 ▶Todo esse embananamento parece ter a mesma raiz do problema crucial. これらの厄介な情況の全ては, その重大な問題に同じ原因があるようだ.

embananar /ēbana'nax/ 他 B 俗 混乱させる, 当惑させる ▶Embananei a cabeça dele com minhas perguntas. 私の質問で彼の頭を混乱させた.
— **embananar-se** 再 厄介な状況になる, 混乱する, 当惑する ▶Estava indo bem, mas investiu demais e embananou-se. うまくいっていたのに投資しすぎて厄介なことになった / Ele se embananou e fez os cálculos errados. 彼は混乱して計算を間違えた.

embandeirar /ēbēdej'rax/ 他 ❶ …を旗で飾る ▶embandeirar o navio 船を旗で飾る.
❷ B 祝う, 褒める, 称賛する ▶Ele embandeirava a atuação do filho para todos os amigos. 彼は全ての友達に息子の活躍を自慢していた.
❸ 積む, 積み重ねる ▶embandeirar milho na roça 畑にトウモロコシを積む.
— 自 B ❶ 高揚する. ❷ 過剰に装飾する.
— **embandeirar-se** 再 旗で飾られる.

embaraçado, da /ēbara'sadu, da/ 形 ❶ もつれた, 混乱した ▶cabelo embaraçado もつれた髪.
❷ 当惑した, 恥ずかしい, ばつの悪い, 気後れした ▶Ele ficou embaraçado com o que viu. 彼は目撃したことに当惑した.

embaraçar /ēbara'sax/ ⑬ 他 ❶ 邪魔する, 妨げる ▶As obras embaraçaram o trânsito. 工事で交通が妨げられた.
❷ 困惑させる, 困らせる, 当惑させる ▶A nova ortografia vai embaraçar por algum tempo os estudantes. 新しい正書法はしばらくの間学生たちを困らせるだろう.
❸ 混乱させる, もつれさせる ▶O vento embaraçou-lhe o cabelo. 風で彼女の髪がもつれた.
— **embaraçar-se** 再 当惑する, 困る; もつれる.

embaraço /ēba'rasu/ 男 ❶ 邪魔, 妨害 ▶O orçamento apertado é um embaraço ao projeto. 厳しい予算はその計画の妨げになる.
❷ 困惑, 当惑, 困難.

embaraçoso, sa /ēbara'sozu, 'sɔza/ 形 厄介な, 面倒な, まごつかせる ▶um problema embaraçoso 厄介な問題.

embarafustar /ēbarafus'tax/ 自 B 侵入する, 押し入る.
— **embarafustar-se** 再 B 侵入する, 押し入る ▶Eles embarafustaram-se pela casa aden-

tro. 彼らは家の中に押し入った.

embaralhar /ẽbara'ʎax/ [他] ❶ 混ぜる, ごちゃごちゃにする ▸ Não embaralhe os documentos. 書類を混ぜないでください.
❷〖トランプ〗(カードを) 切る ▸ embaralhar as cartas カードを切る. ❸ 混乱させる.
— **embaralhar-se** [再] 混乱する, 頭がごちゃごちゃになる.

embarcação /ẽbaxka'sẽw̃/ [[複] embarcações] [女] ❶ 乗船, 搭乗, 積み込み. ❷ 船, 船舶.

embarcadouro /ẽbaxka'doru/ [男] 桟橋, 埠頭, 乗船場.

*__embarcar__ /ẽbax'kax エンバフカーフ/ ㉙ [自] ❶ …に乗る, 乗船する, 搭乗する [+ em] ▸ embarcar no avião 飛行機に乗る / embarcar no ônibus バスに乗る / embarcar no trem 列車に乗る.
❷ …に着手する, かかわる [+ em] ▸ Ele embarcou nesse projeto. 彼はそのプロジェクトに着手した.
— [他] 積み込む ; (人を) 乗せる ▸ embarcar as mercadorias 商品を積み込む / A companhia aérea embarcou os passageiros no voo seguinte. 航空会社は乗客を次の便に搭乗させた.
embarcar nessa 口車に乗せられる.

embargar /ẽbax'gax/ ⑪ [他] ❶ 妨げる, 邪魔する.
❷ 制止する, 差し止める ▸ A Câmara embargou a construção do edifício. 議会は建物の建設を差し止めた.
❸ 困難にする, 妨害する ▸ O pranto lhe embargava a voz. 嗚咽で声が出なかった.

embargo /ẽ'baxgu/ [男] ❶ 妨害, 障害.
❷〖法律〗差し押さえ, (工事などの) 差し止め ; 出入港の禁止, 禁輸 ▸ embargo econômico 経済封鎖. ❸ 異議申し立て.
sem embargo それにもかかわらず, しかしながら.
sem embargo de... …にもかかわらず ▸ Foi sempre essa a nossa posição, sem embargo das numerosas críticas. 多くの批判にもかかわらず, 私たちの立場はいつもそうだった.

embarque /ẽ'baxki/ [男] 搭乗, 乗船, 乗車 ▸ setor de embarque 搭乗ロビー / portão de embarque 搭乗ゲート.

embasamento /ẽbaza'mẽtu/ [男] 基礎, 土台, 基部, 台座.

embasbacado, da /ẽbazba'kadu, da/ [形] びっくり仰天した, あっけにとられた, 唖然とした ▸ Ele pareceu embasbacado. 彼はあっけにとられたようだった.

embasbacar /ẽbazba'kax/ ㉙ [他] びっくりさせる, 唖然とさせる ▸ A notícia me embasbacou. その知らせは私を呆然とさせた.
— [自] びっくりする, あっけにとられる, 呆然とする ▸ Os turistas embasbacaram ao chegar às Cataratas do Iguaçu. 観光客はイグアスの滝に到着し, 度肝を抜かれた.
— **embasbacar-se** [再] びっくりする, あっけにとられる.

embate /ẽ'batʃi/ [男] ❶ 衝突, 衝撃 ▸ o embate das ondas no navio 船への波の衝突.
❷ 衝撃的な出来事, ショック ▸ Não suportou o embate da morte súbita do marido. 彼女は夫の突然の死のショックに耐えられなかった.
❸ 対抗, 対立, 抵抗 ▸ Ele não conseguiu vencer o embate da maioria. 彼は大多数の抵抗に打ち勝つことができなかった.
❹《embates》逆境, 苦難.

embater /ẽba'tex/ [自] …にぶつかる, 衝突する [+ com/em] ▸ O carro embateu na parede. 車は壁に激突した.
— **embater-se** [再] ❶ …とぶつかる, 衝突する [+ em/com]. ❷ (互いに) ぶつかる, 衝突する.

embatucar /ẽbatu'kax/ ㉙ [他] 黙らせる, 口をつぐませる ▸ As respostas a embatucaram. その答えは彼女を黙らせた.
— [自] 黙る, 沈黙する ▸ A meio da conversa, o homem embatucou. 会話の途中でその男性は口をつぐんだ.

embebedar /ẽbebe'dax/ [他] ❶ 酔わせる. ❷ 夢中にさせる, うっとりさせる, 理性を失わせる ▸ A presença do cantor a embebedava. その歌手の存在は彼女を有頂天にした.
— **embebedar-se** [再] 酔う, 夢中になる.

embeber /ẽbe'bex/ [他] ❶ …を…にしみ込ませる, …を…に浸す [+ em].
❷ 吸収する ▸ O solo embebeu a água da chuva. 地面が雨水を吸収した.
❸ …に浸す [+ em] ▸ embeber o biscoito no chá ビスケットをお茶に浸す.
❹ 突き刺す.
— **embeber-se** [再] ❶ …にずぶぬれになる, 水浸しになる [+ em].
❷ …に没頭する, 夢中になる, 専念する [+ em].
❸ 突き刺さる.
❹ …に納得する [+ em] ▸ Embebeu-se completamente nessa convicção. その説得にすっかり納得した.

embeiçar /ẽbej'sax/ ⑬ [他] ❶ 魅了する, とりこにする ▸ A garçonete embeiçou o rapaz. そのウエートレスは青年をとりこにした. ❷ 触れる, 突く.
— **embeiçar-se** [再] …に魅了される, 夢中になる [+ por] ▸ Embeiçou-se pela cabeleireira. 彼は美容師に夢中になった.

embelezamento /ẽbeleza'mẽtu/ [男] 美しくすること, 美化すること.

embelezar /ẽbele'zax/ [他] ❶ 美しくする, 美化する, 飾る ▸ Ela quer embelezar a fachada do prédio. 彼女は建物の正面をきれいにしたがっている.
❷ 魅了する.
— **embelezar-se** [再] 美しくなる ▸ O jardim emebelezou-se com o novo canteiro. 庭は新しい花壇で美しくなった.

embevecer /ẽbeve'sex/ ⑮ [他] 魅了する, うっとりさせる ▸ Com sua poesia, ela embeveceu os ouvintes. 彼女は詩で聴衆を魅了した.
— **embevecer-se** [再] 夢中になる, うっとりする ▸ Embevecia-se sempre que ouvia aquela música. あの音楽を聞くたびにうっとりしていた.

embevecido, da /ẽbeve'sidu, da/ [形] …にうっとりとした, 恍惚とした [+ com/por].

emblema /ĩ'blẽma/ [男] ❶ 標章, 記章, 紋章, エン

E

ブレム ▶emblema da Cruz Vermelha 赤十字の記章. ❷ 象徴, 表象 ▶emblema da paz 平和の象徴.

emblemático, ca /ĩble'matʃiku, ka/ [形] 標章の；象徴的な；重要な ▶edifício emblemático 象徴的建物.

embocadura /ẽboka'dura/ [女] ❶ 口に当てること. ❷ はみ, くつわ.
❸ (楽器の) 吹き口 ▶embocadura de um clarinete クラリネットの吹き口.
❹ (楽器の) 吹き方.
❺ (川や水路の) 入り口, 河口 ▶embocadura de um rio 河口.
❻ (道や通りの) 始まり.
❼ 素質, 傾向, 性癖 ▶Ela tem embocadura para o teatro. 彼女には演劇の才能がある.

embolar /ẽbo'lax/ [他] ❶ 丸める, 団子状にする ▶A criança embolou a roupa e guardou-a assim mesmo. 子供は服を丸めてそのまましまった.
❷ [B] 人を寄せ集める.
— [自] ❶ [B] 転がる, 転がり落ちる. ❷ 球状になる, 丸まる
— **embolar-se** [再] ❶ 丸まる. ❷ [B] 取っ組み合って転がる, 絡みあう.
❸ 殺到する ▶O povo se embolou na porta do cinema. 人々が映画館の入り口に集まった.

êmbolo /'ẽbolu/ [男] ❶ ピストン. ❷ 〖医学〗塞栓.

embolorar /ẽbolo'rax/ [他] かびさせる, かびを生えさせる ▶A umidade embolora a madeira. 湿気で木材がかびる.
— [自] かびる, かびが生える ▶O pão embolorou. パンにかびが生えた.

embolsar /ẽbow'sax/ [他] ❶ ポケットに入れる ▶Ele embolsou as notas que lhe estendiam. 彼は差し出された紙幣をポケットにしまった.
❷ 得る, 受け取る.
❸ (借金などを) 支払う.

embonecar /ẽbone'kax/ ㉙ [他] 着飾らせる, おめかしさせる ▶Aos domingos, embonecava a filha com roupas espaventosas. 毎週日曜日彼は娘をぜいたくにおめかしさせた.
— [自] [B] トウモロコシの穂が出る.
— **embonecar-se** [再] 着飾る, おめかしする.

*****embora** /ẽ'bɔra エンボーラ/ [接] ❶《(muito) embora ＋[接続法]》**たとえ…でも, …だけれども** ▶Embora seja difícil, vale a pena tentar. たとえ困難でも, 挑戦する価値はある / Muito embora falasse pouco, todos o entenderam. 彼は口数少なかったが, 全員が理解した.
❷《embora ...》**…ではあっても** ▶Embora cansado, saiu. 疲れていたが, 出かけた.
— [副] **向こうに, あっちに.**
ir embora [B] 去る, 帰る ▶Ele já foi embora. 彼はもう帰った / Vá embora! あっちに行け / Vamos embora. 行こう, 帰ろう / Já tenho que ir embora. もうおいとましなければなりません.
ir-se embora 立ち去る ▶Tenho de ir-me embora. そろそろおいとまします.
levar embora 持ち運ぶ, 持ち去る ▶Ele levou meu carro embora. 彼は私の車を持って行った.
mandar alguém embora …を追い出す；解雇する, 首にする ▶O chefe mandou o funcionário embora. 上司はその社員を解雇した.
— [間] あっちに行け.

emborcar /ẽbox'kax/ ㉙ [他] ❶ (容器を) ひっくり返す ▶emborcar um copo コップを逆さにする.
❷ (酒を) 空ける ▶O sujeito emborcava garrafas de rum. その人物はラム酒の瓶を空けた.
— [自] ❶ ひっくり返る ▶O barquinho emborcou. 小舟は転覆した.
❷ (うつ伏せに) 倒れる；[B] 転ぶ ▶A criança tropeçou e acabou emborcando na rua. その子供は通りでつまずき, 転んだ.
❸ 死ぬ.
— **emborcar-se** [再] (うつ伏せに) 倒れる.

emboscada /ẽbos'kada/ [女] ❶ 待ち伏せ, わな ▶cair numa emboscada 待ち伏せに遭う / pôr-se de emboscada 待ち伏せする.
❷ 待ち伏せ場所. ❸ 裏切り.

embotar /ẽbo'tax/ [他] ❶ 鈍らせる, 鈍化させる, (刃物などを) こぼらせる ▶embotar uma faca ナイフの刃をこぼらせる.
❷ (感覚や感性を) 鈍くする ▶A idade embotou seus reflexos. 年齢は反射神経を鈍らせる.
— **embotar-se** [再] (刃物などが) 鈍る, こぼれる ▶Logo ao primeiro golpe, embotou-se-lhe o fio. 最初の一撃ですぐに刃がこぼれた.

embrabecer /ĩbrabe'sex/ ⑮ [自] [B] 激怒する, 怒り狂う, いきり立つ.
— **embrabecer-se** [再] 激怒する, 怒り狂う, いきり立つ.

embranquecer /ĩbrẽke'sex/ ⑮ [他] 白くする, 漂白する.
— [自] 白くなる, 白髪になる. ▶Minha cabeça embranqueceu totalmente. 私の髪が真白になった.
— **embranquecer-se** [再] 白くなる, 白髪になる.

embravecer /ĩbrave'sex/ ⑮ [他] ❶ 獰猛にする ▶A prolongada privação de alimentos embravecia os animais. 長期間食べものが不足したので動物たちは獰猛になっていた.
❷ 激怒させる ▶A minha teimosia o embraveceu. 私が強情なために彼を激怒させた.
— [自] ❶ 激怒する. ❷ (海が) 荒れる.
— **embravecer-se** [再] (海が) 荒れる.

embreagem /ĩbri'aʒẽj̃/ [[複] embreagens] [女] 〖自動車〗クラッチ ▶pisar na embreagem クラッチを踏む.

embrenhar /ĩbri'ɲax/ [他] (藪や森の中に) 隠す ▶Os soldados embrenhavam as mulheres e filhos no mato. 兵士たちは女性と子供たちを森の中に隠した.
— **embrenhar-se** [再] ❶ (藪や森の中に) 隠れる, 潜む.
❷ …に没頭する [＋em] ▶Ele embrenhou-se na pesquisa. 彼は研究に専念した.

embriagante /ĩbria'gẽtʃi/ [形]《男女同形》酔わせる, 夢中にさせる.

embriagar /ĩbria'gax/ ⑪ [他] ❶ 酔わせる ▶Os homens embriagaram o amigo na festa. 男たちは

パーティーで友人を酔わせた.

❷ うっとりさせる, 夢中にさせる ▶ Seu perfume me embriaga. あなたの香水は私をうっとりさせる.

— 自 酔わせる ▶ Bebida forte embriaga depressa. 強い酒はすぐに回る.

— **embriagar-se** 再 酔う, 酔いしれる ▶ Ele embriagou-se pelo sucesso. 彼は成功に酔いしれた.

embriaguez /ĩbria'ges/ 女 ❶ 酩酊, 泥酔 ▶ estado de embriaguez 泥酔状態. ❷ 陶酔, 高揚.

embrião /ĩbri'ẽw̃/ [複 embriões] 男 ❶ 〖生物〗胚, 胚子 ▶ embrião humano ヒト胚. ❷ 〖比喩〗初期, 萌芽.

embrionário, ria /ĩbrio'nariu, ria/ 形 ❶ 胚の, 胎児の ▶ célula embrionária 胚細胞. ❷ 萌芽的な, 初期の ▶ em estado embrionário 萌芽状態で, 初期段階で.

embromação /ĩbroma'sẽw̃/ [複 embromações] 女 B ❶ いんちき, ペテン, 嘘 ▶ Suas palavras são pura embromação. 君の言葉はまったくのいんちきだ. ❷ 言い訳. ❸ (借金などの) 踏み倒し. ❹ あざけり.

embromar /ĩbro'max/ B 他 ❶ 延期する, ごまかして先延ばしにする, だます, けむにまく.

❷ 冗談を言う, ばかにする, からかう.

— 自 ❶ ごまかして先延ばしにする, ぐずぐずする ▶ Embromei o dia inteiro e não fiz nada. 私は一日中だらだらして何もしなかった.

❷ 空約束をする.

❸ 自慢する ▶ Ele embromou dizendo ser fazendeiro em Goiás. 彼はゴイアスの農場主だと言って自慢した. ❹ ゆっくり歩く.

❺ 冗談を言う, ばかにする, からかう.

embrulhada /ĩbru'ʎada/ 女 B ❶ 混乱, 乱雑, ごたごた ▶ Uma embrulhada no trânsito nos fez perder o avião. 交通渋滞で私たちは飛行機に乗り遅れた.

❷ 当惑, 困難, 難局 ▶ Ele se meteu numa embrulhada. 彼はトラブルに陥った.

❸ 争い, けんか, 不和 ▶ Eles meteram-se numa embrulhada à porta do bar. 彼らは飲み屋の店先でけんかをした.

embrulhar /ĩbru'ʎax/ 他 ❶ 包む, くるむ ▶ Ele embrulhou os presentes de Natal em papel. 彼はクリスマスプレゼントを紙で包んだ.

❷ 巻く, 折り畳む ▶ O soldado embrulhou a bandeira. 兵士は旗を折り畳んだ.

❸ 混乱させる, 困難にする ▶ Ele embrulha ainda mais as suas explicações. 彼は説明を一層混乱させる.

❹ だます, 言葉を濁す ▶ Ele embrulhou a resposta, tentando enganar o professor. 彼は先生をだますために答えを濁した.

❺ 吐き気を起こさせる ▶ um filme de embrulhar o estômago 胃をむかつかせる映画.

— **embrulhar-se** 再 ❶ くるまる ▶ Ele foi para a cama e embrulhou-se no cobertor. 彼はベッドに行き布団にくるまった.

❷ 動揺する ▶ Ao tentar mentir, ele se embrulhou todo. 彼はうそをつこうとしてすっかり動揺してしまった.

embrulho /ĩ'bruʎu/ 男 ❶ 包み, 包装, 小包 ▶ embrulho de Natal クリスマスの包装 / papel de embrulho 包装紙.

❷ 混乱, 混雑 ▶ Ele se meteu num grande embrulho. 彼は大きな混乱に陥った.

❸ B だまし, ペテン ▶ ir no embrulho だまされる.

❹ 吐き気 ▶ Ele sentiu um embrulho no estômago. 彼は胃のむかつきを感じた.

embrutecer /ĩbrute'sex/ ⑮ 他 ❶ 野蛮にする ▶ Os anos de combate o embruteceram. 戦闘の日々が彼を野獣にした.

❷ 愚かにする, 鈍感にする, (感覚や思考を) 鈍らせる.

❸ 理性を奪う, 盲目にする ▶ O fanatismo a embruteceu. 狂信が彼女を盲目にした.

— 自 野蛮になる, 愚かになる, 理性を失う.

— **embrutecer-se** 再 野蛮になる, 愚かになる.

embuste /ẽ'bustʃi/ 男 うそ, ごまかし.

embusteiro, ra /ẽbus'tejru, ra/ 形 うその, 虚偽の; だます.

— 名 うそつき, ペテン師.

embutido, da /ẽbu'tʃidu, da/ 形 ❶ 作り付けの ▶ móveis embutidos 作り付けの家具. ❷ 埋め込んだ, はめ込んだ ▶ microfone embutido 埋め込んだマイク.

— **embutido** 男 ソーセージ, 腸詰め.

embutir /ẽbu'tʃix/ 他 ❶ 組み込む, はめ込む ▶ Ele embutiu todos os armários. 彼はすべての戸棚をはめ込んだ.

❷ 象眼 (ぞうがん) する ▶ Ele embutiu pedras preciosas nos brincos. 彼はイヤリングに宝石を象眼した.

❸ (考えを) 吹き込む, 信じ込ませる ▶ Embuti-lhe uma explicação meio duvidosa. 私は半ばあやしい説明を彼に信じ込ませた.

eme /'emi/ 男 文字 m の名称.

emenda /e'mẽda/ 女 ❶ 修正, 訂正, 校正, 改正, 修正案 ▶ O texto foi devolvido, cheio de emendas. その文は修正だらけで戻された.

❷ 更生 ▶ Aquele rapaz não tem emenda. あの青年は行いを改めそうにもない.

❸ 修繕 ▶ A costureira fez uma emenda na camisa. お針子はシャツを繕った.

❹ 継ぎ, 継ぎ目 ▶ A corda arrebentou na emenda. ロープは継ぎ目でほつれた.

emenda pior que o soneto 藪蛇.

não ter emenda 手に負えない, 改心の見込みのない.

servir de emenda 教訓となる.

sob [salvo] emenda 修正した上で.

tomar emenda 更生する, 改心する.

emendar /emẽ'dax/ 他 ❶ 修正する, 訂正する ▶ Ele emenda uma conta errada. 彼は誤った計算を正す.

❷ 改正する, 変更する ▶ O Congresso vai emendar a legislação tributária. 議会は税法を改正する.

❸ 修繕する, つなげる, 継ぎ足す ▶ Ela emendava os vestidos que lhe ofereciam. 彼女はもらったドレスを直した / emendar fios ひもをつなげる.

ementa 340

❹《サッカー》ダイレクトキックをする ▶O jogador emendou de primeira e quase fez um gol. その選手は開始からダイレクトキックをし, ほとんどゴールしそうだった.

— **emendar-se** 再 改心する, 更生する ▶Os rapazes ouviam os conselhos, mas não se emendavam. 若者たちは忠告を聞いたが, 行いを改めなかった.

emendar a mão 素行を改める.

ementa /e'mẽta/ 女 ❶ メモ. ❷ 要約, 概要. ❸ P メニュー.

*__emergência__ /emer'ʒẽsia/ エメルジェンシア/ 女 ❶ **緊急時, 非常時** ▶saída de emergência 非常口 / escada de emergência 非常階段, 非常用梯子 / em caso de emergência 非常時に, 緊急の場合に / estado de emergência 非常事態 / chamada de emergência 非常呼出し / pouso de emergência 緊急着陸.

❷ **浮上, 出現**, 発生, 到来 ▶a emergência do submarino 潜水艦の浮上 / a emergência de uma nova sociedade 新しい社会の出現.

emergente /emer'ʒẽtʃi/ 形《男女同形》❶ 現れる, 浮上する. ❷ 新興の ▶país emergente 新興国 / mercado emergente 新興市場.

emergir /emer'ʒix/ ⑫《過去分詞 emergido/emerso》自 ❶ 浮上する, (水面から) 現れる ▶O submarino emergiu junto à costa. 潜水艦は海岸に沿って浮上した.

❷ 出現する, 現れる, 昇る, 出る ▶O sol emergiu tingindo as nuvens de vermelho. 太陽は雲を赤く染めて現れた.

❸ 起こる, 生じる ▶Vários problemas emergiram com a construção da nova ponte. 様々な問題が新しい橋の建設とともに生じた.

❹ (地位などが) 現れる, 傑出する ▶O seu nome emergiu como o do único candidato. あなたの名前が唯一の候補者として挙がった.

❺ 目覚める ▶emergir do sonho para a realidade 夢から現実に目覚める.

— 他 浮上させる, 出現させる ▶O pescador emergiu das águas um belo peixe. 漁師は水面から美しい魚をつり上げた.

emérito, ta /e'meritu, ta/ 形 名誉待遇の ▶professor emérito 名誉教授.

emersão /emex'sẽw/ [複 emersões] 女 浮上.

emerso, sa /i'mexsu, sa/ 形 浮上した.

emigração /emigra'sẽw/ [複 emigrações] 女 ❶ (よそへの) 移民, 移住 (↔ imigração) ▶emigração para o Brasil ブラジルへの移民. ❷ (動物の) 移動, 渡り, 回遊.

emigrante /emi'grẽtʃi/ 名 (他国への) 移民, 移住者 (↔ imigrante).
— 形 移住する.

emigrar /emi'grax/ 自 ❶ (外国へ) 移住する (↔ imigrar) ▶Ele emigrou para a Suécia. 彼はスウェーデンに移住した.

❷ (動物が) 移動する, 渡る, 回遊する ▶As andorinhas emigram para a África no inverno. ツバメは冬にアフリカへ渡る.

eminência /emi'nẽsia/ 女 ❶ 卓越, 秀逸. ❷ 丘, 高台. ❸《Eminência》猊下(げいか)(枢機卿の尊称).

eminência parda 黒幕, 陰の実力者.

eminente /emi'nẽtʃi/ 形《男女同形》❶ (場所が) 高い.

❷ 傑出した, 卓越した ▶figura eminente 卓越した人物.

eminentemente /emi,nẽte'mẽtʃi/ 副 とりわけ, 優れて ▶O homem é um ser eminentemente social. 人間はとりわけ社会的な存在である.

emir /e'mir/ 男 (イスラム教国の) 首長.

emissão /emi'sẽw/ [複 emissões] 女 ❶ 放出, 排出 ▶emissão de CO_2 二酸化炭素の排出 / emissão de luz 発光.

❷ 放送, 放送番組 ▶uma emissão de televisão テレビ番組.

❸ (紙幣や証券の) 発行, 発券 ▶emissão de ações 株の発行.

emissário, ria /emi'sariu, ria/ 使者の.
— 名 使者, 使節, 密使.
— **emissário** 男 排水路.

emissor, sora[1] /emi'sox, 'sora/ [複 emissores, soras] 形 ❶ 発する, 放送する ▶estação emissora 放送局. ❷ 発行する ▶banco emissor 発券銀行.
— 名 発行人, 振出人.

emissora[2] /emi'sora/ 女 放送局 ▶emissora de televisão テレビ局 / emissora de rádio ラジオ局 / emissora afiliada 系列ネット.

emitente /emi'tẽtʃi/ 形《男女同形》発券する, 発行する, 発送する.
— 名 発行者, 発信者, 振出人.

*__emitir__ /emi'tʃix/ エミチーフ/ 他 ❶ (光や音などを) 発する ▶emitir luz 発光する / emitir sons 音を出す.

❷ 発行する ▶emitir dinheiro 通貨を発行する / emitir um passaporte パスポートを発行する.

❸ (意見を) 表明する, 述べる ▶emitir uma opinião 意見を表明する.

*__emoção__ /emo'sẽw/ エモソォン/ [複 emoções] 女 感情, 感激, 感動 ▶Ele tremia de emoção. 彼は感動に打ち震えていた / com emoção 感激して / sem emoção 冷静に.

Que emoção! すばらしい, なんてすごいんだ ▶Que emoção! Minha filha finalmente se formou na universidade. やった, 娘がついに大学を卒業した.

emocionado, da /emosio'nadu, da/ 形 感動させられた, 感激した.

emocional /emosio'naw/ [複 emocionais] 形《男女同形》感情の, 感情的な ▶instabilidade emocional 感情の不安定さ / problemas emocionais 情緒面での問題 / chantagem emocional 心理的に揺さぶる脅迫.

emocionalmente /emosio,naw'mẽtʃi/ 副 感情の面で, 情緒的に.

emocionante /emosio'nẽtʃi/ 形《男女同形》感動的な, 心を揺さぶる.

emocionar /emosio'nax/ 他 感動させる ▶emocionar os leitores 読者を感動させる.
— 自 感動させる.

emocionar-se 再 …に感動する [+ com].
emoldurar /emowdu'rax/ 他 ❶ 額縁に入れる ▶ emoldurar fotos 写真を額縁に入れる. ❷ …を縁取る.
emoliente /emoli'ẽtʃi/ 形《男女同形》(皮膚を)緩和する, 軟化する.
— 男 緩和剤, 皮膚軟化剤.
emolumento /emolu'mẽtu/ 男 報酬, 謝礼, 手数料.
emoticon /emotʃi'kõ/ 男《情報》顔文字.
emotividade /emotʃivi'dadʒi/ 女 感動, 感受性.
emotivo, va /emo'tʃivu, va/ 形 感受性の強い, 情にもろい.
empacar /ẽpa'kax/ 自 ❶ (馬が)動こうとしない, 前に進まない, 停滞する ▶ Após entrar na empresa, a carreira dele empacou. その会社に入ったことで彼のキャリアは停滞した.
empacotar /ẽpako'tax/ 他 包装する, 梱包する.
— 自 俗 死ぬ.
empada /ẽ'pada/ 女《料理》パイ ▶ empada de frango チキンパイ / empada de camarão エビのパイ.
empadão /ẽpa'dẽw/ [複 empadões] 男《料理》パイ ▶ empadão de frango チキンパイ.
empalhar /ẽpa'ʎax/ 他 ❶ わらで包む. ❷ 剥製にする.
empanar /ẽpa'nax/ 他 ❶ …を布で覆う.
❷ 隠す ▶ Nuvens escuras empanam o sol. 暗い雲が太陽を隠した.
❸ 曇らせる, 輝きを失わせる ▶ O vapor empanou as lentes dos óculos. 蒸気で眼鏡のレンズが曇った / empanar o brilho 輝きを失わせる.
❹ 汚す, 名誉を傷つける.
❺ 妨げる ▶ O muro alto empana a vista dos indiscretos. 高い壁がぶしつけな人たちの視線を妨げる.
❻ 料 パン粉をつける.
— **empanar-se** 再 隠れる, 輝きを失う, 汚す ▶ Os vidros do carro se empanaram. 車の窓ガラスが曇った ▶ Sua reputação empanou-se da noite para o dia. 彼の名声は一晩にして傷ついた.
empanturrar /ẽpẽtu'xax/ 他 満腹させる; …を腹いっぱい食べさせる [+ de].
— **empanturrar-se** 再 …を腹いっぱい食べる [+ de] ▶ empanturrar-se de chocolate チョコレートをたらふく食べる.
empapar /ẽpa'pax/ 他 ❶ 浸す, 湿らせる ▶ empapar uma esponja スポンジを湿らせる.
❷ 粥状にする, ふやかす ▶ empapar a farinha 小麦粉をふやかす.
❸ 誘惑する, おびき寄せる.
— 自 浸る, 浸かる, 柔らかくなる.
— **empapar-se** 再 濡れる ▶ A camisa se empapou de suor. シャツは汗でずぶ濡れになった.
emparelhar /ẽpare'ʎax/ 他 ❶ 対にする, ペアにする.
❷ …に匹敵させる, …と同列視する [+ com] ▶ O artista emparelhou sua obra com a de Michelangelo. その芸術家は自分の作品をミケランジェロの作品になぞらえた.
❸ 仲良しにする, 等しくする ▶ O sofrimento emparelha os homens. 苦しみは人々を結びつける.
— 自 …と肩を並べる, 匹敵する [+ com] ▶ O seu talento emparelha com o de qualquer escritor da atualidade. 彼の才能は同時代のいかなる作家のものにも匹敵する.
— **emparelhar-se** 再 同数である, 等しくなる, 引き分ける.
empatado, da /ẽpa'tadu, da/ 形 引き分けの ▶ O jogo está empatado. 試合は引き分けだ / O jogo terminou empatado em 1 a 1. 試合は1対1の引き分けに終わった.
empatar /ẽpa'tax/ 他 ❶ 引き分けにする ▶ O time já empatou três jogos. そのチームは3つの試合を引き分けにした.
❷ (選挙で得票数が) 同数になる ▶ empatar a eleição 得票数が同数になる.
❸ (お金を) つぎ込む, 投資する ▶ empatar dinheiro お金を投資する.
❹ 時間を費やす, かける ▶ Aquela tarefa empatou todo o seu tempo livre. 彼はあの作業に自由時間をほとんど費やした.
❺ 反対する ▶ empatar um casamento 結婚を反対する.
❻ 阻む, 妨げる.
— 自 引き分ける, 互角である ▶ Brasil e Argentina empataram em 0 a 0. ブラジルは0対0でアルゼンチンと引き分けた / O time A empatou com o B. AチームはBチームと引き分けた.
empate /ẽ'patʃi/ 男 ❶ 引き分け, 同点 ▶ um empate por 2 a 2 2対2の引き分け / Houve empate na votação. 投票は同数だった / resolver o empate 引き分けに決着をつける / acabar em empate 引き分けに終わる.
❷ (取引などの完結の) 阻止, 妨害, 延期 ▶ Parece que estava empenhada em causar empate à assinatura do contrato. 契約への署名が延期に追いやられたようだ.
❸ 躊躇 ▶ Não havia meio de se decidir. Eram só empates e mais empates. 決着するすべがなく, 延期に延期が重ねられた.
❹ 医 (胃や腸の) 閉塞.
empatia /ẽpa'tʃia/ 女 感情移入.
empavonar-se /ẽpavo'naxsi/ 再 見栄をはる, 得意になる ▶ O time se empavonou após vencer a partida. 試合に勝ったためにチームは得意になった.
empecilho /ẽpe'siʎu/ 男 ❶ 障害, 困難. ❷ 妨害する人, 邪魔する人.
empenhado, da /ẽpe'ɲadu, da/ 形 …する決意の ▶ O governo está empenhado em resolver a greve dos caminhoneiros. 政府はトラック運転手のストライキを解決する決意である.
empenhar /ẽpe'ɲax/ 他 ❶ (知識や力を) 使う, 尽くす, 充てる ▶ Ele empenhou todo o seu esforço nos estudos. 彼は勉強に専念した / Ele empenhou todas as suas energias para sair da crise. 彼は危機から脱するために全力を費やした / A tarefa exigia que empenhasse todas as suas forças.

empenho

その仕事には全力を注ぐことが求められた.
❷ 抵当に入れる, 質に入れる ▶empenhar joias 宝石を質に入れる / empenhar a palavra 言質を与える.
❸ 借金させる.
❹ 強いる, 強制する ▶A idade nos empenha a agir com responsabilidade. 年齢が我々に責任のある行動をとらせる.
❺ 予算をとる ▶A prefeitura empenhou 30% de sua verba para as creches. 市役所は予算の30％を保育園に充てた.

— **empenhar-se** 再 ❶ 尽力する, 努力する ▶Você tem de se empenhar mais. 君はもっと努力しなければならない / empenhar-se em... …のために努力する / empenhar-se em ＋不定詞 …するために努力する.
❷ 借金する ▶Ele empenhou-se para comprar uma casa. 彼は家を購入するために借金をした.
❸ 誓う, 約束する ▶Ele prometeu resolver o problema e empenhou-se publicamente. 問題を解決することを約束し, 公に誓った.

empenho /ē'pēɲu/ 男 ❶ 抵当に入れること, 質入れ, 借金, 負債, 債務 ▶O vício no jogo levou ao empenho de todos os seus bens. 賭博癖のせいで彼は全財産を抵当に入れることになった.
❷ 約束, 誓い, 義務 ▶o empenho em reduzir o déficit 赤字削減の義務.
❸ 有力な後援者, コネ有力者, 仲介人 ▶carta de empenho 推薦状, 紹介状 / ter bons empenhos コネを持つ / servir de empenho 仲介役［後援者］になる / Ele meteu empenhos junto ao diretor para receber a bolsa de estudos. 彼は奨学金を得るために学部長の推薦を得た.
❹ 関心, 熱意, 専心, 献身, 願望 ▶O empenho dela era conseguir o prêmio. 彼女が切望したのは賞を取ることだった / com empenho 熱心に / ter [pôr] empenho em... …を重要視する, …に関心を持つ.
❺ 予算.

emperrar /ēpe'xax/ 他 ❶ 開閉しにくくする, 動きにくくする ▶A umidade emperrou a porta. 湿気で戸が開けにくくなった.
❷ 硬くする, 動けなくする, こわばらせる ▶A vida sedentária emperra o corpo. 座りがちの生活は, 身体を硬くする.
❸ 頑固にする, 強情を張らせる, かたくなにする.
❹ 冷酷にさせる.
❺ 黙らせる ▶A surpresa o emperrou. 彼は驚いて黙り込んだ.
— 自 ❶ 止まる, 開閉しにくくなる, 動かなくなる ▶A gaveta emperrou. 引き出しが開きにくくなった.
❷ 黙る ▶A menina emperrou durante uma semana. その少女は1週間黙ったままだった.
❸ 立ち止まる ▶A cavalgadura emperrou. 馬が立ち止まった.
— **emperrar-se** 再 ❶ 強情を張る, かたくなになる. ❷ 激怒する.

empestar /ēpes'tax/ 他 ❶ ペストにかからせる ▶A proliferação de ratos empestou a aldeia. ネズミの急増で村はペストが流行した.
❷ (伝染病に) 感染させる ▶Quando a febre tifoide empestou a cidade, a família refugiou-se em outro país. 腸チフスがその都市に蔓延すると, 一家は外国に避難した.
❸ (悪臭を) 蔓延させる ▶um charuto que empestava a sala 部屋中に悪臭を放っていた葉巻.
❹ 汚染する ▶A fábrica trouxe empregos, mas empestou a cidade. その工場は職をもたらしたが町を汚染した.
❺ 堕落させる, 腐敗させる ▶vícios que empestam a juventude 若者を堕落させる悪癖.
❻ 自 凧をあげる.
— 自 ペストにかかる.

empilhamento /ēpiʎa'mētu/ 男 積み重ねること, 堆積 ▶empilhamento de caixas 積み重なった箱.

empilhar /ēpi'ʎax/ 他 積み重ねる ▶empilhar caixas 箱を積み重ねる.
— **empilhar-se** 再 積み重なる.

empinar /ēpi'nax/ 他 ❶ 頂上に置く.
❷ 揚げる, 高く掲げる ▶empinar uma pipa たこを揚げる.
❸ 立てる ▶Empinou as costas, corrigindo a postura. 姿勢を直して背中を伸ばした.
❹ 飲み干す, がぶ飲みする.
❺ (馬が) 後ろ足で立つ.
— **empinar-se** 再 ❶ 頂上に立つ.
❷ 自慢する, うぬぼれる.
❸ つま先立ちする ▶Ele empinou-se para ver o cantor. 歌手を見るために彼はつま先立ちになった.

empiricamente /ē,pirika'mētʃi/ 副 経験に基づいて, 経験的に.

empírico, ca /ē'piriku, ka/ 形 経験的な, 経験主義の ▶conhecimento empírico 経験的知識. ❷ [哲学] 経験的な.
— 名 経験主義者.

empirismo /ēpi'rizmu/ 男 ❶ 経験主義. ❷ [哲学] 経験論.

emplacar /īpla'kax/ 29 他 ❶ 標識をつける ▶Ele emplacou o carro. 彼は車にナンバープレートをつけた.
❷ 成功する, 成果を得る ▶Disco após disco, ele emplacou sucessos inesquecíveis. 次々とCDを出し, 彼は忘れがたい成功を手にした.
— 自 ❶ 成功する ▶É um bom escritor, mas não emplacou. 彼はいい作家だが成功していない.
❷ (ある数や年齢に) 達する ▶A empresa de celulares emplacou um milhão de telefones vendidos. その携帯電話会社は100万台の電話を売った / A minha avó já emplacou 75 anos e ainda tem ótima saúde. 私の祖母はすでに75歳になるが極めて健康だ.

emplastrar /īplas'trax/ 他 ❶ …に膏薬を貼る.
❷ 広げて塗る, (しっくいを) 塗る, 上塗りする.

emplastro /ī'plastru/ 男 ❶ 膏薬. ❷ 下手な修繕.
❸ 役立たず ▶Não conte com esse sujeito, é um emplastro. こいつを当てにするな, 役立たずだからな.
❹ 厄介者. ❺ 病気がちの人.

empobrecer /ēpobre'sex/ 15 他 ❶ 貧しくする.

❷ 衰えさせる；（土地を）やせさせる.
— [自] ❶ 貧しくなる. ❷ 衰える；（土地が）やせる.
— **empobrecer-se** [再] ❶ 貧しくなる. ❷ 衰える；（土地が）やせる.

empobrecimento /ẽpobresi'mẽtu/ [男] 貧困（化），衰退.

empola /ẽ'pola/ [女] ❶ 水ぶくれ，水疱. ❷ 沸騰したお湯の泡.

empolado, da /ẽpo'ladu, da/ [形] ❶ 水ぶくれになった，腫れた ▶A doença deixou-o empolado. 彼は病気で水疱ができた.
❷ 隆起した，丘のある ▶terreno empolado 隆起した土地.
❸ 誇張された，大げさな，もったいぶった ▶estilo empolado もったいぶった文体 / Ele era todo empolado para falar. 彼はすっかり大げさな話し方をしていた.

empolar /ẽpo'lax/ [他] ❶（水ぶくれを）作る ▶Ele ficou tempo demais na praia e o sol o empolou todo. 彼は浜辺に長居しすぎたので，日焼けで水ぶくれができた.
❷ 誇張する ▶O jornalista empolou os fatos. その記者は事実を誇張した.
— **empolar-se** [再] ❶ 水ぶくれになる.
❷ もったいぶる，見栄をはる ▶A atriz empola-se nas entrevistas. その女優はインタビューでお高くとまる. ❸（海が）荒れる.

empoleirar /ẽpolej'rax/ [他] ❶（止まり木に）止まらせる ▶João empoleirou o papagaio. ジョアンはオウムを止まり木に止まらせた.
❷ 高い所に止まらせる，高い地位につける ▶Ele empoleirou o amigo numa alta função gerencial. 彼は友達を会社の役員に据えた.
— **empoleirar-se** [再] ❶ 止まり木に止まる.
❷ 高い所に登る ▶O garoto empoleirou-se no pico do rochedo. 男の子は岩の頂に昇った.
❸ 高い地位につく.

empolgação /ẽpowga'sẽw̃/ [[複] empolgações] [女] [B] 興奮，熱気 ▶Havia grande empolgação nas arquibancadas. 観客席は大変興奮していた.

empolgante /ẽpow'gẽtʃi/ [形]《男女同形》手に汗を握るような，感動的な，興奮する ▶um jogo empolgante 手に汗を握る試合.

empolgar /ẽpow'gax/ ⑪ [他] ❶ つかむ，握る.
❷ …の心をつかむ，…を感動させる ▶A banda empolgou a plateia. バンドは聴衆を感動させた.
— **empolgar-se** [再] ❶ …に興奮する［+ com］.
❷ …に熱中する，のめりこむ［+ com］.

empório /ẽ'pɔriu/ [男] ❶ 食品雑貨店. ❷ 商業都市. ❸ バザール.

empossar /ẽpo'sax/ [他] 任命する，地位につける ▶A diretoria empossou o novo presidente. 理事会は新たな会長を任命した.
— **empossar-se** [再] ❶ 就任する. ❷ …を占有する［+ de］.

empreendedor, dora /ĩpriẽde'dox, 'dora/ [[複] empreendedores, doras] [形] 積極的な，果敢な ▶espírito empreendedor 進取の精神.
— [名] 進取の気性に富んだ人，起業家.

empreender /ĩpriẽ'dex/ [他] 着手する，取りかかる，企てる ▶empreender uma pesquisa 調査を行う / O tirano empreendeu conquistar o mundo. 圧政者は世界を征服しようと試みた.

empreendimento /ĩpriẽdʒi'mẽtu/ [男] ❶ 事業，企て. ❷ 企業，会社 ▶empreendimento privado 民間企業.

empregada[1] /ĩpre'gada/ [女] ❶ [B] メード，お手伝い. ❷ [P] ウエイトレス，お手伝い.
empregada para todo serviço《皮肉》上司と肉体関係を持つ人.

⁑**empregado, da**[2] /ĩpre'gadu, da インプレガード，ダ/ [形] ❶ **雇われた**. ❷ 使われた.
— [名] **従業員**，使用人 ▶os empregados de uma empresa 会社の従業員 / empregado de escritório 事務員 / empregado público 公務員 / empregada doméstica 家政婦.
dar por bem empregado（つぎ込んだ努力などが）報われたこととする.

empregador, dora /ĩprega'dox, 'dora/ [[複] empregadores, doras] [名] 雇用者 ▶empregador doméstico 家事労働者の雇用主.
— [形] 雇用する.

⁑**empregar** /ĩpre'gax インプレガーフ/ ⑪ [他] ❶ **雇う，雇用する** ▶Esta companhia vai empregar mais de 300 trabalhadores. この会社は300名以上の労働者を雇う予定だ.
❷ **用いる，使用する** ▶Ele empregou táticas pouco éticas. 彼は倫理にもとる策略を用いた.
❸ 費やす，投資する ▶Eles empregam dinheiro em ações. 彼らは株にお金を投資する.
— **empregar-se** [再] 就職する ▶Ela conseguiu empregar-se num supermercado. 彼女はスーパーマーケットに就職できた.

⁂**emprego** /ĩp'regu インプレーゴ/ [男] ❶ **仕事，職，雇用** ▶Estou procurando um emprego. 私は職を探している / arrumar um emprego 仕事を得る，就職する / criar empregos 雇用を創出する / candidatar-se a um emprego 仕事に応募する / perder o emprego 仕事を失う / estar sem emprego 失業中である / emprego vitalício 終身雇用 / emprego temporário 臨時雇用 / pleno emprego 完全雇用.
❷ **職場** ▶número de telefone do emprego 職場の電話番号.
❸ **使用** ▶O emprego de inseticidas é perigoso. 殺虫剤の使用は危険だ / emprego correto das palavras 単語の正しい使用 / emprego do tempo 時間の使い方.

empreitada /ĩprej'tada/ [女] ❶ 請負，請負った仕事. ❷ 骨の折れる仕事.
de empreitada 契約で，拙速に ▶Ele é um pedreiro que só trabalha de empreitada. 彼は契約でのみ働く石工だ / É mesmo obra mal feita e de empreitada! この仕事の出来は本当にひどくて慌ててやったものだ.

empreiteira[1] /ĩprej'tejra/ [女] [B] 請負会社.

empreiteiro, ra[2] /ĩprej'tejru, ra/ [形] 請負の.
— [名] 請負人 ▶empreiteiro de obras 工事請負業者.

empresa

empresa /ĩ'preza インプレーザ/ 囡 ❶ 企て, 計画, 事業 ▶ espírito de empresa 進取の気性, 冒険心.
❷ 会社, 企業 ▶ empresa pública 公営企業 / empresa estatal 国営会社 / empresa privada 民間企業 / empresa de capital aberto 株式会社 / empresa de economia mista 半官半民会社 / pequenas e médias empresas 中小企業 / empresa de telecomunicações 電気通信事業会社 / trabalhar numa empresa 企業で働く / montar uma empresa 会社を作る.

empresariado /ĩprezariʼadu/ 男《集合的》経営者, 企業家.

empresarial /ĩprezariʼaw/ [複 empresariais] 形《男女同形》企業の, 経営の ▶ cultura empresarial 社風 / mundo empresarial ビジネス界, 実業界.

empresário, ria /ĩpreʼzariu, ria インプレザーリオ, リア/ 名 ❶ 企業者, 経営者 ▶ O presidente da república irá ter um encontro com empresários. 共和国大統領は経営者たちと面談する予定だ.
❷ (娯楽施設の) 支配人.
❸ 代理人, マネージャー ▶ Ele é empresário de um jogador de futebol. 彼はサッカー選手の代理人だ.

emprestado, da /ĩpresʼtadu, da/ 形 借りた ▶ dinheiro emprestado 借金 / pedir dinheiro emprestado 借金を申し込む / tomar dinheiro emprestado 借金する.

pedir [pegar] emprestado 借りる ▶ Posso pegar emprestado o seu carro? 車を借りてもいいですか.

emprestar /ĩpresʼtax インプレスターフ/ 他 ❶ 《emprestar algo a alguém》 …を…に貸す ▶ Eu emprestei a bicicleta ao amigo. 私は自転車を友人に貸した / Pode me emprestar sua bicicleta? 君の自転車を貸してくれるかい.
❷ (資金を) 貸し付ける ▶ emprestar dinheiro a uma empresa 企業に資金を貸し付ける.
❸ (特徴, 性質を) 付与する ▶ Este jogador empresta alegria à equipe. この選手はチームに喜びを与える.
❹ 自 借りる ▶ Eu emprestei dinheiro do amigo. 私は友人からお金を借りた.

empréstimo /ĩˈprɛstʃimu インプレスチモ/ 男 ❶ 貸すこと, 貸付, 融資, ローン ▶ empréstimo bancário 銀行融資 / empréstimo público 国債 / empréstimo a prazo fixo 定期ローン / empréstimo-ponte つなぎ融資.
❷ 外来語, 借用語 ▶ A palavra "futebol" é um empréstimo do inglês. futebol という単語は英語からの借用語だ.

de [por] empréstimo 貸出中で, 貸し付けて, 借り入れて; 一時的に.

empulhação /ẽpuʎaʼsẽw/ 囡 ❶ からかい, 冷やかし. ❷ 自 だますこと ▶ Seus argumentos de defesa eram pura empulhação. 彼の抗弁の論拠はまったくの詐欺だ.

empunhar /ẽpuʼɲax/ 他 つかむ, 握る ▶ empunhar um machado 斧をつかむ / empunhar a espada 剣を取る.

empurrão /ẽpuxʼẽw/ [複 empurrões] 男 押すこと, 突くこと ▶ dar um empurrão em alguém …を押す, 突き飛ばす.

aos empurrões 押し合いへし合いしながら, かき分けながら.

empurrar /ẽpuʼxax インプハーフ/ 他 ❶ 押す ▶ empurrar a porta ドアを押す / Não me empurre. 押さないでください / Ajude-nos a empurrar o carro, por favor. 私たちが車を押すのを手伝ってください.
❷ 押し付ける ▶ Aquela vendedora sempre empurra algum artigo para os clientes. あの売り子はいつもお客に何か品物を押しつける.

emudecer /emudeˈsex/ ⑮ 他 黙らせる, 静かにさせる.
— 自 黙る, 静かになる.

emulação /emulaˈsẽw/ [複 emulações] 囡 ❶ 競争, 対抗, 張り合うこと ▶ espírito de emulação 競争心. ❷ 模倣. ❸ 《情報》エミュレーション.

emular /emuˈlax/ 他 ❶ 競わせる, 競争させる.
❷ …に匹敵する, …と肩を並べる.
❸ …を手本とする, 模倣する.
❹ 《情報》エミュレートする.
— 自 ❶ …と競う, 競争する [+ com].
❷ 《emular em +不定詞》…しようと努力する.
— **emular-se** 再 競う, 張り合う.

emulsão /emuwˈsẽw/ [複 emulsões] 囡 乳液, 乳剤.

enaltecer /enawteˈsex/ ⑮ 他 ❶ ほめる, 称える.
❷ 高める, 高揚する.

enamorado, da /enamoˈradu, da/ 形 ❶ …に恋をしている [+ de] ▶ O príncipe parecia enamorado da bela donzela. 王子は美しい乙女に恋しているようだった.
❷ …を愛好している [+ de] ▶ Meu pai era enamorado da música popular. 私の父は大衆音楽を愛好していた.

enamorar /enamoˈrax/ 他 ❶ …に恋心を抱かせる. ❷ …の心をとらえる, 魅了する ▶ O palácio enamorava os visitantes. 宮殿は訪れる人々を魅了していた.
— **enamorar-se** 再 …に恋をする, 熱中する [+ de] ▶ Assim que a vi, enamorei-me. 私は一目見て彼女に恋をした.

encabeçar /ẽkabeˈsax/ ⑬ 他 ❶ 指揮する, 率いる ▶ Mário de Andrade encabeçou o movimento modernista. マリオ・デ・アンドラーデはモダニズム運動の主導者だった.
❷ 先頭に立つ ▶ encabeçar um desfile, uma passeata 列, デモ行進の先頭に立つ.
❸ (スピーチなどを) 始める ▶ Ele encabeçou seu discurso citando Shakespeare. 彼はシェークスピアの言葉を引用して演説を始めた.
❹ 表紙, 表題を付ける ▶ Os desenhos que encabeçam os capítulos do livro são dele. その本の章の表紙を飾る絵は彼の絵だ.
❺ 説き伏せる, 説得する ▶ Encabeçou a família a comprar um carro. 車を買うために家族を説得した.

❻ 端と端をくっつける ▸Começou a construção do telhado encabeçando as vigas. 梁を合わせて屋根の建設が始まった.
❼ 端を縫う.
— **encabeçar-se** [再] 納得する.

encabulação /ẽkabula'sɐ̃w̃/ [[複] encabulações] [女] [B] はにかみ, 恥ずかしさ, 当惑, 困惑.

encabulado, da /ẽkabu'ladu, da/ [形] [B] はにかんだ, 内気な, 恥ずかしがった, 困惑した ▸ficar encabulado 恥ずかしくなる, 恥ずかしく思う.

encabular /ẽkabu'lax/ [他] 恥ずかしがらせる ▸A pergunta indiscreta encabulou Maria. ぶしつけな質問にマリアははにかんだ.
— [自] はにかむ, 恥ずかしがる.
— **encabular-se** [再] はにかむ, 恥ずかしがる ▸Ao ser elogiado, o menino encabulou-se. 誉められてその少年ははにかんだ,

encadeamento /ẽkadea'mẽtu/ [男] ❶ 鎖でつなげること. ❷ 連鎖, 連続 ; つながり ▸o encadeamento dos fatos 事実の連鎖 / encadeamento de ideias 論旨の運び.

encadear /ẽkade'ax/ ⑩ [他] ❶ 鎖でつなぐ. ❷ 結びつける, つなぎ合わせる.
— **encadear-se** [再] つながる, 結びつく.

encadernação /ẽkadexna'sɐ̃w̃/ [[複]encadernações] [女] ❶ 製本, 装丁. ❷ 本の表紙. ❸ 製本所.

encadernado, da /ẽkadex'nadu, da/ [形] 製本された ▸álbum encadernado 製本したアルバム.

encadernador, dora /ẽkadexna'dox, 'dora/ [[複] encadernadores, doras] [名] 製本業者, 装丁家.
— [形] 製本の.

encadernar /ẽkadex'nax/ [他] 製本する ▸encadernar livros 本を製本する.

encafifar /ẽkafi'fax/ [他] [B] ❶ 恥ずかしがらせる, 恥じ入らせる, 困らせる ▸O berreiro da filha no restaurante encafifou a mãe. レストランで娘が泣きわめき, 母親を困らせた.
❷ 思案させる, 考えさせる.
❸ 不運にする.
❹ 不愉快にする ▸As más notícias a encafifaram. 悪い知らせに彼女は不愉快になった.
— [自] 恥ずかしがる, 当惑する, 不愉快になる.
— **encafifar-se** [再] 恥ずかしがる, 当惑する, 不愉快になる ▸Muito tímido, encafifou-se e emudeceu. とても内気なので, 恥ずかしくなって黙り込んだ.

encaixar /ẽkaj'ʃax/ [他] ❶ はめ込む, 組み合わせる ▸encaixar algo em algo …を…にはめ込む / encaixar as peças do quebra-cabeça ジグソーパズルのピースを組み立てる,
❷ (スケジュールなどを) 合わせる.
— [自] はまる, ぴったり合う.
— **encaixar-se** [再] ぴったりはまる.
encaixar a bola 〘サッカー〙(ゴールキーパーが) ボールを両腕でしっかり抱える.

encaixe /ẽ'kajʃi/ [男] 組み立て, はめ込み, ほぞ穴 ▸blocos de encaixe 積み木ブロック.

encaixotar /ẽkajʃo'tax/ [他] 箱に入れる, 箱詰めする.

encalço /ẽ'kawsu/ [男] ❶ 追跡 ▸ir no encalço de... …の後を追う.
❷ 足跡 ▸estar no encalço de... …を追っている.

encalhado, da /ẽka'ʎadu, da/ [形] ❶ (船が) 座礁した. ❷ 売れ残った. ❸ [B] [俗] 結婚できていない.

encalhar /ẽka'ʎax/ [他] ❶ (船などを) 座礁させる ▸A tempestade encalhou o barco nas rochas. 嵐で船は岩の上に乗り上げた.
❷ 動かなくする.
— [自] ❶ (船などが) 座礁する, 乗り上げる.
❷ 行き詰まる, 中断する, 頓挫する, つまずく ▸O plano encalhou em várias dificuldades. その計画は様々な困難に頓挫(とんざ)した.
❸ 動かなくなる, 停滞する ▸O carro encalhou na lama. 車は泥の中で停止した.
❹ [B] [俗] 結婚していない, 結婚できない.
❺ 買い手がない, 売れ残る ▸A julgar pela crítica, o disco talvez encalhe. 批評から判断すると, この CD は恐らく売れ残る.
❻ [俗] 家に入る.
❼ [俗] 怠惰な生活をする.
❽ 便秘になる.

encaminhamento /ẽkamiɲa'mẽtu/ [男] ❶ 道を教えること.
❷ 指導すること, 導くこと.
❸ 向かうこと.
❹ 行程, 道順 ▸O encaminhamento deste caso não é o ideal. この件の行程は理想ではない.
❺ 方向 ▸O encaminhamento da conversa não lhe agradava nada. その会話の方向は彼にとって何ら居心地のよいものではなかった.
❻ 進路 ▸Sentia-se orgulhoso pelo bom encaminhamento do filho no curso. 息子がよい進路に進む事に誇りを感じていた.

encaminhar /ẽkami'ɲax/ [他] ❶ 道を教える ▸As setas me encaminharam para o centro da cidade. 矢印が私に中心街への道を示した.
❷ 導く, 誘導する ▸Ele encaminhou o carro para o estacionamento. 彼は車を駐車場へ導いた / O advogado encaminhou a questão como quis. その弁護士は誘導尋問をした.
❸ 進める ▸encaminhar um projeto 計画を進める.
❹ (道徳的に) 道を教える, 説く, 導く ▸É tarefa do padre encaminhar os fiéis. 信者を導くことが神父の仕事だ.
❺ 送る ▸encaminhar um e-mail 電子メールを送る.
— **encaminhar-se** [再] ❶ 向かう ▸Tudo se encaminha nesse sentido. すべてその方向へ向かう.
❷ 決心する, 覚悟する ▸A assembleia encaminhava-se a votar contra a greve. 議会はストライキに反対を投じた.

encampar /ẽkẽ'pax/ [他] ❶ (政府が) 収用する. ❷ (意見を) 採用する. ❸ (契約を) 取り消す.

encanador, dora /ẽkana'dox, 'dora/ [[複] encanadores, doras] [名] [B] 配管工.

encanamento /ẽkana'mẽtu/ [男] [B] 配管, 配管工事 ▸encanamento do banheiro 浴室の配管工事.

encanar

encanar /ēkaˈnax/ 他 ❶ (ガスや水を) 引く ▶encanar a água 水を引く.
❷ 副木で固定する ▶encanar a perna 足を副木で固定する.
❸ 国 俗 逮捕する, 投獄する ▶Já encanaram o trambiqueiro? 詐欺師はもう捕まったか.
― 自 ❶ 水路を開く ▶O milharal já encanou. トウモロコシ畑にはもう水路がついた.
❷ …について心配する [+ com] ▶Encanava com as críticas que recebia. 批判を気に病んでいた.

encantado, da /ēkẽˈtadu, da/ 形 ❶ …に満足した, とても喜んだ [+ com] ▶A mãe está encantada com as notas da filha. その母親は娘の点数に満足している.
❷ はじめまして [+ por].
❸ うっとりした, 魅了された ▶com um olhar encantado うっとりした目で.
❹ 魔法をかけられた ▶O sapo era na verdade um príncipe encantado. そのカエルは本当は魔法をかけられた王子だったのだ.

encantador, dora /ēkẽtaˈdox, ˈdora/ [複 encantadores, doras] 形 ❶ 魅力的な, 魅惑的な, すばらしい ▶voz encantadora うっとりするような声.
❷ 魔法の, 魔術の.
― 名 魔法使い, 魔術師 ▶encantador de serpentes 蛇使い.

encantamento /ēkẽtaˈmẽtu/ 男 ❶ 魔法にかける [かかる] こと, 魔法 ▶quebrar o encantamento 魔法を破る. ❷ 魅惑, 魅了.

encantar /ēkẽˈtax/ 他 ❶ 魔法をかける ▶O mago encantava os pássaros para que cantassem maviosamente. 魔法使いは小鳥が優しく歌うように魔法をかけた.
❷ 消す, 見えなくさせる.
❸ 魅了する, 魅惑する ▶Aquela paisagem o encantava. 彼はその景色に魅了された.
❹ 喜ばせる ▶A visita dos amigos encanta a velha senhora. 友人の訪問が老婦人を喜ばせた.
― **encantar-se** 再 ❶ …に魅了される, うっとりする [+ de/com] ▶Pedro encantou-se com a irmã do amigo. ペドロは友人の妹にうっとりした.
❷ 消える, 見えなくなる.

encanto /ēˈkẽtu/ 男 ❶ 魅力, 魅惑. ❷ 魔法, 魔力 ▶como por encanto 魔法にかけられたように. **quebrar o encanto** 魔法が消える, 効果がなくなる.
viver de seus encantos 自己の魅力を頼りに生活する.

encapar /ēkaˈpax/ 他 …にカバーを掛ける, カッパを着せる.

encapetado, da /ēkapeˈtadu, da/ 形 国 やんちゃな, わんぱくな, 落ち着きのない.

encapotar /ēkapoˈtax/ 他 ❶ (外套やマントで) 覆う ▶O pai encapotou as crianças. 父親は子供たちをマントで覆った. ❷ 隠す ▶Ele tentava encapotar as suas verdadeiras intenções. 彼は本当の目的を隠そうとしていた.
❸ (雲が) 空を覆う.
― 自 (空が) 曇る.

― **encapotar-se** 再 ❶ 隠れる.
❷ (空が雲で) 覆われる ▶O céu encapotou-se. 空が雲で覆われた.

encaracolado, da /ēkarakoˈladu, da/ 形 (髪が) カールした, 巻き毛の ▶cabelo encaracolado 巻き毛.

encaracolar /ēkarakoˈlax/ 巻く ▶encaracolar o cabelo 髪を巻く.
― 自 巻く.

☆**encarar** /ēkaˈrax/ エンカラーフ/ 他 ❶ にらむ, じろじろ見る.
❷ …に直面する, 立ち向かう, 挑む ▶encarar a realidade 現実と向かい合う / Não sei como encarar meus problemas. 私はどう自分の問題に立ち向かったらよいのかわからない.
― **encarar-se** 再 ❶ …に直面する, 立ち向かう; …に反抗する, 刃向う [+ com/a].

encarcerar /ēkaxseˈrax/ 他 投獄する.
― **encarcerar-se** 再 閉じこもる.

encardido, da /ēkaxˈdʒidu, da/ 形 ❶ 垢がつく, 汚れた ▶A menina tinha a roupa branca toda encardida. その少女はすっかり汚れた白い服を着ていた.
❷ 汚れが残った, 洗い残しのある, 黄ばんだ ▶O sabão em pó não removeu o encardido. 粉石鹸では黄ばみを落とすことができなかった.
❸ 顔色の悪い ▶A mulher tinha o rosto encardido e enrugado. その女性は血色の悪いしわのある顔をしていた.
❹ 不誠実な ▶um negócio encardido 怪しい商売.
❺ 国 重苦しい, 雲が重くたれ込めた ▶céu encardido, どんよりした空 / rosto encardido 重苦しい表情.

encardir /ēkaxˈdʒix/ 他 ❶ 汚す ▶O fumo encardiu as paredes da sala. 煙が部屋の壁を汚した.
❷ 汚れを残す, きれいに洗わない ▶A lavadeira não prestou atenção e acabou encardindo o vestido. 洗濯女は不注意だったのでドレスに汚れを残したままだった.
❸ (病気, 老化で) 肌が衰える.
― 自 ❶ 汚れる. ❷ 汚れが残る.

encarecer /ēkareˈsex/ ⑮ 他 ❶ …の値段を上げる, 高騰させる ▶O aumento da gasolina encarecerá as passagens. ガソリン価格の上昇は運賃を値上げさせるだろう.
❷ 称賛する, 褒めちぎる ▶O repórter encareceu a atuação da atriz. レポーターは女優の演技を称賛した.
❸ 強く勧める.
― 自 値上がりする, 高騰する.

encargo /ēˈkaxgu/ 男 ❶ 義務, 責務 ▶Educar crianças é encargo dos pais. 子供を教育することは親の義務だ.
❷ 負担, 重荷 ▶encargos sociais (税などの) 社会負担.
❸ 後悔, 良心の呵責, 自責の念 ▶Ela carregava em seu espírito um pesado encargo. 彼女は心に強い自責の念を抱えていた.

encarnação /ēkaxnaˈsẽw̃/ [複 encarnações] 女

encerrar

❶ 権化, 化身, 具現 ▶Ele é a encarnação do mal. 彼は悪の権化だ. ❷ (キリストの) 受肉.

encarnado, da /ẽkax'nadu, da/ 形 ❶ 受肉した ▶o Verbo encarnado 受肉した言葉 (イエス・キリストのこと). ❷ 肉色の, 赤い.
— **encarnado** 男 赤色, 肉色 (ポルトガル代表サッカーチームのシンボルカラーとされる).

encarnar /ẽkax'nax/ 他 ❶ 役を演じる ▶Ele encarnou Hamlet na peça. 彼はその劇でハムレットを演じた.
❷ 体現する, 化身である, 権化である, 申し子である, …の象徴となる.
❸ 赤くする, (人物画, 人物像の) 肌色をつける.
❹ (考えなどを) 具体化する, 実現する ▶Ninguém é capaz de encarnar uma liderança semelhante a ele. 誰も彼と同等の指導力を実現することはできない.
❺ 太らせる ▶A dieta de proteínas encarnou-o um pouco. 蛋白質の食餌療法で彼は少し太った.
❻ B 冷やかす.
— 自 ❶ (神が) 受肉する, 託身する, 転生する ▶Os fiéis esperavam que a santa encarnasse de novo. 信者たちはその聖女が再び受肉することを望んでいた
❷ …に体現する [+ em].
❸ 根付く, 植えつける [+ em] ▶O medo parece ter encarnado na população. 恐れが人々の心に植え付けられたようだ.
— **encarnar-se** 再 受肉する.

encarniçar /ẽkaxni'sax/ 13 他 ❶ (犬を) 獰猛にする ▶O caçador encarniçou os cães. 猟師は犬をけしかけた.
❷ いらだたせる, 興奮させる ▶A falta de água encarniçou os moradores. 水不足が住民をいらだたせた.
— **encarniçar-se** 再 ❶ 激怒する, いきり立つ.
❷ 攻撃する, 奮闘する

encaroçar /ẽkaro'sax/ 13 自 ❶ だまになる ▶Cuidado para o creme não encaroçar. クリームがだまにならないように気をつけてください.
❷ (皮膚が) 吹き出物などで覆われる, 腫れる ▶As picadas encaroçaram todo o meu braço. 虫さされで私の腕中が覆われた.
❸ B ぎこちない会話をする ▶Na hora de falar com o sogro, ele encaroçou. 舅と話をするとなると, 彼はまごついた.

encarregado, da /ẽkaxe'gadu, da/ 形 … を担当している [+ de] ▶Sou encarregado de produção. 私は生産部門を担当している.
— 名 担当者, 責任者 ▶encarregado de vendas 販売担当者 / encarregado de negócios 代理大使

*__encarregar__ /ẽkaxe'gax/ エンカヘガーフ/ 11 他 ❶ ⟪encarregar alguém de…⟫ …を任せる, 託する ▶Encarregaram-me de pequenas tarefas. 私は雑用を任された / Encarregaram me de tirar umas fotos para recordação. 私は記念の写真を撮ることを任された.
❷ (税などを) 課す.
— **encarregar-se** 再 …の任につく, …を担当する [+ de] ▶O jovem encarregou-se de dirigir a empresa do pai. 若者は父親の会社を経営する任についた / encarregar-se da contabilidade 会計を担当する.

encarreirar /ẽkaxej'rax/ 他 ❶ 導く, 指導する ▶O professor encarreirou a tese da aluna. 教師は生徒の論文を指導した.
❷ 誘導する ▶Ela encarreirava os convidados para a sala. 彼女は招待客を居間へ案内した.
❸ 列にする ▶Ele encarreirou as ovelhas. 彼は羊を列にした.
— **encarreirar-se** 再 …へ進む [+ para] ▶Ele encarreirou-se para o curso de medicina. 彼は医学部に進学した.

encartar /ẽkax'tax/ 他 B ❶ (新聞や雑誌に) ビラやちらしを挿入する ▶A editora encartou um suplemento no livro. 出版社は本に付録をはさんだ.
❷ (免許や許可証などを) …に授与する ▶Ele o encartou para que pudesse trabalhar como mecânico profissional. プロの整備士とし働けるように彼に免状を与えた.
— 自 ⟪トランプ⟫ 同じカードを出して勝つ, 同じ組札を集める.
— **encartar-se** 再 免状をもらう ▶Ele se encartou como protético. 彼は義歯専門家の免状を得た.

encarte /ẽ'kaxtʃi/ 男 B ❶ (新聞や雑誌への) ビラやちらしの挿入. 差し込み広告 新聞の補遺, (CDの) ライナーノート.
❷ B (新聞や雑誌に入れられた) ビラ, ちらし.
❸ (業務をするための) 免状の授与, 受領.
❹ 免状料, 免状を受けるための費用.
❺ ⟪トランプ⟫ 同じカードを出して勝つこと.

encasquetar /ẽkaske'tax/ 他 …と思い込む ▶A esposa encasquetou que estava sendo enganada pelo marido. 妻は夫に裏切られていると思い込んでいた.

encefalite /ẽsefa'litʃi/ 女 ⟪医学⟫ 脳炎.

encenação /ẽsena'sẽw/ 女 ❶ 演出, 上演. ❷ 見せかけ, 茶番.

encenador, dora /ẽsena'dox, 'dora/ [複 encenadores, doras] 名 演出家.
— 形 演出の.

encenar /ẽse'nax/ 他 ❶ 演出する. ❷ 見せびらかす, 誇示する.

enceradeira /ẽsera'dejra/ 女 床磨き機.

encerado, da /ẽse'radu, da/ 形 ワックスをかけた, ろう引きした ▶fio encerado ワックス糸, ろう引きひも.
— **encerado** 男 ろう引き布.

encerar /ẽse'rax/ 他 …にワックスをかける, …をろう引きする.
— **encerar-se** 再 ろう色になる.

encerramento /ẽsexa'mẽtu/ 男 終了, 終わり ▶discurso de encerramento 閉会スピーチ / ato de encerramento 閉会式 / festa de encerramento 閉会パーティー.

*__encerrar__ /ẽse'xax/ エンセハーフ/ 他 ❶ 閉じ込める, 幽閉する, しまい込む ▶Eles foram encerrados na torre. 彼らは塔の中に幽閉された.
❷ 含む ▶Este documento encerra muitos segre-

encestar

dos de Estado. この書類はたくさんの国家機密を含んでいる.
❸ 終わらせる ▶ encerrar o aplicativo アプリを終了させる.

encestar /ẽses'tax/ 他 ❶ かごに入れる. ❷〖バスケットボール〗(ボールを) ゴールに入れる.
— 自〖バスケットボール〗ボールをゴールに入れる.

encetar /ẽse'tax/ 他 ❶ 始める ▶ Ele encetou o seu discurso com um apelo. 彼は訴えかけることで演説を始めた.
❷ (飲食物の) 一部を取る, 手をつける ▶ Os noivos encetaram o bolo. 新郎新婦はケーキを切り取った / Encetamos a primeira garrafa de vinho. 私たちは最初のワインに手をつけた.
❸ 初めて行う, 試してみる ▶ Ele encetou um novo método de fabricação. 彼は新たな製造方法を始めた.
— 自 始まる ▶ A carta encetava com uma saudação. 手紙はあいさつから始まっていた.
— **encetar-se** 再 ❶ 初めて行う, 試してみる.
❷ デビューする ▶ Naquele espetáculo, ela encetou-se como diretora. あのショーで彼女は演出家としてのデビューを果たした.

encharcado, da /ẽʃax'kadu, da/ 形 濡れた, 水浸しの ▶ encharcado até os ossos びしょ濡れになった.

encharcar /ẽʃax'kax/ 29 他 ❶ ずぶぬれにする, しょびしょにする ▶ Suas lágrimas encharcaram um lenço. 彼女の涙はハンカチをずぶぬれにした.
❷ 水たまりにする, 水浸しにする ▶ A chuva encharcou o gramado do estádio. 雨は競技場のフィールドを水浸しにした.
❸ 水たまりにはまる.
❹ …をしみ込ませる, 浸す [+com] ▶ Ela encharcou bem este lenço com água-de-colônia. 彼女はこのハンカチにオーデコロンを十分にしみ込ませた.
— 自 ずぶぬれになる.
— **encharcar-se** 再 ❶ ずぶぬれになる, 水浸しになる, 沼地になる ▶ Ele suou muito, sua camisa encharcou-se. 彼は汗をかき, シャツはずぶぬれになった.
❷ 俗 酔っぱらう ▶ Ele se encharcou de cachaça. 彼は酒に酔っぱらった.

enchente /ẽ'ʃẽtʃi/ 女 洪水.
enchente da lua 新月から満月までの期間.
enchente da maré 引き潮から満ち潮までの時間.

*****encher** /ẽ'ʃex エンシェーフ/ 他 ❶ …をいっぱいにする (↔ esvaziar) ▶ encher a barriga お腹を満たす / encher um pneu タイヤに空気を入れる / encher um balão 風船を膨らませる.
❷ …で満たす, あふれさせる [+de] ▶ A mãe encheu o copo de leite. 母親はコップをミルクでいっぱいにした.
❸ いらだたせる ▶ Pare de me encher! いらつかせるのはやめてくれ.
— 自 あふれる, 満ちる ▶ O rio está enchendo devido à forte chuva. 豪雨で川があふれつつある.
— **encher-se** 再 …でいっぱいになる, あふれる

[+de] ▶ Os olhos dele se encheram de lágrimas. 彼の両目は涙でいっぱいになった.

enchimento /ẽʃi'mẽtu/ 男 詰め物, パッド.

enchova /ẽ'ʃova/ 女〖魚〗B アンショーバ, マスに似たニシン目の魚.

enciclopédia /ẽsiklo'pɛdʒia/ 女 ❶ 百科事典 ▶ enciclopédia médica 医学百科事典. ❷ enciclopédia ambulante 物知りな人.

enciclopédico, ca /ẽsiklo'pɛdʒiku, ka/ 形 ❶ 百科事典的な ▶ dicionário enciclopédico 百科の辞典. ❷ 諸学に通じた, 博識な ▶ saber enciclopédico 博学な知識.

encimar /ẽsi'max/ 他 ❶ …の上にある, …の上に置く ▶ Densas nuvens encimam a montanha. 厚い雲が山の上にある.
❷ 冠をかぶせる, 仕上げる, 終える ▶ Uma coroa de flores encimava sua cabeça. 花冠が彼女の頭を飾っていた.
❸ 上部に置く, 上げる, 高い地位につける ▶ Seu último romance encimou-o ao ápice da glória. 彼の新作は彼を栄光の極みへと押し上げた.

enclausurar /ẽklawzu'rax/ 幽閉する, 閉じ込める.
— **enclausurar-se** 再 隠遁する, 世間との交流を断つ.

enclave /ẽ'klavi/ 男 飛び地, 飛び領土.

encoberto, ta /ẽko'bɛxtu, ta/ 形 (encobrir 過去分詞) ❶ 隠された ▶ com o rosto encoberto 顔を隠して. ❷ 曇り ▶ céu encoberto 曇り空.

encobrir /ẽko'brix/ 2 (過去分詞 encoberto) ❶ 隠す ▶ Ela encobriu a carta com as mãos. 彼女は両手で手紙を隠した / encobrir um crime 犯罪を隠す.
❷ かくまう, かばう ▶ A mãe sempre tentou encobrir as asneiras dos filhos. 母親はいつも子供たちの失敗をかばおうとした.
❸ 覆う, 蓋をする ▶ Uma nuvem de poeira encobriu a cidade. ちりの雲が町を覆った.
— 自 (空が) 雲で覆われる, 曇る ▶ O tempo encobriu de repente. 突然空が曇った.
— **encobrir-se** 再 (空が) 雲で覆われる, 曇る.

encolher /ẽko'ʎex/ 他 ❶ 縮める, 引っ込める ▶ Ele encolheu as pernas para eu passar. 彼は私が通るように足を引っ込めた / encolher os ombros 肩をすくめる.
❷ 制限する, 抑える.
— 自 縮む ▶ A roupa encolheu quando lavada. その服は洗うと縮んだ.
— **encolher-se** 再 ❶ 縮む, 短くなる, 小さくなる, 引っ込む.
❷ はにかむ, おじづく, 臆病になる ▶ Quando soube quem era o seu adversário, ele se encolheu. 相手が誰かを知った時, 彼は怖じ気づいた.
encolher a mão 倹約する.
encolher os ombros ① 無関心を示す, 無視する. ② 諦めて耐える.

encomenda /ẽko'mẽda/ 女 ❶ 発注, 注文 ▶ fazer uma encomenda 注文する / cancelar uma encomenda 注文を取り消す.
❷ 小包 ▶ mandar uma encomenda 小包を送る.

Adeus, minhas encomendas! 万事休す.
de encomenda ① 折よく, タイミングよく ▶vir de encomenda 願ってもない時に起きる. ②オーダーメードで ▶feito sob encomenda オーダーメードの.
não chagar para as encomendas 競争が激しい.
sair melhor que a encomenda 予想以上によい.

encomendação /ēkomēda'sẽw/ [複encomendações] 図 忠告, 勧告.

encomendar /ēkomẽ'dax/ 他 ❶ 注文する, 発注する ▶Ele encomenda livros pela internet. 彼はインターネットで本を注文する / encomendar algo a alguém …を…に注文する.
❷ …に預ける, 託す [+ a/para] ▶O pai encomendou a filha ao tio. 父親は叔父に娘を預けた.
❸ 委任する, 任せる ▶Ele encomendou ao marceneiro a reforma dos móveis. 彼は家具師に家具の修理を任せた.

encontrão /ēko'trẽw/ [複encontrões] 男 ❶ 衝突. ❷ 押すこと, 突くこと ▶dar um encontrão em alguém …を押す, 突き飛ばす / andar aos encontrões 人をかき分けながら進む.

＊＊＊encontrar /ēko'trax/ エンコントラーフ/ 他 ❶ 見つける, 発見する ▶Encontrei a chave que havia perdido. 私はなくした鍵を見つけた / encontrar uma solução 答えを見つける.
❷ 会う, 出くわす ▶Encontrei um amigo. 私は友人に会った / Desde então, nunca mais o encontrei. 彼とはそれきり会っていない / encontrar um obstáculo 障害物に出くわす.
❸ …を…の状態に見いだす, 発見する ▶Fomos visitá-lo e encontramo-lo bem melhor de saúde. 私たちが彼のもとを訪れたが, 彼の健康状態はだいぶよくなっていた / O desgraçado encontrou a cidade de natal muito mudada. 哀れな彼は故郷の町がすっかり変わっているのを見た.
— 自 ❶ …と会う, 出くわす [+ com] ▶O policial encontrou com a moça na esquina. その警官は角のところで女の子に出くわした.
❷ …とぶつかる [+ com] ▶O automóvel encontrou com o ônibus. 自動車はバスと衝突した.
— **encontrar-se** 再 ❶ 会う ▶Vamos nos encontrar na sexta-feira. 金曜日に会いましょう.
❷ …と会う, 遭遇する [+ com] ▶Eu me encontrei com muitas pessoas no Brasil. 私はブラジルで多くの人と出会った.
❸ ぶつかる, 衝突する ▶Dois carros encontraram-se na curva. 二台の車がカーブでぶつかった.
❹ …にいる, ある, …の状態である ▶Encontramo-nos num período de grandes transformações. 我々は大いなる変革の時代にいる / encontrar-se à venda 発売される / Ele já se encontra fora de perigo. 彼はすでに危険な状態を脱した.

＊encontro /ē'kõtru/ エンコントロ/ 男 ❶ デート, 合う約束 ▶marcar um encontro (com...) (…と) デートの約束をする, 合う約束をする / Hoje, tenho um encontro marcado com o professor. 今日は先生と会う約束がある.
❷ 出会い, 遭遇 ▶Nosso primeiro encontro foi no concerto de música clássica. 私たちの最初の出会いはクラシック音楽のコンサートだった / ponto de encontro 出会いの場.
❸ 会合, 会議 ▶encontro de especialistas em economia japonesa 日本経済専門家の会合.
❹ 対戦, 対決, 試合 ▶O encontro de Flamengo e Fluminense será daqui a oito dias. フラメンゴとフルミネンセの対決は1週間後だ.
ao encontro de... …の方角へ ▶O maratonista correu ao encontro do treinador logo depois de cortar a meta. ゴールテープを切るとすぐにマラソン選手はコーチのもとへと走った.
de encontro a... …と反対側に, …と衝突して ▶Minha opinião vai de encontro à dos meus amigos. 私の意見は友人たちのものと対立している / O carro foi de encontro ao poste. その車は電柱に衝突した.
encontro de contas ① 清算. ② 失敗を取り返すこと, リベンジ.

encorajador, dora /ēkora3a'dox, 'dora/ [複encorajadores, doras] 形 励ます, 元気づけになる ▶frases encorajadoras 元気の出る言葉.

encorajamento /ēkora3a'mētu/ 男 励まし, 激励.

encorajar /ēkora'3ax/ 他 励ます, 元気づける ▶encorajar os jogadores 選手たちを励ます / encorajar alguém a +不定詞 …するように…を励ます.
— **encorajar-se** 再 元気が出る.

encorpado, da /ēkox'padu, da/ 形 ❶ 体格のいい. ❷ vinho encorpado フルボディーのワイン.

encorpar /ēkox'pax/ 他 ❶ 厚くする, 濃厚にする. ❷ 拡大する.
— 自 成長する, 大きくなる.

encosta /ē'kosta/ 図 斜面, 坂 ▶Ele desceu pela encosta para chegar ao rio. 彼は川まで坂を降りた.

encostado, da /ēkos'tadu, da/ 形 ❶ …に寄りかかった, もたれた [+ em/a].
❷ (ドアや窓が) 開いた ▶porta encostada 開いたドア. ❸ (車に) 駐車した.
— 名 ❶ 居候. ❷ 图 下男, 下女.
encostado ao pé da embaúba《東北方言》活気がない, 怠惰な様子.
ficar encostado ① (物が) 使われることがない. ② することがない. ③ 年金生活をする.

encostar /ēkos'tax/ 他 ❶ もたせかける, 立てかける, 支える ▶Ele sempre encostava a bicicleta no muro. 彼はいつも壁に自転車を立てかけていた.
❷ 近づける, 押し当てる ▶Ele encostou o ouvido à porta. 彼は耳をドアに押し当てた.
❸ 脇におく, 放棄する ▶Depois de se bacharelar, encostou os livros de direito. 学士号を取ってからは, 法律の本を脇へやった.
❹ (窓や戸にかぎをかけずに) 閉める ▶Encostamos a porta do quarto. 私たちはドアを閉めた.
❺ 駐車する ▶Com dificuldade, ele encostou o carro. やっとのこと彼は車を駐車した.
❻ 图 達成する, しのぐ.
❼ 图 殴る, ぶつ ▶Se você encostar nela, vai se

encosto

arrepender! もし君が彼女を殴ったら、後悔するぞ. ❽ 対抗(比較)する.
— **encostar-se** 再 ❶ もたれる. ❷ 横になる.
❸ …の厄介になる, 頼る, 世話になる [+ em] ▶ Ele encostou-se no tio, não procurou mais emprego. 彼は叔父に厄介になり, 仕事を探そうとはしなかった.
❹ 怠ける ▶ Enquanto uns trabalham, outros se encostam. 働く者がいれば, 怠ける者もいる.
❺ 無心する, お金をせびる.

encosto /ẽ'kostu/ 男 (いすの) 背もたれ.

encouraçado, da /ẽkora'sadu, da/ 形 よろいを着た; 装甲板で保護された.
— **encouraçado** 男 戦艦.

encovado, da /ẽko'vadu, da/ 形 ❶ 穴に入った, 隠された, 埋められた.
❷ (顔が) やつれた.
❸ (目が) 落ちくぼんだ ▶ olhos encovados 落ちくぼんだ目.

encravado, da /ẽkra'vadu, da/ 形 ❶ 釘付けにされた, はめ込まれた, 止められた.
❷ 装蹄された ▶ cavalo encravado 装蹄された馬.
❸ (爪が) 巻いた.
❹ 宝石などをはめ込む ▶ pedra encravada em metal precioso 貴金属にはめ込まれた宝石.
❺ 停止した ▶ Ela gritava dentro do elevador encravado. 彼女は停止したエレベーターの中で叫んでいた.
❻ (経済的に) 悪い状態にある ▶ Quando ficou encravado, ele pediu um empréstimo ao banco. 経済的に苦しくなり, 彼は銀行に融資を頼んだ.
❼ P 困難な状況にある ▶ Ele comprometeu-se a entregar o trabalho naquele dia, mas está encravado, não me parece que vá conseguir. 彼はその日に仕事を仕上げると約束したが, 困難な状況にありできそうには思えない.

encravar /ẽkra'vax/ 他 ❶ 釘付けにする, 釘で打ちつける ▶ Ele encravou o prego na parede. 彼は壁に釘で打ち付けた.
❷ 固定する.
❸ はめ込む ▶ Mandou encravar um rubi no anel. 指輪にルビーをはめ込ませた.
❹ 妨げる, 防止する
— 自 食い込む ▶ Uma das unhas encravou. 爪が食い込んだ.
❷ (故障で) 止まる O motor encravou por falta de óleo. 燃料不足でモーターが止まった.
❸ B 売れ残る.
— **encravar-se** 再 ❶ 危うくなる, 困難になる.
❷ 刺さる ▶ A espinha encravou-se na garganta. 骨がのどに刺さった.

encrenca /ẽ'kreka/ 女 ❶ 厄介, 面倒, トラブル ▶ Ele está metido numa grande encrenca. 彼はかなり面倒な状況に陥っている / meter-se em encrencas トラブルに巻き込まれる / caçar encrenca 挑発する, けしかける / procurar encrenca 自分の首を絞める.
❷ 陰謀. ❸ B 紛争, 混乱.

encrencar /ẽkrẽ'kax/ 29 他 ❶ 困難にする, 混乱させる ▶ Ela adora encrencar as coisas mais simples. 彼女は簡単な事を複雑にするのが好きだ.
❷ 困らせる, 窮地に立たせる ▶ A história acabou por encrencar a testemunha. その話は結局証人を困らせることになった.
— 自 ❶ …を困らせる [+ com] ▶ Ele vive encrencando com todo o mundo. 彼は皆を困らせてばかりいる.
❷ 故障する ▶ O motor encrencou. エンジンが故障した.
❸ B 紛糾する ▶ O problema encrencou após a saída do diretor. 役員が出て行ってからその問題は紛糾した.
— **encrencar-se** 再 ❶ 紛糾する. ❷ 故障する.

encrenqueiro, ra /ẽkrẽ'kejru, ra/ 形 B 面倒を引き起こす, 問題を起こす ▶ aluno encrenqueiro 問題を起こす生徒.
— 名 問題を起こす人, トラブルメーカー ▶ Os encrenqueiros foram retirados do clube. トラブルメーカーたちはクラブから追い出された.

encrespado, da /ẽkres'padu/ 形 ❶ (髪が) 縮れた.
❷ (海が) 波打った, 泡立った ▶ mar encrespado 波打つ海.
❸ 怒った, いらいらした ▶ O sujeito começou a gritar, todo encrespado. その人物はすっかり怒って怒鳴り始めた.

encrespar /ẽkres'pax/ 他 ❶ (髪を) 縮らせる, カールさせる ▶ encrespar os cabelos 髪を縮らせる.
❷ (海や水を) 揺らす, 波打たせる ▶ O vento encrespava a face do lago. 風が湖の水面を波打たせていた.
— 自 縮れる, しわになる ▶ O cabelo dele encrespou. 彼の髪は縮れた.
— **encrespar-se** 再 ❶ 縮れる, しわになる.
❷ 波打つ ▶ O mar se encrespou com o vento. 海は風で波打った.
❸ いらだつ ▶ Ele se encrespa por qualquer bobagem. 彼はどんな些細なことにもいらいらする.
❹ (毛を) 逆立てる ▶ O gato se encrespou. 猫は毛を逆立てた.

encruar /ẽkru'ax/ 他 ❶ 生焼けにする ▶ O problema no fogão acabou encruando o ovo. コンロの問題で卵が生焼けになってしまった.
❷ 固くする ▶ A cozinheira encruou o feijão. 料理人は豆を固く煮てしまった / A enxada lhe encruou as mãos. 鍬(くわ)が彼の手を固くした.
❸ 消化を妨げる ▶ encruar o estômago 胃の消化を妨げる.
❹ 冷酷にする ▶ A ambição encrua as pessoas. 野望が人を冷酷にする.
— 自 ❶ 固くなる ▶ As favas encruaram. そら豆が固くなった.
❷ 停止する, 進歩しない, 進まない ▶ As negociações encruaram. 取引は進まなかった.
❸ B (焼き畑が) 全部が焼き払われていない.
— **encruar-se** 再 冷酷になる.

encruzilhada /ẽkruzi'ʎada/ 女 ❶ 交差点, 十字路.
❷ 岐路 ▶ encruzilhada da vida 人生の岐路 / Ele

não sabia o que fazer, estava numa encruzilhada. 彼は岐路にあって何をなすべきか分からなかった.

encucado, da /ẽku'kadu, da/ 形 B 考え込んだ, 不安になった, 警戒している ▶ Era um rapaz encucado, sempre de testa franzida, a se preocupar com tudo. 彼はいつも額にしわをよせ, 何事も心配している警戒心の強い青年だった.

encucar /ẽku'kax/ 29 他 B 俗 考え込ませる, 不安にさせる ▶ A ameaça me encucou. 私は脅迫に不安になった.
— 自 考え込む, 不安になる ▶ Ele encucou com a visão que teve. 彼は自分の見解について不安になった.

encurralar /ẽkuxa'lax/ 他 ❶ (家畜を) 囲いに入れる ▶ O pastor encurralava as ovelhas. 羊飼いは羊を囲いに入れていた,
❷ 閉じ込める, 幽閉する ▶ Eles encurralaram os candidatos numa salinha. 彼らは候補者を小さな部屋に閉じ込めた.
❸ 包囲する, 追いつめる ▶ A polícia encurralou os bandidos. 警察は強盗たちを包囲した.
— **encurralar-se** 再 …に逃げ込む [+ em] ▶ O ladrão se encurralou num beco sem saída. 泥棒は袋小路に逃げ込んだ.

encurtamento /ẽkuxta'mẽtu/ 男 短くすること, 縮小すること ▶ encurtamento muscular 筋収縮.

encurtar /ẽkux'tax/ 他 短くする, 縮める, 短縮する ▶ Ele resolveu encurtar as férias. 彼は休暇を短縮することにした / encurtar razões 手短かに言う / encurtar o passo 歩幅を狭くしてゆっくり歩く / para encurtar a conversa 要するに, 一言で言うと / para encurtar a história 要するに, 簡単に言う
— 自 短くなる ▶ Os dias encurtaram com a mudança da hora. 日は時の移り変わりで短くなった.

encurvar /ẽkux'vax/ 他 曲げる, 湾曲させる ▶ Ele encurvou a vara para fazer um arco. 彼は弓を作るために枝を曲げた / O vento encurvou a árvore. 風が木を曲げた.
— 自 カーブする, 曲がる ▶ A pista encurvava para a esquerda. そのコースは左へと曲がった.
— **encurvar-se** 再 ❶ 湾曲する, 曲がる ▶ Com a idade, suas costas se encurvaram. 年とともに彼の背中は曲がった.
❷ (気分が) 落ち込む ▶ Insultado e humilhado, ele se encurvou. ののしられ侮辱されて彼は落ち込んだ.

endemia /ẽde'mia/ 女 [医学] 風土病.

endêmico, ca /ẽ'dɛmiku, kɐ/ 形 P = endêmico

endêmico, ca /ẽ'dẽmiku, ka/ 形 B ❶ [医学] 風土病の ▶ doença endêmica 風土病. ❷ (動植物が) ある地方に特有 [固有] の ▶ espécie endêmica 固有種.

endereçar /ẽdere'sax/ 13 他 ❶ …に宛名を書く ▶ um envelope endereçado ao Papai Noel サンタクロース宛の封筒. ❷ …に送る [+ a].
— **endereçar-se** 再 …に話しかける, 訴えかける, 出向く, 赴く, 問い合わせる.

‡**endereço** /ẽde'resu/ エンデレーソ/ 男 ❶ (手紙の) 宛て名, 住所 ▶ escrever o endereço 宛て名を書く / mudar de endereço 住所を変える / dar o endereço a alguém …に住所を教える.
❷ [情報] アドレス ▶ endereço eletrônico メールアドレス / endereços IP IP アドレス.

endinheirado, da /ẽdʒiɲej'radu, da/ 形 金持ちの, 富裕な.

endireitar /ẽdʒirej'tax/ 他 ❶ まっすぐにする ▶ Ela endireitou a cabeça. 彼女は頭を上げた.
❷ (状況を) 立て直す ▶ O presidente endireitou as finanças do país. 大統領は国の財政状態を立て直した.
— **endireitar-se** 再 ❶ まっすぐになる, 身を起こす, 姿勢を正す. ❷ 立ち直る ▶ O time se endireitou durante a competição. チームは大会の間に持ち直した.

endívia /ẽ'dʒivia/ 女 [植物] キクヂシャ, エンダイブ.

endividado, da /ẽdʒivi'dadu, da/ 形 借金のある ▶ Estou endividado. 私は借金がある.

endividamento /ẽdʒivida'mẽtu/ 男 借金, 負債, 債務 ▶ endividamento público 公的債務.

endividar /ẽdʒivi'dax/ 他 借金させる ▶ O jogo endividou-o. 彼は賭け事で借金をした.
— **endividar-se** 再 ❶ 借金する ▶ Ele se endividou para comprar o carro. 彼は車を買うために借金した.
❷ …に借りがある, …に恩義がある [+ com] ▶ Endividei-me com meu irmão, de tanto que me apoiou. 私を大変支えてくれた兄に借りがある.

endócrino, na /ẽ'dɔkrinu, na/ 形 内分泌の ▶ disruptor endócrino 内分泌攪乱物質, 環境ホルモン.

endógeno, na /ẽ'dɔʒenu, na/ 形 内生の, 内因性の.

endossante /ẽdo'sẽtʃi/ 名 (手形の) 裏書譲渡人.

endossar /ẽdo'sax/ 他 ❶ (小切手や手形に) 裏書きする, 保証する ▶ endossar um cheque 小切手を裏書きする.
❷ 支持する, 賛同する ▶ endossar a ideia その考えを支持する.

endosso /ẽ'dosu/ 男 裏書き; 保証 ▶ endosso em branco 無記名裏書.

endurecer /ẽdure'sex/ 15 他 ❶ 固くする. ❷ 冷酷にする.
— 自 ❶ 固くなる. ❷ 冷酷になる.
— **endurecer-se** 再 ❶ 固くなる. ❷ 冷酷になる.

endurecimento /ẽduresi'mẽtu/ 男 固くなること, 硬化 ▶ o endurecimento do concreto コンクリートの硬化.

ene /'ẽni/ 男 文字 n の名称.

enegrecer /enegre'sex/ 15 他 ❶ 黒くする, 暗くする. ❷ (名誉を) 汚す.
— 自 黒くなる, 暗くなる.
— **enegrecer-se** 再 黒くなる, 暗くなる.

energeticamente /enex‚ʒetʃika'mẽtʃi/ 副 エネ

energético, ca

ルギー的に, エネルギーの面で ▶ **energeticamente eficiente** エネルギー効率のよい.

energético, ca /enex'ʒetʃiku, ka/ 形 エネルギーの ▶ **crise energética** エネルギー危機 / **política energética** エネルギー政策 / **bebida energética** エナジードリンク, 栄養ドリンク.
— **energético** 男 エナジードリンク.

:energia /enex'ʒia/ エネフジーア/ 女 ❶ 精力, 気力 ▶ **com energia** 精力的に / **sem energia** 無気力な / **começar o dia cheio de energia** 1日を元気いっぱいで始める / **Não tenho energia para nada.** 私は何をする気力もない.
❷ エネルギー, 燃料 ▶ **energia elétrica** 電力 / **energia eólica** 風力エネルギー / **energia nuclear** 核エネルギー / **energia solar** 太陽エネルギー / **energia renovável** 再生可能エネルギー / **energia limpa** クリーンエネルギー / **energia verde** グリーンエネルギー / **fonte de energia** エネルギー源.

energicamente /e,nexʒika'mẽtʃi/ 副 精力的に, 力強く ▶ **agir energicamente** 精力的に行動する.

enérgico, ca /e'nexʒiku, ka/ 形 ❶ 精力的な, エネルギッシュな.
❷ 断固たる, きっぱりした ▶ **tomar medidas enérgicas** 断固たる措置を取る. ❸ 効き目のある, 効力の強い; 効果的な

energúmeno, na /enex'gũmenu, na/ 名 悪魔に取り憑かれた人; 狂乱した人.

enervante /enex'vẽtʃi/ 形〔男女同形〕いらいらさせる.

enervar /enex'vax/ 他 ❶ 弱らせる ▶ **A idade avançada enervava seu corpo.** 彼は年齢が進んで体が衰えていった.
❷ いらだたせる ▶ **O vizinho barulhento enervava todos os moradores.** 騒々しい隣人は周囲の住人みんなをいらだたせていた.
— **enervar-se** 再 ❶ 弱る.
❷ いらだつ ▶ **O rapaz enervou-se com a lentidão do vendedor.** 若者は店員がもたもたしているのにいらだった / **Não se enerve.** いらいらしないで.

enfadar /ẽfa'dax/ 他 ❶ 退屈させる. ❷ いらだたせる.
— **enfadar-se** 再 ❶ 退屈する. ❷ いらだつ.

enfado /ẽ'fadu/ 男 ❶ 嫌気, 倦怠, うんざり ▶ **Ela sentia enfado diante daquela conversa.** 彼女はその会話にうんざりしていた.
❷ いらだち, 怒り.

enfadonho, nha /ẽfa'dõɲu, ɲa/ 形 うんざりさせる, 退屈な ▶ **Nada mais enfadonho que ficar de pé numa fila.** 立ったまま列列に並ぶことほどうんざりさせることはない / **A cerimônia foi enfadonha, muito monótona e longa.** その式は退屈で, とても単調で長かった.

enfaixar /ẽfaj'ʃax/ 他 包む, 巻く, 縛る ▶ **Os egípcios enfaixavam os cadáveres com panos brancos.** エジプト人は遺体を白い布で巻いた.

enfarte /ẽ'faxtʃi/ 男 【医学】心筋梗塞.

ênfase /'ẽfazi/ 女 強調 ▶ **com ênfase** 強調して / **dar ênfase a ...** …を強調する.

enfaticamente /ẽfatʃika'mẽtʃi/ 副 誇張して, 大げさに.

enfático, ca /ẽ'fatʃiku, ka/ 形 誇張した, 大げさな, 強調した ▶ **gesto enfático** 大げさな身振り / **tom enfático** 大げさな演説口調.

enfatizar /ẽfatʃi'zax/ 他 強調する, 力説する, 主張する ▶ **enfatizar a necessidade de promover a igualdade social** 社会的平等を推進することの必要性を力説する / **O presidente enfatizou que trabalhará pelo país.** 大統領は国のために働くと力説した.

enfeitar /ẽfej'tax/ 他 ❶ 飾る ▶ **Enfeitamos o salão com flores.** 私たちは広間を花で飾った.
❷ きれいに見せる, 立派に見せる.
❸ 粉飾する, ごまかす, 見かけをよくする ▶ **Ele enfeitou o relatório.** 彼は報告書をごまかした.
❹ 大げさに言う, ほらを吹く ▶ **Ele agora já está enfeitando o discurso, e se afastando do principal.** 彼は今や話を大げさにして, 本質からは遠ざかっている.
— 自 ❶ 身ぎれいにする, 着飾る ▶ **Ela enfeitou na adolescência.** 彼女は若い頃身ぎれいにしていた.
❷ (表情が) ほころぶ, ほっとした表情になる ▶ **Quando ouviu a boa notícia, seu rosto enfeitou.** よい知らせを聞いて彼の表情はほころんだ.
❸ B (少女が) 思春期を迎える, 年頃になる ▶ **Aos treze anos já enfeitava, precoce na aparência, mas não no juízo.** 13歳になるともう思春期に入り, 外見はませているが思慮分別はなかった.
❹ 【サッカー】スタンドプレイをする ▶ **Ele quis enfeitar demais e acabou falhando.** 彼はスタンドプレイをしたのだが失敗に終わった.
— **enfeitar-se** 再 身を飾る.

enfeite /ẽ'fejtʃi/ 男 飾り, 装飾 ▶ **enfeites de Natal** クリスマスの飾り.

enfeitiçar /ẽfejtʃi'sax/ ⑬ 他 ❶ 魔法にかける ▶ **A bruxa enfeitiçou a princesa.** 魔法使いは王女に魔法をかけた.
❷ 魅了する, うっとりさせる ▶ **Ela o enfeitiça com aquele jeitinho inocente.** 彼女は無邪気なふるまいで彼を魅了する.

enfermagem /ẽfex'maʒẽj/ [複 **enfermagens**] 女 看護;《集合的》看護師, 看護職.

enfermar /ẽfex'max/ 他 病気にする.
— 自 病気になる.

enfermaria /ẽfexma'ria/ 女 診療室, 病室, 病棟.

:enfermeiro, ra /ẽfex'mejru, ra/ エンフェフメィロ, ラ/ 名 看護師.

enfermidade /ẽfexmi'dadʒi/ 女 病気, 疾患.

enfermo, ma /ẽ'fexmu, ma/ 形 ❶ 病気の, 病んだ. ❷ 病的な.
— 名 患者, 病人.

enferrujado, da /ẽfexu'ʒadu, da/ 形 ❶ さびた ▶ **ficar enferrujado** さびる. ❷ (能力が) なまった, 鈍った.

enferrujar /ẽfexu'ʒax/ 他 さびさせる, さび付かせる.
— 自 さびる, さびつく ▶ **Meu inglês enferrujou.** 私の英語はさびついてしまった.
— **enferrujar-se** 再 さびる, さびつく.

enfezado, da /ẽfe'zadu, da/ 形 ❶ 発育不良の,

enfrentar

萎縮した▶A planta está enfezada porque recebe pouca luz. その植物は日光不足で発育不良だ。
❷ 短気な, 怒りっぽい▶Ele era um tipo brigão, enfezado. 彼はけんかっ早く短気な男だった。
❸ 激怒した, 怒った▶Ele ficou enfezado com a mulher por causa do feijão salgado. 彼はフェイジョンがしょっぱかったために妻に怒った。

enfezar /ẽfe'zax/ 他 ❶ 怒らせる, いら立たせる▶O barulho enfezou-o. 騒音が彼をいら立たせた。
❷ …の成長 [発育] を妨げる▶A miséria enfezava as crianças. 貧困が子供たちの発育を妨げていた。
—自 ❶ 怒る, いらだつ. ❷ 衰弱する.
—**enfezar-se** 再 ❶ 怒る, いら立つ▶Ele se enfeza por qualquer coisa. 彼はちょっとしたことにいら立つ。
❷ 発育不良になる, 衰弱する.

enfiada /ẽfi'ada/ 女 連なり, 一続き.
de enfiada 次々に.

enfiar /ẽfi'ax/ 他 ❶ (針に糸を) 通す▶enfiar uma linha na agulha 針に糸を通す.
❷ (真珠, 玉, 種などを) 糸に通す▶Ela enfiava os vidrilhos e o colar ia ficando bonito. 彼女がガラスビーズを糸に通すとネックレスは素敵になっていった。
❸ 入れる, 挿入する, 突っ込む▶Ela enfiou todas as suas coisas na bolsa. 彼女は何もかもバッグの中に入れた / enfiar a mão no bolso 手をポケットに突っ込む.
❹ 突き刺す▶Ele enfiou a espada na bainha. 彼は刀をさやに収めた.
❺ 履く, 着る, 身につける▶Mal chegou em casa, ele enfiou as pantufas. 彼は家に着くなりスリッパを履いた.
❻ B 次から次へと (物語などを) 語る, 話す▶Elas enfiavam uma anedota atrás da outra. 彼女たちは次から次へと立て続けに小話を語った.
❼ (酒などを) 立て続けに飲む▶Ele enfiou quatro doses de cachaça e foi à luta. 彼は酒を4杯飲んで戦いに向かった.
❽ しまう, 取っておく▶Ele enfiava as cartas na gaveta e não as lia. 彼は手紙を引き出しの中にしまい, 読まなかった.
❾ 戸惑わせる, 青ざめさせる▶As ameaças enfiaram o rapaz. 脅迫に青年は青ざめた.
❿ 連れ込む.
⓫ B 入れる, 突っ込む▶Ele enfiou a mão na cara do pascácio. 彼は愚か者の顔をぶった.
⓬ (ボールを) パスする, 渡す▶Ele enfiou a bola para o companheiro, na cara do gol. 彼はゴールの前で仲間にボールをパスした.
⓭ 刺す▶O soldado enfiou o invasor. 兵士は侵入者をぐさりと刺した.
—自 進む▶O carro enfiou por uma estrada secundária. その車は裏道を通って行った.
—**enfiar-se** 再 ❶ 進む ▶O carro se enfiou por uma estrada secundária. その車は裏道を通って行った.
❷ 行く, 向かう▶Ele enfiou-se para a casa do tio. 彼は叔父の家に向かった.

❸ 入る▶Enfiou-se pela sala adentro. 彼は部屋の中に入った / O vento enfiava-se pelas frestas e gelava o ambiente. 風が隙間から入り, その場所を凍えさせた.

enfiar atrás 後からついていく, 続く▶Ao vê-lo sair correndo, ela enfiou atrás dele. 彼が走って出ていくのを見て彼女は彼に続いた.

enfim /ẽ'fĩ/ エンフィン/ 副 B ❶ ついに, とうとう, やっと, ようやく ▶Enfim, conseguimos terminar o trabalho! ついに仕事を終わらせることができた.
❷ つまり, 要するに▶Enfim, o que ele quer dizer é que não concorda comigo. 要するに彼が言いたいのは, 私には賛成しないということだ.
até que enfim やっと▶Até que enfim terminaram as provas. やっと試験が終わった.

enfisema /ẽfi'zẽma/ 男 [医学] 気腫 ▶enfisema pulmonar 肺気腫.

enfocar /ẽfo'kax/ 他 …にピントを合わせる, …に焦点を当てる▶enfocar o assunto その問題に焦点を当てる.

enfoque /ẽ'fɔki/ 男 B ピントの合わせ方, 焦点の当て方, 視点, 観点.

enforcado, da /ẽfox'kadu, da/ 形 首をくくって死んだ.
—名 首をくくった人.
estar enforcado 借金に苦しんでいる.

enforcamento /ẽfoxka'mẽtu/ 男 絞首刑, 縛り首.

enforcar /ẽfox'kax/ 他 ❶ 絞首刑にする, …の首をつる▶Enforcaram o homem errado. 絞首刑になったのは人違いだった.
❷ 絞殺する, 首を絞める▶O rapaz enforcou a velha com a corda. 青年は老婆の首を縄で絞めて殺害した.
❸ B (休日にはさまれた日を) 休みにする.
—**enforcar-se** 再 ❶ 首をつる▶O fazendeiro enforcou-se em uma laranjeira. 農場主はオレンジの木で首をつった.
❷ 結婚する ▶Ele decidiu enforcar-se e já comprou as alianças. 彼は結婚することにし, すでに指輪も購入した.

enfraquecer /ẽfrake'sex/ 他 ❶ 弱くする, 弱める▶A fome o enfraqueceu. 空腹で彼は衰弱した.
❷ 元気を失わせる ▶As dificuldades enfraqueceram seu projeto. 困難が彼の計画の勢いを奪った.
—自 弱くなる, 衰弱する▶Ela enfraqueceu com o regime. 彼女はダイエットで衰弱した / A luz foi enfraquecendo até que se apagou. 光は弱まり消えた.
—**enfraquecer-se** 再 弱くなる.

enfraquecimento /ẽfrakesi'mẽtu/ 男 弱くなること, 減衰, 衰弱 ▶o enfraquecimento dos ossos 骨がもろくなること.

enfrentar /ẽfrẽ'tax/ エンフレンターフ/ 他 ❶ …に直面する▶enfrentar a realidade 現実に直面する / enfrentar uma crise 危機に直面する.
❷ …に立ち向かう▶enfrentar as dificuldades da vida 人生の困難に立ち向かう.
❸ …と対戦する▶O Brasil enfrentará a Argenti-

na neste fim de semana. 今週末，ブラジルはアルゼンチンと対戦する.

enfronhar /ẽfro'ɲax/ [他] ❶ カバーをかける ▶enfronhar o travesseiro 枕にカバーをかける.
❷ …について覚えさせる，精通させる［＋em］.
❸ 包む，覆う.
— **enfronhar-se** [再] ❶ …に精通する［＋em］.
❷ …に没頭する［＋em］▶Ele enfronhou-se no estudo da arqueologia. 彼は考古学の研究に没頭した.
❸ …を装う［＋em］▶enfronhar-se em fidalguias 貴族然としている.

E

enfumaçado, da /ẽfuma'sadu, da/ [形] 煙に覆われた.

enfurecer /ẽfure'sex/ ⑮ [他] 激怒させる.
— [自] 激怒する.
— **enfurecer-se** [再] ❶ 激怒する. ❷ (海が) 荒れる.

eng[a] 《略語》engenheira (女性) 技師，エンジニア.

engaiolar /ẽgajo'lax/ [他] ❶ かご［おり］に入れる.
❷ 投獄する，刑務所に入れる.
— **engaiolar-se** [再] 閉じこもる，引きこもる.

engajamento /ẽgaʒa'mẽtu/ [男] ❶ 雇用，雇い入れ. ❷ 入隊，募兵. ❸ アンガジュマン，政治参加▶engajamento político 政治参加.

engajar /ẽga'ʒax/ [他] ❶ 雇う. ❷ 入隊させる. ❸ 参加させる▶O objetivo daquele filme é engajar a população na questão ambiental. あの映画の目的は環境問題に人々を引きつけることである.
— **engajar-se** [再] ❶ 雇われる. ❷ 入隊する，兵役につく. ❸ …に加わる，参加する［＋em］▶Ela não se engajou na campanha política do marido. 彼女は夫の政治活動に加わらなかった.

engalfinhar-se /ẽgawfi'ɲaxsi/ [再] ❶ 取っ組み合う，けんかする▶As crianças se engalfinharam. 子供たちは取っ組み合いのけんかをした.
❷ 激論を交わす，論争を交わす.

enganado, da /ẽga'nadu, da/ [形] ❶ 《estar enganado》間違っている▶Eu estava totalmente enganado. 私は完全に間違っていた / a não ser que eu esteja enganado 私の思い違いでなければ / estar redondamente enganado まったく間違っている.
❷ 裏切られた▶Ele foi enganado pelo amigo. 彼は友人に裏切られた.

enganador, dora /ẽgana'dox, 'dora/ [[複] enganadores, doras] [名] だます人.
— [形] だます，虚偽の，見せかけの▶As imagens são enganadoras. 映像はうそをつく.

enganar /ẽga'nax エンガナーフ/ [他] ❶ **だます**▶Há muitos casos de vigaristas enganando os idosos. 高齢者をだます詐欺師の事件が多い.
❷ **欺く**▶Sua atitude gentil engana qualquer um. あなたの優しい態度が誰をも欺く.
❸ …**に不貞を働く，裏切る**▶Ele enganou sua esposa durante anos. 彼は数年にわたって妻を裏切っていた.
— **enganar-se** [再] ❶ 間違う▶Se não me engano, a festa era neste fim de semana. もし私が間違っていなければ，パーティーは今週末でした.
❷ 《enganar-se em...》…を間違える▶enganar-se nas contas 計算を間違える.
❸ 自らを欺く，現実を直視しない▶Não se engane. 思い違いをするな.

engano /ẽ'gẽnu エンガーノ/ [男] ❶ **間違い**▶cometer um engano 間違える / corrigir o engano 間違いを訂正する.
❷ 電話の番号違い▶Desculpe, foi engano. ごめんなさい，番号を間違えました / É engano. (相手が) 番号違いです.
❸ **誤解**▶Deve haver algum engano. 何か誤解があるはずだ.
❹ **まやかし，幻想**▶Ela vive naquele engano sem encarar a realidade. 彼女は現実に向き合うことなく幻想の中で生きている.
❺ **だまし**▶Eles não caem em enganos. 彼らはだまされない.
cair no engano 間違える，だまされる.
ir no engano だまされる.
por engano 誤って，間違えて▶Te liguei por engano. 私は間違えて君に電話した.

enganoso, sa /ẽga'nozu, 'nɔza/ [形] 偽りの，欺瞞の▶coração enganoso 見せかけの勇気 / propaganda enganosa 欺瞞に満ちたプロパガンダ.

engarrafado, da /ẽgaxa'fadu, da/ [形] ❶ 瓶詰めの. ❷ 渋滞した▶O trânsito está muito engarrafado hoje. 今日は交通がとても渋滞している.

engarrafamento /ẽgaxafa'mẽtu/ [男] ❶ 瓶に詰めること. ❷ 渋滞.

engarrafar /ẽgaxa'fax/ [他] ❶ 瓶に詰める. ❷ (交通を) 渋滞させる.
— [自] 渋滞する.

engasgar /ẽgaz'gax/ ⑪ [他] ❶ …の喉を詰まらせる▶De repente, um pedaço de carne engasgou-o. 突然肉の切れ端で彼は喉を詰まらせた.
❷ …の言葉を詰まらせる，絶句させる▶A emoção o engasgou no meio do discurso. 演説の途中，彼は感極まって喉を詰まらせた / A fúria que sentia engasgou-o. 彼は怒りで絶句した.
❸ 中断させる，止める▶Não sei o que está engasgando a máquina. なぜ機械が止まったのか分からない.
— [自] ❶ 喉を詰まらせる. ❷ 言葉に詰まる.
❸ 中断する，止まる▶O motor engasgou. エンジンが止まった.
— **engasgar-se** [再] ❶ …で喉を詰まらせる［＋com］▶A menina engasgou-se com a espinha. 少女は魚の骨を喉に詰まらせた.
❷ 言葉に詰まる▶Emocionado, ele engasgou-se durante a entrevista. インタビューの途中，彼は感極まって言葉に詰まった.
❸ 中断する，止まる.
ficar engasgado ① 言葉に詰まる. ② 悲しみの淵にいる. ③ のどにしこりを感じる.

engasgo /ẽ'gazgu/ [男] ❶ のどを詰まらせること.
❷ 言葉に詰まること.

engastar /ẽgas'tax/ [他] ❶ (宝石や象牙など) はめ込む▶O ourives engastou sete esmeraldas na pulseira. 金細工師は7つのエメラルドを腕輪にはめ

込んだ. ❷ (言葉や文章を) 挿入する▶O ministro engastou frases de efeito em seu discurso. 大臣は演説に効果的な文をちりばめた.
engaste /ẽ'gaʃtʃi/ 男 ❶ 宝石をはめる指輪の台. ❷ はめ込み.
engatar /ẽga'tax/ 他 ❶ つなげる, 連結する.
❷ 〖自動車〗ギアをいれる
❸ 始める, 開始する▶engatar uma conversa 会話を始める.
engate /ẽ'gatʃi/ 男 連結器.
engatinhar /ẽgatʃi'nax/ 自 ❶ 這う, はいはいする▶Meu filho começou a engatinhar. 私の息子ははいはいし始めた. ❷ …を習い始める, 学び始める [+ em].
engavetamento /ẽgaveta'mẽtu/ 男 玉突き衝突事故, 多重衝突事故.
engavetar /ẽgave'tax/ 他 …を引き出しに入れる.
— 自 衝突する.
— **engavetar-se** 再 衝突する▶engavetar-se em ... …に追突する.
engendrar /ẽʒẽ'drax/ 他 ❶ …を生み出す, 引き起こす.
❷ 作り出す, 発明する▶O cientista engendrou novos métodos para curar a doença. 科学者は病気を治癒する新しい方法を編み出した.
— **engendrar-se** 再 生み出される, 起こる.
*****engenharia** /ẽʒeɲa'ria/ エンジェニャリーア/ 女 工学, エンジニアリング ▶faculdade de engenharia 工学部 / engenharia mecânica 機械工学 / engenharia civil 土木工学 / engenharia de sistemas システム工学 / engenharia espacial 宇宙工学 / engenharia genética 遺伝子工学.
*****engenheiro, ra** /ẽʒe'ɲejru, ra/ エンジェニェィロ, ラ/ 名 技師, エンジニア▶engenheiro civil 土木技師 / engenheiro químico 化学エンジニア.
engenho /ẽ'ʒẽɲu/ 男 ❶ 機械, 装置 ▶um engenho explosivo 爆発装置. ❷ engenho de açúcar 砂糖黍園. ❸ 才能.
engenhoso, sa /ẽʒe'ɲozu, 'ɲoza/ 形 創意工夫に富んだ, 器用な, 巧妙な▶solução engenhosa 巧妙な解決法.
engessar /ẽʒe'sax/ 他 …にギプスをはめる, …を石膏(ｾｯｺｳ)で固める.
englobar /iglo'bax/ 他 含む, 一括する.
eng° (略語) engenheiro 技師, エンジニア.
engodo /ẽ'godu/ 男 ❶ (釣りなどの) 餌. ❷ 誘惑物.
engolir /ẽgo'lix/ ㉓ 他 ❶ のみ込む▶Ele engoliu o comprimido sem o mastigar. 彼は錠剤を噛まずに飲み込んだ.
❷ むさぼり喰う▶Ele engoliu um sanduíche às pressas e voltou para o trabalho. 彼はサンドイッチをむさぼり喰い, 彼は仕事に戻った.
❸ うのみにする▶Ele engoliu a história sem desconfiar de nada. 彼は何ら疑いもせずにその話をうのみにした.
❹ じっと耐える▶Ele teve que engolir as vaias dirigidas a ele. 彼は自分に向けられたやじに耐えた.
❺ 短縮する▶A bicicleta veloz engolia grandes distâncias. 速い自転車でかなりの距離を短縮した.

❻ 言わずにおく, 隠す▶Ela engoliu a resposta. 彼女は返事をしなかった.
❼ 最後まで発音しない▶Não engula as palavras, fale com calma. 最後までしっかり発音して, 落ち着いて話してください.
❽ 〖サッカー〗ゴールを防ぐことができない▶Ele engoliu uma bola fácil de defender. 彼は簡単に防げるボールを防ぐことができなかった.
❾ (川や海などが) 飲み込む▶As águas da enchente engoliram as casas. 洪水が家々を飲み込んだ.
❿ 奪う, 盗む▶Os sem-terra invadiram o mercado e engoliram todos os produtos. 小作人たちは市場を占領し, すべての品物を奪った.

duro de engolir 受け入れられない, 信じがたい.
Essa eu não engulo. 信じられない, 受け入れがたい.
não engolir ① 受け入れられない, 耐えられない. ② 軽視させない.
engomar /ẽgo'max/ 他 ❶ …に糊付けする. ❷ …にアイロンをかける.
engordar /ẽgox'dax/ 自 ❶ 太る, 体重が増える.
❷ (食べ物が) 人を太らせる▶O açúcar engorda. 砂糖は太る. ❸ 〖比喩的〗肥え太る.
— 他 太らせる▶engordar porcos 豚を太らせる.
*****engraçado, da** /ĩgra'sadu, da/ イングラサード, ダ/ 形 こっけいな, おかしな, 楽しい▶uma cena engraçada こっけいな場面 / uma piada engraçada 面白い冗談 / Que engraçado! 何とおかしいことだろう.
— **engraçado** 男 《o engraçado》こっけいなこと, おかしなこと.
engraçar /ĩgra'sax/ ⑬ 他 …を優美にする, 美しくする.
— 自 …が気に入る, 好きになる, …に好感を持つ [+ com].
— **engraçar-se** 再 ❶ …と和解する [+ com] ▶Ele se engraçou com a vizinha. 彼は隣人と和解した. ❷ …が好きになる [+ de].
engradado /igra'dadu/ 男 (酒瓶などをいれる) クレート, 仕切りつきケース, 枠板.
engrandecer /igrãde'sex/ ⑮ 他 大きくする, 高める, 偉大にする▶Sua obra engrandeceu a cultura nacional. あなたの作品は国の文化を高めました.
— 自 大きくなる, 偉大になる, 高まる.
— **engrandecer-se** 再 大きくなる, 偉大になる, 高まる.
engravidar /igravi'dax/ 自 妊娠する.
— 他 妊娠させる.
engraxar /igra'ʃax/ 他 磨く, ぴかぴかにする▶engraxar sapatos 靴を磨く.
engraxate /igra'ʃatʃi/ 男 B 靴磨きの人.
engrenagem /igre'naʒẽj/ [複 engrenagens] 女 ❶ 歯車, 歯車装置, ギア. ❷ 組織, 仕組み.
engrenar /igre'nax/ 他 ❶ (歯車を) かみ合わせる.
❷ 〖自動車〗ギアを入れる▶engrenar a primeira ギアを1速に入れる / engrenar a ré ギアをバックに入れる. ❸ 始める.
— 自 …を始める [+ em].
engrossar /igro'sax/ 他 ❶ 濃くする, 厚くする▶engrossar o molho ソースを濃くする.
❷ 強くする, 太くする▶O exercício engrossou

suas pernas. トレーニングで彼の足は太くなった.
❸ 増やす ▶ Um novo contingente foi engrossar as tropas no local do conflito. 新しい分遣隊が紛争地の軍隊を増やした.
❹ (声を) 低くする ▶ O pai engrossou a voz para repreendê-lo. 父親は彼を叱るために声を低くした.
❺ 肥沃にする ▶ As cheias engrossaram as terras. 洪水は大地を肥沃にした.
❻ [B] …にへつらう.
— [自] ❶ 濃くなる, ぶ厚くなる.
❷ 強くなる, 太くなる, 成長する ▶ Com a idade, o seu corpo engrossou. 年齢と共に彼の身体は強靭(きょうじん)になった.
❸ 増える ▶ O rio tinha engrossado com as últimas chuvas. 川ははこのところの豪雨で増水していた.
❹ 深刻化する ▶ A discussão engrossava. 討論は激しくなった.
❺ [B] …を無礼に扱う, ないがしろにする [+ com] ▶ Não devia ter engrossado com o colega. 同僚に対し横柄になるべきではない.
— **engrossar-se** [再] ❶ 濃くなる, ぶ厚くなる ▶ O livro engrossou-se muito com o apêndice. その本は付録で分厚くなった.
❷ 強くなる, 太くなる, 成長する.
❸ 増える.

enguia /ẽ'gia/ [女] 〘魚〙 ウナギ.
ser uma enguia つかみにくい, つかみどころのない.

enguiçar /ẽgi'sax/ ⑬ [他] 故障させる ▶ A ferrugem fez o aparelho enguiçar. さびで機械が故障した.
— [自] 故障する ▶ O carro enguiçou. 車が故障した.

enguiço /ẽ'gisu/ [男] ❶ 故障. ❷ 邪視, 呪い.

engulhar /ẽgu'ʎax/ [他] …に吐き気を催させる ▶ O perfume excessivo a engulhava. 過度な香水の香りに彼女は吐き気を催した.
— [自] 吐き気を催す, むかつく.

engulho /ẽ'guʎu/ [男] 吐き気, むかつき ▶ O balanço do barco dava-lhe engulhos. 船の揺れに彼はむかついた.

enigma /e'nigma/ [男] ❶ 謎, 不可解なこと, 意味不明な言葉 ▶ decifrar um enigma 謎を解く / chave do enigma 謎を解く鍵. ❷ 謎めいた人物.

enigmático, ca /enig'matʃiku, ka/ [形] 謎の, 不思議な, 不可解な ▶ olhar enigmático 謎めいた視線.

enjaular /ẽʒaw'lax/ [他] ❶ おり [かご] に入れる. ❷ [話] 牢屋に入れる.
— **enjaular-se** [再] 引きこもる, 閉じこもる.

enjeitar /ẽʒej'tax/ [他] ❶ 拒否する, 拒絶する. ❷ (子供を) 捨てる.

enjoado, da /ẽʒo'adu, da/ [形] ❶ 吐き気がする ▶ ficar enjoado 吐きたくなる.
❷ 不快な, 不愉快な ▶ Que homem enjoado, não para de fazer perguntas! 質問攻めにして何と不愉快な男だ.
❸ …に飽きた, うんざりした [+ de] ▶ estar enjoado de algo …にうんざりしている / ficar enjoado de algo …にうんざりする / Ele já estava enjoado daquela cidade. 彼はすでにその町にうんざりしていた.

enjoar /ẽʒo'ax/ [他] ❶ …に吐き気を催させる ▶ O cheiro da tinta o enjoava muito. インクの香りが彼にひどく吐き気を感じさせた.
❷ …に嫌悪を感じさせる, 怒りを感じる ▶ A falsidade a enjoa e revolta. 嘘が彼女に嫌悪と怒りを感じさせた.
❸ うんざりさせる, 退屈させる ▶ As viagens já me enjoaram. 私は旅に飽き飽きしていた.
— [自] ❶ 吐き気を催す, むかつく ▶ Ela não enjoou durante a gravidez. 彼女は妊娠中つわりがなかった.
❷ …にうんざりする, 退屈する [+ de] ▶ Não enjoa de ouvir música. 音楽を聴くことに退屈はしない.
❸ …に嫌悪する, 反発する [+ de] ▶ Enjoamos das mentiras dele. 彼の嘘には怒りを感じる.

enjoativo, va /ẽʒoa'tʃivu, va/ [形] ❶ 吐き気を催させる ▶ um cheiro enjoativo 吐き気を起こさせる匂い. ❷ うんざりさせる, 辟易させる, 退屈させる.

enjoo /ẽ'ʒou/ [男] ❶ 吐き気, 乗り物酔い ▶ Quando a roda-gigante parou, ele sentiu enjoo. 観覧車が止まったとき, 彼女は気持ちが悪くなった.
❷ 嫌気, 嫌悪 ▶ Ela sentia enjoo de tanta hipocrisia. 彼女は多くの偽善に辟易した.
❸ 退屈, 倦怠 ▶ A conversa da tia dá enjoo. 叔母の話には退屈させられる.

enlaçar /ẽla'sax/ ⑬ [他] ❶ (蝶結びで) 結ぶ ▶ A mãe enlaçou os cabelos da filha. 母親は娘の髪をリボンで結んだ.
❷ 抱きしめる ▶ Ele enlaçou a namorada. 彼は恋人を抱きしめた.
❸ 取り囲む ▶ A trepadeira enlaçou o tronco da árvore. ツルが木の幹を取り巻いていた.
❹ 結びつける, 連結させる ▶ Um objetivo comum os enlaça. 共通の目的が彼らを結びつけた.
❺ 魅了する, 惹きつける ▶ O filme enlaçou o coração do público. その映画は人々を惹きつけた.
❻ [B] (動物を) 結びつける, つなぐ ▶ Ele enlaçou o potro. 彼は若い馬をつないだ.
— **enlaçar-se** [再] ❶ 抱き合う ▶ Os namorados enlaçaram-se em um longo abraço. 恋人たちは長い抱擁を交わした.
❷ …と関連する [+ com] ▶ Esse tema se enlaça com o da a minha pesquisa. そのテーマは私の研究テーマと関連する.
❸ …と結ばれる, 結婚する [+ com] ▶ Paulo e Ana se enlaçaram. パウロとアナは結ばれた.

enlace /ẽ'lasi/ [男] 結びつき, つながり, 関連 ▶ enlace matrimonial 結婚のきずな.

enlamear /ẽlame'ax/ ⑩ [他] ❶ 泥だらけにする, 泥まみれにする ▶ O carro passou sobre a poça e o enlameou. 車は水たまりの上を通り, 彼を泥だらけにした.
❷ (名声や名誉を) 汚す ▶ O escândalo enlameou-lhe a reputação. スキャンダルで彼の名声に傷がついた.
— **enlamear-se** [再] ❶ 泥だらけになる ▶ Os sa-

patos se enlamearam. 靴は泥だらけになった.
❷ 堕落する ▶Ele se enlameou na devassidão. 彼は放蕩に身を落とした.

enlatado, da /ẽla'tadu, da/ 形 缶詰の, 缶入りの ▶ sardinhas enlatadas イワシの缶詰.
— **enlatado** 男 ❶ 缶詰. ❷《軽蔑的》外国産の月並みな連続テレビドラマ.

enlatar /ẽla'tax/ 他 缶詰にする.

enlear /ẽle'ax/ 他 ❶ (ひもで)縛る, 結びつける, つなぐ ▶Ele enleou feixes de espigas. 彼は穂の束を縛った.
❷ 包む, 巻き込む [+ com/em] ▶Ele enleou o subalterno na conspiração. 彼は部下を陰謀に巻き込んだ.
❸ 当惑させる, 混乱させる ▶As emoções o enleavam. 感情が彼を惑わせた.
❹ 魅了する, 惹きつける ▶As suas ideias enleiam os professores. 彼の考えは先生方を惹きつけた.
— **enlear-se** 再 ❶ …に巻き込まれる [+ em] ▶Ele se enleou no movimento de protesto. 彼は抗議行動に巻き込まれた.
❷ 混乱する, 当惑する ▶Ele se enleou com tantos dados contraditórios. 彼はつじつまの合わない多くの資料に混乱した.
❸ 魅了される, 惹きつけられる.

enleio /ẽ'leju/ 男 ❶ 結束. ❷ 巻き込むこと. ❸ 混乱, 躊躇.
❹ 当惑 ▶As suas palavras redobraram o enleio dela. 彼の言葉は彼女を余計に当惑させた.
❺ 魅惑, 恍惚 ▶Olhavam-se os namorados em um enleio apaixonado. 恋人たちは情熱的にうっとりとして見つめ合っていた.

enlevar /ẽle'vax/ 他 魅了する, 魅惑する, うっとりさせる ▶O concerto enlevou a plateia. コンサートは客席を魅了した.
— 自 恍惚とさせる ▶A música enleva. その音楽は夢中にさせる.
— **enlevar-se** 再 …に魅了される, …にひたる [+ em].

enlevo /ẽ'levu/ 男 陶酔, エクスタシー ▶Ele olhava, em silêncio, com enlevo. 彼は静かにうっとりとして見つめていた.

enlouquecedor, dora /ẽlokese'dox, 'dora/ [複 enlouquecedores, doras] 形 熱狂する, 熱狂させる.

enlouquecer /ẽloke'sex/ ⑮ 他 ❶ 理性を失わせる, 平静を失わせる, 頭をおかしくさせる. ❷ 熱狂させる.
— 自 ❶ 理性を失う, 頭がおかしくなる. ❷ 熱狂する.

enlutar /ẽlu'tax/ 他 ❶ 喪服を着せる, 喪に服させる ▶O desastre enlutou a família toda. その災害は家族中を喪に服させた.
❷ 悲しませる ▶Sua decisão enlutou a comunidade. あなたの決心は地域を悲しませた.
❸ 暗くする.
— **enlutar-se** 再 ❶ 喪に服す, 喪服を着る ▶Os amigos enlutaram-se nos ritos de despedida. 友人たちは葬式で喪服を着た.
❷ 悲しむ, 悲嘆に暮れる ▶A nação enlutou-se diante da morte do rei. 国家は国王の死に瀕して悲しみに暮れた.
❸ 暗くなる.

enobrecer /enobre'sex/ ⑮ 他 ❶ 貴族に叙する, 爵位を授ける ▶O casamento com a condessa me enobreceu. 私は伯爵の女性と結婚して高貴な身分になった.
❷ 気品を高める, 威厳を与える ▶O trabalho enobrece o homem. 労働は人を高貴にする.
❸ 名声を高める ▶Os livros raros enobrecem esta biblioteca. この図書館は珍しい本で有名だ.
— **enobrecer-se** 再 爵位を得る ; 高貴になる ; 有名になる.

enojar /eno'ʒax/ 他 ❶ …に吐き気を催させる.
❷ うんざりさせる, 怒らせる ▶A corrupção na política o enojou. 政治の腐敗は彼をうんざりさせた.
— **enojar-se** 再 ❶ 吐き気を催す ▶Ela enojou-se com o cheiro. 彼女はにおいに吐き気を感じた.
❷ …にうんざりする, 嫌になる [+ com/de] ▶Enojei-me com a hipocrisia do colega. 同僚の偽善にはうんざりした.

enologia /enolo'ʒia/ 女 ワイン醸造(学).

enorme /e'nɔxmi/ エノフミ 形《男女同形》❶ 巨大な ; 莫大な ▶Que quadro enorme! なんて巨大な絵だろう / um castelo enorme 巨大な城 / uma árvore enorme 巨木 / uma riqueza enorme 莫大な富.
❷ 並外れた ▶ sabedoria enorme 並外れた博識.
❸ 重大な, 深刻な ▶ uma enorme responsabilidade 重大な責任 / cometer um enorme pecado 重大な罪を犯す.

enormemente /e,nɔxmi'mẽtʃi/ 副 非常に, 大いに.

enormidade /enɔxmi'dadʒi/ 女 巨大さ, 莫大さ, 多大, 多数, 大量 ▶ uma enormidade de pessoas とても多くの人たち.

enovelar /enove'lax/ 他 巻く.
— **enovelar-se** 再 巻き付く.

enquadrar /ẽkwa'drax/ 他 ❶ …を枠[額縁]に入れる ▶ enquadrar uma gravura 版画を額縁に入れる.
❷ 含む, 包含する.
❸《映画》フレーミングをする, 構図を決める.
❹ 起訴する, 有罪とする.
— **enquadrar-se** 再 …に合う, 従う [+ a].

enquanto /ẽ'kwẽtu/ エンクヮント 接 ❶ …する間に, …である限り ▶Malhe o ferro enquanto ele está quente. 鉄は熱いうちに打て / enquanto for possível 可能である限り / Vamos embora enquanto está claro. 明るいうちに帰ろう.
❷《対立》…である一方, …であるが ▶Você gosta de planejar, enquanto eu gosto de ser espontâneo. 君は計画を立てるのが好きだが, 私は行き当たりばったりが好きだ.
❸《資格》…として ▶ experiências enquanto professor 教師としての経験.

enquanto isso その間, その一方.

por enquanto 今のところ, 目下 ▶Por enquanto, isto é o bastante. 差し当たりこれで十分だ.

enquete /ẽ'kɛtʃi/ [女] アンケート, 調査 ▶fazer uma enquete sobre... …についてアンケート調査を行う.

enraivecer /ẽxajve'sex/ ⑮ [他] 怒らせる, 激怒させる.

— **enraivecer-se** [再] 激怒する.

enraizamento /ẽxajza'mẽtu/ [男] 根を張ること, 根付くこと.

enraizar /ẽxaj'zax/ ㊾ [他] …を根付かせる.

— [自] 根付く, 根を下ろす.

— **enraizar-se** [再] 根を下ろす, 定住する.

enrascada /ẽxas'kada/ [女] 苦境 ▶meter-se numa enrascada 苦境に陥る.

enrascar /ẽxas'kax/ ㉙ [他] ❶ …を網で捕らえる. ❷だます, 欺く. ❸困らせる.

— **enrascar-se** [再] 苦労する, 困る.

enredar /ẽxe'dax/ [他] ❶ 網で捕る ▶enredar peixes 網で魚を捕る.

❷ 結ぶ, つなぐ, 巻き込む ▶Decisões erradas o enredaram a novos problemas. 誤った決断を下したために, 彼は新たな問題を抱え込んだ.

❸ …に陰謀をたくらむ, …をわなにかける.

❹ (小説・戯曲) 筋書を作る, 構想を練る ▶enredar um romance 小説の筋書きを作る.

❺ 複雑にする, 混乱させる, もつれさせる ▶As novas condições enredaram os planos da conquista. 新たな条件が征服計画を複雑にした.

— [自] 陰謀をたくらむ ▶Ele vive enredando os vizinhos. 彼は隣人を陥れることばかり考えて暮らしている.

— **enredar-se** [再] ❶ 混乱する, 複雑になる ▶O problema enredava-se cada vez mais. 問題はますます複雑になっていた.

❷ もつれる, からまる ▶A vespa enredou-se nos cabelos da garota. スズメバチが少女の髪にからまった.

❸ 巻き込まれる ▶Ele enredou-se em problemas. 彼は問題に巻き込まれた.

enredo /ẽ'xedu/ [男] ❶ (糸, 人間関係などの) もつれ. ❷ 筋, 筋書き, プロット ▶o enredo do romance 小説の筋書き. ❸ 中傷.

enrijecer /ẽxiʒe'sex/ ⑮ [他] 固くする, 強くする, 丈夫にする.

— [自] 固くなる, 強くなる, 丈夫になる.

— **enrijecer-se** [再] 固くなる, 強くなる, 丈夫になる.

enriquecedor, dora /ẽxikese'dox, 'dora/ [[複] enriquecedores, doras] [形] 豊かにする ▶uma experiência enriquecedora 人生を豊かにしてくれる経験.

*__enriquecer__ /ẽxike'sex/ ⑮ [他] ❶ **豊かにする**, 裕福にする ▶Viajar enriquece o espírito. 旅は心を豊かにする.

❷ **豊富にする**, 充実させる ▶enriquecer o vocabulário 語彙を豊富にする.

❸ 濃縮する ▶enriquecer urânio ウランを濃縮する.

— [自] 豊かになる.

— **enriquecer-se** [再] 豊かになる.

enriquecido, da /ẽxike'sidu, da/ [形] ❶ 豊かになった.

❷ 濃縮した, 濃度を高めた ▶urânio enriquecido 濃縮ウラン / leite enriquecido com cálcio カルシウムを強化した牛乳.

enriquecimento /ẽxikesi'mẽtu/ [男] ❶ 豊かになること, 豊かにすること ▶enriquecimento ilícito 不当利得 / enriquecimento de vocabulário 語彙を豊かにすること.

❷ 濃縮 ▶enriquecimento de urânio ウランの濃縮.

enrolado, da /ẽxo'ladu, da/ [形] ❶ 巻かれた, 巻いた ▶papel enrolado 巻いた紙.

❷ [話] 複雑な, 込み入った.

enrolamento /ẽxola'mẽtu/ [男] ❶ 巻くこと, 巻き上げ. ❷ コイル.

enrolar /ẽxo'lax/ [他] ❶ 巻く ▶Ela enrolou uma peça de tecido. 彼女は織物一反を巻いた.

❷ カールさせる, 螺旋状にする ▶Ela enrolou os cabelos. 彼女は髪をカールさせた.

❸ 包む, 覆う, くるむ ▶Ela pegou um papel e enrolou os livros. 彼女は紙をとり, 本を包んだ / A mãe enrolou a criança no xale. 母親は子供をショールでくるんだ.

❹ ごまかす, だます ▶Eles enrolaram a plateia durante todo o espetáculo. 彼らはショーの間観客をだましていた.

❺ 先延ばしにする, 遅らせる, 延期する ▶Ele enrolou o serviço a manhã toda. 彼は午前中ずっと仕事を先延ばしにした.

❻ 複雑にする, もつれさせる ▶As mentiras o enrolaram ainda mais. 嘘がそれをさらに複雑にした.

❼ 隠す.

— **enrolar-se** [再] ❶ 巻く. 螺旋状になる, カールする ▶Se eu não lavar, os meus cabelos se enrolam. 洗わなければ私の髪はカールする.

❷ くるまる ▶enrolar-se na manta マントにくるまる.

❸ 複雑になる, 混乱する.

❹ 巻き込まれる ▶enrolar-se em sarilho けんかに巻き込まれる.

❺ (海が) 荒れる.

enroscar /ẽxos'kax/ ㉙ [他] ❶ …に巻きつく ▶A jiboia enroscou o boi. 大蛇が雄牛に巻きついた.

❷ 渦巻きに巻く ▶Falta enroscar um parafuso. ねじを巻くだけだ.

❸ …を…に巻きつける ▶A menina enroscou os braços no pescoço do pai. 女の子は父親の首に腕を巻きつけた.

— [自] 巻きつく ▶Um pedaço de entulho enroscou nas hélices do motor do barco. 瓦礫のかけらが船のモーターのスクリューに巻きついた.

— **enroscar-se** [再] ❶ 巻きつく.

❷ 抱きしめる ▶A menina enroscou-se no urso de pelúcia. 少女はくまのぬいぐるみを抱きしめた.

❸ 丸くなる, 身体を丸める ▶Ele deitou no sofá e se enroscou. 彼はソファに横になりまるくなった.

❹ [俗] 結婚する, 愛人になる.

enrubescer /ẽxube'sex/ ⑮ [他] 赤くする.

— [自] 赤くなる.

enrugado, da /ẽxu'gadu, da/ [形] しわの寄った.
enrugar /ẽxu'gax/ ⑪ [他] ❶ しわを寄らせる. ❷ しわくちゃにする. ❸ 波立たせる.
— [自] しわが寄る ▶ começar a enrugar しわが寄り始める
— **enrugar-se** [再] ❶ しわが寄る. ❷ しわくちゃになる. ❸ 波立つ.
enrustido, da /ẽxus'tʃidu, da/ [形] [B] [話] 内気な, 内向的な.
ensaboar /ẽsabo'ax/ [他] ❶ 石けんで洗う. ❷ 叱る.
— **ensaboar-se** [再] 石けんで体を洗う.
ensacar /ẽsa'kax/ ㉙ [他] …を袋に入れる, 詰める.
*__ensaiar__ /ẽsaj'ax エンサイアーフ/ [他] ❶ **試す, 試みる** ▶ Os atletas ensaiaram uma nova jogada. 選手たちは新しい作戦を試みた.
❷ **練習させる** ▶ O maestro ensaiou a orquestra. 指揮者はオーケストラに練習させた.
— [自] **稽古する**, リハーサルを行う ▶ O grupo de teatro está ensaiando no palco agora. 劇のグループは今舞台で稽古中である.
⁑**ensaio** /ẽ'saju エンサィオ/ [男] ❶ **試み, 実験** ▶ tubo de ensaio 試験管 / O trem já atingiu a velocidade prevista no ensaio. 列車はすでに実験で予想された速度に達した.
❷ **練習**, 稽古 ▶ O ensaio do evento começa às 2 h. イベントの練習は2時に始まる.
❸ **リハーサル** ▶ ensaio geral 通し稽古, ドレスリハーサル.
❹ **試論, 随筆** ▶ Ele escreveu vários ensaios sobre João Cabral, um grande poeta brasileiro. 彼はブラジルの偉大な詩人の一人であるジョアン・カブラルに関する随筆をいくつも書いている.
ensaísta /ẽsa'ista/ [名] 随筆家, エッセイスト.
ensanguentado, da /ẽsẽgwẽ'tadu, da/ [形] 流血の, 血まみれの ▶ mãos ensanguentadas 血まみれの手.
ensanguentar /ẽsẽgwẽ'tax/ [他] ❶ 血まみれにする, 血だらけにする. ❷ 赤く染める. ❸ けがす.
— **ensanguentar-se** [再] 血まみれになる.
ensejar /ẽse'ʒax/ [他] …可能［容易］にする ▶ A participação do empregado em greve não pode ensejar sua demissão. ストライキに参加したからといって従業員を解雇することはできない
— **ensejar-se** [再] 現れる, 生じる.
ensejo /ẽ'seʒu/ [男] 機会, 好機 ▶ aproveitar o ensejo 好機を利用する / dar ensejo a... …を引き起こす.
no ensejo de... …の場合に, …の機会に.
ensinamento /ẽsina'mẽtu/ [男] ❶ 教育, 教授. ❷ 教え, 教訓 ▶ o ensinamento de Deus 神の教え.
⁑**ensinar** /ẽsi'nax エンスィナーフ/ [他] ❶ **教える** ▶ Eu ensino português numa universidade em Tóquio. 私は東京の大学でポルトガル語を教えている.
❷ 《ensinar algo a alguém》 …を…に教える ▶ ensinar português a estrangeiros ポルトガル語を外国人に教える.
❸ 《ensinar alguém a + [不定詞]》 …に…することを教える ▶ Meu pai me ensinou a andar de bicicleta. 父は私に自転車の乗り方を教えてくれた.
❹ **説明する**, 教える ▶ ensinar o caminho a alguém …に道を教える.
❺ (動物を) **訓練する** ▶ ensinar o cão a fazer as necessidades no lugar certo 正しい場所で用を足すよう犬を訓練する.
❻ **罰する** ▶ Um dia alguém vai ensinar você. いつか誰かに叱られるだろう.
— [自] 教える ▶ ensinar na universidade 大学で教える.
— **ensinar-se** [再] 独習する.
⁑**ensino** /ẽ'sĩnu エンスィーノ/ [男] **教育** ▶ ensino obrigatório 義務教育 / ensino escolar 学校教育 / ensino profissional 職業教育 / ensino público 公教育 / ensino superior 高等教育 / ensino médio 中等教育 / ensino fundamental 初等教育 / ensino a distância 通信教育 / estabelecimento de ensino 教育施設, 学校 / ensino supletivo 補充教育.
ensolarado, da /ẽsola'radu, da/ [形] 晴れた. 晴天の ▶ dia ensolarado 晴れの日 / céu ensolarado 晴天.
ensombrar /ẽsõ'brax/ [他] 暗くする, 影にする ; …に暗影を投げかける.
— **ensombrar-se** [再] 暗くなる.
ensopado, da /ẽso'padu, da/ [形] ❶ ずぶ濡れの ▶ ficar ensopado ずぶ濡れになる. ❷ 煮込みの ▶ carne ensopada 肉の煮込み.
— **ensopado** [男] シチュー, 煮込み料理 ▶ ensopado de frango チキンシチュー.
ensopar /ẽso'pax/ [他] ❶ ずぶ濡れにする, 水浸しにする ▶ A enfermeira ensopou o pano com desinfetante. 看護師は布に消毒液を含ませた.
❷ …に浸す, 吸い込ませる［+ em］▶ Ela gostava de ensopar o pão na sopa. 彼女はスープにパンを浸して食べるのが好きだった.
❸〖料理〗煮込む, スープにする ▶ ensopar a carne 肉を煮込む.
— **ensopar-se** [再] ❶ ずぶ濡れになる, 水浸しになる ▶ Ele ensopou-se na chuva. 彼は雨でずぶ濡れになった.
❷ [B] 楽勝する. ❸ [B] …と親しくなる［+ com］.
ensurdecedor, dora /ẽsuxdese'dox, 'dora/ [[複] dores, doras] [形] 耳をつんざく, 耳を聾する.
ensurdecer /ẽsuxde'sex/ ⑮ [他] ❶ …の耳をつんざく, …の耳を聾する ▶ O barulho da máquina ensurdeceu os operários. 機械の騒音で工員たちは何も聞こえなかった.
❷ (音を) 消す ▶ Fechamos as janelas para ensurdecer as buzinas. クラクションの音を遮るために窓を閉めた / Os tapetes ensurdecem os passos. カーペットは足音を消す.
— [自] ❶ 耳が聞こえなくなる.
❷ 聞こえなくなる ▶ Ocorrendo em final de palavra, essas consoantes ensurdecem. 語末に来るとそれらの子音は聞こえなくなる. ❸ …に耳を貸さない［+ a］▶ Ele ensurdecia aos pedidos de todos. 彼は皆の頼みを聞き入れなかった.
entalar /ẽta'lax/ [他] ❶ (副え木で) 固定する ▶ O

E

entalhar

médico entalou a perna fraturada. その医者は骨折した脚を副木で固定した. ❷ (狭いところに) 押し込む ▶Ele entalou a mão. 彼は (狭い所に) 手を押し込んだ. ❸ 窮地に陥らせる ▶ficar entalado 窮地に陥る, 押し込められる.
— 圁 ❶ 挟まる, 抜けなくなる. ❷ 窮地に陥る ▶Ela acabou entalando no exame. 彼女は試験で窮地に陥ってしまった.
— **entalar-se** 再 ❶ 抜けなくなる.
❷ 窮地に陥る ▶Ela entalou-se de terror. 彼女は恐怖で混乱した / Ela entalou-se de medo. 彼女は怖くて困惑した.

entalhar /ēta'ʎax/ 他 刻む, 彫る ▶entalhar madeira 木材を彫る.
— 圁 彫刻する.

entalhe /ē'taʎi/ 男 ❶ 彫刻 ▶entalhe em madeira 木彫り. ❷ 切り込み, 刻み目, 溝.

entalho /ē'taʎu/ 男 木彫り, 彫り物.

entanto /ē'tãtu/ 圖 その間に.
no entanto しかしながら ▶Ele diz que me escreveu uma carta. No entanto, eu não recebi nada. 彼は私に手紙を書いたと言うが, 私は何も受け取っていない.

então /ē'tãw̃/ 圖 ❶ 当時, その時, あの時 ▶Eu tinha então vinte anos. 私は当時20歳だった / Desde então, nunca mais o encontrei. 彼とはそれきり会っていない / até então その時まで / desde então até agora その時から今まで / a moda de então 当時の流行.
❸ それで, それだから.
❹ それでは, そういうことであれば ▶É tudo? Então, vou-me embora. これで終わりですか. それでは私は帰ります / Então, o que devo fazer? ではどうすればいいですか.
— 間 ❶ 《賞讃, 驚き》まあ, おい ▶Então, é verdade? おい, それは本当かい.
❷ 《激励, 鼓舞》さあ, ほら ▶Vamos, então. さあ行きましょう / Então, por favor. さあどうぞ.
❸ (別れのあいさつとともに) では ▶Então, até amanhã. ではまた明日 / Então, até mais tarde. では後ほど.
com que então... つまり…, すなわち….
E então? それで ▶E então, o que você fez? それで, あなたはどうしたのですか.
E essa então! なんてことだ, 信じられない.
pois então その場合は.

entardecer /ētaxde'sex/ ⑮ 圁 日が暮れる ▶No inverno, entardece mais cedo. 冬はもっと早く日が暮れる / Entardecia-lhe a vida. 人生の黄昏を迎えていた.
— 男 夕暮れ, 夕方, 日暮れ ▶ao entardecer 夕暮れに.

ente /'ēt∫i/ 男 ❶ 存在物 ▶o Ente Supremo 神 / ente público 公的機関 / ente real 実在 / ente de razão 想像上の存在. ❷ 人, 人間 ▶um ente querido 愛する人 / ente de Deus 人間 / ente pensante 思考力のある存在.

enteado, da /ēte'adu, da/ 名 継子(ままこ).

entediante /ēted3i'et∫i/ 形 《男女同形》退屈な.

entediar /ēted3i'ax/ 他 退屈させる, 飽きさせる, うんざりさせる ▶Ele entediava os ouvintes com um discurso monótono. 彼は単調な演説で聴衆を退屈させていた.
— **entediar-se** 再 退屈する ▶Ele tirou férias, entediou-se e voltou ao trabalho. 彼は休暇を取ったが退屈して仕事に戻った.

entendedor, dora /ētēde'dox, 'dora/ [複 entendedores, doras] 形 ❶ 理解力のある, 頭のよい.
❷ 精通した.
— 名 ❶ 理解する人. ❷ …に詳しい人 ▶entendedor de futebol サッカーに詳しい人.
Para bom entendedor, meia palavra basta. 諺 一を聞いて十を知る.

entender /ētē'dex/ エンテンデーフ/ 他 ❶ 分かる, 理解する ▶Não entendo o que você está dizendo. 君が言っていることは分からない / Você entendeu? 分かったかい / Eu não entendo. 私には分からない / fácil de entender 分かりやすい / difícil de entender 分かりにくい / Estou me fazendo entender? 私の言っていることが分かりますか / não entender nada de ciência 科学のことが何も分からない.
❷ 聞く ▶O rádio fazia tanto barulho que eu não entendia as palavras do pai. ラジオの音がうるさくて父の言葉が聞き取れなかった.
❸ 決める ▶Que medidas você entende tomar? どの手段を取ることにしますか.
— 圁 …について知っている [+ de] ▶Ela entende de música. 彼女は音楽のことをよく知っている.
— **entender-se** 再 ❶ 理解し合う, 意見が一致する ▶As duas empresas já se entenderam acerca do conteúdo do contrato. 両社は契約内容に関してすでに合意した / Não consigo entender-me com o chefe. 私は上司と分かり合えない / Entendemo-nos muito bem. 私たちはとてもうまくやっている. ❷ …と仲直りする [+ com].
dar a entender ほのめかす, 示唆する ▶O primeiro-ministro deu a entender que demitiria alguns ministros. 首相は何人かの大臣を更迭するとほのめかした.
entender mal 誤解する.
— 男 意見, 理解 ▶No meu entender, você vai ter muitas dificuldades em ser um bom médico. 私の意見では, 君はよい医者になるのに大いに苦労するだろう.

語法 「理解する」の意味の entender と compreender

理解した結果の知識を強調するのが entender で, 理解の過程を強調するのが compreender である.
Eu tentei compreender a razão de sua raiva, mas eu não entendi nada. 私は彼女の怒りの理由を理解しようとしたが, 何も分からなかった.

---

entendido, da /ētē'd3idu, da/ 形 (entender の

過去分詞) ❶ 合意された, 了解済みの ▶ Ficou entendido que +直説法 …ことが合意された.
❷ …に精通した, 詳しい [+ em] ▶ O jornal precisa de um jornalista entendido em economia. 新聞には経済に精通した記者が必要だ.
— 图 専門家 ▶ um entendido em informática 情報科学に精通した人物.
— **entendido** 間 分かった, いいとも ▶ Entendido? いいですか / Entendido! いいとも.
bem entendido もちろん, 当然.
dar-se por entendido 理解したことにする.
não se dar por entendido 意図していることが分からないことを示す.

*__entendimento__ /ẽtẽdʒi'mẽtu エンテンヂメント/ 男
❶ 理解 ▶ Isso está fora do meu entendimento. それは私の理解を越えている / abrir o entendimento 啓蒙する.
❷ 見解 ▶ No meu entendimento, o argumento é suficiente para o caso. 私の見解では, その件に関しての議論は十分である.
❸ 了解, 合意 ▶ chegar a um entendimento 合意に達する.
❹ 『哲学』悟性.

__enternecer__ /ẽtexne'sex/ ⑮ 他 感動させる, …の心を動かす ▶ O afeto dela me enterneceu. 彼女の愛情は私の心を動かした / O espírito de Natal enternece as pessoas. クリスマスの精神は人々を穏やかにする.
— 自 柔らかくなる.
— **enternecer-se** 再 心を動かされる.

__enterramento__ /ẽtexa'mẽtu/ 男 埋葬, 葬儀.

*__enterrar__ /ẽte'xax エンテハーフ/ 他 ❶ 埋める ▶ O cachorro gosta de enterrar objetos. 犬は物を埋めるのが好きである.
❷ 埋葬する ▶ Os mortos foram enterrados perto do mar. 亡骸は海の近くに埋葬された.
❸ 隠す ▶ A família enterrou a terrível verdade para sempre. 家族は悲惨な事実を永遠に葬り去った.
— **enterrar-se** 再 …に没頭する, 熱中する [+ em].

__enterro__ /ẽte'xu/ 男 埋葬, 葬式.

*__entidade__ /ẽtʃi'dadʒi エンチダーヂ/ 女 ❶ 本質, 実体 ▶ Você acredita que existe uma entidade sobrenatural? あなたは超自然的存在が実在すると信じますか.
❷ 組織, 機関 ▶ As entidades voluntárias trabalham muito nas horas de calamidades. ボランティア組織は災害時に大いに働く / entidade beneficente 慈善団体.

__entoação__ /ẽtoa'sẽw/ [複 entoações] 女 イントネーション, 抑揚.

__entoar__ /ẽto'ax/ 他 ❶ 響かせる, 奏でる, 歌って聞かせる ▶ Os crentes entoam hinos. 信者は賛美歌を歌う.
❷ 歌を導く, 先唱する, (歌の) 出だしを鳴らす ▶ O maestro entoou a ária para a cantora. 指揮者は歌手にアリアの出だしを奏でた.
❸ 『音楽』正しい音調に合わせる.
❹ 歌い始める ▶ A tropa entoa a canção da entrada. 群衆は入城の歌を歌い始める.
❺ …に (祈りや願いを) 表明する [+ a/para] ▶ Ela entoava súplicas à Virgem. 彼女は聖母に祈願した.
❻ …に歌を捧げる [+ a/para] ▶ O povo entoava um hino a Baco. 人々はバッカスに歌を捧げた.
❼ (仕事などを) 導く, 指揮する ▶ Ele entoou seus projetos. 彼は事業を指揮した / entoar um negócio 取り引きをまとめる.
❽ … を理解する, 気づく [+ com] ▶ Não entoa com as declinações latinas. ラテン語の語形変化が分からない.
— 自 ❶ 俗 喜ばせる, 気に入る ▶ Este assunto não me entoa. 私はその件が気に入らない.
❷ 驚いて止まる, 黙る.

__entomologia__ /ẽtomolo'ʒia/ 女 昆虫学.

__entonação__ /ẽtona'sẽw/ [複 entonações] 女 抑揚, イントネーション.

__entornar__ /ẽtox'nax/ 他 ❶ (中身を空けるために) 傾ける ▶ Ele entornou a garrafa de cerveja. 彼はビール瓶を傾けた.
❷ 注ぐ, 流す, こぼす ▶ Ao encher a xícara, ela entornou o café. 彼女はカップに注ぐときにコーヒーをこぼした.
❸ 浪費する ▶ Ele entornou todo o salário. 彼は給料を使い果たした.
— 自 ❶ こぼれる, あふれる ▶ O leite ferveu na panela e entornou. 牛乳が鍋で吹きこぼれた.
❷ (光, 香り, 音などが) 広がる, 散らばる.
— **entornar-se** 再 ❶ (光, 香り, 音などが) 広がる, 散らばる ▶ Um raio de luz entornou-se pelo salão. 光線が大広間に広がった.
❷ 危機に瀕する, 混乱する ▶ Por causa de um gesto entornou-se a velha amizade. ある行動のせいで古い友情にひびが入った.
❸ 飲みすぎる, 酔っぱらう ▶ Ele entorna-se todo o sábado. 彼は毎週土曜日に飲みすぎる.
❹ 飲み干す ▶ Ele sentou-se ao balcão e entornou três copos de vinho. 彼はカウンター席に座りワイン3杯を飲み干した.
entornar-se o caldo 失敗に終わる.

__entorpecente__ /ẽtoxpe'sẽtʃi/ 男 B 麻薬.
— 形 《男女同形》麻痺させる, 痺れる.

__entorpecer__ /ẽtoxpe'sex/ ⑮ 他 ❶ 麻痺させる ▶ O frio entorpecia-me os dedos. 寒さで指の感覚がなくなった.
❷ (動作を) 鈍らせる, 遅らせる ▶ O frio entorpeceu a borboleta. 寒さが蝶の動きを鈍らせた.
❸ 気力, 体力を失う, 弱める ▶ O cansaço entorpeceu a sua vontade. 疲労で気力を失った.
— 再 自 麻痺する, しびれる ▶ A perna entorpeceu com a posição forçada. 不自然な位置で足がしびれた.
❷ 弱る, 無気力になる ▶ Com a desnutrição o corpo entorpeceu. 栄養不足で身体が弱った.

__entorpecimento__ /ẽtoxpesi'mẽtu/ 男 ❶ 麻痺, 無感覚 ▶ a entorpecimento dos dedos 指の無感覚. ❷ 無気力.

__entorse__ /ẽ'tɔxsi/ 女 捻挫.

__entortar__ /ẽtox'tax/ 他 曲げる, ねじる ▶ entortar

metal 金属を曲げる / entortar os olhos 横目で見る．
— 自 ❶ 曲がる ▶ Os trilhos do trem entortaram por causa do calor. 鉄道のレールが暑さのせいで曲がった．❷ 首を回す ▶ Ele entortou o pescoço para ver a moça passar. 彼は若い娘が通り過ぎるのを見ようと首をまわした
— **entortar-se** 再 曲がる．

entourage /ẽto'raʒi/ 男 《フランス語》取り巻き，周囲の人々．

entrada /ĩ'trada イントラーダ/ 女 ❶ 入ること，入場 (↔ saída) ▶ Aqui a entrada de crianças é proibida. ここは子供の入場は禁止されている / entrada gratuita [livre/franca] 入場無料 / entrada proibida 立ち入り禁止．
❷ 入会, 入社, 入学 ▶ Não aceitaram sua entrada na associação, apesar do renome. 有名人であるにもかかわらず，彼の協会への入会は認められなかった．
❸ チケット ▶ Consegui a entrada para aquele show! あのコンサートのチケットを手にすることができた / meia entrada 半値のチケット．
❹ 入り口 ▶ A entrada do prédio fica logo depois do jardim. 建物の入口は庭のすぐ先にある / entrada de serviço 勝手口．
❺ 《料理》アントレ．
❻ (分割払いの)初回の支払い．
❼ (データの)インプット，入力 ▶ Não erre a entrada de dados no computador. コンピューターへのデータ入力を間違えないように．
Boas entradas よい新年を．
dar entrada ① 頭金を払う．② 公的機関に書類を提出する．③ 入る許可を与える．
dar entrada em... …を迎え入れる
de entrada 最初に，まず．

entra e sai /ĩtrai'saj/ 男《単複同形》B 切れ目のない出入り，行き来，人の出入り．

entranha /ĩ'trɐɲa/ 女 ❶ 臓腑，はらわた．
❷ 《entranhas》腹，胎内，母胎．
❸ 《entranhas》心の奥底，心情；(事物の)深奥部 ▶ as entranhas da terra 地の底．

entranhado, da /itra'nadu, da/ 形 ❶ 深く刻まれた，入り込んだ，入り込んだ ▶ uma bala entranhada no peito 胸に深く打ち込まれた弾丸 / um cheiro a tabaco entranhado na roupa 服にしみ込んだたばこの匂い．
❷ 根付いた，内に秘めた ▶ os hábitos entranhados 深く根付いた習慣 / uma paixão entranhada 内に秘めた情熱．
❸ 献身的な，熱烈な ▶ um devoto entranhado 熱烈な信者．
❹ …に没頭した，専念した，集中した [+ em] ▶ O rapaz estava tão entranhado no estudo que nem ouviu tocar a campainha. 男の子は勉強に集中していたので鐘の音に気づかなかった．

entranhar /itra'nax/ 他 ❶ (内部に) 入れる，深く差し込む [+ em] ▶ Ele entranhou a faca na fera. 彼は猛獣をナイフで刺した．
❷ しみ込ませる，定着させる，根付かせる ▶ Entranhamos a leitura em nossas vidas. 私たちは生活に読書を定着させた．
— **entranhar-se** 再 ❶ …に入り込む，分け入る [+ a/em/para] ▶ Cada vez mais nos entranhávamos na floresta. 我々は次第に森の中へと分け入った．
❷ 根付く，定着する ▶ O hábito entranhou-se na nossa vida. その習慣は我々の生活に根付いた．
❸ しみ込む ▶ Um cheiro entranhou-se nas paredes. 壁に匂いが染み付いた．
❹ …に専念する，没頭する [+ em] ▶ O menino entranhou-se na leitura. 男の子は読書に没頭した．

entrar /ĩ'trax エントラール/ 自 ❶ 入る (↔ sair) ▶ Entre, por favor. どうぞお入りください / Posso entrar? 入ってもいいですか / Vamos entrar nesse restaurante. そのレストランに入りましょう / Entrou areia no meu olho. 砂が目に入った / Será que esta mala entra no carro? このスーツケースは車に入るのだろうか / Engordei e a calça não entra mais em mim. 私は太ったので，このズボンはもう入らない / Parece que o ladrão entrou pela janela. 泥棒は窓から入ったようだ．
❷ …に加入する，加わる；参加する ▶ entrar na [para a] universidade 大学に入学する / Ele entrou para o crime. 彼は犯罪に加わった / entrar para a tropa 軍隊に入隊する．
❸ 始まる ▶ O novo ano começou com muito frio. 新年はひどい寒さで始まった．
❹ …の状態になる [+ em] ▶ Os passageiros entraram em pânico. 乗客たちはパニック状態になった．
❺ …を寄付する；…で貢献する [+ com] ▶ Entrei com dez reais. 私は10レアルを寄付した．
❻ 《情報》(サイトのページを) 開く [+ em] ▶ entrar na página principal メインページを開く．
❼ …を過度にたくさん食べる [飲む] [+ em] ▶ Ele entrou na cerveja. 彼はビールをかなりたくさん飲んだ．
entrar bem ① 快調なスタートをきる，幸先がいい ▶ O time entrou bem no campeonato. チームは選手権試合で快調なスタートを切った．② B 俗 失敗する；厄介なことになる ▶ Perdi todo meu dinheiro. Entrei bem. 私は金を全部失った，困ったことになった．

entravar /itra'vax/ 他 ❶ 足かせをかける．❷ 妨げる，邪魔する．

entrave /i'travi/ 男 ❶ 足かせ．❷ 障害，邪魔．

entre /'ẽtri エントリ/ 前 ❶ 《空間，場所》…の間に [で, の, を] ▶ a fronteira entre o Brasil e a Argentina ブラジルとアルゼンチンの国境 / Essa cidade fica entre Quioto e Osaca. その町は京都と大阪の間にある / ler entre as linhas 行間を読む / a diferença entre o português brasileiro e o português europeu ブラジルポルトガル語とヨーロッパポルトガル語の違い / O que houve entre os dois? 二人の間に何があったのですか / Esse cantor é muito popular entre os jovens. その歌手は若者の間でとても人気がある / separação entre a Igreja e o Estado 政教分離 / frase entre parênteses かっこの中の文．

❷《時間》…**の間に**［の］▶entre as duas e as três horas 2時と3時の間に / mulher com idade entre 20 e 25 anos 20歳から25歳の女性.
❸《状態》…**の間に**［で, の］, …のはざまで▶entre a vida e a morte 生と死の間に / entre os muros da prisão 獄中で. .
❹（多数の物や人）**の中から**［で, に, の］▶Ele é o mais alto entre as três pessoas. 彼は3人のうちで一番背が高い.
❺《相互関係》…**の間で**［に, の］; …同士で▶O confronto entre os moradores agravou-se. 住民間の対立が深まった / entre eu e tu = entre mim e ti 私と君の間で（[注] 前者は口語的用法）/ conversar entre homens 男同士で話す / Eles brigam entre si. 彼らはお互いにけんかしている.
❻《概 数》▶entre 1.000 e 1.500 pessoas 1000人から1500人の人 / O ingresso custa entre R$50 e R$110. 入場券は50レアルから110レアルする.
entre outras coisas とりわけ.
entre outros とりわけ.
por entre... …の間を▶Ela fugia por entre os arbustos. 彼女は茂みの間を逃げた.

entreaberto, ta /ẽtrea'bɛxtu, ta/ [形] 半開きの, 少し開いた▶porta entreaberta 半開きのドア.

entreabrir /ẽtrea'brix/《[過去分詞] entreaberto》[他] 半開きにする, わずかに開ける.
— [自] ❶ 少し開く. ❷（空が）晴れる.
— **entreabrir-se** [再] ❶ 少し開く. ❷（空が）晴れる.

entrechocar /ẽtreʃo'kax/ ㉙ [他] …をぶつけ合わせる.
— **entrechocar-se** [再] ぶつかり合う.

entrecortar /ẽtrekox'tax/ [他] 中断させる, 途切れさせる.
— **entrecortar-se** [再] 互いに交差する.

entrecruzar-se /ẽtrekru'zaxsi/ [再] 交差する.

⁑**entrega** /ĩ'trɛga イントレーガ/ [女] ❶ **配達, 引き渡し**▶fazer entregas 配達する / entrega a domicílio 宅配 / homem de entrega 配達員 / entrega de prêmios 賞の授与 / entrega de medalhas メダルの授与.
❷ 譲渡▶A entrega do terreno ocorreu há muitos anos. 土地の譲渡は何年も前に済んでいる.

⁂**entregar** /ĩtre'gax イントレガーフ/ ⑪《[過去分詞] entregado/entregue》[他] ❶ **渡す, 譲渡する**, 提出する▶Eu já entreguei o relatório ao chefe. 私はすでにレポートを上司に提出した.
❷ **配達する**▶Este carro vai entregar as mercadorias naquele supermercado. この自動車はあのスーパーマーケットに商品を配達する.
❸ **返す, 返却する**▶Devo entregar ao professor, o mais rápido possível. o livro que ele me emprestou. 先生が貸してくれた本をできるだけ早く返さないといけない.
❹ 預ける, 任せる▶Eu entreguei o filho a minha mãe. 息子を母に預けた.
— **entregar-se** [再] ❶ 降伏する▶Muitos soldados já se entregaram. たくさんの兵士がすでに降伏した.
❷ 専念する▶Naquela altura, eu me entregava aos estudos. 当時, 私は勉強に専念していた.

entregue /ĩ'trɛgi/ [形]《男女同形》(entregar の過去分詞) ❶ 引き渡された. ❷ …に没頭した［+ a］. ❸ [B] 疲れた.

entrelaçar /ẽtrila'sax/ ⑬ [他] ❶ 組み合わせる, 織り合わせる▶entrelaçar fios ひもを織り合わせる / entrelaçar as mãos 手を組み合わせる / Ela entrelaçou as ramas às grinaldas. 彼女は枝を花輪に組み合わせた / A filha entrelaçou os cabelos. 娘は髪を三つ編みにした.
❷ 混ぜる▶entrelaçar cheiros 香りを混ぜる.
— **entrelaçar-se** [再] ❶ 組み合わされる. ❷ 混ざる, 混ざり合う.

entrelinha /ẽtri'lĩɲa/ [女] 行間, 行間の書き込み▶ler nas entrelinhas 行間を読む.

entrementes /ẽtri'mẽtʃis/ [副] ❶ その間に. ❷ ところが.

entreolhar-se /ẽtrio'ʎaxsi/ [再] 互いに見つめ合う.

entreposto /ẽtri'postu/ [男] ❶ 倉庫. ❷ 貿易の中心地.

entressafra /ẽtri'safra/ [女]〖農業〗収穫期から次の収穫期までの期間.

⁂**entretanto** /ẽtri'tẽtu エントレタント/ [接] **しかしながら**▶Estudou a noite inteira. Entretanto, não se saiu bem na prova. 彼は一晩中勉強したが, 試験の結果は思わしくなかった.
— [副] その間に▶A preparação da festa acabou. Entretanto, chegaram os convidados. パーティーの準備は終わった. そうこうするうちに招待客が着いた.
— [男] **間**▶nesse［neste］entretanto その間に.
entretanto que +[直説法] …の間に, …の一方で.
no entretanto その間に; それでも▶Saiu o sol; no entretanto não esquentava. 太陽が出たが, それでも暖かくはならなかった.

entretecer /ẽtrite'sex/ ⑮ [他] ❶ 織り込む▶Ela entreteceu bordados numa toalha. 彼女は刺しゅうを掛け布に織り込んだ.
❷ …に挿入する［+ em］▶Ele entreteceu citações no discurso. 彼は演説に引用を挿入した.
❸（物語などの）筋を作る▶Ele entreteceu enredos. 彼は筋書きを作った.
— **entretecer-se** [再] 織り込まれる, 組み合わされる▶Uma grinalda entretecia-se nesse belo tecido. その美しい織物に花輪が織り込まれた.

entretempo /ẽtri'tẽpu/ [男] 合い間.
nesse［**neste**］**entretempo** その間に.

entretenimento /ẽtriteni'mẽtu/ [男] 楽しみ, 娯楽, エンターテイメント.

entreter /ẽtri'tex/ ㊲ [他] ❶ …の気をそらせる, 紛らわせる▶Ele entreteve a criança enquanto lhe dava o remédio. 彼は薬を与える間子供の気をそらせていた / entreter a fome 間食をとる.
❷ 楽しませる▶Vamos entreter o público com a música. 聴衆を音楽で楽しませよう.
❸ 保つ, 維持する▶Ele entreteve as crianças quietas por alguns instantes. 彼は子供たちをしば

らくの間おとなしくさせていた.
❹ 引き止める ▶Eles entretiveram-na em casa enquanto preparavam a festa. 彼らはパーティーの準備をしている間彼女を家に引き止めていた.
❺ (時を) 過ごす ▶Entretínhamos as noites a conversar. 私たちはおしゃべりして夜を過ごした.
— [自] 楽しみになる ▶Uma boa música sempre entretém. よい音楽は楽しみになる.
— **entreter-se** [再] ❶ 楽しむ ▶Ao jantar, ele entreteve-se com os filhos. 夕食時に彼は子供たちと楽しんでいた.
❷ 時間をつぶす.
❸ とどまる, 長居する ▶Ela entreteve-se na conversa. 彼女はずっとおしゃべりしたままだった.

entrever /ẽtri'vex/ 《[過去分詞] entrevisto》 [他] ❶ ちらりと見る, 垣間見る. ❷ 予見する.
— **entrever-se** [再] ❶ ちらりと見える. ❷ (お互いに) 会う.

***entrevista** /ẽtri'vista エントリヴィスタ/ [女] ❶ **会見, インタビュー** ▶A entrevista com o senador começa às 2 h. 上院議員の会見は2時に始まる / dar entrevista インタビューに応じる / entrevista exclusiva 独占インタビュー / entrevista coletiva 共同記者会見.
❷ **面接** ▶A terceira fase do concurso é uma entrevista com os diretores. 第三次試験は役員との面接である.

entrevistado, da /ẽtrivis'tadu, da/ [名] インタビューされる人, 面接を受ける人.

entrevistador, dora /ẽtrivista'dox, 'dora/ [[複] entrevistadores, doras] [名] インタビュー者, 面接者.
— [形] 面接する, インタビューする.

entrevistar /ẽtrivis'tax/ [他] インタビューする, 会見する, 面接する ▶entrevistar o primeiro-ministro 首相にインタビューする.
— **entrevistar-se** [再] …と面会する [+ com] ▶O réu tem o direito de entrevistar-se com seu advogado antes do interrogatório. 被告は尋問の前に弁護士に面会する権利がある.

entristecer /ĩtriste'sex/⑮ [他] 悲しませる ▶Me entristece vê-lo assim. 彼のあのような状態を見ると悲しくなる.
— [自] 悲しむ, 悲しくなる.
— **entristecer-se** [再] 悲しむ, 悲しくなる.

entroncamento /ĩtrõka'mẽtu/ [男] 接続点, 合流点.

entroncar /ĩtrõ'kax/ ㉙ [他] ❶ …とつなげる, 接続する [+ com/em] ▶Ele entroncou uma história com a outra. 彼は一つの話を別の話につなげた.
❷ …に挿入する, 含める [+ em] ▶Ele entroncou críticas em seu discurso. 彼は自分の演説に批判を込めた.
❸ 強くする, 強靭(きょうじん)にする ▶A natação entroncou a criança. 水泳で子供は丈夫になった.
— [自] ❶ (道が) …とつながる, 接続する [+ com] ▶Esta estrada entronca com a rodovia. この道は高速道路とつながっている. ❷ 幹になる, 太くなる.
— **entroncar-se** [再] ❶ 幹になる, 太くなる ▶A árvore ainda não se entroncou. 木はまだ太くなっていない.
❷ (家系が) …とつながる [+ em] ▶A família dele entronca-se na família real. 彼の家系は王家とつながっている.

entropia /ĩtro'pia/ [女] 〖物理〗 エントロピー.

entrosar /ĩtro'zax/ [他] ❶ …を…に順応させる, 適応させる, なじませる [+ com/em].
❷ 整理する, 組織する ▶Ele entrosou uma equipe de futebol. 彼はサッカーチームを作った.
❸ (歯車を) かみ合わせる.
❹ はめ込ませる.
— [自] ❶ 慣れる, なじむ, 順応する, 適応する.
— **entrosar-se** [再] ❶ 馴れる, なじむ, 順応する, 適応する ▶Ele já vive aqui há um tempo, mas ainda não se entrosou. 彼はすでにここで暮らしてしばらくするが, まだ慣れていない.
❷ はめ込む.

entrudo /ĩ'trudu/ [男] 水や粉, 卵, ペンキなどを投げ合う昔のカーニバルの遊び.

entulhado, da /ẽtu'ʎadu, da/ [形] …でいっぱいになった, 満員になった [+ de] ▶entulhado de coisas 物でいっぱいの.

entulhar /ẽtu'ʎax/ [他] ❶ (農産物を) 倉庫に詰め込む. ❷ …でいっぱいにする [+ de].
— **entulhar-se** [再] …でいっぱいになる [+ de].

entulho /ẽ'tuʎu/ [男] ❶ がれき. ❷ がらくた.
entulho autoritário 独裁政権の遺物.

entupido, da /ẽtu'pidu, da/ [形] 詰まった ▶O cano está entupido. 管が詰まっている / estar com o nariz entupido 鼻が詰まっている.

entupir /ẽtu'pix/ ㉔ [他] 詰まらせる, ふさぐ ▶entupir artérias 動脈を詰まらせる.
— [自] 詰まる.
— **entupir-se** [再] ❶ 詰まる. ❷ …をたくさん食べる [飲む] [+ de].

enturmar-se /ẽtux'maxsi/ [再] [B] …と友人になる [+ com] ▶Como se enturmar com novos colegas de trabalho? 職場の新しい同僚とどうやって友人になるか.

entusiasmado, da /ẽtuziaz'madu, da/ [形] 夢中になった, 熱狂した ▶Eu estou entusiasmado com a festa. 私はパーティーで興奮している / deixar alguém entusiasmado …をわくわくさせる.

entusiasmar /ẽtuziaz'max/ [他] 熱狂させる, 興奮させる.
— **entusiasmar-se** [再] …に熱狂する, 興奮する [+ com/por].

***entusiasmo** /ẽtuzi'azmu エントゥズィアズモ/ [男] **熱狂, 感激** ▶O entusiasmo do palestrante conquistou a plateia. 講演者の熱弁は観客を釘付けにした / com entusiasmo 熱心に, 熱狂的に / sem entusiasmo 気乗りせずに / O entusiasmo tomou conta dos torcedores presentes no estádio. 熱狂はスタジアムにいたサポーターを覆い尽くした.

entusiasta /ẽtuzi'asta/ [名] ファン, 熱狂的愛好者, マニア ▶um entusiasta de novas tecnologias 新しいテクノロジーが好きな人.
— [形] 《男女同形》 …に夢中になった [+ de/por].

entusiasticamente /ẽtuzi,astʃika'mẽtʃi/ [副]

熱烈に，熱狂的に．

entusiástico, ca /ẽtuzi'astʃiku, ka/ [形] 熱烈な，熱狂的な ▶ apoio entusiástico 熱烈な支持．

enumeração /enumera'sɐ̃w̃/ [[複] enumerações] [女] ❶ 列挙，枚挙，数え上げること．❷ 一覧表．

enumerar /enume'rax/ [他] 列挙する，数え上げる ▶ Vou enumerar os produtos que quero comprar. 私は買いたい品物を列挙するつもりだ / Por favor, enumere os problemas de seu carro. あなたの車の具合が悪いところを一つ一つおっしゃってください．

enunciação /enũsia'sɐ̃w̃/ [[複] enunciações] [女] 発表，発話，陳述．

enunciado /enũsi'adu/ [男] 発話，陳述，発表．

enunciar /enũsi'ax/ [他] 表明する，述べる ▶ O cientista enunciou as conclusões de sua pesquisa. 科学者は自らの研究の結論を発表した．

envaidecer /ẽvajde'sex/ ⑮ [他] 高慢にする，うぬぼれさせる ▶ O sucesso nunca o envaideceu. 成功しても彼は決してうぬぼれることはなかった．

— **envaidecer-se** [再] うぬぼれる ▶ Ela se envaideceu com os elogios que recebeu. 彼女は称賛を受けて得意になった．

envelhecer /ẽveʎe'sex/ ⑮ [他] 老けさせる，老けて見せる ▶ O trabalho sob o sol envelheceu sua pele. 彼は陽の当たる場所で働いたので肌が老化した / O tempo envelhece as cores vivas da pintura. 絵画の鮮やかな色が時間とともにあせる．

— [自] ❶ 老いる，年を取る ▶ Envelheci rapidamente. 私は瞬く間に年を取った．

❷ 古くさくなる，流行遅れになる，すたれる ▶ O hábito de usar chapéu envelheceu. 帽子をかぶる習慣は時代遅れになった．

❸ 長くとどまる ▶ Alguns produtos envelhecem nas prateleiras do supermercado. スーパーの棚で売れ残る品物もある．

envelhecimento /ẽveʎesi'mẽtu/ [男] 老化，高齢化 ▶ O envelhecimento da população é hoje um fenômeno universal. 人口の高齢化は今日世界的な現象だ．

envelope /ẽve'lɔpi/ [男] 封筒 ▶ abrir um envelope 封筒を開ける / envelope de janela 窓付き封筒．

envenenar /ẽvene'nax/ [他] ❶ …に毒を入れる ▶ envenenar a comida 食べ物に毒を入れる．

❷ 汚染する．

❸ 害する，損なう，害する．

❹ [B] (馬力を上げるために車を) 改造する．

— **envenenar-se** [再] ❶ 毒をあおる．❷ 中毒になる．

enveredar /ẽvere'dax/ [自] 向かう，進む ▶ enveredar por um caminho 小道を歩く / enveredar pela carreira de ator 俳優の道を歩む．

envergadura /ẽvexga'dura/ [女] ❶ (鳥や飛行機の) 翼の幅．

❷ 重要性，規模 ▶ operação militar de grande envergadura 大規模な軍事作戦 / um projeto desta envergadura この規模の計画．

❸ 能力，適性 ▶ não ter envergadura para... …する能力がない，…に向いていない．

envergar /ẽvex'gax/ ⑪ [他] ❶ 曲げる．❷ (服を) 着る．

— [自] 曲がる．

— **envergar-se** [再] 曲がる．

envergonhado, da /ẽvexgo'ɲadu, da/ [形] ❶ 《estar/ficar envergonhado》 …を恥じている ▶ Estou envergonhado com a maneira como me comportei ontem. 私は昨日の自分のふるまいを恥ずかしく思う / Estou envergonhado comigo mesmo. 私は自分自身が恥ずかしい．

❷ 《ser envergonhado》 恥ずかしがり屋な，内気な ▶ Ele é demasiado envergonhado. 彼は極度な恥ずかしがり屋だ．

❸ 人目を忍ぶ，隠れた ▶ pobreza envergonhada 隠れた貧困．

envergonhar /ẽvexgo'ɲax/ [他] …に恥をかかせる，…の面目をつぶす ▶ O escândalo envolvendo padres envergonhou a Igreja. 神父を巻き込んだスキャンダルは教会の面目を失墜させた．

— **envergonhar-se** [再] …を恥ずかしく思う，恥じる [+ de] ▶ envergonhar-se de si mesmo 自分自身を恥ずかしく思う / Não me envergonho do que fiz. 私は自分のしたことを恥じていない / envergonhar-se de + [不定詞] …ことを恥ずかしく思う．

envernizar /ẽvexni'zax/ [他] ❶ …にニスを塗る．❷ つやを出す．

enviado, da /ẽvi'adu, da/ [形] 送られた，派遣された．

— [名] 派遣された人，使者，使節 ▶ enviado especial 特派員．

★★★**enviar** /ẽvi'ax エンヴィアーフ/ [他] ❶ **送る，発送する** ▶ enviar um e-mail 電子メールを送る / enviar encomendas 注文品を送る / enviar uma carta aos pais 両親に手紙を送る．

❷ **派遣する** ▶ enviar um embaixador 大使を派遣する．

envidraçado, da /ẽvidra'sadu, da/ [形] ❶ ガラス張りの．❷ (目が) 曇った ▶ os olhos envidraçados de lágrimas 涙に曇った目．

envilecer /ẽvile'sex/ ⑮ [他] ❶ 卑しくする，品位を落とす．

❷ …の価値を下げる，安くする．

— **envilecer-se** [再] ❶ 卑しくなる．❷ 価値が下がる．

envio /ẽ'viu/ [男] ❶ 送ること，派遣 ▶ envio de tropas 部隊の派遣．

❷ 発送，送付；発送荷物，送金 ▶ envio de mercadorias 商品の発送 / envio de dinheiro 送金．

envolta /ẽ'vowta/ [女] 混乱．

de envolta 混乱して．

de envolta com... …と同時に

na envolta de... …のさなかで．

envoltório /ẽvow'tɔriu/ [男] 包み，包装，包装紙，カバー．

envolvente /ẽvow'vẽtʃi/ [形] 《男女同形》 ❶ 包む，囲む，包囲する ▶ meio envolvente 周辺環境．

❷ 没頭させる，やめられない ▶ livro envolvente 読み始めたらやめられない本．

❸ 魅力的な ▶ sorriso envolvente 魅力的な笑顔．

envolver /ẽvow'vex エンヴォゥヴェーフ/ [他] 《[過去分詞] envolvido/envolto》 ❶ 包む, すっぽり覆う.
❷ …に巻き込む, 巻き添えにする [+ em].
❸ 含む, 内包する ▶Este trabalho envolve uma série de riscos. この仕事は一連のリスクを抱えている.
— **envolver-se** [再] ❶ …に巻き込まれる [+ em] ▶Ele acabou envolvendo-se no caso. 彼は事件に巻き込まれてしまった.
❷ …と関わりを持つ [+ com] ▶envolver-se com drogas 薬物に手を出す.
❸ …と恋愛関係になる, つきあう [+ com].
❹ 身を包む.
estar envolvido até o pescoço 危険にさらされている.

envolvido, da /ẽvow'vidu, da/ [形] ❶ …に包まれた, 巻かれた ▶A perna foi envolvida numa faixa. 足はベルトで巻かれた.
❷ …に関わった, 関与した [+ em] ▶Ela estava envolvida em um projeto cinematográfico. 彼女はある映画のプロジェクトに関わっていた / Ele foi envolvido no crime. 彼は犯罪に巻き込まれた.
❸ …で忙しい [+ com].

envolvimento /ẽvowvi'mẽtu/ [男] ❶ 関与, かかわっていること ▶uma mulher suspeita de envolvimento no tráfico de drogas 麻薬取引への関与を疑われている女性. ❷ 男女関係.

enxada /ẽ'ʃada/ [女] ❶ 鍬(くわ). ❷ 稼業, 生業.
pegar na enxada 働く, 農作業をする.

enxadrista /ẽʃa'drista/ [名] チェス選手, チェスをする人.
— [形] 《男女同形》 チェスの.

enxaguada /ẽʃagu'ada/ [女] すすぎ, ゆすぎ.

enxaguar /ẽʃagu'ax/ ④ [他] すすぐ, ゆすぐ；軽く洗う.

enxame /ẽ'ʃẽmi/ [男] ❶ ミツバチの群れ. ❷ 大群, 多数.

enxaqueca /ẽʃa'keka/ [女] 〖医学〗偏頭痛 ▶ter [estar com] enxaqueca 片頭痛がする / sofrer de enxaqueca 片頭痛を患う.

enxergar /ẽʃex'gax/ ⑪ [他] ❶ かすかに見える ▶Não enxergo nada sem óculos. 眼鏡がなければ何も見えない.
❷ 遠くに見る, かいま見る ▶Consegui enxergá-los, apesar da multidão na minha frente. 目の前に群衆がいたが, 彼らを遠くに見ることができた.
❸ 気付く, 察する ▶Ela enxergou uma certa desfaçatez na sua atitude. 彼女は彼の振る舞いにある厚かましさを感じた.
❹ 予見する, 察する ▶No começo do jogo, ele já enxergava a vitória de seu time. 試合の始めからすでに自分のチームの勝利を予見していた.
❺ 判断する, 理解する ▶É difícil para ela enxergar meus motivos. 彼女が私の意図を理解することは難しい.
enxergar dobrado ① 物が二重に見える. ② 酔っている.
enxergar longe 先見の明がある.
não se enxergar [B] 自分のことが分かっていない.

enxertar /ẽʃex'tax/ [他] ❶ …に接ぎ木する. ❷ 挿入する, 入れる.
— **enxertar-se** [再] はまる, 入る.

enxerto /ẽ'ʃextu/ [男] ❶ 接ぎ木. ❷〖医学〗移植 ▶enxerto de pele 皮膚移植.

enxofre /ẽ'ʃofri/ [男] 〖化学〗硫黄.

enxotar /ẽʃo'tax/ [他] 追い払う, 排除する.

enxoval /ẽʃo'vaw/ [[複] enxovais] [男] (嫁入りや新生児, 入寮のための) 支度一式, 身の回り品 ▶o enxoval da noiva 新婦の嫁入り道具一式.

enxugar /ẽʃu'gax/ ⑪ 《[過去分詞] enxugado/enxuto》 [他] ❶ 乾かす, 干す.
❷ 飲み干す ▶enxugar o copo 杯を空ける.
❸ 拭く ▶enxugar as lágrimas 涙を拭く / enxugar o suor do rosto 顔の汗を拭く / enxugar as despesas 経費を削減する / enxugar os quadros de funcionários 人員を削減する.
— [自] 乾く.
— **enxugar-se** [再] 乾く, 自分の体を乾かす.

enxurrada /ẽʃu'xada/ [女] ❶ 濁流, 激流. ❷ 大量 ▶uma enxurrada de produtos 大量の製品.

enxuto, ta /ẽ'ʃutu, ta/ [形] ❶ 乾いた, 乾燥した. ❷ スリムな, ほっそりした.

enzima /ẽ'zĩma/ [女] 酵素.

enzimático, ca /ẽzi'matʃiku, ka/ [形] 酵素の.

eólico, ca /e'ɔliku, ka/ [形] 風の, 風力の ▶energia eólica 風力発電.

épica[1] /'ɛpika/ [女] 叙事詩.

epicentro /epi'sẽtru/ [男] 〖地質〗震央.

épico, ca[2] /'ɛpiku, ka/ [形] ❶ 叙事詩の, 叙事詩的な. ❷ 英雄的な, 雄々しい.

epidemia /epide'mia/ [女] 流行病, 疫病；(病気の) 流行 ▶epidemia de gripe インフルエンザの流行.

epidémico, ca /epi'ðɛmiku, kɐ/ [形] [P] = epidêmico

epidêmico, ca /epi'dẽmiku, ka/ [形] [B] (病気が) 流行性の, 伝染性の ▶doença epidêmica 流行病.

epiderme /epi'dɛxmi/ [女] 〖解剖〗表皮, 上皮.

epidérmico, ca /epi'dɛxmiku, ka/ [形] 表皮の.

Epifania /epifa'nia/ [女] 〖カトリック〗公現祭 (東方の三博士のキリスト礼拝を記念する日；1月6日).

epígrafe /e'pigrafi/ [女] ❶ 碑名, 碑文. ❷ 銘句 (書物の巻頭や章の冒頭の短い引用句).

epigrama /epi'grẽma/ [男] ❶ 風刺詩. ❷ 警句, 毒舌, 辛辣な言葉.

epilepsia /epilepi'sia/ [女] 〖医学〗てんかん.

epiléptico, ca /epi'lɛpitʃiku, ka/ [形] 〖医学〗てんかんの.
— [名] てんかん患者.

epilético, ca /epi'lɛtʃiko, ka/ [形] = epiléptico

epílogo /e'pilogu/ [男] ❶ (小説や戯曲の) 終章, エピローグ. ❷ (事件の) 終局, 結末.

episcopado /episko'padu/ [男] 〖カトリック〗❶ 司教の職 [任期]. ❷ 司教団.

episcopal /episko'paw/ [[複] episcopais] [形] 司教の.

episódico, ca /epi'zɔdʒiku, ka/ [形] ❶ 挿話の, エピソード風の. ❷ 一時的な.

episódio /epi'zɔdʒiu エピゾーヂオ/ [男] ❶ エピソー

ド, 挿話, 挿話的な出来事 ▶ O episódio da confissão é o clímax desta obra. 告白の挿話はこの作品のクライマックスである / Aquele episódio é inesquecível. あのエピソードは忘れがたい.

❷ (シリーズ物の) 1 回分 ▶ o primeiro episódio 第1回 / o último episódio 最終回.

epistemologia /epistemolo'ʒia/ 囡【哲 学】認識論.

epistemológico, ca /epistemo'lɔʒiku, ka/ 形 認識論の, 認識論的な.

epístola /e'pistola/ 囡 ❶ (Epístola)【聖書】使徒書簡 ▶ Epístola aos Romanos ローマの信徒への手紙. ❷ 書簡, 書状.

epistolar /episto'lax/ [複 epistolares] 形《男女同形》書簡の, 手紙の ▶ literatura epistolar 書簡文学.

epitáfio /epi'tafiu/ 男 墓碑銘, 墓誌.

epíteto /e'pitetu/ 男 ❶【文法】付加形容詞. ❷ あだ名.

epítome /e'pitomi/ 男 要約, 梗概.

época /'ɛpoka エポカ/ 囡 ❶ (歴史上の) 時代 ▶ época dos descobrimentos 発見の時代 / na época colonial 植民地時代に / na época da ditadura militar no Brasil ブラジルの軍事独裁時代に / na época da Guerra Fria 冷戦時代に.

❷ 時期, 頃 ▶ naquela época 当時, その頃 / Faz frio nessa época do ano. 1年のこの時期は寒い.

❸ 季節 ▶ época natalícia クリスマスの季節 / época das chuvas 雨季 / época da seca 乾季 / fora de época 季節外れの.

de época 時代物の ▶ instrumento de época 古楽器.

fazer época 一時代を築く.

epopeia /epo'peja/ 囡 ❶ 叙事詩. ❷ 英雄的偉業.

equação /ekwa'sẽw/ [複 equações] 囡 等式, 方程式 ▶ resolver uma equação 方程式を解く / equação de primeiro grau 一次方程式 / equação de segundo grau 二次方程式.

equacionar /ekwasio'nax/ 他 ❶ 解決する ▶ equacionar um problema 問題を解く. ❷ 等式にする ▶ equacionar reações 反応を式にする.

equador /ekwa'dox/ 男 ❶ 赤道. ❷ (Equador)《国名》エクアドル.

equalização /ekwaliza'sẽw/ [複 equalizações] 囡 均一化, 均等化.

equalizador, dora /ekwaliza'dox, 'dora/ [複 equalizadores, doras] 形 均一にする.

— equalizador 男 イコライザー.

equalizar /ekwali'zax/ 他 均等にする, 均一にする.

equânime /e'kwẽnimi/ 形 公平な.

equatorial /ekwato'rjaw/ [複 equatoriais] 形 赤道の ▶ zona equatorial 赤道地帯.

equatoriano, na /ekwatori'ẽnu, na/ 形 名 エクアドルの (人).

equestre /e'kwɛstri/ 形《男女同形》❶ 馬術の, 乗馬の. ❷ 騎馬の ▶ estátua equestre 騎馬像.

equidade /ekwi'dadʒi/ 囡 公正, 公平.

equidistante /ekwidʒis'tẽtʃi/ 形《男女同形》等距離の.

equilátero, ra /ewki'lateru, ra/ 形 等辺の ▶ triângulo equilátero 二等辺三角形.

equilibrado, da /ekili'bradu, da/ 形 ❶ 釣り合いの取れた, 調和の取れた ▶ dieta equilibrada バランスの取れた食事. ❷ 分別のある, 平静な.

equilibrar /ekili'brax/ 他 釣り合わせる, 均衡させる ▶ Ela equilibra a bandeja. 彼女はお盆のバランスを取る / Ele tentava equilibrar seu temperamento explosivo. 彼はすぐかっとなる気性のバランスをとろうと努力していた / É importante equilibrar os temperos ao preparar um prato. 料理を作るときには味のバランスを取ることが大切だ.

— equilibrar-se 再 釣り合いを保つ ▶ Equilibrava-se na corda bamba. 彼は綱の上でバランスを保っていた.

equilíbrio /eki'libriu エキリブリオ/ 男 ❶ 均衡, つりあい, バランス ▶ O equilíbrio na alimentação é indispensável para se viver bem. 栄養バランスは健康な生活には不可欠である / manter o equilíbrio バランスを保つ / perder o equilíbrio バランスを失う / equilíbrio de forças 勢力均衡 / ponto de equilíbrio 損益分岐点.

❷ 安定, 落ち着き ▶ É importante ter equilíbrio emocional. 感情が安定していることは大切である.

❸ 自制, 分別 ▶ agir com equilíbrio 分別をもって行動する.

equilibrista /ekili'brista/ 名 (綱渡りなどの) 曲芸師, 軽業師.

— 形《男女同形》曲芸師の, 軽業師の.

equino, na /e'kwinu, na/ 形 名 馬の.

equinócio /eki'nɔsiu/ 男【天文】春分, 秋分, 昼夜平分点 ▶ equinócio de primavera 春分 / equinócio de outono 秋分.

equipa /e'kipɐ/ 囡 P チーム, 組.

equipagem /eki'paʒẽj/ [複 equipagens] 囡 ❶《集合的》乗組員, 乗務員. ❷ 随行員.

equipamento /ekipa'mẽtu エキパメント/ 男 ❶ 装備すること ▶ O equipamento do navio foi realizado às pressas. 船の装備は急いで行われた.

❷ 装備, 備品 ▶ equipamento de som 音響装置 / equipamento de mergulho 潜水用具 / equipamento para pesca 釣り道具.

equipar /eki'pax/ 他 …を装備させる ▶ Equipamos os soldados para a guerra. 我々は戦争のために兵士たちを装備させた.

— equipar-se 再 装備する ▶ Equipei-me o melhor que pude para escalar a montanha. 私は山に登るために最良の装備をした.

equiparação /ekipara'sẽw/ [複 equiparações] 囡 同一化, 均一化 ▶ equiparação salarial 賃金の同一化.

equiparar /ekipa'rax/ 他 同等に扱う, 同一にする ▶ A lei equipara a união estável ao casamento. 法律は同棲を結婚と同等に扱っている / O governo equiparou o salário de todos os servidores. 政府はすべての職員の給料を同一にした.

— equiparar-se 再 同一に扱われる ▶ De acordo com a lei, os documentos digitalizados não se equiparam aos documentos originais. 法律により，デジタル化された書類は原本と同等には取り扱われない.

*equipe /e'kipi エキーピ/ [女] [B] ❶ チーム ▶uma equipe de futebol サッカーチーム / A equipe brasileira de basquete pode chegar à final este ano. ブラジルのバスケットチームは今年決勝に進むかもしれない / companheiro [colega] de equipe チームメート.
❷ 組，チーム ▶uma equipe de peritos 専門家チーム / uma equipe de dez pessoas 10人のチーム / A equipe técnica daquele teatro é eficiente. あの劇場の技術チームは優れている.
em equipe チームで ▶trabalhar em equipe チームで仕事をする.

equitação /ekita'sɐ̃w̃/ [[複] equitações] [女] 馬術，乗馬 ▶praticar equitação 乗馬をする.

equitativo, va /ekita'tʃivu, va/ [形] 公平な，公正な ▶tratamento equitativo 公平な扱い.

equivalência /ekiva'lẽsia/ [女] 同等，等価，等値.

*equivalente /ekiva'lẽtʃi エキヴァレンチ/ [形]《男女同形》…に相当する，同等の [+ a] ▶Esse valor em dólares é equivalente a mil reais. そのドル表示の額は千レアルに相当する.
— [男] 等価のもの.

equivaler /ekiva'lex/ ⑱ [自] …と同等である，…に相当する [+ a] ▶Antigamente, 1 dólar equivalia a 360 ienes. 昔は1ドル360円だった.
— **equivaler-se** [再] 同等である，甲乙つけがたい ▶As habilidades de ambos os jogadores se equivalem. 両選手の才能は甲乙つけがたい.

equivocado, da /ekivo'kadu, da/ [形] 間違った，誤った ▶Eu acho que você está equivocado. 君は間違っていると思う / se não estou equivocado もし私が間違っていなければ.

equivocar-se /ekivo'kaxsi/ ㉙ [再] 間違える ▶Equivoquei-me ao confiar em você. 私があなたを信頼したのは間違いだった.

equívoco, ca /e'kivoku, ka/ [形] ❶ 曖昧な，両義の，多義の ▶resposta equívoca どうにでも取れる返事. ❷ 疑わしい.
— **equívoco** [男] ❶ 間違い，誤り ▶cometer um equívoco 間違える / É um equívoco achar que tudo precisa ser detalhado em lei. 法律にはあらゆることが詳しく書かれていなければならないと考えるのは間違っている.
❷ 誤解.

ER 《略語》 espera resposta お返事をお待ちしています.

era[1] /'ɛra/ [女] ❶ 時代，時期 ▶era do gelo 氷河期 / era da informação 情報化時代 / Nós vivemos na era da globalização. 私たちはグローバル化時代に生きている.
❷ 紀元 ▶era cristã キリスト紀元，西暦.
de eras passadas 過去の，昔の.
de outras eras 昔の.
em passadas eras かつて.

era[2] [活用] ⇒ ser

eram [活用] ⇒ ser

éramos [活用] ⇒ ser

erário /e'rariu/ [男] 公庫，国庫，公金.

ereção /ere'sɐ̃w̃/ [[複] ereções] [女] ❶ 建立，創設，設立. ❷ 勃起.

erecto, ta /e'rektu, ta/ [形] = ereto

eremita /ere'mita/ [名] 隠者，世捨て人，隠遁者.

ereto, ta /e'rɛtu, ta/ [形] 直立した ▶postura ereta 直立姿勢.

ergonomia /exgono'mia/ [女] 人間工学，エルゴノミクス.

ergonómico, ca /ɛrgu'nɔmiku, kɐ/ [形] [P] = ergonômico

ergonômico, ca /exgo'nõmiku, ka/ [形] [B] 人間工学の.

*erguer /ex'gex エフゲーフ/ ㉕ [他] ❶ 上げる，挙げる ▶Vamos erguer as mãos para expressar a nossa decisão. 我々の決意を表すために，手を挙げよう.
❷ 建てる ▶A construtora ergueu aquele edifício em pouco tempo. その建設会社は短期間であの建物を建てた.
❸ (頭などを) 上げる ▶Erga a cabeça e siga em frente. 頭を上げて立ち向かえ / erguer os ombros 肩をすくめる.
❹ (声を) 上げる，大きくする ▶Não adianta erguer a voz nesta situação. この状況で声を張り上げても仕方ない.
— **erguer-se** [再] 立ち上がる ▶Todos se ergueram com a entrada do presidente. 社長が入ってきたので全員立ち上がった.

eriçar /eri'sax/ ⑬ [他] (髪を) 逆立てる
— **eriçar-se** [再] (髪が) 逆立つ.

erigir /eri'ʒix/ ② 《[過去分詞] erigido/ereto》 [他] ❶ 立てる，建てる，建立する ▶erigir um monumento 記念碑を建てる. ❷ 創設する，築く.

ermida /ex'mida/ [女] ❶ 人里離れたところにある礼拝堂. ❷ 小教会.

ermitão, tã /exmi'tɐ̃w̃, tɐ̃/ [[複] ermitões, tãs] [名] 隠者，世捨て人.

ermo, ma /'exmu, ma/ [形] 人気(ひとけ)のない，寂しい.
— **ermo** [男] 人里離れたところ，僻地.

erógeno, na /e'rɔʒenu, na/ [形] 性的興奮を起こす ▶zonas erógenas 性感帯.

erosão /ero'zɐ̃w̃/ [[複] erosões] [女] 浸食，風化，摩滅 ▶erosão pluvial 雨による浸食 / erosão eólica 風化.

erosivo, va /ero'zivu, va/ [形] 浸食の，風化の，腐食性の ▶processo erosivo 浸食過程.

erótico, ca /e'rɔtʃiku, ka/ [形] 官能的な，性愛の，エロティックな ▶pose erótica 扇情的なポーズ / poesia erótica 恋愛詩.

erotismo /ero'tʃizmu/ [男] エロティシズム，性愛，官能性.

erradamente /eˌxada'mẽtʃi/ [副] 間違って，誤って.

erradicação /exadʒika'sɐ̃w̃/ [[複] erradicações] [女] 根絶やし，根絶，撲滅.

erradicar /exadʒi'kax/ ㉙ [他] ❶ 根こそぎにする. ❷ 根絶する，撲滅する ▶erradicar a violência contra a mulher 女性に対する暴力を根絶する.

errado, da

errado, da /eˈxadu, da エハード, ダ/ 形 ❶ 間違った (←→ certo) ▶ Garçom, esta conta está errada. ボーイさん、この会計は間違っています/ Você está errado. 君は間違っている/ Não há nada de errado nisso. それは何も間違っていない.

❷ 誤った ▶ Se o seu filho estiver no caminho errado, deverá conversar com ele. もしあなたの息子が誤った道にいたら、彼と話し合わないといけないだろう.

❸ 倫理に反した ▶ É errado faltar com o respeito aos outros. 他人に敬意を払わないのは倫理に反している.

dar errado 失敗する ▶ O plano de venda deu errado. 販売計画は失敗に終わった.

errante /eˈxẽtʃi/ 形《男女同形》放浪する, 流浪する, 渡り歩く ▶ existência errante 放浪生活.

‡**errar** /eˈxax エハーフ/ 他 ❶ …を間違える ▶ errar o caminho 道を間違える/ errar uma questão 誤答する.

❷ (的などを)外す ▶ errar o alvo 的を外す/ errar o tiro 狙いを外す.

— 自 ❶ 間違える, 過ちを犯す ▶ Errar é humano. 人間は間違えるものだ. ❷ さまよう.

errata /eˈxata/ 女 正誤表.

erre /ˈexi/ 男 文字 r の名称.

‡**erro** /ˈexu エーホ/ 男 ❶ 間違い, 誤り ▶ cometer [fazer] um erro 間違える/ corrigir um erro 間違いを直す/ erro de ortografia 綴りの間違い/ erro de cálculo 計算間違い/ erro de digitação 誤植.

❷ 過失, 落ち度 ▶ erro médico 誤診/ erro humano ヒューマンエラー.

❸ 誤差 ▶ margem de erro 誤差の範囲.

cair no erro 誤りに陥る.

erro crasso ひどい間違い, 子供がやるような間違い.

erro de ofício 職務上のミス.

salvo erro 間違えがなければ.

Salvo erro ou omissão. 誤記・脱落はこの限りにあらず.

errôneo, nea /eˈxɔniu, niɐ/ 形 [P] = errôneo

errôneo, nea /eˈxõniu, nia/ 形 [B] 間違った, 誤りの ▶ interpretação errônea 間違った解釈.

erudição /erudʒiˈsẽw/ [複 erudições] 女 学識, 博識 ▶ erudição literária 文学に関する学識/ um homem de vasta erudição 学識豊かな男性.

erudito, ta /eruˈdʒitu, ta/ 形 博識な, 博学な, 物知りの ▶ música erudita クラシック音楽.

— 名 学識豊かな人.

erupção /erupiˈsẽw/ [複 erupções] 女 ❶《地質》噴火 ▶ vulcão em erupção 噴火中の火山/ entrar em erupção 噴火する. ❷ 噴出, 勃発. ❸《医学》発疹, 吹き出物.

‡**erva** /ˈexva エフヴァ/ 女 ❶ 草; 牧草 ▶ ervas medicinais 薬草/ erva daninha 雑草/ Erva Ruim cresce muito. 圏 (雑草はよく伸びる→) 憎まれっ子世にはばかる.

❷ ハーブ ▶ ervas aromáticas 香りのよいハーブ.

❸ 俗 マリファナ.

❹ 俗 金銭 ▶ cheio da erva 金持ちの.

erva-cidreira /ˌexvasiˈdrejra/ [複 ervas-cidreiras] 女《植物》レモンバーム, コウスイハッカ, セイヨウヤマハッカ.

erva-doce /ˌexvaˈdosi/ [複 ervas-doces] 女《植物》アニス.

ervanário, ria /exvaˈnariu, ria/ 形 薬草に詳しい.

— **ervanário** 男 薬草商, 薬草店.

ervilha /exˈviʎa/ 女《植物》エンドウ.

ES《略語》Estado do Espírito Santo エスピリト・サント州.

esbanjar /izbẽˈʒax/ 他 浪費する, 無駄遣いする ▶ esbanjar dinheiro 金を浪費する/ esbanjar alegria 喜びを爆発させる.

esbarrar /izbaˈxax/ 自 ❶ …と衝突する, ぶつかる ▶ O carro esbarrou contra o muro. 車は壁に激突した.

❷ …と偶然に出会う [+ com] ▶ Ao entrar no ônibus, ele esbarrou com o professor. バスに乗った時彼は偶然に先生と出会った.

❸ (問題などに)出くわす [+ com] ▶ Ele esbarrou com um problema insolúvel. 彼は難問に遭遇した.

❹ B … と対決する [+ com] ▶ Ele esperava uma nova oportunidade de esbarrar com o rival. 彼はライバルと対決する新たな機会を待ち望んでいた.

— 他 ❶ B 突然馬を止める, 馬の手綱を引く ▶ Ao ver a criança, o cavaleiro esbarrou o cavalo. 子供を見て騎士は馬を止めた.

❷ B 投げつける, ぶつける [+ a/contra] ▶ Ele esbarrou o homem à parede. 彼は男を壁に突き飛ばした.

— **esbarrar-se** 再 B ひしめき合う, ひじで突き合う.

esbarrondar /izbaxõˈdax/ 他 崩す, 崩壊させる ▶ Uma onda esbarrondou o castelo de areia. 波が砂の城を崩した.

— 自 突撃する ▶ Ele esbarrondou no salão cheio de gente. 彼は人であふれた広間に突撃した.

— **esbarrondar-se** 再 ❶ 崩れる ▶ O pudim esbarrondou-se. プリンが崩れた.

❷ 失敗する ▶ Esbarrondava-se naquela falência o sonho de anos. 破産により長年の夢が破れた.

esbater /izbaˈtex/ 他 ❶ ぼかす, 陰影をつける, 淡くする ▶ O pintor esbateu os pontos azuis de sua pintura. 画家は絵の青い部分をぼかした.

❷ 浮き彫りにする.

— **esbater-se** 再 淡くなる, 薄くなる ▶ A importância esbateu-se com o tempo. その重要性は時と共に薄れた.

esbelteza /izbewˈtes/ 女 ほっそりしていること, すらりとしていること.

esbelto, ta /izˈbewtu, ta/ 形 ほっそりした, すらりとした ▶ corpo esbelto すっきりした体.

esboçar /izboˈsax/ ⑬ 他 ❶ 素描する, スケッチする. ❷ (計画の)草案を作る ▶ esboçar um plano 計画の草案を作る.

esboço /izˈbosu/ 男 ❶ 素描, スケッチ, 下書き.

❷ 草案. ❸ 概要.
fazer um esboço 素描する, スケッチする.

esbodegar /izbode'gax/ ⑪ [他] ❶ 壊す, 駄目にする ►A criança esbodegou o brinquedo. 子供はおもちゃを壊した.
❷ 浪費する ►Ele esbodegou o salário em um dia. 彼は1日で給料を使い果たした.
❸ [B] 構わない, 不注意になる.
— **esbodegar-se** [再] ❶ 疲れる.
❷ だらける, 大の字になる.
❸ 酔う.
❹ [B] いら立つ.

esbórnia /iz'bɔxnia/ [女] 乱痴気騒ぎ, ばか騒ぎ ; 乱交.

esboroar /izboro'ax/ [他] 粉々にする, 粉砕する ►Ela esboroou a côdea de pão com os dedos. 彼女は指でパンの皮を粉々にした.
— [自] 崩れる, 粉々になる.
— **esboroar-se** [再] 崩れる, 粉々になる ►O prédio esboroou-se como se fosse um castelo de areia. その建物はまるで砂の城のように崩れた.

esborrachar /izboxa'ʃax/ [他] ❶ 踏みつぶす, 押しつぶす ►Ele esborrachou a barata com o pé. 彼は足でゴキブリを踏みつぶした.
❷ 殴る ►O boxeador esborrachou o rosto do adversário. ボクサーは相手の顔を殴った.
— **esborrachar-se** [再] 潰れる, 打ち付ける ►O carro esborrachou-se ao bater no poste. 車は柱にぶつかり潰れた.

esbranquiçado, da /izbrẽki'sadu, da/ [形] ❶ 白っぽい ►um aspecto esbranquiçado 白っぽい外見.
❷ 青白い ►Ela estava esbranquiçada devido à doença. 彼女は病気で青白かった.
❸ 色あせた.

esbravejar /izbrave'ʒax/ [自] ❶ …に対して怒りの声を上げる [+ contra] ►Ele esbravejou contra a injustiça social. 彼は社会の不公平に対し声を上げていた. ❷ 激怒する.
— [他] 怒って言う.

esbregue /iz'brɛgi/ [男] [B] ❶ 叱責, 非難 ►Ele recebeu um esbregue do chefe. 彼は上司から叱責を受けた.
❷ 混乱 ►O show acabou em esbregue. コンサートは混乱のうちに終わった.

esbugalhado, da /izbuga'ʎadu, da/ [形] (眼が) 大きく開いた ►De olhos esbugalhados, ele gritou. 彼は眼をむいて叫んだ.

esbugalhar /izbuga'ʎax/ [他] (眼を) 大きく開く
— **esbugalhar-se** [再] (眼が) 大きく開く ►Os seus olhos esbugalharam-se de espanto. 彼の眼は驚きで大きく見開いていた.

esburacar /izbura'kax/ ㉙ [他] …に穴を開ける, 穴だらけにする.
— **esburacar-se** [再] (穴が) 開く, 穴だらけになる.

escabeche /iska'bɛʃi/ [男] 魚や肉を漬け込むマリネソース.

escabroso, sa /iska'brozu, 'brɔza/ [形] ❶ でこぼこの, ❷ ざらざらの. ❸ 困難な.

⋆**escada** /is'kada イスカーダ/ [女] ❶ **階段** ►subir a escada 階段を上がる / descer a escada 階段を降りる / cair da escada 階段から落ちる / escada rolante エスカレーター / escada de incêndio 非常用階段 / escada em caracol らせん階段 / escada da fama 名声への階段 / Suba por aquela escada e depois vire à esquerda. あの階段を上がって, 次に左に曲がりなさい.
❷ はしご.

escadaria /iskada'ria/ [女] 大階段.

escadote /iska'dɔtʃi/ [男] 脚立.

escafandrista /iskafẽ'drista/ [名] 潜水夫.

escafandro /iska'fẽdru/ [男] 潜水服.

⁑**escala** /is'kala イスカーラ/ [女] ❶ **目盛り ; 規準**, 縮尺 ►em escala natural 実物大の / em escala de um para dez 10点満点で, 10段階評価で, 10分の1の縮尺で / mapa na escala de um para mil 千分の1の縮尺の地図.
❷ **段階** ►escala móvel de salários 賃金のスライド制.
❸ **規模** ►em escala mundial 世界規模で / em grande [larga] escala 大規模に / em pequena escala 小規模に / em escala industrial 大規模に / economia de escala 規模の経済.
❹ escala de Richter 〖物理〗リヒター・スケール, マグニチュード ►um terremoto de 8,9 graus na escala de Richter マグニチュード8.9の地震
❺ 〖音楽〗音階 (= escala musical) ►escala cromática 半音階.
❻ (船や飛行機の) 寄港 (地) ►fazer escala em... …に寄港する, 立ち寄る.
escala de serviço 勤務表.
escala social 社会階層.
por escala シフト制で, 交代制で.

escalação /iskala'sɐ̃w̃/ [[複] escalações] [女] ❶ (選手の) 選考 ►escalação da seleção brasileira ブラジル代表チームの選手選考. ❷ 登攀(とうはん).

escalada /iska'lada/ [女] ❶ ロッククライミング, 岩壁登攀(とうはん) ►escalada livre フリークライミング.
❷ 増加, 増大, 激化, エスカレーション ►escalada dos preços 物価の上昇 / escalada da violência 暴力の激化.

escalão /iska'lɐ̃w̃/ [[複] escalões] [男] ❶ (階段の) 段. ❷ 地位, 階級 ►de alto escalão 地位の高い.
segundo escalão 第二階級, 第二段階.

escalar /iska'lax/ [他] ❶ 登る, よじ登る ►escalar os degraus do sucesso 成功の階段を上る.
❷ 選考する, 選ぶ ►escalar o time チームを選ぶ.

escaldante /iskaw'dẽtʃi/ [形] 《男女同形》暑い, 酷暑の ►calor escaldante うだるような暑さ.

escaldar /iskaw'dax/ [他] ❶ (湯気や蒸気で) 火傷させる.
❷ 熱湯につける, 熱湯消毒する ►Ela escaldou todas as louças da cozinha. 彼女は台所の食器をすべて熱湯にくぐらせた.
❸ 高温にする, 熱くする ►O sol escaldava a pele. 太陽が皮膚を暑くした.
❹ 乾燥させる, 不毛になる ►O verão quente escaldava a terra. 暑い夏で土地は乾燥していた.
❺ 煮込む ►Ela escaldava o peixe. 彼女は魚を煮

込んでいた.
❻ 興奮させる, 刺激する ▶ A lembrança da humilhação escaldava sua cabeça. 屈辱の思い出が彼の頭に血を昇らせた.
❼ 罰する, 懲らしめる ▶ A mãe escaldou o menino com umas chineladas. 母親はスリッパでたたいて男の子を懲らしめた.
— [自] 熱くなる, 高温になる.
— escaldar-se [再] ❶ 熱くなる, 高温になる ▶ A sua testa escaldava-se com a febre. 彼女の額は熱で熱くなっていた.
❷ 火傷する ▶ Ele escaldou-se em água muito quente. 彼は熱湯で火傷した.

escalonar /iskalo'nax/ [他] ❶ 段階的に行う ▶ O governo vai escalonar o piso salarial dos professores. 政府は教師の最低賃金を段階的に引き上げるだろう. ❷ (兵を) 間隔を置いて配置する.

escalope /iska'lɔpi/ [男] 《フランス語》 エスカロープ, 薄切り肉 (の料理).

escama /is'kẽma/ [女] (魚の) うろこ ; うろこ状のもの, 鱗片.

escamoso, sa /iska'mozu, 'mɔza/ [形] うろこに覆われた, うろこ状の.

escamotear /iskamote'ax/ ⑩ [他] ❶ 隠す, 隠蔽(いんぺい)する ▶ escamotear a verdade 真実を隠す. ❷ くすねる, 盗む.
— escamotear-se [再] こっそり逃げ出す.

escancarado, da /iskẽka'radu, da/ [形] 全開になった.

escancarar /iskẽka'rax/ [他] ❶ 全開する. ❷ さらけ出す, 見せる, 公開する.
— escancarar-se [再] 全開する.

escandalizar /iskẽdali'zax/ [他] 憤慨させる, …のひんしゅくを買う ▶ A declaração do candidato escandalizou os eleitores. 候補者の表明は有権者のひんしゅくを買った.
— escandalizar-se [再] 憤慨する ▶ O pesquisador escandalizou-se com as diferenças entre ricos e pobres. 研究者は裕福な人と貧しい人の格差に憤った.

***escândalo** /is'kẽdalu イスカンダロ/ [男] ❶ **大騒ぎ, 騒動** ▶ fazer um escândalo 騒ぎを起こす.
❷ **スキャンダル, 醜聞** ▶ escândalo político 政治スキャンダル / Os políticos sempre estão envolvidos em escândalos. 政治家はいつもスキャンダルに巻き込まれている.
❸ **言語道断**, 恥ずべきこと ▶ É um escândalo! けしからんことだ / Morrer de fome é um escândalo. 餓死するなどということはあってはならないことだ.

escandaloso, sa /iskẽda'lozu, 'lɔza/ [形] 破廉恥な, 言語道断な, 醜聞の ▶ comportamento escandaloso 言語道断な振る舞い.

Escandinávia /iskẽdʒi'navia/ [女] 《地名》 スカンジナビア.

escandinavo, va /iskẽdʒi'navu, va/ [形] [名] スカンジナビアの (人).

escangalhar /iskẽga'ʎax/ [他] 壊す, 破壊する.
— escangalhar-se [再] 壊れる ▶ O brinquedo escangalhou-se em poucas horas. おもちゃはすぐに壊れた.

escanteio /ikẽ'teju/ [男] [B] 〖サッカー〗 コーナー, コーナーキック.
jogar para escanteio 窮地を脱する, 解放される.

escapada /iska'pada/ [女] ❶ さぼり, エスケープ. ❷ ちょっとした遠出 ▶ uma escapada de fim de semana 週末の小旅行.
dar uma escapada ① こっそり逃げる. ② 浮気する.

escapamento /iskapa'mẽtu/ [男] ❶ 排気管, 排気, 排気ガス. ❷ 漏れ ▶ escapamento de gás ガス漏れ.

****escapar** /iska'pax イスカパーフ/ [自] ❶ **…から逃げる, 脱出する** [+ de/a] ▶ escapar do perigo 危険を逃れる / escapar da prisão 脱獄する / escapar de um assalto 強盗から逃げる / escapar da justiça 司法の手から逃れる.
❷ **生き延びる**, 生き残る, 生存する ▶ escapar do acidente 事故から生還する.
❸ (記憶から) **抜け落ちる** ▶ O nome me escapa. 名前が出てこない.
❹ 露見する, 明るみに出る.
❺ (水やガスが) 漏れる.
❻ 落ちる ▶ escapar das mãos de alguém …の手から落ちる.
❼ …に見逃される [+ a] ▶ Nada escapa a estes olhos. この目は何も見逃さない.
— escapar-se [再] 逃げる, 脱出する.
deixar escapar algo …を漏らす, 取り逃がす ▶ deixar escapar o segredo 秘密を漏らす / deixar escapar uma boa oportunidade 好機を逃す.
escapar de uma boa 困難から脱却する.
escapar pela tangente 命からがら逃げる.
escapar por um fio [triz] 危ういところで難を逃れる.

escapatória /iskapa'tɔria/ [女] 言い訳, 言い逃れ, 口実.
sem escapatória 逃げ道なしに, 否応なしに, 選択の余地なく.

escape /is'kapi/ [男] ❶ 逃げる方法, 逃げ道, 逃亡 ▶ escape da realidade 現実からの逃避.
❷ 排気 ▶ tubo de escape 排気管.
❸ (ガスや液体の) 漏れ ▶ escape de gás ガス漏れ.

escapismo /iska'pizmu/ [男] 現実逃避.

escaramuça /iskara'musa/ [女] 小競り合い, 局地戦 ; けんか.

escaravelho /iskara'veʎu/ [男] 〖昆虫〗 コガネムシ.

escarlate /iskax'latʃi/ [形] 《男女同形》 深紅色の, 緋色の.
— [男] 深紅色, 緋色.

escarlatina /iskaxla'tʃĩna/ [女] 〖医学〗 猩紅(しょうこう)熱.

escarnecer /iskaxne'sex/ ⑮ [他] からかう.
— [自] …をからかう [+ de].

escárnio /is'kaxniu/ [男] 愚弄, 嘲笑.

escarpa /is'kaxpa/ [女] 急斜面, 急勾配.

escarpado, da /iskax'padu, da/ [形] 険しい, (坂が) 急な.

escarro /iska'xu/ [男] 痰.

E

escassear /iskase'ax/ ⑩ [自] 足りない，不足する ▶ O tempo escasseia. 時間が足りない.

escassez /iska'ses/ [女] 不足，欠乏 ▶ a escassez de água 水不足.

*__escasso, sa__ /is'kasu, sa イスカーソ，サ/ [形] **乏しい，不足した** ▶ Água: recurso escasso ou abundante? 水資源は不足しているか，豊富にあるか / Tempo escasso é uma coisa comum nos dias atuais. 昨今，時間が足りないのはよくあることだ / A colheita deste ano foi muito escassa. 今年の収穫は凶作だった.

E

escatologia /eskatolo'ʒia/ [女] ❶ 糞尿譚，糞便学，スカトロジー. ❷ 終末論.

escatológico, ca /eskato'lɔʒiku, ka/ [形] ❶ スカトロジーの，糞便学の，糞尿譚の. ❷ 終末論の.

escavação /iskava'sɐ̃w̃/ [[複] escavações] [女] ❶ 穴を掘ること，掘削，発掘. ❷ 穴.

escavadeira /iskava'dejra/ [女] 掘削機.

escavar /iska'vax/ [他] ❶ 掘る ▶ escavar um túnel トンネルを掘る. ❷ 調査する.

__esclarecer__ /isklare'sex イスクラレセーフ/ ⑮ [他] ❶ **…を明らかにする，解明する，説明する ▶ esclarecer a situação 状況を明らかにする / esclarecer uma dúvida 疑惑を解明する / esclarecer o caso 事件を解明する.

❷ …に説明する ▶ Ele esclareceu os alunos sobre os malefícios do alcoolismo. 彼はアルコール中毒の害について生徒たちに説明した.

— **esclarecer-se** [再] 明らかになる ▶ O mistério já se esclareceu. 秘密が明らかになった.

esclarecido, da /isklare'sidu, da/ [形] ❶ 解明された. ❷ 教養のある，開明な ▶ déspota esclarecido 啓蒙専制君主.

esclarecimento /isklaresi'mẽtu/ [男] 解明，説明.

esclerose /iskle'rɔzi/ [女]〖医学〗硬化（症）.

escoamento /iskoa'mẽtu/ [男] 排水，排水のための斜面.

escoar /isko'ax/ [他] ❶（液体を）流す ▶ Construímos um canal para escoar a água do lago. 湖の水を流すために私たちは水路を作った.

❷（商品などを）流通させる，売る ▶ Eles conseguiram escoar toda a produção para os países da União Europeia. 彼らはすべての商品を欧州連合諸国で売りさばくことができた.

— [自] ❶（液体が）流れる ▶ Com a pia entupida, a água não escoava. 流し台が詰まって水が流れなかった.

❷（交通が）流れる ▶ O trânsito escoou melhor à tarde. 交通は午後のほうがスムーズに流れた.

❸（時が）過ぎる.

❹ 消える，消散する.

❺ 逃げる.

— **escoar-se** [再] ❶（液体が）流れる.

❷（交通が）流れる.

❸（時が）過ぎる ▶ As férias escoaram-se rapidamente. 休暇は早く過ぎて行った.

❹ 消える，消散する ▶ A saúde escoa-se à medida que envelhecemos. 老いるにしたがい，健康は損なわれる.

❺ 逃げる.

escol /is'kɔw/ [[複] escóis] [男] 最良のもの，エリート，精髄，華.

de escol 最上級の，高級な.

***__escola__ /is'kɔla イスコーラ/ [女] ❶ **学校** ▶ ir à escola 学校に行く / aprender na escola 学校で学ぶ / escola particular 私立学校 / escola pública 公立学校 / escola primária 小学校 / escola secundária 中等学校 / escola de ensino médio 高校 / escola maternal 幼稚園 / dias de escola 学生時代.

❷（学校の）**授業，教育** ▶ A escola começa às 9 h. 学校は9時に始まる / depois da escola 放課後に.

❸ escola de samba エスコーラ・ジ・サンバ，サンバチーム（カーニバルのパレードに参加するグループ）.

❹ …学校，…教室 ▶ escola de belas-artes 美術学校 / escola de línguas 外国語学校 / escola de dança ダンス教室 / escola de culinária 料理学校 / escola de judô 柔道の道場.

❺ **流派，学派** ▶ a escola de Platão プラトン学派.

❻ 修行［学習］の場；手本 ▶ a escola da vida 人生という学校.

fazer escola 一派を成す，信奉者［追従者］を生む.

escolado, da /isko'ladu, da/ [形] [話] ❶ 抜け目のない. ❷ 経験を積んだ.

escolar /isko'lax/ [[複] escolares] [形]《男女同形》学校の，学校教育に関する ▶ ano escolar 学校年度 / atividades escolares 学校行事 / idade escolar 就学年齢 / material escolar 学用品.

— [名] 生徒，学生.

escolaridade /iskolari'dadʒi/ [女] 通学，就学，学歴 ▶ escolaridade obrigatória 義務教育 / baixa escolaridade 低学歴.

escolarização /iskolariza'sɐ̃w̃/ [[複] escolarizações] [女] 就学 ▶ taxa de escolarização 就学率.

escolarizar /iskolari'zax/ [他] 就学させる.

escolástico, ca /isko'lastʃiku, ka/ [形] ❶ スコラ哲学の. ❷ 衒学的な.

— **escolástico** [男] スコラ哲学者.

— **escolástica** [女] スコラ哲学.

__escolha__ /is'koʎa イスコーリャ/ [女] ❶ **選択；えり好み ▶ fazer uma escolha 選択する / Ele fez uma boa escolha. 彼はいい選択をした / A escolha foi difícil. 選択は難しかった / Não tem escolha. 選択の余地はない / múltipla escolha 多項選択 / escolha de Sofia 二者択一を迫られること.

❷ **選挙** ▶ A escolha do candidato será feita em junho. 候補者選挙は6月にあるだろう.

❸ 正しい選択をする能力；鑑識力.

❹ [B] 質の悪いコーヒーや穀物.

escolha de Sofia 苦渋の選択（同名の小説・映画のタイトルから）.

***__escolher__ /isko'ʎex イスコリェーフ/ [他] ❶ **選ぶ，選択する** ▶ escolher palavras 言葉を選ぶ / escolher uma profissão 職業を選択する.

❷ **選別する** ▶ escolher frutas 果物を選別する.

❸ 選挙する.

— [自] 選択する，選ぶ ▶ Ele tem que escolher en-

tre ficar ou voltar para o seu país. 彼は留まるか国へ戻るかを決めなければならない.
escolher a dedo 厳選する.
escolhido, da /isko'ʎidu, da/ [形] (escolher の過去分詞) ❶ 選ばれた ▶ o povo escolhido 選民.
❷ 選りすぐりの ▶ textos escolhidos 選文集.
— [名] ❶ 選ばれた人, 選ばれたもの. ❷ 恋人.
escolho /is'koʎu/ [男] 暗礁,
escolta /is'kɔwta/ [女] 護衛, 護送; 随員, 護衛団, 護送隊, 護衛艦.
escoltar /iskow'tax/ [他] ❶ 護衛する, 護送する.
❷ 随行する, お伴する.
escombros /is'kõbrus/ [男・複] がれき.
esconde-esconde /is,kõdʒis'kõdʒi/ [男] 《単複同形》 [B] かくれんぼ ▶ brincar de esconde-esconde かくれんぼをする.
***esconder** /iskõ'dex イスコンデーフ/ [他] **隠す** ▶ esconder a verdade 真実を隠す / esconder o rosto 顔を隠す / Ele roubou o dinheiro e escondeu-o no sótão. 彼は金を盗み屋根裏に隠した / Não tenho nada a esconder. 私は隠すべきことはない.
— **esconder-se** [再] **隠れる** ▶ A criança escondeu-se embaixo da mesa. 子供は机の下に隠れた / esconder-se da polícia 警察から身を隠す.
esconderijo /iskõde'riʒu/ [男] 隠れ家, 隠し場所.
escondidas /iskõ'dʒidas/ [女・複] 《次の成句で》
às escondidas こっそり, 隠れて.
escondido, da /iskõ'dʒidu, da/ [形] (esconder の過去分詞) 隠された.
esconjurar /iskõʒu'rax/ [他] ❶ (悪霊や悪魔を) 追い払う, 取り除く ▶ Ele esconjurou o demônio. 彼は悪魔払いをした.
❷ (悪いものを) 遠ざける, 回避する ▶ Ela esconjurou seus maus pensamentos. 彼女は悪い考えを退けた.
❸ ののしる, 罵倒する, 呪う ▶ Ele esconjurava o vizinho. 彼は隣人を呪った.
❹ 《esconjurar alguém + [不定詞] / esconjurar a alguém que + [接続法]》 …するように命じる,
❺ 誓う, 約束する.
— **esconjurar-se** [再] 不満を言う ▶ Ele vivia toda a vida a esconjurar-se. 彼は生涯不満を言いながら過ごした.
esconso, sa /is'kõsu, sa/ [形] ❶ 斜めの, 傾いた ▶ um prédio esconso 傾いた建物. ❷ 隠された, 隠れた ▶ por motivos esconsos 隠れた理由で.
— **esconso** [男] ❶ 傾斜 ▶ Ela disfarçou o esconso das paredes com o armário. 彼女は壁の傾きを戸棚で隠した.
❷ 角, 片隅 ▶ Ela escondeu o gato no esconso sob a escada. 彼女は階段の下の片隅に猫を隠した.
❸ (天井が斜めになった) 屋根裏部屋, 物置.
❹ 隠れ場, 奥まった場所 ▶ Ela escondia-se no esconso do quarto. 彼女は部屋の奥まったところに隠れた.
❺ 奥底 ▶ nos esconsos da alma 心底, 心の奥底.
às esconsas こそこそと.
de esconso 斜めに.
escopo /is'kopu/ [男] ❶ 標的. ❷ 狙い, 目的.
escora /is'kora/ [女] 支柱, 支え.
escoramento /iskora'mẽtu/ [男] 支え.
escorar /isko'rax/ [他] ❶ 支える ▶ escorar um muro 壁を支える.
❷ もたせかける, たてかける ▶ Escorou a cabeça no muro. 塀に頭を持たせかける.
❸ 依拠する, 基づく.
❹ [B] 待ち伏せる.
❺ [B] 持ちこたえる, 抵抗する.
— **escorar-se** [再] ❶ 支えられる, もたれかかる ▶ Ele se escora numa bengala. 彼は杖で体を支える. ❷ 準拠する, 基づく.
escore /is'kɔri/ [男] 〖スポーツ〗 スコア, 得点 ▶ Qual foi o escore? スコアはいくつでしたか.
escória /is'kɔria/ [女] ❶ 〖金属〗 鉱滓(こうさい), スラグ.
❷ くず, かす ▶ a escória da sociedade 社会のくず.
escoriação /iskoria'sɐ̃w̃/ [[複] escoriações] [女] すりむき, すり傷.
escorpiano, na /iskoxpi'ɐ̃nu, na/ [形] さそり座の ▶ Sou escorpiano. 私はさそり座だ.
— [名] さそり座生まれの人.
escorpião /iskoxpi'ɐ̃w̃/ [[複] escorpiões] [男] ❶ 〖動物〗 さそり. ❷ 《Escorpião》 《天文》 さそり座.
escorraçar /iskoxa'sax/ ⑬ [他] 追い出す, 追い払う ▶ O pai escorraçou o namorado da filha. 父親は娘の恋人を追い返した.
escorredor /iskoxe'dox/ [[複] escorredores] [男] 水切り, 水切りかご.
escorrega /isko'xɛga/ [男] 滑り台.
escorregadela /iskoxega'dɛla/ [女] ❶ 滑ること.
❷ 失敗, へま.
escorregadio, dia /iskoxega'dʒiu, 'dʒia/ [形] 滑りやすい, つるつるした.
escorregador /iskoxega'dox/ [[複]escorregadores] [男] 滑り台.
escorregão /iskoxe'gɐ̃w̃/ [[複] escorregões] [男] ❶ 滑ること. ❷ 過ち, 失策.
escorregar /iskoxe'gax/ ⑪ [自] ❶ 滑る ▶ Ele pisou uma casca de banana e escorregou. 彼はバナナの皮を踏んで足を滑らせた.
❷ 滑りやすい ▶ Ela passou tanta cera que o chão escorregava muito. 彼女がたくさんワックスをかけたので床はとても滑りやすかった.
❸ 過ちを犯す, 失策する.
❹ 悪習に陥る [+ em] ▶ Ainda jovem, ele escorregou na jogatina. まだ若いうちに彼は賭け事にはまった.
❺ (時が) 速く過ぎる ▶ As horas escorregam despercebidas. 時は気づかれぬうちに速く過ぎていく.
❻ 口を滑らせる.
❼ [B] 大げさに言う.
escorreito, ta /isko'xejtu, ta/ [形] ❶ 正しい ▶ um português escorreito 正しいポルトガル語. ❷ 完璧な, 欠点のない. ❸ 容姿の整った.
escorrer /isko'xex/ [他] ❶ …の水分を切る ▶ Ele escorreu o macarrão. 彼はパスタの水を切った.
❷ 滴らせる, 流す ▶ As feridas escorriam sangue negro. 傷口が黒い血を滴らせていた.
— [自] 滴る, 流れる ▶ O suor escorria pelo corpo.

escoteiro, ra

汗が身体から滴っていた.

escoteiro, ra /isko'tejru, ra/ 形 名 ボーイスカウト [ガールスカウト] の (団員).
de escoteiro 手ぶらで.

escotilha /isko'tʃiʎa/ 女〖船舶〗昇降口, ハッチ.

☆**escova** /is'kova/ イスコーヴァ/ 女 ブラシ ▶ escova de dente 歯ブラシ / escova de cabelo ヘアブラシ / escova progressiva 髪をまっすぐにするブラシ / fazer escova (髪を) ブローする, ブローしてもらう.

escovar /isko'vax/ 他 ❶ ブラシをかける；(歯を) 磨く ▶ escovar os cabelos 髪にブラシをかける / escovar os dentes 歯を磨く. ❷ たたく. ❸ 強く非難する.

escovinha /isko'viɲa/ 女 小さなブラシ.
à escovinha (髪が) ショートカットの.

escravatura /iskrava'tura/ 女 奴隷制, 奴隷貿易.
escravatura branca 白人売春婦の人身売買.

escravidão /iskravi'dẽw/ 女 〚複 escravidões〛 ❶ 奴隷制度, 奴隷身分 ▶ a época da escravidão 奴隷制の時代. ❷ 隷属状態.

escravização /iskraviza'sẽw/ 女 〚複 escravizações〛 奴隷化.

escravizar /iskravi'zax/ 他 ❶ 奴隷にする. ❷ 隷属させる. ❸ 虜にする.
— **escravizar-se** 再 隷属する.

***escravo, va** /is'kravu, va/ イスクラーヴォ, ヴァ/ 名 奴隷 ▶ Ele se tornou um verdadeiro escravo do trabalho. 彼はまさに仕事の奴隷と化した.
escravas brancas 白人売春婦.
escravo do dever ① 欠かさずに義務を履行する人. ② 会社の奴隷, 社畜.

escrete /is'kretʃi/ 男 選抜チーム, 代表チーム ▶ escrete de ouro 黄金チーム.

escrevente /iskre'vẽtʃi/ 名 書記, 筆記者 ▶ escrevente juramentado 代筆人.

☆**escrever** /iskre'vex/ イスクレヴェーフ/《過去分詞 escrito》 他 ❶ 書く ▶ escrever um livro 本を書く / escrever um poema 詩を書く / escrever um e-mail 電子メールを書く / escrever uma carta para o Papai Noel サンタクロースに手紙を書く / escrever à mão 手で書く / escrever que +直説法 …と書く, 書いて知らせる.
❷ 作曲する ▶ Ele já escreveu muitas músicas. 彼はもうたくさんの曲を書いた.
— 自 書く ▶ saber escrever 字が書ける / Ela escreve bem. 彼女は字が上手だ / escrever em português ポルトガル語で書く / escrever à mão 手で書く.
— **escrever-se** 再 ❶ 書かれる, 綴られる ▶ Como se escreve essa palavra? その単語はどう書きますか.
❷ 互いに手紙を書く ▶ Eles se escrevem. 彼らは互いに手紙のやり取りをしている.
Escreveu, não leu, o pau comeu. うそついたら針千本飲ます.

escrevinhador, dora /iskreviɲa'dox, 'dora/ 〚複 escrevinhadores, doras〛 名 三文文学家.

☆**escrita¹** /is'krita/ イスクリータ/ 女 ❶ 著述, 著作 ▶ escrita criativa 創作.

❷ 筆跡, 手書き文字.
❸ 帳簿, 簿記 ▶ fazer a escrita contábil 帳簿をつける.

***escrito, ta²** /is'kritu, ta/ イスクリート, タ/ 形 (escrever の過去分詞) 書かれた ▶ língua escrita 書き言葉 / prova escrita 筆記試験 / Está escrito. 明白だ, これが事実だ, 決まっている / estar escrito na face 顔に書いてある.
— **escrito** 男 ❶ 書類, 文書. ❷ 著作物, 作品.
por escrito 書面で.

☆**escritor, tora** /iskri'tox, 'tora/ イスクリトーフ, トーラ/ 〚複 escritores, toras〛 名 作家, 著述家 ▶ o estilo de um escritor 作家の文体 / Ele é um dos maiores escritores brasileiros. 彼は最も偉大なブラジル人作家の一人だ / a profissão de escritor 著述業.

☆**escritório** /iskri'tɔriu/ イスクリトーリオ/ 男 ❶ 事務所, オフィス ▶ escritório de advocacia 弁護士事務所 / escritório de contabilidade 会計事務所 / trabalho de escritório 事務 / funcionário de escritório 事務員.
❷ 書斎.

escritura /iskri'tura/ 女 ❶ 証書, 証文；契約書 ▶ escritura de compra e venda 売買証書 / escritura pública 公正証書 / passar escrituras 不動産登記する. ❷ Sagradas Escrituras = Escrituras Sagradas 聖書.

escrituração /iskritura'sẽw/ 〚複 escriturações〛 女 帳簿, 簿記 ▶ escrituração por partidas simples 単式簿記 / escrituração por partidas dobradas 複式簿記.

escrivaninha /iskriva'niɲa/ 女 机, ライティングデスク.

escrivão, vã /iskri'vẽw, 'vẽ/ 〚複 escrivães, vãs〛 名 公証人.

escroto /is'krotu/ 男 〖解剖〗陰嚢(のう).

escrúpulo /is'krupulu/ 男 ❶ ためらい ▶ sem escrúpulo 平然と, はばかることなく / homem sem escrúpulo 非情な男. ❷ 細心, 綿密 ▶ com escrúpulo 細心の注意を払って.

escrupulosamente /iskrupu,lɔza'mẽtʃi/ 副 ❶ 良心的に, 誠実に. ❷ 細心綿密に.

escrupuloso, sa /iskrupu'lozu, 'lɔza/ 形 ❶ 良心的な, 誠実な.
❷ 細心の, 細心な, きちょうめんな ▶ um exame escrupuloso 綿密な検査.

escrutínio /iskru'tʃiniu/ 男 ❶ 投票. ❷ 投票箱.
❸ 精密な調査, 精査.

escudar /isku'dax/ 他 ❶ …を盾で守る. ❷ 保護する, 守る.
— **escudar-se** 再 ❶ 自分を守る. ❷ …に基づく [+ em].

escudo /is'kudu/ 男 ❶ 盾.
❷ 《比喩的》盾, 守り ▶ servir de escudo 盾になる.
❸ 盾型の紋章.
❹ エスクード (ポルトガルの旧通貨単位).
levantar escudos 防御態勢をとる.

esculachado, da /iskula'ʃadu, da/ 形 ❶ 汚い, しわくちゃになった. ❷ 散らかった.
❸ 俗 打ちのめされた. ❹ 罵られた.

esculachar /iskula'ʃax/ 他 ❶ 打ちのめす. ❷ からかう. ❸ 激しく非難する.

esculacho /isku'laʃu/ 男 B ❶ 打ちのめし, 殴打. ❷ 叱責, 非難. ❸ 混乱, 無秩序.

esculhambação /iskuʎẽba'sẽw̃/ [複 esculhambações] 女 B ❶ 台無しにすること. ❷ 無秩序, 混乱 ▶Era impressionante a esculhambação do quarto. 部屋の混乱は目も当てられないほどだった. ❸ 叱責 ▶Ele levou uma esculhambação do pai. 彼は父親の叱責をうけた.

esculhambado, da /iskuʎẽ'badu, da/ 形 ❶ 混乱した. ❷ 破れた. ❸ 退廃した.

esculhambar /iskuʎẽ'bax/ 他 B ❶ 叱責する, 強く非難する, 面目を潰す. ❷ 混乱させる ▶O novo secretário esculhambou o arquivo. 新しい秘書は資料をごちゃごちゃにした. ❸ 駄目にする, 台無しにする ▶Eles esculhambaram o jardim. 彼らは庭を台無しにした.

esculpir /iskuw'pix/ 他 ❶ 彫る, 彫刻する ▶esculpir uma estátua 像を彫刻する. ❷ 刻む, 刻みつける.
—自 彫刻する.

escultor, tora /iskuw'tox, 'tora/ [複 escultores, toras] 名 彫刻家.

escultura /iskuw'tura/ 女 彫刻, 彫刻作品 ▶escultura em mármore 大理石彫刻.

escultural /iskuwtu'raw/ [複 esculturais] 形《男女同形》彫刻の, 彫刻のような ▶corpo escultural 彫刻のような体.

escumadeira /iskuma'dejra/ 女 あくすくい.

escuras /es'kuras/《次の成句で》
às escuras ① 暗い ▶O edifício todo ficou às escuras. 建物全体が暗くなった. ② 知らない, 無知な. ③ こっそりと, 密かに ▶encontro às escuras ブラインドデート.

escurecer /iskure'sex/ ⑮ 暗くする, 曇らせる ▶escurecer o quarto 部屋を暗くする.
—自 日が暮れる, 暗くなる ▶No verão, escurece mais tarde. 夏は日の暮れるのが遅くなる / O palco escureceu. 舞台が暗くなった.
— **escurecer-se** 再 暗くなる.

escurecimento /iskuresi'mẽtu/ 男 暗くなること.

escuridão /iskuri'dẽw̃/ [複 escuridões] 女 ❶ 暗さ, 暗闇, 闇 (↔ claridade) ▶luz na escuridão 闇の中の光 / escuridão da alma 魂の闇. ❷ 無知 蒙昧.

⁑escuro, ra /is'kuru, ra/ イスクーロ, ラ/ 形 ❶ 暗い (↔ claro) ▶O céu ficou escuro de repente e começou a cair um toró. 空が突然暗くなり, 雨になった.
❷ 黒っぽい ▶Ela está com uma roupa um pouco escura. 彼女は少し黒っぽい服を着ている. ❸ (肌などが) 黒い ▶pele escura 黒い肌 / cabelo escuro 黒髪 / olhos escuros 黒目. ❹ (色が) 濃い ▶azul escuro 濃い青.
— **escuro** 男 暗闇 ▶Meu irmãozinho ainda tem medo do escuro. 私の弟はまだ暗闇を怖がる.

no escuro 闇の中で.

escusa /is'kuza/ 女 言い訳, 言い逃れ.

escusar /isku'zax/ 他 ❶ …を必要としない. ❸ …の口実になる. ❹ 免除する.
—自 ❶ 必要ではない, 不要である. ❷ …を必要としない [+ de].
— **escusar-se** 再 ❶ 弁解する, 言い訳する. ❷《escusar-se de +不定詞》…を免除される ▶Ninguém pode se escusar de cumprir a lei. 法に従うことを免除されうる人は誰もいない.

escuso, sa /is'kuzu, za/ 形 ❶ 隠れた ▶amores escusos 人目を忍ぶ恋. ❷ 裏の, 不正の ▶negócios escusos 闇取引.

escuta /is'kuta/ 女 聞くこと, 盗聴, 立ち聞き ▶escuta telefônica 電話の盗聴 / aparelho de escuta 盗聴器 / O meu telefone estava sob escuta. 私の電話は盗聴されていた.

à escuta 耳を澄ませて, 聞き耳を立てて.

estar à escuta de... …に聞き耳を立てている, 立ち聞きしている.

estar na escuta ① 通話状態を待つ. ② ニュースを聞くためにラジオを流す. ③ 注意しながら電話をする.

*__escutar__ /isku'tax/ イスクターフ/ 他 ❶ よく聞く ▶Escute bem as instruções. 指示をよく聞いてください / Escute-me. 私の話を聞いて / Escute o que vou dizer. 私がこれから言うことを聞きなさい.
❷ 聞こえる ▶Escutei alguém batendo à porta. 私は誰かがドアをたたくのを聞いた.
❸ …の言うことを聞く ▶Você tem que escutar mais seus pais. あなたはもっと両親の言うことを聞かなければならない.

esdrúxulo, la /iz'druʃulu, la/ 形 奇妙な, 変な.

esfarelar /isfare'lax/ 他 ふすまにする, 粉にする, 粉々にする.

esfarrapado, da /isfaxa'padu, da/ 形 ❶ ぼろぼろの ▶O Luís tem a roupa esfarrapada. ルイスはぼろぼろの服を着ている.
❷ B つじつまの合わない ▶justificativa esfarrapada つじつまのあわない説明.
—名 ぼろぼろの服を着た人.

esfarrapar /isfaxa'pax/ 他 ぼろぼろにする, ずたずたにする.
— **esfarrapar-se** 再 ぼろぼろになる.

esfera /is'fera/ 女 ❶ 球, 球体 ▶esfera celeste 天球 / esfera terrestre 地球 / esfera armilar 天球儀 / rolamento de esferas ボールベアリング.
❷ 範囲, 領域 ▶esfera de influência 勢力圏 / esfera de ação 活動範囲 / esfera pública 公の場 / na esfera internacional 国際社会で.

altas esferas 権力者, 実力者.

esférico, ca /is'feriku, ka/ 形 球の, 球形の.
— **esférico** 男 P サッカーボール.

esferográfica /isfero'grafika/ 女 ボールペン.

esfíncter /is'fik'ter/ 男 《解剖》括約筋.

esfinge /is'fiʒi/ 女 ❶ スフィンクス. ❷ 無口で謎めいた人.

esfolar /isfo'lax/ 他 …の皮をはぐ.
— **esfolar-se** 再 かすり傷を負う.

esfoliar /isfoli'ax/ [他] 薄くはがす.
esfomeado, da /isfomi'adu, da/ [形] 飢えた, 腹を空かせた.
esforçado, da /isfox'sadu, da/ [形] 勤勉な ▶ um aluno esforçado 勤勉な生徒.
esforçar /isfox'sax/ ⑬ [他] ❶ 強める, 強くする ▶ Ele esforçou a voz. 彼は声を大きくした.
❷ 力づける, 励ます. ❸ 増やす.
❹ 確証する, 補強する ▶ Eles esforçaram seus propósitos com atitudes firmes. 彼らは強い姿勢で自らの決意を確証した.
— **esforçar-se** [再] 力を尽くす, 努力する ▶ Vou me esforçar para tirar notas melhores. 私はもっといい点をとるために努力する.
*****esforço** /is'foxsu イスフォフソ/ [男] **努力, がんばり** ▶ fazer esforço 努力をする / Ele trabalhou sem poupar esforços. 彼は努力を惜しまず働いた / sem esforço 楽々と / Valeu o esforço. 努力のかいがあった / esforço de memória 思い出そうとすること.
esfregão /isfre'gẽw̃/ [[複] esfregões] [男] モップ, デッキブラシ.
esfregar /isfre'gax/ ⑪ [他] ❶ こする, こすり合わせる ▶ Ele esfregou duas pedras para fazer lume. 彼は火をおこすために二つの石をこすり合わせた / esfregar as mãos de contentamento 大いに満足する, 手をこすって喜ぶ.
❷ こすり落とす, こすってきれいにする ▶ É preciso esfregar o teto e as paredes com uma escova. ブラシで天井と壁を磨く必要がある.
❸ 掻く ▶ Pare de esfregar as picadas de mosquito. 蚊に刺されたところを掻くのをやめなさい.
❹ 塗り込む, こすりつける ▶ Ela esfregou óleo no corpo do bebê. 彼女は赤ん坊の身体にオイルを塗り込んだ.
❺ 打つ, 叩く.
— **esfregar-se** [再] ❶ こする, 引っ掻く ▶ O cachorro não para de se esfregar no chão. 犬は床を引っ掻き続ける.
❷ [B] [卑] いちゃつき合う ▶ Os namorados esfregaram-se. 恋人たちはいちゃついていた.
esfregar as mãos de contente 大変満足する.
esfregar os olhos (眼をこすって) 本当かどうか確かめる.
enquanto o diabo esfrega um olho 瞬く間に.
esfriamento /isfria'mẽtu/ [男] 冷やすこと, 冷えること, 寒冷化 ▶ esfriamento global 地球寒冷化.
esfriar /isfri'ax/ [他] ❶ 冷やす, 冷却する, さます ▶ esfriar a cabeça 頭を冷やす. ❷ 熱意をさます, (熱意や興味を) そぐ.
— [自] 冷たくなる, 冷える, 寒くなる ▶ A Terra está esfriando? 地球は寒冷化に向かっているのか.
— **esfriar-se** [再] 冷たくなる, 冷える.
esfumaçar /isfuma'sax/ ⑬ [他] いぶす, 燻製にする.
esfumar /isfu'max/ [他] ❶ 木炭で…の絵を描く.
❷ …にアイシャドウを塗る ▶ esfumar os olhos アイシャドウを塗る.
esgotado, da /izgo'tadu, da/ [形] ❶ 疲れ果てた, 疲れ切った ▶ Estou esgotado. 私は疲れ切っている.
❷ 売り切れの ▶ Os ingressos estão esgotados. チケットは売り切れです / estoque esgotado 在庫切れ. ❸ (本が) 絶版の ▶ livros esgotados 絶版本.
esgotamento /izgota'mẽtu/ [男] ❶ 疲労困憊 ▶ esgotamento nervoso 神経衰弱, ノイローゼ.
❷ 使い果たすこと, 品切れ, 枯渇 ▶ o esgotamento dos recursos naturais 天然資源の枯渇.
***esgotar** /izgo'tax イズゴターフ/ [他] ❶ **使い果たす** ▶ Esgotei toda a força neste trabalho. この仕事で力を全部使い果たした.
❷ **売りつくす** ▶ Os ingressos para o show já estão esgotados. コンサートの入場券はもう売り切れです.
❸ **汲み尽くす**, 涸れる ▶ O poço já está esgotado. 井戸はもう涸れている.
❹ 研究し尽くす ▶ esgotar o tema テーマを研究し尽くす.
— **esgotar-se** [再] ❶ 消耗する, 尽きる ▶ Minha paciência se esgotou. 私の忍耐は尽きた.
❷ 疲労困憊する ▶ Eu me esgotei totalmente no exame. 私は試験で疲労困憊した.
❸ 売れ切れる, 品切れになる.
esgoto /iz'gotu/ [男] 排水, 下水.
esgrima /iz'grĩma/ [女] フェンシング ▶ praticar esgrima フェンシングをする.
esgrimista /izgri'mista/ [名] フェンシング選手.
esgueirar /izgej'rax/ [他] ❶ …をこっそりくすねる ▶ Ele esgueirou umas amostras do expositor. 彼は出品者の見本をこっそりくすねた.
❷ (視線を) …に注意深く向ける [+ a/para] ▶ Ela esgueirou seu olhar ao filho, interrogativamente. 彼女は疑いの眼差しを息子に向けた.
— **esgueirar-se** [再] こっそりと逃げ出す ▶ O menino esgueirou-se pelo corredor e saiu pela porta. 男の子はこっそりと廊下に逃げ出し, ドアから出た.
esguelha /iz'geʎa/ [女] 斜め.
de esguelha 斜めに ▶ olhar de esguelha 横目で見る.
esguichar /izgi'ʃax/ [他] (液体を) 噴出させる, 浴びせる.
— [自] ほとばしり出る, 噴出する.
esguicho /iz'giʃu/ [男] ❶ (液体の) 噴出 ▶ esguicho de água 水が出ること.
❷ 光線 ▶ Via-se um esguicho de sol por entre as frestas. 裂け目から太陽の光線が見えた.
❸ カーニバルの水鉄砲.
esguio, guia /iz'giu, gia/ [形] 細長い, ひょろりとした, ほっそりした.
eslavo, va /iz'lavu, va/ [形] スラブの.
— [名] スラブ人.
esmaecer /izmae'sex/ ⑮ [自] 色あせる, 消え入る, 衰える.
esmagador, dora /izmaga'dox, 'dora/ [[複] esmagadores, doras] [形] ❶ 抑圧的な, 専制的な. ❷ 圧倒的な ▶ vitória esmagadora 圧倒的勝利.
— **esmagador** [男] 粉砕器.
esmagar /izma'gax/ ⑪ [他] ❶ つぶす, 砕く, 粉砕する ▶ esmagar os dentes de alho はニンニクの粒を

つぶす / esmagar como a um verme 虫けらのように踏みにじる.
❷ 破壊する, 終わらせる, やめさせる ▶esmagar uma revolta 反乱を粉砕する.
❸ …に圧勝する ▶Vamos esmagar aquele time! あのチームを打ち負かしてやろう.
❹ 抑圧する, 圧迫する ▶esmagar os rebeldes 反逆者を粉砕する.
❺ 苦しめる, 悲しませる, 悩ませる ▶a dor que esmaga o peito 胸を締め付ける傷み.
— **esmagar-se** 再 抑圧される.

esmaltado, da /izmaw'tadu, da/ 形 ほうろう引きの.

esmaltar /izmaw'tax/ 他 ❶ ほうろう[エナメル]引きにする, (陶器に) 釉薬をかける; 七宝を施す.
❷ マニキュアを塗る ▶esmaltar unhas 爪にマニキュアを塗る.
❸ 彩る, 飾る.
— **esmaltar-se** 再 彩られる, 飾られる.

esmalte /iz'mawtʃi/ 男 ❶ エナメル, ほうろう; 釉薬. ❷ 七宝.
❸ マニキュア液 (= esmalte de unha).
❹《解剖》(歯の) エナメル質.

esmeralda /izme'rawda/ 女 ❶《鉱物》エメラルド. ❷ エメラルド色.
— 形《不変》エメラルド色の.

esmerar /izme'rax/ 他 仕上げる, 完成させる, 磨く ▶Ela precisa esmerar mais seu português. 彼女はもっと自分のポルトガル語を磨く必要がある.
— **esmerar-se** 再 ❶ 努力する ▶esmerar-se para satisfazer as expectativas dos clientes 顧客の期待を満足させるために努力する.
❷ …に精を出す, 最善を尽くす [+ em] ▶Ela esmerou-se na educação dos filhos. 彼女は子供たちの教育に精を出した.

esmero /iz'meru/ 男 入念さ, 細心さ ▶com muito esmero 念には念を入れて / esmero de acabamento 入念な仕上げ.

esmigalhar /izmiga'ʎax/ 他 ❶ 細かく砕く, 粉々にする ▶esmigalhar o pão パンを細かく砕く.
❷ 圧迫する ▶Seu aperto de mão esmigalha os nossos dedos. 彼の握手が我々の指を締め付けた.
❸ 圧勝する ▶A nossa equipe esmigalhou a adversária. 我々のチームは相手チームに圧勝した.
— **esmigalhar-se** 再 砕ける ▶O copo esmigalhou-se no chão. コップは床で砕け散った.

esmiuçar /izmiu'sax/ ⑬ 他 ❶ 粉砕する, 粉にする. ❷ 細かく調べる ▶esmiuçar os detalhes 細部を調べる.

esmo /'izmu/ 男 概算, 見積もり.
a esmo ① あてもなく ▶andar a esmo あてもなく歩く. ② 根拠なしに ▶falar a esmo いい加減なことを言う.

esmola /iz'mɔla/ 女 施し ▶dar esmola 施しをする / pedir esmola 施しを乞う.

esmolar /izmo'lax/ 他 ❶ 施しとして乞う. ❷ 施しを乞う, 施しをする.
— 自 施しを乞う, 施しをする.

esmorecer /izmore'sex/ ⑮ 自 ❶ 気力がなくなる.
❷ 弱まる.
— 他 気力をなくさせる.

esmorecimento /izmoresi'mẽtu/ 男 ❶ 落胆, 意気消沈. ❷ 気絶.

esmurrar /izmu'xax/ 他 …を殴る, 強くたたく ▶esmurrar a porta ドアをどんどんたたく.

esnobar /izno'bax/ 自 気取る, 見栄を張る.
— 他 …を冷たくあしらう, 見下す.

esnobe /iz'nɔbi/ 名 俗物, きざな人, 上流気取りの人.
— 形《男女同形》きざな, 上流気取りの, スノッブな ▶Um indivíduo esnobe é arrogante. 上流気取りの人間は傲慢だ.

esnobismo /izno'bizmu/ 男 スノビズム, 俗物根性, 上流気取り.

esôfago /e'zɔfagu/ 男 P = esôfago
esôfago /e'zofagu/ 男 A《解剖》食道.

esotérico, ca /ezo'tɛriku, ka/ 形 ❶ 秘伝の, 秘教 [密教] 的な ▶livros esotéricos 精神世界の本. ❷ (一般人には) 難解な.

esoterismo /ezote'rizmu/ 男 秘教, 密教, 秘教世界.

espaçamento /ispasa'mẽtu/ 男 間隔, 空き ▶o espaçamento entre as linhas 行間.

espaçar /ispa'sax/ ⑬ 他 ❶ …の間隔を開ける, 間を置く. ❷ 延期する.
❸ 拡張する, 拡大する.
— **espaçar-se** 再 間隔が開く, まばらになる.

espacial /ispasi'aw/ [複 espaciais] 形《男女同形》❶ 宇宙の ▶viagem espacial 宇宙旅行. ❷ 空間の.

espacialmente /ispasi,aw'mẽtʃi/ 副 空間的に.

‡espaço /is'pasu/ イスパーソ 男 ❶ 空間, 場所, スペース ▶o tempo e o espaço 時間と空間 / um espaço vazio 虚空, 空いたスペース / falta de espaço スペース不足 / espaço livre 空いている場所 / espaço em branco 空白部.
❷ 宇宙 ▶o espaço cósmico 宇宙空間 / a conquista do espaço 宇宙征服.
❸ 領域, …圏 ▶espaço verde 緑地帯 / espaço urbano 都市空間 / espaço aéreo 領空 / espaço econômico 経済圏.
❹ 期間 ▶num espaço de três anos 3年の間に.
❺ 行間, 語間, スペース ▶barra de espaço スペースバー.
a espaços 時折, 時々.
de espaço ゆっくりと.
de espaço a espaço 時折, 時々.
ir para o espaço 失敗する, 消える.
para o espaço 遠くへ.
por [pelo] espaço de... …の間に.

espaçonave /ispaso'navi/ 女 B 宇宙船.

espaçoso, sa /ispa'sozu, 'sɔza/ 形 広々とした, ゆったりした ▶uma sala espaçosa 広い部屋.

espada /is'pada/ 女 ❶ 刀, 剣 ▶desembainhar a espada 剣を抜く / espada de dois gumes 諸刃(もろは)の剣 / boa espada 剣の達人.
❷ 武力, 軍事力.
❸《espadas》トランプのスペード.
— 男 牛にとどめを刺す闘牛士, マタドール.
entre a espada e a parede にっちもさっちもい

かない，身動きが取れない．
meter a espada na bainha 刀をさやに納める，断念する．
ser espada 両刀遣いである，両性愛者である．
tingir a espada 剣を血で染める．

espadachim /ispada'ʃĩ/ [[複] espadachins] [男] ❶ 剣客，剣士．❷ けんか好きな人．

espadarte /ispa'daxtʃi/ [男]〘魚〙メカジキ．

espadim /ispa'dĩ/ [[複] espadins] [男] 小刀．

espádua /is'padua/ [女]〘解剖〙肩；肩甲骨．

E

espaguete /ispa'gɛtʃi/ [男] スパゲッティ ▶ espaguete à bolonhesa スパゲッティボロネーゼ．

espairecer /ispajre'sex/ ⑮ [他]（気を）紛らす，気晴らしをさせる，楽しませる ▶ Ana viajou para espairecer as ideias. アナは気晴らしをするために旅行した．
— [自] 気晴らしをする，気分転換する ▶ Ela levantou-se e foi ao jardim espairecer. 彼女は立ち上がり，気分転換に庭へ出た．
— **espairecer-se** [再] 気晴らしをする，気を紛らわせる．

espaldar /ispaw'dax/ [[複] espaldares] [男] いすの背もたれ．

espalhado, da /ispa'ʎadu, da/ [形] ❶ 散らばった，分散した ▶ As folhas foram espalhadas no chão. 葉っぱが地面に散らばった / O lixo está espalhado. ごみが散乱している．
❷ 広まった，普及した ▶ O boato espalhado era crível. 広まった噂は信用できるものだった．

espalhafato /ispaʎa'fatu/ [男] ❶ 大騒動，騒音 ▶ Ele fez um espalhafato enorme. 彼は大騒ぎした．
❷ 誇示，虚栄，派手，華美 ▶ Ela vestia-se com espalhafato. 彼女はけばけばしく着飾っていた．

⋆**espalhar** /ispa'ʎax イスパリャーフ/ [他] ❶ **広める，ばらまく**，拡散させる，散らかす ▶ espalhar o amor 愛を広める / espalhar um vírus ウイルスを広める / espalhar o lixo ごみを散らかす / espalhar um boato うわさを広める / espalhar o protetor solar 日焼け止めを塗る．
❷《espalhar que +[直説法]》…と言いふらす．
— **espalhar-se** [再] 広まる，拡散する ▶ A notícia se espalhou rapidamente. そのニュースはすぐに広まった．
espalhar aos quatro ventos ばらまく，広める．

espalmar /ispaw'max/ [他] ❶（手を）広げる ▶ espalmar a mão 手を広げる．❷ 平たくする，平らにする．❸〘サッカー〙手のひらで（ボールを）受け止める．

espanador /ispana'dox/ [[複] espanadores] [男] はたき．

espanar /ispa'nax/ [他] …のほこりを払う．

espancamento /ispẽka'mẽtu/ [男] 殴ること，ぶつこと，殴打．

espancar /ispẽ'kax/ ㉙ [他] 殴る，ぶつ，殴打する．

Espanha /is'pẽɲa/ [女]《国名》スペイン ▶ viver na Espanha スペインで暮らす．

⋆**espanhol, nhola** /ispa'ɲɔw, 'ɲɔla イスパニョゥ，ニョラ/ [[複] espanhóis, nholas] [形] **スペインの**，スペイン人の，スペイン語の ▶ vinho espanhol スペインワイン / literatura espanhola スペイン文学 / língua espanhol スペイン語．
— [名] スペイン人．
— **espanhol** [男] スペイン語 ▶ falar espanhol スペイン語を話す．

espantalho /ispẽ'taʎu/ [男] かかし．

espantar /ispẽ'tax/ [他] ❶ おびえさせる，怖がらせる ▶ Aquela máscara espantou as crianças. あのお面は子供たちを驚かせた．
❷ 驚かせる，驚嘆させる ▶ Os métodos do professor espantaram os alunos. 先生のやり方は生徒たちを驚かせた．
❸ 追い払う，追い出す ▶ O menino espantou os pombos. 男の子は鳩を追い払った / espantar o sono 眠気を払う，覚ます．
— **espantar-se** [再] ❶ 驚く ▶ Todos se espantaram com os gritos. 皆が叫び声に驚いた．
❷ おびえる．

espanto /is'pẽtu/ [男] ❶ 驚き ▶ para meu espanto 私が驚いたことには / encher de espanto 驚かす，感嘆させる．❷ 恐怖．

espantosamente /ispẽˌtɔza'mẽtʃi/ [副] 驚くほど．

espantoso, sa /ispẽ'tozu, 'tɔza/ [形] 驚かせる，驚くべき．

esparadrapo /ispara'drapu/ [男] テープ絆創膏．

esparramar /ispaxa'max/ [他] ❶ まき散らす，ばらまく ▶ A criança esparramou os brinquedos no chão. 子供が床におもちゃを散らかした．
❷ こぼす．
— **esparramar-se** [再] ❶ 広がる ▶ A sujeira trazida pela enxurrada se esparramava pela rua. 洪水がもたらした汚水が道路中に広がった．❷ 寝そべる ▶ esparramar-se no sofá ソファーに寝そべる．

esparso, sa /is'paxsu, sa/ [形] ❶ 散らばった，散乱した．❷ 広まった．

espartilho /ispax'tʃiʎu/ [男] コルセット．

espasmo /is'pazmu/ [男]〘医学〙けいれん，引きつけ．

espatifar /ispatʃi'fax/ [他] 砕く，割る．
— **espatifar-se** [再] 砕ける，木っ端みじんになる．

espátula /is'patula/ [女] ❶ へら；〘料理〙フライ返し，スパチュラ；〘美術〙パレットナイフ．❷ ペーパーナイフ．

⋆⋆⋆**especial** /ispesi'aw イスペスィアゥ/ [[複] especiais] [形]《男女同形》❶ **特別な** ▶ uma data especial 特別な日付 / Não tenho nada de especial. 私は特段変わったことはない / tratamento especial 特別扱い / caso especial 特別なケース / enviado especial 特派員．
❷ **専用の** ▶ equipamentos especiais para alpinistas 登山家専用の器具．
❸ **特殊な** ▶ ensino especial 特殊教育 / efeitos especiais 特撮．
❹ **すばらしい，最高の** ▶ É um livro especial. 最高の一冊である．
❺ 風変わりな ▶ Carlos é uma pessoa especial. カルロスは変わった人だ．
— [男] 特別テレビ番組．

em especial とくに, とりわけ ▶Esta mensagem era dirigida, em especial, para as vítimas do terremoto. このメッセージはとりわけ地震の被災者に向けられていた.

especialidade /ispesiali'dadʒi/ 囡 ❶ 専門分野, 専攻 ▶A minha especialidade é linguística. 私の専門は言語学だ.
❷ (店やレストランの) 自慢の品, お勧め品; 名物 ▶especialidade da casa 店の自慢料理.
❸ 特殊性, 特性.
especialidade farmacêutica 特許薬品, 先発医薬薬.

*****especialista** /ispesia'lista/ イスペスィアリスタ/ 图 専門家, スペシャリスト ▶Aquele advogado é especialista em direitos trabalhistas. あの弁護士は労働法の専門家である.

especialização /ispesializa'sẽw/ [圈especializações] 囡 ❶ 専攻, 専門. ❷ 特殊化, 専門化.
especializado, da /ispesiali'zadu, da/ 圏 ❶ 専門の ▶trabalhador especializado 技能労働者 / trabalho não especializado 非熟練労働.
❷ …に専門化した [+ em] ▶uma livraria especializada em literatura infanto-juvenil 児童文学書の専門書店.

*****especializar** /ispesiali'zax/ イスペスィアリザーフ/ 他 専門的にする ▶Deve especializar mais as questões do concurso. 選抜試験の質問をもっと専門的にしなければいけない.
— **especializar-se** 再 …を専攻する [+ em]
▶especializar-se em direito 法律を専攻する.

‡**especialmente** /ispesi,aw'mẽtʃi/ イスペスィアウメンチ/ 副 特に, とりわけ.
especiaria /ispesia'ria/ 囡 香辛料, スパイス.

*****espécie** /is'pesi/ イスペースィイ/ 囡 ❶ 種類, 種属 ▶Há várias espécies de rosa. いくつものバラの種類がある / animais da mesma espécie 同じ種類の動物 / multiplicar a espécie 繁殖する / uma espécie em vias de extinção 絶滅危惧種.
❷ «uma espécie de...» 一種の…, …のようなもの ▶Todo esforço é uma espécie de luta. 全ての努力はある意味, 戦いだ.
❸ タイプ ▶O clube é frequentado por toda espécie de gente. そのクラブにはあらゆるタイプの人々が通っている.
causar espécie 違和感を与える, 不審に思われる, 驚かす.
em espécie 現金で ▶pagar em espécie 現金で払う.

especificação /ispesifika'sẽw/ [圈especificações] 囡 ❶ 明記, 明示, 詳述. ❷ (製品の) 仕様 (書) ▶especificação técnica 技術仕様書.
especificamente /ispe,sifika'mẽtʃi/ 副 特徴的に, 典型的に ▶um fenômeno especificamente brasileiro ブラジル固有の現象.
especificar /ispesifi'kax/ 他 明記する, 明示する, 詳述する; 列挙する ▶O detetive especificou todos os fatos suspeitos. 刑事は疑わしい点を全て列挙した / O médico especificou o diagnóstico. 医師は診断を詳しく説明した / Especifique o nome do arquivo. ファイル名を指定してください.

especificidade /ispesifisi'dadʒi/ 囡 特性, 特質.

*****específico, ca** /ispe'sifiku, ka/ エスペスィーフィコ,フィカ/ 圏 特有の, 特定の, 固有の ▶caráter específico 特性 / sociedade de propósito específico 特定目的会社.
espécime /is'pesimi/ 男 見本, 標本.
especioso, sa /ispesi'ozu, 'ɔza/ 圏 見せかけだけの, まことしやかな, もっともらしい.

*****espectador, dora** /ispekta'dox, 'dora/ エスペクタドーフ, ドーラ/ [圈espectadores, doras] 图 ❶ 目撃者, 観察者. ❷ 観客, テレビ視聴者, 観戦者.
espectro /is'pektru/ 男 ❶ 亡霊, 幽霊. ❷ 不吉な影, 脅威 ▶o espectro da fome 飢餓の脅威. ❸《物理》スペクトル ▶espectro solar 太陽スペクトル.

especulação /ispekula'sẽw/ [圈especulações] 囡 ❶ 思索, 思弁 ▶especulação filosófica 哲学的思索. ❷ 憶測. ❸ 投機 ▶especulação imobiliária 不動産投機.
especulador, dora /ispekula'dox, 'dora/ [圈especuladores, doras] 图 投機家.
especular¹ /ispeku'lax/ 自 ❶ …について思索する, 推測する [+ sobre].
❷ (地位や職務を) …を利用する, …で甘い汁を吸う [+ com].
❸ 投機する ▶especular na bolsa de valores 株に投機する.
— 他 ❶ …について熟考する. ❷ 推測する.
especular² /ispeku'lax/ [圈especulares] 圏《男女同形》鏡の, 鏡のような ▶imagem especular 鏡像.
especulativo, va /ispekula'tʃivu, va/ 圏 ❶ 投機的な ▶capital especulativo 投機資本. ❷ 思索的な, 思弁的な ▶filosofia especulativa 思弁哲学.

espeleologia /ispeleolo'ʒia/ 囡 洞穴学; 洞窟探検.
espelhar /ispe'ʎax/ 他 ❶ 反射する, 映す ▶O lago espelha o céu. 湖が空を映している.
❷ 反映する ▶O cinema espelha a sociedade. 映画は社会を映し出す.
❸ …に鏡を張る ▶A parede foi espelhada. その壁は鏡張りだった. ❹ 鏡のように磨く.
— 自 光を反射する, 光る ▶As gotas de chuva espelhavam nas folhas. 雨の滴が葉の上で輝いていた.
— **espelhar-se** 再 ❶ …に映る. ❷ …を自分の鑑にする, 手本にする [+ em] ▶Ele espelha-se no pai. 彼は父親を手本にしている.

‡**espelho** /is'peʎu/ イスペーリョ/ 男 ❶ 鏡 ▶olhar-se no espelho 自分の姿を鏡に映す, 鏡を見る / espelho retrovisor バックミラー.
❷ (鏡のように) 滑らかな面, 反射面.
❸ ありのままに映し出すもの; 手本, 模範 ▶servir de espelho 模範となる.
espelho de fechadura ドアの鍵穴を含む金属部分.

‡**espera** /is'pera/ イスペーラ/ 囡 待つこと, 待機, 待ち

時間 ▶sala de espera 待合室 / tempo de espera 待機時間 / Estou na lista de espera. 私は順番待ちリストにのっている / estar à espera de... …を待っている.

espera–marido /isˌpɛrama'ridu/ [[複] espera-maridos] [男] 卵とキャラメルソースで作った甘いお菓子.

★**esperança** /ispe'rẽsa イスペランサ/ [女] **希望, 期待** ▶dar esperanças 希望を与える / ter esperança em... …を期待する / na esperança de... …を希望して / um ano novo cheio de esperança 希望に満ちた新年 / esperança de vida 平均余命 / perder a esperança 希望を失う.

acender a chama da esperança かすかな希望を抱く.

estar de esperança 妊娠している, おめでたである.

Que esperança! 期待するだけ無駄だ, まさか.

esperançar /isperẽ'sax/ ⑬ [他] …に希望を与える ▶A chegada dos bombeiros esperançou os moradores do prédio em chamas. 消防士たちの到着は燃え上がっている建物の住人たちに希望を与えた.

— **esperançar-se** [再] …に希望を抱く[+com] ▶Os cidadãos se esperançavam com as promessas dos políticos. 市民は政治家たちの公約に希望を抱いていた.

esperançoso, sa /isperẽ'sozu, 'sɔza/ [形] ❶ 希望を持っている, 期待している ▶Estou esperançoso. Sou sempre otimista. 私は希望を持っている. 私はいつも楽観的だ. ❷ 有望な, 期待できる.

★★★**esperar** /ispe'rax イスペラーフ/ [他] ❶ **待つ** ▶Eu te espero. 私は君を待つ / Estou esperando o ônibus. 私はバスを待っている / Vamos esperar e ver o que acontece. 成り行きを見守ろう / Desculpe por fazê-lo esperar. お待たせしてすみません / estar esperando um bebê おめでたである / ir esperar alguém …を迎えにいく.

❷ **希望する, 期待する, 望む** ▶esperar um milagre 奇跡を望む / Espero que tudo acabe bem. 万事うまくいけばいいと思う / Espero que sim. そうだといいと思う / Espero que não. そうでないといいと思う.

— [自] ❶ **待つ** ▶Esperei dez minutos. 私は10分待った / Estou esperando há uma hora. 私は1時間前から待っている / Não posso esperar mais. 私はもう待てない / Quem espera sempre alcança. [諺] 待てば海路の日和あり.

❷ …を待つ [+ por] ▶Espere por mim, por favor. 待ってください

❸ **後回しにできる** ▶Isso pode esperar. それは後回しにできる.

❹ **期待する**, 予想する ▶É melhor do que eu esperava. それは私が予想していたよりもよい.

— **esperar-se** [再] 期待される, 予想される ▶como era de se esperar 期待した通り, 思った通り.

Espera aí. ちょっと待って.

esperar e esquecer やきもきする.

esperar sentado 待ちぼうけを食う.

esperar uma brecha 好機を待つ.

Vá esperando! 好きなだけ待っていなさい.

> [語法]「待つ」を意味する **esperar** と **aguardar**
>
> aguardar のほうが少々フォーマルな表現で, esperar のほうが会話や書きことば等で広く使われる, esperar は、「期待して待つ」というニュアンスが入る場合が多い.
>
> Eu ainda aguardo a resposta do professor. Espero que seja uma boa resposta. 私はまだ先生の返事を待っています. よい返事を下さるのを期待しています.

esperma /is'pɛxma/ [男] 精液.

espermatozoide /ispexmato'zɔjdʒi/ [男] 精子.

espernear /ispexne'ax/ ⑩ [自] ❶ 足をばたばたさせる. ❷ (子供が) 言うことを聞かない.

espertalhão, lhona /ispexta'ʎɐ̃w̃, 'ʎona/ [[複] espertalhões, lhonas] [形] [名] ずるがしこい(人), 狡猾な (人).

espertar /ispex'tax/ [他] ❶ …の目を覚まさせる. ❷ 活気づける, 刺激する ▶O cheiro espertou-lhe o apetite. 香りが彼の食欲を刺激した.

❸ 呼び起こす, 喚起する, 引く ▶espertar sentimentos 感情を呼び覚ます.

— [自] 目を覚ます ▶Quando espertou, já era tarde. 彼が目を覚ましたらもう遅かった.

esperteza /ispex'teza/ [女] ❶ 機敏, 利発さ. ❷ 抜け目のなさ, ずる賢さ.

esperto, ta /is'pɛxtu, ta/ [形] ❶ 頭のよい. ❷ 悪賢い.

espessar /ispe'sax/ [他] 濃くする, 濃厚にする, 濃縮する.

— [自] 濃くなる.

— **espessar-se** [再] 濃くなる.

★**espesso, sa** /is'pesu, sa イスペーソ, サ/ [形] ❶ **厚い** (↔ fino) ▶A mesa tinha sido feita com uma madeira espessa. テーブルは分厚い木材でできていた.

❷ **密集した** ▶A floresta da região norte é espessa. 北部の森林は密林である.

❸ **濃い**, どろどろした ▶sopa espessa 濃いスープ.

espessura /ispe'sura/ [女] ❶ 厚さ, 厚み ▶ter 10cm de espessura 10センチの厚さがある / de 1cm de espessura 厚さが1センチの / Qual é a espessura de uma folha de papel? 紙の厚さはどれくらいありますか.

❷ 濃さ, 濃度.

espetacular /ispetaku'lax/ [[複] espetaculares] [形]《男女同形》❶ 壮観な, 人目を引く, 見ものの ▶acidente espetacular 大事故.

❷ すばらしい ▶filme espetacular 傑作映画.

★★★**espetáculo** /ispe'takulu イスペタクロ/ [男] ❶ **見世物, 興行, ショー** ▶espetáculo de dança ダンスショー / espetáculo beneficente 慈善ショー / assistir a um espetáculo ショーを見る / a indústria do espetáculo ショービジネス / o mundo do espetáculo 芸能界.

❷ **光景, 情景** ▶um espetáculo da natureza 大自然のスペクタクル.

❸ [話] 魅力ある人物.
❹ [話] 愚かしいふるまい, 物議を醸す場面.
dar espetáculo 人前で恥をさらす, 醜態を演じる.
servir de espetáculo 人前で恥をさらす, 醜態を演じる.

espetada /ispe'tada/ [女] 刺すこと；串刺し, 串焼き ▶ espetada de camarão エビの串焼き.

espetar /ispe'tax/ [他] ❶ 刺す ▶ espetar o dedo 指を刺す / espetar a carne com o garfo 肉をフォークで刺す.
❷ …を…に刺す [＋em].
❸ …を串に刺す ▶ espetar a carne 肉を串に刺す.
❹ (ピンなどで) 留める.
❺ ちくちくさせる.
— [自] ❶ ちくちくする. ❷ 逆立つ.
— **espetar-se** [再] ❶ (自分の体を) 刺す. ❷ 逆立つ.

espetinho /ispe'tʃĩɲu/ [男] 小さな串；串焼き.

espeto /is'petu/ [男] ❶ (料理用の) 串. ❷ やせて背の高い人. ❸ 《um espeto》 [B] 厄介なこと, 面倒なこと.
magro como um espeto ひょろひょろな.

espevitado, da /ispevi'tadu, da/ [形] ❶ 活気のある ▶ É um menino espevitado e alegre. 彼は活発で陽気な少年だ. ❷ 生意気な.

espia /is'pia/ [名] ❶ スパイ. ❷ 見張り, 番人.

espiada /ispi'ada/ [女] [B] 見ること, 一瞥, こっそり見ること ▶ dar uma espiada em... …を見る.

espião, piã /ispi'ẽw̃, pi'ẽ/ [複 espiões, piãs] [名] スパイ ▶ espião industrial 産業スパイ / avião espião 偵察機 / espião do céu スパイ衛星.

espiar /ispi'ax/ [他] ❶ …をスパイする. ❷ [B] 見る.

espichar /ispi'ʃax/ [他] 延ばす, 延長する.

espiga /is'piga/ [女] 〖植物〗 穂 ▶ espiga de milho トウモロコシの穂.

espigar /ispi'gax/ ⑪ [他] 穂を出させる；成長させる.
— [自] 穂を出す；成長する.

espinafre /ispi'nafri/ [男] 〖植物〗 ホウレンソウ ▶ creme de espinafre ホウレンソウのポタージュ.

espingarda /ispĩ'gaxda/ [女] 銃, 鉄砲 ▶ disparar uma espingarda 銃を発砲する.

espinha /is'pĩɲa/ [女] ❶ 〖解剖〗 脊柱, 脊椎 ▶ espinha dorsal 背骨. ❷ 魚の骨. ❸ ニキビ, 吹き出物.
tirar uma espinha da garganta 胸のつかえが取れる, 心配ごとから解放される.

espinhal /ispi'ɲaw/ [複 espinhais] [形] 《男女同形》 脊椎の, 背骨の ▶ medula espinhal 脊髄.

espinheiro /ispi'ɲejru/ [男] 〖植物〗 茨.

espinho /is'pĩɲu/ [男] (動植物の) とげ ▶ Não há rosas sem espinhos. [諺] とげのないバラはない.
estar sobre espinhos 苦境にある.

espinhoso, sa /ispi'ɲozu, 'ɲɔza/ [形] ❶ とげのある, とげの多い ▶ planta espinhosa とげのある植物. ❷ 困難な, 厄介な ▶ questão espinhosa 厄介な問題.

espionagem /ispio'naʒẽj̃/ [複 espionagens] [女] スパイ行為, 諜報活動 ▶ filme de espionagem スパイ映画 espionagem comercial [industrial] 産業スパイ.

espira /is'pira/ [女] らせん, 渦巻き線.

espiral /ispi'raw/ [複 espirais] [形] 《男女同形》 らせん状の.
— [女] ❶ らせん形, らせん構造 ▶ escada em espiral らせん階段. ❷ 〖数学〗 らせん, うずまき線. ❸ スパイラル構造 ▶ espiral de violência 暴力の悪循環.

espiralado, da /ispira'ladu, da/ [形] らせん状の.

espírita /is'pirita/ [形] 交霊術の, 心霊術の.
— [名] 交霊術師.

espiritismo /ispiri'tʃizmu/ [男] 交霊術, 心霊術.

★★★**espírito** /es'piritu エスピリト/ [男] ❶ **精神, 心** ▶ espírito da lei 法の精神 / espírito esportivo スポーツ精神 / estado de espírito 心境, 気分 / espírito de equipe チームスピリッツ / espírito de corpo 協調主義 / espírito de sacrifício 自己犠牲精神 / os simples de espírito 心の貧しい人.
❷ **精神力**, 意欲 ▶ É esse o espírito! その意気だ.
❸ **才気, 機知**, エスプリ ▶ homem de espírito 才気煥発な人.
❹ **霊**, 精霊 ▶ Espírito Santo 聖霊 / espírito das trevas 悪魔 / espírito imundo 悪魔.
❺ **エキス, アルコール** ▶ espírito ardente 火酒.
em espírito 頭の中で.
espírito de porco 問題を起こす人.
levantar o espírito 生気を取り戻す.
render o espírito 死ぬ.

Espírito Santo /esˌpiritu'sẽtu/ [男] 《地名》 (ブラジル南東部の) エスピリトサント州.

★**espiritual** /ispiritu'aw イスピリトゥアゥ/ [複 espirituais] [形] 《男女同形》 ❶ **精神の, 精神的な** ▶ laços espirituais 精神的きずな / comunhão espiritual 精神的共同体.
❷ **霊的な**, 霊魂救済的な, 宗教的な ▶ vida espiritual 信仰生活 / exercícios espirituais 勤行 / poder espiritual 宗教的権力.
— [男] 精神的なもの；霊歌 ▶ espiritual negro 黒人霊歌.

espiritualidade /ispirituali'dadʒi/ [女] 精神性；霊性.

espiritualismo /ispiritua'lizmu/ [男] 精神主義；〖哲学〗 唯心論.

espiritualizar /ispirituali'zax/ [他] ❶ 精神的にする. ❷ …に精神を与える.
— **espiritualizar-se** [再] 精神的になる

espiritualmente /ispirituˌaw'mẽtʃi/ [副] 精神的に, 霊的に.

espirituoso, sa /ispiritu'ozu, 'ɔza/ [形] ❶ 機知に富んだ ▶ humor espirituoso 機知に富んだユーモア. ❷ アルコールを含んだ ▶ bebidas espirituosas アルコール飲料.

espirrar /ispi'xax/ [自] ❶ くしゃみする ▶ Não parei de espirrar o dia inteiro. 私は一日中くしゃみが止まらなかった.
❷ 噴出する, どっと出る ▶ Ao abrir a caixa, o leite espirrou por todo lado. パックを開けた時, 牛乳が辺り一面にどっと出た.
❸ パチパチ音を立てる ▶ Dormimos ao som da lenha que espirrava na lareira. 我々は暖炉の薪が

パチパチとなるのを聞きながら眠った.
❹ (動物など) 慌てて飛び出る ▶ Dezenas de ratos espirravam das tocas. 何十匹ものネズミが巣穴から飛び出た.
❺ [B] [俗] (人が隠れ家や群衆の中から) 飛び出る.
— [他] ❶ 噴出させる ▶ Cuidado para não espirar água. 水を吹き出させないように気をつけて.
❷ 怒らせる ▶ O tom de voz da esposa fê-lo espirrar. 妻の声色が彼を怒らせた.
❸ 立ち退かせる.

[E]

espirro /is'pixu/ [男] くしゃみ ▶ dar um espirro くしゃみをする.

esplanada /ispla'nada/ [女] 広場, 遊歩道.

esplêndido, da /is'plẽdʒidu, da/ [形] ❶ 見事な, すばらしい ▶ uma casa esplêndida すてきな家.
❷ 輝かしい ▶ sol esplêndido 輝く太陽.

esplendor /isplẽ'dox/ [[複] esplendores] [男] ❶ 輝き, 光彩 ▶ o esplendor do sol 太陽の輝き. ❷ すばらしさ, 華麗さ, 豪奢.

esplendoroso, sa /isplẽdo'rozu, za/ [形] ❶ 光り輝く. ❷ すばらしい, 見事な.

espoleta /ispo'leta/ [女] 信管, 導火線.

espólio /is'pɔliu/ [男] ❶ 遺産. ❷ 戦利品, 略奪品.

esponja /is'põʒa/ [女] ❶ 海綿. ❷ スポンジ, 海綿状のもの. ❸ [話] 大酒飲み.
beber como uma esponja 大酒飲みである, 底なしである.
passar uma esponja sobre... …を忘れさせる, 水に流す.

esponjoso, sa /ispõ'ʒozu, 'ʒɔza/ [形] ❶ 海綿状の, スポンジ状の ▶ osso esponjoso スポンジ状の骨.
❷ 穴のたくさん開いた, ふんわりした.

espontaneamente /ispõˌtania'mẽtʃi/ [副] 自然に, 自発的に.

espontaneidade /ispõtanej'dadʒi/ [女] 自発性, 自然さ.

espontâneo, nea /ispõ'tẽniu, na/ [形] ❶ 自発的な ▶ de livre e espontânea vontade 自らの自由意思で. ❷ 自然発生の ▶ combustão espontânea 自然発火.

espora /is'pɔra/ [女] 拍車.

esporadicamente /ispoˌradʒika'mẽtʃi/ [副] 散発的に.

esporádico, ca /ispo'radʒiku, ka/ [形] ❶ 散発的な, まばらな ▶ casos esporádicos 散発例. ❷ 〖医学〗 散発性の.

esporear /ispore'ax/ ⑩ [他] ❶ …に拍車をかける ▶ Ele esporeou o cavalo. 彼は馬に拍車をかけた.
❷ 刺激する, 駆り立てる ▶ A visão ao longe da linha de chegada esporeou o atleta. 遠くにゴールラインが見えると選手は奮い立った.
❸ 激しく揺さぶる ▶ A tempestade esporeava as árvores. 嵐が木々を激しく揺らしていた.

***** **esporte** /is'pɔxtʃi イスポフチ/ [男] ❶ **スポーツ** ▶ praticar esportes スポーツをする / Você pratica algum esporte? あなたは何かスポーツをしますか / Que tipo de esporte você pratica? あなたはどんなスポーツをしますか / Gosto de esportes. 私はスポーツが好きだ / O esporte preferido das crianças é o futebol. 子供に好まれるスポーツはサッカーである / esporte individual 個人競技 / esporte coletivo 団体競技 / esporte ao ar livre 屋外スポーツ / esporte de salão 屋内スポーツ / esportes radicais エクストリームスポーツ.
❷ 気晴らし, 娯楽 ▶ por esporte 楽しみで, 遊びで.
esporte fino カジュアルながらエレガントなスーツ.
— [形] 《不変》 カジュアルな, スポーツ用の ▶ camisa esporte カジュアルシャツ / roupa esporte カジュアルウエア / sapatos esporte カジュアルシューズ / carro esporte スポーツカー.

esportista /ispox'tʃista/ [名] スポーツ選手, スポーツをする人, スポーツ好きな人.
— [形] 《男女同形》 スポーツをする, スポーツの好きな.

esportiva¹ /ispox'tʃiva/ [女] [B] スポーツ精神, スポーツマンシップ ▶ levar as coisas na esportiva 物事を深刻に考えない.
perder a esportiva ① 競争での負けを受け入れない. ② カッとなる, 腹を立てる.

* **esportivo, va**² /ispox'tʃivu, va エスポフチーヴォ, ヴァ/ [形] ❶ **スポーツの**, スポーツに関する ▶ clube esportivo スポーツクラブ / jornal esportivo スポーツ紙 / comentarista esportivo スポーツ解説者 / jornalismo esportivo スポーツジャーナリズム / evento esportivo スポーツ大会 / roupa esportiva スポーツウエア / espírito esportivo スポーツ精神 / loteria esportiva スポーツくじ / artigos esportivos スポーツ用品 / loja de artigos esportivos スポーツ用品店.
❷ **スポーツ好きな** ▶ Eu não sou muito esportivo. 私はスポーツがあまり好きではない.

** **esposa** /is'poza イスポーザ/ [女] **妻** ▶ Minha esposa é brasileira. 私の妻はブラジル人です / esposa legítima 正妻 / receber por [como] esposa 妻に迎える.

esposar /ispo'zax/ [他] ❶ 結婚させる. ❷ …と結婚する. ❸ 支持する, 信奉する.
— **esposar-se** [再] …と結婚する [+ com].

esposo /is'pozu/ [男] 夫.

espreguiçadeira /ispregujsa'dejra/ [女] ❶ デッキチェアー. ❷ 長いす.

espreguiçar /ispregi'sax/ ⑬ [他] ❶ (身体を) ゆっくり伸ばす ▶ Ele espreguiçou as pernas. 彼は足をゆっくりと伸ばした.
❷ 目覚めさせる ▶ A música espreguiçou-lhe o espírito. その音楽は彼の心を目覚めさせた.
— **espreguiçar-se** [再] 伸びをする ▶ O gato espreguiçou-se. 猫が伸びをした.

espreita /is'prejta/ [女] 見張り.
estar à espreita 見張っている.

espreitar /isprej'tax/ [他] ❶ 覗く, 覗き見る. ❷ 待ち伏せする.

espremedor /ispreme'dox/ [[複] espremedores] [男] 果物絞り器, ジューサー.

espremer /ispre'mex/ [他] ❶ 絞る, 圧搾する ▶ espremer as laranjas オレンジを絞る.
❷ 抑圧する, 虐げる, 苦しめる ▶ Espremem o povo, exigindo-lhe onerosos tributos. 民衆が重税で苦しめられている.
❸ 執拗に尋問する ▶ O advogado espremeu a testemunha. 弁護士は証言者に強く尋問した.

esquerdista

❹ 詳細に調べる, 分析する ▶espremer um assunto ある事柄を検討する.
❺ 要約する.
— **espremer-se** 再 ❶ (身体から) 絞り出そうとする ▶Ele espremeu-se por horas antes de tomar o laxante. 彼は下剤を飲む前に何時間もきばった.
❷ 押し合う ▶A multidão espremia-se para entrar no estádio. 群衆は競技場に入るために押し合いへし合いした.

espuma /is'pũma/ 囡 泡, あぶく ▶espuma de sabão 石けんの泡 / banho de espuma 泡風呂 / espuma de barbear シェービングフォーム / espuma da cerveja ビールの泡.

espumante /ispu'mẽtʃi/ 圏《男女同形》❶ 泡の立つ ▶vinho espumante 発泡性ワイン, スパークリングワイン. ❷ 激怒した.
— 男 発泡性ワイン, スパークリングワイン.

espumar /ispu'max/ 自 ❶ 泡を立てる. ❷ 怒り狂う ▶espumar de raiva 激怒する.
— 他 泡だらけにする.

espúrio, ria /is'puriu, ria/ 形 ❶ 庶出の, 私生 ▶filho espúrio 庶子. ❷ 偽造の, 偽の.

esquadra /is'kwadra/ 囡 ❶ 艦隊. ❷ 分隊. ❸ 飛行編隊.

esquadrão /iskwa'drẽw/ [複 esquadrões] 男 小艦隊, 飛行中隊.

esquadria /iskwa'dria/ 囡 ❶ 直角. ❷ 直角定規. ❸ 窓やドアの枠.

esquadrilha /iskwa'driʎa/ 囡 飛行編隊.

esquadro /is'kwadru/ 男 三角定規, 直角定規.
no esquadro 垂直に.

‡**esquecer** /iske'sex/ イスケセーフ ⑮ 他 ❶ 忘れる (↔ lembrar) ▶esquecer o passado 過去を忘れる / Já esqueci o que ele disse. 私は彼が言ったことをすでに忘れた / esquecer os deveres 義務を忘れる.
❷ 置き忘れる ▶esquecer a chave na entrada 鍵を入口に忘れる.
— 自 ❶ 忘れる ▶beber para esquecer 忘れるために酒を飲む.
❷ 《esquecer de +不定詞》…することを忘れる ▶Esqueci de tomar a pílula. 私はピルを飲むのを忘れた.
— **esquecer-se** 再 ❶ …を忘れる [+ de] ▶esquecer-se de si mesmo 我を忘れる / Eu não me esqueci de você. 私は君のことを忘れていない.
❷ 《esquecer-se de +不定詞》…することを忘れる ▶esquecer-se de comer 食べることを忘れる.

esquecido, da /iske'sidu, da/ 形 (esquecer の過去分詞) ❶ 忘れられた ▶um passado esquecido 忘れられた過去. ❷ 忘れっぽい.

esquecimento /iskesi'mẽtu/ 男 ❶ 忘却, 忘れること, 忘れたこと, 覚えていないこと ▶o esquecimento do passado 過去を忘れること / cair no esquecimento 忘れられる.
❷ 失念, 手落ち ▶por esquecimento うっかりして.
cair no rol do esquecimento 忘れ去られる, 忘却される.

pôr no rol do esquecimento 失念する, すっかり忘れる.

esquelético, ca /iske'lɛtʃiku, ka/ 形 ❶ 骸骨の. ❷ やせこけた.

esqueleto /iske'letu/ 男 ❶ 骸骨, 骨格 ▶esqueleto humano ヒトの骨格. ❷ (建物の) 骨組み, 骨格. ❸ 概略, 粗筋. ❹ がりがりにやせた人 ▶esqueleto ambulante ひどくやせている人.

‡**esquema** /is'kẽma/ イスケーマ 男 ❶ 図式, 図解, 仕組み ▶o esquema do aparelho その機械の図解.
❷ 概要, 要約 ▶o esquema de um livro 本の概要.
❸ B 計画, 手法 ▶esquema de pagamento 支払い計画.

esquematicamente /iske,matʃika'mẽtʃi/ 副 図式的に; おおざっぱに.

esquemático, ca /iske'matʃiku, ka/ 形 大まかな, 概略の, 図式的な ▶figura esquemática 略図 / corte esquemático 断面図.

esquematizar /iskematʃi'zax/ 他 ❶ 図式化する, 図解する. ❷ 簡略化する, 概略化する.

esquentado, da /iskẽ'tadu, da/ 形 ❶ 熱せられた, 暖められた. ❷ いら立った, 怒りっぽい ▶ficar esquentado かっとなる.

esquentar /iskẽ'tax/ 他 暖める, 温める ▶esquentar o quarto 部屋を暖める / esquentar o corpo を温める / esquentar o leite 牛乳を温める / esquentar a comida no forno de micro-ondas 食べ物を電子レンジで温める.
— 自 ❶ 暖かくなる, 暑くなる ▶O clima está esquentando. 気候の温暖化が進んでいる.
❷ (雰囲気が) 盛り上がる.
❸ (服が) 暖かい.
— **esquentar-se** 再 体を温める ▶Eu tomei uma xícara de café para me esquentar. 体を温めるためにコーヒーを1杯飲んだ.

esquentar a cabeça 心配する.
esquentar com algo …にいらいらする, 腹を立てる.
esquentar o peito アルコールを飲む, 酔っ払う.
Não esquenta! 心配するな.

‡**esquerda**¹ /is'kexda/ イスケフダ 囡 ❶ 左, 左側 (↔ direita) ▶dirigir pela esquerda 左側走行する / a casa da esquerda 左側の家 / João é o terceiro da esquerda na fotografia. ジョアンは写真の左から3人目だ / O carro virou à esquerda. 自動車は左折した / A igreja está à esquerda. 教会は左側にある / Paulo está à esquerda de Ana. パウロはアナの左にいる.
❷ 左手 ▶escrever com a esquerda 左手で書く.
❸ 左翼, 左派 ▶A esquerda ganhou as eleições. 左翼が選挙に勝った / partido de esquerda 左翼政党 / jornal de esquerda 左翼新聞 / políticos de esquerda 左翼政治家.

esquerdismo /iskex'dʒizmu/ 男 左翼思想, 左翼主義.

esquerdista /iskex'dʒista/ 形《男女同形》左翼の ▶movimento esquerdista 左翼運動.
— 名 左翼の人.

esquerdo, da 384

esquerdo, da[2] /isˈkexdu, da イスケフド, ダ/ 形 ❶ 左の ▶mão esquerda 左手 / braço esquerdo 左腕 / margem esquerda 左岸. ❷ 左利きの. ❸ 不器用な.

esquete /isˈkɛtʃi/ 男 寸劇, スケッチ.

esqui /isˈki/ 男 スキー板, スキー ▶fazer [praticar] esqui スキーをする / pista de esqui ゲレンデ / esqui aquático 水上スキー / esqui de fundo クロスカントリースキー.

esquiador, dora /iskiaˈdox, ˈdora/ [複 esquiadores, doras] 名 スキー客, スキー選手, スキーヤー. ― 形 スキーをする.

esquiar /iskiˈax/ 自 スキーをする ▶ir esquiar スキーに行く.

esquife /isˈkifi/ 男 棺, ひつぎ.

esquilo /isˈkilu/ 男【動物】リス.

*__esquina__ /isˈkina イスキーナ/ 女 角, 曲がり角, 街角 ▶Espere-me na esquina. 角で待っていて / virar [dobrar] a esquina 角を曲がる.
da esquina 角の, すぐ近くに.
de esquina 角にある.
virando a esquina 角を曲がったところに, すぐ近くに, 間近に.

*__esquisito, ta__ /iskiˈzitu, ta エスキズィート, タ/ 形 奇妙な, 奇異な, 変わった ▶uma maneira esquisita de falar 奇妙な話し方 / Que esquisito! 何と奇妙なのだろう.

esquiva[1] /isˈkiva/ 女 避けること, かわすこと.

esquivar[1] /iskiˈvax/ 他 避ける, よける ▶Ela esquivou o seu olhar do meu. 彼女は私から視線をそらした.
― **esquivar-se** 再 …から逃げる, …を避ける, 免れる [+ de] ▶esquivar-se da obrigação 義務を免れる.

esquivo, va[2] /isˈkivu, va/ 形 ❶ 非社交的な, 打ち解けない, 内向的な. ❷ 無愛想な.

esquizofrenia /iskizofreˈnia/ 女【精神医学】統合失調症.

esquizofrénico, ca /iʃkizuˈfrɛniku, kɐ/ P = esquizofrênico

esquizofrênico, ca /iskizoˈfreniku, ka/ B 名 統合失調症患者.
― 形 統合失調症の.

*__essa__[1] /ˈɛsa エーサ/ 代《指示》esse の女性形.
Ainda mais essa! それで十分だ.
Essa agora!（賞賛, 驚き, 不快を表して）とんでもない.
Essa é boa!（反語的に）これはごあいさつだね, まさか, あきれた ▶Eu é que sou o culpado? Essa é boa! 私が悪いって, あきれた.
Mais essa! またか.
Ora essa! とんでもない.
Sem essa! そんなのなしだ, ふざけるな.
Só me faltava essa! とんでもないことだ.

essa[2] /ˈɛsa/ 女 ❶ 棺台. ❷ 記念碑, 慰霊碑.

essas /ˈɛsas/ 代《指示》esse の女性形複数.
por essas e outras そういった理由で, そんなこんなで.

esse[1] /ˈɛsi/ 男 文字 s の名称.
andar aos esses 千鳥足で歩く.

*__esse__[2], **essa**[2] /ˈesi, ˈɛsa エースィ, エッサ/ 形《指示》❶ その ▶Essa menina é sua neta? その女の子はあなたのお孫さんですか / quando esse dia chegar その日が来たら / De quem é essa caneta aqui? ここにあるこのペンは誰のですか.
❷ この（注 ブラジル口語では este の代わりに用いられる）▶essa camisa que estou usando 私が着ているこのシャツ / Nesse ano, estou trabalhando mais do que no ano passado. 今年私は去年よりたくさん働いている.
― 代《指示》それ, そちら；これ, こちら（注 ブラジル口語では este の代わりに用いられる）▶Esse é meu amigo Carlos. こちらは私の友人カルロスです / Comprei esses aqui, porque estavam baratos. 安かったので, 私はこれらを買った.

> **語法**「この」を表す esse
>
> ポルトガル語の指示形容詞は, 本来日本語と同様に「この, これ」「その」「あの」の3項からなっている.
> この　　　este
> その　　　esse
> あの　　　aquele
> ところが, ブラジルの口語では este が使われなくなり, その代わりに esse が「この」を表すようになってきている. 次の例文では esse は「この」の意味で使われている.
> 　Ele queria que os profissionais criassem um carro no qual as pessoas olhassem e dissessem: "Eu quero esse carro". 彼が専門家に作ってもらいたいと思っていた車は, それを見た人が「この車が欲しい」と言うような車だ.

*__essência__ /eˈsẽsia エセンスィア/ 女 ❶ 本質, 本性, 核心, 真髄 ▶a essência do homem 人間の本質 / a essência das coisas 物事の核心.
❷ エキス, エッセンス ▶essência de baunilha バニラエッセンス.
em essência 本質的に, 本来的に.
na essência 真相では, 真実では.
por essência 本質的に.

*__essencial__ /esẽsiˈaw エセンスィアウ/ [複 essenciais] 形《男女同形》❶ 必要不可欠な ▶A água é essencial para a vida. 水は生命に必要不可欠である.
❷ 極めて重要な, 肝心な ▶ponto essencial 核心.
❸ 本質的な ▶característica essencial 本質的特徴.
❹ エキスの ▶óleo essencial エッセンシャルオイル.
― 男 最も重要な点, 核心, 要点 ▶O essencial é invisível aos olhos. 大切なことは目に見えない.

essencialmente /esẽsiˌawˈmẽtʃi/ 副 本質的に, 本来的に ▶O ser humano é essencialmente social. 人間は本来的に社会的である.

*__esta__ /ˈɛsta エスタ/ 代《指示》este の女性形 ▶esta noite 今夜.

está 活用 ⇒ estar

Estados Unidos

estabelecer /istabele'sex イスタベレセーフ/ ⑮ 他
❶ **創設する, 開設する** ▶ estabelecer uma escola 学校を創設する.
❷ **制定する, 定める; 樹立する** ▶ estabelecer as regras 規則を制定する / estabelecer preços 値段を定める / estabelecer um novo regime político 新しい政治体制を確立する / estabelecer a ordem 秩序を安定させる / estabelecer um recorde mundial 世界記録を立てる / estabelecer um contrato 契約を結ぶ / estabelecer relações diplomáticas com... …と外交関係を樹立する / estabelecer uma data 日付を決める / estabelecer um prazo 期限を定める / estabelecer residência 住居を定める.
❸ **特定する, 示す** ▶ estabelecer a identidade 身元を特定する / estabelecer as diferenças 相違を示す.
— **estabelecer-se** 再 ❶ 定住する.
❷ 開業する ▶ estabelecer-se por conta própria 自分で商売を始める.

estabelecimento /istabelesi'mẽtu イスタベレスィメント/ 男 ❶ **創設, 設立** ▶ estabelecimento de uma empresa 会社の創立.
❷ **制定, 締結** ▶ estabelecimento de um acordo 協定の締結.
❸ **決定, 固定** ▶ estabelecimento de prazos 期限の決定.
❹ 施設, 機関 ▶ estabelecimento de ensino 学校 / estabelecimento hospitalar 病院施設 / estabelecimento comercial 商業施設, 商店 / estabelecimento bancário 銀行.

estabilidade /istabili'dadʒi/ 女 安定(性) ▶ estabilidade política 政治的安定 / estabilidade no trabalho 雇用の安定.

estabilização /istabiliza'sẽw/ [複 estabilizações] 女 安定, 安定化 ▶ a estabilização da economia 経済の安定化.

estabilizador, dora /istabiliza'dox, 'dora/ [複 estabilizadores, doras] 形 安定させる.
— **estabilizador** 男 安定装置.

estabilizar /istabili'zax/ 他 安定させる ▶ estabilizar os preços 物価を安定させる.
— 自 安定する.
— **estabilizar-se** 再 安定する.

estábulo /is'tabulu/ 男 家畜小屋, 厩舎, 馬小屋.

estaca /is'taka/ 女 杭, 支柱 ▶ estaca zero 測量の基準杭, 測量基準点; 出発点.
começar da estaca zero ゼロから始める.
voltar à estaca zero 振り出しに戻る.

estação /ista'sẽw イスタサォン/ [複 estações] 女 ❶ **駅, 停車場** ▶ Para ir a esse lugar é melhor descer na próxima estação. その場所に行くには, 次の駅で降りた方がよい / estação ferroviária 鉄道駅 / estação rodoviária バスターミナル.
❷ **季節, シーズン** ▶ as quatro estações 四季 / A melhor estação para mim é o outono. 私にとって最もよい季節は秋である / alta estação ハイシーズン / baixa estação オフシーズン / estação das flores 春 / estação das chuvas 雨季 / estação da seca 乾季 / estação da colheita 収穫期.
❸ **基地, 施設, 局** ▶ estação espacial 宇宙ステーション / estação meteorológica 気象台 / estação de TV テレビ局 / estação de rádio ラジオ局 / estação de águas termais 温泉場.

estacar /ista'kax/ 自 動けなくなる, 凍りつく.

estacional /istasio'naw/ [複 estacionais] 形 季節の ▶ variação estacional 季節変動.

estacionamento /istasiona'mẽtu/ 男 駐車, 駐車場 ▶ estacionamento proibido 駐車禁止 / um estacionamento subterrâneo 地下駐車場.

estacionar /istasio'nax イスタスィオナーフ/ 他 停止する, 駐車する ▶ estacionar o carro no estacionamento 車を駐車場に駐車する.
— 自 ❶ 駐車する ▶ Posso estacionar aqui? ここに駐車してもいいですか / estacionar em fila dupla 二重[並列]駐車する.
❷ 進歩しない, 変わらない ▶ A doença estacionou. 病状は小康状態だった.

estacionário, ria /istasio'nariu, ria/ 形 静止した, 変動のない ▶ estado estacionário 定常状態.
— 名 B 気象台の職員.

estada /is'tada/ 女 滞在.

estadia /ista'dʒia/ 女 滞在, 滞在費 ▶ durante a minha estadia no Japão 私が日本に滞在している間に.

estádio /is'tadʒiu/ 男 ❶ 競技場, スタジアム ▶ estádio de futebol サッカー競技場 / estádio olímpico オリンピックスタジアム / estádio cheio 満員のスタジアム. ❷ 段階, 局面.

estadista /ista'dʒista/ 名 (秀でた) 政治家.

estado /is'tadu イスタード/ 男 ❶ **状態; 状況, 事態** ▶ A casa está em bom [mau] estado. 家はよい[悪い]状態だ / Essa pintura está em bom estado de conservação. その絵はよい状態で保存されている / estado de saúde 健康状態 / neste estado de coisas この事態では / estado de choque ショック状態 / estado de coma 昏睡状態 / estado de espírito 精神状態, 気分 / estado de guerra 戦争状態 / estado de sítio 戒厳令, 戒厳態勢 / estado de alerta 警戒態勢 / em estado de pânico パニック状態で.
❷ **容態** ▶ O estado do paciente é grave. 患者の容態は深刻だ.
❸ **身分, 地位** ▶ estado civil 婚姻関係についての戸籍上の身分 / pessoa de baixo estado 地位の低い人.
❹ **国家** ▶ estado policial 警察国家 / estado soberano 主権国家 / estado de direito 法治国家 / funcionário do Estado 国家公務員 / chefe de Estado 国家元首 / razão de estado 国家理性.
❺ **州** ▶ governador do Estado de São Paulo サンパウロ州知事.

estado-maior /is,taduma'jɔx/ [複 estados-maiores] 男《軍事》参謀本部, 首脳部.

Estados Unidos /is,taduzu'nidus/ 男複《国名》アメリカ合衆国, 米国 ▶ os Estados Unidos da América アメリカ合衆国 / Os Estados Unidos são um grande país da América do Norte. アメリカ合衆国は北米の大国である / ir para os Estados Unidos アメリカに行く / Ele mora nos Estados Unidos. 彼はアメリカに住んでいる.

***estadual** /istadu'aw イスタドゥアゥ/ [複 estaduais] 形《男女同形》州の, 州立の▶lei estadual 州法 / governo estadual 州政府 / universidade estadual 州立大学.

estadunidense /istaduni'dẽsi/ 形《男女同形》アメリカ合衆国の.
— 名 米国人.

estafa /is'tafa/ 女 疲労▶estafa mental 精神的疲労.

estafado, da /ista'fadu, da/ 形 ❶ 疲労困憊した, 疲れ果てた▶Estou estafado de trabalhar. 私は働くことに疲れている. ❷ 有名な▶uma canção estafada 有名な歌.

estafante /ista'fẽtʃi/ 形《男女同形》疲れさせる▶trabalho estafante 疲れる仕事.

estafeta /ista'feta/ 名 郵便配達人.

estagiar /istaʒi'ax/ 自 研修する, 見習いをする.

estagiário, ria /istaʒi'ariu, ria/ 名 研修生, 実習生.
— 形 研修の, 研修中の▶professor estagiário 教育実習生 / médico estagiário 研修医.

estágio /is'taʒiu/ 男 ❶ 研修, 実習, 見習い▶fazer um estágio de estudos / estágio pedagógico 教育実習 / estágio remunerado 研修期間 / estágio probatório 試用期間. ❷ 段階▶o estágio da doença 病気の段階.

estagnação /istagina'sẽw/ [複 estagnações] 女 よどみ, 停滞, 沈滞▶estagnação econômica 経済の停滞.

estagnado, da /istagi'nadu, da/ 形 よどんだ; 停滞した, 沈滞した▶economia estagnada 停滞した経済.

estagnar /istagi'nax/ 他 よどませる, 停滞させる, 沈滞させる.
— 自 よどむ, 停滞する.

estalagem /ista'laʒẽj/ [複 estalagens] 女 宿屋, 宿泊施設.

estalar /ista'lax/ 他 ❶ パチッと音を鳴らす▶estalar os dedos 指を鳴らす / estalar a língua 舌打ちする. ❷ (音を立てて) 割る, 裂く▶Vamos estalar algumas nozes? クルミをいくつか割ろうよ. ❸ B (目玉焼きを) 焼く▶estalar ovos 卵を焼く.
— 自 ❶ ぱちぱちと音を鳴らす▶As folhas secas estalavam quando pisadas. 枯れ葉は踏まれてぱちぱちと音を鳴らしていた. ❷ 割れる▶O coco estalou ao cair. ヤシの実が落ちて割れた. ❸ ズキズキする▶A dor era tão forte que sua cabeça estalava. 傷みが強くて頭がずきずきしていた. ❹ とどろく▶O relâmpago estalou. 稲光がとどろいた. ❺ 勃発する▶A guerra estalou. 戦争が勃発した. ❻ …を強く感じる [+ de] ▶estalar de raiva 強く怒りを感じる.

num estalar de dedos 一瞬で

estaleiro /ista'lejru/ 男 造船所.

estalo /is'talu/ 男 ❶ 指や舌を鳴らす音▶dar um estalo com a língua 舌を鳴らす. ❷ はじける音, 割れる音. ❸ ひらめき▶ter um estalo ひらめく.

dar um estalo ひらめきを与える▶De repente me deu um estalo. 突然ひらめいた.

de estalo 突然, 不意に.

estampa /is'tẽpa/ 女 ❶ 版画. ❷ 挿絵, イラスト▶camiseta com estampa イラストTシャツ. ❸ 容姿.

boa estampa 容姿端麗.

dar à estampa 印刷する, 出版する.

estampado, da /istẽ'padu, da/ 形 印刷された, プリントした, 模様入りの▶vestido estampado プリントドレス.
— **estampado** 男 プリント生地.

estampar /istẽ'pax/ 他 ❶ (紙, 布に) 印刷する, プリントする▶Ele estampou o símbolo do clube nas camisas. 彼はシャツにクラブのマークを印刷した. ❷ 表す, 見せる▶O seu rosto estampava uma alegria imensa. 彼の表情は大きな歓びを表していた. ❸ 大きく載せる, 見せる▶O jornal de ontem estampava a fotografia dele. 昨日の新聞には彼の写真が大きく載っていた. ❹ P 衝突させる▶Ele estampou o carro contra o muro. 彼は車を塀に衝突させた.
— **estampar-se** 再 ❶ 印を付ける, 痕跡を残す▶As pegadas estamparam-se na areia. 砂に足跡を残った. ❷ P 事故に遭う▶Estampei-me na autoestrada. 私は高速道路で事故に遭った.

estamparia /istẽpa'ria/ 女 柄, 模様, パターン.

estampido /istẽ'pidu/ 男 銃声, 爆発音.

estancar /istẽ'kax/ 29 他 ❶ …の流出を止める▶estancar o sangue 血を止める. ❷ 止める▶estancar o progresso 進歩を止める. ❸ (市場を) 独占する. ❹ 汲みつくす, 空にする▶estancar a água de um barco 船の水を汲みつくす. ❺ 疲弊させる.
— 自 ❶ 流出が止まる▶A hemorragia estancou. 出血が止まった. ❷ 止まる, 停滞する▶As vendas estancam depois do Natal. クリスマスの後には売れ行きが止まる. ❸ 立ち止まる.
— **estancar-se** 再 ❶ 流出が止まる. ❷ 止まる, 停滞する.

estância /is'tẽsia/ 女 ❶ 滞在地, 逗留地▶estância hidromineral 湯治場 / O Algarve é conhecido pelas suas estâncias de turismo. アルガルブはリゾート地として知られている. ❷ 住居. ❸ 駅, 停留所, 駐車場. ❹ (木材, 炭の) 倉庫. ❺ B 居住区. ❻『詩法』節, 連. ❼ (ブラジル南部の) 大牧場, 大農場.

estandardização /istẽdaxdʒiza'sẽw/ [複 estandardizações] 女 標準化, 規格化, 画一化.

estandardizar /istẽdaxdʒi'zax/ 他 標準化する, 規格化する, 画一化する.

estandarte /istẽ'daxtʃi/ 男 ❶ 軍旗, 隊旗. ❷

旗印, 象徴 ▶levantar o estandarte 旗揚げする / levantar o estandarte da revolta 反旗を翻す.

estanho /is'tɐ̃ɲu/ 男 〖化学〗錫.

estanque /is'tɐ̃ki/ 形〖男女同形〗防水の ▶caixa estanque 防水ケース.

estante /is'tɐ̃tʃi/ 女 本棚, 書架.

estão 活用 ⇒ estar

estapafúrdio, dia /istapa'fuxdʒiu, dʒia/ 形 風変わりな, 奇妙な ▶uma pessoa estapafúrdia 風変わりな人物.

estar /is'tax/ イスターフ/㉖ (口語では活用形の語頭が省略されることがある. 例: estou → tou, estava → tava)

直説法現在	estou	estamos
	estás	estais
	está	estão
過去	estive	estivemos
	estiveste	estivestes
	esteve	estiveram
半過去	estava	estávamos
	estavas	estáveis
	estava	estavam
単純過去	estivera	estivéramos
	estiveras	estivéreis
	estivera	estiveram
未来	estarei	estaremos
	estarás	estareis
	estará	estarão
接続法現在	esteja	estejamos
	estejas	estejais
	esteja	estejam

自 ❶《一時的属性を表して》…である, …という状態である ▶Ele está doente. 彼は病気だ / Estamos prontos. 私たちは準備ができている / O tempo está bom. 天気がいい / O preço está muito alto. 値段がとても高い / Como está a sua família? ご家族は元気ですか / Você está muito bonita hoje. 君は今日とてもきれいだ / Estamos no dia 8 de agosto. 今日は8月8日だ / Agora, em São Paulo, já estamos no verão. 今サンパウロはもう夏だ.

❷《人や動かせるものが》…にいる, ある ▶O carro está no estacionamento. 車は駐車場にある / O livro está em cima da mesa. 本は机の上にある / Ele está na reunião. 彼は会合に出席している / estar na escola 学校にいる, 在学中である / A diferença está no preço. 違いは価格にある / A dificuldade está em recolher as boas informações. 難しいのは良質の情報を収集する点にある / Agora, tudo está nas suas mãos. 今全てはあなたの手の中にある / O hotel está a três quilômetros daqui. ホテルはここから3キロのところにある (注 B では estar は場所の表現に広く用いられる).

❸《完了過去形で》行った ▶Estive em São Paulo pela primeira vez há um ano. 私は1年前に初めてサンパウロに行った / Nunca estive em Maputo. 私は一度もマプトに行ったことがない / Você já esteve no Brasil? ブラジルに行ったことがありますか.

❹《Está...》《天候が》…である ▶Está frio. 寒い / Está muito calor. とても暑い / Estava ventando. 風が吹いていた.

❺《estar + 現在分詞》B …しているところである ▶— O que está fazendo? — Estou lendo o jornal. 「何をしているのですか」「新聞を読んでいるところです」 / Está chovendo 雨が降っている / Encontrei com o Paulo quando estava passeando no parque. 私は公園を散歩しているときにパウロと出会った.

❻《estar a + 不定詞》P …しているところである ▶O que estás a fazer? — Estou a ler o jornal. 「何をしているのですか」「新聞を読んでいるところです」.

❼《estar + 過去分詞》…である, となっている ▶A janela está aberta. 窓は開いている / Estou cansada. 私は疲れている / As obras estão quase acabadas. 工事はほぼ終わっている / O carro está parado em frente da loja. 車は店の前に止まっていた / A nossa fábrica está situada na província de Gunma. 当社の工場は群馬県にある.

Está bem. 承知しました, わかりました, オーケー.

estar com... ①…と一緒にいる, 付き合っている ▶Ela gosta de estar com os amigos. 彼女は友達といるのが好きだ / Ele ainda está com os pais, embora tenha 35 anos de idade. 彼は35歳だが未だに両親と同居している / Ela já está com outro homem. 彼女はすでに他の男性と付き合っている / Estivemos com o presidente da câmara. 私たちは議長と会った. ②…の味方である ▶Sempre estive com os grevistas. 私は常にストライキ参加者を支持した. ③…を持っている, …の状態である, …とともにある ▶estar com sono 眠い / estar com fome 空腹である / estar com muita fome とても空腹である / estar com um pouco de fome 少し空腹である / estar com sede 喉が渇いている / estar com pressa 急いでいる / estar com frio 寒いと感じている / estar com calor 暑いと感じている / O Pedro está com saudades dos pais. ペドロは両親が懐かしい.

estar com alguém e não abrir 全面的に賛同する.

estar de... という状況にある; …を着ている ▶estar de férias 休暇中である / estar de partida 出発しようとしている / estar de regresso [volta] 帰途にある, 戻る途中である / estar de camisa branca 白いシャツを着ている.

estar em... …である, にある, の状態にある ▶A população do país já está em quase 200 milhões. その国の人口はすでにほぼ2億人に達している / estar em boas condições よい状態にある / estar em obras 工事中である / estar em perigo 危険な状態にある.

estar para... …する気がある, …に向いている, 得意である ▶não estar para conversa 話好きでない.

estar para + 不定詞 …するところである, しようとしてる ▶Está para acontecer algo 何か起こりそうだ

/ Está para chover. 雨が降りそうだ / Eu estava para te ligar. 私はあなたに電話をしようとしていた / O patrão está para chegar. オーナーは今到着するところである.

estar por... …を支持する, 擁護する ▶estar pela proposta 提案を支持する.

estar por +不定詞 まだ…されていない, これから…される ▶A cama estava por fazer. ベッドメイキングはまだされていなかった / A louça está por lavar. 食器はまだ洗われていない.

estar sem... …を持っていない ▶estar sem dinheiro お金がない.

estar sem +不定詞 …しないでいる ▶Estou sem dormir. 私は寝ていない.

estardalhaço /istaxda'ʎasu/ 男 騒ぎ ▶fazer estardalhaço 騒ぐ.

estarrecer /istaxe'sex/ ⑮ 他 怖がらせる, おびえさせる.

— 自 怖がる, おびえる.

— **estarrecer-se** 再 怖がる, おびえる.

estatal /ista'taw/ [複 estatais] 形《男女同形》国の, 国有の ▶empresa estatal 国有企業 / televisão estatal 国営テレビ / universidade estatal 国立大学.

— 女 国有企業.

estatelar /istate'lax/ 他 ❶ 地面に投げ出す, 倒す ▶Ele estatelou o adversário com uma rasteira. 彼は相手に足を引っ掛けて地面に投げ倒した.

❷ ぶつける.

❸ 驚かせる ▶A resposta atrevida estatelou a moça. 大胆な答えにその娘は驚いた.

— **estatelar-se** 再 ❶ 倒れる ▶Ela estatelou-se no meio da rua. 彼女は道の真ん中でばったりと倒れた.

❷ ぶつかる ▶Estava escuro e estatelei-me na porta. 暗かったので私はドアにぶつかった.

estática[1] /is'tatʃika/ 女 ❶ 静力学. ❷ 空電.

estático, ca[2] /is'tatʃiku, ka/ 形 静的な, 静止状態の, 動かない ▶eletricidade estática 静電気 / sociedade estática 停滞した社会.

estatística[1] /ista'tʃistʃika/ 女 統計学, 統計 ▶estatística econômica 経済統計.

estatisticamente /ista,tʃistʃika'mẽtʃi/ 副 統計上, 統計的に.

estatístico, ca[2] /ista'tʃistʃiku, ka/ 形 統計(学)の ▶dados estatísticos 統計データ.

estatização /istatʃiza'sẽw/ [複 estatizações] 女 国営化, 国有化.

estatizar /istatʃi'zax/ 他 国営化する, 国有化する.

*****estátua** /is'tatua イスタトゥア/ 女 ❶ 彫像, 像 ▶erguer uma estátua 彫像を建てる / estátua de bronze 銅像 / estátua equestre 騎馬像 / estátua jacente 横たわっている像 / estátua pedestre 立像.

❷ 像のように動かず, 無表情な人. ❸ 姿形にすぐれた人.

como estátua 直立不動で.

estatueta /istatu'eta/ 女 小彫像.

estatura /ista'tura/ 女 ❶ 身長 ▶homem de estatura mediana 中背の男 / Qual é sua estatura? あなたの身長はどれくらいですか / de baixa estatura 背の低い. ❷ 偉大さ, 大きさ ▶estatura moral 道徳的偉大さ.

*****estatuto** /ista'tutu イスタトゥート/ 男 ❶ (公的機関や会社の) 法規, 規約, 定款 ▶redigir os estatutos de uma associação 協会の規約を作成する / rever os estatutos 定款を見直す.

❷ 地位, 社会的ステイタス ▶estatuto das mulheres 女性の地位 / estatuto legal 法的地位 / estatuto social 社会的地位.

*****estável** /is'tavew イスターヴェウ/ [複 estáveis] 形 《男女同形》安定した, 変化しない ▶Os preços estão estáveis. 物価は安定している / moeda estável 安定した通貨 / emprego estável 定職 / governo estável 安定した政府 / equilíbrio estável 安定均衡.

este[1] /'estʃi/ 男 ❶ 東 ▶a este de... …の東に.

❷ 東風.

❸ 東部.

— 形《不変》東の ▶vento este 東風 / zona este 東部地域.

*****este**[2], **esta** /'estʃi, 'esta エスチ, エスタ/ [複 estes, estas] 形《指示》❶ この, これらの ▶Este senhor é (o) meu professor de japonês. この男性は私の日本語の先生です / Estas canetas não escrevem bem. これらのペンはよく書けない.

❷ 今の, この ▶este ano 今年 / este mês 今月 / esta semana 今週 / estes dias この頃, このところ.

— 代《指示》❶ これ, これら ▶Aquele carro tem mais potência do que este. あの車はこれよりも性能がいい / Esta é (a) minha casa. これが私の家だ.

❷ この人(たち) ▶Estes são (os) meus pais. これは私の両親です.

❸ (aquele 前者に対して) 後者.

este ou aquele これかあれか.

esteio /is'teju/ 男 支え, 支柱, 支持.

esteira /is'tejra/ 女 ❶ ランニングマシーン, トレッドミル (= esteira de ginástica).

❷ むしろ, ござ, マット ▶esteira de yoga ヨガマット.

❸ 跡, 足跡.

❹ esteira rolante ベルトコンベアー; 回転式手荷物コンベアー.

ir na esteira de alguém …に追従する.

esteja 活用 ⇒ estar

estelar /iste'lax/ [複 estelares] 形《男女同形》星の ▶poeira estelar 星くず.

estelionato /istelio'natu/ 男 詐欺.

estêncil /is'tẽsiw/ [複 estênceis] 男 ステンシル.

*****estender** /istẽ'dex エステンデーフ/ 他 ❶ 広げる, 伸ばす ▶estender a mão 手を差し出す / estender uma toalha de mesa テーブルクロスを広げる / estender as asas 翼を広げる / estender o território 領土を拡大する / estender o tapete じゅうたんを敷く / estender a roupa 洗濯物を干す / Nós estendemos a sala tirando divisórias. 私たちは仕切りを取って部屋を広げた.

❷ 延期する, 延長する ▶estender o prazo 期限を延長する.

— **estender-se** 再 ❶ 広がる▶O fogo estendeu-se por todo o edifício. 火は建物全体に広がった.

❷ 横になる▶Meu filho se estendeu na cama. 息子はベッドで横になった.

❸ 続く▶O evento se iniciou no dia 6 e se estende até o dia 8. そのイベントは6日に始まり, 8日まで続く. ❹ 適用される.

❺ …について長々と述べる [+ sobre].

estenografia /istenogra'fia/ 女 速記.

estepe /is'tɛpi/ 女 【地理】ステップ, 大草原.

— 男 スペアタイヤ.

esterco /is'texku/ 男 ❶ 動物の糞▶esterco bovino 牛糞. ❷ 肥料, こやし.

estéreo /is'tɛreu/ 男 ステレオ, ステレオ装置▶em estéreo ステレオの [で].

— 形 《不変》ステレオの.

estereofônico, ca /əʃtɛrio'foniku, kɐ/ 形 P = estereofônico

estereofônico, ca /istereo'foniku, ka/ 形 B ステレオの.

estereotipado, da /istereotʃi'padu, da/ 形 紋切り型の, 型にはまった.

estereótipo /istere'ɔtʃipu/ 男 ステレオタイプ, 固定観念, 紋切り型.

estéril /is'tɛriw/ 形 《estéreis》 形《男女同形》❶ 不毛の, やせた▶solo estéril 不毛な土地. ❷ 不妊の, 生殖力がない▶mulher estéril 子供を生めない女性. ❸ 殺菌された, 無菌の. ❹ 実りのない, 無益な▶discussão estéril 不毛な議論.

esterilidade /isterili'dadʒi/ 女 ❶ (土地の)不毛, 不作. ❷ 不妊 (症).

esterilização /isteriliza'sẽw/ [複 esterilizações] 女 ❶ 不妊手術；断種. ❷ 殺菌, 消毒.

esterilizar /isterili'zax/ 他 ❶ …を殺菌する. ❷ 不妊にする, 不妊手術をする ❸ 殺菌 [消毒] する.

— **esterilizar-se** 再 不毛になる, 不妊になる

esterlino, na /istex'linu, na/ 形 英貨の, ポンドの▶libra esterlina イギリスポンド.

— **esterlino** 男 英貨, ポンド.

esterno /is'tɛxnu/ 男 【解剖】胸骨.

esteroide /iste'rɔjdʒi/ 男 【化学】ステロイド.

esteta /is'tɛta/ 男 審美家, 美学者

estética[1] /is'tɛtʃika/ 女 ❶ 美学. ❷ 美観, 美しさ. ❸ 美容術▶salão de estética エステサロン / estética dos dentes 歯の美容.

esteticamente /is,tɛtʃika'mẽtʃi/ 副 美的に見て, 美的観点からすると.

esteticista /istetʃi'sista/ 名 エステティシャン.

estético, ca[2] /is'tɛtʃiku, ka/ 形 ❶ 美の, 美学の, 審美眼のある▶senso estético 美的センス.

❷ 美的な, 美しい.

❸ 美容の▶cirurgia estética 美容整形外科.

estetoscópio /istetos'kɔpiu/ 男 聴診器.

estiagem /istʃi'aʒẽj/ [複 estiagens] 女 ❶ 乾期, 雨や嵐の後の穏やかで乾燥した気候▶estação de estiagem 乾期.

❷ 雨不足▶resistente à estiagem 雨不足に耐える.

❸ (河川や湖の) 最低水準位.

estiar /istʃi'ax/ 自 (雨が) 止む▶Aproveite para sair agora, que a chuva estiou. 雨が止んだから今のうちに出かけなさい.

estibordo /istʃi'bɔxdu/ 男 【船舶】右舷.

esticada[1] /istʃi'kada/ 女 B (店を) はしごすること▶dar uma esticada 店をはしごする.

esticado, da[2] /istʃi'kadu, da/ 形 ❶ (ロープなどが) ぴんと張った. ❷ (手足が) 伸びた.

esticar /istʃi'kax/ 他 ❶ (ひもなどを) 引っ張る, 引き伸ばす▶esticar uma corda ひもを引っ張る.

❷ (身体を) 伸ばす▶esticar os braços 両手を伸ばす.

❸ 延ばす▶A mãe esticava a história até o menino dormir. 母親は男の子が眠りにつくまで物語を引き延ばした.

❹ (髪の毛を) ストレートにする.

— 自 ❶ 伸びる, 延びる▶A calça está apertada, mas com o uso vai esticar. ズボンはきついが, はくうちに伸びる.

❷ (身長が) 伸びる▶A menina esticou muito em um ano. 女の子の身長は1年でとても伸びた.

❸ 俗 死ぬ.

— **esticar-se** 再 ❶ 手足を伸ばす.

❷ 伸びる, 延びる▶A reunião esticou-se além de uma hora. 会議は1時間以上延びた.

❸ (身長が) 伸びる.

estigma /is'tʃigma/ 男 ❶ 痕跡, 焼き印, 烙印. ❷ 恥辱, 汚名. ❸ 【キリスト教】聖痕.

estigmatizar /istʃigmatʃi'zax/ 他 ❶ …に焼き印を押す. ❷ 烙印を押す, 汚名を着せる▶O ranking estigmatizou as escolas com pior desempenho. ランキングは学校にその役割を果たしていないとの烙印を押した.

estilete /istʃi'letʃi/ 男 カッターナイフ.

estilhaço /istʃi'ʎasu/ 男 破片, かけら▶estilhaços de vidro ガラスの破片.

estilista /istʃi'lista/ 名 ❶ 名文家. ❷ ファッションデザイナー. ❸ ヘアスタイリスト.

— 男 名文家の.

estilística[1] /istʃi'listʃika/ 女 文体論.

estilístico, ca[2] /istʃi'listʃiku, ka/ 形 文体の, 文体論の.

estilizar /istʃili'zax/ 他 様式化する.

‡**estilo** /is'tʃilu/ イスチーロ/ 男 ❶ **文体**, 言葉遣い；**スタイル**▶estilo conciso 簡潔な文体 / estilo prolixo 冗長な話術 / estilo coloquial 口語体 / estilo familiar くだけた文体 / estilo administrativo 役所風の文体.

❷【芸術】**様式**, スタイル▶estilo romântico ロマネスク様式 / estilo gótico ゴシック様式 / estilo barroco バロック様式.

❸ (生活や行動の) 様式, 態度▶estilo de vida 生活様式, ライフスタイル / Isso não faz o meu estilo. それは私の趣味ではない.

❹ 種類, ジャンル▶do mesmo estilo 同種の.

❺【スポーツ】estilo livre 自由形.

com estilo おしゃれに.

de estilo 時代物の▶móveis de estilo 時代物の家具.

estima /is'tʃima/ 女 ❶ 敬意, (高い) 評価▶ter al-

estimação 390

guém em grande estima …に多大な敬意を払う, …を高く評価する.
❷ 愛情, 好意 ▶ ter uma grande estima por alguém …が大好きである.

estimação /istʃima'sẽw/ [複 estimações] 囡 ❶ 尊重すること, 敬意を払うこと. ❷ 好評, 高い評価. ❸ 評価, 見積もり.
de estimação お気に入りの, 好きな ▶ animal de estimação ペット / objetos de estimação 肌身離さず持っているもの.

estimado, da /istʃi'madu, da/ 形 親愛なる ▶ Estimado Senhor (手紙で) 拝啓.

‡**estimar** /istʃi'max イスチマーフ/ 他 ❶ 好きである ▶ Eu a estimo. 私は彼女が好きだ.
❷ 見積もる, 評価する ▶ estimar o prejuízo 被害を見積もる / A polícia estimou em vinte mil o número de manifestantes. 警察はデモ参加者の人数を 2 万人と推計した.
❸ 祈念する, 期待する ▶ Estimo as melhoras. あなたの回復を祈っています.
— **estimar-se** 再 見積もられる, 評価される ▶ Estima-se que os danos ultrapassam os cem milhões de ienes. 被害額は 1 億円を越えると推定される.

estimativa /istʃima'tʃiva/ 囡 評価, 見積もり ▶ fazer uma estimativa de algo …の見積もりをする.

estimável /istʃi'mavew/ [複 estimáveis] 形《男女同形》❶ 尊敬に値する.
❷ …と評価される [+ em] ▶ prejuízo estimável em 4 milhões de reais 見積もり 4 百万レアルの損害.

estimulação /istʃimula'sẽw/ [複 estimulações] 囡 刺激, 鼓舞.

estimulador, dora /istʃimula'dox, 'dora/ [複 estimuladores, doras] 形 刺激する.
— **estimulador** 男 刺激する道具.

estimulante /istʃimu'lẽtʃi/ 形《男女同形》刺激する, 興奮させる ▶ efeito estimulante 刺激効果.
— 男 刺激剤, 興奮剤.

estimular /istʃimu'lax/ 他 ❶ 刺激する ▶ O governo adotou medidas para estimular a economia. 政府は経済を刺激する措置を取った.
❷ 励ます ▶ Os pais devem estimular as crianças a praticar esportes. 両親は子供にスポーツをするよう励ますべきである.

***estímulo** /is'tʃimulu エスチムロ/ 男 刺激, 激励 ▶ estímulo econômico 経済の刺激 / dar estímulo a... …を刺激する, 励ます.

estio /is'tʃiu/ 男 ❶ 夏. ❷ 成熟期.

estipulação /istʃipula'sẽw/ [複 estipulações] 囡《法律》約定, 条項.

estipular /istʃipu'lax/ 他 規定する, 明記する ; 定める, 取り決める ▶ O Banco Central estipulou uma nova regra sobre financiamentos. 中央銀行は融資に関する新しいルールを定めた.

estiramento /istʃira'mẽtu/ 男 伸ばすこと, 長くすること ▶ estiramento muscular 肉離れ.

estirar /istʃi'rax/ 他 伸ばす, 長くする ▶ O menino estirou os fios. その少年はひもをぴんと伸ばした /

estirar o corpo 体のストレッチをする / O atleta estirou o músculo no jogo. その選手は試合で肉離れを起こした.
— **estirar-se** 再 体を伸ばす, 横たわる ▶ Ele estirou-se todo. 彼は体全体を伸ばした / estirar-se na cama ベッドで横になる.

estirpe /is'tʃixpi/ 囡 ❶ 家系, 血統. ❷ 等級, 階級 ▶ de boa estirpe 一等級の.

estivador /istʃiva'dox/ [複 estivadores] 男 港湾労働者.

estival /istʃi'vaw/ [複 estivais] 形《男女同形》夏の ▶ época estival 夏のシーズン.

estive 活用 ⇒ estar

estiver 活用 ⇒ estar

estocada /isto'kada/ 囡 剣で突くこと.

estocado, da /isto'kadu, da/ 形 在庫のある.

estocagem /isto'kaʒẽj/ [複 estocagens] 囡 在庫, 在庫品.

estocar /isto'kax/ 他 ❶ 在庫する, 備蓄する ▶ estocar produtos 製品の在庫を持つ / estocar alimentos 食料品を備蓄する. ❷ …を剣先で突く.

estofar /isto'fax/ 他 …に詰め物をする, カバーをつける ▶ estofar uma cadeira いすに詰め物をする.

estofo /is'tofu/ 男 ❶ (いすの) 詰め物. ❷ (いすの) 生地.

estoicismo /estoj'sizmu/ 男 ❶ ストア主義, ストア哲学. ❷ 禁欲 (主義), 克己, 平然.

estoico, ca /es'tojku, ka/ 形 ❶ ストア学派の, ストア哲学の. ❷ 禁欲的な, 超然とした.
— 名 ❶ ストア学派の哲学者. ❷ 禁欲主義者 ; 物に動じない人.

estoirado, da /istoj'radu, da/ 形 = estourado

estoirar /istoj'rax/ 自 他 = estourar

estoiro /is'toiru/ 男 = estouro

estojo /is'toʒu/ 男 入れ物, ケース ▶ estojo de lápis 鉛筆入れ / estojo de óculos 眼鏡入れ / estojo de primeiros socorros 救急箱 / estojo de violino バイオリンケース.

estola /is'tɔla/ 囡 ❶《カトリック》ストラ : 司教と司祭がかける細長い帯. ❷ (女性用の) ストール.

estomacal /istoma'kaw/ [複 estomacais] 形《男女同形》胃の ▶ acidez estomacal 胃酸.

‡**estômago** /is'tõmagu イストマゴ/ 男 胃 ▶ Tenho dor de estômago. 私は胃が痛い / Estou com o estômago embrulhado. 私は胃がむかついている / estômago dilatado 胃拡張 / úlcera no estômago 胃潰瘍.
calçar o estômago 間食をする.
enganar o estômago 空腹を紛らわす.
estômago fraco 胃弱.
estômago pesado 消化不良.
estar com o estômago nas costas お腹と背中がくっつきそうだ, 空腹である.
forrar o estômago 間食をする.
não ter estômago para... …する気力がない.
peso no estômago 胃のもたれ.
ter bom estômago ① 胃が丈夫である. ② 胆力がある.

estomatite /istoma'tʃitʃi/ 囡《医学》口内炎.

estonteante /istõte'ẽtʃi/ 形《男女同形》気を失

うほどの, すばらしい ▶beleza estonteante 並外れた美しさ.

estoque /is'tɔki/ 男 ❶ 在庫, ストック ▶produtos em estoque 在庫品 / Temos um bom estoque de produtos 製品の十分な在庫がある / ter ... em estoque …の在庫を持つ / estoque esgotado 在庫切れ / estoque disponível 在庫あり. ❷ 細い剣.

estore /is'tɔri/ 男 日よけ, ブラインド.

estória /is'tɔria/ 女 物語, 話, ストーリー.

estorvar /istoxˈvax/ 他 ❶ 邪魔する ▶Não quero estorvar seu trabalho. あなたの仕事の邪魔をしたくないのです.
❷ 妨げし, 妨げになる, 妨害する, 許さない ▶A greve estorvou a realização do show. ストライキで公演の実現が妨げられた / estorvar o trânsito 交通の妨げになる.
❸ 不快にする, 迷惑をかける ▶O meu cigarro estorva-o? 私のタバコはご迷惑ではありませんか.

estorvo /is'toxvu/ 男 邪魔, 障害, 邪魔者.

estou 活用 ⇒ estar

estourado, da /isto'radu, da/ 形 ❶ 破裂した ▶um cano estourado 破裂した管.
❷ 疲れ果てた ▶Está estourado de tanto trabalhar. 彼はそんなに働いて疲れ果てている.

estourar /isto'rax/ 自 ❶ 爆発する, 炸裂する ▶O pneu da bicicleta estourou. 自転車のタイヤがパンクした.
❷ とどろく ▶Trovões estouravam ao longe. 遠くで雷がとどろいていた.
❸ 壊す, 駄目にする ▶O menino estourou os sapatos jogando bola. 男の子はボール遊びで靴をつぶした.
❹ 大成功する ▶Sua música estourou nas paradas. あなたの音楽はパレードで好評だった.
❺ 自制を失う ▶A raiva era tanta que ele estourou. 彼は怒り心頭し, 自制心を失った.
❻ すぐに知れ渡る ▶A notícia estourou. その知らせはすぐに知れ渡った.
❼ 突発する ▶Estourou a guerra. 戦争が勃発する.
❽ ずきずき痛む, うずく ▶Além da náusea, sentia a cabeça a estourar. 吐き気の他に頭がずきずき痛んだ / estar estourando de dor de cabeça 頭がががんがんする.
❾ 四散する, 散らばる, 敗走させる ▶Uma cobra cruzou o caminho e a boiada estourou. 蛇が一匹通りを横切り, 牛の群れは四散した.
❿ 《文章などが》超過する ▶As legendas estouraram e tiveram de ser refeitas. 字幕が長すぎたので修正しなければならなかった.
⓫ 大けがする ▶Ele caiu de mau jeito e o joelho dele estourou. 彼は妙な転び方をして膝を大けがした.
⓬ B ほとんど到着する ▶Suas encomendas devem estar estourando. あなたの荷物はほぼ到着しているはずだ.
⓭ B 《予想, 定員を》超過する ▶Seu prazo estourou. 期限は過ぎていますよ.
— 他 ❶ 爆発させる ▶A força da água estourou os canos. 水の力で管が爆発した / estourar os miolos 銃弾を頭に撃って自殺する / estourar a verba 予算を超過する.
❷ 消耗させる, 疲弊させる ▶A caminhada estourou-nos. 遠足で我々はくたくたになった.

— **estourar-se** 再 消耗する, 疲弊する ▶estourar-se de trabalhar 仕事で疲れ果てる.

estourar de rir 抱腹絶倒する.

estouro /is'toru/ 男 ❶ 爆音 ▶estouro de uma bomba 爆弾の炸裂音.
❷ 叱責する声, 激論 ▶Ela ouviu o estouro do pai. 彼女は父親の叱責する声を聞いた.
❸ 予期せぬ出来事 ▶O mais recente estouro foi a falência do banco. 最近の予期せぬ出来事は銀行の倒産だ.
❹《um estouro》すばらしいもの, 人 ▶A festa foi um estouro. そのお祭りはすばらしいものだった.
❺ 平手打ち ▶Ele levou um estouro na cara. 彼は顔に平手打ちを喰らった.
❻ B こじ開けること.
❼ B 四散, 敗走 ▶estouro da tropa 軍隊の敗走.
❽ B 超過 ▶estouro do orçamento 予算の超過.
dar um estouro na praça 顧客や取引先などを巻き添えにして破産する.
de estouro とてもすばらしい, 優れた.
estouro da boiada 牛の群れが我先に逃げること.

estouvado, da /isto'vadu, da/ 形 名 軽率な (人), せっかちな (人), 冗談好きな (人).

estrábico, ca /is'trabiku, ka/ 形 斜視の.
— 名 斜視の人.

estrabismo /istra'bizmu/ 男 斜視.

estraçalhar /istrasa'ʎax/ 他 ❶ 切り刻む, 裂く, 寸断する ▶Ela estraçalhou o seu vestido de noiva com uma tesoura. 彼女は花嫁衣装をはさみで切り裂いた.
❷ 絶望させる ▶A morte dela estraçalhou o coração dele. 彼女の死は彼の心を絶望させた.
B 成功を収める ▶O guitarrista estraçalhou em seu recital. ギタリストはリサイタルで成功を収めた.

— **estraçalhar-se** 再 粉々になる, 割れる ▶O vaso estraçalhou-se na caixa. 花瓶は箱の中で粉々になった.

estrada /is'trada/ イストラーダ/ 女 ❶ 道路, 道 ▶estrada de rodagem 高速道路 / estrada federal 国道 / passar pela estrada federal 国道を通る / estrada estadual 州道 / estrada particular 私道 / Esta estrada está em obras. この道路は工事中だ / fechar a estrada 道路を閉鎖する / Houve um acidente na estrada. 道路で事故があった / estrada asfaltada アスファルト道路 / estrada de terra 未舗装の道路 / estrada com pedágio 有料道路 / estrada em direção a São Paulo サンパウロへ向かう道路 / rede de estradas 道路網 / estrada principal 幹線道路 / estrada de ferro B 鉄道.
❷《比喩的》道 ▶estrada da glória 栄光への道.
comer estrada 足早に歩く, 長い距離を旅する.
estrada de São Tiago 天の川, 銀河.
estrada real ① 街道. ② ミナス・ジェライスと沿岸部を結ぶ鉱物街道.

estrado /is'tradu/ [男] ❶ 壇, 台. ❷ ベッドのフレーム.

estragado, da /istra'gadu, da/ [形] ❶ 壊れた, 駄目になった, 台無しになった ▶ uma máquina estragada 壊れた機械.
❷ 腐った ▶ carne estragada 腐った肉.
❸ 甘やかされた, わがままな ▶ uma criança mimada e estragada 甘やかされわがままな子供.
❹ 堕落した ▶ civilização estragada 堕落した文化. ❺ 衰弱した.
❻ 金遣いの荒い ▶ Ele é muito estragado, não guarda nada do que ganha. 彼は金遣いが荒く, 稼いだ金を全然残さない.

estragão /istra'gẽw̃/ [複 estragões] [男]〖植物〗エストラゴン.

***estragar** /istra'gax/ ⑪ [他] ❶ 壊す, 傷める, 台無しにする ▶ O cão estragou o jardim. 犬は庭を台無しにした.
❷ 浪費する ▶ Para escrever uma carta, estraga imenso papel. 手紙を一通書くだけにたくさんの紙を浪費する.
❸ 腐敗させる, 堕落させる ▶ Foram as más companhias que o estragaram. 彼を堕落させたのは悪い仲間だった.
❹ 楽しみを奪う ▶ A presença daquele homem estragou a festa. あの男の存在がパーティーを台無しにした.
❺ わがままにさせる, 甘やかす ▶ A mãe estraga o filho com presentes. 母親は息子にプレゼントを与えて甘やかす.
❻ [B] 侮辱する, 傷つける.
— [自] ❶ 壊れる, 駄目になる, 台無しになる ▶ O fecho da saia estragou. スカートのファスナーが壊れた. ❷ 腐る. ❸ わがままになる.
— **estragar-se** [再] ❶ 壊れる, 駄目になる, 台無しになる ▶ A sua escrita estraga-se com tantos adjetivos. あなたの書いたものは形容詞の使いすぎで台無しだ.
❷ 腐る ▶ O leite estragou-se. 牛乳が腐った.
❸ わがままになる.
estragar o paladar おいしい物の後にまずいものを食べる.
Estragou o meu dia. 嫌なことで一日損した気分になる.

estrago /is'tragu/ [男] ❶ 損害, 破壊 ▶ A tempestade causou um estrago considerável. 嵐はかなりの損害をもたらした / sofrer estragos 損害を被る.
❷ 浪費 ▶ As crianças fizeram um estrago nos bolos, não sobrou um. 子供たちはケーキを食べすぎて, 1つも残らなかった.
❸ 損失 ▶ As calúnias fizeram grandes estragos na sua vida. 中傷は彼の人生に大きなダメージを与えた. ❹ 衰弱. ❺ 騒ぎ, 騒動.

*****estrangeiro, ra** /istrẽ'ʒejru, ra イストランジェィロ, ラ/ [形] **外国の ; 外国人の** ▶ língua estrangeira 外国語 / literatura estrangeira 外国文学 / produtos estrangeiros 外国製品 / trabalhadores estrangeiros 外国人労働者 / política estrangeira 外交政策.
— [名] **外国人** ▶ curso de português para estrangeiros 外国人向けポルトガル語講座.
— [男] **外国** ▶ Ele quer trabalhar no estrangeiro. 彼は外国で働きたがっている / ir para o estrangeiro 外国に行く.

estrangulador, dora /istrẽgula'dox, 'dora/ [複 estranguladores, doras] [形] 首縛り用の.
— **estrangulador** [男] 絞殺人

estrangulamento /istrẽgula'mẽtu/ [男] ❶ 絞殺, 絞首 (刑). ❷ 狭まり, くびれ ▶ ponto de estrangulamento ボトルネック.

estrangular /istrẽgu'lax/ [他] ❶ 絞め殺す, 絞殺する. ❷ 締めつける. ❸ 抑える. ❹ 窒息させる.
— **estrangular-se** [再] 首をくくる.

estranhamente /is,traɲa'mẽtʃi/ [副] ❶ 奇妙に, 変に, 怪しげに ▶ Ele portou-se muito estranhamente naquela noite. 彼はあの夜とても奇妙に振る舞っていた.
❷ 思いがけなく ▶ Estranhamente, ninguém riu. 思いがけず誰も笑わなかった.

estranhar /istra'ɲax/ [他] ❶ …を奇妙に思う, 不思議に思う ▶ Eu estranhei o seu silêncio. 私は君の沈黙をいぶかしく思った / Estranhamos encontrar a porta aberta. ドアが開いていることを我々は不思議に思った.
❷ …に馴れない ▶ Creio que eles estranharão o novo país. 彼らは新しい国に馴れないだろうと思う.
❸ …に攻撃的になる ▶ Meu cão estranha toda as visitas. 私の犬は来客皆に攻撃的だ.
❹ …を居心地悪く感じる, 落ち着かない ▶ Ele estranhou a cama do hotel e não dormiu a noite toda. 彼はホテルのベッドでは落ち着かず, 一晩中眠れなかった.
❺ 非難する ▶ O árbitro estranhou o comportamento do lutador. 審判はレスラーの振る舞いをとがめた.
❻ 人見知りする ▶ O bebê estranhou-te e pôs-se a chorar. 赤ん坊は君に人見知りして泣き始めた.
❼《estar estranhando alguém》…を別人と思う ▶ Estou te estranhando. 君らしくない / Está me estranhando? 僕を誰だと思っているんだ.
— **estranhar-se** [再] ❶ 気付かない ▶ Até me estranhei quando disse aquilo. あんなことを言って自分でも気付かなかった.
❷ 遠ざかる.

estranheza /istra'ɲeza/ [女] ❶ 奇異, 奇妙さ. ❷ 驚き.

*****estranho, nha** /is'trẽɲu, ɲa イストラーニョ, ニャ/ [形] ❶ **奇異な, 変な** ▶ uma pessoa estranha 変わった人 / um barulho estranho 異音 / corpo estranho 異物 / atitude estranha いつもと違う態度.
❷ **なじみのない, 知らない** ▶ A presença de uma pessoa estranha intimidava José. 知らない人物の存在はジョゼを怖がらせていた / Esse nome não me é estranho. その名前には聞き覚えがある.
— [名] **見知らぬ人, よそ者** ▶ O pai recomendou ao filho que nunca saísse com estranhos. 父親は息子に決して見知らぬ人と一緒に出かけてはいけないと注意した.

estratagema /istrata'ʒẽma/ [男] 計略, 策略.

*estratégia /istra'tɛʒia イストラテージア/ [女] **戦略, 策略**, 計画 ▶desenvolver uma estratégia 戦略を練る / criar estratégias comerciais 販売戦略を立てる / estratégia eleitoral 選挙戦略 / estratégia de mercado 市場戦略.

estrategicamente /istraˌtɛʒika'mẽtʃi/ [副] 戦略的に ▶estrategicamente importante 戦略的に重要な.

estratégico, ca /istra'tɛʒiku, ka/ [形] 戦略上の, 戦略的な ▶retirada estratégica 戦略的撤退 / parceria estratégica 戦略的パートナーシップ.

estrategista /istrate'ʒista/ [名] 戦略家.

estratificação /istratʃifika'sɐ̃w̃/ [[複] estratificações] [女] 層をなすこと, 層状, 層化 ▶estratificação social 社会的成層.

estratificar /istratʃifi'kax/ ㉙ [他] 層にする, 層を作る.

— **estratificar-se** [再] ❶ 層になる. ❷ 発展しない, 現状にとどまる.

estrato /is'tratu/ [男] ❶〖地質〗層, 地層. ❷〖気象〗層雲. ❸ (社会的) 階層, 層 ▶estratos sociais 社会階層.

estratosfera /istratos'fɛra/ [女]〖気象〗成層圏.

na estratosfera ぼんやりした, 考え事をしている.

estreante /istri'ẽtʃi/ [名] 新人, 初心者.

— [形]《男女同形》新人の, 初心者の, 初出場の ▶ator estreante 新人俳優 / equipe estreante 初出場チーム.

estrear /istre'ax/ ⑩ [他] ❶ 初めて使う ▶Vou estrear este vestido hoje. 今日始めてこのドレスを着る.

❷ 初公開する, 初演する ▶estrear um filme 映画を封切る / O time estreará seu novo jogador no jogo de hoje. そのチームは今日の試合で新しい選手をデビューさせる.

— [自] 初公開する, 初めて行う, デビューする ▶O filme estreou ontem em Lisboa. その映画はリスボンで昨日封切りとなった / A cantora estreou no Teatro Nacional. その歌手は国立劇場でデビューした.

— **estrear-se** [再] 初公開する, 初めて行う, デビューする.

estrebaria /istreba'ria/ [女] 馬小屋.

*estreia /is'trɛja イストレィア/ [女] ❶ **初演, 封切り** ▶estreia mundial ワールドプレミア, 世界初演. ❷ **初舞台, デビュー** ▶álbum de estreia デビューアルバム.

estreitamente /isˌtrejta'mẽtʃi/ [副] 密接に ▶estar estreitamente relacionado com... …と密接に関係している.

estreitamento /istrejta'mẽtu/ [男] ❶ 狭まり, 締めつけ ▶estreitamento de pista à esquerda 左車線減少. ❷ 緊密化, 密接化 ▶estreitamento de relações entre os dois países 両国間関係の緊密化. ❸ 削減.

estreitar /istrej'tax/ [他] ❶ 細くする, 狭くする.

❷ 縮める, 制限する ▶A tropa estreitou o cerco. 軍隊は包囲を縮めた.

❸ 厳格にする ▶A nova diretoria prometeu estreitar a verificação. 新しい役員は検証を厳しくすることを約束した.

❹ 締めつける ▶A mãe estreitou a criança nos braços. 母親は子供を抱きしめた.

❺ 緊密にする ▶estreitar o relacionamento 関係を深める / Ele estreitou os laços de amizade com o vizinho. 彼は隣人との友情を深めた.

— [自] ❶ 細くなる, 狭くなる ▶A rua estreita depois da curva. その道はカーブのあとで狭くなる. ❷ 厳しくなる.

— **estreitar-se** [再] ❶ 細くなる, 狭くなる. ❷ 厳しくなる.

estreiteza /istrej'teza/ [女] ❶ 狭さ, 細さ ▶a estreiteza das ruas dos bairros antigos 旧市街の通りの狭さ.

❷ 欠如, 不足, 乏しさ, 狭量, けち ▶estreiteza de recursos 資源の乏しさ / estreiteza do tempo 時間のなさ / Eles viviam com estreiteza. 彼らは貧しく暮らしていた.

❸ 厳格さ, 厳しさ ▶a estreiteza do regulamento 規則の厳格さ.

❹ 親密さ ▶a estreiteza de uma amizade 友情の親密さ.

***estreito, ta /is'trejtu, ta イストレィト, タ/ [形] ❶ **狭い, 窮屈な** (⟷ amplo, largo) ▶uma rua estreita 狭い通り / Entrai pela porta estreita.〖聖書〗狭き門より入れ.

❷ **密接な, 緊密な** ▶relação estreita 密接な関係.

❸ 頑迷な ▶atitude estreita 頑迷な態度.

— **estreito** [男] 海峡 ▶Estreito de Gibraltar ジブラルタル海峡.

***estrela /is'trela イストレーラ/ ❶ **星**, 星印 ▶Quase não se veem estrelas no céu das grandes cidades. 大都市の空ではほとんど星を見ることができない / estrelar polar 北極星 / estrela cadente 流星 / estrela da manhã 明けの明星 / um hotel de três estrelas 三つ星ホテル / Estrela de Davi ダビデの星.

❷ **スター** ▶estrela de cinema 映画スター.

❸ 星回り, 運勢 ▶boa estrela 幸運の星 / má estrela 悪い星.

levantar-se com as estrelas 早起きする.

pôr nas estrelas 褒める, 称賛する, よいしょする.

ter estrela na testa ① 才能がある. ② 幸運に恵まれている. ③ 顔に現れている.

ver estrelas 目から火が出る ▶Dei de cara com o poste e vi estrelas. 柱にぶつかって, 目から火が出た.

estrelado, da /istre'ladu, da/ [形] ❶ 星の多い ▶céu estrelado 星空.

❷ (馬や牛が) 額に白星のある.

❸ …主演の ▶um filme estrelado por... …主演の映画.

❹ (卵が) 目玉焼きの ▶ovo estrelado 目玉焼き.

estrela-do-mar /isˌtreladu'mar/ [[複] estrelas-do-mar] [女]〖動物〗ヒトデ.

estrelar /istre'lax/ [他] ❶ (卵を) 目玉焼きにする ▶estrelar ovos 卵を目玉焼きにする.

❷ (映画などで) 主演する ▶estrelar um filme 映画で主演する / um filme estrelado por DiCa-

E

prioディカプリオ主演の映画.
— 自 主演する ▶ estrelar num filme 映画に主演する.

estrelato /istre'latu/ 男 スターの地位, スターダム.

estrelinha /istre'liɲa/ 女 ❶ 小さな星. ❷ 星印, アステリスク. ❸ 星形のパスタ. ❹《estrelinhas》線香花火.

estrelismo /istre'lizmu/ 男 B スターらしさ, スター性.

estrema /is'trɐma/ 女 境界, 境界線.

estremadura /istrema'dura/ 女 ❶ 境界, 境界線, 国境. ❷ 僻地.

estremar /istre'max/ 他 ❶ …の境界を画定する ▶ Ele mandou estremar a propriedade. 彼は所有地を画定させた.
❷ …から区切る, 分ける, 区別する [+ de] ▶ Ela estremou um papel de outro. 彼女は他人と役割を分けた / Estremamos o que presta do que não presta. 役に立つものをそうでないものと分ける.
❸ はっきりさせる ▶ Depois de muita hesitação, ele consegui estremar sua opinião. 何度もためらった後, 彼は考えをはっきりさせることができた.
❹ …から識別する, 際立たせる [+ de] ▶ Seu talento o estrema dos demais pintores. 彼の才能はその他の画家とは一線を画する.
❺ …に導く, 向ける [+ para] ▶ Seus dotes de imaginação o estremaram para a carreira de escritor. 彼の想像の才能は作家の仕事へと向かわせた.
❻ (文章を) 新たに選別する ▶ Ele estremou velhas canções. 彼は古い歌を編纂し直した.
— **estremar-se** 再 分かれる, 分岐する ▶ Os caminhos estremam-se naquele ponto. 道はその地点で分岐している.

estremecer /istreme'sex/ ⑮ 他 ❶ 揺する, 揺さぶる, 動揺させる ▶ O terremoto estremeceu a cidade toda. 地震は町中を揺らした / A intriga não estremeceu sua amizade. 陰謀は友情を動揺させなかった. ❷ 身震いさせる ▶ O susto estremeceu-os. 衝撃に彼らは身震いした.
❸ かわいがる.
— 自 ❶ 揺れる ▶ Sempre que um caminhão passa, a casa estremece. トラックが通るたびに家は揺れる.
❷ 身震いする ▶ estremecer de medo 恐怖に震える / estremecer de dor 痛みに体をよじる / O menino estremeceu ao vê-lo aproximar-se furioso. 激怒した彼が近づくのを見て少年は身震いした.
— **estremecer-se** 再 震える, 揺れる.

estremecimento /istremisi'mẽtu/ 男 振動, 揺れ, 震え, 戦慄.

estremunhar /istremu'ɲax/ 他 急に起こす, 目覚めさせる ▶ O trovão estremunhou os meninos. 雷が少年たちを目覚めさせた.
— 自 ❶ 急に起きる, 目覚める ▶ Com os fogos de artifício, os meninos estremunharam. 花火で少年たちは目覚めた.
❷ 戸惑う, 呆然とする ▶ Assoberbado de tarefas, ele estremunhava sem saber por onde começar. 仕事を抱え込んで, 彼はどこから始めたらよいかからなかった.
— **estremunhar-se** 再 ❶ 急に起きる, 目覚める. ❷ 戸惑う, 呆然とする.

estrepar-se /istre'paxsi/ 再 ❶ とげで傷つく. ❷ B 失敗する.

estressado, da /istre'sadu, da/ 形 ストレスを感じた, ストレスのたまった ▶ Estou estressado. 私はストレスを感じている.

estressante /istre'sẽtʃi/ 形《男女同形》ストレスの元になる, ストレスの多い ▶ trabalho estressante ストレスの多い仕事.

estressar /istre'sax/ 他 …にストレスをかける, …のストレスの元になる.
— **estressar-se** 再 ストレスを感じる ▶ dicas para não se estressar no trabalho 仕事でストレスを感じないための秘訣 / O que fazer para não se estressar com os filhos? 子供のことでストレスを感じないためにはどうすればよいか.

estresse /is'tresi/ 男 ストレス ▶ o estresse no trabalho 仕事のストレス / sofrer de estresse ストレスを抱える.

estria /is'tria/ 女 皮膚線条, 妊娠線.

estribar /istri'bax/ 他 ❶ (鐙に足を) かける.
❷ 支える ▶ Ele estribou uma estátua. 彼は彫像を支えた. ❸ …に基礎をおく, 基づかせる [+ em] ▶ Ele estriba sua tese numa antiga teoria. 彼は自説を古い理論に依拠させた.
— 自 支える, …に依る [+ em].
— **estribar-se** 再 ❶ 鐙に足をかける.
❷ …で自分を支える ▶ estribar-se numa bengala 杖で自分の体を支える.
❸ …に基づく [+ em] ▶ Em seus estudos, ele estriba-se em extensa bibliografia. 彼の研究は, 膨大な文献に基づく.
❹ B 俗 金を工面する.

estribeira /istri'bejra/ 女 鐙.
perder as estribeiras 慣 自制心を失う, かっとなる.

estribilho /istri'biʎu/ 男 ❶ (詩歌の) リフレーン, 反復句. ❷ 常套句, 口癖.

estribo /is'tribu/ 男 ❶ 鐙. ❷ (乗り物の) 踏み台, ステップ. ❸《解剖》あぶみ骨.

estricnina /istriki'nina/ 女《薬学》ストリキニーネ.

estridente /istri'dẽtʃi/ 形《男女同形》(声や音が) 鋭い, 甲高い.

estrilo /is'trilu/ 男 ❶ 怒鳴り声, 怒号. ❷ B 俗 抗議.
dar um [o] estrilo 激怒する, 怒りを爆発させる.

estritamente /is,trita'mẽtʃi/ 副 厳しく, 厳密に ; 厳密に ▶ estritamente proibido 固く禁じられている / estritamente confidencial 極秘の / estritamente falando 厳密に言えば.

estrito, ta /is'tritu, ta/ 形 ❶ 厳密な, 厳正な ▶ no sentido estrito do termo 言葉の厳密な意味において. ❷ 厳格な ▶ estrito cumprimento do dever legal 法的義務の厳格な履行.

estro /'estru/ 男 ❶ 霊感, ひらめき ▶ estro poético 詩的霊感. ❷ (雌の動物の) 発情 (期).

estrofe /is'trɔfi/ 女 詩節, 連.

estrogonofe /istrogo'nɔfi/ 男《料理》ストロガノフ.

estroina /is'trojna/ 形 ❶ 無分別な, 放縦な, 軽率な▶rapaz estroina 無鉄砲な青年.
❷ 浪費する▶Ele é muito estroina. 彼はとても浪費家だ.
— 名 ❶ 無分別な人▶Quando jovem, ele foi um estroina, cabeça no ar. 若い頃彼は軽率で考えが足りなかった.
❷ 浪費家▶Ele foi um estroina, dissipou uma grande fortuna. 彼は浪費家で, 莫大な財産を浪費した.

estroinice /istroj'nisi/ 女 ❶ 無分別な行い, 放縦, 無節制 ▶Ele contou algumas estroinices da sua juventude. 彼は若い頃の無分別な行いについて語った.
❷ 放蕩生活▶Ele anda na estroinice. 彼は放蕩生活を送る.

estrondo /is'trõdu/ 男 ❶ 大音響, 轟音 ▶com um grande estrondo 大きな音をたてて / o estrondo do trovão 雷の轟音 / estrondo sônico ソニックブーム. ❷ 豪華, 豪勢.

estrondoso, sa /istrõ'dozu, dɔza/ 形 ❶ 大音響の▶aplausos estrondosos 万雷の拍手.
❷ 華々しい. 大評判の▶êxito estrondoso 華々しい成功.

estropiar /istropi'ax/ 他 ❶ …を不具にする.
❷ 疲れさせる, 疲労させる.
❸ (テキストを)改ざんする.
❹ 発音を間違える, 下手に演奏する▶estropiar um verso 韻を踏み違える / estropiar uma música へたくそに歌う.
— **estropiar-se** 再 不具になる.

estrume /is'trumi/ 男 肥料, こやし.

estrutura /istru'tura/ 女 ❶ 構造, 構成；組織；仕組み▶a estrutura do corpo humano 人体の構造 / a estrutura de um prédio 建物の構造 / estrutura social 社会構造.
❷ 建造物, 建築物, スポーツ施設.
❸ 精神的強さ ▶Ela não tem estrutura para aguentar isso 彼女はそれに耐えられる精神的強さがない.

estruturação /istrutura'sẽw̃/ [複 estruturações] 女 構造化, 組織化, 体系化.

estruturado, da /istrutu'radu, da/ 形 構造化された, 組織化された.

estrutural /istrutu'raw/ [複 estruturais] 形《男女同形》構造上の, 構造的な；構造主義の▶desemprego estrutural 構造的失業 / reforma estrutural 構造改革 / antropologia estrutural 構造人類学.

estruturalismo /istrutura'lizmu/ 男 構造主義.

estruturalmente /istrutu,raw'mẽtʃi/ 副 構造的に.

estruturar /istrutu'rax/ 他 構造化する, 組織化する.
— **estruturar-se** 再 構造化される, 組織化される.

estuário /istu'ariu/ 男 河口, 入り江.

estudante /istu'dẽtʃi イストゥダンチ/ 名 学生, 生徒 ▶Eu sou estudante. 私は学生だ / estudante universitário 大学生 / estudante de medicina 医学生.
— 形《男女同形》学生の, 生徒の.

estudantil /istudẽ'tʃiw/ [複 estudantis] 形《男女同形》学生の▶vida estudantil 学生生活 / movimento estudantil 学生運動.

estudar /istu'dax イストゥダーフ/ 他 ❶ …を勉強する, 学ぶ▶Ele está estudando português. 彼はポルトガル語を学んでいる / Estudo inglês há cinco anos. 私は英語を5年前から勉強している.
❷ 研究する, 検討する, 調査する▶estudar a natureza 自然を研究する / estudar o mercado 市場を調査する / Vamos estudar este assunto com mais calma. もっと落ち着いてこの件を検討しよう.
— 自 勉強する, 学ぶ▶estudar nos Estados Unidos アメリカで勉強する.

estúdio /is'tudʒiu/ 男 スタジオ, アトリエ.

estudioso, sa /istudʒi'ozu, 'ɔza/ 形 勉強熱心な, 好学の.
— 名 学者, 専門家, 研究者.

estudo /is'tudu イストゥード/ 男 ❶ 学習, 勉強, 練習 ▶O estudo é importante para a vida. 学習は人生にとって重要である / estudo de piano ピアノの練習.
❷ (estudos) 学業, 学校教育 ▶abandonar os estudos 学業を放棄する / fazer seus estudos na Europa ヨーロッパで勉強する / concentrar-se nos estudos 勉強に集中する.
❸ 研究 ▶fazer um estudo de... …を研究する / o estudo da Bíblia 聖書の研究 / centro de estudos universitários 大学研究センター / estudos brasileiros ブラジル研究 / Aquele cientista tem vários estudos sobre a AIDS. あの科学者はエイズに関する様々な研究がある / estudo de caso 事例研究 / estudo de mercado 市場調査.
❹《美術》習作；《音楽》練習曲, エチュード.
de estudo ① 故意に. ② 検討の, 審議の.
em estudo 検討中の.
ter estudos 学がある, 知識を備えている.

estufa /is'tufa/ 女 ❶ 温室▶gases de efeito estufa 温室効果ガス. ❷ 暑いところ. ❸ 滅菌装置. ❹ ストーブ.

estufar /istu'fax/ 他 ❶ (植物を) 温室に入れる, 温室で育てる. ❷ (肉を) 蒸し焼きにする.

estulto, ta /is'tuwtu, ta/ 形 愚かな.

estupefação /istupefa'sẽw̃/ [複 estupefações] 女 ❶ 麻酔 (状態). ❷ 呆然, 驚嘆, 驚愕.

estupefaciente /istupefasi'ẽtʃi/ 男 麻薬▶tráfico de estupefacientes 麻薬取引.
— 形《男女同形》❶ びっくりさせるような.
❷ 麻薬の▶substâncias estupefacientes 麻薬.

estupefato, ta /istupe'fatu, ta/ 形 ❶ 麻痺した. ❷ びっくり仰天した▶Estou estupefato com esta notícia. 私はこのニュースに仰天した.

estupendo, da /istu'pẽdu, da/ 形 ❶ すばらしい, 見事な. ❷ 尋常ではない, 途方もない.

estupefacto, ta /istupe'faktu, ta/ 形 = estu-

estupidamente

pefato

estupidamente /istuˌpidaˈmetʃi/ 副 ❶ 愚かにも. ❷ 📵 俗 極度に, とても ▶cerveja estupidamente gelada キンキンに冷えたビール.

estupidez /istupiˈdes/ [複 estupidezes] 囡 ❶ 愚かさ, 愚かなこと, ばかげた言動 ▶Isso é uma estupidez. それはばかげている. ❷ 📵 粗野, 乱暴 ▶com estupidez 乱暴に.

estúpido, da /isˈtupidu, da/ 形 ❶ 愚かな, ばかげた ▶Ele não entendia simples contas aritméticas, era um estúpido. 彼は簡単な算数の計算も分かっていない, ばかなやつだった.
❷ 粗野な, 乱暴な ▶O sargento era muito estúpido com os soldados. 軍曹は兵士たちにとても乱暴な態度を取っていた.
❸ 過度の ▶No inverno faz um frio estúpido. 冬には極端に寒くなる.
❹ 退屈な ▶Para mim, uma missão sem objetivo é uma missão estúpida. 私にとって目標のない任務は退屈な任務である.
— 名 愚か者.

estupor /istuˈpox/ [複 estupores] 男 ❶ 〖医学〗昏迷; 失神.
❷ 仰天, 茫然自失.
❸ 醜い人.
❹ 性格の悪い人.

estuprador /istupraˈdox/ [複 estupradores] 男 強姦者.

estuprar /istuˈprax/ 他 強姦する.

estupro /isˈtupru/ 男 強姦.

estuque /isˈtuki/ 男 化粧しっくい, スタッコ.

esvaecer /izvaeˈsex/ ⑮ 他 消す, 消滅させる.
— **esvaecer-se** 再 消える, 消滅する

esvair /izvaˈix/ ⑱ 他 消滅させる, 消す ▶O sol esvairá toda essa neblina. 太陽がその霧をすべて晴らすだろう.
— **esvair-se** 再 ❶ 消える, 消滅する ▶A esperança logo se esvaiu. 希望はすぐに消え失せた.
❷ …が尽きる, なくなる [+ em] ▶esvair-se em lágrimas 涙が枯れる / esvair-se em sangue 失血する / esvair-se em suor びっしょりと汗をかく.
❸ (時間などが) 早く過ぎる ▶Minha mocidade esvaiu-se. 私の青春は早く過ぎ去った.
❹ 気絶する ▶O cheiro do éter fê-la esvair-se. エーテルの匂いが彼女を失神させた.

esvaziar /izvaziˈax/ 他 ❶ 空にする, 空ける (↔ encher) ▶esvaziar o copo グラスを空ける / Ela esvaziou a geladeira. 彼女は冷蔵庫を空にした / Ele esvaziou o prato num instante. 彼はあっという間に皿を空けた / Ele foi correr na praia para esvaziar a cabeça. 彼は頭の中を空っぽにするために海岸に走りに行った / esvaziar o pneu タイヤの空気を抜く.
❷ (場所から) 立ち退く, 明け渡す ▶Com a chegada da polícia, os manifestantes esvaziaram a praça. 警察の到着でデモの参加者たちは広場から立ち退いた.
❸ …の重要性をなくさせる, 意味をなくさせる ▶A nova direção esvaziou a ideologia do partido. 新指導部は党のイデオロギー色を薄くした.

— **esvaziar-se** 再 ❶ 空っぽになる, 空になる ▶O pneu da bicicleta esvaziou-se. 自転車のタイヤの空気が抜けた.
❷ 無意味になる, 重要性がなくなる.

esvaziar o porquinho 貯蓄を取り崩す.

esverdeado, da /izvexdeˈadu, da/ 形 緑がかった, 緑色の入った ▶amarelo esverdeado 黄緑色.
— **esverdeado** 男 緑がかった色.

eta /ˈeta/ 間 📵 (歓びや驚き) おお, 何と.
Eta trem! (ミナス・ジェライス) おお, 何てことだ.

etanol /etaˈnɔw/ [複 etanóis] 男 〖化学〗エタノール.

*****etapa** /eˈtapa/ エタパ 囡 ❶ 1日の行程, 旅程; (ラリーの) 区間, ステージ ▶a última etapa da volta a Portugal em bicicleta ポルトガル一周自転車レースの最終ステージ.
❷ 段階, 期 ▶uma etapa importante da vida 人生における重要な段階.
por etapas 少しずつ, 段階的に.
queimar etapas 段階を飛ばす.

etário, ria /eˈtariu, ria/ 形 年齢の ▶faixa etária 年齢層.

etc. /ˈɛtˈsetera/《略語》et cetera その他.

éter /ˈɛter/ 男 〖化学〗エーテル.

etéreo, rea /eˈtɛriu, ria/ 形 ❶ 〖化学〗エーテルの.
❷ この世のものならぬ, 至純の.
❸ 天上の, 天界の.

eternamente /eˌtexnaˈmetʃi/ 副 永久に, 永遠に.

eternidade /etexniˈdadʒi/ 囡 ❶ 永久, 永遠; 不滅 ▶por toda a eternidade 未来永劫に / a eternidade da alma 霊魂の不滅. ❷ 長い時間.

eternizar /etexniˈzax/ 他 ❶ 永遠にする, 不滅にする. ❷ 長引かせる.
— **eternizar-se** 再 ❶ 果てしなく続く ▶A discussão eternizou-se. 議論はいつまでたっても終わらなかった. ❷ 長くいる, とどまる ▶eternizar-se no poder 権力の座に居座る.

*****eterno, na** /eˈtexnu, na/ エテルノ, ナ/ 形 ❶ 永遠の, 終わりのない, 不滅の ▶Deus é eterno. 神は永遠である / vida eterna 永遠不滅の生命 / descanso eterno 永遠の休息.
❷ 一生涯続く ▶amor eterno 永遠の愛 / eterna gratidão 生涯かけても足りぬ感謝.
❸ 変わらない, 不変の ▶verdades eternas 不動の真実.
❹ 果てしない, 際限のない ▶um eterno insatisfeito いつも不満を抱えている人.

ética[1] /ˈɛtʃika/ 囡 倫理, 倫理学 ▶ética profissional 職業倫理 / ética médica 医療倫理 / ética política 政治倫理.

eticamente /ˌɛtʃikaˈmetʃi/ 副 倫理的に ▶agir eticamente 倫理的に行動する.

ético, ca[2] /ˈɛtʃiku, ka/ 形 倫理の, 道徳の, 倫理学の ▶valores éticos 倫理的価値.

etimologia /etʃimoloˈʒia/ 囡 語源; 語源研究, 語源学 ▶etimologia popular 民間語源説.

etimologicamente /etʃimoˌlɔʒikaˈmetʃi/ 副

語源的に, 語源の上で.
etimológico, ca /etʃimo'lɔʒiku, ka/ 形 語源の, 語源学の ▶dicionário etimológico 語源辞典.

etiologia /etʃiolo'ʒia/ 女 ❶ 病因学, 病因. ❷ 原因論.

etiológico, ca /etʃio'lɔʒiku, ka/ 形 病因学の, 原因論の.

etiqueta /etʃi'keta/ 女 ❶ ラベル, レッテル ▶etiqueta de vinho ワインラベル.
❷ 値札.
❸ 礼儀作法, 作法, エチケット ▶regras de etiqueta 作法の規則 / Sua atitude vai contra as etiquetas. あなたの行いはエチケットに反する.

etiquetar /etʃike'tax/ 他 ❶ …にラベルを貼る. ❷ …呼ばわりする, …のレッテルを貼る [+ de] ▶Fui etiquetado de mentiroso. 私は嘘つきのレッテルを貼られた.

etnia /et'nia/ 女 民族, 種族.

étnico, ca /'etniku, ka/ 形 民族の ▶grupo étnico 民族集団 / minoria étnica 少数民族 / limpeza étnica 民族浄化.

etnocêntrico, ca /etno'sẽtriku, ka/ 形 自民族中心主義の.

etnocentrismo /etnosẽ'trizmu/ 男 自民族中心主義.

etnografia /etnogra'fia/ 女 民族誌学.

etnográfico, ca /etno'grafiku, ka/ 形 民族誌の, 民族誌学の.

etnologia /etnolo'ʒia/ 女 民族学.

etnológico, ca /etno'lɔʒiku, ka/ 形 民族学の.

etnólogo /et'nɔlogu/ 男 民族学者.

etos /'ɛtus/ 男《単複同形》気風, 精神, 主潮, エートス.

‡eu /'ew エウ/ 代《一人称単数》❶《主語》私は, 私が ▶Eu falo português. 私はポルトガル語を話す / Eu e o João entendemo-nos bem. ジョアンと私は気が合う / Cante para eu dormir. 私が眠れるように歌を歌って / Eu? 私ですか / Quem sou eu!? 私にそんな資格はない / Eu também. 私もそうです / Nem eu. 私もそうではありません / eu mesmo [próprio] 私自身.

❷《que, como, quanto の後で》▶Ele é cinco anos mais velho que eu. 彼は私より5歳上だ / Faça como eu. 私と同じようにしてください / Ele é tão alto quanto eu. 彼は私と同じくらい背が高い.
❸《属詞》▶Eu sou eu. 私は私だ / Sou eu. 私です / Não sou eu. 私ではありません.
— 男 自我.

EUA《略語》Estados Unidos da América アメリカ合衆国.

eucalipto /ewka'lipitu/ 男《植物》ユーカリ.

eucaristia /ewkaris'tʃia/ 女《カトリック》聖体拝領, 聖体の秘跡;《プロテスタント》聖餐式.

eucarístico, ca /ewka'ristʃiku, ka/ 形《カトリック》聖体の,《プロテスタント》聖餐の.

eufemismo /ewfe'mizmu/ 男 婉曲語法.

eufonia /ewfo'nia/ 女 好音調, 耳に心地よい音の配列.

euforia /ewfo'ria/ 女 幸福感, 陶酔.

eufórico, ca /ew'fɔriku, ka/ 形 幸福感の, 幸福感に満ちた.

eunuco /ew'nuku/ 男 ❶ 宦官. ❷ 性的不能者.

‡euro /'ewru エウロ/ 男 ユーロ, ヨーロッパ連合 (União Europeia) の統一通貨; その単位 ▶zona do euro ユーロ圏 / duas notas de 10 euros 2枚の10ユーロ紙幣.

eurodeputado, da /ewrodepu'tadu, da/ 名 欧州議会議員.

Europa /ew'rɔpa/ 女《地名》ヨーロッパ ▶A Europa é o berço da civilização ocidental. ヨーロッパは西洋文明の発祥の地である / crise econômica na Europa ヨーロッパにおける経済危機 / Europa continental (英国を除く) 欧州本土.

europeia /ewro'peja/ 形 europeu の女性形.

europeizar /ewropej'zax/ 他 ヨーロッパ化する.
— **europeizar-se** 再 ヨーロッパ化される.

‡europeu, peia /ewro'pew, 'peja エウロペウ, ペイア/ 形 ヨーロッパの, 欧州の, ヨーロッパ人の ▶continente europeu ヨーロッパ大陸 / União Europeia 欧州連合 / mercado europeu ヨーロッパ市場 / Parlamento Europeu 欧州議会 / países europeus 欧州諸国 / integração europeia 欧州統合.
— 名 ヨーロッパ人.

eurozona /ewro'zõna/ 女 ユーロが流通する国々, ユーロ圏.

eutanásia /ewta'nazia/ 女 安楽死.

evacuação /evakua'sẽw/ [複 evacuações] 女 ❶ 避難, 退去, 排除. ❷《軍事》撤退. ❸ 排便, 排泄.

evacuar /evaku'ax/ 他 (場所を) 明け渡す, 避難する,《軍事》撤退する ▶evacuar o edifício 建物から出ていく.
— 自 排便する.

evadir /eva'dʒix/ 他 避ける, 逃れる, 免れる ▶evadir responsabilidade 責任逃れをする / evadir o pagamento de impostos 税金の支払いを免れる.
— **evadir-se** 再 …から逃げ出す, 脱出する, 逃亡する [+ de] ▶evadir-se da prisão 脱獄する.

evangelho /evẽ'ʒeʎu/ 男 福音, 福音書 ▶pregar o evangelho 福音を説く / o Evangelho segundo Marcos マルコによる福音書.

evangélico, ca /evẽ'ʒɛliku, ka/ 形 ❶ 福音の, 福音書の. ❷ 福音主義の, プロテスタントの.

evangelista /evẽʒe'lista/ 名 ❶ 福音史家. ❷ 福音伝道者.

evangelização /evẽʒeliza'sẽw/ [複 evangelizações] 女 福音伝道, キリスト教の布教.

evangelizador, dora /evẽʒeliza'dox, 'dora/

evangelizar

[複 evangelizadores, doras] 形 福音伝道の.
— 名 福音伝道者.

evangelizar /evẽʒeli'zax/ 他 …に福音を説く, キリスト教を布教する.

evaporação /evapora'sẽw/ [複 evaporações] 女 蒸発, 気化.

evaporar /evapo'rax/ 他 ❶ 蒸発させる, 気化させる. ❷ 消滅させる.
— **evaporar-se** 再 ❶ 蒸発する, 気化する. ❷ 消える, なくなる.

evasão /eva'zẽw/ [複 evasões] 女 ❶ 脱走, 逃避, 脱出 ▶evasão escolar 中途退学 / evasão de capital 資産隠し.
❷ 逃げ口上, 口実, 弁解.
❸ (義務の)回避, 忌避 ▶evasão fiscal 脱税.

evasê /eva'se/ 形 (スカートなどの) フレアのついた ▶saia evasê フレアスカート.

evasiva[1] /eva'ziva/ 女 言い訳, 逃げ口上, 口実.

evasivo, va[2] /eva'zivu, va/ 形 言い逃れの, 回避的な, ごまかしの ▶argumento evasivo 回避的な議論.

☆**evento** /e'vẽtu エヴェント/ 男 ❶ 出来事, 事件 ▶evento histórico 歴史的出来事 / eventos políticos 政治的事件 / os principais eventos do dia 今日の主な出来事.
❷ 催し事, イベント ▶evento esportivo スポーツ大会.

eventual /evẽtu'aw/ [複 eventuais] 形 ❶ 偶然の, 偶発的な, 予定外の ▶uma eventual mudança de planos 偶発的な計画変更.
❷ 一時的な, 時々の, 臨時の ▶Tínhamos encontros eventuais. 我々は時折会う機会を持った.
— **eventuais** 男複 臨時出費.

eventualidade /evẽtuali'dadʒi/ 女 ❶ 偶発的な出来事, 不測の事態. ❷ (ありうる) 事態.

eventualmente /evẽtu,aw'mẽtʃi/ 副 場合によっては, 万一の場合は.

evidência /evi'dẽsia/ 女 ❶ 明白さ ▶aceitar a evidência dos fatos 事実の明白さを受け入れる.
❷ 証拠 ▶Apesar das evidências, ele negou o crime até o fim. 数々の証拠にもかかわらず, 彼は罪を最後まで否定した. ❸【哲学】明証.
❹ 際立つこと, 傑出 ▶estar em evidência 目立つところにある.
à evidência 明らかに, 明確に.
pôr em evidência 明らかにする, 公開する, 強調する.
render-se à evidência 事実を受け入れる.

evidenciar /evidẽsi'ax/ 他 明らかにする, 証明する ▶As notas baixas evidenciam a falta de estudo. 悪い成績が勉強不足を明らかにしている / As fotos evidenciaram a verdade. 写真が真実を証明した.
— **evidenciar-se** 再 明らかになる, 明示される ▶A solidariedade evidencia-se nos momentos de tragédia. 惨事が起きた時, 連帯感がはっきりと現れる / Devido às constantes vitórias, o piloto evidenciou-se. レーサーは負け知らずで脚光を浴びた.

☆**evidente** /evi'dẽtʃi エヴィデンチ/ 形《男女同形》明白な, 明らかな, はっきりした ▶uma prova evidente 明白な証拠 / como é evidente 明らかに / É evidente que ele não sabe nada. 彼が何も知らないのは明らかだ.

evidentemente /evi,dẽte'mẽtʃi/ 副 明らかに; 当然, もちろん.

☆**evitar** /evi'tax エヴィターフ/ 他 ❶ 避ける, 回避する ▶evitar um acidente de trânsito 交通事故を免れる / Deve-se evitar despesas desnecessárias. 不要な出費は避けるべきだ / Não posso [consigo] evitar. 避けられない, 仕方がない.
❷《evitar +不定詞》…することを避ける ▶O ministro tentou evitar falar sobre esse assunto. 大臣はその問題について話すのを避けようとした / É melhor evitar sair à noite nesta cidade. この町では夜の外出はしない方がよい.
❸ (人を) 避ける ▶Parece-me que ele me evita. 彼は私を避けているように思える.

evitável /evi'tavew/ [複 evitáveis] 形《男女同形》避けられる, 回避できる ▶acidente evitável 避けられる事故.

evocação /evoka'sẽw/ [複 evocações] 女 ❶ 回想, 回顧; 想起 ▶a evocação do passado 過去の回想. ❷ (死者の霊を) 呼び起こすこと, 降霊.

evocar /evo'kax/ 29 他 ❶ 呼び覚ます, 思い起こす ▶Para não ficar melancólico, evocava seus momentos felizes. 彼は憂鬱にならないように幸せだったころのことを思い起こしていた.
❷ (死者の霊を) 呼び出す.

☆**evolução** /evolu'sẽw エヴォルサォン/ [複 evoluções] 女 ❶ 進化, 発展, 進歩, 進行; 経過 ▶fase da evolução 進化の段階 / teoria da evolução 進化論 / a evolução de uma doença 病気の進行, 経過 / Esse aluno teve uma evolução notável. その生徒はかなり上達した. ❷ 軍隊などの機動.
❸ (evoluções) 一連の動き ▶as evoluções de um dançarino ダンサーの動き.

evolucionar /evolusio'nax/ 自 進化する, 発展する, 進歩する.

evolucionismo /evolusio'nizmu/ 男 進化論.

evoluído, da /evolu'idu, da/ 形 進化した, 進んだ.

*__evoluir__ /evolu'ix エヴォルイーフ/ 7 自 ❶ 進化する, 進歩する, 発達する ▶O homem evoluiu do macaco. 人間は猿から進化した / A tecnologia evoluiu muito. 科学技術はたいへん進歩した.
❷ 旋回動作する, 転回運動する ▶Os bailarinos evoluíam no palco. バレーダンサーが舞台で旋回舞踊をしていた.

ex- 《接頭辞》 元の, 前の ▶o ex-presidente do Brasil 前 [元] ブラジル大統領 / minha ex-namorada 私の前の彼女.

Ex.a (略語) excelência 閣下.

exação /eza'sẽw/ [複 exações] 女 ❶ (税などの) 徴収, 取り立て. ❷ 正確さ, 時間厳守.

exacerbação /ezasexba'sẽw/ [複 exacerbações] 女 ❶ いら立ち, 憤慨, 憤り.
❷ 激化, 高ぶり.

exacerbar /ezasex'bax/ 他 ❶ いらだたせる, 憤慨させる. ❷ 悪化させる.

— exacerbar-se 再 いらだつ, 憤慨する.

exageradamente /ezaʒe,rada'mẽtʃi/ 副 ❶ 誇張して, 誇大に ▶ falar exageradamente 誇張して話す. ❷ 非常に, とても.

exagerado, da /ezaʒe'radu, da/ 形 ❶ 誇張した, 大げさな ; 大げさなことを言う ▶ expressão exagerada 誇張した表現 / Não seja exagerado. 大げさこと言わないで. ❷ 過度の, (値段が) 法外な.

*****exagerar** /ezaʒe'rax エザジェラーフ/ 他 ❶ 誇張する, 大げさに言う ▶ exagerar o problema 問題を誇張する.
— 自 ❶ 度を越す；…し過ぎる, 過剰に行う [+ em] ▶ Seja ambicioso, mas não exagere! 大志を抱け, ただし度を越すな / exagerar na dieta ダイエットをやり過ぎる / exagerar nas despesas 浪費する / exagerar no sal 塩を使い過ぎる.
❷ 誇張する, 大げさに言う ▶ Não estou exagerando. 私は大げさに言っていない.
— **exagerar-se** 再 (身振りや話し方など) 誇張する, おおげさにする ▶ Ela seria uma boa atriz se não se exagerasse tanto. 彼女の演技があれほど大げさでなかったら, よい女優であったのに.

exagero /eza'ʒeru/ 男 ❶ 誇張, 大げさ ▶ Não seria exagero dizer que +直説法 …と言っても過言ではない. ❷ やり過ぎ.

exalação /ezala'sẽw/ [複 exalações] 女 ❶ 匂い, 臭気. ❷ 蒸発, 発散. ❸ 燐光.

exalar /eza'lax/ 他 ❶ (気体や香りを) 放つ, 発散する ▶ exalar um cheiro desagradável 嫌な匂いを放つ. ❷ 吐く, もらす ▶ exalar um suspiro ため息をもらす.
— 自 発散する.
— **exalar-se** 再 発散する

exaltação /ezawta'sẽw/ [複 exaltações] 女 ❶ (精神や感情の) 高揚, 興奮. ❷ 賞賛, 称揚 ▶ exaltação do herói 英雄の賞賛.

exaltado, da /ezaw'tadu, da/ 形 ❶ 怒った.
❷ 興奮した, 高揚した, 盛り上がった ▶ Os ânimos estão exaltados. 気分は高揚している / O Brasil é exaltado por Felipão. ブラジルはフェリペ監督のおかげで盛り上がっている.

exaltar /ezaw'tax/ 他 ❶ 高める, 昇進させる.
❷ ほめたたえる, 賞賛する ▶ O técnico exaltou a vitória da equipe. 専門家はチームの勝利をたたえた.
❸ 興奮させる, 高揚させる, 激高させる.
— **exaltar-se** 再 興奮する, 激昂する ▶ O senador se exaltou durante o discurso no plenário. 上院議員は本会議でのスピーチ中に興奮した.

*****exame** /e'zẽmi エザーミ/ 男 ❶ 試験 ▶ dar um exame 試験を行う ; fazer um exame 試験を行う；試験を受ける / prestar um exame 試験を受ける / repetir um exame 再試験を受ける / passar num exame 試験に受かる / não passar num exame 試験に落ちる / exame vestibular 大学入試 / exame oral 口頭試験 / exame escrito 筆記試験 / exame final 期末試験 / Tenho exame de português amanhã. 明日ポルトガル語の試験がある / exame de habilitação 運転免許試験.
❷ 検証, 検査 ▶ O exame dos equipamentos será feito de 6 em 6 meses. 設備の検査は 6 か月ごとに行われるだろう / livre exame 自由検討.
❸ 診察, 検診 ▶ exame de sangue 血液検査 / exame médico 健康診断.

exame de consciência 自省, 内省.

sob exame 検討中.

examinador, dora /ezamina'dox, 'dora/ [複 examinadores, doras] 名 試験官, 審査官.
— 形 試験の, 調査の.

examinando, da /ezami'nẽdu, da/ 名 受験者, 受験生.

*****examinar** /ezami'nax エザミナーフ/ 他 ❶ 調べる, 検討する ▶ examinar as contas 会計を精査する / examinar o projeto de lei 法案を検討する / examinar as causas 原因を調べる.
❷ 診察する, 検診する ▶ examinar o doente 患者を診察する / examinar o coração 心臓を検診する.
❸ (受験者に) 試験をする ▶ examinar os candidatos 受験者に試験をする.

exarar /eza'rax/ 他 ❶ 刻む. ❷ 記入する, 記載する.

exasperação /ezaspera'sẽw/ [複 exasperações] 女 ❶ いら立ち, 激高, 憤激. ❷ 悪化.

exasperar /ezaspe'rax/ 他 ❶ いらだたせる, 激高させる ▶ A bagunça dos alunos exasperou o professor. 先生は生徒たちの乱れた様子に激怒した.
❷ 激化させる, ひどくする ▶ O trabalho pesado exasperou minha dor nas costas. きつい仕事で私の肩こりがひどくなった.
— **exasperar-se** 再 ❶ いらだつ, 激高する ▶ Ao receber a má notícia, exasperou-se. 彼は悪い知らせを受けていらだった.
❷ (苦痛や感情が) 激しくなる, ひどくなる ▶ Com o passar dos anos, o amor entre meus pais exasperou-se. 年を経て両親の間の愛情がすさんだ.

*****exatamente** /e,zata'mẽtʃi エザータメンチ/ 副 ❶ 正確に, 厳密に ; ちょうど ; まさに ▶ Diga exatamente o que aconteceu. 何が起こったか正確に話してください / Não sei exatamente por quê. なぜなのか正確には分からない / É exatamente como vocês falaram. まさにあなたたちが言ったとおりだ / Meu marido chegou exatamente quando eu estava saindo. ちょうど私が出かけようとしているときに夫が来た.
❷ (誰かの発言に対して) そのとおりだ ▶ — Hoje é dia nove?— Exatamente.「今日は 9 日ですか」「そうです」/ — Partimos amanhã cedo?— Exatamente.「私たちは明日早く出発するのですか」「そうです」.

exatidão /ezatʃi'dẽw/ [複 exatidões] 女 ❶ 正確さ, 厳密さ ▶ com exatidão 正確に. ❷ 時間に几帳面なこと.

*****exato, ta** /e'zatu, ta エザート, タ/ 形 ❶ 正しい, 間違いのない, 正確な ; 厳密な, 精密な ▶ mapa exato 正確な地図 / medida exata 正確な寸法 / hora exata 正確な時刻 / resposta exata 正しい答え / para ser exato 厳密に言えば / ciências exatas 精密科学.
❷ まさにその ▶ nesse exato momento まさにそのとき.

exaurir

❸ 適切な, 都合のいい ▶ Você chegou no momento exato! あなたはちょうどいい時に来た / tamanho exato para você あなたにぴったりのサイズ.
❹ (exato) そのとおりだ.

exaurir /ezaw'rix/ ⑫ 他 ❶ 疲労困憊させる.
❷ 枯渇させる, 涸らす ▶ É preciso cuidado para não exaurir todos os recursos do planeta. 地球上の資源の全てを使い果たしてしまわないよう気をつけなければいけない.
— **exaurir-se** 再 ❶ 疲れる. ❷ 枯渇する, 涸れる.

exaustão /ezaws'tẽw/ [複 exaustões] 女 疲労, 疲弊, 枯渇.

exaustivamente /ezaws,tʃiva'mẽtʃi/ 副 網羅的に.

exaustivo, va /ezaws'tʃivu, va/ 形 ❶ 疲れさせる, 消耗させる ▶ trabalho exaustivo 疲れる仕事.
❷ 徹底的な, 網羅的な ▶ análise exaustiva 網羅的解析.

exausto, ta /e'zawstu, ta/ 形 ❶ 力尽きた, 疲れ果てた ▶ Estou exausto. 私はくたくただ. ❷ 枯渇した.

exaustor, tora /ezaws'tox, 'tora/ [複 exaustores, toras] 形 換気の.
— **exaustor** 男 換気扇, 換気装置.

***exceção** /ese'sẽw/ エセサォン/ [複 exceções] 女 例外; 除外; 特例; 特権 ▶ O meu caso é uma exceção. 私のケースは例外だ / Não há regra sem exceção. 例外のない規則はない / A exceção confirma a regra. 規則あっての例外である / salvo raras exceções 少数の例外を除いて.
abrir exceção 例外とする, 別扱いにする.
com [à] exceção de… …を除いて, …のほかは ▶ Todos os bailarinos são brasileiros, à exceção de um. 一人を除いてダンサーは全員ブラジル人だ.
de exceção 特別な, 例外的な ▶ tratamento de exceção 特別扱い / talento de exceção 並外れた才能.
por exceção 特例として.
sem exceção 例外なく ▶ Ele convidou todos os colegas sem exceção. 彼は例外なくすべての同僚を誘った.

excecional /ejʃsesiu'nal/ 形 P = excepcional
excecionalmente /ejʃsesiu,nal'mẽta/ 副 P = exceptionalmente

excedente /ese'dẽtʃi/ 男 余り, 剰余, 黒字 ▶ excedente de produção 余剰生産 / excedente comercial 貿易黒字.
— 形《男女同形》超過した, 余分の, 余剰の ▶ bagagem excedente 重量超過荷物.

***exceder** /ese'dex/ エセデーフ/ 他 ❶ 越える, 超過する ▶ exceder o limite de velocidade 速度制限を越える / exceder as expectativas 期待を越える.
❷ …に勝る, …を上回る ▶ Ele excedeu-me em talento. 彼の才能は私の上だ.
— **exceder-se** 再 ❶ …の度を越す [+ em] ▶ exceder-se em bebidas alcoólicas アルコール飲料を飲みすぎる.
❷ 怒る.

excelência /ese'lẽsia/ 女 ❶ 優秀, 卓越. ❷ (尊称として) 閣下, 猊下(ぴ) ▶ Sua Excelência 閣下 / Vossa Excelência 閣下.
por excelência 特に, 何と言っても ▶ É um bom jornalista, mas é romancista por excelência. 彼は立派なジャーナリストだが, 何はともあれまず小説家である.

***excelente** /ese'lẽtʃi エセレンチ/ 形《男女同形》優秀な, 一流の, すばらしい ▶ um aluno excelente 優秀な生徒 / um livro excelente すばらしい本 / um vinho excelente 極上のワイン / É uma excelente ocasião. 絶好の機会だ.

excelentíssimo, ma /eselẽ'tʃisimu, ma/ 形 excelente の絶対最上級. ❶ とても優れた.
❷ Excelentíssimo Senhor …様, …閣下 ▶ Excelentíssimo Senhor Presidente da República 共和国大統領閣下.

excelso, sa /e'sɛwsu, sa/ 形 ❶ 卓越した, 傑出した. ❷ 崇高な, 気高い. ❸ すばらしい.

excentricidade /esẽtrisi'dadʒi/ 女 ❶ 奇抜さ, 突飛さ; 奇行. ❷ 中心からずれていること.

excêntrico, ca /e'sẽtriku, ka/ 形 ❶ 風変わりな, 常軌を逸した ▶ uma pessoa excêntrica 奇人. ❷ 中心から外れた.
— 名 奇人, 変人.

***excepcional** /esepisio'naw/ エセピスィオナゥ/ [複 excepcionais] 形 P《男女同形》❶ 例外的な, 異例の, 特別の ▶ medida excepcional 例外的な処置 / um caso excepcional 特別な場合.
❷ 並外れた, 特別待遇の ▶ condições de trabalho excepcionais. 特別待遇の労働条件.
❸ ひと際優れた ▶ um atleta excepcional ひと際才能あるアスリート / uma obra excepcional 際立った作品.

excepcionalidade /esepisionali'dadʒi/ 女 P 例外的なこと.

excepcionalmente /esepisio,naw'mẽtʃi/ 副 P ❶ 例外的に. ❷ 並外れて.

excerto /e'sɛxtu/ 男 抜粋.

excessivamente /ese,siva'mẽtʃi/ 副 過度に ▶ beber excessivamente 過度に飲酒する.

***excessivo, va** /ese'sivu, va エセスィーヴォ, ヴァ/ 形 過度の, 行きすぎた ▶ uso excessivo de medicamentos 薬の過度の利用 / consumo excessivo de álcool アルコールの過剰摂取 / preço excessivo 法外な値段.

‡**excesso** /e'sɛsu エセーソ/ 男 ❶ 過剰, 余り ▶ O excesso de peso faz mal à saúde de todo o mundo. 太りすぎは誰にとっても健康に悪い / excesso de bagagem 超過荷物 / excesso de velocidade スピードの出しすぎ / excesso de pobreza 極貧.
❷ 調子に乗りすぎた振る舞い ▶ Quando bebe muito, ele comete excessos. 飲みすぎると, 彼は羽目を外してしまう.
em excesso 過剰に, あまりに ▶ Eu gastava dinheiro em excesso. 私は以前浪費癖があった / comer em excesso 食べすぎる / trabalho em excesso 働きすぎ.
pecar por excesso de… …しすぎる ▶ pecar por excesso de precaução 用心しすぎる.

***exceto** /e'sɛtu エセート/ [前] …**を除いて** ▶Todos passaram no exame, exceto ele. 彼を除き全員が試験に通った / exceto eu 私を除いて / todos os dias exceto segunda-feira 月曜日を除く毎日 / exceto aos domingos 日曜日を除いて.

excetuar /esetu'ax/ [他] (…から) 除外する, 外す [+ de] ▶A lei obriga a todos, sem excetuar ninguém. 法は誰をも例外とすることなく万人に義務を負わせる.

— **excetuar-se** [再] 除外される, 免除される ▶Excetuando-se os serviços essenciais, os demais não funcionarão durante o feriado. 必要不可欠なサービスを除き, 他のものは休みの間は機能しないだろう.

excitabilidade /esitabili'dadʒi/ [女] 激昂しやすさ, 興奮しやすさ, 興奮性.

excitação /esita'sẽw̃/ [複 excitações] [女] 興奮, 刺激 ▶excitação sexual 性的興奮.

excitado, da /esi'tadu, da/ [形] 興奮した ▶ficar excitado 興奮する.

excitante /esi'tẽtʃi/ [形] 《男女同形》興奮させる, 刺激的な.

— [男] 興奮剤, 刺激物.

excitar /esi'tax/ [他] ❶ 刺激する, 興奮させる, そそる ▶O conto de fadas excitou a imaginação da criança. おとぎ話は子供の想像力を刺激した.

❷ 促す ▶A professora excitava os alunos a fazerem suas tarefas. 先生は生徒たちに課題をするよう励ましていた.

— **excitar-se** [再] 興奮する ▶Excitou-se ao ver que seus ídolos se aproximavam. 彼は自分のあこがれのアイドルたちが近づいてきたのを見て興奮した.

excitável /esi'tavew/ [複 excitáveis] [形] 《男女同形》興奮しやすい, 激しやすい.

exclamação /esklama'sẽw̃/ [複 exclamações] [女] ❶ 叫び, 叫び声. ❷ 感嘆 ▶ponto de exclamação 感嘆符. ❸ 感嘆文.

***exclamar** /eskla'max エスクラマーフ/ [他] **叫ぶ**, 感嘆 [驚き] の声を上げる ▶Ela exclamou: "Socorro!" 彼女は「助けて」と叫んだ.

— [自] 叫ぶ.

exclamativo, va /esklama'tʃivu, va/ [形] 感嘆の ▶frase exclamativa 感嘆文.

***excluir** /esklu'ix エスクルイーフ/ ⑦ [他] (…から) **除外する, 排除する** [+ de] ▶Não podemos excluir essa possibilidade. 我々はその可能性を排除できない / Excluíram-no da lista de candidatos. 彼は候補者リストから外された.

exclusão /esklu'zẽw̃/ [複 exclusões] [女] 除外, 排除, 排斥 ▶exclusão social 社会的排除 / com exclusão de... …を除いて.

exclusivamente /esklu,ziva'mẽtʃi/ [副] もっぱら, …だけ ; 排他的に, 独占的に ▶alimentar-se exclusivamente de vegetais 野菜だけを食べる.

exclusive /esklu'zivi/ [副] …を除いて (⟷inclusive) ▶Li todos os livros de Machado de Assis, exclusive *Dom Casmurro*. マシャード・デ・アシスの本は『ドン・カズムーホ』を除いて全部読んだ.

exclusividade /eskluzivi'dadʒi/ [女] 独占権, 占有権, 独占的であること ▶com exclusividade no Brasil ブラジルで独占的に.

***exclusivo, va** /esklu'zivu, va エスクルズィーヴォ, ヴァ/ [形] ❶ **独占的な, 専用の** ▶entrevista exclusiva 独占インタビュー / contrato exclusivo 独占契約 / Este manual é de uso exclusivo do professor. このマニュアルは教員専用である.

❷ 除外する ▶O gênero não é fator exclusivo neste cargo. この役職に就くのに性は関係ない.

excomungar /eskomũ'gax/ ⑪ [他] ❶ (教会から) 破門する. ❷ 呪う. ❸ 非難する.

excomunhão /eskomu'ɲẽw̃/ [複 excomunhões] [女] 破門.

excreção /eskre'sẽw̃/ [複 excreções] [女] 排泄, 排出, 分泌 ; 排泄物, 分泌物.

excremento /eskre'mẽtu/ [男] 排泄物, 糞便.

excretar /eskre'tax/ [他] 排泄する, 分泌する.

excursão /eskux'sẽw̃/ [複 excursões] [女] 遠足, 小旅行 ▶fazer uma excursão 旅行に出かける.

excursionista /eskuxsio'nista/ [名] 旅行客, 日帰り旅行者, ハイカー.

execração /ezekra'sẽw̃/ [複 execrações] [女] ❶ 憎悪, 嫌悪. ❷ 呪い.

execrar /eze'krax/ [他] 嫌悪する, 憎悪する.

— **execrar-se** [再] 自己嫌悪する.

execrável /eze'kravew/ [複 execráveis] [形] 《男女同形》憎むべき, 忌まわしい, 嫌悪すべき.

***execução** /ezeku'sẽw̃ エゼクサォン/ [複 execuções] [女] ❶ **執行, 実行** ▶a execução de uma ordem 命令の実行.

❷ **演奏** ▶a execução de uma sinfonia 交響曲の演奏.

❸ **処刑**, 死刑執行 ▶execução de militares 軍人たちの処刑.

❹ 〖情報〗実行 ▶a execução de um programa プログラムの実行.

executante /ezeku'tẽtʃi/ [名] 演奏者, 執行者.

— [形] 《男女同形》執行する.

****executar** /ezeku'tax エゼクターフ/ [他] ❶ **実現する, 実行する** ▶executar uma ordem 命令を実行する / executar uma missão 任務を果たす.

❷ (役を) **演じる** ▶Ele executou uma pantomima no teatro. 彼は劇場でパントマイムを演じた.

❸ **歌う**, (曲を) **演奏する** ▶A orquestra executou músicas de Mozart. オーケストラはモーツァルトの曲を演奏した.

❹ **処刑する** ▶O exército executou guerrilheiros. 陸軍はゲリラ兵士たちを処刑した.

❺ 〖情報〗実行する ▶executar um programa プログラムを実行する.

executável /ezeku'tavew/ [複 executáveis] [形] 《男女同形》〖情報〗実行可能な ▶arquivo executável 実行可能ファイル.

***executivo, va** /ezeku'tʃivu, va エゼクチーヴォ, ヴァ/ [形] ❶ **行政の** ▶o poder executivo 行政権.

❷ 執行する ▶comitê executivo 執行委員会.

— [名] **役員, 重役** ▶Ele é executivo de uma empresa. 彼は企業の重役だ.

— **executivo** [男] 行政権, 行政府 ▶o executivo

do Partido Social Democrata 社会民主党政府.

executor, tora /ezeku'tox, 'tora/ [[複] executores, toras] [形] 執行する.
— [名] 執行者.

★**exemplar** /ezẽ'plax エゼンプラーフ/ [[複] exemplares] [男] ❶ (出版物の) **部, 冊** ▶ O livro vendeu 1 milhão de exemplares em dois anos. その本は2年で百万部売れた.
❷ **模範**, モデル.
— [形]《男女同形》模範的な ▶ Paulo é um aluno exemplar. パウロは模範的生徒だ.

exemplificação /ezẽplifika'sẽw̃/ [[複] exemplificações] [女] 例証, 例示.

exemplificar /ezẽplifi'kax/ ㉙ [他] 例を挙げて説明する, 例証する.

★★★**exemplo** /e'zẽplu エゼンプロ/ [男] ❶ **例, 実例** dar um exemplo 例を挙げる / a título de exemplo 例として.
❷ **手本, 模範** ▶ mostrar um exemplo お手本を示す / seguir um exemplo お手本に従う / um bom exemplo よい見本 / um mau exemplo 悪い見本.
❸ **教訓, 見せしめ** ▶ servir de exemplo 教訓として役立つ.
a exemplo de... …を手本として, …に倣って.
dar exemplo 模範を示す ▶ dar exemplo de grande coragem 大いなる勇気の模範を示す.
por exemplo 例えば.
sem exemplo 一度限りの ▶ Autorizo, mas é uma vez sem exemplo. 私は認めます. しかし今回だけとする.

exéquias /e'zɛkias/ [女複] 葬式.

exequível /eze'kwivew/ [[複] exequíveis] [形]《男女同形》実行できる.

★★**exercer** /ezex'sex エゼフセーフ/ ⑮ [他] ❶ (権利を) **行使する** ▶ exercer o direito de voto 投票権を行使する.
❷ (作用や影響を) **及ぼす** ▶ exercer influência sobre... …に影響を及ぼす / exercer pressão sobre... …に圧力をかける.
❸ **行う, 営む** ▶ exercer a medicina 医者をしている / exercer uma função 職務を果たす.

★★★**exercício** /ezex'sisiu エゼフスィスィオ/ [男] ❶ **練習**, 鍛練, **訓練** ▶ exercícios de caligrafia 習字の練習.
❷ **練習問題** ▶ exercícios de português ポルトガル語の練習問題 / fazer um exercício 練習問題を解く.
❸ **運動** ▶ É bom para a saúde fazer exercícios físicos. 運動をするのは健康によい / exercício aeróbico 有酸素運動.
❹ **行使, 実行** ▶ o exercício do poder 権力の行使.
❺ (職業への) 従事 ▶ exercício da medicina 医者の仕事, 医療業務.
❻ 会計年度, 事業年度 ▶ exercício fiscal 会計年度, 業務年度.
em exercício 現役の ▶ Embora pareça velho, aquele jogador ainda está em exercício. ふけて見えるが, あの選手はまだ現役だ.
entrar em exercício, 実行される, 施行される.

exercitar /ezexsi'tax/ [他] ❶ (職業に) 従事する.
❷ (権利を) 行使する ▶ O consumidor deve exercitar o seu direito de reclamar. 消費者はクレームを言う権利を行使するべきである.
❸ 鍛える, 訓練する ▶ exercitar o corpo e a mente 肉体と精神を鍛える.
— **exercitar-se** [再] 練習する, 訓練する, 鍛える.

★★**exército** /e'zɛxsitu エゼフスィト/ [男] **陸軍** ▶ Meu pai é oficial do exército. 父は陸軍将校だ / o Exército Brasileiro ブラジル陸軍.

exibição /ezibi'sẽw̃/ [[複] exibições] [女] ❶ 展示, 公開 ▶ em exibição 公開中, 展示中, 上映中.
❷ 展覧会, 公演, ショー ▶ exibição de quadros 絵画展.
❸ 誇示, 見せびらかし ▶ exibição de poder 権力の誇示.
❹〖スポーツ〗エキシビション.

exibicionismo /ezibisio'nizmu/ [男] ❶ 誇示癖, 自己顕示癖. ❷ 露出症.

exibicionista /ezibisio'nista/ [名] 自己顕示欲の強い人 ; 露出症患者.
— [形] 自己顕示欲の強い, 露出症の.

exibido, da /ezi'bidu, da/ [形] [B] 露出症の, 見せびらかす.
— [名] 露出症の人, 見せびらかしたがりの人.

★★**exibir** /ezi'bix エズィビーフ/ [他] ❶ **展示する** ▶ exibir a coleção de Picasso ピカソのコレクションを展示する.
❷ **提示する** ▶ O senhor tem que exibir o passaporte aqui. あなたはここでパスポートの提示が必要です.
❸ **誇示する, 見せびらかす** ▶ exibir os conhecimentos 知識をひけらかす.
❹ **上映する** ▶ exibir um filme 映画を上演する.
❺ **表示する** ▶ exibir uma imagem 画像を表示する.
— **exibir-se** [再] ❶ 自慢する, 見栄を張る.
❷ (人前で自分を) さらす ▶ Pode exibir-se nu nesta praia. この海岸では裸体をさらしてよい.

★★**exigência** /ezi'ʒẽsia エズィジェンスィア/ [女] ❶ **要求, 要望** ▶ satisfazer exigências dos consumidores 消費者の要望を満たす / O novo contrato impõem muitas exigências. 新しい契約はたくさんのことを要求している.
❷ 無理な要求.
❸ 必要, 必要事項, 要件 ▶ A força física é uma exigência do esporte. スポーツには体力が必要だ / novas exigências para a educação 教育の新しい要件.

exigente /ezi'ʒẽtʃi/ [形]《男女同形》要求の多い, 厳しい, 気難しい ▶ um professor exigente 厳しい教師 / O homem comum é exigente com os outros; o homem superior é exigente consigo mesmo. 凡人は他人に厳しく, 偉人は自分に厳しい.

★★★**exigir** /ezi'ʒix エズィジーフ/ ② [他] ❶《exigir algo a/de alguém》**要求する** ▶ exigir uma resposta 回答を要求する / O pai exige dos filhos mais seriedade. 父は息子たちにもっと真面目にやるよう要求する / O chefe exige dos subordinados mais atenção no trabalho. 上司は部下にもっと注意深く仕事をするよう要求する. ❷《exigir que +接続法》…することを要求する▶O professor exige que os alunos estudem mais. 先生は生徒たちにもっと勉強することを要求する. ❸ 必要とする▶O trabalho exige cuidado. この仕事には注意が必要だ.

exigível /eziˈʒivew/ [複 exigíveis] 形《男女同形》要求できる, 請求できる.

exiguidade /ezigwiˈdadʒi/ 女 わずかなこと, 不足; 狭さ▶exiguidade de tempo 時間が足りないこと.

exíguo, gua /eˈzigwu, gwa/ 形 わずかな, 不足した, 狭い▶espaço exíguo 狭い空間.

exilado, da /eziˈladu, da/ 形 追放された, 亡命した.
— 名 追放者, 亡命者.

exilar /eziˈlax/ 他 ❶ (祖国から) 追放する. ❷ 遠ざける.
— **exilar-se** 再 亡命する▶exilar-se nos Estados Unidos アメリカに亡命する.

exílio /eˈziliu/ 男 ❶ 追放, 亡命▶governo no exílio 亡命政府. ❷ 追放地, 亡命地.
exílio voluntário 自発的移民.

exímio, mia /eˈzimiu, mia/ 形 傑出した, 卓越した▶um exímio escritor 卓越した作家.

eximir /eziˈmix/ 他 …から免除する [+ de] ▶O técnico eximiu o goleiro de culpa pela derrota. 監督は負けたのはゴールキーパーのせいではないと言った.
— **eximir-se** 再 …を免れる [+ de].

☆**existência** /zisˈtẽsia エズィステンスィア/ 女 ❶ 存在▶a existência humana 人間存在 / a existência de Deus 神の存在. ❷ 存続期間▶A empresa comemora 10 anos de existência. その会社は設立10年を記念する. ❸ 人生, 生き方▶ter uma existência feliz 幸福な人生を送る.

existencial /ezistẽsiˈaw/ [複 existenciais] 形《男女同形》❶ 存在の. ❷ 実存的な, 実存主義的な.

existencialismo /ezistẽsiaˈlizmu/ 男《哲学》実存主義.

existencialista /ezistẽsiaˈlista/ 名 実存主義者.
— 形 実存主義の.

existente /ezisˈtẽtʃi/ 形《男女同形》実在する, 現存する, 既存の▶infraestrutura existente 既存のインフラ.

☆**existir** /ezisˈtʃix エズィスチーフ/ 自 ❶ 存在する, 実在する; 生きる, 生存する▶A casa onde esse escritor nasceu ainda existe. その作家が生まれた家はまだ存在している / Meu pai sempre existirá na lembrança. 父はずっと記憶の中に生き続けるだろう / profissões que não existem mais なくなってしまった職業. ❷《Existe...》…がある, いる ▶Existe uma solução. 解決法が1つある / Existem pessoas assim! そんな人がいる / Não existe uma solução fácil. 簡単な解決法はない / Não existem verdades absolutas. 絶対的真理はない.

Não existe 話 ❶ すばらしい, すごい▶Ela não existe. 彼女はすばらしい. ❷ ありえない.

☆**êxito** /ˈezitu エズィト/ 男 ❶ 結果, 結末▶Ele conseguiu um bom êxito no exame. 彼は試験で好成績を残した. ❷ 成功▶ter êxito 成功する / Nosso projeto teve grande êxito. 私たちの計画は大成功した. ❸ 好評▶O novo filme deste diretor alcançou um grande êxito. この監督の新作は大好評を博した.

com êxito 成功裏に▶Nosso projeto acabou com êxito. 我々の計画は成功裏に終わった.
sem êxito むなしく, 無駄に▶Nós procuramos, sem êxito, uma vitória na competição. 私たちは大会で勝利を目指したが無駄に終わった.

ex-líbris /eksˈlibris/ 男《単複同形》蔵書票.

Ex.mo, Ex.ma《略語》Excelentíssimo, ma

êxodo /ˈezodu/ 男 ❶ (人々の) 大移動, 移住; (移民団などの) 出国▶êxodo rural 農村過疎. ❷《Êxodo》《旧約聖書》出エジプト記.

exógeno, na /eˈzɔʒenu, na/ 形 外因的な.

exoneração /ezoneraˈsẽw/ [複 exonerações] 女 ❶ (義務や納税などの) 免除, 軽減▶exoneração de pensão alimentícia 養育費の軽減 / exoneração de responsabilidade 免責. ❷ (権威や職務などの) 剥奪, 罷免, 解雇.

exonerar /ezoneˈrax/ 他 ❶ (負担や義務を) 免除する, 軽減する▶exonerar alguém de uma responsabilidade …の責任を免除する. ❷ 解任する▶O governador o exonerou do cargo de secretário. 知事は彼を秘書の職から罷免した.
— **exonerar-se** 再 ❶ 辞任する. ❷ …を免れる [+ de] ▶O devedor não pode se exonerar da responsabilidade perante o credor. 債務者は債権者に対する責任から逃れることはできない.

exorbitante /ezoxbiˈtẽtʃi/ 形《男女同形》(価格や数量が) 法外な, 途方もない▶preço exorbitante とんでもない値段.

exorbitar /ezoxbiˈtax/ 他 …に軌道を外させる.
— 自 ❶ 軌道を外れる. ❷ …の限度を超える [+ de] ▶O presidente exorbitou do poder. 大統領は権限を逸脱した.

exorcismo /ezoxˈsizmu/ 男 悪魔払い (の儀式).

exorcista /ezoxˈsista/ 名 悪魔払いの祈祷師.

exorcizar /ezoxsiˈzax/ 他 …の悪魔払いをする.

exortação /ezoxtaˈsẽw/ [複 exortações] 女 勧告, 奨励.

exortar /ezoxˈtax/ 他 勧告する, 奨励する.

exótico, ca /eˈzɔtʃiku, ka/ 形 ❶ 外国の, 異国 (風) の, エキゾチックな▶frutos exóticos 外国の果物. ❷ 風変わりな, 奇妙な.

exotismo /ezoˈtʃizmu/ 男 異国趣味, 異国情緒.

expandir /espẽˈdʒix/ 他 ❶ 拡大する, 拡張する; (たたんだ物を) 広げる▶expandir o mercado 市場を拡大する. ❷ 広める, 流布する; まき散らす.
— **expandir-se** 再 ❶ 広がる, 広まる. ❷ 心を開く, 打ち解ける.

☆**expansão** /espẽˈsẽw イスパンサォン/ [複 expan-

expansionismo

sões] 囡 ❶ 拡大, 拡張, 発展, 普及 ▶a expansão marítima portuguesa ポルトガルの海外拡張 / expansão territorial 領土の拡大 / expansão econômica 経済発展 / economia em expansão 成長のさなかにある経済 / expansão cultural 文化普及.
❷ 感情の爆発 ▶A súbita expansão dele me surpreendeu. 彼の感情の爆発には驚かされた.

expansionismo /espẽsio'nizmu/ 男 (領土や経済の) 拡張政策, 拡張論.

expansionista /espẽsio'nista/ 形 拡張論の, 拡張政策の ▶política expansionista 領土拡張政策.
— 名 拡張論者, 拡張主義者

expansivo, va /espẽ'sivu, va/ 形 ❶ 開放的な, 開けっぴろげな. ❷【物理】膨張性の, 膨張力のある

expatriação /espatria'sẽw/ [複 expatriações] 囡 ❶ 国外追放, 亡命. ❷ 国外移住.

expatriado, da /espatri'adu, da/ 形 国外に追放された, 亡命した；国外に移住した.
— 名 国外に追放された人, 亡命者；国外移住者.

expatriar /espatri'ax/ 他 祖国から追放する.
— **expatriar-se** 再 祖国を去る, 亡命する；他国に移住する.

expectante /espek'tẽtʃi/ 形《男女同形》期待している, 成り行きを待つ ▶atitude expectante 日和見的態度.

expectativa /espekta'tʃiva/ 囡 予期, 期待 ▶A expectativa está grande. 期待は大きい / O resultado foi além da expectativa. 結果は期待以上だった / A expectativa está aumentando. 期待は高まっている / corresponder à expectativa 期待に応える / contra todas as expectativas あらゆる予想に反して / expectativa de vida 平均余命.
estar [ficar] na expectativa de... …を期待している, 心待ちにしている ▶Estou na expectativa de ver o filme. 私は映画を見るのを心待ちにしている.

expectorante /espekto'rẽtʃi/ B 男 去痰剤.
— 形《男女同形》痰の排出を促す.

expectorar /espekto'rax/ 他 (痰を) 吐く.

expedição /espedʒi'sẽw/ [複 expedições] 囡 ❶ 遠征, 探検；遠征隊, 探検隊 ▶fazer uma expedição 探検する, 遠征する.
❷ 発送, 送付, 発送物.

expediente /espedʒi'ẽtʃi/ 男 ❶ 勤務時間 ▶O expediente termina às cinco. 勤務時間は 5 時に終わる / expediente bancário 銀行の業務時間 / horário de expediente 勤務時間, 営業時間.
❷ meio expediente パートタイム (の仕事) ▶trabalhar meio expediente パートで働く / emprego de meio expediente パートタイムの仕事.
ter expediente 物おじしない, 活動的である.
ter muito expediente ① 明るく度胸がある, 賢い. ② 一人で問題を解決できる.
terceiro expediente アフターファイブ, 就業時間後の職場での宴会.
viver de expedientes 臨時の仕事だけで生活する.

expedir /espe'dʒix/ 他 ❶ 送る, 発送する.
❷ 発行する, 交付する.

expedito, ta /espe'dʒitu, ta/ 形 てきぱきとした, 迅速な.

expelir /espe'lix/ 他 ❶ 追い出す, 排除する, 排出する. ❷ (口から) 噴き出す, 吐き出す ▶expelir fogo 火を噴く. ❸ (言葉を) 放つ.

expensas /is'pẽsas/ 囡複《次の成句で》
às expensas de... …の費用で, …の負担で, …に頼って ▶Ele vivia às expensas do pai. 彼は父親のすねをかじって暮らしていた.

experiência /esperi'ẽsia エスペリエンスィア/ 囡 ❶ 経験, 体験 ▶Foi uma boa experiência para mim. 私にはいい経験だった / experiência profissional 職業経験 / um professor com grande experiência 経験豊富な教師 / experiência de vida 人生経験 / ter experiência em vendas 営業の経験がある / ter três anos de experiência 3 年の経験がある / saber por experiência 経験を通して知る / Não tenho experiência. 私は経験がない / falta de experiência 経験不足 / sem experiência 無経験の.
❷ 実験, 試み ▶fazer uma experiência 実験をする / experiência de física 物理の実験 / experiência nuclear 核実験 / a título de experiência 試しに.

experiente /esperi'ẽtʃi/ 形《男女同形》経験を積んだ ▶um político experiente 老練な政治家.
— 名 経験を積んだ人.

experimentação /esperimẽta'sẽw/ [複 experimentações] 囡 ❶ 実験. ❷ 経験.

experimentado, da /esperimẽ'tadu, da/ 形 ❶ 経験豊かな, 熟達した. ❷ 実験された, 試された.

experimental /esperimẽ'taw/ [複 experimentais] 形《男女同形》実験に基づく, 実験的な, 試験的な ▶fase experimental 実験段階 / ciência experimental 実験科学 / modelo experimental 実験モデル / a título experimental 試験的に / em caráter experimental 実験的に.

experimentalismo /esperimẽta'lizmu/ 男 実験主義.

experimentalmente /esperimẽ,taw'mẽtʃi/ 副 実験的に.

experimentar /esperimẽ'tax エスペリメンターフ/ 他 ❶ 試す, 実験する ▶experimentar um novo método 新しい方法を実験する / Hoje vou experimentar uma nova receita. 今日は新しいレシピを試すつもりだ / experimentar um novo produto 新製品を使ってみる / Experimente este prato! この料理を食べてみてください.
❷ 試着する ▶experimentar uma roupa 服を試着する ▶Posso experimentar? 試着していいですか / Experimente esse vestido. Acho que lhe cai bem. このワンピースを試着してみてください. あなたにお似合いだと思います.
❸《experimentar+不定詞》…してみる ▶Ele experimentou ir por um outro caminho. 彼は別な道を行ってみた.
❹ 経験する ▶experimentar o amor 愛を経験する.

experimento /esperi'mẽtu/ 男 実験, 試験 ▶fa-

exponencial

zer experimento 実験する.
experto, ta /es'pextu, ta/ 形 …に精通した [+ em].
― 名 専門家, エキスパート, 熟練者.
expiação /espia'sẽw/ [複 expiações] 女 罪のあがない, 贖罪 ▶ expiação suprema 極刑.
expiar /espi'ax/ 他 ❶ (罪や過失を) あがなう, 償う ▶ expiar os pecados 罪をあがなう. ❷ (罪の)報いを受ける.
― **expiar-se** 再 自分の罪をあがなう.
expiatório, ria /espia'tɔriu, ria/ 形 贖罪の, 罪滅ぼしの ▶ bode expiatório 身代わりの山羊, スケープゴート.
expiração /espira'sẽw/ [複 expirações] 女 ❶ 息を吐くこと. ❷ 満期, 期限切れ.
expirar /espi'rax/ 自 ❶ 息を引き取る, 亡くなる ▶ Olhou seus pais e, em seguida, expirou. 彼は両親の方を見て, そして息を引き取った.
❷ 期限切れになる, 満期になる, 終わる ▶ O prazo expira amanhã. 期限は明日切れる / Meu visto expirou na semana passada. 私のビザは先週期限切れになった / Com o tempo, as lembranças de sua glória expiraram. 時間とともに彼の栄光の記憶は消えていった.
― 他 ❶ (息を) 吐く ▶ Expirou o ar dos pulmões. 肺の中の空気を吐き出した.
❷ (香りなどを) 放つ ▶ As flores expiravam um agradável perfume. 花が心地よい香りを放っていた / Por estar apaixonada, seu olhar expirava felicidade. 激しい恋に落ちていた彼女のまなざしは幸せな気持ちを発していた / Insatisfeita com o trabalho, expirava queixas a todo o momento. 彼女は仕事に不満で, しょっちゅう不平を言っていた.
explanação /esplana'sẽw/ [複 explanações] 女 説明, 解説.
explanar /espla'nax/ 他 説明する, 解説する.
⋆**explicação** /esplika'sẽw/ エスプリカサォン/ [複 explicações] 女 ❶ 説明, 解説 ▶ dar uma explicação 説明する / A explicação do caso foi suficiente. 事例の説明は十分であった / Eu exijo uma explicação. 私は説明を要求する / explicação do texto テキストの解釈.
❷ 理由 ▶ Não podemos dar uma explicação melhor para esse acontecimento. 私たちは, その出来事に対してよりよい理由づけをすることができない.
❸ 釈明, 弁明 ▶ Essa explicação não convence ninguém. その釈明では誰も説得することはできない.
sem explicação 説明のつかない, 原因不明の.
explicador, dora /isplika'dox, 'dora/ [複 explicadores, doras] 名 家庭教師, 補習教員.
⋆⋆⋆**explicar** /espli'kax/ エスプリカーフ/ 29 他 ❶ 説明する, 解説する ▶ explicar a teoria de Einstein aos alunos 生徒たちにアインシュタインの理論を解説する.
❷ 弁明する, 釈明する ▶ O aluno explicou sua ausência ao professor. 生徒は教師に欠席の弁明をした.
❸ 個人授業をする ▶ explicar matemática 家庭教師で数学を教える.

― **explicar-se** 再 自分の考えを説明する ▶ O aluno tentou explicar-se ao professor. 生徒は教師に自分の考えを説明した.
explicativo, va /esplika'tʃivu, va/ 形 説明の, 解説の ▶ video explicativo 解説動画.
explicável /espli'kavew/ [複 explicáveis] 形《男女同形》説明のつく, 説明できる.
explicitamente /espli,sita'mẽtʃi/ 副 明白に, 明示的に.
explicitar /esplisi'tax/ 他 明言する, 明確にする ▶ O aluno não explicitou os motivos de sua ausência na aula de hoje. 生徒は今日の授業を欠席した理由を明確にしなかった.
― **explicitar-se** 再 明らかになる.
explícito, ta /es'plisitu, ta/ 形 明示された, 明白な ; 明記された (↔implícito) ▶ intenção explícita 明白な意図.
explodir /esplo'dʒix/ 他 爆発させる, 爆破する ▶ explodir um edifício 建物を爆破する.
― 自 ❶ 爆発する ▶ A bomba explodiu. 爆弾が爆発した. ❷ (感情などが) 爆発する ▶ Ele explodiu de raiva. 彼は怒りが爆発した.
exploração /esplora'sẽw/ [複 explorações] 女 ❶ 探検, 踏査, 探索 ▶ viagem de exploração 探検旅行.
❷ 搾取, 悪用 ▶ exploração do trabalho infantil 児童労働の搾取 / exploração sexual 性的搾取.
❸ 開発, 運営 ▶ exploração mineral 鉱山開発.
explorador, dora /esplora'dox, 'dora/ [複 exploradores, doras] 名 ❶ 探検家. ❷ 搾取者.
― 形 ❶ 探検する. ❷ 搾取する.
⋆**explorar** /esplo'rax/ エスプロラーフ/ 他 ❶ 探検する, 探査する ▶ explorar o espaço 宇宙を探検する / Os homens continuam explorando novas áreas. 人々は新しい領域を探検し続けている.
❷ 開発する ▶ explorar as regiões próximas à floresta 森林に近い地域を開発する.
❸ 搾取する ▶ explorar as pessoas de baixa renda 低所得層の人々を搾取する.
exploratório, ria /esplora'tɔriu, ria/ 形 探検の, 調査の ▶ um estudo exploratório 調査研究.
⋆**explosão** /esplo'zẽw/ エスプロザォン/ [複 explosões] 女 ❶ 爆発 ▶ explosão atômica 核爆発.
❷ (感情の) 激発 ▶ explosão de alegria 喜びの爆発 / explosão de ira 怒りの爆発.
❸ 激増 ▶ explosão demográfica 人口爆発.
explosivo, va /esplo'zivu, va/ 形 ❶ 爆発性の, 爆発を起こす ▶ substância explosiva 爆発物.
❷ 激高しやすい ▶ temperamento explosivo かっとなりやすい気質.
― **explosivo** 男 爆薬, 爆発物.
expoente /espo'ẽtʃi/ 男《数学》指数.
― 名 ❶ 申請者, 請願者. ❷ 代表的な人物, 第一人者 ▶ o expoente máximo da literatura brasileira ブラジル文学の最高峰.
exponencial /espõẽsi'aw/ [複 exponenciais] 形《男女同形》❶ 指数の, べき数の ▶ função exponencial 指数関数.
❷ 代表的な ▶ figura exponencial da indústria 産業界の大立者.

exponencialmente

exponencialmente /esponěsi,aw'mětʃi/ 副 指数関数的に.

***expor** /es'pox エスポーフ/ ⑭《過去分詞 exposto》他 ❶ 展示する, 陳列する ▶Gostaria de expor minhas pinturas ao público. 自分の絵画を一般向けに展示したい / expor produtos 製品を陳列する.
❷ …にさらす [+ a] ▶expor a pele ao sol 肌を日光にさらす.
❸ 危険にさらす ▶expor a vida pela verdade 真実のため生命を危機にさらす.
❹ 表明する, 陳述する ▶expor ideias 考えを述べる.
— **expor-se** 再 ❶ …に身をさらす [+ a] ▶expor-se ao sol 日の光を浴びる / O autor deve se expor às duras críticas dos leitores. 著者は読者の厳しい批判に身をさらさなければならない.
❷ 自らを危険にさらす.

***exportação** /espoxta'sẽw エスポフタサォン/ [複 exportações] 女 輸出, 輸出品, 輸出額 (←→ importação) ▶exportação de capitais 資本輸出 / exportação dos carros japoneses aos Estados Unidos da América 日本車の対米輸出 / aumento das exportações 輸出の増加.

exportador, dora /espoxta'dox, 'dora/ [複 exportadores, doras] 形 輸出する ▶país exportador de petróleo 石油輸出国.
— 名 輸出業者.

exportar /espox'tax/ 他 ❶ 輸出する (←→ importar) ▶exportar carros para os Estados Unidos 自動車をアメリカに輸出する.
❷ 国[情報] (データを) 書き出す, エクスポートする.

‡exposição /espozi'sẽw エスポズィサォン/ [複 exposições] 女 ❶ 展示 ▶exposição dos quadros 絵画の展示.
❷ 展示会, 展覧会 ▶ir à exposição 展覧会に行く / exposição de fotografia 写真展 / exposição de pinturas 絵画展 / A exposição de Monet foi um sucesso. モネの絵画展は成功した.
❸ プレゼンテーション ▶Sua exposição foi muito bem elaborada. あなたのプレゼンテーションは大変よく仕上がっていた.

expositivo, va /espozi'tʃivu, va/ 形 説明的な, 解説的な ▶texto expositivo 説明文.

expositor, tora /espozi'tox, 'tora/ [複 expositores, toras] 名 出展者.

exposto, ta /es'postu, 'posta/ 形 (expor の過去分詞) ❶ 展示された ▶produtos expostos na vitrine ショーウィンドーに展示された製品.
❷ さらされた ▶exposto ao sol 太陽にさらされた / exposto à curiosidade pública 大衆の好奇にさらされた. ❸ (子供が) 捨てられた ▶A criança foi exposta pelos pais. 子供は両親に捨てられた.
— 名 捨て子.
— **exposto** 男 報告, 展示物.

expressamente /es,presa'mẽtʃi/ 副 明白に, 明示的に ▶É expressamente proibido fumar no interior do veículo! 車内での喫煙は固くお断りします.

‡expressão /espre'sẽw エスプレサォン/ [複 expressões] 女 ❶ 表現 ▶A liberdade de expressão deve ser respeitada. 表現の自由は尊重されるべきである / expressão de alegria 喜びの表現.
❷ 言い回し, 言葉遣い ▶expressão popular 俗語的表現 / expressão idiomática 慣用句 / expressão de agradecimento 感謝の表現 / expressão corporal 身体言語, ボディランゲージ.
❸ 表情 ▶Ele estava com uma expressão séria. 彼は真剣な表情をしていた / expressão assustada 驚きの表情 / rosto sem expressão 無表情な顔.
❹ 表現力 ▶A representação daquele ator tem muita expressão. あの俳優の演技には表現力が備わっている.

reduzir à expressão mais simples ① 最小限に切り詰める, 簡素化する. ② この上なく侮辱する, 完全に屈する. ③ 〖数学〗約分する.

ser a expressão da verdade 真実そのものだ, 反論もできない真実だ.

***expressar** /espre'sax エスプレサーフ/ 《過去分詞 expressado/expresso》他 表現する, 表す ▶Eu gostaria de expressar meu agradecimento ao senhor. あなたに感謝の気持ちを表したく存じます.
— **expressar-se** 再 自分の考え[感情]を表す ▶Eu me expresso em inglês com mais confiança. 私は英語の方が自信を持って意見を伝えられる.

expressionismo /espresio'nizmu/ 男 表現主義.

expressionista /espresio'nista/ 形 名 表現主義の (芸術家).

expressividade /espresivi'dadʒi/ 女 表現力.

expressivo, va /espre'sivu, va/ 形 表現に富む, 表現力のある, 表情豊かな ▶linguagem expressiva 表現力豊かな言葉遣い / um rosto expressivo 表情豊かな顔 / olhar expressivo 意味ありげなまなざし.

expresso, sa /es'presu, sa/ 形 ❶ 明白な, 明示された ▶vontade expressa 明白な意思 / ordem expressa 厳命.
❷ 急行の ▶trem expresso 急行列車.
❸ (コーヒーが) エスプレッソの ▶café expresso エスプレッソコーヒー.
❹ 速達の ▶carta expressa 速達便.
— **expresso** 男 ❶ 急行列車. ❷ エスプレッソコーヒー.

‡exprimir /espri'mix エスプリミーフ/ 《過去分詞 exprimido/expresso》他 ❶ 表す ▶É importante exprimir as ideias abertamente. 考えを自由に表現することは大切である.
❷ 示す ▶O rosto dela exprimia uma profunda tristeza. 彼女の顔は深い悲しみを示していた.
❸ 表現する ▶A dança exprime a força interior do ser humano. 舞踊は人間の内面の力を表現する.
— **exprimir-se** 再 自分を表現する, 自己表現する ▶Ele se exprime muito bem em suas músicas. 彼は自分の音楽ですばらしく自己を表現する.

expropriação /espropria'sẽw/ [複 expropriações] 女 ❶ (政府などによる) 収用, 強制的買い上げ, 徴発. ❷ 収用されたもの.

expropriar /espropri'ax/ [他] 収用する, 徴発する, 強制的に買い上げる ▶expropriar terrenos 土地を収用する.

expulsão /espuw'sɐ̃w̃/ [複 expulsões] [女] ❶ 追放, 放逐, 除籍, 退学 ▶a expulsão de estrangeiros 外国人の追放 / expulsão de aluno 退学. ❷ 排出, 放出.

★**expulsar** /espuw'sax エスプゥサーフ/ 《[過去分詞] expulsado/expulso》 [他] **追放する, 追い出す**, 退学させる, 退場させる ▶expulsar os rebeldes 反逆者を追放する / expulsar ratos ネズミを追い払う / expulsar um aluno 生徒を退学させる / expulsar os demônios 悪魔を追い出す / expulsar um jogador 選手を退場させる.

expurgar /espux'gax/ ⑪ [他] ❶ (不穏当な箇所を) 削除する, 抹消する.
❷ 浄化する, 一掃する, 粛清する.
— **expurgar-se** [再] 浄化される.

êxtase /'estazi/ [男] ❶ 恍惚, 有頂天, エクスタシー ▶estar em êxtase 恍惚となっている. ❷ 〘宗教〙法悦. ❸ エクスタシー (合成麻薬の一種).

extasiado, da /estazi'adu, da/ [形] うっとりした, 恍惚となった.

extasiar /estazi'ax/ [他] うっとりさせる, 恍惚とさせる ▶A paisagem extasiava os visitantes. その風景は訪れた人々をうっとりさせていた.
— **extasiar-se** [再] うっとりする, 陶酔する ▶Extasiou-se com o espetáculo circense. 彼はサーカスの公演に陶酔した.

extático, ca /es'tatʃiku, ka/ [形] 恍惚の, 有頂天の, うっとりした.

⁑**extensão** /estẽ'sɐ̃w̃ エステンサォン/ [複 extensões] [女] ❶ **大きさ, 広さ** ▶a extensão do estacionamento 駐車場の広さ.
❷ **規模, 範囲**, 程度 ▶A extensão do acidente foi muito grande. 事故の規模はとても大きかった.
❸ **拡張, 延長** ▶a extensão da varanda ベランダの拡張 / a extensão do prazo 期限の延長.
❹ 時間の長さ ▶A extensão do curso é de um mês. コースの期間は1か月だ.
❺ (電話の) 内線.
na [em toda a] extensão da palavra 言葉のあらゆる意味において.

extensível /estẽ'sivew/ [複 extensíveis] [形] 《男女同形》広げられる, 伸ばせる, 伸縮自在な ▶mesa extensível 伸縮テーブル.

extensivo, va /estẽ'sivu, va/ [形] ❶ …に広げうる, 拡大できる, 広義の [+ a] ▶sentido extensivo 広い意味.
❷ 〘農業〙粗放の ▶agricultura extensiva 粗放農業.

★**extenso, sa** /es'tẽsu, sa エステンソ, サ/ [形] ❶ **広い, 広大な** ▶extenso jardim 広大な庭園. ❷ 長い ▶um corredor extenso 長い廊下.
por extenso 略さずに ▶escrever por extenso 略さずに書く.

extensor, sora /estẽ'sox, 'sora/ [複 extensores, soras] [形] 伸びる, 伸張性の.
— **extensor** [男] ❶ 〘解剖〙伸筋. ❷ エキスパンダー.

extenuado, da /estenu'adu, da/ [形] 疲れ切った, 衰弱した.

extenuante /estenu'ɐ̃tʃi/ [形] 《男女同形》疲れさせる, きつい ▶trabalho extenuante きつい仕事.

extenuar /estenu'ax/ [他] 疲れ果てさせる, 衰弱させる.
— **extenuar-se** [再] 疲れ果てる.

⁂**exterior** /esteri'ox エステリオーフ/ [複 exteriores] [形] 《男女同形》 ❶ **外側の, 外部の ; 外面的な**, 外見の (←→interior) ▶mundo exterior 外の世界 / temperatura exterior 屋外の気温 / lado exterior 外側.
❷ **対外の**, 外国の ▶comércio exterior 外国貿易.
❸ **無関係な** ; 本質的でない ▶Isso é considerações exteriores ao assunto em questão. それは問題の事柄とは無関係のことである.
— **exterior** [男] ❶ **外側 ; 外 ; 外見**, 表面 ▶o exterior de um edifício ビルの外部 / Não se pode julgar uma pessoa pelo exterior. 人を外見で判断してはいけません.
❷ **外国, 海外** ▶Você já foi para o exterior? あなたは海外に行ったことがありますか / Quero estudar no exterior. 私は留学したい.
❸ 野外撮影 ▶os exteriores do filme 映画の野外撮影.

exteriorização /esterioriza'sɐ̃w̃/ [複 exteriorizações] [女] 態度 [表情] に出すこと, 表面化, 外在化.

exteriorizar /esteriori'zax/ [他] (感情などを) 態度 [表情] に出す ▶exteriorizar os sentimentos 感情を表に出す.
— **exteriorizar-se** [再] 表面化する, 表に出る.

exteriormente /esteri,ox'mẽtʃi/ [副] 外側は, 外見は, うわべは.

exterminação /estexmina'sɐ̃w̃/ [複 exterminações] [女] 根絶, 絶滅, 撲滅.

exterminador, dora /estexmina'dox, 'dora/ [複 exterminadores, doras] [形] 絶滅させる, 撲滅する ▶anjo exterminador 〘聖書〙滅びの天使.
— [名] 撲滅者.

exterminar /estexmi'nax/ [他] ❶ 駆除する, 根絶する, 絶滅させる ▶exterminar ratos ネズミを駆除する / exterminar os inimigos 敵を粉砕する. ❷ 追放する.

extermínio /estex'mĩniu/ [男] 絶滅, 根絶, 壊滅.

externato /estex'natu/ [男] 通学制の学校.

⁑**externo, na** /es'texnu, na エステフノ, ナ/ [形] ❶ **外の, 外来の**, 外国の (←→ interno) ▶na parte externa 外側は / influências externas 外部の影響 / dívida externa 対外債務 / comércio externo 外国貿易. ❷ 通学生の.
— [名] 通学生.

extinção /estĩ'sɐ̃w̃/ [複 extinções] [女] ❶ 消すこと ▶a extinção do fogo 消火.
❷ 消滅, 絶滅, 失効 ▶espécies em vias de extinção 絶滅危惧種 / extinção de um direito 権利の消滅.

extinguir /estĩg'ix/ ⑳ 《[過去分詞] extinguido/extinto》 [他] ❶ 消す, 消火する ▶extinguir o incêndio 火事を消す / extinguir a luz 明かりを消す.

extinto, ta

❷ 絶滅させる ▶extinguir uma espécie ある種を絶滅させる.
❸ 撲滅する, 根絶する ▶extinguir o analfabetismo 非識字を解消する.
❹ (負債を) 完済する ▶extinguir a dívida 負債を完済する.
❺ (財産を) 使い果たす.
— **extinguir-se** 再 ❶ 絶滅する.
❷ (火や明かりが) 消える.
❸ 使い果たされる, なくなる ▶Os combustíveis fósseis irão se extinguir um dia. 化石燃料はいつかなくなってしまうだろう.
❹ 死ぬ, 絶える.

extinto, ta /es'tĩtu, ta/ 形 (extinguir の過去分詞) ❶ 消えた, 鎮火した ▶fogo extinto 消えた火 / vulcão extinto 死火山.
❷ 絶えた, 絶滅した ▶língua extinta 死語 / espécie extinta 絶滅種 / banda extinta 解散したバンド. ❸ 亡くなった.
— 名 死者.

extintor, tora /estĩ'tox, 'tora/ [複 extintores, toras] 形 消火の.
— **extintor** 男 消火器 (= extintor de incêndio).

extirpar /estʃix'pax/ 他 根こそぎにする, 根絶する; 摘出する, 切除する.

extorquir /estox'kix/ ⑫ 他 …から…を奪う, 強奪する [+ de] ▶extorquir dinheiro 金を奪う.

extorsão /estox'sẽw/ [複 extorsões] 女 ❶ 強奪; ゆすり, たかり ▶extorsão de dinheiro 金の強奪.

extra /'estra/ 形《男女同形》❶ 極上の, 最上の ▶manteiga extra 極上バター.
❷ 臨時の ▶edições extra 号外 / cama extra 補助ベッド.
❸ 残業の, 休日出勤の ▶horas extras 残業 / trabalho extra 休日出勤.
— 男 残業, 休日出勤, 残業手当 ▶ganhar um extra 残業手当をもらう / fazer um extra 残業する, 休日出勤する.
— 名 ❶ 臨時雇い. ❷《映画》エキストラ.

extração /estra'sẽw/ [複 extrações] 女 ❶ 引き抜くこと, 摘出 ▶extração de um dente 抜歯.
❷ 抽出, 分離 ▶extração do látex ゴムの抽出.
❸ 採掘, 採鉱 ▶extração de petróleo 石油の採掘.
❹ (宝くじの) 抽選.

extraconjugal /estrakõʒu'gaw/ [複 extraconjugais] 形 婚姻外の, 不倫の ▶relação extraconjugal 婚外関係.

extracurricular /estrakuxiku'lax/ [複 extracurriculares] 形《男女同形》課外の ▶atividades extracurriculares 課外活動.

extradição /estradʒi'sẽw/ [複 extradições] 女 (国外に逃亡した犯人の) 引き渡し, 送還.

extraditar /estradʒi'tax/ 他 (犯人を本国に) 送還する, 引き渡す.

extrafino, na /estra'finu, na/ 形 最高級の, 特級の.

extrair /estra'ix/ ⑱ 他 ❶ 引き抜く, 摘出する, 抜き出す, 引き出す ▶extrair um dente 歯を抜く / ex- trair uma conclusão 結論を引き出す / extrair informações 情報を抽出する.
❷ 抽出する, 分離する ▶extrair mel 蜜を抽出する.
❸ (結論を) 引き出す.
❹ 採掘する, 採鉱する ▶extrair ouro 金を採掘する.
❺ 抜粋する ▶extrair um texto テキストを抜粋する.

extrajudicial /estraʒudʒisi'aw/ [複 extrajudiciais] 形《男女同形》法廷外の, 裁判外の.

extraoficial /estraofisi'aw/ [複 extraoficiais] 形《男女同形》非公式の, 私的な.

extraordinariamente /estraoxdʒi,naria'mẽtʃi/ 副 ❶ 非常に ▶Ela tem uma voz extraordinariamente bela. 彼女は並外れて美しい声をしている.
❷ 特別に, 臨時に ▶João trabalhou extraordinariamente no domingo. ジョアンは日曜日に臨時で働いた.

‡**extraordinário, ria** /estraoxdʒi'nariu, ria/ 形 ❶ まれに見る, 並はずれた ▶Esse é um caso extraordinário. それはまれに見るケースだ.
❷ すばらしい ▶Ele é um cientista extraordinário. 彼は優れた科学者だ / A comida estava extraordinária. 料理はすばらしかった.
❸ 臨時の, 特別の ▶reunião extraordinária 臨時会議 / despesas extraordinárias 臨時の出費 / missões extraordinárias 特命.

extrapolação /estrapola'sẽw/ [複 extrapolações] 女 ❶ 外挿, 補外. ❷ 敷衍, (既知のものからの) 推定, 短絡的結論, 一般化.

extrapolar /estrapo'lax/ 他 ❶ …から…を (一般的な結論として) 引き出す.
❷ …の限度を超える ▶O orador extrapolou o limite de tempo do discurso. 話者はスピーチの制限時間をオーバーした.

extraterrestre /estrate'xestri/ 形《男女同形》地球外の ▶vida extraterrestre 地球外生命.
— 名 地球外生物, 宇宙人.

extrato /es'tratu/ 男 ❶ 要約, 抜粋 ▶extrato de um relatório 報告書の要約 / extrato de um diário ある日記の抜粋 / extrato de conta 銀行の出入金明細. ❷ 抽出物, エキス, エッセンス ▶extrato de tomate トマトピューレ / extrato de carne 肉のエキス.

extravagância /estrava'gẽsia/ 女 突飛さ, 常軌を逸した言動, 奇行 ▶fazer extravagâncias 突飛なことを行う / dizer extravagâncias 常軌を逸した発言をする.

extravagante /estrava'gẽtʃi/ 形《男女同形》突飛な, 常軌を逸した ▶comportamento extravagante 突飛な行動.

extravasar /estrava'zax/ 他 ❶ 表す, あらわにする ▶extravasar a raiva 怒りをあらわにする. ❷ あふれさせる.
— 自 ❶ 表れる. ❷ あふれる ▶O azeite extravasou da pipa. オリーブオイルが樽からあふれ出た.
❸ はみ出る ▶O seu corpo enorme extravasa da cadeira. 彼の身体はいすからはみ出る.

— **extravasar-se** 再 ❶ 表れる▶A inveja extravasava-se em suas palavras. 妬みが彼の言葉に表れていた. ❷ …からあふれ出る [+ de]. ❸ …からはみ出る [+ de] ❹ (限界を) 越える.

extraviado, da /estravi'adu, da/ 形 ❶ 道に迷った▶O menino estava extraviado. 男の子は迷子になっていた. ❷ 盗まれた, だまし取られた▶dinheiro extraviado だまし取られた金. ❸ 堕落した, 道を誤った. ❹ だらしない格好をした. ❺ B 困惑した, はにかんだ▶Ele ficou extraviado com a recusa da garota. 女の子に拒まれて彼は困惑した. ❻ B 疑った▶Entrou na sala um tanto extraviado, olhando para todos os lados. ややいぶかしげに部屋に入り, 辺りをきょろきょろと眺めていた. ― 名 堕落した人, 道を誤った人.

extraviar /estravi'ax/ 他 ❶ 道に迷わせる, 道をそらせる▶A tempestade extraviou o barco. 嵐は船の進路をそらせた. ❷ 失わせる, 紛失させる▶A transportadora extraviou os meus quadros. 運送会社が私の絵画を紛失させた. ❸ 道を誤らせる, 堕落させる▶Os maus conselhos e as más companhias extraviaram-no. 悪い助言と仲間が彼に道を外させた. ❹ 詐取する, 盗む▶extraviar dinheiro 金を横領する.
― 自 ❶ 道に迷う. ❷ なくなる, 紛失する.
— **extraviar-se** 再 ❶ 道に迷う, 道をそれる▶O gado extraviou-se. 家畜は道に迷った. ❷ なくなる, 紛失する▶As cartas extraviaram-se. 手紙は紛失した.

extravio /estra'viu/ 男 ❶ 道に迷うこと. ❷ 紛失. ❸ 詐取, だまし取ること. ❹ 堕落.

extremado, da /estre'madu, da/ 形 ❶《名詞の後で》極端な, 過激な▶opiniões extremadas 過激な考え. ❷《名詞の前で》並外れた, 特別な▶A situação do paciente demandava extremado cuidado. 患者の容態は特別なケアを必要としていた / O marido tinha um extremado amor pela esposa. 夫は妻に対して特別な愛を持っていた.

*****extremamente** /es,trema'mẽtʃi エストレマメンチ/ 副 極端に, 非常に▶O encontro foi extremamente proveitoso. その出会いは非常に有益なものであった.

extrema-unção /es,tremaũ'sẽw/ [複 extrema(s)-unções] 女《カトリック》終油 (の秘跡).

extremidade /estremi'dadʒi/ 女 ❶ 先, 先端, 末端▶a extremidade do dedo 指先. ❷ 端, 縁, 裾▶extremidade da túnica チュニックの裾. ❸ 終わり, 境界▶A loja fica na extremidade da rua. その店は通りの終わりにある. ❹《extremidades》手足, 四肢▶Ela tinha as extremidades geladas por causa do frio. 彼女は寒さのために手足が凍りついたようだった. ❺ 極貧, 苦境. ❻ 極端.

extremismo /estre'mizmu/ 男 過激主義, 過激思想.

extremista /estre'mista/ 形《男女同形》過激派の, 過激主義の.
― 名 過激派, 過激主義者.

*****extremo, ma** /es'trẽmu, ma エストレーモ, マ/ 形 ❶ 末端の▶Extremo Oriente 極東. ❷ 極度の, 極端な▶frio extremo 極度の寒さ / A alegria extrema tomou conta do país com a vitória. 優勝がこの上ない歓喜を国にもたらした / um caso extremo 極端な事例 / a extrema direita 極右 / a extrema esquerda 極左.
— **extremo** 男 末端, 極限▶o extremo das forças ぎりぎりの力 / ir de um extremo ao outro 極端から極端に走る / Os extremos se tocam. 両極端は相通ずる.
ao [em] extremo 極端に, 極度に.
ir ao extremo ① 最終的なところへ至る. ② 極限に至る.

extremo-direito /əʃ,tremudi'rejtu/ [複 extremos-direitos] 男 P《サッカー》ライトウィング.

extremo-esquerdo /əʃ,tremuʃ'kerdu/ [複 extremos-esquerdos] 男 P《サッカー》レフトウィング.

extremoso, sa /estre'mozu, 'mɔza/ 形 ❶ 愛情深い, 愛情のこもった▶Ela é extremosa para com os avós. 彼女は祖父母に対して愛情深い. ❷ 並外れた, 大げさな.

extrínseco, ca /es'trĩseku, ka/ 形 外部 (から) の, 外来的な (↔intrínseco) ▶fatores extrínsecos 外的要因.

extroversão /estrovex'sẽw/ 女《心理》外向性.

extrovertido, da /estrovex'tʃidu, da/ 形 名 外交的な (人) (↔ introvertido).

exuberância /ezube'rẽsia/ 女 ❶ 豊富, 豊潤, 充満. ❷ 熟狂▶exuberância irracional 根拠なき熱狂.

exuberante /ezube'rẽtʃi/ 形《男女同形》豊富な, 豊潤な▶natureza exuberante 豊かな自然 / floresta exuberante うっそうとした森 / estilo exuberante 生き生きとした文体.

exultação /ezuwta'sẽw/ [複 exultações] 女 歓喜, 狂喜, 大喜び.

exultante /ezuw'tẽtʃi/ 形《男女同形》歓喜している.

exultar /ezuw'tax/ 自 大喜びする, 狂喜する.

exumar /ezu'max/ 他 …を掘り出す, 発掘する▶exumar o corpo 遺体を発掘する.

ex-voto /eks'vɔtu/ [複 ex-votos] 男《祈願や感謝のしるしに礼拝堂に納める》奉納物.

F f

f¹ /'ɛfi/ 男 ポルトガル語アルファベットの第6字.
f² 《略語》folha 1 枚, 1 葉.
fá /'fa/ 男《音楽》ファ, ヘ音, F 音 ▶fá maior ヘ長調 / fá menor ヘ短調.
fã /fẽ/ 名《男女同形》ファン, 愛好者 ▶clube de fãs ファンクラブ / fã de futebol サッカーファン / Ele é um amante do esporte e fã do Flamengo. 彼はスポーツが大好きでフラメンゴのファンだ / O jogador de futebol tem muitos fãs espalhados pelo país. そのサッカー選手は国内のあちらこちらに大勢のファンがいる.

‡**fábrica** /'fabrika ファブリカ/ 女 ❶ 工場, 製造所 ▶ fábrica de automóveis 自動車工場 / fábrica de conservas 缶詰工場 / fábrica de papel 製紙工場 / fábrica de cerveja ビール醸造所 / preço de fábrica 工場渡し価格.
❷ 工場労働者 ▶A fábrica em peso aderiu à greve. 工場労働者は一団となってストライキを支持した.
❸ 製造, 製作 ▶pano de boa fábrica 作りのよい布地.

fabricação /fabrika'sẽw/ [複 fabricações] 女 製造, 製作, 生産 ▶a fabricação de automóveis 自動車の製造 / data de fabricação 製造年月日 / fabricação em série 大量生産 / de fabricação japonesa 日本製の / de fabricação caseira 自家製の.

fabricante /fabri'kẽtʃi/ 名 製造業者, メーカー ▶ fabricante de automóveis 自動車メーカー.

* **fabricar** /fabri'kax/ ファブリカーフ/ 動 製造する, 建造する ▶fabricar automóveis 自動車を製造する / um carro fabricado no Brasil ブラジル製の自動車 /《表示》Fabricado em Portugal ポルトガル製.

fabril /fa'briw/ [複 fabris] 形《男女同形》製造の, 工場の ▶indústria fabril 製造業.

fábula /'fabula/ 女 ❶ 寓話 ▶as fábulas de Esopo イソップの物語 / as fábulas de La Fontaine ラ・フォンテーヌの寓話.
❷ 作り話 ▶Essa história é pura fábula. その話はまったくの作り話だ.
❸ 筋, プロット.
❹ 俗 大金 ▶ganhar uma fábula 大金を稼ぐ.

fabuloso, sa /fabu'lozu, 'lɔza/ 形 ❶ 寓話の, 伝説の, 架空の ▶animais fabulosos 架空の動物.
❷ 途方もない, 信じられないほどの, すばらしい ▶um filme fabuloso すばらしい映画.

‡**faca** /'faka ファーカ/ 女 ナイフ, 小刀, 包丁 ▶faca de cozinha 料理包丁 / faca de carne 肉用ナイフ / faca de peixe 魚用ナイフ / faca de pão パンナイフ / a ponta da faca ナイフの切っ先 / o fio da faca ナイフの刃 / afiar a faca ナイフを研ぐ / faca de papel ペーパーナイフ / faca de dois gumes 両刃のナイフ, 諸刃(もろは)の剣.
à faca ナイフを使って.
de faca em punho 刃物をちらつかせながら, 刃物を手に.
entrar na faca ① 外科手術を受ける. ② 刺される.
meter a faca em... ① …を削る, カットする. ② 借金を求める.
pôr a faca no peito de... …に刃物を突きつける, 強迫する.
ter a faca e o queijo na mão 慣 優位に立つ.

faça 活用 ⇒ fazer

facada /fa'kada/ 女 ❶ ナイフで刺すこと ▶dar uma facada em alguém …をナイフで刺す / levar facadas ナイフで刺される / matar alguém a facadas …を刺し殺す / coser a facadas めった切りにする.
❷ 金の無心 ▶dar uma facada em alguém …から金をせびる.

façanha /fa'sɐɲa/ 女 ❶ 偉業, 功績, 壮挙, 手柄 ▶façanha que assombrou o mundo 世界を驚嘆させた偉業.
❷《皮肉》悪行, 不正行為 ▶É o autor da façanha que se acusou! 不正行為の張本人が自ら認めた.

fação /fa'sẽw/ 女 P = facção

facção /fak'sẽw/ [複 facções] 女 ❶ 党派, 派閥; 一味, 徒党. ❷ 政党.

‡**face** /'fasi ファスィ/ 女 ❶ 顔; 頬 ▶faces rosadas バラ色の頬 / dar a outra face 反対の頬を差し出す.
❷ 面 ▶Um cubo tem seis faces. 立方体には6つの面がある / a face norte 北側 / com duas faces 両面[二面]のある / à face da estrada 路傍に, 沿道に.
à [em] face de... …を前にして; …に従って ▶À face da lei, terá de ser punido. 法に従えば, 処罰されなければならない.
à face do mundo 公衆の面前で, 公然と.
de face 正面から.
em face de... …の前で, …を前にして.
face a... …を前にして, …を考慮して, …の結果 ▶Face ao número dos acidentes, foram tomadas medidas severas. 事故の多さを前にして, 厳しい策が取られた.
face a face 面と向かって, 向き合って ▶Sentaram-se à mesa face a face e conversaram. 私たちは向かい合ってテーブルに座り, 話をした.
fazer face a... ① …に立ち向かう, 取り組む ▶É necessário fazer face aos problemas ambientais 環境問題に取り組むことが必要だ. ② …の費用を出す ▶fazer face às despesas da viagem 旅行の費用を出す.
lançar em face 告発する, 検閲する.

faceta /fa'seta/ 女 ❶ 一面, 側面, 様相. ❷ (多面体の) 面, (宝石の) カット面.

fachada /fa'ʃada/ 女 ❶ (建物の) 正面, 前面, フ

fadar

ァサード.
❷ 見かけ, うわべ.
de fachada 見せかけの ▶ casamento de fachada 偽装結婚.
melhorar a fachada メイクや整形手術によって顔を繕う.

facho /'faʃu/ 男 たいまつ.
baixar o facho B 話 ▶ おとなしくなる, おちつく.
facial /fasi'aw/ [複 faciais] 形《男女同形》顔の, 顔面の ▶ expressão facial 顔の表情 / creme facial フェイシャルクリーム / valor facial 額面価格.

fácil /'fasiw ファースィウ/ 形《男女同形》❶ 簡単な, 容易な, 易しい (↔ difícil) ▶ perguntas fáceis 易しい設問 / um livro de leitura fácil 簡単に読める本 / É fácil ser feliz. 幸福になることは簡単だ.
❷ 《fácil de +不定詞》たやすく…できる, …しやすい ▶ um problema fácil de resolver 簡単に解ける問題 / Isso é fácil de dizer. それは言うのは簡単だ.
❸ 安易な, 気楽な ▶ levar uma vida fácil 気楽に暮らす.
❹ 優しい, 思いやりのある ▶ uma criança fácil 優しい子供.
— 副 ❶ 自然に ▶ Ele consegue conversar muito fácil com as mulheres. 彼は女性たちと自然体で話すことができる.
❷ 容易に ▶ Ele fez isso muito fácil. 彼はそれを容易にやってのけた.
fácil, fácil 楽々と, 悠々と.

facilidade /fasili'dadʒi ファスィリダーヂ/ 女 ❶ 容易さ, 平易さ (↔ dificuldade) ▶ O teste era uma enorme facilidade. テストは非常に簡単だった / Ele dominou o português com facilidade. 彼はポルトガル語を容易にマスターした / Tinha facilidades para obter informações. 情報がすぐ手に入る状況だった.
❷ (容易にできる) 才能, 器用さ, 能力 ▶ Ela tem facilidade para a música. 彼女は音楽の才能がある.
❸ チャンス, 機会 ▶ Ofereceram-lhe facilidade para viajar. 彼には旅行の機会が与えられた.
❹《facilidades》便, 便宜 ▶ as facilidades do transporte 交通の便 / Eles me concederam facilidades de pagamento na compra da casa. 彼らは家の購入で支払いの便宜を図ってくれた.
❺《facilidades》手段 ▶ Ele teve todas as facilidades para estudar. 彼には勉強するためのあらゆる手段があった.
❻《facilidades》過度の寛容さ, 甘やかし ▶ Facilidades demais estragam as crianças. 過度の甘やかしは子供をだめにする / Eles deram demasiadas facilidades a essa colega. 彼らは過度にその同僚を甘やかした.
❼《facilidades》軽率さ ▶ Ele acabou lidando com o dinheiro público com muita facilidade. 彼は非常に軽率に公金を扱ってしまった.

facílimo, ma /fa'silimu, ma/ 形 fácil の絶対最上級.

facilitação /fasilita'sẽw/ [複 facilitações] 女 容易にすること.

facilitar /fasili'tax ファスィリターフ/ 他 ❶ 容易にする ▶ O e-mail facilitou a comunicação internacional. 電子メールは国際的コミュニケーションを容易にした.
❷ 提供する, 手配する ▶ Facilite-me todos os documentos relacionados ao assunto. テーマに関連する書類を提供してください.
— 自 油断する, うっかりする ▶ É melhor não facilitar perante um adversário como o Japão. 日本のような相手に対しては油断しない方がいい.
— **facilitar-se** 再 簡単になる, 楽になる ▶ Com a máquina de lavar louça, facilitou-se o trabalho doméstico. 食器洗い機のおかげで家事が楽になった.

facilmente /ˌfasiw'mẽtʃi ファスィウメンチ/ 副 容易に, 簡単に, 楽に ▶ Podemos conseguir esse bilhete facilmente. 私たちはそのチケットを簡単に手に入れることができる / Esse copo quebra muito facilmente. このコップはすぐに割れる.

facínora /fa'sinora/ 男 形《男女同形》凶悪犯(の), 極悪人(の).

fã-clube /ˌfẽ'klubi/ [複 fã-clubes] 男 ファンクラブ.

faço 活用 ⇒ fazer

fac-símile /fak'simili/ [複 fac-símiles] 男 ファクシミリ, 複製, 模写.

facto /'faktu/ 男 P = fato

factual /faktu'aw/ [複 factuais] 形《男女同形》事実の, 事実に基づいた.

faculdade /fakuw'dadʒi ファクウダーヂ/ 女 ❶ 能力, 機能, 才能 ▶ faculdade da linguagem 言語能力, 言語機能 / faculdades mentais 知的能力.
❷ 権限, 権利, 権力 ▶ Ele goza da faculdade de tomar essa decisão. 彼にはこの決定を下す権限がある.
❸ 学部; 大学 ▶ Faculdade de Direito 法学部 / Faculdade de Letras 文学部 / Hoje você vai para a faculdade? 今日あなたは大学に行きますか.

facultar /fakuw'tax/ 他《facultar + 不定詞 + a》…の権限を与える, …を許可する ▶ Esta lei faculta ao Estado contratar funcionários temporários. この法律により国は臨時職員を雇うことができる.

facultativamente /fakuwtatʃiva'mẽtʃi/ 副 任意に, 随意に.

facultativo, va /fakuwta'tʃivu, va/ 形 任意の, 随意の (↔ obrigatório) ▶ ponto facultativo 任意の休日.

fada /'fada/ 女 ❶ 妖精, 仙女 ▶ conto de fadas おとぎ話. ❷ 美女.
ter mãos de fada (特に刺しゅうで) 手先が器用である.

fadar /fa'dax/ 他 ❶ 予言する ▶ A cartomante fadou uma vida longa à avó. 占い師はおばあさんの長寿を予言した.
❷ …に…を運命づける [+ a] ▶ Aquele erro fadou a moça a um destino cruel. あの失敗はその娘に残酷な未来を運命づけた.
❸ (才能などを) 授ける ▶ O destino fadou-o com

múltiplos talentos. 運命は彼に多様な才能を授けた.
❹ 仕向ける, 導く ▶ A morte do filho fadou-a à solidão. 息子の死は彼女を孤独へと導いた.

fadiga /fa'dʒiga/ [女] ❶ 疲労 ▶ fadiga crônica 慢性疲労 / fadiga muscular 筋肉疲労 / sensação de fadiga 疲労感. ❷ きつい仕事.

fadista /fa'dʒista/ [名] ファドの歌手.
— [形]《男女同形》ファドの.

*__fado__ /'fadu ファード/ [男] ❶ **宿命, 運命** ▶ Foi um triste fado ter de viver com tantas infelicidades. そんなにたくさんの不幸を背負って生きねばならないとは悲しい宿命であった.
❷ ファド (ポルトガルの民衆歌謡) ▶ Eu já frequentei muitas casas de fado. 私はこれまでたくさんのファド・ハウスに通った.

F

> [コラム] **ポルトガル人の魂を歌うファド**
>
> ファド (fado) は「宿命」や「運命」という意味を持った言葉であると同時に, ポルトガルの民衆歌謡をさす言葉でもある. その起源は1820年代に遡り, ポルトガルギター (guitarra) とクラシックギター (viola) で伴奏される. ファドのテーマは郷愁, 感傷, 失恋, 人生の悲しみなどだが, 明るいファドもある. ファドは2011年にユネスコの「人類の無形文化遺産」に登録された.

fagote /fa'gɔtʃi/ [男]〖音楽〗ファゴット.

fagulha /fa'guʎa/ [女] 火花.

faia /'faja/ [女]〖植物〗ブナ, ブナ材.

faiança /faj'ɐ̃sa/ [女] 陶器, 陶製品.

faisão /faj'zɐ̃w̃/ [[複] faisões] [男]〖鳥〗キジ (女性形は faisã または faisoa).

faísca /fa'iska/ [女] 火花 ▶ soltar faíscas 火花を放つ.
sair faísca ① 火花を散らす, 敵対して争う. ② 火花が散る, 二人の人間が強く (性的に) 惹かれあう.

faiscar /fajs'kax/ ㉙ [自] ❶ 火花を散らす, きらめく ▶ As labaredas faiscavam na lareira. 炎は暖炉で火花を散らしていた / Aquela estrela brilhava muito, faiscava. あの星はとても輝き, きらめいていた.
❷ 際立つ ▶ A atriz faiscava entre suas colegas. その女優は同業者のなかでも際立っていた.
— [他] ❶ (火花を) 発する.
❷ (光を) 放つ ▶ Seu olhar faiscava ódio. 彼の眼差しは憎しみを放っていた.

__faixa__ /'fajʃa ファイシャ/ [女] ❶ **帯, ベルト ; 帯状のもの ; 縞 ▶ vestido com faixa de cetim サテンのベルトがついたドレス / Sou faixa preta. 私は黒帯だ.
❷ **車線, レーン** ▶ faixa de ultrapassagem 追い越し車線 / faixa da direita 右側車線 / mudar de faixa 車線変更する / faixa de ônibus バスレーン / faixa de pedestres [B] 横断歩道.
❸ **包帯** ▶ envolver o machucado com uma faixa けがしたところに包帯を巻く.
❹ 細長い土地 ▶ a Faixa de Gaza ガザ地区.
❺ 数値の帯域 ▶ faixa etária 年齢層 / faixa de frequência 周波数帯.
❻〖音楽〗(CD などの) トラック ▶ faixa bônus ボーナストラック.
❼ [B] 友人.
carimbar as faixas〖サッカー〗ある大会で優勝したチームを直後の試合で破る, 相手チームの優勝旗に泥を塗る.

fala /'fala/ [女] ❶ 発話, 発話 (言語) 能力 ▶ terapeuta da fala 言語療法士 / perder a fala 言葉を失う.
❷ 演説 ▶ A fala do estudante emocionou os presentes. 学生の演説は聴衆に感動を与えた.
❸ 話し方, 語法, 言葉遣い, 方言 ▶ uma fala arrastada 間延びした話し方 / a fala do Norte 北部方言.
❹ 話 ▶ O professor teve uma fala séria com os estudantes. 教授は学生と真面目な話をした.
❺ 台詞 ▶ Ela esqueceu sua fala na primeira cena. 彼女は最初のシーンの台詞を忘れた.
❻ 声色 ▶ fala estridente (キンキン響く) 耳障りな声色.
❼ 声, 動物の鳴き声 ▶ Um especialista distingue a fala dos diferentes pássaros. 専門家は鳥の鳴き声の違いを聞き分ける.
❽〖言語学〗談話, ディスクール, 言説 ▶ ato de fala 言語行為.
boas falas 朗報.
chamar à fala 約束を守るよう促す.
chamar às falas 説明をするために呼び寄せる.
chegar às falas 議論する, 口論になる.
ir à fala 話し合う, 分かり合う.
más falas 悪い知らせ.
sem fala ① 無言で, 黙って. ② 言葉を失って. ③ あっけにとられて.

falação /fala'sɐ̃w̃/ [[複] falações [女]] ❶ 話, おしゃべり. ❷ 喧噪(けんそう). ❸ 内容空疎な話.

falácia /fa'lasia/ [女] 欺瞞, 詭弁.

falado, da /fa'ladu, da/ [形] ❶ 話される ▶ português falado 口語ポルトガル語.
❷ 有名な, 話題の ▶ É um livro muito falado. それはとても有名な本だ.
❸ 声のついた ▶ cinema falado トーキー映画.
Tá falado! [俗] オッケー.

falador, dora /fala'dox, 'dora/ [[複] faladores, doras. faladeira という女性形もある] [形] [名] ❶ おしゃべりな (人), 話し好きな (人).
❷ [B] 他人の悪口を言う (人).

falange /fa'lɐ̃ʒi/ [女] ❶ 大隊, 大軍.
❷ 群衆.
❸ [B] [俗] 犯罪者集団.
❹〖解剖〗指骨.

falante /fa'lɐ̃tʃi/ [形]《男女同形》よく話す, 話し好きな ▶ Ele é muito falante. 彼はとても話し好きだ.
— [名] 話す人, 話者 ▶ falante nativo de português ポルトガル語のネイティブスピーカー.

***__falar__ /fa'lax ファラーフ/ [自] ❶ **話す** ▶ falar alto 大きい声で話す / falar sério 真面目に話す / falar em público 人前で話す / falar em português ポルトガル語で話す / Fale mais alto. もっと大きな声で話しなさい / Fale mais uma vez, por favor. もう一度おっしゃってください / Fale mais

falecido, da

baixo. もっと小さな声で話しなさい / Fale mais devagar. もっとゆっくり話しなさい / Falamos a noite inteira. 私たちは一晩中話した / Alô! Quem fala? (電話で) もしもし、どちら様ですか / falar sozinho 独り言を言う.

❷ …について話す [+ de] ▶ Ela gosta de falar muito de si própria. 彼女は自分自身について話すことがとても好きだ / falar de política 政治の話をする.

❸ …と話す [+ com] ▶ Preciso falar com você. あなたにお話しがあります / Quero falar com você. あなたと話がしたい / Posso falar com Paulo? (電話で) パウロをお願いします.

Quero falar com você.

❹ …に話しかける [+ a] ▶ falar ao povo 国民に話しかける.

❺ 《falar para alguém + 不定詞》 …に〜するように言う ▶ A mãe falou para o filho fazer as tarefas de casa logo. 母親は子供に早く宿題をするように言った.

— 他 ❶ (言語を) 話す ▶ Você fala português? あなたはポルトガル語を話しますか / Ela fala bem o português. 彼女はポルトガル語が上手だ / Não falo bem o português. 私はポルトガル語が上手ではない / Ele sabe falar várias línguas. 彼は色々な言語を話せる.

❷ 言う ▶ falar a verdade 真実を言う / para falar a verdade 本当のことを言えば / falar uma mentira うそをつく / O que você falou? あなたは何とおっしゃいましたか.

❸ 《falar que + 直説法》 …と言う ▶ Falou que o carro quebrou e não pôde chegar na hora. 彼は車が故障して時間通りに到着できなかったと言った / Ele me falou que era casado. 彼は私に自分は結婚していると言った.

— **falar-se** 再 互いに話す ▶ Nós nos falamos todo dia pelo telefone. 私たちは毎日電話で話している / A gente se fala depois. 後で話そう.

A gente se fala depois.

— 男 話すこと, 話し方, なまり, 方言 ▶ falar do Norte 北部言葉 / falar do Sul 南部言葉.
dar (o) que falar 口に上る, うわさになる.
deixar falando sozinho 話を聞き流す.
É só falar. 何なりと言ってください.

Está falando comigo? 誰に口を利いているんだ.
Estou falando com o dono da porcada e não com os porcos. 君と話しているのではない, 外野は黙っていてくれ.
falar bem de... をほめる, 称賛する.
falar claro はっきり言う.
falar consigo mesmo ① 独り言を言う. ② 内省する.
falar de outra coisa 話題を変える.
falar disso e daquilo あれこれ話す.
falar mal de... のことを悪く言う.
falar para dentro 小声で話す, ぼそぼそ話す.
falar para si mesmo 考え込む.
falar por falar 何も考えずに話す.
falar pouco e bem 簡潔にまとめる.
Falou! 俗 オーケー.
ficar falando sozinho 孤立する, 人に相手にされなくなる.
Já não está mais aqui quem falou. (発言者はもうここにいない→) 発言を撤回します, 釈明を受け入れます.
Não me faça falar. こんなことを言わせないでくれ.
Nem é bom falar. 話をするのも嫌だ.
Nem me fale! あきれた, 信じられない.
por falar em... と言えば ▶ por falar nisso そう言えば.
sem falar de... は言うまでもなく.
Só falta falar! まるで本物みたい, まるで人間のようだ.
Você sabe com quem está falando? 誰に向かって口を利いているのか分かっているのか.

falatório /fala'tɔriu/ 男 ❶ がやがや言う声, 話し声 ▶ Com esse falatório é impossível estudar. こんなにやかましいと勉強することができない.
❷ うわさ話, 中傷, 悪口 ▶ Ela decidiu não se preocupar com o falatório sobre o seu casamento. 彼女は自分の結婚についての中傷を気に留めないことにした.
❸ 長話 ▶ Não aguento mais o falatório da vizinha. お隣の長話はもうたくさんだ.
❹ 無駄話, 雑談 ▶ Elas ficaram horas num falatório sobre novelas. 彼女たちはドラマについて無駄話をして何時間も過ごした.
❺ 応接室, 談話室, 面会室.

falcão /faw'kẽw/ [複 falcões] 男 ❶ 《鳥》鷹, タカ目ハヤブサ科の総称, ハヤブサ属の猛禽類.

falcatrua /fawka'trua/ 女 詐欺, ペテン.

falecer /fale'sex/ ⑬ 自 ❶ 死ぬ ▶ O escritor faleceu aos 84 anos. 作家は84歳で亡くなった.
❷ 終わる, 消える, 尽き果てる ▶ A luz falece. 明かりが消える.
❸ …が…に不足する, 乏しくなる [+ a] ▶ Falece-me o ânimo. 私には勇気が人らない.
❹ …を必要とする [+ de] ▶ A menina falece de paz e tranquilidade. 少女には安らぎと落ち着きが必要だ.

falecido, da /fale'sidu, da/ 形 (falecer の過去分詞) 死んだ, 亡くなった, 故… ▶ meu falecido marido 私の亡くなった夫 / o falecido presidente

Hugo Chávez 故ウゴ・チャベス大統領.
— [名] 死者, 故人.

falecimento /falesi'mẽtu/ [男] ❶ 死去, 死亡 ▶ A notícia de seu falecimento nos chegou. 彼が亡くなったという知らせが我々のところに届いた.
❷ 不足, 欠如 ▶ falecimento de força 活力不足.

falência /fa'lẽsia/ [女] ❶ 破産, 倒産 ▶ ir à falência 破産する, 倒産する / pedido de falência 破産申し立て / falência fraudulenta 偽装破産.
❷ 破綻 ▶ a falência do sistema educacional 教育制度の破綻.

falésia /fa'lɛsia/ [女] 断崖, 絶壁.

falha /'faʎa/ [女] ❶ 欠陥, 不備, 欠落, 欠点, 不足 ▶ um trabalho com várias falhas 欠陥だらけの仕事 / falha humana ヒューマンエラー / falha técnica 技術的欠陥.
❷ 割れ目, 裂け目, ひび, ひび割れ ▶ O prato tem uma falha. 皿はひび割れている.
❸ [B] 旅の中断.
estar de falha 他人の家に泊まっている.
sem falha 必ず.

☆☆**falhar** /fa'ʎax ファリャーフ/ [自] ❶ **駄目になる, 壊れる** ▶ O freio falhou. ブレーキが利かなくなった.
❷ **失敗する ; 間違う** ; 期待に背く ▶ Todos os planos falharam. 私の計画はすべて失敗した / se a minha memória não falha = se a memória não me falha 私の記憶に間違いがなければ.
❸ **…を果たさない** [+ a] ▶ Ele falhou à promessa. 彼は約束を果たさなかった.
❹ **…を逃す, 見逃す** [+ a] ▶ Ele nunca falha às reuniões. 彼は必ず会議に出席する.
— [他] ❶ **失敗する ; 外す** ▶ Ele falhou o pênalti. 彼はペナルティーキックを外した.
❷ ひび [亀裂] を入れる, 割る ▶ Um raio falhou o muro. 雷が城壁に亀裂を入れた.

falho, lha /'faʎu, ʎa/ [形] ❶ 失敗した ▶ O projeto foi bom, a realização falha. 計画はよかったが, 実現に失敗した.
❷ ひびの入った, 欠けた, 傷のある.
❸ …を欠いた, …が不足した [+ em/de] ▶ falho de recursos 資力を欠いた.
❹ 乏しい ▶ barba falha 乏しいあご髭.
❺ 量目に欠けた ▶ moeda falha 量目の不足した硬貨.
❻ 〚トランプ〛…のカードが少ない [+ em] ▶ Estou muito falho em espadas. 私はスペードが少ない.

fálico, ca /'faliku, ka/ [形] 陰茎の, 男根の.

falido, da /fa'lidu, da/ [形] 破産した ▶ empresa falida 倒産した会社.

falir /fa'lix/ ㉗ [自] ❶ 〚法律〛破産する, 倒産する, 破綻する ▶ Se não der lucro, a empresa logo irá falir. もし利益が上がらなければ会社はすぐにでも倒産するだろう.
❷ 減る, 少なくなる, 不足する ▶ A tranquilidade da aeromoça raramente falia. その客室乗務員は冷静を滅多に欠くことがなかった.
❸ 失敗する ▶ As conversações de paz faliram. 和平交渉は失敗した.
❹ (身体的機能が) 衰える, 弱る ▶ Os principais órgãos faliram. 身体の主な器官が衰えていた.

falível /fa'livew/ [複 falíveis] [形] 《男女同形》間違えやすい, 誤りを犯しやすい ▶ O ser humano é falível. 人間は間違うものだ.

falo /'falu/ [男] ❶ 男根像. ❷ 陰茎.

falsamente /ˌfawsa'mẽtʃi/ [副] 誤って, 間違って ▶ ser acusado falsamente ぬれぎぬを着せられる.

falsário, ria /faw'sariu, ria/ [名] 偽造者, 変造者.

falsear /fawse'ax/ ⑩ [他] ❶ 偽造する, 偽る ▶ Falseavam quadros famosos. 彼らは有名な絵画の偽物を作った / falsear os fatos 事実を偽る / falsear os dados データを捏造する.
❷ 欺く, 裏切る, だます.
❸ 踏み外す ▶ Ela falseou o pé quando subia a escada e caiu. 彼女は階段を上る時に足を踏み外して転んだ.
❹ 価値を下げる ▶ As instituições são muitas vezes boas, os homens é que as falseiam. 社会体制は多くの場合善良なものだが, 人がその価値を下げるのだ.
❺ 破る, 割る ▶ falsear um escudo de defesa 防御の盾を破る.
❻ 声を裏声にする.
❼ 失敗させる, 無駄にさせる.
— [自] ❶ 足を踏み外す ▶ O pé falseou e ele caiu. 彼は足を踏み外し転んだ.
❷ 調子を外す.
❸ [B] 約束を破る.

falsete /faw'setʃi/ [男] 〚音楽〛裏声, ファルセット ▶ cantar em falsete 裏声で歌う.

falsidade /fawsi'dadʒi/ [女] ❶ 偽造, 虚偽 ▶ falsidade ideológica 無形偽造 [罪].
❷ 偽善, 偽装 ▶ Seu apoio é apenas falsidade. 彼の援助は単なる偽善だ.
❸ 嘘, 中傷 ▶ Isso é pura falsidade! それはまったくの嘘だ.

falsificação /fawsifika'sɐ̃w̃/ [複 falsificações] [女] ❶ 偽造, 贋造(がんぞう), 変造 ▶ falsificação de passaportes パスポートの偽造 / falsificação de moeda 偽金作り.
❷ 偽造物, 贋造物, 変造物.
❸ 歪曲, ゆがめること ▶ a falsificação da história 歴史の歪曲.

falsificador, dora /fawsifika'dox, 'dora/ [複 falsificadores, doras] [形] [名] 偽造する (人), 贋造する (人), 変造する (人).

falsificar /fawsifi'kax/ ㉙ [他] ❶ 偽造する, 贋造(がんぞう)する, 変造する ▶ falsificar documentos 書類を偽造する. ❷ 歪曲する, ゆがめる ▶ falsificar a história 歴史を歪曲する.

☆☆☆**falso, sa** /'fawsu, sa ファゥソ, サ/ [形] ❶ **偽りの, 虚偽の ; 見せかけの** (↔ verdadeiro) ▶ nota falsa 偽札 / nome falso 偽名 / diamante falso イミテーションのダイヤモンド / casamento falso 偽装結婚 / falso amigo 不実の友, 偽りの友 (形が似ていても意味の異なる外国語単語).
❷ **間違った** ▶ dados falsos 間違ったデータ / acusações falsas いわれのない告発.
— [名] 不誠実な人, だます人 ▶ Não confie nela, é uma falsa. 彼女を信用するな, うそつきだ.

familiarizar

— **falso** 男 偽物 ▶distinguir o verdadeiro do falso 真贋を見極める.

em falso 無駄に；間違って, 誤って▶Ela pôs o pé em falso e caiu. 彼女は足を踏み外して転んだ / golpe em falso (野球等の) 空振り.

*****falta**[1] /'fawta ファウタ/ 囡 ❶ 不足, 欠如 ▶falta de sono 睡眠不足 / falta de meios 資金不足 / falta de educação 礼儀知らず / falta de educação! 何と行儀が悪い / falta de sorte 不運 / falta de tato 無神経 / falta de jeito 不器用 / Estou com falta de ar. 息が苦しい.
❷ 不在 ▶sentir a falta de ... …がいないのを寂しく思う / sentir falta de casa ホームシックになる.
❸ 欠席 ▶dar falta a alguém …を欠席扱いする.
❹ 過ち, 過失, 誤り；間違い ▶perdoar uma falta 過ちを赦す / falta grave 重大な過ち.
❺《スポーツ》反則, ファウル；フリーキック▶cometer uma falta 反則する / falta técnica テクニカルファウル / cobrar uma falta フリーキックをする / falta máxima ペナルティキック.

à falta de... …がない場合は, …がないので.

estar em falta 在庫切れである.

fazer falta ① …がいなくて寂しい▶Você vai me fazer falta. 君がいなくなると寂しくなる / Você me faz muita falta. 君がいなくてとても寂しい. ② …が必要である▶Um carro me faz falta. 私は車が必要だ.

por falta de... …の不足によって▶por falta de tempo 時間不足のために / Por falta de público, as conferências pararam. 聴衆が少なかったので講演は中止した.

sem falta 必ず, 間違いなく▶Venho novamente, sem falta. 必ずまた来ます.

*****faltar** /faw'tax ファウターフ/ 自 ❶ 欠けている, 足りない ▶Falta tempo. 時間が足りない / Falta sal. 塩が足りない / Faltam dados científicos para esta pesquisa. この研究には学問的なデータが足りない / Está faltando um dos membros. メンバー一人が欠けている / Falta paciência a ele. 彼は忍耐力に欠ける / Falta alguém? 全員いますか / Não falta nada. 足りないものはない / Falta clima para... …するには適切ではない.
❷ …まで…ある, …の…前である [+ para] ▶Falta um mês para o exame. 試験まで 1 か月ある / Faltam cinco minutos para as oito horas. 8時 5 分前だ / Falta pouco para as férias de verão. もうすぐ夏休みだ / Falta pouco para amanhecer. もうじき夜が明ける / Falta muito para o meu aniversário. 私の誕生日はずっと先だ / Ainda falta muito para chegar. 到着するのはまだずっと後だ.
❸ …に欠席する, …を休む [+ a] ▶faltar à reunião 会議に欠席する / faltar à aula 授業を休む / Ela faltou por causa de uma gripe. 彼女は風邪で欠席している.
❹ …に背く [+ a] ▶faltar à verdade 嘘をつく / faltar ao prometido 約束を破る / faltar ao respeito 礼を失する, 失礼な態度を取る.

— 他《Falta +不定詞》これから…しなければならない, まだ…していない.

Era só o que faltava! 最悪の事態になった.
Não faltava mais nada. 最悪の事態になった.
Só faltava isso! 最悪の事態だ.

falto, ta[2] /'fawtu, ta/ 形 …を欠いた, …に乏しい [+ de] ▶falto de inteligência 知性のない / falto de recursos 資源に乏しい.

faltoso, sa /faw'tozu, 'tɔza/ 形 ❶ 過ちを犯した. ❷ 欠席 [欠勤].

*****fama** /'fẽma ファーマ/ 囡 評判；名声, 名誉 ▶Esse restaurante tem boa [má] fama. そのレストランは評判がいい [悪い] / Ele tem fama de (ser) generoso 彼は気前がよいと言われている / Ele é um cientista brasileiro que goza de fama internacional. 彼は国際的な名声を得ているブラジル人の科学者だ.

famélico, ca /fa'mɛliku, ka/ 形 空腹の, 飢えた.

famigerado, da /famiʒe'radu, da/ 形 ❶ 有名な. ❷ 悪名高い.

*****família** /fa'milia ファミーリア/ 囡 ❶ 家族, 一家 ▶a família Ribeiro リベイロ一家 / constituir família 所帯を持つ / Minha família não é grande. Só tem pais e dois irmãos. 私の家族は大きくはない. 両親と二人兄弟だけ / — Quantas pessoas tem sua família? — Tem cinco (pessoas). 「何人家族ですか」「5 人です」 / Sou de família portuguesa. 私はポルトガル系だ / família nuclear 核家族 / família monoparental ひとり親家族.
❷ 親戚, 一族 ▶Tenho família no Japão. 私は日本に親戚がいる.
❸ 家柄, 名門 ▶Ele é de uma família importante da cidade. 彼は町の名家の人間だ
❹《生物》(分類上の) 科 ▶Indique as plantas que pertencem à mesma família? 同じ科に属す植物を指摘してくれますか

em família 遠慮なく, 家族のように ▶conversa em família ざっくばらんな会話

ser da família 家族のように親しい ▶Você é da família. 君は家族も同然です

ser de família 良家の出である, 品行方正である, 信頼に値する.

ser família 真面目 (正直者・控え目) な人である, 品行方正である.

*****familiar** /famili'ax ファミリアーフ/ [複 familiares] 形《男女同形》❶ 家族の, 家庭の ▶a vida familiar 家族生活 / laços familiares 家族の絆 / planejamento familiar 家族計画
❷ 慣れ親しんだ, 熟知した ▶um rosto familiar 見慣れた顔 / uma voz familiar 聞き覚えのある声.
— 男 家族の一員.

familiaridade /familiari'dadʒi/ 囡 親交, 親しみ, なじみ ▶ter familiaridade com... …と親しくしている / tratar alguém com familiaridade …と親しげに話す.

familiarizar /familiari'zax/ 他 …に親しませる, 慣れさせる [+ de] ▶Os professores familiarizaram o novo aluno com a escola. 先生たちは新しい生徒を学校になじませた.

— **familiarizar-se** 再 …に親しむ, 慣れる [+ com] ▶O estrangeiro logo se familiarizou

faminto, ta 416

com o novo idioma. その外国人は新しい言語にすぐ慣れた / Os domadores se familiarizaram com os leões. 調教師たちはライオンたちに親しんだ.

faminto, ta /fa'mĩtu, ta/ 形 ❶ 空腹の ▶ Estou faminto. 私は空腹だ.
❷ …に飢えた, 渇望した [+ de] ▶ faminto de amor 愛に飢えた.

***famoso, sa** /fa'mozu, 'mɔza ファモーゾ, ザ/ 形 有名な, よく知られた ▶ um pintor famoso 有名な画家 / famoso local turístico 有名な観光地 / tornar-se famoso 有名になる / Aquela região é famosa pela qualidade do seu vinho. あの地方はワインの品質の良さで有名だ.

fanático, ca /fa'natʃiku, ka/ 形 ❶ 狂信的な ▶ nacionalismo fanático 狂信的なナショナリズム.
❷ 熱狂的な, 熱心な ▶ Ele é fanático por futebol. 彼はサッカーに夢中だ.
— 名 ❶ 狂信者. ❷ 熱狂者, ファン ▶ os fanáticos por futebol サッカーファン.

fanatismo /fana'tʃizmu/ 男 狂信, 熱狂.

fandango /fẽ'dẽgu/ 男 ❶ ファンダンゴ (スペインと南ブラジルの陽気な舞踊).
❷ ファンダンゴの音楽.

fanfarra /fẽ'faxa/ 女 ❶ ファンファーレ. ❷ 吹奏楽団, ブラスバンド.

fanfarrão, farrona /fẽfa'xẽw, 'xɔna/ [複 fanfarrões, nas/ 形 虚勢の, はったりの.
— 名 虚勢を張る人, はったり屋.

faniquito /fani'kitu/ 男 話 軽いヒステリー, かんしゃく.

***fantasia** /fẽta'zia ファンタズィーア/ 女 ❶ 想像力, 想像 ▶ uma história repleta de fantasia 想像あふれる物語.
❷ 空想 ▶ De vez em quando, gostaria de viver no mundo de fantasias. 時々空想の世界で暮らしたくなる.
❸ 仮装 ▶ fantasia de vampiro 吸血鬼の仮装 / baile à fantasia 仮装舞踏会 / festa à fantasia 仮装パーティー / alugar fantasias 仮装用品を賃借りする.
rasgar a fantasia 本性を現す.

fantasiar /fẽtazi'ax/ 他 ❶ …の仮装をさせる [+ de] ▶ Ela fantasiou a filha de fada. 彼女は娘に妖精の仮装をさせた.
❷ 空想する ▶ Ela fantasiou o casamento com o namorado. 彼女は恋人との結婚を想像した.
— 自 夢想する ▶ Deitada no sofá, ela fantasiava. ソファーに横になって彼女は空想していた.
— **fantasiar-se** 再 …の仮装をする [+ de] ▶ Ela fantasiou-se de Cleópatra. 彼女はクレオパトラの仮装をした.

***fantasioso, sa** /fẽtazi'ozu, 'ɔza ファンタズィオーゾ, ザ/ 形 ❶ 空想的な ▶ Figuras fantasiosas se misturam com os personagens reais nesta obra. この作品では, 空想上の登場人物が現実の人物と混ざり合う.
❷ 空想力にあふれる ▶ É um documento fantasioso. 空想だらけの文書だ.

fantasista /fẽta'zista/ 形《男女同形》❶ 空想的な, 幻想的な ▶ ideias fantasistas 空想的な考え.
❷ 想像力豊かな ▶ escritor fantasista 想像力豊かな作家.
— 名 夢想家 ▶ Apesar de ser um fantasista, todos sabem que é quem mais trabalha na equipe. 夢想家ではあるが, チームの中で最も働くことを誰もが知っている.

***fantasma** /fẽ'tazma ファンタズマ/ 男 幽霊, 亡霊, お化け ▶ Alguém já viu fantasma? 誰か幽霊がでるのを見たことのある人はいますか / Paira o fantasma do desemprego sobre muitos trabalhadores. 失業という魔物が多くの労働者の頭上を舞っている.

fantasmagoria /fẽtazmago'ria/ 女 魔術幻灯; 幻影, 幻想.

fantasmagórico, ca /fẽtazma'gɔriku, ka/ 形 幻想の, 幻の.

***fantástico, ca** /fẽ'tastʃiku, ka ファンタスチコ, カ/ ❶ 空想の, 想像上の ▶ ser fantástico 想像上の生き物.
❷ すばらしい, 素敵な ▶ Ser estudante é fantástico! 学生の身分はすばらしい.

fantoche /fẽ'tɔʃi/ 男 操り人形, 傀儡(かいらい), でくの坊 ▶ teatro de fantoches 人形劇 / governo fantoche 傀儡政権.

faqueiro /fa'kejru/ 男 テーブルウエアのセット, ナイフ, フォーク, スプーンの1ダース箱入りセット.

faquir /fa'kix/ [複 faquires] 男 (イスラムやインドの) 行者.

faraó /fara'ɔ/ 男 ファラオ (古代エジプト王の称号).

faraónico, ca /fara'ɔniku, ka/ 形 [P] = faraônico

faraônico, ca /fara'õniku, ka/ 形 B ❶ ファラオの時代の. ❷ 壮大な, 巨大な ▶ obra faraônica 壮大な事業.

farda /'faxda/ 女 ❶ 制服, 軍服 ▶ estar de farda 制服を着ている / desonrar a farda 軍服をけがす.
❷ 軍人生活 ▶ Ele conseguiu livrar-se da farda. 彼は軍人生活から解放されることができた.

fardamento /faxda'mẽtu/ 男 (1着の) 制服, ユニフォーム; (集合的に) 制服.

fardar /fax'dax/ 他 …に制服を着せる.
— **fardar-se** 再 制服を着る.

fardo /'faxdu/ 男 ❶ 梱(こり), 包み ▶ fardo de algodão 綿花の梱.
❷ 重荷, 負担 ▶ um fardo para a sociedade 社会にとっての重荷 / carregar um fardo 重荷を背負う.

farei 活用 ⇒ fazer

farejar /fare'ʒax/ 他 ❶ 嗅ぐ, 嗅ぎつける ▶ O cão farejou e atacou um bando de coelhos. 犬はウサギの群れを嗅ぎつけ, 襲った.
❷ 嗅ぎ分ける, 気付く ▶ O menino farejava o cheiro do bolo. 男の子はケーキの香りを感じた / farejar problemas 問題に気付く.
❸ 予感する, 気づく ▶ Meu tio farejava-me professor. 叔父は私が先生になると予感していた.
❹ 調べる ▶ Ele farejou toda a bagagem. 彼は荷物の中をすっかり調べ上げた.
❺ 探す, 発見する ▶ O ladrão farejou uma saída para escapar à polícia. 泥棒は警察から逃れる出

口を見つけ出した.
— 自 嗅ぎつける, 嗅ぎ分ける.
farelo /fa'rɛlu/ 男 ❶ (穀類の) ふすま.
❷ おがくず.
❸ つまらないもの.
tirar farelo com... …を挑発する.
farfalhar /faxfa'ʎax/ 自 ❶ (葉が風にゆれるように) カサカサと音を立てる ▶As folhas farfalhavam. 葉っぱがカサカサと音を立てていた.
❷ 無駄話をする, おしゃべりする, 自慢話をする, 大げさに話す.
faringe /fa'rĩʒi/ 女 【解剖】咽頭 (いんとう).
faringite /farĩ'ʒitʃi/ 女 【医学】咽頭炎 ▶ faringite crônica 慢性咽頭炎.
***farinha** /fa'riɲa ファリーニャ/ 女 ❶ (穀物の) 粉, (特に) **小麦粉** ▶ farinha de trigo 小麦粉 / farinha integral 全粒粉 / farinha de rosca パン粉.
❷ (芋類他の) 粉 ▶ farinha de mandioca キャッサバの粉 / farinha láctea 粉ミルク.
ser farinha do mesmo saco 同じ穴のむじなである.
tirar farinha ① けんかを売る, (けんか腰に) 説明を求める. ② 優位に立つ.
vender farinha シャツの裾をズボンから出したまま歩く.
farinheira /fari'ɲejra/ 女 ❶ 粉 (キャッサバ) を入れた容器.
❷ 粉売りの女性.
❸ P 豚の脂身や粉, パンなどで作られたソーセージ.
fariseu /fari'zew/ 男 ❶ パリサイ人. ❷ 偽善家.
farmacêutico, ca /faxma'sewtʃiku, ka/ 形 薬学の, 調剤の ▶ produto farmacêutico 薬品 / indústria farmacêutica 製薬業.
— 名 薬剤師.
***farmácia** /fax'masia ファフマースィア/ 女 ❶ 薬局 ▶ farmácia de plantão (24時間営業の) 救急薬局.
❷ 薬学 ▶ Faculdade de Farmácia 薬学部.
fármaco /'faxmaku/ 男 薬.
farmacologia /faxmakolo'ʒia/ 女 薬理学.
farmacológico, ca /faxmako'lɔʒiku, ka/ 形 薬理学の.
faro /'faru/ 男 ❶ 動物の嗅覚 ▶ Os cães descobriram o fugitivo pelo faro. 犬は嗅覚で逃亡者を見つけ出した.
❷ 直感, 本能, 才能 ▶ Ele descobriu pelo faro a sua morada. 彼は直感で住まいを探り当てた.
❸ 臭い, 香り ▶ o faro do javali イノシシの臭い.
ter faro para algo …に嗅覚が効く.
faroeste /faro'ɛstʃi/ 男 (英語の Far West から)
❶ 【映画】西部劇 ▶ Muitos filmes de faroeste foram feitos em Arizona. アリゾナでは多くの西部劇が作られた. ❷ アメリカ合衆国のミシシッピー川より西の地域. ❸ 無法地帯.
farofa /fa'rɔfa/ 女 ❶ キャッサバの粉を油で炒め, タマネギ, 卵, 腸詰め等を入れて炒った食べ物.
❷ から威張り, 大ぼら.
farofeiro, ra /faro'fejru, ra/ 形 空威張りする, うぬぼれた.
— 名 ❶ B 海岸にピクニックに行く人. ❷ ほら吹き, はったり屋, 見栄っ張り.

farol /fa'rɔw/ [複 faróis] 男 ❶ 灯台.
❷ 【自動車】ヘッドライト ▶ farol alto ハイビーム / farol baixo ロービーム.
❸ (自転車の) ライト ▶ farol de bicicleta 自転車ライト.
❹ 交通信号.
de farol baixo 肩を落として, 肩をすぼめて.
fazer farol 優位を示す, 財産や質を誇示する.
faroleiro, ra /faro'lejru, ra/ 形 名 高慢な (人), 見栄っ張りな (人).
— **faroleiro** 男 灯台守.
farolete /faro'letʃi/ 男 ❶ 小さい灯台. ❷ (車の) テールランプ.
farpa /'faxpa/ 女 (木の) とげ.
farpado, da /fax'padu, da/ 形 とげのついた ▶ arame farpado 有刺鉄線.
farra /'faxa/ 女 ❶ パーティー ▶ cair na farra パーティーをする. ❷ B 冗談 ▶ de farra 冗談で.
farrapo /fa'xapu/ 男 ぼろ切れ, ぼろ.
em farrapos ① ぼろをまとった. ② バラバラの.
farrapo humano ① 物乞い. ② 年老いた人. ③ 威厳を失った人.
farrear /faxe'ax/ 自 浮かれ騒ぐ, ばか騒ぎをする ▶ Ele não queria trabalhar, só queria farrear. 彼は働きたくなく, 単にばか騒ぎがしたいだけだ.
farsa /'faxsa/ 女 ❶ 笑劇, ファルス, 茶番劇. ❷ インチキ, ごまかし.
farsante /fax'sẽtʃi/ 名 笑劇の役者, 道化
— 形 (男女同形) おどけた, ふざけた, 不真面目な.
farta¹ /'faxta/ 女 《次の成句で》
à farta 満足するまで, 十分に
fartar /fax'tax/ (過去分詞 fartado/farto) 他 ❶ …で満腹にさせる, …を堪能させる, …を飽きるほど食べさせる [+ de/com] ▶ Eles vinham com fome, mas fartei-os. 彼らはお腹を空かせてやって来たが, 彼らを満腹にさせた.
❷ …の飢えを満たす.
❸ 満足させる ▶ A compra de mais um imóvel fartou sua ambição. もう一軒家を買って彼の野心は満たされた.
❹ うんざりさせる, 飽きる ▶ O discurso prolongado fartou o ouvinte. 長引く演説は聴衆を飽きさせた.
— 自 十分である.
— **fartar-se** 再 ❶ 満腹する ▶ Ele entrou no restaurante e fartou-se. 彼はレストランに入り腹を満たした.
❷ いっぱいになる ▶ Seu coração fartou-se com amor. 彼の心は愛情でいっぱいになった.
❸ …にうんざりする, 飽きる [+ de] ▶ Ela fartou-se de esperar, foi-se embora. 彼女は待つのに飽きて帰ってしまった.
***farto, ta**² /'faxtu, ta ファフト, タ/ 形 ❶ 満足した, 満腹の ▶ Estou farto. 私は満腹だ.
❷ …に飽きた, うんざりした [+ de] ▶ Fiquei farto deles. 私は彼らにうんざりした / Estou farto de esperar. 私は待ちくたびれた.
❸ …が豊富な, 潤沢な, たくさんある [+ de/em] ▶ uma mesa farta de comidas 料理がたくさん並んだテーブル

fartura

❹ 肥沃な, 栄養が十分な ▶terra farta 肥沃な大地.

fartura /fax'tura/ 囡 ❶ 豊富, 大量 ▶Há fartura de provas. 証拠はたくさんある. ❷《farturas》℗ 揚げ菓子.

fascículo /fa'sikulu/ 男 (百科事典や学術誌などの) 分冊, 配本 ; 号.

fascinação /fasina'sẽw/ 囡《履 fascinações》囡 魅惑, 魅了.

fascinante /fasi'nẽtʃi/ 形《男女同形》魅惑的な, うっとりさせる.

fascinar /fasi'nax/ 他 魅惑する, 魅了する ▶O mágico fascinava a plateia com suas habilidades. マジシャンはその妙技で観客を魅了した. / Os movimentos da dançarina me fascinaram. 私は踊り子の動きにうっとりした.

fascínio /fa'siniu/ 男 魅了, 魅惑.

fascismo /fa'sizmu/ 男 ファシズム.

fascista /fa'sista/ 形 ファシズムの, ファシストの ▶partido fascista ファシスト政党.

— 名 ファシスト.

:**fase** /'fazi/ 囡 ❶ 局面, 段階, 時期 ▶nova fase 新しい段階 / última fase 最終段階 / paciente em fase terminal 終末期患者 / fase difícil 困難な局面 / entrar na fase decisiva 決定的段階に入る.

❷《物理》相, 位相.

estar em fase de... ...している最中である ▶Estamos em fase de reestruturação. 我々はリストラの最中である.

fastidioso, sa /fastʃidʒi'ozu, 'ɔza/ 形 退屈させる, うんざりする, げんなりする.

fastio /fas'tʃiu/ 男 ❶ 食欲不振.

❷ 嫌悪感, 嫌気.

❸ 退屈.

fatal /fa'taw/ [履 fatais] 形《男女同形》❶ 致命的な, 命に関わる ▶doença fatal 命取りになる病気 / acidente fatal 死亡事故 / erro fatal 致命的なエラー.

❷ 不運な, 不幸な, 不吉な ▶mulher fatal 魔性の女.

❸ 宿命的な, 不可避の ▶destino fatal 避けられない運命 / consequência fatal 当然の帰結.

fatalidade /fatali'dadʒi/ 囡 ❶ 運命, 宿命. ❷ 不運, 災い.

fatalismo /fata'lizmu/ 男 宿命論, 運命論.

fatalista /fata'lista/ 形 宿命論的な, 宿命論的な.

— 名 宿命論者, 運命論者.

fatalmente /fa,taw'mẽtʃi/ 副 ❶ 不可避的に, どうしても ▶O açúcar é fatalmente irresistível. 砂糖にはどうしようもなく引き付けられる.

❷ 致命的に.

fatia /fa'tʃia/ 囡 ❶ (パンやハムなどの) 1 切れ, 薄切り, スライス ▶uma fatia de bolo ケーキ 1 切れ / queijo em fatias チーズの薄切り.

❷ 一部 ▶A empresa busca uma fatia inexplorada de mercado. その企業は市場で手つかずの部分を探している.

❸ (一人の) 分け前, 取り分 ▶Ele recebeu uma considerável fatia da herança. 彼は遺産のかなりの取り分を受け取った.

❹ ℗ 俗 魅力的で美しい女性.

fazer em fatias 粉々にする, ばらばらにする.

fatídico, ca /fa'tʃidʒiku, ka/ 形 運命の定めた, 宿命的な, 逃れられない ▶dia fatídico 運命の日.

fatigante /fatʃi'gẽtʃi/《男女同形》疲れさせる, 骨の折れる ▶trabalho fatigante 骨の折れる仕事.

fatigar /fatʃi'gax/ 他 ❶ 疲れさせる, 疲れを感じさせる ▶A longa caminhada fatigou os turistas. 長く歩いたので観光客を疲れさせてしまった.

❷ 悩ませる, うんざりさせる ▶O estudante fatigou-o com seus discursos. 学生は自分の演説で彼を疲れさせた.

— **fatigar-se** 再 ❶ 疲れる ▶A avó fatigavase sempre que subia escadas. おばあさんは階段をのぼる時にはいつも疲れていた.

❷ ...にうんざりする [+ de/com] ▶Fatiga-se de ouvir sempre as mesmas histórias. いつも同じ話を聞くのにうんざりする.

Fátima /'fatʃima/《地名》ファティマ (ポルトガルの中部にある都市. 20世紀初めに聖母マリアが姿を現したとされる. 巡礼地として有名).

:**fato** /'fatu/ ファート/男 ❶ 事実, 事象, 出来事 ▶um fato histórico 歴史的事実 / os fatos marcantes da semana 1 週間の主な出来事 / O fato é que + 直説法 実は...である / a minha versão dos fatos 私から見た事実 / fato consumado 既成事実 / ligar os fatos 事実を関連づける.

❷ 行為, 行動 ▶fato de dormir 眠るという行為 / vias de fato 暴力行為.

❸ ℗ 衣服, 衣装 ▶fato de treino トレーニングウエア / fato de banho 水着.

como de fato 確かに, 確実に.

de fato 実際, 事実上.

estar ao fato de... ...に通じている, よく知っている.

pelo fato de... ...のために, ...のせいで ▶Nunca me intimidei pelo fato de ser mulher. 私は自分が女性であるために臆病になったことは一度もない.

verdade de fato 経験的事実.

:**fator** /fa'tox/ ファートーフ/ [履 fatores] 男 ❶ 要因, 因子 ▶o fator decisivo 決定要因 / o fator tempo 時間という要因.

❷《数学》因数 ▶fator primo 素因数.

❸《生物》因子.

❹《物理》係数, 率 ▶fator de proteção solar 紫外線防御指数.

fátuo, tua /'fatuu, tua/ 形 ❶ うぬぼれの強い, 思い上がった. ❷ 愚かな. ❸ はかない.

fatura /fa'tura/ 囡 インボイス, 送り状, 請求書 ▶fatura eletrônica 電子インボイス / pagar a fatura 請求書の代金を支払う / fatura consular 領事送り状.

liquidar a fatura ① 約束や義務を履行する. ② 仕事や交渉をやり遂げる.

faturamento /fatura'mẽtu/ 男 ❶ 請求書の作成. ❷ 総売上高, 総取引高.

faturar /fatu'rax/ 他 ❶ ...の送り状 [請求書] を作成する, ...を請求書にする.

❷ ...を請求書に追加する.

❸ ...を稼ぐ, 収益を上げる ▶O comércio eletrônico faturou R$8 bilhões no ano passado. 昨年の電子商取引は80億レアルにのぼった / O novo filme faturou milhões nas bilheterias do mundo todo. 新しい映画は全世界での興行収入が数百万にのぼった / A brasileira faturou a medalha de bronze no judô. そのブラジル女性は柔道で銅メダルを獲得した.

fauna /'fawna/ 囡 (一定地域・時期の) 動物相, 動物群, 動物誌.

fausto, ta /'fawstu, ta/ 形 幸福な.
— **fausto** 男 豪華, 豪奢.

fava /'fava/ 囡 ソラマメ.
ir às favas 立ち去る ▶ Vá às favas! あっちへ行け.
mandar alguém às favas …を厄介払いする, 追い払う.
... são favas contadas. 間違いない, 確実だ.

favela /fa'vεla/ 囡 B スラム街 ▶ viver na favela スラム街に暮らす.

favelado, da /fave'ladu, da/ 名 B スラム街の住民.

☆favor /fa'vox/ ファヴォーフ/ [複 favores] 男 ❶ 恩恵, 好意 ▶ Não esquecerei jamais o favor. ご恩は決して忘れません / Devo muitos favores aos meus irmãos. 兄弟にたくさん助けられた / Faz um favor para mim? お願いがあります / Posso te pedir um favor? 君にお願いをしていいですか / Pode me fazer um favor? お願いがあります / Poderia me fazer esse favor? 私のために何とかしていただけますか.
❷ 好意, 共感 ▶ a favor do público 一般の支持.
a favor 支持して, 賛成して ▶ Nós somos todos a favor. 私たちは皆賛成だ.
a favor de... …を支持して, 賛成して ▶ A maior parte das pessoas foi a favor desse plano. 大部分の人がその計画に賛成した / A comissão votará a favor da maioria. 委員会は多数派に賛成票を投じるだろう / As circunstâncias estão a nosso favor. 形勢は我々に有利だ.
de favor 無料で, ただで.
em favor de... …のために.
Faça o favor ① お願いします. ② すみませんが.
faz favor P お願いします ▶ Poderia chegar mais cedo, faz favor? もっと早く到着していただけますか.
fazer o favor de +不定詞 …していただく ▶ Poderia fazer o favor de fazer silêncio? どうか静かにしていただけますか / Você poderia fazer o favor de fechar a janela? 窓を閉めていただけますか / Faça o favor de entrar. どうぞお入りください.
por favor すみません, お願いします, どうぞ ▶ Por favor, onde fica o banheiro? すみません, トイレはどこですか / Fiquem em silêncio, por favor. お静かに願います / Abra a janela, por favor. 窓を開けてください / Um sorvete de baunilha, por favor. バニラアイスクリームを 1 つください / — Posso ajudar? — Por favor.「お手伝いしましょうか」「お願いします」
se faz favor お願いします.

☆favorável /favo'ravew/ ファヴォラーヴェウ/ [複 favoráveis] 形《男女同形》❶ …に好意的な, 賛成の [+ a] ▶ Sou favorável à reforma. 私は改革に賛成だ.
❷ 有利な, 好都合な ▶ situação favorável 好都合な状況 / momento favorável 好機 / vento favorável 順風.

favoravelmente /favo,ravew'mẽt∫i/ 副 好意的に, 有利に.

favorecer /favore'sex/ ⑮ 他 …に幸いする, 有利に働く, 便宜を図る ▶ O empate favorece o time da casa. 引き分けはホームチームに有利に働く / O clima seco favorece a propagação do incêndio. 乾燥した気候のせいで火事が広がりやすい.
— **favorecer-se** 再 …を利用する [+ de].

favoritismo /favori't∫izmu/ 男 情実, えこひいき.

favorito, ta /favo'ritu, ta/ 形 ❶ お気に入りの, ひいきの ▶ o meu filme favorito 私の好きな映画 / time favorito ひいきのチーム.
❷《スポーツ》本命の.
— 名 ❶ お気に入り ; 《スポーツ》本命.
❷《favoritos》《情報》(ブラウザーの) お気に入り.

fax /faks/ 男 ファックス ▶ enviar um fax ファックスを送る / enviar algo por fax …をファックスで送る.

faxina /fa'∫ina/ 囡 掃除 ▶ dia de faxina 掃除の日 / fazer (uma) faxina 掃除する / fazer uma faxina geral 大掃除する / Esse país está precisando de uma faxina. この国は掃除が必要だ.

faxineiro, ra /fa∫i'nejru, ra/ 名 清掃員.

faz 活用 ⇒ fazer

faz de conta /fazdʒi'kõta/ 男《単複同形》空想の世界, 想像の世界.

fazedor, dora /faze'dox, 'dora/ [複 fazedores, doras] 名 …をする人, …を作る人 [+ de] ▶ fazedor de milagres 奇跡を起こす人.

☆fazenda /fa'zẽda/ ファゼンダ/ 囡 ❶ 農場, 牧場 ▶ fazenda de café コーヒー農園.
❷ 養魚場, 養殖場 ▶ fazenda de camarão エビの養殖場.
❸ (公有の) 財産.
❹ 税務署, 税務局, 財務局 ▶ fazenda pública 国庫, 財務局, 税務署 / Ministério da Fazenda 財務省 / ministro da fazenda 財務大臣.
❺ 布, 織物 ▶ fazenda de algodão 綿織物.

fazendeiro, ra /fazẽ'dejru, ra/ 形 大農場の.
— 名 大農場主.

☆fazer /fa'zex/ ファゼーフ/ ㉘

現在分詞	fazendo	過去分詞	feito
直説法現在	faço fazes faz	fazemos fazeis fazem		
過去	fiz fizeste fez	fizemos fizestes fizeram		
未来	farei	faremos		

fazer

	farás	fareis
	fará	farão
接続法現在	faça	façamos
	faças	façais
	faça	façam

他 **1** 作る，生み出す，生じさせる．

❶ 作る，生み出す，構成する▶fazer um poema 詩を作る / fazer um bolo ケーキを作る / fazer café コーヒーを入れる / fazer um filme 映画を撮る / fazer fortuna 財産を築く / fazer dinheiro お金をもうける / fazer barulho 騒音をたてる / fazer confusão 混乱を引き起こす / fazer planos 計画を立てる / O dinheiro não faz a felicidade. お金で幸福にはなれない / Onze jogadores fazem uma equipe de futebol. 11人の選手がサッカーチームを構成する / fazer milhões de dólares 何百万ドルももうける．

❷ (結果や影響を) もたらす，引き起こす▶O remédio não fez muito bem a ele. 薬は彼にはあまり効かなかった．

❸ …を形成する，なる▶Pão faz pães no plural. pão の複数形は pães である．

❹ …を手入れする，整える，準備する▶fazer a cama ベッドメーキングをする / fazer as unhas 爪の手入れをする / fazer a barba ひげをそる / fazer as malas 旅行の支度をする．

❺ 走行する▶Esse carro faz 150 km/h. この車は時速150キロを出す．

2 する，行う

❶ する，行う▶fazer a festa パーティーをする / fazer uma pergunta 質問する / fazer um esforço 努力する / fazer um discurso 演説する，スピーチをする / fazer amor セックスする / fazer o mesmo 同じことをする / Faço o que posso. 私はできるだけ同じことをする / O que você está fazendo aqui? あなたはここで何をしていますか / O que (é que) você faz? ご職業は何ですか，何をしていますか / Não sei o que fazer. 私は何をすればいいのかわからない / Eu não tenho nada a fazer. 私は何もすることがない / O que foi que eu fiz!? 私は何ということをしてしまったのだろう / ter o que fazer するべきことがある．

❷ 学ぶ，習う；(一部のスポーツを) する▶fazer medicina 医学を学ぶ / fazer direito 法律を学ぶ / fazer natação 水泳をする，習う．

❸ (役を) 演じる▶fazer o papel de... …の役を演じる / fazer o vilão 悪役を演じる．

3 《fazer ＋数量表現》…になる，である．

❶ (計算で) …になる，…である▶Dois mais dois fazem quatro. 2たす2は4．

❷ …歳になる▶Maria fez vinte anos no domingo passado. マリアはこの前の日曜日に20歳になった．

4 …を…にする．

❶ 《fazer ＋目的語＋属詞》…を…にする▶Quero te fazer feliz. 僕は君を幸せにしたい．

❷ 《fazer A de B》B を A にする▶fazer do Brasil um país melhor ブラジルをよりよい国にする / O que é feito dele? 彼はどうなったのか．

❸ …にする [＋ em] ▶fazer em pedaços …を粉々にする．

5 《fazer ＋不定詞》…させる▶O professor fez os alunos repetirem várias vezes. 先生は生徒たちに何度も繰り返させた / Ele me faz rir todos os dias. 彼は私を毎日笑わせる / Gosto de fazer rir. 私は笑わせるのが好きだ / Isso me fez mudar de ideia. そのことで私の考えが変わった．

6 《非人称》

❶ (天候などを表す) ▶Faz frio. 寒い / Faz calor. 暑い / Fez muito calor neste verão. この夏はとても暑かった / Está fazendo 32°C. 気温は32度だ / Amanhã vai fazer sol. 明日は晴れだ．

❷ 《faz ＋期間》＋ que ＋直説法》…して…になる▶Faz três anos que saí do meu país. 私の国を出て3年になる / Faz dez anos que me casei. 私は結婚して10年になる / Faz tempo que não escrevo uma carta. 私が手紙を書かなくなって久しい / Fazia dez anos que ele tinha se casado. 彼が結婚してから10年になっていた．

❸ 《faz ＋期間》(今から) …前に▶Ele morreu faz três meses. 彼は3か月前に亡くなった

― 自 ❶ する，行動する▶Faça como quiser. やりたいようにしなさい / Uma coisa é falar, outra coisa é fazer. 話すことと行動することは別だ / Não fiz por mal. 悪気はなかった．

❷ …と関わる，関係がある [＋ a]．

❸ 《fazer por ＋不定詞》…しようと努める．

❹ 《fazer de》…のふりをする；…の代理を務める．

― **fazer-se** 再 ❶ 作られる，生じる▶Fez-se um estrondo quando a árvore caiu. 木が倒れたとき轟音がした / Roma não se fez num dia. ロマは一日にして成らず．

❷ 行われる▶Isso não se faz. そんなことはするものではない

❸ 《fazer-se ＋属詞》…になる，自分を…に見せる▶fazer-se médico 医者になる / fazer-se rico 金持ちになる．

❹ …のふりをする [＋ de] ▶fazer-se de bonzinho いい子のふりをする / fazer-se de surdo 聞こえないふりをする．

❺ 《fazer-se ＋不定詞》自分を…させる，…してもらう，…される▶fazer-se amar 愛される / fazer-se ajudar 助けてもらう / fazer-se passar por... …に見られる．

❻ 《非人称》…になる▶Já se faz tarde! もう遅い．

estar sem o que fazer することがない；何もできない，手の施しようがない．

fazer (com) que ＋接続法》…する原因となる，…させる▶O furacão fez com que as lojas fechassem cedo. 台風のために早めに店が閉店になった / Fiz com que se calassem. 私は彼らを黙らせた．

fazer de tudo あらゆることをする．

fazer e acontecer 話 好きなようにやる，好きにする．

fazer o quê 話 仕方ない．

fazer por fazer 仕方なしに行う．

fazer por onde ① …する方法を探す． ② 値する．

fazer que ＋直説法》…のふりをする▶Ele fez que

não viu. 彼は見なかったふりをした.

語法「…させる」を表す fazer, mandar, deixar

fazer は相手の意思に関係なく「…させる」という「使役」の意味で用いられる.
　Fiz as crianças limparem a sala. 私は子供たちに部屋を掃除させた.
また fazer は意思を持たない抽象名詞を主語に持つことができる.
　A crise financeira fez o mundo tremer. 経済危機は世界を揺るがせた.
mandar は相手に何かをするように命令するという意味を表す. 従って mandar の主語は意思を持った主体だけである.
　Mandei as crianças limparem a sala. 私は子供たちに部屋を掃除させた.
deixar は,相手が望むように「…させる」という「放任」を表す.
　Deixei as crianças brincarem na sala. 私は子供たちを部屋で遊ばせておいた.

faz-tudo /fas'tudu/ 图《単複同形》何でも屋, 何でも修理屋.

FC《略語》Futebol Clube サッカークラブ.

‡**fé** /'fɛ/ フェ/ 囡 ❶ 信仰, 信心 ▶ fé cristã キリスト教信仰 / ter fé 信仰する / perder a fé 信仰を失う / fé em Deus 神への信仰.
❷ 信頼, 信用; 確信 ▶ Eu tenho fé naquele advogado. 私はあの弁護士を信頼している / Tenho fé que tudo vai correr bem. 万事順調に運ぶと私は確信している / fé conjugal 夫婦の貞節.
à falsa fé 卑劣な手口で, 巧みに.
à fé まことに, 本当に.
dar fé a... …を信用する, 信じる.
dar fé de... ① …を証言する. ② …を立証する, 証明する. ③ …に気が付く.
dar por fé ① …を証言する, 証明する. ② 気づく.
fazer fé ① 証明する, 証拠になる. ② 信用に足る.
fazer fé em... …を信頼する.
fazer uma fé em ① …を信用する. ② …に金を賭ける.
fé de ofício 公務員の勤務表.
fé pública 公的機関の信用力.
levar fé 信用する.
má fé 不誠実, 悪意, 虚偽.
pôr fé em... …を信頼する, …を信じる.
sem fé nem lei 信仰も道徳もない, 神も法も恐れない.

fealdade /feaw'dadʒi/ 囡 ❶ 醜さ, 醜悪さ. ❷ 卑劣さ.

‡**febre** /'fɛbri/ フェーブリ/ 囡 ❶ (病気の) 熱, 発熱 ▶ estar com febre = ter febre 熱がある / Tenho febre de 38°C. 私は38度の熱がある / baixar a febre 熱を下げる / A febre subiu. 熱が上がった / A febre baixou. 熱が下がった.
❷ 熱病 ▶ febre amarela 黄熱病.
❸ 熱中, 興奮 ▶ febre de futebol サッカー熱.

febril /fe'briw/ [複 febris] 形《男女同形》❶ 熱のある, 熱っぽい.
❷ 激しい, 熱狂的な.

fecal /fe'kaw/ [複 fecais] 形《男女同形》糞便の ▶ matéria fecal 糞便.

‡**fechado, da** /fe'ʃadu, da フェシャード, ダ/ 形 ❶ 閉じた (↔ aberto) ▶ Posso andar por aqui de olhos fechados. 私はこの辺りは目を閉じても歩くことができる / Ela estava de olhos fechados. 彼女は目を閉じていた.
❷ 終わった ▶ A inscrição já foi fechada. 申し込みはもう終わった / um contrato fechado 締結された契約.
❸ 閉まった ▶ O restaurante estava fechado. そのレストランは閉まっていた / A porta estava fechada à chave. ドアが鍵がかかっていた / A torneira está fechada. 蛇口は閉まっている / A rua foi fechada. 道路は閉鎖されていた / A fábrica está fechada. 工場は閉鎖されている.
❹ 曇った ▶ céu fechado 曇り空.
❺ 無口な, 内向的な ▶ Ele é um pouco fechado. 彼は少し内向的だ.
❻ (カーブが) 急な ▶ curva fechada 急カーブ.
❼ (信号が) 赤の ▶ O sinal está fechado. 信号は赤だ.

fechadura /feʃa'dura/ 囡 錠, 錠前.

fechamento /feʃa'mẽtu/ 男 ❶ 閉じること, 閉鎖. ❷ 完了, 終了. ❸ 校了.

‡**fechar** /fe'ʃax フェシャーフ/ 他 ❶ 閉じる, 閉める (↔ abrir) ▶ fechar a porta ドアを閉める / fechar o livro 本を閉じる / Feche os olhos. 目を閉じて / Feche as janelas, por favor. 窓を閉めてください / fechar a torneira 蛇口を閉じる.
❷ 通行止めにする ▶ A polícia fechou o viaduto. 警察は陸橋を通行止めにした.
❸ 締結する ▶ fechar um acordo de paz 和平協定を結ぶ.
❹ (空, 天候が) 曇る ▶ O tempo fechou de repente. 天気は突然曇った.
— 自 ❶ 閉まる, 閉店になる ▶ A loja fecha às 6 horas. 店は6時に閉まる / A que horas fecha o shopping? ショッピングセンターは何時に閉まりますか.
❷ 赤信号になる ▶ Pare, o sinal vai fechar. 止まってください. 信号が赤になります.
— **fechar-se** 再 ❶ 閉まる, 閉じる ▶ A porta se fechou. ドアが閉まった. ❷ 閉じこもる ▶ fechar-se em casa 家に閉じこもる. ❸ 無口になる ▶ Ela se fechou diante de tantos problemas. 彼女は多くの問題を前にして無口になった.

fecho /'feʃu/ 男 ❶ (衣服の) 留め具, 締め具.
❷ ファスナー, ジッパー ▶ fecho ecler 国 ファスナー, ジッパー.
❸ (戸などの) 掛け金.

fécula /'fɛkula/ 囡 でんぷん.

fecundação /fekũda'sẽw/ [複 fecundações] 囡 受精, 受胎 ▶ fecundação interna 体内受精 / fecundação in vitro 体外受精.

fecundar /fekũ'dax/ 他 ❶ 受胎させる, 受精させる

fecundidade

▶fecundar um óvulo 卵子を受精させる. ❷ 肥沃にする, 豊かにする.
— 自 受胎する.
— **fecundar-se** 再 受胎する.
fecundidade /fekũdʒi'dadʒi/ 女 ❶ 繁殖力, 生殖力. ❷ 肥沃, 豊穣, 多産. ❸ (精神の) 豊かさ.
fecundo, da /fe'kũdu, da/ 形 ❶ 生殖可能な, 繁殖力のある, 多産の. ❷ 肥えた, 肥沃な ▶terreno fecundo 肥えた土地. ❸ 多産の, 多作の, 創造力に富んだ ▶um escritor fecundo 多作な作家.
feder /fe'dex/ 自 ❶ 匂う, 悪臭がする ▶O lixo não recolhido começou a feder. 回収されなかったごみが臭い始めた.
❷ …の悪臭がする [+ a] ▶Este sofá é velho e fede a mofo. このソファは古くてかび臭い.
Nem fede nem cheira. ぱっとしない, 今一つである.
***federação** /federa'sẽw̃/ フェデラサォン / [複 federações] 女 ❶ 連邦, 連邦国家 ▶a Federação Russa ロシア連邦.
❷ 連盟, 連合団体 ▶a Federação Internacional de Futebol 国際サッカー連盟.
federado, da /fede'radu, da/ 形 連邦を構成する, 連合した ▶Estados Federados da Micronésia ミクロネシア連邦.
— **federado** 男 連邦の各州.
***federal** /fede'raw/ フェデラウ / [複 federais] 形 《男女同形》連邦の ▶a República Federal da Alemanha ドイツ連邦共和国 / a polícia federal 連邦警察 / o governo federal 連邦政府.
federalismo /federa'lizmu/ 男 連邦主義, 連邦制度.
federalista /federa'lista/ 形《男女同形》連邦主義の, 連邦制の.
— 名 連邦主義者.
federativo, va /federa'tʃivu, va/ 形 連邦制の ▶República Federativa do Brasil ブラジル連邦共和国.
fedor /fe'dox/ [複 fedores] 男 悪臭.
fedorento, ta /fedo'rẽtu, ta/ 形 悪臭がする.
feérico, ca /fe'eriku, ka/ 形 妖精の, 夢のように美しい.
feição /fej'sẽw̃/ [複 feições] 女 ❶ 形, 外観, 様相 ▶Estes migrantes começaram a dar uma nova feição à comunidade. これらの移民によって地域社会は新しい様相を呈し始めた.
❷ (主に複数)容貌, 顔立ち ▶Ela tem as feições da mãe. 彼女は母親似だ / feições delicadas 優美な顔立ち.
❸ やり方, 流儀 ▶Ele faz um trabalho de feição diferente. 彼の仕事の流儀は違う.
❹ 性質, 性格 ▶O japonês é um povo de feição cordial. 日本人は礼儀正しい(性質の)民族である.
❺ 機嫌, (よい)精神状態 ▶Ela estava de boa feição para abordar assunto. 彼女はそのことを切り出すのによい機嫌だった.
à feição 好都合に ▶Hoje o vento sopra à feição. 今日は風向きが好都合だ.
de feição 家柄のよい, 好都合な ▶família de feição 由緒正しい家柄.

***feijão** /fej'ʒẽw̃/ フェイジャォン / [複 feijões] 男 ❶ 豆, 豆類 ▶um grão de feijão 豆1粒.
❷ 煮豆, (ブラジル料理の) フェイジョン ▶feijão dormido 一晩置いた煮豆.
❸ 日々の食事.
feijão com arroz ① 豆料理とご飯. ② ありふれたもの, 簡単にできること.
não valer o feijão que come 何の取り柄もない.
pegar o feijão de... …の家で食事する.
feijão-fradinho /fej,ʒẽw̃fra'dʒĩɲu/ [複 feijões-fradinho(s)] 男 黒目豆, ササゲ.
feijão-mulatinho /fej,ʒẽw̃mula'tʃĩɲu/ [複 feijões-mulatinhos] 男 茶色のインゲン豆.
feijão-preto /fej,ʒẽw̃'pretu/ [複 feijões-pretos] 男 黒インゲン豆.
feijão-soja /fej,ʒẽw̃'sɔʒa/ [複 feijões-soja(s)] 男《植物》大豆.
feijão-tropeiro /fej,ʒẽw̃tro'pejru/ [複 feijões-tropeiro(s)] 男 豚の肉皮を揚げて豆や野菜と煮込んだもの.
feijoada /fejʒo'ada/ 女 フェイジョアーダ (豆と干し肉, 豚の耳や鼻などを煮込んだ料理).
suspender a feijoada que o porco está vivo 続ける意味がないためにある行動(活動)を中止する.
ter muita feijoada para comer まだ先(人生)が長い.
feijoeiro /fejʒo'ejru/ 男《植物》インゲンマメ ▶cultivo de feijoeiro インゲン豆の栽培.
:**feio, a** /'feju, a/ フェイオ, ア/ 形 ❶ 醜い, 見た目の悪い (↔ bonito) ▶um prédio feio 醜い建物 / uma cidade feia 醜悪な街.
❷ (道徳的に)ひどい, 不道徳な, みっともない ▶atitude feia みっともない態度.
❸ (状態などが)悪い, ひどい, 危険な ▶A situação da economia do país está feia. その国の経済の状態は悪い.
— **feio** 男 醜いもの, 醜さ.
— **feio** 副 ぶざまに ▶Perderam feio o jogo. 彼らはその試合に惨敗した.
fazer feio 期待を裏切る, 失敗する.
feio de meter medo ひどく醜い.
feio e forte 多くの覚悟と決断を伴った.
não fazer feio 悪い結果にしない.
perder feio 完敗する.
:**feira** /'fejra/ フェイラ/ 女 ❶ 市(%), 定期市 ▶feira do gado 家畜市 / feira livre (通りで定期的に開かれる)青物などの市場 / feira da ladra P のみの市.
❷ 見本市, フェアー ▶feira de amostras 見本市 / feira do livro ブックフェアー / feira industrial 産業見本市 / feira de moda ファッションフェアー / feira do estudante 学生フェアー.
feirante /fej'rãtʃi/ 形《男女同形》市の, 定期市の.
— 名 露天商.
feita[1] /'fejta/ 女 機会, 場合, 回 ▶desta feita このたび / de uma feita ある時, かつて / certa feita かつて, 以前, あるとき / de outra feita 次回.
feitiço, ça /fej'tʃisu, sa/ 形 偽りの, 虚偽の ▶uma

joia feitiça イミテーションジュエリー.
— **feitiço** 男 ❶ 魔法, 呪い ▶ lançar um feitiço 呪いをかける / O feitiço vira-se contra o feiticeiro. 呪いは呪いをかけた本人に戻ってくる.
❷ 魔術に使うもの.
❸ 魅力.
❹ お守り, 魔除け.

feitio /fej'tʃiu/ 男 ❶ 形, 形態, 姿 ▶ Ele tinha pássaros de várias cores e feitios. 彼は様々な色と形の鳥を飼っていた.
❷ 性質, 性格, 気質 ▶ Ele herdou o feitio da mãe. 彼は母親の性質を受け継いでいた / ter bom feitio 穏やかで社交的である.
❸ (縫製の) 手仕事, 細工.
❹ (縫製の) 賃金.
Não é do meu feitio. 私のやり方ではない.
perder o tempo e o feito 無駄骨を折る.

feito¹ /'fejtu/ 男 ❶ 行為, 所業, 行い ▶ um feito heroico 英雄的行為.
❷ 出来事, 事実, 偉業 ▶ As epopeias narram os feitos dos povos. 叙事詩は民族の偉業を語っている.
❸ 《feitos》訴訟手続き.
de feito 事実, 実際 ▶ Pelas estatísticas, andar armado, de feito, não garante a segurança. 統計上は, ピストルを携行しても実際のところ安全は保障されない.

feito², ta² /'fejtu, ta/ 形 (fazer の過去分詞) ❶ 行われた, なされた, 作られた, 完成された, 準備の整った ▶ O jantar está feito. 夕食は出来上がっている / feito à mão 手作りの / feito de plástico プラスチック製の / É feito de quê? それは何でできていますか / Meu dever de casa já está feito. 宿題はもう終わった / O que está feito, está feito. 済んだことは仕方がない / O que está feito não pode ser desfeito. 済んだことを嘆いても仕方ない, 後の祭りだ.
❷ 成人した, 成長した, 大人の ▶ um homem feito 大人の男性 / uma mulher feita 大人の女性.
❸ 鍛えられた, 教え込まれた ▶ um corpo bem feito 鍛えられた肉体 / O cão feito para caça. 猟のために調教された犬.
❹ 慣れた ▶ Como todos os pescadores, era um homem feito às intempéries. すべての漁師と同じく, 彼は悪天候にも慣れていた.
❺ 解決された, 合意に達した ▶ negócio feito 成立した取引.
Bem feito! ① いい気味だ, ざまあみろ. ② お見事.
estar feito 成功する, 実現する.
nascer feito 天賦の才を持って生まれる.
Que é feito de...? …はどうなりましたか.
— **feito** 接 B …のような, …と同じの ▶ Ela torcia-se no chão, feito cobra. 彼女は蛇のように床で身をよじっていた / ser feito... …のようである, …に似ている.
— **feito** 間 それで決まりだ.

feitor, tora /fej'tox, 'tora/ [複 feitores, toras] 形 ❶ 作る. ❷ 管理する.
— 名 ❶ 作る人. ❷ 管理する人.

feitoria /fejto'ria/ 女 ❶ 管理, 運営. ❷ 商館, 交易所.

feitura /fej'tura/ 女 ❶ 作ること, 制作, 作成 ▶ a feitura de um filme 映画を作ること. ❷ 作品, 製品.

feixe /'fejʃi/ 男 ❶ 束 ▶ feixe de lenha まきの束.
❷ 多量, 大量 ▶ um feixe de... 大量の….
❸ 【物理】ビーム ▶ feixe de luz 光のビーム.
feixe de nervos 神経質な人.
feixe de ossos がりがりにやせた人.

fel /fɛw/ [複 féis または feles] 男 ❶ 胆汁. ❷ 苦み. ❸ 不機嫌. ❹ 憎悪.

‡**felicidade** /felisi'dadʒi/ フェリスィダーチ/ 女 ❶ 幸福 (↔ infelicidade) ▶ a felicidade de ser mãe 母親になる幸福 / olhar de felicidade 幸せそうなまなざし / Felicidade Interna Bruta 国民総幸福量.
❷ 幸運 ▶ ter a felicidade de + 不定詞 幸運にも…する.
❸ 《felicidades》おめでとう ▶ Muitas felicidades! ご多幸を祈ります.

felicíssimo, ma /feli'sisimu, ma/ 形 feliz の絶対最上級.

felicitação /felisita'sẽw/ [複 felicitações] 女 ❶ 祝賀.
❷ 《felicitações》祝辞, おめでとう ▶ apresentar felicitações お祝いを言う / mensagem de felicitações 祝辞.

felicitar /felisi'tax/ 他 祝う, 称賛する, ほめる ▶ Felicitaram o amigo pelo aniversário dele. 彼らは友人の誕生日を祝った / Ele me felicitou pelo nascimento da minha filha. 彼は私の娘の誕生を祝ってくれた / O técnico felicitou os jogadores. 監督は選手をほめた.
— **felicitar-se** 再 ❶ うれしく思う, 喜ぶ. ❷ 祝い合う.

felino, na /fe'linu, na/ 形 猫の, 猫のような, ネコ科の.
— **felino** 男 ネコ科の動物.

‡**feliz** /fe'lis/ フェリース/ [複 felizes] 形《男女同形》❶ 幸せな, 幸福な (↔ infeliz) ▶ uma vida feliz 幸福な人生 / fazer alguém feliz 人を幸せにする / ficar feliz 幸せになる / ser feliz 幸福である / estar feliz うれしい / viver feliz 幸せに暮らす / Estou feliz da vida. 私は人生に満足している / um final feliz ハッピーエンド / Feliz aniversário! 誕生日おめでとう / Feliz Natal! メリークリスマス / Estou feliz por estar aqui. 私はここに来られてうれしい / Estou feliz em te ver. 君に会えてうれしい.
❷ 幸運な ▶ Ela é feliz no amor. 彼女は恋愛運がいい.
❸ 巧みな, 見事な ▶ uma feliz expressão うまい表現.
E foram felizes para sempre. そして二人は一生幸せに暮らしました (物語の終わり).
feliz coincidência 棚からぼた餅.
ser feliz e não saber 自分の幸せに気が付かない.

felizardo, da /feli'zaxdu, da/ 名 運のいい人, ついている人.

felizmente /feˌliz'mẽtʃi/ 副 幸運で, 幸運にも, 幸いなことに ▶Felizmente, ninguém foi ferido. 幸いにも誰もけがをしなかった.

felonia /felo'nia/ 女 ❶ (君主に対する) 不忠, 反逆. ❷ 裏切り, 背信行為.

felpa /'fewpa/ 女 パイル地.

feltro /'fewtru/ 男 フェルト ▶chapéu de feltro フェルト帽.

fêmea /'fẽmea/ 女 ❶ 雌. ❷ 女性. ❸ (コンセントやねじの) メス.

feminilidade /feminili'dadʒi/ 女 女性であること, 女らしさ.

*__feminino, na__ /femi'ninu, na/ フェミニーノ, ナ/ 形 ❶ 女性の, 女の (↔ masculino) ▶sexo feminino 女性 / equipe feminina 女子チーム / futebol feminino 女子サッカー / banheiro feminino 女子用トイレ / revista feminina 女性雑誌.
❷ 女性的な, 女らしい ▶graça feminina 女性らしい優しさ.
❸《文法》女性の ▶nome feminino 女性名詞.
— **feminino** 男 女性の特性 ▶o eterno feminino 永遠に女性的なるもの.

feminismo /femi'nizmu/ 男 フェミニズム.

feminista /femi'nista/ 形 フェミニズムの.
— 名 フェミニスト.

fêmur /'fẽmur/ 男 P = fêmur

fêmur /'fẽmux/ 男 B《解剖》大腿骨.

fenda /'fẽda/ 女 切れ目, 裂け目, 亀裂, スリット.

fender /fẽ'dex/ 他 ❶ 割る, 裂く ▶fender a terra 大地を裂く.
❷ 横断する, 横切る, 突き抜ける ▶fender as águas 波を切って進む.
❸ 動揺させる, 感動させる ▶O choro das crianças fendeu o coração. 子供の涙が心を揺さぶった.
— **fender-se** 再 ❶ 裂ける, 割れる ▶A terra fendeu-se. 地面が割れた.
❷ 分かれる, 開く ▶A grande nuvem fendeu-se de repente. 巨大な雲が突然割れた.

fender a anca pelo meio とても太っている.

fenecer /fene'sex/ ⑮ 自 ❶ 終わる ▶As esperanças do povo feneceram com o golpe militar. 民衆の希望は軍事クーデターでついえた.
❷ しおれる.
❸ 死ぬ.

fênix /'fɛniks/ 女 P = fênix

fênix /'fẽniks/ 女《単複同形》B 不死鳥, フェニックス.

feno /'fẽnu/ 男 干し草 ▶febre dos fenos 枯草熱, 花粉症.

fenomenal /fenome'naw/ [複 fenomenais] 形 ❶ 自然現象の, 現象の ▶mundo fenomenal 現象世界. ❷ 非凡な, 図抜けた ▶talento fenomenal 非凡な才能.

fenômeno /fə'nɔmənu/ 男 P = fenômeno

*__fenômeno__ /fe'nõmenu/ フェノメノ/ 男 B ❶ 現象 ▶fenômeno natural 自然現象 / fenômeno físico 物理現象 / fenômeno mundial 世界的現象.
❷ 非凡な人, 天才 ▶ser um fenômeno 天才である.

fenomenologia /fenomenolo'ʒia/ 女《哲 学》現象学.

fenomenológico, ca /fenomeno'lɔʒiku, ka/ 形 現象学的な ▶ontologia fenomenológica 現象学的存在論.

fera[1] /'fɛra/ 女 ❶ 猛獣, 野獣. ❷ 残酷な人, 怒りっぽい人 ▶ser uma fera 怒りっぽい, 短気である.
— 形《男女同形》…に詳しい, …に強い [+ em] ▶Ele é fera em matemática. 彼は数学に強い.
estar uma fera 激怒している.
ficar uma fera 激怒する.

féretro /'fɛretru/ 男 棺, ひつぎ.

feriado, da /feri'adu, da/ 形 祝日の ▶dia feriado 祝日.
— **feriado** 男 祝日 ▶feriado nacional 国民の祝日 / emendar o feriado 休日に挟まれた日を休みにする, 飛び石連休をつないで休む.

*__férias__ /'fɛrias/ フェリアス/ 女複 休暇, バカンス ▶Boas férias! よい休暇をお過ごしください / estar de férias 休暇中である / sair de férias バカンスに出かける / tirar férias 休暇を取る / tirar alguns dias de férias 数日休暇を取る / passar férias 休暇を過ごす / férias de verão 夏休み / férias de inverno 冬休み / férias de Natal クリスマス休暇 / férias escolares 学校の休み / férias não gozadas 未消化の有給休暇.

*__ferida__[1] /fe'rida/ フェリーダ/ 女 ❶ 負傷, けが ▶tratar a ferida けがを治療する / velha ferida 古傷.
❷ (精神的な) 傷, 悲しみ, 苦悩 ▶Suas palavras me deixaram uma ferida. 彼の言葉は私に傷を残した.
tocar na ferida 痛いところを突く.

ferido, da[2] /fe'ridu, da/ 形 ❶ けがをした, 負傷した ▶Ninguém ficou ferido. 誰もけがはしなかった.
❷ 傷つけられた ▶orgulho ferido 傷ついた自尊心.
— 名 けが人, 負傷者 ▶Houve dois feridos. 2 名の負傷者がいた.

ferimento /feri'mẽtu/ 男 傷, けが, 負傷.

ferino, na /fe'rinu, na/ 形 残酷な, 辛辣な ▶crítica ferina 辛らつな批判.

*__ferir__ /fe'rix/ フェリーフ/ ⑥¹ 他 ❶ 傷つける, 負傷させる.
❷ (感情などを) 傷つける ▶ferir os sentimentos dos outros 他人の感情を傷つける / Feriram o orgulho dela. 彼女は自尊心を傷つけられた / ferir suscetibilidades 感情を害する.
❸ …に違反する ▶ferir a constituição 憲法に違反する.
— **ferir-se** 再 けがをする ▶ferir-se com a navalha カミソリでけがをする.

fermentação /fexmẽta'sẽw/ [複 fermentações] 女 ❶ 発酵 ▶fermentação alcoólica アルコール発酵. ❷ 興奮, 騒ぎ.

fermentar /fexmẽ'tax/ 他 ❶ 発酵させる ▶fermentar o pão パンを発酵させる. ❷ かき立てる.
— 自 ❶ 発酵する ▶O vinho fermenta. ワインが発酵する. ❷ 沸き立つ.

fermento /fex'mẽtu/ 男 ❶ 酵母, イースト, パン種 ▶fermento em pó ベーキングパウダー. ❷ きっかけ, 誘因 ▶fermento da discórdia 不和の元.

fero, ra[2] /'fɛru, ra/ 形 ❶ 獰猛な. ❷ 残忍な.

ferocidade /ferosi'dadʒi/ 囡 獰猛さ, 凶暴性, 残忍さ.

feromônio /fəru'mɔniu/ 男 P = feromônio

feromônio /fero'mõniu/ 男 B フェロモン.

***feroz** /fe'rɔs フェロス/ [複 ferozes] 形《男女同形》
❶ 獰猛な, 野蛮な ▶um leão feroz 獰猛なライオン.
❷ 残忍な, 極悪な ▶O criminoso é muito feroz. その犯罪者はとても残忍だ.
❸ 恐ろしい, ひどい ▶um rosto feroz 怖い顔.
❹ (風や海などが) 激しい, 荒い.

ferozmente /fe,rɔz'mẽtʃi/ 副 獰猛に, 凶暴に, 残忍に.

ferrado, da /fe'xadu, da/ 形 ❶ 鉄の金具をつけた ▶A porta ferrada denunciava a falta de segurança do bairro. 鉄具のついた戸は地域の治安が悪いことを示していた.
❷ 装蹄した, 蹄鉄をつけた.
❸ ひどい状態で ▶Não conseguiu vender o sofá, pois estava muito ferrado. ソファーを売ることはできなかった. ひどい状態だったからだ.
❹ 焼き印を押された ▶gado ferrado 焼き印のある家畜.
❺ 頑固な, 固執した.
estar ferrado B 俗 窮地に立っている, 困っている.
ferrado dos quatro pés 無教養な.
ferrado no sonho ぐっすりと眠った.
— **ferrado** 男 ❶ 鉄の金具をつけること.
❷ 焼き印をつけること.
❸ イカの墨.
❹ 新生児の胎便.
❺ 搾乳桶, 桶.

ferrador /fexa'dox/ [複 ferradores] 男 蹄鉄工.

ferradura /fexa'dura/ 囡 蹄鉄.
mostrar as ferraduras 逃げる.

ferragem /fe'xaʒẽj/ [複 ferragens] 囡 金物, 金具 ▶loja de ferragens 金物屋.

***ferramenta** /fexa'mẽta フェハメンタ/ 囡 ❶ 工具, 道具 ▶ferramenta de trabalho 仕事道具 / O conhecimento é a ferramenta para viver bem. 知識はよく生きるための道具である / caixa de ferramentas 道具箱.
❷ 〖情報〗ツール ▶barra de ferramentas ツールバー / ferramenta de busca サーチエンジン.

ferrão /fe'xẽw/ [複 ferrões] 男 (昆虫の) 針.

ferrar /fe'xax/ 他 ❶ …に鉄具をつける ▶Ele ferrou o barco para torná-lo mais resistente. 彼はより耐久性を持たせるために船に鉄具を取り付けた.
❷ …に蹄鉄をつける, 装蹄する ▶ferrar um cavalo 馬に蹄鉄をつける.
❸ …に焼き印を押す ▶Ele ferrou todo o gado. 彼は家畜すべてに焼き印を押した.
❹ (槍で) 突く, 突き刺す, ▶O pescador ferrou a baleia com o arpão. 漁師は銛でクジラを突いた.
❺ …に食い込ませる [+ em] ▶O cão ferrou os dentes na perna do vizinho. 犬は隣人の足にかみついた / O gato ferrou-lhe as unhas no braço. 猫は彼の腕に爪を食い込ませた.
❻ B 俗 害する, 傷つける.
❼ …から借金する ▶Ele ferrou o amigo em cem reais. 彼は友達に100レアル借金した.
— **ferrar-se** 再 ❶ …に食い込む [+ em] ▶A lança ferrou-se no tronco da árvore. 槍が木の幹に食い込んだ.
❷ 傷つく, けがをする ▶O menino foi jogar futebol descalço e se ferrou. 男の子は裸足でサッカーをしに行きけがをした.
❸ B …で失敗する [+ em] ▶Ele ferrou-se na prova de matemática. 彼は数学の試験に落ちた.
❹ 八方ふさがりになる ▶O comerciante se ferrou. その商人は八方ふさがりになった.
ferrar a unha 高く売りつける.
ferrar o cão 借金を踏み倒す.
ferrar o galho 眠る.
ferrar o poncho もうける.
ferrar no sono すぐに熟睡する.

ferreiro /fe'xejru/ 男 鍛冶屋.

ferrenho, nha /fe'xẽɲu, ɲa/ 形 鉄のような, 厳しい, 頑固な.

férreo, rea /'fexiu, xia/ 形 ❶ 鉄の, 鉄道の ▶linha férrea 鉄道. ❷ 鉄のような, 不屈の, 厳格な ▶vontade férrea 鉄の意志.

ferrete /fe'xetʃi/ 男 焼き印, 烙印.

‡**ferro** /'fexu フェーホ/ 男 ❶ 鉄 ▶alimentos ricos em ferro 鉄分が豊富な食品 / Idade do Ferro 鉄器時代 / ferro frio 刀剣類.
❷ アイロン ▶ferro de passar アイロン / Eu passei a ferro minha camisa. 私はシャツにアイロンをかけた.
a ferro e fogo あらゆる手段をもってでも, 死に物狂いで.
de ferro 鉄の, 鉄製の ; 頑強な, 不屈の ▶barra de ferro 鉄棒 / dama de ferro 鉄の女 / vontade de ferro 鉄の意志 / disciplina de ferro 鉄の規律.
meter a ferros 手錠をかける.
meter em ferro 投獄する.
levar ferro うまくいかない, 失敗する.
malhar em ferro frio 時間を浪費する, 無駄骨を折る.
não ser de ferro 生身の人間である.
romper os ferros 脱獄する.

ferroada /fexo'ada/ 囡 ❶ 針で突くこと, 刺すこと. ❷ 激痛. ❸ 辛らつな批評.

ferro-velho /,fexu'vɛʎu/ [複 ferros-velhos] 男 ❶ くず鉄, スクラップ. ❷ スクラップ置き場, くず鉄商.

ferrovia /fexo'via/ 囡 鉄道.

ferroviário, ria /fexovi'ariu, ria/ 形 ❶ 鉄道の ▶rede ferroviária 鉄道網 / transporte ferroviário 鉄道輸送 / estação ferroviária 鉄道駅 / companhia ferroviária 鉄道会社. ❷ 鉄道員の.
— 名 鉄道員.

ferrugem /fe'xuʒẽj/ [複 ferrugens] 囡 錆.

fértil /'fɛxtʃiw/ [複 férteis] 形《男女同形》 ❶ 肥沃な, 肥えた ; 豊かな ▶terreno fértil 肥沃な土地 / imaginação fértil 豊かな想像力.

fertilidade

❷ 生殖能力のある ▶ período fértil 受胎可能な期間 / mulher fértil 出産可能な女性.

fertilidade /fextʃili'dadʒi/ 囡 肥沃さ, 豊かさ.

fertilização /fextʃiliza'sẽw/ [複 fertilizações] 囡 ❶ 肥沃化, 豊かにすること. ❷ 受精, 受胎.

fertilizante /fextʃili'zẽtʃi/ 形《男女同形》肥沃にする, 豊かにする.
— 男 肥料.

fertilizar /fextʃili'zax/ 他 ❶ 肥沃にする, 豊かにする. ❷ 受精させる.
— **fertilizar-se** 再 肥沃になる.

fervente /fex'vẽtʃi/ 形《男女同形》❶ 沸騰している ▶ água fervente 沸騰水. ❷ 熱烈な, 熱心な.

*****ferver** /fex'vex/ フェフヴェーフ 他 ❶ 沸騰させる, 沸かす ▶ ferver a água 水を沸騰させる / ferver o leite 牛乳を沸かす.
❷ ゆでる, 煮る, 煮沸消毒する ▶ ferver a carne 肉をゆでる / ferver os biberões 哺乳瓶を煮沸消毒する.
— 自 ❶ 沸騰する, 沸く ▶ A água está fervendo. 水が沸騰している.
❷ 煮える, ゆだる ▶ Os legumes vão ferver. 野菜がゆで上がるだろう.
❸ 熱い, 高熱をだす ▶ A testa da criança está fervendo. 子供の額が高熱を発している / Hoje está fervendo! 今日はとても暑い.
❹ 沸き立つ, 高揚する ▶ Meu sangue começou a ferver. 私の血は沸き立ち始めた / O Brasil está fervendo. ブラジルは熱気に包まれている.
❺ 慣 …でいっぱいになる, 充満する [+ de] ▶ O parque fervia de crianças. 公園は子供たちでいっぱいだった.
❻ (大量に) 群がる ▶ Ferviam gafanhotos na beira do rio. 河岸にイナゴが大量に群がっていた.

ferver em pouca água 些細なことにかっとなる, 怒りやすい.

fervilhar /fexvi'ʎax/ 自 ❶ 沸騰する ▶ O feijão fervilhava na panela. 豆が鍋で沸騰していた.
❷ …でいっぱいである, あふれ返る [+ de] ▶ Sua cabeça fervilhava de ideias. 彼の頭はアイディアでいっぱいだった / A praça fervilhava de gente. 広場は人々であふれ返っていた.
❸ 興奮する ▶ Seu corpo fervilhava diante daquela mulher excitante. 彼の身体はあの刺激的な女性を前に興奮していた.
❹ 活気づく, 熱気を帯びる ▶ Os debates fervilhavam no parlamento. 討論は議会で熱気を帯びていた.

fervor /fex'vox/ [複 fervores] 男 ❶ 灼熱, 炎暑. ❷ 熱情, 熱意 ▶ com fervor 熱心に.

fervorosamente /fexvo,rɔza'mẽtʃi/ 副 熱烈に, 熱狂的に.

fervoroso, sa /fexvo'rozu, 'rɔza/ 形 熱烈な, 熱心な ▶ um cristão fervoroso 熱心なキリスト教徒.

fervura /fex'vura/ 囡 ❶ 沸騰. ❷ 興奮, 騒ぎ.
levantar fervura 沸騰し始める.

:festa /'fɛsta フェスタ/ 囡 ❶ パーティー, お祝い ▶ dar uma festa パーティーを催す / festa de boas-vindas 歓迎パーティー / festa de despedida 送別会 / A festa de aniversário dele é no próximo sábado. 彼の誕生パーティーは次の土曜日だ / Ele cantou uma canção antiga na festa. 彼はパーティーで古い歌を歌った / uma festa de dez anos 10歳の誕生日.
❷ 祭り, 祝祭；祭日 ▶ festa dos fogos de artifício 花火大会 / festa do trabalho メーデー / festa junina B フェスタジュニーナ, 6月祭り / festas móveis 移動祝日 / A cidade está em festa. 街はお祭り気分だ / Acabou-se a festa. お祭りは終わりだ / Boas festas! メリークリスマス.
❸《主に festas》(人や動物に対する) 愛撫, なでること, じゃれること.

acabar com a festa 妨害する, 乱入する.
fazer a festa 喜びに沸く ▶ Nosso time conseguiu ganhar o jogo e fizemos a festa. 我々のチームは試合に勝ち, 私たちは喜びに沸いた.
fazer festas ① 愛撫する. ② もてなす.
festa de arromba お祭り騒ぎ.
no melhor da festa 宴もたけなわの時に, 最も盛り上がったときに.
para ajudar à festa さらに悪いことには.

festança /fes'tɐsa/ 囡 にぎやかなお祭り, お祭り騒ぎ, どんちゃん騒ぎ ▶ Quando ele acabar o curso, vai haver uma grande festança. 彼が卒業する時には盛大な宴会が決まっている.

festeiro, ra /fes'tejru, ra/ 形 パーティーによく行く, パーティー好きな.
— 名 ❶ パーティーを開く人. ❷ パーティー好きな人.

festejar /feste'ʒax/ 他 ❶ 祝う, お祝いする ▶ Os jogadores festejaram a conquista do campeonato. 選手たちは選手権での勝利を祝った / festejar o aniversário 誕生日を祝う.
❷ …のお祭りをする ▶ festejar o santo 聖人の祭りをする.
❸ 愛撫する, なでる.

festejo /fes'teʒu/ 男 ❶ お祝い. ❷ 祭り. ❸ 愛撫.

festim /fes'tĩ/ [複 festins] 男 ❶ 内輪の祝い. ❷ 宴会. ❸ 空砲.

*****festival** /festʃi'vaw/ フェスチヴァゥ / [複 festivais] 男 フェスティバル, 祭典, …祭 ▶ festival de música 音楽祭 / festival de cinema 映画祭 / festival de teatro 演劇祭 / festival de rock ロックフェスティバル.

festivamente /fes,tʃiva'mẽtʃi/ 副 陽気に, にぎやかに.

festividade /festʃivi'dadʒi/ 囡 ❶ 祭典, 祝祭, 祭り ▶ festividades natalinas クリスマスの祭典 / festividades locais 地元の祭り. ❷ お祭り気分.

festivo, va /fes'tʃivu, va/ 形 ❶ 祭りの, 祝祭の ▶ dia festivo 祝祭日. ❷ 陽気な, 快活な ▶ ambiente festivo お祭りらしい雰囲気.

fetal /fe'taw/ [複 fetais] 形《男女同形》胎児の.

fetiche /fe'tʃiʃi/ 男 フェティッシュ, 物神, 呪物.

fetichismo /fetʃi'ʒizmu/ 男 物神崇拝, 呪物崇拝, フェティシズム.

fetichista /fetʃi'ʃista/ 形 物神崇拝の, 呪物崇拝の, フェティシズムの.
— 名 物神崇拝者, 呪物崇拝者, フェティシスト.

fétido, da /'fɛtʃidu, da/ 形 悪臭を放つ, 臭い.

feto /ˈfɛtu/ [男] 胎児.
feudal /fewˈdaw/ [[複] feudais] [形]《男女同形》封建制の, 封建的な ▶ senhor feudal 封建領主.
feudalismo /fewdaˈlizmu/ [男] 封建制度.
feudo /ˈfewdu/ [男] 封土, 領地.
fev.《略語》fevereiro 2月.
★★★**fevereiro** /feveˈrejru フェヴェレィロ/ [男] **2月** ▶ em fevereiro 2月に.
fez [活用] ⇒ fazer
fezes /ˈfɛzis/ [女複] ❶ 糞便. ❷ おり, かす.
fiabilidade /fiabiliˈdadʒi/ [女] 信頼性, 信頼度.
fiação /fiaˈsɐ̃w̃/ [[複] fiações] [女] 糸つむぎ, 紡績.
fiada[1] /fiˈada/ [女] ❶ (石やれんがを敷き詰めた) 層, 段. ❷ 列. ❸ 数珠つなぎ, 一連.
fiado, da[2] /fiˈadu, da/ [形] ❶ 信じた, 信頼した.
❷ 掛け売りの, 掛け買いの.
❸ 糸に紡がれた ▶ linho fiado 紡がれた麻 / metal fiado 針金.
conversa fiada 無駄話, 嘘.
— **fiado** [副] 掛けで, クレジットで ▶ comprar fiado 掛けで買う.
— **fiado** [男] ❶ 紡ぎ糸, 糸束. ❷ 付け払い [買い].
Fiado, só amanhã. 店頭販売限り.
fiador, dora /fiaˈdox, ˈdora/ [[複] fiadores, doras] [名] 保証人.
fiambre /fiˈɐ̃bri/ [男] 調理済みのハム.
fiança /fiˈɐ̃sa/ [女] ❶ 保証. ❷ 保釈金.
fiar /fiˈax/ [他] ❶ …の保証人になる, 保証する ▶ Ele fiou o amigo na compra da casa. 彼は友人が家を購入する際の保証人になった.
❷ 信じる ▶ Todos fiamos que o rapaz não volte ao vício. 我々皆が少年は悪習に戻らないと信じた.
❸ 信用して渡す, 託す ▶ Ele fiava todos os seus livros aos seus amigos. 彼はすべての本を友人に託した.
❹ …に掛けで売る [+ a] ▶ Ele fiou ao vizinho alguns quilos de arroz. 彼は隣人に数キロの米を掛けで売った.
❺ …に任せる [+ a] ▶ Ela fiava sua vida aos caprichos do marido. 彼女は人生を夫の気まぐれに任せた.
❻ …を当てにする [+ em] ▶ Ele fiava completamente em seus pais. 彼は完全に両親を当てにしていた.
❼ 貸す ▶ Parecia ser boa gente. Fiei-lhe 500 reais. いい人のようだったので, 彼に500レアル貸した.
❽ 糸を紡ぐ ▶ fiar a lã 羊毛を紡ぐ.
❾ 針金にする ▶ É preciso adelgaçar o metal para fiá-lo. 金属を針金にするために薄くする必要がある.
❿ 織る, 編む ▶ fiar um pulôver. セーターを編む.
⓫ 構想する, たくらむ ▶ Ele vivia de fiar intrigas e mexericos. 彼は策略や中傷をたくらんで過ごしていた.
⓬ 鋸で切断する ▶ Ele usou um serrote para fiar a prancha. 彼は厚板を切断するために手鋸を使った.
— [自] ❶ …を信用する [+ em] ▶ Se ele fia, é porque confia. 彼が信用するのは信じているからだ.
❷ 糸を紡ぐ.
❸ 掛け売りする.
— **fiar-se** [再] 信用する.
fiasco /fiˈasku/ [男] 失敗, 不成功 ▶ O filme foi um fiasco. その映画は失敗だった.
fazer fiasco 失敗する, どじを踏む.
fiável /fiˈavew/ [[複] fiáveis] [形]《男女同形》信頼できる, 信用できる.
★**fibra** /ˈfibra フィブラ/ [女] ❶ **繊維** ▶ fibra sintética 合成繊維 / fibra alimentar 食物繊維 / fibra de vidro グラスファイバー / fibra óptica 光ファイバー.
❷ **気骨** ▶ uma pessoa de fibra 気骨のある人.
fibroso, sa /fiˈbrozu, ˈbrɔza/ [形] 繊維の多い, 繊維状の ▶ tecido fibroso 繊維組織.
★★★**ficar** /fiˈkax フィカーフ/ ㉙

直説法現在	fico ficas fica	ficamos ficais ficam
過去	fiquei ficaste ficou	ficamos ficastes ficaram
接続法現在	fique fiques fique	fiquemos fiqueis fiquem

[自] ❶ **留まる, いる** ▶ ficar em casa 家にいる / ficar no sol 日に当たる / ficar na cama ベッドにいる.
❷ **泊まる, 滞在する** ▶ ficar no hotel ホテルに泊まる / ficar na casa de um amigo 友人の家に泊まる / Fiquei uma semana no hospital. 私は1週間入院した / Fiquei uma semana no Rio de Janeiro. 私はリオデジャネイロに1週間滞在した / Até quando ficará no Brasil? いつまでブラジルにご滞在ですか.
❸ **…に位置する, ある** ▶ Essa cidade fica perto da capital. その町は首都に近い / Onde fica a saída? 出口はどこにありますか.
❹ **…になる** ▶ ficar amigos 友達になる / ficar doente 病気になる / ficar velho 年を取る / ficar rico 金持ちになる / ficar cego 失明する / ficar vermelho 赤くなる / ficar com saudade do lar ホームシックになる / Ufa, fiquei cansado! ああ疲れた / Fique tranquilo. 安心してください / ficar surpreso 驚く / Fiquei decepcionado com essa notícia. 私はその知らせにがっかりした / Eu fiquei doente. 私は体調を崩した / Ele comeu até ficar com a barriga cheia. 彼は腹いっぱい食べた / ficar nas pontas dos pés つま先立ちする / ficar em coma 昏睡状態に陥る.
❺ **…のままでいる** ▶ ficar sentado 座ったままでいる / ficar em [de] pé 立ったままでいる, 立つ.
❻ **残る** ▶ Os homens passam, mas as obras ficam. 人はいなくなるが, 作品は残る / Só ficou este anel de lembrança de minha mãe. 母の形見

ficção

としてこの指輪だけが残った.

❼《ficar + 現在分詞 / ficar a + 不定詞》…している, し続ける ▶Ele sempre fica conversando sem parar. 彼のおしゃべりは止まることを知らない.

ficar atrás (de) (… より) 劣る ▶Maria estuda muito, mas Pedro não fica atrás. マリアはよく勉強するが, ペドロも彼女に負けない.

ficar com... ①…の状態になる ▶ficar com fome 空腹になる / ficar com raiva 腹を立てる / ficar com medo 恐れる / ficar com ciúmes 嫉妬する / ficar com sarampo はしかになる / ficar com dor de cabeça 頭痛になる. ②…と一緒にいる ▶A mãe ficou com a filha durante a estada no exterior. 母親は海外に滞在中娘と一緒にいた. ③…と付き合う, 一夜を共にする ▶ficar com uma menina 女の子と付き合う. ④…を手に入れる, 買う; 奪う ▶O ladrão ficou com a moto. 泥棒はバイクを奪った. ⑤…を取っておく ▶Fique com o troco. お釣りは取っておいてください.

ficar bem de... (人が) …が似合う ▶Você fica bem de vermelho. 君は赤が似合う.

ficar de bem com... …と仲直りする.

ficar de mal com... …とけんかする.

ficar de + 不定詞 ①…することを約束する ▶Fiquei de ir à casa dele amanhã. 私は明日彼の家に行くと約束した. ②…することで合意する ▶Ficamos de nos encontrar no dia seguinte. 私たちは翌日に会うことで合意した.

ficar em... ①…に似合う ▶Este vestido fica bem em você. このワンピースはあなたによく似合う / Esse tipo de roupa não fica bem em mim. この種の服は私に似合わない. ②(金額や費用が) …になる ▶O lucro ficou em R$200 milhões. 利益は2億レアルになった / O jantar ficou em R$150. 夕食代は150レアルだった. ③…着になる, …番になる ▶ficar em primeiro 1着になる, 1番になる / ficar em segundo lugar na corrida レースで2等になる.

ficar entre... …の間で秘密にされる ▶Isso tem que ficar só entre a gente. それは我々だけの秘密にしておかなければならない.

ficar para... …に延期される ▶A decisão ficou para a próxima semana. 決定は来週に延期された.

ficar por + 不定詞 まだ…されていない ▶O quarto ficou por arrumar. その部屋はまだ片づけられていない.

ficar por fora 分かっていない, 知らない ▶Você ficou totalmente por fora! あなたは全然何も分かっていない.

ficar por dentro 分かっている, 知る ▶Ele sempre fica por dentro de tudo. 彼はいつも全て分かっている.

ficar por isso mesmo とがめられない, 見逃される ▶Faltou a uma reunião importante e ficou por isso mesmo. 彼は重要な会合に欠席したのに何のおとがめもなしだ.

ficar sem... …を失う, …がなくなる ▶ficar sem emprego 職を失う / ficar sem dinheiro お金がなくなる.

＊ficção /fik'sēw/ フィクサォン / [複 ficções] 囡 空想, 虚構, フィクション ▶pura ficção まったくの虚構 / ficção científica サイエンスフィクション, SF.

ficcional /fiksio'naw/ [複 ficcionais] 形 《男女同形》虚構の, フィクションの.

ficcionista /fiksio'nista/ 图 フィクション作家.

ficha /'fiʃa/ 囡 ❶ (賭け事の) チップ ▶Ele apostou todas as fichas na roleta. 彼は全てのチップをルーレットに賭けた.

❷ 札, チケット, 券; (硬貨代わりの) コイン ▶Ele comprou uma ficha para o cafezinho. 彼はコーヒーチケットを買った / ficha telefônica 公衆電話用コイン.

❸ カード, 分類カード ▶fichas bibliográficas 文献カード / fichas de leitura 読書カード.

❹ カルテ, 記録, 書類 ▶ficha médica 医学カルテ / A enfermeira entregou ao médico a ficha do doente. 看護師は医者に患者のカルテを手渡した / Já havia a ficha dele na polícia. すでに警察には彼の犯罪記録があった / preencher uma ficha 書類に記入する / ficha de identidade 身分証明書 / ficha técnica (テレビ, ラジオなど) 制作者一覧, クレジット, 制作記録.

❺《fichas》個人情報.

cair a ficha ① 突然思い出す. ② 目から鱗が落ちる.

ficha limpa ① 犯罪歴がないこと. ② 信頼のできる人.

ficha suja ① 犯罪歴があること. ② 信用できない人.

na ficha B 現金で.

ter ficha na polícia 前科がある.

fichar /fi'fax/ 他 …をブラックリストに載せる ▶A polícia fichou o suspeito. 警察は不審人物をブラックリストに載せた.

fichário /fi'ʃariu/ 男 ❶ ファイル. ❷ カード目録. ❸ ファイリングキャビネット.

fictício, cia /fik'tʃisiu, sia/ 形 ❶ 架空の, 虚構の ▶personagem fictícia 架空の人物 / nome fictício 仮名 / empresa fictícia ダミー会社. ❷ 見せかけの, 虚偽の.

fidalgo, ga /fi'dawgu, ga/ 形 ❶ 貴族の, 貴族階級に属する ▶Ela servia na casa de uma senhora fidalga. 彼女はとある貴族の女性の家に仕えていた.

❷ 寛大な, 気高い, 洗練された, 上品な ▶atitude fidalga 上品なふるまい.

❸ ぜいたくな ▶O gato está muito fidalgo, já nem quer restos da comida. この猫はとてもぜいたくだ. 残りものなんて欲しがらないのだから.

à fidalga 貴族風に

— **fidalgo** 男 ❶ 貴族, 貴族階級の人 ▶Por esse tempo, um fidalgo da corte de D. João I mandou construir um palácio. その頃国王ドン・ジョアン一世の宮廷のある貴族が宮殿建設を命じた.

❷ 資産家, 財産家

fidalgo de meia tigela 素性の怪しい貴族, 小貴族.

fidalguia /fidaw'gia/ 囡 ❶ 貴族らしい性格, 行動, ふるまい ▶A fidalguia do pai era transmitida ao filho. 父親の貴族らしいふるまいは息子にも移

った.
❷ 貴族階級, 貴族の一団.
❸ 寛大さ, 気高さ, 上品さ, 洗練.

fidedigno, na /fide'dʒiginu, na/ 形 信用できる.

fidelidade /fideli'dadʒi/ 女 ❶ 忠実, 誠実, 貞節 ▶ fidelidade conjugal 夫婦の貞節. ❷ 忠誠 ▶ cartão de fidelidade ポイントカード. ❸ 忠実度 ▶ alta fidelidade 高忠実度, ハイファイ.

fidelização /fideliza'sẽw/ [複 fidelizações] 女 (顧客の)囲い込み.

fidelizar /fideli'zax/ 他 (顧客を)囲い込む.

fiduciário, ria /fidusi'ariu, ria/ 形 ❶ 信託の, 信託に基づく. ❷ 信用発行の ▶ moeda fiduciária 信用貨幣.
— 名 受託者, 被信託者.

fieira /fi'ejra/ 女 ❶ (針金製造用の)ダイス.
❷ 独楽のひも.
❸ ⓑ 釣り糸.
❹ 糸, ひもに通したもの ▶ uma fieira de pérolas 一連の真珠
dar pela fieira 少しだけ与える.
de fieira 立て続けに.
puxar fieira ⓑ 踊る, ダンスをする

★**fiel** /fi'ɛw フィエウ/ [複 fiéis] 形 (男女同形) ❶ 忠実な, 誠実な; 貞節な ▶ um amigo fiel 忠実な友人 / um marido fiel 浮気をしない夫 / um cliente fiel 常客, お得意さん / um servidor fiel 忠実な召使い.
❷ …に忠実な, …を固く守る [+ a] ▶ ser fiel a uma promessa 約束を守る / Sou fiel aos meus princípios. 私は自分の主義を曲げない.
❸ 正確な ▶ reprodução fiel 忠実な再生 [複製].
— 名 信者, キリスト教徒.
— 男 ❶ 倉庫管理人 ▶ o fiel de armazém 倉庫管理人. ❷ 秤の針.
fiel da balança ① 天秤の針. ② 決断のための要因.

fielmente /fi,ew'mẽtʃi/ 副 忠実に, 正確に.

figa /'figa/ 女 親指を人差し指と中指の間にはさんで出す, 軽蔑や性行為などを示すしぐさ.
... de uma figa いまいましい…, …め.
fazer figa a... …を追い払う, ばかにする.

fígado /'figadu/ 男 ❶ 【解剖】肝臓, 肝.
❷ 【料理】レバー ▶ fígado de galinha 鶏のレバー / patê de fígado de ganso フォアグラのペースト.
❸ 勇気.
❹ 性質, 性格 ▶ ser de maus fígados = ter maus fígados 性格が悪い, ひねくれている, 恨みっぽい.
desopilar o fígado 上機嫌である
ter fígado ① 勇気 [度胸] がある. ② 不快な状況にも冷静に対応できる.

figo /'figu/ 男 【果実】イチジク ▶ figos secos 干しイチジク / figos em calda イチジクのシロップ漬け.

figueira /fi'gejra/ 女 イチジクの木.

★★★**figura** /fi'gura フィグーラ/ 女 ❶ 容姿, 見た目 ▶ Quem tem boa figura consegue fazer mais sucessos na carreira. 見た目のよい人はキャリアでの成功がしやすい.
❷ 形, 形状 ▶ figura geométrica 図形.
❸ イラスト, 挿絵, 図 ▶ livro com figuras 挿絵入りの本.
❹ 登場人物 ▶ figura de O Pequeno Príncipe『星の王子様』の登場人物.
❺ 人物, 著名人 ▶ Ele é uma figura notável desta cidade. 彼はこの町で傑出した人物だ / figura pública 公人 / fraca figura 重要でない人物, 小者.
❻ 文彩 ▶ figuras retóricas 言葉の綾
fazer boa figura 成功する ▶ Acredito que este time vai fazer boa figura no próximo campeonato. このチームは次の大会で成功すると信じる.
fazer figura ① 頭角を現す. ② 現れる.
fazer má figura 失敗する.
figura decorativa 名前だけの指導者.
figura de proa ① 船首像. ② 指導的人物.
figura fácil あちこちに顔を出す人.
mudar de figura 様相を変える.
ser uma figura 面白い人だ, 変わった人だ.

figuração /figura'sẽw/ [複 figurações] 女 ❶ 外見. ❷ 端役.
fazer uma figuração 容姿や言動で人目を引きつける.

figurado, da /figu'radu, da/ 形 比喩的な ▶ em sentido figurado 比喩的な意味で.

figurante /figu'rẽtʃi/ 名 端役, エキストラ.

figurão, rona /figu'rẽw, 'rõna/ [複 figurões, ronas] 名 大物, 大立者.

figurar /figu'rax/ 他 ❶ …の形をしている, …に似ている ▶ Aquelas montanhas figuram um imenso camelo. あの山々は巨大なラクダの形をしている.
❷ 描く, 輪郭を表す ▶ O artesão imaginoso figurou a aparição da Virgem. 想像力豊な芸術家は聖母マリアの出現を描いた.
❸ 象徴的に表す, 意味する ▶ O leão figura a valentia. ライオンは剛毅さを表す.
❹ ふりをする ▶ O atacante figurou uma contusão para abandonar o jogo. フォワードは試合を放棄するために打撲したふりをした.
❺ 想像する, 仮定する, 見なす ▶ Ela figurou-o mais gentil. 彼女は彼はもっと優しいと想像した.
— 自 ❶ 含まれる ▶ O filme figura entre os melhores do festival. その映画はフェスティバルの最優秀作品の中に含まれる.
❷ …に出演する, 演じる [+ em] ▶ Figuram naquele filme alguns dos melhores atores da atualidade. あの映画には現在の最も優秀な役者の数人が出演している.
❸ …の役を演じる [+ de].

figurativo, va /figura'tʃivu, va/ 形 ❶ 物の形をかたどった ▶ escritura figurativa 象形文字. ❷ 【美術】具象派の ▶ arte figurativa 具象芸術.
— 名 具象派芸術家.

figurinha /figu'rina/ 女 ❶ 小さな像.
❷ ⓑ (コレクション用の)カード ▶ figurinhas de futebol サッカー選手のカード.
❸ 変わり者, 気難しい人.
figurinha carimbada レアなもの.
figurinha difícil 無愛想な人.
trocar figurinhas com... …と情報交換する, 親しくする.

figurinista /figuri'nista/ 图 服飾デザイナー.
figurino /figu'rinu/ 男 ❶ デザイン画.
❷ ファッション雑誌 ▶ Ela comprava todos os figurinos franceses. 彼女はフランスのファッション雑誌をすべて買っていた.
❸ モデル, 手本 ▶ seguir o figurino お手本に従う.
❹ 衣装, 衣類.
❺ 最新ファッションを身につける人.
como manda o figurino しかるべきように.

*****fila** /'fila フィーラ/ 图 ❶ 横列 ▶ sentar-se na primeira fila 一番前の列に座る / última fila 最後列.
❷ 縦列, 行列 ▶ uma fila de carros 自動車の列 / fazer filar 列に並ぶ / formar uma fila 列を作る / fila de espera 順番待ちの行列 / furar a fila 列に割り込む.
em fila indiana 一列になって, 数珠つなぎになって.

filamento /fila'mẽtu/ 男 ❶ 単繊維, 線条. ❷ フィラメント. ❸『植物』花糸.
filantropia /filẽtro'pia/ 图 博愛, 慈善.
filantrópico, ca /filẽ'tropiku, ka/ 形 博愛の, 慈善の.
filantropo, pa /filẽ'tropu, pa/ 图 博愛主義者, 慈善家.
filão /fi'lẽw̃/ [複 filões] 男 鉱脈 ▶ filão de ouro 金鉱脈.
filar /fi'lax/ 他 ❶ …に食いつく, 噛みつく.
❷ …を…でしっかりと捕まえる [+ por] ▶ O homem filou-o pelo braço. 男は彼の腕をしっかりと捕まえた.
❸ (授業を)さぼる ▶ Ele filou a aula de matemática. 彼は数学の授業をずる休みした.
❹ 奪う.
❺ 風に船首を向ける.
❻ 圓 ただで手に入れる, ねだる ▶ filar uma refeição ただで食事にありつく.
❼ 見る, 観察する, 見張る ▶ Ele filava o jogo. 彼は試合を見ていた.
― 自 ❶ かみつく.
❷ さぼる.
❸ ただで手に入れる ▶ Ele vive filando cigarros dos outros. 彼はしょっちゅう他人のたばこをねだっている.
❹ 圓 見張る.
❺ 圓 認められる.
― **filar-se** 再 ❶ しっかりとつかむ ▶ Ela filava-se ao corrimão para não cair. 彼女は転ばぬように手すりをしっかりと捕まえていた.
❷ かみつく.
❸ 圓 ねだる.
filarmónica /filɐr'mɔnikɐ/ 图 P = filarmônica
filarmônica /filax'mõnika/ 图 B 交響楽団.
filarmónico, ca /filɐr'mɔniku, kɐ/ 形 P = filarmônico
filarmônica, ca /filax'mõniku, ka/ 形 B 音楽愛好の, 交響楽団の.
filatelia /filate'lia/ 图 切手収集, 切手愛好.
filatélico, ca /fila'tɛliku, ka/ 形 切手収集の, 切手愛好の.
filatelista /filate'lista/ 图 切手収集家, 切手愛好家.
filé /fi'lɛ/ 男『料理』❶ ヒレステーキ ▶ filé-mignon ヒレミニヨン. ❷ 魚の切り身.
fileira /fi'lejra/ 图 列, 並び ▶ uma fileira de dominós ドミノの列 / uma fileira de casas 家並み.
engrossar as fileiras de... …に加わる, …の一員になる.
filete /fi'letʃi/ 男 細い線 ▶ um filete de água ちょろちょろ流れる水.

*****filha** /'fiʎa フィーリャ/ 图 娘 ▶ Minha filha tem 15 anos. 私の娘は15歳です / filha adotiva 養女 / filha única 一人娘 / as filhas de Eva 女性.
filhinho, nha /fi'ʎiɲu, ɲa/ 图 (filho, filha の指小語) 小さな子供 ▶ filhinho de mamãe お母さん子 / filhinho de papai 金持ちの息子.

*****filho** /'fiʎu フィーリョ/ 男 ❶ 息子 ▶ Tenho um filho e uma filha. 私には息子が一人と娘が一人いる / filho único 一人息子 / filho adotivo 養子 / filho legítimo 嫡出子 / filho de criação 里子 / filho natural 婚外子 / filho pródigo 放蕩息子 / meu filho (他人へ親愛を込めて) 息子よ.
❷ (filhos) 息子と娘, 子供たち ▶ Tenho dois filhos. 私は子供が二人いる / Não temos filhos. 私たちは子供がいない.
❸ (O Filho)(神の)子, イエス・キリスト ▶ Em nome do Pai, do Filho e do Espírito Santo, amém. 父と子と聖霊の名においてアーメン.
Eu também sou filho de Deus. 私にも相応の権利がある.
filho da puta 卑 この野郎.
filho de Deus 神の子, イエス・キリスト.
filho do Homem 人の子, イエス・キリスト.
filhos da Candinha ① 大衆. ② 口の悪い人.
filhos de Deus すべての人々, 全人類.
filhos de Eva すべての人々, 全人類.
O filho é dele [dela]. 発案者 [発起人] は彼 (女) だ.
filhote /fi'ʎɔtʃi/ 男 子犬, 子猫; 動物の子供 ▶ filhote de leão ライオンの赤ちゃん.
filiação /filia'sẽw̃/ 图 [複 filiações] 图 ❶ 親子関係; 家系, 血統. ❷ 加入, 入会 ▶ filiação partidária 入党.
filial /fili'aw/ [複 filiais] 形 (男女同形)(親に対する) 子の ▶ amor filial 子の親への愛情.
― 图 支部, 支店, 支社, 子会社.
filiar /fili'ax/ 他 ❶ (子供を)認知する.
❷ 入会させる, 加入させる ▶ O político disse que filiou dez mil pessoas ao seu novo partido. 政治家は自身の新党に1万人が入党したと語った.
― 自 入会する, 加入する.
― **filiar-se** 再 入会する, 加入する ▶ O candidato se filiou ao partido do governo. 候補者は与党に入党した.
filigrana /fili'grena/ 图 ❶ 透かし模様. ❷ (金銀の) 線細工.
filipeta /fili'peta/ 图 (イベントなどの) パンフレット.
filmadora /fiwma'dora/ 图 ビデオカメラ.

filmagem /fiw'maʒēj/ [複 filmagens] 囡 撮影 ▶ equipe de filmagem 撮影クルー.

filmar /fiw'max/ 他 ❶ 撮影する. ❷ 映画化する.

filme /'fiwmi フィウミ/ 男 ❶ 映画 ▶ um filme brasileiro ブラジル映画 / ver um filme no cinema 映画館で映画を見る / assistir a um filme na televisão テレビで映画を見る / passar um filme 映画を上演する / fazer um filme 映画を作る / rodar um filme 映画を撮影する / filme de ação アクション映画 / filme de ficção científica SF 映画 / filme de guerra 戦争映画 / filme de suspense サスペンス映画 / filme de terror ホラー映画 / filme documentário ドキュメンタリー映画 / filme cômico 喜劇映画 / filme policial 推理探偵映画 / filme de amor 恋愛映画 / filme de caubói [bangue-bangue] 西部劇映画 / filme de longa metragem 長編映画 / filme de curta metragem 短編映画 / filme B B 級映画.
❷ フィルム ▶ filme fotográfico 写真用フィルム.
❸ 食品用ラップ.

Já vi esse filme. 見覚えのある映画だ, 身に覚えのある状況だ.

queimar o filme ① 中断や失敗を引き起こす. ② 他の過ちを暴露する. ③ 好機を逸する, 約束を果たさない.

ser como um filme 映画のようだ, すばらしい, 信じがたい.

filmografia /fiwmogra'fia/ 囡 フィルモグラフィー, 映画作品リスト.

filmoteca /fiwmo'tɛka/ 囡 フィルムライブラリー, フィルムコレクション.

filologia /filolo'ʒia/ 囡 文献学, 文献研究, 言語研究.

filológico, ca /filo'lɔʒiku, ka/ 形 文献学の, 文献研究の, 言語研究の.

filólogo, ga /fi'lɔlogu, ga/ 名 文献学者, 言語研究者.

filosofar /filozo'fax/ 自 哲学する, 哲学的に考える.

*****filosofia** /filozo'fia フィロゾフィーア/ 囡 ❶ 哲学 ▶ filosofia ocidental 西洋哲学 / filosofia da linguagem 言語哲学 / filosofia de Hegel ヘーゲル哲学 / filosofia da vida 人生哲学 / filosofia política 政治哲学.
❷ 達観, 諦念 ▶ com filosofia 達観して.

filosoficamente /filo‚zɔfika'mētʃi/ 副 哲学的に; 達観して, 冷静に.

filosófico, ca /filo'zɔfiku, ka/ 形 ❶ 哲学的な ▶ estudo filosófico 哲学の研究. ❷ 達観した.

filósofo, fa /fi'lɔzofu, fa/ 形 哲学的な.
― 名 ❶ 哲学者. ❷ 哲人, 賢人, 達観した人.

filtração /fiwtra'sēw/ [複 filtrações] 囡 濾過, 浸透.

filtragem /fiw'traʒēj/ [複 filtragens] 囡 濾過, 浸透.

filtrar /fiw'trax/ 他 ❶ 濾過する, こす ▶ filtrar a água 水を濾過する.
❷ さえぎる ▶ filtrar a luz 光をさえぎる.
❸ 選別する ▶ filtrar os melhores candidatos 最も優秀な受験者を選別する.

❹ …を…にしみこませる [+ em].
― **filtrar-se** 再 濾過される.

filtro /'fiwtru/ 男 ❶ フィルター ▶ filtro de papel ペーパーフィルター / filtro de ar エアフィルター / filtro solar 日焼け止め. ❷ 媚薬, ほれ薬.

*****fim** /'fĩ フィン/ [複 fins] 男 ❶ 終わり, 末; 結末, 最後 (↔ início, princípio) ▶ Tudo tem um fim. すべてに終わりがある / É o fim. もうお終いだ / no fim do trabalho 仕事の終わり / no fim do ano 年末 / no fim do mês 月末 / o fim do mundo この世の終わり, 地の果て / do começo até o fim 初めから最後まで / tocar o fim 終わる / A ambição deles não tinha fim. 彼らの欲望は果てがなかった / O dinheiro poupado chegou ao fim. 貯金が底をついた / Vire à direita no fim da rua, por favor. 突き当たりを右に曲がってください.
❷ 死 ▶ O fim do ator causou muita polêmica. 俳優の死は議論を呼んだ.
❸ 目的, 目標 ▶ O fim justifica os meios. 目的が手段を正当化する / Estudei muito com o fim de ser médico. 私は医者になる目的を持って猛勉強した / O jogo tem um fim em si mesmo. 遊びはそれ自体が目的である / organização sem fins lucrativos 非営利団体 / o fim supremo 究極の目的.

a fim その気があって.

a fim de + 不定詞 …するために ▶ Trabalhei muito a fim de fazer sucesso. 私は成功するために大いに働いた.

a fim de que + 接続法 …するために.

ao fim e ao cabo 結局, とどのつまり ▶ Ao fim e ao cabo, tudo acabou bem. 最後は全てうまく終わった.

dar um fim a [em] … …を終わらせる, …に終止符を打つ.

É o fim. 以上, ここまで.

É o fim da picada! ありえない, 信じられない.

estar a fim de alguém …が好きである, …に恋心を抱いている ▶ Estou a fim de um colega de trabalho. 私は職場の同僚が好きだ.

estar a fim de + 不定詞 …したい ▶ Não estou a fim de trabalhar. 私は仕事をする気になれない.

fim de linha ① 終着駅, 終着地. ② 結末, 終末.

fim de mundo 僻地, 辺境の地, 地の果て.

fim de papo 話はここまで, これでおしまい.

fim de semana 週末 ▶ Bom fim de semana! よい週末を / no fim de semana 週末に / O que você vai fazer neste fim de semana? あなたは今週末に何をしますか.

Não é o fim do mundo. この世の終わりが来たわけではない.

no fim das contas 結局, 要するに.

no fim de... …の終わりに ▶ no fim da tarde de ontem 昨日の夕方に

no fim de contas P 結局, 実際のところ.

por fim ついに, とうとう ▶ Por fim, chegou a minha vez. ついに私の番になった.

pôr fim a... … を終わらせる ▶ O governo pôs fim a restrições à importação de carne bovina. 政府は牛肉の輸入制限に終止符を打った.

Que fim levou? それで (その後) どうなったの.

finado, da

sem fim 果てしない, 果てしなく,
ter por fim +不定詞 …することを目的とする, …することを目指す ▶ O código civil tem por fim regular os direitos e obrigações de ordem privada concernentes às pessoas, aos bens e às relações. 民法典の目的は, 人, 財, 対人関係に係る私的分野での権利と義務を調整することである.

finado, da /fi'nadu, da/ 形 死んだ, 亡くなった.
— 名 故人, 死者 ▶ Dia de Finados 万霊節 (11月2日).

final /fi'naw/ フィナゥ/ [複 finais] 形 [男女同形] 終わりの, 最後の ▶ ponto final 終止符 / decisão final 最終決定 / resultado final 最終結果 / A prova final será na última semana de janeiro. 最終試験は1月最後の週だ.
— 男 ❶ 終わり, 結末 ▶ até o final do ano 今年いっぱいまで / final de março 3月末 / O conto de fadas sempre tem um final feliz. おとぎ話はいつもハッピーエンドで終わる
❷ 【音楽】終曲, 終楽章, フィナーレ.
— 名 決勝戦, 決勝 ▶ a final do campeonato internacional de futebol サッカー国際選手権決勝戦 / chegar à final 決勝に進出する / disputar a final 決勝を争う.

no final das contas 結局.

finalidade /finali'dadʒi/ フィナリダーヂ/ 女 目的, 目標 ▶ com a finalidade de +不定詞 …する目的で / ter como finalidade +不定詞 …することを目的としている.

finalista /fina'lista/ 形 [男女同形] ❶ 決勝出場の, 最終学年の. ❷【哲学】目的論の.
— 名 ❶ 決勝出場選手 [チーム] ▶ os finalistas do concurso コンクールの決勝出場者. ❷ 最上級生. ❸ 目的論者.

finalização /finaliza'sẽw/ [複 finalizações] 女 ❶ 終わり, 決着. ❷【サッカー】ゴールにシュートすること.

finalizar /finali'zax/ 他 終える, 終わらせる.
— 自 ❶ 終わる. ❷【サッカー】ゴールにシュートすること.
— **finalizar-se** 再 終わる.

finalmente /fi,naw'mẽtʃi/ フィナゥメンチ/ 副 ついに, とうとう ▶ Finalmente chegou o dia tão esperado! とうとう待ちに待った日がやってきた.

passar aos finalmente 結論に入る.

finanças /fi'nẽsas/ フィナンサス/ 女複 ❶ 財政, 財政状態 ▶ ministro das finanças 財務大臣 / ministério das finanças 財務省 / finanças públicas 財政. ❷ 経理部, 財務部.

financeiramente /finẽ,sejra'mẽtʃi/ 副 財政的に, 金銭的に, 経済的に ▶ financeiramente independente 経済的に自立した.

financeiro, ra /finẽ'sejru, ra/ フィナンセイロ, ラ/ 形 ❶ 金融の, 金融上の ▶ crise financeira 金融危機 / operações financeiras 金融取引 / políticas financeiras 金融政策 / atividade financeira 金融活動 / mercado financeiro 金融市場 / instituição financeira 金融機関 / ajuda financeira 経済援助 / ter problemas financeiros 金銭上の問題を抱えている.
❷ 財政の ▶ análise financeira 財務分析.

financiamento /finẽsia'mẽtu/ 男 出資, 融資, 資金調達 ▶ financiamento imobiliário 不動産融資.

financiar /finẽsi'ax/ 他 …に出資する, 融資する.

financista /finẽ'sista/ 名 財務担当者, 財政学者, 財務官僚.

finar /fi'nax/ 自 終わる, 活動を終える ▶ Esses velhos costumes finaram. それらの古い習慣は終わった.
— **finar-se** 再 ❶ 死ぬ ▶ O doente finou-se. 病人は亡くなった.
❷ …で弱る, 衰弱する, 消耗する [+ de] ▶ Ela finou-se de tristeza quando o filho partiu. 息子が発つと, 彼女は悲しみのあまりやつれた.
❸ …を求める, 望する, 熱望する [+ por] ▶ A menina finava-se por comer todo o sorvete. 女の子はアイスクリームを全部食べたがった.
❹ 強く感じる ▶ finar-se de raiva 怒りを強く感じる / finar-se de medo ひどく怖がる / finar-se de riso 大笑いする.

fincar /fi'kax/ 他 ❶ …を…にはめ込む, 打ち付ける, 埋める [+ em] ▶ Ele fincou um prego na porta do depósito. 彼は倉庫の戸に釘を打ち込んだ.
❷ 支える, 固定する ▶ Ele fincou os pés nos estribos. 彼は踏み台に足を固定した.
❸ 根付かせる ▶ fincar raízes em... …に根を下ろす / Já ali fincou o trabalho missionário. すでにそこに伝道師の仕事を根付かせた.
— **fincar-se** 再 ❶ …に固執する, 主張する, こだわる [+ em] ▶ Ele se fincava em uma ideia. 彼はある考えにこだわっていた.
❷ …に根付く, 基づく [+ em] ▶ Suas conclusões fincaram-se na experiência. 彼の結論は経験に基づいていた.

findar /fi'dax/ (過去分詞 findado/findo) 他 終わらせる ▶ Só queria findar a tarefa. 仕事を終わらせたかっただけだ / findar os seus dias 死ぬ.
— 自 ❶ …に終わる, という結果になる [+ em] ▶ O namoro findara em casamento. 交際は結婚に終わった.
❷ 消える, 消滅する, なくなる ▶ Nossos sonhos findaram. 我々の夢は消え去った.
— **findar-se** 再 終わる.

findo, da /'fidu, da/ 形 ❶ 終わった, 完了した. ❷ 過ぎた, 過去の.

fineza /fi'neza/ 女 ❶ 細いこと, 薄いこと. ❷ 繊細さ.

fingido, da /fi'ʒidu, da/ (fingir の過去分詞) 形 ❶ 見せかけの, 偽りの ▶ amor fingido 見せかけの愛 / lágrimas fingidas そらの涙 / doença fingida 仮病. ❷ 模造の, イミテーションの. ❸ 偽善的な, 裏表のある.
— 名 偽善家.

fingimento /fiʒi'mẽtu/ 男 見せかけ, ふり.

fingir /fi'ʒix/ フィンジール/ 他 (fingir +不定詞 / fingir que + 直説法) 装う, ふりをする ▶ fingir ser rico 金持ちを装う / fingir não saber 知らないふりをする

をする / Ela finge que nunca tem problemas. 彼女は問題など決してないように装っている / Ele fingiu desde o começo que era sincero. 彼は初めから誠実であるふりをした.
— 圓 ごまかす ▶ Pare de fingir, pois todos já sabem da verdade! ごまかすのはやめなさい, もうみんな真実を知っているのだから.
— **fingir-se** 再 《fingir-se (de) ...》 …であるふりをする ▶ fingir-se doente 病気のふりをする, 仮病を使う / fingir-se de morto 死んだふりをする / fingir-se de santo いい人を装う.
fingir que não viu [ouviu] 見なかった [聞かなかった] ことにする.

finito, ta /fi'nitu, ta/ 形 有限の, 限界のある ▶ um mundo finito 有限な世界.
— **finito** 男 ❶ 有限. ❷ 《文法》定形動詞.

☆**fino, na** /'finu, na/ フィーノ, ナ/形 ❶ 薄い (↔ espesso) ▶ um livro fino 薄い本 / uma camada fina 薄い層.
❷ 細い (↔ grosso) ▶ A cintura dela é fina. 彼女のウェストは細い / cabelos finos 細い髪.
❸ 気品のある ▶ Aquela senhora é muito fina. あの女性はとても気品がある.
❹ 繊細な, 洗練された ▶ Ela tem um gosto muito fino. 彼女はとても洗練された趣味を持っている.
❺ 上等の, 高級な ▶ Meu amigo me deu um vinho fino. 私の友人は上等なワインをくれた / um restaurante fino 高級レストラン.

finta /'fita/ 女 《スポーツ》フェイント.

finura /fi'nura/ 女 ❶ 細さ, 薄さ. ❷ 繊細さ. ❸ 鋭敏さ. ❹ 上品さ.

☆**fio** /'fiu/ フィオ/男 ❶ 糸 ▶ fio de algodão 木綿糸 / fio de pesca 釣り糸 / fio dental デンタルフロス.
❷ 金属線, コード ▶ fio de cobre 銅線 / fio elétrico 電線 / fio terra アース線.
❸ 細い流れ, 一筋 ▶ um fio de luz 一筋の光 / um fio de cabelo 1本の髪の毛 / fios de ovos 鶏卵そうめん (ポルトガルから伝来した菓子).
❹ (糸でつらねた) 一さし ▶ um fio de pérolas 一連の真珠.
❺ 切れ味 ▶ A faca perdeu o fio. ナイフの切れ味が悪くなった.
a fio 連続して ▶ dias a fio 何日も続けて / estudar horas a fio 何時間も続けて勉強する.
bater um fio 電話する.
de fio a pavio 始めから終わりまで.
fio a fio 綿密に, 詳細に.
fio condutor 導きの糸, 糸口.
fio da história 伏線.
fio da meada 手掛かり, 糸口 ▶ achar o fio da meada 解決の糸口を見出す / perder o fio da meada 思考の筋道を失う, 頭が混乱する.
fio de Ariadne アリアドネの糸, 道しるべ, 手がかり.
no fio da navalha 危うい立場で.
por um fio 間一髪で, 危うく ▶ Ele escapou do desastre por um fio. 彼は間一髪で災難から逃れた.
sem fio 無線の, コードレスの ▶ rede sem fio 無線ネットワーク / telefone sem fio コードレス電話.

fique 活用 ⇒ fazer
fiquei 活用 ⇒ ficar
firma /'fixma/ 女 ❶ 署名, 署名印, 判, 印章.
❷ 会社, 企業, 商会.
❸ 《法》社名, 商号 ▶ firma comercial 社名.
firma fantasma B 幽霊企業.

firmamento /fixma'mẽtu/ 男 天空, 空.

firmar /fix'max/ 他 ❶ 強固にする, 固定させる ▶ Ele usou um calço para firmar o pé da mesa. テーブルの脚を固定させるために彼はくさびを用いた.
❷ 支える ▶ Ele firmou a cerca. 彼は塀を支えた.
❸ 確立させる ▶ Ele firmou sua posição no grupo. 彼はグループ内で自分の位置を確立させた.
❹ 締結する, 結ぶ ▶ Eles firmaram um novo convênio. 彼らは新たな協定を結んだ.
❺ 承認する, 設立する, 制定する ▶ A companhia firmou novas normas para o embarque. 会社は出荷に新たな規則を制定した.
❻ 録画する, 刻む.
❼ 支える ▶ Ela firmou a mão no corrimão. 彼女は手すりで手を支えた.
❽ …に基づかせる, 基礎を置かせる [+ em] ▶ Ele firmou seu raciocínio na lógica aristotélica. 彼は推理をアリストテレスの理論に依拠している.
— 自 (天気が) 安定する ▶ O tempo firmou. 天気が安定した.
— **firmar-se** 再 ❶ 固定する ▶ As árvores firmaram-se no solo. 木々は土壌に根付いた.
❷ 支えられる.
❸ 認められる ▶ O jovem firmou-se como repórter. 若者はレポーターとして確立した.
❹ 署名する ▶ Ele pegou do papel e firmou-se. 彼は紙を取り署名した.
❺ …に基づく [+ em] ▶ A defesa firmou-se nos bons antecedentes. 弁護はよい前例に基づいたものだった.

☆**firme** /'fixmi/ フィフミ/形 《男女同形》 ❶ 堅固な ▶ um colchão firme 固いマットレス / terra firme 陸地 / firme como uma rocha 岩のように堅固な.
❷ 安定した, 決まった ▶ Ela tem um trabalho firme. 彼女は安定した仕事を持っている / O mercado está firme. 市場は安定している / um namorado firme 決まったボーイフレンド.
❸ 確固とした, 固い, しっかりした ▶ Sua decisão era tão firme que ninguém conseguiu convencê-lo a desistir. 彼の決意は固かったので, 誰もあきらめるよう説得できなかった.
— 副 しっかりと, 堅固に ▶ segurar firme しっかりつかむ.

firmemente /,fixmi'mẽtʃi/ 副 しっかりと, きっぱりと.

firmeza /fix'meza/ 女 堅さ, 堅固, 毅然 ▶ firmeza de caráter しっかりした性格 / com firmeza 毅然と.

☆**fiscal** /fis'kaw/ フィスカウ/ 覆 fiscais] 形 《男女同形》 ❶ 税金の, 税務上の, 会計の ▶ reforma fiscal 税制改革 / fraude fiscal 脱税 / evasão fiscal 税金逃れ / obrigação fiscal 納税義務 / redução fiscal 減税 / ano fiscal 会計年度.
❷ 会計監査の ▶ conselho fiscal 会計監査会.

— [名] ❶ 税関係員.
❷ 監査役, 監督官 ▶ fiscal de um cassino カジノの監査役.
fiscal de linha〖サッカー〗[B] 線審.
fiscalização /fiskaliza'sẽw̃/ [複 fiscalizações] [女] 検査, 監査, 監督 ▶ fiscalização bancária 銀行監査.
fiscalizar /fiskali'zax/ [他] ❶ 検査する, 査察する.
❷ 監視する, 見張る ▶ fiscalizar o dinheiro público 公金の使い道を監視する.
fisco /'fisku/ [男] 国庫, 税務署 ▶ agentes do fisco 税務署員 / fugir ao fisco 脱税する / pagar ao fisco 国庫に支払う.

F

fisga /'fizga/ [女] ❶ (魚を突く) もり, やす. ❷ パチンコ.
fisgada /fiz'gada/ [女] ❶ もり (やす) で突くこと.
❷ 刺すような痛み.
fisgar /fiz'gax/ ⑪ [他] ❶ (魚を) 銛(もり)で突く ▶ fisgar um peixe 魚を銛で突く.
❷ 取り押さえる, 捕まえる ▶ O policiais fisgaram o assaltante. 警官は強盗を取り押さえた.
❸ [B] 魅了する, とりこにする ▶ Ela fisgou a primeiro moço que viu. 彼女は最初に見た若者をとりこにした.
❹ 察知する ▶ Ela fisgou logo as intenções do visitante. 彼女は来客の意図をすぐに察知した.
❺ 突き刺す, 打ち込む ▶ Ele fisgou a lança no peito do inimigo. 彼は敵の胸に槍を突き刺した.
❻ (伴侶を) 射止める ▶ Ela conseguiu fisgar um marido rico. 彼女は裕福な夫を射止めることができた.
física[1] /'fizika/ [女] 物理学 ▶ as leis da física 物理学の法則 / física atômica 原子物理学.
fisicamente /ˌfizika'mẽtʃi/ [副] ❶ 物質的に, 物理的に ▶ fisicamente impossível 物理的に不可能な. ❷ 肉体的に, 身体的に.
⁑**físico, ca**[2] /'fiziku, ka フィズィコ, カ/ [形] ❶ **自然の, 物質の** ▶ o mundo físico 物質界.
❷ **物理的な, 物理学の** ▶ fenômenos físicos 物理的現象.
❸ **身体の, 肉体的な**, 生理的な ; 肉欲の ▶ O estado físico é bom. 体調はよい / beleza física 肉体美 / educação física 体　育 / aparência física 容姿 / exercícios físicos 運動 / amor físico 性愛 / necessidades físicas 身体的欲求.
— [名] 物理学者 ▶ físico nuclear 核物理学者.
— **físico** [男] ❶ 身体的側面, 肉体 ▶ ter um bom físico 優れた肉体を有する. ❷ 体格, 容姿 ▶ um físico de atleta スポーツ選手並みの体.
fisiologia /fiziolo'ʒia/ [女] 生理学.
fisiológico, ca /fizio'lɔʒiku, ka/ [形] 生理学的な, 生理学上の ▶ necessidades fisiológicas 生理的欲求.
fisionomia /fiziono'mia/ [女] ❶ 顔立ち, 表情, 容貌(ようぼう), 人相. ❷ 様相, 外観 ▶ a fisionomia do mundo 世界の様相.
fisioterapeuta /fiziotera'pewta/ [名] 物理療法士.
fisioterapia /fiziotera'pia/ [女] 物理療法.
fissão /fi'sẽw̃/ [複 fissões] [女] 分裂 ▶ fissão nuclear 核分裂.
fissura /fi'sura/ [女] ❶ 裂け目, 亀裂. ❷〖医学〗裂, 裂溝 ▶ fissura anal 裂肛. ❸ [俗] 強い欲求 ▶ fissura por... …に対する強い欲求.
***fita**[1] /'fita フィータ/ [女] ❶ **リボン, バンド** ▶ Ela tem muitas fitas coloridas. 彼女はカラーリボンをたくさん持っている / fita de cabelo ヘアバンド.
❷ **テープ** ▶ fita magnética 磁気テープ / fita adesiva セロハンテープ, 粘着テープ / fita métrica 巻き尺 / fita de chegada ゴールテープ.
fazer fita 気を引く ▶ Não adianta fazer fita! 気を引こうとしても無駄である.
ficar bem na fita きちっと仕事をする.
fita azul ① ブルーリボン, 勝者の証. ② トーナメントやコンペの勝者.
fitar /fi'tax/ [他] ❶ 見つめる ▶ Ele fitava-a com admiração. 彼は彼女に憧れて見つめていた.
❷ …に集中する, 没頭する ▶ Ela fitava o passado com tristeza. 彼女は悲しんで過去に浸っていた.
❸ (動物が耳を) そばだてる.
— **fitar-se** [再] ❶ 見つめ合う ▶ Os namorados fitaram-se com ternura. 恋人たちは優しく見つめ合っていた.
❷ 自分の姿を見つめる ▶ A mulher fitava-se no espelho. 女性は鏡に見入っていた.
fito[1] /'fitu/ [男] ❶ 的, 標的. ❷ 目的 ▶ ter o fito de +[不定詞] …することを目的とする / com o fito de +[不定詞] …するつもりで, …することを意図して.
fito[2], **ta**[2] /'fitu, ta/ [形] (視線を) …に向けた, 耳をそばだてた ▶ Ele estava com os olhos fitos na menina. 彼は目を少女に向けていた / orelhas fitas 耳をそばだてて.
fivela /fi'vɛla/ [女] ❶ 留め金, バックル. ❷ [B] 髪留め.
fixação /fiksa'sẽw̃/ [複 fixações] [女] ❶ 固定, 据え付け, 定着 ▶ de fácil fixação 簡単に固定できる.
❷ 決定, 設定 ▶ fixação de preços 価格設定 / a fixação de uma data 日付の決定.
❸ 固着, 執着 ▶ ter fixação por... …に執着する, …が大好きだ.
fixamente /ˌfiksa'mẽtʃi/ [副] じっと ▶ olhar fixamente じっと見つめる.
⁑**fixar** /fik'sax フィクサーフ/ [他] ❶ **固定する, 据え付ける** ▶ fixar os quadros na parede 絵を壁にかける.
❷ **決める, 定める** ▶ fixar o preço 値段を決める / fixar as regras 規則を定める / Vamos fixar o local e a data. 時間と場所を決めましょう / fixar residência 住居を定める.
❸ **…を…に集中する** [+ em] ▶ fixar a atenção em... …に注意を集中する / fixar os olhos em... …を見つめる.
— **fixar-se** [再] ❶ 固定する, 固まる, 定着する.
❷ 定住する ▶ Ela fixou-se em Paris. 彼女はパリに定住した.
❸ (視線や注意が) …に向かう, 集まる, 集中する [+ em] ▶ Os seus olhos fixaram-se na fotografia. 彼の視線はその写真に注がれていた.
fixe /'fiʃə/ [P] [形]《男女同形》[話] 確実な, 信頼できる, 適切な ▶ Ela tem amigos fixes. 彼女には信頼できる友人たちがいる / Gosto desta cantora, é

fixe. この女性歌手が私は好きだ, とてもいい.
— 間 すてき, いいね, よし ▶ Fixe! Consegui boa nota em matemática. やった, 数学でよい点が取れた.

fixo, xa /'fiksu, ksa フィクソ, クサ/ 形 ❶ 取り付けた, 定着した, 固定した ▶ um armário fixo na parede 壁に取り付けた戸棚 / telefone fixo 固定電話 / um olhar fixo 凝視.
❷ 決まった, 定められた；安定した ▶ preços fixos 定価 / ideia fixa 固定観念 / ponto fixo 定点 / salário fixo 固定給 / despesas fixas 固定費 / emprego fixo 安定した仕事.

fiz 活用 ⇒ fazer
fizer 活用 ⇒ fazer
flacidez /flasi'des/ [複 flacidezes] 女 (肌や筋肉の) たるみ ▶ a flacidez da barriga 腹のたるみ.
flácido, da /'flasidu, da/ 形 張りのない, 締まりのない, たるんだ ▶ músculos flácidos たるんだ筋肉.
Fla-Flu /,fla'flu/ 男 フラメンゴ (Flamengo) 対フルミネンセ (Fluminense) 戦 (ブラジルサッカーの伝統的試合).
flagelação /flaʒela'sẽw/ [複 flagelações] 女 むち打ち.
flagelado, da /flaʒe'ladu, da/ 形 ❶ むち打たれた. ❷ 被災した.
— 名 ❶ むち打たれた人. ❷ 被災者.
flagelar /flaʒe'lax/ 他 むち打つ.
— **flagelar-se** 再 自らをむち打つ.
flagelo /fla'ʒɛlu/ 男 ❶ むち. ❷ むち打ち, 拷問. ❸ 災い, 災難. ❹〖生物〗鞭毛.
flagelo de Deus 神のむち, 天罰.
flagrante /fla'grẽtʃi/ 形〖男女同形〗❶ 現行犯の, 現場での ▶ flagrante delito 現行犯.
❷ 明らかな ▶ uma injustiça flagrante 明らかな不公正.
— 男 現行犯.
em flagrante (delito) 現行犯で, その場で ▶ apanhar um ladrão em flagrante 泥棒を現行犯で捕まえる / pegar em flagrante 現行犯で捕らえる, 悪事の現場を押さえる.
flagrar /fla'grax/ 自 燃える.
— 他 B 現行犯で逮捕する, その場で捕まえる.
flama /'flẽma/ 女 炎, 火炎.
flambar /flẽ'bax/ 他 フランベする.
flamejante /flame'ʒẽtʃi/ 形〖男女同形〗炎を上げる, 炎のように輝く.
flamejar /flame'ʒax/ 自 ❶ 燃え上がる. ❷ 輝く.
flamingo /fla'mĩgu/ 男〖鳥〗フラミンゴ.
flâmula /'flẽmula/ 女 三角形の小旗, ペナント.
flanco /'flẽku/ 男 ❶ (人や動物の) わき腹, 横腹. ❷ (物の) 側面, 横側.
de flanco 側面で, 側面から.
flanela /fla'nɛla/ 女 フランネル, フラノ ▶ uma camisa de flanela フランネルのシャツ.
flatulência /flatu'lẽsia/ 女 ❶〖医学〗腸内にガスがたまること, 鼓腸. ❷ うぬぼれ, 虚栄心.
flauta /'flawta/ 女 フルート ▶ flauta doce リコーダー.
levar na flauta 本気にしない, 真面目に取り合わない.
viver na flauta 遊んで暮らす.
flautista /flaw'tʃista/ 名 フルート奏者.
flecha /'flɛʃa/ 女 ❶ 矢 ▶ atirar uma flecha 矢を射る / flecha de Cupido キューピッドの矢. ❷ 矢印.
como uma flecha 矢のごとく, 全速力で ▶ subir como uma flecha 急上昇する
flertar /flex'tax/ 自 ❶ (異性と) 付き合う；言い寄る [+ com] ▶ Flertava com uma moça de sua escola. 彼は学校の女の子と付き合っていた / Era muito tímido, por isso não flertava. 彼はとても恥ずかしがり屋だったので, 女の子に言い寄ることはなかった.
❷ …にこびる [+ com] ▶ Visando a uma promoção, o empregado flertava com os chefes. その社員は出世しようと上司たちにおべっかを使っていた.
❸ …に手を出す, …をかじる [+ com] ▶ Há muitos anos, flertava com as ciências sociais. 何年も前, 彼は社会科学に少しばかり熱を上げていた.
flerte /'flɛxtʃi/ 男 戯れの恋, 情事.
fleuma /'flewma/ 女 冷静, 沈着.
fleumático, ca /flew'matʃiku, ka/ 形 ❶ 冷静な. ❷ 粘液質の ▶ temperamento fleumático 粘液質.
flexão /flek'sẽw/ [複 flexões] 女 ❶ 屈曲, 湾曲, 屈伸 ▶ flexão do joelho 膝の屈伸 / fazer flexão 腕立て伏せをする. ❷〖言語〗屈折, 語形変化.
flexibilidade /fleksibili'dadʒi/ 女 しなやかさ, 柔軟性.
flexibilização /fleksibiliza'sẽw/ [複 flexibilizações] 女 柔軟化, 弾力化 ▶ a flexibilização das normas trabalhistas 労働基準の弾力化.
flexibilizar /fleksibili'zax/ 他 柔軟にする, 弾力的にする ▶ flexibilizar o mercado de trabalho 労働市場を弾力的にする.
— **flexibilizar-se** 再 柔軟になる, 弾力的になる.
flexionar /fleksio'nax/ 他 ❶ (手足を) 曲げる ▶ flexionar o joelho ひざを曲げる. ❷〖文法〗屈折させる, 語形変化させる ▶ flexionar um verbo 動詞を人称変化させる.
— **flexionar-se** 再 ❶ 曲がる. ❷〖文法〗屈折する.
flexível /flek'sivew/ [複 flexíveis] 形〖男女同形〗❶ しなやかな, 柔軟な ▶ cabo flexível 柔軟なケーブル. ❷ 適応性のある, 融通の利く.
fliperama /flipe'rẽma/ 男 ❶ ピンボール. ❷ ゲームセンター.
floco /'flɔku/ 男 ❶ (雪, 雲, 泡などの) ふわふわした塊, 小片 ▶ flocos de neve 雪片. ❷ (羊毛などの) 房. ❸ (flocos) flocos de milho コーンフレーク / flocos de aveia オートミール.

flor /'flɔx フロール/ [複 flores] 女 ❶ 花 ▶ colher flores 花を摘む / dar flores 花を贈る / flores secas ドライフラワー / flor artificial 造花 / flores de laranjeira オレンジの花 / amendoeiras em flor 満開のアーモンドの木 / estar em flor 満開である, 花盛りである.
❷ 盛り, 盛時 ▶ estar na flor da idade 青春の真っ

盛りにいる / morrer na flor da idade あたら若い命を散らす.

❸ **花飾り, 花模様** ▶ vestido com flores 花柄のドレス / prato com flores 花柄の皿.

❹ 精華, 精髄, …の最良のもの ▶ a fina flor da sociedade 社交界の華 / flor de farinha (小麦の) 特上粉.

à flor de... …の表面ぎりぎりに, すれすれに ▶ com os nervos à flor da pele いらいらしながら / sensibilidade à flor da pele 表面的な感性.

não ser flor que se cheire 正直ではない, 疑わしい.

Nem tudo é flores. 人生は楽しいことばかりではない.

última flor do Lácio ポルトガル語.

flora /'flɔra/ [女] 植物相, 植物誌 ▶ flora brasileira ブラジルの植物相.

floração /flora'sɐ̃w̃/ [[複] florações] [女] 開花, 開花期.

floral /flo'raw/ [[複] florais] [形]《男女同形》花の ▶ arranjo floral フラワーアレンジメント.

florão /flo'rɐ̃w̃/ [[複] florões] [男] ❶ 花形装飾. ❷ 最も価値のあるもの, 白眉(はくび).

florear /flore'ax/ ⑩ [他] ❶ …を花で飾る ▶ Ela floreou o cabelo. 彼女は髪を花で飾った.

❷ 飾る, 装飾を施す ▶ florear o estilo 文体を飾り立てる / O autor tem uma caligrafia floreada. 作者の筆跡は装飾が多い.

❸ (剣を) 巧みに操る ▶ O atleta floreava a esgrima. その選手はフェンシングの剣を巧みに操っていた.

— [自] ❶ 開花する ▶ O campo está floreando. その野原は花盛りだ.

❷ 飾り立てる, 尾ひれをつける ▶ O escritor floreava. その作家は文飾を施していた / Ela gostava de florear quando contava segredos. 彼女は秘密を語る時に尾ひれをつけて話すのが好きだった.

florescente /flore'sẽtʃi/ [形]《男女同形》❶ 花盛りの. ❷ 繁栄した.

florescer /flore'sex/ ⑮ [自] ❶ 開花する. ❷ 繁栄する.

— [他] 開花させる, 花で覆う.

florescimento /floresi'mẽtu/ [男] 開花, 繁栄.

★★**floresta** /flo'rεsta フロレスタ/ [女] **森, 林, 森林** ▶ floresta tropical 熱帯林 / perder-se na floresta 森で道に迷う / proteção da floresta 森林保護 / destruição da floresta 森林破壊 / florestas virgens da Amazônia アマゾン原生林.

florestal /flores'taw/ [[複] florestais] [形]《男女同形》森林の.

florido, da /flo'ridu, da/ [形] 花の咲いている, 花で飾られた ▶ jardim florido 花が咲き乱れる庭.

florir /flo'rix/ ⑫ [自] ❶ 開花する. ❷ 栄える.

— [他] 開花させる, 花で覆う, 花で飾る.

florista /flo'rista/ [名] 花屋, 生花店.

flotilha /flo'tʃiʎa/ [女] 小艦隊.

flozô /flo'zo/ [男] ❶ [B] [俗] 見せかけ, 偽装.

❷ 空威張り, ほら吹き.

❸ 不精, 怠惰.

❹ デリケートで女性的な男性.

ficar de flozô だらだらと過ごす.

viver de flozô 怠惰に暮らす.

Flu /'flu/《略語》Fluminense Futebol Clube フルミネンセ・サッカー・クラブ.

fluência /flu'ẽsia/ [女] 流暢さ, 言葉のなめらかさ ▶ com fluência 流暢に.

fluente /flu'ẽtʃi/ [形]《男女同形》❶ 流れる. ❷ 流暢な ▶ fluente em português ポルトガル語に流暢な.

fluentemente /flu,ẽtʃi'mẽtʃi/ [副] 流暢に ▶ Ele fala japonês fluentemente. 彼は日本語を流暢に話す.

fluidez /flui'des/ [[複] fluidezes] [女] ❶ 流動性. ❷ 流暢さ, なめらかさ ▶ com fluidez 流暢に, 円滑に.

fluido, da /'fluidu, da/ [形] ❶ 流動性の, 流れやすい ▶ substância fluida 流体. ❷ 流暢な, なめらかな, 流麗な ▶ linguagem fluida 流麗な言葉遣い.

— **fluido** [男]〘物理〙流体 ▶ dinâmica dos fluidos 流体力学.

fluir /flu'ix/ ⑦ [自] ❶ 流れる, わき出る ▶ A água fluía da fonte. 水が泉から流れていた. ❷ (考えや言葉が) すらすら出る.

❸ …に由来する [+ de].

fluminense /flumi'nẽsi/ [形]《男女同形》❶ リオデジャネイロ州の ▶ O Maracanã, estádio de futebol fluminense, é o maior do mundo. リオデジャネイロのサッカースタジアム, マラカナンスタジアムは, 世界最大級だ.

❷ 川の.

❸ Fluminense Football Club フルミネンセ・サッカークラブ (ブラジルの強豪サッカークラブ).

— [名] リオデジャネイロ州の人.

flúor /'fluox/ [男]〘化学〙フッ素.

fluorescência /fluore'sẽsia/ [女] 蛍光.

fluorescente /fluore'sẽtʃi/ [形]《男女同形》蛍光を放つ, 蛍光性の ▶ lâmpada fluorescente 蛍光灯.

flutuação /flutua'sɐ̃w̃/ [[複] flutuações] [女] 変動, 変化, 動き ▶ a flutuação do dólar ドルの変動.

flutuante /flutu'ɐ̃tʃi/ [形] ❶ 浮動する, 波だった ▶ ponto flutuante 浮動小数点. ❷ 変動する ▶ câmbio flutuante 変動相場制.

flutuar /flutu'ax/ [自] ❶ 浮かぶ, 漂う ▶ As nuvens flutuam sobre aquela cidade. その町の上空を雲が漂っている.

❷ 動揺する, 迷う ▶ Ele flutuava entre o sonho e a realidade. 彼は夢と現実の間を行き来していた.

❸ (通貨などが) 変動する ▶ O dólar americano flutua entre R$1,50 e R$2,00. アメリカドルが1.5レアルから2レアルの間を変動する.

— [他] 翻らせる, なびかせる.

fluvial /fluvi'aw/ [[複] fluviais] [形]《男女同形》川の, 河川の ▶ transporte fluvial 河川輸送.

★**fluxo** /'fluksu フルクソ/ [男] **流れ, フロー** ▶ fluxo de ar 空気の流れ / O fluxo do trânsito está péssimo. 車の流れは最悪だ / fluxo de caixa キャッシュフロー / fluxo de trabalho ワークフロー / fluxo sanguíneo 血液の流れ.

fluxograma /flukso'grẽma/ [男] フローチャート, 流れ図.

FMI《略語》Fundo Monetário Internacional 国

folar

際通貨基金, IMF.

fobia /fo'bia/ 囡 恐怖症, 病的恐怖 ▶ fobia social 社交不安障害 / Tenho fobia de falar em público. 私は人前で話すのがとても怖い.

focagem /fo'kaʒẽj/ [複 focagens] 囡 ピントを合わせること.

focal /fo'kaw/ [複 focais] 形《男女同形》焦点の ▶ distância focal 焦点距離.

focalização /fokaliza'sẽw/ [複 focalizações] 囡 ピントを合わせること.

focalizar /fokali'zax/ 他 ❶ ピントを合わせる. ❷ …に焦点を絞る.

focar /fo'kax/ 自他 …にピントを合わせる.

focinheira /fosi'ɲejra/ 囡 (動物の) 口輪.

focinho /fo'siɲu/ 男 ❶ (動物の) 鼻面. ❷ 俗 人間の顔.

meter o focinho em... …に首を突っ込む.

*foco /'fɔku フォーコ/ 男 ❶ 焦点 ▶ o foco de uma lente レンズの焦点.
❷ 源, 中心 ▶ o foco de incêndio 火元 / o foco das investigações 捜査の焦点 / Não devemos desviar o foco da questão. 私たちは問題の中心から目をそらせてはいけない / foco de infecção 伝染病の発生地.
❸ foco de luz スポットライト.

estar em foco 注目の的になっている.
pôr algo em foco …に焦点を合わせる.

foder /fo'dex/ 自 卑 性交する.

fofo, fa /'fofu, fa/ 形 ❶ 柔らかい, ふかふかした, ふわふかの ▶ travesseiro fofo ふわふわの枕 / Não gostava nada do sofá, era demasiado fofo. ソファーが気に入らなかった. ふかふかすぎたから.
❷ ふっくらした, 膨らんだ ▶ pão fofo ふっくらしたパン.
❸ 高慢な, うぬぼれた.
❹ かわいい, 愛らしい ▶ Que gatinho mais fofo! なんてかわいい猫でしょう / Ela é fofa. 彼女ははかわいい.

— **fofo** 男 ふわふわした装飾.

fofoca /fo'fɔka/ 囡 囲 ❶ 中傷, 悪口. ❷ うわさ話, デマ, 風説 ▶ fazer fofoca うわさ話をする.

fofocar /fofo'kax/ 自 囲 ❶ 陰口をたたく, 悪口を言う.
❷ うわさ話をする, (他人の) 秘密をばらす ▶ A mulher fofocava com a vizinhança. 女は近所のうわさ話をしていた.

fofoqueiro, ra /fofo'kejru, ra/ 形 囲 うわさ好きな, 陰口をたたく, 悪口を言う ▶ uma vizinha fofoqueira うわさ好きな隣の女性.
— 名 囲 うわさ好きな人, 陰口をたたく人, 悪口を言う人.

fogão /fo'gẽw/ [複 fogões] 男 こんろ, レンジ ▶ fogão a gás ガスレンジ.

fogareiro /foga'rejru/ 男 こんろ.

fogaréu /foga'rɛu/ 男 たいまつ.

foge 活用 ⇒ fugir

*fogo /'fogu フォーゴ/ 男 ❶ 火, 炎 ▶ fazer fogo 火をおこす / pegar fogo 火がつく / botar [pôr] fogo em... …に火をつける / apagar o fogo 火を消す / O fogo apagou-se. 火が消えた / colocar a chaleira no fogo やかんを火にかける / cozinhar em fogo brando 弱火で料理する / em fogo alto 強火で / brincar com o fogo 火遊びをする / Onde fogo não há, fumaça não se levanta. 諺 火のないところに煙は立たない.
❷ 火事, 火災 ▶ Fogo! 火事だ / fogo florestal 山火事.
❸ 熱意, 情熱 ▶ o fogo da paixão 情熱の炎.
❹ 発砲, 砲火 ▶ Fogo! 撃て / fazer fogo 発砲する / sob fogo cerrado 集中砲火を浴びて / fogo cruzado 四方八方からの一斉射撃 / fogo amigo 同士討ち, 誤射 / abrir fogo 射撃を開始する / poder de fogo 攻撃力, 武力.
❺ 《fogos》花火 (= fogos de artifício) ▶ fogo de bengala ベンガル花火 / soltar fogos de artifício 花火をする, 花火を打ち上げる.
❻ かまど; 家庭, 住居 ▶ uma povoação com cerca de 600 fogos 約600戸の集落.

a fogo lento ① 弱火でとろとろと. ② 急がずゆっくりと.
botar fogo na fogueira 煽動する.
com fogo no rabo お尻に火がついて.
cortar o fogo 延焼を食い止める.
dar fogo (たばこの) 火を貸す.
estar de fogo 酔っている.
pôr a mão no fogo por alguém …の人柄を保証する, …を信頼する.
negar fogo ① 失敗する. ② やる気をなくす.
ser fogo ひどい; すばらしい.

fogo-fátuo /ˌfogu'fatuu/ [複 fogos-fátuos] 男 ❶ 鬼火, 狐火. ❷ はかない栄光.

fogoso, sa /fo'gozu, 'gɔza/ 形 ❶ 燃えている. ❷ 熱情的な, 血気盛んな.

fogueira /fo'gejra/ 囡 たき火, 火 ▶ fazer uma fogueira たき火をする.

pular uma fogueira 困難を乗り越える.

foguete /fo'getʃi/ 男 ❶ 打ち上げ花火 ▶ deitar [lançar] foguete 花火を打ち上げる.
❷ ロケット, ロケットエンジン ▶ foguete de lançamento 打ち上げロケット.
❸ 囲 活発な人, 元気な人, 落ち着きのない人; 浮気な殿 ▶ Esse menino é um foguete. その男の子は元気だ.
❹ 叱責, 非難 ▶ pregar um foguete 叱責する.

como um foguete 全速力で.
correr a foguetes つまらないことに夢中になる.
deitar foguetes お祝いする.
soltar foguetes 大喜びしてはしゃぐ.
soltar os foguetes antes da festa ぬか喜びする.

fogueteiro /foge'tejru/ 男 花火職人.

meter-se a fogueteiro わからないことに手を出して失敗する.

foi 活用 ⇒ ir, ser

foice /'fojsi/ 囡 鎌, 大鎌 ▶ foice e martelo 鎌とハンマー (農民と労働者の団結を表すシンボル).

meter a foice em seara alheia 他人のことに口出しする.

folar /fo'lax/ [複 folares] 男 ❶ 復活祭のケーキ.
❷ 復活祭に名付け親が名付け子に贈るプレゼント.

❸ [P] 結婚式で新郎新婦に送られるケーキ.

folclore /fow'klɔri/ [男]《英語》民間伝承；民俗学, フォークロア.

folclórico, ca /fow'klɔriku, ka/ [形] 民俗の, 民間伝承の, 民俗学の ▶arte folclórica 民俗芸術 / canção folclórica 民謡.

fôlego /'folegu/ [男] ❶ 呼吸 ▶perder o fôlego 呼吸しなくなる.
❷ 息, 息吹 ▶Ele não tem fôlego para mergulhar por muito tempo. 彼は長く潜るには息が続かない.
❸ 活力, 元気, 根気 ▶A indústria retomou o fôlego este ano. 産業は今年息を吹き返した.
❹ 重要性 ▶de fôlego 重要な.
❺ 休息時間.
dar folga 休息を与える, 休ませる.
de tirar o fôlego 息を呑むような.
de um (só) fôlego 一気に, 一息に.
fôlego vivo 人.
obra de fôlego 根気のいる仕事.
perder o fôlego 力をなくす, 息が切れる.
prender o fôlego [B] 息を止める, 呼吸困難を起こす.
sem fôlego 息を切らした ▶ficar sem fôlego 息が切れる / estar sem fôlego 息が苦しい.
ter fôlego de gato 丈夫である, 頑丈である
ter sete fôlegos 不死身である.
tomar fôlego 一息つく.

folga /'fɔwga/ [女] ❶ 休息, 休み ▶ter uma folga 休む / estar de folga 休みである / um dia de folga 1日の休暇 / uma semana de folga 1週間の休暇 / ter [tirar] um dia de folga 1日の休暇を取る / no meu dia de folga 私の休みの日に / dar folga 休みを与える.
❷ ゆとり, 余裕 ▶uma calça com folga na cintura ウエストにゆとりのあるズボン.
❸ 豊かさ, 裕福 ▶A família vive com folga. その家族は裕福に暮らした.
❹ [B] [俗] 非礼, ずうずうしさ ▶É muita folga sua entrar sem pedir licença. 許可を得ずに入るとは非常に失礼なことです / Que folga! なんてずうずうしい.
❺ [P] 昼寝, 午睡.

folgado, da /fow'gadu, da/ [形] ❶ 休暇をとった, 休みの, 余暇の ▶Hoje estou folgado. 今日私は休みだ.
❷ (衣服などが) 余裕のある, ゆったりした ▶sapato folgado ゆとりのある靴.
❸ くつろいだ, 楽な ▶levar uma vida folgada 気楽な生活を送る.
❹ [B] 非礼な, ずうずうしい.
❺ [B] (義務や責務から) 逃れた.
— [名] [B] 図々しい人；務めをさぼる人.
ser um folgado 努力せずとも楽ができる.

folgar /fow'gax/ ⑪ [他] ❶ 休ませる ▶Ele folgou as pernas depois da subida. 彼は上り坂のあと脚を休めた.
❷ 広げる, 緩める ▶folgar uma saia スカートを緩める.
❸ 解放する.
❹ …に参加しない.
— [自] ❶ 休む, 休暇を取る ▶Eles folgam uma vez por semana. 彼らは週に1回休みを取る.
❷ 楽しむ ▶Folgamos até tarde da noite. 我々は夜遅くまで楽しんだ.
❸ …で喜ぶ [+em/com/de/por] ▶Folgo em vê-la com saúde. 彼女が健康なことに喜ぶ.
❹ 安心する, 安堵する ▶Ele folgou quando seu time chegou ao empate. 彼は自分のチームが引き分けて安堵した.
❺ 楽になる, 解放される ▶Em trajes esportivos, o corpo folgava. スポーツウェアを着て身体が楽になった.

folgazão, zona /fowga'zɐ̃w̃, 'zõna/ [[複] folgazãos または folgazões, zonas] [形] ❶ 遊び好きの.
❷ 陽気な, 楽しい.
❸ 怠け者の, 怠惰な.
❹ [B] 女好きの.
— [名] ❶ 遊び好きの人.
❷ 陽気な人, 楽しい人.
❸ 怠け者, 怠惰な人.
❹ [B] 女たらし.

*****folha** /'foʎa フォーリャ/ [女] ❶ **葉** ▶as folhas das árvores 木々の葉 / folhas mortas 枯れ葉 / folha de oliveira オリーブの葉 / folhas de chá 茶葉.
❷ **紙片, 用紙** ▶uma folha de papel 1枚の紙 / uma folha de tamanho A4 A4サイズの紙1枚 / numa folha separada 別の用紙に / folha de alumínio アルミホイル / folha de cálculo 表計算 / folha de pagamento 給与明細 / folha volante 別刷り, 抜き刷り / folha de rosto (書籍の) 扉ページ.
❸ **ページ** ▶virar a folha ページをめくる, 話題を変える.
a folhas tantas ある段階で, ある時点で；突然, だしぬけに.
folha corrida 無犯罪証明書.
novo em folha 新品の, 未使用の ▶um carro novo em folha 新車.
virar a folha 話題を変える.

folhado, da /fo'ʎadu, da/ [形] ❶ 葉の茂った. ❷ 葉の形をした.
— **folhado** [男] パイ ▶folhado de frango チキンパイ.

folhagem /fo'ʎaʒẽj̃/ [[複] folhagens] [女]《集合的に》葉の茂み, 枝葉.

folha-seca /ˌfoʎa'seka/ [[複] folhas-secas] [女] [B] ❶〚サッカー〛大きく曲がるシュート. ❷ 蝶の一種.

folhear /foʎe'ax/ ⑩ [他] …のページをめくる, …をざっと読む ▶folhear um livro 本のページをめくる.

folhetim /foʎe'tĩ/ [[複] folhetins] [男] 別刷りの新聞文芸欄.

folheto /fo'ʎetu/ [男] 小冊子, パンフレット ▶folheto de instruções 使用手引き.

folhinha /fo'ʎiɲa/ [女] カレンダー, 暦.

folia /fo'lia/ [女] ❶ どんちゃん騒ぎ, お祭り騒ぎ, 歓楽 ▶Ele andou na folia até tarde e não conseguiu levantar cedo. 彼は夜遅まで遊んでいたので朝早く起きることができなかった.

fora

folião, liona /foli'ẽw, li'ona/ [複 foliões] 形 浮かれ騒ぐ, ひょうきんな.
— 名 ❶ 道化師, ひょうきん者.
❷ お祭り好きの人.
❸ Ⓑ カーニバルではしゃぐ人.

fome /'fõmi フォーミ/ 女 ❶ 飢え, 飢餓, 飢饉 ▶ combater a fome 飢餓を撲滅する / fazer greve de fome ハンガーストライキをする / a fome na África アフリカの飢饉.
❷ 空腹 ▶ ter fome = estar com fome 空腹である / ficar com fome 空腹になる / sentir fome 空腹を感じる / Estou com muita fome. 私はとてもお腹がすいた / estar sem fome 空腹ではない / enganar a fome 空腹を紛らわす / matar a fome 空腹を満たす / passar fome 飢える / Só de pensar já me deu fome. 考えただけでおなかがすいた.
❸ …に対する渇望 ▶ fome de conhecimento 知識欲 / fome de poder 権力欲.

morrer de fome ① 餓死する. ② 腹が減って死にそうだ ▶ Estou morrendo de fome! 私はお腹がすいて死にそうだ.

fomentar /fomẽ'tax/ 他 ❶ 促進する, 奨励する ▶ fomentar o desenvolvimento econômico 経済発展を促進する. ❷ 扇動する ▶ fomentar o ódio 憎しみをあおる. ❸ 温湿布する.

fomento /fo'mẽtu/ 男 ❶ 促進, 奨励, 振興 ▶ fomento econômico 経済促進 / fomento do turismo 観光の振興. ❷ 湿布.

fominha /fo'mĩɲa/ 形《男女同形》形 Ⓑ ❶ 欲張りな, けちな.
❷ …が好きな, 夢中になった ▶ uma turma fominha de cinema 映画好きのクラス.
— 名 Ⓑ 守銭奴, どけち, 欲張り.

fone /'fõni/ 男 受話器 ▶ fone de ouvido ヘッドフォン, イヤフォン.

fonética[1] /fo'nɛtʃika/ 女 音声学.

fonético, ca[2] /fo'nɛtʃiku, ka/ 形 音声の, 音声学の ▶ alfabeto fonético 音標文字, 発音記号.

fonologia /fonolo'ʒia/ 女 音韻論.

fonte /'fõtʃi フォンチ/ 女 ❶ 泉, わき水 ▶ fonte da juventude 若返りの泉 / fonte termal 温泉.
❷ 噴水.
❸ 原因, 起源 ▶ O filho é uma fonte de preocupações para os pais. 息子は両親にとって心配の種だ / fonte de renda 収入源 / uma fonte de inspiração ひらめきのもと / fonte de calor 熱源 / fonte de alimentação 電源 / tributado na fonte 源泉徴収された.
❹ 情報源, 消息筋 ▶ fonte de informações 情報源 / fontes próximas do governo 政府に近い筋 / de fonte fidedigna 信頼できる筋 / segundo fontes confiáveis 確かな筋によれば / de fonte segura 確かな筋から [で] / de fonte limpa 確実な筋で.
❺ 原典, 原史料 ▶ fontes históricas 史料 / fonte documental 原典文書 / consultar as fontes 原典にあたる.
❻《解剖》側頭, こめかみ.
❼《情報》フォント.

footing /'futʃiŋ/ 男 ジョギング ▶ fazer footing ジョギングする.

for [活用] ⇒ ir, ser

fora[1] /'fɔra フォーラ/ 副 ❶ 外で, 外部で (↔ dentro) ▶ Lá fora já estava escuro. 外はもう暗かった / olhar para fora através da janela 窓から外を見る.
❷ 家の外で ▶ comer fora 外食する / dormir fora 外泊する / Infelizmente ela está fora. あいにく彼女は外出中です.
❸ 外国で ▶ estar fora 外国にいる / estudar fora 海外留学する.
❹《スポーツ》アウェイで.
— 前 …を除いて, 別にして.
— 間 出て行け, うせろ, 帰れ ▶ Fora daqui! ここから出て行け.
— 男 ❶ 失敗, へま ▶ dar um fora へまをする, ドジを踏む. ❷ 拒絶, (恋人を) 振ること ▶ dar um fora em alguém …を振る, 袖にする / levar um fora 振られる, 振られる.

dar o fora 成 ① 立ち去る, 逃げる ▶ Dê o fora! 出て行け. ② 恋人を振る.

dar um por fora ① チップを与える. ② 贈賄する.

de fora ① 外部から, 外から ▶ o Brasil visto de fora 外から見たブラジル. ② …を出して, 見せて ▶ com a barriga de fora おなかを見せて.

de fora a fora 端から端まで, 一面にわたって.

deixar de fora 排除する, 仲間はずれにする, 蚊帳の外に置く.

do lado de fora 外に ▶ deixar do lado de fora 外に出しておく.

estar fora ① 外出している, よそにいる. ② 参加しない, 加わらない ▶ Estou fora! 私は参加しません / estar fora da Copa do Mundo ワールドカップに出場しない.

estar por fora 知らされていない, 蚊帳の外に置かれている.

ficar de fora 外にいる; 知らされない, 蚊帳の外に置かれる.

ficar por fora 知らされない.

fora de... ① …の外で ▶ viver fora do país 国外で暮らす / Minha mãe está fora de casa. 母は外出中だ. ② …に関係なく, …から離れて, はずれて ▶ fora do contexto 文脈から離れて / fora da estação 季節はずれ / Isso está fora de minha jurisdição. それは私の権限外だ / fora de perigo 危険を脱した / fora de dúvida 疑いの余地がない, 明白である.

fora de si 我を忘れて.

lá fora 外は ▶ Está quente lá fora. 外は暑い.

para fora 外に, 外側に ▶ pôr a língua para fora 舌を出す / ir para fora 外に出る, 外出する / ir para fora do Brasil ブラジルの外に出る.

por fora ① 外側は, 外は ▶ uma pessoa linda por fora e mais ainda por dentro 外見が美しく, 内面はさらに美しい人. ② チップ, 賄賂.

fora

fora[2] 活用 ⇒ ir, ser
fora da lei /ˌfɔradaˈlej/《不変》形 名 アウトローの (人), 無法の (人).
fora de jogo /ˌfɔradəˈʒogu/ 男《単複同形》P《サッカー》オフサイド
foragido, da /foraˈʒidu, da/ 形 逃亡した, 潜伏中の ▶ réu foragido 逃亡被告人.
— 名 逃亡者, 潜伏者.
forasteiro, ra /forasˈtejru, ra/ 形 よその土地の, 外部の.
— 名 よそ者.
forca /ˈfoxka/ 女 絞首台, 絞首刑.

***força** /ˈfoxsa/ フォフサ/ 女 ❶ 力, 体力; 気力, 能力 ▶ força física 体力 / força muscular 筋力 / força centrífuga 遠心力 / força centrípeta 求心力 / força de vontade 意志力 / força de ânimo 精神力, 気力 / força vital 生命力 / força da natureza 自然の猛威 / força de trabalho 労働力 / unir as forças 力を合わせる / Eu não tenho forças para lutar. 私には戦う力がない.
❷ 暴力, 強制 ▶ recorrer à força 暴力に訴える / ceder à força 暴力に屈する / usar a força para restaurar a ordem 秩序を回復するために実力を行使する / força bruta 暴力, 横暴さ, 野蛮さ.
❸ 勢力, 武力;《forças》軍隊, 部隊 ▶ força pública 軍警察 / forças armadas 軍事力, 三軍 / força aérea 空軍 / força de dissuasão 核抑止力.
à força 力ずくで, 強制的に ▶ Levei meu filho ao hospital à força. 息子を力づくで病院に連れて行った
à força de... …のおかげで, …した結果 ▶ À força de muito trabalho, ele conseguiu subir de posto. 必死に働いた結果, 彼は昇進に成功した.
a toda força 全力で.
à viva força 力づくで.
com força 力いっぱい, 思いっきり.
com toda a força 全力で ▶ Eu corri com toda a força. 私は全力で走った.
Como vai essa força? 元気ですか.
dar força a... …を支援する, 自信を持たせる ▶ Esta vitória deu força à equipe. この勝利はチームに自信を与えた.
dar uma força 力になる.
de força 権威ある.
de primeira força 一流の.
desta força この大きさの, このような.
fazer força 全力を尽くす ▶ Ele fez força para passar no exame. 彼は試験に合格するために全力を尽くした.
força de expressão 誇張, 言いすぎ.
força hercúlea 怪力.
força maior 不可抗力 ▶ por força maior 不可抗力により.
por força 強制的に, 不可避的に.
por força da idade 年齢のために.
por força das circunstâncias 状況に流されて, 事の勢いで.
por força do hábito 惰性で, 習慣で.
ter força 力がある.
ter força de lei 法律同等の力がある, 強制力がある.

forçadamente /foxˌsadaˈmetʃi/ 副 強制的に, 強引に, 力ずくで.
forcado /foxˈkadu/ 男 ❶ 熊手, フォーク. ❷ 熊手一すくい分の牧草などの量. ❸ P 牛を素手で抑え込む役の闘牛士, フォルカード
forçado, da /foxˈsadu, da/ 形 ❶《forçado a + 不定詞》…せざるを得ない ▶ Ele foi forçado a pedir desculpas. 彼は赦しを乞わざるを得なかった.
❷ 強制された, 不可抗力の ▶ pouso forçado 不時着 / trabalho forçado 強制労働.
❸ 見せかけの, 不自然な ▶ sorriso forçado 作り笑い.

forçar /foxˈsax フォフサーフ/ ⑬ 他 ❶ …を無理やり開ける, (障害などを) 突破する ▶ forçar a porta 扉をこじ開ける / forçar os limites 限界を超える.
❷ 強いる, 強制する, 強要する ▶ forçar o silêncio 沈黙を強いる / forçar uma resposta 返事を強要する / forçar uma confissão 告白を強いる / forçar um sorriso ぎこちなく笑う.
❸《forçar alguém a + 不定詞》…に無理に…させる ▶ forçar a criança a comer 子供に無理に食べさせる.
❹ …に無理をさせる, …の限度を越す ▶ forçar o motor エンジンに負担をかける / forçar a voz 声を出しすぎる.
— **forçar-se** 再《forçar-se a + 不定詞》無理に…する ▶ forçar-se a comer 無理して食べる.

força-tarefa /ˌfoxsataˈrefa/ [複 forças-tarefa(s)] 女 タスクフォース, 特別専門委員会, 機動部隊 ▶ O presidente organizou uma força-tarefa. 大統領は特別調査班を組織した.
fórceps /ˈfoxsepis/ 男《単複同形》《医学》鉗子(かんし), ピンセット.
forçosamente /foxˌsozaˈmetʃi/ 副 力ずくで, 無理矢理; 必然的に.
forçoso, sa /foxˈsozu, ˈsɔza/ 形 必然的な, やむを得ない ▶ É forçoso reconhecer que o governo tem muitos méritos. 政府に数多くの功績があることを認めるのは当然だ.
forense /foˈrẽsi/ 形《男女同形》法廷の, 裁判の, 司法の ▶ medicina forense 法医学.
forja /ˈfɔxʒa/ 女 鍛冶場, 鍛造工場.
estar na forja 準備中である.
forjar /foxˈʒax/ 他 ❶ (金属を) 鍛える, 鍛造する.
❷ 作り出す, でっち上げる ▶ forjar um álibi アリバイをでっち上げる

***forma** /ˈfɔxma フォフマ/ 女 ❶ 形, 形状; 形態, 形式; 語形 ▶ a forma de um objeto 物体の形 / de forma irregular 不規則な形の / em forma de cruz 十字架の形の / forma de governo 統治形態 / uma nova forma do vírus da gripe インフルエンザウイルスの新しい型 / forma de arte 芸術形式 / forma plural 複数形.
❷ 方法 ▶ forma de pagamento 支払い方法 / de forma diferente 別の方法で / de forma correta 正しい方法で / da mesma forma 同じように, 同様に / de certa forma ある意味では / de qualquer forma とにかく, 何とか / interpretar de forma favorável 善意に解釈する / Dessa forma é ainda

melhor. そのほうがなおよい.
❸ **体調**, 好調 ▶ estar em forma 体調がよい / Esse jogador de futebol está em boa forma. そのサッカー選手はとても好調だ / Ele está em ótima forma. 彼は絶好調である / estar em plena forma 元気いっぱいである, 絶好調である / Esse jogador de futebol está fora de forma ultimamente. そのサッカー選手は最近不調だ.
❹ **体型**, スタイル ▶ ficar [entrar] em forma 体型を整える / manter a forma 体型を保つ.
❺ (ケーキなどを焼くための) 型 ([注] この意味ではfôrma の綴りもある) ▶ forma de bolo ケーキの型.
de forma a +[不定詞] …するために.
de forma alguma 決して…ない, 全然…ない.
de forma que +[直説法] その結果…である.
de forma que +[接続法] …であるために ▶ de forma que ninguém tenha nenhuma reclamação 誰からも何の文句がないように.
em devida forma 正式に, しかるべき形式で.
em forma ① 正式に, しかるべき形式で. ② 元気で, よい体調で. ③ 整列して ▶ Em forma! 《掛け声》整列.

fôrma /'foxma/ [女] (forma の綴りもある) ❶ (製パンや菓子作りの) 型 ▶ fôrma de pudim プリンの型 / pão de fôrma 食パン.
❷ 靴の木型, 帽子の型.
❸ 女性の帽子の骨組み.
❹ 砂糖を精製する器.
❺ 〖印刷〗活字箱.
❻ 性格, 性質.
ser a fôrma para o pé de... …のためにピッタリである, …に最適である.

⁑**formação** /foxma'sẽw̃ フォフマサォン/ [[複] formações] [女] ❶ **形成**, **構成** ▶ formação do gabinete 組閣 / formação do caráter 人格形成.
❷ **教育**, **訓練**, 教養 ▶ formação cristã キリスト教教育 / formação profissional 職業訓練.
❸ 隊列, 陣形 ▶ O professor corrigiu a formação dos alunos. 教師は生徒たちの列を修正した.

formado, da /fox'madu, da/ [形] ❶ 構成された.
❷ 大人の, 成人の. ❸ 高等 [中等] 教育を受けた ▶ Ela é formada em direito pela Universidade de São Paulo. 彼女はサンパウロ大学法学部卒だ.

formador, dora /foxma'dox, 'dora/ [[複]formadores, doras] [形] [名] 形成する (人) ▶ formador de mercado 値決め業者, マーケットメーカー.

*__formal__ /fox'maw フォフマゥ/ [[複] formais] [形] 《男女同形》❶ **形式の**; **形式的な**, 形式だけの ▶ lógica formal 形式論理学 / Ele apenas fez um convite meramente formal. 彼はただ形式的に誘っただけである.
❷ **公式な**, **正式な**, フォーマルな ▶ um pronunciamento formal 公式発表 / educação formal 正式な教育 / roupa formal フォーマルな服.
formal de partilha 遺産分割証明書.

formalidade /foxmali'dadʒi/ [女] ❶ 正規の手続き ▶ formalidades legais 法的手続き. ❷ 形だけの行為, 儀礼, エチケット.
por formalidade 手続き上, 形式上.

formalismo /foxma'lizmu/ [男] 形式主義, フォルマリズム ▶ formalismo russo ロシアフォルマリズム.

formalizar /foxmali'zax/ [他] 正式なものにする, 具体化する ▶ formalizar o contrato 本契約を結ぶ / O clube formalizou uma proposta pelo jogador. クラブは選手からの提案を実行した.
— **formalizar-se** [再] 正式に認められる ▶ O comerciante clandestino não conseguiu se formalizar. その闇商人は正式なものと認められることはできなかった.

formalmente /fox,maw'mẽtʃi/ [副] ❶ 正式に, 公式に. ❷ 明確に, はっきりと.

formando, da /fox'mẽdu, da/ [名] 卒業間近の学生.

formão /fox'mẽw̃/ [[複] formões] [男] 〖道具〗のみ.

⁂**formar** /fox'max フォフマーフ/ [他] ❶ **形成する**, **形作る** ▶ formar um triângulo 三角形を作る.
❷ **構成する**, **組織する** ▶ formar um grupo グループを作る / formar um comitê 委員会を組織する / formar um todo 一体を成す.
❸ (考えや感情を) 抱く, 思いつく ▶ formar uma opinião 意見を持つ / Eu já tenho opinião formada. 私はもうまとまった意見を持っている / formar um projeto 計画を立てる.
❹ **教育する**, **養成する** ▶ formar engenheiros エンジニアを養成する / formar o espírito 精神をはぐくむ.
— [自] 整列する, 並ぶ ▶ Formar! 《号令》整列.
— **formar-se** [再] ❶ 形成される ▶ A personalidade se forma através do convívio com as pessoas. 人格は人との交流によって形成される.
❷ …を卒業する [+ em] ▶ Eu me formei em economia e trabalho num banco. 私は経済学部を卒業し, 銀行に勤めている.

formatação /foxmata'sẽw̃/ [[複] formatações] [女] 初期化, フォーマット.

formatar /foxma'tax/ [他] 初期化する, フォーマットする ▶ formatar um disco rígido ハードディスクをフォーマットする.

formato /fox'matu/ [男] (書籍や紙などの) 判型, サイズ, フォーマット ▶ formato A4 A 4 サイズ / grande formato 大 判 / formato internacional 国際フォーマット.

formatura /foxma'tura/ [女] 卒業, 卒業式 ▶ festa de formatura 卒業パーティー / anel de formatura 卒業記念指輪 / formatura em direito 法学部卒業.

formidável /foxmi'davew/ [[複] formidáveis] [形] 《男女同形》❶ すばらしい.
❷ 巨大な, 途方もない.

formiga /fox'miga/ [女] ❶ 〖昆虫〗アリ. ❷ 働き者の倹約家.
como formigas たくさんに, うようよと.

formigar /foxmi'gax/ ⑪ [自] ❶ うようよいる, 群がる, たくさんある.
❷ …でいっぱいである, …に満ちている [+ de] ▶ A praça formigava de gente durante a noite. 広場は夜通し人であふれていた.
❸ むずむずする ▶ O paciente sentiu o braço formigar. 患者は腕がむずむずすると感じた.

formigueiro 442

formigueiro /foxmi'gejru/ 男 ❶ アリの巣, 蟻塚. ❷ 人の密集したところ ▶ formigueiro humano 人口密集地.
sentar num formigueiro そわそわする.

formol /fox'mɔw/ [複 formóis] 男【化学】ホルマリン.

formoso, sa /fox'mozu, 'mɔza/ 形 ❶ 美しい ▶ uma mulher formosa 麗しい女性.
❷ 楽しい, 心地よい ▶ um formoso entardecer 心地よい夕暮れ.
❸ 調和のとれた ▶ canção formosa 調和のとれた歌.
❹ 完璧な, 完全な, 純粋な, 高貴な ▶ alma formosa 高貴な魂.
❺ すばらしい, 見事な ▶ um formoso exemplo de caridade 思いやりの見事な例.

formosura /foxmo'zura/ 女 ❶ 美しさ ▶ Esta cativa de grande formosura chamava-se Fátima. この非常に美しい囚われの女性はファティマといった.
❷ すばらしさ, 完璧さ, 卓越 ▶ Ela maravilhava-se com a formosura das joias. 彼女は宝石のすばらしさに魅了されていた.
❸ 高貴さ, 純粋さ ▶ formosura da alma 魂の純粋さ.
❹ 美しい人 (物) ▶ Ela era uma formosura. 彼女は美しい人だ.

☆**fórmula** /'fɔxmula/ 女 ❶ 決まり文句, 定型表現 ▶ fórmula de cortesia あいさつの決まり文句.
❷ 化学式, 公式 ▶ fórmula química 化学式 / Podem resolver o problema por esta fórmula. この公式によって問題を解くことができる.
❸ 方策, 解決策 ▶ fórmula de beleza 美人になる方法 / fórmula do sucesso 成功の秘訣.
❹ Fórmula 1 フォーミュラワン.
fórmula mágica 魔法の言葉.

formulação /foxmula'sẽw/ [複 formulações] 女 ❶ 公式化, 定式化. ❷ 表明, 陳述.

*formular /foxmu'lax/ 他 ❶ (公式文書などを) 作成する ▶ formular uma lei 法律を作成する.
❷ 表明する, 述べる, 表現する ▶ formular uma opinião 意見を表明する / formular uma teoria 理論を打ち立てる / formular uma hipótese 仮説を立てる / formular um diagnóstico 診断を下す.
❸ (薬を) 処方する.
— **formular-se** 再 (考えなどが) 表明される, 述べられる.

formulário /foxmu'lariu/ 男 (所定の) 申込用紙 ▶ preencher um formulário 申込用紙に記入する.

fornada /fox'nada/ 女 一かまぶんの量 ▶ uma fornada de pão 一かまのパン.

fornalha /fox'naʎa/ 女 かまど, 炉; 暑いところ.

fornecedor, dora /foxnese'dox, 'dora/ [複 fornecedores, doras] 形 供給する ▶ país fornecedor 供給国.
— **fornecedor** 男 供給業者 ▶ fornecedor de matéria-prima 原料の供給業者.

☆**fornecer** /foxne'sex/ フォフネセーフ/⑮ 他 ❶ (fornecer algo a alguém) …を…に提供する, 与える ▶ fornecer dados ao governo データを政府に提供する.
❷ 供給する ▶ fornecer petróleo 石油を供給する.
— **fornecer-se** 再 …を調達する [+ de].

fornecimento /foxnesi'mẽtu/ 男 供給, 支給 ▶ fornecimento de água 水の供給 / cadeia de fornecimento サプライチェーン.

fornicação /foxnika'sẽw/ [複 fornicações] 女 肉体関係.

fornicar /foxni'kax/ ⑳ 自 肉体関係を持つ.
— 他 …と肉体関係を持つ.

☆**forno** /'foxnu/ フォフノ/男 ❶ オーブン, 天火 ▶ acender um forno オーブンに火を入れる / um bolo assado no forno オーブンで焼いたケーキ / forno de micro-ondas 電子レンジ.
❷ 窯, 炉, 溶鉱炉 ▶ alto-forno 高炉.
❸ 非常に暑い場所 ▶ Esta casa é um forno no verão. この家は夏には蒸し風呂状態になる.
acabar de sair do forno できたてほやほやである.
de forno e fogão 料理が得意な.
estar no forno 今準備中である, もうすぐ完了する.

foro¹ /'fɔru/ 男 公開討論会, フォーラム.
foro² /'foru/ 男 ❶ 法廷. ❷ (foros) 特権, 特典.
foro íntimo 良心 (の 裁き) ▶ uma decisão de foro íntimo 良心の決定.

forquilha /fox'kiʎa/ 女 ❶ (農業用の) フォーク. ❷ (自転車の) フォーク.

forra /'fɔxa/ 女 Ⓑ 復讐, 仕返し ▶ ir à forra 復讐する, 仕返しする.

forragem /fo'xaʒẽj/ [複 forragens] 女 牧草, 飼い葉, まぐさ.

forrar /fo'xax/ 他 ❶ …から奴隷を解放する [+ de] ▶ Ele forrou todos os seus escravos. 彼は自分の奴隷すべてを解放した.
❷ …に…を免れさせる [+ a] ▶ Ela tentou forrar decepções ao filho. 彼女は息子を失望から解放せようとした.
❸ 復習する.
❹ …で覆う [+ com] ▶ Ela forrou o sofá com seda azul. 彼女はソファーを青い絹で覆った.
❺ 壁紙を貼る.
❻ 裏地をつける ▶ Ela forrou uma saia. 彼女はスカートに裏地をつけた.
❼ 節約する, (お金を) ためる ▶ Forrar tempo é forrar dinheiro. 時間の節約はお金の節約になる.
— 自 Ⓟ 雪で覆われる.
— **forrar-se** 再 ❶ 暖かいものを着る.
❷ 覆われる ▶ O caminho forrou-se de folhas secas. 道は枯れ葉で覆われていた.
❸ かなりの金額を得る ▶ Ele forrou-se trabalhando na Bolsa. 彼は取引所でかなりの額を得た.
❹ …から解放される, 免れる [+ de/a] ▶ Ele forrou-se aos perigos da viagem. 彼は旅の危険から免れた.
forrar o estômago 何か口にする.

forro, ra /'foxu, xa/ 形 解放された, 自由になった.

— **forro** [男] ❶ 裏貼り, 裏地. ❷ カバー, 被覆.
forró /fo'xɔ/ [男] [B] ❶ フォホー (ブラジル北東部の踊り. ペアになって踊る).
❷ フォホーの音楽.
❸ にぎやかなパーティー ▶ Hoje vai ter o maior forró lá em casa. 今日は家でにぎやかなパーティーがある.

forró

fortalecer /foxtale'sex/ ⑮ [他] 強くする, 強化する ▶ fortalecer os músculos 筋肉を強くする.
— **fortalecer-se** [再] 強くなる.
fortalecimento /foxtalesi'mẽtu/ [男] 強化, 強くすること.
fortaleza /foxta'leza/ [女] ❶ 強さ, 堅固さ. ❷ 要塞, 砦.
★★★**forte** /'fɔxtʃi フォフチ/ [形] 《男女同形》 ❶ **強い**, **丈夫な**, 強力な ; 激しい (↔fraco) ▶ Esse time é muito forte. このチームはとても強い / ventos fortes 強風 / empresa forte 大企業 / dor forte 激しい痛み / emoções fortes 激しい感情 / o dólar forte ドル高.
❷ (味などが) **強い**, **濃い** ▶ café forte 濃いコーヒー.
❸ **得意な** ▶ Ele é forte em matemática. 彼は数学が得意だ.
— [男] ❶ **得意分野**, **強み** ▶ A matemática é o meu forte. 数学は私の得意分野だ. ❷ 〖軍事〗 要塞, 砦.
— [副] **強く** ▶ O vento sopra forte. 風が強く吹く.
forte e feio [話] 一生懸命に ▶ Estudei forte e feio para os exames. 私は一生懸命試験勉強した.
forte e suave 強くて優しい.
fortemente /ˌfɔxtʃi'mẽtʃi/ [副] 強く ▶ um grupo fortemente armado 重武装した集団 / recomendar fortemente 強く推奨する.
fortificação /foxtʃifika'sɐ̃w̃/ [複 fortificações] [女] ❶ 強化, 補強. ❷ 要塞, 防塁.
fortificante /foxtʃifi'kɐ̃tʃi/ [形] 《男女同形》 体を壮健にする, 元気づける.
— [男] 強壮剤.
fortificar /foxtʃifi'kax/ ㉙ [他] ❶ 強くする. ❷ …に防備工事を施す, 要塞化する.
— **fortificar-se** [再] 強くなる.
fortuito, ta /fox'tujtu, ta/ [形] 偶然の ▶ encontro fortuito 偶然の出会い, 奇遇.
★**fortuna** /fox'tũna フォフトゥーナ/ [女] ❶ **財産**, **大金** ▶ fazer uma fortuna 財産を築く / O dono daquela empresa possui uma fortuna incalculável. あの企業主は莫大な財産を所有している / ganhar uma fortuna 大金を手にする. ❷ **運**, **運命** ▶ Ela tem a fortuna de ser querida por todos. 彼女は皆に好かれる運の持ち主だ.

fórum /'fɔrũ/ [男] ❶ 裁判所. ❷ フォーラム, 討論集会.
fosco, ca /'fosku, ka/ [形] ❶ (ガラスが) 半透明な ▶ vidro fosco すりガラス.
❷ 輝きのない, つや消しの ▶ preto fosco つや消し黒.
fosforescente /fosfore'sẽtʃi/ [形] 《男女同形》 燐光を発する ▶ tinta fosforescente 蛍光インク.
fósforo /'fɔsforu/ [男] ❶ マッチ ▶ acender um fósforo マッチをする / uma caixa de fósforos マッチ箱. ❷ 〖化学〗 リン.
fósforo apagado 過去の人, 終わった人.
fossa /'fɔsa/ [女] ❶ 穴, 溝 ▶ fossa abissal 海溝.
❷ 糞便だめ, 汚水だめ ▶ fossa séptica 浄化槽.
❸ えくぼ.
❹ 〖解剖〗 窩 ▶ fossas nasais 鼻腔.
❺ [B] [俗] 落ち込み, 意気消沈 ▶ Ele perdeu a namorada e ficou na fossa. 彼は恋人を失い落ち込んだ / estar na fossa 落ち込んでいる / andar na fossa 落ち込んでいる, 苦しんでいる.
❻ 壕, 塹壕.
fosse [活用] ⇒ ir, ser
fóssil /'fɔsiw/ [[複] fósseis] [男] ❶ 化石. ❷ 時代遅れの人.
— [形] 《男女同形》 ❶ 化石の ▶ combustível fóssil 化石燃料. ❷ 時代遅れの, 古くさい.
fosso /'fosu/ [男] 溝, 堀.
fosso de orquestra オーケストラピット.
★**foto** /'fɔtu フォート/ [女] **写真** ▶ tirar uma foto de... …の写真を撮る / Tirei muitas fotos. 私はたくさん写真を撮った.
sair bem na foto ① 写真写りがよい. ② 実際よりよく見える.
★**fotocópia** /foto'kɔpia フォトコーピア/ [女] (複写機による) **コピー**, コピーすること ▶ fazer fotocópias コピーを取る.
fotocopiadora /fotokopia'dora/ [女] コピー機, 複写機.
fotocopiar /fotokopi'ax/ [他] …のコピーを取る, コピーする.
fotogénico, ca /fɔtɔ'ʒɛniku, kɐ/ [形] [P] = fotogênico
fotogênico, ca /foto'ʒẽniku, ka/ [形] [B] 写真写りのよい.
fotografar /fotogra'fax/ [他] …の写真を撮る ▶ fotografar um casamento 結婚式の写真を撮る.
— [自] 写真に写る ▶ fotografar bem 写真写りがよい / fotografar mal 写真写りが悪い.
★★★**fotografia** /fotogra'fia フォトグラフィーア/ [女] **写真**, 写真撮影, 写真術 ▶ tirar uma fotografia 写真を撮る / tirar uma fotografia de... …の写真を撮る / fotografia digital デジタル写真 / fotografia em preto e branco 白黒写真 / fotografia colorida カラー写真 / um álbum de fotografias 写真アルバム / fotografia para passaporte パスポート写真 / clube de fotografia 写真クラブ / curso de fotografia 写真コース / uma fotografia minha 私を写した写真.
fotográfico, ca /foto'grafiku, ka/ [形] 写真の ▶ máquina fotográfica カメラ / modelo fotográfi-

F

fotógrafo, fa

ca 女性の写真モデル / memória fotográfica 写真記憶.

fotógrafo, fa /fo'tɔgrafu, fa/ 图 写真家, フォトグラファー.

fotonovela /fotono'vɛla/ 囡 写真小説.

fotossíntese /foto'sĩtezi/ 囡 光合成.

foz /'fɔs/ 囡 河口.

fracamente /,fraka'mẽtʃi/ 副 弱く, わずかに, かすかに ▶ Esta casa é fracamente ventilada. この家はしっかり換気されていない.

fração /fra'sẽw̃/ [履 frações] 囡 ❶ 部分, 断片 ▶ numa fração de segundos ほんの一瞬の間に. ❷ 分派. ❸ 分数 ▶ fração própria 真分数 / fração imprópria 仮分数 / fração decimal 小数. ❹《カトリック》(聖体の) パン裂き ▶ fração do pão ミサ, 聖体拝受.

fracassado, da /fraka'sadu, da/ 形 失敗した ▶ atentado fracassado テロ未遂.
— 图 失敗した人.

fracassar /fraka'sax/ 自 失敗する ▶ Meu casamento fracassou. 私の結婚は失敗に終わった.

fracasso /fra'kasu/ 圐 失敗, 失敗作 ▶ Eu sou um fracasso. 私は失敗した人間だ / fracasso escolar 学業不振 / O filme foi um fracasso total. その映画は完全な失敗作だった.

fracionamento /frasiona'mẽtu/ 圐 分割, 細分化.

fracionar /frasio'nax/ 他 …に分割する, 細分する [+ em].
— **fracionar-se** 再 …に分割される, 分かれる [+ em].

fracionário, ria /frasio'nariu, ria/ 形 分数の ▶ número fracionário 分数.

‡fraco, ca /'fraku, ka/ フラーコ, カ/ ❶ 弱い, 脆弱な (←→ forte) ▶ ponto fraco 弱点 / chuva fraca 弱い雨 / vento fraco 弱い風 / luz fraca 弱い光 / dólar fraco ドル安 / sentir-se fraco ぐったりする. ❷ 意志薄弱な, 気の弱い ▶ um coração fraco 弱い心 / Há muitos pais fracos com os filhos. 子供たちに対して甘い親が多い. ❸ 不十分な, できの悪い ▶ O resultado fraco no exame fez enfurecer o professor. 試験の成績不良が教師を怒らせた / estar [ser] fraco em... …が苦手である. ❹ (味などが) 薄い ▶ café fraco 薄いコーヒー.
— 图 ❶ 弱者 ▶ ajudar os fracos 弱者を助ける. ❷ 弱虫, 気の弱い人 ▶ Eles são considerados uns fracos dentro deste grupo. 彼らはこのグループ内で弱虫と見なされている.
— **fraco** 圐 好きなもの, 好物 ▶ Meu fraco é a bebida. 私の好物はアルコール飲料だ.
fraco da cabeça 頭の弱い人.
fraco do peito 結核持ちの人.
ter um fraco por... …が好きである ▶ Tenho um fraco por gatos. 私は猫好きだ.

frade /'fradʒi/ 圐 修道士.

fragata /fra'gata/ 囡 フリゲート艦.

frágil /'fraʒiw/ [履 frágeis] 形《男女同形》❶ 壊れやすい, もろい ▶ Cuidado Frágil 「こわれ物, 取扱注意」 / frágil como o vidro ガラスのようにもろい. ❷ 虚弱な, ひ弱な, 弱い ▶ saúde frágil 虚弱な体 / uma criança frágil ひ弱な子供 / sexo frágil《女性》.

fragilidade /fraʒili'dadʒi/ 囡 ❶ もろさ, 壊れやすさ. ❷ 虚弱性, 弱さ.

fragilizar /fraʒili'zax/ 他 もろくする, 弱くする.
— **fragilizar-se** 再 もろくなる, 弱くなる.

fragmentação /fragmẽta'sẽw̃/ [履 fragmentações] 囡 分割, 細分化,《情報》断片化.

fragmentar /fragmẽ'tax/ 他 分割する, 細分化する, 断片化する.
— **fragmentar-se** 再 分割される, 細分化される, 砕ける.

fragmentário, ria /fragmẽ'tariu, ria/ 形 断片的な, ばらばらの.

fragmento /frag'mẽtu/ 圐 ❶ 断片, 破片 ▶ um fragmento de osso 骨の断片 / um grande fragmento do avião 飛行機の大きな破片. ❷ (文学作品の) 抜粋, 一節. 断章 ▶ um fragmento de um poema ある詩の一節.

fragrância /fra'grẽsia/ 囡 芳香, 香り.

fragrante /fra'grẽtʃi/ 形《男女同形》よい香りの, かぐわしい.

frajola /fra'ʒɔla/ 形《男女同形》 B おしゃれな, 粋な ▶ um vizinho frajola おしゃれな隣人.
— 图 おしゃれな人.

fralda /'frawda/ 囡 おむつ ▶ trocar a fralda do bebê 赤ん坊のおむつを替える / fralda descartável 使い捨ておむつ / fralda geriátrica 大人用おむつ.
fralda do mar 海岸.

framboesa /frẽbo'eza/ 囡《果実》キイチゴ, ラズベリー.

França /'frẽsa/ 囡《国名》フランス ▶ A França é um país criativo. フランスは創造的な国である / Ela mora na França. 彼女はフランスに住んでいる / o presidente da França フランス大統領 / ir para a França フランスに行く.

francamente /,frẽka'mẽtʃi/ 副 ❶ 率直に, 率直に言えば ▶ falar francamente 率直に話す / francamente falando 率直に言って. ❷《間投詞的に》信じられない, まったくけしからん.

‡francês, cesa /frẽ'ses, seza/ フランセス, セーザ/ [履 franceses, cesas] 形 フランスの, フランス人の, フランス語の ▶ cozinha francesa フランス料理 / amigos franceses フランス人の友達 / gramática francesa フランス語文法.
— 图 フランス人.
— **francês** 圐 フランス語 ▶ falar em francês フランス語で話す.
despedir-se à francesa 別れのあいさつもせずにこっそり立ち去る.
falar francês 金がある, 金持ちである.

franciscano, na /frẽsis'kẽnu, na/ 形 ❶ フランシスコ修道会の. ❷ pobreza franciscana 赤貧.
— **franciscano** 圐 フランシスコ会修道士.

*franco, ca /'frẽku, ka フランコ, カ/ 形 ❶ 率直な ▶ Gosto de pessoas francas: é mais fácil de conversar. 私は率直な人が好きだ. より話しやすい

からだ.
❷ 自由な；無料の ▶ passagem franca フリーパス / zona franca 免税地区 / entrada franca 入場無料.
para ser franco 率直に言うと.
— **franco** [男]〘通貨〙フラン ▶ franco suíço スイスフラン.
francofonia /frẽkofo'nia/ [女] フランス語圏.
franco-mação /ˌfrẽkuma'sẽw̃/ [複 franco-mações] [男] フリーメーソンの会員.
franco-maçonaria /ˌfrẽkumasona'ria/ [女] フリーメーソン.
frango /'frẽgu/ [男] ❶ 若鶏 ▶ frango assado ローストチキン / frango na brasa 鶏の丸焼き / frango ao molho pardo 血入りで味付けされた鶏肉.
❷ [B]〘サッカー〙ゴールキーパーが防げずにゴールさせてしまったボール ▶ engolir um frango〘サッカー〙(ゴールキーパーが) 簡単なボールをゴールにしてしまう.
andar cercando frango 酔っぱらってふらふら歩く.
franja /'frẽʒa/ [女] ❶ 前髪. ❷ 縁飾り.
franquear /frẽke'ax/ ⑩ [他] ❶ 自由にする, 解放する, 開ける ▶ Franquearam a entrada aos torcedores do Flamengo. フラメンゴのファンのために入口が開放された.
❷ (使用を) 許可する ▶ Ele franqueou seu escritório ao amigo. 彼は友人に事務所の使用を許した.
❸ 免税にする.
❹ …にフランチャイズを与える ▶ A pizzaria franqueou dez novas lojas. そのピザ店は新たに10店舗にフランチャイズを与えた.
❺ …を…に与える [+ a/para] ▶ franquear dinheiro お金を与える.
❻ 郵送料を払う, 郵便料金納付済の判を押す ▶ O funcionário franqueava dezenas de cartas. 職員は何十もの手紙に料金納付済みの判を押していた.
❼ 明らかにする ▶ Ela costumava franquear seus segredos. 彼女はいつも自分の秘密を明らかにする癖があった.
❽ 乗り越える, 渡る ▶ Ele franqueou o portão e fugiu pela estrada. 彼は門を乗り越え, 道路から逃げた.
— **franquear-se** [再] 秘密を打ち明ける.
franquear as dificuldades 障害を避ける.
franqueza /frẽ'keza/ [女] 率直さ, 誠実さ ▶ falar com franqueza 率直に話す.
franquia /frẽ'kia/ [女] ❶ 免税, 特権.
❷ 保護施設.
❸〘経済〙フランチャイズ (権), フランチャイズ店 ▶ Meu pai abriu uma franquia de uma lanchonete famosa. 父は有名な軽食堂のフランチャイズ店を開いた.
❹ 郵送料, 切手 ▶ franquia postal 送料免除.
❺ 税関での船舶の免税出入港許可.
❻ 事故などでの被保険者の一部負担金.
franzido, da /frẽ'zidu, da/ [形] ❶ しわが寄った, しわになった ▶ uma testa franzida しわの寄った額.
❷ ひだのついた ▶ uma saia franzida ひだの入ったスカート.
— **franzido** [男] ひだ ▶ o franzido do vestido ドレスのひだ.
franzino, na /frẽ'zĩnu, na/ [形] ほっそりした ▶ uma mulher franzina ほっそりした女性.
franzir /frẽ'zix/ [他] ❶ …にひだをつける ▶ A costureira franziu o babado da blusa. お針子はブラウスのひだ飾りにひだをつけた.
❷ しわを寄せる ▶ Ela franziu a testa. 彼女は眉をひそめた.
— [自] ひだがつく, しわが寄る.
— **franzir-se** [再] ❶ ひだがつく ▶ Esse tecido franze-se facilmente. その布は簡単にひだがつく.
❷ しわが寄る ▶ Seu rosto se franzia em situações tensas. 緊張する状況に彼の額にしわが寄った.
fraque /'fraki/ [男] フロックコート.
fraquejar /frake'ʒax/ [自] ❶ 弱くなる, 衰える. ❷ くじける, 意気消沈する.
fraqueza /fra'keza/ [女] ❶ 弱さ, 衰弱, 虚弱 ▶ Ele não consegue caminhar por causa de sua fraqueza. 彼は衰弱のために歩くことができない.
❷ 小心, 臆病, 意志薄弱 ▶ Ele não resistiu às pressões, revelando a sua fraqueza. 彼は圧力に耐えることができず, 弱いところを露呈した.
❸ 弱点 ▶ O cigarro é sua fraqueza. タバコが彼の弱点だ.
❹ 無気力, 落胆, 疲労.
❺ 不完全, 不備, 欠陥.
fazer das fraquezas força 全力を振り絞る, 力の限りを尽す.
fraqueza do peito 結核の兆候.
fraqueza no sangue 貧血.
frasco /'frasku/ [男] ガラスの小瓶 ▶ frasco de perfume 香水の瓶.
⋆**frase** /'frazi フラーズィ/ [女] ❶ **句, 語句** ▶ frase feita 成句, 慣用表現.
❷〘文法〙**文**, 節 ▶ construir uma frase 文を作る.
❸〘音楽〙楽句, フレーズ.
fraseologia /frazeolo'ʒia/ [女] ❶ 文構造研究 ▶ a fraseologia do latim ラテン語の文構造.
❷ 文構造, 語法, 表現法.
❸ 慣用表現.
❹ もったいぶった文体, 文飾の多用.
frasqueira /fras'kejra/ [女] [B] 化粧品を入れるかばん.
fraternal /fratex'naw/ [複 fraternais] [形]《男女同形》兄弟の, 友愛の ▶ amor fraternal 兄弟愛.
fraternalmente /fratexˌnaw'mẽtʃi/ [副] 兄弟のように, 親愛の情を込めて.
fraternidade /fratexni'dadʒi/ [女] ❶ 兄弟関係.
❷ 兄弟愛, 友愛.
fraternizar /fratexni'zax/ [自] …と仲良くする, 親しくする [+ com].
— [他] 親しくさせる, 仲良くさせる.
— **fraternizar-se** [再] 仲良くする.
fraterno, na /fra'tɛxnu, na/ [形] ❶ 兄弟の ▶ amor fraterno 兄弟愛. ❷ 友愛の.
fratricida /fratri'sida/ [名] 兄弟 [姉妹] 殺害者.
— [形]《男女同形》兄弟 [姉妹] 殺しの；同胞同士で殺し合う ▶ guerra fratricida 同胞同士の戦争.

fratura /fra'tura/ [女] ❶ 骨折 ▶ fratura simples 単純骨折. ❷ 破壊.

fraturar /fratu'rax/ [他] …を骨折する ▶ fraturar a perna 足を骨折する.

fraudar /fraw'dax/ [他] ❶ ごまかす, だます, だまし取る ▶ fraudar a Previdência Social 社会福祉の金をだまし取る.
❷ 密輸する.
❸ 《fraudar alguém de algo》…から…を奪う.

fraude /'frawdʒi/ [女] 不正行為, ごまかし, 詐欺 ▶ cometer fraude 不正を行う / fraude fiscal 脱税 / fraude eleitoral 不正選挙.

fraudulento, ta /frawdu'lẽtu, ta/ [形] 不正な, 詐欺の.

freada /fre'ada/ [女] [B] ブレーキをかけること ▶ dar uma freada ブレーキをかける / freada brusca 急ブレーキ.

frear /fre'ax/ ⑩ [他] [B] ❶ …にブレーキをかける ▶ frear o carro 車のブレーキをかける. ❷ 抑制する ▶ frear a inflação インフレを抑制する.
— [自] ブレーキをかける.

freático, ca /fre'atʃiku, ka/ [形] 地下水の ▶ lençol freático 地下水面.

frege /'frɛʒi/ [男] [B] ❶ 混乱, どんちゃん騒ぎ, 騒動. ❷ 争い, けんか, 争乱.
virar em frege 騒動を起こす.

frege [活用] ⇒ frigir

★**freguês, guesa** /fre'ges, geza フレゲース, ゲーザ/ [[複] fregueses, sas] [名] **顧客** ▶ Minha mãe é freguesa daquela banca de frutas. 私の母はあの果物の売店の常連である.

★★**freguesia** /frege'zia フレゲズィーア/ [女] ❶ 《集合的に》**顧客** ▶ Esta loja tem muita freguesia. この店は客が多い.
❷ 《集合的に》小教区の信者.
❸ [P] 市や郡の行政区分, 区 ▶ uma freguesia da cidade do Porto ポルト市の区.
baixar noutra freguesia あるグループと袂を分かち, 他のグループに属する.
cantar noutra freguesia 他にかまってくれる相手を探す.
ir pregar em outra freguesia 他人を説得して興味を持たせに行く.

frei /'frej/ [男] 修道士に用いる敬称, …師.

freio /'freju/ [男] [男] ❶ ブレーキ ▶ pisar no freio ブレーキを踏む / soltar o freio ブレーキを放す / freio de mão ハンドブレーキ.
❷ (馬具の) くつわ, 馬勒, おもがい, 手綱.
❸ 歯止め, 制御 ▶ A alta dos preços é um freio no consumo. 高い物価が消費の足を引っ張っている.
❹〖解剖〗小帯 ▶ o freio da língua 舌小帯.
❺ 障害.
❻ 服従.
não ter freio na língua 節度なく話す, とめどなく話す.
não ter freio nos dentes ① 馬が暴れ出す. ② 羽目を外す, がむしゃらに取り組む.
pôr (um) freio em... …を抑制する, 緩和する, 制限する ▶ Você tem que pôr um freio nessas atitudes belicosas. 君はそのけんかっ早いふるまいを抑制すべきだ.
soltar o freio 大いに自由にさせる.
tomar o freio nos dentes ① 馬が言うことをきかない, 暴れる. ② はめを外す. ③ (仕事に) 意気込む, 夢中になる.
sem freio ブレーキなしの, 歯止めなしの, 無制限の.

freira /'frejra/ [女] 修道女.

fremir /fre'mix/ ⑫ [自] ❶ 震える ▶ As folhas da roseira fremiam. バラの木の葉が震えていた / A menina fremia de ansiedade. 女の子は不安で震えていた
❷ うなる, 吠える, とどろく ▶ Os trovões fremiam lá fora. 外では雷がとどろいていた.
— [他] 揺さぶる, 揺り動かす, 震わせる ▶ A brisa fremia o lençol. そよ風がハンカチを揺らした.

frenesi /fre'nezi/ [男] 熱狂, 夢中.

freneticamente /freˌnɛtʃika'mẽtʃi/ [副] 熱狂的に.

frenético, ca /fre'nɛtʃiku, ka/ [形] 熱狂的な, 激烈な ▶ ritmo frenético 激しいリズム.

★★★**frente** /'frẽtʃi フレンチ/ [女] ❶ **前面, 前部** ▶ a frente do carro 車の前部 / os assentos da frente 前部座席.
❷ **正面**, ファサード ▶ decorar a frente da casa 家の正面を飾る / a porta da frente 正面玄関.
❸ (体の) 前部 ▶ a frente e as costas (体の) 前部と背面.
❹ **顔, 顔面**.
❺ **表**, 表面 ▶ a frente e o verso de uma folha 紙の表と裏.
❻〖軍事〗**戦線, 前線** (= frente de combate) ▶ segunda frente 第二戦線.
❼〖政治〗戦線 ▶ frente popular 人民戦線 / frente de esquerda 左翼戦線.
❽〖気象〗**前線** ▶ frente quente 温暖前線 / frente fria 寒冷前線.
à frente 前方に ▶ dar um passo à frente 一歩前進する / Vê-se uma montanha à frente. 前方に山が見える.
à frente de... ① …の前に ▶ Ela se sentou subitamente à frente do rapaz. 彼女は突然青年の前に座った. ② …の先頭に ▶ estar à frente de seu tempo 時代の先頭を行く / estar à frente da empresa 会社のトップの座にいる.
dar de frente 出会う, ばったり出会う.
dar de frente para... …に面する.
de frente 向かい合って, 正面から ▶ Os dois carros bateram de frente. その2台の車は正面衝突した.
de frente para... …に向かって, 面して ▶ sentar-se de frente para a parede 壁に向かって座る.
de trás para a frente 後ろから, 逆に ▶ contar de trás para a frente 逆に数える / Na competição, ele foi o segundo de trás para frente. 彼は競争でびりから2番目だった
em frente ① 前に ▶ Em frente está sentado o amigo. 前に友人が座っている. ② 向かい側に ▶ a casa em frente 向かい側の家. ③ まっすぐ前へ ▶

frescura

Siga em frente. まっすぐ前へ進んでください.
em frente a... …の前に, 向かい側に ▶O carro parou em frente a uma casa. 車はある家の前に止まった / O Monte Fuji ergue-se bem em frente aos olhos. 目の前に富士山がそびえている.
em frente de... …の前に ▶Passei vergonha em frente das pessoas. 私は人前で恥をかかされた / Há um hotel bem em frente da estação. ホテルが駅の真向かいにある.
estar na frente (競走で) 先頭にいる.
falar de frente (特に非難で) 面と向かって言う.
fazer frente 面する, 向かい合わせになる.
fazer frente a alguém …に抵抗する, 立ち向かう ▶fazer frente às dificuldades 困難に立ち向かう.
frente a frente 差し向かいに ▶Sentamo-nos frente a frente. 私たちは差し向かいに座った.
frente de trabalho (公共事業による失業対策としての) 職業斡旋.
ir em frente 前進する, 前に進む ▶Esqueça essas críticas duras, vá em frente. その厳しい批判は忘れて, 前に進め.
levar à frente 続行する, 継続する ▶levar à frente um projeto 計画を続行する.
na frente de... …の前で ▶tirar uma foto na frente do espelho 鏡の前で写真を撮る / na frente das outras pessoas ほかの人の前で / na frente dele 彼の前で / na minha frente 私の前で.
para a frente ▶前に, 前方に ▶ir para a frente 前に進む / Venha para a frente. 前に出なさい.
passar à frente de... …を追い越す, 追い抜く.
passar na frente de... …の前を通る.
pela frente 先に, 前に; 正面から ▶Ainda tem muito pela frente. 先はまだ長い / atacar pela frente 正面から攻撃する.
pra frente 最新の.
tomar a frente de... …を指導［指揮］する.
virar de frente 前を向く.

frentista /frẽ'tʃista/ 名 B ガソリンスタンドの従業員.

☆**frequência** /fre'kwẽsia/ フレクエンスィア/ 囡 ❶ 頻度, 頻繁 ▶Eu visito o Brasil com frequência. 私はしばしばブラジルを訪れる / com muita frequência とても頻繁に / Com que frequência você diz "Eu te amo"? あなたはどれくらいの頻度で「愛してる」と言いますか.
❷ 通学, …に通うこと ▶Acho muito importante a frequência no curso de português. ポルトガル語の講座に通うことは重要だと思う.
❸〖物理〗周波数, 振動数 ▶frequência cardíaca 心拍数.

frequentador, dora /frekwẽta'dox, 'dora/ [複 frequentadores, doras] 名 形 常連 (の), よく通う人 (の) ▶um frequentador de uma boate ナイトクラブの常連.

☆**frequentar** /frekwẽ'tax/ フレクエンターフ/ 他 …に通う ▶Minha vizinha frequenta aquela academia há anos. 私の隣の人は数年前からあのスポーツジムに通っている / Meu amigo frequenta o curso de inglês. 私の友人は英語講座に通っている.

☆**frequente** /fre'kwẽtʃi/ フレクェンチ/ 形 《男女同形》 頻繁な (↔ raro) ▶dor de cabeça frequente 頻繁な頭痛 / As visitas dos amigos ficaram mais frequentes. 友人の訪問はさらに頻繁になった.

☆**frequentemente** /fre,kwẽtʃi'mẽtʃi/ フレクエンチメンチ/ 副 頻繁に, たびたび, しばしば, しょっちゅう ▶Vamos à praia com os amigos frequentemente. 私たちは友人としょっちゅう海に行く.

fresca[1] /'freska/ 囡 ❶ (朝夕の) そよ風. ❷ 涼み.
à fresca 薄着で ▶Ela estava sentada à fresca, a ler o jornal. 彼女は薄着で座り, 新聞を読んでいた.
na fresca くつろいで.
pela fresca 涼しい頃に ▶Ela saiu pela fresca, mas não disse onde ia. 彼女は涼しくなってから出かけたが, どこへ行くとも言わなかった.

frescão /fres'kẽw/ [複 frescões] 男 B エアコン付きバス.

☆**fresco, ca**[2] /'fresku, ka/ フレスコ, カ/ 形 ❶ 涼しい, ひんやりとした, 冷たい ▶vento fresco 涼風 / Hoje está fresco. 今日は涼しい / Esta região é sempre mais fresca que Tóquio. この地域は東京よりも常に涼しい / bebida fresca 冷たい飲み物.
❷ 新鮮な, 取り立ての ▶frutas frescas 新鮮な果物 / ar fresco 新鮮な空気 / peixe fresco 生きのいい魚 / pão fresco 焼きたてのパン / pele fresca みずみずしい肌.
❸ 最近の, 新しい ▶Tinta fresca「ペンキ塗りたて」/ notícias frescas 最新ニュース.
❹ 気取った ▶Ele é muito fresco: só entra em lojas de marca. 彼はとても気取っていて, ブランド品の店にしか入らない.
pôr-se ao fresco 逃げる, 外出［退出］する, 外の息を吸う.

frescobol /fresko'bɔw/ 男 フレスコボール (ラケットとボールでラリーを主に浜辺で行うスポーツ).

frescor /fres'kox/ [複 frescores] 男 ❶ 涼しさ ▶frescor da noite 夜の涼しさ.
❷ 爽やかさ, 爽快感.
❸ 涼風.
❹ 活気, 生気, みずみずしさ ▶O frescor das rosas recém colhidas 摘み取られたばかりのバラのみずみずしさ.
❺ 若さ ▶no frescor de seus vinte anos 20歳の若さで.

frescura /fres'kura/ 囡 ❶ 涼しさ, 清々しさ ▶a frescura da água reanimou-o. 水の冷たさが彼を生き返らせた.
❷ 涼風.
❸ みずみずしさ, 新鮮さ.
❹ 生気, 活気, 若々しさ ▶Apesar dos seus setenta anos, ele ainda conservava uma frescura invejável. 70歳であるにもかかわらず, 彼は人も羨む若々しさをいまだに保っていた.
❺ 俗 無礼なふるまい, 恥知らず.
❻ 俗 掃除.
❼ B 俗 感傷.
❽ B 俗 高慢, うぬぼれ.

fresta

❾ Ⓑ 俗 なよなよした振る舞い.
❿ 慣例にこだわること.
cheio de frescura ① お高くとまった. ② もったいぶった, 面倒な.
fresta /'frɛsta/ 囡 ❶ 明かり取り, 開口部, 切り込み. ❷ 隙間, 裂け目, 割れ目.
fretar /fre'tax/ 他 チャーターする.
frete /'frɛtʃi/ 男 ❶ 運送料, 運賃.
❷ 貨物, 積み荷.
❸ チャーター.
a frete チャーター可能な.
frevo /'frɛvu/ 男 フレーヴォ (ブラジル北東部のレシーフェ Recife で始まった舞踊と音楽).
frevo de rua 即興の音楽と踊り.
fria[1] /'fria/ 囡 Ⓑ 苦境, 困難な状況.
dar uma fria em alguém …に冷たい態度を取る, 冷遇する, 相手にしない.
entrar [meter-se] numa fria 苦境に陥る.
levar uma fria de alguém …からすげなくされる, 冷たくされる, 冷遇される.
sair de uma fria 困った [恥ずかしい, 気まずい] 状況から逃れる.
friagem /fri'aʒẽj/ [複 friagens] 囡 ❶ 冷気, 冷たさ, 肌寒さ ▶Tome cuidado para que o bebê não pegue friagem. 赤ちゃんが冷気にあたらないように気をつけなさい.
❷ 寒冷前線による気温の急な低下.
❸ (作物の) 冷害.
frialdade /friaw'dadʒi/ 囡 ❶ 寒さ, 冷気, 寒気.
❷ 冷淡さ, 無関心 ▶Recebeu-nos com tal frialdade que nunca mais voltamos lá. あれほど冷たくあしらわれたので我々はもうそこには戻らない.
friamente /fria'mẽtʃi/ 副 ❶ 冷ややかに, 冷淡に.
❷ 冷静に. ❸ 冷酷に.
fricassê /frika'se/ 男 【料理】フリカッセ.
fricção /frik'sãw/ [複 fricções] 囡 ❶ 摩擦, 摩滅.
❷ 軋轢(あつれき), 不和. ❸ マッサージ. ❹ マッサージ用ローション.
friccionar /friksio'nax/ 他 ❶ こする, 摩擦する, マッサージする. ❷ 塗る.
frieira /fri'ejra/ 囡 しもやけ.
frieza /fri'eza/ 囡 ❶ 寒さ, 冷たさ. ❷ 冷淡さ, 冷たい態度.
frieza de ânimo 冷静さ, 大胆不敵さ.
frigideira /friʒi'dejra/ 囡 フライパン.
entre o fogo e a frigideira 前門の狼, 後門の虎.
sair da frigideira para o fogo 一難去ってまた一難.
frigidez /friʒi'des/ [複 frigidezes] 囡 ❶ 寒さ.
❷ 不感症.
frígido, da /'friʒidu, da/ 形 不感症の.
frigir /fri'ʒix/ ㉚

過去分詞	frigido/frito	
直説法現在	frijo	frigimos
	freges	frigis
	frege	fregem

接続法現在	frija	frijamos
	frijas	frijais
	frija	frijam

他 ❶ 油で揚げる, フライにする ▶Ela frigia a carne para jantar. 彼女は夕食に肉をフライにしていた.
❷ 高温にする ▶Era manhã e já fazia um calor de frigir as paredes. それは朝のことだったが, すでに壁を熱くするほどの暑さだった.
❸ いら立たせる, 悩ませる.
— 自 ❶ フライになる.
❷ 自慢する, 誇示する.
❸ 高温になる.
— **frigir-se** 再 悩む, 苦しむ.
no frigir dos ovos 決定的瞬間に.
frigorífico, ca /frigo'rifiku, ka/ 形 冷凍する, 冷蔵する ▶câmara frigorífica 冷凍室.
— **frigorífico** 男 ❶ 冷蔵庫, 冷蔵室. ❷ 冷凍工場. ❸ Ⓟ 冷蔵庫.
frijo 活用 ⇒ frigir

‡**frio, fria**[2] /'friu, 'fria フリオ, フリア/ 形 ❶ 冷たい, 寒い, 冷えた (↔ quente) ▶Hoje está muito frio. 今日はとても寒い / A pizza vai ficar fria. ピザがさめる / cores frias 寒色 / um vento frio 冷たい風.
❷ 冷淡な, 冷ややかな ▶olhar frio 冷ややかな視線 / Ele é frio comigo. 彼は私に冷たい.
❸ 冷静な ▶manter a cabeça fria 冷静さを保つ / de cabeça fria 冷静に / Fique frio! 頭を冷やせ.
— **frio** 男 ❶ 寒さ, 寒気 (↔ calor) ▶Hoje faz frio. 今日は寒い / Tenho frio. = Estou com frio. 私は寒いです / estar morrendo de frio 凍え死にそうだ / sentir frio 寒さを感じる / frio de rachar 身を切るような寒さ / passar frio 寒い思いをする.
❷ (frios) ハム・ソーセージ類.
a frio ① 冷たいままで, 冷静で. ② 冷然と.
apanhar frio 風邪をひく.
frio na espinha 背筋がぞっとして.
friorento, ta /frio'rẽtu, ta/ 形 寒がりな ▶Eu sou muito friorento. 私はとても寒がりだ.
frisa /'friza/ 囡 アリーナ席.
frisar /fri'zax/ 他 ❶ 巻き毛にする, カールする, 縮ませる ▶frisar o cabelo 巻き髪する.
❷ …にしわ [ひだ] を寄せる ▶frisar um pano 布にひだを寄せる.
❸ …を波立たせる.
❹ …を適切に引用する.
❺ 【建築】…に装飾帯をつける ▶Ele frisou todo o teto da sala. 彼は部屋の天井すべてに装飾帯をつけた.
❻ 際立たせる, 強調する ▶Ele frisou os tópicos mais relevantes. 彼は最も際立つ話題を強調した.
— 自 ❶ (髪が) カールする, 縮れる.
❷ しわ [ひだ] が寄る.
❸ …と似ている [+ com].
❹ …のそばをかすめる [+ por].
— **frisar-se** 再 ❶ 縮れる, カールする ▶Por causa da chuva, o cabelo frisou-se. 雨で髪がカールした.

❷ (波が) 逆立つ.
friso /'frizu/ 男 【建築】フリーズ.
fritada /fri'tada/ 女 揚げ物, フライ料理 ▶ dar uma fritada em algo …を揚げる.
fritar /fri'tax/ 他 (フライパンで) 焼く; 揚げる, フライにする ▶ fritar um ovo 卵を焼く / fritar batatas ジャガイモを揚げる / fritar peixe 魚をフライにする.
fritas /'fritas/ 女複 B フライドポテト (= batatas fritas).
frito, ta /'fritu, ta/ 形 (frigir の過去分詞) 油で揚げた, フライにした; フライパンで焼いた, 炒めた ▶ batatas fritas フライドポテト / ovo frito 目玉焼き / arroz frito チャーハン.
　estar frito 破滅した, もうおしまいである ▶ Estou frito! 私はもうおしまいだ.
fritura /fri'tura/ 女 揚げ物, フライ.
frivolidade /frivoli'dadʒi/ 女 ❶ 軽薄, 不真面目. ❷ 取るに足らないこと, くだらないこと.
frívolo, la /'frivolu, la/ 形 ❶ 軽薄な, 不真面目な. ❷ つまらない, 取るに足らない.
frondoso, sa /frõ'dozu, 'dɔza/ 形 葉の多い, 茂った; 密生した.
fronha /'frõɲa/ 女 枕カバー.
frontal /frõ'taw/ [複 frontais] 形《男女同形》❶ 前頭の, 額の ▶ osso frontal 前頭骨. ❷ 率直な, 正直な, はっきりとした ▶ uma oposição frontal 真っ向からの反対.
— 男 ❶ 建物の正面. ❷【解剖】前頭骨.
frontalmente /frõ,taw'mẽtʃi/ 副 正面から ▶ colidir frontalmente 正面衝突する.
frontão /frõ'tɐ̃w̃/ [複 frontões] 男 【建築】ペディメント, 切妻壁.
frontaria /frõta'ria/ 女 建物の正面.
fronte /'frõtʃi/ 女 ❶ 額 ▶ Ele traçou uma cruz sobre a sua fronte. 彼は額の上に十字架を描いた. ❷ 顔. ❸ (人の) 頭 ▶ erguer a fronte 頭を上げる. ❹ 前面, 前方. ❺ 家の正面.
　curvar a fronte 屈服する.
　de fronte 前に, 先方に.
　fronte por fronte 面と向かって.
　levantar a fronte 威厳を見せる.
☆**fronteira** /frõ'tejra/ フロンテイラ 女 ❶ 境界線, 国境 ▶ atravessar a fronteira 国境を越える / O Brasil faz fronteira com nove países da América do Sul. ブラジルは9の南米諸国と国境を接している / na fronteira paraguaia パラグアイ国境で / na fronteira com a Argentina アルゼンチンとの国境で / uma cidade de fronteira 国境沿いの町. ❷ 境界, 境目 ▶ fronteira da morte 生と死の境界 / fronteira agrícola 栽培限界.
fronteiriço, ça /frõtej'risu, sa/ 形 国境の ▶ conflito fronteiriço 国境紛争 / zona fronteiriça 国境地帯 / cidade fronteiriça 国境の町.
— 名 国境地帯に住む人.
fronteiro, ra /frõ'tejru, ra/ 形 ❶ 向かいの, …に面した [+ a] ▶ a casa fronteira 向かいの家. ❷ 国境の.

frontispício /frõtʃis'pisiu/ 男 ❶ (建物の) 主要正面. ❷ (本の) 扉, 口絵.
frota /'frota/ 女 ❶ 船団. ❷ 保有車両, 全車両 ▶ frota de veículos 車両台数 / frota de táxis 保有タクシー台数.
frouxamente /,froʃa'mẽtʃi/ 副 ゆるく, 緩んで, 弛緩して ▶ As tampas foram apertadas frouxamente. ふたがきちんと閉まっていなかった / Os cabelos foram frouxamente atados. 髪の毛が緩く結ばれている.
frouxo, xa /'froʃu, ʃa/ 形 ❶ 緩んだ ▶ Ele deixou o cordel frouxo, daí a lenha ter caído. 彼はひもを緩めたままにしていたので, 薪は落ちていた. ❷ 衰弱した, 憔悴した ▶ Ele tem andado muito frouxo nos últimos dias. 彼はこのところ衰弱している. ❸ 弱い, 脆弱な ▶ luz frouxa 弱い光. ❹ 無気力な, 怠惰な, 無表情な, 表現力に乏しい. ❺ 一貫性のない, 信憑性のない ▶ argumento frouxo 説得力に欠ける主張. ❻ B 性的不能の. ❼ B 臆病な. ❽ B 優柔不断な.
— 名 ❶ 無気力な人, 臆病な人, 優柔不断な人. ❷ B 性的不能の人.
— **frouxo** 男 流れ, 流出 ▶ frouxo de riso 爆笑, 大笑い.
　a frouxo ふんだんに, 豊に.
fru-fru /,fru'fru/ [複 fru-frus] 男 さらさら, かさから, 衣服や紙の触れ合う音.
frugal /fru'gaw/ [複 frugais] 形《男女同形》❶ (食事が) 質素な, つましい ▶ refeição frugal 粗食. ❷ 小食の.
frugalidade /frugali'dadʒi/ 女 粗食, つましさ, 質素.
fruição /fruj'sɐ̃w̃/ [複 fruições] 女 享受, 享有.
fruir /fru'ix/ 他 享受する.
— 自 …を享受する [+ de].
frustração /frustra'sɐ̃w̃/ [複 frustrações] 女 ❶ 挫折, 失望. ❷ 欲求不満, フラストレーション.
frustrado, da /frus'tradu, da/ 形 ❶ 失敗した, 挫折した ▶ um plano frustrado 頓挫した計画 / uma tentativa frustrada 失敗した試み. ❷ 失望［幻滅, 落胆］した ▶ Ele ficou muito frustrado com o novo amor. 彼は新しい恋にとても幻滅した. ❸ 進歩しない ▶ talento frustrado 伸び悩む才能. ❹ 満たされない, 欲求不満の, 不完全な ▶ Ele é uma pessoa frustrada, daí a sua agressividade. 彼は満たされない人間で, 彼の攻撃的性格はそこから来るものだ.
— 名 欲求不満の人 ▶ Os fracassos sucessivos fizeram dele um frustrado. 相次ぐ挫折で彼は欲求不満になった.
frustrante /frus'trẽtʃi/ 形《男女同形》欲求不満を起こさせる, 失望させる ▶ É frustrante trabalhar muito e não conseguir amealhar nada. たくさん働いたのに何も蓄えられないのは失望させられる.
frustrar /frus'trax/ 他 ❶ 挫折させる, 失敗させる, 失望させる ▶ O policial frustrou o assalto ao

fruta

banco. 警察は銀行襲撃を失敗させた / O time frustrou seus torcedores. チームはサポーターを失望させた.

❷ 裏切る, 欺く ▶O governo frustrou a esperança do povo. 政府は国民の期待を裏切った.

— **frustrar-se** 再 挫折する, 失敗する, 失望する, 無駄にする ▶Minhas esperanças frustraram-se. 私の希望は失われた / Os lojistas frustraram-se com as baixas vendas. 店主たちは売り上げの低さにがっかりした.

‡**fruta** /'fruta フルータ/ 女 果物, 果実 ▶comer uma fruta 果物を食べる / comer muita fruta 果物をたくさん食べる / um pedaço de fruta 果物 1 切れ / As frutas fazem bem à saúde. 果物は健康によい / fruta verde 熟していない果物 / fruta madura 熟した果物 / descascar uma fruta 果物の皮をむく / salada de fruta フルーツサラダ / fruta cristalizada 砂糖漬け果物 / fruta da época 旬の果物 / frutas secas ドライフルーツ.

fruta-de-conde /,fruta𝔷i'kõd𝔷i/ [複 frutas-de-conde] 女【果物】バンレイシ, 釈迦頭(しゃかとう).

fruta-pão /,fruta'pẽw/ [複 frutas-pães または frutas-pão] 女 パンノキの実.

fruteira /fru'tejra/ 女 果物皿, 果物かご.

frutífero, ra /fru'tʃiferu, ra/ 形 ❶ 実のなる ▶árvore frutífera 実のなる木. ❷ 生産的な, 実りある ▶vida frutífera 実りある人生.

frutificar /frutʃifi'kax/ 自 ❶ 実をつける ▶A mangueira frutificou. マンゴーの木に実がなった. ❷ 成果を上げる ▶O trabalho dele frutificou. 彼の仕事は実を結んだ.
— 他 実を結ばせる, 成果を上げる ▶Com talento e dedicação, ele frutificou seus negócios. 才能と努力で彼は商売を成功させた.

‡**fruto** /'frutu フルート/ 男 ❶ 果実, 果物 ▶fruto proibido 禁じられた果実 / frutos da estação 季節の果物 / frutos da terra 大地の恵み / colher os frutos 果実を得る.
❷ 結果 ▶Tudo é fruto de muito trabalho. すべて努力の結果だ.
dar fruto 実を結ぶ.
frutos do mar 海産物, 海の幸, シーフード.

frutuoso, sa /frutu'ozu, 'oza/ 形 ❶ 実のたくさんなる, 多産の. ❷ 実りの多い, 有益な.

fubá /fu'ba/ 男 トウモロコシ粉, 米の粉 ▶fubá mimoso 良質のトウモロコシ粉.

fubeca /fu'bɛka/ 女 B 話 ❶ 殴打, げんこつ ▶levar uma fubeca 殴られる.
❷ 乱雑, 混乱.
❸ 敗北.

fuçar /fu'sax/ ⑬ 他 B ❶ …を鼻で掘る, 掘り起こす ▶Os cães fuçaram meu jardim. 犬が私の庭を鼻先で掘り起こしていた.
❷ 調査する, 嗅ぎ回る, 詮索する ▶Essa mulher gosta de fuçar a vida dos outros. その女は他人の生活を詮索するのが好きだ.
— 自 ❶ 鼻で掘る, 掘り起こす ▶Esses porcos só sabem fuçar. それらの豚は鼻で掘り起こしてばかりいる.
❷ 調査する, 探す, 嗅ぎ回る, 詮索する ▶Ele fuçou

tanto que encontrou o livro. 彼は色々探しまわりその本を見つけた.

fuças /'fusas/ 女複 B ❶ 顔, 面. ❷ 鼻面, 鼻.
apanhar [levar] nas fuças 殴られる.
ir às fuças a [de] ... …を殴る.
não ir com as fuças de... B …が気に食わない.

‡**fuga** /'fuga フーガ/ 女 ❶ 逃走, 逃亡 ▶A fuga do criminoso durou 10 anos. 犯人の逃亡は10年に及んだ.
❷ 逃げ道 ▶Ele sempre procura uma fuga na viagem. 彼はいつも旅に逃げ道を求める.
❸ 漏れ, 流出 ▶fuga de água 水漏れ / fuga de gás ガス漏れ / fuga do capital 資本の流出 / fuga de cérebros 頭脳流出.
❹【音楽】フーガ.
fuga para adiante 将来の展望のないままの行動.
fuga para a frente ① 解決の先送り. ② 問題の存在を認めないこと.
pôr em fuga 追い払う, 敗走させる.

fugacíssimo, ma /fuga'sisimu, ma/ 形 fugaz の絶対最上級.

fugaz /fu'gas/ [複 fugazes] 形《男女同形》❶ 逃げ足の速い, すばやい. ❷ はかない, つかの間の ▶um amor fugaz つかの間の恋.

fugida /fu'ʒida/ 女 ❶ 逃亡, 逃走.
❷ ちょっと出かけること ▶dar uma fugida ちょっと出かける.
de fugida ① 大まかに. ② 慌てて.

fugidio, dia /fuʒi'dʒiu, 'dʒia/ 形 ❶ 逃亡癖のある, 逃亡した.
❷ 人見知りする. ❸ はかない.

‡**fugir** /fu'ʒix フジーフ/ ㉛

直説法現在	fujo	fugimos
	foges	fugis
	foge	fogem

接続法現在	fuja	fujamos
	fujas	fujais
	fuja	fujam

自 ❶ …から逃げる [+ de] ▶O ladrão fugiu de carro da polícia. 泥棒は車で警察から逃走した / fugir da prisão 脱獄する / fugir do país 出国する / fugir de casa 家出する.
❷ …を避ける [+ a] ▶É melhor fugir às más influências. 悪い影響は避けた方がよい.
fugir com o rabo entre as pernas しっぽを巻いて退散する.
fugir da raia 戦いを放棄する, 敵前逃亡する.
fugir de alguém como o diabo da cruz 苦手な人との対面を避ける.

fugitivo, va /fuʒi'tʃivu, va/ 形 ❶ 逃げた, 逃走中の. ❷ つかの間の, はかない.
— 名 逃亡者, 脱走者.

fui 活用 ⇒ ir, ser.

fulano, na /fu'lɛnu, na/ 名 誰それ, 誰々, 何とかさん ▶Tem um fulano aí esperando você. 何とかっていうやつが君を待っているぞ.
fulano de tal 何とかという人 ▶o senhor fulano

fulano, sicrano e beltrano いろんな人, 誰もかれも, 猫も杓子も.
fulcro /'fuwkru/ 男 ❶ 支え, 支柱.
❷《物理》(てこの) 支点.
❸ 基礎, 基盤, 要 ▶ O fulcro do plano econômico era o controle da inflação. 経済計画の要はインフレの抑制だった.
❹ 軸, 心棒 ▶ fulcro de bússola 磁石の軸.
fuleiro, ra /fu'lejru, ra/ 形 名 俗 ❶ ありふれた (人, もの), つまらない (人, もの), 価値のない (人, もの).
❷ 洗練されない (人, もの), やぼったい (人, もの).
❸ 信用に値しない (人, もの).
fulgor /fuw'gox/ [複 fulgores] 男 輝き, きらめき.
fulgurante /fuwgu'rẽtʃi/ 形《男女同形》きらめく, 輝く.
fulgurar /fuwgu'rax/ 自 ❶ 輝く, きらめく. ❷ 傑出する.
fuligem /fu'liʒẽj/ [複 fuligens] 女 煤, 煤煙.
fulminar /fuwmi'nax/ 他 ❶ (雷光を) 放つ ▶ O céu fulminou raios. 空は雷光を放った.
❷ 感電させる.
❸ (稲妻で) 全滅させる, 破壊する ▶ Um raio fulminou a palmeira. 稲妻がヤシの木を倒した.
❹ 倒す ▶ Com um soco, fulminei o lutador. 私はげんこつでレスラーを倒した.
❺ 即死させる ▶ Um infarto cerebral o fulminou. 脳梗塞で彼は即死した.
❻ 終わらせる ▶ Aquela crítica fulminou as pretensões do ator. あの批判は俳優の思い上がりを終わらせた.
❼ うろたえさせる ▶ As acusações fulminaram o político. 告発に政治家はうろたえた.
❽ 注意する, 忠告する ▶ O professor fulminou o aluno com palavras duras. 先生は厳しい言葉で生徒を注意した.
❾ 傷つける, 侮辱する ▶ Aquela ofensa o fulminou. あの侮辱に彼は傷ついた.
❿ 厳しく罰する, 処罰する ▶ A justiça há de fulminar esses criminosos. 裁判官はそれらの犯罪者を厳しく罰しなければならない.
⓫ (決意, 判決などを) 公表する, 言い渡す ▶ fulminar a excomunhão contra os ímpios 異端者に破門を言い渡す.
— 自 ❶ 閃光を放つ, きらめく ▶ O aço do punhal fulminava diante de seus olhos. 短刀の鋼は彼の目の前で光を放っていた.
❷ 爆発する.
fulminar com os olhos 非難や怒りを込めて他人を見つめる.
fulo, la /'fulu, la/ 形 怒った ▶ deixar fulo 怒らせる / fulo da vida かんかんに怒っている / ficar fulo 怒る.
fulvo, va /'fuwvu, va/ 形 黄褐色の.
— **fulvo** 男 黄褐色.
fumaça /fu'masa/ 女 ❶ 多量の煙, 煙 ▶ Ardiam-lhe os olhos por causa da fumaça que havia na sala. 部屋に充満した多量の煙のせいで彼の目はひりひりしていた.

❷ タバコ一服の煙 ▶ Ele acendeu um cigarro, tragou a fumaça. 彼はたばこに火をつけ, 一服した.
❸ つかの間のもの, はかないもの.
❹ はったり, 空威張り.
❺《fumaças》高慢な態度, うぬぼれ, 虚栄.
❻ 排ガス, 排気 ▶ fumaça negra (バスやトラックから出る) 黒煙.
— 形《不変》 日 ❶ (牛が) 黒みがかった赤毛の.
❷ 怒った, 激怒した.
abater as fumaças a [de] alguém … の傲慢をくじく.
... e lá vai fumaça 日 (数量のあとにつけて) さらにたくさん, それ以上多く.
na fumaça da pólvora 同時に.
soltar [tirar] fumaça 怒り狂う.
vender fumaça 大して意味のないことに雄弁を振るう.
virar fumaça 消える, なくなる.
fumante /fu'mẽtʃi/ 名 日 喫煙者 ▶ fumante passivo 受動喫煙者 / área para fumantes 喫煙所 / não fumante 非喫煙者.
— 形《男女同形》喫煙する.
fumar /fu'max/ 他 (たばこを) 吸う ▶ Ele gostava de fumar cachimbo. 彼はパイプを吸うのが好きだった.
— 自 喫煙する ▶ Não fumo. 私はたばこを吸わない / parar de fumar たばこをやめる.
fumar como uma chaminé 途切れなくたばこを吸う.
fumar o cachimbo da paz 和解する, 歩み寄る.
fumar se-me-dão もらいたばこをする.
fumegante /fume'gẽtʃi/ 形《男女同形》煙を出す, 湯気を立てる ▶ uma xícara de café fumegante 湯気を立てる 1 杯のコーヒー.
fumegar /fume'gax/ 自 ❶ 煙を出す, 煙る ▶ A fogueira fumegava. たき火は煙を立てていた.
❷ 蒸気を出す, 湯気を立てる ▶ A panela de arroz fumegava. お米の鍋が湯気をたてていた.
❸ 汗をかく ▶ Os corpos fumegavam na sauna. サウナで身体に汗をかいていた.
❹ 泡をたてる ▶ O caldo fumegou ao ser servido. スープが入れられ泡が立った.
❺ 興奮する, 沸き立つ, 熱くなる ▶ A ira fumegava em seu peito. 彼は内心怒りに震えていた.
❻ 見える, 垣間見える, 透けて見える ▶ Fumega perfídia por entre seus sorrisos. 彼のほほえみの合間に不実が垣間見える.
— 他 (湯気や香りを) 出す ▶ A carne assada fumegava um cheiro delicioso. 焼いた肉がおいしそうな香りを放っていた.
*fumo /'fũmu/ フーモ/ 男 ❶ 煙 ▶ Não há fumo sem fogo. 諺 火のないところに煙は立たない.
❷ 喫煙, タバコ ▶ É difícil largar o fumo. 喫煙をやめるのは難しい.
❸《植物》タバコ. ❹ 日 大麻.
fumo de rolo 日 ねじりたばこ.
**função /fũ'sẽw/ フンソァゥン/ [複 funções] 女 ❶ 機能, 働き ▶ função digestiva 消化機能 / função do pulmão 肺の働き.

funcional

❷ 職務, 任務, 役目 ▶ função pública 公務 / entrar em função 職務に就く / A função do professor não é só ensinar, é orientar. 教師の職務は教えることだけではない、導くことである / Cada pessoa tem uma função determinada. 各人が決められた役目を持っている / função pública 公職.
❸ 用途, 役割 ▶ Qual é a função deste artigo? この品物の用途は何ですか / tecla de função ファンクションキー.
❹ 興行, 公演.
❺【数学】関数 ▶ função linear 一次関数.
em função de... …に従って, 応じて.

funcional /fūsio'naw/ [複 funcionais] 形《男女同形》❶ 機能の, 機能に関する ▶ alimento funcional 機能性食品. ❷ 機能本位の, 実用的な ▶ arquitetura funcional 機能的な建築. ❸ 関数の.

funcionalidade /fūsionali'dadʒi/ 女 機能性.

funcionalismo /fūsiona'lizmu/ 男 ❶《集合的に》公務員. ❷ 機能主義.

*__funcionamento__ /fūsiona'mẽtu/ フンスィオナメント/ 男 ❶ 作用, 作動 ▶ pôr o motor em funcionamento エンジンをかける / O bom funcionamento do motor depende do uso cuidadoso. エンジンの作動の良さは手入れの良さにかかっている.
❷ 営業 ▶ horário de funcionamento 営業時間 / O horário de funcionamento desta loja é das 10h às 19h. この店の営業時間は午前10時から午後7時だ / Qual é o horário de funcionamento desta loja? この店の営業時間は何時ですか.

‡**funcionar** /fūsio'nax/ フンスィオナーフ/ 自 ❶ 機能する, 作動する ▶ Esse forno de micro-ondas não funciona bem. この電子レンジはきちんと動かない / Como é que funciona? それはどのようにして動きますか.
❷ 営業する ▶ Esta loja não funciona hoje. この店は今日営業していない.
❸ 作用する ▶ Conversar com alguém funciona como terapia. 誰かとおしゃべりすることは治療として作用する.
❹ よい結果をもたらす ▶ Sua estratégia de venda funcionou muito bem. あなたの販売戦略はとてもよい結果をもたらした.

‡**funcionário, ria** /fūsio'nariu, ria/ フンスィオナーリオ, リア/ 名 ❶ 従業員 ▶ Os funcionários desta loja atendem muito bem. この店の店員は応対が丁寧だ.
❷ 職員 ▶ funcionário público 公務員 / funcionário do governo 政府職員 / alto funcionário do governo 政府高官 / funcionário da ONU 国連職員.

fundação /fūda'sẽw/ [複 fundações] 女 ❶ 創設, 創立, 設立 ▶ a fundação de uma empresa 会社の設立. ❷ 基礎工事. ❸ 財団, 基金 ▶ Fundação Rotária ロータリー財団.

fundado, da /fũ'dadu, da/ 形 ❶ 創設された, 設立された. ❷ 根拠のある, 正当な; …に基づいた [+em].

fundador, dora /fũda'dox, 'dora/ [複 fundadores, doras] 名 創設者, 創立者.
— 形 創立の, 創設の ▶ membro fundador 創設メンバー, 原加盟国.

‡**fundamental** /fūdamẽ'taw/ フンダメンタゥ/ [複 fundamentais] 形《男女同形》❶ 基礎の, 基礎的な; 基本の, 基本的な ▶ pedra fundamental 礎石 / Ainda não descobriram a causa fundamental. いまだ基本的な原因が見つかっていない / princípio fundamental 基本原則 / lei fundamental 基本法, 憲法 / ensino fundamental 義務教育.
❷ 重要な, 必要な ▶ A água é fundamental para a vida. 水は生命には不可欠だ.

fundamentalismo /fūdamẽta'lizmu/ 男 原理主義 ▶ fundamentalismo islâmico イスラム原理主義.

fundamentalista /fūdamẽta'lista/ 名 原理主義者.
— 形《男女同形》原理主義の.

fundamentalmente /fūdamẽ,taw'mẽtʃi/ 副 根本的に, 完全に ▶ mudar fundamentalmente 根本的に変える.

fundamentar /fūdamẽ'tax/ 他 ❶ 正当化する, 裏付ける, 根拠を与える, 立証する ▶ O advogado fundamentou sua defesa. 弁護士は弁護の正当性を立証した.
❷ …に基礎を置く, 基づかせる [+em] ▶ Ele fundamentou sua defesa em provas materiais. 彼は弁護を物的証拠に基づかせた.
❸ (建物の) 基礎を据える ▶ Os operários fundamentaram o edifício. 作業員たちは建物の基礎を築いた.
— **fundamentar-se** 再 …に基礎を置く, 基づく [+em] ▶ Minha análise fundamenta-se em jornais do início do século. 私の分析は今世紀初頭の新聞に基づいている.

fundamento /fũda'mẽtu/ 男 ❶ (建物の) 基礎, 土台, 基礎工事.
❷ (物事の) 基礎, 基盤.
❸ 理由, 動機, 原因, 根拠 ▶ A sua preocupação não tem fundamento. 彼女の心配には根拠がない.
❹ 証拠, 証明.
❺【哲学】原理.
❻ B 教育.
sem fundamento 根拠のない.

*__fundar__ /fũ'dax/ フンダーフ/ 他 創設する, 設立する ▶ fundar uma escola 学校を設立する / fundar um jornal 新聞を創刊する / fundar um banco 銀行を創設する / fundar uma família 家庭を築く.
— **fundar-se** 再 … に基づく, 立脚する [+em].

fundiário, ria /fũdʒi'ariu, ria/ 形 土地の, 農地の.

fundir /fũ'dʒix/ 他 ❶ 溶かす ▶ fundir metais 金属を溶かす.
❷ 鋳造する ▶ fundir uma estátua de bronze ブロンズ像を鋳造する.
❸ …と融合させる, 合併させる, 一つにする [+com/em] ▶ O diretor fundiu duas turmas. 校長は2つのクラスを1つにした.
❹ 混ぜる.
❺ 結果として生む ▶ Precaução sensata, que fun-

furar

diu calma e segurança. 慎重な用心が落ち着きと安心を生む.
❻ 使い果たす ▶ Ele fundiu o dinheiro em poucos dias. 彼は数日でお金を使い果たした.
❼ 〖映画〗フェードさせる ▶ O diretor fundiu as imagens causando um lindo efeito de mudança da cena. 監督は映像をフェードさせて美しい場面変更の効果を出した.
❽ 徐々に減る, 衰弱する, 消える ▶ Sua arrogância fundia-se com o sofrimento. 苦難とともに彼の傲慢さも徐々になくなっていった.
❾ B 混乱させる.
❿ 沈ませる.
— 自 利益をもたらす ▶ Fundiram muito bem os cafezais. コーヒー農園は大きな利益をもたらした.
— fundir-se 再 ❶ 溶ける.
❷ 合併する, 融合する, 1つになる ▶ As duas empresas fundiram-se. 2つの会社が合併した.
fundista /fū'dʒista/ 名 長距離走者.
fundo, da /'fūdu, da/ フンド, ダ/ 形 ❶ 深い ▶ buraco fundo 深い穴 / Este poço é muito fundo. この井戸はとても深い / prato fundo 深皿.
❷ 奥行きのある olhos fundos くぼんだ目.
❸ 深々とした, 重々しい ▶ suspiro fundo 深いため息.
— fundo 男 ❶ 底 ▶ fundo da garrafa 瓶の底 / fundo do mar 海底.
❷ 《fundos》奥 ▶ Prefiro o quarto dos fundos porque é mais silencioso. 私は奥にある部屋のほうがいい, そちらの方が静かなので.
❸ 基金, ファンド ▶ Fundo Monetário Internacional 国際通貨基金 / fundo de pensão 年金基金 / fundo de investimento 投資ファンド / fundo especulativo 投機ファンド / fundo de aposentadoria 退職年金基金 / fundo mútuo 投資信託.
❹ 《fundos》資金 ▶ Os fundos são insuficientes. 資金が不十分だ / ter fundos 資金がある / fundos públicos 公的資金.
❺ 背景, バック ▶ Nós tiramos uma fotografia com a montanha ao fundo. 私たちは山を背景に写真を撮った / fundo musical = música de fundo バックグラウンドミュージック.
— fundo 副 深く, 奥深く ▶ respirar fundo 深呼吸する.
a fundo 完全に, 徹底的に, 深く ▶ conhecer a fundo 知り抜いている.
a fundo perdido (融資が) 返済のめどがない, 焦げ付いた.
chegar ao fundo ① 核心を突く. ② どん底に落ちる, 奈落の底に落ちる.
chegar ao fundo do poço 最悪の状態に陥る.
de fundo 〖スポーツ〗長距離の ▶ corrida de fundo 長距離走 / esqui de fundo クロスカントリースキー.
do fundo de... …の底から ▶ do fundo do peito 心の底から.
entrar pela porta dos fundos 裏口から入る.
fundo do tacho ① ご馳走の残り物. ② 末っ子.
ir ao fundo 沈没する.
ir fundo 行くところまで行く.
meter no fundo (船を)沈める.
no fundo 実は, 実際は.
no fundo do poço どん底状態で.
sem fundo ① 底なしの, 非常に深い. ② 残高不足の.
fundura /fū'dura/ 女 深さ.
fúnebre /'fūnebri/ 形 ❶ 葬式の, 葬儀の ▶ marcha fúnebre 葬送行進曲 / cortejo fúnebre 葬儀の列. ❷ 死を思わせる, 不吉な.
❸ 悲しげな, 陰気な.
funeral /fune'raw/ [複 funerais] 男 葬式, 葬儀.
funerário, ria /fune'rariu, ria/ 形 葬儀の.
— funerária 女 葬儀社.
funesto, ta /fu'nestu, ta/ 形 ❶ 死に至る, 死をもたらす ▶ um acidente funesto 致命的事故.
❷ 不吉な.
❸ 痛ましい, 悲惨な ▶ um acontecimento funesto 痛ましい事件.
❹ 有害な, 害をもたらす.
fungicida /fūʒi'sida/ 形 《男女同形》殺菌の.
— 男 殺菌剤.
fungo /'fūgu/ 男 キノコ, 菌類.
funil /fu'niw/ [複 funis] 男 漏斗.
passar num funil 難関を通る
fura-bolo /,fura'bolu/ [複 fura-bolos] 男 B 話 人差し指.
furacão /fura'kẽw/ [複 furacões] 男 ハリケーン.
furadeira /fura'dejra/ 女 B ドリル.
furado, da /fu'radu, da/ 形 ❶ 穴の開いた ▶ um sapato furado 穴の開いた靴 / um pneu furado パンクしたタイヤ.
❷ (耳が) ピアスした ▶ ter orelhas furadas 耳にピアスをしている
❸ 失敗した ▶ um plano furado 失敗した計画.
❹ 価値のない ▶ uma moeda furada 価値のないお金 / papo furado 中身のない会話.
❺ B 沢山食べても太らない.
❻ 中断される.
— furado 男 ❶ 雨期の間の乾期.
❷ B 2つの川が1つになった水路, 川の直線の流れ.
❸ B 処女林の中の空き地.
❹ B トンネル.
furador, dora /fura'dox, 'dora/ [複 furadores, doras] 形 ❶ 穴をあける.
❷ てきぱきした, 積極的な.
— furador 男 穴あけ器, 穴開けパンチ, 目打ち ▶ Ele furou o papel com o furador. 彼は穴開けパンチで紙に穴を開けた.
— 名 B 仕事を探す人 ▶ Ele sempre foi um furador, nunca perdeu uma oportunidade nos negócios. 彼はいつも仕事を探し, 商売のいかなるチャンスも逃さなかった.
furar /fu'rax/ 他 ❶ …に穴をあける；▶ furar a parede 壁に穴をあける / furar a orelha 耳にピアスの穴をあける.
❷ 失敗させる, 駄目にする ▶ furar a greve スト破りをする / O mau tempo furou as planejadas festividades. 悪天候でお祭りの計画が駄目になった.
❸ 尊重しない.

❹ 突き抜ける，通る ▶ O raio de sol furava a névoa. 太陽の光はもやを突き抜けていた.
❺ [B]〘新聞〙(他社を) 出し抜く ▶ A revista semanal furou todos os jornais. その週刊誌はすべての新聞を出し抜いた.
❻ (場所などを) 横取りする，割り込む ▶ Ele furou a fila de maneira desavergonhada. 彼は厚かましく列に割り込んだ.
— [自] ❶ 穴があく，パンクする ▶ O pneu furou. タイヤがパンクした.
❷ 困難を克服する ▶ Empenhou-se tenazmente e furou. 粘り強く努力し，困難を克服した.
❸ 途を開く，通る，分け入る ▶ Furando audazmente, ali chegamos. 大胆に分け入り，私たちはそこに到着した.
❹ 出る，飛び出す ▶ Muito magro, os ossos como que furavam pela pele. 大変やせ細っていて骨がまるで皮膚から出てるようだった.
❺ [俗] 実現しない ▶ O passeio furou. 散策は実現しなかった.
❻ [B] [俗] 約束を破る ▶ Marcamos um encontro ontem mas ele furou comigo. 昨日合う約束をしたのだが，彼は私との約束を破った.
❼ [B]〘サッカー〙シュートをし損なう.
❽ [B]〘サッカー〙(得点を) 間違える ▶ Seu palpite para o jogo furou. あなたの試合の予測は外れた.
furar (a) fila 列に割り込む.
furar o tímpano 耳をつんざく，音量を過度に大きくする.
furar os olhos de 目を欺く，だます.
furar uma greve ストライキ破りをする
furar paredes 賢明になる.
furar um eito 発注された仕事をやり終える.

furgão /fux'gẽw̃/ [[複] furgões] [男] 有蓋トラック，バン.

fúria /'furia/ [女] ❶ 激怒，憤激，逆上 ▶ com fúria 激怒して. ❷ 激しさ，猛威.

furiosamente /furiˌɔza'mẽtʃi/ [副] 激怒して，猛烈に，激しく.

furioso, sa /furi'ozu, 'ɔza/ [形] ❶ 激怒した，かんかんになった ▶ Ele estava furioso comigo. 彼は私に対して激怒していた / ficar furioso 激怒する / olhar furioso 怒りのまなざし. ❷ 激しい ▶ vento furioso 暴風.

furna /'fuxna/ [女] 洞窟.

furo /'furu/ [男] ❶ 穴，開口部.
❷ パンク.
❸〘ジャーナリズム〙[B] スクープ，すっぱ抜き (= furo jornalístico) ▶ furo de reportagem スクープ報道.
❹ へま ▶ dar um furo へまをする.
estar cem [muitos] furos acima de alguém …よりはるかに勝っている.
no último furo ぎりぎりの状況で.

furor /fu'rox/ [[複] furores] [男] ❶ 激怒，憤激.
❷ 激しさ，猛威.
❸ 激情，熱中 ▶ com furor 激しく，夢中になって.
fazer furor 人気をさらう，流行する.

furta-cor /ˌfuxta'kox/ [[複] furta-cores] [形]《単複同形》玉虫色の.
— [男] 玉虫色.

furtar /fux'tax/ [他] ❶ 盗む，くすねる ▶ furtar uma carteira 財布を盗む.
❷ 剽窃(ひょうせつ)する，盗用する ▶ O aluno furtou as ideias de um colega. その生徒は同級生のアイディアを盗用した.
❸ …を避ける，よける，遠ざける，かわす [+ a] ▶ Ele não pode furtar a responder a essa questão. 彼はその問題についての答えを避けることはできない.
❹ 偽る，偽造する ▶ Ele furtou a assinatura do chefe. 彼は上司の署名を偽造した.
❺ …の (権利や価値を) 否定する，拒否する.
— [自] 盗む.
— **furtar-se** [再] ❶ …を避ける [+ a] ▶ Ele furtou-se de comparecer à reunião. 彼は会議に出ることを避けた.
❷ (義務から) 逃れる [+ a] ▶ Ele nunca se furtou a pagar o aluguel. 彼は家賃を払うことを決して怠らなかった.
❸ 隠れる.
furtar as voltas a... (追っ手を) かわす，まく.

furtivamente /fuxˌtʃiva'mẽtʃi/ [副] ひそかに，こっそりと.

furtivo, va /fux'tʃivu, va/ [形] ひそかな，人目を忍んだ ▶ olhares furtivos こっそり見ること，盗み見ること.

furto /'fuxtu/ [男] 盗み，盗品.
a furto こっそりと，隠れて.

fusão /fu'zẽw̃/ [[複] fusões] [女] ❶ 溶解，融解.
❷ 融合，融和 ▶ fusão de culturas 文化の融合 / fusão nuclear 核融合.
❸ 合併，統合 ▶ fusão e aquisição (企業の) 合併買収.

fusca /'fuska/ [男] [B] フォルクスワーゲン・ビートル.

fuselagem /fuze'laʒẽj̃/ [[複] fuselagens] [女]〘航空〙機体，胴体.

fusível /fu'zivew/ [[複] fusíveis] [男]〘電気〙ヒューズ ▶ O fusível queimou. ヒューズが飛んだ.

fuso /'fuzu/ [男] ❶ 錘(つむ)，紡錘；糸巻き，ボビン.
❷ fuso horário 標準時間帯，タイムゾーン.

fustigar /fustʃi'gax/ ⑪ [他] ❶ …をむち打つ. ❷ 罰する，懲らしめる. ❸ けしかける.

***futebol** /futʃi'bɔw フチボゥ/ [男] **サッカー；フットボール** ▶ jogar futebol サッカーをする / bola de futebol サッカーボール / jogador de futebol サッカー選手 / Nós fomos ver o jogo de futebol. 私たちはサッカーの試合を見に行った / futebol americano アメリカンフットボール / futebol de salão 室内サッカー，フットサル / futebol de areia [B] ビーチサッカー / futebol de botão テーブルサッカー.

futebolista /futʃibo'lista/ [名] サッカー選手.

futebolístico, ca /futʃibo'listʃiku, ka/ [形] サッカーの.

futevôlei /futʃi'volej/ [男] フットバレー (手を使わないで行うバレーボールに似たスポーツ).

fútil /'futʃiw/ [[複] fúteis] [形]《男女同形》❶ 軽薄な. ❷ 取るに足らない，くだらない ▶ conversa fútil たわいのない会話 / motivo fútil 些細な動機.

futilidade /futʃili'dadʒi/ [女] ❶ 軽薄, 浅はか. ❷ 無意味なこと, くだらないこと.
futsal /fut'saw/ [男]〘スポーツ〙フットサル.
futuramente /fuˌtura'mẽtʃi/ [副] 将来には, 今後は.
futurismo /futu'rizmu/ [男] 未来派, 未来主義.
futurista /futu'rista/ [形]《男女同形》未来派の, 未来主義の.
— [名] 未来派の芸術家.
***futuro, ra** /fu'turu, ra フトゥーロ, ラ/ [形] **未来の, 将来の** ▸ futuro marido 未来の夫 / gerações futuras 後世の人々.
— **futuro** [男] ❶ **未来, 将来** ▸ É difícil prever o futuro 未来を予測するのは難しい / no futuro 将来は / num futuro próximo 近い将来に / a sociedade de futuro 未来社会.
❷〘言語〙未来時制 ▸ futuro do pretérito 過去未来時制.
de futuro ① 将来は, この先, 今後は ▸ De futuro, procure chegar no horário. 今後は時間通りに着くようにしてください. ② 未来の, 将来性のある ▸ uma profissão de futuro 将来性のある職業.
sem futuro 未来がない, 将来性がない.
ter futuro 未来がある, 見込みがある ▸ Aquele homem tem futuro. あの男は見込みがある.
fuxicar /fuʃi'kax/ ㉙ [他] ❶ かき回す.
❷ [B] …の陰口を言う, 中傷する ▸ Ela fuxicava os vizinhos. 彼女は隣人の陰口を言っていた.
❸ [B] ぐし縫いする, 仮縫いする ▸ Vovó fuxicava as roupas da neta. おばあさんは孫娘の服を仮縫いしていた.
❹ [B] しわくちゃにする ▸ Ela fuxicou a roupa. 彼女は服をしわくちゃにした.
❺ [B] 触れる, いじる ▸ Tem a mania de fuxicar os outros com os dedos. 他人を指でいじる癖がある.
❻ [B] …を簡単に［即席で］作る ▸ Quando chegou do trabalho, ela fuxicou o jantar. 彼女は仕事から戻ると簡単な夕食を作った.
— [自] [B] 陰口を言う, 中傷する ▸ As vizinhas fuxicavam no portão. 隣人たちは門のところで陰口をたたいていた.
fuxico /fu'ʃiku/ [男] ❶ [俗] 陰口, 中傷, 悪口.
❷ 下手な繕い.
❸ 布製のバラの飾り.
fuzil /fu'ziw/ [[複] fuzis] [男] 小銃, ライフル銃.
fuzilamento /fuzila'mẽtu/ [男] 銃殺.
fuzilar /fuzi'lax/ [他] ❶ 銃殺する, 射殺する. ❷ (視線や言葉を) 浴びせる ▸ fuzilar com o olhar 厳しい目で見る, 軽蔑する.
fuzileiro /fuzi'lejru/ [男] ❶ 小銃兵. ❷ [B] fuzileiro naval 海兵隊.
fuzuê /fuzu'e/ [男] [B] [俗] ❶ お祭り騒ぎ, どんちゃん騒ぎ. ❷ 混乱, 騒ぎ ▸ O fuzuê na entrada do clube atraiu até a polícia. クラブの入口の騒ぎで, 警察までもが駆けつけた.

F

G g

g /ʒe/ 男 ポルトガル語アルファベットの第7字.

gabar /ga'baʃ/ 他 ほめる, 称える.
— **gabar-se** 再 …を自慢する, 誇る [+ de].

gabardina /gabaʃ'dʒina/ 女 = gabardine

gabardine /gabaʃ'dʒini/ 女〖織物〗ギャバジン.

gabaritado, da /gabaɾi'tadu, da/ 形 能力のある, 素養のある ▶Ele só trabalha com gente gabaritada. 彼は能力のある人としか仕事をしない.

gabarito /gaba'ɾitu/ 男 ❶ 建物の高さ制限 ▶O gabarito máximo dos edifícios do bairro é de vinte andares. 地域の建物の高さ制限は20階だ. ❷ 標準寸法. ❸ 測定用計器. ❹ B 選択問題試験の解答用紙. ❺ (専門的な)能力の高い水準, 部類, レベル ▶professores de alto gabarito レベルの高い教師たち.

*__gabinete__ /gabi'netʃi ガビネーチ/ 男 ❶ 書斎 ▶Meu pai gosta de ler no seu gabinete. 私の父は自分の書斎で読書をするのが好きである. ❷ 執務室, 事務室 ▶O prefeito receberá a delegação em seu gabinete. 市長は自分の執務室で代表団を迎える / gabinete de ministro 大臣官房. ❸ 内閣 ▶formar o gabinete 組閣する / O primeiro-ministro anunciou o novo gabinete. 首相は新しい内閣を発表した.
gabinete de leitura 公共図書館.

*__gado__ /'gadu ガード/ 男〖集合的に〗家畜, 牛 ▶criação de gado 牧畜 / gado bovino 牛 / gado leiteiro 乳牛.

gafanhoto /gafa'ɲotu/ 男〖昆虫〗イナゴ, バッタ.

gafe /'gafi/ 女 へま, 失言 ▶cometer uma gafe へまをする, 失言する.

gafieira /gafi'ejɾa/ 女 ❶ ガフィエイラ (ペアで踊るブラジルのダンス). ❷ ガフィエイラを踊るホール.

gagá /ga'ga/《男女同形》形 B もうろくした, 老いぼれた.
— 名 もうろくした人, 老いぼれた人.

gago, ga /'gagu, ga/ 形 名 どもる (人) ▶ser gago どもる.

gagueira /ga'gejɾa/ 女 吃音, どもり.

gaguejar /gage'ʒaʃ/ 自 どもる, 口ごもる.
— 他 どもりながら言う.

gaiola /gaj'ola/ 女 ❶ 鳥かご ▶gaiola de pássaros 鳥かご. ❷ (動物の)おり. ❸ 俗 刑務所, 牢屋.

gaita /'gajta/ 女 ❶ 笛, 横笛 ▶gaita de foles バグパイプ (注 イベリア半島西北部一帯の伝統楽器). ❷ B ハーモニカ ▶gaita de boca ハーモニカ. ❸ B アコーディオン, コンセンティーナ. ❹ B 俗 金 ▶Faltava-lhe a gaita para a viagem. 彼には旅行する金がなかった / Solta a gaita! 金をだせ / estar cheio da gaita 金がたくさんある. ❺《軽蔑的》もの, がらくた ▶Disse que não queria aquela gaita para nada, e atirou-a ao chão. そんながらくたはいらないと言って床に投げつけた.
ir-se à gaita 失敗する, 挫折する.
tomar à gaita だまし取る.

gaiteiro, ra /gaj'tejɾu, ra/ 形 ❶ お祭り好きの ▶Ele era muito gaiteiro. 彼はとても祭り好きだった. ❷ 派手な, 陽気な. ❸ ハーモニカを吹く.
— 名 ❶ 祭り好きの人, 陽気な人. ❷ バグパイプの奏者, ハーモニカを吹く人.

gaivota /gaj'vota/ 女〖鳥〗カモメ.

gala /'gala/ 女 ❶ 晴れ着, 盛装. ❷ (公式の)大祝典, (正装で行われる) 特別興行, ガラ.
traje de gala 正装, 礼装.

galã /ga'lɐ̃/ 男 伊達男, 色男, 二枚目.

galáctico, ca /ga'laktiku, ka/ 形 銀河(系)の.

galante /ga'lɐ̃tʃi/ 形《男女同形》❶ (男性が) 女性に対して親切な, 女性の気を引こうとする. ❷ 恋愛に関する, 色恋を描いた.
— 名 洗練された人.

galão /ga'lɐ̃w̃/ [複 galões] 男 ❶ 《容量単位》ガロン. ❷ 大きなプラスチックの容器. ❸ 金モール, 肩章. ❹ P コップ入りのカフェオレ.

galardão /galaʃ'dɐ̃w̃/ [複 galardões] 男 褒美, 賞.

galardoar /galaʃdo'aʃ/ 他 ❶ …に賞を与える, 報いる ▶O prefeito galardoou os vencedores do torneio. 市長はトーナメントの勝者に賞を与えた. ❷ 慰める, なだめる ▶O filho tentava galardoar o sofrimento da mãe. 息子は母親の悲しみを慰めようとしていた.
— 自 慰めになる ▶Palavras amigas galardoam. 暖かい言葉は慰めになった.

galáxia /ga'laksia/ 女 ❶ 銀河, 星雲. ❷ (Galáxia) 銀河系, 天の川 (= Via Láctea).

galera /ga'leɾa/ 女 ❶ ガレー船. ❷ B 俗 仲間, グループ ▶A galera foi toda para minha casa ver o jogo de futebol. 仲間たちが全員サッカーの試合を観るために私の家に来た.

galeria /gale'ɾia/ 女 ❶ 回廊, 柱廊, 屋根付き通路. ❷ 画廊, ギャラリー, 陳列室; 美術品, 収集品 ▶galeria de arte 画廊, アートギャラリー. ❸ (ショッピングセンターの) 廊下. ❹〖劇場〗天井桟敷席, 天井桟敷の客 ▶Só a galeria aplaudiu, freneticamente. 天井桟敷の客だけが熱烈に拍手喝采を送っていた. ❺ 一般大衆 ▶para a galeria 大衆の受けを狙った. ❻ 著名人などの総鑑 ▶a galeria das heroínas de Camilo カミーロの作品の1冊. ❼ 坑道, 地下道 ▶A galeria onde os mineiros trabalhavam descia a 200 metros de profundidade. 鉱夫たちが働いていた坑道は200メートルの深

galeto /ga'letu/ 男 B ❶ ひな鳥. ❷ (串刺しにした) ひな鳥の焼き鳥. ❸ ひな鳥の焼き鳥店.

galgar /gaw'gax/ 他 ❶ 飛び越す, 越える ▶ Ele galgou a barreira. 彼は柵を乗り越えた / Ele já galgou seus sessenta anos. 彼はすでに60歳を過ぎた. ❷ 大股で歩く, 駆け上がる ▶ Ele galgou a escada rapidamente. 彼は急いで階段を駆け上がった. ❸ 転がる ▶ A pedra galgou a ladeira e caiu sobre um carro. 石は斜面を転がり, 車の上に落ちた. ❹ まっすぐにする, 平らにする ▶ galgar um pedaço de madeira 木片をまっすぐにする. ❺ 歩きまわる ▶ Ele galgou uma parte do litoral brasileiro. 彼はブラジルの沿岸部の一部を歩きまわった. ❻ 登る ▶ O menino galgou a árvore em poucos segundos. 男の子は瞬く間に木へよじ登った. — 自 ❶ …を飛び越える, 越える [+ por]. ❷ 大股で歩く ▶ Os cavaleiros galgavam encosta acima. 騎士たちは坂道を上へと駆け上がった. ❸ 登る ▶ Acuada, a lebre galgava para cima da árvore. 追いつめられたウサギは木のてっぺんまで登った. ❹ 転がる ▶ Com as chuvas intensas, as pedras começaram a galgar. 強い雨のせいで石は転がり始めた. ❺ 素早く昇進する ▶ De operário, ele galgou a gerente da empresa. 彼は作業員から会社の支配人へとすぐに昇進した. ❻ 従わない, 背く ▶ Como uma criança pequena, ele não desistia de galgar. 小さな子供のように彼は逆らったままだった.

galgo /'gawgu/ 男 グレイハウンド.

galheteiro /ɡaʎe'tejru/ 男 食卓用の酢や油などを入れる瓶.

galho /'gaʎu/ 男 ❶ 木の枝. ❷ (反芻動物の) 角. ❸ B 俗 アルバイト. ❹ B 俗 争い, 不和. ❺ B 俗 困難. ❻ B 俗 不倫関係 ▶ Ele teve um galho com a enfermeira. 彼は看護師と不倫関係にあった.
balançar o galho da roseira おならをする.
botar o galho dentro B 静かにしている, じっとしている.
cair do galho 失脚する, 失墜する.
dar (um) galho B 面倒を起こす.
ferrar o galho 眠る.
pular de galho em galho 一カ所に留まらない, 落ち着きがない.
quebrar um galho B 問題を解決する.

galicismo /galisizmu/ 男 ガリシズム, フランス語からの借用語または借用表現.

*__galinha__ /ga'liɲa/ ガリーニャ/ 女 ❶ 雌鶏, チキン ▶ sopa [canja] de galinha チキンスープ / galinha ao molho pardo ソースに鶏の血を使った鶏料理 / galinha dos ovos de ouro 金の卵を産むニワトリ / De grão em grão a galinha enche o papo. ⦅諺⦆ 塵も積もれば山となる.
— 形 《男女同形》名 ❶ 臆病な (人). ❷ 恋人をしょっちゅう変える (人).
acordar com as galinhas 早起きする.
cantar de galinha 怖気づく, おびえる.
deitar-se com as galinhas 早寝する.
quando as galinhas criarem [tiverem] dentes (雌鶏に歯が生えたときに→) 決して (…ない).
recolher-se com as galinhas 早寝する.

galinha-d'angola /ga,liɲadɛ̃'gɔla/ [複 galinhas-d'angola] 女 〖鳥〗 ホロホロチョウ.

galinha-morta /ga,liɲa'mɔxta/ [複 galinhas-mortas] 女 B 俗 ❶ 安物. ❷ 簡単なこと ▶ Esse jogo é galinha-morta. そのゲームは簡単なものだ. ❸ 弦楽器で演奏される歌とその踊り.
— 男 B ❶ 意気地なし. ❷ 元気のない人, 無気力な人 ▶ O pretendente é um galinha-morta. 志願者は無気力な人だ.

galinheiro /gali'ɲejru/ 男 ❶ 鶏小屋. ❷ 〘劇場〙天井桟敷.

*__galo__ /'galu/ ガーロ/ 男 ❶ 雄鶏. ❷ (頭の) こぶ.
ao cantar do galo 鶏鳴に, 夜明けに.
cantar de galo ① 勝利の雄叫びを上げる. ② 威張る, (男が) 亭主関白である.
cozinhar o galo 鶏を売る.
galo cego 疑り深い人.
galo de briga 闘鶏; けんかっ早い人.
Outro galo cantaria. 状況は変わっていたはずだ.

galocha /ga'lɔʃa/ 女 ゴム長靴.

galopante /galo'pɐ̃tʃi/ 形 《男女同形》 ❶ ギャロップで走る, 疾走する. ❷ 急速に進む, 急進性の ▶ inflação galopante 駆け足のインフレ.

galopar /galo'pax/ 自 ❶ ギャロップで走る. ❷ 疾走する.

galope /ga'lɔpi/ 男 〘馬術〙ギャロップ.
a galope ① ギャロップで. ② 大急ぎで.
a todo galope 全速力で.

galpão /gaw'pɐ̃w/ [複 galpões] 男 格納庫.

galvanizar /gawvani'zax/ 他 ❶ …に電気めっきする. ❷ …に電気的刺激を与える. ❸ 熱狂させる.

gama /'gɐ̃ma/ 女 ❶ 音階. ❷ 種類の幅, 範囲 ▶ uma gama de fatores さまざまな要因.
— 男 ガンマ, ギリシャ語アルファベットの3番目の文字.

gamado, da /ga'madu, da/ 形 ❶ ギリシャ文字のガンマのような, かぎ型の ▶ cruz gamada 鉤十字. ❷ B …に恋した, 夢中になった [em/por] ▶ estar gamado em alguém …に恋している / Ele era gamado pela professora. 彼は女性教師に恋焦がれていた.

gamão /ga'mɐ̃w/ [複 gamões] 男 バックギャモン.

gamar /ga'max/ 自 B 俗 …に夢中になる, 恋する [+ por].

gambá /gɐ̃'ba/ 名 〖動物〗オポッサム.
— 男 B 俗 酔っぱらい.
bêbado como um gambá べろべろに酔った.
beber como um gambá 浴びるほど酒を飲む.

game /'geimi/ 男 ❶ コンピューターゲーム. ❷ (テニスの) 試合.

gana /'gɐ̃na/ 女 ❶ 強い熱意, 願望 ▶ Estou com muita gana de ganhar. 私は何としても勝ちたい /

ganância

Naquele momento, ela teve ganas de o matar. あの時, 彼女は彼を殺したいと思った.
❷ 怒り, 憎しみ.
❸ 衝動, 思いつき.

ganância /ga'nẽsia/ 囡 食欲, 強欲.

ganancioso, sa /ganẽsi'ozu, 'oza/ 形 食欲な, 強欲な.

gancho /'gẽʃu/ 男 ❶ 鉤, フック, ホック, 留め金 ▶ gancho de açougue 肉屋の鉤.
❷ 釣り針.
❸ 囯 (電話の) フックスイッチ ▶ O telefone estava fora do gancho. 電話はフックスイッチが外れていた.
❹ 囯 ズボンの股.
❺ 【ボクシング】 フック ▶ gancho de direita 右フック.
ir a gancho 入獄する.
ser de gancho 厳しい, 気難しい.
tirar a gancho 苦労して手に入れる.

gandaia /gẽ'daja/ 囡 話 ❶ ばか騒ぎ, お祭り騒ぎ ▶ De vez em quando, ele cai na gandaia. 時々彼ははか騒ぎに陥る.
❷ くず拾い.
❸ ぼろ布回収業, 廃品回収業.
❹ 無為な生活.
à gandaia あてもなく.
andar na gandaia あてもなく歩く, 運にまかせて暮らす, 怠惰に暮らす.
cair na gandaia 放蕩にふける.

gandula /gẽ'dula/ 囡 【スポーツ】 ボール拾い.

ganga /'gẽga/ 囡 ❶ デニム, ジーン生地 ▶ calças de ganga ジーンズ. ❷ 【鉱物】 脈石.

gânglio /'gẽgliu/ 男 【解剖】 神経節.

gangorra /gẽ'goxa/ 囡 シーソー.

gangrena /gẽ'grẽna/ 囡 【医学】 壊疽, 脱疽.

gângster /'gẽgster/ [複 gângsteres] 男 ギャングの一員, 悪漢.

gangue /'gẽgi/ 囡 話 ❶ ギャング. ❷ 囯 話 (若者の) 仲間, グループ.

ganhador, dora /gaɲa'dox, 'dora/ [複 ganhadores, doras] 名 ❶ 勝者, 受賞者, 優勝者 ▶ ganhador do prêmio Nobel de física ノーベル物理学賞受賞者. ❷ 稼ぎ手, 稼ぐ人.
— 形 稼ぐ.

ganha-pão /,gẽɲa'pẽw̃/ [複 ganha-pães] 男 生計の手段, 仕事.

★★★**ganhar** /ga'ɲax/ [過去分詞 ganhado/ganho] 他 ❶ 稼ぐ, もうける ▶ ganhar dinheiro お金を稼ぐ / ganhar a vida 生活費を稼ぐ / ganhar o pão de cada dia 日々の糧を得る.
❷ 勝つ, 勝利する ▶ ganhar um combate 戦いに勝つ / ganhar a partida 試合に勝つ / ganhar as eleições 選挙に勝利する / ganhar um concurso コンクールに優勝する / ganhar um desafio 決闘に勝つ / ganhar o campeonato 選手権に優勝する.
❸ (くじに) あたる ▶ ganhar uma aposta 賭けにあたる / ganhar na loteria 宝くじにあたる.
❹ 受賞する, 授かる ▶ ganhar um prêmio 受賞する / ganhar uma condecoração 勲章を授かる / ganhar uma bolsa de estudos 奨学金を受ける.
❺ 勝ち取る, 獲得する, 得る ▶ ganhar o amor de uma mulher 女性の愛を勝ち取る / ganhar o respeito dos outros 他人から尊敬を得る / ganhar fama 名声を得る / Você não ganha nada em teimar. あなたは意地を張っても何にもならない / ganhar um quilo 1 キロ太る.
❻ (時間を) 稼ぐ, 節約する ▶ ganhar tempo 時間を稼ぐ / ganhar o tempo perdido 失った時間の埋め合わせをする.
❼ …に到達する, 達する.
— 自 ❶ 稼ぐ, もうける ▶ ganhar bem 所得が高い / ganhar mal 所得が低い / ganhar pouco 稼ぎが少ない.
❷ …に勝つ, 勝る [+ de] ▶ O Brasil ganhou da França. ブラジルはフランスに勝った / Ele ganha de todos os candidatos em experiência. 彼は経験においてすべての候補者に勝る / Esse carro ganha do outro em conforto e segurança. その車は他車より快適さと安全性において優れている.
ganhar, mas não levar ① 賞を得ても実利がない. ② 見かけだけの勝利である.
ganhar o mundo 去る.
sair ganhando 得る.

★**ganho, nha** /'gẽɲu, ɲa/ 形 (ganhar の過去分詞) ❶ 獲得した, 手に入れた ▶ o livro ganho 手に入れた本.
❷ 勝った, 勝ち取った ▶ o jogo ganho 勝った試合.
— **ganho** 男 ❶ 利益, 利得, 報酬 (↔ perda) ▶ perdas e ganhos 損益 / ganho de capital 譲渡益, キャピタルゲイン / ganho mensal 月収.
❷ 【電子】 利得.
ganho de causa 勝訴.

ganso /'gẽsu/ 男 【鳥】 ガチョウ.

garagem /ga'raʒẽj/ [複 garagens] 囡 ❶ ガレージ, 車庫. ❷ 自動車修理工場.

garagista /gara'ʒista/ 名 囯 自動車修理工場主, 自動車修理工.

garanhão /gara'ɲẽw̃/ [複 garanhões] 男 ❶ 種馬. ❷ 絶倫男.

garante /ga'rẽtʃi/ 名 保証人.

★**garantia** /garẽ'tʃia/ ガランチーア 囡 ❶ 保証, 保証期間 ▶ Este relógio tem garantia de um ano. この時計は 1 年の保証がついている / A máquina de lavar roupa ainda está na garantia. 洗濯機はまだ保証期間内だ / Esta televisão está fora da garantia. このテレビの保証が切れた.
❷ 請け合い, 保証 ▶ Não temos garantia de que este plano dê certo. 私たちにはこの企画がうまくいく保証はない.
❸ 担保 ▶ A casa foi uma garantia para o empréstimo. 家は貸付の担保に入っていた.

★★**garantir** /garẽ'tʃix/ ガランチーフ 他 ❶ 保証する, 請け合う, 確約する ▶ garantir a segurança dos produtos 製品の安全を保証する.
❷ (garantir que + 直説法) …であることを保証する ▶ Eu lhe garanto que nunca menti. 私は絶対に嘘はついていないと保証する.
❸ 責任を負う ▶ A universidade deve garantir a qualidade de ensino. 大学は教育の質の責任を負

わねばならない.
— **garantir-se** 再 自分を守る.

garbo /'gaxbu/ 男 ❶ 優雅, 優美, 上品 ▶ Ela apresentava-se com garbo e simpatia. 彼女は優雅で感じがよさそうに見えた.
❷ 威厳, 勇敢 ▶ A tropa desfilou com garbo. 軍隊は堂々と縦列行進した.
❸ 卓越, 傑出.

garboso, sa /gax'bozu, 'bɔza/ 形 優雅な, 上品な, 気品のある.

garçom /gax'sõ/ 男 [複 garçons] 男 B ウエイター.

garçonete /gaxso'nɛtʃi/ 女 B ウエイトレス.

gare /'gari/ 女 (鉄道の) 駅.

garfada /gax'fada/ 女 フォーク1杯分の食べ物.

★★**garfo** /'gaxfu/ ガフフォ/ 男 ❶ フォーク ▶ comer com garfo e faca ナイフとフォークで食べる / garfo para carne 肉用のフォーク / garfo para peixe 魚用のフォーク / garfo para sobremesa デザート用のフォーク.
❷ 熊手.
ser um bom garfo 美食家 [健啖家] である.

gargalhada /gaxga'ʎada/ 女 大笑い, 哄笑.
cair na gargalhada 爆笑する.
rir às gargalhadas 大笑いする, 爆笑する.
gargalhada homérica 大笑い, 大爆笑.

gargalo /gax'galu/ 男 ❶ (瓶などの) 首. ❷ 狭い通路, ネック, ボトルネック.
tomar no gargalo ラッパ飲みをする.

‡**garganta** /gax'gẽta/ ガフガンタ/ 女 ❶ 喉 ▶ Estou com dor de garganta. 私は喉が痛い / limpar a garganta 咳払いする / Estou com uma espinha na garganta. 喉に魚の骨が引っかかった.
❷ 声 ▶ ter boa garganta いい声をしている.
❸ 峡谷, 山峡.
❹ 嘘, はったり, ほら.
molhar a garganta 酒を飲む.
não passar pela garganta 受け入れられない, 耐えられない.
raspar a garganta 咳払いする, 喉にからまった淡を切る.

gargantilha /gaxgẽ'tʃiʎa/ 女 首飾り, チョーカー.

gargarejar /gaxgare'ʒax/ 他 …でうがいする.
— 自 うがいをする.

gargarejo /gaxga'reʒu/ 男 うがい, うがい薬 ▶ fazer gargarejo うがいをする.

gari /'gari/ 男 B 道路清掃員.

garimpar /gari'pax/ 他 ❶ (鉱山や川で貴金属を) 探す ▶ Aquele grupo garimpava ouro. その集団は金を探していた.
❷ 綿密に探す ▶ O aluno garimpava palavras pouco usuais nos dicionários. 生徒は辞書であまり日常的でない語を丹念に調べていた.
❸ (珍しいものを) 探す ▶ Ele garimpava raridades num antiquário. 彼は骨董屋で掘り出しものを探していた.
❹ (集めたものの中から) 選び出す, 選出する ▶ Ele garimpava bons jogadores de futebol no seu time. 彼はチームの中からよい選手を選別していた.
❺ (鼻を) ほじる ▶ O menino vivia garimpando o nariz. 男の子は鼻をほじってばかりいた.
— 自 (鉱山や川などで貴金属を) 探す ▶ Eles garimpavam em área proibida. 彼らは禁止区域で貴金属を探していた.
garimpar votos 投票を求めてあいさつ回りをする.

garimpeiro /gari'pejru/ 男 砂金採取者, ダイヤモンド採取者.

garoa /ga'roa/ 女 霧雨, こぬか雨.

garoar /garo'ax/ 自 B 霧雨が降る.

garotada /garo'tada/ 女 子供の群れ, 集団.

★**garoto, ta** /ga'rotu, ta ガロート, タ/ 名 ❶ 子供, 男の子, 女の子 ▶ um garoto de dez anos 10歳の男の子 / *Garota de Ipanema* 『イパネマの娘』(ボサノヴァの歌曲). ❷ ならず者.
— **garoto** 男 B ❶ 小ジョッキの生ビール. ❷ P 小さいカップに入ったカフェオレ.
garoto de programa 若い男娼.
— **garota** 女 話 恋人, ガールフレンド.
garota de programa 話 コールガール.
— 形 ❶ 腕白な, よくふざける ▶ Ele é muito garoto, só faz travessuras. 彼はよくふざけて, いたずらばかりする. ❷ 非常に若い.

garoto-propaganda, garota-propaganda /ga,rotopropa'gẽda, ga,rotapropa'gẽda/ [複 garotos-propaganda(s), garotas-propaganda(s)] 名 ポスターに載る子役タレント.

garoupa /ga'ropa/ 女 『魚』ハタ.

garra /'gaxa/ 女 ❶ (動物の) 爪, かぎ爪
❷ (人の) 手, 指, 爪.
❸ (馬, ロバなどの) 距毛, けづめ毛
❹ 爪状のもの.
❺ 意欲, 熱意 ▶ O time jogou com muita garra. そのチームは強い熱意を持って試合した.
❻ 《garras》専制, 毒牙 ▶ Ele caiu nas garras da droga. 彼は薬物の毒牙にかかった.
de garra 熱意のある, 積極的な.
encolher as garras 爪をひっこめる, 敵対心をなくす.
ir [estar/ficar] à garra 漂流する, なくなる.
livrar-se das garras de... …の支配から解放される.
mostrar as garras 本性を表す.
ter garra 有能である.

‡**garrafa** /ga'xafa/ ガハーファ/ 女 瓶, ボトル; 一瓶 (の量) ▶ abrir uma garrafa 瓶を開ける / garrafa PET ペットボトル / garrafa térmica 魔法瓶 / cerveja em garrafa 瓶ビール / Bebi uma garrafa de vinho. 私はワインを一本飲んだ.
conversar com a garrafa 俗 酔っ払う.

garrafão /gaxa'fẽw/ [複 garrafões] 男 ❶ 大きな瓶. ❷ 《バスケットボール》フリースローレーン.

garrafeira /gaxa'fejra/ 女 ワインセラー.

garrancho /ga'xẽʃu/ 男 B 読みづらい字, 下手な字, 乱筆.

garrido, da /ga'xidu, da/ 形 ❶ 陽気な, 活気のある, 華やかな, カラフルな ▶ Ela vestia-se de cores garridas. 彼女は鮮やかな色の服を着ていた.
❷ 上品な, 優雅な, 洗練された.
❸ めかし込んだ, ハイカラな, おしゃれな.

garupa

garupa /ga'rupa/ 囡 ❶ (馬やロバの) 臀部.
❷ (自転車やバイクの) サドルの後ろの部分 ▶ ir na garupa (自転車やバイクに) 二人乗りする.
❸ 鞍袋, 鞍袋をくくるひも.
dar [andar] de garupa (馬や口バが) 後ろ脚で蹴り上げる.
dar garupa (馬が) もう一人乗せることを許す.
não ser de garupa ① 馬が鞍の後ろに人を乗せるのを嫌がる. ② 交流を拒否する.

✱gás /'gas/ ガス/ [複 gases] 男 ❶ 気体, ガス ▶ gás natural 天然ガス / gás lacrimogêneo 催涙ガス / gás tóxico 有毒ガス / gás de efeito estufa 温室効果ガス / água com gás 炭酸ガス入りミネラルウォーター / água sem gás 炭酸ガスなしのミネラルウォーター.
❷ 《gases》おなら, 屁 ▶ ter gases お腹にガスがたまっている.
❸ 元気, 精気, エネルギー.
com todo o gás 全力で.
dar gás 励ます, 発破をかける.
estar sem gás 精力尽き果てた.
ter ainda muito gás まだまだ元気がある.

gaseificar /gazejfi'kax/ 29 他 ❶ 気化させる, ガス化させる. ❷ (飲み物に) 炭酸ガスを含ませる.
— **gaseificar-se** 再 気化する, ガス化する

gasoduto /gazo'dutu/ 男 ガスパイプライン.

✱gasolina /gazo'lina/ ガソリーナ/ 囡 ▶ posto de gasolina ガソリンスタンド / gasolina comum レギュラーガソリン / gasolina de alta octanagem ハイオクガソリン / gasolina sem chumbo 無鉛ガソリン / A gasolina acabou. ガソリンが切れた.

gasômetro /gɐ'zɔmətru/ 男 P = gasômetro
gasômetro /ga'zõmetru/ 男 B ❶ ガスメーター. ❷ ガス工場, ガススタンク.

gasosa[1] /ga'zɔza/ 囡 B 炭酸飲料.

gasoso, sa[2] /ga'zozu, 'zɔza/ 形 ❶ ガスの, 気体の. ❷ 炭酸ガスを含んだ ▶ água mineral gasosa 炭酸入りミネラルウォーター.

gastador, dora /gasta'dox, dora/ [複 gastadores, doras] 形 浪費する.
— 匿 ❶ 浪費家.

✱gastar /gas'tax/ ガスターフ/ 《過去分詞 gastado/gasto》 他 ❶ (金や時間を) 使う, 消費する; 使い切る ▶ Gastei muito dinheiro na construção da casa. 私は家を建てるのにたくさんの金を使った / Ele gasta os dias com os estudos. 彼は日々勉強をして過ごしている.
❷ (衣類, 靴などを) 使い古す ▶ gastar o tênis スニーカーを履きつぶす / gastar a sola do sapato 靴が擦り切れるほど歩く.
❸ (健康を) 損ねる, 衰弱させる ▶ As doenças gastaram a minha mãe. 母は病気で衰弱した.
❹ 無駄に使う, 無駄にする ▶ gastar a água 水を無駄にする / gastar o tempo 時間をつぶす, 無駄にする / gastar palavras 無駄に話す.
— 自 ❶ 金を使う. ❷ すり切れる; 損なわれる.
— **gastar-se** 再 すり減る; 健康を損ねる ▶ Com o uso, os pneus gastaram-se. 使っているうちに, タイヤがすり減った.

gastar o que tem e o que não tem 金遣いが荒い.
gastar o seu latim 無駄な議論をする.

gasto, ta /'gastu, ta/ 形 《gastar の過去分詞》❶ 消費された, 費やした, 使った ▶ Ela pagou uma exorbitância pela quantidade de água gasta naquele mês. その月に使った水量に彼女は法外な額を支払った / Não podemos recuperar o tempo gasto em discussões inúteis. 無駄な討論に費やした時間を取り戻すことはできない.
❷ 使い古した, すり切れた ▶ sapato gasto すり減らした靴 / O pavimento da rua estava muito gasto e escorregadiço. 道路の舗装はすり切れて, 滑りやすくなっていた.
❸ 疲れた, 衰弱した, 老けた ▶ Ele era muito forte mas hoje é um homem gasto. 彼はとても強かったのだが, 今ではめっきり老け込んでいる.
— **gasto** 男 ❶ 消費, 出費, 支出 ▶ O gasto com o jantar foi alto. 夕食代は高かった.
❷ 無駄遣い, 浪費, 散財 ▶ Agora não é o momento para tais gastos. 今はそんな無駄遣いをするときではない.
❸ 摩耗(まもう), すり切れること.
dar para o gasto (給料などが) 十分である.

gástrico, ca /'gastriku, ka/ 形 胃の ▶ suco gástrico 胃液.

gastrite /gas'tritʃi/ 囡 【医学】胃炎.

gastronomia /gastrono'mia/ 囡 美食術, 美食学, 料理法.

gastronômico, ca /gɐʃtru'nɔmiku, kɐ/ 形 P = gastronômico

gastronômico, ca /gastro'nõmiku, ka/ 形 美食術の, 美食学の, 料理法の ▶ guia gastronômico グルメガイド.

gastrônomo, ma /gɐʃ'trɔnomu, mɐ/ 名 P = gastrônomo

gastrônomo, ma /gas'trõnomu, ma/ 名 B 食通, 美食家.

gata /'gata/ 囡 ❶ 雌猫. ❷ 俗 美女.
de gatas 四つんばいで.
Gata Borralheira シンデレラ.

gatão /ga'tẽw̃/ [複 gatões] 男 ❶ 大きな猫. ❷ 俗 美男子.

gatilho /ga'tʃiʎu/ 男 引き金 ▶ apertar o gatilho 引き金を引く.

gatinha /ga'tʃiɲa/ 囡 俗 セクシーな女性.
andar de gatinhas 這う.

✱✱✱gato /'gatu/ 男 ❶ 猫, 雄猫 ▶ Temos um gato. 私たちは猫を 1 匹飼っている / gato montês 山猫 / gato siamês シャム猫 / gato persa ペルシャ猫 / comida de gato キャットフード / Gato de Botas 長靴を履いた猫 / Gato escaldado tem medo de água fria. 諺 (熱湯でやけどした猫は水まで恐れる→) あつものに懲りてなますを吹く / O gato comeu sua língua? (黙っている相手に) 舌がなくなっちゃったの.
❷ 俗 美男子. ❸ B 俗 無断で電気を引き込むこと.
Aqui há gato. 何か怪しい.
comprar gato por lebre 偽物をつかまされる, 一杯食わされる.

fazer de gato e sapato いいように扱う, こき使う.
gato escondido com o rabo de fora 頭隠して尻隠さず.
gato morto 他人の言いなりになる人.
meter-se a gato mestre 知ったかぶりをする.
vender gato por lebre 羊頭を掲げて狗肉を売る.

gato-pingado /ˌgatupĩˈgadu/ [複 gatos-pingados] ❶《主に gatos-pingados》(少人数の)出席者, 参加者. ❷ つまらない人, 取るに足らない人.

gatuno, na /gaˈtunu, na/ 形 名 泥棒.
— 形 泥棒の, 盗みを働く.

gaúcho, cha /gaˈuʃu, ʃa/ 形 名 リオグランデ・ド・スール州の(人).
— **gaúcho** 男 ガウチョ, 牧童.

gáudio /ˈgawdʒiu/ 男 歓喜, 喜び.

gaveta /gaˈveta/ 女 ❶ 引出し ▶ gaveta do armário 戸棚の引出し / gaveta de cima 一番上の引出し / gaveta de baixo 一番下の引出し.
❷ (蒸気機関の) すべり弁.
❸ B 荒馬.
❹ 要塞の壁に掘られた隠れ場.
❺《新聞》あらかじめ用意された記事.
❻ 俗 刑務所, 牢屋 ▶ Os dois punguistas já foram postos na gaveta. 二人のスリはすでに刑務所に入れられた.
❼ 俗 キック.
❽ B 墓 ▶ Ele botou o cara na gaveta com dois tiros. 彼はそいつをピストル2発で墓に入れた.
comer na gaveta B ケチである.
deixar na gaveta しまっておく, …への関心を失う.
ficar na gaveta 忘れられた, 隠された.
gaveta aberta B 儲けのいい取引.
gaveta de sapateiro 散らかっていること, 乱雑.
pôr na gaveta ① 引き出しにしまう. ② 保留にする, 棚上げにする.

gavião /gaviˈɐ̃w/ [複 gaviões] 男《鳥》ワシ, タカ, ハヤブサなどの総称.

gaze /ˈgazi/ 女 ガーゼ.

gazeta /gaˈzeta/ 女 ❶ 新聞. ❷ さぼること, ずる休み ▶ fazer gazeta ずる休みする.

gê /ʒe/ 男 文字 g の名称.

geada /ʒeˈada/ 女 霜 ▶ geada branca 霜柱.

gear /ʒeˈax/ 自 (非人称的) 霜が降りる.

gel /ˈʒɛw/ [複 géis または geles] 男《化学》ゲル.

geladeira /ʒelaˈdejra/ 女 B 冷蔵庫.
assaltar a geladeira 人に隠れて食べる.
ir pra [para a] geladeira ① 遅延させられる, 延期させられる. ② 刑務所に入る.
pôr na geladeira ① 冷蔵庫にしまう. ② 忘れる, 先延ばしにする.
ser uma geladeira 冷血である, 血も涙もない.

gelado, da /ʒeˈladu, da/ 形 ❶ 非常に冷たい, 寒い ▶ um inverno gelado 凍える冬 / Fiquei gelado. 私はとても寒かった.
❷ (飲み物が) よく冷えた ▶ cerveja bem gelada よく冷えたビール / água gelada 氷水.
❸ 冷凍した.

— **gelado** 男 P アイスクリーム.

gelar /ʒeˈlax/ 他 ❶ 凍らせる, 氷にする, 冷凍する, 凍結させる ▶ O inverno gelou o lago. 冬は湖を凍らせた.
❷ 冷やす, 冷たくする, 凍えさせる ▶ Ela gelou o suco. 彼女はジュースを冷やした / O vento frio gelou-lhe o nariz. 冷たい風が彼の鼻を凍えさせた.
❸ おびえさせる, 怖がらせる ▶ A terrível cena gelou a mulher. 恐ろしい光景が女性をおびえさせた.
❹ 落胆させる, がっかりさせる ▶ A censura do diretor gelou o aluno. 校長の叱責に生徒はしょんぼりした.
❺ 熱意を失わせる ▶ As decepções da vida gelam o entusiasmo. 人生の失望は情熱を失わせる.
❻ 中止させる, 中断させる, 打ち切らせる ▶ A falta de verbas gelou as bolsas de pós-graduação. 予算不足で大学院の奨学金は打ち切りになった.

— 自 ❶ 凍る, 凍結する ▶ As vinhas gelaram por causa do frio. 葡萄の木は寒さのために凍結した.
❷ 冷たくなる, 冷える, 凍える ▶ Estava sem meias, seus pés gelaram. 靴下をはいていなかったので, 彼は足が冷えた.
❸ 怖がる, おびえる ▶ Diante do assaltante, o homem gelou de medo. 強盗を目の前にしてその男性は恐怖におののいた.
❹ がっかりする, 落胆する ▶ Ele gelou quando ela desmanchou o namoro. 彼女に別れを告げられて彼は落胆した.
❺ 熱意を失う ▶ Diante do desprezo do marido, seu coração gelou. 夫の軽蔑を前に, 彼女の心は冷めた.
❻ 中断する, 中止する, 打ち切りになる ▶ Com o mau tempo, o passeio gelou. 悪天候のために遠足は中止になった.

gelar-se 再 ❶ 凍る, 凍結する.
❷ 冷たくなる, 冷える, 凍える.
❸ 怖がる, おびえる.
❹ がっかりする, 落胆する.
❺ 熱意を失う.
❻ 中断する, 中止する, 打ち切りになる.

gelatina /ʒelaˈtʃina/ 女 ❶ ゼラチン. ❷ ゼリー ▶ geleia real ロイヤルゼリー.

gelatinoso, sa /ʒelatʃiˈnozu, ˈnɔza/ 形 ゼラチン質の, ゼラチン状の, ゼラチンのような.

geleia /ʒeˈleja/ 女 ジャム ▶ geleia de morango イチゴジャム / geleia de laranja マーマレード.

geleira /ʒeˈlejra/ 女 氷河.

gélido, da /ˈʒɛlidu, da/ 形 ❶ とても冷たい ▶ vento gélido いてつく風.
❷《比喩的》凍りついた ▶ Ela ficou gélida quando viu o ladrão. 彼女は泥棒を見て凍りついた / olhar gélido 冷たいまなざし.

***gelo** /ˈʒelu/ 男 ❶ 氷 ▶ cubos de gelo 角氷 / era do gelo 氷河期 / gelo picado かち割り氷 / máquina de gelo 製氷機.
❷ 図 猛烈な寒さ ▶ Hoje está um gelo! 今日は特別に寒い.
❸ 冷淡, 無関心 ▶ um olhar de gelo 冷たいまなざし.
dar um gelo em alguém …を冷たくあしらう.

gelo–seco

quebrar o gelo 場の緊張を解きほぐす.
gelo–seco /ˌʒɛluˈsɛku/ [複 gelos-secos] 男 ドライアイス.
gema /ˈʒema/ 女 ❶ 卵黄 ▶ gema de ovo 卵黄, 卵黄色. ❷《植物》芽. ❸ 宝石.
  da gema 生粋の, 真の, 正真正銘の ▶ Sou paulista da gema. 私は生粋のサンパウロっ子だ.
gemada /ʒeˈmada/ 女 卵黄, 温めた牛乳, 砂糖で作ったブラジルの飲み物.
gêmeo, mea /ˈʒemiu, miɐ/ 形 名 P = gêmeo
gêmeos, mea /ˈʒemiu, mia/ 形 B 双子の ▶ irmãs gêmeas 双子の姉妹 / torres gêmeas ツインタワー.
— 名 双子 ▶ gêmeos idênticos 一卵性双生児
— **Gêmeos** 男複《天》双子座.
gemer /ʒeˈmex/ 自 ❶ うめく, うなる ▶ O soldado gemeu a noite inteira com dor. 兵士は傷身に一晩中うめいていた / O vento gemia numa frincha da porta. 風がドアの割れ目でうなっていた.
❷ 嘆く, 悲しむ, 苦しむ ▶ Lamuriando-se da própria vida, ela não para de gemer. 彼女は自分自身の人生を嘆き, 泣き言を言ってばかりいる.
❸ 悲しげに歌う ▶ Os cantores gemiam ao som dos violões. 弾き語り即興詩人たちはギターの音色に合わせて悲しげに歌っていた.
❹ 悲しげな音を出す ▶ As violas gemiam ao luar. ギターは月明かりに物悲しい音を奏でていた.
❺ (鳩が) 鳴く ▶ As pombas gemiam sobre a árvore. 鳩が木の上で鳴いていた.
❻ キーッと鳴る, こすれて鳴る, きしむ ▶ A porta gemeu quando a abriram. ドアを開けるとき, きしんだ.
❼ 喘ぎ声を出す.
❽ 曲がる ▶ Os galhos da videira gemiam com o peso das uvas. ぶどうの木の枝が実の重みでたわんだ.
— 他 ❶ 嘆く, 悲しむ, うめく ▶ A mulher gemia desgraças. 女性は不幸を嘆いていた.
❷ 悲しげに歌う ▶ Os seresteiros gemiam canções de amor. セレナードの演奏者は愛の歌を悲しげに歌っていた.
❸ 悲しげな音を出す ▶ Os bandolins gemiam um lindo chorinho. マンドリンは美しいショーロを物悲しく奏でていた.
gemido /ʒeˈmidu/ 男 うめき声 ▶ soltar um gemido うめき声を上げる.
gene /ˈʒeni/ 男《生物》遺伝子.
genealogia /ʒenealoˈʒia/ 女 ❶ 家系, 系図, 系譜. ❷《生物》系統.
genealógico, ca /ʒeneaˈlɔʒiku, ka/ 形 家系の, 血統の, 系図の, 系譜の ▶ árvore genealógica 系統樹.
genebra /ʒeˈnɛbra/ 女《酒》ジン.
general /ʒeneˈraw/ [複 generais] 男《軍事》大将, 将官, 将軍.
generalidade /ʒeneraliˈdadʒi/ 女 ❶ 一般性, 普遍性.
❷ 多数 ▶ na generalidade dos casos たいていの場合.
❸《generalidades》一般論, 概論.

na generalidade 一般的に.
generalização /ʒeneralizaˈsẽw/ [複 generalizações] 女 ❶ 一般化. ❷ 普及, 伝播.
generalizar /ʒeneraliˈzax/ 他 一般化する; 普及させる, 広める.
— **generalizar-se** 再 一般化する, 広がる
genericamente /ʒeˌnɛrikaˈmẽtʃi/ 副 一般的に, 包括的に.
genérico, ca /ʒeˈnɛriku, ka/ 形 ❶《生物》属の, 属に特有な. ❷ 一般的な, 包括的な ▶ termo genérico 総称. ❸ ジェネリック医薬品の ▶ medicamentos genéricos ジェネリック医薬品.
— **genérico** 男 ジェネリック医薬品, 後発医薬品.
género /ˈʒɛnɐru/ 男 P = gênero
★★**gênero** /ˈʒẽneru/ ジェーネロ/ 男 B ❶ 種, 種類 ▶ Não gosto desse gênero de filme. 私はこの種の映画は好きではない / problemas desse gênero その類いの問題 / do mesmo gênero 同じ種類の.
❷ ジャンル ▶ gênero literário 文学ジャンル / gênero policial ミステリー物.
❸ やり方, 流儀 ▶ gênero de vida 生き方.
❹《gêneros》商品, 品物 ▶ gêneros alimentícios 食料品 / preço de gêneros 物価.
❺《文法》性 ▶ substantivos de gênero masculino 男性名詞.
❻ ジェンダー ▶ estudo do gênero ジェンダースタディー.
  algo gênero 何かそのようなもの.
  em gênero, número e grau ぴったりと一致して.
  fazer gênero 装う, ふりをする.
  gênero humano 人類.
  não fazer o gênero de alguém …の好みではない.
  não ser o gênero de... …の好みではない ▶ Jogar futebol não é o meu gênero. サッカーをプレーすることは私のお気に入りではない.
generosamente /ʒeneˌrɔzaˈmẽtʃi/ 副 気前よく, 寛大に.
generosidade /ʒenerozˈdadʒi/ 女 ❶ 寛大. ❷ 気前のよさ.
★**generoso, sa** /ʒeneˈrozu, ˈrɔza/ ジェネローソ, ザ/ 形 ❶ 気前のよい ▶ Ele é um homem bom e muito generoso. 彼は善良で気前のよい男だ.
❷ 寛大な ▶ atitude generosa 寛大な態度.
❸ 肥沃な ▶ solo generoso 肥沃な土地.
❹ たくさんの, 豊富な ▶ soma generosa de dinheiro 多額の現金.
❺ (ワインが) アルコール度が高く上質な ▶ vinho generoso 上質なワイン.
❻ 高貴な ▶ sangue generoso 高貴な血.
❼ 勇ましい, 威勢のいい ▶ um cavalo generoso 堂々とした馬.
génese /ˈʒɛnəzə/ 女 P = gênese
gênese /ˈʒẽnezi/ 女 B 発生, 生成; 起源, 由来.
— **Gênese** 男《聖書》創世記.
genética[1] /ʒeˈnɛtʃika/ 女 遺伝学.
geneticamente /ʒeˌnɛtʃikaˈmẽtʃi/ 副 遺伝的

に, 遺伝子学的に ▶ organismos geneticamente modificados 遺伝子組み換え作物.
genético, ca² /ʒe'nɛtʃiku, ka/ 形 遺伝の, 遺伝学の ▶ engenharia genética 遺伝子工学.
gengibre /ʒẽ'ʒibri/ 男 ショウガ.
gengiva /ʒẽ'ʒiva/ 女 歯茎 ▶ inflamação da gengiva 歯茎の炎症.
genial /ʒeni'aw/ [複 geniais] 形 ❶ 天才の, 天才的な ▶ um cientista genial 天才科学者.
❷ 話 すばらしい, とてもいい ▶ Tive uma ideia genial! すごくいいアイディアが浮かんだ / Fizemos uma viagem genial. 私たちはすばらしい旅行をした.
gênio /'ʒẽniu/ 男 P = gênio
★**gênio** /'ʒẽniu ジェニオ/ 男 B ❶ 天才 ▶ Seu filho é um gênio. あなたの息子は天才だ / É uma obra de gênio 天才的な作品だ / um gênio em matemática 数学の天才.
❷ 才能 ▶ gênio artístico 芸術的才能.
❸ 性質, 気性 ▶ Ele tem bom [mau] gênio. 彼は気立てがよい [気難しい] / rapaz de bom [mau] gênio 気立てのよい [悪い] 青年 / gênio latino ラテン的気質 / gênio forte 気性の荒い人.
❹ 精霊 ▶ gênio do mal = gênio das trevas 悪魔.
genioso, sa /ʒeni'ozu, 'ɔza/ 形 短気な, 怒りっぽい.
genital /ʒeni'taw/ [複 genitais] 形 生殖の ▶ órgão genital 生殖器.
genocídio /ʒeno'sidʒiu/ 男 ジェノサイド, 民族大虐殺.
genoma /ʒe'nõma/ 男【生物】ゲノム.
genro /'ʒẽxu/ 男 娘の夫, 婿.
gentalha /ʒẽ'taʎa/ 女 下層民.
★**gente** /'ʒẽtʃi ジェンチ/ 女 ❶ 人, 誰か ▶ Tem gente aí? そこに誰かいますか.
❷ 住人, 国民 ▶ A gente daquele país é gentil. あの国の国民は親切である / gente do bairro 近所の人.
❸ 人々, 人 ▶ Havia muita gente. 人がたくさんいた / O estádio estava cheio de gente. スタジアムは人でいっぱいだった / Havia poucos sinais de gente. 人影はまばらだった / gente comum 普通の人々 / gente grande 大人たち / boa gente = gente fina いい人.
❹《a gente》話 私たち, みんな, 私 ▶ A gente vai, vocês vão também? 僕たちは行くけれど, 君たちも行くかい / Você pode chamar a gente mais tarde? 後で私たちを呼んでくれますか / A gente se vê. また会おうね / a casa da gente 私たちの家.
❺《呼びかけ》みんな, あなたたち ▶ Desculpa gente, não está dando. みんなごめんね, うまくいかないね.
— 間《驚き》ああ, まあ.
conhecer-se por gente 物心つく.
gente baixa 下層階級の人.
gente bem 上流階級の人.
gente boa《呼びかけ》ねえ, 君.
gente de casa 家族の友人.
gente de cor 有色人種, 黒人.
minha gente《呼びかけ》ねえ, 君.

ser gente ① 成人する. ② 偉くなる. ③ 人格が高潔である.
ser gente fina いい人である.
toda a gente みんな, 全員.
todas as gentes 全世界の人々.
virar gente 大人になる, 一人前になる.
gentil /ʒẽ'tʃiw/ [複 gentis] 形 ❶ 親切な, 優しい ▶ Ela é gentil comigo. 彼女は私に親切にしてくれる / É muito gentil da sua parte. ご親切にどうもありがとうございます.
❷ 高貴な, 上品な ▶ figura gentil 気品ある姿.
❸ 優美な.
❹ ここちよい ▶ voz gentil ここちよい声.
gentileza /ʒẽtʃi'leza/ 女 ❶ 親切さ ▶ Foi muita gentileza da sua parte. ご親切にありがとうございました / Foi gentileza sua ajudar-me. 助けてくださってありがとうございます.
❷ 優美さ, 上品さ.
por gentileza お願いです, お願いします ▶ Me ajudem por gentileza. 私を助けてください.
Tenha a gentileza de +不定詞 …していただけせんか.
gentilmente /ʒẽ,tʃiw'mẽtʃi/ 副 親切に.
gentinha /ʒẽ'tʃiɲa/ 女 下層民, 庶民.
gentio, tia /ʒẽ'tʃiu, 'tʃia/ 形 ❶ 異教徒の. ❷ 野蛮な, 未開の.
— 名 ❶ 異教徒. ❷ 野蛮人, 未開人.
genuinamente /ʒenu,ina'mẽtʃi/ 副 純粋に.
genuíno, na /ʒenu'ĩnu, na/ 形 ❶ 真の, 正当な ▶ produto genuíno 純正品 / óleo genuíno 純正オイル.
❷ 純粋な, 混じりけのない.
❸ 本当の, 本物の ▶ couro genuíno 本革.
geofísica¹ /ʒeo'fizika/ 女 地球物理学.
geofísico, ca² /ʒeo'fiziku, ka/ 形 地球物理学の.
— 名 地球物理学者.
★**geografia** /ʒeogra'fia ジェオグラフィーア/ 女 ❶ 地理, 地理学 ▶ geografia humana 人文地理学 / geografia física 自然地理学 / geografia linguística 言語地理学.
❷ 地理学書, 地誌.
geograficamente /ʒeo,grafika'mẽtʃi/ 副 地理学的に, 地理的に.
geográfico, ca /ʒeo'grafiku, ka/ 形 地理学の, 地理的な, 地形の ▶ atlas geográfico 地図帳.
geógrafo, fa /ʒe'ɔgrafu, fa/ 名 地理学者.
geologia /ʒeolo'ʒia/ 女 地質学.
geológico, ca /ʒeo'lɔʒiku, ka/ 形 地質学の, 地質の.
geólogo, ga /ʒe'ɔlogu, ga/ 名 地質学者.
geometria /ʒeome'tria/ 女 幾何学.
geometricamente /ʒeo,metrika'mẽtʃi/ 副 幾何学的に.
geométrico, ca /ʒeo'mɛtriku, ka/ 形 幾何学の, 幾何学的な ▶ figura geométrica 幾何学的な形.
geopolítica¹ /ʒeopo'litʃika/ 女 地政学.
geopolítico, ca² /ʒeopo'litʃiku, ka/ 形 地政学の.

geotérmico, ca /ʒeo'tɛxmiku, ka/ 形 地熱の ▶ energia geotérmica 地熱エネルギー.

geração /ʒera'sẽw ジェラサォン/ [複 gerações] 囡 ❶ 世代；同世代の人々 ▶ de geração em geração 代々引き続いて / Você e eu somos de gerações diferentes あなたと私は世代が違う / gerações vindouras 次世代の人々 / a nova geração de computadores 新世代のコンピューター.

❷ 産出, 発生 ▶ geração de empregos 雇用の創出 / geração espontânea 自然発生.

de última geração 最先端の ▶ tecnologia de última geração 最先端技術.

geracional /ʒerasio'naw/ [複 geracionais] 形《男女同形》世代の.

gerador, dora /ʒera'dox, 'dora/ [複 geradores, geradoras] 形 生じさせる, 発生させる.
— **gerador** 男 発電機, 発生器.

geral /ʒe'raw ジェラゥ/ [複 gerais] 形 ❶ 一般の, 全般的な；全体の, 総… ▶ lei geral 一般法則 / regra geral 総則 / opinião geral 一般的な意見 / cultura geral 一般教養 / tendência geral 一般的な傾向 / impressão geral 全般的な印象 / assembleia geral 総会 / greve geral ゼネスト.

❷《医学》全身の ▶ anestesia geral 全身麻酔.
— 男 ❶ 普遍, 全般 ▶ O geral opõe-se ao particular. 普遍は特殊に対峙する. ❷ 大部分, 大多数.
— 囡 天井桟敷, 天井桟敷席客 ▶ bilhete para a geral 天井桟敷券.

dar uma geral em… …を見直す, 点検する；整理する, 片付ける.

de modo geral 概して.

em geral 一般的に.

geralmente /ʒe,raw'mẽtʃi ジェラゥメンチ/ 副 一般的に, 普通は ▶ No verão, geralmente, vamos para a praia. 夏には普通私たちは海岸へ行く.

gerânio /ʒe'rẽniu/ 男《植物》ゼラニウム.

gerar /ʒe'rax ジェラーフ/ 他 産む, 産みだす, 引き起こす ▶ gerar uma criança 子供を産む / gerar energia エネルギーを作り出す / gerar eletricidade 発電する / gerar interesse 利益を産みだす / gerar polêmica 議論を呼ぶ.
— **gerar-se** 再 起こる, 発生する ▶ Gerou-se uma grande confusão. 大きな混乱が起こった.

gerência /ʒe'rẽsia/ 囡 経営, 運営, 管理 ▶ a gerência da empresa 会社の経営.

gerenciador, dora /ʒerẽsia'dox, 'dora/ [複 gerenciadores, doras] 名 管理者.
— **gerenciador** 男《情報》マネージャー ▶ gerenciador de arquivos ファイルマネージャー.

gerenciar /ʒerẽsi'ax/ 他 経営する, 運営する.

gerente /ʒe'rẽtʃi/ 形《男女同形》支配する, 運営する.
— 名 マネージャー, 支配人, 店長 ▶ gerente de loja 店長 / gerente geral 部長 / gerente 課長 / subgerente 副課長 / gerente da fábrica = gerente industrial 工場長 / gerente da filial 支店長.

gergelim /ʒerʒe'lĩ/ [複 gergelins] 男《植物》ゴマ（の実）.

geriatria /ʒeria'tria/ 囡 老年病学, 老人医学.

gerir /ʒe'rix/ ⑥ 他 経営する, 運営する, 管理する ▶ gerir uma empresa 会社を経営する.

germânico, ca /ʒex'mẽniku, ka/ 形 ゲルマン人の；ドイツの ▶ línguas germânicas ゲルマン諸語.
— **germânico** 男 ゲルマン語派.

germe /'ʒexmi/ 男 ❶ 胚, 胚芽, 芽. ❷ 菌, 細菌. ❸ 根源, 発端 ▶ o germe de uma ideia ある考えの発端.

gérmen /'ʒɛxmen/ [複 gérmens または gérmenes] 男 = germe

germicida /ʒexmi'sida/ 男 殺菌剤.

germinação /ʒexmina'sẽw/ [複 germinações] 囡 ❶ 発芽, 萌芽. ❷（考えなどの）芽生え, 発生.

germinar /ʒexmi'nax/ 自 ❶ 芽を出す, 発芽する. ❷ 発生する, 生じる.
— 他 ❶ 芽生えさせる. ❷ 発生させる, 生じさせる.

gerontologia /ʒerõtolo'ʒia/ 囡 老人学.

gerúndio /ʒe'rũdʒiu/ 男《文法》❶ ジェルンディウム, 動名詞. ❷ 現在分詞.

gesso /'ʒesu/ 男 石膏（こう）, ギプス.

gestação /ʒesta'sẽw/ [複 gestações] 囡 ❶ 懐胎期間, 妊娠. ❷（案や作品を）練ること, 温めること.

gestante /ʒes'tẽtʃi/ 囡 妊婦.
— 形《男女同形》懐胎した.

gestão /ʒes'tẽw ジェスタォン/ [複 gestões] 囡 ❶ 管理, 運営, 経営 ▶ gestão de bases de dados データベース管理 / a gestão coletiva 共同管理 / a gestão de uma empresa 企業の経営.

❷ 経営幹部, 経営陣；管理者；経営期間 ▶ a atual gestão 現在の経営陣.

gesticular /ʒestʃiku'lax/ 自 身振り手振りを交えて話す.
— 他 身振りで表す.

gesto /'ʒestu ジェスト/ 男 ❶ 身振り, しぐさ, ジェスチャー ▶ explicar com gestos 身振り手振りを交えて説明する / fazer gestos 身振りをする.

❷ 顔つき, 表情 ▶ Nela havia um gesto de cansaço. 彼女は疲れた顔つきをしていた.

❸ 行為, 振る舞い ▶ um gesto de generosidade 寛大な行為.

❹ いせつな行為.

gestual /ʒestu'aw/ [複 gestuais] 形《男女同形》身振りの.

gibi /ʒi'bi/ 男 ❶ 黒人の子供. ❷ B 漫画.

não estar no gibi B 話 信じられない, 考えられない.

*****gigante** /ʒi'gẽtʃi ジガンチ/ 形《男女同形》巨大な, 非常に大きい；驚異的な ▶ uma estátua gigante 巨大な像.
— 男 巨人, 大男, 巨大企業, 大国 ▶ um gigante da literatura 文学の巨匠 / gigantes do jazz ジャズの巨人たち / um pequeno gigante 小さな巨人.

gigantesco, ca /ʒigẽ'tesku, ka/ 形 巨人のような, 巨大な ▶ mercado gigantesco 巨大市場.

gigolô /ʒigo'lo/ 男 若いつばめ, ひも.

gilete /ʒi'letʃi/ 囡 安全かみそり.

gim /'ʒi/ [複 gins] 男《酒》ジン.

ginasial /ʒinazi'aw/ [複 ginasiais] 形 中学校の ▶ curso ginasial 中学校 / Ela está no segundo

ano ginasial. 彼女は中学２年生だ.
ginásio /ʒi'naziu/ 男 体育館.
ginasta /ʒi'nasta/ 名 体操選手.
ginástica[1] /ʒi'nastʃika/ 女 ❶ 体操 ▶fazer ginástica 体操する / ginástica olímpica [artística] 体操競技 / ginástica rítmica リズム体操 / ginástica aeróbica エアロビクス体操. ❷ 体育 ▶professor de ginástica 体育の教師. ❸ 知的訓練 ▶ginástica mental 頭の体操.
ginástico, ca[2] /ʒi'nastʃiku, ka/ 形 体操の, 体育の.
gineceu /ʒine'sew/ 男 めしべ.
ginecologia /ʒinekolo'ʒia/ 女【医学】婦人科学.
ginecológico, ca /ʒineko'lɔʒiku, ka/ 形 婦人科学の.
ginecologista /ʒinekolo'ʒista/ 名 婦人科医.
ginga[1] /'ʒiga/ 女 ジンガ (カポエイラの基本的な足さばき).
ginja /'ʒiʒa/ 女 ❶ ジンジャ (サクランボの一種). ❷ ジンジャで作った酒.
gira /'ʒira/ 形《男女同形》名 頭のおかしな(人).
girafa /ʒi'rafa/ 女 ❶ キリン. ❷ 首が長くて背の高い人.
***girar** /ʒi'rax/ ジラーフ/ 自 ❶ 回る, 回転する, 円を描く ▶A Terra gira. 地球は自転する / O carro girou algumas vezes e capotou. 車は何度か回転し, 横転した / A cabeça gira. 目が回る, めまいがする.
❷ さまよう, うろつく ▶Sozinho, ele girou pelo mercado. 彼はひとりで市場をぶらついていた.
❸ 駆け巡る, 経過する, 流通する ▶Seus olhos giravam pela sala. 彼は部屋の隅々を見回した / Notas falsas giram por todo o país. 偽札が国中に出回っている / O tempo gira. 時が過ぎる.
❹ 国 気が変になる, 頭がおかしくなる.
❺ 国 あくせくする, 働く ▶As atividades domésticas fazem-na girar do nascer ao pôr do sol. 家事で夜明けから日没まで彼女はあくせくしている.
― 他 ❶ 回す, 回転させる ▶girar a maçaneta ドアのノブを回す / girar a cabeça 首を回す / girar o volante ハンドルを切る.
❷ 巡らせる ▶girar os olhos 視線を巡らせる.
girar em torno de... ①…の周りを回る ▶A Terra gira em torno do sol. 地球は太陽の周りを回る. ②…を中心にしている ▶A vida dele girava em torno do trabalho. 彼の生活は仕事中心だ. ③…付近を上下する.
não girar bem 頭がおかしい.
girassol /ʒira'sɔw/ [複 girassóis] 男【植物】ヒマワリ.
giratório, ria /ʒira'tɔriu, ria/ 形 旋回の, 回転式の ▶porta giratória 回転ドア.
gíria /'ʒiria/ 女 ❶ 隠語, 俗語. ❷ (特定の職業や学問などの) 専門語, 特殊用語.
girino /ʒi'rinu/ 男【動物】オタマジャクシ.
giro[1] /'ʒiru/ 男 ❶ 回転, 旋回.
❷ (通貨の) 流通 ▶giro de capital 資本の流通.
❸ 散歩, ドライブ.
giro, ra[2] /'ʒiru, ra/ 形 P 話 すてきな, よい.

giz /'ʒis/ [複 gizes] 男 チョーク.
glacê /gla'se/ 男 糖衣 ▶marrom glacê マロングラッセ.
glacial /glasi'aw/ [複 glaciais] 形《男女同形》❶ 氷の, 氷河の ▶era glacial 氷河期.
❷ (氷のように) 冷たい, 寒い ▶vento glacial いてつくような風.
❸ 冷淡な ▶olhar glacial 冷ややかなまなざし.
glaciário, ria /glasi'ariu, ria/ 形 氷の; 氷河の, 氷河期の.
glamouroso, sa /glamo'rozu, 'rɔza/ 形 魅惑的な.
glândula /'glẽdula/ 女【解剖】腺 ▶glândula lacrimal 涙腺.
gleba /'gleba/ 女 畑, 耕作地.
glicemia /glise'mia/ 女【医学】血糖値.
glicerina /glise'rina/ 女【化学】グリセリン.
glicose /gli'kɔzi/ 女【化学】グルコース, ブドウ糖.
***global** /glo'baw/ グロバゥ/ [複 globais] 形《男女同形》❶ 世界的な, 全世界の; 地球的な, グローバルな ▶aquecimento global 地球温暖化 / crise global 世界的な危機 / uma empresa global グローバル企業 / a população global 世界の人口.
❷ 全体の, 全部の, 包括的な, 総合的な ▶quantia [soma] global 総額 / de maneira global 包括的に / uma visão global dos problemas 問題にたいする総合的な見方.
globalização /globaliza'sẽw/ [複 globalizações] 女 グローバル化 ▶a globalização da economia 経済のグローバル化.
globalizar /globali'zax/ 他 グローバル化させる.
― **globalizar-se** 再 グローバル化する ▶um mundo que se globaliza グローバル化する世界.
globalmente /glo,baw'mẽtʃi/ 副 ❶ 全体として, 全体的に, ❷ 地球規模で ▶pensar globalmente e agir localmente 地球規模で考え, 地域規模で行動する.
globo /'globu/ 男 ❶ 球, 球体, ボール ▶globo ocular 眼球.
❷ 地球 ▶aquecer o globo 地球を温暖化する.
❸ 天体 ▶globo terrestre 地球.
❹ ランプシェード.
em globo 全体で, 全部で.
globular /globu'lax/ [複 globulares] 形《男女同形》❶ 球状の. ❷ 血球の.
glóbulo /'glɔbulu/ 男 ❶ 小球(体). ❷ 血球 ▶glóbulos brancos 白血球 / glóbulos vermelhos 赤血球.
***glória** /'glɔria/ グローリア/ 女 ❶ 栄光, 栄誉, 名声 ▶dias de glória 栄光の日々 / Ele estava cheio de glória. 彼は栄誉に満ちていた / glória nacional 国家の栄誉.
❷ 喜び ▶glória de viver 生きる喜び.
❸【宗教】天上の栄光, 至福, 天国 ▶Que Deus o tenha em Sua glória. 彼のご冥福をお祈りいたします.
levar a banca à glória 破産させる, 無一文にする.
ser a glória すばらしい, 誇り [誉れ] である.
gloriar /glori'ax/ 他 称える, …に名誉を与える.

— **gloriar-se** [再] …を誇りに思う, 自慢する [＋em/de].
glorificação /glorifika'sẽw̃/ [複 glorificações] [女] 称賛, 称揚, 賛美 ▶a glorificação de Deus 神の賛美.
glorificar /glorifi'kax/ ㉙ [他] 賛美する, 称える ▶A estátua foi construída para glorificar os heróis de guerra. その像は戦争の英雄を称えるために建てられた.
— **glorificar-se** [再] 自慢する ▶O Papa quis glorificar-se a si mesmo. 教皇は自分自身を称えることを望んだ.
glorioso, sa /glori'ozu, 'ɔza/ [形] 栄光ある, 輝かしい ▶morte gloriosa 名誉ある死.
glosa /'glɔza/ [女] 注釈, 注解.
G
glossário /glo'sariu/ [男] 語彙集, 用語集, 用語解説.
glote /'glɔtʃi/ [女]〖解剖〗声門.
glutão, tona /glu'tẽw̃, 'tõna/ [複 glutões, tonas] [形] [名] 大食の(人), 食いしん坊の(人).
glúten /'glutẽ/ [男]〖化学〗グルテン.
gnomo /'ginõmu/ [男] 地の精, ノーム, 小鬼, 小人.
GO 《略語》Estado de Goiás ゴイアス州.
godê /go'de/ [形]《男女同形》(スカートが) フレアのついた ▶saia godê フレアスカート.
goela /go'ɛla/ [女] [話] のど.
enfiar goela abaixo …を受け入れさせる.
molhar a goela [話] 酒を飲む.
gogó /go'gɔ/ [男] [B] [話] のどぼとけ.
andar com alguém pelo gogó …に腹を立てている, …に偏見を持っている.
Só tem gogó. 口先だけである.
goiaba /goj'aba/ [女]〖果実〗グアバ.
goiabada /goja'bada/ [女] ゴイアバーダ (グアバで作った, 羊かん状のお菓子).
goiabeira /goja'bejra/ [女]〖植物〗グアバ.
goiano, na /goj'ẽnu, na/ [形] [名] ゴイアス州 [市] の(人).
Goiás /goj'as/《地名》❶ (ブラジル中西部の) ゴイアス州. ❷ ゴイアス市.
***gol** /'gow ゴゥ/ [複 gois, gols または goles] [男] [B] ❶〖サッカー〗**ゴール** ▶marcar [fazer] um gol ゴールを決める / sofrer um gol ゴールを入れられる / gol contra オウンゴール / fechar o gol ゴールを守り抜く / gol de honra 負けチームの唯一の得点 / gol de placa 歴史に残るゴール / gol espírita あり得ないようなゴール / gol olímpico コーナーキックからの直接ゴール / gol de bicicleta オーバーヘッドゴール.
❷ **ゴールライン**.
gola /'gɔla/ [女] (衣服の) えり ▶gola rulê [B] タートルネック / gola alta [P] タートルネック / gola em V V ネック.
golaço /go'laso/ [男] 見事なゴール.
gole /'gɔli/ [男] 一飲み, 一口 ▶de um só gole 一息に, 一気に / tomar um gole de café コーヒーを一口すする / dar um gole em algo …を一口飲む.
aos goles すすりながら ▶beber aos goles すすり飲む.
goleada /gole'ada/ [女] [B]〖サッカー〗大差での勝利, 圧勝 ▶dar uma goleada em... …に圧勝する / sofrer uma goleada 大敗する.
goleador, dora /golea'dox, 'dora/ [複 goleadores, doras] [形] [名]〖サッカー〗たくさんゴールする(選手).
golear /gole'ax/ ⑩ [他] [B]〖サッカー〗…に圧勝する, 大差で勝つ ▶O Brasil goleou a Itália por 5 a 0. ブラジルはイタリアに5対0で圧勝した.
goleiro, ra /go'lejru, ra/ [名] [B] ゴールキーパー.
golfe /'gowfi/ [男] ゴルフ ▶jogar golfe ゴルフをする / campo de golfe ゴルフコース / taco de golfe ゴルフクラブ / jogador de golfe ゴルファー.
golfinho /gow'fiɲu/ [男]〖動物〗イルカ.
golfista /gow'fista/ [名] ゴルファー.
golfo /'gowfu/ [男] 湾 ▶o Golfo do México メキシコ湾 / o Golfo Pérsico ペルシャ湾 / a Guerra do Golfo 湾岸戦争.
golo /'golu/ [男] [P]〖サッカー〗ゴール ▶marcar um golo ゴールする / golo na própria baliza オウンゴール.
☆**golpe** /'gɔwpi ゴゥピ/ [男] ❶ **打つこと, 殴ること, たたくこと, 打撃** ▶dar um golpe em alguém …を殴る / receber um golpe na cabeça 頭を殴られる / um golpe decisivo 決定的な一撃.
❷ **けが, 傷, 負傷** ▶golpe mortal 致命傷.
❸《golpe de...》(体や道具の) すばやい動き, …を使った動作 ▶golpes de martelo 金槌の打撃 / golpe de direção 急ハンドル / golpe de audácia 大胆な行動 / golpe de coragem 勇気ある行為 / golpe de mestre 勇敢な行為, 英雄的行為, 名人芸 / golpe de misericórdia とどめの一撃 / golpe de mão 奇襲攻撃.
❹《golpe de...》(自然現象の) 突然の訪れ, 力の発現 ▶golpe de ar [vento] 一陣の風 / golpe de mar 高波, 大波 / golpe da sorte 突然の幸運.
❺ **衝撃, ショック, 打撃** ▶um golpe duro 大きな衝撃, 大打撃 / A perda do filho foi um duro golpe para o pobre velho. 息子を失ったのは哀れな老人にとってひどくつらいことだった.
❻ **はかりごと, 策略, 陰謀** ▶dar um golpe em alguém …をだます / preparar um golpe はかりごとをする.
❼ golpes de judô 柔道の技.
ao primeiro golpe de vista 一目見て.
assimilar o golpe 一撃 [衝撃的な事実, 批判等] を受け入れる.
de golpe 突然, いきなり.
de um só golpe 一度で, 一度に.
errar o golpe 失敗する.
golpe baixo〖ボクシング〗ローブロー, 卑劣な行為.
golpe de Estado クーデター.
golpe militar クーデター.
golpe pelas costas 背後から刺すこと, 裏切り.
golpe sujo 卑劣な行為.
golpe teatral どんでん返し, 場面の急変, あっと驚く転回.
golpe de vista 一瞥, すばやい判断力 ▶de um golpe de vista 一目で, 一瞥して / É um motorista com excelente golpe de vista. 判断力のすばや

いドライバーです / O bom motorista deve ter golpe de vista. よいドライバーは一瞥で判断できなければならない.
golpe do baú 金目当ての結婚 ▶dar o golpe do baú 金目当ての結婚をする.
queimar no golpe [B] 怒る, いらいらする.
golpear /gowpe'ax/ ⑩ [他] ❶ 打つ, たたく ▶golpear a bola ボールを打つ / golpear a cabeça de alguém …の頭をたたく.
❷ …に切り傷を負わせる.
❸ …に衝撃を与える.
golpista /gow'pista/ [形]《男女同形》❶ クーデターの. ❷ 巧妙な, 油断ならない, ずるい, 詐欺の.
— [名] ❶ クーデター首謀者, クーデター支持者. ❷ 詐欺師.
goma /'gõma/ [女] ❶ ゴム ▶goma de mascar チューインガム.
❷ 洗濯糊, 糊.
❸ キャッサバの澱粉.
❹ [B] 自慢, 高慢 ▶O cientista estava cheio de goma, considerava-se um gênio. その科学者は尊大で, 自分を天才と思っていた.
gomo /'gõmu/ [男] (柑橘類の) 袋.
gôndola /'gõdola/ [女] ❶ ゴンドラ. ❷ (スーパーマーケットの) 商品陳列棚.
gongo /'gõgu/ [男] ゴング, 銅鑼.
salvo pelo gongo ゴングに救われる, 危ないところを助かる.
gonorreia /gono'xɛja/ [女]〖医学〗淋病.
górdio /'gɔxdʒiu/ [形] nó górdio ゴルディオスの結び目 ; 難題, 難問 / cortar o nó górdio 難題を一挙に解決する.
***gordo, da** /'goxdu, da ゴフド, ダ/ [形] ❶ **太った, 太い** (⟷ magro) ; 厚い ▶Ela ficou gorda. 彼女は太った / pernas gordas 太い脚 / porco gordo 太った豚 / um livro gordo 分厚い本.
❷ **脂肪の多い**, 脂っこい ▶carne gorda 脂肪の多い肉.
❸ 脂のようにべたつく ▶creme gordo ねっとりしたクリーム.
❹ かなりの, 相当な ▶salário gordo かなりの給料.
❺〖カトリック〗dias gordos 肉食日 / a Terça-Feira Gorda 告解火曜日.
— [名] 太った人.
Nunca o vi mais gordo. [話] 私は彼のことはまったく知らない.
gorducho, cha /gox'duʃu, ʃa/ [形] [名] 小太りの (人), 太り気味の (人).
***gordura** /gox'dura ゴフドゥーラ/ [女] ❶ **脂肪 ; 脂**, 油脂 ▶gordura vegetal 植物性脂肪 / gordura animal 動物性脂肪 / As frituras estão cheias de gordura. 揚げ物は脂がいっぱいだ / fritar na gordura 油で揚げる.
❷ **肥満** ▶perder a gordura da barriga お腹の脂肪を落とす.
gorduroso, sa /goxdu'rozu, 'rɔza/ [形] ❶ 脂肪の ▶tecido gorduroso 脂肪組織. ❷ 脂身の多い ▶carne gordurosa 脂身の多い肉. ❸ 脂性の ▶pele gordurosa 脂性の肌.
gorila /go'rila/ [男] ゴリラ.
gorjeta /gor'ʒeta/ [女] チップ ▶dar gorjeta チップをあげる / um dólar de gorjeta 1ドルのチップ.
gororoba /goro'rɔba/ [女] [B] ❶ [俗] 食べ物, 食事.
❷ [俗] まずい食べ物.
gorro /'goxu/ [男] 縁なし帽 ▶gorro de crochê 毛糸帽子
*****gostar** /gos'tax ゴスターフ/ [自] ❶ (食物などが) **好きである, 好む** [+ de] ▶Gosto de frutas. 私は果物が好きだ / Eu gosto mais de peixe (do) que de carne. 私は肉より魚が好きだ / Não gosto de comida picante. 私は辛い食物は好まない / Não gosto muito de bebidas alcoólicas. 私はあまりお酒は好まない / Escolha o que gostar. 好きなものを選んでください ([注] de は省略されている).
❷ (物事が) …**が気に入る, 好む**, よいと思う [+ de] ▶Gostei muito do Brasil. 私はブラジルがとても気に入った / Eu gosto muito de música. 私は音楽が好きだ / Ela gosta muito de gatos. 彼女は猫が大好きだ / Dentre os esportes eu gosto mais do futebol. スポーツの中で私はサッカーがいちばん好きです / De qual esporte você gosta? どんなスポーツが好きですか / gostar de uma ideia あるアイディアが気に入る / As matérias (de) que eu gosto são matemática e física. 私の好きな科目は数学と物理だ ([注] 関係代名詞 que の前で de は省略されることがある).
❸ (人などに対し) **好感を持つ, 愛情を抱く** [+ de] ▶Eu gosto dela. 私は彼女が好きだ / Eu não gosto mais dele. 私はもう彼を愛していない / Eu gostei dela no momento em que a vi. 彼女を見たとたんに私は好きになった.
❹ (比喩的に) **好む**, 相性がよい [+ de] ▶Esta planta gosta de luz. この植物は光を好む.
❺《gostar de + [不定詞]》…**することが好きである**, …する習慣である ▶Gosto de passear. 私は散歩することが好きだ / Meu filho gosta mais de brincar do que de estudar. 私の息子は勉強より遊びの方が好きだ / Ele não gosta de ir ao hospital. 彼は病院に行くのを嫌がる.
❻《gostar (de) que + [接続法]》…**であることを望む**, してほしい ▶Nós gostaríamos (de) que a escola ajudasse mais a estudar no estrangeiro. 学校が留学をもっと支援してくれればと私たちは思っている ([注] de は省略されることがある).
❼《gostaria [gostava] de + [不定詞]》《丁寧に》…**したいのですが**, …**していただけますか** ▶Gostaria de confirmar a reserva. 予約の確認をしたいのですが / Gostaria de falar com o Sr. Sato, por favor. (電話などで) 佐藤さんをお願いします / O que você gostaria de comer? 何をお召し上がりになりますか.
— **gostar-se** [再] 愛し合う.
*****gosto** /'gostu ゴスト/ [男] ❶ **味覚, 味** ▶gosto doce 甘い味 / gosto ácido 酸っぱい味 / Esta carne tem um gosto estranho. この肉は変な味がする / Esta maçã tem um gosto ruim. このりんごはまずい
❷ **好み, 趣味** ▶Gosto é gosto. Não vale a pena discutir. 趣味は趣味, 議論しても仕方ない / produ-

gostosão, sona

to adequado ao gosto do consumidor 消費者の好みにあった製品 / Essa roupa não é do meu gosto. その服は私の好みではない / Isso é uma questão de gosto. それは好き好きだ.

❸ 喜び, 満足 ▶Foi um enorme gosto conhecer o senhor. 知り合えてうれしく存じます.

a gosto 好みに応じて ▶Pode escolher condimentos a gosto. 好みで調味料を選べます / Coloque pimenta do reino a gosto. お好みでしょうをかけてください.

a(o) meu gosto 私の好みに応じて[た] ▶É um quarto a meu gosto. 私好みの部屋だ.

bom gosto よい趣味 ▶Ela tem bom gosto para roupas. 彼女は服の趣味がいい / Aquela roupa é de bom gosto. あの服は趣味がよい.

com gosto 喜んで ▶Aceito seu convite para jantar com vocês. 喜んで夕食への招待をお受けします.

com todo o gosto 大いに喜んで ▶Vou participar da festa com todo o gosto. 大いに喜んでパーティーに参加する.

dá gosto +不定詞 …することは楽しい ▶Dá gosto viajar com vocês. 君たちと旅行するのは楽しい.

mau gosto 悪趣味 ▶Aquela roupa é de mau gosto. あの服は悪趣味だ / roupa de mau gosto 悪趣味な服 / O senhor tem mau gosto! あなたは趣味が悪い.

para todos os gostos あらゆる趣味に応じて ▶As obras deste pintor são para todos os gostos. この画家の作品はどんな趣味にも応えてくれる.

ter gosto em +不定詞 喜んで…する ▶Tenho gosto em responder a suas perguntas. あなたの質問に喜んでお答えします.

ter gosto por... …を好む, …に興味を持つ ▶Tenho gosto pela literatura brasileira. 私はブラジル文学が好きだ.

tomar gosto por... …が好きになる ▶Tomei gosto por esta cidade. 私はこの町が好きになった.

gostosão, sona /gosto'zẽw, 'zõna/ [複 gostosões, sonas] 名 色男, ハンサム, 美女.

*__gostoso, sa__ /gos'tozu, 'tɔza/ ゴストーソ, ザ/ 形 ❶ おいしい ▶A comida estava muito gostosa. 料理はとてもおいしかった / A comida dela é gostosa mesmo! 彼女の料理は本当においしい / Muito gostoso! とてもおいしい.

Muito gostoso!

❷ 快適な, 心地よい ▶um sofá gostoso 快適なソファー.

❸ 楽しい; 陽気な ▶uma conversa gostosa 楽しい会話.

❹ 囗 魅力的な ▶uma mulher gostosa 魅力的な女性.

gostosura /gosto'zura/ 囡 ❶ 美味, おいしいこと ▶A torta de morango estava uma gostosura. イチゴのタルトはおいしかった.

❷ 囗 歓び, 快楽, 気持ちのいいこと, 満足 ▶Essa praia está uma gostosura! この砂浜は気持ちいい.

*__gota__ /'gota ゴータ/ 囡 ❶ 滴(しずく), 一滴; (液体の)少量 ▶uma gota de sangue 血の一滴 / Caíram grossas gotas de chuva. 大粒の雨が降った / Ela tomou uma gota de vinho. 彼女は少量のワインを飲んだ / gota a gota 一滴ずつ, 少しずつ.

❷ 〖医学〗痛風.

❸ gotas para os olhos 目薬.

até à última gota 最後の一滴まで ▶espremer até à última gota 最後の一滴まで搾る.

como duas gotas d'água うり二つ, そっくり.

ser a gota d'água 忍耐の限界を越えさせる.

uma gota de água no oceano 大海の一滴, 焼け石に水.

goteira /go'tejra/ 囡 ❶ 雨樋. ❷ 雨漏り.

gótico, ca /'gɔtʃiku, ka/ 形 ゴシック様式の.
— **gótico** 男 ゴシック様式.

goto /'gotu/ 男 囗 喉門.
cair no goto 喉に詰まる.

governabilidade /govexnabili'dadʒi/ 囡 被統治性, 統治しやすいこと.

governação /govexna'sẽw/ [複 governações] 囡 統治, 支配.

governador, dora /govexna'dox, 'dora/ [複 governadores, doras] 名 ❶ 囗 州知事. ❷ 総裁 ▶o governador do Banco de Portugal ポルトガル銀行総裁. ❸ 統治者.
— 形 統治する.

governamental /govexnamẽ'taw/ [複 governamentais] 形 〖男女同形〗政府の ▶órgãos governamentais 政府機関.

governanta /govex'nẽta/ 囡 家政婦.

governante /govex'nẽtʃi/ 形 〖男女同形〗名 支配する(人), 統治する(人).

*__governar__ /govex'nax ゴヴェフナーフ/ 動 ❶ 統治する; 支配する ▶governar um país 国を統治する.

❷ 経営する; 管理する ▶governar uma empresa 会社を経営する.

❸ (船を)操縦する, …の舵を取る ▶governar o barco 船の舵をとる.

— **governar-se** 再 自らを統治する; 自己を抑制する.

governista /govex'nista/ 形 与党の ▶partido governista 与党.
— 名 与党議員.

*__governo__ /go'vexnu ゴヴェフノ/ 男 ❶ 政府, 内閣, 政権 ▶governo brasileiro ブラジル政府 / governo federal 連邦政府 / governo estadual 州政府 / membros do governo 閣僚 / O novo governo voltou à democracia. 新しい政府は民主制に戻った / o governo de Vargas ヴァルガス政権 / governo socialista 社会主義政権.

❷ 政体, 政治体制 ▶governo presidencialista 大統領制 / governo parlamentarista 議会制.

❸ 統治, 支配 ▶ato de governo 統治行為.

❹舵 ▶ ficar sem governo 舵取りができなくなる.
para seu governo ① 言っておくけど. ② 参考までに.
gozação /goza'sẽw/ [複 gozações] 囡 Ⓑ 冗談, 冷やかし, からかい.
***gozar** /go'zax/ゴザーフ/㉠ ❶ 楽しむ, 享受する ▶ gozar quatro dias de férias 4日間の休暇を楽しむ.
❷ からかう ▶ Eles gozaram o menino. 彼らは男の子をからかった.
— 自 ❶ 楽しむ ▶ Eles só pensam em comer, beber e gozar. 彼らは食べて飲んで楽しむことばかり考えている.
❷ …を楽しむ, 享受する, …に恵まれる [+ de] ▶ gozar da vida 人生を楽しむ / Ele goza de boa saúde. 彼は健康に恵まれている / gozar de boa reputação 名声を享受する.
❸ …をからかう [+ com] ▶ Está gozando comigo? あなたは私をからかっているのか.
❹ 性的快楽を得る.
gozo /'gozu/ 男 ❶ 楽しみ, 歓び, 満足, 快楽, 快感 ▶ o gozo de uma leitura 読書の楽しみ.
❷ 享受, 享有 ▶ estar em gozo de férias 休暇を楽しむ.
❸ Ⓑ 性的快感, オルガスムス.
Grã-Bretanha /ˌgrẽbre'tẽɲa/ 囡《国名》グレートブリテン, 英国.
☆**graça** /'grasa/ グラーサ/ 囡 ❶ (こっけいな) 面白さ, おかしさ, 冗談 ▶ achar graça em… …を面白いと思う / ter graça 面白い, 楽しい / Qual é a graça? 何がおかしいのですか.
❷ 優美, 上品さ, 気品 ▶ Ela tem graça. 彼女は気品がある.
❸ 恩恵, 好意, 厚情 ▶ solicitar uma graça 恩恵を求める / a graça de ser mãe 母であるという恵み.
❹《キリスト教》恩寵, 恵み ▶ Que a graça do Senhor esteja convosco! 主の恵みがあなたがたにありますように.
❺ 恩赦, 免除.
❻《graças》感謝 ▶ dar graças a Deus 神に感謝する / Dia de Ação de Graças 感謝祭.
— **graças** 間 よかった, ありがとう (安心, 感謝を表す) ▶ Graças! Até que enfim chegou! やれやれ, やっと着いた.
Ano da Graça 西暦.
boas graças 寵愛, 好意 ▶ as boas graças do rei 王の寵愛 / estar nas boas graças de alguém …に好かれる, 気に入られる.
cair em graça 気に入られる, 共感を得る.
cair nas graças de… …に気に入られる, 目をかけられる.
dar um ar da sua graça ほほえむ.
de graça ① ただで, 無料で. ② 理由なく.
fazer graça ① おかしな顔をして人の気を引く. ② ふざける, おどける, 人を笑わせる.
ficar sem graça ① 困惑する, 恥をかく. ② 愛嬌がなくなる.
graças a… …のために, …のおかげで ▶ Graças a você, correu tudo bem. あなたのおかげでうまくいきました / Eu obtive sucesso graças a todos vocês. 私が成功したのはみなさんのおかげです / Esta ci-dade mantém-se graças ao turismo. この町は観光で成り立っている.
graças a Deus 幸いにも, おかげさまで ▶ Graças a Deus vocês chegaram, já estava preocupada. よかった, 君たちが無事着いて, 心配していたの / Graças a Deus, deu tempo. どうやら間に合った.
não ser de graças 厳格である, 真面目である.
perder a graça ① 困惑する. ② つまらなくなる, 面白みをなくす.
render graças a… …に感謝する.
sem graça 面白くない, つまらない, 愛嬌がない ▶ programa de TV sem graça つまらないテレビの番組 / moça sem graça かわいげのない娘 / decoração sem graça 面白みのない内装.
uma graça かわいい人 [もの] ▶ Sua filha é uma graça. あなたの娘はかわいい.
gracejo /gra'seʒu/ 男 冗談, しゃれ ▶ fazer um gracejo 冗談を言う.
grácil /'grasiw/ [複 gráceis] 形《男女同形》❶ ほっそりした, きゃしゃな. ❷ 無料で.
graciosamente /grasiˌɔza'metʃi/ 副 ❶ 優雅に, しとやかに, 愛想よく. ❷ 無料で.
graciosidade /grasiozi'dadʒi/ 囡 ❶ 優美, 優雅. ❷ 無料.
gracioso, sa /grasi'ozu, 'ɔza/ 形 ❶ 優雅な, 優美な ▶ gesto gracioso 上品なしぐさ. ❷ 無料の, 無償の.
gradação /grada'sẽw/ [複 gradações] 囡 漸進, 漸増, グラデーション.
gradativo, va /grada'tʃivu, va/ 形 漸進的な.
grade /'gradʒi/ 囡 ❶ 格子, 柵; 手すり ▶ grade de janela 窓格子 / grade de prisão 刑務所の格子.
❷ 予定表 ▶ grade de programação 番組表 / grade de horários 時間割.
❸ grade de cerveja ビールケース.
estar atrás das grades 刑務所にいる.
meter [pôr] atrás das grades 刑務所に入れる.
grado /'gradu/ 男《次の成句で》
de bom grado 喜んで, 快く.
de bom ou de mau grado 好むと好まざるにかかわらず, 否が応でも.
de mau grado 嫌々.
graduação /gradua'sẽw/ [複 graduações] 囡 ❶ 目盛りを打つこと, 目盛り ▶ a graduação do termômetro 温度計の目盛り.
❷ 度合, 濃度.
❸ 教育課程 ▶ obter a graduação Ⓑ 学位を取る / Ele tem uma graduação em português. 彼はポルトガル語の学位を持っている.
❹ (大学の) 卒業 ▶ A graduação foi concluída. 卒業が決まった.
graduado, da /gradu'adu, da/ 形 ❶ 目盛りのついた ▶ régua graduada 定規.
❷ 段階的な ▶ estudos graduados 段階的学習.
❸ 地位の高い ▶ funcionário graduado 幹部職員.
❹ …の学位を持つ [+ em] ▶ graduado em direito 法学部出の.
❺ (レンズが) 度のついた.
— 名 卒業生.

gradual /gradu'aw/ [複 graduais] [形]《男女同形》段階的な，漸進的な ▶aumento gradual 漸増.
gradualmente /gradu,aw'mẽtʃi/ [副] 段階的に，少しずつ.
graduando, da /gradu'ẽdu, da/ [名]（大学の）卒業予定者.
graduar /gradu'ax/ [他] ❶ …に目盛りをつける.
❷ …に等級をつける，順番をつける ▶graduar as dificuldades 困難さの度合いをつける.
❸ …の程度を調整する ▶graduar a luz 光を調節する.
❹ 学位を与える ▶graduar alguém em... …に…の学位を与える.
— **graduar-se** [再] 卒業する，学位を取る ▶graduar-se em direito 法学部を出る / Ele se graduou em primeiro lugar na universidade. 彼は大学を首席で卒業した.
grafia /gra'fia/ [女] 綴り.
gráfica[1] /'grafika/ [女] ❶ グラフィックアート. ❷ プリントショップ.
graficamente /gra,fika'mẽtʃi/ [副] グラフ［図表］によって.
gráfico, ca[2] /'grafiku, ka/ [形] ❶ 図表の，グラフの ▶artes gráficas グラフィックアート / design gráfico グラフィックデザイン.
❷ 書記上の ▶sistema gráfico 書記体系.
— [名] グラフィックデザイナー.
— **gráfico** [男] グラフ ▶gráfico de barras 棒グラフ / gráfico circular 円グラフ.
grã-fino, na /,grẽ'finu, na/ [複 grã-finos, nas] [形][名] 上級階級の（人）.
grafita /gra'fita/ [女]〚鉱物〛グラファイト，黒鉛.
grafite[1] /gra'fitʃi/ [女] ❶〚鉱物〛グラファイト，黒鉛. ❷ 鉛筆やシャープペンシルの芯；絵画用の鉛筆 ▶grafite para lapiseira シャープペンシルの芯.
grafite[2] /gra'fitʃi/ [男] 建物への落書き.
grafiteiro, ra /grafi'tejru, ra/ [名] 落書きする人.
grafologia /grafolo'ʒia/ [女] 筆相学，筆跡学.
gralha /'graʎa/ [女] ❶〚鳥〛ミヤマガラス. ❷ おしゃべりな人. ❸ 誤植.
***grama**[1] /'grẽma グラーマ/ [男]（重さの単位）**グラム** ▶trezentos gramas de carne 300グラムの肉.
grama[2] /'grẽma/ [女] 芝草.
comer grama〚サッカー〛無様な転び方をする.
não deixar que a grama cresça sob os pés 止まらせない，動かし続ける.
gramado, da /gra'madu, da/ [形] 芝生で覆われた.
— **gramado** [男] ❶ 芝地. ❷ [B]〚サッカー〛ピッチ，フィールド.
gramar /gra'max/ [他] ❶ …を芝生で覆う ▶gramar o campo de futebol サッカー場を芝生で覆う.
❷ 歩く.
❸ …を被る.
gramar a pé ① 歩いて行く羽目になる. ② 独力で成し遂げる.
***gramática**[1] /gra'matʃika グラマーチカ/ [女] ❶ **文法** ▶a gramática portuguesa ポルトガル語文法 / regras de gramática 文法規則 / um erro de gramática 文法の間違い / a gramática normativa 規範文法.
❷ 文法書 ▶consultar uma gramática 文法書を調べる.
❸（芸術や技術などの）基本原理 ▶a gramática do cinema 映画の文法.
gramatical /gramatʃi'kaw/ [複 gramaticais] [形]《男女同形》文法の，文法上の；文法的に正しい ▶erro gramatical 文法の間違い.
gramaticalmente /gramatʃi,kaw'mẽtʃi/ [副] 文法上，文法的に ▶gramaticalmente correto 文法的に正しい.
gramático, ca[2] /gra'matʃiku, ka/ [名] 文法学者.
gramínea /gra'mĩnia/ [女] イネ科の植物.
grampeador /grẽpea'dox/ [複 grampeadores] [男] ホッチキス.
grampear /grẽpe'ax/ ⑩ [他] ❶ ホチキスで綴じる. ❷ [B] [話] 盗聴する ▶grampear telefone 電話を盗聴する.
grampo /'grẽpu/ [男] ❶ ヘアピン. ❷ ホチキスの針. ❸ クリップ. ❹ [B] 盗聴器 ▶grampo telefônico 電話盗聴器.
grana /'grẽna/ [女] [B] [話] お金.
granada /gra'nada/ [女] ❶ 手榴弾. ❷ ざくろ石，ガーネット.
grandalhão, lhona /grẽda'ʎẽw̃, 'ʎona/ [複 grandalhões, lhonas] [形] 非常に大きい.
— [名] 背の高い人，大きな人.
*****grande** /'grẽdʒi グランヂ/ [形]《男女同形》(比較級 maior, 絶対最上級 máximo) ❶ **大きい；広い；長い**，背が高い ▶uma casa grande 大きな家 / olhos grandes 大きい目 / Como seu filho está grande! あなたの息子さんは大きくなりましたね / um grande grito 大きな悲鳴 / um fio grande 長い糸 / férias grandes 長期休暇.
❷ **大人の** ▶Quando meu filho for grande, vou contar tudo. 息子が大人になったときに，私はすべてを話します.
❸ **多くの** ▶um grande número de erros 多くの間違い / em grande parte dos casos ほとんどの場合において.
❹ **かなりの，はなはだしい** ▶grande velocidade 高速，迅速 / um grande problema 大問題 / Ele é um grande admirador dessa cantora. 彼はその歌手の大ファンだ.
❺ **偉大な；豪華な**，すばらしい ▶um grande compositor 偉大な作曲家 / um grande homem 偉人，大人物（[注] um homem grande は「体の大きな男」）/ uma grande amiga minha 私の親友，大の仲良し.
❻《地域名》大…（近隣をも含めて言う）▶a Grande Londres グレーターロンドン，大ロンドン.
— [名] ❶ **大人；年長の人** ▶os grandes 大人たち.
❷ 大物，有力者.
à grande ぜいたくに；過度に；立派に ▶viver à grande ぜいたくに暮らす / gastar à grande 浪費する.
à grande e à francesa ぜいたくに.
em grande 大規模に.
grandemente /,grẽdʒi'mẽtʃi/ [副] 大いに，大きく.

*grandeza /grẽ'deza グランデーザ/ [女] ❶ 大きさ ▶ grandeza dos oceanos 大洋の広大さ.
❷ 偉大さ, 貴さ ▶ grandeza de Deus 神の偉大さ / a grandeza do homem 人間の崇高さ / grandeza de alma 魂の気高さ / grandeza de ânimo 勇気.
❸ 最高潮, 頂点 ▶ a grandeza e a decadência da Roma Antiga 古代ローマの栄光と衰亡.
❹ delírio de grandeza 誇大妄想.
grandiosidade /grẽdʒiozi'dadʒi/ [女] 荘厳, 壮大, 華麗.
grandioso, sa /grẽdʒi'ozu, 'ɔza/ [形] 大きい, 偉大な, 荘厳な, 壮大な.
granel /gra'nɛw/ [[複] granéis] [男] 穀倉.
a granel ① バラで. ② 大量に, 大口で ▶ compra a granel 大口買い.
granito /gra'nitu/ [男]〘鉱物〙花崗岩.
granizo /gra'nizu/ [男]〘気象〙ひょう, あられ.
granja /'grẽʒa/ [女] 養鶏場, 農場.
granulado, da /granu'ladu, da/ [形] 粒状の, 粒にした ▶ chocolate granulado 粒チョコレート / açúcar granulado グラニュー糖.
granular[1] /granu'lax/ [他] 粒にする.
granular[2] /granu'lax/ [[複]granulares] [形]《男女同形》粒状の, 顆粒の.
grânulo /'grẽnulu/ [男] 小さな粒, 顆粒.
grão /'grẽw̃/ [[複] grãos] [男] ❶ 穀粒, 穀物の種子 ▶ grão de arroz 米粒.
❷ (果実などの) 粒, 豆 ▶ grão de uva ブドウの粒 / grão de café コーヒー豆 / grão de soja 大豆の豆.
❸ 粒状のもの ▶ grão de areia 砂粒.
❹《um grão de》一粒の, ほんの少しの … ▶ um grão de inveja わずかなねたみ.
grão-de-bico /gˌrẽw̃dʒi'biku/ [[複] grãos-de-bico] [男]〘植物〙ヒヨコマメ.
gratidão /gratʃi'dẽw̃/ [[複] gratidões] [女] 感謝, 謝意 ▶ Quero demonstrar minha gratidão. 私は感謝の気持ちを表したい / Que falta de gratidão! 何と恩知らずなことだろう.
gratificação /gratʃifika'sẽw̃/ [[複] gratificações] [女] ❶ ボーナス, 賞与. ❷ チップ ▶ dar uma boa gratificação チップをはずむ.
gratificante /gratʃifi'kẽtʃi/ [形]《男女同形》満足感を与えてくれる ▶ trabalho gratificante やりがいのある仕事 / uma experiência gratificante 満足のいく経験.
gratificar /gratʃifi'kax/ ㉙ [他] ❶ 特別手当を与える, チップを渡す ▶ O paciente gratificou as enfermeiras. 患者は看護師たちに心づけを渡した.
❷ 満足させる, 歓びを与える ▶ Qual o trabalho que mais o gratificou? あなたを一番満足させた仕事は何ですか.
❸ …について…を祝福する [+ por] ▶ Ela gratificou o rapaz pelo seu sucesso no torneio. 彼女は競技大会でその若者の成功を祝福した.
— [自] …に感謝する [+ a] ▶ Ele gratificou aos que o apoiaram. 彼は支えてくれた人々に感謝した.
grátis /'gratʃis/ [形]《不変》無料の, ただの ▶ entrada grátis 入場無料 / amostra grátis 無料サンプル.
— [副] 無料で, ただで.
grato, ta /'gratu, ta/ [形] ❶ 感謝した ▶ Estou grato pelo convite. お招きいただきありがとうございます. ❷ 楽しい, 快い ▶ uma experiência grata 楽しい経験.
gratuidade /gratuj'dadʒi/ [女] ❶ 無料, 無償性 ▶ a gratuidade do ensino público 公教育の無償.
❷ (行為の) 無動機性.
gratuitamente /graˌtujta'mẽtʃi/ [副] ❶ 無料で, ただで. ❷ 動機なしに.
gratuito, ta /gra'tujtu, ta/ [形] ❶ 無料の, 無償の ▶ amostra gratuita 無料試供品.
❷ 動機のない, 根拠のない ▶ violência gratuita 動機のない暴力.
***grau** /'graw グラゥ/ [男] ❶ (単位としての) 度 (記号 °) ▶ O ângulo reto é de 90 graus. 直角は90度である / A criança está com 39 graus de febre. その子供は39度の熱がある / Quantos graus faz agora? 今何度ですか / Faz 30 graus. 気温は30度だ / vinho com 14 graus de álcool アルコール14度のワイン / grau de umidade 湿度 / graus Celsius セ氏度 / A água ferve a 100 centígrados. 水は100度で沸騰する / cinco graus abaixo de zero = cinco graus negativos 零下5度.
❷ 程度, 段階 ▶ grau de risco 危険度 / grau de poluição 汚染度 / grau de dificuldade do exame 試験の難易度 / queimaduras de terceiro grau 三度の火傷 / tuberculose de último grau 終期の結核.
❸ 階級, 学位 ▶ o grau de mestre 修士号 / Ela é faixa preta de segundo grau. 彼女は空手二段だ / segundo grau 高校.
❹ 親等 (= grau de parentesco) ▶ primos em segundo grau またいとこ.
❺〘文法〙grau positivo 原級 / grau comparativo 比較級 / grau superlativo 最上級 / grau superlativo absoluto 絶対最上級.
❻〘数学〙次数 ▶ equação de primeiro grau 一次方程式.
em alto grau 並外れて, 非常に.
em maior ou menor grau 大なり小なり, 程度の差はあれ.
no mais alto grau 最大級の.
último grau 最高レベル.
graúdo, da /gra'udu, da/ [形] ❶ 大きくなった, 成長した. ❷ 有力な, 重要な.
— [名] 有力者.
gravação /grava'sẽw̃/ [[複] gravações] [女] 録音, 録画 ▶ estúdio de gravação 録音スタジオ / gravação digital デジタル録音.
gravador /grava'dox/ [[複] gravadores] [男] 録音機, 録画機, レコーダー ▶ gravador de voz 音声レコーダー.
gravadora /grava'dora/ [女] レコード会社.
*gravar /gra'vax グラヴァーフ/ [他] ❶ 彫る, 刻む ▶ gravar o nome na história 歴史に名前を刻む.
❷ 録音する, 録画する ▶ gravar uma mensagem メッセージを録音する.
❸ 記憶する.

G

❹【情報】(データを) 保存する.
gravar na memória ① 記憶に刻む. ②【情報】記録する, 保存する.
— **gravar-se** 再 刻みつけられる.
*****gravata** /gra'vata グラヴァータ/ 女 ❶ ネクタイ▶usar gravata ネクタイをする / dar o nó na gravata ネクタイの結び目を作る / gravata borboleta 蝶ネクタイ / uma gravata de seda 絹のネクタイ / alfinete de gravata ネクタイピン.
❷ 相手の首に腕を回して締めること▶dar uma gravata em... …の首を絞める.
de gravata lavada 育ちのよい, 上品な.
usar gravata borboleta 舌を出してハアハアする.

*****grave** /'gravi グラーヴィ/ 形《男女同形》❶ 深刻な, 重大な, 重い▶A situação é extremamente grave. 状況は極めて深刻だ / uma doença grave 重い病気 / um erro grave ひどい間違い / ferimentos graves 重傷 / expressão grave 深刻な表情.
❷ 低音の▶som grave 低音 / voz grave 太い声.
❸ acento grave 重アクセント (`).

gravemente /,gravi'mẽtʃi/ 副 ❶ 重く, ひどく▶gravemente doente 重病である. ❷ 真剣な表情で.

grávido, da /'gravidu, da/ 形 妊娠している▶uma mulher grávida 妊婦 / estar grávida 妊娠している / ficar grávida 妊娠する / Ela está grávida de três meses. 彼女は妊娠3か月だ / um útero grávido 胎児を宿した子宮.
— **grávida** 女 妊婦.

gravidade /gravi'dadʒi/ 女 ❶ 重大さ, 深刻さ▶a gravidade da situação 事態の深刻さ.
❷ 重々しさ, 真面目さ▶falar com gravidade 重々しく話す.
❸【物理】重力▶centro de gravidade 重心.

gravidez /gravi'des/ [複 gravidezes] 女 妊娠▶teste de gravidez 妊娠検査 (薬) / falsa gravidez 想像妊娠.

gravitação /gravita'sẽw/ [複 gravitações] 女【物理】重力, 引力▶a gravitação universal 万有引力.

gravitacional /gravitasio'naw/ [複 gravitacionais] 形《男女同形》引力の, 重力の.

gravitar /gravi'tax/ 自 ❶ …の周りを回る▶A Terra gravita em torno do sol. 地球は太陽の周囲を回る. ❷ …の取り巻きになる, …を中心にする.

gravura /gra'vura/ 女 ❶ 彫版 (術). ❷ 版画▶gravura em madeira 木版画.

graxa /'graʃa/ 女 靴墨, グリス.

Grécia /'gresia/ 女《国名》ギリシャ▶o teatro na Grécia Antiga 古代ギリシャにおける演劇.

greco-romano, na /,grekoxo'mẽnu, na/ [複 greco-romanos] 形 ギリシャローマの▶luta greco-romana《レスリング》グレコローマンスタイル.

gregário, ria /gre'gariu, ria/ 形 ❶ 群れをなす, 群居する▶instinto gregário 群居本能. ❷ 付和雷同的な▶espírito gregário 付和雷同的.

grego, ga /'gregu, ga/ 形 ❶ ギリシャの, ギリシャ語の▶filosofia grega ギリシャ哲学 / mitologia grega ギリシャ神話 / tragédia grega ギリシャ悲劇.
❷ ギリシャ正教会の▶rito grego ギリシャ正教会の典礼.
— 名 ギリシャ人.
— **grego** 男 ギリシャ語▶grego antigo 古代ギリシャ語.
agradar a gregos e a troianos 慣 対立する者を同時に満足させる, 両方にいい顔をさせる.
Isso para mim é grego. それは私にはちんぷんかんぷんだ.
ver-se grego para... 慣 …するのが難しいと思う.

gregoriano, na /gregori'ẽnu, na/ 形 ローマ教皇グレゴリウスの▶calendário gregoriano グレゴリオ暦 / canto gregoriano グレゴリオ聖歌.

grelha /'greʎa/ 女 グリル, 焼き網▶salsicha na grelha グリルソーセージ.

grelhado, da /gre'ʎadu, da/ 形 網焼きにした, グリルした▶frango grelhado グリルチキン.

grelhar /gre'ʎax/ 他 …を焼き網で焼く▶grelhar peixe 魚を焼く.

grelo /'grelu/ 男 (植物の) 芽, 花芽.

grémio /'gremiu/ [P] = grêmio

grêmio /'gremiu/ 男 B 同業者団体 ; クラブ, サークル, 同好会▶grêmio recreativo 娯楽同好会 / grêmio esportivo スポーツサークル.

grená /gre'na/ 形《不変》ガーネット色の, 深紅色の.
— 男 ガーネット色, 深紅色.

greta /'greta/ 女 割れ目, ひび割れ, 亀裂.

gretar /gre'tax/ 他 …にひびを入れる, ひび割れさせる▶A seca gretou o solo. 干ばつのために地面にひびが入った.
— 自 ❶ ひび割れる▶A madeira do teto gretou. 天井の木材がひび割れた. ❷ 欠陥が露わになる.
— **gretar-se** 再 ❶ ひび割れる. ❷ 欠陥が露わになる▶Seu raciocínio gretava-se à medida que ia expondo suas ideias. あなたの推論は見解が明らかになるにつれてほころびが出てきた.

*****greve** /'grevi グレーヴィ/ 女 ストライキ▶fazer greve ストライキを実施する / entrar em greve ストに突入する / estar em greve ストライキ中である / direito à greve スト権 / adesão à greve ストライキ支持 / piquete de greve ピケ / furar a greve ストライキを失効させる / greve de fome ハンガーストライキ / greve geral ゼネスト / greve de zelo 順法スト / greve branca 暴力に頼らないストライキ / greve de braços cruzados 職場占拠によるストライキ.

grevista /gre'vista/ 形《男女同形》ストライキをする.
— 名 ストライキ参加者.

grifar /gri'fax/ 他 ❶ …に下線を引く▶O professor grifou as palavras menos usuais. 先生はあまり一般的ではない語に下線を引いた.
❷ …をイタリック体で書く.
❸ …を強調する, 力説する.

grife /'grifi/ 女 ブランド▶a grife Louis Vuitton ルイ・ヴィトンブランド / roupas de grife ブランドものの服.

grilado, da /gri'ladu, da/ 形 B 心配した, 気にし

grilar /gri'lax/ 他 ❶ (土地の権利書を) 偽造する▶Os fazendeiros grilavam as terras. 農場主たちは土地の権利書を偽造していた.

❷ 回 心配させる ▶A notícia grilou todo mundo. その知らせはみんなを心配させた.

❸ 回 邪魔する, 乱す▶A chuvarada grilou nossa excursão. 豪雨が私たちの遠足を台無しにした.

— 自 ❶ 心配になる ▶Ele grilou assim que viu o rival. 彼はライバルを見ると心配になった.

❷ 声をあげる ▶No silêncio da noite, os animais grilavam. 夜の静けさのなかで動物たちが鳴いていた.

❸ コオロギのなき声をまねる.

— **grilar-se** 再 心配する.

grilhão /gri'ʎēw̃/ [複 grilhões] 男 ❶ 鎖, チェーン. ❷ (grilhões) 足かせ, 手錠. ❸ 束縛 ▶quebrar os grilhões 束縛を打ち破る.

grilo /'grilu/ 男 ❶ 『昆虫』コオロギ. ❷ 懸念, 気がかり, 問題, 困ったこと.
não ter grilo 問題を抱えていない, 平穏である.
sem grilos ① 悩み事なく, のんびりと, のほほんと. ② 困難なく, 妨害なく.

grimpar /grĩ'pax/ 自 ❶ …に登る, よじ登る [+ em] ▶Quando criança, grimpava em árvores com facilidade. 子供の頃は容易に木に登っていた.

❷ …に襲いかかる [+ contra] ▶O lutador grimpou contra seu adversário. 格闘家は敵に逆襲した.

❸ (エンジンが) 焼き付いて止まる▶Os motores grimparam por falta de manutenção. メンテナンス不足でエンジンが止まっていました.

— 他 ❶ …を高い地位に就かせる▶O presidente grimpou o rapaz a diretor da companhia. 社長は (その若者を会社の役員に据えた.

❷ (エンジンを) 焼き付ける.

grinalda /gri'nawda/ 女 花輪, 花飾り.
gringo, ga /'grĩgu, ga/ 名 形 『軽蔑』外国人.
gripado, da /gri'padu, da/ 形 風邪を引いた▶estar gripado 風邪を引いている / ficar gripado 風邪を引く.

gripar /gri'pax/ 自 ❶ (機械が) 焼き付いて止まる.
❷ インフルエンザにかかる▶Ela ficou gripada mesmo depois de tomar a vacina. 彼女は予防接種を受けた直後にインフルエンザにかかった.

— 他 ❶ 機械を焼き付ける. ❷ インフルエンザにかからせる.

— **gripar-se** 再 インフルエンザにかかる▶Tome cuidado para não se gripar. インフルエンザにならないように気をつけなさい.

gripe /'gripi/ 女 『医学』流行性感冒, インフルエンザ▶Ele está com gripe. 彼はインフルエンザにかかっている / pegar uma gripe インフルエンザにかかる / gripe aviária 鳥インフルエンザ.

grisalho, lha /gri'zaʎu, ʎa/ 形 ❶ 灰色がかった.
❷ 白髪交じりの▶ficar grisalho 白髪交じりになる.

grita /'grita/ 女 叫び声.

gritante /gri'tẽtʃi/ 形 『男女同形』 ❶ 叫ぶ. ❷ 糾弾すべき, けしからぬ▶injustiça gritante 目に余る不正. ❸ 目障りな, けばけばしい▶cores gritantes どぎつい色.

‡**gritar** /gri'tax/ 自 叫ぶ, 大声を出す▶Ao ver o incêndio, gritei por socorro. 火事が見えたので, 私は助けを求めて叫んだ / gritar de dor 苦痛に悲鳴を上げる / Os moradores gritaram contra a corrupção do prefeito. 住民たちは市長の汚職に抗議の声をあげた.

— 他 大声で言う▶Gritei palavras de incentivo para os jogadores. 私は選手たちに声援を送った / Gritei para meu filho que tomasse banho. 私は息子に風呂に入りなさいと怒鳴った.

gritar aos quatro cantos (do mundo) 自慢して回る.

gritaria /grita'ria/ 女 叫び声, 怒号.

‡**grito** /'gritu/ 男 ❶ 叫び, 叫び声▶dar um grito 叫び声を出す / ouvir um grito 叫び声を聞く / grito de guerra ときの声 / o grito dos oprimidos 被抑圧者の叫び声 / Grito do Ipiranga イピランガの叫び (ブラジル独立宣言).

❷ 動物の鳴き声 ▶o grito do elefante 象の鳴き声.

aos gritos 声を張り上げて, 大声で.
de gritos 『話』すばらしい, 最高の▶um jantar de gritos e de apitos 食欲をそそる最高の夕食.
ganhar no grito ① 『サッカー』相手や審判を萎縮させる. ② 権力や暴力を振りかざして争いに勝つ.
grito de carnaval カーニバルの始まりを告げるイベント.
no grito 暴力によって, 強引に.
último grito 最新のもの, 最新流行.

grogue /'grɔgi/ 形 『男女同形』(酔って) 足元がふらついた.

grosa /'grɔza/ 女 ❶ グロス, 12ダース. ❷ 荒やすり.

groselha /gro'zeʎa/ 女 『果物』スグリ, スグリのシロップ.

grosseiro, ra /gro'sejru, ra/ 形 ❶ ざらざらした, ごわごわした▶pele grosseira ざらざらした肌 / lã grosseira ごわごわした羊毛

❷ 雑な, 粗悪な▶uma imitação grosseira 粗悪な模造品.

❸ 無作法な, 粗野な, 無教養な▶A cliente queixava-se de que o funcionário tinha sido grosseiro. 客は従業員が失礼だったと不満を述べていた.

❹ 下品な, 卑しい▶piada grosseira 下品な冗談.

— 名 粗野な人, しつけの悪い人, 育ちの悪い人.

— **grosseiro** 男 回 皮膚のざらつき, 麻疹.

grosseria /grose'ria/ 女 ❶ 粗野, 不作法, 無礼.
❷ 無礼な言動▶dizer grosserias 失礼なことを言う.

‡**grosso, sa** /'grosu, 'grɔsa/ 形 ❶ 太い (↔fino) ▶O tronco daquela árvore é grosso. あの木の幹は太い.

❷ 濃い▶A sopa de hoje ficou grossa. 今日のスープは濃くなった.

❸ 厚い▶O bife está grosso e duro. ステーキは分厚くて硬い.

❹(音が)低い ▶A voz do rapaz era grossa. 青年の声が低かった.

❺俗 野蛮な, 不作法な ▶Ele foi grosso com os convidados. 彼は来客に失礼な態度で接した.

em grosso 一度に, 大規模に.

— 名 粗野な人, 不作法な人.

— **grosso** 男 大部分, 主要部 ▶O grosso do desfile já tinha passado. パレードの大部分はもう通り過ぎていた.

falar grosso ① 偉そうに話す. ② 勇猛さを見せつける.

grossura /gro'sura/ 女 ❶ 厚いこと, 厚さ, 太いこと, 太さ ▶ter dois centímetros de grossura 厚さ[太さ]が2センチある. ❷俗 粗野.

grotesco, ca /gro'tesku, ka/ 形 異様でこっけいな, 奇怪な, 珍妙な, グロテスクな.

grua /'grua/ 女 クレーン, 起重機.

grudado, da /gru'dadu, da/ 形 ❶ 接着剤で貼り付けた.

❷ …に張り付いた, くっついた ▶chiclete grudado no cabelo 髪にくっついたガム.

❸ …から離れない ▶Ele vive grudado no celular. 彼は携帯電話から片時も離れない.

grudar /gru'dax/ 他 のり付けする, 接着する, 貼り付ける.

— 自 ❶ 粘着力がある. ❷ …にくっつく, 張り付く. ❸ …に密着する.

— **grudar-se** 再 ❶ くっつく, 張り付く. ❷ …に密着する.

grude /'grudʒi/ 男 ❶ 膠, 糊, 接着剤. ❷ まずい食べ物.

grudento, ta /gru'dẽtu, ta/ 形 粘着質の, ねばねばする.

grupo /'grupu/ グルーポ 男 ❶ 集団, グループ, 集まり ▶um grupo de estudantes 学生の一団 / atividade em grupo グループ活動 / viajar em grupo 団体で旅行する / grupo de pressão 圧力団体 / grupo de apoio 支援団体 / dividir-se em grupos グループに分かれる.

❷ (分類上の) 群, 区分 ▶grupo sanguíneo 血液型.

❸ B 俗 うそ.

gruta /'gruta/ 女 洞窟.

guache /'gwaʃi/ 男 ❶【絵画】グワッシュ, 不透明水彩絵の具. ❷ グワッシュで描いた絵.

guampa 女 B 角製の容器.

guaraná /gwara'na/ 男 B ❶【植物】ガラナ. ❷ ガラナ飲料.

guarda /'gwaxda/ グワフダ 名 ❶ 警察官 ▶Por favor, senhor guarda. おまわりさん, すみません / guarda prisional 看守.

❷ 守衛 ▶guarda de segurança 警備員.

— 女 ❶ 警備, 監視, 見張り ▶a guarda da casa 家の警備 / cão de guarda 番犬 / montar a guarda 見張る, 監視する.

❷ 養育権 ▶a guarda dos filhos 子供の養育権.

❸ 保護, 監督 ▶sob a guarda de... …の保護下に, …に保管されて.

❹ (集合的に) 衛兵; 警備隊, 歩哨(しょう) ▶guarda presidencial 大統領警備隊 / guarda de honra 儀仗兵.

baixar a guarda 警戒を緩める.

jovem guarda ① 若年世代. ② 1960年代ブラジルにおけるロック音楽の隆盛.

velha guarda 古参警備隊; 古参兵, 古株.

*__guarda-chuva__ /ˌgwaxda'ʃuva/ グワフダシューヴァ [複 guarda-chuvas] 男 雨傘 ▶abrir um guarda-chuva 雨傘をさす / fechar um guarda-chuva 雨傘を閉じる.

guarda-civil /ˌgwaxdasi'viw/ [複 guardas-civis] 名 文民警官.

guarda-costas /ˌgwaxda'kɔstas/ 男《単複同形》❶ ボディーガード. ❷ 沿岸警備艇.

guardador, dora /gwaxda'dox, 'dora/ [複 guardadores, doras] 形 番をする, 見張る.

— **guardador** 男 道に駐車した車を見張る人.

guarda-florestal /ˌgwaxdaflores'taw/ [複 guardas-florestais] 名 森林保護官.

guarda-livros /ˌgwaxda'livrus/ 名《単複同形》帳簿係, 会計係.

guarda-marinha /ˌgwaxdama'riɲa/ [複 guardas-marinha(s)] 男 海軍士官候補生.

guarda-mor /ˌgwaxda'mɔx/ [複 guardas-mores] 男 税関長.

guardamoria /gwaxdamo'ria/ 女 B 税関長職, 税関当局.

guarda-móveis /ˌgwaxda'mɔvejs/ 男《単複同形》家具を保管する貸金庫.

guardanapo /gwaxda'napu/ 男 ナプキン ▶guardanapo de papel 紙ナプキン / guardanapo de pano 布ナプキン.

guarda-noturno /ˌgwaxdano'tuxnu/ [複 guardas-noturnos] 男 夜警, 夜間警備員.

*__guardar__ /gwax'dax/ グワフダーフ 他 ❶ 見張る, 監視する, …の番をする ▶guardar as fronteiras 国境を警備する / Poderia guardar esta mala? このかばんを預かってもらえますか.

❷ しまう, 保管する, 保存する ▶Guardo as loiças naquele armário. 私はその棚に食器をしまっている / Guarde os brinquedos. おもちゃをしまいなさい / guardar os documentos 書類を保管する.

❸ 保持する, 持ち続ける ▶guardar silêncio 沈黙を守る / guardar a distância 距離を保つ / guardar dinheiro お金を貯める / guardar a lembrança 思い出を持ち続ける.

❹ 暗記する, 記憶する ▶Eu não guardo o número do meu celular. 私は, 自分の携帯電話の番号を覚えていない.

❺ (秘密などを) 守る ▶guardar um segredo 秘密を守る.

❻ 遵守する ▶guardar as leis 法律を遵守する.

❼ 延期する, 先延ばしする ▶Guardaram os planos para o fim do mês. その計画は月末に先延ばしにされた.

— **guardar-se** 再 ❶ 自制する, 用心する.

❷ 余力を残しておく ▶O lutador guardou-se para a luta. そのレスラーは, 次の試合のために余力を残した.

guardar para amanhã 延期する.

guardar para si 誰にも言わない, 口外しない.

guarda-redes /ˌgwardɐ'redəʃ/ [名]《単複同形》[P]〖サッカー〗ゴールキーパー.
guarda-roupa /ˌgwaxda'xopa/ [[複] guarda-roupas] [男] ❶ 洋服だんす. ❷ 衣装一式, 衣服.
guarda-sol /ˌgwaxda'sɔw/ [[複] guarda-sóis] [男] 日傘, パラソル.
guardião, diã /gwax'dʒiɐ̃w̃, 'dʒiɐ̃/ [[複] guardiões または guardiães, diãs] [名] ❶ 番人, 守る人, 擁護者 ▶ guardião da lei 法の番人. ❷ [B]〖サッカー〗ゴールキーパー.
guarida /gwa'rida/ [女] ❶ 動物のねぐら, 巣. ❷ 隠れ場所, アジト. ❸ 見張り小屋.
guarnecer /gwaxne'sex/ ⑮ [他] ❶ …を…に供給する, 補給する, 装備する [+ com/de] ▶ O comandante guarneceu as tropas com armas mais modernas. 司令官は部隊により新型の武器を装備した.
❷ 装飾する, 飾る ▶ guarnecer uma blusa ブラウスに装飾する / guarnecer o assado com ramos de salsa 焼いた肉にパセリの枝を飾る.
❸ 強化する, 補強する, 防衛する ▶ O exército queria guarnecer as fronteiras da região. 軍隊はその地帯の国境を強化させたがっていた.
❹ 占領する ▶ Um batalhão guarnecia a cidade. ある歩兵大隊が町を占拠した.
❺〖船舶〗(乗組員を) 配置する.
❻ (しっくいを塗った上を) 白塗りする, 上塗りをする ▶ Ele guarneceu um muro recém-construído. 彼は新しく建てられた壁を上塗りした.
guarnição /gwaxni'sɐ̃w̃/ [[複] guarnições] [女] ❶ 守備隊, 駐屯隊. ❷〖料理〗付け合わせ.
Guatemala /gwate'mala/ [女]《国名》グアテマラ.
guatemalteco, ca /gwatemaw'tɛku, ka/ [形] [名] グアテマラの (人).
gude /'gudʒi/ [男] [B] ビー玉, ビー玉遊び.
gueixa /'gejʃa/ [女]《日本語》芸者.
guelra /'gɛwxa/ [女] (水生生物の) えら.
***guerra** /'gɛxa ゲーハ/ [女] ❶ **戦争** ▶ Eclodiu a guerra civil. 内戦が勃発した / ganhar a guerra 戦争に勝つ / perder a guerra 戦争に負ける / declarar guerra 宣戦布告する / estar em guerra contra... …と戦争状態にある / declaração de guerra 宣戦布告 / guerra civil 内戦 / Segunda Guerra Mundial 第二次世界大戦 / guerra fria 冷戦 / guerra santa 聖戦 / guerra de nervos 神経戦 / teatro de guerra 戦域.
❷ **戦い**, **闘争** ▶ guerra de preços 価格戦争 / guerra econômica 経済戦争.
fazer guerra a... …に戦いを挑む
Guerra é guerra. 戦争とはこういうものだ.
guerra sem quartel 容赦のない戦争.
guerrear /gexe'ax/ ⑩ [自] …と戦う, 争う [+ com].
— [他] …と戦う.
guerreiro, ra /ge'xejru, ra/ [名] 戦士.
— [形] ❶ 戦争の. ❷ 好戦的な, 戦闘的な ▶ espírito guerreiro 戦意.
guerrilha /ge'xiʎa/ [女] ゲリラ部隊, ゲリラ戦 ▶ guerrilha rural 農村ゲリラ / guerrilha urbana 都市ゲリラ.
guerrilheiro, ra /gexi'ʎejru, ra/ [名] ゲリラ兵.
— [形] ゲリラ戦の, ゲリラ部隊の.
gueto /'getu/ [男] ❶ ゲットー, ユダヤ人居住区. ❷ (特定の社会集団の) 居住地区.
***guia** /'gia ギーア/ [名] **案内人, ガイド**.
— [男] **案内書**, ガイドブック ▶ um guia de Paris パリのガイドブック / guia turístico 旅行ガイド本, 旅行案内人.
— [女] ❶ 案内, 指導, 指針. ❷ 携行許可書, 貨物運送状.
guião /gi'ɐ̃w̃/ [[複] guiões または guiães] [男] ❶ 先導旗, 旗手. ❷ (自転車やオートバイの) ハンドル.
***guiar** /gi'ax ギアーフ/ [他] ❶ (乗り物を) **運転する**, **操縦する** ▶ guiar a bicicleta 自転車に乗る / guiar um carro 車を運転する.
❷ **案内する**, **導く**, 誘導する ▶ guiar os turistas 観光客を案内する / O papel do professor é guiar o aluno. 教師の役割は生徒を導くことである / Deus te guie! 神があなたをお導きになるように.
— **guiar-se** [再] …に導かれる [+ por] ▶ guiar-se pelas estrelas 星に導かれる.
guiché /gi'ʃɛ/ [男] [P] = guichê
guichê /gi'ʃe/ [男] [B] 窓口, カウンター, 切符売り場, チケット売り場 ▶ Dirija-se ao guichê três. 3番窓口に行ってください.
guidão /gi'dɐ̃w̃/ [[複] guidões] [男] = guidom
guidom /gi'dõ/ [[複] guidons] [男] (自転車やオートバイの) ハンドル.
guilhotina /giʎo'tʃĩna/ [女] ❶ ギロチン. ❷ (紙の) 裁断機.
guinada /gi'nada/ [女] ❶ 船首揺れ, 傾き.
❷ 急な方向転換 ▶ dar uma guinada とっさに向きを変える.
❸ (突然の) 考えや生き方の変化, 心境の変化 ▶ dar uma guinada na vida 人生の方向転換をする.
guinar /gi'nax/ [自] ❶ (船が) 進行方向を変える.
❷ 突然向きを変える ▶ Guinando à direita e à esquerda, o carro estacou. 右や左に向きを変えながら, 車は止まった.
❸ (意見や考えを) 変える ▶ O ex-comunista guinou para a direita. 元共産主義者は右翼に転向した.
— [他] ❶ (船の) 方向を変える ▶ Ele guinou o barco para a direita. 彼は右側へと船を方向転換させた.
❷ 突然…の向きを変える ▶ Ele guinou o carro para a esquerda e continuou a correr. 彼は突然ハンドルを左に切り, 走り続けた.
guinchar /gĩ'ʃax/ [自] (豚が) キーキーいう, 金切り声を上げる, キーッと鳴る
— [他] ❶ 高い声で言う. ❷ [B] レッカー車で牽引する, ウィンチで引っ張る ▶ guinchar um carro 車を牽引する.
guincho /'gĩʃu/ [男] ❶ 金切り声, キーキーいう声 ; きしむ音. ❷ ウインチ. ❸ [B] レッカー車.
guindar /gĩ'dax/ [他] ❶ 揭げる, 起こす, 持ち上げる, つり上げる ▶ guindar a bandeira 旗を掲げる / A grua guindou a câmera até o terraço. クレーンがバルコニーまでカメラをつり上げた.
❷ (高い地位に) つける, 取り立てる [+ a] ▶ O ta-

G

guindaste

476

lento guindou o gerente ao cargo de diretor. 支配人は才能で社長の地位に就いた.
❸ 誇張された [気取った] 文を書く ▶guindar o estilo 気取った文体を書く.
— **guindar-se** 再 高い地位に就く, 昇進する.
guindaste /gĩ'dastʃi/ 男 クレーン, 起重機.
Guiné-Bissau /ˌginɛbi'saw/ 女《国名》ギニアビサウ (西アフリカにある, ポルトガルの旧植民地).
guineense /gini'ẽsi/ 形《男女同形》名 ギニアビサウの (人).
guisa /'giza/ 女《次の成句で》
 à guisa de …として, …の代わりに ▶usar uma garrafa à guisa de vaso de flores 瓶を花瓶の代わりに使う / à guisa de introdução 話のとりかかりとして.
guisado /gi'zadu/ 男 肉や野菜などをとろ火でじっくり煮込んだ料理.
guisar /gi'zax/ 他 とろ火で煮込む.
guitarra /gi'taxa/ 女 ❶ P ギター ▶tocar guitarra ギターを弾く / guitarra acústica アコースティックギター / guitarra clássica クラシックギター / guitarra portuguesa (12弦の) ポルトガルギター.
❷ B エレキギター (= guitarra elétrica).
guitarrista /gita'xista/ 名 ギター奏者.
guizo /'gizu/ 男 鈴.
gula /'gula/ 女 ❶ 大食, 食食 ▶pecado da gula 食食の罪. ❷ 食い道楽.

guitarra portuguesa

gulodice /gulo'dʒisi/ 女 ❶ 大食, 食道楽. ❷ お菓子類, 甘いもの.
guloseima /gulo'zejma/ 女 お菓子類, 甘いもの.
guloso, sa /gu'lozu, 'lɔza/ 形 大食な, 食いしん坊な.
— 名 健啖家, 食いしん坊.
gume /'gũmi/ 男 刃 ▶de dois gumes 諸刃(もろは)の.
guri /gu'ri/ 男 B 男の子.
guria /gu'ria/ 女 B ❶ 女の子. ❷ ガールフレンド.
guru /gu'ru/ 男 指導者, グル.
gustação /gusta'sẽw̃/ [複 gustações] 女 味見, 試食.
gustativo, va /gusta'tʃivu, va/ 形 味覚の ▶papilas gustativas 味蕾(みらい).
gutural /gutu'raw/ [複 guturais] 形《男女同形》
❶ のどの; しわがれ声の ▶voz gutural しわがれ声.
❷ [音声] 喉音の.

H h

h /a'ga/ 男 ポルトガル語アルファベットの第8字.

h. 《略語》hora.

há 活用 ⇒ haver

hã /ɐ̃/ 間 ❶《聞き返し》えぇ ► — Ó rapaz. — Hã? 「おい, 君」「何ですか」.
❷《驚き》ほぉ. ❸《理解, 納得》へぇ.
❹《疑い, 軽蔑》ふぅん ► Hã, duvido que ele tenha coragem. 彼に勇気があるかどうか怪しいものだ.

habeas corpus /ˌabɛas'kɔxpus/ 男 人身保護令.

***hábil** /'abiw/ [複 hábeis] 形《男女同形》❶ …に器用な, 巧みな, 手際のよい [+ em] ► artesão hábil em marcenaria 指物細工に長けた工芸家 / hábil com as mãos 手先が器用な / Ela tem mãos hábeis para bordar. 彼女の手は刺繍に向いている.
❷ ずる賢い, 巧妙な, 抜け目のない ► O hábil deputado convencia todos com seus discursos inflamados. 賢い議員が熱烈な演説で皆を説得していた.
❸ 資格 [免許, 資質, 能力] のある, 正規の ► título hábil 正規の資格.
❹ 適切な, 素質のある, 好都合な ► Ele foi muito hábil na resolução da crise da empresa. 彼は有能にも会社の難局を切り抜けた.

***habilidade** /abili'dadʒi/ 女 ❶ 有能, 才能, 手腕 ► Ele tem habilidade para qualquer coisa. 彼は何についても才能がある / Ela não tem habilidade com as mãos. 彼女は手先が不器用だ.
❷ 素質, 能力, 適性.
❸ 知性, ずる賢さ, 狡猾さ ► Ele tinha pouca habilidade para intrigas políticas. 彼は政治的策略に長けてはいなかった.
❹《habilidades》敏捷(びん)性を鍛えるトレーニング.
❺《habilidades》骨の折れる手仕事.

habilidoso, sa /abili'dozu, 'dɔza/ 形 巧みな, 器用な.

habilitação /abilita'sẽw/ [複 habilitações] 女
❶ 能力, 力量, 適性.
❷ 資格, 資質, 素質 [+ para].
❸ 証明, 認証.
❹ 免許, 免許証 ► Tenho habilitação para dirigir caminhões. 私はトラックを運転する免許を持っている / carteira de habilitação 運転免許証 / dirigir sem habilitação 無免許運転する.
❺ 資格付与, 資格証明書, 証拠書類.
❻《habilitações》知識, 教養, P 学歴 ► As suas habilitações não iam além da escola primária. 彼女の教養は初等教育までのものだった.

habilitado, da /abili'tadu, da/ 形 ❶《habilitado para +不定詞》…する資格のある.
❷ …の能力のある [+ em] ► habilitado em inglês 英語に堪能な / Ele está habilitado em economia. 彼は経済を熟知している / um médico habilitado ベテラン医師 / condutor habilitado 熟練の指揮者.

***habilitar** /abili'tax/ 他 ❶ …を可能にする, …ができるようにする [+ a/para] ► O curso que frequentou habilitou-o para falar inglês. そのコースに通ったおかげで彼は英語が話せるようになった.
❷ …への資格 [権利] を与える [+ a/para] ► Este cartão habilita-o a entrar no clube. このカードで彼はクラブに入る権限が与えられる.
❸ 準備させる, 備えさせる ► Seus pais o habilitam para o futuro. 彼の両親は彼の将来に備えさせる.
❹ 紹介する ► Habilitarei você à firma para que lhe dê um emprego. 君を雇ってくれる会社を紹介するよ.
❺《証拠書類などにより》法的資格を証明する ► O advogado habilitou o cliente. 弁護士は顧客の資格を証明した.
❻ 供給する, 備える ► Ele habilitou o servo para uma longa jornada. 彼は使用人に長旅の準備をさせた.
— 自《暗証番号など》使える, 有効になる ► Fiquei horas esperando na loja para que habilitasse o meu celular. 私は携帯電話が使えるようになるまで店で何時間も待っていた.

— habilitar-se 再 ❶ …に対して資格を得る [+ a/para].
❷ …の準備をする [+ a/para] ► Ele habilitou-se a ajudar o cunhado com a obra. 彼は工事で義弟を手伝う準備をした.
❸ …に立候補する [+ a] ► Ela habilitou-se a um lugar na nossa empresa. 彼女は我々の会社のあるポストに立候補した.
❹ 宝くじを買う.

habilmente /ˌabiw'mẽtʃi/ 副 上手に, 巧みに.

***habitação** /abita'sẽw/ [複 habitações] 女 居住, 住宅, 住まい ► local impróprio para habitação 居住に不適切な場所 / direito a habitação 居住の権利 / problema de habitação 住宅問題 / habitação social (貧困層のための) 公営住宅.

:**habitante** /abi'tẽtʃi/ アビタンチ 名 住人, 住民 ► os habitantes de Brasília ブラジリアの住民 / O Japão tem 120 milhões de habitantes. 日本は1億2千万人の人口がある.
— 形《男女同形》住んでいる.

***habitar** /abi'tax/ アビタール 他 ❶ …に住む, 暮らす ► Ele habitava um pequeno sítio. 彼は小さなところに住んでいた.
❷ …に存在する, ある ► A melancolia habita o peito da fadista. そのファド歌手は心に憂鬱を抱えている.
— 自 ❶ …に住む [+ em/sobre] ► Habitamos

no quarto andar daquele prédio. 我々はあの建物の5階に住んでいる.
❷ …に存在する, ある [+ em] ▶ Esse sentimento sempre habitou em meu coração. その感情は常に私の心の中にあった.

hábitat /'abitatʃi/ [男] ❶ 生息環境, 生息地. ❷ 居住環境, 居住地.

habitável /abi'tavew/ [[複] habitáveis] [形] 《男女同形》住むことのできる, 住むのに適した.

habite-se /a'bitʃisi/ [男] 《単複同形》建物使用許可証.

⋆⋆hábito /'abitu アービト/ [男] ❶ **習慣**, 癖 ▶ Tenho o hábito de dormir cedo. 私は早く寝る習慣がある / adquirir o hábito de +[不定詞] …する習慣がつく.
❷ 修道服, 法衣 ▶ O hábito não faz o monge. [諺] (僧服は僧を作らない→) 人は見かけによらない.
como de hábito いつものように.
por hábito 習慣的に.

habituado, da /abitu'adu, da/ [形] ❶ …に慣れた [+ a] ▶ estar habituado 慣れている / ficar habituado 慣れる. ❷ 《habituado a +[不定詞]》 …することに慣れた.

⋆⋆habitual /abitu'aw アビトゥアゥ/ [[複] habituais] [形] 《男女同形》**いつもの, ふだんの**, 習慣的な ▶ parceiro habitual いつものパートナー / cliente habitual 常連客 / consumo habitual de café コーヒーを習慣的に飲むこと.

habitualmente /abituˌaw'mẽtʃi/ [副] **習慣的に, ふだんは.**

⋆habituar /abitu'ax アビトゥアーフ/ [他] ❶ **…に慣れさせる** [+ a].
❷ 《habituar alguém a +[不定詞]》 …することに慣れさせる, …する習慣をつけさせる.
— **habituar-se** [再] ❶ …に慣れる [+ a] ▶ habituar-se ao calor 暑さに慣れる.
❷ 《habituar-se a +[不定詞]》 …することに慣れる.

Haiti /aj'tʃi/ [男] 《国名》ハイチ.

haitiano, na /ajtʃi'ẽnu, na/ [形] [名] ハイチの(人).

haja [活用] ⇒ haver

hálito /'alitu/ [男] 息, 呼気 ▶ ter mau hálito 息が臭い.

halitose /ali'tɔzi/ [女] 口臭.

hall /'hɔw/ [男] 《英語》入り口の広間, ロビー, ホール ▶ hall de entrada エントランスホール.

halo /'alu/ [男] ❶ (太陽や月の) 暈(かさ), ハロー. ❷ (聖像の) 円光, 光輪, 後光. ❸ (栄光などの) 輝き.

halogénio /ɐlɔ'ʒɛniu/ [男] [P] = halogênio

halogênio /alo'ʒẽniu/ [男] [B] 〖化学〗ハロゲン化物.

haltere /aw'teri/ [男] ダンベル.

halterofilismo /awterofi'lizmu/ [男] 重量挙げ.

halterofilista /awterofi'lista/ [名] 重量挙げ選手.

hambúrguer /ẽ'buxgex/ [[複] hambúrgueres] [男] 〖料理〗ハンバーガー ▶ hambúrguer de peixe フィッシュバーガー.

hangar /ẽ'gax/ [[複] hangares] [男] 格納庫.

hão [活用] ⇒ haver

harém /a'rẽm/ [[複] haréns] [男] ハレム.

⋆⋆harmonia /axmo'nia アフモニーア/ [女] ❶ **調和**, ハーモニー ▶ harmonia das cores 色彩の調和
❷ **協調, 和合** ▶ viver em harmonia com... …と調和して生きる. ❸ 〖音楽〗協和音.

harmónica[1] /ɐr'mɔnikɐ/ [女] [P] = harmônica

harmônica[1] /ax'mõnika/ [女] [B] ハーモニカ.

harmónico, ca[2] /ɐr'mɔniku, kɐ/ [形] [P] = harmônico

harmônico, ca[2] /ax'mõniku, ka/ [形] [B] ❶ 調和のとれた ▶ vida harmônica 調和のとれた生活. ❷ 〖音楽〗和声の.
— **harmônico** [男] 〖音楽〗倍音.

harmoniosamente /axmoniˌɔza'mẽtʃi/ [副] 調和して, 釣り合いを取って ▶ viver harmoniosamente 調和の取れた暮らしをする.

harmonioso, sa /axmoni'ozu, 'ɔza/ [形] ❶ 響きのよい, 耳に快い ▶ som harmonioso 心地よい音.
❷ 調和の取れた.

harmonização /axmoniza'sɐ̃w̃/ [[複] harmonizações] [女] ❶ 〖音楽〗和声づけをすること. ❷ 調和させること, 融和 ▶ harmonização de queijos e vinhos チーズとワインを合わせること.

harmonizar /axmoni'zax/ [他] ❶ 調和させる.
❷ 和解させる, 仲直りさせる ▶ Ele consegue harmonizar o conflito entre o patrão e o empregado. 彼はオーナーと従業員間のいさかいを丸くおさめることができる. ❸ …に和声をつける.
— [自] …と調和する, 合う [+ com].
— **harmonizar-se** [再] 調和する, …と調和する [+ com] ▶ A floresta não se harmoniza com a cidade. 森林と街は調和しない.

harpa /'axpa/ [女] 〖音楽〗ハープ.

harpista /ax'pista/ [名] ハーピスト, ハープ奏者.

hasta /'asta/ [女] ❶ 槍. ❷ 競売 ▶ hasta pública 公競売 / vender em hasta pública 公競売で売却する / ir a hasta pública 公競売にかけられる / pôr em hasta pública 公売にかける.

haste /'astʃi/ [女] ❶ 竿, 旗竿, 棒状の物 ▶ haste de óculos 眼鏡のつる. ❷ 〖植物〗茎, 幹.

hastear /aste'ax/ ⑩ [他] 掲げる, 掲揚する ▶ hastear a bandeira nacional 国旗を掲揚する.
— **hastear-se** [再] そびえる, (旗が) 翻る.

havana /a'vẽna/ [男] ハバナ産の葉巻.
— [形] 《男女同形》薄茶色の.

⋆⋆⋆haver /a'vex アヴェーフ/ ㉜

直説法現在	hei	havemos
	hás	haveis
	há	hão
過去	houve	houvemos
	houveste	houvestes
	houve	houveram
接続法現在	haja	hajamos
	hajas	hajais
	haja	hajam

[他] ❶ 《非人称》《Há...》 …**がある, いる**, 行われる, 起きる ▶ Há um problema. 問題が1つある / Há muitos problemas. 問題がたくさんある / Há uma estação de metrô perto daqui? この近くに地下鉄の駅はありますか / Não há pão. パンがない / Há muita coisa para fazer. するべきことがたくさんある / Antigamente havia uma ponte ali. 昔あそこに橋があった / Não havia ninguém. 誰もいなかった / Houve um encontro importante na semana passada. 先週大切な会合があった / Amanhã vai haver uma festa no vizinho. 明日はお隣でパーティーがある / Ainda haverá muitas reuniões para decidir este projeto. この計画を決めるためにまだ多くの会議が開かれるだろう / O que é que houve? 何があったのですか / O que é que há? どうかしましたか / O que há de novo? 最近どうですか.

❷《非人称》(há + 時間の表現 + (que) + 直説法)…して…になる, …前から…している ▶Há dez anos que não se veem. 彼らは10年前から会っていない, 彼らが会わなくなって10年になる / Havia vinte anos que ele morava no Brasil. 彼がブラジルに住んで20年になっていた.

❸《非人称》(há + 時間の表現)…して…になる, …前から…している ▶Minha mãe morreu há cinco anos. 私の母は5年前に亡くなった / Eu moro aqui há dez anos. 私はここに10年前から住んでいる / Há quanto tempo você está no Brasil? あなたはブラジルにどれくらい前からいますか / Há muito tempo não vou ao cinema. 私は映画を見に行かなくなって久しい.

❹(haver + 過去分詞)…してしまった (完了時制) ▶Ele já havia partido quando eu cheguei. 彼は私が着いた時にはすでに出発していた（注 直説法現在完了を除いて, ter の代わりに haver を用いて完了時制を作ることができる).

❺《非人称》(há que + 不定詞)…しなければならない ▶Há que ter cuidado para não ficar doente. 病気にならないように用心しなければならない.

❻(haver de + 不定詞)…するつもりだ, …だろう ▶Hei de vencer. 私は絶対勝つ / Que hei de fazer? 一体どうしろと言うんですか / Você há de se arrepender. あなたは後悔するだろう.

❼思う, 判断する ▶Houveram que era melhor partir. 彼らは出発するのがよいと考えた / Nós o houvemos por honesto. 私たちは彼を正直者だと思った.

❽得る, 手に入れる.

— **haver-se** 再 ❶ ふるまう, 行動する. ❷ …とうまく付き合う, …に対処する [+ com].

— 男 [複 haveres] ❶『会計』貸方. ❷ (haveres) 財産.

Bem haja. 幸あれ.

há de vir 起こり得るだろう.

haja o que houver 何があろうとも.

haver por bem (de) + 不定詞 …することに決める, …することにする.

Não há como + 不定詞 …する方法がない, …できない.

haxixe /aˈʃiʃi/ 男 ハシッシュ, 大麻.
hebraico, ca /eˈbrajku, ka/ 形 ヘブライの.
— 名 ヘブライ人.
— **hebraico** 男 ヘブライ語.
hebreu, breia /eˈbrew, ˈbreia/ 形 ヘブライの.
— 名 ヘブライ人.
— **hebreu** 男 ヘブライ語.
hecatombe /ekaˈtõbi/ 女 ❶ 大量殺戮. ❷ (多くの死者を伴う) 大惨事, 大災害.
hectare /ekˈtari/ 男 (面積の単位) ヘクタール.
hectograma /ektoˈgrɐma/ 男 (重量の単位) ヘクトグラム (=100グラム).
hectolitro /ektoˈlitru/ 男 (容積の単位) ヘクトリットル (=100リットル).
hectômetro /ɛkˈtɔmɛtru/ P 男 = hectômetro
hectômetro /ekˈtõmetru/ 男 B (長さの単位) ヘクトメートル (=100メートル).
hediondo, da /edʒiˈõdu, da/ 形 ぞっとする, 醜悪な ▶ crime hediondo ぞっとする犯罪.
hedonismo /edoˈnizmu/ 男『哲学』快楽主義.
hedonista /edoˈnista/ 形 快楽主義の.
— 名 快楽主義者.
hegemonia /eʒemoˈnia/ 女 覇権, ヘゲモニー.
hegemónico, ca /eʒəˈmɔniku, kɐ/ 形 P = hegemônico
hegemônico, ca /eʒeˈmõniku, ka/ 形 B 覇権主義的な.
hei 活用 ⇒ haver
hein /ˈẽj/ 間 = hem
helénico, ca /eˈlɛniku, kɐ/ 形 P = helênico
helênico, ca /eˈlẽniku, ka/ 形 B 古代ギリシャの.
helenismo /eleˈnizmu/ 男 ❶ ヘレニズム (文化). ❷ ギリシャ語法.
helenista /eleˈnista/ 名 古代ギリシャ語研究者, 古代ギリシャ学者.
hélice /ˈɛlisi/ 女 ❶ プロペラ, スクリュー. ❷ らせん ▶ dupla hélice 二重らせん.
helicóptero /eliˈkɔpiteru/ 男 ヘリコプター.
hélio /ˈɛliu/ 男『化学』ヘリウム.
heliporto /eliˈpoxtu/ 男 ヘリポート.
hem /ˈẽj/ 間 ❶ (聞き返し) 何ですか. ❷ (驚き) えっ, 何だって. ❸ (同意を求めて) そうでしょう, 違いますか.
hemiplegia /emipleˈʒia/ 女『医学』半身不随.
hemisférico, ca /emisˈfɛriku, ka/ 形 半球の, 半球形の.
hemisfério /emisˈfɛriu/ 男 ❶ (地球や天の) 半球 ▶ hemisfério norte 北半球 / hemisfério sul 南半球. ❷『解剖』大脳半球 ▶ hemisfério esquerdo 左半球 / hemisfério direito 右半球.
hemofilia /emofiˈlia/ 女『医学』血友病.
hemofílico, ca /emoˈfiliku, ka/ 形『医学』血友病の.
— 名 血友病患者.
hemoglobina /emogloˈbĩna/ 女 ヘモグロビン, 血色素.
hemorragia /emoxaˈʒia/ 女『医学』出血 ▶ morragia interna 内出血 / hemorragia nasal 鼻血.
hemorrágico, ca /emoˈxaʒiku, ka/ 形 出血(性)の.
hemorróidas /emoˈxɔjdas/ 女複『医学』痔, 痔

há

há 活用 ⇒ haver
hepático, ca /e'patʃiku, ka/ 形 肝臓の, 肝臓病にかかった ▶ cirrose hepática 肝硬変.
hepatite /epa'tʃitʃi/ 女〖医学〗肝炎.
heráldica /e'rawdʒika/ 女 紋章学.
herança /e'rẽsa/ 女 ❶ 遺産 ▶ receber algo em herança …を相続する / deixar algo em herança a alguém …に遺贈する / herança cultural 文化遺産. ❷ 伝承. ❸ 遺伝.
herbáceo, cea /ex'basiu, sia/ 形〖植物〗草の, 草本(性)の.
herbicida /exbi'sida/ 男 除草剤.
— 形《男女同形》除草の.
herbívoro, ra /ex'bivoru, ra/ 形〖動物〗草食性の.
— **herbívoro** 男 草食動物.
hercúleo, lea /ex'kuliu, lia/ 形 ヘラクレス(Hercules)のような, 怪力の ▶ trabalho hercúleo 超人的な仕事.
herdar /ex'dax/ 他 …から相続する, 受け継ぐ [+ de] ▶ herdar uma fortuna 財産を相続する.
herdeiro, ra /ex'dejru, ra/ 名 相続人, 跡取り ▶ herdeiro do trono 王位継承者 / legítimo herdeiro 法定相続人.
hereditariedade /eredʒitarie'dadʒi/ 女 ❶ 遺伝. ❷ 相続, 世襲.
hereditário, ria /eredʒi'tariu, ria/ 形 ❶ 世襲の, 相続の ▶ bens hereditários 相続財産. ❷ 遺伝の ▶ doença hereditária 遺伝性の病気.
herege /e'reʒi/ 形《男女同形》異端の.
— 名 異端者.
heresia /ere'zia/ 女 異端, 異説, 異論.
herético, ca /e'retʃiku, ka/ 形 異端の.
— 名 異端者.
hermafrodita /exmafro'dʒita/ 形《男女同形》両性具有の, 雌雄同体の.
— 名 両性具有者.
hermético, ca /ex'metʃiku, ka/ 形 ❶ 密閉された, 気密性のある ▶ embalagem hermética 密閉包装. ❷ 隠された, 難解な.
hérnia /'ɛxnia/ 女〖医学〗ヘルニア.
‡**herói** /e'rɔj エロイ/ 男 ❶ 英雄, 勇者 ▶ herói nacional 国民的英雄. ❷ (物語の)主人公 ▶ herói do filme 映画の主人公. ❸ (事件などの)中心人物, 花形, 人気者.
heroicamente /e,rɔjka'mẽtʃi/ 副 英雄的に, 堂々と, 勇敢に.
heroico, ca /e'rɔjku, ka/ 形 英雄の, 英雄的な, 勇敢な ▶ idade heróica 英雄時代 / ato heróico 英雄的行為.
heroína /ero'ina/ 女 ❶ 女性の英雄, ヒロイン. ❷ 女性主人公. ❸ ヘロイン.
heroísmo /ero'izmu/ 男 英雄的行為, 勇敢さ.
herpes /'ɛxpis/ 男《単複同形》〖医学〗ヘルペス.
hesitação /ezita'sẽw/ [複 hesitações] 女 ためらい, 躊躇(ちゅうちょ) ▶ com hesitação ためらいがちに / sem hesitação ためらうことなく.
hesitante /ezi'tẽtʃi/ 形《男女同形》ためらいがちな, 優柔不断な.
*****hesitar** /ezi'tax エジターフ/ 自 ❶ ためらう, 迷う ▶ hesitar na resposta 回答をためらう / sem hesitar 迷わず / hesitar entre ir ou não ir 行くか行かないか迷う. ❷ (hesitar em +不定詞)…するのをためらう ▶ Não hesite em perguntar. 遠慮しないで質問してください.
heterodoxo, xa /etero'dɔksu, ksa/ 形 異端の, 非正統説の.
heterogeneidade /eteroʒenej'dadʒi/ 女 異質性, 不均質性.
heterogêneo, nea /ɛtəru'ʒeniu, niɐ/ 形 ℗ = heterogêneo
heterogêneo, nea /etero'ʒeniu, na/ 形 Ⓑ 異質の, 異種の; 不均質の.
heterônimo /etəˈrɔnimu/ 男 ℗ = heterônimo
heterônimo /ete'rɔnimu/ 男 Ⓑ 筆名, ペンネーム.
heterossexual /eteroseksu'aw/ [複 heterossexuais] 形《男女同形》異性愛の.
— 名 異性愛者.
heterossexualidade /eteroseksuali'dadʒi/ 女 異性愛.
hexagonal /eksago'naw/ [複 hexagonais] 形《男女同形》六角形の.
hexágono /ek'sagonu/ 男 ❶ 六角形. ❷ (o Hexágono) フランス(国の形から).
hiato /i'atu/ 男 ❶ 母音接続. ❷ 中断, 断絶, ずれ.
hibernação /ibexna'sẽw/ [複 hibernações] 女 冬眠.
hibernar /ibex'nax/ 自 冬眠する.
hibisco /i'bisku/ 男〖植物〗ハイビスカス.
híbrido, da /'ibridu, da/ 形 ❶ 一代雑種の. ❷ 混成の, 混種の, ハイブリッドの ▶ carro híbrido ハイブリッド車.
hidra /'idra/ 女 ❶〖ギリシャ神話〗ヒュドラ, 水蛇の怪物 ▶ Hidra de Lerna レルナのヒュドラ(九つまたは七つの頭を持つ大蛇). ❷〖動物〗ヒドラ.
hidrante /i'drẽtʃi/ 男 消火栓.
hidratação /idrata'sẽw/ [複 hidratações] 女 水分補給.
hidratante /idra'tẽtʃi/ 形《男女同形》潤いを与える ▶ creme hidratante モイスチャークリーム.
— **hidratante** 男 肌に潤いを与えるクリーム.
hidratar /idra'tax/ 他 …に水分を補給する, 潤いを与える.
— **hidratar-se** 再 潤う, 濡れる.
hidrato /i'dratu/ 男〖化学〗水和物, 水化物 ▶ hidrato de carbono 炭水化物.
hidráulica[1] /i'drawlika/ 女 水理学.
hidráulico, ca[2] /i'drawliku, ka/ 形 ❶ 水力の ▶ energia hidráulica 水力エネルギー. ❷ 油圧の ▶ freio hidráulico 油圧ブレーキ.
hidrelétrica[1] /idre'lɛtrika/ 女 水力発電所, 水力発電会社.
hidrelétrico, ca[2] /idre'lɛtriku, ka/ 形 水力発電の ▶ usina hidrelétrica 水力発電所.
hídrico, ca /'idriku, ka/ 形 水の, 水による ▶ recursos hídricos 水資源.

hidroavião /idroavi'ẽw̃/ [[複] hidroaviões] [男] 水上飛行機.
hidrocarboneto /idrokaxbo'netu/ [男]〘化学〙炭化水素.
hidrófilo, la /i'drɔfilu, la/ [形] 親水性の, 吸水性の ▶ algodão hidrófilo 脱脂綿.
hidrofobia /idrofo'bia/ [女]〘医学〙恐水病, 狂犬病.
hidrogénio /idrɔ'ʒɛniu/ [男] [P] = hidrogênio
hidrogênio /idro'ʒẽniu/ [男] [B]〘化学〙水素.
hidroginástica /idroʒi'nastʃika/ [女] アクアビクス.
hidroterapia /idrotera'pia/ [女]〘医学〙水治療法.
hidrovia /idro'via/ [女] 水路.
hiena /i'ẽna/ [女]〘動物〙ハイエナ.
hierarquia /ierax'kia/ [女] ヒエラルキー, 階級制, 序列 ▶ subir na hierarquia 階級を上がる / hierarquia de valores 価値体系.
hierarquicamente /ieˌraxkika'mẽtʃi/ [副] 階級に基づいて, 階層的に.
hierárquico, ca /ie'raxkiku, ka/ [形] 階級制の, 階層的な ▶ estrutura hierárquica 階層構造.
hierarquizar /ieraxki'zax/ [他] …に階級を設ける, 序列化する.
hífen /'ifen/ [[複] hífens または hífenes] [男] ハイフン (-).
higiene /iʒi'ẽni/ [女] ❶ 衛生, 清潔 ▶ higiene oral 口内衛生 / higiene pessoal 個々人の衛生習慣 / higiene alimentar 食品衛生 / higiene mental 精神衛生. ❷ 衛生学.
higiénico, ca /iʒi'ɛniku, kɐ/ [形] [P] = higiênico
higiênico, ca /iʒi'ẽniku, ka/ [形] [B] 衛生の, 衛生的な, 清潔な ▶ ambiente higiênico 衛生的な環境 / papel higiênico トイレットペーパー.
higienizar /iʒieni'zax/ [他] 衛生的にする ▶ higienizar os alimentos 食べ物を衛生的にする.
hilariante /ilari'ẽtʃi/ [形]《男女同形》笑わせる, 陽気にさせる ▶ gás hilariante 笑気ガス.
hindu /ĩ'du/ [形]《男女同形》❶ インドの. ❷ ヒンズー教の.
— [名] ❶ インド人. ❷ ヒンズー教徒.
hinduísmo /ĩdu'izmu/ [男] ヒンズー教.
hino /'ĩnu/ [男] 賛美歌, 賛歌 ▶ hino ao amor 愛の賛歌 / hino nacional 国歌 / Hino Nacional Brasileiro ブラジル国歌.
hiperatividade /iperatʃivi'dadʒi/ [女] ❶ 過度に活動すること. ❷〘医学〙多動症 ▶ transtorno do déficit de atenção com hiperatividade 注意欠陥・多動性障害.
hiperativo, va /ipera'tʃivu, va/ [形] ❶ 活動過多の. ❷〘医学〙多動症の.
hipérbole /i'pɛxboli/ [女] ❶〘修辞〙誇張法. ❷〘数学〙双曲線.
hiperbólico, ca /ipex'bɔliku, ka/ [形] ❶〘修辞〙誇張された. ❷〘数学〙双曲線の.
hipermercado /ipexmex'kadu/ [男] 大規模スーパーマーケット.
hipermetropia /ipexmetro'pia/ [女] 遠視 ▶ ter hipermetropia 遠視である.
hipersensibilidade /ipexsẽsibili'dadʒi/ [女] 過敏, 過敏症.
hipertensão /ipextẽ'sẽw̃/ [[複] hipertensões] [女] 高血圧.
hipertenso, sa /ipex'tẽsu, sa/ [形] [名] 高血圧の(人).
hipertrofia /ipextro'fia/ [女] ❶〘医学〙肥大. ❷ 異常発達.
hípico, ca /'ipiku, ka/ [形] 馬の, 馬術の ▶ concurso hípico 馬術大会.
hipismo /i'pizmu/ [男] 馬術 (競技).
hipnose /ipi'nɔzi/ [女] 催眠 (状態).
hipnótico, ca /ipi'nɔtʃiku, ka/ [形] 催眠の, 催眠術の.
— **hipnótico** [男] 催眠剤.
hipnotismo /ipino'tʃizmu/ [男] 催眠術.
hipnotizar /ipinotʃi'zax/ [他] ❶ 催眠術をかける, 催眠状態にする. ❷ 魅了する.
hipocondria /ipokõ'dria/ [女] 心気症.
hipocondríaco, ca /ipokõ'driaku, ka/ [形] [名] 心気症の (患者).
hipocrisia /ipokri'zia/ [女] 偽善.
hipócrita /i'pɔ'krita/ [形] ❶ 偽善的な, 偽善の ▶ moral hipócrita 偽善的な道徳. ❷ 見せかけの ▶ lágrimas hipócritas うそ泣き / palavra hipócrita うわべだけの言葉.
— [名] 偽善者.
hipódromo /i'pɔ'drõmu/ [男] 競馬場, 馬術競技場.
hipopótamo /ipo'pɔtamu/ [男]〘動物〙カバ.
hipoteca /ipo'tɛka/ [女] 担保, 抵当 (権) ▶ primeira hipoteca 一番抵当.
hipotecar /ipote'kax/ ㉙ [他] 抵当に入れる, 担保にする ▶ hipotecar uma casa 家を担保にする.
hipotecário, ria /ipote'kariu, ria/ [形] 抵当権の ▶ credor hipotecário 抵当権者 / garantia hipotecária 抵当保証.
★★★**hipótese** /i'pɔtezi イポーテズィ/ [女] ❶ **仮説, 仮定** ▶ formular uma hipótese 仮説を立てる / hipótese de trabalho 作業仮説 / hipóteses sobre a origem da vida 生命の起源に関する仮説.
❷ **推測, 憶測** ▶ Isso não passa de uma mera hipótese. それは単なる推測 [憶測] にすぎない.
❸ **可能性** ▶ hipótese de terrorismo テロの可能性 / Não há hipótese. その可能性はない.
❹ **選択肢**, オプション ▶ É uma hipótese a considerar. それは考慮に値する選択肢だ.
em hipótese alguma [nenhuma] 決して…ない, いかなる場合も…ない.
na hipótese de... …の場合.
na melhor das hipóteses 最良の場合でも, よくても, せいぜい.
na pior das hipóteses 最悪の場合でも, 悪くても.
por hipótese 仮に.
hipoteticamente /ipoˌtɛtʃika'mẽtʃi/ [副] 仮に, 仮定して, 仮説的に ▶ hipoteticamente falando 仮定の話で.
hipotético, ca /ipo'tɛtʃiku, ka/ [形] ❶ 仮説の,

H

hirsuto, ta

仮定の. ❷ 不確かな, 当てにならない.

hirsuto, ta /ix'sutu, ta/ 形 ❶ (ひげや髪が) もじゃもじゃの, ぼうぼうの ▶ barba hirsuta もじゃもじゃのひげ. ❷ 無愛想な, 粗野な.

hirto, ta /'ixtu, ta/ 形 ❶ 柔軟性のない, 硬い ▶ Ele vestia uma camisa hirta, de tão engomada. 彼は糊のききすぎた硬いシャツを着ていた. ❷ 固まった, 動かない, 硬直した ▶ Ele ficou hirto de susto. 彼は驚いて固まっていた. ❸ 毛むくじゃらの, もじゃもじゃの. ❹ 乱暴な, 粗野な, 気難しい. ❺【植物】硬くて短い毛をした.

hispânico, ca /is'pɐ̃niku, ka/ 形 スペインの, スペイン語圏の ▶ cultura hispânica スペイン文化.
— 名 ❶ スペイン人. ❷ ヒスパニック系米国人.

histamina /ista'mĩna/ 女 ヒスタミン.

histeria /iste'ria/ 女【医学】ヒステリー ▶ histeria coletiva 集団ヒステリー.

histérico, ca /is'tɛriku, ka/ 形 ヒステリーの, ヒステリックな ▶ grito histérico ヒステリックな叫び / ficar histérico ヒステリーを起こす.

histograma /isto'grẽma/ 男 ヒストグラム.

história /is'tɔria イストーリア/ 女 ❶ 話, 物語, ストーリー ▶ história de sucesso サクセスストーリー / história de amor ラブストーリー / história de um filme 映画のストーリー / contar uma história お話しをする / É uma longa história. 話は長くなることだ / história de capa 表紙を飾る記事, カバーストーリー.
❷ 歴史 ▶ história do Brasil ブラジル史 / história de Portugal ポルトガル史 / história da arte 美術史 / A história se repete. 歴史は繰り返す / aula de história 歴史の授業 / história natural 博物誌, 自然史 / história universal 世界史.
❸ 事件, 出来事, 問題 ▶ Isso [isto] é outra história. それは別の問題である / Não é a história toda. それが話の全てではない / Que história é essa? 何の話ですか, それはどういうことですか / É sempre a mesma história. また始まった, また同じことの繰り返しだ / É a história de sempre! まだだ, 進歩がない.
❹ うそ ▶ Não me venha com histórias. うそをつくな.

cheio de histórias 気取った, もったいぶった.
Deixe de história. もったいぶるな.
fazer história 歴史を作る.
ficar para contar a história 唯一の生存者となる.
história da carochinha おとぎ話.
história em quadrinhos 漫画, コミックス.
história para boi dormir 無駄話.
o melhor da história 話の中で一番面白い [重要な] ところ.
passar à história ① 歴史に残る. ② 忘れ去られる.
pra encurtar a história 要するに, 早い話が.

historiador, dora /istoria'dox, 'dora/ 複 historiadores, doras] 名 歴史家, 歴史学者.

historiar /istori'ax/ 他 …について語る, 物語る ▶ O réu historiou os fatos e alegou que não era culpado. 被告は事実を話し, 有罪ではないと申し立

historicamente /is,tɔrika'mẽtʃi/ 副 歴史的に, 歴史的見地から ▶ historicamente falando 歴史的に言って.

historicidade /istorisi'dadʒi/ 女 史実性, 歴史性.

histórico, ca /is'tɔriku, ka イストーリコ, カ/ 形 ❶ 歴史の, 歴史上の ▶ museu histórico 歴史博物館 / fato histórico 史 実 / personagem histórico 歴史上の人物 / romance histórico 歴史小説.
❷ 歴史的な ▶ evento histórico 歴史的事件 / monumento histórico 歴史的建造物.
— **histórico** 男 歴史的説明, 年代順の説明, 経緯 ▶ histórico clínico 病 歴 / histórico escolar 成績表.

hodierno, na /o'dʒiɛxnu, na/ 形 今日の, 現在の.

hoje /'oʒi オージ/ 副 ❶ 今日, 本日 ▶ Hoje é segunda-feira. 今日は月曜日だ / Que dia é hoje? 今日は何日ですか / Que dia da semana é hoje? 今日は何曜日ですか / hoje à noite 今晩, hoje de manhã 今朝 / hoje à tarde 今日の午後 / de hoje a um mês 今日から 1 か月後に / a partir de hoje = de hoje em diante 今日から / de hoje a uma semana 今日から 1 週間後 / até hoje 今日まで / aula de hoje 今日の授業.
❷ 現在, 今日 (きょう) ▶ Hoje, o correio eletrônico é um dos mais rápidos meios de comunicação. 現在, 電子メールは最も速いコミュニケーション手段の 1 つである / compreender o mundo de hoje 今日の世界を理解する / Os jovens de hoje são a primeira geração que cresceu com a internet. 今日の若者はインターネットともに成長した初めての世代である.

de hoje para amanhã 今日か明日にでも, 早速.
É de hoje que... …は最近のことである.
É hoje! ①《予定》今日だ. ②《願望》今日こそは.
hoje em dia 最近, 今では, このところ.
mais hoje, mais amanhã まもなく, すぐに, 一両日中に.
nos dias de hoje 今日では, 今では.
por hoje 今日のところは, 現段階では ▶ Por hoje é tudo. 今日のところはこれだけ.

Holanda /o'lẽda/ 女《国名》オランダ.

holandês, desa /olẽ'des, 'deza/ [複 holandeses, desas] 形 オランダの.
— 名 オランダ人.
— **holandês** 男 オランダ語.

holocausto /olo'kawstu/ 男 ❶《o Holocausto》ナチスによるユダヤ人大虐殺. ❷ (火事や戦争などによる) 大規模な破壊, 虐殺, 大惨事. ❸【ユダヤ教】(獣の丸焼きを神に供える) 全燔 (ぜん) 祭.

holofote /olo'fɔtʃi/ 男 投光器, スポットライト, サーチライト.

holograma /olo'grẽma/ 男【光学】ホログラム ▶ o holograma da Terra 地球のホログラム.

hombridade /ōbri'dadʒi/ 女 ❶ 男らしさ. ❷ 高潔さ. ❸ 勇気.

***homem** /ˈõmẽȷ̃ オーメィン/ [複 homens] [男] ❶ **人間, 人類**, ヒト ▶homem público 公人 / direitos do homem 人権 / origem do homem 人類の起源 / Todos os homens nascem iguais. すべての人間は平等に生まれる / homem das cavernas 原始人 / pequenos homens verdes 宇宙人 / homem qualquer 普通の人.
❷ **男, 男の人, 男性** ▶Há homens e mulheres neste mundo. この世界には男と女がいる / cosméticos para homens 男性化粧品 / roupa de homem 男性服 / igualdade entre homens e mulheres 男女の.
❸《homem de...》…の男, …の人 ▶homem de ação 行動的な人 / homem de empresa 企業家 / homem de Estado 政治家 / homem de espírito 才気ある人 / homem de letras 作家 / homem de negócios 実業家 / homem de palavra 約束を守る人 / homem da lei 法律家 / homem de cor 有色人 / homem de duas caras 二重人格者 / homem de poucas palavras 慎重な人 / homem de pulso 精力的な人, 敏腕な人 / homem do bem 誠実な人 / homem do momento 時の人 / homem do mundo 社交界の人 / homem do povo 庶民 / homem dos sete instrumentos 多才な人 / homem da rua 一般の人, 普通の人.
❹ 一人前の男, 大人の男 ▶Você já é um homem. Deve ser independente. 君はもう大人だ. 自立しなければいけない / Seja homem! 男らしくしなさい / tornar-se homem 一人前になる.
❺ 夫, 愛人 ▶Sinceramente, eu não me dou bem com meu homem. 正直言って, 私は夫とうまくいっていない.
como um só homem 満場一致で, 一斉に.
de homem para homem 男同士で, 腹を割って ▶uma conversa de homem para homem 男同士の会話 / O professor falou com o aluno de homem para homem. 先生は生徒と率直に話し合った.

homem-bomba /ˌomẽȷ̃ˈbõba/ [複 homens-bomba] [男] 自爆テロ犯.

homem-feito /ˌomẽȷ̃ˈfejtu/ [複 homens-feitos] [男] 成人男性.

homem-rã /ˌomẽȷ̃ˈxɐ̃/ [複 homens-rã(s)] [男] フロッグマン, 水中作業員.

homem-sanduíche /ˌomẽȷ̃sɐ̃duˈiʃi/ [複 homens-sanduíche(s)] [男] サンドイッチマン.

homenagear /omenaʒeˈax/ ⑩ [他] …に敬意を表する.

***homenagem** /omeˈnaʒẽȷ̃ オメナージェィン/ [複 homenagens] [女] **尊敬のしるし, 賛辞**.
em homenagem a... …を祝して, …を記念して, …を敬意を表して ▶evento em homenagem ao dia internacional da mulher 国際女性デーを記念する行事.
fazer homenagem a... …を記念する.

homenzinho /ˌomẽˈzĩɲu/ [男] ❶ 小男. ❷ 若者, 青年.

homeopata /omeoˈpata/ [名] 同毒療法医, ホメオパシー医.
— [形]《男女同形》同毒療法の, ホメオパシーの.

homeopatia /omeopaˈtʃia/ [女] 同毒療法, ホメオパシー.

homeopático, ca /omeoˈpatʃiku, ka/ [形] ❶ 同毒療法の, ホメオパシーの. ❷ わずかな, 少量の ▶em doses homeopáticas わずかな量で.

homicida /omiˈsida/ [形] 殺人の, 殺人的な ▶impulso homicida 殺人衝動.
— [名] 殺人者, 人殺し, 殺人犯.

homicídio /omiˈsidʒiu/ [男] 殺人 (罪), 人殺し ▶tentativa de homicídio 殺人未遂.

homilia /omiˈlia/ [女] 説教, 法話, お説教.

homogeneidade /omoʒenejˈdadʒi/ [女] 均質性, 等質性, 同質性.

homogeneização /omoʒenejzaˈsɐ̃w̃/ [複 homogeneizações] [女] 等質化, 均質化.

homogeneizar /omoʒenejˈzax/ [他] 等質にする, 均質にする.

homogéneo, nea /ɔmɔˈʒɛniu, niɐ/ [形] [P] = homogêneo

homogêneo, nea /omoˈʒẽniu, na/ [形] [B] 均質の, 同質の ▶uma sociedade homogênea 均質な社会.

homologação /omologaˈsɐ̃w̃/ [複 homologações] [女] ❶ 法的承認, 認可. ❷〖スポーツ〗記録の公認, 認定.

homologar /omoloˈgax/「chegar」[他] ❶ (裁判所が) 承認する, 認可する. ❷〖スポーツ〗(記録を) 公認する.

homólogo, ga /oˈmɔlogu, ga/ [形] 相同の, 相応する.
— [名] 同じ地位の人.

homónimo, ma /ɔˈmɔnimu, mɐ/ [P] = homônimo

homônimo, ma /oˈmõnimu, ma/ [形] [B] ❶ 同音異義の. ❷ 同名の.
— **homônimo** [男] ❶ 同音異義語. ❷ 同名異人.

homossexual /omoseksuˈaw/ [複 homossexuais] [形]《男女同形》同性愛の, 同性愛者の.
— [名] 同性愛者.

homossexualidade /omoseksualiˈdadʒi/ [女] 同性愛.

homossexualismo /omoseksuaˈlizmu/ [男] 同性愛.

Honduras /õˈduras/ [女]《国名》ホンジュラス.

hondurenho, nha /õduˈrẽɲu, ɲa/ [形] [名] ホンジュラスの (人).

honestamente /oˌnɛstaˈmẽtʃi/ [副] ❶ 正直に, 誠実に. ❷ 本当に, 率直に言って.

honestidade /onestʃiˈdadʒi/ [女] 正直さ, 誠実さ.

***honesto, ta** /oˈnɛstu, ta/ [形] ❶ 誠実な, 正直な, 実直な ▶Ele era um homem demasiado honesto para mentir. 彼はうそをつくには正直すぎる人だった.
❷ 立派な ▶atitude honesta 立派な態度.
❸ 適正な, そこそこの ▶comida honesta そこそこの料理.
❹ 貞淑な, 貞節な, 純潔な ▶uma mulher honesta 貞淑な女性.

honorário, ria /ono'rariu, ria/ 名 名誉職の▶membro honorário 名誉会員.
— **honorários** 男複 (医師や弁護士などへの)謝礼, 報酬.

honorável /ono'ravew/ [複 honoráveis] 形《男女同形》名誉ある, 尊敬に値する, 立派な.

honorífico, ca /ono'rifiku, ka/ 形 名誉上の▶título honorífico 名誉称号.

‡**honra** /'õxa/ オンハ 女 ❶ 名誉, 栄誉, 名声 ▶ defender a honra 名誉を守る / Ela é a honra da família. 彼女は一家の誇りだ / É uma grande honra para mim estar aqui hoje. 今日ここに来られたことは私にとって大きな名誉です / Minha honra está em jogo. 私の名誉がかかっている / Tenho muita honra em poder encontrar os senhores. 皆様にお会いできたいへん光栄です / ter a honra de + 不定詞…する光栄に浴する, 謹んで…する.
❷ 栄誉, 叙勲 ▶ conceder a honra 勲章を授与する.
❸《honras》敬意のしるし, 礼遇 ▶ honras fúnebres 葬儀 / honras militares (軍隊の)栄誉礼 / funeral com honras de Estado 国葬.

com honra 威厳をもって.
de honra 名誉ある, 名誉に関わる, 栄誉を称える ▶ lugar de honra 貴賓席 / convidado de honra 主賓 / questão de honra 名誉の問題 / palavra de honra 名誉を賭けた約束.
em honra de... …に敬意を表して, …を記念して, …のために ▶ Foi erguida uma estátua em honra da revolução do país. 国の革命を記念して像が建てられた.
fazer as honras da casa 客人をもてなす.
fazer honra a... …を賞讃する.
lavar a honra 雪辱する, 名誉挽回する.
por honra da firma 体面を保つために, 義務的に.

honradez /õxa'des/ [複 honradezes] 女 ❶ 正直, 誠実, 高潔. ❷ 貞淑, 羞恥.

honrado, da /õ'xadu, da/ 形 ❶ 正直な, 誠実な ▶ político honrado 誠実な政治家. ❷ 光栄に感じた ▶ Fico honrado. 光栄です / Fico honrado com o convite. ご招待に預かり光栄です / Fico honrada em poder colaborar. ご一緒に仕事をすることができて光栄です.

honrar /õ'xax/ 他 ❶ 尊ぶ, 崇める, たたえる ▶ honrar a Deus 神を崇める / honrar os heróis 英雄たちを称える.
❷ …の名誉になる ▶ honrar o seu país 国の名誉になる.
❸ (約束を)守る, 尊重する ▶ honrar uma promessa 約束を守る / honrar a dívida 負債を返済する.
❹ …に…の光栄を与える[+ com] ▶ Ele me honrou com sua amizade. 彼は私とよしみを結んでくださった.
— **honrar-se** 再 ❶ 有名になる.
❷ …を誇りに思う, 光栄に思う[+ com/de/em] ▶ Honro-me de ser professora. 私は教師であることを誇りに思う / Honro-me com a sua confiança. 私はあなたが信頼してくれていることを光栄に思う.

honraria /õxa'ria/ 女 ❶ 名誉, 栄誉. ❷ 厚遇, 優遇.

honroso, sa /õ'xozu, 'xɔza/ 形 名誉ある, 尊敬すべき, 立派な, 高潔な.

hóquei /'ɔkej/ 男《スポーツ》ホッケー ▶ hóquei em patins ローラーホッケー / hóquei no gelo アイスホッケー.

‡**hora** /'ɔra/ オーラ 女 ❶ 1 時間 ▶ Esperei uma hora. 私は1時間待った / Esperei duas ou três horas. 私は2, 3時間待った / Esperei durante muitas horas. 私は何時間も待った / Quantas horas você esperou? あなたは何時間待ちましたか / Você esperaria quantas horas? あなたは何時間待っていますか / A reunião durou duas horas. 会議は2時間続いた / de uma em uma hora 1時間ごとに / 100 km por hora 時速100キロ / Volto dentro de uma hora. 私は1時間以内に戻ります / um quarto de hora 15分 / meia hora 30分 / três quartos de hora 45分 / 24 horas por dia 四六時中 / Ganho dois mil e quinhentos ienes por hora. 私は時給2500円だ / horas e horas 何時間も, 長時間にわたって.
❷ …時(ʲ), 時刻 ▶ Que horas são? 何時ですか / É uma (hora). 1 時です (注 hora は省略可) / É uma (hora) e cinco. 1時5分です / É uma (hora) e quinze. 1時15分です / É uma (hora) e meia. 1時半です / São duas (horas). 2時です / Acordo às sete (horas). 私は7時に起きる / A que horas você vai sair? あなたは何時にでかけますか / às três (horas) em ponto 3時ちょうどに / às oito (horas) da manhã 午前8時に / às duas (horas) da tarde 午後2時に / às dez (horas) da noite 夜の10時に / das duas às três (horas) 2時から3時まで / hora de verão 夏時間 / hora local 現地時間 / hora legal 標準時 / hora de tempo universal 協定世界時 / a qualquer hora いつでも / Nesta hora a estrada está congestionada. この時間は道路がこんでいる / Nessa hora eu estava saindo de casa. 私はその時家を出ようとしていた / a última hora 土壇際に, どたん場に / na mesma hora 同じ時間に.
❸ (ある特定の)時間 ▶ na hora do jantar 夕食時に / Está na hora de comer. ご飯です / hora de dormir 寝る時間 / nas horas vagas 暇な時間に / fazer hora extra 残業する / Tenho hora marcada no dentista. 歯医者の予約がある.

à hora 時間どおりに.
a horas mortas 深夜に.
altas horas 深夜 ▶ às altas horas da noite 深夜に / até altas horas 深夜まで.
a toda hora いつも, しょっちゅう.
à última hora ぎりぎりに, どたん場で.
contar as horas 指折り数えて待つ.
dar... horas …時を告げる.
de hora em hora 毎時間, 刻々と.
de última hora ぎりぎりの, どたん場の.
de uma hora para outra 突然, 急に, すぐに.
em boa hora ちょうどよい時に.
em cima da hora ぎりぎりになって ▶ até em cima da hora ぎりぎりまで.

em má hora 折あしく.
Está mais do que na hora +不定詞. 一刻も早く…するべきだ.
fazer hora 時間をつぶす.
fazer hora com... …をからかう.
hora amarga 苦しい時, 耐え忍ぶ時.
hora cheia 正時.
hora da onça beber água 危機的状況, 困難な状況.
hora da verdade 決定的瞬間, 正念場.
hora do aperto 決断の時.
hora do pega pra capar いざという時.
hora do vamos ver いざという時.
hora H 攻撃開始時間, 決行の時, いざという時 ▶ na hora H ちょうどよい時に, きわどい時に.
horas de pico ① ラッシュアワー. ② (エネルギー消費の) ピーク時.
Isso são horas? 今ごろ来たんですか.
na hora ① 時間どおりに ▶ chegar na hora 時間どおりに着く ② その場で. ③ 即刻, すぐに ▶ morrer na hora 即死する.
não ver a hora de +不定詞 …を楽しみにしている, …が待ちきれない ▶ Não vejo a hora de viajar. 私は旅行に出かけるのが待ち遠しい.
na última hora ぎりぎりで, どたん場で, 寸前に.
pela hora da morte 法外な値段で.
perder a hora ①寝坊する ▶ Hoje cedo perdi a hora. 今朝寝坊してしまった. ②時間の感覚がなくなる, 時の経つのを忘れる.
uma boa hora 安産.
ver a hora de... …を先読みする.

***horário, ria** /o'rariu, ria オラーリオ, リア/ 形 ❶ 時間の, 時間に関する ▶ diferença horária 時差 / A diferença horária entre o Japão e o Brasil é de 12 horas. 日本とブラジルの時差は12時間だ / fuso horário 同一標準時帯 / linhas horárias 勤務時間割, 授業時間割 ; (列車などの) 時刻表.
❷ 時間ぎめの ▶ salário horário 時給.
❸ 定刻の, 正確な時間の ▶ sinal horário 時報.
— **horário** 男 ❶ 時刻 ▶ neste horário この時間では / em que horário 何時に.
❷ 時刻表 ▶ horário dos trens 列車の時刻表.
❸ 時間割, 日程表 ▶ horário de trabalho 勤務時間.
❹ …時限 ▶ no primeiro horário 1時間目に.
❺ …時, …タイム ▶ horário de pico ラッシュ時, 混雑時 / horário de verão サマータイム / horário nobre ゴールデンタイム / horário de visitas 面会時間 horário de funcionamento 営業時間.
no horário 時間ちょうどに.

horda /'ɔxda/ 女 ❶ 遊牧民族. ❷ (暴徒などの) 群れ, ギャング.

horista /o'rista/ 名 形《男女同形》時間給の.
— 名 時間給労働者.

horizontal /orizõ'taw/ [複 horizontais] 形《男女同形》水平な, 横の, 地平線の (↔ vertical) ▶ linha horizontal 水平線.
— 女 水平線.
estar na horizontal 横になっている.

horizontalidade /orizõtali'dadʒi/ 女 水平, 水平状態.

horizontalmente /orizõ,taw'metʃi/ 副 水平に, 横に.

***horizonte** /ori'zõtʃi オリゾンチ/ 男 ❶ 水平線, 地平線 ▶ linha do horizonte 水平線 / no horizonte 地平線上に.
❷ (思想や活動の) 領域, 範囲 ▶ abrir os horizontes 活動の地平を切り開く.
❸ 展望, 見通し ▶ novos horizontes 新しい展望 / sem horizontes 将来性がない.

hormona /ɔr'mõnɐ/ 女 Ⓟ = hormônio.

hormonal /oxmo'naw/ [複 hormonais] 形《男女同形》ホルモンの ▶ tratamento hormonal ホルモン療法.

hormônio /ox'mõniu/ 男 Ⓑ ホルモン ▶ hormônio do crescimento 成長ホルモン.

horóscopo /o'rɔskopu/ 男 十二宮図, 天宮図 ; 星占い, 運勢 ▶ Você leu seu horóscopo hoje? あなたは今日の運勢を読みましたか.

horrendo, da /o'xẽdu, da/ 形 恐ろしい, ぞっとする, ひどい ▶ crime horrendo 恐ろしい犯罪.

horripilante /oxipi'lẽtʃi/ 形《男女同形》身の毛がよだつ, ぞっとする.

horripilar /oxipi'lax/ 他 ぞっとさせる, 怖がらせる.
— **horripilar-se** 再 ぞっとする, 身の毛がよだつ, 怖がる.

***horrível** /o'xivew オヒーヴェウ/ [複 horríveis] 形《男女同形》❶ 恐ろしい, ぞっとするような ▶ história horrível 恐ろしい話.
❷ 醜悪な ▶ pessoa horrível 醜悪な人物.
❸ 極めて不快な, 非常に嫌な ▶ barulho horrível ひどい音 / A comida foi horrível. 食事はひどかった.
❹ 極度の ▶ calor horrível 酷暑.

horrivelmente /o,xivew'mẽtʃi/ 副 ひどく, とても.

***horror** /o'xox オホーフ/ [複 horrores] 男 ❶ 恐怖, ぞっとする思い ; 恐ろしいもの ▶ grito de horror 恐怖の叫び声 / filme de horror ホラー映画.
❷ むごたらしさ, 惨禍 ▶ os horrores da guerra 戦争の惨禍.
❸ 嫌悪, 不快感 ▶ ter horror de [a]... …を怖がる, 嫌う.
❹ 話 大量, 多数 ▶ gastar um horror de dinheiro em futilidades 無意味なことに巨額のお金を浪費する.
dizer horrores de alguém ひどく…の悪口を言う, 悪態をつく.
Que horror! 何と恐ろしい.

horrorizar /oxori'zax/ 他 怖がらせる, 震え上がらせる.
— **horrorizar-se** 再 怖がる, ぞっとする.

horroroso, sa /oxo'rozu, 'rɔza/ 形 ❶ 恐ろしい, ぞっとする. ❷ 醜悪な, 醜い. ❸ ひどい, 最悪の.

horta /'ɔxta/ 女 野菜畑, 菜園.

hortaliça /oxta'lisa/ 女 野菜.

hortelã /oxte'lẽ/ 女《植物》ハッカ, ミント ▶ chá de hortelã ミントティー.

hortelão, loa /oxte'lẽw, 'loa/ [複 hortelãos または hortelões, hortelõas] 名 野菜作り, 野菜農

hortênsia

hortênsia /ox'tẽsia/ 囡【植物】アジサイ.
horticultor, tora /oxtʃikuw'tox, 'tora/ [複] horticultores, toras] 图園芸家.
horticultura /oxtʃikuw'tura/ 囡園芸.
hortifrutigranjeiros /oxtʃifrutʃigrẽ'ʒejrus/ 男複] Ⓑ 果物と野菜.
hortigranjeiros /oxtʃigrẽ'ʒejrus/ 男複 家庭菜園の野菜.
horto /'oxtu/ 男 ❶ 庭園. ❷ 農業試験所 ▶ horto florestal 保護林.
hospedagem /ospe'daʒẽj/ [複 hospedagens] 囡 ❶ 宿泊させること. ❷ 宿泊所.
hospedar /ospe'dax/ 他 宿泊させる, 泊める ▶ hospedar turistas 観光客を宿泊させる.
— **hospedar-se** 再 …に宿泊する, 泊まる [+ em].
hospedaria /ospeda'ria/ 囡 宿泊施設.
hóspede /'ɔspedʒi/ 男女 宿泊客.
hospedeiro, ra /ospe'dejru, ra/ 图 宿の主人, 宿を提供する人.
— 形 ❶ 客を泊める, もてなす. ❷【生物】宿主の.
— **hospedeiro** 男【生物】宿主.
hospício /os'pisiu/ 男 ❶ 精神科病院. ❷ 貧困者や病人の救護施設.

hospital /ospi'taw オスピタウ/ [複 hospitais] 男 病院 ▶ ir ao hospital 病院に行く / dar entrada no hospital 入院する / estar internado no hospital 入院している / Tenho que internar meu filho no hospital. 私は息子を入院させなければならない / receber [ter] alta do hospital 退院する / hospital geral 総合病院 / hospital universitário 大学病院 / hospital veterinário 動物病院 / Ele foi operado no hospital e ficou internado alguns dias. 彼は病院で手術を受け, 数日入院していた.

hospitalar /ospita'lar/ [複 hospitalares] 形《男女同形》病院の ▶ infecção hospitalar 院内感染.
hospitaleiro, ra /ospita'lejru, ra/ 形 暖かく迎える, もてなし好きな ▶ terra hospitaleira 客人を温かく迎える土地.
— 图 暖かく迎える人, もてなし好きな人.
hospitalidade /ospitali'dadʒi/ 囡 もてなすこと, 歓待.
hospitalização /ospitaliza'sẽw/ [複 hospitalizações] 囡 入院.
hospitalizar /ospitali'zax/ 他 入院させる ▶ ser hospitalizado 入院する.
— **hospitalizar-se** 再 入院する.
hoste /'ɔstʃi/ 囡 ❶ 軍, 軍勢. ❷ 大群, 多数.
hóstia /'ɔstʃia/ 囡【カトリック】ホスチア, 聖体：聖餐（さん）用の薄いパン.
hostil /os'tʃiw/ [複 hostis] 形《男女同形》敵対する, 敵意ある ▶ OPA (Oferta Pública de Aquisição) hostil 敵対的な企業買収, 敵対的な株式公開買い付け / hostil a... …に敵対的な.
hostilidade /ostʃili'dadʒi/ 囡 ❶ 敵意, 敵対. ❷《hostilidades》交戦状態, 戦闘行為 ▶ romper as hostilidades 戦端を開く.

hotel /o'tɛw オテウ/ [複 hotéis] 男 ホテル, 旅館 ▶ hotel de três estrelas ３つ星ホテル / hotel de luxo 豪華なホテル / reservar um hotel ホテルを予約する / ficar num hotel ホテルに泊まる.
hotelaria /otela'ria/ 囡 ホテル業 ▶ escola de hotelaria ホテル学校.
hoteleiro, ra /ote'lejru, ra/ 形 ホテルの ▶ indústria hoteleira ホテル産業.
— 图 ホテル経営者.
houve 活用 ⇒ haver
houver 活用 ⇒ haver
humanamente /u,mana'mẽtʃi/ 副 ❶ 人間として ▶ Isso não é humanamente possível. それは人間には不可能である. ❷ 人間味を持って.

humanidade /umani'dadʒi/ ウマニダーヂ/ 囡 ❶ 人間性, 人間らしさ ▶ falta de humanidade 人間性の欠如.
❷ 人類 ▶ crimes contra a humanidade 人道に対する罪.
❸ 人間愛, 博愛, 慈愛.
— **humanidades** 囡複 ❶（ギリシャ・ラテンの）古典文学. ❷ 人文学.
humanismo /uma'nizmu/ 男 ❶ 人文主義. ❷ ヒューマニズム, 人間主義.
humanista /uma'nista/ 形《男女同形》ヒューマニズムの, 人間主義の. ❷ 人文主義の.
— 图 ❶ ヒューマニスト, 人間主義者. ❷ 人文主義者.
humanístico, ca /uma'nistʃiku, ka/ 形 人文主義の, 人間主義の.
humanitário, ria /umani'tariu, ria/ 形 人道主義的な, 人道的な ▶ ajuda humanitária 人道的援助 / intervenção humanitária 人道的介入.
humanitarismo /umanita'rizmu/ 男 人道主義, 博愛主義.
humanização /umaniza'sẽw/ [複 humanizações] 囡 人間的にすること, 人間らしくすること.
humanizar /umani'zax/ 他 人間らしくする, 人間味を与える ▶ humanizar as condições de trabalho 労働条件を人間らしくする. ❷ 社交的にする, 教化する.
— **humanizar-se** 再 人間らしくなる.

humano, na /u'mẽnu, na ウマーノ, ナ/ 形 ❶ 人間の, 人間に関する ▶ ser humano 人類 / falha humana 人的過誤, ヒューマンエラー / corpo humano 人体 / natureza humana 人間の本性, 人間性 / ciências humanas 人文科学 / A vida humana é muito preciosa. 人命はとても貴重だ.
❷ 人間的な, 人間味のある, 人間らしい ▶ sentimento humano 人間らしい感情.
— **humanos** 男複 人類.
húmido, da /'ũmidu, dɐ/ 形 Ⓟ = úmido
humildade /umiw'dadʒi/ 囡 ❶ 謙虚, 謙遜, 卑下, 従順 ▶ com toda a humildade 恐懼して. ❷ 身分の低さ, 卑しさ.
humilde /u'miwdʒi ウミゥヂ/ 形《男女同形》❶ 謙遜した, 控え目な ▶ pessoa humilde 謙虚な人物.
❷ 従順な, 恭しい ▶ tom humilde 従順な口調 /

em minha humilde opinião 卑見では.

❸ (身分などが) 低い, 卑しい ; 貧しい, 質素な ▶família humilde 貧しい家庭 / uma vida humilde 質素な生活.
— **humildes** 男・複 身分の低い人々.

humildemente /u,miwdʒi'mẽtʃi/ 副 謙虚に, へりくだって.

humilhação /umiʎa'sẽw̃/ [複 humilhações] 女 屈辱, 侮辱, 辱め ▶Que humilhação! 何という屈辱だ / sofrer uma humilhação 辱めを受ける.

humilhante /umi'ʎẽtʃi/ 形《男女同形》屈辱な, 侮辱的な.

humilhar /umi'ʎax/ 他 ❶ 恥をかかせる, 侮辱する ▶O chefe humilhou o empregado na frente dos clientes. 上司は客の前で部下に恥をかかせた.
❷ 屈服させる ▶O time de basquete dos Estados Unidos humilhou o adversário. アメリカのバスケットボールチームは敵を屈服させた.
❸《humilhar alguém a +不定詞》…するように屈服させる.
— **humilhar-se** 再 ❶ へりくだる, 謙遜する.

❷ …に屈服する [+ a].

☆**humor** /u'mox ウモーフ/ [複 humores] 男 ❶ (一時的な) 気分, 機嫌 ▶estar de bom humor 上機嫌である, 機嫌がよい / estar de mau humor 機嫌が悪い / Ela acordou de mau humor. 彼女は寝覚めが悪かった.
❷ おかしみ, ユーモア, こっけいさ ▶ter senso de humor ユーモアのセンスがある / humor negro ブラックユーモア.
❸ 体液 ▶humor aquoso 眼球房水.

humorismo /umo'rizmu/ 男 諧謔, こっけい.

humorista /umo'rista/ 名 お笑い芸人, ユーモア作家.

humorístico, ca /umo'ristʃiku, ka/ 形 ユーモアの, こっけいな ▶programa humorístico お笑い番組.

hurra /'uxa/ 間 万歳, フレー, わーい ▶Ouviam-se os gritos dos estudantes. "Hurra! Hurra!" 学生たちの「万歳, 万歳」という叫び声が聞こえた.
— 男 喝采, 万歳.

I i

i /'i/ 男 ポルトガル語アルファベットの第9字 ▶ i grego アルファベットの y / i latino アルファベットの i.
ia 活用 ⇒ ir
iate /i'atʃi/ 男 ヨット.
iatismo /ia'tʃizmu/ 男 セーリング, ヨットレース ▶ escola de iatismo ヨットスクール.
ibérico, ca /i'bεriku, ka/ 形 名 イベリア半島の (人) ▶ Península Ibérica イベリア半島.
ibero, ra /i'bεru, ra/ 形 イベリア半島の.
ibero-americano, na /,iberoameri'kẽnu, na/ 形 名 イベロアメリカの(人), 中南米の(人).
ibidem /i'bidem/ 副《ラテン語》同書に, 同箇所に.
IBOPE /i'bɔpi/ 男 略 ❶《略語》Instituto Brasileiro de Opinião Pública e Estatística ブラジル世論調査統計研究所(市場調査を行う企業). ❷《ibope》視聴率, 支持率 ▶ dar ibope 視聴率[支持率]が高い.
Ibovespa《略語》Índice Bovespa サンパウロ平均株価指数.
içar /i'sax/ ⑬ 他 揚げる, 掲げる ▶ içar a bandeira 旗を掲げる / içar as velas 帆を上げる.
ICMS《略語》男 Imposto sobre Circulação de Mercadorias e Serviços 商品流通サービス税.
ícone /'ikoni/ 男 ❶《情報》アイコン ▶ clicar em um ícone アイコンをクリックする / ícone da cultura pop ポップカルチャーのアイコン. ❷《ギリシャ正教会》イコン, 聖像.
iconoclasta /ikono'klasta/ 名 ❶ 聖像破壊者. ❷ 因習打破論者, 伝統破壊論者.
— 形《男女同形》❶ 聖像破壊の. ❷ 因習打破の, 伝統破壊の.
iconografia /ikonogra'fia/ 女《美術》図像学, 肖像研究.
iconográfico, ca /ikono'grafiku, ka/ 形 図像学の.
iconologia /ikonolo'ʒia/ 女 図像解釈学.
ida /'ida/ 女 ❶ 往路 ▶ durante a ida 行く間に. ❷ 片道切符.
ida e volta ① 往復 ▶ fazer ida e volta 往復する / bilhete de ida e volta 往復切符. ② 往復乗車券.
idas e vindas(状況などが)おぼつかない, はっきりしない.
na ida 途中で ▶ na ida para São Paulo サンパウロに行く途中で.

✱idade /i'dadʒi/ イダーチ/ 女 ❶ 年齢 ▶ Ela tem vinte anos de idade. 彼女は20歳だ / Qual é (a) sua idade? = Quantos anos você tem? あなたは何歳ですか / Nós temos a mesma idade. 私たちは同い年だ / Ele tem a mesma idade que eu. 彼は私と同年配だ / aos trinta anos de idade 30歳の時に / Ela parece mais nova para sua idade. 彼女は年より若く見える / Ela não aparenta a idade que tem. 彼女はそんな年に見えない / "Bungee jumping" é perigoso para minha idade. 私の年でバンジージャンプは危険だ / Qual é a idade que você dá para ele? 彼は何歳ぐらいだと思いますか / uma pessoa da minha idade 私と同じ年齢の人 / na minha idade 私の年で / fãs de todas as idades あらゆる年齢のファン / média de idade 平均年齢 / homem de meia idade 中年男性 / homem de certa idade 年配の男性 / pessoa de mais idade 年長者 / pessoa menor de idade 年少者, 未成年者 / idade de Cristo 33歳 / limite de idade 年齢制限 / tornar-se maior de idade 成人する / diferença de idade 年齢の違い / Ele, apesar da idade, pareceu novo. 彼は年の割には若く見えた / ter idade para +不定詞 …する年になっている.
❷(人生の)時期 ▶ tenra idade 幼年期 / idade da razão 物心のつく年齢 / idade escolar 就学年齢 / idade adulta 成人期 / idade varonil 男盛り / terceira idade 老齢期, シルバー世代 / idade avançada 高齢.
❸(歴史における)時代 ▶ idade da pedra 石器時代 / idade do bronze 青銅器時代 / idade do ferro 鉄器時代 / Idade Média 中世 / idade de ouro 黄金時代 / idade do gelo 氷河期 / idade geológica 地質時代.
de idade 高齢の ▶ uma pessoa de idade 高齢者.
idade do lobo [da loba] 中年期, 壮年期.
passar da idade 適齢期を過ぎる.

✱ideal /ide'aw/ イデアゥ/ [複 ideais] 形《男女同形》❶ 観念的な, 空想上の ▶ mundo ideal 空想の世界.
❷ 理想的な, 完璧な ▶ amor ideal 理想の愛 / vida ideal 理想的な生活 / sociedade ideal 完璧な社会 / pessoa ideal para o cargo その職務に申し分のない人物.
— 男 理想 ▶ o real e o ideal 現実と理想 / ter um ideal 理想がある / concretizar o ideal 理想を実現する / ideal de beleza 理想の美 / O ideal é que +接続法 …であれば理想的だ.
idealismo /idea'lizmu/ 男 ❶ 理想主義. ❷《哲学》観念論.
idealista /idea'lista/ 形《男女同形》❶ 理想主義の. ❷《哲学》観念論の.
— 名 ❶ 理想主義者. ❷ 観念論者.
idealização /idealiza'sẽw/ [複 idealizações] 女 理想化, 美化.
idealizar /ideali'zax/ 他 ❶ 理想化する, 美化する ▶ idealizar os pais 両親を理想化する.
❷ 想像する, 空想する ▶ idealizar um futuro 未来を想像する.
❸ 思いつく, 考案する ▶ idealizar um plano 計画を立案する
— **idealizar-se** 再 ❶ 理想化される. ❷ 自分を

idealmente /ide,aw'mẽtʃi/ 副 理想的に(は).
idear /ide'ax/ ⑩ 他 = idealizar
★★ideia /i'deja イデイア/ 女 ❶ 考え, アイディア, 策 ▶Tenho uma ideia. 私に考えがあります / Tenho uma boa ideia. 私によい考えがある / Essa é uma boa ideia. それはいいアイディアだ / Boa ideia! よい考えだ / As ideias dele são velhas. 彼は考えが古い.
❷ 観念, 概念, 理念 ▶ideia fixa 固定観念 / ideia preconcebida 先入観 / a ideia do belo 美の観念.
❸ 意図, もくろみ, 計画 ▶Minha ideia é me formar e trabalhar no interior. 私の意図は学校を出て, 奥地で働くことです.
❹ 意見, 見解 ▶mudar de ideia 考えを変える / Ainda não tenho ideia formada sobre o assunto. 私はまだそのことについてまとまった意見がない.
❺〈ideias〉思想, 信条 ▶ideias socialistas 社会主義思想 / ideias avançadas 進歩的思想 / história das ideias 思想史.
❻ B 俗 頭.
alertar as ideias B 俗 酔っぱらう.
dar ideia de... …を思い出させる, …を理解させる.
fazer ideia de... …を理解する, …がわかる ▶Não faço ideia de quanto irá custar. どれくらい費用がかかるか, 見当がつかない / Não faço ideia do que seja algoritmo. 私はアルゴリズムがどういうものか知らない / Ele não faz ideia das condições de vida de lá. 彼はそこでの暮らしぶりが想像もつかない / Ele faz uma ideia falsa do colega. 彼は同僚を誤解してる.
não ter a menor ideia de... …がまったくわからない.
não ter [fazer] a mínima ideia 見当がつかない.
Que ideia! いったい何を考えてるの.
sair da ideia 忘れられる, 頭から離れる.
ter uma ideia ① 考えが浮かぶ ▶Tive uma ideia. 考えが浮かんだ. ② 見当がつく, 想像する ▶Tem alguma ideia? 何か心当たりはありますか.
trocar ideias B 俗 意見交換する, 会話する ▶Gosto de trocar ideias com os mais velhos. 年寄りとおしゃべりをするのが私は好きだ.
idem /'idem/ 代《ラテン語》同上, 同じく, 前述に同じく.
★idêntico, ca /i'dẽtʃiku, ka イデンチコ, カ/ 形 …と同一の, 同様の [+ a] ▶gêmeos idênticos 一卵性双生児 / aroma idêntico ao natural 自然の香りと同様の香り.
★identidade /idẽtʃi'dadʒi イデンチダーチ/ 女 ❶ 同一であること, 同一性, 一致, 類似.
❷ 身元, 正体, 身分証明 ▶carteira de identidade 身分証 / verificar a identidade 身元を確認する / usurpação de identidade なりすまし.
❸ アイデンティティー, 自己同一性 ▶a identidade do eu 自我同一性 / identidade nacional 国家としてのアイデンティティー / identidade cultural 文化アイデンティティー / crise de identidade アイデンティティー危機 / identidade visual ビジュアル・アイデンティティ(ロゴマークやシンボルマークなど).
identificação /idẽtʃifika'sẽw/ 〔複 identificações〕女 ❶ 識別, 鑑定, 同定 ▶cartão de identificação 身分証明書, IDカード / placa de identificação 認識票 / identificação do cadáver 遺体の身元確認. ❷ 同一視, 同一化. ❸ 身分証明書.
identificador, dora /idẽtʃifika'dox, 'dora/ 〔複 identificadores, doras〕形 識別する.
— **identificador** 男 識別子 ▶identificador de chamadas ナンバーディスプレイ.
★identificar /idẽtʃifi'kax イデンチフィカーフ/ ㉙ 他
❶ …の身元を確認する ▶identificar um cadáver 遺体の身元を確認する.
❷ 特定する, 識別する ▶identificar a origem do problema 問題の原因を特定する.
❸ 同一であるとみなす, 同一視する ▶identificar uma coisa com outra あるものを別のものと同一視する.
— **identificar-se** 再 ❶ 自分の身元を証明する.
❷ …と一体化する [+ com] ▶identificar-se com o grupo 集団と一体感を持つ / identificar-se com o meio ambiente 周囲の環境に溶け込む.
identificável /idẽtʃifi'kavew/ 〔複 identificáveis〕形 《男女同形》識別できる, 同一視できる.
ideograma /ideo'grẽma/ 男 表意文字 ▶ideograma chinês 漢字.
ideologia /ideolo'ʒia/ 女 イデオロギー, 観念体系 ▶ideologia burguesa ブルジョア的イデオロギー.
ideologicamente /ideo,lɔʒika'mẽtʃi/ 副 イデオロギー的に.
ideológico, ca /ideo'lɔʒiku, ka/ 形 イデオロギーの.
idílico, ca /i'dʒiliku, ka/ 形 牧歌的な, 田園詩的な.
idílio /i'dʒiliu/ 男 田園恋愛詩, 牧歌.
★idioma /idʒi'ōma/ 男 言語 ▶idioma oficial 公用語 / idioma português ポルトガル語 / Dizem que o italiano é o idioma da Ópera. イタリア語はオペラの言語と言われる.
idiomático, ca /idʒio'matʃiku, ka/ 形 ある言語に特有の, 慣用語法の ▶expressão idiomática 慣用表現.
idiossincrasia /idʒiosĩkra'zia/ 女 ❶ 気質, 特質. ❷ 〔医学〕特異体質.
idiota /idʒi'ɔta/ 女 ばか, 間抜け ▶Seu idiota! ばかもめ.
— 形 《男女同形》ばかな, 間抜けな ▶Que idiota que eu sou! 私は何とばかなのだろう.
idiotice /idʒio'tʃisi/ 女 愚かさ, ばかげた言動 ▶dizer idiotices ばかげたことを言う.
ido, da /'idu, da/ 形 過去の ▶tempos idos 過去の時間.
— **idos** 男複 過去の日々.
idólatra /i'dɔlatra/ 名 偶像崇拝者.
— 形 《男女同形》❶ 偶像崇拝の. ❷ 心酔する, 崇拝する.
idolatrar /idola'trax/ 他 ❶ (偶像を)崇拝する. ❷ 偏愛する, 心酔する.

idolatria /idola'tria/ 囡 ❶ 偶像崇拝. ❷ 偏愛, 崇拝.

ídolo /'idolu/ 男 ❶ 偶像. ❷ 崇拝の対象, アイドル.
　ídolo de pés de barro 見かけ倒しの人.

idoneidade /idonej'dadʒi/ 囡 適合, 適格 ▶ idoneidade moral 道徳を守っていること.

idóneo, nea /i'dɔniu, niɐ/ 形 🅿 = idôneo

idôneo, nea /i'dõniu, na/ 形 …に適した, ふさわしい, 適任の ▶ Para alugar um apartamento, é preciso um fiador idôneo. マンションを借りるには適切な保証人が一人必要である / Este documento não é idôneo para comprovar sua renda. この書類はあなたの収入を証明するには適切ではない.

*__idoso, sa__ /i'dozu, 'dɔza/ 形 年老いた, 高齢な ▶ um homem idoso 高齢男性.
　― 图 老人, 高齢者 ▶ uma idosa 高齢女性 / os idosos 高齢者たち.

iemanjá /iemɐ̃'ʒa/ 囡 イエマンジャ (海の女神).

*__iene__ /i'ẽni/ イエニ/ 男《通貨》円 ▶ iene japonês 日本円.

ignição /igini'sẽw/ [複 ignições] 囡 発火, 引火; 燃焼 ▶ ponto de ignição 着火点.

ignóbil /igi'nɔbiw/ [複 ignóbeis] 形《男女同形》卑劣な, 下劣な, 品のない.

ignomínia /igino'mĩnia/ 囡 不名誉, 不面目, 恥辱; 恥ずべき行為.

ignorância /igino'rẽsia/ 囡 ❶ 無知, 知らないこと ▶ ignorância crassa まったくの無知 / ignorância da lei 法律を知らないこと / por ignorância 無知のために.
❷ 無学, 無教養 ▶ Que ignorância! 何と無教養な.
　partir para a ignorância 🅱 暴力的手段に走る.

ignorante /igino'rẽtʃi/ 形《男女同形》❶ …を知らない [+ de] ▶ Era ignorante dos bons modos à mesa. 彼はテーブルマナーを知らなかった.
❷ …に無知の, 疎い [+ em] ▶ Sou ignorante em física nuclear. 私は原子物理学に疎い.
　― 图 無知な人 ▶ Ele era um mal-educado, um verdadeiro ignorante! 彼は育ちの悪いやつだった. 本当に無知なやつだった.

*__ignorar__ /igino'rax/ 他 ❶ 知らない, 知識がない ▶ ignorar a lei 法律を知らない.
❷ 無視する, 意に介さない ▶ ignorar a ordem 命令を無視する / ignorar o frio 寒さをものともしない.
　― **ignorar-se** 再 ❶ 己を知らない. ❷ 互いを知らない, 無視する ▶ Eles sempre se ignoram. 彼らはいつも互いを無視する.

*__igreja__ /i'greʒa/ イグレージャ/ 囡 ❶ 教会 ▶ ir à igreja 教会へ行く, 通う / Você vai à igreja? あなたは教会に行きますか.
❷ (教団としての) 教会 ▶ Igreja Católica カトリック教会 / Igreja Ortodoxa ギリシャ正教会 / Igreja Anglicana 英国国教会 / igreja protestante プロテスタント教会 / separação da Igreja do Estado 政教分離.

*__igual__ /i'gwaw/ イグァウ/ [複 iguais] 形《男女同形》❶ …と等しい, 同等の [+ a] ▶ Eu comprei duas roupas iguais. 私は同じ服を2着買った / dividir em partes iguais 等分する / Dois mais é três igual a cinco. 2足す3は5 / A é igual a B. AはBに等しい.
❷ 平等な ▶ Todas as pessoas são iguais perante a lei. すべての人が法の前では平等だ.
❸ 一様な, 平らな.
　― 图 同等の人, 同類, 匹敵するもの ▶ Não há igual a esta pintura. この絵に及ぶものはない.
　― 副 平等に, 同じように ▶ Ele se comporta igual tanto com homens como com mulheres. 彼は男性にも女性にも平等に振る舞う / Penso igual a você. 私は君と同じ考えだ.
　de igual para igual 対等に ▶ Falei com meu chefe de igual para igual. 私は上司と対等に話した.
　por igual 同じように, 等しく, 均等に.
　sem igual 唯一の ▶ obra sem igual 他に類を見ない作品.

igualar /igwa'lax/ 他 ❶ 同じにする; …を…と等しくする, 同一にする [+ a/com] ▶ igualar os salários 給与を一律にする / A equipe conseguiu igualar os pontos. そのチームは引き分けにすることができた. ❷ 滑らかにする, 平らにする ▶ igualar a superfície 表面を平らにする.
　― 自 …と等しい, …に匹敵する [+ a/com] ▶ A altura do viaduto iguala com o sexto andar do prédio. 高架橋の高さはその建物の7階と等しい.
　― **igualar-se** 再 ❶ …と同じになる, 等しくなる [+ com].
❷ …に匹敵する, …と肩を並べる [+ a].

*__igualdade__ /igwaw'dadʒi/ イグァウダーヂ/ 囡 等しいこと, 平等, 同等 ▶ igualdade de direitos 権利の平等 / igualdade de oportunidades 機会均等 / igualdade entre homens e mulheres 男女平等 / igualdade racial 人種平等 / com igualdade 平等に.

igualitário, ria /iguali'tariu, ria/ 形 图 平等主義の (人) ▶ sociedade igualitária 平等主義の社会.

*__igualmente__ /i,gwaw'mẽtʃi/ イグァウメンチ/ 副 ❶ 平等に, 均一に ▶ dividir igualmente 平等に分ける.
❷ 同様に, もまた ▶ Isso é igualmente importante. それも重要だ / Corruptor e corrupto, são igualmente culpados. わいろを贈る側と受け取る側と両方に罪がある.
❸ 🅰 こちらこそ, 私も同じです ▶ ― Muito prazer em conhecê-lo! ― Igualmente!「お知り合いになれて大変に嬉しく思います」「こちらこそ」.

iguana /i'gwɐna/ 男《動物》イグアナ.

iguaria /igwa'ria/ 囡 ごちそう, おいしい料理 ▶ iguarias brasileiras ブラジルのごちそう.

iídiche /i'idʒiʃi/ 男 イディッシュ語.
　― 形《男女同形》イディッシュの.

ilação /ila'sẽw/ [複 ilações] 囡 推論, 推定; 結論.

ilegal /ile'gaw/ [複 ilegais] 形《男女同形》不法な, 違法な ▶ imigração ilegal 不法移民.

ilegalidade /ilegali'dadʒi/ 囡 違法, 非合法; 違法行為.

ilegalmente /ile‚gaw'metʃi/ 副 不法に, 違法に.
ilegítimo, ma /ile'ʒitʃimu, ma/ 形 ❶ 不法な, 違法な ▶ato ilegítimo 不法行為. ❷ 非嫡出の ▶filho ilegítimo 非嫡出子.
ilegível /ile'ʒivew/ [複 ilegíveis] 形《男女同形》読みにくい, 判読しがたい.
ileso, sa /i'lezu, za/ 形 無事な, 無傷な.
iletrado, da /ile'tradu, da/ 形 名 無学な(人); 文字の読めない(人).

***ilha** /'iʎa イーリャ/ 女 ▶ilha deserta 無人島 / ilha vulcânica 火山島 / as Ilhas Britânicas ブリテン島 / viver numa ilha 島で暮らす.
  ilha de mato ① 森林, 茂み. ② 手の付いた茂み. ③ 周囲から独立した植生.
ilhar /i'ʎax/ 他 隔離する, 孤立させる.
  — **ilhar-se** 再 隔離される, 孤立する.
ilharga /i'ʎaxga/ 女 わき腹, 横腹.
  à ilharga 脇に, 横に.
  de ilharga 横に.
  rir até rebentar as ilhargas 抱腹絶倒する.
ilhéu, lhoa /i'ʎɛu, 'ʎoa/ 形 島の.
  — 名 島民.
  — **ilhéu** 男 小島.
ilhota /i'ʎɔta/ 女 小島.
ilibar /ili'bax/ 他 ❶ 清める. ❷ (名誉を) 回復する, 復権させる.
ilícito, ta /i'lisitu, ta/ 形 不法な, 違法な ▶atividades ilícitas 非合法活動.
ilicitude /ilisi'tudʒi/ 女 不法行為.
ilimitado, da /ilimi'tadu, da/ 形 無限の, 制限のない ▶liberdade ilimitada 制限のない自由.
ilógico, ca /i'lɔʒiku, ka/ 形 非論理的な, 不合理な (↔ lógico).
iludir /ilu'dʒix/ 他 ❶ 惑わす, だます ▶O seu ar cândido iludiu-nos a todos. 彼女の無邪気な様子に我々皆がだまされた.
  ❷ ごまかす, かわす, 失敗させる ▶O ladrão iludiu o cerco policial e escapou pela floresta. 泥棒は警察の包囲をかわして森の中へと逃げた.
  ❸ そらす, はぐらかす, 紛らす ▶iludir a fome 空腹を紛らわせる.
  — 自 惑わす, だます ▶Cuidado com as aparências pois elas podem iludir. 見かけに気をつけろ, 惑わされるから.
  — **iludir-se** 再 ❶ だまされる ▶Ela iludiu-se com as promessas do noivo. 彼女は婚約者の約束にだまされた.
  ❷ 錯覚する, 自らを欺く, 幻想を抱く ▶Ela iludiu-se com sonhos irrealistas. 彼女は非現実的な夢で幻想を抱いた.
iluminação /ilumina'sẽw/ [複 iluminações] 女 ❶ 照明 ▶poste de iluminação 街灯の柱.
  ❷ ひらめき, 霊感 ▶ter uma iluminação ひらめく.
  ❸ 啓示 ▶iluminação divina 天啓.
  ❹《iluminações》イルミネーション, 電飾 ▶iluminações de Natal クリスマスのイルミネーション.
iluminado, da /ilumi'nadu, da/ 形 ❶ 照らされた ▶A capela estava iluminada com velas. 礼拝堂はろうそくで照らされていた. ❷ 天啓を受けた.
iluminar /ilumi'nax/ 他 ❶ 明るくする, 照らす ▶O Sol ilumina a Terra. 太陽が地球を照らす / No Natal, os comerciantes iluminam as vitrinas. クリスマスには商店主たちがショーウィンドウを照らす.
  ❷ 喜ばせる, 満足させる, 輝かせる ▶A alegria iluminou o rosto da criança. 喜びが子供の顔を輝かせた.
  ❸ 啓蒙する, 示唆する ▶As suas palavras iluminaram-me. あなたの言葉が私を啓蒙した.
  ❹ 輝きを添える, 豪華にする ▶Sua presença iluminou o encontro. あなたの存在が出会いに輝きを添えた.
  ❺《絵画》(挿絵を)描く.
  — **iluminar-se** 再 輝く, 明るくなる, ひらめく ▶O rosto dela se iluminou. 彼女の顔が輝いた.
iluminismo /ilumi'nizmu/ 男 啓蒙主義.
iluminista /ilumi'nista/ 形《男女同形》啓蒙主義の.
  — 名 啓蒙主義者.
***ilusão** /ilu'zẽw/ [複 ilusões] 女 ❶ 幻影, 幻覚 ▶ilusão de óptica 錯視.
  ❷ 幻想 ▶ter ilusões 幻想を抱く / perder as ilusões 幻滅する / É pura ilusão se você acha que isso se resolverá facilmente. 簡単に解決できると思うなら, それは幻想でしかない.
  ❸ 夢, 白日夢 ▶Viver com você é minha ilusão. 君と暮らすのが僕の夢だ.
ilusionismo /iluzio'nizmu/ 男 手品, 奇術.
ilusionista /iluzio'nista/ 名 手品師, 奇術師.
ilusório, ria /ilu'zɔriu, ria/ 人を欺く, 見せかけの, むなしい ▶promessa ilusória 空約束.
ilustração /ilustra'sẽw/ [複 ilustrações] 女 ❶ 挿絵, 図版, 図解, イラスト. ❷ 例証, 説明. ❸ 学識, 教養 ▶pessoa de grande ilustração 学識豊かな人.
ilustrado, da /ilus'tradu, da/ 形 ❶ 挿絵入りの, 図版入りの, 図解の ▶dicionário ilustrado 図解辞典. ❷ 知識のある, 教養のある.
ilustrador, dora /ilustra'dox, 'dora/ [複 ilustradores, doras] 名 イラストレーター.
  — 形 図解する, 例示する.
ilustrar /ilus'trax/ 他 ❶ 説明する ▶O ministro usou um exemplo para ilustrar a situação do país. 大臣は国の状況を説明するためにある例を使った. ❷ 挿絵を入れる ▶ilustrar um livro 本に挿絵を入れる.
  ❸ 有名にする.
  ❹ 知識を与える.
  — **ilustrar-se** 再 ❶ 有名になる. ❷ 自分の知識を広げる.
ilustrativo, va /ilustra'tʃivu, va/ 形 例証になる, 説明に役立つ ▶um exemplo ilustrativo 実例.
ilustre /i'lustri/ 形《男女同形》著名な, 有名な, 名門の ▶pintor ilustre 有名な画家 / família ilustre 名家.
ilustríssimo, ma /ilus'trisimu, ma/ (ilustre の絶対最上級) 形 高名なる… ▶Ilustríssimo Senhor《手紙》…様.
ímã /'imẽ/ 男 磁石.

imaculado, da /imaku'ladu, da/ 形 罪の汚れのない, 無垢な ▶Imaculada Conceição〘カトリック〙聖母マリアの無原罪の宿り.

☆☆☆imagem /i'maʒẽj̃ イマージェィン/ [複 imagens] 女 ❶ **画像** ▶imagem real 実像 / imagem virtual 虚像.
❷ **イメージ, 心象**, 記憶 ▶bela imagem de Fortaleza フォルタレーザの美しいイメージ / A imagem do presidente melhorou depois de anunciar as medidas. 対策を公表したあと社長のイメージは向上した / As imagens do passado me atormentavam. 過去の記憶が私を苦しめていた.
❸ **像** ▶imagem de Cristo キリスト像.
❹ **姿** ▶imagem refletida no espelho 鏡に映った姿.
❺ 表明, 象徴, シンボル ▶A cena era a imagem da riqueza. その場面は豊かさの表れだった.
à imagem de... …に似せて ▶Deus criou o homem à sua imagem. 神は自分の姿に似せて人間を作った.

☆imaginação /imaʒina'sẽw̃ イマジナサォン/ [複 imaginações] 女 ❶ **想像, 想像力** ▶pintor cheio de imaginação 想像力に満ちた画家 / falta de imaginação 想像力の欠如 / ter uma imaginação fértil 想像力が豊かである / não ter imaginação 想像力がない / imaginação criadora 創造的思考.
❷ 想像の産物, 妄想 ▶Ele vive no mundo de imaginações. 彼は妄想の世界に生きている
em imaginação 想像上で, 空想で.

☆☆☆imaginar /imaʒi'nax イマジナーフ/ 他 ❶ **想像する**, 思い浮かべる ▶imaginar o futuro 未来を想像する / imaginar a cena 場面を思い浮かべる / Você não imagina como é duro o meu trabalho. あなたには私の仕事がどんなにつらいか想像できない.
❷ **思う, 考える**, 思いつく ▶Foi mais difícil do que eu imaginava. それは思っていたより困難だった / Imagino que sim. そうだと思う / Imagino que não. そうではないと思う / imaginar uma solução 解決法を思いつく.
— **imaginar-se** 再 自分を…と想像する, 思い込む ▶Ela se imagina uma pessoa de sucesso. 彼女は自分を成功者と思っている.
Imagine! 話 とんでもない, 大したことではない；気にしないで；どういたしまして.

imaginário, ria /imaʒi'nariu, ria/ 形 ❶ 想像上の, 架空の ▶animal imaginário 想像上の動物 / doente imaginário 自分が病気だと思い込んでいる人 / mundo imaginário 空想の世界.
❷〘数学〙número imaginário 虚数.
— **imaginário** 男 想像の産物, 想像の世界.

imaginativo, va /imaʒina'tʃivu, va/ 形 想像力豊かな.
— 名 想像力に富む人, 空想家.

imaginável /imaʒi'navew/ [複 imagináveis] 形《男女同形》想像しうる, 考えられる.

imanente /ima'nẽtʃi/ 形《男女同形》(…に) 内在する [+ a/em].

imaterial /imateri'aw/ [複 imateriais] 形《男女同形》非物質的な, 無形の.

imaturidade /imaturi'dadʒi/ 女 未熟, 未発達.

imaturo, ra /ima'turu, ra/ 形 未発達な, 未熟な ▶amor imaturo 未熟な愛.

imbatível /ĩba'tʃivew/ [複 imbatíveis] 形《男女同形》負かすことのできない, 無敵の.

imbecil /ĩbe'siw/ [複 imbecis] 形《男女同形》ばかな, 愚かな ▶Que ideia imbecil! 何と愚かな考えだろう.
— 名 ばか, 間抜け ▶imbecil convicto 自他共に認める愚かな人 / perfeito imbecil 底抜けの愚か者

imbecilidade /ĩbesili'dadʒi/ 女 愚かさ, 愚鈍；愚かな言動.

imberbe /ĩ'bɛxbi/ 形《男女同形》ひげのない, 若い.

imbricar /ĩbri'kax/ ㉙ 他 (同じ物を) うろこ状に重ねる ▶A escola imbrica as pessoas e a sociedade. 学校は人々と社会を密接につなぐ.
— **imbricar-se** 再 重なり合う, かみ合う ▶O cinema e o teatro se imbricam um no outro. その映画館と劇場は軒を連ねている / As palavras imbricam-se. 言葉がひと続きにつながる.

imbuir /ĩbu'ix/ ⑦ 他 ❶ …に…を吹き込む, 感化する [+ em/de] ▶O pai imbuiu nos filhos o respeito pelos animais. 父親は子供たちに動物の尊重を説いた.
❷ …に浸す [+ em] ▶imbuir o lenço em álcool アルコールをハンカチにしみ込ませる.
— **imbuir-se** 再 ❶ …に浸される [+ de/em].
❷ …で満たされる [+ de].

imediação /imedʒia'sẽw̃/ [複 imediações] 女 ❶ 近いこと.
❷《imediações》近所, 周辺 ▶nas imediações de... …の近所に

☆imediatamente /imedʒiˌata'mẽtʃi イメヂアタメンチ/ 副 ❶ **すぐに** ▶Venha cá imediatamente. すぐにこっちに来てください.
❷ (序列や地位の) **直前に, 直後に** ▶Eu fiquei no lugar imediatamente a seguir o seu. 私は君のすぐ後の順位に入った.

☆imediato, ta /imedʒi'atu, ta イメヂアート, タ/ 形 ❶ **直接的な** ▶A causa imediata do acidente foi a negligência do motorista. 事故の直接的原因はドライバーの不注意であった.
❷ **即座の** ▶reação imediata 即時の反応 / medidas de efeito imediato 即効性のある措置.
❸ **次の, 隣接の** ▶casa imediata 隣家 / futuro imediato 近い将来.
❹ (序列や地位が) 直属の, すぐ下の.
— **imediato** 男 補佐役, 副官 ▶o imediato do navio 副船長.
de imediato すぐに, 即座に ▶Ao desligar o telefone, ele saiu de imediato. 電話を切るとすぐに彼は出て行った.

imemorial /imemori'aw/ [複 imemoriais] 形《男女同形》遠い過去の, 大昔の.

imensamente /iˌmẽsa'mẽtʃi/ 副 非常に, 極めて ▶imensamente rico 途方もなく金持ちな.

imensidade /imẽsi'dadʒi/ 女 ❶ 広大さ；巨大さ ▶imensidade do mar 海の広大さ. ❷ 無数.

impacientemente

imensidão /imẽsi'dẽw̃/ [榎 imensidões] 女 広大さ, 巨大さ, 無数.

*****imenso, sa** /i'mẽsu, sa/ イメンソ, サ/形 ❶ 巨大な, 広大な ▶ imenso estádio 巨大なスタジアム / O mar é imenso. 海は広大だ.
❷ 計り知れない ▶ Há imensa desigualdade nesta sociedade. この社会には計り知れない不平等がある / felicidade imensa 大きな幸せ.
❸ たくさんの, 数えきれないくらいの ▶ Eu já tive imensas oportunidades de fazer sucesso. 成功のチャンスはこれまで何度もあった.
❹ 驚くべき ▶ Este atleta tem imenso talento. このアスリートには驚くべき才能がある.

imensurável /imẽsu'ravew/ [榎 imensuráveis] 形《男女同形》計り知れない ▶ amor imensurável 広大な愛.

imerecido, da /imere'sidu, da/ 形 不当な, 過分な ▶ favor imerecido 身に余る好意.

imergir /imer'ʒix/ 他 ⑫《過去分詞 imergido/imerso》…に浸す, 沈める [＋ em].
— 自 潜る ▶ O mergulhador imergiu no oceano. 潜水士は海に潜った.
— **imergir-se** 再 潜る, 浸る, 入り込む.

imersão /imex'sẽw̃/ [榎 imersões] 女 ❶ 水に浸すこと, 沈めること. ❷ 〖教育〗没入法, …漬け学習法 ▶ curso de imersão em inglês 英語漬け講座.

imerso, sa /i'mexsu, sa/ 形 《過去分詞》…に浸かった, 沈んだ, 没頭した [＋ em] ▶ imerso no trabalho 仕事に没頭した.

imigração /imigra'sẽw̃/ [榎 imigrações] 女 (他国からの) 移住, 移民 ; 《集合的に》移民 ▶ imigração chinesa 中国人移民.

imigrante /imi'grẽtʃi/ 名 (他国からの) 移民 ▶ imigrantes chineses 中国人移民 / imigrantes clandestinos 不法移民.
— 形《男女同形》移民の ▶ trabalhadores imigrantes 移民労働者.

imigrar /imi'grax/ 自 (他国から) 移住 [移民] する ▶ imigrar para o Brasil ブラジルに移民する.

iminência /imi'nẽsia/ 女 切迫, 目前に迫っていること ▶ iminência do perigo 危険が迫っていること.

iminente /imi'nẽtʃi/ 形《男女同形》切迫した, 差し迫った, 目前の ▶ perigo iminente 差し迫った危険.

imiscuir-se /imisku'ixsi/ ⑦ 再 ❶ …に干渉する, 介入する [＋ em]. ❷ …に関わる, 関与する, 参加する [＋ em].

imitação /imita'sẽw̃/ [榎 imitações] 女 ❶ 模倣, まね, 物まね.
❷ 模造品, まがい物, イミテーション ▶ imitação barata 安っぽいまがい物 / pálida imitação 出来の悪い模倣品.
à imitação de... …に倣って, …を手本として.
de imitação イミテーションの, 模造の ▶ joias de imitação イミテーションの宝石.

imitador, dora /imita'dox, 'dora/ [榎 imitadores, doras] 名 ❶ まねる人, 模倣者. ❷ 物まね, そっくりさん ▶ imitador de Elvis Presley エルビス・プレスリーのそっくりさん.
— 形 まねをする, 人まねの.

imitar /imi'tax/ 他 ❶ まねる, 模倣する ▶ imitar Elvis Presley エルビス・プレスリーのまねをする. ❷ …を見習う, 手本にする ▶ imitar os pais 両親を見習う. ❸ 偽造する ▶ imitar uma assinatura サインを偽造する.

imobiliária[1] /imobili'aria/ 女 不動産会社.

imobiliário, ria[2] /imobili'ariu, ria/ 形 不動産の ▶ bens imobiliários 不動産 / agência imobiliária 不動産屋.

imobilidade /imobili'dadʒi/ 女 不動状態, 静止 ; 停滞, 現状維持.

imobilismo /imobi'lizmu/ 男 現状維持的政策, 守旧的態度.

imobilizado, da /imobili'zadu, da/ 形 動けなくなった, 固定された.
— **imobilizado** 男 固定資産.

imobilizar /imobili'zax/ 他 ❶ …を動けなくする, 固定する, 停止させる. ❷ 麻痺させる, 停滞させる.
— **imobilizar-se** 再 動かなくなる, 止まる.

imolação /imola'sẽw̃/ [榎 imolações] 女 生けにえ, 犠牲 ▶ imolação com fogo 焼身自殺.

imolar /imo'lax/ 他 ❶ …をいけにえとして捧げる. ❷ 犠牲にする, なげうつ.
— **imolar-se** 再 自分の生命を捧げる ; 焼身自殺する.

imoral /imo'raw/ [榎 imorais] 形《男女同形》不道徳な, 背徳的な.

imoralidade /imorali'dadʒi/ 女 反道徳性, 背徳.

imortal /imox'taw/ [榎 imortais] 形《男女同形》不死の, 不滅の ▶ amor imortal 不滅の愛.
— 名 ブラジル文学アカデミーの会員.

imortalidade /imoxtali'dadʒi/ 女 不死, 不滅 ▶ imortalidade da alma 霊魂の不滅.

imortalizar /imoxtali'zax/ 他 …を不滅にする.
— **imortalizar-se** 再 不朽の名声を得る.

*****imóvel** /i'mɔvew/ イモーヴェウ/[榎 imóveis] 形《男女同形》不動の, 固定した ▶ O jovem ficou imóvel quando sentiu o forte tremor da terra. 地面が激しく揺れるのを感じたとき若者は動けなくなった.
— 男 不動産 ▶ agência de imóveis 不動産業者.

impaciência /ĩpasi'ẽsia/ 女 ❶ 待ちきれないこと, 辛抱できないこと, いらだち, 焦燥 ▶ Espero com impaciência. 私は待ち焦がれている.
❷ 忍耐のなさ, 性急さ, 短気.

impacientar /ĩpasiẽ'tax/ 他 …を我慢できなくさせる, いらだたせる ▶ O atraso do cantor impacientou o público. 歌手の遅刻は聴衆をいらいらさせた.
— **impacientar-se** 再 いらだつ ▶ A mulher se impacientou com a demora do ônibus. 女性はバスの遅延に気をもんだ.

impaciente /ĩpasi'ẽtʃi/ 形《男女同形》❶ 待ちきれない, いらだった ▶ Ela está impaciente para deixar o hospital. 彼女は病院を出るのが待ち遠くて仕方がない.
❷ 短気な, せっかちな ▶ Está sonolento e impaciente. 眠くて短気になっている.

impacientemente /ĩpaciẽtʃi'mẽtʃi/ 副 待ちか

ねて, じりじりしながら.

***impacto** /i'paktu インパクト/ 男 ❶ 衝突 ▶ Eu vi o terrível impacto de carros. 私は自動車の激しい衝突を見た.
❷ 衝撃, ショック；影響力 ▶ O aumento do imposto vai ter forte impacto na sociedade. 増税は社会に大きな衝撃を及ぼすだろう / impacto ambiental 環境に対する影響.
de alto impacto 大きな影響力を持った.

impagável /ipa'gavew/ [複 impagáveis] 形《男女同形》❶ 支払い不能な ▶ dívida impagável 返済不能な借金. ❷ 貴重な, 高価な ▶ experiência impagável 貴重な体験. ❸ こっけいな.

impalpável /ipaw'pavew/ [複 impalpáveis] 形《男女同形》❶ 手で触れられない, 感知できない. ❷ 微粒の, ごく細かい ▶ açúcar impalpável スノーシュガー.

impaludismo /ipalu'dʒizmu/ 男 《医学》マラリア.

ímpar /'ipax/ [複 ímpares] 形《男女同形》❶ 奇数の (↔ par) ▶ número ímpar 奇数 / dias ímpares 奇数日. ❷ 比類のない ▶ artista ímpar 類いまれな芸術家.
— 男 奇数.

imparcial /ipaxsi'aw/ [複 imparciais] 形《男女同形》公平な, 公正な, 偏見のない ▶ juiz imparcial 公明正大な裁判官 / crítica imparcial 公正な批評.

imparcialidade /ipaxsiali'dadʒi/ 女 公平さ, 公正さ.

impasse /ĩ'pasi/ 男 ❶ 袋小路, 行き止まり. ❷ 苦境, 窮地.

impassível /ipa'sivew/ [複 impassíveis] 形《男女同形》無感動な, 動じない, 平然とした.

impávido, da /ĩ'pavidu, da/ 形 大胆不敵な, 豪胆な.

impecável /ipe'kavew/ [複 impecáveis] 形《男女同形》欠点のない, 非の打ち所のない, 完璧な ▶ português impecável 完璧なポルトガル語.

impecavelmente /ipe,kavew'mẽtʃi/ 副 非の打ち所なく, 完璧に.

impedância /ĩpe'dẽsia/ 女 《電気》インピーダンス.

impedido, da /ipe'dʒidu, da/ 形 ❶ (道路が) 封鎖された, ふさがれた. ❷ Ⓑ 《サッカー》オフサイドの ▶ O jogador estava impedido. その選手はオフサイドだった.

impedimento /ipedʒi'mẽtu/ 男 ❶ 障害, 妨げ, 妨害 ▶ impedimento de testemunhas 証言妨害. ❷ Ⓑ 《サッカー》オフサイド ▶ em impedimento オフサイドポジションの.

***impedir** /ipe'dʒix インペヂーフ/ ㊶ 他 ❶ 妨げる, 妨害する, 阻む ▶ impedir a passagem de veículos 車の通行を妨げる / impedir a entrada de água 水が入るのを防ぐ.
❷ (impedir ... de + 不定詞) …が…するのを妨げる ▶ A chuva impediu-me de sair. 私は雨で外出できなかった.
❸ (impedir que + 接続法) …することを妨げる ▶ O pilar impede que o muro caia. 柱は壁が崩れるのを防いでいる.

impelir /ĩpe'lix/ ㉑ 他 ❶ 押す, 押し進める, 推進させる.
❷ …へと駆り立てる, 仕向ける, 促す [+ a].
❸ …するよう強制する, 強いる [+ a] ▶ impelir alguém a algo …に無理やり…させる / impelir alguém a fazer algo …に…するように強いる.

impenetrável /ipene'travew/ [複 impenetráveis] 形《男女同形》❶ 入り込めない, 通さない ▶ uma floresta impenetrável 分け入りがたい森. ❷ 不可解な, うかがい知れない, 得体の知れない.

impensado, da /ipẽ'sadu, da/ 形 予期しない, 思いがけない, 意外な.

impensável /ipẽ'savew/ [複 impensáveis] 形《男女同形》考えられない, 想像もつかない.

***imperador** /ipera'dox インペラドーフ/ [複 imperadores] 男 皇帝, 帝王 ▶ imperador romano ローマ皇帝 / Imperador do Japão 日本の天皇.

imperar /ipe'rax/ 自 ❶ 君臨する, 統治する；支配する, 勢力を振るう. ❷ 優勢である, 支配的である.

imperativo, va /ipera'tʃivu, va/ 形 ❶ 命令的な, 高圧的な, 有無を言わせない ▶ tom imperativo 威圧的な口調.
❷ 緊急の ▶ É imperativo que o governo construa aquela ponte. 政府があの橋を建設することは至上命令だ. ❸ 《文法》命令の, 命令形の ▶ frase imperativa 命令文.
— **imperativo** 男 ❶ 《文法》命令法. ❷ 至上命令, 要請 ▶ imperativo categórico 《哲学》定言的命令 / imperativo hipotético 《哲学》仮言命法.

imperatriz /ipera'tris/ [複 imperatrizes] 女 皇后, 女帝.

imperceptível /ipexsepi'tʃivew/ [複 imperceptíveis] 形《男女同形》知覚できない, 微細な.

imperceptivelmente /ipexsepi,tʃivew'mẽtʃi/ 副 ほんのわずかに, かすかに.

impercetível /ipəxse'tivɛɫ/ 形 Ⓟ = imperceptível

imperdível /ipex'dʒivew/ [複 imperdíveis] 形《男女同形》❶ 負けられない.
❷ 見逃せない ▶ filme imperdível 見逃せない映画.

imperdoável /ipexdo'avew/ [複 imperdoáveis] 形《男女同形》許し難い, 容赦できない ▶ crime imperdoável 許し難い犯罪.

imperecível /ipere'sivew/ [複 imperecíveis] 形《男女同形》不滅の, 不死の, 永続的な ▶ glória imperecível 不滅の栄光.

imperfeição /ipexfej'sẽw/ [複 imperfeições] 女 ❶ 不完全, 未完成. ❷ 欠点, 欠陥.

imperfeito, ta /ipex'fejtu, ta/ 形 ❶ 不完全な, 不十分な, 未完成な；欠点のある, 欠陥のある. ❷ 《文法》未完了の, 不完了の.
— **imperfeito** 男 《文法》未完了時制, 半過去.

***imperial** /iperi'aw インペリアゥ/ [複 imperiais] 形《男女同形》❶ 帝国の, 皇帝の ▶ Roma imperial 帝政ローマ.
❷ 威厳のある, 傲慢な ▶ pessoa de comportamentos imperiais 偉そうな振る舞いの人物.

imperialismo /ĩperia'lizmu/ [男] 帝国主義, 帝政.

imperialista /ĩperia'lista/ [形]《男女同形》帝国主義の.
— [名] 帝国主義者.

imperícia /ĩpe'risia/ [女] 不器用, 拙劣, 未熟 ▶ imperícia médica 医療過誤.

☆**império** /ĩ'pɛriu インペーリオ/ [男] ❶ **帝国**, 帝政, 帝位 ▶ Império Romano ローマ帝国 / império marítimo 海洋帝国.
❷ **支配**, **統治**, 勢力 ▶ O império de Portugal abrangia várias partes do continente africano. ポルトガルの支配はアフリカ大陸のいくつかの部分に及んでいた.
sob o império de... …の支配下で, …の影響下で.

imperioso, sa /ĩperi'ozu, 'ɔza/ [形] ❶ 緊急の, 切迫した. ❷ 横柄な, 高圧的な.

impermeabilidade /ĩpexmeabili'dadʒi/ [女] 不浸透性, 防水性.

impermeabilização /ĩpexmeabiliza'sɐ̃w̃/ [複 impermeabilizações] [女] 防水加工, 防水処理.

impermeabilizar /ĩpexmeabili'zax/ [他] 防水加工する.

impermeável /ĩpexme'avew/ [複 impermeáveis] [形]《男女同形》❶ 防水の, 不浸透性の ▶ casaco impermeável 防水コート. ❷ …を受け入れない [+ a].
— [男] レインコート.

impertinência /ĩpextʃi'nẽsia/ [女] ❶ 失礼, 無礼. ❷ 的外れ.

impertinente /ĩpextʃi'nẽtʃi/ [形]《男女同形》❶ 無礼な, 失礼な. ❷ 的外れな.

imperturbável /ĩpextux'bavew/ [複 imperturbáveis] [形]《男女同形》動揺しない, 平然とした, 冷静な.

impessoal /ĩpeso'aw/ [複 impessoais] [形]《男女同形》❶ 非個人的な, 非人格的な ; 没個性的な, 一般的な, 客観的な ▶ A lei é impessoal. 法とは万人のものである / regras impessoais 一般的規則.
❷〖文法〗非人称の ▶ verbo impessoal 非人称動詞.

impessoalidade /ĩpesoali'dadʒi/ [女] ❶ 非個人性, 無個性. ❷〖文法〗非人称性.

ímpeto /'ĩpetu/ [男] ❶ 激しさ, 勢い ▶ levantar-se num ímpeto 勢いよく起き上がる / ímpeto das ondas 波の激しさ.
❷ 衝動, 興奮 ▶ num ímpeto de raiva 怒りに駆られて / ímpeto de paixão 激しい情熱 / ímpeto dos manifestantes デモ参加者たちの興奮.

impetrar /ĩpe'trax/ [他] 懇願する, 請願する ▶ O advogado impetrou habeas corpus em favor do preso. 弁護士は受刑者のために人身保護令状を請願した.

impetuosidade /ĩpetuozi'dadʒi/ [女] 激しさ, 勢い, 熱烈さ ▶ impetuosidade do vento 風の激しさ / impetuosidade da juventude 若者の血気.

impetuoso, sa /ĩpetu'ozu, 'ɔza/ [形] 激しい, 猛烈な ▶ vento impetuoso 激しい風 / um jovem impetuoso que vive em conflito 絶えず衝突している荒々しい若者 / coração impetuoso 激しい心 / Ela falou de forma impetuosa. 彼女は激しい口調でしゃべった.

impiedade /ĩpie'dadʒi/ [女] ❶ 不敬虔, 不信心. ❷ 冷酷, 無慈悲.

impiedoso, sa /ĩpie'dozu, 'dɔza/ [形] 無慈悲な, 冷酷な.

impingir /ĩpĩ'ʒix/ ② [他] ❶ 押し付ける, 押し売りする ▶ O comerciante impingiu-lhe três produtos de que não necessitava. 商人は彼に必要のない品を3つも売りつけた.
❷ (攻撃を) 加える.
❸ 無理に聞かせる.
❹ 信じ込ませる ▶ O candidato impingiu mentiras aos eleitores. 立候補者は有権者にうそを信じ込ませた.
❺ (偽物を) つかませる ▶ impingir peru por galinha 七面鳥を鶏と偽る.

ímpio, pia /'ĩpiu, pia/ [形] [名] ❶ 不信心な (人). ❷ 不遜な (人). ❸ 冷酷な (人).

implacável /ĩpla'kavew/ [複 placáveis] [形]《男女同形》容赦のない, 無慈悲な, 執拗な ▶ inimigo implacável 執拗な敵 / lógica implacável 仮借のない論理 / destino implacável 逃れえぬ運命.

implantação /ĩplɐ̃ta'sɐ̃w̃/ [複 implantações] [女] ❶ 導入, 設置, 定着 ▶ implantação de um sistema de informação 情報システムの設置. ❷ 定住, 入植 ▶ implantação de imigrantes 移民の入植. ❸〖医学〗(組織) 移植.

implantar /ĩplɐ̃'tax/ [他] ❶ 設置する, 導入する, 定着させる ▶ implantar uma nova tecnologia 新技術を導入する / implantar um costume 習慣を定着させる / implantar uma ideia 考えを植え付ける.
❷ 移植する, 根を下ろす ▶ A árvore implantou as raízes sob o asfalto. 木がアスファルトの下に根を下ろした.
❸〖医学〗移植する ▶ implantar cabelo 植毛する.
❹ 掲げる.
— **implantar-se** [再] 定着する, 入植する ▶ Colonos irlandeses implantaram-se naquela zona dos Estados Unidos. アイルランド人の入植者たちはアメリカのその地域に入植した.

implante /ĩ'plɐ̃tʃi/ [男] ❶ 移植, 埋め込み. ❷〖医学〗インプラント (体内に埋め込まれる器具の総称).

implementação /ĩplemẽta'sɐ̃w̃/ [複 implementações] [女] 実行, 実施.

implementar /ĩplemẽ'tax/ [他] 実行する, 履行する, 施行する ▶ A empresa implementou o novo projeto. 会社は新しいプロジェクトを実行に移した.

implemento /ĩple'mẽtu/ [男] ❶ 道具, 用具. ❷ 実施, 履行 ▶ implemento do contrato 契約の履行.

implicação /ĩplika'sɐ̃w̃/ [複 implicações] [女] ❶ 関わり, 関与, 連座. ❷ 言外の意味, 含意.

implicância /ĩpli'kɐ̃sia/ [女] 反感, 敵意, 嫌悪 ▶ ter implicância com alguém …を嫌う.

implicante /ĩpli'kɐ̃tʃi/ [形]《男女同形》けんか好きの, 議論好きの.

☆**implicar** /ĩpli'kax インプリカーフ/ ㉙ [他] ❶ …を…に

巻き添えにする, **巻き込む** [+ em] ▶ Negócios ilícitos o implicaram em vários crimes. 違法な商取引を通じて彼は犯罪に手を染めた.

❷ **含む, 意味する** ▶ O silêncio implica consentimento. 沈黙は同意を意味する.

— 自 ❶ …にちょっかいを出す, 挑発する [+ com] ▶ Para de implicar com seu irmão. 弟にちょっかいを出すのはやめなさい.

❷ …を嫌う, 嫌いになる [+ com].

— **implicar-se** 再 …に巻き込まれる, 連座する.

implicitamente /ĩ,plisita'metʃi/ 副 暗に, 暗黙のうちに.

implícito, ta /ĩ'plisitu, ta/ 形 暗黙の, 暗に示された (↔ explícito) ▶ condição implícita 暗黙の条件.

implodir /ĩplo'dʒix/ 自 内部に向かって破裂する, 爆縮する.

implorar /ĩplo'rax/ 他 懇願する, 哀願する, 嘆願する ▶ implorar perdão 許しを請う / implorar ajuda a... …に支援を懇願する / Estou implorando. お願いだ.

implosão /ĩplo'zẽw̃/ [複 implosões] 女 ❶ 内側への破裂, 爆縮. ❷『音声』内破.

imponderável /ĩpõde'ravew/ [複 imponderáveis] 形《男女同形》❶ 重さのない, 極めて軽い. ❷ 不測の, 予期できない, 計り知れない, 想像を絶する — 男 不測の事象.

imponência /ĩpo'nẽsia/ 女 威厳, 壮麗, 荘厳.

imponente /ĩpo'nẽtʃi/ 形《男女同形》❶ 堂々たる, 威圧する ▶ edifício imponente 目を見張るような建物. ❷ 横柄な, 偉そうにした.

impopular /ĩpopu'lax/ [複 impopulares] 形《男女同形》人気がない, 不人気な.

impopularidade /ĩpopulari'dadʒi/ 女 不人気, 不評.

‡**impor** /ĩ'pox/ 他 (過去分詞 imposto) 他 ❶ 押しつける, 強要する ▶ impor o silêncio 黙らせる / Nosso professor quer sempre impor suas ideias aos alunos. 私たちの先生はいつも自分の考えを生徒たちに押しつけようとする.

❷ 課す ▶ impor uma multa 罰金を課す / impor condições 条件を課す / impor restrições a... …に制限を課す.

— **impor-se** 再 ❶ 必要である ▶ Impõem-se novas regras. 新しいルールが必要だ.

❷ (…が) 義務になる ▶ Impõe-se o serviço militar. 兵役が義務となる.

❸ …を自分に従わせる [+ a] ▶ O rei se impôs a toda a população. 王は全住民を従わせた.

❹ …に自分を尊敬させる, 受け入れさせる [+ a] ▶ O jogador conseguiu se impor na equipe depois de marcar gols. 選手はゴールを決めた後チームの中で認められた.

*__importação__ /ĩpoxta'sẽw̃/ インポフタサォン / [複 importações] 女 輸入, 輸入品 (↔ exportação) ▶ importação de energia エネルギーの輸入 / produtos de importação 輸入品 / empresa de importação e exportação 貿易会社 / volume das importações 輸入量 / reduzir as importações 輸入を減らす.

importado, da /ĩpox'tadu, da/ 形 輸入された.
— **importados** 男複 輸入品.

importador, dora /ĩpoxta'dox, 'dora/ [複 importadores, doras] 形 輸入する ▶ país importador de petróleo 石油輸入国.
— **importadora** 女 輸入会社.

‡**importância** /ĩpox'tẽsia/ インポフタンスィア/ 女 ❶ 重要性 ▶ importância da educação infantil 幼児教育の重要性 / plano de grande importância とても重要な計画 / ganhar importância 重要性を増す / Não tem importância. それは重要ではないことだ.

❷ 威厳, 影響力 ▶ Com este sucesso, ele vai ter maior importância na empresa. この成功で彼の会社での影響力は増すだろう.

❸ 金額 ▶ pagar a importância em dinheiro 金額を現金で支払う.

dar importância a... …を重視する ▶ dar importância à relação com os Estados Unidos アメリカとの関係を重視する.

ligar importância a... …に関心を持つ.

sem importância 重要ではない, どうでもよい ▶ É um assunto sem importância. それはどうでもよいことだ.

ter importância 重要である ▶ Não tem importância. それはたいしたことではない.

‡**importante** /ĩpox'tẽtʃi/ インポフタンチ/ 形《男女同形》❶ 重要な, 大切な ▶ tema importante 重要なテーマ / a coisa mais importante na vida 人生で最も重要なこと.

❷ 必要な, 基本的な, 根本的な.

— 男《o importante》重要なこと, 大切なこと ▶ O importante é continuar. 大切なのは続けることである / O mais importante é que o time ganhe. いちばん大事なのはチームが勝つことだ.

‡**importar** /ĩpox'tax/ インポフターフ/ 他 ❶ 輸入する (↔ exportar) ▶ importar petróleo 石油を輸入する / importar carros 車を輸入する.

❷ もたらす ▶ importar prejuízo 損害をもたらす.

— 自 ❶ 重要である, 大切である ▶ O que importa é o resultado final. 大切なのは最終結果だ / Não importa o que eles dizem. 彼らが何と言おうとどうでもいい / Não importa. それはどうでもよい / Se ele não vier, pouco importa. 彼が来なくてもかまわない.

❷ …に重要である, 大切である [+ a] ▶ Pouco me importa. それは私にはどうでもいいことだ.

— **importar-se** 再 ❶《importar-se que + 接続法》…を気にする ▶ Você se importa que eu fume? たばこを吸ってもよろしいですか.

❷《importar-se com ...》…を気にする, 気にかける ▶ Ele não se importa mais comigo. 彼はもう私のことを気にかけてくれない / O Pedro não se importa nada com o que os amigos dizem. ペドロは友人たちが言うことをまったく気にも留めない.

❸《importar-se de + 不定詞》…することを気にする ▶ Não se importa de chegar aqui, por favor? どうぞこちらに来ていただけないでしょうか.

se não se importa すみませんが, よろしければ.

importunação /ĩpoxtuna'sẽw̃/ [複 importuna-

importunar /īpoxtu'nax/ 他 …をうるさがらせる, 困らせる, 悩ませる.
— **importunar-se** 再 …に悩まされる [+ com].

imposição /ipozi'sẽw/ [複 imposições] 女 ❶ 押し付け, 強要 ▶ imposição de uma ideia 考えを押し付けること.
❷ 課すこと ▶ imposição de impostos 課税 / imposição do nome 命名.
❸ 叙勲者に勲章をかけること ▶ imposição de insígnias 記章をかけること.
❹《印刷》面付け ▶ imposição de páginas ページの面付け.
imposição de mãos《カトリック》按手 (鉆) (祝福や秘跡などを授けるために相手の頭の上に手を置くこと).

impossibilidade /iposibili'dadʒi/ 女 不可能, できないこと ▶ impossibilidade de pagamento 支払いができないこと / impossibilidade física 物理的不可能 / impossibilidade moral 道義的不可能 / impossibilidade relativa 相対的不可能.

impossibilitar /iposibili'tax/ 他 ❶ 不可能にする, 妨げる, 力を失わせる ▶ A chuva impossibilitou o passeio. 雨のせいで遠足ができなくなった.
❷《impossibilitar alguém de +不定詞》…に…できなくさせる ▶ A doença impossibilitou-a de visitar os netos. 病気のために彼女は孫に会いに行けなくなった.
— **impossibilitar-se** 再 能力を失う ▶ Ela impossibilitou-se para a dança. 彼女は踊れなくなった.

★**impossível** /ipo'sivew/ インポスィーヴェウ / [複 impossíveis] 形 ❶ 不可能な, 起こり得ない (↔ possível) ▶ amor impossível かなわぬ恋 / Nada é impossível. 不可能なことはない / É impossível prever o futuro com exatidão. 未来を正確に予測することは不可能だ / É-me impossível resolver essa questão. この問題を解くことは私には不可能だ / uma coisa impossível de acontecer 起こりえないこと / Acho esse sonho impossível de se realizar. その夢は実現不可能だと思う.
❷ (人が) 手に負えない ▶ criança impossível 手に負えない子供.
— 男《o impossível》不可能なこと, あり得ないこと ▶ O impossível aconteceu. ありえないことが起きた / fazer o impossível できるだけのことをする / pedir o impossível 無理なことを要求する.

★**imposto** /ĩ'postu/ インポスト/ 男 税金 ▶ imposto de renda 所得税 / imposto de valor acrescido 付加価値税 / imposto de consumo 消費税 / imposto de renda das pessoas jurídicas 法人税 / Imposto sobre Circulação de Mercadorias e Serviços Ⓑ 商品流通サービス税, ICMS (州税) / redução de imposto 減税 / isento de imposto 免税.

impostor, tora /ipos'tox, 'tora/ [複 impostores, toras] 名 詐欺師, ペテン師; 詐称者.
— 形 人をだます, 欺く, 虚偽の.

impostura /ĩpos'tura/ 女 詐欺, ぺてん, 詐称.
impotência /ipo'tẽsia/ 女 ❶ 無能力, 無能. ❷《医学》(男性の) 性的不能症, インポテンツ
impotente /ipo'tẽtʃi/ 形《男女同形》❶ 無能な, 無能力な. ❷《医学》性的不能な, インポテンツの.
— 男 性的不能者.

impraticabilidade /ipratʃikabili'dadʒi/ 女 実行不可能なこと, 通行不能なこと.
impraticável /ipratʃi'kavew/ [複 impraticáveis] 形《男女同形》❶ 実行不可能な. ❷ (道路が) 通行不能の.

imprecação /ipreka'sẽw/ [複 imprecações] 女 呪い, 呪詛.
imprecisão /ipresi'zẽw/ [複 imprecisões] 女 不正確, 不明確, 曖昧さ.
impreciso, sa /ĩpre'sizu, za/ 形 不正確な, 不明確な, 曖昧な.

impregnar /ipregi'nax/ ❶ …に染みこむ, 浸透する ▶ O óleo que vazou do navio impregnou a areia da praia. 船から流出した油は海岸の砂に染みこんでしまった / O forte cheiro de peixe impregnou o ambiente. 魚の強いにおいがあたりに充満した.
❷ …に…を染み込ませる, 浸透させる [+ de].
— **impregnar-se** 再 …で充満する, いっぱいになる [+ de].

★**imprensa** /ĩ'prẽsa/ インプレンサ/ 女 ❶ 出版物, 新聞, 雑誌; 報道, メディア, ジャーナリズム, マスコミ ▶ liberdade de imprensa 報道の自由 / imprensa sensacionalista センセーショナルジャーナリズム / imprensa marrom イエロージャーナリズム / imprensa de qualidade 高級紙 / conferência de imprensa 記者会見 / imprensa periódica 定期刊行物 / imprensa escrita 活字メディア / imprensa falada ラジオメディア / imprensa televisada テレビメディア / A imprensa influenciou muito na decisão do governo. メディアが政府の決定に大きな影響を与えた.
❷ 印刷, 印刷術, 印刷機 ▶ escrever em letras de imprensa 活字体で書く / prova de imprensa 校正刷り.

imprescindível /ipresĩ'dʒivew/ [複 imprescindíveis] 形《男女同形》不可欠な, 絶対必要な ▶ O que é imprescindível para vitória? 勝利のためには何が不可欠か.

★**impressão** /ĩpre'sẽw/ インプレソン / [複 impressões] 女 ❶ 印象; 感想, 意見 ▶ primeira impressão 第一印象 / Qual a sua impressão? あなたの印象はどうですか / dar uma boa impressão よい印象を与える / dar uma má impressão 悪い印象を与える / Ela causou boa impressão. 彼女の印象はよかった / A primeira impressão é a que fica. 第一印象は後まで残る印象である / Tive a impressão de que esse projeto daria errado. 私はそのプロジェクトがうまくいかない気がした / trocar impressões 意見を交わす.
❷ 印刷 ▶ O livro está em impressão. その本は印刷中だ / impressão em cores カラー印刷 / erro de impressão ミスプリント.
❸ 刻印 ▶ impressões digitais 指紋.

impressionante

impressionante /ĩpresio'nẽtʃi/ 形《男女同形》強い印象を与える, 驚くべき, 驚異的な▶cena impressionante 感動的な場面 / beleza impressionante 息をのむほどの美しさ.

impressionar /ĩpresio'nax/ 他 ❶ 感銘を与える, 感動させる▶A sua honestidade impressionou-me. あなたの誠実さに私は感銘を受けました. ❷ 動揺させる, 衝撃を与える. ❸ 印象づける, …に印象を与える▶impressionar a namorada ガールフレンドの気を引く / impressionar bem os outros 他人に好印象を与える. — 自 印象づける, 印象を与える.
— **impressionar-se** 再 ❶ …に感動する, 感銘を受ける, 印象を受ける [+ com] ▶Sempre me impressiono com a beleza desta cidade. 私はこの町の美しさにいつも感動する. ❷ …に衝撃を受ける [+ com] ▶Ela impressionou-se imensamente com o desastre. 彼女は大惨事にひどいショックを受けた.

impressionismo /ĩpresio'nizmu/ 男《美術》印象派, 印象主義.

impressionista /ĩpresio'nista/ 形《男女同形》印象派の▶pintores impressionistas 印象派の画家.
— 名 印象派の芸術家.

impresso, sa /ĩ'presu, sa/ 形 (imprimir の過去分詞) 印刷された.
— **impresso** 男 ❶ 記入用紙, 申込用紙▶preencher um impresso 申込用紙に記入する. ❷ 印刷物, 冊子.

impressor, sora[1] /ĩpre'sox, 'sora/ [複 impressores, ras] 形 印刷の.
— **impressor** 男 印刷業者.

impressora[2] /ĩpre'sora/ 女 印刷機, プリンター▶impressora a laser レーザープリンター / impressora (de) jato de tinta インクジェットプリンター.

imprestável /ĩpres'tavew/ [複 imprestáveis] 形《男女同形》役に立たない, 無用な▶É um sujeito imprestável, não sabe fazer nada. 役に立たないやつだ. 何をすることもできない.
— 名 役に立たない人.

impreterível /ĩprete'rivew/ [複 impreteríveis] 形《男女同形》❶ 無視できない, 避けられない. ❷ 延期できない▶prazo impreterível 延期できない期限.

imprevisibilidade /ĩprevizibili'dadʒi/ 女 予見できないこと, 予想がつかないこと.

imprevisível /ĩprevi'zivew/ [複 imprevisíveis] 形《男女同形》予想できない, 不測の▶O livro tem um desfecho imprevisível. その本の結末は予測できない.

imprevisto, ta /ĩpre'vistu, ta/ 形 予期しない, 思いがけない▶despesas imprevistas 不意の出費.
— **imprevisto** 男 不測の事態▶Infelizmente houve um imprevisto. 残念ながら予期しないことが起きた.

***imprimir** /ĩpri'mix/ 《過去分詞 imprimido/impresso》他 ❶ 印刷する, プリントする▶imprimir um documento 文書をプリントする / pronto para imprimir 校了.
❷ 出版する▶imprimir livros 本を出版する.
❸ …の跡を残す, 刻印を押す.
❹ 刻み込む▶imprimir respeito 敬意を抱かせる.
❺ (運動を) 伝える▶imprimir um movimento 運動を伝える.
— **imprimir-se** 再 ❶ 印刷される. ❷ 刻み込まれる.

improbabilidade /ĩprobabili'dadʒi/ 女 ありそうにもないこと.

improcedente /ĩprose'dẽtʃi/ 形《男女同形》根拠のない, 不合理な.

improdutivo, va /ĩprodu'tʃivu, va/ 形 不毛な, 非生産的な▶terras improdutivas 不毛の地.

impropriedade /ĩproprie'dadʒi/ 女 不適切, 不適当, 不適切な表現.

***impróprio, pria** /ĩ'propriu, pria/ インプロプリオ, プリア/ 形 不適切な, 適当でない▶comportamento impróprio 不適切な行動 / filme impróprio para menores de 18 anos 18歳未満には適していない映画 / Você chegou num momento impróprio. 君は間の悪い時に来た / impróprio para consumo 飲食に不適当な.

improvável /ĩpro'vavew/ [複 improváveis] 形《男女同形》ありそうにもない, 起こりそうにもない▶É possível, mas improvável. それは不可能ではないが, まずそうはならないだろう.

improvisação /ĩproviza'sẽw/ [複 improvisações] 女 即興, 即興演奏, アドリブ.

improvisado, da /ĩprovi'zadu, da/ 形 即興の, 即席の; 急ごしらえの▶discurso improvisado 即興の演説.

improvisar /ĩprovi'zax/ 他 ❶ (演説などを) 即席で作る, 即興演奏する▶O político improvisou o discurso. 政治家は即席で演説をした / Os atores improvisaram a maior parte da peça. 俳優たちは芝居の大部分をアドリブで演じた.
❷ 急ごしらえする, 間に合わせで作る▶Faltando um local apropriado, os médicos improvisaram uma sala de cirurgia. 適当な場所がなかったので, 医師たちは即席で手術室をしつらえた.
— 自 即興で行う▶improvisar na guitarra ギターで即興演奏をする.
— **improvisar-se** 再 ❶ 急に…になる [+ em] ▶Improvisei-me em crítico de cinema e passei a escrever para o jornal. 私はにわか映画評論家となり, 新聞に原稿を書くようになった.

improviso, sa /ĩpro'vizu, za/ 形 突然の, 不意の, 予期しない.
— **improviso** 男 即興.
de improviso 即興で, 準備なしで.

imprudência /ĩpru'dẽsia/ 女 軽率, 無謀▶cometer imprudências 軽率なことをする.

imprudente /ĩpru'dẽtʃi/ 形《男女同形》軽率な, 無謀な, 無分別な.

impudente /ĩpu'dẽtʃi/ 形《男女同形》ずうずうしい, 恥知らずな, 厚かましい.

impugnação /ĩpugina'sẽw/ [複 impugnações] 女 反論, 反駁, 異議.

impugnar /ĩpugi'nax/ 他 反駁する, 反論する▶O tribunal impugnou as provas. 裁判所は証拠の有

効性を否認した / Os trabalhadores impugnaram as decisões dos patrões. 従業員たちは経営者たちの決定に異議を唱えた / Eles impugnaram os resultados. 彼らは決定に反対した.

impulsionar /ĩpuwsio'nax/ 他 推し進める, 推進する

impulsividade /ĩpuwsivi'dadʒi/ 女 衝動性, 衝動的性格.

impulsivo, va /ĩpuw'sivu, va/ 形 衝動的な, 一時的感情に駆られる.

*__impulso__ /ĩ'puwsu インプウソ/ 男 ❶ 刺激, 推進力 ▶dar impulso a... ...に弾みをつける / dar novo impulso a... ...に新たな弾みをつける.

❷ 衝動, 弾み, 勢い, とっさの行為 ▶impulso sexual 性的衝動 / O homem foi levado por impulso. その男は衝動に駆られた / agir por impulso 衝動的に行動する / sob o impulso do momento その場の弾みで / O meu primeiro impulso foi chamar o meu filho. 私はとっさに息子を呼んだ.

impune /ĩ'puni/ 形《男女同形》罰を免れた, 処罰を逃れた.

impunidade /ĩpuni'dadʒi/ 女 刑罰を受けないこと.

impureza /ĩpu'reza/ 女 不純, 汚れ; 不純物.

impuro, ra /ĩ'puru, ra/ 形 不純な, けがれた ▶água impura 濁った水.

imputar /ĩpu'tax/ 他 ❶ ...に課す, 転嫁する, 負わせる [+ a] ▶imputar responsabilidade 責任を負わせる.

❷ ...とみなす, 評価する.

❸ ...に与える, 付与する [+ a] ▶O professor imputou a José a nota 10. 先生はジョゼに評価10を与えた.

imputável /ĩpu'tavew/ [複 imputáveis] 形《男女同形》...に帰すべき, ...の責めに帰せられる [+ a] ▶por motivo imputável ao cliente 顧客の責めに帰すべき事由で.

imundície /imũ'dʒisi/ 女 汚れ, 不潔, 汚物.

imundo, da /i'mũdu, da/ 形 汚れた, けがらわしい ▶roupa imunda 汚れた服 / espírito imundo けがれた霊.

imune /i'muni/ 形《男女同形》❶ ...を免除された, 免れた [+ a/de] ▶Nenhum país está imune à crise. いかなる国も危機を免れることはできない / Os parlamentares são imunes a [de] processos criminais. 国会議員は刑事訴追を受けない.

❷ ...に免疫がある [+ a].

imunidade /imuni'dadʒi/ 女 ❶(租税や義務などの)免除 ▶imunidade diplomática 外交特権 / imunidade parlamentar 議員免責特権. ❷ 【医学】免疫.

imunitário, ria /imuni'tariu, ria/ 形 免疫の ▶sistema imunitário 免疫系.

imunização /imuniza'sẽw/ [複 imunizações] 女 免疫化.

imunizar /imuni'zax/ 他 ❶ ...に対する免疫性を与える [+ contra]. ❷ ...に対する免疫をつける.
— **imunizar-se** 再 ...に対して免疫がつく [+ contra/de].

imunodeficiência /imunodefisi'ẽsia/ 女【医学】免疫不全.

imunológico, ca /imuno'lɔʒiku, ka/ 形 免疫の, 免疫学の.

imutabilidade /imutabili'dadʒi/ 女 不変性.

imutável /imu'tavew/ [複 imutáveis] 形《男女同形》不変の, 変わらない.

inabalável /inaba'lavew/ [複 inabaláveis] 形《男女同形》頑丈な, びくともしない ▶amor inabalável 揺るぎない愛 / decisão inabalável 固い決意.

inábil /i'nabiw/ [複 inábeis] 形《男女同形》❶ 不器用な, 下手な ▶mão inábil 不器用な手. ❷【法律】...する資格のない [+ para].

inabilidade /inabili'dadʒi/ 女 無能力, 不器用.

inabilitar /inabili'tax/ 他 ❶ ...の能力を奪う, できなくさせる ▶Ele desejava ser piloto, mas a miopia o inabilitou. 彼はパイロットになりたいと望んでいたが, 近眼のためかなわなかった.

❷ 国 不合格にする, 不適格と見なす ▶O vestibular inabilitou muitos candidatos. 入学試験で多くの受験者が不合格になった.

❸ (サービス提供を)制限する, 妨げる ▶Por engano, o banco inabilitou a conta do cliente. 手違いで銀行はその客の口座の利用を制限した.
— **inabilitar-se** 再 できなくなる, 能力を失う ▶Com o acidente, ele inabilitou-se para o serviço. 彼は事故で仕事ができなくなった.

inabitado, da /inabi'tadu, da/ 形 人の住んでいない, 無人の.

inabitável /inabi'tavew/ [複 inabitáveis] 形《男女同形》住めない, 居住に適さない.

inacabado, da /inaka'badu, da/ 形 未完成の, 未完の ▶um romance inacabado 未完の小説 / Sinfonia Inacabada 未完成交響曲.

inação /ina'sẽw/ [複 inações] 女 無為, 無活動.

inaceitável /inasej'tavew/ [複 inaceitáveis] 形《男女同形》受け入れられない, 容認できない.

inacessível /inase'sivew/ [複 inacessíveis] 形《男女同形》❶ 近寄れない, 近づきにくい; 手が届かない ▶um lugar inacessível 近づきにくい場所 / um preço inacessível 手が届かない値段.

❷ 理解できない ▶linguagem inacessível わかりにくい言葉.

❸ (人が)近寄りにくい, 付き合いにくい.

inacreditável /inakredʒi'tavew/ [複 inacreditáveis] 形《男女同形》信じられない ▶uma história inacreditável 信じ難い話.

inacreditavelmente /inakredʒi,tavew'mẽtʃi/ 副 信じられないほど, 途方もなく.

inadequação /inadekwa'sẽw/ [複 inadequações] 女 不適当, 不適切 ▶inadequação da linguagem 言葉づかいの不適切さ.

inadequado, da /inade'kwadu, da/ 形 不適切な, 不適当な ▶comportamento inadequado 不適切な行為.

inadiável /inadʒi'avew/ [複 inadiáveis] 形《男女同形》緊急の ▶necessidade inadiável すぐにしなければならないこと.

inadimplente /inadʒi'plẽtʃi/ 形《男女同形》契約不履行の, 債務不履行の.

inadmissível /inadimi'sivew/ [複 inadmissí-

inadvertência

veis] 形《男女同形》容認できない, 受け入れられない.

inadvertência /inadivex'tẽsia/ 囡 不注意 ▶ por inadvertência うっかりして, 不注意で.

inadvertidamente /inadivex,tʃida'mẽtʃi/ 副 不注意で.

inalação /inala'sẽw/ [複 inalações] 囡 吸い込むこと, 吸入.

inalar /ina'lax/ 他 吸い込む, 吸入する.

inalienável /inalie'navew/ [複 inalienáveis] 形《男女同形》譲渡できない ▶ direitos inalienáveis 譲渡できない権利.

inalterável /inawte'ravew/ [複 inalteráveis] 形《男女同形》❶ 不変の, 変わらない. ❷ (人が) 動じない, 平然とした.

inanição /inani'sẽw/ [複 inanições] 囡 ❶ 空虚, うつろ, 空っぽ. ❷ 飢餓による衰弱.

inanimado, da /inani'madu, da/ 形 ❶ 生命のない, 無生物の (↔animado) ▶ objeto inanimado 無生物. ❷ 気絶した ▶ Ele caiu no chão, inanimado. 彼は気を失い倒れた.

inapetência /inape'tẽsia/ 囡 食欲不振, 食欲減退.

inaplicável /inapli'kavew/ [複 inaplicáveis] 形《男女同形》適用できない, あてはまらない.

inaptidão /inaptʃi'dẽw/ [複 inaptidões] 囡 不適性, 不向き ▶ inaptidão para o exercício da função 職務遂行に適性を欠くこと.

inapto, ta /i'naptu, ta/ 形 …に向かない, 不向きな ▶ Você é inapto para o trabalho. 君は労働に適していない.

inatacável /inata'kavew/ [複 inatacáveis] 形《男女同形》❶ 攻撃できない, 難攻不落の. ❷ 非の打ち所がない.

inatingível /inatĩ'ʒivew/ [複 inatingíveis] 形《男女同形》到達できない, 手が届かない.

inatividade /inatʃivi'dadʒi/ 囡 活動休止, 仕事をしない状態.

inativo, va /ina'tʃivu, va/ 形 ❶ 活動しない, 動かない. ❷ 仕事をしていない ▶ população inativa 非就業人口.

inato, ta /i'natu, ta/ 形 生まれつきの, 生得の ▶ talento inato 生まれ持った才能.

inaudito, ta /inaw'dʒitu, ta/ 形 前代未聞の, 空前の.

inaudível /inaw'dʒivew/ [複 inaudíveis] 形《男女同形》聞こえない, 聞き取れない.

inauguração /inawgura'sẽw/ [複 inaugurações] 囡 ❶ 竣工式, 落成式, 除幕式, 開会式, 開業式 ▶ inauguração de uma loja 開店式 / inauguração de um canal 運河の開通式 / inauguração de uma ponte 橋の渡り初め式. ❷ 開始, 発足.

inaugural /inawgu'raw/ [複 inaugurais] 形《男女同形》開始の, 開会の, 開幕の ▶ discurso inaugural 開会の辞 / cerimônia inaugural 開会式 [開幕式, 開通式] / aula inaugural 開講講義, 就任記念講義.

inaugurar /inawgu'rax/ 他 ❶ 開会 (落成, 除幕) 式を行う, こけら落としをする ▶ inaugurar uma exposição 展覧会の開会式を行う. ❷ 開始する, 発足させる.

— **inaugurar-se** 再 始まる.

inca /'ika/ 形《男女同形》インカの ▶ civilização inca インカ文明.
— 名 インカ人.

incabível /ĩka'bivew/ [複 incabíveis] 形《男女同形》受け入れられない.

incalculável /ĩkawku'lavew/ [複 incalculáveis] 形《男女同形》計算できない, 計り知れない, 莫大な ▶ uma perda incalculável 計り知れない損失.

incandescência /ĩkẽde'sẽsia/ 囡 ❶ 白熱, 高温発光. ❷ 熱狂.

incandescente /ĩkẽde'sẽtʃi/ 形《男女同形》白熱光を発する ▶ lâmpada incandescente 白熱電球.

incansável /ĩkẽ'savew/ [複 incansáveis] 形《男女同形》疲れを知らない ▶ trabalhador incansável 疲れを知らない労働者 / lutador incansável 不屈の闘士.

incapacidade /ĩkapasi'dadʒi/ 囡 能力がないこと, 無能力, 不適格 ▶ incapacidade para o trabalho 働けないこと / incapacidade de amar 愛せないこと.

incapacitar /ĩkapasi'tax/ 他 …の能力を奪う, できなくする ▶ O acidente talvez tenha incapacitado o pianista. 多分事故のせいでそのピアニストは弾けなくなったのだろう.
— **incapacitar-se** 再 できなくなる, 能力を失う ▶ Com a doença, ela incapacitou-se, deixou de cantar. 病気のせいで彼女は歌えなくなり, 歌うことをあきらめた.

*__incapaz__ /ĩka'pas インカパス/ [複 incapazes] 形 ❶ 無能な (↔ capaz) ▶ Ele é incapaz para estes trabalhos. 彼はこうした仕事に向いていない. ❷《incapaz de + 不定詞》…することができない ▶ O atual Presidente da República é incapaz de governar o país. 今の共和国大統領は国を治める能力がない / incapaz de matar uma mosca 虫も殺せないくらいの.

incauto, ta /ĩ'kawtu, ta/ 形 名 ❶ 不注意な (人), 軽率な (人). ❷ お人好しな (人), だまされやすい (人).

incendiar /ĩsẽdʒi'ax/ 他 ❶ …に火をつける, 放火する ▶ incendiar um ônibus バスに放火する. ❷ (夕日などが) …を真っ赤に染める. ❸ 刺激する.
— **incendiar-se** 再 火がつく.

incendiário, ria /ĩsẽdʒi'ariu, ria/ 形 ❶ 火災を起こす ▶ bomba incendiária 焼夷弾. ❷ 扇動的な, 挑発的な ▶ discurso incendiário 扇動的な演説.
— 名 ❶ 放火犯. ❷ 扇動者.

*__incêndio__ /ĩ'sẽdʒiu インセンヂオ/ 男 **火事, 火災** ▶ Houve um incêndio. 火事があった / provocar um incêndio 火事を起こす / apagar um incêndio 火事を消す / incêndio premeditado 放火 / alarme de incêndio 火災報知器.

incensar /ĩsẽ'sax/ 他 ❶ …に香をたく ▶ incensar o altar 祭壇に香をたく. ❷ へつらう, お世辞を言

inclinado, da

incenso /ĩ'sẽsu/ 男 香.
incentivar /ĩsetʃi'vax/ 他 ます、奨励する ▶ Ele me incentivou a continuar. 彼は私に続けるように励ました. — **incentivar-se** 再 奮い立って…する [+ a].
incentivo /ĩse'tʃivu/ 男 誘因, 動機, 刺激, 恩典, インセンティブ ▶ incentivo fiscal 税制優遇措置.
incerteza /ĩsex'teza/ 女 ❶ 不確かさ, 不確実さ, 疑わしさ ▶ futuro cheio de incertezas 不確実なことだらけの未来 ❷ ためらい, 躊躇.
incerto, ta /ĩ'sextu, ta/ 形 ❶ 不確かな, 疑わしい, 定かでない ▶ O amanhã é incerto. 明日のことはわからない / Os resultados são incertos. 結果は疑わしい / Ele está incerto sobre o que fazer. 彼は何をすべきか確信を持っていない. ❷ 変わりやすい, 不安定な ▶ tempo incerto 不安定な天気.
incessante /ĩse'sẽtʃi/ 形《男女同形》絶え間ない, 不断の, 間断のない ▶ chuva incessante 降り続く雨 / esforços incessantes 不断の努力.
incessantemente /ĩse,sẽtʃi'mẽtʃi/ 副 絶え間なく, 間断なく.
incesto /ĩ'sestu/ 男 近親相姦.
incestuoso, sa /ĩsestu'ozu, 'ɔza/ 形 近親相姦の ▶ amor incestuoso 近親相姦的な愛. — 名 近親相姦者.
inchação /ĩʃa'sẽw/ 女 [複 inchações] ❶ ふくらむこと. ❷【医学】腫瘍, 腫張 ❸ おごり, うぬぼれ, 高慢.
inchaço /ĩ'ʃasu/ 男 ❶ 腫張, 腫れ. ❷ 高慢, うぬぼれ.
inchado, da /ĩ'ʃadu, da/ 形 腫れた, むくんだ, 張った ▶ braço inchado むくんだ腕 / estômago inchado 張った腹.
inchar /ĩ'ʃax/ 他 ❶ 膨らませる, 膨張させる, 腫れさせる ▶ A doença inchou-lhe as pernas. 病気で彼の脚がむくんだ / Cuidado para não inchar demais os balões. あまり風船を膨らませすぎないように気をつけてください. ❷ 増加させる, 増大させる, かさを増やす ▶ As chuvas torrenciais inchavam os rios. 豪雨で川の水量が増加していた. ❸ 尊大にさせる, うぬぼれる. ❹ (文体を) 誇張する ▶ inchar o estilo 文体を大げさにする. — 自 ❶ 膨らむ, 腫れる ▶ A massa dos pães já começou a inchar. パン生地はもう膨らみ始めた / inchar como um balão 風船のように膨れる. ❷ うぬぼれる, 尊大になる. — **inchar-se** 再 ❶ 膨らむ, 腫れる. ❷ うぬぼれる, 尊大になる ▶ Ela inchou-se toda ao ver a foto na capa. 彼女は表紙の写真を見てすっかりうぬぼれた.
incidência /ĩsi'dẽsia/ 女 ❶ 偶発事故, 付随的な出来事, 事故. ❷ 反響, 影響. ❸【物理】入射, 投射 ▶ ângulo de incidência 入射角. ❹ (間接税の) 最終負担 ▶ incidência tributária 税負担.
incidental /ĩsidẽ'taw/ [複 incidentais] 形《男女同形》❶ 付随的な, 二次的な, 重要でない ▶ questão incidental 付随的な問題. ❷ 偶発的な.
***incidente** /ĩsi'dẽtʃi/ 男 事件, 衝突, 紛争, 偶発事件 ▶ incidente diplomático 外交上の摩擦 / uma vida cheia de incidentes 波乱万丈の人生. — 形《男女同形》付随的な ▶ razões incidentes 付随的な理由.
incidir /ĩsi'dʒix/ 自 ❶ 反映する, 反射する ▶ A luz do abajur incidia sobre o rosto dela. 電気スタンドの光が彼女の顔に当たっていた. ❷ (税や罰金が) …にかかる [+ em/sobre] ▶ Novos impostos incidirão nos salários. 新たな税金が給料にかかるだろう. ❸ …に陥る [+ em] ▶ Ele incide sempre na mesma asneira. 彼はいつも同じ愚行に陥る. ❹ …に影響を及ぼす [+ em/sobre]. ❺ 起こる ▶ Raros são os dias em que os contratempos não incidem. 問題が起こらない日は珍しい.
incineração /ĩsinera'sẽw/ 女 [複 incinerações] 焼却, 灰にすること; 火葬.
incinerar /ĩsine'rax/ 他 焼却する.
incipiente /ĩsipi'ẽtʃi/ 形《男女同形》初期の, 始まりの ▶ capitalismo incipiente 初期資本主義.
incisão /ĩsi'zẽw/ 女 [複 incisões] ❶ 切り込み, 切り口. ❷【医学】切開.
incisivo, va /ĩsi'zivu, va/ 形 ❶ 切断用の, よく切れる, 鋭利な ▶ dente incisivo 切歯. ❷ 辛辣な, 手厳しい ▶ críticas incisivas 厳しい批判. — **incisivo** 男【解剖】門歯.
incitação /ĩsita'sẽw/ 女 [複 incitações] 扇動, そそのかし ▶ incitação ao crime 犯罪教唆 / incitação à violência 暴力を扇動すること.
incitar /ĩsi'tax/ 他 ❶ 駆り立てる, 促す ▶ O estudante incitou o colega a participar do protesto. その学生は仲間を抗議へ参加するように促した. ❷ 刺激する, 活気づける, けしかける, そそのかす ▶ incitar a violência 暴力をしけかける. ❸ 引き起こす, …の原因となる. ▶ A falta de médicos incitou o quebra-quebra. 医師不足が暴動を引き起こした. ❹ (犬を) けしかける. — **incitar-se** 再 ❶ その気になる, 駆り立てられる. ❷ いらいらする, いら立つ ▶ A mãe incitou-se por pequenas coisas. 母親は些細なことにいら立った.
incivilidade /ĩsivili'dadʒi/ 女 不作法, 粗野, 無教養, 迷惑行為.
incivilizado, da /ĩsivili'zadu, da/ 形 未開の; 不作法な, 粗野な.
inclemente /ĩkle'mẽtʃi/ 形《男女同形》❶ (天候が) 厳しい, 過酷な. ❷ 無慈悲な, 冷酷な.
inclinação /ĩklina'sẽw/ 女 [複 inclinações] ❶ 傾き, 勾配 ▶ inclinação do telhado 屋根の勾配. ❷ 傾向, 性向, 好み ▶ inclinação para a violência 暴力を振るう傾向.
inclinado, da /ĩkli'nadu, da/ 形 ❶ 傾いた ▶ ter-

inclinar

reno inclinado 傾斜地 / plano inclinado 斜面. ❷ …する気になっている，…に心が向いている [+ para/a].

*inclinar /ĩkli'nax インクリナーフ/ 他 傾ける，かがめる ▶ inclinar a garrafa 瓶を傾ける / inclinar o corpo 体をかがめる / inclinar a cabeça para o lado 首を横にかしげる.
— 自 傾く，傾斜する.
— **inclinar-se** 再 ❶ 身をかがめる ▶ O homem se inclinou e apanhou uma pedra no chão. 男は腰をかがめ，地面の石を拾った. ❷ …に傾く，…をより好む [+ para] ▶ Ele se inclina mais para frequentar o curso de línguas estrangeiras. 彼は外国語コース進学に傾きつつある.

incluído, da /ĩklu'idu, da/ (incluir の過去分詞) 形 含まれた，包含される ▶ O serviço está incluído? サービス料は含まれていますか / (com) tudo incluído 全部込みの.

ːincluir /ĩklu'ix インクルイーフ/ ⑦ 他 入れる，含める ▶ incluir um novo membro 新しいメンバーを入れる / O preço inclui o serviço. 価格はサービス料を含む.
— **incluir-se** 再 ❶ 自身を含める. ❷ 含まれる，包含される.

incluindo… …を含めて ▶ incluindo eu 私を含めて.

inclusão /ĩklu'zẽw/ [複 inclusões] 女 含めること，同封，封入，包含 ▶ inclusão digital デジタル格差解消.

inclusivamente /ĩklu,ziva'mẽtʃi/ 副 …まで含んで，…も，…さえをも ▶ Neste país autoriza-se inclusivamente o casamento entre homossexuais estrangeiros. その国では，外国人の同性愛者の結婚も含めて許されている.

*inclusive /ĩklu'zivi インクルズィーヴィ/ 副 含めて ▶ todos os dias, inclusive no fim de semana 週末を含む毎日 / da página 8 à página 12 inclusive 8ページから12ページの終わりまで.

inclusivo, va /ĩklu'zivu, va/ 形 ❶ …を含む [+ de].
❷ 包括的な ▶ Aquele país tem uma política educacional inclusiva. あの国には包括的な教育政策がある.

incluso, sa /ĩ'kluzu, za/ (incluir の過去分詞) 形 含まれた，算入された，同封された.

incoerência /ĩkoe'rẽsia/ 女 首尾一貫しないこと，支離滅裂な言動.

incoerente /ĩkoe'rẽtʃi/ 形《男女同形》首尾一貫しない，支離滅裂の.

incógnita[1] /ĩ'kɔginita/ 女《数学》未知数.

incógnito, ta[2] /ĩ'kɔginitu, ta/ 形 ❶ 未知の，知られていない ▶ terras incógnitas 未知の土地. ❷ 匿名の，お忍びの ▶ viagem incógnita お忍び旅行.
— **incógnito** 男 身分を隠すこと，匿名.
— **incógnito** 副 匿名で，お忍びで ▶ viajar incógnito お忍び旅行する.

incolor /ĩko'lox/ [複 incolores] 形《男女同形》色のない，無色の ▶ gás incolor 無色の気体.

incólume /ĩ'kɔlumi/ 形《男女同形》無傷の，損傷のない，無事な.

incombustível /ĩkõbus'tʃivew/ [複 incombustíveis] 形《男女同形》燃えない，不燃性の.

incomensurável /ĩkomẽsu'ravew/ [複 incomensuráveis] 形《男女同形》❶《数学》通約できない，❷ 計り知れない，莫大な，広大無辺の ▶ um amor incomensurável 広大な愛.

*incomodar /ĩkomo'dax インコモダーフ/ 他 ❶ …に迷惑をかける，…を邪魔する ▶ Desculpe-me por incomodá-lo. ご迷惑かけてすみません / Não incomodar《掲示》起こさないでください.
❷ 不快にする ▶ incomodar os ouvidos 不快な音を出す.
— **incomodar-se** 再 ❶ 気にする ▶ Não se incomode, por favor. どうぞお気遣いなく.
❷ …を気にする，…が気になる [+ com] ▶ Eu não me incomodo com nada do que as pessoas dizem. 私は人に何と言われても気にしない.
❸ …に腹を立てる [+ com] ▶ Não se incomode com o que ele disse. 彼が言ったことに腹を立てないで.

incômodo, da /ĩ'kɔmoðu, ðɐ/ 形 P = incômodo

incômodo, da /ĩ'kõmodu, da/ 形 B ❶ 不愉快な，不便な，不快な ▶ poltrona incômoda 座り心地の悪い安楽いす / situação incômoda 不愉快な状況.
❷ 面倒な，厄介な，うんざりする ▶ O visitante inesperado era uma presença incômoda. 思いがけない客は面倒な存在だった.
❸ 不適切な ▶ pergunta incômoda 不適切な質問.
❹ 不都合な ▶ O amante chegou numa hora incômoda. 愛人は不都合な時にやってきた / se não for incômodo ご迷惑でなければ.
— **incômodo** 男 ❶ 不快，不便，邪魔 ▶ Essa sala quente é um incômodo! この暑い部屋は不快.
❷ 軽い痛み，身体の不快感 ▶ Ele estava sentindo um ligeiro incômodo. 彼は身体にやや不調を感じていた.
❸ 迷惑，面倒，厄介 ▶ Era um incômodo levar aquela poltrona escada acima. あのひじかけいすを階段の上へ持ってあがることは厄介だった / Não é incômodo nenhum! 全然迷惑ではありません.
❹ 苦労，苦難.
❺ 月経.

causar incômodo a alguém …に迷惑をかける.

dar-se ao incômodo de + 不定詞 わざわざ…する ▶ Ela agradeceu ao colega por se ter dado ao incômodo de se desviar do caminho para a levar à casa. 彼女は家に送り届けるためにわざわざ遠回りしてくれた同僚に感謝した.

incomparável /ĩkõpa'ravew/ [複 incomparáveis] 形《男女同形》❶ 比較できない.
❷ 比類のない，類いまれな ▶ talento incomparável 類いまれな才能.

incomparavelmente /ĩkõpa,ravew'mẽtʃi/ 副 比較にならないほど，はるかに.

incompatibilidade /ĩkõpatʃibili'dadʒi/ 女 ❶ 非両立性，相容れないこと ▶ incompatibilidade de gênios 性格の不一致. ❷〖政治〗兼職の禁止. ❸〖医学〗(血液型などの) 不適合 ▶ incompatibilidade sanguínea 血液型の不適合 / incompatibilidade medicamentosa 薬物的反作用.

incompatível /ĩkõpa'tʃivew/ [複 incompatíveis] 形《男女同形》❶ …と両立できない, 相容れない [+ com] ▶ A censura é incompatível com a democracia. 検閲は民主主義とは相容れない / pessoas incompatíveis 性格の合わない人. ❷ 互換性がない.

incompetência /ĩkõpe'tẽsia/ 女 ❶ 無能, 不適格. ❷〖法律〗権限がないこと, 管轄外.

incompetente /ĩkõpe'tẽtʃi/ 形《男女同形》❶ 必要な知識 [能力] のない, 資格のない. ❷〖法律〗権限のない, 管轄外の.

incompleto, ta /ĩkõ'plɛtu, ta/ 形 不完全な, 不備な ▶ A lista é incompleta. リストは不完全だ / metamorfose incompleta 不完全変態.

incompreendido, da /ĩkõpriẽ'dʒidu, da/ 形 名 理解されていない (人), 真価を認められていない (人).

incompreensão /ĩkõpriẽ'sẽw/ [複 incompreensões] 女 無理解, 理解力のなさ.

incompreensível /ĩkõpriẽ'sivew/ [複 incompreensíveis] 形《男女同形》理解できない, 不可解な.

incomum /iko'mũ/ [複 incomuns] 形《男女同形》普通ではない, 尋常でない, 並外れた ▶ beleza incomum 並外れた美しさ.

incomunicável /ĩkomuni'kavew/ [複 incomunicáveis] 形《男女同形》❶ 伝達できない, 伝えられない. ❷ 通信できない, 交通がない. ❸ 譲渡できない.

inconcebível /ĩkõse'bivew/ [複 inconcebíveis] 形《男女同形》想像できない, 思いもよらない, 信じがたい ▶ uma riqueza inconcebível 想像もつかない財産.

inconciliável /ĩkõsili'avew/ [複 inconciliáveis] 形《男女同形》…と相容れない, 両立しない [+ com] ▶ interesses inconciliáveis 対立する利害.

inconclusivo, va /ĩkõklu'zivu, va/ 形 結論のでない.

incluso, sa /ĩkõ'kluzu, za/ 形 終了していない, 未完の.

incondicional /ĩkõdʒisio'naw/ [複 incondicionais] 形《男女同形》無条件の, 絶対的な ▶ rendição incondicional 無条件降伏 / apoio incondicional 全面的支持.

incondicionalmente /ĩkõdʒisio,naw'mẽtʃi/ 副 無条件に.

inconfidência /ĩkõfi'dẽsia/ 女 ❶ 不忠実, 裏切り. ❷ 機密の漏泄.
Inconfidência Mineira ミナスの陰謀 (1789年に起きたブラジル最初の独立運動. Conjuração Mineira とも言う).

inconfidente /ĩkõfi'dẽtʃi/ 形《男女同形》❶ 信用のおけない, 信頼できない. ❷ 秘密を漏らす.
— 名 陰謀者.

inconformismo /ĩkõfox'mizmu/ 男 (慣習や伝統, 社会規範などへの) 非従順 (的態度).

inconfundível /ĩkõfũ'dʒivew/ [複 inconfundíveis] 形《男女同形》紛れもない, すぐにそれとわかる ▶ Ela é inconfundível. 一目見ればすぐに彼女とわかる / voz inconfundível 特徴のある声.

incongruência /ĩkõgru'ẽsia/ 女 不一致, つじつまの合わないこと.

incongruente /ĩkõgru'ẽtʃi/ 形《男女同形》❶ …と一致しない, そぐわない, 不適当な [+ com] ▶ incongruente com a realidade 現実にそぐわない.
❷ 一貫性のない ▶ As suas ideias são incongruentes. あなたの考えには一貫性がない.

inconsciência /ĩkõsi'ẽsia/ 女 ❶ 無意識；人事不省, 意識不明 ▶ estado de inconsciência 意識不明の状態. ❷ 無自覚, 不注意.

inconsciente /ĩkõsi'ẽtʃi/ 形《男女同形》❶ …を意識していない [+ de] ▶ inconsciente do perigo 危険を意識していない.
❷ 無意識の ▶ desejo inconsciente 無意識の欲望 / ato inconsciente 無意識の行為.
❸ 意識を失った, 人事不省の ▶ A vítima estava inconsciente. 被害者は意識がなかった.
❹ 無責任な.
— 男 無意識 ▶ inconsciente coletivo 集合的無意識.
— 名 ❶ 意識のない人. ❷ 無責任な人.

inconscientemente /ĩkõsi,ẽtʃi'mẽtʃi/ 副 無意識に.

inconsequente /ĩkõse'kwẽtʃi/ 形《男女同形》❶ (論理的に) 矛盾する ▶ paixão inconsequente 矛盾した感情. ❷ 軽率な, 無分別な.

inconsistência /ĩkõsis'tẽsia/ 女 ❶ (物が) 固くないこと, 粘りけのなさ. ❷ 一貫性のなさ, 根拠のないこと. ❸ 無定見さ.

inconsistente /ĩkõsis'tẽtʃi/ 形《男女同形》❶ (物が) 固くない, もろい.
❷ 一貫性のない, 根拠のない ▶ acusação inconsistente いわれなき非難.

inconsolável /ĩkõso'lavew/ [複 inconsoláveis] 形《男女同形》慰めようのない, 悲嘆に暮れた.

inconstância /ĩkõs'tẽsia/ 女 ❶ 変わりやすさ. ❷ 移り気, 無節操.

inconstante /ĩkõs'tẽtʃi/ 形《男女同形》❶ 変わりやすい, 不安定な. ❷ 移り気な, 気まぐれな, 無節操な.

inconstitucional /ĩkõstʃitusio'naw/ [複 inconstitucionais] 形《男女同形》憲法違反の, 違憲の.

incontável /ĩkõ'tavew/ [複 incontáveis] 形《男女同形》数え切れない, 無数の.

incontestável /ĩkõtes'tavew/ [複 incontestáveis] 形《男女同形》議論の余地のない, 明白な ▶ verdade incontestável 明白な真実.

incontestavelmente /ĩkõtes,tavew'mẽtʃi/ 副 議論の余地なく, 明らかに.

inconteste /ĩkõ'tɛstʃi/ 形《男女同形》議論の余地のない, 明白な.

incontinência /ĩkõtʃi'nẽsia/ 女 ❶〖医学〗失禁

incontinente

▶incontinência urinária 尿失禁. ❷(欲望や情熱を)自制できないこと▶incontinência verbal 饒舌.

incontinente /ĩkõtʃi'netʃi/ 形《男女同形》❶(欲望や情熱を)抑制できない. ❷〖医学〗失禁の.
— 名 尿失禁の患者.
— 副 すぐに.

incontornável /ĩkõtox'navew/ [複 incontornáveis] 形《男女同形》避けて通ることのできない, 無視できない, 考慮せざるを得ない▶realidade incontornável 避けて通れない現実 / figura incontornável 無視できない人物.

incontrolável /ĩkõtro'lavew/ [複 incontroláveis] 形《男女同形》制御できない, 管理できない.

incontroverso, sa /ĩkõtro'vɛxsu, sa/ 形 議論の余地のない.

inconveniência /ĩkõveni'ẽsia/ 女 ❶ 不便, 不都合, 支障.
❷ 不適当, 不適切.
❸ 下品な言動.

inconveniente /ĩkõveni'ẽtʃi/ 形《男女同形》❶ 都合の悪い▶verdade inconveniente 不都合な真実 / numa hora inconveniente 不都合な時間に.
❷ 不適切な▶pergunta inconveniente 不適切な質問 / comentário inconveniente 不適切な意見.
❸ 不作法な, 下品な▶filme inconveniente 下品な映画.
— 男 不便, 不都合, 問題, 不利益▶Qual é o inconveniente? どこに不都合がありますか / Só tem um inconveniente. 困ったことが1つだけある / Não vejo inconveniente em que as eleições sejam realizadas imediatamente. 即座に選挙が行われることが悪いことだとは私は思わない.

incorporação /ĩkoxpora'sẽw/ [複 incorporações] 女 合体, 合併, 統合, 編入 ▶a incorporação de uma empresa 会社を合併すること.

incorporar /ĩkoxpo'rax/ 他 ❶ 入れる, 加入させる ▶incorporar novos países na União Europeia 新たな国々を欧州連合に加入させる.
❷ 一つにする, まとめる, 合併させる, 編入する▶incorporar duas empresas 2つの会社を合併させる / O regimento incorporou os novos recrutas. 連隊は新兵を入隊させた.
❸ Ⓑ (霊を)身体に入れる, 降ろす.
❹ Ⓑ (ビル, 商業施設などの)入居者を集める, テナントを募集する.
❺ 具体化させる▶incorporar uma ideia 考えを具体化させる.
— **incorporar-se** 再 ❶ …に合体する, 混ざる, 溶け込む [+ a] ▶O cloro incorporou-se à água. 塩素が水に溶け込んだ.
❷ …に加入する, 参加する [+ a/em] ▶O rapaz teve de incorporar-se à Marinha. 青年は海軍に入隊せねばならなかった.
❸ 具体化する, 具象化する.

incorpóreo, rea /ĩkox'pɔriu, ria/ 形 実体のない, 無形の▶bens incorpóreos 無体財産.

incorreção /ĩkoxe'sẽw/ [複 incorreções] 女 ❶ 間違い, 不正解. ❷ 不作法, 失礼.

incorrer /ĩko'xex/ 自 ❶ …に陥る [+ em] ▶incorrer em contradição 矛盾に陥る / incorrer em erro 間違いを犯す. ❷ …を被る [+ em] ▶incorrer em multa 罰金を被る / incorrer em excomunhão 破門される.

incorretamente /ĩko,xeta'mẽtʃi/ 副 不正確に, 間違って.

incorreto, ta /ĩko'xetu, ta/ 形 ❶ 正しくない, 不正確な▶resposta incorreta 誤答. ❷ 不適切な, 不作法な▶de forma incorreta 不適切に.

incorrigível /ĩkoxi'ʒivew/ [複 incorrigíveis] 形《男女同形》❶ 直せない, 矯正できない. ❷ 改めようとしない, 度しがたい▶otimista incorrigível 度しがたい楽観主義者.

incorruptível /ĩkoxupi'tʃivew/ [複 incorruptíveis] 形《男女同形》❶ 腐敗しない. ❷ 買収されない, 清廉な.

incorrupto, ta /ĩko'xuptu, ta/ 形 ❶ 腐敗していない. ❷ 清廉な, 買収されていない.

incredulidade /ĩkreduli'dadʒi/ 女 不信仰, 不信.

incrédulo, la /ĩ'krɛdulu, la/ 形 ❶ 疑い深い. ❷ 信仰のない, 不信心な.
— 名 疑い深い人, 信仰のない人.

incrementado, da /ĩkremẽ'tadu, da/ 形 ❶ 発展した, 発達した, 増大した.
❷ Ⓑ 流行の, はやりの.
❸ Ⓑ にぎやかな▶festa incrementada にぎやかなパーティー.

incrementar /ĩkremẽ'tax/ 他 ❶ 増大させる, 拡大させる, 発展させる▶incrementar as exportações 輸出を拡大させる / incrementar a indústria 産業を発展させる.
❷ Ⓑ 盛り上げる▶incrementar a festa パーティーを盛り上げる.
❸ Ⓑ …を派手に飾る▶incrementar um prato 料理を飾り立てる / incrementar o carro 車を飾る.
— **incrementar-se** 再 増大する, 拡大する, 発展する.

incremento /ĩkre'mẽtu/ 男 ❶ 増大, 増加▶incremento das importações 輸入の増大. ❷ 発展, 進展▶incremento econômico 経済発展.

incriminação /ĩkrimina'sẽw/ [複 incriminações] 女 ❶ 罪を負わすこと, 起訴, 告発. ❷ 糾弾, 非難.

incriminar /ĩkrimi'nax/ 他 ❶ …で告訴する, 起訴する, 告発する [+ de] ▶incriminar o suspeito 容疑者を起訴する.
❷ (罪について)非難する▶Quando o relógio sumiu, incriminou injustamente a camareira. 腕時計がなくなった時に不条理にも客室係を非難した.
❸ 罪であると見なす.
— **incriminar-se** 再 自らの罪を明らかにする.

*__incrível__ /ĩ'krivew インクリーヴェゥ/ [複 incríveis] 形《男女同形》❶ 信じられない, 信頼できない, 信用できない▶história incrível 信じられない話 / por incrível que pareça 信じられないかもしれないが.
❷ 法外な, ありえない▶É incrível a arrogância dela! 彼女の傲慢さは半端ではない.

incrivelmente /ĩ,krivew'mẽtʃi/ 副 信じられないぐらい▶incrivelmente fácil 信じられないぐらい簡

単な.

incrustar /ĩkrus'tax/ [他] ❶ …で覆う ▶O pintor incrusta de verniz a tela. 画家はカンバスをニスで上塗りする.
❷ …にはめ込む, 埋め込む, 象眼する.
— **incrustar-se** [再] …にこびりつく, 定着する ▶A corrupção incrusta-se na política. 汚職が政治に深く根を下ろしている / As lendas incrustam-se no tempo. 時の中に伝説が根付く.

incubação /ĩkuba'sɐ̃w̃/ [複 incubações] [女] ❶ 抱卵 (期), 孵化 (期) ▶incubação artificial 人工ふ化. ❷〖医学〗潜伏 (期) ▶período de incubação 潜伏期. ❸ 準備期.

incubadora /ĩkuba'dora/ [女] ❶ 孵卵器, 孵化器, インキュベーター. ❷ (未熟児の) 保育器.

incubar /ĩku'bax/ [他] ❶ 抱卵する, 孵化させる. ❷ (病気を) 宿す. ❸ 計画する, たくらむ, もくろむ.
— [自] 卵を抱く.

inculcar /ĩkuw'kax/ ㉙ [他] ❶ 提案する, 指摘する.
❷ …にほのめかす [+ a] ▶Ele inculcou ao diretor a dispensa do colega. 彼は重役に同僚の解雇をほのめかした.
❸ …に勧める [+ a] ▶Inculquei à mocidade sã literatura. 私は若者に健全な読書を勧めた.
❹ …を…に教え込む, 吹き込む [+ em] ▶É preciso inculcar nas crianças o espírito de solidariedade. 子供たちに団結精神を教え込む必要がある.
❺ 示す, 表す ▶A pele bonita e a cor rosada inculcavam saúde e juventude. バラ色の美しい肌は健康と若さを示していた.
❻ 見せかける ▶Ele inculca ares de estudioso, mas detesta os livros. 彼は勉強家に見せかけているが, 本が大嫌いだ.
— **inculcar-se** [再] ❶ 取り入る.
❷ 自認する ▶Ele inculcava-se como rico. 彼は裕福であることを自認していた.
❸ 露見する, 現れる.

inculpar /ĩkuw'pax/ [他] ❶ …のかどで告発する, 告訴する, …の罪を負わせる [+ de] ▶inculpar de roubo 窃盗で告訴する.
❷ …について非難する, とがめる [+ de] ▶O pai sempre o inculpa. 父親はいつも彼を非難する.
— **inculpar-se** [再] …の非を認める [+ de] ▶inculpar-se de irresponsável 自分が無責任であることを認める.

inculto, ta /ĩ'kuwtu, ta/ [形] ❶ 無教養な, 粗野な. ❷ 未耕作の ▶terra inculta 荒れ地.
— [名] 無教養な人, 無学な人.

incultura /ĩkuw'tura/ [女] ❶ 無教養, 粗野. ❷ 未開拓.

incumbência /ĩkũ'bẽsia/ [女] 義務, 責任, 職務 ▶A educação é incumbência do Estado. 教育は国家の責任である.

incumbir /ĩkũ'bix/ [他] ゆだねる, 託す, 委任する ▶Incumbiram-me de lhe dar a notícia. 私は彼にその知らせを伝える役目をゆだねられた.
— [自]《三人称単数》…の責任である, 権限である [+ a] ▶Incumbe ao casal a educação dos filhos. 子供たちの教育は夫婦の責任である.
— **incumbir-se** [再] …を引き受ける [+ de] ▶Ele incumbiu-se do concerto. 彼はそのコンサートを引き受けた.

incumprimento /ĩkũpri'mẽtu/ [男] (責務などの) 不履行, (約束などを) 破ること ▶incumprimento do contrato 契約の不履行 / incumprimento de promessas eleitorais 選挙公約を破ること.

incurável /ĩku'ravew/ [複 incuráveis] [形]《男女同形》❶ 治らない, 不治の ▶doença incurável 不治の病. ❷ 矯正できない, 救いがたい.

incúria /ĩ'kuria/ [女] ❶ 不注意, 怠慢, 油断 ▶por incúria 不注意で. ❷ 不活発.

incursão /ĩkux'sɐ̃w̃/ [複 incursões] [女] ❶ 侵入, 侵略. ❷ 旅行, 駆け足旅行.

incursionar /ĩkuxsio'nax/ [自] ❶ …に立ち入る [+ por]. ❷ …方面に進む [+ por].

incutir /ĩku'tʃix/ [他] (考えなどを) …に吹き込む, 呼び覚ます, 感じさせる [+ em] ▶incutir medo 怖がらせる / Ele incutiu no discípulo a vontade de saber. 彼は弟子に知識欲を起こさせた / O professor procurava incutir nos alunos o gosto pela investigação. 先生は生徒たちに研究への喜びを感じさせようとしていた.

indagação /ĩdaga'sɐ̃w̃/ [複 indagações] [女] ❶ 調査, 研究, 探求, 追求 ▶fazer indagações sobre... …について探究する. ❷〖法律〗取り調べ, 尋問, 捜査.

indagar /ĩda'gax/ 「chegar」 [他] ❶《indagar algo de alguém》…について…に質問する, 尋ねる, 尋問する ▶Ele indagou do criminoso o método do crime. 彼は犯行の方法について犯人に尋問した.
❷ 調査する, 捜査する, 究明する ▶indagar a causa do crime. 犯罪の原因を捜査する.
❸ 観察する, 観測する.
— [自] ❶ …について調べる [+ de] ▶Ele andou indagando na cidade. 彼は町中を調べてまわった.
❷ …に尋ねる [+ de].
— **indagar-se** [再] 熟考する, 自問する ▶O arqueólogo indagava-se sobre o misterioso desenho na caverna. 考古学者は洞穴の謎めいた絵について考えをめぐらせた.

indébito, ta /ĩ'dɛbitu, ta/ [形] ❶ 義務のない, 請求できない. ❷ 不法な, 不正な ▶apropriações indébitas 横領.

indecência /ĩde'sẽsia/ [女] ❶ 下品, 卑猥. ❷ 品のない行為 [言動], 卑猥な行為 [言動].

indecente /ĩde'sẽtʃi/ [形]《男女同形》下品な, 卑猥な ▶linguagem indecente 下品な言葉づかい.
— [名] 下品な人.

indecifrável /ĩdesi'fravew/ [複 indecifráveis] [形]《男女同形》❶ 判読できない, 解読できない. ❷ 不可解な.

indecisão /ĩdesi'zɐ̃w̃/ [複 indecisões] [女] 決心がつかないこと, ためらい, 優柔不断.

indeciso, sa /ĩde'sizu, za/ [形] 決心がつかない, 優柔不断な ▶ser indeciso 優柔不断な性格である / estar [ficar] indeciso まだ決めていない / indeciso sobre …に関して決めていない / tempo indeciso はっきりしない天気.
— [名] 優柔不断な人 ; まだ投票候補を決めていない人.

indeclinável

indeclinável /ĩdekli'navew/ [複 indeclináveis] 形《男女同形》❶ 拒否できない ▶ necessidade indeclinável どうしても必要なこと. ❷〖文法〗語尾変化しない.

indefectível /ĩdefek'tʃivew/ [複 indefectíveis] 形《男女同形》❶ 完璧な, 欠点のない. ❷ 永続する, 不滅の ▶ amor indefectível 不滅の愛.

indefensável /ĩdefẽ'savew/ [複 indefensáveis] 形《男女同形》防ぎ得ない, 守りようのない；弁護の余地がない.

indeferir /ĩdefe'rix/ ⑥ 他 聞き入れない, 認めない, 拒否する, 受け入れない, 却下する, 否決する ▶ A banca indeferiu o pedido. 審査員は要請を聞き入れなかった.

indefeso, sa /ĩde'fezu, za/ 形 無防備の, 無援の.

indefinição /ĩdefini'sẽw/ [複 indefinições] 女 曖昧さ, 不明確, 未決定 ▶ indefinição política 政治的曖昧.

indefinidamente /ĩdefi,nida'mētʃi/ 副 ❶ 不明確に, 漠然と. ❷ 無期限に.

indefinido, da /ĩdefi'nidu, da/ 形 ❶ 不定の, はっきりしない ▶ por tempo indefinido 無期限の間 / sensação indefinida 漠然とした感じ.
❷《数量などが》際限ない；《時間的に》不定な, 無期限の ▶ espaço indefinido 無限の空間.
❸〖文法〗不定の ▶ artigo indefinido 不定冠詞.

indefinível /ĩdefi'nivew/ [複 indefiníveis] 形《男女同形》定義できない；形容しがたい, 何とも言えない.

indelével /ĩde'lɛvew/ [複 indeléveis] 形《男女同形》消すことのできない, 忘れられない.

indelicadeza /ĩdelika'deza/ 女 無神経, 不作法, 心遣いのなさ.

indelicado, da /ĩdeli'kadu, da/ 形 無神経な, 心遣いに欠ける, 不作法な.

indemne /ĩ'dɛmnə/ 形 P = indene

indemnização /idəmnizɐ'sẽw/ 女 P = indenização

indemnizar /idəmni'zar/ 他 P = indenizar

indene /ĩ'dɛni/ 形《男女同形》けがのない, 無傷の, 損害のない ▶ sair indene de um acidente 事故にあったが無事である.

indenização /ĩdeniza'sẽw/ [複 indenizações] 女 ❶ 賠償, 補償 ▶ indenização por perdas e danos 損害賠償. ❷ 賠償金, 補償金 ▶ pagar uma indenização 賠償金を払う.

indenizar /ĩdeni'zax/ 他 賠償する, 補償する ▶ indenizar os danos 損害を補償する / indenizar as vítimas 被害者を補償する.

:independência /ĩdepẽ'dẽsia/ インデペンデンスィア/ 女 ❶ 独立, 独立性 ▶ independência do Brasil ブラジルの独立 / guerra da independência 独立戦争 / movimento pela independência 独立運動 / proclamar a independência 独立を宣言する / a independência do poder judiciário 司法権の独立.
❷ 自立, 自主性 ▶ independência da mulher 女性の自立 / independência econômica 経済的自立 / A idade de independência dos jovens depende de cada país. 若者が自立する年齢は国によって異なる.

:independente /ĩdepẽ'dētʃi/ インデペンデンチ/ 形《男女同形》❶ 独立した, 自立した, 独立心の強い ▶ país independente 独立国 / tornar-se independente 独立する / declarar-se independente 独立を宣言する / mulher independente 自立した女性 / levar uma vida independente 自立した生活を送る / jornal independente 不偏不党の新聞 / independente dos pais 両親から独立して.
❷ …と無関係の, 別個の [+ de] ▶ Eu me mantenho independente de qualquer assunto. 私はどんなこととも無関係であり続けている / independente da idade 年齢に関係なく.
❸ 無所属の, 無党派の ▶ candidato independente 無所属候補.
— 名 無党派の人.

independentemente /ĩdepẽ,dẽtʃi'mētʃi/ 副 ❶ 独立して, 単独に. ❷ …とは関係なく [+ de] ▶ independentemente de quem ganhe a eleição presidencial 誰が大統領選挙に勝とうと.

independer /ĩdepẽ'dex/ 自 …に依存しない [+ de] ▶ Temos que nos mudar, isso independe de sua vontade. あなたがどう思おうと, 私たちは引っ越さなければならない.

indescritível /ĩdeskri'tʃivew/ [複 indescritíveis] 形《男女同形》表現できない, 描写できない, 筆舌に尽くせない ▶ dor indescritível 筆舌に尽くしがたい痛み.

indesejado, da /ĩdeze'ʒadu, da/ 形 望まれない, 不要な ▶ e-mails indesejados 不要な電子メール.

indesejável /ĩdeze'ʒavew/ [複 indesejáveis] 形《男女同形》望ましくない, 好ましくない ▶ evitar uma gravidez indesejável 望まない妊娠を避ける.

indestrutível /ĩdestru'tʃivew/ [複 indestrutíveis] 形《男女同形》破壊できない；不滅の, 永遠の ▶ amor indestrutível 不滅の愛.

indeterminação /ĩdetexmina'sẽw/ [複 indeterminações] 女 ❶ 不確定, 不明確. ❷ 不決断, 優柔不断.

indeterminado, da /ĩdetexmi'nadu, da/ 形 ❶ 不確定の, 無期限の ▶ greve por tempo indeterminado 無期限スト. ❷ 不明確な, 漠然とした.
❸ 優柔不断の, はっきりしない.

indevassável /ĩdeva'savew/ [複 indevassáveis] 形《男女同形》探ることのできない, うかがい知れない.

indevidamente /ĩde,vida'mētʃi/ 副 不当に, 不正に.

indevido, da /ĩde'vidu, da/ 形 ❶ 不当な ▶ pagamento indevido 不当な支払い. ❷ 不適切な ▶ uso indevido de drogas 薬物の乱用.

index /'ĩdeks/ 男《単複同形》❶ 索引. ❷ 人差し指. ❸〖カトリック〗禁書目録.
— 形《不変》人差し指の.

indexação /ĩdeksa'sẽw/ [複 indexações] 女 ❶ 索引作成, インデックス作成. ❷ スライド制 ▶ a indexação dos salários 給料のスライド制.

indexar /ĩdek'sax/ 他 ❶ …に索引をつける. ❷

(給料などを) 物価にスライドさせる ▶ indexar os salários 給料をスライドさせる.

Índia /ĩdʒia/ [女]《国名》インド.

indiano, na /ĩdʒi'ẽnu, na/ [形] インドの.
— [名] インド人.

indicação /ĩdʒika'sɐ̃w̃/ [複 indicações] [女] ❶ 指示, 指図, 示唆 ▶ dar indicações a alguém …に指示を与える / indicações cênicas ト書き.
❷ 表示, 印, 標識.
❸ 兆候, 手がかり.
❹ 推薦, 薦め.
❺ 任命.

indicador, dora /ĩdʒika'dox, 'dora/ [複 indicadores, doras] [形] ❶ 指示する, 表示する. ❷ 人差し指の ▶ dedo indicador 人差し指.
— **indicador** [男] ❶ 指示器, 標識, 指標 ▶ indicador de pressão 圧力計 / indicador de gasolina ガソリンメーター / indicador econômico 経済指標. ❷ 人差し指.

***indicar** /ĩdʒi'kax インヂカーフ/ ㉙ [他] ❶ **指し示す** ▶ indicar o norte 北を指す / A seta está indicando a direção a ser seguida. 矢印が行き先を示している.
❷ **教える, 告げる** ▶ indicar o caminho 道を教える.
❸ **指名する**, ノミネートする ▶ O filme foi indicado ao Oscar. その映画はオスカー賞にノミネートされた.
❹ **推薦する**, 薦める ▶ indicar um livro 本を推薦する.
❺ **表す, 示す** ▶ A voz do professor indicava mau humor. 先生の声は不機嫌を表していた / Tudo indica que ele é culpado. すべては彼に非があることを示している.
ao que tudo indica 状況からすると.

indicativo, va /ĩdʒika'tʃivu, va/ [形] ❶ 表示する, 指示する. ❷〖文法〗直説法の ▶ modo indicativo 直説法.
— **indicativo** [男]〖文法〗直説法 ▶ no indicativo 直説法で.

***índice** /'ĩdʒisi インヂスィ/ [男] ❶ **索引**, インデックス ▶ índice alfabético アルファベット順索引 / índice (de assuntos) 目次.
❷ **指標, 指数**, 率 ▶ índice de preços ao consumidor 消費者物価指数 / índice de desenvolvimento humano 人間開発指数 / índice de massa corporal ボディマス指数 / índice de audiência 視聴率 / índice de natalidade 出生率 / índice de mortalidade infantil 乳児死亡率.

indiciado, da /ĩdʒisi'adu, da/ [名]〖法律〗被告人.
— [形] 起訴された.

indiciar /ĩdʒisi'ax/ [他] ❶ 起訴する, 告発する ▶ A polícia indiciou todos os que estavam presentes na cena do crime. 警察は犯行現場に居合わせた人を全員起訴した / Indiciei aquele rapaz pelo início da briga. 私はけんかを仕掛けたあの青年を告発した.
❷ 示す, 表す ▶ Seus modos de falar indiciavam uma boa educação. 彼らの話し方はその教養の高さを示していた.

indício /ĩ'dʒisiu/ [男] ❶ 徴候, しるし. ❷ 手がかり, 証拠.

indiferença /ĩdʒife'rẽsa/ [女] 無関心, 冷淡 ▶ indiferença pela política 政治に対する無関心 / tratar com indiferença 冷たくあしらう.

***indiferente** /ĩdʒife'rẽtʃi インヂフェレンチ/ [形]《男女同形》❶ …**に無関心な**, 冷淡な [+ a] ▶ Ele é indiferente à política. 彼は政治に無関心だ.
❷ **どうでもよい, 重要でない**, とるに足らない ▶ Este acontecimento é indiferente a todos. この出来事は誰にとってもどうでもよいことだ / Me é indiferente. わたしはかまわない.
❸《É indiferente que +[接続法]》…はどうでもいいことだ ▶ É indiferente que ele passe no exame ou não. 彼が試験に合格しようがしまいがどうでもよい.
estar indiferente com alguém …に冷淡に接する, 交際しない.

indiferentemente /ĩdʒife,rẽtʃi'mẽtʃi/ [副] ❶ 無関心に, 冷淡に. ❷ 同じように, 区別なく.

***indígena** /ĩ'dʒiʒena インヂジェナ/ [形]《男女同形》**先住民の**, インディオの ▶ cultura indígena 先住民文化 / reserva indígena 先住民保護区 / população indígena 先住民.
— [名] 先住民 ▶ indígenas do Brasil ブラジルの先住民たち.

indigência /ĩdʒi'ʒẽsia/ [女] 貧窮, 赤貧.

indigente /ĩdʒi'ʒẽtʃi/ [形]《男女同形》貧窮した, 赤貧の.
— [名] 貧窮者, 困窮者.

indigestão /ĩdʒiʒes'tɐ̃w̃/ [複 indigestões] [女] 消化不良, 胃のもたれ.

indigesto, ta /ĩdʒi'ʒɛstu, ta/ [形] ❶ 消化の悪い, 消化しにくい ▶ comida indigesta 消化のよくない食べ物. ❷ わかりにくい. ❸ 退屈な.

indigitar /ĩdʒiʒi'tax/ [他] ❶ 指示する, 指摘する ▶ Ele indigitou os defeitos do projeto. 彼は計画の欠点を指摘した.
❷ 示す, 見せる, 指し示す ▶ O porteiro indigitou a saída ao visitante. 門番は来訪者に出口を指し示した.
❸ 指名する, 任命する ▶ O presidente da República já indigitou o primeiro-ministro. 共和国大統領はすでに首相を任命した.
❹ 見なす, 判断する ▶ Eles indigitavam o advogado como o melhor candidato. 彼らはその弁護士を適任の候補者と見なした.
— **indigitar-se** [再] 立候補する.

indignação /ĩdʒigina'sɐ̃w̃/ [複 indignações] [女] 憤慨, 憤り, 激怒, 立腹.

indignado, da /ĩdʒigi'nadu, da/ [形] 憤慨した, 激怒した, 立腹した ▶ Estou indignado. 私は腹が立っている / ficar indignado com... …に憤慨する / um e-mail indignado 怒りの電子メール.

indignar /ĩdʒigi'nax/ [他] 憤慨させる, 怒らせる, 激怒させる ▶ O atraso do trem indignou os passageiros. 電車が遅れて乗客を怒らせた.
— **indignar-se** [再] …に憤慨する, 怒る ▶ Indignei-me com a falta de emprego. 仕事がないこと

I

indignidade

に怒りを覚えた.

indignidade /idʒigini'dadʒi/ 囡 ❶ ふさわしくないこと, 不適格. ❷ 下劣, 卑劣.

indigno, na /ĩ'dʒiginu, na/ 厖 ❶ …に値しない, 値打ちのない [+ de] ▶ indigno de crédito 信用に値しない / indigno de perdão 赦す価値のない.
❷ …にふさわしくない, 合わない [+ de] ▶ Ela insinuou que sua filha era indigna do príncipe. 彼女は自分の娘は王子にはふさわしくないとほのめかした.
❸ 卑しむべき, 下劣な, 無作法な.
— 图 卑しい人, 下劣な人.

índio, dia /'ĩdʒiu, dʒia インヂオ, ヂア/ 厖 アメリカ大陸先住民の ▶ tribos índias 先住民の部族 / Índias Orientais 東インド諸島 / Índias Ocidentais 西インド諸島.
— 图 アメリカ大陸先住民 ▶ Fundação Nacional do Índio インディオ保護局.

indireta[1] /ĩdʒi'rɛta/ 囡 ほのめかし, 当てこすり, あてつけ ▶ O casal deu várias indiretas para que a visita fosse embora logo. その夫婦は客がすぐに帰るよう, いろいろと当てこすりをした.

indiretamente /ĩdʒi,rɛta'mẽtʃi/ 剾 間接的に, 遠回しに ▶ falar indiretamente 遠回しに話す.

indireto, ta[2] /ĩdʒi'rɛtu, ta インヂレート, タ/ 厖 ❶ 間接的な ▶ iluminação indireta 間接照明.
❷ 婉曲的, 遠回しの, 曖昧な ▶ crítica indireta 遠回しの批判 / respostas indiretas 曖昧な返事.

indisciplina /ĩdʒisi'plĩna/ 囡 規律のないこと, 規律違反, 不服従.

indiscreto, ta /ĩdʒis'krɛtu, ta/ 厖 ❶ 無遠慮な, ぶしつけな ▶ Ele é muito indiscreto, quer saber tudo. 彼はとても無遠慮だ. 何でも知りたがる / uma pergunta indiscreta ぶしつけな質問.
❷ 口の軽い, 秘密の守れない ▶ Não fales com ela porque é muito indiscreta. 彼女とは話をするな. 彼女はとても口が軽いからだ.

indiscrição /ĩdʒiskri'sẽw/ 囡《複 indiscrições》 ❶ 無遠慮, ぶしつけ ▶ se não for indiscrição da minha parte ぶしつけで恐縮ですが. ❷ 口の軽さ, うっかり秘密を漏らすこと.

indiscriminadamente /ĩdʒiskrimi,nada'mẽtʃi/ 剾 無差別に.

indiscriminado, da /ĩdʒiskrimi'nadu, da/ 厖 無差別な ▶ o uso indiscriminado de antibióticos 抗生物質の無差別使用.

indiscutível /ĩdʒisku'tʃivew/ 厖《複 indiscutíveis》議論の余地がない, 明白な ▶ líder indiscutível 誰もが認める指導者 / É indiscutível que a paixão é essencial para o sucesso de qualquer negócio. どんなビジネスであっても情熱が成功に必須であることは言うまでもない.

indiscutivelmente /ĩdʒisku,tʃivew'mẽtʃi/ 剾 議論するまでもなく.

*** indispensável** /ĩdʒispẽ'savew インヂスペンサーヴェウ/ 厖《複 indispensáveis》❶ 不可欠な, 絶対必要な ▶ Sua presença é indispensável para esta reunião. あなたの出席はこの会議にとって不可欠だ.
❷ いつもの, 習慣の ▶ Todos os dias, ele toma o indispensável suco de laranja. 毎朝, 彼はいつものオレンジジュースを飲む.
— 男《o indispensável》必要不可欠なこと [もの].

indisponível /ĩdʒispo'nivew/ 厖《複 indisponíveis》❶ 手がふさがっている ▶ Estou indisponível. 私は手がふさがっている.
❷ (物が) 自由に使用 [処分] できない ▶ O serviço está indisponível no momento. そのサービスは今使えない.

indispor /ĩdʒis'pox/ ⑭《過去分詞 indisposto》他 ❶ …の体調を悪くさせる ▶ O jantar indispôs o estômago do rapaz. 夕食後に青年は胃の具合が悪くなった.
❷ …に不快感を与える, …を不愉快にする, 気を悪くさせる, 怒らせる ▶ Indispuseram o cliente com tanta burocracia. ひどいお役所仕事に客は気を悪くした.
❸ …の位置を変える, 配置を変える ▶ Ela indispôs as bonecas do armário. 彼女は戸棚の人形の配置を変えた.
❹ 仲たがいさせる, 不和にさせる, 敵対させる ▶ A partilha indispôs os herdeiros. 遺産分割は相続人たちを仲たがいさせた.
— **indispor-se** 再 …と意見が合わない, 仲たがいする, 嫌気がさす [+ com/contra] ▶ Indispôs-se com o gerente do banco. 銀行の支配人と折り合わなかった.

indisposição /ĩdʒispozi'sẽw/ 囡《複 indisposições》❶ 体調不良, 不快感 ▶ O Luís já se recuperou bem da indisposição. ルイスは体調不良からすっかり回復した / indisposição do estômago 胃のもたれ. ❷ 不和, 不仲.

indisposto, ta /ĩdʒis'postu,'posta/ 厖 ❶ 体調が悪い ▶ estar indisposto 体の具合がよくない / Eu me sinto indisposto. 私は体調がよくない.
❷ …に怒った [+ com] ▶ Ela está indisposta com a Maria. 彼女はマリアに怒っている.

indisputável /ĩdʒispu'tavew/ 厖《複 indisputáveis》議論の余地のない, 明白な.

indissociável /ĩdʒisosi'avew/ 厖《複 indissociáveis》切り離せない, 分割できない.

indissolúvel /ĩdʒiso'luvew/ 厖《複 indissolúveis》溶解できない, 解消できない ▶ união indissolúvel 断ちがたい絆.

indistinguível /ĩdʒistĩ'givew/ 厖《複 indistinguíveis》区別できない, 見分けがつかない.

indistintamente /ĩdʒis,tĩta'mẽtʃi/ 剾 ❶ ぼんやりと, 不明瞭に. ❷ 無差別に, 区別なく.

indistinto, ta /ĩdʒis'tĩtu, ta/ 厖 ❶ 区別のつかない. ❷ 不明瞭な, はっきりしない.

*** individual** /ĩdʒividu'aw インヂヴィドゥアゥ/ 厖《複 individuais》個人的な, 個人の; 独自な ▶ caráter individual 個性 / Essa é uma questão individual. それは個人的な問題だ / a título individual 個人の資格で / quarto individual 個室 / liberdade individual 個人の自由 / diferenças individuais 個人差 / trabalho individual 個人作業 / estilo individual 個性的文体.
— 男 個性 ▶ O individual é importante em al-

individualidade /idʒividuali'dadʒi/ 囡 個性, 特性.

individualismo /idʒividua'lizmu/ 男 個人主義.

individualista /idʒividua'lista/ 形《男女同形》個人主義的な.
— 名 個人主義者.

individualização /idʒividualiza'sẽw/ [複 individualizações] 囡 個別化；個性化.

individualizar /idʒividuali'zax/ 他 個別化する, 個性化する.
— **individualizar-se** 再 個性化する.

individualmente /idʒividu,aw'mẽtʃi/ 副 個人的に；個々に, 別々に.

:indivíduo /idʒi'viduu/ インヂヴィードゥオ/ 男 ❶ 個人, 個体 ▶ o indivíduo e a sociedade 個人と社会.
❷ 人, 人間 ▶ Cada indivíduo é único. それぞれの人は唯一無二である.
❸ 話 人, やつ ▶ Quem é aquele indivíduo? あいつは誰だ.

indivisível /idʒivi'zivew/ [複 indivisíveis] 形《男女同形》切り離せない, 分割できない.

indizível /idʒi'zivew/ [複 indizíveis] 形《男女同形》言うに言われぬ, 言語に絶する.

indócil /i'dɔsiw/ [複 indóceis] 形《男女同形》❶ 従順でない, 手に負えない. ❷ 落ち着きがない, そわそわした.

indo-europeu, peia /ĩduewro'pew, 'peia/ [複 indo-europeus, peias] 形 インドヨーロッパ語の.
— **indo-europeu** 男 インドヨーロッパ祖語.

índole /'ĩdoli/ 囡 性質, 性格, 気質 ▶ Mentir não estava de acordo com a sua índole. うそをつくことは彼の性に合わなかった / pessoa de boa índole 性格のよい人 / ter boa índole 性格がよい.

indolente /ido'lẽtʃi/ 形《男女同形》❶ 無気力な. ❷ 怠惰な, 不精な, 投げやりな.
— 名 怠け者.

indolor /ido'lox/ [複 indolores] 形《男女同形》痛みのない, 無痛の.

indômito, ta /i'dɔmitu, tɐ/ 形 Ⓟ = indômito

indômito, ta /i'dõmitu, ta/ 形 Ⓑ ❶ 人に慣れない, 調教しにくい. ❷ 制御しがたい.

indubitável /idubi'tavew/ [複 indubitáveis] 形《男女同形》疑う余地のない, 確かな ▶ prova indubitável 明白な証拠.

indubitavelmente /idubi,tavew'mẽtʃi/ 副 疑いなく, 明らかに, 確かに.

indução /idu'sẽw/ [複 induções] 囡 ❶《論理学》帰納法. ❷《電気》誘導, 感応 ▶ indução magnética 磁気誘導. ❸ 誘発 ▶ indução ao crime 犯罪誘発.

indulgência /iduw'ʒẽsia/ 囡 寛大, 寛容.

indulgente /iduw'ʒẽtʃi/ 形《男女同形》寛容な, 寛大な, 甘い.

indultar /iduw'tax/ 他 ❶ …に恩赦を与える. ❷ …の罪を赦す.

indulto /i'duwtu/ 男 ❶ 赦免, 免除. ❷ 恩赦.

indumentária /idumẽ'taria/ 囡《集合的に》衣服, 衣装.

:indústria /ĩ'dustria/ インドゥストリア/ 囡 ❶ 産業 ▶ indústria automobilística 自動車産業 / indústria química 化学産業 / indústria da informação 情報産業 / indústria alimentícia 食品産業 / indústria de base 基幹産業 / indústria de ponta 先端産業.
❷ 工業 ▶ câmara de comércio e indústria 商工会議所 / indústria pesada 重工業 / indústria leve 軽工業 / indústria de transformação 加工業.
de indústria わざと, 故意に.

:industrial /ĩdustri'aw/ インドゥストリアゥ/ [複 industriais] 形《男女同形》産業の, 工業の ▶ revolução industrial 産業革命 / equipamento industrial 産業設備 / produção industrial 工業生産 / cidade industrial 工業都市.
— 名 実業家, 工業生産者 ▶ Meu conhecido é um famoso industrial da cidade. 私の知人は町で有名な実業家だ.

industrialização /ĩdustrializa'sẽw/ [複 industrializações] 囡 産業化, 工業化.

industrializado, da /ĩdustriali'zadu, da/ 形 工業化された, 産業化された ▶ país industrializado 工業国.

industrializar /ĩdustriali'zax/ 他 …を工業化する, 産業化する.
— **industrializar-se** 再 工業化される, 産業化される.

industrialmente /ĩdustri,aw'mẽtʃi/ 副 工業的に.

industriar /ĩdustri'ax/ ❶ 教え込む, 訓練する ▶ Ele industriou o neto na arte da carpintaria. 彼は孫に大工仕事の技術を教え込んだ.
❷ …に駆り立てる, その気にさせる [+ a] ▶ Ele industriou o rapaz a cometer os furtos. 彼は青年に盗みを働かせるようにしかけた.
❸（工業で）利益を生む ▶ industriar a costura 縫製で利益を生む.
❹ 巧みに利用する.
— **industriar-se** 再 ❶ …を学ぶ, 会得する [+ em]. ❷ 器用になる, 有能になる.

industrioso, sa /ĩdustri'ozu, 'ɔza/ 形 ❶ 勤勉な, よく働く. ❷ 器用な, 巧みな.

indutivo, va /ĩdu'tʃivu, va/ 形 ❶ 帰納法的な, 帰納的な ▶ método indutivo 帰納法. ❷《電気》誘導性の.

induzir /idu'zix/ ⑭ 他 ❶ …に誘い込む, …させる, …する気にさせる ▶ induzir em erro 失敗させる / induzir ao crime 犯罪に誘い込む.
❷ 引き起こす, もたらす ▶ induzir o sono 眠気を誘う / A leitura induz o crescimento intelectual. 読書は知的な成長をもたらす.
❸ 呼び覚ます, 起こさせる ▶ induzir o medo nas crianças 子供たちに恐れを感じさせる.
❹ 推論する, 結論を出す ▶ O linguista induziu novas regras sobre a sintaxe do idioma. 言語学者はその言語の統語法について新たな法則を推論

inebriar

した.
❺ 上塗りする.
inebriar /inebri'ax/ 他 ❶ 酔わせる. ❷ うっとりさせる, 陶酔させる.
— **inebriar-se** 再 ❶ 酔う. ❷ うっとりする, 陶酔する.
inédito, ta /i'nɛdʒitu, ta/ 形 ❶ 未刊の, 未発表の ▶ texto inédito 未発表テキスト. ❷ 新機軸の, 前代未聞の ▶ ideia inédita 斬新な考え / situação inédita 未曾有の事態.
inefável /ine'favew/ [複 inefáveis] 形《男女同形》筆舌に尽くしがたい, えも言われぬ.
ineficaz /inefi'kas/ [複 ineficazes] 形《男女同形》❶ 効力のない, むだな ▶ medicamento ineficaz 効かない薬. ❷ 役立たずな.
ineficiente /inefisi'ẽtʃi/ 形《男女同形》❶ 効率の悪い, 不効率な. ❷ 効かない, 効き目のない.
inegável /ine'gavew/ [複 inegáveis] 形《男女同形》否定できない ▶ fato inegável 否定できない事実.
inelutável /inelu'tavew/ [複 inelutáveis] 形《男女同形》避けられない, 不可避の; 抗しがたい ▶ destino inelutável あらがえない運命.
inenarrável /inena'xavew/ [複 inenarráveis] 形《男女同形》言葉に尽くせない, 言語を絶した.
inépcia /i'nɛpisia/ 女 ❶ 愚かなこと, 無能 ▶ inépcia administrativa 行政の無能. ❷ 不適格.
inepto, ta /i'nɛpitu, ta/ 形 ❶ 無能な, 不器用な, 不適格な. ❷ 愚かな, ばかげた.
inequívoco, ca /ine'kivoku, ka/ 形 紛れもない, 明白な.
inércia /i'nɛxsia/ 女 ❶【物理】慣性, 惰性. ❷（比喩的）惰性, 無気力.
inerente /ine'rẽtʃi/ 形《男女同形》…に本質的に属する, 固有の [+ a].
inerme /i'nɛxmi/ 形《男女同形》非武装の, 無防備の.
inerte /i'nɛxtʃi/ 形《男女同形》❶ 動けない, 動かない; 不活発な, 無気力な ▶ ficar inerte じっとしている, 何もしないでいる. ❷【化学】不活性の ▶ gás inerte 不活性ガス.
inescrupuloso, sa /ineskrupu'lozu, 'lɔza/ 形 悪事をする, 非良心的な, 不正直な ▶ comerciante inescrupuloso 悪徳商人.
inescrutável /ineskru'tavew/ [複 inescrutáveis] 形《男女同形》計り知れない, 深遠な; 不可解な.
inescusável /inesku'zavew/ [複 inescusáveis] 形《男女同形》弁解の余地のない.
inesgotável /inezgo'tavew/ [複 inesgotáveis] 形《男女同形》尽きることのない, 無尽蔵の ▶ fonte inesgotável 涸れることのない泉.
*****inesperado, da** /inespe'radu, da/ イネスペラード/ 形 ❶ 予期せぬ ▶ acontecimento inesperado 予期せぬ出来事. ❷ 突然の ▶ Isso foi uma reação inesperada. それは突然の反応であった.
inesquecível /ineske'sivew/ [複 inesquecíveis] 形《男女同形》忘れられない ▶ experiência inesquecível 忘れられない経験.
inestimável /inestʃi'mavew/ [複 inestimáveis] 形《男女同形》評価を越えた, 計り知れない, この上なく貴重な ▶ ajuda inestimável 貴重な援助.
inevitabilidade /inevitabili'dadʒi/ 女 避けられないこと, 不可避性.
*****inevitável** /inevi'tavew/ イネヴィターヴェゥ/ [複 inevitáveis] 形《男女同形》❶ 不可避の, 避けられない ▶ O colapso financeiro foi inevitável. 財政危機は不可避であった.
❷ 確かな ▶ É inevitável que o perigo venha. 危険が迫っているのは間違いない.
inevitavelmente /inevi,tavew'mẽtʃi/ 副 必然的に, 必ず.
inexato, ta /ine'zatu, ta/ 形 不正確な, 間違った ▶ dados inexatos 不正確なデータ.
inexequível /ineze'kwivew/ [複 inexequíveis] 形《男女同形》実行不可能な.
inexistência /inezis'tẽsia/ 女 存在しないこと, 不存在.
inexistente /inezis'tẽtʃi/ 形《男女同形》存在しない.
inexistir /inezis'tʃix/ 自 存在しない.
inexorável /inezo'ravew/ [複 inexoráveis] 形《男女同形》無情な, 冷酷な, 仮借ない ▶ O tempo é inexorável. 時は無情だ / lei inexorável 冷厳な法律.
inexperiência /inesperi'ẽsia/ 女 無経験, 未経験, 不慣れ.
inexperiente /inesperi'ẽtʃi/ 形《男女同形》未経験な, 未熟な ▶ jovem inexperiente 経験の浅い若者.
inexplicável /inespli'kavew/ [複 inexplicáveis] 形《男女同形》説明できない, 不可解な ▶ fenômeno inexplicável 説明のつかない現象.
inexplorado, da /inesplo'radu, da/ 形 探検されていない, 未踏査の, 未調査の ▶ terras inexploradas 未踏の地.
inexpressivo, va /inespre'sivu, va/ 形 無表情な, 表現力に乏しい.
inexpugnável /inespugi'navew/ [複 inexpugnáveis] 形《男女同形》攻め落とせない, 難攻不落な.
inextinguível /inestʃĩ'givew/ [複 inextinguíveis] 形《男女同形》（火が）消すことができない ▶ fogo inextinguível 消えることのない火.
inextricável /inestri'kavew/ [複 inextricáveis] 形《男女同形》解きほぐせない, 錯綜した.
infalibilidade /ifalibili'dadʒi/ 女 誤りのないこと, 絶対的な確実性 ▶ infalibilidade papal《カトリック》教皇の不謬性.
infalível /ifa'livew/ [複 infalíveis] 形《男女同形》❶ 絶対的に正しい. ❷ 絶対確実な ▶ método infalível 確実な方法.
infame /ĩ'fɐ̃mi/ 形《男女同形》❶ 卑劣な, 卑しい, 恥ずべき ▶ crime infame 卑劣な犯罪 / ato infame 破廉恥行為. ❷ 嫌悪を催す, 不快な.
infâmia /ĩ'fɐ̃mia/ 女 ❶ 卑しさ, 低劣さ ▶ infâmia do crime 犯罪のおぞましさ.
❷ 卑劣な [恥ずべき] 行為, 汚い言葉, 悪口.
*****infância** /ĩ'fɐ̃sia/ インファンシア/ 女 幼年期, 幼少

infantaria /ĩfẽ'ta'ria/ 男 歩兵隊.
infanticídio /ĩfẽtʃi'sidʒiu/ 男 嬰児殺し, 幼児殺害.
＊infantil /ĩfẽ'tʃiw/ インファンチウ/ [複 infantis] 形《男女同形》❶ 幼児の, 子供の▶literatura infantil 児童文学 / parque infantil 児童公園 / trabalho infantil 児童労働 / mortalidade infantil 乳児死亡率 / vacinação infantil 幼児の予防接種 / sorriso infantil 子供の笑顔.
❷子供っぽい, 幼稚な▶Não seja infantil! 子供みたいなことを言わないで / Ele já tem 15 anos, mas é tão infantil! 彼は15歳にもなっているのに何て幼稚なんだろう.
infantojuvenil /ĩfẽtoʒuve'niw/ [複 infantojuvenis] 形《男女同形》小児と青少年の▶a literatura infantojuvenil 児童青少年文学.
infarto /ĩ'faxtu/ 男《医学》梗塞▶infarto cerebral 脳梗塞.
infatigável /ĩfatʃi'gavew/ [複 infatigáveis] 形《男女同形》疲れを知らない, 根気のある.
infausto, ta /ĩ'fawstu, ta/ 形 不幸な, 不運な.
infeção /ĩfe'sẽw/ 女 = infecção
infecção /ĩfek'sẽw/ [複 infecções] 女 感染, 感染症.
infeccionar /ĩfeksio'nax/ 他 感染させる, 化膿させる.
— 自 感染する, 化膿する▶O ferimento na perna dele infeccionou. 彼の足の傷が化膿した.
— **infeccionar-se** 再 感染する, 化膿する.
infeccioso, sa /ĩfeksi'ozu, 'ɔza/ 形 感染する, 伝染性の▶doença infecciosa 感染症.
infecionar /ĩfesio'nax/ 他 自 = infeccionar
infecioso, sa /ĩfesi'ozu, 'ɔza/ 形 = infeccioso
infectar /ĩfek'tax/ 他 ❶ 感染させる. ❷（コンピューターウイルスを）感染させる▶infectar um computador コンピューターを感染させる.
— **infectar-se** 再 感染する.
infecto, ta /ĩ'fɛktu, ta/ 形 ❶ 感染した, 汚染された.
❷悪習を放つ.
❸下劣な.
infelicidade /ĩfelisi'dadʒi/ 女 不幸, 不運, 災難 (↔ felicidade).
＊infeliz /ĩfe'lis/ インフェリース/ [複 infelizes] 形《男女同形》❶ 不幸な, 不運な (↔ feliz) ▶casamento infeliz 不幸な結婚. ❷ 不適切な▶comentário infeliz 不適切な発言.
— 名 不幸な人.
infelizmente /ĩfeˌliz'mẽtʃi/ 副 不運なことに, 残念なことに▶Infelizmente não poderei participar. 残念ながら出席できません.
infenso, sa /ĩ'fẽsu, sa/ 形 ❶ 敵対的な, 非友好的な. ❷ 怒った.
inferência /ĩfe'rẽsia/ 女 推論, 推理.
＊inferior /ĩferi'ox/ インフェリオーフ/ [複 inferiores] 形《男女同形》❶ 下の, 下位の (↔ superior) ▶lábio inferior 下唇 / O quarto fica no andar inferior. 部屋は下の階にある.
❷ …より下の, 低い [+ a] ▶Os preços desta loja são inferiores em comparação às outras. この店の価格は他の店に比べて低い.
❸ 劣った▶qualidade inferior 劣った品質.
inferioridade /ĩferiori'dadʒi/ 女 劣っていること, 劣等, 下位 ▶complexo de inferioridade 劣等コンプレックス, 劣等感 / comparativo de inferioridade 劣等比較.
inferiorizar /ĩferiori'zax/ 他 ❶ 劣等視する, 見下す▶Ele gosta de inferiorizar os outros. 彼は他人を見下したがる.
❷ …を過小評価する▶Ele inferioriza o sucesso do colega. 彼は同僚の成功を侮る.
— **inferiorizar-se** 再 自分を低く見る, 卑下する ▶Ela inferioriza-se diante dos outros. 彼女は他人の前で卑下する.
inferir /ĩfe'rix/ 自他 推論する, 推理する.
infernal /ĩfex'naw/ [複 infernais] 形《男女同形》❶ 地獄の, 地獄のような. ❷ ものすごい, すさまじい, 耐え難い▶calor infernal うだるような暑さ / barulho infernal ひどい騒音.
inferninho /ĩfex'niɲu/ 男 B 大音量で音楽をかけるナイトクラブ.
infernizar /ĩfexni'zax/ 他 苦しめる, いらだたせる ▶O atacante infernizou a defesa do time adversário. フォワードは相手チームのディフェンスを苦しめた.
＊inferno /ĩ'fɛxnu/ インフェフノ/ 男 ❶ 地獄▶cair no inferno 地獄に堕ちる.
❷ 地獄のようなところ▶inferno em vida 生き地獄 / inferno verde 緑の魔境（アマゾンのこと）/ Minha vida é um inferno. 私の人生は地獄のようだ.
Quero que vá tudo pro inferno. 何でもかんでも地獄に落ちろ.
Vá para o inferno! あっちへ行け, うせろ.
infértil /ĩ'fɛx'tʃiw/ [複 inférteis] 形《男女同形》❶（土地が）やせた, 不毛な. ❷（才能などが）貧弱な.
infestação /ĩfesta'sẽw/ [複 infestações] 女 ❶ 害虫や雑草がはびこること. ❷（病気の）伝染；汚染；（寄生虫の）体内侵入.
❸（有害な思想による）荒廃, 堕落.
infestar /ĩfes'tax/ 他 荒らす, はびこる▶Os mosquitos infestaram o jardim da casa. 蚊が家の庭ではびこった / Durante as eleições, os cartazes de propaganda infestaram a cidade. 選挙の間, 宣伝ポスターが街中にあふれた.
infetar /ĩfe'tax/ 他 = infectar
infidelidade /ĩfideli'dadʒi/ 女 不貞, 不実, 浮気 ▶infidelidade conjugal（夫婦間の）不貞.
infiel /ĩfi'ew/ [複 infiéis] 形《男女同形》❶ 不貞な, 不実な▶marido infiel 不実な夫.
❷ 忠実でない, 不誠実な, 当てにならない▶tradução infiel 当てにならない翻訳.
— 名 異教徒.
infiltração /ĩfiwtra'sẽw/ [複 infiltrações] 女 ❶ （液体の）しみこむこと, 浸透▶infiltração de água no solo 水が地面に浸透すること. ❷ 潜入, 侵入；

infiltrar

(思想などの)浸透 ▶ infiltração de espiões スパイの侵入. ❸ 〖医学〗浸潤.

infiltrar /ĩfiw'trax/ 他 ❶ しみ込ませる, 浸透させる ▶ infiltrar água 水を浸透させる.
❷ 潜入させる, 潜ませる ▶ A polícia infiltrou agentes em uma quadrilha de traficantes. 警察は密売人のグループに警官を潜り込ませた.
— **infiltrar-se** 再 ❶ しみ込む, 浸透する ▶ A água infiltrou-se pela rachadura da parede. 水が壁の割れ目からしみ込んできた / Uma suspeita infiltrou-se em sua mente. ある疑念が彼女の心に忍び込んだ.
❷ 潜入する ▶ Dois espiões infiltraram-se no quartel-general inimigo. 二人のスパイが敵の総司令部に潜入した.

ínfimo, ma /'ĩfimu, ma/ 形 最低の, 微細な, 取るに足りない ▶ quantidade ínfima ごくわずかな量.

infindável /ĩfi'davew/ [複 infindáveis] 形《男女同形》終わることのない.

infindo, da /ĩ'fĩdu, da/ 形 終わりのない, 限りのない.

infinidade /ĩfini'dadʒi/ 女 ❶ 無限(性) ▶ infinidade do universo 宇宙の無限. ❷ 無数 ▶ uma infinidade de razões 無数の理由.

infinitamente /ĩfi,nita'mẽtʃi/ 副 ❶ 無限に, 限りなく. ❷ 非常に, とても ▶ infinitamente rico 非常に豊かな.

infinitesimal /ĩfinitezi'maw/ [複 infinitesimais] 形《男女同形》❶ 微小の, 極微の ▶ doses infinitesimais 微量. ❷ 〖数学〗無限小の ▶ cálculo infinitesimal 微積分.

infinitivo, va /ĩfini'tʃivu, va/ 形 〖文法〗不定詞の.
— **infinitivo** 男 〖文法〗不定詞 ▶ infinitivo pessoal 人称不定詞 / infinitivo impessoal 非人称不定詞.

*__infinito, ta__ /ĩ'finitu, ta/ インフィニート, タ/ 形 無限の, 果てしない ▶ amor infinito 限りない愛 / espaço infinito 無限の空間 / As possibilidades são infinitas. 可能性は無限だ / um número infinito de possibilidades 無限の数の可能性.
— **infinito** 男 無限.
ao infinito 無限に, 果てしなく.
mirar o infinito ① 空を見つめる. ② 遠くを眺める.

*__inflação__ /ĩfla'sẽw/ インフラソォン/ [複 inflações] 女 〖経済〗インフレーション, インフレ (↔ deflação) ▶ inflação galopante 急激なインフレ / inflação de 1% 1パーセントの物価上昇.

inflacionar /ĩflasio'nax/ 他 …の価格を上昇させる, …にインフレを起こす ▶ inflacionar os preços 物価を押し上げる.

inflacionário, ria /ĩflasio'nariu, ria/ 形 インフレの ▶ índice inflacionário インフレ指数.

inflacionista /ĩflasio'nista/ 形 インフレ政策の.
— 名 インフレ論者.

inflamação /ĩflama'sẽw/ [複 inflamações] 女 ❶ 点火, 発火 ▶ ponto de inflamação 発火点. ❷ 〖医学〗炎症.

inflamar /ĩfla'max/ 他 ❶ 燃やす, 燃焼させる ▶ inflamar a madeira seca 乾いた木材を燃やす.
❷ 炎症を起こさせる, 腫れ上がらせる ▶ Um cisco inflamou meu olho direito. ごみが入って私の右目に炎症がおきた.
❸ 興奮させる, あおる ▶ A seleção inflamou a torcida. 選抜チームはファンを熱狂させた.
❹ 真っ赤にする ▶ O dito malicioso inflamou-lhe o semblante. 悪意のある表現が彼の顔を真っ赤にした.
— 自 ❶ 燃える ▶ inflamar espontaneamente 自然発火する.
❷ 炎症を起こす ▶ A ferida inflamou. 傷口が炎症を起こした.
❸ 圧 満員になる ▶ É preciso reservar as mesas antes que o bar inflame. 飲み屋が満員になる前に予約する必要がある.
— **inflamar-se** 再 ❶ 燃える ▶ inflamar-se espontaneamente 自然発火する
❷ 炎症を起こす ▶ A ferida se inflamou. 傷口が炎症を起こした.
❸ 興奮する ▶ inflamar-se de entusiasmo 熱狂して興奮する.
❹ 真っ赤になる ▶ As maçãs do rosto inflamaram-se. 頬が真っ赤になった.

inflamável /ĩfla'mavew/ [複 inflamáveis] 形《男女同形》可燃性の, 引火性の ▶ gás inflamável 可燃性のガス.
— 男 可燃物, 引火物.

inflar /ĩ'flax/ 他 ❶ ふくらませる, 膨張させる. ❷ 高ぶらせる, 増長させる.
— **inflar-se** 再 ❶ ふくらむ, 膨張する. ❷ 高ぶる, 増長する.

inflexão /ĩflek'sẽw/ [複 inflexões] 女 ❶ 屈折, 屈曲. ❷ 〖文法〗屈折, 語尾変化.

inflexibilidade /ĩfleksibili'dadʒi/ 女 曲がらないこと, 不屈, 頑固, 硬直性.

inflexível /ĩflek'sivew/ [複 inflexíveis] 形《男女同形》❶ 曲がらない, 堅い. ❷ 不屈の, 頑固な. ❸ 厳正な, 柔軟性を欠いた,

infligir /ĩfli'ʒix/ 他 (罰や苦痛などを) 与える, 科す ▶ infligir um castigo 罰を科す.

*__influência__ /ĩflu'ẽsia/ インフルエンスィア/ 女 ❶ 影響 ▶ boa influência よい影響 / má influência 悪影響 / influência da música africana アフリカ音楽の影響 / ter influência sobre [em] … …に影響がある / exercer influência sobre… …に影響を及ぼす / Sofremos a influência do meio ambiente. 私たちは環境の影響を受ける.
❷ 威力, 勢力 ▶ pessoa de influência 有力者 / zona de influência 勢力圏.
sob a influência de… …の影響を受けて ▶ dirigir sob influência de álcool 酒気帯び運転する.

influenciar /ĩflu̯ẽsi'ax/ 他 影響する, 感化を及ぼす ▶ influenciar pessoas 人を感化する.
— **influenciar-se** 再 影響を受ける.

influenciável /ĩflu̯ẽsi'avew/ [複 influenciáveis] 形《男女同形》影響されやすい, 感化されやすい.

influente /ĩflu'ẽtʃi/ 形《男女同形》影響力のある,

有力な.
— 名 有力者, 実力者.

influir /ĩflu'ix/ ⑦ 他 ❶ 流し込む ▶Um cano influía água para a piscina. 管がプールへ水を流し込んでいた.
❷ 起こさせる, 呼び覚ます, 吹き込む ▶A paixão influiu no compositor a concepção de novas melodias. 情熱が作曲家に新たなメロディの着想を与えた.
❸ 熱狂させる ▶A chegada do pai influiu o menino. 父親の到着が男の子を興奮させた.
— 自 ❶ …に影響を及ぼす [+ em/sobre] ▶Não queria influir na sua decisão. あなたの決定に影響を与えたくなかった / A opinião do pai influiu sobre a decisão do filho. 父親の意見が息子の決定に影響を及ぼした.
❷ 重要である, 重要性がある ▶Eficiência influi mais do que caráter. 実力は性質よりも重要だ.
— **influir-se** 再 ❶ …に熱狂する [+ com] ▶O menino influiu-se com a chegada da mãe. 男の子は母親の到着で興奮した.
❷ …に集中する, 没頭する, 精を出す [+ em] ▶Ele influiu-se nesse estudo. 彼はその研究に没頭した.

influxo /ĩ'fluksu/ 男 ❶ 影響, 感化. ❷ 満ち潮, 上げ潮. ❸ 流入 ▶influxo de capital estrangeiro 外国資本の流入.

informação /ĩfoxma'sẽw/ [複 informações] 女 ❶ 情報, データ ▶pedir informação 情報を求める / colher informações 情報を収集する / Uma informação, por favor. 一つお尋ねしたいのですが / informações úteis 役に立つ情報 / guichê de informações 案内所 / informação privilegiada インサイダー情報.
❷ 案内 ▶balcão de informação 案内所 / para sua informação ご参考までに.

informal /ĩfox'maw/ [複 informais] 形《男女同形》❶ 正式でない, 略式の, 形式張らない ▶uma reunião informal 非公式な集まり / linguagem informal くだけた言葉遣い / roupa informal 普段着. ❷《美術》アンフォルメルの.

informalmente /ĩfoxˌmaw'mẽtʃi/ 副 非公式に, 内々に.

informante /ĩfox'mẽtʃi/ 形《男女同形》情報を提供する.
— 名 情報提供者, インフォーマント, 密告者.

informar /ĩfox'max/ インフォマーフ/ 他 ❶ …に知らせる, 通知する；情報を与える ▶O filho informou os pais da sua decisão de estudar no exterior. 息子は両親に留学の決意を知らせた / Informaram os passageiros de que o trem estava atrasado. 乗客たちに列車が遅れていると伝えられた.
❷ …を知らせる ▶Ele informou o resultado ao professor. 彼は結果を先生に知らせた / Vou informar aos alunos que ela não vem amanhã. 私は生徒たちに明日彼女は来ないと知らせます.
— 自 ❶ …について知らせる [+ sobre] ▶O subordinado logo informou ao chefe sobre o acontecido. 部下はその出来事について直ちに上司に報告した.
❷ 情報を与える.
— **informar-se** 再 …について知る, 情報を得る [+ de/sobre] ▶Tentei me informar melhor sobre o incidente. 私はそのトラブルについて詳しい情報を得ようとした.

informática¹ /ĩfox'matʃika/ 女 情報科学, コンピューター科学, 情報技術, IT ▶curso de informática 情報技術コース.

informático, ca² /ĩfox'matʃiku, ka/ 形 情報科学の, 情報処理の ▶indústria informática 情報産業, IT 産業.

informativo, va /ĩfoxma'tʃivu, va/ 形 情報を提供する, 知識を与える ▶boletim informativo ニュースレター / a título informativo ご参考までに.
— **informativo** 男 情報誌.

informatização /ĩfoxmatʃiza'sẽw/ [複 informatizações] 女 コンピューター化, IT 化.

informatizar /ĩfoxmatʃi'zax/ 他 コンピューター化する.

informe /ĩ'fɔxmi/ 形《男女同形》定型のない, 無形の；漠然とした.
— 男 ❶ 情報. ❷ 報告, 報告書.

infortúnio /ĩfox'tūniu/ 男 不幸, 不運.

infração /ĩfra'sẽw/ [複 infrações] 女 ❶ 違反 ▶cometer uma infração 違反する / infração das regras 規則違反 / infração de trânsito 交通違反.
❷《スポーツ》反則.

infraestrutura /ĩfraestru'tura/ 女 ❶ (建物の)基礎構造. ❷ (社会の)下部構造, インフラストラクチャー ▶infraestrutura turística 観光インフラ.

infrator, tora /ĩfra'tox, 'tora/ [複 infratores, toras] 名 違反者, 侵犯者.
— 形 違反する, 侵犯する.

infravermelho, lha /ĩfravex'meʎu, ʎa/ 形 赤外線の ▶raio infravermelho 赤外線.
— **infravermelho** 男 赤外線.

infringir /ĩfrĩ'ʒix/ ⑦ 他 違反する, 破る ▶infringir a regra 規則を破る.

infrutífero, ra /ĩfru'tʃiferu, ra/ 形 ❶ 実のならない ▶árvore infrutífera 実のならない木. ❷ 非生産的な, 不毛な, むだな ▶esforços infrutíferos むだな努力.

infundado, da /ĩfũ'dadu, da/ 形 根拠のない, 事実無根の ▶críticas infundadas 根拠のない批判.

infundir /ĩfũ'dʒix/ 他 ❶ (液体を)注ぐ.
❷ (薬草や茶を)煎じる.
❸ (感情を)…に植え付ける [+ a] ▶O ataque aéreo infundiu temor aos inimigos. 空爆は敵に恐怖を与えた.
— **infundir-se** 再 入り込む.

infusão /ĩfu'zẽw/ [複 infusões] 女 煎じること, 煎じ薬, ハーブティー ▶infusão de camomila カモミールティー.

ingenuidade /ĩʒenuj'dadʒi/ 女 純真, 無邪気, おめでたさ.

ingénuo, nua /ĩ'ʒɛnwu, nwɐ/ 形 P = ingê-

nuo
ingênuo, nua /ĩ'ʒenuu, nua/ 形 B 無邪気な, 純真な；うぶな ▶ criança ingênua 無邪気な子供.
— 名 無邪気な人, 純真な人；お人好し.

ingerência /ĩʒe'rẽsia/ 女 介入, 干渉 ▶ ingerência humanitária 人道的介入.

ingerir /ĩʒe'rix/ 61 他 (食べ物や薬を) 摂取する ▶ ingerir alimentos 食物を摂取する
— **ingerir-se** 再 …に不当に口をはさむ, 介入する [+ em].

ingestão /ĩʒes'tẽw/ [複 ingestões] 女 (食物や薬物などの) 摂取.

Inglaterra /ĩgla'tεxa/ 女《国名》イングランド, イギリス ▶ rainha da Inglaterra イングランド女王 / morar na Inglaterra イギリスに住む / ir para a Inglaterra イギリスに行く.

‡**inglês, glesa** /ĩ'gles, 'gleza イングレース, ザ/ [複 ingleses, glesas] 形 イングランドの, イギリスの ▶ equipe inglesa de futebol イングランドサッカーチーム / à inglesa イギリス風の [に].
— 名 イングランド人, イギリス人.
— **inglês** 男 英語 ▶ Ele fala inglês perfeitamente. 彼は英語を完璧に話す / inglês britânico イギリス英語 / inglês americano アメリカ英語.
para inglês ver 見かけだけ.

inglório, ria /ĩ'glɔriu, ria/ 形 不名誉な, 恥ずべき.

ingovernável /ĩgovex'navew/ [複 ingovernáveis] 形《男女同形》統治できない；操縦不能な.

ingratidão /ĩgratʃi'dẽw/ [複 ingratidões] 女 忘恩, 恩知らず.

ingrato, ta /ĩ'gratu, ta/ 形 ❶ 恩知らずの, 忘恩の ▶ filho ingrato 親不孝な息子. ❷ 報われない, やりがいのない；実りのない ▶ tarefa ingrata やりがいのない仕事 / solo ingrato 不毛の土地.
— 名 恩知らず.

ingrediente /ĩgredʒi'ẽtʃi/ 男 成分, 含有物, 材料 ▶ ingredientes da comida 料理の材料 / ingredientes da cerveja ビールの原料.

íngreme /'ĩgremi/ 形《男女同形》勾配の急な, 険しい.

ingressar /ĩgre'sax/ 自 …に入る, 参加する [+ em] ▶ ingressar no Brasil ブラジルに入国する / ingressar na escola 学校に入学する / ingressar num clube (サッカーの) クラブに入る.

ingresso /ĩ'grεsu/ 男 ❶ 入ること；入会, 入学. ❷ B 入場券.

inhaca /i'ɲaka/ 女 (人や動物の) 体臭, 体のにおい.

inhame /i'ɲami/ 男《植物》ヤムイモ.

inibição /inibi'sẽw/ [複 inibições] 女 抑制, 阻害, 制止.

inibido, da /ini'bidu, da/ 形 名 抑制を受けた (人), 内向的な (人), 人見知りの (人).

inibidor, dora /inibi'dox, 'dora/ [複 inibidores, doras] 形 抑制する.
— **inibidor** 男 抑制剤, 防止剤.

inibir /ini'bix/ 他 抑制する, 阻害する ▶ O governo adotou medidas para inibir o consumo de cigarro. 政府はタバコの消費を抑える政策を行った.
— **inibir-se** 再 …することを控える ▶ O aluno se inibiu ao falar sobre sua família com o professor. 生徒は教師に家族について話すことを控えた.

iniciação /inisia'sẽw/ [複 iniciações] 女 ❶ 手ほどき, 入門 ▶ iniciação à filosofia 哲学入門 / curso de iniciação 初級講座. ❷ (宗教や特定集団への) 加入, 入門；通過儀礼, 成人式 ▶ rituais de iniciação 加入儀式.

iniciado, da /inisi'adu, da/ 形 その道 [奥義] に通じた.
— 名 ❶ (その道に) 通じた人, 玄人. ❷ (特定の宗教や社会への) 加入を認められた人.

‡**inicial** /inisi'aw イニスィアゥ/ [複 iniciais] 形《男女同形》❶ 初めの ▶ O episódio inicial da novela foi interessante. ドラマの初めのエピソードは面白かった.
❷ 最初の ▶ pontapé inicial キックオフ / O plano inicial foi alterado na última hora. 当初の計画は土壇場で変更された.
— 女 頭文字 ▶ A inicial do meu nome é H. 私の名前の頭文字は H です.

inicializar /inisiali'zax/ 他《情報》初期化する, イニシャライズする.

inicialmente /inisi,aw'mẽtʃi/ 副 最初は, 当初は.

‡**iniciar** /inisi'ax イニスィアーフ/ 他 ❶ 始める ▶ iniciar os treinos トレーニングを始める / iniciar a viagem 旅行に出かける.
❷ 教える, 手ほどきをする ▶ Ótimo jogador profissional que foi, iniciou seus filhos no vôlei. 優秀なプロ選手だった彼は, 自分の子供たちにバレーの手ほどきをした.
❸ 起動する, 初期化する ▶ iniciar o computador パソコンを起動する.
— **iniciar-se** 再 ❶ …を習い始める, …に入門する [+ em] ▶ Maria se iniciou em pintura a óleo. マリアは油絵を習い始めた. ❷ …に入会する, 加入する [+ em] ▶ iniciar-se na arte 芸術の世界に足を踏み入れる.

iniciático, ca /inisi'atʃiku, ka/ 形 入門の, 入信の, イニシエーションの ▶ ritual iniciático 入信儀式.

‡**iniciativa** /inisia'tʃiva イニスィアチーヴァ/ 女 ❶ 主導権, 率先, イニシアティブ ▶ tomar a iniciativa 率先してする, イニシアティブをとる / Ele fez o trabalho por sua iniciativa. 彼は率先してその仕事をした.
❷ 進取の精神；創意 ▶ Ela tem muita iniciativa. 彼女は進取の気性に富んでいる.
❸ 事業, 企画 ▶ iniciativa privada 私企業 / iniciativas culturais 文化事業.

‡**início** /i'nisiu イニスィォ/ 男 始まり, 開始 (↔ fim) ▶ início do verão 夏の初め / desde o início 初めから / no início 初めは / no início do mês 月の初めに / do início ao fim 最初から最後まで / início da vida 生命の始まり.
dar início a... …を始める.
de início 初めは, 最初, 当初 ▶ De início a viagem correu bem. 当初旅行は順調だった.

inigualável /inigwa'lavew/ [複 inigualáveis] 形《男女同形》類いまれな, 無比な.

iniludível /inilu'dʒivew/ [複 iniludíveis] 形《男女同形》間違えようのない, 明白な.

inimaginável /inimaʒi'navew/ [複 inimagináveis] 形《男女同形》想像できない, 思いもよらない.

*****inimigo, ga** /ini'migu, ga イニミーゴ, ガ/ 名 敵, 仇 ▶ fazer inimigos 敵を作る / inimigo natural 天敵 / inimigo mortal 不倶戴天の敵 / inimigo público número um 公共の敵ナンバーワン.
— 形 敵の, 敵対する ▶ país inimigo 敵国 / tropas inimigas 敵の軍隊 / ataque inimigo 敵の攻撃.
ser inimigo de... …の敵である, …が嫌いである, …の反対者である.

inimitável /inimi'tavew/ [複 inimitáveis] 形《男女同形》まねのできない. 独特の.

inimizade /inimi'zadʒi/ 女 敵意, 反感.

inimizar /inimi'zax/ 他 …と敵対させる, 反目させる, 不和にする [+ com].
— **inimizar-se** 再 …と敵対する, 反目する [+ com].

ininteligível /inīteli'ʒivew/ [複 ininteligíveis] 形《男女同形》理解できない, 訳のわからない.

ininterrupto, ta /inīte'xupitu, ta/ 形 絶え間ない, 連続した.

iniquidade /inikwi'dadʒi/ 女 不公平, 不公正.

iníquo, qua /i'nikwu, kwa/ 形 不公平な, 不公正な ▶ sistema iníquo 不公平な制度.

*****injeção** /ĩʒe'sẽw インジェサォン/ [複 injeções] 女 ❶ 注射 ▶ dar uma injeção em alguém …に注射する / tomar uma injeção 注射してもらう.
❷ (資金などの) 注入 ▶ injeção de fundos 資金の注入.

injetar /ĩʒe'tax/ 他 ❶ …に注入 [注射] する [+ em]. ❷ (資金を) 注入する ▶ injetar dinheiro no mercado 市場に資金を注入する.
— **injetar-se** 再 ❶ 自分に注射する. ❷ 充血する.

injunção /ĩʒũ'sẽw/ [複 injunções] 女 命令, 厳命.

injúria /ĩ'ʒuria/ 女 侮辱, 罵倒 ▶ injúria racial 人種による侮辱.

injuriar /ĩʒuri'ax/ 他 ❶ 侮辱する, ののしる, 中傷する ▶ É crime injuriar uma pessoa. 人を誹謗中傷するのは犯罪である.
❷ …の名誉を汚す.
— **injuriar-se** 再 回 怒る, 立腹する.

injustamente /ĩʒusta'mētʃi/ 副 不当に, 不正に, 不公正に.

*****injustiça** /ĩʒus'tʃisa インジュスチーサ/ 女 **不当, 不正, 不公平** ▶ injustiça social 社会的不正 / Isso é uma injustiça. それは不公平だ.

injustiçado, da /ĩʒustʃi'sadu, da/ 形 不当な扱いを受けた.

injustificável /ĩʒustʃifi'kavew/ [複 injustificáveis] 形《男女同形》正当化できない, 弁解できない, 許しがたい.

injusto, ta /ĩ'ʒustu, ta/ 形 ❶ 不当な, 不正な ▶ castigo injusto 不当な罰.
❷ 不公平な ▶ ser injusto com alguém …に対して不公平である.

inobservância /inobisex'vẽsia/ 女 不遵守, 違反 ▶ inobservância da lei 法律違反.

inocência /ino'sẽsia/ 女 ❶ 潔白, 無罪 ▶ provar a sua inocência 自分の潔白を証明する.
❷ 無邪気, あどけなさ, 純真 ▶ com toda inocência 無心に.

*****inocente** /ino'sẽtʃi イノセンチ/ 形《男女同形》❶ **無邪気な, 無垢な** ▶ criança inocente 無邪気な子供 / sorriso inocente 天真爛漫な笑顔 / brincadeira inocente 他愛のない冗談.
❷ **無実な** ▶ Sou inocente. 私は無実だ / Ele se diz inocente. 彼は無罪を主張している / fazer-se de inocente 無実を装う / declarar-se inocente 身の潔白を申し立てる.
— 名 ❶ 無実の人, 罪のない人. ❷ 純真な人, 無邪気な人.

inocentemente /ino,sẽtʃi'mētʃi/ 副 ❶ 無邪気に, 悪気なしに. ❷ 愚かにも, ばか正直に.

inoculação /inokula'sẽw/ [複 inoculações] 女《医学》(ワクチンなどの) 接種.

inocular /inoku'lax/ 他 ❶《医学》…に…を接種する ▶ O cientista inoculou o vírus em uma cobaia. その科学者はモルモットの体内にウィルスを接種した. ❷ 植え付ける, 吹き込む, 広める.

inócuo, cua /i'nɔkuu, kua/ 形 無害の, 無毒の.

inodoro, ra /ino'dɔru, ra/ 形 無臭の, においのない.

inofensivo, va /inofẽ'sivu, va/ 形 無害の, 危害を加えない.

inolvidável /inowvi'davew/ [複 inolvidáveis] 形《男女同形》忘れられない.

inominável /inomi'navew/ [複 inomináveis] 形《男女同形》名づけようのない, 口に出せないほどひどい.

inoperante /inope'rētʃi/ 形《男女同形》効果のない, 効力のない.

inopinadamente /inopi,nada'mētʃi/ 副 思いがけず, 不意に.

inopinado, da /inopi'nadu, da/ 形 不意の, 思いがけない.

inoportuno, na /inopox'tũnu, na/ 形 時機を失した, 折りの悪い, 時宜を得ない, 都合の悪い ▶ A visita do presidente americano ao Brasil foi inoportuna naquele momento. あの時点でのアメリカ大統領のブラジル訪問は時宜を得ていなかった.

inorgânico, ca /inox'gẽniku, ka/ 形 無生物の, 無機の ▶ química inorgânica 無機化学.

inóspito, ta /i'nɔspitu, ta/ 形 ❶ もてなしの悪い, 無愛想な. ❷ 暮らしにくい ▶ clima inóspito 暮らしにくい気候.

inovação /inova'sẽw/ [複 inovações] 女 革新, 変革 ▶ inovação tecnológica 技術革新.

inovador, dora /inova'dox, 'dora/ [複 inovadores, doras] 形 革新的な ▶ tecnologia inovadora 革新的技術.
— 名 革新者.

inovar /ino'vax/ 他 革新する, 刷新する.

inoxidável /inoksi'davew/ [複 inoxidáveis] 形《男女同形》錆びない, 酸化しない ▶ aço inoxidável ステンレス鋼.

inqualificável /ĩkwalifi'kavew/ [複 inqualifi-

inquebrantável

cáveis] 形《男女同形》なんとも形容できない；言いようのなくひどい．

inquebrantável /ĩkebrẽ'tavew/ [複 inquebrantáveis] 形《男女同形》壊れない，割れない，堅固な ▶ amizade inquebrantável 固い友情．

inquérito /ĩ'kεritu/ 男 調査，捜査 ▶ inquérito policial 警察の捜査 / realizar um inquérito 取り調べを行う．

inquestionável /ĩkestʃio'navew/ [複 inquestionáveis] 形《男女同形》疑いのない，議論の余地がない，紛れもない．

inquestionavelmente /ĩkestʃio,navew'mẽtʃi/ 副 疑いなく，疑問の余地なく．

inquietação /ĩkieta'sẽw/ [複 inquietações] 女
❶ 不安，懸念． ❷ 動揺．

inquietar /ĩkie'tax/ 他 ❶ 不安にする，心配させる，気をもませる ▶ A falta de notícia inquietava-a. 情報不足で彼女は不安になった．
❷ 動揺させる，混乱させる ▶ A presença da mulher o inquietava. その女性の存在は彼を動揺させていた．
❸ 揺り動かす ▶ O vento começava a inquietar as ondas do mar. 風が海の波を揺らし始めていた．
❹ 反乱を起こさせる ▶ inquietar o povo 民衆に反乱を起こさせる．
— **inquietar-se** 再 ❶ 不安になる，心配する ▶ Ele inquietou-se com a nossa demora. 我々が遅れたので彼は心配した．
❷ 動揺する ▶ Ele se inquietou com o meu silêncio. 彼は私の沈黙に動揺した．
❸ 揺れ動く ▶ O mar se inquietava. 海は揺れていた．
❹ 反乱を起こす ▶ Os presidiários começaram a se inquietar. 囚人たちは反乱を起こし始めた．

*__inquieto, ta__ /ĩki'etu, ta/ インキエート，タ/ 形 ❶ 落ち着かない，不安定な ▶ criança inquieta 落ち着きのない子供 / sono inquieto 浅い眠り．
❷ 不安な ▶ uma noite inquieta 不安な夜．
❸ …を心配した [+ com] ▶ Não fique inquieto! 心配するな．

inquietude /ĩkie'tudʒi/ 女 = inquietação

inquilino, na /ĩki'linu, na/ 名 借家人，店子，テナント．

inquirição /ĩkiri'sẽw/ [複 inquirições] 女 調査，取り調べ，尋問 ▶ inquirição de testemunhas 証人尋問．

inquirir /ĩki'rix/ 他 ❶ 調べる，調査する ▶ Ele inquiria as origens africanas da música brasileira. 彼はブラジル音楽のアフリカ起源について調べていた．
❷ 尋ねる，質問する，審問する ▶ A polícia inquiriu as testemunhas. 警察は証人に尋問した．
❸《inquirir de alguém + 間接疑問文》…に…かどうか尋ねる ▶ Ele inquiriu do irmão se ele devia dinheiro a alguém. 彼は弟に誰かに借金しているかどうかを尋ねた．
— 自 ❶ …について調べる，尋ねる [+ de/sobre] ▶ Ele resolveu inquirir sobre as causas da crise. 彼は危機の原因について調べることにした．
❷ 尋ねる，質問する ▶ "A que horas chega o avião?" inquiriu a passageira. 「何時に飛行機は到着しますか」と乗客は尋ねた．

inquisição /ĩkizi'sẽw/ [複 inquisições] 女 ❶ 調査，取り調べ，尋問． ❷《Inquisição》異端審問(所)，宗教裁判(所)．

inquisitivo, va /ĩkizi'tʃivu, va/ 形 ❶ 調査する．
❷ 詮索する ▶ um olhar inquisitivo 探るような目つき．

insaciável /ĩsasi'avew/ [複 insaciáveis] 形《男女同形》飽くことを知らない，強欲な．

insalubre /ĩsa'lubri/ 形《男女同形》健康によくない，非衛生的な．

insalubridade /ĩsalubri'dadʒi/ 女 不健康，非衛生．

insanável /ĩsa'navew/ [複 insanáveis] 形《男女同形》❶ (病気が) 治らない，不治の． ❷ 取り返しのつかない ▶ erros insanáveis 取り返しのつかない間違い．

insanidade /ĩsani'dadʒi/ 女 精神障害，狂気，心神喪失．

insano, na /ĩ'sɐnu, na/ 形 ❶ 正気でない． ❷ 過度の ▶ calor insano 猛暑．

insatisfação /ĩsatʃisfa'sẽw/ [複 insatisfações] 女 不満足．

insatisfatório, ria /ĩsatʃisfa'tɔriu, ria/ 形 満足できない，不満な ▶ resultados insatisfatórios 不満足な結果．

insatisfeito, ta /ĩsatʃis'fejtu, ta/ 形 不満足な，飽き足りない ▶ Fiquei insatisfeito com o resultado. 私は結果に不満足だった．

inscrever /ĩskre'vex/ 《過去分詞 inscrito》他 ❶ 登録する，申し込む，入会させる ▶ Ela inscreveu a irmã no curso de teatro. 彼女は妹を演劇科に申し込ませた．
❷ 記名する，記入する，記録する ▶ O porteiro inscreveu o nome do visitante. 門番は訪問者の名前を記入した．
❸ (言葉を) 刻む ▶ Ele inscreveu o nome na aliança. 彼は結婚指輪に名前を刻んだ．
❹ (名前を) 残す，刻む ▶ Ele inscreveu seu nome na história. 彼は歴史にその名を残した．
— **inscrever-se** 再 ❶ …に登録する，申し込む，入会する [+ em] ▶ Ela inscreveu-se no concurso. 彼女はコンクールに申し込んだ．
❷ 名前を残す ▶ O craque inscreveu-se na história do futebol. その有名選手はサッカーの歴史に名前を残した．

inscrição /ĩskri'sẽw/ [複 inscrições] 女 ❶ 記入，登録，申し込み，加入 ▶ inscrição eleitoral 選挙人登録 / fazer inscrição em... …に申し込む． ❷ 碑文，銘．

inscrito, ta /ĩs'kritu, ta/ 形 (inscrever の過去分詞) ❶ 記載された，登録された；申し込みをした． ❷《数学》内接した．

insegurança /ĩsegu'rẽsa/ 女 ❶ 不確実，不安定．
❷ 自信がないこと，不安． ❸ 危険．

inseguro, ra /ĩse'guru, ra/ 形 ❶ 安全ではない，危険な ▶ lugar inseguro 治安の悪い場所 / Era um caminho totalmente inseguro para andar. 歩くには危険極まりない道だった．

❷ 自信のない. ❸ 不安定な, 不確かな ▶ com passos inseguros おぼつかない足取りで.
inseminação /ĩsemina'sẽw/ [複 inseminações] 女《生物》授精 ▶ inseminação artificial 人工授精.
insensato, ta /ĩsẽ'satu, ta/ 形 無分別な, 思慮のない, 非常識な, ばかげた
— 名 無分別な人, 非常識な人.
insensibilidade /ĩsẽsibili'dadʒi/ 女 ❶ 無知覚, 無感覚. ❷ 無神経, 鈍感, 冷淡.
insensível /ĩsẽ'sivew/ [複 insensíveis] 形《男女同形》❶ 無感覚な ▶ Depois do acidente, a mão ficou insensível. 事故後に手の感覚がなくなった. ❷ 鈍感な, 冷淡な [+ a] ▶ Ela é insensível a todas as causas importantes. 彼女はどの重要な大義に対しても無関心だ / marido insensível 鈍感な夫. ❸ 感じ取れないほどの, かすかな.
insensivelmente /ĩsẽ,sivew'mẽtʃi/ 副 少しずつ, ゆっくりと.
inseparável /ĩsepa'ravew/ [複 inseparáveis] 形《男女同形》❶ 切り離せない, 不可分の. ❷ 離れられない, 切っても切れない ▶ amigos inseparáveis 無二の親友たち.
inserção /ĩsex'sẽw/ [複 inserções] 女 ❶ 挿入, はめ込むこと. ❷ (社会や集団への) 同化, 組み込み ▶ inserção social 社会参加. ❸ 掲載.
inserir /ĩse'rix/ 他 挿入する, 差し入れる ▶ inserir uma moeda 硬貨を挿入する.
— **inserir-se** 再 定着する, 根を下ろす.
inserto, ta /ĩ'sextu, ta/ 形 (inserir の過去分詞) 挿入された, 差し込まれた, 掲載された.
inseticida /ĩsetʃi'sida/ 形《男女同形》殺虫の.
— 名 殺虫剤.
inseto /ĩ'setu/ 男 昆虫, 虫.
insidioso, sa /isidʒi'ozu, ɔza/ 形 狡猾な, わなにかける, 油断のならない.
insigne /ĩ'signi/ 形《男女同形》著名な, 高名な.
insígnia /ĩ'siginia/ 女 記章, バッジ ▶ insígnias reais 王家の紋章.
insignificância /ĩsiginifi'kẽsia/ 女 ❶ 取るに足らないこと, 無意味. ❷ 取るに足らないもの.
insignificante /ĩsiginifi'kẽtʃi/ 形《男女同形》取るに足らない, くだらない ▶ pessoa insignificante 取るに足らない人物.
— 名 取るに足らない人物.
insincero, ra /ĩsĩ'sɛru, ra/ 形 不誠実な, 誠意のない.
insinuação /ĩsinua'sẽw/ [複 insinuações] 女 あてこすり, ほのめかし.
insinuante /ĩsinu'ẽtʃi/ 形《男女同形》人にうまく取り入る, 遠回しで巧みな ▶ voz insinuante 猫なで声.
insinuar /ĩsinu'ax/ 他 ❶ ほのめかす, 匂わせる, 暗示する ▶ Ela não diz que o deseja, apenas o insinua. 彼女はそれが欲しいとは言わず, ただほのめかすだけだ. ❷ (考えなどを) 少しずつ植え付ける, しみ込ませる ▶ insinuar a prática de boas ações. よい行いの実践を徐々に植え付ける. ❸ 忍び込ませる, そっと入れる ▶ Ela insinuou uma nota na mão do empregado. 彼女はボーイの手にお札を忍び込ませた. ❹ 登記する, 届け出る
— **insinuar-se** 再 ❶ 忍び込む ▶ Ele insinuou-se entre os amigos da atriz para chegar perto dela. 彼はその女優に近づくために彼女の友人たちの間に忍び込んだ. ❷ うまく取り入る ▶ Ele era esperto, sabia como insinuar-se. 彼は賢かったので, うまく取り入るすべを知っていた.
insípido, da /ĩ'sipidu, da/ 形 ❶ 味のない, まずい ▶ comida insípida まずい食べ物. ❷ 面白みのない, つまらない.
insistência /ĩsis'tẽsia/ 女 固執, 執拗さ, しつこさ ▶ com insistência 執拗に.
insistente /ĩsis'tẽtʃi/ 形《男女同形》しつこい, 執拗な.
‡**insistir** /ĩsis'tʃix/ インスィスチーフェ/ 自 ❶ 粘る, 執着する, あきらめない; せがむ ▶ Insista, não desista. 粘れ, あきらめるな. ❷ …に固執する, こだわる [+ em] ▶ insistir num assunto ある問題にこだわる. ❸ …を主張する [+ em] ▶ Ele insistiu em sua inocência. 彼は無罪を主張した. ❹《insistir em +不定詞》…することに固執する ▶ Eu insisto em ser feliz. 私はどうしても幸せになりたい. ❺《insistir em que +直説法》…と主張する. ❻《insistir em que +接続法》…べきだと主張する. — 他 ❶《insistir que +直説法》…と主張する. ❷《insistir que +接続法》…べきだと主張する.
insociável /ĩsosi'avew/ [複 insociáveis] 形《男女同形》非社交的な, 交際嫌いな.
insofismável /ĩsofiz'mavew/ [複 insofismáveis] 形《男女同形》議論の余地のない, 明らかな.
insolação /ĩsola'sẽw/ [複 insolações] 女《医学》日射病 ▶ pegar uma insolação 日射病になる.
insolência /ĩso'lẽsia/ 女 横柄, 無礼.
insolente /ĩso'lẽtʃi/ 形《男女同形》無礼な, 生意気な, 傲慢な, 横柄な ▶ Era um funcionário insolente com o chefe. 彼は上司に無礼な部下だった / mulher insolente 生意気な女.
insólito, ta /ĩ'sɔlitu, ta/ 形 奇異な, 異様な, とっぴな.
insolúvel /ĩso'luvew/ [複 insolúveis] 形《男女同形》❶ 溶けない, 不溶性の. ❷ 解決できない.
insolvência /ĩsow'vẽsia/ 女 支払い不能, 破産, 倒産.
insolvente /ĩsow'vẽtʃi/ 形《男女同形》支払い不能の.
— 名 破産者, 支払い不能者.
insondável /ĩsõ'davew/ [複 insondáveis] 形《男女同形》計り知れない, 底知れない ; 不可解な.
insone /ĩ'soni/ 形《男女同形》不眠の, 眠れない ▶ noite insone 眠れない夜.
— 名 不眠症の人.
insónia /ĩ'sɔniɐ/ 女 P = insônia
insônia /ĩ'sõnia/ 女 B 不眠, 不眠症.

insosso, sa /ĩ'sosu, sa/ 形 ❶ 塩気の足りない、味のない ▶ A sopa está insossa. スープに塩気が足りない / comida insossa 味のない料理.
❷ つまらない ▶ É um assunto insosso para mim. 私には興味のない問題だ.

inspeção /ĩspe'sẽw/ [複 inspeções] 囡 検査, 監査, 視察 ▶ inspeção sanitária 衛生検査 / inspeção técnica de veículos 自動車検査.

inspecionar /ĩspesio'nax/ 他 検査する, 視察する, 査察する.

inspetor, tora /ĩspe'tox, 'tora/ [複 inspetores, ras] 名 視察官, 監査役 ▶ inspetor escolar 視学官 / inspetor de polícia 警部.
— 形 検査する, 視察する, 査察する.

*__inspiração__ /ĩspira'sẽw インスピラソォン/ [複 inspirações] 囡 ❶ 霊感, インスピレーション, 思いつき, 着想 ▶ inspiração poética 詩的霊感 / ter inspiração インスピレーションがわく. ❷ 息を吸うこと, 吸気.

*__inspirar__ /ĩspi'rax インスピラーフ/ 他 ❶ …に霊感[インスピレーション]を与える ▶ inspirar os poetas 詩人たちに霊感を与える.
❷ (感情を) 抱かせる ▶ inspirar confiança 信頼感を与える.
❸ (空気を) 吸う, 吸い込む ▶ inspirar o ar 空気を吸う.
— 自 息を吸う.
— **inspirar-se** 再 …から着想を得る [+ em] ▶ inspirar-se na natureza 自然から着想を得る.

instabilidade /ĩstabili'dadʒi/ 囡 不安定, 変わりやすさ ▶ instabilidade política 政治的不安定.

*__instalação__ /ĩstala'sẽw インスタラソォン/ [複 instalações] 囡 ❶ 設備, 施設 ▶ instalação elétrica 電気設備 / instalações esportivas スポーツ施設.
❷ 設置, 取り付け ▶ instalação do telefone 電話の設置.
❸ 【情報】インストール ▶ instalação de um programa プログラムのインストール.

instalador /ĩstala'dox/ [複 instaladores] 男 【情報】インストーラー.

‡**instalar** /ĩsta'lax インスタラーフ/ 他 ❶ 設置する, 取り付ける ▶ Instalaram um ventilador de teto. 天井扇が設置された.
❷ 【情報】インストールする ▶ Instalei um aplicativo no celular. 私は携帯電話にアプリをインストールした.
❸ 住まわせる, 滞在させる ▶ O homem instalou-o no quarto. その男は部屋に彼を住まわせた.
❹ 開店させる, 開設する ▶ O chefe instalou seu primeiro restaurante no centro da cidade. シェフは街の中心に初めてのレストランを開業した.
❺ 引き起こす ▶ A erupção vulcânica instalou caos na cidade. 火山の噴火が街に大混乱をもたらした.
❻ …に就任させる [+ em] ▶ O presidente instalou-o no cargo. 社長は彼をその職に就かせた.
— **instalar-se** 再 ❶ 身を落ち着ける, くつろぐ ▶ O velho se instalou no sofá para ver a televisão. 老人はテレビを見るためにソファーにくつろいだ.
❷ …に就任する [+ em] ▶ Ele se instalou no cargo. 彼はその職に就いた.

instância /ĩs'tẽsia/ 囡 ❶ 緊急, 緊迫.
❷ 切望, 懇願 ▶ ceder às instâncias de alguém …の切なる願いに負ける / a instâncias de alguém …に懇願されて.
❸ 【法律】審級 ▶ tribunal de primeira instância 第一審裁判所 / O réu foi condenado em primeira instância. 被告人は第一審で有罪を宣告された / segunda instância 第二審.
em última instância 最終審で, 最後の手段として.

instantaneamente /ĩstẽ,tania'mẽtʃi/ 副 瞬時に, すぐに, 即刻.

instantâneo, nea /ĩstẽ'tẽniu, na/ 形 ❶ 即時の, 瞬間的な ▶ morte instantânea 即死. ❷ 即席の ▶ café instantâneo インスタントコーヒー.
— **instantâneo** 男 スナップ写真.

‡**instante** /ĩs'tẽtʃi インスタンチ/ 男 ❶ 瞬間, 非常に短い間 ▶ Só um instante. ちょっと待ってください / por um instante 少しの間, 短い間.
❷ 時, 折, 頃, 機会 ▶ Naquele instante, eu nada sabia. あの時私は何も知らなかった.
a cada instante 絶えず ▶ Penso no meu filho a cada instante. 常に私は息子のことを考えている.
a todo instante 絶えず.
de um instante para o outro 今にも.
dentro de instantes もうすぐ, まもなく.
em um instante 一瞬にして.
no mesmo instante すぐに, ただちに ▶ A criança caiu e, no mesmo instante, levantou-se. 子供は転んだがすぐに起き上がった.
num instante 一瞬にして ▶ Tudo aconteceu num instante すべてが一瞬にして起こった.
por instantes 時折.
— 形《男女同形》❶ 差し迫った, 切迫した, 緊急の ▶ necessidades instantes 緊急の必要性.
❷ 切なる, しつこく迫る, 執拗な ▶ pedido instante 切なる願い, 懇願.

instar /ĩs'tax/ 他 ❶ …に懇願する, 切願する [+ com/para] ▶ O orador instou o público a manter a calma. 演説者は民衆に静かにしておくよう懇願した / Instei com ela para que ficasse. 私は彼女にとどまるようにと頼み込んだ.
❷ 《instar que + 接続法》…するように繰り返し頼む.
— 自 ❶ 切迫している, 今にも…しようとしている ▶ Ele percebeu que instava um grande acontecimento. 彼はある大変な出来事が起ころうとしていることに気づいた.
❷ 《Insta que + 接続法》すぐに…する必要がある ▶ Insta que saiamos logo daqui. ここからすぐに出る必要がある.
❸ 繰り返し頼む, 執拗に言う, 念を押す ▶ "Evite essas companhias." instou o pai ao filho. 「そのような友人と付き合うのはよしなさい」と父親は息子に何度も言った.

instauração /ĩstawra'sẽw/ [複 instaurações] 囡 創立, 確立, 制定.

instaurar /ĩstaw'rax/ 他 ❶ 創立する, 創設する, 制定する ▶ instaurar a democracia 民主主義を打

ち立てる / Instauramos um jornal. 私たちは新聞を創刊した / instaurar um novo regime político 新たな政治体制を樹立する / Os operários instauraram a assembleia. 労働者たちは団体を設立した.
❷ 開始する ▶instaurar um processo contra... …に対して訴訟を起こす / A polícia instaurou um inquérito contra os suspeitos. 警察は被疑者たちの取り調べを開始した.

instável /is'tavew/ [複 instáveis] 形《男女同形》不安定な, 変わりやすい ▶tempo instável 不安定な天候.

instigação /istʃiga'sẽw/ [複 instigações] 囡 そそのかし, 扇動, 教唆 ▶instigação ao crime 犯罪の教唆.

instigar /istʃi'gax/ 「chegar」他 ❶ …へと扇動する, 促す, そそのかす [+ a/para] ▶O professor instigava os alunos à reflexão. 先生は生徒たちに熟考するよう促した.
❷ 刺激する, 駆り立てる ▶instigar a curiosidade 好奇心を刺激する
❸《instigar alguém a +不定詞》…するように説得する, 勧める ▶A mãe instigava-o a estudar mais. 母親は彼にもっと勉強するようにと説得した / instigar a pensar sobre...
❹ 喚起する, 覚醒させる, 引き起こす ▶A brincadeira instigou a curiosidade dos passantes. その悪ふざけは通行人の興味を引いた.

instilar /istʃi'lax/ 他 ❶ 一滴ずつ垂らす, 点滴する ▶O médico instilou colírio no olho direito do paciente. 医師は患者の右目に目薬をさした.
❷ (思想などを) 徐々に浸透させる, 吹き込む ▶A vitória inesperada instilou confiança na equipe. 予期しなかった勝利はチームに自信を植え付けた.
— **instilar-se** 再 …にしみこむ [+ em].

instintivamente /istĩ,tʃiva'mẽtʃi/ 副 本能的に, 直感的に.

instintivo, va /istĩ'tʃivu, va/ 形 本能的な, 直感的な ▶reação instintiva 本能的な反応.

*__instinto__ /is'tĩtu/ インスチント 男 本能 ▶instinto sexual 性本能 / instinto de conservação 自己保存本能 / instinto de defesa 防御本能 / instinto gregário 群集心理 / por instinto 本能的に.

institucional /istʃitusio'naw/ [複 institucionais] 形《男女同形》制度の, 機関の ▶investidor institucional 機関投資家.

institucionalização /istʃitusionaliza'sẽw/ [複 institucionalizações] 囡 制度化, 機関化.

institucionalizar /istʃitusionali'zax/ 他 制度化する, 恒常化する.
— **institucionalizar-se** 再 制度化される.

*__instituição__ /istʃituj'sẽw/ インスチトゥイサォン [複 instituições] 囡 ❶ 機関, 団体, 協会, 施設 ▶instituição financeira 金融機関 / instituição de caridade 慈善団体 / instituição de ensino superior 高等教育機関.
❷ 設立, 制定 ▶instituição de novas regras 新しい規則の制定.
❸ 制度, 慣例 ▶instituição do casamento 婚姻制度.

instituir /istʃitu'ix/ ⑦ 他 ❶ 設立する, 創設する ▶instituir uma empresa 会社を設立する / instituir uma fundação 財団を創設する / instituir um prêmio 賞を設ける.
❷ (日時や期日を) 設定する ▶instituir um prazo 期限を定める / instituir a data 日付を定める.
❸ 任命する, 指名する ▶Ela instituiu seu sobrinho (como) chefe de sua empresa. 彼女は甥を社長に任命した.
❹ (相続人として) 指名する.
— **instituir-se** 再 …に就任する.

*__instituto__ /istʃi'tutu/ インスチトゥト 男 ❶ 学院, 協会, 研究所 ▶instituto de física 物理学研究所, instituto dos cegos 盲人協会 / Instituto Nacional de Seguridade Social 旧 国立社会保障院, INSS.
❷ instituto de beleza 美容院.

*__instrução__ /istru'sẽw/ インストルサォン [複 instruções] 囡 ❶ 教育；軍事教練 ▶instrução primária 初等教育 / pessoa sem instrução 教育を受けていない人, 無学な人 / instrução militar 軍事教練.
❷《instruções》指示, 指図 ▶seguir as instruções 指示に従う / receber instruções para... …するように指示をうける, 指示される / manual de instruções 取扱説明書 / instruções de uso 利用の手引き.
❸《情報》コマンド, 命令.
❹《法律》予審.

instruído, da /istru'idu, da/ 形 教養のある, 学識の深い.

instruir /istru'ix/ ⑦ 他 ❶ …を教育する, 教授する, 指導する, 仕込む [+ em] ▶instruir os jovens 青少年を教育する / instruir os soldados 兵士を訓練する / O papel da escola é instruir. 学校の役割は教育を施すことだ.
❷ …について知らせる, 明らかにする [+ de/sobre] ▶O médico o instruiu sobre os riscos da cirurgia. 医者は彼に手術の危険性について知らせた.
❸《法律》予審する, 必要書類を提出する.
— **instruir-se** 再 …について学ぶ, 知る, 調べる [+ de/sobre] ▶Ele instruiu-se na biblioteca do pai. 彼は父親の図書室で学んだ.

instrumental /istrumẽ'taw/ [複 instrumentais] 形《男女同形》❶ 道具の, 器具の. ❷ 楽器の ▶música instrumental 器楽.
— 男《集合的》道具, 器具, 楽器.

instrumentar /istrumẽ'tax/ 他 ❶ 管弦楽用に編曲する. ❷ 旧 (執刀医の) 助手を務める.
— 他 執刀医の助手を務める.

instrumentista /istrumẽ'tʃista/ 名 楽器演奏者, 器楽作曲者.

*__instrumento__ /istru'mẽtu/ インストルメント 男 ❶ 道具, 器具, 器械, 手段 ▶utilizar um instrumento 道具を使う / instrumentos de precisão 精密機器 / instrumento de óptica 光学器械 / instrumento de trabalho 作業道具.
❷ 楽器 (= instrumento musical) ▶tocar um instrumento 楽器を弾く / instrumentos de cor-

instrutivo, va

das 弦楽器 / instrumento de percussão 打楽器 / instrumentos de sopro 管楽器.
  tocar sete instrumentos 多才である, 多方面で活躍する.
instrutivo, va /ĩstru'tʃivu, va/ 形 教育的な, 有益な.
instrutor, tora /ĩstru'tox, 'tora/ [複 instrutores, toras] 名 指導員, 教習員, インストラクター ▶ instrutor de natação 水泳の指導員.
  — 形 教育の, 教育担当の.
insubmissão /ĩsubmi'sẽw/ [複 insubmissões] 女 不服従, 反抗.
insubmisso, sa /ĩsub'misu, sa/ 形 服従しない, 反抗的な.
  — **insubmisso** 男 B 徴兵忌避者.
insubordinação /ĩsuboxdʒina'sẽw/ [複 insubordinações] 女 不服従；反抗, 反乱
insubordinado, da /ĩsuboxdʒi'nadu, da/ 形 服従しない, 反抗的な.
  — 名 反抗者, 不服従者.
insubordinar /ĩsuboxdʒi'nax/ 他 反抗させる, 反逆をそそのかす.
  — **insubordinar-se** 再 反抗する, 反発する.
insubstituível /ĩsubistʃitu'ivew/ [複 insubstituíveis] 形《男女同形》取り替えのきかない, かけがえのない.
insucesso /ĩsu'sesu/ 男 不成功, 失敗 ▶ insucesso escolar 学業不振.
insuficiência /ĩsufisi'ẽsia/ 女 ❶ 不十分, 不足 ▶ insuficiência de provas 証拠不十分. ❷《医学》(機能) 不全 ▶ insuficiência renal 腎不全.
insuficiente /ĩsufisi'ẽtʃi/ 形《男女同形》不十分な, 足りない ▶ O dinheiro arrecadado é insuficiente. 手に入れたお金は十分な額ではない / Uma hora é insuficiente para ler o livro. その本を読むには1時間では足りない.
insuflar /ĩsu'flax/ 他 ❶ (空気などを) 吹き入れる ▶ A bomba insuflou ar nos pneus. 空気入れでタイヤに空気を入れた.
  ❷ (感情などを) 吹き込む, 抱かせる ▶ Ele insuflou a multidão contra os policiais. 彼は群衆が警官たちと対立するよう煽った.
insular[1] /ĩsu'lax/ [複 insulares] 形《男女同形》島の, 島に住む ▶ país insular 島国.
insular[2] /ĩsu'lax/ 他 隔離する, 孤立させる.
  — **insular-se** 再 孤立する.
insularidade /ĩsulari'dadʒi/ 女 島国であること, 島国根性.
insulina /ĩsu'lina/ 女《生化学》インシュリン.
insultar /ĩsuw'tax/ 他 侮辱する, ののしる.
insulto /ĩ'suwtu/ 男 侮辱, 侮辱の言動.
insumo /ĩ'sũmu/ 男 (生産プロセスの) インプット, 投入 (量).
insuperável /ĩsupe'ravew/ [複 insuperáveis] 形《男女同形》乗り越えられない, 克服できない ▶ obstáculo insuperável 越えられない障害.
insuportável /ĩsupox'tavew/ [複 insuportáveis] 形《男女同形》耐え難い, 我慢できない；非常に不快な ▶ dor insuportável 耐えがたい痛み / criança insuportável 手に負えない子供.

520

insurgência /ĩsux'ʒẽsia/ 女 反乱, 蜂起.
insurgente /ĩsux'ʒẽtʃi/ 形《男女同形》反乱を起こした, 反旗を翻した ▶ tropa insurgente 反乱軍.
  — 名 反逆者, 反乱者, 暴徒.
insurgir /ĩsux'ʒix/ ② 他 反乱を起こさせる.
  — **insurgir-se** 再 反乱を起こす, 立ち上がる.
insurrecto, ta /ĩsu'xɛktu, ta/ 形 名 = insurreto
insurreição /ĩsuxej'sẽw/ [複 insurreições] 女 反乱, 蜂起.
insurreto, ta /ĩsu'xɛtu, ta/ 形 反乱を起こした, 蜂起した.
  — 名 反乱者.
insuspeito, ta /ĩsus'pejtu, ta/ 形 ❶ 疑われていない. ❷ 信頼できる ▶ testemunho insuspeito 信頼できる証言. ❸ 公平な.
insustentável /ĩsustẽ'tavew/ [複 insustentáveis] 形《男女同形》耐えられない, 我慢ならない ▶ situação insustentável 耐え難い状況.
intacto, ta /ĩ'taktu, ta/ 形 = intato
intangível /ĩtẽ'ʒivew/ [複 intangíveis] 形《男女同形》❶ 触れることができない, 無形の ▶ bens intangíveis 無形資産. ❷ 不可侵の ▶ direitos intangíveis 不可侵の権利.
intato, ta /ĩ'tatu, ta/ 形 ❶ 触れられていない, 手をつけていない.
  ❷ 元のままの；無事の, 無傷な ▶ O cartão de memória estava intato. メモリーカードは無事だった.
  ❸ (問題などが) 手つかずの.
íntegra[1] /'ĩtegra/ 女 ❶ 全体. ❷ 全文.
  na íntegra 完全に, 余すことなく.
integração /ĩtegra'sẽw/ [複 integrações] 女 統合, 融合 ▶ integração racial 人種統合 / integração econômica 経済統合 / integração dos imigrantes 移民の統合.
integral /ĩte'graw/ [複 integrais] 形《男女同形》❶ 総合的な, 全面的な, 完全な ▶ versão integral 無削除版 / escola de tempo integral 全日制の学校 / trabalho de tempo integral フルタイムの仕事 / trabalhar em período integral フルタイムで働く / leite integral 全乳.
  ❷ 精白していない ▶ pão integral 全粒粉パン / farinha integral 全粒粉 / arroz integral 玄米. ❸ 積分の.
  — **integral** 女《数学》積分.
integralmente /ĩte,graw'mẽtʃi/ 副 全面的に, 全部.
integrante /ĩte'grẽtʃi/ 形《男女同形》一部を成す, (要素として) 必要不可欠の ▶ parte integrante 不可欠な部分.
  — 名 構成員.
:**integrar** /ĩte'grax/ インテグラーフ / 他 ❶ 構成する ▶ integrar uma equipe チームを構成する.
  ❷ …に統合する, 一体化させる [+ em] ▶ integrar os imigrantes na sociedade 移民を社会に同化させる.
  ❸《数学》積分する.
  — **integrar-se** 再 …の構成要素となる；…に調和 [適合] する [+ em] ▶ Minha filha integrou-se rapidamente na escola. 娘はすぐ学校に溶け込

んだ.

integridade /ĩtegri'dadʒi/ [女] ❶ 完全, 完璧, 無傷 ▶ a integridade do território 領土の保全. ❷ 清廉潔白, 公明正大.

íntegro, gra[2] /'ĩtegru, gra/ [形] ❶ 完全な, 全部の, 無傷の. ❷ 清廉な ▶ um político íntegro 清廉な政治家.

inteiramente /ĩˌtejra'mẽtʃi/ [副] 完全に, すっかり.

inteirar /ĩtej'rax/ [他] ❶ 補う, 補充する.
❷ …を…に知らせる [+de] ▶ O presidente inteirou os ministros da sua decisão. 大統領は大臣たちに自分の決断を知らせた.
— **inteirar-se** [再] …について知る, 情報を得る [+de].

inteireza /ĩtej'reza/ [女] ❶ 完全, 無欠. ❷ 廉直, 高潔.

inteiriço, ça /ĩtej'risu, sa/ [形] 継ぎ目のない.

⁑**inteiro, ra** /ĩ'tejru, ra インテイロ, イラ/ [形] ❶ **全体の, 全部の** ▶ O aluno leu o livro inteiro. 生徒はその本を全部読んだ / Ele trabalha o dia inteiro na fábrica. 彼は一日中工場で働いている / Passei a noite inteira acordada. 私は一晩中起きていた / O país inteiro vibrou com a vitória da seleção. 代表チームの勝利に国中が沸いた / no mundo inteiro 世界中で.
❷ **完全な** ; 無傷の ▶ Você tem inteira liberdade de ação あなたには完全な行動の自由がある / inteiro apoio 全面支援.
❸ 整数の ▶ número inteiro 整数.
— **inteiro** [男] 整数.
por inteiro 完全に ▶ Ela mudou a sua vida por inteiro. 彼女はすっかり自分の生活を変えた.

intelecto /ĩte'lɛktu/ [男] 知力, 理解力.

*__intelectual__ /ĩtelektu'aw インテレクトゥアゥ/ [複 intelectuais] [形] 《男女同形》 **知的な** ; 知能の ▶ propriedade intelectual 知的財産 / atividades intelectuais 知的活動 / classe intelectual 知識階級.
— [名] 知識人, インテリ.

intelectualidade /ĩtelektuali'dadʒi/ [女] ❶ 知的であること, 知性, 知力. ❷ 《集合的》 知識階級, 知識人.

intelectualismo /ĩtelektua'lizmu/ [男] 主知主義, 知性偏重.

intelectualmente /ĩtelektuˌaw'mẽtʃi/ [副] 知的に, 知性の面で.

*__inteligência__ /ĩteli'ʒẽsia インテリジェンスィア/ [女]
❶ **知能** ; **知性** ; 理解力, 知恵 ▶ quociente de inteligência 知能指数 / inteligência artificial 人工知能 / inteligência emocional 情動知能 / Que falta de inteligência! 何と愚かな / uma inteligência fora do comum 並外れた知能.
❷ 知性の持ち主.
❸ 相互理解 ▶ viver em boa inteligência 仲良く暮らす.
❹ **情報**, 情報機関 ▶ agência de inteligência 情報機関.
❺ コンピューターによって自動制御できる特性.

*__inteligente__ /ĩteli'ʒẽtʃi インテリジェンチ/ [形] 《男女同形》 ❶ **知能 [知性] が高い, 聡明な, 賢い** ▶ Paulo é o mais inteligente de todos. パウロがみんなの中で一番頭がいい. ❷ コンピューター管理の, インテリジェントな, スマートな ▶ edifício inteligente インテリジェントビル / relógio inteligente スマートウォッチ.

inteligibilidade /ĩteliʒibili'dadʒi/ [女] 理解できること, わかりやすさ.

inteligível /ĩteli'ʒivew/ [複 inteligíveis] [形] 《男女同形》 ❶ 理解できる, わかりやすい ▶ texto inteligível わかりやすい文章. ❷ はっきり聞き取れる, 明瞭な ▶ voz inteligível はっきりした声.

intempérie /ĩtẽ'pɛri/ [女] 天候不順, 悪天候.

intempestivo, va /ĩtẽpes'tʃivu, va/ [形] ❶ 時ならぬ, 場違いの, 不都合な. ❷ 突然の ▶ morte intempestiva 突然の死.

*__intenção__ /ĩtẽ'sɐ̃w̃ インテンサォン/ [複 intenções] [女] 意図, 意思, 目的 ▶ A intenção deste plano é estimular a economia local. この計画の狙いは地元経済の促進だ / Eu não tinha essa intenção. 私はそんなつもりではなかった / a intenção da obra 作品の意図 / más intenções 悪意 / boas intenções 善意 / Ele disse-lhe aquilo com a melhor das intenções. 彼はよかれと思ってあのようなことを言った.
com a intenção de +[不定詞] …するつもりで.
em [por] intenção de... …のための ▶ missa em intenção das vítimas do incêndio 火事の犠牲者のためのミサ.
segundas intenções 下心 ▶ Ele fez o bem com segundas intenções. 彼は下心から善行を行った / sem segundas intenções 下心なしに.
ter a intenção de +[不定詞] …するつもりである ▶ Eu tenho a intenção de ir a Macau durante as férias de verão. 私は夏休み中にマカオへ行くつもりだ / Não tenho a intenção de sair do país. 私は国を去るつもりはない.

intencionado, da /ĩtẽsio'nadu, da/ [形] ある意図を持った ▶ bem intencionado 好意的な / mal intencionado 悪意のある.

intencional /ĩtẽsio'naw/ [複 intencionais] [形] 《男女同形》 意図的な, 故意の ▶ ato intencional 意図的な行為.

intencionalmente /ĩtẽsioˌnaw'mẽtʃi/ [副] 意図的に.

intencionar /ĩtẽsio'nax/ [他] 意図する, …するつもりである ▶ Há alguns anos intencionava comprar uma casa nova. 何年か前, 彼は新しい家を買うつもりでいた.

intendente /ĩtẽ'dẽtʃi/ [名] 管理者, 監督.

intensamente /ĩˌtẽsa'mẽtʃi/ [副] 強烈に, 激しく.

intensidade /ĩtẽsi'dadʒi/ [女] 激しさ, 強烈さ, 強さ ▶ intensidade do vento 風の強さ.

intensificação /ĩtẽsifika'sɐ̃w̃/ [複 intensificações] [女] 強化, 増大.

intensificar /ĩtẽsifi'kax/ ㉙ [他] 強める, 強化する ▶ intensificar a vigilância 警戒を強める.
— **intensificar-se** [再] 強まる, 強化される.

intensivamente /ĩtẽˌsiva'mẽtʃi/ [副] 集中的に, 徹底的に.

intensivo, va /ĩtẽ'sivu, va/ [形] ❶ 集中的な, 強

intenso, sa

化した ▶ curso intensivo de inglês 英語の集中講座. ❷ 集約的な ▶ agricultura intensiva 集約農業.

intenso, sa /ī'tẽsu, sa/ インテンソ, サ/形 激しい, 強烈な ▶ dor intensa 激しい痛み / frio intenso 厳しい寒さ / neve intensa 大雪 / chuva intensa 激しい雨 / um esforço intenso 大変な努力.

intentar /ītẽ'tax/ 他 ❶ 試みる, 企てる, …しようと努める.
❷ (訴訟を) 起こす ▶ Os cantores intentaram uma ação contra a revista. 歌手たちは雑誌を相手取って訴訟を起こした.

intento /ī'tẽtu/ 男 意図, 目的.

intentona /ītẽ'tõna/ 女 ❶ 無謀な試み. ❷ 陰謀.

interação /ītera'sẽw/ [複 interações] 女 相互作用.

interagir /ītera'ʒix/ ② 自 …と相互に作用する [+ com].

interatividade /īterat∫ivi'dadʒi/ 女 双方向性.

interativo, va /ītera't∫ivu, va/ 形 双方向の, インタラクティブな ▶ jogos interativos 双方向ゲーム.

intercalar[1] /ītexka'lax/ 他 挿入する, 加える ▶ intercalar uma palavra 語を挿入する
— **intercalar-se** 再 挿入される, 加わる, 混ざる.

intercalar[2] /ītexka'lax/ [複 intercalares] 形《男女同形》挿入された, 挟まれた, 閏(ジ)の ▶ dia intercalar 閏日.

intercambiar /ītexkẽbi'ax/ 他 交換する, 取り交わす.

intercâmbio /ītex'kẽbiu/ 男 相互交換, 交流 ▶ intercâmbio cultural 文化交流 / intercâmbio comercial 貿易.

interceder /ītexse'dex/ 自 (…のために) 取りなす, 仲介の労を取る ▶ O governo brasileiro intercedeu junto ao FMI em favor da Argentina. ブラジル政府は IMF に対してアルゼンチンの立場を擁護した.

interceptação /ītexsepita'sẽw/ [複 interceptações] 女 ❶ 途中で奪うこと, 捉えること; 通信の傍受. ❷ 遮断, 遮蔽. ❸《スポーツ》インターセプト.

interceptar /ītexsepi'tax/ 他 ❶ …を途中で奪う, 傍受する ▶ A polícia interceptou uma ligação telefônica entre os suspeitos. 警察は被疑者たちの間の通話を傍受した. ❷ 遮る, 遮断する. ❸《スポーツ》インターセプトする.

intercessão /ītexse'sẽw/ [複 intercessões] 女 取りなし, 仲介.

intercontinental /ītexkõtinẽ'taw/ [複 intercontinentais] 形《男女同形》大陸間の ▶ míssil balístico intercontinental 大陸間弾道弾ミサイル.

intercostal /ītexkos'taw/ [複 intercostais] 形《解剖》肋骨間の.

interdependência /ītexdepẽ'dẽsia/ 女 相互依存.

interdependente /ītexdepẽ'dẽt∫i/ 形《男女同形》相互依存した.

interdição /ītexdʒi'sẽw/ [複 interdições] 女 禁止, 停止.

interdisciplinar /ītexdʒisipli'nax/ [複 interdisciplinares] 形《男女同形》学際的な.

interditado, da /ītexdʒi'tadu, da/ 形 立ち入り禁止の, 通行止めになった ▶ O espaço aéreo foi interditado durante o evento. 事件の間, 領空は封鎖された.

interdito, ta /ītex'dʒitu, ta/ 形 (interdizer の過去分詞) ❶ 禁止された. ❷《法律》禁治産を宣告された.
— 名 禁治産者.
— **interdito** 男 禁止命令.

interessado, da /ītere'sadu, da/ インテレサード, ダ/形 ❶ …に関心がある, 興味がある [+ em] ▶ Estou interessado. 私は興味がある / Estou interessado em você. 私は君に興味がある / Eu estou interessado nisso. 私はそのことに興味がある.
❷ (estar interessado em + 不定詞) …することに関心がある, …したい ▶ Estou interessado em saber mais. 私はもっと知りたい.
❸ 打算的な, 私心のある ▶ de maneira interessada 欲得ずくで.
— 名 当事者, 関係者.

interessante /ītere'sẽt∫i/ インテレサンチ/形《男女同形》❶ 興味深い, 面白い ▶ um romance interessante 面白い小説 / Que interessante! 何て面白いんだろう.
❷ 魅力的な ▶ Ela cativa as pessoas porque é interessante. 彼女は魅力的なので, 人々をとりこにする.

interessar /ītere'sax/ インテレサーフ/自 ❶ …の興味 [関心] を引く [+ a] ▶ Esse tema me interessa muito. 私はそのテーマにとても興味がある / Essa obra não interessou a ninguém. その作品は誰の興味も引かなかった.
❷ …に関わる [+ a] ▶ A reunião interessa a todos os membros. 会議はメンバー全員に関わることである / Isso não lhe interessa! それは君に関係ないことだ / Que me interessa? 私には関係ない.
❸ 重要である ▶ O que interessa é o resultado. 重要なのは結果だ / Não interessa o que as pessoas dizem. 人が何と言おうとどうでもいい.
— 他 (interessar alguém em algo) …を…に関心を持たせる.
— **interessar-se** 再 …に興味がある, 関心がある [+ por] ▶ Eles se interessam pelos documentos antigos. 彼らは古文書に興味がある / Eles se interessam apenas nos lucros. 彼らは利益にしか興味がない.

A quem interessar possa 関係者各位.
ir ao que interessa 本題に入る.

interesse /īte'resi/ インテレースィ/男 ❶ 興味, 関心 ▶ ter interesse em... …に関心がある / mostrar interesse 関心を示す / perder o interesse em... …に対する関心を失う / com interesse 興味を持って / Seu maior interesse é pesquisar sobre os países em desenvolvimento. 彼の最大の興味は発展途上国について調査することである.
❷ 意義, 重要性 ▶ uma obra de interesse público 公共性のある事業.

❸ **利益, 利害** ▸ interesse geral 全体の利益 / interesse nacional 国益 / interesse público 公益 / conflito de interesses 利益の衝突 / Apenas seus interesses eram de maior importância. 自らの利益こそが最も重要であった.
❹ **打算, 私利私欲** ▸ Ele só faz amigos por interesse. 彼は打算だけで友達を作る / agir por interesse 欲得ずくで動く.

interesseiro, ra /ĩtere'sejru, ra/ [形] [名] 私利私欲に走る（人）, 打算的な（人）▸ amor interesseiro 打算的な愛.

interestadual /ĩterestadu'aw/ [[複] interestaduais] [形]《男女同形》州の間の ▸ rodovia interestadual 州間高速道路.

interface /ĩtex'fasi/ [女]《英語》インターフェイス.

interferência /ĩtexfe'rẽsia/ [女] ❶ 干渉, 口出し. ❷ 電波障害, 混信.

interferir /ĩtexfe'rix/ ⑥① [自] …に干渉する, 口出する [+ em] ▸ O governo não pode interferir nos trabalhos da comissão de investigação. 政府は調査委員会の仕事に干渉してはいけない.

interfone /ĩtex'fõni/ [男] インターフォン.

intergovernamental /ĩtexgovexnamẽ'taw/ [[複] intergovernamentais] [形]《男女同形》政府間の.

ínterim /'ĩterĩ/ [[複] ínterins] [男] その間 ▸ nesse [neste] ínterim その間に.

interinamente /ĩte,rina'mẽtʃi/ [副] 臨時に, 仮に.

interino, na /ĩte'rĩnu, na/ [形] ❶ 臨時の, 暫定の ▸ governo interino 臨時政府. ❷ 代理の.
— [名] 代理人.

⁑**interior** /ĩteri'ox インテリオーフ/ [[複] interiores] [形]《男女同形》❶ **内部の, 内側の** (←→ exterior) ▸ parte interior 内部 / pátio interior 中庭.
❷ **内面の, 内心の** ▸ Eu senti uma enorme alegria interior. 私は内面の大きな喜びを感じた / A sua vida interior é muito rica. 彼の精神面の生活は非常に豊かだ / mundo interior 精神世界.
❸ 開口部のない, 閉じた ▸ sala interior 密室.
❹ 内陸の ▸ cidade interior 内陸都市 / mar interior 内海.
❺ 国内の ▸ comércio interior 国内商業.
— [男] ❶ **内部, 内側** ▸ interior da casa 家の内部 / no interior de... …の内部で.
❷ 内心, 内面 ▸ Em seu interior, ele ficou contente com o resultado. 彼は内心結果に満足した.
❸ 室内 ▸ decoração de interiores 室内装飾.
❹ 内地, 内陸部, 奥地 ▸ viajar pelo interior do país 国の内陸部を旅行する / cidade do interior 田舎の町.
❺ 内政 ▸ ministro do Interior 内務大臣.

interiorizar /ĩteriori'zax/ [他] ❶ …を…に吹き込む [+ em] ▸ interiorizar fé nos filhos 信仰を子供たちに伝える.
❷ 内面化する, 自分のものにする ▸ interiorizar valores 価値観を自分のものにする.
— **interiorizar-se** [再] 内部に移住する；内在化する.

interiormente /ĩteri,ox'mẽtʃi/ [副] 内部では, 内心では.

interjeição /ĩtexʒej'sẽw̃/ [[複] interjeições] [女]〖文法〗間投詞.

interligar /ĩtexli'gax/ ⑪ [他] 連結させる, 結びつける.
— **interligar-se** [再] 結びつく.

interlocutor, tora /ĩtexloku'tox, 'tora/ [[複] interlocutores, toras] [名] 話し相手, 聞き手, 対話者.

interlúdio /ĩtex'ludʒiu/ [男] ❶〖音楽〗間奏（曲）. ❷〖演劇〗幕間の寸劇.

intermediário, ria /ĩtexmedʒi'ariu, ria/ [形] 中間の, 仲介の ▸ cores intermediárias 中間色 / nível intermediário 中級レベル / comércio intermediário 中継貿易.
— **intermediário** [男] 仲買人, 仲介者, 調停人.

*__intermédio__ /ĩtex'mɛdʒiu インテフメーヂオ/ [男] ❶ 仲介, 仲立ち, 介在 ▸ por intermédio de... …を仲介して. ❷ 幕間の寸劇, 間奏曲.

interminável /ĩtexmi'navew/ [[複] intermináveis] [形]《男女同形》果てしない, いつまでも続く ▸ uma fila interminável 長蛇の列.

interministerial /ĩtexministeri'aw/ [[複] interministeriais] [形] 各省間の, 閣僚間の.

intermitência /ĩtexmi'tẽsia/ [女] 断続, 間欠.

intermitente /ĩtexmi'tẽtʃi/ [形]《男女同形》間欠的な, 断続的な ▸ febre intermitente 間欠熱.

intermunicipal /ĩtexmunisi'paw/ [[複] intermunicipais] [形]《男女同形》市と市の間の ▸ ônibus intermunicipal 市外バス.

⁑**internacional** /ĩtexnasio'naw インテフナスィオナゥ/ [[複] internacionais] [形]《男女同形》**国際的な**, 国際の ▸ conflito internacional 国際紛争 / congresso internacional 国際会議 / direito internacional 国際法 / feira internacional 国際見本市 / relações internacionais 国際関係 / política internacional 国際政治.

internacionalização /ĩtexnasionaliza'sẽw̃/ [[複] internacionalizações] [女] 国際化, 国際管理化.

internacionalizar /ĩtexnasionali'zax/ [他] 国際化する；国際管理下に置く.
— **internacionalizar-se** [再] 国際化する.

internar /ĩtex'nax/ [他] ❶ 入院させる,（施設に）収容する,（寄宿学校に）入れる ▸ internar o paciente 患者を入院させる. ❷ 拘禁する, 抑留する ▸ internar um adversário político 政敵を拘禁する.
— **internar-se** [再] ❶ 入院する,（施設に）入居する. ❷ …に入り込む [+ em].

internato /ĩtex'natu/ [男] 寄宿学校.

internauta /ĩtex'nawta/ [名] インターネット利用者.

*__internet__ /ĩtex'nɛtʃi インテフネーチ/ [女] **インターネット** ▸ Eu achei isso na internet. 私はそれをインターネットで見つけた / fazer compras na internet インターネットで買い物をする / leilão na internet インターネットオークション / provedor de internet インターネットプロバイダー.

⋆**interno, na** /ĩ'tɛxnu, na インテフノ, ナ/ [形] ❶ **内部の, 国内の** (⟷ externo) ▶parte interno 内側 / órgãos internos 内臓 / demanda interna 内需 / comércio interno 国内取り引き. ❷ 寄宿の ▶ aluno interno 寄宿生.
— [名] 寄宿生.

interpelação /ĩtexpela'sɐ̃w̃/ [[複] interpelações] [女] ❶ (議会で政府への) 質問, 質疑. ❷ 呼びかけ, 呼び止めること, 職務質問, 不審尋問.

interpelar /ĩtexpe'lax/ [他] ❶ 質問する, 問いかける.
❷ (議員が大臣や政府に) 質問する, 説明を求める ▶ interpelar o governo 政府に質問する / O sargento interpelou o soldado sobre a missão. 軍曹は任務について兵士に質問した.
❸ 尋問する.

interpenetrar-se /ĩtexpene'traxsi/ [再] 相互浸透する.

interplanetário, ria /ĩtexplane'tariu, ria/ [形] 惑星間の.

interpolar /ĩtexpo'lax/ [他] ❶ 加筆する ▶ Ele interpolava os textos com comentários. 彼は原文にコメントを書き込んでいた. ❷ 改ざんする. ❸ 停止させる, 中断させる.

interpor /ĩtex'pox/ ㊹ 《[過去分詞] interposto》 [他]
❶ 間に入れる, 挟む, 介入させる ▶ Ela interpôs as revistas no meio dos livros da prateleira. 彼女は雑誌を棚の本の間に入れた / interpor opinião acerca de um debate 討論に意見を挟む.
❷〘法律〙異議を唱える ▶ O advogado interpôs um recurso. 弁護士は不服を申し立てた.
❸ …に (反対や意義を) 申し立てる [+a] ▶ Ele interpôs obstáculos à construção do prédio. 彼は建物の建設に反対した.
— **interpor-se** [再] ❶ 邪魔する.
❷ …の間に介入する, 仲裁する [+entre] ▶ Ele interpôs-se entre os meninos que brigavam. 彼はけんかしている男の子たちの仲裁に入った.
interpor agravo 上訴する, 控訴する, 上告する, 抗告する.

⋆**interpretação** /ĩtexpreta'sɐ̃w̃ インテフプレタサォン/ [[複] interpretações] [女] ❶ **解釈**, 説明 ▶ interpretação de um texto テキストの解釈 / nova interpretação da constituição 憲法の新解釈 / interpretação dos sonhos 夢判断.
❷ **通訳** ▶ interpretação simultânea 同時通訳.
❸ **演奏, 演技** ▶ prêmio de melhor interpretação feminina 最優秀女優賞.

⋆**interpretar** /ĩtexpre'tax インテフプレターフ/ [他] ❶ **解釈する**, 説明する ▶ interpretar a lei 法律を解釈する / interpretar mal 誤解する, 曲解する.
❷ **演奏する, 演じる** ▶ interpretar uma personagem 人物を演じる.

intérprete /ĩ'tɛxpretʃi/ [名] ❶ 通訳者 ▶ servir de intérprete 通訳を務める / intérprete simultâneo 同時通訳者. ❷ 演奏者, 演技者.

inter-racial /ˌĩtexasi'aw/ [[複] inter-raciais] [形] 《男女同形》 人種間の.

interregno /ĩte'xɛ̀ginu/ [男] 空位時代, 空白期間.

interrogação /ĩtexoga'sɐ̃w̃/ [[複] interrogações] [女] ❶ 質問, 尋問, 審問. ❷ ponto de interrogação 疑問符.

⋆**interrogar** /ĩtexo'gax インテホガーフ/ ⑪ [他] …**に質問する, 尋問する**, 審問する ▶ interrogar o suspeito 容疑者に尋問する.

interrogativo, va /ĩtexoga'tʃivo, va/ [形] ❶ 疑問の ▶ frase interrogativa 疑問文 / pronome interrogativo 疑問代名詞. ❷ 問いかけるような, いぶかるような ▶ olhar interrogativo 探るような目.

interrogatório, ria /ĩtexoga'tɔriu, ria/ [形] 疑問の.
— **interrogatório** [男] 尋問, 取り調べ ▶ interrogatório da testemunha 証人尋問.

⋆**interromper** /ĩtexõ'pex インテホンペーフ/ [他] ❶ **中断させる, 中止させる** ▶ A chuva interrompeu o jogo. 雨でその試合は中断した.
❷ **遮る, 妨げる** ▶ O protesto interrompeu o trânsito da avenida. デモが大通りの交通を妨げた.
❸ …に口をはさむ, …の話の腰を折る ▶ Não me interrompa. 私の話の邪魔をしないで.
— [自] 邪魔する ▶ Ele anda interrompendo. 彼は邪魔をしてばかりいる.
— **interromper-se** [再] **中断する**, 止まる ▶ O apresentador de repente se interrompeu. その司会者は突然話すのをやめた.

interrupção /ĩtexupi'sɐ̃w̃/ [[複] interrupções] [女] 中断, 遮断 ▶ sem interrupção 間断なく, ひっきりなしに / interrupção voluntária de gravidez 妊娠中絶.

interruptor, tora /ĩtexupi'tox, 'tora/ [[複] interruptores, toras] [形] 遮断する, 人の話を遮る.
— **interruptor** [男]〘電気〙スイッチ.

interseção /ĩtexse'sɐ̃w̃/ [[複] interseções] [女] ❶ 交差, 交差点. ❷〘数学〙(直線や平面の) 交差, 交わり.

interstício /ĩtexs'tʃisiu/ [男] すき間, 割れ目, 裂け目.

interurbano, na /ĩterux'bɐ̃nu, na/ [形] 都市間の, 〘電話〙市外の ▶ transporte interurbano 都市間交通 / fazer uma ligação interurbana 市外通話する.
— **interurbano** [男] 市外電話.

⋆**intervalo** /ĩtex'valu インテフヴァーロ/ [男] ❶〘演劇〙**幕間**.
❷ **間隔, 隔たり**, 間 ▶ com intervalo de dez minutos 10分間隔で / a intervalos regulares 規則的な間隔で.
❸〘スポーツ〙ハーフタイム ▶ no intervalo ハーフタイムに.
❹ 休憩時間.
❺〘音楽〙音程.
a [por] intervalos 時々, たまに.

⋆**intervenção** /ĩtexvẽ'sɐ̃w̃ インテフヴェンサォン/ [[複] intervenções] [女] ❶ **介入, 干渉** ▶ intervenção militar 軍事介入 / intervenção do Estado 国家の介入.
❷ **参加, 関与**, 出演 ▶ intervenção no debate 討論に参加すること.
❸ 手術 (= intervenção cirúrgica).

intervencionismo /ĩtexvẽsio'nizmu/ [男] 干渉

主義, 干渉政策.

⋆intervir /ĩtex'vix インテフヴィーフ/ ⑰ 《[過去分詞] intervindo》 [自] ❶ **介入する, 干渉する** ▶intervir na política 政治に介入する / intervir militarmente 軍事介入する.

❷ **参加する, 出演する** ▶intervir no debate 討論に参加する.

intestinal /ĩtestʃi'naw/ [[複] intestinais] [形] 《男女同形》 腸の.

intestino, na /ĩtes'tʃĩnu, na/ [形] 内部の, 内輪の ▶lutas intestinas 内紛.

— **intestino** [男] 腸 ▶intestino grosso 大腸 / intestino delgado 小腸.

intimação /ĩtʃima'sɐ̃w̃/ [[複] intimações] [女] ❶ 通告, 通達. ❷〖法律〗召喚.

intimamente /ĩ,tʃima'mẽtʃi/ [副] ❶ 親密に, 親しく. ❷ 心の底から, 深く.

intimar /ĩtʃi'max/ [他] ❶ 《intimar alguém a + [不定詞] / intimar a alguém que + [接続法]》 …に…するように命令する, 強要する ▶Ele intimou o motorista a usar o cinto de segurança. = Ele intimou ao motorista que usasse o cinto de segurança. 彼は運転手にシートベルトを締めるように命じた.

❷ …を…に持たせる, 抱かせる [+em] ▶Sua sabedoria intima respeito nos colegas. 彼の知恵は仲間たちに尊敬の念を抱かせた.

❸ 召還する, 出頭を命じる ▶Soube que a polícia o intimou. 警察が彼を召喚したことを知った.

❹ [B] [俗] 挑戦する, 挑発する, 挑む ▶Ele intimou o oponente para uma luta. 彼は敵対相手を挑発した.

❺ [B] [俗] 侮辱する ▶Eles intimavam-na injustamente. 彼らは不当にも彼女を侮辱した.

— [自] ❶ 厳しく言う ▶"Façam já o trabalho da escola!" intimou a mãe. 「すぐに宿題をしなさい」と母親が厳しく言った.

❷ [B] …を挑発する [+ com].

intimidação /ĩtʃimida'sɐ̃w̃/ [[複] intimidações] [女] 威嚇, 威圧, 脅し.

intimidade /ĩtʃimi'dadʒi/ [女] ❶ 親密さ, 懇意, 親密な関係 ▶ter intimidade com alguém …と親しくしている.

❷ 私生活, プライバシー ▶respeitar a intimidade プライバシーを尊重する / direito à intimidade プライバシー権.

intimidar /ĩtʃimi'dax/ [他] ❶ おびえさえる, びくびくさせる. ❷ 威嚇する, 脅す.

— **intimidar-se** [再] おびえる, びくびくする.

⋆íntimo, ma /'ĩtʃimu, ma インチモ, マ/ [形] ❶ **親密な, 仲のよい** ▶amigo íntimo 親友.

❷ **内輪の**, くつろげる ▶festa íntima 内輪の祝い / atmosfera íntima 打ち解けた雰囲気 / conversa íntima 気の置けない会話.

❸ **個人的な, 私的な** ▶vida íntima 私生活.

❹ 奥深い ▶Isso foi o resultado de sua convicção íntima. それはあなたの心の底からの確信の結果である.

— **íntimo** [男] ❶ 内部, 内心 ▶No íntimo, ele também está arrependido. 内心では, 彼もまた後悔している.

❷ 親しい人々 ▶Só os íntimos foram chamados para a reunião. 親しい人々だけが会議に招集された.

intitulado, da /ĩtʃitu'ladu, da/ [形] …という題名の ▶poema intitulado *A Lágrima*『涙』という題の詩.

intitular /ĩtʃitu'lax/ [他] ❶ 題名をつける, タイトルをつける ▶Ele intitulou seu romance. 彼は自分の小説に題名をつけた.

❷ …と名付ける, 呼ぶ [+ de] ▶Intitularam Pelé (de) o "rei do futebol". ペレは「サッカーの王」と名付けられた.

— **intitular-se** [再] 自称する, 自分を…と呼ぶ.

intocável /ĩto'kavew/ [[複] intocáveis] [形] 《男女同形》 触れてはならない, 不可侵の.

intolerância /ĩtole'rɐ̃sia/ [女] ❶ 不寛容, 偏狭 ▶intolerância religiosa 宗教的不寛容. ❷〖医学〗不耐症 ▶intolerância à lactose 乳糖不耐症.

intolerante /ĩtole'rɐ̃tʃi/ [形] 《男女同形》 ❶ 不寛容な, 狭量な, 偏狭な. ❷ …に不耐症のある ▶ser intolerante à lactose 乳糖不耐症がある.

intolerável /ĩtole'ravew/ [[複] intoleráveis] [形] 《男女同形》 許し難い, 耐えられない, 我慢できない ▶calor intolerável 耐えられない暑さ.

intoxicação /ĩtoksika'sɐ̃w̃/ [[複] intoxicações] [女] 中毒 ▶intoxicação alimentar 食中毒 / ter uma intoxicação 食中毒を起こす.

intoxicar /ĩtoksi'kax/ ㉙ [他] 中毒させる ▶A comida estragada intoxicou os clientes do restaurante. 傷んだ料理でレストランの客たちが中毒を起こした.

— **intoxicar-se** [再] 中毒になる.

intraduzível /ĩtradu'zivew/ [[複] intraduzíveis] [形] 《男女同形》 翻訳不能な.

intragável /ĩtra'gavew/ [[複] intragáveis] [形] 《男女同形》 ❶ 飲み込めない. ❷ 耐えられない.

intranquilidade /ĩtrɐ̃kwili'dadʒi/ [女] 不安, 心配.

intranquilizar /ĩtrɐ̃kwili'zax/ [他] 不安にさせる, 心配させる.

— **intranquilizar-se** [再] 不安になる, 心配する.

intranquilo, la /ĩtrɐ̃'kwilu, la/ [形] 不安な, 心配な;落ち着かない.

intransferível /ĩtrɐ̃sfe'rivew/ [[複] intransferíveis] [形] 《男女同形》 譲渡できない.

intransigência /ĩtrɐ̃zi'ʒẽsia/ [女] 非妥協性, 一徹さ.

intransigente /ĩtrɐ̃zi'ʒẽtʃi/ [形] 《男女同形》 ❶ 妥協しない, 譲歩しない. ❷ 頑固な, 一徹な.

— [名] 妥協しない人, 頑固な人.

intransitável /ĩtrɐ̃zi'tavew/ [[複] intransitáveis] [形] 《男女同形》 通行不能な.

intransitivo, va /ĩtrɐ̃zi'tʃivu, va/ [形]〖文法〗自動詞の ▶verbo intransitivo 自動詞.

intransmissível /ĩtrɐ̃zmi'sivew/ [[複] intransmissíveis] [形] 《男女同形》 ❶ 伝達できない. ❷ 譲渡できない. ❸ 伝染しない.

intransponível /ĩtrɐ̃spo'nivew/ [[複] intransponíveis/形《男女同形》越えられない▶barreira intransponível 越えられない障壁.

intratável /ĩtra'tavew/ [覆 intratáveis] 形《男女同形》扱いにくい, 手に負えない▶dor intratável どうにもならない痛み.

intravenoso, sa /ĩtrave'nozu, 'nɔza/ 形 静脈内の▶injeção intravenosa 静脈注射.

intrepidez /ĩtrepi'des/ [覆 intrepidezes] 女 勇敢さ, 大胆さ.

intrépido, da /ĩ'trɛ'pidu, da/ 形 危険を恐れない, 勇敢な.
— 名 勇敢な人.

intriga /ĩ'triga/ 女 ❶ 陰謀, 策謀, 策略▶intriga política 政治的策動 / homem de intriga 策士. ❷陰口, 中傷. ❸ 筋立て, プロット.
intriga de oposição ① 誹謗中傷. ② うそ.
intriga de bastidores 内輪もめ.

intrigado, da /ĩtri'gadu, da/ 形 …に好奇心をそられて, 興味を持って [+ com] ▶Estou intrigado com isso. 私はこのことに興味がある / O que me deixou intrigado é que +直説法 私が興味を持っているのは…だ.

intrigante /ĩtri'gẽtʃi/ 形《男女同形》❶ 陰謀を巡らす. ❷興味をそそる▶um fato intrigante 興味を引く事実.

intrigar /ĩtri'gax/ ⑪ 他 ❶ 仲たがいさせる, 敵意を抱かせる [+ com] ▶Ele intrigou os funcionários com o gerente. 彼は職員と支配人を仲たがいさせた.
❷ 興味をひく▶O mistério intrigava o repórter. 謎はリポーターの興味を引いた.
— 自 ❶ 興味をひく.
❷ 陰謀を企てる▶Ela gosta de intrigar. 彼女は陰謀を企てるのが好きだ.
❸ 不信感を持つ, 困惑する
— **intrigar-se** 再 ❶ …と仲たがいする, …に敵意を抱く [+ com] ▶Ele intrigou-se com os familiares. 彼は家族と仲たがいした.
❷ 興味を持つ, 好奇心をそそられる▶As crianças intrigavam-se ao ver aparecer o coelho dentro da cartola. 子供たちはシルクハットの中からウサギが現れるのを見て好奇心をそそられた.
❸ …について不審に思う, 困惑する [+ com] ▶Ele intrigou-se com o desaparecimento dos livros. 彼は本の紛失を不審に思った.

intrinsecamente /ĩ,trĩseka'mẽtʃi/ 副 内在的に, 本質的に.

intrínseco, ca /ĩ'trĩseku, ka/ 形 内在する, 本質的な, 固有の (↔ extrínseco) ▶valor intrínseco de uma moeda 硬貨自体の価値.

introdução /ĩtrodu'sẽw/ [覆 introduções] 女 ❶ 導入▶introdução da nova tecnologia 新技術の導入. ❷入門, 紹介▶introdução à filosofia 哲学入門, ❸ 序文, 序論, 序論. ❹『音楽』導入部.

introdutor, tora /ĩtrodu'tox, 'tora/ [覆 introdutores, toras] 名 導入者, 紹介者.
— 形 導入する.

introdutório, ria /ĩtrodu'tɔriu, ria/ 形 紹介の, 紹介的な, 前置きの ▶capítulo introdutório 序章 / curso introdutório 入門講座.

‡**introduzir** /ĩtrodu'zix イントロドゥズィーフ/ ⑭ 他 ❶ …の中に入れる, 挿入する [+ em] ▶introduzir a chave na fechadura 鍵を錠前に入れる / Introduza o voto na urna. 投票箱に投票用紙を入れてください.
❷ 導入する, 取り入れる▶introduzir a nova tecnologia 新技術を導入する / introduzir novas ideias novas 新しい考えを取り入れる.
❸ 招じ入れる, 案内する.
❹ …に加える, …の仲間にする [+ em]
❺ …の手ほどきをする [+ em].
❻ 紹介する▶introduzir o tema テーマを紹介する.
— **introduzir-se** 再 ❶ …に侵入する [+ em].
❷ …にしみ込む, 入り込む [+ em] ▶A água introduz-se na parede. 水が壁にしみ込む / A poeira introduziu-se nas casas. ほこりが家に入り込んだ. ❸ …に入る, 迎え入れられる [+ em].

introito /ĩ'trojtu/ 男 ❶ 初め, 導入部. ❷『カトリック』入祭文.

intrometer-se /ĩtrome'texsi/ 再 介入する, 立ち入る ▶O vizinho não se intrometeu na briga do casal. 隣人はその夫婦のけんかに立ち入らなかった / Não se intrometa! 口を出さないで.

intrometido, da /ĩtrome'tʃidu, da/ 形 干渉する, おせっかいな ▶Ele me ajuda quando eu peço, não é intrometido. 彼は私が頼んだときに助けてくれる. おせっかいではない.

intromissão /ĩtromi'sẽw/ [覆 intromissões] 女 干渉, 口出し.

introspeção /ĩtroʃpe'sẽw/ 女 P = introspecção

introspecção /ĩtrospek'sẽw/ [覆 introspecções] 女 B 内省, 内観.

introspectivo, va /ĩtrospek'tʃivu, va/ 形 内省の, 内省的な.

introspetivo, va /ĩtrospe'tʃivu, va/ 形 = introspectivo

introversão /ĩtrovex'sẽw/ [覆 introversões] 女 『心理』内向性 (↔ extroversão).

introvertido, da /ĩtrovex'tʃidu, da/ 形 名 内向的な (↔ extrovertido).

intrujão, jona /ĩtru'ʒẽw, 'ʒona/ [覆 intrujões, jonas] 名 詐欺師, ペテン師.

intrujar /ĩtru'ʒax/ 他 ❶ だます, 欺く. ❷ 理解する.
— 自 うそをつく, ほらを吹く.

intrujice /ĩtru'ʒisi/ 女 詐欺, ぺてん.

intrusão /ĩtru'zẽw/ [覆 intrusões] 女 割り込み, 侵入.

intruso, sa /ĩ'truzu, za/ 名 侵入者.
— 形 割り込んだ, 侵入した.

intuição /ĩtuj'sẽw/ [覆 intuições] 女 直観, 勘, 予感▶por intuição 直観で, 直観的に / ter a intuição de que +直説法 …という予感がする.

intuir /ĩtu'ix/ ⑦ 他 直観する.

intuitivamente /ĩtuj,tʃiva'mẽtʃi/ 副 直観的に.

intuitivo, va /ĩtuj'tʃivu, va/ 形 直観の, 勘の鋭い.

intuito /ĩ'tujtu/ 男 目的, 狙い ▶com o intuito

intumescer /ītume'sex/ ⑮ 他 腫らす，膨らませる，膨張させる．
— 自 腫れる，膨らむ，膨張させる．
— **intumescer-se** 再 腫れる，膨らむ，膨張させる．

inumano, na /inu'mẽnu, na/ 形 非人道的な，冷酷無情な．

inumerável /inume'ravew/ [複 inumeráveis] 形《男女同形》数え切れない，無数の．

__inúmero, ra__ /i'nũmeru, ra イヌーメロ，ラ/ 形 数え切れない，無数の，おびただしい ▶ inúmeras vezes 何度も何度も / inúmeros problemas 数多くの問題．

inundação /inũda'sẽw/ [複 inundações] 女 洪水，氾濫，浸水．

inundar /inũ'dax/ 他 ❶ …を水浸しにする，浸水させる，…に洪水を起こす ▶ As últimas enchentes inundaram as vilas ribeirinhas. この前の洪水で川縁の村は浸水した / O aeroporto foi inundado após o transbordamento do rio. 川が氾濫して空港は水浸しになった．
❷ ずぶ濡れにする ▶ As lágrimas inundaram seu rosto. 彼の顔は涙で濡れた．
❸ 侵入する，おしよせる ▶ Os mouros inundaram a Espanha. ムーア人がスペインを占領した．
❹ …を満たす ▶ A felicidade me inundou a alma. 幸せが私の心を満たした．
❺ …で満たす，いっぱいにする [+ de] ▶ Ele inundou o acusado de perguntas. 彼は被告人を質問ぜめにした / O mercado foi inundado de produtos estrangeiros. 市場は外国製品であふれた．
❻ …を覆う，…に蔓延する ▶ A fumaça inundou o ambiente. 煙が周囲に充満した．
❼ 照らす ▶ Um clarão de alegria inundou-lhe o rosto. 喜びの閃きが彼の顔を照らした．
— 自 氾濫する ▶ Este riacho inunda anualmente. この小川は毎年氾濫する．
— **inundar-se** 再 ❶ …でずぶ濡れになる [+ de] ▶ Ele inundou-se de suor. 彼は汗でずぶ濡れになった．
❷ 蔓延する，いっぱいになる ▶ A sala inundou-se de luz. 部屋は光にあふれた / O seu coração inundou-se de orgulho. 彼の心は誇りで満たされた．

inusitado, da /inuzi'tadu, da/ 形 珍しい，まれな．

__inútil__ /i'nutʃiw イヌーチゥ/ [複 inúteis] 形《男女同形》役に立たない，無益な ▶ coisas inúteis よけいなもの / Que pena, todo seu esforço foi inútil. なんと残念なことだろう，あなたのすべての努力が徒労に終わった / É inútil tentar. やってみても無駄だ．
— 名 役に立たない人 ▶ Ela não faz nada na vida, é uma inútil. 彼女は何もしない，役に立たない人だ．

inutilidade /inutʃili'dadʒi/ 女 役に立たないこと，無益，無駄．

inutilizar /inutʃili'zax/ 他 ❶ 役に立たなくする，働けなくする，動けなくする ▶ O acidente inutilizou-lhe um braço. 事故で彼の腕は動かなくなった．
❷ 損害を与える，損傷させる ▶ A maresia pode inutilizar o motor. 潮風でエンジンが駄目になることがある．
❸ 無効にする，台無しにする，無駄にする ▶ Um imprevisto inutilizou seus esforços. 不測の事態が彼の努力を台無しにした．
— **inutilizar-se** 再 役に立たなくなる，動けなくなる ▶ Por causa da doença, inutilizou-se. 病気で彼は動けなくなった．

inutilizável /inutʃili'zavew/ [複 inutilizáveis] 形《男女同形》使えない．

inutilmente /i,nutʃiw'mẽtʃi/ 副 むだに，無益に ▶ Os manifestantes protestavam inutilmente contra a prisão de um inocente. デモの参加者たちは無実の人が収監されていることに抗議していたが，むだだった．

__invadir__ /iva'dʒix インヴァヂーフ/ 他 ❶ 侵略する，侵入する ▶ A tropa invadiu a cidade vizinha. 軍隊が隣の町に侵入した．
❷ …に押し寄せる ▶ Os gafanhotos invadiram a plantação de trigo. イナゴが小麦畑に押し寄せた．
❸ 蔓延する ▶ A doença invadiu a cidade. 病気が町に蔓延した．
❹ 侵害する ▶ Não deve invadir os direitos alheios. 他人の権利を侵害するべきではない．

invalidar /ivali'dax/ 他 ❶ 無効にする，失効させる ▶ O tribunal invalidou o contrato. 裁判所はその契約を無効にした．❷ …の信用を失墜させる．
— **invalidar-se** 再 無効になる．

invalidez /ivali'des/ [複 invalidezes] 女（身体的または精神的）障害，就労不能．

inválido, da /i'validu, da/ 形 ❶（身体的または精神的）障害のある．❷《法律》無効な，効力のない ▶ documento inválido 無効な書類．
— 名 障害者．

invariável /ivari'avew/ [複 invariáveis] 形《男女同形》不変の，一定の．

invariavelmente /ivari,avew'mẽtʃi/ 副 相変わらず，常に．

invasão /iva'zẽw/ [複 invasões] 女 ❶ 侵入，侵略 ▶ invasão dos bárbaros 蛮族の侵入．❷ 殺到，氾濫 ▶ invasão de turistas 大挙して押し寄せる観光客．❸ 侵害 ▶ invasão de privacidade プライバシーの侵害．

invasor, sora /iva'zox, 'zora/ [複 invasores, soras] 形 侵略する，侵略する．
— 名 侵入者，侵略者．

__inveja__ /ĩ've3a インヴェージャ/ 女 ❶ ねたみ，そねみ，嫉妬 ▶ estar com inveja de... = ter inveja de... …をうらやましがる / Ela tinha muita inveja da posição do seu colega na firma. 彼女は会社での同僚のポストに大きなねたみを持っていた / por inveja 妬みに駆られて，ねたんで / fazer inveja a... …をうらやましがらせる．
❷ 嫉妬の対象 ▶ A casa de praia dele era a inveja de todos. 彼の海の別荘は皆の嫉妬の的であった．
matar de inveja 強い嫉妬心を起こさせる．
morrer de inveja うらやましくて仕方がない．

invejar /ĩve'3ax/ 他 うらやむ，ねたむ ▶ Invejava a felicidade de meu vizinho. 私は隣人の幸せがうら

invejável 528

やましかった / Um ator invejava o outro. ある俳優がもうひとりの俳優をねたんでいた.

invejável /ĩve'ʒavew/ [複 invejáveis] 形《男女同形》うらやましい ▶uma posição invejável うらやましい地位.

invejoso, sa /ĩve'ʒozu, 'ʒɔza/ 形 うらやんだ, ねたんだ ▶olhar invejoso 羨望のまなざし / Uma rival invejosa disse mal da Maria. ねたんだ恋敵がマリアのことを悪く言った.
— 名 うらやむ人, ねたむ人.

*****invenção** /ĩve'sẽw/ [複 invenções] 女 ❶ 発明, 考案, 発明品 ▶A invenção do avião foi um grande acontecimento da história. 飛行機の発明は, 歴史上の大きな出来事だった / O computador foi uma grande invenção dos últimos tempos. コンピューターは現代の大発明である.
❷ 作り話, でっち上げ ▶Isso é impossível. Só pode ser invenção dele. そんなことはあり得ない. 彼の作り話にすぎない.

invencível /ĩve'sivew/ [複 invencíveis] 形《男女同形》❶ 無敵の, 不敗の ▶a Invencível Armada (スペインの) 無敵艦隊. ❷ 乗り越えられない, 克服できない ▶obstáculo invencível 乗り越えられない障害.

*****inventar** /ĩvẽ'tax/ 他 ❶ 発明する, 考案する ▶Edison inventou a lâmpada elétrica. エジソンは電灯を発明した / Os ingleses inventaram o futebol. イギリス人がサッカーを考案した.
❷ 作り出す, 創作する ▶inventar histórias 物語を創作する.
❸ でっち上げる, ねつ造する ▶inventar um pretexto 言い訳をでっち上げる / inventar uma doença 仮病を使う.
— 自《inventar de + 不定詞》…することを思いつく, 決心する ▶Inventei de aprender japonês. 私は日本語を学ぶことを決めた.

inventariar /ĩvẽtari'ax/ 他 ❶ …の目録を作る, 棚卸しをする ▶O advogado inventariou os bens do cliente falecido. 弁護士は亡くなった依頼人の財産目録を作成した. ❷ 詳細に列挙する.

inventário /ĩvẽ'tariu/ 男 ❶ 財産目録, 商品目録, 棚卸し表, 棚卸し ▶fazer o inventário de algo …の財産目録を作る. ❷ 一覧表, リスト.

inventivo, va /ĩvẽ'tʃivu, va/ 形 発明の才能がある, 創意にあふれた.

inventor, tora /ĩvẽ'tox, 'tora/ [複 inventores, toras] 名 発明者, 考案者.
— 形 発明する, 発明者の.

invernada /ĩvex'nada/ 女 ❶ 寒い冬, 厳冬. ❷ B 雨季.

invernar /ĩvex'nax/ 自 ❶ 冬を過ごす. ❷《3 人称単数》冬になる.

*****inverno** /ĩ'vexnu/ 男 ❶ 冬, 冬季 ▶Aqui neva no inverno. ここは冬に雪が降る / uma manhã fria de inverno 冬の寒い朝 / roupa de inverno 冬服 / esportes de inverno 冬のスポーツ / inverno ameno 暖冬 / inverno rigoroso 厳冬. ❷ 老齢 ▶inverno da vida 老年期.

inverosímil /ĩvaru'zimil/ 形 P = inverossímil

inverosimilhança /ĩvaruzimi'ʎɐsa/ 女 P = inverossimilhança

inverossímil /ĩvero'simiw/ [複 inverossímeis] 形 B ありそうもない, 本当らしくない ▶O pescador me disse que fisgou uma baleia. Isso me pareceu inverossímil. 漁師は私にクジラを銛(もり)でしとめたと言った. それはありそうもないことのように私には思われた.

inverossimilhança /ĩverosimi'ʎɐsa/ 女 B ありそうもないこと, 本当らしくないこと.

inversão /ĩvex'sẽw/ [複 inversões] 女 ❶ 逆転, 転倒, 倒置 ▶inversão de marcha ユーターン / inversão térmica《気象》逆転層.
❷《文法》倒置, 倒置法 ▶inversão do sujeito 主語の倒置.
❸《歴史》inversão brasileira ポルトガル王室のブラジル逃避期.

inverso, sa /ĩ'vexsu, sa/ 形 逆の, 反対の ▶em ordem inversa 逆の順番で / efeito inverso 逆効果 / em sentido inverso 反対方向に / fazer o caminho inverso 逆方向に進む.
— **inverso** 男 正反対のこと, 逆のこと ▶fazer o inverso 正反対のことをする.
ao inverso 反対に, 逆に.
ao inverso de… …とは反対に, …とは違って.

invertebrado, da /ĩvexte'bradu, da/ 形《動物》無脊椎の.
— **invertebrado** 男 無脊椎動物.

inverter /ĩvex'tex/ 他 ❶ 逆にする, 置き換える, 入れ替える ▶inverter a direção 向きを逆にする.
❷ 変更する, 交換する, 変える ▶inverter os papéis 役割を交換する / Eles inverteram a posição das poltronas. 彼らはひじかけいすの位置を変えた.
❸ 〘B〙に投資する《+ em》▶Ele inverteu boa soma na produção do filme. 彼は映画の製作に多額の資金を投資した.
— **inverter-se** 再 逆になる, 反転する ▶A placa inverteu-se com o vento. 看板が風で逆さになった.

invés /ĩ'ves/ 男 ❶ 反対側. ❷ 裏側.
ao invés それに反して.
ao invés de… …の代わりに ▶Ao invés de falar, você deveria ficar quieto. 君は発言せずに黙っているべきだろう.

investida /ĩves'tʃida/ 女 ❶ 攻撃, 襲撃 ▶fazer investida 攻撃する, 襲撃する.
❷ 投資.
❸ 試み, 実験.
❹ 〘B〙ナンパ, 口説き, 言い寄ること.

investidor, dora /ĩvestʃi'dox, 'dora/ [複 investidores, doras] 名 投資家 ▶investidor institucional 機関投資家.
— 形 投資する.

investidura /ĩvestʃi'dura/ 女 叙任 (式), 任命 (式), 就任 (式).

*****investigação** /ĩvestʃiga'sẽw/ インヴェスチガサォン/ [複 investigações] 女 調査, 捜査, 研究 ▶fazer uma investigação de… …の調査をする / investigação do acidente 事故の調査 / investigação de mercado 市場調査 / investigação criminal 犯罪捜査 / investigação científica 科学的研究.

investigador, dora /ĩvestʃiga'dox, 'dora/ [[複] investigadores, doras] [形] 調査の, 研究の ▶ comissão investigadora 調査委員会.
— [名] ❶ 研究者. ❷ [B] 捜査官.

⋆**investigar** /ĩvestʃi'gax インヴェスチガーフ/ ⑪ [他] ❶ **調査する, 捜査する** ▶ O delegado mandou investigar o roubo da loja. 警察署長はその店の盗難を捜査するよう命じた / Os policiais estavam investigando o suspeito. 警官は容疑者を捜査していた.
❷ 研究する ▶ investigar a origem do universo 宇宙の起源を研究する.

⋆**investimento** /ĩvestʃi'mẽtu インヴェスチメント/ [男] ❶ **投資** ▶ A companhia fará um grande investimento na área de computação. 会社は情報処理分野に大規模な投資をするだろう / investimento em ações 株式投資 / banco de investimento 投資銀行 / investimento público 公共投資 / investimento privado 民間投資.
❷ (時間や努力の) 投資 ▶ O investimento para se realizar um sonho é importante. 夢を実現するための努力は大切である.
❸ 攻撃 ▶ O investimento da tropa foi repentino. 軍隊の攻撃は突然始まった.

⋆**investir** /ĩves'tʃix インヴェスチーフ/ ⑥1 [他] ❶ **投資する**, 出資する ▶ Ele investiu toda sua fortuna no projeto. 彼はすべての財産をそのプロジェクトに出資した.
❷ 任命する ▶ Investiram-no presidente. 彼は社長に任命された.
❸ 襲う ▶ O exército investiu a cidadela. 軍は要塞を襲った.
— [自] …を攻撃する [+ contra] ▶ Ele investiu contra o inimigo como uma fera. 彼は野獣のごとく敵を攻撃した.

inveterado, da /ĩvete'radu, da/ [形] ❶ 古くからの, 古来の.
❷ 深く根付いた, 常習の ▶ hábito inveterado 深く根付いた習慣.

inviabilizar /ĩviabili'zax/ [他] 実現不可能にする.

inviável /ĩvi'avew/ [[複] inviáveis] [形] 《男女同形》実現不可能な.

invicto, ta /ĩ'viktu, ta/ [形] 無敵の, 不敗の.

inviolabilidade /ĩviolabili'dadʒi/ [女] 不可侵性.

inviolável /ĩvio'lavew/ [[複] invioláveis] [形] 《男女同形》不可侵の, 侵すことのできない, 神聖な.

invisibilidade /ĩvizibili'dadʒi/ [名] 目に見えないこと, 不可視性.

⋆**invisível** /ĩvi'zivew インヴィズィーヴェゥ/ [[複] invisíveis] [形] **目に見えない** ▶ Não se preocupe, a cicatriz é quase invisível. 心配しなくていいよ, 傷跡はほとんど見えないから / homem invisível 透明人間.
— [男] 目に見えないもの ▶ Muitas vezes o invisível é importante. 多くの場合, 目に見えないものが重要だ.

invocação /ĩvoka'sɐ̃w̃/ [[複] invocações] [女] ❶ 祈り, 祈願, 呼びかけ ▶ invocação a Deus 神への祈願. ❷ 祈願の言葉. ❸ 引き合いに出すこと ▶ invocação da lei 法律を引き合いに出すこと. ❹ [俗] 不信, いらだち.

invocado, da /ĩvo'kadu, da/ [形] ❶ 祈願された.
❷ 不信を持った, いらだった ▶ estar invocado com alguém [B] …に不信を感じている ; …に怒っている, いらだっている.

invocar /ĩvo'kax/ ㉙ [他] ❶ (神の加護などを) 祈願する, 祈る, 求める ▶ Os gregos antigos invocavam os deuses. 古代ギリシャ人たちは神の加護を求めていた.
❷ 助けを求める, 援助を求める ▶ Desempregado, ele invocou a ajuda do pai. 彼は失職し, 父親に援助を求めた.
❸ 引き合いに出す, 引用する, …に頼る ▶ invocar o testemunho de vizinhos 隣人たちの証言に頼る.
❹ [B] [俗] いら立たせる, 怒らせる ▶ Sua falta de respeito me invocou. あなたの無礼さに私は憤りを感じる.
— [自] …を嫌う [+ com].
— **invocar-se** [再] …を嫌う [+ com].

invólucro /ĩ'vɔlukru/ [男] 包むもの, 包み.

involuntariamente /ĩvolũˌtaria'mẽtʃi/ [副] 心ならずも, 不本意ながら, 思わず.

involuntário, ria /ĩvolũ'tariu, ria/ [形] 不本意の, 意志によらない, 無意識の ▶ movimento involuntário 無意識の動き.

invulgar /ĩvuw'gax/ [[複] invulgares] [形] 《男女同形》普通ではない, 並外れた, まれな.

invulnerável /ĩvuwne'ravew/ [[複] invulneráveis] [形] 《男女同形》 ❶ 傷つけられない, 不死身の.
❷ …にびくともしない, 動じない [+ a].

iodo /i'odu/ [男] 〖化学〗ヨウ素, ヨード.

ioga /i'ɔga/ [女] ヨガ ▶ fazer ioga ヨガをする.

iogue /i'ɔgi/ [形] 《男女同形》ヨガの.
— [名] ヨガをする人.

iogurte /io'guxtʃi/ [男] ヨーグルト ▶ iogurte natural プレーンヨーグルト / iogurte de morango イチゴヨーグルト / iogurte desnatado 低脂肪ヨーグルト / tomar um iogurte ヨーグルトを食べる.

ioiô /ioi'o/ [男] ヨーヨー.

íon /'iõ/ [[複] íons [B] iones] [男] 〖化学〗イオン.

iónico, ca /i'ɔniku, kɐ/ [形] [P] = iônico

iônico, ca /i'õniku, ka/ [形] [B] イオンの.

ipê /i'pe/ [男] 〖植物〗[B] イペ (ノウゼンカズラ科の広葉樹) ▶ ipê amarelo 黄色い花のイペ (花はブラジルの国花) / ipê roxo 紫イペ.

ipecacuanha /ipekaku'ɐ̃ɲa/ [女] [B] 〖植物〗トコン.

ipsílon /ipi'silõ/ [男] イプシロン ❶ ギリシャ語アルファベットの第20字. ❷ 文字 y の名称.

IPTU 《略語》Imposto Predial e Territorial Urbano 不動産所有税.

⋆⋆⋆**ir** /'ix イーフ/ ㉝
[自] [1]

直説法現在	vou vais vai	vamos ides vão
過去	fui	fomos

I

ir

	foste	fostes
	foi	foram
未来	irei	iremos
	irás	ireis
	irá	irão
接続法現在	vá	vamos
	vás	vades
	vá	vão

❶ …へ行く, 向かう [+ a/para/B 話 em] ▶Já vou! 今行きます / ir a São Paulo. サンパウロに行く / ir para o Brasil ブラジルに行く / ir à [a] casa 家に帰る / ir ao cinema 映画に行く / ir ao banheiro トイレに行く / ir à aula 授業に出る / ir à rua 通りに出る, 外出する / Aonde você vai? あなたはどこに行くのですか / ir para o trabalho 仕事に行く / ir de férias バカンスに出かける / ir de carro 車で行く / ir de avião 飛行機で行く / ir de trem 列車で行く / ir a pé para a escola 歩いて学校に行く / Tenho que ir. 私は行かなければならない.

❷ 至る, 達する ▶O caminho vai ao cimo da montanha. 道は山の頂に続いている / A inflação foi a 7%. インフレは7パーセントに達した.

❸ (人が) 健康である, (体調が) …である ▶— Como vai? — Vou muito bem, obrigado. 「お元気ですか」「元気です, ありがとう」

❹ (活動が) 進む, はかどる ▶Tudo vai bem. 万事順調だ / O trabalho vai muito bem. 仕事はとても順調にはかどっている / Como vão as coisas? 調子はどうですか / Como vão os negócios? 商売の方はどうですか / O que fazer quando as coisas não vão bem? 物事がうまくいかないときはどうすればいいだろうか.

❺ (機械が) 機能する, 働く.

❻ 《ir +補語》…である ▶Ele vai um pouco cansado. 彼は少し疲れている.

❼ …と合う, 調和する [+ com] ▶Não vou com aquele sujeito. 私はあいつとはうまが合わない / Acha que não foi promovido porque o chefe não vai com ele. 上司とうまくいかないので昇進しなかったと彼は思っている / ir com a maioria 多数派に同調する.

❽ …に似合う [+ a] ▶Esse vestido vai-lhe muito bem. このドレスは彼女にとても似合う.

❾ 運ばれる, 送られる, 届けられる, 使われる ▶ir pelo correio 郵便で送られる / O velho estava agonizando quando foi para o hospital. 病院に運ばれた時, 老人は瀕死の状態だった / O dinheiro vai para a caridade. その金は慈善事業に充てられる.

❿ 起こる, 発生する ▶O que vai pelo mundo? 世界で何が起きているのか.

⓫ 続く ▶A conversa amena foi pela madrugada adentro. 楽しい会話が明け方まで続いた.

⓬ …に衝突する, 反する [+ contra] ▶O avião foi contra a torre de controle. 飛行機は管制塔に衝突した / Essa decisão vai contra a lei. この決定は法に反する.

⓭ なくなる, 消える, 雲散霧消する; 死ぬ ▶ir deste mundo この世を去る

⓮ …を去る, 出る [+ de] ▶Foram direto do trabalho para a festa. 彼らは職場からまっすぐパーティーに行った / Fomos cedo porque tínhamos outro compromisso. 別の約束があったので私たちは早く出た.

⓯ (時間が) 経過する ▶Já lá vão dez anos. もう10年がたった / Separaram-se já lá iam três anos. すでに3年ほど前に彼らは別れていた.

⓰ 《非人称》《vai em +時間表現》…して…になる ▶Vai em dez anos que moro aqui. 私がここに住んで10年になる.

⓱ 《非人称》《vai para +時間表現》…になろうとしている ▶Vai para três meses de espera. 待機期間が3か月ほどになろうとしている.

⓲ (時間や距離が) 離れている ▶Do Natal ao Carnaval vão cerca de dois meses. クリスマスからカーニバルまでは2か月ほどだ / Da minha à tua cidade vão três dias de viagem. 私の町から君の町まで3日の旅だ.

⓳ 《ir a +不定詞》…しようとしている ▶Apanhei-o quando ele ia a sair. 出かけようとしている彼を私は捕まえた.

⓴ …と性的関係を持つ [+ com].

② 《ir +不定詞》

❶ 《vamos +不定詞》…しましょうか, …しましょう ▶Vamos comer. 食べよう (注「行きましょう」は Vamos. と言う).

❷ …しに行く ▶Eu vou falar com ele. 私は彼と話をしに行く / Eu fui comprar uma televisão. 私はテレビを買いに行った.

❸ 《ir の現在形+不定詞》(近未来) …だろう, …するつもりだ ▶Eu vou fazer o meu melhor. 私は最善を尽くすつもりだ / Hoje eu não vou fazer nada. 今日は何もしないつもりだ.

❹ 《ir の現在形+不定詞》(命令を表して) …しなさい ▶Você vai me obedecer! 私の言うことを聞きなさい.

❺ 《ir の半過去形+不定詞》…しようとしていた ▶Eu ia partir para uma ilha desconhecida. 私は未知の島に出かけようとしていた.

❻ 話 《ir の活用形+不定詞》動詞の活用形を代用する ▶Foi consultar-se (= consultou-se) com um especialista. 専門家に相談した / A polícia foi encontrar (= encontrou) a viatura roubada no parque. 警察は盗難車両を公園で発見した / O menino fora esconder-se (= escondera-se) no sótão. その子は屋根裏に隠れていたのだった.

③ 《ir +現在分詞》

❶ だんだん…していく, 徐々に…する ▶A noite vai chegando devagar. 夜のとばりがゆっくり降りている / O time foi conseguindo cada vez mais resultados. そのチームは徐々に結果を出して行った / À medida que o tempo vai passando, o filme torna-se mais monótono. 時間の経過につれてその映画はますます単調になる.

❷ 《ir の半過去形+現在分詞》もう少しで…するところだった ▶Ia morrendo. 私は危うく命を落とすところだった.

— **ir-se** 再 ❶ 行ってしまう, 去る, おいとまする ▶ O moço se foi embora sem se despedir. 若者はさよならも言わず去ってしまった / Ela se foi de avião para Portugal. 彼女は飛行機でポルトガルへ去った.
❷ なくなる, 消える ▶ Foram-se as águas da enchente e a vida retomou a sua rotina. 洪水が引いて, いつもの生活が戻った / Foi-se o entusiasmo, foi-se tudo. 興奮が冷めると, 何も残っていなかった.
❸ 死ぬ ▶ Ele foi-se antes dos pais. 彼は両親より先に死んだ.
deixar ir そのままにしておく, 成り行きに任せる, 放っておく.
foi, não foi しばしば, 頻繁に ▶ Foi, não foi, ele está metido em brigas. 頻繁に彼はもめ事に巻き込まれる.
ir adiante 継続する, 進む.
ir além de... …にまさる, …を上回る ▶ O resultado foi além do que se esperava. 結果は予想以上のものだった / Seu apetite vai além do normal. 彼の食欲は異常だ.
ir ao encontro de... …に会いに行く, …を迎えに行く.
ir atrás de... …を真に受ける, 信じる ▶ Não vou mais atrás de conversa fiada. うわさ話はもう私は真に受けない.
ir bater em... …に会いに行く, …を迎えに行く.
ir bem うまくいく, 成功する ▶ Fui bem na prova. 私はテストがよくできた.
ir chegando 圄 行ってしまう, 去る, 死ぬ.
ir com os que ficam ここにとどまる.
ir dar a... (道が) …に通じる.
ir de... ① …で行く. ② …を着る, …に扮する ▶ ir de azul 青い服を着る / ir de saia スカートをはく / ir de palhaço 道化師に扮する.
ir desta para melhor 圄 死ぬ.
ir e vir ① 行き来, 往来. ② 自由な移動.
ir indo 何とかやっている, ぼちぼちやっている, 何とか暮らしていく ▶ Vou indo. 何とかやっているよ.
ir longe 見込みがある, 有望だ, 予想がつかない ▶ Esse novato vai longe. この新人は有望だ / um escândalo que podia ter ido longe 大変なことになっていたかも知れないスキャンダル.
ir mal 失敗する.
ir puxando 圄 行ってしまう, 去る, 死ぬ.
ir ter a... …に到着する, …に通じる ▶ Navegando sem rumo, eles foram ter a uma ilha. あてもなく航海し, 彼らは島に着いた / uma estrada que vai ter a Xingu. シングーに続く街道.
ir(-se) abaixo ① 崩壊する, 失効する ▶ A ponte foi-se abaixo com a enchente. 洪水で橋が落ちた / Essa lei já foi abaixo. この法律はすでに失効している. ② 圆 落ち込む, 元気がなくなる ▶ Com a separação, ela foi-se mesmo abaixo. 別居で彼女は相当落ち込んだ.
ir(-se) embora 行ってしまう, 去る ▶ O gato foi-se embora sem barulho. その猫は音もなくいなくなった.
ir ter com... …に会いに行く, …を迎えに行く ▶ Fui ter com ele para discutir o assunto. そのことを話しに私は彼に会いに行った.
O que lá vai, lá vai. 過ぎたことは過ぎたこと, 水に流そう.
ou vai, ou racha 何としてでも, 何が何でも.
vá lá 《同意やあきらめ》 よし, まあいいか ▶ Vá lá, fique com a metade. まあいいか, 半分やるよ.
vai, não vai しばしば, 頻繁に ▶ Vai, não vai, nos encontramos no cinema. 僕らはよく映画館で会う.
Vai que é mole. 簡単だから大丈夫.
vai que vai 当たって砕けろ.
vai ver que +直説法 おそらく….
Vamos! ① 急げ, さあ, 行くぞ. ❷ 頑張れ ▶ Vamos, Flamengo. 頑張れ, フラメンゴ.
vamos e venhamos 明らかに, どう見ても.
Vamos lá! = Vamo-lá! さあ, 行きましょう.

語法 ir a と ir para

ir a と ir para はブラジルの口語では両方とも「…に行く」という意味で用いられる.
 ir a São Paulo = ir para São Paulo B サンパウロに行く.
 ir ao trabalho = ir para o trabalho B 仕事に行く.
ポルトガルでは ir a は一時的にどこかに行くことを意味し, ir para は行先に滞在するときに用いられる.
 Vou a Lisboa. P 私はリスボンに (日帰りで) 行く.
 Vou para Lisboa. P 私はリスボンに (数日滞在予定で) 行く.
他に, ブラジルでは特に話し言葉で ir em が用いられることがある.
 Vou em casa. 私は家に帰る.

IR (略語) B Imposto de Renda 所得税.
ira /'ira/ 囡 怒り, 激怒, 憤怒 ▶ ira divina 神の怒り.
irar /i'rax/ 他 怒らせる.
— **irar-se** 再 怒る.
irascível /ira'sivew/ [複 irascíveis] 形 《男女同形》 怒りっぽい, かんしゃく持ちの.
íris /'iris/ 囡 〔単複同形〕 ❶ 虹. ❷ 〔解剖〕 虹彩. ❸ 〔植物〕 アイリス, アヤメ.
‡irmã /ix'mɛ̃ イフマン/ 囡 ❶ 姉, 妹 ▶ Eu tenho uma irmã. 私は姉 [妹] がいる / irmã mais velha 姉 / irmã mais nova 妹 / irmã de criação 義理の姉妹.
❷ シスター, 尼僧, 修道女 ▶ irmã de caridade (医療福祉に献身的に取り組む) 修道女.
— 形 同系の, 姉妹… ▶ línguas irmãs 姉妹言語 / São Paulo e Osaka são cidades irmãs desde 1969. サンパウロと大阪市は1969年以来姉妹都市である.
irmanar /ixma'nax/ 他 ❶ 仲良くさせる, 親しくさせる, 結びつける ▶ A religião irmanou os dois povos. 宗教がその両国民を結びつけた. ❷ …を同じにする. ❸ …を…と同じにする, に合わせる [+ com].

irmandade

— **irmanar-se** 再 ❶ 兄弟の契りを結ぶ, 仲良くなる, 結びつく. ❷ …と同じになる [+ com].

irmandade /ixmẽ'dadʒi/ 囡 ❶ 兄弟の関係. ❷ 近縁, 類似. ❸ 友愛. ❹ 兄弟会, 同胞会 ▶ Irmandade Muçulmana ムスリム同胞団.

irmão /ix'mẽw̃/ イフマォン/ 男 ❶ 兄, 弟, 兄弟 ▶ Tenho muitos irmãos. 私は兄弟が多い / Eles são irmãos. 彼らは兄弟だ / irmão mais velho 兄 / irmão mais novo 弟 / Quantos irmãos você tem? あなたは何人兄弟がいますか / irmão de criação 義理の兄弟 / como irmãos 兄弟のように / irmãos carnais [germanos] 同 父 母 兄 弟 / irmãos de pai 異母兄弟 / irmãos uterinos 異父兄弟 / irmãos de leite 乳 兄 弟 / irmãos de armas 戦友 / irmão adotivo 養子縁組による兄弟 / irmãos de sangue 血縁兄弟.

❷《呼びかけ》兄弟 ▶ Meu irmão, onde é que está? 兄弟, どこにいるんだ.

❸ 修道士 ▶ Eu vi muitos irmãos franciscanos nesta vila. この村でフランシスコ会の修道士をたくさん見かけた.

ironia /iro'nia/ イロニーア/ 囡 皮肉, アイロニー ▶ ironia amarga 辛らつな皮肉 / ironia do destino 運命の皮肉 [いたずら].

ironicamente /i,ronika'mẽtʃi/ 副 皮肉に, 皮肉っぽく.

irónico, ca /i'rɔniku, kɐ/ 形 P = irônico

irônico, ca /i'rõniku, ka/ 形 B 皮肉な, 反語的な ▶ em tom irônico 皮肉な口調で / comentário irônico 皮肉な意見.

ironizar /ironi'zax/ 他 自 皮肉を言う, 皮肉る.

irracional /ixasio'naw/ [複 irracionais] 形《男女同形》❶ 理性に反する, 不合理な ▶ medo irracional 根拠のない恐怖心. ❷《数学》無理数の ▶ número irracional 無理数. ❸ 理性を持たない ▶ animal irracional 理性を持たない動物.

irracionalidade /ixasionali'dadʒi/ 囡 不合理, 不条理, 理性に合わないこと.

irradiação /ixadʒia'sẽw̃/ [複 irradiações] 囡 ❶ (光などの) 放射, 照射. ❷ (放射線の) 照射. ❸ (痛みなどの) 広がり, 放散.

irradiante /ixadʒi'ẽtʃi/ 形《男女同形》❶ 発散する, 放射する. ❷ 輝く. ❸ 陽気な, 明るい.

irradiar /ixadʒi'ax/ 他 ❶ (ラジオで) 放送する. ❷ (光や熱などを) 発散させる, 放射する ▶ O sol irradia sua luz e seu calor. 太陽は光と熱を放射する.

❸ 広める, 普及させる ▶ irradiar felicidade 幸福をふりまく.

❹ …に放射線を照射する.

— **irradiar-se** 再 ❶ 広まる, 広がる. ❷ (ラジオで) 放送される.

irreal /ixe'aw/ [複 irreais] 形《男女同形》非現実的な, 実在しない.

irrealidade /ixeali'dadʒi/ 囡 非現実性, 架空.

irrealizável /ixeali'zavew/ [複 irrealizáveis] 形《男女同形》実現できない, 達成不可能な.

irreconciliável /ixekõsili'avew/ [複 irreconciliáveis] 形《男女同形》和解できない, 折り合いのつかない, 相容れない ▶ inimigo irreconciliável 不

倶戴天の敵.

irreconhecível /ixekoɲe'sivew/ [複 irreconhecíveis] 形《男女同形》それとわからない, 識別できない.

irrecuperável /ixekupe'ravew/ [複 irrecuperáveis] 形《男女同形》取り返せない, 取り戻せない ▶ um erro irrecuperável 取り返しのつかない過ち.

irrecusável /ixeku'zavew/ [複 irrecusáveis] 形《男女同形》❶ 拒絶できない, 拒めない ▶ proposta irrecusável 拒めない提案. ❷ 反論できない.

irredutível /ixedu'tʃivew/ [複 irredutíveis] 形《男女同形》❶ 削減 [減少, 縮小] できない ▶ preço irredutível ぎりぎりの値段 / fração irredutível 既約分数. ❷ 不屈の, 譲らない. ❸ 還元できない.

irrefletido, da /ixefle'tʃidu, da/ 形 思慮を欠いた, 軽率な, 不注意な ▶ ato irrefletido 軽率な行為.

irrefutável /ixefu'tavew/ [複 irrefutáveis] 形《男女同形》反駁できない, 論破できない.

irregular /ixegu'lax/ イヘグラー/ [複 irregulares] 形《男女同形》❶ 不規則な ▶ A vida irregular acarreta problemas graves de saúde. 不規則な生活は健康に重大な問題を引き起こす / verbos irregulares 不規則動詞.

❷ 不法の, 不正な ▶ A documentação da empresa está toda irregular. その企業の書類はまったく不正なのである.

❸ むらのある ▶ Seu humor é irregular demais. 君は気分にむらがありすぎる.

❹ 不ぞろいの ▶ Ela usa aparelho para corrigir os dentes irregulares. 彼女は不ぞろいの歯並びを矯正するために器具を使っている.

irregularidade /ixegulari'dadʒi/ 囡 ❶ 不規則性, 変則 ; ふぞろい. ❷ 不規律, 不品行. ❸ 不正, 反則 (行為).

irregularmente /ixegu,lax'mẽtʃi/ 副 ふぞろいに, 不規則に, 変則的に.

irrelevância /ixele'vẽsia/ 囡 重要でないこと.

irrelevante /ixele'vẽtʃi/ 形《男女同形》重要でない, 取るに足りない ; 関連性のない ▶ O comentário é irrelevante. その意見は的外れだ.

irremediável /ixemedʒi'avew/ [複 irremediáveis] 形《男女同形》❶ 手の施しようがない, 取り返しのつかない. ❷ 避けられない, 不可避の.

irreparável /ixepa'ravew/ [複 irreparáveis] 形《男女同形》修繕不能の, 取り返しのつかない, 償い得ない ▶ uma perda irreparável 取り返しのつかない損失.

irrepreensível /ixepriẽ'sivew/ [複 irrepreensíveis] 形《男女同形》非の打ち所がない, 申し分のない.

irrequieto, ta /ixeki'ɛtu, ta/ 形《男女同形》❶ 落ち着きのない ▶ uma criança muito irrequieta とても落ち着きのない子供. ❷ (海が) 荒れた ▶ O mar está irrequieto. 海が荒れている.

irresistível /ixezis'tʃivew/ [複 irresistíveis] 形《男女同形》❶ 抵抗できない, 抗しがたい ▶ O amor é o desejo irresistível. 愛は抗うことのできない欲望である.

❷ 魅力的な ▶ O Brasil é um país irresistível. ブ

ラジルは魅力的な国だ.

irresistivelmente /ixezis,tʃivew'mẽtʃi/ [副] どうしようもないほど, 抵抗できないほど.

irresolução /ixezolu'sɐ̃w̃/ [[複] irresoluções] [女] 優柔不断, 煮え切らないこと.

irresoluto, ta /ixezo'lutu, ta/ [形] ❶ 決断力のない, 煮え切らない, 優柔不断な. ❷ 未解決の.
— [名] 優柔不断な人.

irresponsabilidade /ixespõsabili'dadʒi/ [女] 無責任; 責任のないこと.

irresponsável /ixespõ'savew/ [[複] irresponsáveis] [形]《男女同形》❶ 無責任な. ❷ 責任のない, 責任能力のない.
— [名] 無責任な人, 責任能力のない人.

irrestrito, ta /ixes'tritu, ta/ [形] 制限のない, 無制限の.

irreverência /ixeve'rẽsia/ [女] 不敬虔, 不敬, 無礼な行為［言葉, 態度］.

irreversível /ixevex'sivew/ [[複] irreversíveis] [形]《男女同形》元に戻れない, 不可逆的な, 一方向的な ▶ mudança irreversível 不可逆的変化.

irrevogável /ixevo'gavew/ [[複] irrevogáveis] [形]《男女同形》撤回できない, 取り消せない.

irrigação /ixiga'sɐ̃w̃/ [[複] irrigações] [女] ❶ 灌漑. ❷〘医学〙灌注, 洗浄.

irrigar /ixi'gax/ ⑪ [他] ❶ …を灌漑する. ❷〘医学〙洗浄する.

irrisório, ria /ixi'sɔriu, ria/ [形] ❶ あざ笑うような. ❷ 取るに足らない, ごくわずかな, 格安の ▶ preços irrisórios 激安価格 / salário irrisório 雀の涙の給料.

irritabilidade /ixitabili'dadʒi/ [女] 起こりっぽいこと, 短気.

irritação /ixita'sɐ̃w̃/ [[複] irritações] [女] ❶ いらだち, 怒り. ❷ 軽い炎症.

irritadiço, ça /ixita'dʒisu, sa/ [形] 怒りっぽい, すぐかっとなる.

irritante /ixi'tẽtʃi/ [形]《男女同形》❶ いらだたせる, 怒らせる ▶ comportamento irritante いらいらする振るまい. ❷ 炎症を起こさせる.
— [男] 刺激物.

*__irritar__ /ixi'tax イヒターフ/ [他] ❶ **怒らせる, いらだたせる** ▶ São essas fofocas que me irritam. それらの陰口が私をいらだたせる.
❷ 炎症を起こさせる, ひりひりさせる ▶ Todo antibiótico irrita o meu estômago. 抗生物質はすべて私の胃に炎症を起こす.
— **irritar-se** [再] 怒る, いらいらする ▶ Ele se irrita muito facilmente. 彼はちょっとしたことでいらいらする.

irritável /ixi'tavew/ [[複] irritáveis] [形]《男女同形》❶ 怒りっぽい, かんしゃく持ちの. ❷ 過敏な, 炎症を起こしやすい.

irromper /ixõ'pex/ [自] ❶ …に侵入する, 押し入る, 突入する［+ em］▶ As crianças irromperam no parque. 子供たちが公園に押し入った.
❷ 突発する, 突然現れる ▶ Palavras veementes irromperam da boca do professor. 熱烈な言葉が先生の口からあふれ出た.
❸ 吹き出す, あふれ出る ▶ A água irrompia. 水が吹き出した.

isca /'iska/ [女] (魚釣りの) えさ ▶ isca artificial 擬似餌, ルアー.
comer [engolir] a isca 餌に食いつく, わなにはまる.
lançar a isca 餌をまく.
morder a isca 餌に釣られる, わなにはまる.

isenção /izẽ'sɐ̃w̃/ [[複] isenções] [女] ❶ 免除 ▶ isenção fiscal 免税 / isenção do serviço militar 兵役免除. ❷ 公平性, 中立性 ▶ julgar com isenção 公平に裁く.

isentar /izẽ'tax/《[過去分詞] isentado/isento》[他] …から免除する［+ de］▶ A nova lei isenta as pequenas empresas do pagamento de impostos. 新しい法律は小規模企業の税を免除する.
— **isentar-se** [再] …を免れる［+ de］.

isento, ta /i'zẽtu, ta/ [形] ❶ …を免除された, …のない［+ de］▶ isento de impostos 税を免除された / isento de perigo 危険のない / isento de açúcar 砂糖を使っていない / isento de pagar a taxa 税金の支払いを免除された.
❷ 中立な, 公平な.

islã /iz'lẽ/ [男] イスラム; イスラム教, イスラム文明, イスラム世界.

islame /iz'lẽmi/ [男] = islã

islâmico, ca /iz'lẽmiku, ka/ [形] イスラムの, イスラム教の.

islamismo /izla'mizmu/ [男] イスラム教.

islamita /izla'mita/ [名] イスラム教徒.

isolacionismo /izolasio'nizmu/ [男] 孤立主義.

*__isolado, da__ /izo'ladu, da イゾラード, ダ/ [形] ❶ **孤立した** ▶ aldeia isolada 人里離れた村 / sentir-se isolado 孤独を感じる / Ele está sempre muito isolado. 彼はいつもとても孤立している.
❷ まれな, 特殊な ▶ caso isolado 例外的な事例.
❸〘電気〙絶縁された ▶ cabo isolado 絶縁ケーブル.

isolador, dora /izola'dox, 'dora/ [[複] isoladores, doras] [形] 絶縁の, 遮音の.
— **isolador** [男] 絶縁体.

isolamento /izola'mẽtu/ [男] ❶ 孤立, 孤絶 ▶ viver em isolamento 孤立して生きる. ❷ (患者などの) 隔離. ❸ (電気の) 絶縁; 遮音; 断熱.

isolante /izo'lẽtʃi/ [形]《男女同形》絶縁の; 断熱の; 遮音の.
— [男] 絶縁体; 断熱材; 遮音材.

isolar /izo'lax/ [他] ❶ 隔離する, 孤立させる ▶ isolar os pacientes 患者を隔離する.
❷ 絶縁する, 断熱する. ❸ 立ち入り禁止にする ▶ Por causa do desabamento, a prefeitura isolou a área do imóvel. 建物が倒壊したため, 市はその地域を立ち入り禁止にした.
— **isolar-se** [再] 孤立する, 引きこもる.
Isola! くわばらくわばら (不吉を避けるためのまじない).

isonomia /izono'mia/ [女] 政治的権利の平等, 市民権の平等性.

isopor /izo'pox/ [男] 発泡スチロール.

isqueiro /is'kejru/ [男] (喫煙用の) ライター.

Israel /izxa'ɛw/《国名》イスラエル.

I

israelense

israelense /izxae'lẽsi/ 形《男女同形》イスラエルの.
― 名 イスラエル人.

israelita /izxae'lita/ 形《男女同形》古代イスラエルの.
― 名 古代イスラエル人.

isso /'isu イーソ/ 代《指示》❶ それ, そのこと▶― O que é isso? ― Isto é um dicionário português-inglês.「それは何ですか」「これはポ英辞典です」/ Isso é impossível. そんなことはあり得ない / Não deve fazer isso. そんなことをしてはいけません / Quem te falou isso? 誰が君にそんなことを言ったのですか / Só isso. それだけで結構です.
❷ B 国 これ (= isto) ▶ O que é isso? これは何ですか.

É isso. その通りだ.
É isso aí. 国 そういうわけだ, そういうことだ.
É isso mesmo. その通りだ.
Isso é que não! まったく違う, 全然違う.
isso e aquilo これとあれと.
Isso mesmo! その通りだ.
Não é bem isso. そういうわけではない.
Não por isso. どういたしまして.
Não seja por isso! どういたしまして.
nem por isso だからといって…ない▶ Ele ganhou na loteria mas nem por isso deixou de trabalhar. 彼は宝くじに当選したがそれでも仕事をやめることはなかった.
para isso そうするために, そのために.
por isso それだから, だから▶ Foi por isso que vim aqui. だから私はここに来た.

istmo /'istʃimu/ 男 地峡▶ o istmo do Panamá パナマ地峡.

isto /'istu イスト/ 代《指示》これ, このもの, このこと▶ Que é isto? これは何ですか / Isto é um costume desta região. これはこの地方の慣習だ / Isto já é o limite. もうこれが限界だ / Isto é a situação real desse país. これがその国の実情だ / ou isto ou aquilo これかあれか.
isto é... すなわち…, つまり….

語法「これ」と「それ」

ポルトガル語の指示詞は日本語と同様, 本来「これ」「それ」「あれ」の 3 項からなっている.
　これ isto
　それ isso
　あれ aquilo
ところが, ブラジルの口語では isto が後退し, 代わりに isso が「これ」を表すようになっていてきている.
また, isso のあとに aqui または aí がついて 2 語でそれぞれ強調的に「これ」「それ」を意味することがある.
　O que é isso aqui? これは何ですか.
　O que é isso aí? それは何ですか.
ポルトガルでは isto と isso の間の区別は保たれている. なお, ポルトガルでは isto aqui「これ」, isso aí「それ」は可能だが, ブラジルと違って isso aqui は用いられない.

Itália /i'talia/ 女《国名》イタリア▶ viver na Itália イタリアに住む / viajar pela Itália イタリアを旅する.

italiano, na /itali'ẽnu, na イタリアーノ, ナ/ 形 イタリアの, イタリア人の, イタリア語の▶ a arte e a música italianas イタリアの芸術と音楽 / imigrantes italianos イタリア人移民.
― 名 イタリア人.
― **italiano** 男 イタリア語▶ Dizem que o italiano é o idioma da ópera. イタリア語はオペラの言語と言われる.

itálico, ca /i'taliku, ka/ 形 ❶ イタリック体の. ❷ (古代) イタリアの ; 『言語』イタリック語派の.
― **itálico** 男 イタリック体▶ em itálico イタリック体で.

Itamaraty /itamara'tʃi/ 男 イタマラチ (ブラジル外務省の別称. かつて外務省があったリオデジャネイロの宮殿の名前から) ▶ Palácio Itamaraty イタマラチ宮 (ブラジル外務省の建物).

item /'itẽj/ [複 itens] 男 事項, 項目▶ itens da lista リストの項目.
item por item 完全に, 詳細に.

iterar /ite'rax/ 他 繰り返す, 繰り返して言う.

iterativo, va /itera'tʃivu, va/ 形 繰り返しの, 反復の.

itinerante /itʃine'rẽtʃi/ 形《男女同形》巡回する, 移動する▶ biblioteca itinerante 巡回図書館.

itinerário /itʃine'rariu/ 男 行程, 旅程, 道筋, ルート▶ o itinerário do ônibus バスの経路 / o itinerário da viagem 旅程.

J j

j /ʒɔta/ 男 ポルトガル語アルファベットの第10字.

já /ʒa/ 副 ❶ すでに, もう ▶ Todos nós já sabemos disso. 私たち全員がそのことをすでに知っている / Já é tarde demais. もう手遅れです / Já estou perfeitamente bem de saúde. 私はもうすっかり元気だ / Ele já não é mais criança. 彼はもう子供ではない / Eu já almocei. 私はもう昼食を食べた / ― Você já terminou? ― Já.「あなたはもう終えましたか」「はい」.
❷ 今までに ▶ Eu já estive nessa situação. 私はこれまでこのような状況にいたことがある / Já estive nos Estados Unidos. 私はアメリカに行ったことがある / Você já foi ao Japão? あなたは日本に行ったことがありますか / a melhor coisa que eu já fiz 私が今までにした最善のこと.
❸ まもなく, 今すぐに ▶ Já vou. (相手の方に) 今行きます / Já vou fazer. すぐにします / Ele disse que voltava já. すぐに戻ると彼は言った.
❹ かつて, 以前 ▶ O Rio já foi uma cidade calma. リオはかつて静かな都市だった / Eu já fui a Portugal. 私はかつてポルトガルに行ったことがある / Eu já o encontrei antes. 私は彼に以前会ったことがある.
❺ (強調の意味で) …ですらも, いずれにせよ ▶ Se conseguirmos vencer alguns obstáculos, já estamos fazendo muito. いくつか障害を超えることができれば, それで十分だ / Ah! Já sei! あっ, わかった / Eu já esperava isso. そんなことだろうと思っていた / Já chega! いい加減にしろ.
― 接 (já... já...) 時には…また時には…, あるいは…またあるいは….

Até já! またすぐで (すぐ後に再会するときの別れのあいさつ).
desde já これからは, 今後は.
já agora 今や, 結局, やはり ▶ Já agora, ele terá de desistir. やはり彼はあきらめざるを得ないだろう.
já era 時代遅れの, 一昔前の.
já, já 今すぐに ▶ Já já estarei de volta. 私はすぐに戻ってくる.
já que + 直説法 今や…なので, …だから, …である以上 ▶ Já que você não quer este livro, vou dá-lo a seu colega. 君がもうこの本をいらないので, 君の同僚にやることにしよう / Já que você vai, é melhor ir rápido. どうせ行くなら早く行った方がいい.
já se vê 明らかに, もちろん.
não tão já そんなにすぐではなく.
para já 今すぐに, 直ちに, 今のところ ▶ ― Sair daqui? ― É para já.「ここから出るんですか」「そう, 今すぐ」/ Não é para já. 今でなくてもよい / Para já, não precisamos de sua ajuda. 今のところ, 私たちはあなたの助けを必要としない.

jabaculê /ʒabaku'le/ 男 B 俗 ❶ 八百長試合のために相手チームの選手に渡す金, 賄賂. ❷ お金.

jabuticaba /ʒabutʃi'kaba/ 女 【植物】ジャボチカバ (濃紫色の果実がなる).

jaca /'ʒaka/ 女 【果物】ジャックフルーツ, パラミツ (世界最大の果実と言われる).

jacarandá /ʒakarɛ̃'da/ 男 【植物】ジャカランダ, ブラジリアン・ローズウッド.

jacaré /ʒaka're/ 男 B 【動物】アリゲーター ▶ pegar jacaré ボディーサーフィンをする.

jacente /ʒa'sẽtʃi/ 形 【男女同形】 ❶ 横たわった. ❷ 動かない, 不動の. ❸ …に位置する.
― 男 暗礁.

jacinto /ʒa'sĩtu/ 男 ❶ 【植物】ヒアシンス. ❷ ヒアシンスの球根 [花].

jacobinismo /ʒakobi'nizmu/ 男 ❶ ジャコバン主義, 過激な共和主義. ❷ B (軽蔑的) 外国嫌い.

jacobino, na /ʒako'binu, na/ 名 ❶ B 過激な民族主義者, 外国人嫌いの人. ❷ ジャコバン党員.
― 形 ジャコバン党の.

jactância /ʒak'tẽsia/ 女 高慢, 尊大, 自慢, うぬぼれ.

jactar-se /ʒak'taxsi/ 再 …を自慢する, うぬぼれる, 鼻にかける [+ de].

jade /'ʒadʒi/ 男 【鉱物】ひすい ▶ anel de jade ひすいの指輪.

jaez /ʒa'es/ [複 jaezes] 男 ❶ 馬具. ❷ 種類, 性質 ▶ crimes do mesmo jaez 同じ種類の犯罪 / deste jaez この類の.

jaguar /ʒa'gwax/ [複 jaguares] 男 【動物】ジャガー.

jaguatirica /ʒagwatʃi'rika/ 女 B 【動物】オセロット (南アメリカの熱帯雨林に生息するネコ科の動物).

jagunço /ʒa'gũsu/ 男 (農園主や政治家などの) 用心棒, ボディガード.

jaleco /ʒa'lɛku/ 男 白衣.

Jamaica /ʒa'majka/ 女 (国名) ジャマイカ.

jamaicano, na /ʒamaj'kẽnu, na/ 形 名 ジャマイカの (人).

jamais /ʒa'majs ジャマィス/ 副 ❶ 決して…ない ▶ Ele jamais voltou à sua terra natal. 彼は決して故郷に帰らなかった / Aquela fonte jamais se esgota. あの泉は決して枯れることがない.
❷ かつて…ことがない ▶ Isso foi um evento que jamais se viu. それはかつて見たことのない出来事だった.

jamanta /ʒa'mẽta/ 女 B 【魚】オニイトマキエイ, マンタ.

jamegão /ʒame'gẽw/ [複 jamegões] 男 B 話 署名, サイン.

janeiro /ʒa'nejru ジャネィロ/ 男 ❶ 1月 ▶ em janeiro 1月に / O meu aniversário é no dia 20 de janeiro. 私の誕生日は1月20日だ / primeiro de janeiro 元日.

janela /ʒa'nɛla ジャネーラ/ 女 ❶ 窓 ▶ abrir a janela 窓を開ける / fechar a janela 窓を閉める / olhar pela janela 窓の外を見る / vidro

jangada

de janela 窓ガラス / assento perto da janela 窓際の座席.

❷ (書類の) 空欄.

❸ 圖 (服等で破れてできた) 穴.

❹【情報】ウィンドウ ▶janela ativa 開いているウィンドウ.

❺ janelas da alma 圖 心の窓, 目.

❻ 時間の空き枠, 合間, (限られた) チャンス; (宇宙船の) 発車に適した時間帯 ▶janela de oportunidade 好機 / janela de lançamento 打ち上げウインドウ, 発射時限.

entrar pela janela 窓から入る; Ⓑ 圖 裏口入学する, 受験なしで公職に就く.

fechar a janela na cara de alguém …に無礼な態度をとる, …を軽視する, 侮る.

jogar dinheiro pela janela 圖 金を湯水のように使う.

porta e janela ドアと窓がそれぞれ一つだけの小さな家.

jangada /ʒẽˈgada/ 囡 いかだ, いかだ舟 ▶ir de jangada いかだに乗る.

jangadeiro /ʒẽgaˈdejru/ 男 Ⓑ いかだ乗り, いかだの持ち主.

janota /ʒaˈnɔta/ 形 (男女同形) おしゃれな, 気取った.

janta /ˈʒẽta/ 囡 圖 夕食, 晩餐.

jantar /ʒẽˈtax/ ジャンターフ/ 自 **夕食をとる** ▶jantar no restaurante レストランで夕食をとる / jantar fora 外で夕食をとる.

— 他 …を夕食に食べる ▶jantar uma picanha e uma salada mista ランプステーキとミックスサラダを夕食に食べる.

— 男 [複 jantares] **夕食** ▶O jantar está pronto. 夕食の用意ができました / fazer o jantar 夕食を作る / convidar para um jantar 夕食に招待する / dar um jantar 夕食会を開く / hora do jantar 夕食の時間.

Japão /ʒaˈpẽw/ ジャパォン/ 男 《国名》**日本** (首都は Tóquio) ▶O Japão é a terceira maior potência econômica do mundo. 日本は世界第三の経済大国だ / Sou do Japão. 私は日本から来ました / Eu gosto muito do Japão. 私は日本が大好きだ / Moramos no Japão. 私たちは日本に住んでいる / viajar pelo Japão 日本国内を旅行する / ir para o Japão 日本に行く.

japona /ʒaˈpona/ 囡 ブレザー, ブルゾン.

japonês, nesa /ʒapoˈnes, ˈneza ジャポネース, ネーザ/ [複 japoneses, nesas] 形 **日本の**, 日本人の, 日本語の ▶povo japonês 日本国民 / carro japonês 日本車 / comida japonesa 日本料理 / gramática japonesa 日本語文法.

— 名 日本人 ▶Sou japonês. 私は日本人だ.

— **japonês** 男 日本語 ▶falar japonês 日本語を話す.

jaqueira /ʒaˈkejra/ 囡【植物】ジャックフルーツの木.

jaqueta /ʒaˈketa/ 囡 ジャケット, 上着 ▶jaqueta de couro 革のジャケット.

jaquetão /ʒakeˈtẽw/ [複 jaquetões] 男 ダブルの上着.

jararaca /ʒaraˈraka/ 囡 ❶【動物】アメリカハブ. ❷ 圖 性格の悪い女性.

jarda /ˈʒaxda/ 囡 (長さの単位) ヤード.

jardim /ʒaxˈdʒī/ ジャフヂン/ [複 jardins] 男 **庭, 庭園**; …園 ▶jardim botânico 植物園 / jardim zoológico 動物園 / jardim público 公園.

jardim de infância /ʒaxˌdʒīdʒiˈfẽsia/ [複 jardins de infância] 男 幼稚園.

jardim de inverno /ʒaxˌdʒīdʒiiˈvɛxnu/ [複 jardins de inverno] 男 サンルーム.

jardinagem /ʒaxdʒiˈnaʒẽj/ [複 jardinagens] 囡 園芸, ガーデニング.

jardinar /ʒaxdʒiˈnax/ 自 園芸をする, 庭いじりをする.

jardineira[1] /ʒaxdʒiˈnejra/ 囡 ❶ オーバーオール, 胸当て付きズボン. ❷ ジャンパースカート. ❸ 植木鉢. ❹ Ⓑ ブラジル内部で使われる小型バス. ❺ Ⓟ 肉とグリーンピースなどの野菜を煮込んだシチュー.

jardineiro, ra[2] /ʒaxdʒiˈnejru, ra/ 名 園芸家, 庭師.

jargão /ʒaxˈgẽw/ [複 jargões] 男 (特定の職業やグループの) 専門語, 特殊用語, 隠語.

jarra /ˈʒaxa/ 囡 ❶ 花瓶 (= jarra de flores). ❷ 水差し (= jarra de água).

jarro /ˈʒaxu/ 男 水差し ▶jarro de água com filtro フィルター付き水差し.

jasmim /ʒazˈmi/ [複 jasmins] 男【植物】ジャスミン ▶chá de jasmim ジャスミンティー.

jato /ˈʒatu/ 男 ❶ 噴出, 噴射, 照射. ❷ ジェット, ジェット機 ▶avião a jato ジェット機.

a jato 全速力で.

de jato 突然, 不意に.

de um jato 一度に, 一気呵成に.

jaula /ˈʒawla/ 囡 (動物の) おり; 鳥かご ▶jaula dos tigres トラのおり.

javali, javalina /ʒavaˈli, ʒavaˈlina/ 名【動物】イノシシ ▶caça ao javali イノシシ狩り.

jazer /ʒaˈzex/ 34 自 ❶ 横たわっている ▶Ali jaziam os feridos. そこには負傷者たちが横たわっていた.

❷ 死んでいる, 埋葬されている ▶túmulo onde jaz o soldado desconhecido 無名の兵士が埋葬された墓 / Aqui jaz... ここに…眠る (墓碑銘).

❸ ある, 存在する ▶O pequeno vilarejo jazia entre altas montanhas. その小さな寒村は高い山々の間に存在していた.

❹ …に基づく, 支えにする [+ em] ▶Sua felicidade jaz nesse recanto da praia. 彼女の幸せはその浜辺の片隅にある.

❺ …の状態にある ▶Toda aquela gente jazia ignorante de grande atraso cultural. あの人々は皆, 文化的に大変遅れていることを知らないでいる.

❻ 静かである ▶A favela jaz agora como se não tivesse havido confusão. そのスラムは今やまるで混乱などなかったかのように静かだ.

jazigo /ʒaˈzigu/ 男 墓, 墓碑.

jeca /ˈʒɛka/ 形 (男女同形) Ⓑ 田舎者の, 粗野な.

— 名 田舎者.

jeca-tatu /ˌʒekata'tu/ [複] jecas-tatus] 名 B 田舎者.

jeitão /ʒej'tẽw/ [複] jeitões] 男 ❶ 容貌, 外見 ▶ Ele tem um jeitão meio desengonçado. 彼はかなり不格好な容貌をしている.
❷ やり口, 手口 ▶ Esse jeitão é tipicamente carioca. その手口は典型的なカリオカのものだ.

jeitinho /ʒej'tʃĩɲu/ 男 抜け道的解決法, 裏技の解決法 ▶ jeitinho brasileiro ブラジル的解決法 / Deixe que vou dar um jeitinho. 何とかしてみるよ / Não dá pra dar um jeitinho? 何とかなりませんか / Não se preocupe, vamos dar um jeitinho. 何とかするから心配は無用.

> **コラム** ブラジル人の裏技 jeitinho brasileiro
>
> ジェイチーニョ (jeitinho) は,「方法」や「手段」を意味する jeito に小ささやかわいさを表す -inho という指小辞の意味を加えた単語で, 問題を解決するための裏技的方法を意味する. ジェイチーニョは機転を利かした解決法である場合もあれば, 合法であれすれ, ルール違反, あるいは違法な解決法である場合もある.「ジェイチーニョ」とかわいらしく呼ぶのも, そのややもすれば否定的な側面を和らげる目的があると考えられる.「ジェイチーニョ」がブラジル社会の特色と考えられているため, jeitinho brasileiro という言い方がされる.

jeito /ˈʒejtu/ ジェイト/ 男 ❶ 方法, 仕方 ▶ Não gosto do jeito de ele falar. 私は彼の話しぶりが気に入らない / Vamos tentar mudar o jeito. やり方を変えてみよう / Desse jeito está bom? こんなふうでいいですか / Faça deste jeito. こんなふうにしなさい / do jeito que parece あの様子では.
❷ 解決策, 打開策 ▶ Isso não tem jeito. それはやむを得ない / O que passou, não tem mais jeito. 済んだことは仕方ない / Não há outro jeito. そうするしかない, 他に方法がない / Eu não tinha outro jeito senão dar um sorriso amarelo. 私は苦笑するほかはなかった / Não tem jeito mesmo. どうにもならない / Dá-se um jeito. どうにかなるさ.
❸ 技能, 能力, こつ ▶ É preciso jeito para fazer bem uma omelete. オムレツを上手に焼くのにはこつがいる / pegar o jeito de algo …のこつをつかむ / falta de jeito 不器用 / ter jeito para... …する才能がある.
❹ ふるまい, 仕草 ▶ fazer um jeito de cabeça 軽くうなずく / os jeitos bruscos ぶっきらぼうな仕草.
❺ ねじること, 捻挫 ▶ dar um jeito no pescoço 首をひねる / dar um jeito no pé 足を捻挫する.
❻ 外観, 見え ▶ ter jeito de... …に似ている.
a jeito 折よく, 都合よく.
ao jeito de... …のように, …のやり方で.
com jeito 注意して, 慎重に.
daquele jeito ① そのようにして. ② 乱雑に, いい加減に.
dar um jeito em... ① 片づける, 整理する. ② 解決する. ③ 修理する.
de jeito a... …のように.
de jeito nenhum 決して…ない ▶ A tampa da garrafa não quer abrir de jeito nenhum. 瓶のふたがどうしても開かない / De jeito nenhum! いやだ, お断りだ.
de qualquer jeito なんとかして, とにかく.
de um jeito ou de outro どちらにせよ.
estar daquele jeito 調子がよくない.
pelo jeito この様子では, どうやら.
perder o jeito やり方を忘れる, らしさを捨てる.
sem jeito 恥ずかしい, 当惑した ▶ estar [ficar] sem jeito 恥ずかしく思う, 当惑する.

jeitoso, sa /ʒej'tozu, 'tɔza/ 形 ❶ 器用な, 素質のある ▶ um rapaz jeitoso para desenhar 絵を書く才能のある青年.
❷ エレガントな, 優美な, 素敵な; 容姿のよい, 見た目のよい, 魅力的な ▶ A decoração da sala ficou jeitosa. 居間の装飾が素敵になった.
❸ 便利な, 適切な, 都合のよい ▶ um apartamento jeitoso 都合のよいアパート.

jejuar /ʒeʒu'ax/ 自 断食する ▶ jejuar durante o Ramadã ラマダンの間に断食する.

jejum /ʒe'ʒũ/ [複] jejuns] 男 ❶ 断食, 絶食 ▶ fazer jejum 断食する / em jejum 何も食べずに / estar em jejum 断食中である. ❷ 禁欲, 節制, …断ち.
estar em jejum ① 知らないでいる. ② 何も食べていない. ③ 禁欲している.
ficar em jejum ① 全然知らない, 分からない. ② 望んだ成果を長らく挙げられないでいる.
quebrar o jejum ① 断食をやめる. ② 一日の最初の食事をする. ③ 長く渇望していたものを遂に手に入れる.

Jeová /ʒeo'va/ 男『聖書』エホバ, 神.

jerico /ʒe'riku/ 男 ❶『動物』ロバ. ❷ 愚か者.
ideia de jerico 愚かな考え.

jérsei /'ʒɛxsej/ 男 ジャージ ▶ vestido de jérsei ジャージのドレス.

jesuíta /ʒezu'ita/ 形 イエズス会の.
— 男 イエズス会士.

Jesus /ʒe'zus/ 男 イエス.
— 間 おお, ああ (驚きなどを表す) ▶ Jesus! Mas o que é que está acontecendo aqui! 一体全体このありさまは何なのだ.

jiboia /ʒi'bɔja/ 女 B ボアコンストリクター (無毒の大型ヘビ).

jipe /'ʒipi/ 男《英語》ジープ, 四輪駆動車 ▶ ir de jipe ジープに乗る.

jirau /ʒi'raw/ 男 B ❶ 水上または湿地に建てられた家の架枠, 木組み.
❷ 木でできたベッドの枠.
❸ 木の棚, 台.
❹ 筏の座席.

jiu-jitsu /ˌʒiu'ʒitsu/ 男《日本語》柔術 ▶ jiu-jitsu brasileiro ブラジル柔術.

joalheiro, ra /ʒoa'ʎejru, ra/ 名 宝石職人, 宝石商.
— 形 宝石の.

joalheria /ʒoaʎe'ria/ 女 宝石店 ▶ assaltar uma joalheria 宝石店に強盗に入る.

joaninha /ʒoa'niɲa/ 女『昆虫』テントウムシ.

joanino, na /ʒoa'ninu, na/ 形 ジョアンの, ジョアナの; ポルトガル王ジョアンの ▶ Com a chegada de

D. João VI, o Brasil entra no período joanino. ドン・ジョアン６世の到着でブラジルは国王ジョアンの時代に入る.

joão-ninguém /ʒoˌɐ̃w̃nĩ'gẽj̃/ [[複] joões-ninguém] [男] ただの人, 名もない人, 取るに足らない人.

joça /'ʒɔsa/ [女] [B] [俗] ❶ (名前を知らないか忘れてしまった) なんとかいうもの ▶Nunca soube para que servia aquela joça! あんなもの何の役に立つのか分かるもんか.
❷ 出来の悪いもの, つまらないもの, がらくた.

jocoso, sa /ʒo'kozu, 'kɔza/ [形] ひょうきんな, おどけた.

joeirar /ʒoej'rax/ [他] ふるいにかける, よりわける, 選別する.

joelheira /ʒoe'ʎejra/ [女] (特にサッカー選手が用いる) ひざ当て.

★★**joelho** /ʒo'eʎu ジョエーリョ/ [男] **ひざ**, ひざがしら ▶dobrar os joelhos ひざを曲げる / usar saias pelo joelho ひざまで裾のあるスカートをはく.
cair de joelhos (diante de) (…の前で) ひざまずく, (…に) 服従する.
deixar de joelhos ひざまずかせる, 懇願させる.
de joelhos ひざまずいて ▶pôr-se de joelhos ひざまずく / estar de joelho ひざまずいている / pedir de joelhos ひざまずいて頼む.
em cima do joelho やっつけ仕事で.

jogada /ʒo'gada/ [女] ❶ (スポーツでの) プレー, 技, 試合ぶり ▶O futebolista era célebre pelas suas jogadas de cabeça. そのサッカー選手はヘディングで有名だった / bela jogada ファインプレー.
❷ スポーツ, ゲーム, 賭博をすること.
❸ 計略, 企み ▶Numa jogada arriscada, investiu tudo no negócio. 危険をはらんだ計略で, すべてを商売につぎ込んだ.
estar fora da jogada 理解しない, 分からない.
jogada de corpo フェイント.
matar a jogada 〖サッカー〗ファウルなどでカウンター攻撃を阻止する.
morar na jogada [B] [俗] 状況を把握する.
tirar da jogada [俗] 排除する, 遠ざける.

★★**jogador, dora** /ʒoga'dox, 'dora ジョガドーフ, ドーラ/ [[複] jogadores, doras] [男] ❶ **選手**, **競技者** ▶jogador de tênis テニス選手 / jogador brasileiro de futebol ブラジル人サッカー選手.
❷ ばくち打ち ▶jogador de roleta ルーレット賭博師.
❸ 投機家, 相場師.

★★★**jogar** /ʒo'gax ジョガーフ/ ⑪ [他] ❶ (ゲームやスポーツを) **する** ▶jogar xadrez チェスをする / jogar cartas トランプをする / jogar tênis テニスをする / jogar futebol サッカーをする / jogar golfe ゴルフをする /
❷ **賭ける** ▶jogar a dinheiro 金を賭ける / jogar cem mil ienes no favorito 本命に10万円賭ける.
❸ **投げる**, 投げつける, **捨てる** ▶jogar a bola ボールを投げる / jogar os dados さいころを振る / jogar algo no lixo …をごみ箱に捨てる.
❹ 危険にさらす ▶jogar a vida 生命を危険にさらす.
— [自] ❶ **遊戯をする** ▶jogar à macaca 石蹴り遊びをする.
❷ **試合する**, プレーする ▶A seleção japonesa joga com a norte-americana. 日本代表は米国代表と試合をする / jogar limpo 正々堂々と試合をする / jogar sujo 汚い試合をする / jogar fora de casa アウェーでプレーする.
❸ **賭ける**, 賭け事をする ▶jogar na loteria 宝くじを買う / jogar na totobola サッカーくじを賭ける / jogar na bolsa 相場を張る.
❹ …を巧みに使う, 操る [+ com] ▶jogar com as palavras 言葉を操る.
❺ …と調和する, 合う [+ com].
— **jogar-se** [再] 身を投じる, 身投げする.
jogar fora 捨てる, 放り出す ▶jogar fora o que não presta 不要品を廃棄する / jogar dinheiro fora 金をどぶに捨てる
jogar tudo すべてをなげうつ.
jogar tudo para o ar 途中ですべてを投げ出す.
jogar-se aos pés de alguém …の足元にひれ伏す.
não ser de jogar fora まだ使える, 捨てるにはもったいない, 腐っても鯛だ.

jogatina /ʒoga'tʃĩna/ [女] 賭け事, 賭博 ▶jogatina online オンライン賭博.

jogging /'ʒɔgĩŋ/ [男] ジョギング, ジョギングウェア ▶fazer jogging ジョギングをする.

★★★**jogo** /'ʒogu ジョーゴ/ [男] ❶ **遊び**, **ゲーム** ▶jogo de cartas トランプ遊び / jogo de palavras 言葉遊び / jogo de salão 室内ゲーム / jogo eletrônico テレビゲーム / jogo de bolsa マネーゲーム / jogo de computador コンピューターゲーム / jogo da velha ○×を並べる, 五目並べに似たゲーム / jogo de tabuleiro ボードゲーム / jogo de damas チェッカー, 西洋囲碁 / jogo de palitinhos 楊枝ゲーム, 両手に持った楊枝の数を当てるゲーム / jogo da verdade 質問に本当のことを答えるゲーム.
❷ **試合** ▶um jogo de futebol サッカーの試合 / Hoje tem jogo da seleção nacional de futebol. 今日はサッカーの代表チームの試合がある / o jogo do Brasil contra a Argentina ブラジル対アルゼンチンの試合 / O jogo começa às duas horas. 試合は２時に始まる / Jogos Olímpicos オリンピック / Jogos Paraolímpicos パラリンピック / assistir a um jogo 試合を観戦する / ganhar o jogo 試合に勝つ / perder o jogo 試合に負ける / Nós estamos liderando o jogo por dois a um. 我々は２対１で試合をリードしている / campo de jogos 運動場 / jogo de forças 強豪同士の対戦.
❸ 同類の器具の１セット ▶um jogo de xadrez チェスのセット / jogo de cama ベッドリネン一式 / jogo de ferramentas 工具一式.
❹ **賭け事**, **賭博**, ギャンブル ▶jogo de azar 賭け事 / jogo do bicho ビッショくじ (動物の絵と数字が並んだ宝くじ) / casa de jogos 賭博場.
abrir o jogo 手の内を見せる, 率直に話す.
aceitar o jogo ゲームに加わる.
bancar o jogo 賭博の胴元になる.
colocar em jogo 危険にさらす.
endurecer o jogo 抵抗する.
entrar no jogo 参加する, 介入する.

J

jubilar

entregar o jogo 試合を放棄する.
esconder o jogo もち札を隠す, 真意を隠す.
estar em jogo 賭けられている, かかわっている, 危険にさらされている▶O futuro está em jogo. 未来がかかっている / Está em jogo a vida humana. 人命がかかっている.
fazer jogo duplo 二心を持って行動する.
jogar o jogo ルールに則って行動する.
jogo americano ランチョンマット (のセット).
jogo de empurra 責任のなすりあい.
jogo de vida ou morte 生死をかけた争い.
pôr em jogo 危険にさらす.
ser do jogo 関係がある▶Isso é do jogo. それは関係がある.
ter jogo de cintura 臨機応変に対応する.
ter o jogo na mão 状況を支配する.
virar o jogo 試合を逆転する ▶O Brasil conseguiu virar o jogo com a Argentina. ブラジルはアルゼンチンとのゲームを逆転できた.

jogo do bicho

jogral /ʒo'graw/ [複 jograis] 男 ❶ 詩の朗読グループの一員. ❷ 朗読された詩. ❸ 中世の吟遊詩人, 芸人.
joguete /ʒo'getʃi/ 男 ❶ おもちゃ. ❷ なぶりもの, もてあそばれるもの. ❸ 操られる人▶ser joguete de... …のおもちゃになる.
joia /'ʒɔja/ 女 ❶ 宝石, 宝飾品▶usar joias 宝石を身につける / joias de imitação イミテーションの宝石.
❷ 入場料, 入会費▶pagar uma joia 入場料を払う.
❸ 喩 大切な人 [もの], 価値ある人 [もの] ▶Essa nova assistente é uma joia! その新しい助手はすばらしい才能の持ち主だ / minha joia いとしい人, 大切な人.
— 形《男女同形》すばらしい, すてきな▶A apresentação do trabalho foi joia, todos gostaram muito. 作品の発表はすばらしく, 誰もが大変気に入った
joia da coroa 戴冠宝器, 最も価値のある部分.
joia rara 希少なもの, 価値のあるもの.
Tudo joia. 喩 元気です, 万事順調.
Tudo joia? 元気ですか, 大丈夫ですか.
joio /'ʒoju/ 男《植物》ドクムギ (イネ科の雑草).
separar o trigo do joio よいものと悪いものを区別する.

jóquei /'ʒɔkej/ 男 ❶ 競馬騎手. ❷ ジョッキークラブ (= jóquei-clube).
jorna /'ʒɔxna/ 女 日当, 一回分の手当て.
*****jornada** /ʒox'nada/ ジョフナーダ 女 ❶ 1日の行程, 1日で行く距離.
❷ 1日の仕事, 労働 ▶uma jornada de oito horas 8時間労働 / jornada de trabalho 1日の労働時間 / A jornada de trabalho de hoje foi muito dura. 今日の仕事はとてもきつかった.
❸ 陸路の旅▶Percorreu dez cidades em uma longa jornada. 長い陸路の旅で, 10都市を巡った.
*****jornal** /ʒox'naw/ ジョフナゥ [複 jornais] 男 ❶ 新聞 ▶ler o jornal 新聞を読む / ler um artigo no jornal 新聞の記事を読む.
❷ ニュース番組 ▶Gosto de assistir ao jornal das 22h. 私は22時のニュース番組を観るのが好きだ / jornal da noite 夜のニュース.
❸ 新聞社 ▶Ele trabalha num famoso jornal. 彼は有名な新聞社に勤めている.
❹ 日当, 手当.
pôr no jornal 公表する, 広く知らせる.
jornaleiro, ra /ʒoxna'lejru, ra/ 名 ❶ 新聞の売り子. ❷ 日雇い労働者. ❸ B《軽蔑的》新聞記者.
jornalismo /ʒoxna'lizmu/ 男 ジャーナリズム, 報道.
*****jornalista** /ʒoxna'lista/ ジョフナリスタ 名 新聞記者, ジャーナリスト▶Ela é uma jornalista famosa no mundo inteiro. 彼女は世界的に有名なジャーナリストである.
jornalístico, ca /ʒoxna'listʃiku, ka/ 形 ジャーナリズムの.
jorrar /ʒo'xax/ 自 噴き出す, ほとばしり出る; あふれ出る.
jorro /'ʒoxu/ 男 ほとばしり, 噴出 ▶um jorro de água 水のほとばしり.
jota /'ʒɔta/ 男 文字jの名称.
*****jovem** /'ʒɔvẽj/ ジョーヴェィン/ [複 jovens] 形《男女同形》❶ 若い (↔ velho) ▶a nova geração 若者世代 / gente jovem 若者たち / jovens artistas 若手芸術家たち / Ele é três anos mais jovem do que eu. 彼は私より3歳若い / Ela parece mais jovem do que é. 彼女は年齢より若く見える / morrer jovem 夭折(おうせつ)する / Eu não sou mais jovem. 私はもう若くない.
❷ 若者の, 若者向けの▶a moda jovem 若者のファッション.
❸ 若々しい, 年の割に若い▶um país jovem 若い国.
— 名 若者▶os jovens 若者たち / um jovem 若い男性 / uma jovem 若い女性 / um programa destinado aos jovens 若者向けの番組.
jovial /ʒovi'aw/ [複 joviais] 形《男女同形》❶ 陽気な, 愉快な, 快活な. ❷ 機知に富んだ.
Jr《略語》Júnior.
jubilação /ʒubila'sẽw/ [複 jubilações] 女 ❶ 歓喜, 大喜び. ❷《大学生の》退学. ❸ 退職, 引退.
jubilar[1] /ʒubi'lax/ 他 ❶ 喜ばせる. ❷ 退職させる. ❸《大学生を》退学させる.
— 自 喜ぶ▶O povo jubilou com a vitória. 国民は勝利に歓喜した / A gente jubilou com o jogo.

jubilar

私たちはその試合に大喜びした.
— **jubilar-se** 再 ❶ 大喜びする, 歓喜する.
❷ 退職する, 年金生活に入る ▶ Ele jubilou-se antecipadamente. 彼は早期退職した / Você jubilou-se aos 65 anos. あなたは65才で年金生活に入った.
❸ 退学させられる ▶ O aluno jubilou-se por faltas. その生徒は欠席を理由に退学させられた.

jubilar² /ʒubi'lax/ [複 jubilares] 形 (男女同形)
❶ 在職[在位]50年の. ❷《カトリック》大赦の, 聖年の.

jubileu /ʒubi'lew/ 男 ❶ 在職[在位]50周年(の祝典); 金婚式.
❷《カトリック》(教皇の宣言により25年ごとに行われる)大赦, 全贖宥(ゆう).
❸《ユダヤ教》50年節, ヨベル[安息]の日.
jubileu de diamante ダイヤモンド婚式.
jubileu de ouro ① 金婚式. ②(キャリアや活動などの)50周年記念.
jubileu de prata 銀婚式.

júbilo /'ʒubilu/ 男 大喜び, 歓喜 ▶ júbilo popular 民衆の歓喜.

judaico, ca /ʒu'dajku, ka/ 形 ユダヤの, ユダヤ教の ▶ povo judaico ユダヤ民族 / religião judaica ユダヤ教.

judaísmo /ʒuda'izmu/ 男 ❶ ユダヤ教, ユダヤ文化. ❷ ユダヤ人の共同体.

judas /'ʒudas/ 男 ❶ 裏切り者. ❷ ユダの人形(聖週間に焼かれる). ❸(Judas)ユダ.
onde Judas perdeu as botas 世界の果てで.
pegar para Judas 濡れ衣を着せる.

*****judeu, dia** /ʒu'dew, 'dʒia/ ジュデゥ, ジュヂーア/ 形 ユダヤの, ユダヤ人の ▶ povo judeu ユダヤの民.
— 名 ユダヤ人.
judeu errante ① さまよえるユダヤ人. ② いつも旅している人, 一か所に留まらない人.

judiação /ʒudʒia'sẽw̃/ [複 judiações] 女 B 虐待.

judiar /ʒudʒi'ax/ 自 ❶ …を虐待する, 冷遇する [+ de] ▶ judiar dos animais 動物を虐待する
❷ …をあざける, ばかにする, 見下す [+ com].
❸ ユダヤ教に改宗する.
— **judiar-se** 再 ユダヤ教に改宗する ▶ Para casar, ela precisou judiar-se. 彼女は結婚するためにユダヤ教徒になる必要があった.

judiaria /ʒudʒia'ria/ 女 ❶ ユダヤ人街, ゲットー; ユダヤ人の集団. ❷ 虐待.

judicatura /ʒudʒika'tura/ 女 ❶ 裁判官の地位[職, 権限]. ❷ 司法権. ❸(集合的)裁判官.

judicial /ʒudʒisi'aw/ [複 judiciais] 形 (男女同形)司法の, 裁判の ▶ sistema judicial 司法制度 / decisão judicial 裁判所の決定.

judiciário, ria /ʒudʒisi'ariu, ria/ 形 司法の, 裁判の ▶ poder judiciário 司法権 / polícia judiciária P 司法警察.
— **judiciário** 男 司法権 ▶ independência do judiciário 司法権の独立.

judicioso, sa /ʒudʒisi'ozu, 'ɔza/ 形 分別のある, 正しい判断力を持った.

judo /'ʒudu/ 男 P = judô

judô /ʒu'do/ 男 B 柔道 ▶ fazer [lutar] judô 柔道をする.

judoca /ʒu'dɔka/ 名 柔道家, 柔道の選手 ▶ judoca medalhista de ouro 金メダル柔道選手.

jugo /'ʒugu/ 男 ❶ (牛をつなぐ)くびき. ❷ 束縛, 拘束 ▶ sacudir o jugo くびきを振り払う.

*****juiz, juíza** /ʒu'is, ʒu'iza/ ジュイース, ザ/ [複 juízes, juízas] 名 ❶ 裁判官, 判事 ▶ O juiz pronunciou a sentença. 裁判官は判決を言い渡した.
❷ 審判, 審判員, 審査員 ▶ juiz de linha 線審 / juiz de boxe ボクシングのレフェリー.
❸ 裁き手, 判断を下す人 ▶ Ninguém é bom juiz em causa própria. 誰もみずからの件についてよい判断を下せない.

juizado /ʒuj'zadu/ 男 ❶ 裁判官の職. ❷ 裁判所
▶ juizado de menores 未成年者担当裁判所.

*****juízo** /ʒu'izu/ ジュイーソ/ 男 ❶ 良識, 思慮分別 ▶ ter juízo 分別がある / não ter juízo 分別がない / tomar juízo 思慮分別を働かせる / criar juízo 分別がつく / ganhar juízo 分別を取り戻す / perder o juízo 分別をなくす.
❷ 判断, 判定 ▶ formar um juízo sobre ... …について判断を下す / juízo de valor 価値判断 / o Juízo Final《キリスト教》最後の審判.
❸ 頭, 心, 精神 ▶ Saiu-me do juízo uma boa ideia. いい考えが生まれた / dar volta ao juízo 気が変になる.
❹ 裁判所 ▶ juízo de menores 未成年者担当裁判所 / comparecer em juízo 裁判所に出廷する.
— 間 行儀よくしなさい.
estar em seu perfeito juízo 分別盛りである.
salvo melhor juízo よりよい判断がなされない限り.

jujuba /ʒu'ʒuba/ 女《植物》ナツメ, ナツメの果実, ナツメジュース, ナツメのあめ.

jul.《略語》julho 7月.

julgado, da /ʒuw'gadu, da/ 形 ❶ 判決の下った, 裁かれた, 考えられた.
— **julgado** 男 判決.
passar em julgado ①(判決が)確定する. ②(物事の)決着がつく.

*****julgamento** /ʒuwga'mẽtu/ ジュウガメント/ 男 ❶ 判断, 評価 ▶ julgamento político 政治的判断 / julgamento de valor 価値判断.
❷ 裁判, 判決 ▶ julgamento sumário 略式裁判 / pronunciar um julgamento 判決を言い渡す.

*****julgar** /ʒuw'gax/ ジュウガーフ/ ⑪ 他 ❶ 裁く, 判決を下す ▶ julgar causas 訴訟を裁く / julgar o réu 被告を裁く.
❷ 評価する, 判断する ▶ julgar as pessoas pela aparência 人を外見で判断する / julgar uma obra 作品を評価する.
❸ …と考える, みなす ▶ O bandeirinha julgou que houve impedimento. 線審はオフサイドがあったと判断した / Julgo que sim. 私はそう思う / Julgo que não. 私はそうではないと思う / Ele julgou melhor mudar sua estratégia. 彼は作戦を変えた方がいいと思った / O técnico julgou o rapaz promissor. 監督は若者には将来性があると思った.
— 自 裁く ▶ julgar com imparcialidade 公平に

裁く.
— **julgar-se** 再 ❶ 自分を…と思う ▶julgar-se feliz 自分を幸福だと思う. ❷ 自己評価する.
a julgar por... …から判断すれば ▶a julgar pela minha experiência 私の経験から判断すると.

julho /ʒu'ʎu ジューリョ/男 7月 ▶Eu vou fazer 28 anos em julho. 私は7月で28歳になる.

jumento /ʒu'mẽtu/男 ❶【動物】ロバ. ❷ 愚かな人. ❸ 粗野な人.

jun.《略語》junho 6月.

junção /ʒũ'sẽw̃/女《複 junções》❶ 結合, 接合, 合流. ❷ 接合点, 合流点.

junco /'ʒũku/男 ❶【植物】イグサ. ❷ 中国の平底帆船, ジャンク船.

jungir /ʒũ'ʒix/② 他 ❶ …にくびきをつける, つなぐ, 結びつける ▶jungir os bois ao carro 牛を車につなげる. ❷ 服従させる ▶O tirano jungiu os inimigos à escravidão. 暴君は敵を奴隷にした.

junho /'ʒuɲu ジューニョ/男 6月 ▶em junho 6月に.

junino, na /ʒu'ninu, na/形 6月の ▶festa junina 6月祭, フェスタ・ジュニーナ.

júnior /'ʒunioɾ/《複 juniores》形《男女同形》❶ 年下の, 弟の, 息子の, 若向きの, 駆け出しの ▶um jornalista júnior 駆け出し記者. ❷《スポーツ》ジュニアの.
— 名《スポーツ》ジュニア選手 ▶campeonato de juniores ジュニア選手権.

junta¹ /'ʒũta ジュンタ/女 ❶【解剖】関節. ❷ 継ぎ目, 接合点, 合流点. ❸ 一対, 一組 ▶Uma junta de bois puxava o carro. 一組の牛が車を牽いていた. ❹ 会, 会議, 委員会, 評議会 ▶junta comercial 商業登記所 / junta militar 軍事評議会 / junta médica 医師の団体.

juntamente /ʒũta'mẽtʃi/副 一緒に, 共同で.

juntar /ʒũ'tax ジュンターフ/《過去分詞 juntado/junto》他 ❶ 合わせる, 一緒にする; 結びつける, つなぐ ▶Vamos juntar duas mesas テーブルを二つつなげよう / juntar o útil ao agradável 趣味と実益を兼ねる. ❷ 集める ▶juntar selos 切手を集める / juntar os amigos 友達を集める / A manifestação juntou muita gente. デモは多くの人を集めた / Vamos juntar todos os alunos. 生徒たちを全員集めよう. ❸ 加える ▶juntar um pouco de leite ao molho ソースに牛乳を少し加える. ❹ 添付する ▶juntar documentos 書類を添付する / Junto à carta um cheque no valor de mil reais 1000レアルの小切手を手紙に同封します. ❺（金を）貯める, 貯蓄する ▶Junto dinheiro para comprar um carro. 私は車を買うために貯金している.
— **juntar-se** 再 ❶ 集まる ▶No dia de Natal, a família junta-se. クリスマスの日に家族が集まる. ❷ …に加わる [+ a] ▶Ela juntou-se à conversa. 彼女は会話に加わった. ❸ …と一緒になる [+ com] ▶Ela juntou-se com ele. 彼女は彼と一緒になった.

junto, ta² /'ʒũtu, ta ジュント, タ/形 一緒の, 合わせた ▶Eles estão sempre juntos. 彼らはいつも一緒だ / Eles moram juntos. 彼らは一緒に住んでいる / as mãos juntas 合わせた手 / saltar a pés juntos 両足を揃えて跳ぶ / Vou junto até a estação. 駅までお供します / Vamos brincar juntos. 一緒に遊ぼう / todos juntos みんなで一緒に / Amor e ódio andam juntos. 愛と憎しみは一体である / Eles estão juntos. 彼らは付き合っている.

Eles estão juntos.

— **junto** 副 一緒に.
junto a... …の近くに, 傍らに, …とともに, …のところで.
junto com... …と一緒に.
junto de... …の近くに, 傍に.
por junto ① 一度に, 同時に. ② 大量に, 卸しで.

Júpiter /'ʒupiteɾ/男 ❶【ローマ神話】ジュピター, ユピテル. ❷【天文】木星.

jura /'ʒura/女 ❶ 宣誓, 誓い ▶fazer uma jura 誓う / juras de amor 愛の誓い.

jurado, da /ʒu'radu, da/形 ❶ 宣誓した ▶declaração jurada 宣誓供述. ❷ 公然の ▶inimigo jurado 不倶戴天の敵. ❸ B 脅迫された.
— 名 陪審員, 審査員.

juramentar /ʒuramẽ'tax/他 誓わせる, 宣誓させる ▶tradução juramentada 公証翻訳 / tradutor juramentado 公証翻訳人.

juramento /ʒura'mẽtu/男 ❶ 誓い, 誓約, 誓いの言葉 ▶prestar juramento 宣誓する / sob juramento 誓って, 宣誓して / juramento de Hipócrates ヒポクラテスの誓い, 医療倫理宣言 / juramento de sangue 血の誓い.
❷ ののしり.
estar sob juramento ①（真実の供述や約束の）履行をする. ② 口述契約に従う.

*__jurar__ /ʒu'rax ジュラーフ/他 誓う ▶Ela jurou sobre a Bíblia que o dito era verdade. 彼女は, その言葉が事実であると聖書にかけて誓った.
— 自 誓う ▶jurar falso 虚偽の誓いをする / Jura? 本当なの?
jurar de pés juntos 固く誓う.

júri /'ʒuri/男 ❶ 陪審 ▶tribunal do júri 陪審裁判所. ❷ 審査委員会 ▶membros do júri 審査委員会のメンバー.

*__jurídico, ca__ /ʒu'ridʒiku, ka ジュリーヂコ, カ/形 ❶ 法律の ▶O parecer jurídico não é muito favorável ao caso. 法的見解はその件に関してあまり有利なものではない / pessoa jurídica 法人. ❷ 司法の, 裁判上の ▶ação jurídica 訴訟.

jurisconsulto /ʒuriskõ'suwtu/男 法律家, 法律

jurisdição

顧問.

jurisdição /ʒurizdʒi'sẽw/ [複 jurisdições] 女 ❶ 裁判権；(裁判所の)管轄, 権限. ❷ 裁判所, 法廷.

jurisprudência /ʒurispru'dẽsia/ 女 ❶ 法学, 法律学. ❷ 判例, 法解釈.

jurista /ʒu'rista/ 名 法学者, 法律家 ▶ Sou jurista. 私は法律家だ.

‡**juro** /'ʒuru ジューロ/ 男 利子, 利息 ▶ juro composto 複利 / juro simples 単利 / juros pré-fixados 固定金利 / taxa de juros 利率 / pagar juros 利子を支払う / com juros de 5% 5パーセントの金利で / a juros 利子つきで / sem juros 無利子で / juro de mora 延滞利子.

jururu /ʒu'ru/ 形《男女同形》 ❶ 打ちひしがれた, 憔悴した, 意気消沈した ▶ Ela estava jururu num canto da sala, esperando o namorado. 彼女は部屋の片隅で恋人を待ちながらしょんぼりしていた.
❷ 悲しんだ, 憂鬱な.

jus /'ʒus/ 男《次の成句で》
fazer jus a... …に値する, …の権利がある.

jusante /ʒu'zẽtʃi/ 女《次の成句で》
a jusante 下流に[へ].

justa[1] /'ʒusta/ 女 ❶ (中世の)馬上槍試合. ❷ 争い, 戦い.

*__justamente__ /ʒusta'mẽtʃi ジュスタメンチ/ 副 ❶ まさに, ちょうど ▶ Começou a chover justamente quando nos preparávamos para sair. 私たちが出かけようと準備していたまさにその時, 雨が降り始めた. ❷ 正確に, 適格に. ❸ 公正に, 正当に.

justapor /ʒusta'pox/ 他《過去分詞 justaposto》並置する.
— **justapor-se** 再 並ぶ, 並置される.

justaposição /ʒustapozi'sẽw/ [複 justaposições] 女 並置, 並列.

justeza /ʒus'teza/ 女 正確さ, 的確さ ▶ com justeza 正確に, 的確に.

‡**justiça** /ʒus'tʃisa ジュスチーサ/ 女 ❶ 正義, 公正, 公平 ▶ a justiça social 社会正義, 社会的公正 / agir com justiça 公平に行動する.
❷ 司法, 裁判, 法廷 ▶ recorrer à justiça 裁判に訴える / querer justiça 裁きを求める / administrar a justiça 裁判を行う / levar alguém à justiça …を裁判所に訴える / Espero que a justiça seja feita. 私は法の裁きが下されることを期待している / ter problemas com a justiça 法に触れる.
❸ 司法当局, 警察 ▶ ministro da Justiça 司法大臣 / fugir da justiça 司直の手を逃れる.
fazer justiça 裁く, 裁判を行う.
fazer justiça a... …の価値を認める.
fazer justiça com as próprias mãos 復讐する, 私的に制裁する.

justiceiro, ra /ʒustʃi'sejru, ra/ 形 ❶ 正義感の強い. ❷ 厳罰主義の.
— 名 ❶ 正義感の強い人. ❷ 私的制裁をする人.

justificação /ʒustʃifika'sẽw/ [複 justificações] 女 ❶ 正当化, 弁明. ❷ 証明, 証拠. ❸《印刷》行そろえ.

‡**justificar** /ʒustʃifi'kax ジュスチフィカーフ/ 29 他 ❶ 正当化する, 弁解する ▶ justificar o seu ato 自分の行動を正当化する.
❷ (行の)長さをそろえる, ジャスティファイする.
— **justificar-se** 再 自己正当化する ▶ Ele se justificou, mas não nos convenceu. 彼は自らを正当化しようとしたがわれわれを納得させられなかった.

justificativa[1] /ʒustʃifika'tʃiva/ 女 証拠, 証拠書類, 根拠.

justificativo, va[2] /ʒustʃifika'tʃivu, va/ 形 証明の役に立つ, 証拠となる ▶ documentos justificativos 証拠書類.

justificável /ʒustʃifi'kavew/ [複 justificáveis] 形《男女同形》正当化できる, 弁明できる.

‡**justo, ta**[2] /'ʒustu, ta ジュスト, タ/ 形 ❶ 正しい, 公平な, 公正な, 正義の ▶ uma guerra justa 正しい戦争 / uma sociedade justa 公正な社会 / um homem justo 義人 / decisão justa 公正な決定 / o justo preço 適正価格.
❷ 正当な ▶ A vitória do Corinthians foi justa. コリンティアンスの勝利は正当だった.
❸ ぴったりの, きっちりとした, きつい ▶ vestido justo ぴったりしたドレス / Esta saia é muito justa para mim. このスカートは私にはきつい.
— **justo** 男 正しい人, 義人 ▶ O justo paga pelo pecador. 正しい人が罪人の罪をかぶる.
— **justo** 副 ちょうど.

juta /'ʒuta/ 女《植物》ジュート, 黄麻 ▶ saco de juta ジュートの袋.

juvenil /ʒuve'niw/ [複 juvenis] 形《男女同形》 ❶ 青少年の, 若者の ▶ delinquência juvenil 少年犯罪. ❷《スポーツ》ユースの ▶ campeonato juvenil ユース選手権.

‡**juventude** /ʒuvẽ'tudʒi ジュヴェントゥーチ/ 女 ❶ 若さ ▶ o símbolo da juventude 若さの象徴. ❷ 青春時代 ▶ Eu dediquei minha juventude à atividade política. 私は青春時代を政治活動にささげた / na minha juventude 私の若いころに.
❸ 若者たち ▶ a juventude de hoje 今日の若者たち.

K k

k /'ka/ (Ⓟ / 'kapɐ /) 男 ポルトガル語アルファベットの第11字.

karaokê /karao'ke/ 男《日本語》カラオケ, カラオケ店, カラオケの機器 ▶ cantar no karaokê カラオケで歌う / Ontem fomos a um karaokê. 私たちはきのうカラオケの店に行った / Canto karaokê nos fins de semana. 私は週末カラオケを歌う / Desde que comprei o karaokê, não paro de cantar. カラオケを買った時から, 私は歌いっぱなしだ.

kart /'kaxtʃi/ 男 ゴーカート.

kartódromo /kax'tɔdromu/ 男 ゴーカートレース場.

kg 《略語》quilograma キログラム.

kHz 《略語》quilohertz キロヘルツ.

kit /'kitʃi/ 男《英語》一式, キット ▶ kit de primeiros socorros 救急箱 / kit de ferramentas 道具箱.

kitnet /kitʃi'netʃi/ 女 ワンルームマンション.

kl 《略語》quilolitro キロリットル.

km 《略語》quilômetro キロメーター.

km/h 《略語》quilômetro por hora 時速…キロメートル.

kW 《略語》quilowatt キロワット.

kwh 《略語》quilowatt-hora キロワット時.

L l

l /ɛli/ 男 ポルトガル語アルファベットの第12字.
L 《略語》leste 東；Largo 広場.
la /la/ 代 直接目的格代名詞 a が次の位置で取る形. ① -r, -s, -z で終わる動詞の形の後. ② 副詞 eis の後. ③ 間接目的格代名詞 nos と vos の後. la は，未来形と過去未来形で動詞の語幹部分と語尾の間に挿入されることがある．例：amar + a → amá-la, conhecer + a → conhecê-la, abrir + a → abri-la, amamos + a → amamo-la, traz + a → trá-la, trarei + a → trá-la-ei, eis + a → ei-la, nos + a → no-la, vos + a → vo-la.

lá¹ /'la ラ/ 副 ❶ あそこに，向こうに ▶Quando chegar lá mando notícias. 向こうに着いたら連絡します / Tenho um amigo lá. 向こうに友人がいる / Lá no Rio agora são dez da noite. リオは今夜の10時だ（話者はリオにいない）/ O que você quer fazer lá no Brasil? ブラジルに行ったら何がしたいですか / O que é aquilo lá? 向うにあるのは何ですか.
❷ (過去または未来の) その時 ▶Até lá, terei lido o livro todo. その時までに私はその本を全部読み終えているだろう.
❸ それに関しては ▶Lá isso é verdade. それについては本当だ.
❹ 《強意》▶Vamos lá. さあ行こう，さあ始めよう.
❺ 《動詞 + lá》…ない ▶Sei lá! 私は知らない，知るか.
até lá ① そこまで. ② その時までに.
de lá para cá ① あちこちを，行ったり来たり. ② その時から今まで.
estar mais para lá do que para cá 体調がかなり悪い.
lá de cima ① 天から. ② 高いところから. ③ 上層部から.
lá dentro 中で [に].
lá em cima 上で [に]，上の階で [に] ▶Eu vou lá em cima. 私は上の階に行く.
lá em embaixo 下で [に]，下の階で [に].
lá fora 外で [に] ▶Eles estão lá fora. 彼らは外にいる.
lá para dentro 中で [に].
lá para fora 外で [に] ▶Vamos lá para fora. 外に行こう.
Lá isso é. その通りだ.
lá onde... …のところで ▶lá onde eu moro 私の住んでいるところ.
largar para lá 放棄する.
mais para lá もっと向うに.
mais pra lá do que pra cá 今にも死にそうな，完治していない.
nem lá, nem cá どこにもない.
para lá あそこよりもっと先に.
para lá de... ① …以上. ② …の向こうの.
por lá その辺に，そのあたりに.

seja lá como for 何があろうと，とにかく.

lá² /'la/ 男 《音楽》ラ, イ音, A 音 ▶concerto em lá menor イ短調協奏曲.

*****lã** /'lɐ̃ ラン/ 女 ❶ 羊毛，毛糸，毛織物 ▶cardar a lã 羊毛をすく / fiar a lã 羊毛を紡ぐ / suéter de lã 毛糸のセーター / cobertor de lã 毛布 / meias de lã 毛糸のソックス ▶lã de vidro グラスウール. ❷ (植物の) 綿毛，柔毛.
ir buscar lã e sair tosquiado だまそうとして逆にだまされる.

lábia /'labia/ 女 ❶ 狡猾さ，ずるさ. ❷ 弁舌の巧みさ，口達者なこと ▶ter muita lábia 弁が立つ，口がうまい.

labial /labi'aw/ [複 labiais] 形《男女同形》唇の，唇音の.

*****lábio** /'labiu ラビオ/ 男 ❶ 唇 ▶lábio superior 上唇 / lábio inferior 下唇 / pintar os lábios 唇に口紅を塗る / morder os lábios 唇をかむ.
❷《解剖》grandes lábios 大陰唇 / pequenos lábios 小陰唇.

labiríntico, ca /labi'rĩtʃiku, ka/ 形 ❶ 迷路の，迷宮の. ❷ 入り組んだ.

labirinto /labi'rĩtu/ 男 ❶ 迷路, 迷宮. ❷ 錯綜, 入り組んだ状態.

labor /la'box/ [複 labores] 男 つらい仕事，大変な仕事.

laborar /labo'rax/ 自 ❶ 働く，動く ▶A máquina labora 24 horas por dia. その機械は24時間稼働する.
❷ 努力する，苦労する，尽力する ▶Para ganhar mais, é preciso laborar. もっと稼ぐには努力する必要がある.
❸ (間違いに) 陥る [+ em] ▶Os dois pesquisadores laboraram no mesmo erro. 二人の研究者は同じ誤りに陥った.
— 他 ❶ 耕す，耕作する ▶laborar uma terra 土地を耕す.
❷ 実現する.

*****laboratório** /labora'tɔriu ラボラトーリオ/ 男 ❶ 実験室, 研究所.
❷ (産業の) 製造所 ▶laboratório farmacêutico 製薬会社.
❸ (病院の) 検査室，試験所.
❹ 実習室，演習施設 ▶laboratório de idiomas ラボ教室.

laborioso, sa /labori'ozu, 'ɔza/ 形 ❶ 勤勉な，働き者の. ❷ 骨の折れる，困難な.

labuta /la'buta/ 女 きつい仕事，労働.

labutar /labu'tax/ 自 懸命に働く，身を粉にして働く.

laca /'laka/ 女 漆，漆器.

lacaio /la'kaju/ 男 ❶ 召使い，従者. ❷ 卑屈な男.

laçar /la'sax/ ⑬ 他 ❶ 投げ縄で捕まえる. ❷ 縛る，結ぶ.

laçarote /lasa'rɔtʃi/ 男 大きな結び目.

***laço** /'lasu ラーソ/ 男 ❶ 蝶結び, 結び目 ▶ fazer [dar] um laço 蝶結びを作る / desfazer um laço 蝶結びを解く. ❷ リボン.
❸ 投げ縄 ▶ Apanharam o touro a laço. 彼らは闘牛を投げ縄で捕えた.
❹ わな, 策略 ▶ O pássaro caiu no laço. 小鳥がわなにかかった / armar o laço 罠を仕掛ける / cair no laço 策略にはまる.
❺ きずな, 連携, 同盟 ▶ os laços de família 家族のきずな / laços de sangue 血縁 / laços econômicos 経済的つながり / cortar os laços 縁を切る.

lacônico, ca /la'kɔniku, kɐ/ 形 P = lacônico.

lacônico, ca /la'kõniku, ka/ 形 B 簡潔な, 手短な.

laconismo /lako'nizmu/ 男 簡潔さ, 簡潔な表現.

lacrar /la'kraʃ/ 他 …に封ろうで封をする.

lacre /'lakri/ 男 封ろう.

lacrimal /lakri'maw/ [複 lacrimais] 形《男女同形》涙の ▶ glândula lacrimal 涙腺.

lacrimejar /lakrime'ʒax/ 自 涙を流す, 泣く.

lacrimogéneo, nea /lɐkrimɔ'ʒɛniu, niɐ/ 形 P = lacrimogêneo.

lacrimogêneo, nea /lakrimo'ʒẽniu, na/ 形 B 涙を出させる, 催涙性の ▶ gás lacrimogêneo 催涙ガス.

lacrimoso, sa /lakri'mozu, 'mɔza/ 形 ❶ 涙ぐんだ, 涙もろい. ❷ 涙を誘う, 哀れな.

lactação /lakta'sẽw/ [複 lactações] 女 授乳, 授乳期.

lactente /lak'tẽtʃi/ 名 乳児, 乳飲み子.
— 形《男女同形》授乳期の.

lácteo, tea /'laktiu, tia/ 形 乳の, 牛乳の ▶ produtos lácteos 乳製品 / Via Láctea 天の川, 銀河 (Estrada de Santiago).

lactose /lak'tɔzi/ 女《化学》乳糖, ラクトース.

lacuna /la'kũna/ 女 欠如, 欠落, 遺漏, 不備; 空欄 ▶ Preencha as lacunas. 空欄を埋めなさい.

ladainha /lada'iɲa/ 女 ❶《カトリック》連禱(ﾚﾝﾄｳ). ❷ 同じことをくどくど話すこと.

ladear /lade'ax/ 他 ❶ …のそばに付き添っていく, …に伴走する ▶ O técnico ladeava o corredor durante o treinamento. コーチはトレーニングの間走者と伴走していた.
❷ …のそばにある ▶ Um canteiro de flores ladeia a passagem. その花壇は通路沿いにある.
❸ (人, 出来事, 状況を) 避ける, そらす ▶ Ele ladeava os problemas em vez de resolvê-los. 彼は問題を解決する代わりに避けていた.
❹ 側面攻撃する ▶ As tropas ladearam os rebeldes. 兵士は敵を側面攻撃した.
— 自 (馬が) 脇を歩く, 脇を歩かせる.

ladeira /la'dejra/ 女 斜面, 坂 ▶ subir uma ladeira 坂を上がる / descer uma ladeira 坂を下りる.

ladino, na /la'dʒinu, na/ 形 ❶ 賢い, 抜け目のない. ❷ (インディオや奴隷が) ポルトガル語のできる.
— 形 賢い人, 抜け目のない人.
— **ladino** 男 ユダヤ・スペイン語, ラディン語.

***lado** /'ladu ラード/ 男 ❶ 側(ｶﾞﾜ), (物の)横, 側面 ▶ andar do lado direito 右側を歩く / No Japão os carros correm do lado esquerdo das estradas. 日本では車は道路の左側を走る / Essa loja fica do outro lado da rua. その店は通りの向こう側にある / deste lado da rua 通りのこちら側に / Tem que olhar os dois lados antes de atravessar a rua. 道路を渡る前に左右を見なければならない / em ambos os lados da rua 道の両側に / Este lado para cima「天地無用」/ dor no lado 脇の痛み / um lado de uma folha ページの片面.
❷ 方面, 方向 ▶ Ela virou-se para o meu lado. 彼女は私の方を振り向いた / por este lado こっちのほうに / por aquele lado あっちのほうに / Não deve olhar para os lados quando estiver dirigindo. 運転中によそ見をしてはいけない / do lado de dentro 内側から, 内側に / do lado de fora 外側から, 外側に.
❸ 辺 ▶ Um triângulo tem três lados. 三角形には3つの辺がある.
❹ (物事や人の) 側面, 面 ▶ ver o lado bom das coisas 物事のよい面を見る / lado animal do ser humano 人間の動物的な面 / lado fraco 弱点, 欠点. ❺ 家系 ▶ lado paterno 父方 / lado materno 母方.

ao lado 隣の[に], 近所の[に], 近くの[に] ▶ a loja de conveniência ao lado そばのコンビニ / Minha empresa fica logo ao lado. 私の会社はすぐそばにある / a garota da casa ao lado 隣の家の女の子.

ao lado de... ① …の隣に, そばに ▶ Sentei-me ao lado dela. 私は彼女の隣に座った / ao meu lado 私の隣に. ② …の側について, …と比べて.

atirar pra todos os lados ① 誰彼構わず批判する. ② 当惑する.

cercar por todos os lados 石橋を叩いて渡る, 用心の上に用心を重ねる.

deixar de lado 放っておく, 無視する.

de lado 横向きになって, 斜めに ▶ dormir de lado 横向きに寝る.

de lado a lado 端から端まで.

de um lado para o outro あちこち, 四方八方.

de um para outro lado あちこち.

do lado 隣の, …の ▶ os vizinhos do lado 隣の住民.

do lado de... …の側で, …の味方で ▶ Eles ficaram do nosso lado. 彼らは私たちの側についた.

em algum lado どこかに.

em lado nenhum どこにも (…ない).

em lados opostos 敵味方に分かれて, 別の陣営で.

em [por] todo o lado あちこちに.

lado a lado 一緒に, 並んで ▶ Os dois sentaram-se lado a lado. 二人は並んで座った / Eles lutam lado a lado. 彼らは一緒になって戦っている.

mudar de lado 反対派へと鞍替えする.

não saber para que lado se há de voltar 迷っている, 決めかねている.

olhar de lado para... …を横目で見る, 見下す.

pôr de lado 考慮に入れない, 脇に置く, 軽視する.

por outro lado 他方では, 一方では.

pôr para o lado 脇にどける, 数に入れない, 無視する.

ladrão, dra

por todos os lados あちこちに, あちこちを.
por um lado... por outro (lado)... 一方では…また一方では… ▶ Por um lado gostaria de comer peixe, por outro queria comer carne. 魚を食べたい気持ちもあるし, 肉を食べたい気持ちもある.

*__ladrão, dra__ /la'drẽw, 'dra ラドラォン, ラドラ/ [複 ladrões, ladras] 名 ❶ 泥棒, 強盗 ▶ ladrão de carros 自動車泥棒 / ladrão de bancos 銀行強盗 / A polícia apanhou o ladrão em flagrante. 警察は泥棒を現行犯逮捕した. ❷ 悪徳商人.
— 形 盗みの, 泥棒の.
ladrão de galinha けちな泥棒.

ladrar /la'drax/ 自 吠える, 怒鳴る ▶ Cão que ladra não morde. 諺 吠える犬はかまない.
ladrilheiro /ladri'ʎejru/ 男 タイル製造職人, タイル貼り職人.
ladrilho /la'driʎu/ 男 タイル.
ladroagem /ladro'aʒẽj/ [複ladroagens] 女 盗み.
ladroeira /ladro'ejra/ 女 盗み.
lagarta /la'gaxta/ 女 芋虫, 毛虫.
lagartixa /lagax'tʃifa/ 女【動物】ヤモリ.
lagarto /la'gaxtu/ 男 ❶【動物】トカゲ. ❷【解剖】二頭筋. ❸ 牛の右肉の後部.

*__lago__ /'lagu ラーゴ/ 男 ❶ 湖, 池 ▶ lago artificial 人造湖 / *O Lago dos Cisnes*『白鳥の湖』. ❷ こぼれた大量の液体 ▶ um lago de sangue 血の海.

*__lagoa__ /la'goa ラゴーア/ 女 小さな湖, 池, 沼地；潟, 潟湖.

lagosta /la'gosta/ 女【動物】イセエビ, ロブスター.
lagostim /lagos'tʃĩ/ [複 lagostins] 男 ザリガニ.

‡__lágrima__ /'lagrima ラグリマ/ 女 涙 ▶ verter lágrimas 涙を流す / lágrima de alegria 喜びの涙 / ter lágrimas nos olhos 目に涙を浮かべている / com lágrimas nos olhos 目に涙を浮かべて / As lágrimas me corream pela face. 涙が頬を伝って落ちた / em lágrimas 泣きながら / desfeito em lágrimas 泣き崩れて / com lágrimas na voz 涙声で.
à beira das lágrimas 泣きそうになって.
banhar -se em lágrimas 涙にぬれる.
beber as lágrimas de alguém …の涙を受け止める, …を慰める.
chorar lágrimas de sangue 深く悲しむ, 悲嘆に暮れる.
desfeito em lágrimas 泣き崩れて.
lágrimas de crocodilo 嘘泣き, 空泣き ▶ Não se preocupe, ela está derramando lágrimas de crocodilo. 心配するな, 彼女は嘘泣きをしているんだ.

laguna /la'gũna/ 女 潟, 潟(戸)湖.
laia /'laja/ 女 種類, 類 ▶ Não sou da sua laia. 私はあなたと同じ類ではない.
à laia de... …のやり方で, …のように.
da mesma laia 同じ類の.

laico, ca /'lajku, ka/ 形 世俗の, 非宗教的な.
— 名 世俗人.
laivo /'lajvu/ 男 ❶ しみ. ❷ (laivos) 表面的な知識. ❸ (laivos) 痕跡, 跡.
lama /'lẽma/ 女 泥, 粘土.
arrastar na lama 顔に泥を塗る, けなす.
ir para a lama ① 衰える, 後退する. ② 不幸な状況に落ちる.

jogar na lama 中傷する.
levantar da lama ① 有利な位置に置く. ② 保護する, 救う.
sair da lama e cair no atoleiro 小難を逃れて大難に陥る.
tirar alguém da lama …を貧困から救う.
viver na lama 堕落した生活を送る, 下賤な生活をする.

lamaçal /lama'saw/ [複 lamaçais] 男 ぬかるみ, 沼地.
lamacento, ta /lama'sẽtu, ta/ 形 泥まみれの.
lambada /lẽ'bada/ 女 ❶【ダンス】ランバダ. ❷ B むちで打つこと.
lambança /lẽ'bẽsa/ 女 ❶ 食べ物. ❷ いい加減な仕事.
lambão, bona /lẽ'bẽw, 'bõna/ [複 lambões, bonas] 形 ❶ 食い意地の張った ▶ Ela parecia uma criança lambona. 彼女は食い意地のはった子供のように見えた.
❷ 食事のときに手や服を汚す.
❸ 仕事がいい加減な.

lamber /lẽ'bex/ 他 ❶ なめる ▶ Ele lambeu o selo e colou-o no envelope. 彼は切手をなめて封筒に貼付けた.
❷ 焼き尽くす, 火が走る, 破壊する ▶ O fogo lambeu rapidamente a mata. 炎は瞬く間に森を焼き尽くした.
❸ 丹念に仕上げる, 完成させる, 磨き上げる ▶ Ele lambia sem parar seu texto. 彼は作品を休む事なく仕上げた.
❹ むさぼり食う, がつがつと食べる ▶ Ele lambeu toda a comida da panela. 彼は鍋の中の食べ物をすべて平らげた.
❺ 軽く触れる, かする, かすめる ▶ A bola lambeu-lhe os dedos. ボールが彼の指をかすった.
❻ B 俗 へつらう, こびる ▶ Ele vivia lambendo o chefe. 彼はいつも上司にこびていた.
— 自 B (気球が) 発火する, 燃える ▶ O balão caiu e de repente lambeu todo. 気球は落ちて突然発火した.
— **lamber-se** 再 喜ぶ, 好む ▶ A criança lambia-se de contente. 子供は満足して喜んでいた.

lambida /lẽ'bida/ 女 なめること ▶ dar uma lambida em algo …をなめる.
lambiscar /lẽbis'kax/ 29 他 自 ちびちび食べる.
lambreta /lẽ'breta/ 女 スクーター.
lambuzar /lẽbu'zax/ 他 (食べ物などで) 汚す, 汚くする.
— **lambuzar-se** 再 自分の服を汚す.
lamentação /lamẽta'sẽw/ [複 lamentações] 女 嘆き, 悲嘆, 愚痴 ▶ Muro das Lamentações 嘆きの壁.
lamentar /lamẽ'tax/ 他 嘆く, 残念に思う ▶ Lamento não poder ajudá-lo a resolver o problema. 彼が問題を解決するのを助けられなくて残念だ.
— **lamentar-se** 再 … を 嘆 く [+ de] ▶ Lamentou-se dos erros cometidos. 彼は犯してしまった過ちを嘆いた.

lamentável /lamẽ'tavew/ [複 lamentáveis] 形

《男女同形》❶ 哀れな, 痛ましい ▶A doença deixou-o em estado lamentável. 彼は病気で痛ましい姿になった.

❷ 嘆かわしい, 情けない ▶O comportamento dos alunos durante a aula foi lamentável. 生徒たちの授業中の振る舞いは嘆かわしいものだった.

lamentavelmente /lamẽ,tavew'mẽtʃi/ 副 嘆かわしく, 痛ましく ▶Lamentavelmente, ele morreu. 悲しいことに彼は亡くなった.

lamento /la'mẽtu/ 男 嘆き, 悲嘆, 泣き言 ▶Ouvimos o lamento da mãe durante o enterro de seu filho. 私たちは, 息子を埋葬する間母親が嘆き悲しむのを聞いた.

lamentoso, sa /la'mẽtozu, 'toza/ 形 悲しげな, 哀れっぽい, 愚痴っぽい ▶A peça começou com uma música lamentosa. 作品は悲しげな音楽で始まった.

lâmina /'lẽmina/ 女 ❶ 薄片, 薄板. ❷（顕微鏡の）スライドガラス. ❸ 刃 ▶lâmina de barbear ひげ剃りの刃.

laminar /lami'nax/ 他 ❶（金属を）圧延する, 薄板にする. ❷ ラミネート加工する.

*****lâmpada** /'lẽpada/ ランパダ 女 ランプ, 電球, 電灯, 照明 ▶lâmpada fluorescente 蛍光灯 / lâmpadas de halogênio ハロゲンランプ / lâmpada LED LED 照明 / Aladim e a Lâmpada Maravilhosa アラジンと魔法のランプ.

lampejar /lẽpe'ʒax/ 自 輝く, きらめく.
— 他 発する, 放つ.

lampejo /lẽ'peʒu/ 男 輝き, きらめき ;（知性の）ひらめき.

lampião /lẽpi'ẽw/ 複 lampiões] 男 ❶ 提灯, ランタン. ❷《Lampião》義賊として親しまれているヴィルグリーノ・フェレイラ・ダ・シルヴァ（Virgulino Ferreira da Silva）のあだ名. 元来はカンガセイロ（cangaceiro）と呼ばれる盗賊だった.

lamúria /la'muria/ 女 泣き言, 愚痴, 嘆き.

lança /'lẽsa/ 女 槍.
quebrar lanças por... ...のために戦う.
romper lanças 戦う, 争う.

lançadeira /lẽsa'dejra/ 女（織機の）杼(ʰ), シャトル.

lançador, dora /lẽsa'dox, 'dora/ [複 lançadores, doras] 形 投げる.
— 名 ❶《スポーツ》投げる人, 投てきの選手 ▶lançador de dardo やり投げの選手. ❷ オークションの入札者.
— **lançador** 男 打ち上げロケット.

*****lançamento** /lẽsa'mẽtu/ ランサメント 男 ❶ 投げること, 投てき ▶lançamento de dardo 槍投げ / lançamento de âncora 投錨.

❷ 発射, 打ち上げ ▶lançamento de um míssil ミサイルの発射 / lançamento de um satélite artificial 人工衛星の打ち上げ.

❸ 投棄 ▶É proibido o lançamento de resíduos tóxicos. 有毒残余物の投棄は禁止されている.

❹ 降下, 落下, 投下 ▶lançamento de paraquedistas パラシュート降下 / lançamento de bombas 爆弾の投下.

❺ 発売, 発表, 刊行 ; 宣伝, 広告 ▶lançamento de um DVD DVDの発売 / lançamento de um cantor 歌手の宣伝 / campanha de lançamento 売り出しキャンペーン.

❻ P《サッカー》スローイン（= lançamento lateral）.

lança-perfume /,lẽsapex'fũmi/ [複 lança-perfumes] 男 B スプレー式の香水.

‡**lançar** /lẽ'sax/ ランサーフ/ ⑬ 他 ❶ 投げる ▶lançar pedras 石を投げる.

❷ 放つ ▶lançar gritos 悲鳴をあげる.

❸ 発射する, 打ち上げる ▶lançar um foguete ロケットを発射する / lançar bombas 爆弾を落とす.

❹ 放る ▶A menina lançou o presente ao longe. 女の子はプレゼントを遠くに放り投げた.

❺（視線を）投げかける ▶lançar o olhar 視線を投げかける.

❻（映画やCDアルバムを）リリースする,（本を）出版する ▶lançar um CD CDをリリースする / lançar um livro 本を出版する.

❼（流れを）注ぐ ▶O rio Amazonas lança suas águas no Oceano Atlântico. アマゾン河の水は大西洋に流れ込む.

— **lançar-se** 再 ❶ 飛びかかる, 突進する ▶Os rapazes se lançaram ao grupo carnavalesco. 青年たちはカーニバルのグループに飛び入り参加した.

❷ 身を投じる, 乗り出す ▶Ele se lançou ao mundo da informática ainda jovem. 彼はまだ若いうちに情報処理の世界に身を投じた.

lançar fora ① 吐く. ② 捨てる.

lance /'lẽsi/ 男 ❶ 投げること, 投げ, 発射.

❷ 難局, 困難. ❸ 危険, リスク.

❹ 変遷, 移り変わり. ❺ 衝撃.

❻ 行い, 行為.

❼ 事件, 出来事.

❽（競売の）入札, 競り売り ▶dar um lance 入札する / Ele fez um lance de cem reais pela peça. 彼はその品物に100レアルで入札した.

❾（チェスやトランプの）手 ; さいころを投げること.

❿《サッカー》プレイ, ロングパス.

⓫（映画, 演劇, 小説の）山場 ▶lance dramático 山場.

cobrir um lance（競売で）他の入札者が提示した値段より高い値段を提示する.
de um lance 一度に, 一気に.
em cima do lance 同時に, ただちに.
errar o lance 誤る, 狙いを外す.
lance de casas 家並み.
lance de olhos ① 一瞥. ② 表層的な分析.
lance extremo 絶体絶命.
lance livre《バスケットボール》フリースロー.

lancha /'lẽʃa/ 女 モーターボート ▶lancha salva-vidas 救命ボート.

lanchar /lẽ'ʃax/ 自 軽食を取る.
— 他 軽食に...を食べる.

lanche /'lẽʃi/ 男 軽食, スナック ▶fazer um lanche 軽食を取る.

lancheira /lẽ'ʃejra/ 女 ランチボックス.

lanchonete /lẽʃo'netʃi/ 女 B 軽食堂.

lancinante /lẽsi'nẽtʃi/ 形《男女同形》ずきずきする, うずく ▶dor lancinante ずきずきするような痛

み.

lanço /'lẽsu/ [男] ❶ 投げること, 投げ, 打ち上げ, 発射.

❷ (競売, オークションの) 付け値, 指し値.

❸ [俗] 嘔吐.

❹ 家並み (= lanço de casas).

❺ (廊下や通路の) 片側.

❻ 階段の踊り場と踊り場の間の部分.

❼ 一網で捕獲した魚の量, 網を打つこと.

❽ (ゲームなどの) 策略.

❾ カードやさいころをテーブルに投げること, 一局 ▶ Ele teve sorte naquele lanço. 彼はあの一局で幸運を得た.

❿ さいころの目. ⓫ 一区画.

⓬ 視線を向けること, 一瞥.

⓭ 偶然, 運命 ▶ Ele não sabe aproveitar o lanço. 彼は偶然を利用するすべを知らない.

⓮ 出来事, エピソード.

a poucos lanços 近くに.

errar o lanço 誤る, 狙いを外す.

languidez /lẽgi'des/ [複 languidezes] [女] ❶ 物憂さ, 衰弱. ❷ あだっぽさ.

lânguido, da /'lẽgidu, da/ [形] ❶ 元気のない. ❷ なまめかしい, そそられる.

lanho /'lẽɲu/ [男] ❶ 切り傷. ❷ [B] 肉の薄切り, 切り身.

lanolina /lano'lĩna/ [女] 〖化学〗ラノリン, 羊毛脂.

lanterna /lẽ'texna/ [女] ❶ 懐中電灯. ❷ (自動車の) ライト. ❸ ランタン.

acender a lanterna 飲酒する.

— [名] ビリ, 最下位.

lanternagem /lẽtex'naʒẽj/ [複 lanternagens] [女] [B] 自動車板金修理.

lanterneiro /lẽtex'nejru/ [男] 自動車車体修理工.

lanterninha /'lẽtex'nĩɲa/ [女] ❶ (劇場などの) 座席案内係. ❷ (競技の) 最下位.

lapa /'lapa/ [女] 洞穴, 岩穴.

lapela /la'pɛla/ [女] (背広えりなどの) 折り返し, ラペル.

lapidação /lapida'sẽw̃/ [複 lapidações] [女] 宝石のカット.

lapidar[1] /lapi'dax/ [複 lapidares] [形] 《男女同形》 ❶ 石碑の ▶ inscrição lapidar 碑銘. ❷ 簡潔な.

lapidar[2] /lapi'dax/ [他] ❶ (宝石を) カットする. ❷ 仕上げる.

lápide /'lapidʒi/ [女] 墓碑, 墓石.

⋆**lápis** /'lapis ラピス/ [男] 《単複同形》 **鉛筆** ▶ escrever a lápis 鉛筆で書く / lápis de cor 色鉛筆 / lápis de cera クレヨン / segurar o lápis de maneira correta 鉛筆を正しく持つ.

de lápis na mão 準備ができて.

lapiseira /lapi'zejra/ [女] シャープペンシル.

lápis-lazúli /ˌlapisla'zuli/ [複 lápis-lazulis] [男] 〖鉱物〗ラピスラズリ, 瑠璃.

lapso /'lapisu/ [男] ❶ (時間の) 経過, 流れ ; 期間. ❷ 誤り, 間違い ▶ por lapso 間違って / lapso de memória 記憶違い / lapso de linguagem 小さな言い間違い / lapso freudiano 錯誤行為.

laquê /la'ke/ [男] [B] ヘアスプレー.

laquear /lake'ax/ ⑩ [他] ❶ …にラッカーを塗る. ❷ (髪に) ヘアスプレーをかける. ❸ 〖医学〗(血管などを) 結紮(けっさつ)する.

⋆**lar** /'lax ラーフ/ [複 lares] [男] ❶ **家庭, 家, 家族** ▶ lar doce 居心地のよい家庭 / conforto do lar 家庭の快適さ / abandonar o lar 家を捨てる / formar um lar 家庭を築く / ter um lar 家族を持つ / mulher do lar 主婦.

❷ **故郷**, 祖国 ▶ regressar ao lar 母国に戻る.

❸ lar dos idosos 老人ホーム.

⁑**laranja** /la'rẽʒa ラランジャ/ [女] 〖果実〗 **オレンジ** ▶ suco de laranja オレンジジュース.

— [男] **オレンジ色**.

— [形] 《不変》 オレンジ色の.

laranjal /larẽ'ʒaw/ [複 laranjais] [男] オレンジ農園.

laranjeira /larẽ'ʒejra/ [女] 〖植物〗オレンジの木.

lareira /la'rejra/ [女] 暖炉.

larga[1] /'laxga/ [女] 自由, ゆとり.

à larga 豊かに, ゆったりと ▶ viver à larga 何不自由なく暮らす.

criar na larga 放牧する.

dar largas a... …を自由に働かせる ▶ dar largas à imaginação 想像をたくましくする.

largada /lax'gada/ [女] ❶ 出発. ❷ 〖スポーツ〗スタート ▶ dar a largada スタートする / queimar a largada フライングする. ❸ 〖バレーボール〗フェイント.

⋆**largar** /lax'gax ラフガーフ/ ⑪ [他] ❶ **放す** ▶ Largue o meu braço. 私の腕を放せ / Não largue sua mão da corda. ロープから手を放さないでください.

❷ **落とす** ▶ largar a pasta sem querer うっかりファイルを落とす.

❸ **置き忘れる** ▶ largar a bengala no táxi つえをタクシーに置き忘れる.

❹ (活動や習慣を) やめる ▶ largar a vida esportiva スポーツ競技生活をやめる / largar a bebida 飲酒をやめる / largar o cigarro たばこをやめる.

❺ (人を) ほおっておく ▶ Me larga! ほっといてくれ.

❻ 見捨てる, 捨てる ▶ largar a família 家族を捨てる / largar o marido 夫と別れる.

❼ (職を) 辞める, (勤務後職場から) 出る ▶ largar o serviço 職場を出る.

⁂**largo, ga**[2] /'laxgu, ga ラフゴ, ガ/ [形] ❶ **幅広い, 広い** (←→estreito) ▶ rua larga 広い通り / homem de ombros largos 肩幅の広い男性 / largos campos de trigo 広大な小麦畑 / Ele tem largos conhecimentos de botânica. 彼は植物学の幅広い知識がある / larga experiência 幅広い経験.

❷ (衣服が) **ゆったりとした** ▶ roupa larga ゆったりとした服.

❸ **長期間の** ▶ Ela regressou depois de uma larga permanência em Paris. 彼女はパリに長期間滞在した後に戻ってきた.

❹ たくさんの, 豊富な ▶ um largo almoço たくさんの昼食.

— **largo** [男] ❶ 幅 ▶ quarto com cinco metros de largo 幅5メートルの寝室.

❷ 広場 ▶ largo da vila 町の広場.

❸ 外洋 ▶ ao largo do Brasil ブラジル沖に.

ao largo 遠くで, 距離を置いて

L

ao largo de... …から離れて.
passar ao largo 遠くを通る, 離れて通る.
largueza /lax'geza/ [女] ❶ 幅, ❷ 気前よさ.
largura /lax'gura/ [女] 幅, 広さ ▶As calçadas têm dois metros de largura. 歩道は幅が2メートルある / Qual é a largura do rio? 川の幅はどれだけありますか
laringe /la'rĩʒi/ [女]〖解剖〗喉頭.
laringite /larĩ'ʒitʃi/ [女]〖医学〗喉頭炎.
larva /'laxva/ [女] 幼虫.
las /las/ [代] 直接目的格代名詞 as が次の位置で取る形. ① -r, -s, -z で終わる動詞の形の後. ② 副詞 eis の後. ③ 間接目的格代名詞 nos と vos の後. las は, 未来形と過去未来形で動詞の語幹部分と語尾の間に挿入されることがある. 例 : amar + as → amá-las, conhecer + as → conhecê-las, abrir + as → abri-las, amamos + as → amamo-las, traz + as → trá-las, trarei + as → trá-las-ei, eis + as → ei-las, nos + as → no-las, vos + as → vo-las.
lasanha /la'zẽɲa/ [女]〖料理〗ラザニア.
lasca /'laska/ [女] ❶ 破片, かけら. ❷ 少量 ▶uma lasca de queijo 少しのチーズ.
lascar /las'kax/ ㉙ [他] ❶ 割る, 砕く ▶lascar a madeira 木材を割る.
❷ …をする, …を加える ▶lascar um beijo em... …にキスする.
— **lascar-se** [再] ❶ 割れる, 砕ける. ❷ [B] 失敗する.
de lascar ① すばらしい, 驚くべき. ② 我慢ならない, ひどい ▶Essa é de lascar. これはひどい.
lascar a mão em... …を殴る.
lascívia /la'sivia/ [女] 好色, 淫蕩.
lascivo, va /la'sivu, va/ [形] ❶ 扇情的な, 官能的な. ❷ 好色な, 淫蕩な.
— [名] 淫蕩な人.
laser /lej'zex/ [男]《英語》レーザー ▶raio laser レーザー光線.
lassidão /lasi'dẽw̃/ [[複] lassidões] [女] ❶ 疲労. ❷ 倦怠, 無気力.
lasso, sa /'lasu, sa/ [形] ❶ 疲れた. ❷ 緩んだ.
lástima /'lastʃima/ [女] ❶ 同情, 憐れみ ▶sentir lástima 憐れみを覚える. ❷ かわいそうなこと, 残念なこと ▶É uma lástima ver os hospitais públicos nesse estado. そのような状態の公立病院を見るのは残念なことだ / É uma lástima que + [接続法] …なのは残念なことだ.
❸ 役に立たない人 ▶O médico que o atendeu era uma lástima. 彼を診察した医者は役に立たなかった.
❹ 不運, 不幸, みじめ.
❺ 不満, 愚痴, 不平.
ficar [estar] uma lástima とてもひどい状態になる ▶Depois do acidente, o carro ficou uma lástima. 事故のあとのその車は悲惨な状態だった.
lastimar /lastʃi'max/ [他] ❶ 哀れむ, 同情する ▶lastimar a sorte dos príncipes 君主たちの境遇に同情する.
❷ 嘆く, 悲しむ ▶lastimar a morte de alguém …の死を悲しむ.
❸ [B] 負傷させる, 傷つける ▶Ele lastimou o dedo. 彼は指をけがした.
— **lastimar-se** [再] 嘆く, 不満を言う, 残念に思う.
lastimável /lastʃi'mavew/ [[複] lastimáveis] [形]《男女同形》嘆かわしい.
lastimoso, sa /lastʃi'mozu, 'mɔza/ [形] ❶ 哀れな, 悲惨な. ❷ 悲しんでいる.
lastro /'lastru/ [男] ❶ (船の) 底荷, バラスト. ❷ 基礎, 土台. ❸〖経済〗金準備.
***lata** /'lata ラータ/ [女] ❶ **ブリキ, ブリキの容器** ▶lata de lixo ブリキのごみ入れ. ❷ **缶, 缶詰** ▶cerveja em lata 缶ビール / lata de atum マグロの缶詰.
❸ [話] ポンコツ自動車.
dar a lata お払い箱にする, 振る, 首にする.
latão /la'tẽw̃/ [男] 黄銅, 真鍮.
lataria /lata'ria/ [女] [B] ❶ 自動車の車体. ❷ 缶詰.
látego /'lategu/ [男] むち.
latejar /late'ʒax/ [自] ずきずきする, がくがくする ▶latejar de dor ずきずき痛む / Após a corrida, meu joelho começou a latejar. 走った後, 私の膝ががくがくし始めた.
latente /la'tẽtʃi/ [形]《男女同形》潜在性の, 表面に出ない, 潜伏している ▶conflito latente 潜在的紛争 / em estado latente 潜伏状態の.
láteo, tea /'latiu, tia/ [形] = lácteo
lateral /late'raw/ [[複] laterais] [形]《男女同形》❶ 横の, 側面の ▶porta lateral 横の戸口.
❷ 副次的な ▶questões laterais 二次的な問題.
❸〖音声学〗側音の.
— [名]〖サッカー〗サイドラインの選手 ▶lateral direito〖サッカー〗右サイドバック / lateral esquerdo〖サッカー〗左サイドバック.
— [女]〖サッカー〗サイドライン
— [男]〖サッカー〗スローイン.
látex /'lateks/ [男]《不変》(ゴムの木などの) 乳液, ラテックス.
laticínio /latʃi'sĩniu/ [男] 乳製品.
latido /la'tʃidu/ [男] 犬の吠え声, 吠えること.
latifundiário, ria /latʃifũdʒi'ariu, ria/ [形] 大土地所有制の.
— [名] 大土地所有者.
latifúndio /latʃi'fũdʒiu/ [男] 大土地所有制.
latim /la'tĩ/ [男] ラテン語 ▶latim clássico 古典ラテン語 / latim vulgar 俗ラテン語.
perder o seu latim 骨折り損をする.
latinista /latʃi'nista/ [名] ラテン語学者.
latino, na /la'tʃinu, na/ [形] ❶ **ラテン語の**, ラテン民族の ▶gramática latina ラテン語文法 / nações latinas ラテン系諸国.
❷ ロマンス諸語の ▶línguas latinas ロマンス諸語.
❸ ラテン系の ▶América Latina ラテンアメリカ.
— [名] ラテン人.
latino-americano, na /laˌtʃinuameri'kẽnu, na/ [[複] latino-americanos] [形] [名] ラテンアメリカの (人).
latir /la'tʃix/ ⑫ [自] (犬が) 吠える.
latitude /latʃi'tudʒi/ [女] ❶ 広がり, 幅. ❷〖地理〗緯度 (←→ longitude) ▶altas latitudes 高緯度地帯 / baixas latitudes 低緯度地帯.

lato, ta /'latu, ta/ [形] 広い, 広義の ▶em sentido lato 広義では.
latrina /la'trĩna/ [女] 便所, トイレ, 便器.
latrocínio /latro'sĩniu/ [男] [B] 殺人強盗, 強盗を目的とした殺人.
lauda /'lawda/ [女] (本の) ページ.
laudatório, ria /lawda'tɔriu, ria/ [形] 賞賛の, 褒め称える.
laudo /'lawdu/ [男] 鑑定書, 意見書 ▶O laudo médico concluiu que a criança morreu por afogamento. 医師の鑑定書はその子供が溺れて死亡したと結論した.
laurear /lawre'ax/ ⑩ [他] …に栄誉を与える ▶O objetivo do prêmio é laurear os melhores cientistas do ano. その賞の目的はその年の最も優れた科学者たちに栄誉を与えることである.
laurel /law'rɛw/ [[複] lauréis] [男] 月桂冠.
lauto, ta /'lawtu, ta/ [形] 豊富な, 豪勢な ▶uma lauta refeição 豪華な食事.
lava /'lava/ [女] 溶岩.
lavabo /la'vabu/ [男] 洗面台, 洗面所, トイレ.
lavadora /lava'dora/ [女] [B] 洗濯機.
lavagem /la'vaʒẽj̃/ [[複] lavagens] [女] ❶ 洗うこと, 洗濯 ; ロンダリング ▶lavagem a seco ドライクリーニング / lavagem de carro 洗車 / lavagem de dinheiro マネーロンダリング / lavagem cerebral 洗脳. ❷〖医学〗洗浄 ▶lavagem estomacal 胃の洗浄.
❸ [話] 非難.
dar uma lavagem em alguém〖スポーツ〗…を完敗させる.
levar uma lavagem〖サッカー〗大敗する.
lava-louças /ˌlava'losas/ 《単複同形》 [女] 食器洗い機.
lavanda /la'vẽda/ [女] ❶〖植物〗ラベンダー. ❷ ラベンダー香水. ❸ フィンガーボール.
lavanderia /lavẽde'ria/ [女] 洗濯室, ランドリー ▶lavanderia automática コインランドリー.
***lavar** /la'vax ラヴァーフ/ [他] ❶ **洗う, 洗濯する**, 洗浄する ▶lavar as mãos 手を洗う / lavar o cabelo 髪を洗う / lavar a cabeça 頭を洗う / lavar a louça 食器を洗う / lavar o rosto 顔を洗う / lavar a roupa 衣服を洗濯する / lavar os dentes 歯を磨く / lavar o estômago 胃を洗浄する / lavar algo a seco …をドライクリーニングする.
❷ (資金を) 浄化する ▶lavar o dinheiro お金を浄化する.
❸ **そそぐ**, 晴らす, 清める ▶lavar a honra 名誉を回復する.
❹ …から…を洗い流す ▶O arrependimento lavou-o de seus pecados. 悔悟は彼の罪を洗い流した.
— **lavar-se** [再] ❶ 自分の体を洗う ▶lavar-se dentro da banheira バスタブで体を洗う.
❷ (罪・汚名などを) 晴らす [+ de] ▶lavar-se de uma calúnia 中傷を晴らす.
lavatório /lava'tɔriu/ [男] ❶ 洗面台. ❷ 流し台. ❸ トイレ.
lavável /la'vavew/ [[複] laváveis] [形] 《男女同形》 洗える, 洗濯可能な ▶lavável em máquina 洗濯機で洗える.
lavor /la'vox/ [[複] lavores] [男] ❶ 仕事. ❷ 針仕事.
***lavoura** /la'vora ラヴォーラ/ [女] ❶ **耕作, 栽培**, 農業 ▶dedicar-se à lavoura 農業に専念する. ❷ 耕地, 農地.
lavra /'lavra/ [女] ❶ 耕作, 栽培. ❷ 採掘, 採掘地.
ser da lavra de... …の製作である.
lavradio, dia /lavra'dʒiu, 'dʒia/ [形] 耕作できる.
— **lavradio** [男] 耕作.
lavrador, dora /lavra'dox, 'dora/ [[複] lavradores, doras] [名] 耕す人, 耕作者.
— [形] 耕す.
lavrar /la'vrax/ [他] ❶ 耕作する, 耕す ▶lavrar a terra 土地を耕す
❷ (作物を) 作る ▶lavrar milho トウモロコシを作る.
❸ …に装飾を施す, 刺しゅうする, 細工する ▶lavrar um tecido 布に刺しゅうを施す.
❹ …に刻む, 彫る, しわを作る [+ em] ▶O sofrimento lavrou-lhe rugas no rosto. 苦労が彼女の顔にしわを刻んだ.
❺ 航行する.
❻ 探求する.
❼ (文章で) 発令する ▶lavrar um decreto 法令を発令する.
❽ 書く, 記載する ▶lavrar uma sentença 判決を書く.
❾ 宣告する, 宣言する, 言い表す ▶Os jornalistas lavraram um protesto. 記者たちは抗議を申し立てた.
❿ すり減らせる, 浸食する ▶Nessa região, os ventos lavram as encostas. この地方では風で斜面が浸食する.
⓫ (貨幣を) 鋳造する ▶lavrar moeda 貨幣を鋳造する.
⓬ 書く, 刻む ▶O poeta lavrou uma bela frase no frontispício do palácio. 詩人は宮殿の正面に美しい言葉を刻んだ.
⓭ 採掘する.
— [自] ❶ 広がる, 普及する, 増加する ▶A peste lavrava na cidade inteira. ペストが町中に蔓延していた.
❷ 現れる.
❸ (馬が) 倒れる.
laxante /la'ʃẽtʃi/ [形] 《男女同形》 下剤の.
— [男] 下剤.
laxar /la'ʃax/ [他] ❶ 緩める. ❷ 通じをつける.
— **laxar-se** [再] 通じがつく.
lazer /la'zex/ [[複] lazeres] [男] 余暇, 余暇活動, レジャー ▶horas de lazer 余暇時間 / área de lazer 行楽地 / viagem de lazer 観光旅行.
lé [男] 《次の成句で》
Lé com lé, cré com cré. 類は友を呼ぶ.
leal /le'aw/ [[複] leais] [形] 《男女同形》 忠実な, 誠実な.
lealdade /leaw'dadʒi/ [女] 忠実, 忠誠.
lealmente /leˌaw'mẽtʃi/ [副] 忠実に, 誠実に.
***leão, leoa** /le'ɐ̃w̃, le'oa レアォン, レオア/ [[複] leões, leoas] [名] ❶ **ライオン** ▶Ele é forte como

um leão. 彼はライオンのように強い. ❷《Leão》〖天文〗しし座.
fazer a parte do leão 最も大変な部分を行う.
leão do Imposto de Renda 連邦収税局.
leão entre ovelhas 弱者の中で威張っている人.
parte do leão 獅子の分け前, 強者がせしめるいちばん多い分け前.

lebre /'lɛbri/ [女] 野ウサギ.
levantar a lebre 議論を巻き起こす.

lecionar /lesio'nax/ [他] 教える ▶A minha irmã leciona inglês para crianças. 私の姉は子供たちに英語を教えている.
— [自] 教える ▶Eu adoro lecionar. 私は教えることが大好きである.

lecitina /lesi'tʃĩna/ [女]〖生化学〗レシチン.

ledo, da /'ledu, da/ [形] 陽気な, 楽しい, 心地よい ▶os ledos tempos de juventude あの楽しかった青年時代 / ledo engano 悪意のない誤り / Ele cometeu um ledo engano. 彼は悪気のない間違いをした.

legação /lega'sɐ̃w̃/ [[複] legações] [女] ❶ 使節の職務 [地位, 任期]. ❷ 公使館 ;《集合的》公使館員.

legado[1], **da** /le'gadu, da/ [名] 使節.

legado[2] /le'gadu/ [男] 遺産.

★★**legal** /le'gaw レガゥ/ [[複] legais] [形]《男女同形》❶ **法的な, 法に則った**, 法定の, 合法的な ▶medicina legal 法医学 / formalidades legais 法的手続き / idade legal 法定年齢 / sistema legal 法制度.
❷ [B] [話] **よい, すばらしい** ▶Ele é uma pessoa legal. 彼はすばらしい人だ / um cara legal いいやつ / Que legal! いいね / Está legal. それはいいね.

legalidade /legali'dadʒi/ [女] 合法性, 適法性.

legalização /legaliza'sɐ̃w̃/ [[複] legalizações] [女] 合法化, 適法化 ▶legalização das drogas 薬物の合法化.

legalizar /legali'zax/ [他] ❶ 合法化する ▶legalizar o aborto 妊娠中絶を合法化する. ❷ (書類や署名を) 真正と証明する.

legalmente /leˌgaw'mẽtʃi/ [副] 法律的に, 合法的に.

legar /le'gax/ ⑪ [他] ❶ 遺産として残す, 遺贈する ▶Ele legou uma fortuna aos filhos. 彼は子供たちに財産を残した.
❷ 後世に残す, 伝える ▶O cientista legou notáveis descobertas à humanidade. その科学者はすばらしい発見を後世の人々に残した.
❸ (公式使節を) 派遣する.

legatário, ria /lega'tariu, ria/ [名]〖法律〗遺産受取人.

legenda /le'ʒẽda/ [女] ❶ (映画の) 字幕. ❷ キャプション, 説明文 ; 凡例. ❸ 政党. ❹ 伝説, 言い伝え. ❺ 聖人伝.

legendado, da /leʒẽ'dadu, da/ [形] 字幕つきの ▶filme legendado 字幕つきの映画.

legendário, ria /leʒẽ'dariu, ria/ [形] 伝説上の, 伝説的な ; 聖者伝の.
— **legendário** [男] 伝説, 聖者伝集.

legião /leʒi'ɐ̃w̃/ [[複] legiões] [女] ❶ 部隊, 軍隊 ▶legião estrangeira 外国人部隊. ❷ 多数 ▶uma legião de fãs たくさんのファン.

legibilidade /leʒibili'dadʒi/ [女] 読みやすさ, 視認性.

★**legislação** /leʒizla'sɐ̃w̃ レジスラサォン/ [[複] legislações] [女] (一国, 一分野の) **法, 法律** ▶legislação comercial 商法.

legislador, dora /leʒizla'dox, 'dora/ [[複] legisladores, doras] [名] 立法者, 法律制定者.
— [形] 立法を行う.

legislar /leʒiz'lax/ [自] 法律を制定する.
— [他] (法律を) 制定する.

★**legislativo, va** /leʒizla'tʃivu, va レジズラチーヴォ, ヴァ/ [形] **立法の** ▶poder legislativo 立法権 / assembleia legislativa 立法議会 / eleições legislativas 議会選挙.
— **legislativo** [男] 立法権.

legislatura /leʒizla'tura/ [女] ❶ 立法府. ❷ 立法議会の会期, 立法期間.

legista /le'ʒista/ [名] ❶ 法律専門家, 法学者. ❷ 法医学者.
— [形]《男女同形》法律に詳しい.

legitimação /leʒitʃima'sɐ̃w̃/ [[複] legitimações] [女] ❶ (非嫡出子の) 認知. ❷ 正当化, 合法化.

legitimamente /leˌʒitʃima'mẽtʃi/ [副] 合法的に, 正当に.

legitimar /leʒitʃi'max/ [他] ❶ 正当と認める, 適法 [合法] と認める ▶A comunidade internacional legitimou o novo governo do país. 国際社会はその国の新政府の正当性を認めた. ❷ (庶子を嫡子と) 認知する.

legitimidade /leʒitʃimi'dadʒi/ [女] ❶ 合法性. ❷ 嫡出性. ❸ 正当性.

★**legítimo, ma** /le'ʒitʃimu, ma レジーチモ, マ/ [形] ❶ **合法的な**, 法律で認められた ▶legítima defesa 正当防衛 / herdeiro legítimo 法定相続人.
❷ 嫡出の ▶filho legítimo 嫡出子.
❸ 真正の, 本物の, 純粋な ▶ouro legítimo 純金 / couro legítimo 本革.

legível /le'ʒivew/ [[複] legíveis] [形]《男女同形》読める, 読みやすい ▶legível por máquina 機械で読める, 機械可読の.

légua /'lɛgwa/ [女] ❶ (距離の単位) レグア (ブラジルでは6.6キロ). ❷ 長い距離 ▶a léguas de... …から遠くに離れた.
às léguas 大急ぎで.

★★★**legume** /le'gũmi レグーミ/ [男] **野菜** ▶O tomate é uma fruta ou um legume? トマトは果物かそれとも野菜か / sopa de legumes 野菜スープ / salada de legumes 野菜サラダ.

leguminoso, sa /legumi'nozu, 'nɔza/ [形]〖植物〗マメ科の.
— **leguminosa** [女] マメ科の植物.

lei

lei /'lej レィ/ 囡 ❶ 法律 ▶ fazer leis 法律を作る / obedecer à lei 法律を守る / violar uma lei 法律を破る / proibido por lei 法によって禁じられた / projeto de lei 法案 / as leis de trânsito 交通法規 / Lei básica 基本法 / Lei Áurea Ⓑ 奴隷制廃止法 / Lei do Ventre Livre Ⓑ 奴隷子女解放法 / lei seca 禁酒法 / lei das sociedades anônimas 株式会社法.
❷ 法則 ▶ lei da gravidade 重力の法則 / lei da oferta e da procura〖経済〗需要と供給の法則.
❸ 掟 ▶ lei do mais forte 強者の論理［支配］/ lei da selva ジャングルの掟 / lei do silêncio 黙秘の掟.
❹ 支配, 権力 ▶ lei do vencedor 勝者の権力.
❺ (貴金属や木材などの) 高品質 ▶ O Brasil possui muitas madeiras de lei. ブラジルには多くの高品質の木材がある / prata de lei 高純度の銀.
longo braço da lei 法の力.
sem lei nem rei あてもなく, 行き当たりばったりに.

leiaute /lej'awtʃi/ 男《英語》レイアウト.

leigo, ga /'lejgu, ga/ 形 ❶ 聖職者でない, 世俗の, 平信徒の. ❷ 素人の, 門外漢の ▶ Eu sou leigo em informática. 私はコンピューターに関しては素人である.
— 名 ❶ 平信徒, 俗人. ❷ 素人, 門外漢.

leilão /lej'tẽw/ [覆 leilões] 男 競売, オークション ▶ casa de leilões オークションハウス / pôr em leilão オークションにかける / vender em leilão オークションで売る.

leiloar /lejlo'ax/ 他 オークション［競売］にかける, オークション［競売］で売る.

leiloeiro, ra /lejlo'ejru, ra/ 名 競売人, オークション主催者.

leitão, toa /lej'tẽw, 'toa/ [覆 leitões, toas] 名 乳離れしていない子豚 ▶ leitão assado 子豚の丸焼き (中部ポルトガルの名物料理).

leitaria /lejtɐ'riɐ/ 囡 Ⓟ = leiteria

leite /'lejtʃi レィチ/ 男 ❶ 乳, 牛乳 (= leite de vaca) ▶ leite materno 母乳 / leite em pó 粉ミルク / café com leite カフェオレ / leite desnatado スキムミルク, 脱脂乳 / leite condensado コンデンスミルク / leite integral 全乳 / Não adianta chorar sobre o leite derramado.〖諺〗覆水盆に返らず.
❷ (植物や果実の) 乳 (状) 液 ▶ leite de coco ココナッツミルク / leite de soja 豆乳.
a leite de pato 無料で, ただで; 金を賭けずに.
tirar leite de pedra 不可能なことをしようとする.

leiteira[1] /lej'tejra/ 囡 ミルクパン, 牛乳入れ.

leiteiro, ra[2] /lej'tejru, ra/ 形 牛乳の, 乳製品の ▶ vaca leiteira 乳牛 / indústria leiteira 乳業 / fazenda leiteira 酪農場.
— 名 牛乳配達人, 牛乳屋.

leiteria /lejte'riɐ/ 囡 ❶ 牛乳工場, 乳製品工場.
❷ 乳製品販売店. ❸ 乳製品を使った軽食を出すレストラン.

leito /'lejtu/ 男 ❶ ベッド, 寝床 ▶ guardar o leito 床についている, 病床に伏している. ❷ 夫婦の寝床, 夫婦の床 ▶ filhos do primeiro leito 初婚の子供.
❸ 川底, 河床 ▶ sair do leito (河川が) 氾濫する.
❹ 層, 地層.
leito de morte 死の床.
leito de Procrusto プロクルステスの寝台, 杓子定規.
leito de rosas 快適な状況.
leito do vento 風下.
sair do leito (河川が) 氾濫する.

leitor, tora /lej'tox, 'tora レイトーフ, トーラ/ [覆 leitores, toras] 名 ❶ 読者 ▶ leitor de ficção científica SFの読者 / Um bom leitor nem sempre é um bom escritor. よき読者は必ずしもよき書き手ではない.
❷ (大学で語学担当の) 外国人教員 ▶ leitor de português ポルトガル語外国人教員.
❸ 校正者.
— **leitor** 男 読み取り機.

leitoso, sa /lej'tozu, 'tɔza/ 形 乳の, 乳白色の, ミルク色の.

leitura /lej'turɐ レイトゥーラ/ 囡 ❶ 読書, 読むこと, 読み取り ▶ Eu gosto de leitura. 私は読書が好きだ / Tenho hábito de leitura. 私は読書の習慣がある / leitura em voz alta 音読 / leitura silenciosa 黙読 / leitura dinâmica 速読 / livro de leitura 読本, リーダー / sala de leitura 閲覧室 / leitura de dados データの読み取り.
❷ 読み物 ▶ as leituras preferidas 好きな読み物.
❸ 解釈 ▶ Sua opinião permite muitas leituras. あなたの意見は多数の解釈が可能だ.

lema /'lemɐ/ 男 スローガン, モットー, 標語.

lembrança /lẽ'brɐ̃sɐ レンブランサ/ 囡 ❶ 思い出, 記憶, 回想, 想起 ▶ lembranças da infância 子供のころの思い出 / Tenho boas lembranças do Brasil. ブラジルにはいい思い出がある.
❷ 考え, インスピレーション, 意見 ▶ Boa lembrança essa! いい考えだ.
❸ おみやげ ▶ lembranças do Brasil ブラジルのおみやげ.
❹ (lembranças) あいさつの言葉, 伝言 ▶ Adeus e lembranças à família! さよなら, ご家族によろしくお伝えください / Dê lembranças a todos. 皆さんによろしく.
em lembrança de... …を記念して.
mandar lembranças a alguém …によろしくと言う ▶ Mande lembranças a seus pais. ご両親によろしくお伝えください
ter lembrança de... …を思い出す, …を覚えている.

lembrar /lẽ'brax レンブラーフ/ 他 ❶ 思い出す, 覚えている (↔ esquecer) ▶ Não lembro o nome dele. 私は彼の名前を覚えていない / fazer lembrar 思い出させる.
❷ …を〜に思い出せる, 連想させる ▶ Tudo me lembra você. 何かにつけて君のことが思い出される / Ele me lembra o meu irmão. 彼は私の弟に似ている / Você está lembrada de mim? 君は私のことを覚えていますか.
❸ (lembrar a alguém de + 不定詞) …に…することを気づかせる ▶ Lembre-lhe de pagar o aluguel. 彼が家賃を払い忘れないように注意してあげて.

— **lembrar-se** 再 ❶ …を思い出す, 覚えている [+ de] ▶ / Lembro-me dele. 私は彼のことを覚えている / Lembro-me disso até agora. そのことは今でも覚えている / Não me lembro do título. 私はタイトルを覚えていない / Não consigo lembrar-me do nome dele. 私は彼の名前が思い出せない / Lembro-me de ter ouvido sobre isso antes. そのことは以前聞いた覚えがある / Lembro-me de tê-los visto. 私は彼らに会った覚えがある.
❷《lembrar-se (de) que +直説法》…ことを思い出す▶ Eu me lembrei que havia me esquecido de algo e voltei para casa. 私は忘れ物を思い出して家に戻った.

lembrete /lẽ'bretʃi/ 男 ❶ 備忘録, メモ. ❷ 小言.

leme /'lẽmi/ 男 ❶ (船の) 舵, (飛行機の) 方向舵 ▶ homem do leme 操縦手 / segurar o leme 舵を取る. ❷ 統制, コントロール, 舵取り.
perder o leme 方向性を失う, 制御できなくなる.
ter o leme 舵取りをする, 支配する.

lenço /'lẽsu/ 男 ハンカチ, スカーフ▶ lenço de cabeça スカーフ / lenço de papel ティッシュペーパー / lenço umedecido 赤ちゃんのお尻ふき.
sem lenço nem documento 自由に, 縛られずに.

***lençol** /lẽ'sɔw/ レンソウ/ [複 lençóis] 男 ❶ 敷布, シーツ.
❷ (液体などの) 広がり, 層▶ lençol freático 地下水脈 / lençol de petróleo 石油鉱脈.
❸ um jogo de lençóis《サッカー》サッカー選手が頭越しに相手方を抜くプレー.
estar em maus lençóis 苦境にある.
meter-se em maus lençóis 苦境に陥る.

***lenda** /'lẽda/ レンダ/ 女 伝説, 言い伝え ▶ lenda indígena 先住民の伝説 / Diz a lenda que +直説法 伝説によれば… / uma lenda do futebol サッカーの伝説 / lenda urbana 都市伝説.

lendário, ria /lẽ'dariu, ria/ 形 伝説の, 伝説的な, 伝説上の;

lenga-lenga /,lẽga'lẽga/ 女 [複 lenga-lengas] くだらない長話.

lenha /'lẽɲa/ 女 ❶ 薪.
❷ 困 難しいこと, 大変なこと▶ É lenha subir esta ladeira! この坂を昇るのは大変だ.
colocar lenha na fogueira ① 薪をくべる. ② 争いをかき立てる, 火に油を注ぐ.
descer a lenha ① 殴る, 叩く. ② 槍玉に挙げる.
entrar na lenha ① 殴打される. ② 試験に落第する.
meter a lenha em… 俗 ① …を殴る. ② …の悪口を言う.

lenhador /leɲa'dox/ [複 lenhadores] 男 木こり, 薪を割る人

lenho /'lẽɲu/ 男 ❶《植物》木質部. ❷ 丸太, 丸木.
Sagrado [Santo] Lenho イエス・キリストの十字架.

lenhoso, sa /le'ɲozu, 'ɲɔza/ 形 木質の.

lenitivo, va /leni'tʃivu, va/ 形 鎮痛作用のある.
— **lenitivo** 男 ❶ 鎮痛剤, 鎮静剤. ❷ 慰め (となるもの), 安らぎ.

lentamente /,lẽta'mẽtʃi/ 副 ゆっくりと, のろのろと.

lente[1] /'lẽtʃi/ 女 レンズ▶ lentes de contato コンタクトレンズ / lente de aumento 虫眼鏡, 拡大レンズ / lente bifocal 遠近両用レンズ.

lente[2] /'lẽtʃi/ 名 高校 [大学] の教師.

lentidão /lẽtʃi'dẽw/ [複 lentidões] 女 遅さ, のろさ, 緩慢さ▶ A mulher ficou irritada com a lentidão do trânsito. 女性は交通渋滞にいらいらした.

lentilha /lẽ'tʃiʎa/ 女《植物》レンズマメ.

*****lento, ta** /'lẽtu, ta レント, タ/ 形 ❶ 遅い, のろい (↔ rápido) ▶ Meu computador está lento. 私のコンピューターは遅い / em velocidade lenta 低速で.
❷ 鈍感な, 鈍い▶ As reações de nosso governo são sempre lentas. 私たちの政府の反応はいつも鈍い.
❸ 怠けた, 怠惰な ▶ Ela é tão lenta que não vou contar com sua ajuda. 彼女はとても怠惰なので助けは求めない.
lento (e) lento ゆっくり, 少しずつ▶ Os flocos de neve se acumulam sobre a terra lento e lento. 雪が大地に少しずつ積もっていく.

leoa /le'oa/ 女 雌ライオン.

leonino, na /leo'ninu, na/ 形 ❶ ライオンの, ライオンに似た. ❷ しし座の.
— 名 しし座の人.

leopardo /leo'paxdu/ 男《動物》ヒョウ.

leporino, na /lepo'rinu, na/ 形 ウサギの, ウサギのような▶ lábio leporino 口唇口蓋裂.

lepra /'lɛpra/ 女《医学》ハンセン病.

leprosário /lepro'sariu/ 男 ハンセン病病院.

leproso, sa /le'prozu, 'prɔza/ 形 名 ハンセン病の (患者).

leque /'lɛki/ 男 ❶ 扇, 扇子. ❷ 扇状の物▶ leque de cartas 扇状に広げたトランプ. ❸ 範囲▶ um amplo leque de opções 幅広い選択肢.

*****ler** /'lex レーフ/ ⑱

直説法現在	leio	lemos
	lês	ledes
	lê	leem

過去	li	lemos
	leste	lestes
	leu	leram

他 ❶ 読む▶ ler um livro 本を読む / ler uma mensagem メッセージを読む / ler um romance 小説を読む / Li várias obras daquele autor famoso. 私はあの有名な作家のいろいろな作品を読んだ.
❷ (声に出して) 読む, 読んで聞かせる ▶ ler um texto em voz alta テキストを大きな声で読む.
❸ (暗号などを) 解読する, 読み取る; 察知する▶ ler o pensamento de… …の考えを読む / ler a sorte 運勢を占う / ler as estrelas 星占いをする / ler os lábios 唇を読む / ler o futuro de alguém …の未来を占う.

lerdeza

❹ (情報を) 読み取る ▶ ler dados データを読み取る / ler um mapa 地図を読む / ler música 楽譜を読む.
— 自 読書する、読む ▶ Gosto muito de ler. 私は本を読むことが好きだ / ler nas entrelinhas 行間を読む.

lerdeza /lex'deza/ 女 動作が緩慢なこと.

lerdo, da /'lexdu, da/ 形 動作が遅い、のろい ▶ um computador lerdo 遅いコンピューター.

lero-lero /ˌlɛru'lɛru/ [複 lero-leros] 男 B 俗 無駄話、戯言.

***lesão** /le'zɐ̃w̃/ [複 lesões] 女 ❶ けが、負傷 ▶ lesão grave 重傷 / O jogador foi substituído por lesão. 選手はけがで交代させられた / recuperar-se da lesão けがから回復する.
❷ 〖法律〗侵害、損害 ▶ lesão de direitos individuais 個人の権利の侵害.
❸ 〖法律〗暴行 ▶ lesão corporal 暴行.
❹ 〖医学〗病変、病巣.

lesar /le'zax/ 他 ❶ 傷つける、けがを負わせる. ❷ 損害を及ぼす、侵害する ▶ lesar a honra 名誉を傷つける / lesar o fisco 脱税する. ❸ (権利を)侵害する ▶ lesar os direitos de alguém 人の権利を侵害する.
— 自 愚かな風を装う.
— **lesar-se** 再 けがをする.

lesbianismo /lezbia'niznu/ 男 女性間の同性愛.

lésbico, ca /'lɛzbiku, ka/ 形 レズビアンの.
— **lésbica** 女 女性の同性愛者.

lesionar /lezio'nax/ 他 けがをさせる.
— **lesionar-se** 再 けがをする.

lesivo, va /le'zivu, va/ 形 損害を及ぼす、損害を与える ▶ ato lesivo a honra 名誉を傷つける行為.

lesma /'lezma/ 女 ❶ 〖動物〗ナメクジ. ❷ のろまな人.

*:**leste** /'lɛstʃi/ レスチ/ 男 ❶ 東、東部、東洋 ▶ ir para o leste 東へ行く / a Veneza do leste 東洋のベニス / o leste do Brasil ブラジルの東部 / 300 km a leste de Manaus マナウスの300キロ東に. ❷ 東風.
— 形 〖男女同形〗東の、東部の ▶ lado leste 東側 / na costa leste 東海岸で / Leste Europeu 東ヨーロッパ.
estar a leste de algo P …を分かっていない、知らない ▶ Ele está a leste de tudo. 彼は全然分かっていない.

lesto, ta /'lɛstu, ta/ 形 敏捷(びんしょう)な、身軽な、すばしっこい、機敏な.
— **lesto** 副 すばやく.

letal /le'taw/ [複 letais] 形 〖男女同形〗致命的な、命に関わる、死を招く ▶ dose letal 致死量 / injeção letal 薬殺刑 / doença letal 命に関わる病気.

letalidade /letali'dadʒi/ 女 死亡率、致死率.

letargia /letax'ʒia/ 女 ❶ 〖医学〗昏睡 ▶ estado de letargia 昏睡状態. ❷ 無気力、無感動.

letárgico, ca /le'taxʒiku, ka/ 形 〖医学〗昏睡状態の.

letivo, va /le'tʃivu, va/ 形 学校の、授業の ▶ ano letivo 学年度.

554

*:**letra** /'letra レトラ/ 女 ❶ 文字、字体 ▶ as 26 letras do alfabeto アルファベットの26文字 / letra maiúscula 大文字 / letra minúscula 小文字 / letra de imprensa 活字体 / uma palavra de quatro letras 4文字語 / letra cursiva 筆記体.
❷ 手書き文字 ▶ ter boa letra きれいな字を書く / letra de médico 読みにくい手書き文字.
❸ 字句、文字面、文言 ▶ respeitar a letra da lei 法律文面の字義を尊重する / letra morta 死文、空文.
❹ 歌詞 ▶ a letra do hino de Portugal ポルトガル国歌の歌詞.
❺ 〖商業〗証書、手形 ▶ letra de câmbio 約束手形.
❻ (letras) 文学、文芸 ▶ homem de letras 文学者 / Faculdade de Letras 文学部 / formar-se em Letras 文学部を卒業する / Sagradas Letras 聖書 / letras clássicas (ギリシャ・ローマの) 古典文学 / primeiras letras 初等教育の基本、読み書き算数.
à letra ① 文字通りに、一語一語 ▶ traduzir uma frase à letra 文を文字通り翻訳する. ② 正確に、厳密に ▶ cumprir uma recomendação à letra 忠告を正確に遂行する.
ao pé da letra 文字通りに、直訳すれば.
até a última letra 完全に、すべて.
com todas as letras ① 詳細に、省略せずに ▶ escrever o nome com todas as letras 名前を省略せずに書く. ② 明瞭に、明らかに.
dar de letra 〖サッカー〗ラボーナを蹴る.
de letra 〖サッカー〗① ラボーナで. ② 簡単に.
de letras gordas 読み書きの下手な、無学の、無教養の.
em letras de fogo 銘記すべき、長く記憶にとどめられるべき.
letra a letra 文字通り、一語一語.
responder ao pé da letra (質問に) 厳密に答える.
tirar de letra 容易にこなす.

letrado, da /le'tradu, da/ 形 名 学識の深い (人) ; 文学的教養のある (人).

letreiro /le'trejru/ 男 看板、標識 ▶ letreiro luminoso ネオンサイン.
não ter letreiro na testa 素性や性格を見抜くことができない.

letrista /le'trista/ 名 ❶ 作詞家. ❷ 文字デザイナー.

léu /lɛu/ 男 (次の成句で)
ao léu ① あてもなく ▶ andar ao léu あてもなく歩く. ② (髪を) なびかせて ▶ Aproveitou a brisa do mar com os cabelos ao léu. 彼女は髪をなびかせて潮風を楽しんだ.

leucemia /lewse'mia/ 女 〖医学〗白血病.

leva /'leva/ 女 ❶ 〖軍事〗徴兵、召集. ❷ グループ、集団 ▶ Uma leva de manifestantes invadiu o edifício. デモ参加者の一団が建物に侵入した.

levada[1] /le'vada/ 女 ❶ 運ぶこと、運搬. ❷ 灌漑用水、用水路.

levadiço, ça /leva'dʒisu, sa/ 形 上げ下げできる ▶ ponte levadiça 跳ね橋.

levado, da[2] /le'vadu, da/ 形 腕白な、やんちゃな

▶um menino levado 腕白な男の子.

leva e traz /ˌlɛvai'tras/ 名《単複同形》他人の噂をする人, 中傷する人.

levantador, dora /levẽta'dox, 'dora/ [複 levantadores, doras] 名 ❶ levantador de pesos 重量挙げ選手. ❷『バレーボール』セッター.
— 形 起こす, 立てる.

levantamento /levẽta'mẽtu/ 男 ❶ (垂直に) 立てること, 持ち上げること；盛り土▶levantamento de peso 重量挙げ.
❷ 蜂起, 反乱▶levantamento militar 軍事蜂起.
❸ 調査, 統計調査, 地形調査▶efetuar um levantamento 調査を行う/levantamento da comunidade brasileira no Japão 在日ブラジル人共同体の調査.
❹『バレーボール』トス▶Apenas um bom levantamento possibilita uma excelente cortada. よいトスだけがすばらしいスパイクを可能にする.

levantar /levẽ'tax/ レヴァンタ-ノ/ 他 ❶ 上げる, 持ち上げる；高める▶levantar a mão 手を挙げる/levantar a copa カップを掲げる/levantar a cabeça 顔を上げる/Esta caixa é tão pesada que não consigo levantá-la. この箱は重くて持ち上がらない/levantar o moral 士気を高める/levantar o nível レベルを上げる/levantar a voz 声を大きくする/levantar pesos ウエイトトレーニングをする/levantar dinheiro お金をおろす, 資金を集める.
❷ 起こす▶levantar a parte superior do corpo 上半身を起こす.
❸ (説などを) 立てる▶levantar uma nova teoria 新しい説を唱える.
— **levantar-se** 再 ❶ 立ち上がる▶Os espectadores levantaram-se e aplaudiram. 観客が立ち上がって拍手した.
❷ 起きる, ベッドから出る▶Eu me levanto cedo todos os dias. 私は毎朝早起きする/levantar-se com as estrelas 早起きする.
❸ 蜂起する▶Um grupo de jovens oficiais se levantou contra a decisão do governo. 若手将校のグループが政府の決定に対し蜂起した.

levante /le'vẽtʃi/ 男 ❶ 東, 東方. ❷ 暴動, 反乱.

levar /le'vax/ レヴァーノ/ 他 (↔ trazer) ❶ 持っていく, 運ぶ▶Leve esta mala, por favor. このスーツケースを運んでください/Leve o guarda-chuva. 傘を持って行きなさい/Leve os objetos de valor com você. 貴重品は必ず身につけていてください.
❷ 連れていく▶Levarei minha mãe à viagem. 私は母を旅行に連れていくつもりだ/Levo meu cão para passear. 私は犬を散歩に連れていく/Leve-me também, por favor. 私も連れていってください/O esforço levou-a ao sucesso. 努力が彼女を成功に導いた/Este ônibus nos levará ao estádio. このバスはスタジアムまで私たちを連れていってくれるだろう.
❸ 持つ▶Não levo dinheiro. 私はお金がない/levar o nome do avô 祖父の名前を受け継ぐ.
❹ 伝える▶levar uma mensagem メッセージを伝える.
❺ 被る, 受ける▶levar surra 殴られる/levar castigo 罰を受ける/Levei um choque. 私はショックを受けた/Levei um susto. 私はどきりとした/Ele tropeçou em uma pedra e levou um tombo. 彼は石につまずいて転倒した.
❻ 買う▶Vou levar essa bolsa. そのバッグを買います.
❼ (生活を) 送る▶levar uma boa vida いい生活を送る/levar uma vida feliz 幸せな生活を送る/levar uma vida simples 質素な生活をする.
❽ 盗む, 持ち去る▶Os ladrões levaram tudo que tinha em casa. 泥棒は家にあったものをすべて持ち去った/levar à força 力ずくで持ち去る.
❾ (時間が) かかる▶Leva três horas de trem daqui até a cidade vizinha. ここから隣町まで電車で3時間かかる/A festa levou seis horas para ser preparada. パーティーは準備するのに6時間かかった/Levou muito tempo para fazer isto. これを作るのにずいぶん手間がかかった/Quanto tempo vai levar? どれくらい時間がかかりますか/Não vai levar muito tempo. それほど時間はかかりません/Levou mais tempo do que eu esperava. 思ったより手間取った.
❿ (車を) 運転する▶levar o carro 車を運転する.
⓫ 借りる▶Posso levar o seu carro? 車を借りてもいいですか.
⓬ 上映する▶levar um filme 映画を上映する.
⓭ (材料として) 含む▶O bolo não leva ovo. そのケーキは卵を使っていない.
— 自 …へ至る, …に通じる [+ a] ▶O caminho levava a um hotel-fazenda. その道は農園ホテルに通じていた.

deixar-se levar por... …に流される, 左右される▶Ele deixou-se levar pela emoção. 彼は感情に流されるままだった.

ir levando 熟 何とか暮らす▶— Tudo bem? — Vou levando. 「元気にしてるかい」「何とかやってるよ」

levar a bem 善意に受け取る.
levar a mal 悪意に受け取る.
levar a melhor 優勢になる, 優位に立つ.
levar consigo 身に着ける, 持ち歩く.

leve /'levi/ 形《男女同形》❶ 軽い, 軽量な (↔ pesado) ▶Esta bicicleta é muito leve. この自転車はとても軽い/A mala estava tão leve que era fácil transportá-la. スーツケースはとても軽くて運ぶのが楽だった/leve como a pena 羽のように軽い.
❷ 軽微な；薄い；かすかな▶viajar com roupas leves 軽装で旅行する/serviço leve 軽い仕事/fazer exercícios leves 軽い運動をする/ter sono leve 眠りが浅い/leve esperança かすかな望み/tomar um café da manhã leve 軽い朝食を取る/ferimentos leves 軽傷.
❸ 軽やかな；機敏な▶movimentos 軽やかな動き/Senti-me leve depois de dizer tudo que penso. 私は思っていることを全部言ったら気分がすっとした.
— 副 軽く▶Ele bateu leve à porta. 彼は軽くノックした.

de leve 軽く, 表面的に ▶ olhar para algo de leve ちらっと見る / Estudei a matéria de leve. 私はその科目をさらっと勉強した.

levedar /leve'dax/ 他 発酵させる. 発酵によってふくれさせる.
— 自 発酵する. 発酵によりふくれる.
— **levedar-se** 再 発酵する, 発酵によりふくれる.

levedo /le'vedu/ 男 イースト菌, 酵母 ▶ levedo de cerveja ビール酵母.

lêvedo /le'vedu/ 男 = levedo

levedura /leve'dura/ 女 イースト菌, 酵母.

levemente /ˌlevi'mẽtʃi/ 副 ❶ 軽く, そっと. ❷ 少し.

leveza /le'veza/ 女 ❶ 軽いこと, 軽さ ▶ A leveza dos movimentos da bailarina era admirável. そのバレリーナの軽やかな動きは見事だった.
❷ 軽率さ, 思慮のなさ ▶ A leveza de tuas atitudes pode ter consequências para a vida inteira. 君の軽率妄動は生涯に重大な影響を及ぼしかねない.

levezinho /levi'ziɲu/ 《次の成句で》
de levezinho 軽く, 表面的に.

leviandade /leviɐ̃'dadʒi/ 女 ❶ 不真面目. ❷ 軽率, 軽はずみ.

leviano, na /levi'ɐnu, na/ 形 軽率な, 軽はずみな ▶ O jornalista fez uma acusação leviana contra o deputado. そのジャーナリストは代議士に対して軽率な告発をした.

léxico, ca /'lɛksiku, ka/ 形 語彙の.
— **léxico** 男 ❶ (一言語の) 語彙. ❷ (一分野に関する) 小辞典. ❸ (作家や作品の) 用語集.

lexicografia /leksikogra'fia/ 女 辞書編纂法, 辞書学.

lexicologia /leksikolo'ʒia/ 女 語彙論.

lha /ʎa/ 間接目的格代名詞 lhe(s) と直接目的格代名詞 a の縮合形.

lhama /'ʎama/ 男 【動物】 ラマ.

lhaneza /ʎa'neza/ 女 かざらないこと, 率直 ▶ Ela tratava com lhaneza os mais humildes. 彼女はきさくに下層の人々とつき合っていた.

lhano, na /'ʎanu, na/ 形 気さくな, 飾らない ▶ Ele era uma pessoa de trato lhano. 彼は誠実な人だった.

lhas /ʎas/ 間接目的格代名詞 lhe(s) と直接目的格代名詞 as の縮合形.

lhe /ʎi/ リィ/ 代 《間接目的格代名詞 3 人称単数形》 ❶ 彼に, 彼女に, それに ▶ Ela abeirou-se do amigo e perguntou-lhe algo. 彼女は友人に近寄り, そして何かを尋ねた.
❷ 彼から, 彼女から, それから ▶ Roubaram-lhe o carro. 彼は車を盗まれた.
❸ あなたに, 君に ▶ Meu filho, eu lhe dei a vida. 我が息子よ, 私はお前に命をあげた.
❹ あなたから, 君から ▶ Perdeu ou roubaram-lhe o cartão de crédito? クレジットカードをなくしたか, 盗まれたのですか.
❺ 《定冠詞+体の部分や所持品を示す名詞とともに》 彼 (女) の, あなたの ▶ A bala atravessou-lhe o corpo. 弾丸は彼の体を貫通した.

lhes /ʎis/ リィス/ 代 《間接目的格代名詞 3 人称複数形》 ❶ 彼らに, 彼女らに, それらに ▶ Dei-lhes um exemplo. 私は彼らに例を示した.
❷ 彼らから, 彼女らから, それらから.
❸ あなた方に ▶ Quem lhes contou isso? 誰があなた方にそう言いましたか.
❹ あなた方から.
❺ 《定冠詞+体の部分や所持品を示す名詞とともに》 彼らの, 彼女らの, あなたがたの, それらの ▶ Apertei-lhes as mãos. 私は彼らと握手した.

lho /ʎu/ 間接目的格代名詞 lhe(s) と直接目的格代名詞 o の縮合形.

lhos /ʎus/ 間接目的格代名詞 lhe(s) と直接目的格代名詞 os の縮合形.

lhufas /'ʎufas/ 代 《不定》 名 何も…ない ▶ Não entende lhufas de física. 彼は物理学がさっぱりわからない.

lia /'lia/ 女 (ワインなどの) 澱(おり).

liame /li'ɐ̃mi/ 男 つながり, つなぐもの, 絆.

libação /liba'sɐ̃w/ [複 libações] 女 ❶ 献酒, 酒を捧げる供儀. ❷ 痛飲.

libar /li'bax/ 自 献酒する, 酒を飲む.

libelo /li'belu/ 男 ❶ 起訴状. ❷ 中傷文, 風刺文.

libélula /li'bɛlula/ 女 【昆虫】 トンボ.

liberação /libera'sɐ̃w/ [複 liberações] 女 ❶ 解放, 自由化 ▶ liberação das mulheres 女性解放 / liberação das importações 輸入自由化. ❷ (受刑者の) 釈放. ❸ 債務免除.

liberado, da /libe'radu, da/ 形 ❶ 開放的な, 自由な. ❷ 無料の.

liberal /libe'raw/ [複 liberais] 形 《男女同形》 ❶ 自由主義的な, 自由主義に基づく ▶ partido liberal 自由党 / economia liberal 自由主義経済. ❷ 気前のよい.
❸ 自由業の ▶ profissões liberais 自由業.
— 名 自由主義者.

liberalismo /libera'lizmu/ 男 自由主義 ▶ liberalismo econômico 経済的自由主義.

liberalização /liberaliza'sɐ̃w/ [複 liberalizações] 女 自由化 ▶ liberalização do mercado 市場の自由化.

liberalizante /liberali'zẽtʃi/ 形 《男女同形》 自由化する.

liberalizar /liberali'zax/ 他 自由化する ▶ liberalizar o mercado 市場を自由化する.

liberar /libe'rax/ 他 ❶ 解放する, 自由の身にする ▶ liberar as mulheres 女性を解放する. ❷ (義務などから) 解き放つ [+ de].
— **liberar-se** 再 …から解放される, 自由になる.
liberar geral 非常に自由になる.

liberdade /libex'dadʒi/ リベフダーチ/ 女 ❶ 自由, 随意 ▶ viver em liberdade 自由に暮らす / liberdade civil 市民的自由 / liberdade de expressão 表現の自由 / liberdade de imprensa 報道の自由 / liberdade de pensamento 思想の自由 / liberdade de consciência 良心の自由 / liberdade de palavra 言論の自由 / liberdade religiosa 宗教的自由 / ter liberdade para escolher 選択の自由がある.
❷ 無拘束, 釈放 ▶ pôr em liberdade 釈放する / li-

berdade sob fiança 保釈. ❸ 率直さ, 奔放 ▶liberdade de linguagem 無遠慮な言葉遣い. ❹ なれなれしさ, 気まま ▶dar muita liberdade a... ...を甘やかす.

tomar a liberdade de +不定詞 ① 勝手に...する ▶Eu tomei a liberdade de sair antes. 私は勝手に先に外出した. ②《儀礼的表現で》失礼ながらあえて...する ▶Tomo a liberdade de lhe enviar uma cópia do meu artigo. 私の記事のコピーをお送り申し上げます.

líbero /'liberu/ 男 Ⓑ 《サッカー》リベロ, スイーパー.

libertação /libexta'sẽw/ [複 libertações] 女 釈放, 解放 ▶libertação de reféns 人質の釈放 / luta de libertação 解放闘争.

libertador, dora /libexta'dox, 'dora/ [複 libertadores, doras] 名 解放者.
— 形 解放する.

☆**libertar** /libex'tax/ リベフターフ/ 《過去分詞 libertado/liberto》他 ❶ 解放する, 自由にする ▶Os soldados libertaram os reféns. 兵士たちは人質を解放した.
❷ 解消する ▶Ele libertou as preocupações pelo trabalho. 彼は仕事の心配を解消した.
— **libertar-se** 再 ...から解放される, 自由になる [+ de] ▶libertar-se dos preconceitos 偏見から自由になる / libertar-se do jugo くびきから解放される.

libertário, ria /libex'tariu, ria/ 形 自由至上主義の.
— 名 自由至上主義者.

libertinagem /libextʃi'naʒẽj/ [複 libertinagens] 女 放縦(ﾎｳｼﾞｭｳ), 放蕩(ﾎｳﾄｳ), 放埓(ﾎｳﾗﾂ).

libertino, na /libex'tʃinu, na/ 形 放縦な, 放埒な, 放蕩な.
— 名 放蕩者.

liberto, ta /li'bextu, ta/ 形 自由な;（奴隷が）解放された.

libidinoso, sa /libidʒi'nozu, 'nɔza/ 形 みだらな, 好色な, 淫靡な.

libido /li'bidu/ 女 《心理》リビドー, 性的衝動.

libra /'libra/ 女 ❶（重さの単位）ポンド. ❷（通貨単位）ポンド ▶libra esterlina イギリスポンド. ❸《Libra》《天文》てんびん座.

libreto /li'bretu/ 男 オペラの台本.

liça /'lisa/ 女 ❶ 闘技場, 競技場. ❷ 論争, 論戦, 戦い, 争い.

☆**lição** /li'sẽw/ リサォン/ [複 lições] 女 ❶ 授業, レッスン ▶Hoje tenho uma lição de matemática. 今日は数学の授業がある / assistir a uma lição 授業を受ける / lição particular 個人授業.
❷ 課題 ▶lição de casa 宿題.
❸ 教訓 ▶lição de moral 教訓 / lição de vida 人生の教え / aprender a lição 教訓を得る / servir de lição よい教訓となる.

dar uma lição a alguém ...に教訓を与える.
tomar a lição (教師が) 生徒が覚えたか確認する.

☆**licença** /li'sẽsa/ リセンサ/ 女 ❶ 許可 ▶pedir licença 許可をもらう / dar licença 許可を与える / licença poética 詩的許容, 詩的破格.

❷ 許可証, 免許証 ▶licença de caça 狩猟許可書 / Onde está a licença para usar este local? この場所を使用するための許可証はどこにありますか.
❸ 休暇 ▶licença maternidade 出産休暇 / licença paternidade (父親の) 育児休暇 / licença médica 病気休暇 / licença remunerada 有給休暇 / Ela está de licença. 彼女は休暇中だ / pedir uma semana de licença 1週間の休暇を願い出る.

com (sua) licença《許可を求めたり, その場を去るときに》すみません, 失礼します, ごめんください ▶Com licença, por favor. 失礼します / Com sua licença, estou saindo. お先に失礼します / Com licença, qual é o nome dessa rua? すみませんがここは何という通りでしょうか.

com licença da palavra お言葉ですが, 出すぎたことを言うようですが.

Dá licença. 失礼します.

licenciado, da /lisẽsi'adu, da/ 形 ❶ 許可 [免許] を与えられた, ライセンスのある.
❷ 学士の称号を持った ▶licenciado em direito 法学士の.
— 名 学士 ▶licenciado em educação 教育学士.

licenciamento /lisẽsia'mẽtu/ 男 ❶ 許可, 認可.
❷ 学士号. ❸ 自動車のナンバープレートをもらうこと.

licenciar /lisẽsi'ax/ 他 ❶《軍事》除隊させる.
❷ 解雇する ▶O chefe licenciou o empregado. 責任者はその使用人を解雇した.
❸ 学士号を与える ▶A faculdade licencia os alunos. 大学の学部は学生に学士号を与える
— **licenciar-se** 再 ❶ 休暇を取る ▶Ele licenciou-se para fazer tratamento. 彼は治療のため休暇をとった. ❷ 学士号を取る ▶Ele licenciou-se em arte. 彼は芸術の学士号を取得した.

licenciatura /lisẽsia'tura/ 女 中等教育での教員資格を与える大学学位; Ⓟ 学士号.

liceu /li'sew/ 男 中等学校, 職業学校.

licitação /lisita'sẽw/ [複 licitações] 女 競売, 競り売り, 入札.

licitante /lisi'tẽtʃi/ 名 競り人, 入札者.

licitar /lisi'tax/ 他 ...を競売にかける, ...を入札にかける ▶Os familiares licitaram os bens do falecido. その一家は故人の財産を競売にかけた / Ele licita o projeto. 彼はその企画を一般競争入札にかける.
— 自 入札する ▶Interessado, não hesitou em licitar. 関心があったので彼はためらわずに応札した.

lícito, ta /'lisitu, ta/ 形 合法的な, 正当な, 妥当な.

licor /li'kox/ [複 licores] 男 リキュール ▶licor de laranja オレンジリキュール.

licoroso, sa /liko'rozu, 'rɔza/ 形 リキュールの.

lida /'lida/ 女 ❶ 苦労, 辛苦 ▶Construir aquela casa foi uma lida! あの家を建てるのはとても骨の折れることだった. ❷ さっと目を通すこと ▶dar uma lida em... ...をざっと読む.

☆**lidar** /li'dax/ リダーフ/ 自 ❶ ...と決闘する, 戦闘する [+ com] ▶Os soldados lidaram com a tropa inimiga. 兵士たちは敵部隊と戦った.
❷ ...と関わる, 対処する, ...を扱う [+ com] ▶

Não sei como lidar com ansiedade. 不安にどう対処すればいいのかわからない / lidar com dinheiro お金とつき合う / jeito para lidar com crianças 子供の扱い方.

lide[1] /'lidʒi/ [女] ❶ 苦労, 辛苦 (＝ lida). ❷ 戦い, 闘争.

lide[2] /'lidʒi/ [男] 《英語》(新聞の) リード, 書き出し.

☆**líder** /'lidex リーデフ/ [複 líderes] [名] ❶ **指導者**, リーダー ▶ líder político 政治指導者 / Geralmente a classe é dinâmica quando se tem um bom líder. 一般的に, よいリーダーがいるとクラスは活発である.
❷ 首位 ▶ líder isolado 単独首位 / Este é o programa líder de audiência. これは視聴率首位の番組だ.

liderança /lide'rẽsa/ [女] ❶ 指導力, 統率力, リーダーシップ. ❷ 指導者の地位 [身分]. ❸ 指導部. ❹〖スポーツ〗首位 ▶ assumir a liderança 首位の座に就く / perder a liderança 首位の座を失う.

*__liderar__ /lide'rax リデラーフ/ [他] ❶ **指揮する** ▶ liderar a equipe チームを指揮する / Um dia, gostaria de liderar esta companhia. いつの日かこの会社の指揮を執りたい.
❷ …の首位に立つ ▶ liderar o campeonato 選手権試合の首位に立つ.

L

lido, da /'lidu, da/ (ler の過去分詞) [形] ❶ 読まれた. ❷ 博識な, 博学な.

*__liga__ /'liga リーガ/ [女] ❶ **連盟, 同盟** ▶ Liga Árabe アラブ連盟.
❷〖スポーツ〗**リーグ** ▶ Primeira Liga ポルトガルリーグ / Liga dos Campeões チャンピオンリーグ.
❸〖衣服〗ガーター.
❹ 合金 ▶ liga de ouro e prata 金と銀の合金.

☆**ligação** /liga'sẽw̃ リガサォン/ [複 ligações] [女] ❶ **結合** ▶ Verifique se não há problema na ligação dos cabos. ケーブルの結合に問題がないかどうか確かめてください.
❷ **結びつき**, 友情, 関係 ▶ A ligação que há entre eles é apenas de interesse. 彼らの間の結びつきは単に利益だけである / A ligação entre eles é muito forte. 彼らの友情はとても強い / a ligação entre o homem e a natureza 人と自然の関係.
❸ [B] **通話, 接続, 連絡** ▶ A ligação caiu. 電話が切れた / ligação a cobrar コレクトコール / ligação interurbana 長距離電話 / fazer ligação com... …と接続する / oficial de ligação 連絡将校.

ligada[1] /li'gada/ [女] [B] 電話をかけること ▶ dar uma ligada 電話する / dar uma ligada para alguém …に電話する.

ligado, da[2] /li'gadu, da/ [形] ❶ 結ばれた, つながれた ▶ Estamos ligados pelo amor. 私たちは愛で結ばれている.
❷ スイッチが入った, 動作中の ▶ deixar a televisão ligada テレビをつけっぱなしにする / É extremamente perigoso abastecer o veículo com o motor ligado. エンジンを入れたまま車に給油するのは極めて危険である.
❸ …と関係がある, …に関連する [＋a] ▶ temas ligados aos direitos humanos e justiça social 人権と社会正義に関連したテーマ.
❹ [B] [俗] (麻薬で) ハイになった.
ser ligado em... …に夢中になっている, 没頭している.

ligadura /liga'dura/ [女] ❶ 縛ること, 結ぶこと. ❷ 包帯. ❸〖医学〗結紮 ▶ ligadura de trompas 卵管の結紮. ❹〖音楽〗タイ.

ligamento /liga'mẽtu/ [男]〖解剖〗靭帯.

☆☆**ligar** /li'gax リガーフ/ ⑪ [他] ❶ **結ぶ, 結びつける,** つなげる (←→ desligar) ▶ ligar os dois fatos 二つの事実を結びつける / ligar a impressora ao computador プリンターをコンピューターにつなげる.
❷ **…のスイッチを入れる** ▶ ligar a televisão テレビをつける / ligar o rádio ラジオのスイッチを入れる / ligar a luz 明かりをつける / ligar o gás ガスをつける / ligar o motor エンジンをかける / ligar o aquecedor 暖房を入れる.
— [自] ❶ **…に電話する** [＋ para] ▶ Você já ligou para o Paulo? もうパウロに電話したの / Te ligo. 電話するね / Me ligue depois. 後で電話してください.

❷ **…に注意を向ける**, 気に留める, 関心を払う [＋ a/para] ▶ Não liguei muito ao que os pais me disseram. 私は両親の言うことをあまり気に留めなかった / Ela não liga para mim. 彼女は私に関心がない / estar pouco ligando 気に留めない.
— **ligar-se** [再] まとまる, 同盟する ▶ O Japão se ligou aos Estados Unidos da América depois da Segunda Guerra Mundial. 日本は第二次世界大戦後アメリカと同盟を結んだ.

ligeiramente /liˌʒejra'mẽtʃi/ [副] 少し ▶ ligeiramente diferente 少し異なる.

ligeireza /liʒej'reza/ [女] 軽さ, 軽いこと.

☆**ligeiro, ra** /li'ʒejru, ra リジェィロ, ラ/ [形] ❶ **軽い** ▶ Hoje quero uma refeição ligeira. 今日は軽い食事がいい.
❷ 敏捷(びんしょう)な ▶ Ela sempre anda a passos ligeiros. 彼女はいつも軽やかに歩く.
— **ligeiro** [副] 速く, 敏捷に ▶ Meu chefe age ligeiro quando tem algum projeto. 私の上司は何か計画があると迅速に動く.

lilás /li'las/ [複 lilases] [男] ❶〖植物〗リラ, ライラック ; ライラックの花. ❷ ライラック色.
— [形] 《男女同形》ライラック色の.

lima /'lĩma/ [女] ❶ やすり. ❷〖植物〗ライムの実.

limão /li'mẽw̃/ [複 limões] [男] ❶ レモン ▶ sumo de limão レモンジュース. ❷ ライム色.
— [形] 《不変》ライム色の.
fazer do limão uma limonada 災い転じて福となす.

limar /li'max/ [他] ❶ やすりをかける. ❷ 磨きをかけ

る, 推敲する.
limbo /'lĩbu/ 男 ❶《カトリック》リンボ (洗礼を受けなかった幼児や, キリスト降誕以前に死んだ善人が死後に住むとされた場所). ❷ 周辺, 縁.
estar no limbo ぼんやりしている.
pôr no limbo 忘れる.
limeira /li'mejra/ 女《植物》ライムの木.
limiar /limi'ax/ [複 limiares] 男 ❶ 敷居▶limiar da porta ドアの敷居. ❷ 始まり, 端緒▶no limiar início dos anos 20 世紀初頭に.
liminar /limi'nax/ [複 liminares] 形《男女同形》巻頭の, 冒頭の, 予備的な▶decisão liminar 仮決定 / medida liminar 予備的処置.
— 女 仮処分, 予備判決.
limitação /limita'sẽw/ [複 limitações] 女 ❶ 制限, 限定▶limitação de gastos públicos 公共支出の制限 / sem limitações 無制限に. ❷ 区切り. ❸《主に limitações》(人間の) 限界▶Conheço as minhas limitações. 私は自分の限界が分かっている.
limitado, da /limi'tadu, da/ 形 ❶ 限られた, 有限の, 制限のある▶um número limitado de regras 限られた数の規則 / por tempo limitado 期間限定で / sociedade de responsabilidade limitada 有限責任会社.
❷ 頭の鈍い.
‡**limitar** /limi'tax/ 他 ❶ …の境界をなす▶Um muro alto limitava o terreno. 高い壁がその土地を囲ってた.
❷ 制限する, 限る▶limitar a velocidade 速度を制限する / limitar a entrada de turistas 観光客の入場を制限する / limitar os danos ao mínimo 被害を最小限にとどめる.
— **limitar-se** 再 ❶ (limitar-se a + 不定詞) …するにとどめる▶Limitou-se a tomar um copo de água. 彼は水を1杯だけ飲むことにした.
❷ …と境界を接する [+ com] ▶O Brasil se limita com 10 países. ブラジルは10カ国と国境を接している.
limitativo, va /limita'tʃivu, va/ 形 制限する, 限定的な▶cláusula limitativa 制限条項.
‡**limite** /li'mitʃi/ リミーチ 男 ❶ 境界 ▶O limite sul do Brasil é o Uruguai. ブラジル南部の境界はウルグアイだ.
❷ 期日, 期限▶O prazo de espera chegou ao limite. 猶予期間の期限が来た.
❸ 制限▶limite de idade 年齢制限 / limite de velocidade 速度制限 / sem limites 無制限に, 果てしなく.
❹ 限界, 限度▶Estou chegando ao limite de minha paciência. そろそろ私の我慢の限界だ / passar dos limites 限度を超える / não conhecer limites 限界を知らない.
no limite da sobrevivência 死ぬか生きるかの瀬戸際で.
limítrofe /li'mitrofi/ 形《男女同形》…と境界を接する, 隣接する [+ de] ▶os países limítrofes do Brasil ブラジルと国境を接している国々.
limoeiro /limo'ejru/ 男《植物》レモンの木.
limonada /limo'nada/ 女 レモネード.
limpa¹ /'lĩpa/ 女 ❶ 掃除. ❷ 俗 ごっそり盗むこと▶fazer uma limpa ごっそり盗む.
limpador, dora /lĩpa'dox, 'dora/ [複 limpadores, doras] 形 掃除する, 清掃する.
— 名 清掃員.
— **limpador** 男 清掃するもの, クリーナー▶limpador de língua 舌ブラシ / limpador de para-brisa (自動車の) ワイパー.
‡**limpar** /lĩ'pax/ リンパーフ/《過去分詞 limpado/limpo》他 ❶ きれいにする, 掃除する▶limpar a casa 家を掃除する / A tempestade limpou o céu que estava poluído. 嵐は汚れた空を洗い流した / limpar o nome 名誉を回復する / limpar os bolsos 財布を空にする.
❷ 消毒する▶Tem que limpar logo o ferimento. 傷をすぐ消毒しなければならない.
❸ …の…を一掃する, 取り除く [+ de] ▶limpar as plantas dos insetos nocivos 植物の害虫を取り除く.
❹ 俗 すべて盗む▶O ladrão limpou a casa da pobre vítima. 泥棒は気の毒な犠牲者の家のすべてを盗んだ.
— 自 (空が) 晴れ上がる▶O céu limpou. 空が晴れた.
— **limpar-se** 再 身をきれいにする.
‡**limpeza** /lĩ'peza/ リンペーザ/ 女 ❶ 掃除▶fazer a limpeza de... …の掃除をする / a limpeza da casa 家の掃除 / produtos de limpeza 掃除用品.
❷ 清潔▶A limpeza deste hospital está perfeita. この病院は完全に清潔に保たれている.
❸ 俗 すべて盗むこと▶A gangue fez uma limpeza na loja ontem à noite. ギャングは昨晩店のすべてを盗んだ.
limpeza de mãos 潔白さ.
limpeza de pele 美顔術.
limpeza pública 公衆衛生, 清掃局.
limpidez /lĩpi'des/ [複 limpidezes] 女 透明, 清澄, 澄んでいること.
límpido, da /'lĩpidu, da/ 形 澄んだ, 透明な, 清澄な▶água límpida 澄んだ水.
‡**limpo, pa²** /'lĩpu, pa/ リンポ, パ/《limpar の過去分詞》❶ 清潔な, 汚れのない (↔ sujo) ▶mãos limpas 清潔な手 / sala limpa 清潔な部屋 / conservar a casa limpa 家をきれいにしている.
❷ きれい好きな▶Ela é uma pessoa muito limpa. 彼女は非常にきれい好きな人だ.
❸ 澄み切った▶céu limpo 澄み切った空 / ar limpo da montanha 山の澄んだ空気.
❹ 手入れされた, 雑草の生えていない▶terreno limpo 雑草の生えていない土地.
❺ 公正な, フェアな, 正直な, 清廉潔白な▶resultado limpo 公正な結果 / jogo limpo フェアプレー / político limpo クリーンな政治家 / governo limpo 清潔な政治 / limpo de mãos 清廉潔白な, 誠実な / Estou com a consciência limpa. 私は何もやましいところがない.
❻ 無公害の▶energia limpa クリーンエネルギー.
❼ 掛け値なしの, 正味の▶Ele ganha mais de

2.000 euros por mês, limpos. 彼は月に手取り2千ユーロ以上を稼ぐ.
❽ 完璧な▶trabalho limpo 完璧な仕事.
❾ 俗 無一文の▶É fim do mês, estou limpo. 月末だ、まったくお金がない.
— **limpo** 副 正々堂々と、フェアに、正直に▶jogar limpo フェアプレーをする
estar limpo com alguém …に信頼されている、…と問題がない.
ficar limpo ① 無一文になる. ② 借金を完済する. ③ 非難を覆す.
passar a limpo 清書する.
pôr a limpo 明らかにする、解明する.
sair limpo ① (賭で) 有り金を全部する. ② 無罪放免になる.
tirar a limpo 明らかにする、解明する.

limusine /limu'zini/ 女 《自動車》リムジン.

lince /'lĩsi/ 男 《動物》オオヤマネコ ▶ter olhos de lince 目つきが鋭い; 洞察力がある.

linchamento /lĩʃa'mẽtu/ 男 リンチ, 私刑.

linchar /lĩ'ʃax/ 他 リンチにかける, 私的な制裁を加える.

lindamente /lĩda'mẽtʃi/ 副 とてもよく、申し分なく ▶Concluiu lindamente todas as tarefas do dia. 彼はその日の課題をすべて申し分なく終わらせた.

lindeza /lĩ'deza/ 女 美しさ、きれいさ.

lindo, da /'lĩdu, da/ リンド, ダ/ 形 ❶ 美しい, きれいな ▶lindas flores 美しい花 / rosto lindo 美しい顔立ち / paisagem linda 美しい風景 / Ela tem olhos lindos. 彼女は目がきれいだ.
❷ 穏やかな, 心地よい ▶Que lindo dia! 何と穏やかなよい日でしょう / uma linda manhã de primavera 春の心地よい朝.
❸ 完全な, 見事な ▶trabalho lindo 完璧な仕事.
❹ 立派な ▶lindo gesto de generosidade 寛容な立派な行為.
lindo de morrer とても美しい.

linear /line'ax/ [複 lineares] 形 《男女同形》 ❶ 線の, 線状の ▶caminho linear 一本道. ❷ 《数学》 一次の, 線形の ▶álgebra linear 線形代数. ❸ 一本調子の, 単純な ▶raciocínio linear 単純な考え.

linfa /'lĩfa/ 女 《解剖》リンパ液.

linfático, ca /lĩ'fatʃiku, ka/ 形 《解剖》リンパ液の ▶glândula linfática リンパ腺 / vaso linfático リンパ管.

lingerie /lĩʒe'ri/ 女 《フランス語》女性用下着, ランジェリー.

lingote /lĩ'gotʃi/ 男 インゴット, 延べ棒 ▶lingote de ouro 金の延べ棒.

língua /'lĩgwa/ リングァ/ 女 ❶ 舌, 舌状のもの ▶morder a língua 舌をかむ; 押し黙る / deitar a língua de fora 舌 を出す / queimar a língua 舌をやけどする / passar a língua em... をなめる / língua de gato 《菓子》ラング・ド・シャ / línguas de fogo 炎の舌, 火炎.
❷ 言語, 言葉 ▶língua portuguesa ポルトガル語 / língua inglesa 英語 / país de língua portuguesa ポルトガル語が話される国 / língua estrangeira 外国語 / língua oficial 公用語 / língua materna 母語 / segunda língua 第二言語 / língua viva 現用語 / língua morta 死語 / língua irmã 姉妹言語 / Que línguas você fala? あなたは何語が話せますか / não falar a mesma língua 言葉が通じない, 理解し合えない / barreira da língua 言葉の壁.
❸ 言葉遣い, 話し方 ▶língua falada 話し言葉 / língua escrita 書き言葉.
❹ しゃべること, しゃべる人 ▶língua afiada [comprida] 悪口, 毒舌, 毒舌家 / língua solta おしゃべり, 饒舌, おしゃべりな人.
aguçar a língua 舌鋒を鋭くする.
com a língua de fora あえいだ, 疲れきった.
dar a língua 舌を出す.
dar à língua おしゃべりする.
dar [bater] com a língua nos dentes 口をすべらす.
dobrar a língua 言葉遣いに気をつける, 敬意をもって話す.
engolir a língua 黙らせる, 意見を言わせない.
enrolar a língua 舌足らずにしゃべる.
estar com a língua coçando (秘密を) 言いたくてうずうずしている.
estar debaixo da língua 舌の先まで出かかっている ▶Está mesmo debaixo da língua, mas não estou conseguindo lembrar do nome. ここまで出かかっているんだけれど名前が思い出せない.
meter a língua 悪口を言う, 批判する.
perder a língua 無言になる.
puxar a língua de... …を話させようとする ▶Eu lhe puxo pela língua, mas o Pedro não quer falar nada sobre o acidente. 話させようとしても, ペドロは事故について何も話そうとしない.
queimar a língua 口から災いを招く.
saber na ponta da língua よく知っている, 精通する ▶O João sabe tudo na ponta da língua. ジョアンは何でも知っている / O aluno sabia a conjugação dos verbos na ponta da língua. 生徒は動詞の活用を完璧に覚えていた.
soltar a língua ぺらぺらしゃべる.
solto de língua おしゃべり, 毒舌家.
ter a língua maior que o corpo 口が軽い, 軽率である.
ter debaixo da língua 喉まで出かかっている, あと少しで思い出せそう.
ter língua suja 言葉遣いが悪い.
ter na ponta da língua しっかり覚えている, よく知っている.
trazer na ponta da língua しっかり覚えている, 心得ている.
trocar língua 雑談する.

linguagem /lĩ'gwaʒẽj/ リングワージェィン/ [複 linguagens] 女 ❶ 言語能力, 言語, 言葉 ▶aquisição da linguagem 言語の獲得 / linguagem natural 自然言語 / linguagem humana 人間の言語 / linguagem infantil 幼児語.
❷ 言葉遣い, 用語法, 話し方 ▶linguagem falada 話し言葉 / linguagem escrita 書き言葉 / linguagem dos economistas 経済学者の言葉 / lingua-

Lisboa

gem metafórica 比喩的言語. ❸（言葉以外のシンボルによる）言語 ▶ linguagem de programação プログラム言語 / linguagem visual 視覚言語 / linguagem de mãos 手話 / linguagem corporal ボディーランゲージ / linguagem das flores 花言葉.

linguajar /lĩgwa'ʒax/ [複 linguajares] 男 特定の地域や集団の話し方, 方言, なまり ▶ linguajar carioca リオデジャネイロ言葉.

linguarudo, da /lĩgwa'rudu, da/ 形 名 うわさ話をする(人), おしゃべりな(人).

lingueta /lĩ'gweta/ 女 ❶ 小さな舌状のもの. ❷（靴の）舌革. ❸（錠前の）掛け金.

linguiça /lĩ'gwisa/ 女 リングイッサ, ソーセージ.
encher linguiça ① ソースが意図していないことを伝える. ② 関心の無いことに時間を費やす. ③ 必要以上に詳細に描写する.

linguista /lĩ'gwista/ 名 言語学者.
linguística[1] /lĩ'gwist∫ika/ 女 言語学.
linguístico, ca[2] /lĩ'gwist∫iku, ka/ 形 言語の, 言語学的な.

★**linha** /'lĩɲa/ 女 ❶ 糸 ▶ linha de algodão 木綿糸 / linha de pescar 釣り糸 / passar a linha na agulha 糸を針に通す.
❷ 電線, 電話 ▶ linha elétrica 電線 / linha telefônica 電話線 / linha cruzada 混線 / linha fixa 固定電話 / Essa linha sempre está ocupada. この電話はいつも話し中だ.
❸ 線, 輪郭 ▶ linha reta 直線 / linha curva 曲線 / linha oblíqua 斜線 / traçar uma linha 線を引く / linha do horizonte 水平線.
❹ 線, 列, ライン ▶ pisar na linha 線を踏む / em uma linha 一列に / entrar na linha 列につく / linha de montagem 組み立てライン / linha de chegada 決勝戦, ゴール / linha burra《サッカー》ディフェンスライン / linha de fundo《サッカー》エンドライン / linha dianteira《サッカー》フォワード陣 / linha média《サッカー》ミッドフィルダー陣 / linha de frente 最前線 / linha de pobreza 貧困線.
❺ 方針, 基準, 路線 ▶ linha de conduta 行動基準 / linha de ação 行動規範 / linha política 政治路線 / linha dura 強硬路線.
❻ 路線, 航路, 航空路 ▶ Há várias linhas de metrô em São Paulo. サンパウロの地下鉄には多くの路線がある / linha aérea 航空便 / linha férrea 鉄道 / linha nacional 国内線 / linha internacional 国際線.
❼（ページの）行 ▶ ler entre as linhas 行間を読む / eliminar duas linhas 2行を削除する.
❽ 血筋, 血統 ▶ linha direta [reta] 直系 / linha colateral [indireta] 傍系.
❾ 手相の線 ▶ linha da palma da mão 手相の線 / linha da vida 生命線.
andar na linha 常識的な行動をする.
de primeira linha 最高級の.
em linha direta 直接連絡を取って.
em linhas gerais 大体, 大筋において.
entrar na linha ① 規律通りにする. ② やせる, スリムになる.
manter a linha ① 礼儀作法を守る. ② 体の線を保つ.
perder a linha ① 平常心を失う, 節度を失う. ② 太る, 体の線が崩れる.
por linhas transversas 間接的に.
sair da linha 羽目を外す, 無軌道な行いをする.
sem linha 粗野な, 品のない.
ter linha 品がある, 品格がある.
tirar uma linha ちらりと見る, 恋する, 口説く.

linha-dura /ˌlĩɲa'dura/ [複 linhas-duras] 形《男女同形》強硬路線の.
— 名 強硬路線支持者.

linhagem /li'ɲaʒẽj/ [複 linhagens] 女 ❶ 家系, 一族, 血統 ▶ de nobre linhagem 貴族の出の. ❷ 身分, 地位.

linho /'lĩɲu/ 男 亜麻, リネン；リネン製品 ▶ toalha de linho リネンのテーブルクロス.

liquefazer /likefa'zex/ 28 他 液化させる.
— **liquefazer-se** 再 液化する, 液状になる, 溶ける.

liquefeito, ta /likwe'fejtu, ta/ 形 液化した.

líquen /'likẽn/ [複 líquenes] 男《菌類》地衣類.

liquidação /lik(w)ida'sẽw/ [複 liquidações] 女 ❶ 清算, 決済 ▶ liquidação da sociedade 会社清算 / liquidação antecipada 繰上償還.
❷ 大安売り, バーゲンセール ▶ grande liquidação 大バーゲン / estar em liquidação (店や商品が)セール中である.

liquidante /lik(w)i'dẽtʃi/ 名 清算人.
— 形《男女同形》結びの, 結論の.

liquidar /lik(w)i'dax/ 他 ❶ 清算する, 返済する ▶ O país liquidou toda a sua dívida externa. その国は対外債務をすべて返済した.
❷ …のバーゲンをする, 安売りする, 投げ売りする.
❸ 解決する, けりをつける；殺す, 消す.
— **liquidar-se** 再 自殺する.

liquidez /lik(w)i'des/ [複 liquidezes] 女 ❶ 液体性, 流動性. ❷《商業》流動性, 換金性 ▶ índice de liquidez 流動性比率.

liquidificador /lik(w)idʒifika'dox/ [複 liquidificadores] 男 ミキサー, ジューサー.

liquidificar /lik(w)idʒifi'kax/ 29 他 液状にする.

★**líquido, da** /'likidu, da リーキド, ダ/ 形 ❶ 液体の ▶ sabonete líquido 液体石けん / alimento líquido 流動食.
❷ 正味の ▶ peso líquido 正味の目方 / salário líquido 手取り給与.
— **líquido** 男 液体 ▶ Tomar líquido no verão é muito importante. 夏に水分をとるのはとても大切なことである.
líquido e certo 明白な, 疑う余地のない.

lírica /'lirika/ 女 叙情詩.

lírico, ca /'liriku, ka/ 形 ❶ 叙情的な, 叙情詩の ▶ poesia lírica 叙情詩. ❷ オペラの ▶ teatro lírico オペラ劇場. ❸ 感傷的な.

lírio /'liriu/ 男《植物》ユリ, ユリの花.

lírio-do-vale /ˌliriudu'vali/ [複 lírios-do-vale] 男《植物》スズラン.

lirismo /li'rizmu/ 男 叙情性, 詩情.

Lisboa /liz'boa/《地名》リスボン.

lisboeta /lizbo'eta/ [形] [名]《男女同形》リスボンの(人).

***liso, sa** /'lizu, za リーゾ, ザ/ ❶ **平坦な** ▶ terreno liso 平坦な土地.
❷ **なめらかな**, すべすべした ▶ papel liso つるつるした紙.
❸ (髪が) まっすぐな ▶ cabelo liso ストレートヘアー.
❹ 無地の ▶ tecido liso 無地の生地.
❺ [B] 無一文の ▶ Eu paguei os impostos e estou liso. 税金を払ったので, 今は無一文だ.
— [名] [B] 文無し.

lisonja /li'sõʒa/ [女] へつらい, おべっか, お世辞.

lisonjear /lisõʒe'ax/ ⑩ [他] ❶ へつらう, こびる. ❷ 喜ばせる.
— **lisonjear-se** [再] …を喜ぶ [+ com/de].

lisonjeiro, ra /lisõ'ʒejru, ra/ [形] ❶ へつらう. ❷ 満足のいく.
— [名] へつらう人.

*****lista** /'lista リスタ/ [女] ❶ **表**, **リスト**, 名簿 ▶ fazer uma lista 表を作る / lista de compras 買い物リスト / lista de espera キャンセル待ちリスト / lista negra ブラックリスト / lista de vinhos ワインリスト / pôr na lista リストに入れる.
❷ 電話帳 (= lista telefônica).
❸ 縞, 縞模様 ▶ camisa branca com listas azuis 青の縞模様の白いシャツ.

L

listagem /lis'taʒẽȷ̃/ [[複] listagens] [女] ❶ 一覧表にすること, リスト化すること. ❷ リスト, 一覧表, 目録.

listar /lis'tax/ [他] リストに載せる, 一覧表にする ▶ A noiva listou os convidados do casamento. 花嫁は結婚式の招待客のリストを作った.

listrado, da /lis'tradu, da/ [形] 縞模様の ▶ camisa listrada 縞のシャツ.

lisura /li'zura/ [女] ❶ なめらかさ, 平坦さ. ❷ 飾り気のなさ, 率直さ.

literal /lite'raw/ [[複] literais] [形]《男女同形》文字通りの, 逐語的な ▶ no sentido literal 文字通りの意味で / tradução literal 逐語訳.

literalmente /lite,raw'mẽtʃi/ [副] ❶ 文字通り, まったく. ❷ 逐語的に ▶ traduzir literalmente 逐語的に訳す.

***literário, ria** /lite'rariu, ria リテラーリオ, リア/ [形] **文学の**, **文学的な** ▶ prêmio literário 文学賞 / obra literária 文学作品 / história literária 文学史 / revista literária 文芸雑誌 / crítica literária 文芸批評 / expressão literária 文学的表現.

literato, ta /lite'ratu, ta/ [名] 文学者, 文学研究者, 作家.

*****literatura** /litera'tura リテラトゥーラ/ [女] ❶ **文学** ▶ A literatura é importante para a formação do ser humano. 文学は人間形成に重要である / literatura brasileira ブラジル文学 / literatura clássica 古典文学 / literatura fantástica 幻想文学 / literatura comparada 比較文学.
❷ **文献** ▶ literatura sobre os imigrantes 移民についての文献.

litigar /litʃi'gax/ ⑪ [他] …を巡って訴訟を起こす.
— [自] ❶ …に対して訴訟を起こす [+ contra] ▶ A esposa está litigando contra o próprio marido. 妻は自分の夫に対して訴訟を起こしている
❷ 争う, 論争する ▶ Os dois países litigaram durante muitos anos. その2つの国は長年にわたって争った.

litígio /li'tʃiʒiu/ [男] ❶ 係争, 訴訟 ▶ O tribunal decidirá o litígio entre as empresas. 裁判所が企業間の係争に裁定を下すだろう.
❷ 論争, 紛争.

litigioso, sa /litʃiʒi'ozu, 'ɔza/ [形] 係争中の, 係争を招きそうな ▶ divórcio litigioso 裁判離婚.

lítio /'litʃiu/ [男]〖化学〗リチウム.

litografia /litogra'fia/ [女] 石版画 (術), リトグラフ.

litogravura /litogra'vura/ [女] 石版画, リトグラフ.

***litoral** /lito'raw リトラゥ/ [[複] litorais] [男] **海岸**, **沿岸部** ▶ O litoral desta zona é muito lindo. この地域の海岸線は美しい / no litoral paulista サンパウロ州の沿岸に.
— [形]《男女同形》海沿いの, **沿岸部の** ▶ região litoral e região interior 沿岸地方と内陸地方.

litorâneo, nea /lito'rẽniu, na/ [形] 沿岸の.

***litro** /'litru リトロ/ [男] **リットル** ▶ um litro de água 水1リットル / meio litro de leite 牛乳半リットル.
ser igual ao litro 重要性のない, どうでもよい ▶ A crítica dele é igual ao litro. 彼の批判はどうでもよい.

liturgia /litux'ʒia/ [女]〖キリスト教〗典礼, 礼拝式.

litúrgico, ca /li'tuxʒiku, ka/ [形]〖キリスト教〗典礼の ▶ música litúrgica 典礼音楽.

lividez /livi'des/ [[複] lividezes] [女] 蒼白さ, 青白さ.

lívido, da /'lividu, da/ [形] 鉛色の ; 青白い, 青ざめた ▶ um rosto lívido 青ざめた顔.

livramento /livra'mẽtu/ [男] 解放, 釈放 ▶ livramento condicional 仮釈放.

livrar /li'vrax/ [他] ❶ 自由にする, 釈放する ▶ livrar os oprimidos 抑圧されている人たちを自由にする.
❷ …を…から免除する, 免れさせる [+ de].
❸ …を…から守る, 救い出す [+ de] ▶ livrar os homens do medo 人を恐怖から解放する.
— **livrar-se** [再] ❶ …から自由になる [+ de] ▶ livrar-se das dívidas 負債から自由になる / livrar-se das drogas 薬物と縁を切る.
❷ …を免れる [+ de] ▶ O deputado corrupto não se livrou da cassação. その腐敗した代議士は罷免を免れなかった.

livraria /livra'ria/ [女] 書店.

*****livre** /'livri リーヴリ/ [形]《男女同形》❶ 自由な, **束縛されない** ▶ espaço livre 自由な空間 / livre como um pássaro 小鳥のように自由な / livre como o ar 風のように自由な / Sou livre para fazer o que quiser. 私は好きなことを自由にできる / livre concorrência 自由競争 / mercado livre 自由市場 / amor livre 自由恋愛 / tradução livre 自由訳 / estilo livre 自由形, フリースタイル / tiro livre フリーキック / livre, leve e solto 自由気ままな.
❷ **空いている**, **ふさがっていない**, **暇な** (⟷ ocupa-

do) ▶um lugar livre 空席 / um táxi livre 空車のタクシー / Você está livre amanhã à noite? 明晩あなたは暇ですか / O que você faz no seu tempo livre? あなたは空いている時は何をしますか.
❸ **ただの, 無料の** ▶entrada livre 入場無料.
❹ **…を免除された**, 免れた ; …のない [+ de] ▶livre de impostos 無税の / livre do serviço militar 兵役を免れた / livre de preocupações 心配事のない.
— [男]〘サッカー〙[P] フリーキック ▶livre direto 直接フリーキック / livre indireto 間接フリーキック.

livreiro, ra /li'vrejru, ra/ [名] 書店主.
— [形] 本の, 出版の ▶mercado livreiro 書籍市.

livremente /ˌlivri'mẽtʃi/ [副] 自由に ▶viver livremente 自由に生きる.

livresco, ca /li'vresku, ka/ [形] ❶ 本の, 出版の. ❷ 本から得た, 机上の ▶cultura livresca 書物から得た教養.

livrete /li'vretʃi/ [男] 小さな本, 小冊子.

***livro** /'livru リヴロ/ [男] ❶ **本, 書籍** ▶ler um livro 本を読む / escrever um livro 本を書く / livro de capa dura ハードカバーの本 / livro em papel 紙の本 / livro eletrônico 電子書籍 / livro de cabeceira 愛読書 / livro didático 教科書 / livro de bolso ペーパーバックの本 / livro de receitas 料理本 / livro ilustrado 絵本 / livro branco 白書.
❷ **帳簿, 台帳**, 日誌 ▶livro de endereços 住所録 / livro de bordo 航海日誌.
falar como um livro 堅苦しい言葉で話す.
livro aberto 隠し事のない人.

lixa /'liʃa/ [女] ❶ 紙やすり, サンドペーパー ▶passar uma lixa em algo …に紙やすりをかける / lixa de água 上質で細かい紙やすり. ❷ 爪磨き, 爪やすり.

lixar /li'ʃax/ [他] ❶ …を紙やすりで磨く ▶Ele lixou a parede antes de começar a pintar. 彼はペンキを塗る前に壁を紙やすりで磨いた. ❷ (爪を) 磨く ▶lixar as unhas 爪を磨く.
— **lixar-se** [再] …を気にしない, 気にかけない [+ para].

lixeira /li'ʃejra/ [女] ごみ箱, ごみ入れ, くずかご.

lixeiro /li'ʃejru/ [男] ごみ収集人.

***lixo** /'liʃu リーショ/ [男] **ごみ, 廃棄物** ▶lixo atômico [nuclear] 放射性廃棄物 / lixo industrial 産業廃棄物 / lata de lixo ごみ入れのバケツ / jogar no lixo ごみ入れに捨てる.

lo /lu/ [代] 直接目的格代名詞 o が次の位置で取る形. ① -r, -s, -z で終わる動詞の形の後. ② 副詞 eis の後. ③ 間接目的格代名詞 nos と vos の後. lo は, 未来形と過去未来形で動詞の語幹部分と語尾の間に挿入されることがある. 例 : amar + o → amá-lo, conhecer + o → conhecê-lo, abrir + o → abri-lo, amamos + o → amamo-lo, traz + o → trá-lo, traremos + o → trá-lo-emos, eis + o → ei-lo, nos + o → no-lo, vos + o → vo-lo.

loa /'loa/ [女] ❶ 讃辞, 賞賛 ▶cantar loas お世辞を言う, 称える. ❷ 賛歌. ❸《loas》嘘.

lóbi /'lɔbi/ [男] ❶ ロビー. ❷〘政治〙圧力団体, ロビー.

lobisomem /lobi'zõmẽj̃/ [[複] lobisomens] [男] 狼男.

lobista /lo'bista/ [名] ロビスト, ロビー活動を行う人.

lobo[1] /'lɔbu/ [男] ❶〘解剖〙(大脳や肺などの) 葉 ▶lobo frontal 前頭葉. ❷ lobo da orelha 耳たぶ.

*__lobo__[2], **ba** /'lobu, ba ローボ, バ/ [名] **狼** ▶Os lobos uivaram à noite. 狼が夜にほえた / lobo em pele de cordeiro 羊の皮を被った狼.
cair na boca do lobo わなにはまる.
cair na goela do lobo 虎の尾を踏む.
comer como um lobo 貪り食う.
lobo do mar 海を熟知した船乗り.

lôbrego, ga /'lobregu, ga/ [形] 暗い, 陰気な ; 気味の悪い.

lobrigar /lobri'gax/ ⑪ [他] ❶ ちらっと見る, かいま見る ▶Ela lobrigou um vulto na penumbra. 彼女は暗がりの中に人影を認めた.
❷ 偶然に見る ▶Virando-se, ele lobrigou o rapaz ainda parado na rua. 彼は振り返りながらまだ道に立ち止まっている男の子を見た.
❸ 気付く, 理解する ▶Ela aceitou a proposta, sem lobrigar as verdadeiras intenções do homem. 彼女は男の本当の意図に気付かずに申し出を受け入れた.

lóbulo /'lɔbulu/ [男] ❶〘解剖〙小葉. ❷ lóbulo da orelha 耳たぶ.

locação /loka'sɐ̃w̃/ [[複] locações] [女] ❶ 賃貸借, レンタル ▶locação de veículos カーレンタル. ❷ ロケ地.

locador, dora /loka'dox, 'dora/ [[複] locadores, doras] [名] 貸し主, 家主.
— **locadora** [女] レンタル店 ▶locadora de vídeo レンタルビデオ店 / locadora de veículos レンタカー店.

***local** /lo'kaw ロカゥ/ [[複] locais] [形] ❶ **地方の, 地元の, 現地の** ▶cor local 地方色 / produtos locais 地元の物産 / economia local 地元の経済 / hora local 現地時間 / eleições locais 地方選挙.
❷ **局所的な** ▶anestesia local 局所麻酔.
— [男] ❶ **場所** ▶local de nascimento 生れた場所, 生誕地 / local de origem 原産地 / local de trabalho 職場 / local de construção 工事現場 / local de batalha 戦場 / local do acidente 事故現場.
❷ 会場 ▶local do concerto コンサート会場.
❸ 敷地.

localidade /lokali'dadʒi/ [女] ❶ 場所, 地域, ❷ 村, 町.

localização /lokaliza'sɐ̃w̃/ [[複] localizações] [女] ❶ 位置, 場所 ▶localização exata de ... …の正確な位置 / ótima localização すばらしいロケーション. ❷ 所在の確認, 位置の決定 ▶localização dos sons 音がどこから来るか突き止めること.

localizado, da /lokali'zadu, da/ [形] …にある ▶estar bem localizado よい場所にある / estar mal localizado よくない場所にある.

*__localizar__ /lokali'zax ロカリザーフ/ [他] ❶ **…の位置を突き止める** ▶Este sensor funciona para localizar o alvo. このセンサーは標的の位置を突き止める

L

localmente 564

ために機能する. ❷同定する, 発見する ▶ Os cientistas conseguiram localizar a origem do problema. 科学者たちは問題の根源を見い出すことができた.

—**localizar-se** 再 …に位置する, …にある ▶ Minha companhia se localiza perto da estação. 私の会社は駅の近くにある.

localmente /lo̞ˌkawˈmẽtʃi/ 副 局地的に, 局部的に; 地方で, 地元で.

loção /loˈsẽw/ [複 loções] 女 ローション ▶ loção capilar ヘアローション / loção após-barba アフターシェーブローション.

locatário, ria /lokaˈtariu, ria/ 名 借家人, 借地人, 借り主.

locaute /loˈkawtʃi/ 男 《英語》ロックアウト, 工場閉鎖.

locomoção /lokomoˈsẽw/ [複 locomoções] 女 移動, 輸送 ▶ meios de locomoção 輸送 [交通] 手段.

locomotiva /lokomoˈtʃiva/ 女 機関車 ▶ locomotiva a vapor 蒸気機関車.

locomotor, triz /lokomoˈtox, ˈtris/ [複 locomotores, trizes] 注 locomotora という女性形もある) 形 運動の, 移動の ▶ aparelho locomotor 運動器官.

locomover-se /lokomoˈvexsi/ 再 移動する, 動く.

locução /lokuˈsẽw/ [複 locuções] 女 ❶ 慣用句, 成句, 句 ▶ dicionário de locuções 成句辞典 / locução adjetiva 形容詞句. ❷ 話し方, 言葉遣い. ❸ ナレーション.

locutor, tora /lokuˈtox, ˈtora/ [複 locutores, toras] 名 アナウンサー, ニュースキャスター ▶ locutor esportivo スポーツアナウンサー.

lodo /ˈlodu/ 男 泥.

logaritmo /logaˈritʃimu/ 男 対数.

:**lógica**¹ /ˈlɔʒika/ 女 ❶ 論理, 首尾一貫性, 筋道 ▶ sem lógica 非論理的な, 不合理な / a lógica do mercado 市場の論理. ❷ 論理学.

logicamente /ˌlɔʒikaˈmẽtʃi/ 副 ❶ 論理的に ▶ pensar logicamente 論理的に考える. ❷ 当然, もちろん ▶ Logicamente! もちろんだ.

:**lógico, ca**² /ˈlɔʒiku, ka/ 形 論理学の, 論理的な; 筋道の通った, 当然の ▶ conclusão lógica 理にかなった結論 / Como é lógico, ele ficou com muita raiva. 当然のことだが, 彼は激怒した / (É) lógico! もちろんだ / (É) lógico que não! もちろん違う / É lógico que tenho confiança nele. もちろん私は彼を信用しています.
— 名 論理学者.

logística¹ /loˈʒistʃika/ 女 ❶《軍事》兵站(たん). ❷《経営》物流管理, ロジスティクス.

logístico, ca² /loˈʒistʃiku, ka/ 形 ❶《軍事》兵站(たん)の. ❷《経営》物流の, ロジスティクスの.

:**logo** /ˈlogu/ ローゴ 副 ❶ すぐに, 直ちに ▶ Faça logo. すぐにこれをしなさい / Tem que chamar logo o médico. すぐに医者を呼ぶ必要がある / Fique bom logo. 早くよくなってください / logo no começo 始まってすぐ / logo em seguida 続いてすぐ / logo antes da morte 死の直前に / logo depois da morte 死の直後に / logo a seguir すぐ後で / logo de manhã cedo 朝早くに. ❷ まもなく, しばらくして ▶ Logo começou a escurecer. やがて暗くなってきた / Se no momento não consegue entender, logo, com mais calma, tudo se explicará. 今それが理解できなくとも, しばらくして落ち着いたときによくわかるだろう. ❸ ちょうど, まさに ▶ Minha empresa fica logo ao lado. 私の会社はすぐそばにある / logo abaixo すぐ下に. ❹ よりによって ▶ Essa chuva, logo hoje, quando iríamos à praia! よりによって今日雨だなんて, 海水浴に行くのに / logo você よりによって君が.
— 接 それゆえ, だから ▶ Penso, logo existo. われ思う, ゆえにわれあり.
Até logo! ではまた(会いましょう).

Até logo!

desde logo あれ以来, そのとき以降 ▶ Um fato logo chamou a atenção do pesquisador. ある事実がそのとき以来研究者の注意を引いた.

logo ali すぐ近くに ▶ Ela mora logo ali. 彼女はすぐ近くに住んでいる / O futuro é logo ali. 未来はすぐそこだ.

logo após [depois] 引き続いて, …したあとで ▶ Saiu logo após ter recebido o telefonema. 電話を受けるとすぐに彼は出かけた.

logo, [e] logo 急いで, 早く ▶ Quando soube do acontecido, correu logo, logo para casa. その出来事を知ってすぐ彼は家に急いだ.

logo mais すぐあとで, すぐに.

logo que +接続法 / 直説法 …したらすぐに, …する時 (注 未来や現在の条件・仮定を表すときに接続法を使う) ▶ Lave as mãos logo que voltar para casa. 帰宅したらすぐに手を洗いなさい / Logo que tive a notícia, recolhi-me a casa. その知らせを受けると私はすぐに家に帰った.

para logo すぐに.

tão logo +接続法 / 直説法 …するとすぐに ▶ Ela irá morar no Rio, tão logo os filhos a deixem sozinha. 子供たちが彼女のもとを去ったらすぐに彼女はリオに住む予定だ / A mulher acendia, tão logo anoitecia, um candeeiro. その女は夜になるとすぐにランプに火を点した.

logotipo /logoˈtʃipu/ 男 (企業や団体の)ロゴ ▶ logotipo de uma marca ブランドのロゴ.

logradouro /logra'doru/ 男 (広場や通りなどの)公共の空間 ▶ logradouro público 公共の場所, 公道.

lograr /loˈgrax/ 他 ❶ 手に入れる, 得る, 達成する ▶ lograr a vitória 勝利を得る / lograr o seu intento 目的を達成する.
❷《lograr +不定詞》…することを達成する, 成し遂

げる ▶Com muito esforço, ele logrou formar-se em medicina. 懸命に努力して彼は医学部を卒業することができた.
❸ だます, ごまかす, 欺く ▶lograr os seus clientes 客をだます. ❷ 享受する.
— 圓 成功する, 成果を生む ▶O projeto logrou. その計画は成功した.

logro /'logru/ 圐 ❶ だまし, ペテン, 詐欺. ❷ 享受すること, 享有.

loiça /'lojsa/ 囡 = louça

loja /'lɔʒa ロージャ/ 囡 ❶ 商店, 店 ▶loja de chocolates チョコレート店 / loja de brinquedos おもちゃ屋 / loja de conveniência コンビニエンスストア / loja de departamentos 百貨店, デパート / loja de produtos naturais 自然食品店 / loja de móveis 家具店.
❷ (建物の) 地階.

lojista /lo'ʒista/ 图 商店主, 店員.
— 形《男女同形》小売商の, 商店の ▶comerciante lojista 小売商 / comércio lojista 小売業.

lomba /'lõba/ 囡 ❶ (山や丘の) 頂上, 峰. ❷ 坂.

lombada /lõ'bada/ 囡 ❶ (本の) 背. ❷ 速度抑制のために道路に設けられた帯状の隆起.

lombar /lõ'bax/ [覆 lombares] 形《男女同形》腰の, 腰部の ▶dor lombar 腰痛 / região lombar 腰部.

lombinho /lõ'biɲu/ 圐 B 牛や豚の腰肉, テンダーロイン.

lombo /'lõbu/ 圐 ❶ 背中. ❷ 牛や豚の腰肉 ▶lombo de porco 豚の腰肉.
cair no lombo de alguém …に損失を負わせる.
endurecer o lombo ① (馬が飛び跳ねようと) 体をこわばらせる. ② 強情を張る.
ter lombo para... …に耐えられる.

lona /'lõna/ 囡 ❶ キャンバス, 帆布 ▶bolsa de lona キャンバスバッグ. ❷ サーカスのテント.
beijar a lona マットに沈む.
estar na lona 困り果てている, お金がない.
estar na última lona 最悪の状態である.

Londres /'lõdris/《地名》ロンドン.

longamente /,lõga'mẽtʃi/ 副 長い間, 長々と ▶falar longamente 長々と話す.

longa-metragem /,lõgame'traʒẽj/ [覆 longas-metragens] 圐 長編映画.

longe /'lõʒi ロンジ/ 副 ❶《距離的・時間的に》遠く離れた, 遠い (↔ perto) ▶O Brasil é longe. ブラジルは遠い / É longe? 遠いですか / ir para longe 遠くに行く / ver longe 遠くまで見える, 先見の明がある / Os dias infelizes estão longe. 悲しい日々は遠い昔のことだ.
❷ …から遠くに [+ de] ▶É longe daqui? ここから遠いですか / Moro muito longe daqui. 私はここからかなり遠いところに住んでいます.
❸ …には程遠い, 決して…ではない [+ de] ▶Estava longe de pensar nisso. そんなことは考えもしなかった / Estou longe de estar satisfeito. 私は満足とはほど遠い状態だ.
— 形《男女同形》遠い ▶lugar longe 遠いところ.
ao longe 遠くに ▶Vi uma luz ao longe. 遠くに明かりが見えた / Já não consigo ver ao longe. 私はもう遠くが見えない.
bem longe とても遠い.
de longe ① 離れて, 遠くから ▶Olha a luz de longe, pois faz mal aos olhos. 目に悪いから明かりは離れて見なさい. ②《比較級や最上級のある文脈で》断然, はるかに ▶É, de longe, a melhor música feita para o festival. それはフェスティバルのために作られた中で格段にすばらしい曲だ.
de longe em longe 時々, 間をおいて, 時折.
estar longe 考え事をしている, ぼんやりしている ▶Nós não tentamos falar com ele porque estava longe. 彼が考え事をしていたので私たちは話しかけようとは思わなかった.
ir longe ① 遠くに行く ▶Ele saiu nadando e foi longe mar adentro. 彼は泳ぎながら沖合まで行った. ② 偉くなる, 出世する ▶Este rapaz vai longe! この青年は出世するぞ. ③ 度を越す ▶Se não for contida a tempo, a violência irá longe. 手遅れにならないうちに抑制しないと, 暴力が激しくなる一方だ.
ir muito longe 度を越す.
longe de mim 私には無縁だ ▶Longe de mim ter preconceito. 私は偏見など持っていない.
longe disso それどころか.

longevidade /lõʒevi'dadʒi/ 囡 長生き, 長命, 長寿.

longínquo, qua /lõ'ʒĩkwu, kwa/ 形《時間的または空間的に》遠くの, 離れた ▶em tempos longínquos 遠い昔に / um lugar longínquo 遠い場所.

longitude /lõʒi'tudʒi/ 囡 経度 (↔ latitude).

longitudinal /lõʒitudʒi'naw/ [覆 longitudinais] 形《男女同形》❶ 縦の, 縦断の ▶corte longitudinal 縦断面. ❷ 経度の.

longo, ga /'lõgu, ga ロンゴ, ガ/ 形 ❶ (空間的に) 長い ▶Ela tem cabelos longos. 彼女は髪が長い / Será um longo percurso até a próxima cidade. 隣町までは長い距離がある.
❷ (時間的に) 長い (↔ curto) ▶As conversas dele são tão longas que me cansam. 彼の話はあまりに長く私を疲れさせる / ter uma longa história 長い歴史がある / longos minutos 長い時間 / a longo prazo 長期的には.
ao longo de... …に沿って ▶As lojas foram construídas ao longo da avenida principal. 店が主要道路に沿って建てられた.

lonjura /lõ'ʒura/ 囡 長い距離.

loquacidade /lokwasi'dadʒi/ 囡 饒舌, 話し好き, おしゃべり.

loquaz /lo'kwas/ [覆 loquazes] 形《男女同形》おしゃべりな, 饒舌な.

lorota /lo'rɔta/ 囡 B うそ, ほら ▶O meu avô gostava de contar lorotas. 私の祖父はほらを吹くのが好きだった.

los /lus/ 代 直接目的格代名詞 os が次の位置で取る形. ① -r, -s, -z の後の動詞の後. ② 副詞 eis の後. ③ 間接目的格代名詞 nos と vos の後. los は, 未来形と過去未来形で動詞の語幹部分と語尾の間に挿入されることがある. 例: amar + os →

amá-los, conhecer + os → conhecê-los, abrir + os → abri-los, amamos + os → amamo-los, traz + os → trá-los,trarão + os → trá-los-ão, eis + os → ei-los, nos + os → no-los, vos + os → vo-los.

losango /loˈzẽgu/ [男] 菱形, 斜方形.

lotação /lotaˈsẽw̃/ [[複] lotações] [女] (乗り物や場所などの) 定員.
— [男] [B] 小型乗り合いバス.
estar com a lotação esgotada 売り切れである.

lotado, da /loˈtadu, da/ [形] ❶ (劇場が) 満員御礼の, 切符が売り切れた. ❷ (人が) 混んだ ▶um ônibus lotado 満員のバス / praia lotada 立錐の余地もない浜辺.

lotar /loˈtax/ [他] ❶ …の定員を満たす, いっぱいにする ▶Os passageiros lotaram o ônibus. 乗客でバスが満員になった.
❷ …の定員を決める.
❸ [B] (人員を) 配置する ▶Ele lotou o funcionário no departamento de vendas. 彼は職員を販売部へ配置した.
❹ 区画に分ける, 分譲する ▶lotar um terreno 土地を区画する.
— [自] いっぱいになる, 満員になる ▶O restaurante lotou rapidamente. そのレストランはすぐに満員になった.

lotaria /lutɐˈriɐ/ [女] [P] = loteria

lote /ˈlɔtʃi/ [男] ❶ 分け前, 割り当て. ❷ [B] (土地の) 一区画. ❸ (商品などの) 一山, 一組, 一口, 製品単位, ロット ▶lote de mercadorias 1ロットの商品.

loteamento /loteaˈmẽtu/ [男] (土地の) 分譲, 分譲地.

lotear /loteˈax/ ⑩ [他] (土地を) 分譲する.

loteca /loˈtɛka/ [女] [B] [話] サッカーくじ.

loteria /loteˈria/ [女] [B] 宝くじ ▶jogar na loteria 宝くじをする / ganhar na loteria 宝くじに当たる / loteria esportiva スポーツくじ / loteria instantânea インスタントくじ.

loto[1] /ˈlɔtu/ [男] 〖植物〗ハス, スイレン.

loto[2] /ˈlɔtu/ [女] [B] ロト (数字をあてる宝くじ).

lótus /ˈlɔtus/ [男] 《単複同形》〖植物〗ハス, スイレン.

louca[1] /ˈloka/ [女] [B] 正気でないこと, 常軌を逸していること ▶dar a louca em... …の頭をおかしくする / estar com a louca 頭がおかしい.

louça /ˈlosa/ [女] ❶ 陶磁器 ▶louça fina 磁器 / louça de barro 陶器 / louça sanitária 衛生陶器.
❷ 食器, 食器セット ▶lavar a louça 食器洗いをする / máquina de lavar louça 食器洗い機 / louça de jantar 食器セット.
❸ [話] 一組のカップと受け皿.
❹ [B] 便器.

loucamente /ˌlokaˈmẽtʃi/ [副] 狂ったように, 夢中で ▶amar loucamente 熱愛する.

louco, ca[2] /ˈloku, ka/ [形] ❶ **気のふれた**, 血迷った ▶Ele ficou louco. 彼は気がふれてしまった / estar [ficar] louco da vida 激怒する, 怒り狂う / um mundo louco ばかげた世の中 / deixar alguém louco …を怒らせる, 夢中にさせる / louco de fome 腹ペコの / estar louco de pedra 頭がおかしい.
❷ **途方もない, 常軌を逸した** ▶um sucesso louco 大当たり, 大ヒット / um plano louco 無茶な計画 / uma ideia louca 突拍子もない考え.
❸ **…に夢中になった, 熱狂した**, …が大好きな [+ por] ▶Ele é louco por música. 彼は音楽に夢中だ / Sou louco por chocolate. 私はチョコレートが大好きだ / Estou louco para ver o filme. 私はその映画見たくてしょうがない.
— [名] 気のふれた人, 常軌を逸している人 ▶Estudei como um louco. 私は死に物狂いで勉強した.

loucura /loˈkura/ [女] ❶ 狂気, 精神障害 ▶O paciente apresenta sintomas de loucura. その患者は精神障害の症状を示している.
❷ 《uma loucura》 正気の沙汰でないこと ▶Nadar em um lago gelado? Isso é uma loucura! 凍っている湖で泳ぐのか. そりゃ, どうかしてる / É loucura + [不定詞] …するのは正気の沙汰ではない.
❸ 《uma loucura》 [話] すばらしいこと.
ter loucura por …を熱愛している ▶A mãe tem loucura por seus filhos. 母親は自分の子供たちを溺愛している.

louquice /loˈkisi/ [女] 無茶なこと, 無謀なこと.

louro, ra /ˈloru, ra/ [形] 金髪の ▶cabelo louro 金髪 / homem louro 金髪の男性.
— [名] 金髪の人 ▶loura oxigenada 脱色して金髪にした女性.
— **louro** [男] ❶ 〖植物〗ゲッケイジュ (月桂樹). ❷ ベイリーフ, ローリエ. ❸ 〖鳥〗オウム. ❹ 《louros》 月桂冠 ; 名誉, 栄光.
colher os louros 収穫を得る, 賞を受ける.
descansar sobre os louros 成功にあぐらをかく, 現在の栄光に満足する.
dormir sobre os louros 栄光の上にあぐらをかく.
ficar com os louros 栄誉に包まれる.

lousa /ˈloza/ [女] ❶ 黒板. ❷ 墓石.

louva-a-deus /ˌlovaˈdews/ [男] 《単複同形》〖昆虫〗カマキリ.

louvação /lovaˈsẽw̃/ [[複] louvações] [女] 称賛, 賛美.

louvar /loˈvax/ [他] 称える, 賛美する, 賞賛する ▶louvar o nome de Deus 神の名を賛美する / Louvado seja Deus! 神が称えられますように.
— **louvar-se** [再] ❶ …を自慢する [+ por] ▶Louvou-se pela boa nota que obteve na prova. 彼は試験でよい成績をとったことを自慢した. ❷ …の意見を聞き入れる [+ em].

louvor /loˈvox/ [[複] louvores] [男] 賞賛, 賛辞 ▶digno de louvor 賞賛に値する / com louvor 優秀な成績で.

Ltda 《略語》 limitada (sociedade de responsabilidade limitada 有限責任会社, 株式会社の略) ▶XYZ Ltda XYZ 株式会社.

★★★**lua** /ˈlua ルーア/ [女] 〖天文〗**月** ▶lua cheia 満月 / lua nova 新月 / lua crescente 三日月 / lua de mel ハネムーン / no clarão da lua 月明かりを浴びて.
estar de lua 不機嫌である, 情緒が安定しない.

L

estar [viver] no mundo da lua 上の空である, ぼんやりしている.
na lua 上の空で.
ser de lua 気分屋 [気まぐれ] である.
virado para lua 幸運に.

lua de mel /ˌluaʒi'mɛw/ [複 luas de mel] 女 ❶ ハネムーン, 新婚旅行. ❷ 蜜月期.

luar /lu'ax/ [複 luares] 男 月光, 月明かり ▶ ao luar 月明かりで / noite de luar 月夜.

lúbrico, ca /'lubriku, ka/ 形 ❶ 湿った, 濡れた. ❷ なめらかな, つるつるした. ❸ みだらな.

lubrificante /lubrifiˈkẽtʃi/ 男 潤滑油, 潤滑剤.
— 形 《男女同形》潤滑性の, 滑りをよくする.

lubrificar /lubrifi'kax/ 29 他 ❶ 滑りをよくする. ❷ (機械などに) 油を差す.
— **lubrificar-se** 再 滑らかになる.

lucidez /lusi'des/ [複 lucidezes] 女 ❶ 明晰, 明敏 ▶ a lucidez da análise 分析の明晰さ. ❷ 意識の正常さ, 正気 ▶ O doente perdeu a lucidez. 患者は意識を失った.

lúcido, da /'lusidu, da/ 形 ❶ 明晰な, 鋭敏な, 明快な ▶ mente lúcida 明晰な頭脳. ❷ 意識のはっきりした.

lucrar /lu'krax/ 他 …で (利益を) 得る [+ com] ▶ A cantora lucrou muito dinheiro com a turnê do show. その歌手はコンサートツアーで大きな利益を得た.

lucrativo, va /lukra'tʃivu, va/ 形 利益を上げる, もうけの多い ▶ organização sem fins lucrativos 非営利団体 / um negócio lucrativo もうかる商売.

★lucro /'lukru/ ルクロ 男 利益, 利得, もうけ ▶ lucros e perdas 損益 / taxa de lucro 利益率 / lucro líquido 純利益 / lucro bruto 粗利益 / lucro operacional 営業利益 / margem de lucro 利鞘差額, 利ざや / lucro presumido 見なし利益, 推定利益 / É preciso aumentar os lucros da empresa. 会社の利益を増やす必要がある.
dar lucro 利益がある, 利益をもたらす ▶ Esse negócio deu lucro para a nossa empresa. その取引は私たちの会社に利益をもたらした.

ludibriar /ludʒibri'ax/ 他 ❶ だます, 欺く. ❷ からかう.

lúdico, ca /'ludʒiku, ka/ 形 遊びの, 遊戯の.

lufada /lu'fada/ 女 一陣の風, 疾風 ▶ uma lufada de ar fresco 一陣の涼風.
às lufadas 間をおいて, 断続的に.

lufa-lufa /ˌlufa'lufa/ [複 lufa-lufas] 女 話 大忙し, てんてこまい ▶ andar numa lufa-lufa てんてこまいである.

★lugar /lu'gax/ ルガーフ [複 lugares] 男 ❶ 場所, 所 ▶ lugar tranquilo 静かな場所 / Quero morar em um lugar conveniente para ir trabalhar. 私は通勤に便利な場所に住みたい / Viajei por vários lugares do Brasil. 私はブラジルの方々を旅行した / lugar santo 聖地 / lugar público 公共の場 / nome de lugar 地名 / advérbios de lugar 場所の副詞 / lugar de nascimento 出生地 / lugar de trabalho 職場, 就業地 / lugar do acidente 事故現場 / lugar ao sol 日のあたる場所 / lugar sem volta やり直しのできない時点.
❷ 余地 ▶ Tem lugar para mais uma pessoa no carro. 車にはもう一人乗る余裕がある / Não há lugar para dúvida. 疑いの余地はない.
❸ 席, 座席 ▶ Esse lugar está vazio? その席は空いていますか / Não há lugares vagos. 空席はありません / reservar um lugar 席を予約する / lugar reservado 予約席 / lugares sentados 座席 / lugares de pé 立席 / lugar para não fumantes 禁煙席 / lugar na janela 窓際の席 / lugar de honra 貴賓席 / lugar do morto 死者の席 (助手席).
❹ 順位 ▶ Ela ficou em primeiro lugar. 彼女が一着になった / ficar em segundo lugar na corrida レースで2等になる / Ele chegou em segundo lugar. 彼は2番目にゴールした.
❺ 職務, 地位, 仕事 ▶ arranjar um lugar na companhia その会社で仕事を見つける.
❻ 立場, 境遇 ▶ no seu lugar あなたの立場だったら.

algum lugar どこか ▶ Deixei cair minha carteira em algum lugar. 私はどこかに財布を落としてしまった / Vamos sair para algum lugar. どこかに出かけよう / ir a algum lugar どこかに行く.

conhecer seu lugar 自分の立場をわきまえる.

dar lugar a... ① …にとって代われる. ② …を引き起こす, …の原因となる.

em lugar de... …の代わりに.

em lugar de + 不定詞 …する代わりに ▶ Em lugar de estudar, ele começou a ver a televisão. 勉強をする代わりに, 彼はテレビを見始めた.

em primeiro lugar 一番に; まず第一に ▶ a saúde em primeiro lugar 健康第一.

em segundo lugar 二番目に; 第二に.

ir para bom lugar 死ぬ.

lugar nenhum どこにも…ない ▶ Eu não fui a lugar nenhum. 私はどこにも行かなかった.

mandar para aquele lugar ののしる.

não aquecer [esquentar] o lugar 席を温める暇がない.

no lugar de... …の代わりに ▶ Cuidei das crianças no lugar de minha esposa. 私は妻の代わりに子供の面倒を見た.

outro lugar ほかのところ, よそ ▶ Mude o carro para outro lugar. 車を移動してください.

pôr-se no lugar de... …の立場になって考える.

ter lugar 起こる, 開催される ▶ O acidente teve lugar às 13:30 horas. 事故は13時30分に起きた / A festa tem lugar no próximo domingo. 祭りは次の日曜日に開催される.

ter seu lugar 居場所がある.

tomar o lugar de... …にとって代わる.

lugar-comum /luˌgaxkoˈmũ/ [複 lugares-comuns] 男 ❶ 決まり文句, 常套句, 陳腐な文句. ❷ 一般的真理.

lugarejo /lugaˈreʒu/ 男 小集落, 寒村.

lugar-tenente /luˌgaxteˈnẽtʃi/ [複 lugares-tenentes] 男 《単複同形》臨時代理人.

lúgubre /'lugubri/ 形 《男女同形》❶ 陰気な, 不吉な, 不気味な ▶ um silêncio lúgubre 不気味な静けさ. ❷ 喪の.

lula

lula /'lula/ 囡【動物】イカ.
lumbago /lũ'bagu/ 男【医学】腰痛(症).
＊lume /'lũmi/ 男 ❶ 火, 炎 ▶acender lume 火をつける / apagar lume 火を消す / lume da fogueira 焚火の炎.
　❷ 明かり▶lume da lua 月明かり.
　dar a lume 出版する▶O autor acaba de dar a lume seu primeiro romance. 作者は最初の小説を出版したばかりだ.
　trazer a lume 知らしめる, 明らかにする▶Este livro trouxe a lume os crimes praticados pelo regime ditatorial. この本は独裁制が犯した犯罪を明らかにした.
　vir a lume 出版される▶Ainda restam três volumes para vir a lume. まだ3巻出版される予定だ.
luminária /lumi'naria/ 囡 照明, 電灯, ランプ.
luminosidade /luminozi'dadʒi/ 囡 明るさ, 輝き, 光輝.
＊luminoso, sa /lumi'nozu, 'nɔza/ ルミノーゾ, ザ/形 ❶ 光る, 輝く, 明るい▶fonte luminosa 照明付きの噴水.
　❷ 明快な▶Ele tem sempre ideias luminosas. 彼はいつも明快なアイディアを持っている.
　— **luminoso** 男 ネオンサイン.
lunar /lu'nax/ [複 lunares] 形〔男女同形〕月の, 太陰の▶calendário lunar 太陰暦.
lunático, ca /lu'natʃiku, ka/ 形 ❶ 月の影響を受けた. ❷ 風変わりな, 変人な.
　— 名 変人.
luneta /lu'neta/ 囡 望遠鏡▶luneta astronômica 天体望遠鏡.
lupa /'lupa/ 囡 虫眼鏡, 拡大鏡, ルーペ.
lusco-fusco /ˌlusku'fusku/ [複 lusco-fuscos] 男 ❶ 黄昏, 夕暮れ. ❷ 夜明け, 暁.
lusíada /lu'ziada/ 名 ルシタニア人, ポルトガル人▶*Os Lusíadas*『ウズ・ルジアダス』(大航海時代におけるポルトガル人の海外進出を描いた叙事詩. 作者はルイス・デ・カモンイス Luís de Camões).
lusitano, na /luzi'tẽnu, na/ 形 名 ルシタニアの(人), ポルトガルの(人).
luso, sa /'luzu, za/ 形 名 = lusitano
luso-brasileiro, ra /ˌluzubrazi'lejru, ra/ 形 名 ポルトガルとブラジルの.
　— 名 ポルトガル系ブラジル人.
lusofonia /luzofo'nia/ 囡 ポルトガル語圏.
lusófono, na /lu'sofonu, na/ 形 名 ポルトガル語を話す(地域, 人).
lustrar /lus'trax/ 他 磨く, 光沢を出す▶lustrar os sapatos 靴を磨く.
lustre /'lustri/ 男 ❶ 光沢, つや. ❷ 輝き, 栄誉.
　❸ シャンデリア.
lustro /'lustru/ 男 5年間.
lustroso, sa /lus'trozu, 'trɔza/ 形 ❶ 光沢のある. ❷ 豪華な, 壮麗な. ❸ 著名な, 高名な.
＊＊luta /'luta/ ルータ/ 囡 ❶ 格闘技, レスリング▶luta de boxe ボクシングの試合 / luta livre フリースタイルのレスリング; プロレス / luta romana グレコローマンスタイルレスリング.
　❷ 戦闘, 闘争, 戦争▶luta armada contra o regime militar 軍制に対する武装闘争 / luta de libertação 解放闘争 / luta de classes 階級闘争 / luta pela vida 生存競争.
　ir à luta 真剣に取り組む, 命を懸けて戦う▶O jogador prometeu ir à luta na final com a Argentina. 選手はアルゼンチンとの決勝戦で命を懸けて戦うと約束した.
lutador, dora /luta'dox, 'dora/ [複 lutadores, ras] 名 ❶ レスラー, 闘技者▶lutador de sumô 相撲の力士 / lutador de boxe ボクサー / lutador de jiu-jitsu 柔術家. ❷ 闘士.
　— 形 戦う.
＊lutar /lu'tax/ ルターフ/ 自 ❶ 戦う, 争う; 奮闘する▶lutar contra [com]... …と戦う, 争う / lutar contra os invasores 侵略者と戦う / lutar contra as dificuldades 困難と闘う / lutar pela liberdade 自由のために戦う / lutar até o fim 最後まで戦う / lutar contra o tempo 時間と戦う / lutar como um leão 勇猛に戦う.
　❷ (レスリングなどで) 戦う.
luto /'lutu/ 男 喪, 喪中, 喪服▶guardar luto 喪に服す / estar de luto 喪に服している / pôr luto 喪服を着る / luto fechado 正式な喪服 / luto aliviado 半喪服.
lutuoso, sa /lutu'ozu, 'ɔza/ 形 ❶ 喪の, 喪に服した. ❷ 悲しい.
＊luva /'luva/ ルーヴァ/ 囡 ❶ (通常 luvas) 手袋, グローブ, グラブ▶calçar as luvas 手袋をはめる / tirar as luvas 手袋を脱ぐ / Essa cantora está sempre de luvas. その女性歌手はいつも手袋をはめている / luvas de boxe ボクシングのグローブ.
　❷ (luvas) 選手が契約の際に受け取るボーナス▶O clube ofereceu ao jogador luvas de 30 mil dólares na altura da assinatura de contrato. クラブは契約の際, その選手に3万ドルのボーナスを支給した.
　❸ (luvas) (賃貸不動産の) 礼金.
　atirar a luva 手袋を投げる, 挑発する.
　cair com uma luva ぴったり適合する.
　dar com luva de pelica 真綿に針を包む.
　escrever com luva branca 丁寧に書く, 気を配って書く.
　luvas de pelica なめし革の手袋; 上品さ, 慎重.
　servir como uma luva ぴったりである.
luxação /luʃa'sẽw̃/ [複 luxações] 名【医学】脱臼.
luxar /lu'ʃax/ 他 脱臼させる.
＊luxo /'luʃu/ ルーショ/ 男 ぜいたく, 豪奢▶viver no luxo ぜいたくに暮らす / Viajar não é um luxo. 旅はぜいたくではない.
　cheio de luxos 細かいことにこだわる, 要求が多い.
　dar-se ao luxo de + 不定詞 自分に…するぜいたくを許す, 奮発して…する.
　de luxo ぜいたくな, 豪華な▶hotel de luxo 豪華なホテル / artigo de luxo ぜいたく品 / edição de luxo 豪華版.
　fazer luxo (一応) 遠慮する.
　permitir-se o luxo de + 不定詞 自分に…するぜいたくを許す, 奮発して…する.
luxuoso, sa /luʃu'ozu, 'ɔza/ 形 ❶ ぜいたくな, 豪

華な. ❷ 豊富な, 多数の.
luxúria /luˈʃuria/ 安 ❶ 色欲, 淫欲. ❷ (植物の) 繁茂.
luxuriante /luʃuriˈẽtʃi/ 形 《男女同形》生い茂った, 繁茂した ▶vegetação luxuriante 繁茂する植物.

luz /ˈlus ルース/ [複 luzes] 安 ❶ 光 ▶luz do sol = luz solar 太陽光 / luz natural 自然光 / luz infravermelha 赤外線 / luz ultravioleta 紫外線 / contra a luz 逆光で.
❷ 明かり, 電灯 ▶acender [ligar] a luz 明かりをつける / apagar [desligar] a luz 明かりを消す / As luzes da cidade começaram a se acender. 街の灯がつき始めた / A luz apagou-se de repente. 急に明かりが消えた / à luz de velas ろうそくの明かりで.
❸ 電気 ▶falta de luz 停電 / conta de luz 電気の請求書.
❹ 輝き ▶luz dos olhos 眼の輝き.
❺ 精神的な光 ▶luz da fé 信仰の光 / Século das Luzes 啓蒙の世紀.
à luz de... …の見地から, …に照らして ▶À luz das informações obtidas, devemos repensar o projeto. 得られた情報に鑑み, 私たちは計画を再考するべきである.
à luz do dia 白昼に.
ao apagar das luzes ぎりぎりで, 土壇場で.
claro como a luz 火を見るよりも明らかな.
dar à luz ① 出産する ▶Ela deu à luz uma menina. 彼女は女の子を産んだ. ② (本を) 出版する, 世に出す.
dar uma luz ヒントを与える, 提案する.
em plena luz do dia 白昼に.
enxergar [ver] a luz no fim do túnel トンネルの先に光が見える.
lançar luz sobre... …を明らかにする, 説明する.
luz da vida 生命の光, 神.
perder a luz ① 失明する. ② 意識を失う, 失神する.
perder a luz da razão 理性を失う.
vir à luz 明るみに出る；出版される；産まれる.
luzente /luˈzẽtʃi/ 形 《男女同形》光る, 輝く.
luzidio, dia /luziˈdʒiu, ˈdʒia/ 形 輝く, ぴかぴかの.
luzir /luˈzix/ ⑭ 自 光る, 輝く ▶Nem tudo o que luz é ouro. 諺 光るもの必ずしも金ならず.

M m

m /'ēmi/ 男 ポルトガル語アルファベットの第13字.
ma /'ma/ 間接目的格代名詞 me と直接目的格代名詞 a の縮合形.
MA 《略語》Estado do Maranhão マラニョン州.
má /'ma/ mau の女性形.
maca /'maka/ 女 担架 ▶Ele foi levado de maca ao hospital. 彼は担架で病院に運ばれた.
*__maçã__ /ma'sẽ/ マサン 女《果実》リンゴ ▶suco de maçã リンゴジュース / morder a maçã リンゴをかじる / maçã verde 青リンゴ.
  maçã do peito 牛肩肉.
  maçã do rosto ほお骨.
macabro, bra /ma'kabru, bra/ 形 死の; 不気味な, ぞっとする ▶dança macabra 死の舞踏 / história macabra 怖い話.
macaca /ma'kaka/ 女 ❶ 雌猿. ❷ 醜い女. ❸ 俗 不運, 不幸. ❹ B 俗 手帳, メモ帳.
  estar com a macaca 俗 いらいらしている, 落ち着きがない.
  macaca de auditório コンサートなどで大声を上げる熱狂的な女性.
macacada /maka'kada/ 女 ❶ サルの群れ. ❷ B 友達, 家族.
macacão /maka'kẽw/ [複 macacões] 男 つなぎ服, ジャンプスーツ.
macaco /ma'kaku/ 男 ❶ 猿. ❷ ジャッキ, 押し上げ万力.
  Cada macaco no seu galho. ① 分相応, 身の程を知る. ② 人それぞれ.
  como macaco por banana 猫にまたたびのように.
  macaco velho 経験豊富な人, 老練な人.
  Macacos me mordam! 信じられない, ありえない.
  perguntar se macaco quer banana 答えの分かり切ったことを尋ねる.
macadame /maka'dēmi/ 男 (砕石を敷き固めた)マカダム式舗装［道路］.
macambúzio, zia /makẽ'buziu, zia/ 形 黙り込んだ, 不機嫌な.
maçaneta /masa'neta/ 女 (ドアの)取っ手.
maçante /ma'sẽtʃi/ 形《男女同形》B 退屈な.
  ― 名 退屈な人.
macaquear /makake'ax/ 10 他 …のまねをする ▶Os alunos estavam macaqueando o professor. その生徒たちは先生の物まねをしていた.
  ― 自 騒ぐ ▶Nós temos mesmo que macaquear por aí! ここらでぱっとひと騒ぎしなくちゃ.
macaquice /maka'kisi/ 女 物まね, 猿まね.
  fazer macaquices おどける, からかう.
macarrão /makax'ẽw/ [複 macarrões] 男 パスタ, マカロニ ▶macarrão ao molho branco ホワイトソースのパスタ.

macarronada /makaxo'nada/ 女 マカロニ料理.
macarrônico, ca /maka'xõniku, ka/ 形 片言の, ブロークンな ▶um inglês macarrônico 片言の英語.
Macau /ma'kaw/《地名》マカオ.
macerar /mase'rax/ 他 ❶ (保存や味付けのために)…を…に漬ける, 浸す, …漬けにする. ❷ (肉体を)苦しめる, 痛めつける.
  ― 自 …に漬かる.
  ― **macerar-se** 再 苦行をする.
macérrimo, ma /ma'seximu, ma/ 形 magro の絶対最上級.
macete /ma'setʃi/ 男 ❶ 小槌. ❷ こつ, 秘訣, 裏技 ▶macete para lembrar os planetas do sistema solar na ordem a partir do sol 太陽系惑星の名前を太陽からの順番で覚えるためのこつ.
maceteado, da /masete'adu, da/ 形 B 俗 巧みな, 巧妙な, 気の利いた ▶cozinha maceteada 使い勝手よく設計されたキッチン.
machadada /maʃa'dada/ 女 斧の一撃.
machado /ma'ʃadu/ 男 斧.
machão /ma'ʃẽw/ [複 machões] 形 ❶ 勇敢な. ❷ 男らしさを誇示する, 男尊女卑の.
  ― **machão** 男 ❶ 大柄で勇敢な人, 男らしさを誇示する人.
  ❷ 俗 男のような女.
machismo /ma'ʃizmu/ 男 ❶ 男尊女卑, 男性優位. ❷ 男らしさの誇示.
machista /ma'ʃista/ 形《男女同形》男尊女卑の ▶sociedade machista 男尊女卑社会.
  ― 名 男尊女卑の人.
*__macho, cha__ /'maʃu, ʃa マーショ, シャ/ 形 ❶ 雄の ▶jacaré macho 雄のアリゲーター / É macho ou fêmea? それは雄ですか, 雌ですか.
  ❷ 男性的な, 男らしい, 雄々しい, マッチョな ▶um cara macho. マッチョな男.
  ❸ (部品が)オスの.
  ― **macho** 男 ❶ 雄. ❷ 男. ❸ (部品の)オス.
machucado, da /maʃu'kadu, da/ 形 けがをした, 傷のある.
  ― **machucado** 男 切り傷.
*__machucar__ /maʃu'kax/ 29 他 ❶ …に痛みを与える ▶Este sapato está machucando meus pés. この靴は足が痛い.
  ❷ …をけがする ▶machucar o braço 腕をけがする.
  ❸ (精神的に)傷つける.
  ❹ つぶす.
  ― **machucar-se** 再 ❶ けがする. ❷ (精神的に)傷つけられる.
maciço, ça /ma'sisu, sa/ 形 ❶ 中身の詰まった, 空洞でない, メッキでない ▶madeira maciça 堅牢な木 / O troféu é de ouro maciço. そのトロフィーは純金製である. ❷ がっしりとした, 頑丈な, 堅固な ▶

A decisão do governo teve apoio maciço da população. 政府の決断は国民の揺るぎない支持を得ていた.
macieira /masi'ejra/ [女]〘植物〙リンゴの木.
maciez /masi'es/ [[複] maciezes] [女] 柔らかさ.
macilento, ta /masi'lẽtu, ta/ [形] ❶ やつれた, 生気のない ▶ rosto macilento やつれた顔. ❷ 元気のない, 輝きのない.
*__macio, cia__ /ma'siu, sia マスィーオ, ア/ [形] ❶ **柔らかい** ▶ carne macia 柔らかい肉 / um colchão macio ふかふかのマットレス.
❷ **滑らかな, すべすべの** ▶ pele macia すべすべの肌 / voz macia 優しい声.
no macio 平穏に, のんきに.
maciota /masi'ɔta/ [女]《次の成句で》
na maciota 穏やかに, 平穏に；そっと ▶ Sempre teve dinheiro e, por isso, sempre levou a vida na maciota. 彼は常にお金があったので, ずっと平穏に暮らした / No escritório, o período entre o Natal e o Ano-Novo transcorre na maciota. クリスマスから新年にかけての期間, 事務所では時間が静かに過ぎる / O ladrão entrou na minha casa na maciota e levou tudo. 泥棒が私の家にそっと入り, すべてを持って行った.
maço /'masu/ [男] ❶ 槌. ❷ (紙幣や野菜などの) 束 ▶ maços de notas 札束. ❸ (タバコの) 箱 ▶ um maço de cigarros タバコ1箱.
❹ トランプのひとそろい ▶ um maço de cartas ひとそろいのトランプ.
maçom /ma'sõ/ [[複] maçons] [男] ❶ 石工. ❷ フリーメーソン団員.
maçonaria /masona'ria/ [女] フリーメーソン団.
maconha /ma'kõɲa/ [女]〘植物〙大麻, マリファナ ▶ cigarro de maconha マリファナタバコ / fumar maconha マリファナを吸う.
maconheiro, ra /mako'ɲejru, ra/ [名] 麻薬常習者；麻薬売人.
maçónico, ca /mɐ'sɔniku, kɐ/ [形] [P] = maçônico
maçônico, ca /ma'sõniku, ka/ [形] [B] フリーメーソンの ▶ loja maçônica フリーメーソン団支部.
má-criação /ˌmakria'sɐ̃w̃/ [[複] má-criações] [女] しつけができていないこと, 行儀が悪いこと, 育ちの悪さ ▶ O menino fez uma má-criação. 少年は駄々をこねた.
macrobiótica[1] /makrobi'ɔtʃika/ [女] マクロビオティック, 長寿法.
macrobiótico, ca[2] /makrobi'ɔtʃiku, ka/ [形] マクロビオティックの.
macroeconomia /makroekono'mia/ [女] マクロ経済学.
macroeconómico, ca /mɐkrɔiku'nɔmiku, kɐ/ [形] [P] = macroeconômico
macroeconômico, ca /makroeko'nõmiku, ka/ [形] [B] マクロ経済学の.
mácula /'makula/ [女] ❶ 染み, 汚れ. ❷ 不名誉, 不面目.
macular /maku'lax/ [他] ❶ …に染みをつける, 汚す. ❷ …の名誉をけがす.
— **macular-se** [再] 名誉を失う.
macumba /ma'kũba/ [女] マクンバ (アフリカに起源を持つブラジルの土俗宗教) ▶ fazer macumba マクンバの儀式を行う.
macumbeiro, ra /makũ'bejru, ra/ [形] [名] マクンバを信じる (人).
madama /ma'dɐ̃ma/ [女] = madame
madame /ma'dɐ̃mi/ [女] ❶ 成人女性への呼びかけ ▶ Bom dia, madame. こんにちは (奥様). ❷ [B] 女主人. ❸ 妻.
***__madeira__ /ma'dejra マデイラ/ [女] ❶ **材木, 木材** ▶ uma mesa de madeira 木製のテーブル / ser de madeira 木でできている / madeira compensada [B] 合板.
❷ [B] **木**.
bater na madeira 災いが来ないように手近の木製品を叩く.
madeira de lei 堅い木材, 長持ちするもの.
Madeira /ma'dejra/ [女]《地 名》Ilha da Madeira マデイラ島 (大西洋上にあるポルトガル領の島) ▶ vinho da Madeira マデイラワイン.
madeirense /madej'rẽsi/ [形]《男女同形》[名] マデイラ島の (人).
madona /ma'dõna/ [女] ❶《Madona》聖母マリア. ❷ 聖母マリア像.
madrasta /ma'drasta/ [女] ❶ 継母, まま母. ❷ 愛情の薄い女, 無情な女.
madre /'madri/ [女] 修道女, 尼僧；女子修道院長.
madrepérola /madre'pɛrola/ [女] 真珠層.
madrigal /madri'gaw/ [[複] madrigais] [男] マドリガル.
madrinha /ma'drĩɲa/ [女] ❶ 代母, 教母. ❷ (結婚式の) 証人.
*__madrugada__ /madru'gada マドルガーダ/ [女] **未明, 明け方** (0時以降早朝までの時間帯) ▶ às três da madrugada 午前3時に / de madrugada 早朝に.
Pela madrugada! そんなばかな, あり得ない.
pela madrugada afora 夜更け [夜中] まで, 夜通し.
madrugador, dora /madruga'dox, dora/ [[複] madrugadores, doras] [形] [名] 早起きの (人).
madrugar /madru'gax/⑪ [自] ❶ 早起きする ▶ Madrugou para estudar para a prova. 彼は試験勉強のために早起きした.
❷ 早い時期に起きる ▶ Madrugou para chegar ao aeroporto a tempo. 彼は空港に時間内に着くように早めに起きた.
madurar /madu'rax/ [他] 熟れさせる, 成熟させる ▶ Ele está madurando a ideia antes de tomar a decisão. 彼は決断する前に考えを練っている.
— [自] ❶ 熟す, 熟れる ▶ As frutas estão madurando no pomar. 果樹園で果物が熟している.
❷ 成熟する ▶ Nunca vamos madurar se não sairmos da casa de nossos pais. 私たちは親の家から出ないかぎり決して成熟しないだろう.
madureza /madu'reza/ [女] ❶ (果物の) 成熟, 完熟, 食べ頃. ❷ 大人であること, 成熟, 円熟.
*__maduro, ra__ /ma'duru, ra マドゥーロ, ラ/ [形] ❶ (果実が) **熟した, 熟れた** ▶ frutas maduras 熟した果物.
❷ **中年の, 壮年の** ▶ um homem maduro 中年男

M

性 / idade madura 壮年期.
❸ 分別がある.
cair de maduro (熟して) 自然に落ちる.

mãe /'mɐ̃j/ 囡 ❶ 母, 母親 ▶ mãe de dois filhos 二児の母 / mãe de família 専業主婦 / Dia das Mães 母の日 / mãe solteira シングルマザー / mãe coruja 親ばかの母親 / mãe biológica 生みの母 / Nossa Mãe 聖母.
❷ 母代わりの女性 ▶ mãe adotiva 養母 / mãe de criação 里親の母 / mãe de aluguel 代理母 / Ela foi uma mãe para mim. 彼女は私にとって母親のような存在でした.
❸ 原因, 根源, 根拠 ▶ A miséria é a mãe do vício. 貧困は悪徳の根源だ.
❹ 起源, 源泉, 母体 ▶ O latim é a mãe das línguas românicas. ラテン語はロマンス諸語の母体である.
Nossa mãe! 何てことだ (驚嘆や恐怖).

mãe-benta /ˌmɐ̃j'bẽta/ [複 mães-bentas] 囡 米粉とココナッツの実で作った小さなケーキ.
maestria /maes'tria/ 囡 = mestria
maestro /ma'ɛstru/ 男 オーケストラの指揮者.
má-fé /ˌma'fɛ/ [複 más-fés] 囡 不誠実, 悪意, 虚偽.
de má-fé 悪意で.
máfia /'mafia/ 囡 マフィア, 犯罪組織.
mafioso, sa /mafi'ozu, 'ɔza/ 形 マフィアの ▶ organização mafiosa マフィア組織.
— 名 マフィアの構成員.
magazine /maga'zini/ 男 ❶ デパート, 百貨店. ❷ B 雑誌.
magia /ma'ʒia/ 囡 ❶ 魔法, 魔術 ▶ magia branca 白魔術 / magia negra 黒魔術 / por magia 魔法をかけたように. ❷ 奇術, 手品, マジック ▶ fazer magia マジックをする / truque de magia 手品のトリック. ❸ 呪文 ▶ lançar uma magia 呪文をかける. ❹ 魅力.
mágica[1] /'maʒika/ 囡 ❶ 魔法, 魔術. ❷ 奇術, 手品, マジック ▶ truque de mágica 手品のトリック. ❸ 魅力, 魔力.
passe de mágica ① マジック, 奇術. ② 魔法のようなこと.
magicamente /ˌmaʒika'mẽtʃi/ 副 魔法によって, 魔法をかけたように, 不思議に.
*****mágico, ca**[2] /'maʒiku, ka/ マージコ, カ / 形 魔術の, 魔法の ▶ poderes mágicos 魔力 / poção mágica 魔法の薬 / por artes mágicas 魔法をかけたように / fórmula mágica 呪文.
— 名 魔術師, 魔法使い.
magistério /maʒis'tɛriu/ 男 ❶ 教職. ❷《集合的》教員.
magistrado /maʒis'tradu/ 男 行政官, 裁判官.
magistral /maʒis'traw/ [複 magistrais] 形《男女同形》見事な, 優れた, 完璧な ▶ um romance magistral 見事な小説.
magistratura /maʒistra'tura/ 囡 ❶ 司法官の地位［職務, 任期］▶ exercer a magistratura 司法官を務める. ❷《集合的》判事, 裁判官, 司法官.
magma /'magma/ 男《地質》マグマ.
magnanimidade /maginanimi'dadʒi/ 囡 度量の広さ, 寛大.
magnânimo, ma /magi'nɐ̃nimu, ma/ 形 度量の広い, 寛大な.
magnata /magi'nata/ 名《経済界の》大物, …王 ▶ magnata do petróleo 石油王.
magnésia /magi'nɛzia/ 囡《化学》マグネシア, 酸化マグネシウム.
magnésio /magi'nɛziu/ 男《化学》マグネシウム.
magnético, ca /magi'nɛtʃiku, ka/ 形 ❶ 磁力の, 磁石の, 磁気を帯びた ▶ campo magnético 磁場 / agulha magnética 磁針. ❷ 魅力的な ▶ um olhar magnético 吸い込まれそうな目.
magnetismo /magine'tʃizmu/ 男 ❶ 磁気, 磁性；磁力 ▶ magnetismo terrestre 地磁気. ❷ 魅力.
magnetizar /maginetʃi'zax/ 他 ❶《物理》磁化する, 磁気を帯びさせる.
❷ 魅了する, 引きつける ▶ O ator magnetizava a plateia com seu talento. その俳優は自らの才能で観客を魅了していた.
❸ …に影響を及ぼす ▶ A autoridade do presidente da empresa era tão grande que magnetizava as ações dos funcionários. 会社の社長の権限があまりに大きかったので, 従業員の行動に大きな影響を及ぼしていた.
magnificência /maginifi'sẽsia/ 囡 ❶ 壮大, 荘厳 ▶ a magnificência da natureza 自然の壮大さ. ❷ 気前のよさ, 寛大.
Vossa Magnificência《学長などに対して》貴殿.
magnificente /maginifi'sẽtʃi/ 形《男女同形》❶ 豪華な, 壮大な, 華美な. ❷ 寛大な, 偉大な.
*****magnífico, ca** /magi'nifiku, ka/ マギニフィコ, カ / 形 見事な, すばらしい ▶ O tempo estava magnífico. 天気はとてもよかった.
magnitude /magini'tudʒi/ 囡 ❶ 大きさ, 巨大さ；(大小の) 規模；重要性 ▶ magnitude da crise 危機の重大さ.
❷《地震の》マグニチュード ▶ um terremoto de magnitude 4,9 マグニチュード4.9の地震.
❸《天文》(星の明るさの) 等級 ▶ uma estrela de magnitude 1 1等星.
magno, na /'magnu, na/ 形 大きい, 偉大な ▶ aula magna 大講堂 / Alexandre Magno アレクサンドロス大王.
mago /'magu/ 男 魔術師, 魔法使い ▶ Os Três Reis Magos《聖書》東方の三博士.
mágoa /'magoa/ 囡 ❶ 打撲などによるあざ.
❷ 悲しみ, 苦しみ, 苦渋, 悲嘆.
❸ 不満, 不快, 不愉快.
❹ 同情, 憐れみ.
afogar as mágoas 酒で苦しみを紛らわす.
chorar as mágoas 愚痴をこぼす, 悲嘆する.
magoado, da /mago'adu, da/ 形 けがをした, 傷つけられた ▶ ficar magoado com... …に傷つけられる.
*****magoar** /mago'ax/ マゴアーフ/ 他 ❶ 負傷させる, けがを負わせる ▶ Magoei minhas costas. 私は背中を痛めてしまった.
❷（精神的に）傷つける, 悲しませる, 怒らせる, 苦しめる ▶ Magoei minha amiga. 私は女友達を傷つけ

た / magoar os sentimentos de alguém …の感情を傷つける.
— 自 傷つける, けがをさせる.
— **magoar-se** 再 負傷する, けがをする.

magote /ma'gɔtʃi/ 男 ❶ 人の群れ, 人だかり ▶Havia um magote de torcedores no estádio. スタジアムにはファンたちがたくさんいた. ❷ 物の集まり, 堆積 ▶um magote de coisas 多くのこと.

magreza /ma'greza/ 女 ❶ (人や土地が) やせていること. ❷ (肉に) 脂身がないこと.

magricela /magri'sɛla/ 形《男女同形》名 がりがりにやせた (人).

☆**magro, gra** /'magru, gra マグロ, グラ/ 形 ❶ やせた (↔ gordo) ▶ uma mulher magra やせている女性 / Com a dieta ele ficou magro. ダイエットで彼は痩せた.
❷ 低脂肪の ▶ iogurte magro 低脂肪のヨーグルト / carnes magras 赤身の肉.
❸ 乏しい; 少ない ▶ colheita magra 乏しい収穫.
❹ dia magro 〖カトリック〗 (肉食を断つ) 小斎日.
— 名 痩せた人.

maia /'maja/ 形《男女同形》マヤ族の.
— 名 マヤ族.
— 男 マヤ語.

☆**maio** /'maju マイオ/ 男 5月 ▶Eu vou partir para o Brasil em maio. 私は5月にブラジルに旅立つ.

maiô /mai'o/ 男 B 女性のワンピース水着.

maionese /majo'nezi/ 女 〖料理〗マヨネーズ.
nadar na maionese 無駄な努力をする.
viajar na maionese ① 踏み外す. ② 時間を無駄にする. ③ 幻想を抱く, 精神錯乱に陥る.

☆**maior** /maj'ɔx マィオーフ/ [複 maiores] 形《男女同形》(grande の比較級) ❶ より大きい, (身長, 程度, 値段が) より高い (↔ menor) ▶São Paulo é maior do que o Rio. サンパウロはリオデジャネイロより大きい / A repercussão foi maior do que imaginara. 反響は想像以上に大きかった / O Brasil é 23 vezes maior que o Japão. ブラジルは日本の23倍大きい / A maior parte das pessoas foi a favor desse plano. 大部分の人がこの計画に賛成した / a maior parte do tempo 大部分の時間.
❷ 重大な, 主要な ▶ uma decisão maior 重大な決定.
❸ 成人の; 年長の ▶Só pode beber quem é maior de idade. 成人のみ飲酒ができる / pessoas maiores de 18 anos 18歳以上の人.
❹ それ以上の, さらに一層の ▶Para maiores informações, consulte o nosso site. 詳しくは私たちのサイトをご覧ください.
❺ 《定冠詞 + maior》最も大きい, 最も偉大な, 最年長の, 最も高い ▶São Paulo é a maior cidade da América Latina. サンパウロはラテンアメリカで一番大きい都市だ / A China possui a maior população do mundo. 中国は世界で最も多くの人口を有している / a maior invenção deste século 今世紀最大の発明 / o maior escritor 最も偉大な作家.
❻ 〖音楽〗長調の ▶ ré maior ニ長調.
❼ 《定冠詞 + maior》大変な, 強烈な, 強い ▶na maior alegria 大きな喜びの中で.
— 名 ❶ 成人 ▶ tornar-se maior de idade 成人する. ❷ 〖音楽〗長調.
a maior ① もっとも重要なもの. ② 余分に.
de maior 成年の.
maior de todos 中指.
por maior 大ざっぱに, 大まかに.
ser maior e vacinado 自立している, 人の指図は受けない ▶Sou maior e vacinado, não devo satisfação da minha vida a ninguém! 私はもういい大人だ. ちゃんと責任を持って暮らしている.
ser o maior 最高である, 一番だ.

maioral /majo'raw/ [複 maiorais] 男 ❶ リーダー, 長. ❷ 第一人者, ナンバーワン.

☆**maioria** /majo'ria/ 女 ❶ 大多数, 大部分 ▶O presidente obteve o apoio da maioria do povo. 大統領は国民大多数の支持を得た / a maioria dos alunos 大部分の生徒.
❷ 過半数 ▶ obter a maioria absoluta 絶対過半数を得る / maioria relativa 相対多数.
❸ 多数派 ▶ a maioria parlamentar 議会の多数派 / maioria silenciosa サイレント・マジョリティー.
a maioria das vezes たいてい, ほとんどの時.
estar em maioria 多数を占める.
grande maioria 大多数.
na maioria dos casos ほとんどの場合には.
por maioria 多数決で ▶Vamos decidir por maioria. 多数決で決めましょう.

maioridade /majori'dadʒi/ 女 成年 ▶ atingir a maioridade 成人になる / maioridade civil 民法上の成年 (ブラジルでは21歳) / maioridade penal 刑法上の成年 (ブラジルでは18歳) / maioridade política 選挙権上の成年 (ブラジルでは16歳).

☆**mais** /'majs マィス/ 副 (muito の比較級) ❶ さらに, もっと, さらに多く (↔ menos) ▶ trabalhar mais e ganhar mais もっと働いてもっと稼ぐ / conhecer mais sobre si mesmo 自分自身についてもっと知る / aprender um pouco mais sobre o amor 愛についてもう少し学ぶ / Mais vale um pássaro na mão do que dois voando. (空を飛んでいる2羽の鳥よりも手中の1羽の鳥の方が価値がある→) 明日の百より今日の五十 / Ele come mais do que eu. 彼は私よりたくさん食べる.
❷ 最も多く ▶Dentre os esportes eu gosto mais do futebol. 私はスポーツの中でサッカーがいちばん好きです.
❸ 《mais de + 数詞》…より多くの, …以上の ▶ mais de dez dias 10日以上 / Havia mais de mil espectadores no local do concerto. コンサート会場には1000人以上の観客がいた.
❹ 《mais + 形容詞・副詞》(優等比較級) (…より) もっと… ▶Ele é mais alto do que eu. 彼は私より背が高い / mais tarde 後ほど / Hoje eles vieram mais cedo do que ontem. 今日彼らは昨日より早く来た / A prova foi mais fácil do que eu imaginava. 試験は思ったより簡単だった / Eu gosto mais de peixe do que de carne. 私は肉より魚が好きだ.

maisena

❺《定冠詞 + mais + 形容詞 / 定冠詞 + 名詞 + mais + 形容詞 / mais +副詞》《最上級》(…の中で)最も…, 一番… ▶ Ele é o mais alto entre as três pessoas. 彼は3人のうちで一番背が高い / O monte Fuji é a montanha mais alta do Japão. 富士山は日本で一番高い山だ.
❻《mais... que...》…というより…, …よりむしろ… ▶ Ele é mais estudioso que inteligente. 彼は頭がいいというよりむしろ勉強熱心なのだ.
❼ ほかに ▶ Você tem mais alguma coisa para dizer? ほかに何か言うことはありますか / Não quero mais nada. 私はもう何も欲しくない / O que mais posso fazer? ほかに私に何ができるだろうか.
❽《não... mais》もう…ない; 再び…ない ▶ Não posso mais caminhar. 私はもう歩けない / Não quero mais nada. 私はもう何も欲しくない / Depois não o vi mais. その後私は彼に二度と会うことはなかった.
❾《Que +名詞+ mais + 形容詞》何という…だろう ▶ Que paisagem mais linda! 何と美しい景色なのだろう

— 形《不変》(muito の比較級) ❶ より多くの, もっと ▶ comer mais verduras もっと野菜を食べる / fazer mais amigos もっと友達を作る / exigir mais empenho 更なる努力を要求する / Quer mais vinho? もっとワインをいかがですか / Bebi mais um café. 私はもう1杯のコーヒーを飲んだ / Por favor, mais calma! もっと落ち着いてください / Ele tem mais dinheiro do que eu. 彼は私よりお金を持っている / Levou mais tempo do que eu esperava. 思ったより手間取った.
❷ 最も多くの ▶ Vence quem tem mais dinheiro. 一番たくさん金を持っている者が勝つ.

— 男 ❶ 残り, そのほかのもの ▶ a vida, o universo e tudo o mais 生命, 宇宙その他もろもろ.
❷ 大多数 ▶ o mais das vezes ほとんどの場合.
❸ プラス記号.

— 前 プラス, それに加えて ▶ Três mais dois são cinco. 3足す2は5 / principal mais juros 元金と利息.

a mais 過度に, 余分に, 余分の, 予備の ▶ pagar a mais 余分に払う, 払いすぎる / pagar cem reais a mais 100レアル余分に払う / Há três cadeiras a mais. いすが3つ余っている / Ela tem um ano a mais do que eu. 彼女は私より1歳年上だ.
Até mais! また会いましょう.
de mais 余計に, 余分に ▶ comprar de mais 余分に買う, 買いすぎる.
de mais a mais さらに, その上.
e mais ① その上, さらに. ② 特に. ③ しかしながら.
mais ainda さらに, その上.
mais e mais ますます(多くの) ▶ A Terra está ficando mais e mais quente. 地球はますます暑くなっている / Mais e mais pessoas usam a internet para buscar informações e comprar produtos. ますます多くの人がインターネットを使って情報を集めたり買い物をしたりしている.
mais ou menos ① ほぼ, だいたい, およそ ▶ Somos mais ou menos da mesma idade. 私たちはほぼ同じ年だ / Ela deve ter mais ou menos trinta anos de idade. 彼女はだいたい30歳に違いない. ② まあまあ, ぼちぼち ▶ — Como você está se sentindo hoje? — Mais ou menos! 「今日のご気分はいかがですか」「まあまあです」 / — Você fala inglês? — Mais ou menos. 「英語は話せますか」「ぼちぼちです」.

Mais ou menos.

mais que tudo 特に, 何よりも.
nem mais nem menos まさしく, 紛れもなく ▶ Isso é um crime, nem mais nem menos. それは紛れもなく犯罪である.
no mais 以上これまで.
nunca mais 以降決して…ない.
por mais que +接続法 どんなに…しようとも ▶ Por mais que trabalhe, não consigo fazer poupança. どんなに働いても貯金ができない / Por mais que nos apressemos já não vai dar mais tempo. どんなに急いでももう間に合わない.
pouco mais ou menos 大体, およそ.
sem mais 以上, これまで.
sem mais aquela 無遠慮に(な), 唐突に(な).
sem mais nem menos わけもなく, 突然 ▶ Ele começou a gritar sem mais nem menos. 彼はわけもなく叫び始めた.
ter mais o que fazer そんなことをしている暇はない, 他にすることがある.

maisena /maj'zẽna/ 女 コーンスターチ.
mais-que-perfeito /ˌmajskipex'fejtu/ [複 mais-que-perfeitos] 形《文法》過去完了の, 大過去の.
— **mais-que-perfeito** 男《文法》過去完了, 大過去.
mais-valia /ˌmajzva'lia/ [複 mais-valias] 女 ❶ 付加価値. ❷ (マルクス経済学で)剰余価値.
maiúscula[1] /maj'uskula/ 女 大文字 (↔ minúscula) ▶ escrever em maiúsculas 大文字で書く / escrito com maiúscula 頭文字を大文字で書かれた.
maiúsculo, la[2] /maj'uskulu, la/ 形 ❶ 大文字の ▶ letra maiúscula 大文字 / Amor com A maiúsculo 大文字のAで書かれた Amor. ❷ 偉大な, 傑出した.
majestade /maʒes'tadʒi/ 女 ❶ 威厳, 尊厳. ❷ 荘厳, 壮麗. ❸ (Majestade) 陛下 ▶ Sua Majestade o rei 国王陛下 / Vossa Majestade 陛下.
majestoso, sa /maʒes'tozu, 'tɔza/ 形 威厳のある, 荘厳な.
major /ma'ʒɔx/ [複 majores] 男 陸軍少佐.
majoritário, ria /maʒori'tariu, ria/ 形 ❶ 多数決による, 過半数を得た. ❷ 多数派の, 与党の ▶ partido majoritário 多数党.

malandro, dra

mal /'maw マゥ/ 副 ❶ **悪く，下手に，不適切に，不十分に** (↔ bem) ▶ Estou ouvindo mal. よく聞こえない / Falo mal o francês. 私はフランス語を話すのが下手だ / Dormi mal. 私はよく眠れなかった / escrever mal 字が下手である / escolher mal 選択を誤る / um trabalho mal pago 低賃金の仕事 / Está mal. それは悪い，よくない.

(吹き出し: Está mal.)

❷ **間違って，ゆがめて** ▶ Eu entendi mal. 私は誤解した / interpretar mal 曲解する.

❸ **(体の)具合が悪く，気分が悪く** ▶ Eu me sinto mal agora. 今は体調が悪い / Peço desculpas se eu lhe fiz sentir mal. あなたの気を害したなら謝ります.

❹ **不正に，不道徳に** ▶ comportar-se mal 行儀が悪い / falar mal de alguém …のことを悪く言う.

❺ **ほとんど…ない** ▶ mal saber ler ろくに字が読めない / Eu mal conseguia ouvir por causa do barulho do quarto. 部屋の騒音のせいでほとんど何も聞こえなかった.

— 男 [複 males] ❶ **悪，悪事** (↔ bem) ▶ o bem e o mal 善と悪 / mal necessário 必要悪 / fazer o mal 悪事を働く.

❷ **病気** ▶ mal de Alzheimer アルツハイマー病 / mal de Parkinson パーキンソン病 / mal da vaca louca 狂牛病.

❸ **害悪，不幸，問題** ▶ males da guerra 戦争の災禍 / menor dos males 最も害の少ない選択肢 / mal da política 政治の問題 / males do país 国の問題 / mal sem remédio 手の施しようのない状況.

— 接 **…するやいなや** ▶ Mal chegou em casa, meu filho começou a ver televisão. 家に着くとすぐに息子はテレビを見始めた.

a mal 無理矢理に.
cortar o mal pela raiz 問題を根から絶つ.
de mal 仲たがいして ▶ Estou de mal com meu namorado. 私は恋人と仲たがいしている / ficar de mal 仲たがいする.
de mal a pior 次第に悪く ▶ A situação fica de mal a pior. 状況は悪くなる一方だ / andar de mal a pior 泣きっ面に蜂である / ir de mal a pior どんどん悪くなる.
dizer mal de... …を悪く言う.
estar mal 体調が悪い，悲しい ▶ Eu estava muito mal aquele dia. あの日はとても体調が悪かった.
estar mal... …がなくて困っている ▶ Estamos mal de candidatos. 候補者が足りない.
fazer mal ① 不適切に行動する. ② 手抜きする.
fazer mal a... ① …に害を与える ▶ O cigarro faz mal para a saúde. タバコは健康に悪い. ② 性的暴行を加える.
levar a mal 悪く受け取る ▶ Não me leve a mal. 私のことを悪くとらないで.
mal das pernas 病気にかかった；金欠の.
mal de saúde 病気にかかった，病んでいる.
Mal haja! 災いあれ.
mal por mal 究極の選択.
mal que vem para o bem うれしい誤算.
Menos mal! やれやれ，助かった，まだましだ.
Não faz mal. 大丈夫，問題ない ▶ Não se preocupe, não faz mal. 心配しないで，問題ないから.
O mal está feito. 後の祭りだ.
passar mal 体調が悪い.
por mal 悪意で ▶ Eu não disse isso por mal. 悪意でそんなことを言ったのではない.
querer mal a... …に反感を抱く，…を嫌う，憎む.

*__mala__ /'mala マーラ/ 女 ❶ **スーツケース** ▶ fazer a mala 旅行の荷造りをする / desfazer a mala 荷を解く / mala com [de] rodinhas キャスター付きの小型スーツケース.

❷ 〖自動車〗**トランク**.
de mala e cuia 持ち物全部まとめて.
mala direta ダイレクトメール.
mala sem alça 耐えがたい人 [物].
trazer na mala 秘蔵しておく.

malabarismo /malaba'rizmu/ 男 ジャグリング，曲芸，軽業 ▶ fazer malabarismo(s) ジャグリングをする.

malabarista /malaba'rista/ 名 ジャグラー，軽業師.

mal-acabado, da /ˌmalaka'badu, da/ [複 mal-acabados, das] 形 ❶ 出来の悪い ▶ um trabalho mal-acabado 出来の悪い作品. ❷ 〖B〗不格好な，不細工な.

mal-acostumado, da /ˌmalakostu'madu, da/ [複 mal-acostumados, das] 形 慣れていない，不慣れな.

mal-agradecido, da /ˌmalagrade'sidu, da/ [複 mal-agradecidos, das] 形 名 恩知らずな (人).

malagueta /mala'geta/ 女 〖植物〗トウガラシ.

mal-amado, da /ˌmala'madu, da/ [複 mal-amados, das] 形 名 愛されない (人・物)，片思いの (人).

malandragem /malẽ'draʒẽj/ [複 malandragens] 女 ❶ 怠けること ▶ Chega de malandragem! Trabalhe! 怠けるのはたくさんだ．働きなさい.

❷ 狡猾さ ▶ Ele usou de muita malandragem para subir na vida. 彼は人生の勝者になるため狡猾にことを進めた.

❸ 要領よく生きること ▶ A vida inteira dele foi de malandragem. 彼の一生は要領よく生きることだけだった.

❹ 〖サッカー〗巧みなテクニック ▶ O jogador brasileiro driblou com perfeita malandragem. ブラジルの選手は完璧なテクニックでドリブルした.

malandro, dra /ma'lẽdru, dra/ 形 ❶ 働かない，怠け者の ▶ Ela deu um basta no marido malandro. 彼女は怠け者の亭主を見限った.

❷ 狡猾な，ずるい ▶ Aquele olhar malandro dele... Não se pode confiar. 彼のあのずるそうな目つきといったら…. 信用できないね.

malária

❸ 要領がいい ▶Menino malandro, não estuda e vai bem nas provas. あの子は要領がいい．勉強しないけどテストはいい点を取る.
— 名 ❶ 働かない人, 怠け者, ろくでなし ▶Seu malandro! Vai trabalhar! この怠け者め, 働きなさい. ❷ 狡猾な人, ずるい人 ▶Aquele malandro conseguiu o cargo mesmo. ずるいやつだ, とうとうあのポストを手に入れたよ. ❸ 要領よく生きる人 ▶Não trabalha e vive bem. É um malandro mesmo. 仕事もしないで人生をエンジョイしている．本当に要領がいい人だ.

malária /maˈlaria/ 女 《医学》マラリア.
mal-assombrado, da /ˌmalasõˈbradu, da/ [複 mal-assombrados, das] 形 B 幽霊の出る ▶casa mal-assombrada 幽霊屋敷.
malbaratar /mawbaraˈtax/ 他 ❶ 浪費する, 無駄づかいする. ❷ 投げ売りする.
malcriado, da /mawkriˈadu, da/ 形 名 しつけのできていない (人), 行儀の悪い (人).
maldade /mawˈdadʒi/ 女 ❶ 悪, 悪意 ▶maldade das ações 行為の悪意 / ter maldade 悪意がある / por maldade 悪意で / com maldade 悪意を持って.
❷ 《uma maldade》悪事, 悪行, ひどいこと [言葉] ▶fazer maldades com os animais 動物をいじめる / Isso é uma maldade. それは虐待だ / Que maldade! なんとひどい.
maldição /mawdʒiˈsẽw/ [複 maldições] 女 ❶ 悪態, 悪口. ❷ 呪い, 呪詛. ❸ 災い, 災難.
maldito, ta /mawˈdʒitu, ta/ 形 ❶ 呪われた ▶poeta maldito 呪われた詩人. ❷ 忌々しい, 腹立たしい ▶maldito barulho 忌々しい騒音.
maldizente /mawdʒiˈzẽtʃi/ 形《男女同形》名 悪口を言う (人), 中傷する (人).
maldizer /mawdʒiˈzex/ 《過去分詞 maldito》他 ❶ 呪う ▶maldizer a vida 人生を呪う. ❷ 中傷する, 悪口を言う.
— 自 …について嘆く, 不平を言う [+ de].
maldoso, sa /mawˈdozu, ˈdoza/ 形 悪意のある, 意地悪な ▶um comentário maldoso 悪意のある発言 / um olhar maldoso 意地の悪いまなざし.
maleabilidade /maleabiliˈdadʒi/ 女 ❶ (金属の) 可鍛性, 展性. ❷ 順応性, 柔軟性.
maleável /maleˈavew/ [複 maleáveis] 形《男女同形》❶ (金属が) 可鍛性のある, 展性のある. ❷ 柔軟性のある, 順応性のある.
maledicência /maledʒiˈsẽsia/ 女 中傷, 悪口.
maledicente /maledʒiˈsẽtʃi/ 形《男女同形》名 中傷する (人), 悪口を言う (人).
mal-educado, da /ˌmaleduˈkadu, da/ 形 行儀の悪い, 不作法な.
malefício /maleˈfisiu/ 男 ❶ 害, 害悪 ▶benefícios e malefícios da internet インターネットの益と害. ❷ 呪い, 呪文.
maléfico, ca /maˈlɛfiku, ka/ 形 ❶ 有害な, 害のある ▶efeitos maléficos do álcool アルコールの悪影響. ❷ 邪悪な, 悪意ある.
maleita /maˈlejta/ 女 《口》マラリア.
mal-encarado, da /ˌmalẽkaˈradu, da/ [複 mal-encarados, das] 形 人相の悪い, 不機嫌そうな ▶Aquele sujeito era muito mal-encarado. あいつはひどく人相が悪かった.
mal-entendido, da /ˌmalẽtẽˈdʒidu, da/ [複 mal-entendidos, das] 形 誤解された ▶uma palavra mal-entendida 誤解された言葉.
— **mal-entendido** 男 誤解, 曲解 ▶Há um mal-entendido entre nós. 私たちの間には誤解がある.
mal-estar /ˌmalisˈtax/ [複 mal-estares] 男 ❶ 体の不調, 体調のすぐれないこと ▶A criança sentiu um terrível mal-estar após comer a feijoada. その子はフェイジョアーダを食べた後ひどく気分が悪くなった.
❷ 不安 ▶mal-estar social 社会不安. ❸ 気まずさ, 居心地の悪さ.
maleta /maˈleta/ 女 小型のスーツケース, アタッシュケース ▶maleta de maquiagem コスメボックス.
malevolência /malevoˈlẽsia/ 女 悪意, 敵意.
malevolente /malevoˈlẽtʃi/ 形《男女同形》悪意を持った, 敵意を抱いた.
malévolo, la /maˈlɛvolu, la/ 形 悪意の, 底意地の悪い.
malfadado, da /mawfaˈdadu, da/ 形 名 不運な (人), 運の悪い (人).
malfeito, ta /mawˈfejtu, ta/ 形 出来の悪い, お粗末な ▶O aluno entregou um relatório malfeito. その生徒は出来の悪いレポートを提出した / trabalho malfeito いい加減な仕事.
malfeitor, tora /mawfejˈtox, ˈtora/ [複 malfeitores, toras] 名 悪人, 犯人, 犯罪者.
— 形 悪事を働く.
malfeitoria /mawfejtoˈria/ 女 ❶ 犯罪, 悪事.
❷ 害, 害悪.
malformação /mawfoxmaˈsẽw/ [複 malformações] 女 《医学》先天的奇形.
malgrado /mawˈgradu/ 前 …にもかかわらず ▶Malgrado minha dedicação, não consegui ser promovido. 努力にもかかわらず, 私は昇進できなかった.
malha /ˈmaʎa/ 女 ❶ (網, 鎖, 篩などの) 目, 編目.
❷ ニット, ジャージ, セーター. ❸ レオタード. ❹ 網, ネットワーク ▶malha ferroviária 鉄道網 / malha rodoviária 道路交通網 / malha urbana 都市道路網 / escapar pela malha 網の目をくぐる.
malha fina 細かい編み目, 厳密な監査 ▶malha fina da Receita Federal 連邦国税庁の監査 / cair na malha fina 細かな税務調査を受ける.
nas malhas da lei 法律と権力の下で.
malhação /maʎaˈsẽw/ [複 malhações] 女 運動, トレーニング.
malhado, da /maˈʎadu, da/ 形 ❶ (体が) 引き締まった ▶um corpo bem malhado 鍛えぬかれた体. ❷ (動物が) まだらのある.
malhar /maˈʎax/ 他 ❶ …を槌で打つ. ❷ 叩く, 打つ. ❸ B 名 (体を) 鍛える ▶malhar os braços 腕を鍛える. ❹ 酷評する, こき下ろす.
— 自 B 名 運動する, 体を鍛える.
malharia /maʎaˈria/ 女 ニット製品 ; ニット製品

工場；ニット製品の店.
malho /'maʎu/ 男 ハンマー, 槌.
mal-humorado, da /ˌmalumo'radu, da/ [複 mal-humorados, das] 形 機嫌が悪い, 不機嫌な, 気難しい ▶ Ele passou o dia inteiro mal-humorado. 彼は一日中不機嫌に過ごした / estar mal-humorado 機嫌が悪い / ser mal-humorado 気難しい.
malícia /ma'lisia/ 女 ❶ 悪意, 意地の悪さ. ❷ 狡猾, ずるがしこさ, 機敏さ, 要領の良さ.
deitar malícia 意地悪なコメントをする.
maliciar /malisi'ax/ 他 悪く解釈する, 疑う, 怪しむ ▶ Ele maliciava as palavras do colega. 彼は同僚の言葉を悪くとった.
maliciosamente /malisiˌɔza'mẽtʃi/ 副 意地悪く, 冷やかし気味に.
malicioso, sa /malisi'ozu, 'ɔza/ 形 ❶ 悪意のある, 意地の悪い ▶ código malicioso 悪意あるコード. ❷ 性的な当てこすりを含んだ. ❸ 抜け目のない, 狡猾な.
— 名 悪意のある人, 抜け目のない人.
malignidade /maligini'dadʒi/ 女 ❶『医学』悪性. ❷ 悪意, 意地悪さ.
maligno, na /ma'liginu, na/ 形 ❶『医学』悪性の ▶ tumor maligno 悪性腫瘍. ❷ 有害な, 毒性の ▶ influência maligna 悪影響. ❸ 悪意のある, 邪悪な, 悪質な ▶ intenção maligna 悪意 / espírito maligno 悪魔.
— **maligno** 男 悪魔.
má-língua /ˌma'lĩgwa/ [複 más-línguas] 女 中傷, 悪口.
— 形 《男女同形》名 悪口を言う(人).
mal-intencionado, da /ˌmalĩtẽsio'nadu, da/ [複 mal-intencionados, das] 形 名 悪意のある(人).
maloca /ma'lɔka/ 女 インディオの住居.
malograr /malo'grax/ 他 …に害をもたらす.
— 自 失敗する ▶ O golpe de Estado malogrou. クーデターは失敗した.
— **malograr-se** 再 失敗する.
malogro /ma'logru/ 男 失敗, 挫折 ▶ o malogro da tentativa 試みの失敗 / Este foi o malogro do sonho de uma vida inteira. こうして生涯の夢がついえた.
malote /ma'lɔtʃi/ 男 ❶ 小袋, 布袋, ポーチ. ❷ B 宅配便.
malparado, da /mawpa'radu, da/ 形 危険な状況にある ▶ crédito malparado 不良債権.
malpassado, da /mawpa'sadu, da/ 形 (肉が) 生焼けの, レアの.
malsão, sã /maw'sẽw, 'sẽ/ [複 malsãos, sãs] 形 ❶ 不健康な, 健康によくない ▶ O fumo é malsão para todos. 誰にとっても喫煙は健康によくない. ❷ 有害な ▶ O desperdício é malsão para os negócios. 無駄づかいはビジネスに有害だ.
malsucedido, da /mawsuse'dʒidu, da/ 形 失敗した ▶ uma experiência malsucedida 失敗した実験.
malte /'mawtʃi/ 男 麦芽, モルト.
maltrapilho, lha /mawtra'piʎu, ʎa/ 名 ぼろを着た人.
maltratar /mawtra'tax/ 他 ❶ 虐待する, いじめる ▶ maltratar os animais 動物を虐待する. ❷ 侮辱する. ❸ 傷つける, 害を与える.
maluco, ca /ma'luku, ka/ 形 ❶ 精神を病んだ. ❷ 常軌を逸した ▶ uma ideia maluca とんでもない考え. ❸ …に夢中な, …が大好きな [+ por] ▶ Sou maluco por você. 僕は君に首ったけだ.
— 名 精神を病んだ人.
maluquice /malu'kisi/ 女 気がふれていること, 愚行, 常軌を逸した行動 ▶ Isso é uma maluquice. それはばかげたことだ.
malvadeza /mawva'deza/ 女 極悪, 非道.
malvado, da /maw'vadu, da/ 形 極悪の, 邪悪な, 非道な.
— 名 極悪人, 悪党, 悪漢.
malversação /mawvexsa'sẽw/ [複 malversações] 女 ❶ 横領, 使い込み. ❷ 運営上の失策.
malversar /mawvex'sax/ 他 ❶ 横領する, 使い込む. ❷ …の運営を誤る.
malvisto, ta /maw'vistu, ta/ 形 ser malvisto por... に嫌われている, 疎んじられている ▶ Pedro é malvisto pelos colegas. ペドロは同僚に嫌われている.
mama /'mẽma/ 女 乳房 ▶ câncer de mama 乳がん / criança de mama 乳飲み子.
mamadeira /mama'dejra/ 女 哺乳瓶.
mamãe /ma'mẽj/ 女 B《幼児語》ママ, お母ちゃん.
mamão /ma'mẽw/ [複 mamões] 男『果実』パパイヤ.
mamar /ma'max/ 他 ❶ …から乳を飲む ▶ mamar o biberão 哺乳瓶の乳を飲む / dar de mamar a um bebê 赤ん坊に授乳する. ❷ (公金を) 懐に入れる.
— 自 ❶ 乳を飲む. ❷ (公的事業で) 甘い汁を吸う.
dar de mamar à enxada 鍬の柄にもたれかかって休む.
de mamando a caducando 赤ん坊から年寄りまで, 乳児期から老年期まで.
mamar em todas as tetas 好機を存分に活用する.
mamário, ria /ma'mariu, ria/ 形 乳房の ▶ glândulas mamárias 乳腺.
mamata /ma'mata/ 女 ❶ 政治家などの私腹を肥やす公共事業. ❷ 公共事業で私腹を肥やすこと.
mameluco, ca /mame'luku, ka/ 名 B 白人と先住民の混血の人.
mamífero, ra /ma'miferu, ra/ 形 哺乳動物の.
— **mamífero** 男 哺乳動物.
mamilo /ma'milu/ 男 乳首.
mamoeiro /mamo'ejru/ 男『植物』パパイヤの木.
mamografia /mamogra'fia/ 女『医学』マンモグラフィー.
mamute /ma'mutʃi/ 男『動物』マンモス.
maná /ma'na/ 男 ❶『聖書』マナ (イスラエル人がエジプト脱出後に荒野で神に与えられた食べ物). ❷ ごちそう；天の恵み.
manada /ma'nada/ 女 家畜の群れ.
manancial /manansi'aw/ [複 mananciais] 男

❶ 泉，湧き水，水源．❷ 源，根源 ▶ um manancial de ideias アイディアの泉．
— [形]《男女同形》湧き出る．
manar /ma'nax/ [他] ❶ 湧き出させる，流出させる，あふれさせる ▶ A fonte mana água potável. 泉から飲み水が湧き出る．❷ 引き起こす，生じさせる．
— [自] ❶ …から湧き出る，あふれる，流れる [+ de] ▶ As lágrimas manavam dos olhos. 涙が目からあふれ出ていた．
❷ …から生じる，由来する [+ de] ▶ os bens que manam do trabalho 労働から生まれる富．
mancada /mẽ'kada/ [女] へま，失敗 ▶ dar uma mancada へまをする，失敗する．
mancar /mẽ'kax/ ㉙ [他] 片足を不自由にする．
— [自] ❶ 片足を引きずって歩く．❷ (物や家具などが) 傾いている ▶ a mesa que manca 傾いたテーブル．❸ [話] …を必要とする [+ de] ▶ um país que manca de recursos 資源を必要としている国．
— **mancar-se** [再] ❶ 片足を引きずって歩く．❷ [B] [話] (自分の間違いなどに) 気付く，納得する．
mancebo, ba /mẽ'sebu, ba/ [名] 若者，青年．
* **mancha** /'mẽʃa マンシャ/ [女] ❶ **染み，汚れ** ▶ uma mancha de café コーヒーの染み / mancha de sangue 血痕 / mancha solar (太陽の) 黒点 / mancha de óleo 油のしみ / tirar manchas de roupas 服の染みを落とす．❷ あざ．❸ 汚点，不名誉．
manchado, da /mẽ'ʃadu, da/ [形] …のしみのついた，…で汚れた [+ de] ▶ tecido que está manchado de sangue 血の跡がついた布．
manchar /mẽ'ʃax/ [他] ❶ しみをつける，汚す，汚くする ▶ manchar roupas 服を汚す / manchar as mãos de sangue 手を血に染める．❷ けがす ▶ manchar a honra da família 一家の名誉をけがす
— [自] しみをつける．
— **manchar-se** [再] 汚れる，けがれる，自分の名誉をけがす．
manchete /mẽ'ʃɛtʃi/ [女] ❶ (新聞一面の) 大見出し．❷ (バレーボールの) レシーブ．
manco, ca /'mẽku, ka/ [形] [名] (片) 足の不自由な (人)．
mancomunar /mẽkomu'nax/ [他] (人や資金を) 結集させる，まとめる．
— **mancomunar-se** [再] …と共謀する，連帯する ▶ Os ladrões se mancomunaram para assaltar o banco. 強盗たちが銀行を襲おうと共謀した．
mandachuva /mẽda'ʃuva/ [名] [B] 大物，重要人物，長，リーダー．
mandado[1] /mẽ'dadu/ [男] ❶ 命令，指令．❷〖法律〗令状 ▶ mandado de prisão 逮捕令状 / mandado de busca 捜索令状 / mandado de comparência 召喚状 / mandado de penhora 差し押さえ令状 / mandado de soltura 釈放令 / mandado de segurança 権利保障令状．
mandado[2], **da** /mẽ'dadu, da/ [形] ❶ 送られた．❷ 命じられた．
mandamento /mẽda'mẽtu/ [男] ❶ 戒律，教え，規律 ▶ os Dez Mandamentos〖聖書〗十戒．❷〖法律〗命令，指令．
mandante /mẽ'dẽtʃi/ [形]《男女同形》命令する，指揮する．
— [名] 命令する人，指揮者 ▶ o mandante do crime 犯罪の首謀者．
mandão, dona /mẽ'dɐ̃w̃, 'dõna/ [[複] mandões, donas] [形] [名] 命令好きな (人)，人使いの荒い (人)．
*** **mandar** /mẽ'dax マンダーフ/ [他] ❶ **送る** ▶ mandar um e-mail para um amigo 友人にメールを送る / Paulo mandou flores no aniversário dela. パウロは彼女の誕生日に花を送った．
❷《mandar alguém + [不定詞]》**…に…するように言う，命令する** ▶ O juiz mandou o réu pagar sua pena com serviços públicos. 裁判官は被告に対し公共奉仕作業を行って罪を償うことを命じた．
❸《mandar + [不定詞]》**…させる，…してもらう** ▶ O chefe mandou chamar o encarregado. 上司は担当者を呼んでこさせた / Você deve mandar limpar sua chaminé uma vez por ano. 暖炉を 1 年に 1 度掃除してもらう必要がある / mandar buscar 呼びに行かせる，迎えに行かせる / mandar dizer 伝言する．
❹ **行かせる** ▶ A mãe mandou as crianças à casa da avó. 母親は子供を祖母の家に行かせた．
❺《mandar que + [接続法]》…するように命じる．
— [自] ❶ 命令する ▶ Ele é o pior exemplo de chefe: só sabe mandar. 彼は上司として最悪の見本だ．命令することしかできない．
❷ …をこき使う，顎で使う [+ em]．
mandar bem [話] 成功をおさめる，うまくいく．
mandar e desmandar やりたい放題である．
mandar embora 解雇する，お払い箱にする．
mandar passear 追い払う．
mandatário, ria /mẽda'tariu, ria/ [名] 代理人，受託者．
* **mandato** /mẽ'datu マンダート/ [男] ❶ **任期** ▶ mandato presidencial 大統領の任期 / primeiro mandato 第一期 / segundo mandato 第二期 / O deputado está no seu terceiro mandato. その下院議員は第三期目になる．
❷ 委任，委託 ▶ mandato judicial 裁判上の委任．
mandíbula /mẽ'dʒibula/ [女]〖解剖〗下あご，下顎骨(かがくこつ)．
mandinga /mẽ'dʒĩga/ [女] 魔術，妖術．
mandioca /mẽdʒi'ɔka/ [女]〖植物〗マンジオッカ，キャッサバ芋 (ブラジルでよく食べられている芋) ▶ mandioca frita 油で揚げたマンジオッカ．
mando /'mẽdu/ [男] ❶ 命令すること，命令 ▶ poder de mando 命令権．❷ 権力，指揮，支配；〖サッカー〗主導権．
a mando de... …の命令により．
mandrião, driona /mẽdri'ɐ̃w̃, dri'õna/ [[複] mandriões, drionas] [形] [名] 怠惰な (人)，怠け者の (人)．
— **mandrião** [男] 女性や子供用の室内着．
mandriar /mẽdri'ax/ [自] 仕事をせずにぶらぶらする，怠惰な生活をする．
maneio /ma'neju/ [男] ❶ 取り扱い．
❷ 運営，経営 ▶ fundo de maneio 運営資金 / maneio da fazenda 農場経営．
❸ 手仕事．

maneira¹ /ma'nejra マネイラ/ 囡 ❶ 仕方, やり方, 流儀 ▶ maneira de pensar 考え方 / maneira de falar 話し方 / maneira de ser (人の)性質, 性格 / Esse problema pode ser resolvido de algumas maneiras. その問題はいくつかの方法で解くことができる / de maneira geral 一般に / de maneira diferente 違った方法で / Desta maneira, é mais fácil. こうしたほうが簡単だ / De que maneira... どのようにして / a maneira com que trabalhamos 私たちの働き方.
❷《maneiras》態度, 物腰, 作法, 礼儀, 気取り ▶ ter boas maneiras マナーがいい
à maneira de... …の流儀で, …のやり方で▶à maneira de Picasso ピカソ風に.
à sua maneira 自分なりに, 自分の流儀で.
de qualquer maneira とにかく, どのみち, いずれにしても.
de maneira alguma 決して…ない, 絶対に…ない▶Não posso aceitar essa proposta de maneira alguma. その提案はとうてい受け入れられない / — Foi você quem fez isso? — Não, de maneira alguma. 「あなたがやったのですか」「まさか」.
de maneira nenhuma 決して…ない, 絶対に…ない.
de maneira que +接続法 …するために.
de maneiras tais このように.
de tal maneira そのような方法で.
de toda maneira とにかく, どっちみち, いずれにしても.
ter maneiras マナーがよい, 礼儀正しい.
maneirar /manej'rax/ 他 (問題を)うまく解決する.
— 自 ❶ …を減らす, 控える [+ em] ▶ maneirar na bebida 酒量を控える / maneirar no sal 塩分を控える. ❷ 緩和される, 弱まる.
maneirismo /manej'rizmu/ 男 ❶【美術】マニエリスム. ❷ 自然でないこと, 気取り, わざとらしさ.
maneiro, ra² /ma'nejru, ra/ 形 ❶ 使いやすい, 取り扱いが容易な. ❷ 楽な, 軽い ▶ trabalho maneiro 軽い仕事. ❸ 俗 すばらしい, 最高な ▶ um cara maneiro すばらしい男 / uma festa maneira 最高なパーティー.
manejar /mane'ʒax/ 他 ❶ 手で使う, 操る ▶ manejar o volante ハンドルを操作する / manejar uma arma 武器を扱う / manejar a espada 剣を操る.
❷ 操作する ▶ manejar uma máquina 機械を操作する.
manejável /mane'ʒavew/ [複 manejáveis] 形《男女同形》扱いやすい, 御しやすい.
manejo /ma'neʒu/ 男 ❶ 取り扱い, 操作, 操縦 ▶ fácil de manejo 使いやすい / instruções de manejo 利用の手引き / manejo do volante ハンドル操作. ❷ 運営, 経営 ▶ manejo da economia 経済運営 / manejo dos negócios ビジネス経営. ❸《manejos》【軍事】演習.
manequim /mane'ki/ [複 manequins] 男 ❶ マネキン人形. ❷(服の)サイズ.
— 名 ファッションモデル, マヌカン.
maneta /ma'neta/ 形《男女同形》名 片腕 [片手] のない (人).

***manga** /'mẽga マンガ/ 囡 ❶ 袖 ▶ arregaçar as mangas 袖をまくる / uma camisa de manga comprida 長袖シャツ / uma camisa de manga curta 半袖シャツ / em mangas de camisa 上着を脱いで / sem mangas ノースリーブの.
❷【果実】マンゴー ▶ sorvete de manga マンゴーアイスクリーム.
botar as mangas de fora 正体を明かす.
mangá /mẽ'ga/ 男 (日本の)マンガ.
manganês /mẽga'nes/ 男【化学】マンガン.
mangar /mẽ'gax/ 自 …をからかう [+ de] ▶ Ele não parava de mangar dos amigos. 彼は友人をからかうのをやめなかった.
mangue /'mẽgi/ 男【植物】マングローブ, マングローブ林.
mangueira /mẽ'gejra/ 囡 ❶ ホース, パイプ. ❷【植物】マンゴーの木.
manha /'mẽɲa/ 囡 ❶ 器用さ, 手腕.
❷ ずる賢さ, 抜け目のなさ, 狡猾さ.
❸ 謀略, 術策 ▶ cair nas manhas 策略にはまる.
❹ 悪癖, 悪習.
❺ 旦 伯 子供の愚図り泣き ▶ fazer manha 愚図る, 駄々をこねる.

manhã /ma'ɲẽ マニャン/ 囡 ❶ 朝, 午前中 ▶ passar a manhã na praia 午前を浜辺で過ごす / hoje de manhã 今朝 / amanhã de manhã 明日の朝 / ontem de manhã 昨日の朝 / de manhã 朝に, 午前中に / pela manhã 朝に / de manhã cedo 朝早く / de manhã à noite 朝から晩まで / na sexta de manhã 金曜日の朝に / no domingo de manhã 日曜日の朝に / às seis da manhã 午前6時に / na manhã seguinte 翌朝に / todas as manhãs 毎朝.
❷ 始まり, 初め ▶ a manhã da vida 幼年時代.
manhãzinha /maɲẽ'ziɲa/ 囡 早暁, 夜明け.
de manhãzinha 早朝に, 朝早く.
manhoso, sa /ma'ɲozu, 'ɲɔza/ 形 ❶ 器用な, 巧みな, 腕のいい.
❷ ずる賢い, 抜け目のない, 狡猾な.
❸(人や動物が)悪癖を持った.
❹ 旦 伯 愚図る, 駄々をこねる.
mania /'mẽnia/ 囡 ❶ 癖, 習慣 ▶ Tenho mania de roer unhas. 私は爪をかむ癖がある / pequenas manias ちょっとした奇癖.
❷ 熱中, 熱狂 ▶ mania de esporte スポーツ熱 / estar com mania de... …が大好きである.
❸ 妄想, 固定観念, 強迫 ▶ mania de grandeza 誇大妄想 / mania de perseguição 被害妄想 / mania de limpeza 洗浄強迫 / ser cheio de manias 強迫観念に駆られている.
❹【医学】躁病.
maníaco, ca /ma'niaku, ka/ 形 ❶ 偏執的な, 些事にこだわる ▶ maníaco por limpeza 潔癖症な.
❷ 躁病の.
— 名 ❶ 偏執者, 些事にこだわる人. ❷ 躁病患者.
manicômio /mẽni'komiu/ 男 P = manicômio
manicômio /mani'kõmiu/ 男 B 精神科病院.
manicure /mani'kuri/ 囡 ❶ マニキュア.
❷ ネイリスト.
manietar /manie'tax/ 他 ❶ …の手を縛る, つかま

manifestação

える. ❷ …の自由を奪う, 抑圧する.

*__manifestação__ /manifesta'sẽw/ マニフェスタサォン/ [複 manifestações] 囡 ❶ デモ, 示威行動 ▶ fazer uma manifestação デモを行う / manifestação contra o aumento da passagem do transporte público 公共交通の運賃値上げに反対するデモ. ❷ (意思や感情の) 表明, 表出 ▶ manifestação de afeto 愛情表現.

__manifestamente__ /mani,festa'mẽtʃi/ 副 明らかに.

__manifestante__ /manifes'tẽtʃi/ 图 デモ参加者.

☆__manifestar__ /manifes'tax/ マニフェスターフ/ 他 表明する, 明示する, 見せる ▶ manifestar uma opinião 意見を表明する / manifestar entusiasmo 熱狂を見せる.

— 自 デモをする ▶ Uma multidão foi às ruas para manifestar. 大勢の人たちがデモをするために通りに行った.

— __manifestar-se__ 再 ❶ 現れる ▶ O nosso inconsciente manifesta-se através de sonhos. 我々の無意識は夢を通して現れる / Os sintomas manifestaram-se muito cedo. 症状はとても早く現れた.
❷ 意思表明をする, デモをする ▶ Os moradores manifestam-se contra o aumento da tarifa de ônibus. 住民たちはバス料金の値上げに反対してデモをした / manifestar-se a favor de... …を支持するデモを行う.

__manifesto, ta__ /mani'festu, ta/ 形 明白な, 誰が見てもわかる ▶ erro manifesto 明らかな間違い.

— __manifesto__ 男 ❶ 声明文, 宣言書 ▶ *O Manifesto Comunista*『共産党宣言』. ❷ 選挙公約, 選挙綱領, マニフェスト ▶ manifesto eleitoral 選挙マニフェスト. ❸ (船舶の) 積み荷目録.

__maninho, nha__ /ma'niɲu, ɲa/ 形 ❶ 不妊の, 実を結ばない.
❷ 不毛の, やせた ▶ terra maninha 不毛の地.
❸ 野生の, 自生の.
❹ 所有者のいない.
— __maninho__ 男 ❶ 年下の兄弟 [姉妹], 義兄弟 [義姉妹], 友人.
❷ 荒れ地, 耕されていない土地.
❸ «maninhos» 相続人のいない財産.

__manipulação__ /manipula'sẽw/ [複 manipulações] 囡 ❶ 操作, 操縦 ▶ manipulação genética 遺伝子操作. ❷ ごまかし, 操作 ▶ manipulação de dados データの操作 / manipulação eleitoral 選挙のごまかし.

__manipulador, dora__ /manipula'dox, 'dora/ [複 manipuladores, doras] 图 操縦者, 操作者.
— __manipulador__ 男 遠隔操作装置, マジックハンド, マニピュレーター.

__manipular__ /manipu'lax/ 他 ❶ 操作する, 操縦する ▶ manipular o computador コンピューターを操作する.
❷ (手で) 扱う, 取扱う ▶ manipular tubos de ensaio 試験管を扱う.
❸ (世論や市場などを) 操作する ▶ manipular a opinião pública 世論を操作する.
❹ 改ざんする ▶ manipular os resultados das eleições 選挙結果を改ざんする.

__manivela__ /mani'vɛla/ 囡 クランク, クランクハンドル.

__manjado, da__ /mẽ'ʒadu, da/ 形 B 話 よく知られた, 有名な.

__manjar__ /mẽ'ʒax/ 男 ❶ デザート. ❷ おいしいもの.
__manjar dos deuses__ プリンの一種.

__manjar-branco__ /mẽ,ʒax'brẽku/ [複 manjares-brancos] 男《菓子》マンジャールブランコ (ココナッツミルクを入れたプリン).

__manjericão__ /mẽʒeri'kẽw/ [複 manjericões] 男【植物】バジル, バジリコ.

__mano, na__ /'mẽnu, na/ 图 ❶ 兄弟, 姉妹. ❷ 友達, 仲間.
__(de) mano a mano__ 対等に.

*__manobra__ /ma'nɔbra/ 囡 ❶ 操作, 運転, 操縦 ▶ manobra do carro 車の運転 / manobra do avião 飛行機の操縦 / de fácil manobra 操作 [運転, 操縦] が簡単な.
❷ 策略, 策動 ▶ manobra política 政治的策動 / manobra de diversão 陽動作戦.
❸【軍事】演習 ▶ manobra militar 軍事演習 / soldados em manobras 演習中の兵士 / campo de manobras 演習キャンプ.

__manobrar__ /mano'brax/ 他 ❶ 操る ▶ manobrar o povo 人々を操る. ❷ 操作する, 運転する ▶ manobrar um carro 自動車を運転する.

__manobreiro, ra__ /mano'brejru, ra/ 图 ❶ 操縦者, オペレーター. ❷ 駐車場の運転代行員.

__manobrista__ /mano'brista/ 图 B 駐車場の運転代行員.

__manquejar__ /mẽke'ʒax/ 自 ❶ 片足をひきずって歩く.
❷ (船などが) ゆっくりと進む.
❸ …を間違える [+em] ▶ manquejar na colocação dos pronomes 代名詞の位置を間違える.
❹ …に欠如している [+a] ▶ Manqueja ao rapaz a experiência prática. 青年には実務経験が欠けている.

__mansão__ /mẽ'sẽw/ [複 mansões] 囡 大邸宅, 邸.
__mansão da morte__ 墓地.

__mansarda__ /mẽ'saxda/ 囡 屋根裏部屋.

__mansidão__ /mẽsi'dẽw/ [複 mansidões] 囡 ❶ 穏やかさ, 静かさ ▶ mansidão da noite 夜の静けさ. ❷ 優しさ, 温和さ, 柔らかさ ▶ mansidão do meu pai 私の父の優しさ.

__mansinho, nha__ /mẽ'siɲu, ɲa/ 形 非常に穏やかな ▶ uma menina mansinha とても柔和な少女.
— __mansinho__ 副 静かに, ゆっくりと.
__de mansinho__ 穏やかに, 静かに.

*__manso, sa__ /'mẽsu, sa マンソ, サ/ 形 ❶ 落ち着いた, 穏やかな, 快適な ▶ vento manso 穏やかな風 / clima manso 快適な気候.
❷ 柔和な, 優しい, 親切な ▶ uma pessoa mansa 優しい人.
❸ 飼い慣らされた, 人慣れした ▶ um cachorro manso 飼い慣らされた犬.
— __manso__ 男 B 川のよどみ.
— 副 ゆっくりと, 静かに.

de manso ゆっくりと, 静かに, こっそりと.
manso e manso ゆっくりと, 静かに.
no manso 静かに, そっと.
manta /'mẽta/ 囡 ❶ 毛布.
❷ ショール, 肩掛け.
❸ (男性用の) 襟巻き.
❹ (乗馬などの) サドルクロス.
❺ 围 森林の土壌を覆う枯葉などの層.
❻ 围 だますこと.
❼ 围 損失, 損害 ▶ levar uma manta de um milhão 100万の損失を被る.
❽ 若木を植えるための溝.
❾ 围 大きな肉や魚の塊 ▶ manta de toucinho (toicinho) ベーコン.
❿ 群衆; 多数, 多量.
⓫ 【魚】マンタ.
passar a manta em... …を欺く, 取引でだます.
pintar a manta いたずらをする; 大騒ぎする.
tomar uma manta 悪い商品をつかまされる, 売買でだまされて損する.

*****manteiga** /mẽ'tejga/ 囡 バター ▶ pão com manteiga バターを塗ったパン / manteiga de cacau カカオバター.
manteiga derretida ① 溶けたバター. ② 围 涙もろい人.
manteigueira /mẽtej'gejra/ 囡 バター入れ.
mantenedor, dora /mẽtene'dox, 'dora/ 形 [複 mantenedores, doras] 擁護する, 保持する, 扶養する, 維持する.
— 图 擁護者, 支持者, 扶養者 ▶ mantenedor da lei 法の擁護者 / mantenedor da ordem 秩序の維持者 / mantenedor da família 家族の扶養者.

*****manter** /mẽ'tex/ マンテーフ/ 他 ❶ 維持する, 保持する ▶ manter o status quo 現状を維持する / manter o silêncio 沈黙を守る / manter a amizade 友情を保つ / manter uma família 家族を養う.
❷ …を…に保つ ▶ manter a comida quente 料理を温かくしておく / Mantenha a porta fechada, por favor. ドアを閉めておいてください.
❸ (約束を) 守る, 果たす ▶ manter a palavra 約束を守る.
— **manter-se** 再 ❶ 自活する, 生計を立てる.
❷ 《manter-se...》…であり続ける ▶ manter-se jovem 若くあり続ける, 若さを保つ / manter-se em forma 健康を保つ.
mantilha /mẽ'tiʎa/ 囡 マンティーリャ (頭と肩を覆う女性用スカーフ), ベール.
mantimento /mẽtʃi'mẽtu/ 围 ❶ 維持, 保持, 支持, 扶養.
❷ 《mantimentos》食糧.
❸ 維持費.
manto /'mẽtu/ 围 ❶ マント, ケープ, 外套; (儀式用の) ガウン.
❷ 覆い隠すもの, ベール.
❸ 暗闇, 暗黒 ▶ manto da noite 夜のとばり.
❹ マントル ▶ manto terrestre マントル.
❺ 外套膜.
sob o manto da caridade 善意を装って, 善意に見せかけて.

mantô /mẽ'to/ 围 (女性用の) コート.
*****manual** /manu'aw/ マヌアゥ/ 〖複 manuais〗 形 《男女同形》手を使う, 手動の ▶ habilidade manual 手先の器用さ / trabalho manual 手仕事.
— 围 マニュアル, 教科書 ▶ manual do computador コンピューターのマニュアル / manual de gramática 文法の教科書.
manualmente /manu,aw'mẽtʃi/ 副 手で, 手動で.
manufatura /manufa'tura/ 囡 ❶ 手工業品, 手工芸品, 製品. ❷ 製造所, 工場; 製造業.
manufaturar /manufatu'rax/ 他 製造する, 製作する.
manufatureiro, ra /manufatu'rejru, ra/ 形 製造業の ▶ setor manufatureiro 製造業部門.
manuscrever /manuskre'vex/ 《過去分詞 manuscrito》他 手で書く, 手書きする.
manuscrito, ta /manus'kritu, ta/ 形 手書きの, 肉筆の.
— **manuscrito** 围 写本, 手稿, 原稿.
manusear /manuze'ax/ 他 ❶ 取り扱う, 手にする ▶ manusear dinheiro お金を手にする / manusear alimentos 食べ物を手でつかむ. ❷ 使う ▶ manusear comandos コマンドを使う.
manuseio /manu'zeju/ 围 手扱い, 手で扱うこと ▶ manuseio de substâncias perigosas 危険物質の取り扱い.
*****manutenção** /manutẽ'sẽw/ マヌテンサォン/ [複 manutenções] 囡 ❶ メンテナンス, 維持 ▶ manutenção dos elevadores エレベーターのメンテナンス. ❷ (家族の) 扶養 ▶ manutenção da família 家族の扶養.

*******mão** /'mẽw/ マォン/ 〖複 mãos〗 囡 ❶ 手 ▶ lavar as mãos 手を洗う / mão direita 右手 / mão esquerda 左手 / costas da mão 手の甲 / palma da mão 手のひら / Mãos ao alto! 手を上げろ / Quem entendeu, levante a mão. わかった人は手を挙げてください / Ela cobriu seu rosto com as mãos. 彼女は顔を両手で覆った / Ele carrega uma mala na mão. 彼は手にかばんを持っている / Estou com as mãos sujas. 私は手が汚れています / juntar [unir] as mãos 手を合わせる / colocar a mão na testa 額に手をあてる / passar a mão no cachorro 犬をなでる / aperto de mãos 握手 / apertar a mão de alguém …と握手する.
❷ 向き ▶ mão única 一方通行 / via de mão única 一方通行路 / via de mão dupla 対面通行路.
❸ 〘スポーツ〙(トーナメント戦の) 一つの試合 ▶ primeira mão ファーストレグ.
abrir as mãos ① 気前よくする. ② 賄賂を受け取る. ③ 放棄する.
abrir mão あきらめる, 放棄する.
abrir mão de... …を手放す, 放棄する, やめる, 断念する.
à mão ① 手元に ▶ Ele agora não tem dinheiro à mão. 私は今お金の持ち合わせがない. ② 手で, 手作業で ▶ feito à mão 手製の, 手作りの / escrito à mão 手書きの.
à mão armada 武装した, 凶器を持った ▶ assalto à mão armada 凶器を使った強盗.

mão

à mão livre フリーハンドで.
andar de mão em mão たらい回しにされる.
andar nas mãos de todos ありふれている.
a quatro mãos 二人で.
às mãos 手元に ▶ter às mãos 手元にある.
bater a mão no peito ①胸に手を当て誠意,謝罪や反省の意を表す. ②胸を張る.
botar a mão no fogo (火の上に手を置く→) 断言する,誓う.
botar as mãos na cabeça 手を頭にやり不服や絶望を表す.
cair em boas mãos 信頼できる人の手に渡る.
cair em mãos de... ···の掌中に収められる.
cair nas mãos de... ···の掌中に落ちる, ···の手に入る.
carregar a mão 過度の量を入れる.
com a mão na consciência 胸に手を当てて, 良心に耳を傾けて.
com ambas as mãos 両手で, 強い意志で, 快く.
com as mãos abanando 手ぶらで.
com as mãos atadas 手を縛られて.
com as mãos estendidas 手を差し伸べて.
com mão de ferro 厳格な支配で.
com mão de gato こっそりと.
com mão de mestre 巧みに.
com mão diurna e noturna 昼夜を問わず.
com uma mão atrás e outra adiante 手ぶらで, 無一文で.
com uma mão na frente e outra atrás 打つ手のない状態で.
come na minha mão 私の言いなりである.
comer pela mão de... ···を後ろ盾にしている.
dar a mão ···の手を握る ▶Dê-me a mão. 私の手を握って.
dar a mão à palmatória 自分の非を認める.
dar a mão a... ···を援助する, 助ける.
dar as mãos 手を握る.
dar mão (forte) a... ···に手を差し伸べる.
dar uma mão a... ···に手を貸す ▶Você pode me dar uma mão? 手を貸してもらえますか.
dar-se as mãos 手を結ぶ, 手をつなぐ, 手を組む.
de boa mão 信頼できる情報源から.
de mão beijada ①努力せずに, やすやすと. ②見返りなしに.
de mão em mão 手から手へ.
de mãos dadas 手をつないで, 手に手を取って, 手を携えて.
de mãos largas 気前のよい, 寛大な.
de mãos limpas 手を汚さないで.
de mãos postas 拝むように.
de mãos vazias 無一文で.
de primeira mão ①じかの, 直接の ▶informação de primeira mão 一次情報. ②新品の.
de segunda mão ①中古の ▶um carro de segunda mão 中古車. ②間接の, 又聞きの ▶informação de segunda mão 二次情報.
deixar de mão やめておく.
deixar alguém na mão ···を見捨てる, 援助するのを拒む.

582

deixar nas mãos de... ···に任せる.
em mãos 自ら, 自分で, 直接.
em mãos seguras 安全に.
em primeira mão 新品の [で], 直接の [に], 新着の ▶Quando souber do resultado avisarei em primeira mão. 結果がわかったら真っ先にお知らせします.
estar à mão 近くにある.
estar em boas mãos 信頼できる人のもとにある.
estar nas mãos de alguém ···の掌中にある.
estender a mão a... ①···に救いの手を差し伸べる. ②···に救いを求める, ···に支援を求める.
fazer as mãos 爪の手入れをする, マニキュアをする.
ficar na mão ①だまされる. ②機会を逸する.
fora de mão 手に入れにくい, 手の届かない, 交通の不便な.
jogar de mão (カードゲームで) 親になる.
lançar mão de... ···を利用する, 活用する.
largar de mão ①諦める. ②そっとしてやる.
largar mão de... ···を手放す, やめる.
lavar as mãos 責任逃れをする.
levantar a mão contra 脅す, 手を下そうと見せかける.
levantar as mãos 手を合わせて嘆願する.
levantar as mãos ao céu 手を合わせて神に感謝する.
levar a mão a... ···に触れる.
mão amiga 味方.
mão de direção 進行方向.
mão de ferro ①厳格性. ②厳格な人, 威圧的な人.
mão de pilão すり鉢, すりこぎ棒.
mão de vaca けちな人.
mão de veludo なめらかな手.
mão na roda 容易なもの, 都合のよいもの.
mão pesada 不器用な手 ▶ter a mão pesada 不器用である.
mão por mão 親しく, 手を取り合って.
Mãos à obra! 作業に取りかかれ.
mãos limpas 高潔さ, 誠実さ.
mãos postas 合わせた両手.
meter a mão ①盗む. ②横領する. ③高いお金を払わせる.
meter a mão em... ①···をたたく, 引っぱたく. ②···を服従させる.
meter a mão em [na] cara de alguém ···を平手打ちにする.
meter [pôr] mãos à obra 仕事に取り組む.
mudar de mãos 所有者が変わる.
não ter mão de si 自制できない.
não ter mãos a medir 仕事をたくさん抱えている.
nem à mão de Deus Padre 絶対に···ない, どうしても···ない.
passar a mão em... ···を盗む, 奪う.
passar a mão na cabeça de... ···を見逃す, 許す, 甘やかす.
pedir a mão de... ···に求婚する.
pôr a mão em... ①···に介入する, 手を入れる.

② …に手が届く, 掴む.
pôr [botar] a mão na consciência 良心に聞く.
pôr a mão no arado 働く, 労働する.
pôr as mãos 合掌する.
pôr as mãos em... …を掴む, …に手を出す.
pôr mãos à obra 仕事に取り掛かる.
pôr nas mãos de... …の手に委ねる.
sentar a mão ひっぱたく, 手を出す.
ser uma mão na roda 大きな助けになる.
sujar as mãos 手を汚す.
ter a mão furada 浪費する.
ter alguém na palma da mão …を掌で転がす.
ter debaixo da mão 手中に収めている.
ter entre ... as mãos …を手がける, …に取り組む.
ter mão 中断する, 慎重に動く.
ter mão em... …を阻止する.
ter mão e mando em... …を支配する.
ter mão leve ① 手が早い, すぐに手が出る. ② 泥棒である, 盗み [すり] を働く.
ter mãos de fada (特に刺しゅうなどの) 手作業がうまい, 器用である.
ter mãos para... …の手作業に向いている, …を器用にこなす.
ter na mão 掌中 (手中) に納める, 支配する, 好きに操る.
ter pela mão ① 手に持つ, 手に取る. ② 管理する, 導く, 経営する.
última mão 最後の仕上げ.
untar as mãos a... …を買収する.
vir à mão 和解する.
vir às mãos 争う, けんかする.
voltar de mãos vazias 手ぶらで帰る.

mão-aberta /ˌmẽwaˈbɛxta/ [複 mãos-abertas] 名 ❶ 浪費家, 金使いの荒い人.
❷ 気前のよい人, 物惜しみしない人 ▶ ser mão-aberta 気前がよい.

mão-cheia /ˌmẽwˈʃeja/ [複 mãos-cheias] 女 一握り, 一つかみ.
à mão-cheia 大量に, 気前よく.
de mão-cheia 優れた, 一流の, 優秀な.

mão de obra /ˌmẽwdʒiˈɔbra/ [複 mãos de obra] 女 ❶ 手仕事, 手作業, 作業.
❷ 手間賃, 作業賃, 作業代.
❸ 労働者, 労働力 ▶ falta de mão de obra 労働力不足.
❹ B 俗 大変な作業, 大仕事 ▶ dar uma mão de obra 大仕事である.

mão-furada /ˌmẽwfuˈrada/ [複 mãos-furadas] 形 浪費家の, 金遣いの荒い.
— 名 浪費家, 金遣いの荒い人.

mãozinha /mẽwˈziɲa/ 女 小さな手, お手々.
dar uma mãozinha 手を差し伸べる.

‡**mapa** /ˈmapa/ マーパ 男 地図, 図; 表 ▶ mapa do Brasil ブラジル地図 / mapa de Portugal ポルトガル地図 / mapa do mundo 世界地図 / mapa astral 星図 / mapa mudo 白地図 / Queria um mapa desta cidade. 私はこの町の地図が欲しい / Este lugar não está no mapa. この場所は地図に載っていない.
mapa da mina B 俗 虎の巻.
que não está no mapa B 俗 並外れた, 驚くべき.
riscar do mapa 抹消する, なくす ▶ riscar do mapa a violência e a miséria 犯罪と貧困をなくす.
sair [desaparecer/sumir] do mapa 話 姿を消す.
tirar um mapa B 俗 注意深く観察する.

mapa-múndi /ˌmapaˈmũdʒi/ [複 mapas-múndi] 男 世界地図.

maquete /maˈkɛtʃi/ 女 模型, モデル, ミニチュア.

maquiador, dora /makiaˈdox, ˈdora/ [複 maquiadores, doras] 名 メーキャップアーティスト.

maquiagem /makiˈaʒẽj/ [複 maquiagens] 女 メーキャップ, 化粧; 化粧品.

maquiar /makiˈax/ 他 ❶ (他人を) 化粧する. ❷ ごまかす, 粉飾する ▶ maquiar os dados データを改ざんする.
— **maquiar-se** 再 (自分を) 化粧する.

maquiavelismo /makiaveˈlizmu/ 男 マキャベリズム.

maquilagem /makiˈlaʒẽj/ [複 maquilagens] 女 = maquiagem

maquilar /makiˈlax/ 他 = maquiar

‡**máquina** /ˈmakina/ マキナ 女 ❶ 機械, 機器 ▶ máquina de lavar roupas 洗濯機 / máquina de lavar louça 食器洗浄機 / máquina de café エスプレッソマシン / máquina de costura ミシン / máquina fotográfica カメラ / máquina de venda automática 自動販売機 / máquina de calcular 計算機.
❷ 動力機関, エンジン ▶ máquina a vapor 蒸気機関.
❸ 機構, 仕組み ▶ máquina administrativa 行政機構 / máquina do relógio 時計の仕組み.
à máquina 機械を使って.

maquinação /makinaˈsẽw/ [複 maquinações] 女 陰謀, 企み.

maquinal /makiˈnaw/ [複 maquinais] 形《男女同形》機械的な; 自動的な, 無意識な ▶ gesto maquinal 無意識の動作.

maquinalmente /makiˌnawˈmẽtʃi/ 副 機械的に, 無意識に.

maquinar /makiˈnax/ 他 ❶ (陰謀などを) めぐらす, たくらむ. ❷ (筋立てを) 構想する.
— 自 陰謀をたくらむ.

maquinaria /makinaˈria/ 女《集合的》機械.

maquinismo /makiˈnizmu/ 男 ❶ (機械の) 内部機構, 仕組み. ❷ メカニズム, 仕組み, 機構.

maquinista /makiˈnista/ 男 機械技師; (機関車の) 機関士, (列車の) 運転士.

‡**mar** /ˈmax/ マーフ [複 mares] 男 ❶ 海, 海洋 ▶ ir para o mar 海に行く / os sete mares 七つの海 / nadar no mar 海で泳ぐ / Mar Mediterrâneo 地中海 / Mar Morto 死海 / Mar do Japão 日本海 / por mar 海路で, 船便で / mar territorial 領海 / mar alto 公海, 外海, 沖 / pleno mar 沖合い.

maracujá

❷ 大量（の液体），…の海 ▶ mar de sangue 血の海．
de mar a mar 端から端まで，全部．
fazer-se ao mar 沖へ出る ▶ O navio se fez ao mar. 船は沖へと出て行った．
mar de lama 腐敗しきった状態．
mar de leite 穏やかな海．
mar de rosas ① 穏やかな海．② 幸せな時期 ▶ Eu não lhe prometi um mar de rosas. 君に幸せな時間を約束した覚えはない．
O mar não está para peixe. 時期がよくない，タイミングが悪い．

maracujá /maraku'ʒa/ 男 【果物】 パッションフルーツ．

maracujazeiro /marakuʒa'zejru/ 男 パッションフルーツの木．

maracutaia /maraku'taja/ 女 俗 汚い手口，不正行為 ▶ Não se pode confiar nele, só faz maracutaia. 彼を信じることはできない．彼は汚い手を使ってばかりだ／Nos últimos anos, parece que teve muita maracutaia no ciclismo. 近年自転車競技に不正行為が横行していたようだ．

marajá /mara'ʒa/ 男 ❶（インドの）マハラジャ．❷ 比 高給取りの役人．

Maranhão /mara'ɲẽw/《地名》（ブラジル北東部の）マラニョン州．

maranhense /mara'ɲẽsi/ 形《男女同形》名 マラニョン州の（人）．

marasmo /ma'razmu/ 男 ❶ 停滞，不振，不景気 ▶ marasmo econômico 経済不振．❷ 衰弱，無気力．

maratona /mara'tõna/ 女 ❶ マラソン ▶ correr a maratona マラソンに出る．❷ 耐久競走，長時間にわたる活動．

maratonista /marato'nista/ 名 マラソン走者．

★**maravilha** /mara'viʎa/ マラヴィーリャ／女 ❶ 驚異，すばらしいもの ▶ maravilhas da natureza 大自然の驚異／A Foz do Iguaçu é uma das maravilhas turísticas do mundo. イグアスの滝は世界の魅力的な観光地の一つだ／as sete maravilhas do mundo 世界の七不思議／Que maravilha! 何とすばらしい．❷ 女 【植物】 オシロイバナ．
❸ 比 ミートパイの一種．
às (mil) maravilhas 見事に，すばらしく ▶ Tudo correu às mil maravilhas. すべてがうまくいった．
dizer maravilhas de... …をほめたたえる ▶ O ex-jogador disse maravilhas do time. その元選手はチームをほめそやした．
fazer maravilhas 偉業を成し遂げる．

maravilhar /maravi'ʎax/ 他 …を驚嘆させる，感嘆させる ▶ A música maravilhou os ouvintes. その音楽は聴衆たちを魅了した．
— 自 感嘆させる ▶ A cantora maravilhou. その歌手は魅了した．
— **maravilhar-se** 再 …に驚く，感心する［＋com］▶ Ela maravilhou-se com o filme. 彼女はその映画に感嘆した．

maravilhosamente /maravi,ʎoza'mẽtʃi/ 副 すばらしく，見事に ▶ — Como vai? — Maravilhosamente bem.「お元気ですか」「快調です」．

‡**maravilhoso, sa** /maravi'ʎozu, 'ʎɔza/ マラヴィリョーゾ，ザ／形 ❶ すばらしい，驚くべき ▶ cidade maravilhosa すばらしい街．❷ 不思議な；超自然的な ▶ conto maravilhoso おとぎ話／Aladdin e a lâmpada maravilhosa 『アラジンと魔法のランプ』．
— **maravilhoso** 男 驚くべきこと，不思議なこと，超自然的なこと．

‡**marca** /'maxka マフカ／女 ❶ 商標，ブランド；メーカー ▶ marca registrada 登録商標／marca de jeans ジーンズのブランド／produtos de marca ブランド品／De que marca é seu carro? あなたの車はどこのメーカーですか．
❷ 印，マーク ▶ marca d'água 透かし．
❸ 跡，痕跡 ▶ marcas dos pneus タイヤの跡．
❹ 家畜の焼き印．
de marca maior 傑出した，並外れの．
deixar sua marca em... …に影響を与える，…に足跡を残す．
na marca do pênalti 準備万端の，いつでも起こり得る．
passar das marcas 限界を超える，度を越す．

marcação /maxka'sãw/ 女［複 marcações］❶ 印をつけること．❷《スポーツ》敵をマークすること．❸《演劇》演出．❹（家畜に）焼き印を押すこと．
estar de marcação com alguém ① …をマークする．② …に厳しく当たる．
marcação cerrada ①《サッカー》厳しいマーク．② 厳しい監視の目．
marcação homem a homem《スポーツ》マンツーマンディフェンス．
marcação por zona《スポーツ》ゾーンディフェンス．

marcado, da /max'kadu, da/ 形 ❶ 印のついた，❷ 予約された ▶ lugar marcado 予約席．❸ 目立った，顕著な ▶ uma diferença marcada 明白な差異．

marcador, dora /maxka'dox, 'dora/ ［複 marcadores, doras］名 ❶《スポーツ》敵チームの選手をマークする選手．❷ 得点する選手 ▶ melhor marcador 得点王．
— **marcador** 男 ❶ スコアボード．❷ しおり．

marcante /max'kẽtʃi/ 形《男女同形》目立つ，著しい，顕著な ▶ resultados marcantes 顕著な成果．

marca-passo /,maxka'pasu/ ［複 marca-passos］男【医学】ペースメーカー．

‡**marcar** /max'kax マフカーフ／他 ❶ …に印をつける ▶ É bom marcar os trechos importantes do livro. 本の大事な箇所には印をつけておいたほうがよい／A satisfação marcava o rosto dos espectadores. 満足感が観客の顔に出ていた．
❷ 決める ▶ Vamos marcar logo a data da festa. パーティーの日取りをはやく決めよう／A reunião começou na hora marcada. 会議は定時に始まった．
❸ …に跡を残す ▶ Há sempre algum filme que marca a nossa vida. いつも私たちの人生に残る映画がある／marcar época 歴史に残る．
❹ 面会の約束をする，予約する ▶ marcar um encontro 会う日を約束する／marcar consulta no

dentista 歯医者の予約をする.
❺ 見張る, 警戒する, マークする ▶ A polícia marcava o suspeito. 警察は容疑者をマークしていた / marcar o atacante principal 主要なフォワードをマークする.
❻ 表示する ▶ O indicador marcava um índice muito alto de poluição. 測定機は高い汚染指数を表示していた.
❼ (ゴールを) 入れる, (点を) 入れる ▶ marcar gol ゴールを入れる / marcar pontos 得点する / marcar uma cesta《バスケットボール》シュートする.
— 自 ❶ 得点する. ❷《スポーツ》守備する, 守る.

marca-texto /ˌmaxkaˈtɛʃtu/ [複 marca-textos] 男 蛍光ペン.

marcenaria /maxsenaˈria/ 女 指物細工, 指物工房.

marceneiro /maxseˈnejru/ 男 指物師, 建具職人.

☆**marcha** /ˈmaxʃa/ マフシャ/ 女 ❶ 行進;歩み, 歩行;進行 ▶ marcha dos acontecimentos 事態の進展 / marcha das negociações 交渉の進展 / pôr-se em marcha 発進する / estar em marcha 進行中である / pôr em marcha 始動させる, 発進させる / abrir a marcha 先頭に立って進む, 先陣を切る / em marcha acelerada 速いペースで / em marcha lenta 遅いペースで.
❷ 変速装置, ギア ▶ trocar de marcha ギアを変える / caixa de marchas 変速機.
❸《音楽》マーチ, 行進曲 ▶ marcha nupcial 結婚行進曲 / marcha fúnebre 葬送行進曲 / marcha militar 軍隊マーチ.
em quarta marcha 急いで.
marcha à ré [B]バックギア;後戻り, 後退 ▶ ir de marcha à ré バックする, 後退する.

marchar /maxˈʃax/ 自 ❶ 行進する. ❷ 行く, 歩く. ❸ 進展する, 進行する, 進む.

marchetar /maxʃeˈtax/ 他 ❶ はめ込む, 象眼する ▶ marchetar de marfim o móvel 家具に象牙をはめ込む. ❷ 飾る, 色付けする.
❸ 際立たせる, 目立たせる.
❹ 挿入する, はさむ.

marcial /maxsiˈaw/ [複 marciais] 形《男女同形》軍の, 軍隊の;戦争の ▶ artes marciais 武術, 武道, 格闘技 / lei marcial 戒厳令 / corte marcial 軍法会議.

marciano, na /maxsiˈɐ̃nu, na/ 形 火星の.
— 名 火星人.

marco /ˈmaxku/ 男 ❶ 境界の標識 ▶ marco quilométrico 目的地までの距離を示す標識. ❷ 記念碑.
❸ 画期的な出来事.

☆**março** /ˈmaxsu/ マフソ/ 男 3月 ▶ em março 3月に.

★**maré** /maˈrɛ/ マレ/ 女 ❶ 潮, 潮汐 (ちょうせき) ▶ maré alta 満潮 / maré baixa 干潮 / maré descendente 引き潮 / maré montante 上げ潮 / A maré subiu. 潮が満ちた / A maré baixou. 潮が引いた / ir contra a maré 潮流に逆らう. ❷《uma maré de...》…の波, 大群 ▶ uma maré de sorte 幸運続き / uma maré de azar 不運続き.

marear /maˈreax/ 他 ❶ 船酔いさせる, 吐き気を起こさせる.
❷ 光沢を失わせる, 曇らせる, 錆びさせる ▶ A umidade mareia os metais. 湿気が金属を曇らせる.
❸ (名誉などを) 汚す ▶ marear a nossa reputação 我々の名声を汚す.
❹ (船を) 操縦する. ❺ 殺す;刃物で刺す.
— 自 ❶ 船酔いする. ❷ 光沢を失う, 錆びる.
— **marear-se** 再 ❶ 光沢を失う, 曇る, 錆びる.
❷ 方向 [位置] を定める.

marechal /mareˈʃaw/ [複 marechais] 男 元帥.
maremoto /mareˈmɔtu/ 男 海底地震, 津波.
maresia /mareˈzia/ 女 ❶ (干潮時の) 海の不快な匂い. ❷ 潮風.

marfim /maxˈfĩ/ [複 marfins] 男 象牙 ▶ torre de marfim 象牙の塔.

margarida /maxgaˈrida/ 女《植物》ヒナギク, デイジー.

margarina /maxgaˈrina/ 女 マーガリン.

☆**margem** /ˈmaxʒẽj/ マフジェィン/ [複 margens] 女 ❶ へり, 縁;岸 ▶ margem do rio 川岸 / margem do lago 湖畔.
❷ 余白, マージン ▶ a margem da página ページの余白 / margem superior (ページの) 上部の余白 / deixar uma margem 余白を残しておく / na margem 余白に.
❸ 余地, 幅 ▶ margem de manobra 自由裁量の幅, 選択の余地 / margem de erro 許容誤差 / margem de segurança 安全マージン, 余裕 / não deixar margem a dúvidas 疑問の余地を与えない / sem margem para dúvidas 疑問の余地なく.
❹ 機会 ▶ dar margem a [para] ……に機会を与える.
❺ margem de lucro《経済》利ざや, マージン.
à margem de... …の周辺に, …のわきに, かたわらに ▶ viver à margem da sociedade 社会の周辺で暮らす.
lançar [deitar] à margem 見捨てる, 軽視する.

marginal /maxʒiˈnaw/ [複 marginais] 形《男女同形》❶ 欄外の, 余白の ▶ nota marginal 脚注.
❷ 川岸に沿った, 沿岸の ▶ a rodovia marginal do rio 川岸の自動車道路.
❸ 副次的な, 周縁の ▶ problema marginal 副次的な問題 / fenômeno marginal 付随的な現象 / bairros marginais 町はずれの地区.
❹ 社会から孤立した, 社会の枠外にある.
❺《経済》限界の ▶ utilidade marginal 限界効用.
❻ 周辺人, アウトサイダー, 犯罪者, ごろつき.

marginalidade /maxʒinaliˈdadʒi/ 女 周辺にある状態;社会から疎外された状態.

marginalização /maxʒinalizaˈsẽw/ [複 marginalizações] 女 社会離脱, 疎外, 周辺化.

marginalizado, da /maxʒinaliˈzadu, da/ 形 ❶ 周辺に追いやられた ▶ sentir-se marginalizado のけ者にされているように感じる. ❷ 社会の周辺の, 貧しい, 恵まれない.
— 名 社会の周辺に生きる人, 恵まれない人.

marginalizar /maxʒinaliˈzax/ 他 社会の周辺に追いやる, 疎外する.
— **marginalizar-se** 再 社会からはみ出る.

maria-fumaça /maˌriafuˈmasa/ [複 marias-fu-

maças] 女 蒸気機関車.
maria vai com as outras /ma,ria,vajkõa'zotras/ 名《単複同形》困 主体性のない人, 他人の影響を受けやすい人.

marido /ma'ridu マリード/ 男 夫 ▶marido e mulher 夫と妻 / ex-marido 元の夫 / procurar marido (女性が) 結婚相手を探す.

marina /ma'rina/ 女 (モーターボートやヨットなど小型船舶用の) 停泊港, マリーナ.

marinha[1] /ma'riɲa/ 女 ❶ (Marinha) 海軍 ▶Marinha de Guerra 海軍. ❷ 海洋画, 海の絵. ❸ (一国の) (全) 船舶, 艦船 ▶marinha mercante (一国の) 全商船. ❹ 塩田.

marinheiro /mari'ɲejru/ 男 船員, 船乗り; 水兵.
marinheiro de primeira viagem 初心者.

marinho, nha[2] /ma'riɲu, ɲa/ 形 ❶ 海の, 海洋の ▶brisa marinha 海風 / biologia marinha 海洋生物学. ❷ 海に住む, 海生の ▶ave marinha 海鳥.

mariola /mari'ɔla/ 女 バナナ又はグァバを煮詰めて板状にした甘いお菓子.

marionete /mario'netʃi/ 女 ❶ 操り人形, マリオネット ▶teatro de marionetes 人形劇. ❷ 他人の言いなりになる人.

mariposa /mari'poza/ 女 蛾, 蝶.

marisco /ma'risku/ 男 食用の貝や甲殻類, シーフード.

marital /mari'taw/ [複 maritais] 形《男女同形》❶ 夫の ▶poder marital 夫権. ❷ 結婚の ▶vida marital 結婚生活.

maritalmente /mari,taw'mẽtʃi/ 副 結婚して, 夫婦として ▶viver maritalmente com alguém …と結婚生活を送る.

***marítimo, ma** /ma'ritʃimu, ma マリーチモ, マ/ 形 ❶ 海に近い, 海辺の ▶cidade marítima 臨海都市 / porto marítimo 海港 / brisa marítima 海風. ❷ 海上の, 航海の ▶navegação marítima 航海 / transportes marítimos 海上輸送 / comércio marítimo 海上貿易.

marmelada /maxme'lada/ 女 ❶ マルメロのマーマレード [ジャム]. ❷ 話 談合. ❸ 話 八百長 ▶Houve marmelada no jogo. 試合は八百長だった.

marmeleiro /maxme'lejru/ 男《植物》マルメロの木.

marmelo /max'mɛlu/ 男 マルメロの果実, マルメロの木.

marmita /max'mita/ 女 ふたつき鍋, 飯ごう, 弁当箱.

mármore /'maxmori/ 男 大理石 ▶escultura em mármore 大理石の彫刻.
de mármore 冷たい, 冷酷な.

marola /ma'rɔla/ 女 小波, さざ波.

maroto, ta /ma'rotu, ta/ 形 ❶ 抜け目ない, 悪賢い.
❷ 恥知らずな, 卑劣な. ❸ 悪意のある.
— **maroto** 男 ❶ 悪賢い人; 恥知らずな人; 悪意のある人.
❷ B 独立期に使われた, ポルトガル人を指すあだ名.

marquês /max'kes/ [複 marqueses] 男 侯爵.

marquesa /max'keza/ 女 侯爵夫人.

marquise /max'kizi/ 女 (ベランダなどの) サンルーム.

marra /ma'xa/ 女《次の成句で》
na marra 腕ずくで, 何としてでも ▶O menino teve que aprender a se virar na marra. 少年は何としてでも困難を切り抜けられるようにならなければならなかった.

marreta /ma'xeta/ 女 げんのう.
meter a marreta em... …を攻撃する, 批判する.

*** marrom** /ma'xõ/ [複 marrons] 形《男女同形》栗色の, 茶色の ▶cor marrom 栗色 / sapatos marrons 茶色の靴.
— 男 栗色, 茶色.

Marte /'maxtʃi/ 男 ❶《天文》火星. ❷《ローマ神話》マルス (戦いの神).

martelada /maxte'lada/ 女 ハンマーで叩くこと.

martelar /maxte'lax/ 他 ❶ (ハンマーなどで) …を打つ, 鍛える ▶O ferreiro martela o ferro. 鍛冶屋は槌で鉄を打つ.
❷ 繰り返して言う, しつこく言う ▶Ela martela as pessoas com a mesma conversa. 彼女は人に執拗に同じ話をする / Ele martelou o colega com perguntas. 彼は同僚を質問攻めにした.

martelo /max'tɛlu/ 男 ❶ 槌, 金槌, ハンマー ▶correr do martelo 競売で, 入札で. ❷《解剖》槌骨.
a martelo 力づくで.
bater o martelo ① 商談をまとめる, ハンマーを打って入札の落札者決定を知らせる. ② 最終決定をする.

mártir /'maxtʃix/ [複 mártires] 名 殉教者, 犠牲者 ▶mártir da independência 独立に殉じた人 / fazer-se mártir 苦しみを誇張する.

martírio /max'tʃiriu/ 男 ❶ 殉教, 殉死, 殉難. ❷ 苦痛, 受難.

martirizar /maxtʃiri'zax/ 他 苦しめる, 迫害する, 虐待する.
— martirizar-se 再 苦しむ.

marujo /ma'ruʒu/ 男 船乗り, 水夫 ▶Simbad, O Marujo 船乗りシンドバッド.

marulhar /maru'ʎax/ 自 ❶ 波打つ, 波が打ち寄せる, 海が荒れる. ❷ (波などが) 轟音をたてる, とどろく.

marulho /ma'ruʎu/ 男 ❶ 波立ち, 潮騒. ❷ 混乱, 騒動.

marxismo /maxk'sizmu/ 男 マルクス主義.

marxista /maxk'sista/ 形《男女同形》マルクス主義の ▶teoria marxista マルクス主義理論.
— 名 マルクス主義者.

marzipã /maxzi'pẽ/ 男 マジパン.

*** mas**[1] /mas マス/ 接 ❶ しかし ▶Eu estou resfriado, mas vou sair. 私は風邪をひいているが出かける / devagar mas com segurança ゆっくり, しかし着実に.
❷ …ではなくて … ▶Não encontramos o João, mas (sim) o Pedro. 私たちはジョアンに会ったのではなく, ペドロに会った.
— 副 ❶《驚き, いらだち, 強調》まあ, いったい ▶

Mas por que é que você fez isso? でも何でそんなことをしたのよ.
❷《先に出た語を mas の後で繰り返して強調を表す》▶Ele fez-se um ator, mas um ator! 彼は本当にすばらしい俳優になった.
mas é そうではなくむしろ▶Vamos, mas é ao cinema. それより映画に行こう.
— [男] 困難；欠点, 欠陥▶Há sempre um mas. 困難は付きものだ.
deixar de mas 四の五の言わない.
Nem mas nem meio mas. 言い訳は無用だ.

mas[2] /mas/ 間接目的格代名詞 me と直接目的格代名詞 as の縮合形.

mascar /mas'kax/ ㉙ [他] ❶ かむ, かみ砕く, 咀嚼する▶mascar chiclete ガムをかむ / goma de mascar チューインガム.
❷ ゆっくり食べる；反芻する▶Os bois mascam o capim. 牛は牧草を反芻する.
❸ [話] 熟考する, 思い巡らす；計画する.
❹ ぶつぶつ言う▶mascar as palavras 言葉を繰り返す, ぶつぶつと繰り返す.
❺ 暗示する.
— [自] ❶ かむ, かみ砕く, 咀嚼する. ❷ ぶつぶつ言う.

máscara /'maskara/ [女] ❶ マスク▶máscara de oxigênio 酸素マスク / máscara cirúrgica 外科医用マスク.
❷ 仮面▶baile de máscara 仮面舞踏会 / máscara de carnaval カーニバルのマスク / máscara mortuária デスマスク / máscara de beleza（美容の）パック.
arrancar a máscara 仮面をとる, 化けの皮をはぐ.
deixar cair a máscara 素顔を見せる.
largar a máscara 装うのをやめる.
tirar a máscara de alguém ① …の化けの皮をはがす, 仮面をはぎ取る. ② 正体［本性］を現す, ごまかす［演じる］ことを止める.

mascarar /maska'rax/ [他] ❶ 仮面をかぶせる, 仮装する. ❷ 隠す, 覆う▶mascarar a realidade 現実を隠す.
— **mascarar-se** [再] ❶ 仮装する, 変装する. ❷ …を装う［+ de］.

mascate /mas'katʃi/ [男] [B] 行商人.

mascavo, va /mas'kavu, va/ [形] 精製されていない▶açúcar mascavo 粗糖.

mascote /mas'kɔtʃi/ [女] お守り, マスコット▶mascote do time チームのマスコット.

masculinidade /maskulini'dadʒi/ [女] 男であること, 男らしさ.

***masculino, na** /masku'lĩnu, na マスクリーノ, ナ/ [形] ❶ **男の**, 男性用の, **雄の**▶sexo masculino 男性 / voz masculina 男の声 / moda masculina メンズファッション / roupas masculinas 男性服.
❷ **男性的な**▶gestos masculinos 男性的なしぐさ.
❸〖文法〗男性の▶substantivo masculino 男性名詞.
— **masculino** [男]〖文法〗男性.

másculo, la /'maskulu, la/ [形] 男の, 男らしい.

masmorra /maz'moxa/ [女] 地下牢.

masoquismo /mazo'kizmu/ [男] マゾヒズム.

masoquista /mazo'kista/ [形]《男女同形》マゾヒズムの.
— [名] マゾヒスト, 被虐性愛者.

****massa** /'masa マーサ/ [女] ❶〖料理〗**パスタ**▶massa com molho de queijo チーズソースのパスタ.
❷〖料理〗**ペースト**▶massa de tomate トマトペースト.
❸〖料理〗ペーストリー▶massa de amêndoa アーモンドペーストリー.
❹ パイ生地, パン生地▶massa folhada パイ生地.
❺ **物質**▶massa muscular 筋肉 / massa cinzenta 脳；頭脳, 知能 / massa encefálica 脳髄 / massa de modelar 工作用粘土.
❻ 質量▶massa atômica 原子量.
❼ 大量▶massa de água 大量の水 / massa de gente 多数の人々.
com a mão na massa ① 仕事の最中に▶estar com a mão na massa 仕事の最中である. ② 現行犯で.
de massa 大衆の▶cultura de massa 大衆文化 / meios de comunicação de massa マスコミ.
em massa 大量に, 多数で▶produção em massa 大量生産 / vacinação em massa 集団予防接種.
meter [pôr] a(s) mão(s) na massa ① 仕事に没頭する. ② 余計な口出しをする.
pôr a mão na massa 仕事する, 作業する, 自ら手を下す.
Que massa! [話] すばらしい, すごい.

massacrante /masa'krẽtʃi/ [形]《男女同形》❶ 過酷な▶trabalho massacrante 過酷な労働. ❷ 辛い, さいなむ▶A dor pela perda de seu pai foi massacrante. 彼は父親を亡くした苦しみにさいなまれた. ❸ 圧倒的な▶derrota massacrante 完敗. ❹ 退屈な, うんざりする.

massacrar /masa'krax/ [他] ❶ 虐殺する▶Os brancos massacraram os índios. 白人はインディオを虐殺した.
❷（試合で）圧勝する, 粉砕する▶Nosso time massacrou o time adversário. 私たちのチームは相手チームを粉砕した.
❸ 疲労困憊させる.

massacre /ma'sakri/ [男] 虐殺, 大虐殺▶Massacre dos Inocentes〖聖書〗(ヘロデ王による) 幼児虐殺.

massagear /masaʒe'ax/ ⑩ [他] [自] マッサージする.

massagem /ma'saʒẽj/［[複] massagens］[女] マッサージ▶fazer massagem nos pés 足をマッサージする / massagem cardíaca 心臓マッサージ.

massagista /masa'ʒista/ [名] マッサージ師.

massificação /masifika'sẽw̃/ ［[複] massificações］[女] 大衆化, 画一化

massificar /masifi'kax/ ㉙ [他] ❶ 大衆化する▶massificar a cultura 文化を大衆化する.
❷ 一般化する. ❸ 画一化する.
— **massificar-se** [再] 大衆化する.

massudo, da /ma'sudu, da/ [形] ❶ 塊状の.
❷ 大きい, 厚い, しっかりとした, ぎっしり詰まった▶pizza massuda 分厚いピザ.
❸ 大柄の, がっしりした▶atleta massudo 大柄な選

[M]

手.
mastigação /mastʃiga'sẽw̃/ [[複] mastigações] [女] かみ砕くこと, 咀嚼(そしゃく).
mastigar /mastʃi'gax/ ⑪ [他] かむ, 咀嚼(そしゃく)する ▶ Mastigar bem os alimentos ajuda na digestão. 食べ物をよくかむことは消化を助ける.
mastim /mas'tĩ/ [[複] mastins] [男] マスティフ (犬).
mastodonte /masto'dõtʃi/ [男] ❶〖古生物〗マストドン. ❷ 巨大なもの.
mastro /'mastru/ [男] ❶〖船舶〗マスト, 帆柱. ❷ 旗竿.
masturbação /mastuxba'sẽw̃/ [[複] masturbações] [女] マスターベーション, 自慰 ▶ masturbação mental ひとり相撲.
masturbar-se /mastux'baxsi/ [再] 自慰する, マスターベーションする.
****mata** /'mata マータ/ [女] **森林** ▶ mata virgem 原生林, 処女林 / mata de pinheiros 松の林.
mata-borrão /ˌmatabox'ẽw̃/ [[複] mata-borrões] [男] ❶ 吸い取り紙. ❷ 大酒飲み.
matado, da /ma'tadu, da/ [形] お粗末な, 出来のよくない.
matadouro /mata'doru/ [男] 食肉処理場.
mata-mata /ˌmata'mata/ [[複] mata-matas] [男] 決勝トーナメント.
mata-moscas /ˌmata'moskas/ [男]《単複同形》ハエ叩き, ハエ取り器, ハエ取りスプレー.
mata-mosquito /ˌmatamos'kitu/ [[複] mata-mosquitos] [男] 蚊取り器, 蚊取りスプレー.
matança /ma'tẽsa/ [女] ❶ 虐殺, 殺戮. ❷ と畜.
mata-piolho /ˌmatapi'oʎu/ [[複] mata-piolhos] [男] [話] 親指.
*****matar** /ma'tax マターフ/《過去分詞 matado/morto》[他] ❶ **殺す** ▶ matar ratos ネズミを殺す / Vou matar você! 殺してやる / Quem matou Kennedy? ケネディを殺したのは誰か.
❷ **解消する, 満足させる, 癒す** ▶ matar a fome 空腹を満たす / matar a sede のどの乾きを潤す / matar o sono 眠気を覚ます / matar a curiosidade 好奇心を満足させる / matar a saudade 郷愁をいやす / matar as saudades dos amigos 友人との旧交を温める.
❸ (時間を) つぶす ▶ matar o tempo 時間をつぶす.
❹ さぼる ▶ matar a aula 授業をさぼる / matar o trabalho 仕事をさぼる.
❺ (飲食物を) 食べきる, 飲みきる.
❻ (謎を) 解く ▶ matar o problema 問題を解決する / matar a charada 文字謎々を解く, 謎を解く.
❼ くたくたにする, 疲れさせる.
— **matar-se** [再] ❶ 自殺する ▶ Ele se matou com o revólver. 彼はピストル自殺をした.
❷ 犠牲になる ▶ Eles se matam pela família. 彼らは家族のために犠牲になる.
❸ くたくたになる ▶ Ela se mata de tanto trabalho. 彼女はあまりにも多くの仕事でくたくたになる / matar-se de + [不定詞] …して疲れ果てる.
acabar de matar 引導を渡す.
de matar ① ひどい, 最悪の. ② すばらしい, 最高の.

mate /'matʃi/ [男] ❶ マテ茶. ❷〖チェス〗チェックメート.
***matemática**[1] /mate'matʃika マテマチカ/ [女] **数学** ▶ matemática aplicada 応用数学 / Ela é boa em matemática. 彼女は数学が得意だ / Tenho aula de matemática hoje. 今日は数学の授業がある.
matemático, ca[2] /mate'matʃiku, ka/ [形] ❶ 数学の, 数学的な ▶ problema matemático 数学の問題. ❷ 正確な, 厳密な ▶ precisão matemática 厳密な正確さ.
— [名] 数学者.
*****matéria** /ma'tɛria マテーリア/ [女] ❶ **物体, 物質, 材料** ▶ matéria sólida 固体 / matéria líquida 液体 / matéria gasosa 気体 / matéria plástica プラスチック / matéria orgânica 有機物 / matéria inorgânica 無機物.
❷ **科目, 教科** ▶ Minha matéria preferida é matemática. 私の好きな科目は数学だ / matéria obrigatória 必須科目 / Ele foi aprovado no exame porque estudou bastante a matéria. 彼は十二分に教科を勉強したので, 試験に合格した.
❸ **題材, 論題** ▶ em matéria de... …に関して言えば / entrar na matéria 本題に入る.
❹ (新聞の) 記事.
*****material** /materi'aw マテリアゥ/ [[複] materiais] [形]《男女同形》**物質の, 物質的な, 有形の ; 肉体の** ▶ prova material 物的証拠 / ajuda material 物質的援助 / danos materiais 物的損害.
— [男] ❶ **設備, 機材**, 用品 ▶ material esportivo スポーツ用品 / material de laboratório 実験道具 / material de mergulho ダイビング用品 / material didático [educativo] 教材 / material escolar 学用品.
❷ **素材, 材料** ▶ material resistente ao fogo 耐火材 / material refratário 耐熱材 / material à prova d'água 防水素材.
materialidade /materiali'dadʒi/ [女] 物質性, 実体, 実質.
materialismo /materia'lizmu/ [男] 物質主義 ; 〖哲学〗唯物論.
materialista /materia'lista/ [形]《男女同形》物質主義の ; 唯物論の.
— [名] 物質主義者 ; 唯物論者.
materializar /materiali'zax/ [他] 実現する, 具体化する ; 物質化する ▶ Ela conseguiu materializar um antigo sonho. 彼女は長年の夢を実現することができた.
— **materializar-se** [再] 実現される, 具体化される.
matéria-prima /maˌtɛria'prĩma/ [[複] matérias-primas] [女] 原料, 原材料.
maternal /matex'naw/ [[複] maternais] [形]《男女同形》母親の, 母親らしい ▶ amor maternal 母性愛 / escola maternal 保育園.
maternidade /matexni'dadʒi/ [女] ❶ 母であること, 母性. ❷ 産院.
materno, na /ma'tɛxnu, na/ [形] 母親の, 母親としての ; 母方の ▶ língua materna 母語 / amor

M

materno 母性愛 / leite materno 母乳 / avós maternos 母方の祖父母.
matinal /matʃi'naw/ [[複] matinais] [形]《男 女 同形》朝の ▶café matinal 朝のコーヒー.
matiné /mɐti'nɛ/ [女] [P] = matinê
matinê /matʃi'ne/ [女] [B]〖演劇〗昼興行, マチネー.
matiz /ma'tʃis/ [[複] matizes] [男] ❶ 色合い, 色調 ▶matiz político 政治的色合い. ❷ ニュアンス, 意味合い, あや.
matizar /matʃi'zax/ [他] ❶ …に様々な色をつける ▶ matizar o cabelo 髪を染める / A lua matiza as casas. 月が家々を様々な色に染める / O céu está matizado por várias cores. 空が多彩な色合いを見せている.
❷ 飾る, 修飾する ▶As flores matizam o jardim. 花々が庭を彩る.
— [自] 様々な色を持つ.
*__mato__ /'matu マート/ [男] ❶ **森, 森林** ▶mato grosso 密林. ❷ 茂った雑草地.
botar no mato 捨てる, 処分する.
cair no mato 逃げる, 姿を消す.
Deste mato não sai coelho. ここからは何も出てこない.
ir ao mato 排便に行く.
ir pro [para o] mato 田舎に行く, 都会を捨てる.
no mato sem cachorro お手上げである.
ser mato 豊富である, たくさんある [いる].
mato-grossense /ˌmatugro'sẽsi/ [[複] mato-grossenses] [形] [名]《男女同形》マット・グロッソ州の (人)
mato-grossense-do-sul /matugroˌsẽdidu'suw/ [[複] mato-grossenses-do-sul] [形]《男 女 同形》[名] マットグロッソ・ド・スル州の (人).
Mato Grosso /ˌmatu'grosu/《地名》(ブラジル中西部の) マットグロッソ州.
Mato Grosso do Sul /ˌmatuˌgrosudu'suw/《地名》(ブラジル中西部の) マットグロッソ・ド・スル州.
matraca /ma'traka/ [女] ❶ (おもちゃの) がらがら, 拍子木. ❷ おしゃべりな人.
falar como uma matraca おしゃべりである.
fechar a matraca 黙る, 黙らせる.
matraquear /matrake'ax/ ⑩ [自] ❶ がらがらを鳴らす. ❷ おしゃべりする.
matriarca /matri'axka/ [女] 女家長, 女族長.
matriarcado /matriax'kadu/ [男] 母系家族制, 母権性, 女家長制.
matriarcal /matriax'kaw/ [[複] matriarcais] [形]《男女同形》母系家族の, 母権制の, 女家長制の.
matrícula /ma'trikula/ [女] ❶ 登録, 入学, 入会 ▶ fazer a matrícula 登録する / renovar a matrícula 登録を更新する / As matrículas começaram. 入学手続きが始まった.
❷ 登録料.
❸ 登録簿, 名簿.
❹〖自動車〗ナンバー (= número de matrícula).
matricular /matriku'lax/ [他] …に登録する, 入学させる [+ em].
— **matricular-se** [再] …に登録する, 入学する [+ em].
matrimonial /matrimoni'aw/ [[複] matrimoniais] [形]《男女同形》結婚の ▶enlace matrimonial 結婚 / agência matrimonial 結婚相談所.
matrimónio /mɐtri'mɔniu/ [男] [P] = matrimônio
matrimônio /matri'mõniu/ [男] [B] 結婚, 婚姻.
matriz /ma'tris/ [[複] matrizes] [女] ❶ 母 胎,〖解剖〗子宮. ❷〖数学〗マトリックス, 行列. ❸ 本社, 本部 ▶matriz e filial 本社と支社, 本宅と妾宅.
maturação /matura'sɐ̃w̃/ [[複] maturações] [女] 熟すこと, 成熟, 熟成, 円熟.
maturar /matu'rax/ [他] 熟させる.
— [自] 熟す, 成熟する.
— **maturar-se** [再] 熟す, 成熟する.
maturidade /maturi'dadʒi/ [女] 成 熟, 円 熟 ▶ atingir a maturidade 円熟する.
matutar /matu'tax/ [自] 熟考する ▶Ele matutou por alguns minutos antes de decidir. 彼は決断を下す前に数分間落ち着いて考えた.
— [他] (計画を) 立てる.
matutino, na /matu'tʃĩnu, na/ [形] 朝の ▶estrela matutina 明けの明星.
— **matutino** [男] 朝刊.
matuto, ta /ma'tutu, ta/ [形] ❶ 田舎の. ❷ 臆病な.
— [名] 田舎の人.
***__mau, má__ /'maw, 'ma マゥ, マ/ [形] (比較級は pior) ❶ **悪い, 邪悪な** (⟷ bom) ▶má pessoa 悪い人 / má ação 悪行 / mau comportamento 不品行 / Faz mau tempo. 天気が悪い / por causa do mau tempo 悪天候のために / roupa de mau gosto 悪趣味な服 / Meu filho foi influenciado por maus amigos. 私の息子は悪い友達に感化された / Ela está de mau humor. 彼女は機嫌が悪い / má visibilidade 視界不良 / maus costumes 悪習 / maus pensamentos よこしまな考え / mau aluno 劣等生.
❷ **粗悪な** ▶de má qualidade 質の悪い.
❸ **有害な** ▶Fumar é mau para a saúde. 喫煙は健康に有害である / má alimentação 体に悪い食生活.
❹ **不快な** ▶mau cheiro 悪臭 / Ele tem mau hálito. 彼は口が臭い.
❺ **不吉な, 不運な** ▶má notícia 悪い知らせ / má sorte 不運 / mau presságio 不吉な前兆.
❻ **不都合な, 折の悪い** ▶em má hora 折の悪いときに.
❼ 意地悪な ▶Não seja mau. 意地の悪いことを言うな.
— **mau** [男] ❶ 悪人 ▶castigar os maus 悪人をこらしめる. ❷ 悪魔.
mau-caráter /ˌmawka'ratex/ [[複] maus-caracteres] [B] [話] [名] 悪人, 悪い人.
— [形]《男女同形》悪辣な.
mau-olhado /ˌmawo'ʎadu/ [[複] maus-olhados] [男] 邪視, 邪眼, 魔眼 ▶tirar mau-olhado 邪眼をはらう.
mauricinho /mawri'sĩɲu/ [男] 金持ちの息子.
mausoléu /mawzo'lɛu/ [男] 霊廟(れいびょう), 陵墓.

M

maus-tratos

maus-tratos /ˌmaws'tratus/ 男複 〖法律〗虐待 ▶ maus-tratos infantis 児童虐待 / maus-tratos de animais 動物虐待 / cachorro vítima de maus-tratos 虐待された犬.

máx. 《略語》máximo 最大限.

maxidesvalorização /maksidezvaloriza'sẽw/ ［複 maxidesvalorizações］女 大幅の通貨切り下げ.

maxila /mak'sila/ 女 〖解剖〗あご, あご骨.

maxilar /maksi'lax/ ［複 maxilares］形《男女同形》あごの.
— 名 あご骨 ▶ maxilar superior 上あご骨 / maxilar inferior 下あご骨.

máxima[1] /'ma(k)sima/ 女 ❶ 格言, 金言, 箴言. ❷（倫理的, 実践的な）行動基準. ❸ 最高気温.

máxime /'ma(k)simi/ 副 特に, とりわけ ▶ A comida desse restaurante é maravilhosa, máxime a feijoada e o quindim. そのレストランの料理はすばらしい, とりわけフェイジョアーダとキンジンがよい.

maximização /ma(k)simiza'sẽw/ ［複 maximizações］女 最大化, 極大化.

maximizar /ma(k)simi'zax/ 他 最大化する ▶ maximizar os lucros 利益を最大にする.

máximo, ma[2] /'ma(k)simu, ma マ（ク）スィモ, マ/（grande の絶対最上級）形 最大の, 最高の, 上の ▶ velocidade máxima 最高速度 / temperatura máxima 最高気温 / com o máximo cuidado 最大の注意を払って.
— **máximo** 男 最大限, 最高度, 極限 ▶ um máximo de uma hora 最大限1時間 / ao máximo 最大限に / dar o máximo 全力を尽くす / no máximo 最大限で, せいぜい; 遅くとも / fazer o máximo possível できるだけのことをする / Esse filme é o máximo! この映画は最高だ.

mazela /ma'zɛla/ 女 ❶ 傷. ❷ 汚名, 汚点 ▶ mazelas familiares 内輪の恥. ❸ 悩み.

☆me /mi/ 代《目的語一人称単数》❶《直接目的語》私を ▶ Ele me conhece bem. 彼は私をよく知っている.
❷《間接目的語》私に, 私から ▶ Ele me ligou. 彼は私に電話してきた / Dê-me isso. それをください / Roubaram-me o celular. 私は携帯電話を盗まれた.
❸《再帰代名詞》私自身を, 私自身に ▶ Eu me conheço bem. 私は自分自身をよく知っている.
❹《定冠詞+体の部分や所持品を表す名詞とともに》私の ▶ Ele me salvou a vida. 彼は私の命を救ってくれた.

mea-culpa /ˌmea'kuwpa/ 男《単複同形》fazer mea-culpa 自分の誤りを認める, 後悔する.

meada[1] /me'ada/ 女 ❶ 糸束. ❷ もつれ, 紛糾.
desfiar a meada 詳細を語る.
perder o fio da meada 何の話をしていたか忘れる, 何を考えていたのか忘れる.
retomar o fio da meada 本題に戻る, 話を本筋に戻す.

★meado, da[2] /me'adu, da メアード, ダ/ 形 半分の, 半ばの ▶ Meado março, o vento da primavera começou a soprar. 3月の中ごろ, 春風が吹き始めた.
— **meados** 男複 中ごろ ▶ em meados deste mês 今月の半ばに / em meados do mês de maio 5月中旬に / até os meados dos anos 90 90年代の中ごろまで.

meandro /me'ẽdru/ 男 ❶（河川や道の）曲がりくねり, 蛇行. ❷ 陰謀.

meão, meã /me'ẽw, me'ẽ/ ［複 meãos, meãs］形 ❶ 中間の, 中くらいの ▶ de estatura meã 中くらいの身長の. ❷ 普通の, 平凡な, 凡庸な.

mecânica[1] /me'kenika/ 女 力学 ▶ mecânica celeste 天体力学 / mecânica quântica 量子力学.

★mecânico, ca[2] /me'keniku, ka メカニコ, ニカ/ 形 ❶ 機械の, 機械仕掛けの ▶ engenharia mecânica 機械工学 / ter problemas mecânicos 機械系統のトラブルがある / relógio mecânico 機械式時計.
❷ 機械的な ▶ gestos mecânicos 機械的な動作.
❸ 力学の, 力学的な ▶ energia mecânica 力学的エネルギー.
— 名 機械工, 整備工, 修理工 ▶ mecânico de automóvel 自動車整備工.

★mecanismo /meka'nizmu メカニズモ/ 男 装置, 仕組み, メカニズム ▶ mecanismo de um relógio 時計の仕組み / mecanismo do corpo humano 人体の仕組み / mecanismo de defesa 〖心理〗防衛機制 / mecanismo de busca サーチエンジン.

mecanização /mekaniza'sẽw/ ［複 mecanizações］女 機械化.

mecanizar /mekani'zax/ 他 機械化する ▶ mecanizar a produção 生産を機械化する.
— **mecanizar-se** 再 機械化される.

mecenas /me'sẽnas/ 男《単複同形》芸術や学術などの後援者.

mecenato /mese'natu/ 男（芸術や学術の）庇護, 奨励, メセナ.

mecha /'mɛʃa/ 女 ❶（ランプやろうそくの）芯. ❷ 導火線. ❸（mechas）髪の房, メッシュ ▶ fazer mechas メッシュを入れる.

méd. 《略語》médio 平均.

★medalha /me'daʎa メダーリャ/ 女 ❶ メダル, 勲章 ▶ medalha de ouro 金メダル / medalha de prata 銀メダル / medalha de bronze 銅メダル / ganhar uma medalha メダルを取る / merecer uma medalha メダルに値する.
❷ メダル受賞者, メダリスト ▶ Ele é medalha de ouro em natação. 彼は水泳の金メダリストだ.

medalhão /meda'ʎãw/ ［複 medalhões］男 ❶ 大型のメダル. ❷〖料理〗肉や魚の輪切り, メダイヨン ▶ medalhão de vitela 仔牛のメダイヨン.

★média /'mɛdʒia メーヂア/ 女 ❶ 平均 ▶ em média 平均えして / média aritmética 算術平均 / acima da média 平均以上の / abaixo da média 平均以下の.
❷ 成績評価点平均.
❸ 大きめのグラスに入れたミルクコーヒー.

mediação /medʒia'sẽw/ ［複 mediações］女 仲裁, 調停, 仲介.

mediador, dora /medʒia'dox, 'dora/ ［複 mediadores, doras］名 ❶ 調停者, 仲裁者, 仲介人. ❷（議論の）進行役.
— 形 調停の, 仲裁の.

mediana[1] /medʒi'ẽna/ [女]〖数学〗中央値, 中間値.

mediano, na[2] /medʒi'ẽnu, na/ [形] 中くらいの, 中間の ▶ altura mediana 中くらいの身長 / aluno mediano 並みの生徒.

★**mediante** /medʒi'ẽtʃi/ [前] ❶ …によって, …を介して., …を通じて ▶ Se você está interessado, entre em contato mediante correio eletrônico. 関心があれば, メールで連絡をとってください.
❷ …と引き換えに, …の見返りに ▶ O produto será entregue mediante pagamento em dinheiro. 商品は現金での支払いと引き換えに手渡されます / mediante a apresentação do cartão カードの提示により.

mediar /medʒi'ax/ ㊳ [他] ❶ 仲裁する ▶ mediar a paz entre dois países 両国間の和平を仲介する.
❷ 二等分する.
— [自] ❶ 仲裁する.
❷ …の間に位置する ▶ A vila medeia entre o rio e a montanha. 町は川と山の間にある.
❸ (時間が) 経過する.

medicação /medʒika'sẽw̃/ [複 medicações] [女] ❶ 投薬, 薬物治療. ❷《集合的》薬剤, 医薬品.

★★★**medicamento** /medʒika'mẽtu メヂカメント/ [男] **薬, 薬品**, 薬剤 ▶ tomar o medicamento 薬を飲む / receitar um medicamento 薬を処方する / medicamento de prescrição 処方薬 / medicamento de venda 市販薬 / medicamento genérico ジェネリック薬品.

medicamentoso, sa /medʒikamẽ'tozu, 'tɔza/ [形] 薬による, 薬効のある ▶ tratamento medicamentoso 薬物治療.

medição /medʒi'sẽw̃/ [複 medições] [女] ❶ 測定, 測量. ❷〖建築〗評価, 見積もり.

medicar /medʒi'kax/ ㉙ [他] …に薬を飲ませる ▶ medicar o paciente 患者に薬を飲ませる.
— **medicar-se** [再] 薬を飲む ▶ Não é recomendável se medicar sem orientação médica. 医師の指示なしに薬を服用することはおすすめできない.

★★**medicina** /medʒi'sĩna メヂスィーナ/ [女] **医学**, 医療 ▶ Faculdade de Medicina 医学部 / estudante de medicina 医学生 / medicina preventiva 予防医学 / medicina legal 法医学 / medicina esportiva スポーツ医学 / medicina alternativa 代替医療 / medicina veterinária 獣医学.

medicinal /medʒisi'naw/ [複 medicinais] [形]《男女同形》❶ 医学の. ❷ 薬用の, 薬効のある ▶ planta medicinal 薬用植物.

★★★**médico, ca** /'mɛdʒiku, ka メーヂコ, カ/ [形] **医療の**, 医師の ▶ atestado médico 医者の診断書 / centro médico 医療センター / exame médico 検診 / tratamento médico 治療 / estudos médicos 医学研究 / cuidados médicos 医療.
— [名] 医師, 医者 ▶ Ela é médica. 彼女は医者だ / Quero ser médico. 私は医者になりたい / ir ao médico 医者に行く.

médico-cirurgião, médica-cirurgiã /ˌmɛdʒikusi'rurʒi'ẽw̃,ˌmɛdʒikasi'rurʒiẽ/ [複 médicos-cirurgiões, médicas-cirurgiãs] [名] 外科医.

médico-legal /ˌmɛdʒikule'gaw/ [複 médico-legais] [形]《男女同形》法医学の.

médico-legista, médica-legista /ˌmɛdʒikule'ʒista,ˌmɛdʒikale'ʒista/ [複 médico-legistas, médica-legistas] [名] 法医学者.

★★★**medida** /me'dʒida メヂーダ/ [女] ❶ **測定**, **計測** ▶ tirar a medida de... …を測る / medida do tempo 時間の測定 / aparelho de medida 計測器.
❷ **大きさ**, **寸法**, 体のサイズ ▶ tomar medidas 寸法を取る.
❸ (度量の) **単位** ▶ medida do comprimento 長さの単位.
❹ **節度**, **限度** ▶ passar das medidas 限度を超える, 度を越す / sem medida 度を越して, 過度に.
❺ **措置**, **対策** ▶ tomar medidas 対策を講じる / medida extrema 非常手段 / medida provisória 暫定措置 / medidas de segurança 治安対策 / medidas preventivas 予防措置.
❻〖音楽〗拍子 ; 小節.
à medida de... …に従って, …に応じて.
à medida que ＋[直説法] / [接続法] …につれて ▶ à medida que o tempo passa 時間が経つにつれて.
com meias medidas 一時しのぎで.
em certa medida ある程度は, ある意味では.
encher as medidas ① 存分に満足させる. ② 我慢できなくなる.
na medida ちょうどよい.
na medida do possível 可能な限り.
na medida em que... …する限り ▶ na medida em que o tempo permitir 時間の許す限り.
não ter meias medidas 半端ではない.
por medida de... …のために, …のせいで.
sob medida ① (衣服などが) 寸法に合わせた, オーダーメイドの ▶ um terno sob medida オーダーメードのスーツ. ② 都合に合わせた, 格好の ▶ papel sob medida 適役.

medidor, dora /medʒi'dox, 'dora/ [複 medidores, doras] [名] 測る人, 測定者.
— [形] 測る, 測定する ▶ copo medidor 計量カップ.
— **medidor** [男] 計量計, メーター ▶ medidor de velocidade 速度計 / medidor de gás ガスメーター.

medieval /medʒie'vaw/ [複 medievais] [形]《男女同形》中世の, 中世的な ▶ história medieval 中世史.

★★**médio, dia** /'mɛdʒiu, dʒia メーヂオ, ヂア/ [形] ❶ **平均の** ▶ velocidade média 平均速度 / temperatura média 平均温度.
❷ **中間の**, **中くらいの** ▶ um homem de altura média 中背の男性 / Idade Média 中世 / dedo médio 中指 / classe média 中流階級 / produtos de qualidade média 普及品 / de tamanho médio 中くらいの大きさの / Oriente Médio 中東.
❸ **普通の**, **平均的な**, **並みの**, 平凡な ▶ um brasileiro médio 平均的ブラジル人 / nível médio 平均レベル.
❹〖ボクシング〗peso médio ミドル級.
— **médio** [男] [P]〖サッカー〗ミッドフィールダー.

[M]

medíocre

medíocre /me'dʒiokri/ 形《男女同形》❶ 並みの, 平凡な, 月並みな. ❷ 二流の, 凡庸な▶pintor medíocre 凡庸な画家.
— 名 平凡な人, 凡庸な人.

mediocridade /medʒiokri'dadʒi/ 女 ❶ 平凡, 月並み. ❷ 凡庸. ❸ 凡庸な人(たち).

＊medir /me'dʒix/ メヂーフ/ 他 ❶ 測る, 測定する▶medir a temperatura 温度を測る / medir o peso 重さを量る / medir o tempo 時間を計る / medir o terreno 土地を測量する / medir os passos 歩数で距離を測る.
❷ …を推し測る, 予測する；評価する▶medir os resultados 結果を評価する / medir as consequências 後先を考える.
❸ …を慎重にする, 控えめにする▶medir as palavras 言葉を選ぶ / não medir esforços 努力を惜しまない
❹ じろじろ見る, なめるように見る▶medir de alto a baixo 上から下までじろじろ見る.
— 自《medir＋数量表現》…の寸法がある▶Eu meço 1,76m. 私の身長は1メートル76センチだ / Quanto você mede? あなたの身長はどれぐらいですか / O terreno mede 1,000m². その土地は1000平方メートルである.
— **medir-se** 再 …と争う, …に立ち向かう, 挑戦する［＋com］▶medir-se com o adversário 対戦相手と争う.

meditação /medʒita'sẽw/ ［複 meditações］女 黙想, 思索, 瞑想▶praticar a meditação 瞑想を行う.

meditar /medʒi'tax/ 自 ❶ 瞑想する▶Ela gosta de meditar todas as manhãs. 彼女は毎朝黙想するのが好きだ.
❷ 熟考する▶meditar sobre a vida 人生について考える.

meditativo, va /medʒita'tʃivu, va/ 形 瞑想の, 瞑想的な▶estado meditativo 瞑想状態.

mediterrâneo, nea /medʒite'xẽniu, nia/ 形 内陸の, 地中海の▶Mar Mediterrâneo 地中海 / países mediterrâneos 地中海諸国.
— **Mediterrâneo** 男 地中海.

mediterrânico, ca /medʒite'xẽniku, ka/ 形 地中海の▶clima mediterrânico 地中海性気候.

médium /'medʒiũ/ ［複 médiuns］男 霊媒, 口寄せ.

mediunidade /medʒiuni'dadʒi/ 女 透視能力, 千里眼.

＊medo /'medu/ メード/ 男 ❶ 恐れ, 恐怖▶tremer de medo 恐怖で震える / medo do escuro 暗闇を恐れること / medo de morrer 死の恐怖 / Que medo! なんてこわい / morrer de medo 死ぬほど怖がる / Estou com medo. = Tenho medo. 私は怖い / Tenho muito medo. 私はとても怖い / Não tenha tanto medo. そんなに怖がらないで / Tenho medo de terremoto. 私は地震が怖い / Eu tenho medo de cachorros. 私は犬が怖い / Estou com medo de morrer. 私は死ぬのが怖い / Tenho medo de te perder. 私は君を失うのが怖い / sentir medo 怖がる, 恐れる.
❷ 不安, 心配, 懸念▶medo do futuro 将来の不安 / sentir medo do futuro 将来を不安に思う / medos desnecessários 無用な不安.
com medo de ＋不定詞 …を恐れて, …するといけないから▶Com medo de falhar outra vez, ele recusou o trabalho. またしくじるのを恐れて彼はその仕事を断った.
com medo que ＋接続法 …を恐れて, …するといけないから▶Com medo que os preços caíssem novamente, ele vendeu tudo. また値段が下がってしまうかもしれないと恐れて, 彼はすべて売り払った.
meter medo a... …を恐がらせる, 驚かす
não ter medo de cara feia 脅迫を恐れない.
sem medo e sem censura 恐れなしに, 大胆に.
ter medo que ＋接続法 …ではないかと恐れる, 心配する▶Tenho medo que ocorra outro atentado terrorista. またテロ事件が起きないかと私は恐れている.

medonho, nha /me'dõɲu, ɲa/ 形 ❶ 驚かせる, 怖がらせる, 恐ろしい, ひどい▶um animal medonho 恐ろしい動物 / calor medonho ひどい暑さ.
❷ 醜悪な, 醜い▶um rosto medonho 醜い顔.
❸ 憎むべき, 嫌悪すべき▶um crime medonho 憎むべき犯罪.

medrar /me'drax/ 他 ❶ (植物などを) 成長させる, 発育させる▶medrar as plantações 植物を生長させる.
❷ 繁栄させる, 発展させる；増やす.
— 自 ❶ (植物などが) 成長する, 伸びる.
❷ 繁栄する, 発展する▶Medram as ciências. 科学が進歩する.
❸ 増加する, 増大する, 拡大する.
❹ 突然現れる▶Durante o filme medrou a vontade de viajar. 映画を観ていると突然旅に出たくなった.
❺ 伯 怖がる.

medroso, sa /me'drozu, 'drɔza/ 形 ❶ 臆病な, 怖がりの, 小心な▶uma criança medrosa de escuridão 暗闇におびえる子供.
❷ 内気な, 引っ込み思案の.
❸ 弱い, か細い, 気づかれない▶As batidas medrosas na porta eram quase inaudíveis. ドアをノックする小さな音は, ほとんど聞き取れなかった.
— 名 臆病者, 小心者.

medula /me'dula/ 女 ❶【解剖】髄, 骨髄, 髄質▶medula espinhal 脊髄(ｾｷｽｲ) / medula óssea 骨髄.
❷【植物】髄. ❸ 真髄, 核心, 主要部.
até a medula 徹底的に.
até a medula dos ossos 骨の髄まで.

medusa /me'duza/ 女 クラゲ.

mega /'mega/ 形《不変》ものすごい, 最高な▶mega evento メガイベント.
— 副 ものすごく, 最高に.

megafone /mega'foni/ 男 メガホン, 拡声器.

megalomania /megaloma'nia/ 女 ❶ 誇大妄想. ❷ 過剰な野心.

megaton /mega'tɔn/ ［複 B megatons, P megatones］男 メガトン, 100万トン.

megera /me'ʒera/ 女 意地悪女, 性悪女；愛情の薄い母親.

＊meia¹ /'meja/ メィア/ 女 ❶ 靴下, 長靴下, ストッキン

グ ▶calçar meias 靴下をはく / descalçar [tirar] as meias 靴下を脱ぐ / uma meia = um par de meias 1足の靴下 / meia fina ストッキング / meia elástica 弾性ストッキング.
❷ パンティーストッキング (= meias-calças).
❸ 半額入場券.
❹ 囝 (番号の数字) 6.
❺ 《... e meia》 …時半 ▶São duas e meia. 2時半だ. / Hoje eu acordei às seis e meia da manhã. 私は今朝6時半に起きた.
— 名《スポーツ》囝 ミッドフィールダー.

meia-calça /ˌmejaˈkawsa/ [複 meias-calças] 囡 パンティーストッキング.

meia-direita /ˌmejadʒiˈrejta/ [複 meias-direitas] 囡《サッカー》インサイドライト.
— 名 インサイドライトの選手.

meia-entrada /ˌmejaẽˈtrada/ [複 meias-entradas] 囡 半額入場券, 半額チケット.

meia-esquerda /ˌmejaisˈkexda/ [複 meias-esquerdas] 囡《サッカー》インサイドレフト.
— 名 インサイドレフトの選手.

meia-estação /ˌmejaistaˈsẽw/ [複 meias-estações] 囡 春または秋, 過ごしやすい季節 ▶roupa de meia-estação 合い服.

meia-final /ˌmejafiˈnaw/ [複 meias-finais] 囡 準決勝.

meia-idade /ˌmejaiˈdadʒi/ [複 meias-idades] 囡 中年 ▶homem de meia-idade 中年男 / crise da meia-idade 中年の危機.

meia-lua /ˌmejaˈlua/ [複 meias-luas] 囡《天文》半月; 半月状のもの.

meia-luz /ˌmejaˈlus/ [複 meias-luzes] 囡 薄明かり, 薄闇 ▶à meia-luz 薄闇の中で.

‡meia-noite /ˌmejaˈnojtʃi メイアノイチ/ [複 meias-noites] 囡 真夜中, 午前0時 (↔ meio-dia) ▶É meia-noite. 午前0時だ. / à meia-noite 午前0時に.

meia-tigela /ˌmejatʃiˈʒela/ 囡《次の成句で》 **de meia-tigela** お粗末な, つまらない ▶O rapaz é um bandido de meia-tigela. その青年は間抜けな犯罪者だ.

meia-volta /ˌmejaˈvowta/ [複 meias-voltas] 囡 反転, 半回転 ▶dar meia-volta 半回転する, 振り向く / Meia-volta, volver! 回れ右.
fazer meia-volta ① 元来た道を引き返す. ② やり方を変える. ③ 反省する, 悔い改める.

meigo, ga /ˈmejgu, ga/ 形 ❶ 優しい, 親切な, 愛情のこもった ▶pai meigo 優しい父.
❷ 柔らかい, 心地よい ▶tom meigo 心地よい音調.

meiguice /mejˈgisi/ 囡 ❶ 優しさ, 愛情. ❷ 心地よさ, 柔らかさ.

‡meio, a² /ˈmeju, a メイオ, ア/ 形 ❶ 半分の, 中間の, 半ばの ▶meia hora 30分 / uma hora e meia 1時間半 / dois anos e meio 2年半 / meia dúzia de lápis 半ダースの鉛筆 / meia garrafa ハーフボトル / meia maratona ハーフマラソン / a meio caminho 道半ばで / meia verdade 半分嘘 / meia porção ハーフサイズ, ハーフポーション.
❷ 曖昧な, 微妙な ▶Ela deu um meio sorriso. 彼女は含み笑いを浮かべた / dar uma meia resposta 曖昧な回答をする / meias medidas その場しのぎ.

— **meio** 男 ❶ 二分の一, 半分.
❷ 中心, 中央, 真ん中 ▶meio do círculo 円の中心 / meio da praça 広場の中央 / no meio do mês 月の半ばに / no meio de muita gente 多くの人の中に.
❸ 環境 ▶meio ambiente 自然環境 / meio social 社会環境.
❹ 業界, …界 ▶meios financeiros 金融界 / meio esportivo スポーツ界 / Tenho amigos que são do meio político. 私は政界関係者の友人がいる.
❺ 手段, 方法, 方策 ▶Os fins justificam os meios. 目的は手段を正当化する / meio de subsistência 生活手段 / meio de pagamento 支払い方法 / meio de produção 生産手段 / meio de transporte 交通手段 / meios de comunicação メディア, マスコミ / meio de vida 生計を立てる手段 / Não tenho meios de saber a verdade. 私には真実を知る術がない.
❻ 《meios》 資力, 資金 ▶pessoa de meios 資産家 / viver contente com poucos meios 少ないお金で満足して暮らす.

— **meio** 副 ❶ 半ばで, 半分 ▶copo meio vazio 半分空のコップ / Ele está meio adormecido. 彼は半分寝ている. ❷ 少し ▶Ele é meio louco. 彼は少しおかしい / Estou meio cansado. 私は疲労気味だ / meio alto ほろ酔いの.

ao meio 半分に ▶cortar uma maçã ao meio リンゴを半分に切る.

bem no meio ① ちょうど真ん中に. ② 命中した.

em meio 途中で, 半端に ▶deixar em meio 中途半端なままにする.

em meio a... …の中に, さなかに ▶em meio à crise financeira 金融危機のさなかに.

meio a meio 半々に, 同等に.

meio cá, meio lá = meio lá, meio cá ① どっちつかずの, はっきりわからず. ② (健康状態が) ほどほどの.

meio circulante 通貨供給量.

meio do mundo 僻地, 辺鄙なところ.

meio mundo 非常に多くの人々.

nem meio 半分の…もない, まったく…ない ▶Se beber não dirija, ponto final, e sem mas nem meio mas. 酒を飲んだら車に乗るな, 絶対にだめだ.

no meio de... ① …の真ん中で ▶no meio do palco 舞台中央で / no meio da rua 通りの真ん中で. ② …の中で, 間で ▶no meio da batalha 戦闘の最中に / no meio da noite 真夜中に.

no meio de lugar nenhum 人里離れた場所で, 見知らぬ土地に.

por meio de... …を介して, …を通じて ▶por meio da internet インターネットを通じて / desenvolvimento social por meio da educação 教育を通じた社会発展.

meio-campo /ˌmejuˈkẽpu/ [複 meios-campos] 男《サッカー》ミッドフィールド, ミッドフィールダー.

meio de campo /ˌmejudʒiˈkẽpu/ [複 meios de campo] = meio-campo

meio-dia

meio-dia /,meju'dʒia/ メイオヂーア [複 meios-dias] 男 正午 (↔ meia-noite) ▶ ao meio-dia 正午に / por volta do meio-dia 正午頃に / meio-dia e meia 午後0時半 / É meio-dia e vinte. 午後0時20分с.

meio-fio /,meju'fiu/ [複 meios-fios] 男 道路の縁石.

meio-tempo /,meju'tẽpu/ [複 meios-tempos] 男 合間 ▶ nesse meio-tempo その合間に.

meio-termo /,meju'texmu/ [複 meios-termos] 男 ❶ 中間点. ❷ 中庸, 中道, 中位. ❸ 折衷主義. ❹《meios-termos》曖昧な表現；一時しのぎの手段.

meio-tom /,meju'tõ/ [複 meios-tons] 男 ❶【音楽】半音. ❷ 半階調, 中間調 [色].

****mel** /'mɛw/ メウ [複 méis または meles, ただし複数形はほとんど用いられない] 男 蜜, 蜂蜜 ▶ doce como o mel 蜜のように甘い / lua de mel ハネムーン / Os beijos sabiam a mel. 口づけは蜜の味がした.

melaço /me'lasu/ 男 糖蜜.

melado, da /me'ladu, da/ 形 ❶ ハチミツを入れた. ❷ 甘すぎる, 甘ったるい. ❸ べたべたした.
— **melado** 男 糖蜜.

melancia /melẽ'sia/ 女 スイカ.

melancolia /melẽko'lia/ 女 憂鬱, メランコリー, 悲哀, 意気消沈.

melancólico, ca /melẽ'kɔliku, ka/ 形 憂鬱な, ふさぎ込んだ, 意気消沈した, 物寂しい ▶ Seu temperamento melancólico era um obstáculo para que fizesse novas amizades. 彼の暗い性格は新しい友達を作る障害になっていた / música melancólica もの悲しい音楽.

melão /me'lẽw/ [複 melões] 男 メロン.

melar /me'lax/ 他 ❶ …に蜂蜜を塗る, …に蜂蜜を入れる. ❷ (蜂蜜などで) べとべとにする. ❸ B 失敗させる, 台無しにする.
— 自 B 失敗する.
— **melar-se** 再 (蜂蜜などで) べたべたになる.

meleca /me'lɛka/ 女 ❶ 鼻くそ. ❷ 無価値なもの, くだらないもの.

melena /me'lẽna/ 女 長い髪, (馬の) たてがみ.

****melhor** /me'ʎɔx/ メリョール [複 melhores] 形 (bom の比較級)《男女同形》❶ よりよい, より優れた (↔ pior) ▶ Ela é melhor do que eu na língua portuguesa. 彼女はポルトガル語では私よりも優れている / É melhor não se aproximar de áreas perigosas. 危ない地域には近づかない方がよい / melhor do que nunca 今までよりよい. ❷《定冠詞 / 所有形容詞 + melhor》最もよい, 最高の, 最善の ▶ O melhor método 最善の方法 / fazer a melhor escolha 最良の選択をする / o melhor estádio do mundo 世界一のスタジアム / o meu melhor amigo 私の一番の友達 / Ela é a melhor da turma. 彼女はクラスで一番できる.
— 副 (bem の比較級) ❶ よりよく, より上手に ▶ Ela canta melhor que eu. 彼女は私よりも歌が上手だ / Sinto-me muito melhor. 私は具合がずっとよくなった. ❷ 最もよく, 最も上手に.
— 男《o melhor》最もよいもの [こと] ▶ O melhor é não fazer nada. 一番いいのは何もしないことだ / fazer o melhor possível 全力を尽くす.
dar o melhor de si 最善を尽くす.
fazer melhor se... …したほうがいい ▶ Você faria melhor se descansasse. あなたは休んだ方がいい.
ir desta para melhor 死ぬ, あの世に行く.
levar a melhor ① 勝つ ▶ O time da casa levou a melhor. ホームチームが優勝した. ② 優勢である ▶ No debate, a oposição levou a melhor. 討論会では反対派が優勢を保った.
melhor de três 3番勝負 (2回先に勝ったほうが優勝する).
melhor do melhor とても優れた, この上ない.
ou melhor つまり, 言い換えれば.

melhora /me'ʎɔra/ 女 ❶ 改良, 改善 ▶ Houve melhora significativa em seu quadro de saúde. 彼の健康状態に明らかな改善があった. ❷《melhoras》(病気からの) 回復 ▶ As melhoras! 早くよくなってください / Desejo-lhe rápidas melhoras! 1日も早い快癒をお祈りします / As melhoras ao seu pai! お父様が早くよくなられますように.

melhorada /meʎo'rada/ 女 B 圏 改良, 改善 ▶ dar uma melhorada em... …を改善する, よくする.

melhoramento /meʎora'mẽtu/ 男 改良, 改善 ▶ Dedicou-se ao melhoramento das condições de vida de sua família. 彼は家族の生活状況を改善するために尽くした.

****melhorar** /meʎo'rax/ メリョラーフ 他 改善する, 改良する ▶ melhorar as condições de trabalho 労働条件を改善する.
— 自 ❶ 改善する, よくなる ▶ O tempo vai melhorar. 天気はよくなるだろう. ❷ (病気から) 回復する ▶ Você melhorou? 具合はよくなりましたか / Melhore logo! 早くよくなって.
Se melhorar, estraga. これ以上よくなりようがない.

****melhoria** /meʎo'ria/ メリョリーア 女 改良, 改善, 快方 ▶ A situação caminha para a melhoria. 状況は改善されてきている / melhoria do ensino 教育の改善.

melindrar /melĩ'drax/ 他 傷つける；怒らせる, 不快にする.
— **melindrar-se** 再 気を悪くする, 怒る ▶ O meu chefe melindra-se com tudo. 私の上司はどんなことにも腹を立てる.

melindre /me'lĩdri/ 男 ❶ すぐにいらだつこと, 繊細さ, 過敏. 感受性. ❷ もろい物, 繊細な物. ❸ 節度, 慎み. ❹ 心配り, 気づかい, 親切. ❺ 気取り. ❻【料理】蜂蜜入りのお菓子. ❼【植物】アスパラガス. ❽ B【料理】卵と粉と砂糖で作られていて表面を

シングでコーティングしたお菓子.

melindroso, sa /melĩ'drozu, 'drɔza/ [形] ❶ 難しい, 細心の注意を要する, つらい ▶ operação melindrosa 難しい手術.

❷ 厄介な, 複雑な ▶ situação melindrosa 厄介な状況.

❸ 危険な, 危ない.

❹ 窮屈な.

❺ 弱い, もろい ▶ saúde melindrosa 虚弱な体質.

❻ 繊細な, 敏感な.

❼ かっとなりやすい, 感受性の鋭い.

❽ 気取った, わざとらしい.

— [名] ❶ 敏感な人 (こと).

❷ すぐに気を悪くする人 (こと).

❸ 気取った人 (こと), わざとらしい人 (こと).

melodia /melo'dʒia/ [女] 旋律, メロディー.

melodioso, sa /melodʒi'ozu, 'ɔza/ [形] 旋律の豊かな, 音色の美しい ▶ voz melodiosa 妙なる声.

melodrama /melo'drẽma/ [男] メロドラマ, 通俗劇.

melodramático, ca /melodra'matʃiku, ka/ [形] メロドラマの, 感傷的で芝居がかかった.

meloeiro /melo'ejru/ [男]〖植物〗メロン.

melómano, na /mə'lɔmanu, nɐ/ [形] [名] [P] = melômano

melômano, na /me'lõmanu, na/ [形] [名] [B] 音楽が大好きな (人).

melopeia /melo'pɛja/ [女] ❶ 叙唱曲. ❷ 単調な歌.

meloso, sa /me'lozu, 'lɔza/ [形] ❶ 蜜のような. ❷ 感傷的な, 甘ったるい ▶ A vovó gostava de ouvir as músicas melosas de seu programa de rádio preferido. 祖母はお気に入りのラジオ番組で甘く優しい音楽を聴くのが好きだった.

membrana /mẽ'brẽna/ [女] 膜, 皮膜 ▶ membrana celular 細胞膜 / membrana timpânica 鼓膜.

***membro** /'mẽbru メンブロ/ [男] ❶ **成員, メンバー** ▶ membros da equipe チームのメンバーたち.

❷ 加盟国, 加盟団体 ▶ país membro 加盟国.

❸ **四肢, 手足** ▶ membros inferiores 下肢 / membros superiores 上肢.

❹ ペニス, 陰茎 (= membro viril).

❺〖数学〗辺.

memento /me'mẽtu/ [男] メモ ; メモ帳, 覚え書き.

memorando /memo'rẽdu/ [男] 覚書, メモ.

memorável /memo'ravew/ [[複] memoráveis] [形]《男女同形》記憶に残る, 記憶すべき, 忘れがたい ▶ um filme memorável 忘れられない映画.

***memória** /me'mɔria メモーリア/ [女] ❶ **記憶, 記憶力** ▶ Ele perdeu a memória no acidente de trânsito. 彼は交通事故で記憶を失った / ter boa memória 記憶力がよい / ter fraca memória 記憶力が悪い / ter curta memória 物忘れが激しい / memória de elefante 非常に強い記憶力 / memória fotográfica 映像記憶 / se a memória não me falha 私の記憶が間違っていなければ / trazer à memória 思い出す, 記憶を辿る / refrescar a memória 記憶を新たにする / vir à memória 思い出される.

❷ **思い出** ▶ Eu tenho boas memórias dela. 彼女に関してはよい思い出がある.

❸〖情報〗メモリー ▶ cartão de memória メモリーカード.

❹《memórias》回想録, 回顧録.

de memória 暗記して, そらで, 記憶に頼って ▶ citar de memória 記憶から引用する / ter de memória 記憶している, 覚えている.

em memória de... …の記念に, …をしのんで.

ter na memória 覚えている, 忘れない.

memorial /memori'aw/ [[複] memoriais] [男] ❶ 覚え書き, 回想録. ❷ 記念碑.

memorial do Senhor〖カトリック〗聖体.

memorização /memoriza'sẽw̃/ [[複] memorizações] [女] 記憶すること, 暗記すること.

memorizar /memori'zax/ [他] ❶ 記憶する, 暗記する, 覚える. ❷ 思い出す.

menção /mẽ'sẽw̃/ [[複] menções] [女] ❶ 言及, 指摘 ▶ fazer menção de... …に言及する / digno de menção 特筆すべき.

❷《menção de +[不定詞]》…する意図 ▶ fazer menção de +[不定詞] …する意図を示す.

fazer menção de... ① …に言及する. ② 脅迫する. ③ 準備を整える.

menção honrosa ① 選外佳作. ② 受賞者や受賞作への賛辞, 賞状.

***mencionar** /mẽsio'nax メンスィオナーフ/ [他] …に言及する, 触れる ▶ acima mencionado 上記の / abaixo mencionado 下記の.

para não mencionar... …は言うまでもなく.

sem mencionar... …は言うまでもなく.

mendicância /mẽdʒi'kẽsia/ [女] 物乞いすること, 物乞い ;《集合的》物乞い.

mendigar /mẽdʒi'gax/ ⑪ [他] 乞う, ねだる ▶ mendigar comida 食べ物を乞う / mendigar amor 愛を乞う.

— [自] 物乞いをする.

mendigo, ga /mẽ'dʒigu, ga/ [名] 物乞い.

menear /mene'ax/ ⑩ [他] ❶ 左右に動かす ; (体の一部を) 振る, 揺り動かす ▶ menear os quadris 腰を振る.

❷ (手で) 取り扱う, 操る ▶ menear o leme 舵を操作する.

❸ 管理する, 経営する ▶ menear uma fábrica 工場を経営する.

— **menear-se** [再] 動く, 揺れる ; 体を揺すって歩く.

meneio /me'neju/ [男] 動かすこと, 振ること, 揺れ.

***menina** /me'nĩna メニーナ, mi'nĩna ミニーナ/ [女] ❶ **女の子, 少女**. ❷ **若い女性**. ❸《若い女性に対する呼びかけ》お嬢さん.

a menina dos olhos とても大切な人 [物].

meninada /meni'nada/ [女] 子供たち.

meningite /menĩ'ʒitʃi/ [女]〖医学〗髄膜炎.

meninice /meni'nisi/ [女] 幼年期, 幼少期.

***menino** /me'nĩnu メニーノ, mi'nĩnu ミニーノ/ [男] ❶ **子供, 少年, 男の子** ▶ Tenho dois filhos, um menino e uma menina. 私は子供が二人いて, 一人は男の子で, 一人は女の子だ / menino de coro 少年聖歌隊, 行儀のよい子供 /

M

menopausa 596

menino de rua ストリートチルドレン / menino prodígio 神童 / Menino Jesus 幼子イエス / menino de peito 乳飲み子. ❷《若者に対する呼びかけ》君.
menopausa /meno'pawza/ 女〚医学〛閉経, 更年期.
menor /me'nox メノーフ/〚複 menores〛形 (pequeno の比較級)《男女同形》❶ より小さい, より少ない, 劣る (⟷ maior) ▶Esta mesa é menor do que aquela. このテーブルはあのテーブルより小さい / A verba deste ano é menor que a do ano passado. 今年の予算は去年より少ない / a um preço menor より安い値段で.
❷《定冠詞 + menor》最も小さい, 最も少ない, 最年少の; ごくわずかな▶o menor valor 最小値 / o menor país do mundo 世界最小の国 / Ele nem me presta a menor atenção. 彼は私にちっとも目を向けてくれない / Não faço a menor ideia. 私はまったく分からない.
❸ 年下の▶pessoas menores de 25 anos 25歳以下の人.
❹ 未成年の▶ser menor de idade 未成年である.
❺〚音楽〛短調の▶sol menor ト短調.
❻ 重要ではない, 二流の, マイナーな▶poeta menor 二流の詩人 / problema menor 些末な問題.
― 名 未成年者 ▶Você não deve beber. É menor. まだお酒を飲んではダメ. 未成年でしょ / Proibida a entrada de menores 未成年者入場お断り.
menoridade /menori'dadʒi/ 女 未成年(期).
menos /'mẽnus メーノス/ 副 (pouco の比較級) ❶ より少なく (⟷ mais) ▶trabalhar menos e ganhar mais 仕事を減らして稼ぎを増やす / Ele me ama menos? 彼の愛は冷めたのだろうか / Ele ganha menos do que eu. 彼は私より稼ぎが少ない / custar um pouco menos 価格が少し安い / custar muito menos 価格がずっと安い.
❷ 最も少なく ▶As coisas acontecem quando menos se espera. 事件はまったく思いもよらないときに起きる.
❸《menos de + 数詞》…より少ない, …以下の▶A estação fica a uma distância de menos de dez minutos a pé. 駅はここから歩いて10分以内の距離にある / Chegaremos ao destino em menos de uma hora. 1時間弱で目的地に到着します.
❹《menos + 形容詞・副詞》《劣等比較級》より…でない▶Este carro é menos caro do que aquele. この車はあの車より安い / Roupas caras se desgastam menos facilmente e permanecem na moda por mais tempo do que roupas baratas. 高い服は安い服よりも傷みにくく, 流行遅れになりにくい.
❺《定冠詞 + menos + 形容詞 / 定冠詞 + 名詞 + menos + 形容詞 / menos + 副詞》《劣等最上級》最も…でない▶Este exercício foi o menos difícil de todos. この練習問題が一番難しくなかった.
❻《menos... que...》…というよりは…だ.
― 形《不変》❶ より少ない▶gastar menos dinheiro 出費を減らす.
❷ 最も少ない ▶a turma com menos alunos 生徒数が一番少ないクラス / Ele é o que tem menos culpa. 彼が一番が少ない.

― 男 ❶ 最小, 最少量 ▶o menos possível de energia 最小限のエネルギー / A administração contratará o menos possível de funcionários. 会社はぎりぎりの人数の社員しか雇わないだろう.
❷ マイナス▶sinal de menos マイナス記号.
― 前 ❶ …を除いて▶todos os dias menos domingo 日曜日を除く毎日 / Meu filho come de tudo, menos miúdos. 私の息子はもつ以外は何でも食べる.
❷ …を引いて▶Sete menos três são quatro. 7引く3は4.
a menos 少なく▶A contabilidade pagou 10 reais a menos. 会計係は10レアル少なく支払った.
a menos que +接続法 …でない限り▶Eles vão à praia, a menos que chova. 彼らは雨が降らない限り浜辺に行く.
ao menos 少なくとも▶Você poderia, ao menos, ter avisado. あなたがせめて知らせてくれてもよかったのに.
de menos 重要ではない▶Ganhar é de menos, o importante é participar. 勝つのは二の次だ, 大切なのは参加することだ.
menos que nada ゼロ以下.
menos que nunca 決して…ない, 絶対に…ない.
Não é para menos. 当然だ, もっともだ.
não fazer por menos ① 断固として行動する. ② 即座に応戦する.
não menos 劣らず, 同じくらい ▶por último, mas não menos importante 最後になるが, 先に劣らずで重要な.
nem ao menos …さえ…ない, …すら…ない▶Não podemos dizer que é impossível sem nem ao menos tentar! 私たちは, やってみることもしないで, それが不可能だと言うことはできない.
o de menos どうでもいい, 重要ではないこと▶Isso [isto] é o de menos. それは重要なことではない.
pelo menos せめて, 少なくとも, 最低でも▶É preciso pelo menos cinquenta mil ienes. 少なくとも5万円必要だ / Quero que faça pelo menos isto. せめてこれだけはしてもらいたい.
por menos que +接続法 どんなに…しなくても▶Por menos que ele estude, consegue tirar boas notas. 勉強はしないけれど彼はよい成績を取る.
quando menos せめて, 少なくとも.
menosprezar /menospre'zax/ 他 ❶ 過小評価する, あなどる▶O competidor menosprezou o talento de seus rivais. その競技者は競争相手たちの才能を過小評価した.
❷ 軽視する, 見下す▶Aquela senhora arrogante menosprezava os funcionários de sua casa. あの傲慢な女性は家の使用人たちを見下していた.
menosprezo /menos'prezu/ 男 ❶ 軽蔑, さげすみ. ❷ 軽視, 見くびり.
mensageiro, ra /mẽsa'ʒejru, ra/ 形 ❶ 使いの. ❷ …を告げる [+ de].
― **mensageiro** 男 ❶ 使者, 伝令. ❷〚遺伝〛メッセンジャー.
mensagem /mẽsa'ʒẽj メンサージェィン/〚複 mensagens〛女 ❶ 伝言, メッセージ▶Por favor, deixe

sua mensagem após o sinal. 信号音の後に伝言を残してください / mensagem eletrônica 電子メール.
❷ (作品などに盛られた) 真意, 意図, 主張.

mensal /mẽ'saw/ [履 mensais] 形《男女同形》❶ 毎月の, 月極の, 1か月間の, 月刊の ▶ salário mensal 月給 / revista mensal 月刊誌. ❷ ひと月あたりの, 月々の ▶ ganhar 4.000 euros mensais ひと月4千ユーロ稼ぐ.

mensalidade /mẽsali'dadʒi/ 囡 毎月の費用 ▶ mensalidade escolar (毎月の) 学費.

mensalmente /mẽ,saw'mẽtʃi/ 副 毎月, 月々.

menstruação /mẽstrua'sẽw/ [履 menstruações] 囡 月経, 生理.

menstruada /mẽs'truada/ 形 月経中の, 生理中の ▶ estar menstruada 生理中である / ficar menstruada 生理になる.

menstrual /mẽstru'aw/ [履 menstruais] 形《男女同形》生理の, 月経の ▶ ciclo menstrual 月経周期.

menstruar /mẽstru'ax/ 自 生理がある.

mênstruo /'mẽstruu/ 男 生理, 月経.

mensurável /mẽsu'ravew/ [履 mensuráveis] 形《男女同形》測定できる, 計測できる.

menta /'mẽta/ 囡《植物》ミント, ハッカ ▶ chá de menta ミントティー.

‡**mental** /mẽ'taw/ [履 mentais] 形 ❶ 精神の, 心の ▶ estado mental 精神状態 / atividade mental 知的活動 / capacidade mental 知的能力 / débil mental 精神薄弱 / doença mental 精神病.
❷ 頭の中で行う ▶ cálculo mental 暗算.

mentalidade /mẽtali'dadʒi/ 囡 ものの考え方, 心的傾向, 心性, メンタリティー ▶ mentalidade infantil 小児的心性 / mentalidade brasileira ブラジル人のものの考え方 / mentalidade aberta 開かれた心 / mentalidade fechada 閉ざされた心.

mentalmente /mẽ,taw'mẽtʃi/ 副 心の中で, 精神的に ▶ calcular mentalmente 暗算する.

∗**mente** /'mẽtʃi/ 囡 ❶ 精神, 心 ▶ Mente sã, corpo são. 健全な精神は健全な肉体に宿る / ter a mente suja 根がいやらしい / ter a mente aberta 開放的な精神の持ち主である.
❷ 意向, 計画 ▶ Sua mente era mudar de trabalho. 彼の計画は転職することだった.
de boa mente 快く, 喜んで.
ter algo em mente …を考えている, たくらんでいる ▶ Ela sempre teve o plano em mente. 彼女はいつもプランを考えていた / O que você tem em mente? あなたは何をたくらんでいるのですか.
trazer em mente 考える, たくらむ.

mentecapto, ta /mẽtʃi'kapitu, ta/ 形 名 ❶ 正気を失った (人). ❷ 愚かな (人).

‡**mentir** /mẽ'tʃix/ メンチーフ, mĩ'tʃix ミンチーフ/ ⑥

直説法現在	minto	mentimos
	mentes	mentis
	mente	mentem

接続法現在	minta	mintamos
	mintas	mintais
	minta	mintam

自 うそをつく, 偽る ▶ Ele está mentindo. 彼はうそをついている / Eu não minto. 私はうそはつかない / Não minta para mim. 私にうそをつくな / Para de mentir. うそはやめてくれ / A foto não mente. 写真はうそをつかない.

‡**mentira** /mẽ'tʃira/ メンチーラ/ 囡 ❶ うそ, 虚言; 偽り ▶ contar [dizer] uma mentira うそをつく / Isso é mentira. それはうそだ / viver uma mentira うそだらけの生活を送る / mentira deslavada 大うそ / Parece mentira 信じられない, うそみたいだ / mentira inofensiva 他愛のないうそ.
❷ 作り話, 虚構, 幻想.
— 間 うそだ; 信じられない, まさか.
de mentira 贋の, おもちゃの.
vestir a mentira 隠蔽(ǐ)する, 誤魔化す.

mentirinha /mẽtʃi'riɲa/ 囡 小さなうそ.
de mentirinha 贋の, おもちゃの.

mentiroso, sa /mẽtʃi'rozu, 'rɔza/ 形 うそつきの, うその, 偽りの, まことしやかな ▶ promessas mentirosas うその約束 / um homem mentiroso うそをつく男.
— 名 うそつき ▶ um mentiroso de marca maior 大うそつき.

mentol /mẽ'tɔw/ [履 mentóis] 男《化学》メントール, ハッカ脳.

mentolado, da /mẽto'ladu, da/ 形 メントール入りの.

mentor /mẽ'tɔx/ [履 mentores] 男 よき指導者, 助言者.

menu /me'nu/ 男 ❶ メニュー, 献立表 ▶ Garçom, traga-me o menu, por favor! メニューをお願いします / menu do dia 日替わり定食.
❷《情報》メニュー ▶ barra de menu メニューバー.

meramente /,mera'mẽtʃi/ 副 単に, ただ ▶ A foto do anúncio é meramente ilustrativa. その広告の写真は単なる例示である.

mercadejar /mexkade'ʒax/ 他 …の取引をする, 商売する.
— 自 商売する.

‡**mercado** /mex'kadu/ メフカード/ 男 ❶ 市場(いちば) ▶ Fui ao mercado comprar frutas e verduras. 私は市場へ行って果物と野菜を買った / mercado de peixe 魚市場.
❷ 市(いち) ▶ Quarta-feira é o dia do mercado. 水曜日は市の日だ.
❸ 商取引, 交易 ▶ A oferta e a procura regulam o mercado. 供給と需要が商取引を規定する.
❹ 市場(しじょう) ▶ economia de mercado 市場経済 / mercado interno 国内市場 / mercado externo 国外市場 / mercado de capitais 資本市場 / mercado livre 自由市場 / mercado negro 闇市場 / mercado paralelo 並行市場 / mercado de trabalho 労働市場 / mercado comum 共同市場 / mercado negro ブラックマーケット / pesquisa de mer-

cado 市場調査.

mercadologia /mexkadolo'ʒia/ [女] マーケティング.

mercador, dora /mexka'dox, 'dora/ [[複] mercadores, doras] [名] 商人.

fazer ouvidos de mercador 聞く耳を持たない, 聞こうとしない.

*__mercadoria__ /mexkado'ria メフカドリーア/ [女] **商品, 品物** ▶ vender mercadorias 商品を売る / mercadoria de consumo 消費財.

mercante /mex'kẽtʃi/ [形]《男女同形》商業の ▶ navio mercante 商船.

mercantil /mexkẽ'tʃiw/ [[複] mercantis] [形]《男女同形》❶ 商業の, 商人の ▶ atividades mercantis 商行為 / sociedade mercantil 商事会社, 貿易会社. ❷ もうけ主義の, 強欲な ▶ espírito mercantil 金もうけ主義.

mercantilismo /mexkẽtʃi'lizmu/ [男] ❶ 重商主義. ❷ もうけ第一主義, 営利主義.

mercar /mex'kax/ ㉙ [他] ❶ 買い入れる, 仕入れる. ❷ [B] 呼び売りする.

mercê /mex'se/ [女] 恵み, 恩恵, 慈悲, 憐れみ ▶ a mercê de Deus 神の恵み.

à mercê de... …しだいで, …の意のままに ▶ a mercê do destino 運命に翻弄されながら.

mercê de... …のおかげで.

mercearia /mexsea'ria/ [女] ❶ 食品雑貨店. ❷ 食品類, 日用品類.

merceeiro, ra /mexse'ejru, ra/ [名] 食品雑貨店主.

mercenário, ria /mexse'nariu, ria/ [形] 金で雇われた ▶ exército mercenário 傭兵軍.

— **mercenário** [男] 傭兵.

Mercosul /mexko'suw/《略 語》Mercado Comum do Sul 南米南部共同市場, メルコスール (アルゼンチン, ブラジル, パラグアイ, ウルグアイ, ベネズエラの共同市場).

mercúrio /mex'kuriu/ [男] ❶〖化 学〗水銀. ❷《Mercúrio》〖天文〗水星.

merda /'mɛxda/ [女] [卑] ❶ くそ, 糞. ❷ くだらないもの, 無価値なもの ▶ Este filme é uma merda. この映画は駄作だ.

— [間] くそっ, ちぇっ.

de merda くだらない, くそみたいな ▶ um filme de merda くそ映画.

fazer merda [卑] ろくでもないことをする, ろくなことをしない.

Merda pra você. 成功をお祈りします (演劇界で使われる表現).

merecedor, dora /merese'dox, 'dora/ [[複] merecedores, doras] [形] …に値する [+ de] ▶ merecedor de aplausos 賞賛に値する.

⁂**merecer** /mere'sex メレセーフ/ ⑮ [他] **…に値する, …にふさわしい** ▶ merecer atenção 注目に値する / merecer elogios 賞賛に値する / merecer um castigo 罰に値する / A vida merece ser vivida. 人生は生きるのに値する / O time mereceu ganhar. そのチームは勝って当然だった / Cada um tem o que merece. それぞれが相応の報いを受ける.

bem merecer 受けるに値する.

fazer por merecer ① 価値のあるものになる. ② 成果に応じて賞罰する.

merecido, da /mere'sidu, da/ [形] (merecer の過去分詞) (受けるのに) 値する, 当然の, ふさわしい ▶ castigo merecido 当然の報い / um prêmio bem merecido 取るべくして取った賞 / Bem merecido! いい気味だ.

merecimento /meresi'mẽtu/ [男] 功績, 手柄.

merenda /me'rẽda/ [女] ❶ (昼食と夕食の間の) 軽食. ❷ (学校) 給食 ▶ merenda escolar 学校給食.

merendeira /merẽ'dejra/ [女] ❶ ランチボックス, 弁当箱. ❷ [B] 女性給食調理員.

merengue /me'rẽgi/ [男]〖料理〗メレンゲ ▶ torta de limão com merengue レモンメレンゲパイ.

meretrício /mere'trisiu/ [男] 売春 ;《集合的》売春婦.

meretriz /mere'tris/ [[複] meretrizes] [女] 売春婦.

mergulhador, dora /mexguʎa'dox, 'dora/ [[複] mergulhadores, doras] [名] ダイバー, 潜水士.

— [形] 潜水する, 水に潜る.

mergulhar /mexgu'ʎax/ [他] (液体に) つける, 浸す, 沈める ▶ Ele mergulhou os pés na lama. 彼は足を泥の中に浸した.

— [自] ❶ 水に潜る, スキューバダイビングする ▶ ir mergulhar スキューバダイビングに行く. ❷ (水に) 飛び込む ▶ mergulhar na piscina プールに飛び込む.

— **mergulhar-se** [再] 潜水する, ダイビングする.

mergulho /mex'guʎu/ [男] ❶ 飛び込み, ダイビング ▶ dar um mergulho ダイビングをする / dar um mergulho na piscina プールで飛び込みをする. ❷ 潜水, スキューバダイビング ▶ praticar mergulho スキューバダイビングをする / mergulho submarino 潜水 / curso de mergulho スキューバダイビングのコース.

meridiano, na /meridʒi'ẽnu, na/ [形] ❶ 正午の, 真昼の. ❷ 子午線の. ❸ 明らかな, 明白な.

— **meridiano** [男] 子午線.

meridional /meridʒio'naw/ [[複] meridionais] [形]《男女同形》南の, 南方の ▶ América Meridional 南アメリカ / Europa Meridional 南ヨーロッパ.

— [名] 南方の人.

mérito /'mɛritu/ [男] ❶ (人の) 値打ち, (ものの) 価値 ▶ ter algum mérito なんらかの価値がある. ❷ 功績, 手柄 ▶ o mérito do êxito 成功の功績. ❸ 長所, 優れた点 ▶ pessoa de mérito 人格者 / ter o mérito de + [不定詞] …という長所がある.

ter mérito 賞賛に値する.

meritório, ria /meri'tɔriu, ria/ [形] 称賛すべき, 価値のある ▶ ações meritórias 称賛すべき行為.

merluza /mex'luza/ [女]〖魚〗メルルーサ.

*__mero, ra__ /'mɛru, ra メーロ, ラ/ [形] **ただの, 単なる, ほんの** ▶ Foi uma mera coincidência termos nos encontrado hoje. 今日私たちが出会ったのは, 単なる偶然だった / por mero acaso まったくの偶然に.

⁂**mês** /'mes メース/ [[複] meses] [男] ❶ (暦上の) **月** ▶ este mês 今月 / mês que vem = próximo mês 来月 / mês passado 先月 / no início do mês 月の初めに / em meados do mês 月の中旬に / no fim do mês 月末に / todos os meses 毎月 / cada mês 各月 / de mês em mês 月々 / mês corrente 今月 / no mês de agosto 8月に.

❷ 1 か月, 30日 ▸ daqui a um mês 1か月後に / Eu fiquei um mês no Brasil. 私はブラジルに1か月間滞在した / Eu visito meus pais uma vez por mês. 私は両親を月に1度訪問する / um mês de férias 1か月の休暇.

mesa /'meza メーザ/ 囡 ❶ テーブル, 食卓; 食事 ▸ mesa de jantar 食卓 / mesa de centro センターテーブル / toalha de mesa テーブルクロス / pôr a mesa 食卓の準備をする / tirar a mesa 食卓を片付ける / sentar-se [pôr-se] à mesa 食卓につく / Está na mesa. ご飯ですよ / boa mesa ご馳走 / os prazeres da boa mesa 食の楽しみ.
❷ 盤, 台 ▸ mesa de operação 手術台.
❸ 机 ▸ mesa de escola 学校用机 / mesa de escritório 書斎机.
❹ 委員会 ▸ mesa eleitoral 選挙管理委員会.

à mesa ① 食事中に. ② 食卓について.
debaixo da mesa こっそりと.
levantar-se da mesa ① 食卓を離れる. ② 交渉を中止する.
pôr na mesa 議題として取り上げる.
virar a mesa ① 状況をひっくり返す. ② 後になってルールを変える, どんでん返しにする.

mesada /me'zada/ 囡 (月々の) 小遣い, 仕送り.
mesa de cabeceira /mezadʒikabe'sejra/ [複 mesas de cabeceira] 囡 ナイトテーブル.
mesa-redonda /mezaxe'dõda/ [複 mesas-redondas] 囡 円卓会議.
mescla /'meskla/ 囡 混ぜること, 混合.
mesclar /mes'klax/ 他 混ぜる, 混在させる ▸ mesclar as cores 色を混ぜる.
— 自 混ざる.
— **mesclar-se** 再 混ざる.
mesmice /mez'misi/ 囡 単調, 変化のないこと.

mesmo, ma /'mezmu, ma メズモ, マ/ 形 (不定) ❶《定冠詞 + mesmo + 名詞》同じ, 同一の, 同種の ▸ Temos a mesma opinião. 私たちは同じ意見だ / Ela tem a mesma idade. 彼女たちは同じ年だ / Ela trabalha no mesmo prédio que eu. 彼女は私と同じビルで働いている / Psicólogo e psiquiatra não é a mesma coisa. 心理学者と精神科医は別物だ / da mesma maneira 同様に, 同じように / ao mesmo tempo 同時に.
❷《代名詞 + mesmo》…自身 ▸ Ela mesma vai explicar. 彼女自ら説明します / — Gostaria de falar com o senhor Ramos. — É ele mesmo. 「ラモスさんとお話したいのですが」「私です」/ Vamos fazer nós mesmos. 我々自身でやりましょう / Eu mesmo faço. 自分でやります / Ele aprendeu a língua portuguesa estudando por si mesmo. 彼はポルトガル語を独学で身につけた / relacionamento comigo mesmo 私自身との関係.
❸《mesmo + 名詞》まさしく, まさに ▸ neste mesmo instante まさにその時.
— 名 ❶《定冠詞 + mesmo》同じ人, 同じ物 ▸ Ela continua a mesma. 彼女は昔と同じだ / Ela não parece a mesma hoje. 今日彼女はいつもとは違って見える / O seu computador é o mesmo que o meu. あなたのコンピューターは私のと同じものだ.
❷《定冠詞 + mesmo》その人 (代名詞的に前述の名詞を指す) ▸ Encontrei o porteiro e falei com o mesmo sobre esse problema. 私は門番に会って, その問題について彼と話した.
— **mesmo** 男《o mesmo》同じこと, 同じもの ▸ No dia seguinte aconteceu o mesmo. 翌日同じことが起こった / O mesmo, por favor! 同じものをお願いします / — O que o senhor quer hoje? — O mesmo de sempre. 「今日は何になさいますか」「いつもと同じでお願いします」/ Não corrigir nossas falhas é o mesmo que cometer novos erros. 過ちを正さないことは新たな過ちを犯すのと同じことである.
— **mesmo** 副 ❶ …さえ, …までも ▸ O gato enxerga mesmo na escuridão. 猫は闇の中でも目が見える / Mesmo ela concordou. 彼女までもが同意した.
❷《mesmo + 分詞》たとえ…しても ▸ Mesmo repreendido, meu filho continua impassível. 息子は叱られてもけろっとしている / mesmo se esforçando 努力しても.
❸《強調》実に, まったく, ちょうど ▸ Isso mesmo! その通りです / aqui mesmo まさにここに / por isso mesmo まさにそのために, それだからこそ / Ela saiu agora mesmo. 彼女はたった今出かけた / hoje mesmo 今日のうちに.
❹ 本当に ▸ Você vai mesmo para o Brasil? あなたは本当にブラジルに行くのですか / — É mesmo? — É isso mesmo. 「本当ですか」「本当です」/ Ah, é mesmo. うん, そうだね.

até mesmo... …でさえ, …ですら.
dar no mesmo 同じである, どっちでもいい ▸ Para mim, dá no mesmo. 私にはどちらでもいい.
ficar na mesma 同じままである, 変わらない.
ficar por isso mesmo 解決されないままである.
mesmo assim それでも, そうであっても ▸ Mesmo assim, eu gosto dele. それでも私は彼が好きだ / Ele se esforçou muito, mesmo assim não conseguiu o que queria. 彼は大変努力したが, それでもなお望みのものを手に入れることはできなかった.
mesmo quando +《直説法》…な時でも.
mesmo que +《接続法》たとえ…でも, …ではあるが ▸ Mesmo que chova, eu vou. たとえ雨が降っても私は行きます.
na mesma 同じ状態で ▸ Está tudo na mesma. すべて同じ状態です.
nem mesmo... …さえも…ない, …でも…ない ▸ Nunca deixe de sorrir, nem mesmo quando estiveres triste. 悲しい時でもほほえみを絶やすな.
vir a ser a mesma coisa 同じことである.

mesquinharia /meskiɲa'ria/ 囡 けち, けちな行い.
mesquinhez /meski'ɲes/ 囡 ❶ つまらないもの, 取るに足りないもの.
❷ けち, しみったれ.
❸ 卑しさ.

❹ 狭いこと, 狭量.
❺ 貧乏, 貧困.
❻ 不運, 不幸.
mesquinho, nha /mes'kĩɲu, ɲa/ [形] ❶ けちな, しみったれた.
❷ 取るに足りない, わずかな.
❸ 卑しい.
❹ 狭い, 狭量な.
❺ 貧乏な.
❻ 不幸な, 不運な.
— [名] けちな人；卑しい人；狭量な人；つまらない人；不幸な人.
mesquita /mes'kita/ [女]〖イスラム教〗モスク.
messiânico, ca /mesi'ɐ̃niku, ka/ [形] メシアの, 救世主の.
messias /me'sias/ [男]《単複同形》救世主, メシア ▶esperar pelos Messias 余り期待できないことを待つ.
mestiçagem /mestʃi'saʒẽj̃/ [[複] mestiçagens] [女] 混血, 異人種間通婚；混交.
mestiçar /mestʃi'sax/ ⑬ [他] …と混血させる [＋ com].
— **mestiçar-se** [再] …と混血する [＋ com].
mestiço, ça /mes'tʃisu, sa/ [形] 混血の, 雑種の.
— [名] 混血児.
mestrado /mes'tradu/ [男] ❶ 修士課程. ❷ 修士号 ▶um mestrado em informática 情報科学の修士号.
⋆**mestre, tra** /'mɛstri, tra メストリ, トラ/ [名] ❶ **先生, 教師.**
❷ **大家, 巨匠, 名人, 達人** ▶mestre da arquitetura 建築の大家 / os grandes mestres da pintura renascentista ルネサンス絵画の巨匠たち / mestre do xadrez チェスの名人.
❸〖音楽〗マエストロ.
❹ 修士 ▶mestre em direito 法学修士.
de mestre 秀逸した, 完璧な ▶trabalho de mestre 名人の技.
mestre de cerimônias 進行役, 司会者.
ser mestre em ＋[不定詞] …することの名人である.
— [形] ❶ 主要な ▶trave mestra 主柱, 大黒柱. ❷ 基礎的な, 根本的な ▶linhas mestras 基本指針.
mestre-cuca /ˌmɛstri'kuka/ [[複] mestres-cucas] [男] 料理長.
mestre de obras /ˌmɛstridʒi'ɔbras/ [[複] mestres de obras] [男] 現場監督.
mestria /mes'tria/ [女] ❶ 博識, 博学. ❷ 熟達, 優れた技量 ▶O piloto do helicóptero executou a manobra com muita mestria. ヘリコプターのパイロットは非常に巧みに操縦をした.
mesura /me'zura/ [女] お辞儀 ▶fazer uma mesura お辞儀する.
⋆**meta** /'mɛta メータ/ [女] ❶ **目的, 目標** ▶alcançar uma meta 目標を達成する / a meta da vida 人生の目的 / A meta do governo era combater a alta inflação. 政府の目標は高いインフレ率を克服することだった.
❷〖スポーツ〗**ゴールライン, ゴール** ▶A meta ainda estava longe. ゴールはいまだ遠かった.
metabólico, ca /meta'bɔliku, ka/ [形] 代謝の ▶síndrome metabólica 代謝症候群, メタボリックシンドローム.
metabolismo /metabo'lizmu/ [男] 代謝, 物質代謝 ▶metabolismo basal 基礎代謝.
⋆⋆⋆**metade** /me'tadʒi メターヂ/ [女] ❶ **2分の1, 半分** ▶primeira metade 前半 / segunda metade 後　半 / A metade da conversa dele era mentira. 彼の話の半分はうそだった / cortar a maçã em duas metades りんごを半分に割る / Eu comprei essa bolsa pela metade do preço. 私はそのかばんを半額で買った / O copo está com água pela metade. コップは半分水が入っている.
❷ **真ん中** ▶na metade do caminho 道の途中で / na metade do filme 映画の途中で / na metade do século XX 20世紀の半ばに.
❸ [話] 配偶者 ▶minha melhor metade 私の妻 [夫].
pela metade 中途半端に ▶fazer as coisas pela metade 物事を中途半端に行う.
a mais bela metade do gênero humano ① 女性. ② 親友.
metafísica[1] /meta'fizika/ [女] 形而上学.
metafísico, ca[2] /meta'fiziku, ka/ [形] 形而上学の, 形而上学的な.
metáfora /me'tafora/ [女]〖修辞〗隠喩, 暗喩.
metafórico, ca /meta'fɔriku, ka/ [形] 隠喩の, 隠喩に富んだ, メタファーの.
⋆⋆**metal** /me'taw メタゥ/ [[複] metais] [男] ❶ **金属** ▶metal precioso [nobre] 貴金属 / vil metal お金.
❷《metais》金管楽器.
metálico, ca /me'taliku, ka/ [形] ❶ 金属の, 金属製の. ❷ 金属的な, 金属質の ▶gosto metálico 金属味 / som metálico 金属音.
metalurgia /metalux'ʒia/ [女] 冶金, 冶金術, 冶金学.
metalúrgico, ca /meta'luxʒiku, ka/ [形] 冶金の, 冶金学の ▶indústria metalúrgica 冶金工業.
— [名] 冶金技術者, 冶金工.
metamorfose /metamox'fɔzi/ [女] ❶ 変身, 変貌, 変化, 変容 ▶metamorfose do trabalho na era da globalização グローバル化時代における労働の変容. ❷〖生物〗変態, 脱皮 ▶metamorfose da borboleta チョウの変態.
metamorfosear /metamoxfoze'ax/ ⑩ [他] 変えさせる, 変形させる；〖生物〗変態させる.
— **metamorfosear-se** [再] 変わる, 変形する；〖生物〗変態する.
metano /me'tɐ̃nu/ [男]〖化学〗メタン.
metanol /meta'nɔw/ [男]〖化学〗メタノール, メチルアルコール.
meteorito /metʃio'ritu/ [男] 隕石.
meteoro /mete'ɔru/ [男] ❶ 気象現象, 大気現象. ❷ 流星.
meteorologia /meteorolo'ʒia/ [女] 気象学.
meteorológico, ca /meteoro'lɔʒiku, ka/ [形] 気象の, 気象学の ▶boletim meteorológico 気象情報 / observação meteorológica 気象観測.
meteorologista /meteorolo'ʒista/ [名] 気象学者.

meter /me'tex メテーフ/ 他 ❶ 入れる，置く ▶ meter a mão no bolso 手をポケットに入れる / meter o dedo no nariz 鼻をほじる / meter lenha na fogueira 薪をたき火に入れる.

❷ (感情を) 抱かせる ▶ meter medo 怖がらせる.

— **meter-se** 再 ❶ 入る，身を置く ▶ meter-se na cama ベッドに入る / meter-se em casa 家にこもる.

❷ …に関わる，巻き込まれる [+ em] ▶ meter-se na política 政治に関わる / meter-se em brigas けんかに巻き込まれる.

❸ 干渉する ▶ meter-se na vida dos outros 他人に口出しする / Não se meta onde não é chamado! 大きなお世話だ.

❹ …と付き合う [+ com].

❺ …とけんかする [+ com].

meter-se consigo 自分のことだけを考える.

meticuloso, sa /metʃiku'lozu, 'loza/ 形 ❶ 臆病な，神経質な，小さなことにこだわる. ❷ 神経が細かい，緻密な ▶ trabalho meticuloso 細かい作業 / análise meticulosa 緻密な分析.

metido, da /me'tʃidu, da/ 形 (meter の過去分詞) ❶ 生意気な，高慢な ▶ ficar metido 天狗になる.

❷ 自分が…だと思い込んだ，うぬぼれた [+a] ▶ Você é metido a honesto. あなたは自分が正直だと思っている / metido a sabichão 知ったかぶりをした / metido a entender de futebol サッカーに詳しいつもりでいる.

❸ 騒々しい，うるさい ▶ Não seja metido. 静かにしなさい.

metido com [em]... …と親密である，付き合っている.

metodicamente /me,tɔdʒika'mẽtʃi/ 副 一定の方法に従って，体系的に.

metódico, ca /me'tɔdʒiku, ka/ 形 ❶ 几帳面な，きちんとした. ❷ 整然とした，順序立った ▶ dúvida metódica 方法的懐疑 / Ele gostava de organizar a vida de uma maneira metódica. 彼は秩序立った方法で人生計画を立てるのが好きだった.

metodismo /metod'ʒizmu/ 男 《キリスト教》メソジスト派.

metodista /meto'dʒista/ 形 《キリスト教》メソジスト派の.

— 名 メソジスト派信者.

método /'metodu メトド/ 男 ❶ **方法，方式，やり方** ▶ método científico 科学的方法 / método dedutivo 演繹方法 / método indutivo 帰納方法 / método de análise 分析方法 / método de pagamento 支払い方法.

❷ 道筋，順序 ▶ método de trabalho 仕事の手順 / trabalhar com método 方針を立てて仕事する.

❸ 学習書，手引書 ▶ método de piano ピアノの教則本.

sem método 手順なく，無秩序に.

metodologia /metodolo'ʒia/ 女 方法，方法論.

metodológico, ca /metodo'lɔʒiku, ka/ 形 方法論の.

metonímia /meto'nimia/ 女 《修辞》換喩，転喩.

metonímico, ca /meto'nimiku, ka/ 形 《修辞》換喩の，転喩の.

metragem /me'traʒẽj/ [覆 metragens] 女 ❶ メートルでの測定.

❷ (映画の) 長さ ▶ longa-metragem 長編映画 / curta-metragem 短編映画.

metralha /me'traʎa/ 女 一斉射撃，(雨あられと降る) 銃 (砲) 弾.

metralhadora /metraʎa'dora/ 女 機関銃.

metralhar /metra'ʎax/ 他 …に一斉射撃を浴びせる，機銃掃射を浴びせる.

métrica[1] /'metrika/ 女 韻律 (学)，詩法.

métrico, ca[2] /'metriku, ka/ 形 ❶ メートルの ▶ sistema métrico メートル法. ❷ 韻律の.

metro /'metru メトロ/ 男 ❶ **メートル** ▶ O comprimento desta ponte é de vinte metros. この橋の長さは20メートルだ / um metro quadrado 1平方メートル / dois metros cúbicos 2立方メートル. ❷ P 地下鉄.

metrô /me'tro/ 男 B 地下鉄 ▶ apanhar o metrô 地下鉄に乗る / estação de metrô 地下鉄の駅 / bilhete de metrô 地下鉄の切符 / mapa de metrô 地下鉄地図 / rede de metrô 地下鉄網 / ir de metrô 地下鉄で行く.

metrópole /me'trɔpoli/ 女 ❶ 首都，大都市. ❷ 本国.

metropolitano, na /metropoli'tẽnu, na/ 形 ❶ 首都の，大都市の ▶ área metropolitana 首都圏. ❷ 本国の.

metroviário, ria /metrovi'ariu, ria/ 形 地下鉄の ▶ mapa da rede metroviária 地下鉄網地図.

— 名 地下鉄職員.

meu, minha /'mew, 'miɲa メウ，ミーニャ/ 形 《所有》 ❶ (時に冠詞を伴って) 私の ▶ Meu pai era imigrante. 私の父は移民だった / meus pais 私の両親 / minha mãe 私の母 / um amigo meu = um dos meus amigos 私の友人の一人 / meu ônibus 私が乗るバス.

❷ (ser meu) 私のものである ▶ Este carro é meu. この自動車は私のだ / A culpa não é minha. 悪いのは私ではない.

❸ 俗 (呼びかけ) 君 ▶ Ô meu, vamos com calma! ほら，落ち着こうよ.

❹ 私と親しい ▶ muito meu とても親しい.

— 代 ❶ 《定冠詞と共に》私のもの ▶ a família dele e a minha 彼の家族と私の家族.

❷ (os meus) 私の家族や友人，私の味方.

entrar na minha 私の生き方に共感する.

estar [ficar] na minha 自分の意見を曲げない，我が道を行く.

ter de meu 私のものである ▶ Ele levou todo o dinheiro que tinha de meu. 彼は私の金を全部持って行った.

mexer /me'ʃex メシェーフ/ 他 ❶ **動かす，振る** ▶ mexer o corpo 体を動かす / mexer os braços 腕を動かす / mexer a cabeça 首を振る.

❷ かき混ぜる ▶ mexer o café コーヒーをかき混ぜる.

— 自 ❶ …に触る，…をいじる [+ em] ▶ Não deve mexer nesta máquina sem permissão. 勝手にこの機械にさわってはいけない / Não mexa. 《掲示》「触らないでください」.

mexerica

❷ …の心を打つ, 感動させる [+ com] ▶ O filme mexeu comigo. 私はその映画に感動した.
❸ …をからかう, ひやかす [+ com].
❹ …で仕事する, …関係の仕事をする [+ com] ▶ mexer com música 音楽の仕事をする.
❺ 動く.
— **mexer-se** 再 ❶ 動く ▶ Não se mexa. 動くな. ❷ 急ぐ.

mexerica /meʃe'rika/ 女 〖果実〗マンダリンオレンジ, タンジェリン.

mexerico /meʃe'riku/ 男 中傷, 悪口, 陰口.

mexeriqueiro, ra /meʃeri'kejru, ra/ 形 名 中傷する (人), 陰口を言う (人).

mexicano, na /meʃi'kɐ̃nu, na/ 形 名 メキシコの (人).

México /'mɛʃiku/ 男〖国名〗メキシコ.

mexida[1] /me'ʃida/ 女 ❶ 動かすこと, かき混ぜること, 手を加えること ▶ dar uma mexida no texto 文章に手を加える.
❷ 混合, 寄せ集め, ごちゃ混ぜ.
❸ 不和, 不仲.
❹ 無秩序, 混乱.

mexido, da[2] /me'ʃidu, da/ 形 ❶ 動かされた, かき混ぜられた, 乱された ▶ ovos mexidos スクランブルエッグ.
❷ 動揺した, 狼狽した, 落ち着かない ▶ Ela ficou mexida com a atitude dele. 彼女は彼の態度に動揺した.
❸ (海などが) 荒れた, しけた.
— **mexidos** 男複 ❶ ダンスで体を揺り動かすこと, 腰を振ること. ❷ 中傷, 悪口, 告げ口.

mexilhão /meʃi'ʎɐ̃w̃/ [複 mexilhões] 男 ムール貝, イガイ, ムラサキイガイ.

mezanino /meza'ninu/ 男 中2階.

mg (略語) miligrama ミリグラム.

MG (略語) Estado de Minas Gerais ミナスジェライス州.

mi /'mi/ 男〖音楽〗ミ, ホ音, E音.

miado /mi'adu/ 男 猫の鳴き声.

miar /mi'ax/ 自 (ネコが) 鳴く, ニャアと鳴く.

miasma /mi'azma/ 女 (腐敗物などから発生する) ガス, 毒気.

miau /mi'aw/ 男 ❶ 猫の鳴き声. ❷《幼児語》猫.

mica /'mika/ 女〖鉱物〗雲母.

miçanga /mi'sɐ̃ga/ 女 ビーズ, 数珠玉.

micção /mik'sɐ̃w̃/ [複 micções] 女 排尿.

mico /'miku/ 男 ❶〖動物〗オマキザル. ❷ 恥ずかしいこと ▶ Que mico! 何と恥ずかしい / pagar o mico 恥ずかしい思いをする.
Quero ser mico de circo se... …のようなことは絶対ない ▶ Quero ser mico de circo se estou mentindo! 私がうそなどついているものか.

micro /'mikru/ 男 パソコン (= microcomputador).

microbiano, na /mikrobi'ɐ̃nu, na/ 形 細菌の, 微生物の.

micróbio /mi'krɔbiu/ 男 細菌, 微生物.

microbiologia /mikrobiolo'ʒia/ 女 微生物学, 細菌学.

microcirurgia /mikrosirur'ʒia/ 女 顕微外科.

microcomputador /mikrokõputa'dox/ [複 microcomputadores] 男 パソコン.

microcosmo /mikro'kɔzmu/ 男 小宇宙, ミクロコスモス.

microeconomia /mikroekono'mia/ 女 ミクロ経済 (学).

microempresa /mikroẽ'preza/ 女 小企業.

microfone /mikro'fõni/ 男 マイクロフォン.

micro-onda /ˌmikro'õda/ 女 マイクロ波.

micro-ondas /ˌmikro'õdas/ 男《単複同形》電子レンジ ▶ cozinhar no micro-ondas 電子レンジで料理する.

micro-ônibus /ˌmikro'õnibus/ 男《単複同形》 B マイクロバス.

microrganismo /mikroxga'nizmu/ 男 微生物.

microscópico, ca /mikros'kɔpiku, ka/ 形 ❶ 顕微鏡の, 顕微鏡による. ❷ 顕微鏡的な, 微小な.

microscópio /mikros'kɔpiu/ 男 顕微鏡 ▶ microscópio eletrônico 電子顕微鏡.

mídia /'midʒia/ 女 B メディア, マスコミ ▶ educação para a mídia メディア教育.

migalha /mi'gaʎa/ 女 ❶ パンくず, ケーキくず ▶ migalha de pão パンくず. ❷ わずかな量.

migração /migra'sɐ̃w̃/ [複 migrações] 女 ❶ 移住, 移民, 人口移動. ❷ (鳥や魚の) 季節移動, 渡り, 回遊.

migrante /mi'grɐ̃tʃi/ 形《男女同形》移住の, 出稼ぎの.
— 名 移民, 出稼ぎの労働者.

migrar /mi'grax/ 自 ❶ 移民する, 移住する, 移動する. ❷ (鳥が) 渡る, 回遊する.

migratório, ria /migra'tɔriu, ria/ 形 ❶ (鳥や魚が) 季節移動する, 回遊性の ▶ aves migratórias 渡り鳥 / peixes migratórios 回遊魚. ❷ 移住する, 移動する ▶ movimento migratório 人口移動.

mijar /mi'ʒax/ 自 おしっこする, 小便をする.
— **mijar-se** 再 小便をもらす.

mijo /'miʒu/ 男 尿 おしっこ, 小便.

★★mil /'miw/ 男 ミゥ 形《数》《不変》❶ 千の ▶ um barco de mil passageiros 乗客千人の船舶 / um dicionário de duas mil páginas 2000ページの辞書 / As Mil e Uma Noites 『千一夜物語』.
❷ 千番目の ▶ número mil ナンバー1000 / página mil 1000ページ.
— 男 千; 多数, 無数.
estar a mil 一生懸命になっている, 大わらわである ▶ Ela está a mil com os preparativos do casamento. 彼女は結婚式の準備で大わらわだ.

★**milagre** /mi'lagri/ ミラーグリ 男 奇跡, 驚異 ▶ Há muitos milagres na cidade de Aparecida. アパレシーダの町では数々の奇跡がある / milagre econômico 驚異的な経済の発展 / fazer milagre 奇跡を起こす / por milagre 奇跡的に / Só por milagre! 奇跡でも起きれば別だが / Que milagre! 何という奇跡だ / Chover nessa região é um milagre. この地方での降雨は奇跡に近い.

milagreiro, ra /mila'grejru, ra/ 形 ❶ 奇跡をもたらす (人). ❷ 奇跡を信じる (人).

milagrosamente /milaˌgrɔza'mẽtʃi/ 副 奇跡的に ▶ escapar milagrosamente 奇跡的に脱出す

る.

milagroso, sa /mila'grozu, 'grɔza/ [形] ❶ 奇跡的な, 超自然的な ▶cura milagrosa 奇跡的な治癒. ❷ 不思議な, 驚くべき.

milanês, nesa /mila'nes, 'neza/ [形][名] ミラノの(人).

à milanesa ミラノ風の ▶bife à milanesa ミラノ風のカツレツ.

milenar /mile'nar/ [[複] milenares] [形]《男女同形》千年の.

milénio /mi'lɛniu/ [男][P] = milênio

milênio /mi'lẽniu/ [男][B] 千年間, 千年祭.

milésimo, ma /mi'lɛzimu, ma/ [形]《数》千分の1の, 千番目の.

— **milésimo** [男] 千分の1.

mil-folhas /ˌmiw'foʎas/ [男]《単複同形》ミルフィーユ.

milha /'miʎa/ [女] (長さの単位) マイル (=1609メートル).

⁑**milhão** /mi'ʎẽw̃ ミリャォン/ [[複] milhões] [男] ❶ 100万 ▶um milhão de ienes 100万円 / O Brasil tem quase 200 milhões de habitantes. ブラジルの人口は約2億だ。

❷ 多数 ▶Tenho um milhão de coisas para fazer. 私はするべきことがたくさんある.

um em um milhão ① かけがえのない人. ② 百万に1の確率.

*__milhar__ /mi'ʎax ミリャーフ/ [男] ❶ 千 ▶um milhar de pessoas 約千人の人々.

❷《milhares》数千, たくさん, 多数 ▶milhares de anos 数千年 / Os estudantes têm milhares de relatórios para escrever. 学生は書くべきレポートが沢山ある / milhares e milhares de pessoas 無数の人たち.

aos milhares 無数に, 大勢で, 大挙して.

milharal /miʎa'raw/ [[複] milharais] [男] トウモロコシ畑.

*__milho__ /'miʎu ミーリョ/ [男] **トウモロコシ** ▶farinha de milho トウモロコシ粉 / pão de milho トウモロコシパン.

catar milho 1本または2本の指でゆっくりタイプする.

milícia /mi'lisia/ [女] ❶ 軍, 兵力. ❷ 民兵.

milícia celeste 天の軍団 (天使や聖人など).

milico /mi'liku/ [男][B]《軽蔑》兵士.

miligrama /mili'grẽma/ [男] ミリグラム.

mililitro /mili'litru/ [男] ミリリットル.

milímetro /mi'limetru/ [男] ミリメートル.

milionário, ria /milio'nariu, ria/ [名] 百万長者, 大金持ち.

— [形] ❶ 大金持ちの. ❷ 何百万の ▶um contrato milionário 数百万の契約.

milionário do ar 100万キロ以上の空の旅をしている人, 飛行距離100万キロ以上のパイロット.

milionésimo, ma /milio'nɛzimu, ma/ [形]《数》100万分の1の, 100万番目の.

— **milionésimo** [男] 100万分の1.

militante /mili'tẽtʃi/ [形]《男女同形》戦う, 戦闘的な ▶Igreja Militante 戦う教会.

— [名] (政治活動などの) 闘士, 活動家 ▶militante dos direitos humanos 人権活動家.

⁑**militar** /mili'tax ミリターフ/ [[複] militares] [形]《男女同形》**軍の, 軍隊の** ▶escola militar 士官学校 / disciplina militar 軍規 / serviço militar 兵役 / tribunal militar 軍法会議 / governo militar 軍事政権.

— [名] **軍人** ▶Sempre quis ser militar. 私はずっと軍人になりたかった.

militarismo /milita'rizmu/ [男] 軍国主義, 軍事中心主義, 軍人支配.

militarista /milita'rista/ [形]《男女同形》軍国主義の.

— [名] 軍国主義者.

militarizar /militari'zax/ [他] 軍事化する ▶zona não militarizada 非軍事区域.

— **militarizar-se** [再] 軍事化される.

militarmente /miliˌtax'mẽtʃi/ [副] 軍事力によって, 軍事的に.

mil-réis /ˌmiw'rɛis/《単複同形》[男] ミルレイス (ポルトガルとブラジルの旧通貨単位).

⁂**mim** /mĩ ミン/ [代]《人称》《一人称単数》❶《com 以外の前置詞の後で》**私** ▶Creia em mim. 私を信じてください / Isso é para mim? これは私あてですか / por mim 私としては, 私にとっては / quanto a mim 私に関しては.

❷ **私自身** ▶Não acredito em mim (mesmo). 私は自分自身を信じていない / Não gosto de falar de mim. 私は自分のことを話すのは好きではない.

de mim para mim 私の心の中で.

mimar /mi'max/ [他] かわいがる, 甘やかす, 溺愛する ▶mimar uma criança 子供を甘やかす.

mimeógrafo /mime'ɔgrafu/ [男] 謄写版, ガリ版.

mimetismo /mime'tʃizmu/ [男] ❶〖生物〗擬態. ❷ 模倣, 適応.

mímica[1] /'mĩmika/ [女] ❶ パントマイム ▶fazer mímica パントマイムをする. ❷ ジェスチャー, 身振り手振り ▶brincar de mímica ジェスチャーゲームをする.

mímico, ca[2] /'mĩmiku, ka/ [形] 身振り手振りの, ジェスチャーの.

mimo /'mĩmu/ [男] ❶ (子供を) かわいがること, 甘やかすこと ▶O pai dá mimos ao filho. その父親は息子をかわいがっている.

❷ 贈り物.

❸ 素敵な人 [物].

mimosear /mimoze'ax/ ⑩ [他] ❶ かわいがる, 甘やかす ; 愛撫する ; 喜ばす.

❷ …を贈る [+ com] ▶mimosear a mulher com rosas 女性にバラを贈る.

mimoso, sa /mi'mozu, 'mɔza/ [形] ❶ 敏感な, 繊細な ; 柔らかい ▶pele mimosa 柔らかい皮膚.

❷ 寵愛を受けた, 甘やかされた.

❸ 上品な, 優美な.

❹ 優しい, 思いやりのある.

❺ [B] 細かくひいたトウモロコシの粉.

— [名] ❶ 甘やかされた人, 敏感な人.

❷ 優遇された人, かわいがられている人, 恵まれた人.

min.《略語》mínimo 最小量.

⁑**mina** /'mĩna ミーナ/ [女] ❶ **鉱山, 鉱脈**, 鉱床 ▶mina de ouro 金鉱, ドル箱 / mina de prata 銀鉱 / mi-

M

minar

na de carvão 炭鉱.
❷ 源泉, 水源, 源 ▶ mina de água 水源 / uma mina de dinheiro 金のなる木.
❸ 地雷, 機雷 ▶ detector de minas 地雷探知機 / campo de minas 地雷原 / mina antipessoal 対人地雷.
❹ (鉛筆の) 芯 ▶ mina do lápis 鉛筆の芯.

minar /mi'nax/ 他 ❶ 採掘する, 採鉱する; 穴 [坑道] を掘る.
❷ 浸食する; むしばむ, 害する, 損なう ▶ minar a saúde 健康をむしばむ.
❸ 滴らせる, にじみ出させる ▶ A parede estava minando água. 壁から水がにじみ出ていた.
❹ …に地雷 [機雷, 水雷] を敷設する ▶ campo minado 地雷原.
❺ 流出させる ▶ Este poço já não mina mais água. この井戸からはもう水は出ない.
❻ 出す, 吐き出す ▶ A ferida não parava de minar sangue. 傷口から出血が止まらなかった.
❼ 苦しめる, 悩ます.
— 自 ❶ 湧き出る, 流出する.
❷ 蔓延する, 広がる.

minarete /mina'retʃi/ 男《イスラム教》ミナレット, 祈りの時を告げるモスクの尖塔(訳).

Minas Gerais /ˌminaʒe'rais/《地名》(ブラジル南東部の) ミナスジェライス州.

mindinho /mĩ'dʒiɲu/ 男 俗 小指.

***mineiro, ra** /mi'nejru, ra/ ミネイロ, イラ / 形 ❶ 鉱山の, 鉱山のある ▶ região mineira 鉱山地域 / indústria mineira 鉱業. ❷ ミナスジェライス州の ▶ a comida mineira ミナス・ジェライス州の食べ物.
— **mineiro** 男 ❶ 鉱夫 ▶ associação de mineiros 鉱夫協会. ❷ mineiro de [com] botas バナナを卵や砂糖などとオーブンで焼いたデザート.
— 名 ミナスジェライス州の人.

mineração /minera'sẽw/ [複 minerações] 女 採鉱, 選鉱.

***mineral** /mine'raw/ ミネラゥ / [複 minerais] 形《男女同形》鉱物の, 無機質の ▶ água mineral ミネラルウォーター.
— 男 鉱物, 無機物 ▶ O quartzo é um mineral. 石英は鉱物である.

minerar /mine'rax/ 他 自 採掘する, 採鉱する.

minério /mi'nɛriu/ 男 鉱石 ▶ minério de ferro 鉄鉱石.

mingau /mĩ'gaw/ 男 B 小麦粉, タピオカ粉, トウモロコシ粉などの粥.

míngua /'mĩgwa/ 女 ❶ 欠乏, 不足 ▶ míngua de alimentos 食糧不足 / não fazer míngua 十分ある.
❷ 極貧, 貧困, 貧窮.
❸ 衰え, 減少.
❹ 欠陥, 欠点.
à míngua 貧困状態で ▶ morrer à míngua 貧困のうちに死ぬ.
à míngua de... …がないので, 不足して.

minguado, da /mĩ'gwadu, da/ 形 ❶ わずかな, 少ない, 不足した ▶ salário minguado 少ない給料.
❷ やせこけた, 発達不良の ▶ corpo minguado やせこけた体.
❸ 減少した, 縮小した.

minguante /mĩ'gwẽtʃi/ 形《男女同形》❶ 減少する, 衰退する. ❷ (月が) 欠けていく ▶ lua em quarto minguante 下弦の月.
— 男 下弦.
estar em minguante 減少する, 減退する, 衰退する.
minguante da maré 引き潮.

minguar /mĩ'gwax/ ④ 他 ❶ 減少させる, 少なくする.
❷ (評判などを) 落とす; (名声などを) 汚す, 中傷する.
— 自 ❶ 減少する, 少なくなる ▶ A produção de açúcar minguou. 砂糖の生産が減少した.
❷ (月が) 欠ける.
❸ 不足する.

minha /'miɲa/ 形 代 meu の女性単数形.

minhoca /mi'ɲɔka/ 女 ミミズ.
procurar minhoca no asfalto 見つけ難いものを探す, 時間を無駄にする.
ter minhocas na cabeça 頭がいかれている.

miniatura /minia'tura/ 女 ❶ 細密画, ミニアチュール. ❷ 小型模型, 小さなもの ▶ uma casa em miniatura ミニチュアの家 / versão em miniatura ミニチュア版.

minifúndio /mini'fũdʒiu/ 男 小農場.

mínima[1] /'mĩnima/ 女 ❶ 最低気温. ❷ 二分音符.
não dar a mínima para... 男 …を気にしない, 無視する.

minimalismo /minima'lizmu/ 男《美術》ミニマリズム.

minimalista /minima'lista/ 形《男女同形》ミニマリズムの.
— 名 ミニマリズムの芸術家.

minimamente /ˌmĩnima'mẽtʃi/ 副 最低限, 少なくとも.

minimização /minimiza'sẽw/ [複 minimizações] 女 最小化, 極小化 ▶ minimização dos riscos リスクの最小化.

minimizar /minimi'zax/ 他 ❶ 最小限にする, 最小化する. ❷ 過小評価する.

***mínimo, ma**[2] /'mĩnimu, ma/ ミーニモ, マ/ (pequeno の絶対最上級) 形 ❶ 最小の, 最低の (↔ máximo) ▶ temperatura mínima 最低気温 / salário mínimo 最低賃金 / com o mínimo esforço 最小限の努力で.
❷ 取るに足らない, わずかな ▶ obras de valor mínimo 取るに足らない価値の作品 / A diferença era mínima. 差は極めて少なかった / Não faço a mínima ideia. 私はまったく分かりません / coisas mínimas 些細なこと.
— **mínimo** 男 ❶ 最低限, 最小限 ▶ reduzir ao mínimo 最低限に抑える / fazer o mínimo 最低限のことをする / o mínimo que você precisa saber para não ser um idiota おばかにならないために知らなければならない最低限のこと / o mínimo possível de combustível 最小限の燃料 / consumir o mínimo possível 消費を最低限に抑える / no mínimo 少なくとも.

minissaia /mini'saja/ 囡 ミニスカート.
minissérie /mini'seri/ 囡 (テレビの)ミニシリーズ番組.
ministerial /ministeri'aw/ [履 ministerial] 形《男女同形》大臣の, 省の, 内閣の▶crise ministerial 内閣の危機 / reunião ministerial 閣議.
‡ministério /minis'tɛriu/ ミニステーリオ 男 ❶ 内閣 ▶O presidente convocou o ministério imediatamente. 大統領は直ちに内閣を召喚した.
❷省▶Ministério da Fazenda 財務省 / Ministério das Relações Exteriores Ⓑ 外務省 / Ministério da Educação 教育省.
❸ 大臣職▶Um especialista em economia assumirá o ministério. 経済学の専門家が大臣職に就くだろう.
ministrar /minis'trax/ 他 ❶ 提供する, 供給する▶ministrar informações 情報を提供する.
❷ (薬などを)投与する; 治療する▶ministrar remédios aos doentes 病人に投薬する.
❸ (宗教的儀式を)行う, (秘跡を)授ける▶ministrar a extrema-unção 病者の塗油を授ける.
❹ (講義などを)行う▶ministrar aulas 講義を行う.
— 自 大臣の任務を果たす.
‡ministro, tra /mi'nistru, tra/ ミニストロ, トラ 名
❶ 大臣, 閣僚▶ministro das Relações Exteriores 外務大臣 / ministro da Saúde 保健大臣 / primeiro-ministro 首相 / ministro da Fazenda 財務大臣 / ministro da Defesa 防衛大臣 / ministro sem pasta 無任所大臣.
❷ 公使▶ministro plenipotenciário 全権公使.
minorar /mino'rax/ 他 ❶ 減らす, 少なくする▶minorar os danos 被害を少なくする. ❷ 軽くする, 緩和する▶minorar a dor 痛みを軽くする.
minoria /mino'ria/ 囡 少数, 少数派▶ser a minoria 少数派である / minoria étnica 少数民族.
minoritário, ria /minori'tariu, ria/ 形 少数派の, 少数の▶partido minoritário 少数政党.
minúcia /mi'nusia/ 囡 細目, 詳細 ▶em minúcias 詳細に.
minucioso, sa /minusi'ozu, 'ɔza/ 形 ❶ 細心な, 細部にこだわる. ❷ 詳細な, 綿密な.
minueto /minu'etu/ 男《音楽》メヌエット.
minúscula /mi'nuskula/ 囡 小文字 (↔ maiúscula).
minúsculo, la /mi'nuskulu, la/ 形 ❶ 非常に小さい, 微小な, 取るに足らない. ❷ 小文字の▶a minúsculo 小文字の a.
minuta /mi'nuta/ 囡 ❶ 草稿, 下書き ▶minuta de contrato 仮契約.
❷ (レストランで)すぐにできる料理.
à minuta 即席の▶prato à minuta 即席料理.
minutar /minu'tax/ 他 …の下書きをする, 草案を作る.
‡minuto /mi'nutu/ ミヌート 男 ❶《時間・角度》 1 分, 分 ▶esperar dez minutos 10 分待つ / uma pausa de cinco minutos 5 分の休憩 / fazer um minuto de silêncio 1 分間黙祷する.
❷ 微小な時間 ▶ Espere um minuto, por favor. どうか少しお待ちください / Um minuto! ちょっと待ってください / Só um minuto! ちょっとだけ待ってください.
contar os minutos 指折り数える.
neste minuto 今まさに.
no último minuto ぎりぎりに.
num minuto すぐに.
miolo /mi'olu/ 男 ❶ 中の柔らかい部分 ▶miolo do pão パンの柔らかい中身 / miolo da noz クルミの実.
❷ 骨髄.
❸《miolos》囲 脳, 脳髄.
❹ 知能, 頭脳; 良識, 分別 ▶ ter miolo 知能が高い, 思慮分別がある.
❺ 重要な部分, 核心, 中身 ▶ miolo da questão 問題の核心 / entrar no miolo do assunto 問題の核心に触れる / miolo do livro 本の中身.
❻ Ⓑ《スポーツ》囲 ミッドフィールド, ミッドフィールダー.
de miolo mole 囲 ぼけた, 老いぼれた; 愚かな, ばかな.
estourar os miolos 囲 銃で人を殺す, 自殺する.
fazer saltar os miolos 頭を打ちぬいて自殺する.
queimar os miolos 知恵をしぼる, 頭を働かせる.
míope /'miopi/ 形《男女同形》近視の; 近視眼的な.
— 名 近視の人.
miopia /mio'pia/ 囡 近視, 近眼; 近視眼的なこと.
miosótis /mio'zɔtʃis/ 男《単複同形》《植物》ワスレナグサ.
mira /'mira/ 囡 ❶ (銃の)照準 ▶linha de mira 照準線 / ponto de mira 照準点.
❷ 目標, 狙い ▶ ter algo em mira …を狙う, …を目指す / estar à mira de alguém …に目をつけている.
acertar na mira e errar o alvo 照準を正しく合わせて的を外す.
mirabolante /mirabo'lẽtʃi/ 形《男女同形》 ❶ 並外れた, 非現実的な, 驚くべき ▶planos mirabolantes 非現実的な計画. ❷ けばけばしい, 派手な.
miraculosamente /miraku,lɔza'mẽtʃi/ 副 奇跡的に.
miraculoso, sa /miraku'lozu, 'lɔza/ 形 奇跡的な, 奇跡の.
miragem /mi'raʒẽj/ [履 miragens] 囡 ❶ 蜃気楼. ❷ 幻想, 幻影.
miramar /mira'max/ [履 miramares] 男 海を一望する展望台.
mirante /mi'rẽtʃi/ 男 展望台, 見晴台.
mirar /mi'rax/ 他 ❶ じっと見る, 眺める, 観察する, 遠くに見る ▶mirar a paisagem 景色を眺める.
❷ 望む, 狙う.
— 自 ❶ …に狙いをつける, 望む [+ a] ▶não mirar a nenhum interesse 少しの利益も望まない.
❷ …に面する, 向いている [+ para] ▶O restaurante mira para o mar. レストランは海に面している.
— mirar-se 再 自分の姿を見つめる ▶mirar-se no espelho 鏡に自分の姿を映して見る.

miríade

miríade /mi'riadʒi/ 囡 無 数 ▶ uma miríade de estrelas 無数の星.

mirim /mi'ri/ [複 mirins] 形《男女同形》小さな, 子供の.

mirra /'mixa/ 囡 没薬, ミルラ

mirrar /mixax/ 他 ❶ しおれさせる, 枯らせる ▶ A seca mirrou a plantação. 旱魃で作物はひからびた. ❷ やせ衰えさせる, やせ細らせる, 衰弱させる ▶ A doença o mirrou. 病気が彼を衰弱させた. ❸ (感情などを) 弱める, 薄れさせる ▶ mirrar seu entusiasmo 彼の熱意を薄れさせる. ❹ 没薬 (ミルラ) を使って調合する.
— 自 ❶ 乾く, 枯れる ▶ As flores mirravam. 花はすっかり枯れていた. ❷ やせ衰える, やせ細る, 衰弱する. ❸ 縮む, 弱まる, 薄れる. ❹ 卑屈になる.
— **mirrar-se** 再 ❶ しおれる, 枯れる, 干上がる. ❷ 力を失う, 活力を失う. ❸ やせ衰える, 衰弱する. ❹ 隠れる.

misantropia /mizẽtro'pia/ 囡 人間嫌い, 社交嫌い.

misantropo, pa /mizẽ'tropu, pa/ 形名 人間嫌いの (人), 交際嫌いの (人).

miscelânea /mise'lẽnia/ 囡 ❶ こたまぜ, 寄せ集め. ❷ 作品集, 論文集.

miscigenação /misiʒena'sẽw/ [複 miscigenações] 囡 混血, 通婚.

miserável /mize'ravew/ [複 miseráveis] 形《男女同形》❶ 極貧の; 哀れな, 悲惨な ▶ vida miserável 惨めな生活. ❷ 卑劣な, 浅ましい, 恥ずべき. ❸ 残酷な, 非道な. ❹ けちな, しみったれの. ❺ わずかばかりの, 取るに足りない ▶ salário miserável わずかばかりの給料.
— 名 ❶ 哀れな人, 哀れな動物. ❷ 貧しい人. ❸ ろくでなし. ❹ けちな人.

*****miséria** /mi'zeria/ 囡 ❶ 貧窮, 貧困 ▶ estar na miséria 貧困状態にある / cair na miséria 貧困に陥る / chorar miséria 貧困を嘆く / A seca deixou os habitantes na miséria. 旱魃は住民を貧窮に陥れた. ❷ わずかな 金 額 ▶ Nossa fábrica só paga uma miséria aos funcionários. 私たちの工場は従業員に雀の涙しか払っていない / ganhar uma miséria 薄給を得る. ❸ 悲惨, みじめ ▶ Estou me sentindo uma miséria. 私はみじめになっている.
ficar reduzido à miséria すべてを失う.
Miséria pouca é bobagem. これくらいのことは大したことではない. これからまだひどいことが起きる.

misericórdia /mizeri'kɔxdʒia/ 囡 慈悲, 憐れみ, 情け ▶ pedir misericórdia 憐れみを乞う / misericórdia divina 神の慈悲.

misericordioso, sa /mizerikoxdʒi'ozu, ɔza/ 形名 慈悲深い (人), 憐れみ深い (人).

mísero, ra /'mizeru, ra/ 形 ❶ 極貧の, 貧窮した. ❷ 内容のない. ❸ わずかな, 貧弱な ▶ mísero salário 乏しい給料.

misoginia /mizoʒi'nia/ 囡 女嫌い.

misógino, na /mi'sɔʒinu, na/ 形 女嫌いの.
— **misógino** 男 女嫌いの男.

*****missa** /'misa ミーサ/ 囡 ミサ ▶ ir à missa ミサに行く / celebrar a missa ミサを行う / missa do galo 深夜ミサ.
não ir à missa com... ...に同情しない.
não saber da missa a metade 状況がわからない.

missal /mi'saw/ [複 missais] 男 ミサ典書.

*****missão** /mi'sẽw ミサォン/ [複 missões] 囡 ❶ 使命, 任務, 義務 ▶ Eu cumpri minha missão. 私は任務を遂行した / Eu estou incumbido de uma missão importante. 私は重要な任務を課されている / Missão cumprida. 任務完了. ❷ 使節団, 代表団, ミッション ▶ missão da Organização das Nações Unidas 国連使節団. ❸ 伝道所 ▶ A primeira missão jesuíta chegou a Cabo Verde em 1604. 最初のイエズス会伝道団が1604年にカボベルデに到着した. ❹ 伝道所 ▶ A missão jesuíta fica perto daqui. イエズス会の伝道所はこの近くだ.

míssil /'misiw/ [複 mísseis] 男 ミサイル ▶ lançar um míssil ミサイルを発射する / míssil terra-ar 地対空ミサイル / míssil balístico 弾道ミサイル / míssil de cruzeiro 巡航ミサイル.

missionário, ria /misio'nariu, ria/ 形 宣教の, 伝道の.
— **missionário** 男 宣教師, 伝道師.

missiva /mi'siva/ 囡 手紙, 書簡.

mister /mis'tex/ [複 misteres] 男 ❶ 仕事, 職務, 職業. ❷ 任務, 責任. ❸ 必要, 必要性.
de mister 必要な.
fazer-se mister 必要となる
haver de mister 必要である
haver mister de... ...が必要である.
ser (de) mister 必要である.

*****mistério** /mis'teriu ミステーリオ/ 男 ❶ 神秘 ▶ os mistérios da natureza 自然の神秘. ❷ 秘密, 謎 ▶ A morte do presidente americano Kennedy ainda está envolta em mistério. アメリカのケネディー大統領の死は今もなお謎に包まれたままだ.
fazer mistério 秘密にする, 隠し立てする.
não ter mistério 簡単である, 難しくない ▶ Emagrecer não tem mistério. やせることは難しくない.

misterioso, sa /misteri'ozu, 'ɔza/ 形 神秘的な, 不思議な, 謎めいた, 秘密の ▶ um caso misterioso 謎めいた事件 / um sorriso misterioso 神秘的なほほえみ.

misticismo /mistʃi'sizmu/ 男 神秘主義, 神秘思想.

místico, ca /'mistʃiku, ka/ 形 ❶ 神秘的な. ❷ 神秘主義の, 神秘論者の.
— 名 神秘主義者, 神秘主義作家.

mistificar /mistʃifi'kax/ 他 ❶ ...を担ぐ, 煙 (けむ) に巻く. ❷ たぶらかす.

misto, ta /'mistu, ta/ 形 ❶ 混合の, 混成の▶salada mista ミックスサラダ / time misto 混成チーム. ❷ 男女混合の▶escola mista 男女共学の学校. ❸〚経済〛混合経済の▶economia mista 混合経済.
— **misto** 男 ❶ (異なる要素の) 混合.
❷ (客車と貨車の) 混合列車 (= trem misto).

misto-quente /,mistu'kẽtʃi/ [複 mistos-quentes] 男 ハムとチーズの入ったホットサンド.

*****mistura** /mis'tura ミストゥーラ/ 囡 ❶ 混合, 混交；混合物；〚化学〛化合；〚生物〛交配▶mistura de diferentes raças 異なる人種の混交 / mistura de azeite e vinagre オリーブ油と酢を混ぜたもの.
❷ (音声や映像の) 編集▶sala de mistura 編集室.
❸〚音楽〛ミキシング.
❹ (コーヒーなどの) ブレンド.
à mistura 同時に, 一緒になって.
de mistura com... …と同時に, 一緒に, …と混ざって▶De mistura com a fruta boa, vem alguma já podre. いい果物と一緒に, 腐ったものも届く.
sem mistura 混ざりもののない, 純粋な, 完全な.

misturada¹ /mistu'rada/ 囡 ごちゃ混ぜ, 寄せ集め.

misturado, da² /mistu'radu, da/ 形 ❶ 混ざった, 混ざり合った.
❷ 結びついた；加えられた.
❸ 混乱した, 雑然とした▶As roupas estão misturadas. 服がごっちゃ混ぜになっている.
❹ 混血の.
❺ 純粋でない▶gasolina misturada 不純物が混入したガソリン.
❻ 混成の, 雑多な.

misturador, dora /mistura'dox, 'dora/ [複 misturadores, doras] 形 混ぜる, 混ぜるための.
— **misturador** 男 ミキサー, コンクリートミキサー, ミキシング装置.

*****misturar** /mistu'rax ミストゥラーフ/ 他 ❶ 混ぜる▶misturar os ingredientes 材料を混ぜる / misturar o açúcar e a manteiga 砂糖とバターを混ぜる / misturar a salada サラダを混ぜ合わせる.
❷ 混同する▶Não misture o mal com o bem! 悪と善を混同するな.
— **misturar-se** 再 …と交際する [+ com]▶Você não deve se misturar com eles. São mafiosos. 彼らと付き合ってはいけない. ギャングだ.

mítico, ca /'mitʃiku, ka/ 形 神話の, 神話的な.
mitificar /mitʃifi'kax/ 他 神話化する.
mitigar /mitʃi'gax/ 他 軽減する, 和らげる, 鎮める▶mitigar a dor 痛みを鎮める.
— **mitigar-se** 再 和らぐ, 鎮まる.

*****mito** /'mitu ミート/ 男 ❶ 神話, 伝説▶os mitos gregos ギリシャ神話 / mitos indígenas 先住民の神話 / mito urbano 都市伝説.
❷ 作り話, 虚構▶o mito da igualdade 平等という神話.
❸ 伝説的人物 [事物, 事件]▶um mito do futebol brasileiro ブラジルサッカーの伝説的人物.

mitologia /mitolo'ʒia/ 囡 ❶〚集合的〛神話 (体系)▶mitologia grega ギリシャ神話. ❷ 神話学, 神話研究.

mitológico, ca /mito'lɔʒiku, ka/ 形 神話の.
mitra /'mitra/ 囡 司教冠, ミトラ；司教の地位.
miudeza /miu'deza/ 囡 ❶ 小さいこと, 細かいこと, 些細なこと.
❷《miudezas》小間物, つまらないもの.
❸ 詳細, 細部. ❹ けち.
❺ 動物の内臓.

*****miúdo, da** /mi'udu, da ミウード, -ダ/ 名 ❶ 子供, 少年, 少女▶Eu levei os miúdos à festa. 私は子供たちをパーティーに連れて行った.
❷ 若造▶Ele é ainda um miúdo neste mundo de música. 彼はまだこの音楽業界では若造だ.
— 形 小さな▶letras miúdas 小さな活字.
— **miúdos** 男複 もつ, (食用の) 内臓.
a miúdo 何度も, 頻繁に.
por miúdo 詳細に.
trocar em miúdos 詳述する.

mixa /'miʃa/ 形《男女同形》 B 俗 取るに足らない, くだらない, 価値のない.
mixagem /mi'ksaʒẽj/ [複 mixagens] 囡 ミキシング.
mixar¹ /mi'ksax/ 他 ミキシングする.
mixar² /mi'ʃax/ 自 弱まる, 衰える, 低下する▶A minha motivação para treinar mixou e eu desisti do atletismo. 練習をする意欲が低下し, 私は競技を諦めた.

mixaria /miʃa'ria/ 囡 B 俗 ❶ わずかな金額. ❷ 価値のないもの.
mixórdia /mi'ʃɔxdʒia/ 囡 ごたまぜ, ごちゃごちゃ, 乱雑.

mm. (略語) milímetro ミリメートル.
mnemónico, ca /mnə'mɔniku, kɐ/ 形 P = mnemônico
mnemônico, ca /mine'mõniku, ka/ 形 B 記憶の, 記憶術の.
— **mnemônica** 囡 記憶術.

mo /mu/ 間接目的格代名詞 me と直接目的格代名詞または中性指示代名詞 o の縮合形.
moagem /mo'aʒẽj/ [複 moagens] 囡 粉ひき, 製粉▶indústria de moagem 製粉業.
móbil /'mɔbiw/ [複 móbeis] 男 動機, 原因▶móbil do crime 犯罪の動機.
— 形《男女同形》動かせる, 可動の.
móbile /'mɔbili/ 男〚美術〛モビール.
mobília /mo'bilia/ 囡《集合的》家具▶apartamento sem mobília 家具なしのアパート / com mobília 家具付きの.
mobiliar /mobili'ax/ ㉟ 他 …に家具を備え付ける▶apartamento mobiliado 家具付きアパート.
mobiliária¹ /mobili'aria/ 囡 家具店.
mobiliário, ria² /mobili'ariu, ria/ 形 動産の▶bens mobiliários.
— **mobiliário** 男《集合的に》家具 (= mobília)▶mobiliário de escritório オフィス家具.
mobilidade /mobili'dadʒi/ 囡 ❶ 可動性, 移動性, 流動性▶mobilidade da população 人口の流動性. ❷ 変わりやすさ.
mobilização /mobiliza'sẽw/ [複 mobilizações] 囡 動員, 結集▶mobilização dos trabalha-

mobilizar

dores 労働者の動員 / mobilização geral 総動員.
mobilizar /mobili'zax/ 他 ❶ 動員する, 召集する ▶mobilizar soldados 兵士を動員する. ❷ (人を) 駆り集める；(力などを) 結集する ▶mobilizar recursos 資源を動員する.
— **mobilizar-se** 再 (軍が) 動員される；(人々が) 結集する, 行動を起こす.
moca /'mɔka/ 女 モカコーヒー.
moçada /mo'sada/ 女 B 集 少年少女たち, 若者たち.
moçambicano, na /mosẽbi'kẽnu, na/ 形 名 モザンビークの (人).
Moçambique /mosẽ'biki/ 男《国名》モザンビーク (旧ポルトガル植民地).
moção /mo'sẽw/ [複 moções] 女 動議, 発議 ▶ moção de censura 問責動議, (内閣) 不信任案.
mocassim /moka'sĩ/ [複 mocassins] 男 モカシン靴.
mochila /mo'ʃila/ 女 リュックサック, バックパック.
encher a mochila ① お腹いっぱい食べる. ② 不当に利益を得る.
mochilão /moʃi'lẽw/ [複 mochilões] 男 バックパック旅行 ▶ fazer um mochilão バックパック旅行をする.
mochileiro, ra /moʃi'lejru, ra/ 名 バックパッカー.
mocidade /mosi'dadʒi/ 女 ❶ 若さ, 青春時代 ▶ na minha mocidade 私が若かったころ / em plena mocidade 青春の真っただ中に. ❷ 若者たち ▶ a mocidade brasileira ブラジルの若者たち.
mocinho /mo'sĩɲu/ 男 B ヒーロー, 正義の味方.
***moço, ça** /'mosu, sa モーソ, サ/ 形 若い, 若々しい.
— 名 ❶ 青年, 若い男性, 若い女性 ▶ um moço de vinte anos 二十歳の男性 / uma moça de família 良家のお嬢様. ❷ (知らない人に対する呼びかけ) ちょっとすみません.
***moda** /'mɔda モーダ/ 女 ❶ 流行 ▶ seguir a moda 流行を追う.
❷ (服飾の) 流行, ファッション, モード ▶ Ela quer aprender a moda. 彼女はファッションを学びたがっている / última moda 最新の流行 / revista de moda ファッション雑誌 / desfile de moda ファッションショー.
❸ 仕方, 方法, 様式 ▶ Eu faço a minha moda. 私は自分の流儀でやる.
❹ P 民衆歌謡.
à moda de... …風の；…特製の ▶ pizza à moda de Chicago シカゴ風のピザ / frango à moda da casa 当店特製のチキン.
cair de [da] moda 流行遅れになる.
deixar de moda 冗談をよす, つまらない話をよす.
em moda 流行の.
entrar na moda 流行する, はやる.
estar na moda 流行している ▶ Aquele jeito de vestir está na moda. あの着こなしが流行中だ.
fora da moda 流行遅れの ▶ vestido fora da moda 流行遅れの服.
passar de moda 流行遅れになる ▶ Essa música já passou de moda. その曲はもう流行遅れだ.

pôr à moda 現代風にする.
sair de [da] moda 流行遅れになる.
modal /mo'daw/ [複 modais] 形《男女同形》❶ 様態の, 様相の. ❷《文法》法の, 様態の ▶ verbo auxiliar modal 法助動詞.
***modalidade** /modali'dadʒi モダリダーヂ/ 女 ❶ 様相, 様式, 種類, 方法 ▶ modalidade de pagamento 支払い方法. ❷ (スポーツの) 種目 ▶ por modalidade 種目別に. ❸《文法》叙法 (性).
modelar¹ /mode'lax/ [複 modelares] 形《男女同形》模型の, 模範的な, 見本の ▶ um exemplo modelar 模範的な例.
modelar² /mode'lax/ 他 ❶ 原型を作る.
❷ 型を取る.
❸ 輪郭を引き立てる ▶ Esse vestido justo modelava o seu corpo. そのぴったりしたドレスは彼女の体を引き立てていた.
❹ …に従わせる, 合わせる, 手本にする [+ por] ▶ modelar seu comportamento pelo dos pais 自分の行動を両親の行動に合わせる.
❺ 形成する, 作り上げる ▶ modelar um novo estilo 新しい様式を形成する.
❻ 輪郭を描く, 草案を作る ▶ modelar um romance 小説の草案を描く.
— 自 モデルをする.
— **modelar-se** 再 …を手本にする, 準拠する [+ por].
modelista /mode'lista/ 名 デザイナー.
***modelo** /mo'delu モデーロ/ 男 ❶ 模範, 手本, 見本 ▶ Este soldado é um modelo de coragem. この兵士は勇敢さの模範だ / Ela pode servir de modelo de dedicação. 彼女は献身のモデルになりうる / Eu tomei meu amigo como modelo de sucesso. 友人を成功のモデルとした.
❷ 模型, モデル ▶ modelos de avião 飛行機の模型 / modelo reduzido 縮尺模型 / modelo de negócio ビジネスモデル / modelo matemático 数理モデル.
❸ (製品の) 型, モデル ▶ o último modelo 最新型.
— 名 (美術やファッションの) モデル ▶ Esta modelo é muito linda. このモデルはとても美人だ / modelo fotográfico ファッションモデル.
moderação /modera'sẽw/ [複 moderações] 女 ❶ 節度, ほどほど ▶ beber com moderação 酒を控えめに飲む. ❷ 軽減, 抑制 ▶ moderação dos preços 物価の抑制.
moderado, da /mode'radu, da/ 形 ❶ ほどよい, 中くらいの, 控えめな ▶ preço moderado 手頃な値段 / exercício moderado 適度な運動. ❷ 穏健派の, 穏健主義の ▶ muçulmanos moderados 穏健派イスラム教徒.
— 名 穏健派の人.
moderador, dora /modera'dox, 'dora/ [複 moderadores, doras] 形 ❶ 調整する, 調停する ▶ poder moderador 調停権. ❷ 緩和する.
— 名 司会者, 議事進行役, モデレーター ▶ moderador do fórum フォーラムのモデレーター.

moderar /mode'rax/ 他 ❶ 緩和する, 抑制する; 調整する, 加減する ▶ moderar a velocidade 速度を落とす. ❷ (会議などの) 司会をする.
— **moderar-se** 再 節度を保つ, 自制する.

modernamente /mo,dεxna'mẽtʃi/ 副 ❶ 最近では. ❷ 現代風に ▶ O escritório possui várias salas de reunião modernamente equipadas. 事務所には近代的設備を装備した会議室がいくつかある.

modernidade /modexni'dadʒi/ 女 近代性, 現代性.

modernismo /modex'nizmu/ 男 ❶ モダニズム, 近代趣味, 近代主義. ❷ モデルニズモ (19世紀末から20世紀にかけて起きた芸術革新運動).

modernista /modex'nista/ 形 近代主義の, 現代主義の.
— 名 近代主義者, 現代主義者.

modernização /modexniza'sẽw/ [複 modernizações] 女 近代化, 現代化, 刷新.

modernizar /modexni'zax/ 他 近代化する, 現代化する, 刷新する.
— **modernizar-se** 再 近代的になる, 現代的になる.

‡**moderno, na** /mo'dεxnu, na モデフノ, ナ/ 形 ❶ 現代の ▶ música moderna 現代音楽 / tempo moderno 現代.
❷ 現代の, モダンな, 最新の; 流行の ▶ um hotel moderno 現代的なホテル / teorias modernas 最新の諸説 / tecnologia moderna 最新技術 / Ela sempre veste roupas modernas. 彼女はいつも流行の服を着ている.
❸ 近代の, 近世の ▶ história moderna 近代史.

modéstia /mo'dεstʃia/ 女 謙虚, 慎み深さ ▶ falsa modéstia うわべだけの謙遜 / modéstia à parte 自慢するわけではないが.

*‡**modesto, ta** /mo'dεstu, ta モデスト, タ/ 形 ❶ 謙虚な, 慎み深い, 控えめな ▶ Ele é um homem modesto. 彼は謙虚な人だ / atitude modesta 謙虚な態度.
❷ 質素な, 地味な; つつましい ▶ uma casa modesta 質素な家 / salário modesto わずかな給料.

módico, ca /'mɔdʒiku, ka/ 形 (金額や価格が) 手頃な, 妥当な, 安い ▶ por um preço módico 安い値段で.

*‡**modificação** /modʒifika'sẽw モヂフィカサォン/ [複 modificações] 女 変更, 修正, 変化 ▶ modificação dos dados データの修正 / A natureza está em permanente modificação. 自然は常に変化している.

‡**modificar** /modʒifi'kax モヂフィカーフ/ 29 他 ❶ 変更する, 変える ▶ modificar o projeto 計画を変更する / modificar o mundo 世界を変える.
❷ 〖文法〗修飾する ▶ O adjetivo modifica o substantivo. 形容詞は名詞を修飾する.
— **modificar-se** 再 変化する.

modinha /mo'dʒiɲa/ 女 モディーニャ (18世紀から伝わるブラジルの歌謡).

modismo /mo'dʒizmu/ 男 熟語, 成句, 慣用句.

modista /mo'dʒista/ 名 婦人服デザイナー, 婦人服仕立屋.

‡‡**modo** /'mɔdu モード/ 男 ❶ 仕方, 方法, 手段 ▶ modo de vestir 着こなし方 / modo de falar 話し方 / modo de viver 暮らし方 / modo de usar 使い方 / modo de ser あり方 / modo de pagamento 支払方法 / modo de vida 生活様式 / Não tem outro modo de verificar sobre isso. それについては, 他に確認する手立てがない / de modo geral 一般に / do [a] meu modo 私のやり方で, 私なりに / do mesmo modo 同じように / deste modo この方法で, こうして / do seguinte modo 次の方法で / De que modo aprendemos mais? どのようにしたらもっと学べるか.
❷ (modos) 行儀, 礼儀, 作法 ▶ ter bons modos 行儀がよい / ter maus modos 行儀が悪い / Tenha modos com as pessoas. 人と接するときは行儀よくしなさい.
❸ 〖文法〗法, 叙法 ▶ modo indicativo 直説法 / modo subjuntivo 接続法 / modo imperativo 命令法.
❹ 〖音楽〗旋法, 調 ▶ modo maior 長調 / modo menor 短調.

a modo ゆっくり, 巧みに.
a modo de... …のように, …風に ▶ Recitou a modo de um verdadeiro poeta. 詩をまるで詩人のように朗読した.
a modo(s) que 見たところでは.
de certo modo ある程度, ある意味.
de modo a... …するように, …ために.
de modo algum 決して…ない ▶ Não podemos desistir de modo algum. 我々は決して諦めることはできない.
de modo nenhum 決して…ない ▶ — Eu estou lhe incomodando? — De modo nenhum. 「迷惑でしょうか」「全然」.
de modo que + 直説法 それゆえ…, したがって… ▶ Dividimos o trabalho de modo que todos trabalharam menos. 仕事を分担したため, 皆の仕事量が減った.
de modo que + 接続法 …するために, …するように ▶ Ele estuda de modo que consiga obter uma bolsa. 彼はスカラーシップが得られるように勉強している.
de qualquer modo いずれにせよ; どうにかして ▶ De qualquer modo, vamos tentar. とにかくやってみよう.
de tal modo que + 直説法 そのため, それで.
de todo modo いずれにせよ.
pelos modos どうやら, 察するに.

modulação /modula'sẽw/ [複 modulações] 女 ❶ (音や声の) 抑揚, 変化. ❷ 〖音楽〗転調. ❸ 〖電子〗変調 ▶ modulação de frequência 周波数変調, FM.

modular /modu'lax/ 他 ❶ (音を) 変化させる, 抑揚をつける ▶ modular a voz 声に抑揚をつける. ❷ 〖音楽〗転調する. ❸ 〖電子〗変調する.

módulo /'mɔdulu/ 男 モジュール, 基準寸法, 規格寸法.

‡‡**moeda** /mo'εda モエーダ/ 女 ❶ 硬貨, コイン ▶ uma moeda de um euro 1ユーロ硬貨 / Casa da Moeda 造幣局 / moeda de ouro 金

moedor

貨 / moeda de prata 銀貨.

❷ 通貨 ▶ moeda brasileira ブラジルの通貨 / moeda corrente 流通通貨 / moeda única 単一通貨 / moeda falsa 贋金 / moeda forte 強い通貨.

outro lado da moeda 硬貨の裏側, 逆の見方, 別の側面.

pagar na mesma moeda 同じ方法で仕返しをする.

moedor /moe'dox/ [複 moedores] 男 粉ひき器, 肉ひき機 ▶ moedor de café コーヒーミル / moedor de carne 肉ひき器.

moer /mo'ex/ ㊱ 他 ❶ 粉にする, ひく ▶ moer café コーヒー豆をひく. ❷ ひき肉にする ▶ moer carne 肉をひく.

❸ 疲労困憊させる.

❹ 悩ませる, 困らせる.

— **moer-se** 再 ❶ 疲労困憊する. ❷ 悩む.

mofa /'mɔfa/ 女 あざけり, 愚弄.

mofado, da /mo'fadu, da/ 形 かびた, かび臭い ▶ pão mofado かびたパン.

mofar¹ /mo'fax/ 自 …をからかう, あざける [+ de].

mofar² /mo'fax/ 他 かびさせる, かび臭くする.

— 自 ❶ かびが生える. ❷ 待ちわびる.

mofar na prateleira 売れ残っている.

mofo /'mofu/ 男 かび ▶ criar mofo かびが生える / não criar mofo 絶えず動いている / cheio de mofo かびだらけの.

mogno /'mɔginu/ 男【植物】マホガニー ▶ mesa de mogno マホガニーのテーブル.

moído, da /mo'idu, da/ 形 (moer の過去分詞) ❶ ひいた ▶ café moído ひいたコーヒー. ❷ 疲れ果てた ▶ Estou moído. 私はくたくただ.

moinho /mo'iɲu/ 男 ミル, 製粉機 ▶ moinho de café コーヒーミル / moinho de água 水車 / moinho de vento 風車.

moita /'mojta/ 女 やぶ, 雑木林.

na moita 音をたてずに, こっそりと.

ficar na moita ① 身を隠す. ② 自分からは意見しない. ③ 知識をひけらかさない.

mola /'mɔla/ 女 ばね, スプリング, ぜんまい.

molar /mo'lax/ [複 molares] 形《男女同形》白歯の ▶ dente molar 臼歯.

— 男 白歯.

moldagem /mow'daʒēj̃/ [複 moldagens] 女 ❶ 型に取ること, 型に流し込むこと, 鋳造, 成型.

moldar /mow'dax/ 他 ❶ …の型を取る, …を型に合わせる, 型にはめる ▶ moldar barro 粘土細工をする / Ele molda o busto. 彼は胸像の鋳型を作る / O João moldou uma estatueta. ジョアンは小さな彫像を作った.

❷ …の線を強調する ▶ Aquela roupa molda o corpo. あの服は身体の線を強調する.

❸ 形成する, 形作る ▶ O pensamento é moldado pelo conhecimento. 思想は知識で形成される / O tempo molda as pessoas. 時が人を順応させる.

— **moldar-se** 再 …に順応する [+ a] ▶ Ele moldou-se ao novo trabalho. 彼は新しい職場に慣れた / Os interesses moldam-se ao dinheiro. 関心事は金次第で決まる.

molde /'mɔwdʒi/ 男 ❶ 型, 鋳型 ▶ molde de vestido 型紙. ❷ ひな形模範, 手本.

moldura /mow'dura/ 女 額縁, 枠.

***mole** /'mɔli モーリ/ 形《男女同形》❶ 柔らかい (↔ duro) ▶ cama mole 柔らかいベッド / Este pão está bem mole. このパンはとても柔らかい.

❷ だるい；衰弱した, 緩慢な ▶ Hoje estou me sentindo muito mole. 私は今日非常にだるい / Ele fala num tom mole. 彼はのんびりした調子で話す.

❸ 優しい, 寛大な, 甘い ▶ coração mole 優しい心 / Ele é mole com os filhos. 彼は息子たちに甘い.

❹ B 俗 簡単な ▶ O exame foi mole. 試験は簡単だった.

— 副 簡単に ▶ O time ganhou mole o jogo. チームは難なく試合に勝った.

— 女 ❶ 巨大な塊 [建造物] ▶ uma mole de pedra 大きな石. ❷ 大勢の人.

dar mole ① 気を抜く, 油断する ▶ A defesa deu mole, levou gol. ディフェンスが油断したためゴールを入れられてしまった. ② 気があるそぶりを見せる.

mole, mole ① 簡単に, 楽に. ② 少しずつ, ゆっくり.

Não é mole! 容易ではない, 大変だ.

no mole 簡単に.

molécula /mo'lɛkula/ 女【化学】分子.

molecular /moleku'lax/ [複 moleculares] 形《男女同形》分子の ▶ biologia molecular 分子生物学.

moleiro /mo'lejru/ 男 製粉業者, 粉屋.

molejo /mo'leʒu/ 男 ❶ (自動車の) サスペンション. ❷ 体を揺すること.

moleque /mo'lɛki/ 男 B ❶ 黒人または混血の子供.

❷ 路上生活の子供 (= ▶ moleques de rua).

❸ やつ, 男.

— 形 ❶ いたずらな. ❷ こっけいな, おかしい.

molestar /moles'tax/ 他 ❶ 迷惑 [面倒] をかける, 邪魔をする, 困らせる, 悩ます.

❷ …にわいせつな行為をする, 性的に暴行する ▶ molestar uma adolescente de 12 anos 12歳の少女にわいせつな行為をする.

— **molestar-se** 再 …に対して不快になる, 腹を立てる [+ com].

moléstia /mo'lɛstʃia/ 女 病気.

da moléstia ひどい ▶ filho da moléstia ひどい男.

estar com moléstia de cachorro《北東部方言》怒っている.

moléstia de encomenda 約束を反故にする時の仮病.

molesto, ta /mo'lɛstu, ta/ 形 ❶ 健康に悪い, 有害な.

❷ 煩わしい, 面倒な, 嫌な.

❸ 退屈な.

moletom /mole'tõ/ [複 moletons] 男 フリース, フリースの服.

moleza /mo'leza/ 女 ❶ 柔らかいこと, 柔らかさ.

❷ 無気力, 怠惰.

❸ 簡単なこと, 楽勝 ▶ É moleza. それは簡単なこ

だ. ❹寛大さ, 甘さ.
na moleza 容易に.

*****molhado, da** /mo'ʎadu, da/ モリャード, ダ/ 形 (molharの過去分詞) ❶ 濡れた, 湿った (↔ seco) ▶Fiquei toda molhada por causa da chuva repentina. 私は突然の雨でずぶ濡れになった. ❷ Ⓑ (酒に) 酔った.
molhado como um pinto びっしょり濡れた.
— **molhado** 男 ❶ 湿地, 湿った所. ❷ 《molhados》酒, 酢, 油など ▶armazém de secos e molhados 食料雑貨店.
chover no molhado 無駄な努力をする, 無駄なことに時間を使う.

*****molhar** /mo'ʎax/ モリャーフ/ 他 ❶ 濡らす, 湿らせる, 浸す, つける (↔ secar) ▶molhar as bolachas no leite ビスケットを牛乳につける / molhar a cama 寝小便をする.
❷ …に水をやる ▶molhar as plantas 植物に水をやる.
— **molhar-se** 再 濡れる, 湿る, 浸る; 小便を漏らす ▶O menino molhou-se todo. 男の子はずぶ濡れになった.

molhe /'mɔʎi/ 男 防波堤, 突堤.
molheira /mo'ʎejra/ 女 ソース入れ.
molho¹ /'moʎu/ 男 束 ▶molho de chaves 鍵の束.
aos molhos 山のように, 大量に.
molho² /'moʎu/ 男 ❶ ソース ▶molho inglês ウスターソース / molho branco ホワイトソース / molho de soja 醤油 / molho de salada サラダドレッシング / molho de tomate トマトソース / molho pardo 鶏の血入りソース / molho picante チリソース / pôr algo de molho …をたれにつけ込む.
❷ ドレッシング.
❸ 肉汁, グレービー.
deixar de molho ① 浸しておく. ② 保留する. ③ 待ちぼうけを食らわす.
estar de molho 活気がない, 療養中である.
molho de nervos ピリピリといらだっている人, 非常に神経質になっている人.
pôr de molho ① 浸しておく. ② 先延ばしにする, 先送りする, 待たせる.

molinete /moli'netʃi/ 男 (釣りの) リール.
molusco /mo'lusku/ 男 軟体動物.
momentaneamente /momẽ,tania'mẽtʃi/ 副 一時的に, 少しの間, しばらく ▶Estou momentaneamente morando com meus pais, mas devo me mudar em breve. 私は一時的に両親と暮らしているが, すぐに引っ越ししなければならない.
momentâneo, nea /momẽ'tẽniu, na/ 形 一時的な, つかの間の ▶prazer momentâneo つかの間の快楽.

⁑**momento** /mo'mẽtu/ モメント/ 男 ❶ 《um momento》わずかな時間, 瞬間, 一瞬 ▶Um momento, por favor. = Espere um momento, por favor. 少し待ってください / num momento 一瞬のうちに, たちまち / um momento de silêncio 一瞬の沈黙 / momento histórico 歴史的瞬間 / momento decisivo 決定的瞬間.
❷ 時間, 時期 ▶um curto momento 短い時間 / um longo momento 長い時間 / passar bons momentos 楽しい時を過ごす / Nos momentos de crise, o líder tem de manter o sangue frio. 危機の時にこそ指導者は冷静を保たなければならない / Ela está ausente no momento. 彼女は今席を外しています / neste momento 今, たった今 / naquele momento あの時.
❸ 機会, 時機 ▶Tudo tem o seu momento. すべてに好機がある / momento oportuno 好機 / momento psicológico 絶好のチャンス, 潮時.
a cada momento 絶えず, しょっちゅう ▶A cada momento chegam e partem trens. 列車が絶えず発着する.
a qualquer momento いつ何時でも, 今にも ▶Ele pode chegar a qualquer momento. 彼は今にでも来る.
até o momento 今まで.
a todo momento 絶えず, しょっちゅう.
de momento a momento 絶えまなく, 時々刻々.
de momento 瞬時の, つかの間の ▶decisão de momento とっさの判断.
de um momento para o outro ① 突然, 急に. ② 今にも, すぐに.
dentro de momentos すぐに, 間もなく.
desde o momento que +接続法 もし…ならば.
do momento 今の, 現代の, 当時の ▶o cantor do momento 今の流行歌手 / compra por impulso do momento 衝動買い.
em momento nenhum 決して, 一度も.
no momento de +不定詞 …するときに.
no momento em que +直説法 …のときに ▶Eu gostei dela no momento em que a vi. 私は彼女を見たとたんに好きになった.
por momentos 一瞬, 短い間.

monarca /mo'naxka/ 男 君主.
monarquia /monax'kia/ 女 君主制, 君主国 ▶monarquia absoluta 絶対君主制 / monarquia constitucional 立憲君主制.
monárquico, ca /mo'naxkiku, ka/ 形 君主制の.
— 名 君主制支持者.
monarquista /monax'kista/ 名 君主制支持者.
— 形 《男女同形》君主制支持者の, 君主制の.
monastério /monas'teriu/ 男 修道院.
monástico, ca /mo'nastʃiku, ka/ 形 修道院の, 修道士の, 修道女の ▶regras monásticas 修道院の規則.
monção /mõ'sẽw̃/ [複 monções] 女 ❶ モンスーン. ❷ 好機, チャンス.
monetário, ria /mone'tariu, ria/ 形 通貨の, 貨幣の ▶Fundo Monetário Internacional 国際通貨基金 / unidade monetária 通貨単位 / sistema monetário 通貨制度.
monge /'mõʒi/ 男 修道士.
viver como um monge 禁欲的な生活を送る.
monitor, tora /moni'tox, 'tora/ [複 monitores, monitoras] 名 ❶ スポーツ指導員, インストラクター ▶monitor de esqui スキーの指導員. ❷ 林間学校の指導員, 生徒助手.

monitorar

— **monitor** 男 モニター装置.
monitorar /monito'rax/ 他 監視する, モニターする ▶ monitorar um paciente 患者の様子を見守る.
monitorizar /monitori'zax/ 他 = monitorar
monja /'mõʒa/ 女 修道女.
mono /'mõnu/ 男【動物】サル.
monocromático, ca /monokro'matʃiku, ka/ 形 モノクロの, 単色の.
monóculo /mo'nɔkulu/ 男 片目がね.
monocultura /monokuw'tura/ 女 単一栽培, モノカルチャー.
monogamia /monoga'mia/ 女 一夫一婦制, 単婚.
monogâmico, ca /mono'gẽmiku, ka/ 形 一夫一婦制の.
monografia /monogra'fia/ 女 モノグラフ, 専攻論文, 個別研究; 卒論.
monograma /mono'grẽma/ 女 モノグラム, 組み合わせ文字.
monolítico, ca /mono'litʃiku, ka/ 形 ❶ 一枚岩でできた. ❷(比喩的)一枚岩の, 強固な.
monólito /mo'nɔlitu/ 男 モノリス, 一本石[一枚岩]で造られた碑[柱].
monólogo /mo'nɔlogu/ 男 ❶ 独り言 ▶ monólogo interior 内的独白. ❷【演劇】独白.
monopólio /mono'pɔliu/ 男 ❶ 独占 ▶ monopólio do saber 知識の独占 / monopólio parcial 寡占. ❷ 専売.
monopolizar /monopoli'zax/ 他 独占する, 専売する, 独り占めする ▶ monopolizar o mercado 市場を独占する.
monossilábico, ca /monosi'labiku, ka/ 形 1音節の, 単音節の.
monossílabo /mono'silabu/ 男 単音節語.
falar por monossílabos そっけなく話す.
monoteísmo /monote'izmu/ 男 一神論, 一神教.
monoteísta /monote'ista/ 形《男女同形》一神教の.
— 名 一神教信者.
monotonia /monoto'nia/ 女 単調, 変化のなさ.
monótono, na /mo'nɔtonu, na/ 形 単調な, 変化のない ▶ uma vida monótona 単調な生活.
monotrilho /mono'triʎu/ 男 B モノレール.
monóxido /mo'nɔksidu/ 男【化学】一酸化物 ▶ monóxido de carbono 一酸化炭素.
monsenhor /mõse'ɲox/ [複 monsenhores] 猊下(^{ゲイカ}), 殿下(王族, 高位聖職者に対する敬称).
*****monstro, tra** /'mõstru, tra/ モンストロ, トラ / 形 巨大な ▶ edifício monstro 巨大なビル.
— **monstro** 男 ❶ 怪物, モンスター ▶ monstros marinhos 海の怪物たち.
❷ 非常に醜い人[物]; 恐ろしい[残酷な]人.
❸ 傑物 ▶ monstro de talento 才能に恵まれた人 / monstro sagrado 大スター, 名優.
criar um monstro 自分が始めた事業が手に負えなくなる.
gerar um monstro 怪物を生む, 怪記録を生む.
monstruoso, sa /mõstru'ozu, 'ɔza/ 形 ❶ 怪

のような, 奇怪な, 醜悪な. ❷ ぞっとするような, 凶悪な. ❸ 巨大な.
monta /'mõta/ 女 ❶ 合計, 総額, 総計. ❷ 費用, 価格. ❸ 重要性 ▶ coisas de pouca monta 重要でないこと.
montagem /mõ'taʒẽj/ [複 montagens] 女 ❶ 組み立て, (部品などの)取り付け ▶ linha de montagem 組み立てライン. ❷(写真や映画の)編集, モンタージュ; モンタージュ写真 ▶ montagem fotográfica 写真編集. ❸【演劇】演出, 上演.
*****montanha** /mõ'tẽɲa/ モンターニャ / 女 ❶ 山, 山脈 ▶ Prefiro a montanha à praia. 私は海より山のほうが好きだ / subir uma montanha 山に登る / cadeia de montanhas 山脈 / no alto de uma montanha 山の頂上に.
❷ 大量 ▶ Eu vi uma montanha de pessoas no concerto. コンサートで大勢の人を見た.
montanha-russa /mõ,tẽɲa'rusa/ [複 montanhas-russas] 女 ❶ ジェットコースター. ❷ クリーム菓子.
montanhês, nhesa /mõta'ɲes, 'ɲeza/ 形 山の, 山に住む.
— 名 山地の住民.
montanhismo /mõta'ɲizmu/ 男 登山, 山登り.
montanhista /mõta'ɲista/ 名 登山家.
— 形《男女同形》登山の.
montanhoso, sa /mõta'ɲozu, 'ɲɔza/ 形 山の, 山地の, 山の多い.
***montante** /mõ'tẽtʃi/ モンタンチ / 形《男女同形》上昇する, 登る ▶ maré montante 上げ潮.
— 男 ❶ 総額, 総計 ▶ um montante de R$500 総額500レアル / montante da venda 総販売額 / montante total 総額.
❷(川の)上流方向 ▶ a montante 上流へ, 遡って.
montão /mõ'tẽw/ [複 montões] 男 多量, たくさん ▶ um montão de dinheiro 多額のお金 / um montão de coisas para fazer たくさんのするべきこと.
de montão 山のように, 大量に.
em montão 大量に, 乱雑に.
*****montar** /mõ'tax/ モンタール / 他 ❶ …に乗る ▶ montar um cavalo 馬に乗る / montar uma motocicleta オートバイに乗る / montar uma bicicleta 自転車に乗る.
❷ 乗せる, 重ねる.
❸ …の(必需品を)揃える, 備え付ける ▶ montar uma casa 家財道具を揃える / montar um prato 皿に料理を盛り付ける.
❹ 組み立てる ▶ montar carros 自動車を組み立てる / montar uma tenda テントを張る / montar um quebra-cabeça ジグソーパズルを組み立てる.
❺ 組織する, 企てる ▶ montar um negócio 事業を始める / montar uma exposição 展示会を準備する / montar um plano 計画を立てる.
❻ 上演する ▶ montar um musical ミュージカルを上演する.
❼(映画を)編集する ▶ montar um filme 映画を編集する.
— 自 ❶ 乗馬する ▶ montar a cavalo 乗馬する / Ela monta muito bem. 彼女は乗馬がとてもうま

❷ …に乗る [+ em] ▶montar na bicicleta 自転車に乗る / montar no trenó そりに乗る.
❸ (金額が) …に達する [+ a] ▶O empréstimo monta a milhões. 借入金が多額にふくれあがっている.
— **montar-se** 再 馬に乗る.

‡**monte** /'mõtʃi モンチ/ 男 ❶ …山, 山, 丘 ▶um monte de areia 砂の山 / monte Fuji 富士山.
❷ 《um monte de》 たくさんの… ▶um monte de livros 本の山 / Todos têm um monte de problemas na vida. 皆, 人生において多くの問題を抱えている.
aos montes 山のように, 大量に.
correr montes e vales 山を越え谷を越えて歩く.
de monte a monte 端から端まで, 山のように, 全て.
monte de merda 無価値なもの.
monte de Vênus 恥丘.
por montes e vales あらゆる所で.

montepio /mõte'piu/ 男 互助基金, 互助会, 年金.

monumental /monumẽ'taw/ [複 monumentais] 形《男女同形》❶ 記念碑の, 記念像の. ❷ 記念碑的な, 歴史に残る, すばらしい ▶uma monumental obra 記念碑的作品. ❸ 巨大な, すばらしい ▶uma construção monumental 巨大な建造物.

*monumento /monu'mẽtu モヌメント/ 男 ❶ 記念碑, 記念像, 記念塔 ▶Este monumento foi construído há três anos. この記念碑は3年前に建てられた / monumento natural 自然の造形美.
❷ (歴史的・美術的価値のある) 建造物 ▶monumento histórico 歴史的建造物.
❸ 傑作, 不朽の業績 ▶um monumento da literatura portuguesa ポルトガル文学の金字塔.
❹ 俗 素敵な人 ▶Que monumento! Quem é ele? なんて素敵だろう. 彼は誰ですか.

moqueca /mo'kɛka/ 女 魚介類のシチュー.

mora /'mɔra/ 女 ❶ 遅れ, 遅刻. ❷ 支払いの遅れ, 延滞 ▶purgar a mora 延滞分を支払う.

*morada /mo'rada モラーダ/ 女 住居 ▶a última morada 墓地.

moradia /mora'dʒia/ 女 家, 住まい, 住居.

*morador, dora /mora'dox, 'dora モラドーフ, ドーラ/ [複 moradores, doras] 名 住民, 住人, 居住者 ▶moradores deste bairro この地区の住民.
— 形 住む, 居住する.

‡**moral** /mo'raw モラゥ/ [複 morais] 形 《男女同形》
❶ 道徳の, 道徳的な ▶senso moral 道徳感 / obrigação moral 道徳的義務.
❷ 精神の, 心の ▶força moral 精神力 / apoio moral 精神的支援.
— 女 ❶ 道徳, モラル ▶moral sexual 性のモラル / moral pública 公共道徳.
❷ 教訓 ▶Toda história infantil tem uma moral no fim. 児童向けの物語は必ず結末に教訓がある / dar lições de moral お説教する.
— 男 意気, 覇気, 士気 ▶levantar o moral dos jogadores 選手たちの士気を高める / Seu moral era inabalável. 彼は意気軒昂である / O moral está baixo. 士気は低い.

moralidade /morali'dadʒi/ 女 ❶ 道徳性, 徳性, 品行 ▶um personagem de moralidade duvidosa いかがわしい人間. ❷ 寓意(ぐ), 教訓 ▶a moralidade da fábula その寓話の教訓.

moralismo /mora'lizmu/ 男 道徳至上主義 ▶falso moralismo 道義的な嘘.

moralista /mora'lista/ 形 《男女同形》道徳の.
— 名 道徳家, 道学者, モラリスト.

moralização /moraliza'sẽw/ [複 moralizações] 女 道徳的に高めること, 教化.

moralizar /morali'zax/ 他 道徳的にする, …の倫理を高める ▶moralizar a política 政治倫理を高める.
— 自 道徳を説く, 説教する.
— **moralizar-se** 再 道徳的反省をする.

moralmente /mo,raw'mẽtʃi/ 副 道徳的に.

morango /mo'rẽgu/ 男《果実》イチゴ ▶bolo de morango イチゴケーキ.

morangueiro /morẽ'gejru/ 男《植物》イチゴ.

‡**morar** /mo'rax モラーフ/ 自 ❶ 住む, 居住する ▶— Onde é que você mora? — Moro em São Paulo. 「あなたはどこに住んでいるのですか」「サンパウロに住んでいます」.
❷ …にいる, ある [+ em] ▶O ódio mora no seu coração. 憎しみが彼の心の中にある.
❸ B 俗 …を理解する [+ em] ▶Você morou no assunto? あなたはその問題が分かったのですか.

moratória /mora'tɔria/ 女 モラトリアム, 支払い猶予期間.

moratório, ria /mora'tɔriu, ria/ 形 モラトリアムの.

morbidez /moxbi'des/ [複 morbidezes] 女 ❶ 病的状態, 不健全性. ❷ 衰弱.

mórbido, da /'mɔxbidu, da/ 形 ❶ 病気の, 病的な ▶estado mórbido 病状 / imaginação mórbida 病的想像力. ❷ 衰弱した.

morcego /mox'segu/ 男 ❶ コウモリ. ❷ 夜出歩くのが好きな人.

morcela /mox'sɛla/ 女 豚の脂と米, 凝固した血で作った腸詰.

mordaça /mox'dasa/ 女 ❶ 猿ぐつわ, 口かせ. ❷ 言論の抑圧.

mordaz /mox'das/ [複 mordazes] 形 ❶ 辛辣な, 痛烈な ▶críticas mordazes 辛辣な批判. ❷ 舌にひりひりくる, 刺すような.

mordedura /moxde'dura/ 女 かむこと, かみ傷.

mordente /mox'dẽtʃi/ 形 《男女同形》❶ かむ, かみつく. ❷ 腐食性の.
❸ 辛辣な, 手厳しい.
— 男 ❶ 色止め剤. ❷《音楽》モルデント.

morder /mox'dex/ 他 ❶ かみつく, かむ; (虫が) 刺す ▶Meu cachorro me mordeu. うちの犬が私をかんだ. ❷ かじる ▶morder uma maçã りんごをかじる. ❸ …に金を無心する.
— **morder-se** 再 ❶ 自分の…をかむ. ❷ 悩む, 苦しむ ▶morder-se de ciúmes 嫉妬に苦しむ.

mordida /mox'dʒida/ 女 かむこと ▶levar uma mordida de... …にかまれる.

dar uma mordida ① 一口かじる, 味見する. ② 借金を依頼する. ③ かすりを取る.
mordiscar /moxdʒis'kax/ ㉙ [他] …を軽くかむ, 少しずつかじる.
mordomia /moxdo'mia/ [女] [B] ❶ 執事の職 [地位]. ❷ (公務員や民間企業社員の) 役得, 特権. ❸ ぜいたく, 豪奢.
mordomo /mox'dõmu/ [男] 執事, 召使い.
moreno, na /mo'rẽnu, na/ [形] ❶ (肌が) 浅黒い, 褐色の ▶ pele morena 浅黒い肌. ❷ 日焼けした. ❸ 黒髪の.
— [名] (肌や髪が) 黒い [浅黒い] 人.
morfina /mox'fina/ [女] 〖化学〗モルヒネ.
morfologia /moxfolo'ʒia/ [女] 〖言語〗形態論, 〖生物〗形態学.
morfológico, ca /moxfo'lɔʒiku, ka/ [形] 〖言語〗形態論の, 〖生物〗形態学の.
morgado /mox'gadu/ [男] ❶ 長子相続. ❷ 長男, 一人息子.
morgue /'mɔxgi/ [女] (身元不明者の) 死体保管所.
moribundo, da /mori'bũdu, da/ [形] 瀕死の, 息も絶え絶えな.
— [名] 瀕死の人, 危篤の人.
mormaço /mox'masu/ [男] 蒸し暑い天気, むっとする天気.
olho de mormaço 悩ましげな視線, 流し目.
mormente /mox'mẽtʃi/ [副] 特に, 主に ▶ Há muitas maneiras de ganhar dinheiro, mormente encontrar um bom emprego. お金を稼ぐ方法はたくさんあるが, 何よりもよい仕事を見つけることである.

M

***morno, na** /'moxnu, na モフノ, ナ/ [形] ❶ **生ぬるい, 微温の** ▶ café morno ぬるいコーヒー / água morna ぬるま湯 ; 優柔不断な人.
❷ **熱意に欠ける** ; 単調な ▶ uma reação morna 熱意に欠ける対応.
❸ くすんだ ▶ luz morna くすんだ光.
❹ 穏やかな ▶ horas mornas 穏やかな時.
moroso, sa /mo'rozu, 'rɔza/ [形] のろい, 緩慢な ▶ processo moroso 緩慢な過程.
*****morrer** /mo'xex モヘーフ/ 《[過去分詞] morrido/morto》 [自] ❶ **死ぬ, 枯れる** (↔ nascer) ▶ morrer num acidente 事故で死ぬ / morrer afogado おぼれ死ぬ / morrer pela pátria 祖国に命を捧げる / estar morrendo 死につつある, 死にそうである / A planta morreu. 植物が枯れた.
❷ **…で死ぬ, 死ぬほど…だ** [＋de] ▶ morrer de enfarte 心臓発作で死ぬ / morrer de morte matada 殺害される / morrer de morte natural 自然死する / morrer de fome 餓死する, 死ぬほど空腹である / morrer de frio 凍死する, 死ぬほど寒い / morrer de medo 死ぬほど恐ろしい / morrer de rir 大爆笑する / morrer de tédio 死ぬほど退屈だ / morrer de vergonha 死ぬほど恥ずかしい.
❸ 消える, 薄らぐ, 衰える.
❹ エンストする ▶ O carro morreu. 車がエンストした.
Até aí morreu Neves. それはもう聞き飽きた.
morrer de vontade de ＋[不定詞] 死ぬほど…したい.
morrer por... …が好きでたまらない.
morrinha /mo'xĩɲa/ [女] ❶ 家畜の疥癬(かいせん). ❷ [B] 悪臭, 嫌な匂い.
— [形] 《不変》 ❶ 退屈な. ❷ のろのろの.
***morro** /'moxu モーホ/ [男] ❶ **丘, 小山** ▶ Morro do Corcovado コルコバードの丘 (リオデジャネイロにあり, キリスト像で有名) / morro pelado [B] はげ山.
❷ [B] 貧民街, スラム街.
morro de chapéu 帽子状のなだらかな丘.
morro pelado はげ山.
mortadela /moxta'dɛla/ [女] モルタデーラ, ボローニャソーセージ.
***mortal** /mox'taw モフタゥ/ [[複] mortais] [形] 《男女同形》 ❶ **死すべき, 死を免れない** ▶ O homem é mortal. 人間は死を免れない.
❷ **致命的な, 死にかかわる, 死の** ; 殺さずにはおけない ▶ doença mortal 死にかかわる病 / ferida mortal 致命傷 / restos mortais 遺骸 / inimigo mortal 不倶戴天の敵.
❸ 非常な, ひどい, 耐え難い ▶ desgosto mortal 耐え難い不快さ.
— [名] ❶ 死すべき (運命の) もの, 人間 ▶ o comum dos mortais 平凡な人, 凡人 / simples mortal ただの人間.
❷ 《os mortais》 人類.
mortalha /mox'taʎa/ [女] 遺体を包む布, 経かたびら.
mortalidade /moxtali'dadʒi/ [女] ❶ 死すべき運命, 死を免れないこと.
❷ 死亡率, 死亡者数 ▶ taxa de mortalidade 死亡率 / taxa de mortalidade infantil 乳児死亡率 / mortalidade por acidentes de transporte 交通事故による死亡者数.
mortalmente /mox,taw'mẽtʃi/ [副] ❶ 致命的に ▶ mortalmente ferido 致命傷を負った. ❷ 死ぬほど, 耐え難いほど ▶ odiar mortalmente 死ぬほど憎む.
mortandade /moxtɐ̃'dadʒi/ [女] ❶ 大量死. ❷ 大量殺戮.
*****morte** /'mɔxtʃi モフチ/ [女] ❶ **死** ▶ morte morrida 自然死, 病死 / morte acidental 事故死 / morte matada [B] [話] 他殺 / pena de morte 死刑 / até que a morte nos separe 死が二人を分かつまで / ver a morte de perto 死に損なう.
❷ **滅亡, 破滅**, 終息 ▶ a morte do comunismo 共産主義の終焉.
às porta da morte 臨終の, 今わの際の.
certo como a morte 確実な, 避けられない.
chamar a morte 死を求める.
de morte ① 致死的な. ② 危険な. ③ 気難しい.
estar à morte 死にかけている.
estar pela hora da morte (値段が) 非常に高い, 高騰している.
ser de morte 耐えがたい, 手に負えない, 死ぬほど大変だ.
morteiro /mox'tejru/ [男] 迫撃砲, 臼砲.
morticínio /moxtʃi'sĩniu/ [男] 大量殺戮.
mortiço, ça /mox'tʃisu, sa/ [形] ❶ 死にかけた. ❷ 消え入りそうな, 弱々しい ▶ luz mortiça 弱々しい光.

mortífero, ra /mox'tʃiferu, ra/ 形 致命的な, 命取りの ▶ arma mortífera 凶器.

mortificação /moxtʃifika'sẽw/ [複 mortificações] 女 難行苦行, 禁欲.

mortificar /moxtʃifi'kax/ 29 他 (苦行で肉体を) 苦しめる ▶ mortificar o corpo para purificar a alma 魂を清めるために肉体を痛めつける.
— **mortificar-se** 再 苦行する, 禁欲する.

morto, ta /'moxtu, 'mɔxta/ モフト, タ/ [複 /mɔx-/] 形 (matar と morrer の過去分詞) ❶ 死んだ, 枯れた ▶ um cachorro morto 死んだ犬 / Ele está morto. 彼は死んでいる / folhas mortas 枯葉 / ser dado como morto 死亡したと思われている / Procura-se vivo ou morto. 生死にかかわらず指名手配中.
❷ 死んだような, 活気のない ▶ um bairro morto 死んだような町.
❸ 終わった, 消え失せた ▶ língua morta 死語.
❹ 疲れ切った ▶ Estou morto! もうくたくただ.
— 名 死者, 故人 ▶ Houve dois mortos nesse acidente de carro. その交通事故で二人の死者が出た.
estar morto de... 死ぬほど…である ▶ estar morto de frio 寒くて死にそうだ / estar morto de medo 怖くて死にそうだ / estar morto de sede 喉が渇いて死にそうだ / estar morto de sono 眠くて死にそうだ / estar morto de vontade de + 不定詞 …したくて死にそうだ.
estar que nem morto ① とても疲れている. ② 死んでいるように見える.
fazer-se de morto 死んだふりをする.
mais morto do que vivo 生きた心地のしない ▶ Sinto-me mais morto do que vivo. 生きた心地がしない.
morto e enterrado 葬り去られた, 忘れ去られた.
morto vivo 瀕死の人, 生ける屍; ゾンビ.
nem morto 死んでも…ない, 決して…ない.

mortuário, ria /moxtu'ariu, ria/ 形 死の, 死者の, 葬式の ▶ máscara mortuária デスマスク.

mos /mus/ 間接目的格代名詞 me と直接目的格代名詞 os の結合形.

mosaico /mo'zajku/ 男 ❶ モザイク ▶ chão em mosaico モザイク床. ❷ 寄せ集め ▶ um mosaico de culturas 文化のモザイク.

mosca /'moska/ 女 ❶ [昆虫] ハエ ▶ Não se ouvia uma mosca. (ハエが飛ぶのが聞こえるぐらい) 静かだった. ❷ しつこい人. ❸ (下唇の下の) ちょびひげ. ❹ (的の中の) 黒点 ▶ acertar na mosca 的を射る.
abanar moscas 無為に時を過ごす.
apanhar moscas 時間をつまらないことに使う. 手持ち無沙汰である.
comer mosca だまされる.
entregar às moscas 諦める.
entregue às moscas 誰もいない, 見捨てられた.
estar às moscas 無人である, 人影がない.
não fazer mal a uma mosca 虫も殺さない.
picado pela mosca azul 高慢な.

moscatel /moska'tew/ [複 moscatéis] 形 《男女同形》 マスカットブドウの ▶ vinho moscatel マスカットワイン.
— 男 マスカットワイン.

mosquiteiro /moski'tejru/ 男 蚊帳, 蚊よけの網.

mosquito /mos'kitu/ 男 [昆虫] 蚊.

mossa /'mosa/ 女 へこみ, くぼみ, たたいた跡.

mostarda /mos'taxda/ 女 マスタード, からし ▶ grãos de mostarda マスタードの種.
subir a mostarda ao nariz ① 堪忍袋の緒が切れる, いらつく. ② (他人を) いらつかせる, 堪忍袋の緒を切らせる.

mosteiro /mos'tejru/ 男 修道院.

mosto /'mostu/ 男 ❶ 発酵前のブドウの搾り汁. ❷ 果実の搾り汁.

***mostra** /'mɔstra モストラ/ 女 ❶ 展覧会 ▶ uma mostra de arte 美術展. ❷ 印, 徴候.
dar mostras de... …を示す, 見せる ▶ dar mostras de cansaço 疲れを見せる.
ficar à mostra 見える.
pôr à mostra 開示する, 陳列する, 暴露する.

mostrador /mostra'dox/ [複 mostradores] 男 ❶ (時計の) 文字盤. ❷ 表示板.

‡mostrar /mos'trax モストラーフ/ 他 ❶ 見せる, 示す ▶ mostrar o passaporte パスポートを見せる / — Poderia me mostrar esse artigo? — Pois não. 「この商品を見せてもらえますか」「かしこまりました」 / Mostre-me um pouco. ちょっと見せて / O termômetro mostra a temperatura. 温度計は温度を表示する.
❷ (感情などを) 示す, 表す ▶ mostrar interesse por... …に関心を示す / mostrar o exemplo 模範を示す.
❸ 教える, 説明する; 明らかにする ▶ mostrar o caminho 道を教える / Isto está mostrando que nós estamos certos. このことは私たちが正しいことを示している.
— **mostrar-se** 再 ❶ 姿を見せる, 現れる ▶ Eles mostram-se a quem os quiser ver. 彼らは自分に会いたがっている人に姿を見せる.
❷ …の態度 [様子] を示す; (物が) …であることが判明する ▶ mostrar-se satisfeito 満足した様子を示す / mostrar-se amigo 友人を装う.

mostruário /mostru'ariu/ 男 ショーケース, ショーウィンドウ.

mote /'mɔtʃi/ 男 ❶ モットー, 標語. ❷ (歌の) 繰り返し, 話題.

motejo /mo'teʒu/ 男 からかい, 冷やかし.

motel /mo'tɛw/ [複 motéis] 男 モーテル.

motim /mo'tʃi/ [複 motins] 男 暴動, 騒動, 反乱.

motivação /motʃiva'sẽw/ [複 motivações] 女 動機づけ, 動機, モチベーション.

*__motivar__ /motʃi'vax モチヴァーフ/ 他 ❶ …を動機付ける ▶ Procurei os alunos para a leitura. 私は生徒に読書への関心を引き起こすように努めた / O que é que o motivou a deixar de fumar? 何が彼を禁煙する気にさせたのですか.
❷ …の原因 [原因] となる, 引き起こす ▶ A atitude desse político motivou a fúria dos manifestantes. その政治家の態度がデモ参加者の怒りの原因となった.
— **motivar-se** 再 …する気になる ▶ Com o prêmio, motivei-me a continuar a pesquisa. 受賞

motivo

motivo /mo'tʃivu モチーヴォ/ 男 ❶ 原因, 理由 ▶O avião chegou atrasado por motivo de segurança. 飛行機は安全上の理由で遅れて到着した / por motivo de saúde 健康上の理由で / Por que motivo você fez isso? なぜあなたはそんなことをしたのか / Eu fui despedido sem motivo. 私は理由もなく解雇された.
❷ 動機 ▶o motivo do crime 犯罪の動機 / Qual foi o motivo principal? 主な動機は何だったのか.
❸ モチーフ, 主題 ▶O motivo desta pintura é difícil de entender. この絵のモチーフは理解困難である / motivo condutor 示導動機, ライトモチーフ.

moto /'mɔtu/ 女 (motocicleta の略) オートバイ.

motobói /moto'bɔj/ 男 バイク便の配達員.

motocicleta /motosi'klɛta/ 女 オートバイ ▶andar de motocicleta オートバイに乗る.

motociclismo /motosi'klizmu/ 男 オートバイレース.

motociclista /motosi'klista/ 名 オートバイ乗り, ライダー, オートバイレーサー.

motociclo /moto'siklu/ 男 原動機付き自転車.

motonáutica /moto'nawtʃika/ 女 モーターボートレース.

motoneta /moto'neta/ 女 スクーター.

motoniveladora /motonivela'dora/ 女 ブルドーザー.

motoqueiro, ra /moto'kejru, ra/ 名 バイク乗り, ライダー.

motor, tora /mo'tox, 'tora モトーフ, トーラ/ [複 motores, toras] 形 原動の ▶energia motora 動力エネルギー / nervo motor 運動神経.
— **motor** 男 ❶ モーター, エンジン ▶motor elétrico 電気モーター / motor a gasolina ガソリンエンジン / motor diesel ディーゼルエンジン / ligar o motor エンジンをかける / desligar o motor エンジンを止める.
❷ 原動力 ▶Ela é o motor da firma. 彼女は会社の原動力だ.
❸〖情報〗エンジン ▶motor de busca [pesquisa] 検索エンジン, サーチエンジン.

motorista /moto'rista モトリスタ/ 名 運転手, ドライバー ▶motorista de ônibus バスの運転手 / motorista de praça タクシーの運転手 / motorista de fim de semana 週末ドライバー.

motorizar /motori'zax/ 他 ❶ …にエンジンを設置する. ❷ 自動車化する.
— **motorizar-se** 再 自動車を購入する.

motorneiro, ra /motox'nejru, ra/ 名 路面電車運転士.

motosserra /moto'sɛxa/ 女 チェーンソー.

mouco, ca /'moku, ka/ 形 耳の不自由な, 耳の遠い.
— 名 耳の不自由な人.

mourejar /more'ʒax/ 自 一生懸命働く, 汗水垂らして働く.

mouro, ra /'moru, ra/ 形 ムーア人の, モーロ人の.
— 名 ❶ モーリタニア人. ❷ ムーア人, モーロ人. ❸ よく働く人 ▶trabalhar como um mouro 一生懸命働く.

して, 私は研究を続ける気になった.

movediço, ça /move'dʒisu, sa/ 形 ❶ 動く, 可動の ▶areia movediça 流砂. ❷ 動きやすい, 不安定な.

móvel /'mɔvew モーヴェウ/ [複 móveis] 形《男女同形》可動の ▶bens móveis 動産 / festas móveis 移動祝祭日 / ponte móvel 可動橋.
— 男 家具 ▶um móvel antigo 年代物の家具.

mover /mo'vex モヴェーフ/ 他 ❶ 動かす, 移動させる ▶mover as mãos 手を動かす / mover a mesa テーブルを移動させる / mover céu e terra 全力を尽くす.
❷ 感動させる ▶O amor move os homens. 愛は人を動かさせる.
❸ 実施する ▶mover uma campanha キャンペーンを行う.
— **mover-se** 再 動く; 移動する ▶Não se mova. 動くな / As pessoas se movem em direção à cidade grande. 人々は大都市に移動する.

movido, da /mo'vidu, da/ 形 (mover の過去分詞) ❶ …で動く ▶um carro movido a álcool アルコールで走る車 ❷ …に駆り立てられる ▶movido pelo medo 恐怖に駆り立てられて.

movimentação /movimẽta'sẽw/ [複 movimentações] 女 ❶ 動き. ❷ にぎわい, 活気.

movimentado, da /movimẽ'tadu, da/ 形 ❶ 波乱に富んだ ▶uma vida movimentada 波乱に富んだ人生 / um mês movimentado 忙しい1か月. ❷ 活気のある, にぎやかな ▶uma rua movimentada にぎやかな通り.

movimentar /movimẽ'tax モヴィメンターフ/ 他 ❶ 動かす ▶movimentar os braços 両腕を動かす.
❷ 活気づける ▶movimentar a festa パーティーを活気づける.
— **movimentar-se** 再 動く; 活気づく ▶A lua movimenta-se em torno da Terra. 月は地球の周りを移動する.

movimento /movi'mẽtu モヴィメント/ 男 ❶ 運動 ▶movimento acelerado 加速度運動 / estar em movimento 動いている, 作動している / pôr algo em movimento …を動かす, 作動させる.
❷ 動き ▶movimento das peças de xadrez チェスの駒の動き / Os movimentos da atriz eram graciosos. 女優の身のこなしは優雅だった.
❸ (社会・文化的) 運動 ▶movimento estudantil 学生運動 / movimento operário 労働運動 / movimento modernista モダニズム運動.
❹ にぎわい, 活況, 盛況 ▶Há muito movimento nas ruas. 通りはとてもにぎやかだ / uma rua de muito movimento にぎやかな通り.
❺〖音楽〗リズム, テンポ.
❻ (星の) 運行 ▶o movimento dos planetas 惑星の運行.

MPB《略語》música popular brasileira ブラジルポピュラーミュージック.

MT《略語》Estado de Mato Grosso マットグロッソ州.

muamba /mu'ẽba/ 女 密輸品, (停泊中の船からの) 盗品.

muambeiro, ra /muẽ'bejru, ra/ 名 密輸業者.

muar /mu'ax/ [複 muares] 男 〖動物〗ラバ.
— 形〖男女同形〗ラバの.

muco /'muku/ 男 鼻水, 鼻汁, 粘液.

mucosa /mu'kɔza/ 女 〖解剖〗粘膜.

mucoso, sa /mu'kozu, 'kɔza/ 形 粘液の, 粘液性の ▶membrana mucosa 粘膜.

muçulmano, na /musuw'mɐnu, na/ 形 イスラム教の, イスラム教徒の.
— 名 イスラム教徒.

muda /'muda/ 女 ❶ 植物の苗, 種苗.
❷（鳥の羽毛の）抜け替わり（の時期）；脱皮（期）▶muda de plumagem 羽毛の抜け替わり.
❸ 声変わり▶muda de voz 声変わり.
❹ muda de roupa 替えの服.
❺ 苗木, 種苗.
estar na muda ① (鳥が) 羽毛の抜け替わり期にある. ② 自分の行動や意見を変える転機にある.

‡**mudança** /mu'dɐ̃sa/ ムダンサ 女 ❶ 変化, 変更 ▶Houve uma mudança de planos. 計画の変更があった / a mudança de voz 声変わり / mudança de lua 月の満ち欠け / mudança de direção 方向転換. ❷ 引っ越し▶A mudança será no sábado. 引っ越しは土曜日になるだろう / estar de mudança 引っ越す / ir de mudança 引っ越して行く / vir de mudança 引っ越して来る.
❸〖自動車〗変速, 変速機.

‡**mudar** /mu'dax/ ムダーフ 自 ❶ 変わる, 変化する ▶Ele mudou muito. 彼はずいぶん変わった / O clima tem mudado muito. 気候が大きく変化している.
❷ …を変える, 交換する, 取り替える [+de] ▶mudar de ideia 考えを変える / mudar de casa 引っ越しをする / mudar de roupa 着替える / mudar de assunto 話題を変える / mudar de opinião 意見を変える.
— 他 ❶ 変える；変更する▶mudar o rumo 方向を変える / mudar o mundo 世界を変える / mudar a data 日付を変える, 日程を変える.
❷ 移す, 動かす▶Mudamos a cama para o fundo do quarto. 私たちはベッドを寝室の奥に動かした.
— **mudar-se** 再 ❶ 引っ越しをする, 移転する▶Eles vão se mudar de Lisboa para Londres. 彼らはリスボンからロンドンに転居する.
❷ 変わる, 変化する.

mudez /mu'des/ [複 mudezes] 女 ❶ 口のきけないこと. ❷ 無言, 沈黙.

*__mudo, da__ /'mudu, da/ ムード, ダ/ 形 ❶ 口のきけない, 無言の, 無声の；無口な▶Ele ficou mudo de indignação. 彼は憤りのあまり言葉が出なかった / um filme mudo 無声映画.
❷（綴り字が）発音されない▶consoante muda 発音されない子音字. ❸（電話が）通じない▶O telefone está mudo. 電話が通じない.
— 名 口のきけない人.
entrar mudo e sair calado 一言も言わない.
mudo como um peixe 黙り込んだ.

mugido /mu'ʒidu/ 男 牛の鳴き声.

mugir /mu'ʒix/ 自 ❶（牛が）鳴く. ❷ うなる, とどろく.

‡**muito, ta** /'mũjtu, ta/ ムィント, タ/ 形〖不定〗
❶ (muito + 不可算名詞単数形) 多量の (↔ pouco) ▶beber muita água 多量の水を飲む / fazer muito barulho 大騒ぎする / muito calor ひどい暑さ / Muita gente ainda tem dúvida. 多くの人がまだ疑いを持っている.
❷ (muitos + 可算名詞複数形) たくさんの, 多数の ▶Ela tem muitos amigos. 彼女にはたくさんの友達がいる / Eles me fizeram muitas perguntas. 彼らは私にたくさんの質問をした / Não tenho muitos amigos. 私はあまり友達がいない.
— 代〖不定〗❶ (muitos) 多くの人▶Muitos dos convidados ficaram contentes com a festa. 招待客の多くがパーティーに満足した / Há muitos que gostam de futebol. サッカーが好きな人はたくさんいる.
❷ (muito) 多くのこと▶Tenho muito que fazer. 私はやらなければならないことがたくさんある.
❸ (muito) 長い間▶Há muito que não nos vemos [víamos]. 私たちは長い間会っていない / desde há muito 前々から.
— **muito** 副 ❶ とても, 大変, 非常に, たくさん, 多く (↔ pouco) ▶O exame foi muito difícil. その試験はとても難しかった / Ele fala muito bem português. 彼はとても上手にポルトガル語を話す / Já trabalhamos muito. 私たちはもうたくさん働いた / Não pense muito nisso. そのことはあまり考えないように.
❷ (muito + 比較級) ずっと, はるかに ▶Paulo é muito mais alto do que Pedro. パウロはペドロよりずっと背が高い / A casa dele é muito maior do que a minha. 彼の家は私の家よりもはるかに大きい / muito superior ずっと優れた.
— 男《o muito》多くのこと▶Nunca esquecerei o muito que vocês me ensinaram. 私は君たちが教えてくれた多くのことを決して忘れないだろう.
mais que muito この上なく多い ▶Os gastos são mais que muito. 出費はこの上なく多い.
muito e muito とても, 非常に.
muitos e muitos とても, 非常に多くの.
por muito que +〖接続法〗どんなに…しても▶Por muito que me expliquem, não consigo entender. どんなに説明されても, 私には理解できない / Ninguém, por muito rico que seja, consegue ser feliz sem amor. どんなに裕福でも, 誰も愛なしに幸せにはなれない.
quando muito せいぜい, 多くて.
ter ... em muito …を尊重する.

mula /'mula/ 女 雌ラバ.
mula sem cabeça 〖民話〗首なしラバ.

mula sem cabeça

picar a mula 逃げる，立ち去る．
teimoso como uma mula ひどく頑固な．

mulato, ta /mu'latu, ta/ [形][名] 白人と黒人の混血の(人)，ムラートの(人)．

muleta /mu'leta/ [女] 松葉杖；支え ▶ um par de muletas 一対の松葉杖 / andar de muletas 松葉杖をつく．

mulher /mu'ʎɛx, mu'ʎex/ ムリェーフ/ [複 mulheres] [女]
❶ **女性，女** (↔ homem) ▶ mulher feita 成人女性 / mulher casada 既婚女性 / mulher de ação 職業婦人 / mulher de negócios 女性実業家 / mulher fatal 魔性の女 / libertação das mulheres 女性解放 / roupa de mulher 女性服．
❷ 成人女性，一人前の女．
❸ 妻 ▶ marido e mulher 夫と妻．
de mulher para mulher 女同士で．
procurar mulher (男性が)結婚相手を探す．
ser mulher de +[不定詞] ⋯できる[しかねない]女である．

mulherengo, ga /muʎe'rẽgu, ga/ [形] 好色な，漁色家の．
― **mulherengo** [男] 女たらし，女好き．

mulherio /muʎe'riu/ [男]《集合的に》女性；多数の女性．

*****multa** /'muwta/ ムゥタ/ [女] 罰金，罰金刑，罰金支払い命令書 ▶ dar uma multa 罰金を課す / receber uma multa 罰金を科せられる．

multar /muw'tax/ [他] ⋯に罰金を科す ▶ multar alguém em mil reais ⋯に1000レアルの罰金を科す．

multicolor /muwtʃiko'lox/ [複 multicolores] [形]《男女同形》多色の．

multicor /muwtʃi'kox/ [形] = multicolor

multicultural /muwtʃikuwtu'raw/ [複 multiculturais] [形]《男女同形》多文化の．

*****multidão** /muwtʃi'dẽw/ ムゥチダォン/ [複 multidões] [女] ❶ 多数の人々，大衆，群衆 ▶ a psicologia das multidões 大衆心理学．
❷ 多数，大量；豊富 ▶ uma multidão de objetos inúteis 大量の不要な物．

multidisciplinar /muwtʃidʒisipli'nax/ [複 multidisciplinares] [形]《男女同形》学際的な，多分野にわたる．

multiforme /muwtʃi'fɔxmi/ [形]《男女同形》多様な形を取る，多岐にわたる，多様な．

multilateral /muwtʃilate'raw/ [複 multilaterais] [形]《男女同形》多面的な，多国間の ▶ acordos multilaterais 多国間協定．

multimídia /muwtʃi'midʒia/ [女]《情報》マルチメディア．

multimilionário, ria /muwtʃimilio'nariu, ria/ [名][形] 億万長者(の)，大富豪(の)．

multinacional /muwtʃinasio'naw/ [複 multinacionais] [形]《男女同形》多国籍の ▶ empresa multinacional 多国籍企業．
― [女] 多国籍企業．

multiplicação /muwtʃiplika'sẽw/ [複 multiplicações] [女] ❶ 増大，倍加 ▶ a multiplicação dos casos de violência 暴力事件の増加．❷ 掛け算，乗法 ▶ tábua de multiplicação 九九の表．
❸《生物》繁殖，増殖．

multiplicador, dora /muwtʃiplika'dox, 'dora/ [複 multiplicadores, doras] [形] 増加させる，乗ずる．
― **multiplicador** [男]《数学》乗数．

multiplicando /muwtʃipli'kẽdu/ [男]《数学》被乗数．

*****multiplicar** /muwtʃipli'kax/ ムゥチプリカーフ/ [他] ❶ (⋯の数を)増やす，(行為を)重ねる ▶ multiplicar as vendas 売り上げを増やす / multiplicar esforços 努力を重ねる．
❷《数学》掛ける，乗じる ▶ multiplicar dois por cinco é igual a trinta. 2掛ける5は30である．
― [自]《数学》掛け算をする ▶ aprender a multiplicar 掛け算を学ぶ．
― **multiplicar-se** [再] ❶ 増加する，増大する；繁殖する ▶ Os acidentes se multiplicam. 事故が増えている．❷ 何人分もの働きをする，八面六臂(ぴ)の活躍をする．

multiplicidade /muwtʃiplisi'dadʒi/ [女] ❶ 多数，たくさん ▶ uma multiplicidade de problemas 多数の問題．❷ 多様性，多種多様．

*****múltiplo, pla** /'muwtʃiplu, pla/ ムゥチプロ，プラ/ [形] ❶ 多様な，多数の ▶ uma questão de múltipla escolha 選択問題．
❷ 多くの，様々な ▶ em múltiplas ocasiões 多くの機会に / as múltiplas facetas da obra-prima 傑作の様々な面．
❸ 複合の，複雑の，雑多な ▶ personalidade múltipla 複雑な個性．
❹《数学》倍数の．
― **múltiplo** [男] 倍数 ▶ mínimo múltiplo comum 最少公倍数．

multirracial /muwtʃixasi'aw/ [複 multirraciais] [形]《男女同形》多民族の，多民族からなる ▶ sociedade multirracial 多民族社会．

multiusuário, ria /muwtʃiuzu'ariu, ria/ [形] 複数の利用者が同時に操作できる，マルチユーザーの．

múmia /'mumia/ [女] ミイラ．

mundana[1] /mũ'dẽna/ [女] 娼婦．

mundano, na[2] /mũ'dẽnu, na/ [形] ❶ 世間の，世俗の，この世の ▶ prazeres mundanos 浮き世の喜び．❷ 上流階級の，社交界の ▶ vida mundana 社交生活．

mundão /mũ'dẽw/ [複 mundões] [男][B] ❶ 広大な土地，広大地．❷ 多量，大量．

*****mundial** /mũdʒi'aw/ ムンチアゥ/ [複 mundiais] [形]《男女同形》世界の，世界的な ▶ fama mundial 世界的名声 / recorde mundial 世界記録 / Primeira Guerra Mundial 第一次世界大戦 / mercado mundial 世界市場．
― [男] 世界選手権大会 ▶ mundial de vôlei バレーボール世界選手権大会．

mundialização /mũdʒializa'sẽw/ [複 mundializações] [女] グローバル化 ▶ mundialização da economia 経済のグローバル化．

mundialmente /mũdʒi,aw'mẽtʃi/ [副] 世界的に，世界中で ▶ mundialmente conhecido 世界的に知られた．

mundo /'mũdu ムンド/ 男 ❶ 世界, 地球 ▶ os países do mundo 世界の国々 / dar a volta ao mundo 世界を1周する / até o fim do mundo 世界の果てまで / o Novo Mundo 新世界 / o Velho Mundo 旧世界 / o Terceiro Mundo 第三世界 / todo o mundo = o mundo inteiro 全世界 / Essa notícia espalhou-se por todo o mundo. そのニュースは世界中に広まった / Nova Iorque é uma das maiores cidades do mundo. ニューヨークは世界で最大の都市の一つだ. ❷ 宇宙 ▶ Antigamente, considerava-se que a Terra era o centro do mundo. かつて, 地球が宇宙の中心だと見なされていた. ❸ 人類 ▶ O mundo precisa de paz. 人類は平和を必要としている. ❹ 世の中 ▶ O mundo é pequeno. 世間は狭い. ❺ (特定の) 社会, 世界, 業界 ▶ mundo da música 音楽業界 / mundo dos esportes スポーツ界 / mundo dos negócios 実業界 / mundo do espetáculo ショービジネス, 芸能界 / mundo da alta sociedade 社交界 / mundo capitalista 資本主義社会. ❻ (現世, 来世などの) 世; (特に) 現世, 俗界 ▶ este mundo この世 / outro mundo あの世 / deixar o mundo この世を去る / partir deste mundo この世を去る / embarcar deste mundo para um melhor 死ぬ / mandar para outro mundo あの世に送る / ir para o outro mundo あの世に行く / Meu avô não é mais deste mundo. 祖父はもうこの世の人ではない. ❼ 大量, 多数 ▶ um mundo de livros たくさんの本.

cair no mundo 立ち去る.
conhecer meio mundo 顔が広い.
correr mundo 世界中を駆け回る.
desde que o mundo é mundo 天地開闢(かいびゃく)以来, 遠い昔から.
do outro mundo すばらしい.
enquanto o mundo for mundo この世がある限り, 永遠に.
estar no mundo da lua 上の空である, ぼんやりしている.
morrer para o mundo 俗世を捨てる.
mundos e fundos 多くのこと, 多額の金 ▶ prometer mundos e fundos 気前よく約束する, 安請け合いする.
o melhor dos mundos 最善の世界, 最もよいところ.
pelo mundo afora 世界中のいたるところに.
prometer mundos e fundos できそうもないことを約束する, うまい話で釣る.
querer abarcar o mundo com as pernas 何もかも一人でやろうとする.
ter o mundo aos seus pés 世界を従える, 世界をわがものにする.
todo mundo みんな, 全員 ▶ Todo mundo estava feliz. 誰もが満足していた.
trazer ao mundo 産む.
vir ao mundo 生まれる.

munguzá /mũgu'za/ 男 トウモロコシを砂糖または ココナッツミルクで煮たもの.

munheca /mu'ɲɛka/ 女 手首.
quebrar a munheca 酒に酔う.

munição /muni'sẽw/ [複 munições] 女 ❶ 弾薬. ❷ 軍需品, 軍需物資 ▶ munições de boca 糧食 / munição de guerra 軍需品.

* **municipal** /munisi'paw/ ムニスィパゥ/ [複 municipais] 形《男女同形》 ❶ 市町村立の, 市町村営の ▶ estádio municipal 市立競技場 / estrada municipal 市道 / museu municipal 市立博物館. ❷ 地方自治体の, 地方自治の ▶ câmara municipal 地方自治議会, 市役所, 役場 / reunião municipal 地方自治体会合.

municipalidade /munisipali'dadʒi/ 女 地方自治体, 地方議会, 市町村.

municipalismo /munisipa'lizmu/ 男 地方分権, 地方主義.

munícipe /mu'nisipi/ 名 形《男女同形》 市町村の住民(の).

* **município** /muni'sipiu/ ムニスィピオ/ 男 市, 町, 村, 郡 (最小の行政単位).

munir /mu'nix/ 他 …を…に備えさせる, (必要なものを) …に持たせる [+ de].
— **munir-se** 再 …を身につける, 備える, 携行する [+ de].

muque /'muki/ 男 B 俗 筋肉, 筋力, 腕力.
a muque 力ずくで, 無理矢理に.

mural /mu'raw/ [複 murais] 形《男女同形》 壁の.
— 男 壁画.

muralha /mu'raʎa/ 女 大きな壁, 城壁, 防壁 ▶ a Grande Muralha da China 万里の長城.

murar /mu'rax/ 他 ❶ …を壁[塀]で囲う ▶ Ele murou o terreno. 彼は土地を壁で囲った. ❷ 防御する, 閉じ込める, 幽閉する. ❸ (猫がネズミを) 捕まえる, 狩る ▶ O gato mura os ratos. 猫はねずみを狩る.
— **murar-se** 再 ❶ …で防御する [+ de] ▶ Ele murou-se das leis. 彼は法で身を守った. ❷ …を身につけている [+ de] ▶ O poeta murase de bons pensamentos. その詩人は優れた詩想を備えている.

murchar /mux'ʃax/ 他 ❶ しおれさせる ▶ O tempo murchou as flores. 時間が経って花がしおれた. ❷ 萎縮させる, ひるませる ▶ O medo murchou a vontade de continuar. 怖くて続ける気が失せた.
— 自 ❶ しおれる ▶ As rosas murcharam. バラがしおれた. ❷ 元気がなくなる ▶ Murchou de repente. 彼は急に元気がなくなった.
— **murchar-se** 再 ❶ しおれる ▶ Falta a água, murcham-se as flores. 水が不足すると花はしおれる. ❷ くすむ, 色褪せる ▶ As palavras murcham-se com facilidade. 言葉は容易に力を失う.
murchar as orelhas 恥をかく.

murcho, cha /'muxʃu, ʃa/ 形 ❶ しおれた, しぼんだ ▶ uma flor murcha しおれた花. ❷ 元気のない, 意気消沈した ▶ um sorriso murcho 元気のないほほえみ. ❸ (タイヤが) パンクした ▶ pneu murcho パンクタイヤ.

murmuração /muxmura'sẽw/ [複 murmurações] 女 ❶ つぶやき, ささやき. ❷ 中傷, 悪口.

murmurar /muxmu'rax/ 他 …をささやく, つぶや

く ▶ murmurar algumas palavras 二言三言ささやく.
— 自 ささやく, つぶやく ▶ A criança murmurou ao ouvido da mãe. 子供は母親の耳元にささやいた.

murmurinho /muxmu'riɲu/ 男 ざわめき.
murmúrio /mux'muriu/ 男 ❶ ささやき, つぶやき, ひそひそ話. ❷ せせらぎの音, 波の音, 風の音.
*__muro__ /'muru/ 男 ❶ 塀, 壁 ▶ saltar o muro 壁を越える / Muro das Lamentações (エルサレムの) 嘆きの壁.
❷ 障壁, 障害 ▶ A antipatia dele era um muro para fazer amigos. 彼の無愛想は友達を作る上での壁となった.
bater no muro 徒労に終わる.
ficar em cima do muro 決定を先送りする, 責任を逃れる.
murro /'muxu/ 男 げんこつで殴ること, パンチ ▶ dar um murro em alguém …を殴る, …にパンチを浴びせる / levar um murro 殴られる, パンチを浴びる / enfiar um murro em alguém …をげんこつでたたく.
dar murro(s) em ponta de faca 危ない橋を渡る.
dar um murro na mesa 発破をかける.
murro em ponta de faca 無駄な努力.
musa /'muza/ 女 ❶『ギリシャ神話』ミューズ (文芸や美術を司る9女神のそれぞれを指す). ❷ 詩的霊感.
a décima Musa 10人目のミューズ (インスピレーションのこと).
musculação /muskula'sẽw/ [複 musculações] 女 筋肉トレーニング, ウェイトトレーニング ▶ praticar musculação ウェイトトレーニングをする.
muscular /musku'lax/ [複 musculares] 形《男女同形》筋肉の ▶ dor muscular 筋肉痛 / lesão muscular 筋肉損傷.
musculatura /muskula'tura/ 女 ❶《集合的》筋肉. ❷ 筋力, 腕力.
*__músculo__ /'muskulu/ ムスクロ 男 ❶ 筋肉, 筋() ▶ exercitar os músculos 筋肉を鍛える / homem cheio de músculos 筋肉隆々の男 / músculo involuntário 不随意筋 / músculo voluntário 随意筋. ❷ 筋力, 腕力.
musculoso, sa /musku'lozu, 'lɔza/ 形 筋肉質の, 筋骨たくましい, 屈強な ▶ braços musculosos たくましい腕.
*__museu__ /mu'zew/ ムゼウ 男 博物館, 美術館, 記念館 ▶ visitar um museu 美術館に行く / museu de arte contemporânea 現代美術館 / museu de cera 蝋人形館 / museu de ciências 科学博物館 / museu de história natural 自然史博物館 / peça de museu ミュージアムピース (美術館や博物館に蔵するに値する名品).
musgo /'muzgu/ 男『植物』コケ.
musgoso /muz'gozu/ 形 苔の生えた, 苔むした.
*__música__ /'muzika ムズィカ/ 女 音楽, 曲 ▶ tocar música 音楽を演奏する / ouvir música 音楽を聞く / música clássica [erudita] クラシック音楽 / música de câmara 室内楽 / música coral コーラス音楽, 合唱曲 / música instrumental 器楽 / música eletrônica 電子音楽 / música profana 世俗音楽 / música viva 生演奏 / música de fundo バックグラウンドミュージック, BGM / a música nova da banda そのバンドの新曲.
dançar conforme a música 状況に適応する.
*__musical__ /muzi'kaw/ ムズィカゥ [複 musicais] 形《男女同形》音楽の ▶ nota musical 音符 / instrumento musical 楽器 / fundo musical バックグラウンドミュージック, 背景音楽, BGM.
— 男 ミュージカル ▶ musical da Broadway ブロードウエイミュージカル.
musicalidade /muzikali'dadʒi/ 女 音楽性, 音楽的であること.
musicalmente /muzi,kaw'mẽtʃi/ 副 音楽的に.
musicar /muzi'kax/ 他 …に曲をつける, 作曲する.
— 自 作曲する.
*__músico, ca__ /'muziku, ka ムズィコ, カ/ 形 音楽の.
— 名 ミュージシャン, 音楽家, 作曲家, (オーケストラ, バンド等の) 楽団の一員.
musse /'musi/ 女『菓子』ムース ▶ musse de chocolate チョコレートムース.
musselina /muse'lina/ 女 モスリン.
mutação /muta'sẽw/ [複 mutações] 女 ❶ 変化, 変更, 変貌. ❷ 気の変わりやすさ. ❸『生物』突然変異.
mutante /mu'tẽtʃi/ 名 ミュータント, 突然変異体.
— 形《男女同形》突然変異の.
mutável /mu'tavew/ [複 mutáveis] 形《男女同形》❶ 変わりやすい, 不安定な. ❷ 突然変異をおこす可能性のある.
mutilação /mutʃila'sẽw/ [複 mutilações] 女 ❶ (手足の) 切断, 欠損. ❷ (美術品の) 毀損. ❸ (原文の) 削除.
mutilar /mutʃi'lax/ 他 ❶ (手足を) 切断する. ❷ 損傷する, 損なう. ❸ (一部を) 削除する, カットする.
— **mutilar-se** 再 自らを傷つける.
mutirão /mutʃi'rẽw/ [複 mutirões] 男 B ❶ 植え付けや収穫時などの農民同士による助け合い. ❷ 地域奉仕活動 ▶ Os estudantes organizaram um mutirão para limpar a cidade. 学生たちは市内をきれいにするための奉仕活動を行った.
mutismo /mu'tʃizmu/ 男 押し黙ること, 沈黙, 無言.
mutualismo /mutua'lizmu/ 男『生物』相利共生.
mutuamente /,mutua'mẽtʃi/ 副 お互いに, 相互に ▶ ajudar-se mutuamente お互いに助け合う.
mutuante /mutu'ẽtʃi/ 名 貸し手, 貸し主.
mutuário, ria /mutu'ariu, ria/ 名 借り手, 借り主.
*__mútuo, tua__ /'mutuu, tua ムートゥオ, トゥア/ 形 ❶ 相互の, お互いの ▶ interesse mútuo 相互利益 / simpatia mútua お互いへの共感.
❷ 互恵的な, 相互扶助の ▶ associação de socorros mútuos 相互扶助団体.
muxoxo /mu'ʃoʃu/ 男 ❶ 軽いキス. ❷ 舌打ちの音.

N n

n /ēni/ 男 ポルトガル語アルファベットの第14字.
N 《略語》 norte 北.

na /na/ ❶ 前置詞 em と定冠詞 a との縮合形. ❷ 前置詞 em と代名詞 a との縮合形. ❸ 直接目的格代名詞 a が鼻音で終わる動詞の活用語形に続くときの形. 例：amam + a → amamna.

nabo /'nabu/ 男〖植物〗カブ, ダイコン.

‡**nação** /na'sēw ナサォン/ [複 nações] 女 ❶ 国民, 民族 ▶ nação japonesa 日本国民 / nação judaica ユダヤ民族.
❷ 国, 国家 ▶ grandes nações 大国 / nação moderna 近代国家 / nações aliadas 同盟国 / Organização das Nações Unidas 国際連合 (略 ONU) / Associação das Nações do Sudeste Asiático 東南アジア諸国連合.

nácar /'nakax/ [複 nácares] 男 ❶（貝殻の）真珠層, 真珠母. ❷ バラ色, ピンク.

nacarado, da /naka'radu, da/ 形 真珠光沢の, 真珠色の, 真珠層のような.

‡**nacional** /nasio'naw ナスィオナゥ/ [複 nacionais] 形《男女同形》❶ 国民の, 国家の, 国立の, 国有の ▶ bandeira nacional 国旗 / hino nacional 国歌 / idioma nacional 国語 / parque nacional 国立公園 / território nacional 国土.
❷ 国内の, 国産の ▶ vinho nacional 国産ワイン / produtos nacionais 国産品 / mercado nacional 国内市場.
❸ 国民の, 国民的な ▶ herói nacional 国民的英雄.
❹ 全国の, 全国規模の ▶ concurso nacional 全国コンクール.

*nacionalidade /nasionali'dadʒi ナスィオナリダーヂ/ 女 国籍 ▶ Tenho nacionalidade brasileira. 私はブラジル国籍を持っている / adquirir a nacionalidade japonesa 日本国籍を獲得する / ter dupla nacionalidade 二重国籍を持つ.

nacionalismo /nasiona'lizmu/ 男 ナショナリズム, 国家主義, 民族主義.

nacionalista /nasiona'lista/ 形《男女同形》国家主義の, 民族主義の ▶ tendências nacionalistas 民族主義的傾向.
— 名 ナショナリスト, 国家主義者, 民族主義者.

nacionalização /nasionaliza'sēw/ [複 nacionalizações] 女 国有化, 国営化.

nacionalizar /nasionali'zax/ 他 ❶ 国有化する, 国営にする. ❷ 帰化させる.
— **nacionalizar-se** 再 ❶ 国有化される. ❷ 帰化する ▶ nacionalizar-se brasileiro ブラジルに帰化する.

naco /'naku/ 男（食べ物の）1切れ, 1枚 ▶ um naco de pão パン1枚.

‡**nada** /'nada ナーダ/ 代《不定》何も…ない ▶ Nada aconteceu. 何も起こらなかった（注 nada が動詞の前に来るときは não は用いられない）/ Não aconteceu nada. 何も起こらなかった（注 nada が動詞の後にあるときは não が必要）/ Você não quer nada? 何もいらないのですか / Eu não posso fazer nada. 私には何もできない / sem fazer nada 何もせずに / Não penso em nada. 私は何も考えていない / Não há nada para comer. 食べるものが何もない / Eu não tenho nada a perder. 私は失うものは何もない / Eu não tenho nada a dizer. 私は言うべきことはない / Nada a fazer! 手の打ちようがない, どうしようもない / Não acredite em nada do que eles dizem. 彼らが言っていることは何も信じるな / Não há nada de novo. 目新しいことは何もない..
— 副 少しも…ない, まったく…ない ▶ A vida não foi nada fácil. 生活はまったく楽ではなかった / Isso não me agradou nada. それは全然私の気に入らなかった — O que acha disso? — Nada mau. 「それをどう思いますか」「悪くないですね」.
— 男 ❶（o nada）無, 虚無, 何もないこと ▶ filosofia do nada 無の哲学 / começar do nada ゼロから始める / aparecer do nada どこからともなく現れる.
❷《um nada de + 名詞》ほんの少しの… ▶ temperar com um nada de sal ほんの少しの塩で味付けする.

antes de mais nada 何よりもまず, まず第一に.
como se nada fosse 何事もなかったように, 平然として.
daí [dali] a nada それから[あれから]すぐに.
daqui a nada 今からすぐに.
dar em nada 無に帰する, 水の泡になる.
De nada. どういたしまして ▶ — Obrigada. — De nada. 「ありがとう」「どういたしまして」.
... de nada 取るに足りない, つまらない, ささいな, くだらない ▶ É (uma) coisa de nada. それは取るに足りないことだ.
em menos de nada すぐに, 直ちに.
estar com nada ① 動機がない. ② モラルがない. ③ 動きがない.
há nada たった今, 最近.
Nada cai do céu. ただ待っていても何も起こらない.
nada como um dia depois do outro 明日には明日の風が吹く.
Nada consta.〖法律〗特筆事項なし, 何もなし.
nada de ... …はいけない, …はご法度である ▶ Nada de fumar. タバコを吸ってはいけない / Nada de doces. 甘いものはよくない.
nada de mais 大したことのないこと, よくあること ▶ Isso não é nada de mais. それは大したことはない.
nada demais 大したことのないこと, よくあること.
nada de nada まったく何も…ない ▶ Ela não co-

nadada

meu nada de nada. 彼女はまったく何も食べなかった.
Nada disso! まさか, とんでもない ▶Estou triste? Não, nada disso! 私が悲しんでいるって, まさか.
Nada feito! ① それはだめだ, それはお断りだ ▶Se ela não paga, nada feito! もし彼女が払わないなら, それはお断りだ. ②《mas nada feito で》(やってみたが) だめだった, うまくいかなかった ▶Já tentei, mas nada feito. もう試したけど, だめだった.
nada mais ① ほかに何も…ない ▶Nada mais importa. ほかのことは重要ではない. ②だけ.
nada mais, nada menos まさしく, ほかでもない.
nada mais, nada menos do que... …以上でも…以下でもない, …に他ならない, まさしく….
nada mais que... …だけ ▶nada mais que a verdade 真実だけ.
nada menos que... …ほど多く, …もの ▶A inflação oficial deve chegar a nada menos que 9%. 公式物価上昇率は9パーセントにも達すると見込まれる.
nada obstante... …にもかかわらず.
nadica de nada 全然何も (…ない).
não dar em nada 何にもならない, まったく無駄になる ▶Essa tentativa (não) deu em nada. その試みは徒労に終わった.
não estar com nada ① 無意味である. ②だめなやつである.
Não foi nada. (謝罪に対して) 大丈夫です.
não ser de nada だめな人だ, どうしようもない人だ ▶Ele não é de nada. あいつはどうしようもないやつだ.
não ter nada de... …とは違う, ほど遠い.
não ter nada de mais それ以上のものではない, それだけでしかない.
por nada 何の理由もなく, わけもなく.
por nada desta vida 決して, 絶対に (…ない).
por tudo e por nada 些細なことで, ちょっとしたことで.
por um nada もう少しのところで, すんでのところで.
Qual [Que] nada! そんなばかな, そんなはずがない.
quando nada 少なくとも, 悪くても.
quase nada ほとんど何も (…ない) ▶Não sei quase nada deles. 私は彼らのことはほとんど何も知らない.
ser nada 何でもない, 大したことでない ▶A distância não é nada para quem ama. 愛する者にとって距離は何でもない.
ter em nada 軽視する, 見下す.
tirar do nada ① ゼロから作り出す. ②(人を) 引き立てる.

nadada /na'dada/ 囡 泳ぐこと ▶dar uma nadada 泳ぐ.

nadadeira /nada'dejra/ 囡 (魚の) ひれ; 足ひれ, フィン.

nadador, dora /nada'dox, 'dora/ [覆 nadadores, doras] 图 泳ぎ手, 水泳選手.
— 形 泳ぐ, 水泳用の.

*__nadar__ /na'dax ナダーフ/ 圓 ❶ 泳ぐ ▶Não sei nadar. 私は泳げない / Você sabe nadar? あなたは泳げますか / nadar de costas 背泳ぎで泳ぐ / nadar de peito 平泳ぎで泳ぐ / nadar cachorrinho 犬かきで泳ぐ / nadar em estilo borboleta バタフライで泳ぐ / nadar crawl クロールで泳ぐ / nadar 100 metros 100メートル泳ぐ.

❷ …に浸かる; …がふんだんにある [+ em] ▶nadar em dívida 借金まみれである / nadar em suor 汗でびしょ濡れである / nadar em felicidade 幸せに浸る / nadar em dinheiro 金がありあまっている.

❸ 俗 …を知らない [+ em] ▶Ele nada nesse assunto. 彼はそのことを知らない.

ficar a nadar 慣 ① 困る, 途方に暮れる. ②(服が) ぶかぶかである ▶O vestido fica-lhe a nadar. ワンピースは彼女にはだぶだぶである.

nadar, nadar e morrer na praia あと一歩のところで力尽きる.

nádega /'nadega/ 囡 ❶ 尻の片側. ❷《nádegas》尻, 臀部.

nadinha /na'dʒiɲa/ 代 何も…ない ▶Não entendi nadinha da explicação do professor. 先生の説明はさっぱりわからなかった.
— 图 (um nadinha) ❶ 微々たる量, ごく少量. ❷ 些細なこと.

nado /'nadu/ 男 泳ぎ, 水泳 ▶a nado 泳いで / ir a nado 泳いで行く / nado livre 自由形 / nado de peito 平泳ぎ / nado borboleta バタフライ / nado de costas 背泳ぎ / nado sincronizado シンクロナイズドスイミング.

nafta /'nafta/ 囡 《化学》ナフサ.
naftalina /nafta'lina/ 囡 《化学》ナフタリン.
náilon /'najlõ/ 男 ナイロン.
naipe /'najpi/ 男 ❶ (トランプの) カード ▶naipe de copas ハートのカード / naipe de espadas スペードのカード / naipe de ouros ダイヤのカード / naipe de paus クラブのカード / naipes pretos クラブとスペード / naipes vermelhos ダイヤとハート.
❷ 《naipes》一組のトランプ.

nalgum /naw'gũ/ 前置詞 em と不定形容詞 algum の縮合形.
nalguma(s) /nau'guma(s)/ 前置詞 em と不定形容詞 alguma(s) の縮合形.
nalguns /naw'gũs/ 前置詞 em と不定形容詞 alguns の縮合形.

*__namorado, da__ /namo'radu, da/ ナモラード, ダ/ 图 恋人, ボーイフレンド, ガールフレンド ▶Tenho namorada. 私はガールフレンドがいる / um casal de namorados ひと組の恋人たち / Somos namorados. 私たちはつき合っている / ex-namorado 元彼氏 / ex-namorada 元彼女.

namorador, dora /namora'dox, 'dora/ [覆 namoradores, doras] 形 图 ほれっぽい (人), 恋多き (人).

namorar /namo'rax/ 他 ❶ 求愛する, 言い寄る ▶Ele vive namorando as moças da turma. 彼はいつもクラスの女の子に言い寄っている.
❷ 誰かと恋愛関係にある ▶Ele namora uma amiga minha. 彼は私の友達と付き合っている. ❸ 切望する ▶Meu pai namora aquele carro clássico.

私の父はあのクラシックカーを切望している.
— 自 …とつきあう, …とデートする [+ com].
— **namorar-se** 再 …に恋する, …に夢中になる [+ de/por].

namorico /namo'riku/ 男 戯れの恋, 一時の恋.

namoro /na'moru/ 男 恋愛関係, 交際, 付き合い ▶após um namoro de três anos 3 年の交際を経て / acabar com o namoro 交際をやめる.

nanar /na'nax/ 自《幼児語》ねんねする.

nanico, ca /na'niku, ka/ 形 こびとの, 小さい, 弱小の.
— 名 こびと.

nanotecnologia /nanotekinolo'ʒia/ 女 ナノテクノロジー.

nanquim /nē'kĩ/ [複 nanquins] 男 墨汁, 墨.

não /'nēw̃/ ナォン (強調のないときは / nũ / と発音されることが多い) 副 ❶《否定の返答》
❶ いいえ, いや, いやだ (↔ sim) ▶— Você mora em Tóquio? — Não, não moro.「君は東京に住んでいますか」「いいえ」/ — Quer um café? — Não, obrigado.「コーヒーはいかが」「いいえ, 結構です」/ — Me ajuda. — Não.「手伝って」「いやだよ」/ — Ela mentiu. — Não, não pode ser.「彼女はうそをついた」「いや, あり得ないよ」/ dizer não ノーと言う.

┌─ 語法 「いいえ」の言い方 ─────────┐
│ 「はい, いいえ」で答える疑問文に「いいえ」と答 │
│ えるとき, いちばん簡単なのは não を使うこと │
│ である.   │
│   Você vai ? — Não.「行きますか」「いいえ」.│
│ 疑問文で用いられた動詞を繰り返してもよい.   │
│   Você vai ? — Não, vou.「行きますか」「いい│
│   え行きません」.   │
│ não を文末において念を押すこともある.   │
│   Você vai ? — Não vou, não.「行きますか」│
│   「行かないと言ったら行きません」.   │
└─────────────────────────┘

❷《否定疑問, 否定的な断定や命令に対して》はい ▶A senhora não mora em Tóquio? — Não, não moro.「あなたは東京に住んでいないんですか」「はい, 住んでいません」.

❸《付加疑問で》…でしょう, …ね ▶Eles vêm, não?彼らは来るんですよね.

❷《文や節を否定》
❶ …ではない,《否定命令で》…してはいけない ▶Eu não sou estudante. 私は学生ではない/ Ele não trabalha muito. 彼はあまり働かない/ Ele não me disse nada. 彼は私に何も言わなかった/ Não sei nada dele. 彼は彼について何も知らない/ Não se preocupe comigo. 私のことは心配しないで/ Não, não é isso. いや, そうではない.

❷ (... não) …ない ▶— Pode vir comigo? — Sim, mas hoje não.「私と来られますか」「ええ, でも今日は無理です」/ — Ele já partiu? — Ainda não.「彼はもう出発しましたか」「まだです」/ Agora não. 今はだめだ.

❸《文の一部を否定》…ない ▶É um restaurante não barato, mas muito bom. それは安くはないがとてもおいしいレストランだ / Ela é de Portugal e não do Brasil. 彼女はポルトガルの出であってブラジルの出ではない / Ele veio não muito depois. 彼はほどなくやって来た.

❹《否定文の代用として》そうでない (注 achar que, pensar que, dizer que, esperar que などの後で) ▶Acho que não. そうではないと思う / dizer que não そうではないと言う / É óbvio que não. もちろんそうではない.

❺《複合語で》非…, 不… ▶organização não lucrativa 非営利団体 / pacto de não agressão 不可侵条約.

— 男 [複 nãos]「いいえ」という返事, 否定, 拒絶 ▶levar um não 拒絶される / um não categórico 断固とした否定 [拒絶].

a não ser que + 接続法 …でない限り ▶Não lhe dou conselhos a não ser que me peça. 私はあなたに頼まれない限り, アドバイスはしません.

Essa não! そんなはずがない, そんなばかな.

... não é? …ですよね (付加疑問) ▶Você gosta dela, não é? 彼女のことが好きなんでしょう / Você não gosta dela, não é? 彼女のことは好きじゃないんでしょう.

não... mas (sim)... …ではなく…である ▶Ela não é portuguesa mas sim brasileira. 彼女はポルトガル人ではなくブラジル人.

não que + 接続法 …だからではなく ▶Não vou, não que não queira, mas simplesmente não posso. 私が行かないのは, 行きたくないからではなくて, 単に行けないからだ.

Por que não? ① なぜだめなのですか ▶— Não posso ir. — Por que não?「私は行けません」「どうしてですか」. ② (賛成して) もちろんです, いいですね ▶— Quer vir comigo? — Por que não?「私と一緒に来ますか」「もちろんです」.

quando não さもないと ▶Vão depressa, quando não perdem o avião. 急いで行きなさい, さもないと飛行機に乗り遅れますよ.

não conformista /nēw̃kõfox'mista/ 形《男女同形》(社会慣習や規範に) 順応しない.
— 名 (社会慣習や規範への) 非順応者.

não intervenção /nēw̃sejˈkẽ'sēw̃/ [複 não intervenções] 女 不介入, 内政不干渉 ▶política de não intervenção 不介入政策.

não sei quê /nēw̃sej'ke/ 男《単複同形》得体の知れないもの ▶O amor é um não sei quê, que nasce não sei onde, e dói não sei por quê. 愛とは得体の知れないものである. どこで生まれるのかも, なぜ痛むのかも分からない.

napa /'napa/ 女 (子羊や山羊の) なめし革.

naquela(s) /na'kɛla(s)/ 前置詞 em と指示形容詞

naquele(s)

[代名詞] aquela(s) の縮合形.

naquele(s) /na'keli(s)/ 前置詞 em と指示形容詞 [代名詞] aquele(s) の縮合形.

naquilo /na'kilu/ 前置詞 em と指示代名詞 aquilo の縮合形.

narcisismo /naxsi'zizmu/ 男《心理》自己愛, ナルシシズム.

narcisista /naxsi'zista/ 名 ナルシシスト.
— 形《男女同形》自己愛の強い, 自己陶酔的な, ナルシシズムの.

narciso /nax'sizu/ 男 ❶《植物》スイセン. ❷《Narciso》《ギリシャ神話》ナルシス, ナルキッソス.
❸ ナルシスト, 自己陶酔者.

narcótico, ca /nax'kɔtʃiku, ka/ 形 麻酔性の, 催眠作用のある.
— **narcótico** 男 麻酔薬, 麻薬, 睡眠薬.

narcotizar /naxkotʃi'zax/ 他 ❶ …に麻酔をかける. ❷ 麻痺させる. ❸ 退屈させる.

narcotraficante /naxkotrafi'kẽtʃi/ 名 麻薬密売人.
— 形《男女同形》麻薬密売の.

narcotráfico /naxko'trafiku/ 男 麻薬密売, 麻薬取引.

narigudo, da /nari'gudu, da/ 形 名 鼻の大きな(人).

narina /na'rina/ 女 鼻の穴, 鼻孔.

nariz /na'ris/ 男 ❶ 鼻, 鼻の穴 ナリーズ / [複 narizes] ▸assoar o nariz 鼻をかむ / tapar o nariz 鼻をつまむ / estar com o nariz entupido 鼻が詰まっている / meter o dedo no nariz 指を鼻に入れる / falar pelo nariz 鼻声で話す.
❷ 嗅覚 ▸ ter bom nariz 鼻がよく利く.
dar com o nariz na porta 門前払いを食う.
de nariz empinado 鼻高々で.
debaixo do nariz de... …の目と鼻の先で.
empinar o nariz 偉ぶる.
ficar de nariz comprido ① 目標を達成できない. ② うそをついている.
ficar de nariz torcido 怒る, 嫌な顔をする.
levar alguém pelo nariz …をこき使う.
meter o nariz em... …に首を突っ込む, 口出しする.
meter o nariz onde não é chamado 余計なお節介をする.
torcer o nariz 嫌な顔をする, 顔をしかめる ▸ Ele torceu o nariz diante da proposta. 彼はその提案を前に顔をしかめた.

narração /naxa'sẽw/ [複 narrações] 女 ❶ 叙述, 語り, ナレーション. ❷ 物語, 説話.

narrador, dora /naxa'dox, 'dora/ [複 narradores, doras] 形 物語る, 語る.
— 名 語り手, 話者, ナレーター.

narrar /na'xax/ 他 物語る, 語る, 述べる ▸ narrar os fatos 事実を述べる.

narrativa[1] /naxa'tʃiva/ 女 語り, 話, 物語.

narrativo, va[2] /naxa'tʃivu, va/ 形 物語の, 物語風の ▸ gênero narrativo 語り物.

nas /nas/ ❶ 前置詞の em と定冠詞の as の縮合形.
❷ 前置詞の em と代名詞 as の縮合形.

❸ 直接目的格代名詞 as が鼻音で終わる動詞の活用語尾に続くときの形. 例: põe + as → põe-nas

nasal /na'zaw/ [複 nasais] 形《男女同形》❶ 鼻の ▸ fossas nasais 鼻腔. ❷ 鼻にかかった, 鼻声の;《音声》鼻音の ▸ vogais nasais 鼻母音.

nascença /na'sẽsa/ 女 ❶ 誕生. ❷ 発生, 起源 ▸ Desde a nascença do projeto acreditou em seu sucesso. 彼はプロジェクトが始まったときからその成功を信じていた.
à nascença ① 誕生時に ▸ Os irmãos foram separados à nascença. その兄弟は出生時に引き離された. ② 初めに.
de nascença 生まれつき ▸ Ela possui uma marca de nascença no braço. 彼女は生まれつき腕にあざがある.

nascente /na'sẽtʃi/ 女 水源, 源 ▸ água de nascente 湧き水.
— 男 東.
— 形《男女同形》❶ 生まれようとしている. ❷ 出現しようとしている, (太陽が) 昇りつつある ▸ o país do sol nascente 日出ずる国, 日本.

:**nascer** /na'sex/ ナ セ ー フ/ ⑮ [過去分詞 nascido/nato] 自 ❶ 生まれる (↔ morrer) ▸ Nasci em 1990. 私は1990年に生まれた / O bebê de meu amigo já nasceu. 私の友人の赤ちゃんはもう生まれた / Ela nasceu cientista. 彼女は生まれながらの科学者だ / Você nasceu para dar certo. 君は成功するために生まれた / O jazz nasceu em Nova Orleans. ジャズはニューオリンズで生まれた / fazer nascer 生じさせる.
❷ (おできが) できる, (歯が) 生える ▸ Os dentes já nasceram. 歯がすでに生えた.
❸ (太陽が) 昇る ▸ O sol nasce no leste. 太陽は東に昇る.
estar para nascer まだ生まれていない, まだ存在しない ▸ o bebê que está para nascer 生まれる前の赤ん坊.
nascer ontem まだ若い, 経験が浅い ▸ Ele não nasceu ontem. 彼は経験豊富だ.
— 男 誕生, 出生, 起源 ▸ nascer do sol 日の出 / ao nascer do dia 夜明けに.

nascido, da /na'sidu, da/ 形 (nascer の 過 去 分詞) 生まれた ▸ bem nascido 高貴な生まれの.

:**nascimento** /nasi'mẽtu/ 男 ❶ 出生, 誕 生 ▸ local de nascimento 出 生 地 / data de nascimento 生年月日 / certidão de nascimento 出生証明書 / registro de nascimento 出生届.
❷ 生まれ, 家柄, 家系, 血統 ▸ uma pessoa de nobre nascimento 高貴な生まれの人.
❸ 現れ, 始め ▸ o nascimento de um projeto プロジェクトの始まり.
de nascimento 生まれつき.
ter nascimento 家柄がよい.

nascituro, ra /nasi'turu, ra/ 形 名 誕 生 が 近 い (子), もうじき生まれる (子).

nata[1] /'nata/ 女 ❶ クリーム. ❷ 選りすぐり, 精鋭, エリート ▸ a nata da sociedade 上流社会 / nata de terra 肥沃な土地.

natação /nata'sẽw/ [複 natações] 女 水泳, 泳ぎ ▸ escola de natação スイミングスクール.

***natal** /na'taw ナタゥ/ [複 natais] [形] **出生の, 誕生の** ▶ terra natal 生まれ故郷 / cidade natal 生まれた街 / país natal 母国.
— **Natal** [男] **クリスマス** ▶ no Natal クリスマスに / passar o Natal クリスマスを過ごす / Feliz Natal! メリークリスマス / véspera de Natal クリスマスイブ / árvore de Natal クリスマスツリー / cartão de Natal クリスマスカード / Pai Natal [P] サンタクロース.

natalício, cia /nata'lisio, sia/ [形] 誕生の, 誕生日の ▶ aniversário natalício 誕生日.
— **natalício** [男] 誕生日.

natalidade /natali'dadʒi/ [女] 出生数, 出生率 ▶ taxa de natalidade 出生率 / controle de natalidade 産児制限.

natalino, na /nata'lĩnu, na/ [形] クリスマスの ▶ período natalino クリスマスシーズン / festa natalina クリスマスパーティー.

natividade /natʃivi'dadʒi/ [女] キリストや聖人の誕生.

nativo, va /na'tʃivu, va/ [形] ❶ …生まれの, 出身の [+ de] ▶ Eu sou nativo de Brasília. 私はブラジリア生まれだ.
❷ 土着の, 土地固有の, 原産の ▶ plantas nativas do Brasil ブラジル原産の植物.
❸ 生まれつきの, 天賦の ▶ talento nativo 天賦の才 / falante nativo ネイティブスピーカー.
— [名] …生まれの人, 出身者 ▶ um nativo do Brasil ブラジル生まれの人.

nato, ta[2] /'natu, ta/ [形] (nascer の過去分詞) ❶ 生まれた.
❷ 生まれながらの, 生まれついての ▶ um atleta nato 生まれながらのスポーツ選手.

***natural** /natu'raw ナトゥラゥ/ [複 naturais] [形]《男女同形》❶ **自然の, 自然に関する** ▶ fenômeno natural 自然現象 / ciências naturais 自然科学 / seleção natural 自然淘汰.
❷ **天然の, 自然のままの**, 本物の ▶ gás natural 天然ガス / recursos naturais 天然資源 / verduras naturais 有機野菜 / suco natural 無添加ジュース.
❸ **生まれつきの**, 天性の ; 本来の, 自然な ▶ talento natural 天賦の才能 / morte natural 自然死.
❹ **当然の**, 当たり前の, もっともな ▶ É natural! あたりまえのことです / uma reação natural もっともな反応.
❺ **気取らない, ありのままの**, ふだん通りの ▶ um gesto natural 自然な動作.
❻ 新鮮な ▶ fruta natural 新鮮な果物.
❼《ser natural de...》…生まれである ▶ Sou natural do Brasil. 私はブラジル生まれだ.
— [男] 生まれたての性質, 飾り気のなさ.
ao natural 自然に ; 味付けしていない.
ter bom natural 性格がよい.

naturalidade /naturali'dadʒi/ [女] ❶ 自然さ, さりげなさ ▶ falar com naturalidade 気さくに話す / agir com naturalidade 自然にふるまう.
❷ 出生地 ▶ de naturalidade paulista サンパウロ生まれの.

naturalismo /natura'lizmu/ [男] 自然主義.

naturalista /natura'lista/ [形]《男女同形》自然主義の, 自然主義者の.
— [名] 自然主義者, 博物学者.

naturalização /naturaliza'sɐ̃w̃/ [複 naturalizações] [女] ❶ 帰化. ❷ (動植物の) 馴化, 移植.

naturalizado, da /naturali'zadu, da/ [形] [名] 帰化した (人).

naturalizar /naturali'zax/ [他] ❶ (外国人に) 市民権を与える, 帰化させる. ❷ (外国の習慣や言語などを) 移入する, 取り入れる. ❸ (動植物を) 馴化させる, 移植する.
— **naturalizar-se** [再] (他国の) 市民権を得る, 帰化する ▶ naturalizar-se brasileiro ブラジルに帰化する.

***naturalmente** /natuˌraw'mẽtʃi ナトゥラゥメンチ/ [副] ❶ **自然に** ; 普通の状態で ▶ O animal adaptou-se ao clima naturalmente. その動物は自然に気候に順応した / responder naturalmente 普通に答える.
❷ **生まれつきに** ▶ cabelo naturalmente ondulado 天然パーマの髪.
❸ **当然**, もちろん ▶ Naturalmente ela virá. もちろん彼女は来る.
— [間] 当然, もちろん ▶ — Você quer ir conosco? — Naturalmente. 「あなたは私たちと一緒に行きたいですか」「もちろんです」.

***natureza** /natu'reza ナトゥレーザ/ [女] ❶ **自然, 自然界** ▶ proteção da natureza 自然保護 / destruição da natureza 自然破壊 / mãe natureza 母なる自然 / leis da natureza 自然の法則 / um espetáculo da natureza 自然の織りなす景観 / amar a natureza 自然を愛する.
❷ **本質, 特性, 種類** ▶ natureza humana 人間性 / a segunda natureza 第二の天性.
de má natureza 邪悪な.
por natureza 生まれながらに, 本質的に.

natureza-morta /natuˌreza'mɔxta/ [複 naturezas-mortas] [女] 静物画.

naturismo /natu'rizmu/ [男] 自然回帰主義, 自然志向.

naturista /natu'rista/ [形] 自然回帰主義の, ヌーディストの ▶ praia naturista ヌーディストビーチ.
— [名] ヌーディスト.

naufragar /nawfra'gax/ ⑪ [自] ❶ 難破する, 遭難する. ❷ 失敗する, 挫折する, 破綻する ▶ Meu casamento naufragou. 私の結婚生活は破綻した.
— [他] ❶ 難破させる. ❷ 破綻させる, 破滅させる.

naufrágio /naw'fraʒiu/ [男] ❶ 難破, 難船, (海での) 遭難 ▶ vítima de naufrágio 遭難者, 難船者.
❷ 失敗, 挫折, 破綻, 崩壊.

náufrago, ga /'nawfragu, ga/ [形] 難破した, 難船した.
— [名] ❶ 遭難者, 難船者. ❷ 失敗者, 落後者 ▶ um náufrago da vida 人生の落伍者.

náusea /'nawzea/ [女] ❶ 乗り物酔い, 吐き気 ▶ sentir náuseas 吐き気を感じる / dar náuseas 吐き気を催させる. ❷ 不快感, 嫌悪感.

nauseabundo, da /nawzea'bũdu, da/ [形] ❶ 吐き気を催させる, むかつくような ▶ cheiro nauseabundo むかつくような臭気. ❷ 嫌悪感を与える.

N

nauseante /nawze'ẽtʃi/ [形]《男女同形》吐き気を催す.
nausear /nawze'ax/ ⑩ [他] 吐き気を催させる, むかつかせる.
— [自] 吐き気を催す, むかつく.
— **nausear-se** [再] 吐き気を催す.
náutica[1] /'nawtʃika/ [女] 航海術, 操船術.
náutico, ca[2] /'nawtʃiku, ka/ [形] ❶ 航海の ▶ carta náutica 海図. ❷ 海の, 水上の ▶ esportes náuticos 水上スポーツ.
— [名] 船乗り, 航海者.
naval /na'vaw/ [[複] navais] [形]《男女同形》❶ 船舶の ▶ engenharia naval 船舶工学. ❷ 海軍の ▶ batalha naval 海戦 / Escola Naval 海軍兵学校.
navalha /na'vaʎa/ [女] かみそり ▶ Navalha de Ockham オッカムのかみそり.
— [名] 下手なドライバー.
— [形]《男女同形》運転の下手な.
navalhada /nava'ʎada/ [女] かみそりによる傷.
nave /'navi/ [女] ❶ 船 ▶ nave espacial 宇宙船.
❷〖教会〗外陣, 信徒席 ; 身廊 (= nave central) ▶ nave lateral 側廊.
navegação /navega'sẽw̃/ [[複] navegações] [女] ❶ 航海, 航行, 航空 ▶ navegação marítima 航海 / navegação fluvial 河川航行 / companhia de navegação 船会社 / navegação aérea 航空 / navegação de carro カーナビ.
❷〖情報〗navegação na internet ネットサーフィン.
navegador, dora /navega'dox, 'dora/ [[複] navegadores, doras] [形] 航海する.
— [名] 航海者, 航海士, 航空士.
— **navegador** [男] ❶〖情報〗ブラウザー, 閲覧ソフト. ❷ ナビゲーター ▶ navegador GPS GPS ナビゲーター.
navegante /nave'gẽtʃi/ [名] 航海者, 船乗り, 航海士, 航空士.
— [形]《男女同形》航海する.
★**navegar** /nave'gax ナヴェガーフ/ ⑪ [自] ❶ **航海する, 航行する** ▶ navegar no Oceano Atlântico 大西洋を航行する.
❷ (飛行機や宇宙船で) 航行する.
❸ navegar na internet ネットサーフィンする.
— [他] 航海する, 航行する ▶ navegar o Oceano Pacífico 太平洋を航行する.
ir navegando 流れるままに生きる.
navegável /nave'gavew/ [[複] navegáveis] [形]《男女同形》(海や川などが) 航行可能な.
★★**navio** /na'viu ナヴィーオ/ [男] (大型の) **船, 艦艇** ▶ viajar de navio 船で旅行する / navio de guerra 戦艦 / navio do deserto 砂漠の船, ラクダ.
ficar a ver navios 失敗する.
nazismo /na'zizmu/ [男] ナチズム.
nazista /na'zista/ [形]《男女同形》ナチスの ▶ a Alemanha nazista ナチスドイツ.
— [名] ナチス.
NB 《略語》note bem 注意, 注.
N da R 《略語》nota da redação 編者注.
N do A 《略語》nota do autor 著者注, 原注.
N do E 《略語》nota do editor 出版者の注.
N do T 《略語》nota do tradutor 訳注.
NE 《略語》nordeste 北東.
neblina /ne'blĩna/ [女] 霧, かすみ.
nebulizador /nebuli'zadox/ [[複] nebulizadores] [男] 噴霧器, 吸入器.
nebulosa /nebu'lɔza/ [女]〖天文〗星雲.
nebulosidade /nebulozi'dadʒi/ [女] ❶ 曇っていること, 雲量. ❷ 不明瞭, 曖昧さ.
nebuloso, sa /nebu'lozu, 'lɔza/ [形] ❶ 曇った, どんよりした, 霧の多い, もやのかかった ▶ céu nebuloso 曇り空, 曇天. ❷ 曖昧な, 不明瞭な.
neca /'nɛka/ [副] [B] [俗] いいえ, 何も…ない ▶ — Você fez as compras? — Neca.「買い物してくれたの」「してない」.
— [代]《不定》何も…ない ▶ Não recebi neca! 何ももらってないよ.
nécessaire /nese'sex/ [女]《フランス語》洗面道具入れ.
necessariamente /neseˌsaria'mẽtʃi/ [副] ❶ どうしても, ぜひとも.
❷ 必然的に, 必ず ▶ Sorrir não significa necessariamente que você está feliz. 笑顔は必ずしも幸福を意味するわけではない.
★★★**necessário, ria** /nese'sariu, 'ria ネセサーリオ, リア/ [形] ❶ **必要な, 不可欠な**, 入用な ▶ tomar medidas necessárias 必要な措置を取る / condição necessária 必要条件 / mal necessário 必要悪 / fazer o que é necessário 必要なことをする / se for necessário もし必要なら.
❷《É necessário que + [接続法] / É necessário + [不定詞]》…することが必要だ ▶ É necessário que haja provas. 証拠がなければならない / Não é necessário que você leia todas as páginas. 全部のページを読む必要はない / É necessário mudar. 変わることが必要だ.
❸ **必然的な**, 避けがたい ▶ resultado necessário 必然的結果.
— **necessário** [男]《o necessário》必要なこと ▶ fazer o necessário 必要なことをする / o estritamente necessário 最低限必要なこと.
★★★**necessidade** /nesesi'dadʒi ネセスィダーヂ/ [女] ❶ **必要, 必要性** ▶ A necessidade é a mãe da invenção. 必要は発明の母 / a necessidade da reforma 改革の必要性 / necessidade de mudar 変わる必要性 / ter necessidade de... …が必要である / Não há necessidade de ter medo. 恐れる必要はない / satisfazer as necessidades de... …の必要を満たす / em caso de necessidade 必要な場合は, いざというときには / por necessidade やむを得ず, 必要に迫られて / sem necessidade 必要なしに / de primeira necessidade 必須の, 必需の / necessidade imperiosa 緊急の必要.
❷ **必然性**, 不可避性 ▶ necessidade lógica 論理的必然性.
❸ **窮乏**, 困窮 ▶ passar necessidade 困窮する.
❹ (生理的) 欲求 ▶ necessidades fisiológicas 生理的欲求 / fazer as necessidades 用を足す.
necessitado, da /nesesi'tadu, da/ [形] ❶ …を必

N

要とする [＋ de] ▶estar necessitado de dinheiro お金を必要としている. ❷ 困窮した, 貧乏な.
— [名] 困窮している人, 貧しい人 ▶ajudar os necessitados 困窮者を支援する.

necessitar /nesesi'tax ネセスィターフ/ [自] ❶ **…を必要とする** [＋ de] ▶Necessito de dinheiro. 私は金が必要だ / Necessito da sua ajuda. 私にはあなたの助けが必要だ / Necessito de viajar. 私は旅行する必要がある.
❷ **困窮している** ▶Temos que ajudar os que necessitam. 我々は困っている人を助けなければならない.
— [他] …を必要とする ▶Necessito dinheiro. 私は金が必要だ / Necessito viajar. 私は旅行する必要がある.

necrologia /nekrolo'ʒia/ [女] 死亡記事, 訃報.

necrópole /ne'krɔpoli/ [女] (大きな) 共同墓地.

necrose /ne'krɔzi/ [女] 〘医学〙 壊死, 壊疽.

necrotério /nekro'tɛriu/ [男] 死体保管所.

néctar /'nɛktax/ [[複] néctares] [男] ❶ 〘ギリシャ神話〙 不老不死の神酒. ❷ 美味な飲み物. ❸ 花の蜜.
néctar dos deuses 神々の霊酒.

nectarina /nekta'rĩna/ [女] 〘植物〙 ネクタリン.

nefando, da /ne'fẽdu, da/ [形] 忌まわしい, 憎むべき ▶crime nefando 凶悪犯罪.

nefasto, ta /ne'fastu, ta/ [形] 悪い結果を招く, 有害な, 不吉な ▶influência nefasta 悪影響.

negaça /ne'gasa/ [女] おとり, 餌, 誘惑.

negação /nega'sɐ̃w̃/ [[複] negações] [女] ❶ 否定 ▶dupla negação 二重否定.
❷ 拒否 ▶Eu não esperava a negação dela. 私は彼女が拒否すると思っていなかった.
❸ 不得意, 不向き ▶ser uma negação para... …に向いていない / Ela é uma negação em física. 彼女は物理が苦手だ.
❹ 正反対 ▶ser a negação de... …の正反対である.

negacear /negase'ax/ ⑩ [他] ❶ 誘惑する, 気を引く ▶negacear os rapazes 青年たちの気を引く.
❷ 否定する, 拒否する ▶Não adianta negacear. 否定しても仕方がない.
❸ だます.
— [自] ためらう, (馬などが) 尻込みする.

negar /ne'gax ネガーフ/ ⑪ [他] ❶ **否定する, 否認する** (←→ afirmar) ▶Ela negou tudo. 彼女はすべてを否定した / Ela negou o fato. 彼女はその事実を否定した / negar o crime 犯行を否認する / Ele negou que tenha matado essa menina. 彼は少女の殺害を否定した.
❷ 断る ▶negar um pedido 依頼を断る.
❸ 隠す ▶negar a origem humilde 貧しい出自を隠す.
— **negar-se** [再] 《negar-se a ＋[不定詞]》 …することを拒む, 拒絶する ▶Ele negou-se a colaborar. 彼は協力を拒んだ.

negativa[1] /nega'tʃiva/ [女] ❶ 否定, 否認, 打ち消し ▶responder pela negativa ノーと答える.
❷ 拒絶, 拒否.
❸ 〘文法〙 否定語.
❹ [俗] (試験の) 落第点.

negativamente /nega,tʃiva'mẽtʃi/ [副] 否定的に.

negativismo /negatʃi'vizmu/ [男] 否定的考え, 否定的態度.

negativista /negatʃi'vista/ [形] [名] 《男女同形》 否定的な考えの (人).

negativo, va[2] /nega'tʃivu, va ネガチーヴォ, ヴァ/ [形] ❶ **否定の**, 拒否の (←→ afirmativo) ▶forma negativa 否定形 / frase negativa 否定文 / uma resposta negativa 拒否回答 / voto negativo 反対票.
❷ **否定的な, 消極的な**; 成果のない (←→ positivo) ▶efeito negativo 逆効果 / resultado negativo 思わしくない結果 / atitude negativa 消極的態度.
❸ **負の, マイナスの**, 陰性の ▶número negativo 負の数 / crescimento negativo マイナス成長.
❹ ネガの, 陰画の ▶imagem negativa 陰画.
— **negativo** [男] ネガ, 陰画.
em negativo ネガで, 陰画で.
— **negativo** [間] 否, そうではない ▶— Foi você quem fez isso? — Negativo.「これをやったのは君か」「違う」.

negligência /negli'ʒẽsia/ [女] 怠慢, 不注意, だらしなさ ▶por negligência 不注意で / com negligência いい加減に.

negligenciar /negligẽsi'ax/ [他] おろそかにする, 無視する, ほったらかしにする ▶negligenciar a família 家庭を顧みない.

negligente /negli'ʒẽtʃi/ [形] 《男女同形》 [名] 不注意な (人), 怠慢な (人), ぞんざいな (人) ▶O governo foi negligente com a defesa do país. 政府は国防を怠っていた.

negligentemente /negli,ʒẽtʃi'mẽtʃi/ [副] いい加減に, ぞんざいに.

nego /'negu/ [男] [B] [話] 友人; 人, 奴 ▶Tem nego que estuda muito o dia inteiro. 一日中とても勉強する友人がいる.

negociação /negosia'sɐ̃w̃ ネゴスィアサォン/ [[複] negociações] [女] ❶ **交渉, 折衝**, 協議 ▶negociação de paz 和平交渉 / entrar em negociação 交渉に入る / estar em negociação 交渉中である.
❷ **取引, 売買**, 商談; (証券などの) 譲渡.

negociador, dora /negosia'dox, 'dora/ [[複] negociadores, doras] [名] 交渉者, 協議者.
— [形] 交渉する ▶agente negociador 交渉代理人.

negociante /negosi'ɐ̃tʃi/ [名] 商人, 店主.

negociar /negosi'ax ネゴスィアーフ/ [他] **…を交渉する** ▶negociar o salário 給与を交渉する / negociar a paz 和平交渉を行う.
— [自] 交渉する ▶negociar com as autoridades 当局と交渉する.

negociata /negosi'ata/ [女] 不正取引, 詐欺商法.

negociável /negosi'avew/ [[複] negociáveis] [形] 《男女同形》 (証券などが) 譲渡できる, 流通性のある.

negócio /ne'gɔsiu ネゴースィオ/ [男] ❶ **商売, ビジネス**, 取引, **事業** ▶homem de negócios ビジネスマン, 実業家 / fazer negócio 商売をする, ビジネスをする / viagem de negócios 出張 / Fazemos negócios com aquela companhia. 私たちはあの会社と取引がある / Ela sucedeu aos negócios do pai. 彼女は父の事業を受け継いだ /

N

Negócios são negócios. 商売は商売だ / Os negócios vão bem. 景気がよい / Os negócios não vão bem. 景気がよくない / Como vão os negócios? 景気はいかがですか / negócio imobiliário 不動産業 / dedicar-se ao negócio 商売に打ち込む / viagem de negócios 出張 / viajar a negócio 出張する / abrir um negócio próprio 自分で事業を始める / falar de negócios ビジネスの話をする / Negócios são negócios. 商売は商売だ.

❷ 店, 商店.

❸ 事柄; 問題 ▶ negócio de dinheiro お金の問題 / O negócio é o seguinte. 問題は次のことだ / Negócio fechado. これで決まりだ / Ministério dos Negócios Estrangeiros 外務省.

❹ B 語 (具体的な対象を指して) もの, こと; (自分の知らない) 何かあるもの (= coisa, algo) ▶ O que é esse negócio? これは何だ / Esbarrou num negócio. 彼は何かにぶつかった.

negócio da China [**Costa da Mina**] ぼろい商売.

negócio de arromba もうかる商売.

negócio de comadres 悪口, 告げ口.

negócio de Estado 国家的問題.

negócio de ocasião いいもうけ話.

negócio de pai para filho とてもおいしい商売.

negócio furado 失敗した事業.

negócio limpo 公正なビジネス.

Um negócio! すごい, 見事だ.

negrito /ne'gritu/ 男 太字体, ボールド体.

negro, gra /'negru, gra/ ネグロ, グラ/ 形 ❶ 黒い, 黒っぽい ▶ mulher de cabelos negros 黒髪の女性.

❷ 黒人の ▶ raça negra 黒人種 / África Negra ブラックアフリカ.

❸ 暗い, 陰鬱な ▶ De vez em quando penso que o futuro do país é negro. 私はときどき国の未来は暗いと考える.

❹ 険悪な, 毒のある, 邪悪な ▶ humor negro ブラックユーモア. ❺ 非公然の, 不正な ▶ mercado negro ブラックマーケット.

— 名 黒人.

— **negro** 男 ❶ 黒 ▶ O negro é a cor de luto. 黒は服喪の色だ. ❷ 暗闇, 夜.

meu negro 友, 親愛なる人.

negro velho (親しみを込めて) 君, お前.

nela(s) /'nɛla(s)/ 前置詞 em と代名詞 ela(s) の縮合形.

nele(s) /'neli(s)/ 前置詞 em と代名詞 ele(s) の縮合形.

nem /nẽj ネィン/ 接 ❶ 《não... nem... / nem... nem...》 …でもなく …でもない ▶ Não falo inglês nem francês. 私は英語もフランス語も話せない / Nem eu nem ele sabíamos disso. 私も彼もそれを知らなかった (注 nem が動詞の前に来るときは否定語の não は不要).

❷ 《sem とともに》 ▶ sem família nem amigos 家族も友人もなく.

❸ 《nem 単独で》 …も…ない ▶ Você não quer ir? Nem eu. 君は行きたくないですか. 私も行きたくありません / Nem ele. 彼もそうではありません.

— 副 ❶ 《強い否定語として》 …さえない, …すらない ▶ Nem ele sabia disso. 彼さえそのことを知らなかった / Ele nem sabia disso. 彼はそのことを知りさえしなかった / Ele não sabia nem disso. 彼はそのことさえ知らなかった / Não tenho tempo nem para dormir. 私には寝る時間もない / Nem pense nisso. そんなことは考えもするな / Nem pensar em fazer isso. そんなことをしようとは考えても見るな / Não quero nem pensar nisso. そのことは考えたくもない.

❷ 《部分否定》 …とは限らない, …のわけではない ▶ Nem sempre estou aqui. 私はいつもここにいるわけではない / Nem todos pensam como eu. みんなが私のように考えているわけではない / Nem tudo que reluz é ouro. 《諺》 輝くものすべてが金とは限らない.

❸ 《nem um...》 一人 [一つ] の…も…ない ▶ Nunca vi nem um turista desde que cheguei aqui. 私はここに着いてから一人の旅行者も見かけていない / Não caí nem uma vez. 私は一度も転んだことがない.

nem por isso それでもやはり…だ ▶ O problema é bem conhecido, mas nem por isso é menos interessante. その問題はよく知られているが, それでもやはりつまらない / Há muito que não nos vemos, mas nem por isso deixamos de ser amigos. 私たちは長いこと会っていないが, それでもお友達だ.

nem que + 接続法 たとえ…であっても ▶ Nem que eu tivesse dinheiro, compraria isso. たとえ私にお金があっても, それは買わないでしょう.

nem um nem outro どちらでもない.

que nem... 語 …のように, …と同じように ▶ A vida é que nem bicicleta, se parar você cai. 人生とは自転車のようなものだ. 止まれば転ぶ.

nenê /ne'ne/ 名 B 赤ん坊.

nenhum, nenhuma /ne'ɲũ, 'ɲũma/ ネニュン, ニューマ / [複 nenhuns, nenhumas] 形 《不定》 一つも…ない, いかなる…もない ▶ Não há problema nenhum. 問題は一つもない (注 nenhum が動詞より後にある時は動詞の前に não 等が必要) / Ainda não li nenhuma obra dele. 私は彼の作品をまだ一つも読んだことがない / Não tenho nenhuns óculos. 私は眼鏡を一つも持っていない / Nenhum aluno veio hoje. 今日は一人の生徒も来なかった (注 nenhum が動詞より前の時は não は不要) / De modo nenhum digo isso. 私は決してそのようなことは言わない / Não vou de jeito nenhum. 私は絶対行かないでしょう / sem dúvida nenhuma 何の疑いもなく.

— 代 《不定》 (特定の物 [人] の中で) 一つ [一人] も…ない; いかなる…もない ▶ Li várias revistas, mas não gostei de nenhuma. 私は雑誌を何冊か読んだが, 気に入ったのが一冊もなかった / Nenhum deles passou no exame. 彼らのうちの一人も試験に受からなかった / Nenhum outro entende. 他の誰もわかっていない / — Qual dos dois você prefere? — Nenhum. 「2つのうちどっちが好きですか」「どっちも好きじゃないです」.

estar a nenhum 無一文である.
estar sem nenhum お金がない, 無一文である.
não fazer nenhum 國 何もしない; 努力しない.
nenúfar /ne'nufax/ [覆 nenúfares] 男〖植物〗スイレン.
neoclassicismo /neoklasi'sizmu/ 男 新古典主義.
neoclássico, ca /neo'klasiku, ka/ 形 新古典主義の.
neocolonialismo /neokolonia'lizmu/ 男 新植民地主義.
neófito, ta /neɔ'fitu, ta/ ❶ 新信者, 新改宗者. ❷ 新参者, 初心者.
neolatino, na /neola'tʃinu, na/ ロマンス語(系)の▶línguas neolatinas ロマンス諸語.
neoliberal /neolibe'raw/ [覆 neoliberais] 形《男女同形》新自由主義の.
— 名 新自由主義者.
neoliberalismo /neolibera'lizmu/ 男 新自由主義.
neolítico, ca /neo'litʃiku, ka/ 形 新石器時代の.
— **neolítico** 男 新石器時代.
neologismo /neolo'ʒizmu/ 女 新語, 新語法, 新語義.
neon /ne'õ/ [覆 neons または neones] 男 Ⓑ〖化学〗ネオン▶luz de neon ネオンライト.
néon /'nɛõ/ 男 Ⓟ = neon
neonatal /neona'taw/ [覆 neonatais] 形《男女同形》新生児の.
neônio /ne'õniu/ 男〖化学〗ネオン.
nepotismo /nepo'tʃizmu/ 男 同族登用, 縁故採用, 縁者びいき.
*****nervo** /'nexvu/ネフヴォ 男 ❶ 神経, 神経組織▶nervo ótico 視神経 / nervo motor 運動神経 / guerra de nervos 神経戦 / ataque [crise] de nervos 神経性の発作, ヒステリー / ter os nervos de aço 神経が太い.
❷ 腱(けん), 筋(すじ).
com os nervos à flor da pele 神経質になって, 気が立って.
dar nos nervos de alguém …をいらいらさせる.
mexer com os nervos de... …をいらだたせる
nervo da guerra 軍資金.
ser [estar] uma pilha de nervos とても神経質である.
nervosamente /nex,vɔza'mētʃi/ 副 神経質に, いらいらして.
nervosismo /nexvo'zizmu/ 男 神経質, 緊張, 不安▶controlar o nervosismo 緊張を抑える / sem nervosismo 緊張せずに, あがらずに.
*****nervoso, sa** /nex'vozu, 'vɔza/ネフヴォーゾ, ザ/ 形 ❶ 神経の, 神経系の▶células nervosas 神経細胞 / tecido nervoso 神経組織 / sistema nervoso 神経系.
❷ 神経質な, いらだった▶Antes do exame, eu estava muito nervoso. 試験前, 私は非常に神経質になっていた.
❸ 緊張した, 神経過敏な▶tensão nervosa 神経性ストレス / riso nervoso 神経質な笑い.

— 名 神経衰弱にかかった人, 神経質な人.
— **nervoso** 男 圙 神経衰弱▶Com o nervoso, ela não consegue dormir de noite. 神経衰弱で彼女は夜眠れない.
nervura /nex'vura/ 女〖植物〗葉脈
néscio, scia /'nɛsiu, sia/ 形 名 ❶ 無知な(人), 無学な(人). ❷ 無能な(人), 愚かな(人).
nessa(s) /'nesa(s)/ 前置詞 em と指示形容詞 essa(s) の縮合形.
nesse(s) /'nesi(s)/ 前置詞 em と指示形容詞 esse(s) の縮合形.
nesta(s) /'nɛsta(s)/ 前置詞 em と指示形容詞 esta(s) の縮合形.
neste(s) /'nɛstʃi(s)/ 前置詞 em と指示形容詞 este(s) の縮合形.
*****neto, ta** /'nɛtu, ta/ネート, タ/ 名 孫▶Tenho cinco netos. 私は孫が5人いる.
neuralgia /newraw'ʒia/ 女〖医学〗神経痛.
neurastenia /newraste'nia/ 女 神経衰弱, 憂鬱.
neurasténico, ca /newrɛʃ'tɛniku, kɐ/ 形 圙 = neurastênico
neurastênico, ca /newras'tẽniku, ka/ 形 ❶ 神経衰弱の. ❷ ゆううつな.
— 名 神経衰弱患者.
neurite /new'ritʃi/ 女〖医学〗神経炎.
neurocirurgia /newrosirux'ʒia/ 女 脳神経外科学.
neurocirurgião, giã /newrosiruxʒi'ẽw, ʒiẽ/ [覆 neurocirurgiões, gias] 名 脳神経外科医.
neurologia /newrolo'ʒia/ 女 神経学.
neurológico, ca /newro'lɔʒiku, ka/ 形 神経学の.
neurologista /newrolo'ʒista/ 名 神経科医, 神経病学者.
neurónio /new'rɔniu/ 男 圙 = neurônio
neurônio /new'rõniu/ 男 Ⓑ ニューロン, 神経細胞.
neurose /new'rɔzi/ 女〖医学〗神経症, ノイローゼ.
neurótico, ca /new'rɔtʃiku, ka/ 形 神経症の, ノイローゼになった.
— 名 神経症患者.
neutral /new'traw/ [覆 neutrais] 形《男女同形》中立の, 一方に与しない, 偏らない.
— 名 中立者.
neutralidade /newtrali'dadʒi/ 女 中立, 不偏不党▶neutralidade permanente 永世中立.
neutralização /newtraliza'sẽw/ [覆 neutralizações] 女 ❶ 中立化. ❷ 無力化, 相殺. ❸〖化学〗中和.
neutralizar /newtrali'zax/ 他 ❶ 中立化する. ❷ 相殺する, 無効にする; 無力化する▶neutralizar o inimigo 敵を無力化する. ❸〖化学〗中和させる.
— **neutralizar-se** 再 ❶ 中立になる. ❷ 中和する. ❸ 無力化される, 相殺される.
neutrão /new'trẽw/ [覆 neutrões] 男 圙 = nêutron
neutro, tra /'newtru, tra/ 形 ❶ 中立の, 公平な▶país neutro 中立国家. ❷ 中間の▶cor neutra 中間色. ❸〖化学〗中性の▶detergente neutro 中

性洗剤. ❹〘文法〙中性の.
— **neutro** [男] ❶ 中立国. ❷〘文法〙中性.
nêutron /ˈnewtrõ/ [[複] nêutrons] [男] [B]〘物 理〙中性子.
nevada /neˈvada/ [女] 降雪, 降雪量.
nevado, da /neˈvadu, da/ [形] ❶ 雪の積もった, 雪に覆われた ▶ montanha nevada 雪山. ❷ 雪のように白い.
*__nevar__ /neˈvax ネヴァーフ/ [自]《三人称単数》❶ **雪が降る** ▶ Está nevando. 雪が降っている / Começa a nevar. 雪が降り始めた / Parou de nevar. 雪が降りやんだ.
❷ 白くなる.
— [他] 白くする.
— **nevar-se** [再] 白くなる.
***__neve__ /ˈnɛvi ネーヴィ/ [女] ❶ **雪** ▶ bola de neve 雪玉 / boneco de neve 雪だるま / flocos de neve 雪片 / neves perpétuas 万年雪 / branco como a neve 雪のように白い.
❷ 積雪 ▶ esquiar na neve 雪の上をスキーで滑る.
crescer como bola de neve 雪だるま式に膨らむ.
efeito bola de neve 雪だるま効果.
em neve (メレンゲが) 泡立って.
névoa /ˈnɛvoa/ [女] 霧, もや ▶ névoa seca 濃霧.
ir-se em névoas 雲散霧消する.
ter névoas nos olhos ① よく見えない. ② 頭が鈍い.
nevoeiro /nevoˈejru/ [男] ❶ 濃霧. ❷ 暗がり.
nevralgia /nevrawˈʒia/ [女] 神経痛.
nexo /ˈnɛksu/ [男] つながり, 一貫性, 脈絡 ▶ palavras sem nexo 脈絡のない言葉 / dizer coisas sem nexo つじつまの合わないことを言う / não ter nexo 意味不明である.
nhe-nhe-nhém /ɲeɲeˈɲẽj̃/ [[複] nhe-nhe-nhéns] [男] [B] [話] 無駄話, おしゃべり ▶ Não caio nesse jogo, nesse seu nhe-nhe-nhém! その手には乗らないぞ. 君の無駄話にはつき合っていられない.
nhoque /ˈɲɔki/ [男]〘料理〙ニョッキ (ジャガイモと小麦粉で作る, 団子状のパスタ).
Nicarágua /nikaˈragwa/ [女]《国名》ニカラグア.
nicaraguense /nikaraˈgwẽsi/ [形]《男女同形》ニカラグアの (人).
nicho /ˈniʃu/ [男] ❶〘建築〙像や花瓶などを置く壁のくぼみ, ニッチ. ❷ nichos de mercado ニッチマーケット, すき間市場.
nicotina /nikoˈtʃĩna/ [女]〘化学〙ニコチン.
nidificar /nidʒifiˈkax/ ㉙ [自] 巣作りをする.
niilismo /niˈlizmu/ [男]〘哲学〙ニヒリズム, 虚無主義.
niilista /niˈlista/ [形]《男女同形》ニヒリズムの, 虚無主義の.
— [名] ニヒリスト, 虚無主義者.
nimbo /ˈnĩbu/ [男] ❶ 雨雲, 乱雲. ❷ (聖像の) 光輪, 後光, 頭光.
ninar /niˈnax/ [他] (赤ん坊を子守歌で) 寝かせる ▶ canção de ninar 子守歌.
— [自] 寝付く, 眠り込む.
ninfa /ˈnĩfa/ [女] 妖精, ニンフ.
ninfeta /nĩˈfeta/ [女] 美少女.

***__ninguém__ /nĩˈgẽj̃ ニンゲィン/ [代]《不定》❶ **誰も…ない** ▶ Hoje não vi ninguém. 今日私は誰にも会わなかった ([注] ninguém が動詞より後に来ると, 動詞の前に não 等が必要) / Sobre isso, não conte para ninguém. そのことについては誰にも話さないでください / Não há ninguém que se compare a ti. 君に比べられる人はいない / Ninguém é perfeito. 誰も完璧ではない ([注] ninguém が動詞の前に来るときは, não 等は不要) / Ninguém quer fazer esse trabalho. 誰もその仕事をしたがらない / Ninguém faz nada. 誰も何もしない / sem que ninguém perceba 誰にも気づかれずに / — Alguém apareceu? — Ninguém.「誰か現れたか」「誰も」.
❷《ninguém mais》**ほかに誰も…ない** ▶ Ninguém mais veio. ほかに誰も来なかった.
❸《比較級＋ (do) que ninguém》**誰よりも** ▶ Ela sabe disso melhor do que ninguém. 彼女はそのことについて誰よりもよく知っている.
— [男] **ただの人, とるに足らない人**.
como ninguém 誰よりも.
ninguém menos que... まさに…その人, ほかならぬ….
ninhada /niˈɲada/ [女] ❶ 一巣のひなたち. ❷ (動物の) 一腹の子.
ninharia /niɲaˈria/ [女] わずかな金額, はした金.
*__ninho__ /ˈnĩɲu ニーニョ/ [男] ❶ **巣** ▶ fazer um ninho 巣を作る / ninho de vespas スズメバチの巣. ❷ 巣窟, 隠れ家 ▶ ninho de amor 愛の巣.
ninho de ratos ① ネズミの棲みか. ② めちゃくちゃな家.
nipónico, ca /niˈpɔniku, kɐ/ [形] [P] ＝ nipônico
nipônico, ca /niˈpõniku, ka/ [形] [B] 日本の.
— [名] 日本人.
níquel /ˈnikew/ [男] ❶〘化学〙ニッケル. ❷ ニッケル硬貨；お金 ▶ sem um níquel 一文無しで.
niquelar /nikeˈlax/ [他] …にニッケルメッキをする.
nirvana /nixˈvẽna/ [男]〘仏教〙涅槃, 寂滅, ニルバーナ.
nissei /niˈsej/ [名] 日系二世.
— [形]《男女同形》日系二世の.
nisso /ˈnisu/ 前置詞 em と指示代名詞 isso の縮合形.
nisto /ˈnistu/ 前置詞 em と指示代名詞 isto の縮合形.
nitidez /nitʃiˈdes/ [[複] nitidezes] [女] ❶ 透明さ, 澄んでいること. ❷ 明快さ, 明瞭さ, 鮮明さ ▶ a nitidez da imagem 画像の鮮明さ.
*__nítido, da__ /ˈnitʃidu, da ニーチド, チダ/ [形] ❶ **澄んだ, 透き通った** ▶ voz nítida 澄んだ声.
❷ **鮮明な**, はっきりした, 明確な ▶ imagens nítidas 鮮明な画像.
nitrogénio /nitruˈʒɛniu/ [男] [P] ＝ nitrogênio
nitrogênio /nitroˈʒẽniu/ [男] [B]〘化学〙窒素.
nitroglicerina /nitrogliseˈrĩna/ [女]〘化 学〙ニトログリセリン.
ser nitroglicerina pura 爆発する恐れがある, 危険である.
***__nível__ /ˈnivew ニーヴェゥ/ [[複] níveis] [男] ❶ **高度, 水位** ▶ nível da água 水位 / nível do

mar 海　面 / um metro acima do nível do mar 海抜１メートル.
❷ **レベル, 水準** ▶nível intelectual 知的レベル / Esta obra de arte é de nível mundial. この芸術作品は世界水準だ / atletas de nível internacional 国際レベルのスポーツ選手 / um jogador de alto nível レベルの高い選手 / de baixo nível 低レベルの / nível social 社会階層 / nível de ensino 教育レベル.
❸ 水準器, 水平器.
a nível de... …のレベルで.
ao nível de... …のレベルで, …の水準で.
em nível de... …のレベルで ▶Este assunto deve ser tratado em nível de turma. この問題はクラスレベルで扱われるべきだ.
em todos (os) níveis あらゆるレベルで.
nível de vida 生活水準 ▶O nível de vida deste país é muito alto. この国の生活水準はとても高い.
no mesmo nível 同じレベルの, 同じ水準の.

nivelamento /nivelaˈmẽtu/ [男] ❶ 平らにすること ▶nivelamento de um terreno 地面を平らにすること. ❷ 平均化, 均一化 ▶nivelamento dos salários 給与の均一化.

nivelar /niveˈlax/ [他] ❶ 平らにする, 地ならしをする ▶O carpinteiro nivelou o piso. 大工は床をならした / nivelar o terreno 地面を平らにする. ❷ 平等にする, 均一にする ▶A morte nivela os homens. 死は人を平等にする / nivelar por baixo 下に合わせてならす.
— **nivelar-se** [再] …に等しい, 匹敵する [＋a] ▶Este carro não se nivela aos melhores do mundo. この車は世界最高クラスの車には及ばない.

no /nu/ ❶ 前置詞 em と代名詞 o の縮合形. ❷ 前置詞 em と定冠詞 o の縮合形.

nº 《略語》 número 番号.

NO 《略語》 nordoeste 北西.

*__nó__ /ˈnɔ ノ/ [男] ❶ **結び, 結び目** ▶fazer um nó 結び目を作る / desfazer um nó 結び目を解く / fazer o nó da gravata ネクタイの結び目を作る / nó cego 解き難い結び目, 難題 / nó de porco きつい結び目.
❷ (交通の) 要衝, 主要分岐点 ▶nó rodoviário 道路交通の要衝 / nó ferroviário 鉄道の要衝.
❸ (問題などの) **要点, 核心部分** ▶Esse é que é o nó da questão. そこが問題の核心だ.
❹ (小説などの) プロット (筋) の鍵.
❺〘海事〙ノット, 海里.
❻ nó dos dedos 指の関節.
❼〘植物〙節 ; こぶ.
dar o nó 結婚する.
dar um nó こんがらがる.
dar um nó em... 〘サッカー〙(ドリブルで相手選手を) 翻弄する.
nó em pingo-d'água 不可能に近いこと, 神業 ▶dar nó em pingo-d'água 神業を行う.
nó górdio ゴルディオスの結び目, 難題 ▶cortar o nó górdio ゴルディオスの結び目を断つ, 難題を解決する.
nó nas tripas 腹痛, 胃腸の病気.
nó no estômago ① 吐き気. ② 精神的理由による腹部の痛み.
ser um nó 難問である.
ter um nó na garganta のどが詰まる, 胸がいっぱいになる.

nobilitar /nobiliˈtax/ [他] ❶ 貴族に叙する. ❷ 気高くする, 高尚にする ▶O trabalho nobilita o homem. 労働は人間を高尚にする.
— **nobilitar-se** [再] 偉大になる.

⁑**nobre** /ˈnɔbri ノブリ/ [形]《男女同形》❶ **貴族の** ▶sangue nobre 貴族の血 / uma família nobre 貴族の家柄.
❷ **高貴な, 崇高な**, 気高い ▶sentimentos nobres 高貴な感情.
❸ 高級な, 高品質な ▶metal nobre 貴金属.
horário nobre プライムタイム.
— [名] 貴族.

nobreza /noˈbreza/ [女] ❶ 貴族, 貴族階級, 貴族の身分 ▶título de nobreza 貴族の称号 / nobreza inglesa イギリス貴族. ❷ 高尚さ, 気品 ▶nobreza de sentimentos 気高い心.

⁑**noção** /noˈsɐ̃w̃ ノサォン/ [[複] noções] [女] ❶ **観念, 概念**, 考え ▶noção de produtividade 生産性という概念 / perder a noção do tempo 時間の観念がなくなる / Não tenho noção de preço. 私は値段がどれくらいか分からない / Não tenho a menor noção 私はまったく分からない.
❷《noções》基礎知識, 初歩 ▶noções de economia 経済学の基礎知識.
sem noção ① 無知な. ② 分からない, 見当がつかない.

nocaute /noˈkawtʃi/ [男]〘ボクシング〙ノックアウト ▶vencer por nocaute ノックアウト勝ちする / ir a nocaute ノックアウト負けする / nocaute técnico テクニカルノックアウト.

nocautear /nokawteˈax/ ⑩ [他] …をノックアウトする.

nocional /nosioˈnaw/ [[複] nocionais] [形]《男女同形》概念の, 観念の.

nocividade /nosiviˈdadʒi/ [女] 有害性.

nocivo, va /noˈsivu, va/ [形] 有害な ▶efeitos nocivos do cigarro たばこの害.

noctâmbulo, la /nokˈtẽbulu, la/ [形] [名] ❶ 夢遊病の (人). ❷ 夜遊びする (人).

nódoa /ˈnɔdoa/ [女] ❶ あざ, 汚れ, しみ. ❷ 不名誉, 不面目, 汚点 ▶uma nódoa na história deste país この国の歴史の汚点.

nodoso, sa /noˈdozu, ˈdɔza/ [形] こぶがある, 節くれ立った

nódulo /ˈnɔdulu/ [男] ❶ 小さなこぶ [節]. ❷〘医学〙小結節.

nogueira /noˈgejra/ [女]〘植物〙クルミの木.

noitada /nojˈtada/ [女] ❶ 一晩, 終夜. ❷ 夜を徹しての遊び.
fazer noitada ① 夜を徹して働く. ② 夜通し騒ぐ.

⁂**noite** /ˈnojtʃi ノィチ/ [女] ❶ **夜, 晩**, 夜間 (日没から日の出までの時間帯) (⟷ dia) ▶Boa noite! こんばんは, お休みなさい / No inverno, as noites são mais longas. 冬は夜が長くなる / traba-

noivado

lhar de manhã até a noite 朝から晩まで働く / É perigoso sair à noite. 夜間に外出するのは危険だ / Fez um grande barulho no meio da noite. 夜中に大きな音がした / Passei uma noite no aeroporto. 私は一夜を空港で明かした / Nós pousamos uma noite em Lisboa. 私たちはリスボンに一泊した / esta noite = hoje à noite 今夜 / Venha às sete horas da noite hoje. 今晩7時に来てください / na noite do sábado 土曜日の夜に / A tempestade da noite passada foi violenta. 昨夜の嵐は激しかった / Dormi bem na noite passada. 昨夜はよく眠れました / Ontem voltei para casa tarde da noite. 昨日私は夜遅くに帰宅した / ontem à noite 昨晩 / amanhã à noite 明晩 / todas as noites 毎晩 / a noite toda 一晩中 / Houve um acontecimento terrível nessa noite. その夜恐ろしい出来事が起こった / noite após noite 連夜.

❷ 夜の闇, 暗闇 ▶ noite cerrada 真っ暗闇, 漆黒の闇.

❸ 祭日の前夜 ▶ noite de Natal クリスマスイブ / na noite de Natal クリスマスイブに / noite do Ano Novo 大晦日 / noite de São João サン・ジョアン祭の前夜.

❹ ナイトライフ；（興行の行われる）夜, 夕べ ▶ noite lisboeta リスボンの夜 / noite musical 音楽の夕べ.

A noite é uma criança. 夜はこれからだ.
ao cair da noite 日暮れに.
da noite 夜の, 晩の ▶ jornal da noite 夜のニュース.
da noite para o dia 一晩で, あっという間に.
de noite 夜に, 夜間に ▶ Esse escritor dorme de dia e escreve seus romances de noite. その作家は昼は寝て夜小説を書く.
fazer-se noite 日が暮れる, 夜になる.
noite alta 深夜, 早朝.
noite de breu 闇夜, 月のない夜.
noite eterna 永遠の夜, 永眠.
noite fechada 闇夜, 月のない夜.
passar a noite em branco [claro] 徹夜する, 夜明かしする

noivado /noj'vadu/ 男 婚約, 婚約期間 ▶ anel de noivado 婚約指輪 / romper o noivado 婚約を解消する.

noivar /noj'vax/ 自 …と婚約する [+ com].

*****noivo, va** /'nojvu, va /ノイヴォ, ヴァ/ 名 ❶ 婚約者, フィアンセ ▶ estar noivo 婚約している / ficar noivo 婚約する.

❷ 花婿, 花嫁 ▶ os noivos 新郎新婦 / vestido de noiva ウェディングドレス.

nojento, ta /no'ʒẽtu, ta/ 形 ❶ 吐き気を催させる. ❷ 汚い, よごれた. ❸ 嫌な, 大嫌いな.

nojo /'noʒu/ 男 ❶ 吐き気, むかつき ▶ Comi tanto que sinto nojo. 食べすぎて吐き気がする.

❷ 嫌悪, 不快感 ▶ A falsidade lhe dá nojo. 偽善は彼に不快感をあたえる / ter nojo de... …が大嫌いである / Que nojo! なんて気持ち悪い.

❸ 悲嘆, 苦悩.
❹ 退屈.
❺ 喪 ▶ estar de nojo 喪に服している.

de dar nojo 吐き気がするような.
estar [ser] um nojo 汚い, 汚れている.
tomar nojo de algo …にうんざりする.

no-la(s) /nula(s)/ 間接目的格代名詞 nos と直接目的格代名詞 a(s) の縮合形.

no-lo(s) /nulu(s)/ 間接目的格代名詞 nos と直接目的格代名詞 o(s) の縮合形.

nómada /'nɔmɐdɐ/ 形 名 P = nômade

nômade /'nõmadʒi/ B 形 《男女同形》遊牧の, 放浪の, ▶ tribo nômade 遊牧民族.
— 名 遊牧民, 放浪民.

nomadismo /noma'dʒizmu/ 男 遊牧生活, 放浪生活.

*****nome** /'nõmi /ノーメ/ 男 ❶ 名前, 名称 ▶ Meu nome é Helena. 私の名前はエレナです / O nome dela é Maria. 彼女の名前はマリアです / Qual é o seu nome? お名前は何とおっしゃいますか / Com licença, qual é o nome dessa rua? すみませんがここは何という通りでしょうか / mudar de nome 名前を変える / nome completo 氏名, フルネーム / nome de família 名字 / nome de batismo 洗礼名 / nome de solteira (女性の) 旧姓 / nome de pessoa 人名 / nome de lugar 地名 / nome de código コードネーム / nome do usuário ユーザー名 / nome de guerra ペンネーム, 芸名, 偽名, 仮名 / nome científico 学名 / nome vulgar 通称.

❷ 名詞 ▶ nome próprio 固有名詞 / nome comum 普通名詞.

❸ 名声, 評判, 世評 ▶ nome no mercado 市場の評判.

❹ 悪口, 悪態 ▶ chamar nomes ののしる, 悪口を言う, 悪態をつく / nome feio 無礼な言葉, 卑語.

dar nome a... ① …に名前をつける. ② …を有名にする.
dar nome aos bois 名前を公表する, 名指しする.
de nome ① 有名な ▶ um escritor de nome 有名な作家. ② 名前で ▶ Eu conheço a escritora de nome. 私はその女性作家の名前は知っている.
dizer nomes ののしる, 悪口を言う.
em nome de... …の名において, の代理として ▶ em nome da lei 法の名において / em nome do ministro 大臣の名前で, 大臣の代理で.
Em nome de Deus! これはたまげた.
pôr nome 名づける.
sem nome 名指しがたい ▶ um medo sem nome 名指しがたい恐怖.
só de nome 名前でだけ；名前ばかりの.
ter nome 名前が知られている, 有名である.
ter um nome a zelar 名を惜しむ.

nomeação /nomea'sẽw/ [複 nomeações] 女 指名, 任命.

nomeada /nome'ada/ 女 名声, 高名 ▶ de nomeada 著名な.

nomeadamente /nome,ada'mẽtʃi/ ノメアダメンチ/ 副 名指しで；特に, とりわけ.

*****nomear** /nome'ax/ ノメアーフ/ 他 ❶ …の名を言う, 名前を挙げる ▶ nomear os premiados 受賞者の名前を挙げる.

❷ **任命する** ▶nomear uma comissão 委員会を任命する.
❸ (適任者として) 指名 [推薦] する, 候補に挙げる ▶A atriz foi nomeada para o Emmy. その女優はエミー賞の候補に挙がった.

nomenclatura /nomẽkla'tura/ [女] ❶ 専門用語集, 術語集 ▶nomenclatura química 化学用語 (集). ❷ リスト, 目録.

nominal /nomi'naw/ [[複] nominais] [形]《男女同形》❶ 名前だけの, 名目上の ▶salário nominal 名目賃金 / valor nominal 額面価格.
❷ 名前の, 名前による ▶voto nominal 記名投票 / lista nominal 名簿.
❸〚文法〛名詞の ▶sintagma nominal 名詞句.

nominativo, va /nomina'tʃivu, va/ [形] ❶〚文法〛主格の. ❷ 名前入りの, 記名式の.
— **nominativo** [男]〚文法〛主格.

nonagésimo, ma /nona'ʒɛzimu, ma/ [形]《数》90番目の, 90分の1の.
— **nonagésimo** [男] 90分の1.

★★★**nono, na** /'nõnu, na ノーノ, ナ/ [形] ❶ **9番目の**. ❷ **9分の1の**
— **nono** [男] **9分の1**.

nora /'nɔra/ [女] 息子の妻, 嫁.

★**nordeste** /nox'dɛstʃi ノフデスチ/ [形]《男女同形》**北東の** ▶vento nordeste 北東の風.
— [男] ❶ **北東**, 北東風. ❷ 北東地方 ▶o Nordeste do Brasil ブラジルの北東部 / 50 km a nordeste de Tóquio 東京から50キロ北東に.

nordestino, na /noxdes'tʃĩnu, na/ [形][名] ブラジル北東部の (人).

nórdico, ca /'nɔxdʒiku, ka/ [形] 北欧の ▶os países nórdicos 北欧諸国.
— [名] 北欧人.

★★★**norma** /'nɔxma ノフマ/ [女] ❶ **規格, 基準** ▶norma industrial 工業規格 / normas europeias 欧州規格.
❷ **規則, 規定, 規範** ▶as normas da escola 校則 / norma de comportamento 行動規範 / norma jurídica 法規範.

★★★**normal** /nox'maw ノフマゥ/ [[複] normais] [形]《男女同形》❶ **正常な, 普通の**; 標準の, 正規の, いつもの ▶Minha pressão está normal. 私の血圧は正常だ / uso normal 正常な使用 / estado normal 正常な状態, 常態 / atos normais いつもの行為 / uma vida normal 普通の生活.
❷ **当然な** ▶É normal que você deixe de fumar. 君が禁煙するのは当然だ.
❸ escola normal (初等教育の教員を養成する) 師範学校.
— [男] ❶ 師範学校. ❷《o normal》普通の状態 ▶fora do normal 普通ではない.

normalidade /noxmali'dadʒi/ [女] 正常, 常態 ▶voltar à normalidade 正常に戻る.

normalista /noxma'lista/ [形]《男女同形》師範学校に通う.
— [名] 師範学校生徒 [卒業生].

normalização /noxmaliza'sɐ̃w̃/ [[複] normalizações] [女] ❶ 正常化. ❷ 規格化, 標準化.

normalizar /noxmali'zax/ [他] ❶ 正常化する ▶normalizar as relações entre os dois países 両国間の関係を正常化する. ❷ 標準化する, 規格化する.
— **normalizar-se** [再] 正常化される.

normalmente /noxˌmaw'mẽtʃi/ [副] 普通に, 正常に; 通常ならば.

normativo, va /noxma'tʃivu, va/ [形] 標準の, 基準の, 規範的な ▶gramática normativa 規範文法.

★**noroeste** /noro'ɛstʃi ノロエスチ/ [男] **北西**; 北西部 ▶no noroeste dos EUA 米国の北西部に / a noroeste de Brasília ブラジリアの北西に.
— [形] 北西の.

★★★**norte** /'nɔxtʃi ノフチ/ [男] ❶ **北** ▶ao norte de Tóquio 東京の北に / 30 km ao norte de Manaus マナウスの北30キロに.
❷ **北部**, 北部地方, 北国 ▶norte do Japão 北日本 / América do Norte 北アメリカ / Mar do Norte 北海.
❸ ブラジルの北部地方 ▶Ele é do norte. 彼は北部地方の出身だ.
❹ 北風.
— [形]《男女同形》北の ▶vento norte 北風 / litoral norte 北の沿岸 / Polo Norte 北極.
de norte a sul 北から南へ, 津々浦々.
perder o norte 方角を失う, 途方に暮れる.

norte-americano, na /ˌnɔxtʃiameri'kɐ̃nu, na/ [形] 北米の; アメリカ合衆国の.
— [名] 北米人; 米国人.

nortear /noxte'ax/ ⑩ [他] ❶〚海事〛北に進ませる. ❷ 導く.
— **nortear-se** [再] 向かう, 進む.

norte-coreano, na /ˌnɔxtʃikore'ɐ̃nu, na/ [形][名] 北朝鮮の (人).

nortista /nox'tʃista/ [形]《男女同形》❶ 北部地方の. ❷ ブラジル北部地方の.
— [名] ❶ 北部地方の人. ❷ ブラジル北部地方の人.

★★★**nos**[1] /nus ノス/ [代]《人称》《一人称複数》❶《直接目的》**私たちを** ▶Nossos pais nos amam. 私たちの両親は私たちを愛している.
❷《間接目的》**私たちに**, 私たちのために, 私たちにとって ▶Ele não nos disse nada. 彼は私たちに何も言わなかった.
❸ 私たちから.
❹《再帰代名詞》私たち自身を, 私たち自身に ▶Nós nos amamos muito. 私たちはとても愛し合っている / Nós nos divertimos muito. 私たちは大いに楽しんだ.
❺《定冠詞＋体の部分や所持品を表す名詞とともに》私たちの.
❻《-m, -ão, -õe で終わる動詞の活用形の後で》彼らを, それらを ▶Põe-nos. それらを置きなさい.

nos[2] /nus/ 前置詞 em と定冠詞・代名詞 os の縮合形.

★★★**nós** /'nɔs ノース/ [代]《人称》《一人称複数》❶《主語》**私たちは** ▶Nós somos brasileiros. 私たちはブラジル人だ / nós mesmos 私たち自身 / Nós também. 私たちもだ / Nós não. 私たちはそうではない.
❷《属詞》▶Somos nós. 私たちだ / Somos nós

N

nossa

os responsáveis. 責任があるのは私たちだ。
❸《前置詞の後で》▶um segredo entre nós 私たちの間の秘密.
❹《que, como, quanto の後で》▶Eles são melhores do que nós. 彼らのほうが私たちよりよい / Eles são como nós. 彼らは私たちと同じだ.

nossa¹ /'nɔsa/ 間《驚き》おやおや, あれまぁ▶Nossa, como ela é inteligente. まあ彼女は何て頭がいいんだ.

nosso, sa² /'nɔsu, sa/ ノーソ, サ/ 形《所有》❶ 私たちの, われわれの▶nossa casa 私たちの家 / nosso trabalho 我々の仕事 / nossos pais 私たちの両親 / nosso tempo 我々の時代 / um amigo nosso 私たちの友人の一人.
❷《ser nosso》私たちのものである▶Esta casa é nossa. この家は私たちの家だ.
— 代《所有》❶《定冠詞 + nosso》私たちのもの, 私たちのそれ▶o vosso país e o nosso あなた方の国と私たちの国.
❷《os nossos》私たちの家族, 仲間.

nostalgia /nostaw'ʒia/ 女 郷愁, 望郷, 懐旧の念.
nostálgico, ca /nos'tawʒiku, ka/ 形 郷愁を誘う, 昔を懐かしむ▶música nostálgica 昔懐かしい音楽.
— 名 郷愁にふける人.

nota /'nɔta/ ノータ/ 女 ❶ メモ, 覚え書き▶tomar nota de... ...をメモする, 書き取る / deixar uma nota メモを残す.
❷ 評点, 成績▶tirar boas notas よい点を取る / Essa criança tirou boas notas na escola. その子供は学校の成績が良かった / tirar nota ruim 悪い成績を取る / Eu tirei nota noventa na prova. 私は試験で90点を取った / Nota dez! 10点満点だ, すばらしい / nota máxima 満点.
❸ 紙幣▶uma nota de 100 euros 100ユーロ札 / nota falsa 偽札 / nota promissória 約束手形.
❹ 文書▶nota oficial 公式文書 / nota diplomática 外交文書.
❺ 注, 注解▶nota de rodapé 脚注 / nota marginal 傍注 / digno de nota 注目すべき.
❻ 伝票, 請求書, 勘定▶nota fiscal 課税伝票, 請求書.
❼《音楽》音, 楽音；音符▶nota tônica 主音 / nota musical 音符.
❽ 大金 (= nota preta) ▶pagar uma nota 大金を払う / custar uma nota preta とても高い.

estar cheio da nota 金が腐るほどある..

notabilidade /notabili'dadʒi/ 女 著名；著名人, 名士.
notabilizar /notabili'zax/ 他 有名にする.
— **notabilizar-se** 再 有名になる.
notação /nota'sẽw/ [複 notações] 女 記号表記 (法) ▶notação musical 記譜 / notação química 化学記号.

notar /no'tax/ ノターフ/ 他 ❶ 気付く, 察する▶notar a diferença 違いに気がつく / Notei como você pode notar お気づきのとおり / Notei que ele não estava na cama. 私は彼がベッドにいないことに気が付いた.

❷ メモする, 記載する, 走り書きする▶Notei os horários de ônibus. 私はバスの時刻をメモした.
❸ ...に印をつける.

— **notar-se** 再 感じられる, 感知される▶Nota-se que +直説法 ...ということが感じ取れる.

Dá para notar que +直説法 ...ことに気がつく, ...が分かる.

notário, ria /no'tariu, ria/ 名 公証人.

*****notável*** /no'tavew/ ノターヴェゥ/ [複 notáveis] 形《男女同形》❶ 注目に値する, 顕著な▶Este aluno tem feito notável progresso em estudos. この生徒は勉強で著しい進歩をつけてきている. ❷ 著名.

:**notícia** /no'tʃisia/ ノチースィア/ 女 ❶ ニュース, ニュース番組▶ver uma notícia ニュースを見る / notícias internacionais 海外ニュース / notícias econômicas 経済ニュース / de acordo com a notícia das sete horas 7時のニュースによると.
❷ 興味の対象, 注目の的▶Os jogadores de futebol são sempre uma notícia. サッカー選手はいつでも注目の的だ.
❸ 知らせ, 情報▶Tenho uma boa notícia para você. あなたによい知らせがあります / Tenho uma má notícia. 悪い知らせがあります / uma notícia inesperada 予期しない知らせ / Fiquei decepcionado com essa notícia. 私はその知らせにがっかりした.

ser notícia ニュースになる, 注目を浴びる.
ter notícias de alguém ...から便りがある▶Depois disso não tenho notícias dele. その後彼からは音沙汰がない.

noticiar /notʃisi'ax/ 他 知らせる, 伝える, 報道する▶O jornal noticiou o chocante assassinato com riqueza de detalhes. 新聞はその衝撃的な殺人事件について事細かに報道した.
— **noticiar-se** 再 ... を知る [+ de] ▶O juiz procurou noticiar-se da vida do réu. 裁判官は被告人の人生を知ろうとした.

noticiário /notʃisi'ariu/ 男 ニュース▶noticiário esportivo スポーツニュース / o noticiário da noite 夜のニュース.
noticiarista /notʃisia'rista/ 名 ニュース記者, ニュースキャスター.
notificação /notʃifika'sẽw/ [複 notificações] 女 ❶ 通知, 通告. ❷ 通知書, 通告書.
notificar /notʃifi'kax/ 他 ...に通知する, 通告する, 知らせる▶Logo que soube do nascimento do filho, notificou todos da família. 彼は息子の誕生を知るや否や, 家族の全員に知らせた.
notívago, ga /no'tʃivagu, ga/ 形 名 ❶ 夜遊びの好きな (人). ❷ 夜行性の (動物).
notoriedade /notorie'dadʒi/ 女 ❶ 周知, 著名, 有名. ❷ 著名人.
*****notório, ria*** /no'tɔriu, ria/ ノトーリオ, リア/ 形 明白な, みんなに知られた▶um fato notório 周知の事実 / É notório que esta equipe tem excelentes jogadores. このチームにすばらしい選手がいることは誰でも知っている.

*****noturno, na*** /no'tuxnu, na/ ノトゥフノ, ナ/ 形 夜の, 夜間の▶trabalho noturno 夜間勤務 / pe-

ríodo noturno 夜間.
❷ 夜行性の ▶ O gato é um animal noturno. 猫は夜行性の動物だ.
— **noturno** 男 [音楽] 夜想曲, ノクターン.

noutra(s) /'notra/ 前置詞 em と不定冠詞・代名詞 outra(s) の縮合形.

noutro(s) /'notru/ 前置詞 em と不定冠詞・代名詞 outro(s) の縮合形.

nov. (略語) novembro 11月.

nova¹ /'nɔva/ 囡 知らせ, ニュース ▶ Tenho boas novas. いい知らせがある.

☆**novamente** /nova'mẽtʃi ノヴァメンチ/ 副 再び, 再度; また, もう一度 ▶ Quero te ver novamente. 私はあなたにまた会いたい / O carro avariou novamente. 車が再び故障した.

novato, ta /no'vatu, ta/ 厖 新人の, 未経験の, 未熟な ▶ os alunos novatos 新入生.
— 图 新人, 新入生, 初心者.

☆**nove** /'nɔvi ノーヴィ/ 厖 [数](不変) ❶ 9つの ▶ nove meses 9か月. ❷ 9番目の ▶ página nove 第9ページ.
— 男 [単複同形] 9.

cheio de nove horas ① 細かいことにこだわる. ❷ 複雑. ❸ 好みにうるさい, 気難しい.

☆**novecentos** /novi'sẽtus ノヴェセントス/ 厖 [数](不変) ❶ 900の. ❷ 900番目の.
— 男 900.

novel /no'vɛw/ [複] novéis 厖 [男女同形] ❶ 若い. ❷ 未熟な, 新米の, 初心者の.
— 图 若者, 新米, 初心者.

☆**novela** /no'vɛla ノヴェーラ/ 囡 ❶ 小説 (conto と romance の中間くらいの長さともされる) ▶ Esta autora já escreveu muitas novelas. この女性作家はたくさんの小説を書いた.
❷ (テレビやラジオの) 連続ドラマ ▶ Ele assiste sempre às novelas. 彼はいつも連続ドラマを見る.

novelista /nove'lista/ 图 小説家, テレビドラマ作家.

novelo /no'velu/ 男 ❶ 糸玉 ▶ novelo de lã 毛糸玉.
❷ もつれ, 混乱 ▶ Sua mente era um grande novelo de ideias, se enrolando tanto que mal sabia qual era a ponta do começo e qual era a do fim. 彼の記憶は覚えていることがごちゃ混ぜになっていた. あまりに混乱して, 何が最初で何が最後なのかもほとんどわからなかった.

☆**novembro** /no'vẽbru ノヴェンブロ/ 男 11月 ▶ em novembro 11月に.

☆**noventa** /no'vẽta ノヴェンタ/ 厖 [数](不変) ❶ 90の ▶ noventa quilômetros de distância 90キロの距離. ❷ 90番目の ▶ número noventa 第90番 / Leia a página noventa. 90ページを読んでください.
— 男 90.

noviço, ça /no'visu, sa/ 图 ❶ 初心者, 見習い. ❷ [カトリック] 修練者.
— 厖 新米の, 未経験な.

☆**novidade** /novi'dadʒi ノヴィダーチ/ 囡 ❶ 新しいもの, 新しさ, 革新 ▶ Isso é novidade para mim. それは初耳だ / Não há novidades. 新しいことはない, 変わったことはない / A ideia não é uma novidade. その考えは新しいことではない / novidades em robótica ロボット工学における革新.
❷ 新製品, 最新作, 新刊書 ▶ novidades do mês 今月の新製品 [新刊書] / novidades da primavera 春の新作.
❸ ニュース, 知らせ ▶ Tenho uma boa novidade. よい知らせがある / novidade do dia de hoje 今日のニュース.
❹ [否] 障害, 問題 ▶ sem novidade つつがなく, 問題なく.

novilho, lha /no'viʎu, ʎa/ 图 若い牛.

☆**novo, va**² /'novu, 'nɔva ノーヴォ, ヴァ/ 厖 ❶ 新しい, 最新の, 新品の, 新作の, 新型の ▶ novo produto 新製品 / nova invenção 新発明 / novo recorde 新記録 / novo regime 新体制 / moda nova 最新流行 / carro de modelo novo 新型モデル車 / vinho novo 若いブドウ酒 / batatas novas 新ジャガ / ideias novas 新しい考え / O que tem de novo? 何か変わったことはありますか.
❷ 若い, 若者の, 若年の ▶ árvore com folhas novas 若葉の樹木 / gente nova 若者 / O filho mais novo já entrou na escola. 一番下の息子がすでに学校に入学した / Minha esposa é dois anos mais nova que eu. 妻は私より2歳下だ.
❸ 新たな, 新規の, もう一つ別の ▶ ano novo 新年 / nova edição 新版 / Novo Mundo 新世界 / Novo Testamento 新約聖書 / novos problemas 新たな問題 / novo Presidente da República 新共和国大統領 / um novo membro 新しい一員.
❹ (novos) 若者たち, 若者世代.

de novo 再び, 再度 ▶ nascer de novo 生まれ変わる.

novo em folha 新品の, 真新しい ▶ uma bicicleta nova em folha 新品の自転車.

novo-rico /ˌnovu'ʀiku/ [複] novos-ricos 男 成金.

noz /nɔs/ [複] nozes 囡 ❶ [果実] クルミ ▶ bolo de nozes クルミケーキ. ❷ (nozes) ナッツ類.

☆**nu, nua** /'nu, 'nua ヌ, ヌーア/ 厖 ❶ 裸の ▶ corpo nu 裸体 / O rei está nu! 王様は裸だ / Todos nascemos nus. 誰でも生まれたときは裸だ.
❷ むき出しの ▶ cabeça nua 無防備の頭 / pés nus 素足 / a olho nu 肉眼で.
❸ 植物が生えていない, 葉がない ▶ planície nua 不毛の平原 / os ramos nus das árvores 樹木の葉のない枝.
❹ 装飾のない ▶ paredes nuas 飾りのない壁.
❺ 偽りのない, 本当の ▶ contar a verdade nua e crua 赤裸々な真実を語る.
— **nu** 男 裸体画, 裸体像 ▶ pintar um nu 裸体画を描く.

pôr... a nu …を裸にする, むき出しにする, さらけ出す.

nu em pelo 全裸で.

vestir os nus 必要とする者に衣服を与えて救援する.

nuança /nu'ãsa/ 囡 ❶ (同系色間のさまざまな) 色合い, 色調, 濃淡 ▶ as nuanças do verde 緑系統の

nubente

色合い. ❷(感情, 表現, 考えなどの)機微, 微妙な違い ▶ nuanças de sentimentos 感情の機微.
nubente /nu'bẽtʃi/ 形《男女同形》婚約した.
— 名 婚約者.
***nublado, da** /nu'bladu, da/ ヌブラド, ダ/ 形 ❶ 曇った ▶céu nublado 曇り空 / O tempo nublado não nos permitiu ir à praia. 曇っていたので私たちは海に行けなかった. ❷ 暗い ▶Sua fisionomia cansada revelava uma alma triste, nublada. 彼の疲れた顔は苦しく悲しい気持ちを表していた.
nublar /nu'blax/ 他 曇らせる ▶nublar o céu 空を曇らせる.
— 自 曇る ▶O céu nublou. 空が曇った
— **nublar-se** 再 曇る.
nuca /'nuka/ 女 うなじ, 首筋.
***nuclear** /nukle'ax/ ヌクレアーフ/ [複 nucleares] 形 《男女同形》 ❶ 核の, 原子力の ▶armas nucleares 核兵器 / central nuclear 原子力発電所 / energia nuclear 原子力. ❷《生物》(細胞)核の. ❸ família nuclear 核家族.
***núcleo** /'nukliu ヌクリオ/ 男 ❶ 中核, 中心 ▶núcleo residencial 住宅地.
❷《地学》核 ▶núcleo interior (地球の)内核 / núcleo exterior (地球の)外核.
❸《生物》核 ▶núcleo celular 細胞核.
❹ 本質部分, 重要部分 ▶O núcleo da campanha é fazer conhecer o novo artista. キャンペーンの主要点は新しいアーティストを知ってもらうことだ.
❺ 中核メンバー ▶Estes deputados constituem o núcleo do partido. これらの議員たちは政党の中核メンバーを成している.
nudez /nu'des/ [複 nudezes] 女 ❶ 裸, 裸の状態 ▶cenas de nudez ヌードシーン. ❷(木に)葉がないこと. ❸飾りのないこと.
nudismo /nu'dʒizmu/ 男 ヌーディズム, 裸体主義.
nudista /nu'dʒista/ 名 ヌーディスト, 裸体主義者.
— 形《男女同形》ヌーディストの ▶praia nudista ヌーディストビーチ.
nulidade /nuli'dadʒi/ 女 ❶ 無効 ▶a nulidade do contrato 契約の無効. ❷ 無能, 無能な人 ▶Ele é uma nulidade. 彼は無能な人間だ / Sou uma nulidade em matemática. 私は数学が全然駄目だ.
nulo, la /'nulu, la/ 形 ❶ 何もない, 空の, 無の ▶conhecimento nulo 知識がまったくない.
❷ 効果のない, 無効の ▶contrato nulo 無効の契約.
❸ 無能な, 役立たずの ▶Ele é nulo em matemática. 彼は数学が苦手だ.
num[1] /nũ/ 前置詞 em と不定冠詞 um の縮合形.
num[2] /nũ/ 副 話《否定》…ない (= não) ▶Num quero nem saber. 知りたくもない.
numa(s) /'nũma(s)/ 前置詞 em と不定冠詞 uma(s) の縮合形.
numeração /numera'sẽw/ [複 numerações] 女 ❶ 数え方, 計算法 ▶numeração binária 二進法 / numeração decimal 十進法.
❷ 数えること, 番号付け.
❸ 記数法 ▶numeração árabe アラビア数字による記数法 / numeração romana ローマ数字による記数法.
numerado, da /nume'radu, da/ 形 番号のついた, 番号順の.
numerador, dora /numera'dox, 'dora/ [複 numeradores, doras] 形 番号を付ける.
— **numerador** 男 ❶《数学》分子. ❷ 番号印字機, ナンバリングマシン.
numeral /nume'raw/ [複 numerais] 形《男女同形》数の.
— 男《文法》数詞 ▶numeral cardinal 基数詞 / numeral ordinal 序数詞 / numeral fracionário 分数 / numeral multiplicativo 倍数.
numerar /nume'rax/ 他 ❶ …に番号をつける. ❷ 数える, 勘定する. ❸ 列挙する.
numerário, ria /nume'rariu, ria/ 形 お金の, 貨幣の.
— **numerário** 男 現金, お金.
numérico, ca /nu'meriku, ka/ 形 数の, 数による, 数字上の ▶por ordem numérica 番号順に / valor numérico 数値 / superioridade numérica 数で優ること.

‡**número** /'nũmeru ヌメロ/ 男 ❶ 数字, 数 ▶número arábico アラビア数字 / número romano ローマ数字 / número cardinal 基数 / número ordinal 序数 / número ímpar 奇数 / número par 偶数 / número natural 自然数 / número inteiro 整数 / número positivo 正の数 / número negativo 負の数 / número decimal 小数 / número fracionário 分数 / número misto 帯分数 / número primo 素数 / número redondo 概数 / número de três dígitos 3桁の数.
❷ 番号, 号 ▶número de telefone 電話番号 / Qual é seu número de telefone? あなたの電話番号は何番ですか / número de conta bancária 銀行口座番号 / número do cartão de crédito クレジットカード番号 / número do ramal 内線番号 / o número um ナンバーワン / Que número você calça? 何号の靴を履きますか.
❸ 数量 ▶O número de carros cresce a cada ano. 車の数が年々増えている / Qual é o número de alunos por turma? クラスごとの生徒数は何人ですか / um grande número de pessoas 大勢の人々.
❹(雑誌などの)号数, 号 ▶um número da revista 雑誌の一つの号 / primeiro número 創刊号 / número atrasado バックナンバー.
❺ 番組の一つ, 出し物, 演目, 上演作品 ▶um número de circo サーカスの出し物.
❻《文法》数 ▶número singular 単数 / número plural 複数.
em maior número 多数で.
em menor número 少数で.
em números redondos だいたい, およそ, 概数で.
fazer número 頭数をそろえる.
não ser do número dos vivos 死んでいる.
número da besta 獣の数字, 666.

ser apenas um número その他大勢の一人にすぎない.
ser um número 享受できる, 面白い.

⁑numeroso, sa /nume'rozu, 'rɔza/ ヌメローゾ, ザ/ 形 ❶《単数の集合名詞と共に》多数からなる ▶Somos uma família numerosa. うちは大家族だ / um grupo numeroso 大人数のグループ.
❷《複数名詞の前で》多くの ▶em numerosos casos 多くの場合.

⁑nunca /'nũka ヌンカ/ 副 ❶ 決して…ない, 一度も…ない ▶Eu nunca bebo ou fumo. 私は決して酒を飲まないしタバコも吸わない / Nunca me esquecerei de você. あなたのことはいつまでも忘れません / Nunca vi um filme tão interessante. こんなおもしろい映画は観たことがない / Nunca fui ao estrangeiro. 私は外国に行ったことがない.
❷《過去》かつて, これまでに ▶Te amo como nunca amei ninguém. 僕は君を自分がこれまで誰も愛したことがないように愛している.
mais do que nunca かつてないほどに ▶Eu me sinto mais do que nunca emocionado. 私はかつてないほど感動している.
nunca mais 二度と…ない ▶Eu nunca mais vi esse homem. 私はその男を二度とは見なかった / Nunca mais faça isso. 二度とそんなことをするな.
nunca jamais 決して…ない ▶Nunca jamais faça isso! 絶対にそんなことはするな.
nem nunca 決して…ない.
quase nunca ほとんど…ない ▶Aqui quase nunca chove. ここはほとんど雨が降らない.

núncio /'nũsiu/ 男 使者, 使節 ▶núncio apostólico 教皇大使.

nuns /nũs/ 前置詞 em と不定冠詞 uns の縮合形.

nupcial /nupisi'aw/ [複 nupciais] 形《男女同形》結婚の, 婚礼の ▶marcha nupcial 結婚行進曲.

núpcias /'nupisi'as/ 女複 結婚, 結婚式 ▶noite de núpcias 結婚初夜 / viagem de núpcias ハネムーン旅行 / segundas núpcias 再婚.

nutrição /nutri'sẽw/ [複 nutrições] 女 ❶ 栄養, 栄養摂取. ❷ 栄養学.

nutricional /nutrisio'naw/ [複 nutricionais] 形《男女同形》栄養の ▶informação nutricional 栄養成分表.

nutricionista /nutrisio'nista/ 名 栄養士, 栄養学者.

nutrido, da /nu'tridu, da/ 形 (nutrir の過去分詞) ❶ 栄養を取った ▶bem nutrido 栄養の十分な / mal nutrido 栄養不良の. ❷ 丈夫な, 太った.

nutriente /nutri'ẽtʃi/ 形《男女同形》栄養のある. — 男 栄養, 滋養.

nutrir /nu'trix/ 他 ❶ …に栄養を与える ▶nutrir o solo 土を肥やす / nutrir o cabelo 髪に栄養を与える.
❷ はぐくむ, 抱く ▶O jovem nutria a esperança de vencer o campeonato. その若者は王者を打ち負かすという希望を抱いていた.
— nutrir-se 再 はぐくまれる.

nutritivo, va /nutri'tʃivu, va/ 形 栄養のある, 栄養の ▶valor nutritivo 栄養価 / alimentos nutritivos 栄養のある食べ物.

⁑nuvem /'nuvẽj ヌーヴェイン/ [複 nuvens] 女 ❶ 雲 ▶Não tem uma nuvem no céu. 空には雲一つない / um céu coberto de nuvens 曇り空 / um céu sem nuvens 晴れ渡った空 / nuvem de chuva 雨雲 / nuvem atômica 原子雲, キノコ雲.
❷ 雲状のもの ▶uma nuvem de fumo 立ちこめる煙.
❸《昆虫の》群れ ▶nuvem de gafanhotos バッタの大群.
andar [estar] nas nuvens うきうきしている, 天にも昇る気持ちである.
cair das nuvens ① 驚く. ② 突然現れる. ③ がっかりする.
em brancas nuvens 気付かれずに, 何もせずに ▶Seu aniversário passou em brancas nuvens. あなたの誕生日は何もせずにすぎてしまった.
ir às nuvens 有頂天になる.
pôr nas nuvens 激賞する.

O o

o¹ /ɔ/ 男 ポルトガル語アルファベットの第15字.

o² /u オ/ 代《3人称男性単数目的格》
❶《彼を》▶Eu o conheço bem, ele foi meu namorado. 私は彼をよく知っている. 彼は私の恋人だった / Ainda hoje o vi na escola. 今日も私は彼に学校で会った.
❷《男性単数名詞を受けて》それを▶Eu o comprei nos EUA. 私はそれをアメリカで買った / Comprei um livro e ofereci-o à Ana. 私は本を一冊買い, それをアナにプレゼントした.
❸《o senhor, você などを受けて》あなたを, 君を▶Apresento-o a meus pais. あなたを両親に紹介します.
❹《そのことを, それを》(前に述べた文の全体やその一部などの内容を指す)▶Eu o sei bem. 私はそのことをよく知っている / Ele disse que ia consultar o médico, mas ainda não o fez. 彼は医者に診てもらうと言ったが, まだそうしていない / Quem é amigo de todos, não o é de ninguém. 諺 みんなの友達は誰の友達でもない.
― 代《指示》❶《(…の) それ》▶o teste de urina e o de cabelo 尿検査と毛髪検査.
❷《o(s) que...》 …する人[物]▶O que chegar primeiro ganha. 一番に着いた人が勝つ / Os que querem dominar português devem ir para o Brasil. ポルトガル語をマスターしたい人たちはブラジルに行くべきだ.

o³, a /u, a オ, ア/ 定冠詞 [複 os, as] ❶《普通名詞とともに》
❶《発話の状況などにより特定化される事物》▶O trem chegou tarde. 列車は遅れて着いた / Onde fica o banheiro, por favor? トイレはどこですか / Você pode abrir a janela, por favor? 窓を開けてもらえますか.
❷《名詞が限定されるとき》▶a chave do carro 車の鍵 / o carro dela 彼女の車 / o livro que comprei ontem 私が昨日買った本.
❸《体の一部や自分の持ち物とともに》▶lavar o rosto 顔を洗う / perder a razão 正気を失う / Ele colocou a gravata. 彼はネクタイを結んだ.
❹《総称的機能》…というもの▶O homem é um animal político. 人間は政治的動物である / O amor é cego. 恋は盲目 / As aranhas têm oito patas. クモには足が8本ある.
❺《時期》▶no sábado この土曜日に / no mês passado 先月に / no fim de semana 週末に / às nove horas 9時に / ao meio-dia 正午に / aos trinta anos 30歳のときに / aos domingos 毎週日曜日に.
❻《配分》…につき, あたり▶60 reais o quilo 1キロあたり60レアル.
❼《形容詞や動詞を名詞化》▶o bonito e o feio 美と醜 / O estudar é meu trabalho. 勉強することは私の仕事だ.
❽《所有形容詞の前で》(注 この場合の定冠詞の使用は B では任意. P では特定の場合を除き義務的)▶o meu pai 私の父 / o meu emprego 私の職.
❾《形容詞の最上級》▶A simplicidade é o mais alto grau da sofisticação. 簡素こそが最も洗練度が高い.
❷《固有名詞とともに》
❶《唯一物について》▶o sol 太陽 / a Terra 地球 / o céu 空 / o sul 南.
❷《地名とともに》▶o Japão 日本 / o Brasil ブラジル / a China 中国 / os Estados Unidos de América アメリカ合衆国 / o Rio de Janeiro リオデジャネイロ / o rio Tejo テージョ川 / o monte Everest エベレスト山.
❸《国民名, 民族名》▶Os brasileiros gostam muito de futebol. ブラジル人はサッカーが大好きだ.
❹《建物, 公共施設, 街路など》▶o Museu Nacional de Belas Artes 国立美術館 / a Avenida da Liberdade リベルダージ大通り.
❺《親しい人の名前とともに》▶a Maria マリア / o Pedro ペドロ.
❻《敬称とともに》o Doutor Castro カストロ博士 / o senhor Ribeiro リベイロ氏 / a senhora Ribeiro リベイロ夫人.
❼《家族, 父子, 兄弟などを示して》…一家, …一族▶os Bragranças ブラガンサ王家.
❽《複数で》《類型, 同類を示して》…のような人々▶os Pelés ペレのような人たち.
❾《作品名とともに》os Picasso ピカソの作品.
❿《作品名や船舶名とともに》▶Os Lusíadas 『ウズ・ルジアダス』/ o Titanic タイタニック号.
⓫《組織名とともに》▶as Nações Unidas 国連 / a Organização Mundial da Saúde 世界保健機構.

ó /ɔ/ 間《呼びかけ》おーい▶Ó Pedro おーい, ペドロ.
― 男 文字 o の名称.

ô /o/ 間《呼びかけ》おーい▶Ô da casa? どなたかいらっしゃいますか / Ô menino, vem cá me ajudar! おい君, こっちに来て手伝ってくれ.

oásis /oˈazis/ 男《単複同形》オアシス.

oba /ˈoba/ 間 B ❶ すごい, わぁ《驚き, 感嘆》▶Oba! Ganhei na loteria! すごい, 宝くじに当たった! ❷ やぁ (あいさつ) ▶Oba! Não sabia que você estava aí! やぁ, 君がそこにいたとは知らなかったよ.

obcecação /obiseka'sẽw/ 複 obcecações 女 思い込み, 固執.

obcecado, da /obise'kadu, da/ 形《ser obcecado por...》…に夢中になった▶Sou obcecado por você. 僕は君に首ったけだ / Ele é obcecado por futebol. 彼はサッカーに夢中だ.

obcecar /obise'kax/ 29 他 ❶ 盲目にする, 理性を失わせる. ❷ 判断を誤らせる. ❸《考えが》とりつく

▶Esta ideia me obceca. この考えが頭から離れない.

— **obcecar-se** 再 …に固執する [+ por].

***obedecer** /obede'sex オベデセーフ/ ⑮ 自 …に従う, …の言うことを聞く [+ a] ▶obedecer às leis 法に従う / obedecer ao instinto 本能に従う / obedecer aos pais 両親の言うことを聞く.

obediência /obedʒi'ẽsia/ 囡 服従, 従順, 遵守 ▶prestar obediência a alguém … に 従 う / obediência cega 盲従 / obediência passiva 消極的服従.

obediente /obedʒi'ẽtʃi/ 形 《男女同形》従順な, 服従する ▶criança obediente 素直な子供.

obesidade /obezi'dadʒi/ 囡 肥満, 太りすぎ, 肥満症.

obeso, sa /o'bɛzu, za/ 形 肥満の, 太りすぎの.
— 名 太りすぎの人, 肥満症の人.

óbice /'ɔbisi/ 男 障害, 邪魔.

óbito /'ɔbitu/ 男 死亡, 逝去, 他界.

obituário /obitu'ariu/ 男 死亡記事, 追悼記事.

objeção /obiʒe'sẽw/ [複 objeções] 囡 反論, 異議, 不服, 反対 ▶levantar uma objeção 異議を申し立てる / Não tenho nenhuma objeção. 異論はありません / objeção de consciência 良心的兵役拒否.

objetar /obiʒe'tax/ 他 反論する, 反対する, 異論を唱える, 不服を申し立てる ▶Não tenho nada a objetar. 異論はありません / objetar que + 直説法 …と反論する.
— 自 …に反対する [+ a].

objetiva[1] /obiʒe'tʃiva/ 囡 ❶ 対物レンズ. ❷ 写真用レンズ.

objetivamente /obiʒe,tʃiva'mẽtʃi/ 副 客観的に, 公平に.

objetivar /obiʒetʃi'vax/ 他 ❶ 具体化する, 具現化する. ❷ …を目的とする, 狙う.

objetividade /obiʒetʃivi'dadʒi/ 囡 客観性, 公正 ▶falar com objetividade 客観的に話す.

****objetivo, va**[2] /obiʒe'tʃivu, va/ 形 客観的な, 公正な ▶fato objetivo 客観的事実 / critérios objetivos 客観的基準 / julgamento objetivo 公正な判断.

— **objetivo** 男 目標, 目的 ▶principal objetivo da educação 教育の主目的 / O objetivo é aumentar a produtividade. 目標は生産性を高めることである / perseguir um objetivo 目標を追い求める / ter como objetivo + 不定詞 …することを目的とする.

****objeto** /obi'ʒetu オビジェート/ 男 ❶ 物体, 事物 ▶objeto de arte 美術品 / objeto voador não identificado (OVNI) 未確認飛行物体, UFO / objetos perdidos 落とし物 / objetos de valor 貴重品.

❷ 品物, 道具 ▶objetos de uso pessoal 身の回り品.

❸ 対象, 的 ▶objeto de desejo 欲望の対象 / objeto de discussão 議題.

❹ 目的, 意図 ▶objeto da visita 訪問の目的 / ter por objeto... …を目的とする.

❺ 《文法》目的語 ▶objeto direto 直接目的語 / objeto indireto 間接目的語.

❻ 《哲学》対象, 客体.

obliquamente /o,blikwa'mẽtʃi/ 副 斜めに.

oblíquo, qua /o'blikwu, kwa/ 形 斜めの, 傾いた ▶linha oblíqua 斜線.

obliterar /oblite'rax/ 他 ❶ 抹消する, 取り消す. ❷ 消印を押す.
— **obliterar-se** 再 消える, 消滅する.

oblongo, ga /ob'lõgu, ga/ 形 細長い, 長方形の.

oboé /obo'ɛ/ 男 《音楽》オーボエ.

oboísta /obo'ista/ 名 《音楽》オーボエ奏者.

****obra** /'ɔbra オブラ/ 囡 ❶ 作品, 著作, 著書 ▶obra de arte 芸術作品 / obra literária 文学作品 / obra original 原作 / obra de referência 参考図書 / as obras completas de Tolstói トルストイ全集 / obra de talha 彫刻.

❷ 工事, 道路工事; 工事現場 ▶A obra está em andamento. 工事は現在進行中だ / um acidente na obra 工事現場での事故 / trabalhar nas obras 工事現場で働く / estar em obras 工事中である / fechar para as obras 工事のために閉鎖する / obras públicas 公共土木事業 / em obras 工事中 / obras na estrada 道路工事.

❸ 善行 ▶boas obras 善行 / Todos o admiram pela sua obra. みんなは彼の善行事業に感服する / obra de caridade [misericórdia] 慈善事業.

❹ 仕事, 労働 ▶pôr em obra 実施する / obra de fôlego 息の長い仕事.

❺ 行い, 仕業 ▶Isto é obra de quem? これは誰の仕業だ / obra do capeta 悪魔の仕事 [所業].

fazer obra 排便する.

obra de empreitada ① 請負業務. ② いい加減な仕事.

obra de fachada 見栄を張った公共事業.

por obra e graça de... …のおかげで, …によって.

ser obra de... …の責任である.

obra-prima /,ɔbra'prima/ [複 obras-primas] 囡 傑作, 名作.

obrar /o'brax/ 他 ❶ 実行する, する, 行う ▶obrar o bem 善行をする.

❷ 作る, 製造する, 建設する ▶obrar um navio 船を造る. ❸ たくらむ.

— 自 ❶ 行動する ▶obrar em favor dos pobres 貧しい人たちのために行動する. ❷ 働く.

❸ (薬などが) 効く.

❹ 排便する.

obreiro, ra /o'brejru, ra/ 名 労働者, 働く人.
— 形 働く.

****obrigação** /obriga'sẽw オブリガサォン/ [複 obrigações] 囡 ❶ 義務, 責任, 責務, 務め ▶obrigação moral 道義的責任 / obrigação alimentar 扶養義務 / cumprir as obrigações 義務を果たす / Temos obrigação de vencer. 我々は勝つ義務がある / por obrigação 義務として / não fazer mais do que a sua obrigação 義務以上のことをしない.

❷ 恩義, 恩恵 ▶Devo-lhe muitas obrigações. 私は彼に多くの恩義がある.

❸ 債券 ▶ obrigações do Estado 国債.

★★★**obrigado, da** /obri'gadu, da オブリガード, ダ/ [形] ❶《obrigado a + [不定詞]》…**するように義務付けられた** ▶ Fui obrigado a esperar. 私は待たざるを得なかった / sentir-se obrigado a + [不定詞] …しなければならないと感じる.
❷ **感謝している, ありがたく思っている** ▶ — Obrigado. — De nada.「ありがとう」「どういたしまして」/ Muito obrigada. どうもありがとう / Obrigado por tudo. いろいろありがとう / Obrigada por hoje. 今日はありがとう / Obrigado por sua ajuda. お手伝いありがとう / Não, obrigado. お断りします, 結構です / Muito obrigada pelo presente! プレゼントをいただきどうもありがとうございます / Obrigado por ter vindo. お越しいただきありがとうございます.

★★★**obrigar** /obri'gax オブリガーフ/ ⑪ [他]《obrigar... a + [不定詞]》…**が…するよう強制する, 義務づける** ▶ O mau tempo me obrigou a chegar atrasado. 悪天候により私は到着が遅れてしまった.
— **obrigar-se** [再] 借金をする ▶ Meu pai se obrigou para pagar as despesas escolares. 私の学校の学費を支払うために父は借金をしてくれた.

obrigatoriamente /obriga,tɔria'mẽtʃi/ [副] 義務的に, 強制的に.

obrigatoriedade /obrigatorie'dadʒi/ [女] 義務であること, 強制であること.

★**obrigatório, ria** /obriga'tɔriu, ria オブリガトーリオ, リア/ [形] **義務的な, 強制的な, 必須な** ▶ ensino obrigatório 義務教育 / disciplina obrigatória 必修科目 / obra de leitura obrigatória 必読書.

obscenidade /obiseni'dadʒi/ [女] わいせつ, みだら; わいせつ行為, みだらなこと.

obsceno, na /obi'sẽnu, na/ [形] わいせつな, みだらな ▶ ato obsceno わいせつ行為.

obscurantismo /obiskurẽ'tʃizmu/ [男] 無知蒙昧主義, 反啓蒙主義.

obscurecer /obiskure'sex/ ⑮ [他] ❶ 暗くする ▶ A neblina obscurece a visão. 霧が視界を悪くする.
❷ 曖昧にする, わかりにくくする ▶ obscurecer o significado 意味を曖昧にする.
❸ (名声などを) 汚す.
— [自] 暗くなる; 曖昧になる; (名声などを) 失う.
— **obscurecer-se** [再] 暗くなる; 曖昧になる; (名声などを) 失う.

obscuridade /obiskuri'dadʒi/ [女] ❶ 暗いこと, 暗闇, 暗がり. ❷ わかりにくさ; 不明瞭な箇所. ❸ 世に知られていないこと, 無名 ▶ viver na obscuridade 人に知られずひっそり暮らす.

★**obscuro, ra** /obis'kuru, ra オビスクーロ, ラ/ [形] ❶ **暗い** ▶ lugar obscuro 暗い場所 / passado obscuro 暗い過去 / o lado obscuro da natureza humana 人間の暗い面.
❷ **漠然とした, おぼろげな**; はっきりしない ▶ por razões obscuras 理由はよくわからないが / pontos obscuros はっきりしない点.
❸ **知られていない** ▶ fatos obscuros da época ditatorial 独裁時代の知られざる事実.

obsequiar /obizeki'ax/ [他] ❶ もてなす, 歓待する ▶ O casal obsequiou os visitantes com o almoço. その夫婦は昼食で訪問客をもてなした.
❷ …に…を贈る [+ com] ▶ Ele obsequiou-me com um livro. 彼は私に1冊の本を贈ってくれた.
❸ とりこにする.

obséquio /obi'zɛkiu/ [男] 親切な行為, 好意, 世話 ▶ Alguém, por favor, pode me fazer o obséquio de explicar isso? どなたかお願いだからこれを説明してくださいませんか.

obsequioso, sa /obizeki'ozu, ɔza/ [形] ❶ 追従的な, へつらう. ❷ 親切な, 心遣いの行き届いた.

★**observação** /obisexva'sɐ̃w̃ オビセフヴァサォン/ [複 observações] [女] ❶ **観察, 観測** ▶ observação da natureza 自然の観察 / fazer observação de pássaros 野鳥を観察する / ter espírito de observação 鋭い観察眼を備える / satélite de observação 観測衛星 / estar sob [em] observação 観察中である.
❷ **意見, 忠告**; 注解 ▶ fazer observações 意見を述べる.
❸ **規則を守ること**, 遵守 ▶ observação das regras 規則の遵守.

observador, dora /obisexva'dox, 'dora/ [複 observadores, doras] [名] ❶ 観察者, 観測者. ❷ オブザーバー, 立会人. ❸ 偵察人, 監視者.
— [形] よく見ている, 用心深い.

observância /obisex'vɐ̃sia/ [女] 遵守, 遂行 ▶ observância das regras 規則の遵守.

★★★**observar** /obisex'vax オビセフヴァーフ/ [他] ❶ **観察する** ▶ observar as estrelas 星を観察する.
❷ **気がつく** ▶ O professor observou que o aluno tem faltado às aulas. 教師は生徒が授業を休みがちであることに気付いた.
❸ **指摘する** ▶ O chefe observou que o tema foi mal escolhido. 上司は選ばれたテーマが悪かったと指摘した.
❹ **守る, 順守する** ▶ observar as regras 規則を順守する.

observatório /obisexva'tɔriu/ [男] 観測所, 気象台, 天文台, 監視所 ▶ observatório astronômico 天文台 / observatório meteorológico 気象台.

obsessão /obise'sɐ̃w̃/ [複 obsessões] [女] 強迫観念, 妄想 ▶ ter obsessão por... …に執着している.

obsessivo, va /obise'sivu, va/ [形] 強迫的な ▶ transtorno obsessivo-compulsivo 強迫性障害.

obsoleto, ta /obiso'lɛtu, ta/ [形] 廃れた, 旧式の ▶ tecnologia obsoleta 旧式の技術.

obstaculizar /obistakuli'zax/ [他] 妨げる, 邪魔する.

★**obstáculo** /obis'takulu オビスタクロ/ [男] ❶ **障害, 邪魔** ▶ O maior obstáculo do atleta japonês é de ordem psicológica. 日本人アスリートの最大の障害は心理的なものだ.
❷ ハードル, 障害 ▶ 3000 metros com obstáculos 3000メートル障害.

obstante /obis'tẽtʃi/《次の成句で》
não obstante それにもかかわらず, しかしながら ▶ Chovia muito, não obstante, voltou a pé para casa. かなり雨が降っていたが彼は歩いて家に帰った.

[O]

não obstante... …にもかかわらず▶Não obstante o temporal que caía lá fora, foi trabalhar. 外は暴風雨だったにもかかわらず彼は仕事に行った.

obstar /obis'tax/ 他 …を妨げる.
— 自 …に反対する, …の障害になる [+ a] ▶Nada obsta a que o candidato concorra à eleição. その候補者が選挙に出ることに何の障害もない.

obstetra /obis'tɛtra/ 名 産科医.
— 形《男女同形》産科の.

obstetrícia /obiste'trisia/ 女 産科学.

obstétrico, ca /obis'tetriku, ka/ 形 産科の.

obstinação /obistʃina'sẽw/ [複 obstinações] 女 頑固, 頑迷, 執拗▶com obstinação 頑固に.

obstinadamente /obistʃi,nada'metʃi/ 副 頑固に, 執拗に.

obstinado, da /obistʃi'nadu, da/ 形 頑固な, 強情な, 執拗な.

obstinar-se /obistʃi'naxsi/ 再 …に固執する, 執着する [+ em] ▶O funcionário obstinava-se em realizar um trabalho bem feito. その従業員はよい仕事をすることに懸命になっていた.

obstrução /obistru'sẽw/ [複 obstruções] 女 ❶ ふさぐこと, 妨げ, 妨害. ❷《医学》閉塞▶obstrução intestinal 腸閉塞. ❸《スポーツ》オブストラクション, 反則となる妨害行為.

obstruir /obistru'ix/ 他 ❶ ふさぐ, 詰まらせる. ❷ (通行を) 妨げる, 阻む, 妨害する▶O veículo obstruía a passagem de pedestres. その車は歩行者の通行の邪魔になっていた.
— **obstruir-se** 再 詰まる, ふさがれる.

obtenção /obite'sẽw/ [複 obtenções] 女 獲得, 入手.

obtenível /obite'nivew/ [複 obteníveis] 形《男女同形》入手できる, 取得できる.

‡obter /obi'tex/ オビテーフ ⑰ 他 ❶ 得る, 獲得する, 手に入れる▶obter apoio 支持を得る / obter o grau de mestre 修士号を得る / obter informações 情報を入手する / obter a maioria dos votos 過半数票を獲得する / obter uma medalha メダルを取る.

obturação /obitura'sẽw/ [複 obturações] 女 (歯の) 充填(じゅうてん).

obturador /obitura'dox/ [複 obturadores] 男《写真》シャッター▶velocidade do obturador シャッタースピード.

obturar /obitu'rax/ 他 (虫歯を) 詰める.

obtuso, sa /obi'tuzu, za/ 形 ❶ 鈍い, 先の丸い▶ângulo obtuso《数学》鈍角. ❷ 鈍感な, のろまな, 愚鈍な.

obus /o'bus/ [複 obuses] 男 曲射砲, (曲射) 砲弾.

obviamente /ɔbvia'metʃi/ 副 明らかに, はっきりと▶Isso é, obviamente, um erro de sua parte. 明らかに君の落ち度だ.

obviar /obvi'ax/ 自 ❶ 妨げる, 防ぐ [+ a] ▶obviar a um problema 問題を防ぐ. ❷ 抵抗する [+ a] ▶obviar à violência 暴力に反対する.

obviedade /obvie'dadʒi/ 女 明白, 明らかなこと, 当然なこと.

óbvio, via /'ɔbviu, via/ 形 明らかな, 明白な, はっきりとした▶por razões óbvias 明白な理由で / (É) óbvio! もちろん, 当たり前だ▶É o óbvio ululante. 明々白々だ / É óbvio que eu quero comer chocolate. Adoro! 私がチョコレートを食べたいのは分かりきったことだ. 大好きなのだから.

como é óbvio 言うまでもなく, もちろん.

‡ocasião /okazi'ẽw/ オカズィアォン [複 ocasiões] 女 ❶ 機会, 好機, チャンス; 場合, 折▶nesta ocasião この機会に / em várias ocasiões 様々な機会に / em todas as ocasiões あらゆる機会に / ocasião única 唯一の機会 / em nenhuma ocasião いかなる場合にも…ない / Aproveitando esta ocasião, expresso meus agradecimentos. この場をお借りしてお礼申し上げます / por falta de ocasião 機会がないために / perder a ocasião 好機を逃す.
❷ 時, 時期▶Nessa ocasião, eu estava em Lisboa. その時私はリスボンにいた.

A ocasião faz o ladrão. 諺 (機会が盗人を作る→) 人はときにより思いもよらぬ悪事を働くものだ.

dar ocasião a... …に機会 [きっかけ] を与える.

de ocasião ①格安な▶preço de ocasião 特価. ②時折の, 時々の.

por ocasião de... …の折に, 際に▶mensagem por ocasião do Dia das Mães 母の日のメッセージ.

ocasional /okazio'naw/ [複 ocasionais] 形《男女同形》偶然の, 思いがけない▶encontro ocasional 偶然の出会い.

ocasionalmente /okazio,naw'metʃi/ 副 ❶ 偶然, 思いがけず▶Sua opinião pode, ocasionalmente, influenciar minha decisão. 君の意見は思いがけず私の決断に影響をおよぼすかもしれない.
❷ 時々, 時折▶Ela ocasionalmente o via no supermercado. 彼女は時折スーパーで彼を見かけた.

ocasionar /okazio'nax/ 他 引き起こす, 原因となる▶ocasionar uma guerra 戦争を起こす / ocasionar um problema 問題を起こす.
— **ocasionar-se** 再 起こる, 発生する.

ocaso /o'kazu/ 男 ❶ 日没, 日の入り, 日没時. ❷ 衰退, 末期, 終焉, 最期▶o ocaso da vida 人生の黄昏. ❸ 西, 西方.

Oceania /osea'nia/ 女《地名》オセアニア.

oceânico, ca /ose'ẽniku, ka/ 形 大洋の, 海洋の▶clima oceânico 海洋性気候.

*oceano /ose'ẽnu/ オセアーノ 男 海洋, 大洋, 海▶oceano Pacífico 太平洋 / oceano Atlântico 大西洋 / oceano Índico インド洋 / oceano Ártico 北極海 / oceano Antártico 南極海.

*ocidental /osidẽ'taw/ オスィデンタウ [複 ocidentais] 形《男女同形》西の, 西側の, 西洋の▶a Europa ocidental 西ヨーロッパ.
— 名 西洋人, 西ヨーロッパ人.

ocidentalizar /osidẽtali'zax/ 他 西洋風にする, 西洋化させる.
— **ocidentalizar-se** 再 西洋化する.

ocidente /osi'dẽtʃi/ 男 ❶ 西, 西方. ❷《Ocidente》西洋, 欧米; 西部▶o Ocidente e o Oriente 西洋と東洋.

ócio /'ɔsiu/ 男 ❶ 休息, 余暇, 自由な時間▶horas de ócio 余暇時間 / durante o ócio 余暇の間に.
❷ 怠惰, 無精▶viver no ócio 無為の日々を送る.

ociosidade

ócio vil 無気力, 不活動, 崇高なものへの無関心.
ociosidade /osiozi'dadʒi/ 囡 無 為, 怠 惰 ▶A ociosidade é a mãe de todos os vícios. 諺 (無為はすべての悪徳の母→) 小人閑居して不善を為す.
ocioso, sa /osi'ozu, 'oza/ 形 ❶ 怠惰な, 無精な, 働かない ▶ jovens ociosos 怠惰な若者たち.
❷ 非生産的な, 役に立たない, 不毛な ▶ terra ociosa 不毛な地.
oclusão /oklu'zẽw/ [複 oclusões] 囡 閉塞, 閉鎖 ▶ oclusão intestinal 腸閉塞 / oclusão dentária (歯の) 咬合.
oco, ca /'oku, ka/ 形 ❶ 中身のない, 中が空洞の ▶ fibra oca 中空糸.
❷ 空の ▶ espaço oco 何もない空間 / cabeça oca 空っぽな頭.
❸ たわいない, 無意味な, 価値のない ▶ vida oca たわいない生活.
❹ 無分別な.
oco do mundo 遠隔の地, 地の果て, 僻地.
ser oco da cabeça 頭が空っぽな (判断力のない) 人, 無分別な人.
ocorrência /oko'xẽsia/ 囡 ❶ (出来事が) 起こること, 発生. ❷ 事件, 出来事 ▶ uma ocorrência diária 日常茶飯事 / uma ocorrência rara まれな出来事 / uma ocorrência frequente よくあること.

ocorrer /oko'xex/ オコヘーフ/ 圓 ❶ 起こる, 生じる ▶ Nesse dia, ocorreu uma coisa inesperada. その日に予期しないことが起こった / De repente ocorreu uma tempestade. 突然嵐が起こった.
❷ …に思い浮かぶ ▶ Ocorreu-lhe uma boa ideia. 彼によい考えが浮かんだ / Ocorreu-me então que isso é um trabalho perigoso. それは危険な仕事であるということがその時私の頭をよぎった.
❸ …に応じる, 対処する [+ a] ▶ ocorrer a despesas 費用を賄う.
ocre /'ɔkri/ 男 黄土, オーカー, 黄土色.
— 形 (不変) 黄土色の.
octogenário, ria /oktoʒe'nariu, ria/ 形 名 80 歳 (代) の (人).
octogésimo, ma /okto'ʒezimu, ma/ 形 《数》 80番目の, 80分の1.
— **octogésimo** 男 80分の1.
octogonal /oktogo'naw/ [複 octogonais] 形 《男女同形》 八角形の.
ocular /oku'lax/ [複 oculares] 形 《男女同形》 目の; 視覚の ▶ globo ocular 眼球 / testemunha ocular 目撃者.
— 囡 接眼レンズ.
oculista /oku'lista/ 名 ❶ 眼科医. ❷ 眼鏡屋.
óculos /'ɔkulus オクロス/ 男 複 眼鏡, ゴーグル ▶ um par de óculos 1つの眼鏡 / usar óculos 眼鏡をかける, かけている / tirar óculos 眼鏡をはずす / óculos de sol サングラス / óculos escuros サングラス / um homem de óculos 眼鏡かけた男.
ocultação /okuwta'sẽw/ [複 ocultações] 囡 隠すこと, 隠蔽, 隠匿 ▶ ocultação de bens 財産の隠匿.
ocultar /okuw'tax/ 他 覆い隠す, 見えなくする ▶ O acusado ocultou as provas do crime. 被告人は犯行の証拠を隠蔽した / Às vezes é necessário ocultar a verdade. 時には真実を隠すことも必要である.
ocultas /o'kuwtas/ 囡 複 《次の成句で》
às ocultas 隠れて, こっそりと, 秘密裏に.
ocultismo /okuw'tʃizmu/ 男 神秘学, オカルティズム, 心霊研究.
oculto, ta /o'kuwtu, ta/ 形 ❶ 隠れた, 隠された ▶ um motivo oculto 隠された動機 / influência oculta 隠然たる影響. ❷ 秘密の, 神秘の, オカルトの ▶ ciências ocultas 神秘学.

ocupação /okupa'sẽw オクパサォン/ [複 ocupações] 囡 ❶ 占領, 占拠 ▶ exército de ocupação 占領軍 / ocupação de um edifício 建物の占拠.
❷ 職業 ▶ Qual é sua ocupação? ご職業は何ですか / Minha ocupação é professor. 私の職業は教員です.
❸ 余暇, 暇つぶし ▶ ocupação preferida 好きな暇つぶし, 好きなこと / Qual é sua ocupação favorita? あなたの好きなことは何ですか.
ocupacional /okupasio'naw/ [複 ocupacionais] 形 《男女同形》職業の ▶ doença ocupacional 職業病 / terapia ocupacional 作業療法.

ocupado, da /oku'padu, da オクパード, ダ/ 形 ❶ 忙しい, 手がふさがっている ▶ Estou muito ocupado. 私はとても忙しい.
❷ (場所が) ふさがっている, 使用中の; 居住者のいる; 占領された ▶ Este lugar está ocupado? この席はふさがっていますか.
❸ (電話が) 話し中の ▶ O telefone está ocupado. 電話は話し中だ / sinal de ocupado 話し中の信号.
ocupante /oku'pẽtʃi/ 名 ❶ 占有者, 占拠者, 現住者. ❷ 占領者.
— 形 《男女同形》 占有する, 占拠する, 居住の ▶ forças ocupantes 占領軍.

ocupar /oku'pax オクパーフ/ 他 ❶ 占める, 埋める ▶ Os oceanos ocupam cerca de 70% da superfície da Terra. 海は地球の表面積約7割を占める.
❷ (役職に) 就く, (地位を) 占める ▶ ocupar o cargo de diretor 重役の地位に就く.
❸ 住む ▶ Nós ocupamos esta casa somente no verão. 私たちは夏だけこの家に住む.
❹ 占有する ▶ Esta criança ocupou o brinquedo toda a tarde. この子は午後ずっとおもちゃを独り占めしていた.
❺ 占領する, 占拠する ▶ ocupar um prédio ビルを占拠する.
— **ocupar-se** 再 …の面倒を見る [+ de] ▶ A enfermeira se ocupa dos pacientes todo o dia. 看護師は一日中患者たちの面倒を見る.
ode /'ɔdʒi/ 囡 《詩法》 オード, 頌歌 (しょうか).
odeie 活用 ⇒ odiar
odeio 活用 ⇒ odiar
odiar /odʒi'ax/ オヂアーフ/ 他

直説法現在	odeio	odiamos
	odeias	odiais
	odeia	odeiam

接続法現在	odeie	odiemos
	odeies	odieis
	odeie	odeiem

[他] ❶ **憎む, 嫌う**, …に反感を覚える (←→ amar) ▶ odiar o inimigo 敵を憎む / Eu odeio futebol! サッカーなんか大嫌いだ.
❷《odiar + [不定詞]》…**することを嫌う** ▶ Eu odeio cozinhar! 料理なんか大嫌いだ.
❸《odiar + [接続法]》…ことを嫌う, …が嫌だ ▶ Odeio que você mexa em minhas coisas. 君に私のものをいじられるのがすごく嫌だ.
— [自] 嫌う.
— **odiar-se** [再] ❶ 自己嫌悪する. ❷ 憎み合う ▶ Eles se odeiam mutuamente. 彼らは互いに憎しみ合っている.

★**ódio** /'ɔdʒiu オーヂオ/ [男] **憎しみ, 嫌悪** ▶ amor e ódio 愛と憎しみ / ódio racial 人種憎悪 / crimes de ódio 憎悪犯罪 / ter ódio de... …が嫌いである / tomar ódio de... …が嫌いになる.

odioso, sa /odʒi'ozu, 'ɔza/ [形] ❶ 憎い, 憎たらしい ▶ Toda guerra é odiosa. あらゆる戦争は憎むべきものである. ❷ 嫌悪すべき, 嫌な ▶ um crime odioso おぞましい犯罪.

odisseia /odʒi'sɛja/ [女] ❶ 冒険旅行, 波瀾万丈の旅行. ❷《*Odisseia*》『オデュッセイア』(ギリシャの詩人ホメロス作の叙事詩).

odontologia /odõtolo'ʒia/ [女] 歯科医学, 歯学.

odor /o'dox/ [[複] odores] [男] 匂い, 香り ▶ mau odor 悪臭 / odor corporal 体臭 / odor do cigarro タバコの匂い.
odor de santidade 聖徳の香り ; 完徳の境地.

odre /'odri/ [男] (液体を入れる) 革袋.

★★★**oeste** /o'ɛstʃi オエスチ/ [男] ❶ **西, 西方**, 西部 ▶ O navio rumou para o oeste. 船は西へ向かった / no oeste do Brasil ブラジルの西部に / a oeste de... …の西方に. ❷ 西風.
— [形]《不変》西の, 西に位置する ▶ na costa oeste 西海岸に.

ofegante /ofe'gẽtʃi/ [形]《男女同形》息を切らした, あえいだ.

ofegar /ofe'gax/ ⑪ [自] ❶ あえぐ, 息を切らす ▶ Cada vez que subia as escadas, eu ofegava. 階段を上る度に私はいつも息を切らしていた.
❷ (蒸気などが) シュッと出る.

ofender /ofẽ'dex/ [他] ❶ 傷つける, 害する ▶ ofender a dignidade 尊厳を傷つける / ofender a moral 風紀を損なう.
❷ 侮辱する, 気分を害する, 怒らせる ▶ Eu não queria ofender ninguém. 私は誰の気分も損なうつもりはなかった.
❸ 違反する ▶ ofender a regra 規則に違反する.
— **ofender-se** [再] 腹を立てる, 感情を害する ▶ Não se ofenda. 気を悪くしないでください.

ofensa /o'fẽsa/ [女] ❶ 侮辱, 無礼 ; 損害, 被害 ▶ ofensa moral 精神的危害. ❷〖法律〗違反, 罪, 犯罪 ▶ ofensa à regra 規則違反.

ofensiva[1] /ofẽ'siva/ [女] 攻撃, 攻勢 ▶ ofensiva militar 軍事攻勢 / passar à ofensiva 攻勢に転じる.

ofensivo, va[2] /ofẽ'sivu, va/ [形] ❶ 侮辱的な, 無礼な, 不快な ▶ linguagem ofensiva 侮辱的な言葉 / comentário ofensivo 不快発言. ❷ 攻撃的な, 攻勢の ▶ arma ofensiva 攻撃用兵器.

ofensor, sora /ofẽ'sox, 'sora/ [[複] ofensores, soras] [形] ❶ 侮辱する, 怒らせる, 不快にさせる. ❷ 傷つける.
— [名] 無礼者 ; 加害者.

★★★**oferecer** /ofere'sex オフェレセーフ/ ⑮ [他] ❶ **贈る, プレゼントする** ▶ Ele ofereceu um ramo de flores à namorada. 彼は恋人に花束をプレゼントした / oferecer um jantar 夕食をごちそうする.
❷ **提供する, 与える** ▶ Vou lhe oferecer a última oportunidade. 君に最後のチャンスを与えよう.
❸ 見せる, 示す, 見せびらかす ▶ Minha namorada me ofereceu suas belas pernas. 恋人が美しい脚を見せつけた.
— **oferecer-se** [再] 志願する, 自ら名乗り出る ▶ Muitos soldados se ofereceram para a operação difícil. 多くの兵士がその困難な作戦に志願した / oferecer-se para ajudar 支援を申し出る.

oferenda /ofe'rẽda/ [女] 贈り物, 捧げ物 ; 奉納.

★★**oferta** /o'fɛxta オフェフタ/ [女] ❶ **申し出**, オファー ▶ fazer uma oferta 申し出をする / aceitar uma oferta 申し出を受け入れる / recusar uma oferta 申し出を断る / ofertas de emprego 求人 / oferta de estágio 研修のオファー.
❷ **贈り物, 景品** ▶ Isto é uma oferta para mim? これは私への贈り物ですか.
❸ [B] 安売り, 特売 ; 安売り品, バーゲン品 ▶ oferta especial 特売 / ofertas da primavera 春の安売り品.
❹〖経済〗**供給** ▶ oferta de produtos 製品の供給 / a oferta e a demanda 需要と供給.
em oferta セールの, 特売の ▶ produto em oferta 特売品.

ofertar /ofex'tax/ [他] 提供する.
— **ofertar-se** [再] 身を捧げる.

★★**oficial** /ofisi'aw オフィスィアゥ/ [[複] oficiais] [形]《男女同形》❶ **公式の, 正式の** ▶ documento oficial 公文書 / língua oficial 公用語 / patrocinador oficial 公式スポンサー.
❷ **政府の, 官庁の** ▶ boletim oficial 官報.
— [名] 将校, 士官 ▶ oficial superior 上級将校 / oficial reformado 退役将校.

oficializar /ofisiali'zax/ [他] ❶ 公表する, 公にする. ❷ 公式に認める.

oficialmente /ofisi,aw'mẽtʃi/ [副] 公式に, 正式に ▶ Eles estão oficialmente casados. 彼らは正式に結婚している.

★**oficina** /ofi'sĩna オフィスィーナ/ [女] ❶ **製造 [修理] 工場** ▶ oficina de cerâmica セラミック工場.
❷ 自動車修理工場 ▶ Meu carro está na oficina há uma semana. 私の自動車は1週間前から修理工場にある.
❸ 短期集中セミナー, ワークショップ ▶ oficina de teatro 演劇ワークショップ / oficina de formação para professores de língua portuguesa ポルトガル語教員養成短期講座.

*ofício /o'fisiu オフィスィオ/ [男] ❶ (専門的な) 職業, 職, 仕事 ▶ aprender um ofício 職を身につける / artes e ofícios 工芸 / um ofício sagrado 聖職.
❷ 任務 ▶ ofício do professor 教師の任務.
❸ 公式書簡, 公文書.
❹〖宗教〗祭式 ▶ ofício divino ミサ / ofício de defuntos 死者供養の祈り.
de ofício 職権により.
ofício de notas ① 公証人の職務. ② 公証役場, 登記所.
sem ofício nem benefício 働かずにブラブラしている, 仕事をしていない.

oficiosamente /ofisi,ɔza'mẽtʃi/ [副] 非公式に, オフレコで.

oficioso, sa /ofisi'ozu, 'ɔza/ [形] 非公式の ▶ segundo fontes oficiosas 非公式筋によれば.

oftalmologia /oftawmolo'ʒia/ [女] 眼科学.

oftalmológico, ca /oftawmo'lɔʒiku, ka/ [形] 眼科の.

oftalmologista /oftawmolo'ʒista/ [名] 眼科医.

ofuscar /ofus'kax/ ㉙ [他] ❶ …の目をくらませる, ▶ Os faróis dos carros ofuscaram a visão do motorista. 車のヘッドライトはそのドライバーの目をくらませた.
❷ 見えなくする.
❸ …に影を落とす ▶ O incidente não ofuscou o brilho do espetáculo. そのトラブルが舞台の成功に影を落とすことはなかった.
— **ofuscar-se** [再] ❶ 輝きを失う. ❷ 暗くなる.

ogiva /o'ʒiva/ [女] ❶〖建築〗オジーブ, 対角線リブ.
❷〖軍事〗弾頭部 ▶ ogiva nuclear 核弾頭.

OGM 《略語》 organismo geneticamente modificado 遺伝子組み換え生物.

ogro /'ɔgru/ [男] 人食い鬼.

ogum /o'gũ/ [男] [B]〖黒人宗教〗オグン (火, 鉄, 政治, 戦争を司る神).

oh /ɔ/ [間] おお, おや, まあ, ああ (驚き, 感動, 喜び, 不快感などを表す) ▶ Oh, que horror! まあ, なんて恐ろしい.

oi /oj/ [間] [B] ❶ 《あいさつ》 やあ ▶ Oi, tudo bem? やあ, 元気かい.
❷ 《呼びかけ》 ねえ, あの, ちょっと ▶ Oi moço, me dá um cafezinho? ねえ君, コーヒーを1杯もらえるかな.
❸ 《聞き返し》 えっ, 何 ▶ Oi? Repete! 何, もう一度言って.

Oiapoque /oja'poki/ [男]〖地名〗オイアポケ (ブラジル北端の町).
do Oiapoque ao Chuí ブラジルの北端から南端まで, ブラジル全国で.

oiço [活用] ⇒ ouvir

oitava[1] /oj'tava/ [女] ❶〖音楽〗オクターブ. ❷ 8分の1.

oitava de final /oj,tavadʒifi'naw/ [[複] oitavas de final] [女] 準々決勝.

*:**oitavo, va**[2] /oj'tavu, va オィターヴォ, ヴァ/ [形] 《数》 ❶ 8番目の. ❷ 8分の1の.
— **oitavo** [男] 8分の1.

*:**oitenta** /oj'tẽta オィテンタ/ [形] 《数》《不変》 ❶ 80の. ❷ 80番目の.
— [男] 80.

*:**oito** /'ojtu オィト/ [形] 《数》《不変》 ❶ 8の. ❷ 8番目の.
— [男] 《単複同形》 8.
nem oito nem oitenta よくも悪くもない, まあまあ.
oito ou oitenta 一か八か, のるかそるか.
tomar um oito 一杯やる, 酒を飲む.

*oitocentos, tas /ojtu'sẽtus, tas オィトセントス, タス/ [形] 《数》 ❶ 800の. ❷ 800番目の.
— [男] 800.

ojeriza /oʒe'riza/ [女] 嫌悪, 反感 ▶ ter ojeriza a... …が嫌いである.

*:**olá** /o'la オラー/ [間] ❶ 《あいさつ》 やあ ▶ Olá, amigos! やあみんな.
❷ 《驚き》 おや, あれ ▶ Olá, está aqui?! おや, こんなところにあった.
❸ 《肯定》 ええ, もちろん.

olaria /ola'ria/ [女] 陶器製造, 陶器工場.

olé /o'lɛ/ [間] いいぞ, お見事 ▶ A torcida gritava "olé". サポーターは「いいぞ」と叫んでいた.

oleado, da /ole'adu, da/ [形] 油を引いた.
— **oleado** [男] 油を引いた布, オイルクロス.

olear /ole'ax/ ⑩ [他] …に油を塗る [さす].

oleiro /o'lejru/ [男] 陶器職人, 陶工.

*:**óleo** /'ɔleu オーレオ/ [男] ❶ 油, オイル ▶ óleo animal 動物油 / óleo vegetal 植物油 / óleo de coco ココナッツオイル / óleo de soja 大豆油 / óleo de milho コーンオイル / óleo de girassol ヒマワリオイル / óleo lubrificante 潤滑油 / quadro [pintura] a óleo 油絵.
❷ 日焼け止めオイル ▶ Passa óleo nas minhas costas. 背中にオイルを塗って.

oleoduto /oleo'dutu/ [男] 送油管, パイプライン.

oleoso, sa /ole'ozu, 'ɔza/ [形] 油の, 油性の ▶ pele oleosa 脂性の肌.

olfativo, va /owfa'tʃivu, va/ [形] 嗅覚の ▶ nervo olfativo 嗅神経.

olfato /ow'fatu/ [男] 嗅覚.

olhada /o'ʎada/ [女] 見ること, 一瞥 ▶ só com uma olhada 一目見て / dar uma olhada em... …をちらと見る.

olhadela /oʎa'dɛla/ [女] ちらっと見ること, 一瞥 ▶ dar uma olhadela ちらと見る.

*:**olhar** /o'ʎax オリャーフ/ [他] ❶ 見る, 注視する, じっと見る ▶ olhar o vídeo 動画を見る / Só olhei você. 僕は君だけを見つめた / olhar o céu 空を眺める / olhar a situação por outro ângulo 状況を別の角度から見る / olhar com bons olhos 好意的に見る, ひいき目に見る / olhar alguém nos olhos 人の目を見る.
❷ 《olhar ＋目的語＋[現在分詞]》 …が…しているのを見る.
❸ (辞書や本などを) 引く, 調べる ▶ olhar o dicionário 辞書を引く / A cartomante olhava as cartas uma a uma. 占い女は一枚づつカードを見ていった.
❹ 面倒を見る, 世話する, 見張る ▶ olhar uma criança 子供の面倒を見る.
❺ …に面している, の方向を向いている ▶ A janela

do seu quarto olhava o jardim. 彼の部屋は庭に面していた.
— 他 ❶ …を見る, 注視する, じっと見る [+ para] ▶Olhe, por favor. 見てください / Ele estava olhando fixamente para as estrelas. 彼は星を見つめていた / olhar para fora através da janela 窓から外を見る / Ele olhou para ela de relance. 彼は彼女をちらっと見た / olhar para cima 上を見る / olhar para baixo 下を見る / olhar para frente 前を見る / olhar para trás 後ろを見る, 振り返る / olhar de cima 見下ろす, 見下す / Olha! ほら, 見て.
❷ 自 (植物が) 芽を吹く ▶A cana-de-açúcar já começou a olhar. サトウキビはもう芽を吹きはじめている
— olhar-se 再 ❶ 自分自身を見る ▶olhar-se no espelho 鏡に映った自分を見る. ❷ お互いを見る, 見つめあう.
— 男 [複 olhares] 視線, 視点 ▶um olhar carinhoso 愛情のこもった目 / um olhar triste 悲しそうな目 / um olhar de reprovação 叱責の目 / Você se importa demais com o olhar das pessoas. 君は人目を気にしすぎる / trocar olhares 視線を交わす, 目配せをする.
E olhe lá. それ見たことか, やはり, ここまでだ.
olha (só) (つなぎ言葉) あのう, ほら, ねえ (相手に注意を向けさせる表現).
Olha só. (否定的な内容に対して) まったくそうですね.
olhar por... …の面倒を見る, 保護する.
olhar por si 用心する.
por onde quer que se olhe どっちを見ても.

語法 olhar と olhar para

olhar は他動詞として「注視する, よく見る」という意味で用いられる.
  olhar a letra da música 歌詞をよく見る.
  olhar as informações no jornal 新聞の情報を注視する.
それに対して自動詞の olhar は方向・方角を示す前置詞 para を伴って「視線を向ける, 眺める」という意味になる.
  olhar para o celular 携帯電話の方を見る, 見遣る.
  olhar para trás 背後を眺める.

olheiras /oˈʎɛjras/ 女複 (目の下の) くま.
olho /ˈoʎu オーリョ/ 男 ❶ 眼球, 目, 瞳 ▶abrir os olhos 目を開く / fechar os olhos 目をつぶる / olho direito 右目 / olho esquerdo 左目 / piscar o olho まばたきする / ver com os próprios olhos 自分の目で見る / olhar nos olhos 目を見つめる / não acreditar nos próprios olhos わが目を疑う / Entrou um cisco no meu olho. 目にごみが入った / Ela tem lindos olhos. 彼女は目がきれいだ / Ele tem olhos negros. 彼は目が黒い / olhos azuis 青い瞳 / olhos grandes 大きな瞳 / olho de vidro 義眼 / Ele ouviu a conversa de olhos fechados. 彼は目を閉じて話を聞いていた / Meus olhos cansaram-se. 私は目が疲れた / Havia lágrimas nos olhos dela. 彼女は目に涙を浮べていた / Olho por olho, dente por dente. 諺 目には目を, 歯には歯を / O que os olhos não veem, o coração não sente. 諺 去る者は日々に疎し.

❷ 視線; 注視, 監視 ▶baixar os olhos 目を伏せる / levantar os olhos ao céu 天を仰ぐ / levantar os olhos de... …から目をそらす / não tirar os olhos de... …から目が離せない / botar o olho em... …を監視する, 見守る / pôr o olho em... …に目を向ける, 見る / volver os olhos 目を向ける, 見る.
❸ 目つき, まなざし ▶um olhos tristes 悲しい目つき / olhos de peixe morto 死んだ魚のような眼.
❹ 見方, 眼識 ▶aos olhos de... …の目から見ると, …の意味では.
❺ 穴, 穴 ▶os olhos do queijo チーズの穴 / olho mágico ドアスコープ.
❻【気象】目 ▶olho do furacão 台風の目.
❼【植物】芽, つぼみ ▶deitar olhos 芽を出す.
❽ (野菜の) 芯 ▶um olho de couve キャベツの芯.
abaixar os olhos ① うつむく. ② 目を反らす.
abrir o olho 用心する.
abrir os olhos ① 瞠目する. ② まぶたを上げる, 目を覚ます.
abrir os olhos à luz 生まれる.
abrir os olhos de alguém …の目を見開かせる ▶Você tem que abrir os olhos do rapaz ao perigo. あなたは若者に危機を知らしめる必要がある.
acender os olhos 目を見開く.
andar de olho em... ① …に着目する. ② …を監視する, 尾行する.
a olho 目分量で ▶vender a melancia a olho スイカを目分量で売る.
a olho nu 肉眼で ▶visível a olho nu 肉眼で見える.
a olhos vistos 目に見えて, 明らかに ▶A situação econômica no país ficou melhor a olhos vistos. 国の経済状況は目に見えて改善した.
até os olhos 最大限に, ぎりぎりまで.
botar olho grande em... ① …を切望する, …を欲する. ② …を妬む.
chupar os olhos da cara 搾取する, 生き血をすする.
com olhos de ver 厳密にあらゆる注意力・全能力を傾けて.
com os olhos abertos 目を大きく開けて, 括目して.
com um olho aqui, outro lá 二つの出来事や仕事に同時に気を配って.
comer com os olhos 欲する, ねだる ▶A criança sempre come com os olhos um brinquedo novo. 子供は常に新しいおもちゃをねだる.
dar com os olhos em... …を見かける, …を目にする.
de encher os olhos 目もあやな, 目を奪われるような.
de olho em... …に目を光らせて.
de olho no gato e de olho no peixe 目を光らせて.

de olhos abertos 目を開けて，目を見開いて，用心して.
de olhos fechados ① そらんじて. ② 熟知して. ③ 目を閉じて，簡単に，考えるまでもなく，調べずに ▸resolver um problema sério de olhos fechados 深刻な問題を安々と解決する.
debaixo dos olhos 人目にさらされて.
deitar olho comprido a …を指をくわえて見る.
encher os olhos 目を楽しませる，見て楽しい，目の保養になる.
entrar pelos olhos 明確である.
estar com o olho na estrada 出発しようとしている.
estar com os olhos em... …に興味深く注目する.
estar de olho 見ている，注視している ▸Estou de olho! 見てるよ.

estar de olho em... …を見ている，欲しがっている.
falar com os olhos 目でものをいう.
fechar os olhos ① 死ぬ. ② 見ないふりをする，目をつむる.
fechar os olhos de alguém ① …の死を看取る. ② 自殺幇助する.
ficar de olho em... …を見張る，注視する.
ficar de olhos abertos 注意する，注視する.
levantar os olhos para... …を切望する.
meter-se pelos olhos dentro 明らかである，明白である ▸Mete-se pelos olhos dentro que ela está mentindo. 彼女が嘘をついていることは明らかだ.
não pregar olho 一睡もできない ▸Eu não consegui pregar olho toda a noite. 私は一晩中眠れなかった.
num abrir e fechar de olhos 瞬く間に，瞬時に.
olho clínico ① 優れた診断能力. ② 高い観察力 ▸ter olho clínico 鋭い観察眼を持っている.
olho comprido 妬み，羨望 ▸pôr olhos compridos em... …を妬む，羨望する.
olho de águia 鷹の目，優れた視力，鋭い眼力.
olho de boi ① ブラジル最初の郵便切手. ② 天窓.
olho de cabra morta どんよりした目.
olho de gato 猫の目，反射板.
olho de mosquito 非常に小さなもの.
olho de santo 何でもお見通しの目.
olho de sapo 出目.
olho gordo [grande] 妬み，欲に満ちた目 ▸pôr olho grande em... …を妬む，呪う，悪意のこもった眼で見る.

olho no olho 目を合わせて，目を逸らさずに，正直に.
olho vivo ① 鋭敏さ，利発さ ▸Ele tem olho vivo, compreende tudo que está acontecendo à sua volta. 彼は利発で，周囲で起こっているすべてを理解する. ② 注意せよ，警戒せよ ▸Ela é perigosa, olho vivo! 彼女は危険だ，警戒せよ.
olhos vagos 焦点の定まらない目.
passar os olhos por [em] ぱっと見る，ざっと読む.
pelos seus belos olhos 無償で，見返りを求めずに.
pôr muito alto os olhos 高嶺の花を望む，分不相応なことを願う.
pôr no olho da rua …を追い出す，解雇する.
pôr os olhos em... ① 見つめる，観察する，考慮する. ② 目を掛ける，好感を持って接する. ③ 手本にする.
saltar aos olhos 明らかである.
só ter olhos para... …しか眼中にない.
ter debaixo dos olhos 目を離さない.
ter o olho em si 己を慎む.
ter o olho maior que a barriga 欲張る，食いしん坊である，食べ切れない程の料理を欲しがる.
ter olho para... …に天賦の才がある ▸O jovem tem olho para o negócio. 若者は天賦の商才がある.
ter olhos na ponta dos dedos (指先に目がついている→) 触覚が敏感である，鋭い.
ter quatro olhos 眼鏡をかけている.
ver com bons olhos 好意的に見る，ひいき目に見る ▸Os amigos veem o resultado do exame vestibular com bons olhos. 友人たちは入学試験の結果を好意的に見ている.

oligarquia /oligax'kia/ [女] 寡頭政治，少数独裁政治.

oligárquico, ca /oli'gaxkiku, ka/ [形] 寡頭政治の.

Olimpíadas /olĩ'piadas/ [女複] オリンピック大会 ▸as Olimpíadas do Rio de Janeiro リオデジャネイロオリンピック.

olímpico, ca /o'lĩpiku, ka/ [形] オリンピックの ▸os Jogos Olímpicos オリンピック大会 / os Jogos Olímpicos do Rio de Janeiro リオデジャネイロオリンピック / recorde olímpico オリンピック記録 / vila olímpica オリンピック村 / Comitê Olímpico Internacional 国際オリンピック委員会.

oliva /o'liva/ [女] オリーブの実.

oliveira /oli'vejra/ [女] 〖植物〗オリーブの木.

olvidar /owvi'dax/ [他] 忘れる ▸Olvidou as más lembranças do divórcio. 彼は離婚の嫌な思い出を忘れた.
— **olvidar-se** [再] …を忘れる [+ de] ▸Olvidou-se daquele período triste em sua vida. 彼は自分の人生におけるあの悲しい時期のことを忘れた.

ombrear /õbre'ax/ ⑩ [他] …を肩に担ぐ.
— [自] …と肩を並べる，…に匹敵する [+ com].
— **ombrear-se** [再] …と肩を並べる，…に匹敵する [+ com].

ombro /'ōbru オンブロ/ 男 肩 ▶levantar os ombros 肩をすくめる / largo de ombros 肩幅が広い / Ela deitou a cabeça no meu ombro. 彼女は頭を私の肩にのせた / Estou com os ombros rígidos. 私は肩が凝っている.
chorar no ombro de... …に悩みを聞いてもらう.
dar de ombros 肩をすくめる.
encolher os ombros 肩をすくめる.
olhar alguém por cima do ombro …を見下す, 軽蔑する.
ombro amigo 悩みを聞いて慰める友.
ombro a ombro 肩を並べて, 共に, 協力して.
tomar algo sobre os ombros …に責任を持つ.

ómega /'ɔmǝɐ/ 男 P = ômega
ômega /'ōmega/ 男 B オメガ (ギリシャ語アルファベットの最終字).
omeleta /ɔme'letɐ/ 女 P = omelete
omelete /ome'letʃi/ 男 女 B オムレツ ▶omelete de queijo チーズオムレツ / Não se fazem omeletes sem quebrar ovos. 諺 (卵を割らなければオムレツはできない→) 事を成すには犠牲を払わなければならない.
ominoso, sa /omi'nozu, 'nɔzɐ/ 形 ❶ 不吉な, 縁起の悪い. ❷ 忌まわしい.
omissão /omi'sẽw/ [複 omissões] 女 ❶ 省略, 脱落 ▶omissão de dados データの漏れ / salvo erro ou omissão 過誤, 遺漏のない限り.
❷ なおざり, 手抜き.
omisso, sa /o'misu, sa/ 形 (omitir の過去分詞) ❶ 省略のある, 省略された ▶um texto omisso 省略のあるテキスト. ❷ 怠慢な.
omitir /omi'tʃir/ 他 ❶ 省略する, 言わないでおく ▶A testemunha omitiu informações fundamentais. 目撃者は肝心な情報を言わなかった. ❷ 怠る ▶O motorista foi acusado de omitir socorro. その運転手は救助を怠ったかどにより起訴された.
omnipotência /ɔmnipu'tẽ'sie/ 女 P = onipotência
omnipotente /ɔmnipu'tẽtɐ/ 形 P = onipotente
omnipresença /ɔmniprǝ'zẽsɐ/ 女 P = onipresença
omnipresente /ɔmniprǝ'zẽtɐ/ 形 P = onipresente
omnisciente /ɔmniʃi'ẽtɐ/ 形 P = onisciente
omnívoro, ra /ɔm'nivuru, rɐ/ 形 P = onívoro
omoplata /omo'platɐ/ 女 【解剖】肩甲骨.
OMS (略 語) Organização Mundial da Saúde 世界保健機構.
onça /'ōsɐ/ 女 ❶【動物】ピューマ, ユキヒョウ, ジャガー. ❷ (重さの単位) オンス.
cutucar onça com vara curta 虎の尾を踏む.
do tempo da onça とても古い.
ficar uma onça 激怒する.
na onça お金がない, 無一文で.
oncologia /ōkolo'ʒia/ 女 【医学】腫瘍学.
oncológico, ca /ōko'lɔʒiku, ka/ 形 腫瘍学の.
oncologista /ōkolo'ʒistɐ/ 名 腫瘍医.

onda /'ōdɐ オンダ/ 女 ❶ 波, 波紋; ウェーブ ▶pegar onda 波に乗る, サーフィンをする / onda de calor 熱波 / onda de protestos 抗議の波 / ondas no cabelo 髪のウェーブ / A cidade enfrenta a onda de violências. 町は暴力の波に直面している / onda do futuro 未来の潮流 / pegar onda サーフィンに行く, サーフィンする.
❷【物理】波, 波動 ▶onda elétrica 電波 / onda curta 短波 / onda média 中波 / onda longa 長波 / comprimento de onda 波長 / onda sonora 音波 / onda de choque 衝撃波.
entrar na onda 活動を始める.
entrar na onda de +不定詞 …し始める.
estar na onda 流行している, はやっている.
fazer onda 波風を立てる.
ir na onda 流れに流される.
ir na onda de alguém …と同じ流れに乗る, …の路線を行く.
tirar onda ① 気取る, 偉そうにする. ② 誰かと付き合う, 好きで付き合っているように見せる.
tirar onda de... …を装う.

onde /'ōdʒi オンヂ/ 副 (疑問) ❶ どこで, どこに ▶Onde está Pedro? ペドロはどこにいますか / Onde está você? どこにいるの / Onde é aqui? ここはどこですか / Onde você mora? あなたはどこに住んでいますか / Onde fica o banheiro? お手洗いはどちらでしょうか / Onde você colocou a chave? 鍵をどこに置きましたか / Onde dói? どこが痛みますか / Onde tem um ponto de ônibus? バス停はどこにありますか.
❷《前置詞 + onde》▶Para onde vai você? どこに行くのですか / Para onde vai este trem? この電車はどこ行きですか / De onde você é? あなたの出身はどちらですか / De onde você vem? あなたはどこから来ましたか.
❸《間接疑問文で》▶Se usar o GPS logo saberá onde está. GPS を使えば自分の位置がすぐに分かる.
❹《onde +不定詞》▶Onde trabalhar? どこで働くか / Para onde ir? どこに行くか / Até onde ir? どこまで行くか / Não sei por onde começar. 私はどこから始めてよいのか分からない.
— 副《関係》❶《場所を示す先行詞とともに》▶Esta é a casa onde eu nasci. これが私の生まれた家です / uma ponte por onde passam muitos carros 多くの車が通る橋 / Ele chegou a Lisboa, onde vai passar uns dias com a família. 彼はリスボンに到着した. そしてそこで家族と数日を過ごす予定だ.
❷《状態を表す先行詞とともに》▶Quero fazer um trabalho onde possa usar meu talento. 私は自分の才能を生かせる仕事をしたい.
❸《先行詞なしで》…する場所で ▶Sente-se onde você quiser. お好きなところにお座りください / Cuidado por onde anda. 足元に気をつけてください / Onde fogo não há, fumaça não se levanta. 諺 火のないところに煙は立たない.
de onde em onde あちらこちらに; 時々.
dê por onde der どんなことがあっても.
onde quer que +接続法 どこで[に]…しても ▶

onde quer que você esteja 君がどこにいても.
por onde +[不定詞] …するべき場所［余地］▶Neste projeto há por onde melhorar. この計画には改善の余地がある.
ondear /õde'ax/ ⑩ [他] 波打たせる，ウェーブをかける.
— [自] 波打つ，うねる，翻る.
— **ondear-se** [再] 波打つ，うねる，翻る.
ondulação /õdula'sɐ̃w̃/ [[複] ondulações] [女] ❶ 波打ち，うねり，波動. ❷ (髪の) ウェーブ.
ondulado, da /õdu'ladu, da/ [形] ❶ 波状の，波形の ▶cartão ondulado 段ボール. ❷ (髪の) ウェーブのかかった ▶cabelos ondulados ウェーブヘア.
ondular /õdu'lax/ [他] 波打たせる；(髪に) ウェーブをかける ▶ondular os cabelos 髪にウェーブをかける.
— [自] ❶ 波打つ，うねる. ❷ (旗が) 翻る. ❸ (炎が) 揺らめく. ❹ 蛇行する，うねる.
— **ondular-se** [再] ❶ 波打つ，うねる. ❷ (旗が) 翻る. ❸ (炎が) 揺らめく. ❹ 蛇行する，うねる.
onerar /one'rax/ [他] ❶ …に税を課す ▶onerar os contribuintes 納税者に負担を強いる.
❷ …に義務［負担］を負わせる.
❸ …に借金を負わせる.
— **onerar-se** [再] ❶ 義務［負担］を負う.
❷ …に対して借金を負う［+ com］.
oneroso, sa /one'rozu, 'rɔza/ [形] 費用のかかる，負担になる，重荷になる ▶por título oneroso 有償で.
ONG 《略語》organização não governamental 非政府組織.
ónibus /'ɔnibuʃ/ [男] [P] = ônibus
***ônibus** /'õnibus オニブス/ [男]《単複同形》[B] **乗り合いバス** ▶pegar o ônibus バスに乗る / ir de ônibus バスで行く / perder o ônibus バスに乗り損ねる / descer do ônibus バスから降りる / ônibus escolar スクールバス / ônibus leito 寝台バス / ponto de ônibus バスの停留所 / A que horas sai o próximo ônibus? 次のバスは何時に出ますか.
onipotência /onipo'tẽsia/ [女] [B] 全能，万能.
onipotente /onipo'tẽtʃi/ [形]《男女同形》[B] 全能の，万能の，絶対的権力を持つ ▶Deus onipotente 全能の神.
onipresença /onipre'zẽsa/ [女] [B] 遍在.
onipresente /onipre'zẽtʃi/ [形]《男女同形》[B] 遍在する，あまねく存在する.
onírico, ca /o'niriku, ka/ [形] 夢の.
onisciente /onisi'ẽtʃi/ [形]《男女同形》[B] 全知の.
onívoro, ra /o'nivoru, ra/ [形] [B] 雑食性の.
ónix /'ɔniks/ [男] [P] = ônix
ônix /'õniks/ [男] [B]〖鉱物〗縞瑪瑙(しまめのう)，オニキス
onomástico, ca /ono'mastʃiku, ka/ [形] 固有名詞の，名前の ▶índice onomástico 固有名詞索引.
onomatopeia /onomato'pɛja/ [女] オノマトペ，擬態語，擬音語.
***ontem** /'õtẽj̃ オンティン/ [副] **きのう，昨日** ▶Ontem fui almoçar com ele. 私は昨日，彼と昼食に行った / ontem de manhã 昨日の朝 / ontem à tarde 昨日の午後 / ontem à noite 昨日の夜 / desde ontem 昨日から.
— [男] 昨日，近過去 ▶o jogo de ontem 昨日の試合 / pessoas de ontem 過去の人々.
não ter nascido ontem ばかではない，賢い.
ter nascido ontem 未熟である，経験が浅い.
para ontem 大至急.
ontologia /õtolo'ʒia/ [女]〖哲学〗存在論.
ONU /'õnu/ 《略語》Organização das Nações Unidas 国際連合，国連.
ónus /'ɔnuʃ/ [男]《単複同形》[P] = ônus
ônus /'õnus/ [男]《単複同形》[B] ❶ 重荷. ❷ 義務. ❸ 税金.
***onze** /'õzi オンズィ/ [形]《数》《不変》❶ **11の.** ❷ **11番目の.**
— [男] 11 ▶onze titular [P]〖サッカー〗スタメン.
opa /'ɔpa/ [間] ❶ おおっ，すごい (驚きや感嘆を表す). ❷《あいさつ》やあ.
opacidade /opasi'dadʒi/ [女] 不透明さ.
opaco, ca /o'paku, ka/ [形] 不透明な，光を通さない ▶vidro opaco 曇りガラス.
opala /o'pala/ [女]〖鉱物〗オパール.
***opção** /opi'sɐ̃w̃ オピサォン/ [[複] opções] [女] **選択，選択権，選択肢**，オプション ▶Não tenho outra opção. 他に選択の余地はない / Ele tomou a opção de estudar economia na universidade. 彼は大学で経済学を学ぶという選択肢を取った / Você tem o direito de opção. 君には選ぶ権利がある / O técnico explicou a opção por outro jogador. 監督は他の選手を選んだ理由を説明した / Perder não é uma opção. 負けることは選択肢に入っていない.
opcional /opisio'naw/ [[複] opcionais] [形]《男女同形》任意の，随意の，自由選択の.
OPEP 《略語》Organização dos Países Exportadores de Petróleo 石油輸出国機構.
ópera /'ɔpera/ [女] ❶ 歌劇，オペラ. ❷ オペラ劇場.
***operação** /opera'sɐ̃w̃ オペラサォン/ [[複] operações] [女] ❶ **手術** ▶A operação deu certo. 手術はうまくいった / fazer uma operação 手術を受ける / sala de operação 手術室.
❷ **操作，手順；操業，稼働** ▶uma operação simples 簡単な操作［手順］/ A usina já entrou em operação. 発電所はすでに稼働している.
❸〖軍事〗**活動，作戦** ▶operação de resgate 救援活動，救出作戦 / operações militares 軍事作戦.
❹〖経済〗取引 ▶operação financeira 金融取引.
❺〖数学〗演算.
operacional /operasio'naw/ [[複] operacionais] [形]《男女同形》❶ 作戦上の ▶base operacional 作戦基地.
❷ 実用に供しうる，実用になる.
❸ 作業上の，運営上の ▶custo operacional 運営費用.
❹ sistema operacional〖情報〗基本ソフト，OS.
❺〖数学〗演算の.
operador, dora /opera'dox, 'dora/ [[複] operadores, doras] [名] ❶ オペレーター，操作者，運転者 ▶operador de caixa レジ係 / operador de telemarketing 電話セールスのオペレーター. ❷ 外科医. ❸ ディーラー ▶operadores de bolsa de valores 株式市場のディーラー.

opressivo, va

— **operador** 形 ❶【数学】演算子, 演算記号. ❷ operador turístico パック旅行専門の旅行会社.
— 形 操作する, 手術する.

operante /ope'rẽtʃi/ 形《男女同形》稼働している, 作動している.

★operar /ope'rax オペラール/ 他 ❶ 行う▶A máquina opera todo o controle. 機械がコントロールをすべて行う / operar um milagre 奇跡を行う.
❷ 操作する▶Somente aquele funcionário sabe operar esta máquina. あの職員だけがこの機械を操作できる.
❸ (患者を) **手術する** ▶O médico vai operar aquele paciente hoje. 医師は今日あの患者を手術するだろう.
❹ (患者が)…の手術を受ける▶operar o joelho 膝の手術を受ける.
— 自 ❶ 動く, 機能する, 活動する▶O computador voltou a operar ontem. コンピューターは昨日再び動くようになった.
❷ 手術を受ける▶Ele não pode operar esta semana. 彼は今週手術を受けることはできない.
❸ 操業する▶empresas estrangeiras que operam no Brasil ブラジルで営業している外国企業.

operariado /operari'adu/ 男 労働者階級.

★operário, ria /ope'rariu, ria オペラーリオ, リア/ 名 **労働者** ▶Os operários entraram em greve. 労働者はストライキに入った / operário especializado 専門工 / sindicato dos operários 労働組合.
— 形 労働者の▶classe operária 労働者階級 / população operária 労働者人口 / movimento operário 労働運動.

opereta /ope'reta/ 女《音楽》オペレッタ, 軽歌劇. **país de opereta** 小国.

opinar /opi'nax/ 自 意見を言う▶Prefiro não opinar. 私の意見は差し控えます / opinar sobre a situação atual 現状について意見を述べる.
— 他《opinar que + 直説法》…という意見を述べる.

opinativo, va /opina'tʃivu, va/ 形 意見の▶jornalismo opinativo オピニオンジャーナリズム.

★★★opinião /opini'ẽw オピニアォン/[複 opiniões] 女 **意見, 考え** ▶Qual é sua opinião? あなたの意見はどうですか / dar uma opinião 意見を言う / opinião púbica 世論 / na minha opinião 私の考えでは / mudar de opinião 考えを変える / pedir a opinião de alguém …の意見を尋ねる / não ter uma opinião formada はっきりした意見を持っていない.
ser de opinião que + 直説法 …という意見である.

ópio /'ɔpiu/ 男 アヘン.

oponente /opo'nẽtʃi/ 形《男女同形》反対する, 対立する.
— 名 反対者, 対立者.

★opor /o'pox オポール/ 他《過去分詞 oposto》他 (抵抗を) **示す** ▶opor resistência a… …に抵抗する.
— **opor-se** 再 …に反対する, 反抗する▶opor-se à violência 暴力に反対する / Ela opôs-se ao seu pai. 彼女は父親にさからった.

oportunamente /opox,tuna'mẽtʃi/ 副 折よく, 都合よく.

★★oportunidade /opoxtuni'dadʒi オポフトゥニダーヂ/ 女 ❶ **好機, 機会** ▶agarrar uma oportunidade をつかむ / ter a oportunidade de + 不定詞 …する機会を持つ / aproveitar a oportunidade para + 不定詞 機会を利用して…する / perder uma boa oportunidade 好機を失う / deixar escapar a oportunidade 好機を逃す / oportunidade de trabalho 就職の機会 / igualdade de oportunidades 機会の平等 / oportunidade de ouro 絶好のチャンス / na oportunidade de… …の機会に.
❷ 時宜を得ていること.

oportunismo /opoxtu'nizmu/ 男 日和見主義, ご都合主義, 便宜主義.

oportunista /opoxtu'nista/ 形《男女同形》日和見主義の, ご都合主義の.
— 名 日和見主義者, ご都合主義者.

oportuno, na /opox'tũnu, na/ 形 適切な, ふさわしい, 好都合な▶no momento oportuno ちょうどいい時に / O momento foi oportuno. ちょうどいい時だった / A intervenção foi oportuna. ちょうどいい時に仲裁が入った.

★oposição /opozi'sẽw オポズィサォン/[複 oposições] 女 ❶ **反対** ▶oposição ao projeto de lei 法案に対する反対 / oposição dos pais 両親の反対 / oposição sistemática 何でも反対.
❷ 対立 ▶A oposição entre os dois países deve ser resolvida logo. 二国間の対立はただちに解決されるべきである.
❸ 野党 ▶A oposião venceu a eleição passada pela primeira vez. 野党は先の選挙で初めて勝利した / líder da oposição 野党の指導者.
em oposição a… ① …に反して▶protesto em oposição ao novo regulamento 新しい規則に反しての抵抗. ② …と対比して▶movimento musical dos anos 70 em oposição ao movimento dos anos 90 1990年代の運動と対比しての, 1970年代の音楽運動.

oposicionista /opozisio'nista/ 形《男女同形》反対する, 反対派の; 野党の.
— 名 反対派の一員; 野党党員.

opositor, tora /opozi'tox, 'tora/ [複 opositores, toras] 名 反対者, 敵対者▶opositores do governo 政府に反対する人.
— 形 反対する▶partidos opositores 野党.

★oposto, ta /o'postu, 'posta オポスト, タ/ 形 **逆の, 反対の**, 反対側の ▶sentido oposto 反対方向 / opinião oposta 反対意見 / sexo oposto 異性 / margem oposta 対岸 / ângulo oposto 対角 / um resultado oposto ao esperado 期待とは裏腹の結果 / A casa fica do lado oposto à biblioteca. その家は図書館の向かい側にある.
— **oposto** 男 反対のこと, 逆なこと▶fazer exatamente o oposto 正反対のことをする.

opressão /opre'sẽw/ [複 opressões] 女 ❶ 圧迫, 抑圧, 弾圧 ▶opressão das mulheres 女性に対する抑圧. ❷ 圧迫感 ▶opressão no peito 胸苦しさ.

opressivo, va /opre'sivu, va/ 形 ❶ 抑圧的な,

opressor, sora

圧制的な, 苛酷な ▶regime opressivo 抑圧的体制. ❷ 重苦しい, 息の詰まるような ▶calor opressivo 暑苦しさ.

opressor, sora /opre'sox, 'sora/ [複 opressores, soras] 图 抑圧者, 圧制者.
— 形 抑圧的な, 圧制的な.

oprimido, da /opri'midu, da/ 形 图 抑圧された (人), 圧政に苦しむ (人), 虐げられた (人).

oprimir /opri'mix/ 他 ❶ 押す, 締めつける ▶O corpo oprimia a cama. 体がベッドを押しつぶしていた.
❷ 抑圧する, 虐げる ▶oprimir o povo 民衆を虐げる / Os ditadores oprimem as pessoas. 独裁者たちが人々を抑圧する / Ele sente-se oprimido pelo tempo. 彼は時間に追われていると感じる.

opróbrio /o'prɔbriu/ 男 屈辱, 恥.

*****optar** /opi'tax/ オピターフ/ 自 ❶ …を選ぶ, 選択する [+ por] ▶optar pela nacionalidade brasileira ブラジル国籍を選ぶ / Optei por lutar. 私は戦うことを選んだ.
❷ …の中から選ぶ [+ entre] ▶optar entre dois modelos 2つのモデルから選ぶ.

optativo, va /opita'tʃivu, va/ 形 ❶ 選択の, 任意の ▶disciplinas optativas 選択科目. ❷ 《文法》願望を表す ▶modo optativo 希求法.
— **optativo** 男《文法》希求法.

óptica[1] /'ɔpitʃika/ 女 ❶ 光学. ❷ 眼鏡店. ❸ 観点, 視点 ▶nesta óptica この観点からすれば.
sob a óptica de... …から見た.

óptico, ca[2] /'ɔpitʃiku, ka/ 形 图 ❶ 視覚の, 目の ▶nervo óptico 視神経. ❷ 光学の ▶fibra óptica 光ファイバー / instrumentos ópticos 光学機器.

opulência /opu'lẽsia/ 女 ❶ 富裕, 豪奢, 豊かさ ▶viver na opulência ぜいたくに暮らす. ❷ (肉体の) 豊満.

opulento, ta /opu'lẽtu, ta/ 形 ❶ 富裕な, 豪奢な, 豊穣な, 豊かな. ❷ (肉体が) 豊満な.

opúsculo /o'puskulu/ 男 ❶ 小品, 小論文. ❷ パンフレット, 小冊子.

*****ora** /'ɔra/ 副 今, この時.
— 接 ❶ しかし, だが ▶Ele concordou comigo, ora, depois discordou. 彼は私に賛成してくれたが, 後に反対した.
❷ さらに, さて, 従って ▶Eu lhe transmiti a notícia, ora, se disser que não sabe, é com ele. 私は彼にはニュースを伝えておいた. だから, 知らないと言うならそれは彼の問題だ.
❸ (ora... ora...) ある時には…, またある時には ▶Ora chove, ora faz sol. 雨が降ったり晴れたりする.
— 間 おや, あら, ふん (驚き, 疑問, 無関心).

de ora em diante 今から ▶De ora em diante, você é o novo presidente da empresa. 今から君が会社の新社長だ.

Ora bolas! まったく, もう ▶Ora bolas! Onde estava você? まったくどこにいたの.

Ora essa! まさか, なんだって ▶Ora essa! Você é o professor? まさか, 君が先生だなんて.

Ora, muito obrigado! (皮肉を込めて) これはどうも.

Ora, ora! あれまあ ▶Ora, ora, não chore mais! よしよし, もう泣くんじゃない.

Ora, sebo! まったく, もう.

por ora 今のところ, とりあえず ▶Por ora não vamos tomar novas medidas. とりあえずは新しい措置は取らないでおこう

*****oração** /ora'sẽw̃/ オラソォン/ [複 orações] 女 ❶ 祈り ▶fazer uma oração 祈る.
❷ 《文法》文 ▶oração composta 複文.
❸ 《文法》節 ▶oração principal 主節 / oração subordinada 従属節 / oração coordenada 並列節.

oráculo /o'rakulu/ 男 ❶ 神託, 託宣. ❷ (神託のような) 権威ある言葉.

orador /ora'dox/ [複 oradores] 男 演説者, 弁士, 雄弁家 ▶orador sacro 説教者.

oral /o'raw/ [複 orais] 形《男女同形》❶ 口頭の, 口述の ▶exame oral 口述試験 / linguagem oral 話し言葉 / tradição oral 言い伝え / literatura oral 口承文学. ❷ 口の, 口腔の ▶higiene oral 口内衛生 / por via oral 経口で.
— 女 口述試験.

oralmente /o,raw'mẽtʃi/ 副 口頭で.

orangotango /orẽgu'tẽgu/ 男《動物》オランウータン.

orar /o'rax/ 自 ❶ …のために祈る [+ por] ▶orar pelos mortos 死者のために祈る. ❷ …に祈る [+ a] ▶orar a Deus 神に祈る. ❸ 演説する.

oratória[1] /ora'tɔria/ 女 雄弁, 雄弁術.

oratório, ria[2] /ora'tɔriu, ria/ 形 演説の; 雄弁な, 雄弁家の ▶arte oratória 弁論術.
— **oratório** 男 ❶ 祈祷室, 小礼拝堂. ❷《音楽》オラトリオ.

orbe /'ɔxbi/ 男 ❶ 世界, 地球 ▶orbe terrestre 地球. ❷ 天体.

órbita /'ɔxbita/ 女 ❶《天文》軌道 ▶órbita terrestre 地球の軌道 / entrar em órbita 軌道に乗る / colocar em órbita 軌道に乗せる / estar em órbita 軌道に乗っている. ❷《解剖》眼窩. ❸ 勢力圏, 影響範囲.
estar em órbita 上の空である.

orbital /oxbi'taw/ [複 orbitais] 形《男女同形》❶ 軌道の. ❷《解剖》眼窩の.

orçamental /oxsamẽ'taw/ [複 orçamentais] 形《男女同形》予算の ▶controle orçamental 予算管理.

orçamentário, ria /oxsamẽ'tariu, ria/ 形 予算の ▶déficit orçamentário 財政赤字.

*****orçamento** /oxsa'mẽtu/ オフサメント/ 男 ❶ 見積もり ▶fazer um orçamento 見積もりを出す / pedir um orçamento 見積もりを依頼する / orçamento sem compromisso 無料見積もり.
❷ 予算 ▶orçamento do Estado 国家予算 / orçamento para a educação 教育予算 / cortes no orçamento 予算削減 / um filme de baixo orçamento 低予算の映画 / ultrapassar o orçamento 予算をオーバーする.

orçar /ox'sax/ ⑬ 他 見積もる ▶orçar as despesas 費用を見積もる.

ordeiro, ra /ox'dejru, ra/ 形 ❶ 規律の取れた, 行

儀のいい. ❷ 整然とした.

‡**ordem** /'ɔxdēj/ オフディン/ [複 ordens] 囡 ❶ 順番 ▶ ordem das palavras 語 順 / por ordem 順番に, 整然と / em ordem cronológica 年代順に / em ordem alfabética アルファベット順に / em ordem numérica 番 号 順に / em ordem crescente 昇順に / em ordem decrescente 降順に / em ordem de importância 重要な順に / Os jovens enfileiraram-se em ordem crescente de altura. 少年たちは背の順に並んだ.

❷ 秩序, 治安 ▶ Ordem e Progresso 秩序と進歩 (ブラジル国旗に書かれたモットー) / ordem pública 治安 / ordem social 社会秩序 / manter a ordem 治安を維持する.

❸ 整理, 整頓 ▶ estar em ordem 整理されている / pôr algo em ordem = pôr ordem em algo …を整理 [整頓] する.

❹ 命令, 指令 ▶ dar ordens 命令する / obedecer a uma ordem 命令に従う / desobedecer a ordem 命令に逆らう / por ordem de alguém …の命令により / ordem de serviço 業 務 命 令 / ordem de prisão 逮捕状 / ordem de despejo 立ち退き命令 / Ordens são ordens. 命令は命令だ, 従うしかない.

❺ 種類, 等級 ▶ problemas de mesma ordem 同じ種類の問題 / problemas de ordem econômica 経済的な問題 / de primeira ordem 一流の / de segunda ordem 二流の.

❻ (自由業に従事する人の) 団体 ▶ ordem dos advogados 弁護士会 / ordem dos médicos 医師会.

❼ 勲章 ▶ Ordem do Cruzeiro do Sul 南十字勲章.

❽ 修 道 会 (= ordem religiosa) ▶ Ordem dos Franciscanos フランシスコ会.

à ordem de... (小切手などで) …宛ての.
até segunda ordem 新たな指示があるまで; 新たな事態になるまで, とりあえず.
chamar à ordem 注意する, たしなめる.
em boa ordem 整然と, 平穏に.
estar às ordens de alguém …の好きなように使える ▶ Estamos às suas ordens. おっしゃるとおりにいたします.
estar em ordem 順調である ▶ Tudo está em ordem. 万事順調である.
fora de ordem 順不同で, でたらめな順番で.
na ordem de... 約 … の ▶ na ordem de 40 milhões reais 約 4 千万レアルの.
ordem do dia 議事日程, 予定議題; 時事問題, 時の話題 ▶ estar na ordem do dia 話題になっている.

ordenação /oxdenaˈsẽw/ [複 ordenações] 囡 ❶ 整理, 整頓 ▶ ordenação do pensamento 考えの整理. ❷〖カトリック〗(司祭の) 叙階式.

ordenado, da /oxdeˈnadu, da/ 形 ❶ 順序正しい, 整然とした ▶ uma vida ordenada 規則正しい生活. ❷ 几帳面な. ❸〖カトリック〗叙階された.
— **ordenado** 男 給料.

‡**ordenar** /oxdeˈnax/ オフデナーフ/ 他 ❶ 整理する, 配列する ▶ Vamos ordenar os livros conforme a classificação. 分類に従って本を配架しましょう.

❷ 命令する, 指図する ▶ O presidente ordenou que fizesse um grande corte na verba. 社 長 は予算の大幅カットをするよう命じた.
❸〖カトリック〗叙階する.

ordenhar /oxdeˈɲax/ 他 自 搾乳する, 乳を搾る.

ordinal /oxdʒiˈnaw/ [複 ordinais] 形《男女同形》序数の ▶ número ordinal 序数.
— 男 序数.

ordinariamente /oxdʒiˌnariaˈmẽtʃi/ 副 普 通に, いつもは.

***ordinário, ria** /oxdʒiˈnariu, ria/ オフヂナーリオ, リア/ 形 ❶ 粗末な, 質の悪い ▶ papel ordinário 質の悪い紙.
❷ 粗野な, 下品な.
❸ 普通の, 通常の, 凡庸な ▶ um homem ordinário 普通の男.
— **ordinário** 男 普通のこと, 習慣.
de ordinário いつもは.

orégano /oˈreganu/ 男〖植物〗オレガノ.

‡**orelha** /oˈreʎa/ オレーリャ/ 囡 ❶〖解剖〗耳, 外耳 ▶ cobrir as orelhas com as mãos 耳を手で覆う / Ele puxou a minha orelha. 彼は私の耳を引っ張った / orelha de abano 大きな耳 / Minha orelha está quente! 私の耳が熱い (悪口を言われると耳が熱くなるとされる).
❷ 耳状のもの ▶ boné com orelhas 耳あてのついた野球帽のような帽子.
❸ 本のページのすみの折れ.

até as orelhas 完全に ▶ encharcado até as orelhas ずぶ濡れの / endividado até as orelhas 借金で首が回らない.
com a orelha em pé 聞き耳を立てて.
com a orelha pegando fogo ① 耳が熱くなって. ②(悪口を言われて) 耳が熱くなって.
com um sorriso de orelha a orelha 満面に笑みを浮かべて.
de orelha 耳にして, 噂で.
de orelha em pé B 区 気をつけて, 用心して, 警戒して.
de orelhas baixas 尻尾を巻いて.
ficar com a orelha em pé 気を張っている, 信用していない, 何かが起こると予測している.
ficar de orelhas baixas 恥じ入る, 卑下する.
puxar as orelhas 耳を引っ張る, 叱る, 小言を言う.
torcer as orelhas 話 しなかったことを後悔する.
torcer as orelhas de... …を叱る, 注意する.

orelhada /oreˈʎada/ 囡 耳を引っ張ること.
de orelhada うわさで.

orelhão /oreˈʎɐ̃w/ [複 orelhões] 男 B (耳の形をした) 公衆電話ボックス.

orelhão

orelhudo, da

orelhudo, da /oreˈʎudu, da/ 形 ❶ 耳の大きな. ❷ ばかな, 頭の悪い.
orfanato /oxfaˈnatu/ 男 孤児院, 児童養護施設.
orfandade /oxfẽˈdadʒi/ 女 ❶ 両親のいないこと. ❷《集合的》孤児.
órfão, fã /ˈɔxfẽw, fẽ/ [複 órfãos, fãs] 形 保護者のいない, 両親のいない ▶ criança órfã 孤児.
— 名 両親のいない子供, 孤児 ▶ órfão de guerra 戦災孤児.
orfeão /oxfeˈẽw/ [複 orfeões] 男 (伴奏なしの) 合唱団.
orgânico, ca /oxˈgẽniku, ka/ 形 ❶ 器官の, 器質的な ▶ doenças orgânicas 器質的疾患. ❷ 有機の ▶ química orgânica 有機化学 / agricultura orgânica 有機農業. ❸ 体質的な, 生得的な. ❹ 組織的な, 統一的な；国家組織に関する ▶ lei orgânica (政治制度の) 基本法.
‡organismo /oxgaˈnizmu/ オフガニズモ / 男 ❶ 有機体, 生き物, 人体 ▶ organismos geneticamente modificados 遺伝子組み換え生物 / O organismo humano é complicado. 人体組織は複雑である / Esporte faz bem para o organismo. スポーツは体によい. ❷ 組織, 機構, 団体 ▶ organismo internacional 国際組織.
organista /oxgaˈnista/ 名 オルガン奏者.
‡organização /oxganizaˈsẽw/ オフガニザサォン / [複 organizações] 女 ❶ 組織化, 構成, 企画 ▶ a organização do trabalho 労働の組織化 / A organização da festa foi muito bem feita. パーティーの企画はとてもよく出来だった. ❷ 組織, 団体, 機関 ▶ organização administrativa 管理組織 / organização não governamental 非政府組織, NGO / organização sem fins lucrativos 非営利団体 / Organização das Nações Unidas 国際連合 / Organização Mundial da Saúde 国際保健機関 / Organização Mundial do Comércio 世界貿易機関 / Organização do Tratado do Atlântico Norte 北大西洋条約機構.
organizado, da /oxganiˈzadu, da/ 形 ❶ 組織化された, 系統だった ▶ crime organizado 組織犯罪 / trabalhadores organizados 組織労働者. ❷ 段取りのよい, 計画的な ▶ uma pessoa organizada 段取りのよい人.
organizador, dora /oxganizaˈdox, ˈdora/ [複 organizadores, doras] 名 組織者, 主催人, 発起人.
— 形 組織する, 編成する.
‡‡‡organizar /oxganiˈzax/ オフガニザーフ / 他 ❶ 組織化する, 編成する ▶ organizar a resistência 抵抗運動を組織する. ❷ 準備する, 企画する ▶ organizar uma viagem 旅行を企画する / organizar uma festa パーティーを開く.
— **organizar-se** 再 組織化される, 編成される.
organograma /oxganoˈgrẽma/ 男 組織図.
‡órgão /ˈɔxgẽw/ オフガォン / [複 órgãos] 男 ❶ 器官 ▶ órgão visual 視覚器官 / órgãos genitais 生殖器. ❷ 装置, 媒体 ▶ órgão de comunicação 通信装置. ❸ 機関, 機構 ▶ órgãos públicos 公的機関 / órgãos governamentais 政府機関 / órgão legislativo 立法機関. ❹ オルガン ▶ tocar órgão オルガンを弾く / órgão de tubos パイプオルガン.
orgasmo /oxˈgazmu/ 男 オルガスムス, 性的興奮の絶頂.
orgia /oxˈʒia/ 女 ❶ はめをはずした宴会, らんちき騒ぎ. ❷《uma orgia de...》あふれんばかりの ▶ uma orgia de cores 色の乱舞.
orgulhar-se /oxguˈʎaxsi/ 再 …を自慢する, 誇る [+ de] ▶ Ele orgulha-se da filha. 彼は娘を自慢に思っている.
*orgulho /oxˈguʎu/ オフグーリョ / 男 ❶ 誇り, 自尊心, 自慢の種 ▶ o orgulho da família 一家の誇り / ferir o orgulho プライドを傷つける / Eu tenho orgulho de ser brasileiro. 私はブラジル人であることを誇りに思っている. ❷ 高慢, 尊大.
engolir o orgulho 謙遜する.
orgulhosamente /oxguˌʎozaˈmẽtʃi/ 副 傲慢に, 思い上がった態度で；誇らしげに, 誇りを込めて.
orgulhoso, sa /oxguˈʎozu, ˈʎɔza/ 形 ❶ …を誇りに思う, 自慢する [+ de] ▶ Estou orgulhoso de você. 私は君のことを誇りに思う / Estou orgulhoso de ser brasileiro. 私はブラジル人であることを誇りに思う. ❷ 高慢な, 傲慢な. ❸ 虚栄心の強い, 見栄を張る.
— 名 傲慢な人.
orientação /oriẽtaˈsẽw/ [複 orientações] 女 ❶ 指導, 方向付け, 指針 ▶ orientação profissional 職業指導 / orientação educacional 進学指導 / sob a orientação de... …の指導の下で. ❷ 方位, 方角 ▶ sentido de orientação 方向感覚. ❸ 傾向, 指向 ▶ orientação sexual 性的指向.
orientador, dora /oriẽtaˈdox, ˈdora/ [複 orientadores, doras] 名 指導者, 助言者, 担当員 ▶ orientador profissional 就職相談員.
— 形 指導する ▶ linhas orientadoras 指針 / princípios orientadores 指導原理.
*oriental /oriẽˈtaw/ オリエンタゥ / [複 orientais] 形《男女同形》東の ▶ Europa Oriental 東ヨーロッパ.
— 名 東洋人.
‡orientar /oriẽˈtax/ オリエンターフ / 他 ❶ …に道を示す ▶ orientar os turistas 観光客の道案内をする. ❷ 指導する ▶ O professor orientou o doutorando. 教員は博士課程の大学院生を指導した. ❸ …の方向を決める ▶ orientar a fachada para o sul 建物の正面を南向きにする.
— **orientar-se** 再 自分の位置を知る ▶ Observou as placas para orientar-se no cruzamento. 交差点で自分の位置を知るために, 表示板をじっと見た.
oriente /oriˈẽtʃi/ 男 ❶ 東, 東方, 東部 ▶ a oriente de... …の東方に / no oriente de... …の東部に. ❷ 東洋 ▶ Extremo Oriente 極東 / Oriente Próximo 近東 / Oriente Médio 中東.

❸ フリーメーソンの支部 ▶ grande Oriente グランドロッジ.

orifício /ori'fisiu/ 男 穴, 開口部 ▶ orifício nasal 鼻孔.

★★★origem /o'riʒēj/ オリージェィン/ [複 origens] 安 ❶ 起源, 始まり ▶ origem do mundo 世界の起源 / origem da vida 生命の起源.
❷ 起因, 由来 ▶ festa de origem pagã 異教由来の祝祭 / palavras de origem grega ギリシャ語起源の言葉.
❸ 生まれ, 出身 ▶ brasileiros de origem japonesa 日系ブラジル人 / país de origem 出身国 / de origem nobre 貴族出の.
❹ 原産, 製造地 ▶ cerveja de origem alemã ドイツ原産ビール / certificado de origem 原産地証明書.
❺ 発送地, 発信地, 出所 ▶ origem de uma encomenda postal 郵便小包の発送地.
❻ 原因 ▶ origem de um conflito armado 武装紛争の原因.
❼ 【数学】原点.
na origem 最初は, もともとは.
dar origem a... …の原因となる, 引き起こす.
de origem 純正の ▶ peças de origem 純正部品.
estar na origem de... …の原因である.
ter origem em... …に由来する.

★original /oriʒi'naw/ オリジナゥ/ [複 originais] 形《男女同形》❶ 独創的な ▶ uma ideia original 独創的な考え.
❷ 元の, 最初の ▶ edição original 初版 / texto original 原文 / versão original 原版版.
❸ 奇抜な, 変わった.
— 男 原文, 原本の ▶ Onde estão os originais do certificado? 証明書の原本はどこにありますか.

originalidade /oriʒinali'dadʒi/ 安 独創性, 創意 ▶ uma obra de grande originalidade 非常に独創的な作品.

originalmente /oriʒi,naw'metʃi/ 副 ❶ 本来は, 最初は. ❷ 独創的に.

originar /oriʒi'nax/ 他 引き起こす, もたらす, 生み出す.
— **originar-se** 再 …から起きる, 生じる [+ de].

originariamente /oriʒi,naria'metʃi/ 副 もともとは, 元来.

originário, ria /oriʒi'nariu, ria/ 形 …生まれの, 起源の, 原産の [+ de] ▶ Ele é originário do Japão. 彼は日本生まれだ.

oriundo, da /ori'ũdu, da/ 形 …原産の, 出身の, …由来の [+ de].

orixá /ori'ʃa/ 男 オリシャ (アフロブラジル宗教の神).

orla /'ɔxla/ 安 ❶ 岸 ▶ orla marítima 海辺, 海岸.
❷ へり, 縁. ❸ 縁枠, 縁飾り.

orlar /ox'lax/ 他 ❶ 縁取りする, 縁飾りをつける. ❷ …を囲む.

ornamentação /oxnamēta'sēw/ [複 ornamentações] 安 装飾, 飾り付け.

ornamental /oxnamē'taw/ [複 ornamentais] 形《男女同形》飾りの, 装飾の ▶ planta ornamental 鑑賞植物.

ornamentar /oxnamē'tax/ 他 飾る, 装飾する.
— **ornamentar-se** 再 …で飾られる, 装飾される [+ de].

ornamento /oxna'mētu/ 男 飾り, 装飾.

ornar /ox'nax/ 他 … を … で飾る [+ com/de] ▶ Ela ornou o cabelo com flores. 彼女は髪を花で飾った.
— **ornar-se** 再 身を飾る, 装う.

ornato /ox'natu/ 男 飾り, 装飾.

ornitologia /oxnitolo'ʒia/ 安 鳥類学.

★orquestra /ox'kestra/ オフケストラ/ 安 ❶ オーケストラ, 管弦楽団 ▶ orquestra sinfônica 交響楽団 / orquestra de câmara 室内管弦楽団 / orquestra de jazz ジャズオーケストラ / chefe de orquestra オーケストラ指揮者 / dirigir uma orquestra オーケストラを指揮する.
❷ オーケストラボックス.
❸ (劇場や映画館の) 1階席.

orquestração /oxkestra'sēw/ [複 orquestrações] 安 管弦楽法, (楽曲の) 管弦楽化.

orquestral /oxkes'traw/ [複 orquestrais] 形《男女同形》オーケストラの, 管弦楽のための ▶ música orquestral 管弦楽.

orquestrar /oxkes'trax/ 他 ❶ オーケストラ用に編曲 [作曲] する. ❷ (計画や行動を) 組織化する, 画策する.

orquídea /ox'kidea/ 安 【植物】ラン.

ortodoxia /oxtodok'sia/ 安 正統, 正統性.

ortodoxo, xa /oxto'dɔksu, ksa/ 形 ❶ 正統的な, 伝統的な ▶ método ortodoxo 正統的な方法.
❷ ギリシャ正教の ▶ Igreja Ortodoxa ギリシャ正教会.
— 名 ❶ 正統派. ❷ ギリシャ正教徒.

ortografar /oxtogra'fax/ 他 自 正書法に従って書く, 正しく綴る.

ortografia /oxtogra'fia/ 安 (正しい) 綴り, スペル, 正書法 ▶ erro de ortografia 綴りの間違い.

ortográfico, ca /oxto'grafiku, ka/ 形 綴りの, 正書法の ▶ cometer erros ortográficos 綴りを間違える / acordo ortográfico 正書法協定 / reforma ortográfica 正書法改革.

ortopedia /oxtope'dʒia/ 安 整形外科学.

ortopédico, ca /oxto'pedʒiku, ka/ 形 整形外科学の.

ortopedista /oxtope'dʒista/ 名 整形外科医.

orvalhar /oxva'ʎax/ 他 ❶ 濡らす, 湿らせる. ❷ (液体を) 噴霧する.
— 自 (露が) 降りる.
— **orvalhar-se** 再 (露に) 濡れる.

orvalho /ox'vaʎu/ 男 ❶ 露, 夜露. ❷ 霧雨, こぬか雨.

★★os[1] /us オス/ 定冠詞《男性複数形》▶ Os brasileiros gostam de futebol. ブラジル人はサッカーが好きだ.

★★os[2] /us オス/ 代《直接目的格代名詞3人称男性複数形》
❶ 彼らを ▶ Eu os conheço. 私は彼らを知っている.
❷ あなたたちを.
❸ それらを ▶ Eu acredito em óvnis... e eu os vi.

私はUFOがあると思っている. この目で見たんだ.
— 代 《指示》《男性複数形》❶《限定句[節]を伴って》それら, 人々 ▶Felizes os de coração puro. 心の清い人々は幸いである / meus amigos e os de meus filhos 私の友人と私の子供たちの友人 / Os tons de azul equilibram-se com os de vermelho. 青の色調が赤の色調と釣り合いが取れている. ❷《os que...》…する人たち[物] ▶os que trabalham 働く人たち.

oscilação /osila'sẽw/ [複 oscilações] 女 ❶ 揺れ, 振動. ❷ 変動, 動揺, 躊躇 ▶a oscilação da temperatura 気温の変動.

oscilar /osi'lax/ 他 揺らす, 振動させる.
— 自 ❶ 揺れる, 振動する ▶A terra oscilou. 地面が揺れた.
❷ 迷う ▶Você oscilou entre dizer a verdade ou a mentira. 君は真実を言うかうそをつくかで迷った.
— **oscilar-se** 再 揺れる, 振動する.

osciloscópio /osilos'kɔpiu/ 男 オシロスコープ.
ósculo /'ɔskulu/ 男 《友情・仲直りの》キス, 口づけ.
ossada /o'sada/ 女 ❶ 骨の山, 死骸の骨. ❷ 骨組み, 構造.
ossatura /osa'tura/ 女 ❶ 骨, 骨格. ❷ 骨組み, 構造.
ósseo, sea /'ɔsiu, sia/ 形 骨の, 骨ばった.
☆**osso** /'osu オーソ/ 男 ❶ 骨 ▶carne com osso 骨付きの肉 / quebrar um osso 骨折する. ❷ 骸骨, 遺骸.

até os ossos 骨まで, 完全に.
em osso 骨組みだけの.
estar no osso 骨組みしか残っていない, 《タイヤが》パンクしている.
osso duro de roer 難題, 難問.
ossos do ofício 職業上どうしてもしなければならない仕事.
pele e osso 骨と皮だけの, がりがりにやせた.
roer os ossos ① 残り物をもらう. ② ただ働きを強いられる.

ossuário /osu'ariu/ 男 納骨堂.
ossudo, da /o'sudu, da/ 形 骨ばった, 骨太の.
ostensivo, va /ostẽ'sivu, va/ 形 明らかな, あらわな, これ見よがしな ▶luxo ostensivo これ見よがしのぜいたく.
ostentação /ostẽta'sẽw/ [複 ostentações] 女 見せびらかし, 誇示, 見栄 ▶ostentação de riqueza 富を誇示すること.
ostentar /ostẽ'tax/ 他 見せびらかす, 誇示する ▶ostentar riqueza 財産をひけらかす.
— 自 見栄を張る ▶Você ostenta demasiado. 君は見栄の張りすぎだ.
— **ostentar-se** 再 見栄を張る.
ostentoso, sa /ostẽ'tozu, 'tɔza/ 形 ❶ 豪華な, きらびやかな. ❷ 人目を引こうとする, これ見よがしな.
osteoporose /osteopo'rɔzi/ 女 《医学》骨粗鬆(しょう)症.
ostra /'ostra/ 女 《貝》カキ ▶cultura de ostras カキの養殖.
ostracismo /ostra'sizmu/ 男 ❶ 《古代ギリシャの》陶片追放. ❷ 追放, 排斥.

OTAN /o'tẽ/ 《略語》Organização do Tratado do Atlântico Norte 北大西洋条約機構.
otário, ria /o'tariu, ria/ 形 名 お人好しな《人》, まぬけな《人》.
ótica[1] /'ɔtʃika/ 女 = óptica.
ótico, ca[2] /'ɔtʃiku, ka/ 形 ❶ = óptico. ❷ 耳の.
otimismo /otʃi'mizmu/ 男 楽観主義, 楽観 (↔ pessimismo).
otimista /otʃi'mista/ 形 《男女同形》楽観的な, 楽天主義の (↔ pessimista).
— 名 楽観主義者, 楽天家.
otimização /otʃimiza'sẽw/ [複 otimizações] 女 最適化.
otimizar /otʃimi'zax/ 他 最適化する.
☆**ótimo, ma** /'ɔtʃimu, ma オチモ, マ/ 《bom の絶対最上級》形 ❶ 大変よい, 最高の (↔ péssimo) ▶uma ótima ideia 最高のアイデア / A comida estava ótima. 食事はすばらしかった / uma ótima pessoa 素敵な人 / condições ótimas 最善の条件.
— **ótimo** 男 《o ótimo》最高のもの ▶O ótimo é inimigo do bom. 完璧を求めるとせっかくのよいものを駄目にすることがある.
— **ótimo** 間 それはすばらしい, 最高だ.
otite /o'tʃitʃi/ 女 《医学》耳炎.
otorrino, na /oto'xinu, na/ 名 耳鼻咽喉科医 (otorrinolaringologista).
otorrinolaringologia /otoxinolarĩgolo'ʒia/ 女 耳鼻咽喉科《学》.
otorrinolaringologista /otoxinolarĩgolo'ʒista/ 名 耳鼻咽喉科医.
☆**ou** /o オ/ 接 ❶ …か, または, あるいは, それとも (↔ e) ▶Chá ou café? 紅茶にしますか, それともコーヒーにしますか / Com ou sem açúcar? 砂糖を入れますか, 砂糖抜きですか / Sim ou não? イエスかノーか / Você vem ou não? 君は来るのそれとも来ないの / eu, você, ele ou ela 私か君か彼か彼女.
❷ すなわち, つまり ▶a linguística, ou ciência da linguagem 言語学すなわち言葉の科学.
❸ …ないし…, …から… ▶dois ou três dias 2, 3日 / vinte ou trinta pessoas 20人から30人.
❹ 《命令形の後で》さもなければ, そうでなければ ▶Para de rir, ou nunca mais falo com você! 笑うのをやめろ, さもなければもう二度と君とは口をきかないぞ.
❺ そうでなかったら ▶Ele estava muito preocupado, ou não teria enviado tal e-mail. 彼はとても心配していたんだよ. さもなければあんなメール送ってこなかっただろう.
❻ 《接続法 + ou + 接続法》…であろうと, …であろうと ▶Chova ou neve. 雨が降ろうと雪が降ろうと / queira ou não queira 否が応でも.
ou... ou... ①…か…のどちらか ▶Acho que vem ou o João ou o Pedro. 私はジョアンかペドロのどちらかが来ると思います. ②…するか, …するか, 2つに1つだ ▶Ou você diz a verdade ou vai ser preso. 君は本当のことを言うか, 逮捕されるかだ. ③ あるときは…, またあるときは… ▶Este ano, ou chove ou faz sol. 今年は雨と晴れの繰り

返しだ.
... ou assim …かそこら ▶ cinco minutos ou assim 5分かそこら.
ou então さもなければ, さもなくば, そうでなければ.
ou melhor というより, より正確に言えば.
ou seja すなわち, つまり, 言い換えれば.
ouça [活用] ⇒ ouvir
ouço [活用] ⇒ ouvir
ouriçado, da /ori'sadu, da/ [形] 興奮した, 熱狂した.
ouriçar /ori'sax/ ⑬ [他] ❶ 興奮させる, 熱狂させる. ❷ (毛を) 逆立てる.
— **ouriçar-se** [再] ❶ 興奮する, 熱狂する. ❷ (毛が) 逆立つ.
ouriço /o'risu/ [男]〘動物〙ハリネズミ.
ouriço-do-mar /oˌrisudu'max/ [[複] ouriços-do-mar] [男]〘動物〙ウニ.
ourives /o'rivis/ [男]《単複同形》金銀細工師, 金銀細工商.
ourivesaria /oriveza'ria/ [女] 金銀細工店, 金銀細工.
★★★**ouro** /'oru オーロ/ [男] ❶ **金, 黄金** ▶ ouro puro 純金 / ouro em folha 金箔 / moeda de ouro 金貨 / cordão de ouro 金の鎖 / medalha de ouro 金メダル / Nem tudo o que brilha é ouro. [諺] 光るもの必ずしも金ならず, 見かけは当てにならない.
❷ 貴重なもの ▶ ouro branco ホワイトゴールド, 綿花 / ouro negro 石油, ゴム / ouro verde コーヒーの生豆.
❸《ouros》(トランプの) ダイヤ ▶ a dama de ouros ダイヤのクイーン.
cobrir de ouro 贈り物責めにする.
entregar o ouro ① 秘密を漏らす. ② 裏切る.
nadar em ouro 大金持ちである.
nem por todo (o) ouro do mundo 絶対に…ない.
ouro de lei 18金.
ouro em pó 砂金.
valer ouro 非常に価値ある, 貴重である.
valer seu peso em ouro 非常に価値がある, 大変すばらしい.
ousadia /oza'dʒia/ [女] ❶ 大胆さ, 果敢, 向こう見ず ▶ É preciso muita ousadia para ter sucesso. 成功をおさめるにはかなり大胆さが必要である.
❷ 生意気, 厚かましさ.
ousado, da /o'zadu, da/ [形] ❶ 大胆な, 果敢な ▶ O piloto do avião realizou uma manobra ousada. 航空機のパイロットは大胆な操縦をした.
❷ 生意気な, 礼儀知らずな.
ousar /o'zax/ [他] ❶ 思い切ってする, 挑む ▶ ousar algo novo 何か新しいことをやってみる.
❷《ousar + [不定詞]》思い切って…する, …する勇気がある, あえて…する ▶ ousar perguntar 思い切って質問する / ousar dizer não あえて「否」と言う.
— [自]《ousar a + [不定詞]》思い切って…する, …する勇気がある, あえて…する.
out.《略語》outubro 10月.
outdoor /au'dɔx/ [[複] outdoors]《英語》[男] [B] 屋外広告, 看板.
outeiro /o'tejru/ [男] 小山, 丘.
outonal /oto'naw/ [[複] outonais] [形]《男女同形》秋の, 秋らしい.
★★★**outono** /o'tõnu オトーノ/ [男] ❶ **秋, 秋季** ▶ Você já visitou Paris no outono? あなたは秋にパリに行ったことがありますか / neste outono 今年の秋に / no outono passado 去年の秋に / no outono de 2014 2014年の秋に.
❷ 老いる時期, 人生後半 ▶ no outono da vida 人生の秋に.
outorga /o'tɔxga/ [女] 授与, 許可 ▶ a outorga de direito de uso de recursos hídricos 水資源の利用権の授与.
outorgar /otox'gax/ ⑪ [他] ❶ 与える, 授ける ▶ outorgar o título de Doutor Honoris Causa 名誉博士の称号を与える / outorgar a licença 許可を与える.
❷ 認める.
❸〘法律〙(公証人のもとで文書を) 作成する.
outrem /'otrẽȷ̃/ [代] 他人, 他者, 第三者 ▶ causar dano a outrem 他人に損害を与える / os bens de outrem 他人の財産.
★★★**outro, tra** /'otru, tra オートロ, トラ/ [形] ❶《outro + 名詞単数形》**もう一つの, 別の**, 他の, もう一人の ▶ tomar outra direção 別の方向に進む / Eu quero outro filho. 私はもう一人子供がほしい / fazer outra coisa 別のことをする / tentar outra vez もう一度やってみる / perguntar a outra pessoa 別の人に尋ねる / Eu quero ir para outro lugar. 私は別のところに行きたい / em outra parte 別のところに, 別の部分に / outro dia (過去の) ある日, 先日 ; (未来の) 別の日, いつかある日 / no [ao] outro dia 翌日に / outro eu 第二の自分, 腹心.
❷《outros + 名詞複数形》**他のいくつかの**, 他の何人かの ▶ Há outros riscos. 別のリスクがある / Você tem outras cores? ほかの色はありますか.
❸《定冠詞または所有形容詞 + outro + 名詞単数形》**もう一方の**, ほかの ▶ a outra luva 手袋のもう片一方 / o outro sexo 異性.
❹《定冠詞または所有形容詞 + outros + 名詞複数形》**他の**, それ以外の ▶ as outras pessoas 他の人たち, 他人 / diferenças entre o Brasil e os outros países latino-americanos ブラジルとその他のラテンアメリカ諸国の間の相違点.
— [代]《不定》❶《outro》もう一つのもの, もう一人の人.
❷《outros》ほかのいくつかの物, ほかの何人かの人たち ▶ Enquanto tem gente morrendo, tem outros enchendo a pança. 死にかけている人たちがいる一方で, 飽食している人たちがいる / Três pessoas morreram e outras três saíram feridas. 3人が死亡し, もう3人が負傷した.
❸《o outro》もう一つのもの, もう一人の人.
❹《os outros》別の物, ほかの人たち, 他の全て, 他人 ▶ Não importa o que os outros falam. 他人が言うことことは重要ではない / os outros que eu 私以外の人たち.
não dar outra 予測通りになる.

[O]

nós outros (他の人々との違いを強調して) 私たち.

o outro 誰か, ある人, 世間 ▶ como diz o outro 人が言うように.

outro que tal 似たようなもの.

outro tanto 同数, 同量.

um ao outro 互いに ▶ amar-se um ao outro 互いに愛し合う.

outrora /o'trɔra/ 副 かつて, 以前, 昔 ▶ Outrora habitavam muitos índios aqui. かつてここには多くの先住民族が住んでいた.

outrossim /otro'sĩ/ 副 平等に, 等しく, 同様に ▶ Todos têm, outrossim, direito à saúde e à educação. 万人に等しく健康と教育の権利がある.

outubro /o'tubru/ オトゥーブロ/ 男 10月 ▶ fazer anos em outubro 10月に誕生日を迎える / O 5 de outubro é o dia da Implantação da República em Portugal. 10月5日はポルトガル共和制宣言の日である.

ouvido /o'vidu/ 男 **❶** 耳 ▶ ouvido interno 内耳 / ouvido médio 中耳 / ouvido externo 外耳 / Não tenho ouvidos para desculpas dessas. 私はそんな言い訳など聞く耳は持っていない / Não consegui dormir com o barulho que não me saía dos ouvidos. 騒音が耳について私は眠れなかった.

❷ 聴覚, 聴力, 音感 ▶ ouvido absoluto 絶対音感 / Ela tem bom ouvido. 彼女は音感がよい / duro de ouvido 耳が遠い / tocar de ouvido 聞き覚えで(楽譜を見ないで)演奏する.

abrir os ouvidos 耳を傾ける, 傾聴する.
ao ouvido 耳元で, ひそひそと.
chegar aos ouvidos de... …の耳に入る.
dar ouvidos a alguém …の言うことを聞く.
entrar por um ouvido e sair pelo outro 聞いてもそのまま忘れられてしまう.
fazer ouvidos de mercador 聞こえないふりをする.
fazer ouvidos moucos 聞こえないふりをする.
fechar os ouvidos 耳をふさぐ.
ferir os ouvidos 聞き苦しい, 耳障りである.
levar aos ouvidos de.... ① 表明する. ② 知らせる.
martelar nos ouvidos de alguém 主張する, 固執する.
não ser ouvido nem cheirado 相談されない.
prestar ouvido a... …の話をしっかり聞く.
ser todo ouvidos 注意して聞く ▶ Eu serei todo ouvidos. 私は体を耳にしてちゃんと聞きます.
tapar os ouvidos a... …に耳を閉ざす, …を聞こうとしない.
ter os ouvidos cheios de algo …について聞き飽きている.
ter os ouvidos entupidos ① 耳がふさがっている. ② 聞く耳を持たない.

ouvidor, dora /ovi'dox, 'dora/ [複 ouvidores, doras] 形 聞く. 名 聞く人, 聴取者.

ouvinte /o'vitʃi/ 名 **❶** 聴衆, 聴き手, ラジオ聴取者 ▶ Como ser um bom ouvinte? どうしたら聞き上手になれるか. **❷** 聴講生.

ouvir /o'vix オヴィーフ/
㊲

直説法現在	ouço/oiço	ouvimos
	ouves	ouvis
	ouve	ouvem
接続法現在	ouça	ouçamos
	ouças	ouçais
	ouça	oucam

他 **❶** …を注意して聞く ▶ ouvir música 音楽を聞く / ouvir o rádio ラジオを聞く / ouvir um CD CDを聞く / ouvir um concerto コンサートを聴く / Eu estudo ouvindo música. 私は音楽を聴きながら勉強する.

❷ 聞こえる ▶ Ouvi um barulho. 私は物音が聞こえた / Não ouço nada. 私は何も聞こえない / Eu ouvi as pessoas gritar algo. 私は人々が何か叫ぶのが聞こえた.

❸ …に耳を傾ける, 注意する ▶ Os políticos não ouvem os pedidos do povo. 政治家たちは国民の要求には耳を傾けない.

❹ 聞き入れる, 従う ▶ Meus filhos nunca me ouvem. 息子たちは私の言うことをまったく聞かない.

❺ 聴取する ▶ ouvir as testemunhas 証人を尋問する.

❻ 《ouvir+目的語+不定詞 / 現在分詞》…が…しているのを聞く ▶ Ouvi a criança chorar [chorando]. 私は子供が泣いているのを聞いた / Eu os ouvi cantar [cantando]. 私は彼らが歌っているのを聞いた.

— 自 聞こえる.

de ouvir falar 伝聞で, うわさで.
Não ouço, não vejo, não falo. 見ざる, 言わざる, 聞かざる.
ouvir falar de... …についての話を聞く ▶ Eu nunca ouvi falar disso. 私はそのことについて聞いたことがない.
ouvir falar que +直説法 …という話を聞く.
ouvir umas verdades 耳が痛いことを聞く.
por ouvir dizer 聞くところによると.
que ninguém nos ouça ここだけの話だけど.

ova /'ɔva/ 女 魚の卵巣, 魚卵.
Uma ova! とんでもない, まさか.

ovação /ova'sẽw/ [複 ovações] 女 大喝采.

ovacionar /ovasio'nax/ 他 …に拍手喝采する.

oval /o'vaw/ [複 ovais] 形 (男女同形) 卵形の, 楕円形の ▶ Salão Oval 米ホワイトハウスの大統領執務室.
— 男 卵形, 楕円形.

ovário /o'variu/ 男《解剖》卵巣;《植物》子房.

ovelha /o'veʎa/ 女 **❶** 雌羊. **❷** 信者, 教徒.
ovelha desgarrada 迷える羊, 正道を一時踏み外した人.
ovelha negra (集団の恥となるような) 厄介者, 面汚し.

ovino, na /o'vinu, na/ 形 羊の ▶ gado ovino 羊.
— **ovino** 男 羊.

óvni /'ɔvni/ 男《略語》objeto voador não iden-

ovo /'ovu オーヴォ/ (覆 / 'ovus /) 男 ❶ 卵 ▶ pôr um ovo 卵を産む / quebrar um ovo 卵を割る / bater um ovo 卵を溶く / ovo de Colombo コロンブスの卵 / ovo de Páscoa イースターエッグ / ovo cozido ゆで卵 / ovo duro 固ゆで卵 / ovo estrelado [frito] 目玉焼き / ovo mexido スクランブルエッグ / O ovo ou a galinha? 鶏が先か, 卵が先か. 世界は狭い. ❷ «um ovo» 小さいもの ▶ O mundo é um ovo.

chocar os ovos 悪事をたくらむ.
colocar todos os ovos na mesma cesta 卵を同じかごに入れる, 一箇所に資金を集中的に投資する.
contar com o ovo dentro da galinha 取らぬ狸の皮算用をする.
estar de ovo virado 機嫌が悪い, 怒っている.
pisar em ovos そっと歩く, 慎重に事を進める.

ovoide /o'vojdʒi/ 形 《男女同形》卵形の.
óvulo /'ɔvulu/ 男 ❶ 小さい卵. ❷ 〖生物〗卵子, 卵細胞.
oxalá /oʃa'la/ 間 «oxalá + 接続法» どうか…であってほしい, そう願っている ▶ Oxalá ganhemos na loteria. どうか私たちに宝くじが当たりますように.
oxidação /oksida'sẽw/ [覆 oxidações] 女 〖化学〗酸化 (作用) ; さびること, さびつき.
oxidar /oksi'dax/ 他 酸化させる, さびさせる.
— **oxidar-se** 再 酸化する, さびる.
óxido /'ɔksidu/ 男 〖化学〗酸化物 ▶ óxido de ferro 酸化鉄.
oxigenação /oksiʒena'sẽw/ [覆 oxigenações] 女 ❶ 酸化処理, 酸素添加, 酸化. ❷ (過酸化水素水による) 脱色, 漂白, 殺菌.
oxigenado, da /oksiʒe'nadu, da/ 形 ❶ 酸素を含んだ ▶ água oxigenada 過酸化水素. ❷ (毛髪が) 過酸化水素水で脱色した ▶ cabelo oxigenado 脱色した髪.
oxigenar /oksiʒe'nax/ 他 ❶ 酸素で処理する, 酸素を添加する. ❷ …に酸素 [新鮮な空気] を供給する. ❸ (髪を過酸化水素水で) 脱色する.
— **oxigenar-se** 再 新鮮な空気を吸う.
oxigénio /ɔksi'ʒɛniu/ 男 Ⓟ = oxigênio
oxigênio /oksi'ʒeniu/ 男 Ⓑ 〖化学〗酸素 ▶ máscara de oxigênio 酸素マスク.
oxum /o'ʃũ/ 男 Ⓑ 川の神.
ozônio /o'zoniu/ 男 Ⓑ 〖化学〗オゾン ▶ camada de ozônio オゾン層 / buraco do ozônio オゾンホール.
ozono /ɔ'zonu/ 男 Ⓟ = ozônio

P p

p /'pe/ 男 ポルトガル語アルファベットの第16字.
p. 《略語》página ページ ; por ; para ; próximo 次の.
P. 《略語》Praça 広場 ; Padre 神父.
p.a. 《略語》por ano 1年に, 年間.
PA 《略語》Estado de Pará パラー州.
pá /'pa/ 囡 ❶ スコップ, シャベル ▶ pá de lixo ちりとり / pá mecânica ブルドーザー.
❷ 羽根 ▶ pá de hélice プロペラの羽根 / pá de moinho 風車の羽根 / pá de remo オールの水かき / pá de ventilador 扇風機の羽根.
❸ 国《俗》大量 ▶ uma pá de gente 大勢の人々.
ser da pá virada せっかちである, 気ぜわしい, 衝動的である.
paca /'paka/ 囡《動物》パカ.
— 名 愚か者.
— 形《男女同形》愚かな, ばかな.
— 副 とても.
pacato, ta /pa'katu, ta/ 形 静かな, 穏やかな, おとなしい ▶ um bairro pacato 閑静な地区 / Aquela cidadezinha estava repleta de pacatos cidadãos. あの小都市はおとなしい市民でいっぱいだった.
pachorra /pa'ʃoxa/ 囡 悠長, 忍耐力, のんびり ▶ Não tenho pachorra. 私は我慢ができない / Não tenho pachorra para aguentar essa situação. 私はその状況に耐えられるほど悠長ではない / Apesar de já dever uma fortuna, teve a pachorra de me pedir mais dinheiro emprestado! すでに大金を借りているというのに, 彼はずうずうしくも私にさらに借金を頼んだ.
pachorrento, ta /paʃo'xẽtu, ta/ 形 ゆったりした, のんびりした.
__paciência__ /pasi'ẽsia/ 囡 ❶ 忍耐, 辛抱, 困苦 ▶ esperar com paciência 辛抱強く待つ / ter paciência 我慢強い, 忍耐力がある / perder a paciência 我慢できなくなる, 堪忍袋の緒が切れる / esgotar a paciência 我慢の限界に達する / A minha paciência tem limites. 私の忍耐にも限界がある.
❷《ゲーム》ソリティア (トランプの一人遊び) ▶ jogar paciência ソリティアをする.
— 間 辛抱して, 我慢して.
encher a paciência うんざりする, うんざりさせる.
levar à paciência ① 耐え忍ぶ. ② 認める.
paciência de Jó とても強い忍耐力.
Tenha a santa paciência! もういい加減にしてくれ, 冗談じゃない.
Tenha paciência! いい加減にしてくれ, 冗談じゃない.
__paciente__ /pasi'ẽtʃi/ パスィエンチ/ 形《男女同形》忍耐強い, 我慢強い ▶ Tem que ser paciente com eles. 彼らに対しては忍耐が必要だ.
— 名 患者, 病人 ▶ paciente internado 入院患者 /

paciente não internado 外来患者.
pacientemente /pasi,ẽtʃi'mẽtʃi/ 副 忍耐強く, 根気強く.
pacificação /pasifika'sẽw/ [複 pacificações] 囡 平和の回復, 平定, 鎮圧 ▶ pacificação do Rio de Janeiro リオデジャネイロからの暴力追放.
pacificador /pasifika'dox, 'dora/ [複 pacificadores, doras] 形 仲裁する ; 平定の, 鎮圧の, 融和の, 和解の ▶ discurso pacificador 融和演説.
— 名 ❶ 平定者, 鎮圧者. ❷ 仲裁者.
pacificamente /pa,sifika'mẽtʃi/ 副 平和的に, 武力に訴えることなく ; 穏やかに.
pacificar /pasifi'kax/ 29 他 ❶ …に平和をもたらす, 平定する ▶ pacificar o Oriente Médio 中東に平和をもたらす. ❷ (心を) 鎮める, 平静に戻す.
— **pacificar-se** 再 平和になる, 鎮静化する.
__pacífico, ca__ /pa'sifiku, ka/ パスィーフィコ, カ/ 形 ❶ 平和を愛する, 温厚な ▶ um país pacífico 平和を愛する国.
❷ 平和的な, 平和目的の ▶ coexistência pacífica 平和共存 / utilização pacífica da energia nuclear 核エネルギーの平和利用.
— **Pacífico** 男 (o Pacífico) 太平洋.
pacifismo /pasi'fizmu/ 男 平和主義, 不戦主義.
pacifista /pasi'fista/ 形《男女同形》平和主義の ▶ movimento pacifista 平和運動.
— 名 平和主義者.
paço /'pasu/ 男 宮殿, 宮廷.
paçoca /pa'sɔka/ 囡 ピーナッツとマンジオッカ芋の粉で作ったお菓子.
pacote /pa'kɔtʃi/ 男 ❶ 小包, 包み, パック ▶ pacote de leite 牛乳パック
❷ パック, パッケージ ▶ pacote de viagens パック旅行 / pacote de férias ホリデーパッケージ.
❸ 一括対策, 総合計画 ▶ pacote econômico 総合経済対策.
pacto /'paktu/ 男 条約, 協定 ▶ fazer um pacto 契約を結ぶ / violar um pacto 契約を破る / pacto de não-agressão 不可侵条約 / pacote de sangue 血の誓い.
pactuar /paktu'ax/ 他 …と (協定や条約などを) 締結する ▶ Os partidos pactuaram ajudar o país. 政党は国を助けることを取り決めた.
— 自 …と妥協する, 折り合う [+ com] ▶ pactuar com o inimigo 敵と折り合う / Ele pactua com os amigos. 彼は友人たちと折り合いをつける / Ele pactuou com a decisão. 彼はその決定を受け入れた.
padaria /pada'ria/ 囡 パン屋, パン工房 ▶ comprar pão na padaria パンをパン屋で買う.
padecer /pade'sex/ 15 個 ❶ 被る, 患う, 受ける ▶ padecer agressões 暴力を受ける.
❷ 耐える ▶ padecer a fome 空腹に耐える.
❸ 許可する, 認める ▶ As suas palavras não pade-

cem dúvida. あなたの言葉に疑いの余地はない.
— [自] ❶ …にかかる, 苦しむ, …に悩まされる [+ de] ▶padecer de um mal 病気にかかる.
❷ 病気である ▶padecer na cama 病気で床に伏す.
❸ 肉体的または精神的な苦痛を受ける.

padeiro, ra /pa'dejru, ra/ [名] パン屋, パン職人 ; パンの配達人.

padiola /padʒi'ɔla/ [女] 担架.

⁑**padrão** /pa'drẽw̃ パドラォン/ [[複] padrões] [男] ❶ **水準, レベル** ▶padrão de vida 生活水準 / hotel de padrão internacional 国際レベルのホテル.
❷ **模様, パターン** ▶padrão xadrez チェック模様 / padrão de comportamento 行動パターン.
❸ **規範, 基準** ▶padrão de beleza 美の基準 / padrão de trabalho 労働基準 / padrões contábeis internacionais 国際会計基準.

padrasto /pa'drastu/ [男] 継父.

*__padre__ /'padri パードリ/ [男] **神父** ▶O Santo Padre = O Padre Santo ローマ教皇, ローマ法王.
casar no padre [B] [俗] 教会で結婚式をする.

padre-nosso /ˌpadri'nɔsu/ [[複] padre(s)-nossos] [男] 〖キリスト教〗主の祈り.

padrinho /pa'drĩɲu/ [男] ❶ 代父, 名付け親. ❷ 結婚式の立会人. ❸ 後援者, 庇護者.

padroeiro, ra /padro'ejru, ra/ [名] 守護聖人.

padronização /padroniza'sẽw̃/ [[複]padronizações] [女] 標準化, 規格化, 画一化.

padronizar /padroni'zax/ [他] 標準化する, 規格化する, 画一化する.

pães /'pẽȷ̃s/ [男·複] pão の複数形.

pág. 《略語》 página ページ.

paga[1] /'paga/ [女] ❶ 支払い. ❷ 報酬 ▶em paga de... …の報酬として.

pagadoria /pagado'ria/ [女] 会計課, 経理課.

⁑**pagamento** /paga'mẽtu パガメント/ [男] ❶ **支払い, 返済** ▶fazer um pagamento 支払いを行う / pagamento em [a] dinheiro = pagamento à vista 現金払い / pagamento em [a] prestações 分割払い / pagamento integral 一括払い / forma de pagamento 支払い方法 / condições de pagamento 支払い条件 / adiar o pagamento 支払いを延期する.
❷ **支払金 ; 給料** ▶dia de pagamento 支払日, 給料日.

paganismo /paga'nizmu/ [男] (キリスト教から見た) 異教, 異教徒.

pagão, gã /pa'gẽw̃, 'gẽ/ [[複] pagãos, gãs] [形] 異教の, 異教徒の.
— [名] 異教徒.

⁑**pagar** /pa'gax パガーフ/ ⑪ 《[過去分詞] pagado/ pago》 [他] ❶ **払う** ▶pagar os impostos 税金を払う / pagar uma dívida 借金を返済する / pagar a conta do hotel ホテル代を支払う / Eu paguei cinquenta reais. 私は50レアル払った.
❷ **…の代償を払う, …の報いを受ける** ▶pagar o preço 代償を払う / pagar um alto preço 高い代償を払う / pagar os pecados 罪の代償を払う.
❸ 報いる, 仕返しをする ▶pagar o mal com o bem 悪に対して善で報いる.
— [自] 支払いをする ▶pagar com o cartão de crédito クレジットカードで払う / pagar em dinheiro [espécie] 現金で払う / pagar com dólar ドルで支払う / Vamos pagar separadamente. (私たちは) 別々に支払います / pagar adiantado 前払いする.
pagar para ver 強気に出る.
pagar por... …の罪をかぶる.
Você me paga! 今に覚えていろ.

⁑**página** /'paʒina パージナ/ [女] ❶ **ページ** ▶um livro de 300 páginas 300ページの本 / virar a página ページをめくる, 話題を変える / na página 100 100ページに / Abram o livro na página 265. 本の265ページを開けなさい / na pagina anterior 前のページに / na página seguinte 次のページに / página de rosto 表紙 / Páginas Amarelas イエローページ.
❷ (新聞や雑誌の) **面, 欄** ▶primeira página do jornal 新聞の一面 / Ele sempre lê a página cultural da revista. 彼はいつも雑誌の文化欄を読む.
❸ (歴史上, 人生の) 一時期, 挿話 ▶uma página na história do Brasil ブラジル史の一ページ.
❹ 〖情報〗ページ ▶página inicial ホームページ.
a páginas tantas ある時期に, ある時, ある段階で.
página virada もう終わったこと, もう済んだ話.

paginação /paʒina'sẽw̃/ [[複] paginações] [女] ページ付け, ページ付けの数字.

paginar /paʒi'nax/ [他] …にページ番号を打つ.

pago, ga[2] /'pagu, ga/ [形] (pagar の過去分詞) ❶ 支払済みの, 領収済みの ▶imposto pago 納付済みの税金.
❷ 有給の, 有償の, 有料の ▶emprego bem pago 給料のいい仕事 / o atleta mais bem pago do mundo 世界で一番稼いでいるスポーツ選手 / serviço pago 有料サービス.
❸ 報いを受けた, 復讐された.

pagode /pa'gɔdʒi/ [女] ❶ 仏塔, パゴダ. ❷ パゴージ (少人数でサンバを楽しむための音楽).
de pagode 山のように, 大量に.

pagto. 《略語》 pagamento 支払い.

⁑**pai** /'paj パイ/ [男] ❶ **父親**, 父 ▶Meu pai trabalha num banco. 父は銀行勤務だ / Dia dos Pais 父の日 / Sou pai de dois filhos. 私は二児の父だ / pai de família 家長 / pai biológico 実の父 / pai adotivo 養父 / de pai para filho 父から子へ / Tal pai, tal filho. この父にしてこの子あり.
❷ 父親的存在 ▶Ele é um pai para mim. 彼は私にとって父親的存在だ.
❸ 《pais》 **両親** ▶Meus pais são ambos advogados. 私の両親は二人とも弁護士だ / Vivo com os meus pais. 私は両親と暮らしている.
❹ 《Pai》 父なる神 ▶em nome do Pai, do Filho e do Espírito Santo 父と子と聖霊の名において.
❺ 創造者, 創始者 ▶Heródoto é considerado o pai da história. ヘロドトスは歴史の父と見なされている / O pai desta invenção é ele. この発明の父は彼だ / pai da ideia 発案者 / pai da mentira = pai do mal 悪魔.
❻ 《称号や呼びかけで》 神父, 神父様 ▶os Pais da Igreja (初期教会の) 教父.

[P]

com o pai na forca 韋駄天走りで，脱兎の勢いで．

pai da criança ① 事件を起こした人．② 発案者．

tirar o pai da forca 非常に急いでいる［焦っている］．

painel /paj'nɛw/ [複 painéis] [男] ❶ パネル，計器盤，制御盤 ▶ painel de controle コントロールパネル / painel de instrumentos 計器盤．
❷〘自動車〙ダッシュボード．
❸ 絵，壁画．
❹ パノラマ，展望，概観．
❺ パネルディスカッション，パネリスト．

pai-nosso /ˌpaj'nɔsu/ [複 pai-nossos] [男]〘キリスト教〙主の祈り rezar um pai-nosso 主の祈りを唱える．

paio /'paju/ [男] ブラジルのソーセージ．

paiol /paj'ɔw/ [複 paióis] [男] ❶ 火薬庫，弾薬庫．❷ 穀物貯蔵庫．

paira [活用] ⇒ parir

pairar /paj'rax/ [自] ❶ 空中を舞う，空中に浮かぶ，漂う ▶ Uma gaivota paira no ar. 一羽のカモメが空を舞う．
❷ さし迫っている ▶ Pairava chuva quando saí. 私が外出した時，雨が降りそうだった．
❸ …の間で迷う［+ entre］▶ Ele pairava entre fugir e conversar. 彼は逃げるか話すか迷っていた．
— [他]（船などが）行き交う，すれ違う．

pairo [活用] ⇒ parir

***país** /pa'is パイース/ [複 países] [男] ❶ **国**，祖国，地域 ▶ por todo o país 国中で / país desenvolvido 先進国 / país em desenvolvimento 開発途上国 / país emergente 新興国 / país natal 故国 / país de origem 出身国 / os Países Baixos オランダ / o País de Gales ウェールズ．
❷ **国民** ▶ O país esperava ansiosamente pela volta do vencedor. 国民は首を長くして勝利者の帰国を待っていた．

***paisagem** /paj'zaʒẽj パィザージェィン/ [複 paisagens] [女] ❶ **風景**，**景色**，景観 ▶ contemplar a paisagem 風景を眺める / paisagem natural 自然の風景 / paisagem urbana 都会風景 / paisagem rural 田園風景 / fotos de paisagem 風景写真 / A paisagem desta cidade é realmente maravilhosa. この町の風景は本当にすばらしい．
❷ 風景画，風景描写．

paisagismo /pajza'ʒizmu/ [男] ❶ 風景画．❷ 造園．

paisagista /pajza'ʒista/ [形]《男女同形》❶ 風景画の．❷ 造園術の．
— [名] ❶ 風景画家．❷ 造園技師．

paisagístico, ca /pajza'ʒistʃiku, ka/ [形] ❶ 風景の，風景画の．❷ 景観の ▶ arquitetura paisagística 景観構築．
— **paisagística** [女] 風景画法．

paisano, na /paj'zẽnu, na/ [名] ❶ 民間人，文民．❷ 同郷人，同国人．
— [形] ❶ 民間の，文民の．❷ 同郷の，同国の．

à paisana 私服の，平服の．

Países Baixos /paˌiziz'bajʃus/ [男複]《国名》オランダ．

***paixão** /paj'ʃɐ̃w̃ パィシャォン/ [複 paixões] [女] ❶ **情熱**，**熱情** ▶ falar com paixão 情熱を込めて話す / Ela tem paixão por literatura. 彼女は文学が大好きである．
❷（恋の）激情 ▶ paixão de amor 恋の情熱．
❸ **熱中の対象**，大好きなもの，愛する人 ▶ Escrever sempre foi minha paixão. 私は書くことがいつも好きだった / Meu amor, meu bem, minha paixão. 我が愛，我が恋人，我が熱愛の人．
❹《Paixão》キリストの受難；受難曲 ▶ a Paixão segundo São Mateus マタイ受難曲．

paixonite /pajʃo'nitʃi/ [女] [B] [話] 熱愛，激情．

pajé /pa'ʒɛ/ [男] 呪術医．まじない医．

pajear /paʒe'ax/ ⑩ [他] ❶ [B]（子供の）面倒を見る，世話をする．❷ こびる，へつらう．

pajem /'paʒẽj/ [複 pajens] [男] ❶ [B] 新郎新婦の付き添いの男の子．❷〘歴史〙小姓，近習(きんじゅ)．

pala /'pala/ [女] ❶（帽子などの）ひさし，日よけ，（車の）遮光板．
❷ 靴の足の甲を覆っている部分．
❸〘服飾〙ヨーク．
❹ 宝石のはめ込み台．
❺ 聖杯布．
❻ [話] うそ，でたらめ．
❼ [B] [話] ヒント ▶ dar uma pala ヒントを出す．

abrir a pala こっそり立ち去る，逃げる．

palacete /pala'setʃi/ [男] ❶ 小宮殿．❷ 豪邸，御殿．

palaciano, na /palasi'ẽnu, na/ [形] 宮廷の，王宮の ▶ vida palaciana 宮廷生活．
— [名] 宮廷人，廷臣．

***palácio** /pa'lasiu パラースィオ/ [男] ❶ **宮殿**，官邸，大邸宅 ▶ Palácio do Planalto プラナルト宮殿（ブラジルの大統領官邸）．❷ 公共施設，大建築物 ▶ Palácio da Justiça 裁判所．

paladar /pala'dax/ [複 paladares] [男] ❶〘解剖〙口蓋 ▶ paladar duro 硬口蓋 / paladar mole 軟口蓋．❷ 味覚，味．

paladino /pala'dʒĩnu/ [男] ❶（中世の）遍歴騎士．❷ カール大帝 (Carlos Magno) に仕えた勇士．❸ 擁護者，守護者．

palafita /pala'fita/ [女] 水上家屋．

palatável /pala'tavew/ [複 palatáveis] [形]《男女同形》❶ おいしい，美味な．❷ 心地よい，気に入った．

palato /pa'latu/ [男]〘解剖〙口蓋．

***palavra** /pa'lavra パラーヴラ/ [女] ❶ **語**，**単語** ▶ palavras inglesas 英単語 / Qual é o significado desta palavra? この語はどんな意味ですか / em outras palavras つまり，言い換えると / numa palavra 要するに，一言で言うと / em poucas palavras 簡潔に / em duas palavras 二言三言で / palavras cruzadas クロスワード / palavras de ordem 合言葉，標語，スローガン．
❷ **言葉** ▶ Acredito nas palavras dela. 私は彼女の言葉を信じる / Deixe-me dizer uma palavra. 一言言わせてください / Faço das suas as minhas palavras. 私もまったく同じ意見です / não dar uma palavra 一言も話さない / pesar as palavras 言葉を選ぶ / Palavra puxa palavra. 話に花が咲く

P

/ últimas palavras 末尾の言葉.

❸《a palavra》発言, 発言権 ▶ tomar a palavra 発言する / usar a palavra 発言する / ter a palavra 発言権を得る / cortar a palavra a... …の言葉をさえぎる / pedir a palavra 発言を求める / dirigir a palavra a alguém …に話しかける / manter a palavra 発言がぶれない / passar a palavra 発言権を譲る.

❹ 言葉を話す力, 話しぶり ▶ uma pessoa de poucas palavras 言葉数の少ない人 / ter a palavra fácil 能弁である, 弁が立つ / Fiquei sem palavras de tanto espanto. あきれて物も言えない.

❺ 約束, 誓約 ▶ cumprir a palavra dada 約束を守る / homem de palavra 約束を守る男 / ter palavra 約束を守る / sob palavra 口約束で / palavra de honra 名誉をかけた約束, 誓い / Dou-lhe a minha palavra. 間違いない.

comer as palavras もごもご言う, 発音が不明瞭である.
dar a palavra a alguém ① …に発言権を与える. ② …に約束する.
empenhar a palavra em... …を約束する.
engolir as próprias palavras 発言を撤回する.
ficar só em palavras 口先だけである.
jogar com as palavras 言葉をもてあそぶ, 言葉遊びをする.
não ser de meias palavras 回りくどいことを言わない, はっきり言う.
Palavra (de honra)! 誓ってもいい, 絶対, 本当に.
palavra de rei 必ず守られる約束, 堅い約束.
palavra por palavra 一語一語の, 逐語的な ▶ tradução palavra por palavra 逐語訳.
ser a última palavra em... …においてもっとも新しい.
ter a última palavra 決定権を持つ.

palavra–chave /pa,lavra'ʃavi/ [複 palavras-chave(s)] 囡 キーワード.
palavrão /palav'rɐ̃w/ [複 palavrões] 囲 汚い言葉, 下品な言葉, ののしり言葉 ▶ dizer (um) palavrão 下品な言葉を使う.
palavreado /palavre'adu/ 囲 ❶ むだばなし, おしゃべり. ❷ 話し方.
palavroso, sa /pala'vrozu, 'vrɔza/ 厖 ❶ おしゃべりの. ❷ 冗長な, 長たらしい.
‡palco /'pawku パウコ/ 囲 ❶ 舞台, ステージ ▶ A atriz subiu ao palco. 女優は舞台に上がった. ❷ (事件や行為などの) 現場, 場所 ▶ Essa cidade foi palco de um trágico ato de terrorismo. その町はテロ行為による惨事の現場となった / o palco do crime 犯罪の舞台 / palco de batalha 闘いの場.
paleolítico, ca /paleo'litʃiku, ka/ 厖 旧石器時代の.
— **paleolítico** 囲 旧石器時代.
palerma /pa'lɛxma/ 厖《男女同形》囷 愚かな (人), 間抜けな (人).
palermice /palex'misi/ 囡 愚かなこと.
palestra /pa'lɛstra/ 囡 ❶ 話, 雑談. ❷ 講演 ▶ dar uma palestra sobre... …について講演する.

palestrante /pales'trẽtʃi/ 囷 講演者.
palestrar /pales'trax/ 圓 ❶ おしゃべりする, 雑談する. ❷ 講演する.
paleta /pa'leta/ 囡 【美術】パレット.
paletó /pale'tɔ/ 囲 上着, ジャケット.
abotoar o paletó 死ぬ.
fechar o paletó 亡くなる.
fechar o paletó de... …を殺害する.
paletó de madeira 棺桶.
vestir o paletó de madeira 死亡する.
palha /'paʎa/ 囡 ❶ わら, 麦わら, わら状のもの ▶ chapéu de palha 麦わら帽子 / palha de aço スチールウール.
❷ あまり価値のないもの ▶ ser palha 俚 価値がない, 質が高くない.
❸ 俚 ストロー.
dar palha 水を向ける.
dar palha a... うまい話で…をだます.
não mexer [levantar] uma palha B 話 不精である, 何もしない.
puxar (uma) palha B 話 寝る, 眠る.
palhaçada /paʎa'sada/ 囡 ❶ 道化, おどけ ▶ fazer palhaçadas おどける. ❷ 茶番, 笑劇.
palhaço /pa'ʎasu/ 囲 ❶ 道化役者, ピエロ. ❷ ひょうきん者, おどけ者 ▶ Ele é o palhaço da turma. 彼はクラスのおどけ者だ.
palheta /pa'ʎeta/ 囡 ❶ (楽器の) リード. ❷ (楽器の) ピック. ❸ (タービンなどの) 羽根, 翼.
paliar /pali'ax/ 他 ❶ 取り繕う, ごまかす. ❷ 一時的に緩和する, 和らげる ▶ paliar a dor 痛みを緩和する.
paliativo, va /palia'tʃivu, va/ 厖 ❶ (病気や痛みなどを) 和らげる, 鎮める. ❷ 取り繕う, 一時しのぎの.
— **paliativo** 囲 緩和剤; 一時しのぎ, 取り繕い, 姑息な手段.
paliçada /pali'sada/ 囡 柵, 囲い.
palidez /pali'des/ [複 palidezes] 囡 青白いこと, 蒼白.
*****pálido, da** /'palidu, da パーリド, ダ/ 厖 ❶ (顔色などが) 青白い, 青ざめた, 血の気のない ▶ ficar pálido 青ざめる. ❷ (光が) 弱い, (色が) 薄い ▶ rosa pálida ペールピンク.
paliteiro /pali'tejru/ 囲 つまようじ入れ.
palito /pa'litu/ 囲 ❶ つまようじ. ❷ マッチ棒. ❸ 話 ひょろひょろした人.
palma /'pawma/ 囡 ❶ 手のひら (= palma da mão).
❷ ヤシの木, ヤシの葉.
❸ 勝利.
❹《palmas》拍手喝采 ▶ bater [dar] palmas 拍手をする.
conhecer como a palma da mão 熟知している.
dar a palma a... …に頭を下げる, …が優位であると認める.
ganhar a palma 勝利する, 勝る.
levar a palma ① 勝利する. ② 際立つ.
levar a palma a... ① …に勝利する. ② …を上回る.

palmada

ter na palma da mão 掌中に納める, 支配する, 好きに操る.
tratar na palma da mão 大切に扱う.
palmada /paw'mada/ 囡 手のひらで特にお尻をたたくこと.
palmar /paw'max/ [複 palmares] 男 ヤシ林.
— 形《男女同形》❶ 手のひらの. ❷ 1 パルム (22センチ) の長さの.
palmatória /pawma'tɔria/ 囡 罰としてのひらをたたくための木べら.
  dar a mão à palmatória 自分の非を認める.
  palmatória do mundo 世相を批判する人, 世を憂う人.
palmeira /paw'mejra/ 囡 【植物】ヤシ, シュロ.
palmilha /paw'miʎa/ 囡 (靴の) 中底, 中敷, インソール.
palmilhar /pawmi'ʎax/ 他 ❶ …に中敷を入れる ▶ palmilhar todos os sapatos すべての靴に中敷を入れる. ❷ 歩き回る ▶ Palmilhei mais de quarenta quilômetros. 私は40キロ以上も歩き回った.
— 自 歩く.
palmito /paw'mitu/ 男 パルミット, ヤシの芯の柔らかい部分 ▶ salada de palmito パルミットのサラダ.
palmo /'pawmu/ 男 掌尺 (しょうしゃく) (親指の先から小指の先までの長さ).
  a sete palmos debaixo da terra 埋葬されて, 死んで.
  debaixo de sete palmos 完全に死滅して, 完全に立ち消えて.
  não ver [enxergar] um palmo adiante do nariz 無知である, 愚かである.
  palmo a palmo 少しずつ, 徐々に.
  palmo de terra ① 僅かな土地. ② 墓穴の深さ.
  sete palmos de terra 墓, 墓地.
PALOP (略語) Países Africanos de Língua Oficial Portuguesa ポルトガル語公用語圏アフリカ諸国.
palpação /pawpa'sẽw/ [複 palpações] 囡 触れること, 触知; 《医学》触診.
palpar /paw'pax/ 他 手で触れる, 《医学》触診する.
palpável /paw'pavew/ [複 palpáveis] 形《男女同形》❶ 手で触れうる, 触知できる.
  ❷ はっきりした, 明白な ▶ resultados palpáveis 目に見える成果.
pálpebra /'pawpebra/ 囡 【解剖】まぶた.
palpitação /pawpita'sẽw/ [複 palpitações] 囡 動悸, 鼓動.
palpitante /pawpi'tẽtʃi/ 形《男女同形》❶ 鼓動を打っている, びくびく動いている. ❷ とても興味深い. ❸ 最新の, 今話題の.
palpitar /pawpi'tax/ 自 ❶ (心臓が) 鼓動する, どきどきする, 動悸を打つ ▶ Meu coração palpitava de susto. 私は驚きで心臓が高鳴った / O meu coração palpita muito. 私の心臓は激しい動悸がする.
  ❷ 感動する, 動揺する ▶ Só de ouvir a voz dele palpitava. 彼の声を聞くだけで私は動揺していた.
  ❸ 震える, びくびく動く ▶ As têmporas palpitavam de raiva. 怒りでこめかみが震えていた.
  ❹ 揺れる, 波打つ ▶ A luz da vela palpitava. ろうそくの火が揺れていた.
  ❺ 予感がする.
— 他 予感する, 予知する, 予測する ▶ Palpito que você vai vencer. 君が勝つ予感が僕にはある.
palpite /paw'pitʃi/ 男 ❶ 虫の知らせ, 胸騒ぎ ▶ É só um palpite. そんな気がしただけだ. ❷ お節介な意見, 要らぬ意見 ▶ dar palpite (求められていないのに) 意見を言う.
palpiteiro, ra /pawpi'tejru, ra/ 形 名 お節介な (人), 他人のことに口を出す (人).
palrar /paw'xax/ 自 ❶ (幼児が) 片言を言う, (鳥などが) さえずる. ❷ ぺちゃくちゃしゃべる.
palude /pa'ludʒi/ 男 沼地, 湿地.
paludismo /palu'dʒizmu/ 男 【医学】マラリア.
pamonha /pa'mõɲa/ 囡 摺ったトウモロコシとココナッツミルク, 砂糖を煮込んでトウモロコシの葉で包み蒸したもの.
— 名 ものぐさな人, 怠け者.
pampa /'pẽpa/ 形《男女同形》(馬が) ぶちのある, 駁毛 (ぶちげ) の ▶ cavalo pampa 駁毛の馬.
— 男 南米の大草原, パンパ.
  às pampas ① 大量に. ② 非常に.
panaca /pa'naka/ 形《男女同形》名 B ばかな (人), 愚かな (人).
panaceia /pana'seja/ 囡 万能薬.
Panamá /pana'ma/ 男 《国名》パナマ ▶ canal do Panamá パナマ運河.
panamenho, nha /pana'mẽɲu, ɲa/ 形 名 パナマの (人).
pan-americano, na /panameri'kẽnu, na/ 形 汎アメリカの, 全アメリカの.
pança /'pẽsa/ 囡 ❶ (反芻動物の) 第一胃. ❷ 腹, 太鼓腹.
  encher a pança たらふく食べる, 鯨飲馬食する.
*****pancada** /pẽ'kada/ パンカーダ/ 囡 ❶ 打つこと, たたくこと, 打撃, 殴打 ▶ levar uma pancada na cabeça 頭に打撃を受ける, 頭を殴られる / matar a pancadas 殴り殺す.
  ❷ ノック ▶ Ouvi uma pancada na janela. 窓をたたく音が聞こえた.
  ❸ 衝突 ▶ dar uma pancada em... …にぶつかる.
  de pancada 一度に, 突然.
  pancada de chuva 豪雨, 土砂降り.
pâncreas /'pẽkrias/ 男《単複同形》【解剖】膵臓 (ぞう).
pancreático, ca /pẽkre'atʃiku, ka/ 形 膵臓の.
pançudo, da /pẽ'sudu, da/ 形 腹の出た, 太鼓腹の.
pandarecos /pẽda'rɛkus/ 男複 破片, 断片, 小片.
  em pandarecos ① 粉々になった. ② 疲れ果てた.
pandeiro /pẽ'dejru/ 男 【音楽】パンデイロ (タンバリンに似た楽器).
pandemia /pẽde'mia/ 囡 全国的 [世界的] な流行病, 汎流行病.
pandemónio /pẽdə'mɔniu/ 男 P = pandemônio
pandemônio /pẽde'mõniu/ 男 B 喧噪 (けんそう) を極

めた場所；地獄，悪魔の巣窟．

pane /'pẽni/ [女] 故障，停止 ▶sofrer uma pane 故障する / pane de motor エンジン故障 / pane de energia 停電．

panegírico, ca /pane'ʒiriku, ka/ [形] 賞賛の，賛辞を述べる．
— **panegírico** [男] 賞賛，賛辞．

panela /pa'nɛla/ [女] ❶ 鍋，鍋の中身 ▶panela de pressão 圧力鍋．❷ [B] 閉鎖的な集団．
pôr na mesma panela 一緒くたにする，ごちゃまぜにする．

panelinha /pane'lĩɲa/ [女] ❶ 小さい鍋．❷ 派閥，徒党，一派．
desfazer a panelinha 閉鎖的グループを解散する．
fazer panelinha ① 徒党を組む，共謀する．② 内輪で楽しむ．
ser da mesma panelinha 同じグループの仲間である．

panetone /pane'tõni/ [男] パネトーネ（クリスマスのころに食べる，イタリア起源のフルーツ入り菓子パン）．

panfletário, ria /pẽfle'tariu, ria/ [形] ❶ 攻撃文書の，中傷文書の．❷ 攻撃的な，激越な．
— [名] 攻撃文書の作者．

panfleto /pẽ'fletu/ [男]（政治的）中傷文書，誹謗文書，怪文書．

pangaré /pẽga'rɛ/ [男] [B] 駄馬．

pânico /'pẽniku/ [男] パニック，恐慌 ▶entrar em pânico パニックに陥る．

panificação /panifika'sẽw̃/ [複 panificações] [女] ❶ パン製造 ▶indústria de panificação 製パン業．❷ [B] パン屋．

panificador, dora[1] /panifika'dox, 'dora/ [複 panificadores, doras] [形] [名] パンを作る（人）．

panificadora[2] /panifika'dora/ [女] パン屋．

***pano** /'pẽnu パーノ/ [男] ❶ **布地，生地**，クロス ▶O mágico cobriu a caixa com o pano. 手品師は箱に布をかぶせた / pano de limpeza 雑巾 / pano de prato 皿ふき用の布巾 / pano de chão 床をふく雑巾 / pano de pó ほこり取り布巾 / pano de mesa テーブルクロス / pano verde 博打台．
❷（劇場の）カーテン，**幕** ▶O pano subiu. 幕が上がった / O pano caiu. 幕が下りた / pano de fundo 背景幕 / pano de boca 引き幕．
pano para mangas 話題，うわさの種 ▶dar pano para mangas 評判になる，うわさになる．
por baixo dos panos 人目を盗んで，こっそりと．
pôr panos quentes 事態の鎮静化を図る．

panorama /pano'rẽma/ [男] ❶ 全景，眺望，パノラマ．❷ 展望，概観 ▶panorama econômico 経済展望．

panorâmico, ca /pano'rẽmiku, ka/ [形] 全景の，パノラマの ▶vista panorâmica 全景．

panqueca /pẽ'kɛka/ [女] クレープ，パンケーキ．

pantalonas /pẽta'lõnas/ [女複] パンタロン，裾口の広がったズボン．

pantanal /pẽta'naw/ [複 pantanais] [男] パンタナール（南アメリカ大陸の中央にある巨大な湿地帯）．

pântano /'pẽtanu/ [男] 沼地，湿地．

pantanoso, sa /pẽta'nozu, 'nɔza/ [形] 沼地の，湿地の．

panteão /pẽte'ẽw̃/ [複 panteões] [男] パンテオン，万神殿．

panteísmo /pẽte'izmu/ [男] 汎神論，多神教．

panteísta /pẽte'ista/ [形]《男女同形》汎神論の，多神教の．
— [名] 汎神論者，多神教徒．

pantera /pẽ'tɛra/ [女] ❶〖動物〗ヒョウ．❷ [B] 美女．

pantomima /pẽto'mĩma/ [女] パントマイム，無言劇．

pantufa /pẽ'tufa/ [女] スリッパ，室内履き．

*****pão** /'pẽw̃ パォン/ [複 pães] [男] ❶ **パン** ▶comer pão no café da manhã 朝食にパンを食べる / uma fatia de pão 1枚のパン / pão branco 白パン / pão preto 黒パン / pão torrado トースト / pão de queijo チーズパン / pão francês フランスパン / pão integral 全粒粉パン / pão com manteiga バターを塗ったパン / pão dormido 前日のパン / pão de forma 食パン / pão sírio [árabe] ピタパン / pão de centeio ライ麦パン / pão de carne ミートローフ．
❷ **食糧，糧** ▶ganhar o pão de cada dia 日々の糧を稼ぐ，生計を立てる．
❸ [俗] 美男，美女．
comer o pão que o diabo amassou 辛酸をなめる，苦労する．
dizer pão, pão, queijo, queijo 率直に言う，歯に衣を着せずに言う．
pão do espírito 精神の糧，教育，知識．
passar a pão e água 食べる物にも事欠く．
tirar o pão da boca de... …から生活の手段を奪う．

pão de ló /ˌpẽw̃dʒi'lɔ/ [複 pães de ló] [男] スポンジケーキ，カステラ．

pão-duro /ˌpẽw̃'duru/ [複 pães-duros] [形]《男女同形》[B] けちな．
— [名] けちな人，吝嗇(りんしょく)家．
— **pão-duro** [男] スパチュラ．

pãozinho /pẽw̃'zĩɲu/ [複 pãezinhos] [男] ロールパン．

papa[1] /'papa/ [男] ❶ 教皇，法王 ▶o Papa Francisco 教皇フランシスコ / Temos um novo papa. 新しい教皇が決まった / papa negro 黒い教皇（イエズス会総長のこと）．❷ 大御所，最高権威．
ir à Roma e não ver o Papa 肝心なことをしない，一番大事なことをしない．

papa[2] /'papa/ [女] おかゆ ▶papa de milho トウモロコシと牛乳のおかゆ / papa de aveia オートミール．
não ter papas na língua 歯に衣を着せずに言う．

papada /pa'pada/ [女] 二重あご．

papagaiada /papagaj'ada/ [女] 虚勢．

papagaio /papa'gaju/ [男] ❶ オウム．❷ オウム返しする人．❸ おしゃべりな人 ▶falar como um papagaio 口数が多い．❹ 凧．❺ [B] [話] 約束手形．❻ [B] [話] 仮運転免許．
empinar um papagaio 借金をする．

papaguear /papage'ax/ ⑩ [他] おうむ返しに言う．
— [自] ぺちゃくちゃしゃべる．

P

papai /pa'paj/ [男] [B]〖幼児語〗パパ, お父ちゃん ▶ Papai Noel [B] サンタクロース.
acreditar em Papai Noel 純真である.
o papai (aqui) この私 ▶ Esse carro lindo é do papai aqui! そのかっこいい車はこの私のだ.

papal /pa'paw/ [[複] papais] [形]《男女同形》ローマ教皇の.

papar /pa'pax/ [他] [話] ❶ 食べる. ❷ 獲得する, 得る.
— [自] 食事をする.

paparicar /papari'kax/ [他] ❶ 甘やかす, 大事にしすぎる ▶ A mãe passou o dia todo paparicando a filha. その母親は一日中娘の機嫌をとって過ごした. ❷ 少しずつ食べる.
— [自] 少しずつ食べる.

paparicos /papa'rikus/ [男・複] ごちそう, 甘やかし ▶ Ele não se cansa dos paparicos da avó. 彼が祖母のごちそうに飽きることはない.

papear /pape'ax/ ⑩ [自] ❶ おしゃべりする. ❷ (鳥が) さえずる.

papeira /pa'pejra/ [女] [話] おたふくかぜ.

***papel** /pa'pɛw パペゥ/ [[複] papéis] [男] ❶ 紙, 用紙 ▶ uma folha de papel 1 枚の紙 / papel reciclado 再生紙 / papel higiênico トイレットペーパー / papel quadriculado 方眼紙 / papel de embrulho 包装紙 / papel de carta 便箋 / papel de presente 包装紙 / papel de alumínio アルミ箔 / papel pardo 茶色の包装紙 / copo de papel 紙コップ / guardanapos de papel ペーパーナプキン / papel vegetal トレーシングペーパー / papel de seda シルクペーパー, 薄葉紙 / papel timbrado レターヘッド付きの便箋 / confiar ao papel 紙に書き留める.
❷ 文書 ▶ pôr no papel 文書にする.
❸ 役, 役目, 役割 ▶ desempenhar um papel 役を演じる / desempenhar o papel principal 主役を演じる / papel secundário 脇役 / fazer papel de... …の役を演じる.
❹ [話] 金, 金銭 ▶ Ele está cheio de papel 彼はお金をいっぱい持っている.
❺《papéis》書類 ; 身分証.
de papel passado 正式に, 公に.
ficar no papel 机上の空論に終わる.
O papel aceita tudo. 紙になら何でも書ける.
papéis trocados 立場逆転, ミイラ取りがミイラになる.
papel queimado 既婚男性.

papelada /pape'lada/ [女] 大量の紙, 書類の山.

papelão /pape'lɐ̃w̃/ [[複] papelões] [男] ❶ 厚紙, ボール紙 ▶ caixa de papelão 段ボール箱. ❷ 失態, 醜態 ▶ fazer um papelão 失態をさらす / Que papelão, hein?! えっ, なんと愚かなことしたんだ.

papelaria /papela'ria/ [女] 文房具店.

papel-carbono /paˌpɛwkax'bõnu/ [[複] papéis-carbono(s)] [男] カーボン紙.

papeleiro, ra /pape'lejru, ra/ [形] 紙の, 製紙の.
— [名] 製紙業者, 文房具商.

papel-moeda /paˌpɛwmo'eda/ [[複] papéis-moeda(s)] [女] 紙幣.

papo /'papu/ [男] ❶ (動物や鳥類の) のど袋, そのう.
❷ [話] 胃袋 ▶ encher o papo 胃袋を満たす.
❸ [話] 二重あご.
❹ [話] 雑談, おしゃべり ▶ bater um papo おしゃべりをする / papo virtual [on-line]〖情報〗チャット / ter um bom papo 話上手である / não ter papo 話すことがない.
❺ ひだのついたシャツの胸当て, ジャボ.
❻ 仕上がりの悪い衣服のたるんだ部分.
❼ だまし, うそ.
em papos de aranha 困難な状況下で.
estar no papo (勝利や成功が) 確実となった ; (目的などが) 達成され得る ; 終わる ▶ Está no papo! できた, できそうだ.
ficar de papo para o ar 何もしないでいる, 無為に時を過ごす.
Isso [Isto] é papo. これは余計な話ですが.
levar um papo おしゃべりする.
papo firme 本当のこと, 真実.
papo furado [B] [俗] うそ, はったり ; 空虚な話 ; 空約束.
passar no papo ① 目の前の物を何でも食べる. ② 猫ばばする. ③ 誘惑する.

papoula /pa'pola/ [女]〖植物〗ヒナゲシ, ケシ.

páprica /'paprika/ [女]〖香辛料〗パプリカ.

papudo, da /pa'pudu, da/ [形] ❶ 二重あごの, 顔のまんまるな. ❷ 話し上手な.

paquerador, dora /pakera'dox, 'dora/ [形] [名] ナンパする (人).

paquerar /pake'rax/ [他] [自] [B] [俗] ナンパする, (異性を) ハントする.

***par** /'pax パーフ/ [[複] pares] [男] ❶ 一対, 一組 ▶ um par de luvas 手袋一組 / um par de calças ズボン一着 / um par de meias 一足の靴下 / um par de tesouras はさみ一丁.
❷ 夫婦, カップル ; 雌雄のつがい ▶ um par ideal 理想のカップル / aos pares ペアで, 対で, 二人一組で.
❸ パートナー ▶ dançar com um par パートナーと踊る.
❹ 偶数 (↔ ímpar).
— [形]《男女同形》偶数の ▶ os números pares e ímpares 偶数と奇数 / dias pares 偶数日.
a par ① 並んで, 一緒に. ② 知っている, 分かっている.
a par de... ① …と並んで ▶ Eu corri a par de atletas famosos. 私は有名アスリートと並んで走った. ② …を知っている, 分かっている ▶ Estou a par da situação. 私は状況が分かっている.
a par e passo 足並みをそろえて, 同時に ▶ O Brasil acompanha a par e passo o desenvolvimento econômico do mundo. ブラジルは世界経済の発展に歩調を合わせている.
ao par 同じ値の.
ao par de... …と同じ値の.
de par com... …とペアを組んで.
de par em par ① (窓やドアが) いっぱいに開いて ▶ uma porta aberta de par em par いっぱいに開いたドア. ② ペアで, 二人で.
fazer par ペアにする, 組にする, ペアになる.
par a par 肩を並べて, 共に.
par ou ímpar 偶数か奇数か (二人が見せる指の本

pôr (alguém) a par de... ...を知らせる ▶ pôr a par da situação 状況を知らせる.
pôr-se a par de... ...について知る[調べる].
sem par 比類のない,並外れた ▶ beleza sem par 比類のない美しさ.

para /para パラ/ 前 ❶《方向》...へ, ...に向けて 含意があるが, 囚 にはその意味合いはない) ▶ ir para o Brasil ブラジルに行く / Eu fui duas vezes para a França. 私は二度フランスに行ったことがある / ir para a frente 前に進む / O avião dirigia-se para São Paulo. 飛行機はサンパウロに向かっていた / Ensine-me o caminho para a estação. 駅へ行く道を教えてください / ir para casa 家に帰る / ir para a cama ベッドにつく, 就寝する / Minha casa dá para o sul. 私の家は南を向いている / Esse jogo foi transmitido pela televisão para o mundo todo. その試合は世界中にテレビ放映された / Ela virou-se para o meu lado. 彼女は私の方を振り向いた / Esse homem foi para qual direção? その男はどっちの方に行きましたか / Para onde vai você? どこに行くのですか / Vire-se para cá. こっちを向いてください / Ele caiu do telhado de cabeça para baixo. 彼は屋根から真っさかさまに落ちた / virar o volante para a direita ハンドルを右に切る / olhar para cima 上を見る / olhar para baixo 下を見る / Venha para dentro. 中に来てください.

❷《対象や受益者を表して》...に ▶ dar água para a flor 花に水をやる / Comprei um brinquedo para meu filho. 私は息子におもちゃを買ってやった / Dizer isto para ele é inútil. 彼にそんなことを言っても無駄だ / Eu dei meu voto para aquele político. 私はあの政治家に票を投じた / Ela sorriu para mim. 彼女は私にほほえんだ / Eu o convidei para um jantar. 私は彼を夕食に招いた / O número de participantes aumentou para mil pessoas. 参加者は千人にふくれあがった / Tenho uma boa notícia para você. あなたにいいニュースがあります / traduzir um romance da língua portuguesa para a língua japonesa ポルトガル語の小説を日本語に翻訳する / acertar o relógio despertador para as seis horas 6時に目覚まし時計をかける.

❸ ...にとって, 対して, ...としては ▶ Esta calça é curta demais para mim. このズボンは私には短すぎる / Esta roupa é vistosa demais para mim. この服は私には派手すぎる / Para mim isso é normal. それは私にとっては当然のことだ / O exercício é indispensável para a saúde. 運動は健康に不可欠だ / Ela tem bom gosto para roupas. 彼女は服の趣味がいい.

❹《目的, 用途, 適性》...のために[の]▶ creme para cabelo ヘアクリーム / livro para principiantes 入門書 / vacina para gripe インフルエンザ予防ワクチン / Para que você corre? 何のために走るのですか / para isso そのために.

❺《para +不定詞》...するために[の]▶ Todos nós trabalhamos para viver. 私たちは皆, 生きるために働く / Eu tomei café para espantar o sono. 私は眠気覚ましにコーヒーを飲んだ / Para ir aí é prático ir de metrô. そこへ行くには地下鉄が便利だ / Eu não tenho tempo para fazer tal coisa. 私にそんなことをする暇はない / Hoje não tenho nada em especial para fazer. 今日は別にすることがない / um vestuário adequado para trabalhar 仕事をするのにふさわしい服装 / Estou pronto para sair. 私は外出する準備ができている / A roupa lavada para secar 洗濯物を干す / estar com alguém só para não estar sozinho 一人でいないためだけに誰かと一緒にいる.

❻《para que +接続法》...するために ▶ para que todos sejam felizes みんなが幸せになるために / Temos que lutar para que não haja violência. 暴力をなくすために私たちは戦わなければならない.

❼《期限》に, ...までに ▶ Preciso disso para amanhã. 私はそれが明日必要です / Nós adiamos a reunião para o sábado. 私たちは会合を土曜日まで延ばした / Faltam cinco minutos para as oito horas. 8時5分前です / São cinco minutos para as duas horas. 2時5分前です.

❽《期間》...の間 ▶ válido para três dias 3日間有効.

❾《para +定冠詞+ semana [ano]》▶ para a semana 来週 / para o ano 来年.

❿《比較, 対比》...にしては, ...の割には ▶ Ele parece velho para sua idade. 彼は年の割に老けて見える / Que indecente para essa idade! いい年をしてみっともない.

⓫《結果》...したことには ▶ para minha surpresa 私が驚いたことには.

⓬《比率》...対... ▶ na razão de 1 para 1 1対1の割合で.

estar para +不定詞 ...する準備ができている, ...する気がある.

para com... ...に対して.

para já 今すぐに, 今のところ.

Pará /pa'ra/ 男《地名》(ブラジル北部の) パラー州.
parabenizar /parabeni'zax/ 他 お祝いする, ...にお祝いを言う.

parabéns /para'bẽjs パラベィンス/ 男複 ❶ 誕生日の祝い ▶ Parabéns! = Parabéns pelo seu aniversário. 誕生日おめでとう / mandar os parabéns no dia de aniversário 誕生日に祝辞を伝える / cantar parabéns ハッピーバースデーの歌を歌う.

❷ 祝い; 祝いの言葉, 祝辞 ▶ Meus parabéns! おめでとう / Parabéns pelo casamento! 結婚おめでとう / Parabéns pelo seu emprego! 就職おめでとう / Parabéns pelo bebê! 赤ちゃん誕生おめでとう.

dar os parabéns お祝いする, 誕生日おめでとうを言う.

estar de parabéns 祝賀に値する.

parábola /pa'rabola/ 女 ❶ たとえ話, 寓話 ▶ falar por parábolas 遠回しに話す. ❷《数学》放物線.

parabólica[1] /para'bɔlika/ 女 パラボラアンテナ.
parabólico, ca[2] /para'bɔliku, ka/ 形 ❶ 比喩の, たとえ話の, 寓話的な. ❷ 放物線状の, パラボラ型の.

para-brisa /para'briza/ [[複] para-brisas] [女] (自動車の) フロントガラス.

para-choque /para'ʃɔki/ [[複] para-choques] [男]〘自動車〙バンパー.

parada[1] /pa'rada/ [女] ❶ 休息, 休憩 ▶dar uma parada 休憩する / parada para o almoço 昼休み.
❷ 止まること, 停止 ▶parada cardíaca 心停止 / parada respiratória 呼吸停止.
❸ 停留所 ▶parada de ônibus バス停 / descer na próxima parada 次の停留所で降りる.
❹ パレード, 閲兵 ▶parada militar 軍事パレード.
❺ 状況 ▶parada federal 困難な状況.
❻ ランキング表 ▶parada musical ヒットチャート / parada de sucessos ヒットパレード.
❼ [B] [俗] 危機, 難局.
❽ [B] [俗] とてもきれいな人 [物] ▶Ela é uma parada! 彼女は魅力的だ.
aguentar a parada 困難な状況に耐える.
enfrentar a parada 辛抱する, 待ち焦がれる.
não enjeitar parada どんな難題でも受け入れる.
topar a parada 挑戦に応じる.
vencer a parada 成功する, 勝利を得る.

paradeiro /para'dejru/ [男] 行き先, 居場所 ▶Os filhos não sabem sobre o paradeiro do pai desaparecido. 息子たちは蒸発した父親の居場所を知らない.
pôr um paradeiro 阻止する, 制止する.

paradigma /para'dʒigma/ [男] ❶ 模範, 典型. ❷ パラダイム, 理論的枠組み. ❸〘文法〙語形変化表.

paradisíaco, ca /paradʒi'ziaku, ka/ [形] 天国の, 楽園の.

parado, da[2] /pa'radu, da/ [形] ❶ 停止した, 静止した ▶relógio parado 止まった時計 / ficar parado 静止する / As obras estão paradas. 工事は止まっている.
❷ 駐車した ▶O carro está parado na garagem. その車はガレージに駐車してある.
❸ 生気のない, 無表情な.
❹ (視線が) 固定した, じっと見つめた ▶olhar parado 一点を見つめること.
❺ よどんだ, 停滞した ▶águas paradas よどんだ水.
❻ [B] 失業した.
mal parado [B] [俗] 結果が思わしくない状況 ▶O projeto está mal parado. そのプロジェクトの進行状況は思わしくない.
parado em... [B] [俗] …に夢中になった, ほれこんだ.
— **parado** [男]〘フットサル〙敵をマークする目的で常に後方にいるディフェンダー.

paradoxal /paradok'saw/ [[複] paradoxais] [形]《男女同形》逆説的な, 矛盾した.

paradoxalmente /paradokˌsaw'mẽtʃi/ [副] 逆説的に, 逆説的に言えば.

paradoxo /para'dɔksu/ [男] ❶ 逆説, パラドックス. ❷ 背理, 矛盾.

paraense /para'ẽsi/ [形]《男女同形》[名] パラ州の (人).

parafernália /parafex'nalia/ [女] ❶ 所持品, 手回り品. ❷ 装備, 備品, 道具一式.

parafina /para'fina/ [女]〘化学〙パラフィン.

paráfrase /pa'rafrazi/ [女] 言い換え, パラフレーズ.

parafrasear /parafraze'ax/ ⑩ [他] 言い換える, 敷衍する.

parafusar /parafu'zax/ [他] ❶ …をねじで固定する. ❷ (ねじを) 締める.

parafuso /para'fuzu/ [男] ❶ ねじ, ボルト ▶apertar um parafuso ねじを締める.
❷ きりもみ降下 ▶entrar em parafuso きりもみ状態になる.
ter um parafuso solto 頭のねじが外れてる.
ter um parafuso a menos ねじが一本足りない, 抜けている.

paragem /pa'raʒẽȷ̃/ [[複] paragens] [女] ❶ 停止, 停止地 ▶paragem cardíaca 心臓停止.
❷《paragens》近所, 周辺, 地域 ▶por estas paragens この辺りで.

parágrafo /pa'ragrafu/ [男] ❶ 段落, パラグラフ ▶dividir em parágrafos 段落に分ける. ❷ パラグラフ記号 (§). ❸ 条, 項.

Paraguai /para'gwaj/ [男]《国名》パラグアイ.

paraguaio, guaia /para'gwaju, 'gwaja/ [形] [名] パラグアイの (人).

Paraíba /para'iba/ [女] (ブラジル北東部の) パライバ州.

paraibano, na /parai'bẽnu, na/ [形] [名] パライバ州の (人).

paraíso /para'izu/ [男] 天国, 極楽, 楽園 ▶paraíso tropical 熱帯の楽園 / paraíso terrestre 地上の楽園 / um paraíso para artistas 芸術家たちの天国 / paraíso fiscal 租税回避地, タックスヘイブン / paraíso perdido 失楽園.
estar no paraíso 天国にいる.
estar num paraíso 極楽気分である.

para-lama /para'lẽma/ [[複] para-lamas] [男] (自動車の) 泥よけ, フェンダー.

paralela[1] /para'lɛla/ [女] ❶ 平行線. ❷《paralelas》〘体操〙平行棒.

paralelamente /paraˌlɛla'mẽtʃi/ [副] ❶ 平行して ▶correr paralelamente 平行して走る. ❷ …と同時に [+ a] ▶Paralelamente aos estudos, trabalhava na loja de seu tio. 彼は勉強と並行しておじさんの店で働いていた.

paralelepípedo /paralele'pipedu/ [男] 平行六面体；(歩道の) 平行六面体の敷石.

paralelismo /parale'lizmu/ [男] ❶ 平行, 並列. ❷ 対応関係, 類似.

paralelo, la[2] /para'lɛlu, la/ [形] ❶ 平行な, 平行の ▶linhas paralelas 平行線.
❷ 並行した, 同時進行の ▶importação paralela 並行輸入.
❸ 非合法の, 秘密の, 裏の ▶mercado paralelo 闇市場.
— **paralelo** [男] ❶ 比較, 対象, 比較論 ▶estabelecer um paralelo entre... …を比較対象する.
❷〘地理〙緯線.
não ter paralelo 唯一である, 類がない.
pôr em paralelo 比較する.

paralelogramo /paralelo'grẽmu/ [男]〘数学〙平行四辺形.

paralisação /paraliza'sẽw̃/ [[複] paralisações]

P

女 麻痺.
paralisado, da /parali'zadu, da/ 形 麻痺した ▶ paralisado da cintura para baixo 腰から下が麻痺した.
paralisar /parali'zax/ 他 ❶ 麻痺させる, しびれさせる. ❷ 動けなくさせる, 停滞させる ▶ paralisar a economia 経済を麻痺させる.
— **paralisar-se** 再 麻痺する.
paralisia /parali'zia/ 女 ❶《医学》麻痺 ▶ paralisia cerebral 脳性麻痺 / paralisia infantil 小児麻痺. ❷ (活動や機能の) 停止, 麻痺 ▶ a paralisia da política 政治の麻痺.
paralítico, ca /para'litʃiku, ka/ 形 麻痺した, (半身) 不随の.
— 名 麻痺患者.
paramédico, ca /para'mɛdʒiku, ka/ 男 準医療活動従事者.
— 形 医療補助の.
paramentar /paramẽ'tax/ 他 飾る.
— **paramentar-se** 再 身を飾る.
paramento /para'mẽtu/ 男 ❶ 飾り, 装飾. ❷《paramentos》聖職者の祭服.
parâmetro /pa'rẽmetru/ 男 ❶《数学》パラメーター, 媒介変数;《統計》母数. ❷ パラメーター, 要因, 要素.
paramilitar /paramili'tax/ [複 paramilitares] 形《男女同形》軍隊的な, 準軍事的な ▶ força paramilitar 準軍事組織.
Paraná /para'na/ 男《地名》(ブラジル南部の) パラナ州.
paranaense /parana'ẽsi/ 形《男女同形》名 パラナ州の (人).
paraninfo /para'nifu/ 男 ❶ 大学の学位授与の際, 卒業する学生のクラスによって選ばれ, 式辞をのべる人. ❷ (婚礼や洗礼の) 付添人, 立会人, 証人, 仲人. ❸《古代ギリシャ》花婿に付き添って花嫁を迎えに行く人.
paranoia /para'nɔja/ 女《医学》偏執病, パラノイア.
paranoico, ca /para'nɔjku, ka/ 形 偏執病の.
— 名 偏執病患者.
paranormal /paranox'maw/ [複 paranormais] 形《男女同形》科学的に説明のできない, 超常的な ▶ fenômenos paranormais 超常現象.
— 名 超能力者.
paraolimpíadas /paraoli'piadas/ 女複 パラリンピック.
parapeito /para'pejtu/ 男 ❶ 窓台, 窓の下枠. ❷ 欄干, 手すり.
parapente /para'pẽtʃi/ 男 パラグライダー ▶ saltar de parapente パラグライダーをする.
paraquedas /para'kɛdas/ 男《単複同形》パラシュート, 落下傘 ▶ saltar de paraquedas 落下傘で降下する.
paraquedismo /parake'dʒizmu/ 男 落下傘降下.
paraquedista /parake'dʒista/ 名 落下傘兵.
⁑parar /pa'rax/ パラーフ 自 ❶ 止まる, 停止する, 立ち止まる ▶ Pare! 止まれ! / O motor parou. エンジンが停止した / O vento parou de

todo. 風が完全にやんだ / Os carros devem parar no sinal vermelho. 車は赤信号で止まらなければならない / Parei para tirar uma foto. 私は写真を撮るために立ち止まった.
❷《parar de +不定詞》…することを止める ▶ Vamos parar de pensar no futuro. 先のことを考えるのはやめましょう / Não parou de chover ontem. 昨日は雨がやまなかった.
❸ …をやめる, 終わらせる [+ com] ▶ Para com esse pessimismo! その悲観的な見方はやめなさい / parar com o cigarro タバコをやめる / parar com o terrorismo テロを終わらせる / Pare com isso! やめてください.
❹ …にとどまる, 居続ける ▶ não parar em casa 家に留まっていない, 家でじっとしていない.
❺ …に限られる [+ em] ▶ Sua obrigação não para em resguardar a propriedade. あなたの仕事は土地財産を守るだけではない.
❻《俗》…に夢中になる [+ em] ▶ Ele parava em carros antigos. 彼はアンティークカーに夢中だった.
— 他 ❶ 止める, 阻む ▶ parar o carro 車を止める / parar o incêndio 火事を消す / parar o trânsito 交通を止める / ser de parar o trânsito (交通を止めてしまうぐらい) 魅力的である.
❷ … を … にする ▶ A criação autoritária que teve acabou por pará-lo tímido. 厳しく育てられたので彼は臆病になってしまった.
ir parar em... …に行きつく, 最後には…に行く ▶ Nossa bagagem foi parar em Londres. 私たちの荷物はロンドンに行き着いた / ir parar na prisão 刑務所に行きつく.
não parar いつも忙しくしている.
sem parar やむことなく, 連続して ▶ falar sem parar ひっきりなしに話す.
para-raios /para'xajus/ 男《単複同形》避雷針.
parasita[1] /para'zita/ 形 男 = parasito
parasitar /parazi'tax/ 他 …に寄生する ▶ parasitar o estado 国家に寄生する.
parasitário, ria /parazi'tariu, ria/ 形 寄生の, 寄生虫による ▶ doença parasitária 寄生虫病.
parasitismo /parazi'tʃizmu/ 男 ❶ 寄生. ❷ 寄食, 居候.
parasito, ta[2] /para'zitu, ta/ 形 寄生する ▶ planta parasita 寄生植物.
— **parasito** 男 B ❶ 寄生虫, 寄生生物. ❷ 寄食者, 居候.
*****parceiro, ra** /pax'sejru, ra/ パフセイロ, ラ/ 名 相手, パートナー, 相棒 ▶ parceiro de dança ダンスのパートナー / parceiro de vida 人生のパートナー / parceiro de negócios ビジネスパートナー / Tenho um parceiro. 私にはパートナーがいる.
*****parcela** /pax'sɛla/ パフセーラ/ 女 ❶ 分割払い ▶ pagar em três parcelas 3回に分けて支払う / pagamento em três parcelas 3回の分割払い / Comprei o computador em parcelas. 私はそのコンピューターを分割払いで買った.
❷ 小部分, 少量 ▶ uma parcela da população brasileira ブラジルの人口の一部.
parcelar /paxse'lax/ 他 分ける, 細分する ▶ parcelar a dívida 借金を分割払いする / parcelar o pa-

parceria

gamento 分けて支払う.
parceria /paxse'ria/ 囡 ❶ 協会, 団体, 組合. ❷ 協力関係, パートナーシップ ▶parceria estratégica 戦略的パートナーシップ.
❸ ポピュラー音楽のグループ.
parcial /paxsi'aw/ [圈 parciais] 形《男女同形》
❶ 部分的な, 一部分の; 不完全な ▶eclipse parcial 部分日食 / solução parcial 部分的解決 / eleições parciais 補欠選挙 / trabalho a tempo parcial パートタイム労働. ❷ 偏った, 不公平な ▶ opinião parcial 偏った意見.
parcialidade /paxsiali'dadʒi/ 囡 ❶ 部分的であること, 局部性; 不完全さ. ❷ えこひいき, 不公平, 偏った態度.
parcialmente /paxsi,aw'mẽtʃi/ 副 部分的に, 不公平に.
parcimónia /pɐrsi'mɔniɐ/ 囡 Ⓟ = parcimônia
parcimônia /paxsi'mõniɐ/ 囡 Ⓑ けち, 物惜しみ; つましさ.
parcimonioso, sa /paxsimoni'ozu, 'ɔza/ 形 けちな, つましい.
parco, ca /'paxku, ka/ 形 ❶ 節約家の, 締まり屋の. ❷ 乏しい, わずかな.
pardal /pax'daw/ [圈 pardais] 男《鳥》スズメ.
pardieiro /paxdʒi'ejru/ 男 廃屋, 破屋.
pardo, da /'paxdu, da/ 形 ❶ 茶色の, 浅黒い. ❷ 白人と黒人の混血の.
— 名 白人と黒人の混血の人.
— **pardo** 男 浅黒い色.
parecença /pare'sẽsa/ 囡 似ていること, 類似 ▶ Era tal a parecença entre os irmãos que não se distinguia quem era quem. その兄弟はとてもよく似ていたので, どっちがどっちだか見分けられなかった.
★parecer /pare'sex/ バレセーフ /⑮ 自 ❶《parecer ＋属詞》…のように思える, 見える ▶Ela parece feliz. 彼女はうれしそうだ / Você parece cansado. あなたは疲れているようだ / Ele parece um bebê. 彼はまるで赤ん坊だ / Isso me parece interessante. それは私には面白そうに思える / parecer um sonho 夢のようである / parecer uma boneca 人形のようである / Isto não é o que parece. これは見かけとは違う / Parece mas não é. それらしいがそうではない / dez maneiras de parecer (e ser) mais inteligente もっと頭がよく見える (実際にもそうなる) 10の方法.
❷《parecer ＋不定詞》…のように思える, 見える ▶ Ele sempre parece estar com sono. 彼はいつも眠そうだ / Ele parece ter cerca de vinte anos. 彼は20歳くらいに見える.
❸《parece que ＋直説法》…そうだ, ようだ, 思える ▶Parece que foi ontem. 昨日のことのようだ / Parece que vai chover. 雨が降りそうだ / Parece que alguém entrou no quarto às escondidas. 誰かがこっそり部屋に入ったようだ / Parece que ela vai se casar brevemente. 彼女は近々結婚するそうだ / Parece que os negócios dele estão indo bem. 彼の商売はうまくいっているようだ.
— **parecer-se** 再 ❶ …に似ている [＋ com] ▶ Ela se parece muito com sua mãe. 彼女は母親によく似ている.
❷ 互いに似ている ▶celebridades que se parecem muito たがいによく似ている有名人.
— 男 [圈 pareceres] ❶ 外見, 容貌 ▶um homem de mau parecer 人相の悪い男. ❷ 専門家の意見 [見解] ▶o parecer do advogado 弁護士の見解.
ao que parece 見たところ, 一見.
parecido, da /pare'sidu, da/ 形 …に似ている, 類似した [＋ com] ▶dois irmãos muito parecidos よく似た二人の兄弟 / filhas parecidas com a mãe 母親に似ている娘たち / O português é muito parecido com o espanhol. ポルトガル語はスペイン語によく似ている.
ou algo parecido またはそのようなもの.
paredão /pare'dẽw/ [圈 paredões] 男 高い壁.

★★★parede /pa'redʒi/ パレーヂ 囡 ❶ 壁, 塀, 垣根 ▶casa de paredes brancas 白壁の家 / papel de parede 壁紙 / Pendurei uma pintura na parede. 私は壁に絵を掛けた / As paredes têm ouvidos. 諺 壁に耳あり / parede divisória 間仕切り, パーテション.
❷ ストライキ ▶fazer parede ストライキをする, 団結する.
❸《解剖》内壁.
colocar contra a parede 問い詰める.
conversar com as paredes ひとりで話す.
encostar na parede 問い詰める.
imprensar contra parede 威圧する, 脅迫する.
jogar contra a parede 問い詰める.
levar à parede ① 白状させようと詰め寄る. ② 論争で相手を負かす.
subir pelas paredes いらいらする, 神経が高ぶる.
parelha /pa'reʎa/ 囡 ❶ (動物の) つがい. ❷ ペア, カップル, 一組, 一対.
correr parelhas com... …と肩を並べる, …に匹敵する.
fazer parelha 匹敵する.
parental /parẽ'taw/ [圈 parentais] 形《男女同形》親の, 両親の ▶controle parental ペアレンタルコントロール, 保護者による制限.
★parente /pa'rẽtʃi/ パレンチ 名 親戚, 親類, 親族 ▶ parente próximo 近親 / parente afastado 遠縁 / ser parente de... …の親戚である.
parentela /parẽ'tela/ 囡《集合的に》親族, 親類縁者.
parentesco /parẽ'tesku/ 男 ❶ 血縁関係, 姻戚関係 ▶grau de parentesco 親等. ❷ 関連.
parêntese /pa'rẽtezi/ 男 ❶ かっこ, ブラケット ▶ abrir parênteses かっこを開く / fechar parênteses かっこを閉じる / parênteses curvos 丸かっこ / parênteses retos ブラケット. ❷ 挿入語句, 余談 ▶ fazer um parêntese 閑話休題する.
entre parênteses ついでながら, 余談ではあるが.
fechar o parêntese ① かっこ付きで補足する. ② 本題に戻る.
parêntesis /pa'rẽtezis/ 男《単複同形》= parêntese
pareô /pare'o/ 男 パレオ, 巻きスカート.
páreo /'pareu/ 男《競馬》レース.

estar no páreo 競争に参加する, 参加を表明する.
não ser páreo para alguém …とは競争にならない, 比較にならない, 及ばない.
páreo duro 強敵, 手強い相手.

pária /'paria/ 男 ❶ (インドの) 不可触民. ❷ (社会の) のけ者.

paridade /pari'dadʒi/ 囡 ❶ 一致, 同等; (賃金の) 平等; (男女) 同数 ▶ a paridade entre homens e mulheres 男女同数. ❷『経済』等価, 平価. ❸『情報』パリティー.

parir /pa'rix/ 他 (子を) 産む, 生み出す.
— 自 出産する.

***parlamentar** /paxlamẽ'tax パルラメンターフ/ [複 parlamentares] 形 《男女同形》議会の ▶ democracia parlamentar 議会制民主主義.
— 名 議員.

parlamentarismo /paxlamẽta'rizmu/ 男 議会制度, 議会政治.

parlamentarista /paxlamẽta'rista/ 形 《男女同形》議会政治の, 議会政治を支持する.
— 名 議会主義者.

***parlamento** /paxla'mẽtu パルラメント/ 男 議会, 国会 ▶ Parlamento Europeu 欧州議会 / membros do parlamento 国会議員.

parmesãos, sã /paxme'zẽw̃, 'zẽ/ [複 parmesãos または parmesães, parmesãs] 形 名 パルマの (人) ▶ queijo parmesão パルメザンチーズ.
— **parmesão** 男 パルメザンチーズ.

pároco /'paroku/ 男 教区司祭.

paródia /pa'rɔdʒia/ 囡 ❶ (文学・芸術作品の) もじり, パロディー. ❷ こっけいな物まね.

parodiar /parodʒi'ax/ 他 …をもじる, パロディ化する.

paróquia /pa'rɔkia/ 囡 教区, 教区民.

paroquial /paroki'aw/ [複 paroquiais] 形 《男女同形》教区の.

paroquiano, na /paroki'ẽnu, na/ 名 形 教区民 (の).

paroxismo /paro'ksizmu/ 男 ❶ (病気の) 発作, 極期. ❷ 激発, 発作的行動.

‡**parque** /'paxki パフキ/ 男 公園, 広場 ▶ As crianças brincam no parque. 子供たちが公園で遊ぶ / parque nacional 国立公園 / parque natural 自然公園 / parque de diversão 遊園地 / parque de campismo キャンプ場 / parque industrial 工業団地 / parque infantil 児童遊園 / parque temático テーマパーク.

parqueamento /paxkea'mẽtu/ 男 B 駐車場.

parquear /paxke'ax/ 他 駐車する.

parquímetro /pax'kimetru/ 男 パーキングメーター.

parquinho /pax'kiɲu/ 男 児童遊園 ▶ brincar no parquinho 児童遊園で遊ぶ.

parricídio /paxi'sidʒiu/ 男 親殺し, 尊属殺.

parrudo, da /pa'xudu, da/ 形 たくましい, 筋骨隆々とした.

‡**parte** /'paxtʃi パフチ/ 囡 ❶ 部分, 一部 ▶ Só li uma parte do relatório. 私は報告書の一部しか読んでいない / A maior parte deles concordava. 彼らの大部分は賛成だった / a parte superior do corpo 上半身 / a parte de cima 上部 / a parte de baixo 下部 / a parte de frente 前部 / a parte de trás 後 部 / dividir em partes iguais 等分する / Somente uma parte dessa conversa é verdadeira. その話は一部しか本当ではない / Não consegui ouvir a parte mais importante. 私は肝心なことを聞き漏らした / em grande parte 大部分.

❷ 分け前, 割り当て ▶ Ele ainda não recebeu sua parte do dinheiro. 彼はまだ分け前の金を受け取っていない / Esta é a sua parte. これはあなたの分です.

❸ 地域, 場所 ▶ Faltou água na parte sul da cidade. 町の南部で水が不足した / na parte oriental do Brasil ブラジルの東部に / em [por] todas as partes do mundo 世界の至る所で.

❹ 役割, 担当 ▶ A parte dela era ouvir os idosos. 彼女の役割はお年寄りの話を聴くことだった / cumprir a sua parte 自分の役割を果たす.

❺ (書物の) 部 ▶ a primeira parte 第一部 ▶ a segunda parte 第二部 / Este livro é composto de duas partes. この本は二部で構成されている.

❻ (契約や訴訟の) 当事者 ▶ partes do contrato 契約当事者.

❼『言語』partes do discurso 品詞.

❽『音楽』パート, 声部.

❾ (partes) 局部, 陰部 ▶ partes pudendas 恥部.

alguma parte どこか ▶ em alguma parte do Brasil ブラジルのどこかで.

à parte ① 例外的な ▶ Este é um caso à parte. これは例外的なケースだ. ② 別個に, 別々に ▶ Vamos conversar à parte. 我々だけで話しましょう / pôr à parte 別にする. ③ 除いて ▶ A bebida à parte, o resto será pago pela empresa. 飲み物を除いた残りは会社によって支払われる予定だ.

dar parte de... …を通報する ▶ Ele deu parte do suspeito à polícia sem hesitar. 彼は躊躇することなく容疑者を警察に通報した / dar parte de um roubo 盗難を届ける.

de minha parte 私としては, 私にとって.

de parte a parte お互いに, 双方とも.

de parte de... …からの, …を代表して ▶ Foi gentil da sua parte. ご親切にありがとうございます.

em parte 部分的に.

em [por] toda(s) parte(s) あちこちで, 至るところで.

fazer parte de... …に加わる, 参加する ▶ fazer parte do grupo グループに加わる.

outra parte どこか ▶ em [por] outra parte どこかよそに.

parte alguma どこにも…ない.

pôr de parte 除外する, 排除する.

parte nenhuma どこにも…ない.

por partes 一つ一つ, 段階的に ▶ ir por partes 手順を踏んで処理する.

por toda a parte 至るところで, あちこちで.

qualquer parte どこでも ▶ em qualquer parte do mundo 世界のどこでも.

ter parte com... …と関係がある.

parteira

tomar parte em... ...に参加する, 加わる.
parteira /pax'tejra/ 囡 助産師.
partição /paxtʃi'sēw/ [複 partições] 囡 ❶ 分配, 分与. ❷ 分割, 区分.
❸ 【数学】除法, 割り算.
❹ 【情報】(記録媒体の) パーティション ▶ partição de disco rígido ハードディスクのパーティション / criar uma partição パーティションを作成する.

‡**participação** /paxtʃisipa'sēw/ パフチスィパサォン/ [複 participações] 囡 ❶ 参加, 関与 ▶ participação na política 政治参加 / participação dos cidadãos 市民参加 / negar a participação no crime 犯罪への関与を否定する / participação na televisão テレビ出演.
❷ 通知, 案内状 ▶ participação de casamento 結婚通知.
❸ 出資；分配 ▶ participação nos lucros 利益分配.

participante /paxtʃisi'pẽtʃi/ 名 参加者, 加入者, 出席者 ▶ participantes da manifestação デモの参加者.
— 形 《男女同形》参加する, 加わる ▶ países participantes 参加国.

‡**participar** /paxtʃisi'pax/ パフチスィパーフ/ ❶ ...に参加する, 関与する [+ de/em] ▶ Eles participaram na manifestação. 彼らはデモに参加した / Pai e mãe participam ambos da educação dos filhos. 父親と母親ともに子供の教育に協力する.
❷ ...を共にする, 共有する [+ de/em] ▶ Cada um participa nos lucros. 各人が利益の分け前をもらう.
— 他 知らせる ▶ Participei-lhe que viajaria. 私は旅行することを彼に知らせた / participar o casamento 結婚を公表する.

participativo, va /paxtʃisipa'tʃivu, va/ 形 積極的に参加する ▶ democracia participativa 参加型民主主義 / orçamento participativo 市民参加型予算.

particípio /paxtʃi'sipiu/ 男 【文法】分詞 ▶ particípio passado 過去分詞.

partícula /pax'tʃikula/ 囡 ❶ 微粒子, 小片. ❷ 【物理】粒子 ▶ partículas elementares 素粒子.
❸ 【文法】小辞, 小詞, 不変化詞.

‡**particular** /paxtʃiku'lax/ パフチクラーフ/ [複 particulares] 形 《男女同形》 ❶ 独特の, 固有の, 特徴的な ▶ um sabor particular 独特の風味.
❷ 特別の, 特殊な, 際だった ▶ Ela é particular como estudante. 彼女は生徒として特別だ / merecer uma atenção particular 特別注意に値する.
❸ 個々の, 個別的な ▶ casos particulares 個々のケース / interesse público e interesse particular 公益と個々の利害.
❹ 個人の, 私的な；私立の, 私有の ▶ vida particular 私生活 / aulas particulares 個人授業 / carro particular 自家用車 / quarto particular 個室 / escola particular 私立学校 / universidade particular 私立大学 / empresa particular 民間企業.
— 男 ❶ 人, 個人, 一般人.

❷ 特殊 ▶ do geral para o particular 一般から特殊へ. ❸ 《particulares》 詳細, 委細.
❹ 内密な話.
em particular ① 内密に, 内緒で ▶ Os amigos querem falar em particular sobre o problema. 友人たちは問題について内密に話したがっている. ② 特に, とりわけ ▶ Agradeço em particular aos meus professores. とりわけ恩師の先生方にお礼を申し上げます.

particularidade /paxtʃikulari'dadʒi/ 囡 ❶ 特殊性, 独自性, 特徴 ▶ as particularidades da sociedade brasileira ブラジル社会の特質. ❷ 詳細, 細部 ▶ sem entrar em particularidades 細部に触れずに.

particularizar /paxtʃikulari'zax/ 他 ❶ 特徴づける, 特殊化する. ❷ 詳細に述べる, 詳説する.
— **particularizar-se** 再 ...で名を上げる, 有名になる [+ por].

particularmente /paxtʃiku₁lax'mētʃi/ パフチクラフメンチ/ 副 ❶ 個人的に ▶ Eu queria falar particularmente com você. 私はあなたと個人的に話がしたい. ❷ 特に ▶ Gosto particularmente de comida japonesa. 私は特に日本食が好きだ.

‡**partida** /pax'tʃida/ パフチーダ/ 囡 ❶ 出発 (↔ chegada) ▶ partidas nacionais 国内線出発 / partidas internacionais 国際線出発 / painel de partidas 出発案内板 / horário de partida 出発時刻 / estar de partida 出発しようとしている / ponto de partida 出発点.
❷ 【スポーツ】スタート ▶ linha de partida スタートライン / dar a partida スタートする.
❸ 試合 ▶ partida de futebol サッカーの試合 / partida de xadrez チェスの試合 / ganhar a partida 試合に勝つ / perder a partida 試合に負ける.
❹ P 嫌がらせ, 意地悪 ▶ pregar uma partida いたずらする, からかう, 悪ふざけする.
❺ (商品などの) 発送, 積み出し.
❻ (友人どうしの) 夕べの集まり.
à partida 当初は, 最初から.
correr as sete partidas do mundo 世界中を駆け巡る.

partidário, ria /paxtʃi'dariu, ria/ 形 ...を支持する, 信奉する [+ de].
— 名 支持者, 信奉者.

partidarismo /paxtʃida'rizmu/ 男 党派心, 党利党略.

‡**partido** /pax'tʃidu/ パフチード/ 男 ❶ 政党 ▶ partido socialista 社会党 / partido liberal 自由党 / partido democrata 民主党 / partido dos trabalhadores 労働者党 / partido da situação 与党 / partido de oposição 野党.
❷ 選択, 決心 ▶ tomar partido 味方する, 決心する.
❸ (よい) 結婚相手 ▶ um bom partido よい結婚相手.
não tomar partido 中立を保つ.
tirar partido de... ...を利用する, 活用する.
tomar o partido de... ...の側につく, ...に味方する.

*partilhar** /paxtʃi'ʎax/ パフチリャーフ/ 他 ❶ 分ける,

分割する ▶ partilhar a herança 遺産を分割する. ❷ 共有する, 分かち合う ▶ partilhar o mesmo espaço 同じ空間を共有する / partilhar a alegria 歓びを分かち合う.

partir /pax'tʃix パチーフ/ 他 分ける, 分割する, 割る, 割く ▶ partir o pão パンを分ける / partir o bolo ケーキを分ける / partir o coco ヤシの実を割る / partir o coração 心を痛める / partir a cabeça 頭を悩ます.
― 自 ❶ 去る, 出発する, 出かける (↔ chegar) ▶ Vamos partir imediatamente. すぐ出発しましょう / partir para o estrangeiro 外国に向かう / Ele partiu de Tóquio para Nova Iorque. 彼は東京をたってニューヨークへ向かった.
❷ 発車する, スタートする ▶ O trem já partiu. 列車はもう出ました.
❸ …から来る, …を起点とする, …から出発する [+ de] ▶ um ônibus que partiu de Curitiba クリチバから来たバス / A ideia partiu de mim. その考えを思いついたのは私だ / partir do nada 何もないところから始まる / partir do princípio que + 直説法 …という原理から出発する, …ということを大原則とする.
― **partir-se** 再 割れる, 砕ける, 粉々になる.
a partir de... …から ▶ a partir de hoje 今日から / a partir de então その時から / a partir desta página このページから / o quarto assento a partir da direita 右から4番目の席.
partir para... …に訴える ▶ partir para a violência 暴力に訴える.
partir para cima de alguém …に飛びかかる.
partir para outra 前進する, 前に進む.

partitura /pax'tʃitura/ 女《音楽》楽譜, スコア.

*****parto** /'paxtu パフト/ 男 ❶ 出産, 分娩 ▶ estar em trabalho de parto 産気づいている / parto natural 自然分娩 / parto difícil 難産 / parto prematuro 早産 / parto sem dor 無痛分娩.
❷ 大変な仕事 ▶ Pintar o estabelecimento foi um parto. 施設を塗装するのは大変な仕事だった.
fazer o parto 出産する, 産気づく.
parto da montanha なかなか実現 [完了] しない大規模事業.

parturiente /paxturi'ẽtʃi/ 女 産婦.
― 形 出産前の.

parvo, va /'paxvu, va/ 形 名 愚かな (人), ばかな (人).

pascal /pas'kaw/ [複 pascais] 形《男女同形》復活祭の.
― 男 (圧力の単位) パスカル.

*****Páscoa** /'paskoa パスコア/ 女 ❶《キリスト教》復活祭, イースター ▶ Domingo de Páscoa 復活祭の日 / coelhinho da Páscoa イースターバニー. ❷《ユダヤ教》過越祭.

pasmaceira /pazma'sejra/ 女 ❶ 無気力. ❷ 単調.

pasmado, da /paz'madu, da/ 形 驚いた, あきれた ▶ estar pasmado 驚いている.

pasmar /paz'max/ 他 ❶ 驚かせる, 感心させる ▶ A notícia pasmou todo o país. その知らせは国中を驚かせた.

❷ 視線を注ぐ ▶ As pessoas pasmavam a vista na cena. 人々はそのシーンに視線を注いでいた.
― 自 驚く, びっくりする, 感心している ▶ Ela pasmou do que viu. 彼女は自分が見たことに驚いた.
― **pasmar-se** 再 …に驚く [+ com] ▶ O público pasmou-se com o espetáculo. 聴衆はその光景に驚愕した.

pasmo, ma /'pazmu, ma/ 形 …に驚いた, 仰天した [+ com] ▶ Ele ficou pasmo com a beleza do quadro. 彼はその絵の美しさに驚嘆した.
― **pasmo** 男 驚き, 驚嘆.

pasquim /pas'ki/ [複 pasquins] 男 風刺新聞.

passa /'pasa/ 女 干した果物, 干しぶどう.

passada¹ /pa'sada/ 女 ❶ 歩み, 歩調 ▶ em largas passadas 大股で.
❷ ちょっと立ち寄ること ▶ dar uma passada em... …に顔を出す, 立ち寄る.

passadeira /pasa'dejra/ 女 ❶ 廊下や階段に敷くじゅうたん. ❷ 回 アイロンがけをする女性.

passadiço, ça /pasa'dʒisu, sa/ 形 一時的な.
― **passadiço** 男 (建物の間の) 連絡路, 通路.

passadio /pasa'dʒiu/ 男 普段食べる食事.

*****passado, da**² /pa'sadu, da パサード, ダ/ 形 ❶ 過去の, 過ぎ去った ▶ acontecimentos passados 過去の出来事.
❷ 最近の ▶ domingo passado 前の日曜日 / no verão passado 去年の夏に / no século passado 前世紀に / ano passado 去年 / mês passado 先月.
❸ 古めかしい ▶ expressões passadas 古めかしい表現.
❹ (肉などが) 焼けた ▶ bem passado ウェルダンの / mal passado レアの / demais passado 焼きすぎの.
❺ アイロンをかけた ▶ Eu gosto de vestir roupas passadas. 私はアイロンをかけた服を着るのが好きだ.
❻ 腐った, 腐りかけの ▶ fruta passada 腐りかけの果物.
❼《文法》過去の ▶ particípio passado 過去分詞.
❽ estar [ficar] passado com... …に驚く, …が信じられない.
― **passado** 男 過去, 昔, 歴史 ▶ Ele não gosta de falar do passado. 彼は過去について話すのを嫌がる / pensar no passado 昔のことを考える / viver no passado 過去に生きる / passado distante 大昔 / o glorioso passado de Portugal ポルトガルの栄光ある歴史.

passador /pasa'dox/ [複 passadores] 男 ❶ ベルトを通す輪. ❷ こし器, 水切り. ❸ 回 髪留め.

*****passageiro, ra** /pasa'ʒejru, ra パサジェイロ, イラ/ 形 つかの間の, 一時的な ▶ vida passageira はかない人生 / chuva passageira 通り雨.
― 名 旅客, 乗客, 旅行者.

*****passagem** /pa'saʒẽj パサージェイン/ [複 passagens] 女 ❶ 通路, 通り道 ▶ Esta rua é a passagem para o outro lado da cidade. この道は町の反対側への通り道です / passagem subterrânea 地下道 / passagem secreta 秘密の通路 / passagem de nível 踏切 / passagem para pedestres 横断歩道 / dar passagem 道を譲る / pedir passagem 道を空けてもらう.
❷ 通過, 通行 ▶ passagem do tempo 時の経過 /

passamento

com a passagem dos anos 歳月が経つにつれて / A passagem do bloco será às 3h. その一団が通過するのは3時だろう / passagem de ano 大晦日.

❸ (交通機関の) **切符, 乗車券**; 運賃 ▶ passagem de ida e volta 往復切符 / A passagem de ônibus aumentou este mês. バスの乗車券が今月値上げした.

❹ エピソード, **出来事** ▶ Todos têm passagens inesquecíveis de infância. 皆幼い時の忘れられない出来事がある.

❺ (芸術作品の) **一節** ▶ uma passagem do texto テキストの一節.

de passagem 表面的な, 大体の ▶ Basta dar uma olhada de passagem. 一通り目を通すだけで十分だ.

diga-se de passagem ついでに言うと.

dizer de passagem 一言意見を言う.

estar de passagem ちょっと立ち寄る, 長く滞在しない ▶ Estou apenas de passagem. ちょっと立ち寄っただけだ.

passar de passagem ① 旅の途中で通り過ぎる. ② (駅を) 通過する. ③〖サッカー〗相手をかわす.

passamento /pasa'mẽtu/ 男 死, 逝去, 死去.

passante /pa'sẽtʃi/ 名 通行人.
— 形 通過した, 越えた.

passante de ... 以上 ▶ passante de mil alunos 1000人以上の生徒.

*__passaporte__ /pasa'pɔxtʃi/ パサポフチ 男 パスポート ▶ tirar o passaporte パスポートを申請する / renovar o passaporte パスポートを更新する.

⁑passar /pa'sax/ パサーフ 自 ❶ ...**を通過する, 横断する, 横切る, すれ違う** [+ por] ▶ passar pela porta ドアを通る / passar pela fronteira 国境を越える / O vento passava pela fresta da porta. 風がドアのすき間から入っていた / A linha passa pelo buraco da agulha. 糸が針の穴を通る / Passaram pela cidade e prosseguiram para o norte. 彼らはその都市を通過し, 北へ向かった / O policial passou por ele e não notou. 警官は彼とすれ違ったが, 気が付かなかった.

❷ **移動する, 通る** ▶ A família passou do apartamento para a nova casa. 家族はマンションから新しい家へ移った / O Joaquim passa da sala a cozinha e volta. ジョアキンはリビングから台所へ行き, 戻る / O menino passou para trás da irmã, escondendo-se. その男の子は姉の後ろに回り, 身を隠した / Aqui passam muitos carros e ônibus. ここは車やバスの交通量が多い.

❸ **過ぎる, 経過する, 死ぬ** ▶ Passou a ocasião. 機会は去った / Minha dor passou. 私の痛みは消えた / Agora o perigo passou. 危険はもう去った / Passou uma hora. 1 時間が過ぎた / O tempo passa rápido. 時のたつのは早い / Infelizmente, já passa da hora. 残念ながらもう時間が過ぎた / O pior já passou. 最悪の事態はすでに終わった / Não sabemos se a paciente passa de hoje. 病人が今日逝くかどうかわからない / Essa laranja passou. そのオレンジはもう食べられない.

❹ **起る, 襲来する** ▶ Uma ideia passou-lhe pela cabeça. ある考えが彼の頭に浮かんだ / O vendaval passou pela cidade deixando destruição. 町中を暴風が吹き荒れ, めちゃくちゃになった.

❺ ...**に立ち寄る, 訪れる** [+ em] ▶ passar na casa de... ...の家に立ち寄る / passar na farmácia 薬局に立ち寄る.

❻ (試験に) **合格する**; (法案が) 可決される, 通過する ▶ Quase todos os candidatos passaram. 受験者のほとんど全員が合格した / Passei em física. 私は物理に通った / Passei na prova de matemática. 私は数学の試験に合格した / O projeto de lei passou no senado. 法案は上院を通過した.

❼ **進級する, 昇格する** ▶ passar para o terceiro ano 3年生に進級する / passar para a primeira divisão 1部リーグに昇格する / passar de ano 1学年進級する.

❽ ...**の状態である, やりくりする, ...になる, 昇任する** ▶ Há quem passe com menos que o salário mínimo. 最低賃金以下で生活している人がいる / Passou a coronel. 彼は大佐になった.

❾ (passar a + 不定詞) ...**するようになる** ▶ Passou a estudar latim. ラテン語を勉強するようになった / Passou a vir aqui com maior frequência. ここによく来るようになった.

❿ **我慢できる, まずまずである** ▶ O almoço não está bom, mas passa. 昼食はうまくないが, まずまずだ.

⓫ ...**にかける** [+ por] ▶ passar um suspeito pelo detector de mentiras 容疑者をウソ発見器にかける.

⓬ (ゲームなど) 棄権する, パスする.

⓭ ...**で通っている, ...として知られる** [+ por] ▶ Escreve mal, mas passa por literato. 彼は文章が下手だが, 文人で通っている.

⓮ (試験を) 受ける [+ em].

— 他 ❶ **渡る, 横切る, 横断する** ▶ passar a ponte 橋を渡る / passar a estrada 街道を横切る / passar a fronteira 国境を越える / O tiro passou-lhe o pulmão. 弾丸が彼の肺を貫通した.

❷ **追い越す, 越える, 超過する** ▶ O carro passou o ônibus. その車はバスを追い越した.

❸ (時を) **過ごす, 経験する** ▶ passar o tempo 時間を過ごす / passar um mês em Curitiba. 私は1か月をクリチバで過ごした / Já pensou onde vai passar as férias? バカンスをどこで過ごすかもう考えましたか / passar a tarde conversando おしゃべりして午後を過ごす / passar tristezas 悲しみを経験する / passar uma boa vida よい暮らしをする.

❹ **渡す, 伝達する, 移す;〖スポーツ〗パスする** ▶ Me passa o sal, por favor! 塩を取ってもらえますか / Passou-me o livro. 彼は私にその本を渡した / Ela passou a carta ao amigo. 彼女は手紙を男友達に渡した / passar a notícia 知らせる / A balsa passa os veículos para o outro lado do rio. フェリーが川の向こうに車両を渡す / Ele passou quase todos os seus bens para a filha. 彼は自分のほとんどすべての財産を娘に相続させた / O jogador passou a bola para o atacante. 選手はフォワードにパスした.

❺ (病気を) うつす ▶ passar o resfriado 風邪をうつす / passar o vírus para outras pessoas ウイルス

passe

を他人に移す.
❻ (仕事や課題を) 与える, 出す ▶passar o dever de casa 宿題を出す.
❼ 適用する, かける, 処方する, 処理する ▶passar a chave na mala トランクに鍵をかける / passar o cadeado no portão 門にチェーンをかける / O doutor passou-lhe uns comprimidos contra as tonteiras. その医師は彼(女)にめまいの錠剤を処方した / passar carne num moedor 肉をひく / passar páginas ページをめくる.
❽ (表面を) さわる, なでる, 表面に塗る ▶passar o braço pela cintura da namorada 恋人の腰に腕をまわす / passar o lenço pela cabeça ハンカチで頭を拭う.
❾ 塗る ▶passar protetor solar 日焼け止めを塗る / passar manteiga no pão パンにバターを塗る / passar a tinta na parede 壁にペンキを塗る.
❿ 《passar + 名詞》 …する, …をかける ▶passar vergonha 恥ずかしい思いをする / passar uma multa 罰金をかける / passar um castigo 罰する / passar uma descompostura 分解する / passar a tranca em... …にかんぬきをかける / passar calote 借金を踏み倒す.
⓫ 上映する, 放送する ▶passar um filme 映画を上映する / Está passando um filme novo. 新しい映画をやっている / O que está passando na TV? テレビで何をやっていますか.
⓬ (処方箋, 小切手などを) 発行する, 出す ▶passar um cheque 小切手を切る / passar um telegrama 電報を打つ.
⓭ (ニュースや知識, 紙幣など) 流通させる, 広める, 知らせる ▶O criminoso passou dinheiro falso. その犯罪者は偽札を流通させた.
⓮ 転送する, コピーする, 転記する ▶passar dados データを転送する / passar a limpo 清書する.
⓯ …を動かす, 移動させる ▶passar o aspirador na casa 家の中に掃除機をかける.
⓰ …にアイロンをかける ▶passar uma camisa シャツにアイロンをかける / passar roupa a ferro 服にアイロンをかける.
⓱ 《料理》 …に火を通す, …を火にかける ▶passar um bife ステーキを焼く / A cozinheira passou duas costeletas para nós. 調理係の女性は私たちのために骨つき肉を2枚料理した.
⓲ こす, 濾過する ▶A cozinheira passou a farinha. 調理係の女性は小麦粉をふるいにかけた.
— passar-se 再 ❶ (事件が) 起こる, 行われる ▶O que passa? 何が起きているのですか, どうしたのですか / Não sabia do que se passava. 何が起きているか知らなかった / A cena se passa em São Paulo. 舞台はサンパウロだ.
❷ 過ぎる ▶Passaram-se três meses. 3 か月が過ぎた.
❸ 移る, 寝返る ▶Passou-se para as tropas inimigas. 敵の部隊に寝返った.
deixar passar ① 通過させる ▶O carro diminuiu a marcha e deixou passar a ambulância. その車はスピードを落とし, 救急車を通した. ② 大目に見る, 見過ごす ▶Vou deixar passar a sua provocação, mas é a última vez. 君の挑発は見過ご

すがこれが最後だ.
não passar de... …にすぎない, …以上のものではない.
não se passar para... …にふさわしくない, 似つかわしくない.
O que passou, passou. 過ぎたことは仕方ない, もう終わったことだ.
passar bem ① 元気でいる ▶Passe bem! お達者で, さようなら. ② よい生活をする.
passar bom tempo ① 楽しい時間を過ごす. ② 長い時間が経過する.
passar de... …を超える, 過ぎる ▶É proibido passar dos 80km. 80キロを超えることは禁止されている / Já passava das 10h, quando ele acordou. 彼が目覚めたとき10時を過ぎていた.
passar de largo 遠くを通る, 近づかない.
passar de mão em mão 伝達される, 渡される, 流通する.
passar desta para melhor 死ぬ, 逝く.
passar mal 体調を崩している.
passar para trás だます, 裏切る ▶Há muito que ela passa o marido para trás. だいぶ前から彼女は夫を裏切っている.
passar pelas armas 銃殺する.
passar pelas malhas 網の目を逃れる.
passar por cima de... …を問題にしない, 重要視しない.
passar raspando B ぎりぎりで合格する.
passar sem... …なしですます, 過ごす ▶Posso passar perfeitamente sem beber álcool. 私はまったくアルコールなしで過ごせる.
ter passado por coisa pior もっと大変なことも経験している (故に今の状況に動じない).

passarada /pasa'rada/ 囡 たくさんの鳥, 鳥.
passarela /pasa'rɛla/ 囡 ❶ 歩道橋. ❷ (ファッションショーの) キャットウォーク.
passarinho /pasa'riɲu/ 男 小鳥 ▶livre como um passarinho 鳥のように自由な.
 comer como um passarinho 小食である.
 morrer como um passarinho ころりと死ぬ.
 Olha o passarinho! (写真を撮るときに) 笑って, チーズ!
 Um passarinho me contou. 小耳に挟んだ.
 ver passarinho verde 理由もなく楽しそうにする.

***pássaro /'pasaru/ パーサロ/ 男 小鳥, 鳥 ▶Mais vale um pássaro na mão do que dois voando. 諺 (手中の1羽の鳥は飛んでいる2羽の鳥に勝る→) 明日の百より今日の五十.

passatempo /pasa'tẽpu/ 男 気晴らし, 娯楽, 暇つぶし ▶passatempo favorito 趣味 / por passatempo 気晴らしで, 暇つぶしに.

passável /pa'savew/ [複 passáveis] 形 (男女同形) まあまあの, まずまずの ▶filme passável まあまあの映画.

passe /'pasi/ 男 ❶ 通行証. ❷ 定期乗車券, 回数券. ❸ 《スポーツ》パス ▶fazer um passe パスをする. ❹ 《スポーツ》選手の専属契約 ▶vender o passe de um jogador 選手を売却する.
 num passe de mágica 一瞬にして, あっという

間に ▶Ele conseguiu os ingressos num passe de mágica. 彼はあっという間にその入場券を手に入れた.
passe livre ① フリーパス. ② 無所属のサッカー選手.

*__passear__ /pase'ax パセアーフ/ ⑩ [他] **散歩させる** ▶Passeei o cachorro no parque. 私は公園で犬を散歩させた.
— [自] ❶ **散歩する**, 散策する ▶Elas gostam muito de passear pelo parque. 彼女たちは公園を散策するのが大好きだ / levar o cachorro para passear 犬を散歩に連れていく.
❷ (乗り物に乗って) **行く** ▶passear de carro ドライブする / passear a cavalo 馬に乗る / passear de bicicleta 自転車に乗る / passear de barco 小船に乗る / passear de trem 列車に乗る.

passeata /pase'ata/ [女] [B] デモ行進 ▶fazer uma passeata デモ行進する / uma passeata contra... …に反対するデモ行進 / uma passeata em favor de... …を支持するデモ行進.

__passeio__ /pa'seju パセィオ/ [男] ❶ **散歩, 散策 ▶dar um passeio a pé 散歩する / lugar de passeio 散策地.
❷ **乗り物に乗ること, ドライブ** ▶dar um passeio de carro ドライブする / dar um passeio de bicicleta サイクリングする / dar um passeio de barco 船旅をする.
❸ 旅行, 遠足 ▶passeio da escola 学校遠足.
❹ 歩道, 遊歩道, 散歩道 ; 散策地.
dar um passeio 散歩する, 自転車に乗る, ドライブする.
passeio completo 正装.

passional /pasio'naw/ [[複] passionais] [形] 《男女同形》 情欲の, 恋愛の ; 痴情の ▶crime passional 情痴犯罪.

passista /pa'sista/ [形] 《男女同形》 サンバを踊る.
— [名] (カーニバルの) 踊り子, ダンサー.

passista

passivamente /paˌsiva'mẽtʃi/ [副] 受動的に, おとなしく.

passível /pa'sivew/ [[複] passíveis] [形] 《男女同形》 ❶ …を受けやすい, …の可能性のある [+ de] ▶passível de sofrimento 苦しむ可能性のある / crime passível de prisão 刑務所行きになる可能性のある犯罪.
❷ 《passível de + [不定詞]》 …する可能性がある ▶Todo ser humano é passível de cometer erros. 人は誰でも過ちを犯すものだ.

passividade /pasivi'dadʒi/ [女] 受動性, 消極性.

*__passivo, va__ /pa'sivu, va パスィーヴォ, ヴァ/ [形] ❶ **受動的な, 受け身の** ▶Ele é uma pessoa muito passiva. 彼はとても受け身の人間だ.
❷ 受動態の ▶voz passiva 受動態.
— **passivo** [男] 債務, 負債 ▶passivo real 負債総額 / passivo circulante 流動負債.

***__passo__ /'pasu パーソ/ [男] ❶ **一歩, 歩み, 足音** ▶dar um passo à frente 一歩前に進む / dar um passo atrás 一歩下がる / um passo para a paz 平和への一歩 / Ouvi passos. 私は足音を聞いた.
❷ **歩幅** ▶200 passos de distância 200歩の距離.
❸ **歩き方, 歩調, ペース** ; (ダンスの) ステップ ▶acelerar o passo 歩調を加速する / afrouxar o passo 歩調を緩める / dobrar o passo 歩調を倍加する / passo de ganso ガチョウ足行進 / apertar o passo 歩調を速める / num passo rápido 早いペースで / neste passo このペースでは / os passos da rumba ルンバのステップ.
❹ 足跡 ▶seguir os passos de... …の足跡をたどる, …に倣う.
a cada passo 頻繁に, しょっちゅう.
a dois passos de... …のすぐ近くに.
a passo ゆっくりと.
a passo de caracol [話] とてもゆっくりと, のろのろと.
a passos de gigante 迅速に.
a passos de tartaruga のろのろと.
a passos largos 大股で.
a passos lentos ゆっくりと.
a um passo すぐ近くに ▶ficar a um passo de... …のすぐ近くにある [いる].
alargar os passos 歩みを早める.
ao mesmo passo 同時に, 同じリズムで.
ao passo que + [直説法] ① …に連れて, 従って. ② それに対して….
ceder o passo a... …に道を譲る.
contar os passos ゆっくり歩く.
dar o primeiro passo 最初の一歩を踏み出す.
dar os primeiros passos 歩き始める.
dar um mau passo 処置を誤る.
dirigir os passos de... …を導く, 案内する.
marcar passo 足踏みする, 停滞する.
passo a passo 一歩一歩, 少しずつ, 徐々に.
passo de cágado 非常にのろい歩み.
passo em falso つまづき, よろめき.
ser um passo para... …への一歩である.
trocar os passos 千鳥足で歩く.
um passo por vez 一歩一歩着実に.

*__pasta__ /'pasta パスタ/ [女] ❶ **ペースト**, ペースト状のもの ▶pasta de amendoim ピーナッツバター / pasta de dente 練り歯磨き粉.
❷ **パスタ**, めん類.
❸ 書類かばん, ファイル, ブリーフケース ▶Deixei a pasta em cima da mesa. 書類かばんをデスクの上に置いておいた / pasta fichário リングバインダー.
❹ 大臣の地位 [職] ▶ministro sem pasta 無任所大臣.
❺ 〘情報〙 フォルダー.

pastagem /pas'taʒẽj̃/ [[複] pastagens] [女] 放牧地, 牧草地, 牧草.

pastar /pas'tax/ [他] (家畜が草を) 食べる.

— [自] (家畜が) 草を食べる.

pastel[1] /pas'tɛw/ [[複] pastéis] [男] ❶ 揚げパイ, パイ ▶ pastel de carne ミートパイ / pastel de queijo チーズパイ / pastel de camarão エビのパイ. ❷ 怠け者.

pastel[2] /pas'tɛw/ [[複] pastéis] [男] 〖美術〗パステル, パステル画 ▶ pintura a pastel パステル画.
— [形] 《不変》パステルカラーの ▶ cor pastel パステルカラー.

pastelão /paste'lẽw̃/ [[複] pastelões] [男] ❶ 大きなパイ. ❷ パイをぶつけあうドタバタ喜劇.

pastelaria /pastela'ria/ [女] ❶ パイ店. ❷《集合的》パイ.

pasteleiro, ra /paste'lejru, ra/ [名] パイ職人, パイ販売人.

pasteurizado, da /pastewri'zadu, da/ [形] 低温殺菌した ▶ leite pasteurizado 低温殺菌牛乳.

pasteurizar /pastewri'zax/ [他] 低温殺菌する.

pastilha /pas'tʃiʎa/ [女] ❶ トローチ, あめ, ドロップ ▶ pastilhas para a garganta のどあめ / pastilha para a tosse せき止めあめ. ❷ (壁などの) タイル.

pasto /'pastu/ [男] ❶ 牧草 ; 牧草地.
❷ 食べ物, 食事 ▶ um bom pasto e repouso おいしい食事と休息.
❸ 心の糧 ▶ Meu pasto é a fé. 私の心の糧は信仰だ.
❹ 歓喜, 満足感 ▶ dar pasto aos ouvidos 耳を楽しませる.
❺ テーマ, 話題, 題材.
casa de pasto [P] 質素な飲食店.

pastor, tora /pas'tox, 'tora/ [[複] pastores, toras] [名] 羊飼い.
— **pastor** [男] ❶ 〖プロテスタント〗牧師. ❷ 〖聖書〗Bom Pastor よき牧者キリスト. ❸ pastor alemão シェパード犬.

pastoral /pasto'raw/ [[複] pastorais] [形] 《男女同形》❶ 田園生活の, 牧歌的な ▶ vida pastoral 田園生活. ❷ 聖職者の, 牧者の.
— [女] ❶ 司教教書. ❷ 牧歌, 田園詩, 田園曲.

pastorear /pastore'ax/ ⑩ [他] ❶ (家畜を) 飼う, 放牧する. ❷ (聖職者が) 導く, 善導する ; 指導する.

pastoreio /pasto'reju/ [男] 放牧, 牧畜, 放牧地.

pastoril /pasto'riw/ [[複] pastoris] [形] 《男女同形》❶ 羊飼いの, 牧人の. ❷ 田園の.
— [男] イエスの誕生を祝う民衆劇.

pastoso, sa /pas'tozu, 'tɔza/ [形] ❶ ねばねばした, ペーストのような. ❷ voz pastosa だみ声.

pata[1] /'pata/ [女] 雌のカモ, アヒル.
pôr as patas 首を突っ込む, 口出しする.

pata[2] /'pata/ [女] ❶ (動物の) 足 [脚] ▶ as patas do gato 猫の足. ❷ 蹄 ▶ as patas de um cavalo 馬の蹄. ❸ 《軽蔑的》人間の足 [脚].

pataca /pa'taka/ [女] ❶ かつてのブラジルの通貨単位. ❷ マカオと東チモールの通貨単位. ❸ お金, 富 ▶ homem cheio de patacas 金持ちの男 / Não tenho uma pataca. 私は一文なしだ.

patada /pa'tada/ [女] ❶ 蹴ること ▶ dar uma patada em... …を蹴る / levar uma patada 蹴られる.
❷ 無礼な態度 ▶ dar patada 粗野な態度をとる / levar [receber] patada 侮辱される, 粗暴な扱いを受ける.

Patagônia /pata'gõnia/ [女] 《地名》パタゴニア.

patamar /pata'max/ [[複] patamares] [男] ❶ 階段の踊り場. ❷ 段階, 水準 ▶ neste patamar この水準の [で] / último patamar 最終段階.

patavina /pata'vĩna/ [代] 何も…ない ▶ Não entendi patavina do que o padre disse na homilia. 私は神父が説教で言ったことが何もわからなかった / Não sei patavina de chinês. 私は中国語を一言も知らない.

patê /pa'te/ [男] パテ, ペースト ▶ patê de fígado レバーのパテ.

patear /pate'ax/ ⑩ [他] 踏みならす, 踏みつける ▶ Os animais pateavam o jardim. 動物が庭を踏み荒らしていた. .
— [自] ❶ (足を踏み鳴らして) 非難する, 批判する ▶ O público pateava os atores. 観衆が役者にブーイングを送っていた.
❷ 失敗する ; 倒産する ▶ Muitas empresas patearam com a crise. 危機で多くの企業が倒産した.
❸ 死ぬ.

patente /pa'tẽtʃi/ [形] 《男女同形》❶ 明白な, 明らかな.
❷ …に公開された, 開かれた [+ a] ▶ A exposição está patente ao público até o dia 30 de abril. その展覧会は4月30日まで公開されている.
— [女] ❶ 特許 ▶ registrar uma patente 特許を出願する.
❷ 軍の階級 ▶ Meu avô tem patente de major. 私の祖父の階級は陸軍少佐である / oficial de alta patente 高級将校 / oficial de baixa patente 下級将校.

patentear /patẽte'ax/ ⑩ [他] ❶ 明らかにする, 公表する ▶ Ela patenteou as suas intenções. 彼女は自分の意図を明らかにした.
❷ 開放する ▶ Os portos foram patenteados ao comércio. 港が商取引のために開かれた.
❸ …の特許を登録する ▶ O cientista patenteou a descoberta. 科学者はその発明の特許を登録した.
— **patentear-se** [再] 明らかになる.

paternal /patex'naw/ [[複] paternais] [形] 《男女同形》父親の, 父親らしい, 父親のような ▶ amor paternal 父性愛.

paternalismo /patexna'lizmu/ [男] 家父長主義 ; (父親的) 温情主義.

paternalista /patexna'lista/ [形] 《男女同形》[名] 家父長主義の (人), 温情主義の (人).

paternidade /patexni'dadʒi/ [女] ❶ 父親であること, 父権, 父性 ; 父子関係 ▶ teste de paternidade 父子鑑定テスト. ❷ 発案者 [原作者] であること.

paterno, na /pa'tɛxnu, na/ [形] 父親の, 父方の, 父系の ▶ amor paterno 父性愛 / avós paternos 父方の祖父母.

pateta /pa'tɛta/ [形] 《男女同形》[名] 愚かな (人), ばかな (人).

patético, ca /pa'tɛtʃiku, ka/ [形] 悲壮な, 哀れな ▶ cena patética 痛ましい光景 / Ele é um pouco patético. 彼は少し哀れだ.
— **patético** [男] 悲壮.

patíbulo /pat'fibulu/ 男 絞首台, 処刑台.

patim /pa'tʃi/ [覆 patins] 男 スケート靴, ローラースケート靴 ▶ andar de patins ローラースケートをする / patins de gelo アイススケート靴 / patins de rodas ローラースケート靴 / patins em linha インラインスケート靴.

patinação /patʃina'sẽw/ [覆 patinações] 女 アイススケート, ローラースケート ▶ patinação no gelo アイススケート / patinação artística no gelo フィギュアスケート / pista de patinação スケートリンク.

patinador, dora /patʃina'dox, 'dora/ [覆 patinadores, doras] 形 名 スケートをする(人).

patinar /patʃi'nax/ 自 スケートをする.

patinete /patʃi'netʃi/ 女 (子供用のハンドルつき)キックスケーター.

patinhar /patʃi'nax/ 自 ❶ 水をパシャパシャと跳ねかける ▶ As crianças patinham na piscina. 子供たちがプールでパシャパシャと水遊びをしている. ❷ (水, 泥, 雪を) 跳ね上げて移動する ▶ patinhar na lama 泥を跳ね飛ばして歩く. ❸ (タイヤやクラッチなどが)空回りする, 滑る.

patinho /pa'tʃiɲu/ 男 アヒル[カモ]のひな ▶ O Patinho Feio 『みにくいアヒルの子』.
cair como um patinho 簡単にだまされる.

*__pátio__ /'patʃiu バーチォ/ 男 中庭, パティオ；校庭.

pato /'patu/ 男 ❶ [鳥] カモ, アヒル. ❷ だまされやすい人, カモ. ❸ 下手な選手.
pagar o pato 他人の尻ぬぐいをする, 人の罪を着せられる.

patologia /patolo'ʒia/ 女 病理学.

patológico, ca /pato'lɔʒiku, ka/ 形 病理学の, 病的な.

patologista /patolo'ʒista/ 名 病理学者.

patota /pa'tɔta/ 女 俗 (集合的)仲間.

*__patrão__ /pa'trẽw/ 男 [覆 patrões] ❶ 経営者, 雇用者, 社長 ▶ O patrão fará inspeção depois de amanhã. 社長が明後日視察を行う. ❷ 上司, 長, ボス. ❸ パトロン.

*__pátria__ /'patria パートリア/ 女 祖国, 故郷 ▶ amor à pátria 愛国心 / abdicar à pátria 亡命する / pátria celeste 天国.
salvar a pátria 皆が困っている問題を解決する.

patriarca /patri'axka/ 男 ❶ 家父長, 長老. ❷ (旧約聖書におけるイスラエル民族の)族長.

patriarcado /patriax'kadu/ 男 ❶ 家父長制, 夫権制. ❷〖カトリック〗総大司教の職[在任期間], 総大司教区.

patriarcal /patriax'kaw/ [覆 patriarcais] 形《男女同形》家父長制の ▶ sistema patriarcal 家父長制.

patrício, cia /pa'trisiu, sia/ 形 名 ❶ 同郷の(人), 同国の(人). ❷ 古代ローマ貴族の(人).

património /petri'mɔniu/ 男 P = patrimônio

*__patrimônio__ /patri'mõniu パトリモーニオ/ 男 B ❶ 世襲財産, 遺産；財産 ▶ herdar um patrimônio 遺産を相続する / patrimônio líquido 純資産 / aumentar o patrimônio 財産を殖やす.
❷ 歴史的遺産 ▶ patrimônio mundial 世界遺産 / patrimônio cultural 文化遺産 / patrimônio natural 自然遺産.

pátrio, tria² /'patriu, tria/ 形 ❶ 祖国の, 母国の ▶ símbolos pátrios 祖国の象徴. ❷ 父の, 父親の ▶ pátrio poder 親権.

patriota /patri'ɔta/ 名 愛国者.

patriótico, ca /patri'ɔtʃiku, ka/ 形 愛国(者)の ▶ sentimento patriótico 愛国的な感情.

patriotismo /patrio'tʃizmu/ 男 愛国心, 愛国主義 ▶ por patriotismo 愛国心から.

patroa /pa'troa/ 女 女主人, 女将；妻.

patrocinador, dora /patrosina'dox, 'dora/ [覆 patrocinadores, doras] 名 後援者, スポンサー.
— 形 後援する, スポンサーする.

patrocinar /patrosi'nax/ 他 後援する, 援助する, …のスポンサーになる ▶ patrocinar um projeto cultural 文化事業を後援する.

patrocínio /patro'siniu/ 男 後援, 支援, 賛助 ▶ com o patrocínio do governo do Estado 州政府の後援により.

patronal /patro'naw/ [覆 patronais] 形《男女同形》雇用者の, 経営者の ▶ sindicato patronal 経営者組合.

patronato /patro'natu/ 男 ❶ 後援, 支援, 助成, 保護. ❷《集合的》経営者, 雇用者, 経営者団体.

patrono, na /pa'trõnu, na/ 名 擁護者, 後援者, 支持者.

patrulha /pa'truʎa/ 女 ❶ 巡回, パトロール ▶ carro de patrulha パトカー / fazer a patrulha パトロールする / patrulha marítima 海上パトロール.
❷ パトロール隊 ▶ patrulha rodoviária 高速道路パトロール隊.

patrulhamento /patruʎa'mẽtu/ 男 巡回, 巡視, パトロール.

patrulhar /patru'ʎax/ 他 ❶ …を巡回する, 巡視する. ❷ B (思想や風紀を)監視する, 取り締まる.
— 自 巡回する, 巡視する, パトロールする.

*__pau__ /'paw パゥ/ 男 ❶ 木材, 木 ▶ pedaço de pau 木切れ / perna de pau 木製の義足.
❷《um pau》棒 ▶ pau de bandeira 旗竿.
❸《paus》トランプのクラブ.
a dar com o pau 大量の, たくさんの.
a meio pau ① 半旗の ▶ bandeira a meio pau 半旗. ② 落ち込んで. ③ ほろ酔いの.
baixar o pau 殴る, 叩く, 批判する.
cair de pau 槍玉に挙げる, 激しく非難する.
chutar o pau da barraca ① いらだつ. ② 意欲をなくす.
dar pau 突然故障する.
levar pau 試験で不合格になる.
meter o pau em... …を激しく批判する ▶ Ele mete o pau nos outros sem dó. 彼は同情することなく他人を激しく批判する.
nem a pau 決して…ない, いかなることがあろうと…ない.
O pau cantou [comeu]. けんかが起きた.
pau a pau 互角に.
pau para toda a obra 何にでも役立つ人(もの).

quebrar o pau 激しくやりあう.
sentar o pau ① 身を入れて作業［事業］を始める［続ける］. ② 殴る.
pau-brasil /ˌpawbra'ziw/ [[複] paus-brasil または paus-brasis] [男]〖植物〗ブラジルスオウ（ブラジルの国名の由来）.
pau-d'água /ˌpaw'dagwa/ [[複] paus-d'água] [男] [B] 酔っぱらい.
paul /pa'uw/ [[複] pauis] [男] 沼地, 湿地帯.
paulada /paw'lada/ [女] 棒でたたくこと.
paulatino, na /pawla'tʃĩnu, na/ [形] ゆっくりした, 少しずつの, 段階的な.
Pauliceia /pawli'sɛja/ [女] a Pauliceia サンパウロ市の別名.
paulista /paw'lista パゥリスタ/ [形]《男女同形》サンパウロ州の.
— [名] サンパウロ州の人 ▶Dizem que o paulista trabalha muito. サンパウロ州の人はよく働くと言われている.
paulistano, na /paw'listanu, na/ [形] [名] サンパウロ市の（人）.
pau-mandado /ˌpawmẽ'dadu/ [[複]paus-mandados] [男] 言われた通りに動く人, イエスマン.
paupérrimo, ma /paw'pɛximu, ma/ [形] pobre の絶対最上級.
*__pausa__ /'pawza パゥザ/ [女] **休憩, 休止**, 中断 ▶fazer uma pausa 休憩する / O diretor deu uma pausa para os atores descansarem. 監督は役者たちが休むために休憩時間を与えた.
pausadamente /pawˌzada'mẽtʃi/ [副] ゆっくりと.
pausar /paw'zax/ [他] ❶ …を中断する, 止める. ❷ ゆっくり行う.
— [自] 中断する, 止める.
pauta /'pawta/ [女] ❶ 罫線, 罫紙 ▶um caderno com pauta 罫線入りのノート. ❷〖音楽〗五線紙, 譜表. ❸ 議題 ▶em pauta 議事日程に入った. ❹ リスト, 目録, 表 ▶pauta aduaneira 関税率表.
pautado, da /paw'tadu, da/ [形] ❶ 罫線入りの. ❷ 規則正しい.
pautar /paw'tax/ [他] ❶ 罫線を引く. ❷ 表にする, リストにする. ❸ 律する ▶pautar a vida 人生を律する.
— **pautar-se** [再] 自らを律する.
pauzinho /paw'zĩɲu/ [男] ❶ 小さな棒. ❷《pauzinhos》箸.
mexer os pauzinhos 陰で糸を引く.
pavão, voa /pa'vɐ̃w̃, 'voa/ [[複] pavões, pavoas] [名]〖鳥〗クジャク.
cobrir-se com penas de pavão 自慢する, 他人の褌で相撲を取る.
enfeitar-se com penas de pavão ① うぬぼれる. ② 他人の成果をわがものにする.
pavê /pa've/ [男] クリームケーキ.
pavilhão /pavi'ʎɐ̃w̃/ [男] ❶ 小屋；テント, バラック.
❷ 別棟, 別館, 分館 ▶pavilhão de isolamento 隔離病棟.
❸ パビリオン, 仮設展示場 ▶pavilhão do Japão 日本館. ❹ あずまや.
❺ 旗, 国旗 ▶pavilhão nacional 国旗 / pavilhão auriverde ブラジル国旗.
❻ 金管楽器のベル（朝顔）.
❼ 教会の聖殿の幕. ❽ ベッドの天蓋.
❾ pavilhão auricular〖解剖〗耳介.
pavimentação /pavimẽta'sɐ̃w̃/ [[複] pavimentações] [女] 舗装, 舗装工事.
pavimentar /pavimẽ'tax/ [他] 舗装する.
pavimento /pavi'mẽtu/ [男] ❶ 舗装. ❷（建物の）階.
pavio /pa'viu/ [男] ❶（ろうそくなどの）芯. ❷ 導火線.
de fio a pavio 始めから終わりまで.
queimar o pavio 行動（作業）を開始する.
ter pavio curto かっとなりやすい.
pavonear /pavone'ax/ ⑩ [他] 見せびらかす ▶Pavoneava seu iate pelos mares afora. 彼は洋上で自分のヨットを見せびらかしていた.
— [自] 気取る, しゃなりしゃなり歩く ▶A moça pavoneava durante a festa. その女性はパーティーでしゃなりしゃなり歩いていた.
— **pavonear-se** [再] 自分を飾る ▶Ela gosta de pavonear-se com roupas provocantes e muita maquiagem. 彼女は刺激的な装いと濃い化粧でごてごて飾り立てるのが好きだ.
pavor /pa'vox/ [[複] pavores] [男] 恐怖, ひどい恐れ ▶pavor da morte 死の恐怖 / grito de pavor 恐怖の叫び声.
ter pavor de... …が怖い ▶Tenho pavor de baratas. 私はゴキブリが怖い.
ter pavor de +[不定詞] …することが怖い ▶Tenho pavor de caminhar sozinho em lugares escuros. 私は暗い所をひとりで歩くのが怖い.
ter pavor que +[接続法] …が怖い.
pavoroso, sa /pavo'rozu, 'rɔza/ [形] 恐ろしい, ぞっとするような.
***__paz__ /'pas パース/ [[複] pazes] [女] ❶ **平和, 和平** ▶paz mundial 世界平和 / tratado de paz 平和条約 / desejar a paz 平和を願う / viver em paz 平和に暮らす / conservar a paz 平和を維持する / perturbar a paz 平和を乱す / em tempo(s) de paz 平時に［の］.
❷ **静けさ, 落ち着き** ▶É bom ter sempre paz no coração. いつも心に平穏を持つことはよいことだ / A pessoa idosa exalou seu último suspiro em paz. 老人は安らかに息を引き取った / paz podre 深い静寂.
A paz esteja convosco. 汝らに安らぎあれ.
de boa paz 柔和な人柄の.
deixar alguém em paz …を放っておく, 独りにしておく ▶Me deixa em paz, por favor. 私のことは放っておいてください.
estar em paz com a consciência 良心に曇りがない, やましい気持ちがない.
fazer as pazes com... …と和解する, 仲直りする ▶Eu fiz as pazes com ele. 私は彼と仲直りした.
fazer as pazes com a vitória 連敗を脱出する.
ficar em paz 落ち着く, 安心する.
Paz à sua alma. 安らかに眠れ.
paz de espírito 心の平穏 ▶Eu preciso de paz

P

de espírito. 私は心の平穏が必要だ.
ser de boa paz 平和主義である, 穏やかである.
PB 〘略語〙Estado da Paraíba パライバ州.
Pça 〘略語〙Praça 広場.
PE 〘略語〙Estado de Pernambuco ペルナンブーコ州.

pé /'pɛ ぺ/ 男 ❶ (人間の)足 (注 足首から下の部位で, その上は perna); 動物の足 (= pata) ▶dos pés à cabeça 足の先から頭のてっぺんまで / ponta do pé つま先 / pé direito 右足 / pé esquerdo 左足 / ter pé chato 偏平足である / num pé só 片足で / pé de anjo 大足 / pé de atleta 水虫 / pé de galinha 目じりのしわ / pé de pato 足ひれ.
❷(家具, 道具などの)脚, 脚部; (物の)下部, 基部; (山などの)ふもと, 裾 ▶Esbarrei no pé da cadeira. 私はいすの足にぶつかった / pé da taça グラスの足 / pé da cama ベッドの足元 (枕の反対側) / no pé da montanha 山のふもとに / o pé da estátua 像の台座 / no pé da página ページの下に.
❸(植物の) 株, 木 ▶pé de alface レタスの株 / pé de cerejeira 桜の木 / pé de bananeira バナナの木.
❹ 状況, 状態 ▶Em que pé está a situação? 今どのような状況ですか.
❺ フィート (= 30.48cm) ▶a 10.000 pés de altura 高度1万フィートで.
❻ 脚韻, 詩脚.
ao pé de... ···の近くに, そばに.
a pé 歩いて, 徒歩で ▶Vou a pé para casa. 私は自宅まで歩いて帰る.
ao pé do ouvido 耳元で, 小声で.
bater o pé ▶言い張る ▶Ele bateu o pé que estava certo. 彼は自分が正しいと言い張った.
botar o pé no mundo 逃げる.
cair aos pés de alguém ···の前に平伏する, ···の前に屈服する.
cair de pé 負けても堂々としている.
calçar pelo mesmo pé 好みが同じである.
com o pé atrás 信用できないで ▶Estou com o pé atrás nessa história. その話は眉唾ものだ.
com o pé direito 順調に, 幸先よく ▶entrar [começar] com o pé direito よいスタートを切る.
com o pé esquerdo 幸先がよくなく, 運が悪い, 下手な ▶Hoje acordei com o pé esquerdo. 私は今日はついていない.
com o pé na cova 片足を棺桶に突っ込んだ, 瀕死の.
com os pés nas costas 簡単に, たやすく.
com os pés no chão 地に足をつけて.
dar no pé 逃げる, 立ち去る.
dar pé ① (水中で)足が底につく ▶Não dá pé. 足が底につかない. ② 可能である.
de pé ① 立って, 起立して, (病人が)床を離れて ▶Tinha muita gente de pé. 立っている人がたくさんいた. ② 有効である, 効力がある ▶Este acordo está de pé desde 2014. この協定は2014年から有効である. ③ 起床して ▶Estou de pé. 私は起きている.
de pé em pé ①〘サッカー〙パスをつなげて. ② 忍び足で.
de pé quebrado 韻律がそろっていない ▶verso de pé quebrado 韻律がそろっていない詩.
de pés e mãos atados 手足を縛られて, 身動きが取れない.
de pés juntos 強く, しっかりと ▶negar de pés juntos 強く否定する.
em pé 直立した, 立った ▶estar [ficar] em pé 立っている / Tinha muita gente em pé na assembleia. 集会ではおおぜいの人が立っていた.
em pé de guerra com... ···と険悪な仲で, 戦時で.
em pé de igualdade com... ···と対等に.
encher o pé〘サッカー〙乱暴にキックする.
enfiar o pé〘サッカー〙① 乱暴にキックする. ② ファウルをして相手を止める.
fincar os pés ① 居座る. ② 固執する.
estar a pé ① 自力で動く, 自分の足で歩く. ② 自立している.
estar de pé atrás 用心している, 信用していない.
fazer pé atrás 一歩引いて態勢を立て直す, 抵抗態勢をとる.
fazer pé firme 主張を曲げない.
ficar de pé ① 立っている, 持ちこたえる. ② 屈服しない, 抵抗する. ③ 持続する.
ir num pé e voltar no outro 行ってすぐ帰ってくる, とんぼ返りする.
lamber os pés de... ···にこびへつらう, 服従する.
lançar-se aos pés de... ···に泣きつく.
largar do pé de... ···につきまとうのをやめる.
meter os pés pelas mãos まずいことを言う, ばつの悪い思いをする.
não ter pé nem cabeça 意味不明である, 支離滅裂である, わけが分からない ▶O que ele disse não tem pé nem cabeça. 彼の言ったことは意味不明だ.
no mesmo pé 足踏み状態の, 停滞した.
no pé do ouvido 耳元で.
pé ante pé 抜き足差し足で, 忍び足で ▶sair pé ante pé こっそり抜け出す.
pé de moleque ① 炒りピーナッツを糖蜜で固めた菓子. ② 不揃いの石を敷いた舗装.
pé de valsa 踊りのうまい人, ダンサー.
pé de vento つむじ風, 旋風, ハリケーン.
pé na tábua ① (運転手に対して)もっと急いで. ② 加速, 推進.
pé no chão ① 地に足が付いていること[人]. ② 田舎者.
pé no saco うんざりする人[もの, こと].
pegar no pé de alguém ···をうるさがらせる, 困らせる, 邪魔をする ▶Aquele aluno só pega no pé no professor. あの生徒は先生を困らせるだけだ.
pegar pelo pé 不意をつく, 現場を押さえる.
perder pé (水中で)足がつかなくなる.
pôr o pé 立たせる, 縦に置く.
pôr os pés no chão 地に足をつける.
pôr-se de pé ① 立つ, 立ちあがる, 起き上がる. ② 病から回復する, 治る.
puxar o pé ① 早歩きする. ② 足をすくう, 邪魔をする.
sem pé(s) nem cabeça 訳の分からない, 筋道が

通っていない, ばかげてる.
ter os pés no chão 地に足がついている ▶ Não se preocupe, ele tem os pés no chão. 心配しないで, 彼はちゃんと考えている.
ter pé ① 足腰が強い. ② 足がつく.
tirar o pé アクセルから足を放す, (車の) 速度を落とす.
tirar o pé da lama 窮地を脱する.
tomar pé 足で水深を確かめる.
trocar os pés pelas mãos あわてる, とんちんかんなことをする [言う].
um pé lá, outro cá ① 極めて迅速に. ② 世界を股にかけて.

pê /'pe/ 男 文字 p の名称.

peão /pe'ɐ̃w/ [複 peões または peães] 男 ❶《チェス》ポーン. ❷ 農場労働者. ❸ 牧場労働者.

:peça /'pɛsa ペーサ/ 女 ❶ 一片, 一部分 ; 一点, 一品 ▶ uma peça de carne 肉 の 一 片 / três peças de roupas 洋 服 3 着 / uma peça de mobília 家具 1 点.
❷ (チェスや将棋の) 駒, (パズルの) ピース ▶ uma peça da xadrez チェス の 駒 / as peças do quebra-cabeça ジグソーパズルのピース.
❸ (機械の) 部品, 部分 ▶ uma peça do motor エンジンの部品 / uma peça sobressalente 予備の部品.
❹ (芸術的) 作品 ; (特に) 戯曲 (= peça de teatro) ▶ uma peça para piano ピアノ曲 / peça de arte 美術品 / peça de museu 博物館にふさわしい逸品, (軽蔑) 時代遅れの骨董.
❺ だまし, ペテン.
❻ 諺 悪者, ならず者.
em peça 全体的に, 全面的に.
peça de resistência ① 主料理. ② 呼び物, 目玉.
peça por peça 一つ一つ, 個々に.
peça rara ① 珍品. ② 個性的な人, 変人.
pregar uma peça だます, かつぐ ▶ Ele pregou uma peça nos amigos. 彼は友人をかついだ.

peça 活用 ⇒ pedir

*pecado /pe'kadu ペカード/ 男 ❶ (宗教上の) 罪, 過ち ▶ cometer um pecado 罪を犯す / pecado original 原罪 / pecado mortal 大罪 / sete pecados capitais《キリスト教》七つの大罪.
❷ 過失 ▶ Aquele jogador cometeu o grande pecado de errar o pênalti. あの選手はペナルティキックを失敗するという大きな過失を犯した.
❸ 残酷な [意地悪な] 行為 ▶ Foi um pecado perder o jogo por tão pouco. 僅かにもわずかの差で試合に負けるというのは残酷なことだ.

pecador, dora /peka'dox, 'dora/ [複 pecadores, doras] 名 (宗教的な) 罪人 (にん).
— 形 罪の, 罪人の, 罪深い.

pecaminoso, sa /pekami'nozu, 'nɔza/ 形 罪の, 罪深い ▶ vida pecaminosa 罪深い生活.

pecar /pe'kax/ 自 ❶ 宗教上の罪を犯す ▶ Pequei. 私は罪を犯した / pecar por ignorância 無知のために罪を犯す / pecar por palavras 言葉によって罪を犯す / pecar por pensamentos 考えによって罪を犯す.
❷ … に背く [+ contra] ▶ pecar contra as leis de Deus 神の掟に背く.
❸ … に反する [+ com] ▶ pecar contra a moral 道徳に反する.
❹ … に陥る [+ em] ▶ pecar sempre nos mesmos erros いつも同じ誤りに陥る.
❺ … がすぎる [+ por] ▶ pecar por excesso de zelo 熱心すぎる / pecar pela ignorância 知らなさすぎる.

pecha /'pɛʃa/ 女 欠点, 短所.

pechincha /pe'ʃĩʃa/ 女 お買い打ち品, お買い得品, 掘り出し物.

pechinchar /peʃĩ'ʃax/ 自 値切る.
— 他 (値段を) 値切る ▶ pechinchar o preço 値切る.

peço 活用 ⇒ pedir

peçonha /pe'sõɲa/ 女 (動物の) 毒.

pectina /pɛk'tʃina/ 女 ペクチン.

pecuária /peku'aria/ 女 牧畜業, 畜産.

peculato /peku'latu/ 男 (公務員による) 公金横領, 公の財産を自分の物にすること.

peculiar /pekuli'ax/ [複 peculiares] 形《男女同形》独特の, 特殊な, 特徴的な ▶ um gosto peculiar 独特な味 / um talento peculiar 特殊な才能.

peculiaridade /pekuliari'dadʒi/ 女 特殊性, 独自性, 特色, 特徴 ▶ A peculiaridade do caso do paciente exigiu que ele fosse tratado em um hospital fora do país. その患者の症例は特殊であったため, 海外の病院で治療を受ける必要があった.

pecúlio /pe'kuliu/ 男 ❶ 貯金. ❷ 財産, 資産.

pecuniário, ria /pekuni'ariu, ria/ 形 金銭の ▶ compensação pecuniária 金銭賠償.

:**pedaço** /pe'dasu ペダーソ/ 男 ❶ 断片 ; 一切れ, 一部分 ▶ um pedaço de bolo ケーキ 1 切れ / pedaço de papel 紙切れ / pedaços de vidro ガラスの破片 / cortar a carne em pedaços 肉を小さく切る / fazer em pedaços 粉々にする / fazer-se em pedaços 粉々に砕ける.
❷ 一節, くだり.
cair aos pedaços ばらばらになる, 壊れる ; 疲れ果てる.
... não tirar pedaço …するのも悪くない ▶ Perguntar não tira pedaço. 質問してみるのも悪くない.
pedaço de asno ばか者, 愚か者.
pedaço de mau caminho 魅惑的な女性.

pedágio /pe'daʒiu/ 男 自 (有料道路の) 通行料金 ; 料金所.

pedagogia /pedago'ʒia/ 女 教育学, 教授法.

pedagógico, ca /peda'gɔʒiku, ka/ 形 教育学の, 教授法の ▶ métodos pedagógicos 教育法.

pedagogo, ga /peda'gogu, ga/ 名 教育学者, 教育者.

pé-d'água /ˌpɛ'dagwa/ [複 pés-d'água] 男 自 一時的な大雨.

pedal /pe'daw/ [複 pedais] 男 ❶ ペダル ▶ pedal de freio ブレーキペダル / pressionar o pedal ペダルを踏む. ❷ (ピアノの) ペダル.

pedalada /peda'lada/ 女 ペダルを踏むこと ▶ dar uma pedalada ペダルを踏む.

pedalar /peda'lax/ 他 … のペダルを踏む, こぐ ▶ pe-

pedalinho

dalar uma bicicleta 自転車をこぐ.
― 圄 ペダルを踏む, 自転車をこぐ▶Pedalar faz bem à saúde. 自転車をこぐことは健康によい.
pedalinho /peda'liɲu/ 圐 ペダルボート.
pedante /pe'dɐ̃tʃi/ 圐《男女同形》学者ぶった, 衒学的な.
― 图 学者ぶる人, 衒学者.
pedantismo /pedɐ̃'tʃizmu/ 圐 学者ぶること, 衒学.
pé de atleta /pɛdʒiat'lɛta/ [圑 pés de atleta] 图 水虫.
pé de cabra /ˌpedʒi'kabra/ [圑 pés de cabra] 圐 かなてこ, バール.
pé-de-meia /ˌpedʒi'meja/ [圑 pés-de-meia] 圐 蓄え, へそくり, 虎の子.
pé de pato /ˌpedʒi'patu/ [圑 pés de pato] 圐 潜水用の足ひれ.
pederasta /pede'rasta/ 图 ❶ 少年愛者. ❷ 男色者.
pederastia /pederas'tʃia/ 图 少年愛, 男色.
pederneira /pedex'nejra/ 图 火打ち石.
pedestal /pedes'taw/ [圑 pedestais] 圐 台, 台座, 柱脚.
pôr alguém num pedestal …を祭り上げる.
pedestre /pe'dɛstri/ 图 歩行者.
― 圐《男女同形》徒歩の, 歩行の.
pediatra /pedʒi'atra/ 图 小児科医.
pediatria /pedʒia'tria/ 图 小児科学.
pedicuro, ra /pedʒi'kuru, ra/ 图 ❶ ペディキュア師. ❷ 足専門医.
pedida /pe'dʒida/ 图 ❶ 图 国 (適切な) 注文, 指摘, 提案, 選択▶Boa pedida! いい考えだ.
❷ トランプゲームでプレーヤーが引くカード.
※pedido /pe'dʒidu ペヂード/ 圐 ❶ 依頼, 頼み▶Tenho um pedido. お願いがあります / O rei atendeu o pedido das pessoas. 王は人々の願いを聞き入れた / negar um pedido 依頼を断る / pedido de auxílio 支援の依頼 / pedido de casamento 求婚 / pedido de desculpas 謝罪 / pedido de registro de marca 商標登録出願.
❷ 注文▶fazer um pedido 注文する / cancelar o pedido 注文を取り消す / Houve uma enxurrada de pedidos. 注文が殺到した.
a pedido 依頼で, 注文で▶vídeo a pedido ビデオオンデマンド.
a pedido de... …の依頼により, の懇願で▶a pedido dos fãs ファンの要望により.
pedinte /pe'dʒĩtʃi/ 图 物乞い.
― 圐《男女同形》物ごいする.
※pedir /pe'dʒix ペヂーフ/ ④

直説法現在	peço	pedimos
	pedes	pedis
	pede	pedem

接続法現在	peça	peçamos
	peças	peçais
	peça	peçam

囲 ❶ 求める, 頼む▶pedir socorro 助けを求める / pedir a palavra 発言を求める / pedir o visto ビザを申請する / pedir permissão 許可を求める / pedir perdão [desculpa] 赦しを求める.
❷《pedir algo a alguém》…を…に求める, 頼む▶pedir ajuda aos amigos 友人に手助けを頼む / Queria lhe pedir um favor. あなたにお願いしたいことがあります.
❸《pedir para +不定詞》…することを求める▶Posso pedir para dar um recado? 伝言をお願いしてよろしいでしょうか.
❹《pedir a alguém que +接続法》…に…することを求める▶Ele me pediu que esperasse. 彼は私に待つように言った.
❺ (飲食物を) 注文する▶pedir um café コーヒーを注文する.
❻《pedir ... emprestado》…を貸してもらう, 借りる▶pedir dinheiro emprestado お金を貸してもらう / Pedi dinheiro emprestado do banco. 私は銀行からお金を借りた.
❼ (…に結婚を) 申し込む▶Ele pediu-a em casamento. 彼は彼女に結婚を申し込んだ.
pede deferimento「許可求める」(請願書の結びに用いる表現. 略して P.D. とも).
pedofilia /pedofi'lia/ 图 小児性愛.
pedófilo, la /pe'dɔfilu, la/ 圐 小児性愛者の.
― **pedófilo** 圐 小児性愛者.
※pedra /'pedra ペドラ/ 图 ❶ 石, 岩石, 石材▶casa em pedra 石造りの家 / atirar uma pedra 石を投げる / as pedras da parede 壁石材 / primeira pedra『建築』礎石 / coração de pedra 非情な心 / pedra de toque 試金石 / pedra sepulcral 墓石.
❷ 石状のもの▶uma pedra de gelo 氷の塊 / duas pedras de sal 2個の岩塩.
❸『医学』結石▶Os exames acusam pedra no rim. 検査は腎臓結石を示している.
❹『歯科』歯石▶O dentista limpou a pedra que ela tinha nos dentes. 歯医者は彼女の歯に溜まった歯石を掃除した.
❺『気象』ひょう, あられ▶Uma chuva de pedra destruiu as culturas. ひょうが降って耕地を破壊した. ❻ 墓石 (lápide).
❼ (チェス・将棋など) 駒▶as pedras brancas e as pretas do tabuleiro チェス盤の白黒の駒.
❽ 宝石▶pedras preciosas 宝石 / pedra filosofal 賢者の石 (練金石).
❾ 国 知性を欠く人物.
andar [estar] com a pedra no sapato ① 不審に思う. ② 警戒する.
atirar a pedra e esconder a mão 無実を装い, 悪事を働く.
atirar [jogar] a primeira pedra 非難の口火を切る.
botar uma pedra em cima de... ① …に始末をつける. ② …を水に流す.
cantar a pedra ① 口汚く罵る. ② ある出来事や事件を予測する.
carregar pedras きつい仕事をする.
carregar pedras enquanto descansa 休むを

きときにも仕事をする.
chamar alguém à pedra 注意を喚起する, 非難する, 罰する ▶No fim do período, o professor chamou à pedra os alunos preguiçosos. 学期末, 教師は怠け者の生徒を叱責した.
colocar uma pedra em cima 収束を図る, 幕引きする.
com duas [quatro] pedras na mão [話] 乱暴に, 激しく ▶Ela respondeu-lhe com duas pedras na mão. 彼女は彼に乱暴な受け答えをした.
com quatro pedras na mão けんか腰で.
de pedra e cal 鉄壁の守りの ▶No emprego, ninguém está de pedra e cal. 雇用に関しては誰もが不安を抱えている.
dormir como uma pedra 熟睡する.
E lá vai pedra. …をはるかに超えている.
fazer chorar as pedras da calçada 感情に訴える, 万人に共感を呼ぶ.
gravado na pedra しっかりと刻まれた, 永久的な.
jogar pedra ① (サッカー) 酷い試合をする. ② 他人を非難する.
lançar a primeira pedra ① 建設に着手する. ② 基礎を置く.
não deixar pedra sobre pedra 取り壊す, 破壊する.
não ficar pedra sobre pedra 完全に破壊される ▶O terremoto abalou a cidade e não ficou pedra sobre pedra. 地震は都市を揺さぶり, 何一つ残らなかった.
pedra angular〖建築〗隅石, 礎石 ; 大黒柱 ▶O corte nas despesas foi a pedra angular do combate ao déficit. 支出削減は赤字対策の大黒柱だった.
pedra de amolar 砥石.
pedra de escândalo つまづきの石, スキャンダルの種.
pedra de isqueiro ライターの発火石.
pedra de moinho ひき臼の石.
pedra fundamental 礎石.
Pedra Lascada 旧石器時代前期.
pedra no (meio do) caminho 障害物.
pedra no sapato 靴の中の石, 邪魔なもの, 不快なこと.
pedra por pedra 少しずつ, 順を追って.
pedra portuguesa ポルトガル風石畳の石.
pôr uma pedra em cima 忘れる, 隠す, なかったことにする.
pôr uma pedra no sapato de... ① …の邪魔をする, 阻む. ② …の心配ごとを増やす.
pôr uma pedra sobre o assunto 問題に終止符を打つ.
responder com sete pedras na mão 攻撃的に [乱暴に] 応える.

pedrada /pe'drada/ [女] 投石.
pedregoso, sa /pedre'gozu, 'gɔza/ [形] 石だらけの, 石の多い.
pedreira /pe'drejra/ [女] ❶ 採石場, 石切場. ❷ きつい仕事.
pedreiro /pe'drejru/ [男] 石工, 左官, れんが職人.
pedrinha /pe'drĩɲa/ [女] 小石.
pedúnculo /pe'dũkulu/ [男]〖植物〗花柄.
pé-frio /ˌpe'friw/ [[複] pés-frios] [名] [B] ついていない人, 疫病神.
pega /'pɛga/ [女] ❶ つかむこと. ❷ つかむところ, 握り, 柄, 取っ手.
pega /'pɛga/ [男] [B] [話] ❶ 公道での違法な自動車やオートバイのレース ▶um pega de motos 違法オートバイレース. ❷ 口論, 言い争い.
pega /'pega/ [女] ❶ カササギ. ❷ おしゃべりな女性.
pegada[1] /pe'gada/ [女] 足跡, 跡 ▶deixar pegadas 足跡を残す / ir nas pegadas de alguém …を追跡する.
pegado, da[2] /pe'gadu, da/ [形] (pegar の過去分詞) ❶ 貼り付いた, くっついた, つながれた, 結束した ▶um anúncio pegado na parede 壁に貼付けられた広告.
❷ 隣接した, 近隣の ; 連続した ▶a casa pegada 隣接した家.
❸ 仲がよい, 親しい ▶Ela é muito pegada à professora. 彼女は先生ととても仲がよい.
❹ (植物が) 根付いた.
❺ [B] [話] 酔っぱらった.
pegajoso, sa /pega'ʒozu, 'ʒɔza/ [形] べとべとした, 粘着性の.
pega-pega /ˌpɛga'pɛga/ [[複] pega(s)-pegas] [男] [B] 大量検挙 ; 鬼ごっこ.
***pegar** /pe'gax ペガーフ/ ⑪《[過去分詞] pegado/pego》[他] ❶ **受ける, 受け止める** ▶pegar uma bola ボールを受ける / pegar chuva 雨に降られる / A casa pegou fogo. 家が火事になった / A nossa televisão só pegava alguns canais. 私たちのテレビは数チャンネルしか映らなかった / pegar o livro emprestado 本を借りる.
❷ **捕まえる, つかむ**, 取る, 被る ▶pegar um ladrão 泥棒を捕まえる / pegar um peixe 魚を捕まえる / Eles foram pegos roubando. 彼らは盗みを働いているところを捕まえられた / Vou pegar a minha bolsa. バッグを取りに行きます.
❸ くっつける, 貼りつける ▶Ele pegou o cartaz na parede. 彼は壁にポスターを貼りつけた.
❹ (乗り物に) **乗る** ▶pegar um avião 飛行機に乗る / pegar o ônibus バスに乗る / Eu peguei um trem para São Paulo. 私はサンパウロ行きの電車に乗った.
❺ (道を) **行く** ▶Pegue a primeira à direita. 最初の通りを右に行ってください.
❻ [B] [話] …に行く, 移動する ▶pegar um cinema 映画に行く.
❼ **迎えに行く** ▶Pegamos você no aeroporto. あなたを空港まで迎えに行きます.
❽ (病気に) **かかる** ▶pegar gripe インフルエンザにかかる / pegar um resfriado 風邪をひく.
❾ **手に入れる, 入手する** ▶pegar um ingresso 入場券を手に入れる.
❿ (癖や習慣を) **つける** ▶pegar o hábito da leitura 読書の習慣をつける.
⓫ 理解する ▶Ele pegou o que eu disse. 彼は私が言ったことを理解した.
⓬ (内容や地域などを) 含む ▶O programa do cur-

peito

so não pega a história contemporânea. そのコースのカリキュラムには現代史が含まれない / A região de entrega não pega essa área. 配達区域はその地区を含まない.
⓬ (車などが) 轢く▶O carro pegou a criança. その車はその子供を轢いた.
— 自 ❶ …をつかむ, 握る, 持つ [+ em] ▶pegar no lápis 鉛筆を持つ.
❷ 根を下ろす▶A tulipa pegou muito bem. チューリップはしっかりと根を生やした.
❸ (エンジンが) 始動する▶O carro não pega de jeito nenhum. 車が全然動かない.
❹ (流行や病気が) はやる, 広がる.
❺ くっつく; (火が) 燃え移る▶O fogo pegou no mato. 火が林に燃え移った.
❻ 通用する, 受け入れられる, 信じられる.
❼ 《pegar a + 不定詞》…し始める▶De manhã pegou a chover forte. 朝方に雨が強く降り始めた.
❽ (職場に) 着く▶Ele pegou no serviço às 11 horas. 彼は職場に11時に着いた.
— **pegar-se** 再 …とけんかする [+ com].
algo que está pegando ひっかかり, 障害物.
É pegar ou largar. そのまま呑むか拒むかだ, 嫌ならやめなさい.
não pegar 失敗する, 評判が悪い.
pegar bem 評判がよい, うける.
pegar leve com... …を容赦する, …に手加減する.
pegar mal 評判が悪い, うけない.

:peito /'pejtu ペイト/ 男 ❶ 胸, 胸部 ▶Estou com dor no peito. 私は胸が痛い / peito de galinha 鶏の胸肉.
❷ 乳房, 胸 ▶dar o peito ao bebê 赤ん坊に母乳を与える.
❸ 勇気 ▶homem de peito 勇気ある男.
abrir o peito 心を開く, 胸襟を開く.
a peito descoberto ① 無防備に. ② 勇気を出して, 誠実に.
de peito aberto ▶率直に, 本音で▶Ele sempre conversou conosco de peito aberto. 彼はいつも私たちと本音で話した.
do peito 心からの, とても親しい▶amigo do peito 親友.
lado esquerdo do peito 心臓のある側, 良心が働くところ.
lavar o peito ① 心情を吐露する, 胸のつかえを晴らす. ② 復讐する.
levar a peito ① 企画する, 参画する. ② 真剣に考える.
matar no peito 《サッカー》胸を使ってパスをカットする.
meter os peitos 意を決して事業に立ち向かう.
no peito e na raça 何としてでも, 必ず.
peito do pé 足の甲.
pôr peito a... …を決意する, …に尽力する.
rasgar o peito 声高らかに歌う.
ter peito 度胸 [勇気] がある.
tomar a peito 引き受ける.

peitoral /pejto'raw/ [複 peitorais] 形《男女同形》胸の, 胸筋の▶músculo peitoral maior 大胸筋.

peitoril /peito'riw/ [複 peitoris] 男 手すり, 欄干.
peixada /pej'ʃada/ 女 魚の煮込み料理.
peixaria /pejʃa'ria/ 女 鮮魚店.

:peixe /'pejʃi ペイシ/ 男 ❶ 魚, 魚類 ▶pescar um peixe 魚を釣る / peixe de água doce 淡水魚 / peixe de água salgada 海水魚 / peixe tropical 熱帯魚 / peixe dourado 金魚 / nadar como um peixe 上手に泳ぐ.
❷ 魚肉 ▶comer peixe 魚を食べる / peixe defumado 魚の燻製 / peixe assado 焼き魚 / peixe cru 生魚, 刺身 / peixe congelado 冷凍魚 / peixe fresco 鮮魚, 生きのいい魚 / peixe à milanesa ミラノ風魚フライ.
❸ 《Peixes》《天文》うお座 ▶Sou Peixes. 私はうお座だ.
fazer render o peixe (自分に有利なように) 状況を継続する.
Filho de peixe, peixinho é. 諺 蛙の子は蛙.
não ser nenhum peixe podre 腐っても鯛である.
não ser peixe nem carne どっちつかずである, 優柔不断である.
não ter nada a ver com o peixe (問題や議論に) まったく関係がない.
olhar de peixe morto 死んだ魚の目.
O que cair na rede é peixe. 諺 網にかかれば何でも魚, 自分のところに来たものは何でも利用する.
peixe fora d'água 陸に上がったカッパ, 場違いなところにいる人.
peixe grande 悪党の頭目, 大物.
peixe graúdo 俗 大物, 有力者.
peixe na água 水を得た魚.
Venda seu peixe que depois vendo o meu. まずはそちらの考えを述べてください.
vender o seu peixe 自分を売り込む.

peixe-espada /,pejʃis'pada/ [複 peixes-espada(s)] 男 タチウオ, メカジキ.
peixeira /pej'ʃejra/ 女 魚用ナイフ, 短いナイフ.
peixeiro, ra /pej'ʃejru, ra/ 女 魚商人.

pejar /pe'ʒax/ 他 ❶ …を…で満たす, 詰め込む▶pejar o navio de contêineres 船にコンテナを積む.
❷ 邪魔をする, 妨げる▶As malas pejavam a passagem. トランクが通行を妨げていた.
— 自 ❶ 妊娠する. ❷ B (サトウキビの圧搾機が) 止まる.
— **pejar-se** 再 ❶ 恥ずかしい思いをする, 赤面する▶Ele não se peja por nada. 彼は決して恥ずかしがることはない.
❷ 迷う, ためらう, 不安に思う▶Não se pejou de enfrentar o perigo. 危険に立ち向かうことにためらいはなかった.
❸ …に気分を害する, 怒っている▶Pejou-se com as minhas decisões. 私が決めたことに腹を立てた.

pejo /'peʒu/ 男 恥, 羞恥心, 恥じらい▶ter pejo 恥じる.

pejorativo, va /peʒora'tʃivu, va/ 形 軽蔑的な, 悪い意味の▶termo pejorativo 軽蔑語 / em sentido pejorativo 軽蔑的な意味で.

pela(s) /'pela(s)/ 前置詞porと定冠詞a(s)の縮合形.

pelada[1] /pe'lada/ 囡 Ⓑ ストリートサッカー ▶ bater uma pelada ストリートサッカーをする.

pelado, da[2] /pe'ladu, da/ 形 ❶ 毛を剃った. ❷ 髪の毛のない. ❸ 國 裸の ▶ uma mulher pelada 裸の女性.

pelagem /pe'laʒēj/ [榎 pelagens] 囡《集合的》動物の毛.

pelar /pe'lax/ 他 ❶ …の皮をむく［はぐ］；殻を取る；羽をむしる ▶ pelar batatas ジャガイモの皮をむく.
❷ …の髪を刈る，毛を刈る［抜く］▶ pelar o cão 犬の毛を刈る.
❸ 俗 …の金品を巻き上げる ▶ pelar os turistas 観光客の金品を奪い取る.
— 自 Ⓑ 高温になる.
— **pelar-se** 再 ❶ 皮がむける；毛が抜ける.
❷ 裸になる.
❸ 熱愛する，…が大好きである［+ por］.
pelar-se de medo 恐怖でおびえる.

★★★ **pele** /'peli ペーリ/ 囡 ❶ 肌，皮膚 ▶ pele branca 白い肌 / pele clara 色白の肌 / pele escura 黒い肌 / pele morena 浅黒い肌 / pele macia すべすべした肌 / Ela tem uma pele bonita. 彼女はきれいな肌をしている / Tenho a pele sensível. 私は皮膚が弱い / ter a pele seca 乾燥肌である / cuidados de pele 肌の手入れ / pele de galinha 鳥肌 / doença de pele 皮膚病 / câncer de pele 皮膚がん.
❷ (動物の) 皮，革，皮革 ▶ tirar a pele do peixe 魚の皮をはぐ / luvas de pele 革の手袋.
❸ 毛皮 ▶ um casaco de pele 毛皮のコート.
❹ (果物や野菜の) 皮 ▶ a pele do tomate トマトの皮.
❺ 人体，命 ▶ defender a pele 身を守る / cortar na própria pele 我が身を削る / arriscar a pele 命を危険にさらす / salvar a pele 窮地を救う.
arrancar a pele …を搾取する.
cair na pele de... …をからかう.
em pele 裸で，むき出しで.
entrar na pele de... …に取って替わる.
estar na pele de... …に取って替わる，…になりきる.
mudar a pele 豹変する，生活態度を改める.
sentir na pele 直接肌で感じる，実感する，身にしみて感じる.
ser [estar] só pele e osso 骨と皮しかない，がりがりにやせている.
tirar a pele ① 皮をはぐ. ② 搾取する，食い物にする.

peleja /pe'leʒa/ 囡 ❶ 戦い，争い，格闘. ❷ 格闘技.

pelejar /pele'ʒax/ 自 ❶ 争う，戦う ▶ pelejar pela paz 平和のために戦う.
❷ 論議する；口論する ▶ Os palestrantes pelejavam. その講演者たちは議論していた.
❸ 反対する，不和になる ▶ pelejar contra uma ideia 意見に反対する.
❹ Ⓑ 繰り返し頼む ▶ Pelejaram para que ele fosse. 彼は行くように何度も頼まれた.
❺ Ⓑ 休みなくせっせと働く ▶ Pelejei toda a minha vida. 私は一生涯働き続けた.
— 他 (争いや戦闘を) 企てる，始める.

pelerine /pele'rini/ 囡 ペルリーヌ，ケープ.

peleteria /pelete'ria/ 囡 毛皮店.

pele-vermelha /,pelevex'meʎa/ ［榎 peles-vermelhas］ 名 形《男女同形》北米先住民(の).

pelicano /peli'kẽnu/ 男《鳥》ペリカン.

película /pe'likula/ 囡 ❶ 薄皮，薄膜，皮膜. ❷ フィルム ▶ película aderente ラップフィルム. ❸ 映画フィルム.

pelintra /pe'lītra/ 形《男女同形》❶ 貧しく粗末な服装をしているが気取っている.
❷ 貧しく粗末な服装をしている.
❸ けちな. ❹ 恥知らずな.
❺ 服装が気取っている.
— 名 ❶ 貧しく粗末な服装をしているが気取っている人. ❷ 貧しい人.

pelo[1] /'pelu/ 男 ❶ 体毛 ▶ ter pelos nas pernas 足に毛が生えている.
❷ (動物の) 毛.
em pelo ① 裸の. ② (馬の) 鞍をつけずに.
ir ao pelo a... …を叩く，殴る.
tirar o pelo ぼったくる.

pelo[2] /'pelu/ 前置詞porと定冠詞o(s)の縮合形 ▶ Fomos pelo caminho mais curto pois estávamos atrasados. 私たちは遅れていたので，最も近い道を通って行った.

pelos /'pelus/ 前置詞porと定冠詞・指示代名詞osの縮合形.

pelota /pe'lɔta/ 囡 ❶ ボール. ❷ Ⓑ サッカーボール.
dar pelota a... …に注意する，関心を払う.

pelotão /pelo'tẽw/ ［榎 pelotões］ 男 ❶《軍事》小隊. ❷ (人の) 集団，一団 ▶ um pelotão de ciclistas 自転車走者の集団.

pelourinho /pelo'riɲu/ 男 (罪人をさらし者にする) さらし台.

pelúcia /pe'lusia/ 囡 プラシ天，プラッシュ ▶ bicho de pelúcia ぬいぐるみ / urso de pelúcia クマのぬいぐるみ.

peludo, da /pe'ludu, da/ 形 ❶ 毛深い，毛で覆われている ▶ braços peludos 毛深い腕.
❷ 内気な，引っ込み思案の.
❸ Ⓑ 幸運な.
❹ (動物の) 血統書付きでない，雑種の.
❺ Ⓑ 怒りっぽい，短気な.
— 名 ❶ 毛深い人.
❷ 初心者，未経験者，新入生.
❸ 國 酔っていること，酩酊状態 ▶ tomar um peludo 酔っぱらう.

pélvis /'pɛwvis/ 囡《単複同形》《解剖》骨盤.

★★ **pena**[1] /'pẽna ペーナ/ 囡 ❶ 刑，処罰，刑罰 ▶ executar a pena 刑を執行する / pena severa 厳罰 / pena de morte 死刑 / pena capital 極刑 / pena pecuniária 罰金刑 / pena de dez anos de prisão 10年の刑 / pena de prisão perpétua 終身刑 / cumprir pena 刑期を務める.
❷ 憐れみ，同情 ▶ ter pena de alguém …を気の毒

pena

に思う, かわいそうに思う.

❸ 残念 ▶É uma pena. 残念です / É uma pena mas não há mais tempo. 残念ながら時間がもうありません / É uma pena eu não poder estar presente. 出席できなくて残念です / Que pena! 残念だ / Que pena que você pense assim. あなたがそう思っているのは残念だ / É uma pena que você não tenha sido selecionada desta vez. あなたが今回選ばれなかったのは残念だ.

a duras penas とても苦労して, やっとのことで.

dar pena 気の毒に思わせる ▶Deu pena de vê-la tão arrasada com o acontecido. その出来事に疲れ切った彼女を見て私は気の毒に思った.

sob pena de... ① (違反すれば) …の刑を受けるものとして ▶É proibido depositar lixo na rua sob pena de multa. 通りにごみを投棄することは禁止されており, 違反した場合は罰金刑が課せられる. ② …しないように, …したくなければ ▶O estabelecimento deve melhorar as condições sob pena de fechamento. その施設は環境を改善しない限り閉鎖される.

valer a pena その価値がある ▶O sacrifício vale a pena. その犠牲は払う価値がある / Vale a pena. そうする価値がある / Vale a pena esforçar-se. 努力する価値がある / Isso não vale a pena. そうする価値がない.

valer a pena +不定詞 …する価値がある ▶Vale a pena ler este livro. この本は読む価値がある / A vida vale a pena viver. 人生は生きるに値する / Não vale a pena chorar. 泣いてもしようがない.

pena² /'pēna/ 囡 ❶ 羽, 羽毛 ▶travesseiro de penas 羽毛枕. ❷ ペン, ペン先 ▶pegar na pena ペンを執る / ao correr da pena 筆に任せて.

penacho /pe'naʃu/ 男 ❶ 羽根飾り. ❷ (鳥の) とさか.

perder o penacho 失脚する, 自慢のものをなくす.

ter o penacho de... …の度胸[勇気]がある.

penada /pe'nada/ 囡 ❶ 線, 描線. ❷ 意見.

de uma penada 一気に, 立て続けに.

penal /pe'naw/ [複 penais] 形《男女同形》刑罰の, 刑法の, 刑事の (↔ civil) ▶código penal 刑法典 / direito penal 刑法.

penalidade /penali'dadʒi/ 囡 ❶《法律》刑罰, 処罰. ❷ penalidade máxima《サッカー》ペナルティー, ペナルティーキック.

penalizar /penali'zax/ 他 ❶ 悲しませる, 心痛を与える. ❷ 罰する. ❸ …に損害を与える.
— **penalizar-se** 再 悲しむ, 心を痛める.

pênalti /'pẽnawtʃi/ 男《サッカー》ペナルティーキック ▶marcar um gol de pênalti ペナルティーキックを決める.

penar /pe'nax/ 自 苦しむ, 悲しむ, 心を痛める, 悩む ▶Penam aqueles que viram o desastre. その惨事を見た人たちは心を痛めている.
— 他 ❶ 苦しめる, 悲しませる, 悩ます.
❷ 償う ▶penar os pecados 罪を償う.
— **penar-se** 再 苦しむ, 悲しむ, 悩む.
— 男 肉体的な[精神的] 苦しみ, 悩み.

penca /'pẽka/ 囡 (果物の) 房 ▶penca de bananas バナナの房.

às pencas 鈴なりに.
em penca 大量に.
penca de chaves 鍵束, 大量の鍵.
penca de filhos 子だくさん.

pendão /pẽ'dẽw/ [複 pendões] 男 ❶ 旗, 幟("). ペナント. ❷ pendão do milho トウモロコシの房, 雄穂.

pendência /pẽ'dẽsia/ 囡 ❶ 係争, 争議, もめごと. ❷ 口論, けんか, 悶着.

pendente /pẽ'dẽtʃi/ 形《男女同形》形 ❶ ぶら下がった, 垂れ下がった, つるされた ▶luminária pendente つり下げの照明器具.
❷ 傾いた ▶cabeça pendente 頭が下がった, 首を傾げた.
❸ 収穫前の ▶frutos pendentes 収穫前の果実.
❹ 未解決の, 未完成の, 未払いの ▶dívida pendente 未返済の借金.
❺ 切迫した, 間近に迫った.
❻ 依存した.
❼ 傾向がある.
— 男 イヤリング; ペンダント.

***pender** /pẽ'dex/ ペンデーフ / 自 ❶ …からぶらさがる [+ de] ▶O lustre pendia do canto do teto. シャンデリアは天井の隅につるされていた.
❷ …に向いている [+ para] ▶Ele pende para a música. 彼は音楽に向いている.

pender de um fio 首の皮一枚でつながっている.

pendor /pẽ'dox/ [複 pendores] 男 ❶ 坂, 傾斜. ❷ 傾向, 好み ▶pendor para as artes 芸術への関心.

pendular /pẽdu'lax/ [複 pendulares] 形《男女同形》振り子の; 振り子のような ▶movimento pendular 振り子運動.

pêndulo /'pẽdulu/ 男 振り子.

pendura /pẽ'dura/ 囡 つるすこと, つり下げること; つるしたもの.

na pendura 一文無しで, 金欠で.

pendurar /pẽdu'rax/ 他 ❶ …に掛ける, つるす [+ em] ▶pendurar a roupa no varal 洗濯ひもに服を掛ける.
❷ 見つめる ▶pendurar os olhos no panorama 広大な眺めに視線を注ぐ.
❸ B 区 抵当に入れる, 質に入れる.
❹ B つけにする ▶pendurar uma conta 勘定をつけにする.
❺ …に加える [+ a] ▶pendurar emendas ao projeto 草案に修正を加える.
❻ (職業を象徴する語を伴って) 退職する, 引退する ▶A bailarina pendurou as sapatilhas. バレリーナは引退した.
— **pendurar-se** 再 ❶ ぶら下がる, 垂れ下がる; 吊られている.
❷ 高所に置かれている.
❸ …次第である; …に依存している [+ em].
❹ B 長時間…し続ける ▶pendurar-se no telefone horas a fio 何時間も電話をし続ける.

peneira /pe'nejra/ 囡 ふるい, こし器 ▶passar na peneira ふるいにかける, 選別する.

peneirar /penej'rax/ 他 …をふるいにかける, こす

▶peneirar a farinha 小麦粉をふるいにかける.
penetra /pe'netra/ 名 形《男女同形》勝手に入場する人, 無断で入場する人
▶entrar de penetra numa festa パーティーに忍び込む.
penetração /penetra'sẽw/ [複 penetrações] 女 ❶ 入り込むこと；侵入；貫通；浸透, 透過. ❷ 洞察力. ❸ 浸透度.
penetrante /pene'trẽtʃi/ 形《男女同形》❶ 浸透する, 深く入り込む ▶dor penetrante 刺すような痛み. ❷ 鋭い, 洞察力のある ▶olhar penetrante 鋭いまなざし.
*****penetrar** /pene'trax/ ペネトラーフ/ 他 ❶ 入り込む ▶A bala penetrou o poste. 銃弾が電柱に入り込んだ. ❷ 浸透する ▶As palavras dele penetraram o coração dos ouvintes. 彼の言葉が聴衆の胸を満たした.
— 自 …に入り込む, しみわたる [+ em] ▶A alegria penetrou em seu coração. うれしさが彼の心にしみわたった.
penhoar /peɲo'ax/ [複 penhoares] 男 (女性の) 部屋着.
penhor /pe'ɲox/ [複 penhores] 男 ❶ 質, 質入れ, 担保, 抵当 ▶casa de penhores 質屋 / cautela de penhor 質札 / dar algo em penhor … を質に入れる / ter algo como penhor …を抵当に取る. ❷ 保証, 証拠.
penhora /pe'ɲora/ 女 差し押さえ.
penhorado, da /peɲo'radu, da/ 形 ❶ 質に入れられた ▶A mulher teve suas joias penhoradas para poder pagar dívidas. その女性は債務返済のため宝石を抵当に入れた. ❷ 感謝した, 恩義がある.
penhorar /peɲo'rax/ 他 ❶ 差し押さえる ▶penhorar todos os móveis すべての動産を差し押さえる. ❷ 抵当に入れる ▶Eles penhoraram o automóvel e obtiveram o dinheiro de que precisavam. 彼らは自動車を担保にして, 必要な金を得た. ❸ 義務として要求する, 課す. ❹ 感謝させる. ❺ 保証する.
— **penhorar-se** 再 ❶ 感謝する. ❷ 降伏する.
penicilina /penisi'lĩna/ 女 ペニシリン.
penico /pe'niku/ 男 溺まる.
pedir penico 降参する, 戦いから逃げる.
penico do mundo 雨量の多い地域.
península /pe'nĩsula/ 女 半島 ▶a Península Ibérica イベリア半島.
peninsular /penĩsu'lax/ [複 peninsulares] 形《男女同形》名 半島の(住民).
pênis /'peniʃ/ 男 P = pênis.
pênis /'penis/ [単複同形] ペニス, 陰茎.
penitência /peni'tẽsia/ 女 ❶ 改悛, 悔い改め. ❷ 贖罪, 罪の償い.
penitenciar /penitẽsi'ax/ 他 ❶ 罰する. ❷ (罪を)償う.
— **penitenciar-se** 再 自らを罰する.
penitenciária /penitẽsi'aria/ 女 刑務所.
penitente /peni'tẽtʃi/ 名 罪を悔いている人, 悔悛者.
— 形《男女同形》悔い改めた.

▶peneirar a farinha 小麦粉をふるいにかける.
penoso, sa /pe'nozu, 'noza/ 形 ❶ 痛みや苦しみを引き起こす ▶tratamento penoso 痛みの伴う治療 / experiência penosa つらい経験. ❷ 疲れさせる, 困難な ▶subida penosa きつい上り坂.
— **penosa** 女 めん鶏.
pensador, dora /pẽsa'dox, 'dora/ [複 pensadores, doras] 名 思想家, 考える人 ▶pensadores da filosofia contemporânea 現代哲学の思想家.
*****pensamento** /pẽsa'mẽtu/ ペンサメント/ 男 ❶ 思考, 考え ▶pensamento lógico 論理的思考 / pensamento abstrato 抽象思考 / pensamento racional 合理的な考え / Ele tem novos pensamentos. 彼は考え方が新しい / Estava absorto em meus pensamentos. 私は思いにふけっていた / pensamento flexível 柔軟な発想 / Mudei meu pensamento. 私は考えを変えた / pensamento pessimista 悲観的な考え / pensamento positivo 前向きな考え / ler o pensamento de alguém …の心を読む.
❷ 思想, 思想体系 ▶pensamento moderno 近代思想 / liberdade de pensamento 思想の自由 / livre pensamento 自由思想 / pensamento de Hegel ヘーゲルの思想 / pensamento marxista マルクス主義思想.
pensante /pẽ'sẽtʃi/ 形《男女同形》考える, 思考能力のある.
pensão /pẽ'sẽw/ [複 pensões] 女 ❶ 年金 ▶receber pensão 年金を受給する / pensão de viúva 寡婦年金 / pensão alimentícia 養育費. ❷ まかない ▶meia pensão 朝食と夕食付きの部屋 / pensão completa 3食付きの部屋. ❸ ペンション, 安宿.
*****pensar** /pẽ'sax/ ペンサーフ/ 自 ❶ 考える ▶Pense bem. よく考えなさい / Penso, logo existo. 我思う, 故に我あり / É importante pensar bem antes de agir. 行動する前によく考えることが大切だ / Deixe-me pensar um pouco. ちょっと考えさせてください / Penso como você. 私は君と同じ考えだ.
❷ …のことを思う, 考える [+ em] ▶Eu sempre penso em você. 私はいつも君のことを思っている / Às vezes eu penso nos meus pais idosos. 私は時々年老いた両親のことを考える / No que você está pensando? 何を考えているの / Você só pensa em si mesmo. 君は自分のことしか考えていない.
❸《pensar em + 不定詞》…しようと思う ▶Estou pensando em ir ao Brasil. 私はブラジルに行こうかと考えている.
— 他 ❶ 考える ▶O que está pensando? 何を考えているのですか / O que você pensa a este respeito? この点についてどう考えますか.
❷《pensar que + 直説法》注 que 以下の内容が現実に反するときや pensar の前に não などの否定を表す語が来るときは接続法が用いられる）…と思う, 考える ▶Penso que é uma boa ideia. 私はそれは名案だと思う / Não penso que isso seja possível. 私はそれが可能だとは思わない / Nunca pensei que tal sucedesse comigo. そんなことが自分の身に起こるとは夢にも思わなかった / Penso que sim. 私はそう思う / Penso que não. 私はそうは思わない.
❸《pensar + 不定詞》…するつもりである ▶Penso

partir depois de amanhã. 明後日に私は出発するつもりだ.
❹ (包帯などで傷の) 手当てをする.
❺ (動物に) 餌を与える.
— [男] 考え, 意見 ▶ no meu pensar 私の考えでは.
De pensar morreu um burro! 言い訳は聞きたくない.
não pensar duas vezes すぐに行動する.
Nem pensar! だめだ, いやだ.
pensando bem よく考えたら, 考え直して.
pensar alto 独り言を言う.
pensar bem [mal] de... …についてよく [悪く] 思う.
pensar duas vezes 熟考する, ゆっくり考える ▶ sem pensar duas vezes 深く考えないで.
sem pensar 考えなしに.
só pensar naquilo あのことばかり考えている, あのことしか頭にない.

pensativo, va /pẽsa'tʃivu, va/ [形] ❶ 物思いにふけった, 考え込んだ. ❷ 心配した.

pênsil /'pẽsiw/ [[複] pênseis] [形] 《男女同形》 ぶら下がった, つり下げた ▶ ponte pênsil つり橋.

pensionato /pẽsio'natu/ [男] 寄宿学校, 寄宿舍.

pensionista /pẽsio'nista/ [名] ❶ 年金受給者. ❷ 寄宿生.

penso, sa /pẽsu, sa/ [形] 傾いた.
— **penso** [男] ❶ 絆創膏, 包帯. ❷ (家畜の) 一回分の餌, 飼料.

pentágono /pẽ'tagonu/ [男] 五角形 ▶ o Pentágono 米国防総省, ペンタゴン.

pentagrama /pẽta'grẽma/ [男] ❶ 〖音楽〗 五線譜. ❷ 五芒(ぼう)星.

pentatlo /pẽ'tatlu/ [男] 五種競技 ▶ pentatlo moderno 近代五種競技.

pente /'pẽtʃi/ [男] (髪をすく) くし.
passar a pente fino …を念入りに調べる.

penteadeira /pẽtea'dejra/ [女] 化粧テーブル, 鏡台.

penteado, da /pẽte'adu, da/ [形] 髪を整えた, 整髪した ▶ estar bem penteado 髪がきれいにまとまっている.
— **penteado** [男] 髪型, ヘアスタイル.

pentear /pẽte'ax/ ⑩ [他] (髪を) とかす ▶ pentear o cabelo 髪をとかす.
— **pentear-se** [再] ❶ 自分の髪をとかす.
❷ [話] …を熱望する ; …のために準備する [+ para] ▶ Ela penteia-se para ser uma cantora. 彼女は歌手になることを望んでいる.
Vá pentear macacos! もうほっといてくれ.

Pentecostes /p'ẽtʃi'kɔstis/ [男] ❶ 〖キリスト教〗 精霊降臨の主日, ペンテコステ (復活祭後の第7日曜日). ❷ 〖ユダヤ教〗 ペンテコステ祭, 五旬祭.

pente-fino /ˌpẽtʃi'finu/ [[複] pentes-finos] [男] ❶ 目の詰んだくし. ❷ 細かいあら探し.
passar o pente-fino em... ① 目の細かい櫛を…に通す. ② …を徹底的に調べる.

penugem /pe'nuʒẽj/ [[複] penugens] [女] 産毛, 綿毛, 柔毛, ダウン.

penúltimo, ma /pe'nuwtʃimu, ma/ [形] 終わりから2番目の ▶ penúltima sílaba 最後から2番目の音節.

penumbra /pe'nũbra/ [女] 薄暗がり, 薄明かり.

penúria /pe'nuria/ [女] ❶ 貧困, 貧窮 ▶ viver em extrema penúria 極貧生活を送る. ❷ 不足 ▶ penúria de água 水不足.

pepino /pe'pĩnu/ [男] 〖野菜〗 キュウリ ▶ salada de pepino キュウリサラダ.
estar com um pepino nas mãos 困難な事案を抱えている.

pepita /pe'pita/ [女] 金属の天然の塊, 金塊.

pequena[1] /pe'kẽna/ [女] ❶ 女の子, 少女. ❷ ガールフレンド.

pequenez /peke'nes/ [[複] pequenezes] [女] ❶ 小さいこと. ❷ 子供時代, 幼年期. ❸ 狭量, 取るに足らないこと.

pequenininho , nha /pekeni'nĩɲu , ɲa/ [形] ごく小さな, 非常に小さな.

pequenino, na /peke'nĩnu, na/ [形] とても小さな.

***pequeno, na**[2] /pe'kẽnu, na ペケーノ, ナ/ [形] ❶ **小さい**, 小型の, 狭い ▶ pequena casa 小さな家 / tamanho pequeno Sサイズ / pequeno país 小国 / pequeno quarto 狭い部屋 / Esta roupa é pequena demais para mim. この服は私には小さすぎる.
❷ **幼い, 幼少の** ▶ uma pequena criança 小さな子供 / quando eu era pequeno 私が小さかったころ / Desde pequeno ele se simpatizava com as obras literárias. 彼は幼い頃から文学作品に親しんでいた.
❸ **背の低い** ▶ um homem pequeno 小男.
❹ **少ない, わずかな**, 取るに足らない ▶ pequena quantidade de dinheiro わずかな額の金 / fracasso pequeno 小さな失敗.
❺ けちな, 考えの狭い ▶ O seu caráter é pequeno demais. 彼はあまりにもけちな性格だ.
❻ 質素な ▶ uma loja pequena 質素な店.
— [名] 子供, 男の子, 女の子 ▶ Virão muitos pequenos à festa. パーティーには多くの子供たちが来るでしょう.
os pequenos 一般大衆, 貧しい人たち.

pequeno-almoço /pəˌkenwal'mosu/ [[複] pequenos-almoços] [男] [P] 朝食 (= café da manhã [B]) ▶ tomar o pequeno-almoço 朝食を取る / No pequeno-almoço comi um pão. 私は朝食にパンを1つ食べた.

pequeno-burguês, guesa /peˌkenubux'ges, 'geza/ [[複] pequeno-burgueses, guesas] [形] 《軽蔑》 プチブルジョアの, 小市民的な.
— [名] プチブルジョア, 小市民.

pequerrucho, cha /peke'xuʃu, ʃa/ [形] 年少の, 幼い.
— [名] 子供, 幼児.

Pequim /pe'kĩ/ 《地名》 北京.

pequinês, nesa /peki'nes, 'neza/ [[複] pequineses, nesas] [形] 北京の.
— [名] 北京の人.
— **pequinês** [男] ❶ 北京語. ❷ ペキニーズ犬.

pera /'pera/ [女] ❶ 〖果実〗 ナシ. ❷ あごひげ.

perambular /perẽbu'lax/ [自] ぶらぶら散歩する,

P

散策する.

perante /pe'rẽtʃi ペランチ/ 前 ❶ …の前で, …を前にして ▶Todos somos iguais perante a lei. 我々は皆法の前では平等である / perante as testemunhas 証人の前で.

❷ …に対する ▶atitude perante a vida 人生に対する態度.

pé-rapado /ˌpɛxa'padu/ [複 pés-rapados] 男 B 貧しい人, 下流階級の人.

perca 活用 ⇒ perder

percalço /pex'kawsu/ 男 ❶ 利潤, 利益; 思いがけない恩恵. ❷ 障害, 困難.
❸ ある状況や職業特有の不都合.

perceber /pexse'bex ペフセベーフ/ 他 ❶ 気がつく, 分かる ▶Eu logo percebi a gravidade da situação. 私は事態の深刻さにすぐに気がついた / Não percebi meu erro. 私は自分のミスに気付かなかった / Eu percebi logo qual era a casa dele. 彼の家はすぐに分かった.

❷ 知覚する, 感知する ▶perceber o som 音を感知する.

❸ 理解する, とらえる ▶perceber o texto como um todo テキストを1つの全体としてとらえる.

❹ (給料などを) 受け取る, 得る.
deixar perceber 分からせる.

perceção /pərse'sẽw/ 女 P = percepção

percentagem /pexsẽ'taʒẽj ペフセンタージェイン/ [複 percentagens] 女 ❶ パーセント率, 百分率 (= porcentagem) ▶percentagem de desconto 割引率 / percentagem de gordura corporal 体脂肪率. ❷ (百分率の) 手数料.

percentual /pexsẽtu'aw/ 形《男女同形》百分率の, パーセンテージの ▶ponto percentual パーセンテージポイント.
— 男 百分率, パーセンテージ.

percepção /pexsepi'sẽw/ [複 percepções] 女 知覚, 感知, 認知 ▶percepção visual 視覚 / percepção auditiva 聴覚 / percepção do tempo 時間の認識.

perceptível /pexsepi'tʃivew/ [複 perceptíveis] 形《男女同形》B 認知できる, 知覚可能な.

perceptivo, va /pexsepi'tʃivu, va/ 形 ❶ 知覚の ▶campo perceptivo 知覚領域.

percetível /pərse'tivel/ 形 P = perceptível

percevejo /pexse've ʒu/ 男 ❶《昆虫》ナンキンムシ. ❷ 画鋲.

perço 活用 ⇒ perder

percorrer /pexko'xex ペフコヘーフ/ 他 ❶ …を歩き回る ▶percorrer todo o país a pé 全国を行脚する.

❷ …を旅をして巡る ▶Ela percorreu várias regiões da Europa. 彼女はヨーロッパ各地を巡った.

❸ …を走破する ▶percorrer mais de trinta quilômetros 30キロ以上を踏破する.

❹ …を一瞥(いちべつ)する; ざっと検討する ▶percorrer as páginas ページにざっと目を通す.

percurso /pex'kuxsu ペフクフソ/ 男 経路, 順路, コース, ルート ▶percurso de golfe ゴルフコース / percurso da corrida レースの経路.

percussão /pexku'sẽw/ [複 percussões] 女 ❶ 打撃, 衝突, 衝撃. ❷ 打楽器, パーカッション (= instrumentos de percussão). ❸《医学》打診.

percussionista /pexkusio'nista/ 名 打楽器奏者, パーカッショニスト.

percutir /pexku'tʃix/ 他 ❶ 打つ, たたく. ❷《医学》打診する.
— 自 反響する.

perda /'pexda ペフダ/ 女 ❶ 失うこと, 喪失; 紛失, 遺失 ▶perda de velocidade 失速 / perda de memória 記憶喪失 / perda de cabelo 抜け毛 / perda de dados データの消滅 / perda da chave 鍵の紛失.

❷ 死別, 離別 ▶perda da mãe 母を亡くすこと / chorar a perda de um amigo 友人の死を悲しむ.

❸ 損失, 損害; 戦死者 ▶A morte dele é uma grande perda. 彼の死は大きな損失である / perdas e danos 損害 / perdas e ganhos 損益.

❹ 無駄, 浪費 ▶Isto é uma perda de tempo! それは時間の無駄だ / sem perda de tempo 一刻をも無駄にしないで, 即座に / perda de dinheiro お金の無駄 / perda de oportunidade 機会の損失 / perda de energia エネルギーの浪費 / Pura perda! 何ともったいない, まったくの無駄だ.

❺ 敗北 ▶perda do jogo 試合の敗北 / perda de uma batalha 敗戦.

em pura perda 無駄に, 無駄に.

perdão /pex'dẽw ペフダォン/ [複 perdões] 男 ❶ 赦し, 容赦, 勘弁 ▶pedir perdão a alguém …に赦しを乞う / merecer perdão 赦しに値する, 容赦できる.

❷ 免除 ▶perdão da dívida 債務免除 / perdão fiscal 税免除.

❸《法律》赦免, 恩赦, 減刑 ▶Ele obteve o perdão do juiz. 彼は裁判官から赦免を得た.
— 間 ❶ ごめんなさい. ❷ (相手の注意を喚起して) 失礼ですが.

com o perdão da palavra お言葉ですが.

perdedor, dora /pexde'dox, 'dora/ [複 perdedores, doras] 名 敗者 (↔ ganhador) ▶bom perdedor 負けて潔い人 / mau perdedor 負けて未練がましい人.
— 形 負けた ▶time perdedor 負けチーム.

perder /pex'dex ペフデーフ/ ㊷

直説法現在	perco	perdemos
	perdes	perdeis
	perde	perdem

接続法現在	perca	percamos
	percas	percais
	perca	percam

他 ❶ (持ち物を) 失う, なくす ▶perder os óculos 眼鏡をなくす / Encontrei a chave que havia perdido. 私はなくした鍵を見つけた.

❷ (仕事や信用を) 失う ▶perder o emprego 職を失う / perder a confiança 信頼を失う / perder a chance 機会を失う.

❸ (性質, 機能, 習慣などを) 失う, 喪失する ▶per-

perdição

der a visão 失明する / perder a razão 理性を失う / Eu perdi o interesse. 私は興味がなくなった / Não perdi minha esperança. 私は希望を失ってはいない.

❹ …をなくす, …が少なくなる ▶Eu perdi dois quilos. 私は体重が2キロ減った / perder o cabelo 髪の毛が抜ける / O tufão perdeu sua força. 台風の勢力は衰えた / perder o hábito de roer as unhas 爪をかむ癖をなくす.

❺ (人を) 失う, なくす ▶Perdi meus pais em um acidente de carro. 私は両親を自動車事故で亡くした.

❻ (時間, 金, 機会などを) 失う, 無駄にする ▶perder tempo 時間を無駄にする / Ele perdeu um milhão de ienes na bolsa de valores. 彼は株で100万円損した.

❼ (道筋, 人などを) 見失う; (言葉などを) 聞き落す, 見落とす ▶Eu perdi de vista esse homem no meio da multidão. 雑踏の中で私はその男を見失った / Eu perdi a direção. 私は方向が分からなくなった.

❽ (試合などに) 負ける ▶perder o jogo 試合に負ける / perder uma batalha 戦いに敗れる / perder a causa 裁判に負ける / perder uma aposta 賭けに負ける / perder as eleições 選挙に負ける.

❾ (交通機関に) 乗り損ねる ▶Eu perdi o último trem. 私は最終電車に乗り損ねた.

❿ 欠席する, 見逃す ▶perder uma aula 授業に欠席する / Eu perdi esse filme. 私はその映画を見逃した / um filme a não perder 必見の映画.

— 圓 ❶ 負ける, 敗北する ▶Nosso time perdeu. 私たちのチームは負けた / A Itália perdeu para o Brasil por 3 a 1. イタリアはブラジルに3対1で負けた / Esse político perdeu nas eleições. その政治家は選挙で負けた / O Santos perdeu do São Paulo por 3 a 2. サントスはサンパウロに3対2で負けた / saber perder よい敗者である.

❷ 損をする, 失う ▶perder em qualidade 質が悪化する.

— **perder-se** 再 ❶ 道に迷う, 自分の居場所が分からなくなる ▶Ele perdeu-se no caminho. 彼は道に迷った.

❷ (思考, 行動が) 混乱する ▶Eu perdi-me na contagem. 私は計算で混乱した / perder-se em considerações 思考で混乱を来す.

❸ 見えなくなる, 消える; 失われる ▶O avião perdeu-se de vista. 飛行機が視界から消えた / Perderam-se muitas vidas nesse incêndio. その火事で多くの生命が失われた.

❹ 圇 …が大好きである, …に夢中である [+ por] ▶Eu me perco por você. 僕は君に夢中だ.

botar a perder ① 失敗させる. ② 無駄にする.
não perder por esperar 待って損はしない, あわてるな ▶Você não perde por esperar. 慌てないでほうがいい.
não ter nada a perder 失うものは何もない.
pôr tudo a perder すべてを台無しにする.
sair perdendo 劣勢になる.

perdição /pexdʒi'sẽw/ [複 perdições] 囡 ❶ (身の) 破滅, 破滅の原因. ❷ 不名誉, 不面目. ❸ 大好物.

perdidamente /pex,dʒida'mẽtʃi/ 副 ❶ 激しく, 熱烈に ▶Estou perdidamente apaixonada pelo meu namorado. 私は恋人を熱愛している.

❷ 無益に, 無駄に ▶O cachorro latiu, perdidamente, tentando atrair a atenção de seu dono. ご主人の注意を引こうと犬がむなしく吠えた.

*__perdido, da__ /pex'dʒidu, da/ ペフヂード, ダ/ 形 (perder の過去分詞) ❶ 失った, 消えた, なくなった ▶objetos perdidos 遺失物 / recuperar o tempo perdido 失った時間を取り戻す / O meu livro está perdido. 私の本がなくなった / crianças perdidas 行方不明の子供たち.

❷ 負けた, 破滅した ▶batalha perdida 負け戦 / Estou perdido! 私はもう終わりだ / Tudo está perdido. 万事休すだ.

❸ 迷子になった, 迷った ▶ficar perdido 迷子になる / Essa criança ficou perdida. その子供は迷子になった / estar perdido 道に迷っている Parece que estou perdida na rua. 私は道に迷ったようです / bala perdida 流れ弾.

❹ 遠く離れた, 辺鄙な ▶aldeia perdida 辺鄙なところにある村.

❺ 解決策がない; 無駄な; 堕落した ▶paciente perdido 回復の見込みのない患者 / tentativas perdidas 無駄な試み / Foi um trabalho perdido. 骨折り損だった.

❻ 夢中になった, 恋をした ▶Ele era perdido pela esposa. 彼は妻に夢中だった.

— 名 堕落した人.

— **perdidos** 男複 紛失物 ▶achados e perdidos 遺失物取扱所.

perdigão /pexdʒi'gẽw/ [複 perdigões] 男 〖鳥〗 ヤマウズラの雄.

perdiz /pex'dʒis/ [複 perdizes] 囡 〖鳥〗 ヤマウズラ.

*__perdoar__ /pexdo'ax/ ペフドアーフ/ 他 ❶ 赦す, 容赦する ▶perdoar o pecado 罪を赦す / — Perdoe-me. — Está perdoado. 「赦してください」「赦してあげる」/ Perdoe a minha interrupção. お話の途中失礼します / Perdoe a minha insistência, mas o que significa isso? しつこいようで申し訳ないのですが, これはどういうことですか / As mães perdoam sempre aos filhos os seus erros. 母親は常に子供の過ちを赦す / perdoar e esquecer 赦して忘れる, 水に流す.

❷ 免じる, 免除する ▶perdoar uma dívida 借金を免除する.

perdoável /pexdo'avew/ [複 perdoáveis] 形 《男女同形》 許せる, 容赦できる, 勘弁できる.

perdulário, ria /pexdu'lariu, ria/ 形 名 浪費する (人), 金遣いの荒い (人).

perdurar /pexdu'rax/ 圓 永続する, 持続する ▶O clima descontraído da festa perdurou durante toda a noite. パーティーのくつろいだ雰囲気は一晩中続いた / Seus feitos heróicos perdurarão eternamente na mente dos fãs. 彼の英雄的な偉業は永遠にファンの心に残るだろう.

perecer /pere'sex/ ⑮ 圓 ❶ (事故で) 死ぬ, 非業の死をとげる; 若死にする ▶Muitos soldados pere-

ceram durante a batalha. その戦闘でたくさんの兵士が命を失った.
❷ 滅びる, 消滅する ▶ Suas esperanças pereceram após tantas tragédias acontecidas em sua família. 家族に数多くの悲劇が起きた後, 彼の希望はなくなってしまった.

perecível /pere'sivew/ [複 perecíveis] 形 (男女同形) ❶ (食物が) 腐りやすい ▶ alimentos perecíveis 生鮮食品. ❷ 滅びやすい, はかない.

peregrinação /peregrina'sẽw/ [複 peregrinações] 女 ❶ 聖地詣で, 巡礼 ▶ fazer uma peregrinação 巡礼をする. ❷ 長旅, 遍歴.

peregrinar /peregri'nax/ 自 ❶ 巡礼する, 巡礼の旅に出かける. ❷ 行脚する, 遍歴する.

peregrino, na /pere'grinu, na/ 名 巡礼者.
— 形 ❶ 巡礼する. ❷ 外国の. ❸ まれな, 珍しい.

pereira /pe'rejra/ 女 [植物] ナシの木.

peremptório, ria /perẽpi'toriu, ria/ 形 B 断定的な, 断固とした, 反論の余地のない.

perene /pe'rẽni/ 形 ❶ (男女同形) 長続きする, 持続する. ❷ 絶えることのない. ❸ [植物] 多年生の.

perentório /perẽ'toriu/ 形 P = peremptório

perereca /pere'rɛka/ 女 アマガエル.

perfazer /pexfa'zex/ 他 (過去分詞 perfeito) ❶ 完全にする. ❷ 仕上げる, 完成させる. ❸ 行う ▶ Ele tentou perfazer de bicicleta o trajeto entre a casa e o trabalho. 彼は自宅と職場の間を自転車で行こうとした.

perfeccionismo /pexfeksio'nizmu/ 男 完璧主義.

perfeccionista /pexfeksio'nista/ 名 形 完璧主義者(の).

perfeição /pexfej'sẽw/ [複 perfeições] 女 ❶ 完全, 完璧; 完成. ❷ 完璧な人 [物], 申し分のないこと.

‡perfeitamente /pex,fejta'mẽtʃi/ ペフフェイタメンチ/ 副 ❶ 完璧に, 完全に ▶ Ele fala português perfeitamente. 彼は完璧にポルトガル語を話す.
❷ まったく, 全面的に ▶ perfeitamente correto まったく正しい.
❸ (間投詞的に) もちろん, その通り.

‡perfeito, ta /pex'fejtu, ta/ ペフフェイト, タ/ 形 ❶ 完全な, 完璧な, 非の打ち所のない ▶ crime perfeito 完全犯罪 / Ninguém é perfeito. 完全無欠な人はいない / O jantar estava perfeito. 実にすばらしい夕食だった.
❷ 最高の, 優れた, 申し分のない ▶ casal perfeito 理想的な夫婦.
❸ [文法] 完了 (時制) の ▶ presente perfeito 現在完了.
— **perfeito** 間 結構, 申し分ない, よろしい, すばらしい.
sair perfeito 完璧に行われる ▶ Saiu tudo perfeito. 万事がうまくいった.

perfídia /pex'fidʒia/ 女 不実, 背信, 裏切り.

pérfido, da /'pexfidu, da/ 形 不実な, 背信の, 裏切りの.

*perfil /pex'fiw/ ペフフィゥ/ [複 perfis] 男 ❶ 横顔, 側面 ▶ Ela tem um perfil lindo. 彼女は整った横顔をしている.
❷ 輪郭, 外形, シルエット ▶ o perfil da montanha 山の輪郭.
❸ プロフィール, 簡単な人物紹介.
❹ 素質, 適性 ▶ Ele tem perfil para a função. 彼はその職務に適性がある.
❺ 断面図. ❻ [軍事] 横隊整列.
de perfil 横隊で, 横を向いて, 側面から ▶ foto de perfil 横顔の写真.

perfilar /pexfi'lax/ 他 ❶ 輪郭を描く. ❷ 横顔を描く. ❸ (横隊に) 整列させる. ❹ 直立させる, まっすぐにする.
— **perfilar-se** 再 直立する, まっすぐになる.

perfilhar /pexfi'ʎax/ 他 ❶ (子供を) 認知する. ❷ 養子にする. ❸ 支持する, 採用する.

perfumado, da /pexfu'madu, da/ 形 よい香りのする ▶ Ela está sempre perfumada. 彼女はいつもいいにおいがする.

perfumar /pexfu'max/ 他 ❶ …に香りをつける, 香りで満たす. ❷ 香水をつける.
— **perfumar-se** 再 自分に香水をつける; 香りに満ちている.

perfumaria /pexfuma'ria/ 女 ❶ 香水店, 香水製造所. ❷ (集合的に) 香水. ❸ 重要でないもの.

*perfume /pex'fũmi/ ペフフーミ/ 男 ❶ (心地よい) 香り, 芳香 ▶ perfume das flores 花の香り. ❷ 香水 ▶ usar perfume 香水をつける.

perfunctório, ria /pexfũk'toriu, ria/ 形 ❶ 通り一遍の, おざなりの. ❷ 役に立たない.

perfuradora /pexfura'dora/ 女 ❶ (カードの) 穿孔機. ❷ 削岩機, ドリル.

perfurar /pexfu'rax/ 他 ❶ …に穴を開ける, パンチを入れる. ❷ 掘削する.

perfuratriz /pexfura'tris/ [複 perfuratrizes] 女 削岩機.

pergaminho /pexga'miɲu/ 男 ❶ 羊皮紙. ❷ 羊皮紙の文書. ❸ 高等教育の卒業証書.

‡pergunta /pex'gũta/ ペフグンタ/ 女 ❶ 質問, 問い (↔ resposta) ▶ Fiz uma pergunta ao professor. 私は先生に質問した / Posso fazer uma pergunta? 質問してもいいですか / responder a uma pergunta 質問に答える / uma pergunta fácil 簡単な質問 / uma pergunta difícil de responder 答えにくい質問 / É uma boa pergunta. いい質問ですね. ❷ (試験の) 問題.

‡perguntar /pexgũ'tax/ ペフグンターフ/ 他 質問する, 尋ねる (↔ responder) ▶ Perguntei o caminho a ele. 私は彼に道を尋ねた / Pergunte tudo que não entender. わからないことは何でも聞いてください / Ele me perguntou se já tinha ido a esse restaurante. 彼は私にそのレストランへ行ったことがあるか尋ねた.
— 自 …のことを尋ねる, …の安否を尋ねる;…を訪ねて来る [+ por] ▶ O professor perguntou-me por você. 先生はあなたのことに私に聞きました.
— **perguntar-se** 再 自問する ▶ Pergunto-me se ela vem. 彼女は来るのかな.

perícia /pe'risia/ 女 ❶ 熟練した技能 ▶ O piloto mostrou perícia. そのパイロットは熟練した技能を見せた.

periclitante

❷該博な知識. ❸〖法律〗鑑定.

periclitante /perikli'tẽtʃi/ 形《男女同形》危機に瀕している, 予断を許さない.

periclitar /perikli'tax/ 自 危機に瀕する, 危うくなる ▶ As crianças periclitavam à beira do abismo. 子供たちは断崖絶壁のすぐそこで危機に瀕していた.

periculosidade /perikulozi'dadʒi/ 女 ❶ 危険, 危険性. ❷犯罪を犯す可能性.

periferia /perife'ria/ 女 ❶ 郊外, 近郊 ▶ Eles moram na periferia de São Paulo. 彼らはサンパウロ近郊に住んでいる. ❷ 周囲, 外周.

periférico, ca /peri'feriku, ka/ 形 ❶ 周辺の, 周囲の. ❷郊外の, 近郊の. ❸二次的な, あまり重要でない.

— **periférico** 男〖情報〗周辺機器 ▶ periféricos de computador コンピューター周辺機器.

perífrase /pe'rifrazi/ 女 遠回しな言い方, 婉曲表現;〖修辞〗迂言法.

⁑perigo /pi'rigu ピリーゴ/ 男 ❶ 危険 ▶ estar em perigo 危険な状態にある / estar fora de perigo 危険を脱している / pôr em perigo 危険にさらす / correr perigo 危険を冒す / perigo de vida 生命の危険.
❷危険物, 危険人物, 危険地域.
a perigo ① リスクを冒して. ② 無一文で, 困窮して.
ser um perigo 危険である.

⁑perigoso, sa /peri'gozu, 'gɔza ペリゴーゾ, ザ/ 形 ❶危ない, 危険な ▶ arma perigosa 危険な武器.
❷信頼されない, 脅威を与える ▶ pessoa perigosa 危険人物.
❸危険を伴う, 不成功の可能性ある ▶ negócio perigoso リスクある取引き / aventura perigosa 危険を伴う冒険.

perímetro /pe'rĩmetru/ 男 ❶〖幾何学〗周辺, 周囲の長さ. ❷ 境界, 周辺 ▶ perímetro urbano 都市周辺.

periodicamente /perioʤika'metʃi/ 副 周期的に, 定期的に.

periodicidade /perioʤisi'dadʒi/ 女 周期性, 定期性.

periódico, ca /pe'riɔʤiku, ka/ 形 周期的な, 定期的な ▶ publicações periódicas 定期刊行物 / tabela periódica〖化学〗周期律表.

— **periódico** 男 定期刊行物.

⁂período /pe'riodu ペリオド/ 男 ❶ 期間, 時期, 時代 ▶ num período de dois anos 2年の間に / o período de férias バカンスの期間 / um período difícil 困難な時期 / período geológico 地質時代 / período clássico 古典時代 / período escolar 学期 / período de transição 移行期 / período de incubação 潜伏期.
❷ (授業の) 時限 ▶ a aula do primeiro período 1時限の授業.
❸周期 ▶ período de revolução 公転周期 / período lunar 月周期.
❹〖地質〗紀 ▶ período jurássico ジュラ紀.
❺〖文法〗文, 文章.
❻ P 月経, 生理.

peripécia /peri'pesia/ 女 ❶ 予期せぬ出来事, 波瀾. ❷ (戯曲や物語の) 急展開.

périplo /'periplu/ 男 ❶ 大航海 (記), 周航 (記). ❷ 長旅 ▶ fazer um périplo 旅行して回る.

periquito /peri'kitu/ 男〖鳥〗インコ.

periscópio /peris'kɔpiu/ 男 潜望鏡.

perito, ta /pe'ritu, ta/ 形 ❶ …に精通した, …を専門とする [+ em] ▶ Ele é perito em cozinha japonesa. 彼は日本料理に精通している.
❷ 熟練した, 巧みな.
— 名 ❶ 熟練者, 専門家.
❷〖法律〗鑑定人 ▶ perito contador 公認会計士.

perjurar /pex̌ʒu'rax/ 自 ❶偽りの誓いをする ▶ Ele perjurou perante o tribunal. 彼は裁判官の面前で偽りの宣誓をした. ❷誓いを破る ▶ O político perjurou. その政治家は誓約を破った.
— 他 (宣誓の上) 放棄する ▶ Ela perjurou a antiga fé. 彼女は以前の信仰を捨てた.

perjúrio /pex'ʒuriu/ 男 ❶偽りの誓い. ❷偽証 ▶ crime de perjúrio 偽証罪.

perjuro, ra /pex'ʒuru, ra/ 形 名 偽りの誓いをする (人), 誓いを破る (人).

⁑permanecer /pexmane'sex/ ⑮ 自 ❶ (permanecer + 補語)…のままでいる ▶ permanecer imóvel 動かないでいる, じっとしている / permanecer sentado 座ったままでいる.
❷ 残る, いる ▶ Eu permaneci aqui até o fim da tarde. 午後の終わりまで私はここにいた.
❸ …にこだわる [+ em] ▶ O João permaneceu em seu ideal até o fim. ジョアンは最後まで自分の理想にこだわった.

permanência /pexma'nẽsia/ 女 ❶ 滞在, 逗留. ❷永続性, 不変性, 恒久性.
em permanência 常時, 休みなく.

⁑permanente /pexma'nẽtʃi/ 形《男女同形》❶ 永続的な, 永久的な ▶ neutralidade permanente 永世中立.
❷ 常時の, 常設的な comitê permanente 常設委員会 / membros permanentes do Conselho de Segurança 安全保障理事会の常任理事国 / permanente 慢性的な痛み / visto permanente 永住ビザ / dentes permanentes 永久歯.
— 女 パーマネント ▶ fazer permanente em cabelos lisos 直毛にパーマをかける.

permanentemente /pexma,nẽtʃi'metʃi/ 副 常時, ずっと.

permeável /pexme'avew/ [複 permeáveis] 形《男女同形》浸透性の, (水などを) 通す ▶ material permeável ao ar 通気性のよい素材.

permeio /pex'meju/ 副《次の成句で》
de permeio 間に, 中に ▶ pôr de permeio に入れる, はさむ / meter-se de permeio 間に入る, 介入する

permissão /pexmi'sẽw/ [複 permissões] 女 ❶ 許可, 認可 ▶ Com a sua permissão? (中に) 入ってもいいですか / pedir permissão para +不定詞 …する許可を求める / dar permissão a alguém para +不定詞 …に…する許可を与える.
❷ (軍隊の) 休暇.

permissível /pexmi'sivew/ [複 permissíveis]

形《男女同形》許せる, 許容できる, 容認できる.
permissivo, va /pexmi'sivu, va/ 形 自由放任の; 寛容な, 寛大な ▶ sociedade permissiva 寛大な社会.

permitir /pexmi'tʃix ペミチーフ/ 他 ❶ **許す, 許可する** ▶ permitir a saída 外出を許可する / se o tempo permitir 天候が許せば / se as condições permitirem 事情が許せば / na medida em que o tempo permitir 時間の許す限り.
❷《permitir a + alguém +不定詞》…が…するのを許す ▶ Permita-me apresentar-me. 自己紹介させてください.
❸《permitir que +接続法》…ことを許す ▶ permitir que alguém faça algo 誰かが何かをすることを許す.
❹ 認める, 容認する ▶ permitir o uso de armas 武器の使用を認める.
❺ 可能にする ▶ Esta tecnologia permite a economia de energia elétrica. この技術は電力の節約を可能にする / Nosso novo sistema nos permite fazer o mesmo em apenas uma hora. 私たちの新しい装置を使えば同じことが1時間足らずでできる.
— **permitir-se** 再 ❶ 自分に…を許す.
❷ あえて…する, 失礼にも…する.

permuta /pex'muta/ 女 交換, 取り換え; 情報交換.
permutação /pexmuta'sẽw/ [複 permutações] 女 ❶ 交換, 取り替え, 入れ替え. ❷《数学》順列.
permutar /pexmu'tax/ 他 交換する, 入れ替える.

perna /'pexna ペフナ/ 女 ❶ (人間や動物の) 脚, 足, 下肢 (注 膝頭から足首まで; 足首より下は pé) ▶ cruzar as pernas 足を組む / sentar-se com as pernas cruzadas 足を組んで座る / esticar as pernas 脚を伸ばす / perna mecânica 義足.
❷ 脚状のもの ▶ perna da cadeira いすの脚 / perna da mesa テーブルの脚.
❸ (食料にする動物の) 脚部, 脚の肉 ▶ perna de porco 豚の脚.
❹ ズボンの脚部. ❺ 文字の縦線.
abrir as pernas ① 譲歩する. ②《サッカー》わざと下手なプレーをする.
andar com as próprias pernas 自分の足で歩く, 独立する.
bater pernas 慣 あてもなく歩き回る.
com as pernas bambas (恐怖で) 足をがくがく震わせて.
com as pernas para o alto ① くつろいで. ② 手持ち無沙汰で.
com uma perna às costas 非常に簡単に, たやすく.
de pernas para o ar ひっくり返って, 混乱して, 散らかって.
em cima da perna 慣 いい加減に, 適当に.
esticar as pernas ① 休息する. ② 亡くなる.
passar a perna em alguém …をだます, 欺く, ペテンに掛ける.
Pernas, para que te quero? 逃げろ.
ter boas pernas 健脚である.
trocar as pernas 慣 足がもつれる, 足元がおぼつかない.
perna de pau /ˌpexnadʒi'paw/ [複 pernas de pau] 名 ❶ 片足のない人, 片足に障害がある人. ❷ 下手なサッカー選手. ❸ だめな人, 仕事のできない人.
pernambucano, na /pexnẽbu'kẽnu, na/ 形 名 ペルナンブーコ州の(人).
Pernambuco /pexnẽ'buku/《地名》(ブラジル北東部の) ペルナンブーコ州.
perneta /pex'neta/ 名 片足の人, 片足に障害のある人.
pernicioso, sa /pexnisi'ozu, 'ɔza/ 形 有害な, 被害をもたらす ▶ efeitos perniciosos 悪影響.
pernil /pex'niw/ [複 pernis] 男 B 動物の腿, (豚の) 腿肉.
esticar o pernil 死ぬ.
pernilongo /pexni'lõgu/ 男《昆虫》蚊.
pernoitar /pexnoj'tax/ 自 一夜を過ごす, 一泊する.
pernoite /pex'nojtʃi/ 男 宿泊, 一泊.
pernóstico, ca /pex'nɔstʃiku, ka/ 形 名 ❶ 気取った (人), 衒学的な (人). ❷ B 知ったかぶりをする (人).
pérola /'pɛrola/ 女 ❶ 真珠 ▶ colar de pérolas 真珠の首飾り / pérola cultivada 養殖真珠 / pérola natural 天然真珠.
❷ すばらしい人 [物]; すぐれた人 [物].
— 男 真珠色.
— 形《不変》真珠色の.
jogar pérolas aos porcos《聖書》(豚に真珠を与える→) 猫に小判.
perpassar /pexpa'sax/ 他 ❶ なでる, そっと触れる ▶ Ele perpassou a mão pelos cabelos da namorada. 彼は手で恋人の髪をなでた.
❷ 後回しにする ▶ perpassar os compromissos 約束事を後回しにする.
— 自 ❶ そばを通り過ぎる ▶ Perpassam transeuntes apressados. 急ぎ足の通行人が近くを通り過ぎる.
❷ (時が) 経過する ▶ perpassar os dias felizes 幸せな日々が過ぎる.
❸ …をかすめる, かすかに触れる [+ por] ▶ Uma brisa perpassou pelas ramagens. そよ風が枝葉をかすめた.
perpendicular /pexpẽdʒiku'lax/ [複 perpendiculares] 形《男女同形》垂直の; …と直角に交わる [+ a] ▶ uma linha perpendicular 垂直線 / uma reta perpendicular a um plano 一つの面と直角に交わる一本の直線.
— 女 垂線.
perpendicularmente /pexpẽdʒikuˌlax'mẽtʃi/ 副 垂直に, 直角に.
perpetração /pexpetra'sẽw/ [複 perpetrações] 女 (犯罪行為の) 遂行, 犯行.
perpetrar /pexpe'trax/ 他 (犯罪行為を) 遂行する, 犯す ▶ perpetrar um crime 犯罪を犯す.
perpetuamente /pexˌpetua'mẽtʃi/ 副 永久に, 絶えず.

perpetuar

perpetuar /pexpetu'ax/ 他 ❶ 永続させる, 永久にする, 不朽にする；長続きさせる ▶ perpetuar a vida 命を不滅のものにする.
❷ 繁殖させる ▶ perpetuar a espécie 種を増殖させる. ❸ 永続的に伝える.
— **perpetuar-se** 再 ❶ 永続する；長続きする ▶ A situação perpetua-se. その状況は長続きす. ❷ 繁殖する.

perpétuo, tua /pex'petuu, tua/ 形 ❶ 永久の, 永久に続く ▶ neves perpétuas 万年雪 / movimento perpétuo 永久運動. ❷ 終身の ▶ prisão perpétua 終身刑.

perplexidade /pexpleksi'dadʒi/ 女 当惑, 困惑, 狼狽.

perplexo, xa /pex'plɛksu, ksa/ 形 ❶ 困惑した, 途方に暮れた, まごついた ▶ Após o desastre, todo o mundo ficou perplexo sem saber o que fazer. 大惨事の後, 誰もが何をしていいのかわからず途方にくれた.
❷ 驚いた, 感嘆した ▶ Ele ficou perplexo diante de tanta beleza. 彼はあまりの美しさに驚いた.

perquirir /pexki'rix/ 他 自 詳しく調べる, 精査する.

perscrutar /pexskru'tax/ 他 ❶ 綿密に調べる ▶ O autor perscrutou o crime. 作者はその犯罪について詳しく調べた. ❷ 探る.

persecutório, ria /pexseku'tɔriu, ria/ 形 迫害の ▶ delírio persecutório 被害妄想.

perseguição /pexsegi'sẽw/ [複 perseguições] 女 ❶ 追跡, 追求 ▶ perseguição aos sequestradores 誘拐犯の追跡.
❷ 迫害 ▶ perseguição política 政治的迫害 / a perseguição aos Judeus ユダヤ人の迫害 / mania de perseguição 被害妄想.

perseguidor, dora /pexsegi'dox, 'dora/ [複 perseguidores, doras] 名 ❶ 追跡者, 追求者. ❷ 迫害者, ストーカー ▶ perseguidor dos cristãos キリスト教徒の迫害者.
— 形 ❶ 追跡する, 追求する. ❷ 迫害する.

*__perseguir__ /pexse'gix/ ペフセギーア/ 69 他 ❶ 追いかける, 追跡する ▶ Os policiais perseguiram o ladrão. 警察官はその強盗を追いかけた.
❷ 迫害する ▶ perseguir os cristãos キリスト教徒を迫害する.
❸ 追求する ▶ perseguir uma meta 目標を追求する / perseguir a felicidade 幸福を追求する / perseguir um ideal 理想を追求する.
❹ …にうるさくつきまとう, …を責め立てる, ストーカー行為をする ▶ ser perseguido pela imprensa マスコミに追い回される.
❺ 苦しめる, 悩ませる ▶ A música barulhenta me perseguia toda a noite. その騒がしい音楽に, 私は一晩中苦しめられた.

perseverança /pexseve'rẽsa/ 女 辛抱, 根気；頑固, 固執 ▶ Paciência e perseverança têm o efeito de fazer as dificuldades desaparecerem. 忍耐力と根気には困難を遠ざける効果がある / com perseverança 根気強く.

perseverante /pexseve'rẽtʃi/ 形《男女同形》辛抱強い, 根気のよい；頑なな.

perseverar /pexseve'rax/ 自 ❶ …に固執する, 努力を惜しまない [+ em] ▶ Ela perseverou em seus objetivos. 彼女は自らの目標のために努力を惜しまなかった.
❷《perseverar ＋補語》…のままである ▶ Os alunos perseveraram atentos. 生徒たちはじっと聞き入っていた.
❸ 続く ▶ A seca persevera. 干ばつが続く.

persiana /pexsi'ẽna/ 女 ブラインド, よろい戸, シャッター ▶ subir a persiana ブラインドを上げる / abaixar a persiana ブラインドを下ろす.

persistência /pexsis'tẽsia/ 女 ❶ 固執, 頑迷；根気, 粘り強さ. ❷ 長期に及ぶこと, しつこく続くこと.

persistente /pexsis'tẽtʃi/ 形《男女同形》❶ 固執する, 頑固な, しつこい, 辛抱強い, 根気のある ▶ esforço persistente 粘り強い努力 / tosse persistente しつこい咳.
❷ 持続的な, 長続きする ▶ chuva persistente 長雨 / problema persistente 根深い問題.

persistir /pexsis'tʃix/ 自 ❶ …に固執する [+ em] ▶ persistir em dizer não あくまでノーと言う.
❷ 長く続く ▶ A crise econômica persiste. 経済危機が長引く.
❸ …のままである ▶ Eles persistiam calados. 彼らは黙ったままだった.

☆**personagem** /pexso'naʒẽj/ ペフソナージェイン/ [複 personagens] 女 または 男 ❶（劇や小説の）登場人物 ▶ personagem principal 主人公.
❷ 重要人物, 名士, 著名人 ▶ personagem do mundo político 政界の大物 / personagem importante 重要人物 / personagem histórico 歴史的人物.

☆**personalidade** /pexsonali'dadʒi/ ペフソナリダーヂ/ 女 ❶ 人格, 個性 ▶ dupla personalidade 二重人格 / múltipla personalidade 多重人格 / muita personalidade 個性が強い.
❷ 有名人, 著名人 ▶ personalidades públicas 有名人 / personalidade de televisão テレビタレント / culto de personalidade 個人崇拝.
❸《法律》法人格 ▶ personalidade jurídica [moral] 法人格.

personalizado, da /pexsonali'zadu, da/ 形 一人ひとりに対応した, 個人に合わせた ▶ treinamento personalizado 一人ひとりに合わせたトレーニング.

personalizar /pexsonali'zax/ 他 ❶（物を）個人の用途に合わせる,（物に）名前を記入する, 独自の装飾をする ▶ personalizar a área de trabalho デスクトップをカスタマイズする. ❷ 擬人化する.

personificação /pexsonifika'sẽw/ [複 personificações] 女 ❶ 擬人化, 擬人法. ❷（…の）化身, 権化, 典型 [+ de] ▶ a personificação da bondade 善そのもの.

personificar /pexsonifi'kax/ 29 他 ❶ 擬人化する, 人に見立てる. ❷ 体現する, 具現する, 象徴する ▶ O déspota personificava o Estado. その専制君主は国家の象徴だった.

*__perspectiva__ /pexspek'tʃiva/ ペフスペクチーヴァ/ 女 ❶ 遠近法, 透視図法 ▶ Os alunos estudam as leis da perspectiva. 生徒たちは遠近法を勉強している.

❷ 眺め, 見晴らし ▶ Do castelo tem-se uma bela perspectiva do Tejo. 城からはテージョ川の美しい眺めが見える.

❸ 見込み, 見通し, 展望；前途 ▶ Não há perspectivas de melhora. 改善の見込みがない.

❹ 観点, 視野 ▶ na minha perspectiva 私の見解では / ver as coisas de uma perspectiva diferente 異なる観点から物事を見る.

em perspectiva 予想されて, 将来において；遠近法で, 全体像において ▶ os resultados em perspectiva 予想される結果.

perspetiva /pərʃpɛ'tive/ 囡 Ⓟ = perspectiva

perspicácia /pexspi'kasia/ 囡 優れた眼力, 洞察力, 慧眼(ﾟﾟﾟ).

perspicaz /pexspi'kas/ [複 perspicazes] 形《男女同形》洞察力の鋭い, 慧眼(ﾟﾟﾟ)の.

persuadir /pexsua'dʒix/ 他 ❶ …に…を納得させる [+ de] ▶ Persuadi o meu amigo de que ela tinha razão. 彼女が正しかったことを友人にわかってもらえた.

❷《persuadir alguém a +不定詞》…が…するように説得する ▶ Persuadiram-me a não desistir. 私は諦めないように説得された.

— 自 納得させる ▶ As palavras dele não persuadem. 彼の言葉には説得力がない.

— **persuadir-se** 再 ❶ …を納得する [+ de].
❷《persuadir-se a +不定詞》…する決心をする ▶ Persuadi-me a aceitar tudo. 私はすべてを受け入れる決心をした.

persuasão /pexsua'zẽw/ [複 persuasões] 囡 ❶ 説得, 説得力. ❷ 確信, 納得.

persuasivo, va /pexsua'zivu, va/ 形 説得力のある, 納得させる ▶ uma pessoa persuasiva 説得力のある人.

pertence /pex'tẽsi/ 男 ❶ 付属物. ❷《pertences》持ち物, 所持品.

pertencer /pextẽ'sex/ ペフテンセーフ/⑮ 自 ❶ …に属する, …のものである [+ a]
▶ A casa pertence a ele. その家は彼の所有物である.

❷ …の一部である [+ a] ▶ A ilha pertence ao Japão. その島は日本の一部である.

❸ …に責任がある, 義務がある [+ a] ▶ A decisão pertence a mim. 決定の責任は私にある.

❹ …と関係がある [+ a] ▶ A lei projetada pertence ao movimento. 法案はその運動に関連している.

❺ …に固有である [+ a] ▶ A linguagem pertence ao homem. 言語は人間に特有のものである.

pertinácia /pextʃi'nasia/ 囡 しつこいこと, 頑固, 執拗さ.

pertinaz /pextʃi'nas/ [複 pertinazes] 形《男女同形》しつこい, 執拗な, 強情な.

pertinência /pextʃi'nẽsia/ 囡 適切さ, 的確さ, 妥当性, 正当性.

pertinente /pextʃi'nẽtʃi/ 形《男女同形》❶ (…に) 関わる [+ a]. ❷ 適切な, 的確な ▶ pergunta pertinente 的確な質問.

perto /'pɛxtu/ ペフト/圖 ❶《距離的に》近くに (↔ longe) ▶ Parece que o incêndio é (aqui) perto. 火事は近そうだ / Moramos aqui perto. 私たちはこの近くに住んでいる.

❷《時間的に》近くに ▶ As férias estão perto. もうすぐ休暇だ.

ao perto 近く で ▶ Fui ver ao perto o que se passava. 私は何が起こっているのか近くに行って見た.

de perto 近くから ▶ Vi esse cantor de perto. 私は近くからその歌手を見た.

perto de... ① …の近くに ▶ perto da estação 駅の近くに. ② ほぼ, 約 ▶ Cheguei perto das duas horas. 私は2時近くに着いた / Gastei perto de 500 dólares nessa loja. 私はその店で500ドル近く使った.

perto de +不定詞 もう少しで…するところである ▶ Estamos perto de acabar o projeto. もう少しでプロジェクトが終わるところだ.

perturbação /pextuxba'sẽw/ [複 perturbações] 囡 ❶ 乱すこと, 混乱, 撹乱 ▶ perturbação do sossego alheio 他人の平穏を乱すこと / perturbações no mercado 市場の混乱 / perturbações sociais 社会的混乱.

❷ 動揺, 狼狽, 錯乱 ▶ perturbação mental 精神錯乱.

perturbar /pextux'bax/ ペフトゥフバーフ/他 乱す, 混乱させる；動揺させる, 狼狽させる ▶ perturbar a ordem social 社 会 秩 序 を 乱 す / perturbar o sono 安眠を妨げる / perturbar o trânsito 交通を混乱させる / As más notícias perturbaram-na. 悪い知らせで彼女は動揺した.

— **perturbar-se** 再 動揺する, 狼狽する ▶ A mãe perturbou-se com as notícias. 母はその知らせで動揺した.

peru /pe'ru/ 男 七面鳥 ▶ peru recheado 七面鳥の丸焼き.

bancar o peru 人にいいように利用される.

Peru /pe'ru/ 男《国名》ペルー.

perua /pe'rua/ 囡 ❶ 雌の七面鳥. ❷ けばけばしい女, 派手な女. ❸ Ⓑ ステーションワゴン.

peruano, na /peru'ɐnu, na/ 形 名 ペルーの(人).

peruca /pe'ruka/ 囡 かつら.

perversão /pexvex'sẽw/ [複 perversões] 囡 ❶ 堕落, 退廃；異常. ❷ 倒錯 ▶ perversão sexual 性的倒錯.

perversidade /pexvexsi'dadʒi/ 囡 邪悪さ；悪意ある行為, 悪業.

perverso, sa /pex'vɛxsu, sa/ 形 ❶ 邪悪な, 凶悪な. ❷ 倒錯した.

— 名 背徳者, 変質者；(性) 倒錯者.

perverter /pexvex'tex/ 他 ❶ 堕落させる, 悪くする, 駄目にする ▶ A corrupção perverteu a economia do país. 汚職はその国の経済を悪化させた.

❷ 変化させる, 改変する, 乱す ▶ perverter costumes 習慣を変える.

❸ 曲解する；価値を下げる.

— **perverter-se** 再 堕落する, 悪に染まる.

pervertido, da /pexvex'tʃidu, da/ 形 (perver-

pesada

ter の過去分詞) 堕落した, 退廃した.
― 名 堕落した人, 不良.

pesada /pe'zada/ 女 ❶ 重さを量ること, 計量. ❷ (一度に量る) 分量.

pesadelo /peza'delu/ 男 ❶ 悪夢 ▶ ter um pesadelo 悪夢を見る. ❷ (悪夢のように) 恐ろしいもの, 嫌なもの.

‡pesado, da /pe'zadu, da ペザード, ダ/ 形 ❶ 重い, 重量のある (↔ leve) ▶ água pesada 重水 / uma mala pesada 重いかばん / peso pesado 重量級.
❷ 重苦しい ▶ comida pesada お腹にたまる食べ物 / um ambiente pesado 重苦しい雰囲気.
❸ (眠りが) 深い ▶ um sono pesado 深い眠り.
❹ (仕事が) きつい ▶ trabalho pesado きつい仕事.
❺ のろのろした, 動きの鈍い.
― **pesado** 副 一生懸命に ▶ trabalhar pesado 一生懸命に働く.
pegar no pesado 一生懸命に働く.
pegar pesado 厳しく注意する, 強く批判する.

pesagem /pe'zaʒẽj/ [複 pesagens] 女 重さを量ること, 計量 ▶ fazer a pesagem 重さを量る.

pêsames /'pezamis/ 男複 お悔やみ, 哀悼, 弔詞 ▶ dar os pêsames a alguém …にお悔やみを言う / Os meus pêsames! 謹んでお悔やみ申し上げます / visita de pêsames 弔問.

‡pesar /pe'zax ペザール/ 他 ❶ …の重さを計る ▶ O empregado da loja pesou a carne. 店員が肉の目方を計った.
❷ 検討する, 吟味する ▶ É necessário pesar as consequências da ação. 行動の結果を検討する必要がある / pesar os prós e os contras メリットとデメリットを検討する.
― 自 ❶ …の重さがある, 重い ▶ Eu peso 65 quilos. 私は体重が65キロある / Quanto isto pesa? それはどれくらいの重さがありますか.
❷ …に重くのしかかる [+ sobre/em] ▶ A crise econômica pesa sobre o futuro do país. 経済危機が国の将来に重くのしかかる / pesar na consciência 良心に重くのしかかる.
❸ …に強い影響を及ぼす [+ em] ▶ A opinião deste ministro pesou muito na decisão do governo. この大臣の意見は政府の決定に大きな影響を及ぼした.
― **pesar-se** 再 自分の体重を量る ▶ Eu me peso quase todos os dias. 私はほとんど毎日体重を量る.
em que pese a... …にもかかわらず.
― 男 [複 pesares] 悲しみ; 後悔.
a meu pesar 私の意に反して.

pesaroso, sa /peza'rozu, 'rɔza/ 形 ❶ 悔やんでいる, 後悔している. ❷ 悲しい, 悲痛な.

*pesca /'peska ペスカ/ 女 ❶ 釣り, 漁業 ▶ ir à pesca 釣りに行く / pesca costeira 沿岸漁業 / pesca submarina 潜水漁.
❷ 漁獲量 ▶ Hoje a pesca foi boa. 今日はたくさん魚が捕れた.
❸ 探すこと, 探索, 調査 ▶ à pesca de novos talentos 才能ある新人を探し求めて / Eles estavam à pesca de bons negócios. 彼らはよい取引を探し求

めていた.

pescada /pes'kada/ 女 [魚] ナガニベ, グチ.
pescado /pes'kadu/ 男 釣った魚, 漁獲された魚.

*pescador, dora /peska'dox, 'dora ペスカドーフ, ドーラ/ [複 pescadores, doras] 名 漁師 ▶ pescador de homens 人をすなどる者, 使徒, 伝道者.
― 形 釣りの, 漁業の.

*pescar /pes'kax ペスカール/ 他 ❶ 釣る, 漁獲する ▶ pescar sardinha イワシを漁をする.
❷ 口 手に入れる ▶ Onde pescou essas informações? あなたはそれらの情報をどこで手に入れたの.
❸ 口 理解する ▶ Não pesco nada de chinês. 私は中国語について何も分からない / Pescou? あなたは分かったの.
❹ 探す, 探索する.
― 自 釣りをする ▶ Gosto de pescar. 私は釣りが好きだ / Amanhã vamos pescar. 明日釣りに行きましょう.
estar pescando だまされる.

pescaria /peska'ria/ 女 ❶ 魚釣り, 漁業, 漁法. ❷ 大漁.

‡pescoço /pes'kosu ペスコーソ/ 男 ❶ 首 ▶ Tenho dor no pescoço. 私は首が痛い / As girafas têm o pescoço comprido. キリンは首が長い / pessoa de pescoço grosso 首の太い人 / pescoço de cisne ほっそりした優美な首 / torcer o pescoço a... …の首をへし折る.
❷ (瓶の) 首 ▶ pescoço da garrafa 瓶の首.
até ao pescoço 首まで; 完全に, すっかり.
Corto o meu pescoço, se... …のようなことは絶対ない.
estar com a corda ao pescoço 追い詰められている, 窮地に陥っている.
esticar o pescoço 背伸びしてのぞく.
pôr o pé no pescoço de... …を辱める.
salvar o pescoço de alguém …の命を救う.

‡peso /'pezu ペーゾ/ 男 ❶ 重さ, 重量, 目方 ▶ medir o peso 重さを量る / aguentar o peso 重さに耐える / vender algo por peso …を量り売りする / limite de peso 重量制限 / excesso de peso 重量超過 / peso bruto 総重量 / peso líquido 正味重量.
❷ 体重 ▶ Qual é o seu peso? あなたの体重はどれくらいですか / ganhar peso 体重が増える / perder peso 体重を減らす / Perdi três quilos de peso. 私は3キロ体重が減った.
❸ 重り, 分銅, バーベル, 砲丸 ▶ arremesso de peso 砲丸投げ / levantamento de peso 重量挙げ.
❹ 重荷, 負担, 重圧 ▶ peso da idade 年齢の重荷 / sentir o peso da responsabilidade 責任の重さを感じる / tirar o peso 重荷を下ろす, 不運から解放される / o peso dos anos 寄る年波.
❺ 重要性, 影響力, 価値 ▶ Nossa opinião não tem peso nenhum. 私たちの意見はまったく顧みられない.
❻ [スポーツ] (体重別の) …級 ▶ peso leve ライト級 / peso médio ミドル級 / peso pesado ヘビー級, 重量級 / peso pluma フェザー級.
a peso de ouro 非常に高い値段で.
de peso ① 重い. ② 影響力のある, 有力な ▶ um

homem de peso 有力者.
dois pesos e duas medidas 二重基準, ダブルスタンダード.
em peso 大勢で, 全員で ▶ Os funcionários participaram em peso da reunião. 職員は会議に全員出席した / a escola em peso 全校生徒.
peso morto ① 死荷重, 自重. ② 足手まとい, お荷物.
peso no estômago 胃のもたれ.
sem peso nem medida 行き当たりばったりに.
tomar o peso de... …の重さを量る.
um peso, duas medidas 二重基準, ダブルスタンダード.

peso-pesado /ˌpezupe'sadu/ [複 pesos-pesados] 男 ❶ 重量級の選手. ❷ 大物 ▶ os pesos-pesados da política 大物政治家たち.
— 形《不変》重量級の.

pesqueiro, ra /pes'kejru, ra/ 形 漁業の, 漁の, 釣りの ▶ indústria pesqueira 漁業 / barco pesqueiro 漁船 / porto pesqueiro 漁港.
— **pesqueiro** 男 漁船.

★**pesquisa** /pes'kiza/ ペスキーザ/ 女 ❶ 調査, 研究, 捜査 ▶ fazer uma pesquisa 調査する / pesquisa de campo 実地調査 / pesquisa de mercado 市場調査 / pesquisa de opinião 世論調査 / projeto de pesquisa 研究計画, 研究プロジェクト / pesquisa e desenvolvimento 研究開発. ❷ [P] 〖情報〗 検索 ▶ motor de pesquisa 検索エンジン.

pesquisador, dora /peskiza'dox, 'dora/ [複 pesquisadores, doras] 名 調査員, 研究者, 捜査官.
— 形 調査する, 研究する, 操作する.

★**pesquisar** /peski'zax/ ペスキザーフ/ 他 ❶ 捜査する ▶ pesquisar o caso 事件を捜査する.
❷ 研究する, 調査する, 調べる ▶ pesquisar o mercado 市場を調査する / pesquisar o preço 値段を調べる.
— 自 調査する, 研究する, 調べる ▶ pesquisar na internet インターネットで調べる / pesquisar sobre o impacto causado pelo homem ao meio ambiente 人類が環境に与える影響について調べる.

pêssego /'pesegu/ 男 〖果実〗モモ ▶ pêssegos em calda モモのシロップ漬け.

pessegueiro /pese'gejru/ 男 〖植物〗モモの木.

pessimamente /ˌpesima'metʃi/ 副 とても悪く, 最悪に ▶ Ela fala pessimamente sobre você. 彼女は君のことをとても悪く言う.

pessimismo /pesi'mizmu/ 男 悲観主義, 厭世観, 悲観論 (↔ otimismo).

pessimista /pesi'mista/ 形《男女同形》悲観的な, 悲観主義の, 厭世主義の (↔ otimista).
— 名 悲観主義者, 悲観的な人.

★**péssimo, ma** /'pesimu, ma/ ペシィモ, マ/ (mau の絶対最上級) 形 非常に悪い, 最悪の (↔ ótimo) ▶ Estou me sentindo péssimo. 体調が最悪だ / Foi um ano péssimo. 最悪の年だった.

★**pessoa** /pe'soa/ ペソーア/ 女 ❶ 人, 人間; 個人 ▶ Todas as pessoas são iguais. すべての人は平等だ / Não me importo com que as pessoas digam. 私は人がなんと言おうと気にしない / É muito descortês apontar as pessoas com o dedo. 人を指差すのは大変失礼だ / Não se incomode com as outras pessoas. 他人のことは気にするな / Você é uma boa pessoa. あなたはいい人だ / uma pessoa especial para mim 私にとって特別な人 / Eu me encontrei com muitas pessoas no Brasil. 私はブラジルで多くの人と出会った / Esta pessoa existe. この人物は実在する / Que tipo de pessoa é ele? 彼はどんな人ですか / Ele é polido com qualquer pessoa. 彼は誰に対しても丁寧だ / pessoa de bem いい人 / pessoa de talento 才能のある人 / pessoa de confiança 信頼できる人 / pessoa de cor 黒人 / Venha uma pessoa por vez. 一人ずつ来てください / por pessoa 一人当たり.
❷ 〖法律〗人, 人格 ▶ pessoa jurídica 法人 / pessoa física [natural] 自然人.
❸ 〖文法〗人称 ▶ primeira pessoa 一人称 / segunda pessoa 二人称 / terceira pessoa 三人称.
❹ 〖神学〗位格, ペルソナ.
em pessoa 自分で, 自ら.
... em pessoa …そのもの ▶ Ele é a bondade em pessoa. 彼は善良そのものだ.

★★**pessoal** /peso'aw/ ペソアゥ/ [複 pessoais] 形《男女同形》❶ 個人の, 個人的な, 私的な ▶ assunto pessoal 個人的問題 / amigo pessoal 個人的な友人 / objetos pessoais 身の回り品 / interesse pessoal 個人的利益.
❷ 独自の, 個性的な ▶ estilo pessoal 独特な文体.
❸ 個人に対する, 個人あての ▶ carta pessoal 私信.
❹ 〖文法〗人称の ▶ pronome pessoal 人称代名詞.
— 男《o pessoal》人々, 仲間; 職員, 人員, スタッフ.

pessoalmente /ˌpeso.aw'metʃi/ 副 個人的に, 自分自身で, 本人が直接的に ▶ Vou conversar pessoalmente com ela. 私が直接彼女とお話します / Ele veio me ver pessoalmente. 彼は個人的に私に会いに来た.

pestana /pes'tɐna/ 女 まつげ.
queimar as pestanas 猛勉強する.
tirar uma pestana 居眠りする.

pestanejar /pestane'ʒax/ 自 瞬きする, 点滅する.
sem pestanejar 迷うことなく, 即座に, 反射的に.

peste /'pestʃi/ 女 ❶ 〖医学〗ペスト, 悪疫 ▶ peste negra 黒死病 / peste bubônica 腺ペスト / peste suína 豚コレラ.
❷ 嫌な人, 困った人 ▶ O seu filho é uma peste? お子さんに手を焼いていますか.
da peste ① 驚くべき. ② 最高の. ③ 最悪の.

pesticida /pestʃi'sida/ 男 農薬, 殺虫剤.
— 形《男女同形》農薬の, 殺虫剤の.

pestilência /pestʃi'lẽsia/ 女 ❶ 悪疫, 疫病, 伝染病. ❷ 悪臭, 臭気.

pétala /'petala/ 女 〖植物〗花びら, 花弁.

petardo /pe'taxdu/ 男 ❶ 爆竹. ❷ 〖サッカー〗強烈なシュート.

peteca /pe'teka/ 女 羽子, バトミントンのシャトルコック.
fazer alguém de peteca …をからかう.
não deixar a peteca cair あきらめない.

peteleco

servir de peteca 利用される, 操られる.
peteleco /pete'leku/ 男 ❶ 指ではじくこと ▶ dar um peteleco em algo …を指ではじく. ❷ 軽く押すこと.
petição /petʃi'sẽw/ [複 petições] 女 ❶ 陳情書, 嘆願書, 請願 (書) ▶ fazer uma petição 請願する.
❷ petição de princípio〖論理学〗論点先取の虚偽.
em petição de miséria ① 悲惨な状況で. ② 使い古された, 擦り切れた.
peticionário, ria /petʃisio'nariu, ria/ 名 請願者, 申請者, 陳情者；原告.
petiscar /petʃis'kax/ ㊉ 他 ❶ つまむ, かじる；少し食べる ▶ As crianças petiscaram um pedaço de bolo. 子供たちはケーキを一切れつまんだ.
❷ 火花を発する.
— 自 ❶ つまむ, かじる；少し食べる ▶ Ela só petiscou na hora do almoço. 彼女は昼食時に少し食べただけだった.
❷ …について多少の知識がある, かじっている [+ de] ▶ petiscar de grego ギリシャ語が少しわかる.
petisco /pe'tʃisku/ 男 おつまみ, アンティパスト.
petiz /pe'tʃis/ [複 petizes] 形《男女同形》幼い, 幼少の.
— 名 子供, 幼児.
petrechos /pe'treʃus/ 男 複 ❶ 軍需物資. ❷ 道具, 用具.
petrificar /petrifi'kax/ ㊉ 他 ❶ …を石化する. ❷ 石のように硬くする, 硬直させる. ❸（驚きや恐れで）茫然とさせる, 身動きできなくさせる.
— **petrificar-se** 再 ❶ 石化する, 石のようになる, 硬直する. ❷ 茫然とする, 身動きできなくなる.
Petrobrás /petro'bras/ ペトロブラス, ブラジル石油公社.
petroleiro, ra /petro'lejru, ra/ 形 石油の ▶ indústria petroleira 石油産業.
— **petroleiro** 男 石油タンカー.
☆**petróleo** /pe'trɔleu/ ペトローレオ 男 石油 ▶ petróleo bruto 原油 / refinaria de petróleo 製油所 / poço de petróleo 油井 / crise do petróleo 石油危機 / Organização dos Países Exportadores de Petróleo 石油輸出国機構.
petrolífero, ra /petro'liferu, ra/ 形 石油の, 石油を含む, 石油を産出する ▶ companhia petrolífera 石油会社 / região petrolífera 油田地帯.
petroquímica¹ /petro'kimika/ 女 石油化学.
petroquímico, ca² /petro'kimiku, ka/ 形 石油化学の.
— 名 石油化学専門家.
petulância /petu'lẽsia/ 女 横柄, 生意気, ずうずうしさ, 厚かましさ ▶ Ele teve a petulância de invadir a festa. 彼はずうずうしくもパーティーに押しかけた.
petulante /petu'lẽtʃi/ 形《男女同形》生意気な, 横柄な ▶ O aluno petulante desafiou o professor durante a aula. その生意気な生徒は授業中, 先生にたてついた.
peúga /pi'ugɐ/ 女 ❽《男性用の》靴下.
p.ex.《略》por exemplo 例えば.

PF《略》Ⓑ Polícia Federal 連邦警察.
pi /'pi/ 男 ❶ ピー, パイ（ギリシャ語アルファベットの第16字. ❷〖数学〗パイ, 円周率.
PI《略》Estado do Piauí ピアウイ州.
pia /'pia/ 女 ❶ 流し, シンク, 洗面台. ❷ pia batismal 洗礼盤.
piada /pi'ada/ 女 ❶ 鳥のピーピー鳴く声.
❷ 笑い話, ジョーク, 冗談 ▶ contar uma piada 冗談を言う / Parece piada! 冗談のようだ.
❸ 小話.
piada de mau gosto ① 悪趣味な [下品な, 悪い] 冗談. ② 悪趣味なもの.
piada de salão 健全な冗談.
piada infame 笑えない冗談, 悪い冗談.
piadista /pia'dʒista/ 名 冗談の好きな人.
pianista /pia'nista/ 名 ピアニスト, ピアノ奏者.
☆**piano** /pi'ɐnu/ ピアノ 男 ピアノ ▶ tocar piano ピアノを弾く / piano de cauda グランドピアノ / piano vertical アップライトピアノ.
carregar piano 重責を担う.
pião /pi'ẽw/ [複 piões] 男（おもちゃの）こま ▶ rodar o pião こまを回す.
fazer pião em... …を軸にして回る.
pegar o pião na unha 困難な課題に果敢に取り組む.
piar /pi'ax/ 自（鳥が）ピーピー鳴く, さえずる.
nem piar 何も言わない, 黙っている, 声を上げない.
piar fino 服従する, 萎縮する, ひるむ.
Piauí /piau'i/ 男（ブラジル東北部の）ピアウイー州.
piauiense /piaui'ẽsi/ 形《男女同形》名 ピアウイー州の (人).
PIB《略》Produto Interno Bruto 国内総生産.
picada¹ /pi'kada/ 女 ❶（虫やヘビに）かまれた傷.
❷ 切り傷, 刺し傷.
picadeiro /pika'dejru/ 男 ❶ サーカスのリング. ❷ 馬術訓練所, 馬場.
picadinho /pika'dʒiɲu/ 男 肉や魚の細切れを使った料理.
picado, da² /pi'kadu, da/ ❶（虫などに）刺された, かまれた；虫食いの.
❷ 細かく刻まれた.
❸（サトウキビのジュースなどが）酸っぱくなった.
— **picado** 男 ❶（刺し傷やあばた等のせいで）ざらざらになった表面, 凹凸(聲)のある表面.
❷〖料理〗ひき肉料理の一種.
❸ 衣服の切れ端.
❹ スタッカート.
picanha /pi'kɐɲa/ 女 牛ランプ肉, イチボ.
picante /pi'kẽtʃi/ 形《男女同形》❶ 辛い ▶ molho picante チリソース. ❷（話などが）きわどい ▶ conversa picante きわどい会話.
picão /pi'kẽw/ [複 picões] 男 ❶ つるはし. ❷〖植物〗キバナコスモス.
pica-pau /ˌpika'paw/ [複 pica-paus] 男〖鳥〗キツツキ.
☆**picar** /pi'kax/ ピカーフ ㊉ 他 ❶（鋭利な物で）刺す, 突く ▶ Piquei o braço com espinho. 私は腕にとげを刺した.
❷（虫が）刺す ▶ Uma abelha me picou. 蜂が私を刺した.

pimenta–malagueta

❸ 細かく切る, 刻む ▶ picar uma cebola タマネギを刻む.
❹ ちくちくさせる, ひりひりさせる.
— 自 ちくちくする.
— **picar-se** 再 (鋭利なもので) けがをする ▶ Ele se picou com um alfinete. 彼はピンでけがをした.

picardia /pikax'dʒia/ 女 いたずら.

picaresco, ca /pika'resku, ka/ 形 ❶ こっけいな. ❷『文学』悪漢の, ピカレスクの ▶ romance picaresco ピカレスク小説.

picareta /pika'reta/ 女 つるはし.
— 名 詐欺師, ペテン師.

picaretagem /pikare'taʒẽj/ [複 picaretagens] 女 俗 ぺてん, 詐欺.

pícaro, ra /'pikaru, ra/ 形 ずる賢い, 抜け目ない, 奸智に長けた.

pichação /piʃa'sẽw/ [複 pichações] 女 (壁にスプレーで書いた) 落書き.

pichador, dora /piʃa'dox, 'dora/ 名 壁にスプレーで落書きする人.

pichar /pi'ʃax/ 他 ❶ …にピッチを塗る.
❷ (壁などにスプレーで) 落書きをする ▶ Os rapazes pichavam a parede de um prédio. 若者たちはある建物の外壁に落書きをしていた.
❸ 俗 悪口を言う, 非難する. 批判する.
— 自 俗 悪口を言う, 非難する. 批判する.

piche /'piʃi/ 男 ピッチ.

picles /'piklis/ 男複 ピクルス.

pico /'piku/ 男 ❶ 峰, 頂. ❷ 先端. ❸ 頂点, 盛り, ピーク ▶ no pico do verão 夏の盛りに.
e pico …余り, …と少し ▶ mil e pico 千余り.

picolé /piko'lɛ/ 男 アイスキャンデー.

picotar /piko'tax/ 他 ❶ (紙などに) 穴を開ける, ミシン目を入れる. ❷ (切符に) パンチを入れる.

picote /pi'kɔtʃi/ 男 ミシン目.

pictórico, ca /pik'tɔriku, ka/ 形 絵の, 絵画の, 絵画的な.

piedade /pie'dadʒi/ 女 ❶ 憐れみ, 同情, 憐憫 ▶ ter piedade de alguém …を憐れむ. ❷ 敬虔さ, 信仰心. ❸ 敬愛の念 ▶ piedade filial (親への) 孝心.

piedoso, sa /pie'dozu, 'dɔza/ 形 ❶ 信心深い, 敬虔な. ❷ 憐れみ深い.

piegas /pi'ɛgas/ 《不変》 形 名 感傷的すぎる (人).

pieguice /pie'gisi/ 女 感傷癖.

píer /'piex/ [複 píeres] 男 桟橋, 埠頭.

pifado, da /pi'fadu, da/ 形 俗 故障した, 壊れた ▶ O relógio está pifado. 時計は壊れている.

pifar /pi'fax/ 自 俗 ❶ 故障する, 壊れる ▶ Meu computador pifou. 私のコンピューターが故障した.
❷ 失敗する.

pigarro /pi'gaxu/ 男 痰が喉にからむこと.

pigmentação /pigmẽta'sẽw/ [複 pigmentações] 女 色素沈着, 着色.

pigmento /pig'mẽtu/ 男 色素, 顔料.

pigmeu, meia /pig'mew, 'meja/ 名 ❶『人類』ピグミー. ❷ 背の低い人.
— 形 背のとても低い.

pijama /pi'ʒɐma/ 男 パジャマ ▶ um pijama de seda シルクのパジャマ.

pilão /pi'lẽw/ [複 pilões] 男 杵棒, すりこぎ.

pilar¹ /pi'lax/ [複 pilares] 男 柱, 支柱 ▶ pilar da sociedade 社会の柱.

pilar² /pi'lax/ 他 すりつぶす, 砕く.

pileque /pi'lɛki/ 男 俗 酒に酔うこと ▶ estar de pileque 酒に酔っている / tomar um pileque 酒に酔う.

pilha /'piʎa/ 女 ❶ 電池 ▶ pilha alcalina アルカリ電池 / a pilha 電池で動く.
❷ 堆積 ▶ pilha de papéis 書類の山.
❸ B 神経質な人. びりびりしている人 ▶ estar uma pilha いら立っている, びりびりしている / ficar uma pilha いら立つ.
às pilhas 大量に.
em pilha ① 集団で. ② 積み重ねられた.
trocar a pilha ① 電池を交換する. ② 元気を取り戻す.
ser uma pilha de nervos とても神経質である.

pilhagem /pi'ʎaʒẽj/ [複 pilhagens] 女 略奪, 強奪.

pilhar /pi'ʎax/ 他 ❶ 獲得する, 得る. ❷ 略奪する. ❸ 盗難する, 盗む.
— **pilhar-se** 再 ▶ (ある状態や場所に) いる, なる.

pilhéria /pi'ʎɛria/ 女 冗談, ジョーク.

pilheriar /piʎeri'ax/ 自 冗談を言う, からかう.

pilotagem /pilo'taʒẽj/ [複 pilotagens] 女 ❶ 操縦, 運転 ▶ escola de pilotagem 航空学校 / pilotagem automática 自動操縦. ❷『海事』水先案内.

pilotar /piloʎ'tax/ 他 (飛行機や船, 自動車を) 操縦する, 運転する.

piloti /pilo'tʃi/ 男 ピロティ.

***piloto** /pi'lotu/ 男 ❶ パイロット, 操縦士 ▶ piloto de avião 飛行機のパイロット / piloto de fórmula 1 F1 ドライバー / piloto automático 自動操縦装置 / piloto de provas テストパイロット.
❷ 案内人, 指導者; 水先案内人 ▶ piloto de fogão 料理人.
❸ 表示灯.
— 形 《不変》 試験的な ▶ experiência piloto 予備実験.

pílula /'pilula/ 女 ❶ 錠剤, 丸薬 ▶ tomar uma pílula 丸薬を飲む.
❷ 経口避妊薬, ピル (= pílula anticoncepcional) ▶ pílula do dia seguinte モーニングアフターピル.
dourar a pílula 不快なことを巧妙なやり方でそうでないように見せようとする. 甘言で丸め込む.
engolir a pílula 嫌なことをじっと我慢する.

pimba /'pĩba/ 間 まあ, あれ (予期せぬ出来事や行為の終結を表す) ▶ Assim que acendi a luz e pimba, explodiu a lâmpada! 明かりをつけたとたんに, なんと電球が爆発してしまった.

pimenta /pi'mẽta/ 女 ❶ トウガラシ. ❷ コショウ ▶ pimenta branca 白コショウ / pimenta negra 黒コショウ. ❸ B 怒りっぽい人.

pimenta-do-reino /pi,mẽtadu'rejnu/ [複 pimentas-do-reino] 女 コショウ.

pimenta-malagueta /pi,mẽtamala'geta/

[[複] pimentas-malaguetas] [女] マラゲタトウガラシ.

pimentão /pimẽ'tẽw̃/ [[複] pimentões] [男]〖植物〗ピーマン ▶ pimentão verde 青ピーマン / pimentão amarelo 黄ピーマン / pimentão vermelho 赤ピーマン.

pimenteira /pimẽ'teira/ [女]〖植物〗トウガラシ.

pimpão, pona /pĩ'pẽw̃, 'põna/ [[複] pimpões, ponas] [形][名] 見栄っ張りの (人), 気取った (人).

pinacoteca /pinako'tɛka/ [女] ❶ 美術館, 絵画館. ❷ 絵画コレクション.

pináculo /pi'nakulu/ [男] ❶ (ゴチック様式の) 小尖塔, ピナクル. ❷ 頂点, 絶頂 ▶ o pináculo da glória 栄光の頂点.

pinça /'pĩsa/ [女] ❶ ピンセット. ❷ 鉗子(かんし). ❸ (エビやカニの) はさみ.

pinçar /pĩ'sax/ ⑬ [他] ❶ ピンセットでつまむ, つまみ出す. ❷ 選び出す.

píncaro /'pĩkaru/ [男] 頂上, てっぺん, 頂点.

pincel /pĩ'sɛw/ [[複] pincéis] [男] ❶ 筆, 絵筆. ❷ 刷毛, ブラシ ▶ pincel de barba ひげそりブラシ. ❸ 画風, 筆致.

pincelada /pĩse'lada/ [女] 絵筆のひと塗り, 一刷毛.

pincelar /pĩse'lax/ [他] ❶ (絵筆で) 描く, 塗る. ❷ (刷毛で) 塗る.

pinchar /pĩ'ʃax/ [他] ❶ 力いっぱい投げつける ▶ O menino pinchou a bola no muro. その少年はボールを塀に投げつけた.
❷ 突き飛ばす.
— [自] 飛び跳ねる ▶ Corria pelo campo, pinchando. 野原を飛び跳ねながら走り回っていた.
— **pinchar-se** [再] 身を投げ出す, 飛び込む ; 飛び跳ねる ▶ As crianças pincharam-se no lago. 子供たちは湖に飛び込んだ.

P

pindaíba /pĩda'iba/ [女] [俗] お金がないこと ▶ estar na pindaíba 文無しである.

pinga /'pĩga/ [女] ❶ しずく ; ほんの少しの量 ▶ uma pinga de rum ほんの少しのラム酒.
❷ 一飲み, 一口.
❸ [B] ピンガ (サトウキビで作った蒸留酒).
❹ [B] [俗] 酔っぱらい.
— [形][名][俗] お金のない (人) ▶ Antes ele era um pinga. 昔, 彼は文無しだった.
estar na pinga (ピンガで) 酔っ払う.
ficar sem pinga de sangue 驚きや恐怖で真っ青になる.

pingado, da /pĩ'gadu, da/ [形] ❶ 滴の垂れる. ❷ (コーヒーが) 牛乳を垂らした ▶ café pingado 牛乳を垂らしたコーヒー. ❸ 酔った.
— **pingado** [男] 牛乳を垂らしたコーヒー.

pingar /pĩ'gax/ ⑪ [自] ❶ 滴る, 垂れる ; 漏れる ▶ A água pinga do telhado. 雨水が屋根から垂れる / A torneira está pingando. 蛇口から水が漏れている / estar pingando びしょびしょに濡れている.
❷ 《非人称》(雨が) ぽつりぽつり降る ▶ Começou a pingar. 雨がぽつりぽつり降り始めた.
❸ 少しずつ利益をもたらす.
❹ (バスなどが) 道中で乗客を次々と降ろす.
— [他] ❶ 滴らせる, 垂らす ▶ pingar três gotas do remédio 薬を3滴垂らす.
❷ …に滴を落とす ▶ pingar a roupa 服に滴を落とす.
pingar os "is" e cortar os "tês" 規定に厳密に従って [申し分なく, 完全に] こなす.

pingente /pĩ'ʒẽtʃi/ [男] ❶ ペンダント ▶ um pingente de ouro 金のペンダント. ❷ [B] 電車の外につかまって乗る人.

pingo /'pĩgu/ [男] ❶ 滴, したたり ▶ pingos de chuva 雨の滴.
❷ [B] ごくわずかな量 ▶ um pingo de sal 少しの塩 / Eu não dei um pingo de atenção. 私はまったく注意を払わなかった / sem um pingo de dúvida まったく疑いなく.
❸ [B] 点 ▶ pôr os pingos nos is 物事を明確にする, 白黒はっきりさせる.
afogar-se em pingo-d'água ① 針小棒大に扱う. ② 些細なことに目くじらを立てる.
não ter um pingo de vergonha na cara 厚かましい, 恥知らずである.
nem um pingo まったく…ない.
pingo de gente 子供, 背の低い人.

pingue-pongue /ˌpĩgi'põgi/ [[複]pingue-pongues] [男] 卓球, ピンポン ▶ jogar pingue-pongue 卓球をする / mesa de pingue-pongue 卓球台.

pinguim /pĩ'gwĩ/ [[複] pinguins] [男] ペンギン ▶ pinguim-imperador コウテイペンギン.

pinha /'pĩɲa/ [女] 松かさ.

pinhal /pi'ɲaw/ [[複] pinhais] [男] 松林.

pinhão /pi'ɲẽw̃/ [[複] pinhões] [男] 松の実.

pinheiral /piɲej'raw/ [[複] pinheirais] [男] 松林.

pinheiro /pi'ɲejru/ [男]〖植物〗マツ.

pinho /'pĩɲu/ [男] マツ材.

pinicar /pini'kax/ ㉙ [他] ❶ つねる. ❷ くちばしでつつく. ❸ ちくちくする ▶ Esta camiseta está pinicando minhas costas. このTシャツは背中がちくちくする.
— [自] ちくちくする.

pino /'pĩnu/ [男] ❶ ピン. ❷ 最高点, 絶頂. ❸〖天文〗天頂.
a pino 垂直に.
bater pino ① 調子が悪い. ② エンジンがガクガクする. ③ 年をとって体力が衰える.

pinote /pi'nɔtʃi/ [男] ❶〖馬術〗騰躍, クルベット. ❷ 跳躍, ジャンプ.
dar um pinote 跳ね上がる, 脱獄する.

pinta /'pĩta/ [女] ❶ ほくろ ; しみ, 斑点 ▶ pinta de nascença 母斑. ❷ 外観, 見た目 ▶ conhecer alguém pela pinta 見て誰かわかる.
na pinta ちょうどに, 正確な時間に.
ter pinta de... …のように見える.

pintado, da /pĩ'tadu, da/ [形] 色を塗った, 化粧した ▶ papel pintado 壁紙 / uma casa pintada de rosa ピンク色に塗られた家 / pintado a mão 手塗りの.
nem pintado (de ouro) まったく…ない, 絶対…ない ▶ não querer ver alguém nem pintado (de ouro) …の顔も見たくない.

*****pintar** /pĩ'tax ピンターフ/ [他] ❶ **…の絵を描く** ▶ pintar um quadro 絵を描く / pintar uma paisagem

風景を描く / pintar a óleo 油彩画を描く / pintar a aquarela 水彩画を描く.
❷ …に色を塗る ▶ pintar paredes 壁を塗装する / pintar a parede de vermelho 壁を赤く塗る / pintar o cabelo de louro 髪を金髪に染める / pintar as unhas 爪にマニキュアを塗る / pintar os lábios 口紅を塗る / pintar os olhos アイシャドウを塗る.
— 自 ❶ 現れる, 起きる ▶ Pintou um imprevisto. 思いも寄らぬことが起きた / Pintou uma oportunidade. チャンスが訪れた. ❷ 絵を描く.
— pintar-se 再 化粧をする.
pintar e bordar 無責任な行動を取る, 大騒ぎをする, いたずらをする.

pinto /'pĩtu/ 男 ❶ ひよこ. ❷ ひよっこ, 青二才.
molhado como um pinto びしょ濡れの.
pinto saído do ovo 初心者, 未熟者.
ser pinto B 俗 簡単である, 朝飯前である.

‡pintor, tora /pĩ'tox, 'tora/ ピントーフ, トーラ / [複 pintores, toras] 名 ❶ 画家 ▶ Eu gostaria de ser pintor. 私は画家になりたい / pintores impressionistas 印象派の画家 / pintores renascentistas ルネッサンスの画家 / pintores franceses フランスの画家. ❷ ペンキ屋, 塗装工.

‡pintura /pĩ'tura/ ピントゥーラ / 女 ❶ 絵, 絵画 ▶ pintura abstrata 抽象絵画 / pintura a aquarela 水彩画 / pintura a óleo 油彩画 / galeria de pinturas 画廊.
❷ 塗装 ▶ Cuidado com a pintura do carro. 自動車の塗装に要注意.
❸ 化粧 ▶ A pintura dos olhos é essencial para a beleza. 目の化粧は美しさの本質だ.
ser uma pintura 絵のように美しい.

pio¹, pia /'piu, 'pia/ 形 ❶ 敬虔な, 信心深い. ❷ 慈悲深い, 情け深い, 慈善の ▶ casa pia 慈善院 / obras pias 慈善事業.

pio² /'piu/ 男 鳥の鳴き声.
não dar um pio ① 黙り込む, 控える. ② 順応する.
Nem um pio! 静かにしなさい, 黙りなさい.

piolho /pi'oʎu/ 男 [昆虫] シラミ.

pioneiro, ra /pio'nejru, ra/ 名 開拓者, 先駆者, パイオニア.
— 形 先駆者の, 開拓者の.

‡pior /pi'ɔx/ ピオーフ / [複 piores] 形 [男女同形] (mau の比較級) ❶ より悪い, もっと悪い (↔ melhor) ▶ Esse filme é pior do que aquele. この映画はあの映画よりひどい / O doente ficou pior durante a noite. 病人は夜の間に悪化した / A situação está cada vez pior. 状況はますます悪くなった.
❷ [定冠詞 + pior] 最も悪い ▶ Ele é o pior pai do mundo. 彼は世界で最悪の父親だ.
— 副 ❶ (mal の比較級) より悪く, より下手に (↔ melhor) ▶ Ele dança pior do que eu. 彼は私よりダンスが下手だ / Ele cantou pior do que nunca. 彼の歌は最悪だった.
❷ 最も悪く, 最も下手に.
— 名 最も悪いこと [物, 人] ▶ Aconteceu o pior. 最悪なことが起こった / preparar-se para o pior 万一の覚悟をする / a pior das coisas 最悪のこと [物] / O pior é que... 最悪なのは…だ / o pior de tudo 一番悪いこと / na pior das hipóteses 最悪の場合に.
estar na pior 困難な状況にいる.
ficar na pior 状況が悪くなる, 損する.
levar a pior 敗れる, 大打撃を負う.
pior ainda さらに悪いことに.
pior de tudo 何よりも悪いことには, 一番困るのは ▶ Pior de tudo, torci um pé. 何よりも悪いことに私は足をひねった.
Tanto pior! 残念だ.

piora /pi'ɔra/ 女 悪化, 悪くなること ▶ piora da situação financeira 財政状況の悪化.

piorar /pio'rax/ 他 悪化させる, 悪くする ▶ piorar a situação 状況を悪化させる.
— 自 悪化する, 悪くなる ▶ A doença piorou rapidamente. 病気は急速に悪化した.

pipa /'pipa/ 女 ❶ ワインの樽. ❷ 凧 ▶ soltar pipa 凧を揚げる. ❸ 太って背の低い人.

piparote /pipa'rɔtʃi/ 男 指ではじくこと, つまはじき ▶ dar um piparote つまはじきする.

pipi /pi'pi/ 男 ❶ おしっこ ▶ fazer pipi おしっこする. ❷ おちんちん.

pipilar /pipi'lax/ 自 (鳥が) さえずる, ピーピー鳴く.

pipoca /pi'pɔka/ 女 ポップコーン ▶ pipoca salgada 塩味のポップコーン / pipoca doce 甘いポップコーン.

pipocar /pipo'kax/ 29 自 ❶ はじける, 破裂する. ❷ 突如として現れる.
estar pipocando 今にも起こりそうである.

pipoqueiro, ra /pipo'kejru, ra/ 名 ポップコーン売り.
— **pipoqueira** 女 ポップコーン製造機, ポップコーン用の鍋.

pique /'piki/ 男 ❶ 熱意, 意欲, 元気 ▶ cheio de pique 元気いっぱいの / A empresa tem um pique incrível. その会社はとても元気だ.
❷ B 隠れんぼう. ❸ B 隠れ場所, 逃げ場所. ❹ 絶頂期, ピーク ▶ pique de produção 生産のピーク.
a pique 垂直に.
com o maior pique 意気込んで, はりきって.
de pique B わざと.
estar a pique de + 不定詞 まさに…しようとしている, ほとんど…である.
ir a pique (船が) 沈む; 破産する.
meter [pôr] a pique (船を) 沈める.

piquenique /piki'niki/ 男 ピクニック ▶ fazer um piquenique ピクニックに行く.

piquete /pi'ketʃi/ 男 ❶ (ストライキの) ピケ ▶ piquete de greve ストのピケ. ❷ [軍事] 前哨隊. ❸ 標識の杭.

pirado, da /pi'radu, da/ 形 気のふれた.

piramidal /pirami'daw/ [複 piramidais] 形 [男女同形] ❶ ピラミッドの, ピラミッドの形の. ❷ 途方もない, 巨大な.

pirâmide /pi'rẽmidʒi/ 女 ピラミッド, ピラミッドの形をしたもの ▶ pirâmide alimentar フードピラミッド.

piranha /pi'rẽɲa/ 女 ❶ [魚] ピラニア. ❷ B 売春

婦. ❸ [B] 身持ちの悪い女. ❹ 髪留め, ヘアピン

pirão /pi'rẽw̃/ [[複] pirões] [男] マンジオッカ芋の粉の粥.

pirar /pi'rax/ [自] [B] ❶ 気がふれる. ❷ 逃げる.
— **pirar-se** [再] 逃げる.

pirata /pi'rata/ [名] ❶ 海賊. ❷ pirata do ar ハイジャッカー. ❸ pirata informático 〖情報〗ハッカー.
— [形]《男女同形》❶ 違法コピーの ▶ CD pirata 違法コピーの CD. ❷ 非合法の ▶ rádio pirata 海賊放送.

pirataria /pirata'ria/ [女] ❶ 強奪, 略奪, 海賊行為 ❷ 違法コピー.

piratear /pirate'ax/ ⑩ [他] ❶ (海賊が) 略奪する, 強奪する. ❷ …を違法コピーする ▶ piratear um filme 映画を違法コピーする.
— [自] 海賊行為を行う.

pires /'piris/ [男]《単複同形》(カップの) 受け皿, ソーサー.
passar o pires 寄付や施しを集める.

pirilampo /piri'lẽpu/ [男]〖昆虫〗ホタル.

piriri /piri'ri/ [男] [俗] 下痢.

pirotecnia /piroteki'nia/ [女] 火薬学 ; 花火製造術.

pirotécnico, ca /piro'tɛkiniku, ka/ [形] 花火製造の.
— [名] 花火職人, 花火販売人.

pirralho, lha /pi'xaʎu, ʎa/ [名] 子供.

pirueta /piru'eta/ [女] ❶ (片足を軸とした) 1 回転, 半回転 ;〖バレエ〗ピルエット ▶ dar uma pirueta (その場で) くるりと回る. ❷ (意見や態度の) 豹変.
fazer piruetas ① 跳躍する. ② アクロバティック走行 [飛行] をする.

pirulito /piru'litu/ [男] 棒付きキャンディー.
roubar pirulito de criança 赤子の手をひねる.

pisada /pi'zada/ [女] ❶ 踏むこと. ❷ 足跡 ▶ seguir as pisadas de alguém …の足跡をたどる, …のあとに倣う.

***pisar** /pi'zax ピザーフ/ [自] ❶ **…を踏む**, …に足を踏み入れる [+ em] ▶ Pisaram no meu pé. 私は足を踏まれた / pisar no pedal ペダルを踏む / pisar no acelerador アクセルを踏む / pisar no freio ブレーキを踏む / pisar no solo brasileiro ブラジルの地を踏む / Não pise na grama. 芝生に入るべからず.
❷ …を踏みにじる, ないがしろにする [+ em].
— [他] 踏み潰す ▶ pisar as uvas ブドウを足で踏み潰す.
pisar em falso つまずく, よろける.

piscadela /piska'dɛla/ [女] まばたき ; ウィンク, 目配せ.

pisca-pisca /ˌpiska'piska/ [[複] pisca(s)-piscas] [男]〖自動車〗ウインカー.

piscar /pis'kax/ ㉙ [他] ❶ (目を) まばたきする ▶ piscar os olhos まばたきする.
❷ ウィンクする, 目配せする ▶ Pisquei o olho ao meu colega. 私は同僚に目配せした.
— [自] ❶ まばたきする, ウィンクする ▶ piscar para alguém …にウィンクする. ❷ きらきら光る, 点滅する ▶ Os semáforos piscavam toda a noite. 信号が一晩中点滅していた.
— **piscar-se** [再] 互いに目配せする.
— [男] まばたき ▶ num piscar de olhos 一瞬のうちに.

piscicultura /pisikuw'tura/ [女] 養魚, 魚の養殖.

***piscina** /pi'sĩna ピスィーナ/ [女] (水泳用の) **プール** ▶ ir à piscina プールに行く / nadar na piscina プールで泳ぐ / piscina interior [coberta] 屋内 [室内] プール / piscina exterior 屋外プール / piscina olímpica オリンピックサイズプール / cair na piscina プールに落ちる, プールでひと泳ぎする.

piscoso, sa /pis'kozu, 'kɔza/ [形] 魚の多い, 魚の豊富な.

***piso** /'pizu ピーゾ/ [男] ❶ **床, 地面** ▶ Ele caiu no piso do elevador. 彼はエレベーターの床で転んだ / piso de madeira 木の床.
❷ **階** ▶ Eu moro no segundo piso deste prédio. 私はこのビルの 3 階に住んでいる.
piso mínimo 最低基準.
piso salarial 最低賃金.

pisotear /pizote'ax/ ⑩ [他] ❶ 踏みつぶす. ❷ 踏みにじる.

***pista** /'pista ピスタ/ [女] ❶ **跡, 足跡, 痕跡** ▶ seguir a pista de... …の跡をたどる.
❷ **手がかり, ヒント** ▶ procurar as pistas 手がかりを探す / dar uma pista ヒントを与える.
❸〖スポーツ〗**走路, トラック, レーン,** ゲレンデ ▶ pista de corrida トラック / pista ao ar livre 屋外トラック / pista coberta 室内トラック / pista de esqui スキーのゲレンデ / pista de patinação スケートリンク / pista de skate スケートボード場.
❹ ダンスフロア (= pista de dança).
❺ **滑走路** (= pista de pouso).
❻ (アスファルトで舗装された) **道路** ▶ pista de estrada 車道.
❼ **車線** ▶ a pista da direita 右車線 / pista dupla 二車線. ❽ (録音・記録用) トラック.
andar na pista de alguém …の足跡を辿る, …の足跡を追う.
dar na pista 逃げる.
fazer a pista 立ち去る, 逃げる.
perder a pista de alguém …の足跡を見失う, 消息がなくなる.
pista de rolamento ① 車道. ② 空港の誘導路.

pistache /pis'taʃi/ [男] ピスタチオ ▶ sorvete de pistache ピスタチオアイスクリーム.

pistola /pis'tɔla/ [女] ❶ ピストル, 拳銃 ▶ pistola de água 水鉄砲 / pistola de ar comprimido 空気銃. ❷ スプレーガン, 吹きつけ器.

pistolão /pisto'lẽw̃/ [[複] pistolões] [男] 引き, コネ ▶ ter pistolão コネがある.

pistoleiro /pisto'lejru/ [男] ガンマン, 殺し屋.

pistom /pis'tõ/ [[複] pistons] [男] ❶ ピストン. ❷ (金管楽器の) ピストン ; コルネット.

pitada /pi'tada/ [女] 一つまみの量, 少量 ▶ uma pitada de sal 一つまみの塩.

pitanga /pi'tẽga/ [女]〖果実〗ピタンガ, スリナムチェリー, ブラジリアンチェリー.

pitangueira /pitẽ'gejra/ [女]〖植物〗ピタンガの木.

pitar /pi'tax/ [他] (タバコを) 吸う.

P

— [自] タバコを吸う.
piteira /pi'tejra/ [女] (タバコの) パイプ, キセル.
pitéu /pi'tɛu/ [男] [話] ごちそう.
pito /'pitu/ [男] ❶ キセル, パイプ. ❷ 叱ること ▶ passar um pito 叱りつける / levar um pito 叱責される.
estar de pito aceso 興奮している, 落ち着かない.
pitonisa /pito'niza/ [女] 女占い師, 女予言師.
pitoresco, ca /pito'resku, ka/ [形] 絵になる, 趣のある ▶ paisagem pitoresca 絵になる風景.
pivete /pi'vɛtʃi/ [男] 物乞いや泥棒で暮らすストリートチルドレン.
pivô /pi'vo/ [男] ❶ 軸. ❷ 主因, 主な原因. ❸ 要になる選手.
pixaim /piʃa'ĩ/ [[複] pixains] [形] 《男女同形》 縮れ毛の ▶ cabelo pixaim 縮れ毛.
— [男] 縮れ毛.
pixote /pi'ʃɔtʃi/ [男] ❶ 子供. ❷ 初心者.
pizza /'pitsa/ [女] 〖料理〗 ピザ.
terminar em pizza お祭り騒ぎに終わる.
Tudo acaba em pizza. 大物は捕まらない, 権力者の捜査はいつもうやむやに終わる.
pizzaria /pitsa'ria/ [女] ピザ店.
*__placa__ /'plaka プラーカ/ [女] ❶ **板** ▶ placa de alumínio アルミ板.
❷ **プレート, 表札, 標識**; ナンバープレート ▶ placa da matrícula 車のナンバープレート / placa de sinalização 道路標識.
❸ 〖医学〗 歯垢.
❹ 〖地質〗 プレート ▶ placas tectônicas プレートテクトニクス.
❺ 〖情報〗 …カード ▶ placa de som サウンドカード / placa de vídeo ビデオカード.
placar /pla'kax/ [[複] placares] [男] ❶ スコアボード, 得点板. ❷ スコア, 得点 ▶ Quanto está o placar? スコアはいくつですか.
placenta /pla'sẽta/ [女] 〖解剖〗 胎盤.
placidez /plasi'des/ [[複] placidezes] [女] 穏やかさ, 平静, 平穏.
plácido, da /'plasidu, da/ [形] 穏やかな, 落ち着いた, 温和な.
plagiador, dora /plaʒia'dox, 'dora/ [[複] plagiadores, doras] [名] 剽窃(ひょうせつ)者, 盗作者.
plagiar /plaʒi'ax/ [他] 剽窃(ひょうせつ)する, 盗作する.
plágio /'plaʒiu/ [男] 剽窃(ひょうせつ), 盗作 ▶ evitar o plágio 剽窃を避ける.
plaina /'plajna/ [女] かんな.
plana /'plẽna/ [女] 等級, クラス ▶ de primeira plana 第一級の, 最高級の.
planador /plana'dox/ [[複] planadores] [男] グライダー.
planalto /pla'nawtu/ [男] 高地, 高原.
o Planalto プラナルト宮殿 (= o Palácio do Planalto. ブラジリアにあるブラジル大統領官邸).
planar /pla'nax/ [自] (グライダーが) 滑空する; (鳥が) 滑翔する.
plâncton /'plẽkton/ [[複] plânctons [B], plânctones [P]] [男] プランクトン.
planear /plɐni'ar/ ⑩ [他] [P] = planejar
planejador, dora /planeʒa'dox, 'dora/ [[複] planejadores, doras] [名] 企画者, 立案者, プランナー ▶ planejador financeiro ファイナンシャルプランナー.
planejamento /planeʒa'mẽtu/ [男] [B] 企画, 立案 ▶ planejamento familiar 家族計画 / planejamento urbano 都市計画.
*__planejar__ /plane'ʒax プラネジャーフ/ [他] [B] ❶ **設計する** ▶ planejar uma casa 家を設計する. ❷ **計画する, 企画する**, 企てる ▶ Os terroristas planejaram um ataque contra a embaixada. テロリストたちは大使館襲撃を企てた / O time planeja construir um novo estádio em breve. チームは近々新しい競技場を建設する計画である.
⁑**planeta** /pla'neta プラネータ/ [男] ❶ **惑星** ▶ planeta anão 準惑星 / de outro planeta 別世界の. ❷ 地球.
planetário, ria /plane'tariu, ria/ [形] ❶ 惑星の ▶ sistema planetário 惑星系. ❷ 世界的な, 地球規模の.
— **planetário** [男] プラネタリウム.
plangente /plẽ'ʒẽtʃi/ [形] 《男女同形》 泣き悲しむ.
planície /pla'nisi/ [女] 平野, 平原.
planificação /planifika'sɐ̃w̃/ [[複] planificações] [女] 計画化 ▶ planificação econômica 経済計画.
planificar /planifi'kax/ ㉙ [他] 計画化する ▶ planificar a economia 経済を計画化する.
planilha /pla'niʎa/ [女] ❶ 表計算ソフト (= planilha eletrônica). ❷ 書き込み用紙, 計算用紙.
⁂**plano, na** /'plẽnu, na プラーノ, ナ/ [形] **平らな, 平坦な** ▶ um terreno plano 平坦地.
— **plano** [男] ❶ **平面, 面** ▶ plano horizontal 水平面 / plano inclinado 斜面.
❷ **計画, 予定**, プラン ▶ elaborar um plano 計画を立てる / executar um plano 計画を実行する / plano econômico 経済計画 / plano de cinco anos 5か年計画 / plano piloto 基本計画, パイロットプラン / Quais são seus planos para as férias de verão? 夏休みのご予定はどうなっていますか / plano de saúde 健康保険プラン / plano B 代案 / plano de ação 行動計画 / plano de vendas 販売計画.
❸ **レベル, 水準**, 次元 ▶ no plano pessoal 個人レベルで / no plano técnico 技術面で.
❹ **設計図, 図面.**
❺ 〖映画〗 **カット, ショット** ▶ plano geral 全景 / grande plano クローズアップ / em grande plano アップで.
❻ (写真, 舞台, 絵画などの) **遠近, 景** ▶ em primeiro plano 前景に / pôr em primeiro plano 前面に出す, 重視する / em segundo plano 背景に / pôr em segundo plano 後回しにする.
de plano すぐに, 即座に.
⁂**planta** /'plẽta プランタ/ [女] ❶ **植物, 草木** ▶ plantas medicinais 薬用植物 / coleção de plantas 植物採集 / vaso de plantas 植木鉢 / planta dormente オジギソウ, 眠草.
❷ 足の裏 (= planta do pé).

P

plantação

❸ 平面図；地図 ▶ planta da casa 家の平面図 / planta da cidade 市街地図 / planta baixa 間取図, 平面図.

plantação /plẽta'sẽw/ [複 plantações] 囡 ❶ 植え付け, 植林. ❷ (植え付けられた) 作物. ❸ 栽培地, 大農園 ▶ plantação de café コーヒー農園.

plantão /plẽ'tẽw/ [複 plantões] 男 ❶ 当番, 当直 ▶ plantão noturno 夜の当番, 夜勤. ❷ 勤務時間 (表), 当直時間 (表).
de plantão 当番の ▶ médico de plantão 当直医 / farmácia de plantão 当直薬局.
entrar de plantão 夜なべして作業をする.
estar de plantão 勤務中である, 当番である.
ficar de plantão じっと待っている.

*__plantar__ /plẽ'tax/ プランターフ/ 他 ❶ 植える, 植え付ける ▶ plantar uma árvore 木を植える.
❷ 立てる, 設置する, 設立する ▶ plantar escolas 学校を設立する.
❸ …の種をまく ▶ plantar batatas ジャガイモの種をまく.
❹ 耕す ▶ plantar os campos de milho トウモロコシ畑を耕す.
❺ 扇 放つ ▶ plantar um soco 一発見舞う.
❻ 広める ▶ plantar os novos métodos 新しい方法を広める.
— **plantar-se** 再 根付く, 定着する ▶ O ódio plantou-se no seu coração. 憎しみが彼の心に根付いた.
ficar plantado しばらく動けなくなる.

plantel /plẽ'tɛw/ [複 plantéis] 男 ❶ 繁殖用の家畜. ❷ 一流選手たち.

plantio /plẽ'tʃiu/ 男 植え付けること, 栽培中.

plantonista /plẽto'nista/ 名 男 当番, 当直, 当直勤務者.

planura /pla'nura/ 囡 高原, 高地.

plaqueta /pla'keta/ 囡 ❶ 小さな金属板. ❷『解剖』血小板. ❸ 小冊子.

plasma /'plazma/ 男 ❶『物理』プラズマ. ❷ 血漿.

plasmar /plaz'max/ 他 ❶ 型に取る. ❷ 形成する, 形作る.
— **plasmar-se** 再 形成される.

plástica[1] /'plastʃika/ 囡 ❶ 美容整形手術 (= cirurgia plástica) ▶ fazer uma plástica 美容整形手術を受ける / uma plástica no nariz 鼻の整形手術 / uma plástica no rosto 顔のしわ取り.
❷ (体の) スタイル ▶ ter uma bela plástica スタイルがよい.
❸ 造形術.

plasticidade /plastʃisi'dadʒi/ 囡 可塑性, 柔軟性.

*__plástico, ca__[2] /'plastʃiku, ka/ プラスチコ, カ/ 形 ❶ 造形の ▶ Ele é um artista plástico famoso. 彼は有名な造形芸術家だ.
❷ 美容形成の ▶ cirurgião plástico 美容外科医.
❸ プラスチックの ▶ saco plástico ビニール袋.
— **plástico** 男 プラスチック, ビニールシート ▶ copos de plástico プラスチックのコップ.

plastificado, da /plastʃifi'kadu, da/ 形 パウチ加工した. ラミネート加工した.

plastificar /plastʃifi'kax/ 他 …にラミネート加工する.

plataforma /plata'fɔxma/ 囡 ❶ 高台, 台地 ▶ plataforma continental 大陸棚.
❷ 台, 壇 ▶ plataforma petrolífera 石油プラットフォーム, 石油リグ / plataforma de lançamento ロケット発射台.
❸ (駅の) プラットフォーム.
❹ (政党の) 綱領 ▶ plataforma do partido 党の綱領.
❺『情報』プラットフォーム.

plátano /'platanu/ 男『植物』プラタナス, スズカケノキ.

plateia /pla'tɛja/ 囡『演劇』平土間席, 1階前方の席；平土間の観客.
jogar para a plateia 受けを狙う, 喝采を求める.

platina /pla'tʃina/ 囡『化学』白金, プラチナ.

platinado, da /platʃi'nadu, da/ 形 ❶ 白金メッキの. ❷ プラチナブロンドの ▶ cabelos platinados プラチナブロンドの髪.

platinar /platʃi'nax/ 他 ❶ …を白金めっきする.
❷ …をプラチナブロンドに染める.

platô /pla'to/ 男 B 高原, 高台.

platónico, ca /plɐ'tɔniku, kɐ/ 形 P = platônico

platônico, ca /pla'toniku, ka/ 形 B プラトンの, プラトン哲学の, 観念的な ▶ amor platônico プラトニックラブ.

plausibilidade /plawzibili'dadʒi/ 囡 もっともらしさ, 納得できること, 容認できること.

plausível /plaw'zivew/ [複 plausíveis] 形《男女同形》もっともらしい, 容認できる, 納得できる.

plebe /'plɛbi/ 囡 庶民, 一般大衆.

plebeu, beia /ple'bew, 'bɛja/ 形 ❶ 庶民の. ❷ 粗末な. 粗悪な.
— 名 庶民, 平民.

plebiscito /plebi'situ/ 男 国民投票.

plectro /'plɛktru/ 男『音楽』ばち, つめ, ピック.

pleitear /plejte'ax/ 他 ❶ …を相手取って訴訟を起こす, …を訴える ▶ pleitear o governo 政府を相手取って訴訟を起こす.
❷ 弁護する, 擁護する ▶ Os moradores pleitearam a construção do novo prédio. 住民は新たな建物の建設を支持した.
❸ 獲得するために努力する ▶ pleitear uma colocação 就職口を得ようと努力する.
❹ 議論する, 論争する.
❺ 競う, 争う.
— 自 …と争う, 論争する [+ com].

pleito /'plejtu/ 男 ❶ 訴訟, 裁判, 係争. ❷ 選挙 (= pleito eleitoral). ❸ 論争, 議論.

plenamente /,plɛna'mẽtʃi/ 副 まったく, 完全に ▶ Eu concordo plenamente. 私はまったく賛成だ.

plenário, ria /ple'nariu, ria/ 形 全員出席の ▶ sessão plenária 本会議, 総会.
— **plenário** 男 全員, 総会.
— **plenária** 囡 本会議, 総会.

plenipotência /plenipo'tẽsia/ 囡 全権.

plenipotenciário, ria /plenipotẽsi'ariu, ria/

形 全権の, 全権を有する ▶embaixador extraordinário e plenipotenciário 特命全権大使.
plenitude /pleni'tudʒi/ 囡 十分, 完全, 充実, 充満 ▶a plenitude da vida 充実した人生.
em plenitude 全盛期の.
★**pleno, na** /'plēnu, na プレーノ, ナ/ 形 ❶ …に満ちた, …でいっぱいの [+ de] ▶Os alunos estavam plenos de alegria. 生徒たちは歓びでいっぱいだった.
❷ 全部の ▶plenos poderes 全権.
a pleno 完全に.
em pleno… …の最中に, 真ん中に ▶em pleno inverno 真冬に / em pleno verão 真夏に / em pleno mar はるか沖合に / em plena luz do dia 白昼に / em pleno voo 飛行中に / estar em plena forma 絶好調である.
pleonasmo /pleo'nazmu/ 男【修辞】冗語法 (同義の表現を繰り返し用いること).
pletora /ple'tɔra/ 囡 ❶【医学】多血症. ❷ 過剰, 過多.
plissado, da /pli'sadu, da/ 形 ひだのついた.
— **plissado** 男 ひだ, プリーツ.
plugado, da /plu'gadu, da/ 形 ❶【情報】接続された, つながれた ▶computador plugado na internet インターネットに接続されたコンピュータ.
❷ 流行に敏感な, 流行の先端を行く.
plugar /plu'gax/ 他【情報】接続する, つなぐ.
plugue /'plugi/ 男 プラグ.
pluma /'plūma/ 囡 羽毛, 羽根飾り.
plumagem /plu'maʒēj/ [複 plumagens] 囡《集合的》羽, 羽毛.
bater a linda plumagem 逃げる, 去る.
plúmbeo, bea /'plūbiu, bia/ 形 鉛の, 鉛色の, 重苦しい ▶céu plúmbeo 鉛色の空.
plural /plu'raw/ 男 [複 plurais] 形《男女同形》❶ 複数の (↔ singular) ▶forma plural 複数形. ❷ 多様な ▶sociedade plural 多様な社会.
— 男【文法】複数, 複数形 ▶Qual é o plural de gol? gol の複数形は何ですか / no plural 複数形で.
pluralidade /plurali'dadʒi/ 囡 ❶ 多様性, 複数性 ▶a pluralidade do mundo 世界の多様性. ❷ 多数, 大多数 ▶pluralidade de pessoas 多くの人々.
pluralismo /plura'lizmu/ 男 ❶ 多元論, 多元性. ❷ 複数制, 多党制.
plurianual /plurianu'aw/ [複 plurianuais] 形 (計画や予算などの) 数年にわたる, 複数年の.
Plutão /plu'tẽw/ 男 ❶【天文】冥王星. ❷【神話】プルトン.
plutocracia /plutokra'sia/ 囡 金権政治, 金権支配.
plutônio /plu'tɔniu/ 男【化学】プルトニウム.
pluvial /pluvi'aw/ [複 pluviais] 形《男女同形》▶água pluvial 雨水 / erosão pluvial 雨による浸食.
PM《略語》囝 Polícia Militar 軍警察.
pneu /'pinew/ 男 (pneumático の略) タイヤ ▶pneu furado パンクしたタイヤ / pneu sobressalente スペアタイヤ.

pneumático, ca /pinew'matʃiku, ka/ 形 空気の, 圧縮空気で作動する.
— **pneumático** 男 タイヤ.
pneumonia /pinewmo'nia/ 囡【医学】肺炎 ▶pegar uma pneumonia 肺炎になる.
★**pó** /'pɔ ポ/ 男 ❶ ちり, ほこり ▶tirar o pó ほこりを掃除する / cheio de pó ほこりまみれになった.
❷ 粉, 粉末 ▶leite em pó 粉ミルク / sabão em pó 粉末洗剤 / café em pó ひいたコーヒー豆 / pó de arroz 白粉 / reduzir a pó 粉砕する.
❸ コカイン.
morder o pó 戦死する, 失敗する.
reduzir a pó 粉砕する, 完全に破壊する, 全滅させる.
virar pó 粉々になる, 消える.
pô /po/ 囡 間 圖 = porra.
★★★**pobre** /'pɔbri ポブリ/ 男《男女同形》❶《名詞＋ pobre》貧しい, 貧乏な (↔ rico) ▶família pobre 貧しい家庭 / países pobres 貧困国.
❷《pobre ＋名詞》かわいそうな, 哀れな, 気の毒な ▶pobre mulher 哀れな女性 / pobre menina rica 裕福だが不幸な女の子.
❸ …に乏しい, …が不足している [+ em] ▶uma dieta pobre em vitaminas ビタミンが不足した食事.
❹ 貧相な, 貧弱な ▶terra pobre やせた土地.
— 名 ❶ 貧しい人 ▶os ricos e os pobres 金持ちと貧乏人 / Quem dá aos pobres, empresta a Deus. 諺 (貧しい人に施す者は神に貸しがある→) 情けは人のためならず.
pobre de espírito 心の貧しい人.
Pobre de mim! ああ情けない.
pobre homem ① 哀れな人, 気の毒な人. ② 無害な人.
pobre-diabo /ˌpɔbridʒia'abu/ [複 pobres-diabos] 男 つまらない人物, かわいそうなやつ.
pobretão, tona /pobre'tẽw, 'tōna/ [複 pobretões, tonas] 名 貧困者.
★**pobreza** /po'breza ポブレーザ/ 囡 ❶ 貧乏, 貧困 ▶viver na pobreza 貧乏生活を送る / cair na pobreza 貧困に陥る.
❷ 貧しい人々, 貧困層.
❸ 不足, 欠乏 ▶pobreza intelectual 知的貧困 / pobreza de ideias アイディアの乏しさ.
poça /'pɔsa/ 囡 水たまり.
poção /po'sẽw/ [複 poções] 囡 ❶ 水薬. ❷ 飲み物.
pochê /po'ʃe/ 形 落とし卵の ▶ovo pochê 落とし卵.
pocilga /po'siwga/ 囡 ❶ 豚小屋. ❷ 不潔な家 [場所].
★**poço** /'posu ポーソ/ 男 [複《/'posus/》] ❶ 井戸 ▶cavar um poço 井戸を掘る / poço de petróleo 油井 / poço sem fundo 底なし井戸.
❷ poço do elevador エレベーターの昇降路, シャフト.
❸ (無尽蔵の) 源泉 ▶poço de sabedoria 知識の宝庫.
poço de ar エアポケット.
poda /'pɔda/ 囡 (木の) 剪定 ; 剪定の時期.

podar

podar /po'dax/ 他 ❶ (木を) 剪定する. ❷ 切り詰める, 削除する.
pôde 活用 ⇒ poder
pó de arroz /ˌpodʒia'xos/ [複 pós de arroz] 男 おしろい.

***poder** /po'dex/ ポデーフ/ ㊸

直説法現在	posso	podemos
	podes	podeis
	pode	podem
過去	pude	pudemos
	pudeste	pudestes
	pôde	puderam
接続法現在	possa	possamos
	possas	possais
	possa	possam

他《poder + 不定詞》❶《(状況的に)》…できる, …することが可能である ▶ Pode ouvir o que eu digo? 私の言うことが聞こえますか / Não posso acreditar. 私には信じられない / É uma pena eu não poder estar presente. 出席できなくて残念です.
❷《許可, 権利》…してもよい, …することが許される ▶ Posso entrar? 入ってよろしいですか / Posso me sentar aqui? ここに座ってもいいですか / Poderia usar o telefone? 電話をお借りできますか.
❸《推測, 可能性》…かもしれない, …でありうる ▶ Pode ser que sim, pode ser que não. そうかもしれない, そうではないかもしれない / Pode acontecer a qualquer um. それは誰に起きてもおかしくない.
❹《指示, 依頼》…してくれますか ▶ Pode levar estes embrulhos para o gabinete? これらの包みを執務室に持って行ってください / Poderia tirar dez cópias deste documento? この書類を10枚コピーしてくれますか / Você poderia me dizer as horas? 今何時か教えていただけますか (Poderia...? の方が Pode...? より丁寧).
— 自 ❶ …可能である, 可能性がある ▶ Querer é poder. 精神一到何事か成らざらん / Respondi como pude. 私は精いっぱい答えた / ver quem pode mais 優位性を競う, 争う.
❷ …に耐える, …を支配する, 制御する [+ com] ▶ A criança não podia com o peso. 子供にはその重さは無理だ / Ninguém pode com essa criança. その子供には誰の手にも負えない.
— **poder-se** 再《(Pode-se + 不定詞)》(一般に) …できる ▶ Não se pode fumar aqui. ここでたばこを吸ってはいけない.
— 男 [複 poderes] ❶ 権力, 政権, 政府当局 ▶ chegar ao poder 権力の座に着く / tomar o poder 権力を得る / estar no poder 権力の座にある / poder político 政治権力 / poder público 公権力 / poder executivo 行政権 / poder judicial 司法権 / poder legislativo 立法権 / poderes constituídos 三権 / plenos poderes 全権.
❷ 力, 権力 ▶ poder militar 戦力 / poder econômico 経済力 / poder de compra 購買力 / poder mágico 魔力 / poder das vitaminas ビタミンの効用.
❸ 影響力, 支配力 ▶ cair em poder de... …の支配下にはいる / Ele está em meu poder. 彼は私の思いのままだ.
❹ 多量, 豊富 ▶ Um poder de bombas caindo sobre a cidade indefesa 無防備な都市に降る多量の爆弾.
a mais não poder 限界まで, 思い切り.
a poder de... …によって, …の力で.
até mais não poder 限界まで, 思い切り.
até não poder mais 限界まで, 思い切り ▶ rir até não poder mais 思い切り笑う.
Não pode ser. そんなはずがない.
Pode ser. もしかしたら, 多分.
Pode ser que + 接続法 もしかしたら…かもしれない ▶ Pode ser que ele seja tímido. もしかしたら彼は内気なのかもしれない.
Pudera! 道理で, なるほど.
Vê se pode! ありえない.

> **コラム** 「…できる」を表す poder, saber, conseguir
>
> poder + 不定詞 は「(ある状況で) …することができる」という意味を表す.
> Como posso saber se meu computador tem vírus? どうすれば私のコンピューターがウイルスに感染しているかわかりますか.
> Não posso viver sem ela. 私は彼女なしでは生きられない.
> saber + 不定詞 は「…する能力がある, …する術を知っている」という意味を表す.
> Eu sei tocar piano. 私はピアノが弾ける.
> Eu sei nadar. 私は泳げる.
> Eu não sei falar inglês. 私は英語を話せない.
> conseguir + 不定詞 は「(努力して) …できる」という意味である.
> Como eu consegui emagrecer? 私はどのようにして痩せることができたか.

poderio /pode'riu/ 男 権力, 勢力, 影響力 ▶ poderio militar americano アメリカの軍事力.
***poderoso, sa** /pode'rozu, 'rɔza/ ポデローゾ, ザ/ 形 ❶ 支配的な ▶ São Paulo possui uma economia poderosa. サンパウロは支配的な経済力を有している.
❷ 有力な, 権力のある ▶ poderosa nobreza do século passado 前世紀の権力ある貴族.
❸ 強力な ▶ antibiótico poderoso 強い抗生物質.
— **poderosos** 男複 権力者たち.
pódio /'pɔdʒiu/ 男 表彰台, 指揮台.
chegar ao pódio ① 表彰台に立つ. ② ある仕事を十分にやりとげる.
podre /'podri/ 形《男女同形》❶ 腐った ▶ maçã podre 腐ったリンゴ. ❷ 悪臭のする.
❸ 堕落した, 腐敗した ▶ uma sociedade podre 堕落した社会.

❹ 疲れ果てた▶Eu estou podre, alguém me ajuda? 私は疲れ果てている．誰か助けて．
❺《podre de ＋形容詞》とても…な▶ser podre de rico 大金持ちである．
— 男 ❶ 腐った部分▶cheirar a podre 腐った臭いがする．
❷《podres》欠点，欠陥．
cair de podre 自滅する．
descobrir os podres de alguém 人の弱点を見つける．
estar podre de sono 眠くてたまらない．

podridão /podri'dẽw/ [複 podridões] 女 腐敗，堕落．

põe 活用 ⇒ pôr

poedeira /poe'dejra/ 形《鶏が》卵をたくさん産む▶galinha poedeira 卵をたくさん産む雌鶏．
— 女 卵をたくさん産む雌鶏．

***poeira** /po'ejra/ ポエィラ 女 ほこり，ちり▶capa de poeira ダストカバー / poeira cósmica 宇宙塵 / sacudir a poeira ちりを払う．
deixar a poeira baixar 騒ぎが収まるのを待つ．
ficar na poeira 後塵を拝する．
jogar poeira nos olhos de alguém …をあざむく，目をくらます．
lamber a poeira 地に伏せる，落ちる．
levantar poeira 騒ぐ，騒動を起こす．
quando a poeira baixar 騒ぎが収まったときに．
sacudir a poeira e dar a volta por cima くじけることなく再挑戦する．

poeirento, ta /poej'rẽtu, ta/ 形 ❶ ほこりをかぶった．❷ 古色蒼然とした．

põem 活用 ⇒ pôr

***poema** /po'ema/ ポエーマ 男 詩▶escrever um poema 詩を書く / compor um poema 詩を作る / poema de amor 恋愛詩 / poema lírico 抒情詩 / poema épico 叙事詩 / poema em prosa 散文詩 / poema sinfônico 交響詩．

poente /po'ẽtʃi/ 形《男女同形》《日が》沈む▶sol poente 落日．
— 男 西，日没．

***poesia** /poe'zia/ ポエズィーア 女 ❶《文学ジャンルとしての》詩，韻文▶ler poesia 詩を読む / poesia épica 叙事詩 / poesia lírica 叙情詩．
❷ 詩情，詩的な美しさ▶poesia da natureza 自然の詩．

***poeta** /po'ɛta/ ポエータ 男 詩人▶poeta lírico 叙情詩人．

poética[1] /po'ɛtʃika/ 女 詩学，詩論．

poético, ca[2] /po'ɛtʃiku, ka/ 形 詩の，詩的な，詩情のある▶obras poéticas 詩作品 / arte poética 詩法 / imaginação poética 詩的想像力．

poetisa /poe'tʃiza/ 女 女性詩人．

poetizar /poetʃi'zax/ 自 詩作する．— 他 詩的にする，美化する．

*****pois** /'pojs/ ポィス 接 ❶《文の初めで》それなら，それでは▶Você não quer ir? Pois eu vou sozinho. あなたは行きたくないのですか．では私は一人で行きます．
❷《理由》なぜなら，…というのは▶Ele não comeu nada pois estava se sentindo mal. 彼は具合が悪かったので何にも食べなかった / Não tenha pressa, pois o senhor tem suficiente tempo. あわてないでください，時間は十分にありますから．
❸《文の途中で》そのため，したがって▶Ele foi traído. Não quer, pois, casar-se mais. 彼は裏切られた．したがってもう結婚したくない．
❹ しかしながら▶Ele é muito rico, pois não gasta à toa. 彼はとても裕福だ．しかし無駄遣いはしない．
Pois bem! よろしい▶Pois bem! Vamos jantar naquela pizzaria. それじゃ，あのピザ店で夕食しましょう．
Pois é. そうです，その通りです▶Pois é! Esse caso é uma vergonha. おっしゃる通りです．例の件はまったくみっともない話です．
pois então それでは，それならば▶Pois então, vista-se rápido e vamos sair. それでは，早く着替えて出かけよう．
Pois não. ① もちろんです▶— Posso entrar? — Pois não, fique à vontade. 「入っていいですか」「もちろんです，楽にしてください」．② B《客に対して》かしこまりました，承知いたしました▶— Poderia me mostrar esse artigo? — Pois não. 「この商品を見せてくれませんか」「かしこまりました」．
Pois não! とんでもない▶Você quer sair com aquele malandro? Pois não! 君はあの悪党と出かけたいの？とんでもない．
Pois não? B《客に対して》いらっしゃいませ，何をお探しですか．
pois que ＋直説法 …なのだから▶Pois que você também concordou. あなたも賛成したのだから．
Pois quê! だって．
Pois sim! ①《同意》よろしい，そうだとも▶Querem minha aprovação? Pois sim! Com satisfação! 私の承諾が必要なんでしょう．よろしい，喜んで．②《疑心》そんな，まさか，どうかな．

polainas /po'lajnas/ 女 ゲートル，ショートブーツ，レッグウォーマー．

polar /po'lax/ [複 polares] 形《男女同形》極の，極地の▶Estrela Polar 北極星 / Círculo Polar Ártico 北極圏 / região polar 極圏．
— 男 北極星．

polaridade /polari'dadʒi/ 女《電気》極性．

polarização /polariza'sẽw/ [複 polarizações] 女 ❶ 分極化．❷《物理》偏光；分極．

polarizar /polari'zax/ 他 ❶《人の注意を》引きつける，集める．❷ 分極化させる．❸《物理》偏光させる．
— **polarizar-se** 再 分極化する．

polegada /pole'gada/ 女《長さの単位》インチ▶uma tela de 32 polegadas 32インチのテレビ．

polegar /pole'gax/ [複 polegares] 形《男女同形》親指の▶dedo polegar 親指．
— 男 親指．

poleiro /po'lejru/ 男 ❶《鳥の》止まり木．❷ B 天井桟敷．

polémica /pu'lɛmike/ 女 P ＝ polêmica

***polêmica** /po'lẽmika/ ポレーミカ 女 B 論争，論戦▶polêmica política 政治論戦 / causar [gerar] polêmica 論争を引き起こす / polêmica em rela-

polémico, ca

ção ao aborto 妊娠中絶を巡る論争.
polémico, ca /pu'lɛmiku, kɐ/ 形 P = polêmico
polêmico, ca /po'lẽmiku, ka/ 形 B 論争を引き起こす▶assunto polêmico 議論を呼ぶ問題.
polemista /pole'mista/ 名 論客, 論争者.
— 形《男女同形》論争する；論争好きな.
polemizar /polemi'zax/ 自 論議する, 論争する.
pólen /'polẽ/ 男 花粉.
polia /po'lia/ 女 滑車▶polia fixa 定滑車 / polia móvel 動滑車.
polichinelo /poliʃi'nɛlu/ 男 プルチネッラ（イタリア笑劇の道化役）.
  segredo de polichinelo 公然の秘密.
☆☆polícia /po'lisia ポリスィア/ 女 警察▶chamar a polícia 警察を呼ぶ / Polícia Federal 連邦警察 / Polícia Rodoviária Federal 連邦交通警察 / Polícia Estadual 州警察 / polícia civil 文民警察 / polícia militar 軍警察 / polícia judiciária 司法警察 / polícia marítima 海上警察 / esquadra da polícia 警察署 / agente da polícia 警察官 / polícia de choque 機動隊 / polícia de trânsito 交通巡査 / polícia política 政治警察 / polícia secreta 秘密警察.
— 名 警官▶polícia à paisana 私服警官.
☆policial /polisi'aw ポリスィアウ/ [複 policiais] 形《男女同形》形 警察の▶inquérito policial 警察の取り調べ / investigação policial 警察の捜査 / romance policial 推理小説.
— 名 警官, 警察人.
policiamento /polisia'mẽtu/ 男 警察の取り締まり, 警備▶O policiamento foi reforçado na cidade durante o feriado. 祭日の間, 市内で警察の取り締まりが強化された.
policiar /polisi'ax/ 他 ❶ 取り締まる, 警備する▶policiar o evento イベントを取り締まる.
❷ 見張る, 監視する. ❸ 文明化する. ❹ 抑制する.
— **policiar-se** 再 自制する▶Ela policiava-se para não beber muito. 彼女は飲みすぎないように自制していた.
policlínica /poli'klinika/ 女 総合病院.
policromo, ma /poli'krõmu, ma/ 形 多色の.
policultura /polikuw'tura/ 女 (種々の作物の) 同時栽培.
polidez /poli'des/ [複 polidezes] 女 ❶ なめらかさ. ❷ 礼儀正しさ.
polido, da /po'lidu, da/ 形 ❶ 磨かれた, つやのある. ❷ 礼儀正しい, 丁寧な.
poliéster /poli'ɛstex/ 男《化学》ポリエステル.
polietileno /polietʃi'lẽnu/ 男《化学》ポリエチレン.
polifonia /polifo'nia/ 女《音楽》多声音楽, ポリフォニー.
polifónico, ca /poli'fɔniku, kɐ/ 形 P = polifônico
polifônico, ca /poli'fõniku, ka/ 形 B《音楽》多声音楽の, ポリフォニーの.
poligamia /poliga'mia/ 女 一夫多妻（制）；一妻多夫（制）.
polígamo, ma /po'ligamu, ma/ 形 一夫多妻の；一妻多夫の.
poliglota /poli'glɔta/ 形《男女同形》❶ 多言語に通じた. ❷ 多言語で書かれた.
— 名 多言語に通じた人.
poligonal /poligo'naw/ [複 poligonais] 形《男女同形》多角形の.
polígono /po'ligonu/ 男 多角形, 多辺形.
polimento /poli'mẽtu/ 男 ❶ 研磨, 磨くこと. ❷ つや, 光沢▶dar polimento nos dentes 歯をぴかぴかにする. ❸ 洗練, 礼儀正しさ.
polinização /poliniza'sẽw/ [複 polinizações] 女《植物》受粉, 授粉.
pólio /'poliu/ 女《医学》ポリオ.
pólipo /'pɔlipu/ 男《医学》ポリープ.
polir /po'lix/ 64 他 ❶ 磨く, つやを出す▶polir sapatos 靴を磨く. ❷ 磨きをかける, 練る▶O orador tentou polir o discurso com citações famosas. 演説者は名文を引用して演説に磨きをかけようと努力した.
polissílabo, ba /poli'silabu, ba/ 形 多音節の.
— **polissílabo** 男 多音節語.
politécnica[1] /poli'tɛkinika/ 女 理工科学校.
politécnico, ca[2] /poli'tɛkiniku, ka/ 形 理工科の, 応用科学の▶escola politécnica 理工科学校.
politeísmo /polite'izmu/ 男 多神教, 多神論.
politeísta /polite'ista/ 形《男女同形》多神教の, 多神論の.
— 名 多神教信者, 多神論者.
☆☆política[1] /po'litʃika ポリチカ/ 女 ❶ 政治, 政治活動▶política internacional 国際政治 / falar de política 政治の話をする / fazer política 政治活動をする / discutir política 政治論議をする / entrar para a política 政治の世界に入る.
❷ 政策▶política externa do Brasil ブラジルの外交政策 / política econômica 経済政策 / política linguística 言語政策.
❸ 策略, 手腕▶Você deve ter uma boa política para resolver este problema. この問題を解決するためには巧みな策略が必要だ.
má política まずいやり方.
politicagem /politʃi'kaʒēj/ [複 politicagens] 女 ❶ 私利私欲の政治, 利権政治. ❷ 利権政治家たち.
politicamente /po‚litʃika'mẽtʃi/ 副 政治的に▶politicamente correto 政治的に正しい, 差別や偏見を含まない / politicamente incorreto 政治的に正しくない, 差別や偏見を含む.
☆político, ca[2] /po'litʃiku, ka ポリチコ, カ/ 形 ❶ 政治の, 政治的な▶partido político 政党 / reforma política 政治改革 / situação política 政治情勢 / refugiado político 政治亡命者.
❷ 抜け目のない, 駆け引き巧みな▶O presidente foi político ao conduzir a reunião. 社長はそつなく会議を進行した.
— 名 ❶ 政治家▶Ele é um famoso político. 彼は有名な政治家だ. ❷ 抜け目のない人.
politizar /politʃi'zax/ 他 ❶ …の政治意識を高める. ❷ 政治問題化する.
— **politizar-se** 再 政治意識を持つ.

polivalente /poliva'lẽtʃi/ 形《男女同形》❶ 複数の機能を持つ, 多目的の.
❷ (人が) 多様な能力 [資格] を持つ ▶ um professor polivalente 複数教科兼任教師.
❸《化学》《医学》多価の.

*__polo__ /'polu ポーロ/ 男 ❶ (地球の) 極；極地 ▶ Polo Norte 北極 / Polo Sul 南極.
❷《物理》(電気や磁石の) 極 ▶ polo positivo 陽極 / polo negativo 陰極 / polo magnético 磁極.
❸ (活動や関心の) 中心, 拠点, 核；ⓅⒹ(大学の) 分校 ▶ polo universitário 大学拠点キャンパス / polo de desenvolvimento econômico 経済発展の中心.
❹ (物事の) 対極, 正反対.
❺《スポーツ》ポロ ▶ polo aquático 水球.
❻ ポロシャツ.

polpa /'powpa/ 女 ❶ 果肉. ❷《解剖》髄, 髄質 ▶ polpa dentária 歯髄. ❸ (製紙用の) パルプ ▶ polpa de papel 紙パルプ. ❹ 重要さ.

polpudo, da /pow'pudu, da/ 形 ❶ 果肉の多い. ❷ 利益の多い, 収益性の高い. ❸ 量の多い.

poltrona /pow'trõna/ 女 ひじかけいす.

poluente /polu'ẽtʃi/ 男 汚染物質.
— 形《男女同形》汚染性の.

*__poluição__ /poluj'sẽw ポルイサォン/ [複 poluições] 女 汚染, 公害 ▶ poluição atmosférica 大気汚染 / poluição marítima 海洋汚染 / poluição de água 水質汚染 / poluição sonora 騒音公害 / medidas contra a poluição 汚染対策.

poluir /polu'ix/ 他 ❶ 汚染する, 汚す ▶ poluir o ambiente 環境を汚染する. ❷ けがす, 冒瀆する.
— **poluir-se** 再 自分の名をけがす.

polvilhar /powvi'ʎax/ 他 …に (粉を) まぶす, 振りかける ▶ polvilhar açúcar 砂糖をまぶす / polvilhar o bolo com açúcar ケーキに砂糖をまぶす.

polvilho /pow'viʎu/ 男 ❶ 粉, 粉末. ❷ タピオカ [キャッサバ] の粉 ▶ biscoitos de polvilho タピオカビスケット.

polvo /'powvu/ 男《動物》タコ.

pólvora /'powvora/ 女 火薬, 爆薬 ▶ barril de pólvora 火薬の樽；戦火の絶えない地域.
descobrir a pólvora (すでに分かっていることに) 無駄な時間を費やす.

polvorosa /powvo'rɔza/ 女《次の成句で》
em polvorosa ① 差し迫って. ② 混乱して ▶ Estou em polvorosa com a apresentação do meu irmão. 私は弟の外見に戸惑っている.
pôr em polvorosa 混乱させる ▶ O grande concerto pôs toda a cidade em polvorosa. 大きなコンサートのために町全体が大騒ぎになった.

pomada /po'mada/ 女 軟膏.

pomar /po'max/ [複 pomares] 男 果樹園.

pomba /'põba/ 女《鳥》雌のハト ▶ a pomba da paz 平和のハト.

pombal /põ'baw/ [複 pombais] 男 ❶ 鳩小屋, 鳩舎. ❷ Ⓑ 狭苦しい家.

pombo /'põbu/ 男《鳥》ハト, 雄のハト.

pombo-correio /põbuko'xeju/ [複 pombos-correio(s)] 男 伝書バト.

pomo /'põmu/ 男 リンゴ.

pomo de Adão のど仏.
pomo da discórdia 紛争の火種, 不和の原因.

pomos 活用 ⇒ pôr

pompa /'põpa/ 女 壮麗さ, 華麗さ, 華やかさ ▶ com pompa e circunstância 威風堂々と.

pompom /põ'põ/ [複 pompons] 男 ❶ 玉房, ポンポン. ❷ (化粧の) パフ.

pomposo, sa /põ'pozu, 'pɔza/ 形 ❶ 華麗な, 華やかな, 豪華な. ❷ もったいぶった, 美辞麗句を並べた.

ponche /'põʃi/ 男 パンチ, ポンチ ▶ ponche de frutas フルーツポンチ.

poncheira /põ'ʃejra/ 女 ポンチの容器.

poncho /'põʃu/ 男《服飾》ポンチョ.
passar por baixo do poncho こっそり持ち運ぶ, 密輸する.

ponderação /põdera'sẽw/ [複 ponderações] 女 ❶ 熟考, 熟慮, 思索. ❷ 思慮分別, 慎重 ▶ agir com ponderação 慎重に行動する. ❸ 重要さ.

ponderado, da /põde'radu, da/ 形 慎重な, 分別ある.

ponderar /põde'rax/ 他 ❶ 慎重に検討する；じっくり考える ▶ ponderar as vantagens e as desvantagens メリットとデメリットを検討する.
❷ 主張する；弁解する ▶ Ponderei os motivos da minha decisão. 私は自らの決意の訳を述べた.
❸ 考慮する ▶ O governo prometeu ponderar as nossas sugestões. 政府は我々の提案を考慮に入れることを約束した.
— 自 …について熟考する [+ em/ sobre].

pônei /'ponej/ 男 Ⓟ = pônei
pônei /'põnej/ 男 Ⓑ 子馬, ポニー.

ponha 活用 ⇒ pôr
ponho 活用 ⇒ pôr

*__ponta__ /'põta ポンタ/ 女 ❶ 先端, 先, 端 ▶ ponta da agulha 針の先 / ponta do nariz 鼻の頭 / ponta da faca ナイフの先 / ponta da língua 舌の先 / ponta dos dedos 指先 / ponta do sapato 靴のつま先 / ponta da corda ロープの端 / ponta de cigarro 吸いがら / ponta do iceberg 氷山の一角 / na outra ponta da mesa テーブルの反対の角に / pontas quebradas 枝毛.
❷ 端役, エキストラ ▶ Fez uma ponta na peça do famoso diretor. 彼は有名な監督の演劇作品で端役を演じた.
❸《サッカー》ウイング.
❹ 少し, 少量 ▶ uma ponta de ciúme わずかな嫉妬心 / uma ponta de tristeza 少しの悲しみ.
❺ 岬.
— 名《サッカー》ウイングの選手.

aguentar [segurar] as pontas 我慢する, 耐える.
andar na ponta 着飾る, おめかしする.
de ponta 先端の ▶ tecnologia de ponta 先端技術.
de ponta a ponta 端から端まで, 初めから終わりまで.
de uma ponta a outra 端から端まで, 初めから終わりまで.
estar na ponta 先端を行く.

na ponta da língua 熟知している, 喉まで出かかっている.
na ponta do lápis 鉛筆で書かれた［描かれた］.
na ponta dos dedos 用心深くなされる.
na ponta dos pés つま先で, 忍び足で ▶A mãe saiu do quarto na ponta dos pés porque o bebê dormiu. 赤ちゃんが寝たので, 母親はそっと部屋から出た / ficar na ponta dos pés 爪先で立つ.
ponta de estoque アウトレット.
ponta dos trilhos 終着駅.
segurar as pontas ① 注意する, 気をつける. ② 孤軍奮闘する.
unir as pontas つじつまを合わせる.

ponta-cabeça /ˌpõtaka'besa/ [女]《次の成句で》
de ponta-cabeça さかさまになって ▶cair de ponta-cabeça 頭から落ちる.

pontada /põ'tada/ [女] ❶ 先のとがったもので突くこと. ❷ 刺したような痛み.

ponta de lança /ˌpõtadʒi'lẽsa/ ［[複] pontas de lança］[名]〖サッカー〗センターフォーワード.

ponta-direita /ˌpõtadʒi'rejta/ ［[複] pontas-direitas］[名]〖サッカー〗ライトウイング.

ponta-esquerda /ˌpõtais'kexda/ ［[複] pontas-esquerdas］[名]〖サッカー〗レフトウイング.

pontal /põ'taw/ ［[複] pontais］[男] 岬.

***pontapé** /põta'pɛ ポンタペ/ [男] ❶ **蹴ること, 蹴り** ▶dar um pontapé em... …を蹴る / levar um pontapé 蹴られる.
❷〖サッカー〗**キック** ▶pontapé inicial キックオフ / pontapé de baliza ゴールキック / pontapé de canto [P] コーナーキック / pontapé de bicicleta バイシクルキック.

pontaria /põta'ria/ [女] 狙い, 照準 ▶fazer pontaria 狙いを定める / ter boa pontaria コントロールがよい / ter mau pontaria コントロールが悪い.

*****ponte** /'põtʃi ポンチ/ [女] ❶ **橋** ▶atravessar a ponte 橋を渡る / construir uma ponte no rio 川に橋を架ける / ponte levadiça 跳ね橋 / morar debaixo da ponte 橋の下で暮らす, ホームレス生活をする.
❷〖歯学〗ブリッジ. ❸ 懸け橋 ▶Ela quer ser a ponte entre as duas culturas. 彼女は両文化間の架け橋になりたがっている.
ponte aérea シャトル便.

pontear /põte'ax/ ⑩ [他] ❶ …に点を打つ. ❷ (弦楽器を) 爪弾く, 弾く ▶pontear uma viola ギターを弾く.

ponteiro /põ'tejru/ [男] ❶ 時計の針 ▶ponteiro dos segundos 秒針 / ponteiro dos minutos 分針 / ponteiro das horas 時針 / acertar os ponteiros 時計を合わせる. ❷ (計器類の) 針, メーター.
❸〖情報〗カーソル, ポインター.
❹〖サッカー〗ウィング.
❺ (石工用の) のみ, たがね.
❻ (弦楽器の) ばち.

pontiagudo, da /põtʃia'gudu, da/ [形] 先端のとがった.

pontificado /põtʃifi'kadu/ [男]〖カトリック〗教皇の位, 教皇の在任期間.

pontificar /põtʃifi'kax/ ㉙ [自] 尊大な態度を示す, 偉そうに話す［書く］▶O professor pontificou com sabedoria. 先生は学識を持って厳かに教えた.

pontífice /põ'tʃifisi/ [男]〖カトリック〗教皇；大司教, 司教 ▶Pontífice Romano = Romano Pontífice ローマ教皇.

pontilhar /põtʃi'ʎax/ [他] …に点を打つ, …を点で描く ▶alfabeto pontilhado 点線で書いたアルファベット.

pontinha /põ'tʃĩɲa/ [女] ❶ 一つまみ, 少量 ▶uma pontinha de dúvida 若干の疑念. ❷ 争い, もめごと.
da pontinha (da orelha) とてもいい…(耳たぶの端を指でつまみながら言う).

*****ponto** /'põtu ポント/ [男] ❶ **点**, 点状のもの；(i や j の) 点 ▶pontos pretos 黒い点 / ligar os pontos 点を結ぶ.
❷ **終止符**, ピリオド (.)；(点を伴った) 符号 ▶ponto final 終止符 / colocar um ponto final em …に終止符を打つ / E ponto final! 以上, これまで / ponto de interrogação 疑問符 / ponto de exclamação 感嘆符.
❸〖情報〗ドット ▶ponto com ドットコム.
❹ **地点, 箇所** ▶ponto de partida 出発点 / ponto de chegada 到着点 / ponto de parada 停留所 / ponto de táxi タクシー乗り場 / ponto de ônibus バス乗り場 / ponto turístico 観光名所 / ponto de contato 接点 / Em que ponto lhe dói? どこが痛みますか / O Japão está cercado pelo mar nos quarto pontos cardeais. 日本は四方を海に囲まれている.
❺ …な点, **問題点, 論点**；要点, 項目 ▶É preciso esclarecer este ponto. この点を明確にする必要がある / Tenho dúvidas quanto a esse ponto. 私はその点に関して疑問がある / Não é esse o ponto em discussão. 論点はそれではない / O ponto é lutar, lutar até vencer. 要は戦うこと, 勝つまで戦うこと / ponto em comum 共通点 / ponto semelhante 類似点 / ponto de vista 見地 / do ponto de vista de... …という観点からすると / do ponto de vista científico 科学的見地からすると / deste ponto de vista この見地からすると / nesse ponto その点では / ponto forte 長所 / ponto fraco 弱点.
❻ 段階, 程度 ▶até certo ponto ある点まで / até que ponto どの程度まで.
❼ 点数, 得点 ▶marcar ［ganhar］ pontos 得点する / Neste jogo o ás vale 15 pontos. このゲームではエースは15点だ.
❽ 縫い目, 編み目, ステッチ.
❾〖化学〗境界点 (温度) ▶ponto de fusão 融点 / ponto de ebulição 沸点.
❿〖印刷〗ポイント (活字の大きさの単位).
⓫ 出勤簿, 出席簿, タイムレコーダー ▶livro de ponto 出勤簿, 出席簿 / assinar o ponto 出勤簿にサインする / relógio de ponto タイムレコーダー / bater o ponto タイムレコーダーをうつ
Aí é que bate o ponto! それが問題だ, それがポイントだ.
ao ponto ちょうどの, 適度の；(ステーキが) ミディアムの ▶bife ao ponto ミディアムのステーキ.

[P]

a ponto que +直説法 …するほどに.
a tal ponto que +直説法 …するほどまでに…だ.
de ponto em branco 入念に.
em ponto ぴったりに, ちょうどに ▶Ele veio às seis horas em ponto. 彼はぴったり6時に来た.
em ponto de bala 備えのできた, 準備万端な.
entregar os pontos 敗北を認める.
estar a ponto de +不定詞 まさに…しようとしている, ほとんど…しかかっている ▶Ele estava a ponto de desistir. 彼はあきらめかけていた.
estar no ponto 準備ができている.
fazer ponto em... …に通う ▶O homem fazia ponto no bar da esquina. その男は角のバーに通っていた.
ir ao ponto de +不定詞 ① …する能力がある. ② …する能力があるふりをする.
não dar ponto sem nó ① 完璧に仕事をこなす. ② だまされない. ③ 関心のないことはしない.
passar do ponto 度を越す.
ponto alto ① ハイライト. ② レース編みのステッチの一種.
ponto atrás (裁縫の) 玉留め.
ponto cego 盲点, 死角 ▶ponto cego de um carro 車の死角.
ponto crucial 問題, 正念場.
ponto cruz クロスステッチ.
ponto culminante 頂点, 絶頂, クライマックス▶O homem chegara ao ponto culminante de sua carreira. その男はキャリアの絶頂点にすでに達していた.
ponto de apoio ① 支点, 支え. ② 論拠.
ponto de encontro 待ち合わせ場所, 出会いの場.
ponto de honra 面目, 誇り, 自尊心.
ponto de referência ① 目印. ② 基準, 基準点.
ponto de venda 店.
ponto e vírgula 背の高い人と低い人のコンビ.
ponto morto ① (ギアの) ニュートラル, 死点. ② 話題の行き詰り点.
ponto pacífico 合意点.
ponto por ponto 詳細に, 逐一, 一字一句.
ponto positivo よい点.
somar pontos 点数を稼ぐ.
subir de ponto 増加する, 成長する.
tocar no ponto 核心に触れる.
tocar no ponto fraco 痛いところを突く, 弱点を攻める.

ponto e vírgula /ˌpõtui'vixgula/ [複 ponto(s) e vírgulas] 男 セミコロン.

pontuação /põtua'sẽw/ [複 pontuações] 女 ❶ 句読法 ▶sinais de pontuação 句読点, 句読記号. ❷ (テストの) 得点.

pontual /põtu'aw/ [複 pontuais] 形《男女同形》❶ 時間に正確な, 時間どおりの ▶É importante ser pontual. 時間を守ることは大切だ / Não sou pontual. 私は時間にルーズだ / A entrega foi pontual. 配達は時間どおりだった. ❷ 部分的な.

pontualidade /põtuali'dadʒi/ 女 時間厳守, きちょうめん ▶pontualidade britânica 英国的時間厳守.

pontualmente /põtuaw'mētʃi/ 副 時間どおりに, 几帳面に.

pontuar /põtu'ax/ 他 ❶ …に句読点を打つ. ❷ (話しを身振りなどで) 区切る, 際立たせる.

pontudo, da /põ'tudu, da/ 形 鋭利な, とがった.

popa /'popa/ 女 船尾.

popelina /pope'lina/ 女 ポプリン.

‡**população** /popula'sẽw/ [複 populações] 女 ❶ 人口 ▶população mundial 世界人口 / população ativa 労働人口 / A população do Brasil é de aproximadamente 200 milhões de habitantes. ブラジルの人口は約2億人だ.
❷ 住民, 国民.

populacional /populasio'naw/ [複 populacionais] 形《男女同形》人口の ▶densidade populacional 人口密度.

‡**popular** /popu'lax/ [複 populares] 形《男女同形》❶ 民衆の, 庶民の, 人民の, 民間の ▶sabedoria popular 民衆の知恵 / República Popular da China 中華人民共和国 / tradição popular 民間伝承.
❷ 大衆の ▶música popular ポピュラー音楽 / arte popular 大衆芸術 / literatura popular 大衆文学.
❸ 住民の ▶voto popular 住民投票.
❹ 人気のある ▶um cantor muito popular とても人気のある歌手.
❺ 廉価な ▶preços populares 廉価.
— 男 庶民, 普通の人, 一般人, 一般市民.

popularidade /populari'dadʒi/ 女 人気, 評判 ▶ganhar a popularidade 人気を得る / perder a popularidade 人気を失う / índice de popularidade de suporte 支持率 / A popularidade do presidente brasileiro ブラジル大統領の支持率.

popularizar /populari'zax/ 他 広める, 普及させる.
— **popularizar-se** 女 人気が出る, 普及する.

popularmente /popuˌlax'mētʃi/ 副 ❶ 大衆的に, 一般に, 広く. ❷ 通俗的に, 平易に.

populismo /popu'lizmu/ 男 ポプリズモ, 民衆主義, 大衆迎合主義.

populista /popu'lista/ 形《男女同形》民衆主義の, 大衆迎合主義の.
— 名 民衆主義者, 大衆迎合主義者.

populoso, sa /popu'lozu, 'lɔza/ 形 人口の多い, 人口密度の高い.

póquer /'pokex/ 男 P = pôquer

pôquer /'pokex/ 男 B《トランプ》ポーカー.

‡**por** /pux/ ポフ/ 前 (por +定冠詞は次のように縮約する : por + o → pelo, por + os → pelos, por + a → pela, por + as → pelas) ❶ …を通って ▶entrar pela janela 窓から入る / Vá por aqui. こっちから行きなさい.
❷ …のあたりに ▶Tem uma loja de conveniência por aqui? このあたりにコンビニはありますか / Ele está por aí. 彼はこのあたりにいる / Há termas por todo o Japão. 日本は至るところに温泉がある / A neve acumulava-se por toda a superfície.

pôr

一面に雪が積もっていた
❸《原因, 理由》…のために, ゆえに, ゆえに ▶ Ela fugiu daqui por medo. 彼女は怖くてここから逃げた / por isso それゆえに, だから / Fiquei doente por causa do excesso de trabalho. 私は過労のせいで病気になってしまった / Ele estragou sua saúde por beber demais. 彼は酒の飲みすぎで体をこわした / Fiquei aliviada por ter-me falado assim. そう言ってもらって気が楽になりました / por ignorância 無知ゆえに / por que razão どんな理由で.

❹《目的, 動機》…のために ▶ por interesse 欲得ずくで / lutar pela liberdade 自由のために戦う / por dinheiro 金もうけのために.

❺《対象》…に対して ▶ meu amor por você 君に対する僕の愛 / interesse por um tema あるテーマに対する関心.

❻《掛け算, 割り算》 ▶ multiplicar por quatro 4倍する, 4をかける / dividir por três 3で割る.

❼《手段》… に よって ▶ Ele respondeu por e-mail. 彼は電子メールで返信した / por correio 郵便で / por escrito 文書で / por telefone 電話で / por meio de incentivos fiscais 優遇税制によって.

❽《分類, 編成》…に従って, よる ▶ por ordem alfabética アルファベット順に.

❾《時間》…の間に ▶ Eu estou ausente por uma semana. 私は1週間の間留守をします / Eu trabalhei nesta companhia por muitos anos. 私は長年この会社で働いた / Ela ficou calada por um certo tempo. 彼女はしばらくの間黙っていた / Vacilei por um instante. 私は一瞬ためらった / Não me esquecerei de sua bondade por toda minha vida. あなたの親切は一生忘れません / Ficarei aqui por mais um tempo. 私はまだしばらくここにいます / É o bastante por ora. 今のところこれで十分だ / Com isto é o fim por hoje. 今日はこれで終わりです / por instantes 時々 / pela manhã 朝に, 午前に.

❿…頃に ▶ Saímos do hotel pelas dez horas da manhã. 私たちはホテルを午前10時頃に出た.

⓫…に賛成して, 支持して ▶ Sou pela liberdade de expressão. 私は表現の自由を支持する / votar por um candidato 候補者に投票する.

⓬…ごとに, …あたり ▶ Devo consultar o médico uma vez por semana. 私は週に一度医師の診断を受けないといけない / por dia 1日あたり / por mês 1か月あたり / por pessoa 一人あたり / por cento パーセント / por hora 1時間あたり.

⓭《価格, 数量》… で ▶ Nós compramos esta casa por apenas dez mil dólares. 私たちはこの家をわずか1万ドルで買った / Esse quadro foi vendido por cem mil ienes. その絵は10万円で売れた.

⓮《受動態の行為者》…によって ▶ É proibido por lei. それは法律で禁止されている / Essa criança é tratada carinhosamente por todos. その子はみんなにかわいがられている / um filme dirigido por Akira Kurosawa 黒澤明が監督した映画 / Estamos ligados por uma forte amizade. 私たちは堅い友情で結ばれている.

⓯ …の代わりに ▶ Fiz o trabalho de casa por meu amigo. 友人の代わりに宿題をやってあげた.

⓰ …と交換して ▶ trocar iene por euro 円をユーロに交換する / Olho por olho, dente por dente. 目には目を, 歯には歯を.

⓱ …として ▶ Ele passa por gênio. 彼は天才としてとおっている.

⓲《estar [ficar] por + 不定詞》まだ…していない ▶ Minha sala está ainda por limpar. 私の部屋はまだ掃除されていない / A limpeza ficou por terminar. 掃除は終わらないままになった.

... e por aí fora …など ▶ Laranja, maçã, banana e por aí fora. オレンジ, リンゴ, バナナなど.

por isso そのために ▶ Hoje não há aulas, por isso, fico em casa. 今日は授業がない. それで私は家にいる.

por mim 私にとって, 私としては, 私に関しては.

por que [quê] なぜ, どうして ▶ Mas afinal, por que é que você fez isso? 一体何のためにそんなことをしたの / Por que não? なぜいけないのか, いいじゃないか / sem saber por quê なぜだかわからずに.

語法 por と para

前置詞の por は場所を表すときは「経由」「通過点」「ある程度の広がり」を表す.
  viajar pelo Brasil ブラジル国内の地域を通って[回って]旅行する, ブラジル中を旅行する
一方, para は「行先」「到達点への方向」を表す.
  viajar para o Brasil ブラジルに旅行をする
また por と para はともに「…のために」と訳せるが, por が「動機」「理由」を表すのに対し, para は「目的」「目標」を表すことが多い.
  lutar pela pátria 祖国のために戦う.

---

pôr /ˈpox ポーフ/
㊹

	現在分詞 pondo	過去分詞 posto
直説法現在	ponho pões põe	pomos pondes põem
過去	pus puseste pôs	pusemos pusestes puseram
半過去	punha punhas punha	púnhamos púnheis punham
未来	porei porás porá	poremos poreis porão
接続法現在	ponha ponhas ponha	ponhamos ponhais ponham

他 ❶ 置く, 入れる, 載せる ▶ Ponha o documento

em cima da mesa. 机の上に書類を置いてください / pôr na geladeira 冷蔵庫に入れる / Ela pôs os livros na estante. 彼女は本を本棚にしまった / pôr a língua de fora 舌を外に出す / pôr na lista negra ブラックリストに載せる / pôr na parede 壁にかける / pôr na cama ベッドに寝かせる.

❷ …の状態にする ▶ pôr os pés para cima 足先を上に上げる / pôr em funcionamento 作動させる.

❸ 着る, 履く, 身に着ける ▶ Sempre ponho jeans e tênis para ir à faculdade. 私はいつもジーンズとスニーカーで大学に行く / pôr os óculos 眼鏡をかける.

❹ 産む ▶ A galinha põe ovos todos os dias. 鶏は毎日卵を産む.

❺ …に…という名前を付ける [+ em] ▶ O pai pôs o nome de Maria na criança. 父親は子供をマリアと名付けた.

— **pôr-se** 再 ❶ (pôr-se a + 不定詞) …し始める ▶ Ele chegou ao parque e logo pôs-se a correr. 彼は公園に着くとすぐに走り始めた.

❷ 《pôr-se + 補語》の状態に自分の身を置く ▶ pôr-se de pé 立ち上がる / Ponho-me à sua inteira disposição. なんなりとお申し付けください / Ponha-se no meu lugar. 私の立場にもなってみてくれ. ❸ (日が) 沈む ▶ O sol se põe cedo no inverno. 冬は日が早く沈む.

porão /po'rẽw/ [複 porões] 男 ❶ 地下室. ❷ 船倉.

porca¹ /'poxka/ 女 ❶ 雌豚. ❷ ナット.
  Aí é que a porca torce o rabo. ここが難しいところだ.
  onde a porca torce o rabo (問題の) ネック, ボトルネック.
  sair a porca mal capada 誤算する, 期待外れになる.

porcalhão, lhona /poxka'ʎẽw, 'ʎona/ 形 名 不潔で働かない (人).

porção /pox'sẽw/ [複 porções] 女 ❶ 部分 ▶ uma pequena porção da população 人口のごく一部分.
  ❷ (食べ物の) 一人前 ▶ uma porção de batatas fritas フライドポテト一人前.
  ❸ 大量, かなりの量 ▶ uma porção de coisas 多くのこと.

porcaria /poxka'ria/ 女 ❶ 不潔, 汚れ.
  ❷ 卑猥な言葉, 汚い言葉 ▶ falar porcaria 汚い言葉を使う.
  ❸ がらくた, ごみ, 無価値なもの ▶ Esse filme é uma porcaria. その映画はくずだ / Não é pouca porcaria. 決して侮れない / uma porcaria de time ひどいチーム / Que porcaria de time é esse? これは何とひどいチームだろう.
  ❹ ジャンクフード.
  — 形 《男女同形》粗悪な, 無価値な ▶ um filme porcaria 駄作の映画.

porcelana /poxse'lẽna/ 女 磁器, 磁器製品.
  de porcelana 壊れやすい, もろい.

porcentagem /poxsẽ'taʒẽj/ [複 porcentagens] 女 ❶ 百分率, パーセンテージ. ❷ 割合, 率.

*****porco, ca**² /'poxku, 'pɔxka ポフコ, カ/ [複

/'pɔx-/] 名 ❶ 豚 ▶ carne de porco 豚肉 / comer como um porco 食べ方が汚い.
❷ 汚れた人, 不潔な人 ▶ Seu porco, vá tomar banho logo! 不潔な人ね, 早くお風呂に入りなさい.
— **porco** 男 豚肉.
— 形 出来の悪い ▶ serviço porco 出来の悪いサービス.
  passar de porco a porqueiro 暮らしがよくなる.
  ter espírito de porco ▶ 何にでも反対する, 意地悪である ▶ Ele tem espírito de porco. 彼は意地悪な奴だ.

porco-espinho /,poxkuis'pĩɲu/ [複 porcos-espinhos] 男 《動物》ヤマアラシ.

pôr do sol /,poxdu'sow/ [複 pôres do sol] 男 日没 ▶ ao pôr do sol 日没時に.

porei 活用 ⇒ pôr

*****porém** /po'rẽj ポレィン/ 接 しかし, けれども (= contudo, mas, todavia) ▶ Esse livro é bom, porém, muito caro. その本はよいけれども非常に値段が高い / Respeito o que disse, porém, não posso concordar com você. 私はあなたが言ったことを尊重するが, 同意はできない.
  Há um porém. 異論がある.
  não ter nenhum porém 反対意見がない.

porfia /pox'fia/ 女 ❶ 討論, 口論.
  ❷ 頑固さ, 粘り強さ ▶ trabalhar com porfia 粘り強く働く. ❸ 競争, 争い.
  à porfia 争って, 対立して ; 絶えず, 途切れることなく.

porfiar /poxfi'ax/ 自 ❶ 激しく議論する ▶ Porfiaram horas e horas sem chegar a um acordo. 彼らは合意に達することなく何時間も激しく議論を交わした.
  ❷ 争う, 競争する. ❸ 固執する, 強情を張る.
  — 他 …を獲得するために争う ▶ porfiar um emprego 職を得ようと争う.

*****pormenor** /poxme'nɔx ポフメノーフ/ [複 pormenores] 男 細部, 詳細 ▶ pormenores do caso 事件の詳細 / entrar nos pormenores 細部に立ち入る / questão de pormenor 些細な問題.
  em pormenor 詳細に, 詳しく.

pormenorizar /poxmenori'zax/ 他 詳述する, 詳しく説明する.

pornô /pox'no/ 男 ポルノグラフィー.
— 形 《不変》ポルノの ▶ site pornô ポルノサイト.

pornografia /poxnogra'fia/ 女 ポルノグラフィー.

pornográfico, ca /poxno'grafiku, ka/ 形 ポルノの.

poro /'poru/ 男 ❶ 《解剖》毛穴. ❷ 《植物》気孔.
  ❸ 《昆虫》気門.

pororoca /poro'rɔka/ 女 B ポロロッカ (アマゾン川を逆流する潮流).

poroso, sa /po'rozu, 'rɔza/ 形 ❶ 多孔質の, 小穴の多い. ❷ …の傾向がある [+ a].

porquanto /pox'kwẽtu/ 接 なぜならば, …ので, …ゆえに ▶ Cancelei a viagem, porquanto tive que trabalhar. 仕事をしなければならなかったので, 私は旅行をキャンセルした.

porque

‡porque /'poxki ポフキ/腰 ❶《原因, 理由を示して》…なので, …だから, …から ▶ Não preciso de paletó porque hoje está quente. 今日は暖かいので上着はいらない / Vá dormir porque já é tarde. もう遅いから寝なさい / Se eu tenho ciúme é porque eu te amo. 私が嫉妬しているのは君を愛しているからだ / Não vou, não porque não queira, mas simplesmente porque não posso. 私が行かないのは, 行きたくないからではなくて, 単に行けないからだ(注 não porque 「…だからではなく」の後では接続法を用いることが多い).
❷《por que に対応して》なぜなら, そのわけは.
Porque não. だってそうだから ▶ — Por que é que você não quer vir? — Porque não. 「どうして君は来たくないの」「だって行きたくないから」.
Porque sim. だってそうだから ▶ — Por que é que você chegou atrasado? — Porque sim. 「どうして遅刻したの」「だって遅刻したから」.
— 副《疑問》Ⓟ なぜ (= por que Ⓑ).

語法 porque と por que

「なぜ」を表す疑問副詞はブラジルでは 2 語で por que, ポルトガルでは 1 語で porque とそれぞれ綴りの上で区別する.
　Por que não estuda? Ⓑ 君はなぜ勉強しないのか.
　= Porque não estuda? Ⓟ
文中で従属節を導くときも同じ区別が行われる.
　Não sei por que não estuda. Ⓑ 君がなぜ勉強しないのか私にはわからない.
　= Não sei porque não estuda. Ⓟ
単体で用いられる場合や, 文末で用いられる場合はアクセント記号がついて por quê Ⓑ, porquê Ⓟ となる.
　Por quê? Ⓑ なぜですか.
　= Porquê? Ⓟ
　Não sei por quê. Ⓑ 私にはなぜだかわからない.
　= Não sei porquê. Ⓟ
「なぜならば」と答えるときはブラジルでもポルトガルでも porque である.
　— Por que não estuda? — Porque é preguiçoso. 「なぜ彼は勉強しないですか」「怠け者だから」.

---

porquê /pox'ke/ 男 原因, 理由 ▶ Quero saber o porquê. 私は理由を知りたい / porquê do sucesso 成功の原因.
porquinho-da-índia /pox,kiɲuda'idʒia/ [複 porquinhos-da-índia] 男 テンジクネズミ, モルモット.
porra /'poxa/ 女 卑 精液.
— 間 卑 いっ% (いらだちや驚きを表す) Mas que porra é essa? いやはや, これは一体なんだい.
porrada /po'xada/ 女 俗 ❶ 區 棍棒で殴ること.
❷ 多量, たくさん ▶ uma porrada de imagens たくさんの画像.
porre /'poxi/ 男 Ⓑ 俗 ❶ 酔い ▶ tomar um porre 酔っ払う / estar de porre 酔っ払っている.

❷ 退屈 ▶ ser [estar] um porre 退屈である.
porrete /po'xetʃi/ 男 棍棒.
　no porrete 力づくで, 強引に.
‡porta /'poxta ポフタ/ 女 ❶ 出入口, 門 ▶ porta estreita 狭き門 / porta principal 正門 / porta de entrada 入口 / porta de saída 出口 / porta dos fundos 裏口.
❷ ドア, 戸, 玄関, 門扉 ▶ bater à porta ドアをたたく / abrir a porta ドアを開ける / deixar a porta aberta ドアを開けておく, 門戸を開けておく / fechar a porta ドアを閉める / porta giratória 回転ドア / porta automática 自動ドア / porta corrediça 引き戸 / Deixe a porta aberta, por favor. ドアを開けておいてください / porta da rua 正面玄関口 / Há alguém à porta. 玄関に誰かいる.
❸《情報》ポート.
abrir as portas 門戸を開く.
A porta da rua é serventia da casa. やっと出ていってくれたよ.
a portas fechadas 非公開で, ひそかに.
arrombar uma porta aberta 無駄なことをする.
atrás das portas ドアの陰で.
bater à porta de... …の門をたたく.
bater a porta na cara de alguém …に門前払いを食わせる.
bater com a porta na cara 門前払いを食う.
bater de porta em porta 各所に助けを求める.
bater em todas as portas 各所に助けを求める.
dar com a porta na cara de alguém …に門前払いを食わせる.
de porta em porta 戸別に, 一軒一軒.
entrar pela porta da frente 表玄関から入る, 正攻法で行く.
fechar as portas 門戸を閉じる.
levar com a porta na cara 門前払いを食う, 拒否される.
por portas transversas 裏口から, こっそり, 不法に.
porta a porta 戸口から戸口まで, 宅配便, 訪問販売.
porta e janela 扉と窓が一つずつだけの小さな家.
portas adentro 家の中で, 屋内で.
porta-aviões /,poxtavi'õjs/ 男《単複同形》航空母艦, 空母.
porta-bagagem /,poxtaba'gaʒēj/ [複 porta-bagagens] 男 (自動車や自転車の) 荷物台, 荷台.
porta-bandeira /,poxtabẽ'dejra/ [複 porta-bandeiras] 名 旗手.
— 女 Ⓑ カーニバルで旗手を務める女性.

porta-bandeira

porta–chaves /ˌpɔxtaˈʃavis/ 男《単複同形》キーホルダー.

portador, dora /pɔxtaˈdox, ˈdɔra/ [複 portadores, doras] 名 ❶ 運ぶ人. ❷ 病原菌のキャリアー. ❸ 〈小切手や手形の〉持参人.
— 形 運ぶ.

porta–estandarte /ˌpɔxtaestẽˈdaxtʃi/ [複 porta-estandartes] 名 旗手.

porta–joias /ˌpɔxtaˈʒojas/ 男《単複同形》宝石箱.

portal /pɔxˈtaw/ [複 portais] 男 ❶ 玄関, 正門. ❷《情報》ポータルサイト.

porta–lápis /ˌpɔxtaˈlapis/ 男《単複同形》鉛筆立て.

porta–luvas /ˌpɔxtaˈluvas/ 男《単複同形》〖自動車〗グローブボックス.

porta–malas /ˌpɔxtaˈmalas/ 男《単複同形》〖自動車〗トランク.

porta–moedas /ˌpɔxtamuˈedɐʃ/ 男《単複同形》P 財布, 小銭入れ.

porta–níqueis /ˌpɔxtaˈnikejs/ 男《単複同形》財布, 小銭入れ.

portanto /pɔxˈtẽtu/ ポフタント/ 接 したがって, よって, というわけで ▶Gosto muito dela, portanto, vou convidá-la para a festa. 私は彼女が大好きだ. だからパーティーに招待しよう.

★**portão** /pɔxˈtẽw/ ポフタォン/ [複 portões] 男 門, とびら, 出入り口; 〈空港の〉ゲート ▶portão da garagem 車庫の入り口 / portão de embarque 搭乗ゲート.

portar /pɔxˈtax/ 他 ❶ 持つ, 携行する; 運ぶ ▶O estrangeiro deve portar o passaporte. 外国人はパスポートを携帯しなければならない.
❷ 身に付ける, 身にまとう ▶portar uma gravata ネクタイをつける.
— 自 入港する.
— **portar-se** 再 ふるまう ▶portar-se bem 行儀よくする, いい子にする.

porta–retratos /ˌpɔxtaxeˈtratus/ 男《単複同形》写真の額縁.

porta–revistas /ˌpɔxtaxeˈvistas/ 男《単複同形》雑誌立て.

portaria /pɔxtaˈria/ 女 ❶ 建物の玄関[受付] ▶Ontem ele deixou a encomenda na portaria. 昨日彼は玄関に小包を置いて行った.
❷ 行政令.
❸ 修道院の正門.
❹ 建物の管理人, 門番; 管理人の業務.

porta–seios /ˌpɔxtaˈsejus/ 男《単複同形》ブラジャー.

portátil /pɔxˈtatʃiw/ [複 portáteis] 形《男女同形》携帯用の ▶rádio portátil 携帯ラジオ.

porta–toalhas /ˌpɔxtatoˈaʎas/ 男《単複同形》タオル掛け.

porta–voz /ˌpɔxtaˈvɔs/ [複 porta-vozes] 名 スポークスマン.

★**porte** /ˈpɔxtʃi/ ポフチ/ 男 ❶ 運賃, 送料, 郵送料 ▶porte pago 送料支払済み / porte e embalagem 送料と梱包.
❷ 運搬, 運送.
❸ 着用, 佩用(はいよう), 所持 ▶porte de arma 火器所持(許可書) / porte de droga 麻薬所持.
❹ 大きさ ▶de grande porte 大型の / de médio porte 中型の / de pequeno porte 小型の.
❺ 様子, 外観; ふるまい ▶porte de rainha 高貴な立ち居ふるまい.

porteiro, ra /pɔxˈtejru, ra/ 名 門番, 守衛, ドアマン.
porteiro eletrônico インターホン.
porteiro do Céu 聖ペテロ.

portenho, nha /pɔxˈtẽɲu, ɲa/ 形 名 ブエノスアイレス Buenos Aires の(人).

portento /pɔxˈtẽtu/ 男 ❶ 驚くべきこと, 驚異.
❷ 特別な才能の持ち主.

portentoso, sa /pɔxtẽˈtozu, ˈtɔza/ 形 驚嘆すべき, 驚異的な.

pórtico /ˈpɔxtʃiku/ 男 ❶ 車寄せ. ❷ ポルティコ, 柱廊.

portinhola /pɔxtʃiˈɲɔla/ 女 小さなドア.

☆**porto** /ˈpɔxtu/ ポフト/ [複 /ˈpɔxtus/) 男 ❶ 港, 港湾; 港町 ▶O navio entra no porto. 船が港に入る/ porto comercial 貿易港 / porto pesqueiro 漁港 / porto militar 軍港 / porto de escala 寄港地.
❷ P 避難所; 休息の場 ▶Ele procurava um porto para descansar. 彼は休息をとるための場所を探していた.
❸ ポートワイン.
porto seco 内陸の税関.

Porto /ˈpɔxtu/《地名》(ポルトガル北部の都市) ポルト.

Porto Rico /ˌpɔxtuˈxiku/ 男《国名》プエルトリコ.

porto–riquenho, nha /ˌpɔxtuxiˈkẽɲu, ɲa/ 形 名 プエルトリコの(人).

portuário, ria /pɔxtuˈariu, ria/ 形 港の, 港湾の ▶instalações portuárias 港湾施設.
— **portuário** 男 港湾労働者.

portuense /pɔxtuˈẽsi/ 形《男女同形》名 ポルトガルのポルトの人.
— 形 ポルトガルのポルトの.

☆**Portugal** /pɔxtuˈgaw/ ポフトゥガゥ/ 男《国名》ポルトガル《注 原則として無冠詞》 ▶Portugal é um país maravilhoso. ポルトガルはすてきな国だ / ir para Portugal ポルトガルに行く / os vinhos de Portugal ポルトガルのワイン / viajar por Portugal ポルトガル中を旅行する / viver em Portugal ポルトガルで暮らす / o Portugal do século XXI 21世紀のポルトガル.

☆**português, guesa** /pɔxtuˈges, ˈgeza/ ポフトゥゲース, ザ/ 形 **ポルトガルの**, ポルトガル語の, ポルトガル人の ▶República Portuguesa ポルトガル共和国 / cultura portuguesa ポルトガル文化 / gramática portuguesa ポルトガル語文法 / restaurante português ポルトガルレストラン / comida portuguesa ポルトガル料理 / à portuguesa ポルトガル風の.
— 名 ポルトガル人.
— **português** 男 ポルトガル語 ▶falar português ポルトガル語を話す / falar em português ポルトガル語で話す / aprender português ポルトガル

portunhol

語を学ぶ / português brasileiro ブラジルポルトガル語 / português europeu ヨーロッパポルトガル語.

em bom português 平易な言葉で, 平たく言う と.

em português claro 平易な言葉で, 平たく言う と.

falar português claro ありのままに話す.

portunhol /poxtu'ɲow/ 男 ポルトガル語とスペイン語の混ざったもの.

porventura /poxvẽ'tura/ 副 ❶ 偶然に, 思いがけなく, もし ▶ Se porventura acontecer algum imprevisto, avise-me. 仮に不測の事態が起きたら, 私に知らせてください.
❷《疑問文で》ひょっとして, …だろうか ▶ Você porventura chegará a tempo? あなたは時間内に到着するだろうか.

porvir /pox'vix/ [複 porvires] 男 未来, 将来.

pôs 活用 ⇒ **pôr**

posar /po'zax/ 自 ❶ ポーズを取る, モデルになる. ❷ …を気取る [+ de] ▶ posar de rico 金持ちの振りをする.

pose /'pɔzi/ 女 ❶ (モデルなどの) ポーズ, 姿勢 ▶ fazer uma pose ポーズをする. ❷ 気取り, 振り ▶ manter a pose よい見かけを繕う / perder a pose すました態度を崩す.

pós-escrito, ta /ˌpɔzes'kritu, ta/ [複 pós-escritos] 形 後 [末尾] に書かれた.
— **pós-escrito** 男 (手紙の) 追伸, 二伸.

posfácio /pos'fasiu/ 男 後書き.

pós-graduação /ˌpɔzgradua'sẽw/ [複 pós-graduações] 女 大学院 ▶ curso de pós-graduação 大学院課程.

pós-graduado, da /ˌpɔzgradu'adu, da/ [複 pós-graduados, das] 男 大学院生.

pós-guerra /ˌpɔz'gexa/ [複 pós-guerras] 男 戦後期 ▶ o Japão do pós-guerra 戦後の日本.

★posição /pozi'sẽw/ [複 posições] 女 ❶ 位置, 配置, 順位 ▶ posição vertical 垂直の位置 / posição horizontal 水平の位置 / posição dos jogadores 選手たちのポジション / chegar na primeira posição 1 位になる.
❷ 姿勢, 構え ▶ posição de sentido 気をつけの姿勢.
❸ 地位, 身分 ▶ posição das mulheres na sociedade 社会における女性の地位 / ocupar uma posição importante 重要な地位を占める.
❹ 立場, 状況 ▶ posição política 政治的立場 ▶ tomar uma posição 立場を取る.

posicionar /pozisio'nax/ 他 配置する.
— **posicionar-se** 再身を置く, 立場を取る ▶ posicionar-se contra o governo 政府に反対の立場を取る.

positivamente /poziˌtʃiva'mẽtʃi/ 副 ❶ 確かに, 本当に, まさに.
❷ 積極的に, 前向きに, 肯定的に, 好意的に ▶ responder positivamente 肯定的に返答する / viver positivamente 前向きに生きる / Você me surpreendeu positivamente. 君は僕にうれしい驚きをくれた.

positivismo /pozitʃi'vizmu/ 男 実証主義, 実証哲学.

★positivo, va /pozi'tʃivu, va/ 形 ❶ 肯定的な; 積極的な, 建設的な (↔ negativo) ▶ resultado positivo 好ましい結果 / resposta positiva 肯定的な返事, 色よい返事 / pensamento positivo 前向き思考.
❷ 確実な, 明らかな ▶ fato positivo 明白な事実.
❸ 現実的な, 実際的な; 実証的な ▶ filosofia positiva 実証哲学.
❹《数学》正の ▶ número positivo 正数.
❺《電子》陽の, 正の.
❻《医学》陽性の.
❼《言語》(形容詞・副詞の) 原級の.
— **positivo** 男 ❶ 確実 (なもの).
❷ 写真の陽画, ポジ.
❸《数学》正量, 正の符号;《電子》陽極.
❹《言語》(形容詞・副詞の) 原級.
— **positivo** 副 B 話 (相手の言葉に同意を表して) そうです, はい.

pós-operatório, ria /ˌpɔzopera'tɔriu, ria/ [複 pós-operatórios, rias] 形《医学》術後の.
— 男 術後期.

pospor /pos'pox/ ⑭ 《過去分詞 posposto》他 ❶ 後に置く. ❷ 延期する. ❸ 二の次にする, 後回しにする.

possa 活用 ⇒ **poder**

possante /po'sẽtʃi/ 形《男女同形》❶ 強い. ❷ (エンジンが) 強力な ▶ um motor possante 強力なエンジン.

★posse /'pɔsi/ 女 ❶ 所有, 所持 ▶ posse da arma 武器の所有 / estar de [na] posse de... …を所有している / tomar posse de... …を手に入れる, 占有 [占領] する / posse de bola《スポーツ》ボール支配.
❷ 就任 (式) ▶ posse em cargo público 公職への就任.
❸《posses》資産, 財産; 適性, 能力 ▶ pessoa de posses 資産家 / conforme as suas posses 自分の能力に応じて.

posseiro, ra /po'sejru, ra/ 形 名 未開墾地を占有する (人).

possessão /pose'sẽw/ [複 possessões] 女 ❶ 所有, 所持. ❷ 領地. ❸ 取り付かれること.

possessivo, va /pose'sivu, va/ 形 ❶《文法》所有の, 所有を表す ▶ adjetivo possessivo 所有形容詞. ❷ 独占欲の強い, 支配したがる ▶ mãe possessiva 子供を支配したがる母親.
— **possessivo** 男 所有詞.

possesso, sa /po'sesu, sa/ 形 ❶ 悪霊に取り付かれた. ❷ 激怒した ▶ ficar possesso 激怒する
— 名 ❶ 悪霊に取り付かれた人. ❷ 激怒した人.

★possibilidade /posibili'dadʒi/ 女 ❶ 可能性; 見込み, 機会, チャンス ▶ Temos que considerar todas as possibilidades. 私たちはすべての可能性を考慮しなければならない / possibilidade de sucesso 成功の可能性 / sem possibilidade de cura 回復の見込みなく / possibilidade remota とてもありそうにない機会 / ter possibilidade de + 不定詞 …することが可能である, …する能力がある.
❷《possibilidades》資産, 資力; 財産 ▶ Ela tem

vivido acima das possibilidades. 彼女は自分の資産能力を超えた生活をしている.
❸《possibilidades》(身体的・精神的) **能力** ▶ Conheço as minhas possibilidades e as minhas limitações. 私は自分の能力と限界を知っている.

possibilitar /posibili'tax/ [他] 可能にする ▶ O empréstimo oferecido pelo banco possibilitou ao cliente adquirir a casa própria. 銀行から受けた融資でその顧客は自分の家を持つことができた.

★★★**possível** /po'sivew ポスィーヴェゥ/ [[複] possíveis] [形]《男女同形》❶ **可能な, あり得る** ; 考えられる (⟷ impossível) ▶ A paz é possível. 平和は可能だ / se (for) possível もし可能なら / Tudo é possível àquele que crê. 信じる者に不可能はない / Tudo é possível. 何が起きるか分からない / Mudar o mundo é possível. 世界を変えることは可能だ / É sempre possível recomeçar. やり直すことはいつでも可能だ / Não é possível ver o buraco negro. ブラックホールを見ることはできない / tornar algo possível …を可能にする / uma possível vitória あり得る勝利, 勝利の可能性 / usar todos os meios possíveis 全ての可能な手を尽くす.
❷《最上級またはそれに準ずる表現に後置されて》**可能な限り, できるだけ** ▶ o mais rápido possível できるだけ速く / o mais cedo possível できるだけ早く / de maneira a mais objetiva possível 可能な限り客観的に / gastar o menos possível できるだけお金を使わない / a melhor solução possível 最善の解決法 / fazer o melhor possível できる限りで最善を尽くす / o pior resultado possível 最悪の結果.
— [男]《o possível》可能なこと ▶ fazer o possível 最善を尽くす, できるだけのことをする / na medida do possível 可能な範囲で.
É possível que +[接続法] …かもしれない, …は可能である ▶ É possível que eu seja candidato a presidente. 私は大統領候補になるかもしれない.
Não é possível! まさか, ありえない ; 無理だ.
Será possível? まさか, そんなばかな.
Seria possível? お願いできないでしょうか.

possivelmente /poˌsivew'mẽtʃi/ [副] おそらく, 多分 ▶ Amanhã possivelmente vai chover. 明日は多分雨だろう.

posso [活用] ⇒ poder

possuído, da /posu'idu, da/ [形] (possuir の 過去分詞) ❶ 所有された. ❷ 取りつかれた.
— [名] 取りつかれた人.

possuidor, dora /posuj'dox, 'dora/ [[複] possuidores, doras] [名] 所有者.
— [形] 所有する.

★★★**possuir** /posu'ix ポスイーフ/ ⑦ [他] ❶ **所有する, 持つ** ▶ Eu possuo muitos livros. 私はたくさんの本を持っている.
❷ **支配する** ▶ O enorme medo possuiu toda a população da cidade. 大きな恐怖が都市の全住民を支配した.
— **possuir-se** [再] …に取り付かれる [+ de] ▶ A mãe se possui do rancor pelo assassino que matou seu filho. 母親は息子を殺した犯人に対する憎しみに取り付かれている.

posta /'pɔsta/ [女] (肉や魚の) 輪切りの 1 枚 ▶ uma posta de salmão サーモンの輪切り 1 枚 / uma posta de carne ステーキ肉.
arrotar postas de pescada 自慢する.
fazer em postas ① スライスする. ② 打ち破る, 罰する.

★**postal** /pos'taw ポスタゥ/ [[複] postais] [形]《男女同形》**郵便の** ▶ serviço postal 郵便業務 / código postal 郵便番号 / correspondência postal 郵便物 / vale postal 郵便為替 / caixa postal 私書箱 / reembolso postal 代金引換.
— [男] 郵便はがき ▶ postal ilustrado 絵はがき.

postar /pos'tax/ [他] ❶ 置く, 配置する. ❷ (インターネットで) 投稿する. ❸ [B] 投函する, 郵便で出す.
— **postar-se** [再] …に身を置く, …にいる.

posta-restante /ˌpɔstaxes'tẽtʃi/ [[複] postas-restantes] [女] 局留め, 局留めを扱う郵便局の部署.

poste /'pɔstʃi/ [男] 柱, 杭, 電柱 ▶ poste de luz 街灯.

pôster /'postex/ [[複] pôsteres] [男]《英語》ポスター.

postergar /postex'gax/ ⑪ [他] ❶ 後回しにする, 延期する ▶ O médico decidiu postergar a cirurgia. 医師は手術を延期することを決めた.
❷ 下位に置く, 軽視する.

posteridade /posteri'dadʒi/ [女] ❶ 後世, 後代. ❷ 子孫, 末裔. ❸ 死後の名声.

★**posterior** /posteri'ox ポステリオーフ/ [[複] posteriores] [形]《男女同形》❶《時間的》**…の後に** [+ a] (⟷ anterior) ▶ em época posterior 後の時代には / período anterior e posterior à independência do Brasil ブラジル独立前後の時期.
❷《空間的》**後ろにある**, 後方に位置する ▶ membros posteriores (動物の) 後脚 / parte posterior da cabeça 後頭部.
— [男] [話] 尻, 臀部.

posteriormente /posteriˌox'mẽtʃi/ [副] 後で.

postiço, ça /pos'tʃisu, sa/ [形] 人工の, 作り物の, 偽の ▶ dentes postiços 入れ歯 / cabeleira postiça かつら.

★**posto**[1] /'postu ポスト/ ([複] /'pɔstus/) [男] ❶ **地位, 職, ポスト** ▶ subir de posto 昇進する / criar novos postos de trabalho 新しいポストを作る.
❷ **部署, 持ち場** / posto de comando 司令部.
❸《posto de...》…**所, 室** ▶ posto de socorros 救護所 / posto de venda 売店 / posto de turismo 観光案内所 / posto de gasolina ガソリンスタンド / posto de saúde 保健所.
❹ 派出所, 交番 (= posto policial).
a postos ① 持ち場について ▶ Todos a postos. 全員持ち場につけ. ② 態勢が整って.

posto[2]**, ta** /'postu, 'pɔsta/ [形] 置かれた, 配置された.
bem posto おしゃれな, 着飾った.
isso [isto] posto そのような状況で.
posto isso [isto] また, 更に, そして.
posto que +[直説法] …であるので, であるからには.
posto que +[接続法] …ではあるが, であるとしても.

postulado /postu'ladu/ [男] ❶〖数学〗〖論理〗公

P

理, 公準. ❷ 基本原理, 主義.
postulante /postu'lẽtʃi/ 图 請願者, 志願者.
postular /postu'lax/ 他 要請する, 請願する ▶O jogador mais experiente postulou a vaga de capitão do time. 一番ベテランの選手がチームのキャプテンの座を強く願い出た.
postumamente /ˌpostuma'metʃi/ 副 死後に.
póstumo, ma /'postumu, ma/ 形 ❶ 死後出版の, 死後の ▶publicação póstuma 死後出版 / obras póstumas 遺作, 遺著. ❷ (父の) 死後に生まれた.
postura /pos'tura/ 囡 ❶ 姿勢, 構え, ポーズ, 体勢 ▶Ele tem boa postura. 彼は姿勢がよい / Ele tem má postura. 彼は姿勢が悪い / postura ereta 直立の姿勢 / postura firme 安定した姿勢.
❷ 心構え, 態度, 立場 ▶assumir uma postura crítica 批判的な立場を取る.
❸ (地方自治体の) 条例 ▶postura municipal 市条例.
❹ 産卵.
potassa /po'tasa/ 囡 【化学】カリ.
potássio /po'tasiu/ 男 【化学】カリウム.
potável /po'tavew/ 形 [複 potáveis] 形 [男女同形] 飲むのに適した, 飲用の ▶água potável 飲料水.
pote /'potʃi/ 男 広口瓶, かめ ▶pote de iogurte ヨーグルトの容器.
chover a potes 土砂降り雨になる.
quebrar o pote 産む.
*****potência** /po'tẽsia/ ポテンスィア 囡 ❶ 力, 能力, 効力 ▶vontade de potência 支配欲.
❷ 動力, 機械力 ▶potência do motor エンジンの出力 / potência elétrica 電力 / motor de alta potência 強力なエンジン.
❸ 強国, 大国 ▶grande potência 大国 / grandes potências 列強 / potência regional 地域大国 / potência econômica 経済大国.
❹ 【数学】累乗, べき ▶segunda potência 2乗.
❺ 性的能力.
em potência 潜在的に, 事実上.
*****potencial** /potẽsi'aw/ ポテンスィアゥ [複 potenciais] 形 [男女同形] ❶ 潜在的な, 可能性を持った ▶mercado potencial 潜在的市場 / clientes potenciais 潜在的な顧客. ❷ energia potencial 【物理】位置エネルギー.
— 男 ❶ 潜在力, 潜在能力 ▶potencial econômico 潜在的経済力 / potencial de crescimento 成長の可能性 / de alto potencial 能力の高い.
❷ 【物理】【化学】エネルギー ▶potencial elétrico 電位.
em potencial 潜在的な ▶um risco em potencial 潜在的リスク.
potencialidade /potẽsiali'dadʒi/ 囡 潜在力, 潜在能力.
potentado /potẽ'tadu/ 男 支配者, 権勢家, 実力者, 有力者.
potente /po'tẽtʃi/ 形 [男女同形] ❶ 力のある, 力強い, 強力な ▶motor potente 強力なエンジン / voz potente 力強い声. ❷ 権力がある, 勢力がある. ❸ (男性が) 性的能力がある.
potro /'potru/ 男 4歳までの子馬.

pouca-vergonha /ˌpokavex'gõɲa/ 圏 [複 poucas-vergonhas] 囡 俗 恥知らず, 恥知らずな行い.
*****pouco, ca** /'poku, ka/ ポーコ, カ/ 形 ❶ (pouco+不可算名詞単数形) 少量の (↔ muito) ▶Tenho pouco dinheiro. 私はあまりお金を持っていない / com pouco dinheiro 少ないお金で / Ele teve uma desilusão amorosa faz pouco tempo. 彼は最近失恋した / Pouca gente sabe disso. そのことを知っている人は少ない.
❷ (poucos+可算名詞複数形) 少数の ▶Ele tem poucos amigos. 彼は友人が少ない / Farei uma visita dentro de poucos dias. 近日中にうかがうつもりです.
— **pouco** 副 ❶ ほんの少し, ほとんど…ない, あまり…ない ▶comer pouco 少食である / O marido fala pouco, mas a esposa fala muito. 夫は無口だが, 妻はよくしゃべる / Ultimamente estou dormindo pouco. 最近私は寝不足気味だ / Vou pouco ao cinema. 私はあまり映画に行かない / Falta pouco para o Natal. もうすぐクリスマスだ / pouco depois da decolagem 離陸直後に / pouco antes do acidente 事故直前に.
❷ (pouco+形容詞) あまり…でない ▶Ele é pouco inteligente. 彼はあまり頭がよくない / uma vida pouco saudável 余り健康的でない生活.
— **pouco** 代 (不定) ❶ 少しのこと ▶Aqui há pouco que fazer. ここにはすることがほとんどない.
❷ 少しの時間 ▶Houve um telefonema há pouco. 先ほどお電話がありました / faz pouco つい先ほど / daí a pouco 少し後で, ほどなく / daqui a pouco もう少ししたら / dentro em pouco もうじき, まもなく, すぐ.
❸ (poucos) 少数の人 ▶Muitos são chamados, poucos são escolhidos. 【新約聖書】呼ばれる人は多いが, 選ばれる人は少ない.
— **pouco** 男 少しのこと ▶o pouco que conheço de finanças 金融について私が知っているわずかなこと.
aos poucos 少しずつ, ゆっくりと ▶A crise econômica foi se agravando aos poucos. 経済危機は次第に深刻になってきた.
como poucos ほかとは違った ▶um professor como poucos ただの教師とは違った教師.
de pouco 最近の, 最近.
estar por pouco もうじきである, 間もなくである ▶A vitória final ainda não chegou, mas ela está por pouco! 最終的勝利はまだ訪れていないが, 間もなくである.
fazer poucas e boas 不快にさせる, 混乱させる.
fazer pouco de... …を軽視する, 重要視しない, 軽んずる ▶Os alunos fazem pouco da revisão. 生徒は復習を重要視しない.
passar por poucas e boas 苦労する ▶Eu passei por poucas e boas para chegar onde estou hoje. 私は今の地位を築くために苦労した.
por muito pouco 間一髪で, あと一歩のところで ▶deixar escapar por muito pouco あと一歩のところで逃す.
por pouco... não... もう少しで…するところである ▶Por pouco ele não conseguia pegar o trem.

もう少しで彼は電車に乗り遅れるところだった.
por pouco que seja たとえ少しでも.
pouco a pouco 少しずつ, 徐々に, ゆっくりと ▶ Ele foi se acostumando pouco a pouco ao Brasil. 彼はブラジルに少しずつ慣れていった.
pouco mais de... …より少しだけ多く, …ほどの ▶ por pouco mais de nada ただ同然で.
pouco menos de... …より少しだけ少ない, …ほどの ▶ filme de pouco menos de uma hora e meia de duração 上映時間が1時間半をわずかに切る映画.
um pouco 少し ▶ Deixe-me pensar um pouco. ちょっと考えさせてください / Este suéter está um pouco grande demais. このセーターは少し大きすぎる / Eu deveria ter estudado a língua portuguesa um pouco mais. もう少しポルトガル語を勉強しておけばよかった.
um pouco de... 少しの… ▶ Ainda tenho um pouco de tempo. まだ時間が少しある / Façam um pouco de silêncio. 少し静かにしてください / Agora não tenho nem um pouco de dinheiro. 私は今少しもお金がない.

pouco-caso /ˌpoku'kazu/ [複 poucos-casos] 男 軽んじること, 軽視, 軽蔑.

poupador, dora /popa'dox, 'dora/ [複 poupadores, doras] 形 倹約する, 倹約家の.
— 名 倹約家.

*****poupança** /po'pẽsa ポパンサ/ 囡 ❶ 節約, 倹約 ▶ poupança de energia エネルギーの節約. ❷ 貯金 ▶ fazer poupança 貯金する / Tenho poupança. 私は貯金がある.
❸ 貯蓄型預金, 貯蓄通帳 (= caderneta de poupança).

*****poupar** /po'pax ポパーフ/ 他 ❶ **節約する, 倹約する; 貯金する** ▶ poupar energia エネルギーを節約する / poupar tempo 時間を節約する / poupar dinheiro お金を貯める.
❷ 惜しむ ▶ Ela não poupou esforços para realizar seus sonhos. 彼女は夢を実現するために努力を惜しまなかった / não poupar elogios 賞賛を惜しまない.
❸ …から免れさせる [+ de].
❹ (…の命を) 救う, 助ける ▶ poupar a vida de alguém …の命を救う. ❺ 容赦する.
— 自 倹約する.
— **poupar-se** 再 のんびりする, 休養する.

pouquinho /po'kiɲu/ 男 わずかなもの, わずかな量.
um pouquinho 少しだけ.
um pouquinho de... 少しの… ▶ Eu bebi só um pouquinho de vinho. 私はほんの少しだけワインを飲んだ.
nem um pouquinho まったく…ない.

pouquíssimo, ma /po'kisimu, ma/ 形 pouco の絶対最上級.

pousada /po'zada/ 囡 ❶ 宿泊. ❷ 宿, 宿屋.
pedir pousada 宿を求める.

*****pousar** /po'zax ポザーフ/ 他 ❶ 置く, 載せる ▶ pousar a mala no chão スーツケースを床に置く.
❷ (目を) 向ける ▶ pousar os olhos em... …をじっと見る.
— 自 ❶ …に**着地する**, 着陸する; (鳥が) 止まる [+ em] ▶ O avião pousou na pista. 飛行機が滑走路に着陸した.
❷ 休む, 休憩する.
❸ 泊まる, 宿泊する ▶ pousar no hotel ホテルに泊まる.
— **pousar-se** 再 …に泊まる, 宿泊する [+ em] ▶ pousar-se num hotel de luxo 高級ホテルに宿泊する.

pouso /'pozu/ 男 ❶ 着陸. ❷ 休憩地.
sem pouso 休まる所 [居場所] なく.

povão /po'vɐ̃w/ [複 povões] 男 B ❶ 群衆. ❷ 庶民, 下層階級.

povaréu /pova'rɛu/ 男 群衆, 下層民.

*****povo** /'povu ポーヴォ/ 男 ❶ **国民, 民族** ▶ povo judeu ユダヤ民族 / povo brasileiro ブラジル国民 / a soberania do povo 国民主権 / povo da Bíblia 聖書の民 (ユダヤ教徒とキリスト教徒) / povo eleito 選民.
❷ 人民, 民衆, 大衆 ▶ a voz do povo 民衆の声.
❸ 住民 ▶ o povo da cidade 町の住民.
❹ 村落 ▶ Ele vivia em um pequeno povo. 彼は小さな村で暮らしていた.

*****povoação** /povoa'sẽw ポヴォアサォン/ [複 povoações] 囡 ❶ 植民, 入植. ❷ 住民. ❸ 居住地, 集落.

povoado, da /povo'adu, da/ 形 人の住んでいる ▶ país densamente povoado 人口密度の高い国 / região pouco povoada 過疎地.
— **povoado** 男 村, 集落.

povoar /povo'ax/ 他 ❶ 入植する, 植民する ▶ povoar novas terras 新しい土地に入植する.
❷ (動植物が) …に生息する ▶ Vários animais povoam as florestas. 多種多様な動物が森林に生息している.
❸ …に集まる, 群がる ▶ Os surfistas povoavam a praia. サーファーがビーチに集まっていた.
❹ …を…で満たす, いっぱいにする [+ de] ▶ povoar a cidade de lojas 町に店をたくさん作る.
— **povoar-se** 再 …で満ちる, いっぱいになる [+ de] ▶ A cidade povoava-se de turistas. 町は観光客であふれていた.

PPP (略語) parceria público-privada 官民提携, パブリック・プライベート・パートナーシップ.
PR (略語) Estado do Paraná パラナ州; Polícia Rodoviária 交通警察.

pra /pra/ ❶ 前 前置詞 para の縮約形. ❷ 前置詞 para の縮約形 pra と定冠詞 a の縮合形 (prà と書かれることもある).

*****praça** /'prasa プラーサ/ 囡 ❶ **広場** ▶ Praça da Liberdade リベルダージ広場 / na Praça da República 共和国広場で / praça principal 中央広場.
❷ 市場 ▶ ir à praça 市場に行く.
❸ 競売 ▶ pôr em praça 競売にかける.
❹ 空間, 場所 ▶ praça de alimentação フードコート / praça de touros 闘牛場 / praça de pedágio (有料道路の) 料金所 / praça de guerra 戦場 / em praça pública 公の場で.

assentar [sentar] praça 軍隊に入隊する.
fazer a praça 得意先を回る.
pradaria /prada'ria/ [女] 牧草地, 大平原.
prado /'pradu/ [男] ❶ 牧草地. ❷ 競馬場.
praga /'praga/ [女] ❶ 呪い ▸rogar praga a alguém …に呪いをかける / É uma praga! 呪われている. ❷ 災難, 災厄 ▸as dez pragas do Egito エジプトの十の災い.
❸ (害虫などの) 大群 ▸uma praga de gafanhotos イナゴの大群.
❹ わずらわしい人, わずらわしいこと.
❺ 雑草, 有害な植物.
pragmático, ca /prag'matʃiku, ka/ [形] ❶ 実際的な, 実用的な. ❷ 現実的な. ❸ 実用主義の, プラグマティズムの.
pragmatismo /pragma'tʃizmu/ [男]〖哲学〗実用主義, プラグマティズム.
praguejar /prage'ʒax/ [自] ❶ 呪う ; ののしる ▸O homem gritava e não parava de praguejar. 男はわめき, ののしることをやめなかった.
❷ …の悪口を言う [+ de] ▸praguejar do vizinho 隣人の悪口を言う.
❸ [B] 雑草や害虫で覆われる ▸O terreno praguejou. その土地は雑草で覆われた.
❹ [B] 多量にある.
— [他] 呪う ; ののしる, 悪態をつく.
⁑praia /'praja プライア/ [女] ❶ **砂浜, 海辺** ; 海水浴場 ▸ir à praia 海辺に行く / passar as férias na praia 夏休みを海で過ごす / praia pública 公営海水浴場 / praia privada プライベイトビーチ / praias da moda 人気のある海水浴場. ❷ **河岸, 湖岸** ▸praia fluvial 河岸, 河川敷.
não ser a praia de alguém …の趣味ではない, 興味はない ▸Futebol não é a minha praia. 私はサッカーに興味はない.

P

prancha /'prẽʃa/ [女] 板, ボード ▸prancha de surfe サーフボード / prancha à vela ウィンドサーフィン.
prancheta /prẽ'ʃeta/ [女] ❶ 製図板. ❷ クリップボード.
prantear /prẽte'ax/ ⑩ [他] …を嘆く, 悲しむ.
— [自] 泣く.
pranto /'prẽtu/ [男] ❶ 泣くこと ▸aos prantos 泣きじゃくりながら / cair em prantos 泣き崩れる. ❷ 嘆き.
***prata** /'prata プラータ/ [女] ❶ **銀** ▸moedas de prata 銀貨 / colher de prata 銀のスプーン / luar de prata 銀のような月光 / prata de lei スターリングシルバー.
❷ 《pratas》**銀製品** ▸uma coleção de pratas antigas 古銀製品コレクション.
❸ [B] [俗] 金銭.
prata da casa 自己資金 ▸resolver o problema com a prata da casa 自己資金で問題を解決する.
Prata /'prata/ [女] Rio da Prata ラプラタ川 (アルゼンチンとウルグアイの間を流れる川)
prataria /prata'ria/ [女] 銀製品.
prateado, da /prate'adu, da/ [形] ❶ 銀めっきした. ❷ 銀色の.
— **prateado** [男] 銀色.
pratear /prate'ax/ ⑩ [他] ❶ 銀めっきする. ❷ 銀色にする.
— **pratear-se** [再] 銀色になる.
prateleira /prate'lejra/ [女] 棚, 棚板.
da prateleira de cima 高級品の.
estar na prateleira de cima ① 目立つ場所にある. ② 高級品である.
ir para a prateleira ① 忘れ去られる. ② (女性が) 婚期を逃す.
⁑prática[1] /'pratʃika プラーチカ/ [女] ❶ **実行, 実践** ▸pôr em prática o que está no papel 紙に書かれたことを実行に移す.
❷ **練習, 実習**, 訓練 ▸práticas de formação docente 教員養成の実習 / A prática faz o mestre. [諺] 名人も修行次第.
❸ **経験**, 技量 ▸Ele tem muita prática neste ramo. 彼はこの分野で経験豊富だ.
❹ **慣行**, 習慣 ▸lei contra práticas corruptas 腐敗した慣行を禁じる法律.
na prática 実際には.
ter prática 経験豊富である.
⁑praticamente /ˌpratʃika'mẽtʃi プラチカメンチ/ [副] ❶ **実際には, 現実には.** ❷ **ほとんど, いわば.**
praticante /pratʃi'kẽtʃi/ [形]《男女同形》教会の掟を実践する ▸católico praticante 日曜に教会に行くカトリック信者.
— [名] ❶ 教会の掟を実践する信者. ❷ (スポーツなどの) 実践者, 愛好者.
⁑praticar /pratʃi'kax プラチカーフ/ ㉙ [他] (活動を) **行う, 実践する** ▸praticar o bem 善を行う / praticar o mal 悪を行う / praticar um crime 犯罪を行う / Você pratica algum esporte? 君は何かスポーツをしますか / praticar natação 水泳をする / praticar surfe サーフィンをする / praticar o inglês 英語を使う / praticar a medicina 医業を営む.
praticável /pratʃi'kavew/ [[複] praticáveis] [形]《男女同形》❶ 実行できる. ❷ 通行できる.
⁑prático, ca[2] /'pratʃiku, ka プラーチコ, チカ/ [形] ❶ **実用的な, 実践的な, 実際的な** ▸aula prática 実習, 演習 / exercícios práticos 練習問題 / método prático 実践的方法 / português prático 実用ポルトガル語 / conselho prático 実際的助言.
❷ **現実的な, 実利的な** ▸vida prática 実生活 / atitude prática 現実的態度.
❸ **便利な** ▸ferramenta prática 便利な道具 / bolsa prática 使いやすいバッグ.
❹ 経験を積んだ.
— [男] 水先案内人.
⁑prato /'pratu プラート/ [男] ❶ **皿** ▸prato de porcelana 磁器の皿 / lavar pratos 皿を洗う / prato de sobremesa デザートの皿 / prato de sopa = prato fundo 深皿 / prato raso 平皿.
❷ **料理** ▸prato de carne 肉料理 / prato principal メインディッシュ / primeiro prato アントレ / prato do dia 日替わり料理 / prato típico desta região この地方の代表的な料理.
❸ 天秤皿.
❹ (レコードプレーヤーの) ターンテーブル.
❺ 《pratos》〖音楽〗シンバル.
comer no mesmo prato 同じ釜の飯を食う.

preceito

cuspir no prato em que comeu [se come] 恩を仇で返す.
limpar o prato 平らげる.
pôr em pratos limpos 解明する, 明らかにする ▶ Quero pôr tudo em pratos limpos. 私はすべてを明らかにしたい.
prato cheio 読え向き, うってつけ.
prato feito ① 定食. ② 誂え向き, うってつけ.

praxe /ˈpraʃi/ 囡 ❶ 習慣, 慣例, 伝統, 当たり前のこと[もの] ▶ É praxe que +直説法 …ことが慣例となっている, 常習化している / Enviar a declaração de imposto de renda pela internet já é praxe no Brasil. 所得税申告書をインターネットを通じて送ることはすでにブラジルでは当たり前のことになっている / como de praxe いつものように.
❷ Ⓟ 新入生歓迎の行事 [しごき] ▶ praxe académica 大学での, 上級生による新入生へのしごき, 差別的な特訓.
de praxe 慣例の, 通例の, 所定の ▶ documentos de praxe 所定の書類.
ser de praxe 慣例 [慣習] である.

praz 活用 ⇒ prazer

prazenteiro, ra /praˈzẽtejru, ra/ 囮 ❶ 陽気な, 明るい. ❷ 感じのよい, 愛想のよい.

‡**prazer**¹ /praˈzex プラゼーフ/ ⑯ 自 …を喜ばせる [+ a] ▶ se isso lhe praz もしあなたにとってそれがよければ.
Praza a Deus +接続法 …でありますように, …であればいいのに ▶ Praza a Deus que isso aconteça! それが起こるとよいのだが.

‡**prazer**² /praˈzex プラゼーフ/ [複 prazeres] 男 喜び, 満足, 楽しみ, 快楽 ▶ prazer de um passeio na montanha 山歩きの楽しみ / prazer sexual 性的快楽 / princípio de prazer 快感原則 / que prazer 気晴らしで, 趣味で / Muito prazer! はじめまして / ― Foi um prazer. ― O prazer foi meu. 「お会いできて何よりでした」「こちらこそ」 / Muito prazer em conhecê-lo. お会いできて光栄です.
com prazer 喜んで, 進んで ▶ Aceito o convite com prazer. 喜んでご招待をお受けします.
dar prazer a alguém …を喜ばせる.
ter o prazer de +不定詞《儀礼的表現で》…を喜びとする.
ter prazer em +不定詞 …することに喜びを感じる ▶ ter prazer em aprender 学ぶことに喜びを感じる.

prazeroso, sa /prazeˈrozu, ˈrɔza/ 囮 楽しい, うれしい ▶ Este livro propicia uma leitura prazerosa. この本は楽しく読める.

‡**prazo** /ˈprazu プラーゾ/ 男 ❶ 期間 ▶ prazo de inscrição 登録期間 / um prazo de três meses 3 か月の期間 / a curto prazo 短期的に / a médio prazo 中期的に / a longo prazo 長期的に / prazo de carência 据置期間.
❷ 期日, 締め切り ▶ prorrogar o prazo 締め切りを延ばす / O prazo para entregar o relatório é dia 31. レポートの提出期日は31日だ / prazo de validade 有効期限 / prazo de vencimento 支払期限.
a prazo 分割払いで ▶ comprar a prazo 分割払いで買う.

preamar /preaˈmax/ 囡 満潮.
preâmbulo /preˈɐ̃bulu/ 男 ❶ 序言, 序文. ❷ 《法律》前文. ❸ 前置き ▶ sem mais preâmbulos いきなり, 前置きなく.
precariedade /prekarieˈdadʒi/ 囡 不安定, 不確かさ ▶ precariedade do emprego 雇用の不安定さ.
precário, ria /preˈkariu, ria/ 囮 ❶ 不安定な, 不確実な, 一時的な ▶ situação precária 不安定な状況. ❷ 臨時の, パートの ▶ trabalho precário 不安定労働.
precatar /prekaˈtax/ 他 …に対して用心 [警戒] させる [+ contra].
― **precatar-se** 再 ❶ …に用心 [警戒] する [+ contra]. ❷ …に備える [+ para] ▶ precatar-se para o pior 最悪の事態に備える.
precatória¹ /prekaˈtɔria/ 囡 職務執行令状 (= carta precatória).
precatório, ria² /prekaˈtɔriu, ria/ 囮 請願の.
― **precatório** 男 請願書.
precaução /prekawˈsẽw/ [複 precauções] 囡 ❶ 用心, 注意 ▶ agir com precaução 用心して行動する.
❷ 予防策 ▶ por precaução 念のため / tomar precauções contra... …に対して予防策を講じる.
precaver /prekaˈvex/ 他 ❶ 予防する, 防ぐ ▶ precaver os perigos 危険を防ぐ.
❷ …を…から守る, 用心させる [+ de/contra] ▶ precaver as crianças contra pessoas estranhas 見知らぬ人から子供たちを守る.
― **precaver-se** 再 …に備える, 用心する, …に身を守る [+ de/ contra] ▶ precaver-se contra doenças 病気から身を守る / precaver-se contra o terrorismo テロを防ぐ.
precavido, da /prekaˈvidu, da/ 囮 (precaver の過去分詞) 用心深い, 注意深い.
prece /ˈpresi/ 囡 祈願, 祈り.
precedência /preseˈdẽsia/ 囡 ❶ 先行, 先立つこと. ❷ 優位, 優先.
precedente /preseˈdẽtʃi/ 囮《男女同形》前の, 先の, 先行する ▶ o ano precedente 前年 / a semana precedente 前の週.
― 男 先例, 前例 ▶ abrir um precedente 前例になる.
sem precedentes 前例のない, 異例の.
preceder /preseˈdex/ 他 ❶ 先行する, 先立つ; 前方を行く, 前に来る ▶ preceder outros sintomas 他の症状より先行する.
❷ …を superior する ▶ Este mês ela precedeu todas as contas. 今月彼女はすべての支払いを期限前に済ませた.
― 自 ❶ …に先行する, 先立つ [+ a] ▶ O Natal precede ao Ano Novo. クリスマスは新年の前に訪れる.
❷ …に勝る, 優れている; 優先する [+ a].
preceito /preˈsejtu/ 男 規則, 決まり, 戒律, 掟 ▶ cumprir os preceitos 掟を守る / preceito de Deus 神の掟.
a preceito 厳密に, 細密に.

preceituar /presejtu'ax/ 他 (規則などを)定める，規定する．
— 自 規則を作る．

preceptor, tora /presepi'tox, 'tora/ [複 preceptores, toras] 名 ❶ 家庭教師． ❷ 師，指導者．

preciosidade /presiozi'dadʒi/ 女 ❶ 貴重さ，高価さ． ❷ 貴重品，宝．

*__precioso, sa__ /presi'ozu, 'ɔza プレスィオーゾ, ザ/ 形 ❶ 高価な，貴重な ▶ As peças deste museu são preciosas. この博物館の作品は貴重である / pedras preciosas 宝石．

❷ 希少価値の高い ▶ O ouro é muito precioso. 金はとても希少価値が高い / perder um tempo precioso 貴重な時間をむだにする / o precioso líquido 水．

precipício /presi'pisiu/ 男 ❶ 崖, 断崖, 絶壁；深淵(えん) ▶ cair num precipício 淵に転落する． ❷ 危機, 破滅, 破綻 ▶ estar à beira do precipício 崖っぷちにいる．

precipitação /presipita'sẽw/ [複 precipitações] 女 ❶ 大急ぎ, 大慌て, 性急 ▶ com precipitação 慌てて / sem precipitação 落ち着いて．
❷ 降水(量) ▶ precipitação atmosférica 降雨 / precipitação anual 年間降水量．

precipitado, da /presipi'tadu, da/ 形 大急ぎの，急な；慌ただしい, 性急な ▶ de maneira precipitada 急いで, 慌てて / decisão precipitada 性急な決定．

*__precipitar__ /presipi'tax プレスィピターフ/ 他 ❶ 投げ落とす, 突き落とす ▶ Ele precipitou muitos objetos pela janela. 彼は窓からたくさんのものを投げ落とした．

❷ 急き立てる，早める, 促す ▶ A derrota precipitou a demissão do técnico. 敗戦によって監督の辞任が早まった．

❸ [化学]沈殿させる ▶ O sal se precipitou no fundo do frasco. フラスコの底に塩が沈殿した．

— **precipitar-se** 再 ❶ 早まったことをする ▶ Eu me precipitei ao abandonar o estudo. 私が勉強をやめたのは拙速だった．

❷ 突進する，飛び込む, 襲い掛かる ▶ Todos se precipitaram para sair. みんなわれ先に出ようとした．

*__precisamente__ /pre̩siza'mẽtʃi プレスィザメンチ/ 副 ❶ 正確に, ちょうど ▶ Precisamente quando eu entrava, ele saía. ちょうど私が入ろうとしたとき, 彼が出ようとしていた / mais precisamente より正確に言うと, もっとはっきり言うと．

❷ その通り ▶ — Você conseguiu passar no exame? — Precisamente.「あなたは試験に合格できたの」「そうなんです」．

*__precisão__ /presi'zẽw プレスィザォン/ [複 precisões] 女 ❶ 正確, 精密 ▶ precisão da informação 情報の正確さ / falar com precisão 精密に話す / máquina de precisão 精密機械．

❷ 必要, 入用 ▶ Tenho precisão de mais papéis. もっと紙が必要だ．

precisar /presi'zax プレスィザーフ/ 他 ❶ 明確にする, はっきり述べる ▶ precisar os fatos 事実を明確にする．

❷ 《precisar + 不定詞》…する必要がある ▶ Ela precisa repousar. 彼女は静養する必要がある / O que eu preciso fazer? 私は何をする必要がありますか / Você não precisa vir. 君は来なくてよい．

❸ 《precisar que + 接続法》…必要がある ▶ Eu preciso que você seja forte. 君には強くなってもらいたい．

❹ 《precisa + 不定詞》《非人称》…する必要がある ▶ Não precisa se preocupar comigo. 私のことは心配しなくてよい．

— 自 …を必要としている [+ de] ▶ Eu preciso de ajuda. 私には助けが必要だ / Eu não preciso de crítica. 私に批判は要らない．

— **precisar-se** 再《precisa-se de...》… 求む, …募集中 ▶ Precisa-se de empregados. 従業員募集中．

preciso, sa /pre'sizu, za プレスィーゾ, ザ/ 形 ❶ 正確な, 的確な, はっきりした ▶ Meu relógio é preciso. 私の時計は正確だ / no sentido preciso do termo 言葉の正確な意味において．

❷ 必要な ▶ se for preciso 必要ならば．

❸ 《É preciso...》…が必要である ▶ É preciso pelo menos cinquenta mil ienes. 少なくとも5万円必要だ / É preciso jeito para fazer bem uma omelete. オムレツを上手に焼くのにはこつがいる．

❹ 《É preciso + 不定詞 / É preciso que + 接続法》…しなければならない, …すべきである, …する必要がある ▶ É preciso chamar a polícia. 警察を呼ぶ必要がある / Não é preciso apressar-se. 急がなくてもよい / Não é nem preciso dizer que o Brasil é rico em reservas naturais. ブラジルが資源豊富なことは言うまでもない / É preciso que acabem com a corrupção. 汚職を撲滅するべきである / O que é preciso que eu faça? 私は何をしなければいけないか．

❺ 簡潔な ▶ descrição precisa 簡潔な記述．

preclaro, ra /pre'klaru, ra/ 形 有名な, 著名な．

preço /'presu プレーソ/ 男 ❶ 値段, 価格 ▶ Qual é o preço? 値段はいくらですか / o preço dos transportes 交通機関の料金 / aumento de preço 価格上昇 / preço alto 高値 / preço baixo 安値 / preço fixo 定価 / comprar pela metade do preço 半額で購入する / preço de capa 出版物の定価 / preço de custo 原価 / preço de fábrica 製造価格 / preço cômodo 手頃な価格 / preço de ocasião 特売価格 / preço salgado 目玉の飛び出るような値段．

❷ 代価, 代償；犠牲；報奨金；買収金 ▶ o preço da liberdade 自由の代価．

❸ 《os preços》物価 ▶ Os preços subiram. 物価が上がった．

abrir preço 最初に入札をする．

ao preço da chuva 廉価で ▶ vender roupa ao preço da chuva 衣服を安値で販売する．

a preço de... ① …の代価で. ② …と引き換えに, …の代償を払って．

a preço de banana 二束三文で．

a preço de ouro 高価に ▶ O calçado está a preço de ouro. その履物は高値である．

preeminência

a qualquer preço ① 値段を問わずに. ② どんな手段でも.
a todo preço 何が何でも.
de preço 価値のある, 貴重な ▶ objeto de preço 高級品.
fazer o preço a... 販売価格を決める.
não ter preço 値がつかない, 価格勘定できない ▶ O que ela fez pelo país não tem preço. 彼女が国のためにしたことは値のつけようがない.
pôr preço 値段を決める, 値札をつける.
por qualquer preço 何としてでも, どんな代價を払っても.
pôr seu preço ① 言い値を決める. ② 条件を設ける.
sem preço 値段がつけられないほど価値ある, 非常に大切な.
ter em alto preço 高く評価する.
ter o seu preço ① 正当な価値がある, 評価に値する. ② 代價(犠牲, 努力)を必要とする.
ter um preço 買収される ▶ Todos têm um preço. 万人は買収される.
precoce /preˈkɔsi/ 形《男女同形》❶ (植物が)早なりの, 早生の, 早咲きの. ▶ calvície precoce 若年性脱毛症 / gravidez precoce 十代の妊娠. ❸ (子供が)早熟な, おませな ▶ criança precoce 早熟な子供.
precocidade /prekosiˈdadʒi/ 囡 早熟, 早なり, 早咲き ▶ precocidade sexual 性的早熟.
pré-colombiano, na /ˌprekolõbiˈenu, na/ [覆 pré-colombianos] 形 コロンブス以前の, 先コロンブス期の.
preconcebido, da /prekõseˈbidu, da/ 形 事前に考えられた, 思い込みの ▶ ideia preconcebida 先入観.
*****preconceito** /prekõˈsejtu/ プレコンセイト/ 男 ❶ 先入観 ▶ É necessário apagar seu preconceito. あなたの先入観を消す必要がある.
❷ 偏見 ▶ preconceito racial 人種的偏見 / ter preconceitos contra a mulher 女性に対して偏見がある.
preconceituoso, sa /prekõsejtuˈozo, ˈɔza/ 形 偏見を持った.
preconizar /prekoniˈzax/ 他 ❶ 提唱する, 推奨する.
❷ 広める, 普及させる ▶ Eles preconizaram uma ampla reforma do sistema educacional. 彼らは教育制度の広範囲にわたる刷新を広めた.
precursor, sora /prekuxˈsox, sora/ [覆 precursores, soras] 图 先駆者, 先駆け ▶ o precursor de Cristo 洗礼者ヨハネ.
— 形 前触れの ▶ sinal precursor 前兆, 予兆.
predador, dora /predaˈdox, ˈdora/ [覆 predadores, doras] 形 捕食性の.
— **predador** 捕食動物[植物].
pré-datado, da /ˌpredaˈtadu, da/ [覆 pré-datados, das] 形 先の日付の入った ▶ cheque pré-datado 約束手形.
pré-datar /predaˈtax/ 他 …に先の日付をつける.
predatório, ria /predaˈtɔriu, ria/ 形 ❶ 捕食の.
❷ 略奪の, 強奪の.

predecessor, sora /predeseˈsox, ˈsora/ [覆 predecessores, soras] 图 前任者, 先任者.
— 形 前任の, 先任の.
predestinado, da /predestʃiˈnadu, da/ 形 ❶ 前もって運命づけられた ▶ Ninguém é predestinado ao crime. 犯罪を犯すように運命づけられた者はいない. ❷《キリスト教》救霊を予定された.
predestinar /predestʃiˈnax/ 他 ❶ …を…に運命づける, …は…を予定する ▶ Tudo parece predestiná-lo ao fracasso. すべてが彼を失敗へと運命づけているようだ.
❷《キリスト教》(神が) …の救霊を予定する.
predeterminar /predetexmiˈnax/ 他 予め決定する.
prédica /ˈprɛdʒika/ 囡 説教, 演説.
predicado /predʒiˈkadu/ 男 ❶ 属性. ❷ 才能, 能力. ❸《文法》述語, 述部.
predição /predʒiˈsẽw/ [覆 predições] 囡 予言 ▶ fazer predições 予言する.
predileção /predʒileˈsẽw/ [覆 predileções] 囡 ひいき, 偏愛, 気に入り ▶ ter uma predileção por... …が大好きである.
predileto, ta /predʒiˈlɛtu, ta/ 形 お気に入りの, 大好きな ▶ meu filme predileto 私の大好きな映画 / filho predileto 特にかわいがっている子供.
— 图 お気に入りの人.
*****prédio** /ˈprɛdʒiu/ プレーヂオ/ 男 ❶ 建物, ビル ▶ um prédio de dez andares 10階建てのビル.
❷ (集合住宅の入った)建物, マンション (= prédio de apartamento) ▶ morar num prédio マンションに住む.
predispor /predʒisˈpox/ ⑭《過去分詞 predisposto》他 …に…という傾向を与える ▶ Dormir pouco nos predispõe a ficar doente. 睡眠が足りないと私たちは病気にかかりやすくなる.
— **predispor-se** 再 …することに決める, …する気になる.
predisposição /predʒispoziˈsẽw/ [覆 predisposições] 囡 傾向, 素質, 素因 ▶ predisposição para o crime 犯罪に走りやすい傾向 / predisposição genética 遺伝素因 / predisposição para a música 音楽の素養.
predisposto, ta /predʒisˈpostu, ˈpɔsta/ 形 (predisposto a + 不定詞) する傾向がある, …しやすい ▶ Quem não pratica esporte fica predisposto a engordar. 運動をしない人は太りやすい.
predizer /predʒiˈzex/ ㉕《過去分詞 predito》他 予言する ▶ predizer o futuro 未来を予言する.
predominante /prediomiˈnãtʃi/ 形《男女同形》優勢な, 有力な, 支配的な.
predominar /prediomiˈnax/ 自 優勢である, 優位に立つ, 支配的である ▶ Nessa época predominou o barroco. 当時はバロックが支配的だった / O sentimento que predominava em mim foi de alegria. 私の中で勝っていた感情は喜びだった.
predomínio /predoˈmīniu/ 男 優越, 優位；支配.
pré-eleitoral /ˌpreelejtoˈraw/ [覆 pré-eleitorais] 形《男女同形》選挙前の.
preeminência /preemiˈnẽsia/ 囡 優位, 優越.

preeminente /preemi'nẽtʃi/ [形]《男女同形》優位の，上位の，卓越した．

***preencher** /preẽ'ʃex プレエンシェーフ/ [他] ❶（書類に）**書き込む，記入する** ▶ preencher um formulário 用紙に記入する．
❷ **満たす**，（余白を）**埋める** ▶ preencher um espaço 空白を埋める / preencher o tempo 時間をつぶす．
❸（要件を）**満たす** ▶ preencher os requisitos 必要条件を満たす．

pré-escola /ˌprɛis'kɔla/ [[複] pré-escolas] [女] 幼稚園，保育園．

pré-escolar /ˌprɛisko'lax/ [[複] pré-escolares] [形]《男女同形》就学前の ▶ crianças em idade pré-escolar 就学前児童．

preestabelecer /preistabele'sex/ ⑮ [他] 前もって定める．

pré-estreia /ˌprɛis'trɛja/ [[複] pré-estreias] [女] 試写会，試演会．

preexistente /preezis'tẽtʃi/ [形]《男女同形》先在の，前存の．

preexistir /preezis'tʃix/ [自] …以前に存在する，…前からある［+ a］．

pré-fabricado, da /ˌprɛfabri'kadu, da/ [[複] pré-fabricados, das] [形] プレハブ式の，組み立て式の ▶ casa pré-fabricada プレハブ住宅．

prefaciar /prefasi'ax/ [他] ❶ …の序文を書く．❷ …を告げる，…の前触れになる．

prefácio /pre'fasiu/ [男] 序文，前書き．

***prefeito, ta** /pre'fejtu, ta プレフェイト，タ/ [名] [B] **市長** ▶ prefeito de São Paulo サンパウロ市長．

***prefeitura** /prefej'tura プレフェイトゥーラ/ [女] [B] ❶ **市役所** ▶ Prefeitura da Cidade de São Paulo サンパウロ市役所．❷ 市長職．❸ 市議会．

***preferência** /prefe'rẽsia プレフェレンスィア/ [女] ❶ **愛着，好み** ▶ Minha preferência vai para a cerveja. 私の好みはビールだ / ter preferência por... …が好きである．
❷ **優先** ▶ direito de preferência 優先権 / A preferência é sempre do pedestre. 常に歩行者が優先される / dar preferência a alguém 道を…に譲る / ter preferência 優先する．
de preferência できれば，なるべく（なら），望ましくは ▶ consumir de preferência antes de... …までに消費するのが望ましい．

preferencial /preferẽsi'aw/ [[複] preferenciais] [形]《男女同形》優先的な，特権的な ▶ ação preferencial 優先株 / tratamento preferencial 優先的扱い．
— [女] 優先道路．

preferido, da /prefe'ridu, da/ [形] お気に入りの，ひいきの ▶ minha canção preferida 私の好きな歌．
— [名] お気に入りの人．

*****preferir** /prefe'rix プレフェリーフ/ (61) [他] ❶ …の**方を好む，選ぶ** ▶ Os brasileiros preferem a bicicleta como meio de transporte diário. ブラジル人は日常の交通手段として自転車を好む．
❷《preferir + [不定詞]》…するほうがよい ▶ Eu prefiro correr hoje. 今日は走ることにする / Eu prefiro vestir a cor azul. 私は青い服を着るのが好きだ．
❸《preferir que + [接続法]》…であるほうがよい ▶ Eu preferia que você estivesse aqui comigo. 君に一緒にいてほしかったけれど．
❹《preferir... a ...》…より…を好む ▶ preferir café a chá 紅茶よりコーヒーを好む．

preferível /prefe'rivew/ [[複] preferíveis] [形]《男女同形》❶ …より望ましい［+ a］▶ Uma má democracia é sempre preferível a uma boa ditadura. 悪い民主主義はよい独裁制よりも常に望ましい．
❷《É preferível + [不定詞]》…するほうがよい ▶ É preferível sonhar do que não sonhar. 夢を見ないよりも見るほうがいい．
❸《É preferível que + [接続法]》…するほうがよい．

prefixo, xa /pre'fiksu, ksa/ [形] 前もって決められた．
— **prefixo** [男] ❶〘文法〙接頭辞．❷ 市外局番．❸ コールサイン．

prega /'prɛga/ [女] ❶〘服飾〙ひだ，プリーツ．❷ しわ．
prega vocal 声帯．

pregação /prega'sɐ̃w̃/ [[複] pregações] [女] ❶ 説教．❷ お説教，小言．❸ 退屈な話．

pregador /prega'dox/ [[複] pregadores] [男] 説教者．

pregar[1] /pre'gax/ ⑪ [他]（福音を）述べ伝える，…の説教をする；説き勧める ▶ pregar o evangelho 福音を説く / pregar um sermão 説教する / pregar a tolerância 寛容を説く．
pregar aos peixes 馬の耳に念仏である．
pregar no deserto 砂漠で説教する，聴衆に相手にされない．

***pregar**[2] /pre'gax プレガーフ/ ⑪ [他] ❶ **釘で打つ，釘で留める** ▶ pregar um quadro na parede 絵を壁に釘で留める．
❷（釘を）打つ，（針を）刺す ▶ pregar um alfinete no tecido 布に針を刺す．
❸ 縫いつける ▶ pregar um botão ボタンをつける．

prego /'prɛgu/ [男] ❶ 釘 ▶ pregar um prego 釘を打つ．
❷ [話] 質屋 ▶ pôr no prego 質に入れる．
❸ [P]（パンにはさんで食べる）ビフテキ，牛肉をはさんだサンド ▶ prego no pão ビフテキサンド．
❹ [B] [俗] 疲労．
dar o prego 疲れ果てる；動かなくなる．
dormir como um prego ぐっすり眠る．
estar no prego 差し押さえられる．
ficar como um prego 動けなくなる，釘づけになる．
nadar como um prego 泳げない，かなづちである．
não bater prego sem estopa 得にならないことはしない．
não pregar prego em estopa 得にならないことはしない．

pregresso, sa /pre'grɛsu, sa/ [形] それまでの，それ以前の ▶ história pregressa 前史．

preguear /prege'ax/ ⑩ [他] …にひだをつける．

preguiça /pre'gisa/ [女] ❶ 怠惰，なまけ ▶ A pre-

guiça é um pecado gravíssimo. 怠惰はとても重い罪だ / Estou com preguiça de cozinhar. 私は料理するのが面倒だ / Eu tenho preguiça de pensar. 私は考えるのが億劫だ / Que preguiça! なんて面倒なのだろう / A internet nos dá preguiça de pensar? インターネットを使うと考えるのが面倒になるのか / Dá preguiça de explicar. 説明するのが面倒だ.
❷〘動物〙ナマケモノ.

preguiçoso, sa /pregi'sozu, 'sɔza/ [形] 怠惰な, 怠け者の.
— [名] 怠惰な人, 怠け者.

pré-história /ˌprɛis'tɔria/ [[複] pré-histórias] [女] 先史時代.

pré-histórico, ca /ˌprɛis'tɔriku, ka/ [[複] pré-históricos, cas] [形] 先史時代の, 有史以前の.

preito /'prejtu/ [男] ❶ 敬意. ❷ 臣従.
render preito 賞賛する, 敬意 [感謝] を表す.

⁑**prejudicar** /preʒudʒi'kax プレジュヂカーフ/ ㉙ [他] **…に害がある, 損害を与える, 影響を及ぼす** ▶O cigarro prejudica a saúde. タバコは健康に害がある / prejudicar a reputação de... …の評判を傷つける / A neve prejudicou os transportes públicos. 雪により, 公共交通機関に影響が出た.
— **prejudicar-se** [再] 損害を被る.

prejudicial /preʒudʒisi'aw/ [[複] prejudiciais] [形]《男女同形》有害な ▶efeitos colaterais prejudiciais 有害な副作用 / O fumo do tabaco é prejudicial à saúde. たばこの煙は健康に害がある.

*__prejuízo__ /preʒu'izu プレジュイーゾ/ [男] ❶ **損失, 損害** ▶ter [sofrer] prejuízo 損失を被る / prejuízo acumulado 累積赤字, 累損 / O tufão causou enorme prejuízo à região. 台風が地域に甚大な損害をもたらした.
❷ **偏見, 軽信** ▶prejuízo social 社会的偏見.
correr atrás do prejuízo 失地を回復する, 巻き返しを図る.
em prejuízo de... …を犠牲にして, …の利益に反して, …を害して ▶Meu silêncio foi interpretado em prejuízo da minha própria defesa. 私の沈黙は自分自身の弁護に不利になるように解釈された.

prejulgar /preʒuw'gax/ ⑪ [他] 予断する, 早まった判断を下す.

prelado /pre'ladu/ [男] 高位聖職者.

preleção /prele'sẽw̃/ [[複] preleções] [女] 講演, 講義.

preliminar /prelimi'nax/ [[複] preliminares] [形]《男女同形》予備の, 事前の ▶estudos preliminares 予備調査.
— [男] 序文.
— [女]〘スポーツ〙予選.

prélio /'prɛliu/ [男] 戦い, 戦闘.

prelo /'prɛlu/ [男] 印刷機.
entrar no prelo 校了する, 印刷される.
estar no prelo 印刷中である.
sair do prelo 印刷を終える.

prelúdio /pre'ludʒiu/ [男] ❶〘音楽〙前奏曲, プレリュード. ❷ 前触れ, 始まり.

prematuro, ra /prema'turu, ra/ [形] 時期尚早の, 早すぎる ▶morte prematura 夭折(ようせつ) / parto prematuro 早産 / bebê prematuro 未熟児.
— [名] 未熟児.

premeditação /premedʒita'sẽw̃/ [[複] premeditações] [女] (悪事などを) たくらむこと ▶premeditação do crime 犯罪をたくらむこと.

premeditado, da /premedʒi'tadu, da/ [形] 前もって考えた, 計画的な ;〘法律〙予謀された, 故意の ▶crime premeditado 予謀犯罪.

premeditar /premedʒi'tax/ [他] 前もって考える, 計画を練る ;〘法律〙(犯罪を) 予謀する ▶premeditar um crime 犯罪を予謀する.

premência /pre'mẽsia/ [女] 緊急, 喫緊.

pré-menstrual /ˌprɛmẽstru'aw/ [[複] pré-menstruais] [形]《男女同形》月経前の.

premente /pre'mẽtʃi/ [形]《男女同形》緊急の.

premer /pre'mex/ [他] ❶ 押す ▶premer o botão ボタンを押す.
❷ 圧搾する, 搾る. ❸ 圧迫する.
— **premer-se** [再] 圧縮される.

premiado, da /premi'adu, da/ [形] ❶ 受賞した, 賞を取った ▶filme premiado 受賞映画.
❷ (くじが) 当たりの ▶bilhete de loteria premiado 当たりの宝くじ券.
— [名] 受賞者, 入賞者.

premiar /premi'ax/ [他] ❶ …に賞を与える ▶premiar o filme その映画に賞を与える. ❷ …に報いる.

premiê /premi'e/ [男] [B] 首相.

premier /premi'ex/ [男] [B] = premiê

prémio /'prɛmiu/ [男] [P] = prêmio

⁑**prêmio** /'prẽmiu プレミオ/ [男] [B] ❶ **賞, 賞品, 賞金** ▶ganhar o primeiro prêmio 1等賞を取る / segundo prêmio 2等賞 / terceiro prêmio 3等賞 / prêmio de consolação 残念賞 / Prêmio Nobel de Física ノーベル物理学賞 / grande prêmio グランプリ / receber um prêmio 賞を受ける.
❷ **報酬, 報い**.
❸ 保険金 (= prêmio de seguro).
❹ プレミアム, 割増金.

premir /pre'mix/ [他] 押す ▶premir o botão ボタンを押す / premir o gatilho 引き金を引く.

premissa /pre'misa/ [女] ❶〘論理学〙(三段論法の) 前提. ❷ 前提, 前置き.

premonição /premoni'sẽw̃/ [[複] premonições] [女] ❶ 予感, 虫の知らせ. ❷ 前兆.

premonitório, ria /premoni'tɔriu, ria/ [形] 前触れの, 前兆となる ▶sonho premonitório 予知夢.

pré-natal /ˌprɛna'taw/ [[複] pré-natais] [形]《男女同形》出生前の.

prenda /'prẽda/ [女] ❶ 贈り物 ▶dar uma prenda a alguém …に贈り物を贈る / prenda de aniversário 誕生日のプレゼント. ❷《prendas》才能, 能力.
❸ 賞品 ▶ganhar uma prenda 賞品をもらう.
prendas domésticas 家事.

prendedor /prẽde'dox/ [[複] prendedores] [男] [B] 留め金, ピン ▶prendedor de cabelo 髪留め, バレッタ / prendedor de roupa 洗濯ばさみ / prendedor de papel クリップ / prendedor de gravata ネクタイピン.

P

prender

‡prender /prẽ'dex/ プレンデーフ/《過去分詞》prendido/preso/ 他 ❶ つなぐ，留める，固定する（↔soltar）▶prender o cachorro na trela 犬を鎖につなぐ/ prender os documentos com o grampeador 書類をホチキスでとめる/ prender a porta ドアを固定する/ prender o cabelo 髪の毛を束ねる．
❷（誤って）はさむ▶Prendi o dedo na porta do carro. 車のドアに指をはさんだ．
❸ 捕まえる，逮捕する▶prender o criminoso 犯人を捕まえる/ prender em flagrante 現行犯で逮捕する．
❹ 投獄する，閉じ込める，捕虜にする．
❺ 妨げる▶prender os movimentos 動きを妨げる．
❻（注意や関心を）引く，とらえる▶prender a atenção de alguém …の注意を引く/ prender o coração 心をとらえる．
❼ 止める，こらえる▶prender a respiração 息を止める/ prender o choro 涙をこらえる．
❽ …に便秘を起こさせる▶prender o intestino 便秘を起こす．
❾ 引き留める．
— **prender-se** 再 ❶ ひっかかる，はさまる．❷ 身を固める，結婚する．❸ …に惹かれる，愛情を感じる［+ a］．❹ …と関係がある［+ com］．

prenhe /'prẽɲi/ 形《男女同形》❶（多くの場合動物が）妊娠した，子を宿した．❷ …でいっぱいの，満ちた［+ de］．

prenhez /pre'ɲes/ ［複 prenhezes］女 妊娠．

prenome /pre'nõmi/ 男（姓に対して）名前，洗礼名．

prensa /'prẽsa/ 女 ❶ 圧縮機，圧搾機，プレス．❷ 印刷機．
dar uma prensa em ... …を責め立てる．

prensar /prẽ'sax/ 他 圧縮する，絞る．

prenunciar /prenũsi'ax/ 他 予告する，予言する，…の予兆になる．

prenúncio /pre'nũsiu/ 男 ❶ 予告，予報．❷ 予言，予兆▶prenúncio de chuva 雨の予兆．
prenúncio de queda 凶兆，悪い予感．

‡preocupação /preokupa'sẽw/ プレオクパサォン/ ［複 preocupações］女 ❶ 心配，不安，懸念，危惧▶Tenho muitas preocupações. 私は心配事がたくさんある/ Há uma crescente preocupação com a qualidade dos alimentos. 食品の質に関する懸念が高まっている．❷ 関心事．

*preocupado, da /preoku'padu, da プレオクパード, ダ/ 形 心配している▶Estou preocupado com você. 私はあなたのことが心配だ．

preocupante /preoku'pẽtʃi/ 形《男女同形》心配させる，気がかりな▶situação preocupante 憂慮すべき事態．

*preocupar /preoku'pax/ プレオクパーフ/ 他 ❶ 心配させる，不安にさせる▶Sua atitude me preocupava muito. あなたの態度には随分と心配させられた．
❷ …の関心を引く．
— **preocupar-se** 再 ❶ …を心配する，…のことを不安に思う［+ com］▶Eu me preocupo só com seu futuro. 私はあなたの将来だけが心配だ．
❷ …に興味を持つ［+ com］▶Eu não me preocupo com a equipe adversária. 私は相手チームのことには興味がない．

‡preparação /prepara'sẽw/ プレプラサォン/ ［複 preparações］女 ❶ 準備，用意▶preparação para o exame 試験準備，受験勉強/ preparação física 準備運動/ sem preparação ぶっつけで．
❷ 調理，調合▶tempo de preparação 調理時間．

*preparado, da /prepa'radu, da プレパラード, ダ/ 形 ❶ 準備の整った，用意された；覚悟のできた▶Tudo está preparado. 準備は万全だ．❷ 能力のある，有能な．
— **preparado** 男 調合薬．

preparador, dora /prepara'dox, 'dora/ ［複 preparadores, doras］名 準備する人，《スポーツ》トレーナー▶preparador físico トレーナー．

‡preparar /prepa'rax/ プレパラーフ/ 他 ❶ …を準備する，用意する，支度する▶O pesquisador está preparando seu próximo projeto. その研究者は次の計画の準備をしている/ preparar o jantar 夕食の支度をする/ Ela preparou sua filha para a festa. 彼女はパーティーに行くための娘の支度をした．
❷ 調理する▶preparar uma refeição saudável 健康にいい食事を作る．
— **preparar-se** 再 準備する，支度する▶Nós nos preparamos para a festa desde cedo. 私たちはパーティーに行くための支度を早くからした/ Os atores se preparam para entrar em cena. 役者は舞台に出る準備をした/ preparar-se para o pior 最悪の事態に備える．

preparativos /prepara'tʃivus/ 男複 準備▶fazer os preparativos 準備する．

preparatório, ria /prepara'tɔriu, ria/ 形 準備の，予備的な▶reunião preparatória 準備会議．

preparo /pre'paru/ 男 準備，訓練，トレーニング．
preparo físico 体力．
sem preparo 事前準備なしに．

preponderante /prepõde'rẽtʃi/ 形《男女同形》優勢な，支配的な．

preponderar /prepõde'rax/ 自 優勢である，支配的である．

preposição /prepozi'sẽw/ ［複 preposições］女 ❶ 前に置くこと．❷《文法》前置詞．

preposto, ta /pre'postu, 'posta/ 形 ❶ 前に置かれた．❷ 前もって知らされた．❸ お気に入りの．
— 名 代表者，責任者．

prepotência /prepo'tẽsia/ 女 暴政，専制，専横．

prepotente /prepo'tẽtʃi/ 形《男女同形》暴政の，専制の．

prepúcio /pre'pusiu/ 男《解剖》包皮．

prerrogativa /prexo'gatʃiva/ 女 特権，特典▶as prerrogativas do advogado 弁護士の特権．

presa[1] /'preza/ 女 ❶ 捕まえること，捕獲．
❷ 捕獲物，獲物，餌食▶A presa fugiu do predador. 獲物が捕獲者から逃げた/ A ovelha é uma presa fácil para os predadores. 雌羊は肉食動物にとって格好の餌食である．

presbiteriano, na /prezbiteri'ẽnu, na/ 形《プロテスタント》長老派の．
— 名 長老派信徒．

presbítero /pres'biteru/ [男] ❶ 聖職者. ❷ 長老.
presciência /presi'ẽsia/ [女] 予知, 予感.
prescindir /presĩ'dʒix/ [自] ❶ …を諦める, やめる, 必要としない [+ de] ▶Eu prescindo do tabaco. 私はたばこをやめる / prescindir de ajuda 助けを必要としない. ❷ …を無視する [+ de] ▶prescindir dos outros 他人を無視する.
prescindível /presĩ'dʒivew/ [[複] prescindíveis] [形]《男女同形》なくても済む, 必要でない.
prescrever /preskre'vex/ 《[過去分詞] prescrito》 [他] ❶ 規定する, 指示する, 命じる, 定める▶prescrever os direitos 権利を定める. ❷ 処方する▶prescrever um antibiótico 抗生剤を処方する.
— [自] ❶ 廃れる. ❷〖法律〗無効になる, 時効になる.
prescrição /preskri'sɐ̃w̃/ [[複] prescrições] [女] ❶〖医学〗処方, 処方箋. ❷ 規定, 指示, 命令. ❸〖法律〗時効.
presença /pre'zẽsa プレゼンサ/ [女] ❶ (人がある場所に) **いること, 存在, 出席**▶A sua presença é indispensável. あなたにはぜひいてもらわなければならない / Senti a presença de pessoas. 私は人の気配を感じた.
❷ (物がある場所に) **あること, 存在**▶presença de álcool no sangue 血液中にアルコールがあること.
❸ **影響力, 勢力 ; 参加, 関わり**▶presença militar americana アメリカの軍隊の駐留 / presença na política 政治への関わり.
❹ 個性, 魅力, 存在感▶Ela tem muita presença. 彼女はとても存在感がある.
com a presença de... …が同席 [参列] して.
marcar presença 出席する, 顔を出す, 姿を現す.
na presença de... …の面前で.
presença de espírito ① 機転, 当意即妙. ② 落ち着き, 平静.
ter presença 出席している, いる.
presenciar /prezẽsi'ax/ [他] ❶ 目撃する▶presenciar um crime 犯罪を目撃する. ❷ 出席する, 参加する.
presente /pre'sẽtʃi プレゼンチ/ [男] ❶ **プレゼント, 贈り物**▶presente de Natal クリスマスプレゼント / presente de aniversário 誕生日プレゼント / Ganhei um presente do meu namorado. 私は恋人から贈り物をもらった / dar um presente para [a] alguém …に贈り物をあげる.
❷ **現在, 今**▶acontecimentos do presente 今日起こっていること / até o presente 現在まで / viver no presente 今を生きる.
❸〖言語〗現在時制, 現在形.
❹《presentes》出席者▶Todos os presentes concordaram. 出席者はみな同意した.
— [形]《男女同形》❶ **現在の, 今の**▶a presente situação 現在の状況 / o presente ano 今年 / No momento presente estou ocupado. 私は今忙しい.
❷ **居る, 居合わせる, 出席している** (↔ ausente) ▶estar presente 居合わせる ; 出席 [参加] している / É uma pena eu não poder estar presente. 出席できなくて残念です / as pessoas presentes no local do assalto 強盗の現場に居合わせた人たち / — Paulo Mendes. — Presente. 「パウロ・メンデスさん」「はい」.
❸ **目の前の, 存在する**▶As provas aqui presentes não bastam. ここにある証拠は十分ではない.
❹ **この, 件の, 当…**▶no presente capítulo この章において.
❺ 熱心な▶alunos presentes nas aulas 授業で熱心な学生たち.
❻ 明らかな▶A verdade se fez presente. 真実が明らかになった.
de presente ① 現在, 今では. ② 贈り物として▶Eu dei uma boneca de presente a ela. 私は彼女に人形をプレゼントした / Ganhei de presente esta gravata. 私はこのネクタイをプレゼントとしてもらった.
presente de grego ありがた迷惑なプレゼント.
presente dos céus 神の恵み, 好機, 幸運.
ter ... presente …を心に留める, 憶えている ; 考慮する▶Ele tinha bem presente a cena da partida. 彼は試合の場面をよく憶えていた.
presentear /presẽte'ax/ ⑩ [他] …に贈る, プレゼントする▶presentear a namorada 恋人の女性にプレゼントする / presentear alguém com algo …に…を贈る.
presentemente /preˌzẽtʃi'mẽtʃi/ [副] 現在, 今.
presepada /preze'pada/ [女] [B] [話] ほら, 冗談.
presépio /pre'zɛpiu/ [男] ❶ 家畜小屋, 馬小屋. ❷ キリスト生誕の人形飾り ([注] クリスマスに飾る).
preservação /prezexva'sɐ̃w̃/ [[複] preservações] [女] 保護, 保存▶preservação da natureza 自然保護 / preservação ambiental 環境保護.
preservar /prezex'vax プレゼフヴァーフ/ [他] ❶ **保護する, 擁護する**▶É preciso preservar o patrimônio cultural do país. 国の文化遺産を守る必要がある.
❷ **維持する**, 保持する▶É essencial preservar a identidade cultural. 文化的アイデンティティを保持することが不可欠だ.
— **preservar-se** [再] …から身を守る [+ de].
preservativo /prezexva'tʃivu/ [男] コンドーム▶sexo sem preservativo コンドームなしのセックス.
presidência /prezi'dẽsia プレズィデンスィア/ [女] 大統領 [会長, 議長, 社長など] の職 [地位, 任期] ▶presidência da República 共和国大統領職.
presidencial /prezidẽsi'aw/ [[複] presidenciais] [形]《男女同形》大統領 [会長, 議長, 社長] の▶eleição presidencial 大統領選挙 / discurso presidencial 大統領演説.
presidencialismo /prezidẽsia'lizmu/ [男] 大統領制.
presidenciável /prezidẽsi'avew/ [[複] presidenciáveis]《男女同形》[形] [名] 大統領になる可能性のある (人).
presidente /prezi'dẽtʃi プレズィデンチ/ [名] ❶ **大統領**▶presidente do Brasil ブラジル大統領 / presidente da República 共和国大統領.
❷ **議長, 委員長, 裁判長, 会長**, 総裁, 主宰者, 学校長▶presidente do parlamento 議会議長 / presidente da China 中国国家主席 / presidente de

P

presidiário, ria 726

Taiwan 台湾総統 / presidente da empresa 会社の社長 / presidente do clube クラブの会長.

presidiário, ria /prezidʒi'ariu, ria/ 形 刑務所の.
— 名 囚人, 受刑者.

presídio /pre'zidʒiu/ 男 刑務所.

presidir /prezi'dʒix/ 他 ❶ …を司会する, …を主宰する, …の議長を務める ▶ O juiz mais antigo presidiu a sessão. 最古参の裁判官が審議の議長をつとめた. ❷ 指導する.
— 自 …を指導する [+ a].

presilha /pre'ziʎa/ 女 ❶ バレッタ, 髪留め. ❷ 留め具.

__preso, sa__² /'prezu, za/ プレーゾ, ザ/ 形 (prender の過去分詞) ❶ つながれた, 固定された.
❷ 閉じ込められた, 挟まれた ▶ Fiquei preso no elevador. 私はエレベーターに閉じ込められた.
❸ つかまった, 逮捕された; 刑務所に入れられた ▶ estar preso 刑務所にいる.
— 名 囚人, 捕虜 ▶ um preso político 政治犯.

__pressa__ /'presa/ プレーサ/ 女 ❶ 急ぎ, 緊急 ▶ Eu estou com pressa. 私は急いでいる / A pressa é inimiga da perfeição. 諺 急いては事をし損じる / dar-se pressa 急ぐ.
❷ 速さ, 速度, スピード ▶ Ele faz tudo com pressa. 彼はなんでもすばやく済ませる.
❸ 性急さ, 慌てること ▶ Não é preciso ter pressa. 慌てる必要はない.

à(s) pressa(s) 急いで, すぐに, 慌てて ▶ Tenho de acabar à pressa este trabalho. 大急ぎでこの仕事を終えないといけない.

a toda a pressa 大急ぎで ▶ Ele terminou a missão a toda a pressa. 彼は大急ぎで任務を終えた.

Não há pressa. 急ぐことはない ▶ Não há pressa para acabar a vida de estudante. 大急ぎで学生生活を終える必要はない.

sem pressa おちついて, ゆっくりと ▶ Você pode fazer isso sem pressa. それはゆっくりとなさってくれてけっこうです.

pressagiar /presaʒi'ax/ 他 ❶ …の前兆を示す. ❷ 予言する, 予告する.

presságio /pre'saʒiu/ 男 ❶ 前兆, 兆し, 前触れ. ❷ 予感, 虫の知らせ.

__pressão__ /pre'sẽw/ プレソォン/ [複 pressões] 女 ❶ 押すこと ▶ pressão da mão 手の押し.
❷ 圧力 ▶ pressão atmosférica 気圧 / pressão arterial 血圧.
❸ (人や社会などの) 圧力, 強制 ▶ pressão social 社会的圧力 / grupo de pressão 圧力団体 / pôr pressão em... …に圧力を掛ける / ceder à pressão externa 外部の圧力に屈する.
❹ 《服飾》スナップ.

marcar sob pressão 《サッカー》プレッシャーをかけて守る.

sob pressão 加圧した, 圧縮した ▶ gás sob pressão 圧縮ガス.

pressentimento /presẽtʃi'mẽtu/ 男 予感, 虫の知らせ ▶ Tenho um pressentimento ruim. 私は悪い予感がする.

pressentir /presẽ'tʃix/ 他 ❶ 予感する, 感づく, 見抜く, 予知する ▶ pressentir a morte 死を予感する / Eu pressenti o resultado. 私は結末を予知した. ❷ 予知する ▶ Eu pressenti o que você ia falar. 君が話そうとしたことを僕は予知した / Eu pressenti a sua intenção. 僕は君の意図に感づいた.

pressionar /presio'nax/ 他 ❶ 押す ▶ pressionar um botão ボタンを押す.
❷ …に圧力をかける ▶ pressionar alguém a + 不定詞 …が…するように圧力をかける.

pressupor /presu'pox/ 他 《過去分詞 pressuposto》他 ❶ 予想する ▶ Pressupus que todos chegariam no horário combinado. 私は全員が約束の時間に到着するだろうと思った.
❷ 前提とする ▶ A democracia pressupõe o respeito aos direitos humanos. 民主主義は人権の尊重を前提としている.

pressuposto, ta /presu'postu, 'posta/ 形 (pressupor の過去分詞) 予想された.
— **pressuposto** 男 ❶ 前 提 ▶ perceber os pressupostos contidos nos textos 文章に含まれている前提条件を理解している.
❷ 意向 ▶ O meu pressuposto é falar claramente. 私は明確に話す意向だ.
❸ 言い訳 ▶ A aluna usou um pressuposto por ter chegado atrasada. その女生徒は遅刻したことの言い訳をした / Não tem pressuposto para justificar a falha. 過ちを正当化する口実はない.

pressuroso, sa /presu'rozu, 'roza/ 形 ❶ 急いでいる. ❷ やきもきしている, あせっている. ❸ 多忙である, ❹ 勤勉な.

prestação /presta'sẽw/ [複 prestações] 女 ❶ (サービスなどの) 提供; 給付 ▶ prestação de informações 情報の提供.
❷ 分割払い.
❸ 割当て, 割り前 ▶ pagar a sua prestação 割り当て額を払う.
— 男 自 分割払いの行商人; 金貸し.

à prestação ① 分割払いで. ② ゆっくりと, 段階を踏んで.

prestação de contas 決算報告.

prestamente /,presta'mẽtʃi/ 副 急いで, 迅速に.

__prestar__ /pres'tax/ プレスターフ/ 他 ❶ (試験の) 受ける, 受験する ▶ prestar o exame 試験を受ける / prestar o vestibular 大学入試を受ける.
❷ 与える, 提供する ▶ prestar informações 情報を提供する / prestar serviços à sociedade local 地域社会に奉仕する / prestar cuidados aos idosos 高齢者を介護する.
❸ 《prestar + 名 詞》… する ▶ prestar atenção em... …に注目する / prestar juramento 宣誓する / prestar depoimento 証言する / prestar apoio 支援する / prestar auxílio 援助する / prestar socorro 救援する.
— 自 役に立つ, 使える ▶ não prestar para nada 何の役にも立たない / Você não presta. お前は役立たずだ.
— **prestar-se** 再 …に役立つ, 向いている [+ a].

prestativo, va /presta'tʃivu, va/ 形 親切な, よ

preste /'prestʃi/ 形 = prestes
prestes /'prestis/ 形《不変》❶《estar prestes a + 不定詞》…する準備ができた，…する覚悟がある.
❷《estar prestes a +不定詞》…しようとしている ▶ O show está prestes a começar. ショーが始まろうとしている.
❸ 迅速な，機敏な.
— 副 迅速に，機敏に.
presteza /pres'teza/ 女 迅速，機敏 ▶ com presteza 素早く，機敏に.
prestidigitação /prestʃidʒiʒita'sẽw/ [複 prestidigitações] 女 手品，奇術，マジック.
prestidigitador, dora /prestʃidʒiʒita'dox, 'dora/ [複 prestidigitadores, doras] 名 手品師，奇術師.
prestigiar /prestʃiʒi'ax/ 他 …の権威を高める，箔をつける
— **prestigiar-se** 再 権威がつく，箔がつく.
*****prestígio** /pres'tʃiʒiu/ プレスチージオ 男 威信，名声，信望 ▶ ter prestígio internacional 国際的名声を持つ.
de prestígio 威信を誇示する，権威のある ▶ universidade de prestígio 名門大学.
prestigioso, sa /prestʃiʒi'ozu, 'ɔza/ 形 権威ある，名声のある.
préstimo /'prestʃimu/ 男 ❶ 有用性，役に立つこと ▶ sem préstimo 役に立たない. ❷《préstimos》好意，親切 ▶ Agradeceu ao amigo pelos seus préstimos. 彼は友人の親切に感謝した.
presto, ta /'prestu, ta/ 形 素早い，敏速な.
presumido, da /prezu'midu, da/ 形 (presumir の過去分詞) ❶《法律》推定された. ❷ うぬぼれた，威張った.
— 名 うぬぼれた人，威張った人.
presumir /prezu'mix/ 他 推測する；想定する，…と思う；不信を抱く ▶ Presumo que ele não vá à aula. 彼は授業に行かないのではないかと思う.
— 自 …を気取る，うぬぼれる［+ de］▶ presumir de artista 芸術家を気取る.
presumível /prezu'mivew/ [複 presumíveis] 形《男女同形》推定できる，ありそうな，もっともらしい.
presunção /prezũ'sẽw/ [複 presunções] 女 ❶ うぬぼれ，自信心，気取り.
❷ 推測，推論，推定 ▶ presunção de inocência 推定無罪.
presunçoso, sa /prezũ'sozu, 'sɔza/ 形 うぬぼれた，思い上がった，慢心した.
presunto /pre'zutu/ 男 生ハム ▶ sanduíche de presunto ハムサンドイッチ.
pretendente /pretẽ'detʃi/ 形《男女同形》要求する，志望する.
— 名 志願者，応募者.
— 男 求婚者.
*****pretender** /pretẽ'dex/ プレテンデーフ 他 ❶ …するつもりである ▶ Pretendo regressar ao meu país no mês que vem. 私は来月帰国する予定です / Não pretendo mudar minha opinião. 私は考えを変えるつもりはありません / O que você pretende fazer? あなたは何をする予定ですか.
❷ 要求する，望む ▶ pretender a mão de... …との結婚を申し込む.
— **pretender-se** 再 自分を…と思う.
pretensão /pretẽ'sẽw/ [複 pretensões] 女 ❶ 権利，特権 ▶ Este país tem pretensões sobre a região. この国はその地域に対する権利を持っている.
❷ 望み，願い；意図；要求，主張 ▶ Participei no projeto com a pretensão de resolver o problema. その問題を解決したいがためにそのプロジェクトに参加した.
❸ うぬぼれ，気取り.
pretensioso, sa /pretẽsi'ozu, 'ɔza/ 形 ❶ うぬぼれた，高慢な ▶ comportamento pretensioso 高慢なふるまい. ❷ 気取った.
— 名 高慢な人；気取った人.
pretenso, sa /pre'tẽsu, sa/ 形 ❶ …と言われている，いわゆる. ❷ 自称の ▶ um pretenso artista 自称芸術家.
preterir /prete'rix/ 61 他 ❶ 超える ▶ preterir os limites 限度を超える.
❷ 軽視する ▶ O médico atendeu todos os pacientes sem preterir ninguém. その医者は一人も拒否することなくすべての患者を診た.
❸ 省略する ▶ preterir detalhes 詳細を省く.
❹ 不当に…を昇進させない.
❺ …を差し置いて昇進する.
❻《法律》(遺言で相続人を) 省く.
pretérito, ta /pre'teritu, ta/ 形 過去の.
— **pretérito** 男《文法》過去時制.
*****pretexto** /pre'testu/ プレテスト 男 言い訳，口実 ▶ um bom pretexto para fugir da realidade 現実逃避のよい口実.
a pretexto de... …を口実として.
com (o) pretexto de... …を口実として.
sob pretexto de... …を口実として ▶ O governo desaloja moradores sob pretexto do desenvolvimento local. 政府は地域発展を口実に住民たちを立ち退かせた.
*****preto, ta** /'pretu, ta/ プレート，タ/ 形 ❶ 黒い，暗い ▶ cabelo preto 黒髪 / tinta preta 黒インキ / olhos pretos 黒い目 / café preto ブラックコーヒー / preto como carvão 真黒な / filme preto e branco 白黒映画.
❷ 圏 難しい，困難な ▶ A situação está preta. 状況は難しい.
❸ 黒人の，肌の黒い ▶ homem preto 黒人男性.
— 名 黒人.
— **preto** 男 黒，黒色 ▶ vestir-se de preto 黒い服を着る.
pôr o preto no branco 文書にする.

コラム 「黒」を表すポルトガル語

ポルトガル語には「黒」を意味する語が２つある．
その１つの preto は一般的な「黒」を意味する．
　sapatos pretos 黒い靴．
　pão preto 黒パン．
　nuvens pretas 黒雲．

chá preto 紅茶.
もう１つの negro は「漆黒, ピッチ色」を意味し, 人種の黒や真っ黒な様子, 闇の状態などを指す.
pantera negra クロヒョウ.
quadro-negro 黒板.
buraco negro ブラックホール.
mercado negro ブラックマーケット.

prevalecer /prevale'sex/ ⑮ [自] ❶ 優位に立つ, 勝る [+ a/sobre] ▶A constituição prevalece sobre qualquer lei. 憲法はいかなる法律にも優越する.
❷ 存続する ▶A pobreza prevalece nas zonas rurais. 貧困は農村地帯に存続する.
— **prevalecer-se** [再] ❶ …を利用 (活用) する [+ de] ▶Ele soube prevalecer-se da situação. 彼はその状況を利用できた.
❷ …に対して反抗する [+ contra].

prevalência /preva'lẽsia/ [女] 優勢, 優位.

prevaricação /prevarika'sɐ̃w̃/ [[複] prevaricações] [女] 背任, 背信, 汚職.

prevaricar /prevari'kax/ ㉙ [自] ❶ 背任行為を働く, 汚職する ▶O funcionário público prevaricou e foi preso. その公務員は汚職で逮捕された.
❷ 不貞を働く.

prevenção /prevẽ'sɐ̃w̃/ [[複] prevenções] [女] ❶ 予防, 防止 ▶prevenção de incêndios 火事の予防 / prevenção de crimes 犯罪防止 / medidas de prevenção 予防策 / Prevenção é o melhor remédio. [諺] 予防は治療に優る.
❷ 先入観, 偏見 ▶estar de prevenção contra [com] …に対して偏見がある.
❸ 用心, 警戒.
de prevenção 念のため, 予防策として.

prevenido, da /preve'nidu, da/ [形] (prevenir の過去分詞) ❶ 準備のできた, 支度のできた ▶Um homem prevenido vale por dois. [諺] (用意周到な人一人は二人分の値打ちがある→) 備えあれば憂いなし / estar prevenido para algo …の準備ができている.
❷ 通告された ▶Ele foi prevenido de antemão. 彼は前もって通告された.
❸ 《estar prevenido (com dinheiro)》 お金の十分な持ち合わせがある.

***prevenir** /preve'nix プレヴニーフ/ ③ [他] ❶ …について知らせる [+ de/sobre] ▶prevenir os amigos do risco 友人に危険を知らせる.
❷ 予防する ; 防ぐ ▶prevenir acidentes 事故を防ぐ / É melhor prevenir do que remediar. [諺] 転ばぬ先の杖.
❸ 準備する.
— **prevenir-se** [再] ❶ …のために備える [+ para/contra] ▶prevenir-se para um ataque 攻撃に備える / prevenir-se contra um terremoto 地震に備える.
❷ …を準備する [+ de/com].

preventivo, va /prevẽ'tʃivu, va/ [形] 予防の, 防止用の ▶medicina preventiva 予防医学 / medidas preventivas 予防策.

*****prever** /pre'vex プレヴェーフ/ ㊾ 《[過去分詞] previsto》 [他] **予見する, 予想する**, 予測する ▶prever o futuro 未来を予想する / Ela previu a catástrofe. 彼女は大惨事を予見した / Eu previa que tudo acabasse bem. 私はすべてがうまく終わると予測していた.

pré-vestibular /ˌprɛvestʃibu'lax/ [[複] pré-vestibulares] [形] 《男女同形》 大学受験準備の, 大学進学前の ▶curso pré-vestibular 大学進学コース.
— [男] 大学進学コース.

prévia[1] /'prɛvia/ [女] [B] 選挙動向調査.

previdência /previ'dẽsia/ [女] ❶ 注意, 慎重 ▶agir com previdência 慎重に行動する. ❷ 予想, 予測.
Previdência Privada 民間福祉, 私的福祉.
Previdência Social 社会福祉, 公的福祉.

previdente /previ'dẽtʃi/ [形] 《男女同形》 用意周到な, 先見の明がある.

prévio, via[2] /'prɛviu, via/ [形] 事前の, 前もっての ▶aviso prévio 事前連絡 / conhecimento prévio 事前知識.

previsão /previ'zɐ̃w̃/ [[複] previsões] [女] 予見, 予測, 予報 ▶previsão do tempo 天気予報 / previsões de vendas 売り上げ予測.

previsível /previ'zivew/ [[複] previsíveis] [形] 《男女同形》 予想できる, 予測可能な.

previsto, ta /pre'vistu, ta/ [形] (prever の過去分詞) ❶ 予定された, 予想された ▶O trem está previsto para sair às nove. その電車は９時出発の予定だ / no momento previsto 予定の時刻に / mais cedo do que o previsto 予定より早く / lucro maior que o previsto 予想を上回る利益 / como previsto 予定通り.
❷ 規定された ▶um crime previsto na lei 法に定められた犯罪.

prezado, da /pre'zadu, da/ [形] (手紙で) 親愛なる, 敬愛する ▶Prezado Senhor [Prezada Senhora] 拝啓.

prezar /pre'zax/ [他] 尊重する, 尊敬する, 重んじる ▶prezar as leis 法律を尊重する.
— **prezar-se** [再] ❶ 自負する.
❷ …を自慢する [+ de] ▶Ele sempre se preza de ser filho de um escritor. 彼は作家の息子であることをいつも自慢する.

primado /pri'madu/ [男] ❶ 〖カトリック〗 首座司教の地位. ❷ 優位, 優先, 優越.

prima-dona /ˌprĩma'dõna/ [[複] prima-donas] [女] プリマドンナ.

primar /pri'max/ [自] 優れている, 傑出している ▶uma empresa que prima pela qualidade de seus produtos e serviços 製品とサービスの質が優れている企業 / Ele prima entre os estudantes. 彼は生徒たちの中で一番だ / O enredo não prima pela originalidade. 筋立ては独創性に富んでいるわけではない.

****primário, ria** /pri'mariu, ria プリマーリオ, リア/ [形] ❶ **初等の, 初歩の** ▶escola primária 小学校 / ensino primário 初等教育 / professor primário 小学校教員.
❷ **第１段階の**, 第１の, 初期の ▶setor primário

P

第一次産業.
❸ **基本的な**, 根本的な ▶cores primárias 原色 / necessidades primárias 生活必需品.
primata /pri'mata/ 男 【動物】霊長類.

primavera /prima'vɛra/ プリマヴェーラ/ 安 ❶ 春, 春季 ▶Muitas pessoas visitam este parque na primavera. 多くの人がこの公園を訪れる / na primavera deste ano 今年の春に / na primavera do ano passado 去年の春に / na primavera de 2014 2014 年 の 春 に / A primavera está chegando. もうすぐ春だ / primavera da vida 人生の春, 青春.
❷【植物】サクラソウ.
primazia /prima'zia/ 安 ❶ 優先, 優越, 上位.
❷ 卓越. ❸【カトリック】首座司教の地位.
primeira¹ /pri'mejra/ 安 ❶【自動車】(ギアの)ロー. ❷ ファーストクラス, 一等車 ▶viajar de primeira ファーストクラス[一等車]に乗る.
à primeira 1回目で.
de primeira ① 一流の, 第一級の ▶hotel de primeira 一流ホテル. ② 初めは, 最初は.
primeira-dama /pri,mejra'dɐ̃ma/ [複 primeiras-damas] 安 ファーストレディー.
primeiramente /pri'mejra'mẽtʃi/ 副 まず, 第一に.

primeiro, ra² /pri'mejru, ra プリメィロ, ラ/ 形 ❶ 最初の, 第 1 の ▶o primeiro capítulo 第一章 / Primeira Guerra Mundial 第一次世界大戦 / primeiro passo 最初の一歩 / primeira página do jornal 新聞の一面 / dia primeiro de maio 5月1日.
❷ 初めての, 初期の ▶primeiro amor 初恋 / pela primeira vez 初めて / primeiros socorros 応急手当 / desde o primeiro momento 最初から.
❸ 一番の, 最高位の ▶o primeiro prêmio 一等賞 / Ela ficou em primeiro lugar. 彼女が一着だった.
❹ 第一級の, 最重要の ▶primeira classe ファーストクラス / hotel de primeira categoria 一流ホテル / de primeira importância 極めて重要な.
❺ 根本的な ▶princípio primeiro 基本原理.
— 名 最初の人[物], 一番の人[物] ▶Ele sempre é o primeiro a chegar na companhia. 彼がいつも一番最初に出社する / Ela é a primeira da classe. 彼女はクラスで一番だ.
— **primeiro** 副 最初に ▶Por favor, você primeiro. どうぞお先に / Ganha quem chega primeiro. 早い者勝ち.
de primeiro ① かつては, 以前は. ② まず, 第一に.
na primeira 初めて.
primeiro e último 最初で最後の.
primeiro entre iguais 同輩中の首席.
primeiro que +接続法 …より前[先]に.
primeiro sem segundo 唯一無二の.
primeiro de abril /pri,mejrudʒia'briw/ [複 primeiros de abril] 男 エイプリルフール.
primeiro-ministro, primeira-ministra /pri,mejrumi'nistru, pri,mejrami'nistra/ [複 primeiros-ministros, primeiras-ministras] 名 首相 ▶primeiro-ministro do Japão 日本の首相.

primitivo, va /primi'tʃivu, va プリミチーヴォ, ヴァ/ 形 ❶ 原始の ▶arte primitiva 原始芸術.
❷ 原始的な, 未開の, 素朴な ▶sociedade primitiva 未開社会 / utensílios primitivos 原始的な道具類.
❸ 最初の, 元の ▶devolver ao estado primitivo 元の状態に戻す.

primo, ma /'primu, ma プリーモ, マ/ 名 ❶ いとこ ▶primo de segundo grau またいとこ. ❷ 親類, 遠縁.
— **primo** 男 【数学】素数.
— 形 【数学】素数の ▶número primo 素数.
primogênito, ta /primu'ʒenitu, tɐ/ 形 名 Ⓟ = primogénito
primogénito, ta /primo'ʒɛnitu, ta/ 形 長子(の), 長男(の), 長女(の).
primor /pri'mox/ [複 primores] 男 ❶ 完璧, 見事 ▶Ela é um primor de pessoa. 彼女はとても優秀な人だ. ❷ 繊細さ, 精巧さ ▶Ele fez uma obra com primor. 彼は精巧な作品を作った.
primordial /primoxdʒi'aw/ [複 primordiais] 形 【男女同形】❶ 最も重要な, 肝要な ▶ter um papel primordial 極めて重要な役割を担う. ❷ 最初の, 原初の.
primórdio /pri'mɔxdʒiu/ 男 (主に primórdios) 起源, 始まり ▶os primórdios do universo 宇宙の起源.
primoroso, sa /primo'rozu, 'rɔza/ 形 ❶ すばらしい, 見事な. ❷ 完璧な, 入念な.
princesa /pri'seza プリンセーザ/ 安 ❶ 王妃, 皇太子妃. ❷ 王女, 皇女. ❸ 女王. ❹ かわいい女の子.
principado /prisi'padu/ 男 ❶ 大公の位. ❷ 公国 ▶Principado de Mônaco モナコ公国.

principal /prisi'paw プリンスィパウ/ [複 principais] 形 【男女同形】主な, 主要な ▶prato principal メインディッシュ / personagem principal 主 人 公 / papel principal 主 役 / figura principal 主要人物 / oração principal 主節 / principal razão 主な理由.
— 男 (o principal) 要点, 肝心なこと ▶Isso é o principal. それが肝心だ.
principalmente /prisi,paw'mẽtʃi プリンスィパウメンチ/ 副 ❶ 最も重要なことに, 何よりもまず, 何をおいても. ❷ 特に, 主に, 主として.

príncipe /'prĩsipi プリーンスィピ/ 男 ❶ 君主, 帝王 ▶O Príncipe 『君主論』.
❷ 王子, 皇子, 親王, 王族 ▶príncipe herdeiro 皇太子 / príncipe de Gales プリンス・オブ・ウェールズ, 英国皇太子 / príncipe consorte 女王の夫 / príncipe regente 摂政王子.
❸ 大公, 公 ▶Príncipe de Mônaco モナコ大公.
❹ 第一人者, 王者 ▶o príncipe dos poetas 詩聖.
príncipe encantado (女性が夢見る) 白馬の王子様.
viver como um príncipe 豊かでぜいたくな生活を送る.
principiante /prisipi'ɐ̃tʃi/ 形 【男女同形】初心者の, 入門の.

principiar

― 图 初心者, 初学者, 入門者.
principiar /prisipi'ax/ 他 始める ▶Ele principiou o trabalho. 彼は仕事を始めた.
― 自 始まる ▶O livro principia muito bem. その本は出だしがとてもよい.

⁑princípio /pri'sipiu/ プリンスィピオ/ 男 ❶ 始め, 冒頭, 初期 (↔fim) ▶do princípio ao fim 初めから最後まで / princípio do fim 終わりの始まり.
❷ 原理, 原則 ▶o princípio de Arquimedes アルキメデスの原理 / princípios fundamentais 基本原則 / homem de princípios 原理原則の人物 / o princípio da liberdade de expressão 表現の自由という原則.
❸ 原因, 発端, 根源, 本源 ▶Acreditar é o princípio do sucesso. 信じることは成功の始まりである.
❹《princípios》主義, 方針 ▶homem sem princípios 無節操な男 / Isso é contra os meus princípios. それは私の主義に反する.
❺《princípios》基礎知識 ▶É preciso aprender os princípios da matemática. 数学の基礎知識を学ぶ必要がある.
a princípio 最初に ▶A princípio, gostaria de dizer obrigado para todos. 最初に皆さんにありがとうを言いたい.
em princípio 原則として, 一般に.
no princípio 始めに ▶No princípio era o Verbo. 始めに言葉があった / no princípio do mês 月の初めに / no princípio de abril 4月の初めに / no princípio do filme 映画の冒頭で.
por princípio 主義として.

*__prioridade__ /priori'dadʒi/ プリオリダージ/ 女 優先, 優先権 ▶dar prioridade à educação 教育を優先させる / ter prioridade 優先権がある.

prioritário, ria /priori'tariu, ria/ 形 優先する, 優先権を持つ.

⁑**prisão** /pri'zẽw/ プリザォン/ [複 prisões] 女 ❶ 刑務所, 監獄 ▶ir para a prisão 刑務所に行く / meter na prisão 投獄する.
❷ 懲役, 禁固 ▶10 anos de prisão 10年の禁固刑 / prisão celular 独房 / prisão perpétua 終身刑 / prisão preventiva 予防拘留 / prisão domiciliar 自宅軟禁.
prisão de ventre 便秘.

prisional /prizio'naw/ [複 prisionais] 形《男女同形》刑務所の ▶sistema prisional 拘禁制度.

prisioneiro, ra /prizio'nejru, ra/ 名 ❶ 囚人, 受刑者 ▶prisioneiro de consciência 良心の囚人 / prisioneiro de guerra 捕虜.
❷ …にとらわれている人 [+ de].

prisma /'prizma/ 男 ❶《数学》角柱. ❷《光学》プリズム. ❸ 視点, 観点 ▶visto sob esse prisma この視点から見ると.

prismático, ca /priz'matʃiku, ka/ 形 ❶ 柱体の, 角柱形の. ❷ プリズムの, 分光の.

privação /priva'sẽw/ [複 privações] 女 ❶ 剥奪, 喪失 ▶privação de liberdade 自由の剥奪 / privação de sono 睡眠不足.
❷《privações》欠乏, 窮乏; 不自由 ▶passar por privações 不自由な思いをする.

privacidade /privasi'dadʒi/ 女 私生活, プライバシー ▶invasão de privacidade プライバシーの侵害.

privada[1] /pri'vada/ 女 便器; 便所, トイレ.

⁑**privado, da**[2] /pri'vadu, da/ プリヴァード, ダ/ 形
❶ 私有の, 私立の (↔público) ▶propriedade privada 私有地 / caminho privado 私道 / escola privada 私立学校 / empresa privada 民間企業 / setor privado 民間部門.
❷ 個人の, 個人的な, 私的な ▶vida privada 私生活 / conversa privada 二人だけの会話 / direito privado 私法 / a título privado 個人的に.
❸ 秘密の, 非公開の ▶audiência privada 非公開の法廷.
❹ …を奪われた, 失った [+ de] ▶privado de liberdade 自由を奪われた.
em privado 個人的に, 一対一で, 非公式に.

privar /pri'vax/ 他 …から…を奪う, 剥奪する [+ de] ▶privar alguém dos seus direitos …の権利を剥奪する.
― 自 …と親しくする, 交わる [+ com] ▶privar com a alta sociedade 上流階級に接する.
― **privar-se** 再 …を断つ, …断ちをする [+ de].

privativo, va /priva'tʃivu, va/ 形 ❶ 私的な, 専用の ▶entrada privativa 専用入り口.
❷ 剥奪する ▶pena privativa de liberdade 自由を剥奪する刑罰.

privatização /privatʃiza'sẽw/ [複 privatizações] 女 民営化.

privatizar /privatʃi'zax/ 他 民営化する.

privilegiado, da /privileʒi'adu, da/ 形 ❶ 特権を与えられた, 恵まれた ▶classe privilegiada 特権階級 / ocupar uma posição privilegiada 特権的地位を占める / informação privilegiada インサイダー情報 / utilização de informações privilegiadas インサイダー取引.
❷ 比類ない, 類いまれな ▶talento privilegiado 類いまれな才能.
― 名 特権を持った人.

privilegiar /privileʒi'ax/ 他 …に特権を与える, …を特別扱いする.

*__privilégio__ /privi'leʒiu/ プリヴィレージオ/ 男 特権, 特典 ▶gozar de privilégios 特権を享受する / conceder privilégios 特権を与える / ter o privilégio de +不定詞 …する特権を持つ.

pro /pru/ 圖 前置詞 para の口語形 pra と定冠詞 o の縮合形.

pró /'prɔ/ 副 賛成して.
― 男 利点, 長所 ▶os prós e os contras 長所と短所, メリットとデメリット.
em pró de... …に賛成して, …のために, …の利益を図って.

proa /'proa/ 女 船首, 舳先 (へさき).

proativo, va /proa'tʃivu, va/ 形 先を読んで行動する, 事前対策の ▶ser proativo 問題が起きる前に行動する / tomar medidas proativas 事前に策を講じる.

probabilidade /probabili'dadʒi/ 女 ❶ 見込み, 蓋然性, 公算 ▶não ter probabilidade alguma ま

っ た く 見 込 み が な い / ter probabilidade de + 不定詞 …できる見込みがある. ❷《数学》確率▶teoria das probabilidades 確率論.
segundo todas as probabilidades きっと, 十中八九.

probidade /probi'dadʒi/ 囡 実直, 誠実, 廉直 ▶ probidade administrativa 行政の清廉度.

problema /pro'blẽma プロブレーマ/ 男 ❶ 問題, 悩みごと▶A falta de luz é um problema grave. 電力不足は重大な問題だ / Tenho um problema. 私は困ったことがある / Isso é seu problema. それはあなたの問題だ, こちらには関係がない / O problema é que não tenho muito tempo. 問題は, 私に時間があまりないことだ / Ele está com problema financeiro. 彼はお金に困っている / Não tem problema. 問題はない / problema de moradia 住宅問題 / causar problemas 問題を引き起こす / sem problemas 問題なく, 無事に / ter problemas com a polícia 警察と問題を起こす.
❷（身体の）問題▶problema circulatório 循環器の問題 / problema de saúde 健康問題.
❸（学問や学習上の）問題, 課題 ▶ problema de matemática 算数の問題 / apresentar um problema 問題を出す / resolver um problema 問題を解く.

problemática[1] /proble'matʃika/ 囡（特定の領域の）諸問題▶problemática econômica 経済問題.

problemático, ca[2] /proble'matʃiku, ka/ 形 問題のある, 問題の多い.

procedência /prose'dẽsia/ 囡 ❶ 起源, 出所, 出身 ▶ produtos de procedência duvidosa 出所の不明な製品. ❷ 根拠▶sem procedência 根拠なしに.

procedente /prose'dẽtʃi/ 形《男女同形》❶ …から来る；…に由来する [+ de] ▶ voo procedente de Lisboa リスボン発の便.
❷ 筋の通った, 理にかなった ▶ crítica procedente もっともな批判.

proceder /prose'dex プロセデーフ/ 自 ❶ …から来る, 由来する, 生じる [+ de] ▶A língua portuguesa procede do latim. ポルトガル語はラテン語から来ている.
❷ 振る舞う, 行動する▶proceder conforme as instruções 指示に従って行動する / saber como proceder どうすればよいか分かっている, 対処法を知っている / proceder corretamente 適切に対処する / proceder bem 行儀がいい.
❸ …を行う, 実施する [+ a] ▶ proceder a um inquérito アンケート調査を行う.

procedimento /prosedʒi'mẽtu/ 男 ❶ 方法, 手段, 手順, 手続き ▶ procedimentos para inscrição 申し込み手続き / procedimentos de segurança 安全手順.
❷ 態度, 振る舞い ▶ procedimento irritante いらいらさせる振る舞い. ❸ 訴訟の手続き.

procela /pro'sɛla/ 囡 嵐, しけ.
proceloso, sa /prose'lozu, 'lɔza/ 形 嵐の, しけの.

prócer /'prɔsex/ [複 próceres] 男 大物, 要人, 中心人物.

processador /prosesa'dox/ [複 processadores] 男《情報》プロセッサー ▶ processador de texto ワードプロセッサー.

processamento /prosesa'mẽtu/ 男《情報》処理 ▶ processamento de dados データ処理 / processamento de imagem 画像処理 / unidade central de processamento 中央処理装置, CPU.

processar /prose'sax/ 他 ❶《情報》処理する ▶ processar informação 情報を処理する. ❷《法律》訴える, 告訴する.

processo /pro'sesu プロセーソ/ 男 ❶ 過程, 経過 ▶ processo de aprendizagem 学習過程 / processo de crescimento 成長過程 / processo de produção 製造工程 / processo de paz 和平プロセス / processo mental 思考過程.
❷《法律》訴訟 ▶ processo civil 民事訴訟 / processo criminal 刑事訴訟 / instaurar um processo 訴訟を起こす.

procissão /prosi'sẽw̃/ [複 procissões] 囡 行列, 列 ▶ procissão de carros 車の列 / em procissão 列をなして.

proclama /pro'klẽma/ 男《proclamas》(役所や教会での) 婚姻の公示.

proclamação /proklama'sẽw̃/ [複 proclamações] 囡 宣言, 公告 ▶ proclamação da independência 独立宣言 / proclamação da República 国 共和制宣言記念日 (11月15日).

proclamar /prokla'max/ 他 宣言する, 布告する, 公表する ▶ proclamar a independência 独立を宣言する.
— **proclamar-se** 再 …と自称する.

procrastinar /prokrastʃi'nax/ 他 延期する.
— 自 先送りにする.

procriação /prokria'sẽw̃/ [複 procriações] 囡 出産, 生殖 ▶ procriação medicamente assistida 生殖補助医療.

procriar /prokri'ax/ 他（子を）産む.
— 自 繁殖する.

procura /pro'kura プロクーラ/ 囡 ❶ 探すこと, 捜索 ▶ procura dos fugitivos 逃亡者の捜査 / procura do tesouro 宝探し / procura de informações 情報を探すこと.
❷ 需要 ▶ ter procura 需要がある / lei da oferta e da procura 需要と供給の法則 / procura de energia エネルギーの需要 / satisfazer a procura 需要を満たす.
à procura de... …を求めて, 探して ▶ andar à procura de... …を探している.

procuração /prokura'sẽw̃/ [複 procurações] 囡 代理, 代理権；委任状 ▶ passar uma procuração a alguém …に委任する.
por procuração 代理人を立てて ▶ voto por procuração 代理投票 / guerra por procuração 代理戦争.

procurador, dora /prokura'dox, 'dora/ [複 procuradores, doras] 名 ❶ 代理人, 受任人, 仲介人. ❷ 検事.

procuradoria /prokurado'ria/ 囡 ❶ 検事の職.

procurar

❷ 検察庁.

procurar /proku'rax プロクラーフ/ 他 ❶ 探す, 捜す, 追求する ▶procurar um objeto perdido なくした物を探す / procurar emprego 職を探す / Estou procurando a chave da casa. 私は家の鍵を探している / O que você está procurando? あなたは何を探しているのですか/ procurar o fugitivo 逃亡者を捜す / procurar a verdade 真理を追究する.

❷《単語を》調べる ▶procurar uma palavra no dicionário 単語を辞書で調べる.

❸ …と連絡を取る, …に連絡する.

❹《procurar +不定詞》…しようとする ▶Procurei falar com ela. 私は彼女と話してみようとした.
— 自 見る, 探す ▶procurar debaixo da cama ベッドの下を見る / Ela procurou dentro da bolsa. 彼女はかばんの中を探した.
— **procurar-se** 再《procura-se...》…求む, …募集中 ▶Procura-se um amigo. 友達募集中.

prodigalizar /prodʒigali'zax/ 他 ❶ 浪費する, 乱費する. ❷ 惜しまない.

prodígio /pro'dʒiʒiu/ 男 ❶ 驚異, 不思議, 奇跡 ▶realizar prodígios 奇跡を起こす. ❷ 天才, 奇才 ▶menino prodígio 神童 / prodígio do piano ピアノの天才.

prodigioso, sa /prodʒiʒi'ozu, 'ɔza/ 形 驚異的な, すばらしい, 奇跡的な.

pródigo, ga /'prɔdʒigu, ga/ 形 ❶ 浪費家の, 浪費する ▶filho pródigo《新約聖書》放蕩息子. ❷ 物惜しみしない, 気前のよい.
— 名 浪費家, 気前のいい人.

‡**produção** /produ'sẽw プロドゥサォン/ [複 produções] 女 ❶ 生産, 産出 ; 生産量 ▶produção de carros 自動車の生産 / produção industrial 工業生産 / produção agrícola 農業生産 / produção em série 大量生産 / produção de trigo 小麦の生産 / meios de produção 生産手段 / custo de produção 生産コスト / produção anual de café コーヒーの年間生産量.

❷ 生産物, 製品 ▶produção nacional 国産品 / produção coletiva 共同制作物.

❸《芸術作品や興行作品の》制作 ; 作品 ▶produção poética 詩作 / empresa de produção de filmes 映画の製作会社 / filme de produção americana アメリカ制作映画 / produção musical 音楽制作.

produtividade /produtʃivi'dadʒi/ 女 生産性, 生産力 ▶aumentar a produtividade 生産性を高める.

*produtivo, va** /produ'tʃivu, va プロドゥチーヴォ, ヴァ/ 形 生産の, 生産的な ▶força produtiva 生産力 / discussão produtiva 生産的議論.

‡**produto** /pro'dutu プロドゥート/ 男 ❶ 生産物, 産物, 製品 ▶produtos alimentícios 食料品 / produtos agrícolas 農産物 / produtos de beleza 化粧品 / produtos químicos 化学製品 / produtos de consumo 消費物資 / produtos de luxo ぜいたく品 / produto da imaginação 想像の産物 / produto primário 一次産品.

❷ 収益, 利益, 収入 ▶produto bruto 総売上高 / produto líquido 純益 / produto interno bruto 国内総生産(略 PIB), GDP.

❸《数学》積.

‡**produtor, tora** /produ'tox, 'tora プロドゥトーフ, トーラ/ [複 produtores, toras] 形 生産する ▶país produtor de petróleo 石油産出国.
— 名 ❶ 生産者, 製造者 ▶produtor de vinho ワイン生産者. ❷ プロデューサー, 制作者 ▶produtor de cinema 映画プロデューサー.
— **produtora** 女 製作会社 ▶produtora de filmes 映画製作会社.

‡**produzir** /produ'zix プロドゥズィーフ/ ⑭ 他 ❶ 生産する, 産出する ▶produzir laticínios 乳製品を生産する / produzir carros 自動車を生産する / produzir energia エネルギーを生み出す.

❷ 生じさせる, 引き起こす, もたらす ▶A reforma produziu ótimos resultados. 改革は最高の結果をもたらした / Os comprimidos produzem sonolência. その錠剤は眠気を引き起こす / produzir som 音を出す / produzir um efeito 効果をもたらす.

❸ 創作する ▶produzir um texto テキストを執筆する / produzir uma redação 作文を書く / produzir um filme 映画を制作する.

❹ 提出する, 示す ▶produzir a prova 証拠を提出する.

❺ …におしゃれをさせる, おしゃれな服を着させる.
— **produzir-se** 再 おしゃれをする.

proeminência /proemi'nẽsia/ 女 ❶ 突起, 突起物, 突出部. ❷ 卓越.

proeminente /proemi'nẽtʃi/ 形《男女同形》❶ 突出した. ❷ 卓越した.

proeza /pro'eza/ 女 ❶ 快挙, 偉業 ▶ser uma proeza 快挙である. ❷ 手柄, 功績.

profanação /profana'sẽw/ [複 profanações] 女 冒瀆, 瀆聖.

profanar /profa'nax/ 他 冒瀆する, けがす ▶profanar sepultura 墓地をけがす.

profano, na /pro'fɐnu, na/ 形 ❶ 世俗の, 俗界の ▶música profana 世俗音楽. ❷ 神聖をけがす, 冒瀆的な. ❸ 門外漢の, 素人の.
— 名 ❶ 門外漢, 素人. ❷ 俗人.

profecia /profe'sia/ 女 ❶ 預言, お告げ. ❷ 予想, 予測.

proferir /profe'rix/ ㊶ 他 口に出して言う, 声高に言う ▶proferir um discurso 演説をする.

professar /profe'sax/ 他 ❶ 信奉する, 従う ▶professar uma religião 宗教を信奉する.

❷ …を職業とする ▶professar a medicina 医業を営む.

❸ 公言する ▶professar a verdade 真実を述べる.

❹ 教える ▶professar matemática 数学を教える.

❺ 広める. ❻ 実行する. ❼ 誓う.
— 自 修道誓願を立てる.

‡**professor, sora** /profe'sox, 'sora プロフェソーフ, ソーラ/ [複 professores, soras] 名 教師, 教員, 教授 ▶professor de português ポルトガル語の教師 / professor de piano ピアノの教師 / professor universitário 大

学教授, 大学教員 / professor titular 正教授 / professor honorário 名誉教授.

professorado /profeso'radu/ 男 教職；《集合的》教員.

profeta, tisa /pro'fɛta, 'tʃiza/ 名 預言者, 予言者 ▶ Ninguém é profeta em sua terra. 諺 預言者郷里に容れられず.

profético, ca /pro'fɛtʃiku, ka/ 形 預言の, 予言の.

profetizar /profetʃi'zax/ 他 預言する, 予言する.

proficiência /profisi'ẽsia/ 女 熟練, 熟達.

proficiente /profici'ẽtʃi/ 形《男女同形》熟練した, 熟達した, 有能な ▶ proficiente em inglês 英語の上手な.

profícuo, cua /pro'fikwu, kwa/ 形 有用な, 有益な.

profilático, ca /profi'latʃiku, ka/ 形《医学》予防の ▶ tomar medidas profiláticas 予防対策を行う.

profilaxia /profilak'sia/ 女（病気の）予防.

★profissão /profi'sẽw̃ プロフィサォン/ [複 profissões] 女 ❶ 職業, 生業 ▶ Qual é a sua profissão? ご職業は何ですか / mudar de profissão 転職する / profissão liberal 自由業 / sem profissão 無職の / a profissão mais antiga do mundo 世界最古の職業, 売春.
❷（主義や方針などの）公言, 表明；《カトリック》(信仰の) 告白 ▶ profissão de fé 信仰告白；所信［信条］表明.
de profissão 本職の, 常習の.
fazer profissão de... …を公言する, 表明する.

★profissional /profisio'naw プロフィスィオナゥ/ [複 profissionais] 形《男女同形》❶ 職業の, 職業上の ▶ ensino profissional 職業教育 / escola profissional 専門学校 / formação profissional 職業訓練 / ética profissional 職業倫理 / doença profissional 職業病 / guardar o sigilo profissional 職業上の秘密を守る.
❷ 本職の, プロの, 玄人の ▶ um músico profissional プロの音楽家.
— 名 専門家, 玄人, プロ ▶ profissional de enfermagem 看護師 / profissional liberal 自由業者.

profissionalismo /profisiona'lizmu/ 男 職業意識, プロ精神.

profissionalização /profisionaliza'sẽw̃/ [複 profissionalizações] 女 職業化, プロ化.

profissionalizante /profisionali'zẽtʃi/ 形《男女同形》職業指導の ▶ ensino profissionalizante 職業教育.

profissionalizar /profisionali'zax/ 他 職業にする, プロにする.
— **profissionalizar-se** 再 職業化する, プロになる.

profissionalmente /profisiọna'wmẽtʃi/ 副 職業的に, 専門的に；職業上.

profundamente /pro,fũda'mẽtʃi/ 副 深く, 大いに, 心深く ▶ respirar profundamente 深呼吸する / dormir profundamente 深く眠る.

profundas /pro'fũdas/ 女複 深淵（えん）, 底 ▶ profundas do inferno 地獄の底.

profundeza /profũ'deza/ 女 深み, 奥底 ▶ nas profundezas do mar 海の底に / nas profundezas da alma 魂の奥底に.

★profundidade /profũdʒi'dadʒi プロフンヂダーチ/ 女 ❶ 深さ ▶ a 100 metros de profundidade 深さ100メートルのところで / ter 50 metros de profundidade 50メートルの深さがある / Qual é a profundidade do lago? 湖の深さはどれくらいありますか.
❷ 奥行き.
❸ 深遠さ, 深さ ▶ a profundidade de um pensamento ある思想の深み / na profundidade da alma 魂の奥底で.
em profundidade 深く, 根本的に.

★profundo, da /pro'fũdu, da プロフンド, ダ/ 形 ❶ 深い, 奥行きのある, 奥深い ▶ rugas profundas 深く刻まれたしわ / corredor profundo 奥行きのある廊下 / ferida profunda na perna 脚の深い傷.
❷ 極度の, 激しい, 強い ▶ dor profunda 激しい痛み / profunda gratidão 心からの感謝 / profunda decepção 深い失望 / entrar num sono profundo 深い眠りにつく.
❸ 濃い；暗い ▶ olhos de um azul profundo 濃い青色の目.
❹ 洞察力のある ▶ escritor muito profundo 非常に洞察力のある作家.
❺ 解せない ▶ mistério profundo 理解しがたい謎.
❻（声が）低い ▶ voz profunda 低い声.
— **profundo** 男 ❶ 深さ, 深み ▶ o profundo do oceano 海洋の深さ. ❷ 地獄. ❸ 海.
— **profundo** 副 深く ▶ palavras que calam profundo na alma 魂に深く染み入る言葉.

profusamente /pro,fuza'mẽtʃi/ 副 多量に, おびただしく.

profusão /profu'zẽw̃/ [複 profusões] 女 豊富, 多量, 過多 ▶ uma profusão de cores たくさんの色.
com profusão 大量の, 豊富な.
em profusão 豊富に.

profuso, sa /pro'fuzu, za/ 形 多量の, おびただしい.

progénie /pro'ʒɛni/ 女 P = progênie

progênie /pro'ʒeni/ 女 B ❶ 子孫. ❷ 祖先, 家系.

progenitor, tora /proʒeni'tor, 'tora/ [複 progenitores, toras] 名 ❶ 親, 父親, 母親. ❷《progenitores》先祖.

prognosticar /proginostʃi'kax/ 他 予言する, 予告する, 予測する ▶ prognosticar o futuro 未来を予測する.

prognóstico /progi'nɔstʃiku/ 男 予知, 予測, 予言 ▶ prognóstico do futuro 未来の予測.

★programa /pro'grẽma プログラーマ/ 男 ❶ 番組, プログラム ▶ programa de televisão テレビ番組 / programa do concerto コンサートのプログラム.
❷《情報》プログラム ▶ programa de computador コンピュータープログラム.
❸ 計画, 予定 ▶ Qual é o programa para hoje? 今日の予定は何ですか.

programação

❹〖教育〗授業計画, シラバス.
❺ (政党の) 綱領 ▶ o programa do partido verde 緑の党の綱領.
programa de índio する意味のないこと, 無駄なこと.

programação /programa'sẽw/ [複 programações] 囡 ❶ 計画作成.
❷ 番組, 番組編成 ▶ programação infantil 幼児番組 / diretor de programação 番組編成局長.
❸〖情報〗プログラミング ▶ linguagem de programação プログラミング言語.
programação visual グラフィックデザイン.

programador, dora /programa'dox, 'dora/ [複 programadores, doras] 名 プログラマー.
programador visual グラフィックデザイナー.

programar /progra'max/ 他 ❶ …の計画を立てる, 予定を立てる ▶ programar a viagem 旅行の計画を立てる.
❷ (装置を) 設定する, 合わせる ▶ programar o relógio 時計をセットする.
❸〖情報〗(プログラムを) 作る.
— 自 プログラムを作る.

programável /progra'mavew/ [複 programáveis] 形《男女同形》プログラム可能な.

progredir /progre'dʒix/ ③ 自 ❶ 前進する. ❷ 進歩する. ❸ (病気が) 悪化する, 進行する.

progressão /progre'sẽw/ [複 progressões] 囡 ❶ 進歩, 発展, 進行. ❷〖数学〗数列 ▶ progressão aritmética 等差数列 / progressão geométrica 等比数列.

progressista /progre'sista/ 形《男女同形》進歩主義の, 進歩的な.
— 名 進歩主義者.

progressivamente /progre,siva'mẽtʃi/ 副 徐々に, 次第に, 段階的に.

progressivo, va /progre'sivu, va/ 形 漸次増加する, 累進の ▶ imposto progressivo 累進課税.

progresso /pro'gresu/ プログレーソ/ 男 進歩, 向上, 発展, 進行 ▶ progresso industrial 産業の発展 / progresso da civilização 文明の進歩 / fazer progressos 進歩する ▶ Ela fez um grande progresso na aprendizagem do português. 彼女はポルトガル語学習で大きな進歩を遂げた.

proibição /projbi'sẽw/ [複 proibições] 囡 禁止, 禁制 ▶ proibição de fumar 喫煙の禁止.

*****proibido, da** /proj'bidu, da/ プロイビード, ダ/ 形 禁止された, 禁じられた ▶ Proibido fumar「禁煙」/ Proibido estacionar「駐車禁止」/ Proibida a entrada「立ち入り禁止」/ substâncias proibidas 禁止物質 / O porte de armas é proibido no Japão. 日本では銃を持つことは禁じられている / É proibido estacionar aqui de dia. ここは昼間は駐車禁止だ / filme proibido 禁制映画 / fruto proibido 禁じられた果実.

:proibir /proj'bix/ プロイビーフ/ ㊼

直説法現在	proíbo	proibimos
	proíbes	proibis
	proíbe	proíbem

接続法現在	proíba	proibamos
	proíbas	proibais
	proíba	proíbam

他 ❶ 禁止する ▶ A lei proíbe a venda de álcool para menores. 法律は未成年者への酒類販売を禁止している.
❷ 《proibir alguém de + 不定詞》…に…することを禁止する ▶ O médico proibiu-me de fumar. 医師は私に喫煙を禁止した / Proibiram-nos de falar com os nossos colegas. 私たちは同僚と話をすることを許されていない.
❸ 《proibir que + 接続法》…を禁じる ▶ Ninguém pode proibir que eu te ame. 誰も僕が君を愛することを禁じられない.

proibitivo, va /projbi'tʃivu, va/ 形 ❶ 禁止の ▶ medidas proibitivas 禁止措置. ❷ (値段が) ひどく高い ▶ preço proibitivo 手が出ない値段.

projeção /proʒe'sẽw/ [複 projeções] 囡 ❶ 発射, 射出. ❷ (映画などの) 上映, 映写 ▶ tempo de projeção 上映時間 / sala de projeção 映写室 / projeção de imagens 画像の投影.
❸ 予想 ▶ projeção do PIB 国内総生産予想.
❹〖数学〗射影, 投影 (図) ▶ projeção de Mercator メルカトル図法.

:projetar /proʒe'tax/ プロジェターフ/ 他 ❶ 映写する, 投影する ▶ projetar um filme 映画を映す / projetar imagens 画像を映す.
❷ 計画する, 設計する ▶ Este arquiteto projetou o museu da cidade. この建築家が市立博物館を設計した.
❸ 発射する, 放射する ▶ O vulcão projetou muitas cinzas. 火山はたくさんの灰を放出した.
❹ 有名にする ▶ Este programa projetou muitos atletas. このプログラムはたくさんのアスリートを有名にした.
— **projetar-se** 再 ❶ 身を投げる. ❷ 投影される, 映し出される. ❸ 有名になる.

projétil /pro'ʒetʃiw/ [複 projéteis] 男 ❶ 発射物 [体]. ❷ 砲弾, 弾丸.

projetista /proʒe'tʃista/ 形《男女同形》設計する.
— 名 設計者.

::projeto /pro'ʒetu/ プロジェート/ 男 ❶ 計画, 企画, 予定, 案 ▶ projeto de vida 人生設計 / projeto de reforma 改革案 / projeto econômico 経済計画 / projeto de lei 法案. ❷〖建築〗設計図.
em projeto プロジェクト段階の, 設計上の.

projetor /proʒe'tox/ [複 projetores] 男 映写機, プロジェクター, 投光器.

prol /'prɔw/ 男 (次の成句で)
de prol 際立った, 傑出した.
em prol de... …のために ▶ campanha em prol de crianças com câncer がんの子どもたちを支援するキャンペーン.

pró-labore /ˌprɔla'bori/ [複 pró-labores] 男 報酬, 賃金.

prole /'prɔli/ 囡《集合的》子供, 子孫.

proletariado /proletari'adu/ 男 プロレタリアー

ト, 無産階級, 労働者階級.
proletário, ria /prole'tariu, ria/ [形] プロレタリアの, 労働者 (階級) の.
— [名] プロレタリア, 無産者.
proliferação /prolifera'sẽw̃/ [複 proliferações] [女] ❶〘生物〙(細胞の) 増殖, 繁殖. ❷ 増大, 急増, 蔓延 ▶proliferação do mosquito 蚊の蔓延 / Tratado de não proliferação de armas nucleares 核不拡散条約.
proliferar /prolife'rax/ [自] 繁殖する, 増殖する.
prolífero, ra /pro'liferu, ra/ [形] ❶ 多産の, 繁殖力のある. ❷ 多作な.
prolífico, ca /pro'lifiku, ka/ [形] 多産の, 多作の.
prolixo, xa /pro'liksu, ksa/ [形] 冗長な, 冗漫な.
prólogo /'prɔlogu/ [男] 序文, プロローグ.
prolongação /prolõga'sẽw̃/ [複 prolongações] [女] ❶ (時間的) 延期, 延長, 引き延ばし. ❷ (空間的) 伸張, 延長.
prolongamento /prolõga'mẽtu/ [男] ❶ 延長, 延期, 遅延 ▶prolongamento do prazo 期限の延長 / prolongamento da vida 延命. ❷ [P] 延長戦.
⁑**prolongar** /prolõ'gax プロロンガーフ/ ⑪ [他] ❶ **長くする, 延ばす** ▶prolongar a estadia 滞在を延ばす.
❷ **延期する** ▶Não é bom prolongar mais a decisão. 結論をこれ以上後回しにするのはよくない.
— **prolongar-se** [再] (時間的に) 延びる, 長引く.
⁑**promessa** /pro'mɛsa プロメーサ/ [女] **約束, 確約** ▶Você deve cumprir a promessa. 君は約束を守るべきだ / fazer uma promessa 約束する / quebrar uma promessa 約束を破る / promessas eleitorais 選挙公約 / promessa de político 政治家の約束 / promessa de casamento 婚約.
⁂**prometer** /prome'tex プロメテーフ/ [他] ❶《prometer algo a alguém》…**を…に約束する** ▶Eu lhe prometo um bom resultado. 君によい結果を約束する.
❷《prometer +[不定詞]》…**することを約束する** ▶Eu lhe prometi acabar o trabalho antes das seis horas. 私は6時前に仕事を終えると彼に約束した.
❸《prometer que +[直説法]》…**と約束する, 誓う** ▶Eu lhe prometo que nunca mais repetirei tal ato. あんな行為はもうしないと君に約束する.
❹ …を予告する ▶O dia promete ser quente. 今日は暑くなりそうだ.
— [自] 有望である ▶Este menino promete. この少年は見込みがある.
prometido, da /prome'tʃidu, da/ [形] (prometer の過去分詞) 約束した, 約束された ▶Terra Prometida〘旧約聖書〙約束の地 (カナン).
— **prometido** [男] 約束 ▶O prometido é devido. 約束は守らなければいけない / cumprir o prometido 約束を守る.
promiscuidade /promiskuj'dadʒi/ [女] ❶ 相手を特定しない性的関係. ❷ 乱雑, 雑多.
promiscuir-se /promisku'ixsi/ ⑦ [再] …と混ざる, 交わる [+ com].
promíscuo, cua /pro'miskwu, kwa/ [形] ❶ 性的に乱れた, 乱交の. ❷ 雑多の, ごたまぜの.
promissor, sora /promi'sox, 'sora/ [複 promissores, soras] [形] ❶ 約束する. ❷ 将来の有望な, 期待できる ▶um futuro promissor 明るい未来.
promissório, ria /promi'sɔriu, ria/ [形] 約束の ▶nota promissória 約束手形.
— **promissória** [女] 約束手形.
*__promoção__ /promo'sẽw̃ プロモサォン/ [複 promoções] [女] ❶ **昇進, 昇級**, 昇格 ▶promoção por antiguidade 年功序列制.
❷ **促進, 奨励, 販売促進** ▶promoção das vendas 販売促進.
❸ **大売り出し**, セール ▶promoção de inauguração 開店セール / artigos em promoção セール品.
promocional /promosio'naw/ [複 promocionais] [形]《男女同形》販売促進の, 宣伝の.
promontório /promõ'tɔriu/ [男] 岬.
promotor, tora /promo'tox, 'tora/ [複 promotores, toras] ❶ プロモーター, 興行主 ▶promotor de eventos culturais 文化事業のプロモーター.
❷ 発起人, 促進者, 主催者 ▶promotor de vendas セールスマン / promotor imobiliário 不動産開発業者.
❸ [B]〘法律〙promotor público 検事, 検察官.
⁑**promover** /promo'vex プロモヴェーフ/ [他] ❶ **促進する, 奨励する** ▶promover as vendas 販売を促進する / promover a cooperação 協力を促進する / promover o diálogo 対話を促す / promover um filme 映画の宣伝をする.
❷ **昇進させる**, 昇格させる ▶O Joaquim foi promovido para chefe da seção de vendas. ジョアキンは販売部門チーフに昇任した.
❸ **引き起こす, 誘発する** ▶Espera-se que o aumento do salário mínimo promova o consumo interno. 最低賃金の上昇が国内消費を誘発することが期待される.
promulgação /promuwga'sẽw̃/ [複 promulgações] [女] (法律の) 発布, 公布 ▶promulgação da constituição 憲法の公布.
promulgar /promuw'gax/ ⑪ [他] (法律を) 発布する, 公布する.
pronome /pro'nõmi/ [男]〘文法〙代名詞 ▶pronome pessoal 人称代名詞 / pronome demonstrativo 指示代名詞 / pronome possessivo 所有代名詞 / pronome relativo 関係代名詞 / pronome interrogativo 疑問代名詞.
pronominal /pronomi'naw/ [複 pronominais] [形]《男女同形》代名詞の.
pronta-entrega /ˌprõtaẽ'trɛga/ [複 pronta-entregas] [女] 即日配送.
prontamente /ˌprõta'mẽtʃi/ [副] すばやく, 迅速に.
prontidão /prõtʃi'dẽw̃/ [複 prontidões] [女] 素早さ, 機敏 ▶com prontidão 素早く.
de prontidão 準備万端で, 警戒態勢で.
em prontidão 準備万端で.
prontificar-se /prõtʃifi'kaxsi/ ㉙ [再]《prontificar-se a +[不定詞]》…することを申し出る ▶Me prontifiquei a ajudá-lo incondicionalmente.

P

私は彼を無条件で支援することを申し出た.

pronto, ta /'prõtu, ta/ プロント, タ/形 ❶ 用意ができた ▶ O almoço já está pronto. 昼食はすでに用意できている / Diga quando estiver pronto. 準備ができたら言ってください / O estádio ainda não está pronto. 競技場はまだできていない.

❷ …の準備が整った, …できる状態にある；…の覚悟がある ▶ Eu estou pronto para sair. 私はもう外出する支度ができている / Está tudo pronto para a festa. パーティーの準備が完了した.

❸ 素早い, 迅速な ▶ Para um pronto alívio, é bom tomar este remédio. すぐに楽になるには, この薬を飲むとよい / resposta pronta 即座の返事 / comida pronta インスタント食品.

❹ お金のない, 金欠の.
— 名 お金のない人.
— **pronto** 間 オーケー, よし.
de pronto 直ちに.
pronto para vestir 既製服, プレタポルテ.

pronto-socorro /ˌprõtusoko'xu/ [複 prontos-socorros] 男 ❶ C 救急救命室, 救急病院. ❷ P 救急車.

prontuário /prõtu'ariu/ 男 ❶ 便覧, 手引き, ハンドブック ▶ prontuário ortográfico 綴り便覧. ❷ 記録カード ▶ prontuário médico 病歴 / prontuário policial 犯罪歴, 前科.

pronúncia /pro'nũsia/ 女 発音 ▶ pronúncia do português europeu e brasileiro ヨーロッパポルトガル語とブラジルポルトガル語の発音.

pronunciamento /pronũsia'mẽtu/ 男 ❶ クーデター, クーデター宣言. ❷ 声明.

pronunciar /pronũsi'ax/ プロヌンスィアーフ/他 ❶ 発音する ▶ Eu ainda não consigo pronunciar bem alguns sons do português. 私はいまだにポルトガル語のいくつかの音を上手に発音できていない / uma palavra difícil de pronunciar 発音しにくい単語 / não pronunciar uma palavra 一言も発しない / pronunciar mal 発音が下手である.

❷ 言う, 述べる ▶ pronunciar um discurso 演説をする.

❸ 宣告する ▶ pronunciar a sentença 判決を宣告する.

❹ 強調する, 目立たせる ▶ Este vestido pronuncia as formas. この服は体型を際立たせる.

— **pronunciar-se** 再 ❶ 発音される ▶ Como se pronuncia esta palavra? この単語はどう発音しますか.

❷ 意見を表明する, 態度を決める ▶ pronunciar-se a favor de... …に賛成の立場を取る / pronunciar-se contra... …に反対の立場を取る.

propagação /propaga'sẽw/ [複 propagações] 女 ❶ 普及, 伝播(ぱ), 流布. ❷ 繁殖.

propaganda /propa'gẽda/ 女 ❶ 宣伝 ▶ fazer propaganda de um produto 製品の宣伝をする / propaganda enganosa 誇大広告, 虚偽宣伝.

❷ (思想などの) 普及, 宣伝, プロパガンダ ▶ propaganda política 政治プロパガンダ.

❸ ちらし, パンフレット, ジャンクメール；スパム.

propagar /propa'gax/ 他 ❶ 広める, 普及させる ▶ propagar uma ideia 考えを広める. ❷ 繁殖させる, 増殖させる.

— **propagar-se** 再 ❶ 広まる, 普及する. ❷ 繁殖する, 増殖する. ❸ 伝染する.

propalar /propa'lax/ 他 ❶ 暴露する, 漏らす. ❷ (病気などを) 広める.

— **propalar-se** 再 ❶ 暴露される. ❷ 広まる.

propano /pro'pẽnu/ 男 〖化学〗プロパン (ガス).

propender /propẽ'dex/ 自 ❶ 傾く. ❷ …の傾向がある [+ para].

propensão /propẽ'sẽw/ [複 propensões] 女 ❶ 傾向, 性向 ▶ propensão para a obesidade 肥満の傾向. ❷ 好み.

propenso, sa /pro'pẽsu, sa/ 形 …の傾向がある, …しがちである [+ a] ▶ propenso ao mal 悪に染まりやすい.

propiciar /propisi'ax/ 他 ❶ …を可能にする, 容易にする, 引き起こす ▶ propiciar o desenvolvimento da autonomia do aluno 生徒の自立性を発達させる / O aço foi um dos elementos que propiciou o início da revolução industrial. 鋼鉄は産業革命のきっかけとなった要素の一つだった.

❷ (神々を) 鎮める ▶ Os incas faziam sacrifícios para propiciar os deuses. インカの人々は神を鎮めるためにいけにえを捧げた.

propício, cia /pro'pisiu, sia/ 形 …に適した, 好都合な [+ a/para] ▶ ocasião propícia 好機 / condições propícias 有利な条件 / terra fértil e muito propícia à agricultura 肥沃で農業に最適な土地.

propina /pro'pĩna/ 女 ❶ C わいろ. ❷ チップ, 心付け. ❸ P 学費, 授業料.

propor /pro'pox/ プロポーフ/他《過去分詞 proposto》他 ❶ 提案する, 申し出る, 提示する ▶ propor uma solução 解決策を提案する / propor um projeto de lei 法案を提出する / propor um modelo モデルを提示する / propor casamento 結婚を申し込む.

❷《propor que + 接続法》…することを提案する.

❸ (人を) 推薦する, 推挙する, 指名する ▶ propor um candidato 候補者を推薦する.

— **propor-se** 再《propor-se a + 不定詞》❶ …することを申し出る.

❷ …するつもりである, …しようと決心する ▶ Quando me proponho a fazer alguma coisa, vou a fundo e dou o meu melhor. 何かすることを決めたら, 私は徹底的にやって最善を尽くす.

proporção /propox'sẽw/ プロポフサォン/ [複 proporções] 女 ❶ 割合, 比率, 比例 ▶ Aumentou muito a proporção de jovens com ensino superior. 高等教育を受けた若者の比率がかなり増えた / na proporção de dois para um 2対1の割合で / proporção de ouro 黄金比 / proporção inversa 反比例.

❷ 釣り合い, 均整 ▶ guardar proporção correta com... …と正しい均整を保つ.

❸《proporções》規模 ▶ As proporções do desastre foram enormes. 災害の規模は甚大であった / de grandes proporções 大規模の / de pequenas proporções 小規模の.

à proporção de... …に比例して.
à proporção que ＋[直説法] …するにつれて ▶As pessoas deixam de sonhar à proporção que envelhecem. 年を取るにつれ人は夢を描かなくなる.
em proporção com... …に比例した.

proporcional /propoxsio'naw/ [複 proporcionais] 形《男女同形》❶ 比例した, 釣り合った, 相応の ▶ eleição proporcional 比例選挙.
❷《数学》比例の ▶ inversamente proporcional 反比例の.

proporcionalmente /propoxsio,naw'mẽtʃi/ 副 比例して ▶ proporcionalmente a... …に比例して.

*proporcionar** /propoxsio'nax/ プロポフスィオナーフ/ 他 ❶ …を釣り合わせる, …のバランスを取る ▶ proporcionar os gastos com a renda 出費と収入とのバランスを取る.
❷《proporcionar algo a alguém》…を…に提供する, 提示する ▶ O presidente da empresa lhe proporcionou um aumento do salário. 会社の社長は彼に昇給を提示した.
— **proporcionar-se** 再 …と釣り合う, 調和する [＋com].

proposição /propozi'sẽw/ [複 proposições] 女 ❶ 提案, 申し出.
❷《文法》節, 文 ▶ proposição condicional 条件節. ❸《論理》命題.

propositadamente /propozi,tada'mẽtʃi/ 副 意図的に, 故意に.

proposital /propozi'taw/ [複 propositais] 形《男女同形》故意の, 意図的の.

‡**propósito** /pro'pozitu/ プロポーズィト/ 男 ❶ 意図, 目的 ▶ bons propósitos 善意 / Eu não compreendo o propósito de sua visita. 私はあなたの来意を理解しかねる / Qual é o propósito da vida? 人生の目的は何だろうか / com o propósito de ＋[不定詞] …する目的で.
❷ 決心 ▶ um firme propósito 固い決心.
a propósito ① ところで, それについてだが ▶ A propósito, você já visitou o Japão? ところで君は日本を訪問したことがあるのですか. ② 折よく, よいタイミングで ▶ A subida do preço da gasolina não chegou a propósito. ガソリン価格の上昇はタイミングが悪かった.
a propósito de... …について ▶ Eles falaram a propósito do jogo do dia anterior. 彼らは前日の試合について話した.
de propósito 意図的に, 故意に, わざと ▶ Isso foi de propósito? それは意図的だったのか / fazer de propósito わざとする.
fora de propósito ふさわしくない, 適切でない ▶ A greve da polícia foi fora de propósito. 警察のストライキは不適切であった.
vir a propósito タイミングよく現れる, 都合よく現れる ▶ Essa notícia veio a propósito. その知らせはタイミングがよかった.

‡**proposta** /pro'pɔsta/ プロポスタ/ 女 提案, 申し込み ▶ proposta de casamento 求婚 / aceitar uma proposta 提案を受け入れる / recusar uma proposta 提案を断る / proposta de trabalho 求人 / proposta para a paz 和平の提案.

propriamente /propria'mẽtʃi/ 副 正確に, 厳密に ▶ propriamente dito 厳密な意味の / propriamente falando 厳密に言えば.

‡**propriedade** /proprie'dadʒi/ プロプリエダージ/ 女 ❶ 所有地, 所有物, 財産 ▶ A Terra é propriedade de todos. 地球はみんなのものだ / propriedade imobiliária 不動産 / propriedade mobiliária 動産 / propriedade particular 私的所有地.
❷ 所有権 ▶ propriedade intelectual 知的財産権 / propriedade industrial 工業所有権 / propriedade privada 私的所有権.
❸ 特質, 特性 ▶ as propriedades do ferro 鉄の特性 / propriedades medicinais 薬効成分 / propriedades químicas 化学的性質 / propriedades físicas 物理的性質.
❹ 適切さ, 的確さ ▶ Ele se comportou com propriedade para esta situação. 彼はこうした状況にふさわしいふるまいを見せた.

*proprietário, ria** /proprie'tariu, ria/ プロプリエターリオ, リア/ 名 ❶ 所有者, 持ち主 ▶ proprietário do veículo 車両の所有者. ❷ 地主, 家主.

‡**próprio, pria** /'prɔpriu, pria/ プロプリオ, プリア/ 形 ❶ 自分自身の ▶ Tenho a minha própria casa. 私は自分の家を持っている / Eu vi com meus próprios olhos. 私はこの目で見た / Eu fui estudar no exterior por conta própria. 私は自費で留学した / matar o próprio pai 自分の父親を殺害する.
❷ …自身 ▶ Ela própria fez a comida. 彼女が自分で料理した / O próprio presidente assinou o acordo. 大統領自らが協定に署名した / acreditar em si próprio 自分自身を信じる / mudar-se a si próprio 自分自身を変える.
❸ 適切な, ふさわしい ▶ no momento próprio 適切な時に / livro próprio para crianças 子供向きの本.
❹《強調》…そのもの ▶ própria verdade 真実そのもの.
❺ 固有の, 本来の, 特有の, 独特の ▶ nome próprio 固有名詞 / no sentido próprio 本来の意味において / O vinho verde tem um sabor próprio. ヴィーニョ・ヴェルデは特有の味わいを持つ / estilo próprio 独特のスタイル.
— 名《定冠詞＋ próprio》本人, 自分 ▶ — Sr. Rodrigues? — É o próprio. （電話で）「ロドリゲスさんはいらっしゃいますか」「私です」.
— **próprio** 男 ❶ 特性, 属性 ▶ Rir é próprio do homem. 笑いは人間の特性である. ❷ próprios nacionais 国有財産.
a própria 適切に.

propugnar /propugi'nax/ 自 …のために戦う [＋por] ▶ O objetivo desta ONG é propugnar pela defesa do consumidor. この非政府組織の目的は消費者保護のために戦うことである.
— 他 …のために戦う, 擁護する.

propulsão /propuw'sẽw/ [複 propulsões] 女 推進(力) ▶ propulsão a jato ジェット推進.

propulsor, sora /propuw'sox, 'sora/ [複 pro-

pulsores, soras] [形] 推進する, 推進力のある.
— **propulsor** [男] 推進装置.

prorrogação /proxoga'sẽw̃/ [[複] prorrogações] [女] ❶ 延期, 延長 ▶ prorrogação do prazo 期限の延長. ❷〘サッカー〙延長戦.

prorrogar /proxo'gax/ ⑪ [他] 延期する, 延長する ▶ prorrogar o pagamento 支払いを延期する.

prorrogável /proxo'gavew/ [[複] prorrogáveis] [形]《男女同形》延長できる, 延期できる.

prorromper /proxõ'pex/ [自] ❶ 突然…する, 急に…し出す [+ em] ▶ O público prorrompeu em aplausos. 観客が一斉に拍手した. ❷ 突然現れる.

prosa /'prɔza/ [女] ❶ 散文, 散文体 ▶ poemas em prosa 散文詩. ❷ つまらなさ, 退屈さ. ❸ [話] おしゃべり, 話 ▶ ter uma prosa com alguém …とおしゃべりする, 話をする.
cantar em prosa e verso 誉めそやす, 賞賛する.
cheio de prosa ① 口数の多い. ② 口先だけの.
deixar de prosa 自慢話をよす.
ser boa a sua prosa 口がうまい, 話が面白い, 話術に長ける.
ter boa prosa おしゃべり, ほら吹き.

prosador, dora /proza'dox, 'dora/ [[複] prosadores, doras] [名] 散文作家.

prosaico, ca /pro'zajku, ka/ [形] ❶ 散文の. ❷ 平凡な, 月並みな, 味気ない ▶ vida prosaica 味気ない生活.

prosápia /pro'zapia/ [女] ❶ 血統, 家系, 家柄. ❷ 誇り, 自慢.

proscénio /pruʃ'sɛniw/ [男] [P] = proscênio

proscênio /pro'sẽniw/ [男] [B] 前舞台.

proscrever /proskre'vex/《[過去分詞] proscrito》[他] ❶ 追放する. ❷ 禁止する.

proscrição /proskri'sẽw̃/ [[複] proscrições] [女] ❶ 追放, ❷ 禁止.

proscrito, ta /pros'kritu, ta/ [形] ❶ 追放された. ❷ 禁止された.
— [名] 追放された人.

prosear /proze'ax/ ⑩ [自] ❶ おしゃべりする, 話をする. ❷ …を自慢する [+ de].
— **prosear-se** [再] を自慢する [+ de].

proselitismo /prozeli'tʃizmu/ [男] (教義や政党などへの) 熱心な勧誘, 宣伝熱.

prosélito, ta /pro'sɛlitu, ta/ [名] (教義や政党などへの) 新しい賛同者, 新加入者 ; 新改宗者.

prosódia /pro'sɔdʒia/ [女] 韻律, 韻律学.

prosopopeia /prozopo'pɛja/ [女]〘修 辞〙活 喩法.

prospecção /prospe'ksẽw̃/ [[複] prospecções] [女] 探鉱, 試掘, 地下資源調査 ▶ prospecção petrolífera 石油の試掘.

prospectar /prospek'tax/ [他] (資源発見のため土地を) 調査する, 試掘する.

prospectivo, va /prospek'tʃivu, va/ [形] [B] 未来の, 将来の ▶ visão prospectiva 未来のビジョン / análise prospectiva 未来分析.

prospecto /pros'pɛktu/ [男] [B] ❶ パンフレット, 小冊子, チラシ. ❷ 見通し, 展望.

prospector, tora /prospek'tox, 'tora/ [[複] prospectores, toras] [名] 探鉱者.

prosperar /prospe'rax/ [自] 繁栄する, 栄える ▶ Apesar da crise, os negócios prosperaram. 不況にもかかわらず事業は順調だった.

prosperidade /prosperi'dadʒi/ [女] 繁栄, 繁盛, 隆盛.

próspero, ra /'prɔsperu, ra/ [形] ❶ 繁栄した, 繁盛した ▶ negócio próspero 繁盛している商売. ❷ 順調な, 幸運な.

⁑**prosseguir** /prose'gix プロセギーフ/ ⑥⓪ [他] **続ける, 続行する** ▶ prosseguir as negociações 交渉を続ける / prosseguir as investigações 捜査を続行する.
— [自] **前進する** ▶ Prossiga no seu caminho, meu filho. 息子よ, 自らの道を進みなさい.

próstata /'prɔstata/ [女]〘解 剖〙前立腺 ▶ câncer de próstata 前立腺がん.

prostíbulo /pros'tʃibulu/ [男] 売春宿.

prostituição /prostʃituj'sẽw̃/ [[複] prostituições] [女] ❶ 売春 ▶ casa de prostituição 売春宿. ❷《集合的》売春婦.

prostituir /prostʃitu'ix/ ⑦ [他] ❶ 売春させる. ❷ (金のために) 切り売りする.
— **prostituir-se** [再] 売春する, 身を売る.

prostituta /prostʃi'tuta/ [女] 売春婦, 娼婦.

prostração /prostra'sẽw̃/ [[複] prostrações] [女] ❶ ひれ伏すこと. ❷ 服従. ❸ 衰弱.

prostrado, da /pros'tradu, da/ [形] ❶ ひれ伏した. ❷ 屈服した. ❸ 衰弱した.

prostrar /pros'trax/ [他] ❶ 地面に落とす, 倒す ▶ Ele prostrou o inimigo. 彼は敵を倒した. ❷ ひれ伏させる, 屈服させる.
— **prostrar-se** [再] ひれ伏す, 屈服する ▶ prostrar-se ante uma imagem de Deus 神の像の前にひれ伏す / prostrar-se ante o capital financeiro 金融資本に屈服する.

protagonista /protago'nista/ [名] 主人公, 主役 ; 中心人物 ▶ o protagonista do filme 映画の主人公.

protagonizar /protagoni'zax/ [他] …の主役を演じる ; …で中心的な役割を演じる ▶ protagonizar um filme 映画の主役を演じる.

*__proteção__ /prote'sẽw̃ プロテサォン/ [[複] proteções] [女] ❶ **保護, 庇護**(ひご) ▶ proteção do meio ambiente 環境保護 / pedir proteção à polícia 警察に保護を求める / proteção de dados pessoais 個人データの保護 / sob a proteção de... …の保護のもとで / tomar sob sua proteção 庇護する, 保護する. ❷ **防御, 防備** ▶ proteção contra AIDS エイズ予防. ❸ 後ろ盾, 後援者. ❹ 保護貿易.

protecionismo /protesio'nizmu/ [男] 保護貿易(主義).

protecionista /protesio'nista/ [形]《男 女 同 形》保護貿易主義の ▶ medidas protecionistas 保護主義的措置.
— [名] 保護貿易主義者.

⁑**proteger** /prote'ʒex プロテジェーフ/ ④⑧ [他]

直説法現在	protejo	protegemos
	proteges	protegeis
	protege	protegem

P

provável

接続法現在	proteja	protejamos
	protejas	protejais
	proteja	protejam

❶ 守る, 保護する ▶ proteger o ambiente 環境を守る / proteger os trabalhadores 労働者を保護する.

❷ …から守る, 防ぐ [+ de/contra] ▶ Eles protegeram a cidade dos invasores. 彼らは侵入者から町を守った / proteger a floresta contra a devastação. 森林を伐採から守る.

❸ ひいきする ▶ O chefe protegia alguns funcionários. 上司は何人かの職員をひいきしていた.

— **proteger-se** 再 自分を…から守る [+ de/contra] ▶ Ela tem que se proteger do sol por causa da alergia. 彼女はアレルギーがあるため, 日光から身を守らなければならない / Nós temos que nos proteger contra as críticas injustas. 私たちは不当な非難から身を守らなければならない.

protegido, da /prote'ʒidu, da/ (proteger の過去分詞) 形 守られた, 庇護された.
— 名 お気に入り, 秘蔵っ子.

proteína /prote'ina/ 女 たんぱく質.

protelar /prote'lax/ 他 延期する, 遅らせる ▶ protelar o pagamento 支払いを延期する.

prótese /'prɔtezi/ 女 ❶《医学》補綴(てつ), 人工器具 ▶ prótese dentária 義歯 / prótese mamária 人工乳房. ❷《言語》語頭音添加.

protestante /protes'tɛtʃi/ 形《男女同形》プロテスタントの, 新教徒の.
— 名 プロテスタント, 新教徒.

protestantismo /proteste'tʃizmu/ 男 プロテスタンティズム, 新教.

*__protestar__ /protes'tax/ 自 …に抗議する, 反対する, 異議を唱える ▶ protestar contra o aumento das tarifas de ônibus バス運賃の値上げに抗議する / protestar contra o governo 政府に抗議する / protestar por seus direitos 自分たちの権利を守るために声を上げる.

*__protesto__ /pro'tɛstu/ プロテスト/ 男 ❶ 抗議, 異議申し立て, 抵抗 ▶ O povo apresentou o protesto imediatamente. 国民は即座に異議申し立てを行った / canção de protesto プロテストソング / carta de protesto 抗議文.

❷ 拒絶証書 ▶ protesto de título 支払拒絶.

protetor, tora /prote'tox, 'tora/ [複 protetores, toras] 名 保護者, 庇護者,
— **protetor** 男 保護装置 ▶ protetor solar 日焼け止め / protetor de tela《情報》スクリーンセーバー.
— 形 保護する ▶ película protetora 保護フィルム.

protetorado /proteto'radu/ 男 保護領, 保護国.

protocolo /proto'kɔlu/ 男 ❶ 儀式, 典礼.
❷ しきたり, 礼儀, 作法. ❸ 外交議定書, 公文書, 受理書 ▶ Protocolo de Quioto 京都議定書. ❹《情報》プロトコル, 通信規約 ▶ protocolo de comunicação 通信プロトコル.

protótipo /pro'tɔtʃipu/ 男 ❶ 原型, モデル, 典型. ❷ 試作品.

protuberância /protube'rẽsia/ 女 隆起, 突起, こぶ.

protuberante /protube'rẽtʃi/ 形《男女同形》隆起した, 突起した.

*__prova__ /'prɔva/ プローヴァ/ 女 ❶ 試験, テスト ▶ Hoje eu fiz a prova de matemática. 今日, 私は数学のテストを受けた / prova de aptidão 適性テスト / Amanhã temos prova de português. 明日ポルトガル語のテストがある / prova escrita 筆記試験 / prova oral 口頭試問 / prova final 期末試験.

❷《スポーツ》競技, 大会 ▶ Maratona é uma das provas do atletismo dos Jogos Olímpicos. マラソンは五輪の陸上競技の１つである / prova de revezamento リレーレース / prova de natação 水泳大会.

❸ 証拠 ▶ O advogado mostrou as provas de que o réu está inocente. 弁護人は被告人が無罪であるとの証拠を示した / Não há provas contra mim. 私には不利な証拠はない.

❹ 証し, 印 ▶ prova de amor 愛の証し.

❺ 試すこと; 試着, 試飲 ▶ prova de roupas 洋服の試着 / prova de vinhos ワインの試飲.

❻ 校正刷り, ゲラ ▶ A prova tipográfica está pronta. 文字校正刷りができ上がった / corrigir provas ゲラを校正する.

à prova de …に耐えうる, 防…の ▶ à prova de bala 防弾の / à prova de fogo 防火の / à prova de som 防音の / à prova d'água 防水の.

a toda prova 何にでも耐える.

colocar à prova 真価を問う, 性能を試す.

fechar a prova (試験など) すべてに正しく回答する.

pôr alguém à prova …を試練にかける.

prova cabal 動かぬ証拠.

prova de fogo 最終試験, 大きな試練.

prova dos nove ① 四則 [加減乗除] 演算の検算. ② リトマス試験, 酸性試験.

ter suas provas feitas やるべきことはやった, 感心だ.

tirar a prova 試す, 確認する.

provação /prova'sẽw/ [複 provações] 女 ❶ 証明. ❷ 実験. ❸ 試練 ▶ provação na vida 人生における試練.

provado, da /pro'vadu, da/ 形 証明された, 試験済みの.

provador /prova'dox/ [複 provadores] 男 B 試着室.

*__provar__ /pro'vax/ プロヴァーフ/ 他 ❶ 証明する, 示す ▶ provar a inocência do réu 被告人の無罪を証明する / Ela quer provar que é capaz. 彼女は自分が有能なことを見せたがっている.

❷ 味見する ▶ Já provou este prato? もうこの料理の味見をしましたか.

❸ 試着する ▶ Quero provar este casaco. このコートを試着したいのですが.

*__provável__ /pro'vavew プロヴァーヴェウ/ [複 prováveis] 形《男女同形》形 ❶ ありそうな, 可能性のある ▶ É provável. 多分そうだ /

É possível, mas não provável. あり得ないことでないが，そうはならないだろう / pouco provável ありそうにもない．
❷《É provável que ＋[接続法]》多分…だろう ▶ É provável que chova. 雨が降りそうだ / É pouco provável que isso aconteça. そうなることはまずないだろう．❸ 証明［立証］できる ▶ uma teoria provável 証明可能な理論．

⁑**provavelmente** /proˌvavewˈmẽtʃi プロヴァヴェゥメンチ/ [副] **恐らく，多分** ▶ Provavelmente ela esqueceu. 多分彼女は忘れたのだろう．

provedor /proveˈdox/ [[複] provedores] [男] provedor de acesso à internet インターネット接続業者．

proveito /proˈvejtu/ [男] 利益，利潤，益，得 ▶ tirar proveito de... …を活用する，利用する．
Bom proveito! 召し上がれ．
em proveito de... …を支援するために．
fazer bom proveito de algo …を享受する．
sem proveito 役に立たない，使い道のない．

proveitoso, sa /provejˈtozu, ˈtɔza/ [形] ❶ 有益な，役に立つ，有用な．❷ 利益になる，もうかる ▶ negócio proveitoso もうかる商売．

proveniência /proveniˈẽsia/ [女] 由来，出発点，起源．

proveniente /proveniˈẽtʃi/ [形]《男女同形》…から来た，…に由来する［＋ de］▶ um trem proveniente de São Paulo サンパウロ発の列車 / a energia proveniente da biomassa バイオマス由来エネルギー．

provento /proˈvẽtu/ ❶ 利益，利潤．❷《proventos》(自由業者の) 謝礼金，報酬；(公務員の) 給与．

prover /proˈvex/ ㊾

直説法現在	provejo provês provê	provemos provedes proveem
接続法現在	proveja provejas proveja	provejamos provejais provejam

[他] ❶ 用意する，準備する ▶ prover as necessidades 必要なものを準備する．
❷ …に…を供給する，…を調達する［＋ de］▶ prover a população de informações confiáveis 住民に信頼できる情報を提供する．
❸ …に…を恵む［＋ de］▶ A natureza proveu-o de talento. 彼は才能に恵まれた．
❹ 任命する ▶ prover alguém de [em] um emprego …を職に任命する．
❺ (欠員を) 埋める，補充する ▶ prover a vaga 欠員を補充する．
— [自] ❶ …を用意する，準備する［＋ a］．❷ …に応じる［＋ a］▶ prover à solicitação 要請に応じる．
— **prover-se** [再] …を用意する，調達する［＋ de］▶ prover-se do necessário 必要なものを調達する．

proverbial /provexbiˈaw/ [[複] proverbiais] [形]《男女同形》❶ 諺の，金言の，格言的な．❷ 周知の，よく知られた．

provérbio /proˈvɛxbiu/ [男] 諺，格言．

proveta /proˈveta/ [女] 試験管 ▶ bebê de proveta 試験管ベビー．

providência /proviˈdẽsia/ [女] ❶ 摂理，神意 ▶ Divina Providência 神の摂理．
❷《providências》措置 ▶ tomar providências necessárias 必要な措置を講じる．

providencial /providẽsiˈaw/ [[複] providenciais] [形]《男女同形》❶ 摂理の，神意の．❷ 願ってもない，運のよい．

providenciar /providẽsiˈax/ [他] 手配する，用意する ▶ providenciar ajuda para os desabrigados 避難民の支援を行う / providenciar um carro 車を手配する．

provido, da /proˈvidu, da/ [形] (prover の過去分詞) …を備えた［＋ de］．

provimento /proviˈmẽtu/ [男] ❶ 供給，備蓄 ▶ provimento de água 水の供給．
❷ (欠員の) 補充 ▶ provimento de vagas 欠員の補充．
dar provimento 承認する．

⁑**província** /proˈvĩsia プロヴィンスィア/ [女] ❶ **県，地方** ▶ A província de Aomori fica no norte do Japão. 青森県は日本の北に位置する．
❷ **田舎** ▶ Ele é da província. 彼は田舎出身だ．
❸〖カトリック〗管区 ▶ província eclesiástica 教会管区．

provinciano, na /provĩsiˈẽnu, na/ [形] ❶ 地方の，田舎の．❷ 田舎くさい，野暮ったい．
— [名] 地方の住民，田舎者．

provindo, da /proˈvĩdu, da/ [形] …から来た［＋ de］．

provir /proˈvix/ ⑰《[過去分詞] provindo》[自] …から来る，…を起源とする，…に由来する［＋ de］▶ Ela disse provir do Japão. 彼女は日本出身だと言った / Uma palavra pode provir de outra palavra. 一つの言葉が別の言葉から生まれることがある．

provisão /proviˈzɐ̃w̃/ [[複] provisões] [女] ❶ 供給，支給，補給 ▶ provisão de dinheiro 資金．
❷《provisões》貯蔵品，備蓄 ▶ provisões de guerra 軍需品．
❸〖会計〗準備金，引当金．

provisoriamente /proviˌzɔriaˈmẽtʃi/ [副] 仮に，一時的に，暫定的に．

provisório, ria /proviˈsɔriu, ria/ [形] 一時的な，臨時の，仮の ▶ governo provisório 臨時政府 / medida provisória 暫定措置 / título provisório 仮のタイトル．

provocação /provokaˈsɐ̃w̃/ [[複] provocações] [女] ❶ 挑発，扇動．❷ 侮辱．

provocante /provoˈkẽtʃi/ [形]《男女同形》挑発的な，挑戦的な，扇情的な ▶ olhar provocante 扇情的な目つき．

*__provocar__ /provoˈkax プロヴォカーフ/ ㉙ [他] ❶ **…を引き起こす，の原因となる** ▶ provocar um acidente 事故の原因となる / provocar um incêndio 火事を起こす / provocar o riso 笑いを巻き起こす．
❷ **挑発する**，怒らせる ▶ provocar o adversário 敵を挑発する．

❸ …の欲情をそそる ▶ provocar um homem 男性をその気にさせる.

*proximidade /prosimi'dadʒi プロスィミダーヂ/ [女] ❶ (空間的な) 近さ, 隣接, 近接 ▶ proximidade do mar 海が近いこと.
❷ (時間的な) 近さ ▶ com a proximidade do Natal クリスマスが近づくにつれて.

***próximo, ma /'prɔsimu, ma プロースィモ, マ/ [形] ❶ 次の, 今度の ▶ próximo mês 来月 / na próxima semana 来週に / próxima estação 次の停車駅 / próximas eleições 今度の選挙.
❷ 近い, 近接した ; 間もない ▶ Onde fica a estação de metrô mais próxima? いちばん近い地下鉄の駅はどこですか / uma cidade próxima de São Paulo サンパウロの近くにある市 / O Natal está próximo. もうじきクリスマスだ / próximo futuro 近接未来 / próximo passado 近接過去 / causa próxima 直接の原因.
❸ 近しい, 親しい ▶ parente próximo 近親者 / amigo próximo 親しい友人.
— [名] 次の人 ▶ Mande entrar o próximo. 次の人に入るように言ってください.
— **próximo** [男] (宗教的な意味で) 隣人 ▶ amar o próximo 隣人を愛する / amor ao próximo 隣人愛 / a mulher do próximo 隣人の妻.
— **próximo** [副] 近くで.
próximo a [de] …の近くで [に, の].

prudência /pru'dẽsia/ [女] ❶ 慎重, 用心深さ ▶ agir com prudência 慎重に行動する.
❷ 分別, 賢明, 思慮深さ.

*prudente /pru'dẽtʃi プルデンチ/ [形] 《男女同形》 ❶ 賢明な, 分別ある, 思慮深い ▶ tomar uma decisão prudente 賢明な決定をする.
❷ 慎重な, 用心深い ▶ um motorista prudente 慎重なドライバー.

prudentemente /pruˌdẽtʃi'mẽtʃi/ [副] 慎重に, 用心深く.

prumo /'prũmu/ [男] ❶ 鉛のおもり, (測深用などの) 測鉛. ❷ 思慮, 分別.
a prumo 垂直に.
perder o prumo 正気を失う, 堕落する.

prurido /pru'ridu/ [男] ❶ 〖医学〗 かゆみ, 掻痒症.
❷ 抑えがたい欲望, 強い望み, あせり.

P.S. 《略語》《ラテン語》 post-scriptum 追伸.

PSDB 《略語》 Partido da Social Democracia Brasileira ブラジル社会民主党.

pseudónimo /psew'dɔnimu/ [男] [P] ＝pseudônimo

pseudônimo /pisew'dõnimu/ [男] [B] 偽名, 変名 ; 筆名, 芸名.

psicanálise /pisika'nalizi/ [女] 精神分析.

psicanalista /pisikana'lista/ [名] 精神分析学者.
— [形] 《男女同形》 精神分析の.

psicanalítico, ca /pisikana'litʃiku, ka/ [形] 精神分析の.

psicodélico, ca /pisiko'dɛliku, ka/ [形] ❶ 幻覚を引き起こす ▶ drogas psicodélicas 幻覚剤. ❷ サイケデリックな, サイケ調の.

psicologia /pisikolo'ʒia/ [女] ❶ 心理学 ▶ psicologia social 社会心理学 / psicologia do desenvolvimento 発達心理学. ❷ 心理 (状態) ▶ psicologia de massas 集団心理.

*psicológico, ca /pisiko'lɔʒiku, ka ピシコロージコ, カ/ [形] 心理学の, 心理の, 精神の ▶ análise psicológica 心理分析 / estado psicológico 心理状態 / guerra psicológica 心理戦 / problemas psicológicos 心の問題.

psicólogo, ga /pisi'kɔlogu, ga/ [名] 心理学者.

psicopata /pisiko'pata/ [名] 〖医学〗 精神病質者.

psicopatia /pisikopa'tʃia/ [女] 〖医学〗 精神病質.

psicose /pisi'kɔzi/ [女] 〖医学〗 ❶ 精神病. ❷ 強迫観念.

psicossocial /pisikososi'aw/ [[複] psicossociais] [形] 《男女同形》 心理社会的な.

psicossomático, ca /pisikoso'matʃiku, ka/ [形] 心身の, 精神身体の.

psicoterapia /pisikotera'pia/ [女] 心理療法, 精神療法.

psicótico, ca /pisi'kɔtʃiku, ka/ [形] 精神病の.
— [名] 精神病患者.

psique /'pisiki/ [女] 心, 魂, プシケ.

psiquiatra /pisiki'atra/ [名] 精神科医.

psiquiatria /pisikia'tria/ [女] 精神医学.

psiquiátrico, ca /pisiki'atriku, ka/ [形] 精神医学の.

psíquico, ca /'pisikiku, ka/ [形] 精神の, 心的な ▶ trauma psíquico 精神的外傷.

psiu /'pisiu/ [間] ❶ しーっ ▶ Psiu! Faça silêncio! しーっ, お静かに. ❷ もしもし, ちょっと (相手の注意を引くための呼び掛け).

PT 《略語》 [B] Partido dos Trabalhadores 労働者党.

pua /'pua/ [女] ❶ とがった先端. ❷ 錐の先.

puberdade /pubex'dadʒi/ [女] 思春期.

púbere /'puberi/ [形] 《男女同形》 思春期の, 年頃の.

púbis /'pubis/ [男] 《単複同形》〖解剖〗 恥骨 ; 恥丘.

*publicação /publika'sɐ̃w̃ プブリカサォン/ [[複] publicações] [女] ❶ 出版, 発刊, 刊行 ▶ publicação de um livro 本の出版 / de publicação semanal 週刊の.
❷ 出版物, 刊行物 ▶ publicações periódicas 定期刊行物.
❸ 発表, 公表 ; 公布, 告示 ▶ a publicação dos resultados 結果の公表.

publicamente /ˌpublika'mẽtʃi/ [副] 公に, おおっぴらに, 公然と.

**publicar /publi'kax プブリカーフ/ [29] [他] ❶ 出版する, 刊行する ▶ publicar um livro 本を出版する / publicar um artigo 記事を掲載する.

P

❷ 公にする，公布する ▶ publicar um comunicado コミュニケを発表する / publicar uma lei 法律を発布する.

*__publicidade__ /publisiˈdadʒi ププリスィダーヂ/ 囡 ❶ 公告，宣伝；広告文，コマーシャル ▶ agência de publicidade 広告代理店 / fazer publicidade 宣伝する / trabalhar em publicidade 宣伝の仕事をする / publicidade enganosa 誇大広告，紛らわしい広告.
❷ 公表，周知.
__dar publicidade a...__ …を宣伝する，周知する.

__publicista__ /publiˈsista/ 图 ❶ 社会評論家，論説委員. ❷ 公法学者.

__publicitário, ria__ /publisiˈtariu, ria/ 形 広告の，宣伝の ▶ painel publicitário 広告看板.
— 图 広告業者.

*:__público, ca__ /ˈpubliku, ka ププリコ，カ/ 形 ❶ 公の，公衆の，公共の (↔ privado) ▶ jardim público 公園 / opinião pública 世論 / transportes públicos 公共交通機関 / bens públicos 公共財産 / saúde pública 公衆衛生 / ordem pública 治安 / via pública 公道 / interesse público 公益 / inimigo público 社会の敵.
❷ 公営の，公務の ▶ escola pública 公立学校 / função pública 公職 / dívida pública 公債 / setor público 公的部門 / empresa pública 公営企業 / investimento público 公共投資 / poderes públicos 公権力.
❸ 公開の ▶ debate público 公開討論 / prestar provas públicas 公開試験を実施する / julgamento em audiência pública 公開判決.
❹ 周知の ▶ figura pública 有名人 / personalidade pública よく知られた人物 / vida pública 公的生活 / público e notório 周知の，公知の.
— __público__ 囲 ❶ 公衆，一般大衆 ▶ aviso ao público 公告，お知らせ / aberto ao público 一般に開放された / grande público 一般大衆.
❷ 観客，聴衆，読者 ▶ O público aplaudiu. 観客は拍手喝采した / público leitor 読者 / público consumidor 消費者 / público jovem 若年層.
__em público__ 公然と，人前で ▶ beijar em público 公衆の面前でキスする / falar em público 人前で話す.
__em público e raso__ (文書などが) 正式の.
__sair a público__ 公になる，公の場に出る.
__trazer a público__ 公にする.
__vir a público__ ① 知られる，流布する ▶ A notícia veio a público num jornal estrangeiro. ニュースは外国の新聞で知られることになった. ② 出版される，刊行される ▶ A crônica veio a público numa revista. 時評は雑誌に掲載された.

__pude__ 活用 ⇒ poder
__puder__ 活用 ⇒ poder
__pudera__ /puˈdera/ 間 不思議ではない，それもそのはず，当然 ▶ Você não passou na prova? Pudera! Não estudou nada! 試験に受からなかったのですか. それもそのはずだ，まったく勉強しなかったのだから.

__pudicícia__ /pudʒiˈsisia/ 囡 ❶ 羞恥，恥じらい，慎しさ. ❷ 純潔，貞節.

__pudico, ca__ /puˈdʒiku, ka/ 形 ❶ 慎み深い，恥じらいのある ▶ pessoa pudica 恥ずかしがりやの人. ❷ 控えめな，遠慮深い.

__púdico, ca__ /ˈpudiku, kɐ/ 形 Ⓟ = pudico

__pudim__ /puˈdĩ/ 囲 プリン ▶ pudim de leite condensado 練乳を使ったブラジル風プリン.

__pudor__ /puˈdox/ [複 pudores] 囲 恥じらい，羞恥心 ▶ sem pudor 恥知らずの / atentado ao pudor 強制わいせつ罪.

__puerícia__ /pueˈrisia/ 囡 児童期，幼年時代.

__puericultura__ /puerikuwˈtura/ 囡 育児法，育児学.

__pueril__ /pueˈriw/ [複 pueris] 形《男女同形》❶ 子供の，子供らしい. ❷ 子供じみた，たわいない.

__puerilidade__ /puerili'dadʒi/ 囡 ❶ 子供らしさ.
❷ 子供っぽさ，幼稚さ.

__pufe__ /ˈpufi/ 囲 クッションスツール.

__pugilismo__ /puʒiˈlizmu/ 囲 ボクシング.

__pugilista__ /puʒiˈlista/ 图 ボクサー.

__pugna__ /ˈpugina/ 囡 ❶ 争い，戦い. ❷ 論争.

__pugnar__ /pugiˈnax/ 自 戦う ▶ pugnar pela liberdade 自由のために戦う.

__pugnaz__ /pugiˈnas/ [複 pugnazes] 形《男女同形》争い好きな，けんか早い.

__puído, da__ /puˈidu, da/ 形 すり減った.

__puir__ /puˈix/ 50 他 ❶ すり減らす. ❷ 磨く.
— __puir-se__ 再 すり減る.

__pujança__ /puˈʒɐ̃sa/ 囡 ❶ 力強さ，たくましさ ▶ pujança dos atletas アスリートのたくましさ.
❷ 勢い ▶ pujança das redes sociais ソーシャルネットワークの勢い.
❸ 壮大さ，壮麗さ.

__pujante__ /puˈʒɐ̃tʃi/ 形《男女同形》❶ 力のある，強大な ▶ economia pujante 強大な経済. ❷ たくましい.

*__pular__ /puˈlax/ ププラーフ/ 自 ❶ 跳躍する，飛び跳ねる，飛び降りる，飛び越える ▶ pular de alegria 小躍りして喜ぶ / Ele pulou do edifício. 彼はそのビルから飛び降りた / pular o muro 壁を飛び越える.
❷ (心臓が) どきどきする ▶ Meu coração pulava. 私の心臓は高鳴っていた.
— 他 ❶ pular corda 縄跳びをする.
❷ 読み飛ばす ▶ pular algumas páginas 数ページ読み飛ばす / Pula esta parte. この箇所は飛ばしてください.
❸ pular carnaval カーニバルで踊る，カーニバルに参加する.

__pulga__ /ˈpuwga/ 囡《昆虫》ノミ.
__andar com a pulga atrás da orelha__ 疑心暗鬼である.
__caçar pulga em juba de leão__ 虎の尾を踏む.

__pulgão__ /puwˈgɐ̃w/ [複 pulgões] 囲 アブラムシの一種.

*__pulmão__ /puwˈmɐ̃w/ ププマォン/ [複 pulmões] 囲 肺，肺臓 ▶ câncer do pulmão 肺がん / pulmão da Terra 地球の肺.
__a plenos pulmões__ 大声で，声を限りに.

__pulmonar__ /puwmoˈnax/ [複 pulmonares] 形《男女同形》肺の，肺疾患の ▶ tuberculose pulmonar 肺結核.

pulo /'pulu/ 男 ❶ ジャンプ, 跳躍 ▶ dar pulos 跳びはねる / dar pulos de alegria 飛び上がって喜ぶ. ❷ 激しい鼓動 ▶ pulos do coração 心臓の鼓動. ❸ 立ち寄ること ▶ dar um pulo a [até/em] ... …に立ち寄る / dar um pulo até a praia de Ipanema イパネマの海岸まで足を延ばす. ❸ 脱落, 省略.
aos pulos 跳ねはねて ; 鼓動が速い.
dar um pulo 急成長する ; 生活がよくなる.
de um pulo ひと跳びで.
errar o pulo 失敗する, 目論見が外れる.
num pulo ひとっ跳びで.
pegar no pulo 気まずい瞬間に居合わせる, 現場を押さえる.
pulo do gato 奥の手, 秘訣.

pulôver /pu'lovex/ [複 pulôveres] 男 セーター.
púlpito /'puwpitu/ 男 (教会の) 説教壇 ▶ subir ao púlpito 説教台に上がる, 説教する.
pulsação /puwsa'sēw/ [複 pulsações] 女 ❶ 脈拍, 鼓動 ▶ medir a pulsação 脈を測る. ❷ 振動, 脈動.
pulsar /puw'sax/ 他 ❶ 押す ▶ Tive que pulsar o meu carro enguiçado. 私は故障した車を押さなければならなかった. ❷ 弾く, 鳴らす ▶ pulsar a lira 竪琴を弾く. ❸ 揺らす. ❹ 感づく, 気付く. ❺ 探る, 打診する. — 自 ❶ 脈打つ, 鼓動する ▶ O coração já não está pulsando. 心臓はもう動いていない. ❷ あえぐ. ❸ 反響する, 響く.
pulseira /puw'sejra/ 女 腕輪, ブレスレット ; (腕時計の) バンド ▶ pulseira de ouro 金の腕輪 / pulseira de relógio 時計バンド.
*****pulso** /'puwsu/ ブソ/男 ❶ 手首 ▶ torcer o pulso 手首をひねる / fazer uma tatuagem no pulso 手首に刺青を彫る. ❷ 〖医学〗脈, 脈拍 ▶ tomar o pulso 脈を測る.
a pulso 力づくで.
a todo pulso 全力で.
de pulso 精力的な, 厳しい.
pulular /pulu'lax/ 自 ❶ 発芽する, 芽吹く ▶ As flores pululam nas árvores. 木々に花が芽吹く. ❷ 繁殖する, 増殖する ▶ Os maus filmes pululam. 質の悪い映画がはびこっている. ❸ …でいっぱいである [+ de].
pulverizador /puwveriza'dox/ [複 pulverizadores] 男 スプレー, 噴霧器.
pulverizar /puwveri'zax/ 他 ❶ 粉末状にする, 粉々にする. ❷ …に粉をまく. ❸ 散布する, 噴霧する.
— **pulverizar-se** 再 粉末になる.
puma /'pūma/ 男 〖動物〗ピューマ.
pundonor /pūdo'nox/ [複 pundonores] 男 自尊心, 名誉.
pungente /pū'ʒẽtʃi/ 形 《男女同形》刺すような ▶ odor pungente つんとくる匂い / dor pungente 刺すような痛み.
punha 活用 ⇒ pôr
punhado /pu'ɲadu/ 男 一握り, ひとつかみ ; わずかな量 ▶ um punhado de sal 一つかみの塩.
aos punhados 一握りの, わずかの.

punhal /pu'ɲaw/ [複 punhais] 男 短刀, 短剣 ▶ pôr um punhal no peito de alguém …の胸元にナイフを突き付ける, …を脅迫する.
punhalada /puɲa'lada/ 女 短刀で刺すこと ▶ dar uma punhalada em... …を刺す / levar uma punhalada 刺される / punhalada nas costas 背中を刺すこと, 裏切り行為.
punho /'pūɲu/ 男 ❶ げんこつ, 握り拳 ▶ cerrar o punho 拳を握りしめる. ❷ 手首. ❸ 取っ手, 柄 ▶ punho da espada 剣の柄.
pelo próprio punho 自筆で.
punição /puni'sēw/ [複 punições] 女 罰, 処罰, 懲罰.
punir[1] /pu'nix/ 他 罰する, 処罰する ▶ punir um crime 犯罪を罰する / punir o réu de morte 被告人を死刑に処す.
— **punir-se** 再 自らを罰する.
punir[2] /pu'nix/ 自 …のために戦う [+ por].
punitivo, va /puni'tʃivu, va/ 形 処罰の, 懲罰的な.
punível /pu'nivew/ [複 puníveis] 形 《男女同形》罰すべき, 処罰に値する.
pupila /pu'pila/ 女 〖解剖〗瞳, 瞳孔.
pupilo, la /pu'pilu, la/ 名 ❶ 生徒. ❷ 秘蔵っ子, お気に入り. ❸ (後見人のいる) 孤児.
puramente /,pura'mẽtʃi/ 副 単に, もっぱら, まったく, 純粋に ▶ questão puramente técnica もっぱら技術的な問題.
puré /pu're/ 男 P = purê
purê /pu're/ 男 B 〖料理〗ピューレ ▶ purê de tomate トマトピューレ / purê de batata マッシュポテト.
pureza /pu'reza/ 女 ❶ 純粋さ, 純度 ▶ a pureza do ouro 金の純度. ❷ 清澄 ▶ pureza do ar 空気の清澄さ. ❸ 純真無垢, 清純, 純潔 ▶ pureza da alma 魂の純真さ. ❹ (言語や様式などの) 純正 ▶ pureza de linguagem 言語の純粋性.
purga /'puxga/ 女 下剤.
purgante /pux'gẽtʃi/ 男 ❶ 下剤. ❷ 話 厄介な人, 面倒な人.
— 形 《男女同形》清める, 浄化する, 下痢を起こす.
purgar /pux'gax/ 他 ❶ 浄化する, 取り除く, 除去する ▶ purgar um metal 金属を精錬する. ❷ 償う ▶ purgar os pecados 罪を償う. ❸ …から守る, …を除去する [+ de] ▶ purgar a família de qualquer perigo 家族をあらゆる危険から守る. ❹ 下剤をかける.
— 自 排膿する, (異物を) 排出する.
— **purgar-se** 再 ❶ 下剤を飲む. ❷ 自らの罪を償う.
purgatório /puxga'tɔriu/ 男 ❶ 〖カトリック〗煉獄. ❷ 試練の場.
purificação /purifika'sēw/ [複 purificações] 女 浄化, 純化.
purificador, dora /purifika'dox, 'dora/ [複 purificadores, doras] 形 浄化する, 清める.
— **purificador** 男 浄化器 ▶ purificador de água 浄水器.

purificar

purificar /purifi'kax/ 29 他 ❶ 浄化する ▶purificar água 水を浄化する. ❷ 清める, 純化する.
— **purificar-se** 再 自らを清める, 清められる, 浄化される.

purismo /pu'rizmu/ 男 ❶《言語》純正語法主義. ❷(思想などの) 純粋主義.

purista /pu'rista/ 名 ❶ 純正語法主義者. ❷(思想などの) 純正主義者.
— 形《男女同形》純粋主義(者)の；純正語法主義(者)の.

puritanismo /purita'nizmu/ 男 清教, ピューリタニズム.

puritano, na /puri'tɐnu, na/ 形 ❶ 清教徒の. ❷ 厳格な.
— 名 ❶ 清教徒, ピューリタン. ❷ (宗教的, 道徳的に) 厳格な人.

puro, ra /'puru, ra/ プーロ, ラ/ 形 ❶ 純粋な, 自然な, 本物の ▶água pura 純水 / ouro puro 純金 / ferro puro 純鉄 / ar puro 澄んだ空気 / uísque puro ストレートウィスキー / café puro ブラックコーヒー / ciências puras 純粋科学 / razão pura 純粋理性 / pura verdade 純然たる真実.
❷ 清純な, 悪意のない ▶coração puro 純な心.
❸ 完全な, 単なる ▶Isso é pura mentira. それはまったくの嘘だ / por puro acaso まったく偶然に.
puro de... …がない, …にけがされていない.
puro de origem 純血種の.
puro e simples 単純な, 素のままの, 飾らずに.
pura e simplesmente 単純に, ただ単に.

puro-sangue /,puru'sẽgi/ [複 puros-sangues] 名 形《男女同形》サラブレッド(の), 純血種(の).

púrpura /'puxpura/ 女 赤紫色.
— 形《不変》赤紫色の.

purulento, ta /puru'lẽtu, ta/ 形 化膿した, 化膿性の.

pus /'pus/ 男《医学》膿, うみ.

pus 活用 ⇒ pôr

puser 活用 ⇒ pôr

pusilânime /puzi'lɐnimi/ 形《男女同形》名 臆病な(人), 小心な(人), 気の弱い(人).

puta[1] /'puta/ 女 ❶ 娼婦, 売春婦 ▶filho de puta ろくでなし, ならず者. ❷ ふしだらな女.

putativo, va /puta'tʃivu, va/ 形《法律》推定上の ▶pai putativo 推定上の父.

puto, ta[2] /'putu, ta/ 形 男 ❶ 激怒した ▶ficar puto 激怒する. ❷ ひどい, 激しい ▶Estou com uma puta dor de barriga! 私はひどくお腹が痛い!
— **puto** 男 ❶ B 男娼. ❷ 男性同性愛者. ❸ P 若者, 青年, 男の子.
puto da vida 激怒した ▶Ficou puto da vida com a traição do amigo. 彼は友人の裏切りに激怒した.

putrefação /putrefa'sẽw̃/ [複 putrefações] 女 腐敗.

putrefacto, ta /putre'faktu, ta/ 形 = putrefato

putrefato, ta /putre'fatu, ta/ 形 腐った, 腐敗した.

putrefazer /putrefa'zex/ 28《過去分詞 putrefeito》他 腐らせる, 腐敗させる.
— 自 腐る, 腐敗する.
— **putrefazer-se** 再 腐る, 腐敗する.

pútrido, da /'putridu, da/ 形 腐った, 腐敗した.

puxa /'puʃa/ 間 B おや, まあ, 何てことだ, 信じられない(驚き, いらだち, 不満などを表す) ▶Eh, puxa! くそ何てことだ! / Puxa vida! あれまあ, なんと.

puxação /puʃa'sẽw̃/ [複 puxações] 女 ❶ 引っ張ること, 引き寄せること. ❷ おべっか.
puxação de saco おべっか, ご機嫌取り, へつらい.

puxada[1] /pu'ʃada/ 女 ❶ 引っ張ること, 引き寄せること.
❷ 長い道のり, 長旅.
❸ 努力.
❹ B 住居の増築部分.

puxado, da[2] /pu'ʃadu, da/ 形 ❶ 引っ張った, ぴんと伸びた.
❷ (目が) つり上がった ▶olhos puxados つり上がった目.
❸ 俗 高価な.
❹ 骨の折れる, 疲れさせる ▶um dia puxado 大変な一日 / trabalho puxado 骨の折れる仕事.
— **puxado** 男 B 住居の増築部分.

puxador /puʃa'dox/ [複 puxadores] 男 (ドアの) 引き手, ノブ.
puxador de samba カーニバルのパレードで, 歌でサンバチームを引っ張る役割の独唱者.
puxador de terço グループの皆と交互にロザリオの祈りを唱える引っ張り役.

puxão /pu'ʃẽw̃/ [複 puxões] 男 強く引っ張ること ▶dar um puxão em... …を強く引っ張る.
dar um puxão de orelhas em... 叱る.

puxa-puxa /,puʃa'puʃa/ [複 puxa-puxas] 男 ココナッツの実とブラウンシュガーを煮詰めたあめ.

puxar /pu'ʃax/ プシャーフ/ 他 引く, 引っ張る, 引き寄せる ▶puxar a cortina カーテンを引く / puxar uma cadeira いすを引く / puxar o freio de mão ハンドブレーキを引く / puxar os fios 陰[裏]で糸を引く / Ele puxou a minha orelha. 彼は私の耳を引っ張った / puxar a rolha da garrafa 瓶の栓を抜く / puxar água 水をくみ上げる / puxar pela memória 記憶から引き出す.
— 自 ❶ …に似ている [+ a] ▶Eles puxaram ao avô. 彼らは祖父に似ている. ❷ (色が) …がかかった [+ para].
Palavra puxa palavra. 売り言葉に買い言葉.
puxar conversa おしゃべりを始める.
puxar o carro 家に帰る.
ter a quem puxar (両親や近親者に) 似ている.
Uma coisa puxa outra. あることが別のことを引く.

puxa-saco /,puʃa'saku/ [複 puxa-sacos] 形《男女同形》俗 ごますりの, おべっか使いの ▶aluno puxa-saco 先生にごまをする生徒.
— 名 ごますり, おべっか使い.

Q q

q /'ke/ 男 ポルトガル語アルファベットの第17字.
ql. 《略語》quilate カラット.
qtd. 《略語》quantidade 数量.
qua. 《略語》quarta-feira 水曜日.

*__quadra__ /'kwadra/ クワドラ/ 安 ❶ 〖スポーツ〗コート ▶quadra de tênis テニスコート.
❷ 区画, ブロック.
fazer a quadra (4桁スピードくじの) 宝くじを的中させる.
quadra de ases フォー・エース (カード), エース4枚が揃った手持ちカード.

*__quadrado, da__ /kwa'dradu, da/ クァドラード, ダ/ 形 ❶ 正方形の, 四角の. 平方の ▶mesa quadrada 正方形のテーブル.
❷ 平方の ▶sala de vinte metros quadrados 20 平方メートルの部屋.
❸ 頑固な, 頭が固い.
— **quadrado** 男 ❶ 正方形, 四角.
❷ 2乗 ▶O quadrado de 2 é 4. 2の2乗は4だ.

quadragenário, ria /kwadraʒe'nariu, ria/ 形 名 40歳台の (人).

quadragésimo, ma /kwadra'ʒezimu, ma/ 形 《数》40番目の, 40分の1の.
— **quadragésimo** 男 40分の1.

quadrangular /kwadrẽgu'lar/ [複 quadrangulares] 形 《男女同形》 ❶ 四角形の, 四角の. ❷ 4チームによる勝ち抜きの.

quadrante /kwa'drẽtʃi/ 男 ❶ 〖数学〗 四分円, 象限. ❷ (時計の) 文字盤.
em todos os quadrantes どこでも.

quadrar /kwa'drax/ 他 ❶ 四角にする. ❷ 〖数学〗 2乗する.
— 自 ❶ …に都合がよい, 気に入られる [+ a] ▶Essa proposta não me quadra. その申し出は私には都合がよくない.
❷ …と合う, 調和する [+ a/com] ▶Preto quadra com branco. 黒は白と合う.
— **quadrar-se** 再 ❶ 順応する, 適応する. ❷ 闘牛の前に立つ.

quadratura /kwadra'tura/ 安 〖数学〗 求積法 ▶a quadratura do círculo 円積問題 (解決できない問題).

quadrícula /kwa'drikula/ 安 小さな正方形, 方眼, 碁盤目.

quadriculado, da /kwadriku'ladu, da/ 形 碁盤目の, 方眼の ▶caderno quadriculado 方眼ノート.

quadril /kwa'driw/ [複 quadris] 男 臀部, 尻の半分.

quadrilátero /kwadri'lateru/ 男 四辺形.

quadrilha /kwa'driʎa/ 安 ❶ 〖舞踊〗 クアドリーリャ (結婚式を模したダンス). ❷ 徒党, 集団 ▶quadrilha de cães 猟犬の群れ. ❸ 盗賊の一団 ▶quadrilha de ladrões 盗賊の一味.

quadrilha

quadrinho /kwa'driɲu/ 男 枠, 枠線 ▶história em quadrinhos 〖B〗 マンガ.
— **quadrinhos** 男複 〖B〗 マンガ.

‡quadro /'kwadru/ クァドロ/ 男 ❶ 黒板 ▶ir ao quadro 黒板の所に行く / quadro branco ホワイトボード.
❷ 絵, 絵画 ▶pintar um quadro 絵を描く / um quadro de Picasso ピカソの絵 / quadro vivo 活人画.
❸ 図, 表, 名簿 ▶Veja o quadro 2. 表2を参照のこと.
❹ 職員, スタッフ.
❺ チーム.
quadro de avisos 掲示板.

quadro-negro /ˌkwadru'negru/ [複 quadros-negros] 男 黒板.

quadrúpede /kwa'drupedʒi/ 形 《男女同形》 四足の.
— 名 ❶ 四足動物. ❷ 粗暴な人, 愚かな人.

quadruplicar /kwadrupli'kax/ 29 他 ❶ 4倍にする. ❷ 4重にする, 4通作成する.
— 自 4倍になる, 4重になる.
— **quadruplicar-se** 再 4倍になる, 4重になる.

quádruplo, pla /'kwadruplu, pla/ 形 4倍の, 4重の, 4つからなる.
— **quádruplo** 男 4倍 (の量).
— **quádruplos** 男複 四つ子.

‡‡qual /'kwaw/ クワウ/ [複 quais] 形 《疑問》《男女同形》 ❶ (qual + 名詞) どの, どんな (注 qual + 名詞は間違いで que + 名詞を用いるべきとされることがあるが, qual + 名詞は口語では広く使われる) ▶Qual caminho devo seguir? 私はどの道を行くべきだろうか / Para qual time você torce? あなたはどのチームを応援していますか / Qual tipo de perfume combina com você? どんな種類の香水があなたに合うか.

❷ 《属性》 何, 誰, どれ, どこ, どれだけ (注 動詞がser のときは省略される方が多い) ▶Qual é a sua profissão? ご職業は何ですか / Qual é a sua nacionalidade? あなたの国籍はどこですか / Qual é o seu endereço? あなたの住所はどこですか / Qual foi a causa do incêndio? 火事の原因は何だったのですか / Qual é o sujeito desta frase? この文の主

語はどれですか / Qual é a sua opinião? あなたの意見はどうですか / Qual foi o resultado? 結果はどうでしたか / Qual é a distância daqui até a estação? ここから駅までの距離はどのくらいですか / Qual é a sua cantora preferida? 君のお気に入りの女性歌手は誰ですか / Qual é o preço? 値段はいくらですか / Qual é a capital do Brasil? ブラジルの首都はどこですか.

❸《間接疑問文》▶Não sei qual (é) o meu tamanho de anel. 私は自分の指輪のサイズが何か分からない.

— [代]《疑問》どれ, どっち, 誰 ▶Qual você prefere? どっちがいいですか / Qual é o seu? どちらがあなたのですか / Qual dos dois você gosta mais? ２つのうちどっちが好きですか.

— [代]《関係》《主に文章語. 常に定冠詞を伴い, 先行詞は人または物. 先行詞の性数と一致：男性単数形 o qual, 男性複数形 os quais, 女性単数形 a qual, 女性単数形 as quais》❶《主格または目的格》▶uma pessoa a qual eu não conheço 私の知らない人.

❷《前置詞を伴って》▶uma doença contra a qual ainda não existe vacina まだワクチンのない病気 / os rapazes com os quais conversei ontem na festa 私が昨日パーティーで話をした若い男性たち / Ela escreveu muitos livros, alguns dos quais já foram traduzidos para o japonês. 彼女は本をたくさん書いており, その何冊かはもう日本語に翻訳されている / Morreram seis pessoas, entre as quais três menores. ６人が死亡し, その中には３人の未成年がいた.

— [接]《文章語》…がごとく, …のように ▶Teu olho brilha qual estrela matutina. 汝が瞳は明けの明星がごとく輝く.

— [間] まさか, とんでもない.

cada qual 各人, めいめい；誰もが, 皆 ▶Cada qual vive por si e para si. 誰もが自分で自分のために生きている.

Qual é? いったい何だ, 何事だ.

Qual é (a) coisa, qual é ela, que...? …するものなーんだ（なぞなぞ）.

Qual é a sua? 何をしているの, 何の話をしているの.

Qual não foi... …はいかほどだったことか ▶Qual não foi a minha surpresa? 私はとても驚いた.

seja qual for... …がどうであっても ▶seja qual for o resultado 結果がどうあろうと / seja qual for o país 国がどこであっても.

★★★**qualidade** /kwali'dadʒi クァリダーヂ/ [女] ❶ **質, 品質** ▶qualidade de um tecido 布の品質 / qualidade de vida 生活の質 / Prefiro a qualidade à quantidade. 私は量よりも質を選ぶ / garantia de qualidade 品質の保証 / mercadoria de boa qualidade 良質な商品 / papel de má qualidade 質の悪い紙.

❷ **優れた性質, 美点, 長所** ▶A prudência é uma qualidade. 慎重さは美点である / pessoa de grandes qualidades 優れた特性を備えた人物.

❸ **資格, 社会的地位** ▶perder a qualidade de eleitor 選挙資格を失う.

de primeira qualidade 最高級の.

de qualidade 質の高い, 良質の ▶produto de qualidade 高級品.

na qualidade de... …の資格で, 地位で ▶assistir às cerimônias na qualidade de presidente 社長の資格で儀式に出席する.

qualificação /kwalifika'sɐ̃w̃/ [[複] qualificações] [女] ❶ 資格, 能力 ▶qualificação profissional 職業資格.

❷〖スポーツ〗出場資格 ▶qualificação para a final 決勝出場権.

❸ 形容, 呼称, 修飾.

qualificado, da /kwalifi'kadu, da/ [形] ❶ 資格がある, 十分な能力を持った ▶não qualificado 資格のない / trabalhador qualificado 技能労働者.

❷ 出場資格を得た, 予選を通った.

qualificar /kwalifi'kax/ ㉙ [他] ❶ 評価する, …と見なす［＋ de］▶O promotor qualificou de ilegais as provas apresentadas. 検察官は示された証拠を不法だと判断した.

❷ 資格を与える, 適任とする.

❸〖文法〗修飾する, 形容する ▶O adjetivo qualifica o substantivo. 形容詞は名詞を修飾する.

— **qualificar-se** [再] …の資格を得る；…の予選を通過する［＋ para］▶O time não se classificou para a Copa do Mundo. そのチームはワールドカップの予選を通過しなかった.

qualificativo, va /kwalifika'tʃivu, va/ [形] 性質を示す ▶adjetivo qualificativo 品質形容詞.

— **qualificativo** [男] 形容語（句）.

qualitativamente /kwalita,tʃiva'mẽtʃi/ [副] 質的に, 質の点で.

qualitativo, va /kwalita'tʃivu, va/ [形] 質的な, 性質上の ▶diferença qualitativa 質的な相違.

★★★**qualquer** /kwaw'kɛx クァゥケーフ/ [[複] quaisquer] [形]《不定》❶《qualquer ＋名詞》**いかなる, どんな** ▶qualquer coisa 何でも / Qualquer coisa serve. 何でもいい / qualquer pessoa 誰でも / de qualquer maneira とにかく, なんとしてでも, いずれにしても / em qualquer lugar どこでも / em qualquer ocasião どんなときでも / a qualquer momento 今にも, いつでも / em qualquer caso いかなる場合も / por qualquer coisa ささいなことで / a qualquer preço どんな値段でも, いかなる代償を払っても / qualquer dia いつか / Até qualquer dia. またいつか会いましょう.

❷《否定文で》**いかなる…もない** ▶Não tenho qualquer interesse nisso. 私はそのことにまったく興味がない / sem qualquer dúvida まったく疑いの余地なく.

❸《名詞＋ qualquer》**何らかの, どれかの, 適当な；ありふれた, つまらない** ▶por uma razão qualquer 何らかの理由で / Ele não é um pintor qualquer. 彼はただの画家ではない / uma coisa qualquer つまらないこと.

— [代]《不定》❶ **誰でも, どれでも, どちらかでも** ▶O presente contrato poderá ser rescindido por qualquer das partes. 本契約は甲乙どちらかからの申し出により解消することができる.

❷ どの…もない ▶Não apareceu qualquer das

mulheres. どの女性も現われなかった.
— [男] つまらないもの, くだらないもの.
— [名] つまらない人.
qualquer que seja... …が何であれ ▶ qualquer que seja o motivo 動機が何であれ.
qualquer um ① 誰でも ▶ No início, qualquer um está propenso a errar. 初めのうちは誰でも失敗しがちである / Isso pode acontecer com qualquer um. それは誰にでも起こりうる. ② どちらの人でも. ③ 何でも, どれでも ▶ Escolha qualquer um que gostar. どれでも好きなのをお選びください. ④ どちらのものでも ▶ Qualquer um dos dois serve. 2つのうちどちらでも結構です.

***quando** /'kwẽdu クワンド/ [副]《疑問》❶ **いつ** ▶ Quando você vai ao Brasil? あなたはブラジルにいつ行きますか / Quando ele volta? 彼はいつ帰ってきますか / Quando é o seu aniversário? あなたの誕生日はいつですか.
❷《前置詞とともに》Ele vai ficar no Brasil até quando? 彼はいつまでブラジルにいるのですか / Desde quando dói? いつから痛みますか / De quando é este artigo? この記事はいつのものですか.
❸《間接疑問》▶ Você sabe quando ele volta? 彼がいつ帰ってくるか知っていますか / Ele me perguntou quando eu iria partir. 彼は私にいつ出発するのか尋ねた / Não me lembro quando foi. 私はいつだったか覚えていない / Gostaria de saber quando será efetuado o primeiro pagamento. 私は最初の支払いがいつ行われるか知りたい.
— [接] ❶ **…するとき, …する頃** ▶ As coisas acontecem quando menos se espera. 事件はいつもまさかのときに起きる / Quando não havia celular, escrevíamos mais cartas. 携帯電話がなかったときは, もっとたくさん手紙を書いていたものだ / Morava no interior quando era jovem. 若い頃は田舎に住んでいた.
❷《quando ＋接続法未来》…**ようになったら**, …するときに ▶ Quero ser jogador de futebol quando ficar grande. 大きくなったらサッカーの選手になりたい / Quando chegar a primavera, as cerejeiras florescerão. 春になれば桜が咲く / Venha quando quiser. いつでも来てください.
❸ **…のとき** ▶ Amor é quando a gente mora um no outro. 愛とは一心同体になることだ.
de quando em quando 時々.
de quando em vez 時々.
de vez em quando 時々 ▶ Ele voltava para casa só de vez em quando. 彼は時々にしか家に帰らなかった.
quando de... …のときに, …に際して ▶ quando do pagamento do salário 給料の支払い時に.
quando em quando 時々.
quando menos 少なくとも.
quando muito 多くて, せいぜい.
quando não そうでなければ.
quando quer que ＋[接続法] いつ…しても ▶ quando quer que você queira あなたがいつ望んでも.

*__quantia__ /kwẽ'tʃia クアンチーア/ [女] **金額, 総額** ▶ quantia de dinheiro 金額 / uma quantia elevada 大金.

***quantidade** /kwẽtʃi'dadʒi クアンチダーヂ/ [女] ❶ **量, 分量, 数量** ▶ grande quantidade de álcool 大量のアルコール / pequena quantidade de tinta 少量の塗料 / quantidade de informação 情報量 / quantidade de horas 時間数 / quantidade de movimento〘物理〙運動量.
❷ **大量, 多数** ▶ Vi uma quantidade de gente correndo. 私は多くの人が走っているのを見た.
em quantidade 大量に.

quantificar /kwẽtʃifi'kax/ ㉙ [他] 数量化する ;〘物理〙量子化する ▶ quantificar os riscos リスクを数量化する.

quantificável /kwẽtʃifi'kavew/ [複 quantificáveis] [形]《男女同形》数量化しうる.

quantitativamente /kwẽtʃitaˌtʃiva'mẽtʃi/ [副] 量的に, 量の点で.

quantitativo, va /kwẽtʃita'tʃivu, va/ [形] 量的な, 数量の ▶ análise quantitativa〘化学〙定量分析.

***quanto, ta** /'kwẽtu, ta クワント, タ/ [形]《疑問》❶ **いくつの…, 何人の…**, どれだけの量の… ▶ Há quantas maçãs? いくつりんごがありますか / Quantos anos você tem? 君は何歳ですか / Quantos irmãos você tem? あなたは兄弟が何人いますか / Quanto tempo leva? 時間はどれくらいかかりますか / Quantas vezes uma pilha recarregável pode ser recarregada? 充電池は何回充電できますか / Está no Japão há quanto tempo? どのくらい日本にいるのですか / Quantos são vocês? あなたたちは何人ですか / Quanto é o pagamento por hora? 時給はいくらですか / Eu não sei quanto tempo ainda me resta. 私はどれだけの時間が自分に残されているか知らない.
❷ **何と多くの…, 何とたくさんの…** ▶ Quanta gente! 何と多くの人がいるんだ / Há quanto tempo que não te vejo! 君に合うのは本当に久しぶりだ.
— [代]《疑問》**いくつ, 何人**, どれだけ ▶ Quantos já viram esse filme? もう何人がその映画を見ましたか.
— [代]《関係》…するすべての… ▶ quantas vezes forem necessárias 必要な回数 / Agradeço imenso a (todos) quantos me ajudaram. 私を助けてくれたすべての人々に深く感謝します.
— **quanto** [副]《疑問》❶ **どれだけ, どれほど** ▶ Quanto custa? ＝ Quanto é? おいくらですか / Quanto é que você pesa? 君の体重はどれだけですか / De quanto você precisa? いくら必要ですか / Eu não sei quanto custa. 私はそれがいくらなのか知らない.
❷《感嘆文で》**何と, どれだけ, どれほど** ▶ Quanto te agradeço! 私が君にどれほど感謝していることか.
❸《同等比較級》《tanto [tão]... quanto...》…と同じくらい… ▶ Ele é tão alto quanto o pai. 彼はお父さんと同じ背の高さだ / O álcool pode causar tantos problemas quanto as drogas ilícitas. アルコールは違法薬物と同じだけの問題を引き起こし得る / Vocês não trabalham tanto quanto imaginam. 君たちは自分たちが思っているほど働いてはいない.

Q

o quanto どれだけ, どれほど ▶ Você não sabe o quanto te amo. 君は私がどれほど君を愛しているか知らない / Você me faz ver o quanto é bom viver. 君のおかげで人生がどんなにいいものかわかった / Pague o quanto quiser. 払いたい額を払ってください.

o quanto antes できるだけ早く.

o quanto possível 可能な限り.

não saber a quantas anda (...) (…) がどうなっているかわからない.

quanto + 比較級, (tanto + 比較級) …であればあるほど, より…である ▶ Quanto mais te conheço, mais te amo. 君を知れば知るほど, ますます君を愛してしまう / Quanto mais cedo, melhor. 早ければ早いほどよい / Quanto maior, melhor. 大きければ大きいほどよい / Quanto mais, melhor. 多ければ多いほどよい / Quanto menos, melhor. 少なければ少ないほどよい.

quanto a... …について, …に関して, …はどうかと言えば ▶ Quanto a isso, pode ficar tranquilo. その件についてはご安心ください / quanto a mim としては.

quanto antes できるだけ早く ▶ Quero chegar quanto antes. 私はできるだけ早く到着したい / Quanto antes, melhor. 早ければ早いほうがいい.

quanto mais... …はなおさらだ ▶ Estamos desorientados, quanto mais as crianças. 私たちは途方に暮れている. 子供たちなおさらだ.

quanto menos... まして…は…ない ▶ Se ela não pode, quanto menos eu. 彼女ができないなら私にはなおさら無理だ.

quanto mais não seja... …だけだとしても.

quanto muito よくても, せいぜい.

seja quanto for... …がいくつであっても, どれだけであっても ▶ Pago o preço seja quanto for. 私は代価がいくらであっても払う.

uns quantos ① いくつかの… ▶ Já li uns quantos livros dela. 彼女の本を何冊か読んだことがある. ② いくつかの物, 何人かの人 ▶ — Vieram todas elas? — Só umas quantas. 「彼女たちみんなが来たのですか」「何人かだけです」.

quantum /kwẽ'tũ/ 男 〖物理〗量子.

quão /kwẽw̃/ 副 ▶ Quão terrível é este lugar! ここはなんと恐ろしい場所だろう.

‡**quarenta** /kwa'rẽta/ ファレンタ/ 形《数》(男女同形)❶40の. ❷40番目の.
— 男 40.

quarentão, tona /kwarẽ'tẽw̃, tona/ [複 quarentões, tonas] 形 名 40歳の(人), 40歳代の(人).

quarentena /kwarẽ'tẽna/ 女 ❶40日間. ❷ uma quarentena de... 約40の…. ❸ 検疫期間, 検疫. ❹ 保留, 留保 ▶ pôr de quarentena 保留する.

quaresma /kwa'rezma/ 女 〖カトリック〗四旬節.

quarta /'kwaxta/ 女 ❶ 4分の1. ❷ 水曜日. ❸ 〖音楽〗4度.

quarta de final /kwaxtadʒifi'naw/ [複 quartas de final] 女 準々決勝.

‡**quarta-feira** /kwaxta'fejra クヮフタフェイラ/ [複 quartas-feiras] 女 水曜日 ▶ quarta-feira de cinzas 灰の水曜日.

quarteirão /kwaxtej'rẽw̃/ [複 quarteirões] 男 街区, ブロック ▶ a um quarteirão de... …から1ブロック離れたところに.

‡**quartel** /kwax'tɛw クヮフテウ/ [複 quartéis] 男 ❶ 4分の1, クオーター ▶ Esse autor atuou no primeiro quartel do século XX. その著者は20世紀の最初の四半世紀に活躍した.
❷ 兵営, 兵舎 ; 兵役 ▶ O quartel fica perto do estádio. 兵舎はスタジアムの近くにある / quartel do corpo de bombeiros 消防署 / entrar para o quartel 兵役に就く /.

sem quartel 情け容赦ない ▶ guerra sem quartel 情け容赦ない戦争.

quartel-general /kwax,tɛwʒene'raw/ [複 quartéis-generais] 男 司令部.

quarteto /kwax'tetu/ 男 ❶ 四重奏[唱]曲 ; 四重奏[唱]団 ; カルテット. ❷ 4人組.

‡**quarto, ta** /'kwaxtu, ta クヮフト, タ/ 形 ❶ 4番目の. ❷ 4分の1の ▶ a quarta parte da população 人口の4分の1.
— **quarto** 男 ❶ 寝室, 個室, ホテルの部屋 ▶ apartamento de dois quartos 寝室が2つある共同住宅 / quarto de casal ダブルルーム / quarto de solteiro シングルルーム / O quarto do hotel tinha cheiro de mofo. ホテルの部屋はかびの匂いがした.
❷ 4分の1 ▶ um quarto de século 四半世紀.
❸ (月の)弦 ▶ quarto crescente 上弦 / quarto minguante 下弦.

dar um quarto ao diabo 苦労を厭わない.

fazer quarto a... …に夜通し付きっきりになる.

passar um mau quarto de hora 酷い目に合う.

quarto de despejo 不用品置き場, 物置.

quarto e sala /'kwaxtui'sala/ [複 quarto(s) e salas] 男 B 寝室1つとリビングだけの共同住宅.

quartzo /'kwaxtzu/ 男 〖鉱物〗石英, 水晶 ▶ relógio de quartzo クオーツ時計.

‡**quase** /'kwazi クヮーズィ/ 副 ❶ ほとんど, ほぼ ▶ Estou quase pronto. 私はほぼ準備ができている / Assim está quase perfeito. これでほぼ完璧だ / quase sempre たいてい, だいたい / Quase nunca sei. 私はほとんど知らない / Eu não sei quase nada dela. 私は彼女のことをほとんど何も知らない / Quase ninguém veio. ほどんど誰も来なかった / O correio fica quase no beco da rua. 郵便局は通りの行き止まり近くにある.

❷ もう少しのところで ▶ Eu quase morri. 私はもう少しで命をなくすところだった / Quase caí. 私は転びそうになった.

quase, quase ほとんど.

quase que... ① 言わば…. ② ほとんど ▶ Ele correu quase que no limite de suas forças. 彼はほとんど体力の限界まで全力疾走した.

‡**quatorze** /kwa'toxzi/ 形《数》(不変) B ❶ 14の ▶ quatorze metros 14メートル. ❷ 14番目の ▶ página quatorze 14ページ.
— 男 14.

que

quatro /'kwatru/ クワトロ/ 形(数)(不変) ❶ 4 の ▶ a quatro mãos 2 重奏で.
❷ 4 番目の ▶ página quatro 4 ページ.
— 男 4.
cair de quatro ① うずくまる, 四つん這いになる. ② 卒倒する, 驚く. ③ 恋に落ちる.
ficar de quatro ① うずくまる, 四つん這いになる. ② 辱められる.
ficar de quatro por alguém …の前にひれ伏す

quatrocentos, tas /kwatru'sẽtus, tas/ クァトロセントス, タス/ 形(数)(不変) ❶ 400の. ❷ 400番目の.
— **quatrocentos** 男 400.

que¹ /ki キ/ 代《疑問》❶ 何 ▶ Que aconteceu? 何が起こったのですか / Que é isso? それは何ですか / Que é a verdade? 真実とは何か.
❷《前置詞＋que》▶ Para que serve o rabo do cachorro? 犬のしっぽは何の役に立つのですか / Por que você faz cinema? なぜあなたは映画を作るのですか.
❸《que＋不定詞》…すべき ▶ Que fazer? 何をするべきか, どうしよう / Para que estudar? 何のために勉強するのですか / Não sabíamos que fazer. 私たちは何をすべきかわからなかった.
Que é de? どこに (B で Cadê? となる).
Que mais? 他に何かありますか.

que² /ki キ/ 形《疑問》❶《que＋名詞》何の, どんな, どの ▶ Que dia é hoje? 今日は何日ですか / De que cor é o seu carro? あなたの車は何色ですか / Que horas são? 何時ですか / A que horas o avião vai chegar? 飛行機は何時に到着しますか / Que candidato vencerá? どの候補者が勝つのだろうか.
❷《感嘆文》何と ▶ Que pena! 何て残念 / Que coragem! 何と勇敢な.
— 副 何という, 何と ▶ Que bom! いいですね / Que interessante! 何と興味深いことか / Que bonita ela é! 彼女はなんてかわいいんだろう / Que linda paisagem! なんてきれいな景色なんだろう.
o que 何 (= que) ▶ O que aconteceu? 何が起きたのですか / O que fez? あなたは何をしたのですか / O que é isto? これは何ですか.
O que é, o que é? …なものなーんだ (なぞなぞの問い) ▶ O que é, o que é, que é preto... branco... preto... branco... preto...? 黒くて白くて黒くて白くて黒いものなーんだ.

que³ /ki キ/ 接 ❶《名詞節を導く》…ということ.
❶《que＋直説法》▶ Ele disse que iria para o Brasil. 彼はブラジルへ行くと言った / Parece que vai chover hoje à noite. 今晩雨が降りそうだ / — Você trouxe a passagem? — Claro que trouxe. 「あなたは切符を持ってきましたか」「もちろん持ってきました」.
❷《que＋接続法》▶ Espero que você goste desse presente. あなたがそのプレゼントを気に入ってくれることを私は期待しています / É possível que ele venha. 彼は来るかもしれない / Que tenha muitas felicidades! たくさんの幸せがありますように.
❸《前の文の内容を指して用いられるときに》▶ Acho que sim. 私はそうだと思う / Acho que não. 私はそうだと思わない.

❷《副詞節を導く》
❶《理由》…だから, …なので (= porque, pois) ▶ Hoje não posso ir à festa, que estou muito cansada. 今日は私はとても疲れているので, パーティーに行けません.
❷《tão [tanto] ... que＋直説法》あまり…なのでだ ▶ Esse carro é tão caro que não posso comprar. その車はとても高いので私は買えません / Comi tanto que fiquei com dor de barriga. 私はあまりにもたくさん食べたのでお腹が痛くなった.
❸《tão [tanto] ... que＋接続法》…するほど… ▶ Não pode falar tão alto que possa acordar o bebê. 赤ちゃんを起こすほどの大きな声で話してはいけません.
❹《que＋接続法》…である限りは, …の程度で ▶ que eu saiba 私が知っている限りでは.

❸《比較の対象を表す》
❶《(do) que》…より (注 do は省略しないほうが普通) ▶ Ele fala português melhor (do) que eu. 彼は私より上手にポルトガル語を話す / A qualidade é mais importante (do) que a quantidade. 量より質が重要だ / O filme é mais interessante do que imaginava. その映画は思っていたより面白い.
❷ …と同じ ▶ Ele nasceu no mesmo ano que eu. 彼は私と同じ年に生まれた.
❸ …を除いて, …以外の ▶ Meu pai não tem outras distrações que a leitura. 父は読書以外に楽しみがない.

❹《前置詞などとともに》▶ Vamos sair antes que comece a chover. 雨が降り始める前に出かけましょう.

❺《強調構文で前提を表す》
❶《(... que ...)》…のは…だ ▶ Ela é que foi ao banco. 彼女が銀行に行った (注 é の前の語句を強調) / Onde é que a senhora mora? あなたはどちらにお住まいですか (注 疑問詞＋é que では強調の意味はない).
❷《ser... que》…のは…だ (ser の後の語句を強調. ser は人称・数と時制によって変化する) ▶ É ele que fez este trabalho. この仕事をしたのは彼だ / Somos nós que criamos o nosso destino. 私たちの運命を作るのは私たちだ / Sou eu que faço o meu caminho. 私の道を作るのは私だ.

❻《... que ...》…に…する (繰り返しによる強調) ▶ Ele é um homem diligente. Trabalha que trabalha. 彼は勤勉な男だ. 働きに働く.

É que＋直説法《理由》実は…だ ▶ Desculpe o atraso. É que aconteceu um problema. 遅れてごめんなさい. 実はちょっと問題が起こったのです.
Não (é) que＋接続法 …というわけではない ▶ Não é que eu não te ame. 君のことを愛していないわけではない.
que nem... 語 …のように ▶ Ele chora aí que nem maluco. 彼はそこで普通ではない様子で泣いている.
Será que＋直説法 …だろうか ▶ Será que ele vem? 彼は来るだろうか.
só que＋直説法 ただし…, しかしながら….

que

que[4] /ki キ/代《関係》《人・物の両方に用いられる》

❶《主語》▶a menina que está ali あそこにいる女の子 / Conhece um aluno que fala chinês. 私は中国語を話せる学生を知っている / Conhece algum aluno que fale chinês? 中国語を話せる学生を誰か知っていますか（注 先行詞が既知のものであれば、関係節中の動詞は直説法になる．不特定のものや未知のものであれば、接続法）.

❷《直接目的語》▶a mulher que amo 私が愛している女性 / o livro que comprei 私が買った本.

❸《前置詞＋ que》《先行詞は物》▶o vestido com que saí ontem 私が昨日着て出かけたワンピース.

❹《指示代名詞＋ que》…する［である］もの（注 指示代名詞はすでに言及された名詞を指し、その名詞の性数に応じて変化する）▶Essa bolsa é a que comprei no Brasil. そのバッグは私がブラジルで買ったものです.

❺《... que ＋不定詞》…すべき▶Não tenho nada que fazer. 私はすることがない.

o que ① …する（である）こと▶O que ele disse deixou-me muito triste. 彼が言ったことは私をとても悲しませた / Faça o que você quiser. あなたのしたいことをしなさい. ②《前の文の内容などを指す》それ、そのこと▶Ele contou a verdade, o que foi um ato corajoso. 彼は本当のことを話した．それは勇気ある行為だった. ③《強調構文で前提を表す》▶O que ele comprou foi aquele carro. 彼が買ったのはあの車だ.

quê /'ke/男 ❶ あるもの、何か▶um quê misterioso 何か神秘的なところ.

❷ 複雑な点、困難、問題▶O comércio internacional sempre tem os seus quês. 国際貿易には常に困難が伴う.

❸《um quê de...》…的なところ▶Há um quê de mistério nisto. これには何か神秘的なあるものが存在する / um quê de Beatles ビートルズ風なところ.

❹ 文字 Q の名称.

― 代《疑問》何（注 単独または文末で用いられる）▶Quê? Mais uma vez? 何だって、またかい？ / Para quê? 何のためですか / Por quê? なぜですか

Não tem [há] de quê.（お礼に対する返事）どういたしまして、何でもありません.

o quê 何▶Ela disse o quê? 彼女は何と言ったのですか / O quê? 何ですか.

sem que nem para quê 明確な理由なく、動機なく ▶Ela despediu-se sem quê nem para quê. 彼女ははっきりした理由もなく立ち去った.

ter com quê お金がある、裕福である.

ter um quê para alguém …に気がある.

um não sei quê 何だかよくわからないもの.

quebra /'kɛbra/女 ❶ 破裂、破壊、破損▶quebra de vidro ガラスの破損.

❷ 破棄；取り消し；中断；中止；断絶▶quebra de contrato 契約の破棄.

❸ 減少、損失 ▶quebra no fornecimento de água 水の供給の減少.

❹ 違反▶quebra de sigilo bancário 銀行が当局に機密情報を提供すること.

❺ 破産、倒産▶quebra fraudulenta 違法倒産.

❻ 折り目.

❼ 斜面.

❽《quebras》紙くず.

❾《quebras》B 俗 残り物.

de quebra おまけで.

quebra de milho 手作業によるトウモロコシの収穫.

quebra de serviço サービスブレイク.

quebra-cabeça /,kɛbraka'besa/ [複 quebra-cabeças] 男 ❶ ジグソーパズル ▶ montar um quebra-cabeça ジグソーパズルを組む. ❷ 謎. ❸ 難問.

quebradiço, ça /kebra'dʒisu, sa/形 壊れやすい、もろい.

*__quebrado, da__ /ke'bradu, da/ ケブラード、ダ/形 ❶ 壊れた、割れた ▶O vidro está quebrado. ガラスが割れている / promessas quebradas 守られなかった約束.

❷ 故障した▶televisão quebrada 故障したテレビ.

❸ 疲労困憊した▶Estou quebrado de tanto trabalhar. 私はあまりに働きすぎて疲労困憊している.

❹ 破産した▶A empresa está quebrada. その会社は破産した.

― **quebrados** 男複 小銭.

quebra-galho /,kɛbra'gaʎu/ [複 quebra-galhos] 男 B 俗 難局を救ってくれる人［もの］、命の恩人.

quebra-gelo /,kɛbra'ʒelu/ [複 quebra-gelos] 男 砕氷船.

quebra-luz /,kɛbra'lus/ [複 quebra-luzes] 男 ランプの笠.

quebra-mar /,kɛbra'max/ [複 quebra-mares] 男 防波堤.

quebra-molas /,kɛbra'mɔlas/ 男《単複同形》スピードバンプ（自動車を減速させるための帯状の隆起）.

quebra-nozes /,kɛbra'nɔzis/ 男《単複同形》クルミ割り.

quebrantar /kebrɐ̃'tax/他 ❶ 取り壊す、破壊する ▶ quebrantar os muros 城壁を破壊する.

❷ 和らげる、静める、抑える▶quebrantar a fúria 怒りを静める.

❸ 痛めつける、苦しめる▶quebrantar o coração 心を苦しめる.

❹ 衰弱させる、弱らせる▶A doença quebrantou o menino. 病気が少年を衰弱させた.

❺ 違反する；破棄する▶quebrantar a lei 法を遵守しない.

― **quebrantar-se** 再 衰弱する、弱くなる.

quebra-pau /,kɛbra'paw/ [複 quebra-paus] 男 B 話 口論、けんか.

quebra-quebra /,kɛbra'kɛbra/ [複 quebra-quebras] 男 略奪、破壊、暴動.

*__quebrar__ /ke'brax/ ケブラーフ/他 ❶ 割る、壊す、破る ▶quebrar um vidro ガラスを割る / Quebrei minha unha. 私は爪を割った / quebrar o silêncio 沈黙を破る / quebrar uma promessa 約束を破る / quebrar a máquina 機械を壊す / quebrar a rotina マンネリを打破する / quebrar a cabeça 知恵を絞る.

❷ 骨折する ▶ Ele quebrou a perna. 彼は脚を骨折した.
❸ 和らげる ▶ quebrar a tensão 緊張をほぐす / quebrar a acidez 酸味を和らげる.
❹ (記録を) 破る, 塗り替える ▶ quebrar o recorde mundial 世界記録を破る.
— 自 ❶ 壊れる ▶ O brinquedo quebrou logo. おもちゃはすぐに壊れた.
❷ 崩れる ▶ As ondas quebram na praia. 波が海岸で崩れる.
❸ 破産する, 無一文になる.
— **quebrar-se** 再 壊れる, 割れる.

quebra-vento /ˌkɛbraˈvẽtu/ [複 quebra-ventos] 男 扇形窓, 防風林, 風よけ.

☆**queda** /ˈkɛda ケーダ/ 女 ❶ 転倒, 転落 ▶ levar uma queda 転ぶ / A queda provocou fratura do fêmur. 転倒が大腿骨骨折の原因となった.
❷ 落下, 下落 ▶ queda de cinco metros 5メートルの落下 / queda de cabelo 脱毛 / queda das folhas 落葉 / queda de terra 土砂崩れ / queda das flores de cerejeira 桜の花が散ること / queda de um avião 飛行機の墜落.
❸ 低下, 減少, 下落 ▶ queda dos preços 物価の低下 / queda da bolsa de valores 株式相場の下落.
❹ 失敗, 挫折, 崩壊 ▶ queda do governo 政権崩壊 / a queda do Muro de Berlim ベルリンの壁の崩壊 / queda do ministro 大臣の解任.
❺ 堕落 ▶ a queda de Adão アダムの堕落.
queda de braço 腕相撲.
queda livre ① フリーフォール, 自由落下. ② (価値の) 急速な低下 ▶ O dólar está em queda livre. ドルは急速に値を下げている.
ter (uma) queda por... …が好きである ▶ Ela tem queda pela música. 彼女は音楽が好きだ / Eu tenho uma queda por você. 僕は君のことが好きだ.

queda-d'água /ˌkɛdaˈdagwa/ [複 quedas-d'água] 女 滝.

quedar /keˈdax/ 自 ❶ とどまる, 残る. ❷ …のままでいる.
— **quedar-se** 再 …のままでいる ▶ Ela quedou-se imóvel. 彼女は動かないでじっとしていた.

quedo, da /ˈkedu, da/ 形 ❶ 静止した, じっとした. ❷ 静かな.

queijadinha /kejʒaˈdʒĩɲa/ 女 小麦粉, バター, チーズで作った小さなカップケーキ.

queijeira /kejˈʒejra/ 女 チーズカバー.

☆**queijo** /ˈkejʒu ケイジョ/ 男 チーズ ▶ sanduíche de presunto e queijo ハムチーズサンドイッチ / queijo de cabra ヤギのチーズ / queijo ralado おろしたチーズ / queijo parmesão パルメザンチーズ / queijo de soja 豆腐 / queijo suíço エメンタールチーズ / queijo de Minas ミナスジェライス州特産のチーズ.

queijo-quente /ˌkejʒuˈketʃi/ [複 queijo(s)-quentes] 男 ケージョ・ケンチ (チーズをはさんだホットサンドイッチ).

queima /ˈkejma/ 女 ❶ 火事 ▶ queima de mata 山火事.
❷ 燃焼, 焼却 ▶ queima de gordura 脂肪の燃焼 / queima de lixo ごみの焼却.
❸ 在庫一掃セール, 投げ売り ▶ queima de estoque 在庫処分セール.

queimada /kejˈmada/ 女 ❶ 山火事. ❷ 森林を焼き払うこと. ❸ 森林の焼き払われた跡地.

queimado, da /kejˈmadu, da/ 形 ❶ 焼けた, 焦げた ▶ O peixe está queimado. 魚が焦げている.
❷ 日に焼けた ▶ queimado do sol 日に焼けた. ❸ 图 怒った ▶ ficar queimado com alguém …に対して怒る. ❹ 信用を失った ▶ ficar queimado com alguém …の信用を失う.
— **queimado** 男 ❶ 焦げたもの, おこげ ▶ Tem cheiro de queimado. 焦げ臭いにおいがする / gosto de queimado 焦げた味. ❷ ドッジボール.

queimadura /kejmaˈdura/ 女 ❶ やけど. ❷ 日焼け ▶ queimadura solar 日焼け. ❸ 焼却.

☆**queimar** /kejˈmax/ 他 ❶ 燃やす, 焼く; 熱くする ▶ queimar o lixo ごみを燃やす / queimar gordura 脂肪を燃やす / queimar uma casa 家に火をつける.
❷ 焦がす ▶ queimar a carne 肉を焦がす.
❸ やけどさせる ▶ Eu queimei meu dedo. 私は指をやけどした / queimar a língua 舌をやけどする.
❹ 日焼けさせる ▶ queimar a pele 肌を焼く.
❺ 叩き売りする, 投げ売りする ▶ queimar o estoque 在庫を投げ売りする.
— 自 ❶ 燃える, 焼ける, 焼けるほど暑い ▶ O sol de verão queima. 夏の太陽は焼ける.
❷ 日焼けする, 火照る ▶ A testa da criança queimava. 子供の額が火照っていた.
❸ (電球などが) 切れる, 飛ぶ ▶ A lâmpada queimou. 電球が切れた / O fusível queimou. ヒューズが飛んだ.
— **queimar-se** 再 ❶ やけどする ▶ Eu me queimei com o ferro de passar roupa. 私はアイロンでやけどした.
❷ 日焼けする ▶ Vou à praia para me queimar um pouco. 私は砂浜でちょっと日焼けしてこよう.
❸ 信用を失う ▶ Ele queimou-se com os colegas. 彼は同僚の信用を失った.

queima-roupa /ˌkejmaˈxopa/ 女 《次の成句で》
à queima-roupa ① 至近距離から ▶ A vítima levou um tiro à queima-roupa e não resistiu. 被害者は至近距離から銃弾を受けて助からなかった. ② 突然, いきなり.

queira 活用 ⇒ querer

☆**queixa** /ˈkejʃa ケイシャ/ 女 不平, 不満, 愚痴 ▶ Não tenho nenhuma queixa. 私は何の不満もありません / Ela fez queixas do barulho no apartamento. 彼女はアパートの騒音を訴えた / dar queixa na polícia 警察に苦情を訴える / apresentar uma queixa 警察に通報する.

queixa-crime /ˈkejʃaˈkrimi/ [複 queixas-crime(s)] 女 《法律》告訴 ▶ O tribunal arquivou a queixa-crime contra o ministro. 裁判所は大臣に対する告訴を棄却した.

queixada /kejˈʃada/ 女 ❶ (動物の) 下あご. ❷ (人の) 大きなあご.

☆**queixar-se** /kejˈʃaxsi ケイシャーフスィ/ 再 ❶ …について不平を言う, 不満をもらす [+de] ▶ Ela sem-

queixo

pre se queixa de tudo. 彼女はいつもあれこれ文句を言う / Ele queixava-se de que ninguém o levava a sério. 彼は誰も彼の言うことを真面目に聞いてくれないと不平をこぼしていた / Não me posso queixar. 私は文句を言えない.
❷ …の病状や痛みを訴える, 言う [+ de] ▶A menina queixava-se de dores de barriga. 女の子は腹痛を訴えていた.
❸ …に訴える, 苦情を申し立てる [+ a] ▶O rapaz queixou-se à polícia. 青年は警察に訴えた.

queixo /'keʃu/ 男 下あご.
bater [tremer] o queixo (寒さで) 奥歯をがたがた言わせる.
cair de queixo たいらげる, がつがつ食べる.
de queixo caído 目を見張って, あっけにとられて.
de queixo empinado 鼻を高くして.
derrubar o queixo de ひざまずかせる, 膝を折らせる.
ficar de queixo caído 驚嘆する, 感嘆する.
ficar de queixo na mão 驚嘆する, 感嘆する.

queixoso, sa /kej'ʃozu, 'ʃɔza/ 形 ❶ 不平を言う. ❷ 告訴する.
— 名 ❶ 不平を言う人. ❷《法律》原告, 告訴人.

queixume /kej'ʃũmi/ 男 うめき, 悲鳴, 不平.

‡quem /kẽj/ ケィン/ 代《疑問》❶ 誰が ▶Quem telefonou? 誰が電話してきましたか / Quem te disse isso? 誰が君にそんなことを言ったのですか / Quem venceu? 誰が勝ちましたか / Quem é que vem? 誰が来ますか.
❷ 誰を ▶Quem você está esperando? 誰を待っているのですか.
❸《属詞》▶Quem é aquela pessoa? あの人は誰ですか / Quem são eles? 彼らは誰ですか / Quem é você? 君は誰だ.
❹《前置詞 + quem》▶A quem é que vocês enviaram os convites? 君たちは誰に招待状を送ったのですか / De quem é este carro? これは誰の車ですか / Isto é obra de quem? これは誰の仕事だ / Com quem você estava falando? 誰と話をしていたのですか / Para quem você vai torcer na final? 決勝でどっちを応援しますか.
❺《間接疑問文で》▶Não está claro quem são os responsáveis. 責任の所在がはっきりしない / Você sabe quem fez isso? 誰がこんなことをしたか知っていますか / Quem você pensa que é? 何様のつもりだ / Você sabe com quem está falando? 君は自分が誰と話をしているのか分かっているの.
— 代《関係》❶《前置詞 + quem》《先行詞は人》▶os amigos em quem ele confia 彼が信頼している友人たち / Oscar Niemeyer é um arquiteto de quem o Brasil se orgulha. オスカー・ニーマイヤーはブラジルが誇る建築家だ.
❷《先行詞なしで》…する人 ▶Quem entendeu, levante a mão. 分かった人は手を挙げてください / Ganha quem chega primeiro. 早い者勝ち / Quem tudo quer, tudo perde. 諺 二兎を追う者, 一兎を得ず / Quem chegou primeiro foi ele. 一番最初に来たのは彼だ / É você quem tem que decidir. 決断するのは君だ / Não tenho quem me ajude. 私を助けてくれる人はいない.
❸《前置詞 + quem + 不定詞》…できる人, …すべき人 ▶Não tenho com quem contar. 私には頼れる人がいない / Ele não tinha com quem conversar. 彼には話し相手がいなかった.
como quem não quer a coisa 知らんぷりをして, とぼけて.
fosse quem fosse それが誰であったとしても.
Há quem + 接続法 …人がいるだろう ▶Há quem diga que + 直説法 …と言っている人もいる.
Por quem é! ぜひ, お願いします.
Quem (me) dera! そうだったいいのに.
Quem (me) dera …できたらいいのに.
Quem (me) dera que + 接続法 …だといいのに.
quem quer que + 接続法 …が誰であっても ▶quem quer que você seja あなたが誰であっても / Quem quer que diga isso é um mentiroso. そんなことを言うのは誰でも嘘つきだ.
quem quer que seja 誰であろうと.
seja quem for 誰でも ▶Esse é um problema para seja quem for. それは誰にとっても問題である.

quentão /kẽ'tẽw/ 男 ケンタオン (サトウキビの焼酎に砂糖, ショウガ, ニッケイなどを入れて温めたカクテル)

‡quente /'kẽtʃi/ ケンチ/ 形《男女同形》❶ 熱い, 暑い (↔ frio) ▶café quente ホットコーヒー / água quente 湯 / chá quente 熱いお茶 / A sopa está muito quente. スープはとても熱い / Está quente hoje. 今日は暑い / um dia muito quente とても暑い日 / É quente o ano todo neste país. その国は一年中暑い.
❷ 暖かい ▶comida quente 温かい食事 / inverno quente 暖冬 / roupa quente 暖かい服.
❸ 官能的な ▶mulher quente 肉感的な女性.
❹ (食べ物が) 辛い ▶A moqueca de peixe daqui é quente. ここのモケカ (魚介シチュー) はとても辛い.
a quente 熱して, 火にかけて; 性急に.
estar quente ①《幼児の遊びで》隠したものの近くにいる. ② 真相に近い. ③ 暑い.

quentinha /kẽ'tʃĩɲa/ 女 ❶ テイクアウトの温かい弁当. ❷ (主にアルミでできた) 食品の保温容器.

quentura /kẽ'tura/ 女 ❶ 熱, 熱さ, 温かさ ▶quentura das águas termais 温泉の温かさ / quentura das bolsas 証券取引所の熱気 / Eu sinto uma quentura na cabeça. 頭が少し熱い気がする.
❷ ぬくもり, 温かさ.

‡quer /kɛx/ ケーフ/ 接 ❶《quer..., quer...》…かまた…▶quer de trem que de ônibus 電車かバスで / quer sim, quer não どっちでもいい, どうでもいい.
❷《quer + 接続法, quer + 接続法》…であっても, …であっても ▶Irei, quer chova, quer faça sol. 雨が降ろうが晴れようが私は行く / quer queira quer não = quer goste ou não 好むと好まざるとにかかわらず, 否応なく.
❸ …も…も ▶quer meu pai quer minha mãe 父も母も.
como quer que + 接続法 どんなに…しても ▶como quer que seja どんなふうにでも.

onde quer que +接続法 どこで…しても ▶onde quer que você esteja あなたがどこにいても / onde quer que seja どこであっても.

o que quer que +接続法 何を…しても ▶O que quer que você faça, lembre-se que as pessoas estão observando. 君が何をしようと人が見ていることを忘れるな / o que quer que seja 何でも.

qualquer que +接続法 …が何であっても ▶qualquer que seja o motivo 理由が何であっても.

quando quer que +接続法 いつ…であっても ▶Quando quer que você chame, eu estarei lá. いつ君が呼んでも僕はそこにいる / quando quer que seja いつでも.

quem quer que +接続法 誰が…しても ▶quem quer que você seja 君が誰であっても / quem quer que seja 誰でも.

quer 活用 ⇒ querer

querela /ke'rɛla/ 囡 ❶ 〖法律〗告訴. ❷ 争い, 不和 ▶A ONU propôs uma solução para resolver a querela entre os dois países. 国連は両国間の争いを解決するための解決策を提案した.

querelado, da /kere'ladu, da/ 图 〖法律〗被告人.

querelador, dora /kerela'dox, 'dora/ [履] quereladores, doras] 图 〖法律〗告訴人.

querelante /kere'lɐ̃tʃi/ 图 〖法律〗告訴人.

querelar /kere'lax/ 他 …を告訴する, 訴える.
— 自 …を告訴する [contra/de].
— querelar-se 再 …について不平を言う [+de].

querer /ke'rex/ ケレーフ/
㊽

直説法現在	quero	queremos
	queres	quereis
	quer	querem
過去	quis	quisemos
	quiseste	quisestes
	quis	quiseram
接続法現在	queira	queiramos
	queiras	queirais
	queira	queiram

他 ❶ 欲する, 望む, 願う ▶Quero um computador novo. 私は新しいコンピューターが欲しい / Você quer um café? コーヒーはいかがですか / Eu não sei o que quero. 私は自分が何を望んでいるのかわからない.
❷ 《querer + 不定詞》…したい ▶Quero viajar neste fim de ano. この年末に旅行をしたい / O que você quer fazer no Brasil? あなたはブラジルで何がしたいですか / O que você quer ser quando crescer? 大きくなったら何がしたいの.
❸ 《querer que +接続法》…してほしい, …であることを望む ▶Quero que vocês venham passear ao Japão. あなたたちに日本に遊びに来てほしい.
❹ 《queria... / queria + 不定詞 / queria que +接続法》《丁寧な表現》…が欲しいのですが, …がしたいのですが, …してほしいのですが ▶Queria um café, por favor. コーヒーをお願いします / Eu queria falar com Paulo. (電話で) パウロをお願いします / Eu queria que você viesse. 私は君に来てほしい.
❺ 愛する ▶Eu te quero muito. 君のことが大好きだ.
❻ …を必要とする ▶As plantas querem mais água. 植物にはもっと水が必要だ.
❼ 《querer + 不定詞》今まさに…しようとしている ▶Está querendo chover. 今にも雨が降りそうだ.
❽ 《querer + 不定詞》《依頼》…してくれますか ▶Você quer abrir a janela? 窓を開けてくれますか.
❾ 《queira + 不定詞》《丁寧な依頼》…してください ▶Queira desculpar o incômodo. ご迷惑をお許しください.

— 自 ❶ 欲する ▶Querer é poder. 諺 やろうと思えば何でもできる, 精神一到何事かならざらん / Para realizar o sonho, não basta querer; é preciso batalhar. 夢を実現するためには, 欲するだけでは十分ではなく, がんばる必要がある.
❷ 《querer bem a...》…を愛する ▶Eu quero muito bem aos meus sobrinhos. 私は甥たちをとても愛している.

— querer-se 再 愛し合っている.

— 男 [履 quereres] 願望, 意志.

como queira お好きなように.

não querer nada com... …に関わりたくない, 興味がない ▶Ele não quer nada com os problemas de família. 彼は家族の問題にはまったく興味がない.

não querer nem saber 知りたくもない, 興味もない.

não querer ver nem pintado de ouro 見たくもない, 見るのも嫌だ.

o que quer que +接続法 何を…しても, 何が…であっても.

por querer 好んで, 意図的に ▶Perdão, não foi por querer. すみません, わざとではないのです.

queira ou não queira 望もうと望むまいと, 否応なしに.

querer saber de... …について検討する.

sem querer うっかり, 思わず ▶Desculpe! Foi sem querer. ごめんなさい, うっかりしていました / Bocejei sem querer. 思わずあくびが出た.

sem querer, querendo うっかり, 思わず.

querido, da /ke'ridu, da/ 形 (querer の過去分詞) ❶ 親愛の, 愛しい ▶Querido amigo (手紙の書き出しで) 親愛なる友 / Querido João 親愛なるジョアン.
❷ 愛される, 愛好される ▶querido de todos みんなに愛される.
— 图 愛しい人 ▶Minha querida! ダーリン.

quermesse /kex'mɛsi/ 囡 慈善野外バザー.

querosene /kero'zɛni/ 男 灯油.

querubim /keru'bi/ [履 querubins] 男 ❶ 〖神学〗ケルビム, 智天使. ❷ 翼のある幼児の絵 [人形].
❸ かわいい子供.

quesito /ke'zitu/ 男 ❶ 尋問, 質問, 質問書. ❷ 必要条件.

questão

questão /kes'tẽw ケスタォン/ [複 questões] 囡 ❶ (試験の)**問題** ▶ questões de matemática 数学の問題 / Errei duas questões. 私は2問間違えた.
❷ 問題 ▶ questão social 社会問題 / questão política 政治問題 / questão pessoal 個人的問題 / questão aberta 未解決問題 / questão fechada 解決済みの問題 / a questão do desemprego 失業問題 / questão de família 家庭内の問題 / questão de consciência 良心にかかわる問題 / questão de honra 名誉にかかわる問題 / questão de opinião 見解の問題 / Isso é uma questão de gosto. それは好き好きだ / Isso é uma questão de tempo. それは時間の問題だ / Essa é uma questão de vida ou morte. それは死活問題だ / por uma questão de princípios 主義として / Ser ou não ser, eis a questão. 生きるか死ぬか, それが問題だ / É [está] fora de questão. それは問題外だ.
em questão 問題になっている, 当該の ▶ a pessoa em questão 問題の人物.
fazer questão de +不定詞 …と主張する, …すると言って聞かない, どうしても…しようとする.
fazer questão (de) que +接続法 …と主張する.
questão de… 約…, およそ… ▶ em questão de duas horas 2時間ほどで.

questionar /kestʃio'nax/ 他 ❶ …に質問する ▶ questionar o professor 先生に質問する.
❷ …について問う ▶ questionar o sentido da vida 人生の意味について問う.
❸ …を疑問視する ▶ questionar a decisão do governo 政府の決定を疑問視する.
— 自 質問する, 問う.
— **questionar-se** 再 自問する.

questionário /kestʃio'nariu/ 男 アンケート, 質問表.

questionável /kestʃio'navew/ [複 questionáveis] 形《男女同形》疑問の余地がある, 疑念のある.

quiabo /ki'abu/ 男《植物》オクラ.

quibe /'kibi/ 男 ひき肉と全粒粉で作ったアラブ料理.

quibebe /ki'bɛbi/ 男 ゆでてつぶし, 味付けしたかぼちゃ.

quiçá /ki'sa/ 副 たぶん, おそらく ▶ Ele é quiçá o maior poeta do século XX. 彼はおそらく20世紀最大の詩人だろう.

quicar /ki'kax/ 自 ❶ (ボールなどが) はねる ▶ A bola quicou para fora da quadra. ボールがコートの外へはねていった.
❷ 怒る ▶ A mãe quicou ao ver as notas baixas no boletim do seu filho. 母親は息子の成績表の悪い点を見て怒った.
— 他 (ボールを) 弾ませる.

quietação /kieta'sẽw/ [複 quietações] 囡 ❶ 静止, 停止. ❷ 平穏, 静謐, 平安.

quieto, ta /ki'etu, ta/ 形 ❶ 動かない, 静止した.
❷ 静かな, 穏やかな, おとなしい ▶ Ela era muito quieta. 彼女はとてもおとなしかった.

quietude /kie'tudʒi/ 囡 ❶ 不動, 停止. ❷ 静けさ, 平穏, 安らぎ.

quilate /ki'latʃi/ 男 ❶ (宝石の重さの単位) カラット ▶ um diamante de 2 quilates 2カラットのダイヤモンド. ❷ (金の純度の単位) …金 ▶ ouro de 18 quilates 18金. ❸ 優れていること, 卓越性.

quilha /'kiʎa/ 囡《船舶》キール, 竜骨.

quilo /'kilu キーロ/ 男 (quilograma の省略形) キログラム ▶ um quilo de carne de vaca 1キロの牛肉 / Eu peso 60 quilos. 私の体重は60キロだ / restaurante por quilo 量り売りのレストラン (主に昼食時のみ営業).

quilobyte /kilo'bajtʃi/ 男《情報》キロバイト.

quilograma /kilo'grẽma キログラーマ/ 男 キログラム (略語 kg) ▶ um quilograma de cocaína 1キログラムのコカイン.

quilo-hertz /'kilo'ɛxts/ 男《単複同形》(周波数の単位) キロヘルツ.

quilombo /ki'lõbu/ 男 B《歴史》キロンボ (逃亡した黒人奴隷が作った集落).

quilometragem /kilome'traʒẽj/ [複 quilometragens] 囡 ❶ 走行距離. ❷ キロメートル測定.

quilométrico, ca /kilo'mɛtriku, ka/ 形 ❶ キロメートルの ▶ marco quilométrico 基準点からのキロメートル数を表示する標識. ❷ とても長い ▶ fila quilométrica 延々と続く行列.

quilômetro /ki'lometru/ 男 P = quilómetro.

quilómetro /ki'lometru キロメートロ/ 男 B キロメートル.

quilowatt /kilo'watʃi/ 男 キロワット.

quimera /ki'mera/ 囡 ❶ (Quimera)《ギリシャ神話》キマイラ (ライオンの頭, 竜の尾, ヤギの胴を持ち, 口から火炎を吐く怪獣). ❷ 夢想, 空想. ❸《生物》キメラ.

quimérico, ca /ki'mɛriku, ka/ 形 ❶ キメラの, キマイラの. ❷ 空想的な, 非現実的な, 荒唐無稽な.

química¹ /'kimika/ 囡 ❶ 化学 ▶ química orgânica 有機化学 / química inorgânica 無機化学. ❷ 相性 ▶ Há uma boa química entre nós. 私たちは相性がいい.

quimicamente /ˌkimika'mẽtʃi/ 副 化学的に.

químico, ca² /'kimiku, ka/ キミコ, カ/ 形 化学の ▶ reação química 化学反応 / armas químicas 化学兵器.
— 名 化学者.

quimioterapia /kimiotera'pia/ 囡《医学》化学療法.

quimono /ki'mõnu/ 男《日本語》❶ 着物, 和服.
❷ (女性の) 部屋着.

quina /'kina/ 囡 ❶ 角, 隅 ▶ a quina da mesa テーブルの角. ❷ 5桁スピードくじ ▶ fazer a quina 5桁スピードくじを当てる. ❸ (quinas) ポルトガル国旗, ポルトガル ▶ a equipa das quinas ポルトガルチーム. ❹《植物》キナ樹, キナ樹皮.
de quina 隅の.

quindim /ki'dʒĩ/ [複 quindins] 男 B 卵黄とココナッツ, 砂糖で作ったお菓子.

quinhão /ki'ɲẽw/ [複 quinhões] 男 ❶ 分け前, 取り分. ❷ 運命, 運.

quinhentos, tas /ki'ɲẽtus, tas キニェントス, タス/ 形《数》❶ 500の. ❷ 500番目の.
— **quinhentos** 男 500.

São outros quinhentos. それは別問題だ.
quinina /kiˈnina/ 女〖薬学〗キニーネ.
quinquagenário, ria /kwĩkwaʒeˈnariu, ria/ 形名 50歳代の(人).
quinquagésimo, ma /kwĩkwaˈʒɛzimu, ma/ 形 50番目の, 50分の1の.
— **quinquagésimo** 男 50分の1.
quinquenal /kwĩkweˈnaw/ [複 quinquenais] 形《男女同形》5年の, 5年ごとの ▶plano quinquenal 5か年計画.
quinquênio /kĩˈkɛniu/ 男 P = quinquênio
quinquênio /kwĩˈkwẽniu/ 男 B 5年間.
quinquilharias /kwĩkiʎaˈrias/ 女複 安物, 価値のないもの.
quinta /ˈkĩta/ 女 ❶ 木曜日. ❷ 農場, 農園. ❸〖音楽〗5度音.
quinta-essência /kĩtaeˈsẽsia/ [複 quinta-essências] 女 精髄, 真髄, 本質, 精華.

⁑quinta-feira /ˌkĩtaˈfejra キンタフェイラ/ [複 quintas-feiras] 女 木曜日
▶Quinta-Feira Santa〖キリスト教〗聖木曜日(復活祭直前の木曜日).

＊**quintal** /kĩˈtaw キンタゥ/ [複 quintais] 男 裏庭, 菜園.
quinteto /kĩˈtetu/ 男 五重奏[唱]団；五重奏[唱]曲；クインテット.

⁑**quinto, ta** /ˈkĩtu, ta キント, タ/ 形 ❶ 第5の, 5番目の ▶quinta página 5ページ目 / em quinto lugar 5番目に. ❷ 5分の1の.
— **quinto** 男 ❶ 5番目；5年生 ▶Minha filha está no quinto. 娘は5年生だ / os alunos do quinto 5年生の生徒たち.
❷ 5分の1 ▶dois quintos da população 人口の5分の2.
❸《quintos》俗 人里離れた所；地獄 ▶nos quintos 辺鄙なところに / quintos do inferno 地獄 / Vá para os quintos (do inferno)! 地獄に落ちろ.
quíntuplo, pla /ˈkĩtuplu, pla/ 形 5倍の, 5つからなる.
— **quíntuplo** 男 5倍.
— **quíntuplos** 男複 5つ子.

⁑**quinze** /ˈkĩzi キンズィ/ 形《数》《不変》❶ 15の ▶jovem de quinze anos 15歳の少年. ❷ 15番目の ▶número quinze ナンバー15 / página quinze 15ページ.
— 男 15.
quinzena /kĩˈzẽna/ 女 ❶ 15日, 2週間, 半月 ▶na primeira quinzena de julho 7月の前半に / na segunda quinzena de julho 7月の後半に.
❷ 15 ▶uma quinzena de... 15の….
quinzenal /kĩzeˈnaw/ [複 quinzenais] 形《男女同形》半月に1回の, 月2回の, 隔週の ▶revista quinzenal 隔週雑誌.
quiosque /kiˈɔski/ 男 ❶ (駅や広場の)売店. ❷ (庭園の)あずまや.

quiproquó /kwiproˈkɔ/ 男 人違い, 思い違い.
quiromancia /kiromẽˈsia/ 女 手相占い.
quiromante /kiroˈmẽtʃi/ 名 手相占い師, 手相見.
quis 活用 ⇒ querer
quiser 活用 ⇒ querer
quitação /kitaˈsẽw/ [複 quitações] 女 ❶ (負債の)返済, 弁済. ❷ 債務終了, 免責受領書.
quitanda /kiˈtẽda/ 女 B 青果店.
quitandeiro, ra /kitẽˈdejru, ra/ 名 B 青果店主人, 青果店従業員.
quitar /kiˈtax/ 他 ❶ 完済する ▶quitar a dívida 借金を完済する.
❷ …に…を免除する [+ de] ▶quitar o filho da obrigação 息子に義務を果たさなくてもよくする.
❸ …を避ける ▶Procurava quitar discussões. 口論を避けようとしていた.
❹ 手放す, 失う ▶quitar a vida 命を落とす.
❺ …と離婚する.
❻ 奪う ▶quitar o trono 王座を奪う.
— 自 …を必要としない [+ de].
— **quitar-se** 再 ❶ …から解放される [+ de] ▶quitar-se dos maus costumes 悪癖から解放される.
❷ …と離婚する, 別れる [+ de]
quite /ˈkitʃi/ 形《男女同形》❶ 負債のなくなった ▶Nós estamos quites da dívida. 私たちは借金の返済を終えている.
❷ …を免れた, 放免された [+ com] ▶Ele está quite com o serviço militar. 彼は兵役義務を終えている.
estar quite (com alguém) (…) とあいこである, (…)に借りはなしだ ▶Estamos quites. 私たちはあいこだ.
promessa quite 対等な約束.
quitute /kiˈtutʃi/ 男 B ❶ おいしい食べ物, ごちそう ▶A vovó preparou muitos quitutes para a festa de aniversário de seu neto. おばあちゃんは孫の誕生パーティーのためにおいしい物をたくさん準備した.
❷ 美しい人［もの］▶O rapaz considera sua namorada um quitute. 青年は自分の恋人のことをきれいな娘だと思っている / O porta-joias que ganhou de seu pai era um quitute de tão delicado! 父親にもらった宝石箱はとても繊細でかわいらしかった.
quociente /kwosiˈẽtʃi/ 男〖数学〗商 ▶quociente intelectual [de inteligência] 知能指数 / quociente eleitoral 得票率.
quórum /ˈkwɔrũ/ 男 (会議成立に必要な) 定足数, 必要員数.
quota /ˈkwɔta/ 女 = cota
quotidiano, na /kɔtidiˈɐnu, nɐ/ 形 P = cotidiano
q.v.《略語》queira ver …参照.

R r

r /'ɛxi/ 男 ポルトガル語アルファベットの第18字.
R. 《略語》Rua 通り.
R$ 《略語》real レアル.
rã /'xɐ̃/ 女 《動物》カエル.
rabada /xa'bada/ 女 ❶ しっぽ, 尾. ❷ 国 オックステールシチュー.
rabanada /xaba'nada/ 女 ❶ フレンチトースト. ❷ 尾で打つこと.
rabanete /xaba'netʃi/ 男 《植物》二十日大根, ラディッシュ.
rabecão /xabe'kɐ̃w/ [複 rabecões] 男 ❶ コントラバス. ❷ 遺体搬送車.
rabeira /xa'bejra/ 女 ❶ 最後部, 最後尾 ▶pegar rabeira (バスやトラックなどの) 後ろにつかまる. ❷ 最下位, びり ▶estar na rabeira 最下位にいる.
rabi /xa'bi/ 男 = rabino
rabicho /xa'biʃu/ 男 ❶ お下げ髪. ❷ 国 恋.
rabino /xa'binu/ 男 《ユダヤ教》ラビ.
rabiscar /xabis'kax/ 29 他 ❶ …に落書きする, いたずら書きする ▶rabiscar o livro 本に落書きする / um desenho rabiscado いたずら書きの絵. ❷ 走り書きする, 殴り書きする ▶Ele rabiscou umas notas. 彼はメモを走り書きした.
rabisco /xa'bisku/ 男 ❶ さっと描いた絵, いたずら絵. ❷ (rabiscos) 走り書き, 殴り書き; 安直に書いた文章.
rabo /'xabu/ 男 ❶ 尾, 尻尾 ▶rabo do cachorro 犬の尻尾.
❷ 卑 尻, 肛門.
balançar o rabo 関心を示す.
chegar o rabo à ratoeira 国 敗北を認める.
com o rabo entre as pernas 尻尾を巻いて.
correr atrás do rabo 手も足も出ない.
crescer como rabo de cavalo 国 減少する; 衰える.
dar ao rabo 腰を振って歩く.
dar com o rabo na cerca 国 国 死ぬ.
encher o rabo 卑 うんざりする.
enfiar o rabo entre as pernas 尻尾を巻いて退散する.
estar com o rabo preso にっちもさっちも行かない, 身動きがとれない.
meter o rabo entre as pernas 尻尾を巻く, 降参する.
olhar com o rabo do olho 国 横目で見る.
olhar para o próprio rabo 自己を見つめる.
passar o rabo dos olhos por... さりげなく…に目を通す.
pegar [segurar] em rabo de foguete 国 国 困難なことを引き受ける.
pegar no rabo da macaca だまされる.
pegar no rabo da tirana 鍬をもって働く.
pôr o rabo entre as pernas 尻尾を巻いて逃げる, 降参する.
pregar rabo em nambu 国 価値のない人を大切に扱う.
rabo de foguete 困った問題, 悩み.
rabo de palha 汚点, 暗い過去.
rabo de peixe 1950年代に製造された自動車で, 後部が魚の尾びれの形を思わせた.
rabo de saia 女性のこと.
sair com o rabo entre as pernas 尻尾を巻いて退散する, しょげかえって (うなだれて), 静かに立ち去る.
ter o rabo preso 国 不法な状況に巻き込まれる.
rabo de cavalo /ˌxabudʒika'valu/ [複 rabos de cavalo] 男 ポニーテール ▶fazer um rabo de cavalo 髪をポニーテールにする.
rabugento /xabu'ʒẽtu/ 形 《男女同形》機嫌の悪い, 気難しい ▶Ele tinha um avô rabugento. 彼には気難しい祖父がいた.
rabugice /xabu'ʒisi/ 女 不機嫌, 気難しいこと.
rabujar /xabu'ʒax/ 自 ❶ 機嫌が悪い, 不機嫌である ▶Começa a rabujar. 不機嫌にぶつぶつ言い始める.
❷ ぐずり泣きする ▶Ele rabujou porque não consegue dormir. 彼はなかなか眠れないのでぐずって泣いた.
rábula /'xabula/ 男 ❶ 卑 能力のない弁護士, いいかげんな弁護士.
❷ 国 資格を持たない弁護士.
❸ 結論に達することなくぺらぺらとしゃべる人.
‡**raça** /'xasa/ ハーサ 女 ❶ 人種, 種族, 民族 ▶raça amarela 黄色人種 / a raça humana 人類.
❷ 種, 品種, 血統 ▶De que raça é esse cachorro? この犬はどういう品種ですか / cachorro de raça 純血種の犬 / cavalo de raça サラブレッド.
❸ 強い意志 ▶Vamos lutar com raça. 強い決意で戦おう / A equipe portuguesa teve a oportunidade de mostrar a sua raça. ポルトガルのチームは強い意志を見せる機会があった.
acabar com a raça de... …を根絶やしにする, 根絶する.
na raça 国 俗 全力で, 必死になって.
ser de má raça 国 たちが悪い ▶Eles são de má raça. 彼らはたちが悪い.
ter raça 国 ① 気品がある. ② 強い意志を持つ. ③ 国 アフリカの血を引く.
ração /xa'sɐ̃w/ [複 rações] 女 ❶ 動物のえさ ▶ração animal ペットフード / ração para cachorro ドッグフード. ❷ レーション (軍事行動の食糧).
racha /'xaʃa/ 女 割れ目, 裂け目.
— 男 ❶ 違法な自動車レース. ❷ 仲間割れ.
rachadura /xaʃa'dura/ 女 割れ目, 裂け目.
rachar /xa'ʃax/ 他 ❶ …にひびを入れる, 割れ目や裂け目を作る ▶O golpe rachou o crânio. その一撃で頭蓋骨にひびが入った.
❷ 割る ▶rachar lenha 薪を割る.

❸ [B] 分ける, 折半する ▶rachar as despesas 出費を折半する / rachar a conta do restaurante com o amigo レストランの支払いを友人と割り勘にする. / rachar a comida que tinha sobrado 残った食べ物を分ける.
❹ 攻撃する, 襲う.
❺ 侮辱する, ののしる.
— [自] ❶ ひびが入る, 亀裂ができる ; 割れる ▶O copo rachou. コップにひびが入った.
❷ 分裂する ▶O partido rachou. 政党が分裂した.
— **rachar-se** [再] ひびが入る, 亀裂ができる ; 割れる.
de rachar とても, 非常に, 極めて ▶um calor de rachar 大変な暑さ / um frio de rachar いてつく寒さ / um sol de rachar 灼熱の太陽.
ou vai ou racha のるかそるか, 一か八か.
rachar de ganhar dinheiro 大もうけをする.

racial /xasi'aw/ [[複] raciais] [形]《男女同形》人種の, 民族の ▶discriminação racial 人種差別 / preconceito racial 人種的偏見 / integração racial 人種統合 / segregação racial 人種隔離.

raciocinar /xasiosi'nax/ [自] 推理する, 推論する, 考える.

*__raciocínio__ /xasio'sĩniu ハスィオスィーニオ/ [男] ❶ **推論, 推理** ▶raciocínio lógico 論理的推論 / raciocínio dedutivo 演繹的推論 / raciocínio indutivo 帰納的推論.
❷ 推理力 ▶desenvolver o raciocínio lógico 論理的推理力を高める.

racional /xasio'naw/ [[複] racionais] [形]《男女同形》❶ 理性の, 理性的な ▶O homem é um ser racional. 人間は理性を持った存在である. ❷ 合理的な ▶explicação racional 合理的説明. ❸〘数学〙有理の ▶número racional 有理数.
— [男] 有理数.

racionalidade /xasionali'dadʒi/ [女] 合理性.

racionalismo /xasiona'lizmu/ [男] 合理主義, 合理論.

racionalista /xasiona'lista/ [形]《男女同形》合理主義的な, 合理論の.
— [名] 合理主義者, 合理論者.

racionalização /xasionaliza'sẽw̃/ [[複] racionalizações] [女] 合理化 ▶plano de racionalização 合理化計画.

racionalizar /xasionali'zax/ [他] 合理化する, 合理的にする ▶racionalizar a produção 生産を合理化する.

racionalmente /xasioˌnaw'mẽtʃi/ [副] 合理的に.

racionamento /xasiona'mẽtu/ [男] 配給 (制度) ▶racionamento de alimentos 食糧の配給制.

racionar /xasio'nax/ [他] 配給する, 配給制にする,

racismo /xa'sizmu/ [男] 人種差別, 人種的偏見.

racista /xa'sista/ [形]《男女同形》人種差別の.
— [名] 人種差別主義者.

radar /xa'dax/ [[複] radares] [男] レーダー.

radiação /xadʒia'sẽw̃/ [[複] radiações] [女]〘物理〙放射 (線), 輻射(ふくしゃ) (線) ▶radiação solar 日射 / radiação ultravioleta 紫外線放射.

radiador /xadʒia'dox/ [[複] radiadores] [男] ❶ ラジエーター, 冷却器. ❷ 放熱器, 暖房器.

radial /xadʒi'aw/ [[複] radiais] [形]《男女同形》半径の, 半径方向の, 放射状の ▶pneumático radial ラジアルタイヤ.
— [女] 放射状道路.

radialista /xadʒia'lista/ [名] 放送番組制作者, 放送アナウンサー.

radiante /xadʒi'ẽtʃi/ [形]《男女同形》❶ 輝いている, 光を放っている.
❷ 輝くばかりの, 喜びに満ちた ▶radiante de alegria 喜びを満面に表す. ❸〘物理〙放射の, 輻射の ▶calor radiante 放射熱.

radiar /xadʒi'ax/ [自] 輝く.
— [他] 放つ, 放射する ▶radiar luz 光を放つ.

*__radical__ /xadʒi'kaw ハヂカゥ/ [[複] radicais] [形]《男女同形》❶ **根本的な, 根源の** ▶diferença radical 根本的な違い / tratamento radical 根治的治療 / reforma radical 抜本的な改革 / mudanças radicais 抜本的変革.
❷ **急進的な, 過激な** ▶direita radical 急進右翼 / grupos radicais 過激団体 / esporte radical エクストリームスポーツ.
— [名] 急進主義者, 過激派.
— [男] ❶〘文法〙語幹, 語根. ❷〘数学〙ルート記号.

radicalismo /xadʒika'lizmu/ [男] 急進主義, 過激主義.

radicalização /xadʒikaliza'sẽw̃/ [[複] radicalizações] [女] 過激化, 急進化, 先鋭化.

radicalizar /xadʒikali'zax/ [他] 急進的にする, 過激にする.
— **radicalizar-se** [再] 急進化する, 過激になる.

radicalmente /xadʒiˌkaw'mẽtʃi/ [副] 根本的に, 徹底的に ▶mudar radicalmente 徹底的に変える.

radicar-se /xadʒi'kaxsi/ ㉙ [再] 入植する, 定住する, 定着する ▶O imigrante europeu radicou-se no Brasil após a guerra. 戦後ヨーロッパ移民がブラジルに根づいた.

***__rádio__ /'xadʒiu ハヂオ/ [男] ❶ **ラジオ**, ラジオ放送, ラジオ受信局 ▶ouvir rádio ラジオを聞く / ligar o rádio ラジオをつける / desligar o rádio ラジオを消す / ouvir música no rádio ラジオで音楽を聞く / rádio despertador 目覚ましラジオ. ❷〘化学〙ラジウム.
— [女] ラジオ局 ▶rádio local 地方ラジオ局.

radioamador, dora /xadʒioama'dox, 'dora/ [[複] radioamadores, doras] [名] アマチュア無線家, ハム.

radioatividade /xadʒioatʃivi'dadʒi/ [女]〘物理〙放射能.

radioativo, va /xadʒioa'tʃivu, va/ [形]〘物理〙放射性の, 放射能のある ▶elementos radioativos 放射性元素 / resíduos radioativos 放射性廃棄物.

radio despertador /ˌxadʒiodespexta'dox/ [[複] radio(s) despertadores] [男] 目覚ましラジオ.

radiodifusão /xadʒiodʒifu'zẽw̃/ [[複] radiodifusões] [女] 放送, ラジオ放送, テレビ放送.

radiodifusora /xadʒiodʒifu'zora/ [女] ラジオ放送局.

radioemissora /xadʒioemi'sora/ [女] ラジオ放送局.

R

radiofônico, ca /xadʒiu'fõniku, ka/ 形 ラジオの.

radiografia /xadʒiogra'fia/ 女 レントゲン写真 ▶ fazer [tirar] uma radiografia レントゲン写真を撮る.

radiográfico, ca /xadʒio'grafiku, ka/ 形 レントゲン写真の.

radiojornal /xadʒioʒox'naw/ [複 radiojornais] 男 ラジオニュース番組.

radiologia /xadʒiolo'ʒia/ 女 放射線医学.

radiológico, ca /xadʒio'lɔʒiku, ka/ 形 放射線医学の.

radiologista /xadʒiolo'ʒista/ 名 放射線科医, 放射線学者.

radionovela /xadʒiuno'vɛla/ 女 ラジオドラマ.

radiopatrulha /xadʒiupa'truʎa/ 女 無線パトカー.

radioscopia /xadʒiosko'pia/ 女 レントゲン検査.

radiotáxi /xadʒio'taksi/ 男 無線タクシー.

radiotelescópio /xadʒioteles'kɔpiu/ 男 電波望遠鏡.

radioterapia /xadʒiotera'pia/ 女 〖医学〗放射線療法.

radiouvinte /xadʒio'vĩtʃi/ 名 ラジオ聴取者.

ragu /xa'gu/ 男 シチュー ▶ ragu de cordeiro 子羊のシチュー.

raia /'xaja/ 女 ❶ 線, 縞, 筋, 罫. ❷ 境目, 境界. ❸ 限界, 限度. ❹ B 競馬での競走路；水泳や陸上での競技用のコース. ❺ 手の平の筋. ❻〖魚〗エイ.
chegar às raias 我慢の限界まで来る.
dar uma raia 間違える.
fechar a raia 〖競馬〗最下位になる.
fugir [correr] da raia B 話 戦いを放棄する, 敵前逃亡する.
passar as raias 度を越す.
tocar as raias 限界に達する.

raiar /xaj'ax/ 自 ❶ 輝く, きらめく ▶ O sol raia. 太陽が輝く. ❷ 夜が明ける, (太陽などが) 地平線に現れる ▶ A manhã raiou. 夜が明けた. ❸ 現れる ▶ raiar uma nova era 新しい時代が幕を開ける. ❹ 限界に達する；近づく. — 他 ❶ 照らす；(光などを) 放つ ▶ raiar luminosidade 輝きを放つ. ❷ …に線を引く；線で消す；縞をつける. ❸ (銃腔内に) 旋条をつける.
do raiar ao pôr do sol 日の出から日没まで.
raiar do dia 夜明け.

‡**rainha** /xa'ĩɲa/ 女 ❶ 王妃, 女王 (↔ rei) ▶ rainha da Espanha スペイン王妃 / rainha mãe 皇太后. ❷ 第一人者, 花形, 中心人物 ▶ rainha da alta sociedade 社交界の女王. ❸ 女王蜂. ❹ (チェス, トランプの) クイーン.

‡**raio** /'xaju ハイオ/ 男 ❶ 光線, 光；輝き ▶ raio do sol 太陽光線 / raio X エックス線 / tirar um raio X エックス線写真を撮る / raio laser レーザー光線 / raios ultravioletas 紫外線 / um raio de esperança 一縷の望み. ❷ 雷, 雷光, 稲妻 ▶ Viu-se o raio e, logo em seguida, ouviu-se o trovão. 稲妻が光りすぐその後で雷鳴が聞こえた. ❸ 半径 ▶ num raio de vinte quilômetros 半径20キロ以内に. ❹ 範囲 ▶ raio de ação 活動範囲. ❺ (車輪の) スポーク. — 間 俗 畜生.
como um raio あっという間に, 一瞬のうちに.
Que raio de...? (いらだって) どういう…なのだ ▶ Que raio de pergunta é essa? それはどういう質問なのだ.
Quero que um raio caia na minha cabeça se... もし…なら, 私の頭に雷が落ちてもいい.
Raios te partam! 雷にでも打たれてしまえ.

*__raiva__ /'xajva ハイヴァ/ 女 ❶ 怒り, 憎しみ ▶ estar com raiva de alguém …を憎んでいる / ficar com raiva de alguém …に腹を立てる / dar raiva 怒らせる / ter raiva de alguém …を憎む. ❷ 狂犬病 ▶ vacina contra raiva 狂犬病予防のワクチン.

raivoso, sa /xaj'vozu, 'vɔza/ 形 ❶ 怒った. ❷ 狂犬病にかかった.

‡**raiz** /xa'is ハイース/ [複 raízes] 女 ❶ 根 ▶ criar [lançar] raízes 根を下ろす, 根付く, 定着する. ❷ 根源, 根本, 原因 ▶ descobrir a raiz do problema 問題の根本的原因を見つける. ❸〖数学〗根 ▶ raiz quadrada 平方根 / raiz cúbica 立方根. ❹〖言語〗語根.
até a raiz dos cabelos 完全に.
de raiz 根元から, 完全に.
pela raiz 根こそぎに ▶ cortar o mal pela raiz 弊害を根本から断つ / arrancar pela raiz 根絶する.

rajada /xa'ʒada/ 女 ❶ 突風. ❷ (機関銃の) 連続射撃. ❸ …の激しい連続 ▶ uma rajada de perguntas 質問の嵐 / uma rajada de balas 雨あられと降る弾丸.

ralação /xala'sẽw/ [複 ralações] 女 ❶ すりおろすこと, おろすこと. ❷ 苦労, 労苦 ▶ Depois de muita ralação física, os atletas descansaram. スポーツ選手たちはきついトレーニングの後で休息した.

ralador /xala'dox/ [複 raladores] 男 おろし金, おろし器.

ralar /xa'lax/ 他 ❶ (おろし金で) すりおろす ▶ ralar queijo チーズをすりおろす. ❷ すりむく, かすめる ▶ ralar os joelhos 膝をすりむく. ❸ 苦しめる, 悩ます. — 自 ❶ すれる, かする ▶ O braço ralou na parede. 腕が壁でこすれた. ❷ B 一生懸命働く, 過度に働く.
— **ralar-se** 再 ❶ …に苦しむ, 悩む [+ de] ▶ ralar-se de ciúmes 嫉妬に苦しむ. ❷ B 重要視しない, 関心がない.

ralé /xa'lɛ/ 女 下層民, 下流民.
ralhar /xa'ʎax/ 自 | …をきつく叱る [+ com] ▶ ralhar com os filhos 子供たちを厳しく叱る.
❷ 腹を立てる ▶ O rapaz ralhou e bateu a porta. その若者は怒ってドアをバタンとしめた.
rali /xa'li/ 男 〈英語〉自動車ラリー.
ralo, la /'xalu, la/ 形 ❶ (スープなどが) 水っぽい, 味の薄い. ❷ (髪が) 薄い ▶ cabelos ralos 薄い髪, 少ない髪. ❸ いかがわしい ▶ pessoa rala いかがわしい人.
— **ralo** 男 排水管, 排水路 ▶ ralo da pia 流しの排水.
rama /'xɐ̃ma/ 女〈集合的〉木の枝葉.
　em rama 加工していない.
　pela rama 表面的に, うわべだけ.
ramada /xa'mada/ 女〈集合的に〉木の枝葉.
ramadã /rama'dɐ̃/ 男 ラマダン.
ramagem /xa'maʒẽj/ [複 ramagens] 女 ❶〈集合的に〉木の枝葉. ❷ 枝葉模様.
ramal /xa'maw/ [複 ramais] 男 ❶ より糸. ❷ (電話の) 内線.
ramalhete /xama'ʎetʃi/ 男 小さな花束.
rameira /xa'mejra/ 女〈軽蔑的〉娼婦.
ramificação /xamifika'sɐ̃w/ [複 ramificações] 女 枝分かれ, 細分化, 分岐.
ramificar /xamifi'kax/ 他 分岐させる.
— **ramificar-se** 再 枝分かれする, 分岐する ▶ A ideia ramificou-se numa nova teoria. アイデアは新しい理論に分岐した / A guerra ramificou-se aos países vizinhos. 戦争が隣国に広がった / A crise ramificou-se. 緊張が広がった.
*****ramo** /'xɐ̃mu/ ハーモ/ 男 ❶ (植物の) 枝 ▶ ramo de oliveira オリーブの枝 / Os ramos crescem. 枝が伸びる.
❷ 花 束 (= ramo de flores) ▶ ramo de rosas バラの花束.
❸ (系統の) 支流; 分家 ▶ um ramo da família indo-europeia インドヨーロッパ語族の語派 / ramo da família imperial 皇族の分家.
❹ 部門, 分野 ▶ Qual é o seu ramo de serviço? あなたの仕事の業種は何ですか / um ramo da matemática 数学の一分野 / ramo alimentício 食品産業.
rampa /'xɐ̃pa/ 女 坂, 斜面, スロープ; (高速道路の) ランプウエー ▶ rampa de acesso 進入ランプ / rampa de lançamento 発射台 / rampa de skate スケートボードランプ.
　subir a rampa 大統領の地位に上り詰める (ブラジル大統領の就任式当日に, 大統領がブラジルの大統領官邸であるプラナルト宮 Palácio do Planalto のスロープを上がって行くことから).
rancho /'xɐ̃ʃu/ 男 ❶ (散策や旅の) 一行, 一団; (人の) 集団, 群れ ▶ rancho de peregrinos 巡礼者の一行.
❷ 兵舎などの食堂.
❸ (兵隊・囚人などの) 食事, (キャンプなどの) 食事.
❹ (野営, キャンプなどの) 小屋, 掘っ建て小屋.
❺ 田舎家.
rancho carnavalesco カーニバルの時に, 山車に付いて独自のマーチで通りを練り歩く集団.

ranço /'xɐ̃su/ 男 ❶ 腐敗臭, 悪臭. ❷ 古くさいこと. ❸ 痕跡.
rancor /xɐ̃'kox/ [複 rancores] 男 恨み, 遺恨, 怨恨 ▶ guardar rancor a alguém …に恨みを抱く.
rancoroso, sa /xɐ̃ko'rozu, 'rɔza/ 形 恨みを持った, 恨んでいる.
rançoso, sa /xɐ̃'sozu, 'sɔza/ 形 悪臭のする, 不快なにおいのする.
ranger /xɐ̃'ʒex/ ⑱ 自 きしむ, ギーギー [キーキー] 音をたてる ▶ A porta rangeu. ドアがぎいと音をたてた.
— 他 (歯を) きしませる ▶ ranger os dentes 歯ぎしりする.
rangido /xɐ̃'ʒidu/ 男 きしむ音, キーキー, ギーギーいう音.
rango /'xɐ̃gu/ 男 俗 食べ物.
ranheta /xa'neta/ 形〈男女同形〉名 不機嫌な (人), 無愛想な (人), 何事にも文句を言う (人).
ranho /'xɐ̃nu/ 女 俗 鼻汁.
ranhura /xa'nura/ 女 ❶ 溝, 溝筋. ❷ 投入口.
ranzinza /xɐ̃'zĩza/ 形〈男女同形〉名 不機嫌な (人), 気難しい (人).
rapadura /xapa'dura/ 女 ブラウンシュガーを板状に固めたお菓子.
rapar /xa'pax/ 他 ❶ 削る, おろす ▶ rapar as cenouras 人参をすりおろす.
❷ 剃る ▶ rapar a cabeça 髪を剃る.
❸ (馬や犬などが) 足で地面を掘る ▶ O cavalo rapava o solo. 馬が地面を掘っていた.
❹ 消滅させる; 殺す ▶ A epidemia rapou muitas crianças. 伝染病で多くの子供が亡くなった.
❺ 奪う, 盗む.
❻ 手に入れる ▶ rapar boas notas よい点数を取る.
— **rapar-se** 再 ひげを剃る.
rapariga /xapa'riga/ 女 ❶ Ⓑ 娼婦. ❷ Ⓟ 若い女性.
*****rapaz** /xa'pas/ ハパース/ [複 rapazes] 男 青年, 若者 ▶ rapaz de 18 anos 18歳の若者.
rapaziada /xapazi'ada/ 女 若者たち, 若者のグループ.
rapé /'xa'pɛ/ 男 嗅ぎタバコ.
*****rapidamente** /xapida'mẽtʃi/ ハピダメンチ/ 副 速く, 急いで, すばやく, 迅速に ▶ emagrecer rapidamente すぐにやせる / agir rapidamente 迅速に行動する.
***rapidez** /xapi'des/ ハピデース/ [複 rapidezes] 女 速さ, 速いこと ▶ O ponto forte da loja é a rapidez do serviço. その店の強みはサービスの速さだ / com rapidez 速やかに.
*****rápido, da** /'xapidu, da/ ハピド, ダ/ 形 速い, 急速な, 迅速な, すばやい (↔ lento) ▶ trem rápido 高 速 列 車 / crescimento rápido da economia 急速な経済成長 / viagem rápida 短い旅行 / corredor rápido 俊足ランナー / curso rápido de inglês 英語の速習コース.
— **rápido** 男 ❶ 急行列車. ❷ 川の急流.
— **rápido** 副 速く, 急いで, すばやく ▶ O tempo passa rápido. 時のたつのは早い / o mais rápido possível できるだけ速く / Rápido! 早くして.

rápido e rasteiro 即座に, 迅速に.

rapina /xa'pĩna/ [女] 強奪, 略奪 ▶ave de rapina 猛禽類.
raposa /xa'poza/ [女] ❶〘動物〙雌狐. ❷ 狐の毛皮. ❸ 狡猾な人, ずる賢い人, 抜け目のない人 ▶raposa velha 老ギツネ, 海千山千の人.
raposo /xa'pozu/ [男] ❶ 雄狐. ❷ ずるい人.
rapsódia /xapi'sɔdʒia/ [女]〘音楽〙狂詩曲, ラプソディー.
raptar /xapi'tax/ [他] 誘拐する, さらう, 連れ去る.
rapto /'xapitu/ [男] 誘拐.
raptor, tora /xapi'tox, 'tora/ [[複] raptores, toras] [形] 誘拐する.
—[名] 誘拐犯.
raqueta /xa'keta/ [女] = raquete
raquetada /xake'tada/ [女] ラケットの一振り.
raquete /xa'kɛtʃi/ [女] ラケット ▶raquete de tênis テニスラケット / raquete de pingue-pongue 卓球のラケット.
raramente /ˌxara'mẽtʃi/ [副] ❶ まれに, たまに ▶Ele raramente aparece por aqui. 彼はたまにこの辺りに現れる.
❷ めったに…ない ▶Raramente chove no sertão. (ブラジル北東部の) セルタン地帯ではめったに雨が降らない.
rarear /xare'ax/ ⑩ [他] まれにする, 少なくする.
—[自] まれになる, 少なくなる.
— **rarear-se** [再] まれになる, 少なくなる.
rarefazer /xarefa'zer/ [他]《[過去分詞] rarefeito》❶ 希薄にする. ❷ まれにする, 数少なくする.
— **rarefazer-se** [再] ❶ 希薄になる ▶O ar rarefaz-se à medida que subimos. 高度が増すにつれて空気が薄くなる. ❷ まれになる, 数少なくなる.
rarefeito, ta /xare'fejtu, ta/ [形] 希薄化した, まれになった ▶ar rarefeito 薄い空気.
raridade /xari'dadʒi/ [女] まれなこと, 珍しいもの.
⋆⋆**raro, ra** /'xaru, ra ハーロ, ラ/ [形] ❶ **まれな, 珍しい** (←→ frequente) ▶fenômeno raro まれな現象 / selos raros 珍しい切手 / livros raros 稀覯本 / metal raro レアメタル / talento raro 類いまれな才能.
❷ **数少ない** ▶salvo raras exceções ごく少数の例外は別として.
de raro em raro まれに, たまに.
rasante /xa'zẽtʃi/ [形]《男女同形》地面すれすれの, 超低空の ▶voo rasante 超低空飛行.
—[男] 超低空飛行.
rasar /xa'zax/ [他] ❶ 平らにする ▶rasar um terreno 土地を平らにする.
❷ (容量や容積を) 量る ▶rasar cereais 穀類を量る.
❸ (斗かきで) 平らにならす.
❹ 軽く触れる.
❺ 満たす.
— **rasar-se** [再] あふれる, 満ちる, いっぱいになる ▶Os olhos dela rasavam-se de lágrimas. 彼女の目は涙であふれていた.
rascunhar /xasku'ɲax/ [他] …の下書きを書く.
rascunho /xas'kũɲu/ [男] ❶ 下書き, 草稿. ❷ 素描.
rasgado, da /xaz'gadu, da/ [形] ❶ 破れた, 裂けた, ぼろぼろの ▶vestido rasgado 破れたドレス.
❷ 広い, 広大な ; 開放された ▶céu rasgado 広々とした空.
❸ 苦しめられた, 傷ついた ▶coração rasgado de dor 痛みで引き裂かれた心.
❹ 率直な ; 寛大な.
❺ (目が) 切れ上がった ; (口の) 広い ▶olhos rasgados (東洋人の) 切れ長な目.
— **rasgado** [男] [B] (ギターなどを) 弾くこと, 演奏すること.
⋆**rasgar** /xaz'gax ハズガーフ/ ⑪ [他] ❶ **破る, 裂く** ▶O menino rasgou a calça no prego. 少年は釘にひっかけてズボンを破った / Ela rasgou a carta logo que a leu. 彼女は読むとすぐに手紙を破った.
❷ 食いちぎる ▶O leão rasgou a presa. ライオンは餌食を食いちぎった.
— **rasgar-se** [再] 破れる ▶Este papel rasga-se com facilidade. この紙はすぐ破れる.
rasgo /'xazgu/ [男] ❶ 破れ目, 裂け目. ❷ 偉業. ❸ 衝動.
de um rasgo 一度に, 一気に.
rasgo de generosidade 気前の良さ, 太っ腹.
⋆**raso, sa** /'xazu, za ハーゾ, ザ/ [形] ❶ **浅い** ▶Atravesse o rio pelo trecho raso. 浅い所で川を渡りなさい.
❷ **すりきりの** ▶uma colher rasa すりきり一さじ.
❸ **平らな** ▶campo raso 平野.
olhos rasos d'água 涙がこぼれそうな目 ▶com os olhos rasos d'água 涙ぐんで.
raspa /'xaspa/ [女] 削ったもの ▶raspas de limão 削ったレモンの皮.
raspa do tacho ① 鍋底に残った料理. ② 末子.
raspadeira /xaspa'dejra/ [女] 削り器, おろし器.
raspadinha /xaspa'dĩɲa/ [女] スクラッチカード.
raspão /xas'pẽw̃/ [[複] raspões] [男] かすり傷.
de raspão かすって.
raspar /xas'pax/ [他] ❶ 削り取る, こそげる, かき落とす ▶raspar o fundo da panela 鍋の底に残っているものをこそげ取る.
❷ かすめて通る ; かろうじて合格する ▶A bola raspou a trave. ボールがゴールポストをかすめた.
❸ 削る ▶raspar queijo チーズを削る.
❹ 引っ掻く, 引っ掻き傷をつける.
❺ 剃る ▶raspar a barba 髭を剃る.
❻ [B] 盗む ▶O homem raspou o dinheiro que estava na gaveta. その男は引き出しにあった現金を盗んだ.
—[自] かすめる.
— **raspar-se** [再] 逃げる ▶Eles rasparam-se pela porta dos fundos. 彼らは裏口から逃げた.
passar raspando ① ぎりぎり合格する. ② すれすれ

R

れに通る.
raspar o fundo do tacho 最後の一銭まで使う, 最後の手段に頼る.
rasteira /xas'tejra/ [女] 足をかけて人を転ばすこと.
dar rasteira em cobra 無理なことをする.
dar uma rasteira em... …をひっかける.
levar uma rasteira 足払いされる.
passar uma rasteira 転ばす, 足をすくう.
rasteiro, ra /xas'tejru, ra/ [形] ❶ 這う, 這いずる, 匍匐(ほふく)性の ▶planta rasteira 匍匐性植物. ❷ 低空の, 地上すれすれの ▶voo rasteiro 低空飛行. ❸ あさましい, 卑しい.
rastejar /xaste'ʒax/ [他] ❶ 追う, 追跡する ▶A polícia rastejou o fugitivo. 警察は逃亡者を追った. ❷ 調べる, 調査する. ❸ …に近い ▶rastejar os trinta anos 30歳前後である.
— [自] ❶ 這う ▶Lesmas rastejam. ナメクジが這う. ❷ 引きずる ▶A cauda do vestido rastejava pelo chão. ドレスの裾が床にすれていた. ❸ へりくだる ▶rastejar diante do chefe para conseguir a promoção 昇進できるように上司にへりくだる. ❹ …を始めたばかりである [＋em] ▶rastejar em computação コンピューターを始めたばかりである.
— **rastejar-se** [再] 這う.
rastilho /xas'tʃiʎu/ [男] 導火線.
rasto /'xastu/ [男] ＝ rastro
rastreamento /rastrea'mẽtu/ [男] トレーサビリティー, トラッキング.
rastrear /xastre'ax/ ⑩ [他] ❶ 追う. 追跡する. ❷ 調べる, 調査する.
rastro /'xastru/ [男] 跡, 形跡, 痕跡, 轍 ▶seguir os rastros de... …の跡をたどる / deixar rastros 痕跡を残す / sem deixar rastros 跡を残すことなしに / perder o rastro 跡を見失う.
de rastros 這って.
no rastro de... …を追い求めて.
rasura /xa'zura/ [女] (字句の) 削除, 削除箇所.
rasurar /xazu'rax/ [他] (字句を) 削除する.
rataplã /xata'plɐ̃/ [男] (太鼓の音) ドンドン.
ratazana /xata'zɐ̃na/ [女] ❶ 雌ネズミ. ❷ ドブネズミ.
ratear[1] /xate'ax/ ⑩ [他] 按分する, 分ける ▶ratear o lucro 利益を按分する.
ratear[2] /xate'ax/ ⑩ [自] 調子が悪い, 不調である.
rateio /xa'teju/ [男] 割り当て, 按分.
ratificação /xatʃifika'sɐ̃w̃/ [複 ratificações] [女] 批准, 承認, 認可 ▶ratificação do Tratado de Lisboa リスボン条約の批准.
ratificar /xatʃifi'kax/ ㉙ [他] 批准する, 承認する ▶ratificar um tratado 条約を批准する.
*__rato__ /'xatu ハート/ [男] ❶ **ねずみ**. ❷ 泥棒, こそ泥.
rato de biblioteca 図書館の常連. 本の虫.
rato de feira 青空市場の泥棒 [スリ].
rato de hotel ホテル荒らし.
rato de praia ① ビーチ愛好者. ② 海水浴客狙いの泥棒.
rato de sacristia ① 熱心に教会に通う信心深い人. ② 形だけ熱心な信者.
rato sábio 知ったかぶりな人, 学者ぶった人.
ratoeira /xato'ejra/ [女] ❶ ねずみ取り. ❷ わな, 仕掛け ▶cair na ratoeira わなにはまる.
ravina /xa'vĩna/ [女] ❶ 急流. ❷ 峡谷.
ravióli /xavi'ɔli/ [男] 〖料理〗ラビオリ.
***__razão__ /xa'zɐ̃w̃ ハザォン/ [複 razões] [女] ❶ **理由, 原因** ▶por esta razão この理由で / por razões de saúde 健康上の理由で / por razões políticas 政治的理由で / por que razão どういう理由から / a razão por que nós praticamos meditação 私たちが瞑想をする理由 / Não há razão para isso. そうする理由はない / razão de ser 存在理由.
❷ **理性 ; 分別, 良識** ▶perder a razão 正気を失う / razão de Estado 国家理性, 国是 / idade da razão 物心のつく年ごろ, 学齢期.
❸ **比率, 割合** ▶na razão direta de... …に正比例して / na razão inversa de... …に反比例して.
❹ razão social 商号, 社名.
à razão de... …の割合で ▶Dilua o molho com água à razão de 1 para 2. ソースを1と水2の割合で薄めること.
chamar à razão 説得する, 納得させる.
com razão もっともである ▶Ele agiu daquela forma com razão. 彼があのように行動したのは正しい.
dar razão a alguém …が正しいとする ▶Deram razão à oposição. 彼らは野党の主張を認めた.
em razão de... …のために ▶em razão do mau tempo 悪天候のために.
estar coberto de razão まったく正しい.
fora da razão 不合理な, 非論理的な.
razão pública 世論.
sem razão 理由なく, わけもなく.
ter boas razões para... …に充分な理由がある.
ter suas razões 自分なりの理由がある.
ter razão 正しい ▶Você tem razão. あなたは正しい / Você tem toda razão. あなたはまったく正しい / Você não tem razão. あなたは間違っている.
ter razão em ＋[不定詞] …するのは正しい, もっともである ▶Você tem razão em se zangar. あなたが怒るのは無理もない.
razia /xa'zia/ [女] 襲撃, 略奪, 破壊.
*__razoável__ /xazo'avew ハゾアーヴェゥ/ [複 razoáveis] [形] 《男女同形》 ❶ **理にかなった** ▶Suas explicações são razoáveis. あなたの説明は理にかなっている.
❷ **妥当な** ▶Acho que o plano de pesquisa é razoável. 調査計画は妥当であると思う.
❸ (価格が) **手頃な** ▶por um preço razoável 手頃な値段で.
razoavelmente /xazoˌavew'mẽtʃi/ [副] ❶ 道理 [分別] をわきまえて.
❷ 十分に ; かなり ▶A casa é razoavelmente espaçosa para abrigar a família inteira. その家は家族全員が暮らすのに十分な広さがある.
ré[1] /'xɛ/ [女] réu の女性形.
ré[2] /'xɛ/ [男] 〖音楽〗レ, 二音, D 音 ▶ré maior 二長調.
ré[3] /'xɛ/ [女] (車の) 後退, バック (marcha a ré) ▶ir

reabastecer

de ré = dar ré 車をバックさせる.
reabastecer /xeabaste'sex/ ⑮ 他 再供給する, 再補給する.
— **reabastecer-se** 再 …を再供給する.
reabilitação /xeabilita'sẽw/ [複 reabilitações] 女 ❶ 復権, 復位, 復職. ❷ 名誉回復, 再評価. ❸ リハビリ.
reabilitar /xeabili'tax/ 他 ❶ 復権させる. ❷ 名誉を回復させる. ❸ 立ち直らせる ▶ O resultado positivo reabilitou o time. よい結果がチームを立ち直らせた
— **reabilitar-se** 再 健康を回復する ▶ Ela se reabilitou e recebeu alta. 彼女は健康を回復し退院した.
reabrir /xea'brix/ (過去分詞 reaberto) 他 再び開ける, 再開させる ▶ reabrir as negociações 交渉を再開させる.
— **reabrir-se** 再 再び開く, 再開する.
reaça /xe'asa/ 形《男女同形》名 B 俗 反動的な(人).
‡**reação** /xea'sẽw ヘアサォン/ [複 reações] 女 ❶ 反応, 反響 ▶ a reação da opinião pública 世論の反応 / reação química 化学反応 / reação em cadeia 連鎖反応 / reação alérgica アレルギー反応.
❷ 反発, 反動 ▶ O realismo é uma reação contra o romantismo. リアリズムはロマン主義への反発である.
❸ 保守反動 ▶ forças da reação 反動勢力.
reacender /xease'dex/ 他 …に再び火を付ける.
— **reacender-se** 再 再び火が付く.
reacionário,ria /xeasio'nariu, ria/ 形 反動的な ▶ um governo reacionário 反動的政府.
— 形 反動的な人.
readaptar /xeadapi'tax/ 他 …に再適応[適合]させる [+ a].
— **readaptar-se** 再 …に再適応[適合]する [+ a].
readmissão /xeadimi'sẽw/ [複 readmissões] 再び受け入れること, 再入会, 復帰, 復学, 復職.
readmitir /xeadimi'tʃix/ 他 復帰させる, 復学させる, 再入会させる.
readquirir /xeadki'rix/ 他 取り戻す, 再び取得する.
reafirmação /xeafixma'sẽw/ [複 reafirmações] 女 再肯定, 再確認, 再断言.
reafirmar /xeafix'max/ 他 再肯定する, 再確認する, 再断言する.
reagente /xea'ʒẽtʃi/ 形《男女同形》反応する.
— 男 〖化学〗試薬.
*****reagir** /xea'ʒix ヘアジーフ/ ② 自 ❶ 反応する ▶ Este produto reage com determinadas substâncias. この製品はある特定の物質に反応する.
❷ 反発する ▶ Criticado, ele sempre reage a tudo. 批判されると, 彼はいつもすべてに反発する.
reagrupar /xeagru'pax/ 他 再び集める, 再編成する.
— **reagrupar-se** 再 再び集まる, 再結集する.
reajustar /xeaʒus'tax/ 他 ❶ 再調整する. ❷ Ⓑ (給与などを物価上昇に) スライドさせる ▶ reajustar salários 給与を物価にスライドさせる.

reajuste /xea'ʒustʃi/ 男 再調整 ▶ reajuste salarial 賃金の物価スライド制.
‡**real**¹ /xe'aw ヘアゥ/ [複 reais] 男 レアル (ブラジルの通貨単位) ▶ uma nota de 100 reais 100レアル紙幣 / não ter um real 一文無しである.
‡**real**² /xe'aw ヘアゥ/ [複 reais] 形《男女同形》❶ 現実の, 実在の, 真実の ▶ fato real 事実 / mundo real 現実世界 / personagem real 実在の人物 / história real 実話 / na vida real 実生活で / em tempo real 実時間で.
❷ 実質的な ▶ salário real 実質賃金 / crescimento real 実質成長 / economia real 実体経済.
❸ 〖数学〗実数の ▶ número real 実数.
— 男 現実, 現実のもの ▶ observação do real 現実の観察.
real³ /xe'aw/ [複 reais] 形《男女同形》❶ 王の, 王族の ▶ família real 王家 / poder real 王権 / palácio real 王宮.
❷ (王に相応しく) 壮大な, 豪華な ▶ aparato real 絢爛豪華 / cerimônia real 壮大な儀式.
❸ 王立の ▶ Real Colégio dos Nobres 王立貴族コレジオ.
❹ 女王蜂の ▶ geleia real ロイヤルゼリー.
realçar /xeaw'sax/ ⑬ 他 ❶ 高く掲げる ▶ realçar um quadro 絵を高く掲げる.
❷ 目立たせる.
— **realçar-se** 再 目立つ, 際立つ ▶ Na pintura realçam-se aspectos da paisagem. 絵の中で景色の描写が際立っている.
realce /xe'awsi/ 男 際立つこと, 目立つこと ▶ dar realce a ... …を引き立たせる.
realejo /xea'leʒu/ 男 手回しオルガン.
realeza /xea'leza/ 女 王位, 王権, 王族, 王威.
‡**realidade** /xeali'dadʒi ヘアリダーヂ/ 女 ❶ 現実, 実際 ▶ realidade virtual バーチャルリアリティ, 仮想現実 / realidades econômicas 経済の実態 / dura realidade 厳しい現実 / A realidade é mais estranha que a ficção. 事実は小説よりも奇なり / fora da realidade 現実離れした, 現実にそぐわない.
❷ 実在性, 真実性.
na realidade 実際には, 本当のところ.
realismo /xea'lizmu/ 男 リアリズム, 現実主義, 写実主義, 実在論.
realista /xea'lista/ 形《男女同形》❶ 現実主義の; リアリズムの, 写実主義的な; 実在論の ▶ pintura realista 写実的絵画. ❷ 王党派の, 王政主義の.
— 名 ❶ 現実主義者; 写実主義者. ❷ 王党派, 王政主義者.
mais realista que o rei (王以上に王党派の→) (思想などを) 提唱者よりさらに過激に主張する, より厳格な.
‡**realização** /xealiza'sẽw ヘアリザサォン/ [複 realizações] 女 ❶ 実現, 実行 ▶ a realização de um projeto 計画の実行 / a realização de um sonho 夢の実現 / realização pessoal 自己実現.
❷ 成果, 作品.
❸ 〖映画〗〖テレビ〗監督, 演出.

rebelde

realizar /xeali'zax ヘアリザーフ/ 他 ❶ 実現する, 現実化する ▶ Ele realizou o sonho de criança. 彼は子供のころからの夢をかなえた.
❷ 実行する ▶ O Carlos realizou um ato de coragem. カルロスは勇気ある行為を行った.
❸（作品を）監督する ▶ realizar um filme 映画を監督する.
— **realizar-se** 再 ❶ 実現する,（出来事が）起こる ▶ Os meus sonhos se realizaram. 私の夢が実現した / A primeira Copa do Mundo do Brasil se realizou em 1950. ブラジルで初めてワールドカップが開催されたのは1950年だった.
❷ 満足しきる, 自己実現する ▶ Ele só se realiza no futebol. 彼はサッカーをしている時だけ満足を覚える.

realizável /xeali'zavew/ [複 realizáveis] 形《男女同形》実現可能な.

realmente /xe,aw'mẽtʃi ヘアゥメンチ/ 副 ❶ 本当に, 実際に ▶ Você é realmente feliz? あなたは本当に幸せですか.
❷ 実に, とても ▶ As praias brasileiras são realmente bonitas. ブラジルの海岸は実に美しい.

reanimação /xeanima'sẽw/ [複 reanimações] 女 ❶【医学】蘇生, 蘇生法［術］. ❷ 元気づけること, 元気になること, 活性化, 回復.

reanimar /xeani'max/ 他 ❶ 蘇生させる ▶ reanimar uma pessoa desfalecida 意識をなくした人を蘇生させる / reanimar a economia 経済を蘇生させる. ❷ 元気にする, 活気づける ▶ Ela estava triste, mas foi reanimada. 彼女は落ち込んでいたが元気になった / O projeto foi reanimado. プロジェクトが活気づいた.
— **reanimar-se** 再 蘇生する, 元気になる, 活気づく.

reaparecer /xeapare'sex/ 自 再び現れる, 再登場する.

reaparecimento /xeaparesi'mẽtu/ 男 再登場, 再出場.

reaprender /xeaprẽ'dex/ 他 再学習する, 学び直す.

reapresentar /xeaprezẽ'tax/ 他 再び見せる, 再上演する, 再展示する.

reaproximação /xeaprosima'sẽw/ [複 reaproximações] 女 再接近.

reaproximar /xeaprosi'max/ 他 ❶ …に再び近づける［+ de］. ❷ …と仲直りさせる, 和解させる［+ de］.
— **reaproximar-se** 再 ❶ …に再び近づく［+ de］. ❷ …と仲直りする, 和解する［+ de］.

reaquecer /xeake'sex/ 他 温め直す ▶ reaquecer o café コーヒーを温め直す.

rearmamento /xeaxma'mẽtu/ 男 再軍備.

reassumir /xeasu'mix/ 他 ❶ 取り戻す.
❷（職務を）再び得る ▶ O ex-presidente reassumiu o cargo. 元大統領が再び大統領職についた.

reatar /xea'tax/ 他 ❶ 結び直す.
❷ 再開する ▶ O casal decidiu reatar o namoro. カップルはよりを戻すことにした.

reativar /xeatʃi'vax/ 他 再活性化させる ▶ reativar a economia 経済を再活性化させる.
— **reativar-se** 再 再活性化する.

reativo, va /xea'tʃivu, va/ 形 反作用の, 反応の.
— **reativo** 男 試薬.

reator /xea'tox/ [複 reatores] 男 ❶【化学】反応装置. ❷【物理】原子炉（= reator nuclear）. ❸ ジェットエンジン.

reavaliar /xeavali'ax/ 他 再評価する, 再検討する, 見直す ▶ reavaliar o projeto 計画を見直す.

reaver /xea'vex/ 52 他 回収する, 取り戻す ▶ reaver dinheiro desviado 横領された金を回収する.

reavivar /xeavi'vax/ 他 …を再びかき立てる, 元気づける, 蘇らせる ▶ reavivar a economia 経済の活気を取り戻す.
— **reavivar-se** 再 再び盛んになる, 強まる ▶ O debate sobre a pena de morte reavivou-se recentemente. 最近, 死刑についての論争が再び盛んになった.

rebaixar /xebaj'ʃax/ 他 ❶ 低くする, 下げる ▶ A soleira da porta foi rebaixada. 戸口の敷居が低く下げられた.
❷ 値下げする, 安くする ▶ rebaixar o preço 値段を下げる.
❸ 侮辱する ▶ O chefe rebaixou o funcionário em frente a toda a equipe. 上司は社員全員の前でその従業員を侮辱した.
❹ 降格する, 格下げする ▶ O tenente foi rebaixado à função de sargento como punição por seu ato de indisciplina. 中尉は規律に欠ける行動をとった懲罰として軍曹に降格された / O time foi rebaixado à segunda divisão. そのチームは二部リーグに格下げされた.
— **rebaixar-se** 再 卑屈になる, へりくだる ▶ Rebaixou-se a pedir dinheiro a seu arrogante pai. 彼はへりくだって尊大な父親にお金を無心した.

rebanho /xe'bɐɲu/ 男 ❶（家畜や野生動物の）群れ. ❷ 指導者に従う人々の集団. ❸ 信徒の集まり. ❹ 群衆, 大衆.

rebate /xe'batʃi/ 男 ❶ 再び打つこと. ❷ 警報 ▶ rebate falso 誤報.

rebater /xeba'tex/ 他 ❶ 再び打つ［叩く］, 何度も打つ［叩く］;（再び）タイプする.
❷ 反論する.
❸ 拒む, 屈しない; 撃退する.
❹ とがめる, 非難する.
❺（打撃などを）かわす ▶ rebater um golpe 一撃をかわす.
❻ 戦う ▶ rebater uma epidemia 伝染病と戦う.
❼【スポーツ】ボールを跳ね返す ▶ rebater a bola ボールを跳ね返す.
❽ あることについて執拗に語る.
❾ 割り引く.
— 自 投機をする.

rebelar /xebe'lax/ 他 …に反乱を起こさせる.
— **rebelar-se** 再（…に対して）反逆する, 反抗する, 逆らう［+ contra］.

rebelde /xe'bɛwdʒi/ 形《男女同形》❶ 反抗する, 反逆心のある ▶ tropas rebeldes 反乱軍.
❷ 従順でない, 反抗的な ▶ adolescente rebelde 反抗的な若者.

❸ 野生の，野蛮な，荒っぽい ▶ animal rebelde 扱いにくい動物．
❹ 治療しにくい ▶ doença rebelde 治りにくい病気．
❺ 難解な，困難な．
─ [名] 反逆者；反抗的な人．
rebeldia /xebew'dʒia/ [女] 反逆，反抗．反対．
rebelião /xebeli'ẽw̃/ [[複] rebeliões] [女] 反逆，反乱，暴動．
rebentação /xebẽta'sẽw̃/ [[複] rebentações] [女] ❶ 爆発．❷ (波が) 砕けること ▶ rebentação das ondas 波が砕けること．
rebentar /xebẽ'tax/ [自] ❶ 破裂する，爆発する，破裂する，砕ける，切れる．
❷ (戦争が) 勃発する．
─ [他] 破裂させる，破る，切断する．
rebentar de fome 飢えに苦しむ．
rebentar de gente 人であふれる，満員状態になる．
rebentar de riso 大笑いする．
rebento /xe'bẽtu/ [男] ❶ 若芽．❷ 子供，子孫．
rebite /xe'bitʃi/ [男] リベット，鋲．
reboar /xebo'ax/ [自] 響く，反響する．
rebobinar /xebobi'nax/ [他] 巻き戻す．
rebocador /xeboka'dox/ [[複] rebocadores] [男] タグボート．
rebocar /xebo'kax/ ㉙ [他] ❶ 引く，牽引する．❷ …にしっくいを塗る．
reboco /xe'boku/ [男] しっくい，しっくい塗り．
rebolado /xebo'ladu/ [男] 腰を振ること，腰の振り方．
perder o rebolado やる気をなくす．
rebolar /xebo'lax/ [他] ❶ 転がす．❷ (腰を) 振る．
─ [自] ❶ 回転する，転がる ▶ Os garotos rebolavam na grama. 少年たちが芝生の上で転げまわる．
❷ 腰を振る ▶ Ela rebola demasiado quando dança. 彼女は踊るとき激しく腰を振る．
─ **rebolar-se** [再] 回転する，転がる；腰を振る．
reboque /xe'bɔki/ [男] ❶ (車などを) 牽引すること，牽引．
❷ 牽引車，トレーラー．
❸ 牽引用の綱．
❹ [B] レッカー車．
a reboque de …につきまとう ▶ andar a reboque 付き従う．
a reboque de... ① …に伴って．② …の帰結として．
levar a reboque 自信のない (不安な) 人を連れていく．
rebuçado /xebu'sadu/ [男] キャンディー，あめ．
rebuçar /xebu'sax/ ⑬ [他] ❶ 覆い隠す ▶ O lenço rebuçou o rosto dela. スカーフが彼女の顔を覆った．
❷ 隠す，偽る，ごまかす ▶ rebuçar a verdade 真実を隠す．
─ **rebuçar-se** [再] ❶ 身を覆う，(体の一部を) 覆う，隠す．
❷ 隠れる．
rebuço /xe'busu/ [男] ❶ (コートの襟やフードなど) 顔を覆う部分．
❷ 襟，ラペル．
❸ 偽装，偽ること．
não ter rebuço ためらわない，気兼ねしない．
sem rebuço 包み隠さず．
rebuliço /xebu'lisu/ [男] 大騒動，混乱，騒然．
rebuscar /xebus'kax/ ㉙ [他] ❶ 再び探す，くまなく探す，調査する ▶ rebuscar a carteira perdida 隅から隅までなくした財布を探す．
❷ 残った農作物を収穫する，拾い集める ▶ rebuscar videira 残りのぶどうを収穫する．
❸ 推敲する，練り上げる ▶ rebuscar o texto 文章を推敲する．
★**recado** /xe'kadu ヘカード/ [男] 伝言，言付け ▶ O João deu um recado à Maria. ジョアンはマリアに伝言した / Por favor deixe seu recado após o sinal. 信号音の後に伝言を残してください．
dar o recado ① 任務を果たす．② (本や映画などの) 内容を正しく伝える．
de bom recado 信頼できる．
recaída /xeka'ida/ [女] ❶ (病気の) 再発，ぶり返し ▶ ter uma recaída 再発する，ぶり返す．❷ (罪や悪習などに) 再び陥ること．
recair /xeka'ix/ ㊳ [自] ❶ …に再び陥る，再発する [+ em].
❷ …に帰する [+ sobre] ▶ A responsabilidade pelo erro médico deverá recair sobre o hospital. 医療ミスの責任は病院に帰するべきであろう．
recalcar /xekaw'kax/ ㉙ [他] ❶ 再び (何度も) 踏みつける；再び (何度も) 押し込む ▶ recalcar o solo 地面を何度も踏みつける．
❷ 抑える，こらえる ▶ recalcar sentimentos negativos 負の感情を抑える．
❸ 固執する，執拗に言う ▶ recalcar um assunto あることについて何度も語る．
❹ 抑える，抑圧する ▶ recalcar traumas 心の傷を取り除く．
recalcitrante /xekawsi'trẽtʃi/ [形]《男女同形》反抗的な，強情な．
─ [名] 頑固者，強情者．
recalcitrar /xekawsi'trax/ [自] …に逆らう [+ em] ▶ Ele recalcitrou contra a decisão. 彼はその決定に逆らった．
recalque /xe'kawki/ [男] ❶ 再度踏みつけること．
❷〖心理〗抑圧．
recambiar /xekẽbi'ax/ [他] ❶ もとの場所に戻す ▶ Recambiou a bola ao centro do campo após o apito do juiz. 彼は審判のホイッスルの後，ボールをフィールドの中心に戻した．
❷ 返す，返却する．
recanto /xe'kẽtu/ [男] ❶ 隅，片隅．❷ 隠れ場所．
❸ 快適な場所，心地よい場所．❹ 人目につかない場所 ▶ recanto da alma 魂の奥底．
recapitulação /xekapitula'sẽw̃/ [[複] recapitulações] [女] 概括，要約，要旨．
recapitular /xekapitu'lax/ [他] ❶ 要約する，…の要点をまとめる．
❷ 回顧する，思い起こす．
recarga /xe'kaxga/ [女] 充電，入金 ▶ fazer a recarga 充電 [入金] する．
recarregar /xekaxe'gax/ ⑪ [他] 充電する ▶ recarregar as baterias 電池を充電する．

R

recarregável /xekaxe'gavew/ [[複] recarregáveis] [形]《男女同形》充電可能な ▶ bateria recarregável 充電式電池.

recatado, da /xeka'tadu, da/ [形] ❶ 恥ずかしがりの, 内気な, あまり人前に出ない；貞潔な.
❷ 謙虚な, 控え目な, 節度のある.
❸ 慎重な, 用心深い.
❹ 隠された ▶ desejo recatado 心に秘めた願い.

recatar /xeka'tax/ [他] ❶（秘密を）守る ▶ recatar um segredo 秘密を守る.
❷ …を…から守る, 保護する［+ de/contra］▶ recatar os filhos dos vícios 悪習から子供たちを守る.
— **recatar-se** [再] ❶ 身を守る, 用心する. ❷ 隠れる.

recato /xe'katu/ [男] ❶ 用心, 警戒, 注意, 慎重な態度.
❷ 節度, 慎み；貞節.
❸ 隠れ場所, 奥まった場所.
a bom recato 安全に, 慎重に ▶ guardar os documentos importantes a bom recato 重要な書類を安全な場所に保管する.

recauchutado, da /xekawʃu'tadu, da/ [形] ❶（タイヤが）再生した ▶ pneus recauchutados 再生タイヤ. ❷ しわ取り手術を受けた.

recauchutagem /xekawʃu'taʒẽj̃/ [[複] recauchutagens] [女] ❶ 古タイヤの再生. ❷ しわ取り手術.

recauchutar /xekawʃu'tax/ [他] ❶（古タイヤを）再生する. ❷ …のしわ取り手術をする.

recear /xese'ax ヘセアーフ/ ⑩ [他] ❶ 恐れる, 危惧する, 心配する ▶ Não tem nada a recear. 恐れるべきことは何もない.
❷《recear + [不定詞]》…することを恐れる ▶ Receio não conseguir chegar à hora. 時間通りに到着できないのではないかと思う.
❸《recear que + [接続法]》…であることを恐れる ▶ Receio que ele tenha ido sozinho. 私は彼が一人で行ったのではないかと心配している.
— [自] …を心配する［+ por］.
— **recear-se** [再] …を心配する, 不安に思う［+ de］▶ Ele se receia de tudo. 彼はあらゆることを心配する.

receber /xese'bex ヘセベーフ/ [他] ❶ **受け取る, もらう** ▶ Recebi um presente de uma amiga. 私は友人からプレゼントを受け取った / receber o prêmio 受賞する / receber um e-mail 電子メールを受け取る / receber o salário 給料をもらう / receber uma ameaça 脅迫を受ける.
❷ **受け入れる, 迎える**, もてなす, 応対する ▶ Esse hospital recebeu muitos doentes. その病院は多くの病人を受け入れた / Eles me receberam de braços abertos. 彼らは私を心から喜んで迎えてくれた / receber alguém por [como] esposa …を妻として迎える / O doutor vai recebê-lo dentro de instantes. 医師がもうすぐあなたを診てくれます.
❸（電波を）**受信する**.
— [自] 応対する, もてなす.

rececionista /rəsɛsiu'niʃtɐ/ [名] [P] ＝recepcionista

receio /xe'seju ヘセィオ/ [男] ❶ **不安, 心配, 気がかり** ▶ O receio dos pais com a filha era grande. 娘に対する両親の心配は大きかった.
❷ **恐れ** ▶ Tenho receio de que ele desista das pesquisas. 私は彼が研究を諦めることを恐れている.
sem receio 恐れずに, 大胆に.

receita /xe'sejta ヘセィタ/ [女] ❶ **料理法, レシピ** ▶ receita de um prato 料理のレシピ / livro de receitas レシピ本 / Aprendi esta receita com um amigo japonês. 私はこのレシピを日本人の友達に教わった.
❷ **処方箋** ▶ mediante receita 処方箋にもとづいて / aviar uma receita 処方箋に従って調剤する.
❸ **収入, 歳入** ▶ receita fiscal 税収 / Receita Federal [B] 連邦歳入庁 / receita pública 国家の歳入 / receita operacional 営業収入 / receita não operacional 営業外収入.
❹ **秘訣, やり方** ▶ receita para o sucesso 成功の秘訣.

receitar /xesej'tax/ [他]（薬を）処方する ▶ receitar um remédio 薬を処方する.

recém-casado, da /ˌxesẽj̃ka'zadu, da/ [[複] recém-casados, das] [形] 新婚の.
— [名] 新婚の人 ▶ recém-casados 新婚夫婦.

recém-nascido, da /ˌxesẽj̃na'sidu, da/ [[複] recém-nascidos, das] [名] 新生児.
— [形] 生まれたばかりの.

recém-publicado, da /ˌxesẽj̃publi'kadu, da/ [[複] recém-publicados, das] [形] 新刊の.

recender /xesẽ'dex/ [他]（匂いや香りを）発する.
— [自] よい匂いがする, 香りがする.

recenseamento /xesẽsea'mẽtu/ [男] ❶ 国勢調査, ❷ 人口調査. 調査.

recensear /xesẽse'ax/ ⑩ [他] ❶（人口を）調査する ▶ recensear a população 人口を調査する. ❷ …の調査目録を作る.

recente /xe'sẽtʃi ヘセンチ/ [形]《男女同形》**最近の** ▶ foto recente 最近の写真 / a notícia mais recente 最新ニュース / A globalização não é um fenômeno recente. グローバル化は最近始まった現象ではない.

recentemente /xeˌsẽtʃi'mẽtʃi ヘセンチメンチ/ [副] **最近, 近ごろ** ▶ livros recentemente publicados 最近出版された本.

receoso, sa /xese'ozu, 'ɔza/ [形] ❶ 心配した, 不安な ▶ receoso com a segurança 安全性を懸念する.
❷ ためらう, 躊躇する, 決心がつかない.
❸ 臆病な, おびえた, 恐がりな.
❹ 内気な, 恥ずかしがりの.

recepção /xesepi'sɐ̃w̃ ヘセピサォン/ [[複] recepções] [女] ❶ **受け取り, 受領** ▶ aviso de recepção 受け取り通知 / acusar a recepção de... …を受け取ったことを伝える.
❷（人の）**受け入れ, 接待**；レセプション, 歓迎会 ▶ recepção calorosa 温かい歓迎 / sala de recepção レセプション会場 / recepção do casamento 結婚披露宴 / discurso de recepção 歓迎演説.
❸ 受付, フロント ▶ Vou te aguardar na recepção. 君をフロントで待っている.

❹ (電波の) 受信 ▶ condição de recepção 受信状況.
recepcionar /xesepisio'nax/ [自] 客を招く.
— [他] 歓迎する, 迎える.
recepcionista /xesepisio'nista/ [名] 受付係.
receptáculo /xesepi'takulu/ [男] 入れ物, 容器.
receptador, dora /xesepita'dox, 'dora/ [[複] receptadores, doras] [名] [B] 盗品の買い取り人.
receptar /xesepi'tax/ [他] (盗品を) 買い取る, 隠匿する.
receptividade /xesepitʃivi'dadʒi/ [女] 受容性, 感受性.
receptivo, va /xesepi'tʃivu, va/ [形] [B] ❶ …の影響を受けやすい [+ a].
❷ …を受け入れる, 受容する [+a] ▶ Seja receptivo aos outros! 他人を受け入れなさい.
❸ …を歓迎する, 迎える [+com] ▶ um país muito receptivo com estrangeiros 外国人を大歓迎する国.
receptor, tora /xesepi'tox, 'tora/ [[複] receptores, toras] [形] [名] 受け取る (人), 受け入れる (人).
— **receptor** [男] 受信機, 受話器 ▶ emissor e receptor 送信機と受信機.
receptor universal 血液型が AB 型の人.
recessão /xese'sẽw̃/ [[複] recessões] [女] 景気後退, 不景気 ▶ recessão econômica 経済不況.
recessivo, va /xese'sivu, va/ [形] 〖生物〗劣性の ▶ gene recessivo 劣性遺伝子.
recesso /xe'sɛsu/ [男] ❶ 奥底. ❷ (議会などの) 休会 ▶ recesso parlamentar 議会休会.
rechaçar /xeʃa'sax/ ⑬ [他] ❶ 排除する, 追い出す ▶ rechaçar o inimigo 敵を撃退する. ❷ …に反対する ▶ rechaçar o projeto 計画に反対する.
recheado, da /xeʃe'adu, da/ [形] ❶ 詰め物をした ▶ peru recheado (詰め物をした) 七面鳥の丸焼き.
❷ …でいっぱいの [+ de] ▶ carteira recheada ふくらんだ財布 / mala recheada de roupas 衣類でいっぱいのトランク.
rechear /xeʃe'ax/ ⑩ [他] ❶ …を…で満たす, いっぱいにする [+ com] ▶ rechear uma almofada クッションに詰め物をする / rechear o armário com roupas novas たんすを新しい服で満たす.
❷ 〖料理〗…に詰め物をする ▶ rechear uma torta パイに具を詰める.
❸ …の間に入れる, 挿入する, ちりばめる ▶ rechear o livro com comentários 本に感想を書き込む.
❹ 金持ちにする.
— **rechear-se** [再] 金持ちになる.
recheio /xe'ʃeju/ [男] ❶ 〖料理〗詰め物 ▶ recheio de chocolate チョコレートの詰め物.
❷ (ピザの) トッピング.
❸ 中身 ▶ recheio da cesta 籠の中身.
rechonchudo, da /xeʃõ'ʃudu, da/ [形] まるまる太った, ぽっちゃりした.
recibo /xe'sibu/ [男] 領収書, レシート.
passar recibo ① 領収書を出す. ② 証明する, 明らかにする. ③ 仕返しする.
reciclado, da /xesi'kladu, da/ [形] リサイクルした ▶ papel reciclado 再生紙.
reciclagem /xesi'klaʒẽj̃/ [[複] reciclagens] [女] ❶ リサイクル ▶ reciclagem de papel 紙のリサイクル.
❷ 再教育.
reciclar /xesi'klax/ [他] ❶ リサイクルする ▶ reciclar papel 紙をリサイクルする. ❷ 再教育する.
reciclável /xesi'klavew/ [[複] recicláveis] [形] 《男女同形》リサイクル可能な.
recidiva /xesi'dʒiva/ [女] (病気の) 再発.
recife /xe'sifi/ [男] ❶ 礁, 岩礁 ▶ recife de coral サンゴ礁. ❷ 《Recife》レシフェ (ペルナンブーコ州の州都).
recinto /xe'sĩtu/ [男] 囲い地, 区域.
recipiente /xesipi'ẽtʃi/ [男] 容器, 器.
reciprocamente /xeˌsiproka'mẽtʃi/ [副] 相互に, お互いに ▶ ajudar-se reciprocamente 相互に助け合う.
reciprocidade /xesiprosi'dadʒi/ [女] 相互関係, 相互性.
recíproco, ca /xe'siproku, ka/ [形] 相互の, お互いの, 互恵的な ▶ amor recíproco お互いへの愛, 相思相愛 / A simpatia é recíproca. 好感は相互的なものだ.
recitação /xesita'sẽw̃/ [[複] recitações] [女] 朗唱, 暗誦.
recital /xesi'taw/ [[複] recitais] [男] リサイタル ▶ recital de piano ピアノリサイタル.
recitar /xesi'tax/ [他] 朗読する, 朗唱する ▶ recitar um poema 詩を朗読する / recitar de memória 暗誦する.
recitativo /xesita'tʃivu/ [男] 叙唱, レチタティーボ.
reclamação /xeklama'sẽw̃/ [[複] reclamações] [女] ❶ 苦情, クレーム ▶ fazer uma reclamação 苦情を言う, クレームをつける.
❷ 要求, 請求 ▶ reclamação do pagamento 支払いの請求.
reclamante /xekla'mẽtʃi/ [形] 《男女同形》要求する, 請求する, 主張する.
— [名] 苦情 [不平] を言う人
☆reclamar /xekla'max ヘクラマーフ/ [他] ❶ **要求する** ▶ reclamar justiça 裁きを要求する / Ele reclamou seus direitos. 彼は自分の権利を主張した.
❷ …の権利があることを主張する ▶ O escritor reclama a autoria do romance. その作家は自分が小説の著者であることを主張している.
❸ 必要とする ▶ Meu filho reclama atenções. 私の息子からは目が離せない.
— [自] ❶ …について不満 [不平] を言う [+de] ▶ reclamar do seu trabalho 自分の仕事について不満を言う / Pare de reclamar! 不平を言うのはやめなさい.
❷ 抗議する ▶ reclamar contra o governo 政府に抗議する / reclamar com o juiz 審判にクレームをつける.
reclame /xe'klẽmi/ [男] 広告, 宣伝.
reclinado, da /xekli'nadu, da/ [形] 傾いた, よりかかった.
reclinar /xekli'nax/ [他] 傾ける ▶ Ele reclinou a cabeça e fechou os olhos. 彼は頭を傾けて目を閉じた.
— **reclinar-se** [再] 横になる ▶ Reclinou-se na cama e relaxou o corpo. 彼はベッドに横になって

体を楽にした.
reclinável /xekli'navew/ [複 reclináveis] [形]《男女同形》傾けられる ▶ banco reclinável リクライニングシート.
reclusão /xeklu'zẽw̃/ [複 reclusões] [女] ❶ 懲役 ▶ pena de reclusão 懲役刑. ❷ 隠遁 ▶ viver em reclusão 隠遁生活を送る.
recluso, sa /xe'kluzu, za/ [形] 隠棲した.
— [名] ❶ 受刑者, 囚人. ❷ 隠遁生活者.
reco /'xɛku/ [男] [B] [話] 新兵 (recruta から).
recoberto, ta /xekobɛxtu, ta/ [形] (recobrir の過去分詞) 再び覆われた.
recobrar /xeko'brax/ [他] 取り戻す, 回復する ▶ recobrar a consciência 意識を取り戻す / Ele recobrou o ânimo após o apoio recebido do amigo. 彼は友人から支援を受けて気を取り直した.
— **recobrar-se** [再] 平静を取り戻す, 元気になる, 立ち直る ▶ Passado o susto, logo recobrei-me. 私はびっくりしたが, すぐに平静を取り戻した.
recobrir /xeko'brix/ ㉓《[過去分詞] recoberto》[他] 再び覆う.
— **recobrir-se** [再] 再び覆われる.
☆**recolher** /xeko'ʎex へコリェーフ/ [他] ❶ **集める, 収集する, 採集する** ▶ recolher assinaturas 署名を集める / recolher amostras 標本を採集する / recolher informações 情報を収集する / recolher o lixo ごみを収集する.
❷ (散らばったものを) **拾う, 集める** ▶ Ele recolheu as roupas espalhadas por seu filho. 彼は息子が散らかした服を拾い集めた.
❸ (市場や流通から) **回収する** ▶ A empresa recolheu os produtos com defeitos. その会社は不良品を回収した.
❹ (お金を) **徴収する, 集金する** ▶ recolher impostos 税金を徴収する / recolher doações 寄付金を集める.
❺ (車を) 車庫に入れる ; 収容する.
— **recolher-se** [再] 床に就く, 就寝する ▶ recolher-se cedo 早く寝る.
recolhido, da /xeko'ʎidu, da/ [形] (recolher の過去分詞) ❶ 人里離れた. ❷ ひきこもった, 隠遁した ▶ vida recolhida ひきこもった生活, 隠遁生活.
recolhimento /xekoʎi'mẽtu/ [男] ❶ 隠遁. ❷ 内省, 瞑想.
recolocar /xekolo'kax/ ㉙ [他] 再配置する, 元に戻す.
recombinação /xekõbina'sẽw̃/ [複 recombinações] [女]〖生物〗(遺伝子) 組み換え ▶ recombinação genética 遺伝子組み換え.
recomeçar /xekome'sax/ ⑬ [他] 再び始める ▶ recomeçar a vida 人生をやり直す.
— [自] 再び始まる ▶ O jogo recomeçou. 試合が再開した.
recomeço /xeko'mesu/ [男] 再開.
recomendação /xekomẽda'sẽw̃/ [複 recomendações] [女] ❶ 推薦, 推奨 ▶ carta de recomendação 推薦状 / fazer uma recomendação 推薦する / por recomendação de alguém …に勧められて.
❷ 勧告, 勧め, 忠告 ▶ recomendações das Nações Unidas 国連の勧告.
❸《recomendações》よろしくというあいさつ ▶ mandar recomendações あいさつを送る.
☆**recomendar** /xekomẽ'dax へコメンダーフ/ [他] ❶ **推薦する, 勧める** ▶ O médico me recomendou repouso. 医師は私に休養を勧めた / Eu recomendo-lhe este livro. 私はあなたにこの本を勧めます / O que você recomenda? おすすめは何ですか.
❷《recomendar que + [接続法]》…を勧める ▶ O médico recomendou-me que bebesse muita água. 医者は私にたくさん水を飲むように勧めた.
❸ **預ける, 委ねる,** 任せる ▶ Eu recomendaria os meus filhos a minha avó. 私は息子たちの世話を祖母に頼みたい.
❹ **よろしくと伝える** ▶ Recomenda-me ao professor Campos. カンポス先生によろしくお伝えください.
recomendável /xekomẽ'davew/ [複 recomendáveis] [形]《男女同形》勧められる, 推薦できる ▶ É recomendável esperar em casa a tempestade passar. 家で嵐が通過するのを待つのが望ましい.
recompensa /xekõ'pẽsa/ [女] ❶ 報酬, 褒美 ▶ recompensa financeira 金銭的報酬 / como recompensa 報酬として. ❷ 償い, 報い.
recompensar /xekõpẽ'sax/ [他] ❶ …に報いる, 報奨を与える. ❷ 償う, 償いをする ; 弁償する.
recompor /xekõ'pox/ ㊹《[過去分詞] recomposto》[他] 復元する, 元に戻す ▶ O atleta está treinando para recompor a forma física. その選手は体形を元に戻すためにトレーニングしている.
— **recompor-se** [再] 復興する ▶ A cidade tenta se recompor após o desastre. その都市は災害のあと復興しようとしている.
reconciliação /xekõsilia'sẽw̃/ [複 reconciliações] [女] 和解, 仲直り.
reconciliar /xekõsili'ax/ [他] …を…と和解させる, 仲直りさせる [+ com].
— **reconciliar-se** [再] …と和解する [+ com].
recondicionar /xekõdʒisio'nax/ [他] 修理する, オーバーホールする ▶ O mecânico recondicionou o motor do carro do cliente. 整備工は顧客の車のエンジンを修理して元通り動くようにした.
recôndito, ta /xe'kõdʒitu, ta/ [形] ❶ 隠された, 人目につかない, 奥まった. ❷ 未知の, 知られざる.
reconduzir /xekõdu'zix/ ⑭ [他] ❶ 送り返す, 追い払う, 退去させる.
❷ 継続 [延長, 更新] する.
❸ 留任させる, 再選する ▶ O político foi reconduzido à presidência do partido. その政治家は党首に再任された.
reconfortante /xekõfox'tẽtʃi/ [形]《男女同形》元気づける, 活力を与える.
— [男] 強壮剤.
reconfortar /xekõfox'tax/ [他] 元気づける, 活力を与える, 元気を取り戻させる ▶ A presença de seus familiares reconfortou-o naquele momento de perda. その時家族の存在が彼に元気を取り戻させた.
— **reconfortar-se** [再] 元気になる ▶ A criança se reconfortou com uma boa noite de sono. その子は一晩ぐっすり寝て元気になった.

R

reconhecer

reconhecer /xekoɲe'sex ヘコニェセーフ/ ⑮ 他 ❶ …がそれと分かる, …に見覚えがある, 聞き覚えがある；識別する, 見分ける ▶reconhecer um rosto 顔を見分ける, 誰の顔だか分かる / reconhecer o inimigo 敵を識別する / O artista foi reconhecido por seus fãs na saída do hotel. そのアーティストはホテルから出たところでファンに見つかった.

❷認める, 承認する；認知する ▶reconhecer a falha 過失を認める / Ele reconheceu que errou. 彼は自分が間違っていることを認めた / A constituição reconhece aos cidadãos liberdades e direitos fundamentais. 憲法は市民に自由と基本的人権を認める / Os Estados Unidos da América ainda não reconheceram esse país. アメリカはその国をまだ承認していない / reconhecer o filho 子供を認知する / reconhecer a firma 署名を認証する.

❸感謝する.
❹踏査する, 偵察する.
— **reconhecer-se** 再 ❶ 自分を…と認める ▶reconhecer-se culpado 自分の罪を認める. ❷ 自分の姿を認める.

reconhecido /xekoɲe'sidu/ 形 (reconhecer の過去分詞) ❶ (世に)認められた ▶A empresa é altamente reconhecida pela qualidade de seus produtos. その企業は製品の品質によって高く評価されている.
❷…に感謝している [+ a] ▶Os alunos, reconhecidos, homenagearam o professor. 生徒たちは感謝して先生に敬意を表した.
❸ (子供が) 認知された.

*****reconhecimento** /xekoɲesi'mẽtu ヘコニェスィメント/ 男 ❶ 識別, 認識 ▶reconhecimento óptico de caracteres 光学式文字認識, OCR / reconhecimento de voz 音声認識.
❷承認, 認知 ▶reconhecimento da independência 独立の承認.
❸調査 ▶reconhecimento geológico 地質調査.
❹《軍事》偵察 ▶efetuar um reconhecimento 偵察を行う / avião de reconhecimento 偵察機.
❺感謝, 謝意 ▶manifestar o reconhecimento 感謝の意を表す.

reconhecível /xekoɲe'sivew/ [複 reconhecíveis] 形《男女同形》それと分かる, 認識できる ▶O logotipo deve ser reconhecível. ロゴは見てそれと分からなければならない.

reconquista /xekõ'kista/ 女 ❶ 再征服, 取り返し, 奪還. ❷ (Reconquista) (イベリア半島の) 国土回復運動, レコンキスタ.

reconquistar /xekõkis'tax/ 他 再征服する, 奪回する, 取り戻す ▶reconquistar a ex-namorada 前の恋人を取り戻す.

reconsiderar /xekõside'rax/ 他 再考する, 考え直す, 再検討する.
— 自 考え直す.

reconstituição /xekõstʃituj'sẽw/ [複 reconstituições] 女 ❶ 再建, 立て直し；再構成, 再編成. ❷ 復元, 再現.

reconstituinte /xekõstʃitu'itʃi/ 形《男女同形》 ❶ 再建する, 復元する. ❷ 元気づける.
— 男 強壮剤.

reconstituir /xekõstʃitu'ix/ ⑦ 他 ❶ 再建する, 復興する. ❷ 再現する, 復元する, 再構成する. ❸ 元気にさせる, 回復させる.

reconstrução /xekõstru'sẽw/ [複 reconstruções] 女 ❶ 再建, 改築 ▶reconstrução de mama 乳房再建 / reconstrução da economia 経済の立て直し. ❷ 再建した建物.

reconstruir /xekõstru'ix/ ⑯ 他 ❶ 再建する, 立て直す ▶reconstruir um edifício 建物を立て直す / reconstruir a vida 人生をやり直す.
❷ 再現する, 復元する ▶reconstruir um texto テキストを復元する.

recontar /xekõ'tax/ 他 ❶ 数え直す, 計算し直す. ❷ 再び語る, 繰り返し語る.

recordação /xekoxda'sẽw/ [複 recordações] 女 ❶ 思い出, 記憶 ▶recordação de infância 幼年期の記憶. ❷ おみやげ, 記念品. ❸ 復習.

*****recordar** /xekox'dax/ 他 ❶ 復習する ▶recordar a matéria 教科の復習をする.
❷ 思い出す ▶recordar a infância 幼年期を回想する.
❸ 思い出させる, 想起させる.
— **recordar-se** 再 …を思い出す, 覚えている [+ de] ▶Recordo-me do passado quando ouço esta canção. この歌を聞くと昔を思い出す / Recordo-me de tê-la encontrado alguns anos atrás. 私は彼女に数年前に会ったことを覚えている / Não me recordo do nome dela. 私は彼女の名前を憶えていない.

*****recorde** /xe'kɔxdʒi/ ヘコフヂ/ 男 ❶ 最高記録 ▶registrar um recorde 記録を作る / estabelecer um recorde 記録を打ち立てる / bater um recorde 記録を破る / deter um recorde 記録を保持している / recorde pessoal 自己最高記録.
❷ 記録的な出来事 [成績] ▶recorde de vendas 記録的な売り上げ.
— 形 記録的な, これまでになかった ▶em tempo recorde 記録的な時間で.

recordista /xekox'dʒista/ 名 記録保持者, 新記録達成者 ▶recordista mundial 世界記録保持者.
— 形《男女同形》記録保持者の.

recorrência /xekox'ẽsia/ 女 ❶ 反復, 繰り返し. ❷《医学》再発.

*****recorrer** /xeko'xex ヘコヘーフ/ 自 ❶ …に頼る, 助けを求める [+ a] ▶Ele não sabia a quem recorrer. 彼は誰に助けを求めるべきかわからなかった.
❷ (手段として) …に訴える, 用いる [+ a] ▶recorrer à violência 暴力に訴える.
❸《法律》(…を不服として) 上告 [上訴] する [+ de] ▶recorrer da sentença 判決を不服として上告する.

recortar /xekox'tax/ 他 ❶ 裁断する ▶recortar papéis 紙を裁断する.
❷ 切り取る, 切り抜く, 切り離す ▶recortar artigos de um jornal 新聞の記事を切り抜く.
❸ 切り直す, 裁断し直す ▶recortar um vestido ドレスを裁断し直す.
❹ …に…を挿入する, 間に入れる [+ de] ▶recor-

tar a conversa de risos おしゃべりに笑いを挿む.
❺ 輪郭を描く.
— **recortar-se** [再] 輪郭が浮き上がる ▶recortar-se no céu azul 青空にくっきり浮かび上がる.

recorte /xe'kɔxtʃi/ [男] ❶ 切り抜くこと. ❷ (新聞などの) 切り抜き ▶recortes de jornal 新聞の切り抜き.

recostar /xekos'tax/ [他] もたせかける.
— **recostar-se** [再] もたれかかる ▶Ela recostou-se na cadeira. 彼女はいすにもたれかかった.

recosto /xe'kostu/ [男] (いすやソファーの) 背.

recreação /xekrea'sɐ̃w̃/ [複 recreações] [女] 休み, 気晴らし, 娯楽, リクリエーション.
por sua alta recreação 自主的に, 自発的に, 自らの意思で.

recrear /xekre'ax/ ⑩ [他] ❶ 楽しませる, 気晴らしをさせる. ❷ 再創造する, 再現する.
— **recrear-se** [再] 気晴らしをする, 楽しむ.

recreativo, va /xekrea'tʃivu, va/ [形] 娯楽の, 気晴らしの ▶atividades recreativas 娯楽活動 / centro recreativo レクリエーションセンター / uso recreativo de drogas 薬物の嗜好品としての使用.

recreio /xe'kreju/ [男] ❶ 気晴らし, 娯楽, 楽しみ ▶viagem de recreio 観光旅行.
❷ (学校の) 休憩時間 ▶na hora do recreio 休憩時間に.
❸ 遊び場.

recriar /xekri'ax/ [他] 再創造する.

recriminação /xekrimina'sɐ̃w̃/ [複 recriminações] [女] 非難, とがめ立て.

recriminar /xekrimi'nax/ [他] ❶ 非難する, とがめる. ❷〘法律〙反訴する.

recrudescer /xekrude'sex/ ⑮ [自] 強くなる, 激化する ▶O vírus vai recrudescer. ウイルスが強力になる / O medo da guerra recrudesceu. 戦争の懸念が強まる.

recruta /xe'kruta/ [男] ❶ 新兵. ❷ 新入生, 新参者.
— [女] 新兵への基礎訓練.

recrutamento /xekruta'mẽtu/ [男] ❶ 募集, 採用. ❷ 新兵募集, 徴兵.

recrutar /xekru'tax/ [他] ❶ (兵を) 徴募する. ❷ 募集する, 集める.

recuado, da /xeku'adu, da/ [形] 離れた, 奥まった ▶uma casa recuada 道路から奥まったところにある家.

*__recuar__ /xeku'ax ヘクアーフ/ [自] **後退する**, さがる, 退却する (⟷ avançar).
— [他] 後退させる. バックさせる.

recuo /xe'kuu/ [男] 後退, 退却, 撤退 ▶recuo da economia 景気の後退 / recuo das tropas 軍隊の撤退.

recuperação /xekupera'sɐ̃w̃/ [複 recuperações] [女] ❶ 取り戻し, 回復 ▶recuperação dos objetos roubados 盗まれたものを取り戻すこと / recuperação do crédito 債権の回収 / recuperação da saúde 健康の回復 / recuperação de dados データの回復 / recuperação judicial 民事再生.
❷ (病気からの) 快復 ▶recuperação da doença 病気からの快復 / recuperação do acidente 事故からの快復.
❸ (廃物の) 回収, 再利用 ▶recuperação de prata 銀の回収 / recuperação de energia エネルギーの回収.

recuperar /xekupe'rax ヘクペラーフ/ [他] ❶ **回復する, 取り戻す** ▶recuperar a saúde 健康を回復する / recuperar os sentidos 意識を回復する / recuperar a visão 視力を回復する / recuperar a independência 独立を回復する / recuperar o carro roubado 盗まれた車を取り戻す / recuperar o sono 睡眠不足を解消する / recuperar o tempo perdido 失った時間の埋め合わせをする / recuperar o dinheiro investido 投資した金を回収する / recuperar a cor original もとの色を取り戻す.
❷ 修復する ▶recuperar um quadro 絵を修復する.
❸ 社会復帰させる, 更生させる.
— **recuperar-se** [再] ❶ 回復する ▶Ela recuperou-se da doença. 彼女は病気から回復した / Recuperei-me do cansaço. 疲れが取れた / A economia está se recuperando lentamente. 経済はゆるやかに回復している. ❷ 社会復帰する, 更生する.

recuperável /xekupe'ravew/ [複 recuperáveis] [形]《男女同形》回収可能な.

recurso /xe'kuxsu ヘクフソ/ [男] ❶《recursos》**資源** ▶recursos naturais 天然資源 / recursos biológicos 生物資源 / recursos humanos 人材, 人的資源 / departamento de recursos humanos 人事部 / recursos energéticos エネルギー資源.
❷《recursos》富, 財産 ▶estar sem recursos 資力がない.
❸ **打つ手, 方策**, 手段 ▶Meu único recurso era a oração. 私は祈るほかなかった.
❹ 能力, 才能 ▶um jovem cheio de recursos 才能あふれる若者.
❺ …に頼ること ▶recurso à violência 暴力に訴えること.
❻〘法律〙上訴 ▶interpor recurso 上訴する.
em último recurso 最後の手段として, 窮余の策として.

recusa /xe'kuza/ [女] 拒絶, 拒否 ▶recusa em + [不定詞] …することの拒否.

recusar /xeku'zax ヘクザーフ/ [他] **拒否する, 拒む** ▶recusar um convite 招待を断る / recusar o pedido de empréstimo 借金の申し込みを拒む.
— **recusar-se** [再] ❶ …に従わない [+ a].
❷《recusar-se a + [不定詞]》…することを拒否する ▶Ele se recusou a aceitar o convite. 彼は招待を受けるのを拒否した.

*__redação__ /xeda'sɐ̃w̃ ヘダサォン/ [複 redações] [女] ❶ **書くこと, 執筆** ▶redação de um livro 本の執筆.
❷ (学校の授業での) **作文** ▶escrever [fazer] uma redação 作文を書く / O tema da redação é sobre a paz. 作文のテーマは平和だ.
❸ 編集室, 編集部, 編集局.

redator, tora /xeda'tox, 'tora/ [複 redatores, toras] [名] ❶ 編集者 ▶redator chefe 編集長. ❷ 寄稿者.

R

☆rede /'xedʒi ヘーヂ/ [女] ❶ **網**, ネット ▶rede de pesca 漁網 / rede de arame 金網.
❷ **組織網**, **ネットワーク** ▶rede de transportes 交通網 / rede telefônica 電話網 / rede viária 道路網 / rede elétrica 電力網 / rede de esgoto 下水網 / rede hospitalar 病院ネットワーク / rede de espionagem スパイ網 / formar uma rede ネットワークを構築する.
❸〖情報〗ネットワーク ▶rede de computadores コンピューターネットワーク / rede de área local ローカルエリアネットワーク, LAN / rede sem fio 無線ネットワーク / rede de televisão テレビネットワーク / rede de informações 情報ネットワーク / rede social ソーシャルネットワーク.
❹《a rede》インターネット, ウェブ ▶na rede ネットで.
❺ (店舗などの) チェーン ▶rede de lojas 店舗チェーン / rede de hotéis ホテルチェーン.
❻ ハンモック ▶dormir na rede ハンモックで寝る.
❼ 罠, 策略 ▶cair na rede 罠にはまる.

rédea /'xɛdea/ [女] ❶ 手綱 ▶ter as rédeas nas mãos 手綱を手に握る. ❷ 指揮, 統御 ▶ter as rédeas de sua vida em suas próprias mãos 自分の人生の手綱を自分自身の手に握る.
à rédea solta ① 自由に, 思うままに. ② ブレーキなしで.
com as rédeas na mão 主導権を握って.
dar rédeas 手綱を緩める.
rédea curta 厳しい統制.
tomar as rédeas 指揮を執る, 統治する.

redemoinho /xedemo'ĩɲu/ [男] = rodamoinho

redenção /xedẽ'sɐ̃w̃/ [[複] redenções] [女] ❶ 救出, 解放, 身請け. ❷ あがない, 贖罪, 救済.
sem redenção 取り返しのつかない, 不可避の.

redentor, tora /xedẽ'tox, 'tora/ [[複] redentores, toras] [形] 贖罪の, あがないの.
— **redentor** [男] 《o Redentor》贖い主イエス・キリスト.

redescobrir /xedesko'brix/ ㉓ 《[過去分詞] redescoberto》[他] 再発見する.

redigir /xedʒi'ʒix/ ② [他] 書く, 作成する ▶redigir um artigo 記事を書く / redigir um contrato 契約書を作成する.
— [自] 文章を書く.

redil /xed'ʒiw/ [[複] redis] [男] ❶ 羊やヤギの囲い場. ❷ キリスト教信者たち.

redimir /xedʒi'mix/ [他] ❶ 救済する, 贖う ▶redimir a humanidade 人類を救済する / Somente Deus pode redimir os pecados. 神だけが罪を贖うことができる.
❷ …から救い出す, 解放する [+ de] ▶Ele foi redimido pelo professor. 彼は教師に救われた.
— **redimir-se** [再] 自分の…を贖う [+ de] ▶O ladrão redimiu-se dos seus crimes. 泥棒は自分の罪を贖った.

redistribuição /xedʒistribuj'sɐ̃w̃/ [[複] redistribuições] [女] 再分配, 再配分 ▶redistribuição das riquezas 富の再配分.

redistribuir /xedʒistribu'ix/ ⑦ [他] 再分配する, 配り直す.

redizer /xedʒi'zex/ ㉕ 《[過去分詞] redito》[他] ❶ 繰り返し言う, 言い直す. ❷ (他人の言葉を) 繰り返す.

redobrar /xedo'brax/ [他] ❶ 再び倍にする, 4倍にする, 増やす ▶redobrar os cuidados 慎重の上に慎重を期す / redobrar a curiosidade 好奇心がつのる / redobrar os esforços 一層努力する.
❷ もう一度たたむ, 折る ▶O menino redobrou o papel. 少年は再び紙を折った.
❸ (鐘を) 鳴らす.
— [自] ❶ 再び倍になる, 4倍になる, 増える ▶Os acidentes redobraram. 事故が多発した. ❷ (鐘が) 鳴る ▶Os sinos redobram. 鐘が鳴る.
— **redobrar-se** [再] 2倍になる, 4倍になる, 増える.

redoma /xe'dõma/ [女] 鐘型のガラスの覆い.
pôr numa redoma 過保護にする.

redondamente /xe͵dõda'mẽtʃi/ [副] 完全に, まったく ▶estar redondamente enganado まったく見当違いである.

redondeza /xedõ'deza/ [女] ❶ 丸いこと, 丸み, 太っていること.
❷《redondezas》周辺, 近辺, 付近 ▶nas redondezas この辺りに / nas redondezas de... …の付近に.

☆redondo, da /xe'dõdu, da ヘドンド, ダ/ [形] ❶ **丸い**, 円形の ▶mesa redonda 丸いテーブル / rosto redondo 丸い顔 / redondo como uma bola 真ん丸な.
❷ **端数のない** ▶números redondos 切りのいい数字 / conta redonda 端数を切り捨てた勘定.
— **redondo** [副] 心地よく ▶descer redondo 喉越しがいい.

***redor** /xe'dɔx ヘドーフ/ [男] 《次の成句で》
ao [em] redor 周りで ▶olhar em redor 周囲を見る.
ao [em] redor de... …の周りで ▶As crianças sentaram-se ao redor da mesa. 子供たちはテーブルの周りに座った / ao meu redor 私の周囲で.

☆redução /xedu'sɐ̃w̃ ヘドゥサォン/ [[複] reduções] [女] ❶ **減少**, **削減**, 低下 ▶redução das despesas 支出の削減 / redução do preço 値下げ / redução das horas de trabalho 労働時間の短縮 / redução do pessoal 人員整理 / redução de impostos 減税 / redução da população 人口の減少.
❷ **値引き**, **割引**.
❸ **縮小**, 縮尺 ▶redução das imagens 画像の縮小 / fazer redução do estômago 胃の縮小手術を受ける.
❹ (語の) 省略, 省略語 ; (音の) 弱化.

redundância /xedũ'dɐ̃sia/ [女] ❶ (表現の) 重複, 冗語, ❷ 冗長. ❸〖情報〗冗長性.

redundante /xedũ'dɐ̃tʃi/ [形] 《男女同形》重複した, 余分な, 冗長な.

redundar /xedũ'dax/ [自] ❶ …をもたらす, …となる [+ em] ▶O crescimento econômico redundou em melhora da qualidade de vida. 経済成長の結果, 生活の質が向上した. ❷ 過剰である. ❸ あふれる.

reduplicar /xedupli'kax/ ㉙ [他] ❶ 倍加する, 倍増する. ❷ 繰り返す.

R

— [自] 倍になる.

redutível /xedu'tʃivew/ [[複] redutíveis] [形]《男女同形》❶ …に単純化しうる, 帰着しうる [+ a].
❷ 減少 [縮小] しうる.
❸〖数学〗可約の.

reduto /xe'dutu/ [男] ❶ 要塞の角面堡(かくめんほう), 方形堡.
❷ たまり場 ▶reduto de artistas 芸術家のたまり場.

reduzido, da /xedu'zidu, da/ [形] ❶ 少ない, 小さい ▶um número reduzido de pessoas 少数の人 / de tamanho reduzido 小さいサイズの.
❷ 狭い ▶espaço reduzido 狭い空間.
❸ 割引された ▶preços reduzidos 割引価格.

⋆**reduzir** /xedu'zix ヘドゥズィーフ/ ⑭ [他] ❶ **減らす, 少なくする**, 短くする ▶reduzir o custo コストを削減する / reduzir a velocidade 速度を落とす / reduzir a temperatura 温度を下げる / reduzir o preço em 10% 値段を10パーセント下げる / reduzir a dor 痛みを軽減する / reduzir a escala de produção 生産規模を縮小する / reduzir o horário de trabalho 労働時間数を短縮する / O número de associados ficou reduzido a quinze pessoas. 会員は15人に減った.
❷ **縮小する**, 縮尺する ▶reduzir uma imagem 画像を縮小する / cópia reduzida 縮小コピー / escala reduzida 縮尺.
❸ **…に帰する**, …の状態にする [+ a] ▶reduzir a nada 無にする / reduzir a cinzas 灰燼に帰す.
— [自] ❶ 減速する, ギアを低速に切り替える. ❷ 縮小する, 減少する, 減る.
— **reduzir-se** [再] ❶ 減る, 少なくなる.
❷ …に帰する, …の状態になる [+ a] ▶reduzir-se a pó 塵になる.

reedição /xeedʒi'sɐ̃w̃/ [[複] reedições] [女] 再版, 重版.

reeditar /xeedʒi'tax/ [他] 再版する, 重版する.

reeducação /xeeduka'sɐ̃w̃/ [[複] reeducações] [女] ❶ 再教育. ❷ 機能回復訓練, リハビリテーション.

reeducar /xeedu'kax/ ㉙ [他] ❶ 再教育する. ❷ …に機能回復訓練 [リハビリテーション] を施す.

reeleger /xeele'ʒex/ ㊽《[過去分詞] reelegido/reeleito》[他] 再び選ぶ, 再選する.
— **reeleger-se** [再] 再選される.

reeleição /xeelej'sɐ̃w̃/ [[複] reeleições] [女] 再選.

reembolsar /xeẽbow'sax/ [他] 払い戻す, 返済する.
— **reembolsar-se** [再] 返済してもらう.

reembolsável /xeẽbow'savew/ [[複] reembolsáveis] [形]《男女同形》払い戻し可能な.

reembolso /xeẽ'bowsu/ [男] 払い戻し, 返済.
contra reembolso 代金着払いで.
reembolso postal 代金引換郵便.

reencarnação /xeẽkaxna'sɐ̃w̃/ [[複] reencarnações] [女] 生まれ変わり, 化身.

reencontrar /xeẽkõ'trax/ [他] ❶ 再会する. ❷ (なくした物を) 見つける.
— **reencontrar-se** [再] …と再び会う, 再会する [+ com].

reencontro /xeẽ'kõtru/ [男] 再会, 再発見 ▶reencontro com um amigo de infância 幼なじみとの再会.

reerguer /xeex'gex/ ㉕ [他] 再建する.
— **reerguer-se** [再] 再建される.

reescalonamento /xeeskalona'mẽtu/ [男] 支払いの繰り延べ.

reescrever /xeeskre'vex/ 《[過去分詞] reescrito》[他] 再び書く.

reestruturação /xeestrutura'sɐ̃w̃/ [[複] reestruturações] [女] 再構成, 再編成.

reestruturar /xeestrutu'rax/ [他] 再構築する, 再編成する.

reexaminar /xeezami'nax/ [他] 調べ直す, 再検討する.

refazer /xefa'zex/ ㉘《[過去分詞] refeito》[他] ❶ やり直す ▶refazer contas 計算し直す / refazer a vida 人生をやり直す.
❷ 再建する, 作り直す ▶refazer um templo 寺院を再建する.
❸ 修理する, 修正する ▶refazer um texto 文章を修正する.
❹ 食べ物を与える ▶refazer o gado 家畜に餌を与える.
❺ 取り戻す, 回復する ▶refazer as energias 気力を取り戻す.
❻ 供給する, 補給する ▶refazer de alimentos as pequenas aldeias 小さな集落に食料を供給する.
❼ 弁償する.
❽ 強化する.
— **refazer-se** [再] ❶ 供給を受ける. ❷ 回復する, 復活する.

⋆**refeição** /xefej'sɐ̃w̃ ヘフェィサォン/ [[複] refeições] [女] **食事, 食べ物** ▶fazer uma refeição 食事する / fazer três refeições por dia 1日3度食事する / preparar a refeição 食事の準備をする / refeição ligeira 軽い食事 / antes das refeições 食前に / entre as refeições 食間に / após as refeições 食後に / mesa para refeições 食卓 / refeição comercial 定食.
refeição de assobio [B] [話] コーヒーとバターを塗ったパン.

refeito, ta /xe'fejtu, ta/ [形] (refazer の過去分詞) ❶ やり直した. ❷ 修理した ▶motor refeito 修理したエンジン. ❸ 強壮な, 元気な.

refeitório /xefej'tɔriu/ [男] 学生食堂, 社員食堂.

refém /xe'fẽj̃/ [[複] reféns] [名] 人質 ▶fazer alguém refém …を人質にする / manter alguém como refém …を人質に取っている.
ficar refém de... ① …に拉致される. ② …の制約を受ける.

⋆**referência** /xefe'rẽsia ヘフェレンスィア/ [女] ❶ **言及, 論及** ▶fazer referência a ... …に言及する.
❷ **参考, 参照** ▶obra de referência 参考文献 / ponto de referência 判断の基準, 目印 / valor de referência 基準価値 / figura de referência 手本になる人物.
❸《referências》照会先 ; 推薦状 ▶ter boas referências いい紹介状を持っている.
com referência a... …に関して ▶com referên-

cia a esse assunto その問題に関して.
dar referências (応募者などの) 情報を提供する, (応募者などを) 推薦する.

referendo /xefeˈrẽdu/ 男 国民投票 ▶realizar um referendo 国民投票を行う.

referendum /xefereˈdũ/ 男 = referendo

referente /xefeˈrẽtʃi/ 形《男女同形》…に関する [+ a].

referido, da /xefeˈridu, da/ 形 (referir の過去分詞) 述べられた, 言及された.

***referir** /xefeˈrix/ ヘフェリーフ/ 61 他 ❶ 述べる, 語る ▶O livro refere as aventuras dos heróis. その本は英雄の冒険を語っている. ❷ 引用する.
— **referir-se** 再 ❶ …に言及する [+ a] ▶Não sei a que ela se referia. 彼女が何に言及していたのか分からない.
❷ …に関連する, 関する [+ a].
no que se refere a... …に関しては ▶no que se refere a mim 私に関しては.

refil /xeˈfiw/ 男 refis 詰め替え, 替え芯.

refilmagem /xefiwˈmaʒẽj/ [複 refilmagens] 女 (映画の) リメーク.

refinado, da /xefiˈnadu, da/ 形 ❶ 精製 [精錬] された ▶açúcar refinado 精糖. ❷ 洗練された, あか抜けた ▶gosto refinado 洗練された趣味/ maneiras refinadas 上品な振るまい.

refinamento /xefinaˈmẽtu/ 男 ❶ 精錬, 精製. ❷ 洗練, 上品さ.

refinanciamento /xefinãsiaˈmẽtu/ 男 (融資の) 借り換え, 再融資.

refinanciar /xefinãsiˈax/ 他 …に再融資する.

refinar /xefiˈnax/ 他 ❶ 精製する, 精錬する ▶refinar petróleo 石油を精製する. ❷ 洗練する, 上品にする, 磨きをかける ▶refinar o gosto 趣味を洗練する.

refinaria /xefinaˈria/ 女 精錬所, 精製所, 製油所 ▶refinaria de açúcar 製糖工場/ refinaria de petróleo 製油所.

refletido, da /xefleˈtʃidu, da/ 形 (refletir の過去分詞) ❶ 反射した ▶imagem refletida na água 水面に映った像. ❷ 思慮深い, 慎重な.

***refletir** /xefleˈtʃix/ ヘフレチーフ/ 61 他 ❶ 反射する, 跳ね返す, 映し出す ▶Este material reflete a luz. この素材は光を反射する/ refletir uma imagem 像を映す.
❷ 反映する, 表す ▶A moda reflete a sociedade. 流行は社会を反映する.
— 自 熟考する, 思案する ▶refletir antes de agir 行動する前によく考える/ refletir sobre a vida 人生について考える.
— **refletir-se** 再 …に反射する, 映る, 映される [+ em] ▶Os raios solares refletiam-se nas águas. 太陽の光が水面に反映していた.

refletor, tora /xefleˈtox, ˈtora/ [複 refletores, toras] 形 反射する.
— **refletor** 男 反射装置, 反射鏡.

***reflexão** /xeflekˈsẽw/ ヘフレクソォン/ [複 reflexões] 女 ❶《物理》反射 ▶ângulo de reflexão 反射角.
❷ 熟考, 反省 ▶reflexão profunda 深い内省/ sem reflexão 軽率に.
❸ 省察, 考察, 見解 ▶reflexões sobre o amor 愛に関する考察.

reflexivo, va /xeflekˈsivu, va/ 形 ❶ 反射する. ❷ 反省的な, 内省的な.
❸《文法》再帰の ▶verbo reflexivo 再帰動詞/ pronome reflexivo 再帰代名詞.

reflexo, xa /xeˈflɛksu, ksa/ 形 ❶ 反射する. ❷《生物》反射の ▶movimentos reflexos 反射運動.
— **reflexo** 男 ❶ 反映, 投影. ❷《生物》反射 ▶ reflexo condicionado 条件反射/ ter bons reflexos 反射神経がいい. ❸《reflexos》部分的に脱色した [染めた] 髪.

reflorestar /xefloresˈtar/ 他 …に再植林する.

refluir /xefluˈix/ 7 自 ❶ 逆流する. ❷ 逆戻りする.

refogado, da /xefoˈgadu, da/ 形 油で炒めた.
— **refogado** 男 レフォガード (野菜や肉をオリーブオイルなどで炒めて作った, 料理の基礎) ▶refogado de repolho キャベツのレフォガード.

refogar /xefoˈgax/ 11 他 炒める ▶refogar carne 肉を炒める.

reforçado, da /xefoxˈsadu, da/ 形 ❶ 強化した ▶plástico reforçado 強化プラスチック. ❷ 強い.
❸ (食事が) たっぷりした.

***reforçar** /xefoxˈsax/ ヘフォフサーフ/ 13 他 強化する, 補強する ▶O Brasil tenta reforçar sua posição na comunidade internacional. ブラジルは国際社会における地位強化を図る / reforçar o time チームを補強する.
— **reforçar-se** 再 強くなる, 補強する ▶A equipe se reforçou com a aquisição de mais um atleta. チームはもう一人選手を獲得したことで補強された / Ele se reforçou com a mais recente teoria. 彼は最新理論で武装した.

reforço /xeˈfoxsu/ 男 ❶ 強化, 補強, 補強材. ❷ 援護, 支援. ❸《reforços》援軍.

***reforma** /xeˈfɔxma/ ヘフォフマ/ 女 ❶ 改革, 改良, 改修 ▶reforma política 政治改革 / Reforma 宗教改革 / reforma agrária 農地改革.
❷ (建物の) リフォーム, 改築 ▶Notam-se danos nesta casa, por isso necessita de fazer uma reforma geral. この家には痛みが目立つので全体的なリフォームが必要だ / fazer reformas na casa 家をリフォームする / Minha casa está em reforma. 私の家はリフォーム中だ.
❸ 退職, 定年 ▶Meu pai chegou à idade de reforma. 父は定年の年齢に達した.

reformado, da /xefoxˈmadu, da/ 形 ❶ 改革した, 改修された, 改良された. ❷ 退役した, 引退した.
— 名 退職者, 年金受給者.

reformar /xefoxˈmax/ 他 ❶ 改革する, 改善する ▶reformar a sociedade 社会を改革する. ❷ 改築する, 改修する, 修理する, リフォームする. ❸ 退職させる. ❹ 更新する.
— **reformar-se** 再 ❶ 退職する ▶reformar-se aos 63 anos 63歳で退職する. ❷ 更正する, 改心する. ❸ …の供給を受ける.

reformatório /xefoxmaˈtɔriu/ 男 少年院.

reformular /xefoxmuˈlax/ 他 刷新する, 一新す

る▶reformular o sistema de saúde 医療制度を刷新する.
refração /xefra'sẽw̃/ [[複] refrações] [女]〘物 理〙屈折▶a refração da luz 光の屈折.
refrão /xe'frẽw̃/ [[複] refrões] [男] リフレイン，繰り返し.
refratário, ria /xefra'tariu, ria/ [形] ❶ 耐熱の，耐火の▶tijolos refratários 耐火れんが. ❷ …に逆らう，動かされない［+ a］. ❸（病気に）強い［+ a］.
refrear /xefre'ax/ ⑩ [他] …にブレーキをかける，くい止める▶A ciência refreou as epidemias. 科学の力が伝染病を食い止めた.
— **refrear-se** [再] 自制する.
refrega /xe'frɛga/ [女] ❶ 戦い，戦闘. ❷ 労苦，困難.
refrescante /xefre'kẽtʃi/ [形]《男女同形》涼味のある，さわやかな▶brisa refrescante 涼風 / bebida refrescante 清涼飲料.
refrescar /xefres'kax/ ㉙ [他] ❶ 涼しくする，冷やす▶refrescar as bebidas 飲み物を冷やす / refrescar a cabeça 頭を冷やす.
❷ よみがえらせる，新たにする▶refrescar a memória 記憶をよみがえらせる.
❸ 和らげる，軽減させる▶refrescar a pena 減刑する.
— [自] 涼しくなる，冷える▶A noite refrescou. 夜は涼しくなった.
— **refrescar-se** [再] ❶ 涼しくなる，冷える. ❷ 涼む. ❸ 元気になる，活気がよみがえる.
refresco /xe'fresku/ [男] ❶ 冷たい果汁入り飲み物. ❷ 安堵，一息▶dar um refresco 一息つかせる.
refrigeração /xefriʒera'sẽw̃/ [[複] refrigerações] 冷やすこと，冷却.
refrigerador, dora /xefriʒera'dox, 'dora/ [[複] refrigeradores, doras] [形] 冷やす，冷却する.
— **refrigerador** [男] 冷蔵庫.
refrigerante /xefriʒe'rẽtʃi/ [形]《男女同形》冷やす，冷却する.
— [男] 炭酸飲料.
refrigerar /xefriʒe'rax/ [他] 冷やす，冷たくする.
— **refrigerar-se** [再] 冷える，冷たくなる.
refugar /xefu'gax/ ⑪ [他] 捨てる，廃棄する.
— [自] [B]（家畜が）言うことを聞かない，中に入らない▶O cavalo refugou diante da porta. 馬は門の前で中に入るのを拒んだ.
refugiado, da /xefuʒi'adu, da/ [名] 難民，亡命者▶refugiado econômico 経済難民 / refugiado político 政治亡命者 / campo de refugiados 難民キャンプ.
— [形] 避難した，亡命した.
refugiar-se /xefuʒi'axsi/ [再] ❶ 避難する▶O João refugiou-se em um lugar seguro. ジョアンは安全な場所に避難した / O criminoso refugiou-se na casa de um amigo. 犯人は友人の家に逃げ込んだ / Carlos refugia-se na leitura de um bom livro. カルロスはよい本を読むことに慰めを見出している.
❷ 亡命する▶Os perseguidos políticos refugiaram-se no Japão. 政治的被迫害者が日本に亡命した.
refúgio /xe'fuʒiu/ [男] ❶ 避難場所，隠れ家. ❷ 避難，保護▶lugar de refúgio 逃げ場 / buscar refúgio 保護を求める.
refugo /xe'fugu/ [男] 廃棄物，ごみ，くず▶redução de refugo ごみの減量.
refulgente /xefuw'ʒẽtʃi/ [形]《男女同形》光り輝く，輝かしい.
refulgir /xefuw'ʒix/ ② [自] 光り輝く，きらめく；際立つ.
refundir /xefũ'dʒix/ [他] ❶ 鋳直す，改鋳する.
❷（液体を）別の容器に入れ替える.
❸ 修正する，直す▶refundir um texto 文章を修正する.
— [自] 集まる▶Refundiam os jovens. 若者たちが集まっていた.
— **refundir-se** [再] ❶（金属が）溶ける.
❷ …に変わる［+em］▶Aqueles meninos refundiram-se em jogadores de futebol. あの少年たちはサッカー選手になった.
❸ 消える，なくなる.
refutação /xefuta'sẽw̃/ [[複] refutações] [女] 反論，反駁(はんばく)；反証.
refutar /xefu'tax/ [他] …に反論する，反駁(はんばく)する.
regaço /xe'gasu/ [男] ❶ 膝.
❷ 座っている時に膝前にできるスカートやエプロンのしわ.
❸ 安らぎの場，逃げ場.
trazer no regaço かわいがる.
regador /xega'dox/ [[複] regadores] [男] じょうろ.
regalar /xega'lax/ [他] ❶ 楽しませる，喜ばせる▶A bela paisagem nos regala a vista. 美しい景色は我々の目を楽しませる.
❷ …に…を贈る［+ com］▶regalar a namorada com flores 恋人に花を贈る.
— [自] 快適な［気楽な］生活を送る.
— **regalar-se** [再] …を楽しむ，満喫する［+ com］▶regalar-se com uma viagem 旅を満喫する.
regalia /xega'lia/ [女] 王権；特権，特典.
regalo /xe'galu/ [男] 贈り物▶O filho recebeu de regalo um carro do pai. 息子は父親からプレゼントに車をもらった.
regar /xe'gax/ ⑪ [他] ❶ 水をまく▶regar as plantas 植物に水をやる.
❷ 灌漑する，潤す▶Os rios regam a terra. 川が土地を潤す.
❸ 濡らす，湿らせる▶As lágrimas regaram o meu rosto. 涙が私の頬を濡らした.
❹（食事に飲み物を）添える▶regar o almoço com um vinho branco 昼食に白ワインを添える.
regata /xe'gata/ [女] ❶ レガッタ，ボートレース，ヨットレース. ❷ camiseta regata タンクトップ.
regatear /xegate'ax/ ⑩ [他] ❶ 値切る▶regatear o preço dos sapatos 靴を値切る.
❷ 見下す，軽くみる▶regatear os méritos 利点を過小評価する.
❸ けちる，惜しむ▶não regatear elogios 賛辞を惜しまない.
— [自] ❶ 値切る. ❷ 口論する.
regato /xe'gatu/ [男] 小川，小さな川.

R

regência

regência /xeˈʒẽsia/ 囡 ❶ 摂政政治, 摂政期. ❷ (オーケストラの)指揮. ❸『文法』支配.

regeneração /xeʒeneraˈsẽw/ [複 regenerações] 囡 再生, 再建, 復興.

regenerar /xeʒeneˈrax/ 他 ❶ 再生させる. ❷ 更生させる.
— **regenerar-se** 再 ❶ 再生する. ❷ 更生する.

regente /xeˈʒẽtʃi/ 图 ❶ 摂政. ❷ (オーケストラなどの)指揮者.
— 形《男女同形》摂政の ▶ príncipe regente 摂政皇太子.

reger /xeˈʒex/ ⑱ 他 ❶ 統治する, 治める；管理する, 運営する ▶ reger um império 帝国を統治する / reger uma associação 協会を運営する.
❷ 指揮する, 指導する ▶ reger uma orquestra オーケストラを指揮する.
❸『文法』支配する ▶ O verbo assistir rege a preposição "a". 動詞 assistir は前置詞 a を取る.
❹ 教授職に就く；担当する ▶ reger uma turma de terceira série 3年のクラスを担当する / reger a cadeira de filosofia 哲学の講義を担当する.
— 自 ❶ 統治する. ❷ 指揮する.
— **reger-se** 再 規定される, …に支配される [+ por] ▶ reger-se pela lei 法に支配される.

★região /xeʒiˈẽw/ 囡 ❶ 地方, 地域 ▶ região metropolitana 首都圏 / região industrial 工業地帯 / região litoral 沿岸地方 / região autônoma 自治区 / vinho da região 土地のワイン.
❷ (身体の)一定部分, 部位 ▶ região abdominal 腹部.
❸ (軍事や鉄道の)管区 ▶ região militar 軍管区.

regicídio /xeʒiˈsidʒiu/ 男 国王殺し, 弑逆(しぎゃく).

regime /xeˈʒimi/ 男 ❶ 体制, 制度, 政体 ▶ regime democrático 民主制 / Antigo Regime 旧体制, アンシャンレジーム / regime de comunhão universal de bens 夫婦財産全部共有制 / regime de comunhão parcial de bens 夫婦財産部分共有制.
❷ 回 食餌療法, ダイエット ▶ fazer regime ダイエットする / estar de regime → estar fazendo regime ダイエット中である / Eu consegui emagrecer dez quilos após um regime muito rigoroso. 非常に厳しいダイエットのあと私は10キロやせることができた.

regimento /xeʒiˈmẽtu/ 男 ❶ 連隊. ❷ 統治, 支配. ❸ 規制, 規則 ▶ regimento interno 内部規則.

régio, gia /ˈxeʒiu, ʒia/ 形 ❶ 国王の ▶ carta régia 国王特許状. ❷ 壮麗な, 絢爛たる.

★regional /xeʒioˈnaw/ [複 regionais] 形《男女同形》地方の, 地域の ▶ cozinha regional 郷土料理 / diferenças regionais 地域間の違い / governo regional da Madeira マデイラ地方政府.

regionalismo /xeʒionaˈlizmu/ 男 ❶ 地方(分権)主義. ❷ お国言葉.

regionalista /xeʒionaˈlista/ 形《男女同形》地方(分権)主義の.
— 图 地方(分権)主義者.

registar /xeʒiʃˈtar/ 他 P = registrar
registo /xeˈʒiʃtu/ 男 P = registro
registrado, da /xeʒisˈtradu, da/ 形 ❶ 書留の ▶ carta registrada 書留郵便. ❷ 登録された ▶ marca registrada 登録商標.

registrador, dora /xeʒistraˈdox, ˈdora/ [複 registradores, doras] 形 登録する ▶ caixa registradora キャッシュレジスター, レジ.
— **registrador** 男 登録機, 記録器.
— **registradora** 囡 キャッシュレジスター, レジ.

★registrar /xeʒisˈtrax/ ヘジストラーフ 他 ❶ 登録する, 登記する ▶ registrar uma marca 商標を登録する / registrar o nascimento 出生届を出す.
❷ 記録する, 録音する, 録画する ▶ registrar um evento 出来事を記録する / registrar uma conversa 会話を録音する.
❸ (手紙を)書留にする ▶ registrar uma carta 手紙を書留にする.
— **registrar-se** 再 ❶ 記録される. ❷ (自分の名前を)登録する, 申し込む, チェックインする ▶ registrar-se no site サイトに登録する / registrar-se num hotel ホテルにチェックインする.

★registro /xeˈʒistru/ ヘジストロ 男 ❶ 登記, 登録 ▶ registro de marcas 商標登録 / registro de nascimento 出生届.
❷ 登記簿, 登録簿, 帳簿 ▶ registro civil 戸籍簿 / registro geral 市民登録, 身分証明 / registro de imóvel 不動産登記簿.
❸ 記録 ▶ registro da vida cotidiana 日常生活の記録.
❹ (水道やガスの)栓 ▶ registro de água 水道の栓 / registro de gás ガス栓 / abrir o registro 栓を開ける / fechar o registro 栓を閉める.

rego /ˈxegu/ 男 溝, 灌漑用水路, 排水路.

★regra /ˈxegra/ ヘーグラ 囡 ❶ 規定, 規則, ルール ▶ regras do futebol サッカーのルール / regras do jogo ゲームのルール / cumprir as regras 規則に従う / estabelecer uma regra 規則を定める / quebrar uma regra 規則を破る / segundo as regras 規則に従って / Não há regra sem exceção. 例外のない規則はない / regra geral 原則, 通則 / regra de ouro 黄金律, 金科玉条 / Isso é contra as regras. それは規則に反している / fora das regras 異例の.
❷ 規範, しきたり ▶ regras da moral 道徳規範 / regras gramaticais 文法規則.
❸《regras》生理, 月経.
cagar regras 知ったかぶりをする.
em regra ① 一般的に, 概して. ② 图 完全な, 完璧な.
por via de regra 通例では, 普通は.

regrado, da /xeˈgradu, da/ 形 控えめな, 慎ましやかな ▶ Ela é uma pessoa regrada. 彼女は控えめな人だ / Nós somos regrados com o dinheiro. 私たちはお金に関して慎ましやかだ.

regrar /xeˈgrax/ 他 ❶ (定規で)線を引く, 罫線を引く ▶ regrar as folhas 紙に罫線を引く.
❷ 規定する, 規制する ▶ regrar o comportamento 行動を規制する.
❸ そろえる, 一列に並べる.

❹ 慎む, 控える.
— **regrar-se** 再 自制する, 従う.
regredir /xegre'dʒix/ ③ 自 後退する, 後戻りする.
regressão /xegre'sẽw/ [複 regressões] 女 後退, 後戻り; 退行.
‡**regressar** /xegre'sax/ ヘグレサーフ/ 自 戻る, 帰る ▶ Ela já regressou da viagem. 彼女はもう旅行から戻ってきた / A paz regressou ao nosso país. 私たちの国に平和が戻った.
regressivo, va /xegre'sivu, va/ 形 後退する, 逆行する, 退行する ▶ contagem regressiva 秒読み, カウントダウン.
regresso /xe'grɛsu/ 男 帰り, 帰還, 帰途 ▶ no regresso 帰る途中 / regresso a casa 帰宅.
estar de regresso 戻ってくる.
régua /'xɛgwa/ 女 定規, 物差し.
regulador, dora /xegula'dox, 'dora/ [複 reguladores, doras] 形 規制する, 調整する ▶ válvula reguladora 調整弁.
— **regulador** 男 調整器, 調整装置 ▶ regulador de temperatura 温度調整器.
regulagem /xegu'laʒẽj/ [複 regulagens] 女 (機械の) 調節, 調整.
regulamentação /xegulamẽta'sẽw/ [複 regulamentações] 女 ❶ 規制, 統制 ▶ regulamentação do mercado de trabalho 労働市場の規制.
❷ (集合的に) 規則 ▶ regulamentação do futebol サッカーの規則. ❸ 定款.
regulamentar[1] /xegulamẽ'tax/ [複 regulamentares] 形《男女同形》規制の, 規定の.
regulamentar[2] /xegulamẽ'tax/ 他 規制する, 統制する ▶ regulamentar o lobby ロビー活動を規制する.
***regulamento** /xegula'mẽtu/ ヘグラメント/ 男 ❶ 規則, ルール ▶ regulamento de trânsito 交通規則. ❷ 規制, 規定.
‡**regular**[1] /xegu'lax/ ヘグラーフ/ [複 regulares] 形《男女同形》❶ 規則的な, 規則正しい ▶ movimento regular 規則的な動き / verbos regulares 規則動詞.
❷ 規則通りの, 規則にのっとった ▶ Nossa empresa efetuou transações regulares. 私たちの会社は法的な取引を行った.
❸ 定期的な ▶ voos regulares 定期便.
❹ 中くらいの, 並みの, あまりよくない ▶ aluno regular 並みの生徒.
regular[2] /xegu'lax/ 他 ❶ 規制する, 統制する ▶ A nova lei regula o trabalho noturno. 新法は夜間勤務を規制している / regular o tráfego 交通整理をする.
❷ 調節する, 調整する ▶ O mecânico não conseguiu regular a imagem da televisão. 技師はテレビ映像の調節ができなかった.
não regular bem 奇妙な行動をとる ▶ Este menino não regula bem na escola. この少年は学校で奇妙な行動を見せる.
— 自《否定文で》精神状態が正常である ▶ não regular bem 精神に変調をきたしている.
regularidade /xegulari'dadʒi/ 女 規則正しさ ▶ com regularidade 規則正しく.

regularização /xegulariza'sẽw/ [複 regularizações] 女 正規化, 正常化 ▶ regularização de imigrantes ilegais 不法移民の正規化.
regularizar /xegulari'zax/ 他 ❶ 正常化する, 正規化する ▶ regularizar as condições de trabalho 労働条件を正常化する. ❷ 規制する ▶ regularizar os preços 物価を統制する.
— **regularizar-se** 自 正常化する, 正規化する.
regularmente /xegu,lax'mẽtʃi/ 副 規則正しく, 定期的に.
regurgitar /xeguxʒi'tax/ 他 (食べ物を) 吐き出す, 戻す.
— 自 ❶ 吐き出す. ❷ …でいっぱいである, あふれている [+ de].
*****rei** /'xej/ ヘイ/ 男 ❶ 王, 国王, 君主 ▶ rei de Portugal ポルトガル国王 / rei absoluto 絶対君主 / Morreu o rei, viva o rei! 先王は亡くなった, 新国王陛下万歳.
❷ 命令［支配］する者 ▶ Cada um, em sua casa, é o rei. それぞれが各家庭で王様だ.
❸ (ある分野の) 大御所, …王；(同種の中で) 最高のもの ▶ o rei do petróleo 石油王 / O leão é o rei dos animais. ライオンは百獣の王だ.
❹ (トランプやチェスの) キング ▶ rei de espadas スペードのキング.
❺ os Reis Magos《キリスト教》東方の三賢人.
rei da cocada preta 皆に勝る立場の男, 頭, 色男.
rei Momo モモ王 (カーニバルの王様役).
sem rei nem roque 慣 あてもなく, 方向性もなく.
ser rei e senhor 絶対的権力を持つ ▶ Sou rei e senhor da minha vontade. 私は私の意思の絶対王者だ.
ter [trazer] o rei na barriga 横柄にふるまう.
viver como um rei 豪華に暮らす.
reimprimir /xeĩpri'mix/ 《過去分詞 reimprimido/reimpresso》他 (本を) 刷り直す, 重版する.
reinado /xej'nadu/ 男 ❶ 治世, 統治期間 ▶ durante o reinado do Rei Davi ダビデ王の治世の間. ❷ 全盛期.
***reinar** /xej'nax/ ヘイナーフ/ 自 ❶ 君臨する, 統治する ▶ reinar em Portugal ポルトガルに君臨する.
❷ (事態が) 支配的である, 優勢である ▶ Ali reinava o silêncio. そこは静まりかえっていた.
❸ 広がる, 流行する ▶ A pneumonia reinava. 肺炎がはやっていた.
❹ 慣 いたずらをする, ふざける；遊ぶ ▶ As crianças gostam de reinar. 子供たちはいたずらをするのが好きだ.
❺ 慣 Ｐ からかう ▶ Estás a reinar, ou a falar a sério? 君は冗談を言っているのか, それとも真面目に話しているのか.
reincidência /xeĩsi'dẽsia/ 女 再犯.
reincidente /xeĩsi'dẽtʃi/ 形《男女同形》再犯の.
— 名 再犯者, 常習犯.
reincidir /xeĩsi'dʒix/ 自 (過ちを) 繰り返す [+ em] ▶ reincidir em crimes 犯罪を繰り返す.
reingressar /xeĩgre'sax/ 自 再び入る ▶ reingressar na faculdade 大学に入り直す.

reiniciar

reiniciar /xejnisi'ax/ 他 ❶ 再開する. ❷ 再起動する▶reiniciar o computador コンピューターを再起動する.

reino /'xejnu ヘイノ/ 男 ❶ 王国▶Reino Unido 連合王国 / Reino de Portugal ポルトガル王国 / reino do céu 天国.
❷『生物学』界▶reino animal 動物界 / reino vegetal 植物界 / reino mineral 鉱物界.

reinserção /xeīsex'sēw/ [複 reinserções] 女 (社会) 復帰▶reinserção social 社会復帰.

reinserir /xeīse'rix/ 他 復帰させる.
— **reinserir-se** 再 復帰する.

reinstalação /xeīstala'sēw/ [複 reinstalações] 女 再設置, 再インストール▶reinstalação do sistema operacional 基本ソフトの再インストール.

reinstalar /xeīsta'lax/ 他 再設置する, 再インストールする▶reinstalar o programa プログラムを再インストールする.

reintegração /xeītegra'sēw/ [複 reintegrações] 女 復帰, 復職, 回復, 復元.

reintegrar /xeīte'grax/ 他 復帰させる, 復職させる.
— **reintegrar-se** 再 復帰する, 復職する.

reinventar /xeīvē'tax/ 他 再発明する.

reiterar /xejte'rax/ 他 繰り返す, 反復する.

reitor, tora /xej'tox, 'tora/ [複 reitores, toras] 名 (大学の) 学長, 総長；(宗教学校の) 校長；指導者, 長.

reitoria /xejto'ria/ 女 学長職；学長室.

reivindicação /xejvidʒika'sēw/ [複 reivindicações] 女 ❶ (権利などの) 要求, 主張▶reivindicação de aumentos salariais 賃上げの要求 / reivindicação territorial 領有権主張.
❷ (テロなどの) 犯行声明.

reivindicar /xejvidʒi'kax/ 他 ❶ (権利として) 要求する, 請求する, 主張する▶reivindicar melhores salários よりよい賃金を要求する / reivindicar seus direitos 自分の権利を主張する.
❷ …の返還を求める.
❸ 取り戻す, 回復する.
❹ (テロの) 犯行声明を出す.

rejeição /xeʒej'sēw/ [複 rejeições] 女 ❶ 拒絶, 拒否. ❷『医学』拒絶反応.

*****rejeitar** /xeʒej'tax ヘジェイターフ/ 他 ❶ 拒む, 拒否する, 断る, 軽んじる▶rejeitar uma proposta 申し込みを拒絶する, 提案を拒否する / Ela rejeitou o convite. 彼女は招待を断った.
❷ 手放す；投げる；捨てる, 放棄する▶Eles devem rejeitar as armas. 彼らは武器を手放すべきだ / rejeitar uma pedra no rio 川に石を投げる.
❸ 吐く▶rejeitar a comida 食べ物を吐く.

rejubilar /xeʒubi'lax/ 他 大喜びさせる.
— **Rejubilei com a chegada da minha namorada.** 私は恋人の到着に大喜びした.
— **rejubilar-se** 再 大喜びする▶Rejubilamo-nos com a boa notícia. よい知らせに私たちは喜んだ.

rejuvenescedor, dora /xeʒuvenese'dox, 'dora/ [複 rejuvenescedores, doras] 形 若返りの.

rejuvenescer /xeʒuvene'sex/ 他 若返らせる, 若々しくする.
— 自 若返る, 若やぐ.
— **rejuvenescer-se** 再 若返る, 若やぐ.

rejuvenescimento /xeʒuvenesi'mētu/ 男 若返らせること, 若返り▶rejuvenescimento da pele 肌の若返り.

*****relação** /xela'sēw ヘラサォン/ [複 relações] 女 ❶ 関係, 関連, 結びつき▶relação amorosa 恋愛関係 / relação entre causa e efeito 因果関係 / Eu tenho boa relação com os colegas de turma. 私はクラスメートと良好な関係を持っている / cortar relações 縁を切る / relações públicas 広報活動, PR, ter relações com alguém …と (性的) 関係がある / as relações internacionais 国際 関係 / as relações entre o Brasil e o Japão ブラジルと日本の関係 / Qual é a relação entre os dois? 両者の間にどんな関係があるのか.
❷ リスト▶relação de participantes 参加者リスト.
❸ 類 似▶Nota-se facilmente a relação entre as duas obras. 2つの作品の間の類似は容易にわかる.
com [em] relação a... …に関して, ついて.

relacionado, da /xelasio'nadu, da/ 形 ❶ …と関係がある, 関わりがある [+a/com] ▶estresse relacionado ao trabalho 仕事に関連するストレス.
❷ コネがある, 縁故がある▶Eu sou bem relacionado. 私はいいコネがある.

relacional /xelasio'naw/ [複 relacionais] 形 《男女同形》❶ リレーショナルの▶banco de dados relacional リレーショナルデータベース.

relacionamento /xelasiona'mētu/ 男 関係, 人間関係.

***relacionar** /xelasio'nax ヘラスィオナーフ/ 他 ❶ 結び付ける, 関連付ける▶relacionar um fato com outro ある事実を別の事実と関連付ける.
❷ リストにする, 書き出す▶relacionar o que deve ser comprado 買うべきものを書き出す.
❸ 物語る, 説明する▶Ele vai relacionar todo o percurso da viagem. 彼は旅行の行程をすべて話す予定だ.
— **relacionar-se** 再 ❶ …と関係 [関連] がある, 結びつく [+ com] ▶Esse fenômeno relaciona-se com as alterações climáticas. その現象は気候変動と関係している.
❷ (人と) 付き合う, 交際する [+ com] ▶Eu me relacionava bem com os parentes. 私は親戚とうまく付き合っていた.

relações-públicas /xela,sōjs'publikas/ 名《単複同形》広報部員, 広報担当者.

relâmpago /xelē'pagu/ 男 ❶ 稲光, 稲妻.
❷ 閃光.
❸ つかの間, はかなさ.
num relâmpago 瞬く間に, あっという間に.
— 形 稲妻のように速い▶sucesso relâmpago つかの間の成功, 一時的な成功 / fazer uma visita relâmpago 電撃訪問する / guerra relâmpago 電撃戦.

relampejar /xelēpe'ʒax/ 自 稲光がする, ぴかっと光る.

relance /xe'lẽsi/ 男 一瞥, ちらと見ること.
　de relance 一目で, ちらりと, 一瞬で.
　num relance 一目で, 一瞬で.
relapso, sa /xe'lapisu, za/ 形 ❶ 再犯の, 累犯の. ❷ 同じ誤りを繰り返す, 懲りない. ❸ 怠惰な, 怠け者の ▶funcionário relapso 職務怠慢な公務員.
　— 名 再犯者, 累犯者.
＊**relatar** /xela'tax/ ヘラターフ/ 他 話す；報告する ▶Ela relatou o caso com pormenores. 彼女はそのことを詳細に語った.
‡**relativamente** /xela,tʃiva'mẽtʃi/ ヘラチヴァメンチ/ 副 ❶ 比較すると, 比較的 ▶Os produtos da terra são relativamente baratos. 地元の産品は比較的安い.
　❷ おおよそ, だいたい ▶Tudo passou relativamente bem para mim. 私にとってはすべてがおおむねうまくいった.
　❸ …に関しては[+a] ▶Relativamente à economia, o Brasil está melhor do que antes. 経済に関しては, ブラジルは以前よりよくなっている.
　❹ …と比べて, …と比較して[+a].
relatividade /xelatʃivi'dadʒi/ 女 関連性, 相関性, 相対性 ▶teoria da relatividade 相対性理論.
relativismo /xelatʃi'vizmu/ 男 【哲学】相対主義.
relativizar /xelatʃivi'zax/ 他 …を相対化する, 絶対視しない.
‡**relativo, va** /xela'tʃivu, va/ ヘラチーヴォ, ヴァ/ 形 ❶ 相対的な, 比較的な(↔absoluto) ▶Tudo é relativo. すべては相対的である / maioria relativa 相対的多数 / valor relativo 相対的価値.
　❷ …に関する, …に関して[+a] ▶notícias relativas aos Jogos Olímpicos オリンピック関連ニュース.
　❸ 【文法】関係(詞)節の ▶pronome relativo 関係代名詞 / advérbio relativo 関係副詞.
relato /xe'latu/ 男 ❶ 話, 物語 ▶fazer um relato de algo …について語る. ❷ 報告, 記述 ▶segundo o relato de testemunhas 目撃者の話によれば.
relator, tora /xela'tox, 'tora/ [複 relatores, toras] 形 語る, 報告する.
　— 名 語り手, ナレーター；報告者.
＊**relatório** /xela'toriu/ ヘラトーリオ/ 男 報告, 報告書, レポート ▶escrever um relatório レポートを書く / elaborar um relatório レポートを作成する / submeter um relatório レポートを提出する / relatório anual 年次報告書 / relatório de auditoria 監査報告書.
relaxado, da /xela'ʃadu, da/ 形 ❶ 弛緩した, 緩んだ ▶músculos relaxados 弛緩した筋肉.
　❷ くつろいだ, リラックスした ▶ficar relaxado リラックスする / manter o corpo relaxado 体をリラックスさせておく.
　❸ いい加減な.
relaxamento /xelaʃa'mẽtu/ 男 ❶ ゆるみ, 弛緩.
　❷ くつろぎ, リラックス.
relaxante /xela'ʃẽtʃi/ 形 《男女同形》リラックスさせる, くつろがせる ▶massagem relaxante 体をほぐすマッサージ.

　— 男 鎮静剤.
relaxar /xela'ʃax/ 他 ❶ 弛緩させる ▶relaxar os músculos 筋肉を弛緩させる / relaxar a mão 手の力を抜く.
　❷ くつろがせる, 落ち着かせる ▶relaxar o espírito 精神を落ち着かせる.
　— 自 ❶ 落ち着かせる ▶Essa música relaxa. この音楽を聴くと落ち着く. ❷ くつろぐ, 落ち着く ▶Você precisa relaxar. 君は息抜きが必要だ.
relegar /xele'gax/ 他 追いやる, 追放する, 遠ざける ▶relegar a segundo plano 背景に追いやる.
relembrar /xelẽ'brax/ 他 思い出す ▶relembrar o passado 過去を思い出す.
relento /xe'lẽtu/ 男 夜露.
　ao relento 屋外で, 野外で ▶dormir ao relento 野宿する.
reler /xe'lex/ 他 改めて読む, 再読する, 読み直す.
reles /'xelis/ 形《不変》取るに足らない, 価値のない ▶um reles mortal 取るに足らない死すべき存在.
relevante /xele'vẽtʃi/ 形《男女同形》❶ 重要な, 意義のある ▶questão relevante 重要な問題.
　❷ 顕著な, 目立つ.
　❸《名詞の前で》傑出した, 優れた ▶prestar relevantes serviços a... …に多大な貢献をした.
　— 男 (o relevante) 重要なこと ▶O relevante é o resultado. 重要なのは結果だ.
relevar /xele'vax/ 他 ❶ 際立たせる, 目立たせる ▶relevar a beleza 美しさを際立たせる.
　❷ 和らげる, 軽減する ▶relevar a dor 痛みを和らげる.
　❸ 認める, 同意する.
　❹ 許す, 免除する.
　— 自 重要である, 有益である.
　— **relevar-se** 再 目立つ, 傑出する.
relevo /xe'levu/ 男 ❶ 浮彫, 立体感 ▶mapa em relevo 立体地図.
　❷ 隆起, 起伏 ▶região com relevo acidentado 起伏の多い地方.
　❸ 際立つこと, 重要性 ▶de relevo 重要な.
　dar relevo a... …を目立たせる.
　pôr em relevo 強調する, 浮き彫りにする.
relicário /xeli'kariu/ 男 【カトリック】聖遺物箱.
‡**religião** /xeliʒi'ẽw/ ヘリジアォン/ [複religiões] 女 ❶ 宗教 ▶religião cristã キリスト教 / religião de Estado 国教 / praticar uma religião ある宗教を実践する.
　❷ 信心, 信仰 ▶ter alguma religião 何かしら信仰を持つ / Não tenho religião. 私は無信仰だ.
　casar no religioso 教会で結婚式を挙げる.
religiosidade /xeliʒiozi'dadʒi/ 女 宗教的感情, 宗教心.
＊**religioso, sa** /xeliʒi'ozu, 'ɔza/ ヘリジオーゾ, ザ/ 形 ❶ 宗教の, 宗教に関する, 宗教的な ▶cerimônia religiosa 宗教儀式 / fé religiosa 宗教的信仰 / seita religiosa 宗派 / música religiosa 宗教音楽.
　❷ 信心深い, 敬けんな, 宗教心のある ▶uma pessoa muito religiosa 信仰心のとても篤い人.
　❸ 教団の, 修道院の ▶ordem religiosa 修道会.
　❹ 律儀な, 真面目な, 几帳面な ▶Ele é religioso no cumprimento do dever. 彼は義務を果たすこと

に律儀だ.
— [名] 宗教家, 修道士, 修道女 ▶Há religiosos que vivem afastados do convívio social. 社会的共同生活から離れて暮らす宗教家たちがいる / grupo de religiosos fanáticos 狂信的宗教家集団.

relinchar /xelĩ'ʃax/ [自] (馬やろばが) いななく.

relincho /xe'lĩʃu/ [男] いななき.

relíquia /xe'likia/ [女] ❶〖カトリック〗聖遺物. ❷ (貴重な) 記念品, 形見 ▶relíquia da família 家宝.

***relógio** /xe'lɔʒiu ヘロージオ/ [男] ❶ **時計** ▶acertar o relógio 時計を合わせる / Este relógio está adiantado. この時計は進んでいる / Este relógio está 10 minutos adiantado. この時計は10分進んでいる / Este relógio está atrasado. この時計は遅れている / relógio de parede 柱時計 / relógio de pulso 腕時計 / relógio digital デジタル時計 / relógio de sol 日時計 / relógio de ponto タイムレコーダー / relógio biológico 体内時計.
❷ (電気や水道などの) メーター ▶relógio de luz 電気のメーター / relógio de água 水道メーター / relógio de gás ガスメーター.
acertar os relógios ① スケジュールを合わせる. ② 合意に達する.
correr contra o relógio 1秒を争う.
ser como um relógio 几帳面である, 時間に正確である.

relojoaria /xeloʒoa'ria/ [女] 時計店, 時計工房 ▶relojoaria e joalheria 時計宝石店.

relojoeiro, ra /xeloʒo'ejru, ra/ [形] 時計の ▶indústria relojoeira suíça スイスの時計産業.
— [名] 時計職人.

relutância /xelu'tɐ̃sia/ [女] 気が進まないこと, 不承不承, 不本意 ▶com relutância 嫌々.

relutante /xelu'tẽtʃi/ [形]《男女同形》気の進まない, しぶしぶの, 不本意な ▶Estava relutante em dizer a verdade sobre o ocorrido. 彼はその出来事について真実を話したがらなかった.

relutar /xelu'tax/ [自] ❶ …に抵抗する, 逆らう [+ contra].
❷《relutar em +[不定詞]》…するのに気が進まない.

reluzente /xelu'zẽtʃi/ [形]《男女同形》輝く, 光る, きらめく ▶estrelas reluzentes きらめく星 / metal reluzente 光る金属.

reluzir /xelu'zix/ ⑭ [自] 輝く, きらめく ▶Nem tudo que reluz é ouro. [諺] 光るものすべてが金というわけではない.

relva /'xɛwva/ [女] 芝, 芝生 ; 芝地 ▶máquina de cortar relva 芝刈り機.

relvado, da /xew'vadu, da/ [形] 芝生で覆われた.
— **relvado** [男] 芝地.

remador, dora /xema'dox, 'dora/ [[複] remadores, doras] [名] (船を) こぐ人, こぎ手.

remanchar /xemɐ̃'ʃax/ [自] 手間取る, 長々とかかずらう ▶Remanchou tanto que perdeu o prazo de inscrição. 手間取ったために, 申請期限に間に合わなかった / O jornalista remanchou para escrever a reportagem. 新聞記者はルポルタージュを書くのに手間取った.
— **remanchar-se** [再] ぐずぐずする ▶Remancha-se no bar e chega tarde em casa. ぐずぐずとバーにいて, 家へ遅くに着く.

remanescente /xemane'sẽtʃi/ [形]《男女同形》残留する, 残存の.
— [男] 残り, 残留物.

remanso /xe'mɐ̃su/ [男] ❶ (流れの) よどみ. ❷ 静止, 休息.

remar /xe'max/ [他] [自] (櫂を) こぐ.
remar contra a maré 時流に逆らう, 無駄な努力をする.

remarcação /xemaxka'sɐ̃w̃/ [[複] remarcações] [女] ❶ 価格の改定, 値上げ, 値札の付け替え. ❷ 値上げした製品.

remarcar /xemax'kax/ ㉙ [他] ❶ …に再び印をつける. ❷ [B] …の値段を変更する.

rematar /xema'tax/ [他] ❶ 終える, 締めくくる, 仕上げる ▶rematar o trabalho 仕事を終える. ❷ 縫い終える, 仕上げる ▶rematar a barra da saia スカートの裾を仕上げる.
❸ 装飾の仕上げを施す.
— [自] ❶ 終わる. ❷ [P]〖サッカー〗ゴールを決める, 得点する.
— **rematar-se** [再] 終わる.

remate /xe'matʃi/ [男] ❶ 仕上げ, 完了, 終わり. ❷ 建築物につける最後の飾り. ❸ [P]〖サッカー〗シュート.
em remate 最後に.

remediado, da /xemedʒi'adu, da/ [形] [名] 生活に困っていない (人), 食べていける (人).

remediar /xemedʒi'ax/ [他] ❶ …に対処する, 解決する, 打開する ▶remediar a situação 事態を打開する.
❷ 治療する.
❸ 直す, 正す.
— **remediar-se** [再] 自分で対処する.

***remédio** /xe'mɛdʒiu ヘメーヂオ/ [男] ❶ **薬** ▶tomar um remédio 薬を飲む / O remédio fez efeito. 薬が効いた / remédio em pó 粉薬 / remédio por via oral 内服薬 / remédio para nariz 点鼻薬 / remédio contra tosse 咳止め / santo remédio 良薬.
❷ **治療法** ▶remédio caseiro 民間療法.
❸ **解決策, 手段**, 方法 ; 救い, 救済 ▶remédio para a crise econômica 経済危機への解決策 / Na sua aflição, ela encontrou remédio na religião. 苦しみの中, 彼女は宗教に救いを見出した / Não tenho outro remédio senão fazer o que ele pede. 私は彼が求めることをするしかない.
Não há [tem] remédio. 仕方がない, どうしようもない.
Que remédio! 仕方がない ▶Eu paguei a multa, que remédio! 私は罰金を払った, 仕方ない.
sem remédio 仕方ない ; 必然的に ▶Ela não estuda, é sem remédio. 彼女は勉強しない, どうしようもない.

remela /xe'mɛla/ [女] 目やに.

remelexo /xeme'leʃu/ [男] [B] 体を振ること.

rememorar /xememo'rax/ [他] ❶ 思い出す. ❷ 思い出させる.
— [自] 思い出す.

remendar /xemẽ'dax/ 他 ❶ …に継ぎを当てる, 修繕する ▶O menino remendou a bola furada. 少年は穴のあいたボールに継ぎを当てた.
❷ 直す, 取り繕う ▶remendar o erro 間違いを直す.

remendo /xe'mẽdu/ 男 ❶ 継ぎ当て, 当て布, 継ぎ切れ. ❷ 修正, 手直し.

remessa /xe'mɛsa/ 女 出荷, 発送, 送付 ▶data de remessa 出荷日 / remessa de dinheiro 送金.

remetente /xeme'tẽtʃi/ 名 差出人, 送付人.
— 形《男女同形》発送の.

remeter /xeme'tex/ 他 ❶ 送る, 発送する ▶remeter uma carta 手紙を送る.
❷ 攻撃する, 襲撃する ▶remeter o invasor 侵略者を襲撃する.
❸ 延期する, 遅らせる ▶remeter a decisão judicial 判決を延期する.
❹ さらす ▶remeter a vida dele a riscos 彼の生活を危険にさらす.
❺ 託す, 委ねる, 依頼する.
— 自 襲う, 攻撃する.
— **remeter-se** 再 ❶ 任せる, 身を委ねる [+ a] ▶remeter-se a um médico competente 有能な医者に身を委ねる.
❷ 言及する [+ a].

remexer /xeme'ʃex/ 他 ❶ かき回す ▶O ladrão remexeu a gaveta mas não encontrou nada. 泥棒は引き出しを引っかき回したが, 何も見つけられなかった.
❷ (何度も) かき混ぜる ▶remexer a sopa スープをかき混ぜる.
❸ 振る, 揺り動かす ▶remexer as cadeiras 腰を振る.
— 自 …に触る, 触れる ▶As crianças querem remexer em tudo. 子供は何でも触りたがる.
— **remexer-se** 再 ❶ 体を揺り動かす. ❷ 動き回る.

reminiscência /xemini'sẽsia/ 女 ❶ 思い出, 回想, 追憶. ❷ 思い出させるもの.

remir /xe'mix/ 他 ❶ 再び得る.
❷ (身代金を払って) 救出する, 自由にする, 解放する, 免除 す る ▶remir as pessoas do cativeiro 人々を監禁状態から救出する.
❸《カト》贖罪する ▶remir o pecado 罪をあがなう.
❹ 補償する, 弁償する.
❺《法律》(抵当に入れた財産を) 請け戻す ▶remir um penhor 質請けする.
— **remir-se** 再 ❶ 自由になる, 解放される ▶remir-se da dor 苦悩から解放される. ❷ 立ち直る.

remissão /xemi'sẽw/ [複 remissões] 女 ❶ 容赦, 赦免, 免除 ▶remissão da pena 刑の免除.
❷ 同情, 憐れみ, 慈悲.
❸《カトリック》贖罪.
❹ 無気力.
❺ 気晴らし, 慰め.
❻ (病気の一時的な) 回復, 緩和, 軽減.
❼ 送ること, 発送, 送付.
sem remissão 必ず, 容赦なく, 待つことなく.

remissivo, va /xemi'sivu, va/ 形 参考の, 参照の ▶índice remissivo 索引.

remo /'xẽmu/ 男 ❶ 櫂, オール ▶barco a remo 手漕ぎ船. ❷ ボート競技 ▶clube de remo ボート競技クラブ / praticar remo ボート競技をする.
a remo オールをこいで.

remodelação /xemodela'sẽw/ [複 remodelações] 女 改造, 作り直し ▶remodelação do governo 内閣改造.

remodelar /xemode'lax/ …の形を作り直す, 改造する, 改変する ▶remodelar a casa 家をリフォームする / remodelar o governo 内閣改造する / remodelar o corpo 肉体を改造する.

remoer /xemo'ex/ 他 ❶ ひき直す ▶remoer o café コーヒーをひく.
❷ いらだたせる, わずらわせる.
❸ 熟考する ▶remoer os problemas 問題をじっくり考える.
❹ 反芻する.
— 自 反芻する.
— **remoer-se** 再 ❶ 苦しむ, 悩む. ❷ 怒る.

remoinho /xemo'iɲu/ 男 ❶ 渦, 旋回運動, つむじ風. ❷ (頭の) つむじ.

remontar /xemõ'tax/ 自 ❶ 登る, 高く上がる.
❷ …にさかのぼる [+ a] ▶remontar ao passado 過去にさかのぼる.
— 他 ❶ 修理する ▶remontar o motor エンジンを修理する.
❷ 高くする, 上げる ▶O treinador tenta remontar o time. コーチはチームを高めようとしている.
— **remontar-se** 再 ❶ 高く上がる. ❷ …にさかのぼる [+ a].

remoque /xe'mɔki/ 男 揶揄(ゃ), 冷やかし, からかい.

remorso /xe'mɔxsu/ 男 後悔, 悔恨, 良心の呵責 ▶sentir remorso 後悔の念を持つ / estar com remorso 後悔している, 反省している / sem remorso 反省していない, 懲りない.

*****remoto, ta** /xe'mɔtu, ta/ ヘモート, タ/ 形 ❶ (時間的に) 遠い；ずっと以前の ▶no passado remoto 遠い過去に / no futuro remoto 遠い未来に / acontecimentos remotos 昔起こった出来事.
❷ (距離的に) 遠い, **遠く離れた, 隔遠の** ▶lugar remoto 遠く離れた場所.
❸ 遠隔操作の ▶controle remoto リモコン.
❹ 弱い ▶hipótese remota 弱い仮説.
❺ 曖昧な, はっきりしない ▶ideia remota はっきりしない考え.

remover /xemo'vex/ 他 ❶ 動かす, 移動させる.
❷ 取り除く, 除去する.

remuneração /xemunera'sẽw/ [複 remunerações] 女 ❶ 報酬, 謝礼. ❷ 給料, 給与.

remunerar /xemune'rax/ 他 ❶ …に報いる. ❷ …に給料を支払う ▶remunerar os empregados 従業員に給料を払う.

renal /xe'naw/ [複 renais] 形《男女同形》腎臓の.

renascença /xena'sẽsa/ 女 ❶ 再生, 復興. ❷《a Renascença》ルネサンス, 文芸復興.
— 形《不変》ルネサンスの ▶estilo renascença ルネサンス様式.

renascentista /xenasẽ'tʃista/ 形《男女同形》ルネサンスの ▶arte renascentista ルネサンス芸術.

renascer /xena'sex/ ⑮ [自] 生まれ変わる, よみがえる.

renascimento /xenasi'mẽtu/ [男] ❶ 再生, 復活.
❷ ⦅o Renascimento⦆ ルネサンス.

***renda** /'xẽda ヘンダ/ [女] ❶ [B] **収入, 所得** ▶renda anual 年収 / imposto de renda 所得税 / renda nacional 国民所得 / declaração de renda 納税申告.
❷ [P] 賃貸料, 家賃.
❸〘装飾〙レース ▶um vestido de renda レースのドレス.

rendado, da /xẽ'dadu, da/ [形] レース飾りのついた.
— **rendado** [男] レース編み.

rendeiro, ra /xẽ'dejru, ra/ [名] ❶ 小作人, 借家人, 借地人. ❷ レース職人, レース販売人.

***render** /xẽ'dex ヘンデーフ/ [他] ❶ **降伏させる, 屈服させる** ▶render o inimigo 敵を降伏させる.
❷ (利益を) **生む**, 上げる ▶render muito dinheiro 多大な利益を生む / render juros 利子を生む.
❸ 放棄する, 引き渡す ▶render as armas 武器を放棄する.
❹ 感動させる, …の胸を打つ.
❺ 交代する ▶render a guarda 見張りを交代する.
❻ 表明する, 捧げる ▶render homenagem a ... …を称賛する, …に敬意を表する / render culto a ... …を崇拝する / render graças a... …に感謝する.
— [自] ❶ 利益を生む, 利子が付く ; 生産的である ▶Como o pequeno investidor pode fazer o dinheiro render? 弱小投資家はどうやったらお金を増やせるか / O dia não rende. 1日の仕事がはかどらない.
❷ 続く, 長引く.
❸ 日持ちがする, 持つ.
— **render-se** [再] ❶ 降伏する, 屈服する ▶render-se ao inimigo 敵に降伏する.
❷ …に従う, 屈する [+ a] ▶render-se à evidência 明白な事実を受け入れる.
❸ 落胆する, がっかりする.

rendição /xẽdʒi'sɐ̃w̃/ [[複] rendições] [女] 降伏, 降参 ▶rendição incondicional 無条件降伏.
rendição de serviço シフト交替.

rendido, da /xẽ'dʒidu, da/ [形] (render の過去分詞) ❶ 降伏した, 屈服した. ❷ 従順な, 素直な. ❸ [俗] ヘルニアになった.

***rendimento** /xẽdʒi'mẽtu ヘンヂメント/ [男] ❶ **収入, 所得** ▶fonte de rendimento 収入源 / rendimento familiar 世帯所得 / imposto sobre o rendimento 所得税 / declaração de rendimentos 所得申告.
❷ **収益**, 利益.
❸ 生産性 ▶aumentar o rendimento 生産性を上げる / rendimento da equipe チームの戦力.

renegado, da /xene'gadu, da/ [形] 背教した, 棄教した, 転向した.
— [名] ❶ 背教者, 棄教者. ❷ 悪人.

renegar /xene'gax/ ⑪ [他] ❶ (信仰や信条を) 捨てる ▶renegar a Deus 神を捨てる / renegar a fé 信仰を捨てる / renegar a igreja 教会を去る.
❷ 否認する, 否定する ▶renegar o passado 過去を否定する.
❸ 拒む, 拒絶する.
❹ …との縁を切る ▶renegar a família 家族と縁を切る.

renitente /xeni'tẽtʃi/ [形] ⦅男女同形⦆ ❶ ⦅renitente em + [不定詞]⦆ …することに消極的な, …する気がない ▶Ele se mostrava renitente em desistir da competição, ainda que não houvesse mais chances de vitória. 彼は, もはや勝つチャンスがないにもかかわらず試合を断念する事に気が進まないようだった.
❷ …に抵抗する [+ a] ▶A febre era renitente aos remédios prescritos pelo médico. その熱は医者が処方した薬で容易には下がらなかった.

renomado, da /xeno'madu, da/ [形] 有名な, 名高い ▶cientista renomado 有名な科学者.

renome /xe'nõmi/ [男] 高名, 評判, 名声 ▶cantor de renome 有名な歌手 / cientista de renome mundial 世界的に有名な科学者.

renomear /xenome'ax/ ⑩ [他] ❶ 有名にする. ❷ 再度命名する. ❸ 再任命する.

renovação /xenova'sɐ̃w̃/ [[複] renovações] [女] ❶ 新しくすること, 刷新. ❷ 更新.

***renovar** /xeno'vax ヘノヴァーフ/ [他] ❶ **新しくする**, 取り替える ▶renovar a decoração 装飾を新しくする / renovar o estoque 在庫を入れ替える / renovar a pintura ペンキを塗りなおす / renovar o ar 空気を入れ替える.
❷ **変革する**, 一新する ▶renovar o governo 内閣改造する / renovar a sociedade 社会を新しくする.
❸ **更新する** ▶renovar o contrato 契約を更新する / renovar o passaporte パスポートを更新する.
❹ …を再び行う, 繰り返す ▶renovar a discussão 再び議論を行う.
❺ 再生させる, 若返らせる ▶renovar as células 細胞を再生させる.
— [自] ❶ 再生する. ❷ 若返る.
— **renovar-se** [再] 再生する, 若返る, 新しくなる.

renovável /xeno'vavew/ [[複] renováveis] [形] ⦅男女同形⦆ 再生可能な, 更新可能な ▶energia renovável 再生可能エネルギー / contrato renovável 更新可能な契約.

rentabilidade /xẽtabili'dadʒi/ [女] 収益性 ▶taxa de rentabilidade 収益率.

rentável /xẽ'tavew/ [[複] rentáveis] [形] ⦅男女同形⦆ 収益性のある, 採算が合う ▶negócio rentável もうかるビジネス.

rente /'xẽtʃi/ [形] ⦅男女同形⦆ ❶ 根元から切った, 非常に短い ▶cabelo rente 短く刈った髪.
❷ すぐ近くの, 近接した.
❸ 定時の, 不変の ; 忠実な ▶Ele era rente nos bons e maus momentos. 彼はよい時も悪い時も忠実だった.
— [副] ❶ 根元から. ❷ 非常に近く.
rente a [de/com]... …のすぐ近く ▶passar rente à casa 家のすぐそばを通る.

renúncia /xe'nũsia/ [女] 放棄, 断念 ▶renúncia ao cargo 辞任 / renúncia aos bens materiais 物質的財産の断念.

repertório

renunciar /xenũsi'ax/ 自 …を断念する, あきらめる [+ a] ▶renunciar ao cargo 辞職する / renunciar ao trono 退位する / renunciar à herança 相続を放棄する.

reorganização /xeoxganiza'sẽw/ [複 reorganizações] 女 再編成, 再組織.

reorganizar /xeoxgani'zax/ 他 再編成する, 改組する.

reparação /xepara'sẽw/ [複 reparações] 女 ❶ 修理, 修繕 ▶reparação de avarias 損傷の修理 / estar em reparação 修理中である / oficina de reparação 修理工場. ❷ 補償, 賠償 ▶reparação por danos morais 精神的損害に対する賠償.

:**reparar** /xepa'rax/ ヘパラーフ/ 他 ❶ 気付く ▶Logo reparei que ele não tinha vindo. 私はすぐに彼が来ていないことに気付いた.
❷ 修理する, 修復する ▶reparar um carro 自動車を修理する / reparar um quadro famoso 有名な絵画を修復する / reparar a estrada 道路を補修する.
❸ 改善する ▶reparar a situação 状況を改善する.
❹ 回復する ▶reparar as forças 体力を回復する.
❺ 補償する ▶reparar os prejuízos 損害を補償する / Ele reparou seu próprio erro. 彼は自らの失敗を償った.
— 自 ❶ …を注意してみる, 観察する [+em] ▶Reparei num homem perto da entrada. 私は入口近くの男性を観察した.
❷ …に気付く, 目にとめる [+em] ▶Logo reparei no ambiente péssimo. すぐに最悪の雰囲気に気付いた.
❸ …を気にする [+em] ▶Não repare na desordem, por favor. どうか, 散らかっているのを気にしないでください.

reparo /xe'paru/ 男 ❶ 修理, 修繕 ▶reparo do carro 自動車の修理 / fazer reparo em... …を修理する / necessitar de reparos 修理が必要である.
❷ 小言, 苦言. ❸ 観察, 分析.

repartição /xepaxtʃi'sẽw/ [複 repartições] 女
❶ 分配, 配分 ▶repartição dos lucros 利益の配分 / repartição de tarefas 仕事の割り振り.
❷ 部局, 部署.
❸ 役所 ▶repartição pública 官公庁.

repartir /xepax'tʃix/ 他 ❶ 分ける, 分配する ▶repartir a comida entre os membros da família 家族で食べ物を分ける.
❷ 配置する ▶repartir a tropa pela região 地域ごとに部隊を配置する.
❸ (時間などを) 有効に使う.
❹ 分かち合う ▶repartir alegrias com os amigos 友人と喜びを分かち合う.
— **repartir-se** 再 ❶ 分かれる ▶O rio reparte-se em dois. 川は2つに分かれる.
❷ 散る, 散乱する.
❸ 複数の事柄に専念する, 携わる.

repassar /xepa'sax/ 他 ❶ 再び (何度も) 通る.
❷ 復習する, 読み直す ▶repassar o texto テキストを読み直す.
❸ 触る, ほぐす.
❹ (飼いならされた動物が) 再び乗る ▶repassar o cavalo 馬に再び乗る.
❺ 濡らす, 浸す ▶A chuva repassou meus sapatos. 雨で靴がずぶ濡れになった.
❻ 満たす, 入り込む, 浸透する ▶O ódio repassava-lhe o coração. 憎悪が彼の心を満たした.
— 自 ❶ 再び通る.
❷ (液体を) 通す ▶Este impermeável não repassa. このレインコートは防水加工がされている.
— **repassar-se** 再 ❶ ずぶ濡れになる.
❷ …で満ちる, いっぱいになる [+ de] ▶repassar-se de saudades 懐かしさで胸がいっぱいになる.

repasto /xe'pastu/ 男 ❶ 大量の牧草. ❷ 会食, 宴会.

repatriação /xepatria'sẽw/ [複 repatriações] 女 帰国, 帰還, 引き揚げ ▶repatriação de capital 資本の引き揚げ.

repatriar /xepatri'ax/ 他 本国に送還する, 帰国させる.
— **repatriar-se** 再 本国に帰る, 帰国する, 引き揚げる.

repelão /xepe'lẽw/ [複 repelões] 男 ❶ 突き飛ばすこと. ❷ 衝突.
de repelão 乱暴に.

repelente /xepe'lẽtʃi/ 形 《男女同形》嫌悪の念を抱かせる, 不快な.
— 男 虫除け, 防虫剤 ▶repelente de insetos 防虫剤.

repelir /xepe'lix/ 61 他 ❶ 退ける, 追い払う ▶repelir o ladrão 泥棒を撃退する.
❷ 寄せ付けない; 拒絶する, 受け入れない ▶A muralha repeliu os invasores. 城壁のため侵入者は中へ入れなかった.
❸ 帰らせる ▶A tempestade repeliu os jovens do acampamento. 暴風雨のため若者たちはキャンプ場から去った.
❹ …と相容れない, 調和しない ▶O óleo repele a água. 油は水をはじく.
— **repelir-se** 再 相容れない, 性格が合わない.

repensar /xepẽ'sax/ 他 再び考える, 考え直す ▶repensar a história 歴史を考え直す.
— 自 …を再び考える [+ em].

*\ **repente** /xe'pẽtʃi/ ヘペンチ/ 男 《次の成句で》
de repente ① 突然, 急に. ② 話 おそらく.
num repente 瞬時に.

repentinamente /xepẽtʃina'mẽtʃi/ 副 突然, 思いがけずに.

repentino, na /xepẽ'tʃinu, na/ 形 突然の, 急な, 不意の ▶chuva repentina 急な雨.

repercussão /xepexku'sẽw/ [複 repercussões] 女 反響, 影響 ▶O caso teve repercussão na imprensa. その事件はメディアで取り上げられた / repercussões do alcoolismo nas relações familiares アルコール依存症の家族関係への影響.

repercutir /xepexku'tʃix/ 他 反響させる.
— 自 反響する, 反響を呼ぶ ▶A declaração da atriz repercutiu na internet. 女優の告白はインターネットで反響を呼んだ.
— **repercutir-se** 再 反響する, 反響を呼ぶ.

repertório /xepex'tɔriu/ 男 ❶ レパートリー, 上演

種目, 演奏曲目. ❷ 目録, 一覧表.
repetente /xepe'tẽtʃi/ 形《男女同形》繰り返す, 反復する.
— 名 落第生, 留年生.
repetição /xepetʃi'sẽw/ [複 repetições] 女 繰り返し, 反復.
＊repetir /xepe'tʃix/ ヘペチーフ/ 61 他 ❶ 繰り返す, 反復する ▶ repetir a mesma coisa 同じことを繰り返す / Repita depois de mim, por favor. 私の後に繰り返して言ってください / Pode repetir? もう一度言っていただけますか.
❷ 留年する ▶ O menino repetiu o segundo ano. 少年は2年生を留年した.
❸ (料理, 飲み物の) おかわりをする ▶ repetir a sopa スープをおかわりする.
— **repetir-se** 再 ❶ 繰り返される ▶ Assim, a história se repete. こうして歴史は繰り返される.
❷ 同じことを繰り返しする [言う].
repetitivo, va /xepetʃi'tʃivu, va/ 形 繰り返しの, 繰り返しの多い ▶ trabalho repetitivo 反復作業.
repicar /xepi'kax/ 29 他 (鐘を) 鳴らす.
— 自 (鐘などが) 鳴る, 鳴り響く ▶ Os sinos repicam. 鐘が鳴る.
repimpar /xepĩ'pax/ 他 満たす, 満腹にする ▶ repimpar o estômago com pizza ピザで胃を満たす.
— **repimpar-se** 再 ❶ 満腹になる.
❷ くつろぐ, ゆったりと座る.
repique /xe'piki/ 男 鐘などを打ち鳴らすこと.
repisar /xepi'zax/ 他 (ブドウなどを) 踏む; 踏み固める; 踏みつける ▶ repisar as uvas ブドウを踏みつぶす.
❷ (同じことを) 何度も繰り返し言う ▶ repisar o mesmo assunto 同じことをくどくどと何度も繰り返して言う.
— 自 くどくどと繰り返す.
repleto, ta /xe'plɛtu, ta/ 形 …で満ちた, いっぱいの [+ de] ▶ um mês repleto de atividades 行事が盛りだくさんの1か月.
réplica /'xɛplika/ 女 ❶ 複製品, レプリカ. ❷ 反駁, 反論, 口答え.
replicar /xepli'kax/ 29 自 反駁する, 反論する, 口答えする, 言い返す.
repolho /xe'poʎu/ 男 キャベツ ▶ repolho roxo ムラサキキャベツ.
repontar /xepõ'tax/ 自 ❶ 再び現れる, 生じる ▶ A raiva repontou. 再び怒りが込み上げてきた.
❷ 少しずつ姿を見せる ▶ A aeronave repontou no céu. 航空機が空に姿を見せ始めた.
❸ 夜が明ける, 明るくなる.
❹ (動物が) 襲う, 突進する.
❺ 強く言い返す.
repor /xe'pox/ 44 (過去分詞 reposto) 他 ❶ (元の場所に) 置く ▶ O Rui repôs o que tirou. ルイは取ったものを元に戻した.
❷ (現状に) 戻す, 復帰させる ▶ O funcionário foi reposto em seu antigo cargo. 役人は前にいたポストに復帰した.
❸ 補充する, 取り替える.

— **repor-se** 再 元通りになる, 回復する, 復旧する.
reportagem /xepox'taʒẽj/ [複 reportagens] 女 ルポルタージュ, 報道.
reportar /xepox'tax/ 他 ❶ (時間的に) …にさかのぼる, 引き戻す [+ a] ▶ O livro me reportou à infância. その本は私に幼少期のことを思い起こさせた.
❷ 原因が…にあるとする, …のせい (おかげ) であるとする [+ a] ▶ reportar as falhas à falta de experiência 失敗を経験不足のせいにする.
❸ (感情などを) 静める, 抑える ▶ reportar as emoções 感情を抑える.
— **reportar-se** 再 ❶ 自制する.
❷ …について言及する [+ a].
repórter /xe'pɔxtex/ [複 repórteres] 名 新聞記者, 記者, レポーター.
reposição /xepozi'sẽw/ [複 reposições] 女 ❶ 返還, 返却. ❷ 復職, 復帰.
❸ (新品との) 交換, 取り換え ▶ reposição de peças 部品の交換 / peças de reposição 交換用部品.
❹ 補充, 補給 ▶ reposição de estoque 在庫の補充 / terapia de reposição hormonal ホルモン補充療法.
repositório /xepozi'tɔriu/ 男 ❶ 倉庫, 保管庫.
❷ …集 ▶ repositório de dados データ集.
reposteiro /xepos'tejru/ 男 緞帳 (どんちょう).
repousante /xepo'zãtʃi/ 形《男女同形》休息を与える, 疲れをいやす, 安らぎを与える.
＊repousar /xepo'zax/ ヘポザーフ/ 他 ❶ 休ませる, 休息させる ▶ Preciso repousar o corpo. 私は体を休ませる必要がある / repousar a vista 目を休ませる / repousar o espírito 精神を休ませる / repousar a cabeça 頭を休める.
❷ (視線を) …にゆっくりとめる [+ em].
— 自 ❶ 休息する, 休む ▶ Você precisa repousar. あなたは休みが必要だ.
❷ 葬られている, 永眠している ▶ Aqui repousam as cinzas do herói. ここに英雄の遺灰眠る.
❸ …に基づく, 基礎を置く [+ sobre].
❹《deixar repousar》(一定時間) 放置する, 寝かせる ▶ deixar repousar 10 minutos 10分間そのままにする.
❺ …にある [+ em].
＊repouso /xe'pozu/ ヘポーゾ/ 男 ❶ 休息, 休憩 ▶ fazer repouso 休息する / período de repouso 休憩時間 / repouso semanal 週休.
❷ 安らぎ, 平安, 安静 ▶ repouso do guerreiro 戦士の休息, 激務の休憩 / repouso eterno 永眠, 永遠の安らぎ / um momento de repouso ほっとできるひととき.
repreender /xeprie'dex/ 他 叱る, 叱責する ▶ repreender alguém por algo …を…のことで叱る.
repreensão /xeprie'sẽw/ [複 repreensões] 女 叱責, とがめ.
repreensível /xeprie'sivew/ [複 repreensíveis] 形《男女同形》非難すべき, とがめられるべき ▶ uma conduta repreensível とがめられるべき振る舞い.

represa /xe'preza/ 囡 ❶ せき止めること［もの］.
❷ ダム, 堰(ﾔｷ), ダムの水, 貯水池.
❸ 壁などの修理.
❹ こみ上げそうになる感情 ▶ represa de raiva 今にも爆発しそうな怒り.

represália /xepre'salia/ 囡 報復, 仕返し, 復讐.

*****representação** /xeprezẽta'sẽw/ ヘプレゼンタサォン/ [腹 representações] 囡 ❶ 表現, 表象, 描写 ▶ representação do espaço 空間の表現 / modos de representação do mundo 世界の表現方法 / representação gráfica グラフ表示, 画像表現 / representação do poder 権力の象徴.
❷ 上演, 公演 ▶ representação de uma peça de teatro 戯曲の上演.
❸ 演技, 出演 ▶ A representação desse ator é maravilhosa. その俳優の演技はすばらしい / A sua representação foi muito aplaudida. 彼女の演技は拍手喝采を浴びた / representação na televisão テレビ出演 / prêmio de representação 演技賞.
❹ 代理, 代表, 代表 ▶ representação proporcional 比例代表制 / representação brasileira ブラジル代表団 / representação diplomática 外交代表団 / em representação de... …の代理として, …を代表して.

representante /xeprezẽ'tẽtʃi/ 名 代表者, 代理人 / representante do governo do Brasil ブラジル政府代表, セールスパーソン.
— 形《男女同形》代表する, 代理の.

***representar** /xepreze'tax/ ヘプレゼンターフ/ 他 ❶ 表す, 表現する, 意味する ▶ A pomba branca representa a paz. 白いハトは平和を表す / O que representa este sinal? この記号は何を表していますか.
❷ 代表する, …の代理を務める ▶ Ele participa na assembleia representando o Japão. 彼は日本を代表して会議に出席する.
❸ 演じる; 上演する, 公演する ▶ A atriz representou bem o papel. 女優は役をうまく演じた / representar uma comédia コメディを上演する / representar o papel principal 主役を演じる.
❹ …に見える ▶ O moço representa vinte anos. その青年は20歳に見える.
❺ 述べる ▶ representar ao governo o problema do tráfico 交通問題を政府に説明する.
— 自 ❶ 役者として演じる ▶ Adoro representar. 私は演じるのが大好きだ / representar bem 演技がうまい.
❷ 苦情を申し立てる;《法律》告訴する.
— **representar-se** 再 現れる ▶ No sonho, representou-se a mulher amada. 夢に愛する女性が現れた.

representativo, va /xeprezẽta'tʃivu, va/ 形
❶ 代表的な, 典型的な ▶ exemplo representativo 代表例.
❷ …を代表する［+ de］.
❸ 代表者による,《政治》代議制の ▶ democracia representativa 代議制民主主義.
❹ …を表す, 示す［+ de］.

repressão /xepre'sẽw/ [腹 repressões] 囡 抑圧, 弾圧, 鎮圧 ▶ repressão do povo 人民の抑圧.

repressivo, va /xepre'sivu, va/ 形 抑圧的な, 弾圧的な ▶ educação repressiva 抑圧的教育.

repreenda /xepri'mẽda/ 囡 叱責, とがめ立て.

reprimido, da /xepri'midu, da/ 形 (reprimirの過去分詞) 抑圧された.

reprimir /xepri'mix/ 他 ❶ (感情や衝動を) 抑える, こらえる ▶ reprimir os sentimentos 感情を抑える / reprimir as lágrimas 涙をこらえる.
❷ 鎮圧する, 制圧する ▶ reprimir a manifestação デモを鎮圧する.
— **reprimir-se** 再 自分を抑える.

reprisar /xepri'zax/ 他 再上映する, 再上演する.

reprise /xe'prizi/ 囡 再上演, 再上映.

reprodução /xeprodu'sẽw/ [腹 reproduções] 囡 ❶ 再現, 再生 ▶ reprodução de som 音の再生.
❷ 複製(品), コピー ▶ reprodução de um quadro 絵の複製.
❸ 再生産 ▶ reprodução da população 人口の再生産.
❹ 生殖, 繁殖 ▶ reprodução sexuada 有性生殖 / reprodução assexuada 無性生殖 / época de reprodução 繁殖期.

reprodutivo, va /xeprodu'tʃivu, va/ 形 ❶ 再生の. ❷ 生殖の ▶ direitos reprodutivos 生殖の権利.

***reproduzir** /xeprodu'zix/ ヘプロドゥズィーフ/ ⑭ 他 ❶ 再現する, 再生する; 繰り返す ▶ reproduzir a realidade 現実を再現する / reproduzir o som 音を再生する.
❷ 複製する, 複写する ▶ reproduzir vídeos 動画を複製する / reproduzir uma pintura 絵の複製を作る.
❸ 再録する, 転載する ▶ reproduzir um texto 文章を転載する.
❹ 繁殖させる.
— **reproduzir-se** 再 ❶ 繁殖する, 増殖する, 増える ▶ Os coelhos se reproduzem rapidamente. ウサギは繁殖が早い. ❷ 再び生じる, 繰り返される.

reprovação /xeprova'sẽw/ [腹 reprovações] 囡 ❶ 否定, 拒否.
❷ 非難, 叱責.
❸ (試験の)不合格 ▶ O índice de reprovação no exame foi alto. 試験の不合格率は高かった.

reprovado, da /xepro'vadu, da/ 形 不合格になった ▶ ficar reprovado num exame 試験に落ちる.

reprovar /xepro'vax/ 他 ❶ 容認しない, 認めない, 却下［拒否］する.
❷ 否決する ▶ reprovar um projeto de lei 法案を否決する.
❸ 厳しく非難する, とがめる ▶ reprovar os vícios 悪習をとがめる.
❹ 不合格［落第］にする, 不可とする ▶ O professor reprovou o aluno. 先生は学生を不合格にした.
❺《カトリック》永罰を与える, 地獄に落とす.
❻ 再度試す; 再度証明する ▶ reprovar o vestido ドレスを何度も試着する.

reptil

reptil /xepi'tʃiw/ [複 reptis] 男 = réptil
réptil /'xεpitʃiw/ [複 répteis] 男 は虫類.
— 形《男女同形》は虫類の.
‡**república** /xe'publika ヘプブリカ/ 女 ❶ **共和制, 共和政** ▶Terceira República Francesa フランス第三共和政.
❷ **共和国** ▶República Federativa do Brasil ブラジル連邦共和国 / República Popular da China 中華人民共和国 / República Francesa フランス共和国.
❸ 学生のシェアハウス ▶Há muitas repúblicas perto das universidades. 大学の近くには多くのシェアハウスがある.
republicanismo /xepublika'nizmu/ 男 共和制, 共和主義.
***republicano, na** /xepubli'kɐ̃nu, na ヘプブリカーノ, ナ/ 形 ❶ **共和国の, 共和制の** ▶governo republicano 共和国政府. ❷ 共和党の, 共和党支持の ▶partido republicano 共和党.
— 名 共和主義者, 共和党員.
repudiar /xepudʒi'ax/ 他 ❶ (妻を) 離縁する. ❷ …を捨てる, 拒否する.
repúdio /xe'pudʒiu/ 男 ❶ (妻の) 離縁. ❷ 放棄, 拒否.
repugnância /xepugi'nẽsia/ 女 ❶ **嫌悪, 反感; 不快** ▶A menina tem repugnância a baratas e ratos. その少女はゴキブリとネズミが嫌いだ.
❷ 嫌気, 気が進まないこと ▶O marido tem repugnância de trair sua esposa. 夫は妻を裏切ることに抵抗がある.
repugnante /xepugi'nẽtʃi/ 形《男女同形》嫌悪感を起こさせる, 大嫌いな, 不快な ▶crime repugnante 唾棄すべき犯罪 / odor repugnante 胸の悪くなるような匂い.
repugnar /xepugi'nax/ 他 拒む, 嫌悪する, 毛嫌いする.
— 自 ❶ …に嫌悪を抱かせる, 不快感を催させる [+ a] ▶um mau cheiro que repugna 吐き気をもよおす嫌な匂い / Este alimento me repugna. 私はこの食べ物にはぞっとする.
❷ …に反する [+ a] ▶repugnar à razão 理性に反する.
❸ 不快感を与える.
repulsa /xe'puwsa/ 女 ❶ 嫌悪. ❷ 拒絶, 拒否.
repulsão /xepuw'sẽw/ [複 repulsões] 女 ❶ 拒絶, 拒否, 嫌悪. ❷《物理》反発, 斥力.
repulsivo, va /xepuw'sivu, va/ 形 嫌悪を感じさせる.
reputação /xeputa'sẽw/ [複 reputações] 女 ❶ **評判, 世評** ▶ter uma boa reputação 評判がよい / ter uma má reputação 評判が悪い.
❷ 名声 ▶de reputação mundial 世界的に有名な / perder a reputação 名声を失う.
reputar /xepu'tax/ 他 ❶《reputar + 目的語 + 補語》…を…とみなす.
❷ 評価する, 名を揚げる, 有名にする ▶reputar o time その チームの名を揚げる.
❸ 見積もる ▶reputar o objeto em 10 mil reais 品物を1万レアルと見積もる.
— **reputar-se** 再 自分を…とみなす.

repuxado, da /xepu'ʃadu, da/ 形 ❶ 後ろに引っ張った ▶cabelo repuxado ひっつめ髪.
❷ ぴんと伸びた ▶camisa repuxada ぴんと張ったシャツ.
❸ (目が) つりさがった ▶olhos repuxados つり上がった目.
repuxar /xepu'ʃax/ 他 ❶ 再び引く, 強く引っ張る ▶repuxar um fio 糸を強く引っ張る.
❷ 後ろに引っ張る, 後ろへ引く ▶repuxar o cabelo 髪を後ろに引っ張る.
❸ (体の一部を) 伸ばす, 広げる, 大きくする ▶repuxar os lábios 唇を横に広げる.
❹ 炒める, 煮詰める ▶repuxar o molho ソースを煮詰める.
❺ 補強する ▶repuxar a parede 壁を補強する.
— 自 噴き出る, 噴き出す.
repuxo /xe'puʃu/ 男 ❶ 強く引っ張ること.
❷ 噴水.
❸《建築》迫니, 橋台.
❹ 反動, 跳ね返り ▶repuxo do canhão 大砲を発射する際の反動.
❺ 転 つらい任務, 危険な状況.
aguentar o repuxo 堪え忍ぶ.
requebrar /xeke'brax/ 他 ❶ (体を) 揺さぶる, 振る, くねらせる ▶requebrar todo o corpo 体全体をくねらせる.
❷ 優しく語りかける ▶requebrar a voz 優しい声になる. ❸ 踊る.
❹ 言い寄る, 口説く ▶requebrar as moças 女の子に言い寄る.
— **requebrar-se** 再 体を揺らす, くねらせる.
requebro /xe'kebru/ 男 ❶ 色っぽい眼差しや声, 色っぽい体の動き.
❷ 鳥の鳴き声, さえずり; トリル.
requeijão /xekej'ʒẽw/ [複 requeijões] 男 クリームチーズ.
requeira 活用 ⇒ requerer
requeiro 活用 ⇒ requerer
requentar /xekẽ'tax/ 他 温め直す ▶requentar a comida 料理を温めなおす.
— **requentar-se** 再 焦げた味がする ▶Infelizmente o café requentou-se. 残念ながらコーヒーが焦げた味がした.
***requerer** /xeke'rex ヘケレーフ/ ㊿

直説法現在	requeiro	requeremos
	requeres	requereis
	requer	requerem

接続法現在	requeira	requeiramos
	requeiras	requerais
	requeira	requeiram

他 ❶ (書面で) **要望する, 依頼する, 請願する** ▶requerer o passaporte パスポートを申請する / requerer o divórcio 離婚を求める / requerer a aposentadoria 年金を請求する.
❷ **必要とする, 要求する** ▶um trabalho que requer muita concentração 非常な集中が必要な作業.

requerimento /xekeri'mẽtu/ 男 申請 (書), 請願 (書).

réquiem /'xɛkjem/ [複 réquiens] 男 レクイエム, 死者のためのミサ (曲).

requintado, da /xekĩ'tadu, da/ 形 洗練された ▶ gosto requintado 洗練された趣味.

requintar /xekĩ'tax/ 他 洗練する, 磨きをかける ▶ requintar a sensibilidade 感性を磨く.
— 自 ❶ 洗練される.
❷ …にこだわる, 凝る [+ em] ▶ requintar na obra 作品を念入りに仕上げる.
❸ 気取る.
— **requintar-se** 再 洗練される.

requinte /xe'kĩtʃi/ 男 洗練, 上品, …の極み ▶ Ela fala com requinte. 彼女は上品に話す / Nós fomos servidos com requinte. 私たちは洗練されたサービスを受けた / A sua casa é um requinte. あなたの家は洗練されている / Esta obra é um requinte. この作品はとてもすばらしい / requinte de crueldade 冷酷無比.

requisição /xekizi'sẽw/ [複 requisições] 女 ❶ 徴発, 徴用 ▶ requisição de material 物資の徴発.
❷ 〖法律〗要求, 請求 ▶ requisição de documentos 文書の請求.

requisitar /xekizi'tax/ 他 ❶ 要請する, 要求する, 請求する, 依頼する ▶ requisitar assistência 援助を要請する.
❷ 召集する, 呼び出す.

requisito /xeki'zitu/ 男 必要条件, 要件 ▶ requisito obrigatório 必須条件 / requisitos para doar sangue 献血するための条件 / satisfazer todos os requisitos すべての要件を満たす.

rés /'xɛs/ 男〖次の成句で〗
ao rés de... …に接して, …と同じ高さで.

rês /'xes/ [複 reses] 女 食用の四つ足獣.

rescaldo /xes'kawdu/ 男 ❶ (火の) 輻射熱.
❷ 火山灰.
❸ 残り火.
❹ (残り火の) 消火活動 ▶ Os bombeiros realizaram o rescaldo na área atingida pelo incêndio. 消防士たちは火事があった地域で残り火の消火活動を行った.

rescindir /xesĩ'dʒix/ 他 (契約などを) 取り消す, 解消する ▶ rescindir um contrato 契約を解消する.

rescisão /xesi'zẽw/ [複 rescisões] 女 (契約などの) 取り消し, 解約, 解除 ▶ rescisão antecipada 中途解約.

rés do chão /ˌRɛʒdu'ʃẽw/ 男 ℗ (単複同形) 一階 ▶ ao rés do chão 一階に / A casa tinha dois andares; ao rés do chão havia uma sala de estar e uma cozinha, e no primeiro andar havia os quartos e banheiros. その家は二階建てで, 一階に居間と台所, 二階に寝室とバスルームがあった.

resenha /xe'zẽɲa/ 女 ❶ 書評 ▶ resenha de um livro 本の書評. ❷ 梗概, 概略.

*****reserva** /xe'zɛxva/ ヘゼフヴァ/ 女 ❶ 予約 ▶ fazer uma reserva 予約する / fazer uma reserva no restaurante レストランの予約をする / confirmar a reserva 予約を確認する / Gostaria de cancelar minha reserva. 予約をキャンセルしたいのですが.

❷ 蓄え, 備蓄, 貯蔵 ▶ reserva de comida 食糧の備蓄 / reserva de água 貯水量, 貯水池 / reserva de ouro 金備蓄 / reserva de dinheiro 貯金.
❸ (天然資源の) 埋蔵量, 資源量 ▶ reservas de petróleo 石油埋蔵量 / reservas naturais 天然資源埋蔵量.
❹ (先住民) 居留区 ▶ reserva indígena 先住民居留区.
❺ 自然保護区 ▶ reserva natural 自然保護区 / reserva de caça 禁猟区 / reserva florestal 森林保護区.
❻ 準備高, 保有高 ▶ reservas cambiais 外貨準備高.
❼ 遠慮, 慎み, 控え目.
❽ 条件, 制限 ▶ com reserva 留保付きで / sem reserva 無条件に, 留保なしに.
❾ 予備役, 予備軍 ▶ passar à reserva 退役する, 予備役になる.
❿〖スポーツ〗控え選手, 補欠 ▶ O jogador ficou na reserva. 選手は補欠した.

de reserva ① 予備の ▶ Disponho de algum dinheiro de reserva. 私はいくらかのお金を蓄えている / ter... de reserva …を蓄えている / um pneu de reserva 予備のタイヤ. ② 待ち構えている, 用心している.

dizer [divulgar] sob reserva 口止めして (秘密などを) 伝える.
ficar de reserva 交代要員になる.
reserva de mercado 市場保護.
reserva moral 高潔で模範的な人.

reservado, da /xezex'vadu, da/ 形 ❶ 取って置きの ; 予約済みの ▶ quarto reservado 予約済みの部屋.
❷ 用心深い ; 口数の少ない, 控え目の ▶ pessoa reservada 控え目な人.
❸ 機密の ▶ documentos reservados 機密文書.
❹ 隠された, 表に出さない.
❺ 恨みを抱いた.
❻ あらかじめ定められた.
— **reservado** 男 ❶ Ⓑ トイレ, 便所. ❷ 予約室, 貸し切り室.

*****reservar** /xezex'vax/ ヘゼフヴァーフ/ 他 ❶ 取っておく, 残しておく ▶ Já reservei o dinheiro para a próxima viagem. もう次の旅行のためにお金をとっておいた.
❷ 予約する ▶ reservar a passagem de avião 航空券を予約する / Queria reservar um quarto. 部屋を予約したいのですが.

reservatório, ria /xezexva'tɔriu, ria/ 形 貯蔵のための.
— **reservatório** 男 貯蔵槽, タンク ▶ reservatório de gasolina ガソリンタンク / reservatório de água 貯水槽.

reservista /xezex'vista/ 名 予備役軍人.

resfolegar /xesfole'gax/ 自 あえぐ.

resfriado, da /xesfri'adu, da/ 形 Ⓑ 風邪を引いた ▶ estar resfriado 風邪を引いている / ficar resfriado 風邪を引く.
— **resfriado** 男 Ⓑ 風邪 ▶ pegar um resfriado 風邪を引く.

resfriar /xesfri'ax/ [他] ❶ 再び冷たくする ▶ resfriar a geladeira 冷蔵庫を再冷却する.
❷ 冷却する, 冷たくする ▶ resfriar bebidas 飲み物を冷やす.
❸ (感情を) 冷ます, 失わせる ▶ resfriar o entusiasmo 興奮を冷ます.
❹ [B] 風邪を引かせる ▶ A chuva de ontem quase me resfriou. 昨日の雨で私は風邪を引きそうだった.
一 [自] ❶ [B] 風邪を引く.
❷ 冷める, 冷える ; (感情が) 冷める.
— **resfriar-se** [再] ❶ 風邪を引く.
❷ 冷める, 冷たくなる ; (感情が) 冷める.

resgatar /xezga'tax/ [他] ❶ 救助する, 救う ▶ Salva-vidas resgataram um jovem na praia. ライフセーバーは海で一人の若者を救助した.
❷ (身代金を払って) 救出する, 解放する ▶ resgatar reféns do cativeiro 人質を監禁状態から救出する.
❸ (債務を) 弁済する ; 支払う.
❹ 請け戻す.
❺ 犠牲を払って何かを得る ▶ resgatar a paz de espírito 何とかして心の落ち着きを得る.
❻ 償う ▶ resgatar os pecados 罪を償う.
❼ 果たす, 実行する ▶ resgatar compromissos 約束を果たす.
❽ 忘れさせる ▶ resgatar os momentos difíceis 困難な時期を忘れさせる.
❾ 取り戻す.

resgate /xez'gatʃi/ [男] ❶ 救助, 救出, 救済 ▶ operação de resgate 救出作戦 / equipe de resgate 救助隊.
❷ 身代金 ▶ exigir um resgate 身代金を要求する.
❸ 身代金を支払って人質を解放すること, 受戻し.
❹ (債務の) 弁済 ; 支払い.

resguardar /xezgwax'dax/ [他] ❶ …を…から保護する, 守る [+ de] ▶ resguardar a vista dos raios do sol 日光から眼を守る.
❷ …に面している, …と向き合っている ▶ resguardar o mar 海に面している.
❸ 従う, 守る ▶ resguardar a lei 法律に従う.
❹ 監視する, 見張る ▶ resguardar o evento イベントを監視する.
— **resguardar-se** [再] ❶ 身を守る. ❷ 食事療法をする.

resguardo /xez'gwaxdu/ [男] ❶ 防護, 防備, 保護 ▶ resguardo do patrimônio cultural 文化遺産の保護.
❷ 用心, 警戒, 注意.
❸ [B] 出産後の安静期間 ▶ estar de resguardo 産前産後の摂生期間である.
❹ 秘密.
de resguardo 予備の.

residência /xezi'dẽsia/ [女] 住居, 居住, 居住地 ▶ estabelecer [fixar] residência em... …に居を構える / certificado de residência 居住証明書 / residência principal 本宅 / residência secundária 別荘, 別宅.
residência médica 医学研修課程, インターンシップ.

residencial /xezidẽsi'aw/ [[複] residenciais] [形]《男女同形》住宅用の, 居住用の ▶ bairro residencial 住宅地域.

*__residente__ /xezi'dẽtʃi ヘズィデンチ/ [形]《男女同形》居住している, 在住の ▶ japoneses residentes no Brasil ブラジル在住の日本人.
一 [名] 居住者, 在住者.

*__residir__ /xezi'dʒix ヘズィヂーフ/ [自] ❶ **住む, 定住する** ▶ residir em Brasília ブラジリアに住む.
❷ **存在する, 存する** ▶ O poder reside no povo. 権力は国民にある / O problema reside nesse ponto. 問題はその点にある.

residual /xezidu'aw/ [[複] residuais] [形]《男女同形》残りの, 残りかすの ▶ águas residuais 廃水.

resíduo /xe'ziduu/ [男] かす, 残り, 残滓(ざんし) ; 廃棄物 ▶ resíduos domésticos 家庭廃棄物 / resíduos industriais 産業廃棄物.

resignação /xezigina'sẽw̃/ [[複] resignações] [女] ❶ 辞任, 辞職. ❷ あきらめ, 甘受, 忍従, 諦念.

resignar /xezigi'nax/ [他] 辞職する, 辞任する ▶ resignar o posto do presidente 社長の座を降りる.
— **resignar-se** [再] ❶ …に甘んじる, 忍従する [+ a/com/em] ▶ resignar-se com o destino 運命を受け入れる.
❷《resignar-se a + [不定詞]》あきらめて…する ▶ resignar-se a viver modestamente 質素な暮らしに甘んじる.

resiliência /xezili'ẽsia/ [女] ❶ 弾力, 弾性, 復元力. ❷ 回復力, 立ち直る力.

resiliente /xezili'ẽtʃi/ [形]《男女同形》❶ 弾性のある. ❷ 立ち直れる, 回復力がある.

resina /xe'zĩna/ [女] 樹脂.

resinoso, sa /xezi'nozu, 'nɔza/ [形] 樹脂を含んだ, 樹脂を生じる, 樹脂の.

__resistência__ /xezis'tẽsia ヘズィステンスィア/ [女] ❶ **抵抗, 反抗 ▶ resistência passiva (非暴力による) 消極的抵抗 / resistência à invasão 侵略に対する抵抗 / sem resistência すんなりと / movimento de resistência 抵抗運動.
❷ **耐久性** ▶ material com resistência ao fogo 耐火性のある材質.
❸ **抵抗力** ▶ Você está com baixa resistência. あなたは抵抗力が弱っている.
❹〘物理〙〘電気〙抵抗 ▶ resistência do ar 空気抵抗 / resistência elétrica 電気抵抗.
❺〘生物〙耐性 ▶ resistência a antibióticos 抗生物質に対する耐性.

resistente /xezis'tẽtʃi/ [形]《男女同形》丈夫な, 耐久力のある, 抵抗力のある ▶ resistente ao calor 熱に耐える, 耐熱の.

*__resistir__ /xezis'tʃix ヘズィスチーフ/ [自] ❶ **…に抵抗する, 反抗する**, 逆らう [+ a] ▶ resistir à ditadura 独裁体制に抵抗する.
❷ (誘惑などに) 抵抗する ; (試練などに) 耐える, 持ちこたえる [+ a] ▶ resistir à tentação 誘惑に抵抗する / resistir ao calor 熱に耐える / resistir ao peso 重みに耐える / Não resisti e comi chocolate. 私は我慢できずにチョコレートを食べてしまった.
❸ **…に抗する, 持ちこたえる** [+ a] ▶ um amor que resiste ao tempo 歳月を経ても変わらぬ愛 / resistir até ao final 最後まで持ちこたえる.

resmungar /xezmũ'gax/ ⑪ [自] 不平 [不満] を言

う, 愚痴をこぼす.
― 他 …とぶつぶつ言う.

resolução /xezolu'sẽw ヘゾルサォン/ [複 resoluções] 囡 ❶ 解決; 《数学》解法 ▶ resolução de um problema 問題の解決 / A resolução da fórmula não foi difícil. その数式の解法は難しくはなかった.
❷ 決心, 決意 ▶ tomar uma resolução 決心する / Ele mostrou muita resolução ao decidir as diretrizes. 彼は方針を決定する際, 強い決意を表明した.
❸ 決定, 決議 ▶ uma resolução do Conselho de Segurança 安全保障理事会の決議 / A resolução da diretoria foi aprovada imediatamente. 役員会の決議は直ちに承認された.
❹ 解像度 ▶ imagem de alta resolução 高解像度の画像 / baixa resolução 低解像度.

resoluto, ta /xezo'lutu, ta/ 形 ❶ 断固とした, 毅然とした ▶ tom resoluto 断固とした口調. ❷ 溶けた, 溶解した.

resolver /xezow'vex ヘゾウヴェーフ/ 他 ❶ 解決する, 解く ▶ resolver um problema 問題を解決する / resolver um caso 事件を解決する / resolver uma equação 方程式を解く / resolver um mistério 謎を解く / Usar a violência nunca resolve nada. 暴力を使用することは何も解決しない.
❷ 決心する, 決める ▶ Ele resolveu que ia estudar no exterior. 彼は留学することに決めた / resolver ir embora 去ることに決める.
― 自 解決する, 役立つ ▶ Discutir não resolve. 話し合ってもらちが明かない.
― **resolver-se** 再 《resolver-se a + 不定詞》…する決心をする ▶ Ela resolveu-se a dizer a verdade. 彼女は真実を話すことを決心した.

resolvido, da /xezow'vidu, da/ 形 (resolver の過去分詞) 解決された.

respaldo /xes'pawdu/ 男 ❶ (いすの) 背, 背もたれ. ❷ 支持, 支援.

respectivamente /xespek.tʃiva'metʃi/ 副 ❶ それぞれ, 銘々 ▶ Os dois foram condenados, respectivamente, a 1 ano e a 10 meses de prisão. 二人はそれぞれ 1 年と 10 か月の懲役刑に処せられた.
❷ 互いに.
❸ …に関して [+ a].

‡**respectivo, va** /xespek'tʃivu, va ヘスペクチーヴォ, ヴァ/ 形 ❶ それぞれの, 各々の ▶ Todos receberão os respectivos crachás. 皆それぞれのネームプレートをもらうだろう.

respeitante /xespej'tẽtʃi/ 形 《男女同形》…に関する [+ a].
― 男 《次の成句で》
no respeitante a... …に関して.

‡**respeitar** /xespej'tax ヘスペィターフ/ 他 ❶ 尊敬する, 敬う, 尊ぶ ▶ Devemos respeitar os pais. 私たちは両親を敬わなければならない / fazer-se respeitar 尊敬される.
❷ 守る, 遵守する, 重んじる, 尊重する ▶ respeitar as leis 法律を守る / respeitar as conveniências 礼儀作法を重んじる / respeitar as opiniões dos outros 人の意見を尊重する.
― 自 …に関わる, 関する [+ a] ▶ no que me respeita 私に関しては.
― **respeitar-se** 再 自分を大切にする, 体面を重んじる.

respeitável /xespej'tavew/ [複 respeitáveis] 形 《男女同形》 ❶ 尊敬すべき, 立派な ▶ pessoa respeitável 尊敬すべき人. ❷ かなりの, 相当な ▶ uma quantidade respeitável かなりの量.

‡**respeito** /xes'pejtu ヘスペィト/ 男 ❶ 尊敬, 敬意 ▶ respeito aos pais 両親に対する尊敬 / ganhar o respeito de... …の敬意を得る / faltar ao respeito com alguém …に対して礼を失する / impor respeito 尊敬の念を起こさせる / com respeito 丁重に.
❷ 尊重, 遵守, 重視 ▶ respeito aos direitos humanos 人権の尊重 / respeito da lei 法の遵守.
a esse respeito この点に関して.
a respeito de... …に関して.
com respeito a... …に関して.
com todo o respeito お言葉ですが, 出すぎたことを言うようですが.
dar-se ao respeito 堂々とふるまう.
de respeito ① 尊敬に値する, 尊敬できる ▶ pessoa de respeito 尊敬できる人. ② 強い.
dizer respeito a... …に関わりがある ▶ Isso não lhe diz respeito! それはあなたには関係のないことだ / no que diz respeito a... …に関して.
respeito humano 世間体, 他人の目.

respeitoso, sa /xespej'tozu, 'toza/ 形 丁寧な, 丁重な, うやうやしい ▶ em termos respeitosos 丁寧な言葉で.

respetivo, va /xespe'tʃivu, va/ 形 = respectivo

respingar /xespĩ'gax/ 自 ❶ 滴る ▶ A torneira respinga. 蛇口から滴が垂れる. ❷ 光を放つ ▶ O fogo respinga. 炎が火花を散らす.

respingo /xes'pĩgu/ 男 はね返り, しぶき.

respiração /xespira'sẽw/ 男 [複 respirações] 囡 呼吸, 息 ▶ respiração profunda 深呼吸 / respiração artificial 人工呼吸 / respiração boca a boca 口移しの人工呼吸 / técnica de respiração 呼吸法 / prender [conter] a respiração 息を止める.

respirador, dora /xespira'dox, 'dora/ [複 respiradores, doras] 形 呼吸の.
― **respirador** 男 呼吸補助器.

respirar /xespi'rax/ 自 ❶ 呼吸する ▶ respirar fundo 深呼吸する / respirar com dificuldade 息が苦しい.
❷ ほっとする, 一息つく ▶ respirar de alívio 安堵のため息をつく / respirar aliviado ほっとする.
― 他 (空気を) 吸い込む, 呼吸する ▶ respirar ar puro きれいな空気を吸う.

respiratório, ria /xespira'tɔriu, ria/ 形 呼吸の ▶ sistema respiratório 呼吸器 / capacidade respiratória 肺活量.

respiro /xes'piru/ 男 ❶ 呼吸. ❷ 通気口, 排煙口. ❸ 休息.

resplandecente /xesplẽde'sẽtʃi/ 形 《男女同

resplandecer

形》輝く, きらきら光る.
resplandecer /xesplēde'sex/ ⑮ 圁 燦然と輝く, きらめく.
resplendor /xesplẽ'dox/ [圈 resplendores] 男 ❶ 輝き, きらめき ▶ resplendor do sol 太陽の輝き. ❷ 栄光. ❸ 光輪.
respondão, dona /xespõ'dēw̃, 'dõna/ [圈 respondões, donas] 形 名 口答えばかりする(人), 文句の多い(人).
:responder /xespõ'dex/ ヘスポンデーフ/ 他 ❶ 答える, 返事する (↔ perguntar) ▶ Ela respondeu: — Não sei. = Ela respondeu que não sabia. 彼女は「わかりません」と答えた / responder que sim はいと返事する / responder que não いいえと返事する / O que ele respondeu? 彼は何と答えましたか.
❷ …に答える ▶ responder uma questão 質問に答える.
— 圁 ❶ 答える ▶ Responda honestamente. 正直に答えてください.
❷ (質問などに) 答える, 返答する, 返事する [+ a] ▶ reponder a uma pergunta 質問に答える / responder a um e-mail 電子メールに返信する.
❸ …に答える, 返事する ▶ responder para alguém …に返事する.
❹ …に反論する, 口答えする, 言い返す [+ a] ▶ Não me responda. 私に口答えするな.
❺ …に対応する, 応じる, 報いる [+ a] ▶ responder a um cumprimento あいさつに応じる / responder à violência com violência 暴力に対して暴力で応酬する.
❻ …に反応を示す ▶ responder ao estímulo 刺激に反応する.
❼ …の責任を持つ [+ por] ▶ responder por seus atos 自分の行為に責任を持つ.
:responsabilidade /xespõsabili'dadʒi/ ヘスポンサビリダーヂ/ 女 責任, 責務, 義務 ▶ Ela tem a responsabilidade de terminar esse trabalho. 彼女にはその仕事を終える責任がある / assumir a responsabilidade 責任を負う / senso [sentido] de responsabilidade 責任感 / uma posição de responsabilidade 責任のある地位 / responsabilidade civil 民事責任 / responsabilidade penal 刑事責任 / responsabilidade moral 道義的責任 / responsabilidade ilimitada 無限責任 / responsabilidade limitada 有限責任.
chamar à responsabilidade 責任を果たすよう求める.
ser da responsabilidade de alguém … の責任である.
responsabilizar /xespõsabili'zax/ 他 …に責任を課する, …に責任があるとする ▶ A polícia responsabilizou o motorista pelo acidente. 警察は事故の責任を運転手に課した.
— **responsabilizar-se** 再 … の責任を取る [+ por] ▶ Não me responsabilizo pelas atitudes dele. 私は彼のふるまいの責任は取らない.
:responsável /xespõ'savew/ ヘスポンサーヴェウ/ [圈 responsáveis] 形 ❶ …の責任のある, 義務のある [+ por] ▶ Ele é responsável por tudo o que se passou. 起こったことすべての責任は彼にある / sentir-se responsável por... …に対する責任を感じる.
❷ 責任感のある ▶ Ele é muito responsável. 彼はとても責任感が強い.
❸ 主要な, 主だった ▶ Ele é o engenheiro responsável. 彼がチーフエンジニアだ.
❹ …の原因となる [+ por] ▶ o vírus responsável pela doença その病気の原因となるウイルス.
— 名 ❶ 責任者, 担当者 ▶ Quem é o responsável deste evento? 誰がこのイベントの責任者ですか.
❷ 犯人 ▶ o responsável pelo sequestro 誘拐犯 / o responsável pelo roubo 窃盗犯.
:resposta /xes'pɔsta/ ヘスポスタ/ 女 ❶ 答え, 返答 (↔ pergunta) ▶ A resposta dela foi não. 彼女の答えはノーだった / dar resposta 返答する / perguntas e respostas 質疑応答, Q&A.
❷ 解答 ▶ A resposta a esta questão está errada. この問題の解答は間違っている.
❸ 反応 ▶ A resposta dela aos insultos foi corajosa. 侮辱に対する彼女の反応は勇気あるものだった.
ter boas respostas 受け答えがうまい, よい答えを見つけることができる.
ter resposta para tudo 何にでも口答えする, 決して黙ってはいない.
resquício /xes'kisiu/ 男 ❶ 形跡, 痕跡 ▶ um resquício do passado 過去の名残. ❷ すき間, 割れ目.
ressabiado, da /xesabi'adu, da/ 形 警戒した, 疑い深い.
ressaca /xe'saka/ 女 ❶ 二日酔い ▶ estar de ressaca 二日酔いである. ❷ (岸から返す) 引き波.
ressaltar /xesaw'tax/ 他 際立たせる, 目立たせる ▶ ressaltar a beleza 美しさを際立たせる.
— 圁 ❶ 目立つ.
❷ はねる ▶ A bola ressalta. ボールがはねる.
ressalva /xe'sawva/ 女 ❶ 訂正, 正誤表. ❷ 例外, 除外. ❸ 但し書き, 留保 ▶ sem ressalva 留保なしで, 無条件で.
ressalvar /xesaw'vax/ 他 ❶ 制限を設ける ▶ ressalvar o novo contrato 新しい契約書に特約を設ける. ❷ 除外する, 排除する.
❸ 訂正する, 修正する ▶ ressalvar os erros do texto 文章の誤りを訂正する.
❹ 保護する, 守る.
❺ …の…を免除する [+ de] ▶ A lei ressalvou-o de pagar impostos. 法律により彼は税金の支払いを免除される.
— **ressalvar-se** 再 弁解する.
ressarcimento /xesaxsi'mẽtu/ 男 弁償, 償い, 賠償, 賠償金.
ressarcir /xesax'six/ ㉗ 他 ❶ 補償 [弁償] する ▶ ressarcir os danos 損害を賠償する.
❷ …の…を補償 [弁償] する [+ de] ▶ Eles não me ressarciram dos danos. 彼らは私に損害を補償しなかった.
❸ 供給する, …に…を供給する [+ de] ▶ ressarcir a população de alimentos 人々に食糧を供給する.

— **ressarcir-se** [再] …の補償(弁償)を受ける [+ de] ▶ressarcir-se dos gastos 出費の補償を受ける.

ressecado, da /xese'kadu, da/ [形] からからに乾いた, 乾ききった.

ressecar /xese'kax/ ㉙ [他] ❶ 再び乾かす. ❷ からからに乾かす.

— **ressecar-se** [再] からからに乾く.

resseguro /xese'guru/ [男] 再保険.

ressentido, da /xesẽ'tʃidu, da/ [形] (ressentir の過去分詞) 恨んでいる, 怒っている.

ressentimento /xesẽtʃi'mẽtu/ [男] 恨み, 怨念, 遺恨.

ressentir /xesẽ'tʃix/ ㊶ [他] ❶ 再び感じる.
❷ 気分を害する, 怒らせる, 傷つける, 苦しめる ▶ressentir a morte da esposa 妻の死を嘆く.

— **ressentir-se** [再] ❶ …に怒る, 傷つく, 苦しむ [+ de] ▶ressentir-se da indiferença do amigo 友人の冷たい態度に気分を害する.
❷ 気付く ▶ressentir-se do erro 誤りに気付く.
❸ 影響を受ける.
❹ 生き生きする, 活気づく.

ressoar /xeso'ax/ [自] 響く, 反響する.

— [他] 響かせる, 反響させる.

ressonância /xeso'nẽsia/ [女] ❶ 響き, 反響. ❷ 共鳴, 共振 ▶ressonância magnética nuclear 核磁気共鳴.

ressonante /xeso'nẽtʃi/ [形] 《男女同形》 響き渡る, 反響する.

ressonar /xeso'nax/ [他] 響き渡らせる.

— [自] ❶ いびきをかく. ❷ 寝息を立てる.

ressumar /xesu'max/ [他] ❶ したたらせる, にじみ出させる ▶A parede ressuma umidade. 壁から湿気がにじみ出る.
❷ 表す ▶ressumar ódio 憎悪を表す.

— [自] ❶ にじみ出る, 漏れ出る. ❷ 表れる.

ressurgir /xesux'ʒix/ ② [自] 再び現れる, 復活する.

— [他] 蘇らせる, 復活させる.

ressurreição /xesuxej'sẽw̃/ [[複] ressurreições] [女] 復活, 蘇生, 蘇り ▶ressurreição de Jesus イエスの復活.

ressuscitar /xesusi'tax/ [他] 復活させる, 蘇らせる.

— [自] 復活する, 蘇る.

restabelecer /xestabele'sex/ ⑮ [他] 回復する, 復旧する, 再建する ▶restabelecer a ordem 秩序を回復する / restabelecer a saúde 健康を取り戻す.

— **restabelecer-se** [再] 健康を回復する, 元気になる.

restabelecimento /xestabelesi'mẽtu/ [男] 復旧, 復興, 回復 ▶restabelecimento da ordem 秩序の回復.

restante /xes'tẽtʃi/ [形] 《男女同形》 残りの, 残っている.

— [男] 残り.

****restar** /xes'tax ヘスターフ/ [自] ❶ **残る**, 生き残る, 余る ▶Restou apenas uma doce lembrança. 甘い思い出だけが残った / Não me resta nada. 私には何も残っていない / Ainda restam algumas dúvidas. まだいくつかの疑惑が残っている / os anos que me restam 私に残された年月.

❷ 《Resta + [不定詞]》 …**することが残っている**, まだこれから…しなければならない ▶Resta-me fechar o negócio. まだその商談をまとめる必要がある / Resta ver. 後になってみないとわからない / Resta saber [ver] se isso é verdade. それが本当かどうかまだわからない.

restauração /xestawra'sẽw̃/ [[複] restaurações] [女] ❶ (王朝や政権の) 復興, 再興 ▶restauração da monarquia 王政復古 / restauração Meiji 明治維新.
❷ 修復, 復元 ▶restauração de obras de arte 美術品の修復. ❸ (健康の) 回復 ▶restauração da saúde 健康の回復.
❹ [P] レストラン業, 飲食業.

restaurador, dora /xestawra'dox, 'dora/ [[複] restauradores, doras] [名] ❶ 修復者. ❷ 復興者, 再興者.

— [形] ❶ 修復する. ❷ 復興する.

*****restaurante** /xestaw'rẽtʃi ヘスタゥランチ/ [男] **レストラン, 料理店**, 食堂 ▶ir ao restaurante レストランに行く / Vamos a esse restaurante. そのレストランに行きましょう / jantar no restaurante レストランで夕食をとる / restaurante japonês 日本レストラン / restaurante por quilo ビュッフェスタイルの量り売りレストラン.

restaurar /xestaw'rax/ [他] ❶ 復興する, 再興する ▶restaurar a monarquia 王政を復古する. ❷ 修復する, 復元する ▶restaurar um quadro 絵を修復する.

— **restaurar-se** [再] 健康を取り戻す.

restinga /xes'tĩga/ [女] ❶ 砂州. ❷ [B] 海浜植物.

restituição /xestʃituj'sẽw̃/ [[複] restituições] [女] ❶ 返還, 返却, 還付 ▶restituição de bens apreendidos 押収された財産の返却. ❷ 復旧, 回復, 復元.

restituir /xestʃitu'ix/ ⑦ [他] ❶ 返還する, 返却する, 戻す.
❷ 復興させる, 取り戻す ▶restituir a confiança 信頼を取り戻す.
❸ 修復する, 復旧する.
❹ (元の地位に) 戻す.
❺ 補償する.

— **restituir-se** [再] …の補償を得る [+ de].

*****resto** /'xɛstu ヘスト/ [男] ❶ **残り, 余り**, 残金 ▶ler o resto da história 物語の残りを読む / resto de bolo ケーキの残り / para o resto da vida 一生, 死ぬまで.
❷ 〖数学〗 余り.
❸ 《restos》 (食べ物の) 残り ▶restos do jantar 夕食の残り.
❹ 《restos》 廃墟 ; 遺骸, 遺骨 ▶restos mortais 遺骸, 遺骨, 遺灰.
de resto その上, しかも.

***restrição** /xestri'sẽw̃ ヘストリサォン/ [[複] restrições] [女] ❶ **削減, 制限, 縮小** ▶restrição de consumo 消費削減 / restrição de poderes 権力の制限.
❷ **制約**, 条件 ▶Há restrições legais à entrada de imigrantes. 移民の入国に法的制約がある / restrição à propaganda de cigarros たばこの広告の

restringir

制約 / dieta sem restrições especiais 特別な制限のないダイエット.

sem restrições 全面的に, 無条件で.

restringir /xestri'ʒix/ ② 佃 ❶ 狭くする, 狭める. ❷ 制限する, 抑制する, 減らす ▶restringir o número de visitantes 見学者の数を制限する.

restrito, ta /xes'tritu, ta/ 形 制限された, 狭い ▶no sentido mais restrito 言葉の最も狭い意味で.

‡resultado /xezuw'tadu/ ヘズッタード 男 ❶ 結果, 成果 ▶O resultado do teste foi positivo. 検査の結果は陽性だった. / É o resultado que conta. 重要なのは結果だ / resultados da eleição 選挙結果 / resultado do jogo do bicho ビッショクじの抽選結果 / atingir bons resultados よい結果を得る.

❷ 決議, 決定 ▶resultados da reunião 会議の決定.

❸ (計算の) 答え ▶resultado de uma adição 足し算の答え.

❹《スポーツ》得点数, スコア.

dar mau resultado 悪い結果をもたらす.

dar resultado 成果を上げる.

em resultado de... …の結果として, …のために.

‡resultar /xezuw'tax/ ヘズッターフ 自 ❶ …から結果として生じる, 起こる [+ de] ▶Muitas vítimas resultaram do acidente. 事故で多くの犠牲者が出た / filho que resultou do primeiro casamento 最初の結婚で生まれた息子.

❷ …という結果になる [+ em] ▶Essa tentativa resultou em fracasso. その試みは失敗に終わった / resultar em nada 水泡に帰す.

❸ うまくいく ▶Resulta! うまくいきますよ.

resumido, da /xezu'midu, da/ 形 (resumir の過去分詞) 要約した, 簡略した, 短くした ▶versão resumida 簡略版.

*resumir /xezu'mix/ ヘズミーフ 佃 ❶ 要約する, まとめる ▶resumir um texto テキストを要約する.

❷ …の概要を述べる, 簡約化する ▶resumir a situação 状況の概要を述べる / para resumir 要するに, 要は.

— **resumir-se** 再 要約される ▶A questão se resume a "emprego, emprego e emprego." 問題は一言で言えば「雇用, 雇用, 雇用」だ.

resumo /xe'zumu/ 男 要約, 要旨, 梗概 ▶fazer um resumo 要約する / resumo das notícias ニュース梗概.

em resumo 要するに, かいつまんで言えば.

resvalar /xezva'lax/ 佃 ❶ 滑らせる；注ぐ ▶A lua resvala sua pálida luz. 月は青白い光を放つ.

❷ 軽く触れる ▶resvalar o rosto 顔にそっと触れる.

❸ 逃す ▶resvalar ocasião 機会を逃す.

— 自 ❶ 滑る, 滑り落ちる.

❷ 伝って落ちる ▶As lágrimas resvalaram por minha face. 涙が私の頬を伝って落ちた.

❸ (時間などが) すぐに過ぎる ▶Resvalou depressa a juventude. 青春時代があっという間に過ぎてしまった.

❹ 陥る ▶resvalar em erros 誤りに陥る.

❺ (犯罪や過ちなどを) 犯し出す, 犯し始める.

❻ …に変わる [+ em] ▶O leite resvalou em queijo. 乳がチーズに変わった.

resvés /xes'ves/ [複 resveses] 形《男女同形》きつい, ぴったりした.

— 副 ちょうど, ぴったりくっついて ▶Naquela rua, todos os carros passam resvés. あの通りではすべての車が隙間を詰めて走っている.

reta[1] /'xeta/ 女 直線 ▶traçar uma reta 直線を引く. ❷ 直線道路.

reta final ① ホームストレッチ, ゴール前直線区間. ② 最終段階, 最後の追い込み.

sair da reta 道を空ける, 前をどく.

tirar da reta 逃れる, 関わりを避ける.

retaguarda /xeta'gwaxda/ 女 後衛 (部隊)；後部.

retalhar /xeta'ʎax/ 佃 ❶ 細かく切る, 寸断する ▶retalhar um tecido 布を細かく裁断する.

❷ 切りつける, 切り傷をつける ▶retalhar o rosto 顔に切り傷をつける.

❸ 分ける, 分割する ▶retalhar o país 国を分裂させる.

❹ 耕す ▶retalhar a terra 土地を耕す.

❺ 苦しめる, 悩ませる.

❻ 小売りする.

retalho /xeta'ʎu/ 男 ❶ 布の切れ端. ❷ 部分, かけら.

a retalho ばらで, 小売りで ▶vender a retalho ばらで売る.

ser retalho da mesma peça 同じ穴の狢(むじな)である, 同類である.

retaliação /xetalia'sẽw/ [複 retaliações] 女 報復, 仕返し.

retaliar /xetali'ax/ 佃 仕返しをする, 報復する ▶retaliar o ataque 攻撃に報復する.

— 自 仕返しする, 報復する.

retangular /xetẽgu'lax/ [複 retangulares] 形《男女同形》長方形の.

retângulo, la /xe'tẽgulu, la/ 形 直角の ▶triângulo retângulo 直角三角形.

— **retângulo** 男 長方形.

retardado, da /xetax'dadu, da/ 形 ❶ 遅れた, 遅滞の ▶crescimento retardado 成長の遅れ. ❷ 知的障害の.

— 名 知的障害者.

retardar /xetax'dax/ 佃 ❶ 遅らせる, 延期する, 先延ばしにする ▶retardar o pagamento do imposto 税金の支払いを先延ばしにする.

❷ 遅れを引き起こす ▶As chuvas torrenciais retardam as obras. 豪雨のため工事が遅れる.

❸ (成長や発展を) 妨げる, 阻止する ▶retardar o desenvolvimento 発展を妨げる.

— 自 ❶ 遅刻する.

❷ ゆっくり進む.

— **retardar-se** 再 ❶ 遅刻する.

❷ ゆっくり進む.

retardatário, ria /xetaxda'tariu, ria/ 遅刻する, 遅刻した, 形.

— 名 遅刻者.

retardo /xe'taxdu/ 男 retardo mental 知的障害.

retemperar /xetẽpe'rax/ 佃 ❶ …に再焼き入れを

する. ❷ 味をつけ直す.

retenção /xetẽ'sẽw̃/ [複 retenções] [女] ❶ 保持, 保有, 保留 ▶ retenção de dados データの保存.
❷ 留置, 拘置 ▶ direito de retenção 留置権.
❸ retenção na fonte 源泉徴収.

***reter** /xe'tex ヘテーフ/ ㊲ [他] ❶ **つかむ, 握る.**
❷ **記憶する, 覚える** ▶ reter na memória 記憶する.
❸ **維持する, 保持する** ▶ reter o calor 暖かさを保持する / reter a umidade 湿度を保つ.
❹ **こらえる,** 我慢する ▶ reter as lágrimas 涙をこらえる / reter a respiração 息を止める.
❺ **引き留める** ▶ reter os talentos da empresa 才能を会社に引き留める.
— **reter-se** [再] ❶ 自制する, 我慢する. ❷ 立ち止まる, とどまる.

retesar /xete'zax/ [他] ❶ 伸ばす ▶ retesar uma corda ロープをピンと張る.
❷ 固くする ▶ retesar a vontade 覚悟を決める.
— **retesar-se** [再] ❶ 伸びる.
❷ 固くなる ▶ Os músculos se retesam. 筋肉が収縮する.

reticência /xetʃi'sẽsia/ [女] ❶ 故意の言い落とし.
❷ ためらい.
❸ 《reticências》文の中断符号 (...).

reticente /xetʃi'sẽtʃi/ [形] 《男女同形》❶ 慎重な, ためらった. ❷ 寡黙な ▶ O ladrão foi reticente durante o depoimento prestado à polícia. その盗人は警察に供述する間ずっと寡黙だった.

retidão /xetʃi'dẽw̃/ [複 retidões] [女] ❶ まっすぐなこと. ❷ 曲がったことが嫌いなこと, 廉直.

retificar /xetʃifi'kax/ ㉙ [他] ❶ まっすぐにする. ❷ 正す, 直す, 修正する ▶ retificar erros de cálculo 計算間違えを直す. ❸ [B] (エンジンを) 修理する.

retilíneo, nea /xetʃi'lĩniu, na/ [形] 直線の, まっすぐな ▶ movimento retilíneo 直線運動.

retina /xe'tʃĩna/ [女] 〖解剖〗網膜.

retinir /xetʃi'nix/ [自] 鳴り響く, 響き渡る. 金属的な音を出す.
— [他] 響かせる.

retirada /xetʃi'rada/ [女] ❶ 辞去, 退去. ❷ (預金の) 引き出し ▶ retirada de dinheiro お金の引き出し. ❸ 〖軍事〗退却, 撤退 ▶ retirada estratégica 戦略的撤退.
bater em retirada 退却する.

retirante /xetʃi'rẽtʃi/ [形] 《男女同形》[名] [B] 北東部の干ばつを逃れてきた (人).

****retirar** /xetʃi'rax ヘチラーフ/ [他] ❶ **引っ張る, 引き抜く** ▶ retirar a mão 手を引っ込める / retirar um prego 釘を抜く / retirar a tampa ふたをとる.
❷ **引き出す** ▶ retirar dinheiro do banco 銀行からお金をおろす.
❸ (発言を) 撤回する, 取り消す ▶ O político tentou retirar o que disse antes. その政治家は以前の発言を撤回しようと試みた / retirar a licença 免許を取り消す.
❹ 消す, 消滅させる ▶ Tentei retirar o mau cheiro da roupa. 私は服から悪臭を消そうと試みた.
— [自] 退却する.
— **retirar-se** [再] ❶ 引退する, 足を洗う, 隠居する ▶ O jogador se retirou aos trinta anos. その選手は30歳で引退した / retirar-se da política 政治の世界から足を洗う / O empresário se retirou à sua terra natal para passar o resto da vida. その企業家は余生を過ごすため故郷に隠居した.
❷ 立ち去る ▶ Retire-se, por favor. どうかお引き取りください.
❸ 撤却する, 撤退する ▶ retirar-se da campanha eleitoral 選挙戦から撤退する.

retiro /xe'tʃiru/ [男] ❶ 人里離れた閑静な場所.
❷ 隠遁, 隠遁地.
❸ retiro espiritual 黙想.

***reto, ta**[2] /'xɛtu, ta ヘート, タ/ [形] ❶ **直線の, まっすぐの** ▶ em linha reta 直線で.
❷ **垂直の, 直角の,** 直立した ▶ plano reto 垂直面.
❸ **公平な, 公正な** ▶ juiz reto 公正な裁判官.
— **reto** [男] 〖解剖〗直腸 ▶ inflamação no reto 直腸炎.
— **reto** [副] まっすぐに, 直線で.

retocar /xeto'kax/ ㉙ [他] 修正する, 手直しする, 加工する, レタッチする ▶ retocar a foto 写真を加工する / retocar a maquiagem 化粧を直す.

retomada /xeto'mada/ [女] 取り返すこと, 奪回.

***retomar** /xeto'max ヘトマーフ/ [他] ❶ **再び手に取る, 取り戻す,** 奪還する ▶ retomar a vida normal 普通の生活を取り戻す / retomar a calma 平静さを取り戻す / retomar o título de campeão チャンピオンのタイトルを奪還する / Portugal retomou o Recife dos holandeses. ポルトガルはレシーフェをオランダ人から奪回した.
❷ **再開する, 引き継ぐ** ▶ retomar o trabalho 仕事を再開する / retomar o namoro com... …とよりを戻す / retomar um assunto 再度問題に取り組む / retomar o caminho de casa 再び家路につく / retomar o discurso 発言を続ける.

retoque /xe'tɛki/ [男] ❶ 修正, 加工, レタッチ. ❷ 仕上げ ▶ dar os últimos retoques 最後の仕上げをする.

retorcer /xetox'sex/ ⑮ [他] ねじる, ひねる.
— **retorcer-se** [再] ❶ 体をよじる ▶ retorcer-se de dor 痛みに七転八倒する. ❷ ねじれる, よじれる.
retorcer o caminho 後戻りする, 引き返す.

retórica[1] /xe'tɔrika/ [女] ❶ 修辞学, レトリック ▶ figura de retórica 言葉の綾, 文彩 / fazer retórica レトリックを用いる. ❷ 空疎な美辞麗句.

retórico, ca[2] /xe'tɔriku, ka/ [形] ❶ 修辞学の ▶ pergunta retórica 修辞疑問. ❷ 修辞的な, レトリックを駆使した.
— [名] 修辞学者, 雄弁家 ; 美辞麗句を駆使する人.

retornado, da /xetox'nadu, da/ [名] (植民地などからの) 引揚者.

***retornar** /xetox'nax ヘトフナーフ/ [他] **帰す, 戻す ; 返す, 返却する** ▶ retornar os livros 本を返す.
— [自] ❶ 戻る, 帰る ▶ retornar à terra natal 生まれ故郷に帰る.
❷ (時間を) 遡る ▶ retornar ao passado 過去に遡る.
❸ 再び行く ▶ retornar ao hospital 再度病院に行く.
❹ (感情などが) 再び表れる ▶ De repente retor-

R

nou a angústia de sempre. 突然いつもの不安な思いが戻って来た.
❺ 再び現れる, 姿を現す.
❻ しばらくぶりに戻る, 手にする, 復帰する.
❼ 気を取り戻す, 新たな気持ちになる.
❽ 返答する, 答える.
retorno /xeˈtoxnu/ 男 ❶ 戻ること, 帰ること ▶retorno à casa 帰宅, 帰省 / viagem de retorno 帰りの旅 / retorno à juventude 青春時代に遡ること.
❷ B (道路の) U ターン区域.
❸ お返し, 返礼 ; 返却.
❹ 回答, 折り返し電話 ▶dar um retorno a alguém …に回答する, 折り返し電話する.
❺ 交換.
❻ 利益, リターン ▶retorno de investimento 投資回収.
retrair /xetraˈix/ 58 他 ❶ 引っ込める ▶retrair a mão 手を引っ込める.
❷ 収縮させる ▶retrair o músculo 筋肉を収縮させる.
❸ 退かせる, 後退させる, 手を引かせる ▶retrair o exército 軍隊を退かせる.
❹ 当惑させる ▶O olhar da atriz retraiu-o. 女優の眼差しは彼を当惑させた.
❺ (感情などを) 抑える, 表に出さない, 隠す ▶retrair as lágrimas 涙を抑える.
❻ 妨げる, 禁じる ▶Eles não devem me retrair de fazer isto. 彼らは私がそれをすることを禁じるべきではない.
❼ 自由にする, 救う ▶retrair o inocente da prisão 無実の人を刑務所から解放する.
❽ 利益を得る ▶retrair vinte mil reais dos investimentos 投資から 2 万レアルの利益を得る.
— 自 弱まる ▶As dores retraíram. 痛みが弱まった.
— **retrair-se** 再 ❶ 後退する, 退却する.
❷ …から離れる, 遠ざかる, 引退する [+ de] ▶retrair-se da sociedade 世間との交わりを断つ.
❸ 当惑する, まごつく.
❹ 縮む, 収縮する.
retranca /xeˈtrɐ̃ka/ 女 (サッカー) 守りを固めること ▶jogar na retranca 守りを固める.
retrasado, da /xetraˈzadu, da/ 形 B 一昨…, 先々… ▶a semana retrasada 先々週 / no mês retrasado 先々月に.
retratar /xetraˈtax/ 41 他 ❶ 肖像画を描く ▶retratar o rei 国王の肖像画を描く.
❷ 写真を撮る ▶retratar um casamento 結婚式の写真を撮る.
❸ 映す, 反映する ▶O lago retrata o céu. 湖は空を映している.
❹ 描写する, 描き出す ▶retratar os costumes da época その時代の習慣を描写する.
❺ 表す, 浮彫りにする ▶O seu rosto retratava ódio. 彼の顔には憎しみが表れていた.
❻ 思い起こす, 思い出す.
❼ 取り消す, 撤回する.
❽ 再び取り上げる, 再び扱う.
— **retratar-se** 再 ❶ 肖像画を描いてもらう.

❷ 写真を撮ってもらう.
❸ 映す, 映し出される, 反射する.
❹ …を取り消す [+ de].
❺ 誤りなどを認める.
retrátil /xeˈtratʃiw/ [複 retráteis] 形 (男女同形) ❶ (動物の頭や爪などが) 引っ込む. ❷ 格納 [収納] 式の ▶mouse retrátil ケーブル収納式マウス.
retratista /xetraˈtʃista/ 名 肖像画家, 肖像写真家.
☆**retrato** /xeˈtratu/ ヘトラート/ 男 ❶ **肖像画** ▶o retrato do rei 王の肖像画 / retrato a óleo 油絵の肖像画 / retrato de corpo inteiro 全身像. ❷ **人物写真** ▶tirar um retrato 写真を撮る / retrato falado モンタージュ写真. ❸ 描写, 記述.
❹ そっくりな人.
❺ 模範, 手本.
retribuição /xetribujˈsẽw̃/ [複 retribuições] 女 ❶ 報酬, 謝礼. ❷ 感謝.
retribuir /xetribuˈix/ 7 他 ❶ …に報酬を与える, …に報いる ▶Ela retribuiu o elogio com um sorriso. 彼女は微笑んで賞賛に応えた.
❷ …のお返しをする ▶retribuir o favor 親切のお返しをする.
retrô /xeˈtro/ 形 《不変》レトロ調の, 復古調の.
retroagir /xetroaˈʒix/ 2 自 遡及する ▶A lei penal não pode retroagir se não for para beneficiar o réu. 刑法は被告人の利益になる場合を除いて遡及することができない.
retroativamente /xetroa,tʃivaˈmẽtʃi/ 副 遡及的に, 過去にさかのぼって.
retroativo, va /xetroaˈtʃivu, va/ 形 (法令などが) 遡及力のある, 遡及的な.
retroceder /xetroseˈdex/ 自 後退する, 後戻りする, 退却する ▶retroceder ao passado 過去をさかのぼる.
retrocesso /xetroˈsesu/ 男 後退, 逆戻り ▶tecla de retrocesso バックスペースキー.
retrógrado, da /xeˈtrɔgradu, da/ 形 ❶ 逆行する, (考えが) 時代遅れの, 時代に逆行する.
— 名 反動的な人, 時代遅れの人.
retrospectiva[1] /xetrospekˈtʃiva/ 女 B 回顧展, 回顧特集.
retrospectivo, va[2] /xetrospekˈtʃivu, va/ 形 B 回想の, 回顧する, 過去を顧みる.
retrospecto /xetrosˈpektu/ 男 B 回顧, 回想.
retrospetivo, va /ʀɛtrɔʃpeˈtivu, va/ 形 P = retrospectivo
retrovisor /xetroviˈzox/ [複 retrovisores] 男 (自動車) バックミラー (= espelho retrovisor).
retrucar /xetruˈkax/ 29 他 言い返す, 反論する.
retumbante /xetũˈbẽtʃi/ 形 (男女同形) ❶ 響き渡る, こだまする. ❷ 華々しい ▶sucesso retumbante 華々しい成功.
retumbar /xetũˈbax/ 自 鳴り響く ▶Os tambores retumbam. 太鼓が鳴り響く / Nas praças retumbava o eco dos sinos. 広場で鐘の音が響き渡っていた.
réu, ré /ˈxeu, ˈxɛ/ 名 被告人 ▶banco dos réus 被告人席.
estar no banco dos réus ① 被告席に立つ. ②

reumático, ca /xew'matʃiku, ka/ 形 リューマチの.
— 名 リューマチ患者.

reumatismo /xewma'tʃizmu/ 男 【医学】リューマチ.

reumatologista /xewmatolo'ʒista/ 名 リューマチ専門医.

reúna 活用 ⇒ reunir

‡**reunião** /xewni'ẽw̃ ヘゥニアォン/ [複 reuniões] 女 ❶ 集めること, **集合** ▶ reunião de dados データの集合.

❷ 集まり, 会合 ▶ reunião familiar 家族の集まり / reunião de ex-alunos 同窓会 / reunião dançante ダンスパーティー / liberdade de reunião 集会の自由.

❸ 会議 ▶ Eles estão em reunião. 彼らは会議中だ / Haverá reunião à tarde. 午後会議がある / participar da reunião 会議に出席する / A reunião da diretoria será amanhã. 理事会は明日だ / fazer uma reunião 会議をする / sala de reuniões 会議室 / reunião de cúpula サミット / marcar uma reunião を設定する.

reunificação /xewnifika'sẽw̃/ [複 reunificações] 女 再統一 ▶ reunificação da Alemanha ドイツの再統一.

‡**reunir** /xew'nix ヘゥニーフ/ 55

直説法現在	reúno	reunimos
	reúnes	reunis
	reúne	reúnem
接続法現在	reúna	reunamos
	reúnas	reunais
	reúna	reúnam

他 ❶ **集める**; **招集する** ▶ reunir dados データを集める / reunir os alunos numa sala de aula 生徒たちを1つの教室に集める.

❷ 満たす ▶ reunir as condições necessárias 必要条件を満たす.

— 自 集まる; (会が) 開かれる ▶ O conselho reuniu. 評議会が開かれた.

— **reunir-se** 再 集まる, 一緒になる ▶ Vamos nos reunir depois do almoço. 昼食の後で集まりましょう.

reúno 活用 ⇒ reunir

reutilização /xewtʃiliza'sẽw̃/ [複 reutilizações] 女 再利用 ▶ reutilização de óleo de cozinha usado 使用済み食用油の再利用.

reutilizar /xewtʃili'zax/ 他 再利用する.

reutilizável /xewtʃili'zavew/ [複 reutilizáveis] 形 《男女同形》再利用可能な.

revanche /xe'vẽʃi/ 女 ❶ 復讐, 仕返し. ❷ リターンマッチ.

revanchismo /xevẽ'ʃizmu/ 男 復讐, 復讐心.

réveillon /xeve'jõ/ 男 《フランス語》大晦日の晩 ▶ festa de réveillon 大晦日の夜のパーティー.

revelação /xevela'sẽw̃/ [複 revelações] 女 ❶ 暴露, 漏洩(ろうえい), 発覚 ▶ revelação de um segredo 秘密の暴露. ❷ 啓示, 天啓. ❸ 期待の新人 ▶ revelação do ano 今年の期待の新人. ❹ 【写真】現像.

‡**revelar** /xeve'lax ヘヴェラーフ/ 他 ❶ 明かす, 明らかにする; 表す ▶ revelar um segredo 秘密を漏らす / Isso revela alguma insegurança. それは何らかの不安を示すものだ / revelar surpresa 驚きを隠せない, 驚きを表明する.

❷ (写真を) 現像する ▶ revelar fotos 写真を現像する.

— **revelar-se** 再 ❶ 現れる, 明らかになる.

❷ …と分かる ▶ Esse método revelou-se útil. その方法が役立つことが分かった.

revelia /xeve'lia/ 女 被告人の公判廷への欠席.
à **revelia** ① 欠席裁判で ▶ julgar à revelia 欠席裁判で裁く. ② 何も知らずに, 行き当たりばったりに.
deixar correr à revelia 放っておく.

revender /xevẽ'dex/ 他 再び売る, 転売する.

__rever__ /xe'vex ヘヴェーフ/ 69 (過去分詞 revisto) 他 ❶ 再び見る, **再会する** ▶ Eu revi minha ex-namorada no sonho. 私は昔の彼女に夢で再会した.

❷ **見直す, 改定する, 改正する** ▶ rever a constituição 憲法を改正する / edição revista 改訂版.

— **rever-se** 再 ❶ 自分を見る, 自分の姿を見る ▶ Ela se reviu no espelho. 彼女は自らを鏡でじっと見た. ❷ 映る, 反映する.

reverberar /xevexbe'rax/ 他 反射する, 反響する.
— 自 きらめく, 輝く.

reverência /xeve'rẽsia/ 女 ❶ 畏敬; 敬意, 尊敬.
❷ お辞儀 ▶ fazer uma reverência お辞儀をする.

reverenciar /xeverẽsi'ax/ 他 ❶ 畏敬する, 崇める, 尊ぶ. ❷ お辞儀する.

reverendo, da /xeve'rẽdu, da/ 形 ❶ 尊敬すべき, 敬服すべき.
❷ (聖職者に対する敬称) …師.
— **reverendo** 男 神父.

reversão /xevex'sẽw̃/ [複 reversões] 女 ❶ 元の場所に戻ること. ❷ 返還, 返却.

reversível /xevex'sivew/ [複 reversíveis] 形 《男女同形》❶ 逆にできる, 可逆性の. ❷ (衣服や布地が) 両面使いの, リバーシブルの ▶ casaco reversível リバーシブルコート.

reverso, sa /xe'vexsu, sa/ 形 裏側の, 裏の; 逆の, 反対の.
— **reverso** 男 裏, 裏側 ▶ reverso da mão 手の甲.
reverso da medalha ① メダルの裏面. ② 物事の逆の (悪い) 側面.

reverter /xevex'tex/ 自 ❶ …に戻る, 後戻りする [+ a] ▶ reverter ao ponto de partida 振り出しに戻る.

❷ 【法律】(財産などが) 所有者のもとに戻る.

❸ 最終的に…となる [+ em] ▶ reverter em benefício 有利に働く.

— 他 改造する, 転換する.
— **reverter-se** 再 方向転換する.

revertério /xevex'tɛriu/ 男 B 俚 事態が突然悪

化すること ▶Deu um revertério e ele teve que ser operado de novo. 急に状況が悪化し，彼はもう一度手術を受けなければなかなかった.

revés /xe'vɛs/ [男] ❶ 裏，裏面，裏側.
❷ 不運，逆境，不都合な状況 ▶sofrer um revés 失敗する.
❸ 手の甲によるびんた.
❹〖スポーツ〗バックハンド，バックストローク.
ao revés 裏返しに，逆に，反対に.
de revés 斜めに.
em revés 傾いて.
reveses da fortuna 運命の分かれ道，不運.
reveses da vida 人生の困難，運命のいたずら.

revestimento /xevestʃi'mẽtu/ [男] ❶ 外装材，内装材 ▶revestimento de parede 壁の内装材. ❷ 被覆，コーティング. ❸ (道路の) 舗装 ▶revestimento de asfalto アスファルト舗装.

revestir /xeves'tʃix/ [他] ❶ 再び着せる.
❷ 着る，(聖職者が正装を) まとう.
❸ 飾る ▶revestir a sala com flores 広間を花で飾る.
❹ コーティングする，上張りする，かぶせる.
❺ …を装う，…のふりをする.
❻ 正当化する，根拠を与える.
— **revestir-se** [再] ❶ 着飾る；(聖職者が) 正装する.
❷ …で身を固める，備える ▶revestir-se de paciência じっと耐える.
❸ 装う，真似る.

revezamento /xeveza'mẽtu/ [男] ❶ 交替 ▶sistema de revezamento 交替制. ❷〖スポーツ〗リレー ▶prova de revezamento リレー競技.

revezar /xeve'zax/ [他] …と交代する.
— [自] …と交代する [+ com].
— **revezar-se** [再] 交代する ▶Os assistentes se revezavam no trabalho. 助手たちは交代で勤務していた.

revidar /xevi'dax/ [他] ❶ …に言い返す.
❷ …に仕返しする，報復する ▶revidar os ataques 攻撃に報復する.

revide /xe'vidʒi/ [男] ❶ 返事，返答. ❷ 復讐，仕返し.

revigorante /xevigo'rẽtʃi/ [形]《男女同形》元気を回復させる，新たな力を与える.

revigorar /xevigo'rax/ [他] 強固にする，活性化する，元気にする ▶revigorar a economia 経済を活性化する.
— [自] 元気を取り戻す，活性化する.
— **revigorar-se** [再] 元気を取り戻す，活性化する.

revirar /xevi'rax/ [他] ❶ 向きを変える，ひっくり返す，裏返す ▶revirar uma roupa 服を裏返しにする / revirar a casa 家じゅうをひっくり返す.
❷ かき回す ▶revirar a bolsa em busca da chave 鍵を捜し求めてかばんをかき回す.
❸ (体の一部を) 繰り返し動かす.
❹ 吐き気を催させる，気分を悪くさせる.
❺ 変更する ▶revirar o rumo 方向 (方針) を変える.
❻ 戻す，帰す.
— [自] ❶ 繰り返し動く.
❷ 戻る.
— **revirar-se** [再] ❶ 繰り返し動く.
❷ 反乱を起こす，反抗する.

reviravolta /xevira'vɔwta/ [女] ❶ 反転，半回転，Uターン. ❷ 急変，豹変 ▶reviravolta da situação 状況の急変.

*__revisão__ /xevi'zẽw̃ ヘヴィザォン/ [[複] revisões] [女] ❶ **点検** ▶revisão periódica de carro 自動車の定期点検.
❷ **復習** ▶fazer revisões 復習する / fazer uma revisão de... …の復習をする.
❸ **見直し，改定** ▶revisão do sistema de ensino 教育制度の見直し / revisão constitucional 憲法改正.

revisar /xevi'zax/ [他] ❶ 見直す，再検討する ▶revisar os critérios 基準を見直す. ❷ 改訂する ▶edição revisada 改訂版. ❸ 校正する.

revisionismo /xevizio'nizmu/ [男] 修正主義.

revisionista /xevizio'nista/ [形]《男女同形》修正主義の.
— [名] 修正主義者.

revisor, sora /xevi'zox, 'zora/ [[複] revisores, soras] [形] 検査する，校正する.
— [名] 校正者.

revista /xe'vista ヘヴィスタ/ [女] ❶ **雑誌 ▶revista feminina 女性誌 / revista masculina 男性誌 / revista de moda ファッション雑誌 / revista em quadrinhos 漫画雑誌 / revista mensal 月刊誌 / revista semanal 週刊誌.
❷ **点検，検査**.
❸〖演劇〗レビュー.
❹〖軍事〗閲兵.
passar em revista ① 検査する. ② 閲兵する.

revistar /xevis'tax/ [他] 捜索する，調べる ▶A polícia revistou algumas pessoas. 警察は何人かを取り調べた / revistar um carro 車を調べる.

reviver /xevi'vex/ [自] 生き返る，息を吹き返す，復活する ▶Quando lhe dei água, a flor reviveu. 水をあげると花が生き返った / Quando olho para as fotos, revivo o passado. 写真に目をやると過去がよみがえる.
— [他] …を再び生きる，再び体験する ▶reviver o passado 過去に生きる.

revoada /xevo'ada/ [女] 飛ぶ鳥の群れ.

revoar /xevo'ax/ [自] ❶ (飛んで) 帰る. ❷ 飛び交う. ❸ 高く飛ぶ.

revogação /xevoga'sẽw̃/ [[複] revogações] [女] 取り消し，撤回，撤廃.

revogar /xevo'gax/ ⑪ [他] 取り消す，無効にする，廃止する ▶revogar uma lei 法律を廃止する / revogar uma autorização 許可を取り消す.

*__revolta__ /xe'vɔwta ヘヴォゥタ/ [女] ❶ **暴動，反乱**，乱闘 ▶revolta estudantil 学生の暴動. ❷ **憤怒，激昂**，激怒 ▶Não consegui esconder a revolta. 私は憤りを隠すことはできなかった.

revoltado, da /xevow'tadu, da/ [形] ❶ 憤慨した，不満な ▶ficar revoltado com o destino 運命に憤慨する.
❷ 反乱を起こした，反抗した.

R

revoltante /xevow'tẽtʃi/ [形]《男女同形》反発を買う，けしからぬ，不快な.

revoltar /xevow'tax/ [他] ❶ 憤慨させる.
❷ 反乱を起こさせる ▶ revoltar o povo 民衆を立ち上がらせる.
— **revoltar-se** [再] ❶ …に対して反抗する，反乱を起こす［+ contra］▶ Os funcionários se revoltaram contra as demissões em massa promovidas pela empresa. 従業員たちは会社が実施した大量解雇に対して反発した.
❷ …に立腹する［+ com］▶ A advogada se revoltou com o depoimento da testemunha. 弁護士は目撃者の証言に腹を立てた.

revolto, ta /xe'vowtu, ta/ [形] ❶ 荒れた ▶ mar revolto 荒れた海. ❷ ぼさぼさの ▶ cabelos revoltos ぼさぼさの髪. ❸ 激怒した，腹を立てた.

⋆⋆**revolução** /xevolu'sẽw̃ ヘヴォルサォン/［[複] revoluções］[女] ❶ **革命，革新** ▶ Revolução Francesa フランス革命 / revolução industrial 産業革命 / Revolução do 25 de abril 4月25日革命（ポルトガルで独裁体制を倒した革命）/ Revolução dos Cravos カーネーション革命（4月25日革命の別称）.
❷ 回転，旋回 ▶ eixo de revolução 回転軸.
❸〖天文〗公転.

revolucionar /xevolusio'nax/ [他] …に変革をもたらす，革命を引き起こす ▶ revolucionar o mundo dos jogos eletrônicos テレビゲームの世界に革命を起こす.
— **revolucionar-se** [再] …に対して革命を起こす［+ contra］.

revolucionário, ria /xevolusio'nariu, ria/ [形] 革命の，革命的な ▶ movimento revolucionário 革命運動 / tecnologia revolucionária 革命的技術.
— [名] 革命家，変革者.

revolver /xevow'vex/ [他] ❶ 詳細に調べる ▶ Você revolveu a minha secretária. 君は私の机を調べた / revolver os papéis 書類を入念に調べる.
❷ かき回す，動かす.
— [自] 回転する，回る.
— **revolver-se** [再] 回る.

revólver /xe'vɔwvex/［[複] revólveres］[男] リボルバー，回転式拳銃.

reza /'xɛza/ [女] 祈り，祈禱 ▶ reza brava 呪い，呪詛.

⋆**rezar** /xe'zax ヘザーフ/ [他] ❶ **祈る** ▶ rezar o rosário ロザリオのお祈りをする.
❷ **語る**，述べる ▶ A história não reza nada dos pobres. 歴史は貧者については何も語らない / A lei reza que... 法律は…と定めている.
— [自] 祈る ▶ O padre rezou por nós. 神父は我々のために祈ってくれた.

RG《略語》registro geral 市民登録，身分証明.

ri [活用] ⇒ rir

ria [活用] ⇒ rir

riacho /xi'aʃu/ [男] 小川.

riba /'xiba/ [女]（高い）土手，川岸.
de riba 上から，上で.
em riba そのうえさらに.
em riba de... …の上に.
pra riba 上方に.

ribalta /xi'bawta/ [女] ❶ フットライト，脚光. ❷ 舞台の前面，舞台.

ribanceira /xibẽ'sejra/ [女] ❶ 高い川岸［堤防］.
❷ 絶壁，断崖.

ribatejano, na /xibate'ʒẽnu, na/ [形] ポルトガルのリバテージョ Ribatejo 地方の.

ribeira /xi'bejra/ [女] ❶ 小川（rio より小さく ribeiro より幅が広い）.
❷ 川岸，堤防，土手.

ribeirão /xibej'rẽw̃/［[複] ribeirões］[男] ❶ [B] 川，小川（regato や riacho より大きく rio より小さい）.
❷ [B] ダイヤモンド採掘地.

ribeirinho, nha /xibej'rĩɲu, ɲa/ [形] 川岸の，川岸に住む ▶ população ribeirinha 川岸に住んでいる住民.

ribeiro /xi'bejru/ [男] 小川.

ricaço, ça /xi'kasu, sa/ [名] [形] 大金持ち（の）.

rícino /'xisinu/ [男]〖植物〗トウゴマ，ヒマ ▶ óleo de rícino ヒマシ油.

⋆⋆⋆**rico, ca** /'xiku, ka ヒーコ，カ/ [形] ❶ **金持ちの，裕福な**（⟷ pobre）▶ Ele é muito rico. 彼はとても金持ちだ / ficar rico 金持ちになる / país rico 豊かな国 / família rica 裕福な家庭.
❷ **豊かな，豊富な** ▶ uma rica coleção 豊富な収蔵品 / terras ricas 肥沃な土地.
❸ **…に富んだ**［+ em］▶ fruto rico em vitaminas ビタミンたっぷりの果実.
— [名] 金持ちの人 ▶ os ricos 富裕層.
ricos e pobres 金持ちも貧乏人も.

ricochete /xiko'ʃetʃi/ [男]（水切りで小石が）跳ねること，水切り；（銃弾などの）跳ね返り；リバウンド ▶ ricochete de um tiro シュートのリバウンド.
de ricochete 間接的に，結果的に ▶ Aquela frase atingiu-me de ricochete. あの言葉は間接的に私のところに届いた.

ricochetear /xikoʃete'ax/ ⑩ [自] 跳ね返る.

ricota /xi'kɔta/ [女] リコッタチーズ.

ridicularizar /xidʒikulari'zax/ [他] …を笑いものにする，あざける.
— **ridiculizar-se** [再] 笑いものになる.

⋆**ridículo, la** /xi'dʒikulu, la ヒヂクロ，ラ/ [形] ❶ **こっけいな** ▶ pessoa ridícula こっけいな人.
❷ **愚かな** ▶ pedido ridículo 愚かな依頼 / Que ridículo! 何とばかげたことだ.
❸ 無価値な，意味のない ▶ presente ridículo 無価値なプレゼント.
— **ridículo** [男]《o ridículo》物笑いの種，笑いもの ▶ Para conseguir o impossível, não deve temer o ridículo. 不可能を実現するためには，笑いものになることを恐れてはならない.

rifa /'xifa/ [女] 宝くじ，宝くじの券.

rifar /xi'fax/ [他] ❶ 捨てる，処分する ▶ Ele decidiu rifar a sua moto. 彼は自分のオートバイを処分することにした. ❷ くじ引きで売る.

rifle /'xifli/ [男] ライフル銃.

rigidez /xiʒi'des/［[複] rigidezes］[女] ❶ 硬さ，硬直 ▶ rigidez cadavérica 死後硬直 / rigidez do sistema 制度の硬直性. ❷ 厳しさ，厳格さ.

rígido, da /'xiʒidu, da/ [形] ❶ 硬い，堅固な ▶ dis-

rigor

co rígido ハードディスク.
❷ 硬直した, こわばった ▶músculos rígidos 硬直した筋肉.
❸ 厳しい, 厳格な, 柔軟性に欠ける ▶disciplina rígida 厳しい規律.

***rigor** /xi'gox ヒゴーフ/ [圈 rigores] 男 ❶ 厳格, 厳正 ▶rigor da lei 法の厳しさ / educar a criança com rigor 子供を厳しくしつける / política de rigor 緊縮政策.
❷ 厳密さ, 正確さ ▶rigor matemático 数学的厳密さ.
❸ (気候の) 厳しさ ▶rigor do inverno 冬の厳しさ.
a rigor ① 厳密には. ② 公式に, 適切に ▶Ele estava vestido a rigor. 彼はきちんとした身なりをしていた.
em rigor 厳密には ▶Em rigor, o jogo começa às três horas e quatro minutos da tarde. 厳密には, 試合は午後3時4分に始まる.
ser de rigor ぜひとも必要である.

rigoroso, sa /xigo'rozu, 'roza/ 形 ❶ 厳格な, 容赦ない, 厳しい, 過酷な ▶professor rigoroso 厳格な教師 / inverno rigoroso 厳冬 / frio rigoroso 厳しい寒さ.
❷ 厳密な, 正確な, 厳正な ▶no sentido rigoroso do termo 言葉の厳密な意味で.

rijo, ja /'xiʒu, ʒa/ 形 ❶ 硬い, 堅い ▶substância rija 硬い物質.
❷ 強い, 激しい; 乱暴な ▶vento rijo 強い風 / pancada rija 激しい一撃.
❸ 丈夫な, 健康な, たくましい.
❹ 意志が強い, 根気強い.
❺ 厳しい ▶pai rijo 厳格な父親.
❻ P 俗 にぎやかな ▶festa rija にぎやかなパーティー.
— **rijo** 男 大部分; 主要部分 ▶o rijo da fortuna 財産の大部分.
— **rijo** 副 強く, 激しく, きつく.
de rijo ① 激しく, 強く. ② 断固として, 精力的に.
rijo de ânimo 大胆不敵 (勇敢) な.

rilhar /xi'ʎax/ 他 ❶ かじる ▶Os animais rilharam a ração. 動物たちは餌にかじりついた.
❷ (歯を) きしらせる ▶rilhar os dentes 歯ぎしりする.
— 自 きしむ ▶A porta rilhou. ドアが軋んだ / Os dentes rilham. 歯がきりきり音を立てる.

rim /'xĩ/ [圈 rins] 男《解剖》腎臓 ▶transplante de rim 腎臓移植.

rima /'xima/ 囡 ❶ 韻, 脚韻. ❷《rimas》韻文, 詩歌 ▶fazer rimas 詩を作る.
sem rima nem razão でたらめに, めちゃくちゃに.

rimar /xi'max/ 自 ❶ …と韻を踏む [+ com] ▶Amor rima com dor. amor (愛) は dor (苦しみ) と韻を踏む. ❷ …と一致する [+ com].

rímel /'xĩmew/ [圈 rímeis] 男 マスカラ ▶usar rímel マスカラをする.

rinchar /xĩ'ʃax/ 自 ❶ (馬が) いななく. ❷ きしむ.
rincho /'xĩʃu/ 男 (馬の) いななき.
ringue /'xĩgi/ 男 (ボクシングやレスリングの) リング ▶ringue de boxe ボクシングリング.

rinha /'xĩɲa/ 囡 闘鶏, 闘鶏場.

rinite /xi'niʧi/ 囡《医学》鼻炎 ▶rinite alérgica アレルギー性鼻炎.

rinoceronte /xinose'rõʧi/ 男《動物》サイ.

rinque /'xĩki/ 男 (スケートなどの) リンク ▶rinque de patinação スケートリンク.

*‡**rio** /'xiu ヒオ/ 男 ❶ 川, 河川 ▶rio Amazonas アマゾン川 / descer o rio 川を下る.
❷ 大量 ▶Ele gastou rios de dinheiro. 彼は多額の浪費をした / rio de sangue 大量の血.
correr os rios de tinta 書きまくる.
rio abaixo 川下に.
rio acima 川上に.
rio da unidade nacional ブラジル統合の川 (サンフランシスコ川のこと).

rio 活用 ⇒ rir

Rio /'xiu/ 男《地名》Rio (de Janeiro) リオデジャネイロ.

Rio de Janeiro /,xiudʒiʒa'nejru/ 男 ❶ (ブラジル南東部の) リオデジャネロ州. ❷ リオデジャネイロ市.

Rio Grande do Norte /,xiugrẽdʒidu'nɔxtʃi/ 男《地名》(ブラジル北東部の) リオグランデ・ド・ノルテ州.

Rio Grande do Sul /,xiugrẽdʒidu'suw/ 男《地名》(ブラジル南部の) リオグランデ・ド・スル州.

rio-grandense-do-norte /,xiugrẽdẽsidu'nɔxtʃi/ [圈 rio-grandenses-do-norte] 形《男女同形》名 リオグランデ・ド・ノルテ州の (人).

ripa /'xipa/ 囡 薄くて細長い木の板.
baixar a ripa 誹謗する.
meter a ripa em... …の悪口を言う.

ripar /xi'pax/ 他 ❶ (亜麻などを) すく.
❷ (熊手などで土地を) ならす.
❸ (小割板を) 作る.
❹ …に小割板を取り付ける, …を小割板で覆う ▶ripar a janela da cozinha キッチンの窓に小割板を取り付ける.
❺ 俗 殴る.
❻ B 俗 批判する, 悪く言う; 侮辱する.

ripostar /xipos'tax/ 他 言い返す, 答える ▶Ele ripostou que não iria com ela. 彼は彼女と一緒に行かないと答えた.
— 自《スポーツ》フェンシングなどで攻撃をかわす.

*‡**riqueza** /xi'keza ヒケーザ/ 囡 ❶ 富, 裕福, 財産 ▶viver na riqueza 裕福に暮らす / a distribuição da riqueza 富の分配 / acumular riquezas 財を成す.
❷ 豊かさ, 豊富さ, 肥沃 ▶riqueza de vocabulário 語彙の豊富さ / riqueza de uma língua 言語の豊かさ / riqueza interior 内面の豊かさ / riqueza do solo 土地の肥沃さ.
❸ 豪華さ ▶riqueza da decoração 装飾の豪華さ.
❹ 資源 ▶riquezas naturais 天然資源.
❺ 多量, 豊富, 多数 ▶riqueza das cores 色彩の豊富さ.
❻ 大切なもの ▶Aquela filha é a sua riqueza. あの娘はあなたの大切なものだ.

★★★rir /'xix ヒーフ/ [56]

直説法現在	rio	rimos
	ris	rides
	ri	riem
接続法現在	ria	riamos
	rias	riais
	ria	riam

[自] ❶ **笑う** ▶Nós rimos muito com as piadas que ele contou. 私たちは彼が話したジョークに大笑いした / rir até chorar 涙が出るほど笑う / rir às gargalhadas 心の底から笑う / rir forçado 苦笑いする / Não é assunto para se rir. 笑い事ではない / Quem ri por último, ri melhor. [諺] 最後に笑う者が最もよく笑う / Não me deixe rir. 笑わせるな / morrer de rir 死ぬほど笑う.
❷ …を冷やかす, あざ笑う [+ de] ▶Todos riram da pretensão dele. 皆彼の思い上がりをあざ笑った.

risada /xi'zada/ [女] 笑い, 大笑い ▶dar risada 笑う / risada homérica 高笑い, 哄笑.

risca /'xiska/ [女] ❶ 線. ❷ 髪の分け目.
à risca 正確に, 文字通りに ▶seguir à risca as instruções 指示を厳密に守る.

riscar /xis'kax/ [29] [他] ❶ 線を描く, 線で引く ▶riscar uma linha reta 直線を引く.
❷ 線を引いて消す, 線で完全に消す ▶riscar as palavras desnecessárias 不必要な語を線で消す / riscar da lista リストから削る.
❸ 削除する, 排除する ▶riscar os dias do calendário カレンダーの日付を×印で消す.
❹ 素描する, スケッチする ; 概要を示す.
❺ 計画する, 設計する.
❻ (マッチなどを) 擦る ▶riscar um fósforo マッチを擦る.
❼ (相手を傷つけるためにナイフなどを) 取り出す.
❽ (急に馬を) 止める.
❾ …に印を付ける.
— [自] ❶ (友好などの) 関係が絶たれる ▶Esse espertalhão, para mim, riscou. そんな卑劣な奴, 私にとってはもうどうでもいい.
❷ けんかする, 争う.
❸ 剃刀を手にけんか相手に向かって立ち回る.
❹〘法律〙取り消す, 無効にする.
— **riscar-se** [再] ❶ 消える ▶riscar-se da memória 記憶から消える. ❷ 辞職を願い出る.

★★★risco /'xisku ヒスコ/ [男] ❶ **危険, リスク** ▶risco de vida 死の危険 / risco de infecção 感染の危険 / risco de câmbio 為替リスク / A apólice cobre o risco de incêndio. 保険は火災のリスクもカバーする / correr o risco de vida 生命の危険を冒す / grupo de alto risco ハイリスクグループ.
❷ 線.
❸ 刺しゅうの下絵.
a todo o risco 万難を排して, 危険を冒して.
em risco de... …の危険を冒して ▶em risco de vida 生命の危険を顧みず.
pôr em risco 危険にさらす.
por sua conta e risco 自己責任で.

risível /xi'zivew/ [[複] risíveis] [形]《男女同形》こっけいな, 笑うべき.

★riso /'xizu ヒーゾ/ [男] ❶ **笑い** ▶riso amarelo 苦笑い / riso sarcástico 嘲笑 / riso nervoso 神経質な笑い / ataque de riso 笑い転げること / provocar o riso 笑わせる / Tive que conter o riso. 私は笑いをこらえなければならなかった.
❷《risos》笑い声 ▶Ouviram-se risos na sala. 教室で笑い声が聞こえた.

risonho, nha /xi'zõɲu, ɲa/ [形] ❶ 笑った, ほほえんだ ▶rosto risonho 笑顔. ❷ ほがらかな. ❸ (将来が) 明るい, 有望な ▶futuro risonho 明るい未来.

risota /xi'zɔta/ [女] ❶ 笑い. ❷ 嘲笑, 冷笑.

rispidez /xispi'des/ [[複] rispidezes] [女] 粗暴, 乱暴, 荒っぽさ ▶com rispidez 強引に.

ríspido, da /'xispidu, da/ [形] 粗暴な, 乱暴な, 荒っぽい ▶ser ríspido com... …に対して邪険に当たる.

riste /'xistʃi/ [男] (甲冑の) 槍受け.
em riste 構えて ▶com o dedo em riste 指さして, 指を立てて.

ritmar /xitʃi'max/ [他] …にリズムをつける.

rítmico, ca /'xitʃimiku, ka/ [形] リズミカルな, 律動的な, リズムの ▶ginástica rítmica リズム体操.

★ritmo /'xitʃimu ヒチモ/ [男] ❶ **リズム, 拍子**, 周期 ▶dançar ao ritmo da música 音楽のリズムに合わせて踊る / ritmo das ondas 波のリズム / marcar o ritmo リズムを取る / dar ritmo リズムをつける / ter ritmo リズムがある, リズム感がある / ritmo de vida 生活のリズム / ritmo de trabalho 仕事のリズム / ritmo de crescimento 成長率 / ritmo da respiração 呼吸周期 / ritmo cardíaco 心拍数.
❷ **調子** ▶manter um bom ritmo 好調を維持する / Espero continuar nesse ritmo. この調子で続けられたらいい.
perder o ritmo リズムが落ちる, 減速する.

rito /'xitu/ [男] ❶ 典礼, 祭式 ▶ritos católicos カトリック典礼.
❷ 儀式 ▶ritos fúnebres 葬儀.
❸ 習わし, 慣行.
❹〘民俗学〙儀礼 ▶ritos de passagem 通過儀礼 / rito de iniciação 加入儀礼.

★ritual /xitu'aw ヒトゥアゥ/ [[複] rituais] [男] **儀式, 典礼** ▶ritual judaico ユダヤ教儀式 / rituais do sumô 相撲の儀式 / rituais religiosos 宗教儀式.
— [形]《男女同形》❶ 儀式の, 典礼の ▶sacrifício ritual 儀式のいけにえ. ❷ 規則的な, いつもの.

rival /xi'vaw/ [[複] rivais] [名] 競争相手, ライバル ▶rivais no amor 恋敵 / sem rival 比類のない, 無敵の.
— [形] ライバル関係にある, 対抗する ▶países rivais ライバル国.

rivalidade /xivali'dadʒi/ [女] ライバル関係, 対抗, 対立 ▶rivalidade entre os irmãos 兄弟の間のライバル関係.

rivalizar /xivali'zax/ [自] ❶ …と張り合う, 競う [+ com] ▶O samba rivaliza com o tango na

R

rixa

América do Sul. サンバは南アメリカでタンゴと張り合う. ❷ …に匹敵する, …と肩を並べる [+ com] ▶Elis Regina rivaliza com Gal Costa na música brasileira. エリス・レジーナはブラジル音楽でガル・コスタと肩を並べる.

rixa /ˈxiʃa/ 囡 ❶ 不和, 確執, 遺恨. ❷ けんか, 口論.
andar de rixa 仲違いしている.
de rixa velha e caso pensado 故意に, 計画的に.

RJ 《略語》Estado do Rio de Janeiro リオデジャネイロ州.
RN 《略語》Estado do Rio Grande do Norte リオグランデ・ド・ノルテ州.
RO 《略語》Rondônia ロンドニア州.
robe /ˈxɔbi/ 男 ガウン, バスローブ.
robô /xoˈbo/ 男 ❶ ロボット. ❷ 機械的に行動する人, 他人の言いなりになる人.
robótica /xoˈbɔtʃika/ 囡 ロボット工学.
robustecer /xobusteˈsex/ ⑮ 他 強固にする, 強くする.
— **robustecer-se** 再 頑丈になる, たくましくなる.
robustez /xobusˈtes/ [複 robustezes] 囡 頑健, 頑丈, 強固 ▶robustez da economia americana アメリカ経済の堅調.
robusto, ta /xoˈbustu, ta/ 形 ❶ 頑健な, がっしりした, たくましい ▶corpo robusto 頑健な体. ❷ 頑丈な, 強固な, 堅固な ▶economia robusta 堅調な経済.
roca /ˈxɔka/ 囡 ❶ 糸巻き棒 ▶Cada terra com seu uso, cada roca com seu fuso. 諺 (それぞれの土地にその習慣があり, それぞれの糸巻き棒にその心棒がある→) それぞれの国にお国柄がある. ❷ 岩石, 岩山.
roça /ˈxɔsa/ 囡 ❶ 開墾, 開拓.
❷ 開墾地, 開拓地.
❸ Ⓑ (トウモロコシや豆などの) 小さな耕作地, 畑.
❹ Ⓑ 田舎 ▶morar na roça 田舎に住む / ir pra [para a] roça 地方で暮らす, 地方に行く.
fazer roça Ⓑ 慣 やらなければならない仕事などを怠る.
rocambole /xokẽˈbɔli/ 男 ロールケーキ ▶rocambole de chocolate チョコレートロールケーキ.
roçar /xoˈsax/ ⑬ 他 ❶ 開墾する, 開拓する.
❷ 摩擦する, こする.
❸ 摩擦によってすり減らす ▶roçar os pneus タイヤをすり減らす.
❹ 軽く触れる ▶roçar o cabelo 髪に触れる.
❺ すぐ近くを通る ▶roçar a superfície do lago 湖の表面をかすめる.
❻ (ある年齢に) 近づいている, 近い ▶roçar os quarenta anos 40歳に近づいている.
— 自 …に軽く触れる [+ em].
— **roçar-se** 再 擦れ合う, 触れ合う.
— 男 軽く触れること.
roceiro, ra /xoˈsejru, ra/ 形 (動物が) 耕地を荒らす.
— **roceiro** 男 ❶ 農地を耕す人, 開墾者.
❷ Ⓑ 田舎者, 無知で素朴な人.
★**rocha** /ˈxɔʃa/ ホーシャ 囡 岩, 岩石 ▶Esta praia tem tantas rochas que não dá para nadar. この海岸は岩が多いので遊泳には向かない.
rochedo /xoˈʃedu/ 男 ❶ 大きな岩. ❷ 断崖, 絶壁.
rochoso, sa /xoˈʃozu, ˈʃoza/ 形 岩でできた, 岩の ▶montanhas rochosas 岩山.
rocio /xoˈsiu/ 男 露, 小雨.
rococó /xokoˈkɔ/ 形 《不変》❶ ロココ調の, ロココ様式の. ❷ 流行遅れの. ❸ ごてごてした, 装飾過剰の.
— 男 ロココ様式.
★**roda** /ˈxɔda/ ホーダ 囡 ❶ 車輪, 輪 ▶roda dianteira 前輪 / roda traseira 後輪 / roda dentada 歯車 / roda hidráulica 水車 / roda da fortuna 運命の輪 / patins de rodas ローラースケート / cadeira de rodas 車いす.
❷ (人の) 輪 ▶formar uma roda 輪になる / dançar em roda 輪になって踊る.
❸ 同好会, サークル ▶roda de leitura 読書サークル.
❹ (主に) 子供が輪になって踊るフォークダンス.
à roda de... …の周りに.
botar na roda 《サッカー》パスをつないで時間を稼いだり相手を消耗させる.
de roda ① 周りの. ② 輪になって行う ▶brincadeira de roda 輪になってする遊戯 / cantiga de roda 輪になって歌う歌.
em roda 周りに.
entrar na roda 輪に入る, 参加する.
inventar a roda すでになされていることをして新しいことのように自慢する.
reinventar a roda (現状のままでいいのに) 無駄な努力をする.
rodada /xoˈdada/ 囡 ❶ (車輪などの) 一回転.
❷ Ⓑ《スポーツ》ラウンド, 一試合 ▶primeira rodada 第1ラウンド.
❸ Ⓑ (酒などの) ふるまい ▶pagar uma rodada 全員におごる.
❹ Ⓑ 冷たいもてなし.
❺ Ⓑ トランプの一回, 一勝負.
roda-d'água /ˌxɔdaˈdagwa/ [複 rodas-d'água] 囡 水車.
rodagem /xoˈdaʒẽj/ [複 rodagens] 囡 ❶ (自動車などの) 慣らし運転 ▶em rodagem 慣らし運転中の / período de rodagem 慣らし運転期間. ❷《集合的に》自動車の車輪.
estrada de rodagem 高速道路.
roda-gigante /ˌxɔdaʒiˈgẽtʃi/ [複 rodas-gigantes] 囡 Ⓑ 観覧車.
rodamoinho /xodamoˈiɲu/ 男 Ⓑ ❶ 渦. ❷ つむじ風. ❸ (頭の) つむじ.
rodapé /xodaˈpɛ/ 男 ❶《建築》幅木. ❷ ページの下部 ▶nota de rodapé 脚注.
rodar /xoˈdax/ 他 ❶ 回す, 回転させる ▶rodar o prato na ponta do dedo 指先で皿を回す.
❷ 撮影する, 録画する ▶rodar um filme 映画を撮影する.
❸《情報》(プログラムを) 実行する, 走らせる ▶rodar um programa プログラムを走らせる.
— 自 ❶ 回る, 回転する ▶Pneus rodam depressa.

タイヤが早く回転する.
❷ 旅する ▶Meu sonho é rodar à Europa. 私の夢はヨーロッパへ旅することだ.
❸ (自動車が) …キロ走る ▶Meu carro já rodou mais de dez mil quilômetros. 私の自動車はすでに1万キロ以上走った.

roda-viva /ˌxɔda'viva/ [[複] rodas-vivas] [女] ❶ 大忙しなこと, ばたばたしていること ▶A gente quer mandar no nosso destino mas a roda-viva não deixa. 私たちは思い通りの人生を送りたいが, 大忙しでそうもいかない.
❷ 混乱 ▶A multidão reunida transformou o show em uma roda-viva, com muitos gritos e ânimos exaltados. 集まった群衆は, 大勢の熱狂的な絶叫と熱気でショーを収拾が付かない混乱に変えてしまった.
na roda-viva 大忙しの.
numa roda-viva 大忙しで, 休む間もなく.

rodear /xode'ax/ ⑩ [他] ❶ …の周りを回る ▶os planetas que rodeiam o sol 太陽を周回する惑星.
❷ …を取り囲む ▶O artista ficou rodeado pela multidão. アーティストは群衆に囲まれた.
❸ 攻囲する, 包囲する ▶Os soldados rodearam o castelo. 兵士たちは城を攻囲した.
❹ 避ける, 回避する ▶rodear o assunto 問題をごまかす.
— **rodear-se** [再] …に取り囲まれる [+de] ▶rodear-se de amigos 友人に囲まれる.

rodeio /xo'deju/ [男] ❶ 回り道, 迂回. ❷ 回りくどい言い方, 遠回しの表現 ▶fazer rodeios 回りくどく言う / falar sem rodeios 単刀直入に話す. ❸ 〖競技〗 ロデオ.

rodela /xo'dɛla/ [女] 輪切り, 薄切り ▶uma rodela de ananás パイナップルの輪切り1枚 / rodelas de pepino きゅうりの薄切り / cortar em rodelas 薄切りにする.

rodilha /xo'dʒiʎa/ [女] (物を頭に載せて運ぶときの) 頭当て.

rodízio /xo'dʒiziu/ [男] ❶ (家具に取り付ける) キャスター.
❷ (勤務などでの) 交替制, シフト制, ローテーション ▶rodízio de automóveis プレートナンバーの末尾数字による運転制限.
❸ [B] 食べ放題レストラン ▶churrascaria rodízio バイキング式のシュラスコ専門店 / um rodízio de pizzas ピザの食べ放題店.
❹ …し放題 ▶rodízio de água 水の使い放題.
❺ 水車軸.
❻ (改札口の) 回転腕木.
❼ [話] 中傷, 陰口.
a rodízio (レストランなどが) 食べ放題の.

rodo /'xodu/ [男] ❶ (掃除道具として使う) スクイージー, モップ. ❷ (塩田で塩を掻き集める時などに使う) 木鍬.
a rodo 大量に.

rodoferroviário, ria /xodofexovi'ariu, ria/ [形] 道路と鉄道の ▶terminal rodoferroviário 鉄道とバスのターミナル.

rodopiar /xodopi'ax/ [自] 旋回する, くるくる回る.

rodopio /xodo'piu/ [男] 旋回, くるくる回ること.

rodovia /xodo'via/ [女] 高速道路, 自動車専用道路 ▶rodovia interestadual 州間高速道路.

rodoviária[1] /xodovi'aria/ [女] バスターミナル.

rodoviário, ria[2] /xodovi'ariu, ria/ [形] 高速道路の ▶polícia rodoviária 高速道路警察 / transporte rodoviário 高速道路輸送.
— [名] バス会社従業員.

roedor, dora /xoe'dox, 'dora/ [[複] roedores, doras] [形] かむ, かじる, むしばむ.
— **roedor** [男] 〖動物〗 齧歯目.

roer /xo'ex/ ㊱ [他] ❶ かじる, かむ ▶roer unhas 爪をかむ.
❷ むしばむ, 損なう ▶A ferrugem roeu a minha bicicleta. さびは私の自転車をだめにした.
❸ 使い尽くす ▶roer os recursos 資金を使い尽くす.
❹ 傷つける, 痛めつける, 苦しめる ▶Estes sapatos roeram-me os pés. 私はこの靴で足を痛めた.
❺ 中傷する.
— [自] ❶ かじる, かむ ▶Parei de roer nas unhas. 私は爪をかむことを止めた.
❷ 熟考する ▶roer no assunto その件についてよく考える.
❸ 悪口を言う.
❹ 苦しむ.
— **roer-se** [再] 苦しむ.

rogado, da /xo'gadu, da/ [形] 懇願された ▶Não vá à festa se não for rogado. 懇願されたのでなければパーティーに行くな.
fazer-se de rogado もったいぶる ▶Fez-se de rogado e recusou o convite para ir à festa. 彼はもったいぶってパーティーの招待を断った.

rogar /xo'gax/ ⑪ [他] ❶ 懇願する, 頼む ▶rogar perdão 許しを請う / rogar que +[接続法] …ように懇願する.
❷ rogar praga(s) a... …に呪いをかける, 呪う.
— [自] …に祈る, 祈願する [+a] ▶Rogou a Deus que seu filho se curasse daquela terrível doença. 彼は息子があの恐ろしい病気から回復するよう, 神に祈った.

rogo /'xogu/ [男] ❶ 懇願. ❷ 祈願, 祈り.
a rogo 頼まれて, 代理で ▶assinatura a rogo 代理署名.

rojão /xo'ʒɐ̃w̃/ [男] ❶ 引きずること ; 引きずる音.
❷ [B] 打ち上げ花火 ; 花火があがる音.
❸ [B] [話] 行動, ふるまい.
❹ [B] [話] 慌ただしい生活, せかせかした生活.
❺ [B] [話] 絶え間ない仕事, 疲れる仕事.
❻ 強行軍.
❼ [B] 病状の悪化.
❽ (ギターなどを) かき鳴らすこと ; かき鳴らす音.
aguentar [segurar] o rojão 苦境に耐える.

rojar /xo'ʒax/ [他] ❶ 引きずる ▶rojar as correntes 鎖を引きずる.
❷ 力いっぱい投げる ▶rojar pedras 石を投げる.
— [自] ❶ 這う, 這って進む.
❷ おぼつかない足取りで進む.
❸ すれる, 触れる, 引きずられる ▶O vestido rojava pelo chão. ドレスが床に触れていた.
— **rojar-se** [再] ❶ 這う, 這って進む ▶Rojam-se

cobras. 蛇が這う.
❷ おぼつかない足取りで進む ▶ O velhinho roja-va-se pelas ruas. 老人がのろのろと道を歩いていた.
❸ 平伏する, ひれ伏す.

rol /'xɔw/ [[複] róis] [男] リスト, 表, 名簿.
a rol リストに詳しく記載された.

rolagem /xo'laʒẽj̃/ [[複] rolagens] [女] ❶ 回転. ❷ [B] 借金返済の遅延.

rolante /xo'lẽtʃi/ [形] 《男女同形》 回転する, 転がる ▶ escada rolante エスカレーター / esteira rolante 動く歩道.

***rolar** /xo'lax ホラーフ/ [他] ❶ **回す, 回転させる** ▶ rolar a bola ボールを転がす.
❷ 〖情報〗 スクロールする ▶ rolar a página ページをスクロールする.
— [自] ❶ 転がる, 回転する ▶ A bola rolou pela ladeira. ボールが坂を転がった.
❷ 回覧する, 伝わる ▶ Rola um boato de que o ministro vai se demitir. 大臣が辞任するといううわさが流れている.
❸ 起きる, 行われる ▶ O que é que está rolando? 何が起きているんだ.
❹ (寝床で) 輾転(てんてん)とする ▶ rolar na cama 寝床で輾転とする.
deixar rolar そのままにしておく, 成り行きに任せる, 放っておく.
É de se rolar no chão. 笑いが止まらない.
rolar de rir 腹を抱えて笑う, 大笑いする.

roldana /xow'dẽna/ [女] 滑車.

roldão /xow'dẽw̃/ [[複] roldões] [男] ❶ 混乱, 無秩序. ❷ 力いっぱい投げること.
de roldão 不意に, 突然 ; あたふたと.

roleta /xo'leta/ [女] ❶ ルーレット. ❷ [B] 回転式出入り口, 回転式改札口 ▶ passar na roleta 回転式出入り口を通る.

roleta-russa /xo͵leta'xusa/ [[複] roletas-russas] [女] ロシアンルーレット.

rolha /'xoʎa/ [女] ❶ (コルクなどの) 栓 ▶ tirar a rolha de uma garrafa de vinho ワインボトルの栓を抜く.
❷ [B] 言論封殺, 検閲.
❸ [話] 狡猾な人, ずる賢い人.
❹ [話] 恥知らずな人, 厚顔無恥な人.
meter uma rolha na boca 黙らせる.
tirar a rolha da boca 節度なく話す, しゃべりすぎる, 無作法なことを言う.

rolo /'xolu/ [男] ❶ 円筒, シリンダー, ロール ▶ rolo de papel higiênico トイレットペーパーのロール.
❷ (圧延機などの) ローラー ▶ rolo compressor ロードローラー.
❸ (塗装用の) ローラー.
❹ 円筒状のクッション.
❺ 円筒状に巻いたもの.
❻ 大波.
❼ 円筒状に立ち上る煙やほこり ▶ rolo de fumaça 立ち上る煙.
❽ [B] [話] 混乱, 騒ぎ ▶ Que rolo! なんて騒がしい / dar rolo 騒ぎが起こる.
❾ 群衆, 大勢の人.

romã /xo'mẽ/ [女] ザクロの実.

***romance** /xo'mẽsi ホマンスィ/ [男] ❶ **小説**, 物語 ▶ romance policial 推理小説 / romance histórico 歴史小説 / romance de amor 恋愛小説 / romance de aventura 冒険小説 / romance de cavalaria 騎士道物語. ❷ **ロマンス**, 恋愛 ▶ ter um romance com alguém …と恋愛してる.

romancear /xomẽse'ax/ ⑩ [他] ❶ …を小説にする. ❷ 美化する, 美しく書く.
— [自] 物語を作る.

romancista /xomẽ'sista/ [名] 小説家, 作家.

romanesco, ca /xoma'nesku, ka/ [形] 小説的な, 小説のような.

românico, ca /xo'mẽniku, ka/ [形] ❶ ロマネスク様式の ▶ arquitetura românica ロマネスク建築.
❷ ロマンス語の ▶ línguas românicas ロマンス諸語.
— **românico** [男] ❶ ロマネスク様式. ❷ ロマンス語.

romano, na /xo'mẽnu, na/ [形] ❶ ローマの. ❷ 古代ローマの ▶ civilização romana ローマ文明.
❸ ローマカトリックの ▶ Igreja Romana ローマ教会.
— [名] ローマ人.

romântico, ca /xo'mẽtʃiku, ka/ [形] ❶ ロマン主義の, ロマン派の ▶ literatura romântica ロマン主義文学. ❷ 夢想的な, ロマンチックな ▶ amor romântico ロマンチックな恋. ❸ 感傷的な, 甘ったるい.

romantismo /xomẽ'tʃizmu/ [男] ロマン主義 ▶ o romantismo alemão ドイツロマン主義.

romaria /xoma'ria/ [女] ❶ 聖地巡礼. ❷ 人出, 人波.

rombo /'xõbu/ [男] ❶ 穴. ❷ 損失, 赤字 ▶ dar um rombo 損害を被らせる. ❸ ひし形.

romeiro, ra /xo'mejru, ra/ [名] 巡礼者.

romeu e julieta /xo͵mewiʒuli'eta/ [男] チーズと, グァバの砂糖菓子の組合せで作ったデザート.

rompante /xõ'pẽtʃi/ [男] ❶ 尊大, 傲慢. ❷ 衝動 ▶ um rompante de raiva 怒りの衝動.
— [形] 《男女同形》 ❶ 尊大な, 傲慢な. ❷ 衝動的な.

***romper** /xõ'pex ホンペーフ/ [他] ❶ (関係や契約を) **断つ** ▶ romper o noivado 婚約を解消する / romper as relações diplomáticas 外交関係を断つ / romper o tratado 条約を破棄する / romper um contrato 契約を破棄する.
❷ **遮る, 中断する** ▶ romper o silêncio 沈黙を破る / romper o equilíbrio 均衡を破る, バランスを崩す / romper a monotonia 単調さを破る.
❸ **切る, 裂く** ▶ romper um ligamento 靭帯を切る.
— [自] …との関係を断つ, …**と別れる**, 絶縁する [+ com] ▶ romper com a namorada ガールフレンドと別れる.
— **romper-se** [再] 壊れる, 破れる, 折れる ▶ A barragem se rompeu. ダムが決壊した / A corda se rompeu. ロープが切れた.
— [男] 現れること ▶ ao romper do dia 日の出に.

rompimento /xõpi'mẽtu/ [男] ❶ 割れること, 裂けること, 折れること ▶ rompimento de cabo ケーブルの断裂. ❷ 決裂, 断絶 ▶ rompimento das re-

lações diplomáticas 国交断絶.
roncar /xõ'kax/ ㉙ [自] ❶ いびきをかく. ❷ (お腹が) グーグー鳴る.
ronceiro, ra /xõ'sejru, ra/ [形] ❶ のろい, ぐずぐずした. ❷ やる気のない, 怠惰な.
ronco /'xõku/ [男] ❶ いびき. ❷ 低い音 ▶ronco do motor エンジンの低い音. ❸ (豚やイノシシなどの) 鳴き声.
ronda /'xõda/ [女] 巡回, パトロール ▶fazer a ronda 巡回する, パトロールする.
rondar /xõ'dax/ [他] ❶ …をパトロールする.
❷ …の周りを歩き回る ▶A polícia prendeu um homem que rondava a casa de um empresário. 警察はある企業家宅の周囲を歩き回っていた男を逮捕した.
一 [自] ❶ パトロールする. ❷ 歩き回る.
Rondônia /xõ'dõnia/ 《地名》(ブラジル北部の) ロンドーニア州.
rondoniense /xõdoni'ẽsi/ [形]《男女同形》[名] ロンドーニア州の (人).
ronqueira /xõ'kejra/ [女] 喉のゼイゼイいう音.
ronronar /xõxo'nax/ [自] (猫が) のどをごろごろ鳴らす.
roque /'xɔki/ [男] ❶〖チェス〗ルーク. ❷〖音楽〗ロック.
roqueiro, ra /xo'kejro, ra/ [形] ロックの, ロックンロールの.
一 [名] ロックミュージシャン.
ror /'xox/ [男]《単複同形》[話] 多数, 大量 ▶um ror de vezes 何回も.
Roraima /xo'raima/ 《地名》(ブラジル北部の) ロライマ州.
roraimense /xorai'mẽsi/ [形]《男女同形》[名] ロライマ州の (人).
☆**rosa** /'xɔza ホーザ/ [女] **バラ**, バラの花 ▶uma rosa vermelha 赤いバラ / uma rosa branca 白いバラ / um buquê de rosas バラの花束 / botão de rosa バラのつぼみ / Não há rosas sem espinhos. [諺] 刺のないバラはない / Na vida, nem tudo é um mar de rosas. [諺] 人生はよいことだけではない.
一 [男] バラ色, ピンク色.
一 [形]《不変》バラ色の, ピンク色の.
rosácea /xo'zasia/ [女] ❶ (教会の) バラ窓. ❷ バラ型の装飾. ❸ バラ科.
rosado, da /xo'zadu, da/ [形] バラ色の ▶vinho rosado ロゼワイン.
rosário /xo'zariu/ [男] ❶ ロザリオ, 数珠. ❷〖カトリック〗ロザリオの祈り ▶rezar o rosário ロザリオの祈りをする. ❸ 数珠つなぎ, 一連のもの ▶um rosário de mentiras 立て続けの嘘.
desfiar o rosário ① ロザリオを祈る. ② 心の内を明かす.
rosbife /xoz'bifi/ [男] ローストビーフ.
rosca /'xoska/ [女] ❶ ねじ山 ▶rosca macho 雄ねじ / rosca fêmea 雌ねじ.
❷ リング形またはツイスト形をしたパン, ケーキ, ドーナツ.
❸ 蛇のとぐろ.
❹ [話] 酔っぱらうこと.
❺ コガネムシ類の幼虫, 根切虫.
❻ [B] [俗] 価値のないもの, 取るに足りないもの ▶Este carro é uma rosca. この車は価値がない.
❼ [B] [卑] 肛門.
一 [名] 抜け目のない人, ずる賢い人.
roseira /xo'zejra/ [女] バラの木.
roseiral /xozej'raw/ [[複] roseirais] [男] バラ園.
roseta /xo'zeta/ [女] 小さなバラの花の形をしたもの.
rosetar /xoze'tax/ [自] ❶ …とつき合う [+ com] ▶Rosetava com várias mulheres ao mesmo tempo. 彼は一度に何人もの女性とつき合っていた.
❷ 楽しむ ▶Eu quero é rosetar! 私はとにかく楽しみたい.
rosmaninho /xozma'nĩɲu/ [男]〖植物〗ローズマリー.
rosnar /xoz'nax/ [自] ❶ (犬が) うなる. ❷ ひそひそ [ぶつぶつ] 言う.
rossio /xo'siu/ [男] 大きな広場 ▶Praça do Rossio (リスボンの中心街にある) ロシオ広場.
☆☆☆**rosto** /'xostu ホスト/ [男] ❶ **顔, 顔面**, 表情 ▶lavar o rosto 顔を洗う / Ela tem o rosto redondo. 彼女は丸顔だ / Seu rosto está pálido. あなたは顔色が悪い / Ninguém conhece o rosto verdadeiro dele. 誰も彼の素顔を知らない / O rosto dele estava cheio de alegria. 彼の顔は喜びに満ちていた.
❷ 前面, 正面 ▶rosto do edifício 建物の正面.
❸ (硬貨の) 表, 表側.
❹ (本の) 扉 ▶folha de rosto 扉ページ.
de rosto 面と向かって, 正面から.
de rosto descoberto 顔を見せて, 顔を隠さずに.
fazer rosto a... ① …に面している. ② …に立ち向かう.
lançar em rosto a alguém …を非難する.
rosto a rosto 向かい合って, 向かい合わせになって.
torcer o rosto 顔をそむける.

> **[語法]「顔」を表すポルトガル語**
>
> ポルトガル語には「顔」に相当する語がいくつかある. そのうち, ブラジルでは rosto が, ポルトガルでは cara が顔全体を表す一般的な語である.
> esconder o rosto 顔を隠す.
> afinar o rosto 顔を細くする.
> Eu não consigo me lembrar o rosto dele. 私は彼の顔を思い出せない.
> face には「面」「表面」という意味もある.
> face de uma moeda 貨幣の表.
> face da terra 地球の表面.

rota[1] /'xɔta/ [女] ❶ ルート, コース, 道筋; 航路, 針路 ▶rota aérea 空路 / rota marítima 海路 / Rota da Seda シルクロード / rota da viagem 旅程 / rota de colisão 衝突進路.
❷ 争い, 戦い.
❸ 敗北, 敗走.
de [em] rota batida 止まらずに, 急いで.
em rota de colisão 衝突必至である.
rotação /xota'sẽw̃/ [[複] rotações] [女] ❶ 回転, 旋回 ▶rotação de capital 資本の回転.

R

rotativo, va

❷【天文】自転 ▶a rotação da Terra 地球の自転. ❸交代, 輪番. ❹【農業】輪作.

rotativo, va /xota't∫ivu, va/ 形 ❶回転の, 回転式の, 輪転式の ▶movimento rotativo 回転運動. ❷交代の, 順送りの.

roteirista /xotej'rista/ 名 脚本家, シナリオライター.

roteiro /xo'tejru/ 男 ❶行程, 航路 ▶roteiro para a viagem 旅行の行程. ❷Ⓑ シナリオ, 台本.

rotina /xo't∫ina/ 女 ❶いつも通る道. ❷型にはまった行動, 習慣的な行動, マンネリ ▶cair na rotina マンネリに陥る / sair da rotina マンネリから脱却する / exame médico de rotina 定期健康診断. ❸【情報】ルーチン.

rotineiro, ra /xot∫i'nejru, ra/ 形 慣例に従った, 旧習を守る, 型にはまった.
— 名 旧習を守る人, 慣例に固執する人.

roto, ta¹ /'xotu, ta/ 形 ❶ぼろぼろの, 破れた. ❷破れた服を着た.
— 名 破れた服を着た人.

rotor /xo'tox/ [複 rotores] 男 ローター, 【航空】回転翼, 【電気】回転子.

rótula /'xotula/ 女 ❶ひざがしら. ❷(窓の)ブラインド.

rotular /xotu'lax/ 他 ❶…にラベルを貼る. ❷…のレッテルを貼る, …と決めつける [+ de] ▶rotular as crianças de preguiçosas 子供たちに怠け者のレッテルを張る.

rótulo /'xotulu/ 男 ラベル, レッテル ▶rótulo de vinho ワインのラベル.

rotunda¹ /xo'tũda/ 女 ❶ロータリー, 円形広場. ❷ロトンダ(ドームのある円形の建物).

rotundo, da² /xo'tũdu, da/ 形 ❶丸い, 丸みのある. ❷断固とした, きっぱりとした ▶dizer um não rotundo きっぱり「ノー」と言う.

roubado, da /xo'badu, da/ 形 盗まれた ▶carro roubado 盗難車.

roubalheira /xoba'ʎejra/ 女 横領, 不正蓄財.

‡roubar /xo'bax/ 他 ❶盗む, 奪う ▶roubar um carro 自動車を盗む / Roubaram o meu dinheiro. 私はお金を盗まれた / Roubaram o celular dele. 彼は携帯電話を盗まれた / roubar um beijo キスを奪う / roubar a namorada do amigo 友人の恋人を奪う.
❷…に強盗に入る ▶roubar um banco 銀行強盗を行う / roubar uma casa 民家に強盗に入る.
❸(roubar alguém)…の物を盗む, 奪う ▶Roubaram-me. 私は物を取られた.
❹盗作する, 盗用する, 剽窃(ひょうせつ)する ▶roubar uma ideia アイディアを盗む.
❺誘拐する, さらう.
❻(審判のせいで)試合に負けさせる ▶um jogo roubado 審判のせいで負けた試合.
— 自 ❶盗みを働く. ❷…をごまかす [+ em] ▶ roubar no peso 重量をごまかす.

roubo /'xobu/ 男 ❶盗み, 窃盗, 強盗 ▶Fui vítima de um roubo. 私は強盗に遭った / roubo de carros 自動車泥棒. ❷盗品. ❸ぼったくり ▶Isso é um roubo! これはぼったくりだ.

rouco, ca /'xoku, ka/ 形 (声の)しわがれた ▶voz rouca しわがれ声.

‡roupa /'xopa ホーパ/ 女 ❶服, 洋服 ▶roupas femininas 女性服 / roupas masculinas 男性服 / roupa infantil 子供服 / roupa de baixo 下着 / roupa de banho 水着 / roupa esportiva スポーツウエア / pôr roupa 服を着る / tirar roupa 服を脱ぐ / mudar de roupa 服を着替える / secar roupa 服を干す / Com que roupa? 何を着ればいいだろう.
❷リネン類 ▶roupa de cama ベッドリネン.

bater roupa ① (ゴールキーパーが)ボールを懸命に受け止める. ②洗濯物をたたきつけて洗う.

lavar roupa suja em público (汚れた服を人前で洗うー→) 内輪のもめ事を人目にさらす.

roupagem /xo'paʒẽj/ [複 roupagens] 女 ❶《集合的に》衣類. ❷外観, 見かけ, 見てくれ.

roupão /xo'pẽw/ [複 roupões] 男 ガウン, バスローブ ▶roupão de banho バスローブ.

rouparia /xopa'ria/ 女 ❶大量の衣服. ❷衣服保管所.

rouquidão /xoki'dẽw/ [複 rouquidões] 女 声がしわがれる[かすれる]こと.

rouxinol /xo∫i'nɔw/ [複 rouxinóis] 男【鳥】ナイチンゲール.

*roxo, xa /'xo∫u, ∫a ホシュ, シャ/ 形 ❶紫色の; 赤紫色の, (顔や目などが)真っ赤な, 血走って赤い ▶roxo de raiva 怒り狂っている / com a cara roxa 顔を真っ赤にして.
❷あざのできた ▶olho roxo あざのできた目
❸Ⓑ 話 並外れた, 激しい ▶fome roxa 強い空腹感.
❹Ⓑ 話 熱望した ▶estar roxo para [por] ir embora 帰りたくて仕方がない.
❺Ⓑ 話 夢中になった, 熱狂した ▶roxo por ela 彼女に夢中になった / estar roxo por... …が大好きである.
❻Ⓑ 話 困難な, 骨の折れる ▶tarefa roxa 難しい課題.
— roxo 男 ❶紫色, すみれ色; 赤紫色.
❷あざ, 傷跡.

RR《略語》Roraima ロライマ州.

RS《略語》Estado de Rio Grande do Sul リオグランデ・ド・スル州.

‡rua /'xua フーア/ 女 ❶通り, 道, 街路 ▶rua principal 目抜き通り, メインストリート / rua animada にぎやかな通り / rua comercial 商店街 / atravessar a rua 通りを渡る / rua de mão única 一方通行路 / Moro na Rua Pinheiros. 私はピニェイロス通りに住んでいる / As crianças estão brincando na rua. 子供たちが通りで遊んでいる.
❷街, 市街, 街頭 ▶comer na rua 外食する.
❸《集合的に》町の人々, 群衆, 大衆.
— 間 出て行け, あっちへ行け.

ir às ruas デモに参加する.

pôr na rua ① 解雇する, クビにする. ② 立ち退かせる. ③ (キャンペーンやニュースを)広める.

rua da amargura ① キリストのカルバリオの丘までたどった道. ② 茨の道, 苦悩の連続.

viver na rua 家に帰らない.

rubéola /xu'bɛola/ 女【医学】風疹, 三日ばしか.

rubi /xu'bi/ [男] ❶〘鉱物〙ルビー, 紅玉. ❷ ルビー色.
— [形]《不変》ルビー色の.
rubor /xu'box/ [[複] rubores] [男] ❶ 深紅. ❷ 紅潮, 赤面.
ruborizar /xubori'zax/ [他] ❶ 真っ赤にする. ❷ 赤面させる, 恥じ入らせる.
— **ruborizar-se** [再] ❶ 真っ赤になる. ❷ 赤面する, 恥じ入る.
rubrica /xu'brika/ [女] 略式の署名, 頭文字だけの署名.
rubricar /xubri'kax/ ㉙ [他] …に略式の署名をする.
rubro, bra /'xubru, bra/ [形] 真っ赤な, 深紅の.
— **rubro** [男] 深紅.
rubro-negro, gra /ˌxubru'negru, gra/ [[複] rubro-negros] [名][形] フラメンゴ・レガッタ・クラブファン(の) ▶Sou rubro-negro. 私はフラメンゴ・レガッタ・クラブのファンだ.
ruço, ça /'xusu, sa/ [形] ❶ 灰色の, (髪の毛が) ごま塩の.
❷ 色が褪せた.
❸ [B] 難しい, 困難な ▶Está ruço. これは大変だ, 困難だ.
— [名] ❶ 金髪あるいは髪が明るい栗色の人. ❷ 灰色がかかった毛の馬.
rúcula /'xukula/ [女]〘植物〙ルッコラ.
rude /'xudʒi/ [形]《男女同形》❶ 未開の, 耕されていない ▶terreno rude 未開の土地 / um povo rude 未開民族.
❷ 粗野な, 失礼な ▶Ele começou a ser rude comigo. 彼は私に邪険にするようになった.
rudimentar /xudʒimẽ'tax/ [[複] rudimentares] [形]《男女同形》❶ 初歩の. ❷ 基本的な, 基礎的な ▶conhecimentos rudimentares 基礎知識.
rudimento /xudʒi'mẽtu/ [男] ❶ 始め. ❷《rudimentos》基本, 基礎, 初歩.
ruga /'xuga/ [女] しわ, ひだ.
rúgbi /'xugbi/ [男] ラグビー ▶jogador de rúgbi ラグビー選手.
ruge /'xuʒi/ [男] ほお紅.
rugido /xu'ʒidu/ [男] (猛獣の) ほえ声, 咆哮, うなり声.
rugir /xu'ʒix/ ② [自] ほえる, うなる.
rugoso, sa /xu'gozu, 'gɔza/ [形] ❶ しわのよった. ❷ ざらざらした.
ruibarbo /xuj'baxbu/ [男]〘植物〙ルバーブ.
***ruído** /xu'idu フイード/ [男] ❶ **騒音, 雑音** ▶O ruído provocado pelas máquinas me incomoda. 機械から発せられる騒音が煩わしい.
❷ ノイズ ▶Chamam-se ruído aos elementos que dificultam a compreensão da mensagem. メッセージの理解を困難にする諸要素をノイズと言う.
❸ **噂, 風評** ▶Eu ouvi alguns ruídos sobre aquele político. あの政治家に関しいくつかの噂を耳にした.
ruidoso, sa /xuj'dozu, 'dɔza/ [形] ❶ 騒がしい, うるさい. ❷ 世間を騒がせる.
*****ruim** /xu'ĩ フイン/ [[複] ruins] [形]《男女同形》❶ **悪い, 間違った** ▶O tempo está ruim. 天気が悪い / sonho ruim 悪夢 / Tenho uma notícia ruim. 悪い知らせがある / A visibilidade está ruim por causa do nevoeiro. もやで見通しが悪い / Mentir é ruim. うそをつくことは悪いことだ.
❷ **質の悪い**, くだらない ▶filme ruim 駄作の映画 / de qualidade ruim 質の悪い, 粗悪な.
❸ **下手な**, 能力が劣った ▶jogador ruim 下手な選手.
❹ 意地悪な, 悪意のある ▶ser ruim com alguém …につらく当たる.
❺ **有害な** ▶Isso é ruim para a saúde. それは健康に悪い.
❻ (味が) **まずい**; (匂いが) **不快な** ▶Esta maçã tem um gosto ruim. このりんごはまずい / comida ruim ひどい食べ物 / cheiro ruim 嫌な匂い.
achar ruim com alguém …に対して腹を立てる.
ser ruim em... …が苦手である ▶Eu sou ruim em matemática. 私は数学が苦手だ.
***ruína** /xu'ĩna フイーナ/ [女] ❶《ruínas》**遺跡, 廃墟** ▶ruínas de Roma ローマの遺跡 / cair em ruínas 廃墟と化す.
❷ 破産 ▶A vida de extravagância a levou à ruína. ぜいたくな暮らしが彼女を破産へと導いた.
ruinoso, sa /xuj'nozu, 'nɔza/ [形] ❶ 荒廃した, 崩れかかった. ❷ 害がある.
ruir /xu'ix/ ㊿ [自] 崩壊する, 崩れる ▶O regime obsoleto ruiu após a morte do ditador. その時代遅れの統治体制は独裁者の死後崩壊した.
ruivo, va /'xujvu, va/ [形] 赤毛の ▶cabelo ruivo 赤毛.
— [名] 赤毛の人.
rulê /xu'le/ [形]《男女同形》タートルネックの ▶gola rulê タートルネック.
rum /'xũ/ [[複] runs] [男] ラム酒.
rumar /xu'max/ [自] …に向かう, …を目指す [+ para] ▶rumar para o Brasil ブラジルに向かう.
ruminação /xumina'sẽw̃/ [[複] ruminações] [女] ❶ 反芻. ❷ 熟考, 熟慮.
ruminante /xumi'nẽtʃi/ [形]《男女同形》(動物が) 反芻する.
— [男] 反芻動物.
ruminar /xumi'nax/ [他] ❶ (食べ物を) 反芻する. ❷ 熟考する, 考えを巡らす.
— [自] ❶ 反芻する. ❷ 熟考する.
***rumo** /'xũmu フーモ/ [男] ❶ **方向, 方位** ▶rumo do noroeste 北西の方向 / tomar o rumo de... …に向かって進む.
❷ **進路, 航路** ▶O navio mudou de rumo de repente. 船は突然航路を変えた / Eu sou otimista quanto aos rumos da economia. 私は経済の先行きに関しては楽観的だ.
em rumo de... …へ向かって.
fazer rumo 道を開く ▶Como fazer rumo ao sucesso no mundo da música? 音楽業界での成功への道をどう開くか.
perder o rumo 進路を見失う ▶Ele perdeu o rumo da vida depois de ficar reprovado no exame de admissão. 彼は入試に失敗した後で人生の進路を見失った.
rumo a... …に向かって, …行きの, …を目指して ▶

rumor

ir rumo a São Paulo サンパウロに向かって, サンパウロ行の / rumo à vitória 勝利を目指して.
sem rumo あてもなく ▶Eu passeei pela cidade sem rumo. 私はあてもなく街を散歩した.
tomar outro rumo 別の方向に向かう ▶A conversa dele sempre toma outro rumo. 彼の話はよく脇道にそれる.
traçar o rumo どの方向に進むか決める.

***rumor** /xu'mox フモーフ/ [複 rumores] 男 ❶ 噂, 風評 ▶Circula o rumor de que essa empresa está à beira de falência. その会社は倒産寸前だという噂が立っている.
❷ ざわめき, 物音 ▶Ouviu-se o rumor do mercado 市場のざわめきが聞こえた.

rumorejar /xumore'ʒax/ 他 ❶ ざわめかせる ▶O vento rumoreja as árvores. 風が木々をざわめかせる.
❷ 小声でそっとささやく, ひそひそ話す ▶rumorejar coisas sem importância 重要でないことを小声で話す.
❸ 噂を流す ▶rumorejar boatos 噂を流す.
— 自 ❶ ざわめく.
❷ 小声でそっとささやく, ひそひそ話す.

rumoroso, sa /xumo'rozu, 'rɔza/ 形 ❶ 騒々しい, うるさい. ❷ 世間を騒がせる, 話題になる ▶um rumoroso caso 世間の耳目を集めた事件.

rupestre /xu'pɛstri/ 形《男女同形》❶ (植物が) 岩場に生える. ❷ 岸壁に描かれた, 岩に彫られた ▶inscrição rupestre 岩に刻まれた文字.

ruptura /xupi'tura/ 女 ❶ 折れること, 切断, 破砕 ▶ruptura da barragem ダムの決壊.
❷ 絶交, 仲違い, 断絶, 断絶, 不和.
❸ (契約などの) 破棄, 解消, 中止 ▶ruptura do contrato 契約の破棄 / ruptura do casamento 結婚の解消.

:**rural** /xu'raw フラゥ/ [複 rurais] 形《男女同形》田舎の, 農村の (↔ urbano) ▶população rural 農村人口 / vida rural 田舎の生活 / região rural 農村地域.

rusga /'xuzga/ 女 仲違い, 言い合い.

Rússia /'xusia/ 女《国名》ロシア.

*ⁿ**russo, sa** /'xusu, sa フーソ, サ/ 形 ロシアの, ロシア人の, ロシア語の ▶comida russa ロシア料理 / literatura russa ロシア文学.
— 名 ロシア人.
— **russo** 男 ロシア語 ▶falar russo ロシア語を話す.

rústico, ca /'xustʃiku, ka/ 形 ❶ 田舎の, 農村の. ❷ 粗野な, がさつな. ❸ 野生の. ❹ 素朴な.
— 名 農民, 田舎者.

rutilante /xutʃi'lẽtʃi/ 形《男女同形》きらめく, 輝く.

rutura /ʀu'turɐ/ 女 P = ruptura

S s

s /'ɛsi/ 男 ポルトガル語アルファベットの第19字.

S. 《略語》Santo, São 聖….

sáb 《略語》sábado 土曜日.

‡sábado /'sabadu サバド/ 男 ❶ 土曜日 ▶no sábado passado 先週の土曜日に / no próximo sábado = no sábado que vem 次の土曜日.
❷(ユダヤ教の)安息日.
Sábado de Aleluia 聖土曜日,聖週間の土曜日.
Sábado Gordo カーニバルの日曜の前日となる土曜日.

*sabão /sa'bɐ̃w サバォン/ [複 sabões] 男 ❶ 石けん,洗剤 ▶uma barra de sabão 石けん1個 / sabão em pó 粉末洗剤 / sabão líquido 液体洗剤 / sabão de coco ココヤシ油の石けん.
❷ ひどく叱ること,大目玉 ▶dar um sabão em alguém …に大目玉を食らわす.

sabático, ca /sa'batʃiku, ka/ 形《ユダヤ教》安息日の ▶ano sabático サバティカルイヤー.

sabatina /saba'tʃina/ 女 ❶ 1週間のおさらい.❷ 議論[討論]の題材.

sabedor, dora /sabe'dox, 'dora/ [複 sabedores, doras] 形 ❶ …を知っている,…に通じている[+ de] ▶Deus é sabedor de tudo. 神はすべてを知っている.❷ 博学の,物知りな.
— 名 博学な人,物知りな人 ▶O escritor é um grande sabedor da língua. その作家は言葉にとても精通している.

sabedoria /sabedo'ria/ 女 ❶ 博識,博学 ▶pessoa de muita sabedoria とても博識な人.❷ 分別,思慮.
sabedoria das nações (諺などに表された)民衆の知恵.

‡‡saber /sa'bex サベーフ/ 57

直説法現在	sei	sabemos
	sabes	sabeis
	sabe	sabem
過去	soube	soubemos
	soubeste	soubestes
	soube	souberam
接続法現在	saiba	saibamos
	saibas	saibais
	saiba	saibam

他 ❶ (事実や情報を)知っている ▶Eu sei o nome dela. 私は彼女の名前を知っている / Quero saber muito mais coisas sobre o Brasil. 私はブラジルについてもっと多くのことを知りたい / Não sei nada a esse respeito. 私はそれについて何も知りません / Isto é tudo que sei. 私が知っているのはこれだけです / Não sei o que fazer. 私はどうしてよいか分からない / Ele sabe muito. 彼は博識だ / Eu sei. 知っています,分かっています / Já sei! 分かった / Não, não sei. いいえ知りません,いいえ分かりません / Eu sei lá. 口 さあ,知らないよ / Como é que eu podia saber? 口 私が知っているはずがない / dez coisas que você precisa saber sobre obesidade 肥満について知っておくべき10の事柄.

Não, não sei.

❷《saber que +直説法》…ということを知っている,分かっている ▶Eu sei que você não gosta de mim. 君が私を好きでないことは分かっている / Eu não sabia que ele estava doente. 私は彼が病気であることは知らなかった.
❸《saber +間接疑問文》…か知っている ▶Você sabe quando ele volta? 彼がいつ帰ってくるか知っていますか / Não sei se isso é possível ou não. それが可能かどうか分からない / Se usar o GPS logo saberá onde está. GPSを使えば自分の位置がすぐに分かる.
❹《saber +不定詞》(能力・技術的に)…できる,…するすべを心得ている ▶saber ler 字が読める / Eu sei dirigir carro. 私は車の運転ができる / — Você não sabe nadar? — Sim, eu sei nadar. 「あなたは泳げないんですか」「いいえ,泳げます」.
❺《saber + 目的語 + 補語》…が…であることを知っている ▶Não o sabia doente. 私は彼が病気であることを知らなかった.
❻ 記憶する,覚える ▶saber de cor 暗記する,暗記している.

— 自 ❶ …について知る[+ de/sobre] ▶O mundo precisa saber disso. 世界はこのことを知らなければならない / saber das coisas 物事をよく知っている.
❷ …の味がする[+ a] ▶A comida sabe a queijo. その食べ物はチーズの味がする.

— **saber-se** 再 ❶ 自分が…であると知っている.❷(物が)知られる ▶Nunca se sabe. どうなるか分からない / Sabe-se lá. さあどうなるか分からない / vir a saber-se 周知のこととなる,広まる.

— 男 [複 saberes] 知,知識,学問 ▶saber científico 科学知.
a saber つまり,すなわち,換言すれば.
dar a saber 報告する.
fazer saber 知らせる,広める.
mostrar o que sabe 能力を発揮する.

não saber de nada まったく情報がない.
não saber de si 途方に暮れている.
não saber o que é bom 本当によいものを知らない.
não sei quê なんだかよく分からないもの.
Não sei, não quero saber e tenho raiva de quem sabe. 私の知ったことか, 全然知りたくない.
Ninguém sabe, ninguém viu. 誰にも気づかれずに, こっそりと.
que eu saiba 私の知っている限り.
Quem sabe? さあね, 誰にも分からない, もしかしたら.
saber viver 世渡りがうまい, 臨機応変にできる.
Sei. 《相槌》はい, なるほど.
Vai saber! さあ, どうだろう.

sabiá /sabi'a/ [男]〘鳥〙サビア (鳴き声の美しい, ブラジルの代表的な小鳥).

sabichão, chona /sabi'ʃẽw̃, 'ʃõna/ [[複] sabichões, chonas] ([注] 女性形に sabichã もある) [形] [名] [話] 物知りの (人), 物知りぶる (人).

sabido, da /sa'bidu, da/ [形] (saber の過去分詞) ❶ 知られた, 周知の ▸ como é sabido de todos 周知の通り / É sabido que ＋[直説法] …ことは知られている. ❷ 物知りの, 詳しい, 精通した.
— [名] 物知りの人.

sábio, bia /'sabiu, bia/ [形] ❶ 博識の, 博学の. ❷ 賢明な, 分別のある.
— [名] ❶ 博識な人. ❷ 分別のある人.

sabonete /sabo'netʃi/ [男] 化粧石けん.

saboneteira /sabone'tejra/ [女] 石けん箱, ソープトレイ.

***sabor** /sa'box サボーフ/ [[複] sabores] [男] ❶ **味, 風味** ▸ Que sabor você quer? 何味がいいですか / ter um sabor delicioso いい味がする / iogurte com sabor de morango イチゴ味のヨーグルト / A comida estava sem sabor. 料理は味がしなかった.
❷ **味わい, 趣** ▸ estilo de sabor clássico 古典的な味わいの文体.
ao sabor de... …に従う, …の意のままに.
ao sabor da maré 潮の流れに身を任せて, 偶然に.
ao sabor do vento 風の吹くままに.

saborear /sabore'ax/ ⑩ [他] ❶ …に味をつける ▸ saborear a comida 料理に味をつける. ❷ (料理や飲み物を) 味わう. ❸ 満喫する, 心ゆくまで楽しむ ▸ saborear a vitória 勝利を味わう.

saboroso, sa /sabo'rozu, 'rɔza/ [形] ❶ 味のよい, おいしい ▸ comida saborosa おいしい料理. ❷ 楽しい.

sabotador, dora /sabota'dox, 'dora/ [[複] sabotadores, doras] [形] [名] 破壊行為をする (人).

sabotagem /sabo'taʒẽȷ̃/ [[複] sabotagens] [女] (労働争議などの際の) 機械や設備などの破壊, 生産の妨害行為.

sabotar /sabo'tax/ [他] ❶ (機械や設備などを) 破壊する. ❷ (計画などを) 妨害する.

sabre /'sabri/ [男] サーベル, 刀.

SAC /'saki/ 《略 語》 serviço de atendimento ao cliente お客様係.

saca /'saka/ [女] 大きな袋 ▸ saca de arroz 米袋 / saca de compras 買い物袋.

sacada[1] /sa'kada/ [女] バルコニー, テラス.

sacado, da[2] /sa'kadu, da/ [名] (小切手や手形の) 名宛人.

sacador, dora /saka'dox, 'dora/ [[複] sacadores, doras] [名] (小切手や手形の) 振出人.

sacal /sa'kaw/ [[複] sacais] [形] 《男女同形》 退屈させる ▸ A aula de geografia é sacal! 地理の授業は退屈だ.

sacanear /sakane'ax/ [他] [B] [俗] ❶ いら立たせる, うんざりさせる. ❷ からかう.

sacar /sa'kax/ ㉙ [他] ❶ 荒々しく取り出す ; 引き抜く ▸ sacar uma pistola 拳銃を抜く.
❷ (預金を) 引き出す ▸ sacar dinheiro 出金する.
❸ [B] [俗] のぞく, 見張る ▸ sacar a vizinha o dia inteiro 1日中隣の女性をのぞく.
❹ [俗] 理解する ▸ Ele não sacou nada. 彼は何も理解できなかった.
❺ 引き出す, 聞き出す, 得る ▸ O advogado sacou do acusado a confissão do crime. 弁護士は被告人から犯罪の自白を得ることができた.
❻ (結果として) 得る ▸ Ele sacou da palestra boas informações. 彼は講演から役に立つ情報を得ることができた. ❼〘経済〙小切手を振り出す.
— [自] ❶ 取り出す, 引き抜く.
❷ (現金などを) 引き落とす.
❸〘スポーツ〙(バレーボールやテニスなどで) サーブする.
❹ [B] [話] うそをつく ; 予想する.
— **sacar-se** [再] 逃れる ▸ sacar-se de uma reunião 会議から逃れる.

saçaricar /sasari'kax/ ㉙ [自] 体を激しく動かす ▸ Eles estavam cantando e saçaricando no quintal. 彼らは裏庭で歌ったり身体を激しく動かして踊ったりしていた.

sacarina /saka'rĩna/ [女] サッカリン.

saca-rolhas /ˌsaka'roʎas/ [男] 《単複同形》 コルク栓抜き.

sacarose /saka'rɔzi/ [女] サッカロース, 蔗糖.

sacerdócio /sasex'dɔsiu/ [男] 司祭職, 神職 ; 聖職.

sacerdote /sasex'dɔtʃi/ [男] 司祭, 聖職者, 神官.

sachê /sa'ʃe/ [男] 《フランス語》 匂い袋.

saci /sa'si/ [男] [B] サシ (一本足で色が黒く, パイプをくわえた男の子の妖怪. サシ・ペレレ saci-pererê とも言う).

saci

saciar /sasi'ax/ [他] (飢えや渇きを) 満たす, 癒す ▸ saciar a fome 飢えを満たす / saciar a sede 渇きを癒す / saciar a curiosidade 好奇心を満足させる.
— **saciar-se** [再] …で自らを満たす [＋ com].

saciedade /sasie'dadʒi/ 囡 充足, 満足, 飽き飽きすること▶até à saciedade 思う存分, 飽きるまで.

＊saco /'saku サーコ/ 男 ❶ 袋▶saco de papel 紙袋/ saco de plástico ビニール袋/ saco de dormir 寝袋/ saco de lixo ごみ袋/ saco de pancadas サンドバッグ/ saco de pipoca ポップコーンの入った袋. ❷ かばん▶saco de viagem 旅行かばん. ❸《um saco》俗 退屈なもの; 我慢ならないこと, うんざりするもの▶Esta novela é um saco! このテレビドラマは退屈だ.

botar [colocar] no mesmo saco 同等に扱う, 同一視する.

dar no saco 俗 いらいらさせる, うんざりさせる.

despejar o saco 胸襟を開く.

encher o saco de... 俗 …をうんざりさせる.

estar de saco cheio 俗 うんざりしている.

estar sem saco 俗 機嫌が悪い.

estender o saco (金銭的) 支援を求める.

meter [pôr] no mesmo saco 同等に扱う, 同一視する.

não estar com saco para... …する根性がない.

puxar saco de (alguém) …にごまをする, おべっかを使う, …のご機嫌を取る.

Que saco! 畜生.

saco de batata ジャガイモの袋; 太って鈍重な人.

saco de ossos がりがりにやせた人.

saco furado 口が軽い人, 秘密を守らない人.

saco sem fundo ① 浪費家. ② いつまでも終わらないもの.

torrar o saco うんざりさせる.

sacola /sa'kɔla/ 囡 買い物袋.

sacolejar /sakole'ʒax/ 他 ❶ 振る, 揺する, 揺らす▶sacolejar o corpo 体を振る. ❷ …を感動させる, …の心を打つ. ― 自 揺れる, 体を揺らす. ― **sacolejar-se** 再 揺れる, 体を揺らす.

sacramental /sakramẽ'taw/ [複 sacramentais] 形《男女同形》❶ 秘跡の. ❷ 儀礼的な, 慣習的な.

sacramentar /sakramẽ'tax/ 他 …に告解の秘跡を授ける. ― **sacramentar-se** 再 秘跡を受ける.

sacramento /sakra'mẽtu/ 男《カトリック》秘跡, サクラメント▶administrar os sacramentos 秘跡を授ける/ sete sacramentos 七つの秘跡 (洗礼, 堅信, 聖体, ゆるし, 婚姻, 叙階, 病者の塗油) / sacramentos da iniciação cristã キリスト教入信の秘跡 (洗礼・堅信・聖体) / últimos sacramentos 臨終の秘跡/ Santíssimo Sacramento 聖体, 秘跡.

com todos os sacramentos 必要条件をすべて満たして, 下地は好きなり御意はよしで.

sacrificar /sakrifi'kax/ 他 ❶ …を犠牲にする▶O herói sacrificou a própria vida pelo país. その英雄は祖国に自らの命を捧げた. ❷《いけにえとして》捧げる▶sacrificar animais 動物をいけにえとして捧げる. ― **sacrificar-se** 再 自らを犠牲にする▶Ele se sacrificou pelo bem da família. 彼は家族の幸せのために尽くした.

＊sacrifício /sakri'fisiu サクリフィスィオ/ 男 いけにえ, 犠牲▶sacrifício humano 人身御供/ dedicar um sacrifício いけにえをささげる/ fazer sacrifícios 犠牲を払う.

sacrilégio /sakri'lɛʒiu/ 男 冒瀆, 瀆聖▶cometer um sacrilégio 冒瀆を働く.

sacrílego, ga /sa'krilegu, ga/ 形 冒瀆的な▶um ato sacrílego 冒瀆行為.
― 名 冒瀆者.

sacristia /sakris'tʃia/ 囡 (教会の) 聖具保管室.

sacro, cra /'sakru, kra/ 形 ❶ 神聖な, 聖なる▶música sacra 宗教音楽/ o Sacro Império Romano-Germânico 神聖ローマ帝国. ❷ 仙骨の.
― **sacro** 男《解剖》仙骨.

sacrossanto, ta /sakro'sẽtu, ta/ 形 極めて神聖な, 至聖の, 神聖不可侵の.

sacudida /saku'dʒida/ 囡 ❶ 揺れ, 振動. ❷ はたくこと.

＊sacudir /saku'dʒix サクヂーフ/ 他 ❶ 振る, 揺らす, 振動させる▶sacudir a cabeça 首を振る/ sacudir as janelas 窓を揺らさせる. ❷ はたく, 払う▶sacudir o lençol シーツをはたく/ sacudir a areia 砂を払い落とす/ sacudir o sono 眠気を払う. ― **sacudir-se** 再 ❶ 振動する, 揺れる. ❷ 体を震わせる, 体を動かす.

sádico, ca /'sadʒiku, ka/ 形 サディズムの, 加虐性愛の; 加虐趣味の.
― 名 サディスト.

sadio, dia /sa'dʒiu, 'dʒia/ 形 ❶ 健康によい▶uma alimentação sadia 健康によい食生活. ❷ 健康な, 健全な.

sadismo /sa'dʒizmu/ 男 サディズム, 加虐性愛.

sadomasoquista /sadomazo'kista/ 形《男女同形》サドマゾヒズムの.
― 名 サドマゾヒスト.

safa[1] /'safa/ 間 おお, やれやれ, 何てこった (驚き・感嘆・嫌悪の表現).

safado, da /sa'fadu, da/ 形 ❶ 使い古した, すり減った. ❷ 羞恥心のない, 恥知らずな, 図々しい. ❸ 卑 みだらな, 下品な. ❹ B やんちゃな, いたずら好きの. ❺ B 憤慨した, 激怒した. ❻ 不真面目な, 不誠実な. ― 名 ❶ 恥知らずな人, 軽蔑すべき人; ならず者. ❷ 破廉恥な人.

safanão /safa'nẽw/ [複 safanões] 男 ❶ 力いっぱい引くこと. ❷ たたくこと, 殴ること.

safar /sa'fax/《過去分詞 safado/safo/》他 ❶ 自由にする, 解放する; 救う, 守る▶safar as crianças do perigo 子供たちを危険から守る. ❷ 脱ぐ, 引き抜く▶safar as roupas 服を脱ぐ/ safar as botas ブーツを脱ぐ. ❸ 奪う, 盗む▶safar a bolsa da mulher 女性からかばんを奪う. ❹ 開通させる, 取り除く▶safar o caminho 道をあける. ― **safar-se** 再 ❶ …から逃れる, 逃げる [+ de] ▶safar-se do perigo 難を避ける. ❷ 使い古す▶Com o uso diário, o terno se sa-

fou. 日々の使用でスーツが古くなった.
safári /sa'fari/ 男 狩猟旅行, サファリ.
safira /sa'fira/ 囡 ❶〖鉱物〗サファイア. ❷ サファイア色, 青色.
safo, fa² /'safu, fa/ 形 ❶ すり減った ▶ Esse lápis está safo após ser usado durante todo o ano. その鉛筆は一年間使ってすり減っている.
❷ 活発な ▶ Ele era um sujeito muito safo, sempre aproveitava todas as oportunidades. 彼はかなり活発な奴だった. 常にあらゆるチャンスを利用していた.
safra /'safra/ 囡 収穫.
saga /'saga/ 囡 ❶〖文学〗サガ (中世北欧の英雄伝説). ❷ (家族の) 系譜小説. ❸ 英雄物語, ファンタジー物語.
sagacidade /sagasi'dadʒi/ 囡 ❶ 明敏さ, 慧眼(ぱ). ❷ 狡猾さ.
sagaz /sa'gas/ [腹 sagazes] 形《男女同形》❶ 明敏な, 鋭敏な; 洞察力のある. ❷ 狡猾な, 抜け目のない.
sagitariano, na /saʒitari'ɐ̃nu, na/ 形 名 いて座生まれの(人).
Sagitário /saʒi'tariu/ 男〖天文〗いて座 ▶ Sou Sagitário. 私はいて座だ.
*****sagrado, da** /sa'gradu, da/ サグラード, ダ/形 ❶ 神聖な, 聖なる ▶ Sagrada Família 聖家族 / lugar sagrado 聖地 / livros sagrados 聖典.
❷ 崇高な, 侵すべからざる; 極めて重要な ▶ dever sagrado 崇高な義務 / direito sagrado 侵すべからざる権利.
— **sagrado** 男 聖なるもの, 神聖 ▶ o sagrado e o profano 聖と俗.
sagrar /sa'grax/ 他 ❶ 聖別する ▶ O Papa sagrou o imperador. 教皇は皇帝位を授けた / A casa foi sagrada pelo padre. 家が神父によって聖別された.
❷ 捧げる.
— **sagrar-se** 再 ❶ 自らを…に捧げる [+ a].
❷ …の列に加わる ▶ O time sagrou-se campeão. そのチームは優勝者となった.
saguão /sa'gwɐ̃w̃/ [腹 saguões] 男 ❶ 中庭. ❷ ホール, ロビー.
sagui /sa'gwi/ 男〖動物〗サグイ (南米に生息する小型のサル).
sai 活用 ⇒ sair
saí 活用 ⇒ sair
‡**saia** /'saja サィャ/ 囡 スカート ▶ estar de saia スカートをはいている / saia comprida ロングスカート / saia curta 短いスカート / saia plissada プリーツスカート.
de saia justa 身動きが取れない.
saia 活用 ⇒ sair
saía 活用 ⇒ sair
saia-calça /,saja'kawsa/ [腹 saias-calça(s)] 囡 キュロットスカート.
saiba 活用 ⇒ saber
saibro /'sajbru/ 男 ❶ 砂利. ❷〖テニス〗クレーコート ▶ jogar no saibro クレーコートで競技する.
‡**saída**¹ /sa'ida サィーダ/ 囡 ❶ 出口 (↔ entrada) ▶ saída de emergência 非常口 / na saída do metrô 地下鉄の出口で / Onde fica a saída? 出口はどこですか / rua sem saída 袋小路.
❷ 出ること, 出かけること, 外出, 退出 ▶ estar de saída 出かけるところである / saída em família 家族で出かけること.
❸ 辞任 ▶ saída do ministro 大臣の辞任.
❹ (交通機関の) 出発 ▶ saída dos aviões 飛行機の出発.
❺ 打開策, 解決策 ▶ situação sem saída 出口のない状況 / Não há outra saída. ほかに解決策はない.
❻〖スポーツ〗スタート, キックオフ ▶ saída do jogo 試合の始まり.
❼ 出版, 刊行 ▶ saída do livro 本の出版 [売れ行き].
❽ 売れ行き ▶ ter muita saída 売れ行きが好調である.
❾ 上に羽織るもの ▶ saída de praia ビーチローブ.
❿〖情報〗アウトプット, 出力.
dar a saída 開始する.
dar saída ① 回答する. ② 反応する. ③ 励ます.
de saída 最初に, まず.
não dar nem para a saída 不十分である, 物足りない.
saída do ano 年末.
saideira /saj'dejra/ 囡 🇧 最後の一杯.
saído, da² /sa'idu, da/ 形 ❶ 不在の, 留守の.
❷ 抜きん出た, 出っ張った ▶ dentes saídos 出っ歯.
❸ (雌が) 発情している.
❹ 出版されている, 刊行されている.
❺ 抜け目のない.
❻ 🇧 ほとんど家にいない, いつも外出している.
❼ 🇧 大胆な, 図々しい.
❽ 🇧 干渉する, 出しゃばりな.
saímos 活用 ⇒ sair
saio 活用 ⇒ sair
saiote /saj'ɔtʃi/ 男 ペチコート, 短いスカート.
‡**sair** /sa'ix サイーフ/ ⑱

現在分詞	saindo	過去分詞	saído
直説法現在	saio	saímos	
	sais	saís	
	sai	saem	
過去	saí	saímos	
	saíste	saístes	
	saiu	saíram	
半過去	saía	saíamos	
	saías	saíeis	
	saía	saíam	
接続法現在	saia	saiamos	
	saias	saiais	
	sais	saiam	

自 ❶ 出る, 外出する, 外に出る (↔ entrar) ▶ sair de casa 家を出る / sair para passear 散歩に出かける / roupa de [para] sair 外出着 / sair de viagem 旅に出る / O sol saiu. 太陽が出た / Saia daqui! ここから出て行きなさい / sair para o jardim 庭に出る / sair do quarto 寝室から出る / sair do carro 車を降りる / sair da escola 学校を出る, 学校をやめる / sair do trabalho 職場を出る, 仕事を辞める / sair do perigo 危険を脱する / sair do assunto 話題を外れる / sair do nada 何もないところから始まる.

❷ …から出る, …出身である [+ de] ▶sair da classe média 中産階級出身である / sair da Universidade Harvard ハーバード大学を出る.

❸ 出発する ▶O trem saiu sem atraso. 列車は遅れずに出発した.

❹ …と付き合う, デートする [+ com] ▶sair com uma menina 女の子と付き合う.

❺ 外れる, 取れる, 落ちる ▶Esta mancha não quer sair. この染みはなかなか落ちない.

❻ 辞職する ▶Ela já decidiu sair do emprego. 彼女はもう職を辞することを決めた.

❼ (出版物や CD などが) 出る, 出版される ▶O CD sai em outubro. その CD は10月に出る.

❽ (テレビなどに) 出演する, 出る; (出版物に) 載る ▶sair na televisão テレビに出る / sair no jornal 新聞に載る / Essa notícia já saiu na revista. そのニュースはもうこの雑誌に掲載された.

❾ (液体や気体が) 漏れる ▶Muita água sai da parede. 壁から水がかなり漏れている.

❿ …に似ている [+ a] ▶O João saiu ao pai. ジョアンは父親似だ.

⓫ 突然起こる ▶Saíram brigas no jogo entre o Brasil e a Argentina. ブラジルとアルゼンチンのゲームでけんか沙汰が起きた.

⓬ (写真に) 写る, (写真が) 撮れている ▶Ele saiu com os olhos fechados. 彼は目をつぶって写っている / As fotos saíram lindas. 写真はきれいに撮れている.

⓭ (価格が) …である, になる [+ a/por] ▶A reparação saiu-lhe mil reais. 修理は彼に1000レアルかかった.

— **sair-se** 再 ❶ する, 行う ▶Como você se saiu na prova de matemática? 数学の試験はどうでしたか.

❷ 《sair-se bem》成功する, うまくいく ▶sair-se bem na escola 学校でうまくいっている.

❸ 《sair-se mal》失敗する, うまくいかない.

sal /'saw サゥ/ [複 sais] 男 塩, 食塩 ▶sal de cozinha = sal de mesa 食塩 / sal fino 精製塩 / sal grosso 粗塩 / sais de banho 入浴剤.

sal amargo ❶ にが塩, 硫酸マグネシウム人. ❷ 感じの悪い.

sal da terra 地の塩, 善良な人々.

sem sal ❶ 塩気の足りない. ❷ 味気ない, 面白くない ▶uma pessoa sem sal 面白みのない人.

sala /'sala サーラ/ 囡 ❶ (住居内の複数の人のための) 部屋, 居間, リビング ▶sala de jantar ダイニングルーム / sala de estar リビング, 居間 / sala de visita 応接間.

❷ 教室 (= sala de aula).

❸ (公共建物などの) …室, ホール, 会場; 劇場 ▶sala de reuniões 会議室 / sala de espera 待合室 / sala de teatro 劇場 / sala de cinema 映画館 / sala VIP 貴賓室, VIP ルーム / sala de operações 手術室 / sala de espetáculo コンサートホール / sala de embarque 搭乗ラウンジ / sala dos milagres (教会の) 奉納物 [願掛け] の部屋.

❹ (映画館の) スクリーン.

❺ sala de bate-papo 《情報》チャットルーム.

andar da sala para a cozinha 忙しい, せわしない.

fazer sala ① 客人をもてなす. ② 他人に気をつかう.

salada /sa'lada/ 囡 ❶ サラダ ▶salada de tomate トマトサラダ / salada mista ミックスサラダ / salada de frutas フルーツサラダ / salada russa ロシア風サラダ (野菜と肉や魚を入れ, マヨネーズで味付けしたサラダ).

❷ 混乱, ごちゃまぜ ▶Sua estante de livros era uma salada, uma verdadeira confusão! 彼の本棚は取り散らかっていた. まさに混乱状態だった / A banda apresentou uma salada de ritmos diferentes que agradou em cheio a plateia. バンドは色々なリズムの寄せ集めを演奏して観客にすっかり気に入られた.

fazer uma salada まぜこぜにする.

saladeira /sala'dejra/ 囡 サラダボウル.

sala e quarto /ˌsalai'kwaxtu/ [複 sala(s) e quartos] 男 囲 居間1つと寝室が1つだけの集合住宅.

salamandra /sala'mẽdra/ 囡《動物》サンショウウオ.

salame /sa'lẽmi/ 男 サラミソーセージ.

salaminho /sala'mĩɲu/ 男 スパイスの利いたサラミ, ペペローニ.

*****salão** /sa'lẽw サラォン/ [複 salões] 男 ❶ 居間.

❷ (ホテルの) ラウンジ.

❸ ▶salão de beleza 美容院 / salão de cabeleireira ヘアサロン / salão de chá ティーサロン / salão de massagens マッサージ店.

❹ 新作展示会, 新製品見本市 ▶Salão do Automóvel 自動車ショー / Salão do Livro ブックフェア.

❺ サロン, 社交的集まり.

limpar o salão 鼻をほじる.

salarial /salari'aw/ [複 salariais] 形《男女同形》賃金の, 給与の ▶aumento salarial 賃上げ.

salário /sa'lariu サラーリオ/ 男 給与, 給料, 賃金 ▶salário mínimo 最低賃金 / salário fixo 固定給 / salário mensal 月給 / salário horário 時間給 / salário de base 基本給 / pedir aumento de salário 賃上げを求める / salário nominal 名目賃金 / salário real 実質賃金 / salário de fome 薄給 / décimo terceiro salário 1か月分の給料と同額のボーナス.

salário-família /saˌlariufa'milia/ [複 salários-família(s)] 男 家族手当.

saldar /saw'dax/ 他 清算する, 完済する ▶saldar a dívida 借金を完済する / saldar contas 借金を返す.

saldo /'sawdu/ 男 ❶ (借金や負債の) 返済, 支払い, 清算 ▶saldo das dívidas 負債の清算.

❷《商業》差引残高, 貸借残高 ▶saldo bancário

銀行預金残高 / consultar o saldo 残高を確認する / ficar sem saldo 残高がなくなる / estar com saldo negativo 残高がマイナスである / saldo credor 貸方残高 / saldo devedor 借方残高.
❸《saldos》バーゲン品, バーゲン ▶preço de saldos バーゲン価格 / Comprei uma bolsa no saldo de ofertas da loja de departamentos. 私はハンドバッグをデパートのバーゲンで買った.
❹ 結果 ▶O saldo da greve foi a prisão dos líderes e a ordem de retorno imediato ao trabalho. ストライキの結果は, 指導者たちの投獄と仕事への即時復帰命令だった.

saleiro /sa'lejru/ [男] 塩入れ.

saleta /sa'leta/ [女] 小さな部屋.

salgadinho /sawga'dʒĩɲu/ [男] 塩味の簡単なおつまみ, 軽食.

*__salgado, da__ /saw'gadu, da サゥガード, ダ/ [形] ❶ **塩分を含んだ, 塩辛い** ▶água salgada 塩水.
❷ **塩で味付けした**, 塩漬けした ▶pipoca salgada 塩味のポップコーン / carne salgada 塩漬けの肉.
❸ (金額が) 高い ▶preço salgado 法外な値段 / O preço está muito salgado. 値段が高すぎる.

salgar /saw'gax/ ⑪ [他] 塩漬けにする, 塩味をつける, 塩辛くする.
— **salgar-se** [再] 塩辛くなる.

sal-gema /ˌsaw'ʒẽma/ [[複] sais-gemas] [男] 岩塩.

salgueiro /saw'gejru/ [男]〖植物〗ヤナギ.

saliência /sali'ẽsia/ [女] ❶ 出っ張り, 浮き上がり, 隆起. ❷ 図々しさ, 厚かましさ.

salientar /saliẽ'tax/ [他] 目立たせる.
— **salientar-se** [再] 目立つ, 頭角を現す.

saliente /sali'ẽtʃi/ [形]《男女同形》❶ 張り出した, 突き出た, 盛り上がった ▶A ponta da mesa é saliente. テーブルの角が出っ張っている.
❷ 目立った, 際だった ▶Ele é um cientista saliente. 彼は抜きん出た科学者だ / Ela tornou a sua presença saliente. 彼女は際立った存在になった.

salina[1] /sa'lĩna/ [女] 塩田, 製塩工場, 製塩業.

salino, na[2] /sa'lĩnu, na/ [形] 塩分を含む.

saliva /sa'liva/ [女] つば, 唾液.
engolir saliva 発言を控える.
gastar saliva 無駄に言葉を費やす.

salivar[1] /sali'vax/ [[複] salivares] [形]《男女同形》唾液の, 唾液を分泌する ▶glândula salivar 唾液腺.

salivar[2] /sali'vax/ [自] つばを出す, よだれを出す.
estar salivando ① 怒っている. ② 熱望する.

salmão /saw'mẽw̃/ [[複] salmões] [男] ❶〖魚〗サケ ▶salmão defumado サケの燻製. ❷ サーモンピンク色.
— [形]《不変》サーモンピンクの.

salmo /'sawmu/ [男] ❶ 聖歌, 賛美歌.
❷《Salmos》〖旧約聖書〗詩篇.

salmonela /sawmo'nɛla/ [女] サルモネラ菌.

salmoura /saw'mora/ [女] (塩漬け用の) 塩水.

salobro, bra /sa'lobru, bra/ [形] 軽い塩味の, しょっぱい.

salpicão /sawpi'kẽw̃/ [[複] salpicões] [男] 鶏肉や野菜をマヨネーズで和えたサラダ.

salpicar /sawpi'kax/ ㉙ [他] ❶ …に塩を振りかける ▶salpicar a carne 肉に塩を振りかける.
❷ …を振りかける ▶salpicar sal 塩を振りかける.
❸ (水や泥などを) はねかける, はねかけて汚す.

salsa /'sawsa/ [女] ❶〖植物〗パセリ. ❷〖音楽〗サルサ ▶dançar salsa サルサを踊る.

salsão /saw'sẽw̃/ [[複] salsões] [男] セロリ.

salsicha /saw'siʃa/ [女] ソーセージ

salsichão /sawsi'ʃẽw̃/ [[複] salsichões] [男] 大きく太いソーセージ.

salsicharia /sawsiʃa'ria/ [女] ❶ ソーセージ店, ソーセージ製造所. ❷ ソーセージ製造法.

⁑**saltar** /saw'tax サゥターフ/ [自] ❶ **飛び跳ねる, 跳躍する** ▶saltar de alegria 喜びのあまり小躍りする / saltar na piscina プールに飛び込む / Saltei e bati a cabeça no teto. 私は飛び跳ねて天井に頭をぶつけた.
❷ …から (飛び) 降りる [+ de] ▶saltar da cama ベッドから出る / saltar do ônibus バスを降りる / Vou saltar no próximo ponto. 私は次の停留場で降ります.
❸ 弾む, バウンドする ▶Essa bola salta bem. そのボールはよく弾む / A bola saltou. ボールがバウンドした.
❹ 飛び出る, 噴出する, ほとばしる ▶As lágrimas saltaram. 涙があふれでた.
❺ (話などが) あちこちに飛ぶ ▶saltar de um assunto para o outro 次々と話題を変える.
❻ …で滑降 [滑空] する [+ de] ▶saltar de asa-delta ハンググライダーに乗る / saltar de paraquedas スカイダイビングする / saltar de parapente パラグライダーに乗る.
❼ …に飛び掛かる, 襲い掛かる [+ sobre] ▶O gato saltou sobre o rato. 猫がネズミに飛び掛かった.
— [他] ❶ 飛び越える ▶saltar uma poça d'água 水たまりを飛び越える / saltar a cerca 柵を乗り越える.
❷ 飛ばす, 抜かす ▶saltar uma linha 1行飛ばす.

salteado, da /sawte'adu, da/ [形] ❶ 途切れ途切れの.
❷〖料理〗ソテーした.

salteador, dora /sawtea'dox, 'dora/ [[複] salteadores, doras] [形] 追いはぎの, 襲う.
— [名] 追いはぎ, 強盗.

saltear /sawte'ax/ ⑩ [他] ❶ (犯罪目的で) 襲う, 襲いかかる, 強奪する. ❷〖料理〗ソテーする ▶saltear os legumes 野菜をソテーする.

saltimbanco /sawtĩ'bẽku/ [男] 曲芸師, 軽業師.

saltitante /sawtʃi'tẽtʃi/ [形]《男女同形》❶ ぴょんぴょん跳びはねる. ❷ 落ち着きのない.

saltitar /sawtʃi'tax/ [自] ぴょんぴょん跳ぶ, 跳ね回る.

*__salto__ /'sawtu サゥト/ [男] ❶ **靴のかかと, ヒール** ▶salto (alto) ハイヒール / usar salto (alto) ハイヒールを履く / sandália de salto alto ハイヒールサンダル / sapatos sem salto かかとのない靴.
❷ **跳躍, 跳ねること**, ジャンプ ▶dar um salto ジャンプする, 跳躍する, 跳ねる / com um salto ジャンプして / salto à distância 走り幅跳び / salto de vara 棒高跳び / salto em altura 走り高跳び / tri-

plo salto 三段跳び.
andar de salto alto ハイヒールを履いて歩く, 気取る.
de salto 突然, 一跳びで.
jogar de salto alto《サッカー》対戦相手を甘く見る.
salto de pulga 非常に短い距離.
salto no escuro 未知の世界に飛び込むこと.
salto-mortal /'sawtumox,taw/［複 saltos-mortais］男 とんぼ返り, 宙返り.
salubre /sa'lubri/ 形《男女同形》❶ 健康によい. ❷ 容易に治癒できる.
salutar /salu'tax/［複 salutares］形《男女同形》❶ 健康によい, 体のためになる ▶ hábitos salutares 健康によい習慣. ❷ 有益な, ためになる.
salva[1] /'sawva/ 女 ❶ 礼砲, 祝砲. ❷ 小さな丸い盆. ❸《植物》セージ.
salva de gargalhadas 爆笑.
salva de palmas 万雷の拍手.
salvação /sawva'sēw/［複 salvações］女 ❶ 救助, 救出 ▶ Foste a minha salvação! あなたは私の命を救ってくれた.
❷ 救済, 救い ▶ Exército de Salvação 救世軍.
❸ あいさつ.
salvação da lavoura ちょうどよいタイミングで現れる人［出来事・もの］, 救いの手.
sem salvação 救いようがない.
salvador, dora /sawva'dox, 'dora/［複 salvadores, doras］名 救い主, 救助者.
— **Salvador** 男 ❶ 救世主. ❷《地名》サルヴァドール (ブラジル北東部の大西洋岸にある都市. バイーア州の州都).
— 形 救いの, 救助する.
salvador do mundo 世界の救世主, イエス・キリスト.
salvadorenho, nha /sawvado'rẽɲu, ɲa/ 形 名 エルサルバドルの (人).
salvados /saw'vadus/ 男複 火事や難破から救出された財貨.
salvaguarda /sawva'gwaxda/ 女 ❶ 保護, 擁護 ▶ a salvaguarda do patrimônio cultural 文化遺産の保護 / a salvaguarda da ordem pública 公共の秩序の維持. ❷ 防御, セーフガード条項.
salvaguardar /sawvagwax'dax/ 他 保護する, 守る ▶ salvaguardar a independência 独立を守る.
＊salvar /saw'vax/ サウヴァーフ/《過去分詞 salvado/salvo》他 ❶ 救う, 助け出す；守る ▶ Ela salvou a minha vida. 彼女が私の命を救った / salvar um doente 病人を救う / salvar uma empresa da falência 企業を倒産から守る / salvar as aparências 世間体を取り繕う / salvar a honra da família 家族の名誉を守る / salvar a natureza 自然を守る.
❷《情報》(データを) **保存する** ▶ salvar os dados データを保存する.
❸《宗教》救済する ▶ Deus nos salve! 神よ私たちを救いたまえ.
— **salvar-se** 再 ❶ 難を逃れる, 生き延びる, 助かる ▶ Ela se salvou a nado. 彼女は泳いで難を逃れた / Ninguém se salvou no acidente de avião. 飛行機事故で誰も助からなかった.
❷《宗教》救済される.
Salve-se quem puder! 逃げられる者は逃げろ.
salva-vidas /'sawva,vidas/《不変》名 B ライフセーバー, 救命員.
— 形 救命の ▶ colete salva-vidas 救命胴衣 / boia salva-vidas 救命浮き輪.
salve /'sawvi/ 間 やあ, 万歳.
salvo, va[2] /'sawvu, va/ 形 (salvar の過去分詞)
❶ 安全な, 無事な ▶ Ele foi salvo do afogamento por um salva-vidas que ouviu seu pedido de socorro. 彼が助けを求めるのを耳にしたライフセーバーのおかげで彼は溺死を免れた.
❷《宗教》救われた, 救済された ▶ Sou cristão, como saber se estou salvo? 私はキリスト教徒ですが, どうすれば自分が救われているかどうかわかりますか.
❸《情報》保存された ▶ dados salvos 保存されたデータ.
em salvo 安全なところで.
estar a salvo 安全である ▶ Perto de você estou a salvo. 私はあなたの近くにいると安全だ.
estar a salvo de... …を免れている.
pôr a salvo 救う, …の安全を守る.
pôr-se a salvo 危険から逃れる ▶ Pôs-se a salvo do urso que o perseguia, escondendo-se em uma cabana. 彼は掘立小屋に隠れて, 彼を追いかけていたクマから逃れた.
Salvo seja! うまくいきますように ▶ Encontrei a solução para aquele problema. Salvo seja! あの問題の解決策を見つけた. 何も起こりませんように.
— **salvo** 前 …を除いて, …以外は ▶ salvo raras exceções まれな例外を除いて / salvo aos domingos 日曜日を除いて / Salvo os estudantes que tiverem obtido uma boa nota, todos os outros deverão fazer a prova de recuperação. よい成績をとった学生を除いて, 他は全員追試を受けなくてはならないだろう.
salvo se... …した場合を除き, もし…しなかったら ▶ Salvo se chover, iremos à praia amanhã. もし雨が降らなければ明日私たちは海岸へ行くつもりだ.
salvo-conduto /sawvukõ'dutu/［複 salvo(s)-condutos］男 ❶ 通行許可証. ❷ 特権, 免除.
samambaia /samẽ'baja/ 女《植物》シダ類.
samaritano, na /samari'tẽnu, na/ 名《聖書》サマリア人 ▶ bom samaritano よきサマリア人.
— 形 サマリアの, サマリア人の.
＊samba /'sēba/ サンバ サンバ (ブラジルのダンス音楽) ▶ dançar samba サンバを踊る / fantasia de samba サンバの衣装 / escola de samba エスコーラ・ジ・サンバ, サンバチーム.
samba de breque 歌手が歌の間にユーモアのある語りをするサンバ.
samba de enredo サンバパレードのテーマを表現した, 物語性のあるサンバ.
samba de partido-alto ① アフリカ太鼓のリズムに近いサンバ. ② リフレインの後, 歌い手が交替で即興的に歌詞を作って歌うサンバ.

samba no pé 器用［上手］にサンバを踊ること.
samba-canção /ˌsẽbakẽ'sẽw̃/ ［[複] sambas-canção］[男] サンバ・カンソン（ゆっくりとしたサンバ）.
cueca samba-canção ボクサーパンツ.
sambar /sẽ'bax/ [自] [B] サンバを踊る.
sambista /sam'bista/ [名] ❶ サンバの上手な踊り手. ❷ サンバの作曲家. ❸ エスコーラ・ジ・サンバのメンバー.
sambódromo /sam'bɔdromu/ [男] [B] カーニバルのパレード会場.
SAMU 《略語》[B] Serviço de Atendimento Móvel de Urgência 無料の公共救急サービス.
sanar /sa'nax/ [他] ❶（病気や傷を）治す, 癒す ▶ sanar a doença 病気を治す. ❷ 解決する, よくする ▶ sanar erros 誤りを直す / sanar a situação 状況をよくする.
sanatório /sana'tɔriu/ [男] サナトリウム.
sanção /sẽ'sẽw̃/ ［[複] sanções］[女] ❶〖法律〗処罰, 制裁 ▶ sanções econômicas 経済制裁 / impôr sanções 制裁を科す. ❷ 承認, 認可, 裁可 ▶ sanção presidencial 大統領の承認.
sancionar /sẽsio'nax/ [他] ❶ 制裁する. ❷ 認可する, 承認する.
sandália /sẽ'dalia/ [女] ❶（1足の）サンダル ▶ uma sandália 1足のサンダル / três sandálias 3足のサンダル.
❷（片一方の）サンダル ▶ um par de sandálias 1足のサンダル.
❸ sandália de dedo = sandália havaiana ゴムぞうり.
sanduíche /sẽdu'iʃi/ [男]（[P] [女]）サンドイッチ ▶ sanduíche de presunto ハムサンドイッチ / sanduíche de queijo チーズサンドイッチ / sanduíche natural 全粒粉サンドイッチ / sanduíche aberto オープンサンド.
saneamento /sanea'mẽtu/ [男] ❶ 衛生化, 衛生的にすること ▶ saneamento básico 下水工事.
❷ 衛生 ▶ saneamento ambiental 環境衛生.
❸《比喩的》浄化, 健全化 ▶ saneamento da política 政治の浄化.
sanear /sane'ax/ ⑩ [他] ❶ 衛生的にする, 清掃する, 浄化する ▶ sanear o bairro 地区を清掃する.
❷ 治療する ▶ sanear doentes 病人を治療する.
❸ 整地する.
❹ 正す, 訂正する, 直す.
❺ 抑制する, 終わらせる, 鎮める ▶ sanear o ódio 怒りを鎮める.
❻ 和解させる.
— **sanear-se** [再] 和解する.
sanfona /sẽ'fõna/ [女] [B] ❶ サンフォナ（アコーデオンに似た楽器）. ❷ アコーデオン.
sanfonado, da /sẽfo'nadu, da/ [形] 蛇腹の, アコーデオン式の.
sangrar /sẽ'grax/ [他] ❶ 血を抜き取る, 瀉血(しゃけつ)する ▶ sangrar o doente 病人から瀉血する.
❷（と畜のために）急所を傷つける.
❸（樹脂などを）採る.
❹ 苦痛を与える, 苦しめる.
❺ 排水させる.
❻（富などを）搾り取る, 奪い取る.
❼ 弱体化させる, 弱らせる.
❽ [B] [話] 返す意志がないのにお金を借りる.
— [自] ❶ 出血する ▶ Estou sangrando. 私は出血している.
❷ 滴になって落ちる, 滴る.
— **sangrar-se** [再] ❶ 出血する.
❷ 力を失う, 弱る.
❸ 富を失う.
sangrento, ta /sẽ'grẽtu, ta/ [形] ❶ 出血している, 血まみれの ▶ ferida sangrenta 出血している傷.
❷ 流血の, 残虐な ▶ batalha sangrenta 血みどろの戦い.
sangria /sẽ'gria/ [女] ❶ サングリア（赤ワインにオレンジ, レモン, ソーダ水, 砂糖などを入れて作ったパンチ）. ❷〖医学〗瀉血(しゃけつ). ❸ 出血, 失血.
sangria desatada 緊急事態.
***sangue** /'sẽgi サンギ/ [男] ❶ **血, 血液** ▶ exame de sangue 血液検査 / banco de sangue 血液銀行 / dar sangue 献血する / transfusão de sangue 輸血 / perder sangue 出血する / sangue arterial 動脈血 / sangue venoso 静脈血 / com sangue, suor e lágrimas 血と汗と涙を流して / suar sangue 血の汗を流す / chupar o sangue de... …の血を吸う, 生き血を吸う / O sangue subiu à cabeça. 頭に血が上った.
❷ **血統, 家系, 血筋** ▶ laços de sangue 血絆 / sangue azul 王族の家系, 王族 / ser do mesmo sangue 同じ血を引いている / estar no sangue 受け継いでいる, 血統である.
dar [derramar] o sangue por... …に心血を注ぐ.
gelar o sangue nas veias 恐怖で血の気が引く.
não ter sangue nas veias 腰抜けである.
ter o sangue quente すぐかっとなる, 血の気が多い.
ter sangue de barata 言い返さない, おとなしい.
ter sangue nas veias すぐかっとなる, 血の気が多い.
sangue-frio /ˌsẽgi'friu/ ［[複] sangues-frios］[男] 冷静, 沈着 ▶ manter o sangue-frio 冷静さを保つ / perder o sangue-frio 冷静さを失う.
a sangue-frio 冷静沈着に, 平然と ▶ matar a sangue-frio 平然と殺人を実行する.
sanguessuga /sẽgi'suga/ [女] ❶〖動物〗ヒル. ❷ 他人を食い物にする人.
sanguinário, ria /sẽgwi'nariu, ria/ [形] 流血を好む；残忍な.
sanguíneo, nea /sẽ'gwĩniu, na/ [形] ❶ 血液の ▶ vaso sanguíneo 血管 / grupo sanguíneo 血液型 / pressão sanguínea 血圧.
❷ 血の色をした.
❸ 多血質な.
sanguinolento, ta /sẽgino'lẽtu, ta/ [形] ❶ 血まみれの, 血みどろの, 血の混ざった. ❷ 血に飢えた.
sanha /'sẽɲa/ [女] 恨み, 怨恨, 怒り, 憎しみ.
sanidade /sani'dadʒi/ [女] 保健, 衛生；健康 ▶ condições de sanidade 衛生状態 / sanidade física e mental 体と心の健康.

S

sanitário, ria /sani'tariu, ria/ [形] 衛生の, 保健の ▶ material sanitário 衛生用品 / condições sanitárias 衛生状態 / medidas sanitárias 医療処置 / vaso sanitário 便器 / água sanitária 漂白剤.
— **sanitário** [男] 便器, 便所.
sanitarista /sanita'rista/ [名] 公衆衛生専門家.
Santa Catarina /ˌsẽtakata'rĩna/ 《地名》(ブラジル南部の) サンタカタリーナ州.
santeiro, ra /sẽ'tejro, ra/ [形] ❶ 信心深い. ❷ 聖人像を売る [作る]. ❸ [B] [話] 泥棒の手引きをする.
— [名] ❶ 聖人像を売る [作る] 人. ❷ [B] [話] 泥棒の手引きをする人.
santidade /sẽtʃi'dadʒi/ [女] ❶ 神聖さ, 聖性. ❷ Sua Santidade (教皇) 聖下.
santificação /sẽtʃifika'sẽw̃/ [女] 神聖化, 聖別.
santificar /sẽtʃifi'kax/ ㉙ [他] ❶ 神聖なものとする. ❷ 聖人の列に加える.
— **santificar-se** [再] 神聖なものになる.
santinho /sẽ'tʃĩɲu/ [男] ❶ 聖者のカード. ❷ 選挙ポスター, 選挙ビラ. ❸ [話] ぶりっ子.
santista /sẽ'tʃista/ [形] [名] サントス Santos の (人).
⁂**santo, ta** /'sẽtu, ta サント, タ/ [形] ❶ **神聖な, 聖なる** ▶ livros santos 聖典 / lugar santo 聖地 / Terra Santa 聖地 / guerra santa 聖戦 / cidade santa 聖都 / santos óleos 聖油 / dia santo 聖日.
❷ **聖人のような**, 信心深い ▶ levar uma vida santa 信心深い生活を送る.
❸ 《聖人の名前の前で》**聖…**, **聖女…** ▶ Santo Antônio 聖アントニウス ([注] Santo... が用いられるのは名前が母音か h で始まる場合のみ. 子音で始まる場合は São... を用いて São Paulo などとする) / Santa Teresa 聖女テレジア (聖女名では常に Santa... が用いられる).
❹ 有利な, 効果的な ▶ um santo remédio 妙薬, 特効薬.
— [名] ❶ 聖人, 聖女 ; 聖人のような人 ▶ culto dos santos 聖人崇敬 / Ela é uma santa. 彼女は聖女 (のような人) だ.
❷ 聖者像 ▶ um santo de madeira 木彫聖者像.
descobrir um santo para cobrir outro 一方のために他方を犠牲にする.
despir um santo para vestir outro 一方のために他方を犠牲にする.
Por todos os santos! 後生だから.
santa das causas impossíveis 望みなき者の保護者 (カシアの聖リタのこと).
Santo de casa não faz milagres. [諺] (身近な聖人は奇跡を起こさない→) 遠くの親戚より近くの他人.
santo dos santos 極めて神聖な.
todo santo dia 毎日毎日, 日々.
Santos /'sẽtus/ 《地名》サントス (ブラジルのサンパウロ州にある港湾都市).
santuário /sẽtu'ariu/ [男] ❶ 聖域, 聖地 ; (教会の) 内陣. ❷ (動物の) 保護地域, サンクチュアリ.
*__são__[1], **sã** /'sẽw̃, 'sẽ サォン, サン/ [形] ❶ **健康な, 丈夫な** ▶ corpo são 健康な肉体.
❷ **健全な** ▶ espírito são 健全な精神.
❸ 《São》(h を除く子音で始まる男性聖人名の前で) 聖… ▶ São João 聖ヨハネ.
são e salvo 無事に, つつがなく ▶ Todos chegaram sãos e salvos. 全員が無事到着した.
são[2] [活用] ⇒ ser
são-bernardo /ˌsẽw̃bex'naxdu/ [[複] são-bernardos] [男] セントバーナード犬.
São Paulo /ˌsẽw̃'pawlu/ 《地名》❶ (ブラジル南東部の) サンパウロ州. ❷ サンパウロ市.
São Tomé e Príncipe /ˌsẽw̃to'mɛi'prĩsipi/ 《国名》サントメ・プリンシペ (西アフリカのギニア湾にある, ポルトガル語圏の島国).
são-tomense /ˌsẽw̃to'mẽsi/ [[複] são-tomenses] [形] 《男女同形》[名] サントメ・プリンシペの (人).
sapataria /sapata'ria/ [女] 靴店, 靴工場.
sapateado /sapate'adu/ [男] タップダンス.
sapateador, dora /sapatea'dox, 'dora/ [[複] sapateadores, doras] [名] タップダンサー.
sapatear /sapate'ax/ ⑩ [自] ❶ タップダンスをする. ❷ 床を踏みならす.
sapateira[1] /sapa'tejra/ [女] [B] 靴入れ, 靴箱.
sapateiro, ra[2] /sapa'tejru, ra/ [名] 靴職人, 靴屋.
sapatilha /sapa'tʃiʎa/ [女] ❶ バレエシューズ (＝sapatilha de balé). ❷ 体操シューズ. ❸ パンプス.
⁂**sapato** /sa'patu サパート/ [男] ❶ **靴** ▶ Esse sapato é italiano. その靴はイタリア製だ / sapato de couro 革靴.
❷ 《sapatos》(一足の) 靴 ▶ um par de sapatos 一足の靴 / calçar os sapatos 靴をはく / tirar [descalçar] os sapatos 靴を脱ぐ / Não encontro um pé do par de sapatos. 片方の靴が見つからない / / engraxar os sapatos 靴を磨く / Qual é o tamanho de seus sapatos? あなたの靴のサイズはいくつですか.
sapato de defunto 当てにならない約束, 望みが薄いこと.
sapecar /sape'kax/ ㉙ [他] …に (行為を) する, 与える [+ em] O neto sapecou um beijo na testa do avô. 孫はおじいちゃんの額にキスをした.
— [自] いちゃつく, ふざける ▶ Os alunos gostam de sapecar na sala de aula. 生徒たちは教室でふざけるのが好きだ.
sapiência /sapi'ẽsia/ [女] 知恵, 英知 ; 知識, 学識.
sapiente /sapi'ẽtʃi/ [形] 《男女同形》賢い, 知恵のある, 学問のある.
sapo /'sapu/ [男] 〘動物〙ヒキガエル.
engolir sapos 嫌なことを受け入れる.
saque /'saki/ [男] ❶ 略奪, 強奪.
❷ 手形 ▶ saque a descoberto 当座貸越.
❸ 〘スポーツ〙サーブ ▶ dar um saque サーブする.
❹ (銀行口座からの) 引き出し ▶ fazer um saque 預金を引き出す.
saquear /sake'ax/ ⑩ [他] ❶ 略奪する, 強奪する ▶ saquear lojas 商店を略奪する. ❷ 盗む. ❸ 破壊する, めちゃめちゃにする.
sarado, da /sa'radu, da/ [形] 治った, 治癒した.
saraiva /sa'rajva/ [女] ひょう, あられ.
saraivada /saraj'vada/ [女] ❶ ひょうやあられが降ること. ❷ 雨あられと降ること ▶ saraivada de balas 弾丸の雨.

S

saraivar

saraivar /saraj'vax/ 自 ❶ ひょう [あられ] が降る. ❷ 雨あられと降る.
— 他 雨あられと浴びせる.
sarampo /sa'rẽpu/ 男 《医学》はしか, 麻疹.
*****sarar** /sa'rax/ 他 治療する, 治す ▶ sarar uma ferida 傷を治す.
— 自 ❶ (病人が) 治る ▶ sarar da gripe インフルエンザが治る. ❷ (病気やけがが) 治る.
— **sarar-se** 再 (病気やけがが) 治る.
sarau /sa'raw/ 男 (芸術鑑賞の) 夜会, 夜の集い ▶ sarau literário 文学の夕べ.
sarcasmo /sax'kazmu/ 男 皮肉, 嫌み, 嘲弄.
sarcástico, ca /sax'kastʃiku, ka/ 形 皮肉の, 冷笑的な ▶ riso sarcástico せせら笑い.
sarcófago /sax'kɔfagu/ 男 石棺.
sarda /'saxda/ 女 そばかす.
sardinha /sax'dʒiɲa/ 女 《魚》イワシ ▶ sardinhas de conserva イワシの缶詰.
como sardinhas em lata すし詰め状態で.
tirar a sardinha (遊びで) 親指と中指を使って他人の尻を不意に強くたたく.
tirar sardinha (遊びで) 自分の手のひらに相手が乗せた手の甲を早打ちする.
sardônico, ca /sɐr'dɔniku, kɐ/ 形 P = sardônico
sardônico, ca /sax'dõniku, ka/ 形 B 冷笑的な, 嘲笑的な ▶ um riso sardônico 冷笑.
sargento /sax'ʒẽtu/ 男 軍曹.
sarjeta /sax'ʒeta/ 女 側溝.
na sarjeta ホームレスの.
sarna /'saxna/ 女 ❶ 《医学》疥癬(ｶｲｾﾝ). ❷ 《uma sarna》厄介な人, 面倒な人.
sarna para se coçar 厄介 [面倒] なこと ▶ procurar sarna para se coçar 厄介なことに首を突っ込む.
ter sarna para coçar-se 厄介事に関わる.
sarrafo /sa'xafu/ 男 角材.
baixar o sarrafo em... ① …を殴る, 叩く, 批判する. ② 《サッカー》…に対して荒っぽいプレーをする.
sarro /sa'xu/ 男 ❶ (容器の) 沈殿物, 付着物, かす. ❷ パイプにたまったやに. ❸ 舌ごけ. ❹ 歯石. ❺ 銃についたすす. ❻ 《魚》南米に生息する小型のナマズの総称. ❼ B 俗 面白い人 [こと]. ❽ B 卑 痴漢行為 ▶ tirar um sarro B 卑 痴漢行為をする.
tirar sarro com a cara de... 俗 …をからかう.
Satã /sa'tẽ/ 男 サタン, 悪魔.
Satanás /sata'nas/ 男 サタン, 悪魔.
satânico, ca /sa'tẽniku, ka/ 形 サタンの, 悪魔の, 悪魔のような.
satélite /sa'tɛlitʃi/ 男 ❶ 衛星, 人工衛星 ▶ satélite artificial 人工衛星 / satélite de comunicações 通信衛星 / satélite meteorológico 気象衛星 / televisão por satélite 衛星テレビ. ❷ 衛星国.
— 形 《男女同形》衛星の, 他の支配下にある ▶ países satélites 衛星国.
sátira /'satʃira/ 女 風刺, 風刺文, 風刺文学.
satírico, ca /sa'tʃiriku, ka/ 形 風刺の, 風刺的な ▶ jornal satírico 風刺新聞.
satirizar /satʃiri'zax/ 他 風刺する, 皮肉る.
— 自 風刺文を書く.
sátiro /'satʃiru/ 男 ❶ 《神話》サチュロス. ❷ 好色家.
‡**satisfação** /satʃisfa'sẽw サチスファサォン/ [複 satisfações] 女 ❶ 満足, 喜び ▶ sentir satisfação 満足を覚える / causar satisfação 満足をもたらす / com satisfação 満足して, 喜んで / para minha satisfação うれしいことに / ter a satisfação de + 不定詞 喜んで…する / Que satisfação em recebê-lo! ようこそいらっしゃいました.
❷ (欲望の) 充足 ▶ satisfação do desejo 欲望の充足.
❸ 説明, 釈明, 弁明 ▶ dar uma satisfação a alguém …に説明する / dever uma satisfação a alguém …に説明する責任がある.
tomar satisfações a... …に釈明を求める.
satisfatório, ria /satʃisfa'tɔriu, ria/ 形 ❶ 満足のいく, 申し分のない ▶ resultado satisfatório 満足のいく結果.
❷ まあまあの, 可もなし不可もなしの ▶ nível satisfatório まあまあのレベル.
‡**satisfazer** /satʃisfa'zex サチスファゼーフ/ ㉘ 《過去分詞 satisfeito》他 ❶ 満足させる, 喜ばせる ▶ satisfazer os clientes 顧客を満足させる.
❷ (欲求を) 満たす, 充足させる ▶ satisfazer o apetite 食欲を満たす / satisfazer o desejo de saber 知識欲を満たす / satisfazer a sede 渇きを癒す / satisfazer a fome 飢えを満たす.
— 自 十分である.
— **satisfazer-se** 再 満足する ▶ satisfazer-se com pouco わずかなもので満足する.
*****satisfeito, ta** /satʃis'fejtu, ta サチスフェイト, タ/ 形 ❶ …に満足した [+ com] ▶ Fiquei satisfeito com o resultado final. 私は最終結果に満足した.
❷ お腹がいっぱいの, 満腹の ▶ Não quero mais, estou satisfeito. もう結構です, お腹がいっぱいです.
dar-se por satisfeito 満たされていると感じる.
estar satisfeito consigo mesmo [próprio] 自分自身に満足している.
saturação /satura'sẽw/ [複 saturações] 女 飽和, 飽和状態 ▶ ponto de saturação 飽和点.
saturado, da /satu'radu, da/ 形 ❶ …でいっぱいの; 飽和した, 飽和状態の [+ de] ▶ mercado saturado 飽和状態の市場 / ar saturado de vapor de água 水蒸気が充満した空気.
❷ うんざりした ▶ Eu estou saturado. 私はうんざりしている.
saturar /satu'rax/ 他 ❶ …を飽和させる ▶ saturar o mercado 市場を飽和させる / saturar o espaço 空間をいっぱいにする.
❷ …でいっぱいにする [+ de].
— 自 うんざりさせる ▶ Essa conversa satura. その会話はうんざりする.
— **saturar-se** 再 …でうんざりする [+ de].
Saturno /sa'tuxnu/ 男 《天文》土星.

saudação /sawda'sẽw/ [複 saudações] 囡 ❶ あいさつ, あいさつの言葉, 会釈 ; 敬礼.
❷ 礼儀や敬意を示すこと.
Pt, saudações. 以上, これまで.
saudações cordiais 敬具, 敬白.
saudação ao berimbau B カポエイラの競技前後にベリンバウ奏者に対して行う敬礼.

☆**saudade** /saw'dadʒi/ サウダーチ/ 囡 ❶ 郷愁, 懐旧の念, 懐かしさ, ノスタルジー ▶ sentir saudade(s) = estar com saudade(s) 懐かしく思う / ter saudade do pai 父への思慕の念を抱く / sentir saudade da família 家族を懐かしく思う / sentir saudade da terra natal 生まれた土地を懐かしく思う / sentir saudades de casa ホームシックになる / Estou com saudade de você. あなたがいなくて寂しい / matar saudade 寂しさを紛らわす, 寂しさを解消する / morrer de saudade 死ぬほど懐かしい.
❷ 《saudades》懐かしさを込めたあいさつ ▶ dar saudades a alguém ...に懐かしい気持ちを伝える.
deixar na saudade ① 大きく引き離す, 水をあける. ② 無視する.
ficar na saudade ① 忘れられる. ② 後塵を拝する.

> コラム 追憶のサウダージ
>
> サウダージ (saudade) は失われたもの, 過ぎ去ってしまったこと, 遠く離れてしまったもの, もう会えない人に対する思慕や追憶, 郷愁を表す語で, 甘美な悲しさを含んでいる. ポルトガル生まれの大衆的民俗歌謡のファド (fado) にも歌われる感情表現の主要なものである.

saudar /saw'dax/ 他 ❶ あいさつする, 会釈する ▶ saudar o vizinho 隣人にあいさつする.
❷ ...を歓迎する, を歓呼して迎える.
❸ 喜ぶ ▶ saudar a chegada da primavera 春の到来を喜ぶ.
— **saudar-se** 再 互いにあいさつを交わす.

saudável /saw'davew/ [複 saudáveis] 形 《男女同形》❶ 健康によい, 体によい ▶ alimentação saudável 健康によい食生活.
❷ 健康な (↔ doente) ▶ criança saudável 健康な子供 / corpo saudável 健康な体.
❸ 健全な ▶ levar uma vida saudável 健全な生活を送る.

☆**saúde** /sa'udʒi/ サウーチ/ 囡 ❶ 健康 ▶ saúde física 肉体的健康 / saúde mental 精神的健康 / ser bom para a saúde 健康によい / ser ruim para a saúde 健康に悪い / prejudicar a saúde 健康を損なう / recuperar a saúde 健康を回復する / estado de saúde 健康状態 / saúde de ferro 頑健, 健康そのもの / estar bem de saúde 健康状態がよい / estar mal de saúde 健康状態が悪い / beber à saúde de... ...の健康を祈って乾杯する. ❷ 衛生 ▶ saúde pública 公衆衛生.
— 間 ❶ 乾杯. ❷ B (くしゃみをした人に) お大事に.

saudosismo /sawdo'zizmu/ 男 懐古趣味.
saudosista /sawdo'zista/ 形 《男女同形》 名 懐古趣味の(人).
saudoso, sa /saw'dozu, 'dɔza/ 形 郷愁を誘う, 懐かしい, 昔を懐かしむ ▶ voz saudosa 懐かしい声 / saudoso amigo 懐かしい友人 / saudoso tempo 懐かしい時代.
sauna /'sawna/ 囡 サウナ風呂 ; 蒸苦しいところ ▶ fazer sauna サウナ風呂に入る.
savana /sa'vɐna/ 囡 サバンナ, 熱帯長草草原地帯.
saxofone /sakso'fõni/ 男 『音楽』サキソフォン, サックス.
saxofonista /saksofo'nista/ 名 サックス奏者.
sazonal /sazo'naw/ [複 sazonais] 形 《男女同形》季節の ▶ ajuste sazonal 季節調整.
SC 《略語》Estado de Santa Catarina サンタカタリーナ州.

☆**se**[1] /si スィ/ 代 《再帰代名詞 3 人称単数・複数形》
❶ 自分自身を ▶ Ele se matou. 彼は自殺した.
❷ 自分自身に ▶ Ele se perguntou. 彼は自分自身に問いかけた.
❸ お互いを, お互いに ▶ Eles se amam. 彼らは愛し合っている / Eles se falam todos os dias por telefone. 彼らは毎日電話で話をしている.
❹ 《受動的 ; 多くは主語は物》 ▶ Aluga-se casa. 貸家あり / Diz-se que ＋直説法 ...と言われている.
❺ 《非人称的用法》人は... ▶ Vive-se bem aqui. ここは暮らしやすい.
❻ 《その他》lembrar-se 思い出す / ir-se 行く, 立ち去る.

☆**se**[2] /si スィ/ 接 ❶ 《仮定, 条件》
❶ 《se ＋接続法未来. ただし口語では直説法現在も可能》もし...なら (注 未来についての単なる仮定を表す. 帰結節は直説法現在, ir ＋ 不定詞, または 命令文》 ▶ Se o tempo estiver bom, vamos passear. 天気がよかったら散歩に行きましょう / Se chover, não irei à praia. もし雨が降ったら浜辺には行かない / Se não me apressar, vou chegar atrasado na escola. 急がないと学校に遅れる / Se o comércio não reagir, nós falimos. 商売がうまくいかないと, 我々は倒産する / Ajude-se puder. できることなら手伝って.
❷ 《se ＋接続法半過去》もし...だったら (注 現在の事実に反する仮定または未来の実現可能性の少ない仮定を表す ; 帰結節は B 直説法過去未来または口語で直説法半過去, P 直説法半過去が多い) ▶ Se eu tivesse bastante dinheiro, compraria [comprava] uma casa. もし私に十分なお金があったなら, 家を買うのに.
❸ 《se ＋接続法大過去》もし...だったとしたら (注 過去の事実に反する仮定；帰結節は直説法複合過去未来または直説法複合大過去》 ▶ Se eu tivesse tido bastante dinheiro, teria comprado uma casa. もし (あのとき) 私に十分なお金があったなら, 家を買っていただろうに.
❹ 《主語を伴わない疑問文・感嘆文で, 願望, 後悔, いらだちなどを示す》 ▶ Se você tivesse me dito antes! 前に言ってくれていればよかったのに / Se pelo menos não chovesse! せめて雨が降らなければいいのに.
❷ 《事実を表す》
❶ 《反復を表す》...するときは (いつも), ...するごと

に ▶ Se fala, irrita a todos. 彼がしゃべるとみんなを怒らせる.
❷《対立, 比較, 譲歩》…ではあるが, であるにしても ▶ Se não brilhou, pelo menos não decepcionou. 彼はずば抜けてはなかったが, 少なくとも失望はさせなかった / Se você tem carro, por que ir a pé? 君は車を持っているのに, どうして歩いて行くの.
❸《Se ... é ...》…なのは…だからだ ▶ Se eu estou feliz é porque estou com você. 僕が幸福なのは君と一緒にいるからだ.
❹《強調》もちろん, …するどころか.
[3]《間接疑問文を導く》…かどうか ▶ Não sei se é verdade. それが本当かどうか私は知らない / Vou perguntar se ele quer trabalhar comigo. 彼が私と仕事をしたいか聞いてみよう.
mesmo se ＋[接続法] たとえ…でも ▶ mesmo se o mundo acabasse hoje たとえ今日世界が終わっても.
se bem que ＋[直説法] / [接続法] …ではあるが.

SE《略語》Sergipe セルジッペ州.

sé /'sɛ/ [女] (教皇や司教の) 座 ▶ A Santa Sé ローマ教皇庁, 聖座.

seara /se'ara/ [女] 穀物畑.

sebe /'sɛbi/ [女] 垣根, 生け垣 ▶ sebe viva 生垣.

sebo /'sebu/ [男] ❶ 獣脂. ❷ 皮脂. ❸ [B] 古本店.
botar sebo nas canelas 走る, 逃げる.

seboso, sa /se'bozu, 'bɔza/ [形] ❶ 脂肪質の. ❷ 脂で汚れた. ❸ [B] 見栄張りの.

seca[1] /'seka/ [女] ❶ 干ばつ, 日照り, 乾燥.
❷ [話] 退屈なこと, うんざりすること.
❸ [B] [話] 長くて退屈な話.
❹ [B] [話] 不運.
— [名] [B] [話] 厄介な人, しつこい人.
às secas 喉が渇いた.

secador, dora /seka'dox, 'dora/ [[複] secadores, doras] [形] 乾燥させる, 乾かす.
— **secador** [男] 乾燥機, ドライヤー ▶ secador de cabelo ヘアドライヤー / secador de mãos ハンドドライヤー.
— **secadora** [女] 乾燥機 ▶ secadora de roupas 衣服乾燥機.

secagem /se'kaʒẽj̃/ [[複] secagens] [女] 乾燥, 乾かすこと.

secamente /ˌseka'mẽtʃi/ [副] そっけなく.

secante /se'kẽtʃi/ [形]《男女同形》乾燥させる.
— [男] 乾燥剤.
— [女]〖数学〗セカント, 正割.

☆**seção** /se'sẽw̃ セサォン/ [[複] seções] [女] ❶ **部門, 部, 課**; 売り場 ▶ seção de contabilidade 会計課 / seção de vendas 営業部 / seção masculina 紳士服売り場 / seção eleitoral 投票所 / seção feminina 女性服売り場 / chefe de seção 部門長.
❷ (新聞や雑誌の) 欄 ▶ seção de esportes スポーツ欄 / seção de economia 経済欄.
❸ 断面図, 切断図 ▶ uma seção do motor do carro 車のエンジンの断面図.
❹ 分割, 断片 ▶ O tronco da árvore foi dividido em quatro seções. 木の幹は四分割された.
❺ (作品や論文の) 部 ▶ O primeiro volume está dividido em três seções. 第一巻は 3 部に分かれる.
❻〖音楽〗演奏パート, セクション ▶ seção rítmica リズムセクション.

***secar** /se'kax セカーフ/ ㉙《[過去分詞] secado/seco》[他] ❶ **乾かす, 乾燥させる**, 干す (←→ molhar) ▶ secar o cabelo 髪の毛を乾かす / secar a roupa 洗濯物を干す.
❷ 干上がらせる, 枯らせる.
— [自] ❶ 乾く, 乾燥する. ❷ 干上がる, 枯れる.
— **secar-se** [再] ❶ 自分の体を乾かす. ❷ 干上がる, 枯れる.

secção /sek'sẽw̃/ [女] ＝ seção

seccionar /seksio'nax/ [他] ＝ secionar

secessão /sese'sẽw̃/ [[複] secessões] [女] 分離, 脱退, 離脱 ▶ Guerra de Secessão (米国の) 南北戦争.

secionar /sesio'nax/ [他] 分割する, 分離する.
— **secionar-se** [再] ▶ 別れる, 分割される.

☆**seco, ca**[2] /'seku, ka セーコ, カ/ [形] ❶ **乾いた, 乾燥した**, 干上がった (←→ molhado) ▶ toalha seca 乾いたタオル / terra seca 乾いた土地 / poço seco 涸れた井戸 / clima seco 乾燥気候 / tempo seco 乾燥した天気 / pele seca 乾燥肌 / período seco 乾季 / Estou com a garganta seca. 私はのどが渇いている.
❷ **枯れた**, しおれた ▶ folhas secas 枯葉.
❸ **干した, 乾燥させた** ▶ carne seca 干し肉 / fruta seca ドライフルーツ.
❹ (酒類が) **辛口の** ▶ vinho seco 辛口ワイン / champanha seco 辛口シャンペン.
❺ (音が) 乾いた, 鈍い ▶ tosse seca 空咳.
❻ 冷淡な, 無愛想な, よそよそしい ▶ pessoa seca 冷淡な人 / resposta seca そっけない返事.
— **seco** [男] ❶ 乾いた場所. ❷《secos》保存用食品, 乾物 ▶ armazém de secos e molhados 食料雑貨店.
a seco ① (給与が) 食事代抜きで. ② (掃除や洗濯が) 水を使わない, ドライクリーニングの ▶ lavar a seco ドライクリーニングする, 水を使わずに洗う. ③ 酒なしの, アルコール抜きの. ④ (歌が) 伴奏なしの, アカペラの.
em seco 水のない, 干上がった.
engolir em seco 黙っている, 言い返さない.
estar seco por ＋[不定詞] …したくてたまらない.
nadar em [no] seco 時間を無駄にする.

secreção /sekre'sẽw̃/ [[複] secreções] [女] 分泌, 分泌液.

secreta[1] /se'krɛta/ [男] 秘密警察官.

secretamente /seˌkrɛta'mẽtʃi/ [副] ひそかに, 隠れて.

secretaria /sekreta'ria/ [女] ❶ 事務局, 書記局, 秘書課 ▶ Secretaria das Nações Unidas 国連事務局. ❷ 省庁 ▶ secretaria da saúde 保健局 / Secretaria da Receita Federal do Brasil ブラジル連邦国税庁.

secretária[1] /sekre'taria/ [女] ❶ 机 ▶ computador de secretária デスクトップパソコン / trabalho de secretária 事務作業. ❷ secretária eletrônica 留守番電話.

secretariado /sekretari'adu/ [男] ❶ 秘書 [書記] の職 [地位, 任務]. ❷ 秘書課, 書記課, 事務局 ▶

Secretariado das Nações Unidas 国連事務局. ❸ [B] 秘書コース.
secretariar /sekretari'ax/ [他] …の秘書を務める.
一 [自] 秘書を務める.
secretário, ria[2] /sekre'tariu, ria セクレターリオ, リア/ [名] ❶ **秘書**. ❷ **長官** ▶ Secretário de Estado 国務長官 / Secretário da Defesa dos Estados Unidos 米国防衛長官. ❸ 書記, 書記官.
secreto, ta[2] /se'krɛtu, ta セクレート, タ/ [形] ❶ **秘密の** ▶ agente secreto 秘密諜報員 / polícia secreta 秘密警察 / documentos secretos 機密文書 / serviços secretos 秘密情報機関. ❷ **隠れた**, 人目につかない ▶ porta secreta 隠し戸 / admirador secreto 隠れファン.
sectário, ria /sek'tariu, ria/ [形] ❶ 分派の, セクト的な. ❷ 偏狭な, 狭量な.
一 [名] ❶ 特定の派に属する人, 信徒. ❷ セクト主義者.
sectarismo /sekta'rizmu/ [男] 党派主義, セクト主義；了見の狭さ.
sector /sek'tox/ [男] = setor
sectorial /sektori'aw/ [形] = setorial
secular /seku'lax/ [[複] seculares] [形] 《男女同形》 ❶ 1世紀に1度の. ❷ 100年以上の；何百年の, 昔年の, 昔からの ▶ tradição secular 何世紀もの伝統. ❸ 世俗の, 現世の ▶ música secular 世俗音楽.
secularização /sekulariza'sẽw̃/ [[複]secularizações] [女] ❶ 世俗化. ❷ 還俗.
secularizar /sekulari'zax/ [他] ❶ 世俗化させる, 宗教色を抜く, 還俗させる. ❷ (教会の財産を) 国有化する.
— **secularizar-se** [再] 還俗する.
século /'sɛkulu セクロ/ [男] ❶ **100年間, 1世紀** ▶ Nós estamos no século XXI. 私たちは21世紀にいる / invenção do século 世紀の発明 / no século passado 前世紀に / no início do século XX 20世紀初頭に / no meio do século XX 20世紀半ばに / no final do século XIX 19世紀末に.
❷ **長期間** ▶ Esse acontecimento ocorreu há séculos. その出来事は随分と前に起こった / por séculos 何世紀にもわたって.
❸ **世間** ▶ Ele se afastou do século para viver sozinho na mata. 彼は森で一人暮らしするために世間から離れた.
❹ 時代 ▶ século de ouro 黄金の世紀 / o século de Péricles ペリクレスの世紀
secundar /sekũ'dax/ [他] 支援する, 援助する, 助ける.
secundário, ria /sekũ'dariu, ria セクンダーリオ, リア/ [形] ❶ **副次的な, 付随的な**, 二流の ▶ efeito secundário 副次的効果, 副作用 / questão secundária 付随的な問題 / desempenhar um papel secundário 脇役を演じる.
❷ 第2段階の, 第2の, 第2次の ▶ ensino secundário 中等教育 / setor secundário 第2次産業.
secura /se'kura/ [女] ❶ 乾燥, 乾き. ❷ 喉の渇き. ❸ 素っ気ないこと, 無愛想, 冷淡.
seda /'seda/ [女] 絹, 生糸, 絹織物 ▶ luvas de seda 絹の手袋.
rasgar seda 互いに褒め合う.
sedativo, va /seda'tʃivu, va/ [形] 〖医学〗 鎮静の, 鎮痛の.
— **sedativo** [男] 鎮静剤.
sede[1] /'sɛdʒi セーヂ/ [女] ❶ **本部, 本社, 本拠地** ▶ A sede da empresa se localiza em Tóquio. その企業の本社は東京にある / sede da ONU 国連本部 / sede social 本社, 本店.
❷ **実施地, 開催地** ▶ sede das Olimpíadas オリンピック開催地.
sede[2] /'sedʒi セーヂ/ [女] ❶ **喉の渇き** ▶ estar com sede = ter sede 喉が渇いている / matar a sede 喉の渇きを癒す / morrer de sede 喉がカラカラだ.
❷ **強い願望, 切望, 熱望** ▶ sede de poder 権力の渇望 / sede de riqueza 金銭欲, 貪欲 / sede de sangue 殺意 / sede de conhecimento 知識への渇望 / ter sede de vingança 復讐したいと強く思う.
ir com muita sede ao pote 慌てて軽率に行動する.
sede de água 喉の渇きを満たすのに充分な量の水.
sedentário, ria /sedẽ'tariu, ria/ [形] ❶ 座った姿勢での, 出歩かない, 出不精な ▶ levar uma vida sedentária 閉じこもった生活を送る. ❷ 定住性の ▶ povo sedentário 定住民族.
sedentarismo /sedẽta'rizmu/ [男] 出不精, 家にこもること.
sediar /sedʒi'ax/ [他] 主催する ▶ sediar a Copa do Mundo ワールドカップを主催する.
sedição /sedʒi'sẽw̃/ [[複] sedições] [女] 反乱, 暴動, 決起.
sedimentação /sedʒimẽta'sẽw̃/ [[複] sedimentações] [女] 沈殿 (作用), 堆積.
sedimentar[1] /sedʒimẽ'tax/ [[複] sedimentares] [形] 《男女同形》〖地質〗 堆積性の ▶ rocha sedimentar 堆積岩.
sedimentar[2] /sedʒimẽ'tax/ [他] ❶ 堆積させる, 沈殿させる. ❷ 落ち着かせる, 安定させる.
一 [自] 沈殿する.
— **sedimentar-se** [再] ❶ 沈殿する, 沈む. ❷ 安定する.
sedimento /sedʒi'mẽtu/ [男] 沈殿物, 堆積物, おり.
sedoso, sa /se'dozu, 'dɔza/ [形] 絹のような, すべすべした, つややかな.
sedução /sedu'sẽw̃/ [[複] seduções] [女] ❶ 誘惑, そそのかし. ❷ 魅惑, 魅力.
sedutor, tora /sedu'tox, 'tora/ [[複] sedutores, toras] [形] ❶ 誘惑の, たぶらかす ▶ um olhar sedutor 吸い寄せられるようなまなざし. ❷ 魅惑的な, 魅了する ▶ uma proposta sedutora 魅力的な提案.
一 [名] 誘惑者.
seduzir /sedu'zix/ ⑭ [他] ❶ 誘惑する, 惑わす ▶ seduzir uma virgem 処女を誘惑する. ❷ 魅惑する, 夢中にさせる ▶ seduzir o leitor 読者を魅了する.
seg. 《略語》 segunda-feira 月曜日.
segar /se'gax/ ⑪ [他] ❶ 刈り取る, 刈る. ❷ 終わらせる.

S

segmentação /segimẽta'sẽw/ [圈 segmentações] 囡 ❶ 分割, 分節. ❷『生物』卵割.

segmentar¹ /segimẽ'tax/ [圈 segmentares] 形 《男女同形》分割された, 分節の.

segmentar² /segimẽ'tax/ 他 分割する.
— **segmentar-se** 再 分割される, 分裂する.

*****segmento** /segi'mẽtu セギメント/ 男 ❶『数学』線分 (= segmento de reta); (図形の)部分, 切片. ❷『動物』(環形動物の)体節. ❸『言語』(単)音, 分節.

segredar /segre'dax/ 他 自 こっそり言う, 小声でささやく.

☆segredo /se'gredu セグレード/ 男 ❶ 秘密, 機密; 秘密の話 ▶ guardar um segredo 秘密を守る / revelar um segredo 秘密を暴く / segredo de Estado 国家機密 / segredo militar 軍事機密 / segredo profissional 職業上の秘密 / contar um segredo 秘密を話す.
❷ 秘訣, 秘伝, こつ ▶ segredo do sucesso 成功の秘訣 / segredo da longevidade 長寿の秘訣.
❸ 神秘, 謎, 不思議 ▶ segredos da natureza 自然の謎.

em segredo 秘密裏に, こっそりと, 内々に ▶ Ela partiu em segredo para o país estrangeiro. 彼女はこっそりと外国へ出発した.

fazer segredo de... …を秘密にする, 隠す.

não ser segredo para ninguém 万人に知られている.

não ter segredos para... …を熟知している, 詳しい ▶ Sabe de mecânica, para ele um motor não tem segredos. 彼はメカに強く, エンジンのことなら何でも知っている.

segredo de polichinelo 公然の秘密.

segredo do coração 心の秘密, 胸に秘めたもの.

segregação /segrega'sẽw/ [圈 segregações] 囡 分離, 隔離, 引き離し ▶ segregação racial 人種隔離.

segregar /segre'gax/ (11) 他 ❶ 分離する, 隔離する. ❷ 分泌する.
— **segregar-se** 再 離れる, 孤立する.

seguida¹ /se'gida/ 囡 ついて行くこと, 連続.

em seguida ① 次に, そして. ② 直後に, 即座に.

seguidamente /se,gida'mẽtʃi/ 副 すぐ後に, 引き続いて.

seguido, da² /se'gidu, da/ 形 連続した, 一連の ▶ seis dias seguidos 6日間続けて / três vezes seguidas 3度続いて / anos seguidos 何年も続いて.

☆seguinte /se'gitʃi セギンチ/ 形《男女同形》❶ 次の, 以下のような ▶ página seguinte 次のページ / da seguinte maneira 次のようにして / Responda às seguintes perguntas. 次の質問に答えなさい.
❷ その次の, 翌… ▶ no dia seguinte 翌日に / na semana seguinte 翌週に / no mês seguinte 翌月に / no ano seguinte 翌年に / na manhã seguinte 翌朝に.
— 男 次のこと ▶ Eu disse o seguinte. 私は次のことを言った.

☆seguir /se'gix セギーフ/ ⑥⓪

直説法現在 | sigo | seguimos
 | segues | seguis
 | segue | seguem

接続法現在 | siga | sigamos
 | sigas | sigais
 | siga | sigam

他 ❶ …の後について行く [来る]; (物が) …の後から来る ▶ seguir o guia ガイドの後について行く / Siga-me, por favor. 私について来てください.
❷ …の後を追う, 尾行する; (思想などに) 付きまとう ▶ seguir o rastro 足跡をたどる / seguir as setas 矢印に従って進む.
❸ (道や方針に) 沿って進む; (道が) …に沿っている ▶ seguir a rua principal 大通りを行く / seguir o muro 壁沿いに進む / seguir o bom caminho 正道を歩む / seguir seu próprio caminho 我が道を行く / Vamos deixar as coisas seguirem seu curso normal. 成り行きにまかせましょう.
❹ …に従う, …を見習う, まねる; (変化に) 即応する ▶ seguir a costume 慣例に従う / seguir a moda 流行を追う / um conselho a seguir 忠告に従う / um exemplo a seguir 見習うべきお手本 / seguir a onda 流行の波に乗る.
❺ (職業に) 就く, 進学する ▶ seguir a carreira de médico 医学の道に進む.
❻ …の動向 [経過] を注視する ▶ seguir a Copa do Mundo ワールドカップの結果を追う / Você segue a novela das nove? 9時のドラマを見ていますか.
❼ 継続する ▶ seguir a leitura 読書を続ける / seguir uma dieta ダイエットする.
— 自 ❶ まっすぐ進む; 向かう, 行く ▶ Siga em frente. まっすぐ前進してください / seguir para o local 現場に向かう / seguir pelo atalho 近道を行く / seguir a pé 徒歩で行く, 歩いて行く.
❷ 次に来る, 続く ▶ o artigo que segue = o artigo a seguir 次の記事.
— **seguir-se** 再 ❶ 引き続く, 相次ぐ ▶ Os dias seguem-se uns aos outros. 日々が次々に経過する.
❷ 次に来る ▶ o artigo que se segue 次の記事.

a seguir その後で, それから, 次に.

a seguir a... …の後に, …の次に ▶ a seguir ao acidente 事故の後に.

segunda¹ /se'gũda/ 囡 ❶ 月曜日 ▶ Até segunda! また月曜日に会いましょう. ❷『自動車』セカンドギア. ❸ 二等車 ▶ viajar de segunda 二等車に乗る. ❹『音楽』二度.

☆segunda-feira /se,gũda'fejra セグンダフェイラ/ [圈 segundas-feiras] 囡 月曜日 ▶ na segunda-feira 月曜日に.

☆segundo¹, da² /se'gũdu, da セグンド, ダ/ 形 ❶ 第2の, 2番目の, 2度目の ▶ segundo lugar 二位 / segunda língua 第二言語 / segunda parte 第二部 / segunda metade 後半 / pela segunda vez 二度目に.
❷ もう一つの, 別の, 新たな ▶ segunda pátria 第二

の祖国 / segundo Mozart モーツアルトの再来.
de segunda mão 中古の ▶carro de segunda mão 中古車.
de segunda classe 二等の, 二流の ▶hotel de segunda classe 二流ホテル.
― 图 2番目の人, 次席, 補佐役, 助手.

segundo² /se'gũdu セグンド/ 男 ❶ (時間の単位) 秒 ▶como se maquiar em dez segundos 10秒でお化粧をする方法. ❷ (角度や方位の単位) 秒.
um segundo 一秒, 僅かな時間, 一瞬 ▶em um segundo 一瞬で / Só um segundo! ちょっと待って.

segundo³ /se'gũdu セグンド/ 前 ❶ …によれば, …に応じて ▶segundo o porta-voz da presidência da República 共和国大統領のスポークスマンによれば / Segundo a previsão, fará tempo bom. 予報では晴れるそうだ / Ela age segundo as próprias diretrizes. 彼女は自らの方針に従って行動する.
― 腰 ❶ …によると ▶Fazia uma lista de compras segundo se lembrava do que estava precisando. 必要なものを思い出すままに買い物リストを書いた.
❷ …に従って, 応じて ▶Fazia uma lista de compras segundo se lembrava do que estava precisando. 必要なものを思い出すままに買い物リストを書いた.

segurado, da /segu'radu, da/ 形 保険のかかった ▶carro segurado 保険のかかった自動車.
― 图 被保険者.

segurador, dora /segura'dox, 'dora/ [複 seguradores, doras] 图 保険者.
― 形 保険をかける.
― **seguradora** 女 保険会社.

seguramente /se,gura'metʃi/ 副 確かに, 必ず, きっと ▶Segundo a empresa, minha encomenda deve chegar, seguramente, em dois dias. その会社によれば, 私の注文した品はきっと2日以内に届くはずだ.

segurança /segu'rẽsa セグランサ/ 女 ❶ 安全, 安心, 保安 ▶segurança dos passageiros 乗客の安全 / por razões de segurança 保安上の理由で / controle de segurança 所持品検査 / sentimento de segurança 安心感 / segurança social 社会保障 / segurança nacional 国家安全保障 / o Conselho de Segurança da ONU 国連安全保障理事会 / forças de segurança 治安維持軍 / cinto de segurança 安全ベルト / alfinete de segurança 安全ピン / faixa de segurança 横断歩道.
❷ 自信 ▶demonstrar segurança 自信を示す / falar com segurança 自信を持って話す.
― 图 警備員, ボディガード.
em segurança 安全に, 安全な場所に ▶guardar o tesouro em segurança 宝物を安全な場所に保管する.
para segurança 安全を期して ▶Para segurança, a rainha faz-se acompanhar por dois escoltas. 安全を期して, 女王は二人の護衛を伴っている.
por segurança 念のため, 安全のため.

*segurar /segu'rax セグラーフ/ 《過去分詞 segurado/seguro》 他 ❶ つかむ, 握る, 持つ ▶segurar a corda ロープをつかむ / Segura a minha mão. 私の手につかまって / segurar a caneta na mão ペンを手に取る / segurar o volante (自動車の) ハンドルを握る / Poderia segurar isto um instante? ちょっとこれを持っていただけませんか / Essa menina segurava uma boneca. その女の子は人形を抱えていた / Ela segurou a criança nos braços. 彼女は子供を抱いた / Ele segurou a mulher pelo pulso. 彼は女性の手首をつかんだ.
❷ 留める, 固定する ▶segurar a bola ボールを止める / segurar os clientes 顧客をつなぎとめる.
❸ …に保険をかける ▶segurar a casa 家に保険をかける.
❹ こらえる, 抑える ▶Não consegui segurar minha raiva. 私は怒りを抑えられなかった / segurar a língua 口を閉ざす.
― **segurar-se** 再 ❶ …につかまる [+ a] ▶Segure-se firmemente à corda por favor. ロープにしっかりつかまってください.
❷ 自制する, こらえる.

seguro, ra /se'guru, ra セグーロ, ラ/ 形 ❶ 安全な, 危険のない ▶lugar seguro 安全な場所 / Este site é seguro. このサイトは安全だ / Aqui é seguro. ここは安全だ / Aqui estamos seguros. 私たちはここにいれば安全だ / É seguro comprar pela internet? インターネットで買い物をするのは安全ですか / investimento seguro 安全な投資 / sentir-se seguro 安心する / ficar seguro 安心する.
❷ 信用できる, 信頼の置ける ▶pessoa segura 信用できる人 / informação de fonte segura 確かな筋の情報.
❸ しっかりした, 安定した, ぐらつかない.
❹ 確実な, 確かな ▶método seguro 確実な方法.
❺ 安定した, 保証された ▶emprego seguro 安定した雇用.
❻ 《estar seguro de algo / estar seguro de que +直説法》 …を確信している ▶Estou seguro da vitória. 私は勝利を確信している.
❼ 《estar seguro de si (mesmo)》 自信がある.
❽ 取り押さえられた.
❾ くくられた.
― **seguro** 男 保険, 保険金 ▶Eu tenho um seguro de vida. 私は生命保険に入っている / seguro de saúde 健康保険 / seguro do carro 自動車保険 / seguro contra incêndios 火災保険 / seguro desemprego 失業保険 / companhia de seguros 保険会社 / pôr algo no seguro …に保険を掛ける / receber o seguro 保険金を受け取る.
pelo seguro 確実に, 堅実に ▶jogar pelo seguro 手堅く試合を進める.

seguro-desemprego /se,gurudeze'pregu/ [複 seguros-desemprego] 男 失業保険.

seguro-saúde /se,gurusa'udʒi/ [複 seguros-saúde] 男 医療保険.

sei 活用 ⇒ saber

*seio /'seju セィオ/ 男 ❶ 胸, 胸部 ▶bebê. ❷ 乳房 ▶dar o seio 乳を与える / com os seios nus トップレスで.

seis 820

no seio de... …のただ中で, 内部で ▶ no seio da família 家庭の中で / no seio do governo 政府内で.

⁎seis /'sejs セィス/ 形《数》《不変》❶ 6 の ▶ criança de seis anos 6 歳の子供. ❷ 6 番目の ▶ número seis ナンバー 6, 6 番 / página seis 6 ページ
— 男 6.
trocar seis por meia dúzia 大差ない, どっちも同じである.

⁎seiscentos, tas /sejsẽtus, tas セィセントス, タス/ 形《数》❶ 600 の ▶ seiscentos anos 600 年 / mil e seiscentas horas 1600 時間. ❷ 600 番目の.
— **seiscentos** 男 600.

seita /'sejta/ 女 ❶ 宗派, カルト. ❷ 党派, セクト.
seiva /'sejva/ 女 樹液.
seixo /'sejʃu/ 男 石ころ, 小石 ▶ seixo rolado (浜辺や川底の) 丸い石.
seja /'seʒa/ 接 …あるいは…, …か…か ▶ Seja aqui, seja lá ここであろうとあそこであろうと.
— 間 了解, わかった.
ou seja つまり, 言い換えると.
— 活用 ⇒ ser
sela /'sɛla/ 女 鞍.
selar /se'lax/ 他 ❶ (馬に) 鞍をつける ▶ selar o cavalo 馬に鞍をつける.
❷ …に切手を貼る ▶ selar a carta 手紙に切手を貼る.
❸ …に封をする, …を封印する.
❹ 押印する, 捺印する ▶ selar um contrato 契約書に捺印する / Os dois países selaram um acordo de paz. 両国は和平協定に調印した.

⁎seleção /sele'sẽw セレサゥン/ [複 seleções] 女 ❶ 選考, 選抜, セレクション ▶ Não é uma tarefa fácil fazer a seleção dos candidatos. 候補者の選抜を行うのは簡単な任務ではない.
❷ 淘汰 ▶ seleção natural 自然淘汰.
❸ 選抜チーム, 代表チーム ▶ a seleção brasileira de futebol サッカーブラジル代表 / a seleção canarinho カナリア軍団, ブラジル代表チーム.

selecionado, da /selesio'nadu, da/ 形 選ばれた, 選抜された.
— **selecionado** 男 選抜チーム.
selecionar /selesio'nax/ 他 選ぶ, 選りすぐる, 選抜する.
seleta[1] /se'lɛta/ 女 選集, アンソロジー.
seleto, ta[2] /se'lɛtu, ta/ 形 ❶ 選ばれた. ❷ えり抜きの, 精選した.
selim /se'li/ [複 selins] 男 (自転車やオートバイの) サドル.
selo /'selu/ 男 ❶ 切手 ▶ selo postal 郵便切手 / selo comemorativo 記念切手 / colocar um selo 切手を貼る / álbum de selos 切手帳 / coleção de selos 切手のコレクション / selo fiscal 収入印紙.
❷ 印, 印章. ❸ 封印.
selva /'sɛwva/ 女 密林, ジャングル ▶ selva amazônica アマゾンの密林 / lei da selva ジャングルの掟, 弱肉強食.

⁎selvagem /sew'vaʒẽj セゥヴァージェィン/ [複 selvagens] 形《男女同形》❶ 野生の ▶ animais selvagens 野生動物 / vida selvagem 野生生物 / floresta selvagem 原生林 / instinto selvagem 野生の本能 / natureza selvagem 手つかずの自然.
❷ 未開の, 原始的な ▶ terra selvagem 未開の地.
❸ 無許可の, 無統制の ▶ capitalismo selvagem 野蛮な資本主義.
— 名 未開人, 野蛮人.

⁎sem /sẽj セィン/ 前 ❶ …なしの, …なしに ▶ café sem açúcar 砂糖なしのコーヒー / usar sem permissão 無断で使用する / sem razão 理由なしに / sem fim 終わりのない, 果てのない / coisas sem importância 重要でないこと.
❷《条件, 仮定》…がなければ ▶ Sou nada sem você. 君がいなければ僕は無だ.
❸《estar sem algo》…を持っていない, …がない ▶ Estou sem dinheiro. 私はお金を持っていない / Eu estou sem fome. 私は空腹ではない / Estou sem sono. 私は眠くない / Ele está sem esperança de passar no exame. 彼は試験に合格する望みがない.
❹《estar sem + 不定詞》…していない ▶ Estou sem dormir. 私は眠っていない.
❺《sem + 不定詞》…することなしに ▶ falar sem pensar 考えることなしに話す / trabalhar sem parar ぶっ通しで働く / Ela saiu sem dizer nada. 彼女は何も言わずに出ていった / Sem estudar muito, você não vai passar no exame. たくさん勉強しないと, 君は試験に合格しない.
❻ …を除いて ▶ Toda a classe saiu da sala sem o professor. 先生を除きクラス全員が教室を出た.
não sem... …がないわけではない, やはり…が伴う ▶ Saí de casa, não sem antes pensar duas vezes. 深く考えてから, 家を出た.
sem mais (親密な関係の手紙の締めくくり) 取り急ぎ.
sem que + 接続法 …なしで, …することなく ▶ Ele saiu sem que nos dissesse adeus. 彼は私たちにさよならも言わず出て行った.

semáforo /se'mafɔru/ 男 交通信号機.

⁎semana /se'mɐna セマーナ/ 女 ❶ 週 ▶ esta semana 今週 / Ele vem nesta semana. 彼は今週来る / próxima semana = semana que vem 来週 / Até a próxima semana. また来週会いましょう / na próxima semana = na semana que vem 来週に / semana passada 先週 / desde a semana passada 先週から / na semana passada 先週に / uma vez por semana 週に一度 / todas as semanas 毎週 / a cada duas semanas = semana sim, semana não 1 週間おきに, 隔週に / no início [começo] da semana 週のはじめに / no fim de semana 週末に / Que dia da semana é hoje? 今日は何曜日ですか.
❷ 1 週間, 7 日 ▶ tirar férias de uma semana 1 週間の休暇をとる / daqui a duas semanas 今から 2 週間後に / dentro de uma semana 1 週間以内に.
❸ (労働時間の単位としての) 週 ▶ semana de cinco dias 週休二日制 / semana de quarenta horas 週 40 時間労働制.
❹ semana santa《キリスト教》聖週間 (復活祭に先立つ 1 週間).

semanada /sema'nada/ [女] ❶ 週給. ❷ 1週間の小遣い.
semanal /sema'naw/ [[複] semanais] [形]《男女同形》❶ 週の, 1週間の ▶carga horária semanal 1週間の労働時間. ❷ 毎週の ▶revista semanal 週刊誌.
semanalmente /sema,naw'mẽtʃi/ [副] ❶ 週に一度. ❷ 毎週.
semanário /sema'nariu/ [男] 週刊誌.
semântica[1] /se'mẽtʃika/ [女] 意味論.
semântico, ca[2] /se'mẽtʃiku, ka/ [形] 意味論の, 意味の.
semblante /sẽ'blẽtʃi/ [男] ❶ 顔つき, 表情 ▶semblante triste 悲しそうな表情. ❷ 外見, 様相.
semeadura /semea'dura/ [女] ❶ 種まき. ❷ 種をまいた畑. ❸ 畑にまく穀物の種.
semear /seme'ax/ ⑩ [他] ❶ (種を) まく ▶semear um campo 畑に種をまく / semear o trigo 小麦の種をまく / Quem semeia ventos colhe tempestades. [諺] (風の種をまく者は嵐を刈り取る→) 因果応報.
❷ まき散らす, 広める ▶semear a discórdia 不和の種をまく.
— [自] 種まきをする.
*__semelhança__ /seme'ʎẽsa セメリャンサ/ [女] **類似, 相似** ▶Há semelhança entre os dois. 両者の間には類似点がある / Qualquer semelhança com a realidade é pura coincidência. 現実とのいかなる類似点もまったくの偶然である.
***__semelhante__ /seme'ʎẽtʃi セメリャンチ/ [形]《男女同形》❶ **…に似ている, 同じような**, 同様の, 類似の [+ a] ▶dois carros semelhantes よく似た2台の車 / espécies semelhantes 類似種 / Alguém já viu fantasma ou algo semelhante? 幽霊かその類のものを見たことのある人はいますか / estrela semelhante ao Sol 太陽に似た星.
❷ **そのような, このような**, あのような ▶Não caia em semelhante erro. そのようなミスはしないでください.
— [男] 同類の人, 隣人 ▶respeitar nossos semelhantes 隣人を尊重する.
semelhar /seme'ʎax/ [他] …と似ている, …のようである ▶A menina semelha a mãe. 女の子は母親に似ている.
— [自] …に似ている [+ a/com].
— **semelhar-se** [再] …に似ている [+ a/com] ▶Ele semelha-se muito ao tio. 彼はおじにとても似ている.
sémen /'sɛmɛn/ [[複] sémenes] [男] [P] = sêmen
sêmen /'sẽmen/ [[複] sêmenes] [男] [B] 精液.
*__semente__ /se'mẽtʃi セメンチ/ [女] ❶ **種, 種子** ▶sementes de girassol ヒマワリの種 / sementes de uva ブドウの種.
❷ **原因, 元** ▶semente da discórdia 不和の種 / semente da paz 平和の種.
ficar para semente ① 長生きする. ② 繁殖用動物になる.
semestral /semes'traw/ [[複] semestrais] [形]《男女同形》半年に1回の, 1年に2回の ; 半年の ▶cursos semestrais 半年の講座.
semestralmente /semes,traw'mẽtʃi/ [副] 半年ごとに.
semestre /se'mɛstri/ [男] ❶ 半年 ▶primeiro semestre 上半期 / segundo semestre 下半期 / no primeiro semestre de 2015 2015年の前半に. ❷ (2学期制の) 学期.
sem-fim /sẽ'fĩ/ [[複] sem-fins] [男] 無数, 無限 ▶um sem-fim de possibilidades 無限の可能性 / um sem-fim de vezes 幾度となく, 何度も.
semiaberto, ta /semia'bɛxtu, ta/ [形] 半開きの, 半分開いた.
semianalfabeto, ta /semianawfa'bɛtu, ta/ [形][名] 読み書きが不自由な (人).
semibreve /semi'brɛvi/ [女]〖音楽〗全音符.
semicircular /semisixku'lax/ [[複] semicirculares] [形]《男女同形》半円形の.
semicírculo /semi'sixkulu/ [男] 半円形.
semicondutor, tora /semikõdu'tox, 'tora/ [[複] semicondutores, toras] [形] 半導体の.
— **semicondutor** [男] 半導体.
semidesnatado, da /semidezna'tadu, da/ [形] 部分脱脂の ▶leite semidesnatado 部分脱脂乳.
semideus /semi'dews/ [男] ❶ 半神, 神と人の間に生まれた子. ❷ 神格化された英雄.
semifinal /semifi'naw/ [[複] semifinais] [女] 準決勝 ▶passar à semifinal 準決勝に進出する / na semifinal 準決勝で.
— [形]《男女同形》準決勝の.
semifinalista /semifina'lista/ [名] 準決勝進出選手 [チーム].
— [形]《男女同形》準決勝の.
semi-internato /semiĩtex'natu/ [[複] semi-internatos] [男] 生徒がほとんどの時間を学校で過ごし, 朝から午後まで授業をする学校 (「半寄宿制」の意味から).
semi-interno, na /semiĩ'tɛxnu, na/ [[複] semi-internos, nas] [名] semi-internato の生徒.
seminário /semi'nariu/ [男] ❶ セミナー, ゼミナール. ❷ 神学校. ❸ 苗床.
seminarista /semina'rista/ [男] 神学生.
— [形]《男女同形》神学校の, 神学生の.
seminu, nua /semi'nu, 'nua/ [形] 半裸の.
semiologia /semiolo'ʒia/ [女] 記号学.
semiótica /semi'ɔtʃika/ [女] 記号論.
semita /se'mita/ [形]《男女同形》❶ セム族の. ❷ ユダヤ人の.
— [名] セム族, ユダヤ人.
semítico, ca /se'mitʃiku, ka/ [形] セム族の, ユダヤ人の.
semitom /semi'tõ/ [[複] semitons] [男]〖音楽〗半音.
semivogal /semivo'gaw/ [[複] semivogais] [女]〖音声学〗半母音.
sem-número /sẽ'nũmeru/ [男]《単複同形》無数, 多数 ▶um sem-número de possibilidades 無数の可能性 / um sem-número de vezes 何度も.
semolina /semo'lĩna/ [女] 米の粉, セモリナ.
sem-par /sẽ'pax/ [形]《不変》無比な, 比類ない, 類

S

いまれな ▶uma beleza sem-par 比類ない美しさ.
—名 無類な人.

sempiterno, na /sẽpi'tɛxnu, na/ 形 ❶ 永遠の. ❷ とても古い.

:sempre /'sẽpri センプリ/ 副 ❶ いつも, 常に, 絶えず ▶O ônibus sempre vem atrasado. バスはいつも遅れて来る / O telefone estava sempre ocupado. 電話はずっと話し中だった / Ele sempre parece estar com sono. 彼はいつも眠そうだ / Ele sempre está pensando em algo. 彼は常に何か考えている / quase sempre たいてい, だいたい / como sempre いつものように / salada de sempre いつものサラダ / o de sempre いつものやつ / Hoje ela veio mais cedo (do) que sempre. 今日彼女はいつもより早く来た / Nem sempre é assim. いつもそうであるとは限らない.
❷ 本当に ▶Você sempre gostou do filme? あなたは本当にその映画を気に入ったのですか.
❸ それでも; どうしても; 結局のところ, いずれにしても ▶Você sempre vai? それでも行くのですか.
Até sempre. さようなら, またね.
para sempre いつまでも, 永遠に ▶Viva feliz para sempre. いつまでもお幸せに / amigos para sempre 永遠の友.
para todo o sempre 永遠に, 永久に.
por todo o sempre 永遠に, いつまでも, 永久に.
sempre que …するときはいつも ▶Sempre que posso, eu ajudo. 私は可能な時はいつでも人助けをする.
sempre reto [em frente] ずっとまっすぐ ▶Vá sempre em frente, e, ao sinal, vire à direita. まっすぐ進んで, 信号で右に曲がってください.

sem-sal /sẽ'saw/ 形《不変》❶ 塩気のない. ❷ つまらない, おもしろみのない.

sem-terra /sẽ'tɛxa/《不変》形 土地を持たない.
—名 小作農.

sem-teto /sẽ'tɛtu/ 形《不変》ホームレスの.
—名《単複同形》ホームレスの人.

sem-vergonha /sẽvex'gõna/《不変》形 破廉恥な, 恥知らずな.
—名 破廉恥な人, 恥知らず.

***senado** /se'nadu センナドゥ/ 男 上院, 元老院 ▶Senado Federal 日 連邦上院.

***senador, dora** /sena'dox, 'dora セナドーフ, ドーラ/ [複 senadores, doras] 名 上院議員, 元老院議員.

:senão /se'nẽw セナォン/ 前 …を除いて ▶Eu não vi nada senão o céu azul e o mar azul. 青い空と青い海以外何も見えなかった / Eu não tinha outro jeito senão dar um sorriso amarelo. 私は苦笑するほかはなかった.
—接 そうでないなら, さもないと ▶Apresse-se por favor, senão vai se atrasar. 急いでください, さもないと遅れてしまいますよ.
—男 欠点, 欠陥 ▶O único senão é o preço. 唯一の欠点は値段である / Não há beleza sem senão. 欠点のない美は存在しない.
não fazer senão... …以外何もしない, …するばかりだ ▶Ela ficou tão triste que não fazia senão chorar. 彼女は悲しさのあまり泣くばかりだった.

não ser senão... …だけである, …にすぎない ▶Esta atitude não é senão inveja. この振る舞いは嫉妬でしかない.

senão quando 急に, 突然 ▶Andava distraído, senão quando uma bola atingiu-o em cheio. 彼がぼんやりして歩いていたら, 突然ボールが当たった.

... senão que ... …ではなくて… ▶Não ficou irritado, senão que até satisfeito. 彼は怒ったのではなく, 逆に喜んだ.

senatorial /senatori'aw/ [複 senatoriais] 形《男女同形》上院の, 元老院の.

senda /'sẽda/ 女 小道.

sendo /'sẽdu/ ser の現在分詞.
sendo assim 従って, その場合, そのように.
sendo que + 直説法 …なので, …であれば, …故に.

senha /'seɲa/ 女 ❶ 合言葉.
❷《情報》パスワード, 暗証番号 ▶senha segura 安全なパスワード.
❸ 整理券.

:senhor¹ /se'ɲox センョーフ/ [複 senhores] 男 ❶ 男性, 男の人; 紳士, 年配の男性 (注 homem より丁寧な表現) ▶Qual é o nome daquele senhor? あの男性のお名前は何ですか? / um senhor idoso ある年配の男性.
❷ (o senhor...) …さん, …氏 (略語は Sr.) ▶Este é o Sr. Tanaka. こちらは田中さんです / Eu queria falar com o senhor Matos. 私はマートスさんとお話ししたいのですが / Onde vai, senhor João? ジョアンさん, どこへいらっしゃるんですか? (注 呼びかけの場合は無冠詞) / Senhor Primeiro-Ministro 首相閣下.
❸ 《男性への呼びかけ》 ▶Prezado Senhor 拝啓 (手紙の書き出し) / Sim, senhor. かしこまりました / Bom dia, senhor! おはようございます, こんにちは / Senhor, é proibido fumar aqui. すみませんがここは禁煙です.
❹ (o senhor)《男性に対して》あなた, そちら様, お客様 (注 você より丁寧) ▶Como está o senhor? ご機嫌はいかがですか? — O senhor é o Sr. Tanaka? — Sim, sou eu. 「田中さんですか」「そうです」 / Eu gostaria de falar com o senhor. お話したいことがあります.
❺ (os senhores) あなた方, みなさん (注 vocês より丁寧) ▶Tenho muita honra em poder encontrar os senhores. 皆様にお会いできてたいへん光栄です.
❻ 《キリスト教》(o Senhor) 主(しゅ), 神 ▶(o) nosso Senhor 我らが主, イエス・キリスト / dia do Senhor 主の日, 主日 / descansar no Senhor 亡くなる, 死ぬ.
❼ (封建時代の) 領主, 主君 ▶senhor feudal 封建領主.
❽ 主(あるじ); 富豪, 大物, 支配者 ▶senhor de engenho 日 サトウキビ農園主.
—形 圏 (senhor + 名詞) すばらしい, すてきな, すごい ▶um senhor carro すばらしい車 / uma senhora casa すばらしい家.
estar senhor da situação 事態を掌握している.

estar senhor de si 冷静を保つ, 取り乱さない.
senhor de baraço e cutelo ①家臣の生殺与奪権を有する封建領主. ②《比喩的に》圧制者.
ser senhor do seu nariz 人の意見や忠告を受け入れない, 頑固である.
Sim senhor! (皮肉を込めて)なるほど, まさか.

senhora² /se'ɲora セニョーラ/ 囡 ❶女性, 女の人; 淑女, 年配の女性(注 mulherより丁寧な表現) ▶Entraram duas senhoras. 女性が二人入ってきた / uma senhora de idade ある年配の女性.
❷(a senhora...) …さん, …夫人(略語は Sra.) ▶ a senhora Sato 佐藤夫人.
❸《女性への呼びかけ》▶Prezada Senhora 拝啓(手紙の書き出し) / Sim, senhora. かしこまりました / Bom dia, senhora! おはようございます, こんにちは / Senhoras e senhores. 紳士淑女の皆さん.
❹(a senhora)(女性に対して) あなた, そちら様, お客様(注 você より丁寧) ▶A senhora tem horas, por favor? すみません, 今何時かお分かりですか.
❺(as senhoras)(女性に対して) あなた方, 皆さん(注 vocês より丁寧)
❻妻, 奥様, お母さん▶Como está a sua senhora? 奥様はお元気ですか.
❼女主人; (土地などの)所有者, 主.
❽Nossa Senhora 聖母マリア.
Nossa senhora! (驚きや感心を表して) おや, まあ.

senhoria /seɲo'ria/ 囡 ❶主人であること. ❷支配, 統治, 領地.
Vossa Senhoria (商業文で)貴下.
senhorial /seɲori'aw/ [複 senhoriais] 形《男女同形》領主の▶casa senhorial 領主の邸宅.
senhorio /seɲo'riu/ 男 ❶支配, 統治. ❷領地. ❸地主.
senhorita /seɲo'rita/ 囡 B ❶若い未婚女性. ❷若い未婚女性に対する敬称.
senil /se'niw/ [複 senis] 形《男女同形》老人の, 老年の▶demência senil 老人性認知症.
senilidade /senili'dadʒi/ 囡 老化, 老衰.
sénior /'sɛnior/ 形 P = sênior
sênior /'sẽniox/ [複 seniores] 形 B 年長の, 年配の, シニアの (↔ júnior).
seno /'sẽnu/ 男《数学》正弦, サイン.

sensação /sẽsa'sɐ̃w/ センササォン/ [複 sensações] 囡 ❶感覚, 感じ▶sensação de dor 痛覚 / sensação de cansaço 疲労感 / sensação de liberdade 開放感 / Eu tive a sensação de que alguém tinha entrado no quarto. 誰かが部屋に入ったという感覚を抱いた.
❷感情, 強い印象, 衝撃▶Esta paisagem causou forte sensação de tristeza. この景色は強い悲しみの感情を引き起こした.
❸興味を引く物や人; 大評判, 大騒ぎ, センセーション▶Este jogador é a sensação do ano. この選手は今年一番の注目株だ / causar sensação センセーションを巻き起こす.

sensacional /sẽsasio'naw/ [複 sensacionais] 形《男女同形》❶センセーショナルな, 世間を驚かせる▶filme sensacional センセーショナルな映画. ❷すばらしい, ものすごい.
sensacionalismo /sẽsasiona'lizmu/ 男 扇情主義, センセーショナリズム.
sensacionalista /sẽsasiona'lista/ 形《男女同形》扇情主義の. — 名 扇情主義の人.
sensatez /sẽsa'tes/ 囡 良識, 思慮分別, 賢明さ ▶Ele teve sensatez ao falar sobre aquele assunto complicado. 彼はあのような込み入った事柄について話す時に良識があった.
sensato, ta /sẽ'satu, ta/ 形 ❶分別のある, 良識のある, 賢明な. ❷理にかなった.

sensibilidade /sẽsibili'dadʒi センスィビリダーヂ/ 囡 ❶感覚, 感覚能力▶sensibilidade à luz 光に対する感受性 / sensibilidade ao calor 温覚 / sensibilidade da pele 皮膚感覚.
❷感性, 感受性; 思いやり▶falta de sensibilidade 感受性の乏しさ / ferir a sensibilidade de... …の感情を傷つける.
❸感度, 精度.

sensibilizar /sẽsibili'zax/ 他 ❶感動させる, 心を動かす▶Ela ficou sensibilizada com a letra da canção. 彼女は歌詞に心を揺り動かされた.
❷…を敏感にする, …に関心を持たせる▶A imprensa foi sensibilizada. マスコミが敏感になった / sensibilizar a opinião pública 世論を喚起する.
— **sensibilizar-se** 再 感動する, 心を動かされる.

sensitivo, va /sẽsi'tʃivu, va/ 形 ❶感覚の▶órgãos sensitivos 感覚器官.
❷感じやすい, 敏感な.

sensível /sẽ'sivew センスィーヴェゥ/ [複 sensíveis] 形《男女同形》❶敏感な, 感受性の強い, 繊細な, (機器が)高感度な▶ouvido sensível de crianças 子供たちの鋭敏な耳 / Ele é sensível às mudanças de temperatura. 彼は気温の変化に敏感だ.
❷やさしい, 思いやりのある▶coração sensível やさしい心.
❸顕著な▶sensível melhoria (病状などの)目ざましい回復.
❹用心を要する▶Este é um assunto sensível. これは注意を要する案件だ.

sensivelmente /sẽ,sivew'mẽtʃi/ 副 顕著に, はっきりと▶O preço dos alimentos aumentou sensivelmente no mês passado. 先月食料品の価格が顕著に上がった.

senso /'sẽsu センソ/ 男 ❶感覚, 知覚▶Não tenho senso de direção. 私は方向感覚がない / senso moral 道徳観念 / Ele tem um forte senso de justiça. 彼は正義感が強い / senso de responsabilidade 責任感 / senso íntimo 内心 / senso prático 実践感覚.
❷勘, センス▶senso artístico 芸術的センス / Ela tem bom senso. 彼女はセンスがよい / senso de humor ユーモアのセンス / Ele tem senso de humor. 彼にはユーモアのセンスがある.
bom senso 良識▶pessoa de bom senso 良識ある人 / ter o bom senso de + 不定詞 …する良識がある.
senso comum 常識.

sensor /sẽ'sox/ [複 sensores] 男 センサー, 感知装置.

sensorial /sẽsori'aw/ [複 sensoriais] 形《男女同形》感覚の, 知覚の▶sistema sensorial 感覚システム.

sensual /sẽsu'aw/ [複 sensuais] 形《男女同形》官能的な, 肉感的な；みだらな, 好色な▶amor sensual 性愛.

sensualidade /sẽsuali'dadʒi/ 女 官能性, 肉感性.

sentado, da /sẽ'tadu, da/ 形 座った, 腰掛けた▶Eu estava sentado no banco da praça. 私は広場のベンチに座っていた / Fiquei sentado no sofá assistindo TV. 私はソファーに座ってテレビを見ていた.

sentar /sẽ'tax センターフ/ 他 座らせる▶Eu sentei meu filho no banco. 私は息子をベンチに座らせた.
— 自 座る▶Sente aqui. ここに座りなさい.
— **sentar-se** 再 座る, 腰を下ろす▶Meu filho se sentou no banco. 息子はベンチに腰を下ろした / Sente-se aí, por favor. そちらにお座りください / sentar-se na cadeira いすに座る / sentar-se à mesa テーブルにつく.

*****sentença** /sẽ'tẽsa センテンサ/ 女 ❶ 金言, 格言, 諺.
❷《法律》判決, 宣告▶pronunciar a sentença 判決を申し渡す / sentença de morte 死刑判決.

sentenciar /sẽtẽsi'ax/ 他 ⋯の判決を下す, ⋯の刑に処す[+a] ▶O juiz sentenciou o réu a dois anos de prisão. 裁判官は被告に懲役2年の刑を言い渡した.

⁂sentido[1] /sẽ'tʃidu センチード/ 男 ❶ 感覚▶os cinco sentidos 五感 / sexto sentido 第六感 / sentido do olfato 嗅覚.
❷ 意味, 意義▶sentido de uma palavra 単語の意味 / sentido da vida 人生の意味 / Isso não tem sentido. そんなことは無意味だ / Compreendi o sentido de viver. 私は生きる意味を悟った / Eu não vejo sentido em ter uma casa. 私は家を持つことに意味を見いだせない / Em certo sentido, isso está correto. それはある意味では正しい / nesse sentido その意味では / em sentido amplo 広い意味で / no sentido lato 広い意味で / no sentido estrito 狭い意味で / no sentido próprio 原義で / no sentido figurado 比喩的意味で / palavra de duplo sentido 二重の意味がある語 / segundo sentido 第二の意味.
❸ 方向▶sentido sul 南の方角 / em que sentido どの方向に / sentido único 一方通行 / sentido proibido 進入禁止 / no sentido horário 時計回りの方向に / no sentido anti-horário 反時計回りの方向に / no sentido contrário 反対方向に.
❹《sentidos》意識▶perder os sentidos 気を失う / recuperar os sentidos 意識を取り戻す / sem sentidos 意識を失って.
— 間《号令》気をつけ.
em todos os sentidos あらゆる方向に.
fazer sentido 意味をなす, 理解できる.
sem sentido 無意味な, ばかげた▶uma explicação sem sentido 意味不明な説明 / falar [dizer] coisas sem sentido ばかげたことを言う.
ter sentido 一理ある, 尤もである, 納得できる.

sentido[2], **da** /sẽ'tʃidu, da/ 形 傷ついた, 気分を害した▶Fiquei sentida de não ter sido convidada. 私は招待されなかったことに傷ついた / Ele logo fica sentido. 彼はすぐに気分を害する.

sentimental /sẽtʃimẽ'taw/ [複 sentimentais] 形《男女同形》❶ 感傷的な, 情にもろい；情に訴える▶uma pessoa sentimental 感傷的な人 / viagem sentimental 感傷旅行 / música sentimental 感傷的な音楽.
❷ 恋愛の, 感情の, 感情的な▶vida sentimental 愛情生活 / problemas sentimentais 恋愛の問題.
— 名 感傷的な人.

sentimentalismo /sẽtʃimẽta'lizmu/ 男 感傷癖, 感傷趣味, 涙もろさ.

⁂**sentimento** /sẽtʃi'mẽtu センチメント/ 男 ❶ 感情, 情緒, 気持ち▶sentimento patriótico 愛国心 / sentimento contraditório 複雑な思い / Surgiu-me um sentimento de culpa. 罪悪感が沸き起こった / expressar os sentimentos 感情を表す.
❷《sentimentos》お悔み▶dar sentimentos a alguém ⋯にお悔みを述べる / Gostaria de apresentar meus sentimentos. お悔やみを申し上げます / Os meus sentimentos. ご愁傷様です.
brincar com os sentimentos de alguém ⋯の気持ちをもてあそぶ▶Não brinque com os sentimentos de outros. 他人の気持ちをもてあそぶな.
não ter sentimentos 無感情である.

sentinela /sẽtʃi'nela/ 女 ❶《軍事》歩哨. ❷ 見張り(番) ▶estar de sentinela 見張る.

⁂**sentir** /sẽ'tʃix センチーフ/ ⑥

直説法現在	sinto	sentimos
	sentes	sentis
	sente	sentem

接続法現在	sinta	sintamos
	sintas	sintais
	sinta	sintam

他 ❶ 感じる；意識する, ⋯に気付く▶sentir frio 寒さを感じる / sentir alegria 喜びを感じる / sentir dor 痛みを感じる / Senti fome. 私は空腹を感じた / sentir vertigens めまいを覚える / sentir sono 眠気を催す / sentir o perigo 危険を感じる / sentir o som 音を聞く / sentir amor por alguém ⋯に愛情を感じる / sentir gosto de chocolate チョコレートの味がする / sentir falta de... ⋯がいなくて寂しい, ⋯が恋しい / fazer-se sentir 感じられる.
❷ ⋯の匂いを感じる▶Sinto cheiro de gás ガスの匂いがする / sentir cheiro de café コーヒーの匂いをかぐ.
❸《sentir + 目的語 + 不定詞》 ⋯が⋯するのを感じる▶Senti o prédio balançar. 私は建物が揺れるのを感じた.
❹《sentir que + 直説法》 ⋯であるのを感じる▶Sen-

ti que ele estava escondendo algo. 彼は何か隠していると私は感じた.
❺《sentir ＋不定詞》…ことを残念に思う▶Sinto muito não poder te ajudar. 手伝うことができなくて申し訳ない.
❻《sentir que ＋接続法》…を残念に思う▶Sinto muito que seja assim. このようなことになって残念だ.
❼悼む, 悲しむ▶Ela sentiu muito a morte do pai. 彼女は父の死を非常に悲しんだ.
❽こうむる, 苦しむ▶sentir a crise 苦境にあえぐ.
❾《sentir ＋目的語＋補語》…を…と思う, 判断する.
— 自 ❶ 感じる, 感覚がある▶As plantas também sentem? 植物にも感覚があるのか.
❷ 残念である, 遺憾に思う▶Sinto muito. 申し訳ない / Sinto muito por você. あなたには申し訳ない / Sinto muito pelo inconveniente. ご迷惑をおかけして申し訳ない.
— **sentir-se** 再 ❶ 自分が…だと感じる▶sentir-se bem 体調がよい / sentir-se mal 体調が悪い / Você está se sentindo melhor? 具合はよくなりましたか / Como se sente hoje? 今日の具合はいかがですか / sentir-se doente 具合が悪い / sentir-se pequeno 自分を小さく感じる / Ela sentiu-se em perigo de vida. 彼女は生命の危険を感じた.
❷…に感情を害する［＋ com］▶Sentiu-se muito com as palavras do amigo. 彼は友人の言葉にとても傷ついた.
dizer o que sente 素直な気持ちを言う.
sentir-se como... 自分が…になったつもりになる, …のように感じる.
— 男 ［複 sentires］意見, 見解.
no meu sentir 私の考えでは.
senzala /sẽ'zala/ 女 奴隷小屋.
*__separação__ /separa'sẽw セパラサォン/ ［複 separações］女 ❶ 分離, 分割▶separação do Estado e da religião 国家と宗教の分離 / casamento por separação de bens 財産分離制による結婚.
❷ 別居▶separação de corpos 夫婦の別居.
❸ 別れ▶A separação foi bastante dolorosa. 別れはとてもつらく痛ましいものだった.
separadamente /sepa,rada'mẽtʃi/ 副 別々に, 個別に▶viver separadamente 別居する.
separado, da /sepa'radu, da/ 形 ❶ 分けられた, 分離した, 別の▶levar vidas separadas 別々の生活をする. ❷ 別居した▶Eles estão separados. 彼らは別居している.
em separado 別々に▶trabalhar em separado 別々に仕事する.
separador, dora /separa'dox, 'dora/ ［複 separadores, doras］形 分離する, 分ける.
— **separador** 男 分離するもの, 分離器▶separador decimal 小数点 / separador de milhares 3桁ごとの位取り記号.
*__separar__ /sepa'rax セパラーフ/ 他 ❶ 分ける, 分離する▶separar a gema da clara 卵の黄身と白身を分ける / separar o lixo ごみを分別する / separar os fatos da ficção 事実と虚構を区別する.
❷ 引き離す▶O policial separou os dois homens em discussão. 警官は口論中の二人の男性を引き離した / separar os filhos dos pais 子供を両親から引き離す / até que a morte nos separe 死が私たちを分けるまで.
❸ 隔てる▶Os Alpes separam a Itália da França. アルプス山脈がイタリアとフランスを隔てている.
— **separar-se** 再 ❶ 別れる▶Os dois se separaram no terceiro ano de casamento. 二人は結婚3年目に別れた. ❷ …と別れる［＋ de］O Paulo se separou da namorada. パウロは恋人と別れた / Eu me separei dele na estação. 私は駅で彼と別れた.
separata /sepa'rata/ 女 抜き刷り.
separatismo /separa'tʃizmu/ 男 分離運動, 分離主義.
separatista /separa'tʃista/ 形《男女同形》分離主義の.
— 名 分離主義者.
sépia /'sɛpia/ 女 ❶【動物】イカ. ❷ イカの墨, セピア.
— 男 セピア色.
— 形《不変》セピア色の.
séptico, ca /'sɛpitʃiku, ka/ 形 ❶ 細菌に汚染された, 病原菌による, 病原となる. ❷ fossa séptica 浄化槽.
septuagenário, ria /sepituaʒe'nariu, ria/ 形 名 70歳代の(人).
septuagésimo, ma /sepitua'ʒezimu, ma/ 形 ❶ 70番目の. ❷ 70分の1の.
— **septuagésimo** 男 70分の1.
sepulcral /sepuw'kraw/ 形 ［複 sepulcrais］形《男女同形》❶ 墓の, 墓を思わせる▶silêncio sepulcral 墓場のような静けさ.
❷ 陰気な, 薄気味悪い.
sepulcro /se'puwkru/ 男 ❶ 墓, 墳墓. ❷ Santo Sepulcro (エルサレムにあるキリストの) 聖墓.
sepultamento /sepuwta'mẽtu/ 男 埋葬.
sepultar /sepuw'tax/ 他 ❶ 埋葬する▶Os mortos foram sepultados no cemitério. 死者は墓地に埋葬された. ❷ 葬り去る▶sepultar o talento 才能を無駄にする.
— **sepultar-se** 再 閉じこもる, 引きこもる▶sepultar-se em vida 死んだように生きる, 隠遁する.
sepultura /sepuw'tura/ 女 墓, 墓穴.
sequela /se'kwela/ 女 ❶ 連続. ❷ 結果, 帰結. ❸ 続編, 続き. ❹《多く sequelas》後遺症.
*__sequência__ /se'kwẽsia セケンスィア/ 女 ❶ 一連, 一続き▶A equipe ficou exausta após sequência de partidas. 試合の連続後でチームは疲弊した.
❷【映画】シークエンス.
dar sequência a... …を続ける.
em sequência 続けて.
na sequência de... …の結果を受けて▶O técnico se demitiu na sequência de maus resultados da equipe. 監督はチームの不振を受けて辞任した.
sequencial /sekwẽsi'aw/ ［複 sequenciais］形《男女同形》連続した, 順を追った, 逐次の.
sequente /se'kwẽtʃi/ 形《男女同形》次の.

sequer

sequer /se'kɛx セケーフ/ 副 《não... sequer...》…さえ…ない ▶Eu não consegui escrever sequer uma página hoje. 私は今日は1ページも書くことができなかった.
　nem sequer …さえ…ない ▶Não existem nem sequer duas peças iguais. 同じピースは2つと存在しない / Já nem sequer me lembro disso. もうそんなことは覚えてさえいない.
　sem sequer +不定詞 …することさえせずに ▶sem sequer dizer adeus さよならを言うことさえせずに.

sequestrador, dora /sekwestra'dox, 'dora/ [複 sequestradores, doras] 名 誘拐犯; ハイジャック犯.
— 形 誘拐する; ハイジャックする.

sequestrar /sekwes'trax/ 他 ❶ 誘拐する ▶sequestrar um milionário 大金持ちを誘拐する. ❷ ハイジャックする ▶sequestrar um avião 飛行機をハイジャックする. ❸ 隔離する, 引き離す. ❹ 押収する.

sequestro /se'kwɛstru/ 男 ❶ 誘拐 ▶tentativa de sequestro 誘拐未遂. ❷ ハイジャック. ❸ 差し押さえ, 押収.

sequidão /seki'dẽw/ 女 ❶ 乾燥. ❷ 素っ気なさ, 冷淡さ ▶Sentiu a sequidão de suas atitudes. 彼は彼らの態度に冷淡さを感じた.

sequioso, sa /seki'ozu, 'ɔza/ 形 ❶ のどの渇いた. ❷ からからに乾いた. ❸ を渇望する [+de] ▶O povo está sequioso de justiça. 国民は正義を渇望している.

séquito /'sekitu/ 男 随員, お供.

ser /'sex セーフ/

現在分詞	sendo	過去分詞	sido

直説法現在	sou	somos
	és	sois
	é	são

過去	fui	fomos
	foste	fostes
	foi	foram

半過去	era	éramos
	eras	éreis
	era	eram

未来	serei	seremos
	serás	sereis
	será	serão

接続法現在	seja	sejamos
	sejas	sejais
	seja	sejam

自 ❶ 《恒常的属性を表して》…である; …になる ▶Sou japonês. 私は日本人だ / Ele é estudante. 彼は学生だ (注 国籍や職業を表す場合, 冠詞は通常つけない) / Ela é advogada. 彼女は弁護士だ / Somos amigos. 私たちは友人だ / Ela é inteligente. 彼女は頭がいい / Quanto é? いくらですか / Meu filho quer ser jogador de futebol. 息子はサッカー選手になりたがっている / Quando crescer, serei médica. 大きくなったら私は医者になる / Três e três são seis. 3 + 3 は 6 である / Como é o seu dia a dia? あなたの毎日の暮らしはどのようですか / Somos cinco. 私たちは5人だ / Sou eu. 私です / Você é tudo para mim. 僕にとって君がすべてだ / Viver é amar. 生きることは愛することだ.
❷ (土地, 不動産, 建物などが) ある, 存在する ▶A minha casa é ali. 私の家はあそこにある / Aqui foi um restaurante. ここには以前レストランがあった / Onde é a estação? 駅はどこですか / Ser ou não ser, eis a questão. 生きるべきか死ぬべきか, 理由または存在問題.
❸ (時, 時期) ▶Hoje é domingo. 今日は日曜だ / Era alta noite. 真夜中だった / Que horas são? 何時ですか / É uma da tarde 午後1時です / É meio-dia 正午です / São três e meia. 3時半です.
❹ 《ser +日時・場所》行われる ▶A reunião é na sala de conferência. 会議は会議場で開催される / A festa é no domingo. パーティーは日曜にある / O espetáculo foi ontem ショーは昨日行われた.
❺ 起こる ▶Que foi? 何があったのですか, どうしたのですか / Quando foi isso? それはいつ起こったのですか.
❻ 《受動態》《ser +過去分詞》…される ▶Esse romance foi escrito por um escritor brasileiro その小説はブラジル人の作家によって書かれた / O casamento foi realizado no Hotel Central. 結婚式はセントラルホテルで行われた.
❼ 《É +不定詞》…しなさい, …しよう ▶Fiz o que pude, agora é aguardar os resultados. 私はできることはしました. 今は結果を待ちましょう / Se precisar de algo, é só me ligar. 何か必要ならば, 私に電話してください.
❽ 強 《... é ...》…のは…だ (注 é の後の語句を強調する. 時制は文脈に一致) ▶Quero é viajar. 私は旅行がしたい / Ele gostou foi de você. 彼が気に入ったのはあなたです.
❾ 《... é que...》…のは…だ ▶Eu é que agradeço. 私の方こそお礼申し上げます / O que é que você quer? 何が欲しいのですか / Aonde é que ele foi? 彼はどこに行ったのですか / O que foi que ele disse? 彼は何と言ったのですか.
❿ 《É... que +直説法》…のは…だ (注 ser は常に三人称単数. 時制は文脈に一致) ▶É isto que eu quero. 私がほしいのはこれだ / É disso que estou falando. 私が話しているのはそのことだ / Foi ela que ganhou. 勝ったのは彼女だ.
— 男 [複 seres] ❶ 存在, 生き物, 人間 ▶o ser e o nada 存在と無 / Ser Supremo 神 / ser humano 人間 / ser imaginário 想像上の生き物 / ser vivo 生物. ❷ 心, 内面 ▶no fundo do meu ser 私の心の奥で. ❸ 本質 ▶o ser e o parecer 本質と見かけ.
Ah, é? そうですか.
a não ser... でなければ, …以外に ▶Não há outro jeito a não ser esse. それ以外に他に方法がな

い / Não consigo pensar em mais nada a não ser você. 君以外のことをもう考えられない.

a não ser que +[接続法] …でなければ, ない限り ▶ Ele vai aceitar o convite, a não ser que tenha um outro compromisso. 他に用事がなければ, 彼は招待を受けてくれるだろう.

É. はい, そうです (= sim) ▶ — Você vai sair? — É, vou às compras.「出かけるのですか」「はい, 買い物に行きます」.

Era uma vez...(物語の書き出しで) 昔々… ▶ Era uma vez um velho que morava sozinho. 昔々一人ぼっちで暮らしているおじいさんがいました.

fosse como fosse いずれにしても.

..., não é?《確認》…ですよね(注 né と短縮されることもある) ▶ Você já estudou espanhol, não é? あなたはスペイン語を勉強したことがありますよね.

O que será, será. なるようになる, ケセラセラ.

ou seja すなわち ▶ Ele entende muito bem da situação desde o seu início, ou seja, desde o começo deste ano. 彼はこの状況について最初から, つまり今年の初めからよく理解している.

seja... seja... …かあるいは…か, …にせよ…にせよ ▶ O pagamento tem que ser à vista seja em reais, seja em dólares. 支払いはレアルかドルの現金でなければならない / seja aqui seja lá ここでもそこでも.

seja como for いずれにせよ, とにかく, 何があろうと ▶ Seja como for, acho que ele está mentindo. いずれにせよ, 彼はうそをついていると思う.

seja o que for... 何であっても.

seja qual for... …がどうであっても ▶ Seja qual for o seu sonho, comece. あなたの夢がどのようなものであっても, 始めなさい.

seja quem for 誰であれ ▶ O próximo treinador, seja quem for, terá um trabalho difícil. 次のコーチは, 誰がなっても, 困難な仕事を抱えることになるだろう.

, sendo que +[直説法] そして… ▶ Cinco pessoas foram levadas ao hospital, sendo que duas em estado grave. 5人が病院に運ばれ, 2人が重態である.

ser com... ① …を守る ▶ Deus seja contigo. あなたに神のご加護がありますように. ② …と関係する ▶ Isso é com eles. それは彼らに関係することだ / Isso não é comigo それは私には関係ない.

ser contra... …に反対する ▶ Francamente falando, sou contra essa opinião. 率直に言うと, 私はその意見に反対だ.

ser de... ①《出身》…の生まれ [出身] である ▶ De onde você é? ご出身はどちらですか / Sou de São Paulo. 私はサンパウロ出身です. ②《所有》…のものである ▶ — De quem é esse carro? — É do meu pai.「その車は誰のですか」「父のです」. ③《材料・原料》…でできている ▶ Essa mesa é de madeira. そのテーブルは木でできている. ④《特徴・性質》…の特徴 [性質] がある ▶ Esse livro é de pouco valor. その本はほとんど価値がない / Ele não é de beber. 彼は酒を飲んだりはしない / ser de muita importância 非常に重要である.

ser de +[不定詞] …すべきである;…できる;…かもしれない ▶ É de dizer que a verdade sempre prevalece. 真実が常に勝ると言うべきだ / É de crer que eles virão a tempo. 彼らは時間通りにきっと来るだろう / Isso era de se esperar. それは予想通りだった.

ser para +[不定詞] [語] …することになっている ▶ É para pagar primeiro? 最初に支払うことになっているのですか ▶ Era para eles estarem aqui às nove. 彼らは9時に来ることになっていた.

ser por... …に賛成である ▶ Quem é por nós? 誰が私たちに賛成なのですか.

Será? そうでしょうか.

será que +[直説法] 果たして…だろうか, …かしら ▶ Será que vai chover? 雨が降るだろうか.

[語法] ser と estar

ser は名前, 国籍, 職業などの主語の恒常的な性質を表す.
　Eu sou Paulo. 私はパウロだ.
　Eu sou japonesa. 私は日本人です.
　Ela é médica. 彼女は医師だ.
　Você é muito linda. 君はとても美しい.
また ser は動かない物の位置を表すことがある.
　Onde é a estação? 駅はどこですか.
estar は主語の一時的な状態を表す.
　Eu estou de férias. 私は休暇中だ.
　Eu estou muito ocupado agora. 私は今とても忙しい.
　Você está muito linda hoje. 君は今日は格別きれいだ.
さらに estar は「いる」「ある」などの場所の表現に用いられる.
　Ele está no Japão. 彼は日本にいる.
「…によって…される」という受動態では ser + 過去分詞の構文が基本的である.
　Esse romance foi escrito por um escritor português. その小説はポルトガル人の作家によって書かれた.

---

seráfico, ca /se'rafiku, ka/ [形] ❶ 熾(し)天使の. ❷ 天使のような.

serafim /sera'fī/ [複 serafins] [男] ❶ 熾(し)天使, セラフィム. ❷ とても美しい人.

serão /se'rẽw/ [複 serões] [男] ❶ (夜にする) 超過勤務, 残業, 残業手当 ▶ fazer serão 残業する. ❷ (夕食後の) 夕べの時間, 夕べの集まり ▶ ao serão 夜に, 夕食後に.

sereia /se'reja/ [女] ❶ 人魚. ❷ 蠱惑(こわく)的な女性. **cantar de sereia** 惑わす.

serelepe /sere'lepi/ [形]《男女同形》❶ 落ち着きのない, 騒々しい, 活発な.
❷ 抜け目のない, 悪賢い, 利発な.
❸ 陽気な.
— [名] 落ち着きのない人, 利口な人, 機敏な人.
— [男] 【動物】リス.

serenar /sere'nax/ [他] 静める, 落ち着かせる, 和らげる.
— [自] ❶ 静まる. ❷ (風や嵐が) おさまる, やむ.
— **serenar-se** [再] 静まる, 落ち着く.

serenata /sere'nata/ [女] セレナード, 小夜曲.
serenidade /sereni'dadʒi/ [女] 平静, 平穏, 落ち着き ▶ com serenidade 落ち着いて.
sereno, na /se'rẽnu, na/ [形] ❶ 平静な, 冷静な, 穏やかな ▶ semblante sereno 落ち着いた表情. ❷ 晴朗な ▶ céu sereno 晴天.
— **sereno** [男] 夜露.
ficar no sereno 夜に外で過ごす.
seresta /se'rɛsta/ [女] [B] セレナード.
sergipano, na /sexʒi'panu, na/ [形] [名] セルジッペ州の（人）.
Sergipe /sex'ʒipi/ 《地名》（ブラジル北東部の）セルジッペ州.
seriado, da /seri'adu, da/ [形] ❶ 連続した, 一続きの ▶ números seriados 連番. ❷ シリーズ物の.
— **seriado** [男] シリーズ.
serial /seri'aw/ [[複] seriais] [形] 《男女同形》連続した, 一続きの.
seriamente /ˌsɛria'mẽtʃi/ [副] ❶ 真面目に, 真剣に ▶ falar seriamente 真面目に話す. ❷ 重大に, ひどく ▶ seriamente ferido 重傷を負った.
***série** /'sɛri セーリ/ [女] ❶ **連続, シリーズ** ▶ uma série de acontecimentos inesperados 予期せぬ出来事の連続 / série de TV 連続テレビ番組, 連続テレビドラマ.
❷ **多数, 大量** ▶ uma série de problemas 多くの問題 / uma série de vezes 何度も.
❸ 学年 ▶ sétima série 第 7 学年.
em série 大量生産の ▶ produção em série 大量生産.
fora de série 並外れた, 飛び抜けた.
seriedade /serie'dadʒi/ [女] ❶ 真面目さ, 真剣さ. ❷ 深刻さ, 重大さ, ゆゆしさ ▶ seriedade da situação 状況の深刻さ.
seringa /se'rĩga/ [女] 注射器.
seringal /serĩ'gaw/ [[複] seringais] [男] ゴム林, ゴム農園.
seringalista /serĩga'lista/ [名] ゴム農園主.
seringueira /serĩ'gejra/ [女] 〖植物〗パラゴムの木.
seringueiro, ra /serĩ'gejru, ra/ [名] ❶ 天然ゴム採集労働者. ❷ ゴム農園主.
S
***sério, ria** /'sɛriu, ria セーリオ, リア/ [形] ❶ **真面目な, 真摯な**; 真面目くさった ▶ aluno sério 真面目な生徒 / livro sério 真面目な本.
❷ **真剣な, 本気の** ▶ olhar sério 真剣なまなざし / Sou sério. 私は真剣だ / proposta séria 本気の提案.
❸ **信頼できる, 確かな**, 根拠のある ▶ médico sério 信頼できる医師.
❹ **深刻な, ゆゆしい** ▶ situação séria 深刻な状況 / problema sério ゆゆしい問題 / doença séria 重病 / acidente sério 大事故.
— **sério** [副] 真面目に ▶ falar sério 真面目に話す.
— **sério** [男] ❶ 重大さ. ❷ 表情の真面目さ, 真剣さ.
a sério 真面目に, 真剣に, 深刻に ▶ falar a sério 真面目に話す, 本気で話す / pensar a sério 真剣に考える.
levar a sério …を真剣に考える, 真に受ける, 深刻に受け止める ▶ levar a vida a sério 人生を真剣に考える / levar a situação a sério 事態を深刻に受け止める.
sair do sério 気を緩める.
tirar alguém do sério …をいらだたせる, 怒らせる.
tomar a sério …を真剣に考える, 真に受ける, 深刻に受け止める.
sermão /sex'mẽw̃/ [[複] sermões] [男] ❶ 説教 ▶ Sermão da Montanha〖新約聖書〗山上の垂訓. ❷ お説教, 小言 ▶ passar um sermão em alguém …にお説教する.
serôdio, dia /se'rodʒiu, dʒia/ [形] ❶ 季節はずれの, 遅咲きの ▶ frutos serôdios 季節はずれの果物. ❷ 時代遅れの, 古くさい.
serpear /sexpe'ax/ ⑩ [自] ❶（ヘビが）くねくねする. ❷ 曲がりくねる, 蛇行する.
serpente /sex'pẽtʃi/ [女] ❶〖動物〗ヘビ. ❷ 陰険な人, 邪悪な人.
serpente infernal 悪魔.
serpentina /sexpẽ'tʃina/ [女] カーニバルで使う紙テープ.
***serra** /'sɛxa セーハ/ [女] ❶ **山, 山地, 山脈** ▶ ir para a serra 山に行く / turismo na serra 山岳旅行 / serra mineira ミナス州の山脈. ❷ のこぎり.
ir à serra 怒る, いらだつ.
subir a serra ① いらつく. ② 歳を取る.
subir à serra 山の頂上に登る.
serragem /se'xaʒẽj/ [[複] serragens] [女] ❶ のこぎりでひくこと. ❷ おがくず.
serralheiro /sexa'ʎejru/ [男] 鍛冶職人, 鍛造工.
serralheria /sexaʎe'ria/ [女] 鍛冶, 鉄工所.
serrania /sexa'nia/ [女] 山岳地帯.
serrano, na /se'xẽnu, na/ [形] ❶ 山地の, 山岳地方の. ❷ 山地に住む.
— [名] 山地の住人.
serrar /se'xax/ [他]（のこぎりで）切る, ひく.
— [自] のこぎりをひく.
serraria /sexa'ria/ [女] 製材所.
sertaneja[1] /sexta'neʒa/ [女] セルタネージャ（ブラジル農村部の日々の暮らしを歌った音楽）.
sertanejo, ja[2] /sexta'neʒu, ʒa/ [形] ❶ ブラジル奥地（sertão）の, 奥地に住む, セルタネージャ（sertaneja）の ▶ cantor sertanejo セルタネージャ歌手 / música sertaneja セルタネージャ音楽. ❷ 未開の, 田舎の.
— [名] ブラジル奥地の住民.
sertão /sex'tẽw̃/ [男] [B] セルトン（ブラジル北東部の熱帯半乾燥地帯）▶ sertão bruto 完全に無人な奥地.
servente /sex'vẽtʃi/ [名] 召使い, 奉公人.
serventia /sexvẽ'tʃia/ [女] ❶ 使い道, 役に立つこと ▶ Esta ferramenta ainda tem serventia. この道具はまだ役立つ. ❷ 通路 ▶ serventia da casa 家の廊下.
serventuário, ria /sexvẽtu'ariu, ria/ [名] 公証役場の職員.
serviçal /sexvi'saw/ [[複] serviçais] [形]《男女同形》❶ 世話好きな, かいがいしい. ❷ 働き者の.
— [名] 召使い.

serviço /sex'visu セフヴィーソ/ 男 ❶ 奉仕, 役に立つこと, 手助け ▶ prestar serviços à sociedade local 地域社会に奉仕する.
❷ (ホテルやレストランの) サービス, サービス料 (= taxa de serviço) ▶ O serviço daquele hotel é bom. あのホテルはサービスがいい / O serviço não está incluído. サービス料は含まれていません / serviço de bordo 機内サービス / serviço pós-venda アフターサービス / posto de serviços (高速道路の) サービスエリア.
❸ 食事の世話.
❹ 勤務, 職務, 仕事, 業務 ▶ serviços noturnos 夜間 勤務 / tempo de serviço 勤続年数 / após dez anos de serviço 勤続10年の後 / fazer o serviço doméstico 家事をする / serviço porco 手抜き仕事 / viagem de serviço 出張 / serviço pesado きつい仕事 / voltar do serviço 仕事から帰る / serviço de intérprete 通訳業務.
❺ 兵役 (= serviço militar) ▶ fazer o serviço militar 兵役に就く.
❻ (公共的な) 機関; (役所や会社などの) 局, 部, 課 ▶ serviço secreto [de informações] 諜報機関 / serviço de meteorologia 気象局 / serviço de emergência 救急983 / serviço de atendimento ao cliente お客様係.
❼ 〖経済〗サービス, サービス部門 ▶ serviços públicos 公共サービス / serviço social 社会福祉 / serviço de entrega a domicílio 宅配便 / serviço fúnebre 葬儀.
❽ (交通機関の) 運行, 便 ▶ serviço de ônibus バスの便.
❾ (物の) 使用; (機械などの) 稼働状態 ▶ fora de serviço 休止中, 故障中 / pôr em serviço 使い始める, 作動させる.
❿ (食器や茶器などの) セット; (ナプキン, テーブルクロスなどの) 一揃い ▶ serviço de chá ティーセット.
⓫〖スポーツ〗サーブ.
⓬ (宗教的な) 勤め, 儀式.
⓭ 犯罪行為, 悪事 ▶ dar o serviço (犯罪行為を) 白状する / fazer um serviço 金で人を殺す.
ao serviço de... …に仕えて ▶ estar ao serviço de... …に仕える.
de serviço ① 業務用の ▶ entrada de serviço 通用口 / elevador de serviço 業務用エレベーター.
② 勤務中の, 当直の ▶ estar de serviço 勤務中である / médico de serviço 当直医.
mostrar serviço 職務で能力を発揮する.
não brincar em serviço 仕事を真面目にする.
pegar o serviço 仕事に行く, 仕事を始める.
perder o serviço ① 欠勤する. ② 努力が泡になる. ③ サーブ権を失う.
servidão /sexvi'dẽw̃/ 複 servidões 女 ❶ 隷属, 隷従. ❷ 通行権のある土地.
servido, da /sex'vidu, da/ 形 ❶ 使った, 消耗した.
❷ 供給された, 満たされた, 十分に備わった, 準備された.
É [Está] servido? (相手に食べ物や飲み物を勧めて) いかがですか.
servidor, dora /sexvi'dox, 'dora/ 複 servido-res, doras 形 仕える.
— 名 召使い ▶ servidor público 公僕, 公務員.
— **servidor** 男〖情報〗サーバー.
servil /sex'viw/ 複 servis 形〖男女同形〗❶ 奴隷の. ❷ 卑屈な, 追従的な.
servilismo /sexvi'lizmu/ 男 ❶ 奴隷状態, 隷属.
❷ 卑屈さ.
servir /sex'vix セフヴィーフ/ 61 他 ❶ 仕える, 奉仕する ▶ servir um senhor 主人に仕える / servir a pátria 祖国に奉仕する / servir a Cruz Vermelha 赤十字に奉仕する.
❷ 給仕する, 出す ▶ O garçom serviu o almoço. ウェイターは昼食を給仕した / servir o café コーヒーを出す / o garçom que nos serviu 私たちに給仕したウェイター / Servido? (飲み物などをすすめて) いかがですか / 召し上がりませんか.
— 自 ❶ …に仕える, 奉仕する [+ a] ▶ Ele serve àquela família há mais de vinte anos. 彼はあの家族に20年以上仕えている.
❷ 役立つ ▶ Esta ferramenta serviu bem. この道具はとても役に立った / Para que serve isto? これは何の役に立ちますか / As manifestações de ruas não serviram para nada. 街頭デモは何の役にも立たなかった / Estes dados serviram para fundamentar a pesquisa. これらのデータは研究の基礎作りに役立った.
❸ (服が) …に合う ▶ Este vestido não me serve mais. このワンピースはもう私には合わない.
❹ …の役目を果たす, …を務める [+ de] ▶ servir de guia ガイドする / servir de intérprete 通訳を務める.
❺ 兵役を務める ▶ servir na Aeronáutica 空軍で兵役を務める.
— **servir-se** 再 ❶ …を使う, 利用する [+ de] ▶ servir-se adequadamente da oportunidade チャンスを適切に利用する / servir-se de alguém 人を利用する.
❷ 自分で (料理を) 取る ▶ Sirva-se. ご自由にお取りください / Vou me servir. いただきます.
servo, va /'sexvu, va/ 名 ❶ 召使い, 使用人. ❷ 奴隷, 農奴.
serva de Deus 修道女, 尼, 信心深い女性.
sésamo /'sɛzamu/ 男〖植物〗ゴマ ▶ Abre-te, sésamo! 開けゴマ.
sessão /se'sẽw̃/ 複 sessões 女 ❶ 会期 ▶ A sessão reabrirá em janeiro. 会期は1月に再開する.
❷ (映画や劇の) 部, 上演時間 ▶ sessão das 10 horas 10時の部 / sessão da tarde 昼興行, マチネー.
❸ (仕事などの) 期間 ▶ Uma sessão de terapia dura cinquenta minutos. カウンセリング治療は1回50分です.
❹ 集まり, 会合, セッション ▶ sessão de treino 研修会 / sessão de fotos 写真会 / sessão espírita 交霊術の集会.
sessenta /se'sẽta セセンタ/ 形〖数〗〖不変〗❶ 60の ▶ nos anos sessenta 60年代に. ❷ 60番目の.
— 名 60.
sesta /'sɛsta/ 女 昼寝 ▶ dormir [fazer] a sesta 昼寝をする.

set.

set. 《略語》setembro 9月

seta /'seta/ 女 ❶ 矢. ❷ 矢印. ❸ 時計の針.
　seta de Cupido キューピッドの矢.

sete /'sɛtʃi セーチ/ 形 《数》《不変》 ❶ 7の ▶ Guerra dos Sete Anos 7年戦争. ❷ 7番目の ▶ Capítulo Sete 第7章 / dia sete de setembro 9月7日.
　— 男 7.
　pintar o sete ① いたずらする, やんちゃする. ② 上手に行う. ③ いじめる, 嫌がらせをする.

*****setecentos, tas** /setʃi'sẽtus, tas セーチセントス, タス/ 形 《数》 ❶ 700の. ❷ 700番目の.
　— **setecentos** 男 700.

setembro /se'tẽbru セテンブロ/ 男 9月 ▶ em setembro 9月に / 7 de setembro 9月7日 (ブラジルの独立記念日).

setenta /se'tẽta セテンタ/ 形 《数》《不変》 ❶ 70の. ❷ 70番目の.
　— 男 70.

setentrional /setẽtrio'naw/ [複 setentrionais] 形 《男女同形》 北の, 北方の.

sétima[1] /'sɛtʃima/ 女 《音楽》 7度.

sétimo, ma[2] /'sɛtʃimu, ma セーチモ, マ/ 形 《数》 ❶ 7番目の. ❷ 7分の1の ▶ Ela recebeu apenas a sétima parte do valor total. 彼女は全額の7分の1しか受け取っていない.
　— **sétimo** 男 7分の1.

*****setor** /se'tox セトーフ/ [複 setores] 男 ❶ 地区, 区域 ▶ Ele mora no setor oeste. 彼は西地区に住んでいる.
　❷ 部門, 分野 ▶ setor industrial 工業分野 / setor privado 民間部門 / setor público 公共部門 / terceiro setor 第三セクター / setor de transportes 輸送部門 / setor primário 第1次産業部門 / setor secundário 第2次産業部門 / setor terciário 第3次産業部門.

setuagenário, ria /setuaʒe'nariu, ria/ 形 名 = septuagenário, ria

setuagésimo, ma /setua'ʒɛzimu, ma/ 形 男 = septuagésimo, ma

*****seu**[1], **sua** /sew, 'sua セウ, スーア/ 形 《所有》 《3人称単数・複数形》

❶ あなたの, あなたたちの ▶ Qual é seu nome? お名前は何ですか / Qual é seu time? あなたの好きなチームはどこですか / um amigo seu = um dos seus amigos あなたの友達の一人.

❷ 彼の, 彼女の, 彼らの, 彼女たちの, 自分の (注 「彼の」「彼女の」「彼らの」「彼女たちの」「あなたたちの」などにはそれぞれ ... dele, ... dela, ... deles, ... delas, ... de vocês という表現もある) ▶ Ele perdeu seu filho. 彼は息子を失った / Cada um tem a sua opinião. それぞれが自分の意見を持っている / conhecer seu lugar e seu papel 自分の立場と役割を心得ている.

❸ その, それらの ▶ os Estados Unidos e seu bem mais precioso アメリカとそのもっとも貴重な財産.

❹《ser seu》あなたのものである ▶ Esse livro é seu? この本はあなたのですか / O problema é seu. あなたの問題だ.

❺ およその, 約 ▶ Ele deve ter seus quarenta anos. 彼は40歳ぐらいに違いない.
　— 代 ❶《定冠詞と共に》あなた [あなたたち, 彼, 彼ら, 彼女, 彼女たち]のもの. ❷《os seus》あなたの家族や友人.

seu[2] /sew/ 男 ❶《男性の名前の前で》…さん ▶ Seu Fernando フェルナンドさん.
　❷ …な人 ▶ Seu grosso! 失礼な人だ / Seu idiota! ばかな人だ.

severamente /se,vera'mẽtʃi/ 副 厳しく, 厳格に ▶ punir severamente 厳しく罰する.

severidade /severi'dadʒi/ 女 ❶ 厳しさ, 厳格さ ▶ severidade da punição 処罰の厳しさ / com severidade 厳格に, 厳しく. ❷ 苛烈さ, 激しさ ▶ severidade do clima 気候の厳しさ.

*****severo, ra** /se'vɛru, ra セヴェーロ, ラ/ 形 ❶ 厳しい, 厳格な ▶ Ela é uma professora severa. 彼女は厳格な教師である / regras severas 厳しい規則. ❷ 辛辣な, 容赦のない, 手厳しい ▶ crítica severa 辛辣な批判.

sevícias /se'visias/ 女複 虐待, 暴行 ▶ sevícias sexuais 性的虐待.

sexagenário, ria /seksaʒe'nariu, ria/ 形 名 60歳代の(人).

sexagésimo, ma /seksa'ʒɛzimu, ma/ 形 《数》 ❶ 60番目の. ❷ 60分の1の.
　— **sexagésimo** 男 60分の1.

*****sexo** /'sɛksu セクソ/ 男 ❶ 性, 性別 ▶ sexo masculino 男性 / sexo feminino 女性 / sexo forte 男性 / belo sexo 女性 / sexo frágil 女性 / a igualdade de oportunidades para ambos os sexos 男女の機会均等 / sexo oposto 異性 / Quando dá para descobrir o sexo do bebê? 赤ん坊の性別はいつ分かるようになるか.

❷ 性器.

❸ セックス, 性行為 ▶ sexo seguro 安全なセックス / fazer sexo com alguém …とセックスする.

sexologia /seksolo'ʒia/ 女 性科学.

sexólogo, ga /sek'sɔlogu, ga/ 名 性科学者.

sexta[1] /'sesta/ 女 ❶ 金曜日 (= sexta-feira). ❷ 《音楽》6度音階.

*****sexta-feira** /,sesta'fejra セスタフェイラ/ [複 sextas-feiras] 女 金曜日 ▶ Sexta-feira Santa 聖金曜日 / sexta-feira treze 13日の金曜日.

sexteto /ses'tetu/ 男 六重唱団, 六重奏団; 六重唱曲, 六重奏曲.

*****sexto, ta**[2] /'sestu, ta セスト, タ/ 形 《数》 ❶ 6番目の ▶ sexto sentido 第六感. ❷ 6分の1の ▶ Ela comeu a sexta parte da pizza. 彼女はピザを6分の1食べた.
　— **sexto** 男 6分の1.

sexuado, da /seksu'adu, da/ 形 有性の ▶ reprodução sexuada 有性生殖.

*****sexual** /seksu'aw セクスアウ/ [複 sexuais] 形 性的, 性に関する ▶ desejo sexual 性欲 / ato sexual 性行為 / educação sexual 性教育 / vida sexual 性生活 / órgãos sexuais 生殖器 / caracteres sexuais 性徴 / orientação sexual 性的指向 / símbolo sexual セックスシンボル.

sexualidade /seksuali'dadʒi/ 女 ❶ 性別, 性的

特徴. ❷ 性, 性欲, 性行動 ▶sexualidade humana 人間の性.

sexualmente /seksu,aw'mẽtʃi/ 副 性的に, 性交渉により ▶abusar sexualmente 性的に虐待する / doenças sexualmente transmissíveis 性感染症.

★★si[1] /'si スィ/ 代《再帰代名詞 3 人称単数形・複数形. com 以外の前置詞の後で用いられる》❶ 彼自身, 彼女自身, それ自身 ▶Ele só fala de si (mesmo). 彼は自分のことしか話さない / Ela só pensa em si (mesma). 彼女は自分のことしか考えない.
❷ 彼ら自身, 彼女たち自身 ▶Eles só pensam em si (mesmos). 彼らは自分のことしか考えない.
❸ あなた自身, あなたたち自身 ▶Você só pensa em si (mesmo). あなたは自分のことしか考えない / Vocês só pensam em si (mesmos). あなたたちは自分のことしか考えない.
❹ P《聞き手に対する敬称の表現》あなた, そちら様 ▶Para si. あなたのために.
a si mesmo 自分自身を ▶amar a si mesmo 自分自身を愛する.
cair em si 過ちに気がつく, 現実に立ち返る.
cheio de si 思い上がった, うぬぼれた.
dar de si 一生懸命にする.
de si consigo 自分自身と, 自分自身に対して ▶a relação de si consigo 自分自身との関係.
de si para consigo mesmo 自分自身と, 自分自身に対して.
dizer de si para si 自問自答する.
em si 本来, それ自体の ▶coisa em si 物それ自体.
estar em si 正気である.
por si おのずと, 自然と ▶O problema se resolverá por si. 問題はおのずと解決するだろう.
por si mesmo 自分で, 自力で ▶pensar por si mesmo 自分で考える.
por si só それ自体が.
sair de si かっとなる.
ter sobre si 一身に(責任等を)受ける, 背負う.

si[2] /'si/ 男《音楽》シ, ロ音⇔**menor** ロ短調.

siamês, mesa /sia'mes, 'meza/《複 **siameses, mesas**》形 ❶ シャム猫の ▶gato siamês シャム猫.
❷ 結合双生児の.
— 名 ❶ シャム猫. ❷ 結合双生児.

sibila /si'bila/ 女 巫女(ミコ), 女予言者.

sibilante /sibi'lẽtʃi/ 形《男女同形》❶ シューシューと音をたてる. ❷《音声学》歯擦音の.
— 女 歯擦音.

sibilar /sibi'lax/ 自 ❶ シューシュー[ヒューヒュー]という音をたてる. ❷ 蜂の羽音のような音をたてる.

sicário /si'kariu/ 男 殺し屋.

sicrano /si'krẽnu/ 男 あいつ, こいつ《注 fulano ou sicrano または fulano, sicrano ou beltrano などの語順で用いられる》▶Não me interessa o que diz fulano ou sicrano, todos devem obedecer às regras! あいつやこいつが何と言おうと私には関係ない. 全員決まりを守らなくてはいけないのだ.

sida /'sida/ 女《略語》P síndrome da imunodeficiência adquirida 後天性免疫不全症候群, エイズ.

sideral /side'raw/《複 **siderais**》形《男女同形》❶ 星の ▶dia sideral 恒星日 / ano sideral 恒星年. ❷ 天の, 空の.

siderar /side'rax/ 他 唖然とさせる, びっくり仰天させる.

siderurgia /siderux'ʒia/ 女 製鉄, 製鉄術.

siderúrgico, ca /side'ruxʒiku, ka/ 形 製鉄の ▶indústria siderúrgica 製鉄業.
— **siderúrgica** 女 製鉄所, 製鉄会社.

sido /'sidu/ **ser** の過去分詞.

sidra /'sidra/ 女 シードル, シードラ, リンゴ酒.

sifão /si'fɐ̃w/《複 **sifões**》男 ❶ サイフォン, 吸い上げ管. ❷ (排水用の) U 字管, トラップ. ❸ (炭酸水の) サイフォン瓶.

sífilis /'sifilis/ 女《医学》梅毒.

siga 活用 ⇒ **seguir**

sigilo /si'ʒilu/ 男 秘密, 内密 ▶sigilo profissional 職業上の守秘義務 / em sigilo 秘密裏に / quebrar sigilo 守秘義務に違反する.

sigiloso, sa /siʒi'lozu, 'lɔza/ 形 秘密の, 内密の.

sigla /'sigla/ 女 (頭文字を連ねた) 略字, 略号.

signatário, ria /signa'tariu, ria/ 形 名 署名した(人) ▶países signatários 署名国.

significação /siginifika'sɐ̃w/《複 **significações**》女 意味, 意義 ▶significação da palavra その単語の意味.

★significado /siginifi'kadu スィギニフィカード/ 男 意味 ▶Qual é o significado desta palavra? この単語は何と言う意味ですか / O que ele disse tem um grande significado. 彼の言ったことはとても重要な意味がある.

★★significar /siginifi'kax スィギニフィカーフ/ 他 意味する ▶O que significa esta palavra? この単語は何と言う意味ですか / Este sinal significa proibição. この記号は禁止を意味する / Isso significa que +直説法. それは…を意味する / Ela significa muito para mim. 彼女は私にとってとても大切だ / não significar nada 重要でない.

★significativo, va /siginifika'tʃivu, va スィギニフィカチーヴォ, ヴァ/ 形 ❶ 意味する, 有意義な ▶Este estágio da pesquisa é muito significativo. 研究のこの段階はとても重要だ.
❷ 意味深長な, 意味ありげな ▶olhar significativo 意味ありげな視線 / Seu gesto era muito significativo. 彼の身振りはとても意味深長なものであった.

signo /'siginu/ 男 ❶ 記号, 符号.
❷《占星術》座 ▶— Qual é o seu signo? — Meu signo é Leão. 「あなたは何座ですか」「私はしし座です」/ signos do zodíaco 黄道十二宮.
sob o signo de... …の影響下で, …の星の下で.

sigo 活用 ⇒ **seguir**

sílaba /'silaba/ 女《言語学》音節, シラブル ▶sílaba fechada 閉音節 / sílaba aberta 開音節.

silábico, ca /si'labiku, ka/ 形 音節の.

silenciador, dora /silẽsia'dox, 'dora/《複 **silenciadores, doras**》形 消音の, 静かにさせる.
— **silenciador** 男 消音装置, サイレンサー, (自動車の) マフラー.

silenciar /silẽsi'ax/ 他 ❶ 沈黙させる ▶O gol silenciou a torcida adversária. ゴールが決まると相

silêncio

手チームのファンは言葉を失った. ❷伏せておく, 隠してしておく.
— 圓 ❶沈黙する. ❷伏せる, 隠す.

silêncio /si'lẽsiu/ スィレンスィオ/ 男 ❶ 沈黙, 無言 ▶ O silêncio vale ouro. 沈黙は金なり / estar em silêncio 沈黙している / ficar em silêncio 沈黙する / fazer silêncio 沈黙している / guardar o silêncio 沈黙を守る / impor silêncio a... ...を黙らせる / quebrar o silêncio 沈黙を破る / Silêncio, por favor. お静かに / fazer um minuto de silêncio 1分間の黙禱(もくとう)を捧げる.
❷ 秘密を守ること, 言及しないこと ▶ lei do silêncio 黙秘の掟 / direito ao silêncio 黙秘権.
❸ 休止 ▶ uma música com muitos silêncios 休止の多い音楽.
❹ 静寂, 静けさ ▶ silêncio da noite 夜の静寂 / silêncio de morte 死んだような静けさ.
em silêncio 音も立てずに, 黙ったまま ▶ Eles saíram em silêncio. 彼らは黙ったまま出て行った.
passar em silêncio ...に言及しない, ...を故意に伏せておく.
reduzir ao silêncio 黙らせる, 沈黙させる.

silenciosamente /silẽsiˌɔza'mẽtʃi/ 副 かかに, 黙って, 密かに.

silencioso, sa /silẽsi'ozu, 'ɔza/ スィレンスィオーゾ, ザ/ 形 ❶無言の, 無口の ▶ pessoa silenciosa 物静かな人 / maioria silenciosa サイレント・マジョリティー. ❷静かな ▶ rua silenciosa 静かな通り.
— **silencioso** 男 自動車の消音装置.

silhueta /siʎu'eta/ 女 シルエット, 影法師.

sílica /'silika/ 女《化学》シリカ, 二酸化ケイ素.

silicone /sili'kõni/ 男《化学》シリコーン.

silo /'silu/ 男 ❶ (穀物や飼料貯蔵用の) サイロ. ❷ミサイルサイロ.

silogismo /silo'ʒizmu/ 男《論理》三段論法.

silva /'siwva/ 女《植物》キイチゴ.
... da silva《指小辞付きの形容詞の後で》本当に, とても.

silvar /siw'vax/ 圓 ピーッと口笛を吹く, ピーッと音を出す, 鋭い音を出す.
— 囧 (鋭い音を) 出す.

silvestre /siw'vɛstri/ 形《男女同形》❶ 森の. ❷野生の, 自生の ▶ flores silvestres 野の花.

silvícola /siw'vikola/ 形《男女同形》森で生まれた (人, 動物), 森に住む (人, 動物).

silvicultura /siwvikuw'tura/ 女 林学, 植林.

sim /'sĩ/ スィン/ 副 ❶ はい, そうです (↔ não) ▶ — Você gosta de viajar? — Gosto, sim. 「あなたは旅行をするのが好きですか」「はい, 好きです」(注 質問の動詞を繰り返した後に sim と言うのが普通. 後に返事をすることも多い) / — Isso é arte? — É, sim!「これは芸術ですか」「そうですとも」/ — Você é estudante? — Sou, sim. 「あなたは学生ですか」「はいそうです」/ — Vocês têm tempo? — Temos, sim. 「あなたたちは時間がありますか」「はい, あります」/ Acho que sim. そう思います / dizer que sim はいと言う / Claro que sim. もちろんです / Parece-me que sim. そのように思います.
❷《否定疑問または否定的な断定や命令に対して》いいえ, いや ▶ — Você não vai? — Vou sim.「行かないの」「いいえ, 行きます」.
❸《文意の強調》▶ Imóvel é, sim, o melhor investimento. 不動産こそが最良の投資だ.
— 男［囮 sins] 同意, 承諾 ▶ Ela disse o sim com convicção. 彼女は確信を持ってイエスと言った / A resposta é sim！答えはイエスだ / dar o sim はいと言う, 承諾する / não dizer nem sim nem não はいともいいえとも言わない.

Isso sim é... これこそが...だ ▶ Isso sim é amor. これこそが愛だ.
pelo sim, pelo não あれかこれか；念のため.
Pois sim!《疑いや留保》え, 本当に.
sim e não イエスでもありノーでもある, どちらとも言えない.

語法「はい」の言い方

ポルトガル語では「はい, いいえ」で答えられる質問に対して「はい」と答える場合には, 質問で使われた動詞を繰り返して答えるのが普通である.
—Você vai? —Vou.「行きますか」「行きます」.
動詞の後に sim をつけて答えをより明確にすることがある.
—Você vai? —Vou, sim.「行きますか」「はい, 行きます」.
sim だけで返事をすることは今まではあまりなかったが, 最近では sim を単独で使う例が見受けられるようになった.
—Você vai? —Sim.「行きますか」「はい」.

---

simbiose /sĩbi'ɔzi/ 女《生物》共生.

simbiótico, ca /sĩbi'ɔtʃiku, ka/ 形 共生の.

simbolicamente /sĩˌbolika'mẽtʃi/ 副 象徴的に.

simbólico, ca /sĩ'bɔliku, ka/ 形 ❶ 象徴的な ▶ valor simbólico 象徴的価値 / jogo simbólico ごっこ遊び. ❷記号の ▶ lógica simbólica 記号論理学. ❸ 形だけの, 実質を伴わない ▶ abraço simbólico 形だけの抱擁.

simbolismo /sĩbo'lizmu/ 男 ❶ 象徴性, 象徴表現. ❷ 象徴主義.

simbolista /sĩbo'lista/ 形《男女同形》象徴主義の, 象徴派の ▶ poeta simbolista 象徴派の詩人.
— 名 象徴派の詩人 [芸術家].

simbolizar /sĩboli'zax/ 囧 象徴する, 表す ▶ A pomba branca simboliza a paz. 白いハトは平和を象徴する.

símbolo /'sĩbolu/ スィンボル/ 男 ❶ 象徴, 表象, シンボル ▶ A bandeira é um símbolo do país. 国旗は国のシンボルの一つだ / símbolo da prosperidade 繁栄の象徴 / símbolo sexual セックスシンボル.
❷ 記号, しるし ▶ símbolo de perigo 危険のしるし / símbolo de meteorologia 気象記号 / símbolo químico 化学記号.

simetria /sime'tria/ 女 (左右) 対称, 均整.

simetricamente /siˌmetrika'mẽtʃi/ 副 対称的に.

simétrico, ca /si'mɛtriku, ka/ 形 (左右) 対称的

similar /simi'lax/ [複 similares] 形《男女同形》
❶ 同類の ▶medicamentos similares 同類の薬.
❷ …と類似した [+ a] ▶planetas similares à Terra 地球に似た惑星.

similaridade /similari'dadʒi/ 女 類似点, 相似 ▶similaridades entre o português e o espanhol ポルトガル語とスペイン語の類似点.

símile /'simili/ 形《男女同形》類似した, 同様の.
— 男 ❶ 類似, 比較. ❷ 〖修辞〗直喩.

similitude /simili'tudʒi/ 女 類似性, 相似.

símio /'simiu/ 男 猿, 類人猿.

*****simpatia** /sĩpa'tʃia/ スィンパチーア/ 女 ❶ 好感, 魅力 ▶Ela possui uma grande simpatia. 彼女は大変好感が持てる.
❷ 共感, 同情, 共鳴 ▶Ele tinha uma forte simpatia pela luta. 彼はその戦いに強い共感を持っていた.
❸ 思いやり ▶Devemos ter simpatia pelos outros. 他人に思いやりを示さなければなりません.
❹ 好感の持てる人 ▶A funcionária era uma simpatia. その職員は好感の持てる人であった.
❺ 〔Ｂ〕祈願の儀式, おまじない ▶Ela fez uma simpatia para curar a doença. 彼女は病気が治癒するよう, おまじないを行った.

*****simpático, ca** /sĩ'patʃiku, ka/ スィンパチコ, カ/ 形《絶対最上級 simpaticíssimo, simpatiquíssimo》
❶ 感じがよい, 好感の持てる (↔ antipático) ▶O pessoal do hotel era muito simpático. ホテルの人は感じが良かった.
❷ 心地よい, 快い ▶ambiente simpático 心地よい雰囲気. — **simpático** 男 〖解剖〗交感神経.

simpatizante /sĩpatʃi'zɛtʃi/ 形《男女同形》共鳴している, 同調している.
— 名 共鳴者, 同調者, シンパ.

simpatizar /sĩpatʃi'zax/ 自 ❶ …に好意 [共感] を抱く [+ com] ▶Simpatizei muito com os vendedores da loja. 私は店員たちにとても好感を持った.
❷ …の共鳴者になる [+ com] ▶Simpatizei com a causa defendida pelos manifestantes. 私はデモ参加者たちが掲げていた大義に共鳴した.

*****simples** /'sĩplis/ スィンプリス/ 形《不変》《絶対最上級 simplicíssimo》❶ 簡単な, 単純な, シンプルな (↔ complicado) ▶O exercício é muito simples. この練習問題はとても簡単だ / pessoa simples 単純な人 / ideia simples 単純な考え.
❷ 簡素な, つつましい; 普通の ▶levar uma vida simples つつましい生活を送る / comida simples 簡素な食事.
❸ 貧しい ▶eleitores simples 貧困層の有権者.
❹《simples + 名詞》ただの…, 単なる… ▶por simples curiosidade 単なる好奇心で / Sou um simples funcionário. 私はただの職員にすぎない.
❺ 唯一の, たった一つの; 単一の要素からなる ▶Só há um simples motivo para ele ficar. 彼がいる理由は一つだけだ / juro simples 単利 / de efeito simples 単動式の / partida simples 〖スポーツ〗ゴルフのシングルスの試合.

❻ 純粋な, 混ざり気のない; 無知な ▶almas simples 純粋な心.
— 名 愚かな人, 無知な人; 控えめな人; 貧しい人.
— 副 単純に ▶Vamos pensar simples. 簡単に考えましょう.

*****simplesmente** /ˌsĩpliz'mẽtʃi/ スィンプレズメンチ/ 副 ❶ 簡単に, 単純に, 飾らずに, つつましく ▶Ele se apresentou vestido simplesmente. 彼は簡素な服装で現れた.
❷ ただ単に ▶Ela foi à festa simplesmente para te agradar. 彼女はあなたを喜ばせるためだけにパーティーに行った.
❸ まさに…にほかならない ▶O espetáculo é simplesmente magnífico. その芝居はすばらしいと言うほかない.

simplicidade /sĩplisi'dadʒi/ 女 ❶ 簡単, 単純, 明快 ▶simplicidade do método 方法の簡単さ.
❷ 無邪気さ, 素朴さ. ❸ 簡素, 質素 ▶viver com simplicidade 質素に暮らす.

simplificação /sĩplifika'sẽw/ [複 simplificações] 女 単純化, 簡略化.

simplificar /sĩplifi'kax/ ⑳ 他 簡単にする, 簡略にする ▶chinês simplificado (中国語の) 簡体字.

simplismo /sĩp'lizmu/ 男 過度の単純化, 単純なものの見方.

simplório, ria /sĩ'plɔriu, ria/ 形 名 お人好しな (人), 信じやすい (人).

simpósio /sĩ'pɔziu/ 男 シンポジウム, 討論会.

simulação /simula'sẽw/ [複 simulações] 女 ❶ 見せかけ, 偽装 ▶simulação de casamento 偽装結婚. ❷ シミュレーション, 模擬実験 ▶jogo de simulação シミュレーションゲーム / simulação de incêndio 火災訓練.

simulacro /simu'lakru/ 男 ❶ ごまかし, 見せかけ ▶simulacro de democracia 見せかけの民主主義.
❷ 模擬.
❸ 模造品 ▶simulacro de arma de fogo 模造銃.
❹ 幽霊.

simulado, da /simu'ladu, da/ 形 ❶ 見せかけの, 偽りの. ❷ 模擬の ▶prova simulada 模擬試験.
— **simulado** 男 模擬試験 ▶fazer um simulado 模擬試験を受ける.

simulador /simula'dox/ 男 シミュレーター ▶simulador de voo フライトシミュレーター.

simular /simu'lax/ 他 ❶ …のシミュレーションをする ▶simular um voo 飛行のシミュレートをする.
❷ …の振りをする ▶simular uma doença 病気の振りをする.

simultaneamente /simuwˌtẽnea'mẽtʃi/ 副 同時に, 一緒に.

simultaneidade /simuwtanej'dadʒi/ 女 同時性.

simultâneo, nea /simuw'tẽniu, na/ 形 同時の, 同時に起こる ▶tradução simultânea 同時通訳.

sina /'sina/ 女 話 運, 運命, 運勢 ▶ler a sina 運勢を読む / má sina 不運.

sinagoga /sina'gɔga/ 女 シナゴーグ, ユダヤ教の会堂.

sinal

⋆⋆sinal /si'naw スィナゥ/ [圈 sinais] 男 ❶ しるし, 兆し, 前兆, 兆候 ▶ Isso é um bom sinal. それはよい前兆ですね / mau sinal 悪い兆し / sinal de cansaço 疲労のしるし / sinal dos tempos 時代の特徴.
❷ 合図, サイン, 信号, 標識；(意思を伝える)身振り, 動作 ▶ fazer sinal 合図する / fazer o sinal da cruz 十字を切る / dar o sinal de alerta 警報を出す / sinal de trânsito 交通標識 / sinal vermelho [fechado] 赤信号 / sinal verde [aberto] 青信号 / dar sinal verde ゴーサインを出す / sinal amarelo 黄信号 / O sinal ficou verde. 信号が青に変わった / sinais vitais バイタルサイン.
❸ 記号, 符号 ▶ sinal positivo プラス記号 / sinal negativo マイナス記号 / sinais matemáticos 数学記号 / sinais de pontuação 句読点.
❹ 特徴 ▶ sinais particulares 身体的特徴.
❺ あざ, ほくろ ▶ sinal de nascença 母斑.
❻ ベル ▶ O sinal tocou. ベルが鳴った.
❼【電話】発信音 ▶ Deixe o seu recado após o sinal. 発信音の後にメッセージを残してください / sinal de discar トーン信号 / sinal de ocupado 話中音.
❽ 痕跡, 跡 ▶ Não havia nenhum sinal de violência no corpo da vítima. 被害者の体には暴行の跡はまったくなかった.
❾ 手付金, 前金.
avançar o sinal 赤信号を無視する.
dar sinal de... …の兆候[様子, 態度]を示す ▶ dar sinais de melhora 改善の兆しを示す.
dar sinal de si 顔を出す.
dar sinal de vida 顔を出す.
em sinal de... …のしるしに ▶ Em sinal de agradecimento eu o convidei para um jantar. 私はお礼のしるしに彼を夕食に招待した / em sinal de luto 哀悼の意を表して.
não dar sinal de vida 危険状態である.
por sinal ちなみに, ところで, そう言えば.

sinaleira[1] /sina'lejra/ 囡 交通信号.
sinaleiro, ra[2] /sina'lejru, ra/ 图 信号係, 通信員.
— **sinaleiro** 男 B 交通信号.
sinalização /sinaliza'sẽw/ [圈 sinalizações] 囡
❶ 記号体系. ❷ 交通信号システム.
sinalizar /sinali'zax/ 他 ❶ …に信号機を設置する ▶ A polícia sinalizou a rua. 警察は通りに交通標識を設置した.
❷ (記号で)伝える ▶ Ele sinalizou o perigo com gestos. 彼は身振り手振りで危険を伝えた.
❸ 示す.
❹ (交通を)整理する ▶ Ele sinaliza o trânsito. 彼は交通整理をする.
— 自 交通整理をする.
sinapse /si'napisi/ 囡【解剖】シナプス.
sinceramente /si,sera'mẽtʃi/ 副 ❶ 率直に, 心から, 本当に, はっきり言って ▶ Espero sinceramente que você seja muito feliz. 私はあなたが幸せいっぱいになることを心から望んでいる / Sinceramente, não esperava isso de você. はっきり言って君がこんなことになるとは思っていなかった.

sinceridade /sĩseri'dadʒi/ 囡 誠実, 正直, 率直.
⋆sincero, ra /sĩ'seru, ra スィンセーロ, ラ/ 形 ❶ 誠実な ▶ A amizade deve ser sincera. 友情は誠実であるべきだ.
❷ 正直な ▶ Ela é sincera demais no que diz. 彼女は言うことに正直すぎる / para ser sincero 正直に言うと.
síncope /'sĩkopi/ 囡 ❶ 失神, 気絶. ❷【言語】中音消失. ❸【音楽】シンコペーション.
sincretismo /sĩkre'tʃizmu/ 男 (哲学や宗教上の)諸説[諸派]混合.
sincronia /sĩkro'nia/ 囡 ❶ 同時性, 同時発生.
❷【言語】共時態, 共時論.
sincrónico, ca /sĩ'krɔniku, kɐ/ 形 P = sincrônico
sincrônico, ca /sĩ'krõniku, ka/ 形 B ❶ 同時に起こる. ❷ 共時的な, 共時論の.
sincronizado, da /sĩkroni'zadu, da/ 形 シンクロした, 同調した, 同期した ▶ natação sincronizada シンクロナイズドスイミング.
sincronizar /sĩkroni'zax/ 他 同調させる, 同期させる, シンクロさせる ▶ sincronizar os movimentos 動きを同期させる.
sindical /sĩdʒi'kaw/ [圈 sindicais] 形《男女同形》労働組合の ▶ movimento sindical 労働組合運動.
sindicalismo /sĩdʒika'lizmu/ 男 ❶ 労働組合主義, 労働組合運動, サンディカリズム. ❷《集合的に》労働組合.
sindicalista /sĩdʒika'lista/ 图 労働組合活動家.
— 形《男女同形》労働組合の, サンディカリズムの.
sindicalizar /sĩdʒikali'zax/ 他 …を労働組合に加入させる, 労働組合に組織する.
— **sindicalizar-se** 再 労働組合に加入する, 労働組合を作る.
sindicância /sĩdʒi'kẽsia/ 囡 調査, 捜査 ▶ O governo abriu sindicância para apurar as causas do acidente. 政府は事故の原因を確かめるために調査を開始した.
⋆sindicato /sĩdʒi'katu スィンヂカート/ 男 組合, 同業組合, 労働組合 ▶ sindicato dos bancários 銀行員組合 / sindicato dos operários 工場労働者組合 / sindicato patronal 企業家組合.
síndico, ca /'sidʒiku, ka/ 图 B マンションの管理組合理事長 ▶ Ele foi eleito síndico do prédio. 彼はマンションの管理組合理事長に選ばれた.
síndrome /'sĩdromi/ 囡 症候群, シンドローム ▶ síndrome de Down ダウン症候群 / síndrome de abstinência 禁断症状.
sinecura /sine'kura/ 囡 閑職, 楽な仕事.
sinédoque /si'nedoki/ 囡【修辞】提喩, 代喩.
sinergia /sinex'ʒia/ 囡 協同, 共同作用, 相乗作用.
sineta /si'neta/ 囡 小さな鐘.
sinfonia /sĩfo'nia/ 囡【音楽】交響曲, シンフォニー.
sinfónico, ca /sĩ'fɔniku, kɐ/ 形 P = sinfônico
sinfônico, ca /sĩ'fõniku, ka/ 形【音楽】交響楽の, シンフォニーの ▶ orquestra sinfônica 交響楽団.

— **sinfônica** 囡 交響楽団.
singelo, la /sĩˈʒelu, la/ 形 ❶ 質素な ▶uma casa singela 質素な家.
❷ 純朴な ▶Você é uma pessoa singela, sem vaidades. 君はうぬぼれのないつつましい人だ.
❸ 簡単な, 単純な ▶um obstáculo singelo 簡単な障害物 / A sua argumentação é singela. 君の論証は単純だ.
singrar /sĩˈgrax/ 自 航海する.
— 他 …を航海する.
***singular** /sĩguˈlax/ スィングラーフ/ [複 singulares] 形《男女同形》❶ 単一の, 個人の ▶material singular 単一の素材.
❷ 特別な, 独特な, 特異な ▶Ela possui um talento singular. 彼女は特別な才能を有している / acontecimento singular 特異な出来事.
❸ 奇抜な, 風変わりな ▶Ele é uma pessoa singular. 彼は風変わりな人だ.
❹《文法》単数の (↔ plural) ▶forma singular 単数形.
— 男《文法》単数形 ▶no singular 単数形で / a primeira pessoa do singular 一人称単数.
singularidade /sĩgulariˈdadʒi/ 囡 ❶ 奇妙さ, 奇抜さ. ❷ 特異性, 独特さ.
singularizar /sĩgulariˈzax/ 他 目立たせる, 際立たせる ▶O cabelo comprido o singulariza. 長い髪の毛が彼を目立たせている.
— **singularizar-se** 再 目立つ, 際立つ.
singularmente /sĩguˌlaxˈmetʃi/ 副 特に, とりわけ, 際立って.
sinistro, tra /siˈnistru, tra/ 形 ❶ 左利きの (↔ destro). ❷ 不吉な, 縁起の悪い, 忌まわしい ▶pressentimento sinistro 不吉な予感.
❸ 邪悪な, 陰険な ▶olhares sinistros 邪視.
— **sinistro** 男 災難, 災害.
— **sinistra** 囡 左手.
sino /ˈsĩnu/ 男 鐘 ▶tocar os sinos 鐘を鳴らす.
bater o sino 祝う, 喜ぶ.
sinonímia /sinoˈnimia/ 囡《言語》同義(性), 類義(性).
sinónimo, ma /siˈnɔnimu, mɐ/ P = sinônimo
sinônimo, ma /siˈnõnimu, ma/ B 形 類義語の, 同義語の ▶ser sinônimo de algo …と同義である.
— **sinônimo** 男 同義語, 同意語, 類義語.
sinopse /siˈnɔpisi/ 囡 梗概, シノプシス.
sinóptico, ca /siˈnɔptʃiku, ka/ 形 梗概の, 一覧の ▶evangelhos sinópticos 共観福音書.
sinta 活用 ⇒ sentir
sintático, ca /sĩˈtatʃiku, ka/ 形 統語論の.
sintaxe /sĩˈtasi/ 囡《言語》統語論, シンタックス.
síntese /ˈsĩtezi/ 囡 ❶ 総合, 統合, 総括, 要約 ▶ análise e síntese 分析と総合 / fazer uma síntese de... …を要約する. ❷ 合成 ▶síntese química 化学合成 / síntese de voz 音声合成.
sintético, ca /sĩˈtɛtʃiku, ka/ 形 ❶ 総合的な, 統括的な. ❷ 合成の, 人工の ▶fibra sintética 合成繊維.
sintetizador, dora /sĩtetʃizaˈdox, ˈdora/ [複 sintetizadores, doras] 形 統合する, 合成する.
— **sintetizador** 男 形 シンセサイザー.
sintetizar /sĩtetʃiˈzax/ 他 ❶ 総合する, 統合する, 統括する ▶sintetizar a informação 情報を総合する / sintetizar a estratégia 戦略を統合する.
❷ 合成する ▶sintetizar proteínas タンパク質を合成する.
sinto 活用 ⇒ sentir
***sintoma** /sĩˈtõma/ 男 ❶ 症状 ▶sintoma da gripe インフルエンザの症状. ❷ 兆候, 予兆 ▶sintoma da crise econômica 経済危機の兆候.
sintomático, ca /sĩtoˈmatʃiku, ka/ 形 ❶ 症状の, 症状を示す. ❷ 前兆となる, 徴候を示す.
sintonia /sĩtoˈnia/ 囡 ❶《電気》同調. ❷ 調和, 一致 ▶estar em sintonia com... …と調和している, 一致している / sintonia de ideias 考えの一致.
sintonizador /sĩtonizaˈdox/ [複 sintonizadores] 男 チューナー.
sintonizar /sĩtoniˈzax/ 他 同調させる, 周波数を合わせる ▶sintonizar a rádio ラジオの周波数を合わせる.
— 自 …と気が合う, 意見が一致する [+ com] ▶ Sintonizava com sua namorada porque tinham a mesma opinião sobre quase tudo. 彼は恋人と気が合っていた. なぜなら二人ともほとんどすべてにおいて同じ考えだったからだ.
sinuca /siˈnuka/ 囡 スヌーカ (ブラジル式ビリヤード).
sinuoso, sa /sinuˈozu, ˈɔza/ 形 曲がりくねった, 蛇行した.
sionismo /sioˈnizmu/ 男 シオニズム (パレスチナにユダヤ人国家を建設しようとする運動).
sionista /sioˈnista/ 形《男女同形》シオニズムの.
— 名 シオニスト.
sirene /siˈrẽni/ 囡 サイレン.
siri /siˈri/ 男《動物》ワタリガニ.
sirigaita /siriˈgajta/ 囡 色っぽい女, みだらな女 ▶Ela tinha ciúmes de qualquer sirigaita que se aproximava de seu namorado. 彼女は恋人に近寄るどんな色っぽい女にも嫉妬した.
sisal /siˈzaw/ [複 sisais] 男《植物》サイザル麻.
sísmico, ca /ˈsizmiku, ka/ 形 地震の, 地震による ▶abalo sísmico 地震による揺れ.
sismo /ˈsizmu/ 男 地震.
sismógrafo /sizˈmɔgrafu/ 男 地震計.
siso /ˈsizu/ 男 ❶ 分別, 思慮 ▶Muito riso, pouco siso. 諺 笑いが多ければ分別が少ない. ❷ 親知らず (= dente de siso).
de siso 真面目に, 慎重に.
‡**sistema** /sisˈtẽma/ スィステーマ/ 男 ❶ 制度, 体制; 社会制度 ▶sistema educacional 教育制度 / sistema jurídico 法体系 / sistema político 政治制度 / sistema democrático 民主主義制度 / sistema capitalista 資本主義制度 / estabelecer um sistema 制度を設ける / abolir um sistema 制度を廃止する.
❷ 装置, 機構, システム ▶sistema de alarme 警報装置 / sistema de segurança セキュリティーシステム.
❸《情報》システム ▶sistema operacional オペレー

sistematicamente

ティングシステム.

❹ 系, 系統 ▶ sistema solar 太陽系 / sistema ecológico 生態系 / sistema nervoso 神経系.

❺ 体系 ▶ o sistema filosófico de Descartes デカルトの哲学体系 / o sistema de classificação dos seres vivos 生物分類体系.

❻ 計量法, 単位系 ▶ sistema métrico メートル法 / sistema decimal 十進法 / sistema binário 二進法.

❼ 方法 ▶ sistema de cálculo 計算法 / sistema de jogo 試合の対戦法［戦術］/ sistema de vida 生き方.

por sistema いつも, 通例, 通常.

sistematicamente /siste,matʃika'metʃi/ 副 ❶ 体系的に, 組織的に, 計画的に. ❷ 一貫して, 徹底的に.

sistemático, ca /siste'matʃiku, ka/ 形 ❶ 系統だった, 体系的な ▶ classificação sistemática 体系的な分類 / dúvida sistemática 体系的な懐疑.

❷ 一貫した, 徹底的な ▶ fazer oposição sistemática 一貫して反対する.

❸ 融通の利かない, 杓子規規な ▶ Tudo nele é sistemático. 彼は全然融通が利かない / Ele possui um espírito sistemático. 彼はまったく杓子定規だ.

sistematizar /sistematʃi'zax/ 他 体系化する, 組織化する.

sistémico, ca /sis'tɛmiku, kɐ/ 形 Ⓟ = sistêmico

sistêmico, ca /sis'têmiku, ka/ 形 Ⓑ ❶ 組織［体系］全体の ▶ risco sistêmico システミックリスク. ❷《医学》全身の.

sisudo, da /si'zudu, da/ 形 名 真面目な (人), 慎重な (人).

site /'sajtʃi/ 男《情報》サイト, ウェブサイト ▶ visitar um site サイトを訪れる / site de busca 検索サイト / site de relacionamento 出会い系サイト.

sitiar /sitʃi'ax/ 他 包囲する, 取り囲む.

:**sítio** /'sitʃiu/ 男 スィーチオ ❶ 場所；位置 ▶ sítio histórico 史跡 / sítio arqueológico 考古遺跡 / fora do sítio 場違いのところに.

❷ Ⓑ 別荘, 保養地.

❸《軍事》包囲 ▶ estado de sítio 戒厳令.

❹《情報》サイト.

sito, ta /'situ, ta/ 形 …に位置する, 所在する.

:**situação** /situa'sẽw̃/ スィトゥアサォン /［複 situações］女 ❶ 状況, 情勢 ▶ A situação é crítica. 状況は危機的である / A situação econômica de nosso país não é boa. 私たちの国の経済状況は芳しくない / situação internacional 国際情勢 / estar numa situação difícil 困難な状況にある.

❷ 立場, 地位 ▶ se eu estivesse na sua situação 私があなたの立場にいたら / situação legal 法的地位.

❸ 位置, 場所 ▶ A situação geográfica da cidade possibilitou o desenvolvimento econômico. その都市の地理的位置が経済発展を可能にした.

❹ 権力 ▶ partido da situação 政権与党.

em boa situação 裕福な, 経済的に恵まれた.

em má situação ① 悪い状況で. ② 経済的に楽ではない.

situação sem volta 不可逆的状況.

situado, da /situ'adu, da/ 形［estar [ficar] situado］…に位置した, 所在する ▶ O prédio está situado entre o posto de gasolina e a banca de jornais. その建物はガソリンスタンドと新聞販売スタンドとの間にある.

***situar** /situ'ax/ スィトゥアーフ / 他 ❶ 置く, 据える, 位置づける ▶ situar os móveis em devido lugar 家具をしかるべき場所に置く.

❷ (場所を) 選定する ▶ O diretor situou a novela no norte. 監督は物語の場所を北部に選定した.

— **situar-se** 再 …に位置する ▶ A escola se situa no centro da cidade. 学校は市街の中心地に位置している.

skate /'skejtʃi/ 男 ❶ スケートボード ▶ andar de skate スケートボードに乗る. ❷ スケートボーディング.

skatista /skej'tʃista/ 名 スケートボーダー.

smoking /'smokĩ/ 男《英語》タキシード.

:só** /'sɔ/ ソ / 形《男女同形》❶ 一人の, 孤独な ▶ Eu estava só em casa. 私は一人で家にいた / viver só 一人で生きる / viajar só 一人旅をする / Enfim sós! やっと二人だけになれた / um homem só 孤独な男.

❷ 唯一の, ただ一つの ▶ uma só alternativa たった一つの選択肢 / uma só vez 一度だけ / de uma só vez 一度に / um sobrevivente 唯一の生存者 / Há um só Deus. 神は一人しかいない.

❸ さみしい ≒ sentir-se só = ficar só さみしく思う / uma pessoa muito só とてもさみしがりやな人.

— 副 ❶ …だけ, …のみ ▶ Ele só respondeu à primeira pergunta. 彼は最初の質問だけ答えた / Só eu sei desse segredo. 私だけがその秘密を知っている / Há só uma coisa certa. 一つだけ確かなことがある / Vim aqui só para isso. 私はそのためだけにここに来た / Ele só pensa em si próprio. 彼は自分のことしか考えない.

❷ …になって初めて, …になってようやく ▶ Ele só apareceu ao meio-dia. 彼は正午になってようやく姿を見せた / A festa fica animada só depois das 11 horas. パーティーは11時を過ぎないと盛り上がらない.

a sós 自分たちだけに ▶ Nunca conseguiam ficar a sós. 二人だけになることはできなかった / estar a sós com Deus 神と二人だけになる.

E é só? それだけですか, それで全部ですか, 以上でよろしいですか.

E não é só. それだけではない.

É só. それだけだ.

não só... mas também …だけでなく…もまた ▶ Ele é bom não só no estudo mas também no esporte. 彼は勉強だけでなくスポーツも得意だ / Esse escritor não só escreve mas também dá aulas. その作家は執筆するだけでなく授業もする.

que só... …のように ▶ É mau que só o diabo. 彼はとんでもない悪人だ.

Só isso? 以上でよろしいですか.

só por só 一人ずつ, 一人一人, 一つ一つ.

só que しかし, ただし ▶Falou sem parar, só que era tudo papo furado. 彼はひっきりなしに話し続けた. でもすべてがほら話だった.

soalho /so'aʎu/ 男 床板.

*****soar** /so'ax ソアーフ/ 他 鳴らす, 音を出す▶soar o sino 鐘を鳴らす / soar o alarme 警報を鳴らす.
— 自 ❶ 鳴る▶O telefone soou. 電話が鳴った / O sinal soou alto. チャイムが高らかに鳴った.
❷ 響く, …のように聞こえる[思える] ▶Essa conversa não me soa muito bem. その話はあまりよいように思えない / soar mal 聞こえがよくない.

‡**sob** /sobi ソビ/ 前 ❶ …の下で▶O gato está sob a mesa. 猫がテーブルの下にいる / viver sob o mesmo teto 同じ屋根の下で暮らす / caminhar sob a chuva 雨の中を歩く / sob os olhos de todos 皆の眼前で / trabalhar sob pressão プレッシャーのかかる状況で仕事をする.
❷《支配, 従属；指揮, 指導》…のもとで；…の支配下に▶sob a orientação do professor Tanaka 田中教授の指導の下で / sob a proteção de Deus 神の庇護のもとに / Esta área fica sob o controle do exército. この地域は軍の管理下にある.
❸《条件》…のもとに；…を条件で▶sob a condição de anonimato 匿名で / sob juramento 宣誓して / sob pena de multa 違反の場合は罰金が科せられる.
❹《原因, 影響》…によって, を受けて▶sob o peso da neve 雪の重みで / dirigir sob a influência de álcool 飲酒運転する.
❺《手段, 方策》…のもとに, の名称で▶sob o nome de... …という名前で / sob um nome falso 偽名で / sob pretexto de... …の口実の下に
❻《視点》…から見て▶sob esse aspecto この面から見ると / sob esse ponto de vista この視点からすると.

sobe 活用 ⇒ subir

sobejar /sobe'ʒax/ 自 余る, 余分にある, 十分にある ▶Os meninos esperavam pelo que sobejariam da festa. 少年たちはパーティーの残り物を待っていた.

sobejo, ja /so'beʒu, ʒa/ 形 ❶ 余った, 残りの；余分な, 過剰な▶comida sobeja 料理の残り物.
❷ 広大な, 巨大な, 莫大な▶mar sobejo 広大な海.
❸ 厳しい, 激しい, 強い▶frio sobejo 厳しい寒さ.
❹ 大胆な, 果敢な, 向こう見ずな.
— **sobejo** 男 残り, 余り▶sobejos de um jantar 夕食の残り物.
— 副 過度に, 過剰に, 余分に.
de sobejo 過度に, 余分に.

soberania /sobera'nia/ 女 ❶ 主権▶soberania do estado 国家の主権 / soberania nacional 国民主権 / soberania popular 人民主権 / soberania territorial 領土主権. ❷ 卓越, 至上▶soberania da razão 理性の優位.

soberano, na /sobe'rɐnu, na/ 形 ❶ 主権を有する▶estado soberano 主権国家 / poder soberano 主権. ❷ 至高の▶soberano bem 至高善.
— 名 君主, 国王.

soberba[1] /so'bexba/ 女 傲慢, 尊大.

soberbo, ba[2] /so'bexbu, ba/ 形 ❶ 高慢な, 傲慢な, 尊大な. ❷ 壮大な, 堂々たる, すばらしい.
— 名 高慢な人, 傲慢な人.

sobra /'sobra/ 女 ❶ 余り, 余分, 過剰. ❷《sobras》食べ残し.
de sobra 十分に, たっぷりと▶Tenho tempo de sobra. 時間は十分にある.

sobraçar /sobra'sax/ ⑬ 他 ❶ 脇に抱える▶sobraçar um livro 本を小脇に抱える.
❷ 腕を支える▶Ela sobraçou a pessoa de idade que ia atravessar a rua. 彼女は道を横断しようとしていた高齢者の腕を支えた.
❸《精神的に》支える, サポートする.
— **sobraçar-se** 再 ❶ …と腕を組んで歩く[+com] ▶Ela sobraçou-se com o namorado. 彼女は恋人と腕を組んで歩いた.
❷ 抱き合う.

sobrado /so'bradu/ 男 ❶ 板張りの床, フローリング. ❷ B 2階かそれ以上の家；砂糖農園主の都市邸宅.

sobranceiro, ra /sobrɐ̃'sejru, ra/ 形 ❶ 高所にある, そびえ立つ；上から見下ろす▶torre sobranceira à praça 広場を見下ろすタワー.
❷ 傲慢な, 尊大な.
❸ 大胆な, 勇敢な.
❹ 抜きん出た, 目立った.
— 副 ❶ 高くそびえて. ❷ ばかにして, 見下して.

sobrancelha /sobrɐ̃'seʎa/ 女 眉毛 ▶franzir [carregar] as sobrancelhas 眉をひそめる.

*****sobrar** /so'brax ソブラーフ/ 自 ❶ 残る, 余る, 余分にある ▶Sobrou bastante comida na festa. パーティーではたくさんの食べ物が余った / Sete dividido por três é dois e sobra um. 7割る3は2余り1 / Não sobrou nenhum pedaço da torta. タルトのひとかけらも残らなかった.
❷ (ficar sobrando) 余計者である, 邪魔者である；相手にされない, 無視される.

‡**sobre** /'sobri ソブリ/ 前 ❶ …の上に, …の上方に ▶pôr a bolsa sobre a mesa テーブルの上にバッグを置く / O avião voa sobre a cidade. 飛行機が町の上空を飛ぶ.
❷ …について, …に関して▶Já te falei sobre isso. そのことについてはすでに君に話した / Quero saber muito mais coisas sobre o Brasil. 私はブラジルについてもっと多くのことを知りたい.
❸ およそ…, 約…▶Ela chegou sobre a hora marcada. 彼女はだいたい約束の時間にやってきた.
❹ …に沿って▶passear sobre o areal 砂浜づたいに散歩する.
❺ …に面して▶varanda sobre o mar 海に面したベランダ.
❻ …の後を追って▶O policial correu sobre o assaltante. 警官は強盗を追って走った.
❼ …に続けて▶escrever cartas sobre cartas 次々に手紙を書く.
❽ …に対して▶taxa sobre produtos estrangeiros 外国製品にかかる税.

sobreaviso /sobria'vizu/ 男 用心, 警戒.
estar [ficar] de sobreaviso 用心[警戒]している.

sobrecapa /sobri'kapa/ 女 (本の表紙の上にかけ

る) カバー.
sobrecarga /sobri'kaxga/ [女] 荷物の積みすぎ，過積載.
sobrecarregar /sobrikaxe'gax/ ⑪ [他] ❶ …に過度な荷物を積む.
❷ …に過度な負担を負わせる ▶O chefe sobrecarregou os empregados de responsabilidades. 上司は部下に過大な責任を負わせた.
❸ …の値段を大幅に上げる.
sobre-humano, na /ˌsobru'mẽnu, na/ [[複] sobre-humanos] [形] 超人的な.
sobreiro /so'brejru/ [男]〖植物〗コルクガシ.
sobrelevar /sobrile'vax/ [他] ❶ 高くする，上げる ▶sobrelevar as muralhas 城壁を高くする.
❷ しのぐ，勝る；超える，乗り越える ▶As qualidades sobrelevam os defeitos. 長所が欠点を上回る.
❸ 耐える，我慢する ▶sobrelevar uma crise 危機に耐える.
❹ 起こす，立てる ▶sobrelevar a estátua tombada 倒れた彫刻を起こす.
— [自] ❶ 際立つ，目立つ.
❷ …をしのぐ，…に勝る [+ a] ▶Como ator, ele sobreleva aos demais. 彼は俳優として他の誰よりも勝っている.
— **sobrelevar-se** [再] ❶ 高く上がる. ❷ 際立つ，目立つ.
sobreloja /sobri'lɔʒa/ [女] ❶ 中二階. ❷ 中二階にある店.
sobremaneira /sobrema'nejra/ [副] 非常に，とても，過度に.
sobremesa /sobri'meza/ [女] デザート ▶O que você vai querer de sobremesa? デザートは何がいいですか.
sobremodo /sobri'mɔdu/ [副] 非常に，極度に.
sobrenadar /sobrina'dax/ [自] 浮かぶ，漂う.
sobrenatural /sobrinatu'raw/ [[複] sobrenaturais] [形]《男女同形》超自然の，超自然的な ▶poder sobrenatural 超自然的な力.
⁎**sobrenome** /sobri'nõmi ソブリノーミ/ [男] **姓，名字.**
sobrepesca /sobri'peska/ [女] 魚の乱獲.
sobrepor /sobri'pox/ ㊹《[過去分詞] sobreposto》[他] ❶ 重ねる，積み重ねる ▶sobrepor os blocos ブロックを積み重ねる.
❷ …に置く [+ a] ▶sobrepor o mosquiteiro ao berço 蚊帳を揺りかごにかける.
❸ …より優先させる，先行させる [+ a] ▶sobrepor os interesses coletivos aos particulares 個人の利益よりも全体の利益を優先させる.
❹ …に追加する，加える [+ a] ▶sobrepor novos itens à lista リストに新たな項目を加える.
— **sobrepor-se** [再] ❶ …に重なる [+ a].
❷ …に勝る，超える，…を上回る [+ a].
❸ …に続いて起こる [+ a].
sobrepujar /sobripu'ʒax/ [他] ❶ (高さ，能力，価値において) 勝る，しのぐ，優位に立つ.
❷ 打ち勝つ，乗り越える ▶sobrepujar todos os obstáculos あらゆる困難を乗り越える.
— [自] 傑出する，際立つ ▶Ele sobrepuja entre os meninos da turma. 彼はクラスの男の子の中でも際立っている.
sobrescrito /sobres'kritu/ [男] (手紙の) あて名.
sobressair /sobrisa'ix/ (58) [自] ❶ …よりぬきんでる，目立つ，注意を引く [+ a] ▶Ele sobressai aos demais cantores do país. 彼はその国の他の歌手より際立っている.
❷ はっきり分かる ▶A voz do homem sobressaía em meio ao barulho. 騒音の中でも男の声ははっきり分かった.
— **sobressair-se** [再] 際立つ，傑出する.
sobressalente /sobrisa'lẽtʃi/ [形]《男女同形》予備の，スペアの ▶pneu sobressalente スペアタイヤ.
sobressaltar /sobrisaw'tax/ [他] 不意を突く，びっくりさせる，どきっとさせる ▶Eu acordei sobressaltado. 僕は驚いて目が覚めた.
— **sobressaltar-se** [再] 不意を突かれる，びっくりする，どきっとする.
sobressalto /sobri'sawtu/ [男] どきっとすること，驚き，恐怖.
de sobressalto 不意に，突然.
em sobressalto 驚いて，恐怖して ▶Estou em sobressalto. 私は混乱している.
sem sobressalto 動揺なく，落ち着いて，冷静沈着に.
sobretaxa /sobri'taʃa/ [女] 追徴金，追徴税，追加料金.
⁑**sobretudo** /sobri'tudu ソブリトゥード/ [男] **オーバー，外套.**
— [副] **特に，とりわけ，主に** ▶Gosto de cinema, sobretudo de filmes de ação. 私は映画が好きで，特にアクション映画が好きだ.
sobrevir /sobri'vix/ ⑰《[過去分詞] sobrevindo》[自] ❶ 突然起きる，不意に起きる ▶Depois do terremoto sobreveio um tsunami. 地震の後，津波が起きた.
❷ …の後に起きる [+ a].
sobrevivência /sobrivi'vẽsia/ [女] 生き残り，生存 ▶luta pela sobrevivência 生存競争.
sobrevivente /sobrivi'vẽtʃi/ [名] 生存者 ▶os sobreviventes do tsunami 津波の生存者.
— [形]《男女同形》生き残った.
⁑**sobreviver** /sobrivi'vex ソブリヴィヴェーフ/ [自] **…から生き残る；…より長生きする；残存する** [+ a] ▶O pai sobreviveu ao filho. 父親は息子に先立たれた / Ela é a única pessoa que sobreviveu a esse acidente. 彼女はその事故の唯一の生存者だ.
sobrevoar /sobrivo'ax/ [他] …の上空を飛ぶ ▶sobrevoar os Andes アンデス山脈の上空を飛ぶ.
— [自] 上空を飛ぶ.
sobriedade /sobrie'dadʒi/ [女] ❶ 節食，節酒，禁酒.
❷ 節度，抑制；簡潔，地味.
⁎**sobrinha** /so'brĩɲa ソブリーニャ/ [女] **姪.**
⁎**sobrinho** /so'brĩɲu ソブリーニョ/ [男] **甥.**
sóbrio, ria /'sɔbriu, ria/ [形] ❶ 簡素な，地味な.
❷ しらふの，酒を飲まない，禁酒[節酒]している.
soca /'soka/ [女] ❶〖植物〗根茎. ❷ サトウキビの二度目の収穫.
socador /soka'dox/ [[複] socadores] [男] つぶす道具

S

▶socador de alho ニンニクつぶし.

soçaite /soˈsajtʃi/ 囡 俗 上流社会.

socapa /soˈkapa/ 囡 偽装, 隠し立て, **à socapa** こっそり ▶rir à socapa くすくす笑う.

socar[1] /soˈkax/ 29 他 ❶ 打つ, 殴る, 叩く ▶socar o adversário 相手を殴る.
❷ 粉砕する, すりつぶす ▶socar o milho トウモロコシを粉砕する.
❸ こねる, 練る ▶socar o pão パンをこねる.
❹ 押し込む, 詰め込む ▶socar roupas numa gaveta 引き出しに衣類を押し込む.
❺ 銃に火薬を詰め込む.
❻ 隠す.
— **socar-se** 再 ❶ 殴り合う. ❷ 身を隠す, 隠れる.

socar[2] /soˈkax/ 29 自 B (茎を切り取られたサトウキビが) 再び芽を出す.

sociabilidade /sosiabiliˈdadʒi/ 囡 社交性, 社交上手.

social /sosiˈaw/ ソシィアゥ/ [複 sociais] 形《男女同形》❶ 社会の, 社会的な ▶vida social 社会生活 / responsabilidade social 社会的責任 / ser social 社会の存在 / ciências sociais 社会科学 / classe social 社会階級 / problema social 社会問題 / previdência social 社会保障 / assistente social ソーシャルワーカー.
❷ (衣服が) フォーマルな ▶roupa social フォーマルウエア.
❸ (集合住宅の) 居住者用の ▶elevador social 居住者共用エレベーター.

socialismo /sosiaˈlizmu/ 男 社会主義.

socialista /sosiaˈlista/ 名 社会主義者, 社会党員.
— 形《男女同形》社会主義の ▶partido socialista 社会党.

socialite /sosiaˈlitʃi/ 名 社交界の名士.

socializar /sosialiˈzax/ 他 ❶ 社交的にする. ❷ 社会化する, 社会に適応させる ▶socializar as crianças 子供たちを社会に適応させる. ❸ 国営化する, 社会主義化する.
— **socializar-se** 再 社交的になる, 人付き合いをする ▶É importante que as crianças se socializem com seus colegas. 子供たちが同級生と付き合うことは大切である.

socialmente /sosiˌawˈmẽtʃi/ 副 社会的に ▶uma empresa socialmente responsável 社会的に責任のある企業.

sociável /sosiˈavew/ [複 sociáveis] 形《男女同形》❶ 社交的な, 愛想のよい ▶pouco sociável 付き合いの悪い. ❷ 社会 [集団] 生活を営む ▶O homem é um animal sociável. 人間は社交的動物である.

sociedade /sosieˈdadʒi/ ソシエダーチ/ 囡 ❶ 社会 ▶sociedade humana 人間社会 / viver em sociedade 社会生活を営む / vida em sociedade 社会生活 / sociedade civil 市民社会 / sociedade de consumo 消費社会 / sociedade de capitalista 資本主義社会 / sociedade feudal 封建社会 / sociedade primitiva 原始社会 / sociedade de classes 階級社会 / sociedade afluente 豊かな社会.

❷ 社交界 ▶frequentar a sociedade 社交界に出入りする / alta sociedade 上流社会.
❸ 団体, 協会, 組織 ▶sociedade protetora dos animais 動物愛護協会 / sociedade recreativa レクリエーションクラブ / sociedade secreta 秘密結社.
❹ 会社, 法人 ▶sociedade anônima 株式会社.

sócio, cia /ˈsosiu, sia/ ソーシィオ, シィア/ 名 ❶ 会員, メンバー ▶Sou sócia do clube de tênis. 私はテニスクラブのメンバーだ.
❷ 共同経営者, 提携者, 共同出資者 ▶reunião de sócios 共同経営者の会議 / sócio majoritário 多数株主.
❸ 俗 仲間, 同僚.
— 形 協同の, 連携した ▶empresa sócia 協同事業.

sociologia /sosioloˈʒia/ 囡 社会学 ▶sociologia do trabalho 労働社会学.

sociológico, ca /sosioˈlɔʒiku, ka/ 形 社会学的な, 社会学の ▶estudo sociológico 社会学的研究.

sociólogo, ga /sosiˈɔlogu, ga/ 名 社会学者.

soco /ˈsoku/ 男 げんこつで殴ること, 鉄拳 ▶dar um soco em... …を殴る / levar um soco 殴られる.
aos socos e pontapés 暴力に訴えて.

soçobrar /sosoˈbrax/ 他 ❶ かき回す, ひっくり返す ▶O furacão soçobrou tudo o que havia nas ruas. ハリケーンは通りにあったものすべてをひっくり返した.
❷ 沈める, 沈没させる ▶A tempestade soçobrou o barco. 嵐で船が転覆した.
❸ 混乱させる, 動揺させる.
❹ 失う, 墜落させる ; 危険にさらす.
— 自 ❶ 沈む, 沈没する.
❷ 失敗する, 挫折する ; 墜落する, 駄目になる ; 失われる ▶O nosso projeto soçobrou com a crise econômica. 我々の計画は経済危機で失敗に終わった.
— **soçobrar-se** 再 ❶ 動揺する. ❷ 気力を失う, 落胆する.

socorrer /sokoˈxex/ 他 ❶ 助ける, 救助する ▶socorrer os náufragos 遭難者を救助する.
❷ …に投薬する ▶socorrer os doentes 病人に薬を飲ませる.
❸ 救済する, 施しを与える ▶socorrer os indigentes 貧困者を救う.
— **socorrer-se** 再 ❶ …に助けを求める [+ a/de] ▶socorrer-se a alguém 誰かに助けを求める.
❷ …を利用する [+ de] ▶socorrer-se de todos os meios あらゆる手段を利用する.

socorrista /sokoˈxista/ 名 救急隊員, 救助隊員, 救援隊員.

socorro /soˈkoxu/ ソコーホ/ 男 ❶ 助け, 救助 ▶pedir socorro 助けを求める / prestar socorro a... …を救助する / primeiros socorros 応急手当 / correr em socorro de... …の救助に駆けつける.
❷ 救援物資 ▶enviar os socorros aos necessitados 必要としている人に救援物資を送る.
❸ (道路上の) 救援 ▶O socorro já está chegan-

do. 救援カーはもうすぐ到着する.
— [間] 助けて.
soda /'sɔda/ [女] ❶ ソーダ水, 炭酸水, ソーダ ▶ soda limonada レモンソーダ. ❷ ナトリウム化合物.
sódio /'sɔdʒiu/ [男] 〖化学〗ナトリウム.
soer /so'ex/ ⑥③ [他] 《soer + [不定詞]》いつも…する, …する習慣がある ▶ O professor sói fazer chamada no início das aulas. 先生はいつも授業の最初に出席をとる / como sói dizer-se よく言われるように / como sói acontecer いつものように.
soerguer /soex'gex/ ㉕ [他] 少し上げる.
— **soerguer-se** [再] 少し体を起こす.
sofá /so'fa/ [男] ソファ.
sofá-cama /soˌfa'kẽma/ [[複] sofás-cama(s)] [男] ソファベッド.
sofisma /so'fizma/ [男] 詭弁, こじつけ.
sofismar /sofiz'max/ [他] こじつける, …を歪曲する.
— [自] 詭弁を弄する.
sofista /so'fista/ [名] ❶ ソフィスト, 詭弁学者, 詭弁家. ❷ 詭弁を弄する人.
sofisticação /sofistʃika'sɐ̃w̃/ [[複] sofisticações] [女] ❶ 洗練. ❷ (技術などの) 精密化, 高度化.
sofisticado, da /sofistʃi'kadu, da/ [形] ❶ 洗練された ▶ prato sofisticado 洗練された料理. ❷ 高度な, 高精度の, 高性能な ▶ tecnologia sofisticada 高度な技術.
sofisticar /sofistʃi'kax/ ㉙ [他] ❶ 精巧にする, 高度にする. ❷ 洗練する.
— **sofisticar-se** [再] ❶ 高度になる. ❷ 洗練される.
sofrear /sofre'ax/ ⑩ [他] ❶ (馬を手綱で) 操る. ❷ (衝動を) 抑制する.
— **sofrear-se** [再] 自制する.
sôfrego, ga /'sofregu, ga/ [形] ❶ むさぼるように飲食する.
❷ 貪欲な, 強欲な.
❸ 性急な, 我慢できない.
sofreguidão /sofregi'dɐ̃w̃/ [[複] sofreguidões] [女] 貪欲, 性急 ▶ comer com sofreguidão むさぼるように食べる.

[S]

*****sofrer** /so'frex ソフレーフ/ [自] ❶ **苦しむ** ▶ Eu sofri muito para chegar aqui. ここに至るまで私は大いに苦しんだ / sofrer por amor 愛故に苦しむ.
❷ …**を患う** [+ de] ▶ sofrer do coração 心臓が悪い.
— [他] (被害を) **受ける**, (苦難に) **遭う**, **被る** ▶ sofrer um acidente de carro 自動車事故に遭う / sofrer uma contusão 打撲傷を負う / sofrer um abalo 衝撃を受ける / sofrer prejuízos 被害を被る / sofrer a influência de... …の影響を受ける / O cliente sofreu agressão física no bar. 顧客がバーで暴行を受けた.
***sofrimento** /sofri'mẽtu ソフリメント/ [男] **苦しみ**, **苦労**, **苦悩** ▶ suportar o sofrimento 苦しみに耐える.
sofrível /sof'rivew/ [[複] sofríveis] [形] 《男女同形》❶ 我慢できる, 耐えられる. ❷ まあまあの, そこそこの, まずまずの.
sogra /'sɔgra/ [女] 義理の母, 姑.
sogro /'sogru/ ([複] /'sɔgrus/) [男] 義理の父, 舅 ▶ sogros 義理の両親.
soja /'sɔʒa/ [女] 〖植物〗ダイズ (大豆) ▶ leite de soja 豆乳 / rebento de soja もやし.
*****sol** /'sɔw ソゥ/ [[複] sóis] [男] ❶ **太陽** ▶ A Terra gira em torno do sol. 地球は太陽の周りを回っている / O sol se levanta do leste e se põe no oeste. 太陽は東から昇り西に沈む / Não há nada de novo debaixo do sol. 〖聖書〗太陽の下に新しいものは何ひとつない / nascer do sol 日の出 / pôr do sol 日の入り / de sol a sol 日の出から日没まで, 一日中 / sol da manhã 朝日 / sol da tarde 夕日 / o país do sol nascente 日出ずる国 / sol a pino 正午の太陽.
❷ **陽光**, **暖かさ** ▶ Faz sol. 晴れている / Tomar o sol da manhã é bom para a saúde. 朝の日光浴は健康によい / rosto queimado pelo sol 日に焼けた顔 / andar sob forte sol かんかん照りの中を歩く / um dia de sol 晴れた日 / lugar ao sol 日の当たる場所.
❸ 〖音楽〗ソ, ト音 ▶ em sol major ト長調の.
tapar o sol com a peneira 見えすいたうそをつく.
ver o sol quadrado 刑務所暮らしをする.
sola /'sɔla/ [女] ❶ なめし革. ❷ 靴底 ▶ sola de borracha ゴム底 / sola de couro 革底.
entrar de sola ① しっかりと準備したうえで取り掛かる. ② 〖サッカー〗スライディングでボールを奪う.
sola de plataforma (靴の) 厚底.
sola do pé 足の裏.
solapar /sola'pax/ [他] ❶ 掘る, 掘り崩す, 穴をあける ▶ A água da chuva solapou a base da casa. 雨水で家の土台が崩れた.
❷ 破壊する, 墜落させる, 損なう ▶ solapar o projeto 企画を台無しにする.
❸ 隠す.
❹ (借金などを) 完済する.
— **solapar-se** [再] 身を隠す, 隠れる.
solar[1] /so'lax/ [[複] solares] [形] 《男女同形》太陽の, 太陽系の, 太陽エネルギーの ▶ raios solares 太陽光線 / energia solar 太陽エネルギー / sistema solar 太陽系 / protetor solar 日焼け止め.
solar[2] /so'lax/ [他] ❶ …に靴底を張る. ❷ [B] (ケーキなどを) 固く焼く.
— [自] ❶ ソロで演奏する [踊る]. ❷ [B] (ケーキなどが) 固くなる, 膨らまない.
solário /so'lariu/ [男] ❶ サンルーム, 日光浴室. ❷ 日焼けマシーン.
solavanco /sola'vẽku/ [男] 乗り物の突然の揺れ.
solda /'sɔwda/ [女] はんだ.
***soldado**[1] /sow'dadu ソゥダード/ [男] ❶ **軍人**, **兵**, **兵士** ▶ brincar de soldado 兵隊ごっこをする / soldado desconhecido 無名戦士 / soldado voluntário 志願兵 / soldado de cavalaria 騎兵 / soldado de infantaria 歩兵 / soldado raso 一兵卒.
❷ **戦士**, **闘士** ▶ soldado de fogo 消防士.
soldado[2]**, da** /sow'dadu, da/ [形] ❶ はんだで接合された. ❷ 結合された, くっついた.

soldadura /sowda'dura/ [女] 溶接, はんだ付け.

soldar /sow'dax/ [他] ❶ 溶接する, はんだ付けをする.
❷ (溶接で欠陥などを) 手直しする ▸soldar a grade 格子を修理する.
❸ 結合する ▸soldar os adjetivos ao substantivo 形容詞を名詞につなぐ.
— **soldar-se** [再] 接合する, 結合する ; (傷などが) ふさがる.

soldo /'sowdu/ [男] 軍人の俸給.
a soldo de... …に雇われた.

solecismo /sole'sizmu/ [男] 文法違反, 誤用.

soleira /so'lejra/ [女] 敷居.

solene /so'lẽni/ [形] 《男女同形》 ❶ 荘厳な, 厳粛な, 重々しい ▸missa solene 荘厳ミサ / tom solene 重々しい口調.
❷ 正式の ▸sessão solene 本会議.
❸ もったいぶった.

solenidade /soleni'dadʒi/ [女] ❶ 荘厳さ, 厳粛さ, 盛大さ. ❷ 儀式, 式典.

solenizar /soleni'zax/ [他] ❶ 荘厳に行う, 盛大に祝う. ❷ …に荘厳な感じを与える.

soletrar /sole'trax/ [他] ❶ (語の) 綴りを言う, 一字ずつ言う ▸Soletre o seu sobrenome. あなたの名字の綴りを言ってください.
❷ 注意深く読む, ゆっくり読む, 少しずつ読む.
❸ ざっと読む.
❹ 推測する.
❺ 解読する, 判読する.
— [自] 綴りを言う, 一字ずつ言う.

solfejo /sow'feʒu/ [男] 〖音楽〗 ソルフェージュ.

solicitação /solisita'sẽw̃/ [[複] solicitações] [女] ❶ 申請, 請求 ▸carta de solicitação 申請書. ❷ 懇願, 請願. ❸ 誘惑.

*__solicitar__ /solisi'tax ソリスィターフ/ [他] ❶ **願い出る** ▸Solicitamos ao diretor o comparecimento à reunião. 私たちは理事に会議への出席を願い出た.
❷ **要請する** ▸Solicitamos auxílio ao setor encarregado. 私たちは担当部署に救援を要請した.
❸ **求める** ▸Eles sempre solicitam o professor antes da prova. 彼らはいつも試験前になると教師に助けを求める.
❹ 《solicitar alguém a +[不定詞]》 …に…するように要請する.
❺ 《solicitar alguém a que +[接続法]》 …に…ようにと要請する.

solícito, ta /so'lisitu, ta/ [形] ❶ よく気がつく ▸homem solícito 世話好きな人 / Ele é pouco solícito. 彼はあまり親切ではない / O meu melhor amigo é uma pessoa solícita. 私の親友は気遣いのできる人だ. ❷ 勤勉な, 仕事熱心な.

solicitude /solisi'tudʒi/ [女] ❶ 勤勉, 熱意, 努力. ❷ 心遣い, 気配り ; 献身, 慈愛.

solidão /soli'dẽw̃/ [[複] solidões] [女] 孤独 ▸viver na solidão 孤独に暮らす / solidão a dois 二人でいる孤独.

solidariamente /soliˌdaria'mẽtʃi/ [副] 連帯して.

*__solidariedade__ /solidarie'dadʒi ソリダリエダーヂ/ [女] **連帯, 団結** ▸Somente com a solidariedade de todos podemos enfrentar a catástrofe. みんなの団結によってのみ私たちは災害に立ち向かうことができる.

solidário, ria /soli'dariu, ria/ [形] 連帯した, 連帯責任の ▸amigo solidário 思いやりのある友達 / ser solidário com ... …と連帯する.

solidarizar /solidari'zax/ [他] 結束させる, 連帯させる.
— **solidarizar-se** [再] …と連帯する [+ com] ▸solidarizar-se com os pobres 貧しい人々と連帯する.

solidez /soli'des/ [[複] solidezes] [女] ❶ 堅固さ, 丈夫さ, 頑丈さ. ❷ 確固たること, 安定.

solidificação /solidʒifika'sẽw̃/ [[複] solidificações] [女] 凝固, 凝結.

solidificar /solidʒifi'kax/ ㉙ [他] 凝固させる, 固める.
— **solidificar-se** [再] 凝固する, 固まる.

⁑**sólido, da** /'sɔlidu, da ソリド, ダ/ [形] ❶ **固体の, 固形の** ▸estado sólido 固体の状態 / corpo sólido 固体物質 / combustível sólido 固形燃料.
❷ **堅固な, 確固とした**, しっかりした ▸prova sólida 確固とした証拠 / relação sólida しっかりとした関係.
— **sólido** [男] **固体, 固形** ; 立体.

solilóquio /soli'lɔkiu/ [男] 独り言 ; 〖演劇〗 独白.

solista /so'lista/ [名] 〖音楽〗 独奏者, 独唱者, ソリスト.
— [形] 《男女同形》 独奏の, 独唱の.

solitária[1] /soli'taria/ [女] ❶ 〖動物〗 サナダムシ, 条虫. ❷ [B] 独房.

*__solitário, ria__[2] /soli'tariu, ria ソリターリオ, リア/ [形] ❶ **孤独な ; 孤独を愛する, 非社交的な** ; 単独の ▸levar uma vida solitária 孤独な生活を送る / Ele vivia solitário. 彼は一人暮らしをしていた / mulher solitária 孤独な女性.
❷ 人気(ひと)のない, 人里離れた ▸lugar solitário 人気のない場所.
— [名] 隠遁者, 孤独を愛する人.
— **solitário** [男] ❶ 一輪挿しの花瓶. ❷ (指輪などの) 一つはめの宝石. ❸ 〖ゲーム〗 一人遊び, ソリティア.

⁑**solo**[1] /'sɔlu ソーロ/ [男] ❶ **地面, 地表** ▸cair no solo 地表に落ちる.
❷ **土地, 土壌 ; 国土** ▸cultivar o solo 土地を耕す / solo rico em minerais ミネラルが豊富な土壌 / importância da bactéria no solo 土壌中のバクテリアの重要性 / solo brasileiro ブラジルの国土.

solo[2] /'sɔlu/ [男] 〖音楽〗 独奏 [独唱] 曲 ; 独奏, 独唱, ソロ ▸um solo de violino バイオリン独奏 [ソロ] / tocar um solo 独奏曲を演奏する.
— [形] 《不変》 独奏 [独唱] の, ソロの ▸piano solo ピアノ独奏 / álbum solo ソロアルバム / carreira solo ソロキャリア.

solstício /sows'tʃisiu/ [男] 〖天文〗 至点 ▸solstício de inverno 冬至 / solstício de verão 夏至.

solta /'sowta/ [女] (馬の) 足かせ.
à solta 自由に ▸andar à solta 自由に歩き回る.

⁑**soltar** /sow'tax ソゥターフ/ 《[過去分詞] soltado/solto》 [他] ❶ **解放する, 自由にする** (←→ prender) ▸soltar os prisioneiros 囚人たちを解放する / sol-

S

solteirão

tar os pássaros 鳥を自由にする / soltar a imaginação 想像力を解き放つ / soltar a voz 思い切り歌う, 思い切り話す.
❷ 放す ▶ Solta o meu braço. 私の腕を放してくれ.
❸ 落とす.
❹ ほどく ▶ soltar o nó 結び目をほどく / soltar as amarras ロープをほどく / soltar o cabelo 髪をほどく.
❺ 緩める ▶ soltar o cinto ベルトを緩める / soltar as rédeas 手綱を緩める / soltar o intestino 放屁する.
❻ 放つ, 発散する ▶ soltar fumaça 煙を出す / soltar um grito 叫び声をあげる / soltar um suspiro ため息をつく / soltar um palavrão 下品な言葉を口にする / soltar uma risada 爆笑する.
❼ (空に) 上げる ▶ soltar a pipa たこを揚げる / soltar fogos de artifício 花火を上げる.
— **soltar-se** 再 ❶ 自由になる, 逃げる ▶ O cachorro se soltou. 犬が逃げた.
❷ ほどける, 取れる, 外れる ▶ O laço soltou-se. 結びひもがほどけた.
❸ 緩む ▶ A corda se soltou. 縄が緩んだ.
❹ 解放される, のびのびする.

solteirão /sowtej'rẽw/ [複 solteirões] 男 形 独身中年男性 (の).

*__solteiro, ra__ /sow'tejru, ra/ ソウテイロ, ラ/ 形 独身の, 未婚の (↔ casado) ▶ homem solteiro 独身男性 / mãe solteira シングルマザー / ser [estar] solteiro 独身である.
— 名 独身者.

solteirora /sow'tejrora/ 女 形 《男女同形》独身中年女性 (の).

*__solto, ta__ /'sowtu, ta/ ソウト, タ/ 形 (soltar の過去分詞) ❶ 釈放された, 放たれた, 自由な ▶ Ele estava preso, mas já está solto. 彼は身柄を拘束されていたが, すでに釈放されている.
❷ ばらばらの; 束ねていない, 結んでいない ▶ cabelo solto 束ねていない髪.
❸ 緩んだ, ゆったりした ▶ blusa solta ゆったりしたブラウス.
❹ 粘り気がない, くっついていない ▶ arroz solto パサパサのご飯.
❺ 途切れ途切れの.
❻ Ｂ 見捨てられた, 身寄りのない.

soltura /sow'tura/ 女 ❶ 釈放, 解放.
❷ 敏捷(びんしょう), 機敏.
❸ 流暢.
❹ 無礼, 厚かましさ; 大胆.
❺ 放蕩, 不道徳.
❻ 解決.
soltura de ventre 下痢.

‡__solução__ /solu'sẽw/ ソルサォン/ [複 soluções] 女 ❶ 解決, 解答, 答え ▶ solução do exercício 練習問題の解答 / a melhor solução 最良の解決法 / problema sem solução 答えのない問題 / solução de uma equação 方程式の解.
❷ 完済 ▶ solução de uma dívida 借金の完済.
❸ 〖化学〗溶解, 溶液 ▶ solução aquosa 水溶液 / solução saturada 飽和溶液.
solução de continuidade 中断, 断絶 ▶ sem solução de continuidade 切れ目なく, 連綿と.

soluçar /solu'sax/ ⑬ 自 ❶ しゃっくりをする.
❷ しゃっくりをあげて泣く, すすり泣く.
❸ 物悲しい音を出す.
❹ (海や風などが) とどろく, うなる.
— 他 ❶ 物悲しい音を出す ▶ soluçar uma canção 物悲しく曲を奏でる.
❷ むせび泣きながら話す ▶ soluçar lamentações 泣きじゃくりながら愚痴をこぼす.
— 男 しゃっくり, すすり泣き.

solucionar /solusio'nax/ 他 解決する, 解く ▶ solucionar um problema 問題を解決する [解く].

soluço /so'lusu/ 男 ❶ しゃっくり ▶ estar com soluço しゃっくりが出る.
❷ すすり泣き, むせび泣き.
❸ 嘆き声.
❹ (船などの) 縦揺れ.
❺ とどろき, 大きな音.
❻ (動物の) 鳴き声.

solúvel /so'luvew/ [複 solúveis] 形 《男女同形》❶ 溶ける, 可溶性の ▶ café solúvel インスタントコーヒー. ❷ 解決可能な ▶ problema solúvel 解ける問題.

solvabilidade /sowvabili'dadʒi/ 女 (借金の) 支払い [返済] 能力.

solvente /sow'vẽtʃi/ 男 溶剤, 溶媒.

solver /sow'vex/ 他 ❶ 解決する ▶ solver problemas 問題を解決する.
❷ 溶かす, 溶解する.
❸ (借金を) 返済する ▶ solver a dívida 借金を返済する.

‡__som__ /'sõ/ ソン/ [複 sons] 男 ❶ 音, 音響 ▶ som agudo 鋭い音 / som grave 鈍い音 / som metálico 金属音 / som de flauta フルートの音 / aparelhagem de som 音響装置 / passar o som 音質をチェックする.
❷ 音量 ▶ aumentar o som da música 音楽の音量を上げる.
❸ ステレオ (= aparelho de som).
❹ 音楽 ▶ escutar um som 音楽を聞く / o som dos Beatles ビートルズの音楽.
ao som de... …の音楽に合わせて, …の音楽を背景に ▶ dançar ao som da música 音楽に合わせて踊る.
dizer em alto e bom som 歯に衣着せずに言う.

*__soma__ /'sõma/ ソーマ/ 女 ❶ 合計, 総額 ▶ soma total 合計, 総額.
❷ 〖数学〗足し算, 加法, 和 ▶ fazer uma soma 足し算をする.
❸ 額, 金額 ▶ Recebi fraca soma para as necessidades. 私は生活必需品のためのわずかな金額を受け取った / uma grande soma de dinheiro 多額の金.

somar /so'max/ 他 ❶ 加える, 足す ▶ somar dois números 2つの数を足す.
❷ 合計を出す, 合計で…になる ▶ A audiência soma mil pessoas. 聴衆は合計で千人になる.
❸ 集める, 合わせる ▶ somar forças 力を合わせる.
❹ 要約する.

— [自] 加算する，足し算をする．
— **somar-se** [再] 加わる，一緒になる．
somático, ca /so'matʃiku, ka/ [形] 身体の，肉体の．
somatório, a /soma'tɔrio, a/ [形] 合計の，総額の．
— **somatório** [男] 合計，総額．
*__sombra__ /'sõbra ソンブラ/ [女] ❶ **陰，日陰，物陰** ▶ sentar-se à sombra 日陰に座る / ficar na sombra 日陰にいる / descansar na sombra 日陰で休む．
❷ **影，人影，物影** ▶ projetar uma sombra 影を投射する / sombras com as mãos 影絵．
❸ **闇，暗闇**；(世の中の) 闇の部分，秘密の部分 ▶ na sombra da noite 夜の暗闇に / sombra da sociedade 社会の闇．
❹ アイシャドー (＝ sombra para os olhos)．
à sombra 獄中で．
à sombra de... ① …の陰で ▶ à sombra de uma árvore 木陰で．② …の陰に隠れて，…の庇護のもとで．
de boa sombra 快く，喜んで．
estar na sombra ① 日陰にいる．② ひっそり暮らす．
fazer sombra a... …の影を薄くする，を目立たなくする．
não ser nem sombra do que foi 見る影もない，すっかり変わってしまった．
nem por sombras 決して…ない．
passar como uma sombra はかなく消える．
pouca sombra 低身長の人．
sem sombra de dúvida いささかの疑いもなく．
ser a sombra de alguém …から離れない，…に付いてまわる．
ser uma sombra do que foi 見る影もない，すっかり変わってしまった．
sombra e água fresca 安穏とした生活，悠々自適．
ter medo da própria sombra 自分の影におびえる，臆病である．
sombrear /sõbre'ax/ ⑩ [他] ❶ 陰を作る，陰にする ▶ O capuz sombreava o seu rosto. フードが彼の顔に陰を作っていた．
❷ 暗くする ▶ A barba sombreava a sua mandíbula. あごひげで彼の下顎が暗くなっていた．
❸ 陰影をつける ▶ sombrear um desenho デッサンに陰影をつける．
❹ 悲しませる．
❺ (名声などを) 傷つける，汚す．
— **sombrear-se** [再] ❶ 陰で覆われる，陰になる．
❷ 悲しむ．
sombreiro, ra /sõ'brejru, ra/ [形] 陰を作る．
— **sombreiro** [男] つばの広い帽子．
sombrinha /sõ'brĩɲa/ [女] (女性用の) 日傘．
sombrio, bria /sõ'briu, bria/ [形] 暗い，薄暗い；陰気な．
somenos /so'mẽnus/ [形] 《不変》より劣った，価値の少ない ▶ questões de somenos importância より重要ではない問題．
*__somente__ /ˌsɔ'mẽtʃi ソメンチ/ [副] **ただ…，たった…，…しか** ▶ Somente poucas pessoas sabem sobre isso. ほんの少数の人しかそのことを知らない / Eu o encontrei somente uma vez. 私は一度しか彼に会っていない / Restaram somente dívidas. 借金だけが残った / Eu falo somente um pouco da língua portuguesa. 私はほんの少しだけポルトガル語が話せる / Ela tem somente vinte anos. 彼女はまだ二十歳だ．
não somente... mas também ... …のみならず…も ▶ Ele não fala somente a língua inglesa mas também a espanhola. 彼は英語のみならずスペイン語も話す．
somos [活用] ⇒ ser
sonambulismo /sonẽbu'lizmu/ [男] 〖医学〗夢遊病．
sonâmbulo, la /so'nẽbulu, la/ [形] [名] 夢遊病の (患者)．
sonante /so'nẽtʃi/ [形] 《男女同形》音の出る；反響する，よく響く ▶ moeda sonante (本物の) 硬貨．
sonata /so'nata/ [女] 〖音楽〗ソナタ ▶ sonata para piano ピアノソナタ．
sonda /'sõda/ [女] ❶ 〖海事〗測深；測鉛．❷ 観測機，探査機 ▶ sonda espacial 宇宙探査機．❸ 〖医学〗消息子，ゾンデ．
sondagem /sõ'daʒẽj/ [[複] sondagens] [女] ❶ 調査，世論調査 ▶ sondagem de opinião 世論調査 / fazer uma sondagem 調査する．
❷ 測深，水深測量；(大気などの) 観測，探査 ▶ sondagem atmosférica 大気観測．
❸ 〖医学〗ゾンデの挿入．
sondar /sõ'dax/ [他] ❶ (意図や情勢などを) 探る，打診する ▶ sondar a opinião pública 世論を探る．
❷ 測深する，探測する ▶ sondar o interior da Terra 地球の内部を探る．
❸ (ゾンデで) 検査する．
soneca /so'nɛka/ [女] うたた寝，仮眠 ▶ tirar uma soneca 仮眠を取る．
sonegação /sonega'sẽw̃/ [[複] sonegações] [女] 隠匿，盗み ▶ sonegação fiscal 脱税．
sonegar /sone'gax/ ⑪ [他] ❶ 隠す，隠蔽(いんぺい)する ▶ sonegar as informações 情報を控える．
❷ 支払わない ▶ sonegar impostos 脱税する．
❸ 盗む，くすねる．
❹ 避ける，よける．
— **sonegar-se** [再] …を逃れる [＋ a] ▶ sonegar-se às responsabilidades 責任を逃れる．
soneto /so'netu/ [男] 〖詩法〗ソネット．
sonhador, dora /soɲa'dox, 'dora/ [[複] sonhadores, doras] [形] 夢を見る，夢想する，空想する．
— [名] 夢見る人，夢想家，空想家．
*__sonhar__ /so'ɲax ソニャーフ/ [自] ❶ **…の夢を見る** [＋ com] ▶ Sonhei com você. 私は君の夢を見た / sonhar com um mundo melhor よりよい世界を夢見る．
❷ 《sonhar em ＋[不定詞]》 **…することを夢見る** ▶ sonhar em ser jogador de futebol サッカー選手になることを夢見る / Sonho em viajar pelo mundo. 私は世界旅行することを夢見ている．
— [他] **夢を見る** ▶ Sonhei que viajava com você.

S

sonho

私は君と旅をしている夢を見た.
Nem sonhando! お断りだ.
sonhar acordado 空想にふける.
sonhar com os anjos 安らかな夢を見る.

sonho /'sõɲu ソーニョ/ 男 ❶ 夢, 夢想 ▶ter um sonho 夢を見る / em sonho 夢の中で / viver um sonho 夢を生きる / sonho cor-de-rosa バラ色の夢 / sonho lúcido 明晰夢 / sonho americano アメリカンドリーム / parecer um sonho 夢のように思える.
❷ 願望, 切望 ▶uma casa de sonho 夢の家 / realizar um sonho 夢を実現させる / Meu sonho é ser um jogador de futebol. 僕の夢はサッカー選手になることだ / sonho de consumo いちばん欲しいもの.
❸ 《um sonho》夢のようにすばらしいもの.
❹ 揚げ菓子 ▶sonhos de Natal クリスマス用揚げ菓子.
Nem em sonho! お断りだ.

sono /'sõnu ソーノ/ 男 ❶ 眠り, 睡眠 ▶sono leve 浅い眠り / sono pesado 深い眠り / falta de sono 睡眠不足 / sono eterno 永眠 / perder o sono 眠れなくなる / O senhor deve ter, pelo menos, seis horas de sono. あなたは少なくとも6時間は眠らないといけない / pegar no sono 眠りにつく / cair no sono 眠りに落ちる.
❷ 眠気 ▶sentir sono 眠気を感じる / estar com sono = ter sono 眠い / ficar com sono 眠くなる / Eu estou com muito sono. 私はとても眠い / tirar o sono 眠気を払う / Que sono! 眠くてたまらない.
conciliar o sono 眠りにつく.
dar sono a alguém …に眠気を催させる, 眠たくさせる ▶O jogo monótono me deu sono. 単調なゲームで眠くなった.
entregar-se ao sono 眠りに落ちる.
estar caindo [morrendo] de sono 眠くてたまらない.
sono de pedra 大変深い眠り.
sono dos justos 心安らかな眠り.

sonolência /sono'lẽsia/ 女 ❶ 夢うつつ. ❷ 眠気, 眠いこと.
sonolento, ta /sono'lẽtu, ta/ 形 ❶ 半睡状態の, 夢うつつの. ❷ 眠気を誘う.
sonoridade /sonori'dadʒi/ 女 音色, 響き, 音響.
sonoro, ra /so'noru, ra/ 形 ❶ 音の ▶nível sonoro 音量レベル / onda sonora 音波 / efeitos sonoros 効果音 / poluição sonora 騒音公害. ❷ (声や音が) よく響く ▶voz sonora よく響く声.
sopa /'sopa ソーパ/ 女 スープ ▶sopa de legumes 野菜スープ / sopa de cebola オニオンスープ / prato de sopa 深皿 / colher de sopa スープ用スプーン / tomar sopa スープを飲む.
dar sopa ❶ すきを与える, すきを見せる. ❷ たくさんある, 豊富にある.
ser sopa 容易である, 朝飯前である.
sopapear /sopape'ax/ 他 平手打ちする, たたく.
sopapo /so'papu/ 男 平手打ち, げんこつ.
a sopapos ① 激しく. ② 突然.
de sopapo 突然, 急に.

sopé /so'pɛ/ 男 (山の) ふもと ▶sopé da montanha 山のふもと.
sopeira /so'pejra/ 女 ふた付きのスープ鉢.
sopesar /sope'zax/ 他 ❶ (手にもって) 重さを測る ▶sopesar a caixa com手で箱の重さを測る.
❷ 平衡を保たせる.
❸ 支える ▶As colunas sopesavam a cobertura. 支柱が屋根を支えていた.
❹ 考慮する, 熟考する ▶sopesar as possíveis vantagens 予測されるメリットを考慮する.
❺ (感情などを) 抑制する.
❻ きっちり分け与える, きっちり分配する.
— **sopesar-se** 再 ❶ 平衡を保つ.
❷ (猟師から) 鳥がぴょんぴょん逃げる.
sopitar /sopi'tax/ 他 ❶ 眠らせる ▶O cansaço sopitou-o. 疲れのせいで彼は眠ってしまった.
❷ 衰弱させる, 弱らせる.
❸ 静める, 和らげる.
❹ 期待を持たせる.
❺ 抑制する, 抑える ▶sopitar as emoções 感情を抑える.
soporífero, ra /sopo'riferu, ra/ 形 催眠性の, 眠気を催す. — **soporífero** 男 睡眠薬.
soporífico, ca /sopo'rifiku, ka/ 形 催眠性の, 眠気を催す.
— **soporífico** 男 睡眠薬.
soprano /so'prɐnu/ 男 《音楽》ソプラノ.
— 名 ソプラノ歌手.
— 形 《男女同形》ソプラノの.
soprar /so'prax/ 他 ❶ 吹く, 吹き込む, 膨らませる ▶soprar uma vela ろうそくを吹き消す / soprar um balão 風船を膨らませる.
❷ 揺らす ▶O vento sopra o trigo. 風が麦を揺らす.
❸ そっと教える, 耳打ちする, ささやく ▶soprar um segredo 秘密をそっと教える.
❹ 有利に作用する.
❺ かき立てる, 引き起こす.
— 自 ❶ (風が) 吹く ▶O vento sopra. 風が吹く.
❷ そっと教える, 耳打ちする.
ver de que lado sopra o vento 日和見をする, 風向きによって態度を変える.
sopro /'sopru/ 男 ❶ 一吹き, (強く) 吹くこと; 呼気, 吐く息.
❷ そよ風, 微風.
❸ 臭気, (気体などの) 発散, 放出.
❹ (楽器などの) 音.
❺ 呼吸を思わせる音.
❻ 硝煙.
❼ 《医学》雑音 ▶sopro cardíaco 心雑音.
❽ 一瞬, 瞬く間.
❾ 刺激.
soquete[1] /so'ketʃi/ 女 アンクルソックス.
soquete[2] /so'ketʃi/ 男 ソケット.
sórdido, da /'sɔxdʒidu, da/ 形 汚い, きたならしい, けがらわしい ▶campanha sórdida 汚い選挙戦 / lado sórdido 汚い側面.
sorna /'soxna/ 女 ❶ 無気力, 怠惰. ❷ 眠り, 眠気.
— 名 ❶ 無気力な人, 怠け者. ❷ 厄介者.

— [形]《男女同形》❶ 無気力な，怠け者の．❷ 厄介者の．

soro /ˈsoru/ [男]〖医 学〗血 清，漿 液，乳 清 ▶soro fisiológico 生 理 食 塩 水 / soro da verdade 自 白 剤．

soronegativo, va /sorunegaˈtʃivu, va/ [形] [名] HIV 陰性の（人）．

soropositivo, va /sorupoziˈtʃivu, va/ [形] [名] HIV 陽性の（人）．

sóror /ˈsɔrox/ [[複] sórores] [女] 修道女に対する敬称，シスター．

sorrateiro, ra /soxaˈtejru, ra/ [形] ❶ こそこそした，ひそかな，人目を忍んだ．
❷ 悪賢い，抜け目のない．
❸ 横目の ▶dar uma olhada sorrateira 横目でちらっと見る．

sorridente /soxiˈdẽtʃi/ [形]《男女同形》❶ ほほえんだ ▶rosto sorridente ほほえんだ顔．
❷ うれしそうな，喜んだ．
❸ 前途有望な ▶futuro sorridente 明るい未来．

⋆**sorrir** /soˈxix ソヒーフ/ [56] [自] ❶ **ほほえむ，微笑する** ▶sorrir para alguém …にほほえみかける．❷ …に有 利 に 働 く [+ para] ▶A sorte sorriu para mim. 私に運が向いた．
sorrir de lado はにかみ笑いする，照れ笑いをする．

⋆**sorriso** /soˈxizu ソヒーゾ/ [男] **ほほえみ，微笑，笑顔** ▶Ela deu-me um sorriso. 彼女は私にほほえみかけた / responder com um sorriso 笑顔で答える / sorriso de felicidade 幸 せ そ う な 笑 顔 / sorriso amarelo 苦笑い / sorriso largo 満面の笑み / sorriso de orelha a orelha 満面の笑み．

⁂**sorte** /ˈsɔxtʃi ソフチ/ [女] ❶ **運命，宿命，運勢** ▶aceitar a sua sorte 自分の運命を受け入れる / deusa da sorte 運命の女神 / ler a sorte 運勢を占う / caprichos da sorte 運命の気まぐれ．
❷ **運**，巡り合わせ ▶trazer boa sorte 幸運をもたらす / trazer má sorte 不幸［不運］をもたらす / tentar a sorte 運を試す．
❸ **幸運** ▶Rezo pela sua sorte. あなたの幸運を祈ります / ter sorte = estar com sorte ついている，幸運である / Que sorte! 何と運がいいのだろう / ter má sorte 運が悪い，ついていない / número de sorte ラッキーナンバー．
❹ **種類，品目** ▶toda sorte de materiais あらゆる種類の材料．
❺ **抽選，くじ** ▶tirar à sorte くじ引きをする．
à sorte 無作為に，でたらめに．
A sorte foi [está] lançada. 賽(さい)は投げられた．
Boa sorte! 幸運を祈ります，頑張って ▶Boa sorte no jogo! 試合頑張ってください．
dar sorte ついている ▶Hoje deu sorte, pois consegui chegar na hora. 今日はついていた．時間に間に合った．
de outra sorte しかし，一方．
de sorte que +[直説法] したがって…，だから…．
de sorte que +[接続法] …するように．
de tal sorte そのような方法で．
desta sorte 従って，だから．
jogar com a sorte 賭けに出る，賭ける．
lançar a sorte 賭ける．
por sorte 幸いにも，幸運なことに ▶Por sorte encontrei o que procurava. 運よく探しものが見つかった．
ter a má sorte de +[不定詞] 運悪く…する．
ter a sorte de + [不定詞] 運 よ く … す る ▶Você teve a sorte de arranjar esse emprego. あなたがその職を得られたのは幸運だった．
tirar a sorte grande 宝くじの一等賞を当てる．

sortear /soxteˈax/ [10] [他] 抽選する，くじで決める ▶sortear um carro entre os fregueses 顧客の中から抽選で車の当選者を決める．

sorteio /soxˈteju/ [男] くじ引き，抽選 ▶por sorteio くじ引きで，抽選で．

sortido, da /soxˈtʃidu, da/ [形] 取り合わせの ▶balas sortidas キャンディーの取り合わせ．

sortilégio /soxtʃiˈlɛʒiu/ [男] ❶ 魔法，魔術，魔力．❷ 陰謀，企み．

sortir /soxˈtʃix/ [64]
[他] ❶ 供給する，補給する ▶sortir a despensa 食糧貯蔵庫を補充する / sortir a loja com novas mercadorias 店に新商品を揃える．
❷ 混ぜる，組み合わせる．
— **sortir-se** [再] …を備える，揃える [+ de/com]

sortudo, da /soxˈtudu, da/ [形] 幸運な，ついている．
— [名] 幸運な人 ▶Ele é um sortudo por namorar uma moça tão bonita! あんなきれいな女性とつき合うなんて，彼はすごく運のいい奴だ．

sorumbático, ca /sorũˈbatʃiku, ka/ [形] 陰気な，寂しい．

sorvedouro /soxveˈdoru/ [男] ❶ 渦．❷ 深 淵(しんえん)．❸ sorvedouro de dinheiro 金を湯水のように使うもの，金食い虫．

sorver /soxˈvex/ [他] ❶ すすり飲む，少しずつ飲む ▶sorver o uísque ウィスキーをちびちび飲む．
❷ 吸う，すする ▶sorver com ruído um café 音をたててコーヒーをすする．
❸ 吸収する ▶A terra sorve a água da chuva. 大地は雨水を吸う．
❹ 吸い込む ▶sorver o ar 空気を吸い込む．
❺ 転覆させる，沈没させる．
❻ 収容する，保護する．
❼ 荒廃させる，破壊する．
❽ 速く走る．
— **sorver-se** [再] 沈む，沈没する．

sorvete /soxˈvetʃi/ [男] [B] ❶ アイスクリーム ▶sorvete de creme バニラアイスクリーム / sorvete de chocolate チョコレートアイスクリーム．
❷ シャーベット ▶sorvete de limão レモンシャーベット．

sorveteira /soxveˈtejra/ [女] アイスクリーム製造機．

sorveteiro, ra /soxveˈtejru, ra/ [名] アイスクリーム売り．

sorveteria /soxveteˈria/ [女] アイスクリームパーラー．

sósia /ˈsɔzia/ [名] そっくりさん，瓜二つの人 ▶uma sósia de Michael Jackson マイケル・ジャクソンのそっくりさん．

soslaio /sozˈlaju/ [男]《次の成句で》

de soslaio 斜めに ▶olhar de soslaio 横目で見る.
sossegado, da /sose'gadu, da/ [形] 静かな, 穏やかな ▶bairro sossegado 閑静な地区 / dormir sossegado 安眠する.
sossegar /sose'gax/ ⑪ [他] 静める, 落ち着かせる, 安心させる, 穏やかにする ▶Essa notícia sossegou-me. その知らせに私はほっとした.
— [自] ❶ 休む, 休息する.
❷ 眠る；永眠する.
❸ 静まる, 落ち着く.
— **sossegar-se** [再] ❶ 休む, 休息する.
❷ 眠る, 永眠する.
❸ 静まる, 落ち着く.
sossego /so'segu/ [男] ❶ 休息, くつろぎ. ❷ 平穏, 安らぎ.
pôr em sossego 落ち着かせる, 静める.
sótão /'sɔtɐ̃w̃/ [[複] sótãos] [男] 屋根裏部屋.
sotaque /so'taki/ [男] ❶ なまり ▶sotaque nordestino 北東部地方のなまり / falar com um sotaque estrangeiro 外国なまりで話す / Você não tem sotaque. あなたはなまりがない.
❷ [話] 皮肉, 辛辣な言葉.
de sotaque 突然, 急に.
sota-vento /ˌsota'vẽtu/ [[複] sota-ventos] [男] 風下 ▶a sota-vento 風下に.
soterrar /sote'xax/ [他] 埋める.
— **soterrar-se** [再] 埋まる.
soturno, na /so'tuxnu, na/ [形] 暗い, 陰気な.
sou [活用] ⇒ ser
soube [活用] ⇒ saber
souber [活用] ⇒ saber
sova /'sɔva/ [女] 殴打, 殴ること ▶dar uma sova 一発食らわす.
sovaco /so'vaku/ [男] [俗] 脇の下.
sovar /so'vax/ [他] ❶ (生地を) こねる ▶sovar a massa de pão パンの生地をこねる.
❷ (ブドウを) 踏み潰す, 踏みつける.
❸ 殴打する, げんこつで殴る.
❹ 使い古す, 着古す.
❺ (名誉などを) 踏みにじる.
❻ (何日も続けて同じ馬に) 乗る.
soviético, ca /sovi'ɛtʃiku, ka/ [形] ソビエトの, ソ連の ▶União Soviética ソビエト連邦.
sovina /so'vĩna/ [形] 《男女同形》 [名] けちな (人).
sovinice /sovi'nisi/ [女] けち, 吝嗇(りんしょく).
⋆⋆**sozinho, nha** /ˌsɔ'zĩɲu, ɲa ソズィーニョ, ニャ/ [形] ❶ **孤独な, ひとりぼっちの** ▶Eu estava sozinho na casa. 私は家にひとりでいた / Gosto de ficar sozinho. 私はひとりになるのが好きだ.
❷ **ひとりで, 自分だけで** ▶viajar sozinho ひとりで旅行する.
❸ **寂しい** ▶Eu me sinto muito sozinho. 私はとても寂しい.
SP 《略語》 Estado de São Paulo サンパウロ州.
Sr. 《略語》 Senhor …さん.
Sra. 《略語》 Senhora …さん.
Srta. 《略語》 Senhorita …さん.
sua /'sua/ [形] [代] seu の女性形.
estar na sua 自分の意見や立場を守り通す.
fazer as suas いつものように失敗する.
fazer das suas 乱痴気騒ぎをする.
ficar na sua 自分のやり方でいく.
uma das suas いつものこと, 毎度のこと, その人らしい言動.
suado, da /su'adu, da/ [形] 汗をかいた, 汗にまみれた.
suar /su'ax/ [自] ❶ 汗をかく, 発汗する, 汗ばむ ▶Ela sua pouco. 彼女はほとんど汗をかかない / suar frio 冷や汗をかく.
❷ 結露する, にじみ出る, 滴り落ちる ▶As paredes suavam. 壁が結露していた.
❸ 奮闘する, 一心に働く, 疲労困憊する ▶suar pelo dinheiro お金のために一生懸命働く.
❹ 湧き出る, あふれる, 流れ出る.
— [他] ❶ 発汗させる；にじみ出させる.
❷ 汗で湿らせる, 汗で濡らす.
❸ 頑張って手に入れる.
❹ 滴らせる.
dar que suar 骨が折れる, 厄介である.
fazer suar (人を) こき使う.
suar em bicas 滝のように汗をかく.
suar por todos os poros 全身で汗をかく, 汗をだらだら流す.
suar sangue (仕事で) くたくたに疲れる.
suástica /su'astʃika/ [女] 鉤十字.
⋆**suave** /su'avi スアーヴィ/ [形] 《男女同形》 ❶ **心地よい；柔らかい** ▶tecido suave 柔らかい布地 / pele suave 柔らかい肌.
❷ **優しい, 穏やかな** ▶voz suave 優しい声 / brisa suave そよ風 / luz suave 穏やかな光.
❸ **容易な, 楽な** ▶trabalho suave 楽な仕事.
❹ **適度な, 無理のない** ▶prestações suaves 無理のない分割払い.
suavidade /suavi'dadʒi/ [女] ❶ 柔らかさ, 柔軟さ ▶suavidade da pele 肌の柔らかさ.
❷ 穏やかさ, 優しさ ▶falar com suavidade 穏やかに話す / Ela tem suavidade nas palavras. 彼女の言葉には優しさがある / Há suavidade no ar. 空気が穏やかだ.
suavizar /suavi'zax/ [他] ❶ 柔らかくする, すべすべにする ▶suavizar a pele 肌をすべすべにする. ❷ 緩和させる, 穏やかにする ▶suavizar a dor 痛みを和らげる.
subalimentação /subalimẽta'sɐ̃w̃/ [[複] subalimentações] [女] 栄養失調, 栄養不良.
subalimentado, da /subalimẽ'tadu, da/ [形] 栄養失調の, 栄養不良の.
subalterno, na /subaw'tɛxnu, na/ [形] 下位の, 下級の ▶oficial subalterno 下級将校.
— [名] 部下, 下役.
subalugar /subalu'gax/ ⑪ [他] また貸しする.
subaquático, ca /suba'kwatʃiku, ka/ [形] 水中の.
subarrendar /subaxẽ'dax/ [他] [P] また貸しする.
subcomissão /subkomi'sɐ̃w̃/ [[複] subcomissões] [女] 小委員会, 分科会.
subconsciência /subkõsi'ẽsia/ [女] 潜在意識.
subconsciente /subkõsi'ẽtʃi/ [形] 《男女同形》 潜在意識の.

S

— [男] 潜在意識.
subcultura /subkuw'tura/ [女] サブカルチャー.
subcutâneo, nea /subku'tẽniu, na/ [形] 皮下の ▶ injeção subcutânea 皮下注射.
subdesenvolvido, da /subidezẽvow'vidu, da/ [形] 発展途上の ▶ países subdesenvolvidos 発展途上国.
subdesenvolvimento /subidezẽvow-vi'mẽtu/ [男] 低開発状態, 後進性.
subdividir /subdʒivi'dʒix/ [他] さらに細かく分ける, さらに分割する.
— **subdividir-se** [再] さらに分かれる.
subdivisão /subdʒivi'zɐ̃w̃/ [[複] subdivisões] [女] 再分割, 細分.
subemprego /subẽ'pregu/ [男] 低賃金の職.
subentender /subẽtẽ'dex/ [他] 察する, 察知する.
subentendido, da /subẽtẽ'dʒidu, da/ [形] 言外にほのめかされた, 明示されていないが了解される.
— **subentendido** [男] 言外の意味, 当てこすり, ほのめかし, 含蓄.
subestimar /subestʃi'max/ [他] 過小評価する.
subgrupo /sub'grupu/ [男] 下位集団, サブグループ.
*****subida** /su'bida スビーダ/ [女] ❶ **上がること, 昇ること, 上昇**, 増加 (←→ descida) ▶ subida de preços 物価上昇 / subida de temperatura 温度の上昇 / subida de posto 昇進 / subida de divisão (スポーツチームの) 昇格 / subida ao trono 即位 / subida ao poder 権力の座につくこと.
❷ 上り坂 ▶ O ônibus parou no meio da subida. バスは上り坂の途中で止まった.
*****subir** /su'bix スビーフ/ ㊺

直説法現在	subo	subimos
	sobes	subis
	sobe	sobem

[自] ❶ **上がる ; 登る, 昇る** (←→ descer) ▶ O balão subiu. 風船が上がった / A gasolina subiu. ガソリンの値段が上がった / Ontem à noite a febre subiu. 昨晩熱が上がった / subir no telhado 屋根に登る / subir em árvores 木登りする / O cantor subiu ao palco. 歌手は舞台に上がった.
❷ **…に乗る** ▶ subir num ônibus バスに乗る / subir na bicicleta 自転車に乗る / subir no cavalo 馬に乗る / subir na mesa テーブルの上に乗る.
❸ (水位が) **上昇する** ▶ A maré está subindo. 潮が満ちてきた.
— [他] ❶ …を上がる, 登る ▶ subir a ladeira 坂を上る / subir as escadas 階段を上がる / subir uma montanha 山に登る.
❷ 上げる ▶ O gerente subiu os salários dos funcionários. 支配人は職員の給料を上げた.
❸ 上に運ぶ, 持ち上げる ▶ subir as malas スーツケースを上に運ぶ.
subitamente /ˌsubita'mẽtʃi/ [副] 突然, 出し抜けに.
*****súbito, ta** /'subitu, ta スビト, タ/ [形] ❶ **突然の, 思いがけない** ▶ morte súbita 突然死.
❷ **速い** ▶ movimento súbito 素早い動き.
de súbito 突然, 急に.
— **súbito** [副] 突然, 急に.
a súbitas 突然.
subjacente /subiʒa'sẽtʃi/ [形] 《男女同形》 ❶ 下にある, 下に横たわる ▶ camadas subjacentes 基層.
❷ 隠れた, 表面に出ない ▶ sentido subjacente 裏の意味.
subjetivamente /subiʒeˌtʃiva'mẽtʃi/ [副] 主観的に.
subjetividade /subiʒetʃivi'dadʒi/ [女] 主観, 主観性.
subjetivismo /subiʒetʃi'vizmu/ [男] 〖哲学〗 主観主義.
subjetivo, va /subiʒe'tʃivu, va/ [形] 主観的な, 個人的な (←→ objetivo) ▶ julgamento subjetivo 主観的判断.
subjugar /subiʒu'gax/ ⑪ [他] 服従させる. 支配下に置く.
— **subjugar-se** [再] 自制する.
subjuntivo, va /subiʒũ'tʃivu, va/ [形] ❶ 従属した. ❷〖文法〗接続法の ▶ modo subjuntivo 接続法.
— **subjuntivo** [男] 接続法.
sublevar /suble'vax/ [他] ❶ 持ち上げる. ❷ …に反乱を起こさせる, 蜂起させる.
— **sublevar-se** [再] 反乱を起こす, 蜂起する.
sublimar /subli'max/ [他] ❶ 賞賛する, 褒め称える.
❷ (精神的に) 高める, 昇華する. ❸〖化学〗昇華させる.
— **sublimar-se** [再] ❶ 高められる, 昇華する. ❷ 際立つ.
sublime /su'blĩmi/ [形] 《男女同形》 ❶ 崇高な, 気高い ▶ amor sublime 崇高な愛. ❷ すばらしい.
subliminar /sublimi'nax/ [[複] subliminares] [形] 《男女同形》〖心理〗意識下の, サブリミナルの ▶ mensagem subliminar サブリミナルメッセージ.
sublinhar /subli'ɲax/ [他] ❶ 下線を引く ▶ sublinhar uma palavra 単語に下線を引く. ❷ 強調する ▶ Gostaria de sublinhar que a entrega dos relatórios dentro do prazo é essencial. 締切までに報告書を提出することが必須だと強調させていただきます.
sublocar /sublo'kax/ ㉙ [他] また貸しする, 転貸する.
sublocatário, ria /subloka'tariu, ria/ [名] 転借人.
submarino, na /subma'rĩnu, na/ [形] 海底の, 海中の ▶ cabo submarino 海底ケーブル.
— **submarino** [男] 潜水艦 ▶ submarino nuclear 原子力潜水艦.
submergir /submex'ʒix/ ② 《[過去分詞] submergido/submerso》 [他] ❶ 水浸しにする ▶ O temporal submergiu a cidade toda. 暴風雨で街全体が水浸しになった.
❷ 沈める, 水没させる ▶ submergir o navio 船を沈没させる.
❸ 没頭させる, 集中させる, 心を奪う ▶ O estudo submergiu o rapaz. 青年は勉強に没頭した.
❹ 破壊する.

S

submerso, sa

― 自 ❶ 沈む, 水没する. ❷ 隠れる.

submerso, sa /sub'mɛxsu, sa/ 形 (submergir の過去分詞) ❶ 水没した. ❷ …に沈んだ, 沈没した [+ em]. ❸ …に没頭した [+ em].

*__submeter__ /subme'tex/ スブメテーフ/ 他 ❶ 服従させる, 従わせる ▶submeter as nações vencidas 敗戦国を支配する.

❷ …に付する, 任せる [+ a] ▶ A polícia submeteu-o a interrogatório. 警察は彼を尋問にかけた / submeter à votação o projeto de lei 法案を投票にかける.

― **submeter-se** 再 ❶ …に従う [+ a] ▶Ela sempre se submete ao marido. 彼女はいつも夫に従う / Submeti-me às circunstâncias. 私は状況に身を任せた.

❷ …を受ける [+ a] ▶ submeter-se a um exame 検査を受ける.

submissão /submi'sẽw/ [複 submissões] 女 服従, 従順, 隷従.

submisso, sa /sub'misu, sa/ 形 従順な, 服従した ▶escravo submisso 従順な奴隷.

submúltiplo /sub'muwtʃiplu/ 男 【数学】約数.

submundo /sub'mũdu/ 男 暗黒社会, 裏社会 ▶ submundo das drogas 薬物の裏社会.

subnutrição /subinutri'sẽw/ [複 subnutrições] 女 栄養不良, 栄養失調.

subnutrido, da /subinu'tridu, da/ 形 栄養不良の, 栄養失調の.

subordinação /suboxdʒina'sẽw/ [複 subordinações] 女 ❶ 服従, 従属. ❷【文法】従属, 従位.

subordinado, da /suboxdʒi'nadu, da/ 形 ❶ 服従した, 従属した. ❷【文法】従属した, 従位の ▶ oração subordinada 従属節.

― 名 部下.

subordinar /suboxdʒi'nax/ 他 (…に) 服従させる, 従属させる [+ a].

― **subordinar-se** 再 …に従う, 服従する [+ a].

subornar /subox'nax/ 他 買収する, 賄賂を渡す ▶ subornar um policial 警官に鼻薬を利かせる.

suborno /su'boxnu/ 男 買収, 贈賄, 賄賂 ▶aceitar subornos 賄賂を受け取る.

subproduto /subpro'dutu/ 男 副産物, 二次産物.

sub-reptício, cia /subxepi'tʃisiu, sia/ [複 sub-reptícios] 形 不正な, 違法な, 闇の.

subscrever /subiskre'vex/《過去分詞 subscrito》他 ❶ 署名する, 記名する ▶ subscrever a declaração 申告書に署名する.

❷ 承認する, 賛同する ▶ subscrever o novo sistema 新制度を承認する.

❸ 寄付する ▶subscrever 200 dólares 200ドルを寄付する.

― 自 ❶ …に同意する, …を承諾する [+ a].

❷ …の寄付を約束する [+ com] ▶ subscrever com mil dólares para um evento 催しに1000ドルの寄付を約束する.

❸ 購読契約をする ▶ subscrever para uma revista 雑誌の購読契約をする.

― **subscrever-se** 再 署名する.

subscrição /subiskri'sẽw/ [複 subscrições] 女 ❶ 署名, 記名. ❷ 予約購読の申し込み. ❸ 寄付の申し出. ❹ 寄付を募るための署名リスト.

subscritar /subiskri'tax/ 他 …に署名する, サインする.

subsequente /subise'kwẽtʃi/ 形《男女同形》…のすぐ後の, …に続いて起こる [+ a].

subserviência /subisexvi'ẽsia/ 女 ❶ 盲従, 追従. ❷ こびへつらい.

subserviente /subisexvi'ẽtʃi/ 形《男女同形》服従する, 追従する.

subsidiar /subisidʒi'ax/ 他 …に補助金を出す, …を助成する ▶ subsidiar a agricultura 農業に補助金を出す.

subsidiário, ria /subisidʒi'ariu, ria/ 形 ❶ 補助の. ❷ 補助の, 補助的の. ❸ 子会社の ▶ empresa subsidiária 子会社.

― **subsidiária** 女 子会社.

subsídio /subi'sidʒiu/ 男 ❶ 補助金, 交付金, 助成金 ▶ subsídio para a agricultura 農業補助金 / receber um subsídio 補助金を受ける.

❷ B 議員の給与.

❸《subsídios》データ, 情報.

subsistência /subisis'tẽsia/ 女 ❶ 生存, 存続 ▶ luta pela subsistência 生存のための戦い. ❷ 生計 ▶ meios de subsistência 生活手段.

subsistir /subisis'tʃix/ 自 ❶ 存続する, 残存する ▶ Na sua mente subsistem ainda velhos costumes. 君の考えには古いしきたりがまだ残っている.

❷ 生きながらえる, 生き続ける ▶Ele subsistiu comendo apenas frutas. 彼は果物だけ食べて生き延びた.

❸ 効力がある ▶ A lei ainda subsiste. その法律はまだ効力がある.

subsolo /subi'sɔlu/ 男 地下, 地階.

substabelecer /subistabele'sex/ ⑮ 他 …を…に委任する [+ a] ▶ O advogado substabeleceu os poderes do mandato a outro advogado. その弁護士は任務の権限をもう一人の弁護士に委任した.

substância /subis'tẽsia/ 女 ❶ 物質, 物体 ▶ substância sólida 固体 / substância líquida 液体 / substância gasosa 気体 / substância tóxica 毒物 / substância orgânica 有機物.

❷ 本質, 精髄, 実質.

❸ 力, 活力.

❹ 栄養分, 滋養分.

❺ 内容, 中身 ▶ Esta é a substância do argumento dele. これが彼の議論の内容だ.

❻ 要点, 核心.

❼ 実体.

em substância 要するに, おおよそ.

puxado à substância 精力的な, たくましい, 完璧な, 申し分ない.

substancial /subistẽsi'aw/ [複 substanciais] 形《男女同形》❶ 実質的な；中身のある, 内容の充実した ▶ progresso substancial 実質的な進歩 / debate substancial 実質的な論議.

❷ 栄養のある, 滋養に富む ▶ sopa substancial 栄養のあるスープ.

❸ 本質的な, 根本的な, 重要な ▶ problema subs-

tancial 重要問題.
❹ (数量や程度が) かなりの, 十分な, 相当な ▶uma quantia substancial かなりの量.
❺ ためになる ▶assistir a um filme substancial ためになる映画を観る.
— 男 ❶ 重要なこと. ❷ 主要なこと. ❸ 本質.

substantivo, va /subisté'tʃivu, va/ 形 本質的な, 実質的な.
— **substantivo** 男《文法》名詞, 実詞 ▶substantivo comum 普通名詞 / substantivo próprio 固有名詞.

substituição /subistʃituj'sẽw/ [複 substituições] 女 ❶ 代理, 代用. ❷ 交代, 取り替え, 選手交代.

*****substituir** /subistʃitu'ix/ スピスチトゥイーフ/ ⑦ 他
❶ 交代させる, 交替する ▶substituir o atacante フォワードを交代させる.
❷ 交換する ▶substituir a lâmpada por outra nova 電球を新品に交換する.
❸ ...の代役を務める, の代役を演じる ▶substituir o diretor ディレクターの代理をする / substituir o protagonista 主役の代役を演じる.
❹ 取って代わる ▶O teatro novo substitui a sala de concerto. 新劇場はコンサート会場に取って代わる.
— **substituir-se** 再 ...の代わりを務める [+ a] ▶substituir-se ao funcionário aposentado 退職職員の代わりを務める.

substituto, ta /subistʃi'tutu, ta/ 形 代わりの, 代理の ▶professor substituto 代用教員.
— 名 代理人, 代役, 補欠.

substrato /subis'tratu/ 男 ❶ 土台, 基礎. ❷ 《地質》下層, 基層. ❸ 《言語》基層言語, 下位言語.

subterfúgio /subtex'fuʒiu/ 男 逃げ口上, 口実, 言い逃れ.

subterrâneo, nea /subte'xẽniu, na/ 形 地下の, 地中の ▶água subterrânea 地下水 / abrigos subterrâneos 地下壕 / estacionamento subterrâneo 地下駐車場 / passagem subterrânea 地下道.
— **subterrâneo** 男 地下道, 地下室.

subtil /sub'til/ [複 subtis] 形《男女同形》 P = sutil

subtileza /subti'leze/ 女 P = sutileza

subtítulo /sub'tʃitulu/ 男 ❶ 副題, サブタイトル. ❷ 字幕.

subtotal /subto'taw/ [複 subtotais] 男 小計, サブトータル.

subtração /subtra'sẽw/ [複 subtrações] 女 ❶《数学》引き算, 減法. ❷ 盗み.

subtrair /subtra'ix/ ⑱ 他 ❶ 盗む. ❷《数学》引き算する, 引く ▶subtrair 1 de 2 2から1を引く.
— **subtrair-se** 再 ...を免れる, 逃れる [+ a].

subtropical /subtropi'kaw/ [複 subtropicais] 形《男女同形》亜熱帯の ▶clima subtropical 亜熱帯性気候.

suburbano, na /subux'bẽnu, na/ 形 郊外の, 郊外に住む.
— 名 郊外の住人.

*****subúrbio** /su'buxbiu/ スブフビオ/ 男 郊外, 都市近郊 ▶viver no subúrbio 郊外に住む / no subúrbio de São Paulo サンパウロ郊外に.

subvenção /subvẽ'sẽw/ [複 subvenções] 女 補助金, 助成金.

subvencionar /subvẽsio'nax/ 他 ...に補助金を出す.

subversão /subvex'sẽw/ [複 subversões] 女 (秩序や価値観などの) 転覆, 破壊, 壊滅 ▶subversão de valores 価値観の転覆.

subversivo, va /subvex'sivu, va/ 形 (既成の秩序や価値を) 覆す, 破壊する ▶ideias subversivas 国家転覆思想 / literatura subversiva 反体制文学.

subverter /subvex'tex/ 他 ❶ (秩序などを) 撹乱する, 破壊する ▶subverter a ordem 秩序を撹乱する.
❷ 腐敗させる, 堕落させる ▶subverter os hábitos 風習を乱す.
❸ ひっくり返す, 覆す.
❹ (計画などを) 乱す, 狂わせる.
❺ 沈める, 転覆させる.
❻ 反乱を起こさせる.
— **subverter-se** 再 ❶ 崩壊する.
❷ 沈む, 水没する.
❸ 腐敗する.
❹ 消える, 姿を消す.

sucata /su'kata/ 女 くず鉄, スクラップ.

sucção /suk'sẽw/ [複 sucções] 女 吸うこと, 吸引.

sucedâneo, nea /suse'dẽniu, na/ 形 代わりになる, 代用の.
— **sucedâneo** 男 代用品, 代替物 ▶sucedâneo de café コーヒーの代用品.

*****suceder** /suse'dex/ スデデーフ/ 自 ❶ 起きる, 起こる ▶O que sucedeu? 何が起きたのか.
❷ ...のあとを継ぐ, 後任になる [+ a] ▶Ela sucedeu aos negócios do pai. 彼女は父の事業を継いだ.
❸ ...の後に来る, 後に続く [+ a] ▶A noite sucede ao dia. 昼の後に夜が来る.
— **suceder-se** 再 続けて起こる, 続く ▶Novas descobertas sucedem-se, umas às outras. 新しい発見が次々となされる.

sucedido, da /suse'dʒidu, da/ 形 (suceder の過去分詞) 起きる.
ser bem sucedido 成功する ▶cinco hábitos que você precisa praticar para ser bem sucedido 成功するために実行しなければならない5つの習慣.
ser mal sucedido 失敗する ▶Devemos avaliar os motivos que fizeram o projeto ser mal sucedido. 私たちはそのプロジェクトが失敗した理由を検討しなくてはならない.
— **sucedido** 男 出来事, 事件.

*****sucessão** /suse'sẽw/ スセサォン/ [複 sucessões] 女
❶ 連続, 継続 ▶sucessão de acidentes 事故の連続 / em sucessão 相次いで, 連続して.
❷ 継承 ▶sucessão ao trono 王位継承.
❸ 子孫.
❹ 相続, 遺産 ▶direito de sucessão 相続権.

sucessivamente /suse,siva'mẽtʃi/ 副 次々に,

相次いで.

*__sucessivo, va__ /suse'sivu, va スセスィーヴォ, ヴァ/ [形] **続いて起こる, 連続する** ▶durante cinco dias sucessivos 5日間続けて / três vitórias sucessivas 3連勝.

__sucesso__ /su'sɛsu スセーソ/ [男] ❶ **成功 ▶fazer [ter] sucesso 成功する / O projeto é um sucesso. 計画は成功だ / grande sucesso 大成功 / sucesso escolar 学業の好成績.
❷ **ヒット, ヒット作** ▶sucesso comercial ヒット作 / sucesso de bilheteria ヒット映画 / O filme é um sucesso! その映画はヒットだ.
❸ bom sucesso 安産 / mau sucesso 流産.
com sucesso 成功して, 成功裏に ▶A sua mensagem foi enviada com sucesso! あなたのメッセージは確かに送られました.
sem sucesso 不成功に, 不首尾に.

sucessor, sora /suse'sox, 'sora/ [[複] sucessores, soras] [名] 後継者, 相続人.
— [形] 後を継ぐ, 相続する.

sucessório, ria /suse'sɔriu, ria/ [形] 相続の, 継承に関する ▶direito sucessório 相続権.

sucintamente /suˌsĩta'mẽtʃi/ [副] 簡潔に, 手短に, かいつまんで.

sucinto, ta /su'sĩtu, ta/ [形] 簡潔な, 手短な ▶explicação sucinta 簡潔な説明.

*__suco__ /'suku スーコ/ [男] ❶ (果物, 野菜, 肉などの) **汁** ▶suco de carne 肉汁.
❷ [B] **ジュース** ▶suco de tomate トマトジュース / suco de uva グレープジュース / Vou beber um suco de laranja. 私はオレンジジュースを飲みます / Um suco de laranja, por favor. オレンジジュースをください.
❸ **液, 分泌液** ▶suco gástrico 胃液.

suculento, ta /suku'lẽtu, ta/ [形] ❶ 果汁の多い, 肉汁の多い ▶frutas suculentas 果汁の多い果物.
❷ おいしそうな ▶bife suculento おいしそうなビフテキ.

sucumbir /sukũ'bix/ [自] ❶ …に負ける, 屈する [+ a] ▶sucumbir à pressão 圧力に負ける / sucumbir ao inimigo 敵に屈服する.
❷ たわむ, 曲がる ▶sucumbir sob o peso 重みで曲がる.
❸ 落ち込む, 消沈する.
❹ 死ぬ, 命を落とす.
❺ 消える, なくなる, 廃止される.

sucursal /sukux'saw/ [[複] sucursais] [女] 支店, 支社, 支局 ▶sucursal de São Paulo サンパウロ支店.

sudário /su'dariu/ [男] 経かたびら, 死者を包む布 ▶Santo Sudário 聖骸布.

*__sudeste__ /su'dɛstʃi スデスチ/ [形] 東南の ▶vento sudeste 東南の風 / região sudeste 東南地方.
— [男] ❶ 東南 ▶a 100 km a sudeste de Manaus マナウスの東南100キロのところに.
❷ 東南部 ▶Sudeste Asiático 東南アジア.
❸ 《Sudeste》(ブラジル) 南東部 (エスピリト・サント州, ミナスジェライス州, リオデジャネイロ州, サンパウロ州からなる).

súdito, ta /'sud͡ʒitu, ta/ [名] 家来, 家臣, 臣民.

*__sudoeste__ /sudo'ɛstʃi スドエスチ/ [男] ❶ 南西, 南西部 ▶no sudoeste 南西部に / a sudoeste de... …の南西に. ❷ 南西の風.
— [形] 《男女同形》 南西の, 南西部の.

sueste /su'ɛstʃi/ [形] [男] = sudeste

suéter /su'ɛtex/ [[複] suéteres] [男] [女] [B] セーター.

suficiência /sufisi'ẽsia/ [女] ❶ 十分な量. ❷ 適性, 能力, 技量 ▶exame de suficiência 能力試験.

***__suficiente__ /sufici'ẽtʃi スフィスィエンチ/ [形] 《男女同形》 ❶ **十分な, 満足できる** ▶resultados suficientes 満足のいく結果 / condições suficientes 十分条件 / Não tenho tempo suficiente para fazer tudo. 全部をするのに十分な時間は私にはない / Isto é mais do que suficiente. これで十二分だ.
❷ まずまずの, そこそこの.
— [男] 《o suficiente》 十分な量 ▶Ganho o suficiente para viver. 私は生活するのに十分なだけ稼いでいる.

sufixo /su'fiksu/ [男] 〖文法〗 接尾辞.

suflê /su'fle/ [男] 〖料理〗 スフレ.

sufocação /sufoka'sɐ̃w̃/ [[複] sufocações] [女] 息苦しさ, 呼吸困難.

sufocante /sufo'kẽtʃi/ [形] 《男女同形》 息苦しくさせる ▶calor sufocante むせかえるような暑さ.

sufocar /sufo'kax/ ㉙ [他] ❶ 息苦しくさせる, 息を詰まらせる ▶A fumaça sufoca as crianças. タバコの煙で子供たちは息を詰まらせる.
❷ 窒息状態にする, 窒息死させる.
❸ 不快にさせる ▶O abafamento da sala sufocava-o. 部屋の息苦しい空気が彼を不快にさせていた.
❹ 抑制する, 抑圧する ▶sufocar as emoções 感情を抑える / sufocar uma rebelião 反乱を鎮圧する.
❺ 動揺させる ; 感動させる.
— [自] ❶ 息苦しくなる. ❷ 窒息死する.
—sufocar-se [再] ❶ 息苦しくなる ▶Ela sufocava-se com o cheiro de álcool. 彼女はアルコールの臭いに息が詰まっていた.
❷ 窒息死する. ❸ 感情を抑える.

sufoco /su'foku/ [男] ❶ 息が詰まること, 呼吸困難 ▶Que sufoco! 息が詰まりそうだ / estar um sufoco (場所などが) 息が詰まりそうである.
❷ [B] [話] 困難な状況, 苦境 ▶passar um sufoco 困難な状況に陥る.
❸ [B] [話] 不安, 懸念.
❹ [B] [話] 緊急, 急ぎ.
no sufoco 息も絶え絶えになって.
sair do sufoco 苦境から脱する.

sufragar /sufra'gax/ ⑪ [他] ❶ 投票することで…を支持する ▶sufragar o melhor candidato 最も優れた候補者に投票する. ❷ …の冥福を祈る ▶sufragar o falecido 故人の冥福を祈る.

sufrágio /su'fraʒiu/ [男] ❶ 投票, 票 ▶maioria absoluta dos sufrágios 過半数の得票. ❷ 選挙 (制度) ▶sufrágio direto 直接選挙 / sufrágio indireto 間接選挙 / sufrágio universal 普通選挙 / sufrágio proporcional 比例選挙. ❸ 賛同, 同意.

sugar /su'gax/ ⑪ [他] ❶ 吸う ▶sugar o néctar das flores 花の蜜を吸う.

S

❷ 吸い込む, 吸収する ▶ Este aspirador suga bem o pó. この掃除機はほこりをよく吸引する.
❸ ひどく疲れさせる ▶ O trabalho na fábrica suga os operários. 工場での仕事は労働者をくたくたにさせる.
❹ 奪う, まきあげる.

★★sugerir /suʒe'rix スジェリーフ/ (61) [他] ❶ **提案する, 勧める** ▶ sugerir uma solução 解決策を提案する / sugerir uma ideia アイデアを出す / O que você sugere? お勧めは何ですか / Para a sobremesa, o que sugere? デザートは何がお勧めですか / sugerir a leitura de um livro ある本を読むことを勧める.
❷ 《sugerir ＋[不定詞]》 **…することを提案する**.
❸ 《sugerir que ＋[接続法]》 **…ことを提案する**.
❹ 暗示する, 連想する, 思いつかせる.

★sugestão /suʒes'tẽw̃ スジェスタォン/ [[複] sugestões] [女] ❶ **提案** ▶ fazer uma sugestão 提案する / por sugestão de... …の助言に従って.
❷ **暗示, 示唆** ▶ sugestão hipnótica 催眠暗示.

sugestionar /suʒestʃio'nax/ [他] ❶ 提案する ▶ Ele sugestionou algo diferente. 彼は違うことを提案した.
❷ 影響を及ぼす, 感化する ▶ Você foi sugestionada pela música. 君は音楽からインスピレーションを受けた.
❸ 暗示にかける, 意のままに操る.
— **sugestionar-se** [再] 暗示にかかる.

sugestivo, va /suʒes'tʃivu, va/ [形] ❶ 示唆に富む, 暗示的な ▶ um título sugestivo 暗示的な題名. ❷ 魅惑的な.

suíças /su'isas/ [女複] ほおひげ.

suicida /suj'sida/ [形] 《男女同形》 自殺の, 自殺的な ▶ comportamento suicida 自殺行動 / atentado suicida 自爆テロ.
— [名] 自殺者.

suicidar-se /sujsi'daxsi/ [再] 自殺する.

suicídio /suj'sidʒiu/ [男] 自殺 ▶ cometer suicídio 自殺する / tentativa de suicídio 自殺未遂.

suíno, na /su'ĩnu, na/ [形] 豚の ▶ gripe suína 豚インフルエンザ.
— **suíno** [男] 豚.

suinocultura /sujnokuw'tura/ [女] 養豚.

suíte /su'itʃi/ [女] ❶ (ホテルの) スイートルーム. ❷ 〖音楽〗組曲.

★sujar /su'ʒax スジャーフ/ [他] ❶ 汚す, 汚くする ▶ sujar as mãos de sangue 手を血で汚す. ❷ けがす ▶ sujar a imagem イメージをけがす.
— **sujar-se** [再] 汚れる, 汚くなる.

sujeira /su'ʒejra/ [女] ❶ ごみ, 汚物 ▶ sujeira das ruas 通りのごみ / fazer sujeira 散らかす / A cidade está uma sujeira. 街はごみだらけだ. ❷ 卑劣な行為, 不正行為.

sujeitar /suʒej'tax/ 《[過去分詞] sujeitado/sujeito》 [他] ❶ 支配する, …に服従させる [＋ a] ▶ sujeitar os rebeldes 反逆者を服従させる / sujeitar os funcionários a riscos de saúde 職員を健康上のリスクにさらす.
❷ 動かなくさせる, …に固定させる [＋ a].
— **sujeitar-se** [再] ❶ …に従う, 服従する [＋ a].
❷ 《sujeitar-se ＋[不定詞]》 あきらめて…することを受け入れる, …することを承服する [＋ a] ▶ Ela não se sujeita a ver filmes dublados. 彼女は吹き替え映画を見ることを良しとしない.

★★sujeito, ta /su'ʒejtu, ta スジェィト, タ/ [形] ❶ **…に陥りやすい, に見舞われがちな, …を免れない** [＋ a] ▶ O ser humano está sujeito ao erro. 人は間違えるものだ / país sujeito a terremotos 地震が起きる国.
❷ **…を被る, …の対象になる** [＋ a] ▶ O infrator estará sujeito a multa de mil reais. 違反者は千レアルの罰金の対象になる / Esta programação está sujeita a mudanças sem aviso prévio. この番組表は予告なしに変更になる場合があります / substâncias e medicamentos sujeitos a controle especial 特別な規制を受ける物質と薬.
— [名] [話] (名前を特定しない) 人, 人物, 某.
— [男] ❶〖文法〗主語, 主部 ▶ Qual é o sujeito desta frase? この文の主語はどれですか.
❷〖哲学〗主体 ▶ sujeito pensante 思索する主体.
❸〖法律〗主体 ▶ sujeito ativo do crime 犯罪の加害者 / sujeito passivo do crime 犯罪の被害者.

sujidade /suʒi'dadʒi/ [女] ❶ 汚れ, 汚物. ❷ 排泄物.

★★★sujo, ja /'suʒu, ʒa スージョ, ジャ/ [形] ❶ **汚れた, 汚い, 不潔な** (↔ limpo) ▶ ter as mãos sujas 手が汚れている / roupa suja 汚れた服.
❷ **卑猥な, みだらな** ▶ um filme sujo ポルノ映画 / palavra suja 下品な言葉.
❸ 公害の発生源になる ▶ energia suja 汚いエネルギー.
❹ 不正な, 不公正な ▶ dinheiro sujo 汚い金 / jogo sujo 反則プレー / negócios sujos 汚い商売.
❺ (色が) くすんだ, 濁った ▶ branco sujo くすんだ白.

★★★sul /'suw スゥ/ [男] ❶ **南, 南部** ▶ Faro é uma cidade no sul de Portugal. ファーロはポルトガル南部の都市である / Cruzeiro do Sul 南十字星.
❷ 南風.
— [形] 《不変》 南の.

sul-americano, na /ˌsulameri'kẽnu, na/ [形] [名] 南アメリカの (人).

sulcar /suw'kax/ ㉙ [他] ❶ …に畝(うね)を作る, 溝を作る ▶ sulcar a terra 大地に畝を作る.
❷ しわをつける, 筋をつける ▶ sulcar a pele 肌にしわを作る.
❸ (空気や水を) 切って進む, 航海する ▶ O navio sulca o Oceano Atlântico. 船が大西洋を航行する.
❹ 横切る, 横断する.
❺ 浮かび上がる ▶ Um raio sulca o horizonte. 光で地平線が浮かび上がる.

sulco /'suwku/ [男] 溝, しわ.

sul-coreano, na /ˌsuwkore'ẽnu, na/ [形] [名] 韓国の (人).

sulista /su'lista/ [形] 《男女同形》 [名] 南部の (人).

sultão /suw'tẽw̃/ [[複] sultões] [男] ❶ オスマン・トルコ帝国皇帝, スルタン. ❷ (イスラム教国の) 君主.
❸ 愛人のたくさんいる男性.

suma¹ /'sũma/ 囡 要約, 大意.
　em suma 要するに.
sumarento, ta /suma'rẽtu, ta/ 形 果汁の多い, みずみずしい.
sumariamente /su,maria'mẽtʃi/ 副 簡潔に, 略式で.
sumariar /sumari'ax/ 他 要約する.
sumário, ria /su'mariu, ria/ 形 ❶ 要約した, 概略の, 簡潔な. ❷『法律』略式の▶julgamento sumário 略式裁判. ❸（衣服が）申し訳程度の▶biquíni sumário 申し訳程度のビキニ.
　— **sumário** 男 ❶ 要約, 摘要. ❷ 目次, 索引.
sumiço /su'misu/ 男 消滅, 紛失▶sumiço dos documentos 文書の紛失.
　dar sumiço em... …を隠す, 処分する, 盗む.
　levar sumiço 姿を消す, 姿が見えなくなる.
sumidade /sumi'dadʒi/ 囡 ❶ 頂点, 最上部. ❷ 傑出した人, 第一人者▶uma sumidade em matemática 数学の第一人者.
:**sumir** /su'mix/ スミーフ /66/ 他 ❶ 見えなくする, 消
　❷ 沈める▶sumir o barco 舟を沈める.
　❸ なくす▶sumir o relógio 時計をなくす.
　❹ 費やす, 浪費する.
　❺ 隠す, 覆い隠す.
　❻ 破壊する, 壊す.
　— 自 ❶ 消える, 姿を消す, なくなる▶O meu carro sumiu. 私の車がなくなった / Você sumiu. しばらくお見かけしてませんでしたね.
　❷ 沈む.
　❸ 消滅する▶Muitas línguas sumiram. 多くの言語が消滅した.
　❹ …をくすねる, 盗む [+ com].
　— **sumir-se** 再 ❶ 見えなくなる, 姿を消す, なくなる.
　❷ 沈む.
　❸ 消滅する.
sumo¹ /'sũmu/ 男 Ⓟ 果汁, ジュース, 肉汁▶sumo de limão レモンジュース.
　sumo de cana Ⓟ ① サトウキビ汁 (ジュース). ② ピンガ, サトウキビ由来の酒.
sumo, ma² /'sũmu, ma/ 形 ❶ 最高の, 最高位の▶Sumo Pontífice 教皇.
　❷ 優れた, 並外れた, 卓越した.
　— **sumo** 男 ❶ 頂, 頂上, 頂点. ❷ 最高点, 絶頂.
súmula /'sũmula/ 囡 要約, 要旨, 梗概.
sunga /'sũga/ 囡 Ⓑ 水泳パンツ.
suntuário, a /sũtu'ariu, a/ 形 ぜいたくな, 奢侈な, 豪奢な.
suntuosidade /sũtuozi'dadʒi/ 囡 豪華, ぜいたく.
suntuoso, sa /sũtu'ozu, 'ɔza/ 形 豪華な, ぜいたくな▶casa suntuosa 豪邸.
*****suor** /'suox/ スオーフ / 男 ❶ 汗, 発汗▶gotas de suor 汗の滴 / enxugar suor 汗をぬぐう / ter suores frios 冷や汗をかく / com muito suor 汗水流して.
　❷ 骨の折れるつらい仕事, ひと苦労▶Isso é um fruto do meu suor. それは私の苦労の成果だ.

　com o suor do rosto 額に汗して.
　suor de alambique ピンガ, サトウキビ由来の酒.
super /'supex/ 副 とても, 非常に▶jardim super bem cuidado 手入れのとても行き届いた庭..
superabundância /superabũ'dẽsia/ 囡 多すぎること, 過剰▶superabundância de informações 情報の過剰.
superabundante /superabũ'dẽtʃi/ 形《男女同形》多すぎる, 過剰な.
superação /supera'sẽw/ [複 superações] 囡 克服▶superação da pobreza 貧困の克服.
superado, da /supe'radu, da/ 形 ❶ 克服された. ❷ 古くさい, 古びた.
superalimentar /superalimẽ'tax/ 他 …に栄養を与えすぎる.
　— **superalimentar-se** 再 栄養を取りすぎる.
superaquecer /superake'sex/ /15/ 他 過熱させる.
　— 自 過熱する▶As baterias podem superaquecer. 電池が過熱する可能性がある.
　— **superaquecer-se** 再 過熱する.
superar /supe'rax/ 他 ❶ 打ち勝つ, 支配する▶superar os adversários 敵に打ち勝つ.
　❷ …に勝る, しのぐ, 超える▶Ninguém supera este homem. この男よりも優れている者はいない.
　❸ 克服する▶superar os obstáculos 障害を乗り越える.
　— **superar-se** 再 自分の限界を超える.
superável /supe'ravew/ [複 superáveis] 形《男女同形》克服可能な, 乗り越えられる▶dificuldades superáveis 克服可能な困難.
superávit /supe'ravitʃi/ 男《単複同形》剰余金, 黒字.
supercomputador /supexkõputa'dox/ [複 supercomputadores] 男 スーパーコンピューター.
supercondutividade /supexkõdutʃivi'dadʒi/ 囡 超伝導.
supercondutor, tora /supexkõdu'tox, 'tora/ [複 supercondutores, toras] 形 超伝導体の.
　— **supercondutor** 男 超伝導体.
superdose /supex'dɔzi/ 囡 (薬や麻薬の) 服用過多.
superdotado, da /supexdo'tadu, da/ 形 名 Ⓑ 非常に知能の高い (人).
superestimar /superestʃi'max/ 他 過大評価する.
superestrutura /superestru'tura/ 囡 上部構造.
superficial /supexfisi'aw/ [複 superficiais] 形 ❶ 表面の, 表層の▶camadas superficiais 表層 / tensão superficial 表面張力.
　❷ 表面的な, 皮相な, 浅薄な▶amor superficial うわべだけの愛 / conhecimento superficial 皮相な知識.
superficialidade /supexfisiali'dadʒi/ 囡 うわべだけのこと, 皮相なこと, 浅はかなこと.
:**superfície** /supex'fisi/ スペフフィスィ/ 囡 ❶ 面積, 表面積▶calcular a superfície do terreno 土地の面積を測る / A superfície do Brasil é de cerca de 8,5 milhões de quilômetros quadrados. ブラジルの面積は約850万平方キロだ.

❷ 表面 ▶ superfície calma do lago 湖の静かな水面.
❸ 外観, 上辺 ▶ Não veja apenas a superfície da questão. 問題の外観だけを見るな.
à superfície 表面に.
à superfície de... …の表面の ▶ temperatura à superfície do solo 土壌面の温度.
na [pela] superfície 外見上は, うわべは.

superfino, na /supex'finu, na/ 形 極上の, 最高級の.

supérfluo, flua /su'pɛxfluu, flua/ 形 余分な, 不必要な ▶ despesas supérfluas むだな出費.
— **supérfluo** 男 余計なもの, 余分なもの.

super-herói /supere'rɔj/ [複 super-heróis] 男 スーパーヒーロー.

super-homem /supe'rõmẽj/ [複 super-homens] 男 スーパーマン, 超人.

superintendência /superĩtẽ'dẽsia/ 女 監督権, 監督者の職, 長官の職; 監督局, 監督執務室, 長官執務室.

superintendente /superĩtẽ'dẽtʃi/ 名 監督者, 管理者; 長官.
— 形《男女同形》監督する.

superintender /superĩtẽ'dex/ 他 ❶ 管理する, 運営する, 経営する.
❷ 監督する, 指揮する, 指導する ▶ superintender os trabalhos 作業を監督する.
❸ 監察する, 監視する.

:**superior** /superi'ox/ スペリオーフ/ [複 superiores] 形《男女同形》❶ 上の, 上方の, 上部の (↔ inferior) ▶ lábio superior 上唇 / parte superior do corpo 上半身 / canto superior esquerdo 左上のすみ / andares superiores 上方階.
❷ (地位や階級が) 上の, 高い ▶ técnico superior 上級技術者 / ensino superior 高等教育 / curso superior 上級コース.
❸ (質や価値の) 高い, すぐれた, 優秀な ▶ inteligência superior 高度な知性 / artigos de qualidade superior 高級品.
❹ …を上回る, 超える, …より優れた [+ a] ▶ taxa de desemprego superior à média nacional 全国平均を上回る失業率 / idade superior a 18 anos 18歳以上の年齢.
❺《生物》高等な ▶ animais superiores 高等動物.
❻ (時代が) 進んだ ▶ Paleolítico superior 後期旧石器時代.
❼ 上流の, 川上の ▶ Tejo superior テージョ川上流.
— 名 上司, 上級者.

superioridade /superiori'dadʒi/ 女 優越, 優位 ▶ superioridade do time brasileiro ブラジルチームの優位性 / sentimento de superioridade 優越感 / ar de superioridade 尊大な態度.

superlativo, va /supexla'tʃivu, va/ 形《文法》最上級の.
— **superlativo** 男《文法》最上級 ▶ superlativo absoluto 絶対最上級 / superlativo relativo 相対最上級.

superlotação /supexlota'sẽw̃/ [複 superlotações] 女 B 超満員, 超混雑 ▶ superlotação dos hospitais 病院のすし詰め状態.

superlotado, da /supexlo'tadu, da/ 形 超満員の, すし詰めの ▶ metrô superlotado すし詰めの地下鉄.

supermercado /supexmex'kadu/ 男 スーパーマーケット ▶ fazer compras no supermercado スーパーマーケットで買い物をする.

superpor /supex'pox/《過去分詞 superposto》他 ❶ 重ねる, 重ねて置く.
❷ …を…より重視する [+ a].
— **superpor-se** 再 重なる.

superpotência /supexpo'tẽsia/ 女 超大国.

superprodução /supexprodu'sẽw̃/ [複 superproduções] 女 ❶ 生産過剰. ❷ (映画などの) 超大作.

supersensível /supexsẽ'sivew/ [複 supersensíveis] 形《男女同形》高感度の, 過敏な.

supersônico, ca /supex'sɔniku, kɐ/ 形 P = supersônico

supersônico, ca /supex'soniku, ka/ 形 B 超音速の ▶ avião supersônico 超音速機.

superstição /supexstʃi'sẽw̃/ [複 superstições] 女 迷信, 縁起担ぎ ▶ Eu não tenho superstição. 私は迷信を持っていない.

supersticioso, sa /supexstʃisi'ozu, 'ɔza/ 形 迷信の, 迷信深い.
— 名 迷信家, 縁起を担ぐ人.

supervisão /supexvi'zẽw̃/ [複 supervisões] 女 監督, 監修, 管理, 指揮.

supervisionar /supexvizio'nax/ 他 監督する, 管理する ▶ supervisionar o trabalho 作業を監督する.

supervisor, sora /supexvi'zox, zora/ [複 supervisores, soras] 名 監督, 管理者.
— 形 監督する, 管理の.

supetão /supe'tẽw̃/ 男《次の成句で》
de supetão 突然.

suplantar /suplẽ'tax/ 他 ❶ …に勝る, しのぐ, 超える ▶ suplantar um inimigo 敵に勝つ.
❷ 踏む, 踏みつける ▶ suplantar as folhas caídas no chão 落ち葉を踏む.
❸ 倒す, 投げ倒す ▶ O boxeador suplantou o adversário. ボクサーは敵を倒した.
❹ 克服する ▶ suplantar as dificuldades 困難を乗り越える.

suplementar¹ /suplemẽ'tax/ [複 suplementares] 形《男女同形》追加の, 補充の, 増補の ▶ crédito suplementar 追加融資.

suplementar² /suplemẽ'tax/ 他 補充する, 補足する.

suplemento /suple'mẽtu/ 男 ❶ (新聞や雑誌の) 付録, 補遺 ▶ suplemento literário 文芸付録. ❷ 追加, 補充 ▶ suplemento alimentar 栄養補助食品, サプリメント.

suplente /sup'lẽtʃi/ 形《男女同形》代わりの, 補欠の.
— 名 代理人, 補欠者, 補欠選手.

supletivo, va /suple'tʃivu, va/ 形 補充する ▶ exame supletivo 追試験.
— **supletivo** 男 B (義務教育を終えられなかった者に対する) 補充教育 (= ensino supletivo).

súplica /'suplika/ [女] 哀願，嘆願.
suplicar /supli'kax/ ㉙ [他] ❶ 懇願する，哀願する ▶ suplicar ajuda 援助を懇願する.
❷《suplicar que +[接続法]》…するように懇願する ▶ Suplicou a sua mãe que a deixasse ir à festa com seu namorado. 彼女は恋人とパーティーへ行かせてくれるよう母親に頼んだ.
súplice /'suplisi/ [形]《男女同形》嘆願する，懇願する.
suplício /su'plisiu/ [男] ❶ 拷問，体刑 ▶ último suplício 死刑執行.
❷ 苦痛，責め苦 ▶ Para mim, planejar é um verdadeiro suplício! 計画を立てることは私には苦痛以外の何物でもない.
⁑**supor** /su'pox スポーフ/ ㊹《[過去分詞] suposto》[他]
❶《supor que +[接続法] / [直説法]》…**と仮定する** ▶ Vamos supor que isto seja verdade. そのことが本当だと仮定しよう / supondo que... …と仮定して，仮に…であるとすれば.
❷《supor que +[直説法] / [接続法]》…**と思う，推測する** ▶ Suponho que sim. そうだと思う / Suponho que não. そうではないと思う.
❸《supor +目的語+補語》…**を**…**と思う**.
❹ 前提とする.
— **supor-se** [再] 自分を…と思う ▶ Ele supôs-se enganado por ela. 彼は彼女にだまされたと思った.
⁑**suportar** /supox'tax スポフターフ/ [他] ❶ **我慢する，堪え忍ぶ**，甘受する ▶ suportar a dor 痛みを我慢する / suportar o frio 寒さに耐える / suportar a fome 飢えをしのぐ / suportar o ruído 騒音を我慢する / Não suporto o calor. 私は暑さが堪えられない / Não suporto o meu vizinho. 私は隣人に我慢がならない / Não suporto esperar. 私は待つのが堪えられない.
❷ …**に耐える**，…の抵抗力がある ▶ suportar altas temperaturas 高温に耐える / A minha pele não suporta o sol. 私の肌は太陽に耐えられない / Não suporto que meu marido me toque. 私は夫に触れられるのに耐えられない.
❸ …の（重み）を支える ▶ suportar o peso 重さを支える / suportar o telhado 屋根を支える.
❹ …を負担する，受け入れる ▶ suportar as despesas 費用を負担する.
— **suportar-se** [再] たがいに我慢しあう.
suportável /supox'tavew/ [[複] suportáveis] [形]《男女同形》耐えられる，我慢できる ▶ dor suportável 我慢できる痛み.
suporte /su'pɔxtʃi/ [男] ❶ 支え，土台. ❷ 支援.
❸ サポート ▶ suporte técnico 技術サポート.
❹ 媒体 ▶ suporte de informação 情報記憶媒体 / suporte publicitário 広告媒体.
suposição /supozi'sẽw̃/ [[複] suposições] [女] ❶ 推測，憶測 ▶ Isso é apenas uma suposição. それは憶測にすぎない.
❷ 仮定，推定 ▶ fazer uma suposição 仮定する.
supositório /supozi'tɔriu/ [男]〖医学〗座薬.
supostamente /suˌpɔsta'mẽtʃi/ [副] たぶん ▶ Foi supostamente enganado por um estelionatário. おそらく彼は詐欺師にだまされたのだろう.
suposto, ta /su'postu, 'pɔsta/ [形]（supor の過去分詞）仮定の，推測に基づいた；噂の ▶ por suposto envolvimento com tráfico de drogas 麻薬取引に関与した疑いで / um suposto suicídio 世間で言われている自殺.
— **suposto** [男] ❶ 仮定，推測. ❷ 実体，本質.
suposto isto こう仮定して.
suposto que +[接続法] …と仮定して.
supracitado, da /suprasi'tadu, da/ [形] 前述の，上述の.
supranacional /supranasio'naw/ [形]《男女同形》[[複] supranacionais] 超国家的な ▶ organização supranacional 超国家組織.
suprassumo /supra'sũmu/ [男] 最高点，極致，極み ▶ suprassumo da beleza 美しさの極み.
supremacia /suprema'sia/ [女] ❶ 支配的地位，主導権，覇権 ▶ supremacia americana アメリカの覇権. ❷ 優位，優越 ▶ supremacia econômica 経済的優位.
*__supremo, ma__ /su'prẽmu, ma スプレーモ，マ/ [形]
❶（権力や地位が）**最高の，至上の** ▶ autoridade suprema 最高権力機関，最高権力者 / Supremo Tribunal 最高裁判所 / Ser Supremo 神.
❷ **最大の** ▶ num esforço supremo 最大の努力をして / fazer um esforço supremo 懸命の努力をする / felicidade suprema 至福.
supressão /supre'sẽw̃/ [[複] supressões] [女] ❶ 削除 ▶ supressão de palavras 単語の削除 / supressão de empregos 人員整理. ❷ 廃止，撤廃 ▶ supressão das fronteiras 国境の撤廃.
suprimir /supri'mix/ [他] ❶ 差し止める，発表しない，もみ消す ▶ O editor suprimiu essa reportagem. 編集者はそのルポタージュを公表しなかった.
❷ 省く，削除する，削る ▶ O escritor suprimiu dois capítulos do livro. 作家はその本の二つの章を省いた.
❸ 隠す，遠ざける，触れない ▶ É preciso suprimir os sinais de nossa passagem por aqui. この辺りを我々が通った痕跡を隠す必要がある.
❹ 除去する，排除する，抹殺する ▶ O gângster suprimiu seus dois maiores rivais. ギャングは二人の最大のライバルを抹殺した.
❺ 廃止する，無効にする ▶ A ditadura suprimiu todas as formas de liberdade. 独裁体制はあらゆるかたちの自由を廃止した.
suprir /su'prix/ [他] ❶ 埋める，完成する，完了する，補足する ▶ Ele supre o orçamento com o dinheiro que tem. 彼は自分の持ち金で予算を埋め合わせる.
❷ …を…に供給する，準備する，備える［+ com/de］▶ Ela supriu a loja com novos estoques. 彼女は店に新たなストックを準備した / A escola deve suprir os alunos do material básico. 学校が生徒に基本的な教材を支給するはずだ.
❸ 助ける，補う，軽減する ▶ Sua presença forte supria a falta de liderança do grupo. 彼の強い存在がグループの統率力不足を補っていた.
❹ …を…と交換する，代替する［+ por］▶ Ela supriu os sucos por leite. 彼女はジュースの代わりに牛乳を用いた.
— [自] ❶ 代わりを務める，代わりになる ▶ Na ausên-

S

cia do presidente, cabe ao vice-presidente suprir. 社長の不在時には副社長が代替することが妥当だ.

❷ …を養う [+ a] ▶Ele supre aos que dele dependem. 彼は自分を頼る者たちを養う.

❸ …を補う, 補助する [+ a].

— **suprir-se** 再 備える, 補給する.

surdez /sux'des/ 囡 耳が不自由なこと.

surdina /sux'dʒina/ 囡 ❶ (楽器の) 弱音器. ❷ (ピアノの) ソフトペダル.

à [na] surdina ひそかに, こっそりと.

em surdina ① 弱音器をつけて, 音を弱めて, 小声で. ② ひそかに, こっそりと.

*★**surdo, da** /'suxdu, da スフド, ダ/ 厖 ❶耳の聞こえない, 耳の不自由な▶ficar surdo 耳が聞こえなくなる.

❷ (音が) 鈍い, はっきりしない▶som surdo 鈍い音.

❸ …を聞き入れようとしない, …に耳を貸さない [+ a] ▶surdo aos conselhos 忠告に耳を貸さない.

❹〖音声〗無声の▶consoantes surdas 無声子音.
— 图 耳の不自由な人.

surdo como uma porta まったく耳が聞こえない.

surdo-mudo, surda-muda /ˌsuxdu'mudu, ˌsuxda'muda/ [複 surdos-mudos, surdas-mudas] 厖 图 聾唖の (人).

surfar /sux'fax/ 自 サーフィンをする▶surfar na internet ネットサーフィンをする.

surfe /'suxfi/ 男 波乗り, サーフィン▶fazer [praticar] surfe サーフィンをする.

surfista /sux'fista/ 图 サーファー.

*★**surgir** /sux'ʒix/ ②自 ❶出現する, 現れる▶O sol surgiu no horizonte. 太陽が地平線に現れた / De repente você surgiu na minha vida. 突然君が僕の人生に現れた.

❷生じる, 起こる▶Um problema surgiu. 問題が一つ生じた / Surgiu uma situação grave de repente. 不意に深刻な事態が生じた / Surgiu-me uma boa ideia. 名案が浮かんだ / Como surgiu o caratê? 空手はどのようにしてできたか / As coisas não surgem do nada. 物は無からは生じない.

surpreendente /suxpriẽ'dẽtʃi/ 厖《男女同形》驚くべき▶descoberta surpreendente 驚くべき発見 / É surpreendente que +接続法 …ことは驚くべきことだ.

surpreendentemente /suxpriẽˌdẽtʃi'mẽtʃi/ 副 驚いたことに.

*★**surpreender** /suxpriẽ'dex スフプリエンデーフ/ 《過去分詞 surpreendido/surpreso》 他 ❶ 驚かせる, びっくりさせる ▶Essa notícia surpreendeu o mundo todo. そのニュースは世界中を驚かせた / Uma coisa me surpreendeu. 1つのことが私を驚かせた / Não é de surpreender que +接続法 …は驚くに当たらない.

❷ …を現場で取り押さえる, つかまえる▶surpreender os assaltantes 強盗をその場でつかまえる.

❸不意打ちする, 不意に訪れる ; 出し抜けに襲う▶surpreender o inimigo 敵を奇襲する.

❹ (秘密などを) はからずも発見する, …に出くわす.

— **surpreender-se** 再 …に驚く [+ com] ▶Surpreendi-me com o resultado. 私は結果に驚いた.

surpreendido, da /suxpriẽ'dʒidu, da/ 厖 (surpreender の過去分詞) ❶ …に驚いた [+ com] ▶O réu não ficou surpreendido com o veredicto dado pelo juiz. 被告人は裁判官の下した評決に驚かなかった.

❷ 不意打ちを食らった▶O bandido foi preso, surpreendido pela polícia. 強盗は警察に現行犯で逮捕された.

*★**surpresa**¹ /sux'preza スフプレーザ/ 囡 ❶ 驚き, 驚嘆 ▶caixa de surpresa びっくり箱 / para minha surpresa 私が驚いたことには / Que surpresa! これは驚いた.

❷ 驚くべきこと, 思いがけないこと▶visita de surpresa 突然の来訪.

❸ 思いがけない贈り物▶fazer uma surpresa a alguém …に思いがけない贈り物をする.

de surpresa 突然, 予期せず▶chegar de surpresa 突然到着する.

pegar de surpresa 奇襲する, 不意打ちする▶A chuva me pegou de surpresa. 私は急な雨に降られた.

surpreso, sa² /sux'prezu, za/ 厖 (surpreender の過去分詞) 驚いた▶Eu fiquei surpreso. 私は驚いた / ficar [estar] surpreso com... …に驚く.

surra /'su'xa/ 囡 ❶ 殴打, げんこつ, 殴ること.
❷ 大敗させること.

dar uma surra em alguém ① …を殴る. ② …を大敗させる.

levar uma surra de alguém ① …に殴られる. ② …に大敗する.

surra de língua 非難, 叱責.

surrar /su'xax/ 他 ❶ (皮を) なめす. ❷ 殴る▶Ele foi surrado pelo inimigo. 彼は敵に殴られた.

— **surrar-se** 再 (服が) すり切れる.

surrealismo /suxea'lizmu/ 男 シュールレアリスム, 超現実主義.

surrealista /suxea'lista/ 厖《男女同形》シュールレアリスムの.
— 图 シュールレアリスト.

surrupiar /suxupi'ax/ 他 俗 盗む.

surta 活用 ⇒ sortir

surtar /sux'tax/ 自 激怒する▶A mulher surtou ao flagrar seu marido com outra. その女性は夫が他の女と一緒にいる現場に出くわして激怒した.

surte 活用 ⇒ sortir

surtir /sux'tʃix/ 他 ❶ 結果を引き起こす, 原因となる▶surtir efeito 効果を発揮する / Temi que essas medidas não surtissem qualquer efeito. 私はそれらの手段では何の効果も生じないことを恐れた.

❷ 出る, 生じる▶Surtem rolos de fumaça pela chaminé. 煙突から煙が立ちのぼる.

— 自 結果を引き起こす▶Seu plano não surtiu como ele esperava. 彼の計画は望んでいたような結果を生まなかった.

surto /'suxtu/ 男 不意の出現, 勃発▶surto de gripe インフルエンザの発生.

surto 活用 ⇒ sortir

SUS

SUS /'sus/《略語》Sistema Único de Saúde 統一医療保健システム.

susceptibilidade /susepitʃibili'dadʒi/ 囡 = suscetibilidade

susceptível /susepi'tʃivew/ 形 = suscetível

suscetibilidade /susetʃibili'dadʒi/ 囡 ❶ 受容性 ▶Ele tem suscetibilidade aos novos tratamentos. 彼には新しい治療に対する受容性がある. ❷ 敏感さ, 激しやすさ, かっとなりやすいこと▶ferir suscetibilidades 自尊心を傷つける.

suscetível /suse'tʃivew/ [覆 suscetíveis] 形《男女同形》❶ …が可能な, …できる [+ de] ▶A ideia é suscetível de ser discutida. そのアイディアは議論の余地がある.
❷《影響を》受けやすい, 繊細な▶A planta é muito suscetível às temperaturas baixas. その植物は低い気温の影響をとても受けやすい.
❸ 感受性の強い, 神経質な, かっとなりやすい▶Não lhe conte isso porque ele é uma pessoa suscetível. それは言わないでください. 彼はとてもかっとなりやすい人なので.
— 名 腹を立てやすい人.

suscitar /susi'tax/ 他《感情などを》呼び起こす, かき立てる▶suscitar a curiosidade dos espectadores 観客の好奇心をかき立てる / A decisão do governo suscitou reações negativas da população. 政府の決定は国民の拒否反応を引き起こした.

suspeição /suspej'sẽw/ [覆 suspeições] 囡 ❶ 疑い, 不信, 疑念. ❷《法律》容疑.

suspeita[1] /sus'pejta/ 囡 ❶ 疑い, 疑惑, 嫌疑 ▶por suspeita de roubo 盗みの疑いで. ❷ 不信 ▶lançar suspeitas sobre... …に不信を抱く.

*****suspeitar** /suspej'tax/ スズペィターフ/ 他 ❶ 疑う
❷《suspeitar que +直説法 / 接続法》…ではないかと思う▶Suspeito que ele esteja mentindo. 私は彼がうそをついているのではないかと疑っている.
❸《suspeitar alguém de algo》…を…と思う▶Eles suspeitam-no de ladrão. 彼らは彼を泥棒ではないかと疑った.
— 自 … を疑う [+ de] ▶A polícia suspeitava de um vizinho da vítima. 警察は被害者の隣人を疑っていた / Suspeito de tudo. 私はすべてが信じられない / A polícia suspeita de um crime ligado ao tráfico de drogas. 警察は麻薬取引関連の犯罪を疑っていた.

suspeito, ta[2] /sus'pejtu, ta/ 形 ❶ 怪しい, 疑わしい▶comportamento suspeito 不審な行動.
❷《suspeito de +不定詞》…の疑いがある▶um homem suspeito de ter roubado uma moto オートバイを盗んだ疑いのある男.
❸ 真偽の程が不明な.
— 名 ❶ 被疑者, 容疑者▶suspeito de homicídio 殺人の容疑者. ❷ 不審人物.

suspeitoso, sa /suspej'tozu, 'tɔza/ 形 不審な, 怪しい.

*****suspender** /suspẽ'dex/ ススペンデーフ/《過去分詞 suspendido/suspenso》他 ❶ 中止する, 中断する; 延期する▶Eles suspenderam as obras. 彼らは工事を一時中止した / A conferência foi suspensa. 会議は一時中断された.
❷ 止める, 取り消す▶suspender a encomenda 注文を取り消す.
❸ 停職 [停学] にする▶Ela foi suspensa da escola. 彼女は停学処分となった / A liga suspendeu o jogador. リーグはその選手を出場停止処分にした.
❹ つるす, ぶら下げる▶Ele pregou um prego na parede para suspender um quadro. 彼は絵をかけるために壁に釘を打ちこんだ.
❺ 魅了する▶A eloquência dele suspendeu a assistência. 聴衆は彼の雄弁さに魅了された.

suspensão /suspẽ'sẽw/ [覆 suspensões] 囡 ❶ つるすこと, ぶら下げること,
❷ 中断, 一時停止 ▶suspensão do pagamento 支払い停止 / suspensão da execução da pena 刑の執行猶予.
❸ 停職, 停学,《スポーツ選手の》出場停止.
❹《機械》サスペンション, 懸架.

suspense /sus'pẽsi/ 男《英語》サスペンス▶filme de suspense サスペンス映画.

suspenso, sa /sus'pẽsu, sa/ 形 (suspender の過去分詞) ❶ ぶら下がっている, つるされた▶bicicleta suspensa na parede 壁につるされた自転車.
❷ 高いところにある.
❸ 中断された, 止まった.
❹ 漂った.
❺ 切迫した.
❻ ためらった, 優柔不断の, あやふやな.
❼ 完結しない▶frase suspensa 完結しない文.
em suspenso 中断された ▶As negociações ficaram em suspenso. 商談は中断された.

suspensórios /suspẽ'sɔrius/ 男覆 ズボンつり, サスペンダー.

*****suspirar** /suspi'rax/ ススピラーフ/ 自 ❶ ため息をつく▶suspirar de amor 愛のため息をつく.
❷ さえずる, ささやくような音を出す▶As folhas suspiravam. 葉がかさかさと音を立てていた.
❸ …に恋い焦がれる [+ por].
❹ …を熱望する, 渇望する [+por] ▶Ela suspirava pelo retorno do namorado. 彼女は恋人の帰りを待ち望んでいた.
❺ …に懐かしさを感じる, 郷愁を感じる [+ por] ▶Ele suspirava pela terra natal. 彼は生まれ故郷に懐かしさを感じていた.
— 他 ❶ …に懐かしさを感じる, 郷愁を感じる▶O homem suspirava seus melhores momentos. その男は一番良かったころを懐かしがっていた.
❷ 熱望する, 渇望する▶Ele suspirava o amor de alguém. 彼は誰かの愛を望んでいる.
❸ 物悲しげに語る▶O velho suspira a história do homem. その老人はその男の物語を物悲しげに語る.

suspiro /sus'piru/ 男 ❶ ため息, 嘆息 ▶dar um suspiro ため息をつく / um suspiro de alívio 安堵のため息. ❷《菓子》メレンゲ.
último suspiro 亡くなる前の最後の息▶até o último suspiro 死ぬまで / exalar o último suspiro 息を引き取る.

sussurrar /susu'xax/ 他 …をささやく▶sussurrar palavras de amor 愛の言葉をささやく.
— 自 ささやく, さらさら音をたてる.

sussurro /su'suxu/ 男 ささやき, そよぎ.
sustância /sus'tẽsia/ 女 ❶ 栄養 ▶comida com sustância 栄養のある食べ物. ❷ 元気, 活力.
sustar /sus'tax/ 他 止める, 中断させる.
— 自 止まる, 中断する.
— **sustar-se** 再 止まる, 中断する.
sustentabilidade /sustẽtabili'dadʒi/ 女 持続可能性.
sustentáculo /sustẽ'takulu/ 男 支柱, 支え ▶o sustentáculo da família 一家の大黒柱.
☆**sustentar** /sustẽ'tax ススステンターフ/ 他 ❶ 支える ▶sustentar o peso 重みを支える / Os pilares sustentam o telhado. 柱が屋根を支える.
❷ 扶養する, 養う, 食べさせる ▶sustentar a família 家族を扶養する / sustentar os filhos 子供たちを養育する.
❸ 支持する, 支える, 擁護する ▶sustentar a economia 経済を支える / sustentar a teoria 理論を支持する / sustentar uma opinião 意見を支持する.
❹ 継続する, 維持する ▶sustentar a guerra 戦争を継続する / sustentar uma discussão 議論を続ける / sustentar a vida 生命を維持する / sustentar a voz 声を伸ばす.
❺ 《sustentar que +直説法》…と断言する.
— **sustentar-se** 再 ❶ 立っている, (水や空気に) 浮かぶ ▶sustentar-se de pé 自分の足で立つ.
❷ 自活する, 自立する.
❸ …を食べて生きる [+ de].
sustentável /sustẽ'tavew/ 形 《男女同形》 [複 sustentáveis] 持続可能な ▶desenvolvimento sustentável 持続可能な発展.
sustento /sus'tẽtu/ 男 ❶ 生計, 生活費 ▶ganhar o seu próprio sustento 自活する.
❷ 食べ物, 滋養物.
❸ 支え, 支持.
suster /sus'tex/ 37 他 ❶ 支える, 押さえる ▶Ele susteve o menino com as mãos. 彼は両手で男の子を支えた.
❷ 止める, 抑える, 抑制する, 抑止する ▶suster as lágrimas 涙をこらえる / Ele sentiu que deveria suster seus gastos excessivos. 彼は無駄遣いをやめるべきだと感じた / Os caçadores sustinham os cães impacientes. 猟師たちは短気な犬たちを抑えていた.
❸ 養う, 強くする ▶Dieta e exercícios físicos sustinham sua saúde. 食餌療法と運動が彼の健康を養っていた / suster esperanças 夢をはぐくむ.
❹ 保持する, 保つ.
— **suster-se** 再 ❶ 立っている ▶Ele estava tão cansado que mal conseguia suster-se. 彼はとても疲れていたのでほとんど立っていることができなかった.
❷ 均衡を保つ.
❸ 自制する ▶Ele susteve-se para não brigar. 彼は争いを避けて自制した.
☆**susto** /'sustu ススト/ 男 ❶ (突然の) 驚き, 衝撃 ▶Que susto! ああ驚いた / levar um susto 仰天する.
❷ 動揺, 混乱, 不安.
❸ 恐怖 ▶morrer de susto 恐怖のあまり死ぬ / dar susto em alguém …を怖がらせる, 恐怖を与える / levar um susto 怖がる, おびえる.
passar susto em... …を驚かす.
passar um susto ① ひやっとする. ② 驚かす.
pregar um susto em alguém …をこわがらせる.
sem susto 恐れずに ▶Pode tomar este remédio sem susto, não tem efeitos colaterais. 安心してこの薬を飲めばいいですよ. 副作用はありませんから.
sutiã /sutʃi'ẽ/ 男 ブラジャー.
sutil /su'tʃiw/ [複 sutis] 形 《男女同形》 ❶ 微妙な, かすかな ▶diferença sutil 微妙な違い / sorriso sutil かすかな微笑.
❷ 細い ▶fio sutil 細い糸.
❸ 繊細な, 巧みな ▶trabalho sutil 巧みな細工.
sutileza /sutʃi'leza/ 女 ❶ 鋭さ, 鋭敏さ ▶sutileza de espírito 精神の鋭敏さ.
❷ 繊細さ ▶Você usa muita sutileza nas palavras. 君はとても繊細に言葉を使う.
sutura /su'tura/ 女 〖医学〗縫合 (術).

t /'te/ 男 ポルトガル語アルファベットの第20字.

ta /ta/ 間接目的格代名詞 te と直接目的格代名詞 a の縮合形.

tá /ta/ 間 ❶ もういい, 十分だ.
❷ 分かりました, 了解〔注 動詞 estar の 3 人称単数形 está の es が消失した形〕▶ — Vamos ver o filme hoje? — Tá, na sessão das oito.「今日映画を見ようか」「オーケー. 8 時の上演で」.

tabacaria /tabaka'ria/ 女 タバコ屋.

tabaco /ta'baku/ 男 ❶【植物】タバコ. ❷ (喫煙用) たばこ.

tabagismo /taba'ʒizmu/ 男 たばこ中毒, たばこの害 ▶ tabagismo passivo 受動喫煙.

tabefe /ta'bɛfi/ 男 平手打ち.

*__tabela__ /ta'bɛla/ 女 ❶ 表, リスト; 時刻表 ▶ tabela de preços 価格表 / tabela de cores カラーチャート / tabela de classificação ランキング表 / tabela de conversão 換算表 / tabela periódica dos elementos 元素周期表 / tabela de horário 時刻表 / tabela dos jogos da Copa do Mundo ワールドカップの対戦成績表.
❷ 得点表, スコアボード.
❸【バスケット】バックボード.
❹【ビリヤード】台のクッション.
❺【サッカー】ダブルパス, 壁パス.
cair pelas tabelas くたくたである.
estar na ponta da tabela 首位を走る.
jogar por tabela あてこする.
por tabela 間接的に.

tabelado, da /tabe'ladu, da/ 形 価格が決められた, 価格統制された ▶ preço tabelado 定価.

tabelar /tabe'lax/ 他 ❶ …を表にする. ❷ …の価格を統制する.
— 自【サッカー】…とボールをパスし合いながらゴールに向かう [+ com].

tabelião, liã /tabeli'ẽw, li'ɐ̃/ [複 tabeliães, liãs] 名 公証人.

taberna /ta'bɛxna/ 女 ❶ 軽食堂. ❷ 酒屋, 酒場.

tablado /ta'bladu/ 男 ❶ 舞台, ステージ. ❷ (屋外の) 観客席.

tablete /ta'blɛtʃi/ 男 ❶ 錠剤, タブレット. ❷ 板状のもの ▶ tablete de chocolate 板チョコ. ❸ タブレット端末.

tabloide /ta'blɔjdʒi/ 男 タブロイド判の出版物.
— 形 (男女同形) タブロイド判の ▶ jornal tabloide タブロイド新聞.

tabu /ta'bu/ 男 禁忌, タブー, 禁忌語 ▶ quebrar o tabu タブーを破る.
— 形 (男女同形) タブーの, 禁制の ▶ um assunto tabu 口にしてはいけない話題.

*__tábua__ /'tabua/ 女 ❶ 板 ▶ tábua de cozinha [cortar] まな板 / tábua de passar roupa アイロン台 / tábua de mesa テーブルの板 / tábua de queijos チーズの盛り合わせ / tábua de frios ハムやチーズの盛り合わせ / Tábuas da Lei『聖書』律法の石板 (十戒を刻んだ石板).
❷ 表, リスト ▶ tábua de multiplicação 掛け算の表 / tábua de logaritmos 対数表.
❸ 画布.
dar tábua ① (女性が男性の) ダンスの申込みを断る. ②だます.
levar com a tábua no rabo 追い出される, 締め出される.
levar tábua ① (男性が女性に) ダンスの申し込みを拒否される. ②だまされる. ③ 追い出される.
meter o pé na tábua アクセルを踏む, 加速する.
tábua de salvação 頼みの綱, 最後の望み.
tábua rasa 白紙状態 ▶ fazer tábua rasa de... …を白紙状態にする, …をなかったことにする.

tabuada /tabu'ada/ 女 1 から 10 までの四則計算の表 ▶ dizer a tabuada 九九を唱える.

tabulador /tabula'dox/ [複 tabuladores] 男 タビュレーター, タブキー.

tabular[1] /tabu'lax/ [複 tabulares] 形 (男女同形) 表の.

tabular[2] /tabu'lax/ 他 表にする ▶ tabular os dados データを表にする.

tabuleiro /tabu'lejru/ 男 ゲーム盤 ▶ tabuleiro de xadrez チェス盤 / jogo de tabuleiro ボードゲーム.

tabuleta /tabu'leta/ 女 ❶ 掲示板, 看板. ❷ 通知, 知らせ.

taça /'tasa/ 女 ❶ グラス ▶ uma taça de vinho グラス 1 杯のワイン. ❷ 優勝カップ, 賞杯 ▶ ganhar a taça 優勝カップを獲得する / Taça de Portugal ポルトガルカップ.

tacada /ta'kada/ 女 ❶【ビリヤード】キューで突くこと, ショット.
❷【ゴルフ】ストローク, 一打ち.
bela tacada ① 見事な腕前. ② (ビリヤードなどで) 美しいショット.
de uma tacada 回 一度に, 一気に.
grande tacada (ビリヤードなど) ラッキーショット, 技ありの一撃.
numa tacada 止まらずに, 一気に.

tacanho, nha /ta'kẽɲu, ɲa/ 形 ❶ 小さい, 背が低い ▶ homem tacanho 背の低い男.
❷ 狭量な, 心の狭い ▶ ideias tacanhas 視野の狭い考え方 / O seu pensamento é tacanho. 君の考えは貧相だ / Ela foi tacanha com o amigo. 彼女は友人に対して心が狭かった.

tacão /ta'kẽw/ [複 tacões] 男 靴のかかと.

tacar /ta'kax/ 他 ❶ 投げる ▶ Eles tacaram ovos no aniversariante. 彼らは誕生日を迎える人に卵を投げた (ブラジルでの習慣).
❷ (ビリヤードのキューで玉を) 突く, (ゴルフクラブでボールを) 打つ.
❸ tacar fogo em... …に火をつける.

tachinha /ta'ʃiɲa/ 女 画びょう.

tácito, ta /'tasitu, ta/ 形 暗黙の ▶acordo tácito 暗黙の了解.

taciturno, na /tasi'tuxnu, na/ 形 無口な, 寡黙な.

taco /'taku/ 男 ❶ 【ゴルフ】クラブ ▶taco de golfe ゴルフクラブ. ❷ 【ビリヤード】キュー ▶taco de bilhar ビリヤードのキュー. ❸ 【野球】バット ▶taco de beisebol 野球バット.
confiar no próprio taco 自信がある.
no taco しっかりして, 安定して.
taco a taco 互角に.

táctil /'taktʃiw/ 形 = tátil

tadinho, nha /ta'dʒinu, ɲa/ 形 Ｂ かわいそうな (注 coitadinho の coi が消失した形) ▶Tadinho dele! かわいそうな彼.

tagarela /taga'rela/ 形 《男女同形》 名 おしゃべりな (人).

tagarelar /tagare'lax/ 自 よくしゃべる, ぺらぺらしゃべる.

tagarelice /tagare'lisi/ 女 おしゃべり, 駄弁, むだばなし.

taipa /'tajpa/ 女 土壁.

tal /'taw/ タッ/ [複 tais] 形 《男女同形》 ❶ こんな, そんな, あんな, これほどの, あれほどの ▶Nunca vi tal coisa. このようなものは見たことがない / Como você pode dizer tal coisa? どうしてそんなことが言えるのですか / Não cometerei tal erro novamente. あんな失敗はもうしない / em tais condições このような状況で / um assunto de tal importância これほど重要な問題 / de tal maneira このようなやり方で / em tal caso その場合 / Não há tal coisa como a perfeição. 完璧というようなものはない / Tal é a conclusão. 以上が結論である. ❷ 《tal... que +[直説法]》あまり…なので…である ▶Era tal a parecença entre as irmãs que não se distinguia quem era quem. その姉妹はとてもよく似ていたので, どちらがどちらか見分けがつかなかった. ❸ これこれの, しかじかの ▶tal e tal pessoa これこれの人. ❹ 《定冠詞 + tal + 名詞》あの, 例の ▶o tal cara あいつ, あの男. ❺ 《定冠詞 + 名詞 + tal》某…, とある… ▶no restaurante tal とあるレストランで. ❻ 《不定冠詞 + tal + 名前》…という名前の人 ▶um tal Paulo パウロという名の男. ❼ 《定冠詞 + tal do [da] + 名詞》…のやつ.
— 代 あれ, それ, そのこと, その人, 人 ▶Não disse tal. 私はそうは言っていない.
— 男 名 圄 最も優れた人 ▶Ele se acha o tal. 彼は自分が最高だと思っている.
como tal そのようなものとして ▶Bandido deve ser tratado como tal, não como cidadão. 強盗は市民としてではなく, 強盗として扱わなければならない.
... de tal (名前の一部を省いて) …なにがし, …某 ▶Pedro de tal ペドロ某.
... e tal …等, などなど.
Este é o tal... これが例の…だ ▶Este é o tal restaurante que tem que ser reservado seis meses antes. ここが, 半年前の予約が必要な例のレストランだ.
que tal 同類の.
Que tal...? …はいかがですか, どう思いますか ▶— Que tal um café? - Muito bom, aceito. 「コーヒーはいかがですか」「いいですね, いただきます」 / Que tal fazer assim? こうしたらどうでしょうか / Que tal sairmos para jantar? 夕食を食べに行きませんか / Que tal o seu hotel? Gostou? あなたのホテルはどうですか. 気に入りましたか / — O que vamos comer hoje? — Que tal comida japonesa? 「今日私たちは何を食べましょうか」「和食はどうでしょうか」 / Que tal isto? これはどうですか.
tal como... ① …のままに ▶Fale-me sobre a verdade tal como ela é. 事実をありのままに話してください / Aceite-se tal como você é. 自分自身をそのまま受け入れなさい. ② …のような ▶desastres naturais, tais como terremotos, ciclones e tsunamis 地震, サイクロン, そして津波のような自然災害.
tal ou qual あれかこれか, 何らかの ▶de tal ou qual forma 何らかの方法で.
tal (e) qual そっくりの, そのままに ▶Ele é tal qual o pai. 彼は父親にそっくりだ / copiar tal qual そのままコピーする.
tal... tal... …がこうで, …もこうだ ▶Tal pai, tal filho. 蛙の子はこの子あり.
um tal de …という人, …のやつ.

tala /'tala/ 女 【医学】副木.
ver-se em talas 窮地に陥っている.

talão /ta'lɐ̃w/ [複 talões] 男 ❶ かかと. ❷ (小切手帳などの) 控え, (入場券などの) 半券 ; 一綴り ▶talão de cheques 小切手帳.

talassoterapia /talasotera'pia/ 女 タラソテラピー, 海水療法.

talco /'tawku/ 男 【鉱物】タルク ▶pó de talco タルカムパウダー, ベビーパウダー.

talento /ta'lẽtu/ 男 才能, 手腕 ▶Ela tem talento para a música. 彼女は音楽の才能がある / Ele tem talento literário. 彼は文才がある / talento político 政治的手腕 / mostrar seu talento 才能を示す.

talentoso, sa /talẽ'tozu, 'tɔza/ 形 才能のある, 有能な.

talha /'taʎa/ 女 ❶ 切ること, 切り込み. ❷ 木彫り. ❸ (ワインなどを入れる) つぼ, 容器.

talhado, da /ta'ʎadu, da/ 形 ❶ 切られた ▶A carne foi talhada corretamente. 肉は正確に切られた. ❷ …にふさわしい [+ para] ▶Ele foi talhado para esta empresa. 彼はこの会社にうってつけだった / Ele é um homem bem talhado. 彼はとてもふさわしい人. ❸ 取り決められた. ❹ 凝固した ▶leite talhado 凝固した牛乳.

talhar /ta'ʎax/ 他 ❶ 切る ▶Antes de assar, talho o peixe. 焼く前に魚を切る. ❷ 彫刻する, 彫る ▶Ele talhou uma estátua do avô. 彼は祖父の像を彫った. ❸ (布や革を) 裁断する, 裁つ ▶Ela examina o

talharim

corpo da freguesa e talha o vestido. 彼女は客の身体を測りドレスの裁断をする.

❹ …の型を取る ▶ Ele talhou o mármore de acordo com a mesa. 彼はテーブルに合わせて大理石を切り抜いた.

❺ 分割する ▶ Ela talhou a pizza em poucos segundos. 彼女はあっという間にピザを切り分けた.

❻ (トランプのカードを) 分ける ▶ Ele talhou o baralho em quatro partes. 彼はカードを4つに分けた.

❼ 凝固させる ▶ O tempo quente talhou o leite. 暑い気候で牛乳が固まった.

❽ 切り開く, 波を切って進む ▶ Este caminho foi talhado por um rebanho de ovelhas. この道は羊の群れが作ったものだ.

❾ 剪定する ▶ A prefeitura mandou talhar as árvores do bairro. 市役所はこの地区の木を剪定させた.

❿ 変質させる, 駄目にする ▶ O calor talhou as frutas. 暑さで果物が駄目になった.

⓫ …のために準備する, あらかじめ決める, 運命を定める [+ para] ▶ Ele recebeu uma educação que o talhou para a liderança. 彼は指導者となるべく教育を受けた.

⓬ 値段を決める ▶ O dono da padaria talhou o preço do pão. パン屋の主人はパンの値段を決めた / O sitiante talhou a venda em cem mil reais. 農場主は売値を10万レアルに決めた.

⓭ 原因となる, 引き起こす ▶ O quebra-quebra talhou prejuízos para o dono da boate. 狼藉騒ぎでナイトクラブのオーナーは損害を被った.

⓮ (祈りで) 治そうとする ▶ Ela mandou chamar uma curandeira para talhar sua doença com uma reza forte. 彼女は強い祈禱で病気を治すためにまじない師を呼ばせた.

⓯ (船を積み荷で) いっぱいにする ▶ Ele talhou o navio. 彼は船をいっぱいにした.

— 自 ❶ 布を裁断する ▶ Se o alfaiate não sabe talhar, estraga o tecido. 仕立て屋が裁断方法を知らなければその布は台無しになる.

❷ 固まる, 凝固する ▶ A maionese talhou. マヨネーズが凝固した.

❸ いっぱいになる ▶ Com tanta carga, o navio talhou. 積み荷で船はいっぱいになった.

— **talhar-se** 再 ❶ 裂ける ▶ O terreno cedeu e as paredes talharam-se. 地面が揺れて壁に亀裂が入った.

❷ 固まる, 凝固する.

talharim /taʎaˈrĩ/ [複 talharins] 男【料理】細いリボン状のパスタ.

talhe /ˈtaʎi/ 男 ❶ 切ること, カット, 裁断.
❷ 身長, 背丈.
❸ 形, 格好.
❹ (字の) 癖.

talher /taˈʎɛx/ [複 talheres] 男 ❶ スプーン・ナイフ・フォークの一揃い. ❷ 《talheres》カトラリー, 食事用金物類 ▶ usar talheres ナイフとフォークを使う. ❸ (食事の) 席.

talho /ˈtaʎu/ 男 ❶ 切ること. ❷ (精肉店での) 肉の切り分け. ❸ P 肉屋.

a talho aberto 屋外で.

a talho de foice 折よく.

talho da vida 職業, 生業, 生き方.

talismã /talizˈmɐ̃/ 男 お守り, 魔除け.

talude /taˈludʒi/ 男 斜面, 勾配.

‡talvez /ˈtawves タウヴェース/ 副 多分, おそらく (注 動詞は talvez の後では接続法になり, 前では直説法になる) ▶ Talvez chova hoje. 多分今日は雨だ / Talvez tenha razão. 多分君が正しい / Ele já partiu, talvez. おそらく彼はすでに出発しただろう / Talvez sim, talvez não. そうかもしれないし, そうではないかもしれない.

tamanco /taˈmẽku/ 男 底が木でできた靴.
trepar nos tamancos B 怒る, いらだつ.

tamanduá /tamẽduˈa/ 男【動物】アリクイ.

‡tamanho, nha /taˈmɐɲu, ɲa タマーニョ, ニャ/ 形 これほど大きな, 非常に大きな ▶ Nunca vi tamanha bobagem! 私はこれほどのばかげたことを見たことがない / Atualmente, o poder do mercado é tamanho que praticamente nada se lhe escapa. 今日, 市場の力はとても強大なので, そこから逃れるものはほとんどない.

— **tamanho** 男 ❶ (服などの) サイズ ▶ — Qual é o seu tamanho? — Visto tamanho 40. 「あなたのサイズはいくつですか」「40です」.

❷ 大きさ, 容量, 体積 ▶ mudar o tamanho das letras 文字の大きさを変える / reduzir o tamanho de arquivo de uma imagem 画像ファイルの容量を小さくする / Que tamanho tem o universo? 宇宙の大きさはどれくらいですか / De que tamanho é? それはどれくらいの大きさですか / asteroide do tamanho de um ônibus バスぐらいの大きさの小惑星 / ser do mesmo tamanho = ter o mesmo tamanho 同じ大きさである / Gostaria de saber que tamanho de TV comprar. 私は, どれくらいの大きさのテレビを買えばいいのか知りたい / de tamanho médio 中くらいの大きさの.

do tamanho de um bonde 巨大な, 大きな ▶ paixão do tamanho de um bonde 大きな情熱.

em tamanho natural 実物大の ▶ foto em tamanho natural 実物大の写真.

tamanho-família /taˌmɐɲufaˈmilia/ 形《不変》家族向けサイズの, 大きいサイズの ▶ pizza tamanho-família ジャンボピザ.

tamanho-gigante /taˌmɐɲuʒiˈgẽtʃi/ 形《不変》ジャイアントサイズの.

tâmara /ˈtẽmara/ 女【果実】ナツメヤシ.

tamarindo /tamaˈridu/ 男【植物】タマリンド.

‡também /tẽˈbẽj タンベィン/ 副 ❶ 同じように, …もまた ▶ Eu também irei. 私はこれも行きます / Eu gosto disso também. 私はこれも好きだ / Ela também fala alemão. 彼女もドイツ語を話す / — Estou cansado. — Eu também. 「疲れた」「私もだ」/ Você também não quer participar do grupo? あなたも仲間に加わりませんか / Você também? あなたもそうですか / João é um cara bem legal e seu irmão também. ジョアンはすごくいい奴で, 彼の兄もそうだ / Leve-me também, por favor. 私も連れて行ってください / Eu também não sei. 私も知らない / Eu também não. 私もそう

ではない.

❷ さらに, その上 ▶ Eu estava cansado e também com fome. 私は疲れていたし, おなかもすいていた.

tambor /tẽ'box/ [複 tambores] 男 ❶《音楽》太鼓, ドラム ▶ tocar tambor 太鼓をたたく / ao som do tambor 太鼓の音に合わせて.

❷ ドラム, 円筒, 胴 ▶ tambor de freio ブレーキドラム.

sem tambor nem trompete 騒がずに, ひっそりと.

tamborete /tẽbo'retʃi/ 男 (ひじ掛けと背のない) 腰掛け.

tamboril /tẽbo'riw/ [複 tamboris] 男 ❶ 小太鼓. ❷ キアンコウ属の魚.

tamborim /tẽbo'rī/ [複 tamborins] 男 タンボリン (ブラジル音楽で使われる小太鼓).

tamborim

tampa /'tẽpa/ 女 ❶ 蓋 ▶ frigideira com tampa de vidro ガラスの蓋付きフライパン.
❷ 栓 ▶ tampa de rosca ねじ式キャップ
❸ 墓石.
❹ 失敗.
❺ 国 帽子.
❻ 国 頭 ▶ tampa do juízo 頭蓋骨.
apanhar [levar] tampa (男性が) 交際を断られる, ダンスの申し込みを断られる.
dar com a tampa (女性が) 交際を拒否する, ダンスの申し込みを断る.

tampão /tam'pẽw/ [複 tampões] 男 ❶ 栓, 蓋, 詰め物. ❷ タンポン.

tampar /tẽ'pax/ 他 …にふたをする, 栓をする, …をふさぐ ▶ tampar a panela なべにふたをする / tampar a garrafa 瓶に栓をする / tampar um buraco 穴をふさぐ.

tampo /'tẽpu/ 男 蓋, 便器の蓋.

tampouco /tẽ'poku/ 副 (否定文の後で) …もまた…ない ▶ Não como doces, tampouco massas. 私は甘いものを食べないし, パスタも食べない.

tanga /'tẽga/ 女 ❶ ふんどし. ❷ タンガ, 肌の露出度の高いビキニ.
ficar de tanga 無一文になる, 困窮する.

tangencial /tẽgẽsi'aw/ [複 tangenciais] 形《男女同形》❶《数学》接線の, 正接の. ❷ 表面的な.

tangenciar /tẽgẽsi'ax/ 他 ❶ …の接線を通る.
❷ …のそばを通る ▶ A rodovia tangencia o perímetro urbano. その高速道路は都市の外周を通っている.
❸ …と関係がある, …に通じるところがある.

tangente /tẽ'ʒẽtʃi/ 女 ❶《数学》接線, タンジェント. ❷ (道路の) 直線部.
― 形《男女同形》接した.
passar na tangente ① ぎりぎりで試験に合格する, ② 問題点から遠ざかる.
pela tangente やっとのことで ▶ sair pela tangente やっとのことで抜け出す.

tanger /tẽ'ʒex/ 他 ❶ (楽器を) 演奏する, 弾く, 奏でる ▶ O poeta tangeu a lira. 詩人は竪琴を奏でた.
❷ 触れる, 届く ▶ As árvores eram tão altas que pareciam tanger as nuvens. 木々はとても高く雲にまで届きそうだった.
❸ (笛などを鳴らして) 呼び寄せる ▶ O sino da igreja tangia os fiéis. 教会の鐘の音が信者たちを呼び寄せていた.
❹ (ふいごで) 風を送る ▶ O ferreiro tangia sua fole sem parar. 鍛冶屋はふいごで風を送り続けた.
❺ (家畜を) 追い立てる ▶ O miúdo tangia um velho burro. 男の子は年老いたロバを追い立てていた.
❻ 追い出す ▶ Eles tangiam os invasores. 彼らは侵入者を追い払っていた.
― 自 ❶ 楽器を弾く, 演奏する, 奏でる ▶ O grupo dançava e tangia ao mesmo tempo. そのグループは同時に踊ったり楽器を弾いたりしていた.
❷ 鳴る, 響く ▶ Os sinos tangiam ao longe. 鐘が遠くまで鳴り響いていた.
❸ …について言及する [+ a] ▶ No que tange à contabilidade, estamos tranquilos. 会計については私たちは安心しています.
❹ 呼び寄せる, 誘う.
― 男 [複 tangeres] 楽器の音, 音楽.

tangerina /tẽʒe'rina/ 女《果実》タンジェリン, マンダリンオレンジ.

tangerineira /tẽʒeri'nejra/ 女《植物》タンジェリン [マンダリンオレンジ] の木.

tangível /tẽ'ʒivew/ [複 tangíveis] 形《男女同形》❶ 触れられる. ❷ 具体的な, 明白な ▶ resultados tangíveis 具体的な結果.

tango /'tẽgu/ 男 タンゴ ▶ dançar o tango タンゴを踊る.

tanino /ta'nīnu/ 男《化学》タンニン.

tanque /'tẽki/ 男 ❶ タンク, 水槽, 油槽 ▶ tanque de gasolina ガソリンタンク. ❷ 戦車.

tantã /tẽ'tẽ/ 形《男女同形》名 国 頭がおかしい (人), 常軌を逸した (人).

tanto, ta /'tẽtu, ta タント, タ/ 形 ❶《tanto + 不可算名詞単数形》多量の, あまりの, それほど多量の ▶ ganhar tanto dinheiro たくさん金を稼ぐ / Faz tanto calor. とても暑い / há tanto tempo ずっと以前に, ずっと以前から / Fiquei sem palavras de tanto espanto. 私はあきれて物も言えなかった / Não tenha tanto medo. そんなに怖がらないで / Nunca senti tanta raiva. 私はこれほどの憤りを感じたことはない.
❷《tantos + 可算名詞複数形》多くの, 多数の ▶ Há tantas coisas para se ver. 見るべきものがたくさんある / Eu tenho tantos problemas. 私はたくさん問題を抱えている.
❸《tanto + 不可算名詞単数形 + quanto [como]...》…と同量の ▶ Neste mês gastei tanto dinheiro quanto no mês passado. 私は今月は先月と同じくらいのお金を使った.
❹《tanto + 可算名詞複数形 + quanto [co-

tão

mo] ...》…と同数の ▶Eu tenho tantos problemas quanto você. 私は君と同じくらいの問題を抱えている.

❺《tanto +不可算名詞単数形+ que +[直説法]》とても多量の…なので… ▶Estou com tanto sono que quero dormir cedo. 私はとても眠いので早く寝たい.

❻《tantos +可算名詞複数形+ que +[直説法]》とても多くの…なので… ▶Comprei tantos livros que fiquei sem dinheiro. 私は本を買いすぎてお金がなくなった.

❼《tanto... quanto [como] ...》…も…も ▶tanto a Ana quanto o Paulo アナもパウロも.

— **tanto** 副 ❶ それほど, そんなに, 非常に, とても ▶Eu te amo tanto. とても愛してる / Não posso comer tanto assim. こんなにたくさん食べられない / Para que estudar tanto? 何のためにこんなに勉強するのか.

❷ そんなに速く ▶Não corra tanto. そんなに速く走るな.

❸ 長い間 ▶Esperei tanto. 私は長い間待った / Ainda falta tanto para as eleições presidenciais. 大統領選挙はまだずっと先だ.

❹ それもしばしば.

❺《tanto quanto [como] ... 》…と同じくらいたくさん ▶tanto quanto possível できるだけたくさん.

❻《tanto que +[直説法]》とても…なので… ▶Ele correu tanto que ficou exausto. 彼はすごく走ったのでへとへとになった / Cantei tanto no karaokê que fiquei com a voz rouca. 私はカラオケで歌いすぎて, 声がかすれた.

— **tanto** 代 ❶ たくさんのもの[人] ▶Não comprei a camisa, já tenho tantas! そのシャツは買わなかった. もうたくさん持っているので. ❷ それほどの数[量, 程度].

algum tanto 少し, 少々.

às tantas ① 遅い時間に ▶até tantas da noite 夜遅くまで. ② しばらくして.

... e tanto ① …あまり, いくつ ▶dois mil e tanto 2000あまり. ② 並ではない.

... e tantos ... …あまりの…, …ちょっとの… ▶cento e tantas pessoas 100数人 / Ela tem quarenta e tantos anos. 彼女は40歳ちょっとだ.

em tanto ① たくさん. ② 一方で.

nem tanto assim それほど…ない.

nem tanto nem tão pouco 多すぎず少なすぎず, ほどほどに.

para tanto そのために.

se tanto せいぜい.

tanto assim que 従って, よって, であるからに.

Tanto faz. どうでもよい, どちらでもよい ▶Para mim, tanto faz. 私はどちらでもいい / Maçã ou laranja, tanto faz. リンゴかオレンジか, どちらでもかまわない.

tanto mais quanto さらに, その上, ことさらに.

tanto mais que +[直説法] …なのだから ▶Você não devia sair de casa, tanto mais que estava gripado. 風邪をひいていたのだから, 君は外出すべきではなかった.

tanto melhor なおさらよい ▶Se você for comigo, tanto melhor. 君が一緒に行ってくれるならなおさらよい.

tanto ou quanto 少し, 多少.

tanto pior なおさら悪い ▶Se você continuar bebendo e fumando, tanto pior. 君が酒を飲んでタバコを吸い続けるのならなおさら悪い.

tanto por tanto 五分五分, 互角, 均等に.

um tanto 少し, 若干.

um tanto quanto 少し, いささか.

** *tão** /'tẽw̃/ タォン/ 副 ❶ 非常に, あまりに, それほど ▶Ele canta tão bem. 彼はとても上手に歌う / Ela é tão bonita. 彼女はとてもかわいい / Nunca vi uma paisagem tão bela como esta. 私はこれほど美しい景色は見たことがない / Finalmente chegou o tão esperado dia do concerto. 待ちに待ったコンサートの日がやっと来た / A vida não é tão doce. 人生はそんなに甘くない / Não fale em voz tão alta. そんなに大声を出さないでください.

❷《tão... quanto [como]...》…と同じくらい…である ▶Este hotel é tão bom quanto aquele. このホテルはあのホテルと同じぐらいよい / Isto não é tão difícil como você pensa. これはあなたが考えているほど難しくはない.

❸《tão... que +[直説法]》とても…なので…である ▶Ele ficou tão contente que nem dormiu. 彼はとてもうれしくて眠ることすらできなかった / Esta caixa é tão pesada que não consigo levantá-la. この箱は重いので私は持ち上げられない.

❹《tão... que +[接続法]》…するほど… ▶Vocês não devem cantar tão alto que os vizinhos reclamem. あなたたちは近所の人たちから苦情が来るほど大きな声で歌うべきではない.

tão só ただ…だけ, ただ単に.

tão somente ただ…だけ, ただ単に ▶Ele disse-o tão somente para desgostar-me. 彼はただ私に嫌がらせをするためだけにそれを言ったのだ.

tapa /'tapa/ 男 / 女 ❶ 平手打ち ▶dar um [uma] tapa em alguém 人を平手打ちする / levar um [uma] tapa 平手打ちされる.

❷ 軽くたたくこと.

❸ マリファナを紙巻きたばこにして吸うこと.

— 女 蓋.

a tapa 力づくで.

entrar no tapa 殴られる.

sair no tapa けんかする.

trocar tapas 殴り合う.

tapado, da /ta'padu, da/ 形 ❶ 蓋をした, 栓をした. ❷ 愚かな, 無知な.

tapar /ta'pax/ 他 ❶ …に蓋をする ▶Ela tapa o pote de geleia para não entrar formiga. 彼女は蟻が入らないようにジャムの瓶に蓋をする.

❷ …を覆う, 隠す ▶As nuvens tapavam o sol. 雲が太陽を覆っていた / Ela tapou a boca. 彼女は黙った.

❸ 目隠しをする ▶Eles taparam a vista. 彼らは目隠しをした.

❹ (穴を) 塞ぐ, 埋める ▶Eles taparam a cova. 彼らは墓穴を塞いだ / A infecção tapou sua garganta. 彼は感染症で喉が腫れて塞がった.

❺ (身体の一部を) 覆う ▶ Ela tapou bem o rosto por causa do frio. 彼女は寒さのために顔をしっかりと覆い隠した.

— **tapar-se** [再] 着込む.

tapear /tape'ax/ ⑩ [他] だます ▶ O vendedor tapeia os clientes ingênuos. その販売員は純真な客をだます.

tapeçaria /tapesa'ria/ [女] ❶ タペストリー, つづれ織り. ❷ [B] じゅうたん店.

tapete /ta'petʃi/ [男] じゅうたん, マット, 敷物 ▶ tapete persa ペルシャじゅうたん / tapete mágico 魔法のじゅうたん.

estender o tapete para... …を称賛する, もてなす.

puxar o tapete 足をすくう, 邪魔をする, 整っていた条件を崩して失敗させる.

tapete verde 見事な芝生, サッカーグラウンド.

tapete vermelho レッドカーペット, 丁重な扱い.

varrer para debaixo do tapete ① 誤魔化す. ② 問題を未解決のまま終わらせようとする.

tapioca /tapi'ɔka/ [女] タピオカ (キャッサバが原料のでんぷん).

tapume /ta'pũmi/ [男] 柵, 囲い.

taquigrafia /takigra'fia/ [女] 速記.

taquígrafo, fa /ta'kigrafu, fa/ [名] 速記者.

tara /'tara/ [女] ❶ 風袋 ; 車体重量. ❷ (人の) 欠点, 短所 ▶ Tinha tara no pé. 足に傷があった. ❸ (製造時の) 欠陥. ❹ 興味の対象 ▶ A fotografia era sua tara. 写真が彼の関心事であった. ❺ 堕落, 退廃.

tarado, da /ta'radu, da/ [形] ❶ 性的変質者の.
❷ 気のふれた, 頭のおかしい.
❸ 欠陥のある.
❹ 風袋を表示した.

ser tarado por... …に夢中になっている, …が大好きである.

— [名] ❶ 性的変質者. ❷ 気のふれた人, 頭のおかしい人.

tarar /ta'rax/ [他] ❶ 風袋 [包装・こん包] から容器の重量を差し引いて量る ▶ Ele tarou a caixa de frutas. 彼は果物の箱の重量を除いて量った.
❷ 風袋 [包装・こん包] の重さを量る ▶ Ele tarou uma lata de azeite. 彼はオリーブオイルの缶の重さを量った.

— [自] ❶ [B] [俗] …に夢中になる, …の虜になる [+ por] ▶ Ele tarou por uma cantora. 彼はある歌手に夢中になった.
❷ [B] [俗] 精神状態がおかしくなる ▶ Ele tarou totalmente. 彼は完全におかしくなった.

***tardar** /tax'dax タフダーフ/ [自] ❶ 《tardar a + [不定詞]》 …**するのに遅れる, 時間がかかる** ▶ Ele tardou em decidir-se. 彼は決心するのに時間がかかった / Ela não tardou a aparecer. 彼女はすぐに現れた.
❷ 《não tarda que + [接続法]》 **すぐに…する** ▶ Levantou-se um vento forte e não tardou que começasse a chover. 強い風が吹き, すぐに雨が降り始めた.

— [他] 遅らせる ▶ A falta de recursos tardaram as obras. 資金不足で工事が遅れた.

o mais tardar どんなに遅くても.

sem mais tardar 遅れることなく, 迅速に, すぐに.

*****tarde** /'taxdʒi タフヂ/ [女] **午後**, 昼下がり ▶ à [de] tarde 午後に / A reunião termina às três horas da tarde. 会議は午後3時に終わる / hoje à tarde 今日の午後に / Você tem tempo livre hoje à tarde? あなたは今日の午後空いていますか / amanhã à tarde 明日の午後に / Deixe a tarde de amanhã livre, por favor. 明日の午後を空けておいてください / ontem à tarde 昨日の午後に / domingo à tarde 日曜の午後に / programa da tarde 午後のプログラム / todas as tardes 毎日午後.

— [副] ❶ **遅く, 遅れて** (↔ cedo) ▶ Hoje eu me levantei muito tarde. 今日私はとても遅く起きた / Ontem voltei para casa tarde da noite. 昨日私は夜遅くに帰宅した / Ontem fiquei acordado até tarde. 昨日は遅くまで起きていた / Ela chegou tarde. 彼女は遅れて着いた / É tarde. (時刻が) 遅い / Já é tarde demais. もう遅すぎる.
❷ 《mais tarde》 **後で** ▶ Até mais tarde. また後で / Telefono mais tarde. 後で電話します / dez anos mais tarde 10年後に.

Antes tarde do que nunca. 遅くとも何もしないよりはまし.

Boa tarde. こんにちは (昼食後から夕食前までのあいさつ).

Nunca é tarde para + [不定詞]. …するのに遅すぎることはない, いつでも…できる ▶ Nunca é tarde para recomeçar. いつでもやり直しが可能だ

tardezinha /taxdʒi'zĩɲa/ [女] 夕暮れ時 ▶ de tardezinha 夕暮れ時に.

tardiamente /tax,dʒia'mẽtʃi/ [副] 遅く, 遅れて ▶ A criança aprendeu a falar tardiamente. その子供は言葉が遅かった.

tardinha /tax'dʒĩɲa/ [女] 夕暮れ時.

de tardinha 夕暮れ時に.

tardio, dia /tax'dʒiu, dʒia/ [形] ❶ 遅い, 遅ればせの, 時機を逸した ▶ Ele teve um arrependimento tardio. 彼は後になって後悔した / As suas palavras foram tardias demais. 君の言葉はタイミングが遅すぎた / diagnóstico tardio 手遅れの診断 / sucesso tardio 晩成.
❷ (農産物が) 晩生の.

tardo, da /'taxdu, da/ [形] ゆっくりした, 遅い, 緩慢な, のろい ▶ passo tardo ゆっくりした足取り.

****tarefa** /ta'rɛfa タレーファ/ [女] **仕事, 任務, 務め**, 使命 ▶ cumprir a tarefa 任務を果たす / tarefas escolares 宿題 / tarefas domésticas 家事 / Escrever não é tarefa fácil. 書くことは簡単な仕事ではない.

***tarifa** /ta'rifa タリーファ/ [女] ❶ **関税表, 税率表 ; 関税** ▶ tarifas alfandegárias 関税.
❷ **運賃, 料金** ▶ tarifa de ônibus バスの運賃 / tarifa de táxi タクシー運賃 / tarifa de gás ガス料金 / tarifa de água 水道料金 / tarifas aéreas 航空運賃 / tarifa de pedágio 高速道路料金 / tarifa bancária 銀行手数料 / tarifa reduzida 割引料金.

tarimba /ta'rĩba/ [女] ❶ (兵舎などの) ベッド. ❷ 実務経験, 体験 ▶ ter tarimba 実務経験がある.

tarimbado, da /tarĩ'badu, da/ [形] 経験を積ん

T

だ，経験豊富な．

tártaro[1] /'taxtaru/ [男] ❶ 酒石．❷ 歯石．

tártaro[2], **ra** /'taxtaru, ra/ [形] タタールの，タタール人の ▶ bife tártaro タルタルステーキ / molho tártaro タルタルソース．

tartaruga /taxta'ruga/ [女]〘動物〙カメ．

operação tartaruga のろのろ闘争（業務をゆっくり行うことによるストライキ）．

tascar /tas'kax/ ㉙ [他] ❶（麻の）屑をとる，ほぐす．

❷（馬がくつわを）かむ．

❸ かむ，かじる ▶ Ele tascava a ponta do charuto. 彼は葉巻の先をかじっていた．

❹ 損ねる，駄目にする．

❺ [B]（食べているものなどを）一切れ分け与える．

❻ [B] 裂く．

❼ [B] [俗] 打つ，殴る ▶ No fim da partida, ele tascou o juiz. 試合の終わりで彼は審判を殴った．

❽ [B] [俗] 取る，奪う ▶ Famintas, as crianças tascaram toda a comida. 飢えた子供たちが食べ物をすっかり奪った．

❾ [B] [俗] …の悪口を言う ▶ Os alunos tascaram o professor. 生徒たちは先生の悪口を言った．

❿ [俗] …に突然投げつける［+ em］▶ Juliana tascou um tapa no irmão. ジュリアナは突然弟に平手打ちを喰らわせた．

⓫ [俗] …に放火する ▶ Eles tascaram fogo no canavial. 彼らはサトウキビ畑に放火した．

tasco /'tasku/ [男] 一片，一口．

tatear /tate'ax/ ⑩ [他] ❶（手，足，杖などで）探る，手探りする ▶ Ela desceu a escada tateando os degraus com os pés. 彼女は足で段を探りながら階段を下りた．

❷ 触れる ▶ O médico tateou o pulso. 医者は脈に触れた．

❸ 慎重に調査する，調べる，検討する ▶ Ele tateava os costumes de um povo. 彼はある民族の習慣を調査していた．

❹ 始める．

— [自] ❶ 探る，手探りする ▶ tatear no escuro 暗闇の中を手さぐりで進む，模索する．

❷ 慎重に調査する，調べる．

❸ 始める．

tática[1] /'tatʃika/ [女] 戦術；策略，術策 ▶ tática de guerra 戦術 / tática eleitoral 選挙戦術．

tático, ca[2] /'tatʃiku, ka/ [形] 戦術の ▶ míssil tático 戦術ミサイル．

— [名] 戦術家．

tátil /'tatʃiw/ [[複] tátis] [形]《男女同形》触覚の，触知できる ▶ teclado tátil タッチキーボード / tela tátil タッチスクリーン．

tato /'tatu/ [男] ❶ 触覚，触れること，感触 ▶ As mãos utilizam o tato. 手は触覚を利用する．

❷ 慎重さ ▶ É preciso conversar com tato. 慎重に話す必要がある．

❸ 如才なさ，機転 ▶ Devemos utilizar o tato e pensar antes de falar. 用心しながら，話す前に考えなければいけない / Que falta de tato! なんて気が利かない．

pelo tato 手触りから，手探りで ▶ reconhecer algo pelo tato あるものが何であるか触って分かる．

perder o tato ① 触覚を失う．② 思いやりやデリカシーを失う．

tatu /ta'tu/ [男]〘動物〙アルマジロ．

tatuador, dora /tatua'dox, 'dora/ [[複] tatuadores, doras] [名] 刺青師．

tatuagem /tatu'aʒẽj̃/ [[複] tatuagens] [女] 入れ墨，刺青．

tatuar /tatu'ax/ [他] …に刺青をする．

— **tatuar-se** [再]（自分に）刺青を彫る，刺青を彫ってもらう．

taurino, na /taw'rĩnu, na/ [形] 雄牛の，牡牛座の．

— [名] 牡牛座の人．

tautologia /tawtolo'ʒia/ [女] 同語反復，類語反復，トートロジー．

tautológico, ca /tawto'lɔʒiku, ka/ [形] 同語反復の，類語反復の，トートロジーの．

⁑**taxa** /'taʃa ターシャ/ [女] ❶ **税金** ▶ taxa de serviço サービス税 / taxa de carbono 炭素税 / taxa de embarque 出国税．

❷ **料金** ▶ taxa de inscrição 登録料．

❸ **率** ▶ taxa de juros 利率 / taxa de natalidade 出生率 / taxa de mortalidade 死亡率 / taxa de câmbio 為替レート．

taxar /ta'ʃax/ [他] ❶ …に課税する ▶ taxar os ricos 金持ちに課税する / taxar os lucros 利益に課税する．

❷ …の値段を決める，公定価格を設定する ▶ Os produtos foram taxados. 商品に価格が設定された．

❸ …を…と見なす［+ de］．

— **taxar-se** [再] 自分を…と見なす［+ de］．

taxativo, va /taʃa'tʃivu, va/ [形] ❶ 限定的な，制限的な．❷ 断定的な．

táxi /'taksi/ [男] タクシー ▶ pegar um táxi タクシーに乗る / chamar um táxi タクシーを呼ぶ / ponto de táxi タクシー乗り場 / táxi aéreo 貸し切り小型飛行機．

taxímetro /tak'sĩmetru/ [男] タクシーメーター．

taxista /tak'sista/ [名] タクシー運転手．

taxonomia /taksono'mia/ [女] 分類学；〘生物〙分類法．

tchã /'tʃẽ/ [男] [話] 魅力 ▶ Ele não era exatamente bonito, mas tinha um tchã. 彼ははっきり言ってハンサムではなかったが，ある種の魅力があった．

⁑**tchau** /'tʃaw チャゥ/ [間] チャオ，またね，さよなら．

Tchau e benção! これ以上言うことはない，これまでだ．

***te** /tʃi チ/ [代]《人称代名詞二人称単数》❶《直接目的》**君を，あなたを** ▶ Eu te amo. 私は君を愛している．

❷《間接目的》**君に，あなたに**；君から，あなたから ▶ Eu te dou isto. 私は君にこれをあげる / Eu quero te dizer uma coisa. 君に言いたいことがひとつある．

❸《定冠詞＋体の部分を表す名詞とともに》君の，あなたの．

❹《再帰代名詞》▶ Lembra-te. 思い出せ，忘れるな．

té /'tɛ/ 前置詞 até の a が脱落した形．

tê /'te/ [男] 文字 t の名称．

teatral /tea'traw/ [[複] teatrais] [形]《男女同形》❶

T

演劇の, 演劇に関する ▶representação teatral 劇の上演. ❷ 演技じみた, 芝居がかった ▶ um gesto teatral 大げさなしぐさ.

teatralizar /teatrali'zax/ 他 ❶ …を劇にする. ❷ 大げさに表現する.

‡teatro /tʃi'atru/ チアトロ/男 ❶ 劇場 ▶ ir ao teatro 劇場へ行く / teatro de bolso 小劇場 / teatro de arena 円形劇場.
❷ 演劇 ▶ fazer teatro 演劇をする / especialista em teatro brasileiro ブラジル演劇の専門家 / peça de teatro 戯曲 / teatro de fantoche 人形劇.
❸ teatro de guerra 戦域.

teatrólogo, ga /tea'trɔlogu, ga/ 名 劇作家, 脚本家.

tecer /te'sex/ ⑮ 他 ❶ 織る ▶ tecer o linho 麻を織る.
❷ 編む, なう ▶ tecer cestos 籠を編む / tecer uma corda 縄をなう.
❸ 巣を作る ▶ A aranha tece sua teia em pouquíssimo tempo. クモはほんのわずかな時間に巣を張った.
❹ (作品を) 作り上げる, 創作する, 組み合わせる ▶ O escritor teceu uma novela. 作家は小説を作り上げた.
❺ …を作り出す ▶ tecer comentários コメントする, 意見を述べる / Os críticos teceram comentários maldosos sobre os livros. 批評家たちはそれらの本について意地悪な批評をした / Ele teceu elogios aos alunos. 彼は生徒たちを賞賛した.
❻ たくらむ, 仕組む ▶ tecer intrigas 陰謀をたくらむ.
❼ 挿入する, 間に入れる.
❽ …で飾る [+ de].
❾ 想像する ▶ Ele tecia ideias para seu futuro. 彼は将来についての考えをめぐらせていた.
— 自 ❶ 織物を織る, 機を織る ▶ A avó só gosta de tecer à tarde. おばあさんは午後に機を織ることだけが楽しみだ.
❷ 陰謀をたくらむ, 仕組む ▶ Ele não tinha coragem de tecer. 彼は陰謀をたくらむ勇気がなかった.
❸ (赤ん坊が) 手足を動かす.
— **tecer-se** 再 ❶ 配される, 整えられる ▶ As flores teciam-se harmoniosamente no jardim. 花々が庭に美しく配されていた.
❷ 凝縮する ▶ Nuvens carregadas teciam-se no céu, anunciando o temporal. 重くれた込めた雲が空で固まり, 嵐を告げていた.
❸ 組織される, 準備される.

*****tecido** /te'sidu/ テスィード/男 ❶ 布, 布地, 織物 ▶ tecido de algodão 綿織物 / tecido de náilon ナイロン布. ❷『生物』細胞組織 ▶ tecido conjuntivo 結合組織 / tecido muscular 筋 (肉) 組織 / tecido adiposo 脂肪組織.

tecla /'tekla/ 女 (キーボードの) キー, (鍵盤の) 鍵 ▶ apertar uma tecla キーを押す / tecla de controle コントロールキー / tecla de função ファンクションキー / tecla de espaço スペースキー / tecla de atalho ショートカットキー / tecla de retorno リターンキー.

tecladista /tekla'dʒista/ 名 キーボード奏者.

teclado /te'kladu/ 男 キーボード, 鍵盤楽器 ▶ teclado numérico キーパッド.

teclar /te'klax/ 他 (鍵盤を) たたく, (キーボードを) 打つ ▶ Tecle ENTER para mudar de linha. 改行するためにエンターキーを押してください.
— 自 ❶ 鍵盤をたたく, キーボードを打つ ▶ Antes de ensaiar, o pianista teclava um pouco. リハーサルの前にピアニストはピアノを少し弾いていた.
❷ …とチャットする [+ com] ▶ Teclo com meus amigos pela internet. 私は友達とインターネットを通じてチャットする.

‡técnica[1] /'teknika/ テキニカ/女 技術, 技法, 技巧, テクニック ▶ técnica cirúrgica 外科的手法 / técnicas de vendas 販売のテクニック / técnica de reciclagem リサイクル技術 / técnica avançada 先進技術 / técnica narrativa 語りの技法.

tecnicamente /ˌteknika'mẽtʃi/ 副 技術的に, 厳密には, 専門的に言うと.

‡técnico, ca[2] /'tekniku, ka/ テキニコ, キニカ/形 ❶ 技術的な, 技法上の ▶ problema técnico 技術上の問題 / assistência técnica 技術支援 / dificuldade técnica 技法上の難しさ.
❷ 専門的な ▶ dicionário técnico 専門語辞典 / terminologia técnica 専門用語.
— 名 ❶ 技術者, 専門家 ▶ técnico em computação コンピューター技術者. ❷『スポーツ』監督 ▶ técnico de um time de futebol サッカーチームの監督.

tecnocracia /tekinokra'sia/ 女 テクノクラシー, 技術官僚主導の政治.

tecnocrata /tekino'krata/ 名 技術官僚, テクノクラート.

tecnocrático, ca /tekino'kratʃiku, ka/ 形 テクノクラートの.

‡tecnologia /tekinolo'ʒia/ テキノロジーア/女 科学技術, テクノロジー ▶ tecnologia de ponta 最先端技術 / alta tecnologia ハイテク / produtos de alta tecnologia ハイテク製品 / empresa de alta tecnologia ハイテク企業 / tecnologia da informação 情報技術, IT / a transferência da tecnologia 技術移転.

tecnológico, ca /tekino'lɔʒiku, ka/ 形 科学技術の, テクノロジーの ▶ progresso tecnológico 科学技術の進歩.

teco-teco /ˌteku'teku/ 〔複 teco-tecos〕 男 B 軽飛行機.

tédio /'tɛdʒiu/ 男 倦怠, 退屈, うんざりすること ▶ o tédio da vida 人生の倦怠 / A aula de matemática era sempre um tédio. 数学の授業はいつも退屈だった / sentir tédio 退屈する / dar tédio a alguém うんざりさせる, うんざりさせる / morrer de tédio 死ぬほど退屈する / por puro tédio 退屈しのぎに.

tedioso, sa /tedʒi'ozu, 'ɔza/ 形 飽き飽きする, 退屈な, うんざりする ▶ domingo tedioso 退屈な日曜日.

teia /'teja/ 女 ❶ クモの巣 (= teia de aranha).
❷ 組織, 網 ▶ teia de espionagem スパイ網.
❸ 布, 生地.
cortar a teia da vida de... …の命を奪う.

teima

teia de Penélope ペネロペーの織物 (終わりのない作業).

teima /'tejma/ 囡 しつこさ, 執拗, 強情.

teimar /tej'max/ 自 ❶《teimar em +不定詞》…することに固執する, …と主張する, …と言い張る▶Mesmo doente, ele teimou em não ir ao médico. 病気になっても彼は医者にはかからないと言い張った.

❷ 意地を張る▶Pare de teimar, você não vai sair. 意地を張るのは止めなさい. あなたは出かけてはいけません.

— 他 …と言い張る, 主張する▶Ele teima que vai chover. 彼は雨が降るぞと言い張る.

teimosia /tejmo'zia/ 囡 頑固さ, 強情さ▶Sua teimosia em não estudar custou-lhe a aprovação no vestibular. 彼は意地になって勉強しなかったので, 入試に合格しなかった.

teimoso, sa /tej'mozu, 'mɔza/ 形 強情な, 頑固な.

— 名 強情者, 頑固者▶O teimoso que nunca atende ao conselho, encaminhar-se-á na certa para o perigo. 助言に耳を傾けないその頑固者はまちがいなく危機へと向かうだろう.

Tejo /'teʒu/ 男《地名》o Tejo (ポルトガルの) テージョ川.

tel.《略語》telefono 電話.

***tela** /'tɛla テーラ/ 囡 ❶ 布, 布地, 織物▶Uma cortina feita de tela grossa de linho 麻の粗い布地で作ったカーテン.

❷ 画布, カンバス; (カンバスに描いた) 絵▶uma tela de Van Gogh ゴッホの絵.

❸ スクリーン, 画面; 映画▶tela do computador コンピューターのスクリーン / tela da televisão テレビ画面 / protetor [descanso] de tela スクリーンセイバー.

❹ 議題▶vir à tela 議題にのぼる.

telão /te'lẽw/ [複 telões] 男 B プロジェクタースクリーン.

telecomando /teleko'mẽdu/ 男 リモコン.

telecomunicação /telekomunika'sẽw/ [複 telecomunicações] 囡 遠距離通信, 電気通信▶rede de telecomunicações 電気通信網.

teleconferência /telekõfe'rɛsia/ 囡 テレビ会議.

teleférico /tele'fɛriku/ 男 ロープウェー.

***telefonar** /telefo'nax テレフォナーフ/ 自 ❶ 電話する▶telefonar a cobrar コレクトコールをかける.

❷ …に電話する [+ para/a] ▶telefonar para o Brasil ブラジルに電話する / telefonar para casa 家に電話する / telefonar para 0000-0000 0000-0000に電話する / Eu telefono mais tarde. 後でこちらから電話します.

— 他 電話で知らせる▶Ele telefonou que vai chegar atrasado. 彼は遅れると電話をした.

— **telefonar-se** 再 電話し合う, 電話で話し合う▶Eles se telefonam todos os dias. 彼らは毎日電話で連絡を取り合う.

***telefone** /tele'foni テレフォーニ/ 男 ❶ 電話, 電話機▶O telefone está tocando. 電話が鳴っている / atender o [ao] telefone 電話に出る / falar no [ao/pelo] telefone 電話で話す / estar no telefone 電話中である / desligar o telefone 電話を切る / por telefone 電話で / número de telefone 電話番号 / Qual é o número do seu telefone? あなたの電話番号は何番ですか / O telefone estava ocupado. 電話は話し中だった / pagar a conta do telefone 電話代を払う / Marcelo, telefone! マルセロ, 電話だよ / telefone celular 携帯電話 / telefone público 公衆電話 / telefone sem fio コードレス電話 / telefone fixo 固定電話.

telefonema /telefo'nẽma/ 男 電話をかけること, 電話がかかってくること, 電話による通話▶dar um telefonema 電話をかける / receber um telefonema 電話を受ける.

telefonia /telefo'nia/ 囡 ❶ 電話通信技術. ❷ P ラジオ.

telefónico, ca /tələ'fɔniku, kɐ/ 形 P = telefônico.

telefônico, ca /tele'foniku, ka/ 形 電話の, 電話による▶companhia telefônica 電話会社 / lista telefônica 電話帳 / serviço telefônico 電話サービス / chamada telefônica 通話.

telefonista /telefo'nista/ 名 電話交換手.

telegrafia /telegra'fia/ 囡 電信.

telegrama /tele'grẽma/ 男 電報▶por telegrama 電報で / telegrama fonada 電話で依頼する電報.

passar um telegrama ① 電報を打つ. ② 排泄する. ③《トランプ》パートナーに合図をする.

teleguiado, da /telegi'adu, da/ 形 ❶ 遠隔操作 [無線誘導] された▶avião teleguiado 無人飛行機. ❷ (人が) 他人に操られている.

teleguiar /telegi'ax/ 他 無線誘導 [遠隔操作] する.

telejornal /teleʒox'naw/ [複 telejornais] 男 テレビニュース.

telenovela /teleno'vɛla/ 囡 テレビ小説, 連続テレビドラマ.

teleobjetiva /teleobiʒe'tʃiva/ 囡 望遠レンズ.

telepatia /telepa'tʃia/ 囡 テレパシー▶por telepatia テレパシーで.

telepático, ca /tele'patʃiku, ka/ 形 テレパシーの.

telescópico, ca /teles'kɔpiku, ka/ 形 望遠鏡の, 望遠鏡による.

telescópio /teles'kɔpiu/ 男 望遠鏡▶telescópio refletor 反射望遠鏡 / telescópio refrator 屈折望遠鏡.

telespectador, dora /telespekta'dox, 'dora/ [複 telespectadores, doras] 名 形 B テレビ視聴者 (の).

teletrabalho /teletra'baʎu/ 男 在宅勤務.

televendas /tele'vẽdas/ 囡複 電話セールス.

***televisão** /televi'zẽw テレヴィザォン/ [複 televisões] 囡 ❶ テレビ, テレビ放送▶ver [assistir a] televisão テレビを見る / ligar a televisão テレビをつける / desligar a televisão テレビを消す / aparecer na televisão テレビに出る / emissão de televisão テレビジョン放送 / programa de televisão テレビ番組 / estação de televisão テレビ局 / canal de televisão テレビチャンネル / televisão a cabo ケーブルテレビ / televisão por satélite 衛星テレビジョン / televisão digital デジタルテレビ / televisão educativa 教育テレビ / aparelho de televisão テレビ受像器.

❷ テレビ局 ▶televisão estatal 国営テレビ / televisão privada 民間テレビ.

❸ テレビ受像機 ▶televisão de 32 polegadas 32インチのテレビ.

televisionar /televizio'nax/ 他 テレビ放映する.

televisivo, va /televi'zivu, va/ 形 ▶programa televisivo テレビ番組 / filme televisivo テレビ映画.

televisor /televi'zox/ [複 televisores] 男 テレビ受像機.

televisora /televi'zora/ 女 テレビ局.

telha /'teʎa/ 女 ❶ 瓦 ▶telha colonial コロニアル瓦 / telha francesa フランス瓦.

❷《口》頭, 考え▶dar na telha 頭に浮かぶ, ひらめく / Faço o que me der na telha. 私は自分のしたいことをする / Só quero trabalhar quando me der na telha. 私は気の向いた時だけに働きたい / Vou onde me der na telha. 私は自分の行きたいところに行く.

até as telhas たっぷり.

estar com a telha 機嫌が悪い.

estar debaixo da telha ① 家の中にいる. ② 庇護されている.

*__telhado__ /te'ʎadu/ 男 屋根 ▶casa de telhado vermelho 赤い屋根の家 / telhado de colmo かやぶきの屋根.

telhado de vidro 内心やましいこと, 脛に傷があること.

telúrico, ca /te'luriku, ka/ 形 地球の, 土の.

tem 活用 ⇒ ter

têm 活用 ⇒ ter

:**tema** /'tẽma/ 男 ❶ 主題, テーマ ▶tema musical テーマ音楽 / tema de conferência 会議のテーマ / tema principal 主なテーマ.

❷『文法』語幹.

❸『音楽』主題, テーマ ▶tema e variações 主題と変奏.

temática[1] /te'matʃika/ 女 テーマ群, テーマ体系, テーマ研究.

temático, ca[2] /te'matʃiku, ka/ 形 主題の, テーマの ▶parque temático テーマパーク.

:**temer** /te'mex/ テメーフ/ 他 ❶ 恐れる, 怖がる; 畏怖する ▶temer a morte 死を恐れる / Os animais tememo o fogo. 動物は火を怖がる / Não tenho nada a temer. 私は何も怖くない / temer a Deus 神を畏れる.

❷《temer +不定詞》…することを恐れる ▶Temo chegar à festa muito atrasado. 私はパーティーに大遅刻するのではないかと心配だ.

❸《temer que +接続法》…のではないかと恐れる ▶Temo que este parque natural se transforme em zona residencial. この自然公園が住宅街になることを恐れる.

— 自 …を心配する, 恐れる [+ por] ▶Temo pelo futuro das crianças. 私は子供たちの未来が心配だ / temer pelo pior 最悪の事態を恐れる.

temerário, ria /teme'rariu, ria/ 形 ❶ 危険な. ❷ 勇敢な, 無鉄砲な, 大胆な ▶ação temerária 無謀な行為. ❸ 根拠のない ▶juízo temerário 軽々しい判断.

temeridade /temeri'dadʒi/ 女 無謀, 無鉄砲, 大胆.

temeroso, sa /teme'rozu, 'rɔza/ 形 ❶ 恐ろしい ▶Tivemos que enfrentar temerosas turbulências antes do pouso do avião. 私たちは飛行機の着陸前に恐ろしい乱気流に直面しなくてはならなかった.

❷ 怖がりの; …を恐れている [+ de] ▶Temeroso de acidentes, resolveu não viajar durante a tempestade. 彼は事故が怖かったので嵐の間は旅行しないことにした.

temido, da /te'midu, da/ 形 (temer の 過 去 分詞) 恐れられる ▶O que é melhor, ser amado ou ser temido? 愛されるのと恐れられるのとどちらがいいか.

temor /te'mox/ [複 temores] 男 ❶ 恐れ, 恐怖 ▶temor da morte 死の恐怖. ❷ 畏怖 ▶temor de Deus 神への恐れ.

tempão /tẽ'pɐ̃w/ 女《um tempão》長い間, 長い時間 ▶Já faz um tempão que quero escrever sobre este assunto. この問題に関してはずいぶん前から書きたいと思っている / levar um tempão 長い時間がかかる.

têmpera /'tẽpera/ 女 ❶ 味付け, 調味.

❷『冶金』焼き入れ.

❸『絵画』テンペラ, テンペラ画.

❹ 性質, 性格 ▶Ele era um homem de boa têmpera. 彼は気質のよい男だった.

❺ 流儀, スタイル.

❻ 厳格さ, 完全さ.

❼ くさび.

temperado, da /tẽpe'radu, da/ 形 ❶ 味のついた ▶comida bem temperada しっかり味付けした食べ物 / arroz temperado チャーハン.

❷ (気候が) 温暖な ▶clima temperado 温暖な気候 / regiões temperadas 温帯.

❸ 焼き入れをした ▶aço temperado 焼き入れをした鋼.

❹ bem temperado『音楽』平均律.

temperamental /tẽperamẽ'taw/ [複 temperamentais] 形《男女同形》❶ 気分の, 気質の.

❷ 気まぐれな, 気分屋の.

—名 気まぐれな人.

temperamento /tẽpera'mẽtu/ 男 ❶ 気質, 性分, 体質 ▶temperamento artístico 芸術家気質.

❷『音楽』temperamento igual 平均律.

temperança /tẽpe'rẽsa/ 女 節制, 節度.

temperar /tẽpe'rax/ 他 ❶ 味付けする, 調味する ▶Ela temperou a salada com sal e pimenta. 彼女はサラダに塩と胡椒で味付けした.

❷ (味を) 濃くする, 薄くする ▶Ele temperou a bebida com um pouco de absinto. 彼は少しのアブサンで飲み物を濃くした / Ele temperou o vinho com água. 彼はワインを水で薄めた.

temperatura

❸ …に…を添える [+ de] ▶Ele temperava de otimismo a vida. 彼は人生に楽観を添えた.
❹ (温度を) 快適にする ▶Uma suave brisa tempera esta região. 心地よいそよ風がこの地方を快適にする.
❺ 混ぜる.
❻ (金属を) 硬化する ▶Ele temperava o aço com calor. 彼は鋼を熱で硬くした.
❼ 強固にする, 強靭(きょうじん)にする ▶Ele temperou o coração. 彼は心を鍛えた.
❽ 和らげる, 穏やかにする ▶Ela precisava temperar suas tendências agressivas. 彼女は攻撃的な性質を穏やかにする必要があった / Ele temperou a luz com um cortinado. 彼はカーテンで光を和らげた.
❾ 調和させる, 和解させる ▶Ele temperou os que estavam em conflito. 彼はけんかしているものたちを和解させた.
❿ 抑制する ▶Ao falar, ainda que zangado, ele temperava as palavras. 彼は話す時, 怒っていても言葉を抑えていた.
⓫ (楽器を) 調律する.
— 自 ❶ 味付けする ▶Agora só falta temperar. あとは味付けするだけだ.
❷ …に賛同する [+ com] ▶Ele não temperava com o estilo de jogo de seu companheiro. 彼は仲間のプレイスタイルが相容れなかった.
— **temperar-se** 再 ❶ 鍛えられる, 強くなる ▶O espírito temperava-se com a leitura. 精神は読書で鍛えられていた. ❷ 自制する, 抑える.

‡temperatura /tẽpera'tura テンペラトゥーラ/ 女 ❶ 温度, 気温 ▶temperatura máxima 最高気温 / temperatura mínima 最低気温 / temperatura média 平均気温 / temperatura absoluta 絶対温度 / temperatura ambiente 室内温度 / Qual é a temperatura aí? そちらの気温は何度ですか.
❷ 体温 ▶medir a temperatura a alguém …の体温を測る.

tempero /tẽ'peru テンペル/ 男 調味料, 薬味.

*‎**tempestade** /tẽpes'tadʒi テンペスターヂ/ 女 ❶ 嵐, 暴風雨 ▶Parece que hoje à noite vai cair uma tempestade. 今夜は暴風雨になりそうだ / O navio apanhou uma tempestade. 船は嵐に遭った / tempestade de areia 砂嵐 / tempestade de neve 吹雪 / Depois da tempestade vem a bonança. 嵐の後の静けさ.
❷ 騒ぎ, 騒乱, 混乱 ▶Com a aprovação do projeto, houve uma tempestade no Congresso. 法案の可決に伴い, 国会で騒乱があった.
❸ 動揺 ▶tempestade de sentimentos 感情の動揺.
fazer uma tempestade num copo de água つまらないことで大騒ぎする.

tempestuoso, sa /tẽpestu'ozu, 'ɔza/ 形 ❶ 荒天の, 暴風雨の ▶vento tempestuoso 暴風 / céu tempestuoso 荒天. ❷ 《比喩的に》大荒れの ▶relacionamento tempestuoso 険悪な関係.

*‎**templo** /'tẽplu テンプロ/ 男 神殿, 寺院, 聖堂, 教堂, 神聖な場所 ▶templo grego ギリシャ神殿 / templo xintoísta 神社 / templo budista 寺.

‡**tempo** /'tẽpu テンプ/ 男 ❶ 時間, 時 ▶O tempo passa rápido. 時の経つのは早い / Tempo é dinheiro. 時は金なり / Isso leva tempo. それには時間がかかる / Quanto tempo leva daqui até a estação? ここから駅まではどのくらい時間がかかりますか / economizar o tempo 時間を節約する / desperdiçar o tempo 時間を無駄にする / matar o tempo 時間をつぶす / Não há mais tempo. もう時間がない / Faz muito tempo. ずっと前のことだ / com o tempo 時と共に, 時間が経てば / tempo de trabalho 労働時間 / tempo real リアルタイム / tempo livre 自由時間 / tempo de vida 寿命 / tempo perdido 無駄な時間 / tempo integral フルタイム, 全日制 / tempo parcial パートタイム / O tempo dirá. 時が答えを出してくれる / O tempo urge. 急を要している.

Faz muito tempo.

❷ 時代, 頃 ▶Naquele tempo sempre saíamos nos fins de semana. あの頃は, いつも週末に外出していた / os bons tempos 古き良き時代 / no meu tempo 私の若い頃には / nossos tempos 我々の時代.
❸ 天気, 天候 ▶O tempo está bom. 天気がよい / O tempo está ótimo hoje. 今日の天気は最高だ / Como está o tempo? どんな天気ですか / Que tempo bom! いい天気だなあ / O tempo está maravilhoso. なんてすばらしい天気だ / Como o tempo está péssimo! なんてひどい天気だ / tempo seco からからの天気 / tempo quente e úmido 蒸し暑い天気 / Nós tivemos bom tempo durante a viagem. 私たちの旅行中よい天気に恵まれた / Amanhã deve fazer tempo bom. 明日は晴れだろう / O tempo fechou. 天気が崩れた / O tempo levantou. 雨が上がった / O tempo está louco. 天気がおかしい.
❹ 時節, 季節 ▶tempo de colheita 収穫の時期 / tempo das águas 雨季.
❺ 《文法》時制 ▶tempo verbal 動詞時制.
❻ 《スポーツ》セット ▶primeiro tempo 前半 / segundo tempo 後半.
❼ 《音楽》テンポ, 拍子 ▶três tempos 3拍子.
aguentar o tempo 困難を乗り切る.
ao mesmo tempo 同時に.
ao tempo que +直説法 …する時に.
aproveitar enquanto é tempo 楽しめる時に楽しむ.
a seu tempo ふさわしい時に.
a tempo ① 折よく, いい時に ▶vir a tempo ちょうどよい時に来る. ② 間に合って ▶Consegui chegar a tempo para pegar o trem das 9 h. 9時の電車に乗るのに間に合うよう到着することができた.
a tempo e a hora 折よく, ちょうどよく.
a todo tempo どんな時にも, いつも.

a um (só) tempo 同時に.
com o andar do tempo 時間とともに.
com tempo 時間の余裕をもって.
com todo o tempo do mundo 時間がたっぷりある.
dar tempo ① 延期する. ② 恋人同士がお互い離れて関係について考える期間を設ける. ③ 間に合う.
dar tempo ao tempo 時間をかけて成り行きを見守る.
de tempo a tempo 時々.
de um tempo para cá 最近.
É tempo de +不定詞 …する時がきた，…をする時である▶É tempo de mudar. 変革の時が来た.
em dois tempos 一瞬のうちに▶O chefe resolveu o problema em dois tempos. ボスは一瞬のうちにトラブルを解決した.
em tempo ① 間に合って. ② 頃よく. ③ かつて.
em tempo de... …の時に，…のころに.
em tempo hábil しかるべき時に，定められた時に.
em tempo recorde 記録的な速さで.
há pouco tempo 少し前に ▶Ele chegou há pouco tempo. 彼は少し前に着いた.
há quanto tempo ずいぶん前に，ずいぶん前から.
há tempo ずいぶん前に，ずいぶん前から.
Já não era sem tempo. もう遅すぎた.
nesse meio tempo その間に.
nos tempos que correm 今では，現在では.
o tempo todo 常に，絶え間なく.
O tempo voa. 時が経つのは早い.
passar o tempo 楽しむ，暇をつぶす.
tempo do onça 遠い昔▶do tempo do onça 昔の.
ter tempo 時間がある▶Não tenho tempo. 私は時間がない / Não tenho tempo para mim. 私は自分の時間がない / Não tenho tempo para treinar. 私は練習する時間がない.
tirar um tempo 時間を作る，時間を捻出する.
Todo o tempo é tempo. 時間は何時でも作れる.
tomar o tempo de alguém …の時間を拝借する.
tomar tempo 時間がかかる.
têmpora /tẽ'pora/ 女 こめかみ.
temporada /tẽpo'rada/ 女 ❶ 時, 時間 ▶ durante uma longa temporada 長い間 / passar uma temporada 時を過ごす.
❷ 時期, 季節, シーズン▶temporada de caça 狩猟期 / temporada de verão 夏季 / Eles aproveitaram a temporada de férias na praia. 彼らは休暇期間を利用して海岸へ行った / temporada de futebol サッカーのシーズン.
temporal /tẽpo'raw/ [複 temporais] 形 《男女同形》❶ 時間の, 時の.
❷ 一時的の, 臨時の ▶ existência temporal はかない存在.
❸ 現世の, 世俗の, 物質的な ▶ poder temporal 世俗権力 / os bens temporais 物質財産.
❹ 《文法》時制の.
❺ 《解剖》側頭葉の, こめかみの.
— 男 嵐, 暴風雨 ▶ Vai cair um temporal. 嵐が来る.

temporariamente /tẽpo,raria'mētʃi/ 副 一時的に, 仮に, 臨時に.
temporário, ria /tẽpo'rariu, ria/ 形 一時的な, 臨時の, 暫定的な ▶ trabalho temporário 臨時の仕事 / medidas temporárias 当座の措置.
temporizador /tẽporiza'dox/ [複 temporizadores] 男 タイマー.
tenacidade /tenasi'dadʒi/ 女 ❶ くっついて離れないこと, 粘りけ, しつこさ. ❷ 粘り強さ, 頑固さ, 強情さ.
tenaz /te'nas/ [複 tenazes] 形 《男女同形》❶ くっついて離れない, なかなか消えない. ❷ 頑固な, 強情な, 粘り強い.
tenção /tẽ'sẽw/ [複 tenções] 女 意図, 意向 ▶ fazer tenção de +不定詞 …するつもりだ.
tencionar /tẽsio'nax/ 他 《tencionar +不定詞》…するつもりである ▶ Ela tencionava ligar para o médico hoje. 彼女は今日医者に電話するつもりだった.
tenda /'tẽda/ 女 テント, 天幕 ▶ montar uma tenda テントを張る / tenda de oxigênio 酸素テント.
tendão /tẽ'dẽw/ [複 tendões] 男 《解剖》腱 ▶ tendão de Aquiles アキレス腱.
‡**tendência** /tẽ'dẽsia/ テンデンスィア 女 ❶ 傾向, 動向, 風潮 ▶ tendência da moda atual 今の流行の傾向 / Ela tem tendência a engordar. 彼女は太りやすい.
❷ 適性, 資質 ▶ Ele não tem tendência para as ciências humanas. 彼は文系向きではない.
tendencioso, sa /tẽdẽsi'ozu, 'ɔza/ 形 偏向した, 偏った ▶ jornalismo tendencioso 偏向ジャーナリズム.
tendente /tẽ'dẽtʃi/ 形 《男女同形》…の傾向がある, …を目的とした [+ a] ▶ O pai mostrou-se tendente a perdoar o filho. 父親は息子を許す気になったようだった.
*__tender__ /tẽ'dex/ テンデーフ 自 ❶ …に向かう, 傾く, 曲がる [+ para/a] ▶ Carregados de frutos, os ramos da árvore tendiam para o chão. たくさんの実で木の枝が地面のほうに傾いていた / Os ventos tendem ao leste. 風の向きが東に変わる / tender para zero ゼロに近づく.
❷ 《tender a +不定詞》…する傾向がある, …しがちである ▶ Ele tende a se irritar facilmente. 彼はすぐにイライラする傾向がある.
❸ …を目指す [+ para] ▶ tender para a perfeição 完璧を目指す.
tendinha /tẽ'dʒiɲa/ 女 B 貧民街の食品店.
tenebroso, sa /tene'brozu, 'brɔza/ 形 ❶ 暗い, 闇の. ❷ 恐ろしい ▶ crime tenebroso 恐ろしい罪.
tenente /te'nẽtʃi/ 男 《軍事》中尉.
tenha 活用 ⇒ ter
tenho 活用 ⇒ ter
ténis /'tɛniʃ/ 男 P = tênis
tênis /'tẽnis/ 男 B ❶ テニス ▶ jogar tênis テニスをする / bola de tênis テニスボール / partida de tênis テニスの試合 / quadra de tênis テニスコート / tênis de mesa テーブルテニス, 卓球.
❷ 運動靴, スニーカー.

tenista

tenista /te'nista/ 名 テニス選手.

tenor /te'nɔx/ [複 tenores] 男〖音楽〗テノール, テノール歌手.
— 形〖男女同形〗テノールの.
tenor de banheiro 下手な歌手, 素人歌手.

tenro, ra /'tẽxu, xa/ 形 ❶ 柔らかい, 柔軟な ▶filé tenro 柔らかいフィレー肉.
❷ 繊細な, 華奢な ▶flor tenra か弱い花.
❸ 最近の, 若い, 新しい ▶tenra idade 幼年, 幼年期 / tenros anos 幼年期 / tenra amizade 新しい友情.
❹ 若々しい, はつらつとした, 生き生きとした ▶as tenras ervas 青々とした草.
❺ 純粋な.

*__tensão__ /tẽ'sẽw̃/ テンサォン/ [複 tensões] 女 ❶ 緊張 ▶tensão das cordas da viola ビオラの弦が引っぱっ張られた状態 / tensão muscular 筋肉の緊張[張り].
❷ (精神的) 緊張 ▶tensão nervosa 神経性ストレス, 神経の緊張.
❸ 緊張状態, 緊迫 ▶Está aumentando a tensão na fronteira. 国境で緊迫状態が強くなっている / Está aumentando a tensão internacional. 国際間の緊張が高まっている.
❹〖医学〗血圧 (= tensão arterial) ▶ter a tensão alta 血圧が高い / ter a tensão baixa 血圧が低い.
❺〖電気〗電圧 ▶cabos de alta tensão 高圧線.
❻〖物理〗張力 ▶tensão superficial 表面張力.

tenso, sa /'tẽsu, sa/ 形 ❶ ぴんと張った. ❷ 緊張した, 緊迫した ▶as relações tensas entre os dois países 両国間の緊迫した関係.

tentação /tẽta'sẽw̃/ [複 tentações] 女 誘惑, 気をそそること[もの] ▶cair em tentação 誘惑に負ける / resistir à tentação 誘惑に抵抗する.
— 男 B 語 悪魔.

tentacular /tẽtaku'lax/ [複 tentaculares] 形〖男女同形〗❶ 触手の, 触手のある. ❷ (触手を伸ばすように) 方々八方に広がる.

tentáculo /tẽ'takulu/ 男 触手;(イカやタコの) 足.

tentador, dora /tẽta'dox, 'dora/ [複 tentadores, doras] 形 誘惑する, 気をそそる ▶proposta tentadora 魅力的な提案.
— 名 誘惑者.
— **tentador** 男 悪魔.

*__tentar__ /tẽ'tax/ テンターフ/ 他 ❶ 試す, 試みる, 企てる ▶tentar a reeleição 再選を目指す / tentar a sorte 運を試す / tentar o plano B 代案を試す / tentar o vestibular 大学入試を受けてみる / Vou tentar. やってみます.
❷《tentar +不定詞》…しようと試みる ▶tentar dizer a verdade 真実を言おうとする / Tentei, em vão, te esquecer. 君のことを忘れようとしたがだめだった.
❸ 誘惑する, …の気をそそる ▶A serpente tentou Eva. 蛇がエバを誘惑した.

*__tentativa__[1] /tẽta'tʃiva/ テンタチーヴァ/ 女 ❶ 試み, 企て ▶As tentativas dos alunos foram bem sucedidas. 生徒たちの試みは大成功した / por tentativa e erro 試行錯誤で / numa tentativa de + 不定詞 …しようとして.
❷ 未遂行為 ▶tentativa de suicídio 自殺未遂 / tentativa de homicídio 殺人未遂.

tentativo, va[2] /tẽta'tʃivu, va/ 形 ❶ 手探りの, 試しの, 試験的な. ❷ 誘惑する.

tentear /tẽte'ax/ 他 ❶ 触れる, さわる.
❷ 面倒を見る, 世話をする ▶tentear uma criança 子守りをする, 子供の世話をする.
Vou tenteando. 何とか (元気に) やっています.

tento /'tẽtu/ 男 ❶ 思慮, 配慮, 注意 ▶Ele agiu com tento e circunspeção. 彼は注意深く慎重にふるまった.
❷ 計算, 勘定.
❸〖絵画〗マールスティック, 腕木, 腕枝.
❹ カポエラのジンガの動き.
❺ 点数表示機, 点数 ▶O campeão venceu pela contagem de cinco tentos a zero. チャンピオンは5対0のスコアで勝利した.
❻ 皮のひも.
a tento 注意深く, 慎重に.
dar tento a... …に注意する, 目を向ける, 注視する.
lavrar um tento うまくいく.
marcar tentos 価値が上がる.
marcar um tento するべきことをする.
sem tento ou propósito 何の理由もなく.
tomar tento 注意を払う.

ténue /'tɛnwə/ 形 P = tênue

tênue /'tẽnui/ 形〖男女同形〗B ❶ ごく細い, ごく薄い, 微小な ▶linha tênue 細い線.
❷ かすかな ▶voz tênue か細い声.

teocracia /teokra'sia/ 女 神権政治.

teocrático, ca /teo'kratʃiku, ka/ 形 神権政治の.

teologia /teolo'ʒia/ 女 神学 ▶teologia da libertação 解放の神学.

teológico, ca /teo'lɔʒiku, ka/ 形 神学の, 神学的な.

teólogo /te'ɔlogu/ 男 神学者.

teor /te'ɔx/ [複 teores] 男 ❶ 文面, (文書の) 内容. ❷ 含有量 ▶teor alcoólico アルコール含有量.

teorema /teo'rẽma/ 男〖数学〗定理 ▶teorema de Pitágoras ピタゴラスの定理.

*__teoria__ /teo'ria/ テオリーア/ 女 理論, 学説 ▶teoria da literatura 文学理論 / teoria da relatividade 相対性理論 / elaborar uma teoria 理論を練り上げる / É só uma teoria. それは単なる理論だ.
em teoria 理論上は, 理屈では.

teoricamente /te,ɔrika'mẽtʃi/ 副 理論的には, 理論上は;理屈は.

*__teórico, ca__ /te'ɔriku, ka/ テオーリコ, カ/ 形 理論的な, 理論上の ▶física teórica 理論物理学 / estudo teórico 理論的研究 / aula teórica 座学.
— 名 理論家.

teorizar /teori'zax/ 他 …を理論づける
— 自 …について理論的に考える [+sobre] ▶teorizar sobre a literatura 文学について理論的に考える.

tépido, da /'tɛpidu, da/ 形 ❶ ぬるい, 生暖かい ▶

água tépida ぬるま湯. ❷ 手ぬるい.

ter /'teχ テーフ/ ⑥⑥

直説法現在	tenho	temos
	tens	tendes
	tem	têm
過去	tive	tivemos
	tiveste	tivestes
	teve	tiveram
半過去	tinha	tinhamos
	tinhas	tinheis
	tinha	timham
接続法現在	tenha	tenhamos
	tenhas	tenhais
	tenha	tenham

他 ❶ 持つ, 所有する; (特質や特徴を) 備える ▶ Você tem uma caneta? あなたはペンを持っていますか / Ele tem muito dinheiro. 彼はたくさんお金を持っている / Eu não tenho carro. 私は自動車を持っていない / Você tem irmãos? あなたはご兄弟がいるのですか / Temos dois gatos. 私たちは猫を二匹飼っている / Você tem alguma pergunta? あなたは何か質問がありますか / Tenho uma prova de alemão hoje. 今日はドイツ語の試験がある / Esse restaurante tem vinhos portugueses? そのレストランにポルトガルのワインがありますか / Esse escritor tem popularidade entre jovens. その作家は若者に人気がある / Ela tem olhos grandes 彼女は大きな目をしている / — Quanto tem de altura? — Tenho um metro e setenta. 「あなたは身長はどのくらいありますか」「私は1メートル70センチあります」.
❷ (感情などを) 抱く, 感じる ▶ — Você tem saudades da sua família? — Sim, tenho muitas saudades. 「あなたはご家族のことを懐かしく感じますか」「はい, とても懐かしく感じます」 / Tenho dor de cabeça. 私は頭が痛い / Tenho muita fome. 私はとてもお腹がすいた / ter ódio de alguém …を嫌っている, 憎んでいる.
❸ (年齢が) …歳である ▶ — Quantos anos você tem? — Tenho 19 anos. 「あなたは何歳ですか」「私は19歳です」.
❹ 含む, ある ▶ O copo tinha água. コップに水が入っていた.
❺ (子供を) 産む, もうける ▶ Ela teve um menino. 彼女は男の子を産んだ.
❻ (病気に) かかっている; (病気に) かかる ▶ Ela tem câncer. 彼女はがんにかかっている.
❼ 身に着けている ▶ Ela tinha um vestido branco. 彼女は白いワンピースを着ていた.
❽ (役職に) 就く ▶ Ele vai ter o cargo de presidente. 彼は社長職に就くだろう.
❾ 受ける, 受け取る, 手に入れる ▶ Tive um prêmio especial. 私は特別賞をいただいた.
❿ (時間を) 過ごす ▶ Ontem tivemos um tempo muito agradável. 昨日私たちはとても楽しい時間を過ごした.
⓫ (会などを) 開く, 催す ▶ Quando teremos o baile? いつ私たちはダンスパーティーを開きましょうか.
⓬ (言葉や行動で) 表す, 見せる ▶ Você tem que ter uma atitude de respeito para com os professores. あなたは先生に対して敬意を示す態度をとらなければならない.
⓭ 《ter... por [como] ...》 …を…とみなす ▶ Sempre o tive por amigo. 私はいつも彼を友人だと思っていた.
⓮ 《ter +目的語+過去分詞》 …を…してある, …を…の状態にする ▶ Já tenho a roupa lavada. 私は服をもう洗ってある.
⓯ 《ter +過去分詞》 複合時制を作る (注 過去分詞は性数変化しない) ▶ Como têm passado? あなたたちはいかがお過ごしですか / Quando cheguei ao aeroporto, o avião já tinha partido. 私が空港に着いたとき飛行機はすでに出発していた.
⓰ 《非人称》《tem...》 🅑 🅖 …がいる, …がある (= há) ▶ Tem muitos livros em cima da mesa. テーブルの上にたくさん本がある.
⓱ 《非人称》《tem...》 🅑 🅖 (前置詞的に) …前から; …前に (= há) ▶ Ela mora aqui tem muito tempo. 彼女はずいぶん前からここに住んでいる / Ele se formou tem três anos. 彼は3年前に卒業した.
— **ter-se** 再 ❶ (ある状態に) とどまる; 身を支える ▶ Ferido, não podia ter-se em pé. 彼はけがをして立つことができなかった.
❷ 自分を…とみなす [+ por] ▶ Tem-se por muito inteligente. 彼は自分をとても頭がいいと思っている.
❸ …に執着する, 愛情を抱く [+ a] ▶ Ela se tem muito a ele. 彼女は彼に強い愛情を抱いている.
❹ …に立ち向かう [+ com] ▶ Vai ter-se com grandes dificuldades. あなたは多くの困難に立ち向かわなければならない.
— 男 [複 teres] 財産.
ir ter a... …へ向かう, …にたどり着く.
ir ter com... …に会いに行く, …を迎えに行く.
Não tem de quê. どういたしまして.
Que tem? 何かあったのですか.
Tenho para mim que +直説法 私は…と信じる, 確信する ▶ Tenho para mim que foi ele o culpado. 彼が悪かったのだと私は確信している.
ter... a ver com... …と関係がある ▶ Você tem alguma coisa a ver com a minha vida? あなたは私の人生と何か関係あるのですか / Isso não tem nada a ver comigo. それは私と全然関係がない.
ter de +不定詞 🅟 …しなければならない ▶ Tenho de ir. 私は行かなければならない.
ter que +不定詞 🅑 …しなければならない ▶ Tenho que ir. 私は行かなければならない / Hoje não temos que fazer esse trabalho. 今日私たちはその仕事をする必要はない.
vir ter a... …に達する.
vir ter com alguém …に会いに来る ▶ Vem ter comigo. 私に会いに来てください.
ter. 《略語》 terça-feira 木曜日.
terapeuta /teraˈpewta/ 图 《医学》療法士, セラピスト, 治療専門家.

terapêutica /tera'pewtʃika/ 女 治療法, 治療学.
terapêutico, ca /tera'pewtʃiku, ka/ 形 治療の, 治療法の.
terapia /tera'pia/ 女 治療, 治療法 ▶ terapia genética 遺伝子治療, 治療 / terapia de choque ショック療法 / terapia ocupacional 作業療法.
terça¹ /'texsa/ 女 ❶ 火曜日 (= terça-feira). ❷ 3分の1. ❸〖音楽〗3度音.
‡terça-feira /ˌtexsa'fejra/ テフサフェイラ [複 terças-feiras] 女 **火曜日**▶ terça-feira gorda 灰の水曜日の前日, 謝肉祭最後の日.
terçar /tex'sax/ ⑬ 他 ❶ (3つのものを) 混ぜる ▶ Ela terçou milho, centeio e trigo para fazer pão. 彼女はパンを作るためにトウモロコシ, ライ麦, 小麦を混ぜた.
❷ …の3分の1を…と混ぜ合わせる [+ com] ▶ Ele terçou o vinho tinto com vinho branco. 彼は全体の赤ワインの3分の1を白ワインと混ぜた.
❸ 3分する ▶ Eles decidiram terçar os ganhos. 彼らは利益を3分することにした.
❹ 交差させる.
❺ …に…を恵む ▶ A natureza terçou-a com um belo rosto. 自然は彼女に美貌を授けた.
❻ 石灰を水と砂で混ぜる.
— 自 ❶ …を守るために戦う, 防衛する, [+ por] ▶ Ele terçou por justiça. 彼は正義を守った.
❷ …のために仲介 [仲裁] する [+ por].
❸ (風などが) 好都合に流れる ▶ Terçava na serra um vento leve e agradável. 軽くて心地よい風が山脈に流れ込んでいた.
terçar armas 戦う.

‡terceiro, ra /tex'sejru, ra テフセィロ, ラ/ 形〖数〗3番目の, 第3の▶ Terceiro Mundo 第三世界.
— 名 仲介者.
— **terceiros** 男複 第三者 ▶ Os terceiros também estão envolvidos. 第三者も巻き込まれている.

terciário, ria /texsi'ariu, ria/ 形 ❶ 第三次の, 第三期の ▶ setor terciário 第三次産業部門. ❷〖地質〗第三紀の.
— **terciário** 男〖地質〗第三紀.

*terço, ça² /'texsu, sa テフソ, サ/ 形 3分の1の▶ A terça parte de seis é dois. 6の3分の1は2だ.
— **terço** 男 ❶ 3分の1 ▶ um terço da população 人口の3分の1 / dois terços 3分の2.
❷〖カトリック〗ロザリオの3つの祈りの1つ ▶ rezar o terço ロザリオの祈りをする.

terçol /tex'sɔw/ [複 terçóis] 男〖医学〗ものもらい ▶ estar com terçol ものもらいができている.

tergiversar /teɾʒivex'sax/ 自 ❶ 言い逃れる. ❷ 背中を向ける.

termal /tex'maw/ [複 termais] 形《男女同形》温泉の ▶ águas termais 温泉.

termas /'tɛxmas/ 女複 湯治場, 温泉.

térmico, ca /'tɛxmiku, ka/ 形 熱の, 温度の ▶ energia térmica 熱エネルギー.

terminação /texmina'sẽw/ [複 terminações] 女 ❶ 終わり, 完了. ❷ 末端, 端. ❸ 語尾.

terminal /texmi'naw/ [複 terminais] 形《男女同形》終わりの, 終点の, 末端の ; 末期の ▶ fase terminal 最終局面 / doente terminal 末期患者.
— 男 ❶ ターミナル, 終着駅 ▶ terminal de ônibus バスターミナル. ❷〖情報〗端末.

terminante /texmi'nãtʃi/ 形《男女同形》❶ 決定的な, 断固とした. ❷ 最終的な.

terminantemente /texmi,nãte'mẽtʃi/ 副 決定的に, 断固として ▶ É terminantemente proibido fumar no interior do ônibus. バスの中で喫煙することは固く禁じられています.

‡terminar /texmi'nax テフミナーフ/ 他 終える, 終らせる ▶ terminar o trabalho 仕事を終える / Terminamos o curso em dezembro. 私たちは12月に講座を終えました / terminar o relacionamento 関係を終わらせる / para terminar 終わりに, 最後に.
— 自 ❶ 終わる ▶ As aulas terminam no final de janeiro. 授業は1月末に終わる.
❷ …に終わる, …で終わる [+ em] ▶ terminar em tragédia 悲劇に終わる / terminar em vogal 母音で終わる.
❸《terminar de +不定詞》…し終わる ▶ terminar de escrever um livro 本を書き終える.
❹《terminar +現在分詞》…するはめになる ▶ Ela terminou fazendo as malas na última hora. 彼女はぎりぎりになって荷造りをするはめになった.

término /'tɛxminu/ 男 ❶ 終点, 終わり. ❷ 境界.

terminologia /texminolo'ʒia/ 女〖集合的〗術語, 専門用語.

‡termo /'tɛxmu テフモ/ 男 ❶ 終わり ▶ Ele chegou ao termo da viagem. 彼は旅の終わりにさしかかった / pôr termo a... …を終わらせる, に終止符を打つ.
❷ 期間, 期限 ▶ Qual é o termo do contrato? 契約期間はどのぐらいですか.
❸ 境界 ; 領域.
❹ 方法, 形式 ▶ A discussão não podia continuar nestes termos. この方法で議論を続けることはできなかった.
❺ 語, 用語, 表現 ▶ Qual é o significado deste termo? この語は何を意味しますか / termos técnicos 専門用語 / em outros termos 言い換えれば / em termos gerais 概して, 大まかに言うと / termo impróprio 不適切な表現.
❻ (termos) 条件, 条項.

a termo que +直説法 そのため…, それだから….
em breves termos 簡潔に, 簡単に.
em termos ① 適切な表現で. ② 相対的には. ③ 控え目に.
em termos de... …の面において.
em todos os termos あらゆる面で.
levar... a bom termo …をやり遂げる, 完了する.
sem termo 無限に, 果てしなく.

termômetro /tər'mɔmətru/ 男 P = termômetro

termômetro /tex'mõmetru/ 男 B ❶ 温度計, 体温計. ❷ 指標, 目安.

termostato /texmos'tatu/ 男 サーモスタット, 自動温度調節装置.

terninho /tex'niɲu/ 男 形 パンツスーツ.
terno, na /'tɛxnu, na/ 形 ❶ やさしい, 愛情のこもった ▶ voz terna 優しい声. ❷ 哀れっぽい.
— **terno** 男 ❶ 3人組, トリオ. ❷ 日 三つ揃い, スーツ.
fazer o terno (宝くじなどで) 5つのうち3つを的中させる.
terno de grupo (動物くじで) 3グループに賭けること.
ternura /te'xnura/ 女 優しさ, 情愛, 親切さ.

⁑terra /'tɛxa/ テーハ/ 女 ❶ 《Terra》地球 ▶ A Terra gira sobre o seu próprio eixo. 地球は地軸に沿って回転する.
❷ 陸, 陸地 ▶ viajar por terra 陸路で旅行する / na terra 地上で / terra firme 陸地.
❸ 地面, 大地, 地表 ▶ cavar a terra 地面を掘る / A terra tremeu forte. 地面が大きく揺れた / cair por terra 倒れる / pôr por terra 倒す.
❹ 土地, 所有地, 地所 ▶ O preço da terra caiu. 土地の値段が下落した.
❺ 土, 耕地, 農地 ▶ cultivar a terra 土地を耕す / lançar a semente à terra 土地に種を蒔く / terra fértil 肥沃な土壌 / terra inculta 荒地.
❻ 地方, 地域, 国 ▶ terra natal 生まれた故郷, 郷里 / minha terra 私の故郷 / Terra Prometida 約束の地 / Terra Santa 聖地 / Terra do Sol Nascente 日出ずる国, 日本 / terra de ninguém ノーマンズランド / Terra do Nunca ネバーランド / fugir para terras distantes 遠隔地域へ逃亡する / viver em terra alheia 外国で生活する / Terra da Miranda (ポルトガル北西端の) ミランダ地方.
❼ ちり, ほこり ▶ O vento levanta nuvens de terra. 風は塵の雲を吹き上げる.
❽ 《電気》アース ▶ fazer terra アースする.
como terra 浜の真砂のように, 星の数ほど.
correr terras あちこちを旅する.
da terra 地元の, その土地の.
dar em terra 地に落ちる [落とす].
descer à terra ① 土に帰る, 死ぬ. ② 地に足をつける.
estar por terra 一敗地にまみれる.
ir a terra 倒れる, 失敗する.
jogar por terra 打ち倒す.
lançar por terra 打ち倒す.
terra a terra /ˌtɛxaˈtɛxa/ 形 《不変》おもしろみのない, つまらない ▶ Ele é uma pessoa muito terra a terra. 彼はとても平凡な人である.
terraço /te'xasu/ 男 テラス, ベランダ, バルコニー.
terracota /texa'kɔta/ 女 テラコッタ (素焼きの土器).
terramoto /tɐɾɐ'mɔtu/ 男 P = terremoto
terreiro /te'xejru/ 男 ❶ 広場, 平地 ▶ Terreiro do Paço 王宮前広場 (リスボンにあるコメルシオ広場の別称). ❷ アフリカ起源の土俗宗教の礼拝場.
terremoto /texe'mɔtu/ 男 B 地震.
⁑terreno, na /te'xɛnu, na/ テヘーノ, ナ/ 形 ❶ 現世の ▶ prazeres terrenos 現世の楽しみ. ❷ 地球の.
— **terreno** 男 ❶ 土地 ▶ comprar um terreno 土地を買う / terreno fértil 肥沃な土地 / terreno baldio 空き地 / terreno para construção 建設用地 / preço de terrenos 地価 / afundamento de terreno 地盤沈下.
❷ 分野 ▶ Ele entende muito bem do seu terreno. 彼は自らの分野をよく理解している.
apalpar o terreno 下調べをする.
ceder terreno 譲歩する, 優位な地位を失う.
conhecer o terreno 事情に通じている.
estudar o terreno 探りを入れる.
ganhar terreno 勢力範囲を広げる, 優勢に立つ, 勢いを広める.
limpar o terreno お膳立てをする.
perder terreno 陣地を失う, 後退する, 劣勢になる, 勢いがなくなる.
preparar o terreno 地ならしをする, 根回しをする.
sondar o terreno 事前調査する, 下見する, 探りを入れる.

térreo, rea /'tɛxiu, xia/ 形 ❶ 地球の.
❷ 1階の, 地階の ▶ no andar térreo 1階に / Moro em um apartamento térreo. 私はアパートの1階の部屋に住んでいる.
— **térreo** 男 日 1階 ▶ morar no térreo 1階に住む.

terrestre /te'xɛstri/ 形 《男女同形》❶ 地球の, 地上の ▶ globo terrestre 地球儀 / crosta terrestre 地殻 / televisão digital terrestre 地上デジタルテレビ / paraíso terrestre 地上の楽園 / mina terrestre 地雷. ❷ 現世の, 世俗の ▶ vida terrestre 現世. ❸ 陸上の, 陸生の ▶ transportes terrestres 陸上輸送 / animais terrestres 陸生生物.

terrificante /texifi'kẽtʃi/ 形 《男女同形》恐ろしい, ぞっとする.
terrífico, ca /te'xifiku, ka/ 形 恐ろしい, ぞっとする.
terrina /te'xina/ 女 ❶ 《料理》テリーヌ. ❷ (スープなどを入れる) ふた付きの壺.
terrinha /te'xiɲa/ 女 santa terrinha (国外にいるポルトガル人から見た) ポルトガル.
territorial /texitori'aw/ 形 《複 territoriais》形《男女同形》領土の ▶ águas territoriais 領海 / integridade territorial 領土保全.
⁑território /texi'tɔriu/ テヒトーリオ/ 男 ❶ 地域, 領域 ▶ território ocupado 占領地.
❷ 領土, 領地 ▶ território brasileiro ブラジルの領土.
❸ 《生物》縄張り, テリトリー ▶ marcar o território 縄張りのしるしをつける.

⁑terrível /te'xivew/ テヒーヴェゥ/ [複 terríveis] 形 《男女同形》❶ 恐ろしい ▶ monstro terrível 恐ろしい怪物.
❷ ひどい ▶ pessoa terrível ひどい人.
❸ 最悪の ▶ seca terrível 最悪の旱魃.
❹ 非常に大きい ▶ sofrimento terrível 非常に大きい苦難.

terrivelmente /teˌxivew'mẽtʃi/ 副 非常に, 過度に ▶ O avô foi terrivelmente abalado pela doença. 祖父は病気で極度に衰弱していた.

*terror /te'xox/ テホーフ/ [複 terrores] 男 ❶ 恐怖, 恐怖を与えるもの [人] ▶ terror da guerra 戦争の恐ろしさ / filme de terror ホラー映画 / história

terrorismo

de terror ホラー小説 / Eles são o terror da vizinhança. 彼らは近所の人たちにとって恐怖だ.
❷ 恐怖政治 ▶ terror nazista ナチスの恐怖政治.

terrorismo /texo'rizmu/ 男 テロリズム, テロ行為, テロ ▶ luta contra o terrorismo テロとの戦い.

terrorista /texo'rista/ 名 テロリスト.
— 形《男女同形》テロの, テロリズムの, テロリストの ▶ atentado terrorista テロ攻撃.

terroso, sa /te'xozu, 'xɔza/ 形 ❶ 土色の, 土のような. ❷ 輝きのない.

tertúlia /tex'tulia/ 女 ❶ (家族や友人の) 集まり. ❷ tertúlia literária 文学サロン.

tesão /te'zẽw̃/ [複 tesões] 男 女 俗 ❶ 勃起. ❷ 欲情, (男女とも) 性欲の高ぶり ▶ ter tesão 欲情する, むらむらする. ❸ 欲望をそそるもの.
dar tesão em... ① …の性欲を刺激する. ② …の欲望を刺激する.

*** tese** /'tezi/ 女 ❶ 論, 持論, 学説 ▶ defender uma tese あの説を擁護する.
❷ 学位論文 ▶ tese de mestrado 修士論文 / tese de doutoramento 博士論文.
em tese 一般的には, 原則として.

teso, sa /'tezu, za/ 形 ❶ ぴんと張った. ❷ 動かない, 止まった ▶ O mercado está teso. 市場は動きがない. ❸ 硬直した ▶ corpo teso 硬直した体. ❹ 俗 無一文の ▶ andar teso 無一文である.

tesoura /te'zora/ 女 はさみ ▶ uma tesoura 一丁のはさみ.

tesourar /tezo'rax/ 他 ❶ …をはさみで切る, 切り刻む. ❷ 届 …の悪口を言う.

tesouraria /tezora'ria/ 女 会計課, 経理部, 公庫, 財務局.

tesoureiro, ra /tezo'rejru, ra/ 名 ❶ 会計係, 出納係. ❷ 財務官.

***tesouro** /te'zoru/ テゾーロ 男 ❶ 宝, 財宝, 財産 ▶ encontrar um tesouro escondido 隠された宝を探す / tesouro de informações 情報の宝庫 / caça a tesouros 宝探し / caçador de tesouros 宝探しをする人, トレジャーハンター.
❷《通常 Tesouro》国庫, 財務省 ▶ Tesouro Nacional 国庫 / Secretaria do Tesouro Nacional 財務局.
❸ いとしい大切な人 ▶ O neto era o meu tesouro. 孫は私にとって宝物だった.

testa /'testa/ 女 ❶ 額, おでこ ▶ franzir a testa 額にしわを寄せる. ❷ 前方.
à testa de... ① …に主導されて. ② …の指導の下で.
de testa 面と向かって, 正面から.
fazer testa a... …に反対する, たてつく
testa coroada 君主, 王者.
testa de ferro 影武者, ダミー.

testamentário, ria /testamẽ'tariu, ria/ 形 遺言の.
— 名 遺言執行人.

testamento /testa'mẽtu/ 男 ❶ 遺言, 遺書 ▶ fazer um testamento 遺言を作成する.
❷《キリスト教》(人と神との) 契約 ▶ Antigo [Velho] Testamento 旧約聖書 / Novo Testamento 新約聖書.

testar[1] /tes'tax/ 他 ❶ (学力や能力を) テストする, 検査する ▶ testar os alunos 生徒の学力をテストする. ❷ 試す, 計る ▶ testar a paciência de alguém …の忍耐力を試す.
❸ 試用する, 試運転する, 試乗する ▶ testar uma máquina 機械を試運転する / testar um carro 車を試乗する.

testar[2] /tes'tax/ 他 遺贈する.
— 自 遺言書を作成する.

*** teste** /'testʃi/ テスチ 男 ❶ 試験, テスト ▶ O teste de gramática será na próxima semana. 文法のテストは来週である / fazer o teste テストを受ける / ter o teste amanhã 明日テストがある / tirar boa nota no teste テストでいい点を取る / tirar nota ruim no teste テストで悪い点を取る.
❷ 検査 ▶ teste de aptidão 適性検査 / teste de gravidez 妊娠検査 / teste antidoping ドーピング検査.

testemunha /teste'muɲa/ テステムーニャ 女 ❶ 目撃者; 立会人 ▶ Há testemunhas da passagem de objeto voador sobre a cidade. 町の上を飛んで行く物を目撃した人たちがいる / Infelizmente não há testemunhas do acidente. あいにく事故の目撃者はいない / testemunhas do casamento 結婚の立会人 / ser testemunha de... …の目撃している.
❷《法律》証人 ▶ convocar a testemunha 証人を召喚する / testemunha ocular 目撃者 / interrogatório das testemunhas 証人尋問 / testemunha de acusação 検察側の証人 / testemunha de defesa 弁護側の証人 / testemunha falsa 偽証者 / banco das testemunhas 証言台, 証人席 [台].
❸ 証拠, 証明.
sem testemunhas こっそりと, 一人で.
tomar alguém por testemunha …に証人になってもらう.

testemunhar /testemu'ɲax/ 他 ❶ …の証言をする ▶ No tribunal, a jovem testemunhou o crime. 法廷でその若い女性は犯罪の証言をした.
❷ 証明する, 論証する ▶ As estatísticas testemunham a decadência do partido político. 統計は政党の衰退を証明している.
❸ 目撃する, 居合わせる ▶ Ela foi a única a testemunhar o assalto. 彼女は強盗を目撃した唯一の人物だった.
❹ 立ち会う ▶ Ele testemunhou o casamento do irmão. 彼は弟の結婚に立ち会った.
❺ 表明する, 表す ▶ Ele testemunhou-me a sua amizade. 彼は私に友情を表した.
— 自 証言する ▶ Na briga entre os empregados da fábrica, ninguém propôs-se a testemunhar. 工場の従業員の間の争いで, 誰も証言しようとはしなかった.

testemunho /teste'muɲu/ 男 ❶ 証言, 陳述 ▶ dar testemunho de... …について証言する / falso testemunho 偽証.
❷ 証拠, 証し ▶ testemunho de amizade 友情の証し. ❸ 形跡, 痕跡.
❹《地質》浸食により現れた丘.

testículo /tes'tʃikulu/ [男]〘解剖〙睾丸, 精巣.
testificar /testʃifi'kax/ ㉙ [他] ❶ 証言する ▶O João testificou no tribunal. ジョアンは裁判所で証言した.
❷ 証明する ▶O resultado foi testificado pelas autoridades. 結果が当局によって証明された.
❸ 断言する ▶Eu testifico que é verdade. 私はそれが真実だと断言する.
teta /'teta/ [女] 乳房, 乳首.
tétano /'tɛtanu/ [男]〘医学〙破傷風.
tête-à-tête /ˌtɛtʃia'tɛtʃi/ [男]《単複同形》《フランス語》差し向かい, 対談, 面談.
teteia /te'tɛja/ [女] かわいい人［もの］▶O bebê é uma teteia! その赤ちゃんはかわいい.
*＊**teto** /'tɛtu テート/ [男] ❶ **天井** ▶O teto desta casa é alto. この家の天井は高い.
❷ **屋根；家** ▶teto solar サンルーフ / viver sob o mesmo teto 一つ屋根の下に暮らす.
❸（金額等の）最高限度 ▶teto salarial 賃金上限.
tetracampeão, peã /tetrakẽpe'ɐ̃w̃, pe'ɐ̃/ [形] ４回優勝した.
— [名] ４度目の優勝者.
*****teu, tua** /'tew, 'tua テゥ, トゥア/ [形]《所有》《二人称単数形》❶ **君の, あなたの** ▶teu pai 君の父 / tua mãe 君の母 / um amigo teu = um dos teus amigos 君の友人の一人.
❷《ser teu》君のものである ▶A culpa não é tua. 悪いのは君ではない.
— [代]《定冠詞と共に》**君のもの, あなたのもの.**
os teus 君の家族, 君の友人たち.
tevê /te've/ [女] テレビ ▶programas de tevê テレビ番組.
têxtil /'testʃiw/ [[複] têxtis] [形]《男女同形》織物の ▶indústria têxtil 繊維産業.
***＊**texto** /'testu テスト/ [男] ❶ **本文, テキスト** ▶estabelecer o texto 本文を校訂する / Deve-se ler textos em original. テキストは原文で読むべきだ / texto original 原典 / texto integral 全文 / seleção de textos 選文集 / texto sagrado 聖典 / editor de texto テキストエディター / processador de texto ワードプロセッサー / o texto da Constituição 憲法の条文.
❷ **作品, 文献** ▶textos clássicos 古典作品 / texto inédito 未発表作品.
❸（作品の）断章, 抜粋 ▶citar um texto 章句を引用する / interpretação de texto テキスト解釈.
textual /testu'aw/ [[複] textuais] [形]《男女同形》❶ 原文の, 本文の, テキストの ▶análise textual 作品分析 / crítica textual 本文校訂, テキストクリティック. ❷ 原文のままの ▶palavras textuais 原文通りの言葉.
textualmente /testuˌaw'mẽtʃi/ [副] 原文通りに, 一言一句変えずに.
textura /tes'tura/ [女] ❶ 織物, 生地. ❷ 織ること, 織り方. ❸ 組織, 構造. ❹ 手触り.
tez /'tes/ [[複] tezes] [女] 顔の皮膚.
*****ti** /'tʃi チ/ [代]《人称》《二人称単数》《com 以外の前置詞の後で》**君, あなた** ▶Eu confio em ti. 私は君を信頼している / Eu preciso de ti. 私には君が必要だ.
tia /'tʃia/ [女] 叔母, 伯母.
ficar para tia（女性が）婚期を逃す.
tia-avó /ˌtʃia'vɔ/ [[複] tias-avós] [女] 大おば.
tiara /tʃi'ara/ [女] 宝冠, ティアラ.
tico /'tʃiku/ [男] [B] 少量 ▶um tico 少し / um tico de... 少しの….
tido, da /'tʃidu, da/ ter の過去分詞.
tiete /tʃi'ɛtʃi/ [名] [話] ファン.
tifo /'tʃifu/ [男]〘医学〙チフス.
tifoide /tʃi'fɔjdʒi/ [形]《男女同形》チフス性の ▶febre tifoide 腸チフス.
tigela /tʃi'ʒɛla/ [女] お椀, ボウル ▶uma tigela de leite ボウル１杯の牛乳.
de meia tigela 価値のない, 二流の ▶poeta de meia tigela 三文詩人.
quebrar a tigela ① 服や物などを初めて使う. ② 鍋を割る.
tigre /'tʃigri/ [男]〘動物〙トラ ▶tigre de papel 張り子のトラ / tigres asiáticos アジアの新興国.
tigresa /tʃi'greza/ [女] ❶ 雌のトラ. ❷ 美しくて魅力にあふれた女性.
tijolo /tʃi'ʒolu/ [男] ❶ れんが ▶tijolo cru 日干しれんが. ❷ れんが色.
— [形]《男女同形》れんが色の.
de tijolo aparente むきだしのれんがの ▶parede de tijolo aparente れんががむき出しになった壁.
tijolo quente 厄介事, 悩みの種, 困った問題.
til /'tʃiw/ [男] 波型記号, チゥ, チルダ（˜）▶a com til チゥつきの a / n, a, o, til オ・コ・ト・ワ・リ, ダ・メ.
tília /'tʃilia/ [女]〘植物〙シナノキ, ボダイジュ ▶chá de tília シナノキ茶.
tilintar /tʃilĩ'tax/ [他] チリンと鳴らす.
— [自] チリンと鳴る.
timaço /tʃi'masu/ [男] [B] 強豪チーム.
timão /tʃi'mɐ̃w̃/ [[複] timões] [男] ❶ 舵, 舵取り. ❷ すばらしいチーム.
timbrar /tĩ'brax/ [他] ❶ …に紋章を入れる ▶A carta é timbrada. 証書に紋章が刻まれている / papel timbrado 会社名入りのレターヘッド. ❷ …を…と呼ぶ［+ de］.
timbre /'tĩbri/ [男] ❶ 紋章. ❷ 印章. ❸ 響き, 音質, 音色 ▶timbre lindo 美しい音色.
time /'tʃĩmi/ [男] [B] ❶〘スポーツ〙チーム ▶formar um time チームを作る / time de futebol サッカーチーム / time campeão 優勝チーム / espírito de time 連帯意識 / mudar de time チームを移籍する / primeiro time 一軍.
❷ グループ, 班 ▶time de trabalho 作業グループ / time de cientistas 科学者グループ.
dono do time チームの主力選手.
do segundo time 二流の.
enterrar o time チームの敗因になる.
jogar no time de... …に味方する, 協力する.
mexer em time que está ganhando うまくいっていることに余計な手出しをする.
tirar o time (de campo) 引き揚げる, 諦める, 撤退する, 帰る.
timidamente /ˌtʃimida'mẽtʃi/ [副] おずおずと, 遠慮がちに.

timidez /tʃimi'des/ [[複] timidezes] [女] 内気，臆病，小心，気弱.

*__tímido, da__ /'tʃĩmidu, da チミド，ダ/ [形] ❶ **恥ずかしがりの，内気な** ▶uma menina tímida 内気な女の子 / caráter tímido 内気な性格.

❷ **おびえた，臆病な** ▶tom de voz tímida おどおどとした声の調子.

❸ 弱い ▶som tímido かすかな音 / a tímida luz da lua 月のかすかな光.

— [名] 気が弱い人，臆病者.

timoneiro /tʃimo'nejru/ [男] 操舵手，舵取り.

timorato, ta /tʃimo'ratu, ta/ [形] ❶ 臆病な，小心な．❷ 細心の，入念な.

timorense /tʃimo'rẽsi/ [形]《男女同形》[名] 東チモールの（人）.

Timor-Leste /tʃi,mox'lɛstʃi/ [男]《国名》東チモール（ポルトガル語が公用語の１つ）.

tímpano /'tʃĩpanu/ [男] ❶〖解剖〗鼓膜 ▶arrebentar os tímpanos 耳をつんざく．❷〖音楽〗ティンパニー.

tim-tim /tĩ'tĩ/ [[複] tim-tins] [男] 乾杯するときにコップがふれあう音.

tim-tim por tim-tim 事細かに，一部始終 ▶contar tim-tim por tim-tim 事細かに話をする.

— [間] 乾杯.

tingir /tĩ'ʒix/ ② [他] ❶ …を…に染める，着色する [+ de] ▶tingir o cabelo de louro 髪を金髪に染める.

❷ 赤くする ▶A chegada do ex-namorado tingiu-lhe as faces. 元恋人の到着で彼女は頬を赤らめた.

❸ 染みをつける ▶O suor tingia a camisa do motorista. 汗で運転手のシャツは染みができていた.

— **tingir-se** [再] …に染まる [+ de] ▶O trigal tingiu-se de amarelo. 小麦畑が黄色に染まった.

tinha [活用] ⇒ ter

tinhoso, sa /tʃi'ɲozu, 'ɲɔza/ [形] ❶ 白癬にかかった．❷ 頑固な ▶Sempre foi uma criança tinhosa, insistia até conseguir as coisas. ずっときかんぼうな子供だった．物事がかなうまで言い張っていた.

tinir /tʃi'nix/ ⑫ [自] ❶（ガラスや金属などが）音を立てる，チリンと鳴る ▶Com o vendaval, os vidros tiniam. 暴風でガラスがカタカタと音を立てていた.

❷（耳に）音が響く，ブーンと音をたてる ▶A guitarra fez meus ouvidos tinirem. ギターが私の耳にガンガン響いていた.

❸（恐れや寒さに）震える ▶Ela tinia de febre. 彼女は熱で震えていた.

❹ [B] 強く感じる ▶Ele tinia de raiva. 彼は怒り心頭だった.

❺ [B] ひどく空腹になる ▶Ele estava tinindo de fome. 彼はひどく空腹だった.

❻ [B] 非常に熱い ▶Era dezembro e o sol tinia. それは12月のことで太陽はかんかん照りだった.

❼ 遠くで声が響く ▶Quando discutia com o marido, sua voz tinia. 彼女が夫と討論すると，その声は遠くまで響いていた.

a tinir 一文無しで.

deixar tinido 最高の状態にする.

de tinir 最高に ▶Este quadro é lindo de tinir. この絵は最高に美しい.

estar tinindo 最高の状態である.

ficar tinindo 最高の状態になる.

tinindo de novo ぴかぴかに新しい，まったくの新品の.

tinir de fome ひどく飢える，腹がぺこぺこに空く.

tinir de frio ひどく寒い.

tinir de raiva ひどく怒る，怒り狂う.

tino /'tʃĩnu/ [男] ❶ 理性，分別，判断 ▶perder o tino 正気を失う.

❷ 才能，才覚 ▶tino para os negócios 商才.

❸ 注意，慎重 ▶sem tino 不用意に，軽率に，考えなしに.

*__tinta__ /'tʃĩta チンタ/ [女] ❶ **インク** ▶tinta de impressão 印刷用インク / escrever a tinta インクで書く / impressora a jato de tinta インクジェットプリンター.

❷ **塗料，ペンキ，染料；墨** ▶tinta fresca ペンキ塗りたて / parede pintada com tinta azul 青いペンキで塗られた壁 / tinta nanquim 墨 / tinta da lula イカ墨.

carregar nas tintas 誇張する.

fazer correr muita tinta 大いに書き立てられる，論議を巻き起こす.

tinteiro /tʃĩ'tejru/ [男] ❶ インク壺．❷ インクカートリッジ.

tinto, ta /'tʃĩtu, ta/ [形] ❶ 染められた，着色した．❷ 汚れた，しみのついた．❸（ワインが）赤の ▶vinho tinto 赤ワイン.

— **tinto** [男] 赤ワイン.

tintura /tʃĩ'tura/ [女] ❶ 染料 ▶tintura para o cabelo 毛髪染料．❷〖薬学〗tintura de iodo ヨードチンキ.

tinturaria /tʃĩtura'ria/ [女] ❶ 染色工場．❷ [B] クリーニング店.

__tio__ /'tʃiu チオ/ [男] **おじ ▶tios おじとおば.

ficar para tio（男性が）独身のままでいる.

tio-avô /,tʃiua'vo/ [[複] tios-avôs または tios-avós] [男] 大おじ.

tipicamente /,tʃipika'mẽtʃi/ [副] 典型的に ▶prato tipicamente brasileiro 典型的ブラジル料理.

*__típico, ca__ /'tʃipiku, ka チーピコ，カ/ [形] **典型的な，代表的な** ▶um exemplo típico 典型的な例 / Ele é um brasileiro típico. 彼は典型的なブラジル人だ / Qual é o prato típico desta região? この地方の代表的な料理は何ですか / Isso é típico dela. それは彼女によくあることだ，それは彼女らしい.

tipificar /tʃipifi'kax/ ㉙ [他] …を特徴づける.

— **tipificar-se** [再] 類型化される.

***__tipo__ /'tʃipu チーポ/ [男] ❶ **タイプ** ▶Ele é o tipo de rapaz que é esforçado. 彼はがんばるタイプの青年だ / Ele não é o meu tipo. 彼は私のタイプじゃない.

❷ **種類** ▶Que tipo de roupa está procurando? どういった種類の服をお探しですか / Não gosto desse tipo de música. 私はこの種の音楽は好きではない / coisas desse tipo こうした類の事柄.

❸ **人，奴** ▶Ele é um tipo estranho. 彼は変な人だ.

❹ **典型，見本** ▶tipo de beleza 美の典型.

❺ 活字体, 印字体.
— 間 俗 (つなぎ言葉として)まあ, その.
tipografia /tʃipogra'fia/ 女 印刷, 印刷所.
tipográfico, ca /tʃipo'grafiku, ka/ 形 印刷上の ▶erros tipográficos 誤植 / caracteres tipográficos 活字.
tipologia /tʃipolo'ʒia/ 女 ❶ 類型学, 類型論. ❷ 国《集合的に》活字.
tique /'tʃiki/ 男 ❶《医学》チック. ❷ 無意識の癖.
tique-taque /ˌtʃiki'taki/ [複 tique-taques] 男 (時計の) チクタク; 心臓の鼓動音.
tíquete /'tʃiketʃi/ 男《英語》チケット, 券 ▶tíquete de estacionamento 駐車券.
tiquinho /tʃi'kiɲu/ 男 少量 ▶um tiquinho 少し / um tiquinho de... 少しの….
tiquinho de gente 子供, 小人.
tira /'tʃira/ 女 ❶ 細長い切れ端, 帯 ▶uma tira de papel 一枚の細長い紙片. ❷ 漫画.
— 男 国 俗 警官.
tiracolo /tʃira'kɔlu/ 男 (肩から斜めにかける) 肩帯, 肩ひも, 負い革.
a tiracolo ① たすき掛けの, 肩から斜めに ▶bolsa a tiracolo ショルダーバッグ. ② 引き連れて ▶com os filhos a tiracolo 子供たちを引き連れて.
tirada /tʃi'rada/ 女 ❶ 長い道のり. ❷ 長ぜりふ, 長口舌.
de uma tirada 一気に, 一息に.
tiragem /tʃi'raʒẽj/ [複 tiragens] 女 印刷, 印刷部数, 発行部数 ▶jornal de grande tiragem 発行部数の多い新聞 / edição com tiragem limitada 部数限定版 / primeira tiragem 初刷り.
tira-gosto /ˌtʃira'gostu/ [複 tira-gostos] 男 国 酒のつまみ.
tira-manchas /ˌtʃira'mẽʃas/ 男《単複同形》しみ抜き.
tirania /tʃira'nia/ 女 暴政, 圧政, 専制政治.
tirânico, ca /tʃi'rẽniku, ka/ 形 ❶ 専制政治の, 暴君の ▶governo tirânico 専制政府. ❷ 専横な, 横暴な ▶pai tirânico 横暴な父親.
tiranizar /tʃirani'zax/ 他 ❶ …に暴政を行う. ❷ …に横暴にふるまう, …を虐げる.
tirano, na /tʃi'rẽnu, na/ 名 ❶ 僭主, 暴君, 専制君主. ❷ 横暴な人.
— 形 暴君の, 専制的な, 圧制的な ▶pai tirano 専制的な父親.
tirante /tʃi'rẽtʃi/ 形《男女同形》…がかかった [＋a] ▶tirante a azul 青みがかかった.
— 前 …を除いて ▶Tirante a região sul, aquele país é bastante quente o ano todo. あの国は南部を除いて一年中かなり暑い.
— 男 ❶ (馬車の) 引き綱. ❷ 梁.
★★tirar /tʃi'rax/ チラーフ/ 他 ❶ 取り出す, 引き出す ▶Ele tirou a carteira do bolso. 彼はポケットから財布を取り出した / tirar lições dos erros 失敗から教訓を得る / tirar sangue 採血する.
❷ 取り外す, 取り除く, 除く, 除外する ▶tirar o plugue プラグを抜く / tirar a pele do peixe 魚の皮をはぐ / tirar a mancha 染みを落とす / O terremoto tirou a vida de muitas pessoas. 地震によって多くの人命が奪われた / tirar as dores 痛みを取

り除く / tirar três de sete 7から3を引く.
❸ (衣類を) 脱ぐ ▶tirar a roupa 服を脱ぐ / A mãe tirou a roupa da criança. 母親は子供の服を脱がせた / tirar o chapéu 帽子を脱ぐ / tirar os sapatos 靴を脱ぐ / tirar a camisa シャツを脱ぐ.
❹ (写真を) 撮る ▶tirar foto 写真を撮る / Tirei fotos de minha filha. 私は娘の写真を撮った / tirar uma radiografia レントゲン写真を撮る.
❺ (成績を) 取る ▶Ele tirou boas notas em língua portuguesa. 彼はポルトガル語でよい成績を取った / tirar má nota 悪い成績を取る / Eu tirei zero na prova de matemática. 私は数学のテストで零点を取った.
❻ (休日を) 取る ▶tirar dois dias de folga 2日の休みを取る / tirar férias 休暇を取る.
❼ 引き出す, 得る ▶tirar uma conclusão 結論を引き出す / tirar licença 許可を得る / tirar uma informação 情報を得る / tirar uma ideia アイディアを得る / tirar proveito de... …から利益を得る.
❽ …する ▶tirar uma soneca 昼寝する, 仮眠する / Poderia tirar dez cópias deste documento? この書類を10枚コピーしてくれますか / tirar medidas 寸法を測る / tirar a mesa テーブルをかたづける.
❾ 盗む, 奪う, 取る.
sem tirar nem pôr まさに…そのもの, ちょうど…, ありのままの ▶Ele é a cara do pai, sem tirar nem pôr. 彼は, まさしくお父さんそっくりだ.
tiririca /tʃiri'rika/ 形《男女同形》国 国 激怒した, かんかんになった.
tiritar /tʃiri'tax/ 自 (寒さや恐怖のために) 震える ▶tiritar de frio 寒さで震える.
★tiro /'tʃiru/ チーロ/ 男 ❶ 射撃, 発砲, 発射 ▶dar um tiro em... …に発砲する / levar um tiro 撃たれる / com um tiro na cabeça 頭を撃たれて / trocar tiros 銃撃戦になる / tiro com arco アーチェリー / tiro ao alvo 射撃, 射的.
❷《サッカー》キック ▶tiro livre フリーキック / tiro livre direto 直接フリーキック / tiro livre indireto 間接フリーキック / tiro de meta ゴールキック / tiro de canto コーナーキック.
dar um tiro na praça 国 偽装倒産などで多くの人に損害を与える.
dar um tiro no escuro 危険を冒す.
dar um tiro no pé 自分の足を撃つ, 自া行為をする.
de um tiro 一気に, 一度に.
nem a tiro 絶対…ない ▶o que ele não esquece nem a tiro 彼が絶対忘れないこと.
tiro certeiro 命中.
tiro de misericórdia とどめの一撃.
tiro e queda 百発百中, 絶対うまくいくこと ▶É tiro e queda. うまくいくこと請け合いだ.
tiro n'água 無駄な努力.
tirocínio /tʃiro'siniu/ 男 ❶ 実習, 研修, 見習い. ❷ 実務経験.
tiroteio /tʃiro'teju/ 男 ❶ 銃撃, 発砲. ❷ 撃ち合い, 銃撃戦.
tísica¹ /'tʃizika/ 女 結核.
tísico, ca² /'tʃiziku, ka/ 形 ❶ 結核の, 結核にかかった. ❷ やせこけた.

― 名 ❶ 結核患者. ❷ やせこけた人.
tisnar /tʃiz'nax/ 他 ❶ 黒くする, 汚す. ❷ けがす▶Ele tisnou a minha reputação. 彼は私の評判をけがした. ❸ (…の表面を) 焦がす.
― **tisnar-se** 再 ❶ 黒くなる. ❷ けがれる.
titânio /tʃi'tɐniu/ 男 【化学】チタン.
títere /'tʃiteri/ 男 ❶ 操り人形. ❷ 他人の言いなりになる人.
― 形《男女同形》他人に操られる▶governo títere 傀儡(かいらい)政府.
titia /tʃi'tʃia/ 女 B おば, おばさん.
titio /tʃi'tʃiu/ 男 B おじ, おじさん.
titubeante /tʃitube'ɐ̃tʃi/ 形《男女同形》ふらつく, 迷う, ためらう.
titubear /tʃitube'ax/ 10 自 ❶ よろめく, ふらつく. ❷ 迷う, ためらう. ❸ 口ごもる.
titular[1] /tʃitu'lax/ 他 …に題名をつける.
titular[2] /tʃitu'lax/ 複 titulares 形《男女同形》肩書を持つ, 正規の, 正選手の▶professor titular 正教授 / jogador titular 正選手.
― 名 ❶ 名義人▶titular da conta 口座名義人. ❷ 正選手, 正教授. ❸ 貴族.
título /'tʃitulu/ チトゥロ 男 ❶ 題名, タイトル▶Qual é o título do livro? この本の題名は何ですか / dar um título a... …にタイトルをつける. ❷ 見出し▶título de um artigo 記事の見出し. ❸ 称号▶título de rei de Portugal ポルトガル王の称号. ❹ 肩書, 官職名 ▶título de professor emérito 名誉教授の肩書き. ❺《スポーツ》タイトル, 選手権▶conquistar o título タイトルを獲得する / lutar pelo título タイトルをかけて対戦する / detentor de título タイトル保持者. ❻ 証書, 証券▶título de propriedade 不動産権利証書 / título ao portador 無記名証券 / título de dívida pública 公債.
a título +形容詞 …の形で, …として▶a título experimental 実験的に / a título gracioso 無料で / a título pessoal 個人的に / a título excepcional 例外的に.
a título de... …として, …の名目で▶a título de exemplo 例として / a título de conclusão 結論として / a título de curiosidade 好奇心から.
tive 活用 ⇒ ter
tiver 活用 ⇒ ter
to /tu/ 間接目的語代名詞 te と直接目的語代名詞または中性代名詞 o の縮合形.
TO (略語) Estado de Tocantins トカンチンス州.
toa /'toa/ 女 (船の) 牽引用の綱.
à toa ① あてもなく▶andar à toa あてどなく歩く. ② 理由もなく▶Ela se irritou à toa. 彼女は訳もなくいら立った / Não é à toa que + 直説法 …であるのには理由がある. ③ 無駄に, 何もせずに▶gastar saliva à toa 話しても聞いてもらえない / ficar à toa だらだらする, 無為に時間を過ごす.
toada /to'ada/ 女 ❶ 歌. ❷ 単調な歌.
na mesma toada 同じリズムで, 同じ形で, 変わり映えなく.
nesta toada このトーンで, このリズムで, このやり方で.
numa toada só 絶え間なく.
toalete /toa'letʃi/ 男 トイレ, 便所▶Onde fica o toalete? トイレはどこですか.
― 女 ❶ 身支度, 洗面, 化粧▶fazer a toalete 体を洗う. ❷ パーティードレス.
toalha /to'aʎa/ 女 ❶ タオル▶toalha de banho バスタオル / toalha de rosto フェイスタオル. ❷ テーブルクロス (= toalha de mesa).
jogar a toalha タオルを投げる, 諦める, 降参する.
toar /to'ax/ 自 ❶ 高らかに音が鳴り響く, とどろく▶Um clarim toou no quartel. ラッパが兵舎に鳴り響いた.
❷ 反響する, 共鳴する▶O canto do pássaro toava em meus ouvidos. 小鳥の鳴き声が私の耳に反響していた.
❸ …に似合う [+ com] ▶A gravata não toava com o terno. ネクタイはスーツに似合わなかった.
❹ …を喜ばせる, …に都合がよい, …に適している [+ a] ▶Não lhe toava convidar os amigos para a festa. そのパーティーに友人を招くことは彼には都合が悪かった.
❺ …に…と見える, 聞こえる [+ a] ▶A proposta toava-lhe a desaforo. その提案は彼には厚かましく聞こえた.
❻ …と考えられる, 思われる [+ com] ▶Suas ideias toavam como desonestas. あなたの意見は不誠実だと思われた.
― 他 …と調和させる [+ com] ▶O aluno toava suas ideias com as do professor. その生徒は自分の考えを先生の考えと合わせていた.
tobogã /tobo'gɐ̃/ 男 滑り台.
toca /'toka/ 女 ❶ 動物の巣穴▶toca de coelho ウサギの巣穴. ❷ B 隠れ家.
sair da toca 顔を出す, 現れる.
toca-CD /ˌtɔkase'de/ 男《単複同形》B CD プレーヤー.
tocador /toka'dox/ [複] tocadores 男 プレーヤー▶tocador de DVD DVD プレーヤー.
tocaia /to'kaja/ 女 B 待ち伏せ▶de tocaia 待ち伏せで.
tocante /to'kɐ̃tʃi/ 形《男女同形》❶ 感動的な▶uma história tocante 感動的な話.
❷ …に関する [+ a].
no tocante a... …に関して.
tocantinense /tokɐ̃tʃi'nesi/ 形《男女同形》名 トカンチンス州の (人).
Tocantins /tokɐ̃'tʃis/ 《地名》(ブラジル北部の) トカンチンス州.
tocar /to'kax/ トカーフ 29 自 ❶ …に触れる, 触る [+ em] ▶Não toque nisso! それに触らないで / Não toque em mim. 私に触らないで / Proibido tocar「触らないこと」.
❷ …に言及する, 触れる [+ em] ▶tocar num assunto 問題に言及する / Tentei evitar ao máximo tocar nessa questão. 私はその問題にできるだけ触れないようにした.
❸ …に関与する [+ em] ▶Não toquei nesse caso. 私はこの件には関与していなかった.
❹ …に関わる, 関係がある [+ a] ▶O que toca a

todos deve ser aprovado por todos. みんなに関わることはみんなに承認されなければならない / no que me toca 私に関する限り.

❺ (電話やベルが) 鳴る ▶ O telefone está tocando. 電話が鳴っている.

❻ (音楽を) 演奏する ▶ Ele toca bem. 彼は演奏がうまい.

❼《Toca a alguém + 不定詞》…するのは…の務めだ ▶ Toca a você resolver este problema. この問題を解決するのは君の務めだ.

— 他 ❶ 触れる, 触る ▶ tocar a bola com a mão ボールに手で触れる / tocar a pele 肌に触る.

❷ (楽器を) 弾く, 演奏する ▶ tocar piano ピアノを弾く / Ela toca piano bem. 彼女はピアノが上手だ / tocar violão ギターを弾く / tocar o tambor 太鼓を叩く / tocar a trombeta トランペットを吹く / tocar Mozart モーツァルトを演奏する / tocar uma valsa / ワルツを演奏する / tocar uma melodia 旋律を奏でる.

❸ 鳴らす, 音を出す ▶ tocar a campainha ブザーを鳴らす / tocar a buzina クラクションを鳴らす.

❹ 接する, 隣接する ▶ A nossa propriedade toca a deles. 我々の所有地は彼らのそれと境界を接する.

❺ …に達する, 到達する ▶ tocar o teto 天井にとどく / tocar o fundo 底にとどく / tocar o solo brasileiro ブラジルの地に到達する / tocar a pista 滑走路に着地する.

❻ …の心を打つ, 感動させる ▶ A música me toca profundamente. 音楽は私を深く感動させる.

❼ 推進する, 進める ▶ tocar um projeto 事業を進める.

❽ (牛などを) 突き棒で追う.

— tocar-se 再 ❶ 接しあう, 触れあう ▶ Os extremos se tocam. 諺 両極端は相通ずる / Suspirei quando nossas mãos se tocaram. 私たちの手が触れあったとき私は吐息を漏らした.

❷ (果物が) 腐る, 傷む.

❸《tocar-se que + 直説法》…に気がつく ▶ Eu me toquei que tinha feito besteira. 私は愚かなことをしたのに気がついた.

❹ 俗 向かう, 行く ▶ Da prefeitura tocou-se para o hotel. 市役所から彼はホテルに向かった.

Toca a + 不定詞. さあ…しなさい ▶ Toca a trabalhar! さあ仕事だ / Toca a estudar! さあ勉強だ.

tocata /to'kata/ 女 『音楽』トッカータ.

tocha /'tɔʃa/ 女 たいまつ.

toco /'toku/「トク」 ❶ 切り株, 刈り株, 幹.

❷ 枝, 棒, 棍棒.

❸ 燃えさし, 吸い殻 ▶ toco de vela ろうそくの燃えさし.

❹ 俗 義足.

❺《tocos》動物の角.

❻ 『船舶』折れたマストの残骸.

❼ 国 泥棒の分け前.

❽ 国 (バスケットなどでの) ブロック.

aguentar o toco 困難に耐える.

andar [estar] com o toco 機嫌が悪い.

no toco 現金で ▶ Ele comprou a geladeira no toco. 彼は現金で冷蔵庫を買った.

toco de amarrar besta 小柄で小太りの人物.

toco de gente 子供, 小人, 小柄な人.

***todavia** /toda'via/ トダヴィア 接 けれども, しかし ▶ Somos diferentes, todavia iguais. 私たちは異なっているが, しかし平等だ.

***todo, da** /'todu, da/ トード, ダ/ 形 ❶《todos os [todas as] + 複数名詞》すべての, 全員の ▶ Todos os homens são mortais. すべての人は死ぬ / todos os meus amigos 私の友達全員 / todos os países do mundo 世界のすべての国 / todos os dias 毎日 / todas as semanas 毎週 / todos os anos 毎年.

❷《todo o [toda a] + 単数名詞》…全体の, 全部の ▶ toda a casa = a casa toda 家全体 / todo o dia = o dia todo 1日中 / toda a semana = a semana toda 1週間中 / todo o mês = o mês todo 1 ヵ月中 / todo o ano = o ano todo 1年中 / o tempo todo しょっちゅう, いつも / toda a turma = a turma toda クラスの全員 / todo o trabalho 全部の仕事 / todo (o) mundo みんな / no mundo todo 全世界で.

❸《todo + 無冠詞名詞》いかなる…, それぞれの…, 毎… ▶ direito de todo cidadão 全市民の権利 / todo dia 毎日 / toda semana 毎週 / todo domingo 毎週日曜日.

❹《todos os [todas as] + 数詞 + 名詞》…ごとに, …に1度 ▶ todas as três horas 3時間ごとに / todos os quatro anos 4年に1度.

— **todos** 代《不定》❶ みんな, 全員 ▶ Todos gostam dele. みんなが彼のことが好きだ. ❷《人称代名詞の同格》…は全員 ▶ Todos nós precisamos de ajuda. 私たちはみんな助けが必要だ.

— **todo, da** 副《注 性数変化する》完全に, とても ▶ Ele está todo molhado. 彼はずぶ濡れだ / Ela está toda suada. 彼女は汗まみれだ.

— **todo** 男 全体 ▶ formar um todo 1つのまとまりをなす.

ao todo 全体で ▶ Ao todo, esta escola tem mil e quinhentos estudantes. 全体でこの学校には1500人の学生がいる.

a toda 迅速に, 全速力で.

estar em todas ① 積極的に参加する. ② 情報に通じている. ③ 目につく, 影響力がある.

de todo ❶ まったく. ❷《否定文で》全然 (…ない) ▶ Não é de todo ruim. 全然悪くない.

no todo まとめて, 全体で.

tomar todas 暴飲する, 浴びるように飲酒する.

todo-poderoso, sa /,todupode'rozu, 'rɔza/ [複 todo-poderosos, sas] 形 全能の ▶ Deus todo-poderoso 全能の神.

— **Todo-Poderoso** 男 神.

toga /'tɔga/ 女 ❶ (司法官や教授の) 法服, ガウン.

❷ トーガ (古代ローマのゆったりした長衣).

toldar /tow'dax/ 他 ❶ 暗くする, 雲で覆う, 覆う ▶ Nuvens negras acabam de toldar o céu. 黒い雲が空を覆ったところだ / As copas das árvores toldavam aquele trecho do rio. 木々の樹幹があの川の一部を覆っていた.

❷ 濁らせる, よどませる ▶ A tinta toldou a água. インクが水を濁らせた.

❸ 悲しませる ▶ O desemprego toldava os seus

toldo

dias. 失業で彼の日々は悲しいものになった.
— **toldar-se** 再 ❶ 曇る ▶ O céu toldou-se rapidamente. 空はあっという間に暗くなった.
❷ 濁る ▶ O vinho toldou-se. ワインが濁った.
❸ 〖船舶〗甲板を天幕で覆う.
❹ 酔う.

toldo /'towdu/ 男 ❶ ブラインド. ❷ 日よけ.

tolerância /tole'rẽsia/ 女 ❶ 寛容, 寛大 ▶ tolerância religiosa 宗教的寛容 / tolerância zero ゼロ・トレランス, ゼロ容認 / casa de tolerância 売春宿. ❷ 〖医学〗耐性, 許容度 ▶ tolerância aos herbicidas 除草剤への耐性.

tolerante /tole'rẽtʃi/ 形《男女同形》寛容な, 寛大な ▶ uma religião tolerante 寛容な宗教 / ser tolerante com os outros 他人に対して寛大である.
— 名 寛容な人, 寛大な人.

tolerar /tole'rax/ 他 ❶ 容認する, 許容する ▶ não tolerar a violência 暴力を容認しない.
❷ …に体が耐える ▶ O meu organismo não tolera álcool. 私の体はアルコールに耐えられない.

tolerável /tole'ravew/ [複 toleráveis] 形《男女同形》耐えられる, 許容できる ▶ uma dor tolerável 我慢できる痛み.

tolher /to'ʎex/ 他 ❶ 妨げる, 困難にする, 動かなくする ▶ O nevoeiro me tolhia de enxergar ao longe. 私は霧で遠くまで見ることができなかった / A modéstia tolhia-o de mostrar seus conhecimentos. 彼は謙虚さ故に知識をひけらかすことはなかった.
❷ 禁止する ▶ Tolheram o trânsito por ali. その辺りの通行が禁止された.
❸ 抑制する, 抑える ▶ O juiz tolheu a palavra ao advogado batendo com força na mesa. 判事は机を強くたたいて弁護士の発言を遮った.

tolice /to'lisi/ 女 ❶ 愚かなこと；愚行, 愚かな発言 ▶ fazer tolices 愚行をする / dizer tolices 愚かなことを言う / Deixe de tolice. ばかも休み休み言え.
❷ つまらないこと, くだらないこと.

tolo, la /'tolu, la/ 形 ❶ ばかな, 愚かな, 分別のない ▶ Não seja tolo! ばかなことを言うな / fazer alguém de tolo …をからかう / fazer-se de tolo 7 かなまねをする.
❷ 純粋な, 無知な.
❸ 無意味な ▶ Ele dizia palavras tolas. 彼は意味のない事を言っていた.
❹ 根拠のない, 偽りの.
❺ こっけいな.
❻ 高慢な, うぬぼれた ▶ Ele estava todo tolo por ter sido aprovado. 彼は賛同を得たことですっかりうぬぼれていた.
❼ 口をぽかんと開けた, 驚いた ▶ Ele ficou tolo de ver essa cena. 彼はその光景を見てびっくり仰天した.
❽ 気がふれた.
— 名 愚か者, まぬけ.

tom /'tõ/ 男 ❶ (声や音の) 調子, トーン, 音調；口調 ▶ tom agudo 高音 / tom grave 低音 / falar num tom zangado 怒った口調で話す / cantar fora do tom 調子はずれの歌を歌う.
❷ (文学作品や音楽の) 調子, スタイル ▶ música de tom romântico ロマンチックな調子の音楽.
❸ 雰囲気 ▶ O gerente recebeu-nos num tom cordial. 支配人は心から私たちを迎えてくれた.
❹ 色合い, 色調, トーン ▶ sala pintada em tons suaves 柔らかい色調で塗られた部屋.
❺ 〖音楽〗全音；調 ▶ tons e semitons 全音と半音 / tom maior 長調 / tom menor 短調.

dar o tom 基調を打ち出す, 方向付ける, 気風を決める.

em tom de... …の方法で, …のように ▶ Ela falou em tom de brincadeira. 彼女は冗談めかして話した.

mudar de tom 口調や態度を変える.

mudar o tom 声を荒げる.

sair do tom 音程を外す.

sem tom nem som やみくもに, 支離滅裂に ▶ Ele falou sem tom nem som. 彼は意味もなく話をした.

tomada /to'mada/ 女 ❶ つかむこと, 取ること ▶ tomada do poder 権力の掌握 / tomada de sangue 採血 / tomada de posse 就任 / tomada de posição 立場決定.
❷ 占領, 占拠 ▶ tomada da capital 首都の奪取.
❸ 捕獲, 収監 ▶ tomada do condenado que havia escapado 逃亡した受刑者の捕獲.
❹ プラグ ▶ tomada de três pinos 3本プラグ.
❺ コンセント, 差し込み口.
❻ 〖映画〗撮影, テイク.
❼ B 工業用水の貯水池.

tomada de preços 相見積もり.

tomar /to'max/ トマーフ 他 ❶ 取る, つかむ ▶ tomar as armas 武器を取る / tomar a mão 手を握る, 取る.
❷ 得る, 買う, 借りる ▶ tomar emprestados livros da biblioteca 図書館で本を借りる.
❸ (乗り物に) 乗る ▶ tomar um táxi タクシーに乗る / tomar um ônibus バスに乗る / tomar o metrô 地下鉄に乗る / tomar o trem 電車に乗る.
❹ 食べる, 飲む, 摂取する ▶ tomar café da manhã 朝食をとる / tomar chá お茶を飲む / Eu tomei uma xícara de café. 私はコーヒーを1杯飲んだ / tomar remédio 薬を飲む / tomar uma injeção 注射してもらう.
❺ 占領する, 占める ▶ tomar a capital 首都を占拠する / Os garotos tomaram a sala para brincar. 子供たちが遊ぶためにリビングを占拠した.
❻ (手段などを) 講じる ▶ tomar as medidas necessárias 必要な処置を取る.
❼ …を…と見なす [+ como/por] ▶ tomar um gesto como ofensa ある身振りを侮辱と見なす / Por quem me toma? 私を誰だと思っているんだ.
❽ (態度や行動を) 取る, (感情などを) 抱く ▶ tomar coragem 勇気を出す / tomar uma decisão 決定する / tomar notas メモを取る / tomar cuidado 気を付ける / tomar o partido de alguém …の味方をする.
❾ (風呂に) 入る, (シャワーなどを) 浴びる ▶ tomar banho 入浴する / tomar banho de chuveiro シャワーを浴びる / tomar sol 陽にあたる / tomar chu-

va 雨に降られる.
❿ (時間が) **かかる** ▶Este serviço tomou muito tempo. この仕事にはとても時間がかかった.
⓫ (授業などを) **受ける** ▶tomar aulas 授業を受ける.
⓬ 襲う ▶Uma grande ansiedade tomou a menina. 激しい不安が少女を襲った.
⓭ (道や方向を) **進む**, **行く** ▶tomar a primeira rua à esquerda 最初の道を左に進む / tomar um rumo certo 正しい方向に行く.
⓮ (罰を) 受ける ▶tomar surra [bronca] 罰を受ける, 叱られる.
Toma. (相手に何かさしだして) ほら, はい.
toma lá, dá cá ギブアンドテイク.
tomar sobre si (責任を) 引き受ける.

> [語法] **「飲む」の意味の beber と tomar**
>
> beber と tomar は両方とも「飲む」という意味があるが, 両者には違いがある. まず,「何か飲む」という意味では beber と tomar ともに使われる.
> Você quer beber [tomar] alguma coisa? あなたは何か飲みますか.
> さらに, 冷たい飲み物やアルコール類を飲む場合も beber と tomar の両方が使われる.
> beber [tomar] suco ジュースを飲む.
> beber [tomar] cerveja ビールを飲む.
> しかし, 温かい飲み物や薬などを飲む場合には tomar が用いられる.
> tomar chá quente 暖かいお茶を飲む.
> tomar café コーヒーを飲む.
> tomar remédio 薬を飲む.

tomara /to'mara/ [間] ((tomara que +[接続法])) …でありますように (願望表現) ▶Tomara que amanhã faça tempo bom. 明日晴れますように.
tomara que caia /to'marakі'kaja/ [形] ((不変)) vestido tomara que caia 肩ひもなしのドレス.
— [男] 肩ひものないドレス.
tomate /to'matʃi/ [男] トマト ▶suco de tomate トマトジュース / molho de tomate トマトソース / tomate cereja チェリートマト.
tomateiro /toma'tejru/ [男]〖植物〗トマト.
tombar /tõ'bax/ [他] ❶ 倒す, 落とす ▶O vento tombou o candeeiro. 風がランプを倒した.
❷ 傾ける.
❸ 文化財に指定する.
— [自] ❶ 倒れる, 落ちる, ひっくり返る ▶A árvore tombou em cima do telhado. 木が屋根の上に倒れた / O raio tombou na antena. 雷がアンテナに落ちた.
❷ 転がり落ちる ▶O carro tombou no abismo. 車は崖から転がり落ちた.
❸ 傾く ▶Os quadros tombaram com o estremecer da casa. 家が揺れて絵が傾いた.
❹ 下がる, 落ちる, 降りる ▶O sol tombava sobre o mar. 太陽が海に沈んでいた.
❺ 死ぬ ▶Muitos soldados tombaram nesta batalha. 多くの兵士がこの戦争で亡くなった.
❻ 流れる ▶As lágrimas tombavam-lhe nas faces. 涙が彼の頬を流れていた.
— **tombar-se** [再] 横に倒れる, 向きを変える.
tombo /'tõbu/ [男] ❶ 落下, 転落, 転ぶこと, 倒れること ▶levar um tombo 転ぶ, 倒れる.
❷ 土地台帳, 記録簿, 文書保管所 ▶Arquivo Nacional da Torre do Tombo ポルトガル公文書館.
❸ 郷土誌.
dar o tombo em... ① …に痛手を負わせる. ② …を失脚させる.
tomilho /to'miʎu/ [男]〖植物〗タイム.
tomo /'tõmu/ [男] (書物の) 巻, 分冊.
tomografia /tomogra'fia/ [女] 断層撮影 ▶tomografia computadorizada コンピューター断層撮影.
tona /'tõna/ [女] 表皮, 薄皮.
à tona 表面に, 水面に ▶vir à tona 浮上する.
trazer à tona 表面化させる.
tonalidade /tonali'dadʒi/ [女] ❶〖音楽〗調性, 調. ❷〖美術〗色調, 色合い.
tonel /to'nɛw/ [[複] tonéis] [男] 樽.
tonelada /tone'lada/ [女] (重さの単位) トン ▶tonelada métrica メートルトン / pesar uma tonelada とても重い.
tonelagem /tone'laʒẽj/ [[複] tonelagens] [女] 容積トン数, 積載量.
tónica[1] /'tɔnikɐ/ [女] [P] = tônica
tônica[1] /'tõnika/ [女] [B] ❶ 強勢のある母音 [音節]. ❷ 強調点. ❸〖音楽〗主音.
tónico, ca[2] /'tɔniku, kɐ/ [形] [P] = tônico
tônico, ca[2] /'tõniku, ka/ [形] [B] ❶〖音声学〗強勢のある ▶sílaba tônica 強勢のある音節. ❷〖音楽〗主音の. ❸ 強壮にする ▶água tônica トニックウォーター.
— **tônico** [男] ❶〖医学〗強壮剤. ❷ トニック, 化粧水 ▶tônico capilar ヘアートニック.
tonificante /tonifi'kẽtʃi/ [男] 化粧水.
tonificar /tonifi'kax/ ㉙ [他] 元気づける, 強壮にする.
— **tonificar-se** [再] 元気になる, 強くなる.
tonsura /tõ'sura/ [女]〖カトリック〗剃髪, トンスラ (かつての聖職者の身分を表す髪型で, 頭頂部の毛髪が一部分あるいは環状に刈り取られていた) ▶receber a tonsura 剃髪を受ける, 聖職に就く.
tontear /tõte'ax/ ⑩ [他] ❶ めまいを起こさせる ▶O marulho tonteou o marinheiro. 荒波に水夫はめまいを起こした.
❷ 動揺させる, うろたえさせる ▶Um prêmio desse tonteia qualquer pessoa. そのような賞には誰でもうろたえる.
— [自] ❶ めまいを起こす ▶Depois de muito rodopiar, a bailarina tonteou. 何度も回転して踊り子はめまいを起こした.
❷ 動揺する, うろたえる.
❸ ばかなことを言う [する].
tonteira /tõ'tejra/ [女] ❶ めまい ▶sentir tonteira めまいがする. ❷ 愚行, 愚かな考え.
tontice /tõ'tʃisi/ [女] ❶ 愚言, 愚行, 愚挙 ▶Ela achava a paixão dele pelo carro uma tontice. 彼女は彼の車への情熱を愚かだと考えていた.
❷ 痴呆.

T

tonto, ta

tonto, ta /'tõtu, ta/ 形 ❶ めまいがする ▶estar tonto めまいがしている / ficar tonto めまいがする. ❷ ほろ酔いの. ❸ 頭がぼーっとした. ❹ 愚かな.
— 名 ばかな人, 愚かな人.
tonto de sono 眠くてたまらない

tontura /tõ'tura/ 女 めまい ▶Estou com tontura. 私はめまいがする.

topada /to'pada/ 女 つまずき ▶dar uma topada em... …につまずく.

topar /to'pax/ 他 ❶ 出会う, 出くわす, 見つける ▶Entre as suas coisas topei esta carta. 私は彼のものの中からこの手紙を見つけた. ❷ 🇧 (提案や招待を)受け入れる, 承諾する ▶Ele resolveu topar a proposta. 彼は提案を受け入れることにした. ❸ 🇧 (人に)親しみを持つ ▶Ela nunca topou aquela vizinha. 彼女はあの隣人に決して親しみを持つことはなかった. ❹ 🇧 馬に乗って牛を追う, 牛を突いて傷つける. ❺ 理解する ▶Não topei a diferença. 私は違いが理解できなかった.
— 自 ❶ 🇧 承諾する, オーケーする ▶Acho que ele não vai topar. 彼は承知しないと思う. ❷ …に出会う, 出くわす, 見つける [+ com] ▶Topei com Pedro por acaso. 私は偶然ペドロにばったり会った. ❸ …につまずく [+ em] ▶Topei numa pedra e torci o pé. 私は石につまずいて足を捻挫した. ❹ 触れる, 達する ▶A gola do casaco topavalhe nas orelhas. 外套の襟が彼の耳に触れていた.
— **topar-se** 再 …に出くわす [+ com].
topar a parada 逃げずに挑戦を受ける.
topar tudo 何にでも引き受ける.

topa-tudo /ˌtɔpa'tudu/ 名〈単複同形〉何にでも手を出す人.

topázio /to'paziu/ 男 〖鉱物〗トパーズ.

tope /'tɔpi/ 男 ❶ てっぺん, 頂点.

topete /to'petʃi/ 男 ❶ 上に上げた前髪. ❷ ずうずうしさ, 厚かましさ, 大胆さ ▶ter (o) topete 厚かましい, 図々しい, 生意気である.
baixar o topete 腰を低くする.
suar o topete 額に汗する.

tópico, ca /'tɔpiku, ka/ 形 ❶ 場所の. ❷ 〖医学〗外用の.
— **tópico** 男 ❶ 話題, 主題, テーマ. ❷ 時事問題に関する新聞論説.

topo /'topu/ 男 ❶ 頂上, てっぺん ▶topo da montanha 山の頂上 / Ele deseja chegar no topo do mundo. 彼は世界の頂上に立ちたいと思っている. ❷ (順位の)最上位, トップ ▶topo do ranking ランキングのトップ.
de topo ① 頭を上にして. ② 突然, 急に.

topografia /topogra'fia/ 女 地形, 地形図.

topográfico, ca /topo'grafiku, ka/ 形 地形測量の, 地形の ▶mapa topográfico 地形図.

topologia /topolo'ʒia/ 女 位相, トポロジー.

toponímia /topo'nimia/ 女 ❶ 地名学, 地名研究. ❷《集合的に》ある地域や国の地名.

topónimo /tu'pɔnimu/ 男 🇵 = topônimo
topônimo /to'ponimu/ 男 🇧 地名.

***toque** /'tɔki/ トーキ/ 男 ❶ 触れること, さわること ▶um leve toque 軽く触れること / toque no braço 腕にさわること. ❷ (楽器や鐘などの)音, 響き ▶toque de tambores 太鼓の音 / toque de campainha ベルの音 / toque de alvorada 起床ラッパ. ❸ 電話の呼び出し音. ❹ 仕上げの一筆, 仕上げ ▶dar o toque final em algo …に最後の仕上げをする. ❺ 雰囲気, 特徴, スタイル ▶um toque francês フランス的雰囲気. ❻ 🇧 俗 軽いアドバイス ▶Deu um toque no amigo, dizendo-lhe para não beber tanto. あまり飲まないようにと友人に軽くアドバイスした.
a toque de caixa 大急ぎで.
dar um toque 🇧 俗 探りを入れる, それとなく尋ねる, ヒントを与える ▶Dei-lhe um toque para saber do paradeiro do homem その男がどうなったかそれとなく彼に尋ねた / Quero que você me dê um toque sobre esse prêmio. その賞がどんな感じか教えてくれないかな.
toque de mágica 見事な手ぎわ.
toque de recolher 夜間外出禁止令.

Tóquio /'tɔkiu/《地名》東京.

tora /'tɔra/ 女 ❶ 太い幹, 丸太, 木切れ.
na tora 力づくで, 暴力で.
tirar uma tora うたたねする, 居眠りする.

torácico, ca /to'rasiku, ka/ 形 〖解剖〗胸部の, 胸郭の ▶cavidade torácica 胸腔(きょう).

toranja /to'rẽʒa/ 女 〖果実〗グレープフルーツ.

tórax /'tɔraks/ 男〈単複同形〉〖解剖〗胸, 胸郭; 胸腔(きょう).

torção /tox'sẽw̃/ [複 torções] 女 ねじれ, よじれ, ひねり.

torcedor, dora /toxse'dox, 'dora/ [複 torcedores, doras] 名 🇧 ファン, サポーター ▶Meu tio é torcedor do Corinthians. 私のおじはコリンチャンスのサポーターだ.
— 形 よじる, ねじる.

***torcer** /tox'sex/ トフセーフ/ ⑮ 他 ❶ ねじる, よじる ▶Ela torceu a roupa antes de estendê-la no varal. 彼女は洗濯ひもに広げる前に衣類を絞った. ❷ 曲げる, 折る, たわませる ▶Ele torceu o fio de metal. 彼は針金を曲げた / O vento torceu os galhos da roseira. 風がバラの木の枝をたわませた. ❸ (意味や事実を)歪曲する ▶torcer o sentido de... …の意味を曲げる / Os jornalistas torceram as palavras do político. 記者たちはその政治家の言葉を歪曲した. ❹ 捻挫する, くじく ▶torcer o pé 足を捻挫する. ❺ 屈服させる, 従わせる ▶Ele conseguiu torcer a obstinação do amigo. 彼は友人の強情を折ることができた.
— 自 ❶ ねじれる, よじれる ▶A palmeira torceu para o lado da estrada. ヤシの木は道路側にねじれた. ❷ …から遠のく [+ de]. ❸ うねる, 方向が変わる.

❹ あきらめる, 従う.
❺ …を応援する [+ por] ▶Ele torceu pelo São Paulo. 彼はサンパウロを応援した.
❻ 願う, 熱望する ▶Ela torcia pelo sucesso do filho. 彼女は息子の成功を願っていた.
❼ 方向転換する, 向きを変える ▶A aeronave torceu para o Leste. その航空機は東へと向きを変えた.
— **torcer-se** [再] ❶ 蛇行する ▶A estrada torcia-se, rodeando os montes. その道は山に沿って曲がりくねっていた.
❷ (怒り, 傷みなどで) 身体をよじる ▶Revoltado com a mentira, ele torcia-se de indignação. 彼は嘘に憤慨し, 怒りに身をよじった.
❸ 屈する, 負ける.

torcicolo /toxsi'kɔlu/ [男] 首の凝り ▶Estou com torcicolo. 私は首が凝っている.

torcida[1] /tox'sida/ [女] ❶ 応援団, 《集合的に》サポーター, ファン ▶O nosso time tem uma imensa torcida. 我々のチームはたくさんのサポーターがいる.
❷ ろうそくなどの芯.
torcida a favor 賛成派, 応援団.
torcida contra 反対派.

torcido, da[2] /tox'sidu, da/ [形] (torcer の過去分詞) 曲がった, よじれた.

tormenta /tox'mẽta/ [女] ❶ 嵐, 暴風雨. ❷ 動乱, 騒乱 ▶tormenta revolucionária 革命の嵐.

tormento /tox'mẽtu/ [男] ❶ 拷問, 責め苦. ❷ 苦しみ, 苦悩, 苦痛.

tormentoso, sa /toxmẽ'tozu, 'tɔza/ [形] ❶ 嵐の ▶uma noite tormentosa 嵐の一夜. ❷ 困難な, 苦難に満ちた ▶vida tormentosa 苦難に満ちた人生.

tornado /tox'nadu/ [男] 竜巻.

⁂**tornar** /tox'nax トフナーフ/ [他] ❶ …を…にする ▶tornar a vida mais fácil 暮らしをより楽にする / O governo tornou público esse projeto. 政府はその計画を公にした.
❷ …を…に変える [+ em] ▶tornar o sonho em realidade 夢を現実にする.
— [自] ❶ 戻る, 帰る.
❷ 《tornar a + [不定詞]》 **再び…し始める** ▶Tornou a chover. また雨が降り始めた.
— **tornar-se** [再] **…になる** ▶tornar-se ator 俳優になる / tornar-se adulto 大人になる / tornar-se realidade 現実になる / Meu sonho é tornar-me médico. 私の夢は医者になることだ.
tornar a si 意識が戻る, 気がつく.

torneado, da /toxne'adu, da/ [形] 旋盤で加工した.
bem torneado ① 形のよい. ② (文章が) よく表現された.

tornear /toxne'ax/ ⑩ [他] ❶ …を旋盤で削る. ❷ …を円筒状にする ▶É preciso muito exercício para tornear o corpo. 体を引き締めるにはかなりの運動が必要だ. ❸ 丸くする.

torneio /tox'neju/ [男] トーナメント, 勝ち抜き戦 ▶torneio de tênis テニストーナメント.

torneira /tox'nejra/ [女] 蛇口, ガス栓 ▶torneira de água 水道の蛇口 / água de torneira 水道水 / abrir a torneira 蛇口をひねる / fechar a torneira 蛇口を閉める / torneira de gás ガス栓.

torneiro /tox'nejru/ [男] 旋盤工.

torniquete /toxni'ketʃi/ [男] ❶ 回転木戸, 回転式出入り口. ❷ 止血帯.

⁑**torno** /'toxnu トフノ/ [男] ❶ **旋盤**, ろくろ. ❷ (工具の) **万力**. ❸ 木くぎ. ❹ 蛇口の栓.
em torno de [a] ... ① …の周囲に ▶olhar em torno de si 自分の周囲を見る / debate em torno da reforma política 政治改革を巡る議論 / debate em torno a essa questão その問題を巡る議論.
② 約…, およそ… ▶em torno de cinco milhões de pessoas 約500万人の人々.
girar em torno de... …を中心に回る, …を中心に動く ▶girar em torno de si mesmo 自己中心である.

tornozeleira /toxnoze'lejra/ [女] アンクルサポーター.

tornozelo /toxno'zelu/ [男] 足首の関節, くるぶし ▶torcer o tornozelo 足首をひねる.

toro /'tɔru/ [男] 丸太, 丸木.

toró /to'rɔ/ [男] [B] 突然の土砂降り ▶Vai cair um toró. 土砂降りになりそうだ.

torpe /'toxpi/ [形] 《男女同形》よこしまな ▶motivo torpe 不純な動機 / palavra torpe よこしまな言葉.

torpedear /toxpede'ax/ ⑩ [他] ❶ …を魚雷で攻撃する, 破壊する. ❷ …を阻止する, 葬る ▶torpedear o projeto 計画を阻止する.

torpedo /tox'pedu/ [男] ❶ 魚雷. ❷ [話] (携帯電話の) ショートメッセージ ▶mandar um torpedo para alguém …にショートメッセージを送る.

torpeza /tox'peza/ [女] よこしまさ, 不純さ.

torpor /tox'pox/ [[複] torpores] [男] ❶ 麻痺 (状態), けだるさ, 無気力. ❷ 〖医学〗無反応.

torrada /to'xada/ [女] トースト ▶uma torrada 1 枚のトースト / duas torradas 2 枚のトースト.

torradeira /toxa'dejra/ [女] トースター.

torrão /to'xɐ̃w̃/ [[複] torrões] [男] ❶ 土の塊. ❷ 耕地, 耕作地. ❸ 故郷 ▶torrão natal 生まれ故郷.
❹ torrão de açúcar 角砂糖.

torrar /to'xax/ [他] ❶ トーストする ▶torrar pão パンをトーストする.
❷ (コーヒーを) 焙煎する ▶torrar café コーヒーを焙煎する. ❸ (お金を) たくさん使う ▶torrar dinheiro 金をじゃんじゃん使う.
❹ 《estar torrando》じりじりと熱い ▶O sol está torrando. 太陽がじりじりと熱い.
❺ [B] 安売りする, 投げ売りする.
torrar nos cobres 二束三文で売る.

⁑**torre** /'toxi トーヒ/ [女] ❶ **塔, タワー** ▶construir uma torre 塔を建てる / torre de controle 管制塔 / torre de vigia 監視塔 / torre de menagem (城の) 本丸, 天守閣 / Torre de Babel バベルの塔 / Torre Eiffel エッフェル塔 / torre de marfim 象牙の塔 / torre de alta tensão (高圧送電線の) 鉄塔.
❷ **高層ビル, 高層建築** ▶As torres caracterizam a paisagem urbana atual. 高層ビルは現代の都市景観を特徴づけるものだ.
❸ 〖チェス〗ルーク.
❹ 背が高く体格のいい人.

torrefação

fundar torres no vento 砂上に楼閣を立てる.

torrefação /toxefa'sẽw̃/ [複 torrefações] 囡 焙煎, 焙じ ▶ torrefação de café コーヒーの焙煎.

torrencial /toxẽsi'aw/ [複 torrenciais] 形《男女同形》激流の, 奔流のような ▶ chuva torrencial 豪雨.

torrente /to'xẽtʃi/ 囡 ❶ 急流, 奔流. ❷ …のほとばしり, 大量流出, 氾濫 [+ de] ▶ uma torrente de lágrimas あふれる涙.

em torrentes 大量に.

torresmo /to'xezmu/ 男 豚皮の揚げもの.

tórrido, da /'txidu, da/ 形 酷暑の, 灼熱の ▶ zona tórrida 灼熱地帯.

torso /'toxsu/ 男 ❶ 上半身, 胴体. ❷《彫刻》トルソ(上半身だけの彫像).

torta[1] /'toxta/ 囡 ❶《料理》パイ ▶ torta de maçã アップルパイ. ❷ タルト ▶ torta de morango イチゴタルト.

torto, ta[2] /'toxtu, ta/ 形 ❶ 曲がりくねった, まっすぐでない ▶ árvore torta 曲がった木.
❷ 傾いた ▶ O quadro da sala está torto. その部屋の絵は傾いている.
❸ 斜視の, 囲 片目の.
❹ 間違った, 誤った, 不正な.
❺ 不誠実な.
❻ ふしだらな, 育ちの悪い ▶ O rapaz é muito torto. その青年はとてもふしだらだ.

— **torto** 副 ❶ 誤ったやり方で, 間違った方法で, 失礼に ▶ Ele agiu torto comigo. 彼は私に失礼な態度で接した.
❷ 斜めに ▶ Ela aproximou-se e olhou torto para o visitante. 彼女は近づき, 訪問者を横目に見た.

— **torto** 男 侮辱, 損害.

a torto e a direito 軽率に, でたらめに, 分別なしに.

quebrar o torto 軽く食べる, 間食をする, 断食をやめる.

tortuoso, sa /toxtu'ozu, ˈɔza/ 形 ❶ 曲がりくねった ▶ um caminho tortuoso 曲がりくねった道.
❷ 不正な ▶ meios tortuosos 不正な手段.

tortura /tox'tura/ 囡 ❶ 拷問, 責め苦. ❷ 苦悩, 苦悶.

torturante /toxtu'rẽtʃi/ 形《男女同形》苦しめる, 責めさいなむ.

torturar /toxtu'rax/ 他 ❶ …を拷問にかける.
❷ 苦しめる, 悩ませる ▶ A inveja tortura o homem. 妬みが人を苦しめる.

— **torturar-se** 再 苦しむ, 苦悶する.

torvelinho /toxve'liɲu/ 男 渦, 渦巻き, 旋風.

torvo, va /'toxvu, va/ 形 ❶ 恐ろしい, 怖がらせる ▶ olhar torvo 恐ろしい目つき. ❷ 陰鬱な ▶ céu torvo 陰鬱な空.

tos /tus/ 間接目的格代名詞 te と直接目的格代名詞 os の縮合形.

tosão /to'zẽw̃/ [複 tosões] 男 羊毛 ▶ Tosão de Ouro《ギリシャ神話》金羊毛.

tosar /to'zax/ 他 …の毛を刈る, (髪の毛を)刈る.

tosco, ca /'tosku, ka/ 形 ❶ 加工していない, 自然のままの, 磨かれていない ▶ pedra tosca 原石. ❷ 粗野な, がさつな.

em tosco 自然のままの.

tosse /'tɔsi/ 囡 咳 ▶ estar com tosse 咳が出る / acesso de tosse 咳の発作 / tosse comprida 百日咳.

tosse de cachorro 空咳.

ver o que é bom para tosse 思い知る.

tossir /to'six/ 自 咳をする.

— 他 吐き出す.

tostão /tos'tẽw̃/ [複 tostões] 男 わずかな金 ▶ não ter um tostão furado 一文無しである.

contar os tostões 財布のひもを引き締める.

estar sem tostão 一文無しである.

não valer um tostão furado まったく価値がない.

tostão por tostão 一銭をも無駄にせず, 根気強く頑張って.

um tostão a dúzia 二束三文の, 極めて安い値段の.

um tostão de... ほんの少しの….

tostar /tos'tax/ 他 ❶ きつね色に焼く, 焦げ目をつける ▶ A carne ficou tostada. 肉が焼けた / O pão ficou demasiado tostado. パンが焦げてしまった.
❷ (太陽が) 肌を焼く ▶ Apanhei demasiado sol, tenho a cara tostada. かなり日に当たったので, 顔が日焼けした / Você ficou com o corpo todo tostado. 君はよく日焼けした.

— **tostar-se** 再 日焼けする.

total /to'taw/ トタゥ/ [複 totais] 形《男女同形》
❶ 全体の, 全面的な；完全な ▶ anarquia total 完全な無政府状態 / guerra total 総力戦 / sucesso total 大成功 / fracasso total 大失敗.
❷ 全部の, 総計の ▶ a população total do Brasil ブラジルの総人口.

— 男 合計, 総計, 総額 ▶ um total de 100 pessoas 合計100人.

no total 合計で.

totalidade /totali'dadʒi/ 囡 全部, 全体；全体性.

na totalidade 全体として, 完全に.

totalitário, ria /totali'tariu, ria/ 形 全体主義の ▶ regime totalitário 全体主義体制.

— 名 全体主義者.

totalitarismo /totalita'rizmu/ 男 全体主義.

totalizar /totali'zax/ 他 ❶ …を合計する ▶ totalizar os votos 票を合計する.
❷ 合計で…に達する ▶ As despesas totalizaram um valor recorde. 出費を合計すると記録的な額になった.

totalmente /to,taw'mẽtʃi/ トタゥメンチ/ 副 全体的に, まったく, 完全に ▶ Sou totalmente contra essa proposta. 私はその提案に完全に反対だ / Eu não estou totalmente de acordo com ele. 私は完全に彼と意見が一致しているわけではない.

totem /'tɔtem/ [複 totens] 男 トーテム.

totó /to'tɔ/ 男 テーブルサッカー.

touca /'toka/ 囡 縁なし帽 ▶ touca de tricô ニットの帽子 / touca de banho シャワーキャップ / touca de natação 水泳帽.

toucador /toka'dox/ [複 toucadores] 男 化粧台.

toucar /to'kax/ ㉙ [他] ❶ (髪飾りやかぶりものを) つける ▶ Ela toucou o bebê. 彼女は赤ん坊に髪飾りをつけた / Ela toucou de flores os cabelos. 彼女は髪を花で飾った.
❷ 髪を整える, セットする.
❸ 服を着せる, 身支度を整えさせる ▶ Elas toucaram a jovem para o ritual. 彼女たちは祭典のためにその若い女性の身支度を整えさせた.
❹ …の上にある ▶ O nevoeiro toucava o pico da montanha. 霧が山頂にあった.
❺ 取り囲む ▶ Os refletores toucavam a estátua do Cristo. 反射鏡がキリスト像の周りを囲んだ.
— **toucar-se** [再] 髪飾りをつける ▶ A garota toucou-se. 女の子は髪飾りをつけた.

toucinho /to'sĩɲu/ [男] 皮つきの豚の脂身.

toupeira /to'pejra/ [女] ❶ 〖動物〗 モグラ. ❷ 間抜け, おばか.

tourada /to'rada/ [女] 闘牛.

toureiro /to'rejru/ [男] 闘牛士.

touro /'toru/ [男] ❶ (去勢していない) 雄牛. ❷ 屈強な男. ❸ 《Touro》 牡牛座.
pegar o touro a unha 果敢に難局に立ち向かう.

toxicidade /toksi'dadʒi/ [女] 毒性.

tóxico, ca /'tɔksiku, ka/ [形] 有毒な, 毒性の ▶ gás tóxico 毒ガス / plantas tóxicas 有毒植物.

toxicodependência /toksikodepẽ'dẽsia/ [女] 薬物依存症.

toxicomania /toksikoma'nia/ [女] 薬物中毒.

toxicómano, na /tɔksi'kɔmɐnu, nɐ/ [形] [名] [P] = toxicômano

toxicômano, na /toksi'kõmanu, na/ [形] [名] [B] 薬物中毒の (人).

toxina /tok'sĩna/ [女] 毒素.

trabalhado, da /traba'ʎadu, da/ [形] ❶ 細工を施した, 入念に仕上げられた ▶ ouro trabalhado 金細工 / estilo trabalhado 凝った文体.
❷ 労働にあてられた ▶ número de horas trabalhadas 就業時間数.

⁂**trabalhador, dora** /trabaʎa'dox, 'dora トラバリャドーフ, ドーラ/ [[複] trabalhadores, doras] [名] **労働者** ▶ trabalhador braçal 肉体労働者 / trabalhador temporário 非正規労働者 / sindicato dos trabalhadores 労働組合 / trabalhadores qualificados 熟練労働者 / trabalhadores não qualificados 単純労働者 / Dia do Trabalhador メーデー.
— [形] **勤勉な, 働き者の**; 労働に従事する ▶ Eles são muito trabalhadores. 彼らは非常に勤勉だ / classe trabalhadora 労働者階級.

⁂**trabalhar** /traba'ʎax トラバリャーフ/ [自] ❶ **仕事する, 働く** ▶ Ele trabalha muito. 彼はよく働く / Agora estou trabalhando. 私は今仕事中だ / Ela trabalha em um banco. 彼女は銀行に勤めている / trabalhar em fábrica 工場で働く / trabalhar numa grande empresa 大企業に勤める / trabalhar na Petrobras ペトロブラスで働く / trabalhar em casa 自宅で働く / trabalhar meio período パートタイムで働く / ir trabalhar de trem 電車で通勤する / trabalhar como professor 教師として働く.
❷ …**関係の仕事をする** [+ com] ▶ trabalhar com vendas セールスの仕事をする / trabalhar com informática 情報技術関連の仕事をする.
❸ **機能する**, 動く ▶ O velho relógio ainda trabalha. 古時計はいまだに動く.
❹ …のために尽力する, 努力する [+ para/por] ▶ trabalhar para a paz 平和のために働く.
— [他] ❶ **加工する** ▶ trabalhar a madeira 木を加工する.
❷ **耕す** ▶ trabalhar a terra 土地を耕す.
❸ 仕上げる, 推敲する ▶ trabalhar o texto テキストを推敲する.
❹ 鍛える, 鍛錬する ▶ trabalhar os músculos 筋肉を鍛える.

trabalheira /traba'ʎejra/ [女] 重労働, 大仕事, 大変な作業 ▶ dar uma trabalheira 骨が折れる, 厄介である.

trabalhismo /traba'ʎizmu/ [男] 労働運動.

trabalhista /traba'ʎista/ [形] 《男女同形》 労働の, 労働問題の, 労働者の ▶ partido trabalhista 労働党 / lei trabalhista 労働法 / advogado trabalhista 労働問題専門の弁護士.
— [名] ❶ 労働党員. ❷ 労働問題専門家.

⁂**trabalho** /tra'baʎu トラバーリョ/ [男] ❶ **仕事, 労働** ▶ Tenho muito trabalho. 私は仕事がたくさんある / fazer um bom trabalho いい仕事をする / dia de trabalho 就業日 / trabalho corporal [braçal] 肉体労働 / trabalho pesado 重労働 / trabalho duro 勤勉 / trabalho forçado 強制労働 / Este trabalho é muito duro. この作業はとてもきつい / trabalho ingrato 割に合わない仕事 / trabalho sujo 汚れ仕事.
❷ **職, 職業** ▶ arrumar um trabalho 職を得る / estar sem trabalho 失業している / ficar sem trabalho 職を失う / um trabalho bem pago 給料の高い仕事.
❸ **仕事場, 職場** ▶ ir ao trabalho 仕事に行く / Ele está no trabalho. 彼は仕事に行っている.
❹ **作業** ▶ trabalho de agulha 針仕事 / trabalho em grupo 共同作業 / trabalhos domésticos 家事 / trabalho agrícola 農作業 / trabalho de campo 現場作業, フィールドワーク.
❺ 著作, 作品 ▶ os trabalhos de Shakespeare シェークスピアの作品 / trabalhos manuais 手工芸品.
❻ 研究, 研究論文 ▶ Este investigador tem muitos trabalhos para sua idade. この研究者はその年齢にしてはたくさんの研究論文を持っている / trabalhos científicos 科学研究論文.
❼ 努力, 苦労, 困難 ▶ com muito trabalho 大いに苦労して, やっと / trabalho perdido 無駄骨 / dar-se ao trabalho de + [不定詞] わざわざ…する.
❽ 研究課題, レポート, 宿題 ▶ fazer um trabalho sobre... …についてレポートを書く / trabalho escolar レポート / trabalho de casa 宿題.
dar trabalho 骨が折れる, 厄介である.
trabalho beneditino 根気のいる学問的仕事.
trabalho de formiga 細かくて根気のいる仕事.
trabalho de Hércules 超人的な仕事.
trabalho de parto 陣痛.

T

trabalhoso, sa /traba'ʎozu, 'ʎɔza/ [形] 困難な, 骨の折れる, 大変な.
traçado, da /tra'sadu, da/ [形] 線で描かれた.
— **traçado** [男] ❶ 図面, 設計図, 地図 ▶ traçado do metrô 地下鉄の路線図. ❷ 線引き, スケッチ.
tração /tra'sɐ̃w̃/ [[複] trações] [女] 引くこと, 牽引 ▶ força de tração 牽引力.
traçar /tra'sax/ ⑬ [他] ❶ 素描する, 描く ▶ Os cartógrafos traçam rios e estradas nos mapas. 地図作製者たちは地図に川や道路を描く.
❷ (計画を) 構想する, 練る ▶ Ele traçou o roteiro da viagem. 彼は旅行行程を練った.
❸ 企てる ▶ Ele traçava uma conspiração. 彼はある陰謀を企てていた.
❹ 書く ▶ Ele traçou apenas uma palavra. 彼はひと言書いただけだった.
❺ 粉々にする.
❻ (境界を) 決める ▶ Eles traçaram a fronteira. 彼らは国境を定めた.
❼ 決意する ▶ Tracei enfrentar a situação. 私はこの状況に立ち向かう事を決意した.
❽ 命じる, 要求する ▶ Ele traçou que todos terminassem seus afazeres dentro de três horas. 彼は3時間以内に雑用を終わらせるように皆に命じた.
❾ 斜めに掛ける ▶ A moça traçou a faixa de Miss Universo com muita elegância. その若い女性はとても優美にミスユニバースのたすきを斜めにかけた.
❿ かじる, 穴をあける.
⓫ むさぼり食う.
⓬ 苦しむ.
⓭ [B] 性交する.
⓮ 3種を混合する.
⓯ 木を丸太に切る.
— **traçar-se** [再] すり切れる, 虫に食われる.
***traço** /'trasu トラーソ/ [男] ❶ **線, 描線** ▶ traço reto 直線.
❷ **筆の運び, 筆づかい**, 一画 ▶ O traço da letra dela é muito bonito. 彼女の筆跡はとてもきれいだ.
❸ 《traços》(顔の) **輪郭, 顔つき** ▶ traços delicados do rosto デリケートな顔の線.
❹ **特徴, 特質** ▶ traço de família 一族の特徴 / traços distintivos 際立った特徴.
❺ **跡, 痕跡** ▶ Descobriram-se ali traços de uma antiga civilização. あそこで古代文明の跡が見つかった / sem deixar traços 痕跡を残さずに.
❻ ハイフン (= traço de união).
❼ 一部, (肉などの) ひと切れ, (文章の) 一節 ; (飲み物の) ひと飲み, 一口.
a traços largos 大雑把に, 大まかに.
de um traço 一度で, 一気に.
num traço 簡潔に.
ter traços de alguém …に似ている.
traço de união /ˌtrasudʒiuni'ɐ̃w̃/ [[複] traços de união] [男] ハイフン.
⁑**tradição** /tradʒi'sɐ̃w̃ トラヂサォン/ [[複] tradições] [女] ❶ **伝統, 慣習 ; 伝承** ▶ seguir a tradição 伝統に従う / manter a tradição 伝統を保持する / romper com a tradição 伝統を破る / tradições populares 民間伝承 / tradição oral 口頭伝承.
❷ **思い出, 記憶** ▶ tradição dos tempos de infância 幼少時代の思い出.
⁑**tradicional** /tradʒisio'naw トラヂスィオナゥ/ [[複] tradicionais] [形] 《男女同形》❶ **伝統の, 伝統的な** ▶ festa tradicional 伝統的な祭り / costume tradicional 伝統的な習慣.
❷ **従来の, 昔ながらの** ▶ método tradicional 従来の方法 / uma educação tradicional 昔ながらの教育.
tradicionalismo /tradʒisiona'lizmu/ [男] 伝統主義, 伝統尊重主義.
tradicionalista /tradʒisiona'lista/ [形] 《男女同形》伝統主義の.
— [名] 伝統主義者.
tradicionalmente /tradʒisioˌnaw'mẽtʃi/ [副] 伝統的に.
tradução /tradu'sɐ̃w̃/ [[複] traduções] [女] ❶ 翻訳, 通訳 ▶ fazer uma tradução 翻訳する / tradução literal 直訳, 逐語訳 / tradução livre 意訳 / tradução simultânea 同時通訳 / tradução do português para o japonês ポルトガル語から日本語への翻訳.
❷ 翻訳書, 訳文 ▶ tradução portuguesa ポルトガル語訳.
tradutor, tora /tradu'tox, 'tora/ [[複] tradutores, toras] [形] 翻訳する.
— [名] 翻訳者.
⁑**traduzir** /tradu'zix トラドゥズィーフ/ ⑭ [他] ❶ **翻訳する** ▶ traduzir um livro 本を翻訳する / traduzir do inglês para o português 英語からポルトガル語に翻訳する.
❷ **表す, 示す, 表現する** ▶ traduzir um sentimento 感情を表す.
— **traduzir-se** [再] ❶ 表現される, 表される. ❷ 翻訳される.
trafegar /trafe'gax/ ⑪ [自] 通行する.
tráfego /'trafegu/ [男] ❶ 交通, 往来 ▶ tráfego no centro da cidade 中心街の交通 / No final da tarde o tráfego é intenso. 夕方は往来が激しい / tráfego de carros 車の往来.
❷ 貿易, 商売, 取引.
❸ 運送, 運輸 ▶ tráfego aéreo 空輸 / tráfego marítimo 海上輸送.
❹ 運輸業者, 運搬人.
❺ 親交, 共存.
❻ 奮闘, 努力, 刻苦,
❼ 〖情報〗データの流通量, トラフィック ▶ tráfego de dados データトラフィック / tráfego telefônico 通話量.
traficante /trafi'kẽtʃi/ [名] 密売人 ▶ traficante de drogas 麻薬密売人 / traficante de escravos 奴隷商人.
— [形] 《男女同形》密売する.
traficar /trafi'kax/ ㉙ [他] 密売する ▶ traficar drogas 麻薬を密売する.
tráfico /'trafiku/ [男] 密売, 不正取引 ▶ tráfico de drogas 麻薬の密売 / tráfico de escravos 奴隷貿易 / tráfico de pessoas 人身売買 / tráfico de mulheres 女性の人身売買 / tráfico de armas 武器の

不正取引.
traga 活用 ⇒ trazer, tragar
tragada /tra'gada/ 囡 タバコを一服すること ▶ dar uma tragada たばこを一服する.
tragar /tra'gax/ ⑪ 他 ❶ 一口で飲む，丸のみする，むさぼり食う ▶ O homem faminto tragou o bife. 空腹の男はステーキをむさぼり食った. ❷ 吸い込む ▶ tragar a fumaça 煙を吸い込む. ❸ 吸収する，消失させる ▶ O mar tragou o barco. 海は船を飲み込んだ. ❹ 破壊する. ❺ (人や態度にたいして) 耐える，我慢する ▶ Na verdade, ela não tragou o marido. 事実, 彼女は夫のことが堪え難かった. ❻ 信じる ▶ Não consegui tragar aquela história. 私はあの話を信じることができなかった. ― 自 (タバコの煙を) 吸い込む.

***tragédia** /tra'ʒedʒia トラジェーヂア/ 囡 ❶ 悲劇, 悲劇作品 ▶ tragédia grega ギリシャ悲劇. ❷ 惨劇, 悲劇的な事件 [出来事] ▶ terminar em tragédia 悲劇に終わる / O acidente foi uma tragédia. その事故は悲劇的な事件だった.
fazer tragédia de... …を大げさに伝える.
tragicamente /ˌtraʒika'metʃi/ 副 悲劇的に, 悲惨に ▶ morrer tragicamente 悲劇的な最期を遂げる.
trágico, ca /'traʒiku, ka/ 形 ❶ 悲劇の. ❷ 悲劇的な, 悲惨な, 無残な ▶ acidente trágico 悲劇的な事故.
tragicomédia /traʒiko'medʒia/ 囡 ❶ 悲喜劇. ❷ 悲喜こもごもの状況, (人生の) 悲喜劇.
tragicômico, ca /traʒi'kɔmiku, kɐ/ 形 ℗ = tragicômico
tragicômico, ca /traʒi'kõmiku, ka/ 形 悲喜劇の, 悲喜こもごもの.
trago¹ /'tragu/ 男 一口で飲める量 ▶ tomar um trago 一杯飲む.
trago² 活用 ⇒ trazer
traição /traj'sẽw/ [複 traições] 囡 ❶ 裏切り, 背信 ▶ traição do marido 夫の裏切り / cometer uma traição 裏切る. ❷ 反逆罪 ▶ alta traição 大逆罪.
à traição 裏切って.
traiçoeiro, ra /trajso'ejru, ra/ 形 ❶ 裏切りの, 不実な, 背信の. ❷ (見かけに反して) 危険な, 油断ならない.
― 囡 裏切り者.
traidor, dora /traj'dox, 'dora/ [複 traidores, doras] 囡 裏切り者, 反逆者, 背信者.
― 形 裏切りの, 反逆の, 不実な.
trair /tra'ix/ ⑱ 他 ❶ 裏切る, …に背く ▶ trair a confiança 信頼を裏切る / trair o marido 夫を裏切る / A vida traiu os seus sonhos. 人生は彼の夢を打ち砕いた. ❷ 露呈する, 漏らす ▶ trair um segredo 秘密を漏らす. ❸ (義務を) 怠る ▶ Ele traiu o compromisso. 彼は約束を破った.
― **trair-se** 再 本心を漏らす, 内心を露わにする.
trajar /tra'ʒax/ 他 ❶ 着る, 身につける ▶ Os estudantes trajavam capa. 学生たちはマントを身に着けていた. ❷ 着せる, 装う, 飾る ▶ Ela trajou a filha de seda. 彼女は娘に絹の服を着せた. ❸ 覆う ▶ A primavera trajava as árvores de flores. 春は花で木を覆っていた.
― 自 装う, 特別な服装をする ▶ As meninas trajavam à minhota. 娘たちはミーニョ風に装った / A velha trajava de luto. 老女は喪服を着ていた.
― **trajar-se** 再 ❶ 着る ▶ Ele trajou-se num terno para a entrevista. 彼は面接にスーツを着た. ❷ 覆われる ▶ Os montes trajavam-se de neve. 山々は雪で覆われていた.
traje /'traʒi/ 男 ❶ 服, 衣服 ▶ traje de banho 水着 / traje a rigor 夜会服 / traje esporte 普段着 / traje de cerimônia 正装 / traje de mergulho ウエットスーツ / traje espacial 宇宙服. ❷ 衣装 ▶ traje nacional 民族衣装.
em trajes de Adão 裸で.
em trajes menores 下着姿で.
trajeto /tra'ʒetu/ 男 道のり, 行程 ▶ trajeto do ônibus バスの経路 / no trajeto para casa 家に帰途中.
trajetória /traʒe'tɔria/ 囡 弾道, 軌道 ▶ trajetória do míssil ミサイルの軌道.
trama /'trɐma/ 囡 ❶ 横糸. ❷ (物事の) 骨組み, つながり, 内容 ; 筋書き ▶ A trama da novela foi muito bem elaborada. その小説の筋書きはかなり入念に構想が練られてあった. ❸ 陰謀.
tramar /tra'max/ 他 ❶ 織る. ❷ たくらむ, 企てる ▶ tramar um golpe de estado クーデターをたくらむ.
trambique /trẽ'biki/ 男 詐欺, ぺてん, いんちき.
trambiqueiro, ra /trẽbi'kejru, ra/ 名 詐欺師, ペテン師.
― 形 詐欺の, ペテンの.
trambolhão /trẽbo'ʎẽw/ [複 trambolhões] 男 転げ落ちること, 転ぶこと, 転倒.
tramitação /tramita'sẽw/ [複 tramitações] 囡 手続き, 手順.
tramitar /trami'tax/ 自 手続きを経る, 処理される ▶ Está tramitando no Senado um novo projeto de lei. 新しい法案が上院で審議されている.
trâmites /'trɐmitʃis/ 男複 手続き ▶ seguir os trâmites normais 通常の手続きを取る / últimos trâmites do processo 手続きの最後の段階.
tramoia /tra'mɔja/ 囡 仕掛け, 策略.
trampolim /trẽpo'lĩ/ [複 trampolins] 男 ❶ トランポリン. ❷ 飛び込み台. ❸《比喩的に》踏み台, 足がかり.
tranca /'trɐka/ 囡 ❶ (扉の) かんぬき. ❷《自動車》錠, ロック.
a trancas 間歇的に.
trança /'trɐ̃sa/ 囡 三つ編み ▶ fazer uma trança 三つ編みにする.
trançado, da /trɐ̃'sadu, da/ 形 編んだ, 編み込んだ ▶ cesto trançado 網かご.
trancafiar /trɐ̃kafi'ax/ 他 ❶ 刑務所に入れる. ❷ 孤立させる.
― **trancafiar-se** 再 引きこもる, 閉じこもる.

trancar /trẽ'kax/ ㉙ [他] ❶ …に鍵をかける，施錠する ▶ trancar o cofre 金庫に施錠する．
❷ しまい込む ▶ Ele trancou os documentos no cofre. 彼は文書を金庫にしまい込んだ．
❸ 閉じ込める，投獄する ▶ O pai trancou a filha no quarto. 父親は娘を部屋に閉じ込めた．
❹ 無効にする ▶ trancar uma escritura 公正証書を無効にする．
❺ 完了する，終わらせる ▶ trancar o pleito 訴訟を終わらせる．
❻〖サッカー〗突き飛ばす．
— **trancar-se** [再] ❶ 閉じこもる ▶ trancar-se no quarto 部屋に閉じこもる．
❷ 黙り込む，内緒にする ▶ Ele trancou-se e não falou com mais ninguém. 彼は黙り込み，誰とも話をしなかった．

trançar /trẽ'sax/ ⑬ [他] 編む ▶ trançar os cabelos 髪を編む．
— [自] ぶらぶら歩く，うろうろする．
— **trançar-se** [再] 絡み合う．

tranco /'trẽku/ [男] ❶ 急激な揺れ，衝撃 ▶ O carro deu um tranco e parou. 車は急に揺れ，止まった．
❷ 動揺 ▶ Ela está triste, ainda não se refez do tranco. 彼女は悲しみ，まだ動揺から立ち直っていない．
❸ 困難な状況 ▶ Temos de aguentar o tranco. 我々は困難な状況にも耐えねばならない．
❹ 衝突，突き飛ばし．
❺ [B] [俗] 叱責，抗議．
❻（馬の）跳躍．
❼（馬の）速歩，トロット．
❽〖サッカー〗肩で相手を押す行為．
aguentar o tranco 耐え忍ぶ．
aos trancos e barrancos ① 発作的に，断続的に．② やっとの思いで ▶ Levo minha vida aos trancos e barrancos. 私はなんとか暮らしている．
pegar no tranco（バッテリーの上がった車のエンジンが）かかる，ジャンプスタートする ▶ fazer o carro pegar no tranco 車をジャンプスタートさせる．

tranquilamente /trẽˌkwila'mẽtʃi/ [副] 静かに，穏やかに，安らかに ▶ dormir tranquilamente 安眠する．

tranquilidade /trẽkwili'dadʒi/ [女] 静けさ，静寂；平穏 ▶ tranquilidade do mar 海の静けさ / clima de tranquilidade 静かな雰囲気 / perturbar a tranquilidade pública 公共の安寧を乱す / com tranquilidade 静かに．

tranquilizador, dora /trẽkwiliza'dox, 'dora/ [[複] tranquilizadores, doras] [形] 安心させる，落ち着かせる ▶ palavras tranquilizadoras 安心させる言葉．
— [名] 安心させる人．

tranquilizante /trẽkwili'zẽtʃi/ [男] 精神安定剤．
— [形]《男女同形》落ち着かせる，静める，鎮静させる ▶ efeito tranquilizante 鎮静効果．

tranquilizar /trẽkwili'zax/ [他] 落ち着かせる，心を静める．安心させる ▶ Ele tranquilizou a família após o acidente. 事故の後，彼は家族を安心させた．
— **tranquilizar-se** [再] 落ち着く，安心する ▶ A criança tranquilizou-se quando viu a mãe. その子供は母親を見て安心した．

⁑**tranquilo, la** /trẽ'kwilu, la トランクィーロ，ラ/ [形] ❶ 静かな，穏やかな ▶ mar tranquilo 穏やかな海．
❷ 安らかな，安心した ▶ sono tranquilo 安眠 / ter uma vida tranquila 平穏な生活を送る / ter a consciência tranquila 良心にやましいところがない．

transa /'trẽza/ [女] [B] [俗] ❶ 合意，協定．❷ 性行為，セックス．

transação /trẽza'sẽw̃/ [[複] transações] [女] ❶ 取引，売買 ▶ transação comercial 商取引 / transação imobiliária 不動産売買．❷ 男女関係，恋愛関係．

transacionar /trẽzasio'nax/ [他] [自] 取引する，商売する．

Transamazônica /trẽzama'zõnika/ [女] アマゾン横断道路．

transamazônico, ca /trẽzama'zõniku, ka/ [形] アマゾンを横断する．

transar /trẽ'zax/ [自] [B] [卑] …とセックスする［+ com］．

transatlântico, ca /trẽzat'lẽtʃiku, ka/ [形] 大西洋の向こう側の，大西洋を横断する．
— **transatlântico** [男] 大西洋定期船．

transbordar /trẽzbox'dax/ [他] …をあふれさせる，氾濫させる ▶ A chuva transbordou o rio. 雨で川が氾濫した / gota que transbordou o copo コップをあふれさせた一滴．
— [自] ❶ あふれる，氾濫する，吹きこぼれる ▶ O vinho transbordou da taça. ワインが杯からあふれた / Com o mau tempo, o rio transbordou. 悪天候で川は氾濫した．
❷ …であふれる［+ de］▶ O saco transbordava de dinheiro. 袋はお金がいっぱい入っていた．
❸（感情で）いっぱいになる［+de］▶ Ele transbordava de alegria. 彼は喜びでいっぱいになっていた．
❹（感情が）爆発する，こらえきれなくなる ▶ O homem, depois de vários insultos, transbordou. 男は数々の無礼で我慢の限界に達した．

transbordo /trẽz'boxdu/ [男] ❶ あふれること．❷（乗客や荷物の）乗り換え，乗り継ぎ，積み替え．

transcendência /trẽsẽ'dẽsia/ [女] ❶ 卓越（性），超越（性）．❷〖哲学〗超越（性）．

transcendente /trẽsẽ'dẽtʃi/ [形]《男女同形》❶ 卓越した．❷ 超越的な，日常的経験の世界を越えた．

transcender /trẽsẽ'dex/ [他] …を越える，…に勝る ▶ Ele conseguiu transcender as próprias limitações. 彼は自身の限界を超えることができた / A verdade transcende a mentira. 真実は嘘に勝つ．
— [自] ❶ …を越える［+ a］▶ transcender a si mesmo 自分自身を越える．
❷ …において目立つ［+ em］▶ Aquele cantor transcende em fama. あの歌手は人気では際立っている．
— **transcender-se** [再] 自分の限界を超える．

transcorrer /trẽsko'xex/ [自]（時が）立つ，経過する．
— [他] 渡る，横断する．

T

transcrever /trẽskre'vex/《過去分詞 transcrito》他 ❶ 書き写す, 転記する. ❷ (話された言葉を) 文字にする.

transcrição /trẽskri'sẽw/ [複 transcrições] 女 ❶ 転写, 書き写すこと. ❷ (他の文字への) 書き換え ▶ transcrição fonética 音声転写.

transcrito, ta /trẽs'kritu, ta/ 形 (transcrever の過去分詞) 転写された.
— **transcrito** 男 写し, 転写, コピー.

transcurso /trẽs'kuxsu/ 男 (時の) 経過, 流れ ▶ transcurso do tempo 時の経過.

transe /'trẽzi/ 女 ❶ 不安. ❷ 失神状態, 神がかり状態.
transe de morte 最期, 死に際.

transeunte /trẽze'ũtʃi/ 形 《男女同形》❶ 通り過ぎる, 一時的の. ❷ 通りすがりの.
— 名 通行人, 歩行者.

transexual /trẽseksu'aw/ [複 transexuais] 形《男女同形》性転換した, 性転換の ▶ um homem transexual 性転換した男性.
— 名 性転換者.

transferência /trẽsfe'rẽsia/ 女 ❶ 移転, 移動 ▶ transferência tecnológica 技術移転 / transferência de escola 転校 / transferência de dinheiro 送金 / a transferência do jogador 選手の移籍.
❷ 譲渡, 振替 ▶ transferência de ações 株式名義書き換え / transferência bancária 銀行振替.
❸《心理》感情転移.
❹《情報》転送 transferência de dados データの転送.

transferidor /trẽsferi'dox/ [複 transferidores] 男 分度器.

*****transferir** /trẽsfe'rix/ トランスフェリーフ/ ⑥1 他 ❶ 移す, 移転する, 移籍させる ▶ transferir o domicílio 住居を移す / transferir a tecnologia 技術を移転する / transferir um jogador 選手を移籍させる / transferir dados データを転送する.
❷ 振り込む, 送金する ▶ transferir dinheiro お金を振り込む.
❸ 委譲する ▶ transferir competências 権限を委譲する.
❹ 延期する ▶ transferir a festa para a semana seguinte パーティーを翌週に延期する.
— **transferir-se** 再 移る, 移転する.

transfiguração /trẽsfigura'sẽw/ [複 transfigurações] 女 変容, 変貌.

transfigurar /trẽsfigu'rax/ 他 (姿形や様相を) 変える, 変貌させる ▶ O arquiteto transfigurou o edifício. その建築家は建物の外観を変えた.
— **transfigurar-se** 再 変貌する, 顔つきが変わる ▶ O rosto dela se transfigurou ao receber a notícia. その知らせを受け取って彼女の顔色が変わった.

transformação /trẽsfoxma'sẽw/ [複 transformações] 女 変化, 変形 ▶ transformação da sociedade 社会の変容.

transformador, dora /trẽsfoxma'dox, 'dora/ [複 transformadores, doras] 形 変化させる.
— **transformador** 男 変圧器, トランス.

‡**transformar** /trẽsfox'max/ トランスフォフマーフ/ 他 ❶ 変化させる, 変える, 変換する ▶ transformar o mundo 世界を変える / transformar a sociedade pela educação 教育によって社会を変える.
❷ …を…に変える [+em] ▶ transformar o quarto num escritório 寝室を書斎に変える.
— **transformar-se** 再 ❶ 変化する, 変貌する ▶ Tudo se transformou. 何もかも変わってしまった.
❷ …に変わる, 変化する [+em] ▶ Por que o sonho americano se transformou num pesadelo? なぜアメリカンドリームは悪夢と化してしまったのか.

transfundir /trẽsfũ'dʒix/ 他 ❶ (液体を) 移し替える. ❷ 輸血する. ❸ 広める, 普及させる.
— 自 輸血する.
— **transfundir-se** 再 …に変化する [+em].

transfusão /trẽsfu'zẽw/ [複 transfusões] 女 液体の移し替え, 輸血 (= transfusão de sangue).

transgénico, ca /trẽ'ʒeniku, kɐ/ 形 P = transgênico

transgênico, ca /trẽz'ʒeniku, ka/ 形 B 遺伝子組み換えの ▶ milho transgênico 遺伝子組み換えトウモロコシ.

transgredir /trẽzgre'dʒix/ ③ 他 ❶ …を越える ▶ transgredir o limite 限度を越える. ❷ (規則や法律に) 背く, 違反する ▶ transgredir a lei 法律に違反する.

transgressão /trẽzgre'sẽw/ [複 transgressões] 女 違反.

transgressor, sora /trẽzgre'sox, 'sora/ [複 transgressores, soras] 形 違反する.
— 名 違反者.

transição /trẽzi'sẽw/ [複 transições] 女 移り変わり, 推移, 変遷 ▶ transição da economia mundial 世界経済の移り変わり / o mundo em transição 変わっていく世界 / período de transição 過渡期.

transicional /trẽzisio'naw/ [複 transicionais] 形《男女同形》過渡的な, 移行処置の.

transido, da /trẽ'zidu, da/ 形 …に苦しむ, さいなまれた [+de] ▶ transido de frio 体の芯まで冷えた / transido de medo おびえきった.

transigência /trẽzi'ʒẽsia/ 女 妥協, 譲歩, 歩み寄り.

transigente /trẽzi'ʒẽtʃi/ 形《男女同形》妥協的な, 歩み寄りの.

transigir /trẽzi'ʒix/ ② 自 …と折り合いをつける, 妥協する [+com] ▶ Por vezes, é preferível transigir que demandar. 時には争うより妥協するがよいこともある / O governo transigiu em relação à questão da imigração. 政府は移民問題に関して歩み寄った.

transistor /trẽzis'tox/ [複 transistores] 男 トランジスター；携帯ラジオ.

transitar /trẽzi'tax/ 自 ❶ …を通る, 通行する [+em/por] ▶ É proibido transitar na faixa exclusiva de ônibus. バス専用レーンを通行することは禁止されている.
❷ 移る, 移動する ▶ transitar de um ponto a outro 一つの地点から別の地点に移動する.

transitável

— 他 通る, 通行する.

transitável /trɐ̃zi'tavew/ [複 transitáveis] 形《男女同形》通行可能な.

transitivo, va /trɐ̃zi'tʃivu, va/ 形 ❶ はかない. ❷《文法》他動詞の ▶ verbo transitivo 他動詞.

‡**trânsito** /'trɐ̃zitu トランズィト/ 男 ❶ 交通, 通行 ▶ proibido o trânsito de automóveis 自動車車輛の通行禁止 / via para pedestres 歩行者通行道路 / regras de trânsito 交通規則.
❷ (車輛の) 往来, 交通 ▶ controle do trânsito 交通規制 / sinal de trânsito 交通信号.
em trânsito 旅行途中の, 輸送中の ▶ passageiros em trânsito 乗り継ぎ客 / mercadorias em trânsito 輸送中の商品.

transitório, ria /trɐ̃zi'tɔriu, ria/ 形 一時的な, 暫定的な, その場限りの, はかない ▶ medida transitória 暫定的措置 / solução transitória その場しのぎの解決 / A vida é transitória. 人生ははかない.

translação /trɐ̃zla'sẽw/ [複 translações] 女 ❶ 移動. ❷《天文》公転 ▶ translação da Terra 地球の公転.

translúcido, da /trɐ̃z'lusidu, da/ 形 ❶ 半透明の, 透けて見える. ❷ ほのかに明るい. ❸ 教養ある.

transmissão /trɐ̃zmi'sẽw/ [複 transmissões] 女 ❶ 放送 ▶ transmissão ao vivo 生放送.
❷ (病気の) 伝染, 感染 ▶ transmissão por contato 接触感染.
❸ 伝えること, 伝達 ▶ transmissão de pensamento テレパシー.
❹ 伝動装置, トランスミッション.

transmissível /trɐ̃zmi'sivew/ [複 transmissíveis] 形《男女同形》伝達しうる, 譲渡可能な; 伝染する ▶ doença sexualmente transmissível 性感染症.

transmissor, sora /trɐ̃zmi'sox, 'sora/ [複 transmissores, soras] 形 送信する, 伝達する.
— **transmissor** 男 送信機, 送信器.

‡**transmitir** /trɐ̃zmi'tʃix/ 他 ❶ 放送する ▶ transmitir um jogo de futebol サッカーの試合を放送する / transmitir ao vivo 生放送する.
❷ 伝える, 伝達する ▶ transmitir uma mensagem 伝言する / transmitir uma ordem 命令を伝える / transmitir calor 熱を伝える.
❸ (病気を) 移す, 感染させる ▶ transmitir a malária マラリアを移す.
— **transmitir-se** 再 伝わる, 伝播する.

transmudar /trɐ̃zmu'dax/ 他 ㊥ = transmutar

transmutar /trɐ̃zmu'tax/ 他 ❶ …に変える, 変質させる [+ em]. ❷ 移転させる. ❸ 譲渡する.
— **transmutar-se** 再 …に変わる [+ em].

transnacional /trɐ̃znasio'naw/ [複 transnacionais] 形《男女同形》国境を越えた, 多国籍の.

transparecer /trɐ̃spare'sex/ ⑮ 自 ❶ 透けて見える. ❷ (感情が) 表に出る ▶ Ele deixou transparecer os sentimentos na cara. 彼は顔に感情を表した.

transparência /trɐ̃spa'rẽsia/ 女 透明, 透明性 [度] ▶ transparência da água 水の透明度.

transparente /trɐ̃spa'rẽtʃi/ 形《男女同形》透明な, 透き通った; シースルーの ▶ vidro transparente 透明ガラス / água transparente 透き通った水 / papel transparente トレーシングペーパー / saia transparente シースルーのスカート / política transparente 透明政治.

transpassar /trɐ̃spa'sax/ 他 ❶ …を貫く, …を通り抜ける, しみとおる. ❷ 渡る, 横切る ▶ transpassar a fronteira 国境を越える. ❸ …を突き刺す.

transpiração /trɐ̃spira'sẽw/ [複 transpirações] 女 発汗, 汗.

transpirar /trɐ̃spi'rax/ 自 ❶ 汗をかく ▶ Eles transpiram muito. 彼らは汗かきだ. ❷ 明るみに出る, ばれる. ❸ …からでる, 発する [+ de].
— 他 放つ, 発散する.

transplantar /trɐ̃splɐ̃'tax/ 他 ❶ 移植する ▶ transplantar uma árvore 木を移植する.
❷ 臓器移植する ▶ transplantar o coração 心臓を移植する.
❸ 取り入れる, 導入する.

transplante /trɐ̃s'plɐ̃tʃi/ 男 ❶ (植物の) 移植. ❷ (臓器などの) 移植.

transpor /trɐ̃s'pox/ ㊹ (過去分詞 transposto) ❶ 越える, 乗り越える ▶ transpor obstáculos 障害を乗り越える. ❷ 移動させる, 移転する. ❸ …の順序を逆にする.
— **transpor-se** 再 隠れる, 見えなくなる.

transportadora /trɐ̃spoxta'dora/ 女 運送会社.

‡**transportar** /trɐ̃spox'tax/ トランスポフターフ/ 他 ❶ 運ぶ, 輸送する ▶ transportar mercadorias 商品を輸送する. ❷ 陶然とさせる, うっとりさせる.
— **transportar-se** 再 陶然とする, うっとりする.

‡**transporte** /trɐ̃s'poxtʃi/ トランスポフチ/ 男 ❶ 輸送, 運輸 ▶ transporte marítimo 海上輸送 / transporte ferroviário 鉄道輸送 / transporte rodoviário 道路輸送.
❷ 交通, 交通機関 ▶ transporte público 公共交通機関 / meios de transporte 交通手段.

transtornar /trɐ̃stox'nax/ 他 ❶ (機能や秩序を) 乱す, 駄目にする, 狂わせる ▶ O jovem transtornava a rotina do casal. その若者は夫婦の日々の習慣を乱していた.
❷ 動揺させる, うろたえさせる ▶ A notícia transtornou o professor. その知らせは先生を動揺させた.
❸ (容姿や外見を) 変える ▶ A experiência transtornou seu rosto. 経験が先生の顔つきを変えた.
❹ …の生き方を変える, 人生を変える ▶ Mau ambiente transtorna os rapazes. 劣悪な環境が少年たちの人生を変える.
❺ 混乱させる, めちゃくちゃにする ▶ Ele transtornou o negócio. 彼は商売をめちゃくちゃにした.
❻ 堕落させる ▶ Os jogos e os vícios transtornam qualquer pessoa. 賭け事や悪習はどんな人でも堕落させる.
❼ 倒す ▶ Ele transtornou o homem com uma cacetada. 彼はその男性を棍棒で叩いて倒した.
— **transtornar-se** 再 ❶ 動揺する, うろたえ

る, 困惑する ▶Ele transtornava-se com qualquer crítica. 彼はどんな批評にもうろたえた.
❷ (容姿が) 変わる ▶Sua face transtornou-se depois da perda do filho. 彼女の容姿は息子を亡くしてから変化した.
❸ 壊れる, 駄目になる.

transtorno /trẽs'toxnu/ [男] ❶ 混乱, 錯乱 ▶causar grande transtorno 大混乱を起こす.
❷〖医学〗不調, 障害 ▶transtorno mental 精神障害 / transtorno bipolar 双極性障害 / transtorno por estresse pós-traumático 心的外傷後ストレス障害.

transversal /trẽzvex'saw/ [[複] transversais] [形]《男女同形》横切る ▶rua transversal 脇道 / ser transversal a... …と交差している.
— [女] 横軸, 横断線.

transverso, sa /trẽz'vɛxsu, sa/ [形] 横の.

transviar /trẽzvi'ax/ [他] …に道を踏み外させる.
— **transviar-se** [再] 道を踏み外す.

trapaça /tra'pasa/ [女] 詐欺的契約, 詐欺, ごまかし.

trapacear /trapase'ax/ ⑩ [他] だます ▶Ele tentou trapacear um colega de trabalho. 彼は職場の同僚をだまそうとした.
— [自] 不正行為をする, ごまかす ▶Muitas pessoas admitem trapacear no jogo de golfe. 多くの人はゴルフで不正をすることを認める.

trapaceiro, ra /trapa'sejru, ra/ [形] ぺてんの, 詐欺の.
— [名] ぺてん師, 詐欺師.

trapalhada /trapa'ʎada/ [女] ❶ 混乱. ❷ 乱雑, ごっちゃ混ぜ.

trapalhão, lhona /trapa'ʎẽw̃, 'ʎõna/ [[複] trapalhões, lhas] [形] ❶ 不正をする ▶Sempre há um jogador trapalhão nessas casas de jogo. そのような賭博場では常に不正を働く人がいるものだ. ❷ 混乱を招く. ❸ 身なりの悪い.
— [名] ❶ 面倒を起こす人 ▶Aquele trapalhão trocou os endereços e entregou as cartas erradas. あの厄介者は住所を取り違え, 間違った手紙を届けた. ❷ 詐欺師, ペテン師. ❸ ぼろをまとった人, 身なりの悪い人.
— **trapalhão** [男] 大きなぼろきれ, ぼろ.

trapézio /tra'pɛziu/ [男] ❶ 台形. ❷ 空中ブランコ. ❸〖解剖〗僧帽筋.

trapezista /trape'zista/ [名] 空中ブランコ乗り.

trapo /'trapu/ [男] ❶ ぼろきれ, ぼろ, 古布.
❷ 古着.
❸ 老いさらばえた人, 疲れた様子の人 ▶estar um trapo 疲れ果てている.
❹ (ワインの瓶などにたまった) おり, 沈殿物.
❺ 臆病な人, 無気力な人.
ajuntar os trapos 結婚する, 同棲する.
a todo o trapo 全速力で.
trapos quentes 妥協案.

traqueia /tra'kɛja/ [女]〖解剖〗気管.

traquejo /tra'keʒu/ [男] [B] 経験, 熟達.

traquinas /tra'kĩnas/《不変》[形] [名] いたずら好きな(人).

trarei [活用] ⇒ trazer

⁂**trás** /'tras トラース/ [副]《次の成句で》
... de trás 後ろの, 後部の ▶as rodas de trás 後輪 / as patas de trás 後ろ足 / a parte de trás 後部 / banco de trás 後部座席.
de trás de... …の後ろから ▶Apareceu de trás da porta um homem alto. ドアの後ろから背の高い男が現れた.
de trás para frente 後ろから前へ ▶Na competição, ele foi o segundo de trás para frente. 彼は競争でびりから2番目だった.
dar para trás 尻込みする.
para trás 後ろに ▶andar para trás 後ずさりする / voltar para trás 後戻りする / voltar-se para trás 後ろを振り返る / deixar alguém para trás …を置き去りにする / ficar para trás 遅れる, 遅れをとる / não ficar para trás (時流に) 遅れない, ついて行く / ir para trás 後退する, 退歩する.
passar para trás だます, 出し抜く.
por trás 後ろで ▶Fomos atacados por trás. 私たちは後ろから攻撃された.
por trás de... …の後ろで ▶por trás da porta ドアの後ろで / Não é bom falar mal por trás das pessoas. 人の陰で悪口を言うのはよくない.
— [間] バン, ドスン, ドシン (打撃音).

trasbordar /trazbox'dax/ [他] [自] = transbordar

traseira[1] /tra'zejra/ [女] 後部 ▶traseira do ônibus バスの後部.

traseiro, ra[2] /tra'zejru, ra/ [形] 後の, 後部の ▶banco traseiro 後部座席 / patas traseiras 後ろ足.
— **traseiro** [男] [話] お尻.

trasladar /trazla'dax/ [他] ❶ 移動させる, 移す.
❷ 延期する ▶Ele trasladou a festa por motivo de doença. 彼は病気のためパーティーを延期した.
❸ …に翻訳する [+ em] ▶Trasladei-a do latim em português. 私はその作品をラテン語からポルトガル語に翻訳した.
❹ 書き写す.
— **trasladar-se** [再] ❶ 引っ越す, 移動する ▶Após o casamento, eles trasladaram-se para a capital. 彼らは結婚後首都に引っ越した.
❷ 表れる ▶Traslada-se nos seus olhos a preocupação. 彼の目に不安が表れる.
❸ 自画像を描く.

traslado /traz'ladu/ [男] ❶ 移動, 移送. ❷ 送迎, 送り迎え ▶traslado do aeroporto para o hotel 空港からホテルまでの送り迎え.

traspassar /traspa'sax/ [他] = transpassar

traste /'trastʃi/ [男] ❶ がらくた ▶traste inútil まったく役に立たないもの.
❷ 役立たず ▶ser um traste 役立たずである.
❸ (ギターなどの) フレット.

*__tratado__ /tra'tadu トラタード/ [男] ❶ **条約**, 協定 ▶concluir um tratado 条約を締結する / assinar um tratado 条約に調印する / ratificar um tratado 条約を批准する / tratado de paz 平和条約 / tratado de comércio 通商条約 / o tratado de Maastricht マーストリヒト条約.
❷ **概論** ▶tratado de filosofia 哲学概論.

T

tratador, dora

tratador, dora /trata'dox, 'dora/ [複 tratadores, doras] 飼育係 ▶ tratador de animais 動物の飼育係.
— 形 飼育する.

:tratamento /trata'mẽtu/ トラタメント/ 男 ❶ 待遇, 扱い ▶ tratamento preferencial 特恵待遇.
❷ 治療, 手当て ▶ seguir um tratamento 治療を受ける / tratamento médico 医療 / tratamento de tuberculose 結核の治療法 / tratamento de choque ショック療法.
❸ 処理, 処置, 加工 ▶ tratamento de lixo ごみ処理 tratamento de informação 情報処理.
❹ 敬称, 尊称.

tratante /tra'tẽtʃi/ 形《男女同形》ぺてんの.
— 名 ぺてん師.

:tratar /tra'tax/ トラターフ/ 他 ❶ 治療する ▶ tratar um doente 患者を治療する / tratar o câncer がんを治療する.
❷ (人と) 付き合う, もてなす ▶ Ela sabe muito bem como tratar as pessoas. 彼女はとても人付き合いがよい.
❸ 取り決める, …を扱う ▶ tratar a venda 商談を決める. / Ele tratou o assunto. 彼はそのことを扱った.
❹ …を…と呼ぶ [+ de] ▶ O filho trata do pai de "senhor". 息子は父を「セニョール」と呼ぶ.
— 自 ❶ …を論じる, 取り上げる, テーマにする [+ de] ▶ O relatório trata da violência urbana. 報告書は都市の暴力を取り上げている.
❷ … を扱う [+ de] ▶ tratar de dados pessoais 個人情報を取り扱う.
❸ …を担当する [+ de] ▶ Meu irmão mais velho trata da parte financeira. 私の兄は財務を担当している.
❹ …を治療する [+ de].
❺ …と関係する, 付き合う [+ com] ▶ Ele trata com pessoas importantes. 彼は重要人物と関係している.
❻ 《tratar de + 不定詞》 …しようと努める ▶ tratar de superar a doença 病気を克服しようと努める / Vamos tratar de analisar melhor o problema. その問題についてもっとよく分析しよう.
— tratar-se 再 ❶ 自分の体をいたわる, 大切にする ▶ Preciso me tratar. 私は自分の体に気をつけなくてはいけない / tratar-se com um médico 医者に診てもらう.
❷ 《Trata-se de…》それは…である, 問題は…である, つまり…である ▶ É um caso difícil. Trata-se de questão de família. その案件は難しい. 家族問題のことだからだ / De que se trata? 何が問題になっていますか.

tratável /tra'tavew/ [複 tratáveis] 形《男女同形》❶ 扱いやすい. ❷ 治療可能な ▶ doença tratável 治る病気. ❸ 好感の持てる, 愛想のよい.

trato /'tratu/ 男 ❶ 協定, 契約, 取り決め ▶ trato com os credores 債権者との契約 / fazer um trato com alguém …と取り決めを結ぶ / Trato é trato. 契約は契約だ.
❷ 扱い, 取り扱い, 待遇 ▶ Ele é uma pessoa hábil no trato dos problemas sociais. 彼は社会問題の扱いに長けた人物だ.
❸ 素行, ふるまい.
❹ 親交, 共存, 関係.
❺ 社交性, 優しさ, 親切.
❻ 日常の食事 ▶ O trato da casa é muito frugal. その家の食事はとてもつつましい.
❼ 商売.
❽ 会話.
❾ 地域, 地方.
❿ (身体の) 部位 ▶ trato digestivo 消化器官.
⓫ (時間の) 経過, 過程, 期間.
⓬ 《tratos》苦悩, 苦悶.
dar tratos a… ① …に努力する. ② …を苦しめる.
dar tratos à bola 知恵を絞る.
dar um trato ① 身なりをきれいにする. ② みだらな行為をする.
levar tratos de polé ひどい扱いを受ける.

trator /'tra'tox/ [複 tratores] 男 トラクター.

trauma /'trawma/ 男 ❶《医学》身体的外傷. ❷ トラウマ, 心の傷, 心的外傷.

traumático, ca /traw'matʃiku, ka/ 形《医学》外傷性の ▶ choque traumático 外傷性ショック.

traumatismo /trawma'tʃizmu/ 男《医学》外傷 (性傷害).

traumatizante /trawmatʃi'zẽtʃi/ 形《男女同形》❶ 外傷を引き起こす. ❷ 心の傷を負わせる ▶ experiência traumatizante 心の傷となる経験.

traumatizar /trawmatʃi'zax/ 他 …にトラウマを引き起こす, 傷を負わせる ▶ As guerras traumatizam as pessoas. 戦争は人々の心に傷を残した.
— **traumatizar-se** 再 トラウマを負う.

trava-língua /,trava'lĩgwa/ [複 trava-línguas] 男 早口言葉.

travão /tra'vɐ̃w̃/ [複 travões] 男 ブレーキ ▶ carregar no travão ブレーキをかける / travão de mão ハンドブレーキ / pôr travão a… …にブレーキをかける.

***travar** /tra'vax/ トラヴァーフ/ 他 ❶ …のブレーキをかける ▶ travar o carro 車のブレーキをかける.
❷ …に施錠する, …をロックする ▶ travar a porta ドアに鍵を掛ける / travar a porta do carro 車のドアをロックする.
❸ 始める ▶ travar uma conversa 会話をする / travar a luta 闘争を始める / travar batalha 戦う, 一戦を交える / travar conhecimento com alguém …と知り合う.
❹ 妨げる ▶ travar o trânsito 交通を妨げる.
— 自 ❶ 止まる, 動かなくなる;(コンピューターが) フリーズする ▶ Meu celular travou. 私の携帯電話が動かなくなった.
❷ 渋くなる, 苦くなる ▶ Estas frutas travam. この果物は苦い味がする.

trave /'travi/ 女 ❶《サッカー》ゴールのバー. ❷ 梁.

través /tra'ves/ [複 traveses] 男 斜め, 横.
ao través …を貫いて, 斜めに, 一点から他の点へ.
de través 斜めに ▶ olhar de través 横目で見る.

travessa /tra'vesa/ 女 ❶ 小道, 通路, 路地, 細道 ▶ A loja fica nessa travessa. その店はその横町にある.
❷ 地下の回廊, 地下道.

❸ 大皿 ▶Ela trouxe uma travessa de arroz. 彼女はご飯を盛った大皿を持ってきた.
❹〖建築〗横木, 梁, 横材.
❺〖鉄道〗枕木.
❻(ドアの)まぐさ.
❼髪飾りを支える小さなくし.
❽足を引っ掛けること.
❾(AやHなどの)アルファベットの大文字の横棒.
❿横断, 縦断.

travessão /trave'sẽw/ [圈 travessões] 男 ❶ ダッシュ(－). ❷〖スポーツ〗ゴールの横木, クロスバー.

travesseiro /trave'sejru/ 男 枕.
consultar o travesseiro 寝て考える.
conversa de travesseiro 枕物語.
conversar com o travesseiro ① 一晩寝て考える. ② 夫婦がベッドで話し合う.
travesseiro de orelha 床を共にする人, 愛人.

travessia /trave'sia/ 囡 ❶ 横断, 横断旅行 ▶travessia do deserto 砂漠の横断. ❷ 人気のない長い道.

travesso, sa /tra'vesu, sa/ 形 腕白な ▶menino travesso 腕白坊や.

travessura /trave'sura/ 囡 いたずら, 悪さ ▶fazer travessura いたずらをする.

travesti /traves'tʃi/ 图 異性の服を着る人, 異性装者.

travestir /traves'tʃix/ 他 ❶ …に異性の服を着させる. ❷ 変装させる. ❸ 改ざんする.
— **travestir-se** 再 ❶ 異性の服を着る. ❷ 変装する.

travo /'travu/ 男 ❶ 苦み, 渋み. ❷ 苦い経験.

traz 活用 ⇒ trazer

★trazer /tra'zex/ トラゼーフ/ ⑥⑦

直説法現在	trago	trazemos
	trazes	trazeis
	traz	trazem
過去	trouxe	trouxemos
	trouxeste	trouxestes
	trouxe	trouxeram
未来	trarei	traremos
	trarás	trareis
	trará	trarão
接続法現在	traga	tragamos
	tragas	tragais
	traga	tragam

他 ❶ 持ってくる, 運んでくる, 持参する, 連れてくる (↔ levar) ▶Traga-me um copo d'água. 水を1杯持ってきてください / trazer um presente プレゼントを持ってくる / trazer amigos 友達を連れてくる.

❷ もたらす, 生じさせる ▶trazer sorte 幸運をもたらす / trazer felicidade 幸福をもたらす / trazer problemas 問題を生じさせる / trazer a paz 平和をもたらす / trazer à luz 明るみに出す.

❸ 着る, 身につける ▶trazer uma camisa シャツを着る / trazer um chapéu 帽子をかぶる.

trecho /'treʃu/ 男 ❶ 空間, 間隔, 距離, 一部, 切片 ▶Por entre as árvores vislumbrava-se um trecho do rio. 木々の間から川の一部が垣間見えていた.
❷ 期間, 間隔 ▶Nesse trecho do dia, costumava descansar. 一日のその時間帯は休憩することにしていた.
❸ (文芸作品や音楽の)一節, 一句 ▶um trecho de um romance 小説の一節.
a breve trecho 間もなく, すぐに.
a trechos 時々.

treco /'trɛku/ 男 ❶ 小さなもの, がらくた ▶Havia uns trecos estranhos no canto da sala. 部屋の片隅に奇妙ながらくたがいくつかあった.
❷ 身体の不調, 不快感 ▶ter um treco 体の具合が悪い / Ele não foi ao trabalho por causa de um treco que teve. 彼は体調不良で仕事に行かなかった.

trégua /'trɛgwa/ 囡 ❶ 休戦, 停戦, 停戦協定 ▶fazer uma trégua 停戦する / romper a trégua 停戦を破る. ❷ 休止, 休息 ▶sem trégua 休みなく, 絶えず.
não dar trégua ① 惜しまない. ② 平穏でいない, 休息しない.

treinador, dora /trejna'dox, 'dora/ 图 treinadores, doras] 图 コーチ, トレーナー.

treinamento /trejna'mẽtu/ 男 トレーニング, 訓練, 練習.

treinar /trej'nax/ 他 ❶ 訓練する, コーチする, 鍛える, 調教する ▶treinar o time チームをコーチする / treinar um cachorro 犬を調教する. ❷ …の練習をする ▶treinar piano ピアノの練習をする / Como faço para treinar meu inglês em casa? どうすれば家で英語の練習ができますか.
— 自 練習する.

treino /'trejnu/ 男 訓練, 練習, トレーニング ▶treino de futebol サッカーの練習.

trejeito /tre'ʒejtu/ 男 ❶ しかめ面. ❷ 手振り身振り.

trela /'trɛla/ 囡 犬のひも.
dar trela a... …にかまう, …のために時間を割く, …と話す.
fazer uma trela 悪い振舞いをする.
soltar a trela a... ① …に自由を与える. ② …が話すよう促す.

treliça /tre'lisa/ 囡 格子組み.

★trem /'trẽj/ トレン/ [圈 trens] 男 ❶ Ⓑ 列車, 電車 ▶pegar o trem 電車に乗る / perder o trem 電車に乗り損ねる / trem elétrico 電車 / estação de trem 鉄道駅 / ir de trem 列車で行く / viajar de trem 列車で旅行する / trem expresso 特急, 急行 / trem de carga 貨物列車 / trem de alta velocidade 高速列車 / trem de ferro 鉄道列車.
❷ 道具一式 ▶trem de cozinha 台所用具.
❸ 随行員, 一行.
trem da alegria 多くの人が不正に公職につくこ

と.

trem de pouso (飛行機の) 着陸装置.

trem doido すごいこと, 見事なこと.

trema /'trẽma/ [男] 分音記号, トレマ (¨).

tremedeira /treme'dejra/ [女] ❶ [B] 身震い, ふるえ. ❷ マラリア.

tremelicar /tremeli'kax/ ㉙ [自] ぶるぶる震える.

— [他] 震わす.

tremeluzir /tremelu'zix/ ⑭ [自] きらめく, ぴかぴか光る.

tremendamente /treˌmẽda'mẽtʃi/ [副] 恐ろしいほど, すごく ▶ Estou tremendamente feliz. 私はとっても幸せだ.

tremendo, da /tre'mẽdu, da/ [形] ❶ 恐ろしい, ぞっとする ▶ noite tremenda 恐ろしい夜.

❷ すごい, ひどい, 大変な ▶ sucesso tremendo 大成功 / fazer um esforço tremendo 大変な努力をする.

***tremer** /tre'mex トレメーフ/ [自] ❶ **震える, 揺れる** ▶ A terra tremeu. 地面が揺れた / Meu corpo todo tremeu. 私は全身が震えた / tremer de medo 恐怖で震える / tremer de frio 寒さで震える / tremer de febre 熱で震える / Minhas pernas tremiam. 私の足は震えていた / Tremi só de pensar. 私は考えただけで震えた.

❷ **揺れ動く, ゆらゆら揺れる** ▶ A bandeira está tremendo ao vento. 旗が風になびいていた.

— [他] ❶ **揺らす, 振動させる** ▶ Não trema a mesa! テーブルを揺らすな. ❷ **震わす** ▶ tremer a voz 声を震わす.

tremor /tre'mox/ [[複] tremores] [男] ❶ 震え, 震動 ▶ tremor de terra 地震.

❷ 恐怖.

tremular /tremu'lax/ [他] 揺する, 揺らす, 振る ▶ O vento tremula as bandeiras do navio. 風は船の旗をはためかせている.

— [自] ❶ 揺れる, はためく ▶ Uma bandeira tremula. 旗がはためいている.

❷ きらきら輝く, きらめく ▶ Um farol tremulava ao longe. 遠くに灯台がきらめいていた.

❸ (音が) 反響する, 響く ▶ O cântico do coro tremulava na abóbada do salão. 合唱隊の讃歌が広間の丸天井に響いていた.

❹ 迷う, 躊躇する, ためらう ▶ O aluno tremulava sem saber o que responder. 生徒は何を答えていいのか分からず迷っていた.

trémulo, la /'trɛmulu, lɐ/ [形] [P] = trêmulo

trêmulo, la /'trẽmulu, la/ [形] [B] ❶ 震える ▶ mãos trêmulas 震える手 / voz trêmula 震える声.

❷ ためらう.

tremura /tre'mura/ [女] 震え, 震動.

trena /'trẽna/ [女] ❶ [B] (測量用の) 巻き尺. ❷ こまを回すひも.

trenó /tre'nɔ/ [男] そり ▶ andar de trenó そりに乗る.

trepada [女] [B] ❶ [俗] 非難, とがめ. ❷ [卑] 性行為, セックス ▶ dar uma trepada セックスする.

trepar /tre'pax/ [他] ❶ よじ登る, 這い上がる ▶ O rapaz trepou uma árvore. 少年は木によじ登った.

❷ 登る ▶ Os alpinistas treparam aquela montanha. 登山家たちはあの山を登った.

❸ 乗せる, 置く ▶ O pai trepou o menino na janela. 父親は男の子を窓に乗せた.

❹ 踏む.

— [自] ❶ …によじ登る, 這い上がる [+ em/por] ▶ Ele trepou na cerca de arame. 彼は鉄条網をよじ登った.

❷ …に登る, 上がる [+ em] ▶ O cachorro trepou na mesa. 犬はテーブルの上に上がった.

❸ (高い地位に) 登りつめる [+ a] ▶ Ele trepou à posição de ministro. 彼は大臣にまで登りつめた.

❹ [B] …の悪口を言う [+ em] ▶ Ela vive a trepar nos vizinhos. 彼女は隣人の悪口を言ってばかりいる.

❺ [B] …と性的関係を持つ [+ com].

— **trepar-se** [再] 登る.

trepar pelas paredes [P] かんかんになる, 憤慨する.

trepidação /trepida'sɐ̃w̃/ [[複] trepidações] [女] 振動, (乗り物の) 揺れ.

trepidar /trepi'dax/ [自] ❶ 震える, 振動する ▶ O ônibus trepidava muito. バスはとても揺れていた.

❷ 震える ▶ A criança trepidava de frio. 子供は寒さに震えていた.

❸ ためらう, 迷う, 躊躇する ▶ Homem resoluto, jamais trepidava. 毅然とした男は決してためらわない.

❹ 恐れる.

— [他] 震えさせる, 振動させる ▶ O trovão trepidou a casa. 雷が家を振動させた.

*****três** /'tres トレス/ [形] 《数》《不変》 ❶ **3の.** ❷ **3番目の** ▶ número três ナンバー3 / sala 3 3号室 / dia 3 do mês corrente 今月の3日.

— [男] 3.

a três por dois 頻繁に, しばしば.

tresandar /trezɐ̃'dax/ [他] ❶ 後退させる ▶ Ele tresandou os ponteiros do relógio. 彼は時計の針を遅らせた.

❷ 混乱させる.

❸ 心配させる.

❹ (悪臭を) 放つ ▶ Ele tresanda sujeira. 彼は汚物の悪臭を放つ.

— [自] ❶ 臭い, 悪臭がする ▶ O mictório tresandava. 小便所に悪臭がしていた.

❷ 見せる, 表す ▶ A sua atitude tresanda a falsidade. 彼女のふるまいには偽りが見える.

trespassar /trespa'sax/ [他] = transpassar

trespasse /tres'pasi/ [男] ❶ また貸し. ❷ 死.

três-quartos /ˌtres'kwaxtus/ 《不変》 [形] 七分丈の, 七分身の ▶ manga três-quartos 七分袖.

— [男] [B] 寝室が3つある集合住宅.

treta /'treta/ [女] ❶ 策略, 奸策, 戦略.

❷ 抜け目なさ, 巧妙さ

❸ うそ, でたらめ, いかさま.

❹ 《tretas》 戯言, 無駄話.

trevas /'trɛvas/ [女複] ❶ 暗黒, 暗闇 ▶ trevas da noite 夜の闇 / cair das trevas 黄昏, 日暮 / luz nas trevas 闇の中の光 / idade das trevas 暗黒時代. ❷ 無知.

trevo /'trevu/ [男] ❶ 〖植物〗 クローバー ▶ trevo de

T

quatro folhas 4つ葉のクローバー. ❷ Ⓑ クローバー型の立体交差路.

treze /'trezi トレーズィ/ 形《数》《不変》❶ 13の. ❷ 13番目の ▶ sexta-feira 13 13日の金曜日.
— 男 13.

***trezentos, tas** /tre'zẽtus, tas トレゼントス, タス/ 形《数》《不変》❶ 300の ▶ uma igreja de trezentos anos 築300年の教会. ❷ 300番目の ▶ Leiam a página trezentos. 300ページを読んでください.
— **trezentos** 男 300.

TRH《略語》terapia de reposição hormonal ホルモン補充療法.

tríade /'triadʒi/ 女 ❶ 3人組, 三つ組み；3連のもの. ❷『音楽』3和音.

triagem /tri'aʒẽj/［複 triagens］女 選別, 仕分け.

triangular¹ /triẽgu'lax/［複 triangulares］形《男女同形》三角の, 三角形の ▶ prisma triangular 三角プリズム.

triangular² /triẽgu'lax/ 他 3角形に分ける.
— 自『サッカー』三角パスをする.

***triângulo** /tri'ẽgulu トリアングロ/ 男 ❶ 三角形 ▶ triângulo acutângulo 鋭角三角形 / triângulo equilátero 正三角形 / triângulo isósceles 二等辺三角形 / triângulo escaleno 不等辺三角形 / triângulo retângulo 直角三角形 / triângulo obtusângulo 鈍角三角形 / triângulo amoroso 三角関係 / Triângulo das Bermudas バミューダトライアングル / Triângulo Mineiro ミナスジェライス州西部における, グランデ川とパラナイバ川の岸に挟まれた三角形の地域. ❷『音楽』トライアングル.

triatlo /tri'atlu/ 男 トライアスロン.

tribal /tri'baw/［複 tribais］形《男女同形》部族の, 種族の.

tribo /'tribu/ 女 部族, 種族.

tribulação /tribula'sẽw/［複 tribulações］女 苦労, 試練, 辛酸.

tribuna /tri'bũna/ 女 ❶ 演壇 ▶ tribuna sagrada 説教壇. ❷ (新聞などの) 論壇, 寄稿欄. ❸ 特別席 ▶ tribuna de honra 貴賓席.

:**tribunal** /tribu'naw トリブナゥ/［複 tribunais］男 ❶ 裁判所 ▶ Supremo Tribunal Federal 連邦最高裁判所 / comparecer perante o tribunal 出廷する. ❷《集合的に》裁判官. ❸ 裁き.

tribuno /tri'bũnu/ 男 ❶ 護民官. ❷ 大衆的な雄弁家.

tributação /tributa'sẽw/［複 tributações］女 課税.

tributar /tribu'tax/ 他 ❶ …に課税する ▶ O governo tributou os tabacos e bebidas alcoólicas. 政府はタバコとアルコール飲料に課税した.
❷ …から徴収する ▶ Os senhores feudais tributavam os seus vassalos. 封建領主たちは家臣たちから徴税していた.
❸ 税金として支払う ▶ A municipalidade tributava enormes quantias ao Estado. 市は政府に巨額の税金を支払った.
❹ 捧げる ▶ Ele tributou homenagem ao presidente. 彼は大統領にたいし敬意を表した.
— **tributar-se** 再 ❶ 寄付する ▶ Tributaram-se os colegas para socorrer o doente. 同僚たちは病人を援助するために寄付した.
❷ 支流になる ▶ Este rio tributa-se ao Paraná. この川はパラナ川の支流になる.

tributário, ria /tribu'tariu, ria/ 形 税金の, 税の ▶ sistema tributário 税制 / reforma tributária 税制改革.
— 名 納税者.
— **tributário** 男 支流.

tributo /tri'butu/ 男 ❶ 税金, 年貢. ❷ 賛辞, 敬意 ▶ prestar tributo a alguém …に敬意を表する.

tricampeão, peã /trikẽpe'ẽw, pe'ẽ/［複 tricampeões, peãs］形 名 3度優勝した (選手, チーム).

triciclo /tri'siklu/ 男 三輪車.

tricô /tri'ko/ 男 編み物, ニット ▶ colete de tricô ニットのチョッキ.

tricolor /triko'lox/［複 tricolores］形《男女同形》3色の ▶ uma bandeira tricolor 三色旗.

tricotar /triko'tax/ 他 …を編む.
— 自 ❶ 編み物をする. ❷ 陰謀をたくらむ.

tridimensional /tridʒimẽsio'naw/［複 tridimensionais］形《男女同形》3次元の, 立体の ▶ espaço tridimensional 3次元空間.

trienal /trie'naw/［複 trienais］形《男女同形》3年続く, 3年ごとの ▶ plano trienal 3年計画.

triénio /tri'ɛniu/ 男 Ⓟ = triênio

triênio /tri'ẽniu/ 男 Ⓑ 3年間.

trigêmeo, mea /tri'ʒemiu, miɐ/ 形 名 Ⓟ = trigêmeo

trigêmeo, mea /tri'ʒemiu, mia/ 形 名 Ⓑ 三つ子の (一人).

trigésimo, ma /tri'ʒɛzimu, ma/ 形 30番目の, 30分の1の.
— **trigésimo** 男 30分の1.

***trigo** /'trigu トリーゴ/ 男 小麦 ▶ farinha de trigo 小麦粉 / pão de trigo 小麦粉のパン.
trigo sarraceno ソバ.
trigo sem joio 欠点のないもの［人］.

trigonometria /trigonome'tria/ 女『数学』三角法.

trigueiro, ra /tri'gejru, ra/ 形 小麦の, 小麦色の ▶ pele trigueira 小麦色の肌.
— 名 小麦色の肌の人.

trilar /tri'lax/ 自 (鳥が) さえずる.

trilha /'triʎa/ 女 ❶ (荒野や山中の) 小道. ❷ ハイキング ▶ fazer trilha ハイキングする.
trilha sonora サウンドトラック.

trilhão /tri'ʎẽw/［複 trilhões］男 1兆.

trilhar /tri'ʎax/ 他 ❶ 脱穀する.
❷ 跡をつける.
❸ …をたどる ▶ Ela pretende trilhar o mesmo caminho da sua mãe. 彼女は自分の母親と同じ道をたどるつもりだ.
❹ …に従う.

trilho /'triʎu/ 男 線路, レール.
andar nos trilhos きちんとふるまう, 羽目を外さない.
sair dos trilhos ① (列車が) 脱線する. ② 正道を外れる. ③ 常軌を逸する, 羽目を外す.

trilíngue /tri'lĩgwi/ [形]《男女同形》3 か国語の, 3 か国語話せる.
— [名] 3 か国語話せる人.
trilogia /trilo'ʒia/ [女] 三部作.
trimestral /trimes'traw/ [[複] trimestrais] [形]《男女同形》3 か月間の, 3 か月ごとの, 四半期の.
trimestre /tri'mɛstri/ [男] ❶ 3 か月間, 四半期. ❷ 学期.
trinca /'trĩka/ [女] ❶ 3 つ組み, 3 人組. ❷〖トランプ〗スリーカード ▶ uma trinca de ás エースのスリーカード.
trincar /trĩ'kax/ ㉙ [自] 欠ける, ひびが入る ▶ O copo trincou. コップが欠けた.
— [他] ❶ かむ, かじる ▶ trincar uma maçã リンゴをかじる / trincar os lábios 唇をかむ.
❷ 切る ▶ A amarra foi trincada. ロープが切られた.
❸ 食べる ▶ trincar um bom petisco すばらしいごちそうを食べる.
trinchar /trĩ'ʃax/ [他] (肉を) 切り分ける.
trincheira /trĩ'ʃejra/ [女] ❶ 塹壕. ❷ 基盤, 砦.
abrir trincheiras ① 塹壕を掘る. ② 守りを固める, 用心する.
trinco /'trĩku/ [男] 錠, 掛け金.
trindade /trĩ'dadʒi/ [女] ❶《Trindade》〖キリスト教〗三位一体. ❷ 3 人組, 3 つ組み.
trinque /'trĩki/ [男] おしゃれ, 着道楽.
andar [estar] nos trinques おしゃれにしている, 着飾っている.
⁂**trinta** /'trĩta トリンタ/ [形]《数》《不変》❶ **30の** ▶ Tenho trinta anos. 私は30歳だ. ❷ **30番目の** ▶ no dia trinta de março 3 月30日に.
— [男] 30.
trio /'triu/ [男] ❶ 三人組, トリオ. ❷ 三重奏 [唱], 三重奏 [唱] 曲, 三重奏 [唱] 団. ❸ trio elétrico ステージカー.
tripa /'tripa/ [女] ❶ 動物の腸. ❷《tripas》もつ料理 ▶ tripas à moda do Porto ポルト風もつ煮.
à tripa forra 思う存分, たくさん ▶ comer à tripa forra たらふく食べる.
despejar a tripa 排便する.
encher a tripa 食べすぎる.
fazer das tripas coração 努力して備える, 仕事を請け負う.
vomitar as tripas 激しく嘔吐する.
tripé /tri'pɛ/ [男] 三脚.
tríplex /tri'plɛks/《不変》[B] [形] 3 階建ての.
— [男]《単複同形》3 階建ての集合住宅.
triplicar /tripli'kax/ ㉙ [他] ❶ 3 倍にする. ❷ 増やす.
— [自] ❶ 3 倍になる. ❷ 増える
— **triplicar-se** [再] ❶ 3 倍になる. ❷ 増える.
tríplice /'triplisi/ [形]《男女同形》3 要素からなる.
— [女] 三種混合ワクチン.
triplo, pla /'triplu, pla/ [形] ❶ 3 倍の ▶ em dose tripla 3 倍の量. ❷ 三重の ▶ salto triplo 三段跳び.
— **triplo** [男] 3 倍 ▶ pagar o triplo 3 倍払う / o triplo de tempo 3 倍の時間.
tripulação /tripula'sẽw̃/ [[複] tripulações] [女]《集合的に》(船や飛行機の) 乗組員, 乗務員.
tripulante /tripu'lẽtʃi/ [名] (船や飛行機の) 乗組員, 乗務員.
tripular /tripu'lax/ [他] ❶ (船や飛行機に) 乗員を乗り込ませる. ❷ (船や飛行機を) 操縦する.
⁂**triste** /'tristʃi トリスチ/ [形]《男女同形》❶ **悲しい, 悲しそうな, 寂しい** ▶ uma história triste 悲しい物語 / Eu tenho uma notícia triste. 悲しいお知らせがあります / Ela ficou triste ao saber do acontecido. その出来事を知って彼女は悲しくなった / sentir-se triste 悲しく感じる.
❷ **物悲しい, 陰うつな** ▶ olhar triste 物悲しい眼差し / lugar triste 陰気な場所.
❸ **冷たい, 不愉快な** ▶ homem triste 冷たい男.
❹ **暗い, 重々しい** ▶ O dia estava triste e chuvoso. その日は暗く雨降りだった.
❺ **どうしようもない**, 手に負えない ▶ Aquela mulher é triste, só sabe criticar. あの女はどうしようもない. 批判することしかできない.
*__tristeza__ /tris'teza トリステーザ/ [女] ❶ **悲しみ, 悲哀** ▶ tristeza profunda 深い悲しみ / Tristeza não paga dívidas. [諺] (悲しみは借金を返さない→) くよくよしてもしかたない.
❷ **陰鬱, さみしさ** ▶ tristeza da vida solitária 一人暮らしの侘しさ.
tristonho, nha /tris'tõɲu, ɲa/ [形] 悲しげな, 寂しげな, 物寂しい ▶ ar tristonho 寂しげな様子.
triturar /tritu'rax/ [他] ❶ 粉々にする, 粉砕する, 細かくする, 薄くする, 粉にひく ▶ Eles trituraram o gelo. 彼らは氷を粉砕した.
❷ ペースト状にする ▶ Ela triturou as batatas. 彼女はジャガイモをピューレにした.
❸ 打ちのめす ▶ A equipe cubana triturou a americana. キューバのチームはアメリカのチームを打ちのめした.
❹ 苦しませる, 悲しませる ▶ Ela triturava o marido com o silêncio. 彼女は沈黙で夫を苦しませた.
❺ 台無しにする, 無効にする.
triunfal /triũ'faw/ [[複] triunfais] [形]《男女同形》❶ 勝利の, 凱旋の ▶ entrada triunfal 凱旋入城. ❷ 勝ち誇った, 意気揚々とした.
triunfante /triũ'fẽtʃi/ [形]《男女同形》❶ 勝利を収めた. ❷ 勝ち誇った.
triunfar /triũ'fax/ [自] ❶ …に勝つ [+ sobre/de] ▶ triunfar sobre o inimigo 敵に勝つ. ❷ …に打ち勝つ, 克服する [+ sobre/de] ▶ triunfar sobre a morte 死に打ち勝つ. ❸ 勝ち誇る.
*__triunfo__ /tri'ũfu トリウンフォ/ [男] ❶ **大勝利, 大勝, 勝利** ▶ A equipe de nossa escola conseguiu um triunfo sobre o adversário. わが校のチームは敵に大勝した / A seleção japonesa somou muitos triunfos nesta competição. 日本代表はこの大会で数多くの勝利を重ねた.
❷〖古代ローマ〗凱旋式 ▶ arco do triunfo 凱旋門.
em triunfo 勝ち誇って, 意気揚々と.
trivial /trivi'aw/ [[複] triviais] [形]《男女同形》❶ 些細な, 取るに足らない, つまらない ▶ assunto trivial 些細な事柄.
❷ ありふれた, 陳腐な, 平凡な.
— [男] 簡単な家庭料理.

T

trivialidade /triviali'dadʒi/ 囡 ❶ 些細なこと. ❷ 月並み, 陳腐.

triz /'tris/ 男《次の成句で》
por um triz 危ういところで, もう少しのところで▶escapar por um triz 危うく逃れる / Escapou por um triz de ser atropelado pelo ônibus. 彼はもう少しでバスにひかれるところを免れた / Foi por um triz! 危ういところだった.

troar /tro'ax/ 自 ❶ 雷が鳴る, 大きな音をたてる. ❷ …に対して声を上げる [+ contra].
— 男 雷鳴.

troca /'trɔka/ 囡 ❶ 交換, やりとり, 換えること▶economia de troca 物々交換経済 / comércio de troca バーター貿易 / troca de olhares 目線をかわすこと / troca de tiros 銃の撃ち合い / troca de palavras 口論 / Fizeram uma troca de cadeiras. 彼らはいすを交換した.
❷ 交代▶troca da guarda 衛兵の交代.
em troca de... …と交換で.
por troca 交換で.
troca de gentilezas 親切なやり取り.
troca de mãos 所有者の変更.
troca por troca 物々交換, ギブアンドテイク.
trocas e baldrocas 詐欺的取引.

troça /'trɔsa/ 囡 ❶ からかい, 嘲笑▶fazer troça de... …を笑いものにする. ❷ B どんちゃん騒ぎ.

trocadilho /troka'dʒiʎu/ 男 ❶ 言葉遊び, だじゃれ, 語呂合わせ. ❷ 曖昧な表現を用いること.

trocado, da /tro'kadu, da/ 形 ❶ 交換した, 代わりの, 変えた. ❷ 勘違いした. ❸ 交差する, 交わる. ❹ 小銭の, (お金が)細かい▶Estou sem dinheiro trocado. 私は小銭の持ち合わせがない.
— **trocado** 男 ❶ 細かいお金▶Você tem trocado? 小銭はありますか. ❷ だじゃれ, 語呂合わせ.

trocador, dora /troka'dox, 'dora/ [覆 trocadores, doras] 名 B バスの車掌.

‡**trocar** /tro'kax/ トロカーフ/ 29 他 ❶ 替える, 取り替える, 変更する▶trocar uma lâmpada 電球を替える / trocar a senha パスワードを変更する / trocar dólares ドルを両替する.
❷ 交換する▶trocar presentes プレゼントを交換する / trocar beijos キスを交わす / Troquei os livros com meu amigo. 私は友達と本を交換した.
❸ 取り違える▶trocar o nome 名前を取り違える / Meu filho trocou seus sapatos pelos do colega. 私の息子は自分の靴と同級生の靴を取り違えた.
❹ B …を着替えさせる▶Troquei meu filho. 私は息子を着替えさせた.
❺ …に変える, 変化させる [+ em].
❻ 交差させる▶Troquei as pernas. 私は脚を組んだ.
— 自 …を替える [+ de] ▶trocar de endereço de e-mail メールアドレスを変える / trocar de emprego 転職する / trocar de avião 飛行機を乗り継ぐ.
— **trocar-se** 再 着替える.

troçar /tro'sax/ 13 自 …をからかう, 笑いものにする [+ de].
— 他 からかう.

troca-troca /ˌtrɔka'trɔka/ [覆 troca-trocas] 男 交換▶Os candidatos fizeram um troca-troca de partidos políticos antes da eleição. 候補者たちは選挙前にそれぞれに所属政党を乗り換えた.

trocista /tro'sista/ 形《男女同形》名 からかい好きな(人).

troco /'troku/ 男 ❶ おつり, 釣り銭▶Você tem troco? おつりはありますか.
❷ 細かいお金, 小銭▶Estou sem troco. 私は小銭を持っていない.
❸ 言い返し▶dar o troco 言い返す.
a troco de... …の代わりに, …の埋め合わせに.
a troco de reza 非常に安く.
dar o troco por miúdo 委曲を尽くして説明する.
faturar um troco 稼ぎがいい.
receber o troco 仕返しされる, 報復される.

troço /'trɔsu/ 男 B 俗 ❶ がらくた, 役に立たないもの.
❷ もの▶Ele pediu um troço para beber. 彼は何か飲むものを頼んだ.
❸ 不意に気分が悪くなること▶ter um troço 具合が悪くなる.

troço /'trosu/ 男 ❶ 木片, 棒切れ. ❷ 群衆, 集団.

troféu /tro'feu/ 男 ❶ 勝利の記念品▶troféu da Copa do Mundo ワールドカップのトロフィー / troféu de caça 狩猟の記念品(鹿の頭部など). ❷ 戦利品.

trólebus /'trɔlebus/ 男《単複同形》B トロリーバス.

tromba /'trõba/ 囡 ❶ (象の)鼻.
❷ 不機嫌そうな顔▶fazer uma tromba 不機嫌そうな顔をする.
estar de trombas 機嫌が悪い▶Ela está de tromba porque o namorado não a visitou ontem. 彼女は恋人が昨日訪ねて来なかったので不機嫌だ.
ficar de trombas 機嫌が悪くなる.

trombada /trõ'bada/ 囡 衝突, 衝撃▶dar uma trombada em... …と衝突する, ぶつかる / levar uma trombada de... …に衝突される.

tromba-d'água /ˌtrõba'dagwa/ [覆 trombas-d'água] 囡 ❶ (海上の)竜巻. ❷ 土砂降り, 豪雨.

trombadinha /trõba'dʒina/ 男 B 伯 子供の泥棒.

trombeta /trõ'beta/ 囡 トランペット, らっぱ.
trombone /trõ'bɔni/ 男 トロンボーン.
trombose /trõ'bɔzi/ 囡《医学》血栓症.
trompa /'trõpa/ 囡 ❶《音楽》ホルン. ❷《解剖》管(;)▶trompas de Falópio 卵管.
trompete /trõ'petʃi/ 男 トランペット.
trompetista /trõpe'tʃista/ 名 トランペット奏者, トランペッター.

troncho, cha /'trõʃu, ʃa/ 形 ❶ (手足を)切断された▶troncho de uma perna 片足を切断された. ❷ まがった, 傾いた.

***tronco** /'trõku/ トロンコ/ 男 ❶ 幹, 丸太▶tronco

de árvore 木の幹 / Esta árvore tem um tronco muito grosso. この木の幹はとても太い.
❷ (人や動物の) **胴体, 胴** ▶cabeça, tronco e membros 頭, 胴体, 手足 / em tronco nu 上半身裸で.
❸ 祖先, 家系 ▶pertencer ao mesmo tronco familiar 同じ家系に属する.

trono /'trõnu/ [男] 玉座, 王位 ▶subir ao trono 即位する, 王位に就く / herdeiro do trono 王位継承者 / trono do Altíssimo 天国.
ir ao trono 手洗いに行く.

☆**tropa** /'trɔpa トローパ/ [女] ❶ **軍隊, 部隊** ▶tropa de choque 警察機動隊 / tropas aliadas 同盟軍 / tropas inimigas 敵軍 / tropas de elite 精鋭部隊.
❷ [P] 徴兵 ▶ir para a tropa [P] 兵役につく.

tropeção /trope'sẽw̃/ [[複] tropeções] [男] つまずき ▶dar um tropeção em... …につまずく.

tropeçar /trope'sax/ ⑬ [自] ❶ …につまずく [+ em] ▶A criança tropeçou nos brinquedos. 子供はおもちゃにつまずいた.
❷ (問題に) ぶつかる, 遭遇する [+ em] ▶tropeçar em dificuldades 困難に遭遇する.
❸ …にためらう, 躊躇する, つまずく, 詰まる [+ em] ▶A criança tropeçava nas sílabas difíceis. 子供は難しい音節につまずいていた.
❹ …に直面する [+ em] ▶Nessas ocasiões, tropeçava na ansiedade de sempre. そのような場合にいつもの不安に直面していた.
❺ 誤る, 外れる [+ com/em] ▶Ele tropeçou com o sentido de um texto. 彼はある文章の意味を誤解した.

tropeço /tro'pesu/ [男] ❶ つまずき.
❷ 障害.
❸ 困難 ▶Após alguns tropeços durante a temporada, o atleta finalmente ganhou sua primeira medalha de ouro. その選手はシーズン中にいくつかの困難があったが, ついに初めての金メダルを獲得した.
tropeços da memória 記憶違い.

tropel /tro'pɛw/ [男] ❶ 群衆, 人ごみ, 雑踏.
❷ 足音 ▶O tropel dos cavalos 馬の足音, ひづめの音.
❸ 混雑, 混沌 ▶Ela não conseguia pensar no meio daquele tropel. 彼女はあのような雑踏の中では考えることができなかった.
❹ 大量.
de [em] tropel 混乱して, 騒々しく.

tropical /tropi'kaw/ [[複] tropicais] [形] 《男女同形》 熱帯の, 熱帯性の ▶frutas tropicais トロピカルフルーツ / floresta tropical 熱帯雨林 / clima tropical 熱帯性気候.

trópico /'trɔpiku/ [男] ❶ 回帰線 ▶Trópico de Câncer 北回帰線 / Trópico de Capricórnio 南回帰線. ❷ 《trópicos》 熱帯地方.

trotar /tro'tax/ [自] ❶ (馬が) 速歩(はやあし)で駆ける. ❷ (人が) 馬を速歩で駆けさせる.

trote /'trɔtʃi/ [男] ❶ (馬の) 速歩(はやあし), トロット ▶ir a trote トロットで走る.
❷ [B] (大学の新入生に対する) いたずら, 悪ふざけ ▶passar um trote em alguém …にいたずらをする.
❸ いたずら電話 (= trote por telefone) ▶passar um trote いたずら電話をかける.
❹ 冷やかし, あざけり.

trouxa /'troʃa/ [名] [俗] だまされやすい人, かも ▶Deixa de ser trouxa! だまされるな.
— [形] 《男女同形》 [俗] だまされやすい.
— [女] 衣類の包み ▶trouxa de roupa 洗濯物の包み.
arrumar [fazer] a trouxa 立ち去る.
bancar o trouxa いいかもになる.
ser feito de trouxa ばかみたいである, だまされやすい.
ser trouxa お人好しである, だまれやすい.

trouxe [活用] ⇒ trazer
trouxer [活用] ⇒ trazer

trova /'trɔva/ [女] 民謡, 歌.

trovador /trova'dox/ [[複] trovadores] [男] 吟遊詩人.

trovão /tro'vẽw̃/ [[複] trovões] [男] 雷, 雷鳴 ▶Tenho medo de trovões. 私は雷が怖い.

trovar /tro'vax/ [自] 詩を作る, 詩を歌う.

trovejar /trove'ʒax/ [自] ❶ 雷が鳴る, とどろく ▶Trovejou de manhã, mas não choveu. 朝雷が鳴ったが, 雨は降らなかった.
❷ 鳴り響く, 轟音を立てる, 大きな音を立てる ▶A moto trovejou e sumiu na estrada. バイクは轟音をたてて道路に消えた.
❸ 光を放つ, 雷を落とす.
❹ 訴える, 熱弁をふるう ▶A voz do político trovejava durante o comício. 市民集会の間, 政治家の声が響き渡っていた.
❺ 大声で言う, 叫ぶ ▶Ele estava trovejando. 彼はいつも大声で叫んでいた.
❻ 影響を及ぼす.
— [他] (騒々しく音を) 発する, 叫ぶ ▶No fim do jogo a torcida trovejou vaias. 試合の終わりに応援団はやじを飛ばしていた.
— [男] 轟音, 大音響.

trovoada /trovo'ada/ [女] ❶ 雷, 雷鳴. ❷ 大音響.

trovoar /trovo'ax/ [自] [話] 雷が鳴る ▶O tempo fechou e começou a trovoar. 雲が空を覆って雷が鳴り出した.

trucidar /trusi'dax/ [他] 虐殺する.

truculência /truku'lẽsia/ [女] 残忍, 残虐 (行為).

truculento, to /truku'lẽto, tu/ [形] 残忍な, 残虐な, 恐ろしい, ぞっとする.

trufa /'trufa/ [女] ❶ 〖植物〗 トリュフ. ❷ トリュフ型チョコレート.

truísmo /tru'izmu/ [男] 自明の理.

trumbicar-se /trũbi'kaxsi/ ㉙ [再] [B] うまくいかない, 失敗する.

truncar /trũ'kax/ ㉙ [他] ❶ (テキストの) 重要な部分を削除する ▶A parte principal do livro está truncada. その本の主要な部分が削除されている.
❷ (枝を) 切り落とす ▶truncar os ramos 枝を切る.

trunfo /'trũfu/ [男] ❶ 切り札 ▶O elenco experiente é trunfo do time para vencer o campeonato. ベテラン陣が選手権に勝つためのチームの切り札

T

tumulto

だ. ❷ 優位, 強み.
ter um trunfo nas mãos 切り札を持つ, 優位に立つ.

truque /'truki/ 男 ❶ こつ, 要領, 秘訣 ▶ truques para emagrecer やせるための秘訣. ❷ トリック ▶ um truque de magia マジックのトリック.

truste /'trustʃi/ 男 トラスト, 企業合同.

truta /'truta/ 女【魚】マス.

tu /'tu/ 代 P《二人称単数形》(注 B では一般的には você が使われ, tu が現れる場合でも, 一部の地域を除いて動詞は三人称単数形の形に活用する)《親しい相手や目下の相手に》君は, あなたは ▶ Tu és um anjo. 君は天使だ.

tua /'tua/ 形 代 teu の女性形.

tuba /'tuba/ 女【音楽】チューバ.

tubagem /tu'baʒẽj/ [複 tubagens] 女《集合的に》管, 配管.

tubarão /tuba'rẽw/ [複 tubarões] 男 ❶【魚】サメ, フカ. ❷ もうけ第一主義の企業.

tuberculina /tubexku'lina/ 女 ツベルクリン.

tubérculo /tu'bεxkulu/ 男 ❶【植物】塊茎, 塊根. ❷【医学】結節.

tuberculose /tubexku'lɔzi/ 女【医学】結核.

tuberculoso, sa /tubexku'lozu, 'lɔza/ 形 ❶ 結核性の, 結核にかかった. ❷ 結節の. ❸【植物】塊茎をもつ, 塊茎状の.
— 名 結核患者.

tubo /'tubu/ 男 ❶ チューブ, 管, パイプ ▶ tubo de gás ガス管 / tubo de ensaio 試験管 / tubo de escape 排気管 / tubo de cola 接着剤のチューブ / órgão de tubos パイプオルガン.
❷【解剖】管 ▶ tubo digestivo 消化管.
❸《os tubos》大金 ▶ custar os tubos 値段がとても高い.

tubulação /tubula'sẽw/ [複 tubulações] 女《集合的に》管, 配管.
entrar pela tubulação 失敗する.

tubular /tubu'lax/ [複 tubulares] 形《男女同形》管状の, 筒型の.

tucano /tu'kẽnu/ 男【鳥】オオハシ, トゥカーノ.

tudo /'tudu/ トゥード 代《不定》❶ 全て, 全てのもの ▶ Tudo está perfeito. 全てが完璧だ / Tudo é possível. 全てが可能だ / É tudo. 以上, 終わり / É tudo por hoje. 今日はこれまで / Está tudo terminado entre nós. 私たちの関係は全て終わった / Tudo o que faço 私がする全てのこと / Vai comer tudo isso? それを全部食べるのですか / Tudo isto existe. これらは全て実在する.
❷ 何でも ▶ Eu gosto de tudo. 私は何でも好きだ / comer de tudo 何でも食べる.
❸ 最も重要なこと, 肝心なこと ▶ A saúde é tudo. 健康が第一だ.
dar tudo 全力を尽くす.
de tudo quanto é jeito あらゆる手を尽くして.
de tudo quanto é lado 四方八方から.
... e tudo o mais …などなど.
É tudo ou nada. 一か八かだ, のるかそるかだ.
É tudo uma coisa só. 似たようなものである.
em tudo 全体で.
em tudo e por tudo どんな場合も.
estar com tudo 望みをすべてかなえた, 勝ち組である.
estar tudo no lugar スタイルがいい, ほっそりしている.
fazer de tudo 色々なことをする, 何でもする.
ir com tudo 全力で取りかかる.
mais que tudo 第一に, とりわけ.
ter tudo a ver com... …と密接な関係がある.
Tudo bem. ① 元気です ▶ — Tudo bem? — Tudo bem. 「お元気ですか」「元気です」. ② わかりました, 承知しました.
Tudo bem? 元気ですか, 大丈夫ですか.

> **語法 tudo と todo**
>
> tudo は「全てのこと, 全ての物」を意味する不定代名詞で変化せず, 単独で用いられるが, 同じような不変化の o, isto, isso, aquilo などとともに「これら全て」「それら全て」などを表すことができる.
>
> Farei tudo. 私は何でもする.
> Tudo isso é para ti. これは全て君のためのものだ.
> É tudo o que sei. 私が知っているのはそれだけだ.
>
> todo は「全ての」,「全体の」という意味の性数変化する不定形容詞であり, 定冠詞を伴って用いられるのが普通である.
>
> todos os livros do mundo 世界の全ての本.
> em todo o país 全国で.

tudo-nada /,tudu'nada/ [複 tudo(s)-nadas] 男 ほんのわずかな量 ▶ um tudo-nada de sal ほんの少々の塩 / um tudo-nada de felicidade ささやかな幸せ.
por um tudo-nada もう少しで.

tufão /tu'fẽw/ [複 tufões] 男 台風.

tugúrio /tu'guriu/ 男 小屋, 避難場所.

tule /'tuli/ 男 チュール ▶ saia de tule チュールのスカート.

tulipa /tu'lipa/ 女 ❶【植物】チューリップ. ❷ B ビール用グラス, グラス1杯のビール ▶ A tulipa custa seis reais. ビールグラス1杯6レアル.

tumba /'tũba/ 女 墓, 墓石.

tumefação /tumefa'sẽw/ [複 tumefações] 女【医学】腫れ, むくみ, 腫脹(しゅちょう).

tumefazer /tumefa'zex/ 28《過去分詞 tumefeito》他 …を腫れさせる.
— **tumefazer-se** 再 腫れる.

tumor /tu'mox/ [複 tumores] 男【医学】腫瘍 ▶ tumor benigno 良性腫瘍 / tumor maligno 悪性腫瘍 / tumor cerebral 脳腫瘍.

túmulo /'tũmulu/ 男 墓, 墓碑 ▶ O casamento é o túmulo do amor. 結婚は恋愛の墓である.
descer ao túmulo 死ぬ.
revirar-se no túmulo (死者が) あの世から帰ってくる.
ser um túmulo 口が堅い, 秘密を守る.

tumulto /tu'muwtu/ 男 ❶ 雑踏, 騒ぎ, 騒動, 混

tumultuar

乱, 騒乱 ▶ Houve um tumulto na porta do estádio. 競技場の入口で騒動があった.

❷ 動揺, 不安.

❸ 騒音 ▶ O tumulto na casa do vizinho o impedia de ouvir música. 隣家の騒音で彼は音楽が聞こえなかった.

❹ 不和, 対立, 軋轢(あつれき) ▶ O adultério gerou grande tumulto nas relações do casal. 不倫は夫婦関係に大きな軋轢を生んだ.

em tumulto 乱雑に.

tumultuar /tumuwtu'ax/ 他 ❶ …に暴動[騒動, 混乱]を起こさせる ▶ A notícia do avanço inimigo tumultuou as hostes. 敵の進行の知らせは軍勢に混乱を起こさせた.

❷ 乱す ▶ A criança tumultuou as cartas. 子供は手紙をごちゃ混ぜにした.

❸ 混乱させる, 動揺させる ▶ As palavras dele tumultuavam-lhe o coração. 彼の言葉は彼女の心を動揺させた.

❹ …に鳴り響く ▶ Os trovões tumultuavam o céu. 雷が空に鳴り響いていた.

— 自 ❶ 暴動[騒動]を起こす ▶ A torcida tumultuou. ファンたちが騒動を起こした.

❷ 沸き立つ, 熱気を帯びる, 興奮する ▶ Foi um período em que as paixões políticas tumultuavam. 政治的熱情がかき立てられる時期だった.

❸ 騒音をたてる.

❹ さまよい歩く ▶ O grupo tumultuava pelas ruas do bairro. グループは地域の通りをさまよい歩いていた.

tumultuoso, sa /tumuwtu'ozu, 'ɔza/ 形 騒々しい, 騒がしい, 騒然とした ▶ vida tumultuo 騒がしい生活.

túnel /'tunew/ [複 túneis] 男 トンネル ▶ passar por um túnel トンネルを通る.

tungsténio /tũgʃ'teniu/ 男 P = tungstênio

tungstênio /tũgs'tẽniu/ 男 B 【化学】タングステン.

túnica /'tunika/ 女 チュニク (腰またはひざ丈でゆったりした女性用衣服).

tupi /tu'pi/ 名 (南米の先住民) トゥピ族の人.

— **tupi** 男 トゥピ語.

— 形《男女同形》トゥピ語族の, トゥピ語の.

tupi-guarani /,tupigwara'ni/ [複 tupis-guaranis] 名 (南米の先住民) トゥピ・グアラニー語族の人.

— 男 トゥピ・グアラニー語.

— 形《男女同形》トゥピ・グアラニー語族の, トゥピ・グアラニー語.

tupiniquim /tupini'kĩ/ [複 tupiniquins] 名 トゥピニキーン族の人.

— 形《男女同形》❶ トゥピニキーン族の. ❷ ブラジルの ▶ dentro das fronteiras tupiniquins ブラジル国内で.

turba /'tuxba/ 女 ❶ 群衆, 烏合の衆. ❷ 合唱の声.

ir com a turba 大衆とともに歩む.

turbante /tux'bẽtʃi/ 男 ターバン.

turbar /tux'bax/ 他 ❶ 暗くする.

❷ 濁らせる, 曇らせる ▶ Os fumantes turbaram o ar da sala com fumo. 喫煙者たちは煙で部屋の空気を濁らせた / Os detritos daquela fábrica turbaram as águas do rio. あの工場からの残留物が川の水を濁らせた.

❸ 不安にする, 動揺させる.

❹ かき回す, 散らかす, かき乱す ▶ Furiosa ventania turba o mar. 猛烈な暴風が海をかき乱す.

❺ 錯乱する.

❻ 酔わせる.

— **turbar-se** 再 ❶ 暗くなる, 曇る, 濁る ▶ Turbou-se-lhe a face. 彼の表情が曇った / Turbou-se o tempo. 天気が曇った.

❷ 不安になる, 動揺する, まごつく, うろたえる ▶ Turbei-me e deixei de raciocinar. 私はうろたえ, 考える事を止めてしまった.

turbilhão /tuxbi'ʎɐ̃w/ [複 turbilhões] 男 渦, 渦巻き, 旋風 ▶ turbilhão de vento つむじ風.

como um turbilhão つむじのように.

turbina /tux'bina/ 女 【機械】タービン ▶ turbina a gás ガスタービン.

aquecer as turbina ウォーミングアップする, 景気付けをする.

turbulência /tuxbu'lẽsia/ 女 ❶ 騒乱, 混乱 ▶ turbulência social 社会的混乱. ❷ 騒々しさ, 騒がしさ.

turbulento, ta /tuxbu'lẽtu, ta/ 形 ❶ 混乱した, 騒然とした. ❷ 騒々しい, 騒がしい.

turfa /'tuxfa/ 女 泥炭, ピート.

turfe /'tuxfi/ 男 競馬, 競馬場.

túrgido, da /'tuxʒidu, da/ 形 腫れた, 張った, ふくらんだ.

‡**turismo** /tu'rizmu/ トゥリズモ/ 男 観光, 観光産業 ▶ fazer turismo 観光旅行する / viagem de turismo 観光旅行 / indústria do turismo 観光産業 / agência de turismo 観光旅行代理店 / ônibus de turismo 観光バス / turismo sexual 買春旅行 / O turismo é a maior fonte de receita daquela cidade. 観光はあの都市の最大の収入源である.

＊**turista** /tu'rista/ トゥリスタ/ 名 観光客 ▶ turistas brasileiros ブラジル人観光客 / O Rio de Janeiro acolhe muitos turistas. リオデジャネイロはたくさんの観光客を迎え入れる.

turístico, ca /tu'ristʃiku, ka/ トゥリスチコ, カ/ 形 観光の, 観光旅行の ▶ viagem turística 観光旅行 / guia turístico 観光ガイド, 観光ガイドブック / atração turística 観光名所 / região turística 観光地.

‡**turma** /'tuxma/ トゥフマ/ 女 ❶ 一団, 集団 ▶ uma turma de torcedores ファンの一群.

❷ グループ, 仲間, 会 ▶ Os irmãos têm uma turma grande no prédio onde moram. その兄弟は住んでいる建物に大勢の仲間がいる.

❸ 組, クラス, チーム, 班 ▶ Somos da mesma turma. 私たちは同じクラスだ / Nesta escola há três turmas. この学校には3つのクラスがある.

❹ 同僚 ▶ turma de trabalho 仕事仲間.

em turma 集団で, まとめて.

turma do deixa-disso けんかの仲裁をする人たち.

Vá caçar sua turma. ほっといてくれ.

turnê /tux'ne/ 囡 🅑 巡業, ツアー ▶A banda fará uma turnê mundial no próximo ano. そのバンドは来年世界ツアーを行う予定だ.

*__turno__ /'tuxnu トゥフノ/ 男 ❶ (勤務の) シフト, 交代勤務時間 ▶turno de trabalho 勤務シフト / Você é do turno que trabalha das seis horas até as doze horas. 君は6時から12時まで仕事するシフトだ / turno do dia 日勤 / turno da noite 夜勤 / A escola brasileira funciona com o regime de dois turnos. ブラジルの学校は二部制である / no turno da manhã 午前の部で / no turno da tarde 午後の部で.
❷ 番, 順番 ▶É meu turno de correr. 私が走る番だ / no primeiro turno 第1回投票で / no segundo turno 第2回投票で.
❸ 〖スポーツ〗 …回戦.
em turnos 交代して ▶trabalhar em turnos 交代制で働く.
por seu turno ① 順番で ▶Os convidados foram entrando por seu turno. 招待客たちは順番で入っていった. ② 一方で ▶Os homens partiram, por seu turno, as mulheres ficaram. 男たちは出かけたが, 一方で女たちは残った.
por turnos 順番で, 交代で ▶trabalho por turnos 交代制の仕事.

turquesa /tux'keza/ 囡 トルコ石.
— 形《不変》トルコ石色の.
— 男 トルコ石色.

turra /'tuxa/ 囡 ❶ 頭突き. ❷ 口論, 言い争い, いさかい ▶às turras いがみ合いながら.

turvar /tux'vax/ 他 ❶ 暗くする, 濁らせる ▶turvar a água do rio 川の水を濁らせる.
❷ 曇らせる ▶A solidão turvou seu sorriso. 孤独が彼のほほえみを曇らせた / Nuvens negras turvaram o céu. 黒い雲が空を曇らせた.
— 自 ❶ 暗くなる, 濁る ▶A água do rio turvou novamente. 川の水は再び濁った.
❷ 曇る ▶O olhar do menino turvou de tristeza. 男の子の瞳は悲しみに曇った / Ao meio-dia, o céu voltou a turvar. お昼に空はまた曇った.
— **turvar-se** 再 ❶ 暗くなる, 濁る. ❷ 曇る.

turvo, va /'tuxvu, va/ 形 ❶ 濁った, 淀んだ, 不透明な.
❷ 曇った.
❸ 暗い.
❹ 陰気な ▶o olhar turvo das crianças famintas. 飢えた子供たちの陰気なまなざし.
❺ 動揺した, 不安定な, 混乱した ▶Eles estavam vivendo tempos turvos. 彼らは不安定な時代を生きていた.
— **turvo** 男 曇らせること, かげり, 錯乱.

tusta /'tusta/ 男 🅑 俗 お金 ▶O rapaz não tem um tusta no bolso. その青年はポケットに一銭も持っていない.

tuta-e-meia /,tutai'meja/ 囡 ❶ つまらないもの, 価値のないもの. ❷ 些細なこと, 微々たるもの.

tutano /tu'tẽnu/ 男 ❶ 〖解剖〗 髄, 骨髄. ❷ 真髄, 精髄. ❸ 勇気, 才能.

tutela /tu'tela/ 囡 ❶ 〖法律〗 後見. ❷ 保護, 庇護 ▶sob a tutela de... …の庇護の元で.

tutelar[1] /tute'lax/ [複 tutelares] 形《男女同形》❶ 〖法律〗 後見の. ❷ 保護する, 庇護する ▶anjo tutelar 守護天使.

tutelar[2] /tute'lax/ 他 ❶ 〖法律〗 後見する. ❷ 保護する, 庇護する.

tutor, tora /tu'tox, 'tora/ [複 tutores, tutoras] 名 ❶ 〖法律〗 後見人, 保護者. ❷ チューター, 他の生徒を教える生徒.

tutu[1] /tu'tu/ 男 ❶ フェイジャン豆の料理 ▶tutu de feijão 煮たフェイジョン豆をキャッサバ粉またはトウモロコシ粉と和える料理 / tutu à mineira 煮たフェイジョン豆をキャッサバ粉と和えて, 野菜やウィンナー等の具を混ぜる, ミナスジェライス州の料理. ❷ 俗 お金.

TV 囡《略語》televisão テレビ ▶TV a cabo ケーブルテレビ.

U u

u /'u/ 男 ポルトガル語アルファベットの第21字.
uai /'u'aj/ 間《驚き》ええっ.
úbere[1] /'uberi/ 男《雌牛の》乳房.
úbere[2] /'uberi/ 形《男女同形》❶ 肥沃な. ❷ 豊富な.
ubiquidade /ubikwi'dadʒi/ 女 遍在性.
ubíquo, qua /u'bikwu, kwa/ 形 遍在する, どこにでも姿を現す ▶computação ubíqua ユビキタスコンピューティング.
UE《略語》União Europeia 欧州連合.
ué /u'e/ 間 B 《驚き, いらだち》ええっ.
ufa /'ufa/ 間《安堵, 驚き, 皮肉, 疲れ》やれやれ.
  à ufa ふんだんに, 他人の支払いで.
ufanar /ufa'nax/ 他 ❶ …を得意にさせる, うぬぼれさせる ▶Os elogios ufanaram a moça. 賞賛されて若い娘は得意げになった.
  ❷ …を満足させる, 喜ばせる ▶O fato de ter um neto ufanou-o. 孫ができたことに彼は喜んだ.
  ― **ufanar-se** 再 満足する, 誇りに思う ▶Ele ufanava-se de ser muito pontual. 彼は時間に正確であることを誇りに思っていた.
ufanismo /ufa'nizmu/ 男 B ウファニズモ《熱烈な愛国主義》.
ufano, na /u'fɐnu, na/ 形 ❶ 誇らしい ▶Ele estava ufano com os elogios. 彼は褒められて鼻高々だった.
  ❷ 自慢する, 見栄をはる, 虚栄心の強い.
UFRJ《略語》Universidade Federal do Rio de Janeiro リオデジャネイロ連邦大学.
uh /'u/ 間《驚き, 軽蔑, 嫌悪, 不快感》へえ, ふん.
ui /'uj/ 間《痛み, 驚き, 恐れ》いたた, あぁ.
uísque /u'iski/ 男 ウイスキー.
uivar /uj'vax/ 他 ❶ 遠吠えする ▶Os lobos uivam de madrugada. オオカミたちは夜明けに遠吠えする.
  ❷ 遠吠えのような音を出す ▶O vento uivava. 風がうなり声をあげていた.
  ❸ 叫ぶ, 怒鳴り声をあげる ▶O homem uivou de ódio. 男は憎しみの叫び声をあげた.
uivo /'ujvu/ 男 ❶ 遠吠え. ❷ うめき声.
úlcera /'uwsera/ 女《医学》潰瘍 ▶úlcera gástrica 胃潰瘍.
ulceração /uwsera'sẽw/ [複 ulcerações] 女《医学》潰瘍形成, 潰瘍.
ulcerar /uwse'rax/ 他 ❶ 潰瘍を生じさせる, 潰瘍化させる ▶Essas bactérias podem infectar e ulcerar a córnea. その細菌は角膜に感染し潰瘍化させうる.
  ❷ 腐敗させる, 損傷させる ▶Aquele ato ulcerou sua reputação. あの行動が彼の名声を損なった.
  ❸ 苦しめる ▶A morte do cachorro ulcerou o rapaz. 犬の死は少年を悲しませた.
  ― 自 ❶ 潰瘍になる. ❷ 腐敗する. ❸ 苦しむ.
  ― **ulcerar-se** 再 ❶ 潰瘍になる. ❷ 腐敗する. ❸ 苦しむ ▶Ela ulcerou-se de angústia com a partida do irmão. 彼女は弟の出発で不安にさいなまれた.
ulterior /uwteri'ox/ [複 ulteriores] 形《男女同形》後の, その後の, 後続の ▶medidas ulteriores その後の措置.
última /'uwtʃima/ 女 最新ニュース ▶saber da última 最新ニュースを知る.
ultimamente /,uwtʃima'mẽtʃi/ 副 最近, このところ ▶os filmes que vi ultimamente 私が最近見た映画.
ultimar /uwtʃi'max/ 他 完成させる, 完了させる, 終える ▶ultimar o trabalho 仕事を終える.
  ― **ultimar-se** 再 終わる, 完了する.
ultimato /uwtʃi'matu/ 男 最後通牒 (23°).
ultimátum /uwtʃi'matũ/ 男 = ultimato
último, ma[2] /'uwtʃimu, ma/ ウッチモ, マ/ 形 ❶ 最後の, 最終の ▶último trem 最終電車 / último dia 最終日 / no último momento 最後の瞬間に / último estágio da vida 人生の最終段階 / última oportunidade 最後のチャンス / último adeus 最後の別れ.
  ❷ 最新の, 最近の ▶carro de último modelo 最新型の自動車 / a última moda 最新の流行 / última morada 最新の住所 / Nesses últimos anos o desenvolvimento econômico deste país tem sido extraordinário. 近年この国は経済発展が著しい / O número de acidentes tem diminuído nestes últimos cinco anos. この5年間事故の件数は減少を続けている.
  ❸ この前の, 回前の ▶O último espetáculo foi mais frequentado que o de hoje. 前回の公演のほうが今日のより聴衆が多かった / no último domingo この前の日曜日に / na última semana 先週に.
  ❹ 最終的な, 決定的な ▶Esta é a minha última palavra. これが私の最終結論です / último objetivo 最終目標.
  ❺ 一番上の, 一番下の ▶Moro no último andar. 私は最上階に住んでいる.
  ❻ 最低の ▶material de última qualidade 粗悪な素材.
  ― 名 ❶ 最後の人〔物〕▶último da fila 列にいる人 / Ele foi o último a aparecer. 彼が最後にやってきた.
  ❷ 最悪のもの ▶último dos traidores 最悪の裏切り者.
  ― **último** 男 B《強い酒の》最後のひと口.
  por último 最後に, しまいに ▶Quem ri por último ri melhor. 諺 最後に笑う者が最もよく笑う.
ultrajante /uwtra'ʒẽtʃi/ 形《男女同形》侮辱的な, 非礼な.
ultrajar /uwtra'ʒax/ 他 ❶ 辱める, 侮辱する, 傷つける ▶ultrajar a dignidade 尊厳を傷つける. ❷《規則などを》破る, …に違反する.

ultraje /uw'traʒi/ 男 ❶ 侮辱. ❷ 中傷, 誹謗. ❸ ultraje público ao pudor 公然わいせつ罪.

ultraleve /uwtra'levi/ 形《男女同形》超軽量の. 一男 軽飛行機.

ultramar /uwtra'max/ [複 ultramares] 形《男女同形》海外の. 一男 ❶ 海外, 海外領土. ❷ ウルトラマリン, 群青色.

ultramarino, na /uwtrama'rinu, na/ 形 海外の, 外国の ▶território ultramarino 海外領土.

ultrapassado, da /uwtrapa'sadu, da/ 形 ❶ 乗り越された, 克服された ▶dificuldades ultrapassadas 克服された困難. ❷ 時代遅れの, 古臭い ▶ideias ultrapassadas 時代遅れの考え.

ultrapassagem /uwtrapa'saʒēj/ [複 ultrapassagens] 女 追い越し ▶fazer uma ultrapassagem a... …を追い越す.

*:**ultrapassar** /uwtrapa'sax/ ウゥトラパサーフ/ 他 ❶ **追い越す, 追い抜く** ▶Um carro esportivo ultrapassou nosso carro. スポーツカーが私たちの車を追い越していった.

❷ **越える, 超える** ▶ultrapassar a barreira do som 音速の壁を超える / ultrapassar as fronteiras 国境を越える / ultrapassar todos os obstáculos すべての障壁を乗り越える / ultrapassar o limite 限界を超える / Os resultados ultrapassaram as expectativas. 結果は予想を超えた / ultrapassar o rio 川を越える.

ultrassom /uwtra'sõ/ [複 ultrassons] 男 ❶ 超音波. ❷ 超音波検査.

ultravioleta /uwtravio'leta/ 形《不変》紫外線の ▶raios ultravioleta 紫外線. 一男 女 紫外線.

ululante /ulu'lētʃi/ 形《男女同形》❶ 遠吠えをする, 鳴き声を出す. ❷ 明らかな, 明白な ▶óbvio ululante 明々白々なこと.

ulular /ulu'lax/ 自 (犬などが) 遠吠えする, (ミミズなどが) 鳴く.

☆☆☆ um, uma /ũ, 'ũma/ ウン, ウーマ/ 不定冠詞 [複 uns, umas](em + 不定冠詞は次のように縮約されることがある：em + um → num, em + uma → numa, em + uns → nuns, em + umas → numas. また, 文語では de + 不定冠詞は次のように縮約されることがある：de + um → dum, de + uma → duma, de + uns → duns, de + umas → dumas)

❶ ある, 一つの, 一人の；…の一種類 ▶um livro 1冊の本 / uma criança 一人の子供 / Um café, por favor. コーヒーをお願いします / Um dia eu te levo comigo. いつか君を一緒に連れて行く / É uma honra para mim ocupar este posto. この地位に就くことは私にとって名誉なことである / O Chardonnay é um vinho branco seco. シャルドネは辛口の白ワインである.

❷《総称》…というものはだれも ▶Um menino gosta de jogar futebol. 男の子というのはサッカーをするのが好きだ.

❸《uns, umas》いくつかの, 何人かの ▶umas coisas いくつかのこと / umas pessoas 幾人かの人.

❹《um + 数詞》約, およそ ▶uma meia hora 約30分 / uns vinte minutos 約20分 / umas duas horas 約2時間.

❺《強調》非常な, たいへんな ▶Estou com uma fome!. 私はおなかがとてもすいている / Ele é um médico. 彼は大した医者だ.

❻《形容詞などとともに様態の一種類を表す》▶um sol ardente 灼熱の太陽 / a luta por um Brasil melhor よりよいブラジルのための戦い.

❼《固有名詞の前で》…のような人；…という名前の人；…家の人 ▶um Pelé ペレのような人.

❽《製品, 作品》▶um Toyota トヨタ車 / um Picasso ピカソの絵.

一代《不定》❶ 一人, 一つ ▶Eu sou um deles. 私は彼らの一人だ.

❷《uns》ある人たち, あるもの.

❸《outro と呼応して》一方の人 [もの] は ▶Um é pobre, o outro é rico. 一方は貧しく, もう一方は金持ちだ / Uns gostam, outros não. 好きな人もいるし, そうでない人もいる / Uns deles são mais privilegiados, outros são menos. 彼らの一部は恵まれているが, そうでない人もいる / Precisamos uns dos outros. 私たちはお互いを必要としている.

一形《数》❶ 1の ▶um metro 1メートル / bebê de um ano 1歳の赤ん坊.

❷《名詞の後で》第1の, 一番目の ▶capítulo um 第一章.

❸ 少しの, わずかな ▶em um segundo 一瞬で.

一 **um** 男 ❶ (数, 数字の) 1. ❷ 一番, 1号.
nem um nem outro どちらでもない.
tomar umas e outras 酒を酌み交わす.
um a um 一つずつ.
um ao outro お互いに ▶ajudar-se um ao outro お互いに助け合う.
um e outro 両方とも, どちらも.
um ou outro どちらか一方.
um pelo outro 互いに対して ▶Estamos apaixonados um pelo outro. 私たちは深く愛し合っている.
um por um 一つずつ, 一人ずつ.

umbanda /ũ'bēda/ 女 宗 ウンバンダ (ブラジルのアフリカ系宗教).

umbigo /ũ'bigu/ 男 ❶《解剖》へそ ▶de umbigo de fora へそを出して. ❷ 中心 ▶umbigo do mundo 世界のへそ.
só olhar para o próprio umbigo 自分のことしか関心がない.

umbilical /ũbili'kaw/ [複 umbilicais] 形《男女同形》へその ▶cordão umbilical へその緒 / sangue de cordão umbilical 臍帯(さい)血.

umbilicalmente /ũbili,kaw'mētʃi/ 副 密接に, 切っても切り離せないように ▶umbilicalmente ligado a... …に密接に結びついている.

umbral /ũ'braw/ [複 umbrais] 男 敷居, 間口.

umedecer /umede'sex/ ⑮ 他 湿らせる, 軽く濡らす.
一 **umedecer-se** 再 湿る, 濡れる.

umedecido, da /umede'sidu, da/ 形 湿った, 濡れた.

umidade /umi'dadʒi/ 女 ❶ 湿り気, 湿気. ❷《気象》湿度 ▶umidade relativa 相対湿度.

úmido, da /'ūmidu, da/ 形 B 湿った, 湿り気のある, 湿潤な ▶ar úmido 湿った空気 / clima úmido 湿潤な気候.

unânime /u'nẽnimi/ 形《男女同形》❶ 同意見の ▶Somos unânimes. 私たちは同意見だ / Os especialistas são unânimes em afirmar que o atleta tem grandes chances de ganhar uma medalha na próxima Olimpíada. その選手が次のオリンピックでメダルを獲得する可能性が高いと認めることで専門家たちは意見が一致している.
❷ 全会一致の ▶decisão unânime 満場一致の決定 / opinião unânime 全員一致の意見.

unanimemente /u,nẽnimi'mẽtʃi/ 副 満場一致で, 異論なく.

unanimidade /unanimi'dadʒi/ 女 満場一致, 全員一致 ▶por unanimidade 満場一致で.

unção /ũ'sẽw̃/ [複 unções] 女 ❶ 油を塗ること, 軟膏塗布. ❷ unção dos enfermos《カトリック》病者の塗油.

ungir /ũ'ʒix/ ⑫ 他 ❶ …を塗る, …に油［軟膏］を塗る ▶Ela ungiu o corpo com protetor solar. 彼女は身体に日焼け止めを塗った.
❷（聖水を）かける, 聖別する ▶O padre ungiu o doente com água benta. 神父は病人に聖水をかけた.
❸ 塗油で就任させる ▶O rei ungiu-o seu herdeiro. 国王は彼を後継者にした.
❹ …に終油の秘跡を授ける ▶Antes que morresse, o padre ungiu o doente. 亡くなる前に神父が病人に終油の秘跡を授けた.
❺ 改善する, 純化する ▶Ele desejava ungir as desigualdades sociais. 彼は社会の不平等を改善することを望んでいた.
❻（魅力的な言葉で）感化する.
❼ 濡らす, 湿らせる ▶Ele ungiu ligeiramente a cabeça com água bem fria. 彼はかなり冷たい水で少し頭を濡らした.
— **ungir-se** 再 自分の身体に…を塗る［+ de］ ▶Ele ungiu-se de óleo e deitou-se ao sol. 彼は身体に油を塗り, 日光浴した.

*****unha** /'ũɲa/ ウーニャ／女 ❶（手足の）爪 ▶cortar as unhas 爪を切る / fazer as unhas 爪の手入れをする, マニキュアを塗る / roer as unhas 爪をかむ / esmalte de unhas ネイルエナメル / unha encravada 巻き爪.
❷ 動物の爪.
à unha 手で, 素手で.
cair nas unhas de alguém …の手中に落ちる.
com unhas e dentes 懸命に, 必死に ▶defender-se com unhas e dentes 必死に身を守る.
mostrar as unhas 正体を現す.
na ponta da unha 手早く, とても上手に.
roer as unhas dos pés 窮地に追い込まれる, 窮地に陥る.
ser unha e carne とても仲がいい, 一心同体である.

unhada /u'ɲada/ 女 ひっかき傷.

unha de fome /'ūɲadʒi'fõmi/ [複 unhas de fome] 形《男女同形》名 けちな（人）.

unhar /u'ɲax/ 他 ❶ ひっかく. ❷ …に爪で跡をつける.
— **unhar-se** 再 自分をひっかく.

*****união** /uni'ẽw̃/ ウニアォン／[複 uniões] 女 ❶ 結合, 結びつき, つながり ▶união das duas partes 2 つの部分の結合 / união do corpo com a mente 心身の合一 / ponto de união 接合点.
❷ 団結 ▶A união faz a força. 団結は力なり／ promover a união 団結を促す / união da família 家族の団結.
❸ 連合, 連邦, 同盟, 組合 ▶União Europeia 欧州連合 / União Postal Universal 万国郵便連合 / ex-União Soviética 旧ソビエト連邦 / união monetária 通貨同盟 / união aduaneira 関税同盟.
❹ 結婚 ▶união conjugal 結婚による結合 / união de fato 事実婚 / união livre 内縁関係, 同棲 / união estável 安定した関係（5 年以上の内縁関係）/ união entre pessoas do mesmo sexo 同性婚.
❺《União》B 連邦政府.
em união com... …と一緒に.

unicamente /,ũnika'mẽtʃi/ 副 ただ…だけ, もっぱら ▶O sucesso depende unicamente de insistência e ação. 成功はもっぱら忍耐と行動から生まれる.

*****único, ca** /'ũniku, ka/ ウニコ, カ／形 ❶ 唯一の ▶único sobrevivente 唯一の生存者 / única excepção 唯一の例外 / Ela é filha única. 彼女は一人娘だ / via de sentido único 一方通行路 / peça única 一点物.
❷ 統一的な ▶mercado único 統一市場 / moeda única 単一貨幣.
❸ 独自の, 特異な；卓越した, 比類のない ▶sabor único 独特な味 / ocasião única 絶好の機会 / talento único 傑出した才能 / uma obra de arte única 比類のない美術品 / paisagem de beleza única この上もなく美しい景色 / caso único 特異なケース.
❹《nem um único...》一つの…もない.
— 名 唯一の人 ▶Ela é a única que pode me salvar. 彼女だけが僕を救うことができる.

unicórnio /uni'kɔxniu/ 男 一角獣.

*****unidade** /uni'dadʒi/ ウニダーヂ／女 ❶ 単位 ▶unidade de comprimento 長さの単位 / unidade de peso 重量単位 / unidade de volume 容積単位 / unidade de tempo 時間単位 / unidade monetária 貨幣単位.
❷ 単一性, 統一性；一体性, まとまり ▶unidade nacional 国家的統合 / falta de unidade まとまりの欠如.
❸《unidades》1 の位.
❹（製品の）1 個；単品.
❺ 設備；装置 ▶unidade de terapia intensiva 集中治療室, ICU / unidade central de processamento 中央処理装置, CPU.
❻《軍事》部, 部隊 ▶unidade de combate 戦闘部隊.

unidirecional /unidʒiresio'naw/ [複 unidirecionais] 形《男女同形》一方向の, 単一方向の.

unido, da /u'nidu, da/ 形 結ばれた, 結合した, 連

合された ▶ Estados Unidos da América アメリカ合衆国 / Nações Unidas 国連 / Reino Unido 連合王国 / uma família muito unida 強い絆で結ばれた家族 / esforço unido 協力.

unificação /unifika'sẽw̃/ [[複] unificações] [女] 統一, 統合, 合一.

unificador, dora /unifika'dox, 'dora/ [[複] unificadores, doras] [形] 統一する, 統合的な ▶ princípio unificador 統一原理.

— [名] 統一者, 統合者.

unificar /unifi'kax/ [29] [他] 一つにする, 統一する ▶ unificar o país 国を統一する.

— **unificar-se** [再] 統一される, 一つになる ▶ A Alemanha se unificou em 1871. ドイツは1871年に統一した.

⋆**uniforme** /uni'fɔxmi ウニフォフミ/ [形]《男女同形》❶ **皆同じような, 同形の**, 変化に乏しい ▶ pensamento uniforme 画一的思考.

❷ **一様な, 一定の**, 規則正しい ▶ movimento uniforme 等速運動.

— [男] ❶ **制服, ユニフォーム** ▶ uniforme escolar 学校の制服 / os alunos de uniforme 制服を着た生徒たち / uniformes da seleção brasileira de futebol ブラジル代表サッカーチームのユニフォーム. ❷ 軍服.

uniformemente /uni,fɔxmi'mẽtʃi/ [副] ❶ 画一的に, 一様に. ❷ 変化に乏しく, 単調に.

uniformidade /unifoxmi'dadʒi/ [女] ❶ 一様, 画一性, 均質, 一定. ❷ 単調, 平坦さ.

uniformização /unifoxmiza'sẽw̃/ [[複] uniformizações] [女] 画一化, 規格化.

uniformizar /unifoxmi'zax/ [他] ❶ 標準化させる, 画一化する ▶ A televisão uniformizou a linguagem. テレビは言葉を標準化した. ❷ 制服を着せる.

— **uniformizar-se** [再] ❶ 標準化する. ❷ 制服を着る.

unilateral /unilate'raw/ [[複] unilaterais] [形]《男女同形》❶ 片側だけの. ❷ 片方だけの, 一方的な ▶ contrato unilateral 片務契約 / decisão unilateral 一方的な決定.

unilateralismo /unilatera'lizmu/ [男] 一国中心主義.

unilateralmente /unilate,raw'mẽtʃi/ [副] 一方的に.

⁑**unir** /u'nix ウニーフ/ [他] ❶ **つなげる, 結びつける**, 一つにする ▶ unir os fios 線を結ぶ / os laços que nos unem 私たちを結んでいるきずな / unir as forças 力を合わせる / unir o útil ao agradável 趣味と実益を兼ねる / O Canal do Panamá une o Atlântico com o Pacífico. パナマ運河は大西洋と太平洋をつないでいる.

❷ **団結させる**, …の結束を強くする ▶ atividades para unir a família 家族のきずなを深める活動.

❸ 結婚させる ▶ O pai queria unir a filha a um homem rico. 父は娘を金持ちの男性と結婚させたがっていた.

— **unir-se** [再] ❶ …に結びつく, つながる ; …に加わる [+ a] ▶ unir-se ao grupo グループに加わる.

❷ 団結する, 連携する ▶ Trabalhadores do mundo, uni-vos! 万国の労働者よ, 団結せよ.

unissex /uni'sɛks/ [形]《不変》男女両用の, ユニセックスの.

uníssono, na /u'nisonu, na/ [形] 同音の.

— **uníssono** [男] ❶《音楽》斉唱. ❷ 同音.

em uníssono 同じ音で, 一斉に ▶ responder em uníssono 異口同音に答える.

unitário, ria /uni'tariu, ria/ [形] ❶ 単位の ▶ preço unitário 単価. ❷ 統一の, 統一した ▶ estado unitário 統一国家.

⁑**universal** /univex'saw ウニヴェフサゥ/ [[複] universais] [形]《男女同形》❶ **普遍的な, 一般的な**, 万人の ▶ valores universais 普遍的価値 / princípio universal 普遍的原理 / lei universal 普遍的法則 / sufrágio universal 普通選挙.

❷ **全世界の**, 地球規模の ▶ paz universal 世界平和 / história universal 世界史 / literatura universal 世界文学 / Exposição Universal 万国博覧会 / fenômeno universal 地球規模の現象.

❸ **万能の**, 応用自在の ▶ chave universal 万能スパナ / homem universal 万能の人.

❹ **宇宙の** ▶ gravitação universal 万有引力.

— [男] **普遍** ▶ o particular e o universal 特殊と普遍.

universalidade /univexsali'dadʒi/ [女] 普遍性, 一般性.

universalismo /univexsa'lizmu/ [男] 普遍主義.

universalista /univexsa'lista/ [形]《男女同形》普遍主義の.

— [名] 普遍主義者.

universalizar /univexsali'zax/ [他] 普遍的にする, 一般的にする ▶ universalizar a educação 教育を一般的にする.

— **universalizar-se** [再] 普遍的になる, 一般的になる.

universalmente /univex,saw'mẽtʃi/ [副] 全世界的に, 普遍的に ▶ universalmente conhecido 世界的に知られた.

⁂**universidade** /univexsi'dadʒi ウニヴェフスィダージ/ [女] (総合) **大学** ▶ universidade nacional 国立大学 / universidade privada 私立大学 / Universidade de Lisboa リスボン大学 / Universidade Sofia 上智大学 / entrar para a universidade 大学に入る / estudar na universidade 大学で学ぶ / Sou estudante da Universidade de São Paulo. 私はサンパウロ大学の学生だ / professor da Universidade de São Paulo サンパウロ大学教授 / universidade da vida 人生という名の大学.

⋆**universitário, ria** /univexsi'tariu, ria ウニヴェフスィターリオ, リア/ [形] **大学の, 大学教育の** ▶ professor universitário 大学教師 / estudante universitário 大学生 / ensino universitário 大学教育 / restaurante [cantina] universitário 学生食堂.

— [名] 大学生.

⁑**universo** /uni'vɛxsu ウニヴェフソ/ [男] ❶ **宇宙** ▶ as leis do universo 宇宙の法則 / expansão do universo 宇宙の膨張 / Quantas estrelas existem no universo? 宇宙にはいくつ星があるか.

❷ **世界, 分野, 領域** ▶ universo poético 詩的世界

unívoco, ca /u'nivoku, ka/ 形 一義の, 常に同じ意味を持つ.

uno, na /'ūnu, na/ 形 唯一の, 不可分の, 一体の ▶ O poder do Estado é uno e indivisível. 国家権力は唯一にして不可分である.

uns /'ūs/ 不定冠詞 um の複数形.

untar /ū'tax/ 他 ❶ (バター, 油, クリームなどを)…に塗る [+ com/de] ▶ Ela untava o frango com manteiga. 彼女は鶏肉にバターを塗り込んでいた. ❷ …に…をたくさん塗る, 塗りたくる [+ com/de] ▶ A jovem unta o rosto com creme hidratante. 若い女性は保湿クリームを顔に塗りたくる.
untar as mãos a alguém …にチップを渡す, わいろを贈る, 買収する.

unto /'ūtu/ 男 ❶ 豚の脂身, 脂肪. ❷ 軟膏.

untuoso, sa /ūtu'ozu, 'ɔza/ 形 ❶ 脂っこい, 脂質の, 油質の. ❷ 滑らかな, すべすべになった ▶ O motor já estava bastante untuoso. モーターはもう十分に滑らかになった. ❸ 脂肪過多の, ぶくぶく太った ▶ Ele era um homem untuoso. 彼は丸々と太った男だった. ❹ 優しい, 甘い. ❺ こびへつらう, ぺこぺこする ▶ Ele era um homem rasteiro, untuoso. 彼はへりくだりこびへつらう男だった.

upa /'upa/ 女 ❶ 突然飛び跳ねること ▶ às upas 飛び跳ねながら. ❷ 一瞬, 短い時間 ▶ A vida é um upa. 人生は一瞬だ.
— 間 そら, 立て(動物への掛け声).

urânio /u'rẽniu/ 男 【化学】 ウラン, ウラニウム.

Urano /u'rẽnu/ 男 【天文】 天王星.

urbanidade /uxbani'dadʒi/ 女 都会風, 洗練, 上品さ.

urbanismo /uxba'nizmu/ 男 都市計画, 都市工学.

urbanista /uxba'nista/ 名 都市計画家.
— 形 《男女同形》 都市計画の.

urbanização /uxbaniza'sẽw/ [複 urbanizações] 女 都市化, 都市開発.

urbanizado, da /uxbani'zadu, da/ 形 建物が密集した ▶ área urbanizada 市街地.

urbanizar /uxbani'zax/ 他 ❶ 都会化する, 都市化する. ❷ (宅地などを)開発する. ❸ 洗練させる, 都会風にする.
— **urbanizar-se** 再 ❶ 都会化する. ❷ 洗練される, 上品になる.

*__urbano, na__ /ux'bẽnu, na ウルバーノ, ナ/ 形 都市の, 都会の ▶ população urbana 都市人口 / lenda urbana 都市伝説 / concentração urbana da população 人口の都市集中.

urbe /'uxbi/ 女 市.

urdidura /uxdʒi'dura/ 女 ❶ 縦糸. ❷ 陰謀, 企み.

urdir /ux'dʒix/ 他 ❶ 縦糸をかける, 織る ▶ urdir o tecido 布を織る. ❷ 想像する, 夢想する, 構想する, 筋書きを作る ▶ Ele urdiu uma trama complicada para seu novo filme. 彼は新たな映画のために複雑な筋を構想した. ❸ (復讐や策略を)たくらむ ▶ Ele urdiu um golpe diabólico. 彼は恐ろしい襲撃を企てていた.

urgência /ux'ʒẽsia/ 女 ❶ 緊急, 火急 ▶ com urgência 至急に / em caso de urgência 緊急の場合は / serviço de urgências 緊急病棟, 救急受付 / ter urgência em +不定詞 至急…しなければならない. ❷ 緊急事態, 非常事態 ▶ urgência urgentíssima 極めて緊急な事態.

*__urgente__ /ux'ʒẽtʃi/ 形 《男女同形》 緊急の, 切迫した ▶ pedido urgente 緊急命令 / em caso urgente 緊急の場合に / É urgente agir. 至急行動しなければならない.

urgentemente /ux,ʒẽtʃi'mẽtʃi/ 副 緊急に, 至急に.

urgir /ux'ʒix/ ⑫ 自 ❶ 急を要する, 急務である ▶ Urge fazer algo. すぐに何とかしなければならない. ❷ 差し迫る ▶ O tempo urge. 時が迫っている. ❸ 時間の猶予がない ▶ A situação urge. 状況は悪ったなしだ.

urina /u'rina/ 女 尿, 小便 ▶ urina solta 尿失禁.

urinar /uri'nax/ 自 排尿する, 小便する ▶ vontade de urinar 尿意.
— 他 …を尿と出す ▶ urinar sangue 血尿を出す.
— **urinar-se** 再 尿を漏らす, 失禁する.

urinário, ria /uri'nariu, ria/ 形 尿の ▶ sistema urinário 泌尿器系.

urinol /uri'nɔw/ [複 urinóis] 男 しびん, 小便器, 小便所.

urna /'uxna/ 女 ❶ 投票箱 ▶ urna eleitoral 投票箱 / ir às urnas 投票に行く / pesquisa de boca de urna 出口調査. ❷ 骨壺 (= urna funerária).

urologia /urolo'ʒia/ 女 泌尿器科学.

urologista /urolo'ʒista/ 名 泌尿器科医.

urrar /u'xax/ 自 吠える, うなる ▶ A multidão urrou de ódio. 群衆は憎しみの叫びをあげた.

urro /'uxu/ 男 ❶ (動物の) ほえ声, 咆哮. ❷ 叫び声, 悲鳴 ▶ urro de dor 苦痛の悲鳴.

urso, sa /'uxsu, sa/ 名 ❶《動物》 クマ ▶ urso de pelúcia クマのぬいぐるみ / Ursa Maior おおぐま座 / Ursa Menor こぐま座.
amigo urso うわべだけの友人.

urticária /uxtʃi'karia/ 女 【医学】 じんましん.

urtiga /ux'tʃiga/ 女 【植物】 イラクサ.

urubu /uru'bu/ 男 ハゲタカ, クロハゲタカ.

urucubaca /uruku'baka/ 女 不運 ▶ Está numa urucubaca danada! 彼は実に運が悪い.

Uruguai /uru'gwaj/ 男 【国名】 ウルグアイ.

uruguaio, guaia /uru'gwaju, 'gwaja/ 形 名 ウルグアイの(人).

*__usado, da__ /u'zadu, da ウザード, ダ/ 形 ❶ 使われる ▶ termo usado em psicologia 心理学で使われる用語. ❷ 使い古された ▶ roupa usada 古着 / sapatos usados 古靴. ❸ 中古の ▶ carros usados 中古車.

*__usar__ /u'zax ウザーフ/ 他 使う, 用いる, 利用する ▶ usar o instrumento 道具を使う usar palavras difíceis 難しい言葉を用いる / usar a cabeça 頭を使う / Ela usou a amizade para suas ambições. 彼女は自分の野心のために友情を利用した / usar a força 実力を行使する / Poderia usar o banheiro? お手洗いを借りていいですか.

❷ (衣服などを) 身につける, 着る, はく ▶ usar saia スカートをはく / usar óculos 眼鏡を掛ける / usar batom 口紅をつける / usar um chapéu 帽子をかぶる / usar perfume 香水をつける / usar o relógio 腕時計をつける / usar cabelo curto 髪を短くしている.

— 圄 …を利用する [+ de] ▶ Ele usa da sua posição para conseguir o que quer. 彼は欲しいものを手に入れるために自分の立場を利用する / usar de influência 影響力を行使する / usar de má-fé 裏切る, 不実を働く.

— **usar-se** 再 使われる ▶ Para escovar os dentes, usa-se creme dental. 歯を磨くために練り歯磨きが使われる.

usar e abusar 最大限に活用する, 使い倒す.

useiro, ra /u'zejru, ra/ 形 習慣になっている.
useiro e vezeiro em +不定詞 …するのが常である, いつも…する.

usina /u'zīna/ 囡 B ❶ 工場 ▶ usina de açúcar 製糖工場 / usina de aço 製鉄所.
❷ 発電所 ▶ usina hidrelétrica 水力発電所 / usina nuclear 原子力発電所 / usina termoelétrica 火力発電所.

usineiro, ra /uzi'nejru, ra/ 形 工場の.
— 图 製糖工場主.

★**uso** /'uzu ウーゾ/ 男 ❶ 使用, 利用, 使用法, 用途 ▶ uso de armas 武器の使用 / uso de celular no Brasil ブラジルにおける携帯電話の利用 / instruções de uso 利用の手引き / produtos de uso diário 日用品 / para uso próprio 自分で使うために.
❷ 慣例, 慣習 ▶ uso comercial 商慣行 / Ele se comportou contra os usos estabelecidos da sociedade. 彼は社会で定められた慣例に逆らってふるまった.
em uso 使われている.
fazer uso de... …を使う.
fora de uso もう使われていない.
ter uso 用途がある, 利用できる.

USP 《略語》Universidade de São Paulo サンパウロ大学.

usual /uzu'aw/ [覆 usuais] 形 《男女同形》❶ 《名詞の前で》いつもの, 通常の, 習慣的な.
❷ 《名詞の前で》普通の, 一般的な ▶ uma prática usual 普通に行われること.
❸ 《名詞の後で》ありふれた ▶ coisas usuais 陳腐なこと.
— 男 慣習.

usualmente /uzu,aw'mētʃi/ 副 普通, いつも ▶ Usualmente, tomo café sem açúcar, pois gosto de seu sabor amargo. 私はコーヒーの苦みが好きなので, いつも砂糖なしで飲む.

usuário, ria /uzu'ariu, ria/ 图 使用者, 利用者 ▶ os usuários do metrô 地下鉄の利用者 / manual do usuário ユーザーズマニュアル / usuário final エンドユーザー.

— 形 使う, 利用する.

usucapião /uzukapi'ēw/ [覆 usucapiões] 囡 《法律》時効取得.

usufruir /uzufru'ix/ ⑦ 他 ❶ …の用益権を持つ [行使する]. ❷ 享受する.
— 圄 …を享受する [+ de].

usufruto /uzu'frutu/ 男 ❶ 《法律》用益権, 使用権. ❷ 利益, 収益.

usufrutuário, ria /uzufrutu'ariu, ria/ 图 用益権者.
— 形 用益権の, 用益権者の.

usura /u'zura/ 囡 ❶ 高利貸し. ❷ 高利, 暴利 ▶ com usura 高利で. ❸ 吝嗇(りんしょく).

usurário, ria /uzu'rariu, ria/ 形 ❶ 高利の, 高利貸しの. ❷ 守銭奴の.
— 图 高利貸し, 守銭奴.

usurpação /uzuxpa'sēw/ [覆 usurpações] 囡 ❶ 横領, 強奪, 簒奪(さんだつ) ▶ usurpação do poder 権力の簒奪. ❷ 横領物.

usurpador, dora /uzuxpa'dox, 'dora/ [覆 usurpadores, doras] 图 強奪者, 簒奪(さんだつ)者, 横領者, 詐称者 ▶ usurpador do poder 権力の簒奪者.
— 形 横領する, 簒奪する.

usurpar /uzux'pax/ 他 横領する, 簒奪(さんだつ)する ▶ usurpar o poder 権力を簒奪する / Os direitos das pessoas foram usurpados. 人々の権利が奪われた.

utensílio /utẽ'siliu/ 男 道具, 器具, 用具 ▶ utensílios de cozinha 台所道具 / utensílios domésticos 家庭用品 / utensílios de escritório 事務用品.

útero /'uteru/ 男 《解剖》子宮.

UTI 《略語》Unidade de Terapia Intensiva 集中治療室, ICU ▶ Ele continua na UTI. 彼はまだ集中治療室にいる.

★**útil** /'utʃiw ウチゥ/ [覆 úteis] 形 《男女同形》❶ 有用な, 役に立つ, 有益な, 便利な ▶ dicionário útil 便利な辞書 / instrumento útil 便利な道具 / ser útil a alguém 人の役に立つ / Em que posso ser útil? 何かお役に立てますか.
❷ 仕事に従事する ▶ A segunda-feira é um dia útil. 月曜は仕事だ / dias úteis 平日, 営業日 / vida útil 耐用年数.
— 男 有益なもの ▶ unir o útil ao agradável 趣味と実益を兼ねる.

utilidade /utʃili'dadʒi/ 囡 ❶ 役立つこと, 有用性, 有効性, 効用 ▶ ser de grande utilidade とても役に立つ / sem utilidade 役に立たない.
❷ 実利, 実益, 利益 ▶ utilidade pública 公益性.
❸ 《経済》効用 ▶ utilidade marginal 限界効用.
❹ 道具 ▶ utilidade doméstica 家庭用品.

utilitário, ria /utʃili'tariu, ria/ 形 ❶ 実用本位の, 実用向きの ▶ caráter utilitário 実用的性格.
❷ 実利的な, 功利的な ▶ moral utilitária 功利主義道徳.
— **utilitário** 男 ❶ ライトバン, 実用車. ❷ 《情報》ユーティリティソフトウエア.

utilitarismo /utʃilita'rizmu/ 男 実利主義, 功利主義.

utilização /utʃiliza'sēw̃/ [覆 utilizações] 安 利用, 活用, 使用 ▶utilização do hífen ハイフンの使用 / utilização abusiva 悪用, 濫用.

utilizador, dora /utʃiliza'dox, dora/ [覆 utilizadores, doras] 名 利用者, 使用者.

‡**utilizar** /utʃili'zax ウチリザーフ/ 他 使う, 活用する ▶utilizar um computador コンピューターを使う / utilizar o tempo 時間を活用する / Ele utiliza sempre o nome do pai para ter sucessos na vida. 彼は成功のためにいつも父親の名前を利用する.

— 自 …の役に立つ [+ a].

— **utilizar-se** 再 …を利用する [+ de].

utilizável /utʃili'zavew/ [覆 utilizáveis] 形《男女同形》利用できる.

utopia /uto'pia/ 安 ユートピア, 理想郷.

utópico, ca /u'tɔpiku, ka/ 形 ユートピアの, ユートピア的な, 空想的な.

*__uva__ /'uva ウーヴァ/ 安 ぶどう ▶suco de uva グレープジュース / uva passa 干しぶどう.

V v

v /'ve/ 男 ポルトガル語アルファベットの第22字.
vá 活用 ⇒ ir
✲vaca /'vaka ヴァーカ/ 女 ❶ 雌牛 (↔ touro 雄牛) ▶vaca leiteira 乳牛 / doença de vaca louca 狂牛病 / vaca sagrada 聖なる牛.
❷ 牛肉, ビーフ (= carne de vaca) ▶vaca atolada 牛肉とキャッサバをよく煮込んで作る, ミナスジェライス州の料理.
❸ 俗 尻軽女.
A vaca foi pro brejo. 失敗だった.
fazer uma vaca カンパをする.
ir a vaca para o brejo 失敗する.
nem que a vaca tussa 何があろうと (…しない).
tempo das vacas gordas 豊穣の時代, 好況期.
tempo das vacas magras 窮乏の時代, 不況期.
vacância /va'kẽsia/ 女 欠員, 空席；空白 (期間) ▶vacância do cargo público 公職の欠員.
vacante /va'kẽtʃi/ 形《男女同形》空席の, 欠員の, 空の.
vaca-preta /,vaka'preta/ [複 vacas-pretas] 国 コーラフロート.
vacilação /vasila'sẽw/ [複 vacilações] 女 ❶ ぐらつき, 揺れ, 揺らめき. ❷ 動揺, ためらい, 迷い ▶sem vacilação 迷うことなく.
vacilante /vasi'lẽtʃi/ 形《男女同形》揺らぐ, 不安定な, 不確かな ▶luz vacilante 揺らぐ光.
vacilar /vasi'lax/ 自 ❶ 躊躇する, 迷う, ためらう ▶Na hora da sobremesa, ela vacilou entre a torta de nozes e o pudim. デザートの時に彼女はクルミのタルトかプリンで迷った / Vacilei em aceitar o convite. 私は招待を受けるかどうかためらった.
❷ 揺れる, 震える ▶Os andaimes vacilavam. 足場が揺れていた / Ele acendeu o cigarro na chama que vacilava. 彼は震える炎でタバコに火をつけた.
❸ よろよろ歩く ▶Ele vacilou nas passadas e acabou tropeçando. 彼はよろめきながら歩いてついにつまずいた.
❹ 弱る, 衰える ▶Ele sentiu que suas pernas vacilavam. 彼は足が衰えているのを感じた.
— 他 ❶ 震えさせる, 揺らす ▶A explosão vacilou as paredes. 爆発で壁が揺れた.
❷ 動揺させる.
vacina /va'sina/ 女 [医学] ワクチン ▶vacina da gripe インフルエンザワクチン / vacina tríplice 三種混合ワクチン / tomar vacina 予防接種を受ける.
vacinação /vasina'sẽw/ [複 vacinações] 女 予防接種 ▶vacinação contra a raiva 狂犬病の予防接種.
vacinado, da /vasi'nadu, da/ 形 ❶ 予防接種を受けた. ❷ …に免疫がある [+ contra].
vacinar /vasi'nax/ 他 ❶ …に予防接種する, 予防接種を受けさせる ▶vacinar os filhos contra a poliomielite 子供たちにポリオの予防接種をする.
❷《比喩的に》…免疫をつける.
— **vacinar-se** 再 …の予防接種を受ける ▶vacinar-se contra a gripe インフルエンザの予防接種を受ける.
vacuidade /vakuj'dadʒi/ 女 空白, 空虚.
vácuo, cua /'vakwu, kwa/ 形 空の.
— **vácuo** 男 真空, 虚空 ▶embalagem a vácuo 真空包装.
vadear /vade'ax/ 他 (…の浅瀬を) 渡る ▶vadear um rio 川の浅瀬を渡る.
vadiagem /vadʒi'aʒẽj/ [複 vadiagens] 女 ❶ 放浪, 放浪生活. ❷《集合的に》放浪者.
vadiar /vadʒi'ax/ 自 ❶ 放浪する, 転々とする ▶vadiar pelas ruas 街をぶらつく. ❷ 遊んで暮らす, ぶらぶらする, 怠ける.
vadio, dia /va'dʒiu, 'dʒia/ 形 ❶ 暇な, 働いていない ▶Esse homem vadio que anda por aí, recusa-se a trabalhar. そこらをぶらついているその無職の男は, 働くことを拒んでいる.
❷ 怠惰な, 怠けている ▶O estudante vadio arrisca-se a ser reprovado no exame. 怠惰な学生は試験に落ちる危険がある.
❸ 放浪している, 怠ける.
❹ 国 余った ▶dinheiro vadio 余剰金.
— 男 ❶ 失業者. ❷ 放浪者, 浮浪者. ❸ 怠け者, 怠惰な学生.
vaga /'vaga/ 女 ❶ 波, 波のように押し寄せるもの ▶vaga de calor 熱波 / vaga de frio 寒波.
❷ 空き室, 欠員, 空席 ▶sem vagas (ホテルで) 満室.
❸ 駐車できる場所.
vagabundagem /vagabũ'daʒẽj/ [複 vagabundagens] 女 放浪, 放浪生活,《集合的に》放浪者.
vagabundear /vagabũde'ax/ 他 自 放浪する, 流浪する.
vagabundo, da /vaga'bũdu, da/ 名 ❶ 放浪者. ❷ ろくでなし ▶O político preso foi chamado de vagabundo pela população. 逮捕された政治家は住民にろくでなしと呼ばれた.
— 形 ❶ 放浪する. ❷ 国 質の悪い, 粗悪な ▶um vinho vagabundo 安物のワイン.
vaga-lume /,vaga'lũmi/ [複 vaga-lumes] 男 ホタル.
vagamente /,vaga'mẽtʃi/ 副 ぼんやりと, 曖昧に.
vagão /va'gẽw/ [複 vagões] 男 ❶ (鉄道の) 車両, 客車, 貨車 ▶vagão de passageiros 客車 / vagão de carga 貨車. ❷ 貨車1台分 (の量).
vagão-restaurante /va,gẽwxestaw'rẽtʃi/ [複 vagões-restaurante(s)] 男 食堂車.
vagar /va'gax/ 自 ❶ あてもなく歩く, さまよう, ぶらつく, 歩きまわる ▶Vaguei pelas ruas. 私は通りをさまよい歩いた.

❷ 広まる ▶A notícia vagou imediatamente. そのニュースはすぐに広まった.
❸ (風や波に) 流される, 漂流する ▶O barco vagava ao sabor do vento. そのボートは風の吹くままに流されていた.
❹ 空く, 空になる ▶Vagou uma cadeira e ela sentou-se. 1つ席が空いたので彼女は腰を下ろした.
❺ 持ち主が居なくなる.
❻ (時間が) 余る, 暇になる ▶Se vagarem a ela alguns minutos, o senhor será atendido. 彼女が暇になれば, あなたは対応してもらえますよ.
❼ …に専念する, 没頭する [+ a] ▶Ela vaga à assistência social. 彼女は社会福祉事業に専念する.
— [他] ❶ 駆け巡る ▶vagar o mundo 世界を股にかける. ❷ 空にする.
— [男] [[複] vagares] ❶ 遅滞, 遅延, のろさ, 緩慢.
❷ 余暇, 自由時間, 暇.
❸ 機会, チャンス.
❹ 手際の悪さ.
com vagar 慌てずに, ゆっくりと ▶com mais vagar もっとゆっくりと.

vagaroso, sa /vaga'rozu, 'rɔza/ [形] 緩慢な, ゆっくりとした ▶crescimento vagaroso 緩慢な成長.

vagem /'vaʒẽj̃/ [[複] vagens] [女] サヤインゲン.

vagina /va'ʒĩna/ [女] 〖解剖〗 膣.

vaginal /vaʒi'naw/ [[複] vaginais] [形] 《男女同形》 膣の.

★★**vago, ga** /'vagu, ga ヴァーゴ, ガ/ [形] ❶ **空の, 空白の** ▶lugar vago 空席 / quarto vago 空き部屋 / Este lugar está vago? この席は空いていますか.
❷ **漠然とした, 曖昧な, 不明確な** ; かすかな ▶ideia vaga 漠然とした考え / resposta vaga 曖昧な返事 / uma luz vaga 一筋のかすかな光 / lembrança vaga おぼろげな記憶.
❸ **暇な** ▶Eu costumo ver filmes nas horas vagas. 私は暇な時間には映画を見ることにしている.

vaguear /vage'ax/ ⑩ [自] あてどなく歩く, さまよう, 放浪する ▶vaguear sem destino あてもなく放浪する / Os sonhos vagueiam no nosso inconsciente. 夢は我々の無意識の中をさまよう.

vai [活用] ⇒ ir

vaia /'vaja/ [女] やじ, ブーイング.

vaiar /vaj'ax/ [他] …をやじる, ブーイングする ▶O público vaiou a ópera do começo ao fim. 聴衆はそのオペラに最初から最後までやじを浴びせた.
— [自] やじを飛ばす.

vaidade /vaj'dadʒi/ [女] ❶ 見栄, 虚栄心 ▶por pura vaidade 見栄を張るためだけに.
❷ うぬぼれ, 尊大.
❸ 空虚, むなしいこと ▶Vaidade das vaidades, tudo é vaidade. 〖聖書〗 空の空, 一切は空である.

vai da valsa /ˌvajda'vawsa/ [男] [B] [俗] 《次の成句で》
ir no vai da valsa 成り行きにに任せる.

vaidoso, sa /vaj'dozu, 'dɔza/ [形] うぬぼれた, 虚栄心の強い.

vai não vai /ˌvajnẽw̃'vaj/ [男] 《単複同形》 ❶ ためらい, 迷い, ぐずぐずすること ▶Aquele vai-não-vai fê-lo perder o trem. あんなにぐずぐずしていたら電車を逃すぞ.
❷ [P] 瞬間 ▶Ela desapareceu num vai-não-vai. 彼女は一瞬で消えた.

vaivém /vaj'vẽj̃/ [[複] vaivéns] [男] ❶ 往来, 行ったり来たり, 往復運動 ; 揺れ, 振れ ▶.
❷ 変動, 高下 ; 浮沈, 盛衰 ▶os vaivéns da sorte 運の浮き沈み.

vala /'vala/ [女] ❶ みぞ, どぶ, 排水路. ❷ vala comum 共同墓地.

★★**vale**[1] /'vali ヴァーリ/ [男] ❶ **谷, 谷間** ▶Há uma aldeia no vale. 谷間に村がある / vale dos reis (エジプトの) 王家の谷..
❷ **河原** ▶Antigamente jogava-se futebol neste vale. 昔はこの河原でサッカーをした.
vale de lagrimas 涙の谷間, 辛い現世.

vale[2] /'vali/ [男] クーポン券, 引換券 ▶Com o vale de 100 dólares, dá para comprar muita coisa. 100ドルのクーポンがあればたくさんのものが買える.
vale postal 郵便為替.

valentão, tona /valẽ'tẽw̃, 'tõna/ [[複] valentões, tonas] [形] ❶ 勇敢な. ❷ 強がりの, からいばりの, 虚勢を張る.
— [名] ❶ 勇敢な人. ❷ 強がりの人, 乱暴者.
à valentona 乱暴に.

valente /va'lẽtʃi/ [形] 《男女同形》 勇敢な, 勇気ある ▶um soldado valente 勇敢な兵士.
— [名] 勇者.

valentia /valẽ'tʃia/ [女] 勇敢さ, 勇ましさ, 豪胆.

★★★**valer** /va'lex ヴァレーフ/ [68]

直説法現在	valho	valemos
	vales	valeis
	vale	valem
接続法現在	valha	valhamos
	valhas	valhais
	valha	valham

[他] 《数量表現を伴って》 …**の値段である, 値打ちがある** ▶Esta joia vale cem milhões de ienes. この宝石は1億円の価値がある / Quanto vale o seu site? あなたのサイトはどれくらいの値打ちがあるか / Você não vale nada. お前はくずだ.
— [自] ❶ …**に匹敵する, 相当する** [+ por] ▶Uma imagem vale por mil palavras. 1つの画像は千の言葉に匹敵する / um homem que vale por dois 二人分の値打ちのある男.
❷ **価値がある, 重要である** ▶Esse quadro vale muito. その絵は相当値打ちがある / Sua opinião vale muito para nós. ご意見は私たちにとってとても貴重です / Mais vale tarde do que nunca. [諺] 遅れてもしないよりはまし.
❸ **有効である** ▶A regra vale ainda. その規則はまだ有効である.
❹ 許される ▶Não vale colar. カンニング禁止 / Isso não vale! それはずるい.
❺ …を助ける [+ a] ▶Os amigos valeram-lhe. 友人たちは彼を助けた / Valha-me Deus! 神様助けてください.
— **valer-se** [再] …**を使う** [+ de] ▶valer-se de

V

todos os meios possíveis 可能なあらゆる手段を用いる.
a valer ① 真剣に, 本気で. ② 集中的に, 大量に.
para valer ① 本当に, 真剣に▶Desta vez é para valer. 今度は本気だ. ② 大量に.
vale quanto pesa 非常に価値がある, 優れている.
Vale seis! トランプゲームでの挑戦の掛け声.
Valeu! 國 オーケー, よし, いいぞ, やった; ありがとう; バイバイ.
vale-refeição /ˌvalixefej'sẽw/ [復 vales-refeição または vales-refeições] 男 (会社から従業員に提供される) 食事券, 食事カード.
valete /va'letʃi/ 男 【トランプ】ジャック.
vale-transporte /ˌvalitrẽs'pɔxtʃi/ [復 vales-transporte(s)] 男 (会社から従業員に提供される) 通勤用定期券.
vale-tudo /ˌvali'tudu/ 男 ❶ ヴァーリトゥード (総合格闘技の一種). ❷ 何でもありの状態.
valha 活用 ⇒ valer
valho 活用 ⇒ valer
valia /va'lia/ 女 価値, 値打ち▶de pouca valia 価値の少ない / de grande valia 価値の高い.
validação /ˌvalida'sẽw/ [復 validações] 女 有効にすること, 有効と認めること.
validade /vali'dadʒi/ 女 ❶ 有効性, 効力▶validade do documento 文書の有効性 / prazo de validade 有効期限, 賞味期限. ❷ 有効期限.
validar /vali'dax/ 他 有効にする, 有効と認める, 批准する.
válido, da /'validu, da/ 形 ❶ 有効な▶passaporte válido 有効なパスポート / bilhete válido por um ano 1 年間有効な切符 / O cupom é válido até 31 de agosto. このクーポンは 8 月 31 日まで有効だ. ❷ 健康な, 丈夫な.
valioso, sa /vali'ozu, 'ɔza/ 形 ❶ 価値の高い, 高価な▶joia valiosa 高価な宝石. ❷ 貴重な▶uma valiosa lição 貴重な教訓.
valise /va'lizi/ 女 《フランス語》小さなスーツケース.

valor /va'lox/ ヴァロール [復 valores] 男 ❶ 価値, 値打ち, 価格▶valor de uma obra de arte 芸術作品の価値 / ter valor 価値がある / valor de mercado 市場価格 / valor nominal 額面価格 / valor intrínseco 内在的価値 / valor extrínseco 付帯的価値 / valor de troca 交換価値 / valor de uso 使用価値 / valor econômico 経済価値 / valor agregado 付加価値 / valor atual 時価 / estimar o valor de alguma coisa 何かの価格を見積もる.
❷《valores》有価証券 (= valores mobiliários) ▶bolsa de valores 証券取引所.
❸ 重要性, 意義, 価値▶o valor de uma descoberta ある発見の価値.
❹ (時代や社会の) 価値, 価値観▶sistema de valores 価値体系 / escala de valores 価値の尺度 / crise de valores 価値観の危機.
❺ 数値, 値;《ゲーム》(カードなどの) 強さ▶valor absoluto 絶対値.
❻ 有効性; (法的) 効力▶valor das decisões dos tribunais 裁判所の決定の効力.

de valor ① 高額の, 高価な▶objetos de valor 貴重品 / presente de valor 高価な贈り物. ② 優秀な▶homem de valor 優れた人物.
dar valor a... …に値段をつける, …を評価する.
sem valor 無価値な▶coisas sem valor 無価値な物.
valorização /ˌvaloriza'sẽw/ [復 valorizações] 女 ❶ 価値を高めること, 有効化, 活用▶valorização do capital humano 人的資本の活用 / valorização da mulher 女性の地位向上.
❷ 価格の引き上げ, 安定化▶política de valorização do café コーヒー価格安定政策.
❸ 評価, 見積もり▶valorização do dano moral 精神的損害の見積もり.
valorizar /valori'zax/ 他 ❶ …の価値を高める▶As estradas valorizam as cidades. 道路が街の価値を高める.
❷ …を高く評価する▶As empresas devem valorizar o trabalho dos empregados. 会社は従業員の仕事を高く評価するべきだ / Ele não valoriza o trabalho alheio. 彼は他人の仕事を評価しない.
— 自 価値が上がる▶As casas valorizaram devido à riqueza. 家は豪華さによって価値が高められた.
— **valorizar-se** 再 価値が上がる.
valoroso, sa /valo'rozu, 'rɔza/ 形 勇敢な, 勇気ある.
valsa /'vawsa/ 女 ワルツ▶dançar a valsa ワルツを踊る.
valsar /vaw'sax/ 自 ワルツを踊る.
válvula /'vawvula/ 女 ❶ 弁, バルブ▶válvula de segurança 安全弁 / válvula de escape 排気弁;《比喩的に》はけ口. ❷【解剖】弁▶válvulas cardíacas 心臓の弁.
vamos 活用 ⇒ ir
vampiro /vẽ'piru/ 男 ❶ 吸血鬼. ❷【動物】吸血コウモリ.
vandalismo /vẽda'lizmu/ 男 (公共物, 文化財, 芸術などの) 破壊行為.
vândalo /'vẽdalu/ 男 (芸術や文化の) 無知で粗野な破壊者.
vangloriar /vẽglori'ax/ 他 うぬぼれさせる.
— **vangloriar-se** 再 …を自慢する, 誇りに思う [+ de] ▶A cidade vangloria-se de uma vasta gama de coleções de arte. その都市は, 広範囲な種類の美術品コレクションを誇りに思う.
vanguarda /vẽ'gwaxda/ 女 ❶【軍事】前衛, 先方, 先兵. ❷ (芸術や政治などの) 前衛, 最先端▶arte de vanguarda 前衛芸術 / movimento de vanguarda 前衛運動.
ir na vanguarda 前衛を行く.
vanguardismo /vẽgwax'dʒizmu/ 男 前衛運動, 前衛主義.
vanguardista /vẽgwax'dʒista/ 名 前衛派 (の芸術家).
— 形《男女同形》前衛派の.
vantagem /vẽ'taʒẽj/ ヴァンタージェイン [復 vantagens] 女 ❶ 利点, 優位▶O etanol tem várias vantagens sobre a gasolina. エタノールはガソリンに対してさまざまな利点がある / Você tem a vanta-

vantajoso, sa

gem de que o pai é advogado. 君の父親が弁護士なのは君にとって有利なことだ.
❷ 〖スポーツ〗リード, アドバンテージ, ハンディ ▶ uma vantagem de três pontos 3点のリード.
contar vantagem 自慢する.
Grande vantagem! (自慢に対して皮肉で) それはご立派.
levar vantagem sobre alguém …に対して優位に立つ.
Que vantagem Maria leva? こちらにどんな利点があるのか.
tirar vantagem de algo …を利用する.

vantajoso, sa /vẽta'ʒozu, 'ʒɔza/ 形 有利な, 好都合の, 条件のよい ▶ condições vantajosas 有利な条件.

*★**vão, vã** /'vẽw, 'vẽ ヴァォン, ヴァン/ [複 vãos, vãs] 形 無駄な, 効果のない, 徒労の ▶ esforço vão 無駄な努力 / esperanças vãs はかない希望 / tentativa vã 空しい試み.
— **vão** 男 ❶ 虚空, 何もない空間 ▶ vão entre os prédios ビルの谷間.
❷ 支点間距離 ▶ vão da ponte 橋の支点間距離 [スパン].
❸ (窓の) 開口部 ▶ vão de janela 窓の開口部.
em vão むなしく, 無駄に ▶ Meus conselhos foram em vão. 私のアドバイスは無駄だった.

vão 活用 ⇒ ir

vapor /va'pox/ [複 vapores] 男 ❶ 蒸気, 水蒸気 ▶ ferro a vapor スチームアイロン / banho de vapor スチームバス / trem a vapor 蒸気機関車.
❷ 蒸気船.
a todo o vapor 全速力で.

vaporização /vaporiza'sẽw/ [複 vaporizações] 女 ❶ 気化, 蒸発. ❷ 噴霧.

vaporizador /vaporiza'dox/ [複 vaporizadores] 男 ❶ 加湿器. ❷ 噴霧器, 霧吹き, 蒸気掃除機.

vaporizar /vapori'zax/ 他 ❶ 蒸発させる, 気化させる ▶ vaporizar a água 水を蒸発させる. ❷ 噴霧する, スプレーする.
— **vaporizar-se** 再 蒸発する, 気化する.

vaporoso, sa /vapo'rozu, 'rɔza/ 形 ❶ 蒸気の立ちこめた, 蒸気を出す. ❷ 極薄手の, 透けた ▶ tecido vaporoso 薄手の生地.

vaqueiro /va'kejru/ 男 牛飼い, 牧童, カウボーイ.

vaquinha /va'kiɲa/ 女 みんなで金を出し合うこと ▶ **fazer uma vaquinha** みんなで金を出し合う.

vara /'vara/ 女 ❶ 小枝, 細枝.
❷ 棒, 竿, 杖 ▶ vara de bambu 竹の棒 / vara de ferrão 牛飼いの突き棒 / vara real 王の杖 / vara de condão 魔法の杖 / salto com vara 棒高跳び / vara de pescar 釣り竿.
❸ 裁判権, 裁判機関 ▶ vara de família (裁判所の) 家裁部 / vara criminal 刑事部 / vara de trabalho 労働裁判所.
❹ 豚の群れ (= vara de porcos).
conduzido debaixo de vara 法廷に召喚されて.
tremer como varas verdes 青くなって震える.
vara de bater feijão 背が高く細い人.

vara real 王の笏 (権杖).

varal /va'raw/ [複 varais] 男 洗濯ひも.

varanda /va'rẽda/ 女 ベランダ, バルコニー.

varão, roa /va'rẽw, 'roa/ [複 varões, roas] 形 男の, 男性の.
— **varão** 男 (大人の) 男, 男性.

varar /va'rax/ 他 ❶ …を突き抜ける, 貫く, 横切る ▶ A bala varou a parede do quarto. 弾丸は部屋の壁を突き抜けた.
❷ 勢いよく入る, 通過する.
❸ 飛び越す.
❹ 棒で打つ ▶ Ele varava impiedosamente os escravos. 彼は無慈悲にも奴隷を棒で打っていた.
❺ 追い出す, 追放する ▶ Ele varou os invasores para fora da mesquita. 彼は侵入者をモスクから追い出した.
❻ 驚かせる ▶ As crianças vararam-no de susto. 子供たちは彼を驚かせた / ficar varado 驚く, 当惑する.
❼ (船を) 浅瀬に乗り上げさせる.
❽ 過ごす ▶ Ele varou a tarde dormindo. 彼は午後を寝て過ごした / varar a noite 徹夜する.
— 自 ❶ (船が) 浅瀬に乗り上げる, 座礁する ▶ A nau varou na areia. 船が浜辺に乗り上げた.
❷ …に隠れる, 潜む [+ por] ▶ Vararam pelo sertão os fugitivos. 逃亡者たちは奥地に潜んだ.
❸ …からણ
 出る [+ por].
❹ (ワインの量を) 棒を入れて量る.
varado de fome ひどく飢えている.

varejar /vare'ʒax/ 他 ❶ …を探し回る ▶ Os assaltantes varejaram a casa. 強盗たちはその家を荒らした.
❷ …を棒でつついて落とす.
❸ …を遠くに放り投げる.

varejista /vare'ʒista/ 形 [男女同形] 小売りの ▶ comércio varejista 小売業 / comerciante varejista 小売り商人.
— 名 小売り商人.

varejo /va'reʒu/ 男 小売り ▶ loja de varejo 小売店 / o preço no varejo 小売り価格 / vender a varejo 小売りする.

variabilidade /variabili'dadʒi/ 女 可変性, 変わりやすさ.

*★**variação** /varia'sẽw/ ヴァリアサォン/ [複 variações] 女 ❶ 変化, 変動; 多様性, バリエーション ▶ variação da temperatura 気温の変動 / variação de gostos 好みの多様性 / variação de cardápio 献立のバリエーション.
❷ 〖文法〗語形変化.
❸ 〖音楽〗変奏 [曲].

variado, da /vari'adu, da/ 形 さまざまな, 多様な ▶ repertório variado 幅広いレパートリー / em tamanhos variados 大小さまざまなサイズの / uma variada gama de produtos 幅広い製品群.

variante /vari'ẽtʃi/ 女 ❶ 変形, 別形, 変種, バリアント. ❷ (写本の) 異文, 異本. ❸ 回り道, 迂回路.

*★**variar** /vari'ax/ ヴァリアーフ/ 他 …に変化を持たせる, 多彩にする ▶ variar o cardápio メニューを変える / variar os ingredientes 材料を変える.

— 自 ❶ 変わる ▶A roupa varia conforme a situação. 衣服は状況に応じて変わる / Esta palavra não varia no plural この単語は複数で変化しない. ❷ (意見などが) 異なる, 割れる, 一致しない ▶As opiniões variam. 意見はまちまちだ.
para variar ① 気分転換に. ② いつものように.
só para variar いつものように, 例の如く.
variável /vari'avew/ [複 variáveis] 形《男女同形》❶ 変えられる, 可変性の.
❷ 変わりやすい, 定まらない ▶tempo variável 変わりやすい天気.
❸ 移り気な, 気まぐれな ▶humor variável むら気, 気まぐれ.
❹《文法》(語形が) 変化する, 屈折する ▶palavra variável 変化語.
— 女《数学》変数.
varicela /vari'sela/ 女《医学》水痘.
*****variedade** /varie'dadʒi/ ヴァリエダーチ/ 女 ❶ 多様性 ▶A variedade da flora brasileira é grande. ブラジル植物の多様性は大きい.
❷ 種類, 品種 ▶variedade rara de orquídeas da Amazônia アマゾン産の蘭の珍しい品種.
❸ 変化, 変種 ▶variedade de modas 流行の変化.
varinha /va'riɲa/ 女 短い棒 [杖] ▶varinha mágica 魔法の杖.
*****vário, ria** /'variu, ria ヴァリオ, リア/ 形 ❶ 様々な, 色々の, 異なった ▶cores várias 様々な色 / vários tipos de estrelas いろいろな種類の星.
❷ いくつもの, かなりの ▶várias vezes 何度も / por vários motivos いくつかの理由で / em várias ocasiões 折々に.
varíola /va'riola/ 女《医学》天然痘.
varonil /varo'niw/ [複 varonis] 形《男女同形》男の, 男性の, 男らしい, 勇壮な.
varredor, dora /vaxe'dox, 'dora/ [複 varredores, doras] 名 清掃員 ▶varredor de rua 道路清掃員.
— 形 掃く.
varredura /vaxe'dura/ 女 ❶ 掃くこと, 清掃. ❷ 追跡.
varrer /va'xex/ 他 ❶ ほうきで 掃く ▶varrer o chão 床をほうきで掃く.
❷ 破壊する, 荒廃させる ▶Um furacão varreu a ilha. ハリケーンが島に被害をもたらした.
❸ …を…から消す [+ de] ▶varrer da memória 記憶から消し去る / varrer do mapa 地図から消す, 跡形もなくする.
❹ …を…から除去する [+ de] ▶Ele varreu a cabeça das preocupações. 彼は頭から心配事を追い出した.
— 自 ほうきで掃除する.
varrido, da /va'xidu, da/ 形 ❶ ほうきで掃き除けした. ❷ 頭のおかしな ▶doido varrido 完全にいかれたやつ.
várzea /'vaxzia/ 女 ❶ 沃野, 平野. ❷ 氾濫原.
futebol de várzea アマチュアサッカー, 草サッカー.
vascular /vasku'lax/ [複 vasculares] 形《男女同形》《生物》導管の, 血管の ▶cirurgia vascular 血管外科.
vasculhar /vasku'ʎax/ 他 ❶ …をほうきで掃除する.
❷ 調べる, 詮索する ▶vasculhar arquivos 公文書を調べる / vasculhar a vida alheia 他人の生活を詮索する / A polícia vasculhou o apartamento do homem. 警察はその男のアパートを捜索した.
❸ (引き出しなどを) かきまわす, ひっくり返す.
vaselina /vaze'lĩna/ 女 ❶ ワセリン. ❷ B 口のうまい人, おべんちゃらを言う人.
vasilha /va'ziʎa/ 女 ❶ 液体を入れる器. ❷ B 食べ物を保存する容器.
vasilhame /vazi'ʎami/ 男 多数の液体容器.
*****vaso** /'vazu ヴァーゾ/ 男 ❶ 花瓶, 植木鉢 ▶vaso de flores 花瓶. ❷ 血管 ▶vaso sanguíneo 血管. ❸ vaso sanitário 便器. ❹ vaso de guerra 軍艦.
vassalagem /vasa'laʒẽj/ [複 vassalagens] 女 ❶ 服従, 従属, 隷属. ❷ 家臣であること, 家臣の身分.
vassalo /va'salu/ 男 家臣, 臣下.
vassoura /va'sora/ 女 ほうき.
vastidão /vastʃi'dẽw/ [複 vastidões] 女 広大さ, 広がり ▶vastidão do oceano 大海原.
:**vasto, ta** /'vastu, ta ヴァスト, タ/ 形 ❶ 広い, 広大な ▶O vento forte atacou uma vasta área da cidade. 強風が町の広大な領域を襲った.
❷ 広々とした ▶Nós tivemos a festa no vasto salão do palácio. 私たちは宮殿の広々とした広間でパーティーを開いた.
❸ 大量の, 莫大な ▶Ele terá uma vasta herança. 彼は莫大な遺産を引き継ぐだろう.
❹ 様々な ▶Eu aceito um vasto leque de opiniões. 私は幅広い意見を受け入れる.
vatapá /vata'pa/ 男 マンジオッカ芋の粉とココナッツミルクで作ったペースト.
vate /'vatʃi/ 男 ❶ 予言者. ❷ 詩人.
vaticano, na /vatʃi'kẽnu, na/ 形 バチカンの.
Vaticano /vatʃi'kẽnu/ 男《国名》o Vaticano バチカン ▶a Cidade do Vaticano バチカン市国.
vaticinar /vatʃisi'nax/ 他 予言する, 予測する.
vaticínio /vatʃi'sĩniu/ 男 予言, 予見, 予測.
vau /'vaw/ 男 浅瀬, 洲.
a vau (浅瀬を) 歩いて.
dar vau 通す, 流出させる.
de vau a vau 隅から隅まで.
não achar vau ① 浅瀬が見つからない, 川を横断できない. ② 思い通りにできない.
não dar vau (川などが深すぎて) 渡れない.
vazamento /vaza'mẽtu/ 男 漏れ, 漏洩 ▶vazamento de gás ガス漏れ / vazamento de segredos 秘密の漏洩.
vazante /va'zẽtʃi/ 女 引 き 潮 (= vazante da maré).
— 形《男女同形》漏れている.
vazão /va'zẽw/ [複 vazões] 女 ❶ 空になること.
❷ 流れる量 ▶vazão de água 流水量 / vazão fluvial 河川流量.
❸ 売れ行き.
dar vazão a... ① …に対応する, …を解決する. ② …を吐露する.

vazar

vazar /va'zax/ 他 ❶ …を空にする, …の中身を空ける ▶Ela vazou a cesta. 彼女は籠を空にした.
❷ (液体などを) 漏出させる, 滴らせる ▶A caixa estava vazando água. その箱は水を滴らせていた / O carro vazou todo óleo. その車はオイルをすべて漏出させた.
❸ (感情を) 吐き出す, 吐露する ▶Ela vazou seus sentimentos. 彼女は感情を吐き出した.
❹ 汲み出す.
❺ 注ぐ ▶O Amazonas vaza suas águas no Atlântico. アマゾン川は大西洋に注ぐ.
❻ 鋳造する, 型に流す ▶Ele vazou o ouro. 彼は金を鋳造した.
❼ 穴をあける ▶Ele vazou uma passagem na muralha. 彼は城壁に通路をあけた.
❽ 突き刺す ▶Ele vazou a faca na carne assada. 彼は焼いた肉にナイフを突き刺した.
❾ (片目を) くり抜く, 引き抜く ▶Com uma faca o homem vazou-lhe um olho. その男はナイフで彼の片目をくり抜いた.
❿ 俗 飲む.
⓫ ゴールする ▶O jogador vazou duas vezes o gol do Palmeiras. その選手は2度パルメイラスのゴールにシュートを決めた.
— 自 ❶ 漏れる ▶A caixa d'água começou a vazar. 水を入れた箱が漏れ始めた.
❷ 空になる.
❸ 荷を下ろす ▶O navio começou a vazar. 船は積み荷を下ろし始めた.
❹ (水が) ひく A maré começava a vazar. 潮が退き始めていた.
❺ 出る ▶O público vazou pela saída de emergência. 民衆は非常口から出た.
❻ 俗 帰る ▶Vou vazar. 帰ります.
❼ (秘密や情報が) 漏れる ▶O segredo vazou para a imprensa. その秘密がマスコミに漏れた.
❽ 透明になる, 透き通る ▶Os vitrais vazavam. ステンドグラスは透き通っていた.
— **vazar-se** 再 ❶ 空になる, 出る ▶A loja vazou-se. 店は空になった / O público vazou-se pela saída de emergência. 民衆は非常口から出た.
❷ 滴る, 流出する, あふれる.

vazio, zia /va'ziu, 'zia/ ヴァズィーオ, ア/ 形 ❶ 空の, からっぽの (↔ cheio) ▶prato vazio 空の皿.
❷ (場所が) 空いている, 誰もいない ▶A casa estava vazia. 家には誰もいなかった.
❸ 虚しい ▶sentir o coração vazio 心に虚しさを感じる.
— **vazio** 男 空虚, 虚無感 ▶Ele sentiu um grande vazio com a perda da esposa. 彼は妻を失って大きな虚無感に襲われた / sensação de vazio 空虚感.

vê[1] /'ve/ 男 文字 v の名称.
vê[2] 活用 ⇒ ver
veado /ve'adu/ 男 ❶《動物》シカ. ❷ 男性同性愛者.
vedação /veda'sẽw/ [複 vedações] 女 ❶ 漏れないようにすること. ❷ 柵, 囲い.

vedado, da /ve'dadu, da/ 形 ❶ 禁止された. ❷ 囲われた.
vedar /ve'dax/ 他 ❶ 塞ぐ ▶Ele vedou o frasco com uma rolha de cortiça. 彼は瓶をコルクの栓で塞いだ.
❷ せき止める, 流出を止める ▶A enfermeira vedou o sangue com uma compressa. 看護師は湿布で止血した.
❸ 妨げる, 阻止する ▶Uma árvore caída vedava a passagem dos carros. 倒れた木が車の通行を妨げていた / vedar o acesso 通行止めにする.
❹ 禁止する ▶Vedaram o estacionamento naquelas ruas. あの通りでの駐車が禁止された.
— 自 (流れが) 止まる.
— **vedar-se** 再 (流れが) 止まる ▶O sangue vedou-se. 血が止まった.
vedete /ve'dɛtʃi/ 女《フランス語》主演女優, スター.
veem 活用 ⇒ ver
veemência /vee'mẽsia/ 女 激しさ, 激烈 ▶com veemência 激烈に.
veemente /vee'mẽtʃi/ 形《男女同形》激しい, 熱烈な ▶protesto veemente 激しい抗議.
veementemente /vee,mẽtʃi'mẽtʃi/ 副 激しく, 激烈に ▶protestar veementemente 激しく抗議する.
vegetação /veʒeta'sẽw/ [複 vegetações] 女 植生, ある地域の植物の総体.
vegetal /veʒe'taw/ [複 vegetais] 形《男女同形》植物の, 植物性の ▶óleo vegetal 植物油 / reino vegetal 植物界.
— **vegetal** 男 ❶ 植物. ❷《vegetais》P 野菜.
vegetar /veʒe'tax/ 自 ❶ (植物が) 大きくなる, 成長する, 発育する.
❷ 植物人間として生きる.
❸ 無気力に生きる, 単調な生活をする, ぶらぶらする ▶Ele não aproveita nada da vida, apenas vegeta. 彼は人生を何一つ有意義に過ごさず, ぶらぶらしているだけだ.
vegetariano, na /veʒetari'ẽnu, na/ 形 菜食主義の ▶comida vegetariana ベジタリアン料理.
— 男 菜食主義者 ▶Sou vegetariano. 私は菜食主義者だ.
vegetativo, va /veʒeta'tʃivu, va/ 形 ❶ (植物などが) 生長する, 栄養性の ▶período vegetativo 成長期 / multiplicação vegetativa 栄養生殖 / crescimento vegetativo (人口の) 自然増.
❷ 植物性の, 自律神経の ▶sistema nervoso vegetativo 自律神経系.
❸ (植物のように) 生きているだけの, 無為な ▶vida vegetativa 無為な生活 / estado vegetativo 植物状態.
veia /'veja/ 女 ❶《解剖》静脈；血管 ▶veia pulmonar 肺静脈. ❷ 葉脈. ❸ 才能, 適性 ▶veia artística 芸術的才能.
pegar na veia《サッカー》命中する.
veicular[1] /vejku'lax/ [複 veiculares] 形《男女同形》乗り物の, 自動車の.
veicular[2] /vejku'lax/ 他 ❶ (乗り物で) 運ぶ, 輸送する, 輸送する ▶O caminhão veiculou os caixo-

veículo /ve'ikulu ヴェイークロ/ 男 ❶ 輸送手段, 乗り物, 車両, 車 ▶ veículo espacial 宇宙船.
❷ 伝達手段, 媒介物, 媒介 ▶ As palavras são veículo de ideias. 言葉は思想を伝達する手段である / veículo de mídia マスメディア.

veio¹ /'veju/ 男 ❶ 鉱脈 ▶ veio de ouro 金脈. ❷ 水脈, 流れ. ❸ 木目 ▶ veio de madeira 木目.
veio de água ① 泉. ② 水脈, 小川.

veio² 活用 ⇒ vir

vela /'vela/ 女 ❶ 帆 ▶ içar as velas 帆を上げる / barco a vela 帆船.
❷ 帆船, ヨット, ヨット競技 ▶ praticar vela ヨットに乗る.
❸ ろうそく ▶ acender uma vela ろうそくに火をつける / apagar uma vela ろうそくの火を消す / à luz de vela ろうそくの明かりで.
❹ 点火プラグ.
abrir as velas 帆を上げる, 航海に出る.
acender uma vela a Deus e outra ao Diabo 二枚舌を使う, 二股をかける.
a vela ① 丸装で. ② 帆のある ▶ barco a vela 帆船 / prancha à vela ウィンドサーフィン.
estar com a vela na mão 危篤状態である.
ficar de vela デートに付き添う.
segurar vela デートに付き添う.
vela votiva (願いが叶った後の)誓いを果たしてともすろうそく.

velado, da /ve'ladu, da/ 形 ❶ ベールで覆われた, ベールのかかった ▶ rosto velado ベールで覆われた顔. ❷ 隠された, あからさまでない ▶ racismo velado 隠された人種差別.

velar¹ /ve'lax/ 他 ❶ ベールで覆う ▶ A dama velou o rosto. 貴婦人は顔をベールで覆った.
❷ 隠す, 覆う ▶ Ela velou a emoção. 彼女は感情を隠した.
❸ 不安にする, 不機嫌にする, 陰気にする ▶ A triste notícia velou seu rosto. 悲しい知らせは彼の表情を曇らせた.
❹ 暗くする, 曇らせる, 翳らせる.
❺ ごまかす.
❻ 守る, 見張る, 世話をする ▶ O guarda-noturno passa as noites velando os nossos lares. 夜警は我々の家庭を見守り夜を過ごす / Ele velava a menino como se fosse seu filho. 彼はまるで自分の息子のように男の子の面倒を見た.
❼ 徹夜する, 徹夜で看病する, 通夜する ▶ Ela velou o doente. 彼女は病人を徹夜で看病した.
❽ 印象づける.
— 自 ❶ 見張る.
❷ 徹夜する.
❸ (ろうそくや明かりが)つけたままである ▶ Um candeeiro velava junto da cabeceira do doente. 病人の枕のそばでランプがともったままだった.
❹ (絵に)上塗りかける.
— **velar-se** 再 ❶ 自分の顔をベールで覆う.
❷ 隠れる ▶ Ele velou-se para não ser reconhecido. 彼は見つからないように隠れた.
❸ 曇る.
❹ 用心する ▶ Eles velaram-se dos falsos profetas. 彼らはにせの預言者たちに警戒した.

velar² /ve'lax/ [複 velares] 形 《男女同形》軟口蓋の, 軟口蓋音の.
— 女 軟口蓋音.

veleidade /velej'dadʒi/ 女 (実行には至らない)漠然とした意志, 軽い気持ち ▶ O rapaz teve uma veleidade, um impulso de procurar a moça, que nunca se concretizou. 青年は彼女が欲しいという漠たる思いや衝動はあったが, 決して行動に移さなかった.

veleiro /ve'lejru/ 男 帆船, ヨット.

velejar /vele'ʒax/ 自 他 帆走する.

velhaco, ca /ve'ʎaku, ka/ 形 ペテンの, 詐欺の.
— 名 ペテン師, 詐欺師.

velha–guarda /ˌvɛʎa'gwaxda/ [複 velhas-guardas] 女 古手, 古参, 古株.

velharia /veʎa'ria/ 女 ❶ がらくた, 古道具. ❷ 昔の流儀, 昔の考え方. ❸ 時代遅れのもの.

velhice /ve'ʎisi/ 女 ❶ 老い, 老年, 老境 ▶ velhice precoce 若年性老化現象. ❷ 古いこと, 老朽.

velho, lha /'vɛʎu, ʎa ヴェーリョ, リャ/ 形 ❶ 老いた, 年をとった, 年長の (↔ jovem) ▶ um homem velho 年老いた男 / Ele é mais velho do que eu. 彼は私より年上だ / Ele é cinco anos mais velho que eu. 彼は私より5歳上だ / irmão mais velho 兄 / irmã mais velha 姉 / Eu sou o mais velho. 私が最年長だ / morrer de velho 老衰で死ぬ / quando eu ficar velho 私が年をとったら / ficar velho 年をとる.
❷ 古い, 古びた; 昔の, 昔からの ▶ edifício velho 古い建物 / casaco velho 着古した上着 / velho amigo 旧友.
— 名 ❶ 老人, 老女. ❷ 話 父親, 母親; 《os velhos》両親.
meu velho 話 (親しい人への呼びかけ) ねえ, やあ君.
velho de guerra 昔懐かしい.

velhote, ta /ve'ʎɔte, ta/ 形 年配の.
— 名 年配者.

velo /'velu/ 男 羊毛, 獣毛 ▶ Velo de Ouro 《ギリシャ神話》黄金の羊毛.

velocidade /velosi'dadʒi ヴェロスィダージ/ 女 ❶ 速度, 速さ, スピード ▶ velocidade máxima 最高速度 / limite de velocidade 速度制限 / velocidade da luz 光速 / velocidade do som 音速 / velocidade do vento 風速 / aumentar a velocidade 速度を上げる / pegar velocidade 加速する / excesso de velocidade スピードの出しすぎ / a toda velocidade 全速力で / em alta velocidade 高速で.

velocímetro /velo'simetru/ 男 速度計, スピードメーター.

velocípede /velo'sipedʒi/ 男 三輪車.

velocíssimo, ma /velo'sisimu, ma/ 形 veloz の絶対最上級.

velocista /velo'sista/ 名 B スプリンター, 短距離走者.

velódromo

velódromo /ve'lɔdromu/ 男 自転車競技場, 競輪場.

velório /ve'lɔriu/ 男 通夜.

veloz /ve'lɔs/ [複 velozes] 形《男女同形》速い, 迅速な, 軽快な ▶um cavalo veloz 駿馬.

velozmente /ve,lɔz'mẽtʃi/ 副 速く, すばやく.

veludo /ve'ludu/ 男 ビロード, ベルベット ▶jaqueta de veludo ビロードのジャケット / veludo cotelê コーデュロイ / Revolução de Veludo ビロード革命 (1989年に当時のチェコスロバキアで起きた民主化革命).

vem 活用 ⇒ vir
vêm 活用 ⇒ vir

venal /ve'naw/ [複 venais] 形《男女同形》❶ 金で買える ▶valor venal 市場[換金]価値. ❷ 買収できる ▶juiz venal 金で動く裁判官.

vencedor, dora /vẽse'dox, 'dora/ [複 vencedores, doras] 名 勝者, 勝利者 ▶Quem foi o vencedor? 誰が勝ちましたか.
— 形 勝利した ▶time vencedor 勝利チーム.

:**vencer** /vẽ'sex/ ヴェンセーフ/ ⑮ 他 ❶ …に勝つ, …を負かす, 打ち破る ▶vencer o inimigo 敵を打ち負かす / vencer a prova レースに勝つ / vencer uma batalha 戦いに勝つ / vencer um concurso コンクールに優勝する / vencer uma eleição 選挙に勝つ / O Brasil venceu a Itália. ブラジルがイタリアに勝った / O sono me venceu. 私は眠気をこらえられなかった.
❷ …を克服する, 征服する ▶vencer um obstáculo 障害を克服する / vencer as diferenças 違いを克服する / vencer uma doença 病気に打ち勝つ / vencer um problema 問題を乗り越える / vencer o medo 恐怖に打ち勝つ.
❸ …において…をしのぐ, 優位に立つ [+ em] ▶Ninguém o vence em lealdade. 忠実さにおいて誰も彼にかなわない.
❹ 屈服させる, 飼い馴らす ▶Os forcados venceram o touro. フォルカード(素手闘士)は闘牛を抑え込んだ.
❺ 説得する, 納得させる ▶vencer a oposição 反対陣営を説得する.
❻ 完全踏破する ▶vencer uma distância 距離を完全に歩き切る.
❼ (完全に)実行する, 遂行する ▶vencer um desafio 挑戦を完遂する / vencer uma missão arriscada 危険な任務を遂行する.
❽ 獲得する, 手に入れる, 受け取る ▶vencer o ordenado mínimo 最低給与を獲得する / vencer mil euros mensais 月給1000ユーロを受け取る.
❾ (金銭的に)受益権利がある ▶O dinheiro a prazo vence juros. 期限付き金額は利子を生む.
— 自 ❶ 勝つ, 勝利する ▶O nosso time venceu por um a zero. 私たちのチームが1対0で勝った.
❷ (有効期限が)切れる.
❸ 締め切りになる, 支払期限になる ▶O prazo vence hoje. 締め切りは今日だ / A conta vence amanhã. 請求書の支払期限は明日だ.
vencer de ponta a ponta 最初から最後までリードして勝つ.

vencida¹ /vẽ'sida/ 女 勝利 ▶levar de vencida 打ち負かす.

vencido, da² /vẽ'sidu, da/ 形 ❶ 負けた, 敗北した ▶equipe vencida 敗者チーム. ❷ 期限の切れた.
— 名 敗者 ▶Ai dos vencidos! 負けてかわいそうに.
dar-se por vencido 降参する, 降伏する
não se dar por vencido 負けを認めない, 降参しない.

vencimento /vẽsi'mẽtu/ 男 ❶ 勝利, 勝つこと.
❷ 有効期限, 賞味期限.
❸ 期限, 期日, 満期 ▶vencimento do aluguel 家賃の支払い期限 / data de vencimento 支払い期日.
❹《vencimentos》公務員給与.

:**venda** /'vẽda ヴェンダ/ 女 ❶ 売ること, 販売, 売却 (↔ compra) ▶compra e venda 売買 / preço de venda 販売価格 / promover as vendas 販売を促進する / venda a crédito 掛け売り / venda à vista 現金売り / venda a varejo 小売り / venda por correspondência 通信販売 / venda pública 公売 / Ela é chefe de vendas. 彼女は販売担当主任である / Esta casa está à venda. この家は売出し中だ / pôr algo à venda …を売りに出す / imóveis para venda 売り物の不動産物件.
❷ 雑貨店, 食品店 ▶Eu fui à venda comprar maçãs. 私は雑貨店までりんごを買いに行った.
❸ 目隠し用の布 ▶venda para olhos 目隠し, アイマスク / tirar a venda dos olhos 目隠しを外す, 現実を直視する.

vendar /vẽ'dax/ 他 目隠しをする, 盲目にする ▶com os olhos vendados 目隠しして / vendar a razão 理性を失わせる.

vendaval /vẽda'vaw/ [複 vendavais] 男 強風, 烈風 ;《比喩的に》嵐 ▶vendaval de paixão 情熱の嵐.

vendável /vẽ'davew/ [複 vendáveis] 形《男女同形》売ることができる, よく売れる ▶produtos vendáveis よく売れる物.

vendedor, dora /vẽde'dox, 'dora/ [複 vendedores, doras] 名 ❶ 店員, 売り子 ▶vendedor de flores 花売り / vendedor de sorvete アイスクリーム売り / vendedor ambulante 行商人. ❷ セールスマン. ❸ 売り手.
— 形 売る, 売り手の ▶mercado vendedor 売り手市場.

vendeiro, ra /vẽ'dejru, ra/ 名 食料雑貨店の主人.

:**vender** /vẽ'dex ヴェンデーフ/ 他 ❶ 売る, 販売する ▶Ele vendeu a casa e comprou um apartamento. 彼は家を売ってマンションを買った / vender uma ideia アイディアを売る / vender algo por cem reais …を100レアルで売る / vender algo para alguém …を…に売る.
❷ 裏切る, 売る ▶vender o próprio amigo 自らの友人を裏切る.
— 自 ❶ 売る ▶vender a varejo 小売りする / vender por atacado 卸売りする / vender à vista 現金売りする / vender caro 高く売る.
❷ 売れる ▶Este carro vende bem. この車はよく売

れる / Esta loja sempre vende bem. この店はいつもよく売れる / vender como pão quente 飛ぶように売れる.
— **vender-se** 再 ❶ 売られる ▶Vende-se. 売り出し中 / Vende(m)-se casas. 売家あり. ❷ 自分を売る▶vender-se ao diabo 悪魔に魂を売る / vender-se caro 自分を高く売る.
para dar e vender ありあまるほど▶Ele tem saúde para dar e vender. 彼は健康そのものだ.
vendido, da /vẽ'dʒidu, da/ 形 (vender の過去分詞) ❶ 売れた, 売られた, 売却済みの. ❷ 金で売られた, 裏切られた. ❸ 金で買われた, 買収された.
estar vendido ① 気が進まない思いをする. ② (プレーなどが) 緩慢である, 茫然自失としている.
ficar vendido 驚く.
vendilhão /vẽdʒi'ʎɐ̃w/ [複 vendilhões] 男 行商人, 露天商 ▶vendilhões do templo (イエスによって追い出された) 神殿の行商人.
veneno /ve'nẽnu/ 男 ❶ 毒, 毒物 ▶veneno de cobra コブラの毒. ❷ 有害なもの, 害毒 ▶A rotina é um veneno para o cérebro. 決まり切ったことをするのは脳によくない. ❸ 悪意, 毒気.
venenoso, sa /vene'nozu, 'nɔza/ 形 ❶ 有毒な, 毒を持つ▶cogumelos venenosos 毒キノコ / cobra venenosa 毒ヘビ. ❷ 悪意のある▶língua venenosa 毒舌.
veneração /venera'sɐ̃w/ [複 venerações] 女 崇拝, 尊敬, 敬愛.
venerando, da /vene'rẽdu, da/ 形 敬うべき.
venerar /vene'rax/ 他 尊ぶ, 崇める, 崇拝する▶venerar os santos 聖人たちを崇める.
venerável /vene'ravew/ [複 veneráveis] 形《男女同形》敬うべき, 尊い.
venéreo, rea /ve'nɛriu, ria/ 形 性交の, 性病の▶doença venérea 性病.
veneta /ve'neta/ 女 《次の成句で》
Deu-me na veneta +不定詞 …することを思いついた, …したくなった.
ser de veneta 気まぐれである.
veneziana /venezi'ɐna/ 女 ベネチアンブラインド.
Venezuela /venezu'ɛla/ 男《国名》ベネズエラ.
venezuelano, na /venezue'lẽnu, na/ 形 名 ベネズエラの (人).
venha 活用 ⇒ vir
venho 活用 ⇒ vir
vénia /'vɛniɐ/ 女 P = vênia
vênia /'vẽnia/ 女 B ❶ 許可, 同意; 赦し▶pedir vênia 許可 [赦し] を求める. ❷ お辞儀 ▶fazer uma vênia お辞儀する.
venial /veni'aw/ [複 veniais] 形《男女同形》(罪や過失が) 許しうる, 軽微な ▶pecado venial 軽微な罪.
venoso, sa /ve'nozu, 'nɔza/ 形 静脈の▶sangue venoso 静脈血.
venta /'vẽta/ 女 ❶ 鼻の穴. ❷ 《ventas》鼻; 話 顔.
acender as ventas (犬や馬が) 危険を嗅ぎ付ける.
esfregar nas ventas de... いらだちを示す.
nas ventas de... …の眼前で.

ventania /vẽta'nia/ 女 暴風, 強風, 烈風.
*****ventar** /vẽ'tax/ 自《非人称》風がある, 風が吹く ▶Hoje está ventando muito. 今日はとても風が強い.
sair ventando 不機嫌そうに出て行く.
ventarola /vẽta'rɔla/ 女 うちわ.
ventilação /vẽtʃila'sɐ̃w/ [複 ventilações] 女 換気, 通風.
ventilador, dora /vẽtʃila'dox, 'dora/ [複 ventiladores, doras] 形 換気の.
— **ventilador** 男 扇風機, 換気装置.
ventilar /vẽtʃi'lax/ 他 ❶ …の換気をする, …を風に当てる▶ventilar a casa 家の換気をする / O vento ventila o ambiente. 風が空気を循環させてくれる. ❷ 議論する, (問題を) 提起する ▶ventilar uma questão 問題を提起する.

‡**vento** /'vẽtu/ 男 風 ▶O vento soprava. 風が吹いていた / O vento cessou. 風がやんだ / vento frio 冷たい風 / vento forte 強い風 / vento fraco 弱い風 / vento do norte 北風 / vento quente 熱風 / vento a favor 順風 / vento contrário 逆風 / vento moderado ほどよい風 / vento solar 太陽風 / andar contra o vento 風に逆らって歩く / moinho de vento 風車 / instrumentos de ventos 管楽器 / o vento da liberdade 自由の風 / com o cabelo ao vento 髪を風になびかせて.
aos quatro ventos 四方八方に, 至る所に▶espalhar aos quatro ventos あちこちに広める.
Bons ventos o levem. ① よい旅を. ② 成功を祈ります.
Bons ventos o tragam. ようこそ.
contra ventos e marés 万難を排して, 是が非でも.
de vento em popa 順風満帆で ▶ir de vento em popa 順風満帆である.
encher de vento 慢心させる.
falar ao vento 聞き入れられない, 理解されない.
onde o vento faz a curva どこか遠いところに.
passar como o vento 一瞬にして過ぎる.
Quem semeia ventos, colhe tempestades. 諺 (風をまけば嵐を収穫する→) 争いの種をまけば倍する危難が降りかかる.
viver de vento 霞を食べて生きる, 食うや食わずである.
ventoinha /vẽto'iɲa/ 女 冷却用ファン.
ventosa¹ /vẽ'tɔza/ 女 吸盤.
ventoso, sa² /vẽ'tozu, 'tɔza/ 形 風の強い, 風のよく吹く▶uma cidade ventosa 風の強い街.
ventre /'vẽtri/ 男 ❶ 腹, 腹部 ▶baixo ventre 下腹部 / prisão de ventre 便秘. ❷ 子宮.
ventríloquo, qua /vẽ'trilokwu, kwa/ 名 腹話術師.
— 形 腹話術の.
ventura /vẽ'tura/ 女 ❶ 運, 運勢, つき. ❷ 幸運. ❸ 幸せ, 幸福. ❹ 危険.
à ventura むやみに, 無作為に, 成り行きで.
se por ventura もしかして.
venturoso, sa /vẽtu'rozu, 'rɔza/ 形 ❶ 幸運な, 幸福な. ❷ 冒険の, 危険な.

Vénus

Vénus /'venuʃ/ 囡 P = **Vênus**
Vênus /'vênus/ 囡 B ❶『神話』ビーナス, 愛と美の女神. ❷『天文』金星.

ver[1] /'vex ヴェーフ/ ⑲

現在分詞	vendo	過去分詞	visto
直説法現在	vejo		vemos
	vês		vedes
	vê		veem
過去	vi		vimos
	viste		vistes
	viu		viram
接続法現在	veja		vejamos
	vejas		vejais
	veja		vejam

他 ❶ 見える, 見る ▶ Você pode me ver? 私の姿が見えますか / Eu não vi nada. 私は何も見なかった / Vejo o monte Fuji. 富士山が見える / Vi uma luz ao longe. 遠くに明かりが見えた / Veja esta foto. この写真を見てください / ver as horas no relógio 時計で時間を見る / a maneira de ver as coisas 物の見方 / por que você está vendo 私の見るところでは / ver televisão テレビを見る / ver um filme 映画を見る / ver um jogo 試合を見る não querer ver a realidade 現実を見ようとしない / Eu vi que havia um furo na parede. 私は壁に穴が開いているのを見た.
❷ 目撃する, 体験する ▶ ver um acidente de carro 自動車事故を目撃する / ver a guerra 戦争を体験する / Nunca vi tal coisa. そんなことは見たことがない.
❸ 会う, 面会する, 交際する；(医者に) 診てもらう ▶ ir ver um amigo 友人に会いに行く / Eu não a vejo por um certo tempo. 私はしばらく彼女に会っていない / Não quero ver ninguém hoje. 今日は誰にも会いたくない / Foi bom te ver. 会えてよかった / Eu fui vê-lo no hospital várias vezes. 私は彼を何度か病院に見舞いに行った / ver o médico 医者に診てもらう.
❹ …を想像する, 思い描く, 推定する ▶ ver o futuro 未来を予見する / ver tudo cor-de-rosa すべてをバラ色に見る / Veja quanto tempo nos levará esse trabalho. この仕事を私たちがするのにどれだけ時間がかかるか, 考えてみなさい.
❺〈ver + 目的語 + 不定詞〉…が…するのを見る ▶ Vi-o sair. 私は彼が出かけるのを見た / a terra que o viu nascer 彼が生まれた土地 / Vi os filhos brincarem no parque. 私は息子たちが公園で遊んでいるのを見た.
❻〈ver + 目的語 + 属詞〉…が…であるのを見る ▶ ver alguém chorando 誰かが泣いているのを見る / Vi a porta aberta. 私はドアが開いているのを見た / Não quero vê-la triste novamente. 私は彼女が悲しそうにしているのを再び見たくない / Eu gostaria muito de ver os ex-alunos bem sucedidos na vida. 私は元教え子たちが人生で成功している姿をぜひ見たい.
❼ …を見物する, 訪れる ▶ Muitos dos turistas vieram ver esse festival. 多くの観光客がその祭りを見に来た.
❽ …を見いだす, 認める ▶ Eu não vejo a diferença entre os dois. 私は両者の違いが分からない.
❾ 理解する, 分かる ▶ Não vejo por quê. なぜだか私には分からない / Não vejo o motivo da crítica. 私には批判の理由が分からない / Eu vi que você estava preocupada. 私はあなたが心配しているのが分かった.
❿ 調べる, 検討する；(患者を) 診る ▶ ver os prós e contras 利点と不利な点を検討する / Vamos ver o que podemos fazer. 私たちに何ができるか検討してみましょう / ver os danos 被害を見積もる / ver um paciente 患者を診る.
⓫ (ニュースなどを) 読む ▶ ver um artigo 記事を読む.
⓬ …を…とみなす [+ como].
⓭ 確認する, 確かめる ▶ Veja se o seu nome está na lista. あなたの名前が名簿にあるか確認してください.
─ 自 見る, 見える ▶ Não vejo, não ouço, não falo. 見ざる, 聞かざる, 言わざる / Não posso ver bem. よく見えない / Ver para crer. 諺 百聞は一見に如かず.
─ **ver-se** 再 ❶ 自分の姿を見る ▶ ver-se no espelho 自分を鏡で見る.
❷ 互いに会う ▶ Os amigos veem-se um ao outro. 友人らは互いに会う / Vamos nos ver novamente. また会いましょう.
❸ 自分を…とみなす [+ como] ▶ ver-se como vítima 自分を犠牲者とみなす.
❹ …の状態にある, …に位置する, いる, ある ▶ A atriz via-se doente e sozinha. 女優は病気で一人であった / ver-se em dificuldades 困難に遭う.
❺ (物が) 見られる, 見受けられる, 見える ▶ Vê-se uma montanha à frente. 前方に山が見える / Não se via nada. 何も見えなかった.
Até mais ver. また会う時まで, またの機会まで.
deixar ver 見せる, のぞかせる.
Deixe-me ver. 慣《つなぎ言葉》ええと.
Está vendo? 慣 だから言ったでしょう.
fazer ver 見せる, 示す.
não ter nada a ver com… …と関係がない ▶ Não tenho nada a ver com esse caso. 私はこの件とは一切関わりがありません.
não ter que ver 関係がない.
Onde já se viu!《驚き》何ということだろう.
que só vendo 慣 信じられない ▶ Foi um jogo que só vendo. 信じられない試合だった.
Quem te viu e quem te vê. 随分出世したね, 前とは大違いだね.
ser de ver 見る価値がある, 注目に値する.
Só vendo! この目で見ないうちは信じない.
ter a ver com… …と関係がある.
ter que ver com… …と関係がある.
vai ver 多分.
vai ver que + 直説法 多分…, 恐らく….

Vamos ver. まあ，考えておきましょう．
Veja bem. 《つなぎ言葉》ええ，まあ．
Veja lá! 気をつけなさい，注意しなさい．
Vê se ＋[直説法] …しなさい ▶ Vê se você arruma o quarto. 部屋を片付けなさい．
... viu? … ね ▶ Isso não vai ser possível, viu? それは不可能だよね / Obrigada, viu? ありがとうね．

> **[語法]「見る」の意味の ver と olhar**
>
> ver は「見える」「目に入る」を意味する．
> Vi-o sair, mas não o vi entrar. 私は彼女が外に出るのは見たが，中に入るのは見なかった．
> olhar は，「意識的に見る」「視線を向ける」という意味になる．
> PARE, OLHE E ESCUTE! (踏切の掲示) 一旦停止して左右を見て耳を澄ませ．

ver[2] /'vex/ [男] 意見，考え ▶ a meu ver 私の見るところでは，私の考えでは．

veracidade /verasi'dadʒi/ [女] ❶ (報告や話の) 真実性 ▶ a veracidade da Bíblia 聖書の真実性．❷ 正確さ，忠実さ，正直さ．

veranear /verane'ax/ ⑩ [自] 避暑に行く，夏休みを過ごす．

veraneio /vera'neju/ [男] 避暑，夏休み，バカンス．

veranista /vera'nista/ [名] バカンス客，避暑客．

***verão** /ve'rẽw̃ ヴェラォン/ [[複] verões または verãos] [男] **夏，夏季** ▶ no verão 夏に / passar o verão 夏を過ごす / férias de verão 夏のバカンス / Este ano, quase não tivemos verão. 今年はほとんど夏らしい夏がなかった．
verão de São Martinho 小春日和 (聖人サン・マルチーニョ祝日11月11日前後の暖かい日)．

veraz /ve'ras/ [[複] verazes] [形] 《男女同形》 ❶ 正直な，誠実な．❷ 真実の，正確な．

verba /'vɛxba/ [女] ❶ 予算割当額．❷ 金額，額．
verba orçamentária 予算財源．

verbal /vex'baw/ [[複] verbais] [形] 《男女同形》 ❶ 口頭の，言葉による，言語の ▶ promessa verbal 口約束 / violência verbal 言葉の暴力 / acordo verbal 口頭での合意 / comunicação verbal 言語コミュニケーション．❷ 〘文法〙 動詞の ▶ sintagma verbal 動詞句．

verbalizar /vexbali'zax/ [他] 言葉で表す，言語化する，言い表す．

verbalmente /vexˌbaw'mẽtʃi/ [副] 口頭で，言葉で ▶ atacar verbalmente 言葉で攻撃する．

verberar /vexbe'rax/ [他] ❶ むちで打つ．❷ 非難する，責める，叱る．

verbete /vex'betʃi/ [男] ❶ メモ用紙，メモ．❷ (辞書の) 見出し語．

verbo /'vɛxbu/ [男] ❶ 〘文法〙 動詞 ▶ verbo intransitivo 自動詞 / verbo transitivo 他動詞 / verbo regular 規則動詞 / verbo reflexivo 再帰動詞 / verbo irregular 不規則動詞 / verbo impessoal 非人称動詞．
❷ 《Verbo》〘キリスト教〙 言葉，ロゴス ▶ No princípio era o Verbo. 初めに言葉があった．
abrir o verbo 歯に衣を着せず話す．
deitar [rasgar, soltar] o verbo 演説する．

verborragia /vexboxa'ʒia/ [女] 多弁，饒舌，無駄口．

verboso, sa /vex'bozu, 'bɔza/ [形] ❶ 口数の多い，おしゃべりな，饒舌な．❷ 弁の立つ．

***verdade** /vex'dadʒi ヴェフダーヂ/ [女] ❶ **真実，真相** ▶ dizer a verdade 真実を言う / verdade histórica 歴史的事実 / pura verdade 正真正銘の真実 / para dizer a verdade 本当のことを言えば / O que ela disse é verdade. 彼女が言ったことは本当だ / Verdade? 本当ですか / Não é verdade. それは本当ではない / Não é verdade? 違いますか，そうでしょう / A verdade é que ＋[直説法] 真相は…である / A verdade, toda a verdade, nada mais que a verdade. 真実を，すべての真実を，真実のみを話します (法廷での宣誓)．
❷ **真理** ▶ verdade científica 科学的真理 / O que é a verdade? 真理とは何か / a busca da verdade 真理の追究．
❸ **率直，誠実** ▶ falar com verdade 率直に話す．
a bem da verdade 率直に言うと，実際は．
de verdade ① 本当に．② 本物の ▶ um castelo de verdade 本物の城．
dizer umas verdades 遠慮なく言う，歯に衣着せず言う．
em verdade 本当は，実を言うと．
faltar à verdade うそをつく．
na verdade 本当は，実を言うと．
ser a verdade em pessoa 決してうそをつかない．
verdade nua e crua 赤裸々な真実 ▶ dizer a verdade nua e crua 歯に衣着せず言う．

verdadeiramente /vexdaˌdeira'mẽtʃi/ [副] 本当に，確かに ▶ É difícil definir quem verdadeiramente somos. 私たちが本当に何者なのかを定義するのは難しい．

***verdadeiro, ra** /vexda'dejru, ra ヴェフダデイロ，ラ/ [形] ❶ **真実の** (←→ falso) ▶ Quero saber a verdadeira razão deste problema. この問題の本当の理由を知りたい / a verdadeira história 実話 / amigo verdadeiro 真の友人．
❷ **本物の** ▶ amor verdadeiro 本当の愛 / um verdadeiro Picasso 本物のピカソの作品 / nome verdadeiro 本名．
❸ **正しい** ▶ verdadeira resposta para a questão 質問への正しい回答．
— **verdadeiro** [男] 真実，事実．

***verde** /'vexdʒi ヴェフヂ/ [形] 《男女同形》 ❶ **緑の** ▶ Ela tem olhos verdes. 彼女は緑色の目をしている / camisa verde 緑色のシャツ / sinal verde 青信号 / maçã verde 青りんご．
❷ **青々とした；**乾いていない ▶ folhas verdes 青々とした葉．
❸ **熟していない；若い** ▶ fruta verde 熟していない果物 / Ele ainda está muito verde. 彼はまだ非常に未熟だ．
❹ [話] **青ざめた，血の気がない** ▶ Ela ficou verde de medo. 彼女は怖くて顔色が悪くなった．
❺ 環境保護の ▶ partido verde 緑の党 / produtos

V

verdes 環境に優しい製品.
— **verde** [男] ❶ **緑色**, 緑 ▶o verde e o vermelho da bandeira de Portugal ポルトガル国旗の緑色と赤色.
❷《集合的に》木々の緑, 緑樹 ▶Antigamente havia muito verde neste bairro. 昔この地区は緑が多かった.
❸ 環境保護主義者.
em verde 時期尚早の.
jogar verde para colher maduro かまをかける.
verde e amarelo 緑と黄色 (ブラジルを象徴する色).

verdejante /vexde'ʒẽtʃi/ [形]《男女同形》緑色を帯びた.

verdejar /vexde'ʒax/ [自] 緑色になる, 緑色を帯びる.

verdor /vex'dox/ [[複] verdores] [男] ❶ (草木の) 緑, 新緑.
❷ 活力, 生気, 盛り ▶no verdor da juventude 青春の盛りに.
❸ 未熟, まだ青いこと.

verdura /vex'dura/ [女] ❶《verduras》野菜, 青物. ❷ (草木の) 緑.

verdureiro, ra /vexdu'rejru, ra/ [名] [B] 青果商, 野菜売り.

vereador, dora /verea'dox, 'dora/ [[複] vereadores, doras] [名] 市町村会議員.

vereda /ve'reda/ [女] [B] 細い道, 小道.

veredicto /vere'dʒiktu/ [男] ❶〖法律〗(陪審員の) 評決 ▶veredicto de inocência 無罪の評決. ❷ 裁断, 判断.

verga /'vexga/ [女] 小枝, 細い棒.

vergar /vex'gax/ ⑪ [他] ❶ 曲げる, 弓なりにたわませる ▶A ventania vergou a árvore. 暴風が木をたわませた.
❷ …を…に従わせる, 屈服させる, 服従させる「+ a」▶Ele vergou o amigo à sua vontade. 彼は友人を意のままに従わせた.
❸ 意見を変えさせる.
❹ 同情を引く.
❺ 意気消沈させる ▶O fracasso do time vergou o técnico. チームの失敗が監督をがっかりさせた.
— [自] ❶ 曲がる, たわむ ▶As prateleiras vergavam ao peso das louças. 棚は食器の重みでたわんでいた.
❷ …に従う, 服従する, 屈する [+ a].
❸ 意気消沈する ▶Ele apanhou tanto que vergou. 大敗し彼はがっかりした.
— **vergar-se** [再] ❶ 曲がる, たわむ ▶Seu corpo vergou-se com a idade. 彼の身体は加齢で曲がった.
❷ …に従う, 服従する, 屈する [+a] ▶O país vergava-se aos interesses estrangeiros. 国は外国の利益に屈した.
❸ 意見を変える.
❹ 意気消沈する.
❺ 哀れむ.
Verga, mas não quebra. たわむことはあっても折れることはない.

vergastar /vexgas'tax/ [他] ❶ むちで打つ. ❷ 追い払う. ❸ 激しく非難する.

★**vergonha** /vex'gõɲa ヴェフゴーニャ/ [女] ❶ **恥, 恥ずかしさ**, 恥ずかしいこと ; はにかみ ▶Que vergonha! 何と恥ずかしいことだ, みっともない / Ela ficou vermelha de vergonha. 彼女は恥ずかしくて顔を赤くした / É uma pouca vergonha. 恥知らずなことだ / deixar a vergonha de lado 恥も外聞も捨てる / vergonha da família 一家の恥 / Pobreza não é vergonha. 貧乏は恥ではない.
❷ **自尊心** ▶ter vergonha na cara 自尊心を持つ.
❸《vergonhas》恥部.
ficar com vergonha 恥ずかしい, 恥ずかしがる ▶Não fique com vergonha. 恥ずかしがらないで.
ficar com vergonha de... …が恥ずかしい ▶Tenho vergonha de mim. 私は自分のことが恥ずかしい.
ficar com vergonha de +[不定詞] …するのが恥ずかしい, 恥ずかしくて…できない.
ter vergonha 恥ずかしい, 恥ずかしがる.
ter vergonha de... …が恥ずかしい.
ter vergonha de +[不定詞] …するのが恥ずかしい, 恥ずかしくて…できない ▶Tenho vergonha de cantar em público. 私は人前で歌うのが恥ずかしい.

vergonhoso, sa /vexgo'ɲozu, 'ɲɔza/ [形] 恥ずかしい, 恥ずべき, 恥となる, 不面目な ▶É vergonhoso mentir. うそをつくことは恥ずべきことだ / partes vergonhosas 恥部.

verídico, ca /ve'ridʒiku, ka/ [形] 真相の, 真実の, 信憑性のある ▶uma história verídica 実話.

verificação /verifika'sɐ̃w̃/ [[複] verificações] [女] ❶ 検査, 確認, 照合 ▶verificação de identidade 身元確認. ❷ 検証, 実証 ▶verificação de uma hipótese 仮説の検証.

★★★**verificar** /verifi'kax ヴェリフィカーフ/ ㉙ [他] ❶ **実証する, 立証する, 確認する** ▶Os cientistas verificaram que existia uma cidade no deserto. 科学者たちはその砂漠に街が存在していたことを立証した / O motorista sempre verifica se ainda há passageiros no ônibus. 運転手はバスに乗客が残っていないかいつも確認する.
❷ **審査する, 検査する** ▶Os funcionários verificaram os produtos. 従業員は製品を検査した.
— **verificar-se** [再] ❶ 起きる, 実現する. ❷ 立証される.

verificável /verifi'kavew/ [[複] verificáveis] [形]《男女同形》検証可能な.

verme /'vɛxmi/ [男] ❶ (うじ, みみず, 回虫のような) 虫 ; 青虫 ▶verme da terra みみず / verme da seda かいこ. ❷ 卑劣な人物, 唾棄すべき人物.

vermelhidão /vexmeʎi'dɐ̃w̃/ [[複] vermelhidões] [女] 赤み, 赤さ.

★★★**vermelho, lha** /vex'meʎu, ʎa ヴェフメーリョ, リャ/ [形] ❶ **赤い, 赤色の** ▶cartão vermelho レッドカード / Mar Vermelho 紅海 / Não atravessar a rua no sinal vermelho. 赤信号で道路を横断しないこと / a cor vermelha 赤色.
❷ **赤くなった, 赤らんだ** ▶faces vermelhas de raiva 激怒で赤くなった顔 / os olhos vermelhos pe-

las lágrimas 涙で赤くなった瞳 / ficar vermelho de vergonha 恥ずかしくて赤くなる.
❸ 共産主義の, 社会主義の ▶ exército vermelho 赤軍.
— [男] 赤色 ▶ O vermelho fica-lhe bem. 赤色は彼女に似合う / O vermelho é uma cor quente. 赤色は情熱の色だ.
estar no vermelho 赤字である.
sair do vermelho 赤字を抜け出す.

vermute /vex'mutʃi/ [男]〘酒〙ベルモット.

vernáculo, la /vex'nakulu, la/ [形] その土地固有の, 土着の ▶ língua vernácula 土地の言葉, 現地語.

vernal /vex'naw/ [[複] vernais] [形]《男女同形》春の ▶ ponto vernal 春分点.

vernissage /vexni'saʒi/ [女]《フランス語》ベルニサージュ (美術展の一般公開に先立つ特別招待).

verniz /vex'nis/ [男]《フランス語》❶ ワニス, ニス. ❷ エナメル革 ▶ sapatos de verniz エナメル靴. ❸ 艶, 輝き. ❹ うわべの飾り.

vero, ra /'vɛru, ra/ [形] 本物の, 真の.

verosímil /vəru'zimil/ [形] [P] = verossímil

verosimilhança /vəruzimi'ʎɐ̃sa/ [女] [P] = verossimilhança

verossímil /vero'sĩmiw/ [[複] verossímeis] [形]《男女同形》[B] 本当らしい ; ありそうな, 信憑性のある ▶ história verossímil もっともらしい話, ありそうな話.

verossimilhança /verosimi'ʎɐ̃sa/ [女] [B] 本当らしさ, 真実らしさ, 信憑性.

verruga /ve'xuga/ [女]〘医学〙いぼ ▶ remover uma verruga いぼを取り除く.

versado, da /vex'sadu, da/ [形] …に詳しい, 精通した [+ em] ▶ Não sou versado em leis. 私は法律に詳しくない.

‡versão /vex'sɐ̃w̃ ヴェフサォン/ [[複] versões] [女] ❶ …版, バージョン ▶ versão japonesa 日本語版 / versão beta ベータ版 / Essa é a nova versão do programa. それはプログラムの新しいバージョンだ / em versão original 原作版の.
❷ (事実についての) 解釈, 見解, 説明 ▶ Pode-se confiar na versão dele. 彼の解釈は信頼に足るものだ.
❸ 翻訳, 訳文, 訳書.
❹ 噂 ▶ versão dos vizinhos 隣人の噂.
❺ ひっくり返すこと ▶ A versão do processo será difícil. その過程をひっくり返すことは難しい.

versar /vex'sax/ [他] ❶ 行う, 実行する.
❷ 研究する, 考察する.
❸ 勉強する, 訓練する ▶ Durante anos ele versava a língua russa. 何年も彼はロシア語を勉強していた.
❹ 熟考する ▶ Ele versava uma questão. 彼はある問題について考えていた.
❺ (別の容器に) 移し替える ▶ Ela versou a água do jarro para o copo. 彼女は水差しからコップに水を移した.
❻ 親交を結ぶ, 付き合いがある.
❼ 詩作する ; (散文を) 韻文にする.
— [自] ❶ …をテーマとして扱う, 取り上げる [+ sobre] ▶ O discurso versou sobre a política. その演説では政治が取り上げられた.
❷ 詩作する ▶ Na suas horas livres, ela gostava de versar. 暇な時間には彼女は詩を作るのが好きだった.

versátil /vex'satʃiw/ [[複] versáteis] [形]《男女同形》❶ 多用途の, 多目的の ▶ material versátil 多目的素材. ❷ 多芸多才な ▶ um ator versátil 多芸な俳優. ❸ 移り気な, 気まぐれな.

versatilidade /vexsatʃili'dadʒi/ [女] ❶ 多才, 万能. ❷ 多目的, 多機能. ❸ 気まぐれさ, 気の変わりやすさ.

versejar /vexse'ʒax/ [他] …を詩にする.
— [自] 詩作する.

versificar /vexsifi'kax/ ㉙ [自] 詩を書く.
— [他] …を詩にする.

***verso** /'vɛxsu ヴェフソ/ [男] ❶ **詩句 ; 詩の 1 行 ;** (集合的に) **詩, 詩歌** ▶ verso solto 無韻詩.
❷ **裏面** ▶ Continua no verso. 裏に続く / Veja o [no] verso. 裏面を見よ / no verso da folha ページの裏の [で].

versus /'vɛxsus/ [前] ❶ …対… ▶ Flamengo versus São Paulo フラメンゴ対サンパウロ.
❷ …に対して ▶ liberdade versus igualdade 自由かそれとも平等か.

vértebra /'vɛxtebra/ [女]〘解剖〙椎骨(ついこつ).

vertebrado, da /vexte'bradu, da/ [形] 脊椎(せきつい)動物の, 脊椎のある.
— **vertebrado** [男] 脊椎動物.

vertebral /vexte'braw/ [[複] vertebrais] [形]《男女同形》脊椎(せきつい)の ▶ coluna vertebral 脊椎.

vertente /vex'tẽtʃi/ [形]《男女同形》❶ あふれる, こぼれる ▶ águas vertentes あふれる水.
❷ 今問題になっている ▶ questão vertente 今問題になっていること.
— [女] ❶ 水が流れる山の斜面. ❷ 屋根の斜面. ❸ 分派.

verter /vex'tex/ [他] ❶ こぼす, 流す, 滴らす ▶ O criado verteu água dos copos. 召使いはコップの水をこぼした / verter lágrimas 涙を流す / verter água(s) 排尿する / verter sangue 血を流す.
❷ 噴き出させる.
❸ 広める, まき散らす ▶ Vertem clarões as lanternas. ランプは光を放っていた.
❹ 翻訳する ▶ Ele verteu o texto hebraico em língua grega. 彼はヘブライ語のテキストをギリシャ語に訳した.
— [自] ❶ 生じる.
❷ 噴き出る, 湧き出る.

vertical /vextʃi'kaw/ [[複] verticais] [形]《男女同形》❶ 垂直の, 鉛直の (↔ horizontal) ▶ linha vertical 垂直線 / plano vertical 垂直面.
❷ 縦の, 直立の ▶ na posição vertical 立てて, 直立して.
— [女] 垂直線 ▶ na vertical 垂直方向に, 垂直に.

verticalidade /vextʃikali'dadʒi/ [女] 垂直 (性).

verticalmente /vextʃi,kaw'mẽtʃi/ [副] 垂直に, 縦に.

vértice /'vɛxtʃisi/ [男] ❶ 頂点, てっぺん. ❷〘数学〙交点.

V

vertigem

vertigem /vex'tʃiɡẽj/ [複 vertigens] 囡 ❶ めまい ▶ sentir vertigem めまいを感じる / dar vertigem a alguém …にめまいを起こさせる. ❷ 眩惑, 惑乱.

vertiginoso, sa /vextʃiʒi'nozu, 'nɔza/ 形 目がくらむような, 目が回るような ▶ altura vertiginosa 目がくらむほどの高さ / um ritmo vertiginoso 目が回るほどの速いテンポ / uma queda vertiginosa 急落.

verve /'vɛxvi/ 囡 ❶ 精彩, 才気煥発. ❷ 芸術的想像力, 霊感, 感興.

vesgo, ga /'vezɡu, ɡa/ 形囡 斜視の(人).

vesícula /ve'zikula/ 囡〖解剖〗小胞, 小嚢(のう) ▶ vesícula biliar 胆嚢.

vespa /'vespa/ 囡 ❶〖昆虫〗スズメバチ. ❷ スクーター.

vespeiro /ves'pejru/ 男 ❶ スズメバチの巣, スズメバチの大群. ❷ 取り上げることが危険な話題.

*****véspera** /'vespera ヴェスペラ/ 囡 ❶ 前日 ▶ na véspera do Natal クリスマスの前日に / na véspera do exame 試験の前日に / véspera de Natal クリスマスイブ / véspera de Ano Novo 大晦日.
❷ (vésperas)(何かが起こる) すぐ前, 直前 ▶ nas vésperas do casamento 結婚直前に / Nas vésperas da guerra, minha filha nasceu. 戦争のすぐ前に娘が生まれた.
❸〖カトリック〗晩課.
estar em vésperas de + 不定詞 今にも…しようとしている ▶ Eles estão em vésperas de partir para o Brasil. 彼らはもうすぐブラジルへ出発する.

vesperal /vespe'raw/ [複 vesperais] 形《男女同形》午後の, 夕方の.
— 男 晚课集.
— 囡 夕方行われる行事 (コンサート, 演劇等).

veste /'vɛstʃi/ 囡《vestes》衣服 ▶ vestes sacerdotais 聖職者の服.

vestiário /vestʃi'ariu/ 男 ❶ クロークルーム. ❷ 更衣室, ロッカールーム.

vestibular /vestʃibu'lax/ [複 vestibulares] 男 B 大学入試 (= exame vestibular) ▶ fazer vestibular 大学入試を受ける.
— 形《男女同形》❶ B 大学入試の. ❷〖解剖〗前庭の. ❸ 玄関の, ホールの, ロビーの.

vestíbulo /ves'tʃibulu/ 男 ❶ ホール, ロビー; 玄関, 入り口. ❷〖解剖〗前庭.

*****vestido, da** /ves'tʃidu, da/ ヴェスチード, ダ/ 形 (vestir の過去分詞) 服を着た ▶ um menino vestido de preto 黒い服を着た男の子.
— **vestido** 男 ドレス, ワンピース ▶ vestido de noiva ウエディングドレス / vestido de noite イブニングドレス / vestido de baile 舞踏会ドレス.

vestígio /ves'tʃiʒiu/ 男 ❶ 跡, 痕跡, 形跡 ▶ sem deixar vestígios 跡を残さずに.
❷《vestígios》遺物, 遺跡 ▶ vestígios da civilização maia マヤ文明の遺跡.

vestimenta /vestʃi'mẽta/ 囡 ❶ 衣服, 服. ❷《vestimentas》〖カトリック〗祭服.

*****vestir** /ves'tʃix ヴェスチーフ/ [⑥] 他 ❶ 着せる ▶ vestir as crianças 子供たちに服を着せる.
❷ 着ている ▶ Ele vestia um terno. 彼はスーツを着ていた.
❸ 着る ▶ vestir uma blusa セーターを着る / Eu não tenho o que vestir. 私は着るものがない.
❹ …サイズの服を着る ▶ Eu visto tamanho 46. 私のサイズは46だ / Que número você veste? あなたのサイズはいくつですか.
— 自 服を着る ▶ vestir de branco 白い服を着る
— **vestir-se** 再 ❶ 服を着る ▶ vestir-se bem こなしが上手である / vestir-se mal 着こなしが下手だ.
❷ 仮装する ▶ Eu me vesti de policial. 私は警察官に変装した.

vestuário /vestu'ariu/ 男 ❶《集合的に》衣服. ❷ 着こなし.

vetar /ve'tax/ 他 ❶ …に拒否権を行使する ▶ vetar um projeto de lei 法案に拒否権を行使する. ❷ 禁止する.

veterano, na /vete'rɐnu, na/ 形 ❶ 古参兵の, 軍歴が長い. ❷ 老練な, ベテランの ▶ um jogador veterano ベテラン選手.
— 名 ❶ 古参兵, 老兵; 退役軍人. ❷ 熟練者, ベテラン. ❸ 2年進級者.

veterinária[1] /veteri'naria/ 囡 獣医学.
veterinário, ria[2] /veteri'nariu, ria/ 名 獣医.
— 形 獣医学の ▶ clínica veterinária 動物病院.

veto /'vetu/ 男 ❶ 拒否権 ▶ ter o poder de veto 拒否権を持つ. ❷ 拒絶, 反対, 禁止.

vetor /ve'tox/ [複 vetores] 男 ❶〖数学〗ベクトル. ❷ 病原菌媒介動物〖昆虫〗.

vetusto, ta /ve'tustu, ta/ 形 ❶ 古くなった, 老朽化した. ❷ 非常に古い.

véu /'veu/ 男 ❶ ベール, 覆い ▶ véu de noiva 花嫁のベール / levantar o véu ベールを上げる. ❷ 覆い隠すもの ▶ véu da noite 夜の闇.
balançar o véu da noiva〖サッカー〗ネットを揺らす, ゴールを決める.
lançar um véu sobre... …を忘れさせる.
levantar uma ponta do véu ベールの隅をめくる, 秘密を暴露する, 出口を見つける.
rasgar o véu ベールを引き裂く, ありのままの自己をさらす.
tomar o véu 修道女になる.

vexame /ve'ʃɐmi/ 男 恥, 恥辱, 不面目 ▶ dar vexame 恥をかく / O que vi foi um vexame total. 私が目にしたのは穴があったら入りたくなるような光景だった.

vexar /ve'ʃax/ 他 ❶ 苦しめる, 悩ませる, 困らせる. ❷ 辱める, 恥をかかせる ▶ O fato de a ter ignorado completamente vexou-a. 彼女を無視したことは完全に彼女を辱めた.
— **vexar-se** 再 恥ずかしく思う ▶ Ele vexou-se, aparecendo sem ser convidado. 彼は招待されていないにもかかわらず現れて恥ずかしく思った.

*****vez** /'ves ヴェス/ [複 vezes] 囡 ❶ …回, …度 ▶ Vi esse filme duas vezes. 私はこの映画を二回見た / uma vez por semana 週に一回 / Encontrei-o uma vez só. 彼には一度しか会っていない / muitas vezes 何度も, 頻繁に / poucas vezes たまに / Fale mais uma vez, por favor. もう一度言

ってください / Repita outra vez, por favor. もう一度繰り返してください / mais de uma vez 一度ならず / mais de mil vezes 何度も, 散々.

❷ …のとき, の折 ▶ desta vez 今回 / da próxima vez 次回 / da última vez 先だって, この間 / cada vez 毎回 / na maioria das vezes たいていの場合 / pela primeira vez na vida 生まれて初めて / a primeira vez que eu te vi 初めて君を見たとき / pela última vez 最後に.

❸ 順番, 番 ▶ Agora é minha vez. 今度は私の番だ / esperar a sua vez 自分の番を待つ.

❹ …倍 ▶ O Brasil é 23 vezes maior que o Japão. ブラジルは日本の23倍大きい.

❺ 機会, 出番 ▶ Aqui não tenho vez. ここには私の出番はない / A vez chegou. 出番が来た.

❻《vezes》〖数学〗…かける… ▶ Três vezes quatro são doze. 3かける4は12.

as mais das vezes ほとんどいつも, たいてい.
às vezes 時々 ▶ Às vezes faço caminhada. 私は時々ウォーキングをする.
à vez 順番に.
cada vez mais ますます, だんだん ▶ O tempo está piorando cada vez mais. 天気はますます悪くなっている.
cada vez melhor ますます良く.
cada vez menos ますます少なく, ますます少なく.
cada vez pior ますます悪く.
cada vez que +直説法 …するたびに ▶ Cada vez que viajo, compro alguma lembrança. 旅行するたびに私は何かお土産を買う.
certa vez かつて, 以前, あるとき.
de uma vez (só) 一気に, 一息に.
de uma vez por todas 確実に, 一度きりで.
de vez きっぱりと, 決定的に ; ほぼ熟した ▶ Desisti da ideia de vez. その考えはきっぱりと諦めた.
de vez em quando 時々, 時折.
em vez de... …の代わりに.
em vez de +不定詞 …する代わりに ▶ O menino prefere dormir em vez de sair. 少年は出かける代わりに寝る方がよいようだ.
Era uma vez... (おとぎ話の冒頭で) 昔々… ▶ Era uma vez um rei muito rico. 昔々とてもお金持ちな王様がいました.
fazer as vezes de... …の代わりになる, …の代役を務める.
no mais das vezes ほとんどいつも, たいてい.
o mais das vezes ほとんどいつも, たいてい.
passar a vez ① チャンスを逃す. ② 順番を譲る.
perder a vez ① 機会を逃す. ② 注意力散漫になる.
por sua vez 順番に, 今度はあなた [彼, 彼女] が.
por vez 時々.
ser uma vez só 一度だけである.
tirar a vez de... …の前に割り込む, …を出し抜く.
todas as vezes que +直説法 …するたびに.
um de cada vez 一人 [一つ] ずつ, 順番に.
uma vez 一度, ある時.
uma vez na vida, outra na morte Ⓑ ごくまれに.

uma vez ou outra 時折, たまに.
uma vez que +直説法 …したからには ▶ Uma vez que você prometeu, tem que cumprir. 約束したからには実行しなければなりません.
Tudo tem sua primeira vez. 誰でも最初は初めてだ.
vez a vez 時折, たまに.
vez em vez 時折, たまに.
vez por onde 時折, たまに.
vez por outra 時折, たまに.

vezeiro, ra /ve'zejru, ra/ 形《useiro e vezeiro em...》しょっちゅう…する, …する癖がある.

★via /'via ヴィア/ 囡 ❶ 道, 道路 ▶ via expressa 高速道路 / via pública 公道 / via preferencial 優先道路 / via de comunicação 交通路 / via de acesso 進入路 / via férrea 鉄道.

❷ 経路, 方法, 手段 ▶ por várias vias さまざまな方法で / por via aérea 空路で, 航空便で / por via marítima 海路で, 船便で / por via terrestre 陸路で / por via oral 経口で / por vias indiretas 間接的に / por via diplomática 外交経路で.

❸ 書類のページ, コピー, 写し ▶ primeira via 原本 / segunda via 写し, 控え / em duas vias 2部の.

❹《vias》〖解剖〗管, 道 ▶ vias respiratórias 気道.

❺ Via Láctea 天の川, 銀河.

─ 前 …を経て ▶ via satélite 衛星中継で / ir para Roma via Londres ロンドン経由でローマに行く.

em vias de... …の過程 [途中] で ▶ país em vias de desenvolvimento 発展途上国.
por via das dúvidas 念のため, 万一に備えて.
por via de... …を通じて ▶ Consegui os ingressos por via de um amigo. 友人を通じて私は入場券を手に入れた / por via de negociação 交渉を通じて.
por via de regra 一般的に, 通常.
vias de fato 暴力行為.

viabilidade /viabili'dadʒi/ 囡 ❶ 生存可能性, 生育可能性. ❷ 実現可能性, 実現性 ▶ viabilidade de um projeto ある事業の実現可能性.

viabilizar /viabili'zax/ 他 実現可能にする, 実現可能にする ▶ viabilizar um plano 計画を実現可能にする.

viação /via'sẽw/ [複 viações] 囡 ❶ 交通機関 ▶ empresa de viação 運送会社.
❷ 交通網 ▶ acidente de viação 交通事故.

viaduto /via'dutu/ 男 陸橋, 高架橋.

★viagem /vi'aʒẽj ヴィアージェイン/ [複 viagens] 囡 旅, 旅行 ; 移動 ▶ fazer uma viagem 旅行する / viagem a Paris パリ旅行 / estar de viagem 旅行中である / partir de viagem 旅行に出かける / Boa viagem! よい旅行を / viagem de ida e volta 往復旅行 / viagem ao exterior 外国旅行 / viagem de negócios 出張 / viagem de núpcias 新婚旅行 / viagem no tempo タイムトラベル / viagem espacial 宇宙旅行 / mala de viagem 旅行かばん.

fazer a última viagem 亡くなる.
para viagem 持ち帰り用の ▶ comida para viagem 持ち帰りの食べ物 / Para viagem, por favor. 持ち帰りでお願いします.

viajado, da

viajado, da /via'ʒadu, da/ 形 広く旅をした, 旅慣れた.

viajante /via'ʒētʃi/ 形《男女同形》旅をする.
— 名 旅人, 旅行者.

☆viajar /via'ʒax ヴィアジャーフ/ 自 ❶ 旅行する, 旅する ▶ viajar de carro 自動車で旅行する / viajar de avião 飛行機で旅行する / Nós vamos viajar pelo Nordeste. 私たちは北東部を旅行する / viajar para São Paulo サンパウロに旅行する.
❷ 俗 幻想する, 空想する ▶ Não é nada disso. Você viajou? まったくそんなことではないよ. 君は夢でも見ていたのかい.
— 他 …を旅する ▶ viajar o mundo 世界を旅する.

viandante /viẽ'dētʃi/ 形《男女同形》旅をする.
— 名 旅人, 旅行者.

viário, ria /vi'ariu, ria/ 形 道路の ▶ rede viária 道路網.

via-sacra /,via'sakra/ [複 vias-sacras] 女 ❶ キリストの受難を描いた14枚1組の絵. ❷ その絵の前で捧げる祈り.

viatura /via'tura/ 女 ❶ 乗り物, 自動車. ❷ 軍用車, パトカー (= viatura policial).

viável /vi'avew/ [複 viáveis] 形《男女同形》❶ 実現可能な, 実現性のある ▶ um projeto viável 実現性のある事業. ❷ 生存能力のある, 生育力のある.

víbora /'vibora/ 女 ❶《動物》毒ヘビ, クサリヘビ.
❷ 陰険な人.
ter língua de víbora 毒舌家である.

vibração /vibra'sẽw/ [複 vibrações] 女 振動, 震動 ; 揺れ, 振るえ ▶ vibração da voz 声の震え / vibração da terra 地面の揺れ.

vibrante /vi'brētʃi/ 形《男女同形》振動する, 震える ▶ voz vibrante 震え声.

vibrar /vi'brax/ 他 ❶ 揺らす, 揺り動かす ▶ A ventania vibrava o vidro da janela. 暴風が窓ガラスを揺らしていた.
❷ 振り回す ▶ A torcida vibrava as bandeiras. ファンは旗を振り回していた.
❸ 響かせる, 鳴らす.
❹ (武器などを) 投げる, 放つ ▶ Os guerreiros vibravam as lanças. 兵士たちは槍を投げた.
❺ 感動させる, 鼓舞する ▶ Aquelas palavras vibravam nos guerreiros o espírito nacional. あれらの言葉は兵士たちの愛国精神を鼓舞していた.
❻ (弦楽器を) 弾く, つま弾く ▶ O músico vibrou as cordas da guitarra. その演奏家はギターの弦をつま弾いた.
— 自 ❶ 揺れる, 振動する, 震える ▶ As pernas do menino vibravam de medo. 男の子の足は恐怖に震えていた.
❷ 響く ▶ Ouvia-se ao longe uma guitarra a vibrar. ギターの音が響くのが遠くで聞こえた / As palavras dele ainda vibram aos meus ouvidos. 彼の言葉はまだ私の耳に響いている.
❸ こだまする, 反響する.
❹【音楽】ビブラートを出す ▶ O maestro pediu que, naquele ponto, a voz da soprano vibrasse. 指揮者はそこでソプラノにビブラートを出すように頼んだ.
❺ 熱狂する ▶ Os torcedores vibravam diante da TV. ファンはテレビの前で熱狂していた.
❻ 感動する ▶ O cantor viu o público vibrar. その歌手は聴衆が感動するのを見た / fazer vibrar 感動させる, 感動させる.

vice-campeão, peã /,visikēpe'ẽw, pe'ẽ/ [複 vice-campeões, peãs] 形 準優勝の ▶ time vice-campeão 準優勝チーム / sagrar-se vice-campeão 準優勝する.
— 名 準優勝チーム [選手, 国].

vice-governador, dora /,visigovexna'dox, 'dora/ [複 vice-governadores, doras] 名 副知事.

vicejar /vise'ʒax/ 自 ❶ 生い茂る, 繁茂する ▶ Vicejam os campos na primavera. 春には野原が生い茂る.
❷ はつらつとしている, 生き生きしている, 輝く ▶ Apesar da idade, seu talento ainda viceja. 年齢にもかかわらず彼の才能は今だ輝いている.
— 他 ❶ 生じさせる ▶ A compaixão viceja o amor. 同情は愛を生じさせる.
❷ 繁らせる.

vice-presidente /,visiprezi'dētʃi/ [複 vice-presidentes] 名 副大統領, 副会長, 副総裁.

vice-versa /,visi'vexsa/ 副 逆に, 反対に ▶ João gosta de ler os livros de Antônio, e vice-versa. ジョアンはアントニオの本を読むのが好きで, その逆も同様である.

viciado, da /visi'adu, da/ 名 中毒者, 常用者 ▶ viciado em cocaína コカイン中毒者.
— 形 ❶ …に中毒した, やみつきになった [+ em] ▶ ser viciado em heroína ヘロイン中毒である / ser viciado em jogos ギャンブル中毒である / viciado em trabalho ワーカホリックの.
❷ (空気が) 汚れた, よどんだ ▶ ar viciado 汚れた空気.
❸ 改造した, 細工した ▶ dados viciados 細工したさいころ.

viciar /visi'ax/ 他 ❶ 依存症にさせる, 中毒にさせる ▶ Os calmantes viciaram-no. 彼は鎮静剤の依存症になった.
❷ 駄目にする, 腐敗させる, 堕落させる ▶ O cigarro vicia o ambiente. タバコは環境を汚す.
❸ ごまかす, 改造する, 偽造する ▶ O taxista viciou o taxímetro. そのタクシー運転手はタクシーメーターを改造した.
❹ 無効にする.
— **viciar-se** 再 ❶ …の依存症になる, 中毒になる [+ em] ▶ Muitos homens se viciaram em álcool. 多くの男が酒に溺れた.
❷ 腐る, 駄目になる.

vicinal /visi'naw/ [複 vicinais] 形《男女同形》隣の, 隣接した, 近くの.

☆vício /'visiu ヴィシオ/ 男 ❶ 中毒, 依存症 ▶ vício da bebida 飲酒癖, アルコール依存症 / vício do jogo ギャンブルにのめり込むこと.
❷ 悪癖, 悪習 ▶ Ele tem o vício de roer unhas. 彼は爪をかむ癖がある / corrigir um vício 癖を直す.
❸ 欠陥, 不備 ; 間違い ▶ vício de linguagem 言葉の誤用.

vicioso, sa /visi'ozu, 'ɔza/ 形 ❶ 悪習の, 悪に染

vidro

まった, 不道徳な ▶vida viciosa 堕落した生活. ❷ 欠陥のある, 間違った.
círculo vicioso 悪循環.
vicissitude /visisi'tudʒi/ 囡 有為転変, 浮き沈み ▶vicissitudes da vida 人生の浮き沈み.
viço /'visu/ 男 ❶ 植物の生育力. ❷ 若さ, 活力, 生命力 ▶cheio de viço 活力に満ちた.
viçoso, sa /vi'sozu, 'soza/ 形 ❶ 生い茂る, 繁茂する. ❷ 健康そうな, はつらつとした. ❸ 元気な, 活力に満ちた.

vida /'vida ヴィーダ/ 囡 ❶ **生命, 生** ▶a origem da vida 生命の起源 / estar com vida 生きている / perder a vida 命を落とす / estar entre a vida e a morte 生死をさまよう / Ela salvou-me a vida. 彼女は私の命の恩人だ / questão de vida ou de morte 死活問題 / seguro de vida 生命保険.

❷ **一生, 生涯, 人生；寿命, 伝記** ▶Trabalhou muito durante a vida. 彼は生涯よく働いた / esperança de vida 平均余命 / vida e obra de Fernando Pessoa フェルナンド・ペソアの生涯と作品 / A arte é minha vida. 芸術は私の人生そのものだ / A vida é curta. 人生は短い / na minha vida 私の人生で / aceitar a vida como ela é 人生をあるがまま受け入れる.

❸ **生活, 暮らしぶり, 生き方** ▶vida cotidiana 日常生活 / vida conjugal 結婚生活 / vida privada 私生活 / vida estudantil 学生生活 / nível de vida 生活水準 / estilo de vida 生活様式, ライフスタイル / mudar de vida 生活を変える / levar uma vida saudável 健全な生活をする / vida noturna ナイトライフ / vida cultural 文化活動 / Como é que vai a vida? このごろどうしてますか.

❹ **生活費, 生計** ▶ganhar a vida 生活費を稼ぐ, 生計を立てる / custo de vida 生活費.
❺ (a vida) **実生活, 実社会, 世間** ▶saber o que é a vida 世間が何かを知っている.
❻ 《集合的》**生命体, 生き物** ▶vida animal 動物 / vida vegetal 植物.
❼ **寿命** ▶prolongar a vida do computador コンピューターの寿命を延ばす.
❽ **生気, 活気, 生命感** ▶cheio de vida 活気あふれた, 元気いっぱいな.

à boa vida 労働せずに, 怠惰に.
A vida continua. 仕方ない.
acabar com a vida 自殺する, 殺す.
cair na vida ①売春婦に身を落とす. ②遊ぶ, 羽目をはずす.
Cuide de sua vida! ほっといてください.
dar a vida 命を捧げる, 犠牲にする.
dar vida a... …に生気を与える, …を元気付ける.
de bem com a vida 平穏な生活を送って.
em vida 存命中に ▶Doou os bens em vida. 彼は生前財産贈与した.
estar bem de vida 何不自由なく暮らす.
estar com a vida ganha お金には困らない.
fazer pela vida 熱心に働く, 努力する.
feliz da vida 大喜びして.
levar a vida na flauta 責任を負わずに生きる.
levar boa vida 気楽に生活する.
louco da vida かんかんに怒って.
Meta-se com a sua vida! ほっといてくれ.
meter-se na vida de... …のことを詮索する, 口出しする.
mil vidas 多くの危険を乗り越えてきた人.
não querer outra vida 現状に満足している.
para a vida e para a morte 永遠に.
passar desta vida para melhor 死ぬ.
por toda a vida 生涯, 一生, 生きている限り.
subir na vida 出世する.
ter a vida por um fio 生死の境にある.
ter sete vidas 不死身である.
tocar a vida para frente 前向きに生きる.
toda a vida ずっと, いつまでも ▶Continue nessa rua toda a vida. この道をずっとまっすぐ行ってください.
tratar da vida 稼ぐ, 働く.
Vá cuidar de sua vida! ほっといてください.
verter a vida 死ぬ.
vida de cão 惨めな生活.

vidão /vi'dẽw/ 男 何不自由ない生活 ▶Vivia cheio de mordomias e sem preocupações. Que vidão! 彼は特権でいっぱいの何の心配もない生活を送っていた. なんて優雅な人生だろう.
videira /vi'dejra/ 囡 ブドウの木.
vidente /vi'dẽtʃi/ 图 千里眼の持ち主, 透視術者, 予言者.
— 形《男女同形》千里眼の.
vídeo /'vidiu/ 男 ビデオ, 動画 ▶filmar em vídeo …の動画を撮る / assistir a um vídeo ビデオを見る.
videoclipe /vidio'klipi/ 男 ビデオクリップ.
videoclube /vidio'klubi/ 男 ビデオショップ.
videolocadora /vidioloka'dora/ 囡 レンタルビデオ店.
vidraça /vi'drasa/ 囡 ❶ 窓ガラス. ❷ 窓枠.
vidraçaria /vidrasa'ria/ 囡 ❶ ガラス店. ❷《集合的》板ガラス.
vidraceiro /vidra'sejru/ 男 ガラス職人, ガラス店主.
vidrado, da /vi'dradu, da/ 形 ❶ 輝きのない, よどんだ ▶olhos vidrados よどんだ目.
❷ ガラスで覆われた.
❸ 国 …に夢中になった, 熱愛している [+ em] ▶Eu sou vidrado em você. 君のことが大好きだ.
vidrar /vi'drax/ 他 ❶ …に上塗りをかける.
❷ …をガラスで覆う.
— 自 …が好きになる [em/por].
vidreiro, ra /vi'drejru, ra/ 形 ガラス工業の ▶indústria vidreira ガラス工業.
— 图 ガラス職人.

vidro /'vidru ヴィードロ/ 男 ❶ **ガラス** ▶garrafa de vidro ガラスの瓶 / objetos de vidro ガラス製品 / vidro de segurança 安全ガラス.
❷ **ガラス工芸品** ▶vidro colorido ステンドグラス.
❸ **ガラスの容器, 小瓶** ▶vidro de perfume 香水瓶 / vidro de maionese マヨネーズの瓶.
❹ **窓ガラス** ▶vidro da janela 窓ガラス.
❺ **(自動車の)窓** ▶Posso abrir o vidro? 窓を開けてもいいですか.

viela

ser de vidro ① ガラス製である. ② 壊れやすい, 繊細だ.
viela /vi'ɛla/ 囡 路地, 小径.
viemos 活用 ⇒ vir
vier 活用 ⇒ vir
viera 活用 ⇒ vir
vieram 活用 ⇒ vir
viés /vi'ɛs/ 男 ① 斜め. ② 観点, 視点.
　ao [de] viés 斜めに.
　olhar de viés 横目で見る.
viga /'viga/ 囡 梁(はり), 桁(けた).
vigarice /viga'risi/ 囡 ぺてん, 詐欺, いんちき.
vigário /vi'gariu/ 男《カトリック》助任司祭 ▶ Vigário de Cristo ローマ教皇.
　conto de vigário 信用詐欺.
　ensinar o pai-nosso ao vigário 釈迦に説法す.
vigarista /viga'rista/ 囝 詐欺師, ペテン師.
vigência /vi'ʒesia/ 囡 有効, 有効期限 ▶ durante a vigência do contrato 契約の有効期間中に.
vigente /vi'ʒetʃi/ 形《男女同形》有効な, 現行の ▶ legislação vigente 現行法制.
viger /vi'ʒex/ (48) 圁 施行されている, 効力がある.
*****vigésimo, ma** /vi'ʒezimu, ma/ ヴィジェーズィモ, マ/ 形《男女同形》《数》① 20番目の. ② 20分の1の.
　— vigésimo 男 20分の1.
vigia /vi'ʒia/ 囡 ① 見張り, 監視 ▶ estar [ficar] de vigia 見張りをする. ② 望楼, 見張り塔. ③ のぞき穴.
　— 囝 見張り番, 監視者, 警備員 ▶ vigia noturno 夜間警備員.
vigiar /viʒi'ax/ (他) ① 見張る, 監視する ▶ Ele vigiava a sala do cofre. 彼は金庫のある部屋を見張っていた.
　② 見る, 番をする ▶ O pastor vigiava o gado. 牧人は家畜の番をしていた / A ama vigiava as crianças. 乳母は子守りをしていた.
　③ 面倒を見る, 世話をする ▶ A enfermeira vigiava o paciente. 看護師は患者の世話をしていた.
　④ 吟味する, 注視する ▶ Ele vigia o movimento das ações na bolsa o dia inteiro. 彼は一日中証券取引の動向に注目している.
　— 圁 ① 監視する, 見張る.
　② 徹夜で番をする.
　— **vigiar-se** 用 用心する, 警戒する.
vigilância /viʒi'lesia/ 囡 ① 監視, 見張り, 警備 ▶ estar sob vigilância 監視されている / vigilância policial 警察の監視.
　② 警戒, 用心.
vigilante /viʒi'letʃi/ 形《男女同形》見張っている, 警備している, 警戒している.
　— 囝 警備員, ガードマン.
vigília /vi'ʒilia/ 囡 ① 徹夜 ▶ passar a noite em vigília 眠らずに一晩を明かす. ② 不眠. ③ 祝日の前日.
　vigília pascal《カトリック》復活徹夜祭.
*****vigor** /vi'gox/ ヴィゴーフ/ [複 vigores] 男 ① 活力, 生命力 ▶ gente nova, cheia de vigor 活気に満ちている若者たち.

② 迫力, 熱情 ▶ Ele afirmou com vigor. 彼は力強く断言した.
③ (法律などの) 効力, 有効 ▶ lei em vigor 現行法.
entrar em vigor 発効する, 有効となる, 施行される.
estar em vigor 効力がある, 施行中である.
pôr em vigor 実行 [実施] する.
vigorar /vigo'rax/ (他) 強化する, 元気づける, 丈夫にする, 強くする ▶ A ginástica vigorava-lhe o físico. 運動は彼の肉体を丈夫にしていた.
　— 圁 ① 強くなる, 元気になる ▶ O enfermo começou a vigorar. その患者は元気になり始めた.
　② 効力がある, 施行されている ▶ Essa lei já não vigora. その法律はすでに効力がない.
vigoroso, sa /vigo'rozu, 'rɔza/ 形 ① 力強い, たくましい, 頑健な ▶ atleta vigoroso 頑健なスポーツ選手. ② 強烈な, 強力な ▶ reação vigorosa 激しい反応.
vil /'viw/ [腹 vis] 形《男女同形》① 下劣な, 卑劣な ▶ ato vil 卑劣な行為. ② 価値のない, 取るに足らない. ③ 安い, 安価な ▶ por um preço vil 安い値段で.
　— 囝 卑劣な人.
*****vila** /'vila/ ヴィーラ/ 囡 ① 町 (市と村の間) ▶ vila olímpica オリンピック村.
② 町 民 ▶ A vila estava contra a proposta do governo local. 町民は地方政府の提案に反対だった. ③ 別荘.
vilania /vila'nia/ 囡 ① 卑劣, 卑劣な行為. ② けち, 吝嗇.
vilão, lã /vi'lẽw, 'lẽ/ [腹 vilões, lãs] (男性複数形には vilãos, vilães もある. また女性単数形には viloa もある) 形 ① 卑劣な, 悪辣な. ② 粗野な, 野卑な.
　— **vilão** 男 悪者, 悪役.
vilarejo /vila'reʒu/ 男 小さな村, 寒村.
vileza /vi'leza/ 囡 卑劣なこと, 卑劣な言動.
vilipendiar /vilipẽdʒi'ax/ (他) けなす, そしる, 嘲弄(ちょうろう)する.
vim 活用 ⇒ vir
vime /'vimi/ 男 ヤナギの枝 ▶ cesto de vime ヤナギで編んだかご.
vinagre /vi'nagri/ 男 酢 ▶ vinagre balsâmico バルサミコ酢 / Não é com vinagre que se apanham as moscas. 諺 (酢でハエは捕まえられない→) 厳しいだけでは人の心はつかめない.
　ir para o vinagre《サッカー》敗れる, 敗退する.
vinagrete /vina'grɛtʃi/ 囡 ビネグレットソース, フレンチドレッシング.
vincar /vĩ'kax/ (29) (他) ① …にひだをつける, 折り目をつける ▶ Ela vincou a folha ao meio. 彼女はそのページの中央に折り目を付けた.
② しわくちゃにする, しわをつける ▶ O tempo vincou o rosto da mulher. 歳月はその女性の顔にしわを刻んだ.
③ くぼみをつける ▶ Ele vincou a terra para semeá-la. 彼は種を蒔くために地面にくぼみをつけた.
④ 刻む, 印をつける ▶ O avô vincou o tecido para marcar o ponto em que iria cortá-lo. 祖

父は布の切り始めの所に印を付けた.
❺ 強調する ▶ Ela não perdia uma oportunidade para vincar que não gostava dele. 彼が好きではないことを強調する機会を彼女は逃さなかった.

vinco /'vĩku/ [男] 折り目, ひだ.

vincular /vĩku'lax/ [他] ❶ つなぐ, 結びつける, 関連づける ▶ Eles vincularam o prisioneiro. 彼らはその囚人をつないだ / Uma grande amizade vinculou um ao outro. 大きな友情がお互いを結びつけた.
❷ …を…に添加する [+ a].
❸ …を…に従わせる [+ a].
❹ 相続人を限定する, 制限する ▶ vincular propriedades 所有者を限定する.
❺ …の所有権を確かにする ▶ Ele vinculou os bens da família. 彼は家の財産を完全に自分のものにした.
— **vincular-se** [再] ❶ (絆で) 結ばれる ▶ Eles vincularam-se pelo matrimônio. 彼らは婚姻で結ばれた.
❷ 不朽になる ▶ Vinculou-se o nome em nossa literatura. その名前は我々の文学において不朽のものになった.

vínculo /'vĩkulu/ [男] きずな, 結びつき, 関連, 関係 ▶ vínculo de sangue 血のきずな / o vínculo entre mãe e bebê 母親と赤ん坊のきずな / vínculo de parentesco 親戚関係 / A pesquisa comprovou o vínculo entre o vírus e a doença. 研究によってウイルスと病気の関係が証明された.

*__vinda__[1] /'vĩda ヴィンダ/ [女] ❶ **来ること, 到着** ▶ vinda do médico 医者の到着.
❷ **現れること, 到来** ▶ vinda do verão 夏の到来.
❸ 《a vinda》 **復路, 帰り**.
dar as boas vindas a ... …を歓迎する.

vindicar /vĩdʒi'kax/ ㉙ [他] ❶ 返還を要求する, (権利などを) 要求する, 主張する ▶ Ele vindicou seus direitos. 彼は自らの権利を主張した.
❷ …の合法性を主張する ▶ Ele vindicou a ocupação da propriedade. 彼は所有地の占拠の合法性を主張した.
❸ 取り戻す, 回復する.
❹ 擁護する, 正当化する ▶ Ele vindicou a causa dos oprimidos. 彼は虐げられた人たちの立場を擁護した.

vindima /vĩ'dʒĩma/ [女] ❶ ブドウの収穫. ❷ ブドウの収穫期. ❸ 収穫したブドウ.

vindimar /vĩdʒi'max/ [他] ❶ 収穫する. ❷ 破壊する, 全滅させる.
— [自] ブドウを収穫する.

vindo, da[2] /'vĩdu, da/ [形] (vir の過去分詞) 来た, 到着した.

vindoiro, ra /vĩ'dojru, ra/ [形] = vindouro

vindouro, ra /vĩ'doru, ra/ [形] これからの, 将来の; [B] よそ者の ▶ gerações vindouras 将来の世代 / nos tempos vindouros 将来には.
— **vindouros** [男複] 後の人々, 後世.

vingador, dora /vĩga'dox, 'dora/ [[複] vingadores, doras] [形] [名] 復讐する (人).

vingança /vĩ'gẽsa/ [女] 復讐, 仕返し, 報復.

*__vingar__ /vĩ'gax ヴィンガーフ/ ⑪ [他] ❶ **…の仕返しをする, 復讐する** ▶ vingar a morte do irmão 兄弟の仇を討つ / vingar a derrota 敗北の仕返しをする.
❷ **罰する** ▶ vingar o crime 犯罪を罰する.
❸ **取り返す, 回復する** ▶ vingar o prejuízo 損失を取り返す.
— [自] ❶ 成長する ▶ As plantas vingaram bem. 植物はよく育った.
❷ 成功する, うまくいく ▶ O projeto dele vingou. 彼の計画はうまくいった.
— **vingar-se** [再] ❶ …の復讐をする [+ de] ▶ Eles vingaram-se das ofensas. 彼らは侮辱の復讐をした.
❷ …に対して復讐する ▶ vingar-se do inimigo 敵に復讐する.

vingativo, va /vĩga'tʃivu, va/ [形] 報復の, 復讐(ふくしゅう)心のある, 執念深い.

vinha[1] /'vĩɲa/ [女] ブドウ園.

vinha[2] [活用] ⇒ vir

vinha-d'alho /ˌvĩɲa'daʎu/ [[複] vinhas-d'alho] [男] ワインとニンニクのマリネ.

vinhedo /vi'ɲedu/ [男] ぶどう園.

vinheta /vi'ɲeta/ [女] ❶ (本の) ブドウづる装飾模様. ❷ テレビ番組やラジオ番組のオープニングまたはエンディング.

***__vinho__ /'vĩɲu ヴィーニョ/ [男] ❶ **ワイン, ぶどう酒** ▶ vinho tinto 赤ワイン / vinho branco 白ワイン / vinho rosé ロゼワイン / vinho espumante スパークリングワイン / vinho seco 辛口ワイン / vinho doce 甘口ワイン / vinho de mesa テーブルワイン / vinho do Porto ポートワイン / vinho da Madeira マデイラ・ワイン / vinho da casa ハウスワイン / um copo de vinho グラス1杯のワイン / vinho verde ヴィーニョ・ヴェルデ (微発泡, 低アルコールのポルトガルワイン).
❷ **果実酒** ▶ vinho de maçã リンゴ酒 (= sidra).
❸ **ワインカラー** ▶ O vinho lhe cai muito bem. ワインカラーはあなたによく似合う.
— [形] 《不変》 ワインカラーの ▶ jaqueta vinho ワインカラーのジャケット.

vinícola /vi'nikola/ [形] 《男女同形》 ワイン作りの, ブドウ栽培の ▶ região vinícola ワイン産地.

vinicultor, tora /vinikuw'tox, 'tora/ [[複] vinicultores, toras] [名] ブドウ栽培者, ワイン製造者.

vinicultura /vinikuw'tura/ [女] ブドウ栽培, ワイン製造.

vinil /vi'niw/ [男] [[複] vinis] ❶ 〖化学〗 ビニール. ❷ レコード盤.

***__vinte__ /'vĩtʃi ヴィンチ/ [形] 《数》《不変》 ❶ **20の**. ❷ **20番目の** ▶ o dia vinte 20日.
— [男] 20.
às vinte 大急ぎで.
dar no vinte 的中する, 言いあてる.

vintém /vĩ'tẽj̃/ [男] ポルトガルの古い20レイス銅貨.
estar sem vintém お金がない, 一文無しである.

viola /vi'ɔla/ [女] ❶ ブラジルギター, ギター ▶ viola caipira セルタネージョ用のギター. ❷ ヴィオラ.
❸ [B] 〖魚〗 サカタザメ (エイの一種).
❹ [B] 〖鳥〗 ミズベマネシツグミ.
Adeus, viola. 駄目だ, もうおしまいだ.
enfiar [meter /pôr] a viola no saco 黙る, 口

V

violação /viola'sẽw/ [複 violações] 图 ❶【法律】違反, 違背 ▶ violação da lei 法律違反. ❷ 強姦, レイプ. ❸ (権利の) 侵害 ▶ violação dos direitos humanos 人権侵害. ❹ 侵入, 侵犯.

violáceo, cea /vio'lasiu, sia/ 形 スミレ色の, スミレ科の.
— **violácea** 女 スミレ.

violador, dora /viola'dox, 'dora/ [複 violadores, doras] 图 違反者, 侵害者, 強姦者.
— 形 違反する, 侵害する, 侵入する.

violão /vio'lẽw/ [複 violões] 男 B ギター ▶ tocar violão ギターを弾く.

*****violar** /vio'lax ヴィオラーフ/ 他 ❶ (法律や規則に) 違反する ▶ violar a lei 法律を破る / violar o princípio 原則を破る. ❷ …に無理矢理侵入する, 冒瀆する. ❸ 強姦する.

:violência /vio'lẽsia ヴィオレンスィア/ 女 ❶ 暴力, 乱暴 ▶ recorrer à violência 暴力に訴える / violência doméstica 家庭内暴力 / violência urbana 都市暴力 / com violência 乱暴に.
❷ 猛威, すさまじさ ▶ A violência do furacão assustou a todos. 台風の猛威は皆を驚かせた.
❸ 違反 ▶ violência das regras 規則違反.

violentamente /vio,lẽta'mẽtʃi/ 副 乱暴に, 無理に ▶ Ele bateu violentamente o carro contra a árvore. 彼はすごい勢いで車を木にぶつけた / Seis jovens morreram violentamente no acidente. 6人の若者が事故で死亡した.

violentar /violẽ'tax/ 他 ❶ 強姦する, 犯す；暴行する, 暴力をふるう.
❷ 《violentar alguém a + 不定詞》…に…することを強いる, 強要する ▶ Ele violentou-me a concordar. 彼は私に同意することを強要した.
❸ 突き破る, こじ開ける ▶ Ele violentou a gaveta para abrir. 彼は引出しをこじ開けた.
❹ (意味を) 歪曲する, 変質させる ▶ violentar a história 歴史を歪曲する / violentar a constituição 憲法を捻じ曲げる.
❺ (規則を) 破る, 犯す ▶ violentar a lei 法を破る / violentar a gramática 文法の規則を破る.
— **violentar-se** 再 自制する.

*****violento, ta** /vio'lẽtu, ta ヴィオレント, タ/ 形 ❶ 暴力的な, 乱暴な, 怒りっぽい ▶ ato violento 暴力行為 / homem violento 乱暴な男 / Ele tem um gênio violento. 彼は激しやすい気質を持っている.
❷ 激烈な, 強烈な ▶ vento violento 激しい風 / paixão violenta 激情 / acidente violento 強烈な事故 / morte violenta (事故や殺人による) 非業の死.

violeta /vio'leta/ 形 《不変》 すみれ色の.
— 男 すみれ色.
— 女 【植物】スミレ.

violinista /violi'nista/ 图 バイオリン奏者, バイオリニスト.

violino /vio'līnu/ 男 バイオリン ▶ tocar violino バイオリンを弾く.

violoncelista /violõse'lista/ 图 チェロ奏者, チェリスト.

violoncelo /violõ'sɛlu/ 男 チェロ.

violonista /violo'nista/ 图 ギター奏者, ギタリスト.

viperino, na /vipe'rīnu, na/ 形 ❶ クサリヘビ [マムシ] の.
❷ 有毒な.
❸ 辛辣な, 毒舌な, 悪意ある ▶ língua viperina 毒舌.

*****vir**¹ /'vix ヴィーフ/ ⑦

| 現在分詞 | vindo | 過去分詞 | vindo |

直説法現在	venho	vimos
	vens	vindes
	vem	vêm

過去	vim	viemos
	vieste	viestes
	veio	vieram

半過去	vinha	vínhamos
	vinhas	vínheis
	vinha	vinham

接続法現在	venha	venhamos
	venhas	venhais
	venha	venham

自 ❶ 来る；(話し手の方に) 行く ▶ Venho amanhã. 私は明日来ます / Vem cá. ここに来て / Venha comigo. 私と一緒に来て.

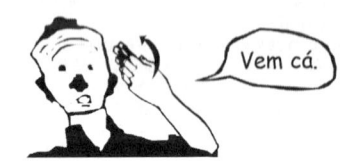

❷ …に来る [+ a/para] ▶ Ela vem a São Paulo. 彼女はサンパウロに来る / Venha para casa. 家に来てください.
❸ 《vir + 不定詞》…しに来る ▶ Ele veio me ver. 彼が私に会いに来た / Venha me buscar. 私を迎えに来て / O que você veio fazer aqui? ここに何をしに来たのですか.
❹ 帰ってくる, 戻ってくる, 着く ▶ Já venho. 私はすぐに戻ってきます.
❺ 次に続く ▶ o ano que vem 来年 / o mês que vem 来月 / a semana que vem 来週.
❻ …から来る [+ de] ▶ vir de São Paulo サンパウロから来る.
❼ 産である, …出身である [+ de] ▶ Este vinho vem do Porto. このワインはポルト産である / Aquele jogador veio do Brasil. あの選手はブラジル出身だった.
❽ …から生じる [+ de] ▶ O sucesso vem do esforço. 成功は努力による.
❾ …から由来する, 派生する [+ de] ▶ O portu-

guês vem do latim. ポルトガル語はラテン語に由来する. ❿ 起こる, 現れる ▶Depois da tempestade, vem a bonança. 諺 (嵐の後に快晴が来る→) 苦あれば楽あり. ⓫ (脳裏に)浮かぶ, 去来する ▶Veio-me uma ideia. 考えがひらめいた. ⓬《助動詞的に》《vir ＋ 現在分詞》ずっと…している, だんだん…してくる ▶Venho dizendo isso desde o começo. 私は初めからずっとこう言っている.
— **vir-se** 再 …に近寄る, 向かう [+ a/para] ▶Venha-se a mim. 私に近寄りなさい.
dizer a [ao] que veio ① 用件を述べる. ② 仕事ができることを証明する.
não dizer a [ao] que veio ① 関心や注意を示さない. ② 参加が認められない.
Não vem que não tem. ばかを言うな, 冗談じゃない.
O que vem a ser isto? これは一体何だ.
vir a ser... …になる ▶Ela veio a ser uma grande atriz. 彼女は偉大な女優になった.
vir bem 都合よく現れる
vir de [不定詞] ① …してから戻る. ② …したばかりである.
vir ter com... …と会う, …を探す.
vir² 活用 ⇒ ver
vira² /ˈvira/ 男 ポルトガルの民族舞踊, その音楽.
vira² 活用 ⇒ ver
viração /viraˈsẽw/ [複 virações] 女 ❶ (午後に海から吹く) 微風, 海風. ❷ 俗 アルバイト, 臨時の仕事.
vira-casaca /ˌvirakaˈzaka/ [複 vira-casacas] 名 日和見主義者, 風見鶏, 二股膏薬.
virada¹ /viˈrada/ 女 ❶ 方向を変えること, 曲がること ▶na virada do século 世紀の変わり目に. ❷ (状況の) 急な変化 ▶virada da situação 状況の急変 / virada da maré 潮の変わり目.
dar uma virada ① …に曲がる ▶dar uma virada para a direita 右に曲がる. ② 新規に巻き直す ▶dar uma virada em sua vida 人生をやり直す. ③ つめこみ勉強する.
de virada 逆転して ▶ganhar de virada 逆転勝ちする.
virado, da² /viˈradu, da/ 形 ❶ …の方を向いた [+ para] ▶virado para a parede / 壁の方を向いた / virado para o mar 海に面した. ❷ 裏返しになった, ひっくり返された ▶O quarto foi virado do avesso. 部屋はすっかり散らかっていた.
— **virado** 男 サンパウロの豆料理.
viragem /viˈraʒẽj/ [複 viragens] 女 ❶ (車などの) 方向転換 ▶viragem à esquerda 左折. ❷ (思想や政策などの) 転換 ▶ponto de viragem 転換点.
viral /viˈraw/ [複 virais] 形《男女同形》ウイルスの, ウイルスによる ▶hepatite viral ウイルス性肝炎.
vira-lata /ˌviraˈlata/ [複 vira-latas] 男 雑種犬, 野良犬.
— 形《男女同形》雑種の.

virar /viˈrax/ ヴィラーフ/ 他 ❶ ひっくり返す, 裏返す, (ページを) めくる ▶virar a carne 肉をひっくり返す / virar a lata de lixo ごみ入れをひっくり返す / virar a página ページをめくる / virar a terra 土地を耕す.
❷ (体の一部を) 向ける ▶virar as costas 背中を向ける / virar a cara 顔をそむける / virar a cabeça 首をかしげる.
❸ …の進行方向を変える ▶Virou o carro para a direita. 彼は車を右へ方向を変えた.
❹ …の中身を空ける ▶virar o copo グラスを飲み干す.
❺ 回す, 回転する ▶virar a chave 鍵を回す.
❻ (角を) 曲がる ▶virar a esquina 角を曲がる
— 自 ❶ …に曲がる ▶virar à direita 右に曲がる / virar à esquerda 左に曲がる.
❷ …の方を向く ▶virar de frente 前を向く / virar de lado 横を向く / virar de costas 後ろを向く.
❸ (天気が) 変わる, 変更する ▶O tempo está virando. 天候は変わりつつある.
❹《virar ＋ 補語》国 …に変わる, なる ▶O vinho virou vinagre. ワインは酢に変わった / Ela virou atriz. 彼女は女優になった.
— **virar-se** 再 ❶ ひっくり返る.
❷ …の方を向く, 振り向く [+ para] ▶Ela se virou para mim. 彼女は私の方を向いた.
❸ 寝返りを打つ ▶virar-se na cama ベッドで寝返りを打つ.
❹ 何とかする, 何とかやっていく ▶Não se preocupe comigo, eu sei me virar. 僕のことは心配しないで, 何とかうまくやっていけるから / Não sei me virar sozinha na vida, o que faço? 私は一人では生きていけない, どうしたらいいだろう.
❺ …に逆らう, 反抗する [+ contra].
vira e mexe しょっちゅう, 頻繁に.
viravolta /viraˈvowta/ 女 ❶ 一回転. ❷ 急変, 一変, 豹変.
virgem /ˈvixʒẽj/ [複 virgens] 形《男女同形》❶ 処女の, 童貞の ▶ser virgem 処女 [童貞] である.
❷ 自然のままの; 未加工の; 未使用の; 未踏の ▶azeite virgem バージンオリーブオイル / lã virgem バージンウール / floresta virgem 原生林.
— 名 処女, 童貞.
— **Virgem** 女 ❶《カトリック》聖母マリア ▶a Virgem Maria 聖母マリア. ❷《天文》おとめ座.
virginal /vixʒiˈnaw/ [複 virginais] 形《男女同形》❶ 処女の, 処女のような. ❷ 無垢な, 清純な.
virgindade /vixʒiniˈdadʒi/ 女 処女 [童貞] であること, 処女性 ▶perder a virgindade 処女 [童貞] を失う.
virginiano, na /vixʒiniˈɐnu, na/ 形 名 おとめ座の (人) ▶Eu sou virginiano. 私はおとめ座だ.
vírgula /ˈvixgula/ 女 ❶ コンマ (,).
❷ 小数点 ▶dez vírgula seis 10.6 (注 ポルトガル語圏では10,6と表記).
❸ 国 額やそばのカールした毛束.
❹《相手の発言に反論して》…だなんて, …などとはとんでもない.
com todos os pontos e vírgulas 事細かに.
não alterar nem uma vírgula 一字一句変えない.
viril /viˈriw/ [複 viris] 形《男女同形》男の, 男性的

virilha

な▶membro viril 男根.
virilha /vi'riʎa/ 女【解剖】鼠蹊部(そけい), 脚の付け根, 股間.
virilidade /virili'dadʒi/ 女 ❶ 男らしさ. ❷ 壮年期, 男盛り. ❸ 逞しさ, 精力.
virose /vi'rɔzi/ 女 ウイルス感染.
virtual /vixtu'aw/ [複 virtuais] 形《男女同形》❶ 潜在的な, 可能性のある▶mercado virtual 潜在的な市場.
❷ 非現実の, 仮想の, 虚像の▶realidade virtual 仮想現実 / imagem virtual 虚像.
virtualidade /vixtuali'dadʒi/ 女 ❶ 潜在性, 可能性, 実現性. ❷ 潜在能力.
virtualmente /vixtu,aw'mẽtʃi/ 副 ❶ 潜在的に, ほとんど. ❷ 仮想的に, バーチャルに.
*****virtude** /vix'tudʒi ヴィフトゥーヂ/ 女 ❶ 徳, 美徳, 徳性, 徳行, 美点 ▶ praticar a virtude 徳を行う / homem de virtude 有徳の人. ❷ (女性の) 貞節. ❸ 効力, 効果, 力 ▶ virtudes terapêuticas 薬効.
em virtude de... …によって, のおかげで.
fazer da necessidade uma virtude しなければならないことなら, つらいことでも進んでする.
virtuose /vixtu'ɔzi/ 名 ❶ (音楽の) 名手. ❷ 名人, 達人.
virtuoso, sa /vixtu'ozu, 'ɔza/ 形 徳の高い, 有徳の.
—名 徳の高い人.
virulência /viru'lẽsia/ 女 辛らつさ, 激しさ▶virulência da crítica 批判の激しさ.
virulento, ta /viru'lẽtu, ta/ 形 ❶ ウイルスの, ウイルス性の▶doença virulenta ウイルス病. ❷ 辛らつな, 敵意に満ちた▶discurso virulento 激しい演説.
vírus /'virus/ 男《単複同形》❶【医学】ウイルス▶vírus da gripe インフルエンザウイルス / vírus da imunodeficiência humana ヒト免疫不全ウイルス. ❷【情報】vírus de computador コンピューターウイルス.
*****visão** /vi'zẽw ヴィザォン/ [複 visões] 女 ❶ 見ること, 光景▶Aqui se tem uma linda visão da baía. ここから湾の美しい光景がみえる.
❷ 視力 ▶ perder a visão 視力を失う / restaurar a visão 視力を回復する.
❸ 見解, 見方, ヴィジョン ▶ A visão política dele era clara. 彼の政治的見解は明快だった / visão pessoal 個人的見解 / político com visão ビジョンを持った政治家 / ter uma visão pessimista 悲観的な見方をする / visão do mundo 世界観 / visão estreita 狭い視野, 偏った見方 / na minha visão 私の見解では.
❹ 視界, 視覚▶A estrada não tinha muita visão. その道路の視界はよくなかった / campo de visão 視野.
❺ 幻影, 幻▶ter visões 幻が見える.
*****visar** /vi'zax ヴィザーフ/ 他 ❶ 狙う, …に照準を合わせる▶visar alvo 的を狙う.
❷ …を目的とする▶visar lucro 営利を目的とする / leis que visam proteger o meio ambiente 環境保護を目的とした法律.
❸ (パスポートや小切手などを) 査証する, 裏書きする,

証明する▶visar um passaporte パスポートにビザをスタンプする.
—自 …を目的とする, 目指す [+ a] ▶O jovem que visa ao futuro comporta-se seriamente. 将来を見据える青年は真面目に行動する.
víscera /'visera/ 女 ❶ 体腔内諸器官. ❷《vísceras》内臓, はらわた.
visceral /vise'raw/ [複 viscerais] 形《男女同形》❶ 内臓の▶gordura visceral 内臓脂肪. ❷ (感情などの) 根深い, 理屈抜きの▶ódio visceral 理屈抜きの憎しみ.
visco /'visku/ 男 ❶ 鳥もち. ❷ わな. ❸【植物】ヤドリギ.
visconde /vis'kõdʒi/ 男 子爵.
viscondessa /viskõ'desa/ 女 子爵夫人, 女性の子爵.
viscose /vis'kɔzi/ 女【化学】ビスコース.
viscosidade /viskozi'dadʒi/ 女 ❶ 粘着性, 粘度, 粘性. ❷ ぬるぬる, ねばねば.
viscoso, sa /vis'kozu, ɔza/ 形 粘着性のある, ねばねばする.
viseira /vi'zejra/ 女 (野球帽などの) まひさし.
visibilidade /vizibili'dadʒi/ 女 可視性, 視界▶boa visibilidade 良好な視界 / curva sem visibilidade 見通しの悪いカーブ / sem visibilidade 無視界の.
visionário, ria /vizio'nariu, ria/ 形 ❶ 空想的な, 夢想的な. ❷ 幻影を見る.
—名 ❶ 空想家, 夢想家. ❷ 幻影を見る人, 幻視家.
*****visita** /vi'zita ヴィズィータ/ 女 ❶ 訪問, 見舞い▶fazer visita ao doente 病人を見舞う / hora de visita(s) 面会時間 / visita de cortesia 表敬訪問 / pagar uma visita 答礼訪問をする / visita da cegonha コウノトリの訪れ, 赤ん坊の誕生 / visita de médico 医者の往診, 短い訪問.
❷ 見学, 見物, 視察▶visita à fábrica de chocolate チョコレート工場の見学.
❸ 訪問客, 来客▶Sempre servimos café às visitas. 私たちはいつも来客にはコーヒーを出す / ter visitas 来客がある / receber visitas 来客を迎える.
mobiliar a sala de visitas 入れ歯を入れる.
visitação /vizita'sẽw/ [複 visitações] 女 ❶ 訪問▶visitação de Nossa Senhora《カトリック》聖母のエリザベツ訪問.
visitante /vizi'tẽtʃi/ 形《男女同形》訪問の▶equipe visitante ビジターチーム / professor visitante 客員教授.
—名 訪問者, 見学者.
*****visitar** /vizi'tax ヴィズィターフ/ 他 ❶ (人または場所を) 訪問する, 訪れる, 見学する ▶ visitar um velho amigo 旧友の家を訪れる / visitar o Brasil ブラジルを訪問する / visitar São Paulo サンパウロを訪れる / visitar um museu 美術館に行く.
❷ 見舞う▶Fui visitá-la no hospital. 私は彼女を病院にお見舞いに行った / visitar um doente 病人を見舞う.
❸【情報】(サイトを) 訪れる, アクセスする▶visitar um site サイトを訪れる / Viste o nosso site! 私た

ちのサイトにアクセスしてください.

visível /vi'zivew/ [覆 visíveis] 形《男女同形》❶ 見える, 可視の ▶visível a olho nu 肉眼で見える.

❷ 明らかな, 明白な ▶Era evidente o seu espanto pelas péssimas condições em que viviam seus vizinhos. 彼が隣人たちの最悪の暮らしぶりに驚いているのは明らかだった.

visivelmente /vi,zivew'mẽtʃi/ 副 明らかに, 目に見えて.

vislumbrar /vizlũ'brax/ 他 ❶ ちらっと見る, かすかに見る, ぼんやりと見る ▶Ao longe vislumbrei um barco no mar. 遠くの海に一隻の船がかすかに見えた.

❷ 見出す, 推測する ▶Ele vislumbrava uma saída para o problema. 彼は問題解決の糸口を見出していた.

❸ ぼんやりと照らす ▶A vela vislumbra o aposento. ろうそくは寝室をぼんやりと照らす.

❹ …を思い出させる ▶Esse jardim vislumbra os pátios espanhóis. その庭はスペインの中庭を思わせる.

— 自 ❶ 光を放つ ▶No casebre, o lampião vislumbrava. その田舎屋で大きなランプが光を放っていた.

❷ 徐々に現れる ▶A lua vislumbra atrás dos coqueiros. ヤシの木の後ろに月が現れる.

vislumbre /viz'lũbri/ 男 ❶ かすかな光, 薄明り. ❷ かすかな兆し, 兆候 ; うすうす知っていること ▶ter um vislumbre de esperança かすかな希望を持つ.

visor /vi'zox/ [覆 visores] 男 ❶ (鉄砲の) 照準器. ❷ ディスプレー, モニター. ❸ (カメラの) ファインダー.

vista[1] /'vista ヴィスタ/ 女 ❶ 見ること ▶até onde a vista alcança 見渡す限り / conhecer alguém de vista 顔を知っている / dar [passar] uma vista de olhos (ちらっと) 見る / passar a vista por algo …をざっと見る.

❷ 視力 ▶Tenho vista boa. 私は目がよい / perder a vista 失明する.

❸ 目 ▶dor na vista 目の痛み.

❹ 視界, 眺め, 景色 ▶vista de São Paulo サンパウロの眺め / Meu apartamento tem boa vista. 私のアパートからは眺めがよい / um quarto com vista para o mar 海の見える部屋 / uma linda vista 美しい景色.

❺ 物の見方, 見解 ▶do ponto de vista científico 科学的な観点から.

a perder de vista 見渡す限り.
à primeira vista 一目見て ▶amor à primeira vista 一目惚れ.
à simples vista 一目で, 直感的に.
Até a vista. ではまた, さようなら.
à vista 現金で ▶pagar à vista 現金で支払う.
à vista de… …の前で ▶à vista de todos みんなが見ている前で.
à vista disso それゆえ, このため.
dar na(s) vista(s) 目立つ ▶Essa sua roupa dá muito na vista. あなたのその服はとても目立つ.
em vista de… …に鑑みて…のために.
de encher a vista 目もあやな, 目を奪うような.

fazer vista 現われる, 人目を引く.
fazer vista grossa 見て見ぬふりをする, 見なかったことにする.
haja em vista 見よ, 例えば.
haja vista 見よ, 例えば.
perder de vista 見失う.
perder-se de vista 見えなくなる.
saltar à vista 明らかである.
ter à vista …を注視する.
ter em vista …を目標とする, 目指す ; 考慮する.

vista-d'olhos /,vista'dɔʎus/ [覆 vistas-d'olhos] 女 一瞥, ちらっと見ること ▶dar uma vista-d'olhos 一瞥する.

:**visto, ta**[2] /'vistu, ta ヴィスト, タ/ 形 (ver の過去分詞) ❶ 見た, 見られた ▶o Brasil visto de fora 外から見たブラジル.

❷ 考慮された ▶Visto o prazo, desistimos do projeto. 期間を考え, 私たちは計画を諦めた.

— **visto** 男 ❶ ビザ ▶visto de entrada 入国ビザ / visto permanente 永住ビザ / tirar o visto ビザをとる.

❷ 確認済みの印 ▶dar visto nos exercícios 練習問題をチェックする.

pelo visto どうやら, 見る限りでは ▶Pelo visto, o avião vai se atrasar. どうやら飛行機は遅れそうだ.

visto que + 直説法 …ので, …だから ▶Visto que vocês vão sair, nós também. あなたたちがが外出するのだから, 私も外出する.

vistoria /visto'ria/ 女 視察, 検分, 検査 ▶vistoria de carros 自動車の検査.

vistoriar /vistori'ax/ 他 ❶ 検分する, 視察する ▶O Ministério da Saúde veio vistoriar o hospital. 保健省は病院を視察にやってきた.

❷ 検査する ▶Ele mandava vistoriar o helicóptero uma vez por mês. 彼は毎月のヘリコプターの検査を命じていた.

vistoso, sa /vis'tozu, 'tɔza/ 形 人目を引く, 目立つ, 華やかな.

visual /vizu'aw/ [覆 visuais] 形《男女同形》視覚の, 視覚による ▶artes visuais 視覚芸術 / campo visual 視野 / ângulo visual 視角, 観点.

— 男 B ❶ 外見, 見た目. ❷ 景色, 眺め ▶O visual é lindo. いい眺めだ.

visualização /vizualiza'sẽw/ [覆 visualizações] 女 ❶ 目に見えるようにすること, 可視化, 視覚化, 映像化. ❷ 見ること ▶visualização da página《情報》ページビュー.

visualizar /vizuali'zax/ 他 ❶ 目に見えるようにする, 可視化する, 視覚化する, 映像化する. ❷ 見る.

visualmente /vizu,aw'mẽtʃi/ 副 視覚的に.

vital /vi'taw/ [覆 vitais] 形《男女同形》❶ 生命の, 生命に関する, 生命に不可欠な ▶atividades vitais 生命活動 / sinais vitais 生命徴候 (体温, 脈拍数, 呼吸数など) / órgão vital 生命に関わる器官 / ciclo vital ライフサイクル.

❷ 極めて重要な, 不可欠な, 必須の ▶questão vital 死活問題 / assunto de importância vital きわめて重要な問題.

vitalício, cia /vita'lisiu, sia/ 形 終身の, 一生の ▶pensão vitalícia 終身年金.

vitalidade

vitalidade /vitali'dadʒi/ 囡 生命力, 活力, 元気 ▶a vitalidade da economia brasileira ブラジル経済の活力.

vitalizar /vitali'zax/ 他 …に活力を与える, …に生気を与える, …を活性化する.

vitamina /vita'mĩna/ 囡 ❶ ビタミン ▶vitamina A ビタミンA.
❷ Ⓑ 牛乳や砂糖などを入れた生ジュース ▶vitamina de banana バナナの牛乳入り生ジュース.

vitaminado, da /vitami'nadu, da/ 形 ビタミン添加の ▶arroz vitaminado ビタミン米.

vitamínico, ca /vita'miniku, ka/ 形 ビタミンを含む ▶suplemento vitamínico ビタミンサプリメント.

vitela /vi'tɛla/ 囡 1歳未満の雌牛(の肉) ; その料理.

vitelo /vi'tɛlu/ 男 ❶ 1歳未満の雄牛. ❷ 卵黄.

⁑vítima /'vitʃima/ ヴィーチマ/ 囡 ❶ 犠牲者, 被害者, 死傷者 ▶vítimas da guerra 戦争の犠牲者 / vítimas do terremoto 地震の被災者 / vítima de um roubo 泥棒の被害者 / fazer-se vítima 被害者意識を持つ / ser vítima de... …の犠牲になる.
❷ いけにえ, 人身御供.

vitimar /vitʃi'max/ 他 ❶ …を犠牲にする, 殺す ▶O acidente de trânsito vitimou o motorista. 交通事故で運転手が犠牲になった. ❷ 損害を与える.
— **vitimar-se** 再 犠牲になる.

vitivinicultura /vitʃivinikuw'tura/ 囡 ブドウ栽培とワイン製造.

⁑vitória /vi'tɔria/ ヴィトーリア/ 囡 ❶ 勝利, 優勝 ▶conseguir a vitória 勝利を得る / vitória fácil 楽勝 / caminho para a vitória 勝利への道 / vitória suada 激戦の後の勝利 / vitória sobre a Argentina アルゼンチンに対する勝利.
❷ 成功 ▶A negociação foi uma vitória. 交渉は成功に終わった.
A vitória está no papo. 成功は間違いない.
cantar vitória 凱歌をあげる.
vitória suada 激戦の末の勝利.

vitoriar /vitori'ax/ 他 …に喝采する, …を歓呼で迎える.

vitorioso, sa /vitori'ozu, 'ɔza/ 形 勝利の, 戦勝の, 勝ち誇った ▶time vitorioso 勝利チーム.
— 名 勝利者, 勝者.

vitral /vi'traw/ [複 vitrais] 男 ステンドグラス.

vítreo, rea /'vitriu, ria/ 形 ガラスの, ガラス質の, ガラス状の.

vitrina /vi'trĩna/ 囡 = vitrine

vitrine /vi'trĩni/ 囡 ❶ ショーウインドー ▶namorar as vitrines ウインドーショッピングする. ❷ ショーケース, 陳列棚.

vitrola /vi'trɔla/ 囡 アナログレコードプレーヤー, 蓄音機.

vituperar /vitupe'rax/ 他 ❶ 非難する, 叱責する. ❷ ののしる, 罵倒する.

vitupério /vitu'pɛriu/ 男 ❶ 非難, 罵倒. ❷ 醜態, 失態, 恥さらし.

viu 活用 ⇒ ver

viuvez /viu'ves/ 囡 配偶者を失った暮らし, やもめ暮らし.

viúvo, va /vi'uvu, va/ 形 配偶者を失った ▶ser viúvo やもめである / ficar viúvo やもめになる.
— 名 配偶者を失った人, 未亡人, 男やもめ.
viúva branca 処女のままの夫人.

viva /'viva/ 間 万歳, やった ▶Viva! Vencemos! 万歳, 勝ったぞ.
— 男 歓声 ▶Houve muitas vivas ao presidente eleito. 当選した大統領に対し多くの歓声が起こった.

vivacidade /vivasi'dadʒi/ 囡 ❶ 機敏, 鋭敏, 才気 ▶vivacidade de espírito 頭の回転の速さ. ❷ 生気, 活発. ❸ 激しさ, 辛辣さ ▶com vivacidade 激しく.

vivalma /vi'vawma/ 囡《否定文で》人, 誰か ▶Não há vivalma. 誰もいない / Aquela hora, nem uma vivalma se via na rua. あの時間には通りに誰一人いなかった.

vivamente /,viva'mẽtʃi/ 副 強烈に, 切実に ▶recomendar vivamente 強く勧める.

vivar /vi'vax/ 他 …を歓声をあげて迎える ▶A multidão vivava o presidente. 群衆は歓声をあげて大統領を迎えた.
— 自 歓声をあげる ▶O grupo aplaudia e vivava. 集団は拍手喝采し, 歓声をあげていた.

vivaz /vi'vas/ [複 vivazes] 形《男女同形》❶ 活発な, 元気な, 利発な ▶criança vivaz 元気な子供.
❷ 強固な, なかなかなくならない.
❸《植物》多年生の ▶planta vivaz 多年生の植物.

viveiro /vi'vejru/ 男 養殖場, 養魚場, 苗床.

vivência /vi'vẽsia/ 囡 ❶ 生活, 暮らし ▶vivência saudável 健康的な生活. ❷ 実体験, 生活経験.

vivenda /vi'vẽda/ 囡 住宅, 住居, 住まい.

vivente /vi'vẽtʃi/ 名 生き物, 人.
—《男女同形》生きている, 命ある ▶ser vivente 生物.

⁑⁑viver /vi'vex/ ヴィヴェーフ/ 自《過去分詞 vivido/vivo/》❶ 生きる ; 生き残る ▶Enquanto eu viver, quero voltar para o Brasil novamente. 私は生きている間にまたブラジルに行きたい / Há árvores que vivem séculos. 樹齢が数百年にも及ぶ木がある.
❷ 住む, 生活する, 暮らす ▶Ele vive em Londres. 彼はロンドンで生活している / Onde vive? どちらにお住まいですか / viver em paz 平和に暮らす / viver com duzentos mil ienes por mês 1か月20万円で暮らす / viver de verduras 菜食する / viver bem com alguém …とよい関係である / viver mal com alguém …と関係がよくない / viver para a família 家族のために生きる.
❸《viver + 現在分詞 Ⓑ / viver a + 不定詞 Ⓟ》いつも…である ▶Ele vive viajando. 彼はいつも旅行している.
❹《viver + 補語》いつも…の状態である ▶Ela vive cansada. 彼女はいつも疲れている / Ele vive com dor de cabeça. 彼はいつも頭痛がしている.
— 他 ❶ 生きる, 体験する ▶Estamos vivendo tempos difíceis. 私たちは難しい時代を生きている / viver uma vida feliz 幸せな生活を送る / viver uma experiência 経験する.

❷ 演じる ▶ viver um papel 役を演じる.
— [男] [[複]viveres] ❶ 生活（様式）▶ Que triste viver o seu! あなたの生き方はさびしいものだ.
❷《viveres》食べ物, 食糧.
ir vivendo 変わり映えなく生活する.
ter de que viver 恒産がある, 生計を立てられる.
vivendo e aprendendo 人生は学びの連続.
viver perigosamente 危ない橋を渡る.
Viva e deixe viver. 互いのことに口を出さずにやれ.

vivido, da /vi'vidu, da/ [形]（viver の過去分詞）❶ 長く生きた. ❷ 経験を積んだ.

vívido, da /'vividu, da/ [形] ❶ 生き生きとした, 真に迫った ▶ uma descrição vívida 生き生きとした描写. ❷（色が）鮮明な ▶ cores vívidas 鮮やかな色.

vivificar /vivifi'kax/ ㉙ [他] ❶ …に生命を与える ▶ Deus vivificou o primeiro homem. 神は最初の人間に生命を与えた.
❷ 元気づける, 勇気づける, 励ます ▶ O médico conseguiu vivificar o enfermo. 医者は患者を励ました.
❸ 元気にする, 強くする ▶ Ele trouxe vitaminas para vivificar as crianças. 彼は子供たちを元気にするためにビタミン剤を持ってきた.
❹ 豊かにする, 活発にする, 活性化する ▶ Os movimentos de vanguarda vivificam as artes. 前衛運動が芸術を豊かにする.
— [自] 元気になる, 生き生きとする
— **vivificar-se** [再] 元気になる, 生き生きとする ▶ Ele vivificou-se com aqueles tônicos. 彼はあれらの強壮剤で元気になった.

vivisseção /vivise'sẽw̃/ [女] = vivissecção

vivissecção /vivisek'sẽw̃/ [[複] vivissecções] [女] 生体解剖.

***vivo, va** /'vivu, va ヴィーヴォ, ヴァ/ [形] ❶ **生きた, 生きている**（↔ morto）▶ Ele está vivo. 彼は生きている / peixe vivo 生きた魚 / seres vivos 生物 / manter-se vivo 生き続ける / língua viva 現用言語.
❷ **生き生きとした, 活発な** ▶ olhar vivo 生き生きしたまなざし / debate vivo 活発な議論.
❸ **鮮やかな** ▶ cor viva 鮮やかな色.
❹ 利口な, 理解の早い.
ao vivo 生放送で, ライブで ▶ transmissão ao vivo 生放送 / álbum ao vivo ライブアルバム.
vivo ou morto 生死にかかわらず, 生死を問わず.

vizinhança /vizi'ɲẽsa/ [女] ❶ 近所, 近隣, 自宅周辺 ▶ escola da vizinhança 近所の学校 / fazer amigos na vizinhança 近所で友達を作る.
❷ 近所の人々, 近隣住民 ▶ O alarme acordou a vizinhança. 警報が近隣住民をたたき起こした.
❸ 近所付き合い, 隣人関係.
❹ 隣接, 近接.
❺ 類似, 近似 ▶ A vizinhança desta teoria com aquela é notável. この理論とあの理論との類似は明らかだ.

***vizinho, nha** /vi'zĩɲu, ɲa ヴィズィーニョ, ニャ/ [形] **近隣の, 隣接した** ▶ países vizinhos 近隣国 / casas vizinhas 隣り合った家.
— [名] ❶ **隣人, 隣の人, 近くの人** ▶ Somos vizinhos. 私たちはご近所同士だ / vizinho do lado 同じ階の隣人. ❷ 隣国の住民, 隣国.

vo-la(s) /vola(s)/ 間接目的格代名詞 vos と直接目的格代名詞 o(s) の縮合形.

voador, dora /voa'dox, 'dora/ [[複] voadores, doras] [形] ❶ 飛行する, 飛べる ▶ disco voador 空飛ぶ円盤 / objeto voador não identificado 未確認飛行物体, UFO. ❷ 飛ぶように速い.

***voar** /vo'ax ヴォアーフ/ [自] ❶ **飛ぶ, 飛行する** ▶ Este avião voa a dez mil metros de altura. この飛行機は高度1万メートルを飛行する.
❷ **飛行機で旅する** ▶ Ele voou para o Rio de Janeiro. 彼はリオデジャネイロへ飛行機で旅立った.
❸（時が）**速く過ぎ去る** ▶ O tempo voa. 時の経つのは早い.
❹ 飛んで行く, 飛ばされる ▶ voar pelos ares 風に飛ばされる.
❺ 飛ぶように行く ▶ ir voando 飛んで行く / sair voando 急いで出かける.
voar alto 野心家である.
voar baixo ① 低空飛行する. ② 車で低速走行する.

vocabulário /vokabu'lariu/ [男] ❶ 語彙, 用語 ▶ ter um vocabulário rico 語彙が豊かである / enriquecer o vocabulário 語彙を豊かにする / vocabulário científico 科学用語.
❷ 語彙集, 用語集 ▶ vocabulário da filosofia 哲学用語辞典.

vocábulo /vo'kabulu/ [男] 語, 単語.

vocação /voka'sẽw̃/ [[複] vocações] [女] ❶ 天分, 資質 ▶ vocação para as letras 文学の天分. ❷ 天職, 使命 ▶ ter vocação para ensinar 教えることの使命を持つ. ❸〖キリスト教〗天命, 召命.

vocacional /vokasio'naw/ [[複] vocacionais] [形]《男女同形》天職の, 天分の, 職業の ▶ teste vocacional 職業適性テスト.

vocal /vo'kaw/ [[複] vocais] [形]《男女同形》❶ 声の, 発声の ▶ cordas vocais 声帯. ❷ 歌の ▶ música vocal 声楽 / grupo vocal ボーカルグループ.
— [男] ボーカル ▶ fazer o vocal ボーカルを務める.

vocálico, ca /vo'kaliku, ka/ [形] 母音の.

vocalista /voka'lista/ [名] 歌手, ボーカリスト.

***você** /vo'se ヴォセー/ [代]《人称代名詞3人称単数形》（[注] 同等あるいは下位のものに対して用いられる. [B] では省略されて ocê または cê となることが多い）
❶《主語》**君は, あなたは** ▶ Você é especial para mim. 君は僕にとって特別だ / Quem é você? お前は誰だ / você e eu 君と私 / E você? 君はどうですか.
❷《直接目的》**君を, あなたを** ▶ Eu não compreendo você. 私は君の言うことが理解できない.
❸《前置詞とともに》▶ Preciso falar com você. 私は君に話がある / Eu gosto de você. 私は君のことが好きだ.
❹《que, como, quanto の後で》▶ Sou mais alto do que você. 私は君より背が高い / Eu quero ser como você. 私は君のようになりたい.

V

vocês

❺《você mesmo, você próprio》**君自身, あなた自身** ▶ Você mesmo disse isso. 君自身がそう言った / Você tem que acreditar em você mesmo. 君は自分自身を信じなければならない / O melhor investimento que você pode fazer é em você próprio. 君ができる最善の投資は君自身に対してだ.
❻ B 誰か ▶ Se você não reclama, ninguém faz nada para mudar. 誰かが異議を唱えなければ, 誰も何も変えようとしない.

vocês /vo'ses ヴォセース/ 代《人称代名詞3人称複数形》
❶《主語》**君たちは, あなたたちは** ▶ Qual estilo de música vocês gostam? 君たちはどんな音楽が好きですか.
❷《直接目的》**君たちを, あなたたちを** ▶ Eu não compreendo vocês. 私は君たちの言うことが理解できない.
❸《前置詞とともに》▶ Preciso falar com vocês. 私は君たちに話がある / Preciso do apoio de vocês. 私は君たちの支援が必要だ.
❹《que, como, quanto の後で》▶ Eu quero ser como vocês. 私は君たちのようになりたい
❺《vocês mesmos, vocês próprios》**君たち自身, あなたたち自身**.

vociferar /vosife'rax/ 自 怒鳴る, がなる.
— 他 …をわめく, がなる.

vodca /'vɔdka/ 男 ウオッカ.

voga /'vɔga/ 女 流行, 人気.
em voga 流行の ▶ música em voga はやりの音楽.
estar em voga 流行している, はやっている.
pôr em voga はやらせる, 普及する.

vogal /vo'gaw/ [複 vogais] 女《言語》母音 ▶ vogal breve 短母音 / vogal longa 長母音.
— 形《男女同形》母音の.
— 名（投票権を有する）会員, 団員, 理事.

vogar /vo'gax/ ⑪ 自 ❶ 航行する, 進む ▶ O barco vogava em águas tranquilas. 船は穏やかな水上を進んでいた.
❷ 漂う ▶ Grossas nuvens brancas vogavam nos céus. 厚く白い雲が空を漂っていた.
❸ 知れ渡る, 広まる ▶ A notícia vogou rapidamente. その知らせはすぐに広まった.
❹ 流行する.
❺ B 影響力がある ▶ Ele já foi um manda-chuva, mas agora não voga mais. 彼はかつて大物だったが, もはや影響力はない.
❻ 歩く, 歩き廻る ▶ Voguei horas pela estrada. 何時間も通りをさまよっていた.
❼ 有効である, 効力がある.
— 他 …を航行する Esse navio já vogou todos os oceanos. この船はすでにすべての海洋を航行した.

volante /vo'lẽtʃi/ 形《男女同形》❶ 飛ぶ, 飛べる.
❷ 移動する, 巡回する ▶ biblioteca volante 巡回図書館 / equipe volante 移動チーム.
— 男 ❶（自動車の）ハンドル ▶ estar ao volante ハンドルを握っている, 車を運転している.❷（自転車の）ハンドル. ❸《サッカー》ボランチ. ❹ ビラ, 印刷物. ❺ 数字式宝くじ (loteria) の受け取り.

volátil /vo'latʃiw/ [複 voláteis] 形《男女同形》❶ 揮発性の ▶ memória volátil 揮発性メモリー.
❷ 飛ぶ, 浮遊性の ▶ partículas voláteis 浮遊性微粒子.
❸ 変わりやすい, 気まぐれな, 変動しやすい ▶ caráter volátil 気まぐれな性格 / mercado volátil 変動しやすい市場.

volatilidade /volatʃili'dadʒi/ 女 ❶ 揮発性, 蒸発性.❷《経済》不安定性, 変動性, ボラティリティー ▶ a volatilidade do mercado financeiro 金融市場のボラティリティー.

vólei /'vɔlej/ 男 P = vôlei.

vôlei /'volej/ 男 B《スポーツ》バレーボール ▶ vôlei de praia ビーチバレー.

voleibol /volej'bɔw/ 男《スポーツ》バレーボール ▶ jogar voleibol バレーボールをする / jogador de voleibol バレーボール選手.

volt /'vowtʃi/ 男（電圧の単位）ボルト.

volta /'vowta ヴォウタ/ 女 ❶ 帰ること, 帰途 ▶ bilhete de ida e volta 往切符 / Estou de volta no Brasil. 私はブラジルに帰ってきた / na volta 帰る途中 / a volta da ditadura 独裁政治の復活.
❷ 回転, 旋回, 一回り, 一巡 ▶ dar voltas 回る, 回転する / dar uma volta 散歩する / dar uma volta de carro ドライブする / dar uma volta de bicicleta サイクリングする / dar a volta ao mundo 世界を1周する / dar voltas em... を回る, 巡る ❸《トラック競技》一周, ラップ;（競泳の）1往復 ▶ dar três voltas na pista トラックを3周する.
à [em] volta de... …の周囲に
andar às voltas com... …で忙しくしている, …に直面している.
às voltas com... …で忙しい, …に直面している.
à volta de... …時頃に.
dar as voltas em... …に打ち勝つ, …を説得する.
dar a volta por cima 立ち直る.
dar volta a... …を終える, …に終止符を打つ.
dar volta em... …を追い抜く, 追い越す.
dar voltas na cama 何度も寝返りを打つ, 眠れない.
em volta de... …の周りに.
por volta de... 大体, およそ ▶ por volta de cem mil reais 約10万レアル / por volta das três horas 3時ごろに.
volta e meia 時々, しばしば.
voltas do mundo この世の移り変わり.

voltagem /vow'taʒẽj/, [複 voltagens] 女 電圧.

voltar /vow'tax ヴォウターフ/ 自 ❶ 戻る, 帰る, 帰ってくる, 引き返す ▶ voltar para casa 家に帰る / voltar da escola 学校から帰ってくる / A que horas temos que voltar ao hotel? 私たちは何時にホテルに戻らなければなりませんか / Já volto. すぐに戻ります / Voltem logo. 早く帰って来てください / A febre voltou. 熱がぶり返した.
❷ …に戻る [+ a] ▶ A discussão voltou ao início. 議論は振り出しに戻った / voltar às origens 原点に戻る.
❸ …に方向を変える [+ a] ▶ voltar ao sul 南に方向を変える.
❹《voltar a + 不定詞》**再び…し始める** ▶ voltar a

chorar 再び泣き出す.
— [他] ❶ …の方向を変える ▶ voltar a cabeça para o lado 首を横に向ける / voltar as costas para... …に背を向ける.
❷ 返す, 返却する.
— **voltar-se** [再] ❶ 振り向く, 周囲を見る.
❷ …を攻撃する [+ contra] ▶ Voltou-se contra o amigo. 友人を攻撃した.
voltar a si 我に返る, 意識を取り戻す.
voltar atrás 考えを変える.

voltear /vowte'ax/ ⑩ [他] ❶ …の周囲を回る ▶ Ela volteou o jardim. 彼女は庭のまわりを回った.
❷ 回す, 回転させる ▶ O contorcionista volteava o corpo. 曲芸師は身体を回転させた.
❸ かき回す.
❹ (視線などを) 向ける ▶ Ele volteou o olhar para o fundo do salão. 彼は広間の奥に視線を向けた.
❺ 囲む, 包囲する ▶ Ela volteou a corda em torno da cintura. 彼女は腰の周りにひもをまわした.
❻ [B] (家畜などを) 移動させる.
— [自] ❶ 回る, 回転する ▶ A bola volteou no ar. ボールが空中で回転した.
❷ 羽ばたく ▶ A borboleta volteou um pouco, depois foi embora. 蝶はすこし羽ばたきし, その後飛び立った.
❸ (船が) 間切って航行する.
❹ バランスをとる.

volubilidade /volubili'dadʒi/ [女] ❶ 変りやすさ.
❷ 移り気, 気の変りやすさ.

volume /vo'lũmi ヴォルーミ/ [男] ❶ (複数巻の書物の) 巻, 冊 (略 vol.) ▶ A enciclopédia em [de, com] dez volumes 全10巻の百科事典.
❷ **量**, **体積**, **容積**, サイズ ▶ ter [fazer] volume かさばる / o volume das águas de um rio 川の水量 / volume de trabalho 仕事量 / volume de vendas 売上高.
❸ **音量**, **ボリューム** ▶ aumentar o volume 音量を上げる / abaixar o volume 音量を下げる.
❹ 包み.
a todo volume 最大の音量で.

volumoso, sa /volu'mozu, 'mɔza/ [形] ❶ 分厚い, かさばる. ❷ 多量の, 多数の ▶ cabelos volumosos ボリュームの多い髪

voluntariado /volũtari'adu/ [男] ❶ 《集合的に》ボランティア. ❷ ボランティア活動 ▶ fazer voluntariado ボランティア活動をする.

voluntariamente /volũ,taria'mẽtʃi/ [副] 自発的に, 自分の意志で.

voluntário, ria /volũ'tariu, ria/ [形] 自発的な, 自由意志の ; ボランティアの ▶ ação voluntária 自発的行為 / trabalho voluntário ボランティア活動.
— [名] ❶ ボランティア, 有志, 志願者. ❷ 志願兵.

voluntarioso, sa /volũtari'ozu, 'ɔza/ [形] わがままな, 我の強い.

volúpia /vo'lupia/ [女] 快楽, 快感, 性的快楽.

voluptuosidade /volupituozi'dadʒi/ [女] ❶ 快楽. ❷ 官能, なまめかしさ.

voluptuoso, sa /volupitu'ozu, 'ɔza/ [形] ❶ 官能的な, なまめかしい. ❷ 享楽的な, 好色な.

voluta /vo'luta/ [女] ❶ 渦巻き, 渦巻き状のもの. ❷〖建築〗渦巻き装飾.

volúvel /vo'luvew/ [[複] volúveis] [形] 《男女同形》❶ 変わりやすい, 気まぐれな, 移り気な. ❷〖植物〗(つるが) 巻き付く, 回旋の.

volver /vow'vex/ [他] ❶ …の方向を変える, 向きを変える, 向ける ▶ O carro volveu a direção. 車は方向を変えた / Ele volveu a pistola à cabeça da mulher. 彼はその女の頭にピストルを向けた.
❷ 回す, 回転させる ▶ Ele volveu a maçaneta e entrou. 彼はドアノブを回して中に入った.
❸ かき回す, ひっくり返す ▶ A polícia volveu todas as gavetas. 警察はすべての引出しをひっくり返した.
❹ 動かす, 揺らす ▶ O vento volviam as roupas estendidas na corda. 風は洗濯ひもに干された衣類を揺らしていた.
❺ 回転させながら移動する.
❻ 言い返す, 反論する ▶ O filho volveu-lhe que não queria estudar. 息子は勉強したくないと彼に言い返した.
❼ 返す, 返却する ▶ Poderia volver este livro ao Pedro? この本をペドロに返してもらえませんか.
❽ …に変える [+ em] ▶ Ela volveu as frutas em geleia. 彼女は果物をジャムにした.
❾ もたらす ▶ A corrente do regato volvia areias douradas. 小川の流れは金色の砂をもたらした.
❿ 考える, 思いを巡らせる ▶ Ele volvia mil planos na mente. 彼は頭の中で多くの計画に思いを巡らせた.
— [自] ❶ 戻る ▶ O cantor demorou a volver do exílio. その歌手は亡命から戻るのに手間取った.
❷ 回る, 回転する ▶ As pás do moinho volviam com o vento. 風車の羽根が風で回転していた.
❸ 《volver a +[不定詞]》再び…する ▶ Ele volveu a fumar. 彼は再びタバコを吸い始めた.
— **volver-se** [再] ❶ 戻る.
❷ 動く, 揺れる.
❸ (時間が) 過ぎる, 経過する.
❹ 動く, 揺れる ▶ As cortinas volviam-se nas janelas. カーテンが窓辺で揺れていた.
❺ (時間が) 過ぎる, 経過する ▶ Volveram-se os seis meses do estágio. 見習い期間が6か月経過した.
❻ 回る, 回転する.
❼ 変わる.
❽ 振り向く ▶ Os passageiros volveram-se para ver o acidente. 乗客たちはその事故を見るために振り向いた.
volver a [em] si 意識を取り戻す.

vomitar /vomi'tax/ [他] ❶ 吐く, 戻す ▶ Ele vomitou tudo o que tinha comido. 彼は食べたものすべてを吐いた / vomitar sangue 血を吐く.
❷ …を吐瀉(としゃ)物で汚す ▶ Ele vomitou o travesseiro. 彼は吐いたもので枕を汚した.
❸ (悪態を) つく, どなりちらす ▶ Irritado, ele vomitou grosseiras. 彼はいらいらして悪態をついた.
❹ 吐き出す, 噴出する, まき散らす ▶ As chaminés vomitavam uma fumaça preta. 煙突は黒い煙を吐き出していた.

vómito

❺《秘密を》打ち明ける, 暴露する ▶ Assustada, ela vomitou tudo o que sabia. 彼女は驚かされて知っていることをすべて白状した.
—⾃ 吐く, もどす.

vómito /'vɔmitu/ 男 P = vômito
vômito /'võmitu/ 男 B ❶ 吐くこと, 嘔吐. ❷ 吐瀉(とし ゃ)物.

☆vontade /võ'tadʒi/ ヴォンターヂ/ 女 ❶ 意志；意向；願い ▶ força de vontade 意志の力 / de livre e espontânea vontade 自由意思で, みずから進んで / vontade de ferro 鉄の意志 / contra a minha vontade 私の意に反して, 不本意ながら / Ela não tem vontade própria. 彼女には自分の意志というものがない / Vamos respeitar a vontade dele. 私たちは彼の意思を尊重しましょう / O novo ministro tem muita boa vontade. 新大臣は非常に意欲的だ / Ela perdeu a vontade de estudar português 彼女はポルトガル語を勉強する意欲がなくなった / Não estou com muita vontade. 私はあまり気が進まない / Tenho [estou com] vontade de viajar. 私は旅行がしたい / Isso deu-me vontade de chorar. そのことで私は泣きたくなった / Estou morrendo de vontade de te ver. 私はあなたに会いたくてたまらない / Que vontade de comprar tudo! 全部買ってしまいたいなあ.
❷ 気まぐれ ▶ criança cheia de vontades 勝手気ままな子供.
à vontade 好きなように, 意のままに；気楽に, くつろいで, 安心して / Coma à vontade. 好きなだけ食べてください / Esteja [Fique] à vontade! どうぞおくつろぎください, ごゆっくりどうぞ.
de boa vontade 喜んで ▶ Ele aceitou esse trabalho de boa vontade. 彼は喜んでその仕事を引き受けた.
de má vontade 嫌々ながら.
com vontade 喜んで.
dar vontade de +不定詞 ...したい気分にならせる ▶ Me dá vontade de chorar. 泣きたい気分だ.
deixar à vontade 望むようにさせる.
fazer a(s) vontade(s) de alguém ...の希望に応じる / Faço as vontades de você あなたの望むようにします.
Seja feita a tua vontade. 御心のままになりますように.

☆voo /'vou/ ヴォオ/ 男 ❶ 飛ぶこと, 飛行；飛行距離 ▶ voo das aves 鳥の飛行 / voo espacial 宇宙飛行 / voo doméstico 国内線 / voo internacional 国際線 / distância de voo 飛行距離 / tempo de voo 飛行時間 / um voo de dez horas 10時間の飛行 / voo acrobático アクロバット飛行 / voo livre ハンググライダーによる滑空 / voo por instrumentos 計器飛行 / voo cego 無視界飛行 / voo rasante 低空飛行 / levantar voo 離陸する.
❷《飛行機の》便, フライト ▶ Vou a Brasília no voo das oito da manhã. 私は午前8時の便でブラジリアに行く / O voo está atrasado. 便が遅れている / voo regular 定期便 / voo direto 直行便 / voo fretado チャーター便.

voracidade /vorasi'dadʒi/ 女 ❶ 大食, 食欲旺盛. ❷ 食欲.

voragem /vo'raʒẽj/ [複 voragens] 女 渦, 渦巻き.
voraz /vo'ras/ [複 vorazes] 形《男女同形》❶ 大食の, 食欲旺盛な ▶ um apetite voraz すさまじい食欲. ❷ 食欲を, 飽くことを知らない. ❸ 猛威を振るう, 猛烈な.
vórtice /'vɔxtʃisi/ 男 渦巻き, 旋風, つむじ風.
vos /vus/ 代《二人称複数》(注 B では普通使われない) ❶《直接目的》あなたたちを ▶ Eu vos amo. 私はあなたたちを愛している.
❷《間接目的》あなたたちに.
❸《再帰代名詞》▶ Amais-vos uns aos outros. お互いに愛し合いなさい.
❹ P (vocês に対する目的語として) 君たちを, 君たちに ▶ Ninguém vos disse nada? 誰も君たちに何も言わなかったのですか.
vós /'vɔs/ 代《人称代名詞二人称複数》(注 ブラジルのポルトガル語では宗教的表現や法律文書などで使われる；現代語ではふつう用いない) あなた方.
☆vosso, sa /'vɔsu, sa ヴォッソ, サ/ 形《所有》❶ あなたの, あなたがたの.
❷ P (vocês に対する所有形容詞として, seu の代わりに) 君たちの.
—代《所有》あなたのもの, あなたがたのもの ▶ os vossos あなた（がた）の家族や友人.
votação /vota'sẽw/ [複 votações] 女 ❶ 投票, 票決 ▶ decidir por votação 票決する / levar à votação 投票にかける / votação secreta 無記名投票 / votação nominal 記名投票. ❷ 投票数.
votante /vo'tẽtʃi/ 形《男女同形》投票する.
—名 投票者, 選挙人, 有権者.
☆votar /vo'tax/ ヴォターフ/ 自 投票する ▶ votar pela greve ストライキに賛成票を投じる / votar contra o projeto de lei 法案に反対票を投じる / Vote em mim. 私に投票してください.
—他 ❶ ...を投票で決める, 選ぶ ▶ votar o prefeito 市長を投票で選ぶ.
❷ ...を...に捧げる, 充てる, 向ける [+ a] ▶ Ela votava seu tempo à arte. 彼女は自分の時間を芸術に費やしていた.
— **votar-se** 再 ...に専念する, 打ち込む [+ a] ▶ Minha mãe votava-se às obras de caridade. 母は慈善事業に専念していた.
☆voto /'votu/ ヴォート/ 男 ❶ 投票；票 ▶ Eles deram o seu voto 彼らは投票した / 20 votos a favor e 10 contra 賛成20票, 反対10票 / direito ao voto 選挙権 / voto de confiança 信任投票 / voto útil 有効票 / voto nulo 無効票 / voto em branco 白紙票 / voto secreto 無記名投票 / voto nominal 記名投票 / voto de qualidade = voto de Minerva 議長決裁 / voto de cabresto 拘束された投票 / voto de louvor 賛辞.
❷ 誓い, 誓願 ▶ voto solene 固い誓い, 正式の宣誓 / votos religiosos 修道会で立てる「貞潔, 清貧, 従順」の三つの誓い / votos do batismo 洗礼の誓い.
❸《votos》希望, 願い ▶ votos de felicidade ご多幸 / Votos de Bom Natal e Feliz Ano Novo. 良きクリスマスと幸多き新年をお祈りいたします.
fazer votos por... ...を祈る ▶ Faço votos pela

sua felicidade. 貴方のお幸せをお祈りします.
fazer votos de que +[接続法] …であることを祈る［願う］▶ Faço votos sinceros de que tudo lhe corra à maneira dos seus desejos すべてが貴方の希望通りに行きますよう心からお祈り申し上げます.

vou [活用] ⇒ ir

vovó /vɔ'vɔ/ [女] [B]《幼児語》おばあちゃん.

vovô /vo'vo/ [男] [B]《幼児語》おじいちゃん.

*** **voz** /'vɔs ヴォス/ [[複] vozes] [女] ❶ **声, 音声** ▶ Ela tem uma linda voz. 彼女は声がきれいだ / levantar a voz 声を荒らげる / baixar a voz 声を低める / em voz alta 大きな声で / em voz baixa 低い声で / perder a voz 声が出なくなる / voz aveludada ビロードの声 / voz cheia よく通る声 / voz rouca しわがれ声.
❷ **声音, 歌声, 声部** ▶ fuga a três vozes 3声のフーガ.
❸ (自然界や動物の) 声 ▶ voz do vento 風の音.
❹ (集団の) **意見, 世論, 発言権** ▶ voz das ruas 街の声 / Voz do povo, voz de Deus. 民の声は神の声 / voz corrente 国民の声, 世論 / vozes de protesto 抗議の声 / ter voz 発言権がある / voz das urnas 選挙結果.
❺ (内心や天の) 声 ▶ voz da consciência 良心の声 / voz do céu 天の声.
❻〘言語〙態 ▶ voz passiva 受動態 / voz ativa 能動態 / voz reflexiva 再帰態.
a uma voz 全員一致で.
dar voz de prisão「逮捕します」と通告する.
de viva voz ① 肉声で, 口頭で. ② 生放送で, 実況中継で.
ter voz ativa 発言権がある, 影響力がある.

vozear /voze'ax/ ⑩ [自] ❶ 叫ぶ, 大声で言う ▶ O grupo não parava de vozear. その集団は叫び続けていた.
❷ (動物が) 鳴く, 歌う.
❸ (無声音が) 有声 (音) 化される.
— [他] 大声で言う, 叫ぶ ▶ Ele saiu vozeando impropérios. 彼は大声で悪態をつきながら出て行った.
— [男] 叫び声.

vozeirão /vozej'rɐ̃w̃/ [[複] vozeirões] [男] 大きくて太い声, どら声

vulcânico, ca /vuw'kɐ̃niku, ka/ [形] ❶ 火山の, 火山性の ▶ atividade vulcânica 火山活動 / erupção vulcânica 火山噴火. ❷ 激しい ▶ temperamento vulcânico 激しい気性.

vulcão /vuw'kɐ̃w̃/ [男] ❶ 火山 ▶ vulcão ativo 活火山. ❷ 気性の激しい人.

vulgar /vuw'gax/ [[複] vulgares] [形]《男女同形》❶ 俗悪な, 下品な ▶ roupa vulgar 下品な服. ❷ 並みの, ありふれた ▶ uma vida vulgar 平凡な暮らし / ideia vulgar ありふれた考え. ❸ 専門的でない, 民衆の ▶ latim vulgar 俗ラテン語 / nome vulgar 俗称.
— [男] 陳腐, 月並み.

vulgaridade /vuwgari'dadʒi/ [女] 俗悪なこと, 粗野, 下品, 陳腐.

vulgarização /vuwgariza'sɐ̃w̃/ [[複] vulgarizações] [女] 俗化, 大衆化, 普及 ▶ vulgarização científica 科学の大衆化.

vulgarizar /vuwgari'zax/ [他] ❶ 大衆化させる, 一般化させる, 世に広める ▶ Ele vulgarizou novas ideias. 彼は新しい観念を世に広めた.
❷ 下品にする, 俗化させる, 平凡にする ▶ Aquele vestido vulgariza-a. あのドレスは彼女を下品にする.
— [自] ❶ 大衆化する, 一般化する. ❷ 下品になる, 俗化する, 平凡になる.
— **vulgarizar-se** [再] ❶ 大衆化する, 一般化する ▶ O uso da internet vulgarizou-se. インターネットの使用が普及した.
❷ 下品になる, 俗化する, 平凡になる ▶ A televisão vem se vulgarizando. テレビは下品になってきている.

vulgarmente /vuw,gax'mẽtʃi/ [副] 俗に, 一般的に.

vulgo /'vuwgu/ [男] 庶民, 大衆.
— [副] 俗に言う, 世間で言われるところの.

vulnerabilidade /vuwnerabili'dadʒi/ [女] 傷つきやすさ, もろさ, 脆弱性.

vulnerável /vuwne'ravew/ [[複] vulneráveis] [形]《男女同形》傷つきやすい, 弱い, もろい, 脆弱な ▶ posição vulnerável 弱い立場 / ponto vulnerável 弱い点 / vulnerável aos ataques 攻撃に対して脆弱な.

vulto /'vuwtu/ [男] ❶ 顔, 顔つき, 様相, 外見 ▶ Ele tinha um vulto altivo, que nos inspirava respeito. 彼は気高い顔つきで, 我々に尊敬の念を起こさせた.
❷ 身体, 姿, 人影 ▶ Ele não viu mais do que um vulto no escuro. 彼は暗がりでは人影しか見えなかった.
❸ 重要性.
❹ 人物, 重要人物, 大物.
❺ 像, 彫像.
❻ 量, 大きさ ▶ de vulto 大きな.
dar vulto a... …を重要視する.
tomar vulto 規模［重要性］を増す.

vulva /'vuwva/ [女]〘解剖〙外陰部, 陰門.

Ww

w /'dabliu/ [男] ポルトガル語アルファベットの第23字 ([注] w は外来語だけに使われる).
watt /'wɔtʃi/ [男] ワット.
windsurfe /wĩ'dsuxfi/ [男] ウインドサーフィン ▶ praticar windsurfe ウインドサーフィンをする.
windsurfista /wĩdsux'fista/ [名] ウインドサーファー.

X x

x /'ʃis/ [男] ❶ ポルトガル語アルファベットの第24字. ❷〖数学〗未知数, 変数.
xadrez /ʃa'dres/ [[複] xadrezes] [男] ❶ チェス ▶ jogar xadrez チェスをする / tabuleiro de xadrez チェス盤. ❷ チェック柄, 市松模様 ▶ uma saia de xadrez チェックのスカート. ❸ [B] [俗] 刑務所 ▶ estar no xadrez 刑務所に入っている.
xadrezista /ʃadre'zista/ [名] チェス選手.
xale /'ʃali/ [男] ショール.
xamã /ʃa'mẽ/ [男] シャーマン, まじない師.
xamanismo /ʃama'nizmu/ [男] シャーマニズム.
xampu /ʃẽ'pu/ [男]《英語》[B] シャンプー.
xangô /ʃẽ'go/ [男] シャンゴ (ブラジルの民間信仰の神)
xará /ʃa'ra/ [名] [B] ❶ 同名の人 ▶ Ele é o seu xará, chama-se José. 彼は君と同じ名で, ジョゼって言うんだ. ❷ 仲間, 友人 ▶ E aí, xará? よお, おまえ.
xaropada /ʃaro'pada/ [女] ❶ 1回に飲むシロップの量. ❷ 退屈, 退屈な話 ▶ O discurso do candidato foi uma grande xaropada. 候補者の演説は退屈きわまりなかった.
xarope /ʃa'rɔpi/ [男] ❶ シロップ ▶ xarope de limão レモンシロップ. ❷ シロップ薬 ▶ xarope para a tosse せき止めシロップ. ❸ [B] [話] 退屈なこと, うんざりさせるもの, つまらないもの ▶ A palestra foi um xarope! その講演は退屈だった.
— [形]《男女同形》退屈な, うんざりさせる, つまらない.
xaveco /ʃa'vɛku/ [男] ❶ [俗] ごまかし, ぺてん, インチキ. ❷ 口説き文句. ❸ 役に立たない人［物］.
xenofobia /ʃenofo'bia/ [女] 外国 (人) 嫌い.
xenófobo, ba /ʃe'nɔfobu, ba/ [形] 外国 (人) 嫌いの.
— [名] 外国 (人) 嫌いの人.
xepa /'ʃepa/ [女] ❶ [B] 食べ残し. ❷ (値下げされる) 売れ残り品, お勤め品.
xeque /'ʃɛki/ [男] ❶〖チェス〗王手 ▶ dar xeque 王手をかける. ❷ 危険, 困難, 危機的状況 ▶ A paz está em xeque. 平和が危険にさらされている.
pôr em xeque ① 危機に陥れる. ② (価値や信憑性を) 疑う.
xeque-mate /ʃɛki'matʃi/ [[複] xeques-mate(s)] [男]〖チェス〗チェックメート, 詰み.
xereta /ʃe'reta/ [形]《男女同形》[名] [B] 出しゃばりの (人), お節介の (人).
xeretar /ʃere'tax/ [他] …を詮索する, …に口出しする ▶ Ela vive xeretando a vida do vizinho. 彼女はいつも隣人の生活を根掘り葉掘り聞いている.
xerez /ʃe'res/ [[複] xerezes] [男] シェリー酒.
xerocar /ʃero'kax/ ㉙ [他] …のコピーを取る.
xerox /ʃe'rɔks/《単複同形》[男]《商標》[B] コピー, コピー機 ▶ tirar xerox de algo …をコピーする.
xexéu /ʃe'ʃɛu/ [男] 悪臭, 体臭.
xi /'ʃi/ [間] [B] うわっ, こりゃ驚いた, おや, すごい, 参った (驚き, 感嘆, 喜び, 呆れなど).
xícara /'ʃikara/ [女] ❶ (コーヒーなどの) カップ. ❷ カップ1杯分 ▶ uma xícara de café コーヒー1杯 / uma xícara de açúcar カップ1杯の砂糖.
xiita /ʃi'ita/ [形]《男女同形》[名] シーア派の (信徒).
xilindró /ʃilĩ'drɔ/ [男] [B] [俗] 刑務所, ブタ箱.
xilofone /ʃilo'fõni/ [男] 木琴.
xilografia /ʃilogra'fia/ [女] 木版画.
xingamento /ʃĩga'mẽtu/ [男] ののしり, 悪口, 罵詈雑言.
xingar /ʃĩ'gax/ ⑪ [他] …を罵る, 罵倒する ▶ Revoltados, os torcedores xingaram o juiz. 憤慨してファンたちは審判を罵倒した.
— [自] 罵る, 罵倒する ▶ Pessoas bem-educadas não xingam. 育ちのよい人は罵ったりしない.
xinxim /ʃĩ'ʃĩ/ [男] [B] 鶏肉と干しエビの煮込み料理 (= xinxim de galinha).
xis /'ʃis/ [男]《単複同形》文字 x の名称.
xis da questão 一番の問題.
xisto /'ʃistu/ [男] 結晶片岩, 片岩 ▶ gás de xisto シェールガス.

W

xixi /ʃiˈʃi/ [男] [俗] おしっこ ▶ fazer xixi おしっこする.
xô /ˈʃo/ [間] [B] [俗] シッシッ (鳥を追い払う声)
xodó /ʃoˈdɔ/ [男] ❶ (男の) 恋人, 彼氏. ❷ 愛情, 恋心, 愛着. ❸ 大切にしているもの, お気に入り.

Y y

y /ˈipisilõ, iˈgregu/ [男] ❶ ポルトガル語アルファベットの第25字 ([注] y は外来語だけに使われる). ❷ y の字の形.

Z z

z /ˈze/ [男] ポルトガル語アルファベットの第26字.
zaga /ˈzaga/ [女]〘サッカー〙フルバック, 後衛.
zagueiro, ra /zaˈgejru, ra/ [名]〘サッカー〙[B] ディフェンダー.
zanga /ˈzẽga/ [女] ❶ けんか, 対立 ▶ ter uma zanga com alguém …とけんかしている / A zanga entre os dois já dura anos. 両者の対立はもう何年も続いている. ❷ 怒り, いらだち.
*__zangado, da__ /zẽˈgadu, da ザンガード, ダ/ [形] **腹を立てた, 怒った** ▶ cara zangada 怒った表情 / estar zangado com alguém …に腹を立てている.
zangar /zẽˈgax ザンガーフ/ ⑪ [他] 怒らせる, 腹を立たせる, いら立たせる ▶ Ele zangou o pai com suas birras. 彼は強情をはって父親を怒らせた.
— [自] …に怒る, 腹を立てる [+ com] ▶ A mãe zangou com o filho que saíra sem avisar. 母親は何も言わずに出かけた息子に腹を立てた.
— **zangar-se** [再] 怒る, 腹を立てる ▶ Eu me zanguei com eles. 私は彼らに腹を立てた / Minha mãe zangava-se por motivos fúteis. 私の母は取るに足らないことで怒っていた.
zanzar /zẽˈzax/ [自] [B] ぶらぶら歩く ▶ zanzar por aí 散策する, そぞろ歩く.
zapear /zapeˈax/ ⑩ [自] テレビのチャンネルを頻繁に変える.
zarolho, lha /zaˈroʎu, ʎa/ [形] [名] ❶ 片目の (人). ❷ 斜視の (人).
zarpar /zaxˈpax/ [自] ❶ 錨をあげる, 出港する ▶ O navio zarpou. 船は出港した.
❷ 出発する, 去る ▶ Zarpamos de casa antes do almoço. 昼食前に我々は家を出た.
❸ 逃げる, 逃亡する ▶ Os ladrões zarparam com a chegada da polícia. 強盗たちは警察が着くと逃げ去った.
zás /ˈzas/ [間] バンッ, ドシン, ドカン, ドン (殴られたまたは倒れた音, 強い衝撃音).
zê /ˈze/ [男] 文字 z の名称.
zebra /ˈzebra/ [女] ❶〘動物〙シマウマ. ❷ 横断歩道. ❸ [B] 予想外の結果, 番狂わせ ▶ dar zebra 予想外の結果に終わる.
zebrar /zeˈbrax/ [他] …を (白黒の) 縞模様にする.
zelador, dora /zelaˈdox, ˈdora/ [[複] zeladores, doras] [形] 監視する, 見張る.
— [名] ❶ 監督者.
❷ [B] (集合住宅の) 管理人.
zelar /zeˈlax/ [自] ❶ …の面倒を見る, 世話をする [+ por] ▶ zelar pelas crianças 子供の世話をする.
❷ …に配慮する, 目を配る [+ por] ▶ zelar pelos interesses dos acionistas 株主の利益を図る.
zelo /ˈzelu/ [男] 熱中, 熱意, 熱心 ▶ trabalhar com zelo 熱心に働く.
zeloso, sa /zeˈlozu, ˈlɔza/ [形] ❶ 熱心な. ❷ 注意深い. ❸ 献身的な. ❹ 嫉妬深い, 焼き餅焼きの.
zénite /ˈzɛnitə/ [男] [P] = zênite
zênite /ˈzẽnitʃi/ [男] [B] ❶〘天文〙天頂. ❷ 頂点, 絶頂.
zé-povinho /ˌzɛpoˈvĩɲu/ [[複] zé(s)-povinhos] [男] ❶ 庶民, 一般大衆. ❷ 下層民.
zerar /zeˈrax/ [他] [B] ❶ (銀行口座を) ゼロにする. ❷ (負債を) 清算する, 完済する. ❸ (テストに) 零点をつける ▶ O professor zerou a prova. 先生はそのテストに零点をつけた.
— [自] [B] …で零点を取る [+ em] ▶ Zerei em matemática. 私は数学は零点だった.

★★★**zero** /ˈzɛru ゼーロ/ [男] ❶ **ゼロ, 零** ▶zero vírgula três 0.3 / começar do zero ゼロから始める / a partir de zero ゼロから / crescimento zero ゼロ成長 / tolerância zero ゼロトレランス.
❷ **零度** ▶cinco graus abaixo de zero 零下5度 / zero absoluto 絶対零度.
❸ **零点** ▶ganhar por um a zero 1対0で勝つ / ter um zero 零点を取る.
estar a zero 無一文である.
ser um zero à esquerda ① …がまったく駄目である [+ em] ▶Sou um zero à esquerda em matemática. 私は数学が全然駄目だ. ② 駄目な人間である.
zero hora ① 開始予定時刻. ② 零時零分.

zero-quilômetro /ˌzɛrukiˈlõmetru/ [形]《不変》新品の, 未使用の ▶uma bicicleta zero-quilômetro 新品の自転車.
— [男] 新車.

zigue-zague /ˌzigiˈzagi/ [[複] zigue-zagues] [男] ジグザグ, Z字形, 稲妻形 ▶fazer zigue-zagues ジグザグに進む / movimento de zigue-zague ジグザグ運動.

zinco /ˈzĩku/ [男]〖化学〗亜鉛.

-zinho, nha /ˈzĩɲu, ɲa/「小さな…」を表す接尾辞 ▶Mariozinho マリオジーニョ (Mário + zinho) / cafezinho エスプレッソ, デミタスコーヒー (café + zinho).

zíper /ˈzipex/ [[複] zíperes] [男]《英語》ジッパー, ファスナー ▶abrir o zíper ジッパーを開ける / fechar o zíper ジッパーを閉じる.

zoar /zoˈax/ [自] ❶ ざわざわする, がやがやする. ❷ (虫などが) ぶんぶんいう.

zodíaco /zoˈdʒiaku/ [男]〖天文〗黄道帯, 獣帯 ▶os signos do zodíaco 黄道十二宮.

zombar /zõˈbax/ [自] …をからかう, ばかにする [+ de] ▶Não gosto que zombem de mim. 私はばかにされたくない.

zombaria /zõbaˈria/ [女] ❶ あざけり, からかい, 嘲笑. ❷ 軽蔑の対象, 笑いもの.

★**zona** /ˈzõna ゾーナ/ [女] ❶ **地帯, 地区, 地域 ; 圏,** ゾーン ; (体の) 部位 ▶Ele vive nesta zona. 彼はこの地区で暮らしている / zona residencial 住宅地区 / zona industrial 工業団地 / zona eleitoral 選挙区 / zona de acesso proibido 立ち入り禁止区域 / zona euro ユーロ圏 / zona econômica exclusiva 排他的経済水域 / zona franca 自由貿易ゾーン, 免税地域 / zona tórrida [tropical] 熱帯 / zona subtropical 亜熱帯 / zona temperada 温帯 / zona glacial [frígida] 寒帯 / zona abdominal 腹部.
❷ [B] [俗] 売春街 ▶cair na zona 苦界に身を沈める / fazer a zona 買春目当てに繁華街をうろつく.
❸ [B] [話] 混乱 ; 散らかった場所 ▶O quarto está uma zona. 寝室は散らかり放題だ.
zona do agrião ペナルティエリア.
zona morta (サッカーグラウンドやバスケットコートの) 死角, デッドゾーン.

zonear /zoneˈax/ ⑩ [他] ❶ [B] …を区域に分ける ▶zonear uma cidade 町を区域に分ける. ❷ [B] [俗] 混乱させる, 騒ぎを起こさせる ▶O grupo zoneou a festa. その集団はお祭りをめちゃくちゃにした.
— [自] [B] [俗] 騒ぎを起こす, 混乱する.

zonzo, za /ˈzõzu, za/ [形] [B] めまいがする, ふらふらする ▶sentir-se zonzo めまいがする.

zoo /ˈzou/ [男] 動物園 (jardim zoológico の略).

zoologia /zooloˈʒia/ [女] 動物学.

zoológico, ca /zooˈlɔʒiku, ka/ [形] 動物学の, 動物の ▶jardim zoológico 動物園.
— **zoológico** [男] 動物園.

zoólogo, ga /zoɔˈlogu, ga/ [名] 動物学者.

zorra /ˈzoxa/ [女] [俗] 混乱, 騒ぎ.

zumbi /zũˈbi/ [男] ❶ ブラジルの逃亡奴隷のリーダー. ❷ ゾンビ.

zumbido /zũˈbidu/ [男] ❶ 虫の羽音, ブーンという音. ❷ 耳鳴り ▶zumbido no ouvido 耳鳴り.

zumbir /zũˈbix/ [自] ❶ (虫が) 羽音を立てる, ブーンという ▶As abelhas zumbem. ミツバチが羽音をたてる. ❷ 耳鳴りがする.

zum-zum /zũˈzũ/ [[複] zum-zuns] [男] ❶ (虫の羽音のような) ブーンという音.
❷ 噂 ▶Ouvi um zum-zum a respeito do assunto, mas não sei se é verdadeiro. 私はその件に関する噂を耳にしたが, それが本当かどうかはわからない.

zunido /zuˈnidu/ [男] ぶんぶんいう虫の音.

zunir /zuˈnix/ [自] ❶ ぶんぶん, ヒューヒューなどの音を立てる. ❷ さっと立ち去る.

zura /ˈzura/ [形]《不変》[名]《単複同形》けちな (人).

zurzir /zuxˈzix/ [他] ❶ …をむちで打つ. ❷ …を叩く. ❸ 罰する. ❹ 非難する.

SHOGAKUKAN
DICIONÁRIO
DA LÍNGUA
PORTUGUESA

日本語・ポルトガル語小辞典

あ

ああ ▶ ああ驚いた Ai, que surpresa! | Ai, que susto! / ああそうですか Ah, sim? | Ah, é? / ああ疲れた Ufa, fiquei cansado! / ああうれしい Ah, que alegria!

アーモンド amêndoa

あい[愛] amor ▶ 愛を告白する confessar o amor / 二人は永遠の愛を誓った Os dois juraram amor eterno. / 愛する amar / 私は彼女を愛している Eu a amo. / 私はあなたを愛している Eu te amo. / 私たちは愛し合っている Nós nos amamos. / 愛らしい女の子 menina bonitinha

あいかわらず[相変わらず] como sempre; como de costume ▶ 彼は相変わらずそそっかしい Ele está descuidado como sempre.

あいこうか[愛好家] apreciador ▶ クラシック音楽の愛好家 apreciador de música clássica

あいこく[愛国] 愛国心 patriotismo / 愛国者 patriota / 愛国的な patriótico

アイコン ícone ▶ アイコンをクリックする clicar no ícone

あいさつ[挨拶] cumprimento ▶ 私は街で会った知人に挨拶した Cumprimentei um conhecido que encontrei na cidade.

あいしょう[相性] afinidade; compatibilidade ▶ 彼らは相性がいい Eles têm boa afinidade.

あいじょう[愛情] afeição; ternura

あいず[合図] sinal ▶ 合図する fazer sinal

アイスクリーム sorvete ▶ アイスクリームを食べる tomar um sorvete / バニラアイスクリームを1つください Dê-me um sorvete de baunilha, por favor.

アイスコーヒー café gelado

アイススケート patinação no gelo

アイスティー chá gelado

あいだ[間] ▶ わたしは長い間彼に会っていない Não o encontro há muito tempo. / 彼女はしばらくの間黙っていた Ela ficou calada por um certo tempo. / 私は生と死の間を Fiquei entre a vida e a morte. / その歌手は若者の間でとても人気がある Esse cantor é muito popular entre os jovens. / 二人の間に何があったのですか O que houve entre os dois? / その街は京都と大阪の間にある Essa cidade fica entre Quioto e Osaka. / この間面白い映画を見た Outro dia vi um filme interessante.

あいて[相手] companheiro; companhia ▶ 彼には話し相手がいなかった Ele não tinha com quem conversar. / 子供の相手をするのは大変だ É trabalhoso fazer companhia a uma criança.

アイディア ideia ▶ それはいいアイディアだ Essa é uma boa ideia. / 私にいいアイディアがある Tenho uma boa ideia. / いいアイディアが浮かんだ Veio-me uma boa ideia.

あいどくしょ[愛読書] livro favorito

アイドル ídolo ▶ アイドル歌手 cantor ídolo

あいにく infelizmente ▶ あいにく雨だった Infelizmente chovia. / あいにく彼女は外出中です Infelizmente ela está fora.

あいまい[曖昧] ▶ あいまいな vago; pouco claro ▶ この文はあいまいだ Esta sentença é ambígua.

アイロン ferro de passar roupa ▶ シャツにアイロンをかける passar ferro na camisa

あう[会う] encontrar-se com; ver ▶ お会いできて光栄です Muito prazer em conhecê-la. / また会いましょう Vamos nos ver novamente. / 私は友人に偶然会った Encontrei-me com um amigo por acaso.

あう[合う] ▶ この靴はサイズが合わない O tamanho deste sapato não serve. / ジョアンと私は気が合う Eu e o João entendemo-nos bem. / この靴はあのドレスと合う Este sapato fica bem com aquele vestido.

あう[遭う] ▶ 彼は交通事故に遭った Ele sofreu [teve] um acidente de trânsito. / 私はひどい目に遭った Eu tive [passei por] uma terrível experiência.

アウェイ ▶ アウェイで no campo adversário / アウェイチーム time visitante; time adversário

あお[青] azul ▶ 青い azul / 空が青い O céu é azul. / あなたは顔が青い Seu rosto está pálido. / 彼女は顔が青くなった Ela ficou com o rosto branco [pálido]. / 青信号 sinal (de trânsito) verde; sinal aberto; farol verde / 信号が青に変わった O sinal ficou [mudou para] verde. / 青葉 folha verde

あおむけ[仰向け] ▶ 仰向けに倒れる cair de costas / 仰向けになってください Deite-se de costas, por favor.

あか[赤] vermelho ▶ 赤い vermelho / 赤シャツ camisa vermelha / 彼女は顔が赤くなった Ela ficou com o rosto vermelho [corado]. / 赤信号 sinal fechado [vermelho] / 赤信号を無視する ignorar o sinal vermelho [fechado]

あかじ[赤字] déficit ▶ 今月は赤字だ Este mês estou com saldo negativo [no vermelho]. / 財政赤字 finanças deficitárias

あかり[明かり] luz ▶ 明かりをつける acender a luz / 明かりを消す apagar a luz; desligar a luz

あがる[上がる] subir ▶ 2階に上がる subir ao primeiro andar / 物価が上がる O custo de vida elevou-se. / 円が上がった O iene subiu.

あかるい[明るい] ▶ 明るい部屋 quarto claro [iluminado] / 明るいうちに帰ろう Vamos embora enquanto é dia. / 月が明るく輝いていた A lua brilhava iluminada. / その国の未来は明るい O futuro desse país é promissor.

あき[秋] outono ▶ 今年の秋 o outono deste ano / 私は2010年の秋にポルトガルを訪れた Eu visitei Portugal no outono do ano 2010.

あき[空き] ▶ 空き瓶 garrafa vazia / 空き家 casa desocupada

あきらか[明らか] ▶ 我々が正しいことは明らかだ É evidente que nós estamos certos. / 真相が明らかになった A verdade foi esclarecida.

あきらめる[諦める] desistir ▶ 諦めるな Não desista. / 諦めるのはまだ早い Ainda é cedo para desistir. / 私は夢を諦めた Eu desisti de meu sonho.

あきる[飽きる] ▶ 私はその仕事に飽きた Fiquei farto desse trabalho. / もう飽き飽きした Já estou cheio.

アキレスけん[アキレス腱] tendão de Aquiles

あきれる ▶ あきれて物も言えない Fiquei sem palavras de tanto espanto.

あく[悪] mal

あく[空く] ▶ あなたは今日の午後空いていますか Você tem tempo livre hoje à tarde? / その席は空いていますか Esse lugar está vago?

あく[開く] abrir ▶ その店は10時に開く Essa loja abre às dez horas. / 何時に開きますか A que horas abre?

あくしゅ[握手] aperto de mãos ▶ 私たちは握手した Nós nos cumprimentamos com um aperto de mãos. / 私は彼と握手した Eu o cumprimentei com um aperto de mãos.

あくしゅみ[悪趣味] mau gosto ▶ 悪趣味な服 roupa de mau gosto

アクセサリー adereço; acessório

アクセス acesso ▶ サイトにアクセスする acessar o sítio [site]

アクセル (pedal do) acelerador ▶ アクセルを踏む pisar no (pedal do) acelerador

アクセント acentuação ▶ この単語のアクセントはどこにありますか Onde é a acentuação desta palavra?

あくてんこう[悪天候] mal tempo ▶ 悪天候にもかかわらず、多くの人が来た Apesar do mal tempo, vieram muitas pessoas.

あくび bocejo ▶ あくびする bocejar / 思わずあくびが出た Bocejei sem querer.

あくよう[悪用] mau uso; abuso ▶ 制度を悪用する fazer mal uso do sistema

あくむ[悪夢] pesadelo ▶ 悪夢のような1日だった Foi um dia de pesadelos.

あける[明ける] ▶ 夜が明けた Amanheceu. / 年が明けた Começou um ano novo. / 明けましておめでとうございます Feliz Ano Novo!

あける[空ける] ▶ グラスを空ける esvaziar o cálice / 明日の午後を空けておいてください Deixe a tarde de amanhã livre, por favor.

あける[開ける] abrir ▶ 窓を開けてください Abra a janela, por favor. / 店を開ける abrir a loja / 板に穴を開ける abrir um buraco na tábua / ドアを開けておいてください Deixe a porta aberta, por favor.

あげる[上げる] ▶ 値段を上げる subir [aumentar] os preços / 手を上げろ Mãos ao alto! | Levante [Erga] suas mãos!

あげる ▶ 私は娘に誕生日プレゼントをあげた Dei um presente de aniversário à minha filha. / これを買ってあげる Compro-lhe isto.

あげる[挙げる] ▶ わかった人は手を挙げてください Quem entendeu, levante [erga] a mão.

あげる[揚げる] fritar ▶ ポテトを揚げる fritar a batata

あご[顎] queixo

あこがれ[憧れ] ▶ 映画スターに憧れる admirar a estrela do cinema

あさ[朝] manhã ▶ 今日の朝に hoje de manhã / 明日の朝に amanhã de manhã / 昨日の朝に ontem de manhã / 日曜日の朝に no domingo de manhã / 朝早く起きる acordar cedo / 明日朝6時に起きなければならない Amanhã, tenho que acordar às seis horas da manhã. / 私は9月7日の朝にサンパウロに着く予定です Devo chegar em São Paulo na manhã do dia sete de setembro. / 私は毎朝散歩する Eu faço um passeio todas as manhãs. / 両親は朝から晩まで働いていた Meus pais trabalhavam de manhã a noite.

あさい[浅い] raso ▶ この川は浅い Este rio é raso.

あさごはん[朝ご飯] café da manhã

あさって depois de amanhã ▶ あさって試験がある Tenho prova depois de amanhã.

あさひ[朝日] sol nascente

あさねぼう[朝寝坊] ▶ 今朝朝寝坊してしまった Hoje cedo perdi a hora.

あさめし[朝飯] cafe da manhã ▶ そんなのは朝飯前だ Isso é canja [fácil]!

あし[足] pé; perna ▶ 足の裏 sola do pé / 足が痛い Meu pé dói. / 足が棒になった Minhas pernas se cansaram. / 彼女は足が速い Ela corre rápido. / 足元に気をつけてください Tome cuidado com os degraus [o desnível].

あし[脚] perna ▶ 脚を組む dobrar as pernas

あじ[味] sabor ▶ それはいい味がする Isso tem um bom sabor. / それは苦い味がする Isso tem um sabor amargo. / 味わう saborear

アジア Ásia ▶ アジアの asiático / アジア人 asiático / アジア大陸 continente asiático

アシスタント assistente

あした[明日] amanhã ▶ 明日は金曜日です Amanhã é sexta-feira. / また明日 Até amanhã.

あずかる[預かる] ▶ このカバンを預かってもらえますか Poderia guardar esta mala?

あずける[預ける] ▶ 私は子供を幼稚園に預けてから仕事に出かける Eu vou para o trabalho depois de deixar a criança no jardim de infância.

アスピリン aspirina ▶ アスピリンを飲む tomar aspirina

あせ[汗] suor ▶ 汗をかく suar / 彼は汗まみれだ Ele está todo suado. / 汗を拭く limpar [secar] o suor

あせる[焦る] precipitar-se; ficar impaciente ▶ 時間がなくて焦った Precipitei-me por não ter tempo. | Fiquei impaciente por não ter tempo.

あそこ ali ▶ あそこに誰かいる Ali tem alguém.

あそび[遊び] jogo; brincadeira ▶ 子供の遊び jogo [brincadeira] infantil / 言葉遊び jogo de palavras / 遊びで de brincadeira

あそぶ[遊ぶ] brincar; jogar ▶ 一緒に遊ぼう Vamos brincar juntos. / おもちゃで遊ぶ brincar com um brinquedo / 公園で遊ぶ brincar no parque

あたい[値] valor ▶ 彼女の行動は賞賛に値する Sua conduta é digna de louvor.

あたえる[与える] dar; conceder; oferecer ▶ 犬に

あたたかい

えさを与える dar ração ao cachorro
あたたかい[温かい、暖かい] quente ▶ 今日は暖かい Hoje está quentinho. / 今年の冬は例年になく暖かい O inverno deste ano está quente, diferente de outros anos. / 温かい料理 comida quente / 彼女は心が温かい Ela é afetuosa.
あたたまる[温まる、暖まる] 風呂に入ると体が温まる O corpo se aquece (ao entrar) num banho de imersão. / 心温まる話 conversa de enternecer o coração
あたためる[温める、暖める] ▶ 電子レンジで食べ物を温める aquecer a comida no forno microondas / 部屋を暖める aquecer o quarto
あだな[あだ名] apelido ▶ あだ名をつける colocar [dar] um apelido
あたま[頭] cabeça ▶ 頭をかく coçar a cabeça / 彼女は頭がいい Ela é inteligente. | Ela tem cabeça boa. / 彼は頭が悪い Ele não é inteligente. / 私は頭が痛い Estou com dor de cabeça. / 頭を使いなさい Use a cabeça. / 私は頭を壁にぶつけた Bati a cabeça na parede.
あたらしい[新しい] novo ▶ 新しい服が欲しい Quero uma roupa nova. / 新しい大統領 novo presidente / 彼は考え方が新しい Ele tem novos pensamentos. / その会社のロゴが新しくなった O logotipo dessa companhia foi renovado. / その事件は記憶に新しい Esse caso está fresco na memória.
あたり[辺り] ▶ 私はあたりを見回した Olhei ao redor. / このあたりにコンビニはありますか Tem uma loja de conveniência por aqui?
あたり[当たり] ▶ （回答が正しいとき）当たりだ Certo! / （くじが当たったとき）当たりです Acertou!
あたりまえ[当たり前] ▶ 当たり前のことをしただけです Fiz somente o meu dever, o mais lógico.
あちこち aqui e ali ▶ あちこちに警官がいる Há policiais aqui e ali.
あちら ali, lá ▶ お帰りはあちらです A saída é ali [lá]
あっ ▶ あっ、危ない Ah! Cuidado! / Olha, é perigoso! / あっ、財布がない Ih, sumiu minha carteira! | Céus! Estou sem minha carteira! / あっ、わかった Ah! Já sei! | Ah! Entendi!
あつい[熱い、暑い] quente ▶ 熱いコーヒー café quente / きょうは暑い Hoje está quente. | Hoje faz calor.
あつい[厚い] ▶ 厚い本 livro grosso [espesso]
あっか[悪化] ▶ 悪化する piorar / 状況は悪化する一方だ A situação só piora.
あつかう[扱う] ▶ 私を子供扱いしないでください Não me trate como criança.
あつさ[熱さ、暑さ] calor ▶ この暑さは耐え難い É difícil aguentar esse calor.
あっさり ▶ 私はあっさりしたものが食べたい Quero comer algo leve.
あっしゅく[圧縮] compressão ▶ データを圧縮する comprimir os dados
アットマーク arroba
アップグレード upgrade; atualização ▶ アップグレードする fazer upgrade atualizar

アップデート update; atualização ▶ アップデートする fazer update; atualizar
あつまる[集まる] reunir-se ▶ 久しぶりに親戚一同が集まった A família toda se reuniu depois de muito tempo. / 全員集まれ Reúnam-se todos.
あつめる[集める] reunir ▶ メンバー全員を集める reunir todos os membros.
あつりょく[圧力] pressão ▶ 圧力を政府にかける pressionar o governo
あて[当て] ▶ 私は当てもなく街を歩いた Andei pela cidade sem rumo. / 彼は当てにならない Não se pode contar com ele.
あてな[宛名] endereço
あてる(推測する) adivinhar ▶ あててごらん Tente adivinhar.
あと[後] ▶ 後で電話します Telefono mais tarde. / また後で Até mais tarde. / 昼食の後、私は昼寝する Tiro uma soneca depois do almoço. / 私たちは2, 3時間歩いた後休憩した Nós descansamos depois de andar duas a três horas.
アトリエ ateliê
アドレス(住所) endereço ▶ あなたのメールアドレスを教えてください Informe-me seu endereço eletrônico.
あな[穴] buraco; furo ▶ 道路に穴が開いていた Havia um buraco na rua. / 穴を掘る furar; abrir um buraco
アナウンサー locutor
あに[兄] irmão mais velho ▶ 私は兄が一人いる Tenho um irmão mais velho.
あね[姉] irmã mais velha ▶ 私は姉が一人いる Tenho uma irmã mais velha.
あの aquele ▶ あの建物は東京スカイツリーです Aquele monumento é a torre Tokyo Sky Tree. / あの頃私はリオデジャネイロにいた Naquela época eu estava no Rio de Janeiro. / 私はあの時以来彼女とは会っていない Eu não a vejo desde aquele tempo.
アパート apartamento ▶ 私はアパートに住んでいる Eu moro em um apartamento.
あびる[浴びる] ▶ シャワーを浴びる tomar banho de chuveiro
あぶない[危ない] perigoso ▶ 危ない地域には近づかない方がよい É melhor não se aproximar de áreas perigosas. / 危ない！ Cuidado! | É perigoso!
あぶら[油] óleo
アフリカ África ▶ アフリカの africano / アフリカ人 africano
アプリ aplicativo
あまい[甘い] doce ▶ 甘い果物 fruta doce / 私は甘い物が好きだ Eu gosto de doces. / 人生はそんなに甘くない A vida não é tão doce.
アマゾン Amazonas ▶ アマゾン川 rio Amazonas
あまのがわ[天の川] Via Láctea
あまり ▶ 私はあまりお金を持っていない Não tenho muito dinheiro. / 私はお酒はあまり好きではない Não gosto muito de bebidas alcoólicas. / 彼はあまり友人がいない Ele não tem muitos amigos. / 彼女はあまり利口ではない Ela não é muito es-

perta. / その話はあまりにも荒唐無稽だったので、とても信じられなかった Essa conversa era tão absurda que não pude acreditar.

あまり[余り] resto; sobra ▶ 7割る3は2余り1 Sete dividido por três é dois e sobra um. | Sete dividido por três são dois e o resto é um.

あまる[余る] sobrar ▶ 余ったお金は貯金しよう Vamos poupar o dinheiro que sobrar.

あみ[網] rede

あむ[編む] tricotar ▶ セーターを編む tricotar o suéter

あめ[雨] chuva ▶ 雨が降っている Está chovendo. | Chove. / 雨が降り出した Começou a chover. / 天気予報では今日の午後は雨だ Pela previsão do tempo, hoje à tarde tem chuva. / 雨がやんだ Parou de chover. / 雨が降りそうだ Parece que vai chover. / 雨の多い地域 área de muita chuva / 今年は雨が多い Este ano tem muita chuva. / 今年は雨が少ない Este ano tem pouca chuva. / 雨の日は憂鬱だ Os dias chuvosos são depressivos. / 雨の中傘を差さずに歩いている人がいた Havia uma pessoa andando na chuva sem guarda-chuva.

あめ[飴] bala ▶ 飴をなめる chupar a bala

アメリカ América ▶ アメリカの americano / アメリカ人 americano / 私にはアメリカ人の友達がいます Tenho um amigo americano. / アメリカ人 americano / アメリカ合衆国 Estados Unidos da América (EUA) / 北アメリカ América do Norte / 南アメリカ América do Sul

あやしい[怪しい] ▶ 景気の先行きが怪しい O futuro da situação econômica é incerto.

あやつる[操る] manipular ▶ 人形を操る manipular o boneco / 世論を操る manipular a opinião pública

あやまち[過ち] erro ▶ 過ちを犯す cometer um erro 見直し

あやまる[謝る] desculpar-se ▶ 気に障ったら謝ります Peço-lhe desculpas se lhe ofender.

あらい[荒い] ▶ 波が荒い As ondas estão bravas. / 彼は金遣いが荒い Ele desperdiça dinheiro.

あらう[洗う] lavar ▶ 手を洗う lavar as mãos / 顔を洗う lavar o rosto / 体を洗う lavar o corpo

あらし[嵐] tempestade; temporal ▶ 昨夜の嵐は激しかった A tempestade da noite passada foi violenta.

あらすじ[粗筋] enredo ▶ その小説はどんな粗筋ですか Qual é o enredo desse romance?

あらそい[争い] disputa; briga; competição ▶ 両社はブラジル市場で激しい争いを展開している Ambas as empresas estão em intensa disputa no mercado brasileiro.

あらそう[争う] discutir; competir; disputar ▶ 両チームは金メダルをかけて激しく争った Os dois times competiram violentamente pela medalha de ouro.

あらた[新た] ▶ 新たな novo / 新たな委員会が発足した Constituiu-se nova comissão.

あらたまる[改まる] mudar ▶ 年が改まった O ano mudou.

あらためて[改めて] ▶ 改めておわび申し上げます Peço desculpas novamente.

あらためる[改める] corrigir ▶ 誤りがあれば改めなさい Se houver engano, corrija-o.

アラビア Arábia ▶ アラブの árabe

あらわす[表す] ▶ この記号は何を表していますか O que representa esse sinal?

あらわす[現す] ▶ オオカミが姿を現した O lobo apareceu.

あらわれる[現れる] ▶ 効果が現れてきた Está dando resultado.

あり[蟻] formiga

ありうる[あり得る] ▶ 両国間の軍事衝突はあり得る É possível que haja um choque militar entre os dois países. / そんなことはあり得ない Isso é impossível. / それはあり得ないことではない Isso não é impossível.

ありがたい[有り難い] ▶ そうしていただけるとありがたいです É gratificante que aceite assim.

ありがとう[有難う] ▶ どうもありがとうございます Muito obrigado. / お手紙ありがとうございました Obrigada pela carta. / お越しいただきありがとうございました Obrigada por ter vindo. / 手伝ってくれてありがとうございます Obrigada por ter-me ajudado. / いろいろありがとうございました Obrigado por tudo.

ありのまま ▶ 事実をありのままに話してください Fale-me sobre a verdade tal como ela é.

アリバイ álibi ▶ 私にはアリバイがある Eu tenho um álibi.

ありふれた ▶ ありふれた出来事 um acontecimento [fato] muito comum

ある[在る, 有る] ▶ テーブルの上に花瓶がある Tem um vaso em cima da mesa. / この市には小学校が5つある Há cinco escolas primárias nesta cidade. / この家にはトイレが3つある Tem três banheiros nesta casa. / バス停はどこにありますか Onde tem um ponto de ônibus? / ホテルは駅のすぐ前にある Há um hotel bem em frente da estação.

ある[或る] ▶ ある日 certo dia / ある朝 certa manhã / それはある意味では正しい Em certo sentido, isso está correto. / ある科学者によれば de acordo com um certo cientista

あるく[歩く] andar, caminhar ▶ その赤ん坊は歩けるようになった Esse bebê começou a andar. / 私はもう歩けない Não posso mais caminhar. / 私の娘は歩いて学校に行く Minha filha vai andando para a escola. / 駅までは歩いて10分です São dez minutos a pé até a estação.

アルコール álcool ▶ アルコール飲料 bebida alcoólica アルコール

アルゼンチン Argentina ▶ アルゼンチンの argentino

アルバイト bico ▶ いいアルバイトが見つかった Encontrei um bom bico. / アルバイトする fazer bico / 彼女は書店でアルバイトをしている Ela faz um bico na livraria.

アルバム álbum

アルファベット alfabeto

あれ aquilo, aquele ▶ あれは何ですか O que é aquilo? / あれは私の家です Aquilo é minha casa.

あれる[荒れる] ▶ 海が荒れている O mar está bravo [agitado].

アレルギー alergia ▶ 私は卵アレルギーがある Eu tenho alergia a ovos.

あわ[泡] espuma

あわせる[合わせる] ▶ 手を合わせる juntar [unir] as mãos / 私は人に合わせるのが苦手だ Não gosto de agir conforme outra pessoa.

あわてる[慌てる] ▶ 慌てる必要はない Não é necessário apressar-se. / 彼は慌てて家を出た Ele saiu de casa apressadamente.

あん[案] proposta; sugestão ▶ 何かいい案はありませんか Não tem alguma proposta boa? / それは名案だ Isso é uma ótima sugestão.

あんがい[案外] ▶ やってみたら案外簡単だった Experimentei fazer e foi mais fácil do que esperava.

あんき[暗記] ▶ 暗記する decorar; memorizar / ポルトガル語の単語を暗記する memorizar palavras da língua portuguesa

アンケート inquérito; enquete ▶ 我々は1000人に対してアンケートを行った Realizamos uma enquete com mil pessoas.

あんごう[暗号] cifra; código ▶ 暗号を解読する decifrar o código

アンコール bis ▶ アンコール Bis!

あんさつ[暗殺] assassínio ▶ 暗殺する assassinar

あんざん[暗算] cálculo mental ▶ 暗算する fazer uma conta de cabeça; calcular de cabeça; fazer contas de cabeça

あんじ[暗示] sugestão ▶ 暗示を与える dar uma sugestão / 暗示する sugerir

あんしん[安心] ▶ これで安心だ Assim fico tranquilo. / 安心してください Fique tranquilo. | Não se preocupe.

あんぜん[安全] segurança ▶ この地域は安全ですか Esta região é segura? / 安全ベルト cinto de segurança / 「安全第一」 Segurança em primeiro lugar.

アンダーライン sublinha ▶ アンダーラインを引く sublinhar

あんてい[安定] estabilidade; equilíbrio ▶ 安定した生活 uma vida equilibrada [estável] / 患者の容態が安定した O estado do paciente estabilizou-se.

アンテナ antena

あんな ▶ 私にはあんなことはできない Não posso fazer aquilo. / あんな失敗はもうしない Não cometerei tal erro novamente.

あんない[案内] guia ▶ マリアが私にサンパウロ市内を案内してくれた Maria mostrou-me a cidade de São Paulo. / 駅までご案内します Vou levá-lo até a estação. / 案内書 guia / 案内所 local de informações / 案内人 guia

い

い[胃] estômago ▶ 私は胃が痛い Eu tenho dor de estômago. / 私は胃腸が弱い Eu tenho o estômago fraco.

いあわせる[居合わせる] ▶ 私はたまたまそこに居合わせた Aconteceu de por acaso eu estar aí.

いい ▶ これでいいですか Está bom assim? / それでいいです Está bom assim. / 窓を開けてもいいですか Posso abrir a janela?

いいえ ▶ 「あなたは中国人ですか」「いいえ，違います」— Você é chinês? — Não, não sou. / 「あなたは泳げないんですか」「いいえ，泳げます」— Você não sabe nadar? — Sim, eu sei nadar.

いいかえる[言い換える] dizer em outras palavras ▶ 言い換えれば em outras palavras

いいかげん[いい加減] ▶ 彼はいい加減な男だ Ele é um homem desleixado [irresponsável]. / いい加減なことを言うな Não diga tolices. / いい加減にしろ Já chega! | Pare!

いいきみ[いい気味] ▶ いい気味だ Bem feito! | Bem merecido!

いいつたえ[言い伝え] tradição; lenda

いいはる[言い張る] teimar ▶ 彼は自分は何も知らないと言い張った Ele teimou que nada sabia.

イーメール e-mail; mensagem eletrônica

いいわけ[言い訳] desculpa; pretexto; justificação ▶ 彼は遅刻の言い訳をした Ele desculpou-se pelo atraso. / そんな言い訳は通用しない Isso não é desculpa!

いいん[委員] (集合的) comitê; comissão / (個人) membro / 委員会 comissão / 委員長 presidente da comissão

いいん[医院] clínica; consultório médico

いう[言う] dizer; falar ▶ 私の言う通りにしてください Faça como eu lhe digo. / もう一度言ってください Fale mais uma vez, por favor. / 彼は何と言ったのですか O que ele disse? / 彼らはそのことについて何も言わなかった Eles nada disseram sobre isso. / 本当のことを言ってください Diga [Fale] a verdade. / よく言うよ Como pode dizer isso? / お役に立てることがあったら，いつでも言ってください Se houver algo que eu possa fazer, diga-me a qualquer hora. / 何とお礼を言えばいいのかわかりません Não sei o que dizer em agradecimento. / それはポルトガル語で何と言いますか Como se diz isso em português? / お金は人を幸福にしないと言われる Dizem que o dinheiro não faz as pessoas felizes.

いうまでもない[言うまでもない] ▶ ブラジルが資源豊富なことは言うまでもない Não é nem preciso dizer que o Brasil é rico em reservas naturais.

いえ[家] casa ▶ 大きな家 casa grande / 小さな家 casa pequena / 私の家は郊外にある Minha casa fica no subúrbio. / 彼女は美しい家に住んでいる Ela mora em uma casa bela. / 私は6時に家に帰る Eu volto para casa às seis horas. / 母は今家にいる Minha mãe está em casa agora. / 昨日私は一日中家にいた Ontem eu fiquei em casa o dia todo.

いえで[家出] ▶ 少女は家出した A menina saiu de casa.

イエローカード cartão amarelo

いか [以下] 5歳以下の子供たち crianças de menos de 5 anos / 零度以下に下がる ficar abaixo de zero / 私は家賃が15万円以下のアパートを探している Estou procurando um apartamento com aluguel inferior a cento e cinquenta mil ienes. / 以下のように come segue

いか [烏賊] lula

いがい [意外] ▶ 意外なことが起きた Aconteceu algo inesperado.

いがい [以外] ▶ 彼以外全員が賛成した Todos concordaram, exceto ele. / 関係者以外立ち入り禁止 Proibida a entrada de pessoas estranhas.

いかが ▶ ご機嫌はいかがですか Como está o senhor? / 「コーヒーはいかがですか」「いいですね、いただきます」— Que tal um café? — Muito bom, aceito.

いがく [医学] medicina ▶ 医学博士 doutor em medicina / 医学部 Faculdade de Medicina

いかす [生かす] ▶ 私は自分の才能を生かせる仕事をしたい Quero fazer um trabalho onde possa usar meu talento.

いかり [錨] âncora

いかり [怒り] raiva; ira; cólera ▶ 怒りを抑える conter a raiva / 彼の声は怒りで震えていた A voz dele tremia de raiva.

いき [息] respiração; suspiro ▶ 息をする respirar / 彼は息が臭い O hálito dele cheira mal. / 老人は昨夜息を引き取った O idoso deu o último suspiro ontem à noite.

…いき [行き] ▶ 私はサンパウロ行きのバスに乗ったTomei o ônibus com destino a São Paulo.

いぎ [異議] objeção ▶ 裁判長、異議あり Protesto, juiz-presidente!

いきいき [生き生き] ▶ 生き生きした表現 expressão cheia de vida

いきおい [勢い] ▶ 風の勢いが衰えた O vento perdeu sua força.

いきがい [生きがい] ▶ あなたの生きがいは何ですか Qual é a sua razão de viver?

いきぎれ [息切れ] ▶ 階段を上がると息切れがするPerco o fôlego quando sobe escadas.

いきなり ▶ 子供がいきなり道路に飛び出してきた A criança saiu correndo para a rua de repente.

いきのこる [生き残る] sobreviver ▶ この業界で生き残るのは2, 3社だけだろう Provavelmente somente duas ou três empresas sobreviverão neste mundo de negócios.

いきもの [生き物] ser vivo

イギリス Inglaterra; Reino Unido ▶ イギリス人 inglês

いきる [生きる] viver ▶ 生きる喜び alegria de viver / 私の祖父は90歳まで生きた Meu avô viveu até os noventa anos de idade. / 生きた魚 peixe vivo / 人は何のために生きているのか Para quê as pessoas vivem?

いく [行く] ir ▶ 行きましょう Vamos! / 先に行ってください Vá na frente, por favor. / 教会へはどうやって行けばいいですか Como devo ir à igreja? / 来月ブラジルへ行きます Vou ao Brasil no próximo mês. / リオに行ったことはありますか Já foi ao Rio? / 彼女は買い物に行った Ela foi fazer compras. / 実験はうまく行った A experiência correu bem. / 行ってきます Estou saindo. / 行ってらっしゃい Tenha um bom dia! | Vai com Deus!

いくじ [育児] ▶ 彼女は育児で忙しい Ela está atarefada com a criação do bebê. / 育児休暇 licença maternidade;licença paternidade

いくつ ▶ いくつりんごがありますか Há quantas maçãs? / お子さんはおいくつですか Quantos anos tem seu filho [sua filha]? / この問題を解くのにはいくつかの方法がある Existem alguns meios para resolver este problema.

いくら ▶ この時計はいくらですか Quanto custa este relógio? / おいくらですか Quanto custa? | Quanto é? / 全部でいくらになりますか Qual é o custo total? / お金はいくらぐらい必要ですか Quanto aproximadamente precisa de dinheiro?

いけ [池] lago

いけない ▶ そんなことをしてはいけません Não deve fazer isso. / 今日は早く帰らないといけない Hoje, tenho que voltar cedo. / 「風邪をひいているんです」「それはいけませんね」— Estou com resfriado. — Isso não é bom.

いけばな [生け花] arranjo floral

いけん [意見] opinião ▶ あなたの意見はどうですか Qual é a sua opinião? / 私はあなたとまったく同じ意見です Minha opinião é exatamente igual a sua. / 専門家の意見は分かれている As opiniões dos especialistas são divergentes. / 私の意見では、この政策は効き目がない Na minha opinião, essa política é ineficaz.

いご [以後] ▶ この入り口は5時以後は閉まっています Esta entrada está fechada depois das cinco horas.

いごこち [居心地] ▶ この部屋は居心地がいい Este quarto é muito confortável.

いさん [遺産] herança ▶ 遺産相続人 herdeiro / 遺産を相続する herdar a herança

いし [石] pedra ▶ この橋は石でできている Esta ponte é feita de pedra.

いし [意志] vontade ▶ 彼女は意志が強い Ela tem força de vontade.

いし [意思] ▶ 私のポルトガル語は上手ではないが、何とか意思が通じた Meu português é fraco mas transmiti minha intenção de alguma forma.

いじ [維持] ▶ 経済成長を維持する manter o crescimento econômico / 平和を維持する conservar a paz

いしき [意識] consciência ▶ 私は意識を失った Perdi os sentidos. / 彼は意識がない Ele está inconsciente. / 彼女は意識を回復した Ela recuperou os sentidos.

いしつぶつ [遺失物] objeto perdido ▶ 遺失物取扱所 setor de achados e perdidos

いじめる maltratar ▶ 私は子供の頃学校でいじめられた Fui maltratada na escola quando era criança. / いじめっ子 criança que maltrata / いじめられっ子 criança maltratada

いしゃ [医者] médico ▶ 私は医者に診てもらいに行っ

た Fui me consultar com o médico.
いじゅう[移住] migração; (国外から) imigração; (国外へ) emigração ▶ 多くの日本人がブラジルに移住したMuitos japoneses migraram para o Brasil. / (国外から) 移住する imigrar / (国外へ) 移住する emigrar / 移住者 migrante; imigrante; emigrante
いじょう[以上]▶ …以上の mais de...; acima de... / コンサート会場には1000人以上の観客がいた Havia mais de mil espectadores no local do concerto. / 60歳以上は入場料2割引 Pessoas com acima de sessenta anos de idade têm vinte porcento de desconto na entrada. / これ以上のことはできません Não posso fazer mais (do) que isto.
いじょう[異常]▶ 異常な anormal / 異常気象 condições atmosféricas anormais / 今年の夏は異常に暑い O verão deste ano está extraordinariamente quente.
いしょく[移植] transplante ▶ 心臓を移植する fazer um transplante de coração / 臓器移植 transplante de órgãos
いしょく[衣食住] teto, comida e roupa
いじわる[意地悪]▶ 彼は意地悪だ Ele é malvado [perverso; ruim].
いじん[偉人] grande homem; homem extraordinário
いす[椅子] cadeira ▶ いすに座る sentar-se na cadeira / どうぞおかけください Sente-se por favor.
いずみ[泉] fonte
イスラエル Israel
いせい[異性] sexo oposto ▶ 異性の友人 amigo do sexo oposto
いせき[遺跡] ruínas
いぜん[以前]▶ あの人はずっと以前に亡くなりました Aquela pessoa faleceu há muito tempo. / 私は彼に以前会ったことがある Eu já o encontrei antes. / 私は以前レシフェに住んでいた Eu morava em Recife anteriormente.
いそがしい[忙しい] ocupado ▶ 私は今忙しい Estou ocupado agora. / 私はブラジルに来てからずっと忙しかった Estive muito ocupado desde que vim ao Brasil. / 私は仕事で忙しい Estou ocupado com o trabalho.
いそぐ[急ぐ] apressar-se ▶ 急いでください Apresse-se, por favor. / 急ぎましょう Vamos nos apressar. | Apressem-se! / 急ぐ必要はありません Não há necessidade de ter pressa.
いた[板] tábua ▶ 木の板 tábua de madeira
いたい[痛い]▶ 痛い！Ai! / おなかが痛い Estou com dor de barriga. / 頭が痛い Estou com dor de cabeça. / 耳が痛い Estou com dor de ouvido. / 歯が痛い Estou com dor de dente. / どこが痛いの Onde dói? | Onde está doendo? / ここが痛い Dói aqui.
いたい[遺体] cadáver
いだい[偉大]▶ 偉大な grande; notável / 偉大な作家 grande escritor
いたずら trote; travessura ▶ いたずら電話 trote / いたずらっ子 criança travessa
いただき[頂] cume; pico; topo ▶ 山の頂 pico da montanha
いただく▶ もう結構，十分いただきました Não obrigado, já comi [bebi] o bastante. / 私も1ついただけますか Poderia me dar um também? / 手伝っていただけないでしょうか Não poderia ajudar?
いたみ[痛み] dor ▶ 激しい痛み dor intensa / 鈍い痛み dor aguda / 痛みがひどくなった A dor piorou. / 痛みがおさまった A dor sumiu [passou].
いたむ[痛む]▶ どこが痛みますか Onde dói?
いたむ[傷む]▶ あなたの髪はひどく傷んでいる Seu cabelo está muito danificado. / このりんごは傷んでいる Esta maçã está estragada.
いためる[炒める] refogar ▶ タマネギを炒める refogar a cebola
イタリア Itália ▶ イタリアの italiano / イタリア人 italiano / イタリア語 italiano
いたる[至る]▶ 両国は合意に至った Os dois países chegaram a um acordo.
いたるところ[至る所]▶ 日本は至る所に温泉がある Há termas por todo o Japão.
いち[一]▶ 私は1, 2か月ブラジルに滞在するつもりだ Pretendo ficar um a dois meses no Brasil. / 富士山は日本一の山だ O monte Fuji é a montanha mais alta do Japão.
いち[市] feira ▶ のみの市 feira livre
いち[位置]▶ GPSを使えば自分の位置がすぐにわかる Se usar o GPS logo saberá onde está. / 位置について，用意，ドン Aos seus lugares, preparar, já!
いちいち▶ いちいち文句を言うな Não reclame de tudo. / いちいち説明しなくてもよろしい Não precisa explicar um por um.
いちいん[一員]▶ 私はチームの一員だ Sou membro do time.
いちおう[一応]▶ 一応やってみます Pelo menos tentarei [vou tentar] fazer.
いちがつ[一月] janeiro ▶ 一月に em janeiro
いちご[苺] morango ▶ イチゴジャム geleia de morango / イチゴケーキ bolo de morango
いちじ[一次]▶ 第一次世界大戦 Primeira Guerra Mundial / 一次方程式 equação do primeiro grau
いちじ[一時]▶ 今1時です Agora é uma hora. / 彼は今ブラジルに一時的に帰国している Agora ele está de volta ao Brasil temporariamente.
いちじるしい[著しい]▶ 近年その国は経済発展が著しい Nesses últimos anos o desenvolvimento econômico desse país tem sido extraordinário [notável]. / その国の経済は著しく発展した A economia desse país desenvolveu-se notavelmente.
いちど[一度] uma vez ▶ 私は週に一度プールへ通っています Eu frequento a piscina uma vez por semana. / もう一度おっしゃってください Fale mais uma vez, por favor. / 一度に2つのことはできない Não posso fazer duas coisas de uma vez. / 私はブラジルに一度も行ったことがない Não fui ao Brasil nem uma vez.

いちにち[一日] um dia ▶ 昨日は一日中雨だった Ontem choveu o dia todo. / 私は一日おきにジョギングをする Corro dia sim, dia não. | Corro em dias alternados.

いちねん[一年] um ano ▶ その国は一年中暑い É quente o ano todo neste país. / 私は1年おきに帰国する Volto ao meu país ano sim, ano não. / 総会は1年おきに開かれる A assembleia se realiza em anos alternados. / 私の息子は小学1年生だ Meu filho é estudante da primeira série da escola primária.

いちば[市場] mercado ▶ 魚市場 mercado de peixes / 青果市場 mercado de verduras

いちばん[一番] 一番最初に来たのは彼だ Quem chegou primeiro foi ele. / 彼女はクラスで一番です Ela é a primeira da classe. / ブラジルで一番高い山は何と言いますか Como se chama a montanha mais alta do Brasil? / 私はスポーツの中でサッカーが一番好きです Dentre os esportes eu gosto mais do futebol. / 一番いいのは彼女に助けてもらうことだ O melhor é ser ajudado por ela.

いちぶ[一部] uma parte ▶ その話は一部しか本当でない Somente uma parte dessa conversa é verdadeira. / そんなことを言っているのは一部の人だけだ Somente algumas pessoas estão dizendo tal coisa.

いちまい[一枚] ▶ 一枚の紙 uma folha de papel / 一枚の葉書 um cartão postal

いちめん[一面] ▶ 一面に雪が積もっていた A neve acumulava-se por toda a superfície. / 新聞の一面に面白い記事が載っていた Havia um artigo interessante na primeira página do jornal. / それは一面的な見方だ Esse é um ponto de vista parcial.

いちや[一夜] uma noite ▶ 私は一夜を空港で明かした Passei uma noite no aeroporto.

いちょう[胃腸] estômago e intestinos ▶ 私は胃腸が弱い Tenho estômago e intestinos fracos.

いちりゅう[一流] primeira classe; categoria ▶ 一流ホテル hotel de primeira categoria

いちれつ[一列] uma fila ▶ 一列に並んでください Formem uma fila.

いつ quando ▶ あなたの誕生日はいつですか Quando é seu aniversário? / 彼はいつ帰ってきますか Quando ele volta? / 彼がいつ帰ってくるか知っていますか Você sabe quando ele volta? / いつでも来てください Volte sempre. | Venha sempre. / 今年はいつになく寒い Este ano está extraordinariamente frio. / いつの間にか痛みがなくなっていた Não sei quando a dor havia desaparecido. / いつまでブラジルにご滞在ですか Até quando ficará no Brasil? / いつから痛みますか Desde quando dói? / あなたのことはいつまでも忘れません Nunca me esquecerei de você.

いっか[一家] ▶ ソウザ一家 família Souza

いつか ▶ 私はいつかブラジルへ行きたい Quero ir ao Brasil algum dia. / いつかそのことを聞いたことがある Ouvi sobre isso antes.

いっかい[一階] andar térreo ▶ 私のオフィスは1階にある Meu escritório fica no andar térreo.

いっかい[一回] uma vez

いっき[一気] ▶ グラスを一気に飲み干す secar a taça de uma só vez.

いっこ[一個] ▶ 卵一個は何カロリーありますか Quantas calorias tem em um ovo?

いっこう[一向] ▶ 事態は一向に改善されなかった A situação não melhorou em nada.

いっさい[一切] ▶ 私はこの件とは一切関わりがありません Não tenho nada a ver com este caso.

いっさくじつ[一昨日] anteontem ▶ 一昨日近所で火事があった Anteontem houve um incêndio na vizinhança.

いっしゅ[一種] ▶ ブンタンは柑橘類の一種だ Pomelo é um tipo de fruta cítrica.

いっしゅう[一周] ▶ 彼らは世界を一周した Eles deram uma volta pelo mundo.

いっしゅうかん[一週間] uma semana ▶ 私は一週間でこの仕事を済ませなければならない Tenho que terminar esse trabalho em uma semana.

いっしゅん[一瞬] um instante ▶ 私は一瞬ためらった Vacilei por um instante.

いっしょう[一生] ▶ あなたの親切は一生忘れません Não me esquecerei de sua bondade por toda minha vida. / ブラジル旅行は私の一生の思い出だ A viagem ao Brasil é uma lembrança para toda a vida.

いっしょうけんめい[一生懸命] ▶ 私はこの仕事を一生懸命やりました Empenhei-me ao máximo neste trabalho.

いっしょ[一緒] ▶ 一緒に行きましょう Vamos juntos. / 私と一緒に来てください Venha comigo.

いっそう[一層] ▶ 事態は一層悪くなった A situação ficou ainda pior.

いっそく[一足] ▶ 一足の靴 um par de sapatos

いったい[一体] ▶ 一体何が起こったのだろう Que diabos, o que será que aconteceu? / これは一体どういうことだ O que exatamente quer dizer isto? / 一体何のためにそんなことをしたのだ Mas afinal, por que é que você fez isso?

いったい[一帯] ▶ この辺一帯が水浸しになった Toda essa região ficou inundada.

いったん[一旦] ▶ 一旦決心したことは最後までやりとげます Uma vez decidido, vou até o fim.

いっち[一致] ▶ この点に関しては全ての証言が一致している Em relação a este ponto, todas as declarações estão em concordância. / 私は彼と意見が一致した Minha opinião coincidiu com a dele.

いっちゃく[一着] ▶ 彼女が一着になった Ela ficou em primeiro lugar.

いつつ[五つ] cinco ▶ 五つ星のホテル hotel de cinco estrelas

いっつい[一対] um par ▶ 一対のペンダント um par de pingentes

いってい[一定] ▶ 一定の regular; constante / 温度を一定に保つ manter a temperatura constante

いってき[一滴] uma gota ▶ 一滴の水 uma gota d'água

いっとうしょう[一等賞] primeiro prêmio ▶ 彼女はコンテストで一等賞を取った Ela ganhou o primeiro prêmio no concurso.

いっぱい[一杯] ▶ コーヒー1杯 uma xícara de café; um café / ビール1杯 um copo de cerveja; uma cerveja / 一杯やる beber um trago / 道路は車でいっぱいだ A rua está cheia de carros.

いっぱく[一泊] ▶ 私たちはリスボンに一泊した Nós pousamos uma noite em Lisboa. / 朝食付きで一泊1万円です Uma diária com café da manhã custa dez mil ienes.

いっぱん[一般] ▶ 一般の geral; corrente; comum / 一般的な原則 regra geral / その遺跡は一般に公開されている Esse resto arqueológico está aberto à visitação geral. / 一般的に言ってポルトガル人やブラジル人はサッカーが好きだ Falando de modo geral, os portugueses e brasileiros gostam de futebol.

いっぺん[一片] ▶ 一片の紙切れ um fragmento de um pedaço de papel

いっぷく[一服] ▶ この辺で一服しよう Vamos fazer uma pausa por aqui.

いっぽ[一歩] um passo ▶ 一歩一歩 passo a passo / 一歩前進する dar um passo à frente; avançar um passo

いっぽう[一方] ▶ 一方的な意見 um ponto de vista unilateral / 一方通行 via de mão única / 状況は悪くなる一方だ A situação só piora.

いっぽん[一本] ▶ 鉛筆1本 um lápis / チョーク1本 um giz

いつまでも para sempre ▶ 今日のことはいつまでも忘れない Não me esquecerei o dia de hoje para sempre.

いつも sempre ▶ 彼はいつも眠そうだ Ele sempre parece estar com sono. / バスはいつも遅れてくる O ônibus sempre vem atrasado. / いつものように como sempre / 今日彼女はいつもより早く来た Hoje ela veio mais cedo (do) que sempre. / いつもそうであるとは限らない Nem sempre é assim.

いつわ[逸話] anedota; piada

いつわる[偽る] ▶ その男は名前を偽っていた Esse homem falsificava seu nome.

イディオム idiomatismo

いてん[移転] ▶ 移転する mudar-se; transferir-se / その工場は郊外に移転した Essa fábrica mudou-se para o subúrbio.

いでん[遺伝] hereditariedade ▶ 遺伝性の病気 doença hereditária / 遺伝子 gene / 遺伝子組み替え作物 plantas geneticamente modificadas

いと[糸] linha ▶ 糸を針に通す passar a linha na agulha

いと[意図] intenção ▶ 意図的な intencional / 意図的に intencionalmente

いど[井戸] poço ▶ 井戸を掘る cavar um poço

いど[緯度] latitude

いどう[異動] ▶ 彼女は人事部に異動になった Ela foi transferida para o departamento de recursos humanos.

いどう[移動] ▶ 車を移動してください Mude o carro para outro lugar.

いとこ[従兄弟, 従姉妹] primo; prima

いどころ[居所] paradeiro; endereço ▶ 犯人の居所がわかった Descobriu-se o paradeiro do criminoso.

いとなむ[営む] ▶ 農業を営む praticar a agricultura; fazer agricultura

いとま[暇] ▶ もうお暇します Já estou me despedindo. | Já vou embora.

いない[以内] ▶ 駅はここから歩いて10分以内の距離にある A estação está a uma distância de menos de dez minutos a pé. / 1時間以内に戻ります Volto dentro de uma hora.

いなか[田舎] interior ▶ 田舎に行く ir ao interior / 田舎に住む morar no interior

いなずま[稲妻] relâmpago

イニシャル inicial

いぬ[犬] cachorro; cão ▶ 私は犬を飼っています Eu crio um cachorro. / 犬小屋 casinha para cachorro

いね[稲] arroz ▶ 稲を栽培する cultivar o arroz

いねむり[居眠り] soneca; cochilo ▶ 居眠りする tirar uma soneca; fazer um cochilo

いのち[命] vida ▶ あなたは私の命の恩人だ Você salvou-me a vida. | Eu devo-lhe minha vida. / 彼はあと半年の命だ Ele tem mais meio ano de vida.

いのり[祈り] prece; reza; oração

いのる[祈る] rezar ▶ あなたの幸運を祈ります Rezo pela sua sorte. / あなたの成功を祈ります Rezo pelo seu sucesso.

いばる[威張る] vangloriar-se; ensoberbecer-se ▶ その国では役人が威張っている Nesse país, os funcionários públicos são arrogantes.

いはん[違反] violação; infração; transgressão ▶ 法律違反 violação da lei / 交通違反 infração de trânsito / 法律に違反する transgredir a lei

いびき ronco ▶ いびきをかく roncar

いほう[違法] ilegalidade ▶ 違法行為 ato ilegal / 違法状態 situação ilegal

いま[今] agora; atualmente ▶ 私は今リオデジャネイロにいます Atualmente estou no Rio de Janeiro. / 私はちょうど今着いたところです Eu acabo de chegar justamente agora. / 今行きます Vou agora. / 来年の今頃私はサンパウロにいます No que vem, nessa época, estarei em São Paulo. / 今さらそんなことを言っても遅い Mesmo que diga isso agora já é tarde. / 今にも雨が降りそうだ Parece que vai chover agora mesmo. / 今のところこれで十分だ É o bastante por ora. / 今までどこにいたのですか Onde esteve até agora? / これは私が今までに見たうちで一番おもしろい映画だ Dentre os filmes que vi até agora, este é o mais interessante. / 今時の若者 jovens de hoje em dia / そのことは今でも覚えている Lembro-me disso até agora.

いま[居間] sala de estar

いまだに[未だに] ▶ いまだに彼らからの回答がない Até agora não há respostas deles.

いみ[意味] sentido; significado ▶ この語はどんな意味ですか Qual é o significado desta palavra? / それはどういう意味ですか Qual é o significado disso? / 意味する significar; fazer sentido / それ

はある意味では本当だ Em certo sentido, isso é verdadeiro.

イミテーション imitação ▶ イミテーションの宝石 joia de imitação

いみん[移民] (外国からの) imigrante ; (外国への) emigrante ▶ ブラジルの日本人移民 imigrante japonês do Brasil / 多くの日本人がブラジルに移民した Muitos japoneses imigraram para o Brasil.

イメージ imagem ▶ イメージチェンジする mudar a imagem / イメージアップする melhorar a imagem / イメージダウンする piorar a imagem

いも[芋] ▶ じゃがいも batata / さつまいも batata-doce

いもうと[妹] irmã mais nova ▶ 私は妹がいる Tenho uma irmã mais nova.

いや[嫌] ▶ 嫌なにおい cheiro desagradável [ruim] / 嫌な天気 tempo desagradável [chato] / 絶対に嫌だ Não quero mesmo. / Absolutamente não.

いやいや ▶ いやいや仕事をする trabalhar com má vontade

いやがる[嫌がる] ▶ 彼は病院に行くのを嫌がる Ele não gosta de ir ao hospital.

イヤホーン fone de ouvidos

イヤリング brinco

いよいよ ▶ 話はいよいよおもしろくなった A conversa ficou mais interessante. / いよいよ夏だ Enfim, é verão.

いよく[意欲] vontade ▶ 新大臣は非常に意欲的だ O novo ministro tem muita boa vontade.

いらい[依頼] solicitação; pedido; requisição ▶ その国は日本に支援を依頼した Esse país solicitou ajuda ao Japão.

いらい[以来] desde ▶ 私は1975年以来ここに住んでいる Moro aqui desde 1975. / 私はそれ以来彼女に会っていない Não a vejo deste essa ocasião.

いらいら ▶ 彼は最近いらいらしている Ele está nervoso [irritado] ultimamente.

イラスト ilustração ▶ イラストを描く fazer [desenhar] a ilustração

イラストレーター ilustrador

いらっしゃい ▶ (歓迎して) よくいらっしゃいました Que bom que veio! | Seja muito bem-vindo! / (店員が) いらっしゃいませ Seja bem-vindo. | Em que posso servi-lo?

いらっしゃる ▶ いついらっしゃいますか Quando vem?

…いられない ▶ 私は笑わずにはいられなかった Não pude deixar de rir.

いりぐち[入口] entrada ▶ 入り口はどこですか Onde é a entrada?

いる[居る] ▶ 母は庭にいます Minha mãe está no jardim. / 私たちのクラスには30人の生徒がいる Em nossa classe há trinta alunos. / もうどのくらい日本にいるのですか Está no Japão já há quanto tempo? / 大勢の人がいた Havia muita gente. / 大きな犬がいる Há um grande cachorro. / 私はまだしばらくここにいます Ficarei aqui por mais um tempo. / 私は娘がいる Tenho uma filha.

いる[要る] precisar; necessitar ▶ お金が要る Preciso de dinheiro. / 私のことなら心配は要らない Não precisa se preocupar comigo.

いる[煎る] torrar ▶ コーヒー豆を煎る torrar os grãos de café

イルカ golfinho; delfim

イルミネーション iluminação

いれる[入れる] ▶ 車をガレージに入れる pôr o carro na garagem / なべに水を入れてください Coloque [ponha] água na panela, por favor. / 私はコーヒーに砂糖を入れない Eu não coloco açúcar no café. / スイッチを入れてください Acenda a luz, por favor. / 仲間に入れてください Deixe-me fazer parte do grupo. / コーヒーを入れましょうか Quer que eu faça um café?

いろ[色] cor ▶ あなたの車は何色ですか Qual é a cor de seu carro? / 色鉛筆 lápis de cor

いろいろ[色々] ▶ 庭にいろいろな花が咲いている Há diversas flores no jardim. / 私はいろいろしなければならないことがある Tenho que fazer várias coisas. / いろいろありがとうございました Muito obrigado por tudo. / いろいろお尋ねしたいことがあります Tenho várias perguntas a fazer.

いろん[異論] opinião diferente [divergente] ▶ 私は異論はありません Não tenho nenhuma objeção.

いわ[岩] rocha

いわい[祝い] celebração ▶ 心よりお祝いを申し上げます Congratulo-o de coração.

いわう[祝う] celebrar ▶ 私たちは娘の誕生日を祝った Nós celebramos o aniversário de nossa filha.

イワシ sardinha

いわば ▶ 彼は私にとっていわば第二の父だ Pode se dizer que para mim ele é meu segundo pai.

いわゆる[所謂] ▶ ブラジルはいわゆるBRICSの一員である O Brasil é um membro do assim chamado BRICS.

いん[印] carimbo ▶ ゴム印 carimbo de borracha

いんが[因果] causa e efeito ▶ 因果関係 relação de causa e efeito

いんき[陰気] tristeza; melancolia ▶ 陰気な家 casa triste

インク tinta ▶ インクジェットプリンター impressora a jato de tinta

いんさつ[印刷] impressão ▶ 印刷する imprimir / 印刷所 gráfica; tipografia

いんしゅ[飲酒] ▶ 飲酒運転する dirigir embriagado [alcoolizado]

いんしょう[印象] impressão ▶ 彼女の印象はよかった Ela causou boa impressão. / 京都の印象はどうですか Qual é a sua impressão de Quioto? | O que você achou de Quioto? / その会社の事業はうまく行っているという印象を私は持っている Tenho a impressão de que os negócios dessa empresa estão indo bem.

インスタント ▶ インスタントの instantâneo / インスタントコーヒー café solúvel [instantâneo] / インスタント食品 comida instantânea; alimento instantâneo

インストール instalação ▶ インストールする insta-

インスピレーション inspiração ▶ふとインスピレーションが湧いた Tive uma grande inspiração.
インターネット internet ▶私はその情報をインターネットで入手した Consegui essa informação na internet. / ファイルをインターネットからダウンロードする baixar um arquivo da internet / インターネットで買い物をする fazer compras pela internet / インターネットカフェ internet café; cyber café / インターネットオークション leilão pela internet / インターネットサービスプロバイダー provedor de acesso aos serviços da internet; fornecedor de acesso à internet
インターホン interfone
いんたい[引退] aposentadoria ▶そのサッカー選手は引退後実業家になった Esse jogador de futebol tornou-se um empresário após sua aposentadoria. / そのサッカー選手は引退した Esse jogador de futebol aposentou-se.
インタビュー entrevista ▶インタビューする entrevistar / その新聞記者は首相にインタビューした Esse repórter de jornal entrevistou o primeiro-ministro.
インド Índia ▶インドの indiano
インプット entrada ▶インプットする entrar
インフルエンザ influenza; gripe ▶私の子供がインフルエンザにかかった Meu filho pegou [ficou com] influenza. / 彼女はインフルエンザにかかっている Ela está com influenza.
インフレ inflação ▶去年のインフレ率は3パーセントだった A taxa de inflação do ano passado foi de três porcento.
いんよう[引用] citação ▶引用する fazer uma citação citar / 引用文 citação / 引用符 aspas
いんりょう[飲料] bebida ▶飲料水 água potável / 清涼飲料水 refrigerante
いんりょく[引力] gravidade; força de atração da gravidade

う

ウイスキー uísque ▶ウイスキーの水割り uísque com água
ウイルス vírus ▶コンピューターウイルス vírus de computador
ウインク piscar de olhos; piscadela ▶ウインクする dar uma piscadela; piscar os olhos
ウインドーショッピング ▶ウインドーショッピングする ver [olhar] vitrines
ウール lã
うえ[飢え] fome ▶難民たちは飢えていた Os refugiados estavam famintos. / 飢え死にする morrer de fome
うえ[上] ▶その本は机の上にあります Esse livro está em cima da mesa. / 飛行機は今大西洋の上を飛んでいます O avião está voando sobre o oceano Atlântico agora. / 彼は私より5歳上だ Ele é cinco anos mais velho que eu.
ウエーター garçom
ウエートレス garçonete
ウエスト cintura ▶私のウエストは78センチだ Minha cintura mede setenta e oito centímetros.
うえる[植える] plantar ▶私は庭にバラを植えた Eu plantei rosas no jardim.
ウォーミングアップ aquecimento ▶ウォーミングアップする fazer aquecimento
うがい gargarejo ▶うがいをする gargarejar / うがい薬 remédio para gargarejo
うかがう[伺う] ▶明日の午後2時に伺います Irei às duas horas da tarde de amanhã.
うかぶ[浮かぶ] flutuar; boiar ▶海に何か浮かんでいる Tem algo boiando sobre o mar. / いい考えが浮かんだ Tive uma boa ideia.
うかべる[浮かべる] ▶彼女はほほえみを浮かべた Ela deu um sorriso. / 彼女は笑った Ela sorriu.
うき[雨季] estação de chuvas; estação chuvosa ▶雨季が始まった Começou a estação de chuvas.
うき[浮き] (釣りの) boia
うきうき ▶うきうきしているようだけど, 何かいいことあったの Você parece animado. Aconteceu algo bom?
うけいれる[受け入れる] aceitar ▶我々は条件を受け入れることにした Nós decidimos aceitar as condições.
うけつぐ[受け継ぐ] herdar; suceder ▶彼女は父の事業を受け継いだ Ela sucedeu aos negócios do pai.
うけつけ[受付] recepção; portaria
うけとる[受け取る] receber ▶お手紙を受け取りました Recebi a carta.
うける[受ける] ▶試験を受ける prestar [fazer] exame / 治療を受ける receber tratamento médico / 手術を受ける ser operado; submeter-se a uma cirurgia / その番組は若者に受けている Esse programa está sendo bem aceito pelos jovens.
うごかす[動かす] ▶腕を動かしてください Movimente seu braço, por favor. / その機械を動かしてみてください Tente fazer funcionar essa máquina.
うごき[動き] movimento
うごく[動く] ▶動くな Não se mexa. / 列車が動き始めた O trem começou a se mover.
うさぎ ▶飼いウサギ coelho / 野ウサギ lebre
うし[牛] ▶雄牛 boi / 雌牛 vaca / 子牛 novilho / 牛を飼う criar gado
うしなう[失う] perder ▶職を失う perder o emprego [trabalho] / 希望を失う perder as esperanças
うしろ[後ろ] ▶後ろを振り返る voltar-se [virar-se] para trás / 後ろに詰めてください Poderiam ir para trás? / 彼は木の後ろに隠れた Ele escondeu-se atrás da árvore.
うず[渦] rodamoinho
うすい[薄い] fino; delgado; fraco; claro ▶薄い板 tábua fina / このコーヒーは薄い Esse café está fraco. / 薄い青 azul-claro
うずうず ▶その子供は外で遊びたくてうずうずしていた

Esta criança estava impaciente para brincar ao ar livre.

うすぐらい[薄暗い] ▶ 外は薄暗かった Fora estava meio [um pouco] escuro.

うすめる[薄める] (水を足す) diluir ▶ ウィスキーを水で薄める diluir o uísque com água

うせつ[右折] ▶ 右折する virar à direita

うそ[嘘] mentira ▶ うそをつく mentir / うっそー Não acredito! / うそつき mentiroso

うた[歌] canto; canção ▶ 歌を歌う cantar uma canção / 彼女は歌がうまい Ela canta bem. / 私は歌が下手だ Eu não canto bem.

うたう[歌う] cantar

うたがい[疑い] dúvida; suspeita; acusação ▶ 彼らの成功は疑いない Não há dúvidas quanto ao sucesso deles. / 疑いなく sem dúvidas [suspeitas] / 彼が理解しているか、非常に疑わしい Tenho muitas dúvidas de que ele esteja entendendo.

うたがう[疑う] ▶ 私は彼が犯人なのではないかと疑っている Suspeito que ele seja o criminoso. / 私は彼女が無実であることを疑ったことはない Nunca duvidei de que ela fosse inocente.

うち[内] ▶ その店は2, 3日のうちに開店します Esse loja vai ser aberta daqui a dois ou três dias. / 彼は3人のうちで一番背が高い Ele é o mais alto entre as três pessoas. / 10人のうち1人だけがその試験に合格する Nesta prova, somente uma em cada dez pessoas será aprovada. | Nessa prova, de dez somente uma pessoa será aprovada.

うち[家] casa ▶ 明日家に来てください Venha a minha casa amanhã.

うちあける[打ち明ける] ▶ 彼は私に秘密を打ち明けた Ele revelou-me um segredo.

うちき[内気] timidez ▶ 内気な tímido / 彼女はとても内気だ Ela é muito tímida.

うちこむ[打ち込む] ▶ 息子はテニスに打ち込んでいる Meu filho está absorto pelo tênis.

うちとける[打ち解ける] ▶ 私たちはすぐに現地の人と打ち解けた Nós logo nos integramos com as pessoas do local.

うちゅう[宇宙] universo; espaço ▶ 宇宙船 nave espacial / 宇宙飛行士 astronauta

うちわ leque

うつ[鬱] depressão ▶ 私は鬱だ Estou com depressão.

うつ[打つ] ▶ 私は転んで頭を打った Cai e bati a cabeça. / 時計が5時を打った O relógio deu [bateu] cinco horas. / その話は私たちの心を打った Essa conversa tocou nossos corações.

うつ[撃つ] atirar ▶ 止まらないと撃つぞ Se não parar, atiro. / 撃つな Não atire!

うっかり ▶ うっかり電車を間違えてしまった Peguei o trem errado por distração. / 私はうっかりしていた Estava distraído.

うつくしい[美しい] ▶ 美しい花 flor bela / この絵はとても美しい Este quadro é muito belo. / 美しい女性 mulher bela / 彼女は美しく着飾っていた Ela estava belamente vestida.

うつし[写し] cópia ▶ 原本と写し o original e a cópia

うつす[写す] (文書を) 写す copiar / 写真を写す tirar foto; fotografar / 野の花を写す desenhar as flores do campo

うつす[移す] ▶ その会社は本社を東京に移した Essa companhia transferiu sua matriz para Tóquio. / 私は風邪を娘にうつしてしまった Eu passei meu resfriado para minha filha.

うったえる[訴える] ▶ 世論に訴える apelar à opinião pública / 患者は痛みを訴えた O paciente reclamou de dor.

うっとうしい[鬱陶しい] ▶ うっとうしい天気が続く Continua um tempo deprimente [desagradável].

うっとりする ▶ みんな彼女の美しさにうっとりした Todos ficaram pasmos com sua beleza.

うつぶせ ▶ うつぶせになる deitar de bruços.

うつむく[俯く] baixar a cabeça; ficar cabisbaixo

うつりかわり[移り変わり] mudança ▶ 季節の移り変わり mudança de estações

うつる[移る] ▶ 息子の風邪が私に移った O resfriado de meu filho passou para mim. / 世界経済の中心が移りつつある O centro da economia mundial está sendo transferido.

うつる[写る] このカメラはよく写る Essa câmera fotografa bem. / 彼女はテレビ写りがいい Ela aparece bem na televisão.

うつろ[虚ろ] ▶ 私の心は虚ろだった Meu coração estava vazio.

うで[腕] braço ▶ 彼は両腕に大きな箱を抱えていた Ele segurava uma caixa grande com os dois braços. / 誰かが私の腕をつかんだ Alguém segurou meu braço. / 二人は腕を組んで歩いて行った Os dois andavam com os braços dados. / 私は腕を折った Eu quebrei [fraturei] o braço. / 腕のいい職人 artesão [trabalhador] hábil

うでどけい[腕時計] relógio de pulso

うとうと ▶ うとうとする cochilar; ficar sonolento

うなぎ enguia

うなずく[頷く] acenar com a cabeça ▶

うばう[奪う] tirar; roubar; privar ▶ 国民は独裁者に自由を奪われた O povo teve sua liberdade roubada pelo ditador. / 地震によって多くの人命が奪われた O terremoto tirou a vida de muitas pessoas. / 私は美しい風景に心を奪われた Fiquei fascinada pela bela paisagem.

うま[馬] cavalo ▶ 馬に乗る montar um cavalo

うまい ▶ 彼はポルトガル語がとてもうまい Ele fala muito bem o português. / この料理はとてもうまい Esta comida é muito gostosa.

うまく ▶ 万事うまく行った Deu tudo certo. | Correu tudo bem. / きっとうまく行くよ Vai dar tudo certo com certeza.

うまれ[生まれ] ▶ 私は生まれも育ちもサンパウロだ Eu nasci e fui criada em São Paulo. / 息子は生まれつき体が弱い Meu filho tem a saúde frágil de nascença. / 生まれ故郷 cidade natal

うまれる[生まれる] nascer ▶ 私は1990年の9月7日にブラジルで生まれた Eu nasci no Brasil em sete de setembro de 1990. / 私は去年生まれて初めてブラジルに行った No ano passado eu fui ao Brasil pela primeira vez na vida. / 彼女に男の子を生まれた Nasceu-lhe um menino. | Ela deu à luz um menino.

うみ[海] mar ▶ 私たちは海に泳ぎに行った Fomos nadar no mar.

うみ[膿] pus

うみべ[海辺] litoral; costa; beira-mar ▶ 海辺で遊ぶ brincar à beira-mar.

うむ[生む，産む] ▶ 彼女は女の子を産んだ Ela deu à luz uma menina. / 小鳥が卵を生んだ O passarinho botou um ovo. / ブラジルが生んだ最も偉大なサッカー選手 o maior jogador de futebol nascido no Brasil

うめる[埋める] enterrar; preencher; tapar ▶ 穴を埋める tapar o buraco

うやむや ▶ 真相はうやむやのままだ A verdade permanece sem esclarecimento.

うよく[右翼] asa direita ▶ 右翼政治家 político da direita

うら[裏] reverso; verso; avesso ▶ コインの裏あっその moeda / 足の裏 sola do pé / 紙面の裏をご覧ください Veja o verso da folha, por favor.

うらがえし[裏返し] ▶ セーターが裏返しです Seu suéter está do avesso. / 裏返す virar ao avesso

うらぎり[裏切り] traição ▶ 裏切り者 traidor

うらぎる[裏切る] trair ▶ 祖国を裏切る trair a pátria / 彼は妻を裏切った Ele traiu a esposa.

うらない[占い] adivinhação ▶ 占い師 adivinho

うらなう[占う] adivinhar ▶ 手相を占う ler as mãos

うらみ[恨み] ódio; raiva; ressentimento ▶ 彼は私に恨みを持っている Ele tem raiva de mim.

うらむ[恨む] guardar rancor

うらやましい[羨ましい] invejável ▶ あなたがうらやましい Invejo-lhe.

うりあげ[売り上げ] venda ▶ その会社の売り上げは100億円だ O faturamento dessa companhia é de dez bilhões de ienes.

うりて[売り手] vendedor

うりきれる[売り切れる] esgotar-se ▶ チケットはすぐに売り切れた Os bilhetes logo se esgotaram. Os bilhetes foram todos vendidos rapidamente. / 「売り切れ」Esgotado para venda

うりば[売り場] local de venda ▶ 食料品売り場 local de venda de alimentos [comidas]

うる[売る] vender ▶ 私たちは家を売ってよそに引っ越した Nós vendemos nossa casa e mudamos para outro lugar. / その店はブランド物を安く売っている Essa loja vende barato os produtos de marca. / 良心を売る vender a consciência

うるうどし[閏年] ano bissexto

うるさい ▶ 車の騒音がうるさい O ruído do carro é barulhento.

うれしい feliz; contente; alegre ▶ 今年は1つうれしい出来事があった Este ano houve um acontecimento feliz. / あなたが来てくれてとてもうれしい Estou muito contente por ter vindo.

うれる[売れる] ▶ この本はよく売れています Este livro está vendendo bem. / その絵は10万円で売れた Esse quadro foi vendido por cem mil ienes.

うろこ[鱗] escama

うろたえる ▶ 予想外の事態が起きたので，我々はうろたえた Ficamos confusos porque aconteceu algo inesperado.

うろつく ▶ 野良犬が近所をうろついている Um cachorro vira-lata está vagueando pelas redondezas.

うわぎ[上着] paletó; jaqueta ▶ 今日は暖かいので上着はいらない Não preciso de paletó porque hoje está quente.

うわさ[噂] rumor; boato ▶ 大臣が辞任するといううわさが流れている Rola um boato de que o ministro vai se demitir. / それはうわさに過ぎない Isso não passa de um boato.

うん ▶ うん，いいよ Sim, pode! | Sim, tudo bem. / うん，そうだね Ah, é mesmo. | Ah, é verdade.

うん[運] sorte ▶ 君は運がいい Você tem sorte. / 私は運が悪い Eu tenho azar. / 運よく列車に間に合いました Por sorte, deu tempo para pegar o trem. / 運悪くもう電車はなかった Por azar, não havia mais trens.

うんえい[運営] administração; gestão ▶ 組織を運営する administrar a organização

うんざり ▶ もううんざりだ Já estou cheio! | Já estou farto! / 彼のつまらない冗談にはうんざりしたFiquei aborrecido com as piadas sem graça dele.

うんちん[運賃] ▶ (旅客の) 運賃 tarifa / (貨物の) 運賃 frete / 東京から京都までの運賃はいくらですか Quanto custa a passagem de Tóquio a Quioto? / 運賃前払い frete com pagamento antecipado; frete pré-pago

うんてん[運転] ▶ 車を運転する dirigir o carro / 安全運転する dirigir com segurança / 運転手 motorista / 運転免許証 carteira de habilitação de motorista

うんどう[運動] ▶ 私は毎日軽い運動をする Eu faço exercícios leves todos os dias. / 最近運動不足だ Ultimamente não tenho feito bastante exercícios físicos. / 運動場 campo de jogos / 運動選手 atleta / 政治運動 movimento político / 選挙運動 campanha [movimento] eleitoral

うんめい[運命] destino; sorte; sina ▶ 運命の女神 deusas da sorte / 運命的な出会い encontro decisivo / 運命論者 fatalista

え

え[柄] cabo ▶ ナイフの柄 cabo da faca

え[絵] desenho; pintura; quadro ▶ 花の絵 desenho de flores / 絵を描く pintar / これは誰が描いた絵ですか De quem é esta pintura?

エアコン ar condicionado

エアロビクス aeróbica ▶ エアロビクスをする fazer aeróbica

えいえん[永遠] eternidade ▶ 永遠の eterno / 永遠に eternamente

えいが[映画] (1本の) filme; (集合的) cinema ▶ 映画を見に行く ir ao cinema / 私は日曜日に映画を見に行った Eu fui ver [assistir a] um filme no domingo. / その映画を見たことがありますか Você já assistiu a esse filme? / その映画は来週封切りになる Esse filme estreia na semana que vem. / 今どんな映画をやっていますか Que filme está passando agora? / 映画を撮影する filmar / 映画館 (sala de) cinema / 映画監督 diretor de cinema / 映画スター estrela de cinema / 映画祭 festival de cinema / ブラジル映画 filme brasileiro

えいきゅう[永久] ▶ 永久的な eterno; permanente / 永久歯 dente permanente / 永久に eternamente; para sempre

えいきょう[影響] influência ▶ その本は私に大きな影響を与えた Esse livro influenciou-me muito. / 彼は友だちに影響されやすい Ele é facilmente influenciado pelos amigos.

えいぎょう[営業] ▶ 営業時間 horário de funcionamento / 営業所 local de funcionamento / 「営業中」 Aberto (para negócios)

えいご[英語] inglês; língua inglesa; idioma inglês ▶ 英語は話せますか Fala inglês?

えいこう[栄光] glória

えいこく[英国] Inglaterra ▶ 英国の inglês / 英国人 inglês

えいせい[衛生] higiene ▶ その国の衛生状態はよくない As condições higiênicas desse país não são boas. / 衛生的な飲料水 água potável / 精神衛生 higiene mental

えいせい[衛星] satélite ▶ 衛星放送 satélite de transmissão / 私は衛星放送でニュースを見た Assisti ao noticiário via satélite de transmissão. / 人工衛星 satélite artificial

えいぞう[映像] imagem

えいゆう[英雄] herói ▶ 英雄的な行為 atitude heróica

えいよう[栄養] nutrição; alimento ▶ 栄養のある食べ物 alimento nutritivo

えいり[営利] lucro ▶ 非営利団体 organização sem fins lucrativos

エース ás ▶ スペードのエース ás de espadas

ええと ええと、鍵はどこに置いただろう Hum, onde foi que eu deixei a chave?

えがお[笑顔] rosto sorridente ▶ 彼らは笑顔で私たちを迎えてくれた Eles nos acolheram com sorrisos.

えがく[描く] pintar; esboçar; desenhar ▶ 風景を描く pintar uma paisagem / 円を描く traçar um círculo / その小説は人間の心理を巧みに描いている Esse romance descreve com habilidade a psicologia humana.

えき[駅] estação ▶ セントラル・ド・ブラジル駅 Estação Central do Brasil

えきしょう[液晶] cristal líquido

えきたい[液体] líquido

えくぼ covinha(s) do rosto

エコノミークラス classe econômica

エコロジー ecologia

エコロジスト ecologista

えさ[餌] (釣りの) isca / 犬の餌 ração para cães / 犬に餌をやる dar ração para o cachorro

エスエフ[SF] ficção científica ▶ SF映画 filme de ficção científica

エスカレーター escada rolante ▶ エスカレーターに乗る subir na escada rolante

えだ[枝] ramo; galho ▶ 木の枝 galho da árvore

エチケット etiqueta ▶ あなたの行いはエチケットに反する Sua atitude vai contra as etiquetas.

エッセイ ensaio

えつらん[閲覧] ▶ 閲覧室 sala de leitura

エネルギー energia ▶ 太陽エネルギー energia solar / 風力エネルギー energia eólica

えのぐ[絵の具] tinta para pintura

えはがき[絵葉書] cartão-postal

えび[海老] camarão

エピソード episódio

エプロン avental

えほん[絵本] livro ilustrado

エラー erro ▶ エラーする errar

えらぶ[選ぶ] escolher ▶ 好きなものを選んでください Escolha o que gostar. / リーダーを選ぶ escolher o líder

えり[襟] gola ▶ 襟巻 cachecol

エリート elite

える[得る] ganhar; conseguir; conquistar ▶ 名声を得る conquistar a fama / 彼女は亡命して自由を得た Ela exilou-se e conseguiu a liberdade.

エレベーター elevador ▶ エレベーターに乗る entrar no elevador

えん[円] (通貨) iene; (円形) círculo ▶ 円を描く desenhar um círculo / この靴は3万円した Este sapato custou trinta mil ienes.

えんき[延期] adiamento ▶ 大会は延期になった A competição foi adiada.

えんぎ[演技] representação; exibição ▶ その俳優の演技はすばらしい A representação desse ator é maravilhosa. / その女優は演技が下手だ Essa atriz não atua bem.

えんげい[園芸] horticultura

えんげき[演劇] teatro; drama

エンジニア engenheiro

えんじゅく[円熟] maturidade ▶ 円熟した maduro

えんしゅつ[演出] encenação; representação ▶ 演出する encenar / 演出家 encenador; diretor teatral

えんじょ[援助] ajuda; auxílio; assistência ▶ 人道の援助 ajuda humanitária

えんしょう[炎症] inflamação

えんじる[演じる] representar; atuar ▶ 主役を演じる representar o papel principal

エンジン motor ▶ エンジンをかける ligar o motor / 車のエンジンがかからない O motor do carro não pega [funciona]. / エンジンを止める desligar o motor

えんぜつ[演説] discurso ▶ 演説する discursar; fazer um discurso / 演説者 orador; discursante

えんそう[演奏] apresentação; execução ▶ ピアノ

を演奏する tocar piano / 演奏会 concerto recital / 演奏者 executante instrumentista / 演奏中に durante a execução musical

えんちょう[延長] prorrogação ▶ 期限を延長する prorrogar o prazo

えんどう[豌豆] ervilha

えんとつ[煙突] chaminé

えんばん[円盤] disco ▶ 空飛ぶ円盤 disco voador

えんぴつ[鉛筆] lápis ▶ 鉛筆で書く escrever com (a) lápis / 鉛筆入れ estojo para lápis / 鉛筆削り apontador de lápis

えんりょ[遠慮] cerimônia ▶ 遠慮なく質問してください Faça perguntas sem cerimônia.

お

おい[甥] sobrinho

おいこす[追い越す] ultrapassar ▶ スポーツカーが私たちの車を追い越していった Um carro esportivo ultrapassou nosso carro. /「追い越し禁止」Proibido ultrapassar.

おいしい gostoso; delicioso; bom ▶ おいしい Que gostoso! | Que delicioso! / ああ、おいしかった Humm, estava muito gostoso. / おいしい料理 comida gostosa; prato saboroso / このりんごはおいしい Esta maçã está gostosa.

おいつく[追いつく] alcançar ▶ 彼は交差点で私に追いついた Ele me alcançou no cruzamento.

おいはらう[追い払う] afugentar; enxotar; espantar ▶ ハエを追い払う espantar a mosca

おう[王] rei ▶ スペイン王 Rei da Espanha

おう[追う] ▶ 流行を追う seguir [acompanhar] a moda / 犯人を追う perseguir o criminoso / 獲物を追う procurar a presa

おう[負う] ▶ 彼女は交通事故で重傷を負った Ela sofreu ferimentos graves no acidente de trânsito. / 全ての責任を私が負う Eu arco com todas as responsabilidades.

おうえん[応援] torcida ▶ 私たちは地元のチームを応援した Nós torcemos para o time local. / あなたはどのチームを応援していますか Para qual time você torce? / 応援団 torcida organizada

おうきゅう[応急] ▶ 応急措置 medidas de urgência / 応急手当 primeiros socorros

おうし[雄牛] (去勢した) boi / (去勢していない) touro

おうじ[王子] príncipe

おうじょ[王女] princesa

おうじる[応じる] responder; aceitar; atender ▶ 残念ですがご要望に応じられません Infelizmente não posso atender ao seu desejo.

おうだん[横断] travessia ▶ 道路を横断する atravessar a rua / 横断歩道 faixa de pedestres /「横断禁止」Proibido atravessar.

おうふく[往復] ida e volta ▶ このバスは学校と駅の間を往復する Este ônibus vai e volta entre a escola e a estação. / 往復切符 passagem de ida e volta

おうぼ[応募] inscrição; ato de concorrer ▶ 私はその仕事に応募した Eu candidatei-me a esse emprego. / 応募者 candidato inscrito / 応募用紙 formulário de inscrição

おうむ[鸚鵡] papagaio

おうよう[応用] aplicação ▶ 理論を応用する aplicar a teoria / 応用数学 matemática aplicada

おえる[終える] terminar; acabar ▶ 学業を終える terminar os estudos / 私はやっと論文を書き終えた Eu finalmente terminei de escrever minha tese.

おお ▶ おお、寒い Nossa, que frio!

おおあめ[大雨] chuva forte ▶ 昨日大雨が降った Ontem choveu forte.

おおい ▶ おおい、聞こえるか Ei, você está ouvindo?

おおい[多い] ▶ 彼は友だちが多い Ele tem muitos amigos. / 6月は雨が多い Em junho chove muito. | Há muita chuva em junho. / その国は人口が多い Esse país é populoso. / 日本は地震が多い Há muitos terremotos no Japão.

おおいそぎで[大急ぎで] apressadamente; com muita pressa ▶ 私は大急ぎで家に帰った Eu voltei para casa às pressas [apressadamente].

おおう[覆う] cobrir ▶ 彼女は顔を手で覆った Ela cobriu seu rosto com as mãos. / 辺り一面が雪で覆われていた Toda área ao redor estava coberta pela neve.

オーエス[O S] sistema operacional

おおかた quase; praticamente ▶ 作業はおおかた完了した O serviço está praticamente pronto.

おおがた[大型] tamanho [modelo] grande ▶ 大型の冷蔵庫 geladeira (de modelo) grande

おおきい[大きい] grande; enorme ▶ 大きい町 cidade grande / このセーターは少し大きすぎる Este suéter está um pouco grande demais. / しっ、声が大きい Psiu, fale baixo! / 僕は大きくなったらサッカー選手になりたい Quero ser jogador de futebol quando eu crescer [ficar grande]. / 彼女は目を大きく見開いた Ela arregalou os olhos.

おおきさ[大きさ] tamanho; grandeza ▶ 文字の大きさを変える mudar o tamanho das letras

おおきな[大きな] grande; enorme ▶ 大きな木 árvore grande / 大きな声で話してください Fale em voz alta, por favor. / 大きなお世話だ Não é da sua conta.

おおく[多く] ▶ 多くの muito / 多くの観光客がその祭りを見に来た Muitos dos turistas vieram para ver esse festival. / 市民の多く a maioria dos cidadãos

オーケー ▶ すべてオーケーだ Está tudo bem. /「お使いに行ってくれないか」「オーケー」— Poderia ir fazer compras? — Sim, tudo bem.

おおげさ[大げさ] exagero ▶ 大げさな話 uma conversa exagerada; um exagero / 彼は何でも大げさに言う Ele é um exagerado. | Ele diz tudo com exagero.

オーケストラ orquestra

おおごえ[大声] voz alta ▶ 大声で話す falar em voz alta

オーストラリア Austrália ▶ オーストラリアの australiano

おおぜい[大勢] ▶ 大勢の muitos / 私は大勢の人の前で話すと緊張する Eu fico nervosa ao falar em frente de muitas pessoas.

オーダーメード ▶ オーダーメードの feito por encomenda; feito sob [sobre] medida / オーダーメードのスーツ terno sob medida

オーディション audição ▶ オーディションを受ける submeter-se a uma audição

おおどおり[大通り] avenida

オートバイ motocicleta ▶ オートバイに乗る montar uma motocicleta

オードブル salgadinhos

オートマチック ▶ オートマチックの automático / オートマチック車 carro com câmbio automático

オーバー sobretudo

オーブン forno ▶ オーブントースター forno elétrico

オープン ▶ オープンな aberto / オープンする inaugurar

おおみそか[大晦日] véspera do Ano Novo

おおむぎ[大麦] cevada

おおめ[大目] ▶ 今回の失敗は大目に見よう Vamos fazer vista grossa ao erro desta vez.

おおもじ[大文字] letra maiúscula

おおやけ[公] ▶ 公の público; oficial; governamental / 政府はその計画を公にした O governo tornou público esse projeto. / 私は公の場所で話すのが苦手だ Eu não sou bom para falar em público.

おおゆき[大雪] grande nevada; nevasca ▶ 大雪が降った Houve uma grande nevada.

おおわらい[大笑い] gargalhada ▶ 私たちは大笑いした Nós demos uma gargalhada.

おか[丘] colina; morro

おかあさん[お母さん] mãe ▶ お母さん，行ってきます Mãe, já estou indo. / (子供に) お母さんはどこにいるの Onde está sua mãe? / お母さんに叱られた Foi repreendido do jeito de sempre.

おかえりなさい[お帰りなさい]「ただいま」「お帰りなさい」— Estou de volta. | Cheguei. — Bem-vindo ao lar.

おかげ[お蔭] ▶ あなたのおかげでうまくいきましたGraças a você deu certo. / 私が成功したのはみなさんのおかげです Eu obtive sucesso graças a todos vocês.

おかしい(こっけいな) engraçado; (奇妙な) estranho ▶ その映画はとてもおかしかった Esse filme foi muito engraçado. / おかしい，いつもと様子が違う Estranho, está diferente do jeito de sempre.

おかしな esquisito; estranho ▶ 彼はいつもおかしな服を着ている Ele sempre veste roupas esquisitas.

おかす[冒す] ▶ 危険を冒す desafiar o perigo

おかす[犯す] ▶ 罪を犯す cometer um crime

おかす[侵す] ▶ 他人のプライバシーを侵す invadir a privacidade alheia

おがわ[小川] riacho

おきに ▶ バスは10分おきに出ます O ônibus sai a cada dez minutos [de dez em dez minutos]. / バスは何分おきに出ますか Com que intervalo sai o ônibus? / 1日おきに dia sim, dia não em dias alternados / 3日おきに de três em três dias

おぎなう[補う] compensar; suprir ▶ 野菜不足をサプリメントで補う compensar a falta de verduras com suplemento alimentar

おきにいり[お気に入り] favoritos ▶ (ブラウザー) お気に入り meus favoritos

おきる[起きる] acordar ▶ 私は朝7時に起きる Eu acordo às sete horas da manhã. / 起きなさい Acorde! / 私は夜の12時ごろまで起きている Estou acordado até a meia-noite mais ou menos. / 工場で事故が起きた Aconteceu [Houve] um acidente na fábrica.

おきわすれる[置き忘れる] esquecer; largar ▶ 私は電車に傘を置き忘れた Esqueci meu guarda-chuva no trem.

おく[置く] por; colocar ▶ 鍵をどこに置きましたか Onde você colocou a chave?

おく[奥] fundo; interior ▶ 彼らはジャングルの奥を探検した Eles exploraram o interior da selva.

おく[億] cem milhões ▶ 10億 um bilhão

…おく ▶ ドアを開けておいてください Deixe a porta aberta, por favor.

おくがい[屋外] ▶ 屋外の ao ar livre / 屋外での作業 trabalho ao ar livre / 屋外スポーツ esporte ao ar livre

おくじょう[屋上] terraço

オクターブ oitava

おくない[屋内] ▶ 屋内スポーツ esporte praticado em ambiente fechado

おくびょうな[臆病] covardia ▶ 臆病な covarde

おくやみ[お悔やみ] condolências; pêsames ▶ 謹んでお悔やみ申し上げます (Ofereço-lhe) minhas sinceras condolências. | Meus sinceros pêsames.

おくらせる[遅らせる] atrasar ▶ 私たちは出発を遅らせることにした Nós resolvemos atrasar a partida.

おくりもの[贈り物] presente ▶ 誕生日の贈り物 presente de aniversário / 私は妻に贈り物をした Dei um presente a minha esposa.

おくる[送る] enviar; mandar; despachar ▶ パンフレットを送っていただけないでしょうか Poderia enviar-me um panfleto? / 家まで車で送ります Vou levá-lo de carro até sua casa. / 私は幸せな日々を送っている Levo uma vida feliz. | Vivo dias felizes.

おくる[贈る] ▶ 私は妻に指輪を贈った Dei um anel de presente a minha esposa.

おくれる[遅れる] ▶ 遅れてすみません Desculpe-me pelo atraso. / 急がないと学校に遅れる Se não me apressar vou chegar atrasado na escola. / 電車は30分遅れた O trem atrasou-se em trinta minutos. / この時計は10秒遅れている Este relógio está dez segundos atrasados.

おけ[桶] tina

おこす[起こす] acordar; levantar ▶ 明日の6時に起こしてください Acorde-me às seis horas de amanhã, por favor.

おこなう [行う] fazer; realizar ▶ 会議は明日行います A reunião realizar-se-á [vai ser realizada] amanhã. / 調査を行う fazer a pesquisa

おごり ▶ 私のおごりです Eu pago (a conta). | É minha oferta.

おこる [起こる] acontecer; ocorrer ▶ 何が起こったのだろう O que será que aconteceu?

おこる [怒る] ▶ 私は怒っている Eu estou brava. / 彼はすぐ怒る Ele logo fica zangado. / 私の冗談で彼は怒った Ele ficou irritado com minha piada. / 彼女は私のことを怒っている Ela está com raiva de mim. / そんなに怒らないで Não fique tão bravo.

おさえる [抑える] controlar; segurar ▶ 私は怒りを抑えられなかった Não consegui segurar minha raiva.

おさない [幼い] ▶ 私は幼いころ病弱だった Eu tinha a saúde delicada quando era criança.

おさまる [収まる] ▶ 嵐が収まった A tempestade acalmou-se. / (私の)咳が収まった Minha tosse melhorou.

おさめる [納める] ▶ 税金を納める pagar imposto

おじ [叔父, 伯父] tio ▶ ジョアンおじさん tio João

おしい [惜しい] 惜しい！ Que pena!

おじいさん avô ▶ 私のおじいさんは70歳だ Meu avô tem setenta anos de idade.

おしいれ [押し入れ] armário

おしえ [教え] ensinamento; lição ▶ キリストの教え ensinamentos de Cristo

おしえる [教える] ensinar; instruir; lecionar; dar aulas ▶ 彼女は大学でポルトガル語を教えている Ela ensina língua portuguesa na universidade. / 私は外国人に日本語を教えている Eu dou aulas de língua japonesa a estrangeiros. / 駅へ行く道を教えていただけますか Poderia me ensinar o caminho para a estação?

おじぎ [お辞儀] vênia ▶ 私は彼にお辞儀した Fiz-lhe uma vênia.

おしっこ urina; xixi

おしむ [惜しむ] poupar; economizar; lastimar ▶ 彼女は夢を実現するために努力を惜しまなかった Ela não poupou esforços para realizar seus sonhos. / 私たちは彼の死を惜しんだ Nós lastimamos sua morte.

おしゃべり bate-papo ▶ おしゃべりする bater papo / 彼女はおしゃべりだ Ela é faladeira [tagarela].

おしゃれ ▶ 彼女はおしゃれだ Ela é elegante. / おしゃれな服 roupa elegante

おじょうさん [お嬢さん] ▶ お嬢さんはお元気ですか Como está sua filha?

おす [雄] macho ▶ 雄の masculino / 雄猫 gato

おす [押す] ▶ ボタンを押す apertar [acionar] o botão. / 押さないでください Não empurre.

おせじ [お世辞] adulação ▶ これはお世辞ではありません Isto não é uma adulação. / まあ、お世辞ばっかり Oh, é só adulação! / お世辞を言う lisonjear

おせっかい [お節介] ▶ よけいなお節介はやめて Pare de se intrometer onde não é chamado.

おせん [汚染] poluição ▶ 汚染する poluir / その川は汚染されている Esse rio está poluído. / 大気汚染 poluição atmosférica [do ar]

おそい [遅い] (時刻が) tarde; (速度が) lento ▶ もう遅いから寝なさい Vá dormir porque já é tarde. / 今となってはもう遅い Agora já é tarde. / 私は走るのが遅い Não sou rápido para correr. / 遅かれ早かれ真実が明らかになるだろう Cedo ou tarde a verdade deverá ser esclarecida.

おそう [襲う] (敵が) atacar ▶ 我々は敵に襲われた Fomos atacados pelos inimigos. / 台風が九州を襲った Um furacão atingiu Kyushu.

おそく [遅く] tarde ▶ 昨日私は夜遅くに帰宅した Ontem voltei para casa tarde da noite. / 昨日は遅くまで起きていた Ontem fiquei acordado até tarde. / 遅くとも7時までには帰宅しないといけない Preciso voltar para casa no mais tardar às sete horas.

おそらく [恐らく] provavelmente; talvez ▶ 恐らく明日は雨だろう Provavelmente vai chover amanhã.

おそれ [恐れ] (危険) perigo; (恐怖) medo ▶ 津波の恐れはない Não há perigo de (que haja) tsunami.

おそれいる [恐れ入る] ▶ 恐れ入りますが, 詰めていただけないでしょうか Desculpe-me mas, poderiam chegar mais perto um do outro?

おそれる [恐れる] ▶ 死を恐れる ter medo da morte

おそろしい [恐ろしい] terrível; assustador; pavoroso ▶ 恐ろしい話 conversa [estória] assustadora / 今日は恐ろしく暑い Hoje está terrivelmente quente.

おだてる lisonjear ▶ おだてないでください Não me faça lisonjeios.

おだやか [穏やか] 穏やかな海 mar calmo / この地方の気候は穏やかだ O clima desta região é ameno.

おちいる [陥る] ▶ 恋に陥る apaixonar-se; cair em paixão; cair de amores

おちこむ [落ち込む] ▶ 最近私は落ち込んでいる Ultimamente estou em baixo astral.

おちつき [落ち着き] ▶ 株式市場は落ち着きを取り戻した O mercado de ações recuperou a calma.

おちつく [落ち着く] (静まる) acalmar-se ▶ 落ち着いてください Acalme-se, por favor.

おちど [落ち度] ▶ 私に落ち度はない Não falho [erro].

おちば [落ち葉] folhas caídas

おちゃ [お茶] chá ▶ お茶を飲む tomar chá / お茶を入れる fazer chá

おちる [落ちる] cair ▶ 私は階段から落ちた Caí da escada. / 雷が落ちた Caiu um raio. / 彼は試験に落ちた Ele foi reprovado. / 成績が落ちた Caiu as notas. / この染みはなかなか落ちない Esta mancha não quer sair.

おっしゃる ▶ お名前は何とおっしゃいますか Poderia me dizer seu nome? / おっしゃる通りです É como você diz.

おっと ▶ おっと, しまった Opa! Estou perdido! | Oh! Meu Deus!

おっと [夫] marido; esposo

おつり [お釣り] troco ▶ はい, お釣りです Olha,

(aqui está) o troco. / お釣りは取っておいてください Fique com o troco.

おてあらい [お手洗い] lavabo; banheiro; sanitário ▶ お手洗いはどちらですか Onde é o lavabo?

おと [音] som; ruído ▶ 音を立てないでください Não faça barulho. / 変な音が聞こえた Ouvi um ruído estranho. / テレビの音がうるさい O som da televisão está alto. / 音を大きくしてください Aumente o som por favor. / 音を小さくしてください Diminua o som por favor.

おとうさん [お父さん] pai ▶ お父さん、遊ぼう Pai, vamos brincar. / (子供に) お父さんはどこにいるの Onde está seu pai?

おとうと [弟] irmão mais novo; irmão menor ▶ 私は弟がいる Tenho um irmão menor.

おどかす [脅かす] assustar ▶ 脅かさないでください Não me assuste, por favor.

おとぎばなし [お伽話] conto de fadas

おとこ [男] homem ▶ 男らしくしろ Seja homem. / 男同士で話す conversar entre os homens / 男の子 menino; garoto ▶ 彼女は男友達が多い Ela tem muitos amigos homens. / 男の赤ちゃん bebê do sexo masculino / 男物のシャツ camisa para homens

おとさた [音沙汰] notícias; palavra ▶ その後彼らは音沙汰がない Depois disso não tenho notícias dele.

おとしあな [落とし穴] armadilha

おとしもの [落とし物] objeto perdido

おとす [落とす] derrubar; deixar cair ▶ 花瓶を床に落としてしまった Derrubei o vaso no chão. / どこかに財布を落としてしまった Deixei cair minha carteira em algum lugar. / 彼は交通事故で命を落とした Ele perdeu a vida em um acidente de trânsito.

おどす [脅す] ameaçar ▶ 強盗が店員を刃物で脅して金を奪った O ladrão ameaçou o funcionário da loja com uma faca e roubou o dinheiro.

おとずれる [訪れる] visitar ▶ 多くの観光客がコパカバーナを訪れる Muitos turistas visitam Copacabana. / 私は田中氏の会社を訪れた Visitei a empresa do Sr. Tanaka.

おととい [一昨日] anteontem

おととし [一昨年] ano retrasado ▶ 私はおととしブラジルに行った Fui ao Brasil no ano retrasado.

おとな [大人] adulto ▶ 大人になったらサッカー選手になりたい Quando me tornar adulto, quero ser jogador de futebol.

おとなしい quieto ▶ この犬はおとなしい Esse cachorro é quieto. / おとなしくしなさい Fique quieto.

おどり [踊り] dança ▶ 彼は踊りがうまい Ele é bom de dança.

おとる [劣る] ser inferior a ▶ この素材はあの素材より質が劣る A qualidade deste material é inferior àquele.

おどる [踊る] dançar ▶ 一緒に踊りましょう Vamos dançar. / ワルツを踊る dançar a valsa / 私と踊っていただけませんか Poderia dançar comigo?

おとろえる [衰える] ▶ 私は視力が衰えてきた Minha vista vem se enfraquecendo. / その国の経済は衰える一方だ A economia desse país só vem se debilitando.

おどろかす [驚かす] surpreender ▶ そのニュースは世界中を驚かせた Essa notícia surpreendeu o mundo todo.

おどろき [驚き] espanto; surpresa; susto ▶ そのニュースは驚きをもって迎えられた Essa notícia foi recebida com espanto.

おどろく [驚く] espantar-se ▶ 私は驚いている Estou admirada [surpresa, espantada] / 私はその知らせを聞いて驚いた Ouvi esse aviso e me espantei. / 彼女が突然怒り出したので驚いた Fiquei assustada porque ela ficou zangada de repente. / 驚いたことに、だれもそのことを知らなかった Foi uma surpresa pois ninguém sabia sobre isso. / その国の経済は驚くべき速さで成長した A economia desse país cresceu numa velocidades espantosa.

おないどし [同い年] ▶ 私たちは同い年だ Nós somos nascidos do mesmo ano.

おなか [お腹] barriga; ventre ▶ おなかが痛い Estou com dor de barriga. / 私はおなかをこわしている Estou com problemas digestivos. / おなかに diarreia. / おなかがいっぱいだ Estou de barriga cheia. / おなかがすいた Estou com fome.

おなじ [同じ] mesmo ▶ 私たちは同じ学校に通っている Frequentamos a mesma escola. / 私は彼女と同じ会社に勤めている Trabalho na mesma empresa que ela. / 私と彼は同じくらい背が高い Eu e ele somos altos, com quase a mesma altura. / (注文で) 同じものをお願いします O mesmo para mim, por favor. / それは同じことだ Isso é a mesma coisa. | Isso é o mesmo.

おなら flatulência; gases intestinais; ventosidade ▶ おならをする soltar flatos [gases intestinais]

おにいさん [お兄さん] irmão mais velho; irmão maior ▶ 彼女のお兄さんはとても背が高い O irmão mais velho dela é muito alto.

おねがい [お願い] ▶ お願いがあります Tenho um pedido. / (電話で) 佐藤さんをお願いします (Gostaria de falar com) o Sr. Sato, por favor. / 「お手伝いしましょうか」「お願いします」— Posso ajudar? — Por favor.

おば [叔母, 伯母] tia ▶ ジョアナおばさん tia Joana

おばあさん avó ▶ 私のおばあさんは70歳だ Minha avó tem setenta anos de idade. / おばあさんは男の子の孫と散歩していた A avó passeava com seu neto.

おばけ [お化け] fantasma ▶ お化け屋敷 casa fantasma

おはよう Bom dia!

おび [帯] faixa ▶ 黒帯 faixa preta

おびえる [怯える] temer; assustar-se; sentir medo ▶ 子供たちがおびえている As crianças estão assustadas [com medo].

オフィス escritório

オフサイド impedimento

おぼえ [覚え] ▶ 彼は物覚えがいい Ele aprende bem

おぼえている [fácil]. / そのことは以前聞いた覚えがある Lembro-me de ter ouvido sobre isso antes.
おぼえている [覚えている] lembrar-se de; recordar-se de ▶私は彼のことを覚えている Lembro-me dele. / 私は彼女に数年前に会ったことを覚えている Recordo-me [lembro-me] de tê-la encontrado alguns anos atrás.
おぼえる [覚える] aprender ▶ポルトガル語の単語を覚える aprender palavras da língua portuguesa / 覚えなければいけないことがたくさんある Tenho muito que aprender.
おぼれる [溺れる] afogar-se ▶子供が川でおぼれた Uma criança afogou-se no rio.
おまけ [値引き] desconto; abatimento; (景品) brinde ▶ 1 割おまけしてもらった Deram-me dez porcento de desconto. / このお菓子にはおまけがついている Este doce tem brinde. | Tem brinde na compra deste doce.
おまけに além disso; ainda por cima ▶おまけに雨が降ってきた Além disso, começou a chover.
おまもり [お守り] amuleto
おむつ fralda
オムレツ omelete
おめでとう Parabéns ▶誕生日おめでとう Parabéns pelo aniversário / クリスマスおめでとう Feliz Natal / 新年おめでとう Feliz Ano Novo
おめにかかる [お目にかかる] ▶お目にかかれて光栄です Tenho honra em poder encontrá-lo.
おもい [重い] pesado; grave ▶このかばんはとても重い Esta bolsa é muito pesada. / 彼は重い病気にかかっている Ele está com uma doença grave. / 私は気が重い Estou deprimido.
おもい [思い] pensamento; desejo ▶私は思いにふけっていた Estava absorto em meus pensamentos.
おもいうかべる [思い浮かべる]「ブラジル」と言えば何を思い浮かべますか O que lhe vem à lembrança quando se fala "Brasil"?
おもいきる [思い切る] ▶思い切って会社を辞めてよかった Foi bom eu ter decidido demitir-me da firma.
おもいだす [思い出す] lembrar-se; recordar-se; relembrar-se ▶私は彼の名前が思い出せない Não consigo lembrar-me do nome dele. / この歌を聞くと昔を思い出す Recordo-me do passado quando ouço esta canção.
おもいちがい [思い違い] mal-entendido; equívoco; engano ▶私の思い違いでした Foi engano meu.
おもいつく [思い付く] ▶名案を思い付いた Tive uma boa ideia.
おもいで [思い出] lembrança ▶ブラジルにはいい思い出がたくさんある Tenho boas lembranças do Brasil.
おもいどおり [思いどおり] ▶あなたの思いどおりにしてください Faça como achar melhor.
おもう [思う] pensar; achar ▶私はそう思う Eu penso assim. | Eu acho isso. / 私はそう思わない Eu não penso assim. | Eu não acho isso. / あなたはどう思いますか O que você acha? / 私は来年ブラジルへ行こうと思う Penso em ir ao Brasil no próximo ano.
おもさ [重さ] peso ▶重さを量る pesar
おもしろい [面白い] (興味深い) interessante ▶この本は面白い Este livro é interessante. / その映画はとても面白かった Esse filme foi muito interessante.
おもちゃ brinquedo
おもて [表] anverso; frente; face ▶コインの表 anverso da moeda
おもな [主な] principal ▶ブラジルの主な都市 principais cidades do Brasil
おもに [主に] principalmente
おもわず [思わず] sem querer ▶私は思わず笑ってしまった Acabei rindo, sem querer.
おもんじる [重んじる] prezar; dar importância a ▶伝統を重んじる prezar a tradição
おや [親] os pais ▶親の言うことは聞くべきだ Deve ouvir o que os pais dizem.
おやすみなさい Boa noite.
おや ▶おや, 奇遇ですね Nossa, que coincidência encontrá-lo!
おやつ merenda
およぎ [泳ぎ] ▶昨日私たちは海に泳ぎに行った Ontem fomos nadar no mar. / 彼女は泳ぎがうまい Ela nada bem.
およぐ [泳ぐ] nadar ▶私は泳げません Eu não sei nadar. / 今日プールで泳いだ Hoje nadei na piscina.
およそ aproximadamente; mais ou menos ▶出席者はおよそ100人だった Havia aproximadamente cem pessoas.
おり [檻] jaula; cela
オリーブ azeitona ▶オリーブオイル azeite; óleo de oliva
おりかえし [折り返し] ▶折り返し電話します Voltarei a telefonar. | Vou retornar a ligação.
おりがみ [折り紙] origami; dobradura de papel ▶折り紙を作る fazer origami
おりたたみ [折り畳み] ▶折りたたみ自転車 bicicleta dobrável
おりもの [織物] tecido
おりる [降りる] descer ▶階段を降りる descer a escada / あなたはどこで降りますか Onde você vai descer? / (電車を) 降ります Vou descer!
オリンピック Jogos Olímpicos; Olimpíadas
おる [折る] quebrar; dobrar ▶私は足を折った Quebrei [fraturei] a perna [o pé]. / 紙を半分に折る dobrar o papel ao meio / 木の枝を折る quebrar o galho da árvore
オルガン órgão
おれい [お礼] agradecimento ▶お礼する agradecer / 心からお礼を申し上げます Agradeço de coração. / お礼のしようもありません Não tenho como agradecer
おれる [折れる] quebrar-se ▶木の枝が雪で折れた O galho da árvore quebrou-se com a neve.
オレンジ laranja ▶オレンジジュース suco de laranja
おろか [愚かな] tolo; estúpido; idiota ▶愚かな行

為 atitude estúpida
おわり [終わり] fim ▶ 今月の終わりに日本へ帰ります No fim deste mês voltarei ao Japão. / 始めから終わりまで do começo ao fim / 今日はこれで終わりです Com isto é o fim por hoje. / 終わりよければすべてよし Tudo bem quando tudo acaba bem.
おわる [終わる] terminar ▶ 学校は3時に終わる A escola termina às três horas. / 会議は4時に終わった A reunião terminou às quatro horas. / 実験は失敗に終わった A experiência não deu certo. | A experiência foi um fracasso.
おん [恩] favor; dívida de gratidão ▶ ご恩は決して忘れません Não esquecerei jamais o favor.
おんがく [音楽] música ▶ 音楽を聞く ouvir a música / 音楽を演奏する executar a música / 音楽に合わせて踊る dançar conforme a música / 音楽家 musicista
おんしつ [温室] estufa ▶ 温室効果ガス gás de estufa
おんじん [恩人] benfeitor; salvador; protetor ▶ あなたは私の命の恩人だ Você salvou minha vida.
おんせん [温泉] termas ▶ 先週私たちは温泉に行った Nós fomos às termas na semana passada.
おんだん [温暖] ▶ 温暖な気候 clima ameno / 地球温暖化 aquecimento da Terra
おんど [温度] temperatura ▶ 温度計 termômetro
おんどり [雄鶏] galinha
おんな [女] mulher ▶ 彼女はとても女らしい Ela é muito feminina. / 女の子 menina; garota / 女の赤ちゃん bebê do sexo feminino / 女友達 amiga
おんぷ [音符] nota musical
おんわ [温和] ▶ 温和な temperado; brando; moderado / 彼は温和な人だ Ele é uma pessoa calma.

か

か [科] curso; departamento ▶ ポルトガル語学科 curso de língua portuguesa / (病院の) 何科に行けばいいですか Para qual departamento devo ir?
か [課] seção; lição; departamento ▶ 経理課 departamento de contabilidade / 第5課 lição cinco
か [蚊] mosquito; pernilongo; muriçoca
が [蛾] mariposa
ガーゼ gaze
カーテン cortina ▶ カーテンを開ける abrir a cortina / カーテンを閉じる fechar a cortina
カード carta ▶ クリスマスカード cartão de Natal / クレジットカード cartão de crédito / レッドカード cartão vermelho / イエローカード cartão amarelo
カートリッジ cartucho
カーネーション cravo
カーニバル carnaval ▶ リオデジャネイロのカーニバル Carnaval do Rio de Janeiro
カーブ curva ▶ その車はカーブを高速で曲がった Esse carro dobrou a curva em alta velocidade.
カーペット carpete
ガールフレンド amiga; namorada; garota ▶ 彼はガールフレンドがいる Ele tem namorada. / 彼女は私のガールフレンドだ Ela é minha namorada.
かい [会] (パーティー) festa ▶ 歓迎会 festa de boas vindas / 送別会 festa de despedida
かい [回] vez ▶ 私は1年に1回はブラジルに行く Vou ao Brasil uma vez ao ano. / 私は1日に3回歯を磨く Escovo os dentes três vezes ao dia.
かい [階] andar ▶ 一階 o andar térreo / 二階 o primeiro andar / 私の会社はこのビルの3階にある Minha firma fica no segundo andar deste prédio.
かい [貝] marisco
がい [害] ▶ たばこは健康に害がある O cigarro é prejudicial [faz mal] à saúde. / あなたの気分を害したなら謝ります Peço desculpas se eu lhe fiz sentir-se mal.
かいいん [会員] membro
かいえん [開演] ▶ 開演は午後7時だ O início da sessão (do espetáculo) é às sete horas da noite.
かいが [絵画] pintura ▶ フランス絵画 pintura francesa / 絵画館 pinacoteca
かいかい [開会] ▶ 国会は明日開会する A assembleia [o congresso] abre os trabalhos amanhã. / 開会式 cerimônia de abertura / 開会の辞 discurso de abertura
かいがい [海外] ▶ 海外ニュース notícias internacionais / 海外に行く ir ao exterior
かいかく [改革] reforma ▶ 司法制度を改革する reformar o sistema judiciário / 政治改革 reforma política
かいがん [海岸] costa; litoral; praia ▶ 東海岸 costa [litoral] leste [este] / 西海岸 costa [litoral] oeste / 私たちは海岸で日光浴をした Tomamos banho de sol na praia.
がいかん [外観] aparência visual; vista externa
かいぎ [会議] reunião ▶ 会議を開く começar a reunião / 部長は会議中だ O gerente geral da divisão está em reunião. / 会議室 sala de reuniões
かいきゅう [階級] classe ▶ 上流階級 classe alta / 中流階級 classe média / 下層階級 classe baixa / 労働者階級 classe trabalhadora / 階級闘争 luta de classes
かいけつ [解決] solução ▶ 問題を解決する solucionar o problema
がいこく [外国] país estrangeiro ▶ 私は外国に行ったことがない Nunca fui ao estrangeiro. / 外国語 língua estrangeira / 外国人 estrangeiro
かいさい [開催] ▶ 開催する realizar; promover / 開催される ser realizado; ter lugar
かいさん [解散] dissolução; dispersão ▶ そのロックバンドは3年前に解散した Essa banda de rock dissolveu-se [desfez-se] há três anos.
かいし [開始] ▶ 開始する começar; inaugurar
がいして [概して] de modo [maneira] geral; geralmente ▶ 概して言えば geralmente falando; falando de modo geral
かいしゃ [会社] companhia; empresa; firma ▶ 私

かいしゃく

の会社は新宿にある Minha empresa fica em Shinjuku. / 私は貿易会社に勤めている Trabalho em uma companhia de exportação e importação. / 会社員 funcionário; empregado

かいしゃく [解釈] interpretação ▶ 解釈する interpretar

かいしゅう [回収] ▶ 回収する recolher / ゴミを回収する recolher o lixo

かいしゅつ [外出] saída ▶ 外出する sair / 母は外出中です Minha mãe está fora de casa.

かいじょう [会場] lugar; espaço para reuniões ▶ コンサート会場 lugar para concertos

がいしょく [外食] ▶ 外食する comer fora

かいすいよく [海水浴] banho de mar ▶ 海水浴する tomar banho de mar / 海水浴場 local para banho de mar

かいせつ [解説] explicação; comentário ▶ ニュースを解説する comentar as notícias / スポーツ解説者 comentador esportivo

かいぜん [改善] melhora ▶ 改善する melhorar

かいそう [回想] recordação ▶ 幼年期を回想する recordar a infância

かいぞう [改造] ▶ 改造する reconstruir; remodelar; reformar / 自動車を改造する reformar o automóvel / 内閣を改造する reformar [remodelar] o gabinete ministerial

かいだん [階段] escada ▶ 階段を上がる subir a escada

かいだん [会談] conferência ▶ 首脳会談 conferência de cúpula

かいて [買い手] comprador

かいてき [快適] ▶ 快適な confortável; agradável / 快適な家 casa confortável

かいてん [開店] ▶ 開店する abrir; inaugurar / あのレストランは午前11時開店です Aquele restaurante abre às onze da manhã. / 開店は何時ですか A que horas abre a loja?

かいてん [回転] ▶ 回転する girar; rodar

ガイド guia ▶ ガイドブック guia turístico

かいとう [解答] solução; resposta

かいとう [解凍] ▶ (冷凍食品を) 解凍する descongelar / (圧縮ファイルを) 解凍する descompactar

かいどく [解読] decifração ▶ 解読する decifrar

かいにゅう [介入] intervenção ▶ 軍事介入 intervenção militar / 介入する intervir

かいはつ [開発] desenvolvimento; exploração ▶ 新製品を開発する desenvolver novo produto

かいひ [回避] ▶ 回避する evitar; esquivar-se / 危険を回避する esquivar-se do perigo

がいぶ [外部] exterior ▶ 外部からの圧力 pressão externa

かいふく [回復] recuperação ▶ 彼女は病気から回復した Ela recuperou-se da doença.

かいほう [開放] ▶ この施設は市民に開放されている Este estabelecimento está aberto ao uso público.

かいほう [解放] libertação ▶ 人質を解放する libertar o refém

かいまく [開幕] começo; início ▶ 芝居は6時に開幕する O teatro começa às seis horas.

がいむしょう [外務省] ministério das relações exteriores

がいむだいじん [外務大臣] ministro das relações exteriores

かいもの [買い物] compra ▶ 買い物をする fazer compras / 買い物に行く ir fazer compras / デパートに買い物に行く ir fazer compras na loja de departamento [no shopping]

かいりょう [改良] melhoramento; aperfeiçoamento ▶ 改良する melhorar; aperfeiçoar

かいわ [会話] conversa ▶ ポルトガル語で会話する conversar em português

かう [買う] comprar ▶ 私は家を買った Comprei uma casa. / 父が私にコンピューターを買ってくれた Meu pai comprou-me um computador.

かう [飼う] criar; ter ▶ 私は犬と猫を飼っている Eu tenho [crio] um cachorro e um gato. / 彼らは牛を100頭飼っている Eles têm cem cabeças de gado.

かえす [返す] devolver; virar; retribuir ▶ お金を返してください Devolva-me o dinheiro.

かえる [帰る] voltar; ir embora; regressar ▶ そろそろ帰ります Estou indo embora. / すぐに帰ってきます Volto logo. | Volto já. / 彼は昨日ブラジルから帰ってきた Ele voltou do Brasil ontem.

かえる [変える] mudar; alterar; variar ▶ 彼女は髪型を変えた Ela mudou o penteado. / 私は考えを変えた Mudei meu pensamento.

かえる [蛙] sapo

かお [顔] rosto ▶ 私は顔を洗った Lavei o rosto. / 彼女は丸顔だ Ela tem o rosto redondo. / 彼女はうれしそうな顔をしていた Ela tinha o rosto de quem está feliz.

かおいろ [顔色] cor do rosto ▶ あなたは顔色がよくない Você não está com uma cor boa.

かおり [香り] perfume; aroma; cheiro ▶ そのバラはよい香りがする Essa rosa tem um bom perfume. / コーヒーの香り aroma [cheiro] do café

がか [画家] pintor

かかえる [抱える] segurar; abraçar ▶ その女の子は人形を抱えていた Essa menina segurava uma boneca.

かかく [価格] preço ▶ 石油の価格 o preço do petróleo

かがく [化学] química ▶ 有機化学 química orgânica / 無機化学 química inorgânica / 化学の, 化学的な químico / 化学製品 produto químico / 化学的に quimicamente

かがく [科学] ciência ▶ 自然科学 ciências naturais / 科学の, 科学的な científico / 科学上の発見 descoberta científica / 科学者 cientista / 科学的に cientificamente

かかと [踵] calcanhar ▶ 踵の高い靴 sapato de salto alto / 踵の低い靴 sapato de salto baixo

かがみ [鏡] espelho ▶ 彼女は鏡で自分の姿を見た Ela viu sua própria figura no espelho.

かがやく [輝く] brilhar ▶ 太陽が明るく輝いている O sol brilha claramente.

かかる ▶ 彼はインフルエンザにかかった Ele pegou [ficou com] influenza. / 壁に絵が掛かっている O desenho está pendurado na parede. / 駅まで15分くらいかかりますLeva-se mais ou menos quinze minutos até a estação. / 駅までどれくらい時間がかかりますかQuanto tempo leva até a estação? / 費用はどれくらいかかりますかQuanto custa?

かかわる[関わる] relacionar-se; envolver-se ▶ 私はその件に何も関わっていないNão tenho nenhum envolvimento com este caso.

かき[牡蠣] 〖貝〗 ostra ▶ かきの養殖cultura de ostras

かぎ[鍵] chave ▶ 鍵を掛けるfechar (com) a chave

かきとり[書き取り] ditado

かきとめゆうびん[書留郵便] correio registrado

かきなおす[書き直す] reescrever

かきね[垣根] sebe

かきまぜる[かき混ぜる] misturar

かきまわす[かき回す] mexer; misturar; revolver

かぎらない[限らない] ▶ 金持ちが幸福であるとは限らないSó porque é rico não quer dizer que é feliz. / 彼女の言うことが常に正しいとは限らないNem tudo que ela diz é verdade.

かぎり[限り] ▶ 可能な限りdentro do possível / できる限り早くo mais rápido possível / 私の知る限りここは安全だPelo que sei, aqui é seguro.

かく[角] ângulo; quina

かく[核] núcleo ▶ 核の nuclear / 核兵器arma nuclear / 核爆弾bomba nuclear / 核実験experimento nuclear / 核家族família nuclear

かく[隔] ▶ 隔週semana sim, semana não / 隔月のbimestral / 隔月にa cada dois meses

かく[書く] escrever ▶ 本を書くescrever um livro / 鉛筆で書くescrever a lápis / 私は彼に手紙を書いたEscrevi uma carta a ele.

かく[描く] (絵の具で) pintar; (線で) desenhar ▶ 絵を描くpintar um quadro.

かく[掻く] coçar ▶ 頭を掻くcoçar a cabeça

かぐ[家具] móvel

かぐ[嗅ぐ] cheirar ▶ バラのにおいを嗅ぐcheirar a rosa

がく[額] moldura

かくう[架空] ▶ 架空のimaginário; fictício / 架空の動物animal imaginário

かくげん[格言] provérbio; ditado

かくご[覚悟] ▶ 最悪の事態を覚悟するestar preparado para a pior situação

かくざとう[角砂糖] açúcar em cubos

かくじつ[確実] certeza; segurança ▶ 確実な方法método seguro / 確実な情報informação segura

がくしゅう[学習] ▶ ポルトガル語の学習estudo da língua portuguesa / 学習するestudar / ポルトガル語を学習するestudar a língua portuguesa

かくしん[革新] inovação; reforma ▶ 技術革新inovação tecnológica / 革新的なprogressista; reformista; inovador

かくしん[確信] certeza; convicção ▶ 私は実験が成功していると確信しているTenho certeza que o experimento vai dar certo.

かくす[隠す] esconder; ocultar ▶ 私は何も隠していないNão estou escondendo nada.

がくせい[学生] estudante ▶ 私はサンパウロ大学の学生だSou estudante da Universidade de São Paulo. / 学生証carteira de estudante

かくだい[拡大] ampliação ▶ 写真を拡大するampliar a fotografia

かくちょう[拡張] alargamento; expansão ▶ 道路を拡張するalargar a estrada

カクテル coquetel

かくど[角度] ângulo

かくとく[獲得] aquisição; conquista ▶ 言語の獲得aquisição da linguagem / 保守党が政権を獲得したO partido conservador conquistou o poder político.

かくにん[確認] confirmar ▶ 予約の確認をしたいのですがGostaria de confirmar a reserva. / 遺体の身元はまだ確認されていないAinda não foi confirmada a identidade do cadáver.

がくねん[学年] série [ano] escolar

がくふ[楽譜] nota musical

がくぶ[学部] faculdade ▶ 法学部Faculdade de Direito / 理学部Faculdade de Ciências

かくめい[革命] revolução ▶ 産業革命Revolução Industrial / フランス革命Revolução Francesa / 革命的なrevolucionário

かくりつ[確立] ▶ 新しい制度を確立するconsolidar o novo sistema

かくりつ[確率] probabilidade ▶ 今日雨が降る確率は50パーセントだHoje, a probabilidade de chuva é de cinquenta por cento.

かくれる[隠れる] esconder-se ▶ 私は木の後ろに隠れたEscondi-me atrás da árvore.

かくれんぼう[隠れん坊] esconde-esconde ▶ かくれんぼうをするbrincar de esconde-esconde

かけ[賭け] jogo ▶ 賭けに勝つganhar o jogo / 賭けに負けるperder o jogo / 賭けをしようVamos apostar.

かげ[陰] sombra ▶ 木陰で休みましょうVamos descansar sob a sombra da árvore. / 人の陰で悪口を言うのはよくないNão é bom falar mal por trás das pessoas.

かげ[影] sombra

かげき[過激] ▶ 過激な思想ideia radical / 過激派facção extremista

がけ[崖] precipício; despenhadeiro

かけざん[掛け算] conta [operação] de multiplicação

かける[欠ける] (欠如する) faltar ▶ メンバー1人が欠けているEstá faltando um dos membros. / 彼は忍耐力に欠けるFalta paciência a ele.

かける[掛ける、架ける] ▶ 私は壁に絵を掛けたPendurei uma pintura na parede. / 彼女はテーブルに白い布を掛けたEla colocou uma toalha branca na mesa. / どうぞお掛けくださいSente-se por favor. / 5に5を掛けると25になるMultiplicando cinco por cinco temos vinte e cinco. / 彼はめがねを掛けているEle colocou os óculos. / 彼女は眼鏡を掛けているEla usa óculos. / 私は彼に電話をかけたTelefonei para ele. / 私は2時間かけて数学の

かける

問題を解いた Resolvi as questões de matemática em duas horas. / 川に橋を架ける Construir uma ponte sobre o rio.

かける[賭ける] ▶私はその馬に3000円掛けた Apostei três mil ienes nesse cavalo.

かげん[加減] いい加減にしなさい Basta! | Chega!

かこ[過去] passado ▶過去のことは忘れよう Vamos esquecer sobre o passado. / 過去の出来事 acontecimentos passados / 過去5年間事故の件数は減少を続けた O número de acidentes tem diminuído nestes últimos cinco anos. / 過去には、そのようなことがあった Houve no passado algo parecido a isso. / 過去分詞 particípio passado

かご cesto; cesta ▶果物のかご fruteira

かこう[加工] ▶加工食品 produto alimentício industrializado; alimento processado

かこむ[囲む] ▶日本は海に囲まれている O Japão é cercado pelo mar. / 正しい答えを丸で囲みなさい Faça um círculo na resposta certa. / 家族全員で食卓を囲んだ A família toda sentou-se à mesa.

かさ[傘] guarda-chuva; sombrinha ▶傘を開く abrir o guarda-chuva / 傘を閉じる fechar o guarda-chuva / 雨が降るから傘を持っていってください Leve o guarda-chuva porque vai chover.

かさい[火災] incêndio ▶火災が発生した Houve um incêndio. / 火災保険 seguro contra incêndios / 火災報知器 detector de incêndios

かさかさ ▶私は手がかさかさしている Minhas mãos estão secas.

かさなる[重なる] sobrepor-se; acumular-se; amontoar-se ▶偶然に重なった Houve coincidências simultâneas.

かさねる[重ねる] amontoar; acumular; sobrepor ▶彼女はひざの上で手を重ねた Ela sobrepôs suas mãos sobre seu joelho.

かざり[飾り] enfeite ▶パーティーの飾り enfeites da festa

かざる[飾る] enfeitar ▶私たちはパーティーのために部屋を飾った Enfeitamos a sala para a festa.

かざん[火山] vulcão ▶火山が噴火した O vulcão entrou em erupção.

かし[貸し] empréstimo; favor ▶貸し自転車 bicicleta de aluguel / 貸衣装 roupa de aluguel

かし[菓子] doce ▶お菓子を作る fazer um doce

かし[歌詞] letra de uma canção

かじ[舵] leme ▶舵を取る estar ao leme

かじ[火事] incêndio ▶火事だ Fogo! / 昨夜近所で火事があった Ontem à noite houve incêndio na vizinhança.

かじ[家事] serviço doméstico ▶家事をする fazer o serviço doméstico / 私は妻と家事を分担している Eu divido o serviço doméstico com minha esposa.

がし[餓死] morte causada pela fome ▶餓死する morrer de fome

かじかむ ▶寒さで指がかじかんでいる Meus dedos estão duros de frio.

かしこい[賢い] inteligente ▶いるかは賢い動物だ O golfinho é um animal inteligente. / それはあまり

964

賢い方法とは言えない Não se pode dizer que esse é um jeito [modo] muito inteligente. / お金は賢く使うべきだ O dinheiro deve ser usado com inteligência.

かしこまりました ▶「この商品を見せてもらえますか」「かしこまりました」— Poderia me mostrar esse artigo? — Pois não.

かしつ[過失] erro; falha; engano ▶過失を認める reconhecer o erro [a falha]

かじつ[果実] fruta

かしゅ[歌手] cantor ▶オペラ歌手 cantor de ópera

かじゅえん[果樹園] pomar

かじゅう[果汁] suco de fruta

かじょう[過剰] excesso ▶過剰生産 superprodução / excesso de produção / 過剰人口 superpopulação / 過剰防衛 defesa exagerada

かじょう[箇条] artigo; cláusula; parágrafo ▶箇条書きにする itenizar

かしらもじ[頭文字] letra inicial ▶頭文字語 acrônimo

かじる morder ▶りんごをかじる morder a maçã / 私はポルトガル語をかじったことがある Já arranhei a língua portuguesa.

かす[貸す] emprestar ▶私は彼にお金を貸した Emprestei dinheiro a ele. / その本を貸してくれませんか Poderia emprestar-me esse livro? / 電話を貸してくれませんか Poderia emprestar-me o telefone? / 手を貸してください Ajude-me por favor.

かず[数] número ▶数を数える contar / 3桁の数 número de três dígitos / 車の数が年々増えている O número de carros cresce a cada ano. / 数多くの numeroso

ガス gás ▶ガスをつける ligar o gás / ガスを消す desligar o gás / ガスレンジ forno a gás / ガス臭い cheiro de gás / ガス管 tubulação de gás

かすか[微か] ▶かすかな vago; tênue; leve ▶かすかな光 luz tênue / かすかな音 som quase imperceptível / その事件のことはかすかに覚えているだけだ Só me lembro bem de leve sobre esse caso.

カスタネット castanhola

かすむ embaciar; turvar ▶彼女の目は涙でかすんでいた Os olhos dela estavam turvos de lágrima.

かすりきず[かすり傷] arranhão; arranhadura ▶かすり傷を負う sofrer um arranhão

かする passar de raspão; roçar

かすれる ▶私はカラオケで歌いすぎたせいで声がかすれた Cantei tanto no karaokê que fiquei com a voz rouca.

かぜ[風] vento ▶風が吹いている Está ventando. / 風が出てきた Começou a ventar. / 風がやんだ O vento parou. / 風が強い O vento está forte. / 風が冷たい O vento está gelado. / 北風 vento norte / 南風 vento sul / そよ風 brisa

かぜ[風邪] resfriado; gripe ▶私は風邪を引いている Estou com resfriado. / 私は風邪を引いた Fiquei gripada. | Peguei uma gripe. / 私は風邪を引きやすい Fico facilmente gripada. / 彼は風邪で会社を休んでいる Ele não tem vindo à empresa porque está com gripe. / 娘は風邪で寝ている Minha filha está de cama por causa de uma gripe. / 風邪はもう治りましたか Já sarou da gripe? / 風邪薬 remédio para gripe

かせい [火星] planeta Marte

かせき [化石] fóssil ▶ 化石燃料 combustível fóssil

かせぐ [稼ぐ] ganhar ▶ お金を稼ぐ ganhar dinheiro / 生活費を稼ぐ ganhar o sustento

かせつ [仮説] hipótese; suposição ▶ 仮説を立てる levantar uma hipótese

かせん [下線] sublinha ▶ 下線を引く sublinhar

かそう [仮装] fantasia ▶ 海賊の仮装をする fantasiar-se de pirata / 仮装行列 desfile de fantasias

かぞう [画像] imagem

かぞえる [数える] contar ▶ お札を数える contar notas de dinheiro / 1から10まで数える contar de um a dez

かぞく [家族] família ▶ うちは4人家族だ Somos uma família de quatro pessoas. / ご家族は何人ですか Quantas pessoas tem na sua família? / ご家族のみなさんによろしく Dê lembranças a todos de sua família.

ガソリン gasolina ▶ ガソリンスタンド posto de gasolina / 車にガソリンを入れる colocar gasolina no carro

かた [肩] ombro ▶ 彼は私の肩を叩いた Ele bateu no meu ombro. / 私は肩が凝っている Estou com os ombros rígidos. / 肩をすくめる encolher os ombros

かた [型] forma; molde; modelo ▶ 髪型 penteado / 最新型の自動車 carro de último modelo / 小型車 carro (de modelo) pequeno / 大型車 carro (de modelo) grande

かたい [固い、堅い、硬い] ▶ この肉は固い Esta carne é dura. / このパンは固くなっている Este pão está duro. / 私たちは堅い約束をした Nós fizemos uma firme promessa. / 彼の意思は堅い Suas intenções são firmes. / 私たちは堅い友情で結ばれている Estamos ligados por uma forte amizade. / 彼は表情が硬かった A expressão facial dele estava dura. / 彼は私の手を固く握った Ele apertou minha mão com força. / 私は彼女の無実を堅く信じている Eu acredito firmemente na inocência dela.

かだい [課題] tarefa ▶ 新政権の課題の1つは経済格差の是正だ Uma das tarefas do novo governo é a correção da desigualdade econômica.

かたおもい [片思い] amor não correspondido

かたがた ▶ テーブルががたがたする A mesa está bamba. / 彼女は恐怖でがたがた震えていた Ela tremia de medo.

かたくるしい [堅苦しい] formal; rígido ▶ 堅苦しいことは抜きにしましょう Vamos deixar as cerimônias de lado.

かたち [形] forma; figura; configuração ▶ 卵の形をしたチョコレート chocolate em forma de ovo

かたづける [片付ける] arrumar ▶ おもちゃを片付けなさい Guarde os brinquedos. / 私は部屋を片付けなければいけない Tenho que arrumar o meu quarto. / 今週中にこの仕事を片付けなければいけない Tenho que terminar este trabalho nesta semana.

かたつむり caracol

かたほう [片方] ▶ 片方の靴が見つからない Não encontro um pé do par de sapatos.

かたまり [塊] massa ▶ バターの塊 um bocado de manteiga

かたまる [固まる] endurecer ▶ コンクリートが固まった O concreto endureceu.

かたみち [片道] a ida ▶ 片道切符 passagem só de ida

かたむく [傾く] inclinar-se ▶ この柱は傾いている Este poste está inclinado. / 日が傾いてきた O sol começou a se pôr.

かたむける [傾ける] inclinar ▶ 瓶を傾ける inclinar a garrafa / 私は彼の話に耳を傾けた Fiquei com os ouvidos atentos à conversa dele.

かためる [固める] endurecer ▶ セメントを固める endurecer o cimento

かたよる [偏る] ▶ 偏った食事 alimentação desequilibrada / 偏った考え pensamento parcial [condicionado]

かたる [語る] falar; narrar; contar ▶ 真相を語る contar a verdade

カタログ catálogo ▶ 商品カタログ catálogo de produtos

かだん [花壇] canteiro de flores

かち [勝ち] vitória ▶ あなたの勝ちです Você venceu. / 早い者勝ち Ganha quem chega primeiro.

かち [価値] valor ▶ 価値のある絵 pintura de valor / この宝石は1億円の価値がある Esta joia vale cem milhões de ienes. / この本は読む価値がある Vale a pena ler este livro. / やってみる価値はある Vale a pena tentar fazer. / その価値はある Vale isso. Tem esse valor. / その価値はない Não vale isso. / 私とあなたは価値観が違う Eu e você temos valores pessoais diferentes.

…がち ▶ 人は過ちを犯しがちだ As pessoas têm uma tendência a cometer erros. / 初めのうちは誰でも失敗しがちである No início, qualquer um está propenso a errar.

かちく [家畜] gado

がちょう ganso

かつ [勝つ] ganhar; vencer ▶ どっちが勝ちましたか Quem venceu [ganhou]? / 我々のチームが3対2で勝った Nosso time venceu de três a dois. / 戦争に勝つ ser vitorioso na guerra / 敵に勝つ vencer o inimigo / 訴訟に勝つ ganhar a ação judicial

がっか [学科] curso; departamento ▶ 西洋史学科 curso de história ocidental

がっかり ▶ がっかりする ficar decepcionado; decepcionar-se; desanimar-se; desiludir-se / 私はその知らせにがっかりした Fiquei decepcionada com essa notícia.

かっき [活気] ▶ その街は活気にあふれている Essa cidade está cheia de vigor. / 活気のある通り rua movimentada

がっき [学期] ▶ 1学期 o primeiro período / 2学

期 o segundo período / 3学期 o terceiro período / 前学期 o primeiro semestre / 後学期 o segundo semestre

がっき [楽器] instrumento ▶楽器を演奏する tocar o instrumento / 弦楽器 instrumento de cordas / 打楽器 instrumento de percussão

かっきてき [画期的] 画期的な histórico; que marca uma época / 画期的な発明 invenção histórica

かつぐ [担ぐ] levar nas costas ▶彼はリュックサックを担いでいた Ele carregava uma mochila.

かっこ [括弧] parêntese ▶単語を括弧に入れる colocar uma palavra entre os parênteses

かっこいい ▶かっこいい車 carro bacana [legal]

かっこう [格好] aparência; figura ▶彼は格好を気にしない Ele não dá importância às aparências.

がっこう [学校] escola ▶学校に行く ir à escola / 娘はまだ学校から帰っていない Minha filha ainda não voltou da escola. / 息子は今日学校を休んでいる Meu filho faltou à escola hoje. / 学校に入る ser aprovado em uma escola / 学校を卒業する graduar-se em uma escola / 今日は学校は休みだ Hoje não tem aula. / 明日は学校がある Amanhã tem aula. / 学校は 8 時半に始まる As aulas começam às oito horas e meia. / 学校は 3 時に終わる As aulas terminam às três horas. / 小学校 escola primária; escola do primeiro ciclo do ensino fundamental / 中学校 ginásio; escola do segundo ciclo do ensino fundamental / 高等学校 colégio; escola do ensino médio / 公立学校 escola pública / 私立学校 escola privada [particular] / 学校教育 educação escolar

かっこわるい [かっこ悪い] ▶かっこ悪い服 roupa deselegante

かっさい [喝采] aplauso; ovação ▶全ての観客がその劇に喝采した Toda a audiência aplaudiu essa peça teatral.

かつじ [活字] letra impressa ▶活字体で記入してください Preencha com letra de forma, por favor. / 活字メディア imprensa

がっしょう [合唱] coro ▶合唱する cantar em coro / 子供たちが合唱した As crianças cantaram em coro. / 合唱団 coral; coro

かっしょく [褐色] ▶褐色の castanho; marrom

かっそうろ [滑走路] pista de pouso e decolagem

かって [勝手] ▶どうぞ勝手に Faça como quiser. / 彼女は勝手な人だ Ela é egoísta. / 勝手にこの機械にさわってはいけない Não deve mexer nesta máquina sem permissão.

かつて ▶かつてこのあたりは海だった Antigamente era mar por aqui. / 彼女はかつてリオに住んだことがある Ela já morou no Rio antes. / 地震はかつてない被害をもたらした O terremoto provocou danos jamais [nunca antes] vistos.

カット corte ▶髪をカットする cortar o cabelo / 政府は予算を 5 パーセントカットした O governo cortou cinco por cento do seu orçamento.

かつどう [活動] atividade ▶政治活動 atividade política / 非合法活動 atividade ilegal

かっぱつ [活発] ▶活発な ativo; animado / 活発な議論が行われた Houve uma discussão animada.

カップ xícara; (優勝杯) copa ▶コーヒーカップ xícara de café / カップ 1 杯の紅茶 uma xícara de chá / ワールドカップ copa do mundo

カップル casal ▶彼らは似合いのカップルだ Eles formam um casal perfeito.

がっぺい [合併] fusão ▶企業合併 fusão de empresas / A社はB社と合併した A empresa A fundiu-se à empresa B.

かつやく [活躍] atividade; atuação ▶あの選手は新しいチームで活躍している Aquele atleta está atuando pelo novo time.

かつよう [活用] utilização; aplicação ▶風力エネルギーを活用する utilizar a energia eólica / 動詞の活用 conjugação de verbos / 動詞を活用する conjugar os verbos

かつら peruca

かてい [仮定] suposição ▶そのことが本当だと仮定しよう Vamos supor que isto seja verdade.

かてい [家庭] lar; família ▶彼らは幸せな家庭を築いた Eles formaram um lar feliz. / 彼女は裕福な家庭に育った Ela foi criada por uma família rica. / 家庭生活 vida familiar / 家庭内暴力 violência doméstica

かてい [過程] processo ▶生産過程で何らかの問題があった Houve algum problema no processo de produção.

かてい [課程] curso ▶修士課程 curso de mestrado / 博士課程 curso de doutorado

カテゴリー categoria

かど [角] esquina ▶次の角を右に曲がってください Dobre à direita na próxima esquina. / この通りの角にカフェがあります Tem um café na esquina desta rua. / 角を曲がったところで車を止めてください Pare o carro logo que dobrar a esquina. / 角の手前で車を止めてください Pare o carro antes da esquina.

かど [過度] excesso; demasia ▶過度の飲酒には気をつけてください Tome cuidado para não beber em demasia. / 過度の悲観は禁物だ O desespero em excesso não é nada bom.

カトリック catolicismo ▶カトリックの católico / カトリック教会 Igreja Católica / カトリック信者 católico

…かどうか ▶私は彼が来るかどうかわかりません Não sei se ele vem ou não.

かとう [下等] ▶下等な inferior / 下等生物 ser vivo inferior

…かな ▶明日は晴れるかな Será que amanhã fará tempo bom?

かなう [叶う] realizar-se ▶ついに私の夢がかなった Finalmente meu sonho realizou-se.

かなう [敵う] ▶このクラスには数学で彼にかなう人はいない Nesta classe, não há ninguém capaz como ele em matemática.

かなえる [叶える] atender; satisfazer ▶願い事を 3 つかなえてあげよう Vou satisfazer-lhe três desejos.

かなしい [悲しい] triste ▶私は悲しかった Eu estava triste. / 彼女は悲しそうだった Ela parecia triste. / 私は祖母が亡くなって悲しい Estou triste com a morte de minha avó. / 悲しいことに花が枯れてしまった Infelizmente as flores murcharam.

かなしみ [悲しみ] tristeza ▶私の心は悲しみでいっぱいだ Meu coração está cheio de tristeza.

かなしむ [悲しむ] entristecer-se; ficar triste ▶そんなに悲しまないで Não fique tão triste. / 彼らは祖父の死を悲しんだ Eles se entristeceram com a morte do avô.

かなた [彼方] ▶宇宙の彼方には何があるのだろうか O que será que tem lá no espaço?

カナダ Canadá ▶カナダの canadense

かなづち [金槌] martelo

かならず [必ず] sem falta; sempre ▶必ずまた来ます Venho novamente, sem falta. / 約束は必ず守ります Sempre cumpro as promessas. / 私はブラジルに行ったら必ずシュラスコを食べる Quando vou ao Brasil sempre como churrasco. / ここは必ずしも安全とは限らない Aqui nem sempre é seguro.

かなり bastante; consideravelmente ▶きのうはかなり暑かった Ontem esteve bastante quente. / 彼女はかなりポルトガル語がうまい Ela é notavelmente boa em português. / 私はかなりの額のお金を払った Paguei uma quantia consideravelmente alta. / 私たちはかなり長い間待った Esperamos por um tempo bastante longo.

カナリア canário

かに [蟹] caranguejo

かにゅう [加入] inscrição; entrada; filiação ▶クラブに加入する filiar-se ao clube

かね [金] (お金) dinheiro ▶私はお金をあまり持っていない Não tenho muito dinheiro. / 彼はお金をたくさん持っている Ele tem muito dinheiro. / 金を使う gastar [usar o] dinheiro / 金を稼ぐ ganhar dinheiro / 金を払う pagar / 金を貯める poupar dinheiro / お金がたくさんかかった Custou muito dinheiro. / 彼はお金を全部使ってしまった Ele usou todo o dinheiro. / 金が物を言う O dinheiro fala mais alto. / 時は金なり Tempo é dinheiro.

かね [鐘] sino ▶鐘が鳴る Os sinos tocam. / 鐘を鳴らす tocar o sino

かねもち [金持ち] rico ▶金持ちの rico / 彼は金持ちだ Ele é rico. / 金持ちになる ficar rico

かねる [兼ねる] ▶この建物は倉庫と工場を兼ねている Este prédio funciona como fábrica e armazém.

…かねる ▶私は何も申し上げかねます Não posso dizer nada. / 彼ならやりかねない Ele é capaz de fazer isso.

かのう [可能] ▶可能な possível / 可能なことから始めよう Vamos começar pelo que é possível. / それは可能とは思えない Não acho que isso seja possível. / その目標を達成することは十分可能だ É bem possível cumprir [conseguir; realizar] esta meta. / 可能な範囲で dentro [na medida] do possível / 実現可能な計画 plano que pode ser realizado

かのうせい [可能性] possibilidade ▶その可能性がある Existe essa possibilidade. / 大事故が起きる可能性がある Existe a possibilidade de ocorrer um grande acidente. / そのチームが優勝する可能性は少ない Existem poucas possibilidades de que esse time vença. / 私は彼女の可能性を信じている Acredito nas possibilidades dela. / その国は多くの可能性を秘めている Esse país guarda muitas possibilidades.

かのじょ [彼女] ela ▶彼女は教師だ Ela é professora. / これは彼女のネックレスです Este é o colar dela. / 私は彼女に指輪を贈った Dei um anel de presente a ela. / 彼は彼女を愛している Ele a ama. / これは彼女のものです Isto é dela. / 彼女自身がそう言った Ela mesma disse isso.

かのじょたち [彼女たち] elas ▶彼女たちはテニスをしている Elas estão jogando tênis. / 私は彼女たちの母親だ Sou a mãe delas. / 私は彼女たちに本当のことを言ってない Ainda não disse a verdade a elas. / あなたは彼女たちを知っていますか Você as conhece? / あれは彼女たちのものだ Aquilo pertence a elas. / 彼女たち自身がそう言った Elas próprias disseram isso.

カバー capa ▶本のカバー capa do livro / 枕カバー fronha / ベッドカバー lençol / 赤字をカバーする cobrir o vermelho [o déficit] / カバーチャージ consumação mínima; couvert

かばん mala ▶かばんに荷物を詰める encher a mala com a bagagem / 彼は手にかばんを持っている Ele carrega uma mala na mão.

かはんすう [過半数] a maioria mais da metade ▶保守党が過半数の議席を占めている O partido conservador ocupa a maioria dos assentos. / 過半数を得る conseguir a maioria

かび [黴] mofo ▶このパンはかびが生えている Este pão está mofado [com mofo]. / かびの臭い cheiro de mofo

かびょう [画鋲] percevejo

かびん [花瓶] vaso ▶花瓶に花を生ける arranjar as flores no vaso

かぶ [株] (木の) toco; (株式) ação ▶私はA社の株を持っている Tenho ações da companhia A. / 彼は株でもうけた Ele lucrou com ações. / 最近株が上がっている Ultimamente as ações subiram. / 株が下がった O preço das ações baixaram. / 株主 acionista

カフェテリア cafeteria

かぶしき [株式] título de ação ▶株式市場 mercado de ações; bolsa de valores / 株式会社 empresa de sociedade anônima

かぶせる cobrir ▶鍋にふたをかぶせる cobrir a panela com a tampa / 手品師は箱に布をかぶせた O mágico cobriu a caixa com o pano.

カプセル cápsula

かぶる colocar; pôr ▶彼は帽子をかぶった Ele colocou o chapéu. / 彼女は帽子をかぶっている Ela está de chapéu.

かふん [花粉] pólen ▶私は花粉症だ Eu tenho polinose. / Eu tenho alergia ao pólen.

かべ [壁] parede ▶壁に絵が掛かっている Tem quadros pendurados na parede. / 壁にカレンダーを掛ける pendurar um calendário na parece. / 壁紙

papel de parede
かぼちゃ abóbora; jerimum
かまう[構う] importar; dar atenção ▶構うものか O que importa? / 人が何と言おうと私は構わない Não me importo com que as pessoas digam. / 彼は服装に構わない Ele não se importa com o vestuário. / あまり私のことは構わないで Não se incomode muito comigo.
かまきり louva-a-deus
がまん[我慢] ▶痛みを我慢する suportar a dor / もう我慢ならない Não aguento mais!
かみ[神] deus ▶彼らは神に祈った Eles rezaram a [para] deus. / ギリシャの神々 deuses gregos
かみ[紙] papel ▶紙1枚 uma folha de papel / 紙切れ pedaço de papel / プリンターが紙詰まりを起こした A impressora obstruiu-se com papel preso.
かみ[髪] cabelo ▶(総称)髪 cabelo / 1本の髪 um fio de cabelo / 彼女は髪が長い Ela tem cabelo(s) longo(s). / 彼女は髪が美しい Ela tem cabelo(s) lindo(s). / 私は髪を洗った Lavei o cabelo. / 髪が伸びた O cabelo cresceu. / 私は髪を切ってもらった Cortaram meu cabelo. / 私は髪が薄くなってきた Meu cabelo está ficando ralo.
かみそり navalha ▶電気かみそり barbeador elétrico
かみつ[過密] congestionamento; superlotação ▶過密都市 cidade superpovoada
かみなり[雷] trovão ▶雷が鳴っている Está trovejando. / 雷が落ちた Caiu um raio.
かむ(鼻を) assoar ▶彼は大きな音をたてて鼻をかんだ Ele assoou o nariz fazendo um grande barulho.
かむ[噛む] morder; mastigar; mascar ▶ガムをかむ mascar o chiclete
ガム chiclete ▶風船ガム chiclete de bola
ガムテープ fita adesiva
かめ[亀] tartaruga
かめい[加盟] ▶加盟する filiar-se a; tornar-se membro de / 国際連合に加盟 tornar-se membro da Organização das Nações Unidas / 国連加盟国 países membros da Organização das Nações Unidas
カメラ câmera ▶デジタルカメラ câmera digital / 防犯カメラ câmera de segurança
かめん[仮面] máscara ▶仮面をつける pôr [colocar] a máscara / 仮面を脱ぐ tirar a máscara
がめん[画面] tela ▶テレビの画面が暗い A tela da televisão está escura.
かも[鴨] pato
かもく[科目] matéria; disciplina ▶私の好きな科目は数学と物理だ As matérias que eu gosto são matemática e física. / 選択科目 matéria opcional / 必修科目 matéria obrigatória
…かもしれない ▶それは本当かもしれない Isso pode ser verdade. / 彼女の言う通りかもしれない Talvez seja como ela diz. / 今日は雨が降るかもしれない Hoje pode chover. / このままだと締め切りに間に合わないかもしれない Desta forma talvez não dê tempo até o prazo final.

かゆい ▶背中がかゆい Minhas costas estão coçando.
かよう[通う] ir e vir; frequentar ▶息子は歩いて学校に通っている Meu filho vai e volta da escola a pé.
かようび[火曜日] terça-feira ▶火曜日に na terça-feira / 毎週火曜日に todas as terças-feiras / 先週の火曜日に na terça-feira da semana passada / 来週の火曜日に na terça-feira da próxima semana
から[空] ▶空の vazio / 空の箱 caixa vazia / 瓶を空にする esvaziar a garrafa
から[殻] ▶卵の殻 casca de ovo / 卵の殻をむく descascar o ovo / 貝殻 concha
…から ▶ここからそこまでどれくらい距離がありますか Qual é a distância aproximada daqui até aí? / 私は成田からパリへ行った Eu fui a Paris de Narita. / 私は月曜日から金曜日まで学校へ行く Vou à escola de segunda à sexta-feira. / 彼はポケットから財布を取り出した Ele tirou a carteira do bolso. / 彼女はバスから降りた Ela desceu do ônibus. / これからは気をつけます Tomarei cuidado daqui em diante. / 彼はそのときからずっとサンパウロにいる Ele está direto em São Paulo desde essa época. / 彼女は100人の応募者の中から選ばれた Ela foi escolhida dentre os cem candidatos. / 私たちは暗くなってから帰った Nós voltamos depois que escureceu. / 学校は8時から始まる As aulas começam às oito horas. / 太陽は東から昇り西に沈む O sol nasce a leste e põe-se a oeste. / もう遅いから寝なさい Vai dormir porque já está tarde.
カラー(色) cor ▶カラー写真 fotografia em cores
からい[辛い] picante ▶このカレーは辛すぎる Este curry está picante demais.
カラオケ karaokê
からかう zombar; caçoar; rir-se de ▶からかわないでください Não faça zombarias. / 彼は彼女をからかった Ele zombou dela. / Ele caçoou dela.
がらがら ▶がらがらの vazio / 店はがらがらだった A loja estava vazia.
からくち[辛口] ▶辛口の seco / 辛口のワイン vinho seco
からし[辛子] mostarda
からす[烏] corvo
ガラス vidro ▶窓ガラス vidro de janela
からだ[体] corpo ▶彼はたくましい体をしている Ele é bem encorpado [corpulento]. / 体には十分気を付けてください Cuide-se muito bem. / 食べ過ぎは体によくない Comer demais não faz bem ao corpo. / 適度な運動は体によい Faz bem ao corpo praticar esportes moderadamente. / 彼は生まれつき体が丈夫だ Ele é saudável desde que nasceu. / 彼は酒の飲み過ぎで体をこわした Ele estragou sua saúde por beber demais.
カラット quilate
からっぽ[空っぽ] ▶空っぽの vazio / 空っぽの箱 caixa vazia / 彼は頭が空っぽだ Ele tem a cabeça vazia.
からて[空手] caratê; karatê ▶空手をする praticar

caratê / 彼女は空手二段だ Ela é faixa preta do segundo grau. / 空手家 carateca; karateca

からまる[絡まる] enroscar-se; enredar-se ▶ 糸が絡まった O fio enroscou-se.

かり[仮] ▶ 仮の(臨時の)provisório / 仮の事務所 escritório provisório / 仮の案 ideia provisória

かり[狩り] caça ▶ 狩りに行く ir caçar; ir à caça / キノコ狩りをする pegar cogumelos

かり[借り] ▶ 彼に5000円借りがある Tenho uma dívida de cinco mil ienes com ele. / この件で私は彼女に借りを作った Com este caso fico devendo um favor a ela. / この借りは必ず返します Vou retribuir-lhe este favor sem falta.

カリキュラム currículo

かりとる[刈り取る] cortar; ceifar ▶ 稲を刈り取る ceifar a planta de arroz

かりる[借りる] pedir [tomar] emprestado; (賃借) alugar ▶ 私は銀行からお金を借りた Pedi dinheiro emprestado do banco. / 私はよく図書館で本を借りる Eu frequentemente pego livros emprestados da biblioteca. / 私は家を借りた Aluguei uma casa. / 電話をお借りできますか Poderia usar o telefone? / お手洗いを借りていいですか Poderia usar o banheiro?

かる[刈る] cortar ▶ 芝を刈る cortar a grama / 私は髪を短く刈ってもらった Pedi para me cortarem o cabelo curto.

かるい[軽い] leve ▶ この自転車はとても軽い Esta bicicleta é muito leve. / 私は軽い風邪をひいている Estou levemente gripado. / 彼女の責任は軽い Ela tem pouca responsabilidade. / けがは軽かった Os ferimentos foram leves. / 私は軽い食事をとった Fiz uma refeição leve. / 彼は口が軽い Ele fala demais.

カルシウム cálcio

カルチャー cultura ▶ カルチャーショック choque cultural / カルチャーセンター centro cultural

かれ[彼] ele ▶ 彼は医者だ Ele é médico. / これは彼の眼鏡だ Estes são os óculos dele. / 私は彼にメールを送った Enviei um e-mail [mensagem eletrônica] a ele. / 彼を知っていますか Você o conhece? / あのかばんは彼のものです Aquela maleta é dele. / 彼自身がそう言った Ele próprio [mesmo] disse isso.

カレー curry ▶ カレーライス curry com arroz / カレー粉 pó de curry

ガレージ garagem ▶ 私は車をガレージに入れた Coloquei [estacionei] o carro na garagem.

かれら[彼ら] eles ▶ 彼らはサッカーをしている Eles estão jogando futebol. / あれが彼らの学校だ Aquela é a escola deles. / 私は彼らに贈り物をした Eu dei-lhes um presente. / 彼らを知っていますか Você os conhece? / この土地は彼らのものだ Este terreno é deles. / 彼ら自身がそう言った Eles próprios disseram isso.

かれる[枯れる] murchar; secar ▶ 花が枯れた As flores murcharam. / この木が枯れている Esta árvore está secando.

かれる[嗄れる] ▶ 風邪で声がかれた Minha voz ficou rouca com a gripe. / 私は声がかれている Minha voz está rouca.

カレンダー calendário ▶ カレンダーをめくる virar o calendário

かろう[過労] excesso de trabalho ▶ 私は過労のせいで病気になってしまった Fiquei doente por causa do excesso de trabalho.

がろう[画廊] galeria

かろうじて[辛うじて] ▶ 我々は辛うじて試合に勝った Nós ganhamos o jogo com muita dificuldade. / 我々は辛うじて危機を乗り越えた Nós superamos o perigo com muita dificuldade.

カロリー caloria ▶ カロリーの高い食べ物 alimento de alta caloria / カロリーの低い食べ物 alimento de baixa caloria / この食品はカロリーが高い Este produto alimentício tem alta caloria. / この食品はカロリーが低い Este produto alimentício tem baixa caloria.

かろんじる[軽んじる] não dar importância a; menosprezar; desprezar ▶ その国では人権が軽んじられている Esse país não dá importância aos direitos humanos.

かわ[川] rio ▶ アマゾン川 Rio Amazonas / 隅田川は東京を流れている O Rio Sumida corre atravessando Tóquio. / 川を渡る atravessar o rio / 川があふれた O rio transbordou.

かわ[皮] (皮膚) pele; (果物) casca ▶ 魚の皮 pele do peixe / りんごの皮をむく descascar a maçã / パイの皮 crosta da torta

かわ[革] couro ▶ 革靴 sapato de couro / 革製品 produto de couro

かわ[側] lado ▶ 日本では車は道路の左側を走る No Japão os carros correm do lado esquerdo das estradas. / 私の右側の席は空いていた O assento do meu lado direito estava vago. / その店は通りの向こう側にある Essa loja fica do outro lado da rua. / 彼らは私たちの側についた Eles ficaram do nosso lado. / ドアは内側から鍵が掛かっていた A porta estava fechada a chave do lado de dentro.

かわいい ▶ かわいい人形 boneca bonitinha / かわいい赤ん坊 bebê bonitinho / かわいい子犬 cachorrinho engraçadinho

かわいがる ▶ 私は祖父にかわいがられた Fui mimada pelo meu avô. / その子はみんなにかわいがられている Essa criança é tratada carinhosamente por todos.

かわいそう ▶ 親をなくしたかわいそうな子供たち pobres crianças órfãs / かわいそうな話 história lamentável [triste] / 彼女はその子をかわいそうだと思った Ela ficou com pena dessa criança.

かわかす[乾かす] pôr para [a] secar ▶ 濡れたタオルを乾かす pôr toalhas molhadas para secar

かわく[乾く] secar; enxugar ▶ シャツがすっかり乾いた As camisas secaram completamente. / 乾いたタオル toalhas secas / 乾いた土地 terra árida

かわく[渇く] ▶ 私は喉が渇いた Tenho sede. | Estou com sede.

かわす[交わす] trocar ▶ 私たちは言葉を交わした Trocamos palavras.

かわす[躱す] esquivar-se de; desviar; evitar ▶

攻撃をかわす esquivar-se do ataque / 質問をかわす fugir à pergunta

かわせ [為替] câmbio ▶ 外国為替 câmbio estrangeiro / 為替レート taxa de câmbio / 郵便為替 vale postal

かわった [変わった] diferente ▶ 変わったことは何も起きなかった Não houve nada diferente. / 何か変わったことはありますか Há algo diferente? / 彼は変わった人だ Ele é um tipo raro. Ele é uma pessoa esquisita.

かわり [代わり] ▶ 私は妻の代わりに子供の面倒を見た Cuidei das crianças no lugar de minha esposa. / 彼はとても頭がいい，その代わり健康には恵まれていない Ele é muito inteligente. Por outro lado não tem a sorte de ter boa saúde. / 私は牛乳の代わりに豆乳を使ってケーキを作った Fiz o bolo usando leite de soja em substituição ao leite de vaca. / コンピューターに人間の代わりはできない O computador não pode substituir o ser humano.

かわり [変わり] (変更) mudança; (相違) diferença ▶ 情勢は以前と変わりがない A situação está como antes, sem mudanças. / (手紙の冒頭) お変わりはありませんか Como tem passado? / どのメーカーを選んでも大して変わりはない Qualquer marca que escolha não haverá muita diferença.

かわる [代わる] (代わりをする) substituir ▶ 私があなたに代わってあげよう Vou substituir você.

かわる [変わる] mudar ▶ 彼女はすっかり変わってしまった Ela mudou completamente. / 今頃は天気が変わりやすい Nessa época o tempo muda facilmente. / 傾向が変わった A tendência mudou. / 締め切りは10日から15日に変わった O fim do prazo mudou do dia dez para o dia quinze. / 値段は製品の大きさによって変わります Os preços variam de acordo com o tamanho dos produtos.

かわるがわる [代わる代わる] alternadamente ▶ 私たちは代わる代わる意見を述べた Nós expusemos nossas opiniões alternadamente.

かん [缶] lata ▶ 缶ビール cerveja enlatada

かん [勘] ▶ 勘が当たった Minha intuição estava certa. / 勘が外れた Minha intuição errou.

かん [間] ▶ このバスは東京・名古屋間を走る Este ônibus trafega entre Tóquio e Nagoya. / 住民間の対立が深まった O confronto entre os moradores agravou-se. / 過去10年間に事故の件数は減った Nos últimos dez anos o número de acidentes diminuiu.

かん [感] senso; sentido; sensação ▶ 五感 cinco sentidos / 第六感 sexto sentido / 空腹感 sensação de fome / 責任感 sentimento de responsabilidade

かん [巻] volume ▶ 第3巻 o terceiro volume

がん [癌] câncer ▶ 胃がん câncer de estômago / 肺がん câncer de pulmão / 私はがんだ Eu tenho câncer. / 彼女は乳がんが治った Ela curou-se do câncer de mama. / がんが再発した O câncer reincidiu. / 発がん性物質 substância cancerígena

かんいっぱつ [間一髪] ▶ 私は間一髪のところで事故を免れた Escapei por um triz de um acidente.

かんえん [肝炎] hepatite

かんか [感化] ▶ 私の息子は悪い友だちに感化された Meu filho foi influenciado por maus amigos.

がんか [眼科] oftalmologia ▶ 眼科医 médico oftalmologista / 眼科病院 clínica oftalmológica

かんがい [灌漑] irrigação

かんがえ [考え] ideia ▶ それはいい考えだ Essa é uma boa ideia. / いい考えが浮かんだ Tive uma boa ideia. / 私に考えがあります Tenho uma ideia. / あなたの考えを聞かせてください Fale-nos sobre sua ideia. / 彼は考えが古い As ideias dele são velhas. / 私は，すぐに行動するべきだという考えだ Eu acho que devemos agir imediatamente. / あなたと私は考えが違う Nós temos ideias diferentes. / 私の考えでは，彼は本当のことを言っていない Eu acho que ele não está dizendo a verdade.

かんがえごと [考え事] ▶ 私は考え事をしていた Estava pensando.

かんがえなおす [考え直す] ▶ もう一度考え直してみよう Vou pensar mais uma vez.

かんがえる [考える] pensar ▶ 回りがうるさくて考えることができなかった Fazia tanto barulho ao redor que não consegui pensar. / ちょっと考えさせてください Deixe-me pensar um pouco. / 何を考えているのですか O que está pensando? / 私はブラジルに行こうかと考えている Estou pensando em ir ao Brasil. / このことについてどう考えますか O que você pensa a este respeito? / 私は時々年老いた両親のことを考える Às vezes eu penso nos meus pais idosos.

かんかく [間隔] intervalo; espaço ▶ 苗を30センチ間隔に植える plantar morangos com um espaçamento de trinta centímetros / バスは20分間隔で出ます O ônibus sai num intervalo de vinte minutos.

かんかく [感覚] sentido; sensibilidade ▶ 私は方向感覚がない Não tenho senso de direção. / 寒さで指の感覚がない Com o frio, não tenho sensibilidade nos dedos. / 私はユーモアの感覚がある人が好きだ Gosto de pessoas que têm senso de humor.

かんき [換気] ventilação; arejamento ▶ 換気する ventilar; arejar / 換気扇 exaustor

かんきゃく [観客] espectador ▶ 観客が立ち上がって拍手した Os espectadores levantaram-se e aplaudiram.

かんきょう [環境] meio; ambiente ▶ 人は育った環境に左右される As pessoas são influenciadas pelo ambiente em que foram criadas. / この別荘はとてもいい環境にある Esta casa de veraneio fica num ambiente muito bom. / 環境汚染 poluição ambiental / 環境破壊 destruição do meio ambiente / 環境問題 problemas do meio ambiente / 社会的環境 ambiente social

かんきり [缶切り] abridor de latas

かんけい [関係] relação ▶ この二つのことは密接な関係にある Estes dois assuntos estão estreitamente relacionados. / 私はその問題とは関係がない Não tenho nada a ver com esse problema. / こ

れはあなたには関係のないことです Isto não tem nada a ver com você. / 関係代名詞 pronome relativo / 関係副詞 advérbio relativo / 国際関係 relações internacionais / 外交関係 relações diplomáticas

かんげい[歓迎] boas vindas; recepção ▶ 皆様を心から歓迎いたします Recebo-os de coração aberto. / 彼らは私たちを温かく歓迎してくれた Eles nos acolheram afetuosamente. / 新しい職場で同僚が歓迎会を開いてくれた Os colegas do novo local de trabalho fizeram-me uma festa de boas vindas.

かんげき[感激] emoção ▶ その映画には感激したFiquei emocionado com esse filme. / その映画には感激的な場面がいくつかあった Teve algumas cenas emocionantes nesse filme.

かんけつ[完結] fim; conclusão; término ▶ その連続テレビドラマは来週完結する Essa novela da televisão vai terminar [acabar] na próxima semana.

かんけつ[簡潔] concisão; brevidade ▶ その作家は簡潔な文体で知られている Esse escritor é conhecido pelo estilo simples de seus textos.

かんご[看護] assistência; tratamento ▶ 病人を看護する cuidar do doente.

かんごし[看護師] (男性) enfermeiro; (女性) enfermeira

がんこ[頑固] ▶ 頑固な teimoso; obstinado / 頑固な老人 idoso teimoso / 彼は頑固に自説を主張した Ele manteve sua opinião persistentemente.

かんこう[観光] turismo ▶ 私たちは京都市内を観光した Nós fizemos turismo pela cidade de Quioto. / 私たちはブラジリアへ観光に行った Fomos para Brasília a turismo. / 観光客 turista / 観光バスônibus de turismo / 観光旅行 viagem de turismo / 観光地 local turístico / 観光名所 local turístico famoso / 観光ガイド guia turístico

かんこく[韓国] Coreia do Sul ▶ 韓国の coreano / 韓国語 coreano / 韓国人 coreano

かんさつ[観察] observação ▶ 野生生物を観察する observar animais silvestres

かんさん[換算] conversão ▶ 円をドルに換算する converter iene em dólar

かんし[監視] vigia; vigilância ▶ 私たちは監視されている Nós estamos sendo vigiados.

かんして[関して] a respeito de; em relação a ▶ この件に関して質問はありますか Têm perguntas a respeito deste caso?

かんしゃ[感謝] agradecimento ▶ 感謝の言葉もありません Não tenho nem palavras de agradecimento. / ご親切に感謝します Agradeço pela sua gentileza. / 感謝祭 dia de Ação de Graças

かんじゃ[患者] paciente ▶ 患者を診察する examinar o paciente

かんしゃく cólera; fúria; ira ▶ かんしゃくを起こす ter um ataque de cólera

かんしゅう[慣習] costume; hábito ▶ これはこの地方の慣習だ Isto é um costume desta região. / 慣習を守る conservar os costumes

かんしゅう[観衆] público; espectadores; audiência ▶ このスタジアムは5万人の観衆を収容できる Este estádio tem capacidade para cinquenta mil espectadores.

かんしょう[干渉] intervenção; interferência ▶ 他人のことにはあまり干渉しない方がいい Não se deve intrometer muito nos assuntos alheios.

かんしょう[感傷] ▶ 感傷的な sentimental / 感傷的な小説 romance sentimental

かんじょう[勘定] conta ▶ 勘定は私が払います Eu pago a conta. / お勘定をお願いします A conta, por favor. / お金を勘定する contar o dinheiro

かんじょう[感情] sentimento; emoção ▶ 私は感情的になりやすい Fico facilmente emocionada. / 彼はよく感情を表に出す Ele sempre deixa transparecer suas emoções. / 彼は感情を表に出さない Ele não demonstra suas emoções.

がんじょう[頑丈] ▶ 頑丈な forte; resistente; firme ▶ 頑丈な車体 carroçaria resistente

かんじる[感じる] sentir ▶ 私は空腹を感じた Senti fome. / 私は建物が揺れるのを感じた Senti o prédio balançar. / 彼女は生命の危険を感じた Ela sentiu-se em perigo de vida. / 彼は何か隠していると私は感じた Senti que ele estava escondendo algo.

かんしん[感心] admiração ▶ 彼の発言にはみんなが感心した Todos ficaram admirados com sua declaração.

かんしん[関心] interesse; curiosidade ▶ 私は政治に関心を持っている Tenho interesse em política. / 私はスポーツに関心がない Não tenho interesse em esportes.

かんじん[肝心] o essencial; o importante ▶ 肝心なのは結果だ O importante é o resultado. / 私は肝心なときに病気になってしまった Fiquei doente numa época importante.

かんする[関する] dizer respeito; ter relação ▶ ブラジル経済に関する本 livro relacionado à economia brasileira

かんせい[完成] realização ▶ その建物は先月完成した Esse prédio foi concluído no mês passado.

かんせい[歓声] ovação; aclamação ▶ サポーターたちが歓声を上げた Os torcedores gritaram de alegria.

かんぜい[関税] taxa alfandegária

かんせつ[間接] ▶ 間接的な indireto / 間接的な影響 influência indireta / 間接目的語 objeto indireto / 間接照明 iluminação indireta / 間接的に indiretamente

かんせつ[関節] articulação; junta ▶ 私は関節が痛い Tenho dores na articulação. / 彼女はあごの関節が外れた Ela teve deslocamento da articulação têmporomandibular.

かんせん[感染] contaminação; contágio ▶ 接触による感染 contaminação por contato / この病気は接触によって感染する Esta doença é transmitida por contato. / 彼は赤痢に感染した Ele foi contaminado e ficou com disenteria. / 感染症 doença infecciosa

かんぜん[完全] perfeição ▶ 完全な perfeito; completo / 完全犯罪 crime perfeito / 仕事はまだ完

には終わっていない Ainda não terminei o trabalho por completo. / 完全主義者 perfeccionista / 完全主義 perfeccionismo

かんそ[簡素]▶簡素な simples; modesto; humilde / 簡素な暮らし vida simples

かんそう[乾燥] aridez; secura ▶空気が乾燥している O ar está seco. / 乾燥機 desumidificador

かんそう[感想] impressão; opinião ▶感想を聞かせてください Fale-me sobre suas impressões.

かんぞう[肝臓] fígado ▶私は肝臓が悪い Meu fígado não está bom.

かんそく[観測] observação ▶星を観測する observar as estrelas / 観測所 observatório / 気象観測 observação meteorológica / 株価は上がるだろうと専門家は観測している Os especialistas calculam que as ações devem subir.

がんたい[眼帯] curativo [venda] para olhos

かんだかい[甲高い] estridente; esganiçado ▶甲高い声で話す falar com voz estridente

かんたん[感嘆] admiração; exclamação ▶感嘆の声を上げる soltar uma voz de admiração / 感嘆すべき映画 filme que deve ser admirado / 私はそのピアニストの演奏に感嘆した Fiquei admirada com a apresentação desse pianista. / 感嘆符 ponto de exclamação

かんたん[簡単]▶簡単な simples; fácil / そんなことは簡単だ Isso é fácil. / そんなに簡単ではない Não é tão fácil assim. / 試験は思ったより簡単だった A prova foi mais fácil do que eu imaginava. / 批判するのは簡単だ Criticar é fácil. / 現状を簡単に報告してください Faça um relato resumido sobre a situação. / 私は簡単な食事を取った Fiz uma refeição simples.

がんたん[元旦] o dia de Ano Novo

かんだんけい[寒暖計] termômetro

かんちがい[勘違い] engano ▶私は締め切りを勘違いしていた Estava enganada quanto ao final do prazo. / 私はストーカーと勘違いされた Fui confundido com um perseguidor obsecado.

かんづめ[缶詰] enlatado ▶果物の缶詰 enlatado de frutas

かんてん[観点] ponto de vista ▶この観点からすると deste ponto de vista / 別の観点から de outro ponto de vista

かんでんち[乾電池] pilha seca

かんどう[感動] emoção; sensação; impressão ▶あの映画には大変感動した Fiquei muito emocionada com aquele filme. / 感動的な話 história emocionante / その実話は人びとを感動させた Essa história verídica emocionou as pessoas.

かんとく[監督] direção; diretor; inspetor ▶私は試験の監督をした Eu fui fiscal da prova. / 黒澤明が監督した映画 filme dirigido por Akira Kurosawa / 映画監督 diretor de cinema

カンニング cola ▶カンニングする fazer cola; copiar na prova

かんねん[観念] conceito; noção ▶彼は時間の観念がない Ele não tem noção de tempo. / 固定観念 ideia fixa / 犯人は観念してピストルを投げ捨てた O criminoso resignou-se e jogou a pistola.

かんばい[完売]▶チケットは完売した A venda dos bilhetes esgotou-se.

かんぱい[乾杯] brinde ▶乾杯！Saúde! / 乾杯する brindar

かんばつ[干ばつ] seca; estiagem

がんばる[頑張る] esforçar-se; perseverar; aguentar ▶頑張れ、日本 Avante, Japão! | Força, Japão! / (スポーツの応援) 頑張れ Prá frente! | Vai! / 頑張ってください Boa sorte! / 試験頑張ってください Boa prova!

かんばん[看板] placa; letreiro

かんびょう[看病] ▶看病する cuidar [tratar] de ▶病人を看病する cuidar [tratar] de um doente

かんぺき[完璧] perfeição; primor ▶完璧な答え resposta perfeita / 完璧な人はいない Ninguém é perfeito.

かんむり[冠] coroa; diadema

かんめい[感銘] forte [profunda] impressão ▶私はこの本を読んで感銘を受けた Li este livro e fiquei profundamente impressionada.

かんよ[関与] participação; relação ▶国政に関与する participar da política nacional / 私はこの計画には関与していない Não participei deste plano.

かんよう[寛容] indulgência; generosidade; tolerância ▶宗教的寛容 tolerância religiosa / 寛容な tolerante

かんようく[慣用句] expressão idiomática

かんらんしゃ[観覧車] roda gigante

かんり[管理] administração; gerência ▶国が管理する道路 estrada administrada pelo estado / (集合住宅の) 管理人 zelador / (集合住宅の) 管理費 taxa de condomínio / ネットワーク管理者 administrador de rede / 品質管理 controle de qualidade

かんりょう[完了] término; conclusão ▶任務を完了する concluir a missão / 準備は完了した Terminei os preparativos. / 完了時制 tempo (verbal) perfeito

かんりょう[官僚] (個人) burocrata; (総称) burocracia ▶官僚制度 sistema burocrático

かんれい[慣例] praxe; costume ▶慣例に従う seguir o costume / 慣例を破る romper com o costume

かんれん[関連] relação ▶これはそれと何の関連もありません Isto não tem nenhuma relação com isso.

かんわ[緩和] atenuação; alívio; moderação ▶輸入制限を緩和する moderar as restrições à importação / 交通渋滞を緩和する atenuar o congestionamento de trânsito

き

き[木] (樹木) árvore; (木材) madeira ▶りんごの木 macieira / 木を植える plantar uma árvore / 木を切る cortar uma árvore / このいすは木ででき

き [気] ▶仕事をする気にならない Não consigo ter vontade de trabalhar. / そう言ってもらって気が楽になりました Fiquei aliviada por ter-me falado assim. / 私は気を失った Perdi os sentidos. / 気が散るから静かにしてください Faça silêncio para que eu não me distraia. / 私は気が滅入った Fiquei deprimido. / 私は人が言うことは気にしない Não me importo com o que as pessoas dizem. / このことは気にする必要がない Não precisa se importar com isto. / それは気のせいだ Isso é impressão sua. / 私は夫の健康が気になる Eu me preocupo com a saúde de meu marido. / このビールは気が抜けている Esta cerveja está choca. / 私は事態の深刻さにすぐに気がついた Eu logo percebi a gravidade da situação. / そのことをどこかで読んだことがあるような気がする Tenho a impressão de ter lido isso em algum lugar. / 私はブラジルがとても気に入った Gostei muito do Brasil.

きあつ [気圧] pressão atmosférica ▶ 低気圧 pressão atmosférica baixa / 高気圧 pressão atmosférica alta / 気圧計 barômetro

キーボード teclado ▶ キーボード奏者 tecladista

キーホルダー chaveiro

きいろ [黄色] cor amarela; amarelo ▶ ブラジル国旗の黄色は何を意味していますか Qual o significado da cor amarela da bandeira do Brasil? / 黄色い amarelo / 黄色い花 flor amarela

キーワード palavra chave

ぎいん [議員] congressista; membro da dieta ▶ 国会議員 congressista / 上院議員 senador / 下院議員 deputado federal / 市会議員 vereador

きえる [消える] apagar-se; extinguir-se ▶ 急に明かりが消えた A luz apagou-se de repente. / 火が消えた O fogo apagou-se. / 火事はようやく消えた O incêndio finalmente foi extinto.

きおく [記憶] memória ▶ 私の記憶が正しければ Se minha memória não falha... / パスワードを記憶する memorizar a senha / 私は以前彼に会った記憶がある Lembro-me de tê-lo encontrado antes. / 私は記憶力がよい Tenho boa memória. / 私は記憶力が悪い Tenho memória ruim.

きおん [気温] temperatura ambiente [ambiental] ▶ 気温が上がる A temperatura sobe. / 気温が下がる A temperatura desce.

きかい [機会] oportunidade; ocasião; ensejo ▶ 機会均等 igualdade de oportunidade

きかい [機械] máquina ▶ 機械的な maquinal / 機械的に maquinalmente / 機械化 mecanização / 機械化する mecanizar

きがい [危害] dano ▶ …に危害を加える causar danos em...

ぎかい [議会] congresso; parlamento; assembleia ▶ 議会を招集する convocar o parlamento / 議会を解散する dissolver o parlamento

きがえ [着替え] troca de roupa ▶ 着替える trocar de roupa

きがかり [気掛かり] preocupação; receio; inquietação ▶ 彼女が気掛かりだ Estou preocupado com ela.

きかく [企画] planejamento; plano; projeto ▶ 企画を提案する propor um plano

きかざる [着飾る] enfeitar-se ▶ 今日の彼女はずいぶんと着飾っている Hoje ela está bastante enfeitada.

きがつく [気が付く] perceber; ter consciência de ▶ 彼女は危険に気が付いている Ela tem consciência do perigo.

きがる [気軽] ▶ 気軽に à vontade; sem cerimônia / 気軽にお問い合わせください Entre em contato sem cerimônia.

きかん [期間] prazo; período ▶ この期間に neste período

きかん [器官] órgão; aparelho

きき [危機] crise ▶ 金融危機 crise financeira / 世界経済は危機的状況にある A economia mundial está em situação crítica.

ききいれる [聞き入れる] ouvir; aceitar; atender ▶ 王は人びとの願いを聞き入れた O rei atendeu o pedido das pessoas.

ききかえす [聞き返す] ouvir [perguntar] outra vez

ききちがえる [聞き違える] entender [ouvir; compreender] mal

ききとり [聞き取り] compreensão oral

ききとる [聞き取る] ouvir bem

ききめ [効き目] eficácia; efeito ▶ この薬はとても効き目がある Este remédio tem muita eficácia.

ききもらす [聞き漏らす] não conseguir ouvir ▶ 私は肝心なことを聞き漏らした Não consegui ouvir a parte mais importante.

きく [菊] crisântemo

きく [効く] ter efeito; ser eficaz ▶ この薬はよく効きます Este remédio é bem eficaz.

きく [聞く] ouvir; (質問する) perguntar ▶ 音楽を聞く ouvir a música / 私の言うことをよく聞いてください Ouça bem o que eu lhe digo. / わからないことは何でも聞いてください Pergunte tudo que não entender.

きげき [喜劇] comédia ▶ 喜劇的な cômico

きけん [危険] perigo ▶ 危険な perigoso / 危険を避ける evitar o perigo / 危険な地区 área perigosa

きげん [期限] prazo; limite ▶ 期限内に dentro do prazo / 期限を守る cumprir [respeitar] o prazo / 期限を延長する prorrogar o prazo

きげん [機嫌] humor; disposição ▶ 彼は機嫌が悪い Ele está de mau humor. / ご機嫌いかがですか Você está disposto?

きこう [気候] clima ▶ 熱帯気候 clima tropical

きごう [記号] sinal; símbolo

きこえる [聞こえる] poder ouvir ▶ 鳥の鳴いているのが聞こえる Posso ouvir o pássaro cantando. / 私の言うことが聞こえますか Pode ouvir o que eu digo?

きこく [帰国] ▶ 帰国する regresso ao país / 私は来月帰国する予定です Pretendo regressar ao meu país no mês que vem.

きざし [兆し] sinal; indício ▶ 経済には改善の兆しが見られる Vê-se indícios de melhora na economia.

きざむ [刻む] picar; cortar em pedacinhos ▶ ネギを刻む picar a cebolinha
きじ [記事] artigo
ぎし [技師] engenheiro
ぎしき [儀式] cerimônia
きしつ [気質] temperamento
きじつ [期日] dia marcado; vencimento ▶ 期日まで até o dia de vencimento
きしゃ [汽車] maria-fumaça; trem a vapor ▶ 汽車に乗る andar de trem a vapor
きしゃ [記者] jornalista; repórter ▶ 記者会見 entrevista com [aos] jornalistas / 新聞記者 jornalista; repórter de jornal
きじゅつ [奇術] magia ▶ 奇術師 mágico
ぎじゅつ [技術] tecnologia ▶ 技術者 tecnólogo; técnico / 技術協力 cooperação tecnológica / 技術革新 inovação tecnológica
きじゅん [基準] padrão; critério; base ▶ 基準を満たす satisfazer [preencher] os critérios
きしょう [気象] meteorologia ▶ 気象情報 informação meteorológica / 気象台 estação meteorológica / 気象衛星 satélite meteorológico
きしょう [起床] ▶ 起床する levantar-se / 私は毎朝7時に起床する Eu me levanto às sete horas todas as manhãs.
キス beijo ▶ キスする beijar / 彼女は子供にキスした Ela beijou a criança.
きず [傷] ferimento; corte; lesão ▶ 彼は重い傷を負った Ele sofreu um ferimento grave.
きすう [奇数] número ímpar
きずく [築く] construir ▶ 城を築く construir um castelo / 家庭を築く construir um lar
きずな [絆] laço; vínculo ▶ 家族のきずな vínculo familiar
きせい [既成] ▶ 既成の consumado / 既成事実 fato consumado
きせい [既製] ▶ 既製の feito; confeccionado ▶ 既製服 roupa confeccionada [feita]
きせい [規制] controle; regulamentação ▶ 規制緩和 desregulamentação
ぎせい [犠牲] vítima; sacrifício ▶ 犠牲者 vítima / 犠牲にする sacrificar
きせき [奇跡] milagre ▶ 奇跡的な milagroso / 奇跡的に milagrosamente
きせつ [季節] estação ▶ 雨の季節 estação de chuvas
きぜつ [気絶] desmaio ▶ 気絶する desmaiar
きせる [着せる] vestir ▶ 子供に服を着せる vestir a criança
ぎぜん [偽善] hipocrisia ▶ 偽善的な hipócrita
きそ [基礎] base ▶ 基礎的な概念 conceito básico
きそく [規則] regras; regulamento ▶ 規則を守る obedecer o regulamento / 規則を破る infringir o regulamento / 規則的に regularmente
きぞく [貴族] nobreza; aristocracia ▶ 貴族的な nobre; aristocrático
きた [北] norte ▶ 埼玉県は東京の北にある A província de Saitama fica ao norte de Tóquio. / 北アメリカ América do Norte / 北風 vento norte

ギター violão ▶ ギターを弾く tocar violão / ギター奏者 violonista
きたい [気体] gás; corpo gasoso
きたい [期待] expectativa; esperança ▶ 彼は私たちの期待に応えてくれた Ele correspondeu às nossas expectativas. / 結果は期待通りだった Os resultados foram conforme as expectativas.
ぎだい [議題] tema [assunto] de discussão
きたえる [鍛える] pôr em forma; fortalecer ▶ チームを鍛える pôr o time em forma
きたく [帰宅] ▶ 帰宅する voltar para casa / 帰宅途中で na volta para casa
きたない [汚い] sujo ▶ 汚い手 mãos sujas / 私は字が汚い Minha letra é feia.
きち [基地] base; posto ▶ 軍事基地 base militar
きちょう [貴重] ▶ 貴重な valioso; precioso ▶ 貴重な本 livro precioso / 貴重品 artigo valioso
ぎちょう [議長] presidente de uma reunião
きちんと ▶ 彼女の部屋はいつもきちんとしている O quarto dela está sempre bem arrumado.
きつい (仕事が) duro; pesado; (窮屈) apertado ▶ きつい仕事 serviço pesado
きづかい [気遣い] preocupação; incômodo ▶ お気遣いありがとうございます Obrigada pela preocupação [por preocupar-se]. / どうぞお気遣いなく Não se incomode, por favor.
きっかけ oportunidade; motivo; razão ▶ あなたがポルトガル語を始めたきっかけは何ですか Por que motivo você começou a estudar a língua portuguesa?
きっかり exatamente; precisamente ▶ 私は10時きっかりに着いた Cheguei exatamente às dez horas.
きづく [気付く] perceber; reparar; notar ▶ 私は自分のミスに気付かなかった Não percebi meu erro. / 誰も私に気付かなかった Ninguém notou minha presença. | Ninguém me notou.
キックオフ pontapé inicial
きっさてん [喫茶店] café; cafeteria; casa de chá
キッチン cozinha
きって [切手] selo ▶ 切手を貼る colar o selo / 記念切手 selo comemorativo
きっと certamente; com certeza; sem falta ▶ 彼はきっと来る Ele virá com certeza.
きっぱり explicitamente; definitivamente; categoricamente ▶ 私はきっぱりと断った Eu recusei categoricamente.
きっぷ [切符] bilhete; passagem ▶ 私は大阪までの切符を買った Comprei uma passagem até Osaka. / 切符売り場 bilheteria / 往復切符 bilhete de ida e volta / 片道切符 bilhete só de ida
きどう [起動] ▶ パソコンを起動する iniciar o computador
きとくけん [既得権] direito adquirido
きにいる [気に入る] gostar de ▶ その服が気に入りました Gostei dessa roupa.
きにする [気にする] incomodar-se; preocupar-se ▶ 私は人に何と言われても気にしない Eu não me incomodo com nada do que as pessoas dizem.
きにゅう [記入] ▶ 記入する preencher / この書類に

記入をお願いします Preencha este documento, por favor.
きぬ[絹] seda
きねん[記念] comemoração ▶記念する comemorar / 記念写真 fotografia comemorativa / 記念日 data comemorativa
きのう[昨日] ontem ▶私は昨日そこにいました Eu estive aí ontem. / 昨日の朝 ontem de manhã / 昨日の午後 ontem à tarde / 昨日の夜 ontem à noite
きのう[機能] função; funcionamento ▶機能的な funcional
きのこ cogumelo
きのどく[気の毒] ▶それはお気の毒です Isso é uma pena. / 私は彼女を気の毒に思います Sinto pena dela.
きばらし[気晴らし] distração; diversão ▶気晴らしをする distrair-se
きびしい[厳しい] severo; exigente; rigoroso ▶厳しい父親 pai exigente / 厳しい規則 regra rigorosa / 厳しく罰する punir severamente
きひん[気品] distinção; refinamento; dignidade ▶気品のある女性 mulher refinada [fina]
きびん[機敏] ▶機敏な動き movimento vivaz / 機敏に動く movimentar-se com presteza
きふ[寄付] doação; donativo; contribuição ▶寄付する fazer uma doação; doar / 寄付金 donativo em dinheiro
きぶん[気分] disposição; estado de espírito ▶私は今日はとても気分がいい Estou muito bem disposta hoje. / 気分転換する distrair-se (para descansar)
きぼ[規模] tamanho; escala ▶大規模な工事 obra de larga escala
きぼう[希望] esperança; desejo; aspiração ▶希望を失う perder as esperanças / 希望する desejar aspirar
きほん[基本] base; fundamento ▶基本的な básico / ポルトガル語の基本単語 palavras básicas da língua portuguesa
きまえ[気前] ▶気前のよさ generosidade / 彼は気前がよい Ele é generoso.
きまぐれ[気まぐれ] capricho; veneta ▶気まぐれな caprichoso / 彼は気まぐれだから信用できない Ele é caprichoso por isso não podemos confiar nele.
きまつしけん[期末試験] exame final (de um período)
きまり[決まり] (規則) regra ▶学校の決まり regras da escola
きまる[決まる] decidir-se; determinar-se; fixar-se ▶結婚式は6月に決まった Decidiu-se que a cerimônia de casamento será em junho.
きみ[君] você ▶君がやるべきだ Você é quem deve fazer. / 君を愛している Eu te amo.
ぎみ[気味] ▶私は風邪気味だ Estou com sintomas de gripe.
きみたち[君たち] vocês ▶君たちはよくやった Vocês foram muito bem. / 君たちを信じている Confio em vocês.

きみょう[奇妙] ▶奇妙な estranho; esquisito ▶奇妙な話 conversa esquisita.
ぎむ[義務] obrigação; dever ▶義務を果たす cumprir o dever / 義務感 sentimento de obrigação / 義務教育 educação obrigatória [compulsória]
きむずかしい[気難しい] rabugento; difícil de se contentar ▶あの老人はとても気難しい Aquele idoso é muito rabugento.
きめる[決める] decidir; determinar; fixar ▶時間と場所を決めましょう Vamos fixar o local e a data. / 私は車を売ることに決めた Decidi vender meu carro.
きもち[気持ち] sentimento; emoção; sensação ▶いい気持ちだ Estou me sentindo muito bem. / 私は泣きたい気持ちだ Estou com vontade de chorar. / 気持ちのよい朝 manhã agradável
ぎもん[疑問] dúvida ▶私はその点に関して疑問がある Tenho dúvidas quanto a esse ponto. / 疑問符 ponto de interrogação / 疑問代名詞 pronome interrogativo
きゃく[客] (訪問客) visita; visitante; (顧客) freguês ▶ブラジルからのお客があります Tenho visita do Brasil. / その店にはお客がたくさんいた Tinha muitos fregueses nessa loja.
ぎゃく[逆] contrário; oposto; inverso ▶逆の contrário / 逆の方向に na direção contrária
ぎゃくさつ[虐殺] massacre; chacina ▶虐殺する massacrar; chacinar
ぎゃくしゅう[逆襲] contra-ataque
ぎゃくせつ[逆説] paradoxo / 逆説的な paradoxal
ぎゃくたい[虐待] mau trato ▶児童虐待 maus tratos infantis / 子供を虐待する maltratar crianças
きゃっかん[客観] ▶客観的な objetivo ▶客観性 objetividade / 客観的に objetivamente
きゃっこう[脚光] centro das atenções ▶脚光を浴びる ser o centro das atenções
キャプテン capitão
キャベツ repolho
キャラメル caramelo
キャリア carreira ▶キャリアを積む fazer carreira
ギャング bandido
キャンセル cancelamento ▶キャンセルする cancelar / 予約をキャンセルしたいのですが Gostaria de cancelar minha reserva.
キャンディー bala; bombom
キャンパス campus
キャンプ acampamento ▶キャンプする acampar; fazer campismo / キャンプ場 local para campismo [acampamento]
キャンペーン campanha
きゅう[九] nove ▶九番目の nono
きゅう[急] urgência; emergência ▶急な用事で por causa de um assunto urgente / 電車は急に止まった O trem parou de repente.
きゅうか[休暇] férias; licença ▶休暇を取る tirar férias / 彼女は休暇中だ Ela está de licença. / 有給休暇 férias pagas [remuneradas]
きゅうがく[休学] interrupção dos estudos ▶彼は今休学している Ele agora está com a matrícula

きゅうきゅう[救急] urgência; primeiros socorros ▶ 救急の処置 atendimento de urgência / 救急車 ambulância / 救急箱 caixa de primeiros socorros / 救急病院 pronto-socorro; hospital de emergência

きゅうぎょう[休業] folga; descanso ▶ 「本日は休業」 Hoje está fechado. / 休業日 dia de folga

きゅうくつ[窮屈] ▶ 窮屈な apertado; rígido / 窮屈な社会 sociedade fechada [rígida]

きゅうけい[休憩] intervalo; descanso ▶ 休憩する fazer um intervalo; descansar / 休憩時間 hora de descanso; hora do intervalo

きゅうげき[急激] ▶ 急激な repentino; rápido / 急激な変化 mudança repentina / 急激な発展 rápido desenvolvimento

きゅうこう[休校] ▶ 学校は1週間休校になった A escola ficou fechada por uma semana.

きゅうこう[急行] trem expresso

きゅうこん[求婚] pedido de casamento ▶ 求婚する pedir em casamento

きゅうこん[球根] bulbo vegetal

きゅうしき[旧式] estilo antigo; maneira tradicional ▶ 旧式な機械 máquina de modelo antigo

きゅうじつ[休日] feriado ▶ 休日を海で過ごす passar o feriado no mar

きゅうしゅう[吸収] absorção; assimilação ▶ このスポンジはよく水を吸収する Esta esponja absorve bem a água.

きゅうじゅう[九十] noventa ▶ 90番目の nonagésimo

きゅうじょ[救助] socorro; salvamento ▶ 救助する socorrer; salvar; fazer o salvamento / 救助隊 corpo de salvamento; equipe de socorro

きゅうしょく[求職] a procura [busca] de emprego ▶ 求職者 candidato a emprego

きゅうしょく[給食] merenda [almoço] escolar

きゅうじん[求人] oferta de trabalho / 求人広告 anúncio de oferta de trabalho

きゅうせい[旧姓] sobrenome de solteira

きゅうせい[急性] ▶ 急性の agudo

きゅうせん[休戦] trégua; armistício; cessar-fogo

きゅうそく[休息] descanso; repouso ▶ 休息する descansar; repousar

きゅうそく[急速] ▶ 急速な rápido / 急速な変化 mudança rápida / ブラジル社会は急速に変化している A sociedade brasileira está mudando rapidamente.

ぎゅうにく[牛肉] carne de vaca; carne bovina

ぎゅうにゅう[牛乳] leite de vaca

きゅうゆう[旧友] velho amigo

きゅうよ[給与] salário; ordenado ▶ 給与明細 contra-cheque; holerite

きゅうよう[休養] repouso; descanso ▶ 休養する repousar; descansar

きゅうよう[急用] assunto [compromisso] urgente

きゅうり[胡瓜] pepino

きゅうりょう[給料] salário; ordenado ▶ 給料日 dia de pagamento

きよい[清い] puro; límpido ▶ 清い流れ correnteza límpida

きょう[今日] hoje ▶ 今日の新聞 jornal de hoje / 今日の午後 hoje a tarde / 今日は何曜日ですか Que dia da semana é hoje? / 今日は水曜日です Hoje é quarta-feira.

きよう[器用] ▶ 器用な hábil; jeitoso / 器用に habilidosamente

ぎょう[行] linha ▶ 行間を読む ler entre as linhas

きょうい[胸囲] medida da largura do peito [busto] ▶ 彼は胸囲が90センチある O busto dele mede noventa centímetros.

きょうい[脅威] ameaça; perigo

きょうい[驚異] maravilha; assombro ▶ 驚異的な数字 número surpreendente

きょういく[教育] educação; ensino; instrução ▶ 教育を受ける educar-se / 教育問題 problemas educacionais / 教育する educar / 教育者 pedagogo; educador

きょういん[教員] professor; (集合的) corpo docente

きょうか[教科] matéria; cadeira; curso

きょうかい[協会] associação; sociedade

きょうかい[教会] igreja ▶ 教会に行く ir à igreja

きょうかい[境界] fronteira; limite ▶ 境界線 linha de fronteira

きょうがく[共学] educação mista

きょうかしょ[教科書] livro didático [escolar]; livro texto ▶ ポルトガル語の教科書 livro texto de língua portuguesa

きょうぎ[競技] jogo; partida; competição ▶ 競技場 estádio; ginásio de esportes / 陸上競技 prova de atletismo

ぎょうぎ[行儀] comportamento; maneira de se portar ▶ 行儀のよい子供 criança bem disciplinada [educada] / 行儀の悪い子供 criança mal-educada

きょうぎ[教義] doutrina; dogma

きょうきゅう[供給] abastecimento; oferta ▶ 水の供給 abastecimento de água / 需要と供給 procura e oferta / 水を供給する fornecer água

きょうぐう[境遇] circunstância; condições de vida ▶ 私たちは恵まれた境遇にいる Vivemos em condições privilegiadas.

きょうくん[教訓] lição; ensinamento ▶ 失敗から教訓を得る tirar lições dos erros; aprender com os erros

きょうこう[恐慌] pânico ▶ 経済恐慌 crise econômica

きょうこう[教皇] Papa; Sumo Pontífice

きょうざい[教材] material didático

きょうさんしゅぎ[共産主義] comunismo ▶ 共産主義の comunista / 共産党 partido comunista / 共産主義者 comunista

きょうし[教師] mestre; professor ▶ ポルトガル語の教師 professor de língua portuguesa

きょうしつ[教室] sala de aula

きょうじゅ[享受] ▶ 享受する gozar de; aproveitar

de / 自由を享受する gozar da liberdade
きょうじゅ[教授] professor titular de uma universidade ▶ 准教授 professor adjunto / サンパウロ大学教授 professor titular da Universidade de São Paulo
きょうしゅう[郷愁] nostalgia; saudade da terra natal ▶ 郷愁を感じる sentir saudade da terra natal
きょうしゅく[恐縮] embaraço ▶ 恐縮ですが, 手伝っていただけませんか É embaraçoso mas poderia fazer o favor de me ajudar?
きょうせい[強制] compulsão; coerção ▶ 強制労働 trabalho forçado / 強制収容所 campo de concentração / 強制的に compulsoriamente
ぎょうせい[行政] administração ▶ 行政機関 órgão administrativo
ぎょうせき[業績] trabalho realizado; resultados ▶ 研究業績 resultados de pesquisa / その会社は業績不振だ Os negócios dessa companhia não vão bem.
きょうそう[競争] competição; concorrência ▶ 競争する competir; concorrer
きょうそう[競走] corrida
きょうそん[共存] coexistência ▶ 平和共存 coexistência pacífica
きょうだい[兄弟] irmãos ▶ 私たちは兄弟です Somos irmãos. / あなたは兄弟が何人いますか Quantos irmãos você tem?
きょうちょう[強調] destaque; realce ▶ 強調する enfatizar
きょうつう[共通] ▶ 共通の comum / 共通語 idioma comum / 共通点 ponto em comum
きょうてい[協定] acordo; pacto ▶ 協定を結ぶ firmar um acordo
きょうどうくみあい[協同組合] cooperativa
きょうどうたい[共同体] corpo cooperativo; comunidade
きょうばい[競売] leilão ▶ 競売にかける colocar em leilão
きょうはく[脅迫] ameaça ▶ 脅迫する ameaçar
きょうはん[共犯] cumplicidade ▶ 共犯者 cúmplice
きょうふ[恐怖] medo; pavor ▶ 恐怖を感じる sentir medo / 恐怖で震える tremer de medo
きょうみ[興味] interesse ▶ 私はブラジルの文化に興味を持っています Tenho interesse pela cultura brasileira. / 興味深い interessante / その話は大変興味深い Essa conversa é muito interessante.
きょうよう[教養] educação; cultura geral ▶ 教養のある人 pessoa culta / 一般教養 cultura geral
きょうりょく[協力] cooperação; colaboração ▶ 協力する cooperar; colaborar / 協力者 colaborador
ぎょうれつ[行列] fila ▶ 行列を作る fazer fila
きょえいしん[虚栄心] vaidade; presunção ▶ 虚栄心の強い vaidoso; presunçoso
きょか[許可] permissão; licença ▶ 許可なく sem permissão / 許可する dar permissão
ぎょぎょう[漁業] pesca; atividade pesqueira
きょく[極右] extrema-direita ▶ 極右政党 partido de extrema-direita

きょくさ[極左] extrema-esquerda ▶ 極左政党 partido de extrema-esquerda
きょくせん[曲線] linha; curva ▶ 曲線を描く traçar uma curva
きょくたん[極端] extremidade ▶ 極端な extremo / 極端に extremamente
きょくち[局地] 局地的な local / 局地的に localmente
きょくとう[極東] Extremo Oriente
きょじゅう[居住] residência ▶ 居住地証明書 atestado de residência
きょじん[巨人] gigante
きょぜつ[拒絶] rejeição; repulsa ▶ 拒絶する rejeitar
きょだい[巨大] 巨大な gigantesco; colossal
きょねん[去年] ano passado ▶ 私は去年ポルトガルに行った Fui a Portugal no ano passado. / 去年の春 primavera do ano passado
きょひ[拒否] recusa; veto ▶ 拒否する vetar; recusar
きよめる[清める] purificar; limpar
きょり[距離] distância; trajeto ▶ 駅から学校までの距離 distância entre a estação e a escola / ここから駅までの距離はどのくらいですか Qual é a distância daqui até a estação?
きらい[嫌い] ▶ 私は物理が嫌いだ Não gosto de física. / 私は野菜が嫌いだ Não gosto de verduras.
きらう[嫌う] detestar ▶ 彼はみんなに嫌われている Todos o detestam.
きらく[気楽] ▶ 気楽な生活 vida sem preocupações
きらめく resplandecer; cintilar
きり[霧] névoa; neblina ▶ 霧が出ている Tem neblina.
ぎり[義理] ▶ 義理の母 sogra / 義理の父 sogro / 義理の両親 sogros / 義理の兄 cunhado / 義理の姉 cunhada
キリスト Cristo ▶ キリスト教 cristianismo / キリスト教徒 cristão
きりつ[規律] disciplina; regulamento ▶ 規律を守る manter a disciplina
きる[切る] cortar; acabar ▶ 紙を切る cortar o papel / 私は指を切った Cortei meu dedo. / スイッチを切る desligar o interruptor / 電話を切る desligar o telefone
きる[着る] vestir; usar; pôr ▶ 上着を着る vestir o casaco / 彼女はセーターを着ている Ela está de suéter. / 黒い服を着た男 homem vestido de preto
きれ[切れ] retalho; pedaço ▶ ケーキ1切れ um pedaço de bolo / 肉1切れ um pedaço de carne
きれい(美しい) belo; (清潔な) limpo ▶ なんてきれいな花でしょう Que flor bela! / 彼女の部屋はいつもきれいだ O quarto dela está sempre limpo.
きれる[切れる] ▶ このナイフはよく切れる Esta faca corta bem. / ロープが切れた A corda rompeu-se. / パスポートの有効期限があと半年で切れる O prazo de validade do passaporte vence daqui a meio ano
キロ quilo; (キログラム) quilograma; (キロメート

ル) quilômetro
きろく [記録] anotação; registro ▶ 世界記録 recorde mundial / 記録を破る bater o recorde
キログラム quilograma
キロメートル quilômetro
ぎろん [議論] discussão; debate ▶ 議論する debater
きわめて [極めて] extremamente ▶ 極めて危険な状態 situação extremamente perigosa
きをつける [気を付ける] tomar cuidado ▶ 足元に気を付けてください Cuidado por onde anda.
きん [金] ouro ▶ 金貨 moeda de ouro
ぎん [銀] prata ▶ 銀製品 produto feito de prata
きんいつ [均一] uniformidade ▶ 均一料金 preço único
きんえん [禁煙] Proibido fumar ▶ 禁煙席 lugar para não fumantes
ぎんが [銀河] Via Láctea
きんがく [金額] soma; quantia ▶ 相当な金額 uma quantia condizente
きんがしんねん [謹賀新年] Feliz Ano Novo
きんがん [近眼] miopia ▶ 私は近眼だ Sou míope. | Tenho miopia.
きんきゅう [緊急] urgência; emergência ▶ 緊急の事件 caso de emergência / 緊急の場合は em caso de emergência
きんぎょ [金魚] peixinhos vermelhos
きんげん [金言] máxima; provérbio
きんこ [金庫] cofre; caixa forte
きんこう [近郊] subúrbio; arredores ▶ サンパウロ近郊の住宅地 zona residencial do subúrbio de São Paulo
ぎんこう [銀行] banco ▶ 銀行にお金を預ける depositar dinheiro no banco / 銀行からお金を借りる pedir [receber] dinheiro emprestado do banco / 銀行口座番号 número de conta bancária
きんこんしき [金婚式] bodas de ouro
ぎんこんしき [銀婚式] bodas de prata
きんし [禁止] proibição; interdição ▶ 禁止する proibir; interditar /「駐車禁止」Proibido estacionar. /「立ち入り禁止」Proibida a entrada.
きんじつちゅう [近日中] dentro de poucos dias ▶ 近日中に伺います Farei uma visita dentro de poucos dias.
きんしゅく [緊縮] austeridade; redução ▶ 緊縮政策 política de austeridade
きんじょ [近所] vizinhança; arredores ▶ 私はこの近所に住んでいる Moro nos arredores. / 近所の人たち vizinhos
きんじる [禁じる] proibir ▶ 日本では銃を持つことは禁じられている O porte de armas é proibido no Japão.
きんせい [金星] planeta Vênus
きんせん [金銭] dinheiro ▶ 金銭的な援助 ajuda monetária
きんぞく [金属] metal
きんぞく [勤続] serviço contínuo ▶ 私はこの会社に20年勤続している Trabalho há vinte anos nessa companhia.
きんだい [近代] época moderna ▶ 近代的なモデルノ / 近代化する modernizar / 近代化 modernização
きんだん [禁断] proibição ▶ 禁断の果実 fruta proibida
きんちょう [緊張] tensão; nervosismo ▶ 私は試験の前は緊張する Fico nervoso antes da prova. / 両国間の緊張が高まった Aumentou a tensão entre os dois países.
きんとう [均等] igualdade ▶ 機会の均等 igualdade de oportunidades / 均等に分配する dividir em igualdade
きんとう [近東] Próximo Oriente
きんにく [筋肉] músculo
きんぱつ [金髪] 金髪の loiro; louro
きんべん [勤勉] 勤勉な estudioso / 勤勉な学生 um estudante estudioso
きんむ [勤務] serviço; trabalho ▶ 私の勤務先に電話してください Telefone para meu local de trabalho. / 勤務時間 horas de trabalho
きんめだる [金メダル] medalha de ouro
ぎんめだる [銀メダル] medalha de prata
きんゆう [金融] finanças; circulação de moeda ▶ 金融市場 mercado financeiro
きんようび [金曜日] sexta-feira ▶ 金曜日に会いましょう Vamos nos encontrar na sexta-feira. / 先週の金曜日に na sexta-feira da semana passada / 来週の金曜日に na sexta-feira da próxima semana / 毎週金曜日に em todas as sextas-feiras
きんり [金利] juro

く

く [九] nove ▶ 第9の nono
く [区] divisão administrativa da cidade ▶ 渋谷区 distrito de Shibuya / 連邦区 distrito federal
く [句] frase; expressão ▶ 慣用句 expressão idiomática / 名詞句 frase nominal
ぐあい [具合] estado; condição ▶ 私は少し胃の具合がよくない Meu estômago não está muito bom. / こんな具合でいいですか Está bem assim?
くいき [区域] zona; área ▶ 危険区域 zona de perigo
クイズ jogo de perguntas e respostas; questionário ▶ クイズ番組 programa de perguntas e respostas
くいる [悔いる] arrepender-se ▶ 私は勉強しなかったことを悔いた Arrependi-me de não ter estudado.
くう [食う] comer; tragar ▶ (私は) 食い過ぎた Comi demais. / この車はガソリンをよく食う Este carro consome muita gasolina.
くうかん [空間] espaço ▶ 宇宙空間 espaço sideral
くうき [空気] ar ▶ 新鮮な空気 ar fresco / ここは空気がいい Aqui o ar é bom.
くうきょ [空虚] 空虚な vazio; vão ▶ 空虚な人生 vida vazia

くうぐん[空軍] força aérea
くうこう[空港] aeroporto; aeródromo ▶ 空港に行く ir ao aeroporto
くうしゅう[空襲] ataque aéreo; bombardeamento
ぐうすう[偶数] número par
くうせき[空席] lugar vago ▶ 空席はありません Não há lugares vagos.
ぐうぜん[偶然] acaso; eventualidade ▶ 私は偶然彼女に会った Encontrei-a casualmente.
くうそう[空想] fantasia; imaginação ▶ 空想する fantasiar; imaginar / 空想科学小説 romance de ficção científica
ぐうぞう[偶像] ídolo
くうちゅう[空中] espaço; céu ▶ 空中を飛ぶ voar
くうちょう[空調] ar condicionado
クーデター golpe de estado
ぐうはつ[偶発] ▶ 偶発的な acidental / 偶発的に起きる acontecer por acaso / 偶発事故 acidente
くうふく[空腹] barriga vazia ▶ 私は空腹だ Estou com fome. / 空腹を満たす matar a fome
くうぼ[空母] porta-aviões
クーポン cupom
クーラー refrigerador de ar; climatizador de ar
くがつ[九月] setembro ▶ 九月に em setembro
くぎ[釘] prego ▶ 釘を打つ pregar
くぐる passar por baixo de ▶ トンネルをくぐる passar pelo túnel
くさ[草] capim; grama
くさい[臭い] malcheiroso; fedido ▶ 彼は口が臭い Ele tem mau hálito [halitose]. / 彼は足が臭い Ele tem chulé. / この部屋はかび臭い Este quarto cheira a bolor. / 焦げ臭いにおいがする Tem cheiro de queimado.
くさび cunha; calço
くさり[鎖] corrente; correia ▶ 犬を鎖につなぐ prender o cachorro na trela
くさる[腐る] apodrecer ▶ 魚が腐った O peixe apodreceu. / 腐った卵 ovo choco
くし[櫛] pente ▶ くしで髪をとかす pentear o cabelo
くじ[籤] rifa; sorteio; loteria ▶ くじを引く sortear; rifar / くじに当たる ser sorteado; acertar na loteria
くじく[挫く] torcer; deslocar ▶ 私は足をくじいた Torci meu pé.
くじける desanimar; perder o entusiasmo
くじびき[くじ引き] sorteio; rifa
くしゃみ espirro ▶ くしゃみをする espirrar
くじょ[駆除] extermínio ▶ 駆除する exterminar
くじょう[苦情] queixa; reclamação ▶ 苦情を言う queixar-se; reclamar
くじら[鯨] baleia
くず[屑] detrito; resíduo ▶ くずかご lixeira
くすくす ▶ くすくす笑う dar risadinhas
ぐずぐず ▶ ぐずぐずするな Não enrola. | Não faça cera
くすぐる fazer cócegas ▶ 足の裏をくすぐる fazer cócegas na sola do pé
くずす[崩す] demolir; destruir ▶ 私は体調を崩した Eu fiquei doente. / 1万円札を崩していただけませんか Poderia me trocar uma nota de dez mil ienes por valores menores?
くすり[薬] remédio; medicamento ▶ 薬を飲む tomar remédio / 風邪薬 remédio para gripe
くすりゆび[薬指] dedo anular
くずれる[崩れる] desabar; desmoronar ▶ 山が崩れた A montanha desmoronou-se.
くせ[癖] mania; vício ▶ 私は爪をかむ癖がある Tenho a mania de comer as unhas.
くそ[糞] excremento; merda
くだ[管] tubo cano
ぐたい[具体的] ▶ 具体的な concreto / 具体的な例 exemplo concreto / 具体的に説明する explicar concretamente / 具体化する concretizar-se
くだく[砕く] despedaçar; quebrar ▶ 岩を砕く despedaçar a rocha
くたくた ▶ もうくたくただ Já estou exausto.
くだける[砕ける] despedaçar-se; quebrar-se ▶ ガラスが粉々に砕けた O vidro esmigalhou-se.
ください ▶ コーヒーをください Quero um café, por favor. / ちょっと待ってください Espere um momento, por favor.
くたびれる ficar exausto ▶ 今日は本当にくたびれた Hoje fiquei realmente exausto.
くだもの[果物] fruta ▶ 私は果物が好きだ Gosto de frutas. / 果物店 frutaria / 果物ナイフ faca de [para] frutas
くだる[下る] descer; ir para baixo ▶ この坂を下ると広場に着きます Descendo esta ladeira chega-se à praça.
くち[口] boca ▶ 口を開ける abrir a boca / 口を閉じる fechar a boca / 私は彼女と口を利いたことがない Nunca falei com ela.
ぐち[愚痴] resmungo; queixa ▶ 愚痴をこぼす resmungar; queixar-se
くちかず[口数] ▶ 口数が少ない falar pouco
くちごたえ[口答え] réplica ▶ 口答えする replicar
くちずさむ[口ずさむ] cantarolar
くちばし bico
くちびる[唇] lábio; beiço ▶ 唇をかむ morder os lábios / 上唇 lábio superior / 下唇 lábio inferior
くちぶえ[口笛] assobio ▶ 口笛を吹く assobiar
くちょう[口調] tom; entoação ▶ 怒ったような口調で話す falar em tom zangado
くつ[靴] sapatos; calçado ▶ 靴をはく calçar os sapatos / 靴を脱ぐ tirar [descalçar] os sapatos / 靴を磨く engraxar os sapatos / 革靴 calçado de couro / 靴店 sapataria / 靴ひも cordão para sapatos / 靴べら calçadeira
くつう[苦痛] dor; sofrimento ▶ 苦痛を和らげる atenuar o sofrimento
クッキー bolacha; biscoito ▶ クッキーを焼く assar biscoitos
くっきり claramente; distintamente ▶ 富士山がくっきりと見えた Vi o Monte Fuji claramente.
くつした[靴下] meias ▶ 靴下をはく calçar meias / 靴下を脱ぐ descalçar [tirar] as meias
くつじょく[屈辱] humilhação; vexame ▶ 屈辱的な humilhante

クッション almofada
ぐっすり ▶ 昨日はぐっすりと眠った Ontem dormi muito bem.
くつぞこ[靴底] sola do sapato
くっつく colar-se; agarrar-se; grudar-se ▶ 靴の底にチューインガムがくっついた Um chiclete grudou na sola do sapato.
くつろぐ descansar; pôr-se à vontade ▶ どうぞおくつろぎください Fique à vontade por favor.
くとうてん[句読点] sinais de pontuação
くに[国] país; pátria; nação ▶ 南アメリカの国々 países da América do Sul / 夢の国 país dos sonhos / 国中が喜びに沸いた Todo o país ferveu de alegria. / この国の将来について考えてみよう Vamos pensar sobre o futuro deste país.
くばる[配る] distribuir; repartir ▶ ビラを配る distribuir panfletos
くび[首] pescoço ▶ 首を横に振る balançar a cabeça negando / 首を縦に振る balançar a cabeça afirmando / 首飾り colar / 首輪 coleira / 私は仕事を首になってしまった Fui despedido do trabalho.
くふう[工夫] jeito ▶ 工夫が足りない Falta criatividade.
くべつ[区別] distinção; diferença ▶ 区別する distinguir; diferenciar / 善悪の区別をする distinguir o mal do bem
くま[熊] urso
くみ[組] (学校) turma; (対) par; (集まり) grupo; conjunto ▶ 私は2年A組です Eu sou da segunda série, turma A. / 生徒たちは3つの組に分けられた Os alunos dividiram-se em três grupos. / 手袋一組 um par de luvas
くみあい[組合] corporação; cooperativa ▶ 労働組合 sindicato trabalhista / 組合運動 movimento sindical
くみたてる[組み立てる] montar; armar
くむ[汲む] puxar; baldear ▶ 井戸の水を汲む puxar água do poço
くむ[組む] cruzar ▶ 腕を組む cruzar os braços / 足を組む cruzar as pernas / ...とペアを組む formar um par com alguém
くも[雲] nuvem ▶ 空には雲一つない Não tem uma nuvem no céu. / 山の頂は雲で覆われていた O topo da montanha estava coberto pelas nuvens.
クモ[蜘蛛] aranha
くもり[曇り] céu nublado
くもる[曇る] nublar ▶ 今日は曇っている Hoje está nublado. / 急に空が曇り始めた O céu começou a nublar de repente. / 窓が曇っている A janela está embaçada.
くやしい[悔しい] humilhante; decepcionante ▶ 試合に負けて悔しい Estou decepcionado por ter perdido no jogo.
くやみ[悔やみ] pêsames; condolências ▶ お悔やみ申し上げます Expresso minhas condolências. / 謹んでお悔やみ申し上げます Apresento-lhe minhas respeitosas condolências [meus respeitosos pêsames].
くやむ[悔やむ] arrepender-se ▶ 私は努力しなかったことを悔やんでいる Arrependo-me de não ter me esforçado.
くよくよ ▶ くよくよしないで Não se atormente.
くらい[暗い] escuro; sombrio ▶ 暗い部屋 quarto escuro / 外はもう暗かった Fora já estava escuro. / だんだん暗くなってきた Começou a escurecer. / 暗くなる前に帰ろう Vamos embora antes que escureça.
グライダー planador
クライマックス clímax ▶ クライマックスに達する chegar ao clímax
グラウンド campo de jogos
クラクション buzina ▶ クラクションを鳴らす tocar a buzina
ぐらぐら ▶ このいすはぐらぐらする Esta cadeira está bamba.
くらげ[水母] medusa; água-viva
くらし[暮らし] vida ▶ 私は都会での暮らしにようやく慣れた Eu finalmente acostumei-me com a vida na cidade.
クラシック (古典の) clássico ▶ クラシック音楽 música clássica
くらす[暮らす] viver ▶ 幸せに暮らす viver feliz / 私は両親と暮らしている Vivo com meus pais.
クラス classe ▶ 私たちのクラスは30人です Nossa classe tem trinta pessoas. / クラスメート colega de classe / ファーストクラス primeira classe / ビジネスクラス classe executiva / エコノミークラス classe econômica
グラス taça; cálice ▶ シャンパングラス taça de champagne / グラス一杯のワイン uma taça de vinho / グラス1杯のリキュール um cálice de licor
クラッカー bolacha de água e sal; bombinha de estalo
クラッチ embreagem
クラブ clube; (トランプ) paus ▶ 私はテニスクラブに所属しています Pertenço a um clube de tênis. / ゴルフのクラブ taco de golfe
グラフ gráfico ▶ 棒グラフ gráfico de barras / 円グラフ gráfico circular
くらべる[比べる] comparar
グラム grama ▶ 砂糖100グラム cem gramas de açúcar
くり[栗] (実) castanha portuguesa / (木) castanheiro
クリーニング lavanderia; tinturaria ▶ 服をクリーニングに出す levar a roupa para a lavanderia / クリーニング店 loja de lavanderia
クリーム creme ▶ クレンジングクリーム creme de limpeza
くりいろ[栗色] cor castanha; castanho ▶ 栗色の髪 cabelo castanho
クリーン ▶ クリーンな limpo / クリーンな政治家 político limpo / クリーンエネルギー energia limpa
くりかえし[繰り返し] repetição ▶ 同じことの繰り返し repetição da mesma coisa
くりかえす[繰り返す] repetir ▶ 私のあとについて繰り返してください Repita depois de mim.
クリスマス Natal ▶ メリークリスマス Feliz Natal /

クリスマスイブ noite de Natal / クリスマスカード cartão de Natal / クリスマスツリー árvore de Natal / クリスマスプレゼント presente de Natal

クリック clique ▶ マウスをクリックする clicar com o mouse

クリップ clipes

くる[来る] vir ▶ こちらに来てください Venha aqui por favor. / 私は彼女に会いに来た Vim para me encontrar com ela. / 春が来た A primavera chegou. / バスが来たよ O ônibus chegou.

…くる ▶ 日増しに暖かくなってきた Com o passar dos dias começou a esquentar. / 雨が降ってきた Começou a chover.

グループ grupo ▶ グループを作る formar um grupo / グループで行動する agir em grupo

くるしい[苦しい] penoso; angustiante ▶ 生活が苦しい A vida está apertada. / 息が苦しい Estou com falta de ar.

くるしみ[苦しみ] dor; sofrimento ▶ 産みの苦しみ dores do parto

くるしむ[苦しむ] sofrer; sentir dor ▶ 彼は腹痛に苦しんでいた Ele sofria com a dor de barriga.

くるま[車] (自動車) carro; (車輪) rodas ▶ 車を運転する dirigir o carro / 車に乗る entrar no carro / 車を降りる sair do carro / 車で行く ir de carro

グレープフルーツ toranja

クレーン guindaste ▶ クレーン車 caminhão com guindaste

クレジット crédito ▶ クレジットカード cartão de crédito

クレヨン crayon; lápis de cera

くれる dar ▶ 祖父がこの時計をくれた Meu avô deu-me este relógio. / 子供の頃、母が本を読んでくれた Minha mãe lia livros para mim quando eu era criança.

くれる[暮れる] anoitecer; escurecer ▶ 日が暮れた Anoiteceu.

くろ[黒] preto

くろい[黒い] preto; negro ▶ 黒い猫 gato preto / 彼女は黒い目をしている Ela tem olhos negros. / 彼は黒い服を着ている Ele está vestido de preto.

くろう[苦労] dificuldades; penas ▶ 彼はポルトガル語では随分苦労した Ele teve muitas dificuldades com a língua portuguesa.

くろうと[玄人] profissional; perito

くろじ[黒字] saldo positivo; superávit ▶ 貿易黒字 superávit no comércio exterior

くわえる[加える] adicionar; acrescentar ▶ 水を加える adicionar água / 私も仲間に加えてください Incluam-me também no grupo por favor.

くわしい[詳しい] detalhado; minucioso ▶ 詳しい説明 explicação detalhada / もっと詳しく説明してください Explique-me mais minuciosamente.

くわわる[加わる] participar de; tomar parte em ▶ あなたも仲間に加わりませんか Você também não quer participar do grupo?

ぐん[軍] exército; forças armadas

ぐんじ[軍事] ▶ 軍事力 força militar / 軍事パレード parada militar

ぐんしゅう[群衆] multidão ▶ 広場は群衆でいっぱいだった A praça estava cheia de uma multidão.

くんしょう[勲章] condecoração

ぐんじん[軍人] militar

くんせい[燻製] defumação ▶ サケの燻製 salmão defumado

くんれん[訓練] treino; exercício ▶ 訓練する treinar

け

け[毛] (毛髪) cabelo; (体毛) pelo; (羊毛) lã

けい[刑] castigo; sentença ▶ 被告人は5年の刑を言い渡された Foi anunciado uma sentença de cinco anos ao réu.

げい[芸] arte; habilidade ▶ 犬に芸を教える adestrar um cachorro

けいえい[経営] administração; gerência ▶ 会社を経営する administrar uma empresa / 経営者 administrador; patrão

けいか[経過] passar do tempo ▶ それから10年が経過した Depois disso, passaram-se dez anos.

けいかい[軽快] ▶ 軽快さ leveza; ligeireza / 軽快なリズムで com um ritmo alegre

けいかい[警戒] precaução; cautela ▶ テロを警戒する precaver-se contra o terrorismo

けいかく[計画] plano; projeto ▶ 計画を立てる planejar / 計画を実行する realizar um projeto / 夏休みの計画はありますか Tem planos para as férias de verão?

けいかん[警官] policial

けいき[景気] ▶ 景気がよい Os negócios vão bem. / 景気がよくない Os negócios não vão bem. / 景気はどうですか Como estão os negócios? / 景気後退 retrocesso da economia / 景気回復 recuperação da economia

けいぐ[敬具] respeitosamente; atenciosamente; cordialmente

けいけん[経験] experiência ▶ 経験の豊富な教師 professor com rica experiência / 私はエンジニアとして10年の経験がある Tenho dez anos de experiência como engenheiro. / 私はこの旅行で多くのことを経験した Passei por várias experiências nesta viagem.

けいけん[敬虔] devoção ▶ 敬虔なカトリック信者 católico devoto

けいこ[稽古] ensaio; prática; treino ▶ 彼女は毎日ピアノのけいこをしている Ela pratica piano todos os dias.

けいこう[傾向] tendência; propensão ▶ 彼は物事を大げさに言う傾向がある Ele tem tendência de falar com exageros sobre os fatos.

けいこうとう[蛍光灯] lâmpada fluorescente

けいこく[警告] aviso; advertência ▶ 警告する advertir

けいざい[経済] economia ▶ 経済学 economia / 経済学者 economista / 経済的な econômico / 公

共交通を利用した方が経済的だ É mais barato utilizar o transporte público.
けいさつ[警察] polícia ▶ 警察官 policial / 警察犬 cão policial / 警察署 posto policial
けいさん[計算] cálculo; conta ▶ 計算が間違っている O cálculo está errado. / 計算する calcular
けいし[軽視] ▶ 人権を軽視する dar pouca importância aos direitos humanos
けいじ[掲示] aviso ▶ 掲示板 quadro de avisos
けいしき[形式] forma; estilo ▶ 形式的な formalmente
げいじゅつ[芸術] arte ▶ 芸術的な artístico / 芸術作品 obra de arte / 芸術家 artista
けいしょう[敬称] título honorífico
けいしょう[軽傷] ferimento leve
けいしょう[継承] sucessão
けいしょく[軽食] refeição leve; merenda
けいず[系図] genealogia; linhagem (genealógica)
けいすう[係数] coeficiente; módulo
けいせい[形成] formação ▶ 人格を形成する formar a personalidade de uma pessoa / 形成外科 cirurgia plástica
けいぞく[継続] continuação; prosseguimento ▶ 継続的な contínuo / 継続する continuar; dar prosseguimento
けいそつ[軽率] imprudência; precipitação / 軽率な imprudente
けいたい[携帯] ▶ 携帯する trazer consigo / 携帯電話 telefone celular / 携帯ラジオ rádio portátil
けいてき[警笛] apito [buzina] de alarme / 警笛を鳴らす tocar o alarme; acionar o alarme
けいと[毛糸] lã
けいど[経度] longitude
けいとう[系統] sistema ▶ 系統的な sistemático / 系統的に sistematicamente
けいば[競馬] corrida de cavalo / 競馬場 hipódromo
けいはく[軽薄] ▶ 軽薄な leviano; frívolo
けいばつ[刑罰] castigo; punição
けいひ[経費] despesa; custo
けいび[警備] guarda; vigilância ▶ 警備を強化する reforçar a vigilância / 警備員 guarda vigia
けいひん[景品] prêmio; presente
けいぶ[警部] inspetor da polícia
けいふく[敬服] admiração ▶ その行動には敬服します Admiro essa conduta.
けいべつ[軽蔑] desprezo; desdém ▶ 軽蔑する desprezar / 軽蔑すべき desprezível
けいぼ[継母] madrasta
けいほう[刑法] código penal
けいほう[警報] alarme; sinal de alerta ▶ 警報を出す dar o sinal de alerta; tocar o alarme / 警報機 alarme
けいむしょ[刑務所] prisão; cadeia ▶ 刑務所に入れる colocar na cadeia / 刑務所を出る sair da cadeia
けいやく[契約] contrato; convênio ▶ 契約を結ぶ estabelecer um convênio; fazer um contrato / 契約を更新する renovar um contrato / 契約を解除する cancelar [desfazer] um contrato / 契約社員 funcionário contratado
けいゆ[経由] ▶ 経由で via / 私はアメリカ経由でブラジルに行った Fui ao Brasil via Estados Unidos da América.
けいようし[形容詞] adjetivo ▶ 形容詞句 locução adjetiva
けいり[経理] contabilidade ▶ 経理課 departamento de contabilidade
けいれい[敬礼] continência ▶ 国旗に敬礼する fazer continência à bandeira nacional
けいれき[経歴] currículo; história pessoal
けいれん[痙攣] convulsão; espasmo ▶ 私は足がけいれんした Tive um espasmo na perna.
ケーキ bolo; torta ▶ ケーキを焼く assar um bolo / 1切れのケーキ um pedaço de bolo / バースデーケーキ bolo de aniversário / ウエディングケーキ bolo de casamento / チョコレートケーキ bolo de chocolate
ケース ▶ (入れ物) caixa; estojo / (場合) caso ▶ ケースバイケースで de acordo com cada caso / ケースバイケースです Depende de cada caso.
ケーブル cabo ▶ ケーブルカー bondinho / ケーブルテレビ televisão a cabo / 海底ケーブル cabo submarino
ゲーム jogo ▶ ゲームに勝つ ganhar o jogo / ゲームに負ける perder o jogo / テレビゲーム vídeo game / ゲームセンター casa de jogos eletrônicos
けが[怪我] ferimento; lesão ▶ 私は指にけがをした Feri meu dedo. / 彼はひどいけがをした Ele sofreu um grave ferimento. / 彼女のけがは軽かった O ferimento dela foi leve. / けが人 ferido
げか[外科] cirurgia ▶ 外科医 cirurgião / 外科的な cirúrgico
けがす[汚す] sujar; manchar ▶ 名誉を汚す desonrar
けがわ[毛皮] pele ▶ 毛皮のコート casaco de pele
げき[劇] drama; teatro ▶ 歴史劇 drama histórico / 劇場 teatro / 劇団 grupo teatral / 劇的な dramático / 劇的に dramaticamente / 劇作家 dramaturgo
げきか[激化] intensificação; agravamento ▶ 激化する intensificar-se
げきど[激怒] cólera; fúria
げきれい[激励] estímulo; encorajamento ▶ 激励する estimular; encorajar
けさ[今朝] hoje de manhã; esta manhã ▶ 私は今朝早く起きた Acordei cedo hoje de manhã.
げざい[下剤] laxante; purgante
げし[夏至] solstício de verão
けしき[景色] paisagem; vista ▶ 窓から港の美しい景色が見られる Da janela vê-se a paisagem bonita do porto.
けしゴム[消しゴム] borracha
げしゃ[下車] ▶ バスを下車する descer do ônibus
げじゅん[下旬] ▶ 8月下旬に final de agosto; última semana de agosto
けしょう[化粧] maquiagem; maquilagem ▶ 化粧する fazer maquiagem; maquiar-se / 化粧品 cosmético; produto de beleza / 化粧品店 loja

de cosméticos

けす [消す] ▶ 火を消す apagar o fogo / テレビを消す desligar a televisão / ガスを消す desligar o gás / 黒板を消す apagar o quadro-negro

げすい [下水] esgoto ▶ 下水道 sistema de esgotos

けずる [削る] ▶ 鉛筆を削る apontar o lápis / 経費を削る cortar despesas

けた [桁] dígito; algarismo ▶ 5桁の数字 número de cinco dígitos

けだかい [気高い] digno; nobre

けち mesquinhez; avareza ▶ あの人はけちだ Aquela pessoa é mesquinha. / けちんぼ avaro; pão-duro

けつあつ [血圧] pressão sanguínea ▶ 血圧が高い A pressão arterial está alta / 血圧が低い A pressão arterial está baixa / 高血圧 hipertensão arterial / 低血圧 hipotensão arterial

けつい [決意] decisão; determinação ▶ 固い決意 decisão firme / 彼女は選挙に出馬する決意をした Ela decidiu sair como candidata nas eleições.

けつえき [血液] sangue ▶ 血液型 tipo sanguíneo / 血液銀行 banco de sangue

けっか [結果] resultado; conclusão ▶ 試験の結果はどうでしたか Qual foi o resultado da prova? / 結果はとてもよかった O resultado foi muito bom.

けっかく [結核] tuberculose

けっかん [欠陥] defeito; deficiência ▶ 欠陥品 artigo defeituoso

けっかん [血管] vaso sanguíneo

げっかん [月刊] ▶ 月刊の雑誌 revista de publicação mensal

けつぎ [決議] resolução da assembleia ▶ 国連安全保障理事会の決議 resolução do Conselho de Segurança das Nações Unidas

げっきゅう [月給] salário [ordenado] mensal ▶ 私の月給は30万円だ Meu salário é de trezentos mil ienes.

けっきょく [結局] afinal; no final das contas ▶ 結局あなたは何が言いたいのですか Afinal o que você quer dizer? / 私は結局何も買わなかった No final das contas, eu não comprei nada.

げっけい [月経] menstruação; período

げっけいじゅ [月桂樹] loureiro ▶ 月桂樹の葉 folha de louro

けっこう [欠航] cancelamento do serviço aéreo ou marítimo ▶ 「欠航」 Voo cancelado.

けっこう [結構] ▶ 結構なものをいただき、どうもありがとうございました Muito obrigado pelo excelente presente. / それで結構です Está bem [bom] assim. / いいえ、結構です Não, obrigada. / どちらも結構です Qualquer um está bom. / この映画は結構面白い Este filme é bem interessante.

けつごう [結合] junção; ligação; combinação ▶ 水素と酸素の結合 combinação do hidrogênio com o oxigênio / 結合する juntar-se; combinar-se; ligar-se

げっこう [月光] luar

けっこん [結婚] casamento ▶ 結婚おめでとう Parabéns pelo casamento. / 彼女は結婚している Ela é casada. / 結婚する casar-se / ジョアンとマリアが結婚した João e Maria casaram-se. / 結婚記念日 aniversário de casamento / 結婚式 cerimônia de casamento / 結婚披露宴 festa de casamento / 結婚指輪 anel de casamento

けっさく [傑作] obra-prima; obra-mestra

けっして [決して] nunca; jamais; de modo algum ▶ 彼は決してうそをつかない Ele jamais mente.

げっしょ [月書]

げっしゅう [月収] renda [remuneração] mensal

けつじょ [欠如] falta; ausência ▶ モラルの欠如 falta de moral

けっしょう [決勝] jogo [partida] final ▶ 準決勝 semi-final / 準々決勝 quartas de final

けっしょう [結晶] cristal ▶ 結晶する cristalizar-se

げっしょく [月食] eclipse lunar

けっしん [決心] decisão; resolução ▶ 彼は海外で働く決心をした Ele decidiu trabalhar no exterior.

けっせい [結成] formação; organização ▶ 新しい政党を結成する formar um novo partido político

けっせき [欠席] falta; ausência ▶ 会議に欠席する faltar à reunião / 彼女は風邪で欠席している Ela faltou por causa de uma gripe.

けつだん [決断] decisão; determinação ▶ 決断する decidir / 首相は議会の解散を決断した O primeiro-ministro decidiu dissolver o parlamento.

けってい [決定] decisão; determinação ▶ 決定する decidir / その党は新しいリーダーを決定した Esse partido escolheu o novo líder. / 決定的な意見 opinião decisiva

けってん [欠点] falha; ponto fraco ▶ 欠点を直す consertar a falha / 欠点のない人はいない Não existe pessoa sem defeitos.

けっぱく [潔白] pureza; inocência ▶ 身の潔白を証明する provar a inocência / 私は潔白だ Sou inocente.

げっぷ arroto; eructação ▶ げっぷをする arrotar

けつぼう [欠乏] carência; escassez ▶ ビタミンAが欠乏している Está faltando vitamina A.

けつまつ [結末] epílogo; desfecho ▶ 物語の結末が知りたい Quero saber sobre o desfecho da história.

げつようび [月曜日] segunda-feira ▶ 月曜日に na segunda-feira / 毎週月曜日に em todas as segundas-feiras

けつろん [結論] conclusão ▶ 結論に達する chegar à conclusão / 結論として concluindo

げどく [解毒] desintoxicação ▶ 解毒剤 antídoto

けなす difamar; ofender ▶ 彼は私の作品をけなした Ele difamou minha obra.

げねつざい [解熱剤] antifebril; antipirético; antitérmico

けねん [懸念] preocupação; apreensão ▶ 国際社会はその国の軍事力増強に関して懸念を抱いている A comunidade internacional está apreensiva com o aumento da força militar desse país.

けはい [気配] indício; sinal ▶ 私は人の気配を感じ

た Senti a presença de pessoas.
けびょう[仮病] doença fingida ▶ 仮病を使う fingir-se de doente
げひん[下品] grosseria; indecência ▶ この番組は少し下品だ Este programa é um pouco indecente.
けむり[煙] fumaça ▶ 煙が目にしみる A fumaça faz arder os olhos. / 火のないところに煙は立たない Onde fogo não há, fumaça não se levanta.
けもの[獣] animal selvagem
げらく[下落] queda; baixa ▶ 土地の値段が下落した O preço da terra caiu [baixou].
げり[下痢] diarreia ▶ 私は下痢気味だ Estou com um pouco de diarreia.
ゲリラ guerrilha
ける[蹴る] chutar; dar um coice ▶ ボールを蹴る chutar a bola / 要求を蹴る negar o pedido
けれども porém; todavia; mas ▶ このお菓子は高いけれども、おいしくない Este doce é caro todavia não é gostoso. / やってみたけれども、うまく行かなかった Tentei fazer mas não deu certo.
ゲレンデ rampa para esqui
けろり ▶ 息子は叱られてもけろりとしている Mesmo repreendido, meu filho continua impassível.
けわしい[険しい] íngreme; severo ▶ 険しい山 montanha íngreme / 険しい表情 expressão severa
けん[件] caso; acontecimento ▶ その件に関しては私は何も知りません Não sei nada sobre esse caso. / 先月は殺人事件が2件あった No mês passado houve dois casos de homicídio.
けん[券] bilhete; passagem ▶ 入場券 bilhete de entrada / 食券 vale refeição / 券売機 máquina automática de bilhetes
けん[県] província ▶ 埼玉県 província de Saitama
けん[剣] espada
けん[腱] tendão ▶ アキレス腱 tendão de Aquiles
けん[権] direito ▶ 司法権 poder judiciário / 投票権 direito de voto
けん[圏] âmbito; esfera ▶ ポルトガル語圏 âmbito da língua portuguesa
げん[弦] corda
けんい[権威] autoridade ▶ 権威ある学者 cientista com autoridade / 権威主義 autoritarismo / 権威主義的な autoritário
げんいん[原因] causa; origem ▶ 火事の原因は何だったのですか Qual foi a causa do incêndio? / 交通事故が渋滞の原因となった O acidente de tráfico foi a causa do congestionamento. / 原因と結果 causa e efeito
けんえき[検疫] quarentena; controle sanitário
けんえつ[検閲] censura ▶ 検閲する censurar
けんお[嫌悪] repugnância; aversão ▶ 嫌悪感 sentir repugnância [aversão]
けんか[喧嘩] briga; rixa ▶ 子供がけんかしてる As crianças estão brigando. / 私は妻とけんかした Briguei com minha esposa.
げんか[原価] preço de custo
けんかい[見解] opinião; ponto de vista ▶ 私は彼と見解が異なる Tenho opiniões diferentes da dele.
げんかい[限界] limite ▶ 限界に達する chegar ao limite / 限界を超える ultrapassar o limite / もうこれが限界だ Isto já é o limite.
けんがく[見学] visita de estudo ▶ 私たちは製糖工場を見学した Nós visitamos um engenho de açúcar.
げんかく[幻覚] alucinação
げんかく[厳格] ▶ 厳格な severo; rígido / 私の父はとても厳格だ Meu pai é muito rigoroso.
げんがく[弦楽] 弦楽器 instrumento de cordas / 弦楽四重奏 quarteto de cordas
げんかん[玄関] entrada
げんき[元気] 「お元気ですか」Você está bem? | Tudo bem? / 「ありがとう、元気です」Estou bem, obrigado. | Tudo bem. / 私の5歳の息子はとても元気だ Meu filho de cinco anos de idade está muito bem.
けんきゅう[研究] pesquisa; investigação ▶ 化学の研究をする fazer pesquisas em química / 研究者 pesquisador / 研究所 laboratório [instituto] de pesquisas
げんきゅう[言及] referência ▶ 政治に言及する fazer referência à política
けんきょ[謙虚] modéstia; humildade ▶ 彼女はたいへん謙虚だ Ela é muito modesta.
げんきん[現金] dinheiro ▶ 現金で払う pagar em dinheiro
けんけつ[献血] doação de sangue
けんげん[権限] poder; jurisdição ▶ それは私の権限外だ Isso está fora de minha jurisdição.
げんご[言語] linguagem; língua ▶ 第二言語 segunda língua
げんご[原語] língua original
けんこう[健康] saúde ▶ 彼女はとても健康だ Ela está muito saudável. / たばこは健康に悪い O cigarro faz mal para a saúde. / 適度な運動は健康によい Exercícios moderados são bons para a saúde. / 彼は健康を損ねた Ele estragou sua saúde. / 健康診断を受ける fazer exames de saúde / 健康保険 seguro de saúde / 健康保険証 carteira do seguro de saúde
げんこう[原稿] manuscrito
げんこう[現行] ▶ 現行の法律 lei em vigor
げんこうはん[現行犯] delito flagrante ▶ 現行犯で逮捕する prender em flagrante
げんごがく[言語学] linguística ▶ 言語学者 linguista / 言語学の linguístico
げんこく[原告] acusador; litigante
げんこつ[拳骨] murro de punho fechado
けんさ[検査] exame; inspeção ▶ 自動車の検査 vistoria do carro / 自動車を検査する fazer vistoria do carro / パスポート検査 inspeção do passaporte / 血液検査 exame de sangue / 胃の検査を受ける fazer exame do estômago / 胃を検査する examinar o estômago / 検査官 inspetor
げんざい[原罪] pecado original
げんざい[現在] agora; atualmente ▶ 彼は現在サンパウロにいる Ele está em São Paulo agora. / 現

在のところは atualmente / 現在のブラジル Brasil atual / (地図の表示)「現在地」Você está aqui. / 現在分詞 gerúndio

けんさく [検索] consulta ▶ 検索エンジン motor de busca / インターネットで検索する consultar pela internet

けんさく [原作] obra original ▶ 原作者 autor

げんさん [原産] ▶ 南アメリカ原産の果物 fruta originária da América do Sul / 原産地証明書 certificado de origem / 原産国 país de origem

けんじ [検事] procurador; promotor

げんし [原子] átomo ▶ 原子核 núcleo atômico / 原子爆弾 bomba atômica

げんし [原始] ▶ 原始的な primitivo / 原始社会 sociedade primitiva / 原始的な道具 ferramenta primitiva

けんじつ [堅実] ▶ 堅実な sólido; seguro / 堅実な投資 investimento seguro

げんじつ [現実] realidade ▶ 現実的政策 política realista / 非現実的な計画 plano irreal / 現実では na realidade / 現実に起きた出来事 acontecimento real / 現実主義者 realista / 現実主義 realismo

けんじゃ [賢者] sábio; culto

げんしゅ [元首] chefe de estado; soberano

けんしゅう [研修] estágio ▶ 研修を受ける fazer estágio

けんじゅう [拳銃] revólver; pistola

げんしゅく [厳粛] austeridade; seriedade ▶ 厳粛に儀式を執り行う realizar a cerimônia com solenidade.

けんしょう [懸賞] prêmio

げんしょう [現象] fenômeno ▶ その小説は社会現象になった Esse romance tornou-se um fenômeno social.

げんしょう [減少] diminuição ▶ その国の人口は減少している A população desse país está diminuindo.

げんじょう [現状] estado [situação] atual ▶ 現状はたいへん厳しい A situação atual é muito difícil.

げんしりょく [原子力] energia atômica ▶ 原子力発電所 usina nuclear

けんしん [検診] exame médico

げんぜい [減税] redução de impostos

けんせつ [建設] construção ▶ このビルは建設中だ Este prédio está em construção. / ビルを建設する construir o prédio / 建設的な意見 opinião construtiva / 建設会社 empresa de construção; construtora

けんぜん [健全] ▶ 健全な精神 mente saudável / 財政の健全性 situação financeira sadia

げんそ [元素] elemento químico

げんそう [幻想] ilusão; fantasia ▶ 幻想的な ilusório

げんそく [原則] regra; norma ▶ 原則として como regra

けんそん [謙遜] modéstia; humildade ▶ そんなに謙遜なさらないで Não seja tão modesto.

げんぞん [現存] ▶ 現存する世界最古の木造建築 construção de madeira mais antiga existente no mundo atual

げんだい [現代] tempos modernos; atualidade ▶ 現代の日本 Japão de hoje / 現代では na atualidade / 現代的な moderno / 現代化 modernização

けんち [見地] ponto de vista ▶ この見地からすると de acordo com este ponto de vista / 科学的見地からすると do ponto de vista científico

げんち [現地] ▶ 現地時間 hora local

けんちく [建築] arquitetura ▶ バロック建築 arquitetura barroca / 建築家 arquiteto

けんちょ [顕著] ▶ 顕著な notável ▶ 顕著な違い diferença notável / その国の経済は顕著な発展を遂げている A economia desse país tem se desenvolvido notavelmente.

げんてい [限定] limitação ▶ 限定する limitar / 限定販売 venda limitada

げんど [限度] limite ▶ 限度を超える ultrapassar o limite

けんとう [見当] estimativa ▶ どれくらい費用がかかるか、見当がつかない Não faço ideia de quanto irá custar.

けんとう [健闘] ▶ 健闘を祈ります Desejo-lhe boa sorte.

けんとう [検討] ▶ 検討する examinar; pensar

げんば [現場] ▶ 事件現場 local da ocorrência / 建設現場 local da construção

げんばく [原爆] bomba atômica

けんばん [鍵盤] teclado

けんびきょう [顕微鏡] microscópio

けんぶつ [見物] visita; observação ▶ 京都を見物する visitar Quioto / 見物人 visitante

げんぶん [原文] texto original

けんぽう [憲法] constituição

げんみつ [厳密] ▶ 厳密な定義 definição precisa / 厳密に定義する definir precisamente / 厳密に言えば falando precisamente

けんめい [賢明] ▶ 賢明な sábio ▶ あわてて決定するのは賢明ではない Não é sábio tomar uma decisão apressadamente.

げんめつ [幻滅] desilusão; decepção ▶ 幻滅する desiludir-se

けんやく [倹約] economia; poupança ▶ 倹約する economizar; poupar

けんり [権利] direito ▶ 権利を行使する fazer uso dos direitos / 権利を侵害する violar os direitos / 私にはそうする権利がある Tenho o direito de fazer assim.

げんり [原理] princípio ▶ 原理主義 fundamentalismo / 原理主義者 fundamentalista

げんりょう [原料] matéria-prima ▶ この酒の原料は何ですか Qual é a matéria-prima desta bebida?

げんりょう [減量] perda de peso ▶ 私は3キロ減量した Perdi três quilos de peso.

けんりょく [権力] poder; autoridade ▶ 権力を行使する fazer uso da autoridade / 権力の座に着く chegar ao poder / 権力者 pessoa influente [poderosa]

げんろん [言論] expressão ▶ 言論の自由 liberdade de expressão

こ

こ[子] criança ▶ 男の子 menino; garoto / 女の子 menina; garota

こ[故] falecido ▶ 故セヴェリーノ氏 o falecido Sr. Severino

…こ[個] りんご3個 três maçãs / せっけん2個 duas pedras de sabão / 角砂糖1個 um cubo de açúcar

ご[五] cinco ▶ 5番目の o quinto / 5倍 quíntuplo / 5分の1 um quinto / 5分の2 dois quintos

ご[語] termo; vocábulo; palavra ▶ この語は何を意味しますか Qual é o significado deste termo? / あなたは何語が話せますか Quais línguas você sabe falar?

…ご[後] ▶ 私は昼食後に昼寝する Eu tiro uma soneca depois do almoço. / 私は1週間後に帰国します Voltarei para meu país daqui a uma semana. / 私は2時間後に戻ります Estarei de volta daqui a duas horas.

こい[恋] amor; paixão ▶ 恋に落ちる cair de amores / 私は彼女に恋した Eu fiquei apaixonado por ela.

こい[鯉] carpa

こい[故意] intenção ▶ 故意の intencional; proposital / 故意に de propósito; deliberadamente

こい[濃い] (色い) escuro; carregado ▶ 濃い青 azul escuro / 濃いコーヒー café forte / 濃い霧 névoa espessa

ごい[語彙] vocábulo; vocabulário ▶ 彼女は語彙が豊かだ Ela tem um rico vocabulário. / 語彙を増やす aumentar o vocabulário

こいびと[恋人] (男性) namorado; (女性) namorada

こいぬ[子犬] cachorrinho; filhote de cão

コイン moeda ▶ コインランドリー lavanderia operada com moedas

こう assim; desta maneira ▶ こうしたらどうでしょうか Que tal fazer assim?

こうあん[考案] plano; concepção ▶ 新しい方法を考案する conceber um novo método

こうい[好意] gentileza; simpatia ▶ 彼女は彼に好意を持っている Ela simpatiza-se com ele. / 彼らは我々に好意的だ Eles são muito simpáticos conosco.

こうい[行為] ação ▶ 軽率な行為 ação imprudente / 違法行為 ação ilegal

ごうい[合意] acordo; concordância ▶ 合意に達する chegar a um acordo / 両党は経済政策に関して合意した Ambos os partidos entraram em um acordo em relação à política econômica.

こういう assim; desta maneira ▶ 私はこういう人間だ Sou assim.

こういしつ[更衣室] vestiário

こうう[降雨] precipitação pluvial ▶ 降雨量 quantidade de precipitação pluvial

ごうう[豪雨] chuva torrencial

こううん[幸運] boa sorte ▶ 幸運を祈ります Desejo-lhe boa sorte. / 幸運にも por sorte / あなたは幸運だ Você tem sorte. | Você é sortudo.

こうえい[光栄] honra ▶ 皆様にお会いできてたいへん光栄です Tenho muita honra em poder encontrar os senhores.

こうえき[公益] interesse público; utilidade pública

こうえん[公園] parque; jardim público ▶ 私は公園を散歩した Passeei no parque. / 国立公園 parque nacional

こうえん[後援] patrocínio; apoio ▶ 教育省後援により sob os auspícios do Ministério da Educação

こうえん[講演] conferência ▶ 講演する fazer uma conferência / 講演者 conferencista

こうおん[高温] temperatura alta

こうか[効果] efeito; eficácia ▶ 効果的な eficiente; eficaz / 効果的に eficientemente; eficazmente

こうか[高価] preço alto [elevado] ▶ 高価な商品 produto caro

こうか[硬貨] moeda

ごうか[豪華] ▶ 豪華な luxuoso / 豪華なパーティー festa suntuosa / 豪華版 edição de luxo

こうかい[公開] ▶ 公開された aberto ao público / この城は一般に公開されている Este castelo está aberto ao público em geral. / 新しい発見を公開する revelar ao público a nova descoberta

こうかい[後悔] arrependimento ▶ 私は後悔している Estou arrependido. / 彼女はあんなことを言ったのを後悔している Ela está arrependida de ter dito aquilo.

こうかい[航海] navegação ▶ 航海する navegar

こうがい[公害] poluição ▶ 騒音公害 poluição sonora

こうがい[郊外] subúrbio; periferia ▶ 私は東京の郊外に住んでいる Moro num subúrbio de Tóquio.

こうがく[工学] engenharia ▶ 工学部 departamento de engenharia / 土木工学 engenharia civil

ごうかく[合格] aprovação ▶ 私は試験に合格した Fui aprovado na prova. | Passei na prova. / 彼女は明治大学に合格した Ela foi aprovada na Universidade Meiji.

こうかん[交換] troca ▶ 意見を交換する trocar ideias / 古い部品を新しい部品と交換する trocar a peça velha por uma nova / 交換留学生 intercâmbio de estudantes do exterior

こうかん[好感] boa impressão; simpatia

こうき[好機] boa oportunidade ▶ 好機をつかむ aproveitar a boa oportunidade / 好機を逃す deixar escapar a boa oportunidade

こうぎ[抗議] protesto ▶ 政府に抗議する protestar contra o governo

こうぎ[講義] conferência; aula ▶ 講義を受ける assistir a uma conferência / 講義を dar uma aula; fazer uma conferência

こうきあつ[高気圧] pressão atmosférica alta

こうきしん[好奇心] curiosidade ▶ 彼女は好奇心が強い Ela é muito curiosa.

こうきゅう[高級] primeira classe ▶ 高級ホテル hotel de primeira classe

こうきょう[公共] ▶ 公共の público / 公共の乗り物 transporte público

こうぎょう[工業] indústria ▶ 工業都市 cidade industrial / 工業化 industrialização / 工業化する industrializar

こうくうがいしゃ[航空会社] companhia aérea

こうくうき[航空機] aeroplano

こうくうけん[航空券] passagem aérea

こうくうびん[航空便] ▶ 航空便で por via aérea

こうけい[光景] paisagem; espetáculo

ごうけい[合計] soma; total ▶ 売り上げの合計はいくらですか Qual é a soma total das vendas? / 費用は合計で50万円だった O custo total foi de quinhentos mil ienes. / 数字を合計する somar os números

こうげき[攻撃] ataque ▶ 攻撃する atacar

こうけん[貢献] contribuição ▶ その選手は勝利に貢献した Esse atleta contribuiu para a vitória.

こうご[口語] linguagem coloquial ▶ 口語的表現 expressão coloquial

こうご[交互] ▶ 交互に por turnos; alternadamente

こうこう[孝行] boa atitude filial ▶ 彼は親孝行だ Ele trata bem dos pais.

こうこう[高校] colegial; ensino médio ▶ 高校生 estudante colegial

こうこく[広告] anúncio; propaganda; publicidade ▶ 新製品の広告をする fazer propaganda de um produto novo

こうこつ[恍惚] êxtase; arrebatamento ▶ 恍惚としている Está extasiado.

こうさ[交差] cruzamento; interseção ▶ 交差する cruzar

こうざ[口座] conta ▶ 口座を開く abrir uma conta / 銀行口座 conta bancária / 銀行口座番号 número de conta bancária

こうざ[講座] cadeira; curso ▶ ポルトガル語講座 curso de língua portuguesa

こうさい[交際] relações sociais; convivência ▶ 彼女は彼と交際している Ela está namorando ele.

こうさてん[交差点] cruzamento; encruzilhada

こうざん[鉱山] mina

こうし[講師] professor docente ▶ サンパウロ大学講師 professor da Universidade de São Paulo

こうじ[工事] obra; construção ▶ 道路工事 construção de estradas / 「工事中」 Em construção.

こうしき[公式] (数学) fórmula ▶ 公式の oficial / 公式の声明 declaração oficial / 公式に oficialmente

こうじつ[口実] pretexto; desculpa ▶ 病気を口実に学校を休む faltar a escola usando como pretexto uma doença

こうしゅう[公衆] público ▶ 公衆の面前で em frente ao público / 公衆電話 telefone público / 公衆トイレ banheiro público

こうしゅう[講習] curso ▶ 夏期講習 curso de verão / 講習を受ける fazer um curso

こうじょ[控除] desconto; dedução

こうしょう[交渉] negociação ▶ 交渉する negociar

こうじょう[工場] fábrica ▶ 工場で働く trabalhar em fábrica / 自動車工場 fábrica de veículos [automóveis]

こうじょう[向上] aumento; progresso ▶ 品質がかなり向上した A qualidade do produto melhorou muito.

こうしん[行進] parada; marcha ▶ 行進する marchar / 行進曲 marcha

こうしん[更新] renovação ▶ 契約を更新する renovar o contrato / サイトを更新する atualizar o sítio eletrônico [website]

こうしんりょう[香辛料] condimento; tempero

こうすい[香水] colônia ▶ 香水をつける passar colônia

こうずい[洪水] enchente

こうせい[構成] composição; organização ▶ 構成要素 componente / 委員会は5人の委員で構成されている A comissão é composta de cinco membros.

こうせいぶっしつ[抗生物質] antibiótico

こうぞう[構造] estrutura ▶ 構造改革 reforma estrutural

こうそうけんちく[高層建築] arranha-céu; prédio de muitos andares

こうそくどうろ[高速道路] rodovia; autoestrada

こうたい[交代] revezamento; troca ▶ 私たちは交代で作業をした Fizemos o serviço em revezamento. / 私は彼と交代した Eu troquei com ele.

こうたい[後退] recuo ▶ 景気後退 regressão econômica / 車を後退させる dar marcha à ré no carro

こうだい[広大] imensidão; vastidão ▶ 広大な土地 terreno imenso [vasto]

こうたいし[皇太子] príncipe herdeiro

こうちゃ[紅茶] chá preto

こうちょう[好調] ▶ その国の経済は好調だ A economia desse país vai muito bem. / そのサッカー選手はとても好調だ Esse jogador de futebol está em boa forma.

こうちょう[校長] diretor de escola

こうつう[交通] trânsito ▶ 交通機関 meio de transporte / 交通事故 acidente de trânsito / 交通渋滞 congestionamento de trânsito / 交通信号 semáforo; farol / 交通標識 sinal de trânsito / 交通違反 infração de trânsito

こうてい[肯定] afirmação ▶ 肯定的な返事 resposta afirmativa / 肯定文 sentença afirmativa / 肯定する afirmar; admitir

こうてい[校庭] pátio da escola

こうてつ[鋼鉄] aço

こうど[高度] altitude

こうとう[口頭] ▶ 口頭の oral / 口頭試験 prova oral / 口頭で oralmente

こうとう[高等] ▶ 高等な superior; avançado, da / 高等教育 educação superior / 高等学校 escola do ensino médio

こうどう[行動] comportamento; conduta ▶行動する agir; proceder / 行動的な人 pessoa ativa / 団体行動 comportamento em grupo
こうどう[講堂] auditório; sala de conferências
こうどく[購読] assinatura; subscrição ▶雑誌を購読する assinar [subscrever] a revista / 私はイギリスの雑誌を購読している Eu assino uma revista inglesa.
こうにゅう[購入] compra; aquisição ▶購入する comprar
こうはん[後半] segunda metade
こうひょう[公表] divulgação [anúncio] oficial ▶政府の案を公表する divulgar a proposta do governo
こうひょう[好評] boa reputação ▶この商品は好評だ Este produto tem boa aceitação.
こうふく[幸福] felicidade ▶私たちはとても幸福だ Sou muito feliz. / 彼らは幸福に暮らした Eles viveram felizes.
こうふく[降伏] rendição; capitulação ▶降伏する render-se; capitular-se
こうぶつ[好物] comida predileta; prato predileto ▶あなたの好物は何ですか Qual é o seu prato predileto?
こうぶつ[鉱物] minério
こうふん[興奮] excitação ▶彼は興奮していた Estava excitado. / 私は興奮した Fiquei excitado.
こうへい[公平] equidade; imparcialidade ▶公平な裁判 julgamento justo [imparcial] / 先生は皆に公平だ O professor é justo com todos. / 公平に imparcialmente; igualmente
ごうほう[合法] legitimidade ▶合法的な legal / 合法的に legalmente; de forma legal
こうほしゃ[候補者] candidato
こうまん[高慢] arrogância; orgulho; soberba ▶高慢な arrogante; orgulhoso; soberbo
ごうまん[傲慢] arrogância; presunção ▶傲慢な arrogante; presunçoso
こうむいん[公務員] funcionário público
こうむる[被る] sofrer ▶私たちはその洪水で損害を被った Sofremos danos com essa enchente.
こうもり morcego
こうもん[肛門] ânus
こうり[小売り] venda a retalho; varejo ▶小売店 loja varejista [de varejo]
ごうりか[合理化] racionalização ▶合理化する racionalizar
こうりつ[公立] ▶公立の público ▶公立高校 colégio público
ごうりてき[合理的] ▶合理的な racional / 合理的な考え pensamento racional / 合理的に racionalmente
こうりゅう[交流] intercâmbio ▶文化交流 intercâmbio cultural / 交流電気 corrente alternada
こうりょ[考慮] consideração; atenção ▶考慮に入れる levar em consideração
こうろん[口論] discussão; contenda ▶私は妻と口論した Discuti com minha esposa.
こえ[声] voz ▶彼女は声が美しい A voz dela é linda. / 大きな声で話す falar em voz alta / 小さな声で話す falar em voz baixa
こえた[肥えた] fértil; produtivo ▶肥えた土地 terra fértil
こえる[越える・超える] passar; transpor ▶国境を越える transpor a fronteira do país / 超えられない限界 limite intransponível / その老人は80歳を越えている Esse idoso passou dos oitenta anos de idade. / 結果は予想を超えた Os resultados ultrapassaram as expectativas.
コース(行程) percurso; itinerário; (課程) curso ▶ポルトガル語初級コース curso básico de língua portuguesa / 中級コース curso intermediário / 上級コース curso avançado
コーチ treinador
コート(衣服) casaco; sobretudo; (スポーツ) quadra ▶コートを着る vestir o casaco / テニスコート quadra de tênis
コード(電気) fio elétrico; (プログラム) código
コーナーキック escanteio; tiro de canto
コーヒー café ▶コーヒーを入れましょうか Quer que eu faça um café? / コーヒーを1杯いかがですか Que tal uma xícara de café? / コーヒーを2つください Quero dois cafés por favor. / コーヒーカップ xícara de café / コーヒー豆 grão de café / ブラックコーヒー café preto / ミルクコーヒー café com leite / アイスコーヒー café gelado
コーラス coral ▶コーラスで歌う cantar em coral
こおり[氷] gelo ▶氷1つ uma pedra de gelo
こおる[凍る] congelar ▶湖が凍ってしまった O lago congelou-se. / 路面が凍っている A superfície da estrada está congelada.
ゴール gol ▶ゴールを入れる fazer gol / ゴールキーパー goleiro / ゴールキック chutar para o gol / ゴールライン linha de gol / ゴールエリア área do gol / オウンゴール gol contra
コーン(円錐形) cone; (アイスクリーム) casquinha
こがい[戸外] ▶戸外で fora de casa; ao ar livre
ごかい[誤解] mal-entendido; equívoco ▶誤解を招く dar lugar a um mal-entendido; criar [provocar] um mal-entendido / 誤解を解く desfazer um mal-entendido / 私はあなたを誤解していました Eu me equivoquei a seu respeito.
コカイン cocaína
ごがく[語学] estudo das línguas ▶語学教育 ensino de línguas
ごかくけい[五角形] pentágono
こかげ[木陰] ▶木陰で休みましょう Vamos descansar na sombra da árvore.
こがす[焦がす] queimar; esturrar; tostar ▶魚を焦がしてしまった Deixei o peixe esturrar. / 肉の表面を焦がす tostar o lado de fora da carne
こがた[小型] tamanho pequeno ▶小型カメラ câmera [máquina] fotográfica pequena / 小型自動車 carro de modelo pequeno
ごがつ[五月] maio ▶五月に em maio
こがら[小柄] estatura pequena ▶小柄な女性 mulher de baixa estatura
ごかんせい[互換性] compatibilidade ▶互換性のある compatível
こぎって[小切手] cheque ▶小切手で支払う pagar

com cheque
ごきぶり barata
こきゃく[顧客] freguês; cliente; comprador
こきゅう[呼吸] respiração ▶ 呼吸する respirar / 深呼吸する respirar fundo [profundamente] / 人工呼吸 respiração artificial
こきょう[故郷] terra natal ▶ 私の故郷は北海道です Minha terra natal é Hokkaido / 彼女は故郷へ帰った Ela voltou à sua terra natal. / あなたの故郷はどこですか Onde é sua terra natal?
こぐ[漕ぐ] remar ▶ ボートをこぐ remar o bote
こくえい[国営] ▶ 国営の governamental; estatal; nacional / 国営テレビ emissora de televisão [TV] estatal / 国営化 estatização; nacionalização
こくえき[国益] interesse nacional ▶ 国益を追求する buscar o interesse nacional
こくがい[国外] ▶ 国外で fora do país / 国外で暮らす viver fora do país
こくご[国語] língua nacional; idioma ▶ 彼女は3か国語を話せる Ela fala três idiomas. / あなたは何か国語話せますか Quantos idiomas você fala?
こくさい[国債] título do Tesouro
こくさい[国際] ▶ 国際的な internacional / 国際的な都市 cidade cosmopolita / 国際的に internacionalmente / 国際化 internacionalização / 国際化する internacionalizar / 国際会議 reunião internacional / 国際空港 aeroporto internacional / 国際社会 comunidade internacional / 国際結婚 casamento internacional / 国際法 leis internacionais
こくさいつうかききん[国際通貨基金] Fundo Monetário Internacional, FMI
こくさいれんごう[国際連合] Organização das Nações Unidas, ONU
こくさん[国産] ▶ 国産自動車 carro nacional / 国産品 produto nacional
こくじん[黒人] negro; preto ▶ 黒人音楽 música negra música afro-brasileira
こくせいちょうさ[国勢調査] recenseamento; censo
こくせき[国籍] nacionalidade ▶ 私は日本国籍だ Sou japonês. / あなたの国籍はどちらですか Qual é a sua nacionalidade? / ブラジル国籍を取得する adquirir a nacionalidade brasileira / 二重国籍 dupla nacionalidade
こくど[国土] território nacional ▶ ブラジルは広大な国土を持っている O Brasil possui um extenso território.
こくどう[国道] estrada federal [nacional]
こくない[国内] ▶ 国内の nacional; interno / 国内問題 problema nacional / 国内市場 mercado doméstico mercado interno / 国内線 linha nacional
こくはく[告白] confissão; reconhecimento ▶ 告白する confessar / 愛の告白 declaração de amor / 愛を告白する declarar amor
こくばん[黒板] quadro-negro ▶ 黒板に字を書く escrever no quadro-negro / 黒板消し apagador de quadro-negro

こくふく[克服] conquista ▶ 克服する conquistar / 彼女は逆境を克服した Ela venceu as dificuldades.
こくぼう[国防] defesa nacional
こくみん[国民] povo; nação ▶ 日本国民 povo japonês / 世界の諸国民 povos do mundo
こくもつ[穀物] cereal
こくゆう[国有] ▶ 国有の nacional / 国有化 estatização / 国有化する estatizar
こくりつ[国立] ▶ 国立の federal; nacional ▶ 国立公園 parque nacional / 国立大学 universidade federal
こけ[苔] musgo; limo
こけい[固形] sólido ▶ 固形の sólido / 固形燃料 combustível sólido
こけこっこう cocoricó; cocorocó
こげつく[焦げ付く] ▶ 焦げ付かないフライパン frigideira que não gruda / 焦げ付いた融資 financiamento inadimplente
こげる[焦げる] queimar ▶ 魚が焦げている O peixe está queimado. / 焦げ臭いにおいがする Tem cheiro de queimado.
ごげん[語源] etimologia; origem da palavra ▶ 語源辞典 dicionário etimológico
ここ aqui ▶ ここに来てください Venha aqui por favor. / ここに私の家族の写真があります Aqui tem uma fotografia de minha família. / ここから駅まではどのくらいありますか Qual é a distância daqui até a estação?
ごご[午後] à tarde ▶ 午後いらしてください Venha à tarde por favor. / 今日の午後 hoje à tarde / 明日の午後 amanhã à tarde / 昨日の午後 ontem de tarde / 会議は午後3時に終わる A reunião termina às três horas da tarde. / 私たちは土曜の午後にサッカーをする Nós jogamos futebol no sábado à tarde.
ココア chocolate
こごえる[凍える] ▶ 凍え死ぬ morrer congelado / 私は体がすっかり凍えてしまった Meu corpo ficou todo gelado. / 凍えるような寒さ frio de congelar
ここく[故国] país de origem; pátria
ここち[心地] sensação ▶ 心地よい音楽 música agradável / 生きた心地がしない Sinto-me mais morto do que vivo.
こごと[小言] repreensão ▶ 私はあの人によく小言を言われる Sou sempre repreendida por aquela pessoa.
ここのつ[九つ] nove ▶ 私の娘は九つだ Minha filha tem nove anos de idade.
こころ[心] coração; mente; espírito ▶ 彼は心が優しい Ele é bondoso. / 心から感謝いたします Agradeço de coração. / 心行くまで楽しんでください Divirta-se ao máximo.
こころあたり[心当たり] ▶ 何か心当たりはありますか Tem [Faz] alguma ideia?
こころがける[心掛ける] ter o cuidado de procurar ▶ 私は塩分を取りすぎないように心掛けている Tenho o cuidado de não ingerir muito sal.
こころざし[志] ideal; meta; objetivo ▶ 大きな志を持つ ter um grande ideal

こころざす[志す] desejar; aspirar ▶ 政治を志す desejar ser um político

こころぼそい[心細い] ▶ 私は少し心細い Estou um pouco insegura. | Sinto-me um pouco só.

こころみ[試み] tentativa

こころみる[試みる] tentar; experimentar ▶ 私は何度も試みたがそのたびに失敗してしまった Tentei várias vezes mas falhei em todas.

こころよい[快い] agradável; confortável ▶ 快い音楽 música agradável / 彼女は快く私の願いを聞いてくれた Ela ouviu meu pedido de bom grado.

ごさ[誤差] margem de erro

こさじ[小さじ] colherzinha; colher de café

こさめ[小雨] chuvisco; chuvinha ▶ 小雨が降っている Está chuviscando. | Está caindo uma chuvinha.

こし[腰] quadril; anca ▶ 私は腰が痛い Tenho dor no quadril. / 腰の曲がった老婆 anciã com escoliose

こじ[孤児] órfão

こしかけ[腰掛け] cadeira; banco; assento

こしかける[腰掛ける] sentar-se ▶ いすに腰掛ける sentar-se na cadeira

ごじつ[後日] depois; outro dia ▶ 結果は後日お知らせします Comunicaremos o resultado posteriormente.

ゴシップ fofoca; mexerico

ごじゅう[五十] cinquenta ▶ 50番目の quinquagésimo / 50代の女性 mulher quinquagenária / 彼は50代だ Ele é quinquagenário.

こしょう[故障] avaria; enguiço ▶ 車のエンジンが故障した O motor do carro enguiçou. / このエレベーターは故障している Esse elevador está enguiçado.

こしょう[胡椒] pimenta-do-reino

ごしょく[誤植] erro de impressão

こじん[個人] indivíduo ▶ 個人の, 個人的な individual / 個人の問題 problema pessoal / 個人的な意見 opinião pessoal / 個人レッスン aula individual / 私は彼を個人的に知っているわけではない Não é que eu o conheça pessoalmente.

こじんしゅぎ[個人主義] individualismo

こす[越す] transpor; ultrapassar; (引っ越す) mudar-se ▶ 参加者は100人を越した O número de participantes ultrapassou cem pessoas. / 私たちは仙台に越した Nós nos mudamos para Sendai.

コスト custo ▶ コストを削減する reduzir o custo / コストパフォーマンス custo-benefício

コスモス amor-de-moça

こする[擦る] esfregar; raspar; escovar ▶ あまり目をこすらないで Não esfregue tanto seus olhos.

こせい[個性] personalidade ▶ 彼は個性が強い Ele tem uma personalidade forte. / 個性的な人 pessoa de personalidade

こぜに[小銭] moedas; trocos ▶ 私は小銭の持ち合わせがない Não tenho trocado agora.

ごぜん[午前] ▶ 午前中に de manhã / 今日の午前 hoje de manhã / 明日の午前 amanhã de manhã / 昨日の午前 ontem de manhã / 午前中にこの用事をすませたい Quero terminar este trabalho no período da manhã. / その番組は午前10時に始まる Esse programa começa às dez da manhã. / 午前中ずっと durante toda a manhã / 土曜日の午前に na manhã do sábado

…こそ ▶ これこそ私が探していたものです Isto era o que eu estava procurando. / 今こそ行動すべきだ Agora é que se deve agir.

こたい[固体] corpo sólido

こたえ[答え] resposta; solução ▶ クイズの答え resposta ao questionário / あなたの答えは正しい Sua resposta está correta. / あなたの答えは間違っている Sua resposta está errada.

こたえる[答える] responder; solucionar; resolver ▶ この質問に答えてください Responda a esta pergunta. / 「はい」と答える responder que sim / 「いいえ」と答える responder que não / 彼女は「わかりません」と答えた Ela respondeu: "Não sei".

こたえる[応える] corresponder a ▶ あなたの期待に応えられなくて済みません Sinto muito por não corresponder à sua expectativa.

ごちそう[御馳走] boa hospitalidade; refeição deliciosa ▶ ごちそうをつくる fazer comidas deliciosas / 今日は私がごちそうします Hoje eu pago [ofereço] a refeição. / ごちそうさまでした Muito obrigada pela refeição.

こちょう[誇張] exagero ▶ 誇張する exagerar

こちら aqui; cá ▶ こちらへ来てください Venha aqui por favor. / こちらへどうぞ Por aqui, por favor. / こちらは田中さんです Este é o Sr. Tanaka. / 「どうもありがとうございます」「こちらこそ」— Muito obrigado. — Eu é que lhe agradeço. | Igualmente, obrigado.

こぢんまり ▶ こぢんまりした家 casa simples; casa pequena mas agradável

こつ jeito ▶ オムレツを上手に焼くのにはこつがいる É preciso jeito para fazer bem uma omelete.

こっか[国家] estado; nação

こっか[国歌] hino nacional

こっかい[国会] Congresso Nacional; Dieta; Parlamento

こづかい[小遣い] mesada

こっき[国旗] bandeira nacional

こっきょう[国境] fronteira (entre países) ▶ ブラジルとアルゼンチンの国境 fronteira entre o Brasil e a Argentina

コック (料理) cozinheiro

こっけい[滑稽] ▶ 滑稽な engraçado; cômico; humorístico / 滑稽な話 conversa [história] engraçada

こっそり às escondidas; às ocultas; na surdina ▶ だれかがこっそり部屋に入ったようだ Parece que alguém entrou no quarto às escondidas

こづつみ[小包] pacote; encomenda ▶ 小包郵便 pacote postal

こっとうひん[骨董品] antiguidade ▶ 骨董店 loja de antiguidades

コップ copo ▶ コップ1杯の水 um copo de água

こてい[固定] ▶ 固定観念 ideia fixa; obsessão / 固

定価格 preço fixo / 固定する fixar

こてん[古典] clássico ▶ 古典的な clássico / 古典文学 literatura clássica / 古典主義 classicismo

こと[事] assunto; caso; coisa ▶ 今日はやることがたくさんある Hoje tenho muito que fazer. / そんなことをしてはいけません Não deve fazer isso. / うそをつくことはよくない Mentir não é bom. / 彼は時々遅刻することがある Ele às vezes se atrasa. / 私はポルトガルに行ったことがある Eu já fui a Portugal. / 彼は決して怒ることがない Ele jamais fica zangado. / 私は富士山に登ったことがない Eu nunca escalei o Monte Fuji.

こどう[鼓動] palpitação; pulsação ▶ 心臓の鼓動 palpitações do coração / 心臓が鼓動する O coração palpita.

こどく[孤独] solidão; isolamento ▶ 孤独なソリタリオ solitário ▶ 彼は孤独な生涯を送った Ele levou uma vida solitária.

ことごとく inteiramente; completamente ▶ 私たちの試みはことごとく失敗した Nossas tentativas terminaram em completo fracasso.

ことし[今年] este ano; o presente ano ▶ 私は今年ブラジルに行く予定だ Tenho planos de ir ao Brasil neste ano. / 今年の夏は暑かった O verão deste ano foi quente. / 今年の3月に em março deste ano

ことづけ[言付け] recado; mensagem ▶ あなたに言付けがあります Tenho um recado para você.

ことなる[異なる] diferir ▶ 私の意見はあなたの意見とは異なる Minha opinião difere da sua. / 習慣は国によって異なる Os costumes diferem dependendo do país. / 我々は異なった条件で実験をもう一度行った Nós fizemos a experiência mais uma vez em diferentes condições.

…ごとに[毎に] ▶ オリンピックは4年ごとに開かれる As Olimpíadas são realizadas de quatro em quatro anos. / バスは20分ごとにある Tem ônibus a cada vinte minutos.

ことによると ▶ ことによると行かなければならない Pode ser que eu tenha que ir.

ことば[言葉] palavra; vocábulo ▶ この言葉は何という意味ですか Qual é o significado desta palavra? / 彼は言葉数が少ない Ele não fala muito. / 話し言葉 linguagem falada; expressão [termo] coloquial / 書き言葉 linguagem escrita / 私は言葉に詰まった Engasguei-me nas palavras. / 言葉の壁 barreira da língua / 私は彼女の言葉を信じる Acredito nas palavras dela.

こども[子供] criança ▶ ブラジル人の子供 criança brasileira / 彼はもう子供ではありません Ele já não é mais criança. / 彼女は子供が3人いる Ela tem três crianças. / 私は彼女が子供のときから知っているEu a conheço desde criança. / 彼は少し子供っぽいところがある Ele é um pouco infantil em certo aspecto. / 彼はいつも私を子供扱いする Ele sempre me trata como uma criança. / 子供らしい表情 cara parecida ao de uma criança / 彼女に子供が生まれた Ela teve uma criança.

ことり[小鳥] passarinho

ことわざ[諺] provérbio; ditado; máxima ▶ ことわざにもあるように「ローマは1日にしてならず」だ Como diz o provérbio: "Roma não foi feita em um dia".

ことわり[断り] (拒絶) recusa; (許可) permissão ▶ 「入場お断り」Entrada proibida. / 断りなしに sem permissão

ことわる[断る] recusar; rejeitar; declinar ▶ 私は彼の申し出を断った Recusei o pedido dele.

こな[粉] pó; farinha ▶ 粉チーズ queijo ralado

こなごな[粉々] ▶ コップが粉々に砕けた O copo despedaçou-se.

にもつ[小荷物] embrulho; bagagem

コネ conexão ▶ 彼は有力な政治家とコネがある Ele tem conexões [costas quentes] com políticos influentes.

こねこ[子猫] gatinho

こねる amassar ▶ パン生地をこねる sovar a massa de pão

この este ▶ この本は面白い Este livro é interessante. / この冬はとても寒い Este inverno está muito frio. / このような条件は受け入れられない Não aceito uma condição como esta.

このあいだ[この間] outro dia; há pouco tempo ▶ 私はこの間彼女に会った Eu me encontrei com ela outro dia. / この間はどうもありがとう Muito obrigada pelo outro dia.

このごろ[この頃] estes dias; ultimamente ▶ 私はこの頃運動をしていない Ultimamente não tenho feito exercícios físicos.

このさき[この先] daqui para frente; de hoje em diante ▶ この先私はどうなるのだろう O que será de mim de hoje em diante?

このつぎ[この次] o seguinte; o próximo ▶ この次はうまくやります Da próxima vez farei certinho.

このとき[この時] esta hora; este momento ▶ この時にはもう誰もいなかった Nesta hora já não havia mais ninguém.

このは[木の葉] folhas das árvores

このへん[この辺] por aqui ▶ 私はこの辺は不案内です Não conheço estes lados. / この辺にコンビニはありますか Tem uma loja de conveniência por aqui?

このまえ[この前] outro dia; na última vez ▶ 私はこの前映画を見に行きました Outro dia eu fui ver um filme. / この前の日曜日 no último domingo

このましい[好ましい] agradável; favorável ▶ 物価が安定するのが好ましい É melhor que o custo de vida se estabilize. / 急激な円高は好ましくない Não é desejável a valorização brusca do iene.

このみ[好み] gosto; preferência ▶ 消費者の好みにあった製品 produto adequado ao gosto do consumidor / お好みでしょうをかけてください Coloque pimenta do reino a gosto. / その服は私の好みではない Essa roupa não é do meu gosto.

このむ[好む] gostar; preferir ▶ その国の人たちは辛い食べ物を好む As pessoas desse país gostam de comida picante. / この植物は高温多湿を好む Esta planta gosta de alta temperatura e alta

umidade.
このよ[この世] este mundo; esta vida ▶ 祖父はもうこの世の人ではない Meu avô não é mais deste mundo.
こばむ[拒む] impedir; rejeitar ▶ 私は彼の申し出を拒んだ Eu rejeitei seu pedido.
ごはん[ご飯] arroz cozido ▶ ご飯を炊く cozer o arroz / 茶碗一杯のご飯 uma tigela de arroz / 朝ご飯 café da manhã / 昼ご飯 almoço / 夕ご飯 janta; jantar / ご飯を食べに行きましょう Vamos comer? / ご飯ですよ Está na mesa. | Está na hora de comer.
コピー cópia ▶ 書類のコピー cópia dos documentos / ファイルのコピー cópia do arquivo [ficháhio] / 書類をコピーする copiar os documentos / この書類を10枚コピーしてくれませんか Poderia tirar dez cópias deste documento? / ファイルをコピーする copiar o arquivo / コピー機 máquina copiadora
こびる[媚びる] adular; lisonjear ▶ 上司にこびる adular o chefe
ごぶごぶ[五分五分] ▶ 成功の可能性は五分五分だ A probabilidade de sucesso é de cinquenta por cento.
ごぶさた ▶ ごぶさたしております Desculpe-me pela falta de notícias.
こぶし[拳] punho fechado
こぶ[鼓舞] ▶ チームを鼓舞する encorajar o time
こぼす derramar; entornar ▶ 牛乳をこぼす derramar o leite
こぼれる cair; derramar-se ▶ 彼の目から涙がこぼれた Saíram lágrimas dos olhos dele. / ビールがこぼれた Transbordou cerveja.
こま[独楽] pião
こま[駒] ▶ チェスの駒 peça de xadrez
ごま[胡麻] gergelim ▶ 開けゴマ Abre-te sésamo.
コマーシャル propaganda (comercial); anúncio
こまかい[細かい] ▶ 細かい雨 chuva fina / 細かい字 letra pequena / 細かい仕事 trabalho minucioso / 1万円を細かくしてください Troque-me dez mil ienes, por favor.
ごまかす enganar; ludibriar ▶ その女優は年をごまかしていた Essa atriz escondia sua idade. / 彼は私をごまかそうとした Ele tentou me enganar.
こまく[鼓膜] tímpano
こまらせる[困らせる] ▶ 私は息子にいつも困らせられている Eu sempre passo apuros com meu filho.
こまる[困る] passar apuros; estar em dificuldades ▶ 私は困っている Estou em apuros. / 困ったことがあったら, 遠慮なく言ってください Se tiver problemas, diga-me sem cerimônia. / 彼はお金に困っている Ele está com problemas de dinheiro. / 困ったことに, 息子は私の言うことを全然聞こうとしない É um problema! Meu filho tapa seus ouvidos quando falo.
ごみ lixo; entulho ▶ ごみを出すのは私の役割だ É minha tarefa levar o lixo para o local de coleta. / ごみの収集 coleta de lixo / ごみ箱 lixeira / ごみ袋 saco de lixo
こみあう[込み合う] ▶ 街路は人で込み合っていた As ruas da cidade estavam cheias de gente.
こみいった[込み入った] ▶ 込み入った話 conversa complicada
こみち[小道] estradinha; picada
コミック(雑誌) gibi; revista em quadrinhos
コミュニケーション comunicação ▶ 外国人とコミュニケーションするのは必ずしも簡単ではない Nem sempre é fácil comunicar-se com estrangeiros. / コミュニケーションギャップ divergência na comunicação
こむ[混む] ▶ 列車は学生で混んでいた O trem estava cheio de estudantes. / この時間は道路が混んでいる Nesta hora a estrada está congestionada.
ゴム borracha ▶ ゴム製の feito de borracha / ゴムスタンプ carimbo de borracha / ゴムひも elástico
こむぎ[小麦] trigo ▶ 小麦粉 farinha de trigo
こめ[米] arroz ▶ 米粒 grão de arroz / 日本人は米を食べる Os japoneses comem arroz.
こめかみ têmporas
コメディアン comediante
コメディー comédia
ごめん[ご免] ▶ ごめんなさい Desculpe-me. / 遅れてごめんなさい Desculpe-me pelo atraso. / ごめんなさい, もう行かないといけません Desculpe-me já tenho que ir. / ごめんください Com licença.
コメンテーター comentarista
コメント comentário ▶ ...についてコメントする fazer comentários a respeito de... / ノーコメント Sem comentários.
こもり[子守] ▶ 子守をする cuidar de crianças / 子守歌 canção de ninar
こもじ[小文字] letra minúscula ▶ 小文字で書く escrever com letra minúscula
こもる[籠もる] ▶ 私は昨日は一日中家にこもっていた Ontem eu fiquei o dia inteiro fechado em casa.
こもん[顧問] consultor; conselheiro ▶ 法律顧問 consultor jurídico
こや[小屋] cabana; barraco; choupana
ごやく[誤訳] erro de tradução
こゆう[固有] ▶ 固有の característico, ca; peculiar / 日本固有の文化 cultura peculiar do Japão / 固有名詞 nome próprio
こゆび[小指] (手) dedo mínimo; mindinho; (足) dedinho do pé
こよう[雇用] emprego ▶ 雇用を創出する criar empregos / 雇用する empregar / 被雇用者 empregado / 雇用主 patrão; empregador; chefe / 終身雇用 emprego vitalício
こよみ[暦] calendário ▶ 暦をめくる virar o calendário
こらえる ▶ 怒りをこらえる conter a ira / 痛みをこらえる aguentar a dor / 私は笑いをこらえきれなかった Não consegui conter o riso.
ごらく[娯楽] lazer; divertimento; entretenimento / 娯楽番組 programa de entretenimento
こらしめる[懲らしめる] castigar; repreender ▶ 悪人をこらしめる castigar os maus [as pessoas malvadas]
コラム(新聞) coluna

コラムニスト colunista
こり [凝り] ▶肩の凝りをほぐす desfazer a rigidez dos ombros
こりつ [孤立] isolamento; solidão ▶孤立させる isolar / 孤立する isolar-se / 私は職場で孤立していた Eu estava isolado no trabalho.
こる [凝る] ▶肩が凝った Meus ombros enrijeceram-se. / 父は盆栽に凝っている Meu pai está apaixonado por bonsai.
コルク cortiça ▶コルクの栓 rolha de cortiça
ゴルフ golfe ▶ゴルフをする jogar golfe / 私は週末によくゴルフに行く Nos finais de semana eu sempre vou jogar golfe. / ゴルフクラブ taco de golfe / ゴルフ場 campo de golfe / ゴルフコース percurso de golfe / ゴルフボール bola de golfe
ゴルファー golfista
これ ▶これは何ですか O que é isto? / これをください Dê-me isto por favor. / 今日はこれまで Por hoje é só (isto).
これから ▶これから講義を始めます Vou começar a aula agora. / これから気をつけてください Tome cuidado de agora em diante.
コレクション coleção ▶絵のコレクション coleção de quadros / ミラノコレクション Coleção Milano
コレクトコール ligação a cobrar ▶コレクトコールする ligar a cobrar
これほど ▶これほど美しい景色は見たことがない Nunca vi uma paisagem tão bela como esta.
これまで até agora ▶これまで彼から何の便りもない Até agora não recebi nenhuma notícia dele.
これら estes ▶これらの本 estes livros
コレラ cólera
…ごろ [頃] perto de; por volta de ▶2時頃参ります Irei por volta de duas horas.
ころがす [転がす] rolar; rodar ▶ボールを転がす rolar a bola
ころがる [転がる] rolar; rodar ▶ボールが坂を転がった A bola rolou pela ladeira.
ころす [殺す] matar; assassinar ▶猫がねずみを殺した O gato matou o rato. / 被害者は拳銃で殺された A vítima foi assassinada com um revólver.
コロッケ croquete
ころぶ [転ぶ] cair; tombar ▶彼は滑って転んだ Ele escorregou e caiu.
コロン dois pontos ▶セミコロン ponto e vírgula
コロンビア Colômbia ▶コロンビアの colombiano
こわい [怖い] medonho; pavoroso; assustador ▶怖い先生 professor que dá medo / 怖い映画 filme pavoroso / そんな怖い顔をしないでください Não faça uma cara tão zangada. / 私は怖いです Estou com medo. / 私は地震が怖い Tenho medo de terremoto.
こわがる [怖がる] ter medo ▶そんなに怖がらないで Não tenha tanto medo. / 娘は犬を怖がる Minha filha tem medo de cachorro.
こわす [壊す] quebrar ▶機械を壊す quebrar a máquina / 建物を壊す derrubar o prédio / おなかを壊す ficar com diarreia; ficar com indisposição intestinal
こわれもの [壊れ物] artigo frágil [quebrável] ▶「壊れ物注意」Cuidado, frágil.
こわれる [壊れる] quebrar-se; danificar-se ▶カメラが壊れた A câmera fotográfica quebrou-se. / この機械は壊れている Esta máquina está quebrada.
こん [紺] azul-escuro; azul-marinho; azul carregado ▶紺色の服 roupa azul-marinho
こんかい [今回] esta vez ▶今回はうまくいきました Desta fez deu certo.
こんがん [懇願] súplica ▶彼は彼女に許してくれるようにと懇願した Ele suplicou perdão a ela.
こんき [根気] perseverança; persistência ▶根気のよい人 pessoa perseverante / 根気よく働く trabalhar com perseverança
こんきょ [根拠] fundamento; base ▶何の根拠があってそう言うのですか Baseando-se em que você diz isso? / 根拠のないうわさ rumor sem fundamento
コンクール concurso ▶ピアノコンクール concurso de piano / コンクールに出場する participar de um concurso
コンクリート concreto ▶コンクリートの家 casa de concreto / 鉄筋コンクリート cimento armado
こんげつ [今月] este mês ▶今月は忙しい Este mês, estou ocupada. / 今月の初めに no começo [início] deste mês / 今月の半ばに em meados deste mês / 今月の末に no final deste mês
こんご [今後] de agora em diante; daqui em diante ▶今後何が起きるかわからない Não sei o que pode acontecer daqui em diante.
こんごう [混合] mistura; mescla ▶混合する misturar
コンサート concerto ▶コンサートへ行く ir a um concerto
こんざつ [混雑] congestionamento ▶この時間は電車が混雑する Nesta hora os trens ficam lotados.
こんしゅう [今週] esta semana ▶今週はとても忙しかった Estive muito ocupado nesta semana. / 今週の金曜日に会いましょう Vamos nos encontrar na sexta-feira desta semana. / 今週中にこの仕事を終わらせなければならない Tenho que terminar este trabalho nesta semana.
こんせいき [今世紀] este século ▶今世紀最大の発明 a maior invenção deste século
コンセント tomada elétrica
コンタクト contato ▶…とコンタクトをとる entrar em contato com...
コンタクトレンズ lente de contato
こんだて [献立] cardápio ▶献立を考える planejar o cardápio
こんちゅう [昆虫] inseto
コンディション condição [disposição] física ▶その選手はコンディションがよい Este jogador está em boas condições físicas.
コンテスト concurso; competição ▶コンテストで優勝する vencer um concurso / スピーチコンテスト concurso de oratória
こんど [今度] esta vez; agora ▶今度は私の番です Agora é a minha vez. / 今度こそは大丈夫です

Desta vez não haverá problemas. / 今度の日曜日に no próximo domingo
こんどう[混同] confusão; mistura ▶ …と…を混同する confundir... com...
コンドーム preservativo; camisinha
コントロール controle; domínio ▶ コントロールパネル painel de controle / セルフコントロール autocontrole
こんとん[混沌] caos; desordem; confusão ▶ 混沌とした状態 situação de caos
こんな ▶ こんな面白い映画は観たことがない Nunca vi um filme tão interessante. / こんな風にしてみてはどうでしょうか Que tal fazer assim? / こんなにたくさん食べられない Não posso comer tanto assim.
こんなん[困難] dificuldade; obstáculo; problema ▶ 困難を克服する superar a dificuldade / 困難な問題 problema difícil
こんにち[今日] hoje; agora; atualmente ▶ 今日の日本 o Japão de hoje
こんにちは Boa tarde.
コンパス compasso
こんばん[今晩] esta noite; hoje à noite ▶ 今晩7時に来てください Venha às sete horas de hoje à noite.
こんばんは Boa noite.
コンビーフ carne de vaca enlatada
コンビニ loja de conveniência
コンピューター computador ▶ コンピューターグラフィックス computação gráfica / コンピューターゲーム jogo no computador / コンピューターウイルス vírus de computador
コンプレックス complexo ▶ エディプスコンプレックス Complexo de Édipo
こんぽんてき[根本的] ▶ 根本的な fundamental; básico / 根本的な問題 problema fundamental / 根本的に fundamentalmente
コンマ vírgula
こんや[今夜] esta noite; hoje à noite ▶ 私たちは今夜パーティーを開きます Vamos fazer uma festa hoje à noite.
こんやく[婚約] noivado ▶ 彼は彼女と婚約した Ele ficou noivo dela. / 私は婚約している Eu sou noiva. / 婚約者 noivo; noiva / 婚約指輪 anel de noivado
こんらん[混乱] confusão; desordem; caos ▶ 混乱した状況が続いている A situação de caos continua. / 私は頭が混乱している Minha cabeça está confusa.
こんろ fogareiro; fogão ▶ 電気こんろ fogão elétrico / ガスこんろ fogão a gás
こんわく[困惑] perplexidade ▶ 私は困惑している Estou perdido. | Não sei o que fazer.

さ

さ[差] diferença ▶ 両者の差は大きい A diferença entre ambos é grande.
さあ ▶ さあ行きましょう Vamos, então. / さあどうぞ Então, por favor.
サーカス circo
サークル(集まり) clube; (円) círculo ▶ テニスサークル clube de tênis
サーチ busca; procura ▶ サーチエンジン motor de busca
サーバー[情報] servidor
サービス serviço ▶ あのホテルはサービスがいい O serviço daquele hotel é bom. / これはサービスです Isto é grátis. | Isto é presente da casa. / サービス料 taxa de serviço / (高速道路)サービスエリア posto de serviços
サーブ〚スポーツ〛serviço; saque ▶ サーブする sacar
サーファー surfista
サーフィン surfe ▶ サーフィンする surfar; pegar onda
サーフボード prancha de surfe
さい[才] talento; dom ▶ 彼には天賦の才がある Ele tem um dom inato.
さい[際] ▶ 近くにお越しの際はぜひお立ち寄りください Quando vier por aqui, visite a gente sem falta.
さい[歳] ano ▶ 「あなたは何歳ですか」「私は20歳です」Quantos anos você tem? — Eu tenho vinte anos.
さいあく[最悪] ▶ 私は最悪の事態も予想している Estou prevendo o pior das situações. / 結果は最悪だった O resultado foi péssimo.
ざいあく[罪悪] culpa; pecado ▶ 罪悪感 sentimento de culpa
さいかい[再会] reencontro ▶ 私は旧友と再会した Reencontrei um velho amigo.
さいかい[再開] reabertura ▶ 実験を再開する recomeçar a experiência / 交渉を再開する reiniciar as negociações
さいがい[災害] calamidade; desastre ▶ 自然災害 desastre natural
ざいかい[財界] mundo financeiro; mundo dos negócios; mundo das finanças
ざいがく[在学] ▶ 在学中にやりたいことは何ですか O que quer fazer enquanto estiver na escola? / 在学証明書 certificado de matrícula
さいきどう[再起動] reinício ▶ コンピューターを再起動する reiniciar o computador
さいきん[細菌] micróbio; bactéria
さいきん[最近] recentemente; ultimamente ▶ 最近近所で火事があった Recentemente houve um incêndio na vizinhança. / 私は最近本を読んでいない Não tenho lido livros ultimamente. / 最近のニュース notícias recentes / 最近の若者 jovens de hoje
サイクリング ciclismo ▶ 私たちは先週サイクリングに行った Na semana passada saímos para um passeio de bicicleta.
さいけつ[採決] votação
さいけん[再建] reconstrução ▶ 再建する reconstruir
さいけん[債券] título

さいけん[債権] crédito ▶ 債権国 país credor / 債権者 credor / 不良債権 crédito inadimplente

さいげん[際限] limite ▶ 欲望には際限がない O desejo não tem limites.

さいご[最後] fim ▶ 最後まで até o fim / 明日がその展覧会の最後の日だ Amanhã é o último dia dessa exposição. / 彼が最後にやってきた Ele foi o último a aparecer. / 彼女は最後には同意してくれた No final, ela acabou concordando. / 最後に会ったとき，彼女は疲れた様子だった Quando a vi pela última vez, ela parecia cansada.

ざいこ[在庫] estoque ▶ この製品の在庫はたくさんある Tem um grande estoque deste produto. / その製品は在庫切れだ Acabou o estoque desse produto.

さいこう[最高] o máximo; o melhor ▶ 最高の映画 o melhor / これは今年見たなかで最高の映画だ Dentre os filmes que vi neste ano, este foi o melhor. / 最高気温 temperatura mais alta / 最高裁判所 tribunal superior

さいころ dado ▶ さいころを振る jogar o dado

さいこん[再婚] segundo casamento ▶ 彼は最近再婚した Recentemente, ele casou-se pela segunda vez.

ざいさん[財産] fortuna; bens ▶ 彼の家は莫大な財産を有している A família dele possui uma fortuna incalculável.

さいし[妻子] esposa e filhos ▶ 妻子を養う sustentar esposa e filhos

さいしゅう[採集] coleção ▶ 昆虫採集 coleção de insetos / 民話を採集する colecionar lendas

さいしゅう[最終] ▶ 最終の último; final ▶ 最終の電車はいつ出ますか Quando sai o último trem? / 最終日 último dia / 最終段階 estágio final

さいしょ[最初] ▶ 最初の primeiro; inicial / 最初から最後まで do começo ao fim / 最初から do início [começo] / 最初の一歩 o primeiro passo / 最初が肝心だ É importante começar com o pé direito. / 最初は彼は黙っていた No início ele estava calado. / 彼女は最初に自己紹介をした Primeiro ela apresentou-se. / 彼がいつも一番最初に出社する Ele sempre é o primeiro a chegar na companhia.

さいしょう[最小] ▶ 世界最小の国 o menor país do mundo / 最小値 o menor valor / 最小化する minimizar

さいしょうげん[最小限] ▶ 被害を最小限にとどめる limitar os danos ao mínimo / 必要最小限 o mínimo necessário

さいじょう[最上] ▶ 最上の品 artigo de primeira / 〚文法〛最上級 grau superlativo

さいしょく[菜食] alimentação vegetariana ▶ 菜食主義 vegetarianismo / 菜食主義者 vegetariano

さいしん[最新] ▶ 最新の流行 a moda mais recente / 最新ニュース a notícia mais recente / 最新式機械 máquina do último modelo

サイズ tamanho ▶ 靴のサイズ tamanho de sapatos / あなたの靴のサイズはいくつですか Qual é o tamanho de seus sapatos? / 靴のサイズが合わない O tamanho dos sapatos não serve.

さいせい[再生] ▶ 森林を再生する reflorestar / 音を再生する reproduzir o som / 再生紙 papel reciclado

さいせい[財政] finanças ▶ 国の財政 finança estatal / 財政状態 situação financeira

さいせん[再選] reeleição ▶ 再選する reeleger / 大統領は再選された O presidente foi reeleito.

さいぜん[最善] o melhor; o máximo ▶ 最善の方法 o melhor método / 私たちは最善を尽くした Nós fizemos o máximo possível.

さいだい[最大] ▶ サンパウロはブラジル最大の都市だ São Paulo é a maior cidade do Brasil. / 最大値 valor máximo / 最大化 maximização / 最大化する maximizar

さいだいげん[最大限] ▶ 私たちは最大限のことをした Nós fizemos o máximo.

ざいたく[在宅] ▶ お父さんはご在宅ですか Seu pai está em casa? / 在宅勤務 trabalho em casa

ざいだん[財団] fundação

さいちゅう[最中] ▶ 祭りの最中に悲劇が起きた Ocorreu uma tragédia em pleno festival.

さいてい[最低] ▶ あいつは最低なやつだ Aquele cara é um cara que não vale nada. / 最低 1 週間はかかる Leva no mínimo uma semana. / 最低賃金 salário mínimo / 最低気温 temperatura mínima

さいてき[最適] ▶ 最適な ideal / 彼女はこの仕事に最適だ Ela é a pessoa ideal para este trabalho.

さいてん[採点] avaliação ▶ テストを採点する dar notas ao teste

サイト〚情報〛site; sítio ▶ 出会い系サイト site de relacionamento

サイドブレーキ freio de mão; freio de estacionamento

サイドミラー espelho lateral

さいなん[災難] desastre; desgraça ▶ 災難に遭う sofrer um desastre / とんだ災難だった Foi uma desgraça!

さいのう[才能] talento ▶ 才能のある人 pessoa de talento / 彼女は音楽の才能がある Ela tem talento para a música.

さいばい[栽培] cultivo ▶ 稲の栽培 cultivo de arroz / 私は大豆を栽培している Estou plantando soja.

さいばん[裁判] julgamento ▶ 裁判に勝つ ganhar a causa / 裁判に負ける perder a causa / その事件は現在裁判中だ Esse caso está em julgamento. / 公正な裁判 julgamento imparcial [justo]

さいばんかん[裁判官] juiz

さいばんしょ[裁判所] tribunal

さいふ[財布] carteira

さいぶ[細部] detalhe ▶ 細部にわたって説明する explicar todos os detalhes

さいほう[裁縫] costura ▶ 裁縫する costurar

さいぼう[細胞] célula

さいほうそう[再放送] retransmissão ▶ 私はそのドラマの再放送を見た Eu assisti à retransmissão dessa novela.

さいまつ[歳末] fim de ano
さいみん[催眠] hipnose ▶催眠状態 estado hipnótico; estado de transe / 催眠術 hipnotismo
さいよう[採用] adoção; aceitação ▶政策を採用する adotar uma política / 彼女はその会社に採用された Ela foi empregada por essa companhia.
さいりょう[最良] o melhor ▶最良の選択をする fazer a melhor escolha
ざいりょう[材料] (資材) material; (料理の) ingredientes ▶建築材料 material de construção
サイレン sirene
さいわい[幸い] felicidade ▶お力添えをいただければ幸いです Se puder me ajudar ficarei muito feliz. / 幸いにも私は試験に合格できた Felizmente fui aprovada no exame.
サイン assinatura (署名) assinatura / (著名人) autógrafo / (信号) sinal / (署名) サインする assinar / ここにサインしてください Assine aqui, por favor.
…さえ ▶そんなことは子供でさえできる Até uma criança pode fazer isso. / あなたはそこへ行きさえすればよいです Você só tem que ir até lá.
さえぎる[遮る] interceptar; bloquear ▶人の話をさえぎるのはよくない Não é educado interromper a conversa das pessoas. / 光を遮る bloquear a luz
さお[竿] vara ▶釣りざお vara de pescar
さか[坂] ladeira; encosta ▶急な坂 ladeira íngreme / 坂を上がる subir a ladeira / 坂を下る descer a ladeira / 上り坂 aclive / 下り坂 declive
さかい[境] fronteira ▶正常と異常の境 fronteira entre o normal e o anormal
さかえる[栄える] prosperar; florescer ▶その文明は大昔に栄えた Essa civilização prosperou há muito tempo.
さかさま[逆さま] ▶逆さまに de ponta-cabeça / その絵は逆さまだ Esse quadro está de ponta-cabeça [de cabeça para baixo].
さがす[探す] procurar; buscar ▶私は仕事を探している Estou procurando emprego. / あなたは何を探しているのですか O que você está procurando / 彼女はかばんの中を探した Ela procurou dentro da bolsa.
さかだち[逆立ち] ▶逆立ちをする pôr-se de pernas para o ar; plantar bananeira
さかな[魚] peixe ▶私は肉より魚が好きだ Eu gosto mais de peixe (do) que de carne. / 魚料理 prato a base de peixe; comida a base de pescado / 魚釣り pescaria / 魚くさい cheirando a peixe / 魚屋 peixaria
さかのぼる[遡る] ▶その教会の起源は12世紀に遡る A origem dessa igreja remonta ao século XII. / 鮭が川を遡る O salmão sobe o rio.
さからう[逆らう] desobedecer; opor-se ▶命令に逆らう desobedecer a ordem / 彼女は父親に逆らった Ela opôs-se ao seu pai. / 風に逆らって進む avançar contra o vento
さかり[盛り] auge; plenitude; pico ▶桜は今が盛りだ Agora as cerejeiras estão no pico da floração.

さがる[下がる] baixar; recuar; descer ▶気温が下がる a temperatura abaixa / 物価が下がる o custo de vida abaixa / 後ろに下がってください Recue por favor.
さかん[盛ん] ▶ブラジルではサッカーが盛んだ O futebol é muito popular no Brasil.
さき[先] ▶針の先 ponta da agulha / 指の先 ponta dos dedos / 先のことを考えるのはやめましょう Vamos parar de pensar no futuro. / 先はまだ長い Ainda tem muito pela frente. / 先に行ってください Vá na frente. / 私は彼女よりも先に着いた Eu cheguei antes dela. / どうぞお先に Por favor, você primeiro. / お先に失礼します Com sua licença, estou saindo.
さぎ[詐欺] fraude; burla ▶私は詐欺にあった Fui vítima de uma fraude. / 詐欺師 vigarista; fraudador
さきほど[先ほど] ▶先ほどお電話がありました Houve um telefonema há pouco.
さぎょう[作業] trabalho; serviço ▶私は倉庫で作業していた Eu estava trabalhando no depósito.
さく[柵] cerca
さく[策] lano ▶策を講じる buscar meios de
さく[咲く] florescer; desabrochar ▶サクラの花が咲いた As flores de cerejeira desabrocharam. / ばらの花が咲いている As roseiras estão floridas.
さく[裂く] separar; rachar ▶紙を裂く rasgar o papel
さくいん[索引] índice
さくじつ[昨日] ontem
さくしゃ[作者] autor; escritor ▶この本の作者はブラジル人です O autor deste livro é um brasileiro.
さくじょ[削除] ▶2行削除する eliminar [cortar] duas linhas / データを削除する apagar os dados
さくせい[作成] ▶契約書を作成する redigir o contrato / 予算案を作成する elaborar um plano de orçamento
さくせん[作戦] estratégia; manobra ▶作戦を立てる montar uma estratégia / 軍事作戦 manobra militar
さくねん[昨年] ano passado ▶昨年彼女に娘が生まれた Ela teve uma filha no ano passado.
さくばん[昨晩] ontem à noite ▶昨晩近くで火事があった Ontem à noite houve um incêndio por perto.
さくひん[作品] obra ▶芸術作品 obra de arte / 文学作品 obra literária
さくぶん[作文] composição; redação ▶ポルトガル語作文 redação na língua portuguesa
さくや[昨夜] ontem à noite ▶昨夜父から電話があった Meu pai telefonou-me ontem à noite.
さくら[桜] (木) cerejeira ▶桜の花 flor de cerejeira / 桜が満開だ As flores de cerejeiras estão plenamente floridas.
さくらんぼ cereja
さくりゃく[策略] estratagema; trama
さぐる[探る] ▶ポケットの中を探る procurar dentro do bolso
さけ[酒] (アルコール飲料) bebida alcoólica; (日本酒) saquê ▶私は酒に弱い Sou fraco para bebi-

da alcoólica. / 私は酒に強い Sou forte para bebida alcoólica.

さけ[鮭] salmão

さけび[叫び] grito; berro

さけぶ[叫ぶ] gritar ▶ 助けてと叫ぶ gritar: "Socorro!" /「止まれ」と私は叫んだ Gritei: "Pare!"

さける[裂ける] rasgar; lacerar; rachar ▶ 服が裂けてしまった Minha roupa rasgou-se.

さける[避ける] evitar ▶ 障害物を避ける desviar-se da barreira

さげる[下げる] baixar; abaixar ▶ 声を下げる abaixar a voz / 頭を下げる baixar a cabeça

ささい[些細] insignificância ▶ 些細な理由で por motivo insignificante / 些細なこと algo insignificante

ささえ[支え] apoio; suporte

ささえる[支える] apoiar; sustentar ▶ 柱が屋根を支える Os pilares sustentam o telhado. / あの夫婦は支え合って暮らしている Aquele casal vive apoiando-se um ao outro.

ささげる[捧げる] oferecer; dedicar ▶ 彼女は教育に一生をささげた Ela dedicou sua vida à educação.

ささやく sussurrar; cochichar ▶ 彼女は私に何かをささやいた Ela sussurrou-me algo.

さしあげる[差し上げる] dar; oferecer ▶ この本をあなたに差し上げます Ofereço-lhe este livro.

さしあたり[差し当たり] por enquanto; por ora ▶ 差し当たりこれで十分だ Por enquanto, com isto é o bastante.

さしえ[挿絵] gravura; ilustração ▶ 挿絵入りの本 livro com ilustrações

さしこむ[差し込む] inserir ▶ カードを差し込む inserir um cartão / プラグを差し込む inserir [conectar] o plugue

さしず[指図] indicação; instrução ▶ 彼は私に急ぐよう指図した Ele ordenou-me que me apressasse.

さしだしにん[差出人] remetente

さしだす[差し出す] enviar ▶ 手を差し出す estender a mão / 彼は名刺を差し出した Ele apresentou seu cartão de visita.

さしつかえ[差し支え] inconveniente ▶ 差し支えなければ質問してもよろしいですか Se não for inconveniente, posso fazer-lhe uma pergunta?

さしむかい[差し向かい] ▶ 差し向かいに frente a frente / 私たちは差し向かいに座った Sentamo-nos frente a frente.

さす[刺す] espetar; perfurar ▶ 私は蜂に刺された Fui picado por uma abelha. / 私はナイフで刺された Fui ferido por uma faca.

さす[指す] apontar; indicar ▶ 彼は山の頂上を指した Ele apontou o pico da montanha.

さす[射す] (日が) bater ▶ 日が射してきた Começou a bater sol.

さす[注す] (注ぐ) pôr ▶ 目薬を注す aplicar [pingar] colírio

さす[差す] ▶ 傘を差す abrir o guarda-chuva

ざせき[座席] cadeira; lugar ▶ 後部座席 assento traseiro / 窓際の座席 assento do lado da janela / 通路側の座席 assento do corredor

させつ[左折] ▶ 次の角を左折してください Vire à esquerda na próxima esquina, por favor.

ざせつ[挫折] frustração derrota ▶ 計画は挫折した O plano não deu certo. | O plano falhou.

させる ▶ 私にさせてください Deixe-me fazer.

さぞ certamente; sem dúvida ▶ さぞお疲れでしょう Sem dúvida deve estar cansado.

さそい[誘い] convite

さそう[誘う] convidar ▶ 私は彼女を映画に誘った Eu a convidei para ir ao cinema.

さだか[定か] ▶ 定かな certo; claro ▶ 私の記憶は定かではない Minha memória não está clara. / 誰がそう言ったか定かでない Não está claro sobre quem disse isso.

さだめる[定める] decidir; estabelecer ▶ 会議の日時を定める estabelecer data e hora da reunião

さつ[札] nota; papel-moeda ▶ 千円札 uma nota de mil ienes

さつ[冊] ▶ 1 冊の本 um livro

さつえい[撮影] filmagem ▶ 撮影する (写真) fotografar; (映画) filmar

ざつおん[雑音] ruído; interferência

さっか[作家] escritor

ざっか[雑貨] miudezas; artigos diversos ▶ 雑貨店 loja de miudezas; loja de secos e molhados

サッカー futebol ▶ サッカーをする jogar futebol / サッカーチーム time de futebol / サッカー選手 jogador de futebol / サッカークラブ clube de futebol / 女子サッカー futebol feminino

さっかく[錯覚] ilusão; alucinação

さっき há pouco ▶ さっき彼を見かけました Eu o vi há pouco.

さっきょく[作曲] composição musical ▶ 作曲する compor uma música / 作曲家 compositor

さっきん[殺菌] esterilização; desinfecção; pasteurização ▶ 殺菌する esterilizar; desinfectar; pasteurizar

さっし[冊子] panfleto; livreto

ざっし[雑誌] revista ▶ 女性雑誌 revista feminina

さつじん[殺人] assassinato; homicídio ▶ 殺人事件 caso de homicídio / 殺人未遂 tentativa de homicídio / 殺人犯 assassino

ざつぜん[雑然] ▶ 雑然とした desarrumado; bagunçado; de pernas para o ar ▶ 雑然とした部屋 um quarto de pernas para o ar

ざっそう[雑草] erva daninha ▶ 雑草を取り除く eliminar ervas daninhas

さっそく[早速] imediatamente; rapidamente; sem demora ▶ 早速試してみよう Vamos experimentar imediatamente.

ざつだん[雑談] bate-papo; conversa informal ▶ 雑談する bater-papo

さっちゅうざい[殺虫剤] inseticida

ざっと aproximadamente; por alto ▶ 私はざっと説明した Eu expliquei por alto.

ざっとう[雑踏] congestionamento ▶ 雑踏の中で私はその男を見失った Eu perdi de vista esse homem no meio da multidão.

さっとう[殺到] ▶ 広場に人が殺到した As pessoas

invadiram a praça. / 注文が殺到した Houve uma enxurrada de pedidos.

さっぱり ▶ シャワーを浴びればさっぱりしますよ Se tomar um banho de chuveiro vai se sentir outro. / 彼の言っていることがさっぱりわからなかった Não entendi nada do que ele estava dizendo.

さつまいも batata-doce

さて ▶ さてどうしたらいいだろう E agora, o que será que devo fazer?

さとう[砂糖] açúcar ▶ コーヒーに砂糖は入れますか Você põe açúcar no café? / 砂糖入れ açucareiro

さどう[茶道] cerimônia do chá

さとる[悟る] ▶ intuir; perceber 私は生きる意味を悟った Compreendi o sentido de viver.

サドル〖自転車〗 selim

さば[鯖] cavala

さび[錆] ferrugem; oxidação ▶ ナイフが錆びた A faca enferrujou-se. / 錆びた鉄 ferro oxidado

さびしい[寂しい] solitário; só ▶ あなたがいなくてとても寂しい Estou muito só sem você. / 寂しい場所 lugar solitário

さべつ[差別] discriminação ▶ 人種差別 discriminação racial / 女性差別 discriminação feminina / 差別的な discriminatório / 差別する discriminar

さほう[作法] etiqueta; boas maneiras ▶ 食事の作法 etiqueta nas refeições; etiqueta à mesa

サポーター torcedor ▶ サッカーのサポーター torcedor de futebol

さぼる gazetear ▶ 授業をさぼる matar a aula

さま[様] senhor; senhora ▶ 田中様 Senhor [Senhora] Tanaka / 何様のつもりだ Quem você pensa que é?

さまざま[様々] ▶ 様々な vários; diversos / 様々な意見 várias opiniões

さます[覚ます] acordar; despertar ▶ 赤ん坊が目を覚ました O bebê acordou. / 眠気を覚ます espantar o sono

さます[冷ます] esfriar ▶ スープを冷ます esfriar a sopa

さまたげる[妨げる] estorvar; impedir ▶ 車が進路を妨げた O carro impediu [interrompeu] a passagem.

さまよう vaguear ▶ あてもなく街をさまよう andar pela cidade sem destino

サミット(首脳会談) cúpula de chefes de Estado

さむい[寒い] frio ▶ 今日はとても寒い Hoje está muito frio. / 私は寒い Estou com frio.

さむさ[寒さ] frio ▶ 寒さに耐える suportar o frio

さめる[覚める] acordar; despertar ▶ 私は今朝は早く目が覚めた Hoje eu acordei cedo.

さめる[冷める] esfriar ▶ コーヒーが冷めた O café esfriou.

さもないと ou; senão ▶ 急いでください、さもないと遅れてしまいますよ Apresse-se por favor, senão vamos nos atrasar.

さゆう[左右] a esquerda e a direita ▶ 左右をよく見てください Veja bem à direita e à esquerda.

さよう[作用] efeito; ação ▶ 薬の作用 efeito do remédio / 作用と反作用 ação e reação

さようなら até logo; adeus ▶ 彼は私にさようならを言った Ele despediu-se de mim. / さようならパーティー festa de despedida

さよく[左翼] asa esquerda ▶ 左翼政党 partido político da (ala) esquerda

さら[皿] prato

さらいげつ[再来月] daqui a dois meses

さらいしゅう[再来週] daqui a duas semanas ▶ 再来週の月曜日に na segunda-feira; daqui a duas semanas

さらいねん[再来年] daqui a dois anos

ざらざら[ざらざら] áspero

さらす expor ▶ 肌を日光にさらす expor-se ao sol

サラダ salada ▶ ミックスサラダ salada mista / 野菜サラダ salada de verduras

さらに outra vez; de novo ▶ 私たちはさらに5キロ歩かなければならなかった Nós tivemos que andar mais cinco quilômetros.

サラリーマン assalariado

さる[猿] macaco

さる[去る] deixar ▶ 日本を去る deixar o Japão / 危機は去った O perigo passou.

ざる cesto de bambu

…ざるをえない[ざるを得ない] ▶ 我々は計画を中止せざるを得ない Nós tivemos que cancelar o projeto.

さわがしい[騒がしい] barulhento; ruidoso ▶ 隣の子供はいつも騒がしい A criança do vizinho está sempre fazendo barulho.

さわぎ[騒ぎ] confusão; rebuliço ▶ 一体何の騒ぎだ Afinal, que confusão é essa?

さわぐ[騒ぐ] fazer rebuliço; armar confusão ▶ 教会の中で騒いではいけない Não se deve fazer barulho dentro de uma igreja.

さわやか[爽やか] f ▶ 爽やかな refrescante; agradável / 爽やかな風 vento agradável

さわる[触る] tocar; mexer /「触らないでください」Não mexa! / Proibido tocar.

さわる[障る] ▶ 深酒は体に障ります A bebedeira faz mal à saúde. / 気に障ったらお許しください Perdoe-me se lhe ofendi.

…さん senhor; senhora ▶ 田中さん Senhor [Senhora] Tanaka

さん[三] três ▶ 3回 três vezes / 3倍 triplo; três vezes / 3分の1 um terço / 3分の2 dois terços / 3番目の terceiro

さんか[参加] participação; entrada ▶ オリンピックに参加する participar das Olimpíadas

さんか[産科] obstetrícia

さんがい[三階] segundo andar ▶ 私のオフィスは三階にある Meu escritório fica no segundo andar.

さんかくけい[三角形] triângulo ▶ 三角形の triangular

さんがつ[三月] março ▶ 三月に em março

さんぎょう[産業] indústria ▶ 自動車産業 indústria automobilística / 産業革命 Revolução Industrial / 産業化する industrializar / 産業化 industrialização

サングラス óculos de sol ▶ サングラスを掛ける pôr

[colocar] óculos de sol
さんこう[参考] referência; consulta ▶ ご参考までに como referência / 参考書 livro de consulta
ざんこく[残酷] 残酷な cruel; atroz ▶ 残酷さ crueldade; atrocidade
さんじげん[三次元] três dimensões
さんじゅう[三十] trinta ▶ 30代の男性 homem que está na casa [faixa] dos trinta anos de idade / 彼は30代だ Ele é um trintão [balzaquiano]. / 30分 trinta minutos / 6時30分に às seis horas e trinta minutos / 30番目の trigésimo
さんじゅう[三重] 三重の triplo / 三重奏 trio
さんすう[算数] aritmética; cálculo
さんせい[酸性] acidez ▶ 酸性雨 chuva ácida
さんせい[賛成] aprovação; concordância ▶ 私はあなたの意見に賛成です Concordo com sua opinião. / 私はこの計画には賛成しません Não aprovo este plano.
さんそ[酸素] oxigênio ▶ 酸素マスク máscara de oxigênio
サンタクロース Papai Noel
サンダル sandália
サンドイッチ sanduíche ▶ ハムサンドイッチ sanduíche de presunto / チーズサンドイッチ sanduíche de queijo
さんねんせい[三年生] ▶ 娘は小学校三年生だ Minha filha é aluna da terceira série do ensino fundamental.
ざんねん[残念] pena; pesar ▶ 出席できなくて残念です É uma pena eu não poder estar presente. / 残念ながら時間がもうありません É uma pena mas não há mais tempo. / 残念です É uma pena. / 彼女はあなたに会えなかったことを残念がっている Ela está muito sentida por não ter lhe encontrado. / 残念賞 prêmio de consolação
サンバ samba ▶ サンバを踊る dançar samba
さんばい[三倍] triplo; três vezes ▶ 三倍にする triplicar
さんぱつ[散髪] corte de cabelo ▶ 散髪する cortar o cabelo
サンプル amostra
さんぶん[散文] prosa ▶ 散文的な prosaico
さんぽ[散歩] passeio ▶ 散歩する passear / 犬を散歩させる levar o cachorro para passear / 散歩に出かける sair para passear
さんゆこく[産油国] país produtor de petróleo
さんらん[散乱] 散乱する espalhar-se / ゴミが散乱している O lixo está espalhado.
さんりんしゃ[三輪車] triciclo
さんれつ[参列] presença ▶ 葬儀に参列する assistir ao funeral

し

し[四] quatro
し[市] cidade ▶ サンパウロ市 cidade de São Paulo
し[死] morte ▶ 悲劇的な死 morte trágica / 死の恐怖 medo da morte
し[詩] poema; poesia ▶ 詩を書く fazer poesia
じ[字] letra ▶ 私は字がじょうずだ Tenho letra bonita. / 私は字が下手だ Tenho letra feia.
じ[痔] hemorróidas
…じ[時] hora(s) ▶「今何時ですか」「2時です」—Que horas são agora? — São duas horas. / 3時10分に São três horas e dez minutos. / 4時5分前に São cinco para as quatro horas. | Faltam cinco minutos para as quatro horas. / 私は今朝6時半に起きた Hoje eu acordei às seis e meia da manhã.
しあい[試合] jogo ▶ サッカーの試合 jogo de futebol / 昨日サッカーの試合があった Ontem teve jogo de futebol. / 試合に勝つ ganhar o jogo / 試合に負ける perder o jogo
しあげる[仕上げる] terminar; acabar ▶ 私は明日までにこの仕事を仕上げます Vou terminar este trabalho até amanhã.
しあさって[明々後日] ▶ しあさってに会議がある Tem reunião daqui a três dias.
しあわせ[幸せ] felicidade ▶ 幸せな生活を送る levar uma vida feliz / 二人は幸せに暮らしている Os dois vivem felizes. / いつまでもお幸せに Viva feliz para sempre.
しいく[飼育] ▶ 家畜を飼育する criar um rebanho
シーズン estação ▶ シーズンはずれの fora de estação
シーソー gangorra
シーツ lençol ▶ シーツを敷く estender o lençol
しいる[強いる] ▶ 沈黙を強いる forçar o silêncio
シール adesivo; selo
しいん[子音] consoante
しいん[試飲] degustação ▶ ワインの試飲 degustação de vinhos / 試飲する degustar
シーン cena ▶ 感動的なシーン cena emocionante / ラブシーン cena de amor / ラストシーン última cena
じいん[寺院] templo budista
しえい[市営] ▶ 市営の municipal / 市営バス ônibus municipal
ジェットき[ジェット機] avião a jato
シェフ chefe de cozinha
しえん[支援] ajuda; apoio ▶ 支援する ajudar; apoiar
しお[塩] sal ▶ 塩を取ってくれませんか Poderia me passar o sal? / 塩を加える acrescentar sal
しお[潮] maré ▶ 潮が満ちてきた A maré está subindo [enchendo]. / 潮が引いてきた A maré está descendo.
しおからい[塩辛い] salgado ▶ 塩辛い料理 comida salgada
しおり marcador de livro
しおれる murchar ▶ 花がしおれた A flor murchou.
しか[鹿] veado; corça
しか[歯科] odontologia ▶ 歯科医 médico dentista / 歯科医院 clínica odontológica
…しか somente; só ▶ 私は一度しか彼に会っていない Eu o encontrei somente uma vez. / 私は少ししかポルトガル語を話せない Eu só falo um pouco

da língua portuguesa. / そうするしかない Temos que fazer assim. | Não há outro jeito.

じが[自我] o ego

しかい[司会] ▶ 会議の司会をする presidir a reunião / 番組の司会をする apresentar o programa / 司会者 apresentador

しかい[視界] visibilidade; vista ▶ 美しい景色が視界に入った Uma bela paisagem pôde ser vista. / 飛行機が視界から消えた O avião perdeu-se de vista.

しがい[市街] cidade ▶ 旧市街 bairro antigo da cidade / 市街電車 trem [bonde] urbano

しがいでんわ[市外電話] telefone interurbano

しがいせん[紫外線] raio ultravioleta

しかえし[仕返し] retaliação; desforra; vingança ▶ 彼はやられたことの仕返しをした Ele vingou-se do que havia sofrido.

しかく[四角] quadrado ▶ 四角い窓 janela quadrada

しかく[視覚] visão ▶ 視覚的な visual / 視覚芸術 artes visuais / 視覚的に visualmente

しかく[資格] qualificação; habilitação; competência ▶ 資格を取る obter qualificação; qualificar-se ▶ 彼女は教員の資格がある Ela tem habilitação de professora. / 私には発言の資格がある Tenho competência para me pronunciar.

じかく[自覚] autoconsciência ▶ 彼は自分の無知を自覚した Ele conscientizou-se de sua ignorância.

しかし mas; no entanto; todavia ▶ 彼はかつてはいい選手だった。しかし今はよいコーチではない Ele era um bom atleta no passado. No entanto, agora, não é bom técnico.

しかた[仕方] maneira ▶ 私は運転の仕方を知りません Não sei como dirigir.

しかたがない[仕方がない] Não tem outro jeito. | Não há outra maneira. ▶ そんなことはやっても仕方がない Não adianta fazer isso.

しかたなしに[仕方なしに] sem ter outro jeito; contra a vontade; com relutância

しかつ[死活] ▶ それは死活問題だ Essa é uma questão de vida ou morte.

しがつ[四月] abril ▶ 四月に em abril / 四月ばか dia da mentira; dia dos bobos

しがみつく agarrar-se a ▶ ロープにしがみつく agarrar-se à corda

しかめる franzir; contorcer ▶ 顔をしかめる fazer uma careta

しかも além disso ▶ その自動車は燃費がよく、しかも価格もお手頃だ Esse carro tem baixo consumo de combustível e além disso seu preço é razoável.

しかる[叱る] repreender; censurar; ralhar ▶ 母親が子を叱っている A mãe está repreendendo seu filho.

しがんしゃ[志願者] candidato

じかん[時間] (時) tempo; (60 分) hora ▶ 時間が足りない Falta tempo. / まだ時間はある Ainda tem tempo. / 私は時間がない Eu não tenho tempo. / 時間を無駄にする perder tempo / それは時間の無駄だ Isso é perda de tempo. / 私は家を掃除する時間がない Não tenho tempo para limpar a casa. / 私は彼女を2時間待った Eu a esperei durante duas horas. / もう寝る時間だ Já é hora de dormir. / 列車が時間どおりに到着した O trem chegou pontualmente. / 時間はどれくらいかかりますか Quanto tempo leva? / 時間表 horário / 時間割 cronograma; horário

しき[式] (儀式) cerimônia; rito / 〖数学〗equação / 式を行う realizar a cerimônia

しき[四季] as quatro estações

しき[指揮] comando; direção; chefia ▶ オーケストラを指揮する reger a orquestra / チームを指揮する comandar o time / オーケストラ指揮者 regente / 指揮官 comandante

じき[次期] próximo período ▶ 次期大統領 o próximo presidente

じき[時期] época; tempo ▶ 1年のこの時期は雨が多い Nessa época do ano tem muita chuva. / そろそろカーニバルの時期だ A época do carnaval está chegando.

じき[磁気] magnetismo

じき[磁器] porcelana

じきに em breve; logo ▶ じきに慣れますよ Em breve se acostumará.

しきふ[敷布] lençol

しきゅう[至急] urgência ▶ 至急の用事で assunto urgente / 至急来てください Venha com urgência [urgentemente].

しきゅう[子宮] útero

じきゅう[時給] pagamento por [à] hora ▶ 私は時給2500円だ Ganho dois mil e quinhentos ienes por hora. / 時給はいくらですか Quanto é o pagamento por hora?

しきょ[死去] morte

しぎょうしき[始業式] cerimônia inaugural

じぎょう[事業] empreendimento; obra; atividade ▶ 事業に成功する obter sucesso em um empreendimento / 公共事業 obra pública

しきりに sem parar ▶ しきりに頭を掻く coçar a cabeça sem parar

しきる[仕切る] dividir; separar ▶ カーテンで部屋を仕切る Dividir o quarto com uma cortina.

しきん[資金] fundo(s); capital ▶ 資金が不足している Falta capital. / 資金を調達する juntar dinheiro

しく[敷く] estender; espalhar; forrar ▶ 床にじゅうたんを敷く estender o tapete no assoalho / ベッドにシーツを敷く forrar a cama com um lençol

じく[軸] eixo

しぐさ[仕草] gesto; comportamento ▶ 子供のかわいらしい仕草 gesto gracioso da criança

ジグザグ ziguezague ▶ ジグザグの道 estrada em ziguezague / ジグザグに進む caminhar em ziguezague

しくしく ▶ しくしく泣く choramingar

しくじる fracassar; falhar; errar ▶ あの選手は大事な場面でしくじった Aquele atleta falhou em um momento importante.

ジグソーパズル quebra-cabeça
シグナル sinal; aviso
しけい[死刑] pena de morte; pena capital / 死刑囚 condenado à morte
しげき[刺激] estímulo; incentivo ▶ 経済を刺激する estimular a economia / 食欲を刺激する estimular o apetite
しげみ[茂み] mato; moita
しけん[試験] exame; prova ▶ 今日ポルトガル語の試験がある Hoje tenho prova de língua portuguesa. / 試験を受ける fazer [prestar] prova [exame] / 試験に合格する passar na prova; ser aprovado na prova / 試験に落ちる ser reprovado na prova / 試験官 examinador / 試験管 tubo de ensaio; proveta / 試験問題 questão [pergunta] da prova / 試験用紙 folha da prova / 入学試験 exame vestibular / 口頭試験 prova oral / 筆記試験 prova escrita / 中間試験 prova parcial / 期末試験 exame final / 試験的に experimentalmente
じけん[事件] caso; acontecimento; incidente ▶ 事件はここで起きた O incidente aconteceu aqui. / 殺人事件 caso de homicídio
じげん[次元] dimensão ▶ 二次元の bidimensional / 三次元の tridimensional
じげんばくだん[時限爆弾] bomba-relógio
じこ[自己] ▶ 自己紹介させてください Deixe-me apresentar-me. / 自己暗示 autossugestão / 自己流で estilo próprio / 自己満足 presunção / 自己批判 autocrítica / 自己嫌悪 autoaversão
じこ[事故] acidente ▶ 事故を防ぐ evitar acidentes / 事故に遭う sofrer um acidente / 今朝ここで事故があった Hoje de manhã houve um acidente aqui. / 交通事故 acidente de trânsito / 彼は交通事故で亡くなった Ele morreu em um acidente de trânsito. / 事故の際には em caso de acidentes
しこう[思考] pensamento
しこう[指向] ▶ 性的指向 orientação sexual
しこう[歯垢] placa dentária
じこう[時効] prescrição ▶ その事件は時効になった Esse caso prescreveu.
じこく[時刻] hora ▶ 時刻は3時半です São três horas e meia. / 時刻表 horário
じごく[地獄] inferno ▶ 天国と地獄 céu e inferno / 地獄の infernal
しごと[仕事] trabalho ▶ 私は今仕事を探している Agora, estou à procura de trabalho. / 今はやらなければならない仕事がたくさんある Tenho muito trabalho a fazer. / 仕事に行く ir ao trabalho / 仕事をする trabalhar / 仕事を辞める parar de trabalhar / 私は今仕事中だ Agora estou trabalhando. / 私は仕事でブラジルへ行くことになった Vou fazer uma viagem de trabalho ao Brasil.
しさ[示唆] sugestão ▶ 示唆する sugerir
じさ[時差] diferença de horas / 時差ぼけ jetlag; distúrbios causados pela mudança de fuso horário
しさつ[視察] inspeção / 視察する inspecionar
じさつ[自殺] suicídio / 自殺する suicidar-se / 自殺未遂 tentativa de suicídio

しさん[資産] posse; bens; propriedades ▶ 資産家 pessoa rica
じさん[持参] ▶ 筆記用具を持参してください Traga [Leve] material para escrever.
しじ[支持] apoio; suporte ▶ 支持する apoiar / 彼女はその政党を支持している Ela apoia esse partido político. / 支持者 apoiante
しじ[指示] (示す) indicação; (指図) instrução ▶ 指示をする instruir
じじつ[事実] verdade; realidade ▶ 事実は小説よりも奇なり A realidade é mais estranha que a ficção. / それは事実だ Isso é verdade. / それは事実ではない Isso não é verdade.
じじもんだい[時事問題] problemas atuais
ししゃ[死者] morto; falecido; defunto ▶ その交通事故で2人の死者が出た Houve dois mortos nesse acidente de carro.
ししゃ[使者] emissário; mensageiro
じしゃく[磁石] ímã; magneto
ししゅう[刺繍] bordado ▶ 刺しゅうをする bordar
しじゅう[四十] quarenta
しじゅう[始終] (いつも) sempre; (最初から最後まで) do começo ao fim ▶ 一部始終を語る contar tudo, do começo ao fim
じしゅ[自主] ▶ 自主的な voluntário / 彼女は自主的にその仕事をした Ela fez esse trabalho voluntariamente.
しじゅうそう[四重奏] quarteto
ししゅつ[支出] despesa; gasto ▶ 支出を減らす diminuir as despesas
ししゅんき[思春期] puberdade ▶ 思春期の da puberdade
じしょ[辞書] dicionário ▶ 辞書を引く consultar o dicionário / 辞書を頼りに com a ajuda do dicionário / その言葉は辞書に載っていない Não tem essa palavra no dicionário.
ししょう[師匠] mestre
しじょう[市場] mercado ▶ 株式市場 mercado de ações; bolsa de valores / 市場経済 economia de mercado / 市場性のある comercializável / 市場占有率 participação no mercado
じしょう[自称] ▶ その男は予言者を自称していた Aquele homem dizia-se ser o profeta.
じじょう[事情] circunstâncias; condições ▶ 事情が許せば se as condições permitirem / 彼は家庭の事情で退職した Por razões familiares ele se aposentou. / この国では住宅事情がよくない Nesse país, as condições habitacionais não são boas.
ししょうしゃ[死傷者] mortos e feridos ▶ その事故で多数の死傷者が出た Nesse acidente houve muitos mortos e feridos.
じじょでん[自叙伝] autobiografia
しじん[詩人] poeta
じしん[地震] terremoto ▶ ゆうべ大きな地震があった Ontem à noite houve um grande terremoto.
じしん[自身] a própria pessoa ▶ 我々自身でやりましょう Vamos fazer nós mesmos.
じしん[自信] autoconfiança ▶ 私は自信がある Te-

nho autoconfiança. / 私は自信がない Não tenho autoconfiança.

しすう [指数] índice; 〖数学〗expoente ▶ 物価指数 índice de preços / 指数関数 função exponencial

しずか [静か] 静かな calmo; tranquilo / 静かな場所 lugar tranquilo / 静かな海 mar calmo / 静かにしてください Silêncio, por favor. / 彼女は静かに話す Ela fala baixinho.

しずく [滴] gota ▶ 雨の滴 pingo de chuva

しずけさ [静けさ] silêncio; quietude; tranquilidade ▶ 朝の静けさ o silêncio das manhãs

しずまる [鎮まる] acalmar-se; serenar-se ▶ 風が静まった O vento amainou-se.

しずむ [沈む] afundar-se; naufragar ▶ その船はついに沈んだ Esse navio acabou afundando. / 沈んだ表情 expressão abatida

しずめる [沈める] afundar ▶ 船を沈める afundar o navio

しずめる [静める] acalmar; sossegar ▶ 先生は子供たちを静めた O professor fez as crianças ficarem quietas.

しずめる [鎮める] aliviar; apaziguar ▶ 反乱を鎮める acabar com a revolta

しせい [姿勢] postura ▶ 彼は姿勢がよい Ele tem boa postura. / 彼は姿勢が悪い Ele tem má postura. / 大統領は前向きな姿勢を示した O presidente mostrou-se otimista.

じせい [自制] autocontrole ▶ 自制する autocontrolar-se

しせいかつ [私生活] vida privada

しせき [史跡] sítio histórico ▶ 有名な史跡を訪れる visitar um sítio histórico famoso

しせつ [施設] instalações; estabelecimento ▶ 教育施設 estabelecimento educacional / 公共施設 instalações públicas

しせん [視線] olhar; vista

しぜん [自然] natureza ▶ 自然の, 自然な natural / 自然の美 beleza natural / この地方にはまだ自然がたくさん残っている Nesta região ainda resta muita natureza. / 自然科学 ciências naturais / 彼の身ぶりはまったく自然だ Os gestos dele são naturais. / 彼はとても自然にポルトガル語を話す Ele fala muito naturalmente o idioma português.

しそう [思想] pensamento ▶ 哲学的な思想 pensamento filosófico / 近代思想 pensamento moderno / 思想家 pensador

じそく [時速] velocidade por hora ▶ その車は時速100キロで走っていた Esse carro corria a uma velocidade de cem quilômetros por hora.

じぞく [持続] continuidade ▶ 幸せな結婚生活を持続させる manter a feliz vida de casados / 持続可能な発展 desenvolvimento sustentável

しそん [子孫] descendente

じそんしん [自尊心] autorrespeito ▶ 彼女は自尊心を傷つけられた Feriram o orgulho dela. / 彼はとても自尊心が強い Ele é muito orgulhoso.

した [下] ▶ 下から 3 行目 terceira linha de baixo para cima / 下から 4 番目 o quarto de baixo para cima / 下を見る olhar para [em] baixo / テーブルの下に隠れる esconder-se em baixo da mesa / 妻は私より 2 歳下だ Minha esposa é 2 anos mais nova que eu. / あんな上司の下で働きたくない Não quero trabalhar para um chefe como aquele.

した [舌] língua ▶ 舌を出す mostrar a língua / 舌をかむ morder a língua

したい [死体] cadáver

…しだい [次第] ▶ 結果がわかり次第ご連絡いたします Logo que souber do resultado entrarei em contato. / それは君次第だ Isso depende de você.

じたい [事態] situação ▶ 緊急事態 situação de emergência / 事態はたいへん深刻だ A situação é muito grave.

じたい [辞退] recusa ▶ 賞を辞退する recusar o prêmio

じだい [時代] época; período ▶ 時代はすっかり変わった Os tempos mudaram completamente. / 彼女は学生時代にいろいろな活動をした Na época de estudante, ela participou de várias atividades. / 時代遅れのファッション moda retrógrada / 明治時代に na Era Meiji

しだいに [次第に] ▶ 経済危機は次第に深刻になってきた A crise econômica foi se agravando aos poucos.

したう [慕う] adorar; idolatrar; seguir ▶ あの子は母をたいへん慕っている Aquela criança adora sua mãe.

したがう [従う] seguir; obedecer; aceitar ▶ 命令に従う seguir as ordens

したがき [下書き] rascunho

したがって [従って] (そのため) por isso; (…につれて) conforme; segundo; de acordo com ▶ 高度が上がるにしたがって気温が下がる Conforme subimos para altas altitudes, a temperatura cai. / 彼は計画にしたがって行動した Ele agiu de acordo com o plano.

したぎ [下着] roupa íntima; roupa de baixo

したく [支度] preparativos ▶ 私は旅行に出かける支度ができた Eu terminei os preparativos para a viagem. / 夕飯の支度をする fazer os preparativos do jantar

じたく [自宅] ▶ (私の) 自宅の住所はこちらです Meu endereço é este. / ご自宅の電話番号を教えてください Dê-me o número do telefone de sua casa.

したしい [親しい] familiar; amigo; íntimo ▶ 彼は私の親しい友人の一人です Ele é um dos meus amigos íntimos. / 私は彼と親しくなった Eu tornei-me seu amigo íntimo.

したじき [下敷き] ▶ 彼は倒れた木の下敷きになった Ele ficou debaixo da árvore que caiu.

したしみ [親しみ] intimidade; familiaridade ▶ 私はブラジル音楽に親しみを感じる Sinto intimidade com a música brasileira.

したしむ [親しむ] simpatizar-se; familiarizar-se ▶ 彼は幼い頃から文学作品に親しんでいた Desde pequeno ele se simpatizava com as obras literárias.

したたる [滴る] pingar; gotejar ▶ 額から汗が滴る pingar suor da testa

したてる[仕立てる] costurar; confeccionar ▶ 私は新しいスーツを仕立ててもらった Mandei costurar um novo terno.
したまち[下町] parte baixa de uma cidade
しち[七] sete
しち[質] penhor ▶質に入れる pôr no prego; pôr a penhor / 質屋 casa de penhores
じち[自治] governo autônomo ▶地方自治体 governo local
しちがつ[七月] julho ▶七月に em julho
しちじゅう[七十] setenta
しちゃく[試着] ▶試着する provar uma roupa ▶これを試着してもよろしいですか Posso provar esta roupa? / 試着室 provador de roupas
シチュー ensopado; guisado ▶ビーフシチュー guisado de carne bovina
しちょう[市長] prefeito
しちょうかく[視聴覚] sentido audiovisual ▶視聴覚教育 educação audiovisual
しちょうしゃ[視聴者] audiência
しちょうりつ[視聴率] índice de audiência
しつ[質] qualidade ▶ 質のよい紙 papel de boa qualidade / 質の悪い紙 papel de má qualidade / 生活の質 qualidade de vida / 私は量よりも質を選ぶ Prefiro a qualidade à quantidade.
じつ[実] ▶実を言うと falando a verdade / 実はそうではなかったのです Na verdade, não foi assim. / 実の母 mãe verdadeira / 私は実に興味深い Isso é realmente interessante.
しっかく[失格] desqualificação; eliminação ▶ その選手はドーピングのため失格した Esse atleta foi eliminado por causa do doping.
しっかり firmemente ▶ロープをしっかり持ってください Segure a corda firmemente. / しっかり勉強しなさい Estude bastante. / しっかりして Vamos, ânimo!
しつぎおうとう[質疑応答] perguntas e respostas debate
しつぎょう[失業] desemprego ▶私は失業した Fiquei desempregado. / 私は失業中だ Estou desempregado. / 失業率 índice de desemprego / 失業者 desempregado
じっきょうちゅうけい[実況中継] transmissão ao vivo [direta]
じつぎょう[実業] negócio ▶実業家 homem [mulher] de negócios; industrial / 実業界 mundo dos negócios
しっくい[漆喰] argamassa; reboco
しっくり ▶あの夫婦はしっくりいっていない Aquele casal não está se entendendo bem.
じっくり ▶じっくり考える pensar com calma e devagar.
しっけ[湿気] umidade ▶日本の夏は湿気が多い O verão no Japão é muito úmido.
しつけ[躾] ▶子供のしつけ disciplina infantil
しつける educar; disciplinar ▶子供を厳しくしつける educar a criança com rigor
じっけん[実験] experiência ▶化学の実験 experiência de química / 実験する fazer experiência / 実験的な experimental 実験的に experimentalmente / 実験室 laboratório; sala de experimentos
しつこい teimoso; insistente; importuno ▶しつこい汚れ sujeira persistente / 彼はしつこく彼女につきまとった Ele seguiu-a importunamente.
しっこう[執行] execução ▶ 強制執行 execução forçada / 刑を執行する executar a pena / 執行委員会 membro da comissão executiva
じっこう[実行] realização; execução ▶計画を実行する executar o plano
じっさい[実際] verdade; prática; realidade ▶ 実際の状況は想像とかなり違っていた A realidade era bem diferente do que havia imaginado. / 私は実際に事故現場を見た Eu vi de verdade o local do acidente. / それは実際には無理だ Na prática isso é impossível.
じつざい[実在] existência ▶ 実在の人物 pessoa de existência real / この人物は実在する Esta pessoa existe.
じっし[実施] execução; implementação ▶ 麻薬撲滅キャンペーンを実施する implementar uma campanha para acabar com as drogas
じっしつ[実質] realidade; essência ▶その土地の実質的な所有者 proprietário de fato dessa terra / 実質的には何も変わらなかった Na prática nada mudou. / 実質成長率 crescimento real
じっしゅう[実習] treino; prática ▶ 実習を行う treinar; praticar / 実習生 estagiário; aprendiz
じつじょう[実情] situação real ▶これがその国の実情だ Isto é a situação real desse país.
しっしん[失神] desmaio ▶彼女は失神してしまった Ela acabou desmaiando.
しっしん[湿疹] eczema
じっせん[実践] prática ▶理論を実践する pôr a teoria em prática
しっそ[質素] simplicidade; frugalidade ▶質素な生活をする levar uma vida simples / 質素に暮らす viver modestamente
しっと[嫉妬] ciúme; inveja ▶彼女は嫉妬深い Ela é muito ciumenta. / 嫉妬する ter ciúme
しつど[湿度] grau de umidade ▶今日は湿度が高い Hoje a umidade está alta.
じっと ▶少しだけじっとしていてください Não se mexa só por um instante. /…をじっと見つめる olhar fixamente para...
しつない[室内] interior ▶室内植物 planta de interiores / 室内楽 música de câmara
しっぱい[失敗] falha; erro; engano ▶その計画は失敗に終わった Esse projeto acabou não dando certo. / 失敗する falhar; errar / 彼は受験に失敗した Ele foi reprovado no exame.
じっぴ[実費] custo real; despesa real
じつぶつ[実物] ▶実物大の模型 maquete do tamanho real
しっぽ[尻尾] rabo ▶犬が尻尾を振る O cachorro balança o rabo.
しつぼう[失望] decepção; desilusão ▶私は結果に失望した Fiquei decepcionada com o resultado.
しつめい[失明] ▶ 失明する perder a visão; ficar

cego

しつもん[質問] pergunta ▶ 何か質問はありますか Tem alguma pergunta? / 彼女は私の質問に答えた Ela respondeu a minha pergunta. / 質問してもよろしいでしょうか Posso fazer uma pergunta? / 遠慮なく質問してください Façam perguntas sem cerimônia.

じつよう[実用] uso; prático ▶ この道具は実用的でない Esta ferramenta não é prática. / 実用ポルトガル語 português prático

じつりょく[実力] ▶ 実力者 pessoa influente / 彼にはその仕事をこなす実力がある Ele tem competência para realizar esse trabalho.

しつれい[失礼] ▶ (軽い謝罪) 失礼 Desculpe-me / (許可を求める) 失礼します Com licença. / (その場を去る) 失礼します Com licença. / 失礼ですがお名前は Desculpe-me mas qual é o seu nome? / 彼はたいへん失礼だ Ele é muito mal-educado. / 人を指差すのは失礼だ É descortês apontar as pessoas com o dedo.

じつれい[実例] exemplo real ▶ 実例を挙げる dar um exemplo real

しつれん[失恋] desilusão amorosa ▶ 彼は最近失恋した Faz pouco tempo ele teve uma desilusão amorosa.

してい[指定] marcação; indicação; especificação ▶ ご都合のいい時間と場所を指定してください Marque hora e lugar convenientes. / 指定席 assento reservado

…しようとしている ▶ 私はそのとき家を出ようとしていた Nessa hora eu estava saindo de casa.

…しておけばよかった ▶ もう少しポルトガル語を勉強しておけばよかった Eu deveria ter estudado a língua portuguesa um pouco mais.

してき[私的] ▶ 私的な particular; privado; pessoal / 私的な集まり uma reunião privada

してき[指摘] ▶ 誤植を指摘する apontar o erro de impressão

してき[詩的] ▶ 詩的な poético

してん[支店] agência; filial; sucursal ▶ 銀行の支店 agência bancária

してん[視点] ponto de vista

しでん[市電] bonde

じてん[辞典] dicionário ▶ ポルトガル語辞典 dicionário da língua portuguesa

じでん[自伝] autobiografia

じてんしゃ[自転車] bicicleta ▶ 自転車で行く ir de bicicleta / 私は自転車に乗れる Eu sei andar de bicicleta.

しどう[指導] orientação; liderança; direção ▶ A教授の指導の下で sob a orientação do professor A / 研究を指導する orientar a pesquisa / 指導者 orientador

じどう[自動] ▶ 自動の automático / 自動ドア porta automática / 自動販売機 máquina de venda automática / 自動的に automaticamente / ドアが自動的に開いた A porta abriu-se automaticamente.

じどう[児童] crianças ▶ 児童文学 literatura infantil / 児童書 livro infantil [para crianças]

じどうし[自動詞] verbo intransitivo

じどうしゃ[自動車] carro; automóvel ▶ 自動車を運転する dirigir um carro / 自動車会社 empresa automobilística / 自動車事故 acidente de carro; acidente automobilístico / 自動車レース corrida de carro; corrida automobilística / 自動車教習所 auto-escola

しとやか[淑やか] ▶ しとやかな gracioso; meigo ▶ 彼女はとてもしとやかだ Ela é muito graciosa.

しな[品] ▶ この店は品揃えが豊かだ Esta loja possui uma rica variedade de produtos.

しない[市内] ▶ 市内にたくさんの観光名所がある Tem muitos lugares turísticos na cidade. / 市内通話 ligação (telefônica) urbana [local]

しなぎれ[品切れ] estoque esgotado ▶ 品切れの本 livro esgotado / その商品は品切れです Esse artigo foi todo vendido.

しなびる murchar; secar; definhar ▶ しなびた花 flor murcha

しなもの[品物] artigo; mercadoria; produto ▶ これはよい品物だ Esta é uma boa mercadoria.

シナリオ roteiro ▶ シナリオライター roteirista

じなん[次男] segundo filho mais velho

シニア idoso; sênior ▶ シニア層 geração de idosos

しにものぐるい[死に物狂い] ▶ 私は死に物狂いで勉強した Estudei como um louco.

しにん[死人] morto; falecido; defunto

じにん[辞任] renúncia; resignação ▶ 辞任する renunciar

しぬ[死ぬ] morrer; falecer ▶ 彼は若くして死んだ Ele morreu jovem. / 彼女は病気で死んだ Ela morreu de uma doença. / 彼の父はその事故で死んだ O pai dele morreu nesse acidente. / 死んだ魚 peixe morto / 彼は寝室で死んでいた Ele estava morto no quarto de dormir.

じぬし[地主] proprietário, ria

しのぐ[凌ぐ] ▶ 飴をなめて飢えをしのぐ suportar a fome chupando uma bala

しのびこむ[忍び込む] entrar às escondidas ▶ 泥棒が家に忍び込んだ O ladrão entrou na casa às escondidas.

しのぶ[偲ぶ] evocar; recordar; lembrar ▶ 彼は故郷をしのんでいた Ele recordava a terra natal.

しば[芝] grama; relva ▶ 芝を刈る cortar a grama / 芝刈り機 cortador de grama; máquina de cortar grama

しはい[支配] domínio; controle ▶ 支配する dominar; governar / ブラジルはポルトガルに支配されていた O Brasil foi governado por Portugal. / 支配者 dominador / 支配人 administrador / 支配的意見 opinião dominante / 支配階級 classe dominante

しばい[芝居] teatro; peça teatral; representação ▶ 芝居を見に行く ir ao teatro; ir ver uma peça teatral

じはく[自白] confissão ▶ 彼は自らの罪を自白した Ele confessou seu crime.

しばしば muitas vezes; frequentemente ▶ この地方はしばしば干ばつに見舞われる Esta região sofre

frequentemente com a seca.
しはつ[始発] primeira partida ▶ 始発駅 estação inicial estação de partida / 始発列車 primeiro trem a partir
じはつてき[自発的] ▶ 自発的な行為 ação espontânea / 彼は自発的に手伝ってくれた Ele ajudou espontaneamente.
しばふ[芝生] gramado ▶ 芝生に入らないでください Não entre no gramado, por favor.
しはらい[支払い] pagamento ▶ 支払い方法 formas de pagamento / 支払期限 prazo de pagamento
しはらう[支払う] pagar ▶ クレジットカードで支払う pagar com o cartão de crédito / ホテル代を支払う pagar a conta do hotel
しばらく ▶ しばらくお待ちください Espere um momento, por favor. / しばらくして彼はやってきた Depois de algum tempo ele apareceu. / 私はしばらく彼女に会っていない Eu não a vejo por um certo tempo.
しばる[縛る] amarrar; atar; prender ▶ 彼は手足を縛られた Ele teve seus pés e mãos atadas. / 小包をひもで縛る amarrar o pacote com um fio
じひ[自費] ▶ 自費で por conta própria / 私は自費留学した Eu fui estudar no exterior por conta própria.
じひ[慈悲] piedade; misericórdia; compaixão ▶ 慈悲深い cheio de compaixão
じびいんこうか[耳鼻咽喉科] otorrinolaringologia
じびょう[持病] doença crônica
しびれ ▶ dormência; entorpecimento ▶ 手のしびれ dormência da mão
しびれる[痺れる] adormecer ▶ 足がしびれた Meu pé adormeceu. / 手がしびれた Minha mão adormeceu.
しぶ[支部] filial; sucursal
しぶい[渋い] amargo ▶ 渋いお茶 chá amargo
しぶしぶ de má vontade; relutantemente ▶ 彼はしぶしぶ決定に従った Ele seguiu as determinações contra sua vontade.
じぶつ[事物] coisas
じぶん[自分] ▶ 私は自分の車を持っている Tenho meu próprio carro. / 私はほとんど自分の時間がない Não tenho um tempo próprio. / 自分でやります Eu mesmo faço.
じぶんかって[自分勝手] ▶ 彼女は自分勝手だ Ela é egoísta.
しへい[紙幣] nota
しほう[司法] magistratura ▶ 司法権 poder judiciário / 司法省 Ministério da Justiça / 司法大臣 ministro da justiça
しほう[四方] ▶ 日本は四方を海に囲まれている O Japão está cercado pelo mar nos quarto pontos cardeais.
しぼう[死亡] morte ▶ 死亡する morrer; falecer / 死亡率 índice de mortalidade
しぼう[志望] desejo; aspiração ▶ 志望する desejar; aspirar / 役者志望の青年 jovem com aspiração a ator.

しぼう[脂肪] gordura; banha; sebo ▶ 脂肪の少ない肉 carne magra [com pouca gordura]
しぼむ murchar ▶ 花がしぼんだ A flor murchou.
しぼる[絞る] espremer ▶ レモンを絞る espremer o limão
しほん[資本] capital ▶ 資本主義 capitalismo / 資本主義経済 economia capitalista / 資本家 capitalista
しま[島] ilha
しま[縞] listra; risca ▶ 縞のシャツ camisa listrada / 縞のネクタイ gravata listrada
しまい fim ▶ そろそろしまいにしよう Vamos terminar.
しまい[姉妹] irmãs ▶ 姉妹都市 cidades irmãs
しまう(片づける) guardar ▶ おもちゃをしまいなさい Guarde os brinquedos.
…しまう ▶ 私はその本を読んでしまった Eu já terminei de ler esse livro.
じまく[字幕] legenda; letreiro ▶ 日本語の字幕付き映画 filme com legenda em língua japonesa
しまぐに[島国] país insular / 島国根性 mentalidade limitada de país insular
しまる[閉まる] fechar ▶ ドアが閉まっていた A porta estava fechada. / この店は何時に閉まりますか A que horas fecha esta loja?
じまん[自慢] orgulho ▶ 彼女は息子を自慢している Ela orgulha-se de seu filho.
しみ[染み] mancha; nódoa; borrão ▶ 染みを落とす tirar a mancha / 染みが落ちた Saiu a mancha. / 染みが落ちない A mancha não sai. / 服に染みがついた A roupa manchou-se.
じみ[地味] 地味な simples;sóbrio ▶ 地味な服装 vestimenta simples
シミュレーション simulação ▶ シミュレーションゲーム jogo simulado
しみる[染みる] ▶ 冷たいものが歯にしみる Coisas geladas fazem o dente doer. / この薬はしみる Este remédio faz arder.
しみん[市民] cidadão ▶ 市民権 direito civil
じむ[事務] trabalho de escritório ▶ 事務所 escritório / 事務総長 secretário geral
しめい[氏名] nome
しめい[使命] missão ▶ 使命を果たす cumprir a missão / 我々は重大な使命を帯びている Nós estamos encarregados de uma missão muito importante.
しめい[指名] designação; nomeação ▶ 私たちは彼をリーダーに指名した Nós o nomeamos nosso líder.
しめきり[締め切り] fim do prazo ▶ 締め切り日 data limite data final do prazo / 月末が締め切りだ O fim do prazo é o final do mês.
じめじめ ▶ じめじめした季節は嫌いだ Não gosto da estação úmida.
しめす[示す] mostrar ▶ このことは私たちが正しいことを示している Isto está mostrando que nós estamos certos. / 矢印が行き先を示している A seta está indicando a direção a ser seguida.
しめった[湿った] úmido ▶ 湿った空気 ar úmido / 湿ったタオル toalha úmida

しめりけ[湿り気] umidade
しめる[湿る] umedecer ▶洗濯物がまだ湿っている As roupas (postas para secar) ainda estão úmidas. / スポンジを湿らせる umedecer a esponja
しめる[占める] ocupar ▶重要な地位を占める ocupar uma posição importante / ポルトガルとブラジルではカトリックが大部分を占めている Em Portugal e no Brasil os católicos são a maioria.
しめる[閉める] fechar ▶ドアを閉めてください Feche a porta, por favor.
しめる[締める] apertar; fechar ▶ベルトをお締めください Afivele o cinto, por favor.
じめん[地面] terra; chão ▶地面が雪で覆われている O chão está coberto de neve.
しも[霜] geada ▶霜が降りる gear; cair geada
しもやけ[霜焼け] ulceração causada pelo frio
しや[視野] visão ▶視野が広い A visão é ampla. / 視野が狭い A visão é estreita.
ジャーナリスト jornalista
ジャーナリズム jornalismo
シャープペンシル lapiseira
シャーベット sorvete ▶レモンシャーベット sorvete de limão
しゃいん[社員] funcionário [empregado] de uma empresa
しゃかい[社会] sociedade ▶ブラジル社会 sociedade brasileira / それはこの社会ではよくあることだ Isso é comum nesta sociedade. / 社会生活 vida social / 社会問題 problema social / 社会保障 previdência social / 社会主義 socialismo / 社会党 partido socialista / 社会学 sociologia / 社会学者 sociólogo
じゃがいも batata
しゃがむ agachar; pôr-se de cócoras
しゃく[癪] ▶彼の話し方がしゃくにさわる O modo de falar dele irrita-me.
…じゃく[弱] ▶1時間弱で目的地に到着します Chegaremos ao destino em menos de uma hora.
しゃくしょ[市役所] prefeitura
じゃぐち[蛇口] torneira; bica
じゃくてん[弱点] ponto fraco ▶これが彼の弱点だ Isto é o ponto fraco dele.
しゃくや[借家] casa alugada
しゃくよう[借用] empréstimo ▶借用語 palavra estrangeira introduzida num idioma / 借用証書 nota promissória; título de dívida
ジャケット(上着) jaqueta
しゃこ[車庫] garagem ▶車を車庫に入れる estacionar o carro na garagem
しゃこう[社交] convívio social; relações sociais ▶社交的な sociável / 社交界 mundo da alta sociedade
しゃざい[謝罪] pedido de perdão ▶私はあなたに謝罪いたします Peço-lhe perdão.
しゃしょう[車掌] cobrador
しゃしん[写真] fotografia ▶写真を撮る tirar fotografia / 私は娘の写真を撮った Tirei fotos de minha filha / 写真家 fotógrafo
しゃせつ[社説] editorial
しゃせん[車線] faixa de trânsito; pista

しゃせん[斜線] linha oblíqua
しゃちょう[社長] presidente ▶副社長 vice-presidente
シャツ camisa ▶シャツを着る vestir a camisa / シャツを脱ぐ tirar a camisa / 半袖シャツ camisa de manga curta
じゃっかん[若干] um pouco; alguns ▶若干名を採用する Alguns serão admitidos. / 若干問題がある Tem alguns problemas.
しゃっきん[借金] dívida ▶私は借金がある Tenho uma dívida. / 私は彼に1万円の借金がある Tenho uma dívida de dez mil ienes com ele. / 借金を返す quitar a dívida
しゃっくり soluço ▶しゃっくりが出る estar com soluço / 私はしゃっくりが止まらない Não paro de soluçar.
シャッター (カメラ) obturador; (店舗) porta de enrolar
しゃどう[車道] pista de estrada
しゃぶる chupar
しゃべる[喋る] falar ▶彼女はよくしゃべる Ela fala bastante.
シャベル pá
じゃま[邪魔] obstáculo; empecilho; estorvo ▶勉強の邪魔をしないでください Não atrapalhe o estudo. / 明日お邪魔します Vou visitar-lhe amanhã. / お邪魔しました Desculpe-me o incômodo.
ジャム geleia ▶いちごのジャム geleia de morango
しゃめん[斜面] plano inclinado; rampa; encosta
しゃりん[車輪] roda
しゃれ[洒落] trocadilho; pilhéria; piada ▶しゃれを言う contar piada; dizer trocadilho; fazer pilhéria
しゃれい[謝礼] remuneração ▶謝礼をお支払いします Vou remunerar-lhe.
しゃれる[洒落る] ▶しゃれた家具 móvel vistoso
シャワー chuveiro ▶シャワーを浴びる tomar banho de chuveiro
ジャングル selva
ジャンパー blusão
ジャンプ pulo; salto ▶ジャンプする pular; saltar
シャンプー xampu ▶シャンプーする lavar o cabelo com xampu
しゅ[主] (主人) patrão; dono ▶主たる目的 a meta principal / 主として principalmente
しゅ[種] tipo; gênero; espécie ▶種の多様性 a diversidade das espécies
しゅい[首位] o primeiro lugar ▶首位を占める ocupar o primeiro lugar
しゅう[週] semana ▶今週 esta semana / 先週 semana passada / 来週 próxima semana / 毎週 todas as semanas / 隔週 semanas alternadas
しゆう[私有] ▶私有の particular; privado / 私有地 terreno de propriedade privada / 私有財産 bens privados
じゅう[十] dez ▶十番目の décimo / 十分の一 um décimo
…じゅう[中] ▶一日中 o dia todo / 一晩中 a noite

toda / 一年中 o ano todo / 日本中で em todo o Japão / そのニュースは世界中に広まった Essa notícia espalhou-se por todo o mundo.

じゆう[自由] liberdade ▶ 自由な社会 sociedade liberal / 自由時間 tempo livre / 自由に暮らす viver com liberdade / 自由になる tornar-se livre; ficar livre / 言論の自由 liberdade de expressão / (食べ物を)ご自由にどうぞ Sirva-se à vontade. / (配布物を)ご自由にお取りください Material gratuito. / 自由化する liberalizar / 自由化 liberalização / 自由主義 liberalismo / 自由主義経済 economia capitalista liberal

しゅうい[周囲] circunferência; os arredores ▶ 彼は周囲を見回した Ele olhou ao seu redor. / この島は周囲が20キロある Esta ilha tem um perímetro de vinte quilômetros.

じゅうい[獣医] veterinário

じゅういち[十一] onze

じゅういちがつ[十一月] novembro

しゅうかい[集会] reunião; encontro; concentração ▶ 集会が昨日開かれた Houve uma reunião ontem. / 集会に出席する comparecer a uma reunião

しゅうかく[収穫] colheita; safra ▶ 米の収穫 colheita de arroz / 収穫期 período de colheita; safra

じゅうがつ[十月] outubro ▶ 10月に em outubro

しゅうかん[習慣] costume; hábito; praxe ▶ 私は毎朝ジョギングをする習慣がある Tenho o costume de correr todas as manhãs. / この国には変わった習慣がある Há um costume diferente neste país. / 彼らの言葉と習慣は我々のとは異なっている O idioma e os costumes deles são diferentes dos nossos.

しゅうかん[週間] semana ▶ 1週間 uma semana

しゅうかんし[週刊誌] revista semanal

しゅうき[周期] período; ciclo ▶ 周期的な運動 movimento cíclico / 周期的に periodicamente

しゅうきゅう[週給] salário semanal

しゅうきゅうふつかせい[週休二日制] sistema de dois dias de folga por semana

しゅうきょう[宗教] religião ▶ 宗教的な religioso / 宗教的行事 evento religioso / 宗教画 pintura religiosa

しゅうぎょうしき[終業式] cerimônia de fim de curso

じゆうぎょう[自由業] profissão liberal

じゅうぎょういん[従業員] funcionário; empregado

しゅうきん[集金] cobrança ▶ 集金する cobrar / 集金人 cobrador

じゅうく[十九] dezenove ▶ 19番目の décimo nono

シュークリーム carolina; bomba; doce recheado com creme

じゅうけつ[充血] hiperemia

じゅうご[十五] quinze ▶ 十五番目の décimo quinto

しゅうごう[集合] ▶ 私たちは正門に集合した Reunimo-nos no portão principal. / 集合しなさい Juntem-se! / 集合名詞 substantivo coletivo

じゅうこうぎょう[重工業] indústria pesada

ジューサー espremedor de frutas

しゅうさい[秀才] talento ▶ 彼は秀才だ Ele é talentoso.

じゅうさん[十三] treze ▶ 十三番目の décimo terceiro

しゅうし[修士] ▶ 修士号 mestrado / 修士課程 curso de mestrado

しゅうじ[習字] caligrafia

じゅうし[十四] quatorze ▶ 十四番目の décimo quarto

じゅうし[重視] ▶ 重視する dar importância a

じゅうじ[十字] cruz ▶ 十字を切る fazer o sinal da cruz; benzer-se / 十字架 a cruz / 十字路 cruzamento; encruzilhada

じゅうじ[従事] ▶ 従事する dedicar-se a ▶ 彼は農業に従事している Ele dedica-se à agricultura.

じゅうしち[十七] dezessete ▶ 十七番目の décimo sétimo

しゅうじつ[終日] o dia inteiro; todo o dia ▶ ここは終日駐車禁止だ É proibido estacionar aqui de dia.

しゅうじつ[週日] dias da semana; dias úteis

じゅうじつ[充実] ▶ 私は充実した生活を送っている Levo uma vida plena. / この店は食品が充実している Esta loja está bem abastecida de produtos alimentícios.

しゅうしふ[終止符] ponto final ▶ …に終止符を打つ colocar um ponto final em…

しゅうしゅう[収集] coleção ▶ 収集する colecionar

じゅうじゅん[従順] obediência; submissão ▶ 従順な犬 cão obediente

じゅうしょ[住所] endereço ▶ ご住所を教えてください Informe-me seu endereço. / ご住所はどちらですか Qual é o seu endereço?

じゅうしょう[重傷] ferimento grave ▶ 彼は重傷を負った Ele sofreu um ferimento grave.

しゅうしょく[修飾] enfeite; adorno;『文法』modificação ▶ 動詞を修飾する modificar o verbo / 修飾語 palavra modificadora

しゅうしょく[就職] emprego ▶ 彼女はよい会社に就職した Ela empregou-se em uma boa empresa. / 就職口を探す procurar um emprego

しゅうしん[終身] ▶ 終身刑 pena de prisão perpétua / 終身雇用 emprego vitalício

しゅうしん[就寝] ▶ 就寝する ir dormir

しゅうじん[囚人] prisioneiro; preso; condenado

ジュース suco ▶ オレンジジュース suco de laranja

しゅうせい[修正] correção; emenda; revisão ▶ 法案を修正する fazer uma emenda no projeto de lei

しゅうせい[習性] hábito; costume ▶ この動物には変わった習性がある Este animal tem um hábito diferente.

じゅうたい[重態] ▶ 患者は重態である O paciente está em estado grave.

じゅうたい[渋滞] congestionamento ▶ この高速

道路は今渋滞している Esta rodovia está congestionada agora. / 交通渋滞 congestionamento de trânsito

じゅうだい [十代] ▶ 十代の少年・少女 jovem adolescente; jovem na faixa dos dez anos de idade

じゅうだい [重大] ▶ 重大な誤りを犯す cometer um erro grave / 重大な局面 situação grave / 重大さ gravidade; importância

じゅうたく [住宅] moradia; residência; habitação ▶ 住宅街 bairro residencial / 住宅事情 condição habitacional / 住宅不足 falta de moradias / 住宅問題 problema habitacional / 住宅ローン empréstimo habitacional / 住宅手当 auxílio moradia

しゅうだん [集団] grupo ▶ 集団を作る fazer um grupo / 集団生活 vida coletiva

じゅうたん tapete; carpete

しゅうち [周知] ▶ 周知の事実 fato conhecido por todos / 周知の通り do conhecimento de todos

しゅうちしん [羞恥心] sentimento de vergonha [pudor]

しゅうちゃく [執着] ▶ 権力に執着する apegar-se ao poder

しゅうちゃくえき [終着駅] estação terminal [final]

しゅうちゅう [集中] concentração; intensificação ▶ うるさくて集中できない Não consigo me concentrar por causa do barulho.

しゅうてん [終点] ▶ (バス) ponto final; (駅) estação terminal

じゅうてん [重点] ▶ 政府は環境問題に重点を置いている O governo tem dado importância aos problemas ambientais.

しゅうでん [終電] ▶ 終電は何時ですか A que horas sai o último trem?

じゅうでん [充電] ▶ バッテリーに充電する carregar a bateria / 充電池 bateria recarregável

しゅうと [舅] sogro

シュート 《サッカー》chute; 《バスケットボール》arremesso ▶ シュートする 《サッカー》chutar; 《バスケットボール》marcar uma cesta

しゅうとう [周到] ▶ 周到な計画 plano minucioso

じゅうどう [柔道] judô ▶ 柔道をする praticar judô

しゅうとく [習得] ▶ 言語の習得 aprendizagem de um idioma / ポルトガル語を習得する aprender a língua portuguesa

しゅうとめ [姑] sogra

じゅうなな [十七] dezessete ▶ 十七番目の décimo sétimo

じゅうなん [柔軟] ▶ 彼は身体がとても柔軟だ Ele tem o corpo muito flexível. / 柔軟な発想 pensamento flexível / 柔軟に考える pensar com flexibilidade

じゅうに [十二] doze ▶ 十二番目の décimo segundo

じゅうにがつ [十二月] dezembro ▶ 12月に em dezembro

しゅうにゅう [収入] rendimento; ganho; receita ▶ 高収入 alto rendimento / 低収入 pequeno rendimento

しゅうにん [就任] tomada de posse ▶ ブラジル大統領に就任する tomar posse como presidente do Brasil / 就任演説 discurso de posse / 就任式 cerimônia de posse

じゅうはち [十八] dezoito ▶ 十八番目の décimo oitavo

じゅうびょう [重病] doença grave ▶ 彼女は重病だ Ela está gravemente doente.

しゅうぶん [秋分] equinócio do outono

しゅうぶん [醜聞] escândalo

じゅうぶん [十分] ▶ 十分な suficiente; bastante / 私たちには十分な時間がない Não temos tempo suficiente. / 私は十分なお金を持っている Tenho dinheiro suficiente. / 私は十分満足した Fiquei bastante satisfeito.

しゅうへん [周辺] periferia; cercania; arredor ▶ ブラジルの周辺国 países vizinhos do Brasil / 周辺には家が一軒もなかった Não havia nenhuma casa ao redor.

しゅうまつ [週末] fim de semana ▶ よい週末を Tenha um bom fim de semana. / あなたは今週末に何をしますか O que você vai fazer neste fim de semana?

じゅうまん [十万] cem mil

じゅうみん [住民] morador; residente; habitante

しゅうよう [収容] acomodação; alojamento ▶ この病院は300人収容できる Este hospital pode acomodar trezentas pessoas.

じゅうよう [重要] ▶ 重要な importante ▶ 重要な問題 problema importante / 重要人物 pessoa importante / それは重要ではない Isso não é importante. / 重要性 importância

じゅうよん [十四] quatorze ▶ 十四番目の décimo quarto

しゅうり [修理] conserto; reparação ▶ その機械は修理が必要だ Essa máquina precisa de conserto. / 修理する consertar; reparar / 私は時計を修理してもらった Consertaram meu relógio.

しゅうりょう [終了] término; fim; encerramento ▶ 任務を終了する encerrar a missão / プログラムを終了する fechar um programa

じゅうりょう [重量] peso ▶ 重量制限 limite de peso / 重量超過 excesso de peso / 重量挙げ levantamento de peso

じゅうりょく [重力] força da gravidade

しゅうれっしゃ [終列車] último trem

じゅうろく [十六] dezesseis ▶ 十六番目の décimo sexto

しゅえい [守衛] guarda; segurança

しゅえん [主演] ator principal; protagonista ▶ 主演する fazer o papel principal; ser protagonista / 主演女優 atriz principal; a estrela / ジョージ・クルーニー主演の映画 filme com o astro George Clooney

しゅかん [主観] subjetividade ▶ 主観的な subjetivo / 主観的考え pensamento subjetivo / 主観的に subjetivamente

しゅぎ [主義] princípio; sistema ▶ それは私の主義に反する Isso é contra os meus princípios. / 私

は借金はしない主義だ Tenho o princípio de não fazer dívidas.

しゅぎょう[修業] treinamento, aprendizagem

じゅぎょう[授業] aula ▶ 私たちは週に3時間ポルトガル語の授業がある Temos três horas de aula de língua portuguesa por semana. / 明日は授業がない Amanhã não tem [haverá] aula. / 授業に出るà ir à aula; comparecer à aula / 授業を受けるter aula; assistir à aula / 授業を休む faltar à aula / 授業をする dar aula / 先生は今授業中です A professora está dando aula agora. / 授業料 mensalidade escolar

じゅくご[熟語] expressão idiomática

しゅくじ[祝辞] discurso de congratulação; palavras de parabenização

しゅくじつ[祝日] feriado

しゅくしゃく[縮尺] escala reduzida ▶ 縮尺1万分の1の地図 mapa com escala reduzida de um para dez mil

しゅくしょう[縮小] redução ▶ 縮小する reduzir / 画像を縮小する reduzir a imagem / 縮小コピー cópia reduzida / 生産規模を縮小する reduzir a escala de produção

じゅくすい[熟睡] sono profundo ▶ 熟睡できましたか Conseguiu dormir bem?

じゅくする[熟する] amadurecer ▶ 果物が熟した A fruta amadureceu. / 熟したりんご maçã madura

しゅくだい[宿題] dever de casa ▶ 宿題をする fazer o dever de casa / 教師が生徒に宿題を出す O professor passa dever de casa para os alunos.

じゅくたつ[熟達] habilidade; destreza ▶ 彼女は英語に熟達している Ela é fluente em língua inglesa.

じゅくどく[熟読] ▶ 熟読する ler atentamente

しゅくはく[宿泊] hospedar-se / 一行は高級ホテルに宿泊している O grupo está hospedado em um hotel de luxo. / 宿泊料 diária de hospedagem

しゅくふく[祝福] bênção; graça divina ▶ 皆が新郎新婦を祝福していた Todos desejavam felicidades aos noivos.

じゅくれん[熟練] perícia; destreza ▶ 熟練した職人 trabalhador experiente

しゅげい[手芸] artesanato; trabalhos manuais

しゅけん[主権] soberania ▶ 主権国家 país soberano

じゅけん[受験] ▶ 彼女はその大学を受験した Ela prestou o exame vestibular dessa universidade. / 受験生 vestibulando / 彼は受験勉強をしている Ele está estudando para o vestibular.

しゅご[主語] sujeito ▶ この文の主語はどれですか Qual é o sujeito desta frase?

しゅさい[主催] patrocínio ▶ イベントを主催する patrocinar o evento / 主催国 país patrocinador / 主催者 patrocinador

しゅし[主旨] propósito; intenção ▶ おっしゃることの主旨が分かりません Não compreendo o propósito do que diz.

しゅし[種子] semente; caroço

じゅし[樹脂] resina

しゅじゅつ[手術] cirurgia; operação ▶ 手術する operar; fazer uma cirurgia / 手術を受ける ser operado; sofrer uma cirurgia / 私は心臓の手術を受けた Fui operado do coração. / 手術室 sala de operações

しゅしょう[主将] comandante-chefe ▶ 彼は私たちのサッカーチームの主将だ Ele é o capitão de nosso time de futebol.

しゅしょう[首相] primeiro-ministro ▶ 日本の首相 Primeiro-Ministro do Japão

じゅしょう[受賞] ▶ 受賞する ser premiado / その作家はノーベル文学賞を受賞した Essa escritora foi premiada com o prêmio Nobel de literatura. / 受賞者 premiado

じゅしょう[授賞] ▶ 授賞する premiar ▶ 授賞式 cerimônia de premiação

しゅしょく[主食] alimento principal ▶ 日本人は米を主食としている O alimento principal dos japoneses é o arroz.

しゅじん[主人] chefe de família; patrão; (夫) marido; esposo

じゅしん[受信] recepção ▶ メールを受信する receber uma mensagem eletrônica [um e-mail] / 受信機 aparelho receptor / 受信者 receptador

しゅじんこう[主人公] (男性) protagonista; herói; (女性) protagonista; heroína

じゅせい[受精] fecundação; fertilização ▶ 体外受精 fertilização in vitro

じゅせい[授精] inseminação ▶ 人工授精 inseminação artificial

しゅだい[主題] tema; assunto ▶ この小説の主題 tema desse romance / 主題歌 canção-tema

しゅだん[手段] meio; medida; recurso ▶ あらゆる手段を用いる usar todos os meios possíveis / 最後の手段として como última medida / 通信手段 meios de comunicação

しゅちょう[主張] ▶ 我々は彼らの主張を受け入れることはできない Nós não podemos aceitar as alegações deles. / 彼は自分の無実を主張した Ele insistiu em sua própria inocência. / 彼女は自分が正しいと主張した Ela insistiu que ela estava correta.

じゅつ[術] arte ▶ 交渉術 arte da negociação

しゅつえん[出演] ▶ テレビ出演 representação na televisão / 大統領がテレビに出演した O Presidente apareceu na televisão. / 出演者 elenco; atores e atrizes / 出演料 cachê

しゅっけつ[出欠] a ausência e a presença ▶ 出欠を取る fazer a chamada

しゅっけつ[出血] hemorragia; perda de sangue ▶ 出血が止まらない A hemorragia não para. / 傷口から出血している Está sangrando pelo ferimento.

しゅっこう[熟考] longa reflexão ▶ 熟考する pensar muito; ponderar

しゅっさん[出産] parto ▶ 彼女は女の子を出産した Ela deu à luz uma menina.

しゅっしゃ[出社] ▶ 私は9時に出社する Vou para a empresa às nove horas.

しゅっしょうりつ[出生率] índice de natalidade

しゅつじょう[出場] ▶オリンピックに出場する participar das Olimpíadas / 出場者 participante; concorrente

しゅっしん[出身] ▶あなたはどこのご出身ですか De onde você é? / 私は大阪出身です Eu sou de Osaka. / 彼はあの大学の出身だ Ele é formado por aquela universidade.

しゅっせ[出世] sucesso na vida ▶彼はその会社で出世した Ele obteve sucesso nessa empresa.

しゅっせき[出席] presença ▶出席を取る fazer a chamada / 会議に出席する comparecer à reunião / 出席者 presentes

しゅっちょう[出張] viagem de serviço ▶出張で viajar a negócio / 彼女は出張中だ Ela está viajando a serviço.

しゅっぱつ[出発] partida ▶出発する partir / 私たちはもう出発しなければならない Nós já temos que partir. / 大統領は米国へ向けて出発した O Presidente partiu para os Estados Unidos da América. / 出発時間 horário de partida / 出発点 ponto de partida

しゅっぱん[出版] publicação ▶本を出版する publicar um livro / 出版社 editora

しゅっぴ[出費] despesa; gasto ▶出費を切り詰める cortar os gastos / 今月は出費がかさんだ Aumentaram os gastos neste mês.

しゅと[首都] capital ▶ポルトガルの首都はリスボンだ A capital de Portugal é Lisboa. / ブラジルの首都はどこですか Qual é a capital do Brasil?

しゅどう[手動] 手動の de operação manual ▶手動ドア porta manual

じゅどう[受動] passividade ▶受動的な passivo / 受動態 voz passiva

しゅとく[取得] aquisição ▶ビザを取得する adquirir o visto

しゅにん[主任] encarregado; chefe

しゅび[守備] defesa

しゅび[首尾] ▶交渉は首尾よくまとまった As negociações foram um sucesso. / 首尾一貫した政策 política coerente

しゅふ[主婦] dona de casa

しゅみ[趣味] passatempo ▶私の趣味は野鳥の観察だ Meu passatempo é a observação de pássaros silvestres. / 私は趣味でバイオリンを弾く Eu toco violino como passatempo.

じゅみょう[寿命] ▶この機械の寿命は10年だ O tempo de vida útil desta máquina é de dez anos. / 平均寿命 expectativa média de vida

しゅやく[主役] papel principal ▶主役を演じる desempenhar o papel principal

じゅよ[授与] colação ▶卒業証書を授与する fazer a entrega do certificado de formatura

しゅよう[主要] 主要な importante; fundamental; principal ▶主要都市 cidade importante

しゅよう[腫瘍] tumor ▶悪性腫瘍 tumor maligno / 良性腫瘍 tumor benigno

じゅよう[需要] procura ▶コーヒーの需要 procura de café / 需要と供給 procura e oferta / 需要を満たす satisfazer a procura

しゅりゅう[主流] corrente principal ▶この方法が今は主流だ Este é o método predominante agora. / 主流派 facção dominante

しゅりょく[主力] força principal ▶主力選手 atleta principal; pilar

しゅるい[種類] espécie; tipo ▶色々な種類の花 várias espécies de flores / あなたはどんな種類の音楽が好きですか Que tipo de música você gosta?

シュレッダー fragmentadora de papel

じゅわき[受話器] auscultador de um telefone

じゅん[順] ordem ▶アルファベット順に em ordem alfabética / 昇順に em ordem crescente / 降順に em ordem decrescente

じゅんかい[巡回] patrulha; ronda; volta ▶警官がこのあたりを巡回している O guarda está patrulhando estes arredores. / 巡回中の警察官 policial em patrulha

しゅんかん[瞬間] momento; instante ▶瞬間的な momentâneo; instantâneo / 瞬間的に momentaneamente; instantaneamente / 歴史的瞬間 momento histórico

じゅんかん[循環] circulação ▶血液の循環 circulação sanguínea / 血液が体内を循環する O sangue circula pelo corpo. / 循環バス ônibus circular / 悪循環 círculo vicioso

じゅんきゅう[準急] semi-expresso

じゅんきょうじゅ[准教授] professor associado

じゅんけっしょう[準決勝] jogo [competição] da semi-final

じゅんさ[巡査] policial

じゅんじょ[順序] a ordem ▶彼らは順序よく並んだ Eles enfileiraram-se ordenadamente.

じゅんすい[純粋] ▶純粋な puro / 純粋に puramente / 純粋さ pureza

じゅんちょう[順調] ▶万事順調だ Está tudo normal. / 作業は順調に進んでいる O trabalho está indo tudo bem.

じゅんのう[順応] ▶環境に順応する ajustar-se ao ambiente

じゅんばん[順番] ordem; vez ▶私の順番だ É a minha vez. / 順番を待つ esperar a vez. / 順番にお入りください Entrem de acordo com sua vez.

じゅんび[準備] preparativo ▶朝食の準備ができました O café da manhã está pronto. / 出発の準備はできましたか Já está pronta para partir? / 試験の準備をする fazer os preparativos da prova.

しゅんぶん[春分] equinócio da primavera

じゅんれい[巡礼] peregrinação ▶巡礼する peregrinar / 巡礼者 peregrino

じょい[女医] médica

しょう[省] ministério ▶文部科学省 Ministério da Educação, Cultura, Esportes, Ciência e Tecnologia

しょう[章] capítulo ▶第1章 primeiro capítulo

しょう[賞] prêmio ▶賞を受ける ser premiado / 賞を与える premiar / 一等賞 primeiro prêmio

…しょう ▶休憩しましょう Vamos descansar! / Vamos fazer um intervalo! / そろそろ行きましょうか Vamos andando?

しよう[使用] uso; emprego; utilização ▶使用する usar; empregar; utilizar / 「使用中」 Ocupa-

しよう[私用] uso privado [particular] ▶ 私用で外出する sair por motivo particular

じょう[錠] cadeado; fechadura; tranca

しよういん[上院] senado ▶ 上院議員 senador

じょうえい[上映] projeção de um filme ▶ 映画を上映する passar o filme / 上映中の映画 filme em cartaz

しょうエネ[省エネ] ▶ 省エネ電球 lâmpada de baixo consumo energético

じょうえん[上演] representação ▶ 劇を上演する representar uma peça teatral

しょうか[消化] digestão ▶ 消化する digerir / 消化のよい食べ物 alimento de fácil digestão / 消化器官 aparelho digestivo / 私は消化不良を起こした Tive uma indigestão.

しょうか[消火] extinção de incêndio ▶ 消火する apagar o fogo / 消火器 extintor

しょうが[生姜] gengibre

しょうかい[紹介] apresentação ▶ 私の友人を紹介します Vou apresentar-lhe um amigo. / 自己紹介 apresentação de si mesmo / 自己紹介させてください Deixem-me apresentar-me. / 紹介状 carta de apresentação

しょうがい[生涯] vida ▶ 彼の生涯はとても幸福であった Ele teve uma vida muito feliz. / 彼は生涯結婚しなかった Ele não se casou em toda sua vida. / 生涯教育 educação ao longo da vida

しょうがい[障害] obstáculo; barreira; impedimento ▶ 障害を乗り越える vencer os obstáculos / 身体障害者 pessoa com deficiência física

しょうがくきん[奨学金] bolsa de estudos

しょうがくせい[小学生] aluno do ensino fundamental

しょうがくせい[奨学生] aluno bolsista

しょうがつ[正月] primeiro dia do ano; janeiro; Ano Novo

しょうがっこう[小学校] escola primária

しょうき[正気] juízo; razão ▶ 正気を失う perder o juízo / 正気の沙汰ではない Não é um procedimento normal.

じょうき[上記] ▶ 上記のとおり de acordo com o acima mencionado

じょうき[蒸気] vapor de água ▶ 蒸気機関車 maria-fumaça; locomotiva a vapor

じょうぎ[定規] régua

じょうきげん[上機嫌] bom humor ▶ 彼は上機嫌だ Ele está de bom humor.

しょうきゃく[焼却] incineração; cremação ▶ 焼却する incinerar; cremar

じょうきゃく[乗客] passageiro

しょうきゅう[昇給] aumento de salário

じょうきゅう[上級] ▶ 上級講座 curso de nível superior / 彼女は私の1年上級だ Ela é um ano mais adiantada do que eu.

しょうきょ[消去] eliminação; supressão ▶ データを消去する apagar os dados; deletar os dados

しょうぎょう[商業] comércio ▶ 商業の comercial / 商業の中心地 centro comercial / 商業化 comercialização / 商業化する comercializar / 商業的に comercialmente

じょうきょう[状況] situação; circunstância ▶ それは状況次第だ Isso depende das circunstâncias. / 現在の状況はどうなっていますか Como está a situação atual?

しょうきょく[消極] ▶ 消極的な態度 conduta negativa / 彼女は恋愛に消極的だ Ela é pessimista com relação ao amor.

しょうきん[賞金] prêmio em dinheiro ▶ 賞金を得る ganhar um prêmio em dinheiro

じょうきん[常勤] ▶ 常勤講師 professor de tempo integral

じょうげ[上下] ▶ 頭を上下に動かす movimentar a cabeça para cima e para baixo.

じょうけい[情景] paisagem; vista; cena

しょうげき[衝撃] choque; impacto; colisão ▶ 衝撃を与える causar um choque / 衝撃的なニュース notícia chocante

しょうけん[証券] título; letra; apólice ▶ 証券会社 companhia [corretora] de títulos e valores

しょうげん[証言] testemunho; depoimento ▶ 彼女は法廷で証言した Ela prestou depoimento no tribunal.

じょうけん[条件] condição; requisito; termos ▶ 条件があります Tenho uma condição. / その条件ではお引き受けできません Não posso aceitar nessas condições. / 条件付きで com condições; 条件法 regras do modo condicional / 労働条件 condições trabalhistas

しょうこ[証拠] evidência; prova ▶ 証拠はありますか Tem prova?

しょうご[正午] meio-dia ▶ 彼女は正午に到着した Ela chegou ao meio-dia.

しょうごう[称号] título ▶ 博士の称号 título de doutor

しょうごう[照合] confronto; comparação ▶ 指紋を照合する comparar as impressões digitais

しょうこうかいぎしょ[商工会議所] Câmara de Comércio e Indústria

しょうこうぎょう[商工業] indústria e comércio

しょうこく[小国] país pequeno

しょうさい[詳細] pormenor ▶ 詳細な地図 mapa pormenorizado / 詳細に説明する explicar pormenorizadamente

じょうざい[錠剤] comprimido; pastilha; pílula

しょうさん[賞賛] elogio; louvou; aplauso ▶ 賞賛する elogiar; louvar; aplaudir / 称賛すべき louvável

じょうし[上司] chefe

しょうじき[正直] honestidade; franqueza; integridade ▶ 正直な honesto; franco; íntegro / 正直に答えてください Responda honestamente. / 正直に言うと falando honestamente

じょうしき[常識] senso comum; sensatez ▶ それは常識だ Isso é do senso comum. / 彼は常識がある Ele é sensato. | Ele tem sensatez.

しょうしゃ[商社] companhia comercial

しょうしゃ[勝者] vencedor

じょうしゃ[乗車] ▶ バスに乗車する tomar [pegar] um ônibus / 乗車券 passagem; bilhete / 乗車賃

preço da passagem [do bilhete]

しょうしゅう[召集] convocação ▶議会を召集する convocar o congresso

じょうじゅん[上旬] ▶4月の上旬に no começo de abril

しょうじょ[少女] menina; mocinha; garota

しょうしょう[少々] um pouco ▶塩を少々加えてください Acrescente um pouco de sal. / 私は英語を少々話せる Eu falo um pouco de inglês. / 少々お待ちください Espere um momento, por favor.

しょうじょう[症状] sintoma ▶症状が悪化する haver piora dos sintomas / 症状が改善する haver melhora dos sintomas

しょうじょう[賞状] diploma; certificado ▶賞状を受け取る receber o diploma

じょうしょう[上昇] subida; elevação; ascensão / 物価の上昇 subida do custo de vida / 物価が上昇する O custo de vida sobe.

じょうじょう[上場] ▶株を上場する registrar ações na Bolsa de Valores / 上場株 ações indexadas

しょうじる[生じる] nascer; acontecer; surgir ▶不意に深刻な事態が生じた Surgiu uma situação grave de repente.

しょうしん[昇進] promoção ▶昇進する ser promovido / 彼女は部長に昇進した Ela foi promovida a gerente geral de divisão.

じょうず[上手] ▶彼女はテニスが上手だ Ela é boa no tênis. / 上手に道具を使う usar os instrumentos com habilidade / 上手な絵 desenho bem feito

しょうすう[小数] número decimal ▶小数点 vírgula decimal

しょうすう[少数] poucos; minoria ▶ほんの少数の人しかそのことを知らない Somente poucas pessoas sabem sobre isso. / 少数意見 opinião minoritária / 少数民族 minoria étnica

じょうせい[情勢] situação; circunstância ▶ブラジルの政治情勢 situação política do Brasil

しょうせつ[小説] romance; novela ▶小説家 romancista; novelista / 推理小説 novela policial / 恋愛小説 romance de amor / 冒険小説 romance de aventura / SF小説 novela de ficção científica / 歴史小説 romance histórico

しょうぞう[肖像] retrato; efígie ▶肖像を描く pintar o retrato

しょうそく[消息] notícias ▶それ以来その飛行機は消息を絶った Depois disso o avião não enviou mais sinais de existência.

しょうたい[正体] identidade ▶彼の正体は不明である A identidade dele é desconhecida.

しょうたい[招待] convite ▶招待を受ける receber um convite / 招待を断る recusar um convite / 招待する convidar / 私は友人の結婚式に招待された Fui convidada para a cerimônia de casamento de uma amiga. / 招待状 cartão de convite

じょうたい[状態] a situação; o estado ▶患者の状態はどうですか Qual é o estado da paciente? / 精神状態 estado psicológico / その絵はよい状態で保存されている Essa pintura está em bom estado de conservação.

しょうだく[承諾] aprovação; consentimento ▶承諾する consentir / その提案は承諾された Essa proposta foi aprovada.

じょうたつ[上達] progresso; melhoramento; avanço ▶彼女はだいぶポルトガル語が上達した Ela melhorou muito na língua portuguesa.

じょうだん[冗談] piada ▶彼はよく冗談を言う Ele conta muitas piadas. / 冗談じゃないよ Não é piada não! / ご冗談でしょう Deve ser uma piada. / 彼は冗談半分に言った Ele falou meio na brincadeira.

しょうち[承知] consentimento; concordância ▶承知しました Entendi. | Compreendi. / ご承知のように como é de seu conhecimento

しょうちょう[小腸] intestino delgado

しょうちょう[象徴] símbolo ▶ハトは平和の象徴だ A pomba é o símbolo da paz. / 象徴する simbolizar

しょうてん[商店] loja; casa comercial ▶商店を経営する administrar uma casa comercial / 商店街 centro comercial da cidade

しょうてん[焦点] foco

しょうどう[衝動] impulso; ímpeto ▶衝動的な行動 atitude impulsiva / 衝動買い compra por impulso do momento / 衝動的に impulsivamente / 私はその服を衝動的に買ってしまった Eu acabei comprando essa roupa impulsivamente.

じょうとう[上等] excelente; de primeira qualidade / 上等なワイン vinho de primeira linha

しょうどく[消毒] desinfecção; esterilização ▶消毒する desinfectar; esterilizar / 消毒薬 desinfectante; antisséptico

しょうとつ[衝突] choque; colisão ▶その車はガードレールに衝突した Esse carro colidiu-se com a grade de proteção. / 車が正面衝突した O carro bateu de frente. / 両国の利害が衝突した Os interesses de ambos os países entraram em choque.

しょうにか[小児科] pediatria ▶小児科医 pediatra

しょうにん[証人] testemunha ▶証人になる servir de testemunha

しょうにん[承認] aprovação; consentimento ▶計画を承認する aprovar o projeto / 米国はその国をまだ承認していない Os Estados Unidos da América ainda não reconheceu esse país.

しょうにん[商人] comerciante

じょうにん[常任] ▶常任の permanente / 国連安保理常任理事国 membro permanente do Conselho de Segurança da ONU

じょうねつ[情熱] entusiasmo; paixão ▶ビジネスへの情熱 paixão pelos negócios / 情熱的な entusiasmado / 情熱的に entusiasmadamente

しょうねん[少年] jovem; rapaz; moço ▶少年時代 a adolescência

じょうば[乗馬] equitação ▶乗馬クラブ clube de

equitação
しょうはい[勝敗] vitória ou derrota
しょうばい[商売] comércio; negócio ▶ 商売する fazer negócios; comerciar / 商売はどうですか Como estão os negócios? / 彼の商売はうまく行っているようだ Os negócios dele parece que estão indo bem.
じょうはつ[蒸発] evaporação; vaporização ▶ 水が蒸発した A água evaporou-se.
じょうはんしん[上半身] parte superior do corpo; busto ▶ 上半身を起こす levantar a parte superior do corpo
しょうひ[消費] consumo ▶ 電力消費 consumo de energia elétrica / 消費する consumir / 消費者 consumidor / 消費社会 sociedade consumidora / 消費財 bens de consumo
しょうひょう[商標] marca ▶ 登録商標 marca registrada
しょうひん [商品] produto; mercadoria; artigo ▶ その商品は日本製です Esse produto é de fabricação japonesa. / 商品化する comercializar / 商品券 cupom
しょうひん[賞品] prêmio
じょうひん[上品] ▶ 上品な fino / 彼女のふるまいはとても上品だった Ela tem um comportamento muito fino. / 上品にふるまう comportar-se elegantemente
しょうぶ[勝負] ▶ 勝負に勝つ ganhar o jogo / 勝負に負ける perder o jogo / 勝負がついた Acabou o jogo. / おれと勝負しろ Vamos disputar um jogo comigo.
じょうぶ[丈夫] ▶ 丈夫な forte; robusto; sadio / 丈夫な布 tecido resistente / 彼は体が丈夫だ Ele é saudável.
しょうべん[小便] urina; xixi ▶ 小便する urinar; fazer xixi
じょうほ[譲歩] concessão; compromisso ▶ 譲歩する fazer concessões / 譲歩の余地はない Não há margem para concessões.
しょうぼう[消防] ▶ 消防士 bombeiro / 消防自動車 carro de bombeiros / 消防署 quartel de bombeiros
じょうほう[乗法] multiplicação
じょうほう[情報] informação ▶ 情報を収集する coletar informações / 情報を漏らす vazar informações / 情報筋によると de acordo com a fonte de informações / この件に関しては情報がまだない Ainda não há informações sobre este caso. / 情報科学 ciência da informação; informática
しょうみきげん[賞味期限] prazo de validade
じょうみゃく[静脈] veia ▶ 静脈注射 injeção intravenosa
しょうめい[証明] prova; certificação; atestado ▶ その事実が彼の潔白を証明した Esse fato comprovou a inocência dele. / 証明書 certificado
しょうめい[照明] iluminação ▶ 照明器具 luminária / 間接照明 iluminação indireta / 直接照明 iluminação direta
しょうめつ [消滅] extinção; desaparecimento ▶ がんが消滅した O câncer desapareceu.

しょうめん[正面] frente; fachada ▶ その建物の正面 a fachada desse prédio / 車はある家の前に止まった O carro parou em frente a uma casa. / 正面から攻撃する atacar pela frente
しょうもう[消耗] consumo ▶ 消耗品 artigo de consumo / 彼らはだいぶ体力を消耗した Eles gastaram muita energia física. / 消耗戦 guerra de atritos
しょうゆ[醤油] molho de soja
しょうらい[将来] o futuro ▶ 将来を予測する prever o futuro / 私は将来は医者になりたい Quero ser médica no futuro. / 私たちは近い将来重大な決断を迫られるだろう Provavelmente seremos forçados a tomar uma importante decisão num futuro próximo.
しょうり[勝利] vitória; triunfo ▶ 勝利を収める vencer; triunfar / 勝利者 vencedor; vitorioso
じょうりく[上陸] desembarque ▶ 上陸する desembarcar
しょうりゃく[省略] abreviação ▶ 省略する abreviar
じょうりゅう[上流] (川) curso superior do rio; cabeceira do rio ▶ 川の上流に na cabeceira do rio / 上流階級 classe alta da sociedade
じょうりゅう[蒸留] destilação ▶ 蒸留する destilar / 蒸留酒 bebida destilada; aguardente
しょうりょう[少量] pequena quantidade ▶ 少量の砂糖を加えてください Acrescente uma pequena quantidade de açúcar.
しょうれい[奨励] estímulo; incentivo ▶ スポーツを奨励する incentivar os esportes
ショーウインドー vitrine; vitrina
ショートカット (髪型) cabelo curto
ショートパンツ short(s); bermuda
ショールーム sala de exposição
じょがい[除外] exclusão ▶ 除外する excluir
しょき[初期] ▶ その作家の初期作品 trabalho inicial desse escritor / がんを初期のうちに治療する tratar o câncer ainda no estágio inicial / 初期化する formatar / 初期化 formatação
しょき[書記] secretário; escrivão; escriturário
しょきゅう[初級] ▶ ポルトガル語の初級コース curso básico de língua portuguesa
ジョギング corrida; jogging ▶ ジョギングする correr; fazer jogging
しょく[食] ▶ 1日3食食べる comer três refeições ao dia / 彼は食が細い Ele come pouco. / 食生活 hábito alimentar / 食中毒 intoxicação alimentar / 食の安全 segurança alimentar
しょく[職] trabalho; emprego; serviço ▶ よい職につく empregar-se bem / 職を探す procurar um trabalho / 職を失う perder o emprego
しょくいん[職員] (集合的) quadro; pessoal
しょくえん[食塩] sal de mesa ▶ 食塩水 salmoura; solução salina
しょくぎょう[職業] profissão; ocupação ▶ ご職業は何ですか Qual é a sua profissão? / 職業上の秘密 segredo de profissão / 職業意識 consciência profissional / 職業訓練 treinamento profissional

しょくご[食後] 食後に após a refeição ▶ 食後にコーヒーを飲みますか Você toma café após a refeição?

しょくじ[食事] refeição ▶ 食事をとる fazer uma refeição / 彼らは今食事中だ Eles estão comendo agora.

しょくぜん[食前] ▶ 食前に antes da refeição / 食前にこの薬を飲んでください Tome este remédio antes da refeição.

しょくたく[食卓] mesa para comer ▶ 皆が食卓に着いた Todos sentaram-se à mesa.

しょくどう[食堂] refeitório; sala de jantar; restaurante ▶ 食堂車 vagão-restaurante / 学生食堂 refeitório estudantil

しょくどう[食道] esôfago

しょくにん[職人] artesão; trabalhador

しょくば[職場] local de trabalho ▶ 私の職場はとても雰囲気がよい O ambiente do local onde trabalho é muito bom.

しょくひ[食費] despesa de alimentação ▶ 食費がかさむ Aumenta a despesa com a alimentação.

しょくひん[食品] produto alimentício ▶ 食品売り場 local de venda de produtos alimentícios / 冷凍食品 alimento congelado / 自然食品 alimento natural

しょくぶつ[植物] planta ▶ 植物性の vegetal / 植物園 jardim botânico

しょくみんち[植民地] colônia ▶ 植民地時代 período colonial

しょくむ[職務] função; dever; serviço ▶ 職務を果たす cumprir o dever / 職務怠慢 negligência do dever

しょくもつ[食物] alimento; comida ▶ 食物連鎖 cadeia alimentar

しょくよう[食用] ▶ 食用の comestível

しょくよく[食欲] apetite ▶ 彼女は最近食欲がない Ela não tem apetite ultimamente.

しょくりょう[食料] alimentos ▶ 食料品店 loja de produtos alimentícios

しょくりょう[食糧] provisões; víveres ▶ 食糧不足 falta de provisões / 食糧危機 crise de provisões

じょげん[助言] conselho ▶ 助言する aconselhar

じょこう[徐行] ▶ 徐行する andar devagar ▶「徐行」Diminua a velocidade.

しょさい[書斎] gabinete de estudo

しょこん[初婚] primeiro matrimônio

しょざい[所在] localização; paradeiro ▶ 責任の所在がはっきりしない Não está claro quem são os responsáveis. / 市役所の所在地 sede da prefeitura

じょし[女子] moça; mulher; senhora ▶ 女子校 escola feminina escola para moças / 女子大学 universidade para moças

じょしゅ[助手] assistente

しょじゅん[初旬] ▶ 4月の初旬に no começo de abril nos primeiros dez dias de abril

しょじょ[処女] virgem; donzela ▶ 処女地 terra virgem

じょじょ[徐々] ▶ 徐々に lentamente; aos poucos / 徐々に寒くなってきた Pouco a pouco está ficando frio.

しょしんしゃ[初心者] principiante; novato; calouro ▶ 初心者むけの教科書 livro didático para principiantes

じょすう[序数] número ordinal

じょすう[除数] divisor

じょせい[女性] mulher ▶ 女性の権利 direito das mulheres / 女性らしさ feminilidade / 女性解放運動 movimento pela emancipação feminina

じょせい[助成] auxílio; ajuda; subsídio / 助成金 subsídio financeiro

しょせき[書籍] publicações; livros / 電子書籍 livro digital

しょぞく[所属] ▶ …に所属する pertencente a... / 無所属の政治家 político independente; político sem partido político

しょたい[所帯] família; lar ▶ 彼は所帯を持った Ele constituiu uma família.

しょだな[書棚] estante ▶ 書棚を整理する organizar a estante

しょち[処置] disposição; tratamento; medida ▶ 必要な処置をとる tomar as medidas necessárias / 応急処置 primeiros socorros

しょっかく[触覚] sentido do tato

しょっき[食器] pratos e talheres; louças de mesa ▶ 食器を洗う lavar a louça / 食器棚 guarda-louça

ショック choque ▶ 私はショックを受けた Levei um choque. / カルチャーショック choque cultural

ショッピング shopping ▶ ショッピングする fazer compras

しょてん[書店] livraria

しょとう[初等] ▶ 初等の primário; elementar ▶ 初等教育 educação fundamental; educação primária

じょどうし[助動詞] verbo auxiliar

しょとく[所得] rendimento; renda ▶ 所得税 imposto de renda; imposto sobre os rendimentos

しょばつ[処罰] castigo; punição ▶ 処罰する punir; castigar

じょぶん[序文] prefácio; introdução; preâmbulo

しょぶん[処分] ▶ いらないものを処分する dispor do que não quer

しょほ[初歩] primeiras noções / ポルトガル語の初歩を学ぶ estudar os rudimentos da língua portuguesa / 初歩的数学 matemática elementar

しょほう[処方] ▶ 薬を処方する prescrever um remédio / 処方箋 prescrição médica; receita médica

じょほう[除法] divisão

しょみん[庶民] povo

しょめい[署名] assinatura; autógrafo ▶ 署名する assinar; autografar

じょめい[除名] expulsão ▶ 彼はクラブから除名された Ele foi expulso do clube.

しょもつ[書物] livro

しょゆう[所有] posse; propriedade ▶ 所有物 haveres ;propriedade / 所有する possuir / 所有者 proprietário / 所有権 direito de propriedade

じょゆう[女優] atriz

しょり[処理] ▶ 情報を処理する processar as informações / 問題を適切に処理する resolver os problemas adequadamente

じょりょく[助力] auxílio; ajuda; colaboração

しょるい[書類] documentos; papéis

しらが[白髪] cabelo branco; as cãs ▶ 彼は白髪がある Ele tem cabelos brancos.

じらい[地雷] mina

じらす irritar; enervar ▶ あまりじらさないでください Não me irrite demais.

しらせ[知らせ] aviso; notícia; informação ▶ 私はその知らせにおどろいた Assustei-me com essa informação.

しらせる[知らせる] avisar; notificar; informar ▶ ご住所とお電話番号をお知らせください Informe seu endereço e número de telefone.

しらべ[調べ] investigação

しらべる[調べる] ▶ 警察が家中を調べた A polícia fez uma busca pela casa toda. / 事故の原因を調べる investigar as causas do acidente

しり[尻] nádega; traseiro; bunda ▶ 尻もちをつく cair de bunda no chão

しりあい[知り合い] conhecido ▶ 私はブラジルに知り合いがいる Tenho conhecidos no Brasil. / 彼と彼女は知り合いだ Eu e ela somos conhecidos. / 私は彼とそのパーティーで知り合いになった Eu o conheci nessa festa.

しりあう[知り合う] conhecer-se ▶ 私たちは5年前に知り合った Nós conhecemo-nos há cinco anos.

しりぞく[退く] recuar; (引退する) aposentar-se; demitir-se

しりつ[市立] ▶ 市立の municipal / 市立図書館 biblioteca municipal

しりつ[私立] ▶ 私立の privado; particular / 私立学校 escola privada [particular]

じりつ[自立] independência ▶ 自立した女性 mulher independente

しりょ[思慮] sensatez; prudência ▶ 思慮深い sensato; prudente / 思慮のない insensato; imprudente

しりょう[資料] documentos; dados; material

しりょく[視力] vista; visão ▶ 彼は視力が弱い Ele tem vista fraca. | Ele tem baixa visão.

しる[汁] (スープ) sopa; (果汁) suco ▶ 味噌汁 sopa de missô

しる[知る] saber; conhecer ▶ 私はあの女の子を知っている Eu conheço aquela menina. / 私は彼をよく知っている Eu o conheço muito bem. / 私はそのことを知らなかった Eu sei sobre isso. / 私は彼女が病気であることを知らなかった Eu não sabia que ela estava doente. / 知りません Não sei.

しるし[印] sinal ▶ 感謝の印に em sinal de agradecimento / 印を付ける marcar

しれん[試練] prova; provação ▶ 試練に耐える resistir à provação

ジレンマ dilema

しろ[白] branco

しろい[白い] branco ▶ 白い花 flor branca / 彼女は白い服を着ていた Ela estava vestida com uma roupa branca. / 白くなる ficar branco

しろうと[素人] amador

しろくろえいが[白黒映画] filme preto e branco

じろじろ ▶ じろじろ見る olhar de maneira indiscreta [persistentemente]

シロップ xarope

しろみ[白身] ▶ 白身の魚 peixe de carne branca / 卵の白身 clara do ovo

しわ ruga ▶ しわの寄った顔 rosto enrugado

しわがれる ▶ 声がしわがれた Fiquei rouco. / しわがれた声 voz rouca

しわざ[仕業] ▶ これはだれの仕業だ Isto é obra de quem?

しん[芯] (果実の) semente

しん[真] ▶ 真の verdadeiro / 真の友情 amizade verdadeira

じんい[人為] ▶ 人為的な artificial / 人為的に artificialmente

じんいん[人員] (人　数) número de pessoas; (職員) pessoal ▶ 人員整理 redução do pessoal

しんえん[深遠] ▶ 深遠な profundo; fundo

しんか[進化] evolução ▶ 進化する evoluir / 進化論 teoria da evolução

しんか[真価] valor real; mérito

しんがい[侵害] invasão; violação ▶ 人権侵害 violação dos direitos humanos / 侵害する invadir; infringir; transgredir

しんがく[神学] teologia ▶ 神学の teológico

しんがく[進学] ▶ 娘は今年大学に進学した Ela entrou na universidade neste ano.

じんかく[人格] personalidade ▶ 人格者 pessoa de caráter

しんがた[新型] ▶ 新型の車 carro de modelo novo / 新型ウイルス novo tipo de vírus

しんかん[新刊] nova publicação ▶ 今月の新刊 novas publicações deste mês

しんきろく[新記録] novo recorde

しんくう[真空] vácuo

ジンクス feitiço

しんけい[神経] nervo ▶ 神経質な nervoso / 無神経な insensível / 神経痛 nevralgia

しんげつ[新月] lua nova

しんけん[真剣] ▶ 真剣な sério- 真剣に seriamente

じんけん[人権] direitos humanos

しんげんち[震源地] local do epicentro do terremoto

じんけんひ[人件費] despesas de pessoal

しんご[新語] neologismo; palavra nova

しんこう[信仰] fé ▶ 彼は仏教を信仰している Ele crê no budismo.

しんこう[振興] promoção; estímulo ▶ 地域経済を振興する estimular a economia regional

しんこう[進行] ▶ 工事は現在進行中だ A obra está em andamento.

しんこう[新興] ▶ 新興国 país emergente / 新興市場 mercado emergente

しんごう[信号] sinal; aviso ▶ 信号を出す dar o si-

nal; fazer o sinal
じんこう[人口] população ▶ この市の人口はどのくらいですか Qual é a população aproximada desta cidade? / 人口10万人の市 cidade com uma população de cem mil habitantes.
じんこう[人工] ▶ 人工の artificial ▶ 人工衛星 satélite artificial / 人工知能 conhecimento artificial / 人工的に artificialmente
しんこきゅう[深呼吸] respiração profunda ▶ 深呼吸する respirar profundamente
しんこく[申告] declaração ▶ 何か申告するものはありますか Tem algo a declarar? / 申告するものはありません Não tenho nada a declarar.
しんこく[深刻] ▶ 深刻な grave; sério / 深刻な事態 situação grave [séria] / 深刻に gravemente; seriamente / 深刻化する agravar-se
しんこん[新婚] ▶ 新婚の recém-casado / 新婚夫婦 recém-casados / 新婚旅行 viagem de lua-de-mel
しんさ[審査] ▶ 応募者を審査する examinar os candidatos / 審査員 examinador
しんさつ[診察] exame médico ▶ 患者を診察する examinar o paciente / 私は医者の診察を受けた Eu fiz uma consulta médica.
しんし[紳士] cavalheiro
しんしつ[寝室] quarto de dormir
しんじつ[真実] verdade ▶ 真実を言う falar a verdade / 真実の verdadeiro / それは真実ではない Isso não é a verdade.
しんじゃ[信者] crente
じんじゃ[神社] templo xintoísta
しんじゅ[真珠] pérola
じんしゅ[人種] raça, etnia ▶ ブラジルには様々な人種がいる Existem várias raças no Brasil / 人種差別 discriminação racial / 人種問題 problema racial
しんしゅつ[進出] ▶ その企業はブラジル進出を決定した Essa empresa decidiu iniciar negócios no Brasil.
しんじょう[信条] princípio; credo
しんしょく[侵食] erosão
しんじる[信じる] acreditar; crer ▶ 私はあなたの言うことを信じます Eu acredito no que você diz. / 私は彼を信じている Eu acredito nele. / あなたはその話を信じますか Você acredita nessa conversa? / 私は彼の成功を信じている Eu acredito em seu sucesso. / 信じられない Não acredito!
しんじん[信心] devoção ▶ 信心深い devoto
しんじん[新人] novato; principiante / 新人歌手 cantor principiante
しんすい[浸水] inundação ▶ 浸水する inundar
しんせい[申請] solicitação; petição ▶ 申請書 requerimento; formulário de solicitação / ビザを申請する pedir o visto
しんせい[神聖] ▶ 神聖な santo; sagrado; divino
じんせい[人生] vida ▶ 人生は短い A vida é curta. / 幸せな人生 vida feliz / 人生経験 experiência de vida
しんせき[親戚] parente
しんせつ[親切] gentileza; amabilidade; cortesia ▶ 彼女はとても親切だ Ela é muito gentil. / 彼らは私にとても親切にしてくれた Eles foram muito atenciosos comigo. / ご親切にありがとうございます Muito obrigada pela atenção.
しんせん[新鮮] ▶ 新鮮な fresco; novo / 新鮮な野菜 verdura fresca / 新鮮な空気 ar fresco
しんぜん[親善] amizade ▶ 日本とブラジルの親善を深める aprofundar a amizade entre o Japão e o Brasil / 親善試合 jogo amistoso
しんそう[真相] a verdade ▶ 真相は未だに不明だ Não se conhece a verdade até agora.
しんぞう[心臓] coração ▶ 心臓発作 infarto cardíaco; ataque do coração / 心臓病 doença cardíaca
じんぞう[腎臓] rim
しんぞく[親族] os parentes
しんたい[身体] corpo ▶ 身体障害 deficiência física / 身体障害者 pessoa com deficiência física
しんだいしゃ[寝台車] carro leito
じんたい[人体] corpo humano
しんだん[診断] diagnóstico ▶ 診断する diagnosticar / 診断書 certificado médico / 健康診断 exame de saúde
しんちく[新築] 新築住宅 casa nova; casa recém-construída
しんちょう[身長] estatura; altura ▶ 身長を測る medir a estatura / 私の身長は175センチです Minha estatura é de cento e setenta e cinco centímetros.
しんちょう[慎重] cautela; prudência ▶ 慎重な cauteloso; prudente; cuidadoso / 彼は慎重で注意深い Ele é prudente e atento. / 慎重に運転する dirigir com prudência
しんどう[振動] vibração; oscilação; tremor / 振動する vibrar; tremer
じんどう[人道] humanidade ▶ 人道的援助 auxílio humanitário / 人道に対する罪 crime contra a humanidade
しんにゅう[侵入] invasão; incursão ▶ 侵入する invadir / 侵入者 invasor; assaltante
しんにゅう[新入] ▶ 新入生 calouro / 新入社員 funcionário novato
しんねん[信念] convicção; fé ▶ 彼女の信念は固い Ela tem convicções firmes.
しんねん[新年] ano novo ▶ 新年おめでとう Feliz Ano Novo.
しんぱい[心配] preocupação ▶ 心配した preocupado / 私は心配だ Estou preocupado. / 彼は試験の結果を心配している Ele está preocupado com o resultado do exame. / 心配しないでください Não se preocupe. / ご心配をおかけしてすみませんでした Sinto muito pela preocupação que causei.
しんぱん[審判] arbitragem; julgamento / 最後の審判 o Juízo Final
しんぴ[神秘] mistério ▶ 神秘的な misterioso
しんぷ[神父] padre; sacerdote
じんぶつ[人物] pessoa; personagem ▶ 重要人物 pessoa importante / 登場人物 personagem figurante

しんぶん[新聞] jornal ▶ 私はそのことを新聞で読んだ Li sobre isso no jornal. / 新聞によれば de acordo com o jornal / 新聞記者 jornalista

しんぽ[進歩] progresso ▶ 彼女はポルトガル語がずいぶんと進歩した Ela progrediu muito na língua portuguesa. / 進歩的な progressista

しんぼう[辛抱] paciência ▶ 辛抱する ter paciência / 辛抱強い paciente / 辛抱強く待つ esperar com paciência

シンポジウム simpósio

シンボル símbolo ▶ 平和のシンボル símbolo da paz

しんみつ[親密] ▶ 親密さ intimidade; familiaridade ▶ 親密な íntimo / 両国は親密な関係にある Há estreitas relações entre os dois países.

じんみん[人民] o povo

じんめい[人命] ▶ 人命がかかっている Está em jogo a vida humana.

しんや[深夜] altas horas da noite; no meio da noite ▶ 深夜に電話がかかってきた Houve um telefonema altas horas da noite.

しんゆう[親友] amigo íntimo; grande amigo ▶ 私たちは親友だ Somos amigos íntimos.

しんよう[信用] credibilidade; confiança; fé ▶ 私は彼らを信用している Eu acredito nele.

しんらい[信頼] confiança ▶ 信頼する confiar / 私は彼を信頼している Eu confio nele.

しんり[心理] psicologia ▶ 心理的な問題 problema psicológico / 心理的に psicologicamente / 心理学 psicologia; ciência da mente

しんり[真理] a verdade

しんりゃく[侵略] invasão; ocupação / 侵略する invadir; ocupar

しんりょう[診療] consulta médica ▶ 診療所 consultório médico; clínica

しんりん[森林] floresta ▶ 森林保護 proteção florestal / 森林浴をする tomar um banho de floresta / 森林破壊 destruição florestal

しんるい[親類] parente

じんるい[人類] humanidade ▶ 人類学 antropologia / 人類学者 antropólogo

しんろ[進路] curso ▶ 台風は進路を変えた O tufão mudou seu curso. / 進路指導 orientação profissional

す

す[巣] (鳥の) ninho

す[酢] vinagre

ず[図] (絵) desenho; (挿絵) ilustração; figura; (図解) ilustração ▶ 図を使って説明する dar explicações usando ilustrações

すあし[素足] pé descalço ▶ 素足で歩く andar descalço

ずい[髄] ▶ 骨の髄 medula óssea

ずいい[随意] arbítrio; livre arbítrio ▶ どうぞご随意に Fique à vontade.

すいえい[水泳] natação ▶ 彼は水泳が得意だ Ele é bom em natação. / 水泳を習う aprender a nadar / 水泳選手 nadador

スイカ[西瓜] melancia

すいがら[吸いがら] ponta de cigarro

すいこう[遂行] cumprimento ▶ 義務の遂行 / cumprimento do dever 任務を遂行する cumprir a missão

すいこむ[吸い込む] ▶ 液体を吸い込む sugar o líquido / 大きく息を吸い込んでください Inspire profundamente, por favor.

すいさいが[水彩画] aquarela

すいさん[水産] ▶ 水産業 indústria pesqueira / 水産物 produtos marinhos

すいじ[炊事] ▶ 炊事する cozinhar

すいじゃく[衰弱] fraqueza ▶ 病人はかなり衰弱している O doente está bem debilitado.

すいじゅん[水準] nível ▶ 水準の高い研究 pesquisa de alto nível / 生活水準 nível de vida

すいしょう[水晶] cristal ▶ 水晶玉 bola de cristal

すいじょうき[水蒸気] vapor de água

すいしん[推進] promoção; propulsão ▶ 自然保護運動を推進する promover o movimento de proteção à natureza / ジェット推進 jato à propulsão

スイス Suíça ▶ スイスの suíço

すいせい[水星] planeta Mercúrio

すいせん[推薦] recomendação ▶ 推薦する recomendar / 推薦状 carta de recomendação

すいそ[水素] hidrogênio

すいそう[水槽] aquário

すいそうがっき[吹奏楽器] instrumento musical de sopro

すいぞくかん[水族館] aquário

すいそく[推測] suposição ▶ これは私の推測です Isto é minha suposição. / 原因を推測する supor a causa

すいちゅう[水中] ▶ 船は水中に沈んだ O navio afundou-se na água. / 水中カメラ câmera fotográfica a prova d'água

すいちょく[垂直] perpendicularidade; verticalidade ▶ 垂直の perpendicular / 垂直線 linha perpendicular / 垂直に perpendicularmente

スイッチ interruptor ▶ スイッチを入れる ligar / スイッチを切る desligar

すいてい[推定] suposição; estimativa ▶ 被害額は1億円を越えると推定される Estima-se que os danos ultrapassam os 100 milhões de ienes. / 推定無罪 supostamente inocente

すいてき[水滴] gota d'água

すいでん[水田] campo irrigado de arroz

すいとう[水筒] garrafa térmica; cantil

すいどう[水道] água canalizada ▶ 水道水 água de torneira / 水道料金 taxa de água canalizada

ずいひつ[随筆] ensaio ▶ 随筆家 ensaísta

すいぶん[水分] umidade; sumo ▶ 暑いときはこまめに水分を補給する必要がある É necessário ingerir água frequentemente quando faz calor.

ずいぶん[随分] muito; bastante ▶ 彼とはずいぶん長いこと会っていない Não o encontro há muito

tempo.
すいへい[水平] ▶ 水平の horizontal / 水平線 horizonte / 水平に horizontalmente
すいみん[睡眠] sono ▶ 睡眠をとる dormir / 私は最近睡眠不足だ Ultimamente estou dormindo pouco.
すいめん[水面] superfície da água
すいようび[水曜日] quarta-feira ▶ 水曜日に na quarta-feira / 毎週水曜日に todas as semanas nas quartas-feiras
すいりさっか[推理作家] escritor de romance policial
すいりしょうせつ[推理小説] romance policial
すいりょく[水力] força hidráulica ▶ 水力発電所 usina hidrelétrica
すう[吸う] sugar; respirar; chupar ▶ 新鮮な空気を吸う respirar ar puro / 水を吸う sugar água
すう[数] número
すうがく[数学] matemática ▶ 数学的なmatemático / 数学的に matematicamente / 数学者 matemático
すうし[数詞] numeral ▶ 基数詞 numeral cardinal / 序数詞 numeral ordinal
すうじ[数字] número ▶ アラビア数字 números arábicos / ローマ数字 números romanos
すうじつ[数日] alguns dias; uns dias
ずうずうしい[図々しい] descarado; atrevido; cara de pau ▶ 彼は図々しい Ele é um descarado.
スーツ (男性の) terno; (女性の) tailleur
スーツケース mala
すうにん[数人] algumas pessoas; umas pessoas
すうねん[数年] alguns anos; uns anos ▶ 数年前に há alguns anos
スーパーマーケット supermercado ▶ スーパーマーケットで買い物する fazer compras no supermercado
すうはい[崇拝] admiração; veneração; adoração; culto ▶ 個人崇拝 culto de personalidade / 崇拝する admirar; venerar; adorar
スープ sopa ▶ 野菜スープ sopa de legumes / スープを飲む tomar sopa
すうりょう[数量] quantidade
すえ[末] o fim; a ponta; o futuro ▶ 来月の末に no fim do próximo mês / 今年の末までに até o final deste ano.
すえつける[据え付ける] montar; instalar; fixar
すえっこ[末っ子] filho; caçula ▶ 私は三人兄弟の末っ子です Sou o caçula de três irmãos.
スカート saia ▶ 彼女は赤いスカートをはいている Ela está com uma saia vermelha.
スカーフ cachecol; echarpe
ずかい[図解] ilustração ▶ 図解入りの本 livro com ilustrações
ずがいこつ[頭蓋骨] caveira
すがお[素顔] rosto verdadeiro ▶ 誰も彼の素顔を知らない Ninguém conhece o rosto verdadeiro dele.
すかし[透かし] marca de água
すがすがしい[清々しい] ▶ すがすがしい朝 manhã refrescante

すがた[姿] figura ▶ 大きな氷山が姿を現した Apareceu um grande iceberg. / 男は人込みのなかに姿を消した O homem desapareceu no meio da multidão.
すかれる[好かれる] ▶ 彼はみんなに好かれている Ele é querido por todos.
ずかん[図鑑] livro ilustrado ▶ 動物図鑑 livro ilustrado de animais
すき[好き] ▶ 私はサッカーが好きだ Eu gosto de futebol. / 私は冬よりも夏の方が好きだ Eu gosto mais do verão do que do inverno. / 彼は彼女のことが好きになった Ele começou a gostar dela. / あなたの好きな絵はどれですか De qual quadro você gosta?
すき[隙] ▶ すきを見せる descuidar-se / 敵のすきを突く atacar o inimigo quando ele se descuida
すぎ[杉] cedro
…すぎ[過ぎ] ▶ 今3時5分過ぎだ Agora passam das três horas e cinco minutos. | Agora são mais que três horas e cinco minutos. / 私は飲み過ぎた Eu bebi demais.
スキー esqui ▶ スキーをする esquiar / スキーに行く ir esquiar / スキー場 local para esquiar / スキーヤー esquiador
すききらい[好き嫌い] ▶ 私の息子は食べ物の好き嫌いが激しい Meu filho tem muitas preferências alimentares e não gosta de comer muitas coisas.
すぎさる[過ぎ去る] ▶ もうそんな時代はとっくに過ぎ去った Esse tempo já se foi.
すきずき[好き好き] ▶ それは好き好きだ Isso é uma questão de gosto.
すきとおる[透き通る] ▶ 透き通った水 água cristalina [límpida]
…すぎない[過ぎない] ▶ それは仮説に過ぎない Isso não passa de uma suposição.
すきま[隙間] ▶ すきまから覗く espiar pela fenda
スキャナー escaneadora
スキャン ▶ スキャンする escanear
すぎる[過ぎる] passar ▶ 4年が過ぎた Passaram-se quatro anos. / 夏が過ぎた Passou-se o verão. | Acabou o verão. / 列車はトンネルを過ぎた O trem passou pelo túnel. / 彼女は30を過ぎている Ela passou dos trinta. / この帽子は私には大き過ぎる Este chapéu é muito grande para mim.
すく[空く] ▶ 私はとてもおなかがすいている Estou com muita fome. / 今朝は電車がすいていた O trem estava vazio hoje de manhã.
すぐ logo; já; imediatamente ▶ すぐにやります Já vou fazer. / すぐ出発しましょう Vamos partir imediatamente. / 彼が来たらすぐ知らせてください Avise-me assim que ele chegar. / 彼女はすぐ近くに住んでいる Ela mora logo aí.
すくい[救い] socorro; ajuda ▶ 救いを求める procurar ajuda
すくう[救う] socorrer; salvar; ajudar ▶ あなたは私の命を救ってくれた Você salvou minha vida.
すくう[掬う] ▶ 手で水をすくう apanhar água com as mãos
スクーター lambreta; motoneta; motinha

スクールバス ônibus escolar
すくすく ▶ 子供たちはすくすく育っている As crianças estão bem crescidas e saudáveis.
すくない[少ない] ▶ 彼は友人が少ない Ele tem poucos amigos. / 今年の夏は雨が少ない Está chovendo pouco no verão deste ano. / 今年の予算は去年より少ない A verba deste ano é menor que a do ano passado.
すくなからず[少なからず] ▶ 私たちはその知らせを聞いて少なからず驚いた Nós nos assustamos muito ao ouvir esse aviso.
すくなくとも[少なくとも] ▶ 少なくとも 5 万円必要だ É preciso pelo menos cinquenta mil ienes.
すくめる ▶ 肩をすくめる encolher os ombros
スクラップ recorte de revista ou jornal
スクリーン tela ▶ スクリーンセーバー protetor de tela
スクリュー hélice
すぐれる[優れる] ▶ 今日は気分が優れない Hoje não estou bem. / 彼女はポルトガル語では私よりも優れている Ela é melhor do que eu na língua portuguesa.
スクロール rolagem ▶ スクロールする rolar / スクロールバー barra de rolagem
ずけい[図形] figura; desenho explicativo
スケート patinação; patinagem / スケートする patinar / スケートに行く ir patinar / スケート場 ringue de patinação
スケール ▶ スケールの大きな計画 projeto de grande escala
スケジュール programa; horário ▶ プロジェクトはスケジュール通りに進んでいる O projeto avança conforme o programado.
スケッチ esboço; rascunho de um desenho ▶ スケッチをする esboçar; fazer um esboço / スケッチブック caderno de esboços
すごい[凄い] ▶ それはすごい Isso é fantástico! / 彼にはすごい才能がある Ele tem um talento espantoso.
すごく[凄く] ▶ 母はすごく怒っていた Minha mãe estava muito brava.
すこし[少し] ▶ まだ時間が少しある Ainda tenho um pouco de tempo. / 私は少し待たされた Tive que esperar um pouco. / 少し静かにしてください Façam um pouco de silêncio. / 私はもう少しで車にひかれるところだった Eu quase fui atropelado por um carro. / 事態は少しずつ改善されていった A situação foi melhorando aos poucos. / 私は少しもフランス語が話せない Não falo nem um pouco de francês. / 私は今少しもお金がない Agora não tenho nem um pouco de dinheiro.
すごす[過ごす] ▶ 楽しい時を過ごす viver momentos agradáveis / 私たちは夏休みを海岸で過ごした Passamos as férias de verão no litoral. / (手紙) いかがお過ごしですか Como tem passado?
スコップ pá ▶ スコップで穴を掘る cavar um buraco com a pá
すじ[筋] ▶ 私たちは筋の通らない要求には応じられない Nós não atenderemos exigências ilógicas. / 情報筋によれば conforme a fonte de informações

すしづめ[すし詰め] ▶ 電車の中はすし詰め状態だった O trem estava cheio como sardinha em lata.
ずじょう[頭上] ▶ 私たちの頭上でヘリコプターが飛んでいた Um helicóptero voava em cima de nossas cabeças. / 「頭上注意」Cuidado com a cabeça.
すす[煤] fuligem
すず[鈴] guizo ▶ 鈴を鳴らす (fazer) soar o guizo
すず[錫] estanho
すすぎ ato de enxaguar
すすぐ enxaguar ▶ 口をすすぐ bochechar
すずしい[涼しい] fresco ▶ 今日は涼しい Hoje o tempo está fresco. / 涼しい風がふいている Está soprando um vento fresco.
すすむ[進む] ▶ 工事は予定どおり進んでいる As obras avançam conforme o planejado. / (私の) 勉強が思うように進まない Meu estudo não progride como quero. / 前に進んでください Siga em frente. / この時計は 5 分進んでいる Este relógio está cinco minutos adiantado. / 進んだ考え ideia avançada
すずむ[涼む] ▶ 私たちは木陰で涼んだ Nós nos refrescamos sob a sombra da árvore.
すずめ[雀] pardal
すすめる[進める] promover; adiantar; estimular ▶ 会議をうまく進めるこつ jeito para promover reuniões com sucesso
すすめる[勧める] recomendar; aconselhar ▶ 私はあなたにこの本を勧めます Eu recomendo-lhe este livro. / 医者は彼に飲酒を控えるように勧めた O médico aconselhou-o a abster-se de bebidas alcoólicas.
すすりなき[すすり泣き] choro aos soluços
すすりなく[すすり泣く] chorar aos soluços
する ▶ コーヒーをする sorver o café
すそ[裾] ▶ スカートのすそ barra da saia
スター estrela ▶ 映画スター estrela de cinema
スタート partida; começos ▶ 走者はいっせいにスタートを切った Os corredores largaram todos juntos. / 新しい番組がスタートした Começou um novo programa.
スタイル estilo ▶ 私の仕事のスタイル meu estilo de trabalho / 彼女はスタイルがよい Ela tem um bom figurino.
スタジアム estádio ▶ スタジアムは人でいっぱいだった O estádio estava cheio de gente.
スタジオ estúdio ▶ 録音スタジオ estúdio de gravação
すたれる[廃れる] sair da moda; cair em desuso ▶ その風習はもうすたれてしまった Esse costume já caiu em desuso.
スタンド (競技場) arquibancada; (照明) abajur ▶ スタンドで試合を観戦する assistir o jogo da arquibancada
スタンプ(ゴム印) carimbo
スチーム vapor
スチュワーデス aeromoça
…ずつ ▶ 私は子供たちにキャンディーを 1 人 3 つずつあげた Dei três balas para cada criança. / 1 人ずつ来てください Venha uma pessoa por vez.

ずつう[頭痛] dor de cabeça ▶ 私は頭痛がするEstou com dor de cabeça. / 私はひどい頭痛持ちだTenho dores de cabeça terríveis.

すっかり perfeitamente; completamente ▶ 私はもうすっかり元気だJá estou perfeitamente bem de saúde. / 雨はすっかり上がったA chuva parou completamente.

すっきり ▶ シャワーを浴びたらすっきりしましたSenti-me refeito depois de tomar um banho de chuveiro. / 早くこの仕事を終えてすっきりしたいQuero acabar logo este trabalho para me sentir aliviado.

すっと ▶ 思っていることを全部言ったら私は気分がすっとしたSenti-me leve depois de dizer tudo que penso.

ずっと ▶ 一晩中ずっと雨が降っていたChoveu a noite toda, sem parar. / 彼女は私よりずっと背が高いEla é bem mais alta que eu.

すっぱい[酸っぱい] azedo ▶ このブドウは酸っぱいEsta uva está azeda.

すで[素手] ▶ 素手でボールを受けるapanhar a bola com as mãos, sem luvas.

ステーキ bife

ステージ palco

すてき[素敵] ▶ 素敵なmaravilhoso ▶ 彼女はとても素敵な女性だEla é uma mulher maravilhosa.

すでに[既に] ▶ 締め切りは既に過ぎていたO prazo já se esgotara. / O prazo já estava prescrito.

すてる[捨てる] ▶ ごみを捨てないでくださいNão jogue o lixo fora.

ステレオ estéreo

ステレオタイプ estereótipo

スト greve ▶ ストをするfazer greve / ストに入るentrar em greve / スト決行中であるA greve está em andamento / ハンガーストgreve de fome

ストーブ aquecedor; estufa

ストッキング meia fina

ストック estoque / 商品のストックestoque de mercadoria

ストップ parada ▶ ストップするparar

ストップウォッチ cronômetro

ストライキ greve ▶ ストライキをするfazer greve

ストレス estresse ▶ ストレスのたまる仕事trabalho que causa acúmulo de estresse / ストレスを解消するeliminar o estresse

ストロー canudo de plástico

すな[砂] areia ▶ 砂時計relógio de areia / 砂浜praia

すなお[素直] ▶ あの子はとても素直だAquela criança é muito obediente. / 素直に本当のことを言いなさいDiga a verdade francamente.

すなわち isto é; ou seja; quer dizer

スニーカー tênis

すね[脛] canela da perna

すねる[拗ねる] ficar de mau humor; amuar ▶ 弟ばかりかわいがられるので、その子供はすねてしまったComo só dão mimos ao irmão menor, essa criança amuou.

ずのう[頭脳] cérebro ▶ 頭脳流出fuga de cérebros / 頭脳明晰な科学者cientista de inteligência lúcida

スパイ espião ▶ 産業スパイespião industrial / 二重スパイespião duplo

スパイス especiaria

スパゲッティ espaguete

すばこ[巣箱] caixa-ninho

すばしこい ▶ すばしこい動物animal esperto [rápido]

ずばぬける[ずば抜ける] ser extraordinário ▶ 彼はずば抜けた作曲の才能があったEle tinha um talento extraordinário para compor músicas.

すばやい[素早い] ▶ 素早い対応が重要だÉ importante tomar providências rápidas. / 素早く数学の問題を解くresolver problemas matemáticos rapidamente

すばらしい[素晴らしい] ここからの眺めはとてもすばらしいA vista daqui é maravilhosa. / 私たちはすばらしい時を過ごしたNós vivemos momentos maravilhosos. / それはすばらしいIsso é excelente! / Isso é formidável! / なんてすばらしいんでしょうQue magnífico! | Que esplêndido!

ずばり ▶ まさにそのものずばりだExatamente, é isso mesmo.

スピーカー alto-falante

スピーチ discurso ▶ スピーチをするfazer um discurso / ポルトガル語のスピーチコンテストconcurso de oratória em língua portuguesa

スピード velocidade ▶ スピードを上げるacelerar; aumentar a velocidade / スピードを落とすdesacelerar; diminuir a velocidade / この自動車は時速60キロのスピードで走っているEste carro está correndo a uma velocidade de sessenta quilômetros por hora. / 私はスピード違反で罰金を取られたFui multado por excesso de velocidade.

スプーン colher ▶ スプーンで食べるcomer de [com] colher / スプーン1杯の塩uma colher de sal

ずぶとい[図太い] ▶ 彼はずぶとい神経の持ち主だEle é um descarado [atrevido].

ずぶぬれ[ずぶ濡れ] ▶ 雨に降られて私たちはずぶぬれになったNós ficamos encharcados com a chuva.

すべ[術] ▶ 私はなすすべがなかったEu não tinha mais nada a fazer.

スペア ▶ スペアタイヤpneu sobressalente / スペアキーchave reserva

スペイン Espanha ▶ スペインのespanhol / スペイン人espanhol / スペイン語espanhol

スペース espaço ▶ 1字分のスペースをあけるabrir o espaço de uma letra / スペースシャトルônibus espacial

スペード espadas

すべすべ ▶ すべすべした肌pele macia; pele de pêssego; pele de bebê

すべて[全て] ▶ これが私の知っている全てですIsto é tudo que sei. / 全ての道はローマに通ずTodos os caminhos levam a Roma. / 全てが終わったTudo acabou-se.

すべりだい[滑り台] escorregador

すべる[滑る] escorregar; deslizar; ser reprovado ▶ 私は道で滑った Escorreguei na rua. / 道路が滑りやすくなっている As ruas estão escorregadias.

スペル ortografia ▶ その単語のスペルを教えてください Diga-me como se soletra essa palavra.

スポークスマン porta-voz

スポーツ esporte ▶ スポーツをする praticar esporte / どんなスポーツが好きですか De qual esporte você gosta? / スポーツ新聞 jornal esportivo / スポーツ番組 programa esportivo / スポーツ欄 coluna esportiva / スポーツカー carro esportivo / スポーツ選手 atleta

すぼめる ▶ 唇をすぼめる fazer bico

ズボン calças ▶ ズボンをはく vestir as calças / ズボンを脱ぐ tirar as calças / 半ズボン calça curta calções shorts

スポンサー patrocinador

スポンジ esponja

すまい[住まい] moradia; residência; domicílio ▶ お住まいはどちらですか Onde é a sua casa? | Onde você mora?

すます[済ます] (終わらせる) terminar ▶ 仕事を済ます terminar o serviço / もう食事は済ませましたか Já terminou sua refeição? | Já acabou de comer? / 私は今年の夏はエアコンなしで済ませた Eu passei o verão deste ano sem o ar condicionado.

すます[澄ます] ▶ 私は耳を澄ました Ouvi com muita atenção.

すまない ▶ 遅くなってすまない Desculpe-me pela demora.

すみ[炭] carvão ▶ 炭火で肉を焼く assar a carne na brasa

すみ[隅] ▶ 部屋の隅に本箱がある Tem uma caixa de livros no canto do quarto. / 隅から隅まで探しなさい Procure em todos os cantos.

すみ[墨] tinta-da-china ▶ イカの墨 tinta da lula

…ずみ[済み] ▶ その問題は解決済みだ Esse problema está resolvido.

すみません[済みません] ▶ 「すみません」「いいえ」— Desculpe-me. — Não foi nada. / 遅れてすみません Desculpe-me pelo atraso. / どうもすみません Sinto muito. / すみませんがここは何という通りでしょうか Com licença, qual é o nome dessa rua?

すみやか[速やか] ▶ 速やかな行動 ação rápida / 緊急時は速やかに行動してください Aja rapidamente em casos de urgência.

スミレ violeta ▶ スミレ色のハンカチ lenço (da cor) violeta

すむ[住む] morar; habitar; residir ▶ あなたはどこに住んでいますか Onde você mora? / 私はリオデジャネイロに住んでいる Eu moro no Rio de Janeiro.

すむ[済む] ▶ 用事はもうすぐ済みます Vou terminar logo o trabalho. / 済んだことは仕方ない O que passou, não tem mais jeito.

すむ[澄む] ▶ この川の水は澄んでいる A água deste rio está límpida. / 澄んだ空気 ar puro [limpo]

スムーズ ▶ スムーズな動き movimento suave / 会議はスムーズに進んだ A reunião transcorreu sem problemas.

すもう[相撲] sumô ▶ 相撲取り lutador de sumô

すやすや ▶ 赤ん坊がすやすや眠っている O bebê está dormindo tranquilamente.

…すら ▶ 私は泣くことすらできなかった Eu nem consegui chorar.

ずらす ▶ 予定を3日ずらす retardar o planejado em três dias / 机をずらす deslocar a mesa

すらすら ▶ 彼女はポルトガル語の新聞がすらすら読める Ela consegue ler o jornal em língua portuguesa facilmente. / 彼女はその質問にすらすら答えた Ela respondeu a essas perguntas sem dificuldades.

スラム favela

すり batedor de carteiras

すりきず[擦り傷] arranhão; escoriação

すりきれる[擦り切れる] ▶ コートの袖が擦り切れてしまった A manga do casaco desgastou-se.

スリッパ chinelos

すりへる[すり減る] ▶ 靴の底がすり減ってしまった Desgastaram-se as solas dos sapatos.

すりむく[擦りむく] ▶ その男の子はひざを擦りむいた Esse menino esfolou seus joelhos.

スリラー ▶ スリラー映画 filme de terror / スリラー小説 novela de terror

スリル ▶ スリル満点のアトラクション atração repleta de emoção

する fazer ▶ あなたは何をしていますか O que você está fazendo? / 私は今日することがない Não tenho o que fazer hoje. / ばかなことをするな Não faça bobagens [asneiras; tolices]. / ジョギングする correr [fazer] jogging / チェスをする jogar xadrez / 一緒にサッカーをしよう Vamos jogar futebol juntos? / スポーツをする praticar esporte / 彼は彼女を幸せにした Ele a fez feliz. / これはいくらしますか Quanto custa isto?

する[擦る] ▶ マッチをする riscar um fósforo

する[刷る] ▶ 本を5千部刷る imprimir cinco mil exemplares de livros

する[掏る] ▶ 私は電車で財布をすられた Roubaram minha carteira no trem.

ずるい ▶ それはずるい Isso é desonesto. | Isso não é justo. | Isso é malandragem.

ずるがしこい[ずる賢い] astuto; malandro; espertalhão

するどい[鋭い] ▶ 鋭いナイフ faca afiada / その男の目は鋭かった Esse homem tinha um olhar penetrante.

ずれ(相違) diferença ▶ 世代間のずれ diferenças entre gerações / 意見のずれ diferenças de opiniões

すれちがう[すれ違う] ▶ 私は通りで彼とすれ違った Eu cruzei com ele na rua. / 私たちはさっきすれ違った Nós nos desencontramos há pouco.

ずれる ▶ 地盤がずれた Houve deslocamento do solo. / その質問は論点がずれている Essa pergunta está fora do assunto.

スローイン〖サッカー〗 lançamento lateral

すわる[座る] sentar-se ▶ いすに座る sentar-se na cadeira / 床に座る sentar-se no chão / どうぞお

座りください Sente-se, por favor. / 私は座って順番を待っていた Eu esperei minha vez sentada.

すんぜん[寸前] ▶ その国の経済は崩壊寸前だ A economia desse país está prestes a arruinar-se.

すんなり sem problemas; facilmente ▶ 交渉はすんなりいった As negociações correram sem problemas. / その問題はすんなり解決しなかった Esse problema não foi facilmente solucionado.

すんぽう[寸法] medida; tamanho; dimensão

せ

せ[背] ▶ 彼は背が高い Ele é alto. / 姪はしばらく見ないうちに背が随分高くなった Minha sobrinha cresceu bastante durante o tempo que não nos vimos. / いすの背 costas da cadeira / 少年たちは背の順に並んだ Os jovens enfileiraram-se em ordem crescente de altura.

せい[正] ▶ 正の数 número positivo / 正社員 funcionário efetivo

せい[姓] sobrenome; nome de família

せい[性] sexo; 『文法』gênero; (性質) natureza ▶ 性教育 educação sexual

せい[精] ▶ 仕事に精を出す trabalhar com vitalidade

せい[所為] ▶ すべて私のせいです É tudo por minha culpa. / 私のせいじゃない Não é por minha culpa. / あなたの気のせいだ É imaginação sua.

せい[製] ▶ 日本製のカメラ câmera fotográfica de fabricação japonesa / その靴はイタリア製だ Esse sapato é italiano.

ぜい[税] imposto; taxa; tarifa ▶ 所得税 imposto de renda / 消費税 imposto de consumo / 増税 aumento de imposto / 減税 diminuição de imposto / 免税 isenção de imposto

せいい[誠意] sinceridade ▶ 誠意を示す mostrar sinceridade / あなたの言うことには誠意が感じられない Não sinto honestidade no que você diz.

せいいき[聖域] recinto sagrado

せいいく[生育] ▶ 今年は稲の生育がいい O crescimento do arroz está bom neste ano.

せいいっぱい[精一杯] ▶ 精一杯のことをしてみましょう Vamos fazer todo o possível. / これが精一杯です Isto é o meu máximo.

せいえん[声援] ▶ 私たちは味方のチームに声援を送った Nós torcemos pelo time aliado.

せいおう[西欧] Europa Ocidental ▶ 西欧文明 civilização ocidental

せいか[成果] resultado ▶ 輝かしい成果を収める conseguir um resultado brilhante

せいかい[正解] resposta correta [certa] ▶ 試験問題の正解 respostas corretas das questões da prova / 正解です Está certo. | Acertou.

せいかく[正確] ▶ 正確な preciso; exato / 私の時計は正確だ Meu relógio é preciso. / 私は正確な日付は覚えていません Não me lembro da data exata. / 正確に言えば少し違います Falando corretamente, a coisa é um pouco diferente. / ニュースは正確さが重要だ É importante que haja exatidão nas notícias.

せいかく[性格] caráter; gênio; temperamento ▶ 彼女は性格がいい Ela tem um bom temperamento. / 彼は性格が悪い Ele é mau caráter. / 彼女は明るい性格だ Ela tem um temperamento alegre. / 二人は性格の不一致で離婚した Os dois se divorciaram por incompatibilidade de gênios.

せいかつ[生活] vida ▶ 私たちは生活が苦しい Levamos uma vida difícil. / 私は生活に困っている Vivo com dificuldades. / 豊かな生活 vida confortável; vida com fartura / 彼は田舎での生活を楽しんでいる Ele goza a vida no interior. / 生活する viver / 生活水準 padrão de vida / 生活様式 estilo de vida / 日常生活 vida cotidiana

ぜいかん[税関] alfândega ▶ 税関申告書 declaração alfandegária

せいき[世紀] século ▶ 21世紀 século XXI / 20世紀に no século XX / 20世紀初頭に no início do século XX / 19世紀半ばに na metade do século XIX / 18世紀末に no final do século XVIII

せいき[正規] regular; formal ▶ 正規の手続きを踏む cumprir as devidas formalidades

せいぎ[正義] justiça ▶ 彼は正義感が強い Ele tem um forte senso de justiça.

せいきゅう[請求] solicitação; requisição; pedido ▶ 請求に応じる atender o pedido / 支払いを請求する solicitar o pagamento / 請求書 fatura; conta; nota

せいぎょ[制御] controle; comando ▶ 機械を制御する controlar a máquina / 制御装置 equipamento de controle

ぜいきん[税金] imposto ▶ 税金を払う pagar o imposto

せいく[成句] expressão [locução] idiomática

せいけい[生計] ▶ 生計を立てる ganhar a vida; garantir a subsistência

せいけい[西経] longitude oeste ▶ 西経30度 30° de longitude oeste

せいけいげか[整形外科] cirurgia ortopédica

せいけつ[清潔] ▶ 清潔な limpo ▶ 清潔なタオル toalha limpa / 体を清潔にしておく manter o corpo asseado / 清潔な政治 governo limpo

せいけん[政権] governo; poder político ▶ 保守党が政権についた O partido conservador assumiu o governo. / 政権を得る adquirir o poder político / 政権を失う perder o poder político / オバマ政権 o governo de Obama

せいげん[制限] restrição; limitação ▶ 制限する restringir; limitar / 年齢制限 o limite de idade / 演説は10分に制限された O tempo de discurso foi limitado para dez minutos. / 制限速度 o limite de velocidade

せいご[生後] depois do nascimento ▶ 生後3か月の赤ん坊 bebê de três meses

せいこう[成功] sucesso ▶ その計画は大成功だった Esse plano foi um sucesso. / ご成功を祈ります Rezo pelo seu sucesso. / 成功する ter [fazer; obter] sucesso / 実験は成功した A experiência foi um sucesso.

せいこう [精巧] perfeição; precisão; finura ▶ 精巧なミニチュア miniatura perfeita

せいざ [星座] constelação

せいさい [制裁] sanções; punições ▶ 経済制裁 sanções econômicas

せいさく [制作, 製作] produção; fabricação ▶ 映画を制作する fazer um filme; produzir um filme

せいさく [政策] política ▶ 政策を立案する fazer um plano político / 外交政策 política externa / 金融政策 política financeira

せいさん [生産] produção ▶ 生産する produzir / 生産物 produto / 生産者 produtor / 生産性 produtividade / 大量生産 produção em massa; produção em grande escala

せいさん [清算] liquidação; saldo ▶ 借金を清算する liquidar [saldar] a dívida

せいさん [精算] acerto de contas ▶ 運賃を精算する acertar o pagamento da passagem

せいし [生死] vida e morte ▶ 生死に関わる問題 questão de vida ou morte

せいし [静止] estado estacionário ▶ 静止画 imagem estática

せいじ [政治] política ▶ 政治を行う governar / 政治を論じる analisar a política / 私は政治に関心がない Não tenho interesse em política. / 政治団体 grupo político / 政治活動 atividade política / 政治家 político

せいしき [正式] 正式な formal; oficial; legal ▶ 正式な服装 roupa formal

せいしつ [性質] temperamento; natureza ▶ この問題は性質上注意深い扱いが必要だ Pela natureza deste problema, é preciso tratá-lo com muita cautela.

せいじつ [誠実] honestidade; integridade ▶ 彼はとても誠実だ Ele é muito honesto. / その職員は誠実に対応してくれた Esse funcionário atendeu-me com muita honestidade.

せいしゃいん [正社員] funcionário efetivo

せいしゅく [静粛] calma; silêncio ▶ 静粛に願います Silêncio, por favor.

せいじゅく [成熟] amadurecimento; maturação ▶ 成熟した人格 personalidade madura / 成熟する amadurecer

せいしゅん [青春] juventude; mocidade; primavera da vida

せいしょ [聖書] Bíblia; Escritura Sagrada ▶ 新約聖書 Novo Testamento / 旧約聖書 Antigo Testamento

せいじょう [正常] normalidade ▶ 正常な状態 estado normal / 市場は正常に機能している O mercado está funcionando normalmente. / 正常化する normalizar / 正常化 normalização

せいじょう [政情] situação política ▶ その国は政情が不安定だ A situação política desse país é instável.

せいしょく [生殖] reprodução; procriação ▶ 有性生殖 reprodução sexuada / 無性生殖 reprodução assexuada

せいしん [精神] espírito ▶ 科学的精神 espírito científico / 法の精神 espírito das leis / 精神的疲労 fadiga mental / 私は精神的にまいっていた Estava psicologicamente desnorteada. / 精神分析 psicanálise / 精神医学 psiquiatria / 精神科医 psiquiatra / 精神衛生 higiene mental

せいじん [成人] adulto ▶ 成人する tornar-se maior de idade

せいせい [精製] refinação ▶ 砂糖を精製する refinar o açúcar

せいぜい no máximo ▶ ここからそこまでせいぜい3キロくらいだろう Daqui até aí deve ter no máximo três quilômetros.

せいせいどうどう [正々堂々] ▶ 正々堂々と勝負する jogar limpo e honestamente; fazer jogo limpo

せいせき [成績] ▶ 試験の成績はどうでしたか Qual foi o resultado da prova? / 彼女は学校の成績がよい As notas dela na escola são boas. / 彼はポルトガル語でよい成績を取った Ele tirou boas notas em língua portuguesa. / 悪い成績を取る tirar má nota; tirar nota ruim

せいせんしょくひん [生鮮食品] alimento deteriorável

せいぜん [整然] ▶ 軍隊は整然と行進していた O exército marchava ordenadamente.

せいそう [正装] ▶「正装のこと」Traje de cerimônia. /「正装には及びません」Traje passeio completo.

せいそう [盛装] traje [vestido] de gala ▶ 盛装する vestir-se luxuosamente

せいぞう [製造] manufatura; produção; fabricação ▶ 製造する fabricar / 自動車を製造する fabricar automóveis [carros] / 製造元 produtor; fabricante / 製造年月日 data de fabricação

せいぞん [生存] sobrevivência vida ▶ 生存する sobreviver; viver / 水があれば1週間は生存できる Se houver água, pode-se sobreviver por uma semana. / その事故で生存した者はいなかった Não houve sobreviventes nesse acidente. / 生存者 sobrevivente / 生存競争 luta pela vida

せいたい [生態] modo de vida; meio ambiente ▶ サルの生態 hábitos do macaco / 生態学 ecologia / 生態系 sistema ecológico

せいだい [盛大] grandeza; esplendor; solenidade ▶ 盛大な結婚式 cerimônia de casamento solene / その催しは盛大に行われた Esse evento foi esplêndido.

ぜいたく [贅沢] luxo; extravagância ▶ ぜいたくな食事 refeição luxuosa [rica] / ぜいたくを言えばきりがない Não há limites para o luxo. / ぜいたく品 artigos de luxo

せいち [聖地] Terra Santa

せいちょう [成長] crescimento ▶ 経済成長 crescimento econômico / 高度成長 crescimento econômico rápido / 成長率 taxa de crescimento / 成長する crescer; amadurecer / 私の子供たちはみんな立派に成長した Todos (os) meus filhos desenvolveram-se muito bem.

せいと [生徒] aluno ▶ 私たちのクラスには40人の生

徒がいる Nossa classe tem quarenta alunos.
- **せいど[制度]** sistema ▶ 教育制度 sistema educacional / 制度を設ける estabelecer um sistema / 制度を廃止する abolir um sistema / 制度を改める reformar um sistema
- **せいとう[正当]** ▶ 正当な理由 justa causa / 正当化 justificação / 正当化する justificar; legitimar
- **せいとう[政党]** partido político
- **せいどう[青銅]** bronze
- **せいどく[精読]** leitura atenta ▶ 精読する ler atentamente
- **せいとん[整頓]** ordem; arrumação ▶ 彼は自分の部屋を整頓した Ele arrumou seu quarto. / その部屋はよく整頓されている Esse quarto está bem arrumado.
- **せいねん[成年]** maioridade ▶ 成年に達する atingir a maioridade / 未成年者 menor (de idade)
- **せいねん[青年]** o [a] jovem; a mocidade; a juventude ▶ 彼は前途有望な青年です Ele é um jovem promissor. / 彼は青年時代をブラジルで過ごした Ele viveu sua juventude no Brasil.
- **せいねんがっぴ[生年月日]** data de nascimento
- **せいのう[性能]** capacidade; eficiência ▶ 高性能エンジン motor de alta eficiência / この機械はとても性能がよい Esta máquina é muito potente.
- **せいび[整備]** instalação; equipamento ▶ 整備不良 falta de manutenção / 車を整備する fazer a manutenção do carro / 整備工場 oficina de manutenção
- **せいひん[製品]** produto; manufaturado ▶ 工業製品 produto industrializado / 外国製品 produto estrangeiro
- **せいふ[政府]** governo ▶ 日本政府 governo japonês / ブラジル政府 governo brasileiro / 政府機関 órgão governamental / 非政府組織 organização não governamental
- **せいぶ[西部]** parte oeste
- **せいふく[制服]** uniforme ▶ 学校の制服 uniforme escolar
- **せいふく[征服]** conquista; domínio ▶ 征服する conquistar / 自然を征服する dominar a natureza / 征服者 conquistador
- **せいぶつ[生物]** ser vivo ▶ 生物学 biologia / 生物学的 biológico / 生物学者 biólogo / 生物兵器 arma biológica
- **せいぶん[成分]** componente; ingrediente ▶ 主成分 componente principal
- **せいべつ[性別]** distinção de sexo ▶ 性別に関わりなく sem distinção de sexos
- **せいほうけい[正方形]** quadrado
- **せいほく[西北]** noroeste
- **せいみつ[精密]** precisão ▶ 数学的精密さ precisão matemática / 精密機械 máquina de precisão / 精密な preciso
- **ぜいむしょ[税務署]** delegacia fiscal
- **せいめい[生命]** vida ▶ その火事で多くの生命が失われた Perderam-se muitas vidas nesse incêndio. / 生命保険 seguro de vida
- **せいめい[姓名]** nome e sobrenome; nome completo
- **せいもん[正門]** entrada principal ▶ 正門で待ち合わせしましょう Vamos nos encontrar na entrada principal.
- **せいよう[西洋]** Ocidente; Europa ▶ 西洋の ocidental / 西洋の建築 arquitetura ocidental / 西洋人 ocidental / 西洋化 ocidentalização / 西洋化する ocidentalizar
- **せいよう[静養]** repouso ▶ 静養する repousar / 彼女は静養する必要がある Ela precisa repousar.
- **せいり[生理]** ▶ 生理学 fisiologia / (月経) menstruação; regras
- **せいり[整理]** ordem; arrumação ▶ 私は自分の部屋を整理した Eu arrumei meu quarto. | Pus o meu quarto em ordem.
- **せいりつ[成立]** ▶ 法案が成立した O projeto de lei foi aprovado. / 商談が成立した A negociação foi concluída. / 連立内閣が成立した Estabeleceu-se o governo de coalizão.
- **せいりょうりょう[清涼飲料]** refrigerante
- **せいりょく[勢力]** força; poder ▶ 勢力のある influente / 台風の勢力は衰えた O tufão perdeu sua força. / 勢力争い luta pelo poder
- **せいりょく[精力]** vitalidade; energia ▶ 精力的な活動 atuação vigorosa / 精力的に活動する atuar com energia; atuar com vigor
- **セーター** pulôver; suéter ▶ セーターを編む tricotar um suéter
- **セーブ** ▶ データをセーブする salvar os dados
- **セールスマン** vendedor
- **せかい[世界]** mundo ▶ 世界中で em todo o mundo / 世界的な名声 renome mundial / その建築家は世界的に有名だ Esse arquiteto é mundialmente famoso. / 世界一周旅行をする fazer uma viagem ao redor do mundo / 世界各国から de todos os países do mundo / 世界の果てまで até o fim do mundo / 世界記録 recorde mundial / 世界平和 paz mundial / 第一次世界大戦 Primeira Grande Guerra Mundial / 第二次世界大戦 Segunda Grande Guerra Mundial
- **せき[咳]** tosse ▶ 咳をする tossir / 私は咳が止まらない Não paro de tossir.
- **せき[席]** lugar; cadeira; assento ▶ 席を予約する reservar um lugar [uma cadeira; um assento] / どうぞ席にお着きください Queiram sentar-se, por favor. / 席を譲る ceder a cadeira / 私の席を取って置いてください Guarde um lugar para mim, por favor. / 彼女は今席を外しています Ela está ausente no momento.
- **せきがいせん[赤外線]** raio infravermelho
- **せきじゅうじ[赤十字]** Cruz Vermelha ▶ 赤十字病院 hospital da Cruz Vermelha
- **せきたてる[せき立てる]** ▶ 彼女は私に早くするようにせき立てた Ela apressou-me para que agisse rapidamente.
- **せきたん[石炭]** carvão mineral; carvão de pedra
- **せきどう[赤道]** a linha do Equador
- **せきとめる[せき止める]** ▶ 川をせき止める represar o rio
- **せきにん[責任]** responsabilidade; dever ▶ その責

任は私にある Isso é de minha responsabilidade. / 運転手はその事故に責任がある O motorista é responsável por esse acidente. / 責任を取る assumir a responsabilidade; responsabilizar-se / 責任を果たす cumprir a responsabilidade / 責任のある地位 posição de responsabilidade / 責任者 responsável / 彼は責任感がない Ele não tem senso de responsabilidade.

せきめん[赤面] ▶彼は赤面した Ele ficou corado.

せきゆ[石油] petróleo ▶石油危機 crise do petróleo / 石油会社 companhia petrolífera

セキュリティー segurança ▶セキュリティーシステム sistema de segurança

セクハラ assédio sexual ▶彼女は職場でセクハラされた Ela sofreu assédio sexual no trabalho.

せけん[世間] mundo; vida ▶世間は狭い O mundo é pequeno. / 彼は世間知らずだ Ele não sabe o que é a vida. | Ele é inexperiente. / 世間話をする bater papo / 世間並みの暮らしをする levar uma vida normal

…せざるをえない ▶私は彼の言うことをを信じざるをえない Eu tenho que acreditar no que ele diz.

せし[セ氏] grau Celsius; grau centígrado ▶セ氏60度 sessenta graus Celsius [centígrados]

せだい[世代] geração ▶若い世代 geração jovem / 世代交代 troca de gerações

せつ[節] ▶その節はありがとうございました Muito obrigado por essa oportunidade. / 主節 oração principal / 従属節 oração subordinada / 名詞節 oração substantiva

せつ[説] teoria; ponto de vista; rumor ▶最新の説によれば de acordo com a mais nova teoria / お説ごもっともです Você está absolutamente certo.

せっかく[折角] ▶せっかくのお誘いですがお受けできません Agradeço o seu gentil convite mas não posso aceitá-lo.

せっかち ▶彼はとてもせっかちだ Ele é muito impaciente.

せっきょう[説教] sermão; pregação ▶説教する pregar; fazer o sermão

せっきょくてき[積極的] ativo; positivo / 積極的な参加 participação ativa / 積極的に参加する participar ativamente / 積極性に欠ける faltar iniciativa

せっきん[接近] aproximação ▶接近する aproximar-se / 台風が接近している O tufão está se aproximando.

セックス sexo ▶セックスする fazer sexo

せっけい[設計] plano; projeto ▶設計する projetar; desenhar

せっけん[石鹸] sabão em pedra ▶石けんで手を洗う lavar as mãos com sabão

せっこう[石膏] gesso

ぜっこう[絶好] ▶絶好の機会 ótima ocasião; oportunidade única / 今はこのあたりを観光するには絶好の季節です Agora é a estação ideal para visitar esta redondeza.

せっしゅ[接種] vacinação ▶予防接種 vacina

せっしょく[接触] contato; conexão; ligação ▶接触する contatar; entrar em contato

せっする[接する] ser contíguo; fazer fronteira ▶国境に接した町 uma cidade que faz fronteira com o país.

せっせい[節制] moderação; comedimento ▶節制する moderar-se

せっせと ▶彼らはせっせと働いた Eles trabalharam sem parar. / せっせと学校に通う frequentar a escola diligentemente

せっせん[接戦] luta ferrenha; combate duro

せつぞく[接続] ▶この列車はその駅で急行と接続する Este trem faz conexão com um trem expresso nessa estação. / 接続詞 conjunção; conectivo / 接続法 modo subjuntivo

せったい[接待] atendimento; recepção ▶客を接待する atender o cliente

ぜったい[絶対] absoluto ▶絶対の absoluto / 彼の命令は絶対だ Suas ordens devem ser absolutamente obedecidas. / 絶対多数 maioria absoluta / それは絶対に不可能だ Isso é absolutamente impossível.

せっちゃくざい[接着剤] cola

ぜっちょう[絶頂] cume ▶彼らは今幸せの絶頂にある Eles estão no ápice da felicidade agora.

せっとく[説得] persuasão ▶説得する persuadir; convencer

せつび[設備] instalação; equipamento ▶設備投資 investimento em instalação / 生産設備 instalação de produção

せつぼう[切望] desejo ardente ▶彼らは故郷に帰ることを切望している Eles desejam ardentemente voltar a sua terra natal.

ぜつぼう[絶望] desespero ▶絶望する perder a esperança; desesperar-se / 私は絶望はしていない Não perdi minha esperança.

せつめい[説明] explicação; elucidação ▶詳しい説明 explicação detalhada / 説明する explicar; elucidar / 事情を説明してください Explique-nos as circunstâncias.

ぜつめつ[絶滅] extinção; extermínio ▶その鳥は絶滅の危機に瀕している Esse pássaro está à beira da extinção. / その鳥は絶滅した Esse pássaro extinguiu-se. / 絶滅危惧種 espécie em perigo 絶滅危惧種

せつやく[節約] economia; poupança ▶時間を節約する poupar tempo; economizar tempo / 時間の節約 economia de tempo / エネルギーを節約する economizar energia / お金を節約する economizar dinheiro

せつりつ[設立] fundação ▶設立する fundar / その学校は100年前に設立された Essa escola foi fundada há cem anos.

せなか[背中] costas; dorso ▶背中がかゆい Minhas costas coçam.

せのび[背伸び] ▶背伸びする espreguiçar-se estirar-se

ぜひ[是非] ▶ぜひいらしてください Venha sem falta. / ぜひ参加したいです Quero participar com certeza.

せびろ[背広] terno

せまい[狭い] estreito; apertado; pequeno ▶狭い

せまる

道 estrada estreita / この部屋は少し狭い Este quarto é um pouco pequeno.

せまる[迫る](強いる) urgir; pressionar; obrigar;(近づく) aproximar-se ▶ 締め切りが迫っている O final do prazo se aproxima. / 危機が迫っている O perigo se aproxima.

セミ[蟬] cigarra ▶ セミが鳴いている A cigarra está cantando.

せめて ▶ せめてこれだけはしてもらいたい Quero que faça pelo menos isto.

せめる[攻める] atacar; investir

せめる[責める] perseguir; censurar; culpar ▶ 他人をあまり責めてはいけない Não censure demais os outros.

セメント cimento

せり[競り] leilão; licitação ▶ 競りにかける leiloar; abrir licitação

ゼリー geleia ▶ ローヤルゼリー geleia real

せりふ[台詞] roteiro; fala ▶ 台詞を言う recitar as falas / 台詞を覚える memorizar [decorar] as falas

ゼロ zero ▶ ゼロから始める começar da estaca zero / ゼロ成長 crescimento zero

セロハン celofane

セロハンテープ fita adesiva

せろん[世論] opinião pública ▶ 世論調査 pesquisa de opinião pública / 世論調査を行う realizar pesquisa de opinião pública

せわ[世話] ▶ いろいろお世話になりありがとうございました Muito obrigado por toda ajuda que recebi. / 彼女は赤ん坊の世話をしている Ela está cuidando do bebê. / 大きなお世話だ Não se meta onde não é chamado.

せわしない[忙しない] ▶ せわしない日々を過ごす viver dias atarefados

せん[千] mil ▶ 5千 cinco mil / 何千もの人がここに集まった Milhares de pessoas se reuniram aí.

せん[栓] rolha; torneira ▶ 栓をする fechar a torneira; pôr a rolha / 栓を抜く sacar a rolha; tirar a rolha / 栓抜き saca-rolha; abridor

せん[線] linha ▶ 線を引く traçar uma linha; sublinhar; limitar / 直線 linha reta / 曲線 linha curva / 山手線 linha de trem Yamanote / 電話線 linha telefônica / 電線 fio elétrico

ぜん[善] o bem ▶ 善と悪を区別する distinguir o bem do mal / 善人 pessoa do bem; gente boa

ぜん…[全] ▶ 全生徒が体育館に集められた Reuniram-se todos os alunos no ginásio esportivo. / それは全国民の関心ごとだ Isso é um interesse de toda a nação. / 全世界 o mundo inteiro

ぜん…[前] ▶ 前大統領 ex-presidente

せんい[繊維] fibra ▶ 化学繊維 fibra sintética / 食物繊維 fibra vegetal

ぜんい[善意] ▶ 善意の人 pessoa de boa fé / 私はそれを善意で行った Fiz isso de boa vontade. / 善意に解釈する interpretar de forma favorável

ぜんいん[全員] ▶ 全員が集合した Todos se reuniram. / その計画は全員一致で決定した Esse plano foi aprovado com a concordância de todos.

ぜんえい[前衛] vanguarda ▶ 前衛芸術 arte de vanguarda

ぜんか[前科] antecedentes criminais ▶ 前科がある ter ficha criminal

ぜんかい[全快] ▶ 彼はやっと全快した Ele finalmente ficou completamente curado.

ぜんき[前期] primeiro semestre ▶ 前期の試験 exame do primeiro semestre

せんきょ[選挙] eleição ▶ 彼女は選挙で議長に選ばれた Ela foi eleita presidente da assembleia nas eleições. / 選挙する realizar eleições / 選挙運動 campanha eleitoral / 選挙権 direito eleitoral / 総選挙 eleições gerais

せんげつ[先月] mês passado ▶ 彼は先月ここに来ました Ele veio aqui no mês passado.

せんけんのめい[先見の明] visão; previsão ▶ 彼は先見の明があった Ela teve visão.

せんげん[宣言] declaração; proclamação ▶ 宣言する declarar; proclamar / 独立宣言 proclamação de independência / 人権宣言 declaração dos direitos humanos

せんご[戦後] após a guerra ▶ 戦後の日本 o Japão do pós-guerra

ぜんご[前後] a frente e a traseira; antes e depois; aproximadamente ▶ 3時前後に por volta das três horas; três horas mais ou menos / 前後に揺れる balançar para frente e para trás

せんこう[先行] preceder; ir à frente

せんこう[専攻] especialização ▶ 彼女は社会学を専攻している Ela se especializa em sociologia.

せんこう[選考] escolha ▶ 彼女は多くの応募者のなかから選考された Ela foi escolhida entre muitos candidatos.

ぜんこく[全国] todo o país ▶ 日本全国で em todo o Japão / 全国から de todo o país / 全国規模で em escala nacional / 全国放送 transmissão nacional

センサー sensor

せんざい[洗剤] detergente ▶ 合成洗剤 detergente sintético

せんざい[潜在] potencialidade; latência ▶ 潜在意識 subconsciente / 潜在的エネルギー energia potencial / 潜在的脅威 perigo latente

せんさく[詮索] ▶ あまり詮索しない方がいいですよ É melhor não se intrometer muito.

せんしつ[船室] camarote de navio

せんじつ[先日] outro dia; faz pouco tempo; há uns dias ▶ 私は先日映画を見に行った Outro dia fui ver um filme.

ぜんじつ[前日] o dia anterior; a véspera ▶ 結婚式の前日 na véspera da cerimônia de casamento

せんしゃ[洗車] lavagem de carro ▶ 洗車する lavar o carro

せんしゃ[戦車] tanque de guerra; carro de combate

ぜんしゃ[前者] a primeira pessoa

せんしゅ[選手] ▶ サッカーの選手 jogador de futebol / 陸上競技の選手 atleta de atletismo / 選手権 título

せんしゅう[先週] semana passada; última sema-

せんしゅう [先週] na ▶ 先週の金曜日 sexta-feira da semana passada; sexta-feira passada

ぜんしゅう [全集] ▶ トルストイ全集 obras completas de Tolstói

せんしゅつ [選出] eleição ▶ 選出する eleger / 新しい会長が選出された Foi eleito um novo presidente da associação.

せんじゅつ [戦術] estratégia; tática de guerra ▶ 戦術を練る elaborar uma tática / 戦術核 arma nuclear para uso tático

せんしんこく [先進国] país desenvolvido

ぜんしん [全身] ▶ 全身にやけどを負う sofrer queimaduras por todo o corpo

ぜんしん [前進] avanço ▶ 前進する avançar; ir adiante

せんす [扇子] leque ▶ 扇子であおぐ abanar com o leque

センス senso; gosto ▶ 彼にはユーモアのセンスがある Ele tem senso de humor. / 彼はセンスがよい Ele tem bom senso.

せんせい [先生] professor; mestre ▶ ポルトガル語の先生 professor de língua portuguesa

せんせい [宣誓] juramento ▶ 宣誓する jurar; prestar um juramento; fazer um juramento

ぜんせい [全盛] ▶ その俳優の全盛期の映画 filmes do apogeu desse ator

せんせいじゅつ [占星術] astrologia ▶ 占星術師 astrólogo

センセーション sensação ▶ その音楽はセンセーションを巻き起こした Essa música causou sensação. / センセーショナルな出来事 acontecimento sensacional

ぜんせかい [全世界] todo o mundo; o mundo inteiro ▶ その企業は全世界に支店がある Essa empresa tem filiais em todo o mundo.

ぜんせん [前線] linha da frente ▶ 温暖前線 frente de ar quente / 寒冷前線 frente de ar frio; frente fria

ぜんぜん [全然] ▶ 彼女は全然泳げない Ela não consegue nadar nem um pouco.

せんせんげつ [先々月] mês retrasado; há dois meses

せんせんじつ [先々日] anteontem; há dois dias

せんせんしゅう [先々週] semana retrasada; há duas semanas

せんぞ [先祖] antepassados

せんそう [戦争] guerra ▶ 独立戦争 guerra pela independência / …と戦争する fazer guerra com [contra] …; guerrear com [contra] … / …と戦争中である estar em guerra com… / 戦争が勃発した Eclodiu [Rebentou] uma guerra. / 戦争が終わった Acabou [Terminou] a guerra.

ぜんそくりょく [全速力] ▶ 全速力で走る correr a [com] toda velocidade

センター centro ▶ カルチャーセンター centro cultural / コミュニティセンター centro comunitário

ぜんたい [全体] o todo; o geral ▶ クラス全体が彼の提案に賛成した A classe toda concordou com a proposta dele. / 全体として見れば vendo como um todo

せんたく [洗濯] lavagem de roupa ▶ 洗濯する lavar a roupa / 私は毎日洗濯する Eu lavo a roupa todos os dias. / 洗濯機 máquina de lavar roupas; lavadora de roupas / 洗濯物 roupa para lavar / 洗濯物を干す estender a roupa para secar

せんたく [選択] escolha; opção ▶ 選択する escolher; optar / 選択肢 opções

せんたん [先端] vanguarda; extremidade; ponta ▶ ペンの先端が折れてしまった A ponta do lápis quebrou-se. / 先端技術 tecnologia de ponta; tecnologia de vanguarda

ぜんちし [前置詞] preposição

センチメートル centímetro

ぜんちょう [全長] comprimento total / 全長30メートルの橋 uma ponte de trinta metros de comprimento

ぜんちょう [前兆] prenúncio; sinal ▶ それはよい前兆ですね Isso é um bom sinal.

ぜんてい [前提] pressuposição; pressuposto; requisito ▶ 前提条件 condição prévia

せんてん [先天] ▶ 先天的な病気 doença congênita / 先天的に por natureza; de nascença

せんでん [宣伝] propaganda; publicidade; comercial ▶ 宣伝する fazer propaganda; fazer comercial / 商品の宣伝をする fazer propaganda do produto

ぜんと [前途] futuro ▶ 私たちは若い二人の前途を祝福した Nós desejamos (um futuro de) felicidades para os dois jovens. / 前途有望な若者 jovem com um futuro promissor

せんとう [先頭] ▶ そのランナーが先頭を走っていた Esse corredor corria à frente de todos. / 先頭集団 grupo líder

せんどう [扇動] agitação; incitamento; demagogia ▶ 扇動する agitar; incitar; fazer demagogia / 扇動者 agitador; incitador; demagogo

せんにゅう [潜入] infiltração ▶ 潜入する infiltrar-se

ぜんにん [善人] pessoa boa

せんねん [専念] dedicação ▶ 仕事に専念する dedicar-se ao trabalho

ぜんねん [前年] ano anterior; ano passado

せんのう [洗脳] lavagem cerebral

ぜんのう [全能] onipotência ▶ 全能の神 Deus todo-poderoso

ぜんはん [前半] primeira metade ▶ 試合の前半が終わった Terminou o primeiro tempo do jogo.

ぜんぱん [全般] ▶ 全般的な傾向 tendência geral / 全般的に言うと falando de modo geral

ぜんぶ [全部] tudo; o total; o conjunto ▶ 私はその料理を全部食べた Eu comi toda essa comida. / 我々にできることは全部やった Nós fizemos tudo que podíamos. / 全部でいくらですか Qual é o custo total?

せんぷうき [扇風機] ventilador

ぜんぽう [前方] ▶ 前方に山が見える Vê-se uma montanha à frente.

ぜんまい [鮮明] corda do relógio; mola

せんめい [鮮明] nitidez; clareza ▶ 鮮明な映像 imagem nítida / 鮮明に nitidamente; claramen-

ぜんめつ[全滅] aniquilação; aniquilamento ▶ 全滅させる aniquilar / その軍隊は全滅した Essa tropa foi aniquilada.
せんめん[洗面] 洗面器 lavabo; pia para lavar o rosto / 洗面所 lavatório
ぜんめん[全面] ▶ 全面的な支援 apoio total / 全面降伏 rendição total / 全面的に totalmente
せんもん[専門] especialidade ▶ 私の専門は日本史で Minha especialidade é a história do Japão. / 専門家 especialista
ぜんや[前夜] a noite anterior ▶ 前夜祭 uma festa da véspera
せんやく[先約] compromisso prévio [anterior] ▶ すみませんが今晩は先約があります Sinto muito mas hoje a noite já tenho compromisso.
せんよう[専用] ▶ この車両は女性専用です Este vagão de trem é exclusivo para mulheres.
せんりつ[旋律] melodia ▶ 美しい旋律が奏でられた Tocaram uma linda melodia.
ぜんりょう[善良] ▶ 善良な市民 bom cidadão
せんりょく[戦力] poder militar
ぜんりょく[全力] toda a força ▶ 私は全力を尽くすつもりです Pretendo fazer todo o possível.
ぜんれい[前例] precedente ▶ 前例がない Não há precedente.
せんれん[洗練] refinamento ▶ 洗練された料理 comida refinada
せんろ[線路] trilho

そ

そう[層] ▶ 年齢層 faixa etária / オゾン層 camada de ozônio
そう[沿う] ▶ 川に沿って歩く andar ao longo do rio / ご希望に添えなくて済みません Sinto muito não poder corresponder às suas expectativas.
そう ▶ 私はそう思います Eu penso assim. /「田中さんですか」「そうです」O senhor é o Sr. Tanaka? — Sim, sou eu.
…そう ▶ 彼女はうれしそうだ Ela parece feliz. / 雨が降りそうだ Parece que vai chover. / 彼は正直そうだ Ele parece sincero. / 彼は将来出世しそうだ Parece que ele vai fazer sucesso no futuro.
ぞう[象] elefante
ぞう[像] imagem; estátua ▶ 自由の女神像 Estátua da Liberdade / キリスト像 estátua de Cristo
そうい[相違] divergência; diferença ▶ 見解の相違 divergência de opiniões / 私の意見と彼の意見は相違している Minha opinião difere da opinião dele.
そうい[創意] criatividade; originalidade ▶ 創意に富んだ作品 obra cheia de criatividade; obra rica em originalidade
ぞうお[憎悪] ódio; rancor ▶ 戦争を憎悪する odiar a guerra
そうおん[騒音] ruído; barulho ▶ 騒音公害 poluição sonora
ぞうか[増加] aumento ▶ 人口の増加 crescimento populacional / 人口が増加している A população está crescendo. / 増加率 taxa de crescimento
そうかい[総会] assembleia geral ▶ 総会を開く iniciar sessão de uma assembleia geral
そうがく[総額] soma total; montante total ▶ 損失の総額 perda financeira total
そうかん[壮観] vista maravilhosa
そうかん[創刊] ▶ 新しい雑誌を創刊する fundar uma nova revista
そうがんきょう[双眼鏡] binóculos
そうぎ[争議] greve; conflito ▶ 労働争議 greve trabalhista
そうぎ[葬儀] enterro; funeral ▶ 葬儀を執り行う fazer um enterro / 葬儀に参列する ir a um enterro
ぞうき[臓器] órgão interno ▶ 臓器移植 transplante de órgão interno / 臓器提供者 doador de órgão interno
ぞうきょう[増強] reforço; aumento ▶ 軍備を増強する aumentar os armamentos bélicos / 筋力を増強する aumentar a força muscular
そうきん[送金] remessa de dinheiro ▶ 送金する remeter [enviar] dinheiro
ぞうきん[雑巾] pano de limpeza
そうぐう[遭遇] encontro ▶ 遭遇する deparar-se com; encontrar-se de repente com
ぞうげ[象牙] marfim
そうけい[総計] soma total
そうこ[倉庫] depósito; armazém; entreposto
そうご[相互] ▶ 相互の mútuo / 相互協力 cooperação mútua / 相互に影響を与え合う exercer influência mutuamente
そうごう[総合] síntese ▶ 総合的な理論 teoria geral / 総合する sintetizar / 総合病院 hospital geral
そうごん[荘厳] solenidade ▶ 荘厳な儀式 cerimônia solene
そうさ[捜査] investigação; busca ▶ その事件はまだ捜査中だ Esse caso ainda está sob investigação. / 捜査する investigar
そうさ[操作] manipulação; manejo; uso ▶ 市場操作 manipulação do mercado / 機械を操作する manipular a máquina
そうさく[捜索] busca ▶ 行方不明者を捜索する fazer a busca dos desaparecidos / 捜索隊 expedição de busca
そうさく[創作] criação ▶ 創作する criar
そうじ[掃除] limpeza ▶ 部屋を掃除する limpar o quarto
そうじ[相似] analogia; semelhança
そうしつ[喪失] perda ▶ 記憶喪失 perda de memória / 記憶を喪失する perder a memória / 国籍を喪失する perder a nacionalidade
そうしき[葬式] enterro; funeral
そうしゃ[走者] corredor
そうじゅう[操縦] pilotagem ▶ 操縦する pilotar / 船を操縦する pilotar o navio / 操縦桿 alavanca de controle

そうしょく[草食] ▶ 草食の herbívoro / 草食動物 animal herbívoro

そうしょく[装飾] decoração; enfeite; ornamento ▶ 装飾する decorar; enfeitar; ornamentar / 装飾的な decorativo; ornamental / 室内装飾 decoração de interiores

そうしょく[増殖] ▶ proliferação; multiplicação ▶ 増殖する proliferar; multiplicar

そうしん[送信] emissão; transmissão ▶ 送信機 transmissor; emissor / メールを送信する enviar um e-mail [uma mensagem eletrônica]

ぞうしん[増進] 健康を増進する melhorar a saúde / 食欲を増進する aumentar o apetite

そうそう[早々] logo; sem demora; apressadamente ▶ 私たちは早々に立ち去った Nós fomos embora apressadamente.

そうぞう[創造] criação ▶ 創造的な criativo / 創造する criar / 創造物 criatura / 天地創造 a Criação

そうぞう[想像] imaginação; fantasia ▶ 想像上の生物 criatura imaginária / 想像する imaginar; fantasiar / 想像できない inimaginável / 想像力が豊かである rico em imaginação / 想像力が貧しい pobre em imaginação

そうぞうしい[騒々しい] barulhento; ruidoso ▶ 騒々しい子供たち crianças barulhentas / 通りはとても騒々しかった A rua estava muito ruidosa.

そうぞく[相続] herança; sucessão ▶ 遺産を相続する herdar o legado / 相続人 herdeiro

…そうだ ▶ 彼は近々結婚するそうだ Parece que ele vai se casar brevemente.

そうたい[早退] ▶ 彼女は体調不良で早退した Ela saiu cedo por estar indisposta.

そうたい[相対] relatividade ▶ 相対的な relativo / 相対的に relativamente / 相対性理論 teoria da relatividade

そうだい[壮大] grandiosidade; magnificência ▶ 壮大な計画 projeto grandioso

ぞうだい[増大] aumento ▶ 需要が増大している A procura está aumentando.

そうだん[相談] consulta; conversa; troca de ideias ▶ 医者に相談する consultar o médico / 私たちはそのことについて彼と相談した Nós nos aconselhamos com ele a respeito disso.

そうち[装置] aparelho; equipamento; dispositivo ▶ 安全装置 dispositivo de segurança

そうちょう[早朝] ▶ 早朝に de manhã cedo

ぞうてい[贈呈] presente; doação; oferta ▶ 記念品を贈呈する oferecer uma lembrança comemorativa

そうとう[相当] ▶ 相当な considerável / 彼は相当な努力をした Ele se esforçou consideravelmente.

そうどう[騒動] (暴動) motim; tumulto; distúrbio ▶ その騒動で負傷者がでた Houve feridos nesse tumulto.

そうなん[遭難] naufrágio ▶ 遭難する naufragar

そうにゅう[挿入] inserção; introdução ▶ カードを挿入する inserir o cartão

そうば[相場] cotação; preço de mercado ▶ ドルの相場 cotação do dólar no mercado

そうべつかい[送別会] festa de despedida

そうほう[双方] ambas as partes ▶ 双方の言い分を聞く ouvir o que ambas as partes têm a dizer.

そうめい[聡明] inteligência; perspicácia ▶ 聡明な人 pessoa esperta [inteligente; perspicaz]

そうりつ[創立] fundação / 創立する fundar / 創立者 fundador

そうりょう[送料] preço de remessa; despesa de porte ▶ 送料はいくらですか Qual é o preço de remessa? / 送料無料 remessa gratuita

そうりょうじ[総領事] cônsul geral ▶ 総領事館 consulado geral

ソーシャルワーカー assistente social

ソース molho ▶ ウスターソース molho inglês / ホワイトソース molho branco

ソーセージ salsicha

そく[足] ▶ 靴一足 um par de sapatos

ぞく[俗] ▶ 俗な vulgar; comum; popular / 俗に vulgarmente

ぞくご[俗語] linguagem coloquial; gíria

そくざ[即座] ▶ 即座に imediato / 即座の反応 reação imediata / 即座に返答する responder imediatamente

そくし[即死] morte instantânea ▶ 運転手は即死した O motorista teve morte instantânea.

そくしん[促進] promoção; estímulo; fomento ▶ 促進する promover; estimular; fomentar / 日本とブラジル間の貿易を促進する promover o comércio entre o Japão e o Brasil

ぞくする[属する] pertencer a ▶ 彼は水泳クラブに属している Ele pertence ao clube de natação.

そくせき[即席] improvisação ▶ 即席の料理 comida improvisada

ぞくぞく[続々] ▶ um após o outro / 人々が続々とやって来た As pessoas chegaram uma após a outra.

ぞくぞくする ▶ 私は寒くてぞくぞくする Estou sentindo arrepios de tanto frio.

そくたつ[速達] serviço postal expresso ▶ 手紙を速達で送る enviar uma carta por via expressa.

そくど[速度] velocidade ▶ 列車は時速100キロの速度で走っている O trem está correndo a uma velocidade de cem quilômetros por hora. / 速度制限 limite de velocidade

そくどく[速読] leitura rápida ▶ 速読する ler muito rapidamente

ソケット soquete

そこ[底] fundo ▶ 瓶の底 fundo do vidro / 貯金が底を突いた O dinheiro poupado chegou ao fim. / 心の底からお詫び申し上げます Peço perdão do fundo do meu coração.

そこ あい ▶ そこに座ってください Sente-se aí, por favor. / 私はそこに行ったことがない Eu nunca fui aí. / 問題はそこだ O problema está aí.

そこく[祖国] pátria; país de origem ▶ 祖国を離れる deixar o país de origem

そこなう[損なう] estragar; danificar; ferir ▶ 彼は健康を損なった Ele estragou sua saúde.

…そこなう[損なう] ▶ 私は最終電車に乗りそこなった Eu perdi o último trem.

そしき[組織] organização; instituição ▶ 労働組

そしつ

合を組織する organizar um sindicato de trabalhadores / 組織犯罪 crime organizado

そしつ [素質] qualidades; talento; vocação ▶ 彼にはサッカーの素質がある Ele tem vocação para o futebol.

そして e depois ▶ 彼はドアを開け, そして部屋に入った Ele abriu a porta e entrou no quarto.

そせん [祖先] antepassado

そそぐ [注ぐ] ▶ カップにコーヒーを注ぐ colocar o café na xícara / 隅田川は東京湾に注いでいる O rio Sumida deságua na baía de Tóquio.

そそっかしい ▶ 彼は少しそそっかしい Ele é um pouco descuidado.

そそのかす [唆す] induzir; incitar; instigar

そだち [育ち] ▶ 彼女は育ちがよい Ela tem uma boa educação. / 氏より育ち A educação vale mais que o berço.

そだつ [育つ] criar-se; crescer ▶ 彼女は東京で育った Ela criou-se em Tóquio.

そだてる [育てる] criar; educar; cultivar ▶ 彼女は二人の子供を育てている Ela cria duas crianças. / 花や野菜を育てる cultivar flores e verduras.

そち [措置] medida ▶ 断固たる措置を執る tomar medidas rigorosas

そちらあい ▶ 佐藤さんはそちらですか A Sra. Sato está aí?

そっき [速記] taquigrafia; estenografia ▶ 速記する taquigrafar; estenografar / 速記者 taquígrafo; estenógrafo

そっきょう [即興] improvisação ▶ 即興する improvisar

そつぎょう [卒業] formatura; conclusão de um curso ▶ 卒業する formar-se; graduar-se ▶ 彼女は去年高校を卒業した Ela se formou no colégio no ano passado. / 卒業式 cerimônia de formatura / 卒業証書 certificado de formatura / 卒業生 formando; graduando

ソックス meias

そっくり ▶ あの兄弟はそっくりだ Aqueles irmãos são idênticos.

そっちょく [率直] franqueza ▶ 率直な意見 opinião franca / 率直に話す falar francamente

そっと ▶ 彼はそっと中に入った Ele entrou sem fazer barulho.

ぞっとする ▶ 私はその光景を見てぞっとした Eu fiquei arrepiada ao ver essa cena.

そで [袖] manga ▶ 長い袖 manga comprida / 袖をまくる dobrar a manga

そと [外] ▶ 窓から外を見る olhar para fora através da janela / 外で遊びなさい Brinque lá fora. / 外からドアに鍵をかける fechar a porta do lado de fora com a chave. / 外の様子が変だ A situação lá fora está estranha. / 機密が外に漏れた O segredo vazou. | 外部 Informação secreta foi revelada.

そなえ [備え] ▶ 備えあれば憂いなし Vale mais prevenir que remediar.

そなえる [備える] ▶ 地震に備える prevenir-se contra um terremoto

そなえる [供える] ▶ 墓に花を供える colocar flores no túmulo

1030

その esse ▶ その本はどこにありますか Onde está esse livro? / その人の名は何と言いますか Qual é o nome dessa pessoa? / その日はひどく風が吹いていた Nesse dia ventava muito.

そのあいだ [その間] ▶ その間あなたは何をしていましたか O que você fazia nesse entrementes?

そのうえ [その上] além disso ▶ 寒かったし, その上雨が降っていた Estava frio e além disso chovia.

そのうち ▶ 彼はそのうち戻ると思います Eu acho que ele volta mais cedo ou mais tarde. / 君もそのうちにわかるよ Você também vai entender um dia.

そのかわり [その代わり] ▶ その代わりにこれを差し上げます Ofereço-lhe isto em troca disso.

そのくらい [その位] ▶ そのくらいなら私でもできる Se for mais ou menos isso até eu posso fazê-lo.

そのご [その後] depois disso ▶ その後私たちは彼女に会っていない Nós não a encontramos depois disso.

そのころ [その頃] nessa época; nesse tempo; nessa hora ▶ 彼はその頃サンパウロにいた Nessa época ele estava em São Paulo.

そのとおり [その通り] ▶ その通りです É exatamente isso. / 君にて toda razão. / その通りにします Vou fazer exatamente assim.

そのとき [その時] nessa hora ▶ その時あなたはどこにいましたか Onde você estava nessa hora?

そのば [その場] nesse local / 犯人はその場で取り押さえられた O criminoso foi pego nesse local.

そのほか [その他] ▶ そのほかに何を買いましたか O que você comprou além disso? / そのほかの意見はありますか Há alguma outra opinião?

そのまま ▶ そのままにしておいてください Deixe assim como está.

そのよう ▶ そのようなことは聞いたことがありません Nunca perguntei uma coisa destas. / そのようにやってみましたが, だめでした Tentei fazer dessa forma mas não deu certo.

そば [側] ▶ 彼は門のそばに立っていた Ele estava de pé perto do portão. / 私は彼女のそばに座った Eu sentei-me ao lado dela. / 私の会社はすぐそばにある Minha empresa fica logo ao lado. / そばのコンビニ a loja de conveniência ao lado

そふ [祖父] avô

ソファー sofá ▶ ソファーに座る sentar-se no sofá

ソフトクリーム sorvete expresso

そふぼ [祖父母] avós

ソプラノ soprano

そぼ [祖母] avó

そぼく [素朴] simplicidade ▶ 素朴な料理 comida simples

そまつ [粗末] ▶ 粗末な服 roupa modesta / 食べ物を粗末にしてはいけない Não se deve desperdiçar alimentos.

そむく [背く] ▶ 命令に背く desobedecer ordens

そむける [背ける] ▶ 顔を背ける virar a cara [o rosto]

そめる [染める] tingir

そよう [素養] ▶ 彼女は絵の素養がある Ela tem co-

nhecimentos básicos de desenho.
そよかぜ[そよ風] brisa ▶そよ風が吹いていたsoprava uma brisa
そよそよ ▶風がそよそよと吹いている sopra um vento suave
そら[空] céu ▶青い空 céu azul / 曇り空 céu nublado / 空には雲一つない Não tem uma nuvem sequer no céu. / 空を飛ぶ voar / 詩を空で覚える memorizar o poema / 空飛ぶ円盤 disco voador; objeto voador não identificado (OVNI)
そらす[逸らす] ▶目を逸らす desviar os olhos
そり trenó ▶そりに乗る montar no trenó
そる[剃る] raspar ▶ひげを剃る fazer a barba; barbear-se
それ isso ▶それは何ですか O que é isso? / それがどうしましたか O que aconteceu com isso? / それで結構です Está bem assim.
それから depois disso; pouco depois; logo a seguir ▶それからどうしましたか Depois disso, o que você fez?
それきり ▶彼とはそれきり会っていない Desde então, nunca mais o encontrei.
それくらい、おやすいご用です Só isso! Não tem problema.
それぞれ cada um; respectivamente ▶彼らはそれぞれ5000円もっている Eles têm cinco mil ienes cada um. / 彼らはそれぞれの責任を果たした Cada um deles cumpriu sua responsabilidade.
それだけ ▶それだけあれば十分だ Tendo esse tanto, é o suficiente. / それだけはごめんだ Desculpe-me mas tudo menos isso.
それで ▶それで, あなたはどうしたのですか E então, o que você fez?
それでは ▶それでは始めましょう Então, vamos começar. / それでは失礼します Então, vou-me despedindo [vou-me embora].
それでも ▶信じられないかもしれないが, それでも本当だ Pode ser que não acredite, mas assim mesmo é verdade.
それどころか ▶私は諦めなかった. それどころか, さらに努力した Eu não desisti. Pelo contrário, esforcei-me mais ainda.
それとなく ▶私は彼にそれとなく忠告した Eu o adverti discretamente.
それとも ▶コーヒーにしますか, それとも紅茶にしますか Você toma café ou prefere chá preto?
それに ▶天気が悪い. それに寒い.O tempo está ruim. Além disso está frio.
それほど[それ程] ▶その映画はそれほどおもしろくなかった Esse filme não foi tão interessante assim.
それまで ▶それまで少し待ってください Espere um pouco até esse momento.
それゆえ[それ故] por isso, portanto ▶それ故, 結論はこのようになる Portanto, a conclusão é esta.
それる[逸れる] ▶弾は的をそれた A bala não acertou o alvo. / 彼の話はよく横道にそれる A conversa dele sempre toma outro rumo.
そろう[揃う] ▶全員そろいましたかTodos estão reunidos?

そろそろ ▶そろそろ出かけよう Vamos saindo.
そろばん[算盤] ábaco
そわそわ ▶彼女は朝からそわそわしている Ela está inquieta desde a manhã.
そん[損] perda; prejuízo ▶彼は株で100万円損した Ele perdeu um milhão de ienes na bolsa de valores.
そんがい[損害] prejuízo; dano; estrago ▶損害賠償 indenização dos danos / 損害保険 seguro contra danos
そんけい[尊敬] respeito; veneração; estima ▶尊敬する respeitar / 彼は誰からも尊敬されている Ele é respeitado por todos.
そんざい[存在] existência ▶存在する existir / 火星に生命は存在するのだろうか Será que existe vida em Marte? / 存在理由 razão de ser
ぞんざい ▶ぞんざいな返事 resposta descortês [indelicada]
そんしつ[損失] perda ▶多額の損失を被る assumir uma enorme perda financeira
そんちょう[尊重] respeito; consideração ▶人権尊重 respeito pelos direitos humanos / 人命を尊重する respeitar a vida humana
そんとく[損得] ▶損得の問題ではない Não é uma questão de ganhar ou perder.
そんな ▶私はそんなことは言っていない Eu não disse tal coisa. / そんなはずはない Eu não deve ser isso. / 私はそんなつもりではなかった Eu não tinha a intenção. / そんなことだろうと思っていた Eu já esperava isso.
そんなに ▶そんなに大声を出さないでください Não fale em voz tão alta.

た

た[田] arrozal
ダース dúzia ▶鉛筆2ダース duas dúzias de lápis
ターミナル terminal ▶バスターミナル terminal rodoviário
たい[対] ▶ブラジル対ポルトガルの試合 jogo entre o Brasil e Portugal / ブラジルは2対1でドイツに勝った O Brasil ganhou da Alemanha de [por] 2 a 1. / 対日外交 política diplomática com o Japão
…たい ▶私はブラジルに行きたい Eu quero ir ao Brasil.
だい[大] grande ▶大は小を兼ねる O grande também serve no lugar do pequeno.
だい[代] ▶80年代に na década de oitenta; nos anos oitenta / 20代の男性 um homem na casa dos vinte (anos de idade) / 第44代アメリカ大統領 o 44° presidente dos Estados Unidos da América / この時計は代々受け継がれている Esse relógio está sendo repassado de geração a geração.
だい[題] título; tema ▶『旅』という題の詩 um poema com o título *Viagem*

たいい [大意] ideia principal; resumo; essência ▶ この文の大意を述べてください Fale sobre a ideia central desta frase.

たいいく [体育] educação física ▶ 体育館 ginásio de educação física / 体育祭 festival esportivo

だいいち [第一] ▶ 世界第一の都市 a cidade número um do mundo / 安全第一 a segurança antes de tudo / 第一印象 primeira impressão / 第一段階 primeira etapa / 第一に em primeiro lugar; antes de mais nada

たいいん [退院] alta hospitalar ▶ 退院する ter alta hospitalar

ダイエット regime ▶ ダイエット中である estar fazendo regime / ダイエットする fazer regime / ダイエット食品 alimento para regime

たいおう [対応] correspondência; equivalência ▶ 対応する corresponder a; equivaler a / この日本語にぴったり対応するポルトガル語はない Não existe na língua portuguesa uma equivalência exata a esta palavra da língua japonesa. / 早速のご対応ありがとうございます Obrigado pela rápida resposta.

たいおん [体温] temperatura corporal ▶ 体温を測る medir a temperatura corporal / 体温が下がった A temperatura corporal caiu. / 体温が上がった A temperatura corporal subiu. / 体温計 termômetro clínico

たいか [退化] degeneração; atrofia; regressão ▶ 退化する degenerar; atrofiar-se; regredir

たいかく [体格] constituição física; físico ▶ 彼は立派な体格をしている Ele tem um excelente físico.

たいがく [退学] ▶ 退学する sair da escola; deixar a escola

だいがく [大学] universidade ▶ 大学に入る ingressar na universidade / 大学に通う frequentar a universidade / 大学を卒業する formar-se na universidade; graduar-se na universidade / 大学教授 professor universitário / 大学生 estudante universitário / 大学教育 educação superior [universitária] / サンパウロ大学 Universidade de São Paulo / 上智大学 Universidade Sofia

たいき [大気] atmosfera ▶ 大気汚染 poluição atmosférica

たいきゃく [退却] retirada; recuo ▶ 退却する retirar; recuar

たいきゅう [耐久] ▶ 耐久性のある素材 material resistente / 耐久消費財 bens de consumo duráveis / 耐久性 resistência; durabilidade

たいきん [大金] grande quantia de dinheiro; dinheirão

だいきん [代金] pagamento; preço ▶ 代金を払う pagar / 代金は前払いでお願いします Pague adiantado por favor. / 代金引換 pagar a compra no ato do recebimento

たいぐう [待遇] tratamento ▶ この会社は待遇がいい Esta empresa trata bem seus empregados. / ひどい待遇を受ける ser mal tratado

たいくつ [退屈] enfado; tédio; monotonia ▶ 退屈な映画 filme enfadonho / 退屈する enfadar-se; entediar-se

たいけい [体系] sistema ▶ 哲学の体系 sistema filosófico

たいけつ [対決] confronto; confrontação ▶ …と対決する confrontar-se com... / ブラジルチームがウルグアイチームと対決した O time brasileiro confrontou-se com o time uruguaio.

たいけん [体験] experiência ▶ 体験する experimentar / 彼はたくさんの困難を体験した Ele experimentou muitas dificuldades.

たいこ [太鼓] tambor ▶ 太鼓を叩く tocar o tambor

たいこく [大国] país grande; país importante; potência ▶ 経済大国 potência econômica

たいざい [滞在] estadia; permanência ▶ リオ滞在中 durante a estadia no Rio de Janeiro / 滞在する permanecer; ficar / 東京にはどのくらい滞在しますか Quanto tempo vai ficar em Tóquio?

たいさく [対策] medidas ▶ 対策を講じる tomar medidas

たいし [大使] embaixador ▶ ブラジル大使 embaixador do Brasil

たいしかん [大使館] embaixada ▶ ポルトガル大使館 embaixada de Portugal

たいじ [胎児] feto; embrião

たいじ [退治] extermínio ▶ 退治する exterminar

だいじ [大事] ▶ 大事な importante / これは私がとても大事にしている物です Isto é algo muito importante para mim. / 大事なのは諦めないことだ O importante é não desistir. / 身体を大事にしてください Cuide-se bem.

たいした ▶ 彼はたいした男だ Ele é um homem extraordinário. / それはたいしたことではない Isso não é nada.

たいしゅう [大衆] multidão; massa; povo ▶ 大衆文化 cultura popular / 大衆紙 jornal popular; tabloide

たいじゅう [体重] peso ▶「体重はいくらありますか」「55キロあります」— Qual é o seu peso? | Quanto você pesa? — Peso cinquenta e cinco quilos. / 私は体重が増えた Eu engordei. / 私は体重が減った Eu emagreci.

たいしょう [対称] simetria ▶ 対称的な simétrico / 対称的なデザイン desenho simétrico

たいしょう [対象] alvo; objeto ▶ この雑誌は若年層を対象にしている Esta revista tem como público-alvo a camada jovem.

たいしょう [対照] contraste; comparação ▶ 対照的な contrastante / 日本文化とブラジル文化を対照する comparar a cultura japonesa com a cultura brasileira

たいじょう [退場] ▶ その選手は退場させられた Esse jogador foi expulso.

だいじょうぶ [大丈夫] ▶ あなたは大丈夫ですか Está tudo bem com você? / この水は飲んで大丈夫ですか Não há perigo em tomar esta água? / 患者はもう大丈夫だ O paciente está fora de perigo. / ありがとう、もう大丈夫です Obrigada, já está tudo bem.

たいしょく [退職] aposentadoria ▶ 退職する apo-

sentar-se / 退職者 aposentado, da
だいじん [大臣] ministro ▶ 外務大臣 ministro das Relações Exteriores / 総理大臣 primeiro-ministro
だいず [大豆] soja
だいすう [代数] álgebra
だいすき [大好き] ▶ 彼女は猫が大好きだ Ela gosta muito de gatos.
たいする [対する] ▶ 質問に対する答え resposta para a [à] pergunta
たいせい [大勢] ▶ 大勢に影響はない Não há mudanças na situação geral.
たいせい [体制] regime; sistema ▶ 政治体制 regime político / 資本主義体制 sistema capitalista / 反体制派 oposicionista
たいせき [体積] volume ▶ 体積を計算する calcular o volume
たいせき [退席] retirada ▶ 退席する retirar-se
たいせつ [大切] ▶ お体を大切に Cuide bem de sua saúde. / 彼女は私にとって大切な女性だ Ela é uma mulher muito importante para mim. / 大切なのは自分らしくあることだ O importante é ser você mesmo.
たいせん [対戦] ▶ ドイツとスペインが対戦した A Alemanha jogou contra a Espanha.
たいそう [体操] ginástica ▶ 体操する fazer ginástica praticar ginástica / 体操選手 ginasta
だいたい mais ou menos; aproximadamente ▶ だいたいの見積もり orçamento aproximado / 仕事はだいたい終わった O trabalho está praticamente terminado.
だいたい [代替] 代替の alternativo / 代替エネルギー energia alternativa / 代替医療 tratamento médico alternativo
だいだいいろ [橙色] cor laranja; alaranjado
だいたすう [大多数] a maioria ▶ 大多数の人がその意見に同意した A maioria das pessoas concordou com essa opinião.
たいだん [対談] conversa ▶ …と対談する conversar com...
だいたん [大胆] ▶ 大胆な audaz; corajoso; arrojado / 大胆な計画 plano audacioso
たいちょう [体調] condição física; saúde ▶ 私は体調がいい Estou em boa condição física. | Estou bem de saúde. / 私は体調が悪い Não estou bem.
だいちょう [大腸] intestino grosso
タイツ meia-calça
たいてい [大抵] ▶ 私はたいてい11時には寝ている Às onze horas eu geralmente estou dormindo. / たいていの学校は今日から始まる A maioria das escolas começam hoje.
たいど [態度] atitude; postura; comportamento ▶ 友好的な態度 atitude amistosa / 彼らは否定的な態度を取っている Eles estão com uma postura negativa. / 態度を変える mudar de atitude
たいとう [対等] igualdade; equidade; paridade ▶ 私は彼とは対等の立場に立っている Eu estou em posição de igualdade a ele.
だいとうりょう [大統領] presidente ▶ ブラジル大統領 presidente do Brasil / 副大統領 vice-presidente / 大統領選挙 eleição presidencial
だいどころ [台所] cozinha ▶ 彼は台所にいる Ele está na cozinha. / 台所用品 utensílios de cozinha
タイトル título ▶ 本のタイトル título do livro / タイトルを獲得する conseguir um título / タイトルを失う perder um título
だいなし [台無し] ▶ パーティーは台無しになってしまった A festa acabou sendo um estrago.
たいばつ [体罰] punição corporal; castigo corporal
たいはん [大半] ▶ 大半の人は何も気がつかなかった A maioria das pessoas não percebeu nada. / 仕事の大半は片付いた A maior parte do trabalho está terminado [feito].
たいびょう [大病] doença grave ▶ 大病をわずらう sofrer de uma doença grave
だいひょう [代表] representação ▶ 代表する representar / 代表者 representante / 我々のグループの代表 representante de nosso grupo / グループを代表して言わせてください Deixe-me falar como representante do grupo. / 代表的な例 exemplo representativo / 日本代表チーム time representante do Japão
タイプ tipo ▶ 彼女は私の好きなタイプだ Ela faz o meu tipo. | Ela é uma pessoa do tipo que gosto. / いろいろなタイプの人たち pessoas de vários tipos
だいぶ [大分] muito; bastante ▶ まだ時間がだいぶある Ainda há bastante tempo. / 彼はだいぶよくなった Ele melhorou muito.
たいふう [台風] tufão ▶ 台風の被害 danos do tufão
だいぶぶん [大部分] a maior parte ▶ 彼らの大部分は賛成だった A maior parte deles concordava. / 店の大部分は閉まっていた A maior parte das lojas estavam fechadas.
たいへん [大変] ▶ 私はその知らせを聞いて大変驚いた Eu me assustei muito ouvindo essa notícia. / それは大変な問題だ Isso é um problema muito sério. / 大変な人出だった Houve uma enorme afluência de pessoas.
だいべん [大便] fezes
たいほ [逮捕] prisão; detenção; captura ▶ 逮捕する prender; deter; capturar / 逮捕状 ordem de prisão
たいほう [大砲] canhão; artilharia
だいほん [台本] (芝居・映画) roteiro / (オペラ) libreto
タイマー temporizador; despertador; cronômetro ▶ タイマーを5時にセットする acertar o despertador para as cinco horas
たいまつ [松明] tocha ▶ たいまつを灯す acender a tocha
たいまん [怠慢] preguiça; indolência; negligência ▶ 職務怠慢 negligência no trabalho / 怠慢な preguiçoso; indolente: negligente
タイミング ▶ タイミングがよかった Foi oportuno. / タイミングが悪かった Foi inoportuno.
タイム (時間) tempo ▶ タイムを計る medir o tem-

po cronometrar
タイムレコーダー relógio de ponto
だいめいし [代名詞] pronome
たいめん [体面] reputação; honra; aparência ▶ 体面を保つ manter as aparências / 体面を失う perder a reputação / 体面を繕う salvar as aparências
たいめん [対面] encontro; entrevista ▶ 対面する encontrar-se / 両国首脳は初めて対面した Os líderes de ambos os países encontraram-se pela primeira vez.
タイヤ pneu ▶ スペアタイヤ pneu sobressalente / タイヤに空気を入れる encher o pneu / タイヤを交換する trocar o pneu / タイヤがパンクした Estourou o pneu. | Furou-se o pneu.
ダイヤ (宝石) diamante; (トランプ) naipe de ouros; (列車) horário dos trens ▶ ダイヤが乱れている O horário está desordenado.
ダイヤモンド diamante
たいよう [太陽] sol ▶ 太陽が沈んだ O sol se pôs. / 太陽の光 luz solar / 太陽エネルギー energia solar / 太陽系 sistema solar / 太陽電池 pilha solar / 太陽暦 calendário solar
だいよう [代用] substituição ▶ 豚肉で牛肉を代用する substituir a carne bovina pela carne suína / 代用品 substituto
たいら [平ら] ▶ 平らな plano; liso / 平らな地面 superfície plana
たいらげる [平らげる] ▶ 彼は料理を残さず平らげた Ele comeu toda a comida sem deixar restos. | Ele limpou o prato, sem deixar restos.
だいり [代理] representação; procuração; substituição ▶ 副大統領が大統領の代理を務めた O vice-presidente representou o presidente. / 代理店 representante agência / 広告代理店 agência de publicidade / 旅行代理店 agência de turismo / 代理人 representante
たいりく [大陸] continente ▶ 新大陸 Novo Continente / 旧大陸 Velho Continente / 大陸の continental / 大陸性気候 clima continental
たいりつ [対立] oposição; rivalidade; confrontação ▶ 彼らは互いに対立している Eles estão se confrontando.
たいりょう [大量] grande quantidade ▶ 日本は大量の鳥肉をブラジルから輸入している O Japão importa uma grande quantidade de carne de frango do Brasil. / 大量破壊兵器 armas de destruição em massa
たいりょく [体力] resistência física; vigor físico ▶ 私は体力がある Tenho resistência física. / 私は体力がない Não tenho vigor físico.
タイル ladrilho; azulejo ▶ タイル張りの床 piso ladrilhado; chão azulejado
だいろっかん [第六感] sexto sentido
たいわ [対話] diálogo; conversa ▶ …と対話する conversar com…
ダウンロード ▶ ダウンロードする fazer download; baixar / ファイルをダウンロードする baixar um arquivo
たえず [絶えず] sem parar; constantemente ▶ 彼は絶えず身体を鍛えている Ele está sempre cuidando de sua forma física.
たえる [耐える] suportar; aguentar; tolerar ▶ 私はこの騒音には耐えられない Não posso aguentar esse barulho. / 耐え難い苦痛 sofrimento insuportável
たえる [絶える] extinguir-se; parar; acabar ▶ その一族の家系は絶えた A linhagem dessa família extinguiu-se.
だえん [楕円] elipse ▶ 楕円形 forma elíptica
たおす [倒す] derrubar; tombar; inclinar ▶ 木を倒す derrubar uma árvore / 敵を倒す derrotar o inimigo
タオル toalha ▶ タオルで拭く enxugar com uma toalha
たおれる [倒れる] cair; desmoronar-se ▶ 地面に倒れる cair no chão / 仰向けに倒れる cair de costas
たか [鷹] falcão
だが mas ▶ 彼は急いだ．だが間に合わなかった Ele se apressou, mas não deu tempo.
たかい [高い] alto; elevado ▶ 高い山 montanha alta / 彼は背が高い Ele é alto. / 鳥が空高く飛んでいる O pássaro voa alto no céu. / 値段が高すぎる O preço está alto demais. / 声が高すぎます Sua voz está alta demais.
たがい [互い] reciprocamente; um ao outro; mutuamente / 彼らは互いに助け合った Eles se ajudaram mutuamente.
たがく [多額] ▶ 多額のお金 grande soma de dinheiro
たかさ [高さ] altura ▶ あの山の高さはどのくらいですか Qual é a altura daquela montanha? / そのビルは高さが100メートルある Esse prédio tem uma altura de cem metros.
だがっき [打楽器] instrumento de percussão
たかとび [高跳び] ▶ 走り高跳び salto em altura / 棒高跳び salto à vara
たかまる [高まる] elevar-se; aumentar; intensificar-se ▶ 人びとの関心が高まっている O interesse das pessoas está aumentando.
たかめる [高める] elevar; melhorar; promover ▶ 士気を高める elevar a moral / 教養を高める promover a cultura
たから [宝] tesouro ▶ 宝くじ loteria
…だから ▶ 今日は雨だから私は行きません Hoje está chovendo por isso eu não vou.
…たがる ▶ 彼女は海外に行きたがっている Ela está querendo ir para o exterior.
たき [滝] catarata; cachoeira; queda de água
だきょう [妥協] concessão; compromisso ▶ 妥協する fazer concessão; comprometer-se
たく [炊く，焚く] ▶ ご飯を炊く cozinhar o arroz; fazer arroz / 火をたく acender o fogo
だく [抱く] segurar nos braços; dar colo ▶ 彼女は子供を抱いた Ela segurou a criança nos braços. / 姉妹は抱き合った As irmãs abraçaram-se.
たくさん [沢山] ▶ たくさんの友達がいる Ele tem muitos amigos. / 私はブラジルについてたくさんのことを学んだ Aprendi muitas coisas sobre o Bra-

タクシー táxi ▶タクシーで行く vou de táxi / タクシーに乗る entrar no táxi / タクシー運転手 motorista de táxi

たくはい[宅配] ▶宅配便 serviço de entrega a domicílio / 宅配ピザ pizza para entrega domiciliar

たくましい[逞しい] robusto; forte ▶たくましい若者 jovem robusto

たくみ[巧み] ▶巧みに道具を使う usar a ferramenta com habilidade

たくらみ[企み] trama; conspiração; intriga ▶彼らの企みは阻止された A conspiração deles foi barrada.

たくらむ[企む] tramar; conspirar ▶彼は何か企んでいる Ele está tramando algo.

たくわえ[蓄え] provisão; reserva; estoque ▶食糧の蓄えが十分ない Não há reserva suficiente de provisões.

たけ[丈] altura; comprimento ▶この服は丈が長すぎる Esta roupa é comprida demais. / 袖の丈を詰める encurtar a manga

たけ[竹] bambu

…だけ ▶1度だけ apenas uma vez / 彼女はそこに座っているだけだった Ela apenas estava sentada aí. / あなただけがそうすることができる Somente você pode fazer assim. / 私はできるだけのことはします Eu farei o que for possível.

だげき[打撃] ▶敵に打撃を与える dar um soco no inimigo / その国の農業は大きな打撃を受けた A agricultura desse país sofreu um grande choque.

たこ[凧] pipa; papagaio ▶たこを揚げる soltar a pipa [o papagaio]

たこ[蛸] polvo

たこくせき[多国籍] 多国籍の multinacional / 多国籍企業 empresa multinacional

たしか[確か] (多分) talvez; provavelmente ▶確かな certo; seguro / 確かな情報 informação segura / 彼が来るかどうかは確かではない Não é certo se ele vem ou não. / 確からしさ certeza / それは確かですか Tem certeza disso? / 確かに certamente / 確かに私はそこにいた Eu estava aí certamente.

たしかめる[確かめる] confirmar; verificar; certificar-se ▶スケジュールを確かめる confirmar a programação

たしざん[足し算] adição; soma

たしょう[多少] (少し) um pouco ▶彼はポルトガル語が多少話せる Ele sabe falar um pouco na língua portuguesa.

たす[足す] ▶スープに塩を足す acrescentar sal na sopa / 2足す3は5 Dois mais três são cinco.

だす[出す] ▶ポケットから小銭を出す tirar moedas do bolso / 手を出す estender a mão / 舌を出す pôr a língua para fora; mostrar a língua / レポートを出す entregar o relatório / 宿題を出す entregar o dever de casa / 雨が降り出した Começou a chover.

たすう[多数] a maioria; grande número ▶多数の人が集まった reuniram-se um grande número de pessoas / 多数派 facção majoritária

たすかる[助かる] ▶乗客は全員助かった Todos os passageiros salvaram-se. / おかげで助かりました Muito obrigado pela ajuda.

たすけ[助け] socorro; ajuda; auxílio ▶助けを求める pedir socorro

たすける[助ける] salvar; socorrer ▶助けてSocorro! / 彼は私の仕事を助けてくれた Ele ajudou-me no trabalho.

たずねる[訪ねる] visitar ▶私は友達の家を訪ねた Visitei um colega em sua casa.

たずねる[尋ねる] perguntar ▶一つお尋ねしてもいいですか Posso fazer-lhe uma pergunta? / 私は警察官に道を尋ねた Perguntei o caminho ao policial.

たそがれ[黄昏] crepúsculo; anoitecer

ただ[只, 唯] (無料の) grátis ▶これはただですか Isto é grátis? / ただの人 uma pessoa comum [ordinária] / その子供はただ泣くだけだった Essa criança só chorava.

だだい[大大] ▶大大な imenso / 大大な努力をする esforçar um esforço imenso.

ただいま(帰宅の挨拶) Estou de volta. | Cheguei!

たたかい[戦い] luta; guerra; batalha

たたかう[戦う, 闘う] lutar; combater; competir ▶日本代表はドイツ代表と戦った A seleção japonesa competiu com a seleção alemã. / 困難と闘う lutar contra as dificuldades

たたく[叩く] bater ▶ドアをたたく bater à porta

ただし entretanto; contudo; mas

ただしい[正しい] correto ▶正しい情報 informação correta / 正しい英語を話す falar um inglês correto / あなたは正しい Você tem razão. | Você está correto. / 正しく発音する pronunciar corretamente

ただちに[直ちに] imediatamente; logo; sem demora ▶直ちに出発してください Parta imediatamente.

たたむ[畳む] ▶dobrar / 事業をたたむ encerrar um negócio

たちあがる[立ち上がる] ▶彼女は突然立ち上がった Ela levantou-se de repente.

たちいる[立ち入る] entrar em ▶「立ち入り禁止」Proibida a entrada.

たちおうじょう[立ち往生] ▶彼は人混みの中で立ち往生した Ele ficou atrapalhado no meio da multidão.

たちさる[立ち去る] partir; ir-se embora; deixar um lugar ▶私はその場を立ち去った Eu deixei esse lugar.

たちどまる[立ち止まる] parar

たちば[立場] posição; lugar ▶我々は今難しい立場にある Nós estamos em uma posição difícil agora.

たちまち logo; instantaneamente ▶彼女はたちまちクラスの人気者になった Ela logo tornou-se popular na classe.

たちむかう[立ち向かう] enfrentar ▶困難に立ち向

かう enfrentar as dificuldades

たちよる[立ち寄る] passar por ▶ こちらにおいでの節はどうぞお立ち寄りください Quando vier por aqui, passe por minha casa.

たつ[立つ] ▶ 彼は窓のそばに立っている Ele está de pé, perto da janela. / 立ってください De pé, por favor. Fiquem em pé, por favor. / 彼女は昨日日本を立った Ela deixou o Japão ontem.

たつ[建つ] ▶ このビルは昨年建った Este prédio foi construído no ano passado.

たつ[断つ] abster-se; interceptar; cortar ▶ 酒を断つ deixar de beber bebidas alcoólicas

たつ[経つ] passar; decorrer ▶ 何年かが経った Passaram-se alguns anos.

たっきゅう[卓球] tênis de mesa; pingue-pongue ▶ 卓球をする jogar tênis de mesa

たっしゃ[達者] ▶ 彼は語学が達者だ Ele é bom em idiomas.

たっする[達する] atingir; chegar; alcançar ▶ 山の頂上に達する atingir o pico da montanha

たっせい[達成] ▶ 目的を達成する alcançar o objetivo

だつぜい[脱税] evasão fiscal

だっせん[脱線] ▶ descarrilamento ▶ その電車は脱線した Esse trem descarrilou. / 彼の話は途中で脱線した Ele desviou-se do assunto no meio da conversa.

たった ▶ 私はその仕事をたった一日で仕上げた Eu terminei esse trabalho em apenas um dia.

だったい[脱退] ▶ 私はその会を脱退した Eu saí dessa empresa.

タッチ toque; contato ▶ 私はこの件にはタッチしていない Não toquei nesse caso.

たっぷり ▶ 食べ物はたっぷりある Tem comida de sobra.

…たて ▶ 取りたての野菜 verdura fresca

たて[縦] a altura; o comprimento; a vertical ▶ その板は縦3メートルある Essa tábua tem três metros de comprimento.

…だて[建て] ▶ 6階建てのビル prédio de cinco andares / ドル建てで em dólares

たてもの[建物] prédio; edifício

たてる[立てる] levantar; fazer; causar ▶ 目標を立てる fixar metas / 計画を立てる fazer um plano

たてる[建てる] construir ▶ 家を建てる construir uma casa

だとう[妥当] ▶ 妥当な値段 preço justo [apropriado]

たとえ[例え] ▶ たとえ雨が降っても私は行きます Mesmo que chova eu vou.

たとえば[例えば] por exemplo

たとえる[例える] comparar ▶ 人生は旅に例えられる Pode-se comparar a vida a uma viagem.

たどる[辿る] ▶ 足跡をたどる seguir o rastro

たな[棚] armário; estante; prateleira

たに[谷] vale; desfiladeiro; garganta

だに〖動物〗ácaro

たにん[他人] (自分以外の人) outra pessoa ▶ 他人のことは気にするな Não se incomode com as outras pessoas.

たね[種] semente ▶ 種をまく semear a semente

たのしい[楽しい] ▶ 楽しい時を過ごす passar momentos alegres / 今日はとても楽しかった Hoje foi um dia muito agradável. / パーティーはとても楽しかった A festa foi muito divertida.

たのしみ[楽しみ] prazer; gosto ▶ 音楽を聞くのが私の楽しみです Meu divertimento é ouvir música. / お目にかかるのを楽しみにしています Espero com ansiedade poder conhecê-la.

たのしむ[楽しむ] divertir-se; gostar; desfrutar ▶ 人生を楽しむ gozar a vida

たのみ[頼み] pedido; confiança ▶ 一つあなたに頼みがあります Quero fazer-lhe um pedido.

たのむ[頼む] pedir ▶ 私は彼に援助を頼んだ Eu pedi-lhe ajuda. / 頼むからやめてくれ Eu estou lhe pedindo, por isso pare.

たのもしい[頼もしい] prometedor ▶ 頼もしい友人 um amigo digno de confiança

たばこ cigarro ▶ たばこを吸う fumar cigarro

たび[旅] viagem; jornada ▶ 旅に出る sair de viagem / ヨーロッパを旅する viajar pela Europa

…たび[度] ▶ 彼らは顔を合わせるたびにけんかする Toda vez que eles se encontram eles brigam.

たびたび frequentemente; muitas vezes; repetidas vezes ▶ 彼はたびたび遅刻する Ele se atrasa frequentemente.

タブー tabu

たぶん[多分] talvez ▶ 明日はたぶん雨でしょう Amanhã talvez chova. / たぶん今度は大丈夫だろう Desta vez talvez não haja problemas.

たべすぎる[食べ過ぎる] comer demais ▶ 私は食べ過ぎた Comi demais.

たべもの[食べ物] comida; alimento; alimentação ▶ 何か食べ物をください Dê-me alguma comida.

たべる[食べる] comer ▶ 彼はたくさん食べる Ele come bastante [bem]. / 私たちは一日に三度食べる Nós comemos três vezes ao dia. / 朝食を食べる tomar o café da manhã / 私は何でも食べる Eu como de tudo.

たぼう[多忙] ▶ 多忙な日々を過ごす viver dias muito ocupados

たま[弾] bala

たまご[卵] ovo ▶ ゆで卵 ovo cozido / 生卵 ovo cru / 卵を産む pôr um ovo / 卵を割る quebrar um ovo / 卵を溶く bater um ovo

たましい[魂] alma

だます[騙す] enganar; ludibriar; iludir ▶ 私は彼にすっかりだまされた Fui totalmente enganada por ele.

たまたま por acaso; acidentalmente; casualmente ▶ 私はたまたまその付近を通った Eu passei por acaso nessa redondeza.

たまに às vezes; ocasionalmente; de vez em quando ▶ 私はたまにここへ来ます Eu venho aqui às vezes.

たまねぎ[玉葱] cebola

たまらない[堪らない] ▶ 寒くてたまらない Está fazendo um frio insuportável. / 私はおかしくてたま

らなかった Foi tão engraçado que não pude me conter.

たまる[溜まる,貯まる]ほこりがたまった A poeira acumulou-se. / 仕事がたまった O serviço acumulou-se. / 貯金が貯まった A poupança acumulou-se.

だまる[黙る] calar-se; silenciar-se ▶ 黙りなさい Cale-se! | Cale a boca!

ダム represa; barragem

ため[為] ▶▶ 私たちは彼のためにパーティーを開いた Fizemos uma festa para ele. / 彼はポルトガル語を勉強するためにブラジルへ行った Ele foi para o Brasil para estudar a língua portuguesa. / 雪のために列車が止まった O trem parou por causa da neve. / その本はとてもためになる Esse livro é muito proveitoso.

だめ[駄目] ▶ 駄目だ Não pode. | Não dá. | Não adianta. / 駄目なものは駄目だ O que não presta não serve. / もう駄目だ Já não dá mais. | Não aguento mais. / そんなことをしては駄目 Não pode fazer isso. / 私はやってみたが駄目だった Eu tentei fazer mas não deu certo.

ためいき[溜息] suspiro ▶ため息をつく suspirar

ためし[試し] tentativa; prova; experiência ▶ 試しに como tentativa; para provar

ためす[試す] experimentar; provar; tentar ▶ いろいろな方法を試す experimentar vários métodos.

ためらい hesitação; indecisão; incerteza

ためらう hesitar; duvidar; vacilar ▶ためらうことなく hesitar; sem vacilar

ためる[貯める] economizar; juntar; poupar ▶ お金を貯める juntar dinheiro; poupar

たもつ[保つ] conservar; preservar; manter ▶ 秩序を保つ manter a ordem / 体を清潔に保つ manter o corpo limpo

たやすい fácil; simples ▶ 言うのはたやすい É fácil falar. / たやすく facilmente

たより[便り] notícia; novidade ▶ それ以来彼から便りがありません Depois disso não tenho notícias dele.

たより[頼り] ▶ 頼りになる人 pessoa digna de confiança / あなたのことを頼りにしています Conto com você. | Confio em você.

たよる[頼る] confiar em; contar com; depender de ▶ 私には頼る人がいない Não tenho em quem confiar. / 彼はまだ親に頼っている Ele ainda depende de seus pais.

たら[鱈] bacalhau

…たら ▶ 宝くじに当たったらどうしますか Se você acertar na loteria o que fará? / 彼女に直接たずねてみたらどうですか Que tal perguntar diretamente para ela?

だらく[堕落] degradação; corrupção; degeneração ▶堕落する degradar-se; corromper-se; degenerar / 堕落した depravado; corrupto; degenerado

…だらけ ▶ その本は間違いだらけだ Esse livro está cheio de erros. / その部屋はごみだらけだった Esse quarto estava cheio de lixo.

だらしない ▶ 彼はお金にだらしない Ele é negligente com dinheiro. / 彼はいつもだらしない格好をしている Ele está sempre desmazelado.

たりょう[多量] ▶多量の砂糖 uma grande quantidade de açúcar

たりる[足りる] ser suficiente; ser o bastante ▶ 千円もあれば足ります Se tiver mil ienes é o bastante. / 時間が足りない O tempo não é suficiente.

たる[樽] barril

だるい ▶ 私はからだがだるい Estou com moleza no corpo.

だれ[誰] quem ▶あの人は誰ですか Quem é aquela pessoa? / 誰を待っているのですか Quem você está esperando? / これは誰の車ですか De quem é este carro? / 誰かがドアをノックしている Alguém está batendo na porta. / 誰か質問はありますか Alguém tem perguntas a fazer? / 誰でもその話は知っている Qualquer um conhece essa história. / 私は誰にも会わなかった Não me encontrei com ninguém. / そこには誰もいなかった Não havia ninguém ali.

たれる[垂れる] ▶ 蛇口から水滴が垂れている Está pingando água da torneira.

…だろう ▶明日は雪だろう Amanhã deve nevar.

タワー torre

たわむれる[戯れる] brincar ▶ 犬と戯れる brincar com o cachorro

だん[段] (階段の) degrau

だん[壇] estrado; plataforma

だんあつ[弾圧] pressão; coerção; repressão ▶ 弾圧する pressionar; oprimir / 弾圧的な opressivo; coercivo; repressivo

たんい[単位] unidade; (授業) crédito

たんいちでんち[単一電池] pilha A

たんか[担架] maca; padiola

だんかい[段階] grau; nível ▶ 段階的に gradualmente / 今の段階では Na fase atual...

たんがん[嘆願] apelo; solicitação; petição ▶ 嘆願する apelar; solicitar; fazer uma petição

たんき[短気] impaciência ▶ 短気な impaciente; irritadiço

たんきゅう[探求] investigação; pesquisa; busca ▶真理の探究 busca da verdade / 探求する investigar; pesquisar; buscar

たんきょり[短距離] curta distância ▶短距離選手 corredor de curta distância / 短距離走 corrida de curta distância

だんけつ[団結] união; solidariedade ▶ 労働者たちが団結した Os trabalhadores uniram-se.

たんけん[探検] expedição; exploração ▶ 探検する explorar; fazer uma expedição / 彼らはアマゾンを探検した Eles exploraram a Amazônia. / 探検家 explorador / 探検隊 expedição

だんげん[断言] ▶断言する afirmar categoricamente

たんご[単語] palavra; vocábulo

タンゴ tango ▶タンゴを踊る dançar tango

だんこ[断固] ▶断固とした firme; decisivo; resoluto / 断固たる措置 medida rigorosa / 彼は断固とし

ダンサー dançarino
たんさん [炭酸] ácido carbônico ▶ 炭酸ガス gás carbônico / 炭酸水 água com gás
たんさんでんち [単三電池] pilha AA
だんし [男子] menino; rapaz; moço ▶ 男子校 escola masculina
だんじき [断食] jejum ▶ 断食する jejuar; fazer jejum
たんしゅく [短縮] redução; diminuição; encurtamento ▶ 労働時間の短縮 redução das horas de trabalho / 労働時間を短縮する reduzir a carga horária de trabalho
たんじゅん [単純] simplicidade ▶ 単純な人間 uma pessoa simples / 単純に simplesmente / 単純化する simplificar / 単純化 simplificação
たんしょ [短所] ponto fraco; defeito ▶ 短所を直す consertar o defeito
だんじょ [男女] o homem e a mulher ▶ 男女平等 igualdade entre homens e mulheres
たんじょう [誕生] nascimento ▶ 誕生する nascer
たんじょうび [誕生日] aniversário ▶ 誕生日はいつですか Quando é seu aniversário? / 私の誕生日は5月3日です Meu aniversário é no dia três de maio. / 誕生日の贈り物 presente de aniversário. / 誕生日を祝う festejar o aniversário / 誕生日おめでとう Parabéns pelo aniversário.
たんしん [短針] (時計) ponteiro curto
たんす [箪笥] armário; cômoda; guarda-roupa
ダンス dança ▶ ダンスをする dançar / ダンスパーティー festa com baile
だんすい [断水] corte de água ▶ 2時から3時まで断水だ Haverá corte de água das duas às três horas.
たんすう [単数] singular ▶ 単数名詞 substantivo singular / 一人称単数 primeira pessoa do singular
だんせい [男性] homem; varão ▶ 男性の masculino / 男性用香水 perfume masculino
だんぜん [断然] absolutamente ▶ これはほかのより断然いい Isto é absolutamente melhor que qualquer outra coisa.
だんたい [団体] grupo ▶ 団体旅行 viagem em grupo
だんだん [段々] pouco a pouco; gradualmente ▶ だんだん寒くなってきた Pouco a pouco começou a esfriar. / その話はだんだんおもしろくなった Essa conversa está cada vez mais interessante.
たんちょう [単調] monotonia ▶ 単調な音楽 música monótona
たんてい [探偵] detetive; investigador ▶ 探偵小説 romance policial
だんてい [断定] decisão; afirmação ▶ 断定する concluir; decidir
たんとう [担当] ▶ 会計を担当する encarregar-se da contabilidade / 担当者 encarregado; responsável
たんなる [単なる] simples; mero ▶ それは単なるうわさ Isso é um simples boato.
たんに [単に] simplesmente ▶ 私は単に本当のことを言っているだけだ Eu simplesmente estou dizendo a verdade.
たんにでんち [単二電池] pilha média C
たんにん [担任] ▶ 鈴木先生が私たちのクラスの担任だ O professor Suzuki é o responsável pela nossa classe. / 担任教師 professor responsável
だんねん [断念] ▶ 断念する desistir / 彼らはその山に登るのを断念した Eles desistiram de subir nesta montanha.
たんのう [堪能] ▶ 堪能な hábil; jeitoso; fluente ▶ 彼女はポルトガル語に堪能だ Ela é fluente na língua portuguesa.
たんぱ [短波] onda curta ▶ 短波放送 transmissão em ondas curtas
たんぱくしつ [蛋白質] proteína
ダンプカー caminhão basculante; caminhão com caçamba
たんぺん [短編] ▶ 短編小説 novela conto / 短編映画 filme de curta metragem
だんぺん [断片] pedaço; fragmento ▶ 断片的な fragmentado; desconexo; fragmentário
たんぼ [田んぼ] campo de arroz; arrozal
たんぽ [担保] hipoteca; caução; fiança
だんぼう [暖房] aquecimento; calefação ▶ 暖房を入れる ligar o aquecedor / 暖房を切る desligar o aquecedor / この部屋は暖房がきいている Este quarto está bem aquecido.
だんボール [段ボール] papelão
たんぽぽ dente-de-leão
たんまつ [端末] terminal
たんよんでんち [単四電池] pilha AAA
だんらく [段落] parágrafo
だんりょく [弾力] elasticidade ▶ 弾力のある elástico; que tem elasticidade
だんろ [暖炉] lareira; aquecedor

ち

ち [地] terra
ち [血] sangue ▶ 血を流す derramar sangue / 私は血が出ている Estou sangrando. / 血だらけの ensanguentado
ちあん [治安] segurança pública ▶ 治安を維持する manter a segurança pública / この地域は治安がよい Esta região é segura. / この地域は治安が悪い Esta região não é segura. | Esta região é perigosa.
ちい [地位] posição ▶ 社会的地位 posição social / 重要な地位を占める ocupar uma posição importante
ちいき [地域] região; área; zona ▶ 工業地域 zona industrial
ちいさい [小さい] pequeno ▶ この服は私には小さすぎる Esta roupa é pequena demais para mim. / 小さい声で話してください Fale baixo, por favor. /

私の子供はまだ小さい Meu filho ainda é pequeno. / テレビの音を小さくしてください Abaixe o som da televisão.

チーズ queijo ▶ チーズパン pão de queijo

チーム time ▶ チームメート companheiro de time / チームワーク trabalho em equipe / チームスピリット espírito de equipe

ちえ[知恵] sabedoria ▶ 知恵のある賢者; inteligente

チェーン corrente; cadeado; cadeia ▶ チェーン店 loja de cadeia

チェス xadrez ▶ チェスをする jogar xadrez

チェック ▶ チェックする checar; verificar; examinar

チェックアウト check out; saída de um hotel ▶ チェックアウトする sair de um hotel, fazendo o pagamento

チェックイン check in; registro; verificação

ちか[地下] subsolo ▶ 地下の subterrâneo / 地下にno subsolo / 地下3階に no terceiro subsolo

ちか[地価] preço do terreno ▶ 地価が上がった Subiu o preço de terrenos. / 地価が下がった Baixou o preço de terrenos.

ちかい[誓い] juramento; promessa ▶ 誓いを破る romper o juramento; quebrar a promessa

ちかい[近い] perto; próximo ▶ ここから近いですか É perto daqui? / 私の家は駅から近い Minha casa fica perto da estação. / 近いうちにお会いしましょう Vamos nos encontrar em breve.

ちがい[違い] diferença ▶ 両者の違いは何ですか Qual é a diferença entre os dois? / 年齢の違い diferença de idade

ちがいない[違いない] ▶ それは本当に違いない Isso deve ser a verdade. | Isso é a pura verdade.

ちかう[誓う] jurar; fazer juramento

ちがう[違う] ser diferente; diferir ▶ 私の意見は違います Tenho opinião diferente. / それは違います Isso está errado. / この答えは違っている Esta resposta está errada. / 私と違って彼はよく勉強する Ao contrário de mim, ele estuda bastante.

ちかく[近く] perto; junto de ▶ この近くにコンビニはありますか Tem uma loja de conveniência aqui perto? / 春はもう近くだ A primavera está próxima.

ちかく[知覚] percepção ▶ 知覚する perceber; captar

ちがく[地学] geociências; ciência da Terra

ちかごろ[近頃] ultimamente; recentemente; estes dias

ちかしつ[地下室] quarto subterrâneo; porão

ちかづき[近づき] ▶ お近づきになれてうれしく思います Estou feliz de termo-nos tornados amigos.

ちかづく[近づく] aproximar-se ▶ 夏が近づいてきた O verão está se aproximando.

ちかてつ[地下鉄] metrô ▶ 地下鉄に乗る tomar o metrô; entrar no metrô / 地下鉄で行く ir de metrô / 地下鉄の駅 estação de metrô

ちかどう[地下道] passagem subterrânea

ちかよる[近寄る] aproximar-se ▶ 見知らぬ人が近寄ってきた Uma pessoa desconhecida aproximou-se.

ちから[力] força ▶ 彼は力が強い Ele é forte. / それは私の力ではできません Não sou capaz de fazer isso. / 力ずくで à força; na marra

ちきゅう[地球] Terra; globo ▶ 地球上に na superfície terrestre; no planeta Terra / 地球の温暖化 aquecimento global

ちぎる rasgar; despedaçar ▶ パンをちぎる dividir o pão em pedaços com as mãos

チキン frango; galinha ▶ チキンライス risoto de frango

ちく[地区] bairro; zona ▶ 商業地区 zona comercial

ちくせき[蓄積] acumulação ▶ 富を蓄積する acumular fortuna

チケット bilhete ▶ チケット売り場 bilheteria

ちこく[遅刻] atraso ▶ 彼女は今朝学校を10分遅刻した Hoje de manhã, ela chegou dez minutos atrasada na escola.

ちじ[知事] governador

ちしき[知識] conhecimento

ちじょう[地上] ▶ 地上で na terra / 地上の térreo; terrestre

ちじん[知人] conhecido

ちず[地図] mapa ▶ ブラジル地図 mapa do Brasil / この町の地図はありますか Tem o mapa desta cidade?

ちせい[知性] inteligência; intelecto ▶ 知性的な inteligente

ちたい[地帯] zona ▶ 安全地帯 zona de segurança

ちち[父] pai ▶ 父は家にいません Meu pai não está em casa. / 父の日 dia dos pais

ちぢむ[縮む] encolher; contrair; diminuir ▶ シャツが縮んだ A camisa encolheu.

ちちゅうかい[地中海] Mar Mediterrâneo

ちぢれる[縮れる] encrespar-se; encaracolar-se ▶ 縮れた髪 cabelo crespo

ちつじょ[秩序] ordem ▶ 社会秩序 ordem social

ちっそく[窒息] asfixia ▶ 窒息する asfixiar-se; sufocar-se

ちっとも ▶ 私の息子は私の言うことをちっとも聞かない Meu filho não ouve nada do que digo.

チップ gorjeta

ちてき[知的] ▶ 知的な inteligente

ちてん[地点] lugar; posição no mapa

ちのう[知能] inteligência ▶ 知能指数 quociente de inteligência

ちへいせん[地平線] linha do horizonte

ちほう[地方] região ▶ 東北地方 região nordeste

ちめい[地名] nome de lugar

ちめい[致命] ▶ 致命的な fatal; mortal / 致命傷を負う sofrer um ferimento mortal

ちゃ[茶] chá ▶ 茶を入れる fazer um chá / お茶はいかがですか Que tal um chá?

チャーター fretamento ▶ チャーターする fretar

チャーミング ▶ チャーミングな charmoso; atraente; encantador

ちゃいろ[茶色] marrom ▶ 茶色の目 olhos castanhos

…ちゃく[着] ▶彼は2着だった Ele foi o segundo na chegada. / 洋服3着 três peças de roupas

ちゃくじつ[着実] ▶着実に com constância ▶私たちは着実に進歩している Nós estamos progredindo com constância.

ちゃくしゅ[着手] ▶仕事に着手する começar o trabalho

ちゃくせき[着席] ▶着席する senta-se / ご着席願います Sentem-se por favor.

ちゃくちゃく[着々] ▶着々と仕事を進める conduzir o trabalho firmemente

ちゃさじ[茶さじ] colher de chá

チャック zíper; fecho ecler ▶チャックを開ける abrir o zíper / チャックを閉める fechar o zíper

チャット chat; bate-papo ▶チャットをする bater-papo

チャンス chance; oportunidade ▶私はブラジルへ行くチャンスを得た Obtive a oportunidade de ir ao Brasil.

ちゃんと ▶ちゃんと食事を取っていますか Está comendo direito?

チャンネル canal ▶テレビチャンネル canal de televisão / チャンネルを変える mudar de canal / その番組は4チャンネルでやっています Esse programa está sendo exibido no canal quatro.

チャンピオン campeão ▶世界チャンピオン campeão mundial

ちゅうい[注意] atenção; cuidado; cautela; prudência ▶注意深く com cautela; com prudência; com cuidado /注意深い cauteloso; prudente; cuidadoso /足元に注意 Cuidado com o chão que você pisa. | Olhe onde pisa / (気をつける) 注意する prestar atenção; tomar cuidado; ter cuidado

チューインガム chiclete; goma de mascar ▶チューインガムをかむ mascar chiclete

ちゅうおう[中央] centro ▶中央の central / 駅は市の中央にある A estação fica no centro da cidade.

ちゅうか[中華] ▶中華料理 comida chinesa / 中華レストラン restaurante chinês

ちゅうがえり[宙返り] salto mortal ▶宙返りする dar um salto mortal; dar uma cambalhota no ar

ちゅうがく[中学] ▶娘は中学2年生だ Minha filha está no oitavo ano do ensino fundamental.

ちゅうがくせい[中学生] estudante do ensino fundamental II

ちゅうがっこう[中学校] escola do ensino fundamental II ▶中学校に通う frequentar a escola do ensino fundamental II

ちゅうかん[中間] o meio ▶中間階層 classe média / 中間試験 prova intermédia

ちゅうきゅう[中級] nível médio

ちゅうきんとう[中近東] Oriente Médio

ちゅうけい[中継] transmissão ▶衛星中継 transmissão via satélite

ちゅうこ[中古] ▶中古の de segunda mão; usado / 中古品 objeto de segunda mão / 中古車 carro usado

ちゅうこく[忠告] aviso; advertência; conselho ▶彼らは私の忠告に従った Eles seguiram meu conselho. / 忠告する advertir; aconselhar; avisar

ちゅうごく[中国] China ▶中国の chinês / 中国語 chinês; língua chinesa / 中国人 chinês

ちゅうさんかいきゅう[中産階級] classe média

ちゅうし[中止] suspensão; interrupção; paralização ▶雨のため試合は中止された O jogo foi suspenso por causa da chuva.

ちゅうじつ[忠実] fidelidade; lealdade ▶その犬は飼い主に忠実だ Esse cão é fiel a seu dono. / 忠実に lealmente; com fidelidade

ちゅうしゃ[注射] injeção ▶注射する aplicar uma injeção / 注射器 seringa

ちゅうしゃ[駐車] estacionamento de carros ▶「駐車禁止」 Proibido estacionar. / ここに駐車してもいいですか Posso estacionar o carro aqui? / 駐車場 estacionamento de carros

ちゅうしゃく[注釈] anotação; nota

ちゅうじゅん[中旬] ▶今月中旬に em meados deste mês / 5月中旬に em meados do mês de maio

ちゅうしょう[中傷] difamação; calúnia ▶中傷する difamar; caluniar

ちゅうしょう[抽象] ▶抽象的な abstrato / 抽象名詞 substantivo abstrato / 抽象的に abstratamente

ちゅうしょうきぎょう[中小企業] pequenas e médias empresas

ちゅうしょく[昼食] almoço ▶昼食を取る almoçar

ちゅうしん[中心] centro ▶市の中心に公園がある Tem um parque no centro da cidade. / 中心の central

ちゅうせい[中世] Idade Média ▶中世の medieval

ちゅうせい[中性] ▶中性の neutro

ちゅうせい[忠誠] fidelidade; lealdade ▶忠誠を誓う jurar fidelidade

ちゅうせん[抽選] sorteio; rifa

ちゅうたい[中退] ▶大学を中退する abandonar [deixar] a universidade

ちゅうだん[中断] interrupção ▶作業を中断する interromper o trabalho

ちゅうちょ[躊躇] hesitação; indecisão; dúvida ▶躊躇する hesitar; vacilar; duvidar

ちゅうとう[中東] Oriente Médio

ちゅうとうきょういく[中等教育] ensino médio

ちゅうどく[中毒] intoxicação; envenenamento ▶食中毒 intoxicação alimentar / 彼は麻薬中毒だ Ele está intoxicado por narcóticos.

ちゅうねん[中年] meia-idade ▶中年男 homem de meia-idade

チューブ tubo ▶(タイヤの)チューブ câmara de ar

ちゅうもく[注目] atenção ▶…に注目する prestar atenção a [em] ... / 注目に値する ser digno de atenção

ちゅうもん[注文] encomenda ▶注文を受ける receber encomendas / コーヒーを注文する encomen-

dar café fazer encomendas de café
ちゅうや[昼夜] dia e noite
ちゅうりつ[中立] imparcialidade; neutralidade ▶ 中立の imparcial; neutro / 中立国 país neutro
チューリップ tulipa
ちゅうりゅう[中流] ▶ 中流階級 classe média / 中流家庭 família de classe média
ちょう[兆] bilhão
ちょう[長] chefe ▶ 部門長 gerente de divisão
ちょう[腸] intestino; tripa
ちょう[蝶] borboleta
ちょうおんぱ[超音波] ultrassom; onda ultrassônica
ちょうか[超過] excesso ▶ 超過料金 taxa de excesso
ちょうかく[聴覚] audição; ouvido
ちょうかん[朝刊] edição matutina
ちょうきょり[長距離] ▶ 長距離走 corrida de longa distância / 長距離電話 chamada telefônica de longa distância
ちょうこう[兆候, 徴候] indício; sinal; sintoma ▶ 経済に回復の徴候が見られる Vê-se sinais de recuperação na economia.
ちょうこく[彫刻] escultura; gravação ▶ 彫刻する esculpir; gravar; entalhar / 彫刻家 escultor
ちょうさ[調査] averiguação; investigação; inquérito ▶ 調査する averiguar; investigar; inquirir / 事故の原因は調査中である As causas do acidente estão sendo investigadas.
ちょうし[調子] ▶ 私は体の調子がとてもよい Estou em boa forma física. / 機械の調子がよくない A máquina não está funcionando bem.
ちょうしゅう[聴衆] auditório; audiência
ちょうしょ[長所] ponto forte ▶ 彼の長所は発想が豊かなことだ O ponto forte dele é ser rico em ideias.
ちょうじょ[長女] filha mais velha
ちょうしょう[嘲笑] riso de desdém; troça; chacota ▶ 嘲笑する zombar; troçar; fazer chacota
ちょうじょう[頂上] topo; cimo
ちょうしょく[朝食] café da manhã ▶ 朝食をとる tomar o café da manhã
ちょうしん[長針] ponteiro longo
ちょうしんき[聴診器] estetoscópio
ちょうせつ[調節] ajuste; regulação; controle ▶ 温度を調節する ajustar a temperatura
ちょうせん[挑戦] desafio; provocação ▶ 記録に挑戦する tentar [conquistar] o recorde / 挑戦者 competidor; desafiador
ちょうてい[調停] mediação; intervenção; arbitragem ▶ 調停する mediar; intervir; arbitrar
ちょうてん[頂点] cume; pico; topo ▶ 三角形の頂点 vértice do triângulo / 彼はその分野で頂点にまで上り詰めた Ele alcançou o topo desse ramo.
ちょうど[丁度] ▶ 今ちょうど3時だ Agora são exatamente três horas. / 私はちょうど出掛けようとしていたところだった Eu estava para sair justamente agora.
ちょうなん[長男] filho mais velho ▶ 私は長男だ Eu sou o filho mais velho.
ちょうはつ[挑発] provocação; incitação ▶ 挑発する provocar; incitar / 挑発的な provocante; incitador
ちょうふく[重複] repetição ▶ この文章は重複が多い Neste texto há muitas repetições.
ちょうへん[長編] ▶ 長編小説 romance longo / 長編映画 filme de longa metragem
ちょうほうけい[長方形] retângulo ▶ 長方形の retangular
ちょうみりょう[調味料] tempero; condimento
ちょうやく[跳躍] pulo; salto ▶ 跳躍する pular; saltar
ちょうり[調理] cozinha ▶ 調理する cozinhar
ちょうりゅう[潮流] corrente marítima; maré
ちょうわ[調和] harmonia; concordância
チョーク giz
ちょきん[貯金] poupança; economias ▶ 貯金する fazer poupança; poupar; economizar / 私は貯金がある Tenho poupança. / 貯金通帳 caderneta de poupança bancária
ちょくせつ[直接] ▶ 直接の direto / 直接目的語 objeto direto / 直接に diretamente
ちょくせん[直線] linha reta
ちょくめん[直面] enfrentamento ▶ 直面する enfrentar; encarar / 問題に直面する enfrentar um problema
ちょくやく[直訳] tradução literal ▶ 直訳する traduzir literalmente
ちょくりゅう[直流] corrente contínua
チョコレート chocolate ▶ チョコレートケーキ bolo de chocolate
ちょさくけん[著作権] direitos autorais
ちょしゃ[著者] autor
ちょっかく[直角] ângulo reto ▶ 直角三角形 triângulo retângulo
ちょっかん[直観] intuição ▶ 直観的な intuitivo / 直観的に intuitivamente
ちょっけい[直径] diâmetro ▶ この池は直径が30メートルある Este lago tem um diâmetro de trinta metros.
ちょっこうびん[直行便] voo direto
ちょっと ▶ ちょっと待ってください Espere um pouco, por favor. / ちょっといいですか Um momento por favor. / あなたにちょっとお話があります Queria dizer-lhe uma palavrinha.
ちらかす[散らかす] ▶ ごみを散らかす esparramar o lixo
ちらし(印刷物) folheto
ちらっと ▶ 彼は彼女をちらっと見た Ele olhou para ela de relance.
ちり[地理] geografia ▶ 私はブラジルの地理に詳しくない Não conheço bem a geografia do Brasil.
ちり poeira; pó
ちりがみ[ちり紙] lenço de papel; papel higiênico
チリソース molho chili; molho de pimenta picante
ちりょう[治療] tratamento médico ▶ 病気を治療する tratar a doença / 私は今歯の治療を受けている

Estou fazendo um tratamento odontológico agora. / Estou tratando os dentes agora.

ちる[散る] (花が) cair ▶ 桜が散ってしまったAs flores de cerejeira caíram.

ちんあげ[賃上げ] aumento salarial ▶ 賃上げを要求する reivindicar aumento salarial

ちんか[沈下] afundamento ▶ 地盤沈下 afundamento de terreno

ちんぎん[賃金] salário; ordenado

ちんたい[賃貸] aluguel ▶ 賃貸住宅 moradia de aluguel / 賃貸人 locador

ちんちゃく[沈着] ▶ 彼はいつも冷静沈着だ Ele é sempre calmo e sangue-frio.

ちんつうざい[鎮痛剤] analgésico

ちんもく[沈黙] silêncio ▶ 沈黙を守る guardar [manter] silêncio / 沈黙を破る romper o silêncio / 沈黙する ficar calado; manter-se em silêncio

ちんれつ[陳列] exibição; exposição; mostra ▶ 陳列する exibir; expor / 陳列室 sala de exibição

つ

つい ▶ 彼はついさっき帰ったところです Ele foi embora agora há pouco. / 私はついかっとなってしまった Sem querer, acabei perdendo a calma.

ついか[追加] acréscimo; adição ▶ 追加の supplementar; adicional ▶ 追加予算 orçamento suplementar / 追加料金 taxa adicional / 追加する acrescentar; adicionar

ついきゅう[追及] ▶ その議員は政府の責任を追及した Esse deputado [senador] vai inquirir o governo sobre sua responsabilidade.

ついきゅう[追求] procura; busca ▶ 理想を追求する procurar o ideal

ついきゅう[追究] investigação; pesquisa ▶ 真理を追究する procurar a verdade

ついせき[追跡] perseguição ▶ 追跡する perseguir / 警察は容疑者を追跡している A polícia está perseguindo o suspeito.

…ついて ▶ 私はそれについて何も知りません Não sei nada a esse respeito. / 日本について本を書く Escrever um livro sobre o Japão.

ついで ▶ ついでの節はお寄りくださいSe tiver oportunidade, apareça. / ついでにこれもやっておいてください Aproveite (a ocasião) e faça isto também, por favor.

ついていく[ついて行く] seguir; acompanhar; ir atrás de ▶ 私はあなたについて行きます Eu vou atrás de você.

ついてくる[ついて来る] seguir; vir atrás ▶ 私について来てください Siga-me, por favor.

ついとつ[追突] batida por trás ▶ 私は後ろの車に追突された O carro que vinha atrás de mim bateu no meu carro.

ついに[遂に] finalmente; por fim ▶ ついに彼女は夢をかなえた Ela finalmente realizou seu sonho.

ついほう[追放] expulsão; deportação; exílio ▶ 追放する expulsar; deportar; exilar

ついやす[費やす] consumir; gastar ▶ 多くの時間と費用を費やす gastar muito tempo e dinheiro

ついらく[墜落] queda ▶ 飛行機が墜落した O avião caiu.

つうか[通貨] moeda corrente; dinheiro em circulação ▶ 外国通貨 moeda estrangeira / 通貨危機 crise monetária

つうがく[通学] ▶ 歩いて通学する ir para a escola a pé.

つうか[通過] ▶ トンネルを通過する passar pelo túnel / 法案は議会を通過した O projeto de lei passou pelo congresso.

つうきん[通勤] ▶ 電車で通勤する ir e voltar do trabalho de trem / 通勤客 passageiro que vai ou volta do trabalho / 通勤列車 trem usado para ir ou voltar do trabalho

つうこう[通行] trânsito ▶ この先は通行止めだ Aqui adiante o trânsito está impedido. /「通行禁止」Trânsito proibido. /「一方通行」Mão única. / Sentido único. /「右側通行」Trânsito pela direita. / 通行人 pedestre

つうじょう[通常] ▶ 通常 normalmente; como de costume

つうじる[通じる] ▶ この道はその村へ通じている Esta estrada vai para essa vila. / その国では英語はあまり通じない Nesse país não entendem bem a língua inglesa.

つうしん[通信] comunicação; notícia; correspondência ▶ 通信はすべて途絶えた As comunicações foram totalmente interrompidas. / 通信する comunicar; informar / 通信教育 ensino por correspondência; ensino à distância / 通信販売 venda por correspondência / 通信簿 caderneta escolar / 通信衛星 satélite de telecomunicações

つうぞく[通俗] ▶ 通俗的な popular; brega / 通俗小説 novela popular

つうち[通知] aviso; informação; comunicação ▶ 通知する avisar; informar; comunicar / 通知表 boletim escolar

つうほう[通報] aviso; informação; comunicação ▶ 警察に通報する comunicar à polícia

つうやく[通訳] (行為) interpretação; (人) intérprete ▶ ポルトガル語の通訳 intérprete da língua portuguesa / 通訳を務める servir de intérprete / 通訳する traduzir / 同時通訳 tradução simultânea

つうろ[通路] corredor; passagem; caminho

つうわ[通話] telefonema; ligação telefônica

つえ[杖] bengala

つかい[使い] (伝言人) mensageiro ▶ お使いに行く ir fazer compras

つかう[使う] usar ▶ 道具を使う usar o instrumento / 頭を使え Use a cabeça. / 金を使う gastar o dinheiro

つかえる ▶ 食べ物が喉につかえた O alimento obstruiu a garganta. / 私は答えにつかえた Eu me engasguei na resposta.

つかえる[仕える] servir ▶ 大臣に仕える servir o ministro
つかまえる[捕まえる] prender; pegar; agarrar ▶ 犯人を捕まえる prender o criminoso
つかまる segurar-se; ser preso ▶ ロープにしっかりつかまってください Segure-se firmemente à corda por favor.
つかむ segurar; agarrar; pegar ▶ ロープをつかむ segurar a corda
つかれ[疲れ] cansaço; fadiga ▶ 疲れが取れた Recuperei-me do cansaço.
つかれる[疲れる] cansar-se; fatigar-se ▶ 私はとても疲れました Fiquei muito cansado. / 私は疲れている Estou cansada.
つき[月] (天体) lua; (暦) mês ▶ 月に一度 uma vez por mês
つき[付き] プール付きの家 casa com piscina
…つき ▶ 悪天候につき試合を中止します Por causa do mau tempo vamos suspender o jogo. / 駐車料金は1時間につき500円です A taxa de estacionamento é de quinhentos ienes por hora.
つぎ[次] ▶ 次の seguinte; próximo / 次の文をポルトガル語に訳しなさい Traduza a seguinte frase para a língua portuguesa. / 次の日曜日に no próximo domingo / 次に何をしましょうか O que faremos em seguida? / 彼は私の次にスピーチを行った Ele fez seu discurso depois de mim. / 結果は次の通りです O resultado é o seguinte. / 人びとが次々に店へ入ってきた As pessoas foram entrando na loja sem parar.
つきあい[付き合い] relacionamento; convivência ▶ 私は彼とは付き合いが長い Eu o conheço como amigo há muito tempo.
つきあう[付き合う] conviver; manter relações ▶ 私は彼女とつき合っている Eu a namoro.
つきあたり[突き当たり] o fim de uma rua ▶ 突き当たりを右に曲がってください Vire à direita no fim da rua por favor.
つきあたる[突き当たる] esbarrar [bater] em ▶ 問題に突き当たる esbarrar em um problema
つきそう[付き添う] acompanhar; cuidar; ajudar ▶ 病人に付き添う acompanhar um doente
つきひ[月日] tempo ▶ 月日のたつのは早い Como o tempo passa rápido!
つきる[尽きる] esgotar; acabar; exaurir ▶ 食料が尽きてしまった Acabaram-se os alimentos.
つく[付く] ▶ シャツにインクがついた A camisa manchou-se com a tinta. / この商品にはおまけがついている Este produto vem com um suplemento.
つく[突く] cravar; espetar ▶ ひじで突く dar uma cotovelada
つく[就く] ▶ 高い地位に就く assumir um alto posto
つく[着く] chegar ▶ 目的地に着く chegar ao local desejado / 食卓に着く sentar-se à mesa
つぐ[注ぐ] ▶ お茶をつぐ servir chá
つぐ[継ぐ] ▶ 彼は父親の会社を継いだ Ele herdou a companhia de seu pai.
つくえ[机] mesa; carteira da escola; escrivaninha ▶ 机に向かう estudar; sentar-se à mesa

つくす[尽くす] ▶ 全力を尽くす fazer o melhor possível; usar todas as forças
つぐない[償い] compensação; reparação
つぐなう[償う] compensar; reparar ▶ 彼は自らの失敗を償った Ele reparou seu próprio erro.
つくる[作る] ケーキを作る fazer um bolo / 自動車を作る fabricar carros / 会社を作る criar uma empresa / 野菜を作る plantar verduras / 詩を作る escrever poemas
つくろう[繕う] remendar; reparar; consertar ▶ 服を繕う remendar a roupa
…づけ[付け] ▶ 3月5日付けの手紙 uma carta com a data de cinco de maio
つげぐち[告げ口] denúncia; delação ▶ 告げ口する denunciar; delatar
つけくわえる[付け加える] acrescentar; adicionar
つける[付ける] ▶ パンにバターをつける colocar manteiga no pão / 日記をつける escrever um diário
つける[点ける] ▶ テレビをつける ligar a televisão / 明かりをつける ligar a luz
つごう[都合] ▶ 今日は都合が悪い Hoje não convém. | Hoje não é conveniente. / いつご都合がいいですか Quando lhe convém? / ご都合はいかがですか Que tal? | Está de acordo com suas conveniências?
つたえる[伝える] ▶ ご家族の皆さんによろしくお伝えください Transmita minhas lembranças a todos de sua família. / 銅は電気を伝える O cobre transmite a eletricidade.
つち[土] terra; solo; chão
つつ[筒] tubo; cilindro
つづき[続き] ▶ この話の続きはどうなるんだろう Como será a continuação dessa estória? / ここのところ晴れ続きだ Ultimamente o tempo tem estado bom.
つつく ▶ ひじでつつく dar uma cotovelada
つづく[続く] continuar; prosseguir; durar ▶ (連載もので)「続く」Continua. / 風は一日中続いた Ventou o dia inteiro. / 会議はまだ続いている A reunião ainda não acabou.
つづける[続ける] continuar ▶ 人口は増え続けた A população continuou aumentando. / 彼女は研究を続けた Ela continuou sua pesquisa.
つっこむ[突っ込む] introduzir; enfiar; meter ▶ 手をポケットに突っ込む enfiar a mão no bolso.
つつしみ[慎み] discrição; modéstia; reserva ▶ 慎みを忘れる perder o controle
つつしむ[慎む] ▶ 言葉を慎みなさい Tenha cuidado com o que diz.
つつましい[慎ましい] modesto ▶ つつましい生活 vida modesta / つつましく暮らす viver modestamente
つつみ[包み] embrulho; pacote ▶ 包み紙 papel de embrulho
つつむ[包む] embrulhar; empacotar ▶ 商品を紙に包む embrulhar o produto com o papel
つづり[綴り] grafia; ortografia; soletração ▶ この単語のつづりがわからない Não sei como soletrar esta palavra.
つづる[綴る] あなたの名前はどうつづりますか Como

つとめ[務め] obrigação; trabalho ▶ 務めを果たす cumprir o dever

つとめ[勤め] trabalho ▶ 勤めに出る ir para o trabalho / 勤めから帰る voltar do trabalho

つとめさき[勤め先] ▶ 私は勤め先が変わった Mudei de emprego. / 勤め先の電話番号 telefone do local de trabalho

つとめる[努める] esforçar-se; empenhar-se; procurar

つとめる[務める] desempenhar; cumprir ▶ 議長を務める cumprir o dever de presidente da mesa

つとめる[勤める] trabalhar ▶ 彼女は銀行に勤めている Ela trabalha em um banco.

つな[綱] corda ▶ 綱引き cabo-de-guerra

つながり[繋がり] ligação; conexão; vínculo

つながる[繋がる] ligar; conectar; unir

つなぐ[繋ぐ] amarrar; atar; prender ▶ 犬を木につなぐ amarrar o cão à árvore

つねに[常に] sempre; constantemente ▶ 彼は常に何か考えている Ele sempre está pensando em algo.

つねる[抓る] beliscar; dar um beliscão ▶ 彼女は彼の頬をつねった Ela deu um beliscão na bochecha dele.

つば[唾] saliva; cuspe ▶ つばを吐く cuspir

つばめ[燕] andorinha

つぶ[粒] grão; gota; pingo ▶ 砂粒 grão de areia / 雨粒 gota de chuva

つぶす[潰す] esmagar; moer ▶ ふかしたじゃがいもをつぶす esmagar a batata cozida a vapor / 時間をつぶす matar o tempo

つぶやく[呟く] murmurar; resmungar

つぶれる[潰れる] ser esmagado; falir; perder a função ▶ その会社はつぶれた Essa empresa faliu.

つぶる fechar; tapar; cerrar ▶ 目をつぶる fechar os olhos

つぼみ[蕾] botão; broto

つま[妻] esposa

つまさき[爪先] ponta dos pés ▶ つま先立ちする ficar nas pontas dos pés

つまずく[躓く] ▶ 石につまずく tropeçar em uma pedra

つまむ[抓む] ▶ 鼻をつまむ tapar o nariz

つまらない sem graça; enfadonho; desinteressante ▶ この映画はつまらない Este filme não é interessante. / つまらないことで口論するな Não discuta por causa de bobagens.

つまり afinal; (言い換えれば) quer dizer; (要するに) em resumo ▶ つまりこういうことです Em resumo, é isto.

つまる[詰まる] ▶ 下水管が詰まった O encanamento do esgoto entupiu. / 私は予定が詰まっている Minha agenda está lotada.

つみ[罪] crime; delito ▶ 罪を犯す cometer um crime / 罪のない人びと pessoas inocentes

つむ[摘む] colher; apanhar ▶ 花を摘む colher a flor

つむ[積む] empilhar; amontoar; carregar ▶ トラックに荷物を積む carregar o caminhão

つめ[爪] unha ▶ 爪を切る cortar as unhas

つめかえ[詰め替え] refil; carga ▶ 詰め替え用の洗剤 refil de detergente

つめこむ[詰め込む] abarrotar; encher em excesso ▶ かばんに本を詰め込む abarrotar a bolsa de livros

つめたい[冷たい] frio ▶ 冷たい水 água fria / 心の冷たい人 pessoa de coração frio

つもり ▶ そんなつもりで言ったのではない Eu não disse isso com essa intenção. / 考えを変えるつもりはありません Não pretendo mudar minha opinião.

つもる[積もる] acumular-se; amontoar-se ▶ 雪が積もった A neve acumulou-se.

つや[艶] brilho; lustre; polimento ▶ つやのある髪 cabelo com brilho

つゆ[露] orvalho; sereno

つよい[強い] forte; enérgico ▶ 強い風 vento forte / 彼は意志が強い Ele tem muita força de vontade. / 彼女は英語に強い Ela é forte na língua inglesa.

つよび[強火] fogo forte ▶ 強火で em fogo forte

つよまる[強まる] ganhar força; aumentar ▶ 風が強まってきた O vento começou a ficar mais forte.

つよめる[強める] aumentar; intensificar ▶ 語気を強める aumentar o tom de voz

つらい[辛い] duro; penoso; amargo ▶ 朝早く起きるのは辛い É duro acordar cedo.

つり[釣り] (魚釣り) pesca; (釣り銭) troco ▶ 釣りをする pescar / 釣りに行く ir pescar / 釣り糸 linha de pescar / 釣りざお vara de pescar / 釣り針 anzol / 50円のお釣りです São cinquenta ienes de troco. / お釣りはありますか Tem troco?

つりあい[釣り合い] balanço; equilíbrio; harmonia ▶ 収入と支出の釣り合い equilíbrio entre renda e despesa

つりあう[釣り合う] equilibrar-se ▶ はかりが釣り合った A balança equilibrou-se.

つる[釣る] pescar

つるす[吊るす] pendurar

つるつる ▶ つるつるした liso; escorregadio

…つれて 時間が経つにつれて à medida que o tempo passa

つれていく[連れて行く] levar ▶ 私は犬を散歩に連れて行く Levo meu cão para passear. / 私も連れて行ってください Leve-me também, por favor.

つれてくる[連れて来る] trazer ▶ 彼は弟を連れて来た Ele trouxe seu irmão mais novo.

て

て[手] mão ▶ 手を洗う lavar as mãos / 手を挙げる levantar a mão / 手を叩く bater palmas / あなたは手に何を持っていますか O que você tem nas mãos? / 彼は私の手を握った Ele apertou minha

mão. / 手を伸ばす esticar o braço / 手を振る acenar com a mão / 「手を触れないでください」Não toque. | Não mexa. / 手に入れる adquirir; obter; arranjar / 手首 pulso / 手の甲 costas da mão / 手のひら palma da mão

…で / 彼女は大阪で生まれた Ela nasceu em Osaka. / 私は駅で彼女に会った Eu me encontrei com ela na estação. / 彼は自転車でそこへ行った Ele foi para aí de bicicleta. / 私たちは英語で話をした Nós conversamos em língua inglesa. / 彼はがんで亡くなりました Ele morreu de câncer. / 彼女は仕事で忙しい Ela está ocupada no trabalho. / 彼は30分で戻ってきます Ele voltará em trinta minutos. / 彼女は21歳で結婚した Ela casou-se com vinte e um anos de idade. / 私はこの時計を3万円で買った Eu comprei este relógio por trinta mil ienes. / その車は全速力で走った Esse carro correu na máxima velocidade.

であい[出会い] encontro ▶ 出会いの場所 local do encontro

であう[出会う] encontrar-se com ▶ 私はブラジルで多くの人と出会った Eu me encontrei com muitas pessoas no Brasil.

てあし[手足] mãos e pés; braços e pernas

てあて[手当] (治療) tratamento ▶ 手当てする tratar / 応急手当 atendimento de emergência / 家族手当 abono de família [familiar]

てあらい[手洗い] banheiro; sanitário; toalete ▶ お手洗いはどちらでしょうか Onde fica o banheiro?

てあん[提案] proposta; sugestão ▶ 提案する propor; sugerir

ティーシャツ camiseta

ていいん[定員] ▶ このバスの定員は50人だ A capacidade de lotação deste ônibus é de cinquenta pessoas.

ティーンエイジャー adolescente

ていか[低下] queda; baixa; declínio ▶ 低下する cair; baixar; diminuir

ていか[定価] preço fixo

ていかんし[定冠詞] artigo definido

ていき[定期] ▶ 定期的な regular; periódico / 定期検診 exame periódico / 定期的に regularmente; periodicamente

ていぎ[定義] definição ▶ 定義する definir

ていきあつ[低気圧] depressão atmosférica; baixa pressão atmosférica

ていけん[定期券] passe

ていきゅうび[定休日] folga regular ▶ この店は月曜日が定休日だ Esta loja fecha sempre nas segundas-feiras.

ていきょう[提供] oferta ▶ 提供する oferecer

テイクアウト take-out; para viagem; para levar ▶ テイクアウトのハンバーガー hambúrguer para viagem

ていけつあつ[低血圧] pressão arterial baixa

ていこう[抵抗] resistência; oposição ▶ 抵抗する resistir; opor-se; lutar

ていこく[定刻] ▶ 定刻に na hora marcada

ていこく[帝国] império ▶ 帝国主義 imperialismo

ていさい[体裁] aparência ▶ 体裁には構っていられない Não posso ficar dando importância às aparências.

ていし[停止] parada ▶ エンジンが停止した O motor parou.

ていじ[定時] ▶ 定時に na hora marcada ▶ 会議は定時に始まった A reunião começou na hora marcada. / 飛行機は定時に着いた O avião chegou no horário marcado.

ていじ[提示] apresentação ▶ 身分証明書を提示する apresentar o documento de identidade

ていしゃ[停車] parada ▶ この電車はその駅に停車しない Este trem não para nessa estação.

ていしゅつ[提出] entrega; apresentação ▶ 証拠を提出する apresentar as provas / レポートを提出する entregar o relatório

ていしょく[定食] refeição completa

ていしょく[定職] emprego fixo; emprego estável

ディスカウント desconto ▶ ディスカウントする fazer desconto; descontar

ディスク disco

ディスコ discoteca

ていせい[訂正] correção; revisão ▶ 訂正する corrigir; revisar

ていせん[停戦] cessar-fogo; armistício

ていぞく[低俗] ▶ 低俗な vulgar

ていたい[停滞] estagnação ▶ 停滞する estagnar / 経済が停滞している A economia está estagnada.

ていちゃく[定着] fixação; estabelecido ▶ その制度はもう定着した Esse sistema já está estabelecido.

ティッシュペーパー lenço de papel

ていでん[停電] falta de luz; corte de energia elétrica ▶ 昨晩2時間停電した Ontem a noite faltou energia por duas horas.

ていど[程度] nível; ponto; limite ▶ ある程度まで até certo ponto / 程度問題 questão de limites

ディナー jantar ▶ ディナーパーティー festa jantar

ていねい[丁寧] delicadeza; polidez; cortesia ▶ 彼は誰に対しても丁寧だ Ele é polido com qualquer pessoa. / 丁寧に扱う tratar com delicadeza [cuidado]

ていりゅうじょ[停留所] ▶ バスの停留所 ponto de ônibus

ていれ[手入れ] cuidado; conserto ▶ 庭の手入れをする cuidar do jardim

データ dado

データバンク banco de dados

データベース base de dados

デート encontro de namorados ▶ …とデートする namorar

テープ fita

テーブル mesa ▶ テーブルにつく sentar-se à mesa

テーブルクロス toalha de mesa

テーマ tema; assunto ▶ テーマは何ですか Qual é o tema?

テーマソング tema musical

テーマパーク parque de diversões

テーマミュージック música tema

ておくれ[手遅れ] ▶ もう手遅れです Já é tarde demais.

てがかり[手掛かり] pista; chave ▶ 手掛かりを探す procurar as pistas

でかける[出掛ける] sair; partir ▶ 彼は散歩に出掛けた Ele saiu para um passeio. / 母は今出掛けています Minha mãe está ausente agora.

てがみ[手紙] carta ▶ 手紙を書く escrever uma carta / 手紙を受け取る receber uma carta / お手紙どうもありがとうございます Muito obrigado pela carta.

てがる[手軽] ▶ 手軽な fácil; simples; ligeiro / 手軽な料理 comida simples

てき[敵] inimigo; adversário; rival ▶ 敵を作る fazer um inimigo / 彼には敵が多い Ele tem muitos inimigos / 敵のチーム time adversário / 商売の敵 rival do comércio

でき[出来] ▶ 試験の出来はどうでしたか Qual foi o resultado do exame? / 今年の米は出来がよい O arroz deste ano é de boa qualidade.

できあい[出来合い] ▶ 出来合いの服 roupa pronta [feita]

できあがる[出来上がる] ▶ ようやく計画が出来上がった Enfim, o projeto ficou pronto.

てきい[敵意] hostilidade; inimizade ▶ 敵意のある姿勢 atitude hostil / 彼らは私に敵意を持っていた Eles eram-me hostis.

てきおう[適応] adaptação ▶ ブラジル生活に適応する adaptar-se à vida no Brasil

できごと[出来事] acontecimento; ocorrência; fato ▶ その夜恐ろしい出来事が起こった Houve um acontecimento terrível nessa noite.

できし[溺死] morte por afogamento ▶ 溺死する morrer afogado

テキスト texto ; (教科書) livro didático
テキストファイル arquivo de textos

てきする[適する] ser adequado ▶ この本は子供が読むのに適さない Este livro não é adequado para a leitura infantil. / 彼はその仕事に適している Ele é qualificado para esse trabalho.

てきせい[適性] aptidão ▶ 適性検査 teste vocacional

てきせつ[適切] ▶ 適切な adequado ▶ 適切な対応 providências adequadas / 適切に対処する tomar medidas adequadamente

できたて[出来たて] ▶ 出来たてのパン pão fresco; pão feito na hora

てきちゅう[的中] ▶ 彼の予想は的中した Ele acertou em cheio em sua previsão.

てきど[適度] ▶ 適度な moderado /適度な運動 exercício físico moderado / 適度に運動するのは健康によい É bom para a saúde fazer exercícios moderados.

てきとう[適当] ▶ このポストには彼女がいちばん適当だ Ela é a pessoa perfeita para este posto. / 適当に返事をする dar uma resposta evasiva

てきにん[適任] ▶ 彼女はその仕事に適任だ Ela é a pessoa qualificada para esse trabalho.

てきよう[適用] aplicação ▶ 適用する aplicar / この規則はこの場合には適用されない Esta regra não se aplica a este caso.

できる ▶ 食事ができた A comida está pronta. / あなたは用意ができましたか Você está pronto? / よくできる生徒 um aluno bom / 彼女はポルトガル語がよくできる Ela sabe muito da língua portuguesa. / 私にはそんなことはできない Não posso fazer isso. / 彼女は数学ができない Ela não é boa em matemática.

できるかぎり[できる限り] ▶ できる限りのことはやってみます Vou fazer tudo que puder.

できるだけ ▶ できるだけ早く来てください Venha o mais rápido possível.

できれば se puder

でぐち[出口] saída

テクニック técnica

てくび[手首] punho

てこ[梃子] alavanca

でこぼこ ▶ でこぼこ道 caminho esburacado [cheio de buracos]

てごろ[手頃] ▶ 手頃な値段で um preço razoável [aceitável]

デザート sobremesa ▶ デザートには何がありますか O que tem para sobremesa?

デザイン desenho; planta; risco ▶ デザインする desenhar; riscar; fazer uma planta

デザイナー desenhista

てさぐり[手探り] apalpadela ▶ 彼らは暗闇を手探りで進んだ Eles avançaram na escuridão às apalpadelas.

でし[弟子] discípulo; aprendiz; seguidor

デジタル ▶ デジタルの digital / デジタルカメラ câmera fotográfica digital / デジタル時計 relógio digital

てじな[手品] mágica; truque ▶ 手品をする fazer mágica / 手品師 mágico ilusionista

でしゃばる intrometer-se; sobressair-se demais ▶ でしゃばらないでください Não meta o nariz onde não é chamado. | Não se intrometa.

てじゅん[手順] ordem; processo ▶ 会は手順よく進んだ A reunião seguiu conforme o programado.

てすう[手数] trabalho; incômodo; aborrecimento ▶ 大変お手数をかけて済みません Desculpe-me pelo terrível incômodo causado.

てすうりょう[手数料] taxa de serviço; comissão

テスト teste; prova; experiência ▶ テストをする fazer teste; experimentar / テストを受ける ser testado / ポルトガル語のテストがあった Teve teste de língua portuguesa

てすり[手すり] corrimão

てせい[手製] feito à mão ▶ 手製の爆弾 bomba caseira

てそう[手相] linhas da palma da mão ▶ 手相占い quiromancia / 手相を見る ler as linhas da palma da mão

てだし[手出し] intromissão ▶ 手出しは無用です Não adianta se intrometer.

てだすけ[手助け] ajuda; auxílio ▶ 手助けが必要だ É preciso ajudar. | É preciso dar uma mão.

でたらめ[出鱈目] disparate; absurdo; mentira ▶

でたらめを言わないで Não diga absurdos. / その記事はでたらめだ Esse artigo é uma mentira.

てちょう [手帳] agenda

てつ [鉄] ferro ▶ 鉄は熱いうちに打て Malhe o ferro enquanto ele está quente. / 鉄の女 mulher de ferro

てっかい [撤回] anulação; revogação ▶ 彼は発言を撤回した Ele retratou-se pelo que disse.

てつがく [哲学] filosofia ▶ 哲学的問題 problema filosófico / 哲学者 filósofo

てっきん [鉄筋] barra de aço ▶ 鉄筋コンクリート concreto armado

てづくり [手作り] artesanal; feito à mão; caseiro ▶ 手作りのクッキー bolacha caseira

デッサン esboço; rascunho

てつだい [手伝い] ajuda; auxílio ▶ 私がお手伝いします Eu vou ajudar.

てつだう [手伝う] ajudar; auxiliar; dar uma mãozinha ▶ 手伝っていただけませんか Não poderia dar uma mãozinha? / 彼女はポルトガル語の勉強を手伝ってくれます Ela vai ajudar nos estudos da língua portuguesa.

てつづき [手続き] trâmite; procedimento ▶ この手続きは面倒です Este procedimento é trabalhoso. / 彼はもうその手続きをすませた Ele já terminou esses trâmites.

てっていてき [徹底的] ▶ 徹底的な radical / 徹底的な攻撃 ataque radical

てつどう [鉄道] ferrovia; estrada de ferro ▶ 新しい鉄道が敷設された Foi construída uma nova ferrovia.

てっぱい [撤廃] anulação; revogação; abolição ▶ その制度はもう撤廃されました Esse sistema já foi abolido.

てつぼう [鉄棒] barra de ferro ▶ 鉄棒につかまる segurar na barra de ferro

てつや [徹夜] ▶ 徹夜する passar a noite em claro; fazer a vigília / 彼は昨日徹夜した Ontem ele passou a noite em claro. / 彼女は徹夜で勉強した Ela passou a noite estudando.

テニス tênis ▶ テニスをする jogar tênis / テニスコート quadra de tênis / テニス選手 jogador de tênis

てにもつ [手荷物] bagagem de mão ▶ 手荷物検査 inspeção da bagagem de mão

てのひら [手のひら] palma da mão

では ▶ então; bem; nesse caso ▶ ではどうすればいいですか Então, o que devo fazer? / ではまたあした Então, até amanhã.

デパート lojas de departamento ▶ デパートへ買い物に行く ir fazer comprar em lojas de departamento

てはじめ [手始め] o começo ▶ 手始めに para começar

デビュー estreia ▶ デビューする estreiar

てぶくろ [手袋] as luvas ▶ 1対の手袋 um par de luvas / 手袋をはめる calçar as luvas / 手袋を取る retirar as luvas / ゴム手袋 luvas de borracha

デフレーション deflação

てほん [手本] modelo; exemplo ▶ 手本を見せる dar o exemplo

てま [手間] trabalho; tempo ▶ これを作るのにずいぶん手間がかかった Levou muito tempo para fazer isto.

デマ boato; rumor ▶ それは単なるデマだ Isso é um simples boato.

てまえ [手前] ▶ 手前に para si; na frente ▶ 彼はビルの手前に車を停めた Ele parou o carro na frente do edifício.

てまどる [手間取る] tomar o tempo; ser trabalhoso ▶ 思ったより手間取った Levou mais tempo do que eu esperava.

てまね [手真似] gesto; gesticulação ▶ 手まねで話す falar com as mãos

てまわし [手回し] ▶ 彼はいつも手回しがいい Ele sempre deixa tudo preparado.

てみじか [手短] ▶ 手短に話してください Seja breve. / 手短に言えば falando em poucas palavras

でむかえる [出迎える] receber; ir esperar ▶ 私は父を出迎えに空港へ行った Fui ao aeroporto para receber meu pai.

でも ▶ 子供でもそれは理解できる Até uma criança entende isso. / 明日雨でも私は出かけます Eu sairei mesmo que amanhã chova. / 今日でも明日でもいいので来てください Pode ser hoje ou amanhã, mas venha. / どれでも気に入った本を選んでください Escolha qualquer livro que gostar. / 私はサッカーが好きだ。でもじょうずではない Eu gosto de futebol mas não jogo bem.

デモ (示威運動) manifestação; (実演) demonstração ▶ デモに参加する participar de uma manifestação / デモを行う fazer uma manifestação

てもち [手持ち] ▶ 今は現金の手持ちがありません Não tenho dinheiro em espécie (vivo) agora.

てもと [手元] ▶ その本は今手元にありません Não tenho esse livro à mão agora.

デュエット dueto

てら [寺] templo budista ▶ 寺にお参りする ir rezar em um templo budista

テラス terraço

てらす [照らす] iluminar ▶ 太陽は地球を照らす O sol ilumina a Terra.

デラックス ▶ デラックスな de luxo / デラックスなホテル hotel de luxo

デリケート ▶ デリケートな delicado / デリケートな問題 problema delicado

てる [照る] brilhar; resplandecer ▶ 太陽がさんさんと照っている O sol brilha intensamente.

でる [出る] ▶ 外に出る sair / ここから出て行け Fora daqui! | Rua! / 列車はもう出ました O trem já partiu. / 月が雲の間から出た A lua apareceu por entre as nuvens. / 会議に出る participar da reunião / 彼はサンパウロ大学を出た Ele formou-se na Universidade de São Paulo.

テレビ televisão; TV ▶ テレビを見る assistir à [ver a] televisão / テレビをつける ligar a televisão / テレビを消す desligar a televisão / 私はテレビでサッカーの試合を見た Eu vi o jogo de futebol pela televisão. / テレビに出る aparecer na televisão / テレビ局 emissora de televisão / テレビゲーム videojogo / テレビ会議 videoconferência / テ

レビショッピング compra pela televisão / テレビドラマ telenovela / テレビ欄 seção de programas da TV / テレビ放送 transmissão televisiva

テレフォンカード cartão telefônico

てれる[照れる] envergonhar-se ▶ ほめられたので私はとても照れてしまった Fui elogiada por isso fiquei muito envergonhada.

テロ terrorismo ▶ テロ行為 ação terrorista

テロリスト terrorista

てわけ[手分け] ▶ 手分けする dividir o trabalho / この作業はみんなで手分けしよう Vamos dividir esta tarefa entre todos nós.

てわたす[手渡す] entregar pessoalmente ▶ この手紙を彼に手渡してください Entregue pessoalmente esta carta a ele.

てん[天] céu; firmamento ▶ 天を仰ぐ levantar os olhos para o céu. / 天は二物を与えず Deus não dá duas graças a uma só pessoa. / 私は天にも昇る気持ちだった Senti-me como se tivesse subido aos céus.

てん[点] (小さい印) ponto; (点数) nota ▶ 小数点 vírgula / 句点 ponto final / 出発点 ponto de partida / 視点 ponto de vista / その点では ... nesse ponto / ある点までは até certo ponto / 私は試験で90点を取った Eu tirei nota noventa na prova. / テストの点はどうでしたか Como foi sua nota no teste? / その試合の点数は5対3だった A contagem de pontos desse jogo foi de cinco a três.

でんあつ[電圧] voltagem; tensão elétrica ▶ 電圧が高い A voltagem está alta. / 電圧が低い A voltagem está baixa.

てんいん[店員] vendedor; balconista; empregado de loja

でんえん[田園] campo ▶ 田園生活 vida no campo / 田園都市 cidade-jardim / 田園風景 paisagem de campo

てんか[点火] ignição ▶ 点火する acender; pegar; inflamar-se / ガスに点火する acender o gás

てんか[添加] adicionamento ▶ 添加する adicionar / 添加物 aditivo / 食品添加物 aditivo alimentar / 無添加 sem aditivo

でんかせいひん[電化製品] aparelho eletrônico

てんかん[転換] mudança; volta ▶ 方向を転換する mudar de direção / 気分転換に para distração; para o descanso

てんき[天気] tempo; condições atmosféricas ▶ 今日はいい天気だ Hoje o tempo está bom. / 天気が悪い Faz mau tempo. | O tempo está ruim. / 今日の天気はどうですか Como está o tempo hoje? / 天気は次第によくなるでしょう O tempo deve melhorar aos poucos. / この天気では明日は雨だろう Com este tempo, amanhã deve chover. / 天気予報 previsão do tempo; previsão meteorológica / 天気予報では明日は晴れだ De acordo com a previsão do tempo, amanhã vai fazer tempo bom.

でんき[伝記] biografia ▶ 伝記作家 biógrafo

でんき[電気] eletricidade; (照明) luz elétrica ▶ 電気を点ける ligar [acender] a luz / 電気を消す desligar [apagar] a luz / 静電気 eletricidade; estática eletrostática / 電気自動車 carro elétrico / 電気料金 conta de eletricidade

でんきゅう[電球] lâmpada elétrica

てんきょ[転居] mudança de casa ▶ 彼女は隣町に転居した Ela mudou-se para a cidade vizinha.

てんきん[転勤] transferência ▶ 私はサンパウロ支社に転勤になった Eu fui transferida para a agência de São Paulo.

てんけい[典型] tipo ▶ 典型的な típico; exemplar / 典型例 exemplo típico

てんけん[点検] exame; inspeção; vistoria ▶ 点検する examinar; inspecionar; fazer vistoria

てんこう[天候] o tempo ▶ 悪天候 o mau tempo

てんごく[天国] céu; paraíso ▶ 祖母は天国に行ってしまった Minha avó foi para o céu. / 釣り人の天国 paraíso de pescadores

でんごん[伝言] mensagem; recado ▶ 伝言を残す deixar mensagem [recado] / 伝言をお願いしてよろしいでしょうか Posso pedir para dar um recado? / 伝言を受け取る receber um recado

てんさい[天才] gênio ▶ ピアノの天才 talentoso no piano / 天才的な genial / 天才児 criança superdotada

てんさい[天災] desastre natural

てんさく[添削] correção ▶ 添削する corrigir

てんし[天使] anjo

てんじ[点字] braille

てんじ[展示] exposição; exibição ▶ 展示する expor; exibir / 展示会 exposição; exibição

でんし[電子] elétron ▶ 電子工学 engenharia eletrônica / 電子メール mensagem eletrônica / 電子レンジ forno microondas / 電子辞書 dicionário eletrônico / 電子マネー dinheiro eletrônico / 電子オルガン órgão eletrônico

でんしゃ[電車] trem elétrico ▶ 電車に乗る tomar um trem / 電車を降りる descer de um trem / 電車で通勤する ir trabalhar de trem / 満員電車 trem lotado

てんじょう[天井] teto ▶ 天井の高い家 casa com o teto alto

てんしょく[天職] vocação

てんしょく[転職] mudança de profissão ▶ 転職する mudar de profissão

てんすう[点数] nota ▶ 点数をつける dar notas

でんせつ[伝説] lenda; tradição ▶ 伝説的な lendário

てんせん[点線] linha ponteada; tracejado ▶ 点線をなぞる decalcar a linha tracejada

でんせん[伝染] contágio; infecção ▶ 伝染性の contagioso / 伝染病 doença contagiosa

でんせん[電線] fio elétrico

でんたく[電卓] calculadora

でんたつ[伝達] transmissão; comunicação ▶ 伝達手段 meios de transmissão / 情報を伝達する transmitir as informações

てんち[天地] Céu e Terra ▶ 「天地無用」Este lado para cima.

でんち[電池] pilha; bateria ▶ 乾電池 pilha seca / 電池を充電する carregar a bateria / 電池が切れた Acabou a bateria.

でんちゅう[電柱] poste de eletricidade
てんてん[転々] ▶職を転々とする pular de um emprego para outro
テント tenda; barraca ▶テントをはる armar uma tenda / テントをたたむ desarmar uma tenda
てんとう[転倒] queda; tombo ▶彼は石につまずいて転倒した Ele tropeçou em uma pedra e levou um tombo.
でんとう[伝統] tradição ▶伝統を守る manter a tradição / 伝統に従う seguir a tradição / 伝統を破る romper a tradição / 伝統的な tradicional / 伝統的に tradicionalmente
でんとう[電灯] lâmpada elétrica ▶電灯を点ける acender a lâmpada / 電灯を消す apagar a lâmpada / 電灯を点けっぱなしにする deixar a lâmpada acesa
てんとうむし joaninha
てんねん[天然] natureza ▶天然資源 recursos naturais / 天然ガス gás natural
てんのう[天皇] Imperador ▶天皇陛下 Sua Majestade Imperial / 天皇誕生日 aniversário do Imperador
でんぱ[電波] onda elétrica
でんぴょう[伝票] fatura; nota
てんびん[天秤] balança
てんぷ[添付] anexo; apêndice ▶ファイルをメールに添付する anexar um arquivo ao e-mail / 添付ファイル arquivo anexado
てんぷく[転覆] capotagem ▶船が転覆した O navio virou.
てんぶん[天分] talento natural
でんぷん[澱粉] amido; fécula
テンポ tempo; ritmo; andamento ▶テンポの速い曲 música de andamento rápido / テンポの遅い曲 música de andamento lento
てんぼう[展望] vista; panorama ▶経済展望 perspectivas econômicas / 展望台 mirante
でんぽう[電報] telegrama
てんめつ[点滅] pisca-pisca ▶点滅する piscar
てんもんがく[天文学] astronomia ▶天文学の astronômico / 天文学的数字 número astronômico / 天文学者 astrônomo
てんらく[転落] queda ▶転落する cair
てんらんかい[展覧会] exposição; exibição ▶展覧会を開催する realizar uma exposição
でんりゅう[電流] corrente elétrica
でんりょく[電力] energia elétrica ▶電力不足 falta de energia elétrica / 電力消費 consumo de energia elétrica / 電力を供給する fornecer energia elétrica
でんわ[電話] telefone ▶私は彼に電話した Eu telefonei para ele. / 後でこちらから電話します Eu telefono mais tarde. / 電話をかける ligar; telefonar / 電話を切る cortar [desligar] o telefone / 電話が鳴っている O telefone está tocando / 電話に出る atender o telefone / 私は電話で彼と話をした Eu conversei com ele pelo telefone. / あなたに電話です Telefone para você. / 電話で知らせてください Informe-me pelo telefone. / 電話が遠いのですが Não estou ouvindo bem. | O telefone está longe. / 彼は今電話中です Ele está ao telefone agora. / 電話帳 lista telefônica / 電話番号 número de telefone / 電話ボックス cabine telefônica / いたずら電話 trote telefônico

と

と[戸] porta ▶戸を開ける abrir a porta / 戸を閉める fechar a porta
…と ▶私はオレンジとりんごを買った Eu comprei laranjas e maçãs. / 私はよく友人とフットサルをする Eu jogo futsal com meus amigos frequentemente. / ブラジルはパラグアイと戦った O Brasil jogou contra o Paraguai.
ど[度] ▶零下5度 cinco graus abaixo de zero; cinco graus negativos / 一度 uma vez / 二度 duas vezes / 何度も muitas vezes
ドア porta ▶回転ドア porta giratória
とい[問い] pergunta; questão
といあわせる[問い合わせる] perguntar; pedir informações; consultar ▶詳しくは市役所にお問い合わせください Para mais detalhes, favor consultar a prefeitura.
ドイツ Alemanha ▶ドイツの alemão / ドイツ人 alemão / ドイツ語 alemão
トイレ sanitário; banheiro; toalete ▶トイレはどこですか Onde fica o banheiro? / 男子トイレ sanitário masculino / 女子トイレ sanitário feminino トイレットペーパー papel higiênico
とう[党] partido ▶政党 partido político / 保守党 partido conservador / 民主党 partido democrático / 共和党 partido republicano / 野党 partido oposicionista / 与党 partido governista
とう[塔] torre; pagode
とう[問う] perguntar; indagar; interrogar
…とう[等] ▶1等賞を取る ganhar o primeiro prêmio / レースで2等になる ficar em segundo lugar na corrida
どう[銅] cobre ▶銅メダル medalha de bronze
どう ▶それはどういう意味ですか Qual é o significado disso? / その映画はどうでしたか Como foi esse filme? / あなたはどう思いますか O que você acha? / どういたしまして De [por] nada. / 何もどうも não há de quê. / 今さらどうしようもない Agora não tem mais jeito. / こうしたらどうですか Que tal fazer assim? / どうしたのですか O que aconteceu? / それはどうですか E daí, qual é o problema? / 彼はどうしたのだろう O que será que aconteceu com ele?
とうあん[答案] folha de respostas ▶答案を回収する recolher as folhas de respostas
どうい[同意] consentimento ▶同意する consentir; concordar / 私たちは彼の提案に同意した Nós concordamos com a proposta dele.
とういつ[統一] unidade; uniformidade; integração ▶統一する unificar; harmonizar; coordenar

どういん [動員] mobilização ▶ 動員する mobilizar

どうか ▶ どうかやめてください Pare, por favor. / 頭がどうかなりそうだ Acho que vou perder a cabeça. | Acho que vou enlouquecer. / それはどうかと思う Não acho isso uma boa ideia. | Acho isso duvidoso.

…どうか ▶ それが可能かどうかわからない Não sei se isso é possível ou não.

どうが [動画] animação, vídeo

とうがらし [唐辛子] pimenta vermelha

とうかん [投函] ▶ 手紙を投函する pôr a carta no correio

どうかん [同感] ▶ 私もまったく同感です Tenho a mesma opinião.

とうき [冬季] ▶ 冬季オリンピック Olimpíadas de inverno

とうき [冬期] ▶ 冬期休暇 férias de inverno

とうき [投機] especulação ▶ 投機する especular / 投機的な especulativo

とうき [陶器] cerâmica; louça

とうぎ [討議] discussão; debate ▶ 討議する discutir; debater

どうき [動悸] palpitação

どうき [動機] motivo; causa ▶ 犯行の動機 motivo do crime

どうぎ [道義] moral; princípios morais ▶ 道義的責任 responsabilidade moral

どうぎご [同義語] sinônimo

とうきゅう [等級] classe; categoria

どうきゅうせい [同級生] colega de classe

どうきょ [同居] ▶ 彼女はおじの家に同居している Ela vive na casa de seu tio.

とうきょく [当局] autoridades competentes ▶ ブラジル政府当局 autoridades brasileiras

どうぐ [道具] instrumento; ferramenta; utensílio ▶ 台所道具 utensílios de cozinha / それは何のための道具ですか Para que serve esse instrumento?

どうくつ [洞窟] caverna; gruta; furna

とうげ [峠] passagem mais alta de uma montanha; ponto crítico ▶ 峠を越える ultrapassar o ponto crítico

どうけし [道化師] palhaço

とうけい [東経] longitude leste ▶ 東経30度 trinta graus de longitude leste

とうけい [統計] estatística ▶ 統計を取る fazer a estatística / 統計的な estatístico / 統計によれば segundo as estatísticas / 統計的に estatisticamente

とうけつ [凍結] congelamento ▶ 賃金を凍結する congelar os salários

とうこう [投稿] colaboração ▶ 動画を投稿する enviar uma imagem animada

とうこう [登校] ▶ 登校する ir para a escola / 息子は自転車で登校している Meu filho vai para a escola de bicicleta.

とうごう [統合] integração ▶ 統合する integrar

どうこう [動向] tendência ▶ 市場の動向 tendência de mercado

どうさ [動作] movimento; ação; comportamento

とうざい [東西] o leste e o oeste

とうさく [倒錯] perversão

とうさく [盗作] plágio ▶ 盗作する plagiar

どうさつ [洞察] perspicácia; discernimento; percepção

とうさん [父さん] pai

とうさん [倒産] falência; bancarrota ▶ 倒産する falir; ir à falência

とうし [投資] investimento ▶ 投資する investir / 投資家 investidor / 投資クラブ clube de investimento

とうし [凍死] ▶ 凍死する morrer de frio

とうし [闘士] guerreiro

とうし [闘志] garra; espírito combativo ▶ 彼は闘志にあふれている Ele tem muita garra.

とうじ [冬至] solstício de inverno

とうじ [当時] nesse tempo; nessa época; então ▶ 私は当時まだ子供だった Nessa época eu ainda era uma criança. / 当時の大統領 o Presidente dessa época

どうし [動詞] verbo ▶ 自動詞 verbo intransitivo / 他動詞 verbo transitivo / 規則動詞 verbo regular / 不規則動詞 verbo irregular / 動詞句 predicado verbal / 動詞の活用 conjugação verbal

どうじ [同時] ▶ 同時に ao mesmo tempo; concomitantemente ▶ 二人は同時に出発した Os dois saíram ao mesmo tempo. / 同時に二つのことはできません Não posso fazer duas coisas concomitantemente. / 同時の simultâneo / 同時通訳 intérprete simultâneo

とうじつ [当日] ▶ 当日は大変よい天気だった No dia, o tempo estava muito bom.

どうして como; de que jeito ▶ どうしてよいかわからない Não sei o que fazer. / どうしてそんなことをしたのですか Por que você fez uma coisa dessa? / どうしてですか Por que?

どうしても ▶ 瓶のふたがどうしても開かない A tampa da garrafa não quer abrir de jeito nenhum.

どうじょう [同情] simpatia; pena; compaixão ▶ あなたに同情します Sinto compaixão por você.

どうせ ▶ どうせ行くなら早く行った方がいい Já que você vai, é melhor ir rápido.

どうせい [同性] o mesmo sexo ▶ 同性の do mesmo sexo / 同性愛 homossexualidade; lesbianismo / 同性愛者 homossexual; lésbica / 同性結婚 casamento homossexual

とうせん [当選] ▶ 当選する / ganhar as eleições; ser eleito / その候補者は選挙で当選した Esse candidato foi eleito nas eleições.

とうぜん [当然] ▶ 当然の natural; lógico / 当然のことをしたまでです Eu fiz somente o que era lógico. / 当然のことながら naturalmente; logicamente; evidentemente / 当然私は断った Naturalmente eu me recusei.

どうぞ ▶ どうぞお入りください Entre, por favor. / どうぞこちらへ Venha aqui, por favor. / お先にどうぞ Primeiro você, por favor. | Vá na frente, por favor. / 「入ってもいいですか」「どうぞ」— Posso entrar? — Sim, por favor. / 「ペンを貸してい

ただけませんか」「はいどうぞ」— Poderia me emprestar a caneta? — Pois não.
とうそう[逃走] fuga ▶ 逃走する fugir
とうそう[闘争] luta; combate ▶ 闘争する combater / 闘争本能 instinto de luta
とうだい[灯台] farol
とうたつ[到達] chegada ▶ 目的地に到達する chegar ao destino
とうち[統治] governo; domínio ▶ 統治する governar
とうちゃく[到着] chegada ▶ 到着する chegar / 飛行機は定刻に到着した O avião chegou no horário marcado.
とうちょう[盗聴] escuta secreta; interceptação secreta ▶ 盗聴する escutar secretamente / 盗聴器 aparelho de escuta secreta
とうてい[到底] ▶ その提案はとうてい受け入れられない Não posso aceitar essa proposta de maneira alguma.
どうでも ▶ そんなことはどうでもいい Isso não tem importância alguma. / 結果はどうでもいい Não importa [interessa] o resultado.
どうてん[同点] mesma nota; empate ▶ 試合は3対3の同点だった Deu um empate: o jogo acabou em três a três.
とうとい[貴い] ▶ 命ほど貴いものはない Não há nada tão valioso como a vida.
とうとう ▶ 彼らはとうとう諦めた Eles acabaram desistindo.
どうどう[堂々] ▶ 堂々とした com dignidade; com imponência / 堂々とした構えの家 uma casa em estilo imponente
どうとく[道徳] moral ▶ 道徳的な moral / 道徳教育 educação moral / 社会道徳 moralidade social
とうとぶ[貴ぶ，尊ぶ] respeitar; honrar ▶ 名誉を貴ぶ valorizar a honra
とうなん[東南] sudeste ▶ 東南アジア Sudeste Asiático
とうなん[盗難] roubo; furto ▶ 私はバスターミナルで盗難にあった Fui roubada no terminal rodoviário. / 盗難届を出す dar parte de um roubo
どうにか com dificuldade; de algum modo ▶ どうにか仕事を終わらせました Dei um jeito de terminar o trabalho. / どうにかなるさ Dá-se um jeito.
どうにも ▶ どうにもならない Não tem jeito mesmo. / どうにも困ったものだ Que complicação danada!
とうにゅう[豆乳] leite de soja
どうにゅう[導入] introdução ▶ 最新の技術を導入する introduzir a mais nova tecnologia.
どうはん[同伴] ▶ 同伴する acompanhar
とうひょう[投票] votação ▶ 投票する votar / 私は保守党に投票した Eu votei para o partido conservador. / 投票権 direito de votar / 投票箱 urna de votação / 投票所 local de votação
とうふ[豆腐] tofu; queijo de soja
とうぶ[東部] parte oriental ▶ ブラジルの東部に na parte oriental do Brasil
どうふう[同封] ▶ 同封する enviar junto; anexar à carta / 写真を同封します Envio em anexo as fotografias.
どうぶつ[動物] animal ▶ 動物を飼育する criar animais / 動物園 jardim zoológico / 動物性タンパク質 proteína animal
とうぶん[当分] por enquanto; por ora ▶ 当分それで間に合います Por enquanto isso serve.
とうぶん[等分] ▶ 等分する dividir em partes iguais / ピザを4等分する dividir a pizza em quatro partes iguais
とうほく[東北] Nordeste ▶ ブラジルの東北地方 o Nordeste do Brasil
どうみゃく[動脈] artéria ▶ 動脈硬化 arteriosclerose
とうめい[透明] transparência ▶ 透明な transparente / 透明性 transparência / 透明人間 o homem invisível
どうめい[同盟] aliança; liga ▶ その国は隣国と同盟した Esse país aliou-se aos países vizinhos. / 同盟国 países aliados
どうも ▶ どうもありがとう Muito obrigado. / どうもよくわからない Não consigo entender bem. / どうも困ったことだ Que complicação! / どうも雨になりそうだ Parece que vai chover.
どうもう[獰猛] ▶ 獰猛な feroz; violento
とうもろこし milho
どうやら ▶ どうやら雪になりそうだ Parece que vai nevar. / どうやら間に合った Graças a Deus, deu tempo.
とうゆ[灯油] querosene
とうよう[東洋] o Oriente ▶ 東洋の文化 a cultura oriental
どうよう[同様] ▶ 同様の方法 mesmo método / これは新品同様だ Esse produto é como se fosse (um produto) novo.
どうよう[動揺] tremor; abalo; balanço ▶ 彼らはその知らせを聞いて動揺した Eles abalaram-se [ficaram perturbados] ouvindo essa notícia.
どうよう[童謡] música [canção] infantil; canção de ninar
どうり[道理] razão; lógica ▶ 彼は道理をわきまえている Ele discerne o bem do mal. / 彼らの言い分にも道理はある Há também uma lógica no que eles dizem.
どうりょう[同僚] colega; companheiro
どうろ[道路] estrada; rua ▶ 道路工事 obras na estrada / 有料道路 estrada com pedágio / 高速道路 autoestrada / 道路を建設する construir uma estrada / 道路で遊ぶ brincar na rua / 道路地図 mapa rodoviário / 道路標識 placas [sinais] de trânsito
とうろく[登録] registro ▶ 登録する registrar / 登録商標 marca registrada
とうろん[討論] debate ▶ 討論する debater
どうわ[童話] história infantil; conto para crianças
とうわく[当惑] perplexidade; embaraço; confusão ▶ 当惑する ficar perplexo; embaraçar-se; ficar confuso
とう[十] dez

とおい[遠い] longe; distante; afastado ►ここから遠いですか É longe daqui? / 遠い過去に num passado distante / 遠い親戚 um parente distante / その老人は耳が遠い Esse velho não ouve bem. / 当たらずといえども遠からずだ Está bem perto da verdade.

とおく[遠く] longe; distante ►遠くに行く ir para longe / 遠くに明かりが見えた Vi uma luz ao longe. / 遠くから de longe

とおざかる[遠ざかる] distanciar-se; afastar-se ►嵐が遠ざかっていった A tempestade afastou-se.

とおざける[遠ざける] manter a distância; afastar ►マイクを少し遠ざけてください Afaste um pouco o microfone por favor.

とおす[通す] ►すみません、通してください Com licença, deixe-me passar. / 我々は応接室に通された Nós fomos levados à sala de visitas. / 針に糸を通す passar a linha na agulha / 書類に目を通す dar uma olhada nos documentos

トースター torradeira

トースト torrada

ドーナツ rosca

トーナメント torneio; competição

とおまわし[遠回し] rodeio ►遠回しに言う falar por rodeios

とおまわり[遠回り] 遠回りする dar uma grande volta; fazer um grande desvio

とおり[通り] rua; passagem ►にぎやかな通り rua movimentada / 私は通りで友人に会った Encontrei uma amiga na rua. / 大通り avenida

…とおり[通り] ►いつもの通り como sempre / おっしゃる通りです (O senhor) tem toda a razão. / そのみたいだ É exatamente isso. / 言われた通りにやりなさい Faça como lhe foi dito.

…どおり[通り] ►結果は予想通りだった O resultado foi como o esperado.

とおりあめ[通り雨] chuva passageira

とおりかかる[通りかかる] ►事件が起きたとき、私はちょうどそこを通りかかった Quando aconteceu o caso, eu passava exatamente por ali.

とおる[通る] passar ►この道は車がよく通る Passam muitos carros por esta rua. / 彼は試験に通った Ele passou no exame.

とかい[都会] cidade ►都会生活 vida urbana

とかく ►私たちはとかく時間を無駄にしがちだ Nós temos a tendência de desperdiçar o tempo.

とかげ[蜥蜴] lagarto

とかす[溶かす] dissolver ►水に砂糖を溶かす dissolver o açúcar na água

とかす[解かす] derreter ►雪を解かす derreter a neve

とかす[梳かす] pentear ►髪をとかす pentear o cabelo

とがった[尖った] pontudo ►とがった鉛筆 lápis pontudo

とがめる[咎める] censurar; repreender; reprovar ►彼は些細なミスをとがめられた Ele foi repreendido por erros insignificantes. / 私は気がとがめた Senti remorsos. | Tive dor de consciência.

とがらせる[尖らせる] afiar; apontar ►鉛筆をとがらせる apontar o lápis

とき[時] hora; tempo ►時は金なり Tempo é dinheiro. / 時がたてばわかる Com o passar do tempo você entenderá. / 時のたつのは早い O tempo voa. / 私たちはとても楽しい時をすごした Nós passamos momentos muito agradáveis. / どんな時にも em qualquer hora

ときどき[時々] às vezes; de vez em quando ►彼は時々遊びに来る Ele vem passear de vez em quando. / 曇り時々雨 nublado com chuvas passageiras

どきどき ►胸がどきどきした Meu coração tremeu. | Meu coração ficou aos pulos. / どきどきしながら順番を待った Esperei minha vez com o coração tremendo.

ドキュメンタリー documentário

どきょう[度胸] coragem ►彼女はとても度胸がある Ela tem muita coragem. / 私は彼に逆らう度胸はない Eu não tenho coragem de desobedecê-lo.

どきり ►私はどきりとした Levei um susto.

とぎれる[途切れる] interromper-se ►会話が途切れた Interrompeu-se a conversa.

とく[得] lucro ►得する lucrar / そのようなことをして何の得になるのですか O que você lucra fazendo uma coisa dessas? / 私は1万円得をした Eu lucrei dez mil ienes.

とく[徳] virtude; qualidade moral ►徳の高い人 uma pessoa com grande virtude

とく[解く] resolver; desfazer; desamarrar ►問題を解く resolver um problema / ひもを解く desamarrar o cordão / 包みを解く abrir a embalagem

とぐ[研ぐ] afiar ►ナイフを研ぐ afiar a faca

どく[毒] veneno; peçonha ►毒ガス gás tóxico [venenoso] / それは身体に毒だ Isso é um veneno para o corpo.

どく[退く] ►どいてください Saia da frente. | Saia do caminho. | Arrede-se.

とくい[得意] ►彼女はピアノが得意だ O forte dela é o piano.

どくがく[独学] autodidatismo ►独学者 autodidata / 彼はポルトガル語を独学で身につけた Ele aprendeu a língua portuguesa estudando por si mesmo.

どくさい[独裁] ditadura; autoritarismo ►独裁的な ditatorial; autoritário / 独裁者 ditador

とくさんぶつ[特産物] o principal produto; produto especial

どくじ[独自] ►私独自の見解です É minha opinião pessoal.

とくしつ[特質] propriedade; característica; qualidade especial

どくしゃ[読者] leitor

とくしゅ[特殊] ►特殊な especial / 特殊効果 efeito especial

とくしゅう[特集] ►特集号 número especial / 特集記事 artigo especial

どくしょ[読書] leitura ►彼は読書が好きだ Ele gos-

ta de ler. / 読書室 sala de leitura / 読書家 grande leitor; rato de biblioteca
どくしん[独身] ▶ 彼は独身だ Ele é solteiro. / 独身者 pessoa solteira
どくせん[独占] monopólio; exclusividade ▶ 独占するmonopolizar/独占インタビューentrevista exclusiva
どくそう[独創] 独創性 criatividade; originalidade / 独創的な criativo; original
とくちょう[特徴] peculiaridade; característica ▶ 日本文化の特徴 peculiaridades da cultura japonesa
とくてん[得点] pontos; ganhos; nota ▶ 得点する marcar [ganhar] pontos
とくに[特に] especialmente; em especial ▶ 今朝は特に寒かった Hoje cedo estava especialmente frio. / 今日は特にやることがありません Não tenho nada em especial para fazer hoje.
とくばい[特売] oferta; liquidação ▶ 特売品 produto em oferta
とくはいん[特派員] enviado especial
とくべつ[特別] ▶ 特別な especial / 今日は特別な日だ Hoje é um dia especial.
とくめい[匿名] anonimato ▶ 匿名の anônimo / 匿名の手紙 carta anônima 匿名で sob anonimato
どくりつ[独立] independência ▶独立宣言proclamação da independência / 独立した independente / 独立国 país independente / 独立記念日 dia comemorativo da independência / 独立戦争 guerra pela independência
どくりょく[独力] ▶ 彼は独力でその仕事をした Ele fez esse trabalho com esforço próprio.
とげ[棘] espinho
とけい[時計] relógio ▶ 腕時計 relógio de pulso / 掛け時計 relógio de parede / デジタル時計 relógio digital / アナログ時計 relógio analógico / 目覚まし時計 relógio despertador / 日時計 relógio de sol / 時計が5時を打った O relógio bateu cinco horas. / 私は目覚まし時計を7時にセットした Acertei o relógio despertador para as sete horas. / この時計は3分進んでいる Este relógio está três minutos adiantado. / この時計は2分遅れている Este relógio está dois minutos atrasado. / 時計回りに no sentido horário / 反時計回りに no sentido anti-horário
とける[溶ける] ▶ 砂糖は水によく溶ける O açúcar dissolve-se bem na água. / アイスクリームが溶けた O sorvete derreteu.
とける[解ける] ▶ 問題が解けた Resolvi o problema.
とげる[遂げる] ▶ 彼女はようやく目的を遂げた Ela finalmente atingiu seu objetivo.
とこ[床] leito; cama ▶ 床につく ir para a cama
どこ onde ▶ どこにいますか Onde está você? / ここはどこですか Onde é aqui? / どこに行くのですか Para onde vai você? / 私はどこかに傘を置き忘れた Eu me esqueci do guarda-chuva em algum lugar / どこにでも em qualquer lugar
ところ[所] local; lugar ▶ 私は通勤に便利なところに住みたい Quero morar em um lugar conveniente para ir trabalhar. / 危ないところを助かった Salvei-me de uma situação perigosa. / 私はちょうど出かけるところだった Eu estava prestes a sair.
ところで ▶ ところで, 夏休みはどこに行きますか E então, para onde você vai nas férias de verão?
とざん[登山] alpinismo; montanhismo ▶ 登山する escalar montanhas / 登山家 alpinista
とし[年] (暦) ano; (年齢) idade ▶ 年の初めに no início [começo] do ano / どうぞよいお年を Feliz Ano Novo / お年はいくつですか Quantos anos você tem? / 私たちは同じ年だ Temos a mesma idade. / 彼は年の割には若く見えた Ele, apesar da idade, pareceu novo.
とし[都市] cidade ▶ 都市化 urbanização / 都市計画 planejamento urbano; projeto de urbanização / 都市伝説 mitos urbanos
どじ asneira; burrice; estupidez ▶ どじを踏む cometer uma asneira
としうえ[年上] ▶ 私は彼より三つ年上だ Eu sou três anos mais velho do que ele.
とじこめる[閉じ込める] confinar; enclausurar; encarcerar ▶ 誘拐犯はその子供を部屋に閉じ込めた O sequestrador confinou essa criança no quarto.
とじこもる[閉じこもる] fechar-se; enclausurar-se; isolar-se ▶ 彼は一日中部屋に閉じこもっている Ele fica fechado no quarto o dia inteiro.
としごろ[年頃] ▶ 年頃の娘 moça em idade de se casar / 難しい年頃 idade complicada
としした[年下] ▶ 彼女は私より二つ年下だ Ela é dois anos mais nova do que eu.
…として ▶ 親としての義務 obrigação como pais / 私としては Por mim, sou contra.
…としても ▶ 雨だとしても私は行きます Mesmo que esteja chovendo, eu vou.
どしゃぶり[土砂降り] ▶ ゆうべは土砂降りだった Ontem a noite choveu torrencialmente. | Ontem a noite choveu a cântaros.
としょかん[図書館] biblioteca ▶ 図書館で本を借りる tomar emprestado livros da biblioteca
どじょう[土壌] terra; solo
としより[年寄り] idoso; velho; ancião
とじる[閉じる] fechar ▶ 彼女は目を閉じた Ela fechou os olhos. / 彼女は目を閉じて話を聞いていた Ela ouviu a conversa de olhos fechados.
とそう[塗装] pintura ▶ 塗装する pintar
どだい[土台] alicerce; fundamento ▶ この建物の土台はしっかりしている Os alicerces desta construção são bem sólidos.
とだえる[途絶える] parar; acabar; cortar-se ▶ 電波が途絶えた Cortou-se a ligação.
とだな[戸棚] armário
…とたん[途端] no momento em que; assim que ▶ 私は彼女を見たとたんに好きになった Eu gostei dela no momento em que a vi.
どたんば[土壇場] ▶ 私は土壇場で考えを変えた No momento crítico mudei meu modo de pensar.
とち[土地] terra; terreno; propriedade ▶ 肥えた

土地 terra fértil / 土地を買う comprar um terreno / 土地の値段が上がった O preço dos terrenos subiram.

とちゅう [途中] ▶彼は途中で引き返した Ele retornou quando estava no meio do caminho. / 彼は帰宅途中で事故にあった Ele sofreu um acidente quando voltava para casa.

どちら ▶どちらにお住まいですか Onde você mora? / ご出身はどちらですか Onde você nasceu? / (電話で)失礼ですがどちら様でしょうか Desculpe, mas quem está falando por favor?

とっきょ [特許] (発明) patente; (特別許可) licença especial

とっくに ▶そのことはとっくに忘れていた Tinha esquecido-me disso há muito tempo.

とっけん [特権] regalia; privilégio ▶特権階級 classe privilegiada / 特権を濫用する abusar dos privilégios

とっさ [咄嗟] ▶とっさの判断 decisão de momento / 私はとっさにブレーキを踏んだ Pisei no breque instantaneamente.

とつぜん [突然] ▶雨が突然降り出した Começou a chover de repente. / 突然の雨 chuva repentina

どっち ▶どっちが好きですか De qual você gosta? / どっちがどっちか見分けがつかない Não consigo distinguir quem é quem. / どっちが勝ちましたか Quem venceu?

とって [取っ手] ▶ドアの取っ手 maçaneta da porta

…とって ▶これは私にとっては難しすぎる Para mim isto é muito difícil. / ブラジルでは、私にとって全てが新しかった No Brasil, tudo foi novidade para mim. / それは私にとってはどうでもいいことだ Não tenho nada a ver com isso.

とっておく [取っておく] ▶お釣りは取っておいてください Fique com o troco. / 私はそのホテルに部屋を取っておいた Eu deixei reservado um quarto nesse hotel.

とってかわる [取って代わる] ▶新しい考えが古い考えに取って代わった Um novo pensamento substituiu o velho.

とってくる [取って来る] ▶傘を取って来てください Vá pegar o guarda-chuva, por favor.

とても muito ▶彼女はとても優しい Ela é muito meiga.

とどく [届く] alcançar; atingir ▶手の届く値段 um preço acessível

とどける [届ける] entregar; levar; mandar ▶全国無料でお届けします Entregamos gratuitamente para todo o país.

とどまる [留まる] parar; permanecer ▶物価上昇率は1パーセント台にとどまった A taxa de aumento do custo de vida permaneceu na marca de um porcento.

とどめる [留める] deter; parar; limitar ▶被害を最小限にとどめる limitar os danos no mínimo possível

となえる [唱える] recitar ▶祈りを唱える recitar a oração / 新しい説を唱える levantar uma nova teoria

となり [隣] ▶隣の vizinho / 隣の町 cidade vizinha / 隣の人 vizinho / 彼は私の隣に住んでいる Ele mora vizinho a mim. / …の隣に ao lado de... / 隣近所 vizinhança

どなる [怒鳴る] gritar; berrar

とにかく ▶とにかくやってみましょう De qualquer forma, vamos tentar fazer.

どの ▶どの教科が一番好きですか De qual matéria você gosta mais? / どの駅で降りるのですか Em qual estação você vai descer? / どの点から見ても visto de qualquer ponto

どのくらい ▶どのくらい待つ必要がありますか Quanto tempo preciso esperar?

どのように como; de que forma ▶どのように赤字を減らすかが問題だ O problema é como diminuir o prejuízo.

とばす [飛ばす] ▶紙飛行機を飛ばす fazer o avião de papel voar / 私は風で帽子を飛ばされた Meu chapéu voou com o vento. / 車を全速力で飛ばす correr com o carro a toda velocidade / 1ページ飛ばす pular uma página

とびあがる [跳び上がる] ▶跳び上がって喜ぶ alegrar-se dando um salto

とびこみ [飛び込み] salto

とびら [扉] ▶扉を開ける abrir a porta / 扉を閉める fechar a porta

とぶ [飛ぶ] (飛行) voar ▶鳥が飛んでいる O pássaro está voando. / 飛行機が空を飛んでいる O avião está voando pelo céu. / 彼は成田からパリへ飛んだ Ele voou de Narita para Paris.

とほ [徒歩] ▶そこまで徒歩10分だ São dez minutos a pé até aí.

とほう [途方] ▶私は途方に暮れた Eu fiquei perplexa. / 途方もない値段 um preço absurdo [exorbitante]

とぼしい [乏しい] ▶日本は天然資源に乏しい O Japão é pobre em recursos naturais.

トマト tomate ▶トマトサラダ salada de tomates

とまどう [戸惑う] ▶私はどうすればいいのかわからず戸惑った Fiquei desorientada sem saber o que fazer.

とまる [止まる] parar; deter-se ▶この列車は各駅に止まる Esse trem para em todas as estações. / エンジンが止まってしまった O motor parou de funcionar. / 笑いが止まらなかった Os risos não pararam. / 事故のため電車が止まった O trem parou por causa do acidente. / 止まれ! Pare!

とまる [泊まる] pousar; pernoitar; passar a noite ▶ホテルに泊まる hospedar-se em um hotel / 私はおばの家に泊まっています Estou hospedada em casa de minha tia.

とみ [富] riqueza; fortuna ▶富を築く fazer uma fortuna / 富の分配 distribuição da riqueza

とむ [富む] ▶富める国 país rico / ブラジルは天然資源に富んでいる O Brasil é um país rico em recursos naturais. / 経験に富む rico em experiências / 想像力に富む rico de imaginação

とめる [止める] parar; estacionar ▶彼は車を止めた Ele parou o carro. / 次の角で止めてください Pare o carro na próxima esquina.

とめる [泊める] ▶一晩泊めてくれませんか Poderia

me acolher por uma noite?

とも[友] amigo ▶ 持つべきものはよき友だ É preciso ter bons amigos.

ともかく ▶ ともかくやってみましょう Em todo caso, vamos tentar fazer.

ともだち[友達] amigo ▶ カルロスは私の友達です Carlos é meu amigo. / 彼女は友達がたくさんいる Ela tem muitos amigos. / 私は彼と友達になった Eu tornei-me seu amigo. / 男友達 amigo homem / 女友達 amiga mulher

ともなう[伴う] ▶ 登山は多くの危険を伴う O alpinismo envolve vários perigos. / 自由は責任を伴う A liberdade vem acompanhada de responsabilidade.

どもる gaguejar

どようび[土曜日] sábado ▶ 毎週土曜日に em todos os sábados / 土曜日に no sábado / 先週の土曜日に no sábado da semana passada

とら[虎] tigre

ドライアイス gelo seco

ドライブ passeio de carro ▶ ドライブする passear de carro / 私たちは海岸にドライブへ行った Fomos passear de carro até o litoral.

ドライヤー secador

とらえる[捉える] ▶ カメラが決定的瞬間をとらえた A câmera fotográfica captou um momento decisivo.

トラック(自動車) caminhão; (競走路) pista de corrida

トラブル problema ▶ 彼女はトラブルに巻き込まれた Ela envolveu-se em problemas.

ドラマ drama; novela

ドラム tambor ▶ ドラムをたたく tocar tambor

ドラマー baterista

トランク(かばん) mala; (自動車) トランク porta-malas

トランプ cartas; baralho ▶ トランプをする jogar cartas [baralho]

トランペット trombeta ▶ トランペットを吹く tocar trombeta

トランポリン trampolim

とり[鳥] pássaro ▶ 鳥が鳴いている O pássaro está cantando. / 鳥を飼う criar um pássaro / 鳥かご gaiola para pássaros / 鳥インフルエンザ gripe [influenza] aviária

とりあえず ▶ とりあえずお礼まで Devido a pressa, envio somente meus agradecimentos. / とりあえずビールにしよう Para começar, vamos beber cerveja.

とりあげる[取り上げる] ▶ 受話器を取り上げる pegar o telefone / テーマを取り上げる tratar sobre o tema

とりあつかい[取り扱い] ▶ 取扱い注意 Frágil! / 取り扱い説明書 manual de instruções

とりあつかう[取り扱う] ▶ 個人情報を取り扱う tratar de dados pessoais

といいれる[取り入れる] introduzir ▶ 私たちは彼の提案を取り入れた Nós introduzimos as propostas dele.

とりかえる[取り替える] trocar; fazer troca ▶ 不良品はお取り替えします Trocamos os produtos com defeito.

とりかかる[取り掛かる] começar; lançar-se ▶ 私たちはさっそく仕事に取り掛かった Nós começamos rapidamente o trabalho.

とりかこむ[取り囲む] cercar; rodear ▶ 警官たちが犯人を取り囲んだ Os policiais cercaram o criminoso.

とりけす[取り消す] cancelar; anular; revogar ▶ 注文を取り消す cancelar o pedido / その政治家は発言を取り消した Esse político revogou seu pronunciado.

とりこわす[取り壊す] demolir; desmantelar

とりさる[取り去る] tirar do lugar ▶ 汚れを取り去る tirar a sujeira

とりしまり[取り締まり] ▶ 警察の取り締まりが最近厳しくなった A fiscalização policial ficou mais rígida ultimamente.

とりしまりやく[取締役] diretor ▶ 取締役会 reunião dos diretores

とりしまる[取り締まる] fiscalizar ▶ 犯罪を取り締まる fiscalizar os crimes

とりしらべ[取り調べ] investigação; interrogatório ▶ 取り調べる investigar; interrogar / 容疑者を取り調べる interrogar o suspeito

とりだす[取り出す] tirar ▶ 彼はポケットから財布を取り出した Ele tirou a carteira de seu bolso.

とりちがえる[取り違える] ▶ 彼女は私を兄と取り違えた Ela confundiu-me com meu irmão mais velho.

トリック truque

とりつける[取り付ける] ▶ エアコンを取り付ける instalar o aparelho de condicionador de ar

とりひき[取り引き] negócio ▶ 私たちはあの会社と取り引きがある Fazemos negócios com aquela companhia.

ドリブル drible ▶ ドリブルする driblar

とりもどす[取り戻す] retomar; reaver; recuperar ▶ 彼女は盗まれたバッグを取り戻した Ela recuperou a bolsa roubada.

どりょく[努力] esforço; empenho ▶ 努力する esforçar-se; empenhar-se / 我々の努力は無駄だった Nosso esforço foi em vão.

とりよせる[取り寄せる] encomendar ▶ 見本を取り寄せる encomendar uma amostra

ドリル(穴開け) perfuradora; broca

とる[取る] ▶ ペンを手に取る segurar a caneta nas mãos / 運転免許を取る tirar a carteira de habilitação de motorista / 食事を取る alimentar-se / 1等賞を取る conquistar o primeiro prêmio / 私は財布を取られた Roubaram minha carteira. / 2日の休暇を取る tirar dois dias de folga / メモを取る fazer anotações / 年を取る envelhecer / 責任を取る assumir a responsabilidade

とる[捕る] pegar; apanhar ▶ 魚を捕る pescar um peixe

とる[採る] ▶ 我々はこの案を採ることにした Nós resolvemos adotar esta proposta. / 社員を採る admitir funcionários

とる[撮る] ▶ 写真を撮る tirar fotografia

ドル dólar ▶ ドルで支払う pagar com dólar / ドル安 desvalorização do dólar / ドル高 valorização do dólar

どれ ▶ どれがどれだかわからない Não sei qual é qual. / どれですか Qual você quer? / あなたはどれくらい待ちましたか Por quanto tempo você esperou? / どれくらい時間がかかりますか Quanto tempo vai levar? / この橋の長さはどれくらいありますか Quanto mede esta ponte? / ここから駅まで距離がどれくらいありますか Qual é a distância daqui até a estação? / あの塔の高さはどれくらいありますか Qual é a altura daquela torre? / どれでも好きなのをお選びください Escolha qualquer um que gostar. / どれでもいいです Pode ser qualquer um.

どれい[奴隷] escravo ▶ 奴隷制度 escravidão

トレードマーク marca registrada

トレーニング treinamento ▶ トレーニングする treinar

トレーニングウェア roupa para treinar

トレーニングシャツ camiseta para treinar

トレーニングパンツ calça para treinar

ドレス vestido

ドレッシング molho

とれる[取れる] cair; soltar-se; colher ▶ シャツのボタンが取れた Caiu o botão da camisa. / この染みはなかなか取れない Esta mancha não quer sair.

どろ[泥] barro; lama ▶ 靴が泥だらけになった Os sapatos ficaram todos enlameados.

ドロップ (飴) bala; bombom

トロフィー troféu

どろぼう[泥棒] ladrão ▶ 泥棒！Pega ladrão! / 私の家は泥棒に入られたことがあります Minha casa já foi invadida por um ladrão.

トン (重量) tonelada

どんかん[鈍感] ▶ 彼はかなり鈍感だ Ele é uma pessoa bem insensível.

どんぞこ[どん底] ▶ 不幸のどん底にある estar no fundo do poço da infelicidade

とんでもない ▶ とんでもない値段 preço exorbitante / 「どうもありがとうございます」「とんでもないです」— Muito obrigada. — Não tem de quê.

とんとん ▶ とんとんとドアをたたく音がした Toc, toc. Fez barulho de alguém batendo na porta.

どんどん ▶ 太鼓をどんどんたたく tocar o tambor fazendo "bum bum" / どんどん意見を出してください Por favor deem suas opiniões quantas quiserem.

どんな ▶ どんなスポーツが好きですか De qual esporte você gosta? / 彼はどんな人ですか Que tipo de pessoa é ele? / どんなときでも Em qualquer ocasião.

どんなに ▶ このことを知ったら彼はどんなに喜ぶでしょう Se ele souber disso o quanto será que ele vai se alegrar. / どんなに急いでももう間に合わない Por mais que nos apressemos já não vai dar mais tempo.

トンネル túnel ▶ トンネルを通過する passar pelo túnel

とんぼ〖昆虫〗libélula

どんよく[貪欲] ganância; avareza; cobiça ▶ 貪欲な ganancioso; avaro

どんより ▶ どんよりした空 céu nublado

な

な[名] nome ▶ 自由の名の下で em nome da liberdade / 名の通った会社 uma empresa de renome

…なあ ▶ ポルトガル語が上手に話せたらなあ Ah, se eu pudesse falar bem a língua portuguesa... / 今朝はいい天気だなあ Que tempo bom o desta manhã!

ない[無い] ▶ 食べる物が何もない Não tem nada para comer. / お金が全然ない Não tenho dinheiro algum. / ないよりはましだ Melhor do que não ter nada. / もう時間がない Não há mais tempo. / そういう言い方はないでしょう Não precisa falar assim, precisa?

…ない(否定) não ▶ これは私のではない Isto não é meu. / 私はブラジル人ではない Eu não sou brasileira. / 彼らは学生ではない Eles não são estudantes.

ないかい[内科医] médico de clínica geral

ないかく[内閣] gabinete ministerial ▶ 内閣改造 reforma ministerial / 内閣総理大臣 primeiro-ministro

ないしょ[内緒] segredo ▶ 内緒で em segredo / このことは内緒にしておこう Vamos deixar isso em segredo.

ないしん[内心] ▶ 内心では no íntimo; por dentro / 彼は内心では喜んでいた No íntimo, ele estava contente.

ないせん[内線] (電話) ramal ▶ 内線番号 número do ramal

ないせん[内戦] guerra civil ▶ その国は内戦状態にあった Esse país estava em guerra civil.

ないぞう[内臓] órgão interno; vísceras

ナイフ faca; navalha

ないぶ[内部] interior ▶ 建物の内部に爆弾が仕掛けられていた Havia uma bomba armada no interior do edifício. / 内部情報 informação interna

ないよう[内容] conteúdo; teor; assunto ▶ 内容のない演説 discurso sem conteúdo

ないりく[内陸] interior ▶ ブラジルの内陸は土地が乾燥している No interior do Brasil a terra está seca.

ナイロン náilon

なお ▶ そのほうがなおよい Dessa forma é ainda melhor. / なお, 筆記用具を持参のこと Por fim, tragam lápis, caneta e borracha.

なおし[直し] (訂正) correção; (修理) conserto

なおす[直す] (訂正) corrigir; (修理) consertar ▶ この文章を直してください Corrija este texto, por favor. / 私は時計を直してもらった Consertaram o meu relógio.

なおす[治す] curar ▶ 病気を治す curar a doença / 病人を治す curar o doente / けがを治す curar o ferimento

なおる[直る] ▶テレビの故障が直った O defeito da televisão foi consertado. / 間違いがまだ直っていない O erro ainda não foi corrigido.

なおる[治る] sarar ▶ 風邪は治りましたか Sarou do resfriado? / 風邪がなかなか治らない O resfriado não quer sarar.

なか[中] ▶箱の中には何もなかった Não havia nada dentro da caixa. / 中に入ろう Vamos entrar. / 雨の中を歩く andar debaixo da chuva.

なか[仲] ▶私は彼とは仲がよい Eu me dou bem com ele. / 私は彼と仲よくなった Eu fiz as pazes com ele.

ながい[長い] comprido; longo ▶ 長い橋 ponte comprida / 彼女は髪が長い Ela tem cabelo longo. / 私は長い間彼に会っていない Eu não o encontro há muito tempo. / 私は長くはいられません Eu não posso demorar-me.

ながいき[長生き] vida longa; longevidade ▶長生きする ter [viver] longa vida

ながいす[長椅子] sofá; canapé; banco (de jardim)

ながぐつ[長靴] botas

なかごろ[中頃] ▶来月の中頃に em meados do próximo mês

ながさ[長さ] comprimento ▶この橋の長さはどのくらいですか Qual é o comprimento desta ponte? / 長さ50メートルの橋 uma ponte de cinquenta metros de comprimento

ながし[流し] (台所) pia

ながす[流す] ▶トイレの水を流す dar descarga na privada / 涙を流す derramar lágrimas

なかつづき[長続きする] continuar [durar] por muito tempo

なかなおり[仲直り] reconciliação ▶仲直りするfazer as pazes; reconciliar-se / 彼女たちは仲直りした Elas reconciliaram-se.

なかなか ▶この写真はなかなかよく撮れている Esta fotografia está muito bem tirada. / バスはなかなか来なかった O ônibus demorou muito a vir.

なかにわ[中庭] pátio interior

なかば[半ば] ▶仕事は半ば済んだ Terminou a metade do trabalho. / 彼の話は半ば嘘だった A metade da conversa dele era mentira. / 来週の半ばに em meados da próxima semana

ながびく[長引く] prolongar-se ▶会議はかなり長引いた A reunião prolongou-se bastante.

なかま[仲間] companheiro; parceiro; grupo ▶ 彼は悪い仲間と付き合っている Ele convive com um grupo de pessoas ruins. / 遊び仲間 companheiros de divertimento / 仕事仲間 colegas de trabalho

なかみ[中身] conteúdo; o que há dentro ▶ この箱の中身は何ですか O que há dentro desta caixa?

ながめ[眺め] vista; panorama ▶サンパウロの眺め a vista de São Paulo

ながめる[眺める] contemplar ▶ 星を眺める contemplar as estrelas

ながもち[長持ち] ▶この電池は長持ちする Esta pilha dura muito.

なかよし[仲良し] ▶ 私は彼とは仲良しだ Eu sou amigo dele.

…ながら ▶私たちはコーヒーを飲みながら話した Nós conversamos bebendo café. / テレビを見ながら食事をする comer vendo televisão

ながらく[長らく] ▶長らくお待たせいたしました Fiz com que me esperasse por muito tempo.

ながれ[流れ] ▶水の流れ corrente de água / この川は流れが速い A correnteza deste rio é rápida.

ながれる[流れる] escoar; correr; passar ▶その川は市内を流れている Esse rio corre pela cidade. / 時が流れる O tempo passa.

なきごえ[泣き声] choro; pranto ▶赤ん坊の泣き声が聞こえる Ouve-se o choro do bebê.

なきごえ[鳴き声] ▶鳥の鳴き声が聞こえる Ouve-se o canto dos pássaros.

なきだす[泣き出す] pôr-se a chorar; começar a chorar

なく[泣く] chorar ▶うれし泣きする chorar de alegria

なく[鳴く] (虫や鳥が) cantar ▶鳥が鳴いている O pássaro está cantando.

なぐさめ[慰め] consolo; conforto ▶ 慰める consolar; confortar

なくす[無くす] perder ▶ 私は財布をなくした Eu perdi a carteira. / 私はやる気をなくした Eu perdi a vontade.

なくなる[亡くなる] falecer; morrer ▶ あの人は先月亡くなりました Aquela pessoa faleceu no mês passado.

なくなる[無くなる] perder-se; desaparecer; sumir ▶宝石がなくなった A joia desapareceu. / 私は興味がなくなった Eu perdi o interesse. / お金がなくなった O dinheiro sumiu.

なぐる[殴る] bater; surrar; dar um murro [soco] ▶彼は私の頭を殴った Ele bateu em minha cabeça.

なげく[嘆く] lamentar; chorar ▶ 彼は道徳の低下を嘆いた Ele lamentou a decadência da moral.

なげる[投げる] jogar; atirar; lançar ▶石を投げる atirar uma pedra / ボールを投げる jogar a bola

なさけ[情け] compaixão; piedade ▶どうかお情けを Tenha compaixão, por favor.

なさけない[情けない] vergonhoso; lamentável ▶なんと情けないやつだ Que cara sem vergonha! / 情けないとこを言うな Não diga coisas vergonhosas.

なさけぶかい[情け深い] compassivo; que tem coração bondoso

なし[梨] pera

なしとげる[成し遂げる] realizar; completar; terminar ▶偉業を成し遂げる realizar uma grande façanha.

なす[茄子] beringela

なぜ[何故] por que ▶なぜブラジルへ行くのですか Por que você vai ao Brasil? / 我々はこの提案を受け入れられない. なぜなら, 我々にとって不利だからだ Nós não podemos aceitar esta proposta. Isso porque para nós é desvantajoso. / なぜだか理由を言いなさい Diga o porquê, explique o moti-

なぜか(何故か) ▶なぜか彼女の言ったことが気になった Não sei por que eu fiquei intrigado com o que ela disse.
なぞ[謎] mistério; enigma; segredo ▶謎を解く desvendar o mistério
なだかい[名高い] famoso; célebre; ilustre
なだめる acalmar; sossegar ▶彼女は泣いている子をなだめた Ela acalmou a criança que chorava.
なだらか ▶なだらかな suave; calmo ▶なだらかな坂 encosta suave
なつ[夏] verão ▶夏に no verão / 今年の夏に no verão deste ano
なつかしい[懐かしい] ▶私は故郷の町が懐かしい Tenho saudades da cidade natal.
なづける[名付ける] dar [pôr] um nome ▶私たちはその犬をジョゼと名付けた Nós demos o nome de José para esse cachorro.
なっとく[納得] ▶納得させる convencer / 納得する convencer-se / 私は説明を聞いて納得した Eu me convenci ouvindo a explicação.
なつやすみ[夏休み] férias de verão ▶夏休みはどこに行きますか Para onde você vai nas férias de verão?
なでる[撫でる] afagar; passar a mão ▶犬をなでる passar a mão no cachorro
なな[七] sete
ななじゅう[七十] setenta ▶七十周年記念 comemoração do septuagésimo aniversário
ななめ[斜め] ▶斜めの線 linha diagonal
なに[何] o que ▶これは何ですか O que é isto? / テーブルの上には何がありますか O que tem em cima da mesa? / 何をしているのですか O que você está fazendo? / あなたの車は何色ですか Qual é a cor de seu carro? / そんなことをして何になるのですか O que você ganha fazendo essas coisas? / 何のためにそんなことをするのですか Para quê você faz essas coisas? / 私は何もいらない Eu não quero nada. / 私は彼に何もしてあげられない Eu não posso fazer-lhe nada.
なにか[何か] algo; alguma coisa ▶何か飲み物をください Dê-me alguma coisa para beber, por favor. / 何か知っていますか Você sabe de algo?
ナプキン guardanapo
なふだ[名札] etiqueta; rótulo
なべ[鍋] panela
なま[生] ▶生の cru / 生魚 peixe cru / 魚を生で食べる comer peixe cru / 生放送 transmissão ao vivo / 生ビール chope
なまいき[生意気] ▶生意気な atrevido; insolente; descarado / 生意気な若者 jovem atrevido / 生意気なことを言うな Não seja atrevido.
なまえ[名前] nome; denominação ▶お名前は何とおっしゃいますか Qual é o seu nome? / 彼女の名前はマリアです O nome dela é Maria. / この花の名前は何と言いますか Qual é o nome desta flor?
なまけもの[怠け者] ▶彼は怠け者だ Ele é um preguiçoso.
なまける[怠ける] não fazer por preguiça ▶彼はいつも仕事を怠ける Ele sempre faz corpo mole no trabalho.
なまり[鉛] chumbo ▶鉛色の空 céu cor de chumbo
なまり[訛り] sotaque ▶彼はなまりがある Ele tem sotaque. / 彼はなまりのないポルトガル語を話す Ele fala a língua portuguesa sem sotaque.
なみ[波] onda; vaga
なみ[並み] ▶並みの人間 um ser humano comum
なみだ[涙] lágrimas ▶涙を流す chorar; derramar lágrimas / 彼女は目に涙を浮かべていた Havia lágrimas nos olhos dela.
なめらか[滑らか] ▶滑らかな liso; macio ▶滑らかな床 cama macia; piso liso / 彼は弁舌滑らかだった Ele fez um discurso com muita fluência.
なめる lamber; chupar ▶アイスクリームをなめる chupar sorvete / 彼は私をなめている Ele está me subestimando. | Ele está me fazendo de bobo.
なやます[悩ます] atormentar; dar preocupação ▶彼は夜中の騒音に悩まされている Ele está sendo atormentado pelo barulho no meio da noite.
なやみ[悩み] preocupação; problema; agrura ▶私は悩みがある Tenho preocupações. / 私は悩みを打ち明けた Falei abertamente sobre os meus problemas.
なやむ[悩む] preocupar-se; afligir-se ▶私は仕事のことで悩んでいる Estou preocupada com o meu trabalho.
ならう[習う] estudar; aprender; treinar ▶ポルトガル語を習う estudar a língua portuguesa / 車の運転を習う aprender a dirigir um carro
ならす[鳴らす] tocar ▶ラッパを鳴らす tocar uma corneta
ならぶ[並ぶ] ▶一列に並ぶ fazer uma fila única / 並んでください Façam uma fila. / 二人は並んで座った Os dois sentaram-se lado a lado.
ならべる[並べる] alinhar; arrumar ▶アルファベット順に並べる arrumar em ordem alfabética
ならわし[習わし] costume ▶これがこの地方の習わしだ Isto é um costume dessa região.
なりたつ[成り立つ] realizar-se; concluir-se; compor-se ▶夫と会話が成り立たない Não consegue concluir uma conversa com o marido. / この町は観光で成り立っている Esta cidade mantém-se graças ao turismo.
なりゆき[成り行き] ▶成り行きにまかせましょう Vamos deixar as coisas seguirem seu curso normal.
なる[生る] ▶木に実がなった Deu frutos na árvore.
なる[為る] ▶大人になる tornar-se adulto / 私は来月20歳になる No próximo mês eu faço vinte anos de idade. / 私は医者になりたい Eu quero ser médica. / 日ごとに暖かくなっている Dia a dia está ficando quente. / ようやく父の言葉の意味がわかるようになった Finalmente comecei a entender o significado das palavras do meu pai.
なる[鳴る] tocar ▶ベルが鳴っている A campainha está tocando.
なるべく ▶なるべく早く来てください Venha o mais rápido que puder.
なるほど(相づち) Entendi. | Compreendi.

ナレーション narração
ナレーター narrador
なれなれしい [馴れ馴れしい] ▶その若手社員は上司になれなれしい口を利く Esse novo funcionário fala com demasiada intimidade com seu superior.
なれる [慣れる] acostumar-se; habituar-se; familiarizar-se ▶新しい環境に慣れる acostumar-se ao novo ambiente.
なわ [縄] corda ▶縄跳び pular corda
なんい [南緯] latitude sul ▶南緯30度 trinta graus de latitude sul
なんかい [何回] quantas vezes; algumas vezes ▶ブラジルに何回行きましたか Quantas vezes você foi ao Brasil? / 私は何回もやってみた Eu já tentei fazer várias vezes.
なんきょく [南極] ▶南極の antártico / 南極点 Polo Sul / 南極圏 / Círculo Polar Antártico / 南極大陸 continente antártico; Antártida
なんこう [軟膏] pomada; unguento
なんさい [何歳] お子さんは何歳ですか Quantos anos tem seu filho?
なんじ [何時] que horas ▶何時ですか Que horas são?
なんせい [南西] sudoeste
ナンセンス bobagem; coisa sem sentido ▶それは全くナンセンスだ Isso é uma bobagem!
なんだい [難題] um problema difícil ▶難題を解決する resolver um problema difícil
なんだか [何だか] ▶何だか疲れてしまった Não sei porque mas estou me sentindo cansada. / それは何だか変だ Isso é um pouco esquisito.
なんて [何て] ▶何て美しいんだろう Que beleza!
なんで [何で] ▶（理由）por que ▶何でそんなことをしたのですか Por que fez tal coisa?
なんでも [何でも] ▶思っていることを何でも言いなさい Fale tudo que estiver pensando. / 私は何でも知っている Eu sei de tudo. / 何でもありません Não é nada. / それは私には何でもない Para mim, isso não é nada.
なんでもや [何でも屋] armazém de secos e molhados; pessoa dos sete ofícios
なんと [何と] 「花」はポルトガル語で何と言いますか Como se diz "hana" na língua portuguesa? / 何とおっしゃいましたか O que foi que disse? / 何といい天気でしょう Que tempo bom! / 何とおわびをしたらよいかわかりません Não sei como me desculpar.
なんど [何度] ▶今気温は何度ですか Quantos graus faz agora? / 何度言ったら分かるのですか Quantas vezes é preciso dizer para que entenda? / 私はその曲を何度も聞いた Eu ouvi essa música várias vezes.
なんとう [南東] sudeste
なんとか [何とか] 私はなんとか時間に間に合った De alguma forma, cheguei a tempo. / 何とかしていただけませんか Não dá para dar um jeito?
なんとなく [何となく] ▶あの人には何となく変なところがある Aquela pessoa, não sei bem, mas ela tem algo estranho.

なんとも [何とも] ▶何ともお礼の申しようもありません Não sei nem como lhe agradecer.
なんにち [何日] ▶今日は何日ですか Que dia é hoje? / ここには何日滞在しますか Quantos dias você vai ficar aqui? / 何日かかりますか Quantos dias leva?
なんねん [何年] ▶あなたは何年に生まれましたか Em que ano você nasceu? / リオデジャネイロには何年住んでいましたか Quantos anos você viveu no Rio de Janeiro? / 私は何年もの間サンパウロに住んでいた Eu morei durante muitos anos em São Paulo.
ナンバー número ▶自動車のナンバー placa de carro / ナンバープレート número da placa do carro / ナンバーワン número um; o primeiro; o melhor
なんばん [何番] ▶あなたの電話番号は何番ですか Qual é o número do seu telefone?
なんぶ [南部] parte sul ▶ブラジルの南部 O sul do Brasil.
なんみん [難民] refugiado ▶難民キャンプ campo de refugiados
なんもん [難問] problema difícil ▶難問を解く resolver um problema difícil

に

に [二] dois ▶二番目の segundo / ブラジル第2の都市 segunda cidade do Brasil / この橋はあの橋の2倍長い Esta ponte tem o dobro do comprimento daquela. / 2分の1 um meio; meio
にあう [似合う] combinar; ficar bem; cair bem ▶その服は彼女によく似合っている Essa roupa está combinando bem com ela.
にい [二位] ▶彼女はコンクールで二位だった Ela foi a segunda colocada no concurso.
にえる [煮える] cozer; cozinhar ▶いもが煮えている A batata está cozida.
におい [匂い] cheiro; odor; perfume ▶この花はよい匂いがする Esta flor tem um bom perfume. / 匂いをかぐ sentir o cheiro / いい匂い cheiro bom / 嫌な匂い cheiro ruim
におう [匂う] cheirar ▶ガスが匂う Cheira a gás.
にかい [二回] duas vezes ▶彼女はアマゾンに二回行ったことがある Ela foi duas vezes para a Amazônia. / 私がブラジルに来るのは二回目だ É a segunda vez que venho ao Brasil.
にかい [二階] primeiro andar ▶二階に上がる subir ao primeiro andar / 二階建ての家 sobrado; duplex
にがい [苦い] amargo ▶このコーヒーはとても苦い Este café é muito amargo. / 苦い経験 experiência amarga
にがおえ [似顔絵] retrato pintado
にかこくご [二か国語] ▶二か国語の bilíngue / 二か国語放送 transmissão bilíngue
にがす [逃がす] deixar escapar; soltar; pôr em liberdade ▶鳥を逃がしてやる soltar o pássaro

にがつ[二月] fevereiro ▶ 二月に em fevereiro
にがて[苦手] ▶ 私は数学が苦手だ Eu sou fraco em matemática.
にきび espinha; acne
にぎやか[賑やか] ▶ にぎやかな movimentado; agitado; animado / にぎやかな通り rua movimentada
にぎる[握る] segurar; ter; agarrar ▶ 私は彼女の手を握った Segurei a mão dela. / 車のハンドルを握る pegar a direção do carro
にぎわう[賑わう] ▶ 町は祭りでにぎわっていた A cidade estava animada com o festival.
にく[肉] carne ▶ 赤身の肉 carne vermelha / 白身の肉 carne branca / 肉料理 comida a base de carne
にくい[憎い] odioso; detestável; abominável ▶ あの男が憎い Odeio aquele homem.
…にくい ▶ 答えにくい質問 uma pergunta difícil de responder
にくがん[肉眼] olho nu ▶ 肉眼で a olho nu
にくしみ[憎しみ] ódio; raiva; rancor
にくしょく[肉食] ▶ 肉食の carnívoro
にくたい[肉体] corpo físico ▶ 肉体労働 trabalho braçal / 肉体労働者 trabalhador braçal
にくむ[憎む] ▶ odiar; ter rancor; detestar / 憎むべき detestável; odioso
にげる[逃げる] fugir ▶ 逃げろ Fuja! / ライオンが動物園から逃げた Um leão fugiu do jardim zoológico
にこにこ ▶ にこにこする sorrir
にごる[濁る] ▶ 川の水が濁っている A água do rio está turva.
にし[西] oeste ▶ 太陽は西に沈む O sol se põe no oeste. / その湖は街の西にある Esse lago fica no oeste da cidade. / 私たちは西にむかって進んだ Nós avançamos para o oeste.
にじ[虹] arco-íris
にじむ[滲む] espalhar-se ▶ 血が傷口からにじんでいる O sangue se espalha pelo ferimento.
にじゅう[二十] vinte ▶ 20世紀 século vinte / 20代の若者 jovens na casa dos vinte anos de idade
にじゅう[二重] ▶ 二重の duplo; dobro
にしん[鰊] arenque
にせ[偽] ▶ 偽の falso / 偽の警察官 falso policial
にせさつ[偽札] cédula falsificada
にち[日] dia ▶ 2、3日で em dois ou três dias
にちじ[日時] data e hora ▶ 会議の日時を決める determinar dia e hora da reunião
にちじょう[日常] ▶ 日常の cotidiano / 日常生活 vida cotidiana / 日常的に no cotidiano
にちぼつ[日没] pôr do sol
にちや[日夜] dia e noite
にちようび[日曜日] domingo ▶ 彼らは日曜日に教会へ行く Eles vão à igreja aos domingos.
にっか[日課] trabalho diário; rotina
にっかん[日刊] ▶ 日刊紙 jornal diário
にっき[日記] diário ▶ 日記をつける escrever um diário
ニックネーム apelido; alcunha
にづくり[荷造り] empacotamento; embalagem ▶ 荷造りする fazer as malas; encaixotar; empacotar
にっこう[日光] luz do sol; raio solar; radiação solar ▶ 日光浴 banho de sol
にっこり ▶ 彼女はにっこりとうなずいた Ela concordou com a cabeça sorrindo.
にっすう[日数] ▶ どのくらいの日数がかかりますか Quantos dias vai levar?
にっちゅう[日中] ▶ 日中は日差しがきつい Durante o dia o sol é forte.
にってい[日程] agenda; programação ▶ 私は日程が詰まっている Minha agenda está cheia.
にっぽん[日本] Japão ▶ 日本人 japonês / 日本の japonês
にど[二度] duas vezes ▶ 私は二度フランスに行ったことがある Eu fui duas vezes para a França. / 二度あることは三度ある O que acontece duas vezes, acontece três vezes.
にとう[二等] (等級) segunda classe ▶ 二等車 vagão de segunda classe / 二等賞 segundo prêmio
になう[担う] 職務を担う assumir a função; carregar a responsabilidade da função
にばい[二倍] dobro; duas vezes ▶ その会社の株価は二倍になった O valor das ações dessa companhia dobrou.
にばん[二番] ▶ 二番目の segundo / 彼は二番目にゴールした Ele chegou em segundo lugar.
にぶ[二部] ▶ この本は二部で構成されている Este livro é composto de duas partes. / 第二部 segunda parte
にぶい[鈍い] rombo; cego; embotado ▶ 鈍いナイフ faca cega / 鈍い音 som grave
にほん[日本] Japão ▶ 私たちは日本に住んでいます Nós moramos no Japão. / 日本車 carro japonês / 日本語 japonês; língua japonesa / 日本人 japonês / 私は日本人だ Eu sou japonesa. / 日本文化 cultura japonesa / 日本史 história do Japão / 日本美術 arte japonesa
にもつ[荷物] bagagem ▶ 荷物を預かってもらえますか Poderia guardar minha bagagem?
にやにや ▶ にやにやする rir com deboche (escarninho)
にゅういん[入院] internação; hospitalização; entrada no hospital ▶ 彼女は入院している Ela está hospitalizada.
にゅうかい[入会] ▶ 入会する entrar em uma associação / 入会金 taxa de associação
にゅうがく[入学] ▶ 入学する matricular-se; entrar na escola / 入学願書 pedido de matrícula / 入学試験 exame de admissão; exame vestibular / 入学金 taxa de matrícula / 入学式 cerimônia de entrada na escola
にゅうこく[入国] imigração; entrada ▶ 入国管理局 departamento de controle de imigração / その男は入国を拒否された Foi negado o visto a esse homem. / 不法入国 entrada ilegal no país / 入国カード cartão de entrada ao país
にゅうし[入試] exame de admissão; exame vesti-

bular
にゅうしゃ[入社] ingresso numa firma ▶ 私はA社に3年前に入社した Eu entrei na firma A há três anos.
にゅうしょう[入賞] ▶ 彼はそのコンクールで入賞した Ele foi premiado nesse concurso.
にゅうじょう[入場] entrada ▶ 入場する entrar / 「入場無料」Entrada grátis. / 入場券 bilhete de entrada / 入場料 preço de entrada
ニュース notícia ▶ 7時のニュースによると de acordo com a notícia das sete horas / あなたにいいニュースがあります Tenho uma boa notícia para você. / ニュースキャスター locutor de notícias
にゅうもん[入門] introdução ▶ 哲学入門 introdução à filosofia / 入門書 livro para principiantes
にゅうよく[入浴] banho ▶ 入浴する tomar banho
にゅうりょく[入力] entrada de dados ▶ データを入力する dar entrada de dados; digitar dados
にょう[尿] urina ▶ 尿検査 exame de urina
にりゅう[二流] segunda classe ▶ 二流の小説家 romancista de segunda classe
にる[似る] parecer-se com ▶ 彼女は母親によく似ている Ela parece-se muito com sua mãe.
にる[煮る] cozinhar ▶ 野菜を煮る cozinhar verduras
にわ[庭] jardim; quintal ▶ 庭には美しい花が咲いていた Havia lindas flores no jardim.
にわかあめ[にわか雨] aguaceiro; chuva repentina; pé-d'água
にわとり[鶏] galinha; galo; frango
にん[任] ▶ 任意の opcional; facultativo; de livre arbítrio
にんき[人気] popularidade ▶ その若い教師は生徒に人気がある Esse jovem professor é popular entre os estudantes.
にんき[任期] mandato; tempo de serviço
にんぎょう[人形] boneca
にんげん[人間] ser humano ▶ 人間らしい感情 sentimentos típicos do ser humano
にんしき[認識] ▶ この問題の深刻さはまだ十分認識されていない A profundidade deste problema ainda não foi suficientemente percebida.
にんしょう[人称] ▶ 人称代名詞 pronome pessoal / 一人称 primeira pessoa / 二人称 segunda pessoa / 三人称 terceira pessoa
にんじょう[人情] sentimento humano ▶ 彼は人情に厚い Ele é muito afetuoso.
にんしん[妊娠] gravidez ▶ 妊娠する engravidar / 彼女は妊娠している Ela está grávida. / 彼女は妊娠4か月だ Ela está grávida de quatro meses.
にんじん[人参] cenoura
にんずう[人数] ▶ 人数はどのくらいですか Há quantas pessoas aproximadamente?
にんたい[忍耐] paciência ▶ 私の忍耐にも限度がある Minha paciência também tem limites. / 彼はとても忍耐強い Ele é muito paciente. / 彼は忍耐強くその仕事を続けた Ele prosseguiu esse trabalho com muita paciência.
にんにく alho

にんむ[任務] função; encargo; incumbência ▶ 任務を遂行する executar a função
にんめい[任命] designação; nomeação ▶ 彼は駐日大使に任命された Ele foi nomeado embaixador no Japão.

ぬ

ぬいぐるみ[縫いぐるみ] brinquedo em tecido
ぬう[縫う] costurar; suturar
ぬかるみ lamaçal; lodaçal ▶ ぬかるみを歩く andar pelo lamaçal
ぬく[抜く] extrair; tirar; arrancar ▶ 私は虫歯を抜いてもらった Tive o dente cariado extraído. / プラグを抜く tirar o plugue / 朝食を抜く pular a refeição matinal; não tomar o café da manhã
ぬぐ[脱ぐ] despir; descalçar; tirar ▶ 服を脱ぐ tirar a roupa; despir-se / 靴を脱ぐ tirar os sapatos; descalçar os sapatos
ぬぐう[拭う] limpar; enxugar; secar ▶ 彼はハンカチで顔をぬぐった Ele limpou seu rosto com o lenço.
ぬける[抜ける] cair; desaparecer; atravessar ▶ 歯が抜けた Caiu o dente / 最近髪の毛がよく抜ける Ultimamente tem-me caído muito cabelo. / この本は数ページ抜けている Este livro está sem algumas páginas. / 列車は長いトンネルを抜けた O trem atravessou o longo tunel.
ぬげる[脱げる] descalçar-se; sair de ▶ 私の靴が脱げてしまった Meus sapatos saíram de meus pés.
ぬすみ[盗み] roubo; furto ▶ 盗みを働く roubar; furtar
ぬすみぎき[盗み聞き] escuta escondida ▶ 盗み聞きする escutar às escondidas; escutar por detrás da porta
ぬすむ[盗む] roubar; furtar; surripiar ▶ 私はカメラを盗まれた Roubaram a minha câmera.
ぬの[布] tecido; pano
ぬらす[濡らす] molhar; umedecer ▶ スポンジを水で濡らす umedecer a esponja com água
ぬる[塗る] pintar ▶ 彼は壁を白く塗った Ele pintou a parede de branco. / 「ペンキ塗り立て」Tinta fresca
ぬるい morno; tépido ▶ お風呂がぬるい A água da banheira está morna.
ぬれる[濡れる] molhar-se ▶ 街路は雨で濡れている As ruas estão molhadas de chuva. / 濡れた毛布 / 濡れたタオル toalha molhada

ね

ね[値] preço
ね[根] raiz ▶ この問題は根が深い As raízes deste

problema são profundas.

…ね ► 今日は暑いですね Hoje está quente, não está? / 彼は来ませんでしたね Ele não veio, veio?

ねあがり [値上がり] subida [aumento] de preço ► 最近パンが値上がりした O preço do pão subiu recentemente. / ガソリンの値上がりが激しい O aumento do preço da gasolina está disparado.

ねあげ [値上げ] aumento de preço ► 電気料金が5パーセント値上げになった Houve um aumento de cinco porcento no preço da eletricidade.

ねいる [寝入る] adormecer; dormir como uma pedra ► その子供たちはぐっすり寝入っていた Essas crianças dormiam como uma pedra.

ねうち [値打ち] valor; valia; preço ► その絵は相当値打ちがある Esse quadro vale muito.

ねえ ► ねえ、ちょっと話があるんだけど Olha, eu queria conversar um pouquinho com você.

ねがい [願い] ► 私の願いがかなった Meu desejo realizou-se. / 一つお願いがあります Tenho um pedido. / (電話で)鈴木さんをお願いします Por favor, gostaria de falar com o Sr. Suzuki.

ねがう [願う] desejar; pedir; rezar ► 平和を願う desejar a paz / あなたの成功を願っています Desejo-lhe sucessos.

ねがえり [寝返り] 寝返りをうつ mudar de posição na cama

ねぎる [値切る] pechinchar; pedir desconto

ネクタイ gravata ► ネクタイを結ぶ dar nó em gravata; amarrar uma gravata

ねこ [猫] gato ► 猫がニャアと鳴いた O gato miou: "miau".

ねごと [寝言] 寝言を言う falar durante o sono

ねさがり [値下がり] baixa do preço; queda do preço ► 最近ガソリンが値下がりした Recentemente o preço da gasolina baixou.

ねさげ [値下げ] redução do preço ► 商品を値下げする reduzir o preço dos produtos

ねじ parafuso ► ねじを締める aparafusar / ねじ回し chave de fenda

ねじる [捩じる] torcer

ねすごす [寝過ごす] dormir demais

ねずみ [鼠] rato ► ねずみ色 cor de cinza; cinzento

ねたみ [妬み] inveja

ねたむ [妬む] invejar; ter inveja; estar com inveja ► 彼は彼女の成功をねたんでいた Ele estava com inveja do sucesso dela.

ねだる ► その子は母親におもちゃをねだった Essa criança pediu insistentemente um brinquedo à sua mãe.

ねだん [値段] preço ► 値段はいくらですか Quanto custa? | Qual é o preço?

ねつ [熱] (物体の) calor; (体温) febre ► 太陽の熱 calor do sol / 彼女は少し熱がある Ela tem um pouco de febre.

ネッカチーフ cachecol; echarpe; lenço de pescoço

ねっきょう [熱狂] entusiasmo; fervor; excitação ► 熱狂的なファン um fanático

ネックレス colar

ねっしん [熱心] entusiasmo; zelo ► 熱心な教師 um professor entusiasmado / 彼は熱心にポルトガル語を勉強している Ele está estudando a língua portuguesa seriamente.

ねっする [熱する] aquecer; esquentar ► フライパンを熱する aquecer a frigideira

ねったい [熱帯] zona tropical ► 熱帯気候 clima tropical / 熱帯雨林 floresta tropical / 熱帯魚 peixes tropicais / 熱帯植物 plantas tropicais

ねっちゅう [熱中] entusiasmo; paixão; fervor ► 彼は研究に熱中している Ele está absorto na pesquisa.

ネット (インターネット) rede; internet ► ネットで検索する pesquisar na internet [rede] / ネットオークション leilão online

ねっとう [熱湯] água fervente

ネットワーク network; rede de contatos ► ソーシャルネットワーク rede social

ねつれつ [熱烈] 熱烈な caloroso / 熱烈な歓迎 recepção calorosa

ねばる [粘る] ► 私は粘ってみたが駄目だった Tentei insistentemente mas não deu certo.

ねぶそく [寝不足] ► 最近寝不足気味だ Ultimamente estou dormindo pouco.

ねびき [値引き] desconto; abatimento ► 現金払いなら5パーセント値引きします Se for à vista, faço um desconto de cinco porcento.

ねぼう [寝坊] ► 今日は寝坊して会社に遅刻した Hoje acordei tarde e cheguei atrasado na firma.

ねむい [眠い] estar com sono ► 私は眠い Estou com sono. / 私は眠くなってきた Comecei a ficar com sono.

ねむけ [眠気] sonolência ► 私は眠気を催した Deu-me sono. / 私は眠気覚ましにコーヒーを飲んだ Eu bebi café para espantar o sono.

ねむり [眠り] sono ► 彼は深い眠りに落ちた Ele caiu num sono profundo.

ねむる [眠る] dormir; adormecer ► 赤ちゃんはよく眠っている O bebê está dormindo bem. / 昨夜はよく眠れました Dormi bem na noite passada. / 私は最近よく眠れない Ultimamente não tenho dormido bem.

ねらい [狙い] intenção; objetivo; alvo ► この計画の狙いは地元経済の振興だ A intenção deste plano é estimular a economia local.

ねらう [狙う] alvejar; apontar; ter como alvo ► 獲物を狙う apontar para a caça

ねる [寝る] (眠る) dormir; (横になる) deitar-se ► 私は11時に寝る Durmo às onze horas. / 私は1日に8時間寝る Eu durmo oito horas por dia. / 彼女は病気で寝ている Ela está de cama.

ねる [練る] amassar; apurar; exercitar ► パン生地を練る sovar a massa de pão

ねん [年] ano ► 私は10年ここに住んでいます Eu moro aqui há dez anos. / 一年中 o ano inteiro / 年に1度 uma vez por ano / 1年おきに em anos alternados / 3年に1度 uma vez em cada três anos / 毎年 todos os anos

ねん [念] ► 念のため傘を持って行きなさい Por precaução, leve o guarda-chuva.

ねんいり [念入り] ▶ 私たちは念入りに準備した Nós fizemos os preparativos com todo cuidado.

ねんかん [年間] ▶ 年間の anual / 年間生産量 produção anual

ねんかん [年鑑] anuário

ねんがん [念願] desejo ▶ 長年の念願がかなった Realizou-se meu desejo de longa data.

ねんきん [年金] pensão anual ▶ 年金で暮らす viver da aposentadoria

ねんげつ [年月] tempo; anos ▶ 長い年月が過ぎた Passaram-se muitos anos.

ねんざ [捻挫] entorse; torção ▶ 私は足首を捻挫した Ela torceu o tornozelo.

ねんし [年始] ▶ 年始に no começo [início] do ano

ねんしゅう [年収] renda anual; rendimento anual ▶ 私の年収は600万円だ Minha renda anual é de seis milhões de ienes.

ねんじゅう [年中] durante todo o ano ▶ この店は年中無休だ Esta loja não fecha durante todo o ano.

ねんしょう [年少] ▶ 年少の da juventude; de menoridade / 年少者 pessoa menor de idade

ねんしょう [燃焼] combustão ▶ 燃焼する queimar-se; inflamar-se

…ねんせい [年生] ▶ あなたは何年生ですか Em que ano escolar você está? / 私は高校1年生です Eu sou aluna do primeiro ano colegial.

ねんだい [年代] ▶ 1980年代に nos anos oitenta / 1960年代の流行 moda dos anos sessenta / 年代順に por [em] ordem cronológica

ねんちょう [年長] ▶ 年長の o mais velho / 年長者 pessoas de mais idade

ねんど [粘土] barro; argila ▶ 粘土をこねる amassar o barro

ねんねん [年々] ano após ano; todos os anos ▶ 物価が年々上がる O custo de vida sobe ano a ano.

ねんぱい [年配] ▶ 年配の男性 um homem de certa idade / 彼は私と同年配だ Ele tem a mesma idade que eu.

ねんまつ [年末] fim [final] de ano ▶ 年末に no fim de ano

ねんりょう [燃料] combustível ▶ 化石燃料 combustível fóssil

ねんりょうでんち [燃料電池] célula de combustível

ねんりん [年輪] anéis de crescimento

ねんれい [年齢] idade ▶ 平均年齢 idade média / 年齢制限 limite de idade / 年齢層 grupo etário

の

の [野] campo; prado; planície ▶ 野の花 flor silvestre / 後は野となれ山となれ Viva o presente. O futuro Deus proverá.

…の ▶ 私の父 meu pai / カルロスの祖父 o avô de Carlos / 数学の試験 prova de matemática / 英語の先生 professor de língua inglesa / 木の箱 caixa de madeira

のう [脳] cérebro ▶ 脳外科 cirurgia cerebral / 脳梗塞 infarto cerebral / 脳卒中 derrame cerebral

のうぎょう [農業] agricultura ▶ 農業政策 política agrícola / 農業国 país agrícola

のうさんぶつ [農産物] produtos agrícolas

のうぜい [納税] pagamento de impostos ▶ 納税する pagar impostos / 納税者 contribuinte

のうそん [農村] comunidade rural

のうどう [能動] ▶ 能動的な ativo / 能動態 voz ativa / 能動的に ativamente

のうりつ [能率] eficiência ▶ 能率的な eficiente / 能率よく eficientemente

のうりょく [能力] capacidade; competência ▶ 生産能力 capacidade de produção / 能力のある人 pessoa capaz [competente]

ノート (帳面) caderno ▶ ノートを取る tomar notas

ノートパソコン computador laptop

ノーベル ▶ ノーベル賞 prêmio Nobel / ノーベル文学賞 prêmio Nobel de literatura / ノーベル賞受賞者 laureado com o prêmio Nobel

のがす [逃す] perder ▶ 好機を逃す perder uma boa oportunidade / 彼はチャンスを逃した Ele perdeu a oportunidade. この映画は見逃せない Não posso deixar de ver este filme.

のがれる [逃れる] fugir; escapar ▶ 危険を逃れる escapar do perigo

のこぎり [鋸] serrote; serra

のこす [残す] deixar ▶ 財産を残す deixar herança / 食べ物を残す deixar sobras de comida

のこり [残り] resto; sobra ▶ 残りは取っておいてください Guarde o resto, por favor. / 夕食の残り sobra do jantar

のこる [残る] ficar; resta ▶ 借金だけが残った Restaram somente dívidas. / ほとんどお金は残っていない Não sobrou quase nada do dinheiro.

のせる [乗せる] ▶ 車に乗せてもらえますか Você pode me dar uma carona? / 家まで車に乗せてあげよう Vou levá-la para casa de carro.

のせる [載せる] ▶ 彼女は子供をひざの上に載せた Ela colocou a criança em seu colo. / 新聞に記事を載せる publicar um artigo no jornal

のぞく [除く] retirar; tirar; remover ▶ 障害を除く remover um obstáculo / 彼を除いて全員来た Exceto ele, todos vieram.

のぞく [覗く] espiar; espreitar ▶ 穴からのぞく espiar pelo buraco

のぞましい [望ましい] desejável ▶ 全員参加が望ましい É desejável que todos participem.

のぞみ [望み] esperança; desejo; vontade ▶ 彼女の望みは音楽家になることだ O desejo dela é ser musicista. / 彼が成功する望みはほとんどない Quase não existe esperança de que ele tenha êxito.

のぞむ [望む] ter esperança; desejar; querer ▶ 皆が彼女の成功を望んでいる Todos desejam o sucesso dela. / 彼は医学の道に進むことを望んでいる Ele deseja seguir a carreira de médico.

のち [後] depois ▶ 晴れのち曇り tempo ensolarado e depois nublado / では後ほど Então, até mais tarde.
ノック batida ▶ ドアをノックする bater à porta
のっとり [乗っ取り] sequestro; absorção ▶ 飛行機の乗っ取り sequestro de um avião
のっとる [乗っ取る] ▶ 飛行機を乗っ取る sequestrar um avião / 会社を乗っ取る apoderar-se de uma empresa
…ので porque; por causa de ▶ 熱があるので今日は休みます Vou descansar hoje porque tenho febre.
のど [喉] garganta ▶ 喉がかわいた Fiquei com sede. / 喉が痛い Tenho dor de garganta.
のどか ▶ のどかな春の一日 um agradável dia da primavera
…のに ▶ この水は飲むのに適していない Esta água não é potável. | Esta água não serve para ser ingerida.
のばす [伸ばす] esticar; alongar ▶ 両手を伸ばす esticar os dois braços / 髪を伸ばす alongar os cabelos
のばす [延ばす] prolongar; adiar; retardar ▶ 締め切りを延ばす prolongar o prazo / 私たちは会合を土曜日まで延ばした Nós adiamos a reunião para o sábado. / 出発を2日延ばす retardar a partida em dois dias
のはら [野原] campo; prado
のびる [伸びる] crescer ▶ 彼は背が伸びた Ele cresceu em altura. / 髪が伸びた O cabelo cresceu.
のびる [延びる] prolongar-se; estender-se ▶ 締め切りが1週間延びた O prazo foi prorrogado em uma semana.
のべる [述べる] dizer; exprimir ▶ 前に述べたように Como disse anteriormente... / 私は真実を述べただけだ Eu disse somente a verdade.
のぼる [上る] subir ▶ 階段を上る subir as escadas
のぼる [昇る] nascer; ascender ▶ 日が昇る前に antes do nascer do sol / 太陽は東から昇る O sol nasce no leste.
のぼる [登る] escalar; trepar ▶ 山を登る escalar a montanha / 木に登る trepar a árvore
のみ [蚤] pulga ▶ のみの市 mercado das pulgas
…のみ só; somente; apenas ▶ 人はパンのみで生きるのではない O homem não vive apenas de pão.
のみこむ [飲み込む] engolir; (理解する) compreender ▶ 錠剤を飲み込む engolir um comprimido / 彼は飲み込みが早い Ele aprende rapidamente.
…のみならず ▶ 彼は英語のみならずスペイン語も話す Ele não fala somente a língua inglesa mas também a espanhola.
のみもの [飲み物] bebida ▶ どんな飲み物がありますか Que tipo de bebida você tem?
のむ [飲む] beber ▶ お茶を飲む beber chá / 今晩飲みに行こう Vamos beber esta noite. / 薬を飲む tomar remédio
のり [糊] (接着) cola; (洗濯) 糊 goma
のりおくれる [乗り遅れる] perder ▶ 彼は終電に乗り遅れた Ele perdeu o último trem.

のりかえ [乗り換え] baldeação
のりかえる [乗り換える] baldear; mudar de ▶ 電車を乗り換える mudar de trem
のりこえる [乗り越える] saltar; superar ▶ 柵を乗り越える saltar [pular] a cerca / 困難を乗り越える superar as dificuldades
のりこす [乗り越す] ▶ 私はうっかりして乗り越してしまった Eu me distraí e passou a minha estação.
のりこむ [乗り込む] embarcar ▶ 船に乗り込む embarcar no navio; ir a bordo do navio
のりもの [乗り物] veículo; meio de transporte
のる [乗る] ▶ 自転車に乗る montar a bicicleta; andar de bicicleta / タクシーに乗る tomar [pegar] o táxi / バスに乗る tomar [pegar] o ônibus
のる [載る] ▶ 面白い記事が新聞に載っている Saiu um artigo interessante no jornal. / その単語は辞書に載っていない Essa palavra não está no dicionário.
のろい [呪い] maldição; feitiço; praga
のろい vagaroso; lento
のろう [呪う] amaldiçoar; rogar ▶ 彼は自分の運命を呪った Ele amaldiçoou seu próprio destino.
のんき [呑気] ▶ 彼はのんきな人だ Ele é uma pessoa despreocupada. / 彼はのんきに鼻歌を歌っていた Ele estava cantarolando tranquilamente.
のんびり despreocupadamente; tranquilamente ▶ 定年後は田舎でのんびり暮らしたい Após a aposentadoria quero viver tranquilamente.

は

は [刃] lâmina; fio; gume ▶ 鋭い刃 lâmina afiada
は [葉] folha; folhagem ▶ 青葉 folha verdejante / 枯れ葉 folha seca
は [歯] dente ▶ 歯をみがく escovar os dentes / 私は歯が痛い Tenho dor de dente. | Estou com dor de dente. / 私は虫歯がある Tenho uma cárie dentária. / 歯が一本抜けた Caiu um dente.
…は ▶ 私は日本人です Eu sou japonês. / 彼はブラジル人です Ele é brasileiro. / 彼女はポルトガル人です Ela é portuguesa. / 象は鼻が長い O elefante tem a tromba longa. / 努力はしたが、だめだった Esforcei-me, mas foi em vão.
ば [場] local; lugar ▶ 出会いの場 lugar de encontro / 私はその場で断った Eu me recusei na hora. / この場をお借りしてお礼申し上げます Aproveitando esta ocasião, expresso meus agradecimentos.
ばあい [場合] caso; ocasião ▶ 場合による Depende do caso. / その場合には nesse caso / 緊急の場合にはこのように対処してください Em casos de emergência aja desta forma.
バーゲンセール liquidação; promoção; saldo ▶ バーゲンセールで靴を買う comprar sapatos numa liquidação
バージョン versão ▶ バージョンアップ atualização

da versão / バージョンアップする atualizar uma versão

パーセンテージ porcentagem

パーセント por cento ▶ 私は100パーセント賛成だ Eu sou cem por cento a favor. / 10パーセントの割引 um desconto de dez por cento

バーチャル ▶ バーチャルな virtual ▶ バーチャルリアリティ realidade virtual

パーティー festa ▶ パーティーを開く fazer uma festa / パーティーに出る ir a uma festa

ハート coração; (トランプ) copas ▶ ハート形の em forma de coração / ハートのキング rei de copas

パートタイム meio período; [expediente] ▶ パートタイムで働く trabalhar meio período

ハードディスク disco rígido ▶ 外付けハードディスク disco rígido externo

パートナー parceiro; companheiro

ハードル barreira; obstáculo ▶ 100メートルハードル走 corrida de cem metros com barreiras / ハードルが高い É muito difícil.

パーマ permanente de cabelo ▶ パーマをかける fazer permanente no cabelo

はい sim ▶「あなたはアントニオさんですか」「はい、そうです」— O senhor é o Sr. Antonio? — Sim, sou. /「あなたはマリアーナさんではありませんか」「はい、違います」— A senhora não é a Sra. Mariana? — Não, não sou. /「田中さん」「はい」— Sr. Tanaka. — Presente. /「はい、それで結構です」Sim, assim está bem. / (ものを渡して) はいどうぞ Aqui está.

はい [杯] ▶ 私はコーヒーを1杯飲んだ Eu tomei uma xícara de café. / 彼女はワインを2杯飲んだ Ela bebeu duas taças de vinho.

はい [肺] pulmão ▶ 肺がん câncer de pulmão

ばい [倍] ▶ 彼は私の倍働く Ele trabalha o dobro de mim. / その湖は琵琶湖の7倍も大きい Esse lago é sete vezes maior que o lago Biwa.

パイ torta ▶ アップルパイ torta de maçã

はいいろ [灰色] cor de cinza; cinzento ▶ 灰色の de cor cinzenta

バイオリン violino ▶ バイオリンを弾く tocar violino

はいきガス [排気ガス] gás de escape

はいき [廃棄] ▶ 不要品を廃棄する jogar fora o que não presta / 産業廃棄物 lixo industrial

ばいきん [ばい菌] micróbio; germe; bactéria

バイク motocicleta

はいけい [背景] cenário; fundo de cena ▶ 私たちは山を背景に写真を撮った Nós tiramos uma fotografia com a montanha ao fundo.

はいけん [拝見] ▶ 拝見する ver; ler / ちょっと拝見します Vou dar uma olhada [lida].

はいざら [灰皿] cinzeiro

はいし [廃止] abolição ▶ 廃止する abolir; revogar; anular / 輸入制限を廃止する abolir as restrições de importação

はいしゃ [敗者] derrotado; perdedor ▶ 観客は敗者をたたえた O público elogiou os derrotados.

はいしゃ [歯医者] dentista ▶ 歯医者に行く ir ao dentista / 私は歯医者に3時の予約がある Tenho consulta marcada com o dentista às três horas.

はいしゅつ [排出] descarga; excreção; escape ▶ 二酸化炭素の排出 emissão de dióxido de carbono

ばいたい [媒体] meio

はいたつ [配達] entrega; distribuição ▶ 配達する entregar; distribuir

はいち [配置] disposição; colocação ▶ 配置する dispor; colocar

ばいてん [売店] loja; banca; quiosque ▶ 新聞の売店 banca de jornal / 駅の売店 quiosque da estação

パイナップル abacaxi; ananás

パイプ cano; tubo; cachimbo

ハイブリッド ▶ ハイブリッドの híbrido / ハイブリッドカー carro híbrido

はいぶん [配分] distribuição; divisão; partilha ▶ 配分する distribuir; dividir; partilhar

はいぼく [敗北] derrota ▶ 敗北する ser derrotado; sofrer uma derrota

はいゆう [俳優] ator ▶ 映画俳優 ator de cinema

はいりょ [配慮] ▶ ご配慮ありがとうございます Muito obrigada pela atenção. / 人の気持ちを配慮する considerar os sentimentos das pessoas

バイリンガル ▶ バイリンガルの bilíngue / 彼女は日本語とポルトガル語のバイリンガルだ Ela é bilíngue em japonês e português.

はいる [入る] entrar ▶ どうぞお入りください Entre por favor. / 彼は部屋に入った Ele entrou no quarto. / 娘は高校に入った Minha filha entrou no colégio. / 私はテニスクラブに入った Eu entrei no clube de tênis.

パイロット piloto

バインダー fichário; pasta

バウンド ricochete

はえ [蝿] mosca

はえる [生える] nascer; germinar; brotar ▶ 庭に草が生えてきた Começou a brotar grama no jardim. / 子供に歯が生えた Nasceu um dente na criança.

はか [墓] túmulo; sepultura ▶ 墓参りをする visitar o cemitério

ばか [馬鹿] ▶ ばかな bobo; tolo; burro ▶ そんなばかな Que tolice! / 彼は私のことをばかにした Ele fez-me de bobo. / 私は何てばかなんだろう Como eu sou burro! / ばかまねはするな Não faça a mesma tolice!

はかい [破壊] destruição ▶ 破壊する destruir / 街は爆撃で破壊されてしまった A cidade foi destruída pelo bombardeio.

はがき [葉書] cartão-postal; bilhete-postal ▶ 絵葉書 cartão-postal ilustrado

はがす [剥がす] arrancar; descolar ▶ ビラをはがす arrancar o impresso

はかせ [博士] doutor ▶ 医学博士 doutor em medicina

はかどる [捗る] avançar bem; progredir satisfatoriamente ▶ 仕事ははかどっていますか O trabalho está progredindo bem?

はかない[儚い] efêmero; passageiro; transitório ▶ 人生ははかない A vida é efêmera. / それははかない夢だった Isso foi um sonho passageiro.

はがね[鋼] aço

ばかばかしい[馬鹿馬鹿しい] ▶ ridículo; absurdo; disparatado

…ばかり ▶ そのパーティーには30人ばかりの人が出席していた Nessa festa compareceram aproximadamente trinta pessoas. / 私は今帰ったばかりです Eu acabei de voltar agora. / 彼女は悲しみで胸が張り裂けんばかりだった O coração dela estava prestes a se arrebentar de tristeza. / 彼は酒ばかり飲んでいる Ele só está bebendo (bebida alcoólica).

はかる[計る] medir; calcular; avaliar ▶ 3分計ってください Marque três minutos, por favor. / お金には計れないものがある Há coisas que não podemos avaliar com o dinheiro.

はかる[測る] medir; calcular: pesar ▶ 棒の長さを測る medir o comprimento da vara / 私は自分の血圧を測った Medi minha própria pressão arterial.

はかる[量る] medir; calcular; pesar ▶ 雨量を量る medir a quantidade de chuvas (pluviosidade) / 私は週1回体重を量る Eu me peso uma vez por semana.

はかる[図る] tentar; planejar; conspirar ▶ その男は逃亡を図った Esse homem tentou fugir.

はき[破棄] destruição; anulação; cancelamento ▶ 婚約を破棄する anular o noivado

はきけ[吐き気] náusea; enjoo; vontade de vomitar ▶ 吐き気がする estar com náusea

はぎしり[歯ぎしり] ▶ 歯ぎしりする ranger os dentes

はきもの[履物] calçado

はく[吐く] vomitar; cuspir ▶ 息を吐く expirar / 私は食べたものを吐いてしまった Acabei vomitando a comida. / つばを吐く cuspir

はく[履く] calçar ▶ 靴をはく calçar os sapatos / ズボンをはく vestir as calças / 靴ははいたままで結構です Não precisa descalçar os sapatos.

はく[掃く] varrer ▶ 床を掃く varrer o chão

はぐ[剥ぐ] tirar; arrancar ▶ 魚の皮をはぐ tirar a pele do peixe

はくがく[博学] erudição ▶ 彼は博学な人だ Ele é um erudito.

はぐき[歯茎] gengiva

はくし[白紙] papel branco ▶ 白紙委任状 carta branca

はくし[博士] doutor ▶ 博士課程 curso de doutoramento / 博士号 título de doutor

はくしゅ[拍手] ▶ 拍手する aplaudir; bater palmas

はくじょう[白状] confissão ▶ 白状する confessar

はくじょう[薄情] crueldade ▶ 彼は薄情な人だ Ele é uma pessoa cruel.

ばくしょう[爆笑] gargalhada ▶ 爆笑が起きた Explodiu uma gargalhada. / 聴衆は爆笑した O auditório caiu na gargalhada.

はくしょん(くしゃみ) Atchim!

はくじん[白人] pessoa da raça branca / branco

ばくぜん[漠然] ▶ 漠然とした vago; obscuro ▶ 漠然とした答え uma resposta vaga / 私はそのことについては漠然と考えていた Eu estava pensando vagamente sobre isto.

ばくだい[莫大] ▶ 莫大な imenso; colossal; incalculável ▶ 莫大な金額 uma quantia incalculável de dinheiro / 莫大な遺産 uma herança colossal

ばくだん[爆弾] bomba; explosivo ▶ 時限爆弾 bomba relógio / 爆弾を落とす lançar bombas

ばくち[博打] jogo de azar; jogo com apostas em dinheiro ▶ 博打をする apostar; jogar a dinheiro

はくちょう[白鳥] cisne ▶ 白鳥の歌 o canto do cisne

バクテリア bactéria

ばくはつ[爆発] explosão; estouro ▶ 爆弾が爆発した A bomba explodiu. / 彼はとうとう怒りを爆発させた Ele acabou estourando de raiva. / 爆発物 explosivo

はくぶつかん[博物館] museu ▶ 歴史博物館 museu de história

はくらんかい[博覧会] feira; exposição ▶ 万国博覧会 exposição internacional

はぐるま[歯車] roda dentada; engrenagem

ばくろ[暴露] divulgação; revelação ▶ 秘密を暴露する revelar o segredo

はげ[禿げ] calvície; careca ▶ はげ頭 cabeça calva

はげしい[激しい] ▶ 激しい風 vendaval / 激しい運動 exercício físico intenso / 激しい痛み dor aguda / 激しく非難する censurar furiosamente

バケツ balde ▶ バケツ1杯の水 um balde cheio de água

はげます[励ます] animar; estimular; encorajar ▶ 皆が彼のことを励ました Todos o encorajaram.

はげみ[励み] encorajamento; incentivo; estímulo

はげむ[励む] dedicar-se a; aplicar-se a ▶ 学業に励む dedicar-se aos estudos

はけん[派遣] envio ▶ 派遣する enviar

はこ[箱] caixa ▶ チョコレート1箱 uma caixa de chocolate

はこぶ[運ぶ] carregar; transportar; levar ▶ このスーツケースを運んでください Leve esta mala, por favor.

はさみ[鋏] tesoura ▶ はさみで紙を切る cortar o papel com a tesoura

はさむ[挟む] ▶ ハムをパンにはさむ pôr presunto entre fatias de pão / 私はドアに指をはさんだ Entalei meu dedo na porta.

はさん[破産] falência; bancarrota ▶ 破産する falir; ir à bancarrota

はし[端] extremidade; ponta ▶ テーブルの端 canto da mesa

はし[箸] pauzinhos para comer ▶ 箸で食べる comer com pauzinhos

はし[橋] ponte ▶ 橋を渡る atravessar a ponte / 橋を架ける construir uma ponte

はじ[恥] vergonha ▶ 恥を知れ Tenha vergonha! / 私は人前で恥をかかされた Passei vergonha em

frente das pessoas.
はしか[麻疹] sarampo ▶はしかにかかる ficar com sarampo
はじく[弾く] dar um piparote; repelir ▶コインをはじく dar um piparote na moeda / この布は水をはじく Este tecido repele a água.
はしご[梯子] escada ▶はしごを上る subir na escada
はじまり[始まり] começo; princípio ▶終わりの始まり princípio do fim
はじまる[始まる] começar ▶学校は4月5日から始まる A escola começa no dia cinco de abril. / 試合は2時に始まる O jogo começa às duas horas.
はじめ[初め] começo ▶初めから終わりまで do começo ao fim / 初めからおかしいと思っていた Desde o começo achei estranho. / 8月の初めに no começo de agosto / 初めの1週間は天気がよかった Na primeira semana o tempo esteve bom. / 初めは調子がよかった No começo estava bem.
はじめて[初めて] pela primeira vez ▶ブラジルに初めて行ったのは3年前だ Fui ao Brasil pela primeira vez há três anos. / 病気になって初めて健康の重要さが分かった Depois que fiquei doente entendi pela primeira vez a importância de ter saúde.
はじめまして Muito prazer em conhecê-lo.
はじめる[始める] começar ▶彼らは仕事を始めた Eles começaram o trabalho. / 何から始めましょうか Por onde começamos? / 彼女は歌い始めた Ela começou a cantar.
パジャマ pijama
ばしょ[場所] lugar; local; espaço ▶テーブルを置く場所がない Não tem lugar para colocar a mesa. / 場所を空けてください Abra um espaço.
はしら[柱] coluna; pilar; poste
はしりたかとび[走り高跳び] salto em altura
はしりはばとび[走り幅跳び] salto em distância
はしる[走る] correr ▶子供たちが走ってきた As crianças vieram correndo. / 私は駅まで走った Corri até a estação.
はじる[恥じる] envergonhar-se ▶私は自分の無知を恥じた Envergonhei-me de minha ignorância.
はず[筈] ▶彼は今頃着いているはずだ Ele deve estar chegando agora. / そんなはずがない Não pode ser. / 彼がそんなことをするはずがない É impossível que ele tenha feito tal coisa. / 彼女はもうそろそろ戻ってくるはずだ Ela deve estar perto de voltar.
バス ônibus ▶バスに乗る tomar o ônibus / 私はバスで通学する Vou à escola de ônibus. / バス停 ponto [parada] de ônibus / 長距離バス ônibus de longa distância / バスターミナル terminal rodoviário / バスレーン faixa de ônibus
パス passe ▶3日間パス passe livre para três dias / (スポーツ) パスをする dar passe / 彼は試験をパスした Ele passou no exame. / (トランプで) パスします Eu passo a minha vez.
はずかしい[恥ずかしい] ▶恥ずかしいミス um erro vergonhoso / 私は恥ずかしい Estou com vergonha. / あなたは恥ずかしくないのですか Você não tem vergonha?
はずかしがる[恥ずかしがる] envergonhar-se; sentir-se acanhado ▶恥ずかしがらないで Não se acanhe.
バスケット cesto; cesta ▶バスケット1杯の果物 uma cesta cheia de frutas
バスケットボール basquetebol ▶バスケットボールをする jogar basquetebol / バスケットボールの選手 jogador de basquetebol
はずす[外す] ▶眼鏡をはずす tirar os óculos / シャツのボタンをはずす desabotoar o botão da camisa / 的をはずす não acertar o alvo / 部長はただいま席をはずしております O gerente geral não está aqui no momento.
バスタオル toalha de banho
バスト busto; peito
パスポート passaporte ▶パスポートを申請する requerer o passaporte / パスポートを更新する renovar o passaporte / パスポートが切れた O passaporte está vencido.
はずむ[弾む] saltar; ficar animado ▶そのボールはよく弾む Essa bola salta bem.
はずれ[外れ] ▶彼は街のはずれに住んでいる Ele mora na periferia da cidade.
はずれる[外れる] falhar; errar ▶矢は的をはずれた A flecha errou o alvo. / 天気予報がはずれた A previsão do tempo falhou.
バスローブ roupão de banho
パスワード senha
パソコン computador
はた[旗] bandeira; estandarte ▶旗を掲げる içar a bandeira
はだ[肌] pele ▶彼女はきれいな肌をしている Ela tem uma pele bonita.
バター manteiga ▶パンにバターを塗る passar manteiga no pão
はだか[裸] ▶裸になる ficar nu [pelado] / 彼はそのとき裸だった Ele estava nu nessa hora.
はたけ[畑] horta ▶畑を耕す lavrar a terra / トウモロコシ畑 plantação de milho
はだし[裸足] pés descalços ▶はだしで歩く andar descalço
はたす[果たす] realizar; cumprir ▶約束を果たす cumprir a promessa / 責任を果たす cumprir o dever
はたち[二十歳] vinte anos ▶私の息子は二十歳だ Meu filho tem vinte anos.
はたらき[働き] ▶都会に働きに出る sair para trabalhar na cidade / 心臓の働き função do coração
はたらきぐち[働き口] emprego; colocação ▶私は働き口を探している Estou procurando emprego.
はたらきもの[働き者] pessoa trabalhadora
はたらく[働く] trabalhar ▶彼はよく働く Ele trabalha muito. / 彼女は銀行で働いている Ela trabalha no banco.
はち[八] oito ▶八番目の oitavo
はち[蜂] abelha; vespa ▶私は蜂に刺された Fui pi-

cado por uma abelha.
はち[鉢] vaso ▶鉢にバラを植える plantar rosa no vaso
はちがつ[八月] agosto
はちじゅう[八十] oitenta ▶第80の octogésimo
はちみつ[蜂蜜] mel
はちゅうるい[は虫類] réptil
ばつ[罰] punição; castigo ▶罰する punir; castigar
はついく[発育] crescimento; desenvolvimento ▶発育期 fase de crescimento
はつおん[発音] pronúncia; articulação ▶発音する pronunciar; articular /発音しにくい単語 palavra difícil de pronunciar /彼はポルトガル語の発音がいい A pronúncia dele na língua portuguesa é boa.
はっき[発揮] prova; mostra ▶実力を発揮する mostrar sua competência
はっきり claramente ▶はっきり言ってください Fale francamente /このところ天気ははっきりしない Ultimamente o tempo está incerto.
ばっきん[罰金] multa ▶彼はスピード違反で1万円の罰金を科せられた Ele foi multado em dez mil ienes por excesso de velocidade.
バック ▶車をバックさせる dar marcha à ré /車が急にバックした O carro deu marcha à ré de repente. /バックグランドミュージック música de fundo /バックナンバー edições anteriores /バックミラー espelho retrovisor
はっけん[発見] descoberta; descobrimento ▶ペニシリンの発見 descoberta da penicilina /発見する descobrir /発見者 descobridor
はつげん[発言] ▶彼は積極的に発言した Ele pronunciou-se positivamente.
はつこい[初恋] primeiro amor
はっこう[発行] publicação; edição ▶その出版社は新しい雑誌を発行した Essa editora publicou uma nova revista. /発行者 editor /切手を発行する emitir um selo
はっしゃ[発車] partida ▶発車する dar a partida; sair; partir /発車フォーム plataforma de partida
はっしゃ[発射] disparo; lançamento ▶ミサイルを発射する lançar o míssil
はっしん[発信] ▶電波を発信する enviar ondas elétricas
はっする[発する] ▶光を発する irradiar luz /信号を発する emitir sinais de aviso
はっせい[発生] ▶文明の発生 nascimento da civilização /事故が発生した Aconteceu [houve] um acidente.
はっそう[発送] envio; remessa; despacho ▶ご注文の品は翌日に発送します O produto encomendado será despachado no dia seguinte.
はったつ[発達] progresso; desenvolvimento ▶その国の経済は急速に発達した A economia desse país desenvolveu-se rapidamente.
ばったり inesperadamente; de repente ▶通りで昔の友人にばったり会った Encontrei um amigo antigo na rua inesperadamente.

はってん[発展] expansão; progresso; desenvolvimento ▶発展する desenvolver-se; progredir /発展途上国 país em vias de desenvolvimento
はつでん[発電] ▶発電する gerar [produzir] eletricidade /火力発電 geração de energia termoelétrica /原子力発電 geração de energia nuclear /発電所 usina
はっと ▶一瞬はっとした Por um instante fiquei surpreso.
はつばい[発売] colocado à venda ▶発売する colocar à venda; vender /その製品は既に発売されている Esse produto já esta à venda.
はっぴょう[発表] declaração ▶結果を発表する declarar o resultado
はつめい[発明] invenção ▶発明する inventar /新しい技術を発明する inventar uma nova técnica /発明者 inventor
はつらつ ▶彼女はいつもはつらつとしている Ela está sempre cheia de vida.
はて[果て] o fim ▶世界の果てまで até o fim do mundo /彼らの欲望には果てがなかった A ambição deles não tinha fim.
はで[派手] ▶派手なドレス vestido vistoso /この服は私には派手すぎる Esta roupa é vistosa demais para mim. /派手な生活 vida luxuosa
はと[鳩] pombo
パトカー carro patrulha
パトロール patrulha; ronda ▶パトロールする patrulhar; fazer a ronda /警官がパトロールしている A polícia está fazendo a patrulha.
はな[花] flor ▶花が咲いた A flor desabrochou. /花が散った A flor despetalou-se. /花を生ける fazer um arranjo floral
はな[鼻] nariz ▶鼻の穴 narinas /私は鼻が詰まっています Estou com o nariz entupido [congestionado]. /鼻をかむ assoar o nariz
はなし[話] ▶先生は私たちに大変おもしろい話をしてくれた O professor contou-nos uma estória muito interessante. /あなたとお話ししたいことがあります Quero lhe falar sobre um assunto. /一体何の話ですか Afinal, sobre o que é a conversa? /(電話の)話し中だ Está ocupado. /話は変わりますが mudando de conversa... /ここだけの話ですが É uma conversa só entre nós. /それは話がうますぎる Essa conversa é boa demais.
はなしあう[話し合う] conversar; negociar; combinar ▶私たちはその問題について話し合った Nós conversamos sobre esse problema.
はなしかける[話しかける] falar; puxar conversa; dirigir-se ▶彼は彼女に話しかけた Ele puxou conversa com ela.
はなす[話す] falar; conversar ▶彼女はポルトガル語を話す Ela fala a língua portuguesa. /あなたたちは何を話しているのですか O que vocês estão falando? /彼は友達と話していた Ele estava conversando com seus amigos.
はなす[放す] soltar; largar ▶放してくれ Solte-me! | Largue-me! /ロープから手を放さないでください Não largue sua mão da corda.
はなす[離す] separar; desligar; afastar ▶彼はテ

ーブルを壁から離した Ele afastou a mesa da parede.

はなたば[花束] ramalhete ▶ バラの花束 ramalhete de rosas

はなぢ[鼻血] sangramento nasal ▶ 彼は鼻血を出していた Ele estava sangrando pelo nariz.

はなつ[放つ] soltar; disparar; emitir ▶ 彼は蝶を放った Ele soltou a borboleta. / 数発の銃弾が放たれた Foram disparadas várias balas. / 光を放つ emitir luz

バナナ banana ▶ バナナの皮 casca da banana

はなび[花火] fogos de artifício ▶ 花火をする soltar fogos de artifício

はなびら[花びら] pétala

はなみず[鼻水] ▶ 私は鼻水が出る Estou com coriza.

はなや[花屋] (店) floricultura; (人) florista

はなやか[華やか] 華やかな ▶ grandioso; espetacular; esplendoroso / 華やかなドレス vestido deslumbrante / 華やかな生活 vida suntuosa

はなれる[離れる] separar-se; afastar-se ▶ 危険なので離れてください Afaste-se porque é perigoso. / 彼女は結婚して故郷を離れた Ela casou-se e deixou a terra natal.

はにかむ ▶ 彼ははにかんでいた Ele estava acanhado.

はね[羽] (翼) asa; (羽毛) pena; pluma ▶ 鳥が羽を広げた A ave abriu suas asas.

はね[羽根] peteca

ばね mola

ハネムーン lua-de-mel ▶ ハネムーンに出かける sair de lua-de-mel

はねる[跳ねる] pular; saltar ▶ カエルが跳ねた O sapo pulou.

はねる (自動車事故) atropelar ▶ 犬が車にはねられた O cão foi atropelado pelo carro.

はは[母] mãe ▶ 母の日 dia das mães

はば[幅] largura ▶ 幅が広い largo / 幅の広い道 estrada larga / この川の幅はおよそ30メートルです A largura deste rio é de aproximadamente trinta metros. / この道路は30メートルの幅がある Esta rua tem trinta metros de largura.

はばとび[幅跳び] salto em comprimento

はぶく[省く] eliminar; abreviar; poupar ▶ 無駄を省く eliminar o supérfluo / あなたのおかげで手間が省けました Graças a você poupei tempo.

はブラシ[歯ブラシ] escova de dentes

はへん[破片] fragmento; lasca; pedaço ▶ ガラスの破片 cacos de vidro

はまべ[浜辺] praia; costa

はまる encaixar-se; entrar ▶ ふたがはまらない A tampa não se encaixa.

はみがき[歯磨き] escovação de dentes ▶ 歯磨きをする escovar os dentes / 歯 磨 き 粉 dentifrício; pasta de dente

ハム presunto ▶ ハムエッグ presunto com ovos / ハムサンドイッチ sanduíche de presunto

はめつ[破滅] destruição; ruína ▶ 破滅する arruinar-se

はめる encaixar; calçar; pôr ▶ 彼女は手袋をはめた Ela calçou [pôs] as luvas. / 窓にガラスをはめる pôr [encaixar] o vidro na janela

ばめん[場面] cena; situação

はもの[刃物] objeto cortante

はやい[早い] cedo; rápido ▶ 私たちは朝早いうちに出発した Nós partimos cedo pela manhã. / 今朝はとても早いですね Hoje de manhã, você levantou-se muito cedo, não levantou?

はやい[速い] rápido ▶ 彼女は走るのが速い Ela corre muito rápido. / 彼女は計算が速い Ela é muito rápida para calcular.

はやおき[早起き] 早起きする levantar-se cedo / 彼は早起きだ Ele é madrugador.

はやく[早く] ▶ 私は今朝早く起きた Eu levantei-me cedo hoje de manhã. / 彼はいつもより早く来た Ele veio mais cedo do que sempre. / 早くしなさい Rápido! / できるだけ早くお返事します Vou dar-lhe a resposta o mais rápido possível.

はやさ[速さ] velocidade; rapidez ▶ 光の速さ velocidade da luz

はやし[林] bosque; arvoredo

はやす[生やす] deixar crescer ▶ 彼はひげを生やしている Ele está deixando a barba crescer.

はやり ▶ 今はやりの歌 uma canção da moda

はやる entrar na moda; ser popular ▶ 今この歌がはやっている Esta música está na moda agora. / 今風邪がはやっている O resfriado está se alastrando agora.

はら[腹] barriga ▶ 私は腹が減った Fiquei com fome. / 私は腹が痛い Estou com dor de barriga. / 彼は腹いっぱい食べた Ele comeu até ficar com a barriga cheia. / 彼は腹を立てた Ele ficou zangado.

ばら[薔薇] rosa ▶ ばら色の cor-de-rosa / ばら色の人生 vida cor-de-rosa

はらう[払う] pagar; liquidar ▶ 私は50レアル払った Eu paguei cinquenta reais. / どのくらい払えばいいですか Quanto devo pagar?

ばらまく espalhar; distribuir ▶ 金をばらまく distribuir dinheiro

バランス equilíbrio; balanço ▶ バランスを保つ manter o equilíbrio / バランスを失う perder o equilíbrio

はり[針] agulha ▶ 針に糸を通す passar a linha na agulha

はりきる[張り切る] esticar ao máximo; animar-se ▶ 彼は張り切って仕事をしている Ele está trabalhando com entusiasmo.

はる[春] primavera ▶ 春が来た Chegou a primavera. / 春には木々が芽吹く Na primavera brotam novas folhas nas árvores.

はる[張る] estender; armar ▶ ロープを張る estender a corda / テントを張る armar uma barraca / 池に氷が張っている Formou-se uma camada de gelo sobre a lagoa.

はる[貼る] colar ▶ 封筒に切手を貼る colar o selo no envelope / ポスターを壁に貼る colar o cartaz na parede

はるか[遙か] ▶ はるか遠くに明かりが見えた Vi luz a uma grande distância. / この方があれよりはるかに

よい Desta forma é muito melhor do que aquela.

バルコニー varanda; sacada

はるばる ▶ 彼ははるばるブラジルから日本へやってきた Ele veio do longínquo Brasil até o Japão.

はれ[晴れ] ▶ 晴れのち曇り Tempo bom e depois nublado / 明日は晴れだろう Amanhã deve fazer tempo bom.

バレエ balé; bailado ▶ クラシックバレエ balé clássico / バレエ団 companhia de balé

パレード parada; desfile ▶ 軍事パレード parada militar

バレーボール voleibol ▶ バレーボールをする jogar voleibol / バレーボール選手 jogador de voleibol

はれつ[破裂] explosão; ruptura ▶ 風船が破裂した O balão furou. / 寒さで水道管が破裂した Com o frio, o encanamento de água rompeu-se.

パレット paleta

バレリーナ bailarina

はれる[晴れる] ▶ 晴れた空 céu ensolarado / 午前中は雨だったが、午後は晴れた Pela manhã choveu mas à tarde fez sol. / 霧が晴れた A névoa desfez-se.

はれる[腫れる] inchar ▶ 足が腫れた Meus pés incharam.

ばれる ser descoberto ▶ 彼の秘密はばれてしまった O segredo dele foi descoberto.

はん[半] ▶ 2キロ半 dois quilômetros e meio / 1時間半 uma hora e meia / 今5時半だ Agora são cinco horas e meia.

はん[判] carimbo ▶ 判を押す carimbar

はん[版] bloco; edição; impressão ▶ 決定版 edição definitiva / 初版 primeira edição / 改訂版 edição revisada

ばん[晩] noite; fim do dia ▶ 土曜日の晩 sábado à noite / 毎晩 todas as noites / 今晩 esta noite / 昨晩 ontem à noite / 明晩 amanhã à noite / 父は朝から晩まで働いている Meu pai trabalha de manhã até a noite.

ばん[番] ▶ 右から4番目の席 o quarto assento a partir da direita. / 今度はあなたの番です Agora é a sua vez. / 今度は誰の番ですか De quem é a vez agora? / 荷物の番をお願いします Tome conta da bagagem por favor. / あなたの電話は何番ですか Qual é o número de seu telefone?

パン pão ▶ パンを焼く assar [fazer] o pão / パンをトーストする fazer torrada / パンを切る cortar o pão / パン一切れ um pedaço de pão

はんい[範囲] extensão; limite ▶ 可能な範囲で dentro do possível / 予算の範囲内で dentro dos limites do orçamento

はんいご[反意語] antônimo

はんえい[反映] reflexo ▶ 反映する refletir / その政策は国民の意見を反映している Essa política reflete a opinião do povo.

はんえい[繁栄] prosperidade ▶ 繁栄する prosperar / その文明は今から3千年前に繁栄していた Essa civilização prosperou há três mil anos.

はんが[版画] xilogravura

ハンガー cabide ▶ ハンガーに服をかける pendurar a roupa no cabide

ばんかい[挽回] recuperação ▶ 私たちは時間のロスを挽回した Nós recuperamos o tempo perdido.

はんがく[半額] metade do preço ▶ 私はそのかばんを半額で買った Eu comprei essa bolsa pela metade do preço.

ハンカチ lenço ▶ 私はハンカチで顔をぬぐった Limpei meu rosto com o lenço.

はんかん[反感] antipatia; inimizade ▶ 彼女は彼に反感を抱いている Ela tem antipatia por ele.

はんきょう[反響] ressonância; repercussão ▶ その作品は大きな反響を呼んだ Essa obra teve uma grande repercussão.

パンク furo ▶ パンクする furar / タイヤがパンクした O pneu furou. / パンクしたタイヤ o pneu furado

ばんぐみ[番組] programa ▶ 娯楽番組 programa de entretenimento

はんけい[半径] raio ▶ 半径2メートルの円 um círculo com um raio de dois metros

はんけつ[判決] sentença ▶ 判決が下された Foi dada a sentença.

はんこう[反抗] resistência; desobediência ▶ 反抗する opor-se; resistir / その生徒は教師に反抗した Esse aluno opôs-se ao professor.

はんこう[犯行] crime; delito ▶ 男は犯行を否認した O homem negou o crime.

ばんごう[番号] número ▶ 郵便番号 código postal / 部屋番号 número do quarto / 電話番号を教えてください Informe-me o número do telefone. / (電話で) 番号が違います Discou o número errado. | Foi um engano. / 番号順に em ordem numérica

ばんこく[万国] ▶ この記号は万国共通だ Este símbolo é comum a todos os países. / 万国博覧会 Exposição Universal

はんざい[犯罪] crime; delito ▶ 犯罪を犯す cometer um crime / 犯罪人 criminoso

ハンサム ▶ ハンサムな男性 homem bonito

ばんさん[晩餐] ceia ▶ 最後の晩餐 a Última Ceia / 晩餐会 banquete

ばんじ[万事] ▶ 万事うまく行っている Tudo está indo bem. / 万事うまく行った Correu tudo bem. / 万事お任せします Deixo tudo por sua conta. / 万事休す Está tudo perdido!

はんしゃ[反射] reflexo ▶ 反射する refletir / この素材は光を反射する Este material reflete a luz.

はんじょう[繁盛] prosperidade; sucesso ▶ この店は繁盛している Esta loja está prosperando.

はんしょく[繁殖] reprodução; procriação ▶ 繁殖する reproduzir; procriar

はんすう[半数] ▶ 市民の半数がその計画に反対していた A metade da população da cidade estava contra esse plano.

はんする[反する] ir contra; ser diferente ▶ それは規則に反している Isso é contra as regras. / 予想に反した結果になった O resultado foi contrário ao esperado.

はんせい[反省] arrependimento; retratação ▶ 彼は自らの行いを反省した Ele arrependeu-se de seus próprios atos. / 私は自分が間違っていたと反

省しています Eu estou me retratando por que estava errado.

ばんそう [伴奏] acompanhamento musical ▶ピアノで歌手の伴奏をする acompanhar o cantor ao piano

ばんそうこう [絆創膏] esparadrapo ▶ばんそうこうを貼る cobrir com esparadrapo

はんそく [反則] infração; falta ▶それは反則だ Isso é uma infração. / あの選手はよく反則する Esse jogador sempre comete faltas.

はんたい [反対] ▶私は反対だ Eu sou contra. / 右の反対は左だ O oposto da direita é a esquerda / その車は反対の方向に進んだ Esse carro seguiu pela direção oposta. / 彼は私たちの計画に反対した Ele foi contra o nosso plano. / 事実はまさに反対だ A verdade é exatamente o oposto.

はんだん [判断] decisão; julgamento ▶判断する decidir; julgar / 私は彼女が正しいと判断した Eu julguei que ela estava correta.

パンチ (ボクシング) soco; (穴あけ) furador ▶彼はあごにパンチを食らった Ele recebeu um soco no queixo.

パンツ (下着) cuecas; (ズボン) calção

パンティー calcinhas ▶パンティーストッキング meias calças

ハンディキャップ handicap; desvantagem; desabilidade

バンド ▶ヘアバンド faixa de cabelo / ロックバンド banda de rock

はんとう [半島] península ▶イベリア半島 Península Ibérica

はんどう [反動] reação ▶反動的な reacionário / 反動的な政治 governo reacionário

ハンドボール handebol

ハンドル (自転車) guidom; (自動車) volante; direção; (ドア) maçaneta trava ▶自動車のハンドルを握る segurar o volante / ハンドルを右に切る virar o volante para a direita

はんにん [犯人] criminoso ▶犯人を逮捕する prender o criminoso

ばんねん [晩年] ▶彼は晩年を平穏に過ごした Ele viveu seus últimos dias de vida serenamente.

はんのう [反応] reação ▶連鎖反応 reação em cadeia / 反応する reagir

ばんのう [万能] polivalência ▶万能薬 remédio polivalente / 万能選手 atleta completo

ハンバーガー hambúrguer

はんばい [販売] venda; comercialização ▶販売する vender; comercializar / 通信販売 venda pelo correio / 販売員 vendedor

はんびれい [反比例] proporção inversa; razão inversamente proporcional ▶需要量は価格に反比例する A demanda é inversamente proporcional ao preço.

はんぷく [反復] repetição ▶反復する repetir

パンフレット panfleto

はんぶん [半分] metade; meio ▶りんごを半分に切る cortar a maçã ao meio [pela metade] / 私は作業を半分終えた Terminei a metade do trabalho. / 私は半分眠っていた Eu estava meio adormecido.

ハンマー martelo

はんめい [判明] ▶その生物は新種であることが判明した Descobriu-se que esse ser vivo é uma nova espécie.

はんらん [反乱] revolta; rebelião; insurreição ▶兵士が反乱を起こした Os soldados rebelaram-se. / 反乱を鎮圧する sufocar uma revolta

はんらん [氾濫] enchente; inundação ▶川が氾濫した O rio transbordou.

ひ

ひ [日] sol; dia 日は東から昇り西に沈む O sol nasce no leste e põe-se no oeste. / 日がさんさんと照っている O sol está brilhando intensamente. / 日が長くなった O dia ficou longo. / 日が短くなった O dia ficou curto. / 晴れた日に em um dia ensolarado / 日が暮れた Anoiteceu. / 日に三度 três vezes ao dia / 締め切りまでまだ日がある Ainda tem tempo até o final do prazo.

ひ [比] razão; proporção; relação ▶男女の比は3対2である A proporção entre homens e mulheres é de três para dois.

ひ [火] fogo ▶火をおこす acender o fogo / 火を消す apagar o fogo / 火が付く pegar fogo inflamar-se / たばこに火を付ける acender o cigarro / あたり一面が火の海だった Tudo em volta estava como um mar de chamas.

ひ [灯] luz ▶街の灯がつき始めた As luzes da cidade começaram a se acender.

ひ [非] mal; injustiça; erro ▶自分の非を認める reconhecer seu próprio erro / 非の打ちどころのない impecável

び [美] beleza; belo; formosura ▶自然の美 a beleza da natureza / 女性美 a formosura das mulheres

ひあたり [日当たり] ▶日当たりのよい部屋 um quarto com muito sol

ピアニスト pianista

ピアノ piano ▶ピアノを弾く tocar piano / 彼女はピアノが上手だ Ela toca piano bem.

ひいき [贔屓] preferência ▶ひいきのチームはどこですか Qual é o seu time preferido? / ごひいきありがとうございます Obrigado pela preferência.

ヒーター aquecedor

ピーナッツ amendoim

ピーマン pimentão

ビール cerveja ▶生ビール chope / 缶ビール cerveja em lata / ビールの気が抜けた A cerveja ficou chocada.

ひえる [冷える] ▶今日は冷えますね Hoje faz frio, não faz?

ひがい [被害] dano; prejuízo ▶地震による被害 danos devido ao terremoto / 農作物に大きな被害があった Houve grande prejuízo na colheita de produtos agrícolas. / 被害者 vítima

ひかえ[控え]▶控えの選手 jogador reserva [suplente] / 書類の控え cópia do documento
ひかえめ[控えめ]▶彼女はとても控えめだ Ela é muito modesta. / お酒は控えめに Deve tomar álcool com moderação.
ひがえり[日帰り] ida e volta no mesmo dia ▶日帰り旅行をする fazer uma viagem de um dia
ひかえる[控える]▶車内での通話はお控えください Por favor, abstenham-se de usar o telefone dentro do trem. / 彼は酒を控えている Ele procura não beber bebidas alcoólicas.
ひかく[比較] comparação ▶比較する comparar / 彼は自社製品と他社製品を比較した Ele comparou os produtos de sua firma com os produtos de outras firmas. / この商品は比較的安い Este produto é relativamente barato.
ひかげ[日陰] sombra ▶日陰で休む descansar na sombra
ひがさ[日傘] sombrinha; guarda-sol ▶日傘をさす abrir a sombrinha
ひがし[東] leste; este ▶太陽は東から昇る O sol nasce no leste. / 千葉は東京の東にある Chiba fica a leste de Tóquio. / 公園は駅の２キロ東にある O parque fica a dois quilômetros ao leste da estação. / 東向きの家 casa voltada para o leste / 東ヨーロッパ Leste Europeu
ひかり[光] luz ▶太陽の光 luz do sol / 月の光 luz da lua / 光を放つ emitir luz / 光ファイバー fibra óptica
ひかる[光る] brilhar; luzir ▶星が光っている As estrelas estão brilhando. / 空に稲妻が光った Lampejou no céu.
ひかん[悲観] pessimismo ▶悲観論 pessimismo / 悲観的な pessimista / 悲観論者 pessimista / 我々は悲観的だ Nós estamos desanimados. / 彼は悲観的な考えを持っている Ele tem um pensamento pessimista.
ひきいる[率いる] dirigir; guiar ▶彼はそのチームを率いている Ele dirige esse time.
ひきうける[引き受ける] aceitar ▶彼はその仕事を引き受けた Ele aceitou fazer esse trabalho.
ひきおこす[引き起こす] causar; provocar ▶その交通事故は渋滞を引き起こした Esse acidente de carro provocou um congestionamento.
ひきかえ[引き換え] troca ▶品物と引き換えに代金を払ってください Pague quando receber o produto.
ひきかえす[引き返す] retornar; regressar ▶我々は途中で引き返した Nós retornamos no meio do caminho.
ひきこもる[引きこもる] fechar-se; trancar-se ▶彼の息子は家に引きこもってしまった O filho dele fechou-se em sua casa.
ひきざん[引き算] subtração
ひきずる[引きずる] arrastar ▶かばんを引きずる arrastar a bolsa / 彼は足を引きずって歩く Ele arrasta a perna ao andar.
ひきだし[引き出し] gaveta ▶引き出しを開ける abrir a gaveta / 引き出しを閉める fechar a gaveta
ひきだす[引き出す] retirar; sacar ▶銀行口座から現金を引き出す retirar dinheiro da conta bancária
ひきつぐ[引き継ぐ] suceder; herdar; passar ▶私はその仕事を引き継いだ Eu continuei esse trabalho.
ひきつける[引き付ける] atrair ▶磁石は鉄を引きつける O imã atrai o ferro.
ひきつる[引きつる] contrair-se; ter cãibra ▶彼の顔が引きつっていた O rosto dele estava crispado [contraído].
ひきとる[引き取る]▶どうかお引き取りください Retire-se por favor. / 老人は安らかに息を引き取った A pessoa idosa exalou seu último suspiro em paz.
ひきぬく[引き抜く] arrancar ▶くぎを引き抜く arrancar um prego
ひきのばす[引き伸ばす] prolongar; esticar; ampliar ▶写真を引き伸ばす ampliar a foto
ひきょう[卑怯] covardia ▶卑怯者 pessoa covarde / 卑怯な行為 atitude covarde
ひきわけ[引き分け] empate ▶その試合は引き分けに終わった Esse jogo acabou em empate.
ひきわける[引き分ける] empatar ▶両チームは１対１で引き分けた Os dois times empataram em um a um.
ひく[引く]▶カーテンを引く puxar a cortina / 線を引く riscar um linha / 綱を引く puxar uma corda / 辞書を引く consultar um dicionário / 風邪を引く pegar [apanhar] um resfriado / 10引く３は７だ Dez menos três são sete.
ひく[挽く] moer; serrar ▶コーヒー豆を挽く moer grãos de café / 肉を挽く moer carne
ひく[弾く] tocar ▶オルガンを弾く tocar órgão
ひく[轢く] atropelar ▶犬が車にひかれた O cão foi atropelado por um carro.
ひくい[低い] baixo ▶低い丘 colina baixa / 彼は背が低い Ele tem estatura baixa. / 低い声で話す conversar em voz baixa / 今日は気温が低い Hoje a temperatura está baixa.
ピクニック piquenique ▶ピクニックに行く ir a um piquenique
びくびく ▶彼はいつもびくびくして人の顔色ばかりうかがっている Ele está sempre com medo e fica só olhando para a cara [a expressão do rosto] das pessoas. / びくびくするな Não tenha medo.
ひぐれ[日暮れ] anoitecer; cair da noite
ひげ[日暮れ] ▶口ひげ bigode / あごひげ barba / やぎひげ cavanhaque / ひげをそる raspar [fazer] a barba / ひげを生やす deixar a barba crescer / ひげそり barbeador
ひげき[悲劇] tragédia ▶ギリシャ悲劇 tragédia grega / その結婚は悲劇に終わった Esse casamento terminou em tragédia. / 悲劇的な結末 final trágico
ひけつ[秘訣] segredo ▶あなたの成功の秘訣は何ですか Qual é o segredo de seu sucesso?
ひけつ[否決] veto; rejeição ▶その法案は否決された Esse projeto de lei foi vetado.
ひこう[非行] mau comportamento ▶青少年非行 delinquência juvenil

ひこう[飛行] voo ▶ 飛行する voar
ひこうき[飛行機] avião ▶ 飛行機に乗る tomar [pegar] um avião / 飛行機から降りる descer de um avião / 彼は飛行機で大阪に行った Ele foi a Osaka de avião. / 飛行機の予約をする fazer a reserva de avião
ひこうしき[非公式] ▶ 非公式訪問 visita não oficial / 非公式見解 opinião sem caráter oficial / 非公式の会合 reunião confidencial
ひこうじょう[飛行場] aeroporto
ひこうせん[飛行船] aeronave
ひごうほう[非合法] ilegalidade ▶ 非合法な ilegal / 非合法に ilegalmente
ひこくにん[被告人] （民事） acusado; （刑事） réu
ひごと[日ごと] ▶ 日ごとに暖かくなってきた Está ficando quente dia após dia.
ひごろ[日頃] ▶ 私は日頃健康に気をかけている Eu cuido da saúde habitualmente. / 日頃の行いが大切だ O importante é a conduta de todos os dias.
ひざ[膝] joelho ▶ 膝を曲げる dobrar o joelho / 膝が痛い Tenho dor no joelho.
ビザ visto ▶ ビザを申請する requerer o visto
ピザ pizza ▶ ピザの宅配 entrega de pizza
ひさし[庇] toldo
ひざし[日差し] raios de sol ▶ 日差しが強い Os raios solares estão fortes.
ひさしぶり[久しぶり] ▶ ひさしぶりですね Há quanto tempo! / 私はひさしぶりに田舎へ帰った Eu voltei ao interior depois de muito tempo.
ひざまずく[跪く] ajoelhar-se ▶ 彼らはひざまずいて祈った Eles rezaram ajoelhados.
ひさん[悲惨] tragédia; desgraça; infortúnio ▶ 悲惨な状況 situação trágica / 戦争の悲惨さ a tragédia da guerra
ひじ[肘] cotovelo ▶ 机に肘をつく colocar os cotovelos sobre a mesa
ビジネス negócio ▶ ビジネスマン homem de negócios / ビジネスクラス classe executiva
びじゅつ[美術] arte ▶ 美術館 museu de arte / 美術品 peça de arte
ひしょ[秘書] secretário particular
ひしょ[避暑] veraneio ▶ 海辺に避暑に行く ir veranear no litoral / 避暑地 local de veraneio
ひじょう[非常] ▶ 非常の場合は em casos de emergência / 非常口 saída de emergência / 非常階段 escada de emergência
びしょう[微笑] sorriso ▶ 微笑を浮かべて com um sorriso nos lábios / 微笑する sorrir
ひじょうに[非常に] ▶ 非常に深刻な問題 um problema extremamente sério / 彼はピアノが非常に上手だ Ele toca piano excepcionalmente bem.
びしょぬれ[びしょ濡れ] encharcado; ensopado ▶ 私は全身びしょ濡れだった Eu estava com o corpo todo encharcado.
びじん[美人] beldade; mulher bela ▶ 美人コンテスト concurso de beleza
ビスケット biscoito
ピストル pistola
ひそか[秘か] ▶ ひそかな secreto; escondido / ひそかな恋心 amor secreto / 彼はひそかにその計画を練っていた Ele estava apurando esse plano em segredo.
ひだ[襞] ▶ スカートのひだ prega da saia / ズボンのひだ barra das calças
ひたい[額] testa ▶ 額に手をあてる colocar a mão na testa
ひたす[浸す] deixar de molho; molhar ▶ スポンジを水に浸す molhar a esponja
ビタミン vitamina ▶ ニンジンはビタミンAが豊富だ A cenoura é rica em vitamina A.
ひだり[左] esquerda ▶ 次の角で左に曲がってください Vire [Dobre] à esquerda na próxima esquina. / 日本では車は左側を通る No Japão, os carros correm no lado esquerdo. / 左手 mão esquerda / 左目 olho esquerdo / 左クリック clique na esquerda
ひっかかる[引っ掛かる] enganchar-se; ficar preso ▶ 服の裾が引っ掛かってしまった A barra da calça enganchou-se. / 魚の骨がのどに引っかかった O espinho do peixe ficou preso na garganta.
ひっかく[引っかく] arranhar ▶ わたしは猫に引っかかれた Fui arranhada pelo gato.
ひっかける[引っ掛ける] pendurar; salpicar ▶ 私は車に泥を引っ掛けられた Um carro salpicou lama em mim.
ひっき[筆記] ▶ 筆記試験 exame escrito / 筆記用具 objetos usados para escrita manual
びっくり ▶ 私はとてもびっくりした Eu levei um grande susto. / ああびっくりした Ah, que susto!
ひっくりかえす[ひっくり返す] virar ▶ 岩をひっくり返す virar a rocha
ひっくりかえる[ひっくり返る] virar-se; dar uma reviravolta ▶ 船がひっくり返った O navio virou-se.
ひづけ[日付] data ▶ 2012年4月5日の日付の入った手紙 uma carta com a data de cinco de abril de dois mil e doze.
ひっこし[引っ越し] mudança de casa ▶ 引っ越しする mudar de casa / 引っ越し会社 companhia de mudanças
ひっこす[引っ越す] mudar de casa ▶ 彼は郊外へ引っ越した Ele mudou-se para o subúrbio.
ひっこむ[引っ込む] retirar-se; afastar-se ▶ 引っ込んでいろ Fique fora disso! / Isso não é da sua conta!
ひっし[必死] ▶ 必死の努力をする Esforçar-se com todas as forças. / 必死に desesperadamente
ひつじ[羊] carneiro; ovelha; cordeiro ▶ 羊飼い pastor / 羊肉 carne de cordeiro / 子羊 cordeiro
ひっしゅう[必修] ▶ 必修の obrigatório / 必修科目 matéria [disciplina] obrigatória
ひつじゅひん[必需品] ▶ 生活必需品 necessidades essenciais da vida diária / 旅行の必需品 artigos essenciais para viagem
ひつぜん[必然] necessidade; inevitabilidade ▶ 必然的結果 resultado inevitável / 必然的に inevitavelmente
ぴったり ▶ 彼はぴったり6時に来た Ele veio às seis horas em ponto. / この服は私にぴったりだ Esta

roupa está perfeita em mim.
ヒッチハイク carona ▶ ヒッチハイクする pegar carona
ヒット ▶ その映画は大ヒットした Esse filme fez um grande sucesso. / ヒット曲 música de sucesso / ヒットパレード parada de sucessos
ひっぱる[引っ張る] puxar ▶ 彼は私の耳を引っ張った Ele puxou a minha orelha.
ひつよう[必要] necessidade ▶ 必要は発明の母 A necessidade é a mãe das invenções. / それは必要だ Isso é necessário. / 必要な手段を取る tomar as medidas necessárias. / あなたには休息が必要だ Você precisa de descanso. / その必要はない Isso não é necessário. / あなたに説明する必要はない Não preciso dar-lhe explicações.
ひてい[否定] negação ▶ 否定的な negativo / 否定する negar / 彼はその事実を否定した Ele negou essa verdade. / 否定文 frase negativa
ビデオ vídeo ▶ ビデオカメラ filmadora / câmera de vídeo / câmera de filmar
ひでり[日照り] seca; estiagem ▶ ブラジルの北部では日照りがよく起こる No Nordeste do Brasil ocorrem secas frequentemente.
ひと[人] pessoa ▶ 若い人たち pessoas jovens / 私は3時に人と会う約束がある Tenho um compromisso com uma pessoa às três horas. / 誰もそれを信じる人はいない Não há pessoa que acredite nisso. / 公園にはたくさんの人がいた Havia muitas pessoas no parque. / 私は人がなんと言おうと気にしない Não me importo com que as pessoas digam. / 人は人、自分は自分だ Neste mundo eu sou eu, você é você.
ひどい ▶ ひどい雨 chuva tremenda / ひどい事故 acidente terrível / 私はひどい目に遭った Eu passei por uma experiência muito desagradável. / あなたひどい人だ Você é uma pessoa muito má.
ひとがら[人柄] tipo de pessoa; índole; caráter ▶ 私は彼の人柄に惚れた Eu me apaixonei pelo tipo de pessoa que ele é.
ひときれ[一切れ] ▶ 一切れのケーキ uma fatia de bolo / 一切れのチーズ um pedaço de queijo
ひどく ▶ 雨がひどく降っている Está chovendo muito forte. / 彼はひどく叱られた Ele foi severamente repreendido. / 今朝はひどく寒い Esta manhã está terrivelmente fria.
ひとくち[一口] ▶ 彼はそれを一口で食べた Ele comeu isso com uma bocada.
ひとこと[一言] uma palavra ▶ 一言わせてください Deixe-me dizer uma palavra.
ひとごと[他人事] um assunto de outrem ▶ 人ごととは思えなかった Não achei que fosse um problema alheio.
ひとごみ[人ごみ] multidão ▶ 私は人ごみのなかで友人とはぐれた Perdi meu amigo de vista no meio da multidão.
ひとしい[等しい] igual ▶ この2本の線は長さが等しい Estas duas linhas têm o mesmo comprimento. / AはBに等しい A é igual a B.
ひとしく[等しく] igualmente ▶ 彼女は誰にでも等しく接する Ela trata qualquer um igualmente.

ひとじち[人質] refém ▶ 彼らは2か月間人質に取られていた Eles ficaram como reféns por dois meses.
ひとつ[一つ] um ▶ ニューヨークは世界で最大の都市の一つだ Nova Iorque é uma das maiores cidades do mundo. / このりんごは一つ100円だ Uma destas maçãs custa cem ienes.
ひとづきあい[人付き合い] convívio [trato] com as pessoas ▶ 彼女はとても人付き合いがよい Ela sabe muito bem como tratar as pessoas.
ひとで[人手] ▶ 人手不足 falta de mão de obra / 人手が不足している Está faltando gente para trabalhar. / 私はその仕事を人手を借りずにやった Eu fiz esse trabalho sem pedir ajuda de ninguém.
ひととおり[人通り] ▶ ここは人通りが多い Aqui tem muito movimento de pedestres.
ひとなみ[人並み] ▶ 人並み外れた知能 uma inteligência extraordinária / 人並みの生活をする viver como a maioria das pessoas
ひとびと[人々] pessoas ▶ 人々は不満を爆発させた As pessoas explodiram seus descontentamentos.
ひとまえ[人前] ▶ 人前で diante dos outros; em público ▶ 彼は人前で話すことができない Ele não consegue falar em público.
ひとまわり[一回り] uma volta ▶ 私はそのコースを一回りした Dei uma volta nesse percurso.
ひとみ[瞳] ▶ pupila
ひとめ[一目] um relance; uma vista ▶ 私はこの車が一目で気に入った Eu gostei deste carro à primeira vista. / 一目惚れ amor à primeira vista / 彼は彼女に一目惚れした Ele se apaixonou por ela à primeira vista.
ひとめ[人目] ▶ 彼女の服装は人目を引いた O traje dela chamou a atenção das pessoas. / 君は人目を気にしすぎる Você se importa demais com o olhar das pessoas.
ひとやすみ[一休み] um intervalo; um pequeno descanso ▶ 一休みしましょう Vamos descansar um pouco.
ひとり[一人] ▶ 彼は私の友人の一人です Ele é um de meus amigos. / 彼女はひとりで住んでいる Ela vive sozinha. / 彼はその仕事をひとりでやった Ele fez esse trabalho sozinho. / 一人ずつお入りください Entrem um por vez [uma pessoa de cada vez]. / 私は一人旅するのが好きです Eu gosto de viajar sozinha. / 私は一人っ子だ Sou filho único. / 彼女はひとりぼっちだった Ela era sozinha.
ひどり[日取り] data ▶ パーティーの日取りを決めよう Vamos marcar a data da festa.
ひとりごと[独り言] monólogo ▶ 彼はよく独り言を言う Ele sempre resmunga.
ひとりでに sozinho; por si; automaticamente ▶ ドアがひとりでに開いた A porta abriu-se automaticamente.
ひな[雛] pinto; pintinho; filhote de ave
ひなん[非難] censura; crítica ▶ その政治家の発言は非難を招いた As declarações desse político provocaram críticas. / 非難する censurar; criticar / その政治家は発言を非難された As declara-

ções desse político foram criticadas.

ひなん [避難] abrigo; refúgio ▶ 避難する refugiar-se do perigo / 住民は体育館に避難した A população refugiou-se no ginásio esportivo. / 避難所 abrigo; refúgio

ビニール vinil ▶ ビニール袋 sacola de plástico

ひにく [皮肉] ironia ▶ 皮肉な運命 destino irônico / 皮肉を言う ser irônico

ひにん [避妊] contracepção ▶ 避妊薬 pílula anticoncepcional / 避妊具 dispositivo [barreira] anticoncepcional

ひねる [捻る] ▶ 彼は私の腕をひねった Ele torceu meu braço. / 蛇口をひねる abrir a torneira

ひのいり [日の入り] pôr do sol

ひので [日の出] nascer do sol

ひはん [批判] crítica; censura; comentário ▶ 批判的な意見 uma opinião crítica / 批判する criticar; censurar; comentar / 彼らはその計画に批判的だ Eles criticaram esse projeto.

ひび racha; fenda ▶ 壁にひびがはいっている Existem rachaduras na parede.

ひびく [響く] ressoar; soar ▶ 彼らの歌声がホールに響いた O canto deles ressoou pelo salão.

ひひょう [批評] comentário; crítica; avaliação ▶ 小説を批評する fazer uma crítica ao romance / 文芸批評 crítica literária / 批評家 crítico

ひふ [皮膚] pele ▶ 私は皮膚が弱い Tenho a pele sensível.

ビフテキ bife

ひま [暇] ▶ 今日の午後は暇ですか Você tem tempo livre hoje à tarde? / 私にそんなことをする暇はない Eu não tenho tempo para fazer tal coisa. / 暇をつぶす matar o tempo

ひましに [日増しに] dia após dia; cada dia mais ▶ 日増しに暖かくなってきた Está esquentando cada dia mais.

ひまわり [向日葵] girassol

ひみつ [秘密] segredo ▶ 秘密を守る guardar o segredo / 秘密を漏らす deixar escapar o segredo / 秘密の情報 informação secreta / 彼らは秘密裏に活動していた Eles estavam agindo em segredo.

びみょう [微妙] ▶ 微妙な違い diferença sutil / 彼は今微妙な立場になる Ele está em uma posição delicada agora.

ひめい [悲鳴] grito; berro; lamento ▶ 悲鳴をあげる dar um grito; gritar; lamentar-se; berrar

ひも [紐] fio; cordão; barbante ▶ ひもを結ぶ amarrar o cordão / ひもを解く desamarrar o cordão

ひやかす [冷やかす] caçoar; troçar; gozar

ひゃく [百] cem ▶ 100番目の centésimo / 何百人という人が集まった Reuniram-se centenas de pessoas.

ひゃくまん [百万] um milhão ▶ 人口２百万人の都市 uma cidade com uma população de dois milhões de habitantes.

ひやけ [日焼け] bronzeado; queimadura de sol ▶ 日焼けする bronzear-se; queimar-se de sol / 日焼けした顔 rosto bronzeado

ひやす [冷やす] esfriar; refrigerar ▶ 飲み物を冷やす refrigerar bebidas

ひゃっかじてん [百科事典] enciclopédia

ひゃっかてん [百貨店] lojas de departamento

ひゆ [比喩] (直喩) comparação; (隠喩) metáfora; (寓意) alegoria ▶ 比喩的な意味で em sentido figurado

ヒューズ fusível

ひょう [表] tabela; quadro; diagrama ▶ 換算表 tabela de câmbio / 定価表 tabela de preços / 予定表 quadro de programação / 表３を見よ Veja o diagrama três.

ひょう [票] (選挙) voto ▶ 私はあの政治家に票を投じた Eu dei meu voto para aquele político. / その政治家は10万票を取って当選した Aquele político recebeu cem mil votos e foi eleito.

ひょう [雹] granizo ▶ ひょうが降っている Está chovendo granizo.

ひよう [費用] gasto; despesa; custo ▶ 旅行の費用 gasto com viagem / 費用はどれくらいかかりますか Qual será o custo?

びょう [秒] segundo ▶ ２分35秒 dois minutos e trinta e cinco segundos / 彼は100メートルを10秒で走る Ele corre cem metros em dez segundos.

びょう [鋲] percevejo; tacha

びょういん [病院] hospital; clínica ▶ 病院に行く ir ao hospital; ir à clínica / けが人は病院に運ばれた Os feridos foram levados para o hospital.

びよういん [美容院] salão [instituto] de beleza; cabeleireiro

ひょうか [評価] cálculo; estimativa ▶ 評価する avaliar; calcular / 過大評価する superestimar / 過小評価する subestimar

びょうき [病気] doença; enfermidade ▶ 病気の子供 criança doente [enferma] / 病気になる ficar doente; adoecer / 彼女は病気で寝ている Ela está doente de cama.

ひょうげん [表現] expressão ▶ 表現する expressar-se; exprimir / 自分の気持ちを表現する expressar seus sentimentos

ひょうし [表紙] capa; encadernação

びょうしゃ [描写] descrição ▶ 描写する descrever

ひょうじゅん [標準] padrão; norma; modelo ▶ 標準を定める estabelecer as normas / 標準的日本人 japonês padrão / 標準時 hora legal

ひょうじょう [表情] expressão; rosto; cara ▶ 彼はうれしそうな表情をした Ele fez uma cara de contente. / 彼女は表情を変えた Ela mudou de expressão.

ひょうてん [氷点] ponto de congelamento ▶ 氷点下５度 cinco graus abaixo de zero; cinco graus negativos

びょうどう [平等] igualdade ▶ 男女平等 igualdade entre homens e mulheres / すべての人は平等だ Todas as pessoas são iguais. / 利益を平等に分ける dividir o lucro igualmente

びょうにん [病人] doente; enfermo; paciente

ひょうはく [漂白] branqueamento ▶ 漂白する branquear; alvejar / 漂白剤 produto alvejante

ひょうばん [評判] reputação; fama ▶ 評判のよい医者 médico de boa reputação / その先生は生徒

に評判がいい Esse professor tem boa reputação entre os alunos.

ひょうほん[標本] exemplar; amostra ▶ 植物の標本 mostruário de plantas

ひょうめん[表面] superfície; face ▶ ガラスの表面に傷がある Tem um risco na superfície do vidro. / 表面的な見方 opinião superficial / 表面的には superficialmente

ひょうりゅう[漂流] flutuação ▶ 漂流する flutuar

ひょうろん[評論] crítica; análise; comentário ▶ 評論する criticar; analisar; comentar / 評論家 crítico; analista; comentarista

ひよこ pinto; pintinho; filhote de ave

ひょっとして ▶ ひょっとして何かご存じですか Por acaso você sabe de algo?

ぴょんぴょん ▶ ウサギがぴょんぴょん跳ねていた O coelho estava dando pulinhos.

ビラ panfleto; impresso; folheto ▶ ビラを配る distribuir panfletos / 壁にビラを貼る colar panfletos na parede

ひらく[開く] abrir; iniciar ▶ 教科書の10ページを開きなさい Abra o livro texto na página dez. / 会議を開く iniciar a reunião / 店を開く abrir a loja / 口座を開く abrir uma conta bancária / 春は花が開く Na primavera as flores desabrocham-se. / 開かれた社会 sociedade aberta

ひらける[開ける] ▶ すばらしい景色が眼前に開けた Estendeu-se uma maravilhosa paisagem diante de nossos olhos. / この街は急に開けてきた Esta cidade começou a progredir de repente.

ひらたい[平たい] liso; simples ▶ 平たく言えば dito em termos simples...; falando de modo simples...

ひらめく[閃く] ▶ 私は名案がひらめいた Surgiu-me uma excelente ideia.

びり ▶ 私はクラスでびりだった Eu fui a lanterna da classe. / 彼は競争でびりから2番目だった Na competição, ele foi o segundo de trás para frente.

ひる[昼] o dia ▶ お昼頃だった Foi por volta do meio-dia. / その作家は昼は寝て夜小説を書く Esse escritor dorme de dia e escreve seus romances de noite. / 昼も夜も働く trabalhar de dia e noite

ビル prédio; edifício ▶ 10階建てのビル um edifício de nove andares

ひるがえす[翻す] ▶ 彼は考えを翻した Ele mudou seus pensamentos.

ひるがえる[翻る] ▶ 旗が翻っていた A bandeira estava tremulando ao vento.

ひるね[昼寝] sesta; soneca ▶ 昼寝する tirar a sesta

ひるやすみ[昼休み] intervalo do almoço ▶ 昼休みは1時間だ O intervalo do almoço é de uma hora.

ひれい[比例] proporção ▶ AはBに比例する A é proporcional a B

ひろい[広い] ▶ 広い道 estrada larga / 広い部屋 quarto espaçoso / 広い意味で em sentido amplo

ひろく[広く] ▶ その小説家は広く読まれている Esse romancista é muito lido.

ヒロイン heroína

ひろう[拾う] apanhar ▶ 道で財布を拾った Apanhei uma carteira na rua. / タクシーを拾う apanhar [pegar; tomar] um táxi

ひろう[疲労] fadiga; cansaço; esgotamento ▶ 疲労を感じる sentir-se esgotado / 彼女には疲労の色が見えた Viu-se sinais de cansaço nela.

ひろがる[広がる] alargar-se; estender-se ▶ 火は建物全体に広がった O fogo estendeu-se por toda a construção.

ひろげる[広げる] expandir; abrir; alargar ▶ 地図を広げる abrir o mapa

ひろさ[広さ] área; extensão; (幅) largura

ひろば[広場] praça; largo

ひろびろ[広々] 広々とした extenso; amplo; espaçoso / 広々とした庭 um jardim extenso

ひろま[広間] sala; grande

ひろまる[広まる] alargar-se; espalhar-se propagar-se ▶ このうわさはすぐに広まった Este rumor espalhou-se rapidamente.

ひろめる[広める] alargar; espalhar; propagar ▶ 誰かがうわさを広めたようだ Parece que alguém espalhou o rumor.

ひん[品] distinção; nobreza ▶ 品のよいおばあさん uma idosa distinta

びん[瓶] garrafa; frasco ▶ ワインの瓶 garrafa de vinho / 空き瓶 frasco vazio

びん[便] ▶ 航空便で por via aérea / 船便で por via marítima / 日本からブラジルへの直行便はない Não tem voo direto do Japão para o Brasil.

ピン alfinete ▶ 安全ピン alfinete de segurança

びんかん[敏感] sensibilidade; suscetibilidade ▶ 私は寒さに敏感だ Sou sensível ao frio. / 彼らは流行に敏感だ Eles são suscetíveis à moda.

ピンク cor-de-rosa ▶ ピンク色の花 flor cor-de-rosa

ひんこん[貧困] pobreza; miséria; penúria ▶ 貧困に陥る cair na miséria / 貧困家庭 família pobre

ひんしつ[品質] qualidade ▶ 品質のよい製品 produto de alta qualidade

ひんじゃく[貧弱] ▶ 貧弱な体格 corpo franzino / 貧弱な知識 pobre conhecimento

びんしょう[敏捷] agilidade; rapidez ▶ 猫は敏捷だ O gato é ágil.

ピンセット pinça

ピンチ apuro ▶ ピンチに陥る cair em apuros / ピンチを脱する sair de apuros

ヒント dica; sugestão ▶ ヒントをください Por favor, dê-me uma dica. / ヒントを得る receber uma sugestão

ピント foco ▶ この写真はピントが合っていない Esta foto está fora de foco.

ひんぱん[頻繁] 頻繁な frequente / 頻繁な政権交代 troca frequente de governo / このところ事故が頻繁に起こる Ultimamente tem ocorrido acidentes frequentemente.

びんぼう[貧乏] pobreza; miséria; penúria ▶ 貧乏暮らしをする viver na pobreza / 貧乏な pobre

ふ

ふ[負] ▶ 負の negativo / 負の数 número negativo / 負の遺産 herança negativa

ぶ[部] ▶ 第1部 a primeira parte / テニス部 clube de tênis / その本は3000部印刷された Foram impressos três mil exemplares desse livro.

ファーストクラス primeira classe

ファーストレディー primeira dama

ぶあいそう[無愛想] ▶ 無愛想な店員 funcionário antipático

ファイル〖情報〗 arquivo ▶ ファイルを開く abrir o arquivo / ファイルを閉じる fechar o arquivo

ファストフード comida pronta; fast food

ファスナー zíper; fecho ecler ▶ ファスナーを開ける abrir o zíper / ファスナーを閉じる fechar o zíper

ファッション moda ▶ ファッションデザイナー desenhista de moda / ファッションショー desfile de moda

ファン fã ▶ 映画ファン fã de cinema / サッカーファン fã de futebol / ファンクラブ clube de fãs

ふあん[不安] insegurança; preocupação ▶ 私は不安だ Sinto-me insegura.

ふあんてい[不安定] instabilidade; incerteza; insegurança ▶ 不安定な instável; incerto; inseguro

ふい[不意] ▶ 不意の訪問客 uma visita inesperada / 私は不意に彼女のことを思い出した Eu me lembrei dela de repente.

フィクション ficção ▶ フィクションの ficcional

フィルター filtro

ふう[封] fecho ▶ 封をする fechar / 封を切る abrir

ふう[風] ▶ こんなふうにしなさい Faça deste jeito. / どんなふうにすればいいですか De que maneira deve ser feito? / こんなふうでいいですか Desse jeito está bom?

ふうがわり[風変わり] excentricidade ▶ 風変わりな excêntrico

ふうけい[風景] paisagem; panorama; vista ▶ 風景画 pintura de uma paisagem

ふうし[風刺] sátira ▶ 風刺する satirizar / 風刺画 caricatura; cartoon

ふうしゅう[風習] costume; uso; hábito ▶ 土地の風習 costume da terra

ふうせん[風船] balão; bexiga de festa ▶ 風船をふくらませる encher o balão / 風船ガム chiclete de bola

ふうぞく[風俗] costumes ▶ 風俗習慣 hábitos e costumes

フード capuz; touca

ブーツ bota

ふうとう[封筒] envelope

ふうふ[夫婦] casal ▶ 夫婦生活 vida de casal / 夫婦円満 briga conjugal

ふうりょくはつでんしょ[風力発電所] usina eólica

プール piscina ▶ プールで泳ぐ nadar na piscina

ふうん[不運] azar; infortúnio ▶ 不運な人生 vida desafortunada [azarada] / 不運にも彼は交通事故にあった Por infelicidade ele sofreu um acidente de trânsito.

ふえ[笛] flauta; apito; assobio ▶ 笛を吹く tocar flauta

ふえいせい[不衛生] falta de higiene ▶ 不衛生な環境 ambiente anti-higiênico

ふえる[増える] aumentar ▶ 交通事故の件数が増えてきた Tem aumentado o número de acidentes de trânsito. / 人口が増えた Aumentou a população.

フェンシング esgrima

フォーク garfo

ふかい[不快] desagrado; desconforto ▶ 彼は不快な顔をした Ele fez uma cara de desagrado. / 不快な臭い um cheiro desagradável

ふかい[深い] profundo; fundo ▶ 深い井戸 poço fundo / 深い眠りに落ちる cair em um sono profundo / 私はその話に深く感動した Eu fiquei profundamente emocionado com essa história.

ふかかい[不可解] ▶ 不可解な出来事 acontecimento incompreensível

ふかくじつ[不確実] ▶ 不確実な情報 informação incerta / 不確実な未来 futuro incerto

ふかけつ[不可欠] ▶ 不可欠な indispensável; essencial ▶ 運動は健康に不可欠だ O exercício é indispensável para a saúde.

ふかさ[深さ] profundidade ▶ この湖の深さはどのくらいですか Qual é a profundidade deste lago? / 深さ30メートルの井戸 um poço com trinta metros de profundidade

ふかっこう[不格好] deselegância ▶ 不格好な帽子 um chapéu deselegante

ふかのう[不可能] impossibilidade ▶ 不可能な impossível / そんなことは不可能だ Isso é impossível.

ふかめる[深める] aprofundar ▶ 日本とブラジルの関係を深める aprofundar as relações entre o Japão e o Brasil.

ふかんぜん[不完全] imperfeição ▶ 不完全な imperfeito; incompleto ▶ 人間は不完全な存在だ O ser humano é um ser imperfeito. / 不完全な理解 compreensão incompleta

ぶき[武器] arma; armamento ▶ 武器を取れ Tomem as armas.

ふきげん[不機嫌] mau humor ▶ 彼女は最近不機嫌だ Ela está de mau humor ultimamente.

ふきそく[不規則] irregularidade ▶ 不規則な生活 vida irregular / 不規則動詞 verbo irregular

ぶきみ[不気味] ▶ 不気味な音が聞こえる Ouve-se um som estranho.

ふきゅう[普及] difusão ▶ ブラジル文化の普及 difusão da cultura brasileira / 普及させる difundir / 普及する difundir-se / カラオケは世界中に普及した O karaokê difundiu-se por todo o mundo.

ふきょう[不況] recessão; depressão ▶ 経済不況 recessão econômica

ぶきよう[不器用] ▶ 不器用な desajeitado / 彼女は手先が不器用だ Ela não tem habilidade com as

ふきん[付近] ▶vizinhança; arredores; por perto / この付近に郵便局はありますか Tem um posto do correio por aqui perto? / 私はこの付近は不案内です Não tenho familiaridade com esta vizinhança.

ふきん[布巾] pano de cozinha; pano de enxugar louça; pano de prato

ふく[服] roupa ▶服を着る vestir a roupa / 服を脱ぐ tirar a roupa / 服を替える trocar de roupa / 母親は子供の服を脱がせた A mãe tirou a roupa da criança. / 彼女は服の趣味がいい Ela tem bom gosto para roupas.

ふく[吹く] soprar; ventar ▶風が吹いている Está ventando.

ふく[拭く] limpar; enxugar; passar o pano ▶テーブルを拭く passar o pano sobre a mesa

ふく…[副] vice- ▶副大統領 vice-presidente

ふくざつ[複雑] complexidade ▶複雑な問題 problema complicado / 私は複雑な気持ちになった Fiquei confusa.

ふくし[福祉] bem-estar ▶社会福祉 previdência social

ふくしゃ[複写] cópia; reprodução ▶複写する tirar fotocópia; copiar / 複写機 copiadora

ふくしゅう[復習] revisão ▶習ったことを復習する fazer a revisão do que aprendeu

ふくしゅう[復讐] vingança; retaliação ▶復讐する vingar; retaliar

ふくじゅう[服従] obediência ▶命令に服従する obedecer às ordens

ふくすう[複数] plural ▶複数の plural / 複数形 forma plural

ふくせい[複製] reprodução ▶複製する reproduzir; reimprimir / 名画の複製 réplica de pintura famosa

ふくそう[服装] vestuário; traje ▶彼は立派な服装をしている Ele está com um traje magnífico.

ふくつう[腹痛] dor de estômago; dor de barriga ▶腹痛がする Tenho dor de estômago.

ふくむ[含む] incluir; conter ▶レモンはビタミンCを多く含んでいる O limão contem muita vitamina C.

ふくめる[含める] incluir ▶私を含めて、合計6名です Incluindo-me, somos um total de seis pessoas.

ふくらはぎ barriga da perna; panturrilha

ふくらます[膨らます] encher; inflar ▶風船を膨らます encher o balão

ふくらむ[膨らむ] inchar; intumescer ▶木の芽が膨らみ始めた Os brotos das árvores começaram a se intumescer.

ふくれあがる[膨れ上がる]参加者は千人に膨れ上がった O número de participantes aumentou para mil pessoas.

ふくれる[膨れる] inchar; crescer ▶お腹が膨れた Estou de barriga cheia.

ふくろ[袋] saco; sacola ▶紙袋 saco de papel / 一袋のピーナッツ um saco de amendoim

ふけいき[不景気] recessão; depressão ▶不景気のために売り上げが減った As vendas diminuíram por causa da recessão econômica. / 日本は今不景気だ O Japão está em recessão econômica agora.

ふけつ[不潔] imundície; falta de asseio ▶不潔なタオル toalha imunda

ふける[老ける] envelhecer ▶あの役者もだいぶ老けたようだ Aquele ator também parece que envelheceu bastante. / 彼は年の割に老けて見える Ele parece velho para sua idade.

ふける[更ける] ficar tarde; avançar ▶夜も更けていた Era noite avançada.

ふける[耽る] ▶読書にふける entregar-se à leitura

ふけんこう[不健康] ▶不健康な生活 uma vida pouco saudável

ふけんぜん[不健全] ▶不健全な精神 espírito doentio

ふこう[不幸] infelicidade; desgraça; infortúnio ▶不幸に見舞われる ser atingido por uma desgraça / 不幸な人生 vida infeliz / 不幸にも彼は試験に失敗した Infelizmente ele fracassou no exame.

ふごうかく[不合格] ▶彼は入学試験に不合格となった Ele foi reprovado no exame de admissão escolar.

ふこうへい[不公平] injustiça ▶不公平な扱い tratamento injusto

ふごうり[不合理] irracionalidade ▶不合理な考え方 pensamento irracional

ふさ[房] cacho; tufo; franja ▶一房のバナナ um cacho de banana / 一房の髪 um tufo de cabelo

ブザー campainha ▶ブザーを鳴らす tocar a campainha

ふさい[夫妻] o casal ▶田中夫妻 o casal Tanaka

ふさい[負債] dívida ▶多額の負債がある ter uma grande dívida

ふざい[不在] ausência ▶父親の不在 a ausência do pai / 彼は不在だった Ele estava ausente.

ふさがる[塞がる] ▶傷口がふさがった O corte do ferimento cicatrizou-se. / この席はふさがっています Este assento está ocupado. / 私は今日の午後はふさがっている Eu estou ocupada hoje à tarde.

ふさぐ[塞ぐ] tapar; bloquear; obstruir ▶穴をふさぐ fechar o buraco

ふざける brincar; troçar; fazer palhaçadas ▶彼はいつもふざけている Ele sempre faz palhaçadas. / ふざけるな Não brinque!

ふさわしい[相応しい] apropriado; adequado; próprio ▶仕事をするのにふさわしい服装 um vestuário adequado para trabalhar

ふさんせい[不賛成] desaprovação; desacordo ▶私はその案には不賛成だ Eu não estou de acordo com essa proposta.

ぶじ[無事] ▶彼らは無事だった Eles estavam bem. / 彼らは無事に避難した Eles refugiaram-se em segurança.

ふしぎ[不思議] ▶世界の七不思議 as sete maravilhas do mundo / 不思議なこともあるものだ Que coisa misteriosa! / 不思議な体験 uma experiência enigmática / 彼女がそんなことを言うとは不思議だ É estranho que ela tenha dito tal coisa. /

こんなことが起きても不思議ではない Não será estranho se acontecer isto.

ふしぜん[不自然] artificialidade ▶ 不自然な笑い sorriso artificial / この文はポルトガル語として不自然だ Esta não é uma frase natural para a língua portuguesa.

ふじゆう[不自由] ▶ お金に不自由する estar [viver] apertado por falta de dinheiro / 彼女は何不自由なく育てられた Ela foi criada sem problema algum.

ふじゅうぶん[不十分] falta; insuficiência ▶ 資金が不十分だ Os fundos são insuficientes.

ふしょう[負傷] ferimento; ferida ▶ 負傷する ferir-se; sofrer um ferimento / 負傷者 pessoa ferida; ferido

ぶじょく[侮辱] insulto; ofensa; desprezo ▶ 侮辱する insultar

ふしん[不信] desconfiança ▶ 政治に対する不信 desconfiança política

ふしん[不振] ▶ その会社は業績不振が続いている Essa empresa continua tendo maus resultados nos negócios.

ふしん[不審] ▶ 私は不審な人物を見かけた Eu vi um indivíduo suspeito.

…ふじん[夫人] senhora ▶ 佐藤夫人 a senhora Sato

ふしんせつ[不親切] ▶ 不親切な indelicado; descortês

ふせい[不正] ▶ 不正アクセス acesso ilegal / 不正行為 ato ilegal / 不正な手段で através de meio ilegal / 不正競争 concorrência desleal

ふせいかく[不正確] ▶ 不正確な incorreto; inexato / 不正確な情報 informação incorreta

ふせぐ[防ぐ] ▶ 事故を防ぐ evitar um acidente / がんを防ぐ prevenir-se contra o câncer

ふそく[不足] falta; carência; escassez ▶ 資金不足 falta de fundos / 彼は経験が不足している Falta experiência a ele. / 最近私は睡眠不足だ Ultimamente tenho dormido pouco.

ふた[蓋] tampa; tampo ▶ 鍋にふたをする tampar a panela / ふたをとる retirar a tampa

ふだ[札] rótulo; etiqueta ▶ 値札 etiqueta de preço / 名札 crachá

ぶた[豚] porco; suíno ▶ 豚肉 carne de porco; carne suína

ぶたい[舞台] palco ▶ 舞台に立つ subir ao palco

ふたご[双子] gêmeos ▶ 双子の兄弟 irmãos gêmeos

ふたたび[再び] novamente; outra vez; mais uma vez ▶ 同じような事故が再び起きた Ocorreu novamente um acidente semelhante.

ふたつ[二つ] dois ▶ りんごを二つに切る cortar a maçã em duas partes

ふたり[二人] ▶ 私たちは二人で旅行に出かけた Nós dois saímos para viajar. / 二人とも試験に合格した Os dois passaram no exame. / 二人目の子供は男の子だった A segunda criança foi um menino.

ふたん[負担] encargo; ônus ▶ 誰が費用を負担するのか Quem vai assumir as despesas? / 負担を軽減する reduzir o ônus

ふだん[普段] ▶ 普段の生活 a vida habitual / 彼は普段11時に寝る Ele normalmente dorme às onze horas. / 普段通り como sempre / 私は今朝普段よりも早く起きた Hoje de manhã eu acordei mais cedo que usualmente.

ふち[縁] borda; beira; orla ▶ 池の縁 beira da lagoa / この皿は縁が欠けている Este prato está com a borda lascada. / 眼鏡の縁 aro dos óculos

ふちゅうい[不注意] descuido; falta de atenção ▶ 不注意による間違い erro por falta de atenção

ふちょう[不調] ▶ 交渉は不調に終わった A negociação fracassou. / そのサッカー選手は最近不調だ Esse jogador de futebol está fora de forma ultimamente.

ふつう[不通] ▶ 大雪のためバスが不通になった Por causa da neve pesada o ônibus parou de circular. / 電話が不通だ O telefone está interrompido [cortado].

ふつう[普通] comum; normal ▶ 普通の人 uma pessoa comum / それは日本人にとっては普通だ Para o japonês isso é comum. / 普通私はそんなことはしない Normalmente não faço isso.

ぶっか[物価] custo de vida ▶ 物価が上がった Subiu o custo de vida / 物価が下がった Baixou o custo de vida / 物価が高い O custo de vida está alto. / 物価が安い O custo de vida está baixo.

ふっかつ[復活] restauração; ressurreição; renascimento ▶ 復活する restaurar; renascer; ressurgir / 古い流行が復活した ressurgiu uma moda antiga / 復活祭 Páscoa

ぶつかる colidir; bater; chocar-se contra ▶ ボールが私の頭にぶつかった Uma bola bateu em minha cabeça. / トラックが塀にぶつかった Um caminhão chocou-se contra o muro.

ふっきゅう[復旧] reparação ▶ ようやく電気が復旧した Enfim, a luz elétrica voltou.

ぶっきょう[仏教] budismo ▶ 仏教徒 budista / 仏教寺院 templo budista

ぶっきらぼう ▶ ぶっきらぼうな返事 uma resposta bruta

ぶつける bater; atirar; jogar contra ▶ 私は壁に頭をぶつけた Eu bati a cabeça contra a parede.

ふつごう[不都合] inconveniência; irregularidade ▶ 不都合な真実 verdade inconveniente / 何か不都合はありますか Há alguma irregularidade? | Está com algum problema?

ぶっしつ[物質] matéria ▶ 物質文明 civilização material

ぶつぞう[仏像] imagem budista

ふっとう[沸騰] fervura; ebulição ▶ 湯が沸騰している A água está fervendo.

フットサル futebol de salão; futsal

フットボール futebol ▶ アメリカンフットボール / futebol americano

ぶつぶつ ▶ 彼は何かぶつぶつ言っていた Ele estava resmungando alguma coisa.

ぶつり [物理] física ▶ 物理の法則 leis da física / 物理学 física / 物理的な físico / それは物理的に不可能だ Isso é fisicamente impossível.

ふていし [不定詞] infinitivo

ふてきせつ [不適切] ▶不適切な impróprio / 不適切な発言 declaração imprópria

ふと ▶ 考えがふと浮かんだ De repente tive uma ideia. / 彼とはふとしたことで知り合った Eu o conheci por um acaso.

ふとい [太い] ▶ 太い線 linha grossa / 太い首 pescoço grosso / 彼は腕が太い Ele tem um braço gordo.

ふとう [不当] ▶ 不当な要求をする fazer uma exigência absurda / 不当な判決 sentença injusta

ぶどう [葡萄] uva ▶ ぶどうの房 cacho de uva / ぶどう酒 vinho

ふどうさん [不動産] imóveis; propriedade imobiliária ▶ 不動産業者 corretor de imóveis

ふどうとく [不道徳] imoralidade ▶ 不道徳な imoral / 不道徳な行為 ato imoral

ふとうめい [不透明] opacidade ▶ 不透明な opaco

ふとくい [不得意] ▶ 私は数学が不得意だ Meu ponto fraco é a matemática.

ふともも [太腿] coxa

ふとる [太る] engordar ▶ 私は1キロ太った Engordei um quilo. / 太っている人 pessoa gorda

ふなびん [船便] ▶ 船便で por via marítima

ふなよい [船酔い] enjoo de navio ▶ 船酔いする enjoar no navio

ふなれ [不慣れ] inexperiência; falta de prática; falta de costume ▶ 私はまだこの仕事には不慣れです Eu ainda não estou acostumada a este trabalho.

ふね [船] navio; barco ▶ 船に乗る embarcar / 私は船で世界を一周した Eu dei uma volta no mundo de navio.

ふはい [腐敗] apodrecimento; putrefação; corrupção ▶ 腐敗した肉 carne podre / 政治の腐敗が問題になっている A corrupção no governo está sendo um problema. / 腐敗した政治 governo corrupto

ふびょうどう [不平等] desigualdade ▶ 不平等な条約 tratado desigual

ぶひん [部品] peças de máquina ▶ 自動車部品 peça automobilística / 予備の部品 peça sobressalente

ぶぶん [部分] parte; porção; fração ▶ 大部分の人がその計画に賛成した A maior parte das pessoas foi a favor desse plano. / 部分的な parcial / 部分的に parcialmente; em parte

ふへい [不平] queixa ▶ 不平を言う queixar-se / 彼らは社員の待遇に関して不平を言っている Eles estão se queixando a respeito do tratamento dado aos empregados.

ふへん [不変] imutabilidade; invariabilidade ▶ 不変の imutável; invariável

ふへん [普遍] universalidade ▶ 普遍の法則 lei universal / 普遍的に認められた真理 verdade reconhecida universalmente

ふべん [不便] incômodo; inconveniência ▶ 不便なことはありませんか Não tem nada lhe incomodando? / この辺は交通が不便だ O transporte por estas redondezas não é bom.

ふぼ [父母] pai e mãe; pais

ふほう [不法] ▶ 不法な ilegal / 不法入国 entrada ilegal em um país / 不法就労 emprego ilegal

ふまじめ [不真面目] ▶ 彼は不まじめだ Ele não é uma pessoa séria.

ふまん [不満] queixa; insatisfação ▶ 彼は給料に不満だった Ele estava insatisfeito com o salário. / 私は何の不満もありません Não tenho nenhuma queixa.

ふみきり [踏切] passagem de nível ▶ 踏切を渡る atravessar uma passagem de nível

ふむ [踏む] pisar ▶ 私は足を踏まれた Pisaram no meu pé. / ペダルを踏む pisar no pedal

ふめい [不明] ▶ その事件の詳細は不明だ Os pormenores desse acidente são desconhecidos. / 意味不明な説明 uma explicação sem sentidos

ふもう [不毛] ▶ 不毛の土地 uma terra árida / 不毛な議論 uma discussão inútil

ふもと [麓] ▶ 山のふもと sopé da montanha

ぶもん [部門] campo; ramo; setor ▶ 彼女はこの部門の責任者だ Ela é a responsável por este setor.

ふやす [増やす] aumentar ▶ 語彙を増やす aumentar o vocabulário / 財産を増やす aumentar o patrimônio

ふゆ [冬] inverno ▶ 今年の冬は雪が多かった Neste inverno nevou muito. / この地方では冬に雪がたくさん降る Nesta região neva muito no inverno. / 冬休み férias de inverno / 冬のスポーツ esporte de inverno

ふゆかい [不愉快] desagrado; contrariedade ▶ それは私に不愉快きわまりない Para mim isso é extremamente desagradável.

ふよう [不用] ▶ 不用な物 coisa inútil

ふよう [不要] ▶ 不要な desnecessário ▶ 予約は不要です Não é necessário fazer reserva.

ふよう [扶養] ▶ 扶養する sustentar; manter / 家族を扶養する sustentar a família / 扶養家族 dependentes da família

フライ frito ▶ 魚のフライ peixe frito / フライにする fritar

フライパン frigideira

プライバシー privacidade ▶ プライバシーの侵害 invasão da privacidade

ブラウザー navegador

ブラウス blusa

プラグ plugue

ぶらさげる [ぶら下げる] ▶ ランプを天井からぶら下げる pendurar uma lâmpada no teto

ブラシ escova ▶ ブラシで床を磨く escovar o chão / 歯ブラシ escova de dentes / ヘアブラシ escova de cabelos / 服にブラシをかける escovar a roupa

ブラジャー sutiã

ブラジル Brasil ▶ ブラジルに行く ir ao Brasil / ブラジルで暮らす viver no Brasil / ブラジル料理 culinária brasileira / ブラジル人 brasileiro

プラス mais ▶ 5プラス2は7だ Cinco mais dois

são sete. / プラスの positivo / プラス記号 sinal positivo

プラスチック plástico ▶ プラスチックのおもちゃ brinquedo de plástico

ぶらつく ▶ 私は街をぶらついた Dei uma volta pela cidade.

プラットホーム plataforma

ふらふら ▶ 頭がふらふらする Estou com vertigens [tonturas].

ぶらぶら ▶ 街をぶらぶらする passear pela cidade

ぶらんこ balanço

フランス França ▶ フランスの francês / フランス人 francês / フランス語 francês

ブランド marca ▶ ブランド商品 produto de marca

ふり ▶ 病気のふりをする fazer-se [fingir-se] de doente / 聞こえないふりをする fingir que não está ouvindo

ふり [不利] desvantagem ▶ 我々は不利な立場にいる Nós estamos em posição de desvantagem. / 状況は我々に不利だ A situação é desfavorável a nós.

…ぶり ▶ 私は彼の話しぶりが気に入らない Não gosto do jeito dele falar. / 彼は3年ぶりに帰国した Ele voltou a seu país depois de três anos.

フリーダイアル ligação gratuita

フリーウエア software gratuito

フリーキック tiro livre

ふりかえる [振り返る] virar-se; relembrar; recordar ▶ 私は自分の若い頃を振り返ってみた Eu me recordei da época em que era jovem.

ふりこむ [振り込む] ▶ お金を銀行口座に振り込む depositar dinheiro na conta bancária

プリペイドカード cartão pré-pago

ふりむく [振り向く] virar-se ▶ 彼女は私の方を振り向いた Ela virou-se para o meu lado.

ふりょう [不良] ▶ 不良少年 delinquente juvenil / 不良債権 dívida inadimplente / 不良品 artigo defeituoso

プリン pudim

プリンター impressora

プリント impresso ▶ プリントする imprimir

ふる [振る] ▶ よく振ってからお飲みください Agite bem antes de beber. / 首を横に振る balançar a cabeça negativamente / 首を縦に振る balançar a cabeça afirmativamente / 彼女は私たちに手を振った Ela acenou a mão para nós. / 犬が尾を振った O cão balançou o rabo.

ふる [降る] ▶ 雨が降っている Está chovendo. / 今にも降りそうだった Parecia que ia chover agora mesmo.

…ぶる ▶ 彼は通ぶっている Ele está com ares de importante.

ふるい [古い] velho; antigo ▶ 古い建物 edifício velho / 古い友人 velho amigo / 彼は頭が古い A cabeça dele é antiga.

ふるう [振るう] ▶ 暴力を振るう usar a violência / 商売が振るわない Os negócios não melhoram.

フルート flauta ▶ フルート奏者 flautista

ふるえ [震え] tremor; estremecimento ▶ 震えが止まらない O tremor não cessa.

ふるえる [震える] tremer; estremecer ▶ 私は全身が震えた Meu corpo todo tremeu. / 寒さで震える tremer de frio

ふるほん [古本] livro usado; livro de segunda-mão ▶ 古本屋 livraria de livros usados; sebo

ふるまう [振る舞う] comportar-se; agir ▶ 彼は紳士のように振る舞った Ele agiu como um cavalheiro.

ブレーキ breque; freio ▶ ブレーキをかける brecar; frear / ブレーキが利かない O breque não funciona.

プレゼント presente ▶ 私は彼女に人形をプレゼントした Eu dei uma boneca de presente a ela.

ふれる [触れる] tocar; mexer ▶「手を触れないでください」Não mexa! / 私たちはあえてその話題には触れなかった Nós não tocamos nesse assunto particularmente.

ふろ [風呂] banho de imersão ▶ 風呂に入る tomar banho de imersão / 風呂を沸かす aquecer o banho de imersão

プロ ▶ プロの profissional / プロサッカー futebol profissional / プロ選手 jogador profissional

ブローチ broche

プログラマー programador

プログラミング programação

プログラム programa ▶ プログラムを作る fazer um programa

フロント (受付) recepção

ふわ [不和] desavença; discórdia ▶ 家庭内の不和 desavença doméstica / 彼女は夫と不和になった Ela entrou em discórdia com o marido.

ふん [分] minuto ▶ 15分 quinze minutos / 1分間黙禱する fazer um minuto de silêncio / 6時20分 seis horas e vinte minutos / 8時5分前です Faltam cinco minutos para as oito horas.

ぶん [分] ▶ これはあなたの分です Esta é a sua parte. / 聴衆の3分の2は女性だった Dois terços da audiência era de mulheres.

ぶん [文] frase; oração; estilo ▶ 次の文をポルトガル語に訳せ Traduza a frase seguinte para a língua portuguesa.

ふんいき [雰囲気] atmosfera; ambiente ▶ くつろいだ雰囲気 um ambiente relaxante

ぶんか [文化] cultura ▶ ポルトガル文化 cultura portuguesa / 大衆文化 cultura de massa / 文化遺産 herança cultural

ふんがい [憤慨] revolta; zanga ▶ 憤慨する revoltar-se; zangar-se

ぶんかい [分解] desmontagem; decomposição ▶ 時計を分解する desmontar o relógio

ぶんがく [文学] literatura ▶ 日本文学 literatura japonesa / 文学作品 obra literária / 文学者 literato; homem das letras

ぶんかつ [分割] divisão ▶ 分割する dividir / 分割払いで pagamento em prestações

ぶんこぼん [文庫本] livro de bolso

ふんさい [粉砕] ▶ 瓶を粉砕する esmigalhar o vidro / 敵を粉砕する aniquilar o inimigo

ぶんさん [分散] dispersão; diversificação ▶ 分散する dividir; dispersar-se / 分散させる decentrali-

ぶんし[分子]〖化学〗molécula;〖数学〗numerador ▶ 分子生物学 biologia molecular
ふんしつ[紛失] perda; sumiço ▶ 彼女は書類を紛失した Ela perdeu os documentos.
ぶんしょ[文書] documento; escrito; notas ▶ 文書を作成する redigir um documento
ぶんしょう[文章] frase; oração; redação ▶ 文章を書く escrever uma redação
ふんしん[分針] ponteiro dos minutos
ふんすい[噴水] chafariz; fonte; fontanário
ぶんすう[分数] número fracionário; fração
ぶんせき[分析] análise ▶ 分析的な analítico / 分析する analisar
ぶんたい[文体] estilo ▶ 文体論 estilística
ぶんべつ[分別] discrição; juízo ▶ 分別のある discreto; sensível; de bom senso / 分別のない indiscreto; insensível
ぶんぼ[分母] denominador
ぶんぽう[文法] gramática ▶ ポルトガル語文法 gramática da língua portuguesa / 文法上の誤り erro gramatical / この文は文法的に正しい Esta frase está gramaticalmente correta.
ぶんぼうぐ[文房具] artigos de papelaria
ぶんみゃく[文脈] contexto ▶ この文脈では neste contexto
ぶんめい[文明] civilização ▶ 古代文明 civilização antiga / 文明社会 sociedade civilizada / 文明国 nação civilizada
ぶんや[分野] ramo; campo ▶ 博士はこの分野の第一人者だ O doutor é a maior autoridade neste ramo.
ぶんり[分離] separação ▶ 政治と宗教を分離する separar o governo da religião
ぶんりょう[分量] quantidade ▶ 塩の分量が多すぎる A quantidade de sal é demasiada.
ぶんるい[分類] classificação ▶ 分類する classificar
ぶんれつ[分裂] divisão; cisão ▶ 核分裂 cisão nuclear / 細胞分裂 divisão celular / その党は2つに分裂した Esse partido político dividiu-se em dois.

へ

…へ ▶ ブラジルへ旅立つ Partir de viagem para o Brasil. / 祖国への愛 amor à pátria
ヘア cabelo ▶ ヘアカット corte de cabelo / ヘアスタイル penteado / ヘアクリーム creme para cabelo / ヘアドライヤー secador de cabelo / ヘアブラシ escova de cabelo
ペア par ▶ ペアになる formar um par
へい[塀] muro; cerca; sebe ▶ 塀を乗り越える pular o muro
へいい[平易] simplicidade; facilidade ▶ 平易なポルトガル語 português fácil
へいかい[閉会] encerramento ▶ オリンピックは今日閉会する As Olimpíadas encerram-se hoje. / 閉会式 cerimônia de encerramento
へいかん[閉館] fechamento ▶ 美術館は6時に閉館する O museu fecha às seis horas.
へいき[平気] ▶ 私は寒いのは平気だ Eu não me importo com o frio. / 人が何を言おうと私は平気だ Eu não me incomodo com o que as pessoas possam dizer. / 彼は平気で嘘を言う Ele mente descaradamente.
へいき[兵器] armas; armamento ▶ 核兵器 arma nuclear
へいきん[平均] média ▶ 平均して em média / 息子の学校の成績は平均以上だ As notas escolares de meu filho estão acima da média. / 平均気温 temperatura média / 平均寿命 expectativa média de vida / 平均年齢 média de idade
へいこう[平行] ▶ その道は川と平行している Essa estrada é paralela ao rio. / 平行線 linhas paralelas
べいこく[米国] os Estados Unidos da América
へいさ[閉鎖] ▶ 閉鎖する fechar / 空港は一時的に閉鎖された O aeroporto ficou fechado temporariamente. / 閉鎖的な社会 sociedade fechada
へいじつ[平日] dia útil; dia da semana; dia normal ▶ その店は平日は7時まで開いている Essa loja está aberta até às sete horas nos dias úteis.
へいじょう[平常] o normal ▶ 電車は平常どおり運行している Os trens estão correndo normalmente.
へいせい[平静] calma; tranquilidade; serenidade ▶ 彼は平静を失わなかった Ele não perdeu a calma. / 町は平静だった A cidade estava tranquila.
へいてん[閉店] ▶ 店は8時に閉店する As lojas fecham às oito horas.
へいほう[平方] quadrado ▶ 10平方メートル dez metros quadrados
へいぼん[平凡] ▶ 平凡なサラリーマン um assalariado comum / 平凡な人生 uma vida simples
へいや[平野] planície
へいわ[平和] paz ▶ 平和に暮らす viver em paz / 平和条約 tratado de paz
ページ página ▶ 500ページの本 um livro de quinhentas páginas / ページをめくる virar a página / 15ページを開けなさい Abra na página quinze.
ペースト ▶ チキンペースト pasta de frango / トマトペースト massa de tomate / ペーストする colar
…べき ▶ あなたはもっと努力するべきだ Você deveria esforçar-se mais. / 私はあのようなことを言うべきではなかった Eu não deveria ter dito aquilo.
へこむ[凹む] ▶ 車体が少しへこんでいる A carroceria do carro está um pouco achatada.
ベスト (最善) o melhor; (チョッキ) colete ▶ ベストをつくす fazer o melhor possível
へそ[臍] umbigo ▶ へその緒 cordão umbilical
へた[下手] ▶ 彼女は歌が下手だ Ela canta mal. / 私は下手なポルトガル語が下手だ Eu sou fraco na língua portuguesa. / 下手な歌手 um cantor ruim
ペダル pedal ▶ 自転車のペダルを漕ぐ pedalar a bicicleta

べつ[別] ▶別の靴を見せてください Mostre-me outros sapatos por favor. / また別の時にお伺いします Virei em uma outra hora. / 彼女は毎日別の服を着る Todos os dias ela veste uma roupa diferente. / そうなると話が別だ Se for assim, a conversa é outra.

べっそう[別荘] casa de veraneio [campo]

ベッド cama ▶シングルベッド cama de solteiro / ダブルベッド cama de casal / 2段ベッド beliche

ペット animal de estimação ▶ペットを飼う criar um animal de estimação

ヘッドフォン fone de ouvido

ヘッドライト farol de carros

べつに[別に] ▶今日は別にすることがない Hoje não tenho nada em especial para fazer. / 「何か必要なものはありますか」「いいえ、別に」— Você precisa de algo? — Não, não em especial.

べつべつ[別々] ▶別々の separado / 私たちは別々のテーブルについた Nós nos sentamos em mesas separadas. / 私たちは別々に支払います Vamos pagar separadamente.

へつらう[諂う] bajular; adular ▶彼は上司にへつらっている Ele está bajulando seu chefe.

ヘディング cabeçada ▶ヘディングする dar uma cabeçada (na bola)

ベテラン veterano ▶ベテラン社員 funcionário veterano

ペてん fraude; logro ▶私たちはぺてんにかけられた Nós fomos fraudados. / ぺてん師 vigarista; impostor

ペナルティー pênalti ▶ペナルティーキック chute de pênalti

へとへと ▶私はへとへとだった Eu estava exausto.

へび[蛇] cobra

へや[部屋] quarto; sala ▶私たちの家は5部屋ある Nossa casa tem cinco cômodos [quartos]. / 息子は自分の部屋で勉強している Meu filho está estudando em seu próprio quarto.

へらす[減らす] reduzir; diminuir; baixar ▶出費を減らす reduzir as despesas / 体重を減らす emagrecer; perder peso

ぺらぺら ▶彼女はポルトガル語がぺらぺらだ Ela é fluente na língua portuguesa.

ベランダ varanda

ヘリコプター helicóptero

へる[減る] diminuir; gastar-se ▶会員は15人に減った O número de associados ficou reduzido a quinze pessoas. / 私は体重が2キロ減った Eu perdi dois quilos.

ベル campainha ▶ベルを鳴らす tocar a campainha / ベルが鳴った A campainha tocou.

ベルト cinto ▶ベルトをお締めください Afivelem o cinto. / 安全ベルト cinto de segurança

ヘルメット capacete

へん[辺] ▶この辺は治安がよくない Não há segurança nestas proximidades. / 私はその辺のことはよく知らない Não sei bem sobre esse assunto. / 今日はこの辺にしておきましょう Hoje, vamos parar por aqui.

へん[変] ▶変な estranho / 彼女の様子が変だ Ela está estranha. / 彼女がまだ来ていないのは変だ É estranho que ela ainda não tenha chegado. / 彼は頭が変だ Ele está mal da cabeça.

ペン caneta ▶フェルトペン caneta hidrográfica / ボールペン caneta esferográfica / ペンで書く escrever com a caneta

へんか[変化] mudança; transformação; variação ▶時代の変化 mudança dos tempos / 社会が急激に変化した A sociedade mudou repentinamente.

べんかい[弁解] desculpa; justificação; explicação ▶君の行為に弁解の余地はない Seus atos não podem ser justificados. / 彼はその過失に関して弁解した Ele deu explicações sobre esse erros.

へんかん[変換] transformação; mudança ▶変換する transformar; mudar

ペンキ tinta ▶ペンキを塗る pintar / 「ペンキ塗り立て」Tinta fresca!

へんきゃく[返却] devolução; restituição ▶本を図書館に返却する devolver o livro à biblioteca / その本は返却期限が切れている Esse livro está com o prazo de devolução vencido.

べんきょう[勉強] estudo ▶息子は勉強より遊びの方が好きだ Meu filho gosta mais de brincar do que de estudar. / 私は毎日ポルトガル語を勉強する Eu estudo língua portuguesa todos os dias. / 彼は一生懸命勉強している Ele está estudando com afinco. / その子供は勉強ができた Essa criança tirou boas notas na escola.

へんけん[偏見] preconceito ▶人種的偏見 preconceito racial / 女性に対して偏見がある ter preconceitos contra a mulher

べんご[弁護] defesa; justificação ▶被告を弁護する defender o réu / 彼の行為は弁護の余地がなかった Não havia como defender os atos dele.

へんこう[変更] mudança; alteração ▶予定が変更された A plano foi alterado.

べんごし[弁護士] advogado ▶弁護士に相談する consultar um advogado

へんさい[返済] devolução; pagamento ▶借金を返済する pagar uma dívida

へんじ[返事] resposta ▶お返事をお待ちしております Estou esperando sua resposta. / 私は彼の手紙に返事した Eu respondi a carta dele.

へんしゅう[編集] edição ▶本を編集する editar um livro / 編集者 editor / 編集長 redator-chefe

べんじょ[便所] banheiro; sanitário

べんしょう[弁償] compensação; indenização ▶損害を弁償する indenizar os danos

へんしん[返信] resposta ▶返信用切手 selo para a resposta

へんじん[変人] pessoa excêntrica

へんせい[編成] organização; estruturação ▶番組を編成する organizar um programa / 予算を編成する elaborar o orçamento

へんそう[変装] disfarce ▶変装する disfarçar-se

へんそう[返送] reenvio ▶返送する reenviar; devolver

ペンダント pendente; pingente; berloque ▶ペンダントをつける pendurar um pingente

ベンチ banco ▶ベンチに座る sentar-se em um banco

ペンチ alicate

へんどう[変動] mudança; alteração; flutuação ▶相場の変動 flutuação da cotação / 為替レートは絶えず変動する A taxa de câmbio altera-se constantemente.

べんめい[弁明] defesa; explicação ▶弁明する defender; explicar

べんり[便利] conveniência; utilidade; comodidade ▶便利な conveniente; útil; cômodo / そこへ行くには地下鉄が便利だ Para ir aí é prático ir de metrô. / この辞書は大変便利だ Este dicionário é muito útil.

べんろん[弁論] debate; retórica; oratória ▶弁論大会 concurso de oratória

ほ

ほいくえん[保育園] creche

ポイント ▶そこがポイントだ Aí é que está a questão. / 彼の話はポイントを突いていた A conversa dele tocava no ponto central do assunto.

ほう[方] ▶その男はどっちの方に行きましたか Esse homem foi para qual direção? / 大きい方をください Dê-me o maior por favor. / 私はこっちの方が好きだ Eu gosto mais deste.

ほう[法] lei ▶法を守る cumprir as leis / 法に訴える recorrer à lei / 外国語の上達法 meios para progredir nos estudos de uma língua estrangeira

ぼう[棒] vara; pau: bastão ▶木の棒 vara de madeira

ほうい[包囲] cerco; sítio ▶敵を包囲する cercar o inimigo

ほうえい[放映] ▶その試合は世界中に放映された Esse jogo foi transmitido pela televisão para o mundo todo.

ぼうえい[防衛] defesa ▶祖国を防衛する defender a pátria

ぼうえき[貿易] comércio exterior ▶貿易する fazer comércio; comerciar / 自由貿易 livre comércio / 貿易会社 empresa de comércio exterior / 外国貿易 comércio exterior

ぼうえんきょう[望遠鏡] telescópio

ほうおう[法王] Papa; Sumo Pontífice

ほうかい[崩壊] desabamento; desmoronamento ▶証券市場の崩壊 quebra da bolsa de valores / そのビルは地震で崩壊した Esse prédio desabou com o terremoto.

ほうがい[法外] exorbitância ▶法外な値段 um preço exorbitante

ぼうがい[妨害] impedimento; obstrução ▶騒音が安眠を妨害する O barulho impede o sono tranquilo. / 彼らは私の計画を妨害した Eles atrapalharam meu plano.

ほうがく[方角] direção ▶東の方角に na direção leste / 私は方角がわからなくなった Eu perdi a direção.

ほうかご[放課後] ▶私たちは放課後にテニスをする Nós jogamos tênis depois das aulas.

ほうき[箒] vassoura

ほうき[放棄] abandono; renúncia ▶権利を放棄する renunciar aos direitos

ほうき[蜂起] rebelião; insurreição; revolta

ぼうきゃく[忘却] esquecimento ▶忘却する esquecer

ぼうぎょ[防御] defesa ▶防御用の武器 arma de defesa

ほうけん[封建] feudalismo ▶封建制度 sistema feudal / 封建的な feudal / 封建社会 sociedade feudal

ほうげん[方言] dialeto

ぼうけん[冒険] aventura; risco ▶冒険家 aventureiro

ほうこう[方向] direção; rumo; sentido ▶その音はどの方向から聞こえてきましたか De qual direção veio esse som que você ouviu? / 私は方向音痴だ Eu não tenho sentido de direção. / 方向転換する mudar de direção

ぼうこう[暴行] o uso de violência; ataque; assalto ▶暴行する usar a violência; atacar

ほうこく[報告] relato; informação; notícia ▶報告する relatar; informar; dar a notícia / 報告者 relator; informante

ほうし[奉仕] serviço ▶奉仕する servir; prestar serviço; ajudar / 地域社会に奉仕する prestar serviços à sociedade local

ぼうし[防止] prevenção ▶犯罪防止 prevenção contra crimes / 事故を防止する prevenir contra acidentes

ぼうし[帽子] chapéu; boné; (縁のない) gorro ▶帽子をかぶる pôr o chapéu / 帽子を脱ぐ tirar o chapéu

ほうしゃ[放射] irradiação; emissão ▶放射する irradiar

ほうしゃせい[放射性] ▶放射性の radioativo / 放射性元素 elemento radioativo

ほうしゃせん[放射線] raios radioativos; irradiação

ほうしゃのう[放射能] radioatividade

ほうしゅう[報酬] remuneração; gratificação; recompensa

ほうしん[方針] diretriz ▶これが会社の方針だ Esta é a diretriz da empresa. / 将来の方針を立てる elaborar a diretriz do futuro / 方針を誤る tomar o rumo errado

ほうじん[法人] pessoa jurídica

ぼうすい[防水] ▶防水の携帯電話 um telefone celular à prova d'água

ほうせき[宝石] joia; pedra preciosa; gema ▶宝石店 joalharia

ぼうぜん[呆然] ▶私は呆然としていた Eu estava pasmo.

ほうそう[放送] transmissão televisiva [radiofônica] ▶衛星放送 transmissão via satélite / 2か国語放送 transmissão bilíngue / 番組を放送する

transmitir o programa / 再放送 retransmissão / 放送局 emissora; estação transmissora

ほうそう [包装] o empacotamento; embalagem ▶ 包装する embrulhar; empacotar / 包装紙 papel de embrulho

ほうそく [法則] lei ▶ 重力の法則 lei da gravidade

ほうたい [包帯] atadura [faixa] de gaze ▶ 指に包帯をする enfaixar o dedo

ほうちょう [包丁] faca

ほうっておく [放っておく] ▶ 私のことはほうっておいてください Deixe-me em paz por favor.

ほうてい [法廷] tribunal

ほうていしき [方程式] equação

ほうどう [報道] informação; notícia; reportagem ▶ 報道の自由 liberdade de imprensa / スキャンダルを報道する fazer uma reportagem sobre o escândalo / 報道によると conforme a reportagem

ほうび [褒美] prêmio

ほうふ [豊富] fartura; riqueza; abundância ▶ その国は資源が豊富だ Esse país é rico em recursos naturais. / その店は品揃えが豊富だ Essa loja possui mercadorias em abundância.

ほうほう [方法] método; modo; maneira ▶ 外国語を学ぶよい方法 método bom para aprender uma língua estrangeira / その問題はいくつかの方法で解くことができる Esse problema pode ser resolvido de algumas maneiras.

ほうぼう [方々] vários lugares; toda a parte; todos os lados ▶ 私はブラジルの方々を旅行した Viajei por vários lugares do Brasil.

ぼうめい [亡命] exílio ▶ 政治亡命 exílio político / 中国の反体制活動家がアメリカに亡命した Um dissidente chinês exilou-se nos Estados Unidos da América.

ほうもん [訪問] visita ▶ 公式訪問 visita oficial / 訪問する visitar / 我が国の大統領がその国を訪問するのはこれが初めてだ É a primeira vez que um presidente de nosso país visita esse país. / 訪問者 visitante

ほうりだす [放り出す] jogar fora; atirar; abandonar ▶ 彼は途中でその計画を放り出した Ele abandonou esse projeto pela metade.

ほうりつ [法律] lei ▶ 法律を守る cumprir a lei / 法律を破る infringir a lei / それは法律違反だ Isso é ilegal. / 法律家 jurista

ぼうりょく [暴力] violência ▶ 暴力を振るう usar a violência / 家庭内暴力 violência doméstica / 校内暴力 violência na escola

ボウリング boliche ▶ ボウリングをする jogar boliche

ぼうれい [亡霊] alma do morto; espírito; assombração

ほうれんそう [ほうれん草] espinafre

ほうろう [放浪] vadiagem; vagabundagem ▶ 放浪する vadiar; vagabundar

ほえる [吠える] latir; uivar; rugir

ほお [頬] bochecha ▶ 彼女はほおを赤らめた Ela ficou com as bochechas coradas.

ボーイフレンド namorado

ホース mangueira

ポーズ pose ▶ ポーズをとる fazer pose

ポータブル ▶ ポータブルの portátil / ポータブルラジオ rádio portátil

ボート canoa; barco ▶ ボートを漕ぐ remar um barco

ホーム lar; casa ▶ ホームチーム time da casa

ホームシック saudade; nostalgia ▶ ホームシックになる sentir [ter] saudade do lar; ficar com saudade do lar

ボール bola ▶ テニスボール bola de tênis / サッカーボール bola de futebol

ボールペン caneta esferográfica

ほか [他, 外] ▶ ほかの人たちは後から来ます As outras pessoas virão depois. / ほかの靴を見せてください Mostre-me outros sapatos por favor. / ほかに質問はありますか Tem outras perguntas? / だれかほかの人に聞いてみよう Vamos perguntar para alguma outra pessoa. / あなたはほかに何を見ましたか O que você viu além disso? / 彼はポルトガル語のほかにスペイン語も話す Além da língua portuguesa ele também fala a espanhola. / 私は苦笑するほかはなかった Eu não tinha outro jeito senão dar um sorriso amarelo.

ほがらか [朗らか] ▶ 彼はいつも朗らかだ Ele sempre está alegre. / 彼女は朗らかに笑った Ela riu alegremente.

ほかん [保管] guarda; armazenagem; conservação ▶ 書類を保管する guardar os documentos / 保管料 taxa de armazenagem

ぼき [簿記] contabilidade

ほきゅう [補給] abastecimento; reabastecimento; fornecimento ▶ 飛行機に燃料を補給する abastecer o avião com combustível

ほきょう [補強] reforço ▶ 橋を補強する reforçar a ponte

ぼきん [募金] angariação de fundos; coleta de dinheiro ▶ 募金する angariar fundos; levantar fundos

ほくい [北緯] latitude norte ▶ 北緯30度 trinta graus de latitude norte

ぼくじょう [牧場] pastagem; fazenda de criação de gado

ボクシング boxe; pugilismo ▶ ボクシングの試合 luta de boxe

ほくせい [北西] noroeste

ほくとう [北東] nordeste

ぼくめつ [撲滅] exterminação ▶ 汚職を撲滅する exterminar a corrupção

ほくろ pinta

ポケット bolso ▶ 私はポケットに鍵を入れている Eu tenho a chave dentro do bolso. / ポケットマネー dinheiro para os pequenos gastos

ほけん [保険] seguro ▶ 生命保険 seguro de vida / 健康保険 seguro de saúde / 火災保険 seguro contra incêndios / 私は生命保険に入っている Eu tenho um seguro de vida.

ほご [保護] proteção; amparo; abrigo ▶ 保護する proteger; amparar; abrigar / 市民の権利を保護する proteger os direitos do cidadão

ほご[母語] língua materna
ほこうしゃ[歩行者] pedestre
ほこり[埃] poeira; pó
ほこり[誇り] orgulho; honra; brio ▶ 私は自分の仕事に誇りを持っている Eu tenho orgulho de meu trabalho.
ほこる[誇る] ter [sentir] orgulho ▶ ...を誇る sentir orgulho de... / オスカー・ニーマイヤーはブラジルが誇る建築家だ Oscar Niemeyer é um arquiteto de quem o Brasil se orgulha.
ほし[星] estrela ▶ 空に星がきらめいている Estrelas brilham no céu. / 流れ星 estrela cadente
ほしい[欲しい] desejar; querer; ambicionar ▶ 私はもっとお金が欲しい Quero mais dinheiro. / これが前から欲しかった Eu desejava isto há tempos.
ほしがる[欲しがる] desejar; querer; cobiçar ▶ 息子が高いおもちゃをほしがっている Meu filho está cobiçando um brinquedo caro.
ほしぶどう[干しぶどう] passa; uva seca
ほしゅ[保守] ▶ 保守的な conservador / 保守党 partido conservador
ほしゅう[補修] conserto; reparação ▶ 道路を補修する reparar a estrada
ほしゅう[募集] recrutamento; procura ▶ 社員を募集する procurar novos funcionários / 「従業員募集中」Precisa-se de empregados.
ほじょ[補助] ajuda; auxílio ▶ 補助する ajudar auxiliar / 補助金 subsídio; auxílio financeiro
ほしょう[保証] garantia; fiança; caução ▶ このテレビは1年の保証がついている Esta televisão tem um ano de garantia. / 計画が成功する保証はない Não há garantias de que o projeto seja um sucesso.
ほしょう[保障] segurança ▶ 社会保障 segurança social
ほしょう[補償] compensação ▶ 私はその損害を補償した Eu compensei esse dano.
ほす[干す] pôr para secar ▶ 洗濯物を干す pôr a roupa lavada para secar
ポスター pôster; cartaz ▶ ポスターを貼る colar o pôster
ホスト anfitrião ▶ ホストファミリー família anfitriã
ポスト(郵便) caixa de coleta do correio ▶ 手紙をポストに入れる colocar a carta na caixa de coleta do correio.
ほそい[細い] fino; estreito; fraco ▶ 細い糸 linha fina / 細い道 caminho estreito / 細い声 voz fraca
ほそう[舗装] pavimento ▶ 舗装する pavimentar / 舗装道路 estrada [rua] pavimentada
ほそく[補足] ▶ 補足する complementar; suplementar; acrescentar
ほぞん[保存] preservação; conservação ▶ 食糧を保存する conservar os alimentos / データを保存する salvar os dados
ボタン botão ▶ ボタンをかける abotoar / ボタンを外す desabotoar / ボタンを押す apertar [acionar] o botão
ホチキス grampeador ▶ ホチキスでとめる prender com o grampeador / ホチキスの針 grampo do grampeador
ほちょう[歩調] passo ▶ 歩調を速める apertar o passo
ほちょうき[補聴器] aparelho de audição
ほっきょく[北極] Polo Ártico; Polo Norte ▶ 北極海 oceano Ártico
ホック colchete de gancho; colchete de pressão ▶ ホックをかける prender o colchete de gancho
ほっさ[発作] ataque; espasmo; acesso ▶ 心臓発作 ataque de coração
ぼっしゅう[没収] apreensão; confisco ▶ 没収する apreender; confiscar
ほっそり ▶ ほっそりした esguio; esbelto
ほっと ▶ ほっとする tranquilizar-se; sentir alívio ▶ その知らせを聞いて私はほっとした Eu fiquei aliviado ouvindo essa notícia.
ぼっとう[没頭] dedicação completa ▶ 彼は研究に没頭している Ele dedica-se de corpo e alma à pesquisa.
ホットケーキ panqueca
ホットドッグ cachorro-quente
ぼっぱつ[勃発] ▶ 戦争が勃発した Rebentou a guerra.
ポップコーン pipoca
ボディー(体) corpo; (車体) carroceria
ボディーガード guarda-costas
ボディービル fisiculturismo
ボディーランゲージ linguagem corporal
ポテトチップス ▶ batata chips; batata cortada em rodelas finas; fritas
ホテル hotel ▶ ホテルの部屋を予約する reservar um quarto de hotel / 私は ABC ホテルに泊まっています Estou hospedado no hotel ABC. / 3つ星ホテル hotel de três estrelas
ほてる[火照る] estar corado; sentir calor ▶ 顔がほてった As faces coraram-se.
ほど ▶ 公園まで歩いて10分ほどは Leva-se mais ou menos dez minutos a pé até o parque. / 我が家ほどいいところはない Não há melhor lugar que o lar. / 私は死ぬほど退屈した Eu quase morri de tédio. / 早ければ早いほどよい Quanto mais rápido melhor. / 時間ほど貴重なものはない Não há nada mais precioso que o tempo.
ほどう[歩道] calçada
ほどく[解く] desamarrar; desatar; soltar ▶ 結び目を解く desatar o nó
ほとり beira ▶ そのホテルは湖のほとりにある Esse hotel fica à beira do lago.
ほとんど[殆ど] ▶ ほとんど全員の生徒が出席した Quase todos os alunos compareceram. / 箱の中はほとんどからだった A caixa estava praticamente vazia. / 作業はほとんど完了した O trabalho はほとんど quase todo terminado. / 彼女はほとんど泳げない Ela praticamente não sabe nadar. / ほとんどの人がそのことを知らなかった A maioria das pessoas não sabia a respeito disso. / 池には水がほとんどない Quase não há água no lago.
ほにゅうるい[哺乳類] mamífero
ほね[骨] osso ▶ 魚の骨 espinho de peixe / 私は足

の骨を折った Fraturei [quebrei] o osso da perna. / 骨折り損だった Foi um trabalho perdido.
ほのお[炎] chama ▶その家は炎に包まれていた Essa casa estava encoberta pelas chamas.
ほのめかす insinuar; sugerir; aludir ▶彼女は彼がうそをついているとほのめかした Ela insinuou que ele estaria mentindo.
ほぼ quase; mais ou menos ▶これでほぼ完璧だ Assim está quase perfeito.
ほほえみ[微笑み] sorriso ▶ほほえみを浮かべて com um sorriso nos lábios
ほほえむ[微笑む] sorrir ▶彼女は私にほほえんだ Ela sorriu para mim.
ほめる[褒める] elogiar; louvar; falar bem ▶私たちは彼の勇気をほめた Nós louvamos a coragem dele.
ほら ▶ほら、気をつけて Ei, veja se toma cuidado! / ほら、ごらん Olhe, veja!
ほら[法螺] presunção; fanfarrice ▶ほらをふく gabar-se; vangloriar-se
ボランティア voluntário ▶ボランティア活動をする servir como voluntário
ボリューム volume ▶テレビのボリュームを上げる aumentar o volume da TV / テレビのボリュームを下げる diminuir o volume da TV
ほる[掘る] cavar; perfurar ▶地面を掘る cavar a terra / 穴を掘る abrir um buraco
ほる[彫る] esculpir; gravar
ボルト parafuso de porca
ポルトガル Portugal ▶ポルトガルに行く ir a Portugal / ポルトガルに暮らす viver em Portugal / ポルトガル語 língua portuguesa; idioma português / ポルトガル人 português
ポロシャツ camisa polo
ほろびる[滅びる] extinguir-se; perecer; ruir ▶独裁政権はとうとう滅びた A ditadura finalmente acabou. / 滅びた文明 civilização extinta
ほろぼす[滅ぼす] aniquilar; exterminar; destroçar ▶敵を滅ぼす aniquilar o inimigo
ほん[本] livro ▶本を読む ler um livro / おもしろい本 livro interessante / 彼女はよく本を読む Ela lê muito. / ブラジルの歴史に関する本 livro sobre história do Brasil / 本棚 estante / 本屋 livraria / 絵本 livro ilustrado (para crianças)
ぼん[盆] (トレイ) bandeja
ほんかくてき[本格的] autêntico; genuíno ▶本格的なフランス料理 uma comida francesa autêntica / 本格的な作業 o trabalho real [para valer]
ほんき[本気] seriedade; convicção ▶私は本気だ Eu estou levando a sério. / まさか本気ではないでしょうね Não me diga que você não está falando a sério, está?
ほんごく[本国] o seu país de origem
ほんしつ[本質] a essência ▶本質的な essencial / 本質的に essencialmente
ほんじつ[本日] hoje
ほんしゃ[本社] matriz
ほんしん[本心] ▶私はあなたの本心がわからない Não entendo seu verdadeiro intuito.
ほんとう[本当] ▶それは本当ですか Isso é verdade? / 本当の話 história verídica / 本当のことを話してください Fale a verdade por favor. / 彼は本当にいい人です Ele é verdadeiramente uma pessoa boa. / 今日は本当に楽しかった Hoje foi realmente muito agradável.
ボンネット capô
ほんの ▶彼はほんの子供だ Ele é apenas uma criança. / 私はほんの少しだけポルトガル語が話せる Eu falo somente um pouco da língua portuguesa.
ほんのう[本能] instinto ▶本能的な instintivo / 本能的に instintivamente
ほんぶ[本部] sede; centro de operações
ポンプ bomba
ほんぶん[本文] texto central; texto original
ほんもの[本物] coisa verdadeira [genuína] ▶本物のピカソの絵 uma pintura genuína de Picasso / 本物のダイヤ um diamante verdadeiro
ほんやく[翻訳] tradução ▶私はその本を翻訳で読んだ Eu li a tradução desse livro. / 日本語に翻訳する traduzir / ポルトガル語の小説を日本語に翻訳する traduzir um romance da língua portuguesa para a língua japonesa / 翻訳者 tradutor
ぼんやり ▶ぼんやりした明かり uma vaga claridade / 私はそのことをぼんやり覚えている Eu me lembro disso vagamente. / 私はぼんやりしていた Eu estava distraída. / 遠くに島がぼんやり見える Vê-se vagamente a ilha ao longe. / ぼんやりするな Tome mais cuidado!
ほんらい[本来] originariamente; no princípio ▶人間は本来そうしたものだ Originariamente, o ser humano é isso. / 本来なら許されないところだ Em princípio, isso é algo inaceitável.

ま

ま[間] intervalo de tempo; espaço ▶私は休む間もない Nem tenho tempo para descansar. / あっという間に num instante; num piscar de olhos / 発車までにはまだ間がある Até a partida do trem ainda tem tempo.
ま…[真] 彼女は私の真横に座った Ela sentou-se bem ao meu lado.
まあ ▶まあ、すばらしい Oh! Que maravilha! / まあ座りなさい Em todo caso, sente-se. / まあそんなところだろう Bem, deve ser mais ou menos isso.
マーガリン margarina
マーク (印) marca; sigla; 〖スポーツ〗 marcação ▶その選手はノーマークだった Esse jogador estava sem marcação.
マーケット mercado ▶マーケットシェア quota de mercado
マーチ marcha
まい…[毎] ▶毎回 todas as vezes / 毎日曜日 todos os domingos
…まい[枚] ▶紙1枚 uma folha de papel / 絵はがき2枚 dois cartões postais

まいあがる [舞い上がる] ▶ たこが空に舞い上がった A pipa subiu no céu. / 彼女はすっかり舞い上がっていた Ela estava completamente excitada.

まいあさ [毎朝] 毎朝 todas as manhãs

マイク microfone ▶ マイクでしゃべる falar ao microfone

まいご [迷子] criança perdida ▶ その子供は迷子になった Essa criança ficou perdida.

まいしゅう [毎週] todas as semanas

まいつき [毎月] todos os meses

まいとし [毎年] todos os anos

マイナス menos ▶ マイナス記号 sinal de menos / 7マイナス3は4だ Sete menos três são quatro. / マイナス10度 dez graus negativos / マイナスの影響 influência negativa

まいにち [毎日] todos os dias

まいねん [毎年] todos os anos

まいる [参る] (行く、来る) ir; vir ▶ ただいま参ります Vou agora mesmo.

まう [舞う] dançar ▶ 舞を舞う dançar / 葉が宙を舞っている As folhas estão dançando no ar.

マウス 〖情報〗 mouse; rato ▶ マウスをクリックする clicar o mouse / マウスパッド mouse pad; tapete de mouse

まえ [前] ▶ 前に進む ir para a frente / 前に出なさい Venha para a frente. / 私は1か月前にここに来た Eu vim aqui há um mês. / 私は前に彼女に会ったことがある Eu encontrei-me com ela anteriormente. / 子供の前でそんな話はやめなさい Pare de falar sobre isso em frente da criança. / 車は家の前に止まった O carro parou em frente da casa. / 前から5番目の席 Da frente, o quinto assento. / 2時5分前です São cinco minutos para as duas horas.

まえもって [前以て] antecipadamente; de antemão ▶ 来る時間を前もって教えてください Informe-me com antecedência a hora em que virá.

まかす [負かす] derrotar; vencer ▶ 私たちのチームは相手チームを4対3で負かした Nosso time venceu o time adversário por quatro a três.

まかせる [任せる] confiar; incumbir ▶ お任せください Deixe por minha conta. / それはあなたに任せます Confio isso a você.

まがる [曲がる] entortar-se; dobrar; virar ▶ 次の角を左に曲がってください Vire à esquerda na próxima esquina. / ネクタイが曲がっています A gravata está virada. / 道はくねくね曲がっていた O caminho era tortuoso.

マカロニ macarrão

まきこまれる [巻き込まれる] envolver-se ▶ 彼は事件に巻き込まれてしまった Ele acabou envolvendo-se no caso.

まぎらわす [紛らわす] ▶ 気を紛らわす distrair-se / 退屈を紛らわす fugir do tédio

まぎらわしい [紛らわしい] ▶ 紛らわしい言葉 uma palavra ambígua

まく [幕] cortina; pano ▶ 幕が開く Abrem-se as cortinas. / 幕が下りる Descem as cortinas. / 3幕からなる芝居 peça em três atos

まく [膜] membrana; película

まく [巻く] enrolar; dar corda ▶ 糸を巻く enrolar a linha

まく [蒔く] semear ▶ 種をまく semear as sementes

まくら [枕] travesseiro ▶ 枕カバー fronha

まくる [捲る] arregaçar ▶ シャツの袖をまくる arregaçar a manga da camisa

まぐろ [鮪] atum

まけ [負け] derrota ▶ 私の負けだ Fui derrotado.

まける [負ける] perder; sofrer uma derrota; ser derrotado ▶ 試合に負ける perder o jogo

まげる [曲げる] dobrar; distorcer ▶ 鉄の棒を曲げる dobrar a barra de aço / 腰を曲げる curvar-se

まご [孫] neto

まごころ [真心] ▶ 真心を込めて de [com] todo o coração / 真心のこもった贈り物 um presente sincero

まごつく atrapalhar-se ▶ 彼は私の質問にまごついた Ele atrapalhou-se com minha pergunta.

まこと [誠] ▶ 誠に申し訳ありません Gostaria de manifestar minhas sinceras desculpas.

まさか ▶ まさかこんなことになるとは思わなかった Jamais pensei que ficaria nesta situação. /「あなたがやったのですか」「まさか」— Foi você quem fez isso? — Não, de maneira alguma.

まさつ [摩擦] atrito; fricção ▶ 経済摩擦 atrito econômico / 摩擦する friccionar

まさに [正に] ▶ まさにそのとおりだ Exatamente!

まさる [勝る] superar; suplantar ▶ この製品は品質で他の製品に優っている Este produto supera os outros pela qualidade.

まざる [混ざる] misturar-se; combinar-se ▶ 水と油は混ざらない A água e o óleo não se misturam.

マジック mágica

まじめ [真面目] ▶ まじめな生徒 um aluno sério / まじめに話す conversar seriamente

まじゅつ [魔術] magia negra; feitiçaria; bruxaria ▶ 魔術師 feiticeiro; bruxo

まじわる [交わる] ▶ そこで2つの道が交わる Os dois caminhos cruzam-se aí.

ます [増す] aumentar ▶ 川の水量が増した O volume de água subiu [aumentou]. / スピードを増す aumentar a velocidade

まず [先ず] primeiramente; antes de mais nada

まずい ▶ このりんごはまずい Esta maçã tem um gosto ruim. / うそをつくのはまずい Mentir faz mal.

マスク máscara ▶ マスクを付ける pôr máscara

マスコット mascote

マスコミ meios de comunicação em massa

まずしい [貧しい] pobre ▶ 貧しい家庭 lar pobre / 貧しい暮らしをする viver na pobreza

マスター (修士) mestre ▶ 外国語をマスターする dominar uma língua estrangeira

ますます ▶ 私はますますうんざりした Eu fiquei cada vez mais aborrecido.

まぜる [混ぜる] misturar; juntar; mexer ▶ 赤と黄色を混ぜる misturar as cores vermelha e amarela

また ▶ またいらしてください Venha outra vez. / また あした Até amanhã. / 彼は学者であり、また作家で

また [股] entrepernas; coxa

まだ ▶ 私はまだ富士山に登ったことがない Eu ainda não escalei o Monte Fuji. / あなたはまだ若い Você ainda é jovem. / 彼女はまだ18歳だ Ela só tem dezoito anos de idade. / 「できましたか」「いえ、まだです」 — Terminou? — Não, ainda não.

またたく [瞬く] pestanejar; cintilar ▶ 星が瞬いている As estrelas estão cintilando. / ニュースは瞬く間に広がった A notícia espalhou-se num instante [num piscar de olhos].

または ▶ ペンまたはボールペンで記入してください Preencha com caneta tinteiro ou caneta esferográfica.

まち [町、街] cidade ▶ 私は今ブラジルの小さな町に住んでいる Eu moro em uma pequena cidade do Brasil agora. / お祭りで街中が盛り上がった A cidade inteira animou-se com o festival. / 街に行く ir à cidade

まちあいしつ [待合室] sala de espera

まちあわせる [待ち合わせる] encontrar-se ▶ 時計台の前で待ち合わせよう Vamos nos encontrar em frente à torre do relógio.

まちがい [間違い] erro; engano; falha ▶ 私はいくつかの間違いをした Eu cometi alguns erros. / つづりの間違い erro de ortografia / 間違い電話です É um engano. / 間違いない Não tem erro.

まちがえる [間違える] errar; enganar-se; falhar ▶ 私は試験でいくつか間違えた Eu cometi alguns erros na prova. / 私は電車を間違えた Eu me enganei de trem.

まちどおしい [待ち遠しい] ansioso ▶ 夏休みが待ち遠しい Estou ansioso pelas férias de verão. / 私は彼女と再会するのが待ち遠しい Estou ansioso por encontrá-la novamente.

まつ [待つ] esperar; aguardar ▶ ちょっと待ってください Espere um momento por favor. / 私は友人を待っています Estou aguardando um amigo. / (電話で) そのままお待ちください Aguarde na linha por favor. / お待ちどおさまでした Desculpe-me por tê-lo feito esperar. / 大変長いことお待たせしてすみません Desculpe-me por fazer-lhe esperar por tanto tempo.

まつ [松] pinheiro

まっか [真っ赤] ▶ 彼は顔を真っ赤にして怒っていた Ele estava com a cara vermelha de raiva.

まっくら [真っ暗] ▶ あたりはいつの間にか真っ暗になった Sem se dar conta, ficou completamente escuro ao redor.

まつげ cílios; pestanas

まっさいちゅう [真っ最中] bem no meio ▶ その頃日本経済はバブルの真っ最中だった Nessa época a economia japonesa estava em pleno fenômeno da bolha.

まっさお [真っ青] ▶ 真っ青な空 céu todo azulado / 彼は顔を真っ青だった Ele estava pálido como cera.

まっさかさま [真っさかさま] ▶ 彼は屋根から真っさかさまに落ちた Ele caiu do telhado de cabeça para baixo.

まっさき [真っ先] ▶ 真っ先に antes de mais nada; primeiro de tudo / 結果がわかったら真っ先にお知らせします Quando souber do resultado avisarei em primeira mão.

まっしろ [真白] ▶ 真っ白な branquíssimo; alvíssimo / 真白なシャツ camisa alvíssima

まっすぐ ▶ まっすぐな線 linha reta / この道をまっすぐ行ってください Vá direto por este caminho.

まったく [全く] ▶ まったくおっしゃる通りです Você tem toda a razão. / それはまったく別のことだ Não tem nada a ver com isso.

マッチ fósforo

マットレス colchão

まつばづえ [松葉づえ] muleta

まつり [祭り] festival ▶ 祭りを行う realizar um festival

…まで ▶ 朝から晩まで de manhã até a noite / 8時まで待ちましょう Vamos esperar até às oito horas. / ここから駅までどのくらいありますか Qual é a distância aproximada daqui até a estação? / 彼が来るまで待ちましょう Vamos esperar até que ele venha. / 現在まで até o presente / そんなことまでする必要はない Não é preciso fazer até isso. / それは言うまでもない Não é preciso nem dizer. / 3時までには戻ってきます Volto até às três horas.

まと [的] alvo ▶ 的に当たる atingir o alvo

まど [窓] janela ▶ 窓を開ける abrir as janelas / 窓を閉める fechar as janelas

まとまる ▶ 考えがまとまらない Não consigo organizar minhas ideias. / 商談がまとまった Chegou-se a um acordo na negociação comercial.

マナー maneiras; comportamento; educação ▶ マナーがいい ter boas maneiras / マナーが悪い ser mal-educado

まなぶ [学ぶ] aprender; estudar ▶ 法律を学ぶ estudar as leis / 私はブラジル人からポルトガル語を学んでいる Eu estou aprendendo português com um brasileiro.

マニア mania ▶ 彼は音楽マニアだ Ele é maníaco por música.

まにあう [間に合う] ▶ 私はちょうど締め切りに間に合った Deu tempo para acabar em cima do final do prazo. / 急がないと列車に間に合わない Se não se apressar não dará tempo de pegar o trem.

まぬかれる [免れる] ▶ 私は幸いにも事故を免れた Felizmente eu saí ilesa do acidente. / 責任を免れる fugir da responsabilidade

まね [真似] imitação ▶ オウムは人間の声色のまねをする O papagaio imita a voz do ser humano. / 彼は人のまねがうまい Ele é bom em imitar as pessoas. / ばかなまねはするな Não faça asneiras!

マネージャー gerente

まねく [招く] convidar; acenar ▶ お招きいただきありがとうございます Muito obrigada por ter-me convidado. / 私は彼を夕食に招いた Eu convidei-o para um jantar.

まばたき [瞬き] piscar de olhos; piscadela; pestanejo ▶ まばたきする piscar os olhos; dar uma

piscadela; pestanejar
まばら▶まばらな disperso; esparso; escasso ▶人影はまばらだった Havia poucos sinais de gente.
まひ[麻痺] paralisia ▶麻痺する paralisar / 心臓麻痺 parada cardíaca / 麻痺した paralisado
まぶしい[眩しい] ofuscante; radiante ▶まぶしい光 luz ofuscante
まぶた[瞼] pálpebra
マフラー cachecol; echarpe
まほう[魔法] magia; feitiçaria; bruxaria ▶魔法の杖 varinha mágica / 魔法使い mago; feiticeiro; bruxo
まぼろし[幻] fantasma; ilusão; miragem
まま▶それはそのままにしてください Deixe isso como está. / 窓を開けたままにする deixar a janela aberta
ママ mamãe
まめ[豆] feijão; ervilha ▶エンドウマメ ervilha / ソラマメ fava
まもなく[間もなく] em breve; dentro de pouco tempo ▶まもなく2時です Dentro de pouco tempo serão duas horas.
まもる[守る]▶彼は約束を守った Ele manteve a promessa. / 彼女は子供たちを危険から守った Ela protegeu as crianças do perigo. / 時間を守る cumprir o horário
まよう[迷う] perder-se; estar indeciso [confuso] ▶彼は道に迷った Ele perdeu-se no caminho. / 私はどっちにすればよいか迷った Eu fiquei indecisa sem saber qual escolher.
マヨネーズ maionese
マラソン maratona ▶マラソン選手 corredor de maratona
まる[丸] círculo ▶丸を描く desenhar um círculo
まる…[丸]▶私は丸3年をブラジルで過ごした Eu passei três anos completos no Brasil.
まるい[丸い] redondo; circular ▶丸いテーブル mesa redonda
まるで▶彼はまるで赤ん坊だ Ele parece um bebê. / まるで見当がつかない não ter a mínima ideia
まれ[稀] raridade; escassez ▶まれな raro / まれに raramente
まわす[回す] girar; rodar ▶車のハンドルを右に回す girar [cortar] o volante para a direita / 砂糖を回していただけますか Poderia me passar o açúcar?
まわり[周り] à volta; ao redor ▶私は周りを見た Eu olhei ao redor. / 私たちはたき火の周りに座った Nós sentamo-nos ao redor da fogueira.
まわりみち[回り道] a volta; o desvio ▶回り道をする fazer um desvio; dar uma volta
まわる[回る] girar; rodar ▶地球は太陽の周りを回る A Terra gira em volta do sol. / 目が回る estar com tonturas
まん[万] dez mil ▶5万人 cinquenta mil pessoas
まんいん[満員]▶列車は満員だった O trem estava lotado. / 満員列車 trem lotado
まんかい[満開]▶桜の花が満開だ As flores de cerejeira estão em plena floração.
まんげつ[満月] Lua cheia

まんせい[慢性]▶慢性の crônico / 慢性の病気 doença crônica
まんぞく[満足] satisfação ▶満足のいく結果 resultado satisfatório / 私は結果に満足している Estou satisfeita com o resultado.
まんたん[満タン] tanque cheio ▶満タンにしてください Encha [complete] o tanque por favor.
まんてん[満点] nota máxima ▶彼は英語のテストで満点を取った Ele tirou a nota máxima no teste de inglês.
まんねんひつ[万年筆] caneta tinteiro
まんびき[万引き] furto ▶万引きする furtar
まんぷく[満腹]▶もう満腹です Já estou satisfeito [de barriga cheia].

み

み[身] (体) corpo; (立場) lugar ▶貴重品は必ず身につけていてください Leve os objetos de valor com você. / 私の身にもなってください Ponha-se também no meu lugar.
み[実] fruto ▶木の実 fruto da árvore / 実がなる dar frutos; frutificar
みあげる[見上げる]▶空を見上げる erguer os olhos ao céu
みあたる[見当たる] achar; encontrar; descobrir ▶自動車の鍵が見当たらない Não acho a chave do carro.
みうしなう[見失う] perder de vista ▶私は人込みで彼を見失った Eu o perdi de vista no meio da multidão.
みえ[見栄] vaidade; ostentação ▶見栄を張る ser vaidoso; ostentar-se
みえる[見える] (目に入る) ver; (思われる) parecer ▶私の姿が見えますか Você pode me ver? / よく見えない Não posso ver bem. / 富士山が見える Vejo o Monte Fuji. / 飛行機はもう見えなくなった O avião perdeu-se de vista. / 彼女は幸せそうに見える Ela parece feliz. / 彼は20歳くらいに見える Ele parece ter cerca de vinte anos.
みおくる[見送る] despedir-se de ▶私は彼を見送りに空港へ行った Eu fui despedir-me dele no aeroporto
みおぼえ[見覚え]▶彼の顔には見覚えがあった Eu me lembrava de ter visto o rosto dele.
みかいけつ[未解決]▶未解決の問題 um problema não solucionado
みかく[味覚] paladar; gosto
みがく[磨く] polir; engraxar; escovar ▶靴を磨く engraxar os sapatos / 私は歯を毎朝磨く Eu escovo os dentes todas as manhãs.
みかけ[見かけ] aparência; fachada ▶人を見かけで判断する julgar as pessoas conforme a aparência
みかける[見掛ける] ver ▶彼を駅で見掛けました Eu o vi na estação.
みかた[見方] maneira de ver; ponto de vista ▶

私は違う見方をしている Eu tenho outro ponto de vista.

みかた[味方] ▶私はあなたの味方だ▶Eu sou seu aliado. / 私は彼に味方した Eu o apoiei.

みかづき[三日月] lua crescente

みかん[未完] ▶未完の inacabado / 未完の小説 romance inacabado

みき[幹] tronco; caule

みぎ[右] direita ▶…の右に à direita de... / 右へ曲がってください Vire à direita por favor. / 「右側通行」Passagem pela direita / 私は右利きだ Eu sou destra. / 右の直 à direito / 右手 mão direita

ミキサー〖料理〗liquidificador

みくだす[見下す] desprezar ▶彼は私のことを見下している Ele me despreza.

みごと[見事] ▶見事な眺め uma vista maravilhosa / お見事 Excelente!

みこみ[見込み] chance ▶その候補者は当選の見込みがほとんどない Esse candidato tem poucas chances de eleger-se.

みこん[未婚] ▶未婚の solteiro / 未婚の女性 mulher solteira

みじかい[短い] curto ▶このズボンは私には短すぎる Esta calça é curta demais para mim. / 日がだんだん短くなってきた Os dias estão cada vez mais curtos. / 私は髪の毛を短くしてもらった Eu cortei o meu cabelo curto.

みじめ[惨め] ▶惨めな desgraçado; miserável; pobre / 惨めな気分になる sentir-se desgraçado

みじゅく[未熟] ▶未熟な imaturo; verde; inexperiente ▶彼は未熟だ Ele é imaturo.

みしらぬ[見知らぬ] desconhecido; estranho ▶見知らぬ人 pessoa desconhecida

ミシン máquina de costura

ミス erro; engano; falha ▶ミスをする errar; enganar-se; falhar

みず[水] água ▶私は水が飲みたい Quero beber água. / 花に水をやる dar água para a flor

みずうみ[湖] lagoa

みずぎ[水着] traje de banho; (女性用) maiô; (ビキニ) biquíni; (男性用) calção

みすごす[見過ごす] deixar escapar [passar]; não notar ▶間違いを見過ごす deixar passar o erro

みずしらず[見ず知らず] ▶見ず知らずの estranho / 見ず知らずの人 pessoa estranha

みせ[店] loja; casa comercial ▶その店は10時に開く Essa loja abre às dez horas. / 店を経営する administrar uma loja / 彼のお母さんはあの店で働いている A mãe dele trabalha naquela loja.

みせいねん[未成年] menoridade ▶彼は未成年だ Ele é menor de idade.

みせかけ[見せ掛け] aparência; fingimento ▶見せ掛けの愛情 amor aparente

みせもの[見せ物] exibição; espetáculo; curiosidade

みせる[見せる] mostrar; revelar; aparecer ▶ちょっと見せて Mostre-me um pouco. / 別の時計を見せてください Mostre-me um outro relógio por favor.

みぞ[溝] fosso; vala; sulco

みぞれ[霙] chuva com neve ▶みぞれが降っている Está chovendo e nevando.

…みたい ▶彼は怒っているみたいだ Parece que ele está zangado. / 夢みたいだ Parece um sonho.

みだし[見出し] legenda; título ▶ (辞書の) 見出し語 verbete

みたす[満たす] preencher; encher; (満足させる) satisfazer ▶コップに水を満たす encher o copo de água / 満足させる を満たす satisfazer a curiosidade 好奇心を満たす

みだす[乱す] perturbar; desarrumar; desorganizar ▶平和を乱す perturbar a paz

みだら[淫ら] ▶みだらなindecente; obsceno; lascivo

みだれる[乱れる] conturbar-se; desordenar-se; perturbar-se ▶その事故で交通が乱れた O trânsito conturbou-se com esse acidente.

みち[道] caminho; rua; recurso ▶駅へ行く道を教えてください Ensine-me o caminho para a estação. / 私は道に迷った Eu me perdi no caminho. / この道を行けば駅に出ます Se for por esta rua chegará à estação. / 成功への道 caminho do sucesso

みち[未知] ▶未知の desconhecido; ignorado; incógnito / 未知の世界 um mundo desconhecido

みぢか[身近] ▶身近な問題 problema que existe ao seu redor

みちがえる[見違える] confundir ao ver ▶私は彼女を別の人と見違えた Eu a confundi com outra pessoa.

みちびく[導く] orientar; conduzir; encaminhar ▶努力が彼女を成功に導いた O esforço levou-a ao sucesso.

みちる[満ちる] encher-se ▶彼の顔は喜びに満ちていた O rosto dele estava cheio de alegria. / 潮が満ちてきた A maré começou a subir.

みつ[蜜] mel; néctar

みつかる[見つかる] encontrar; achar; ser descoberto ▶なくした鍵が見つかった Encontrei a chave que havia perdido.

みつける[見つける] encontrar; descobrir; achar ▶誤りを見つける encontrar um erro

みっせつ[密接] ▶密接な estreito / 両者には密接な関係がある Havia uma ligação estreita entre os dois. / 密接に estreitamente

みっつ[三つ] três

みつど[密度] densidade ▶人口密度 densidade demográfica

みっともない indecente; vergonhoso ▶いい年をしてみっともない Que indecente para essa idade! / みっともないからやめなさい Pare com isso porque é vergonhoso!

みつばち[蜜蜂] abelha

みつめる[見つめる] encarar; fitar ▶彼は星を見つめていた Ele estava olhando fixamente para as estrelas.

みつもり[見積もり] orçamento; cálculo; estimativa ▶見積もりを出す fazer o orçamento

みつもる[見積もる] orçar; calcular; estimar ▶被害を見積もる estimar o prejuízo

みてい [未定] ▶ 次の会議の日取りは未定だ Não está decidida a data da próxima reunião.

みとおし [見通し] visibilidade; perspectiva; percepção ▶ もやで見通しが悪い A visibilidade está ruim por causa do nevoeiro. / 今年の経済見通しは明るい O prognóstico da economia deste ano é animador.

みとめる [認める] reconhecer; aprovar ▶ 彼は自分の過ちを認めた Ele reconheceu o seu erro.

みどり [緑] verde; árvores; natureza ▶ 緑の verde / 緑の葉 folha verde

みな [皆] ▶ 皆さんこんにちは Boa tarde a todos. / 私たちは皆賛成です Nós somos todos a favor.

みなおす [見直す] rever; reconsiderar; melhorar ▶ レポートを見直す rever o relatório

みなしご [孤児] órfão, órfã

みなす [見なす] considerar ▶ 彼はそのグループのリーダーと見なされている Ele é considerado o líder desse grupo.

みなと [港] porto ▶ 港町 cidade portuária

みなみ [南] sul ▶ 南アメリカ América do Sul / 南風 vento sul / ブラジルの南に no sul do Brasil / 南十字星 Constelação do Cruzeiro do Sul / 南半球 hemisfério sul

みなもと [源] fonte; origem; princípio ▶ 文明の源 origem da civilização

みならう [見習う] aprender; imitar ▶ 彼女を見習いなさい Tome-a como exemplo.

みなり [身なり] vestimenta; aparência ▶ 彼はいつもきちんとした身なりをしている Ele sempre está bem vestido.

みなれた [見慣れた] ▶ 見慣れた風景 uma paisagem familiar

みにくい [醜い] feio; horrível; vergonhoso ▶ 醜い傷跡 uma cicatriz horrível

みのうえ [身の上] destino; condições; vida ▶ 身の上話をする falar sobre a vida

みのがす [見逃す] deixar passar [escapar]; não notar [ver] ▶ 私はその映画を見逃した Eu perdi esse filme. / 好機を見逃す deixar escapar uma boa oportunidade

みのる [実る] frutificar; dar resultado ▶ りんごが実った Deu maçãs.

みはらし [見晴らし] vista; visibilidade ▶ この部屋は見晴らしがいい Este quarto tem uma vista boa.

みはり [見張り] (行為) vigilância; guarda; vigia; (人) vigia; guarda; sentinela

みはる [見張る] vigiar; guardar; ficar de sentinela ▶ 荷物を見張っていてください Vigie a bagagem por favor.

みぶり [身振り] gesto; gesticulação ▶ 身振りで示す mostrar com gestos

みぶるい [身震い] tremedeira ▶ 恐怖で身震いする tremer de medo

みぶんしょう [身分証] carteira de identidade

みほん [見本] amostra; modelo ▶ 製品見本 amostra do produto manufaturado

みまい [見舞い] visita para conforto ▶ 彼女は友人を病院へ見舞いに行った Ela foi visitar seu amigo no hospital. / 見舞い客 visita

みまわす [見回す] olhar ao redor [em volta] ▶ 彼は周囲を見回した Ele olhou os arredores.

みまん [未満] ▶ 18歳未満お断り Proibida a entrada de menores de dezoito anos. / 10円未満を切り捨てる desprezar valores abaixo de dez ienes

みみ [耳] ouvido ▶ 祖父は耳が遠い Meu avô não ouve bem. / 耳飾り brinco / 耳たぶ lóbulo da orelha

みめい [未明] ▶ 未明に de madrugada

みもと [身元] identidade ▶ 被害者の身元はまだ確認されていない Ainda não foi confirmada a identidade da vítima.

みゃく [脈] pulso; pulsação ▶ 医者は彼女の脈を取った O médico tomou o pulso dela.

みやげ [土産] presente; lembrança turística ▶ 土産店 loja de suvenir [souvenir]

みょう [妙] な de estranho; curioso ▶ 私は妙なうわさを聞いた Ouvi um rumor estranho. / 妙なことに curiosamente

みょうごにち [明後日] depois de amanhã

みょうじ [名字] sobrenome; nome de família

みょうちょう [明朝] amanhã de manhã

みょうにち [明日] amanhã ▶ 明日会議がある Amanhã haverá reunião.

みょうばん [明晩] amanhã à noite

みらい [未来] futuro ▶ 彼にはすばらしい未来がある Ele tem um futuro brilhante. / 未来のブラジル o Brasil do futuro / 未来時制 tempo futuro

ミリグラム miligrama

ミリメートル milímetro

みりょく [魅力] encanto; fascínio; atrativo ▶ 魅力的な笑顔 um sorriso encantador

ミリリットル mililitro

みる [見る] ver; olhar ▶ 見てください Olhe por favor. / 見てもいいですか Posso ver? / この写真を見てください Veja esta foto.

…みる ▶ 私は試しにやってみよう Como experiência vou tentar fazer.

ミルク leite ▶ 粉ミルク leite em pó / ミルクティー chá com leite

みわける [見分ける] distinguir; diferenciar; identificar ▶ ガチョウとアヒルを見分けられますか Você pode distinguir o ganso do pato?

みわたす [見渡す] ▶ 丘の上から海が見渡せる De cima da colina pode-se ver o mar à volta. / 見渡す限り海が広がっている O mar se estende até perder de vista.

みんかん [民間] ▶ 民間の civil; privado / 民間の企業 empresa privada / 民間機 avião civil / 民間伝承 tradição popular

みんしゅ [民主] ▶ 民主的な democrático / 民主党 partido democrático / 民主主義 democracia / 民主的に democraticamente

みんしゅう [民衆] público; povo; massa

みんぞく [民族] povo; etnia; nação ▶ アジアには数多くの民族がいる Na Ásia existem muitos grupos étnicos.

みんな todos; toda a gente ▶ みんな集まってくださ

い Reúnam-se todos por favor. / 彼女はみんなに愛されている Ela é amada por todos. / みんなでピクニックに行った Fomos todos ao piquenique.
みんよう[民謡] música folclórica
みんわ[民話] folclore; lenda popular

む

む[無] nada; vazio ▶ 無からは何も生じない Nada nasce do nada.
むいしき[無意識] inconsciência ▶ 無意識の inconsciente; involuntário / 無意識に inconscientemente; involuntariamente
むいみ[無意味] ▶ 無意味な sem sentido; inútil / それは無意味だ Isso não tem sentido. / 無意味な議論 discussão inútil
むかい[向かい] ▶ 通りの向かい側にレストランがある No outro lado da rua tem um restaurante.
むがい[無害] ▶ 無害な inofensivo
むかう[向かう] dirigir-se; partir ▶ 台風は九州に向かっている O tufão está se dirigindo para Kyushu. / 彼は東京を立ってニューヨークへ向かった Ele partiu de Tóquio para Nova Iorque. / 飛行機はサンパウロに向かっていた O avião dirigia-se para São Paulo.
むかえ[迎え] ▶ 妻は子供を幼稚園に迎えに行った Minha esposa foi buscar a criança no jardim de infância.
むかえる[迎える] receber; acolher; esperar ▶ 彼らは私たちを暖かく迎えてくれた Eles nos acolheram afetuosamente.
むかし[昔] ▶ 昔, 日本にオオカミがいた Antigamente, havia lobos no Japão. / 彼とは昔からの付き合いだ Eu sou amigo dele deste antigamente. / 昔話 estórias antigas
むかんけい[無関係] ▶ 私はその件とは無関係だ Não tenho nada a ver com esse caso.
むかんしん[無関心] indiferença; desinteresse ▶ 彼は政治に無関心だ Ele não tem interesse pela política.
むき[向き] orientação; direção; posição ▶ 風の向きが変わった Mudou a direção do vento.
…むきの[…向きの] ▶ 子供向きの本 um livro próprio para crianças
むぎ[麦] ▶ 小麦 trigo / 大麦 cevada / 麦わら帽子 chapéu de palha
むく[向く] ▶ こちらを向いてください Vire-se para cá. / 彼は右を向いた Ele virou-se para a direita. / 私の家は南を向いている Minha casa dá para o sul.
むく[剥く] descascar ▶ バナナの皮をむく descascar a banana / りんごの皮をむく descascar a maçã
むくい[報い] (報償) recompensa; (罰) castigo
むくいる[報いる] recompensar; retaliar ▶ 私は彼の労に報いた Fui recompensado pelo esforço dele.
むくち[無口] ▶ 無口な calado; de poucas palavras / 彼は無口だ Ele é calado. / 無口な男 homem de poucas palavras
むける[向ける] ▶ 彼女は目を窓の方に向けた Ela voltou seus olhos para a janela. / 彼はカメラを私たちに向けた Ele virou sua câmera para nós.
むげん[無限] infinito; ilimitado ▶ 無限の infinito; ilimitado / 無限に infinitamente
むこ[婿] genro
むこう[向こう] ▶ 通りの向こうにポストがある Do outro lado da rua tem uma caixa de coleta do correio. / 向こうの岸 a margem de lá / 向こうに着いたら連絡します Quando chegar lá mando notícias.
むこう[無効] ▶ 無効な inválido; sem efeito / これらの票は無効だ Estes votos são inválidos.
むごん[無言] ▶ 無言でいる estar em silêncio / 無言で祈る rezar em silêncio
むざい[無罪] inocência ▶ 無罪の inocente / 被告は無罪を主張した O réu alegou inocência. / 彼は無罪になった Ele foi declarado inocente.
むし[虫] inseto; bicho
むし[無視] ▶ 無視する não prestar atenção; ignorar / 彼らは私の意見を無視した Eles ignoraram minha opinião. / 信号を無視する ignorar o sinal de trânsito
むしあつい[蒸し暑い] quente e úmido ▶ 今日は蒸し暑い Hoje está quente e úmido.
むしごん[無実] inocência ▶ 私は彼の無実を信じる Eu acredito na inocência dele. / 無実の罪で投獄される ser preso por um crime não cometido
むしば[虫歯] cárie dentária ▶ 私は虫歯がある Tenho uma cárie dentária. / 虫歯を治療してもらう tratar uma cárie dentária
むじひ[無慈悲] ▶ 無慈悲な cruel / 無慈悲に cruelmente
むしめがね[虫眼鏡] lupa
むじゃき[無邪気] ingenuidade; inocência ▶ 無邪気な幼児 uma criança ingênua
むじゅん[矛盾] contradição ▶ 矛盾した考え ideia contraditória / 君は矛盾したことを言っている Você está dizendo coisas contraditórias.
むしょう[無償] ▶ 無償の grátis; gratuito / 義務教育は無償だ O ensino obrigatório é gratuito. / 無償で grátis; gratuitamente
むじょう[無情] ▶ 無情な雨 chuva cruel
むじょうけん[無条件] ▶ 無条件の sem condições / 無条件降伏 rendição incondicional / 無条件で incondicionalmente
むしょく[無色] ▶ 無色の incolor; sem cor
むしょく[無職] ▶ 無職の sem emprego; sem ocupação / 私は今無職です Agora eu estou desempregado.
むしる arrancar; depenar ▶ 羽をむしる depenar / 草をむしる arrancar a grama
むじん[無人] ▶ 無人島 ilha desabitada / 無人駅 estação deserta
むしんけい[無神経] insensibilidade ▶ 無神経な言葉 palavras insensíveis
むす[蒸す] cozer [cozinhar] em vapor ▶ 鳥肉を蒸す cozinhar carne de frango em banho-ma-

むすう[無数] ▶ 無数の inumerável / 無数の星 um número infinito de estrelas

むずかしい[難しい] difícil ▶ 難しい質問 pergunta difícil / 外国語を上手に話すのは難しい É difícil falar bem uma língua estrangeira. / そんなに難しく考える必要はない Não é preciso pensar tão seriamente. / 難しさ dificuldade

むすこ[息子] filho ▶ 私は息子と娘がいる Tenho um filho e uma filha. / 一人息子 filho único

むすびめ[結び目] nó ▶ 結び目をほどく desfazer o nó

むすぶ[結ぶ] atar; fazer o nó ▶ 靴ひもを結ぶ amarrar o cordão dos sapatos / 契約を結ぶ estabelecer [assinar; fazer; concluir] um contrato

むすめ[娘] moça; filha; donzela

むぜい[無税] ▶ 無税の isento de imposto / 無税で com isenção de imposto

むせきにん[無責任] irresponsabilidade ▶ 無責任な irresponsável / 無責任なうわさ boato irresponsável

むせん[無線] ▶ 無線の sem fio

むだ[無駄] ▶ 無駄な inútil / 彼にそんなことを言っても無駄だ Dizer isto para ele é inútil. / 私は試してみたが無駄だった Eu tentei fazer mas foi inútil. / 我々の努力は無駄だった Nosso esforço foi em vão. / 時間を無駄にする desperdiçar o tempo

むだん[無断] ▶ 無断欠勤する faltar ao serviço sem avisar / 「無断立ち入り禁止」Entrada proibida!

むち[鞭] chicote; açoite

むち[無知] ignorância; desconhecimento ▶ 無知な ignorante

むちゃ[無茶] ▶ 無茶な計画 um plano louco

むちゅう[夢中] ▶ 夢中になっている estar absorvido [entusiasmado; fora de si] / 彼はその歌手に夢中だ Ele está louco por essa cantora.

むっつ[六つ] seis

むっとする ▶ 私が誤りを指摘すると、彼はむっとした Ele zangou-se quando eu apontei-lhe o erro. / 部屋の中はむっとしていた Estava abafado dentro do quarto.

むてき[無敵] invencibilidade ▶ 無敵のチーム time invencível

むてんか[無添加] ▶ 無添加の sem aditivos

むなしい[空しい] ▶ 空しい努力をする fazer um esforço inútil / 人生は空しい A vida é vã.

むね[胸] peito; tórax ▶ 私は胸が痛い Estou com dor no peito. / 胸の内を明かす abrir o coração revelar seus sentimentos

むぼう[無謀] imprudência ▶ 無謀な imprudente / 無謀な計画 um plano imprudente / 無謀運転 direção imprudente

むめい[無名] (匿名) anonimato; (知られていない) desconhecido ▶ 無名の手紙 carta anônima / 無名の作家 escritor desconhecido / 無名戦士の墓 túmulo do soldado desconhecido

むめんきょ[無免許] ▶ 無免許運転する dirigir sem carteira de habilitação de motorista

むよう[無用] ▶ 無用な inútil; desnecessário / 無用の長物 um elefante de luxo / 遠慮は無用だ Não precisa fazer cerimônia. / 「無用の者立ち入り禁止」Proibida a entrada de estranhos.

むら[村] aldeia ▶ 村中の人 todas as pessoas da aldeia / 村人 aldeão

むらがる[群がる] aglomerar-se; ajuntar-se; ▶ その映画スターの周りに女性ファンが群がった As fãs aglomeraram-se à volta da estrela desse filme.

むらさき[紫] roxo; cor de violeta ▶ 紫の花 flor de cor roxa

むり[無理] ▶ 無理なことを言わないでください Não diga coisas absurdas. / その仕事は一人では無理だ É impossível fazer esse trabalho sozinho. / あなたが怒るのは無理もない Você tem razão em se zangar. / 無理しないでください Não se esforce demais. / 無理数 número irracional

むりょう[無料] ▶ 無料の gratuito; grátis / 無料電話 ligação gratuita / 入場無料 entrada grátis / 無料で gratuitamente

むれ[群れ] ▶ 人の群れ grupo de pessoas / 羊の群れ rebanho / 魚の群れ cardume

むろん[無論] sem dúvida ▶ 無論そのとおりです Sem dúvida, é exatamente isso.

め

め[目] olhos ▶ 目を開ける abrir os olhos / 目を閉じる fechar os olhos / 目が青い ter olhos azuis / 目が黒い ter olhos negros / 目を閉じて com os olhos fechados / 目が疲れた Meus olhos cansaram-se. / 私は目がよい Tenho vista boa. / 私は目が悪い Não enxergo bem. / 目を覚ます acordar; despertar / ひどい目に遭う passar por apuros

め[芽] broto; gema ▶ 木の芽がふくらんできた Os brotos das árvores começaram a se intumescer. / まいた種が芽を出した As sementes semeadas começaram a germinar.

…め[目] ▶ 二つ目の角を左に曲がってください Vire à esquerda na segunda esquina por favor.

めあて[目当て] ▶ 金目当ての犯罪 crime visando o dinheiro

めい[姪] sobrinha

めいあん[名案] uma boa ideia ▶ それは名案だ Isso é uma boa ideia. / 名案が浮かんだ Surgiu-me uma boa ideia.

めいかい[明快] limpidez; clareza ▶ 明快な答え uma resposta clara / 明快に説明する explicar claramente

めいかく[明確] clareza; exatidão ▶ 明確な定義 uma definição precisa / この点を明確にする必要がある É preciso esclarecer este ponto. / あなたの説明は明確さを欠いている Sua explicação não é muito clara.

めいさい[明細] ▶ 明細な pormenorizado / 明細な報告書 relatório pormenorizado / 明細書 nota fiscal [detalhada] / 給与明細 contra-cheque

めいさく[名作] obra-prima ▶ポルトガル文学の名作 obras-primas da literatura portuguesa
めいし[名刺] cartão de visita
めいし[名詞] substantivo /抽象名詞 substantivo abstrato / 固有名詞 substantivo próprio / 集合名詞 substantivo coletivo
めいしょ[名所] lugar famoso ▶ 観光名所 ponto turístico
めいじる[命じる] ordenar; mandar; exigir ▶私は上司に出張を命じられた Meu chefe ordenou-me que fizesse uma viagem a trabalho.
めいしん[迷信] superstição; crendice ▶迷信を信じる acreditar em superstição / 迷信深い supersticioso
めいじん[名人] mestre; perito ▶釣りの名人 perito em pesca
めいせい[名声] reputação; renome; fama
めいそう[瞑想] meditação ▶瞑想する meditar
めいちゅう[命中] ▶矢が的に命中した A flecha acertou o alvo em cheio.
めいぶつ[名物] ▶この地方の名物は何ですか Qual é o produto típico desta região? / 名物料理 comida típica famosa
めいぼ[名簿] lista de nomes ▶乗客名簿 lista de passageiros
めいめい[銘々] cada um; cada qual ▶めいめいが意見を述べた Cada um expôs sua ideia.
めいよ[名誉] honra; reputação; dignidade ▶名誉ある地位 uma posição honrada / 今日お招きいただいたことは私にとってこの上ない名誉です Para mim, não há honra maior do que a de ter sido convidado hoje.
めいりょう[明瞭] clareza ▶明瞭な発音 uma pronúncia clara
めいれい[命令] ordem ▶命令に従う obedecer uma ordem / 命令に逆らう desobedecer uma ordem / 命令する ordenar / 命令文 frase imperativa
めいわく[迷惑] ▶ご迷惑をおかけして申し訳ありません Sinto muito por ter causado incômodos. /「工事中につきご迷惑をおかけしています」Desculpem o transtorno. Estamos em obras. / ご迷惑でなければ明日お伺いします Se não for inconveniente iremos trazer-lhe uma visita amanhã.
めうえ[目上] ▶目上の人 o superior; a pessoa mais velha
めうし[雌牛] vaca
メーカー fabricante ▶自動車メーカー fabricante de automóveis
メーター medidor; contador ▶水道メーター medidor de água
メートル metro ▶ 5 メートルのロープ cinco metros de corda / メートル法 sistema métrico
メール ▶電子メール mensagem eletrônica; e-mail / メールを送る enviar um e-mail / メールアドレス endereço de e-mail
めかた[目方] peso ▶目方を計る pesar
めがね[眼鏡] óculos ▶彼は眼鏡を掛けている Ele usa óculos.
めぐすり[目薬] colírio ▶目薬をさす pingar colírio

めぐまれる[恵まれる] ▶この国は資源に恵まれている Este país é rico em recursos naturais. / 恵まれない家庭の子供たち crianças de lares desfavorecidos
めぐみ[恵み] bênção; graça; benevolência ▶恵みの雨 chuva abençoada / 神の恵みがありますように Que a graça de Deus esteja contigo!
めくる ▶ページをめくる virar a página
めぐる[巡る] rodar; circular; girar ▶彼女はヨーロッパ各地を巡った Ela percorreu várias regiões da Europa.
めざす[目指す] almejar; visar; ter como objetivo ▶彼は政治家を目指している Ele almeja ser um político.
めざましどけい[目覚まし時計] relógio despertador ▶ 6 時に目覚まし時計をかける acertar o relógio despertador para as seis horas
めざましい[目覚ましい] brilhante; espetacular; notável ▶その国は目覚ましい経済発展を遂げた Esse país conseguiu um notável desenvolvimento econômico.
めざめる[目覚める] despertar; acordar ▶彼は普通 6 時に目覚める Ele normalmente acorda às seis horas. / 私は夜中に目覚めた Eu me despertei no meio da noite.
めし[飯] (米飯) arroz; (料理) comida; (食事) refeição ▶飯を食いに行こう Vamos comer.
めす[雌] fêmea ▶雌の fêmeo
めずらしい[珍しい] raro ▶珍しい動物 animal raro / それほど珍しいことではない Isso não é tão raro. / 彼が遅刻するのは本当に珍しい É realmente raro ele se atrasar.
めだつ[目立つ] ▶彼はいつも目立つ Ele sempre chama a atenção. / 彼は目立ちたがりだ Ele gosta de aparecer. / 目立った変化は見られない Não se pode ver mudanças que chamem a atenção.
めだま[目玉] globo ocular ▶目玉商品 artigo vendido para atrair os clientes / 目玉焼き ovo frito
メダル medalha ▶金メダル medalha de ouro / 銀メダル medalha de prata / 銅メダル medalha de bronze / メダルを獲得する conquistar uma medalha
めつき[目付き] olhar ▶目つきの鋭い男 um homem de olhar penetrante
メッセージ mensagem ▶メッセージを受け取る receber uma mensagem / メッセージを残す deixar uma mensagem
めった[滅多] ▶めったにないチャンスだ É uma chance rara. / 彼はめったにここには来ない Ele nunca vem aqui.
めでたい ▶今日はめでたい日だ Hoje é um dia de festas. / 事件はめでたく解決した O caso teve um final feliz.
メニュー cardápio; menu ▶メニューをお願いします O cardápio, por favor. / ワインメニュー menu de vinhos / メニューバー barra de menu
めまい[目まい] tontura; vertigem ▶目まいがする ter tontura

メモ apontamento; anotação; nota ▶ 講義のメモを取る tomar notas da aula / メモ用紙 papel de anotações

メモリー memória ▶ メモリーカード cartão de memória / USB メモリー chave USB

メロディー melodia

メロン melão

めん[面] (仮面) máscara; (新聞) página ▶ 第1面 primeira página / 経済面 página de economia / 人生の暗い面 face escura da vida

めん[綿] algodão ▶ 綿のシャツ camisa de algodão

めんえき[免疫] imunidade

めんかい[面会] entrevista; audiência; visita ▶ 面会する fazer uma visita / 面会時間 horário de visitas /「面会謝絶」Visitas proibidas!

めんきょ[免許] licença; certificado de autorização ▶ 免許を取得する conseguir uma licença / 運転免許証 carteira de habilitação de motorista

めんじょ[免除] isenção; dispensa ▶ 授業料免除 isenção do pagamento de mensalidades escolares / 免除する isentar

めんする[面する] dar para; estar voltado para ▶ この店は大通りに面している Esta loja dá para a avenida.

めんぜい[免税] isenção de imposto; franquia ▶ 免税品 artigo isento de imposto / 免税店 loja franca

めんせき[面積] superfície; área; extensão ▶ この土地の面積は500平方メートルある Este terreno tem uma área de quinhentos metros quadrados.

めんせつ[面接] entrevista; exame oral ▶ 面接を受ける ser entrevistado / 面接を行う fazer uma entrevista / 就職面接 entrevista para emprego

めんどう[面倒] ▶ 面倒な仕事 um trabalho complicado / 書類に記入するのは面倒だ É trabalhoso preencher os documentos. / 面倒をお掛けしてすみません Sinto muito pelo aborrecimento causado. / 彼女は子供たちの面倒をよく見る Ela cuida bem das crianças.

めんどうくさい[面倒くさい] ▶ ああ、面倒くさい Ah, que maçante! / そんな面倒くさいことはいやだ Não quero saber de algo tão trabalhoso.

めんどり[雌鶏] galinha

メンバー membro; sócio ▶ メンバーが一人足りない Falta um membro.

めんみつ[綿密] meticulosidade ▶ 綿密な分析 análise meticulosa / 綿密な計画 plano meticuloso / 綿密に meticulosamente

めんるい[麺類] massa

も

…**も** ▶ 彼は知っていた. 私も知っていた Ele sabia. Eu também sabia. / 彼は知らなかった. 私も知らなかった Ele não sabia. Eu também não sabia. / 私は疲れていたし、おなかもすいていた Eu estava cansado e também com fome. / 彼もまた私と同じく失敗した Ele, como eu, falhou. / 私はスケートもスキーもできない Eu não sei patinar nem esquiar. / 彼は何も言わずに出て行った Ele saiu sem dizer nada.

もう ▶ もういとましなければなりません Já tenho que ir embora. / お茶をもう一杯ください Dê-me mais uma xícara de chá. / 彼はもう日本にはいない Ele não está mais no Japão.

もうかる[儲かる] ▶ この商売は儲かる Este negócio dá dinheiro. | Este negócio é rentável.

もうけ[儲け] lucro; ganho ▶ 500万円の儲けがあった Tive um lucro de cinco milhões de ienes. / 大儲けする ter um grande lucro; lucrar muito

もうける[設ける] ▶ 規則を設ける estabelecer regras / 口実を設ける arranjar uma desculpa / このような機会を設けていただき、どうもありがとうございます Muito obrigado por oferecer uma oportunidade como esta.

もうける[儲ける] ganhar dinheiro; ter proveito ▶ 彼は株で大金を儲けた Ele ganhou muito dinheiro com ações.

もうしこみ[申し込み] solicitação; requerimento; pedido ▶ 申し込みの締め切り prazo para solicitação / 結婚の申し込み pedido de casamento / 申込者 requerente; solicitante / 申込用紙 formulário de solicitação

もうしこむ[申し込む] pedir; inscrever-se; fazer a assinatura ▶ 奨学金を申し込む pedir uma bolsa de estudos / 彼は彼女に結婚を申し込んだ Ele pediu-a em casamento.

もうしわけ[申し訳] ▶ 誠に申し訳ありません Peço sinceras desculpas. / 返事が遅れて申し訳ありません Desculpe-me pelo atraso da resposta.

もうちょう[盲腸] apêndice ▶ 盲腸炎 apendicite

もうてん[盲点] o ponto cego

もうふ[毛布] cobertor; manta

もうもく[盲目] cegueira ▶ 盲目の cego / 盲目的な愛情 amor cego

もうれつ[猛烈] ▶ 猛烈な風 vento muito intenso / 猛烈な暑さ calor muito intenso / 私は猛烈な痛みを感じた Eu senti uma dor muito intensa.

もえる[燃える] incendiar-se; inflamar-se ▶ 家が燃えている A casa está incendiando-se.

モーター motor ▶ モーターボート barco a motor

もぎ[模擬] simulação; imitação ▶ 模擬試験 teste simulado / 模擬店 barraca para vendas em festivais

もぐ colher; apanhar ▶ りんごをもぐ apanhar maçãs

もくげき[目撃] testemunho ▶ 私はその男が財布をするところを目撃した Eu presenciei o momento em que esse homem roubava a carteira. / 目撃者 testemunha ocular

もくじ[目次] índice

もくぞう[木造] ▶ 木造の家 casa feita de madeira

もくてき[目的] objetivo; finalidade; propósito ▶ 訪問の目的は何ですか Qual é o objetivo da visita? / 目的を果たす realizar o objetivo / 野生動

物の保護を目的とする機関 órgão que tem por finalidade proteger os animais silvestres / 直接目的語 objeto [complemento] direto / 間接目的語 objeto [complemento] indireto / 目的地 local do destino

もくひょう [目標] alvo; objetivo; meta ▶ 目標を達成する conseguir [realizar] o objetivo / 目標を設定する estabelecer a meta

もくようび [木曜日] quinta-feira ▶ 木曜日に na quinta-feira

もぐる [潜る] mergulhar ▶ 水中に潜る mergulhar na água

もくろく [目録] catálogo; lista

もけい [模型] maquete; modelo ▶ 模型飛行機 maquete de avião

もし (仮定) se ▶ もし雨なら私は行きません Se chover eu não vou. / もし誰も来なかったらどうしますか Se ninguém vier o que você fará? / もしかすると何かあったのかもしれない Talvez tenha ocorrido algo. / もしかしてこの件について何かご存じないですか Por acaso, você não sabe alguma coisa sobre este caso?

もじ [文字] letra ▶ ギリシャ文字 letra grega / 文字通りの literal / 文字通りの意味 significado literal / 文字通りに literalmente

もしもし (電話) alô ▶ もしもし田中さんのお宅ですか Alô. É da residência do Sr. Tanaka?

もたらす trazer; levar; causar ▶ 幸運をもたらす trazer boa sorte

もたれる apoiar-se; encostar-se ▶ 彼は壁にもたれた Ele encostou-se na parede.

もちあげる [持ち上げる] levantar; carregar ▶ この箱は重くて持ち上がらない Esta caixa é tão pesada que não consigo levantá-la.

もちあるく [持ち歩く] levar consigo ▶ 彼はいつもカメラを持ち歩いている Ele sempre leva a câmera fotográfica consigo.

もちあわせ [持ち合わせ] ▶ 私は今お金の持ち合わせがない Eu agora não tenho dinheiro à mão.

もちいる [用いる] utilizar; usar ▶ 道具を用いる utilizar os instrumentos

もちかえり [持ち帰り] ▶ 持ち帰りのサンドイッチ sanduíche para levar / 持ち帰りでお願いします Para levar, por favor.

もちかえる [持ち帰る] levar para casa

もちこむ [持ち込む] levar consigo; propor ▶ 危険物を機内に持ち込むことはできない Não se pode levar objetos perigosos para dentro do avião.

もちさる [持ち去る] fugir com ▶ 何者かがそのかばんを持ち去った Alguém fugiu com essa bolsa.

もちだす [持ち出す] levar; roubar; trazer ▶ 重要書類を持ち出す levar um documento muito importante

もちぬし [持ち主] proprietário; dono

もちはこぶ [持ち運ぶ] transportar ▶ 持ち運べる transportável

もちもの [持ち物] pertences; bagagem ▶ 私は持ち物をホテルのフロントに預けた Eu deixei minha bagagem na recepção do hotel.

もちろん [勿論] claro; naturalmente; sem dúvida ▶「あなたも一緒に行きますか」「もちろん」— Você também vai junto? — Claro / もちろん違います Sem dúvida, não é isso.

もつ [持つ] segurar; carregar; possuir ▶ 彼女は花束を手に持っている Ela segura um ramalhete em seus braços. / ちょっとこれを持っていただけませんか Poderia segurar isto por um instante? / 彼は車を何台も持っている Ele possui muitos carros.

もっか [目下] neste momento; agora ▶ 目下調査中です Está sob investigação agora.

もったいない [勿体ない] ▶ 何てもったいない Que desperdício! / お金がもったいない É um desperdício de dinheiro!

もっていく [持って行く] levar ▶ 傘を持って行きなさい Leve o guarda-chuva [sombrinha].

もってくる [持って来る] trazer ▶ 保険証を持って来てください Traga a carteira de seguro.

もっと mais ▶ もっと食べたい Quero comer mais. / もっとゆっくり話してください Fale mais devagar, por favor. / 私はブラジルについてもっと多くのことを知りたい Quero saber muito mais coisas sobre o Brasil.

もっとも [最も] ▶ 人生で最も重要なこと a coisa mais importante na vida

もっとも [尤も] ▶ ごもっともです Tem toda razão. / 彼がそう言うのはもっともだ É compreensível que ele diga isso.

もつれる ▶ 糸がもつれた A linha emaranhou-se.

もてあます [持て余す] ▶ 彼らは時間を持て余している Eles têm tempo de sobra.

もてなし hospitalidade; acolhimento; recepção ▶ 私は心からのもてなしを受けた Recebi um acolhimento caloroso.

もてなす 客をもてなす entreter o convidado

もと… [元] ex- ▶ 元大統領 ex-presidente

もどす [戻す] devolver ▶ これを元の位置に戻してください Devolva isto para o local original.

もとづく [基づく] basear-se um ▶ その小説は実話に基づいている Esse romance baseia-se numa história verídica.

もとめる [求める] pedir; requerer; exigir ▶ 助けを求める pedir socorro / 彼女は私の意見を求めた Ela pediu minha opinião.

もともと [元々] ▶ このホテルはもともとは修道院だった Este hotel originariamente era um convento.

もどる [戻る] voltar ▶ 自分の席に戻りなさい Volte para o seu lugar. / 彼は夕方戻ってきた Ele voltou à tarde.

もの [物] objeto; coisa; artigo ▶ 人間は物ではない O ser humano não é um objeto. / 何か食べる物はありますか Tem alguma coisa para comer? / 身の回りの物 objetos de uso pessoal / 南極は誰のものでもない O Polo Antártico não é de ninguém.

もの [者] pessoa

ものおと [物音] barulho; ruído ▶ 私は物音で目を覚ました Eu acordei com o barulho.

ものがたり [物語] narrativa; história; relato ▶ 恋の物語 história de amor

ものごと [物事] as coisas ▶ 物事を新しい視点から見る ver as coisas por um novo ponto de vista

ものさし [物差し] régua; fita métrica

ものすごい [物凄い] terrível; horroroso; pavoroso ▶ ものすごいスピードで com uma velocidade tremenda / ものすごい音 um som horroroso

…ものだ ▶ 私はよく近所の川に釣りに行ったものだ Eu costumava pescar frequentemente no rio da vizinhança.

ものたりない [物足りない] que deixa a desejar; insuficiente; insatisfatório

ものまね [物まね] imitação; mímica ▶ 有名人の物まねをする imitar pessoas famosas

モノレール monotrilho

もはや [最早] já ▶ もはや機会を失ってしまった Já perdi a oportunidade.

もはん [模範] modelo; exemplo ▶ 模範を示す mostrar o exemplo / 模範的な生徒 um aluno exemplar

もほう [模倣] imitação ▶ 模倣する imitar

もむ [揉む] esfregar; massagear / 息子が肩をもんでくれた Meu filho massageou meu ombro. / 気をもむ preocupar-se

もめん [木綿] algodão ▶ 木綿糸 fio de algodão

もも [腿] coxa

もも [桃] pêssego

もや [靄] névoa; neblina; nevoeiro ▶ 山にはもやがかかっていた A montanha estava encoberta pelo nevoeiro.

もやす [燃やす] queimar; inflamar; acender ▶ 枯葉を燃やす queimar as folhas secas / 火を燃やす acender o fogo

もよう [模様] desenho; padrão; aspecto ▶ 水玉模様のブラウス uma blusa com padrão de bolinhas / 今日は雨模様だ Hoje parece que vai chover.

もよおし [催し] celebração; festa

もよおす [催す] realizar; celebrar ▶ 歓迎会を催す realizar uma festa de recepção / 眠気を催す sentir sono

もより [最寄り] ▶ 最寄りの o mais próximo / 最寄りの駅はどこですか Onde fica a estação mais próxima?

もらう [貰う] receber; ganhar ▶ 私は彼から手紙をもらった Recebi uma carta dele. / 彼は一等賞をもらった Ele ganhou o primeiro prêmio. / これをもらっていいですか Posso levar isto?

…もらう ▶ 私たちは写真を撮ってもらった Nós pedimos para que tirassem nossa fotografia. / 私は美容院で髪をセットしてもらった Eu fiz um penteado no cabeleireiro. / 彼に来てもらいましょう Vamos pedir para que ele venha.

もらす [漏らす] (水などを) deixar sair [escapar]; (秘密を) revelar ▶ 秘密を漏らす deixar vazar um segredo

もり [森] floresta; selva ▶ 鬱蒼とした森 uma floresta densa

もれる [漏れる] vazar; verter; ficar de fora ▶ 水が漏れている Está vazando água.

もろい [脆い] frágil; débil ▶ もろい壁 parede frágil / 人の心はもろい Os sentimentos de uma pessoa são frágeis.

もん [門] entrada; portão ▶ 門が閉まっている A entrada está fechada. / 門は9時に開く O portão abre às nove horas.

もんく [文句] (語句) palavras; frase; (不平) queixa ▶ 決まり文句 frase feita / 歌の文句 letra de música / 文句を言う queixar-se; reclamar / 彼は私のすることなすことに文句をつける Ele põe defeito em tudo que faço.

もんだい [問題] problema; pergunta; assunto ▶ 問題がある Existe um problema / 問題を解決する resolver um problema / それは時間の問題だ Isso é uma questão de tempo. / 社会問題 problema social / それに関して問題はない Quanto a isso não há problemas. / 問題は彼らにその意思があるかどうかだ O problema é se eles tem ou não essa intenção.

や

や [矢] flecha ▶ 矢を放つ atirar a flecha

…や ▶ 赤や黄色の花が咲いていた Haviam flores vermelhas e amarelas.

やあ ▶ やあ, ジョゼ Olá, José!

やおや [八百屋] quitanda

やがい [野外] ▶ 野外の ao ar livre; fora / 野外コンサート concerto ao ar livre

やがて em breve; logo; quase ▶ やがて暗くなってきた Logo começou a escurecer.

やかましい [喧しい] (騒々しい) barulhento; ruidoso; (厳しい) exigente ▶ この通りはずいぶんやかましい Esta rua é muito barulhenta. / 彼は食べ物にやかましい Ele é exigente para comidas.

やかん [夜間] ▶ 夜間の noturno / 夜間飛行 voo noturno / 夜間に de [à] noite / 夜間に外出するのは危険だ É perigoso sair à noite.

やかん [薬缶] chaleira ▶ やかんを火にかける colocar a chaleira no fogo

やぎ [山羊] bode; cabra

やきもち [焼きもち] (嫉妬) ciúme; inveja ▶ 焼きもちを焼く ter ciúmes; ficar com ciúmes

やきゅう [野球] beisebol ▶ 野球をする jogar beisebol / 野球場 campo de beisebol / 野球選手 jogador de beisebol

やく [役] (役割) papel ▶ シンデレラの役を演じる representar o papel de Cinderela / その道具は何の役に立ちますか Para que serve esse instrumento? / 何かお役に立てることはありますか Tem algo em que eu possa ser útil? / お役に立てて幸いです Fico feliz por ter sido útil. / それは何の役にも立たない Isso não serve para nada.

やく [訳] tradução ▶ 日本語訳 tradução japonesa / 訳す traduzir / ポルトガル語の文を日本語に訳す traduzir à língua japonesa um texto em língua portuguesa

やく [約] cerca de; aproximadamente; mais ou

やく[焼く] ▶肉を焼く assar a carne / 魚を焼く assar o peixe / パンを焼く (作る) assar o pão / パンを焼く(トースト) tostar [torrar] o pão
やくしゃ[役者] ator
やくしょ[役所] repartição pública ▶市役所 prefeitura
やくそく[約束] promessa; acordo; (人と会う約束) compromisso ▶約束を守る cumprir a promessa / 約束を破る romper a promessa / 約束する prometer / 彼は二度とこんなことはしないと約束した Ele prometeu que não faria tal coisa pela segunda vez. / 今夜彼と会う約束がある Tenho um compromisso de encontrá-lo esta noite.
やくだつ[役立つ] útil ▶ポルトガル語の知識がとても役立った Os conhecimentos da língua portuguesa foram muito úteis.
やくひん[薬品] remédio; medicamento; produto químico
やくわり[役割] papel; cargo; incumbência ▶重要な役割を果たす cumprir um papel importante
やけど[火傷] queimadura ▶私は指をやけどした Eu queimei meu dedo.
やける[焼ける] queimar; incendiar-se ▶その家は火事で焼けた Essa casa foi destruída pelo incêndio.
やさい[野菜] verduras; hortaliça; vegetais ▶野菜を栽培する cultivar verduras / 野菜スープ sopa de legumes / 野菜畑 horta
やさしい[易しい] fácil; simples; acessível ▶易しい仕事 trabalho simples / これは易しい問題ではない Este não é um problema fácil / 批判するのは易しい Criticar é fácil. / 易しく読める本 um livro acessível [fácil de se ler]
やさしい[優しい] delicado; bondoso; brando ▶彼女は声が優しい Ela tem uma voz suave. / その男は彼女に優しく話しかけた Esse homem falou com ela delicadamente.
やしなう[養う] criar; sustentar; manter ▶彼は家族を養うために一生懸命働いている Ele trabalha esforçadamente para manter sua família.
やじるし[矢印] seta
やしん[野心] ambição ▶野心的な ambicioso
やすい[安い] barato ▶安い値段 preço baixo / この時計は安い Este relógio é barato. / もっと安いのを見せてください Mostre-me um mais barato. / もっと安くなりませんか Não poderia fazer mais barato? / パソコンを安い値段で買う comprar um computador por um preço baixo
…やすい ▶この本はわかりやすい Esse livro é simples de se entender. / 私たちは過ちを犯しやすい Nós cometemos erros facilmente.
やすうり[安売り] liquidação; saldo; oferta ▶安売りをする liquidar; saldar; vender barato
やすみ[休み] (休息) descanso; (休日) feriado; (休暇) férias ▶一休みしよう Vamos descansar um pouco. / 昼休み descanso para o almoço / 今日は学校が休みだ Hoje não tem aula na escola. / 私は夏休み中にマカオへ行くつもりだ Eu tenho a intenção de ir a Macau durante as férias de verão. / 2日の休みを取る tirar dois dias de folga
やすむ[休む] (休息する) descasar; (欠席する) faltar a ▶私たちは1時間休んだ Nós descansamos por uma hora. / 彼は昨日学校を休んだ Ela faltou a escola ontem. / 彼は今日休んでいる Ele está de folga hoje. 彼女はゆうべ早く休んだ / Ela foi dormir cedo ontem a noite. / お休みなさい Boa noite.
やすらか[安らか] tranquilidade; serenidade; paz ▶安らかな生活 vida tranquila / 安らかに眠る dormir serenamente
やせい[野生] ▶野生の selvagem; silvestre; nativo / 野生植物 planta nativa / 野生動物 animal selvagem
やせる[痩せる] emagrecer; perder peso ▶私は2キロやせた Eu emagreci dois quilos. / 彼はやせている Ele está magro.
やたら ▶最近辛い物がやたらと食べたい Ultimamente quero comer tudo apimentado.
やちん[家賃] aluguel ▶家賃を払う pagar o aluguel
やっかい[厄介] ▶厄介な complicado; aborrecido; maçante / 厄介な問題 um problema complicado
やっきょく[薬局] farmácia; drogaria
やっつ[八つ] oito
やっつける arrasar; criticar; acabar ▶悪者をやっつける acabar com o patife
やっていく[やって行く] ▶彼とは仲良くやって行けるだろう Acho que poderá viver bem com ele.
やってくる[やって来る] vir; aparecer ▶誰かがこっちにやって来る Alguém está vindo para cá.
やっと (ようやく) finalmente ▶仕事がやっと終わった Finalmente terminei o trabalho. / 私はやっと試験にパスした Finalmente eu consegui passar no exame.
やっぱり ▶やっぱり思った通りだ Foi exatamente como eu esperava. / やっぱりだ Como eu disse [falei]!
やつれる enfraquecer; emagrecer ▶彼はすっかりやつれてしまった Ele ficou completamente enfraquecido.
やど[宿] moradia; pousada; hospedaria
やとう[野党] partido de oposição
やとう[雇う] empregar; contratar ▶従業員を雇う contratar empregados / 彼女は秘書として雇われた Ela foi contratada como secretária.
やね[屋根] telhado
やはり ▶うわさはやはり本当だった Como se esperava, os rumores eram verdadeiros.
やばん[野蛮] ▶野蛮な bárbaro; selvagem / 野蛮人 bárbaro; selvagem
やぶる[破る] romper; rasgar; dilacerar ▶紙を破る rasgar o papel / 私たちは戸を破って家へ入った Nós arrombamos a porta e entramos na casa.

/そのチームは相手を大差で破った Esse time derrotou o adversário com uma grande diferença. / 記録を破る bater o recorde

やぶれる[破れる] ▶ この紙はすぐ破れる Este papel rasga-se com facilidade. / ズボンが破れた A calça rasgou-se. / 彼の夢は破れた O sonho dele foi por água abaixo.

やぶれる[敗れる] ser derrotado; perder ▶ 彼らは決勝戦で敗れた Eles foram derrotados na prova final.

やぼう[野望] ambição

やま[山] montanha; monte ▶ 浅間山 monte Asama / 山に登る escalar [subir] a montanha / スイスは山の多い国だ A Suíça é um país com muitas montanhas. / 私にはやる仕事が山ほどある Eu tenho um monte de trabalho para fazer. / 山火事 incêndio florestal / 山登り alpinismo

やみ[闇] escuridão; treva ▶ 猫は闇の中でも目が見える O gato enxerga mesmo na escuridão. / 闇夜 noite sem luar [escura]

やむ[止む] (止まる) parar ▶ 雨がやんだ A chuva parou. / 赤ん坊が泣きやんだ O bebê parou de chorar.

やむをえない[やむを得ない] ▶ やむを得ない理由で por uma causa inevitável / それはやむを得ないIsso não tem jeito.

やめる[止める] parar; desistir ▶ やめてくれ Pare por favor. / たばこをやめる parar de fumar / この話はもうやめよう Vamos deixar esta conversa para lá.

やめる[辞める] resignar-se; renunciar; demitir-se ▶ 彼は会社を辞めた Ele demitiu-se da empresa.

やや um pouco ▶ 今日はやや寒い Hoje está um pouco frio.

ややこしい complicado; intricado; difícil ▶ ややこしい問題 problema complicado

…やら ▶ 私は洗濯やら掃除やらで忙しかった Eu estava ocupado com a lavagem de roupas, limpeza e outras coisas mais.

やり[槍] lança; dardo ▶ やり投げ arremesso de dardo

やりかた[やり方] jeito; maneira; modo ▶ やり方を変えてみよう Vamos tentar mudar o jeito. / そのゲームのやり方を教えてくださいEnsine-me a maneira de jogar esse jogo.

やりなおす[やり直す] refazer; recomeçar ▶ もう一度やり直してください Faça mais uma vez, por favor. / 人生をやり直す recomeçar a vida

やる(する) fazer; (与える) dar ▶ やるべきことをやりなさい Faça o que deve ser feito. / よくやった Muito bem! / 今どんな映画をやっていますか Que filme está passando agora? / 犬にえさをやる dar ração ao cachorro

やわらかい[柔らかい] ▶ 柔らかい枕travesseiro macio / 柔らかい肉 carne tenra

やわらぐ[和らぐ] acalmar-se; abrandar ▶ 私は心が和らいだ Acalmei-me. / 痛みは和らいだ A dor abrandou. / 寒さが和らいできた O frio começou a abrandar.

やわらげる[和らげる] suavizar; atenuar; aliviar ▶ 痛みを和らげる aliviar a dor

ゆ

ゆ[湯] ▶ 湯 água quente ▶ 湯を沸かす ferver a água

ゆいいつ[唯一] ▶ 唯一の único / それが唯一の方法だ Esse é o único modo.

ゆいごん[遺言] testamento

ゆういぎ[有意義] ▶ 有意義な経験 uma experiência proveitosa

ゆううつ[憂鬱] depressão; desânimo; abatimento ▶ 私は憂鬱だ Estou desanimada. / 彼は憂鬱そうだ Ele parece deprimido.

ゆうえき[有益] ▶ 有益な vantajoso; proveitoso; útil / 有益な本 um livro útil / 有益なお話をありがとうございました Muito obrigada por essa conversa proveitosa.

ゆうえつかん[優越感] complexo de superioridade

ゆうえんち[遊園地] parque de diversões

ゆうが[優雅] elegância; requinte; refinamento ▶ 優雅な暮らし uma vida requintada

ゆうかい[誘拐] rapto; sequestro ▶ 誘拐する raptar; sequestrar

ゆうがい[有害] ▶ 有害な prejudicial; nocivo; pernicioso / たばこは健康に有害だ O cigarro é prejudicial à saúde.

ゆうがた[夕方] entardecer; anoitecer ▶ 私は夕方には戻ります Eu volto ao anoitecer. / 明日の夕方 amanhã ao entardecer / 土曜日の夕方 o entardecer de sábado

ゆうかん[夕刊] edição vespertina ▶ 夕刊紙 jornal vespertino

ゆうかん[勇敢] ▶ 勇敢な兵士 soldado corajoso / その兵士は勇敢に戦った Esse soldado lutou bravamente.

ゆうき[有機] ▶ 有機の orgânico / 有機農業 agricultura orgânica / 有機化学 química orgânica

ゆうき[勇気] coragem; bravura; ousadia ▶ 私はそうする勇気がなかった Eu não tive coragem de fazer isso. / 勇気のある行為 atitude ousada / 私はあなたの言葉に勇気づけられた Eu fui encorajado por suas palavras.

ゆうきゅうきゅうか[有給休暇] férias remuneradas

ゆうぐれ[夕暮れ] crepúsculo; anoitecer

ゆうけんしゃ[有権者] eleitor; (集合的) eleitorado

ゆうこう[友好] amizade; fraternidade ▶ 友好的な amigável / 彼らは私たちにとても友好的だった Eles foram muito amigáveis conosco.

ゆうこう[有効] validade ▶ このカードは3年間有効だ Este cartão é válido por três anos. / 有効な手段 um meio válido / 時間を有効に活用する aproveitar bem o tempo

ゆうしゅう[優秀] ▶ 優秀な superior; capaz; exce-

ゆうしょう[優勝] vitória ▶ 優勝する vencer; ganhar um campeonato; conquistar a vitória / 優勝者 vencedor / 優勝チーム time vencedor

ゆうじょう[友情] amizade

ゆうしょく[夕食] jantar ▶ 夕食の準備をする preparar o jantar / 私たちは7時に夕食を取る Nós jantamos às sete horas.

ゆうじん[友人] amigo ▶ 彼は私の古くからの友人だ Ele é meu amigo desde antigamente.

ユースホステル albergue [hospedaria] para jovens

ゆうせん[優先] prioridade; preferência ▶ 最優先の問題 uma questão de prioridade / 彼は仕事よりも家族を優先させた Ele deu preferência à família ao invés do trabalho.

ゆうそう[郵送] ▶ 郵送する enviar pelo correio / 郵送料 tarifa de remessa postal

ユーターン[Uターン] retorno ▶ Uターンする fazer o retorno / 「Uターン禁止」 Proibido retornar.

ゆうだい[雄大] grandiosidade; magnificência ▶ 雄大な景色 uma paisagem magnífica

ゆうだち[夕立] aguaceiro ▶ 私は夕立にあった Eu apanhei um aguaceiro.

ゆうとうせい[優等生] o melhor aluno

ゆうどく[有毒] ▶ 有毒な venenoso; tóxico / 有毒物質 substância venenosa / 有毒ガス gás venenoso [tóxico]

ゆうのう[有能] ▶ 有能な弁護士 advogado competente / 有能な若手社員 funcionário novo capaz

ゆうはん[夕飯] janta; jantar

ゆうひ[夕日] pôr do sol

ゆうびん[郵便] correio; correspondência ▶ この荷物を郵便で送ってください Envie esta bagagem pelo correio por favor. / 郵便切手 selo postal / 郵便局 agência de correio / 郵便配達 distribuição e entrega de correio / 郵便葉書 cartão postal / 郵便受け caixa do correio / 郵便番号 código de endereçamento postal (CEP) / 郵便料金 tarifa postal / 航空郵便 correio via aérea

ゆうふく[裕福] rico; abundante; abastado ▶ 彼女は裕福な暮らしをしている Ela leva uma vida abastada.

ゆうべ[夕べ] a noite ▶ 音楽の夕べ uma noite musical

ゆうべ[昨夜] ontem à noite ▶ ゆうべは友達と飲みに行った Ontem à noite fui beber com um amigo.

ゆうべん[雄弁] eloquência ▶ 雄弁な政治家 um político eloquente / 雄弁に eloquentemente / 雄弁術 eloquência

ゆうぼう[有望] ▶ 有望な若者 um jovem promissor / 彼女の前途は有望だ O futuro dela é promissor.

ゆうめい[有名] ▶ 有名な famoso / 有名な写真家 um fotógrafo famoso / リオデジャネイロはカーニバルで有名だ O Rio de Janeiro é famoso pelo carnaval.

ユーモア humor ▶ 彼はユーモアがわかる Ele tem humor. / ユーモアのセンス senso de humor / ブラックユーモア humor negro

ゆうやけ[夕焼け] crepúsculo

ゆうよ[猶予] adiamento; prorrogação ▶ 一刻の猶予もできない Não se pode adiar nem um minuto.

ゆうよう[有用] ▶ 有用な útil; proveitoso; bom ▶ 有用な道具 instrumento útil

ゆうり[有利] vantagem ▶ 我々は有利な立場にある Nós estamos numa posição vantajosa. / 就職に有利な資格 uma qualificação útil para se empregar

ゆうりょう[有料] ▶ 有料の pago ▶ 有料駐車場 estacionamento pago / 有料トイレ banheiro [sanitário] pago / 有料チャンネル canal pago / 有料道路 estrada com pedágio

ゆうりょく[有力] ▶ 有力な政治家 político influente / 有力な証拠 prova convincente / 有力な支持 apoio poderoso

ゆうれい[幽霊] assombração; fantasma; alma do outro mundo

ユーロ euro ▶ ユーロ圏 zona do euro

ゆうわく[誘惑] tentação; sedução ▶ 誘惑に負ける cair na tentação / 誘惑に勝つ vencer a tentação / 誘惑する tentar; seduzir

ゆか[床] soalho; piso ▶ 床を拭く limpar o piso

ゆかい[愉快] ▶ 彼は愉快な人だ Ele é uma pessoa alegre. / 今夜はとても愉快でした Esta noite foi muito divertida.

ゆがむ[歪む] entortar; torcer-se; contorcer-se ▶ 彼の顔は苦痛にゆがんだ O rosto dele contorceu-se de dor.

ゆがめる[歪める] ▶ 事実をゆがめる distorcer a verdade

ゆき[雪] neve ▶ 雪が降る nevar / 雪が降っている Está nevando. / 雪が積もった A neve acumulou-se. / 雪だるま boneco de neve / 大雪 nevasca / 初雪 primeira nevada

ゆき[行き] 「この電車はどこ行きですか」「大阪行きです」 — Para onde vai este trem? — Ele vai para Osaka.

ゆきさき[行き先] destino

ゆきづまる[行き詰まる] encalhar; chegar a um impasse; ficar em um beco sem saída ▶ 交渉は行き詰まった As negociações chegaram a um impasse.

ゆきとどく[行き届く] ▶ サービスの行き届いたホテル um hotel com serviço muito bom

ゆきどまり[行き止まり] beco sem saída; rua bloqueada

ゆくえ[行方] paradeiro ▶ 行方をくらます esconder o paradeiro / 3名が行方不明になっている Três pessoas estão desaparecidas. / 行方不明者 desaparecido

ゆげ[湯気] vapor ▶ やかんが湯気を立てている A chaleira está fumegando.

ゆけつ[輸血] transfusão de sangue ▶ 私は輸血してもらった Eu recebi uma transfusão de sangue.

ゆしゅつ[輸出] exportação ▶ 輸出する exportar /

日本はアメリカに自動車を輸出している O Japão exporta carros para os Estados Unidos da América.

ゆすぐ enxaguar ▶ 口をゆすぐ bochechar; gargarejar

ゆする[揺する] ▶ 木を揺する balançar a árvore / 体を揺する balançar o corpo

ゆずる[譲る] ▶ 彼女はお年寄りに席を譲った Ela cedeu seu lugar para uma pessoa idosa. / 私は救急車に道を譲った Eu cedi o caminho para a ambulância. / 彼は全く譲ろうとしなかった Ele não recuou um passo sequer.

ゆそう[輸送] transporte ▶ 海上輸送 transporte marítimo / 鉄道輸送 transporte ferroviário / 道路輸送 transporte rodoviário / 輸送する transportar

ゆたか[豊か] ▶ 豊かな rico; opulento; abastado ▶ 豊かな資源 recursos naturais abundantes / 豊かな社会 sociedade opulenta

ゆだん[油断] descuido; negligência ▶ 油断するな Não se descuide. / 私は油断していた Eu estava distraída.

ゆっくり devagar; lentamente; sem pressa ▶ もっとゆっくり話してください Por favor, fale mais devagar.

ゆでたまご[ゆで卵] ovo cozido

ゆでる[茹でる] cozer; cozinhar ▶ 卵をゆでる cozer o ovo

ゆとり ▶ 私は時間のゆとりがない Não tenho disponibilidade de tempo. / 生活にゆとりがない Não tenho tranquilidade na vida. / ゆとりのあるスケジュール uma agenda folgada

ユニーク ▶ ユニークな人 pessoa fora do normal / 彼女は発想がユニークだ Ela tem ideias únicas.

ユニホーム uniforme

ゆにゅう[輸入] importação ▶ 輸入する importar / 日本はブラジルから鶏肉を輸入している O Japão está importando carne de frango do Brasil. / 輸入品 produto importado

ゆび[指] dedo ▶ 親指 dedo polegar / 人差し指 dedo indicador / 中指 dedo médio / 薬指 dedo anular / 小指 dedo mínimo

ゆびさす[指差す] indicar; apontar com o dedo ▶ 人を指さすのは失礼だ É indelicado apontar as pessoas com o dedo.

ゆびわ[指輪] anel ▶ 指輪をはめる colocar um anel

ゆみ[弓] arco ▶ 弓を引く puxar o arco

ゆめ[夢] sonho ▶ 夢を見る ter sonhos / 私は祖父の夢を見た Eu tive um sonho com meu avô. / 私はブラジルにいる夢を見た Eu sonhei que estava no Brasil. / 夢が叶った O sonho realizou-se. / 私の夢は医者になることです Meu sonho é tornar-me médico. / あなたにまた会えるなんて夢にも思っていなかった Não achava nem em sonhos que me encontraria com você novamente.

ゆらい[由来] origem; fonte; derivação ▶ その地名の由来は何ですか Qual é a origem do nome desse lugar?

ゆり[百合] lírio; açucena

ゆるい[緩い] frouxo; folgado; solto ▶ ゆるい結び目 nó frouxo

ゆるし[許し] (許可) licença; autorização; permissão; (容赦) perdão ▶ 許しを求める pedir permissão.

ゆるす[許す] (許可) autorizar; permitir; (容赦) perdoar ▶ 天気が許せば se o tempo permitir / 時間の許す限り na medida em que o tempo permitir... / どうかお許しください Por favor, perdoe-me.

ゆるむ[緩む] afrouxar ▶ ねじが緩んでいる O parafuso está frouxo.

ゆるめる[緩める] afrouxar ▶ ねじを緩める afrouxar o parafuso

ゆるやか[緩やか] ▶ 緩やかな坂 uma encosta suave / 経済は緩やかに回復している A economia está se recuperando lentamente.

ゆれる[揺れる] balançar; tremer; oscilar ▶ 地面が大きく揺れた A terra tremeu forte.

ゆわかし[湯沸かし] chaleira

よ

よ[世] mundo; sociedade ▶ この世 este mundo / あの世 o outro mundo / 世の中はすっかり変わった A sociedade mudou completamente.

よ[夜] noite ▶ 夜が明けた Amanheceu. / 夜が更けてきた Está anoitecendo. / 夜通し雨が降った Choveu a noite inteira.

よい[良い] bom ▶ よい友達 um bom amigo / よい知らせがある Tenho uma boa notícia. / このカメラはとてもよい Esta câmera fotográfica é muito boa. / 天気がよい O tempo está bom. / それはよい考えだ Isso é uma boa ideia. / 急がなくてもよい Não é preciso apressar-se.

よい[酔い] embriaguez; bebedeira ▶ 酔いを醒ます ficar sóbrio; fazer a bebedeira passar

よう[用] ▶ 今日は用がある Tenho afazeres para hoje. / 何かご用ですか Em que posso servi-la? / 用は済んだ Terminei o serviço.

よう[要] o importante ▶ 要は基本を把握することだ O importante é dominar o básico.

よう[酔う] (酒に) embriagar-se; embebedar-se ▶ 彼はすっかり酔っていた Ele estava completamente bêbado. / 船に酔う enjoar-se em navios / 車に酔う enjoar-se em carros

…よう ▶ サッカーをしよう Vamos jogar futebol. / 欲しいものは何でも買ってあげよう Vamos comprar tudo que você quiser.

…よう[様] ▶ 私は言われたようにします Farei conforme me disser. / 彼女はためらっているようだった Ela parecia estar indecisa. / 私と同じようにしてください Faça como eu. / 私は試験に合格するように一生懸命に勉強した Eu estudei com afinco para passar no exame. / 明日晴れますように Tomara que amanhã faça tempo bom. / このようなものは要らない Não preciso deste tipo de coisa. / このよう

にやってみてください Tente fazer deste jeito.
ようい[用意] preparação; arranjo; preparativo ▶用意はいいですか Está pronto? / 私は出発の用意ができました Eu estou preparada para partir. / 朝食の用意ができました O café da manhã está pronto. / 用意する preparar; fazer os preparativos / 夕食の用意をする preparar o jantar
ようい[容易]▶容易な fácil; simples / 容易な問題 um problema simples / 容易に facilmente
ようき[容器] vasilha; recipiente
ようき[陽気] bom humor; alegria; boa disposição ▶陽気な音楽 uma música alegre
ようきゅう[要求] exigência; pedido; requisição ▶要求する exigir; pedir; requisitar / 賃上げを要求する exigir um aumento no pagamento / 彼は私にお金を要求した Ele me pediu dinheiro.
ようけん[用件] negócio; assunto ▶ご用件は何でしょうか Qual é o assunto?
ようご[用語] vocabulário; terminologia; linguagem ▶専門用語 terminologia especializada
ようこそ Bem-vindo! ▶ようこそ日本へ Bem-vinda ao Japão! / ようこそいらっしゃいました Que satisfação em recebê-la.
ようし[用紙] folha de papel ▶この用紙に記入してください Preencha esta folha de papel por favor. / 申込用紙 formulário de solicitação / 解答用紙 folha de resposta
ようし[要旨] o ponto da questão; o resumo ▶ご質問の要旨は何ですか Qual é o ponto central da pergunta?
ようし[養子] filho adotivo
ようじ[幼児] bebê
ようじ[用事] compromisso; assunto; negócio ▶今日は用事があります Tenho um compromisso hoje.
ようじん[用心] cuidado; precaução; cautela ▶すりにご用心 Cuidado com ladrões. / 用心深く com muita cautela
ようす[様子] estado; condição; situação ▶彼女はどこか様子が変だった Ela tinha algo estranho. / もう少し様子を見よう Vamos ver mais um pouco como ficam as coisas.
ようする[要する]▶この作業は細心の注意を要する Este trabalho exige minuciosa atenção.
ようするに[要するに] resumindo; em suma ▶要するに彼女は君を愛していないということだ Em suma, ela não te ama.
ようせい[妖精] fada; duende; gnomo
ようせい[陽性] positivo ▶陽性の positivo / 陽性反応 reação positiva
ようせい[養成] formação; treino ▶養成する formar
ようせき[容積] volume; capacidade
ようそ[要素] elemento; fator; requisito
ようだい[容態]▶病人の容態が急に悪化した O estado do doente piorou de repente.
ようち[幼稚]▶幼稚な考え pensamento infantil [imaturo]
ようちえん[幼稚園] jardim de infância
ようてん[要点] ponto importante [essencial] ▶要点を把握する dominar os pontos essenciais / 要点をおっしゃってください Fale sobre o essencial, por favor.
ようと[用途] aplicação ▶プラスチックは用途が広い O plástico tem um ampla aplicação.
ようび[曜日]▶今日は何曜日ですか Que dia da semana é hoje?
ようひん[用品]▶学用品 artigos escolares / 家庭用品 artigos domésticos / 事務用品 artigos de escritório / 台所用品 utensílios de cozinha / 日用品 artigos de uso diário
ようふく[洋服] roupa ocidental
ようほう[用法] modo de usar; uso ▶この単語の用法がよくわかりません Não sei bem como usar esta palavra.
ようぼう[要望] desejo; exigência; reclamação ▶ご要望に添えず相済みません Desculpe-me por não corresponder às expectativas. / 我々は投資環境の改善を要望している Nós estamos exigindo uma melhoria no ambiente de investimento.
ようぼう[容貌] aparência; fisionomia; semblante ▶その男はどんな容貌ですか Qual é a aparência desse homem?
ようもう[羊毛] lã
ようやく finalmente ▶ようやく準備ができた Finalmente os preparativos ficaram prontos.
ようやく[要約] resumo; síntese; sinopse ▶要約する resumir; sintetizar; abreviar
ようりょう[要領]▶要領を覚えてしまえば簡単だ Aprendendo os pontos importantes fica fácil. / 彼の発言は要領を得ていなかった Suas declarações não tocaram no âmago da questão.
ようれい[用例] exemplo
ヨーグルト iogurte ▶プレーンヨーグルト iogurte natural
ヨーロッパ Europa ▶ヨーロッパの europeu / ヨーロッパ大陸 continente europeu
よか[余暇] tempo livre; horas de lazer ▶余暇に no tempo livre; nas horas de lazer
ヨガ ioga ▶ヨガをする praticar ioga
よき[予期]▶予期しない出来事が起きた Houve um acontecimento inesperado.
よきん[預金] depósito; as economias; conta bancária ▶私は銀行に300万円の預金がある Eu tenho três milhões de ienes depositados no banco. / 銀行に10万円預金する depositar cem mil ienes na conta bancária
よく[欲] desejo; ambição; avareza; cobiça ▶彼女は知識欲が旺盛だ Ela tem um grande desejo de aprender.
よく▶私はよくコンサートに行く Eu vou muito aos concertos. / よくやった Muito bem! / 早くよくなってください Fique bom logo. / 私は彼をよく知っている Eu o conheço muito bem. / ゆうべはよく眠れましたか Você dormiu bem ontem à noite? / 私たちはよく釣りに行ったものだった Nós costumávamos muito ir pescar.
よく…[翌] 翌朝 manhã seguinte / 翌日 dia seguinte / 翌週 semana seguinte / 翌年 ano seguinte

よくあつ[抑圧] repressão; restrição; controle ▶ 民衆を抑圧する reprimir o povo
よくしつ[浴室] sala [quarto; casa] de banho
よくそう[浴槽] banheira
よくばり[欲張り] cobiça; ganância; avidez ▶ 彼はとても欲張りだ Ele é muito ganancioso.
よくばる[欲張る] cobiçar; ambicionar; ser avarento ▶ 彼は欲張りすぎだ Ele é ambicioso demais.
よくぼう[欲望] desejo; ambição; ânsia ▶ 欲望を満たす satisfazer o desejo / 欲望を抑える reprimir o desejo
よけい[余計] ▶ 私は100円余計に払ってしまった Paguei cem ienes a mais. / 余計なことをするな Não se intrometa. / 余計なお世話だ Não é da sua conta.
よける desviar; desviar-se; evitar; esquivar-se ▶ 車をよける desviar o carro
よげん[予言] profecia; prognóstico ▶ 彼女の予言が当たった A profecia dela realizou-se. / 予言する fazer uma profecia; dar um prognóstico / 予言者 profeta
よこ[横] ▶ 横30センチ, 縦20センチの四角形 um quadrado de trinta centímetros de largura e vinte centímetros de altura / 彼女は私の横に座った Ela sentou-se ao meu lado. / 彼は首を横に振った Ele balançou a cabeça para os lados. / 横を向く virar-se para o lado / ベッドに横になる deitar-se na cama
よこがお[横顔] perfil
よこぎる[横切る] atravessar; cruzar ▶ 道を横切る atravessar a rua
よこく[予告] aviso prévio; pré-aviso; notificação prévia ▶ 予告する avisar previamente / 予告なしに sem aviso prévio / (映画の)予告編 trailer
よごす[汚す] sujar; poluir; contaminar ▶ その子供は服を汚した Essa criança sujou sua roupa.
よこたえる[横たえる] deitar ▶ ソファーに体を横たえる deitar-se no sofá
よごれ[汚れ] sujeira; mancha; nódoa ▶ 汚れを落とす limpar; tirar a mancha
よごれる[汚れる] sujar-se; ficar sujo ▶ 白い服は汚れやすい A roupa branca suja-se facilmente. / 私は手が汚れている Estou com as mãos sujas.
よさん[予算] orçamento ▶ 予算を立てる fazer o orçamento
よし ▶ よし, それでいい Muito bem! Assim está bem. / よしよし, もう泣くんじゃない Ora, ora, não chore mais!
よしゅう[予習] preparação da lição ▶ 授業の予習をする preparar-se para as lições da aula
よす[止す] parar; cessar; desistir ▶ そんなことはよせ Pare com isso!
よせん[予選] eliminatória ▶ 予選を通過する passar pela eliminatória / 予選に落ちる ser eliminado [cair] na preliminar
よそ outro lugar; outra parte; fora ▶ よそへ行こう Vamos para outro lugar. / よそ様のことは気にするな Não ligue para os outros.

よそう[予想] expectativa; previsão; conjetura ▶ 予想する esperar; prever; conjeturar
よそおう[装う] decorar; ornamentar; vestir-se ▶ 華やかに装った女性たち mulheres vestidas vistosamente / 無関心を装う fingir desinteresse
よそみ[よそ見] ▶ 運転中によそ見をしてはいけない Não deve olhar para os lados quando estiver dirigindo.
よそよそしい ▶ 彼はよそよそしい態度をとった Ele tomou uma atitude indiferente.
よだれ baba; saliva; água na boca ▶ よだれを垂らす babar-se
よち[余地] margem ▶ この計画には改善の余地がある Esse projeto tem margem para melhorar.
よち[予知] previsão; prognóstico ▶ 地震を予知する prever um terremoto
よっつ[四つ] quatro
よって[因って] por isso
よっぱらい[酔っ払い] bêbado; embriagado; ébrio
よっぱらう[酔っ払う] embebedar-se; embriagar-se
よてい[予定] plano; programa; previsão ▶ 夏休みの予定を立てる fazer planos para as férias de verão / 明日は何か予定がありますか Tem algum plano para amanhã? / 式は予定通り始まった A cerimônia começou como o programado. / 大統領は来月日本を訪れる予定だ O presidente tem previsão de visitar o Japão no próximo mês.
よとう[与党] partido governamental
よなか[夜中] o meio da noite ▶ 夜中に大きな音がした Fez um grande barulho no meio da noite.
よのなか[世の中] mundo; sociedade; vida ▶ 世の中は変わった O mundo mudou.
よはく[余白] margem da página; espaço em branco ▶ ページの余白に nas margens da página
よび[予備] reserva; suplente ▶ 予備のタイヤ pneu sobressalente
よびりん[呼び鈴] campainha
よぶ[呼ぶ] chamar; convidar; denominar ▶ 誰かが私の名前を呼んだ Alguém chamou pelo meu nome. / タクシーを呼んでください Chame um táxi para mim, por favor. / 私はパーティーに呼ばれた Fui convidado para a festa. / 私のことを「ヒロ」と呼んでください Chame-me de "Riro".
よふかし[夜更かし] ▶ 夜更かしする passar a noite acordado
よふけ[夜更け] altas horas da noite ▶ 夜更けに às altas horas da noite / 夜更けまで até altas horas da noite
よぶん[余分] excesso; sobra; excedente ▶ 私は余分なお金は持っていない Não tenho dinheiro sobrando.
よほう[予報] previsão; prognóstico; predição ▶ 予報する prever; fazer um prognóstico / 天気予報によると明日は晴れだ De acordo com a previsão do tempo amanhã teremos tempo bom.
よぼう[予防] prevenção; precaução; proteção ▶ 予防する prevenir; ter precaução; proteger / 予防接種 vacina preventiva

よほど ▶ よほどのことがない限り予定は変更しない Não vou alterar os planos a não ser que haja algo muito excepcional.

よみがえる [蘇る] reviver; renascer; ganhar nova vida ▶ 記憶がよみがえった Recobrei minha memória.

よむ [読む] ler ▶ 本を読む ler um livro / この小説を読んだことがありますか Você já leu este livro? / この本は若い人たちに広く読まれている Este livro está sendo muito lido pelos jovens.

よめ [嫁] (息子の妻) nora; (妻) noiva

よめる [読める] ▶ この本は面白く読める Este livro é interessante para se ler. / 私の息子はまだ字が読めない Meu filho ainda não consegue ler.

よやく [予約] reserva ▶ 予約する reservar / (医者などの) 予約をする marcar consulta / 予約なさっていますか Você tem reserva? / 私はホテルの部屋を予約した Eu reservei um quarto de hotel. / 予約席 lugar reservado / 私は3時に歯医者の予約をしてある Eu tenho hora marcada no dentista para as três horas.

よゆう [余裕] ▶ 車にはもう一人乗る余裕がある Tem lugar para mais uma pessoa no carro. / 私には時間の余裕がない Eu não tenho tempo.

…より ▶ 私は彼より背が高い Eu sou mais alta que ele. / 私は紅茶よりコーヒーの方が好きだ Eu gosto mais de café que de chá preto.

よりかかる [寄り掛かる] ▶ 壁に寄り掛かる encostar-se na parede

よりみちする [寄り道する] parar pelo caminho

よる [夜] noite ▶ 昨日の夜 ontem à noite / 夜になる anoitecer / 夜が明ける amanhecer / 私は夜遅くまで起きていた Eu fiquei acordada até tarde da noite. / 父は夜8時頃に帰宅する Meu pai volta para casa por volta das oito horas da noite. / 土曜日の夜に na noite do sábado / 夜に [de] noite / 昼も夜も de dia e de noite

よる [因る] ▶ 事故は不注意によるものだった O acidente foi por causa da falta de atenção. / 法律は国によって異なる As leis variam de acordo com o país. / それは場合による Isso depende do caso. / 習慣は国によって異なる Os costumes diferem dependendo do país.

よる [寄る] ▶ 脇に寄りなさい Chegue para o lado. / 私は帰りによくコンビニに寄る Eu frequentemente paro na loja de conveniência na volta.

…よれば de acordo com; conforme ▶ 報道によれば de acordo com as notícias

よろこび [喜び] alegria; contentamento; satisfação ▶ 彼は喜びでいっぱいだった Ele estava cheio de alegria.

よろこばす [喜ばす] alegrar; contentar; satisfazer

よろこぶ [喜ぶ] ▶ 彼はとても喜んでいた Ele estava muito feliz. / 彼女はその贈り物をとても喜んだ Ela ficou muito contente com esse presente. / 「お願いできますか」「喜んで」— Poderia pedir-lhe um favor? — Com prazer. / 喜んでご招待をお受けします Aceito o convite com prazer.

よろしい ▶ これでよろしいですか Está bem assim? / よろしければお手伝いしましょうか Se estiver precisando, quer ajuda?

よろしく ▶ (初対面の挨拶) どうぞよろしく Muito prazer. / 皆さんによろしくお伝えください Envie minhas recomendações a todos.

よろん [世論] opinião pública ▶ 世論調査 pesquisa de opinião pública

よわい [弱い] fraco ▶ 弱い光 luz fraca / 彼女は体が弱い Ela tem a saúde frágil. / 彼は意志が弱い Ele não tem força de vontade.

よわさ [弱さ] fraqueza; fragilidade; debilidade

よわる [弱る] ▶ 祖母はだいぶ弱ってきた Minha avó está ficando muito debilitada. / 弱った, どうしよう E agora, não sei o que fazer!

よん [四] quatro ▶ 第4の quarto / 4回 quatro vezes / 4分の1 um quarto / 4分の3 três quartos

よんじゅう [四十] quarenta ▶ 第40の quadragésimo / 彼は40代です Eles está na casa dos quarenta (anos de idade).

ら

らいう [雷雨] temporal

ライオン leão

らいきゃく [来客] visita; visitante; hóspede

らいげつ [来月] o próximo mês; o mês que vem

らいしゅう [来週] a próxima semana; a semana que vem

ライター (喫煙具) isqueiro

らいねん [来年] o próximo ano ▶ 来年の春に na primavera do próximo ano

ライバル rival; adversário; competidor

らいひん [来賓] convidado especial

らく [楽] ▶ 楽な仕事 trabalho fácil / 楽ないす cadeira confortável / どうぞお楽に Por favor, fique à vontade.

らくえん [楽園] paraíso ▶ 熱帯の楽園 paraíso tropical / 地上の楽園 paraíso terrestre

らくがき [落書き] rabisco ▶ 「落書き禁止」 Proibido pichar!

らくしょう [楽勝] vitória fácil ▶ そんなの楽勝 Isso é fácil [canja].

らくせん [落選] ▶ その政治家は選挙で落選した Esse político perdeu nas eleições.

らくたん [落胆] desilusão; desânimo; desalento ▶ 彼女は落胆した様子だった Ela parecia ter-se desiludido.

らくてん [楽天] otimismo ▶ 楽天的な otimista / 楽天家 otimista

ラケット raquete ▶ テニスのラケット raquete de tênis

…らしい ▶ あしたは雨らしい Parece que amanhã vai chover. / 彼女は病気らしい Parece que ela está doente. / このパソコンはどこか故障しているらしい Parece que este computador tem algo quebrado. / そんなことするなんてあなたらしくない Não parece você, fazendo uma coisa dessas.

ラジオ rádio ▶ ラジオを聞く ouvir rádio / ラジオをつける ligar o rádio / ラジオを消す desligar o rádio / ラジオ番組 programa de rádio
らっかん[楽観] otimismo ▶ 楽観的な otimista / 私は経済の先行きに関しては楽観的だ Eu sou otimista quanto aos rumos da economia.
ラッシュアワー horário de pique; hora de ponta; hora do rush ▶ ラッシュアワーに no horário de pique
ラッパ corneta ▶ ラッパを吹く tocar corneta
ラベル rótulo; etiqueta ▶ ワインのラベル rótulo de vinho
らん[欄] (新聞) coluna ▶ 経済欄 coluna [seção] de economia
らんがい[欄外] margem ▶ ページの欄外に na margem da página
ランニングシャツ camiseta sem manga
ランプ lâmpada; lampião; candeeiro
らんぼう[乱暴] ▶ 乱暴な violento; agressivo ▶ 乱暴な言葉を使う usar palavras agressivas
らんよう[乱用] abuso ▶ 薬物の乱用 abuso de drogas / 権利を乱用する abusar do poder

り

リーグ liga ▶ リーグ戦 campeonato da liga
リーダー líder ▶ 政治的リーダー líder político
リード ▶ リードする liderar ▶ 我々は2対1で試合をリードしている Nós estamos liderando o jogo por dois a um.
りえき[利益] lucro; ganho ▶ 利益を上げる aumentar os lucros
りか[理科] ciências ▶ 理科の教師 professor de ciências
りかい[理解] compreensão; entendimento ▶ 相互理解 compreensão mútua / 理解する compreender; entender / 私はあなたの言うことが理解できない Não consigo compreender o que você diz. / 私の両親は理解がある Meu pais são compreensíveis.
りがい[利害] interesses ▶ 利害が一致する haver acordo de interesses / 利害の対立 conflito de interesses
りく[陸] terra; terra firme ▶ 陸路で por terra
りくぐん[陸軍] exército
りくじょうきょうぎ[陸上競技] atletismo
りくつ[理屈] teoria; lógica ▶ 理屈の上ではそうだが, 実際はそういかない Na teoria pode ser, mas na prática não. / 理屈を言うな Não venha com desculpas.
りこ[利己] ▶ 利己的な egoísta; interesseiro; egocêntrico / 利己主義 egocentrismo / 利己主義者 egocentrista
りこう[利口] ▶ 利口な inteligente / 利口な少年 jovem inteligente / その犬は大変に利口だ Esse cão é muito inteligente. / 利口にしていなさい Fique bonzinho.

リサイクル reciclagem ▶ リサイクルする reciclar / リサイクル可能な reciclável
りし[利子] juro
りす[栗鼠] esquilo
リスク risco; perigo ▶ リスクを回避する evitar o risco / 為替リスク risco de câmbio / システミック・リスク risco sistêmico ハイリスクグループ grupo de alto risco
リスト lista ▶ ブラックリスト lista negra
リズム ritmo ▶ リズムに合わせて踊る dançar conforme o ritmo
りせい[理性] razão; capacidade de raciocinar ▶ 理性を失う perder a razão / 理性的な racional
りそう[理想] ideal ▶ 彼は理想が高い Ele tem um grande ideal. / 理想的な夫 marido ideal
りそく[利息] juro
りつ[率] taxa; proporção; índice ▶ 出生率 taxa de natalidade / 死亡率 taxa de mortalidade / 投票率 índice de votação
りっこうほ[立候補] candidatura ▶ 選挙に立候補する candidatar-se às eleições / 立候補者 candidato
りったい[立体] corpo; sólido ▶ 立体的な tridimensional
リットル litro ▶ 1リットルの水 um litro de água
りっぱ[立派] ▶ 立派な excelente; esplêndido; magnífico / その選手は立派な成績を残した Esse jogador deixou resultados magníficos.
りっぽう[立方] ▶ 立方体 cubo; hexaedro regular / 立方メートル metro cúbico
りっぽう[立法] legislação ▶ 立法権 poder legislativo / 立法機関 órgão legislativo
リハーサル ensaio ▶ リハーサルする ensaiar
りはつし[理髪師] barbeiro; cabeleireiro
りはつてん[理髪店] barbearia
リボン fita ▶ リボンを結ぶ amarrar a fita
リモコン controle remoto
りゃく[略] resumo; abreviação ▶ この語は何の略ですか Essa palavra é a abreviação do quê?
りゃくしき[略式] ▶ 略式の informal; simples; rápido
りゆう[理由] causa; motivo; razão ▶ 理由を言いなさい Diga o motivo. / 健康上の理由で辞職する aposentar-se por motivos de saúde / そんなことは理由にならない Isso não é motivo.
りゅうがく[留学] ▶ 彼はアメリカに留学した Ele foi estudar nos Estados Unidos da América. / 留学生 estudante estrangeiro / 交換留学生 bolsista de intercâmbio
りゅうかん[流感] influenza ▶ 流感にかかる ficar com [pegar] influenza
りゅうこう[流行] moda ▶ 流行を追う seguir a moda / 当時ミニスカートが流行していた Na época, a mini-saia estava na moda. / それはもう流行遅れだ Isso já está fora da moda. / 流行歌 canção da moda
りゅうちょう[流暢] fluência ▶ 流暢なポルトガル語 um português fluente / 彼は流暢に日本語を話す Ele fala a língua japonesa fluentemente.
りゅうつう[流通] (貨幣) circulação; (商品) dis-

tribuição ▶ 貨幣の流通 circulação de moeda / 流通システム sistema de distribuição / 流通する circular; ser distribuído

りょう[猟] caça ▶ 猟をする caçar / 猟師 caçador / 猟犬 cão de caça

りょう[漁] pesca; pescaria ▶ 漁に出る sair para pescar / 漁師 pescador

りょう[量] quantidade ▶ 多量の水 grande volume de água / 量より質 A qualidade é mais importante do que a quantidade.

りょう[寮] dormitório

りよう[利用] uso; utilização; aproveitamento ▶ 利用する usar; utilizar; aproveitar / 太陽エネルギーを利用する aproveitar a energia solar / 利用者 usuário

りょうかい[了解] compreensão; entendimento ▶ 暗黙の了解 entendimento tácito / 上司の了解を得る conseguir o consentimento do chefe

りょうがえ[両替] câmbio; troca de dinheiro ▶ 円をレアルに両替する trocar iene por real

りょうがわ[両側] os dois lados ▶ 道の両側に em ambos os lados da rua

りょうきん[料金] taxa; tarifa; preço ▶ 入場料金 preço da entrada / タクシー料金 tarifa de táxi / 水道料金 tarifa de água / 電話料金 conta de telefone / 料金所 pedágio

りようし[理容師] cabeleireiro; barbeiro

りょうしき[良識] bom senso ▶ 良識ある人 pessoa de bom senso

りょうしゅうしょ[領収書] recibo ▶ 領収書をください Dê-me o recibo por favor.

りょうしん[両親] pais

りょうしん[良心] consciência ▶ 良心に従う obedecer a consciência / 良心的な consciencioso

りょうほう[両方] ambos ▶ 私は両方とも好きだ Eu gosto de ambos. / 私は両方が好きというわけではない Não é porque eu gosto de ambos. / 私は両方とも好きではない Eu não gosto de ambos [nenhum dos dois].

りょうほう[療法] terapia; método de tratamento ▶ ショック療法 tratamento de choque

りょうり[料理] culinária; comida; prato ▶ 料理する cozinhar; fazer comida / 彼女は料理が上手だ Ela é boa cozinheira. / 日本料理 comida [culinária] japonesa / ブラジル料理 comida [culinária] brasileira / 料理人 cozinheiro / 料理法 receita culinária / 料理学校 escola de culinária

りょうりつ[両立] compatibilidade; coexistência ▶ 家庭と仕事を両立させる compatibilizar o lar com o trabalho.

りょくちゃ[緑茶] chá verde

りょけん[旅券] passaporte ▶ 旅券を申請する requerer [solicitar] o passaporte

りょこう[旅行] viagem ▶ 私は旅行が好きです Eu gosto de viajar. / 旅行に出かける sair de viagem / 旅行はどうでしたか Como foi a viagem? / よい ご旅行を Faça uma boa viagem. / 旅行する viajar / ブラジル旅行する viajar para o Brasil / 旅行ガイド guia turístico / 旅行者 viajante / 観光旅行 viagem de turismo / 旅行代理店 agência de turismo

リラックス relaxamento ▶ リラックスする relaxar-se; fazer relaxamento

りりく[離陸] decolagem ▶ 離陸する decolar; levantar voo

リレー revezamento

りれきしょ[履歴書] currículo; curriculum vitae

りろん[理論] teoria ▶ 理論を実践する por a teoria em prática / 理論上は em teoria / 理論的な teórico / 理論物理 física teórica

りんかく[輪郭] contorno; perfil

りんご[林檎] maçã ▶ りんごの木 macieira

りんごく[隣国] país vizinho

りんじ[臨時] ▶ 臨時の (特別の) extraordinário; (一時的な) temporário / 臨時予算 orçamento extraordinário / 臨時総会 assembleia extraordinária / 臨時列車 trem especial / 臨時ニュース notícia extra / 「臨時休業」Fechado temporariamente.

りんじん[隣人] vizinho

りんり[倫理] moral; ética ▶ 職業倫理 ética do trabalho / 倫理学 ética; moral / 倫理的な ético; moral / 倫理的に moralmente

る

るいじ[類似] semelhança; analogia ▶ 類似した例 exemplos semelhantes / 類似点 pontos semelhantes

るいすい[類推] analogia ▶ 類推によって por analogia

ルーズ ▶ 彼は時間にルーズだ Ele é relaxado quanto a horários.

ルーズリーフ caderno de folhas soltas

ルート（平方根）raiz quadrada; (経路) via ▶ ルート4は2だ A raiz quadrada de quatro é dois. / 外交ルートを通じて por via diplomática

ルール regra ▶ ルールを守る obedecer a regra / ルールを破る violar a regra

るす[留守] ausência ▶ あなたの留守中にフェルナンドさんが訪ねて来ました Na sua ausência o Sr. Fernando veio visitá-lo. / 彼は今留守です Ele está ausente agora. / 私は2, 3日家を留守にする Eu não estarei em casa por dois ou três dias.

るすばん[留守番] guarda ▶ 家の留守番をする guardar a casa

るすばんでんわ[留守番電話] telefone com secretária eletrônica

れ

れい[礼] (お辞儀) mesura; reverência; cumprimento com a cabeça; (感謝) agradecimento ▶ お礼を言う agradecer a / 心からお礼申し上げます

Agradeço de coração. / お礼の申し上げようもありません Não tenho nem palavras de agradecimento. / 私は彼にプレゼントのお礼を言った Agradeci-lhe pelo presente. / 私はお礼の印に彼を夕食に招待した Em sinal de agradecimento eu o convidei para um jantar.

れい [例] (実例) exemplo; (前例) precedente; (習慣) costume ▶ 典型的な例 costume típico / 例を1つ挙げましょう Vamos dar um exemplo. / 例を挙げると dando um exemplo / 彼は例によって遅刻した Ele chegou atrasado como sempre.

れい [零] zero ▶ 私は数学のテストで零点を取った Eu tirei zero na prova de matemática. / 今朝は零下2度だった Hoje de manhã fez dois graus abaixo de zero. / 日本チームは1対0で勝った O time do Japão venceu de um a zero.

れいがい [例外] exceção ▶ 例外のない規則はない Não há regra sem exceção. / 例外的な excepcional / 例外的に excepcionalmente / 例外なく sem exceção

れいぎ [礼儀] boas maneiras; educação; etiqueta ▶ 彼女はいつも礼儀正しい Ela sempre é bem educada. / 彼は全く礼儀を知らない Ele não tem um pingo de educação.

れいきゃく [冷却] refrigeração ▶ 冷却する refrigerar

れいじょう [礼状] carta de agradecimento ▶ 礼状を書く escrever uma carta de agradecimento

れいせい [冷静] calma; serenidade; tranquilidade ▶ 冷静を保つ conservar a calma; manter a tranquilidade / 彼は危険に直面して冷静だった Ele estava calmo frente ao perigo. / 冷静に calmamente; serenamente

れいぞうこ [冷蔵庫] refrigerador; geladeira

れいたん [冷淡] apatia; indiferença; desinteresse ▶ 彼女は私にとても冷淡だった Ela me tratava com muita indiferença.

れいとう [冷凍] congelamento; congelação ▶ 冷凍する congelar / 冷凍食品 alimento congelado / 冷凍庫 congelador; freezer

れいぼう [冷房] ar condicionado ▶ この部屋は冷房がはいっている Este quarto tem ar condicionado.

レインコート capa de chuva

レーザー laser ▶ レーザープリンター impressora a laser

レース (競走) corrida ▶ レースに勝つ ganhar [vencer] a corrida / レースに負ける perder a corrida

レース (装飾) renda ▶ レースのカーテン cortina de renda

れきし [歴史] história ▶ ブラジルの歴史 história do Brasil / 世界の歴史 história mundial / 歴史上の人物 personagem histórica / 歴史的な事件 acontecimento histórico / 歴史的に historicamente / 歴史家 historiador

レギュラー ▶ レギュラーの regular; oficial; efetivo ▶ レギュラー選手 jogador titular

レジ a caixa registradora ▶ レジ係 o caixa

レシート recibo

レストラン restaurante ▶ フレンチレストラン restaurante francês / レストランで夕食を取る jantar em um restaurante / おすすめのレストランはありますか Tem algum restaurante recomendável?

レスリング luta livre

レタス alface

れつ [列] fila ▶ 車の長い列 uma longa fila de carros / 列を作ってください Façam uma fila por favor. / バスを待つ人たちが一列に並んでいる As pessoas que esperam o ônibus estão alinhadas em uma fila.

れっきょ [列挙] enumeração ▶ 列挙する enumerar

れっしゃ [列車] trem ▶ 列車で行く ir de trem / 列車に乗る tomar [pegar] um trem / 列車を乗り換える trocar de trem / 列車事故 acidente de trem / 普通列車 trem comum / 急行列車 trem expresso [rápido]

レッスン lição ▶ 彼女はピアノのレッスンを受けている Ela tem lições de piano.

れっとう [列島] arquipélago ▶ 日本列島 Arquipélago Japonês

れっとうかん [劣等感] complexo de inferioridade

レッドカード cartão vermelho

レバー (肝臓) fígado; (操縦) alavanca

レフェリー árbitro; juiz

レベル nível ▶ レベルの高い選手 jogador de alto nível / レベルの低い選手 jogador de baixo nível

レポート relatório ▶ レポートを提出する entregar o relatório

レモン limão ▶ レモンティー chá com limão

れんあい [恋愛] amor; paixão; romance amoroso ▶ 恋愛小説 romance de amor

れんが [煉瓦] tijolo ▶ れんが造りの家 uma casa construída com tijolos

れんごう [連合] união; aliança; liga ▶ 連合国 países aliados; nações aliadas / 連合軍 forças aliadas / 国際連合 Organizações das Nações Unidas / 欧州連合 União Europeia

れんしゅう [練習] treino; exercício; ensaio ▶ ピアノを練習する praticar piano / サッカーの練習をする treinar futebol / ポルトガル語の練習問題 exercícios de língua portuguesa

レンズ lente ▶ コンタクトレンズ lente de contato

れんそう [連想] associação de ideias

レンタカー (自動車) carro de aluguel

レンタル aluguel ▶ レンタルビデオ店 locadora de filmes [vídeos] / レンタル料 preço de locação

れんぽう [連邦] federação; confederação ▶ ブラジル連邦共和国 República Federativa do Brasil / 連邦政府 governo federal / ロシア連邦 Federação Russa

れんめい [連盟] aliança; união; liga; federação ▶ 国際サッカー連盟 Federação Internacional de Futebol Associado

れんらく [連絡] comunicação; informação; contato ▶ 連絡をください Entre em contato por favor. / また後で連絡します Comunico-me mais tarde novamente. / この列車は次の駅で急行と連絡している Este trem faz conexão com o trem expresso na próxima estação.

ろ

ろうか[廊下] corredor; passagem
ろうじん[老人] ancião; pessoa idosa [velha]
ろうそく[蠟燭] vela ▶ ろうそくに火をつける acender a vela
ろうどう[労働] trabalho ▶ 労働する trabalhar / 我々の会社は7時間労働だ Em nossa empresa trabalhamos sete horas por dia. / 労働組合 sindicato dos trabalhadores. / 労働時間 horas de trabalho / 労働者 trabalhador; operário / 肉体労働 trabalho braçal
ろうひ[浪費] desperdício; esbanjamento ▶ 時間の浪費 desperdício de tempo / お金を浪費する esbanjar dinheiro
ローストチキン frango assado
ローストビーフ rosbife
ロープ corda
ローラースケート patins de rodas ▶ ローラースケートをする patinar
ろく[六] seis ▶ 第6の sexto
ろくおん[録音] gravação ▶ 録音する gravar / 録音スタジオ estúdio de gravação
ろくが[録画] gravação de imagens ▶ 録画する gravar imagens / 番組を録画する gravar um programa
ろくがつ[六月] junho ▶ 6月に em junho
ろくじゅう[六十] sessenta ▶ 第60の sexagésimo
ロケット foguete ▶ ロケットを打ち上げる lançar um foguete
ロシア Rússia ▶ ロシアの russo / ロシア人 russo / ロシア語 russo
ロボット robô
ロマンチック ▶ ロマンチックな romântico
ろんじる[論じる] discutir; analisar ▶ 政治について論じる discutir sobre o governo
ろんそう[論争] debate; polêmica; discussão ▶ 経済政策を巡る論争 debate envolvendo a política econômica
ろんぶん[論文] tese; dissertação ▶ 博士論文 tese de doutoramento / 卒業論文 tese de conclusão de curso
ろんり[論理] lógica; raciocínio ▶ 論理的な lógico; racional / 君の言っていることは論理的ではない O que você está dizendo não é lógico. / 論理的に logicamente; racionalmente / 論理学 ciência da lógica

わ

わ[輪] círculo; roda; anel ▶ 輪になって踊る dançar em roda / 輪を作る formar uma roda
わ[和] (合計) soma; total
ワープロ processador de texto
ワールドカップ copa do mundo ▶ サッカーのワールドカップ copa do mundo de futebol
ワイシャツ camisa colarinho
わいせつ[猥褻] ▶ わいせつな obsceno; imoral; indecente
ワイン vinho ▶ グラス1杯のワイン uma taça de vinho / ワイン1本 uma garrafa de vinho / 赤ワイン vinho tinto / 白ワイン vinho branco
わかい[若い] jovem; novo ▶ 私はもう若くない Eu não sou mais jovem. / 若い人たち pessoas jovens / 彼は私より2歳若い Ele é dois anos mais jovem que eu.
わかい[和解] reconciliação; solução amigável ▶ 和解する reconciliar-se
わかさ[若さ] juventude ▶ 若さを保つ manter-se jovem
わかす[沸かす] ferver; aquecer ▶ 湯を沸かす ferver a água / 風呂を沸かす aquecer a água do banho de imersão [furô]
わがまま ▶ わがままな caprichoso; voluntarioso; egoísta
わかもの[若者] moço; rapaz; jovem; (集合的) moçada ▶ 現代の若者たち os jovens de hoje
わかる[分かる] entender; compreender; saber ▶ 分かりました Entendi. / 分かりますか Você compreende? / 私の言うことが分かりますか Você entende o que eu digo? / 私にはよく分かりません Eu não compreendo bem. / 私はどうしていいか分からなかった Eu não sabia o que fazer. / 彼の家はすぐに分かった Eu percebi logo qual era a casa dele. / 分かりやすい文章 um texto de fácil compreensão / 分かりにくい文章 um texto de difícil compreensão.
わかれ[別れ] separação; despedida ▶ 別れを告げる despedir-se; dizer adeus
わかれる[別れる] separar-se; despedir-se; (離婚) divorciar-se ▶ 私は駅で彼と別れた Eu me separei dele na estação. / 二人は結婚3年目に別れた Os dois se separaram no terceiro ano de casamento.
わかれる[分かれる] dividir-se; ramificar-se ▶ 私たちは3つのグループに分かれた Nós nos dividimos em três grupos.
わき[脇] lado ▶ …の脇に ao lado de... / 話が脇にそれてしまった A conversa tomou outro rumo.
わく[枠] armação; moldura; aro
わく[沸く] ferver ▶ 湯が沸いている A água está fervendo.
ワクチン vacina
わくわく ▶ わくわくする excitar-se; animar-se; entusiasmar-se ▶ 私は期待でわくわくしていた Eu estava cheia de expectativas.
わけ[訳] (理由) razão; causa; motivo ▶ 訳を言いなさい Diga os motivos. / 彼は訳の分からないことを言っている Ele está falando coisas sem nexo.
わけまえ[分け前] porção; parcela; quinhão ▶ 私は自分の分け前をもらった Eu recebi a minha porção.
わける[分ける] dividir; repartir ▶ 彼女はそのケー

キを2つに分けた Ela dividiu esse bolo em dois. / 私はサンドイッチを友達に分けてあげた Eu reparti o sanduíche com meu amigo.

わざと propositalmente; intencionalmente; deliberadamente ▶ わざとやったのではありません Não fiz propositalmente.

わざわざ de propósito; especialmente; intencionalmente ▶ わざわざお越しいただき、ありがとうございます Muito obrigado por ter vindo especialmente.

わずか[僅か] ▶ 私はわずかなお金しか持っていなかった Eu tinha somente um pouco de dinheiro. / ほんのわずかな人しかそのことを知らなかった Apenas algumas pessoas sabiam disso.

わすれっぽい[忘れっぽい] esquecido ▶ 私はとても忘れっぽい Eu sou muito esquecida.

わすれもの[忘れ物] (遺失物) objeto perdido; coisa esquecida ▶ 私は忘れ物を思い出して家に戻った Eu me lembrei que havia me esquecido de algo e voltei para casa. / 忘れ物はないの Não se esqueceu de nada?

わすれる[忘れる] esquecer ▶ 私は彼の名前を忘れてしまった Eu esqueci o nome dele. / あなたのご親切は決して忘れません Nunca me esquecerei de sua gentileza. / 私はバスにかばんを忘れてきた Eu esqueci minha bolsa no ônibus. / 私は鍵をかけるのを忘れてしまった Eu me esqueci de fechar a porta com a chave.

わた[綿] algodão

わだい[話題] assunto; tema ▶ 話題を変える mudar de assunto

わたし[私] eu ▶ 私は日本人だ Eu sou japonês. / (電話で) 私です Sou eu. / これは私の車です Este é o meu carro. / 彼は私に本をくれた Ele me deu um livro. / 彼は私をよく知っている Ele me conhece bem. / 私としては賛成だ Por mim, estou de acordo.

わたしたち[私たち] nós ▶ 私たちはブラジル人だ Nós somos brasileiros. / 私たちのチームが優勝した Nosso time venceu. / 私たちに残された時間はあまりない Não nos resta muito tempo. / 私たちを忘れないで Não se esqueça de nós.

わたす[渡す] entregar; levar ▶ 私は彼女に手紙を渡した Eu entreguei a carta a ela.

わたりどり[渡り鳥] ave migratória

わたる[渡る] atravessar; passar; transpor ▶ 橋を渡る passar pela ponte / 横断歩道を渡る atravessar a faixa de pedestres

ワックス cera; parafina ▶ ワックスを床に塗る encerar o chão / passar a cera no chão

わな[罠] armadilha; ratoeira ▶ わなにかかる cair na armadilha

わびる[詫びる] pedir desculpas [perdão] ▶ 私は彼女に詫びた Eu pedi desculpas a ela.

わら[藁] palha

わらい[笑い] riso; sorriso; risada ▶ 私は笑いが止まらなかった Não consegui parar de rir. / 笑いではない Não é uma piada. / 笑い声 vozes de risos / 笑い話 anedota piada

わらう[笑う] rir; sorrir; dar risada ▶ 人の失敗を笑う Não ria de erros alheios. / 私たちは大笑いした Nós demos uma gargalhada. / 笑っている場合ではない Não dá para ficar rindo.

わり[割] ▶ 日本人の約1割 cerca de dez porcento dos japoneses / その会社の株は2割上がった As ações dessa empresa subiram vinte porcento. / 彼は年の割には若く見える Ele parece jovem apesar da idade.

わりあい[割合] razão; proporção ▶ 酢と油を1対2の割合で混ぜる misturar vinagre e óleo na proporção de um para dois / 今日は割合暖かい Hoje está razoavelmente quente.

わりあてる[割り当てる] distribuir ▶ 私たちのそれぞれに仕事が割り当てられた Distribuíram trabalho para cada um de nós.

わりこむ[割り込む] interromper; meter-se ▶ 列に割り込む meter-se na fila

わりざん[割り算] divisão

わりびき[割引] desconto; abatimento ▶ 私はこの靴を2割引で買った Comprei este sapato com vinte porcento de desconto. / 割引する descontar; abater; fazer desconto / 割引券 cartão de desconto

わる[割る] (壊す) quebrar; (割り算) dividir ▶ 彼はコップを割った Ele quebrou o copo. / 8割る2は4だ Oito dividido por dois são quatro / ウイスキーを水で割る misturar água no uísque

わるい[悪い] mau; ruim ▶ 今日は天気が悪い Hoje o tempo está ruim. / 喫煙は健康に悪い O fumo faz mal para a saúde. / うそをつくことは悪いことだ Mentir é ruim. / 私の車は調子が悪い Meu carro não está funcionando bem. / どこか具合でも悪いのですか Você está se sentindo mal? / あなたは顔色が悪い Você parece que não está bem.

わるぎ[悪気] maldade; má intenção ▶ 悪気はありませんでした Não tive más intenções.

わるくち[悪口] maledicência ▶ 悪口を言う falar mal; falar por trás (pelas costas) / 人の悪口を言う falar mal das pessoas

わるもの[悪者] homem mau; patife; velhaco

われ[我] ▶ 我を忘れる ficar fora de si; empolgar-se / 我に返る voltar a si; recobrar os sentidos

われめ[割れ目] fissura; fenda; racha

われる[割れる] quebrar-se partir-se; rachar ▶ 窓ガラスが割れた A janela de vidro quebrou-se. / コップが割れた O copo quebrou-se.

わん[湾] baía; enseada; golfo ▶ 東京湾 baía de Tóquio / メキシコ湾 golfo do México

わん[椀] tigela

わんりょく[腕力] ▶ 彼は腕力が強い Ele tem braços fortes. / 腕力に訴える recorrer à violência [força bruta]

付 録

1112-1114 　　数字と記号

1115-1145 　　動詞活用表

数字と記号

基数詞

0	zero	17	dezessete B	60	sessenta
1	um		dezassete P	70	setenta
2	dois	18	dezoito	80	oitenta
3	três	19	dezenove B	90	noventa
4	quatro		dezanove P	100	cem
5	cinco	20	vinte	101	cento e um
6	seis	21	vinte e um	111	cento e onze
7	sete	22	vinte e dois	121	cento e vinte e um
8	oito	23	vinte e três	130	cento e trinta
9	nove	24	vinte e quatro	200	duzentos
10	dez	25	vinte e cinco	201	duzentos e um
11	onze	26	vinte e seis	300	trezentos
12	doze	27	vinte e sete	400	quatrocentos
13	treze	28	vinte e oito	500	quinhentos
14	quatorze /catorze	29	vinte e nove	600	seiscentos
15	quinze	30	trinta	700	setecentos
16	dezesseis B	40	quarenta	800	oitocentos
	dezasseis P	50	cinquenta	900	novecentos

1.000	mil	10.132	dez mil, cento e trinta dois
1.001	mil e um	10.200	dez mil e duzentos
1.010	mil e dez	11.000	onze mil
1.099	mil e noventa e nove	20.000	vinte mil
1.100	mil e cem	30.000	trinta mil
1.101	mil, cento e um	40.000	quarenta mil
1.110	mil, cento e dez	50.000	cinquenta mil
2.000	dois mil	60.000	sessenta mil
2.001	dois mil e um	70.000	setenta mil
2.010	dois mil e dez	80.000	oitenta mil
2.100	dois mil e cem	90.000	noventa mil
2.145	dois mil, cento e quarenta e cinco	99.999	noventa e nove mil, novecentos e noventa e nove
3.000	três mil		
4.000	quatro mil	100.000	cem mil
5.000	cinco mil	100.001	cem mil e um
6.000	seis mil	100.090	cem mil e noventa
7.000	sete mil	100.100	cem mil e cem
8.000	oito mil	100.123	cem mil, cento e vinte e três
9.000	nove mil	101.000	cento e um mil
10.000	dez mil	101.001	cento e um mil e um
10.001	dez mil e um	101.105	cento e um mil, cento e cinco
10.012	dez mil e doze	123.033	cento e vinte e três mil e trinta três

155.234	cento e cinquenta e cinco mil, duzentos e trinta e quatro
200.000	duzentos mil
1.000.000	um milhão
1.001.001	um milhão e mil e um
1.050.081	um milhão e cinquenta mil e oitenta e um
1.111.111	um milhão, cento e onze mil, cento e onze
10.000.000	dez milhões
20.039.001	vinte milhões e trinta nove mil e um
31.374.206	trinta e um milhões, trezentos e setenta e quatro mil, duzentos e seis
100.000.000	cem milhões
1.000.000.000	um bilhão
10.000.000.000	dez bilhões
100.000.000.000	cem bilhões
1.000.000.000.000	um trilhão

① 3桁ごとの区切りは ponto (.) で表す. 例：10.000
② 十位と一位, 百位と十位は接続詞の e で結ぶ。
③ 千位と百位の間は接続詞の e は不要である.
④ ただし, 百位が0のときと, 十位と一位に端数がない時は接続詞の e が必要である.
⑤ milhão は名詞なので「100万の…」は um milhão de... と言う. 例：um milhão de reais. bilhão, trilhão も同様に使う.
⑥ um と dois, -entos は名詞の前で性変化する.

小数

0,1	zero vírgula um
0,01	zero vírgula zero um
3,14	três vírgula quatorze
45,432	quarenta e cinco, vírgula, quatro, três, dois

小数点は vírgula (,) で表す.

序数詞

1º, 1ª	primeiro, primeira
2º, 2ª	segundo, segunda
3º, 3ª	terceiro, terceira
4º, 4ª	quarto, quarta
5º, 5ª	quinto, quinta
6º, 6ª	sexto, sexta
7º, 7ª	sétimo, sétima
8º, 8ª	oitavo, oitava
9º, 9ª	nono, nona
10º, 10ª	décimo, décima
11º, 11ª	décimo primeiro, décima primeira
12º, 12ª	décimo segundo, décima segunda
13º, 13ª	décimo terceiro, décima terceira
14º, 14ª	décimo quarto, décima quarta
15º, 15ª	décimo quinto, décima quinta
16º, 16ª	décimo sexto, décima sexta
17º, 17ª	décimo sétimo, décima sétima
18º, 18ª	décimo oitavo, décima oitava
19º, 19ª	décimo nono, décima nona
20º, 20ª	vigésimo, vigésima
21º, 21ª	vigésimo primeiro, vigésima primeira
22º, 22ª	vigésimo segundo, vigésima segunda
30º, 30ª	trigésimo, trigésima
31º, 31ª	trigésimo primeiro, trigésima primeira
40º, 40ª	quadragésimo, quadragésima
50º, 50ª	quinquagésimo, quinquagésima
60º, 60ª	sexagésimo, sexagésima
70º, 70ª	setuagésimo, setuagésima
80º, 80ª	octogésimo, octogésima
90º, 90ª	nonagésimo, nonagésima
100º, 100ª	centésimo, centésima
101º, 101ª	centésimo primeiro, centésima primeira
200º, 200ª	ducentésimo, ducentésima
300º, 300ª	trecentésimo, trecentésima
400º, 400ª	quadringentésimo, quadringentésima
500º, 500ª	quingentésimo, quingentésima
600º, 600ª	sexcentésimo, sexcentésima
700º, 700ª	setingentésimo, setingentésima
800º, 800ª	octingentésimo, octingentésima
900º, 900ª	nongentésimo, nongentésima
1.000º, 1.000ª	milésimo, milésima
10.000º, 10.000ª	dez milésimo, dez milésima
100.000º, 100.000ª	cem milésimo, cem milésima
1.000.000º, 1.000.000ª	milionésimo, milionésima

分数

1/2	um meio, uma metade
1/3	um terço
1/4	um quarto
1/5	um quinto
1/6	um sexto
1/7	um sétimo
1/8	um oitavo
1/9	um nono
1/10	um décimo

年号

1500 年	mil e quinhentos
1995 年	mil novecentos e noventa e cinco
2000 年	dois mil
2010 年	dois mil e dez

句読点

.	ponto (final)
,	vírgula
;	ponto e vírgula
:	dois pontos
?	ponto de interrogação
!	ponto de exclamação
...	reticências
( )	parênteses
" "	aspas
—	travessão
[ ]	colchetes
{ }	chaves

綴り記号

´	acento agudo
`	acento grave
^	acento circunflexo
~	til
¸	cedilha
-	hífen
'	apóstrofo

その他の記号

@	arroba
#	cerquilha
$	dólar
%	percentagem
&	e comercial
*	asterisco
§	parágrafo
_	underscore
µ	micro
£	libra esterlina
|	barra vertical
°	grau
/	barra
\	contrabarra

数学の記号

+	sinal de mais
−	sinal de menos
×	sinal de multiplicação
÷	sinal de divisão
=	sinal de igual
<	menor que
>	maior que

数式

$5 + 7 = 12$	Cinco mais sete é (são) doze.
$10 - 4 = 6$	Dez menos quatro é (são) seis.
$5 \times 6 = 30$	Cinco vezes seis é (são) trinta.
$6 \div 3 = 2$	Seis dividido por três é (são) dois.

音楽記号

♩	semínima
♪	colcheia
#	sustenido
♭	bemol
♮	bequadro

トランプ

♥	copas
♣	paus
♠	espadas
♦	ouros

動詞活用表

規則動詞

-ar 動詞　falar
-er 動詞　comer
-ir 動詞　partir

不規則動詞

① adequar
② agir
③ agredir
④ aguar
⑤ aprazer
⑥ arguir
⑦ atribuir
⑧ averiguar
⑨ caber
⑩ cear
⑪ chegar
⑫ colorir
⑬ começar
⑭ conduzir
⑮ conhecer
⑯ construir
⑰ convir
⑱ crer
⑲ dar
⑳ distinguir
㉑ divergir
㉒ dizer
㉓ dormir
㉔ entupir
㉕ erguer
㉖ estar
㉗ falir
㉘ fazer
㉙ ficar
㉚ frigir
㉛ fugir
㉜ haver
㉝ ir
㉞ jazer
㉟ mobiliar
㊱ moer
㊲ obter
㊳ odiar
㊴ ouvir
㊵ parir
㊶ pedir
㊷ perder
㊸ poder
㊹ pôr
㊺ prazer
㊻ precaver
㊼ proibir
㊽ proteger
㊾ prover
㊿ puir
(51) querer
(52) reaver
(53) requerer
(54) resfolegar
(55) reunir
(56) rir
(57) saber
(58) sair
(59) saudar
(60) seguir
(61) sentir
(62) ser
(63) soer
(64) sortir
(65) subir
(66) ter
(67) trazer
(68) valer
(69) ver
(70) vir

規則動詞 -ar型（falar）

直説法			
現在	falo falas fala falamos falais falam	複合過去	tenho falado tens falado tem falado temos falado tendes falado têm falado
過去	falei falaste falou falamos falastes falaram	複合大過去	tinha falado tinhas falado tinha falado tínhamos falado tínheis falado tinham falado
半過去	falava falavas falava falávamos faláveis falavam	複合未来	terei falado terás falado terá falado teremos falado tereis falado terão falado
単純大過去	falara falaras falara faláramos faláreis falaram	複合過去未来	teria falado terias falado teria falado teríamos falado teríeis falado teriam falado
未来	falarei falarás falará falaremos falareis falarão		
過去未来	falaria falarias falaria falaríamos falaríeis falariam		

接　続　法			
現在	fale fales fale falemos faleis falem	過去	tenha falado tenhas falado tenha falado tenhamos falado tenhais falado tenham falado
半過去	falasse falasses falasse falássemos falásseis falassem	大過去	tivesse falado tivesses falado tivesse falado tivéssemos falado tivésseis falado tivessem falado
未来	falar falares falar falarmos falardes falarem	複合未来	tiver falado tiveres falado tiver falado tivermos falado tiverdes falado tiverem falado

命　令　法	
	fala falai

人　称　不　定　詞	
	falar falares falar falarmos falardes falarem

分　詞	
現在分詞 過去分詞	falando falado

規則動詞 -er 型 (comer)

直 説 法			
現在	como comes come comemos comeis comem	複合過去	tenho comido tens comido tem comido temos comido tendes comido têm comido
過去	comi comeste comeu comemos comestes comeram	複合大過去	tinha comido tinhas comido tinha comido tínhamos comido tínheis comido tinham comido
半過去	comia comias comia comíamos comíeis comiam	複合未来	terei comido terás comido terá comido teremos comido tereis comido terão comido
単純大過去	comera comeras comera comêramos comêreis comeram	複合過去未来	teria comido terias comido teria comido teríamos comido teríeis comido teriam comido
未来	comerei comerás comerá comeremos comereis comerão		
過去未来	comeria comerias comería comeríamos comeríeis comeriam		

接 続 法				
現在	coma comas coma comamos comais comam	過去	tenha comido tenhas comido tenha comido tenhamos comido tenhais comido tenham comido	
半過去	comesse comesses comesses comêssemos comêsseis comessem	大過去	tivesse comido tivesses comido tivesse comido tivéssemos comido tivésseis comido tivessem comido	
未来	comer comeres comer comermos comerdes comerem	複合未来	tiver comido tiveres comido tiver comido tivermos comido tiverdes comido tiverem comido	

命 令 法	
	come comei

人 称 不 定 詞	
	comer comeres comer comermos comerdes comerem

分 詞	
現在分詞 過去分詞	comendo comido

規則動詞 -ir 型 (partir)

直　説　法			
現在	parto partes parte partimos partis partem	複合過去	tenho partido tens partido tem partido temos partido tendes partido têm partido
過去	parti partiste partiu partimos partistes partiram	複合大過去	tinha partido tinhas partido tinha partido tínhamos partido tínheis partido tinham partido
半過去	partia partias partia partíamos partíeis partiam	複合未来	terei partido terás partido terá partido teremos partido tereis partido terão partido
単純大過去	partira partiras partira partíramos partíreis partiram	複合過去未来	teria partido terias partido teria partido teríamos partido teríeis partido teriam partido
未来	partirei partirás partirá partiremos partireis partirão		
過去未来	partiria partirias partiria partiríamos partiríeis partiriam		

接　続　法			
現在	parta partas parta partamos partais partam	過去	tenha partido tenhas partido tenha partido tenhamos partido tenhais partido tenham partido
半過去	partisse partisses partisse partíssemos partísseis partissem	大過去	tivesse partido tivesses partido tivesse partido tivéssemos partido tivésseis partido tivessem partido
未来	partir partires partir partirmos partirdes partirem	複合未来	tiver partido tiveres partido tiver partido tivermos partido tiverdes partido tiverem partido

命　令　法	
	parte parti

人　称　不　定　詞	
	partir partires partir partirmos partirdes partirem

分　詞	
現在分詞 過去分詞	partindo partido

不定詞 現在分詞 過去分詞	直説法			
	現在	過去	半過去	単純大過去
① **adequar** adequando adequado	– – – adequamos adequais –	adequei adequaste adequou adequamos adequaste adequaram	adequava adequavas adequava adequávamos adequáveis adequavam	adequara adequaras adequara adequáramos adequáreis adequaram
② **agir** agingo agido	ajo ages age agimos agis agem	agi agiste agiu agimos agistes agiram	agia agias agia agíamos agíeis agiam	agira agiras agira agíramos agíreis agiram
③ **agredir** agredingo agredido	agrido agrides agride agredimos agredis agridem	agredi agrediste agrediu agredimos agredistes agrediram	agredia agredias agredia agredíamos agredíeis agrediam	agredira agrediras agredira agredíramos agredíreis agrediram
④ **aguar** aguando aguado	águo águas água aguamos aguais águam	aguei aguaste aguou aguamos aguastes aguou	aguava aguavas aguava aguávamos aguáveis aguavam	aguara aguaras aguara aguáramos aguáreis aguaram
⑤ **aprazer** aprazendo aprazido	aprazo aprazes apraz aprazemos aprazeis aprazem	aprouve aprouveste aprouve aprouvemos aprouvestes aprouveram	aprazia aprazias aprazia aprazíamos aprazíeis apraziam	aprouvera aprouveras aprouvera aprouvéramos aprouvéreis aprouveram
⑥ **arguir** arguindo arguido	arguo arguis argui arguímos arguís arguem	arguí arguíste arguiu arguímos arguístes arguíram	arguía arguías arguía arguíamos arguíeis arguíam	arguíra arguíras arguíra arguíramos arguíreis arguíram

直　説　法		接　続　法			命令法
未　来	過去未来	現　在	半　過　去	未　来	
adequarei	adequaria	–	adequasse	adequar	
adequarás	adequarias	–	adequasses	adequares	–
adequará	adequaria	–	adequasse	adequar	
adequaremos	adequaríamos	–	adequássemos	adequarmos	
adequareis	adequaríeis	–	adequásseis	adequardes	adequai
adequarão	adequariam	–	adequassem	adequarem	
agirei	agiria	aja	agisse	agir	
agirás	agirias	ajas	agisses	agires	age
agirá	agiria	aja	agisse	agir	
agiremos	agiríamos	ajamos	agíssemos	agirmos	
agireis	agiríeis	ajais	agísseis	agirdes	agi
agirão	agiriam	ajam	agissem	agirem	
agredirei	agrediria	agrida	agredisse	agredir	
agredirás	agredirias	agridas	agredisses	agredires	agride
agredirá	agrediria	agrida	agredisse	agredir	
agrediremos	agrediríamos	agridamos	agredíssemos	agredirmos	
agredireis	agrediríeis	agridais	agredísseis	agredirdes	agredi
agredirão	agrediriam	agridam	agredissem	agredirem	
aguarei	aguaria	águae	aguasse	aguar	
aguarás	aguarias	águes	aguasses	aguares	água
aguará	aguaria	águae	aguasse	aguar	
aguaremos	aguaríamos	aguemos	aguássemos	aguarmos	
aguareis	aguaríeis	agueis	aguásseis	aguardes	aguai
aguarão	aguariam	águem	aguassem	aguarem	
aprazerei	aprazeria	apraza	aprouvesse	aprouver	
aprazerás	aprazerias	aprazas	aprouvesses	aprouveres	apraz
aprazerá	aprazeria	apraza	aprouvesse	aprouver	
aprazeremos	aprazeríamos	aprazamos	aprouvéssemos	aprouvermos	
aprazereis	aprazeríes	aprazais	aprouvésseis	aprouverdes	aprazei
aprazerão	aprazeriam	aprazam	aprouvessem	aprouverem	
arguirei	arguiria	argua	arguísse	arguir	
arguirás	arguirias	arguas	arguísses	arguíres	argui
arguirá	arguiria	argua	arguísse	arguir	
arguiremos	arguiríamos	arguamos	arguíssemos	arguirmos	
arguireis	arguiríeis	arguais	arguísseis	arguirdes	arguí
arguirão	arguiriam	arguam	arguíssem	arguírem	

1123

付

不定詞 現在分詞 過去分詞	直説法			
	現在	過去	半過去	単純大過去
⑦ **atribuir** atribuindo atribuído	atribuo atribuis atribui atribuímos atribuís atribuem	atribuí atribuíste atribuiu atribuímos atribuístes atribuíram	atribuía atribuías atribuía atribuíamos atribuíeis atribuíam	atribuíra atribuíras atribuíra atribuíramos atribuíreis atribuíram
⑧ **averiguar** averiguado averiguado	averiguo averiguas averigua averiguamos averiguais averiguam	averiguei averiguaste averiguou averiguamos averiguastes averiguaram	averiguava averiguavas averiguava averiguávamos averiguáveis averiguavam	averiguara averiguaras averiguara averiguáramos averiguáreis averiguaram
⑨ **caber** cabendo cabido	caibo cabes cabe cabemos cabeis cabem	coube coubeste coube coubemos coubestes couberam	cabia cabias cabia cabíamos cabíeis cabiam	coubera couberas coubera coubéramos coubéreis couberam
⑩ **cear** ceando ceado	ceio ceias ceia ceamos ceais ceiam	ceei ceaste ceou ceamos ceastes cearam	ceava ceavas ceava ceávamos ceáveis ceavam	ceara cearas ceara ceáramos ceáreis cearam
⑪ **chegar** chegando chegado	chego chegas chega chegamos chegais chegam	cheguei chegaste chegou chegamos chegastes chegaram	chegava chegavas chegava chegávamos chegáveis chegavam	chegara chegaras chegara chegáramos chegáreis chegaram
⑫ **colorir** colorindo colorido	– colores colore colorimos coloris colorem	colori coloriste coloriu colorimos coloristes coloriram	coloria colorias coloria coloríamos coloríeis coloriam	colorira coloriras colorira coloríramos coloríreis coloriram

直　説　法		接　続　法			命令法
未　来	過去未来	現　在	半過去	未　来	
atribuirei	atribuiria	atribua	atribuísse	atribuir	
atribuirás	atribuirias	atribuas	atribuísses	atribuíres	atribui
atribuirá	atribuiria	atribua	atribuísse	atribuir	
atribuiremos	atribuiríamos	atribuamos	atribuíssemos	atribuirmos	
atribuireis	atribuiríeis	atribuais	atribuísseis	atribuirdes	atribuí
atribuirão	atribuiriam	atribuam	atribuíssem	atribuírem	
averiguarei	averiguaria	averigue	averiguasse	averiguar	
averiguarás	averiguarias	averigues	averiguasses	averiguares	averigua
averiguará	averiguaria	averigue	averiguasse	averiguar	
averiguaremos	averiguaríamos	averiguemos	averiguássemos	averiguarmos	
averiguareis	averiguaríeis	averigueis	averiguásseis	averiguardes	averiguai
averiguarão	averiguariam	averiguem	averiguassem	averiguarem	
caberei	caberia	caiba	coubesse	couber	
caberás	caberias	caibas	coubesses	couberes	–
caberá	caberia	caiba	coubesse	couber	
caberemos	caberíamos	caibamos	coubéssemos	coubermos	
cabereis	caberíeis	caibais	coubésseis	couberdes	–
caberão	caberiam	caibam	coubessem	couberem	
cearei	cearia	ceie	ceasse	cear	
cearás	cearias	ceies	ceasses	ceares	ceia
ceará	cearia	ceie	ceasse	cear	
cearemos	cearíamos	ceemos	ceássemos	cearmos	
ceareis	ceareis	ceeis	ceásseis	ceardes	ceai
cearão	ceariam	ceiem	ceassem	cearem	
chegarei	chegaria	chegue	chegasse	chegar	
chegarás	chegarias	chegues	chegasses	chegares	chega
chegará	chegaria	chegue	chegasse	chegar	
chegaremos	chegaríamos	cheguemos	chegássemos	chegarmos	
chegareis	chegaríeis	chegueis	chegásseis	chegardes	chegai
chegarão	chegariam	cheguem	chegassem	chegarem	
colorirei	coloriria	–	colorisse	colorir	
colorirás	coloririas	–	colorisses	colorires	colore
colorirá	coloriria	–	colorisse	colorir	
coloriremos	coloriríamos	–	coloríssemos	colorirmos	
colorireis	coloriríeis	–	colorísseis	colorirdes	colori
colorirão	coloririam	–	colorissem	colorirem	

不定詞 現在分詞 過去分詞	直説法			
	現在	過去	半過去	単純大過去
⑬ começar começando começado	começo começas começa começamos começais começam	comecei começaste começou começamos começastes começaram	começava começavas começava começávamos começáveis começavam	começara começaras começara começáramos começáreis começaram
⑭ conduzir conduzindo conduzido	conduzo conduzes conduz conduzimos conduzis conduzem	conduzi conduziste conduziu conduzimos conduzistes conduziram	conduzia conduzias conduzia conduzíamos conduzíeis conduziam	conduzira conduziras conduzira conduzíramos conduzíreis conduziram
⑮ conhecer conhecendo conhecido	conheço conheces conhece conhecemos conheceis conhecem	conheci conheceste conheceu conhecemos conhecestes conheceram	conhecia conhecias conhecia conhecíamos conhecíeis conheciam	conhecera conheceras conhecera conhecêramos conhecêreis conheceram
⑯ construir construindo construído	construo constró[u]is constró[u]i construímos construís constro[u]em	construí construíste construiu construímos construístes construíram	construía construías construía construíamos construíeis construíam	construíra construíras construíra construíramos construíreis construíram
⑰ convir convindo convindo	convenho convéns convém convimos convindes convêm	convim convieste conveio conviemos conviestes convieram	convinha convinhas convinha convínhamos convínheis convinham	conviera convieras conviera conviéramos conviéreis convieram
⑱ crer crendo crido	creio crês crê cremos credes creem	cri creste creu cremos crestes creram	cria crias cria críamos críeis criam	crera creras crera crêramos crêreis creram

直説法		接続法			命令法
未来	過去未来	現在	半過去	未来	
começarei	começaria	comece	começasse	começar	
começarás	começarias	comeces	começasses	começares	começa
começará	começaria	comece	começasse	começar	
começaremos	começaríamos	comecemos	começássemos	começarmos	
começareis	começaríeis	comeceis	começásseis	começardes	começai
começarão	começariam	comecem	começassem	começarem	
conduzirei	conduziria	conduza	conduzisse	conduzir	
conduzirás	conduzirias	conduzas	conduzisses	conduzires	conduz(e)
conduzirá	conduziria	conduza	conduzisse	conduzir	
conduziremos	conduziríamos	conduzamos	conduzíssemos	conduzirmos	
conduzireis	conduziríeis	conduzais	conduzísseis	conduzirdes	conduzi
conduzirão	conduziriam	conduzam	conduzissem	conduzirem	
conhecerei	conheceria	conheça	conhecesse	conhecer	
conhecerás	conhecerias	conheças	conhecesses	conheceres	conhece
conhecerá	conheceria	conheça	conhecesse	conhecer	
conheceremos	conheceríamos	conheçamos	conhecêssemos	conhecermos	
conhecereis	conheceríeis	conheçais	conhecêsseis	conhecerdes	conhecei
conhecerão	conheceriam	conheçam	conhecessem	conhecerem	
construirei	construiria	construa	construísse	construir	
construirás	construirias	construas	construísses	construíres	constró[u]i
construirá	construiria	construa	construísse	construir	
construiremos	construiríamos	construamos	construíssemos	construirmos	
construireis	construiríeis	construais	construísseis	construirdes	construí
construirão	construiriam	construam	construíssem	construírem	
convirei	conviria	convenha	conviesse	convier	
convirás	convirias	convenham	conviesses	convieres	convém
convirá	conviria	convenha	conviesse	convier	
conviremos	conviríamos	convenhamos	conviéssemos	conviermos	
convireis	conviríeis	convenhais	conviésseis	convierdes	convinde
convirão	conviriam	convenham	conviessem	convierem	
crerei	creria	creia	cresse	crer	
crerás	crerias	creias	cresses	creres	crê
crerá	creria	creia	cresse	crer	
creremos	creríamos	creiamos	crêssemos	crermos	
crereis	creríeis	creiais	crêsseis	crerdes	crede
crerão	creriam	creiam	cressem	crerem	

不定詞 現在分詞 過去分詞	直説法			
	現在	過去	半過去	単純大過去
⑲ **dar** dando dado	dou dás dá damos dais dão	dei deste deu demos destes deram	dava davas dava dávamos dáveis davam	dera deras dera déramos déreis deram
⑳ **distinguir** distinguindo distinguido/ distinto	distingo distingues distingue distinguimos distinguis distinguem	distingui distinguiste distinguiu distinguimos distinguistes distinguiram	distinguia distinguias distinguia distinguíamos distinguíeis distinguiam	distinguira distinguiras distinguira distinguíramos distinguíreis distinguiram
㉑ **divergir** divergindo divergido	divirjo diverges diverge divergimos divergis divergem	divergi divergiste divergiu divergimos divergistes divergiram	divergia divergias divergia divergíamos divergíeis divergiam	divergira divergiras divergira divergíramos divergíreis divergiram
㉒ **dizer** dizendo dito	digo dizes diz dizemos dizeis dizem	disse disseste disse dissemos dissestes disseram	dizia dizias dizia dizíamos dizíeis diziam	dissera disseras dissera disséramos disséreis disseram
㉓ **dormir** dormindo dormido	durmo dormes dorme dormimos dormis dormem	dormi dormiste dormiu dormimos dormistes dormiram	dormia dormias dormia dormíamos dormíeis dormiam	dormira dormiras dormira dormíramos dormíreis dormiram
㉔ **entupir** entupindo entupido	entupo entopes entope entupimos entupis entopem	entupi entupiste entupiu entupimos entupistes entupiram	entupia entupias entupia entupíamos entupíeis entupiam	entupira entupiras entupira entupíramos entupíreis entupiram

直　説　法		接　続　法			命令法
未　来	過去未来	現　在	半過去	未　来	
darei	daria	dê	desse	der	
darás	darias	dês	desses	deres	dá
dará	daria	dê	desse	der	
daremos	daríamos	demos	déssemos	dermos	
dareis	daríeis	deis	désseis	derdes	dai
darão	dariam	deem	dessem	derem	
distinguirei	distinguiria	distinga	distinguisse	distinguir	
distinguirás	distinguirias	distingas	distinguisses	distinguires	distingue
distinguirá	distinguiria	distinga	distinguisse	distinguir	
distinguiremos	distinguiríamos	distingamos	distinguíssemos	distinguirmos	
distinguireis	distinguiríeis	distingais	distinguísseis	distinguirdes	distingui
distinguirão	distinguiriam	distingam	distinguissem	distinguirem	
divergirei	divergiria	divirja	divergisse	divergir	
divergirás	divergirias	divirjas	divergisses	divergires	diverge
divergirá	divergiria	divirja	divergisse	divergir	
divergiremos	divergiríamos	divirjamos	divergíssemos	divergirmos	
divergireis	divergiríeis	divirjais	divergísseis	divergirdes	divergi
divergirão	divergiriam	divirjam	divergissem	divergirem	
direi	diria	diga	dissesse	disser	
dirás	dirias	digas	dissesses	disseres	diz(e)
dirá	diria	diga	dissesse	disser	
diremos	diríamos	digamos	disséssemos	dissermos	
direis	diríeis	digais	dissésseis	disserdes	dizei
dirão	diriam	digam	dissessem	disserem	
dormirei	dormiria	durma	dormisse	dormir	
dormirás	dormirias	durmas	dormisses	dormires	dorme
dormirá	dormiria	durma	dormisse	dormir	
dormiremos	dormiríamos	durmamos	dormíssemos	dormirmos	
dormireis	dormiríeis	durmais	dormísseis	dormirdes	dormi
dormirão	dormiriam	durmam	dormissem	dormirem	
entupirei	entupiria	entupa	entupisse	entupir	
entupirás	entupirias	entupas	entupisses	entupires	entope
entupirá	entupiria	entupa	entupisse	entupir	
entupiremos	entupiríamos	entupamos	entupíssemos	entupirmos	
entupireis	entupiríeis	entupais	entupísseis	entupirdes	entupi
entupirão	entupiriam	entupam	entupissem	entupirem	

不定詞 現在分詞 過去分詞	直説法			
	現在	過去	半過去	単純大過去
㉕	ergo	ergui	erguia	erguera
erguer	ergues	ergueste	erguias	ergueras
	ergue	ergueu	erguia	erguera
erguendo	erguemos	erguemos	erguíamos	erguêramos
	ergueis	erguestes	erguíeis	erguêreis
erguido	erguem	ergueram	erguiam	ergueram
㉖	estou	estive	estava	estivera
estar	estás	estiveste	estavas	estiveras
	está	esteve	estava	estivera
estando	estamos	estivemos	estávamos	estivéramos
	estais	estivestes	estáveis	estivéreis
estado	estão	estiveram	estavam	estiveram
㉗	–	fali	falia	falira
falir	–	faliste	falias	faliras
	–	faliu	falia	falira
falindo	falimos	falimos	falíamos	falíramos
	falis	falistes	falíeis	falíreis
falido	–	faliram	faliam	faliram
㉘	faço	fiz	fazia	fizera
fazer	fazes	fizeste	fazias	fizeras
	faz	fez	fazia	fizera
fazendo	fazemos	fizemos	fazíamos	fizéramos
	fazeis	fizestes	fazíeis	fizéreis
feito	fazem	fizeram	faziam	fizeram
㉙	fico	fiquei	ficava	ficara
ficar	ficas	ficaste	ficavas	ficaras
	fica	ficou	ficava	ficara
ficando	ficamos	ficamos	ficávamos	ficáramos
	ficais	ficastes	ficáveis	ficáreis
ficado	ficam	ficaram	ficavam	ficaram
㉚	frijo	frigi	frigia	frigira
frigir	freges	frigiste	frigias	frigiras
	frege	frigiu	frigia	frigira
frigindo	frigimos	frigimos	frigíamos	frigíramos
	frigis	frigistes	frigíeis	frigíreis
frigido/frito	fregem	frigiram	frigiam	frigiram

直説法		接続法			命令法
未来	過去未来	現在	半過去	未来	
erguerei	ergueria	erga	erguesse	erguer	
erguerás	erguerias	ergas	erguesses	ergueres	ergue
erguerá	ergueria	erga	erguesse	erguer	
ergueremos	erguéríamos	ergamos	erguêssemos	erguermos	
erguereis	erguéríeis	ergais	erguêsseis	erguerdes	erguei
erguerão	ergueriam	ergam	erguessem	erguerem	
estarei	estaria	esteja	estivesse	estiver	
estarás	estarias	estejas	estivesses	estiveres	está
estará	estaria	esteja	estivesse	estiver	
estaremos	estaríamos	estejamos	estivéssemos	estivermos	
estareis	estaríeis	estejais	estivésseis	estiverdes	estai
estarão	estariam	estejam	estivessem	estiverem	
falirei	faliria	–	falisse	falir	
falirás	falirias	–	falisses	falires	–
falirá	faliria	–	falisse	falir	
faliremos	faliríamos	–	falíssemos	falirmos	
falireis	faliríeis	–	falísseis	falirdes	fali
falirão	faliriam	–	falissem	falirem	
farei	faria	faça	fizesse	fizer	
farás	farias	faças	fizesses	fizeres	faz(e)
fará	faria	faça	fizesse	fizer	
faremos	faríamos	façamos	fizéssemos	fizermos	
fareis	faríeis	façais	fizésseis	fizerdes	fazei
farão	fariam	façam	fizessem	fizerem	
ficarei	ficaria	fique	ficasse	ficar	
ficarás	ficarias	fiques	ficasses	ficares	fica
ficará	ficaria	fique	ficasse	ficar	
ficaremos	ficaríamos	fiquemos	ficássemos	ficarmos	
ficareis	ficaríeis	fiqueis	ficásseis	ficardes	ficai
ficarão	ficariam	fiquem	ficassem	ficarem	
frigirei	frigiria	frija	frigisse	frigir	
frigirás	frigirias	frijas	frigisses	frigires	frege
frigirá	frigiria	frija	frigisse	frigir	
frigiremos	frigiríamos	frijamos	frigíssemos	frigirmos	
frigireis	frigiríeis	frijais	frigísseis	frigirdes	frigi
frigirão	frigiriam	frijam	frigissem	frigirem	

不定詞 現在分詞 過去分詞	直説法			
	現在	過去	半過去	単純大過去
㉛ fugir fugindo fugido	fujo foges foge fugimos fugis fogem	fugi fugiste fugiu fugimos fugistes fugiram	fugia fugias fugia fugíamos fugíeis fugiam	fugira fugiras fugira fugíramos fugíreis fugiram
㉜ haver havendo havido	hei hás há havemos haveis hão	houve houveste houve houvemos houvestes houveram	havia havias havia havíamos havíeis haviam	houvera houveras houvera houvéramos houvéreis houveram
㉝ ir indo ido	vou vais vai vamos ides vão	fui foste foi fomos fostes foram	ia ias ia íamos íeis iam	fora foras fora fôramos fôreis foram
㉞ jazer jazendo jazido	jazo jazes jaz jazemos jazeis jazem	jazi jazeste jazeu jazemos jazestes jazeram	jazia jazias jazia jazíamos jazíeis jaziam	jazera jazeras jazera jazêramos jazêreis jazeram
㉟ mobiliar mobiliando mobiliado	mobílio mobílias mobília mobiliamos mobiliais mobíliam	mobiliei mobiliaste mobiliou mobiliamos mobiliastes mobiliaram	mobiliava mobiliavas mobiliava mobiliávamos mobiliáveis mobiliavam	mobiliara mobiliaras mobiliara mobiliáramos mobiliáreis mobiliaram
㊱ moer moendo moído	moo móis mói moemos moeis moem	moí moeste moeu moemos moestes moeram	moía moías moía moíamos moíeis moíam	moera moeras moera moêramos moêreis moeram

1133

直説法		接続法			命令法
未来	過去未来	現在	半過去	未来	
fugirei	fugiria	fuja	fugisse	fugir	
fugirás	fugirias	fujas	fugisses	fugires	foge
fugirá	fugiria	fuja	fugisse	fugir	
fugiremos	fugiríamos	fujamos	fugíssemos	fugirmos	
fugireis	fugiríeis	fujais	fugísseis	fugirdes	fugi
fugirão	fugiriam	fujam	fugissem	fugirem	
haverei	haveria	haja	houvesse	houver	
haverás	haverias	hajas	houvesses	houveres	há
haverá	haveria	haja	houvesse	houver	
haveremos	haveríamos	hajamos	houvéssemos	houvermos	
havereis	haveríeis	hajais	houvésseis	houverdes	havei
haverão	haveriam	hajam	houvessem	houverem	
irei	iria	vá	fosse	for	
irás	irias	vás	fosses	fores	vai
irá	iria	vá	fosse	for	
iremos	iríamos	vamos	fôssemos	formos	
ireis	iríeis	vades	fôsseis	fordes	ide
irão	iriam	vão	fossem	forem	
jazerei	jazeria	jaza	jazesse	jazer	
jazerás	jazerias	jazas	jazesses	jazeres	jaz(e)
jazerá	jazeria	jaza	jazesse	jazer	
jazeremos	jazeríamos	jazamos	jazêssemos	jazermos	
jazereis	jazeríeis	jazais	jazêsseis	jazerdes	jazei
jazerão	jazeriam	jazam	jazessem	jazerem	
mobiliarei	mobiliaria	mobílie	mobiliasse	mobiliar	
mobiliarás	mobiliarias	mobílies	mobiliasses	mobiliares	mobília
mobiliará	mobiliaria	mobílie	mobiliasse	mobiliar	
mobiliaremos	mobiliaríamos	mobiliemos	mobiliássemos	mobiliarmos	
mobiliareis	mobiliaríeis	mobilieis	mobiliásseis	mobiliardes	mobiliai
mobiliarão	mobiliariam	mobíliem	mobiliassem	mobiliarem	
moerei	moeria	moa	moesse	moer	
moerás	moerias	moas	moesses	moeres	mói
moerá	moeria	moa	moesse	moer	
moeremos	moeríamos	moamos	moêssemos	moermos	
moereis	moeríeis	moais	moêsseis	moerdes	moei
moerão	moeriam	moam	moessem	moerem	

不定詞 現在分詞 過去分詞	直説法			
	現在	過去	半過去	単純大過去
㊲ **obter** obtendo obtido	obtenho obténs obtém obtemos obtendes obtêm	obtive obtiveste obteve obtivemos obtivestes obtiveram	obtinha obtinhas obtinha obtínhamos obtínheis obtinham	obtivera obtiveras obtivera obtivéramos obtivéreis obtiveram
㊳ **odiar** odiando odiado	odeio odeias odeia odiamos odiais odeiam	odiei odiaste odiou odiamos odiastes odiaram	odiava odiavas odiava odiávamos odiáveis odiavam	odiara odiaras odiara odiáramos odiáreis odiaram
㊴ **ouvir** ouvindo ouvido	ouço/oiço ouves ouve ouvimos ouvis ouvem	ouvi ouviste ouviu ouvimos ouvistes ouviram	ouvia ouvias ouvia ouvíamos ouvíeis ouviam	ouvira ouviras ouvira ouvíramos ouvíreis ouviram
㊵ **parir** parindo parido	pairo pares pare parimos paris parem	pari pariste pariu parimos paristes pariram	paria parias paria paríamos paríeis pariam	parira pariras parira paríramos paríreis pariram
㊶ **pedir** pedindo pedido	peço pedes pede pedimos pedis pedem	pedi pediste pediu pedimos pedistes pediram	pedia pedias pedia pedíamos pedíeis pediam	pedira pediras pedira pedíramos pedíreis pediram
㊷ **perder** perdendo perdido	perco perdes perde perdemos perdeis perdem	perdi perdeste perdeu perdemos perdestes perderam	perdia perdias perdia perdíamos perdíeis perdiam	perdera perderas perdera perdêramos perdêreis perderam

直説法		接続法			命令法
未来	過去未来	現在	半過去	未来	
obterei obterás obterá obteremos obtereis obterão	obteria obterias obteria obteríamos obteríeis obteriam	obtenha obtenhas obtenha obtenhamos obtenhais obtenham	obtivesse obtivesses obtivesse obtivéssemos obtivésseis obtivessem	obtiver obtiveres obtiver obtivermos obtiverdes obtiverem	obtém obtende
odiarei odiarás odiará odiaremos odiareis odiarão	odiaria odiarias odiaria odiaríamos odiaríeis odiariam	odeie odeies odeie odiemos odieis odeiem	odiasse odiasses odiasse odiássemos odiásseis odiassem	odiar odiares odiar odiarmos odiardes odiarem	odeia odiai
ouvirei ouvirás ouvirá ouviremos ouvireis ouvirão	ouviria ouvirias ouviria ouviríamos ouviríeis ouviriam	ouça ouças ouça ouçamos ouçais ouçam	ouvisse ouvisses ouvisse ouvíssemos ouvísseis ouvissem	ouvir ouvires ouvir ouvirmos ouvirdes ouvirem	ouve ouvi
parirei parirás parirá pariremos parireis parirão	pariria paririas pariria paciríamos paciríeis paririam	paira pairas paira pairamos pairais pairam	parisse parisses parisse paríssemos parísseis parissem	parir parires parir parirmos parirdes parirem	pare pari
pedirei pedirás pedirá pediremos pedireis pedirão	pediria pedirias pediria pediríamos pediríeis pediriam	peça peças peça peçamos peçais peçam	pedisse pedisses pedisse pedíssemos pedísseis pedissem	pedir pedires pedir pedirmos pedirdes pedirem	pede pedi
perderei perderás perderá perderemos perdereis perderão	perderia perderias perderia perderíamos perderíeis perderiam	perca percas perca percamos percais percam	perdesse perdesses perdesse perdêssemos perdêsseis perdessem	perder perderes perder perdermos perderdes perderem	perde perdei

不定詞 現在分詞 過去分詞	直説法			
	現在	過去	半過去	単純大過去
㊸ **poder** podendo podido	posso podes pode podemos podeis podem	pude pudeste pôde pudemos pudestes puderam	podia podias podia podíamos podíeis podiam	pudera puderas pudera pudéramos pudéreis puderam
㊹ **pôr** pondo posto	ponho pões põe pomos pondes põem	pus puseste pôs pusemos pusestes puseram	punha punhas punha púnhamos púnheis punham	pusera puseras pusera puséramos puséreis puseram
㊺ **prazer** prazendo prazido	– – praz – – prazem	– – prouve – – prouveram	– – prazia – – praziam	– – prouvera – – prouveram
㊻ **precaver** precavendo precavido	– – – precavemos precaveis –	precavi precaveste precaveu precavemos precavestes precaveram	precavia precavias precavia precavíamos precavíeis precaviam	precavera precaveras precavera precavêramos precavêreis precaveram
㊼ **proibir** proibindo proibido	proíbo proíbes proíbe proibimos proibis proíbem	proibi proibiste proibiu proibimos proibistes proibiram	proibia proibias proibia proibíamos proibíeis proibiam	proibira proibiras proibira proibíramos proibíreis proibiram
㊽ **proteger** protegendo protegido	protejo proteges protege protegemos protegeis protegem	protegi protegeste protegeu protegemos protegestes protegeram	protegia protegias protegia protegíamos protegíeis protegiam	protegera protegeras protegera protegêramos protegêreis protegeram

1137

直説法		接続法			命令法
未来	過去未来	現在	半過去	未来	
poderei	poderia	possa	pudesse	puder	
poderás	poderias	possas	pudesses	puderes	–
poderá	poderia	possa	pudesse	puder	
poderemos	poderíamos	possamos	pudéssemos	pudermos	
podereis	poderíeis	possais	pudésseis	puderdes	–
poderão	poderiam	possam	pudessem	puderem	
porei	poria	ponha	pusesse	puser	
porás	porias	ponhas	pusesses	puseres	põe
porá	poria	ponha	pusesse	puser	
poremos	poríamos	ponhamos	puséssemos	pusermos	
poreis	poríeis	ponhais	pusésseis	puserdes	ponde
porão	poriam	ponham	pusessem	puserem	
–	–	–	–	–	–
prazerá	prazeria	praza	prouvesse	prouver	
–	–	–	–	–	–
prazerão	prazeriam	prazam	prouvessem	prouverem	
precaverei	precaveria	–	precavesse	precaver	
precaverás	precaverias	–	precavesses	precaveres	–
precaverá	precaveria	–	precavesse	precaver	
precaveremos	precaveríamos	–	precavêssemos	precavermos	
precavereis	precaveríeis	–	precavêsseis	precaverdes	precavei
precaverão	precaveriam	–	precavessem	precaverem	
proibirei	proibiria	proíba	proibisse	proibir	
proibirás	proibirias	proíbas	proibisses	proibires	proíbe
proibirá	proibiria	proíba	proibisse	proibir	
proibiremos	proibiríamos	proibamos	proibíssemos	proibirmos	
proibireis	proibiríeis	proibais	proibísseis	proibirdes	proibi
proibirão	proibiriam	proíbam	proibissem	proibirem	
protegerei	protegeria	proteja	protegesse	proteger	
protegerás	protegerias	protejas	protegesses	protegeres	protege
protegerá	protegeria	proteja	protegesse	proteger	
protegeremos	protegeríamos	protejamos	protegêssemos	protegermos	
protegereis	protegeríeis	protejais	protegêsseis	protegerdes	protegei
protegerão	protegeriam	protejam	protegessem	protegerem	

付

不定詞 現在分詞 過去分詞	直説法			
	現在	過去	半過去	単純大過去
㊾	provejo	provi	provia	provera
prover	provês	proveste	provias	proveras
	provê	proveu	provia	provera
provendo	provemos	provemos	províamos	provêramos
	provedes	provestes	províeis	provêreis
provido	proveem	proveram	proviam	proveram
㊿	–	puí	puía	puíra
puir	puis	puíste	puías	puíras
	pui	puiu	puía	puíra
puindo	puímos	puímos	puíamos	puíramos
	puís	puístes	puíeis	puíreis
puído	puem	puíram	puíam	puíram
(51)	quero	quis	queria	quisera
querer	queres	quiseste	querias	quiseras
	quer	quis	queria	quisera
querendo	queremos	quisemos	queríamos	quiséramos
	quereis	quisestes	queríeis	quiséreis
querido	querem	quiseram	queriam	quiseram
(52)	–	reouve	reavia	reouvera
reaver	–	reouveste	reavias	reouveras
	–	reouve	reavia	reouvera
reavendo	reavemos	reouvemos	reavíamos	reouvéramos
	reaveis	reouvestes	reavíeis	reouvéreis
reavido	–	reouveram	reaviam	reouveram
(53)	requeiro	requeri	requeria	requerera
requerer	requeres	requereste	requerias	requereras
	requer	requereu	requeria	requerera
requerendo	requeremos	requeremos	requeríamos	requerêramos
	requereis	requerestes	requeríeis	requerêreis
requerido	requerem	requereram	requeriam	requereram
(54)	resfólego	resfoleguei	resfolegava	resfolegara
resfolegar	resfólegas	resfolegaste	resfolegavas	resfolegaras
	resfólega	resfolegou	resfolegava	resfolegara
resfolegando	resfolegamos	resfolegamos	resfolegávamos	resfolegáramos
	resfolegais	resfolegastes	resfolegáveis	resfolegáreis
resfolegado	resfólegam	resfolegaram	resfolegavam	resfolegaram

1139

直 説 法		接 続 法			命令法
未 来	過去未来	現 在	半過去	未 来	
proverei	proveria	proveja	provesse	prover	
proverás	proverias	provejas	provesses	proveres	provê
proverá	proveria	proveja	provesse	prover	
proveremos	proveríamos	provejamos	provêssemos	provermos	
provereis	proveríeis	provejais	provêsseis	proverdes	provede
proverão	proveriam	provejam	provessem	proverem	
puirei	puiria	–	puísse	puir	
puirás	puirias	–	puísses	puíres	pui
puirá	puiria	–	puísse	puir	
puiremos	puiríamos	–	puíssemos	puirmos	
puireis	puiríeis	–	puísseis	puirdes	puí
puirão	puiriam	–	puíssem	puírem	
quererei	quereria	queira	quisesse	quiser	
quererás	quererias	queiras	quisesses	quiseres	quer
quererá	quereria	queira	quisesse	quiser	
quereremos	quereríamos	queiramos	quiséssemos	quisermos	
querereis	quereríeis	queirais	quisésseis	quiserdes	querei
quererão	quereriam	queiram	quisessem	quiserem	
reaverei	reaveria	–	reouvesse	reouver	
reaverás	reaverias	–	reouvesses	reouveres	
reaverá	reaveria	–	reouvesse	reouver	–
reaveremos	reaveríamos	–	reouvéssemos	reouvermos	
reavereis	reaveríeis	–	reouvésseis	reouverdes	reavei
reaverão	reaveriam	–	reouvessem	reouverem	
requererei	requereria	requeira	requeresse	requerer	
requererás	requererias	requeiras	requeresses	requereres	requer(e)
requererá	requereria	requeira	requeresse	requerer	
requereremos	requereríamos	requeiramos	requerêssemos	requerermos	
requerereis	requereríeis	requeirais	requerêsseis	requererdes	requerei
requererão	requereriam	requeiram	requeressem	requererem	
resfolegarei	resfolegaria	resfólegue	resfolegasse	resfolegar	
resfolegarás	resfolegarias	resfólegues	resfolegasses	resfolegares	resfólega
resfolegará	resfolegaria	resfólegue	resfolegasse	resfolegar	
resfolegaremos	resfolegaríamos	resfoleguemos	resfolegássemos	resfolegarmos	resfolegai
resfolegareis	resfolegaríeis	resfolegueis	resfolegásseis	resfolegardes	
resfolegarão	resfolegariam	resfóleguem	resfolegassem	resfolegarem	

不定詞 現在分詞 過去分詞	直説法			
	現在	過去	半過去	単純大過去
⑤ **reunir** reunindo reunido	reúno reúnes reúne reunimos reunis reúnem	reuni reuniste reuniu reunimos reunistes reuniram	reunia reunias reunia reuníamos reuníeis reuniam	reunira reuniras reunira reuníramos reuníreis reuniram
⑤ **rir** rindo rido	rio ris ri rimos rides riem	ri riste riu rimos ristes riram	ria rias ria ríamos ríeis riam	rira riras rira ríramos ríreis riram
⑤ **saber** sabendo sabido	sei sabes sabe sabemos sabeis sabem	soube soubeste soube soubemos soubestes souberam	sabia sabias sabia sabíamos sabíeis sabiam	soubera souberas soubera soubéramos soubéreis souberam
⑤ **sair** saindo saído	saio sais sai saímos saís saem	saí saíste saiu saímos saístes saíram	saía saías saía saíamos saíeis saíam	saíra saíras saíra saíramos saíreis saíram
⑤ **saudar** saudando saudado	saúdo saúdas saúda saudamos saudais saúdam	saudei saudaste saudou saudamos saudastes saudaram	saudava saudavas saudava saudávamos saudáveis saudavam	saudara saudaras saudara saudáramos saudáreis saudaram
⑥ **seguir** seguindo seguido	sigo segues segue seguimos seguis seguem	segui seguiste seguiu seguimos seguistes seguiram	seguia seguias seguia seguíamos seguíeis seguiam	seguira seguiras seguira seguíramos seguíreis seguiram

直説法		接続法			命令法
未来	過去未来	現在	半過去	未来	
reunirei	reuniria	reúna	reunisse	reunir	
reunirás	reunirias	reúnas	reunisses	reunires	reúne
reunirá	reuniria	reúna	reunisse	reunir	
reuniremos	reuniríamos	reunamos	reuníssemos	reunirmos	
reunireis	reuniríeis	reunais	reunísseis	reunirdes	reuni
reunirão	reuniriam	reúnam	reunissem	reunirem	
rirei	riria	ria	risse	rir	
rirás	ririas	rias	risses	rires	ri
rirá	riria	ria	risse	rir	
riremos	riríamos	riamos	ríssemos	rirmos	
rireis	riríeis	riais	rísseis	rirdes	ride
rirão	ririam	riam	rissem	rirem	
saberei	saberia	saiba	soubesse	souber	
saberás	saberias	saibas	soubesses	souberes	sabe
saberá	saberia	saiba	soubesse	souber	
saberemos	saberíamos	saibamos	soubéssemos	soubermos	
sabereis	saberíeis	saibais	soubésseis	souberdes	sabei
saberão	saberiam	saibam	soubessem	souberem	
sairei	sairia	saia	saísse	sair	
sairás	sairias	saias	saísses	saíres	sai
sairá	sairia	saia	saísse	sair	
sairemos	sairíamos	saiamos	saíssemos	sairmos	
saireis	sairíeis	saiais	saísseis	sairdes	saí
sairão	sairiam	saiam	saíssem	saírem	
saudarei	saudaria	saúde	saudasse	saudar	
saudarás	saudarias	saúdes	saudasses	saudares	saúda
saudará	saudaria	saúde	saudasse	saudar	
saudaremos	saudaríamos	saudemos	saudássemos	saudarmos	
saudareis	saudaríeis	saudeis	saudásseis	saudardes	saudai
saudarão	saudariam	saúdem	saudassem	saudarem	
seguirei	seguiria	siga	seguisse	seguir	
seguirás	seguirias	sigas	seguisses	seguires	segue
seguirá	seguiria	siga	seguisse	seguir	
seguiremos	seguiríamos	sigamos	seguíssemos	seguirmos	
seguireis	seguiríeis	sigais	seguísseis	seguirdes	segui
seguirão	seguiriam	sigam	seguissem	seguirem	

不定詞 現在分詞 過去分詞	直説法			
	現在	過去	半過去	単純大過去
⑥1 **sentir** sentindo sentido	sinto sentes sente sentimos sentis sentem	senti sentiste sentiu sentimos sentistes sentiram	sentia sentias sentia sentíamos sentíeis sentiam	sentira sentiras sentira sentíramos sentíreis sentiram
⑥2 **ser** sendo sido	sou és é somos sois são	fui foste foi fomos fostes foram	era eras era éramos éreis eram	fora foras fora fôramos fôreis foram
⑥3 **soer** soendo soído	– sóis sói soemos soeis soem	soí soeste soeu soemos soestes soeram	soía soías soía soíamos soíeis soíam	soera soeras soera soêramos soêreis soeram
⑥4 **sortir** sortindo sortido	surto surtes surte sortimos sortis surtem	sorti sortiste sortiu sortimos sortistes sortiram	sortia sortias sortia sortíamos sortíeis sortiam	sortira sortiras sortira sortíramos sortíreis sortiram
⑥5 **subir** subindo subido	subo sobes sobe subimos subis sobem	subi subiste subiu subimos subistes subiram	subia subias subia subíamos subíeis subiam	subira subiras subira subíramos subíreis subiram
⑥6 **ter** tendo tido	tenho tens tem temos tendes têm	tive tiveste teve tivemos tivestes tiveram	tinha tinhas tinha tínhamos tínheis tinham	tivera tiveras tivera tivéramos tivéreis tiveram

直 説 法		接 続 法			命令法
未来	過去未来	現在	半過去	未来	
sentirei	sentiria	sinta	sentisse	sentir	
sentirás	sentirias	sintas	sentisses	sentires	sente
sentirá	sentiria	sinta	sentisse	sentir	
sentiremos	sentiríamos	sintamos	sentíssemos	sentirmos	
sentireis	sentiríeis	sintais	sentísseis	sentirdes	senti
sentirão	sentiriam	sintam	sentissem	sentirem	
serei	seria	seja	fosse	for	
serás	serias	sejas	fosses	fores	sê
será	seria	seja	fosse	for	
seremos	seríamos	sejamos	fôssemos	formos	
sereis	seríeis	sejais	fôsseis	fordes	sede
serão	seriam	sejam	fossem	forem	
soerei	soeria	–	soesse	soer	
soerás	soerias	–	soesses	soeres	sói
soerá	soeria	–	soesse	soer	
soeremos	soeríamos	–	soêssemos	soermos	
soereis	soeríeis	–	soêsseis	soerdes	soei
soerão	soeriam	–	soessem	soerem	
sortirei	sortiria	surta	sortisse	sortir	
sortirás	sortirias	surtas	sortisses	sortires	surte
sortirá	sortiria	surta	sortisse	sortir	
sortiremos	sortiríamos	surtamos	sortíssemos	sortirmos	
sortireis	sortiríeis	surtais	sortísseis	sortirdes	sorti
sortirão	sortiriam	surtam	sortissem	sortirem	
subirei	subiria	suba	subisse	subir	
subirás	subirias	subas	subisses	subires	sobe
subirá	subiria	suba	subisse	subir	
subiremos	subiríamos	subamos	subíssemos	subirmos	
subireis	subiríeis	subais	subísseis	subirdes	subi
subirão	subiriam	subam	subissem	subirem	
terei	teria	tenha	tivesse	tiver	
terás	terias	tenhas	tivesses	tiveres	tem
terá	teria	tenha	tivesse	tiver	
teremos	teríamos	tenhamos	tivéssemos	tivermos	
tereis	teríeis	tenhais	tivésseis	tiverdes	tende
terão	teriam	tenham	tivessem	tiverem	

不定詞 現在分詞 過去分詞	直説法			
	現在	過去	半過去	単純大過去
㊆ **trazer** trazendo trazido	trago trazes traz trazemos trazeis trazem	trouxe trouxeste trouxe trouxemos trouxestes trouxeram	trazia trazias trazia trazíamos trazíeis traziam	trouxera trouxeras trouxera trouxéramos trouxéreis trouxeram
㊇ **valer** valendo valido	valho vales vale valemos valeis valem	vali valeste valeu valemos valestes valeram	valia valias valia valíamos valíeis valiam	valera valeras valera valêramos valêreis valeram
㊈ **ver** vendo visto	vejo vês vê vemos vedes veem	vi viste viu vimos vistes viram	via vias via víamos víeis viam	vira viras vira víramos víreis viram
㊉ **vir** vindo vindo	venho vens vem vimos vindes vêm	vim vieste veio viemos viestes vieram	vinha vinhas vinha vínhamos vínheis vinham	viera vieras viera viéramos viéreis vieram

直　説　法		接　続　法			命令法
未　来	過去未来	現　在	半　過　去	未　来	
trarei	traria	traga	trouxesse	trouxer	
trarás	trarias	tragas	trouxesses	trouxeres	traz(e)
trará	traria	traga	trouxesse	trouxer	
traremos	traríamos	tragamos	trouxéssemos	trouxermos	
trareis	traríeis	tragais	trouxésseis	trouxerdes	trazei
trarão	trariam	tragam	trouxessem	trouxerem	
valerei	valeria	valha	valesse	valer	
valerás	valerias	valhas	valesses	valeres	vale
valerá	valeria	valha	valesse	valer	
valeremos	valeríamos	valhamos	valêssemos	valermos	
valereis	valeríeis	valhais	valêsseis	valerdes	valei
valerão	valeriam	valham	valessem	valerem	
verei	veria	veja	visse	vir	
verás	verias	vejas	visses	vires	vê
verá	veria	veja	visse	vir	
veremos	veríamos	vejamos	víssemos	virmos	
vereis	veríeis	vejais	vísseis	virdes	vede
verão	veriam	vejam	vissem	virem	
virei	viria	venha	viesse	vier	
virás	virias	venham	viesses	vieres	vem
virá	viria	venha	viesse	vier	
viremos	viríamos	venhamos	viéssemos	viermos	
vireis	viríeis	venhais	viésseis	vierdes	vinde
virão	viriam	venham	viessem	vierem	

プログレッシブ ポルトガル語辞典

2015年11月17日　初版　第1刷発行

編集委員	市之瀬　敦
	トイダ・エレナ
	林田雅至
	吉野朋子
発 行 者	神永　曉
発 行 所	株式会社　小学館
	〒101-8001 東京都千代田区一ツ橋2−3−1
	電話　編集　03-3230-5169
	販売　03-5281-3555
印 刷 所	凸版印刷株式会社
製 本 所	牧製本印刷株式会社

© Shogakukan 2015　　Printed in Japan
ISBN 978-4-09-510281-8

造本には十分注意しておりますが、印刷・製本など製造上の不備がございましたら、「制作局コールセンター」(フリーダイヤル 0120-336-340) にご連絡ください。(電話受付は、土・日・祝休日を除く 9:30〜17:30)

本書の無断での複写(コピー)、上演、放送等の二次利用、翻案等は、著作権法上の例外を除き禁じられています。

本書の電子データ化などの無断複製は著作権法上の例外を除き禁じられています。代行業者等の第三者による本書の電子的複製も認められておりません。

小学館外国語辞書編集部のウェブサイト『小学館ランゲージワールド』
http://www.l-world.shogakukan.co.jp/

BRASIL

RORAIMA
Boa Vista

AMAPÁ
Macapá

Belém
São Luís

Rio Amazonas
Manaus

AMAZONAS

PARÁ

MARANHÃO

Teresina

PIAUÍ

ACRE
Rio Branco

Porto Velho

TOCANTINS

Palmas

Rio São Francisco

BA

RONDÔNIA

MATO GROSSO

DISTRITO FEDERAL
Brasília

Cuiabá

GOIÁS
Goiânia

MATO GROSSO DO SUL
Campo Grande

MINAS GERAIS
Belo Horizonte

Rio Paraná

SÃO PAULO

PARANÁ
São Paulo

RIO DE
Rio de Ja

Curitiba

SANTA CATARINA
Florianópolis

RIO GRANDE DO SUL Porto Alegre

0   500   1000km